LA RÉDACTION DES ÉDITIONS FRANCIS LEFEBVRE

Responsabilité éditoriale

Laurence Méchin

Rédacteurs

Sophie André
Valérie Balland
Aliya Ben Khalifa
Catherine Crevisier
Cécilia Décaudin
Damien Delestre
Fanny Doumayrou
Valérie Dubois
Yves Dufour
Élodie Expert
Audrey Fournis
Stanislas de Fournoux
Muriel Gien
Cécile Horréard
Sylvie Lagabrielle
Marion Le Roy
Valérie Maindron
Patrice Muller
Pascale Pérez de Arce
Guilhem Possamaï
Patrick Saget
Frédéric Satgé
Stéphanie Viutti

ÉDITIONS FRANCIS LEFEBVRE
42, rue de Villiers 92300 Levallois-Perret

ISBN 978-2-36893-550-7

MÉMENTO PRATIQUE

SOCIAL 21

À jour au 1er février 2021

ÉDITIONS
FRANCIS LEFEBVRE

Présentation et mode d'emploi

Droit du travail et protection sociale constituent les deux domaines, liés dans la pratique, sur lesquels ce Mémento donne des indications aussi concrètes et claires que possible.

Cet ouvrage offre un **« condensé » de l'ensemble de la réglementation sociale** applicable. Le praticien a ainsi les moyens de répondre rapidement aux questions qu'il peut se poser sur les sujets les plus divers :
– droits et obligations attachés à la conclusion, l'exécution et la rupture d'un contrat de travail,
– représentation du personnel et négociation collective,
– nature, assiette et taux des cotisations et contributions sociales dues par l'employeur ou le travailleur indépendant,
– prestations en cas de maladie, d'accident du travail, de chômage…

Les renseignements fournis sont accompagnés des références à leur source (codes, textes non codifiés, circulaires, jurisprudence…).

Ce Mémento constitue également une **entrée dans notre fonds documentaire.** Il permet de se reporter à notre Documentation experte pour l'étude approfondie d'une question. Les références à cette documentation comportent l'indication de la série (lettre), de la division (chiffre romain) et du paragraphe (chiffre arabe). Par exemple : « OA-I-2500 s. » signifie que la question est traitée dans la série OA (Durée du travail), division I, paragraphes 2500 et suivants.

Les sujets traités sont répartis en **63 rubriques,** classées par ordre alphabétique et choisies en fonction de leur intérêt pratique pour le lecteur. Certaines d'entre elles, par exemple, regroupent les règles applicables à une catégorie sociale ou professionnelle déterminée (dirigeants de sociétés, représentants de commerce, emplois familiaux…) ou à une situation donnée (maladie, travail à temps partiel, travail hors de France…).

Une partie **Annexes** regroupe des renseignements chiffrés et des tableaux synthétiques.

Afin de faciliter les recherches, le Mémento comporte, en marge, des **paragraphes numérotés** auxquels sont faits tous les renvois, y compris ceux de la table alphabétique. La numérotation est discontinue, de manière à faciliter l'intégration de mesures nouvelles ou la création de nouvelles rubriques.

Votre mémento numérique à jour en continu

A jour au 1er février 2021, votre mémento papier est assorti d'une version numérique (web, mobile, tablette) mise à jour en continu. Muni de vos codes d'accès (voir mode d'emploi en page de garde), il vous suffit de télécharger l'application « iMémento » sur votre mobile ou smartphone ou de vous rendre sur www.memento.efl.fr

L'édition numérique du Mémento s'enrichit de **pictogrammes** placés sous certains numéros de paragraphes afin de vous permettre de repérer plus aisément les situations pour lesquelles nous mettons à votre disposition :
– des **simulateurs de calcul** accessibles gratuitement sur notre site Internet ;
– des **modèles de contrats, de clauses, de courriers et d'accords** cliquables, pour les abonnés au Formulaire social.

Toutes les nouveautés en un clin d'œil

Un cahier central de couleur recense les principales nouveautés législatives et jurisprudentielles applicables en 2021 avec pour chacune un renvoi aux paragraphes correspondants dans le Mémento.

Publication et opposabilité des circulaires

La loi 2018-727 du 10 août 2018 pour un Etat au service d'une société de confiance a modifié les modalités de publication et les conditions d'opposabilité des circulaires et instructions ministérielles. Ces règles ont pris effet depuis le 1er janvier 2019. Les circulaires antérieures à cette date sont réputées abrogées au 1er mai 2019 si elles n'ont pas été reprises à cette date sur le site www.legifrance.gouv.fr. Nous avons cependant pris le parti de continuer à en faire état chaque fois que leur contenu nous parait conserver une valeur indicative.

Pour ce qui est des circulaires et instructions ministérielles reprises sur le site précité, nous avons opté pour les modalités suivantes :

– celles citées sans autre mention que leurs références (source, numéro, date ; par exemple, Circ. min. 31-7-2014) sont applicables mais ne peuvent pas être opposées à l'administration ;

– celles qui peuvent être opposées à l'administration sont suivies de la mention « opposable ».

Mesures Covid-19

Les mesures liées à l'épidémie de Covid-19, par nature temporaires, sont présentées sous formes identiques à celui-ci au sein des rubriques du Mémento, au plus près des développements concernés. Elles font l'objet d'un exposé sommaire assorti d'un lien vers la revue dans laquelle elles ont été commentées. Tout au long du Mémento, les règles impactées par ces mesures provisoires sont signalées par un renvoi vers l'un de ces encadrés.

Plan général

Les chiffres renvoient aux paragraphes.

Principales abréviations

Acoss	Agence centrale des organismes de sécurité sociale.
ANI	Accord national interprofessionnel.
Art.	Article.
Ass. plén.	Arrêt rendu par l'Assemblée plénière de la Cour de cassation.
BDES	Base de données économiques et sociales.
CA	Cour d'appel.
CAA	Cour administrative d'appel.
Carsat	Caisse d'assurance retraite et de la santé au travail.
CASF	Code de l'action sociale et des familles.
Cass.	Cour de cassation (civ. : chambre civile ; com. : chambre commerciale ; crim. : chambre criminelle ; soc. : chambre sociale).
C. civ.	Code civil.
C. com.	Code de commerce.
CGCT	Code général des collectivités territoriales.
CDD	Contrat à durée déterminée.
CE	Conseil d'État.
CGI	Code général des impôts.
Circ.	Circulaire.
CJCE	Cour de justice des Communautés européennes.
CJUE	Cour de justice de l'Union européenne.
C. just. adm.	Code de justice administrative.
C. mon. fin.	Code monétaire et financier.
CPC	Code de procédure civile.
CPI	Code de la propriété intellectuelle.
C. pén.	Code pénal.
CPP	Code de procédure pénale.
CSE	Comité social et économique.
CSN	Code du service national.
CSP	Code de la santé publique.
CSS	Code de la sécurité sociale.
C. trav.	Code du travail.
Dreets	Directeur (direction) régional(e) l'économie, de l'emploi, du travail et des solidarités.
DSN	Déclaration sociale nominative.
EEE	Espace économique européen.
Inst.	Instruction administrative.
JO	Journal officiel.
Ord.	Ordonnance.
Perco	Plan d'épargne pour la retraite collectif.
Pereco	Plan d'épargne retraite d'entreprise collectif.
Pero	Plan d'épargne retraite obligatoire.
Rép. X...	Réponse ministérielle à un parlementaire.
RJS	Revue de jurisprudence sociale Francis Lefebvre.
RTT	Réduction du temps de travail.
TA	Tribunal administratif.
T. confl.	Tribunal des conflits.
TJ	Tribunal judiciaire.
UE	Union européenne.
Urssaf	Union de recouvrement des cotisations de sécurité sociale et d'allocations familiales.

Abréviations utilisées dans la Table alphabétique : voir en tête de celle-ci.

ACCIDENTS DU TRAVAIL ET MALADIES PROFESSIONNELLES

SOMMAIRE

I. EFFET SUR LE CONTRAT DE TRAVAIL

En cas d'arrêt de travail consécutif à un accident du travail ou à une maladie professionnelle, 200 N-V-16000 s
le contrat de travail est suspendu. Certaines formalités doivent être observées : voir nos 720 s.
Le salarié bénéficie d'une **protection particulière** de son emploi :
– pendant cette période de suspension du contrat, qui ne peut être rompu par l'employeur que dans des cas limités ;
– et à l'issue de cette période, où il bénéficie d'un droit à réintégration s'il est apte à reprendre le travail, ou, sauf cas particulier, à reclassement en cas d'inaptitude physique.

Si son contrat de travail est rompu, le salarié a droit à des **indemnités** dont le montant diffère selon le moment et le motif de la rupture.

A. Champ d'application de la protection

EMPLOYEURS ET SALARIÉS CONCERNÉS

La protection prévue par le Code du travail s'impose à toutes les entreprises, quelles que 220 C. trav. art. L 1226-18 N-V-16150 s
soient leur taille et leur activité, à l'exception des entreprises nationales soumises à un statut particulier (Cass. soc. 1-7-1997 no 94-45.198 P : RJS 8-9/97 no 1039).

Tous les salariés, y compris les titulaires d'un CDD ou d'un contrat de travail temporaire, en bénéficient même en période d'essai (Cass. soc. 12-5-2004 n° 02-44.325 F-PB : RJS 7/04 n° 808 ; CA Paris 18-6-2019 n° 17/08902 : RJS 11/19 n° 619). S'agissant des employés de maison, voir n° 33440 ; des apprentis, voir n° 3585, b ; des salariés mis en quarantaine dans le cadre d'une mesure d'état d'urgence sanitaire, voir n° 49750, b.

ACCIDENTS ET MALADIES VISÉS

225 C. trav. art. L 1226-6 L 1226-7 N-V-16500 s

Ouvrent droit à la protection les accidents du travail et les maladies professionnelles tels que **définis en matière de sécurité sociale** : n°s 590 s. (Cass. soc. 21-3-1996 n° 92-41.019 PR et n° 92-43.772 PR : RJS 5/96 n° 532).

La protection ne s'applique pas en cas d'**accident de trajet** et d'accident du travail ou maladie professionnelle survenu ou contracté au service d'un **autre employeur** : ils sont traités comme un accident ou une maladie non professionnels.

> Précisions a. Sauf si le salarié établit un lien de causalité entre son état et son nouveau poste (Cass. soc. 28-3-2007 n° 06-41.375 F-PB : RJS 6/07 n° 727 ; 6-5-2015 n° 13-24.035 F-D : RJS 7/15 n° 480), la protection ne s'applique pas en cas de rechute d'un accident du travail survenu au service d'un **précédent employeur** (Cass. soc. 9-6-2010 n° 09-40.253 F-P : RJS 8-9/10 n° 663 ; 17-5-2016 n° 14-22.792 F-D : RJS 8-9/16 n° 545), ni lorsque le salarié a été accidenté au cours d'une mission de travail temporaire à l'issue de laquelle il a été embauché par l'entreprise utilisatrice (Cass. soc. 27-10-1993 n° 89-44.348 PF-BS : RJS 12/93 n° 1249).

b. En cas de **pluralité d'employeurs,** la protection légale ne joue qu'à l'égard de l'employeur chez lequel l'accident ou la maladie est survenu (Cass. soc. 5-1-2000 n° 97-44.568 D).

c. Le salarié bénéficie de la protection auprès du nouvel employeur si son **contrat de travail** a été **transféré** en vertu de l'article L 1224-1 du Code du travail (Cass. soc. 20-1-1993 n° 91-41.500 P : RJS 3/93 n° 247) ou par application volontaire de ce texte (Cass. soc. 9-7-1992 n° 91-40.015 D : RJS 8-9/92 n° 974). En revanche, en l'absence de clause en ce sens, l'application d'un accord collectif organisant la reprise des contrats de travail par un nouveau prestataire de services n'emporte pas maintien de la protection (Cass. soc. 14-3-2007 n° 05-43.184 FS-PBR : RJS 5/07 n° 584 ; 12-3-2008 n° 06-45.922 F-D : RJS 5/08 n° 535).

CONNAISSANCE DU CARACTÈRE PROFESSIONNEL

230 N-V-17000 s

La protection prévue par le Code du travail s'applique dès lors qu'il existe un **lien de causalité,** même partiel, entre l'incapacité temporaire de travail du salarié et sa maladie ou son accident, et que l'employeur a connaissance de l'origine professionnelle de cette affection (Cass. soc. 23-9-2009 n° 08-41.685 F-PB : RJS 12/09 n° 921 ; 10-7-2002 n° 00-40.436 FS-P : RJS 10/02 n° 1110). Tel est nécessairement le cas si l'accident est survenu au temps et au lieu du travail (Cass. soc. 29-6-2011 n° 10-11.699 FP-PBR : RJS 10/11 n° 779), ou si le salarié a transmis à son employeur un certificat médical valant demande d'établissement de maladie professionnelle (Cass. soc. 17-1-2006 n° 04-41.754 F-PB : RJS 4/06 n° 425).

En cas de **litige,** les juges recherchent si l'origine professionnelle de l'accident ou de la maladie était connue de l'employeur au jour de la notification du licenciement (Cass. soc. 3-4-1990 n° 87-41.566 D : RJS 5/90 n° 366). Ils ne sont pas tenus, pour former leur conviction, par la décision de la caisse acceptant ou refusant la prise en charge de l'affection à titre professionnel (Cass. soc. 31-3-1993 n° 89-40.711 P : RJS 5/93 n° 507 ; 29-6-2011 n° 10-11.699 FP-PBR : RJS 10/11 n° 779 ; 18-9-2013 n° 11-27.721 F-D : RJS 12/13 n° 808).

ATTENTION

Le salarié ne bénéficie pas de la protection si l'employeur n'apprend qu'**après** la notification de la **rupture de la période d'essai** (CA Paris 18-6-2019 n° 17/08902 : RJS 11/19 n° 619) ou du **licenciement** que l'arrêt de travail a une origine professionnelle (Cass. soc. 3-4-1990 n° 87-41.566 D : RJS 5/90 n° 366 ; 22-10-2015 n° 14-16.241 F-D : RJS 1/16 n° 23). Tel est le cas, par exemple, lorsque le salarié bénéficie d'un nouvel arrêt de travail pour une maladie dont l'employeur ignore qu'elle est due à une rechute d'accident du travail (Cass. soc. 15-4-1992 n° 88-43.263 D : RJS 6/92 n° 730).

B. Suspension du contrat de travail

250 La protection, accordée au salarié tant que son contrat de travail est suspendu, interdit à l'employeur de rompre le contrat pendant cette période, sauf dans certains cas particuliers.

DURÉE DE LA SUSPENSION

Le contrat de travail du salarié victime d'un accident du travail ou d'une maladie professionnelle, qu'il soit à durée déterminée ou indéterminée, est suspendu pendant : 255 C. trav. art. L 1226-7 N-V-19100 s

– la durée de son **arrêt de travail** ;

– la période au cours de laquelle il suit une des actions de **formation** visées n° 50335 ou un stage de réadaptation, de rééducation ou de formation professionnelle conformément à l'avis de la commission des droits et de l'autonomie des personnes handicapées (CDAPH), y compris le délai d'attente éventuel.

La suspension du contrat prend **fin** lorsque le salarié est soumis à la visite de reprise, si celle-ci est obligatoire (n° 285), ou, dans les autres cas, au moment de la reprise du travail, et non à la date de consolidation (n° 1060) fixée par la caisse primaire (Cass. soc. 15-2-1995 n° 91-40.923 D : RJS 3/95 n° 225 ; 16-5-2000 n° 98-42.942 FS-PB : RJS 7-8/00 n° 792).

La période de suspension du contrat est prise en compte pour la détermination de tous les avantages légaux ou conventionnels liés à l'**ancienneté** dans l'entreprise. Au cours de cette période, le salarié est prioritaire pour l'accès aux actions de formation professionnelle.

› Précisions Lorsque le salarié **saisit la CDAPH pendant son arrêt de travail,** son contrat de travail reste suspendu à l'issue de l'arrêt de travail pendant le délai d'attente. La suspension prend fin soit au jour du refus de la commission d'accorder le stage, soit, en cas d'acceptation, à l'issue de la formation (Cass. soc. 10-10-1990 n° 87-41.027 P : RJS 11/90 n° 857). Si la CDAPH est saisie **après la visite de reprise,** le contrat de travail n'est à nouveau suspendu que si le stage est accordé (Cass. soc. 12-12-2000 n° 98-46.036 FS-PF : RJS 2/01 n° 191).

DROITS ET OBLIGATIONS DU SALARIÉ

Pendant son arrêt de travail, le salarié, dispensé d'activité, reste tenu à une **obligation de loyauté** envers l'entreprise (n° 49750). 260

Il bénéficie, sous certaines conditions, d'indemnités journalières de la sécurité sociale et du maintien de tout ou partie de sa **rémunération** (nos 49760 s.). S'agissant des primes et gratifications auxquelles le salarié peut prétendre, voir nos 70475 s. Sur les modalités de calcul de la participation financière, voir n° 33910, b et c.

S'agissant de l'incidence des périodes d'absence du salarié sur le calcul de ses **congés payés,** voir n° 13340 ; sur la prise de ses congés, voir nos 13515 s.

LIMITATION DU DROIT DE ROMPRE LE CONTRAT

Contrat à durée indéterminée Pendant la période de suspension du contrat, l'employeur peut licencier le salarié s'il justifie d'une **faute grave.** La lettre de licenciement doit alors mentionner cette faute (Cass. soc. 20-11-2019 n° 18-16.715 FS-D : RJS 2/20 n° 80). Le délai maximal de notification des sanctions disciplinaires (n° 56265) doit être respecté (Cass. soc. 21-11-2007 n° 06-44.993 F-PB : RJS 2/08 n° 170). 265 C. trav. art. L 1226-9 N-V-20200 s

Le licenciement peut également être justifié par l'**impossibilité de maintenir le contrat** pour un motif étranger à la maladie ou l'accident. Cette impossibilité doit résulter de circonstances indépendantes du comportement du salarié (Cass. soc. 24-11-1993 n° 90-43.733 D ; 12-5-2004 n° 02-44.325 F-PB : RJS 7/04 n° 808) et de son état de santé. Le licenciement ne peut donc pas être motivé par la nécessité de remplacer le salarié pour préserver la survie de l'entreprise (Cass. soc. 13-11-1990 n° 87-42.893 P : RJS 12/90 n° 953) ou par les perturbations causées par son absence (Cass. soc. 16-12-2010 n° 09-65.662 F-D : RJS 3/11 n° 230 ; 26-4-2017 n° 16-12.295 F-D : RJS 7/17 n° 466). La lettre de licenciement doit préciser en quoi les motifs invoqués rendent impossible le maintien du contrat (Cass. soc. 7-12-1999 n° 97-44.472 P : RJS 1/00 n° 34 ; 28-10-2009 n° 08-42.803 F-D : RJS 1/10 n° 31), y compris lorsque le salarié adhère au contrat de sécurisation professionnelle (Cass. soc. 14-12-2016 n° 15-25.981 FS-PB : RJS 2/17 n° 87 ; 27-5-2020 n° 18-20.142 F-D : RJS 7/20 n° 347). Sur la possibilité pour l'employeur de préciser le motif de rupture après la notification du licenciement, voir n° 47680.

Le licenciement pour faute grave ou impossibilité de maintenir le contrat de travail n'ouvre pas droit aux **indemnités** spécifiques de rupture visées n° 345.

› Précisions **a.** Seul un manquement à l'obligation de loyauté permet, en principe, une rupture pour **faute grave** (Cass. soc. 20-2-2019 n° 17-18.912 FS-PB : RJS 5/19 n° 279). Mais celle-ci a aussi été retenue en cas de refus du salarié de se présenter devant le médecin du travail pour subir la visite médicale de reprise malgré les mises en demeure de l'employeur (Cass. soc. 29-11-2006 n° 04-47.302 FS-PB : RJS 2/07 n° 213).

b. La **lettre de licenciement** pour **impossibilité de maintenir le contrat** n'est pas suffisamment motivée si elle fait seulement état d'un motif économique (Cass. soc. 28-10-2009 n° 08-42.803 D : RJS 1/10 n° 31 ; 23-5-2017 n° 16-12.232 F-D :

RJS 8-9/17 n° 553), de l'autorisation de procéder à des licenciements économiques donnée par le juge-commissaire dans le cadre d'une procédure de redressement ou de liquidation judiciaire (notamment Cass. soc. 25-5-2011 n° 09-69.641 F-D : RJS 8-9/11 n° 677), ou du refus par le salarié du poste de reclassement qui lui est proposé en raison de la suppression de son emploi pour motif économique (Cass. soc. 21-1-2009 n° 07-41.347 F-D : RJS 4/09 n° 336).
La motivation est en revanche suffisante si la lettre fait état de la fin du chantier pour lequel le salarié avait été embauché (Cass. soc. 5-4-1990 n° 87-45.575 P : RJS 5/90 n° 365 ; 8-4-2009 n° 07-42.942 F-PB : RJS 6/09 n° 521) ou de la cessation d'activité de l'entreprise (Cass. soc. 15-3-2005 n° 03-43.038 F-PB : RJS 6/05 n° 622 ; 26-9-2007 n° 06-43.156 F-D : RJS 12/07 n° 1274).

270 N'est pas valable le **licenciement** reposant sur un **motif autre** que ceux visés n° 265 notifié pendant la période de suspension du contrat, même si la procédure a été engagée avant l'arrêt de travail (Cass. soc. 10-5-1995 n° 91-45.527 P : RJS 6/95 n° 640) ou si la résiliation ne prend effet qu'à l'issue de la suspension (Cass. soc. 5-6-1996 n° 92-44.140 PB : RJS 8-9/96 n° 915). S'agissant de la légitimité d'un licenciement notifié après la réintégration du salarié, voir n° 285.
Le contrat de travail ne peut pas non plus être rompu par un **autre moyen** : mise à la retraite du salarié (Cass. soc. 7-3-2007 n° 05-42.279 FP-PB : RJS 5/07 n° 585 ; 27-1-2009 n° 07-45.290 F-D : RJS 4/09 n° 335), rupture d'un commun accord (Cass. soc. 4-1-2000 n° 97-44.566 P : RJS 2/00 n° 168), résiliation de la période d'essai (Cass. soc. 5-6-1990 n° 85-44.522 P : RJS 7/90 n° 546 ; 12-5-2004 n° 02-44.325 F-PB : RJS 7/04 n° 808) ou dans les 45 premiers jours en entreprise du contrat d'apprentissage (n° 3585, b).
Sur la possibilité de conclure une rupture conventionnelle homologuée, voir n° 69110, c.

> **Précisions** **a.** L'employeur ne peut pas invoquer les **dispositions conventionnelles** l'autorisant à licencier un salarié dont l'absence se prolonge au-delà d'une certaine durée (Cass. soc. 15-2-1995 n° 91-40.923 D : RJS 3/95 n° 225). Sur la portée d'une clause de résiliation automatique en cas de rupture du contrat de travail du conjoint, voir n° 16595, a.
> **b.** Le licenciement **notifié** au salarié **avant son arrêt de travail** reste valable, mais ne produit ses effets qu'à l'issue de la suspension du contrat de travail (Cass. ass. plén. 28-1-2005 n° 03-41.337 P : RJS 4/05 n° 373). S'agissant des conséquences de l'accident sur le préavis en cours d'exécution, voir n° 69250.

275 C. trav. art. L 1226-18, L 1226-19, N-V-20530 s

Contrat à durée déterminée

Les périodes de suspension du contrat pour accident du travail ou maladie professionnelle ne font pas obstacle à l'échéance du CDD. Si toutefois le contrat comporte une **clause de renouvellement,** l'employeur ne peut refuser celui-ci que pour un motif réel et sérieux, étranger à l'état de santé du salarié. À défaut, l'intéressé perçoit une indemnité au moins égale au montant des salaires et avantages qu'il aurait reçus jusqu'au terme de la période de renouvellement.
Ces règles ne s'appliquent pas si l'employeur a notifié au salarié avant l'accident ou la maladie que son CDD ne serait pas renouvelé (Cass. soc. 12-2-2002 n° 00-41.222 FS-P : RJS 5/02 n° 559), ou si la clause prévoit seulement la possibilité d'un renouvellement sans en préciser les conditions (Cass. soc. 26-9-2012 n° 10-28.100 FS-D : RJS 12/12 n° 934).
Si l'échéance du terme se produit au cours de la suspension, l'**indemnité de fin de contrat** est calculée comme si le contrat n'avait pas été suspendu (Cass. soc. 9-10-1990 n° 87-43.347 P : RJS 11/90 n° 848).
La **rupture anticipée** du contrat n'est pas possible, même pendant l'essai (Cass. soc. 19-4-1989 n° 86-44.656 P : RJS 5/89 n° 410), sauf faute grave ne pouvant être justifiée que par un manquement du salarié à son obligation de loyauté (n° 265, a) ou cas de force majeure (Cass. soc. 15-10-2014 n° 13-18.582 FS-PB : RJS 1/15 n° 9). Sur l'incidence d'une requalification du contrat en CDI, voir n° 280, c.

280 C. trav. art. L 1226-13, N-V-23400 s

Sanctions

Toute **rupture** du contrat de travail prononcée en méconnaissance des règles de protection est **nulle** et ouvre droit à réintégration pour le salarié, dans les conditions visées n°s 48770 s. Si le salarié ne souhaite pas être réintégré, la rupture prend effet à la date à laquelle elle est intervenue (Cass. soc. 12-11-1997 n° 93-43.987 D : RJS 12/97 n° 1358), et l'employeur est tenu d'indemniser l'intéressé : voir n° 48775 pour les CDI, et n° 20245 pour les CDD.

> **Précisions** **a.** Lorsque la **prise d'acte de la rupture** de son contrat par le salarié est jugée justifiée, la rupture produit les effets d'un licenciement nul (Cass. soc. 12-12-2012 n° 10-26.324 FS-PB : RJS 2/13 n° 111 ; 28-1-2016 n° 14-15.374 F-D : RJS 4/16 n° 236). Sur la question de savoir si cette nullité ouvre droit à réintégration, voir la solution retenue par la Cour de cassation à propos des salariés protégés : n° 63470, b.
> **b.** Les sanctions prévues en cas de rupture injustifiée d'un CDI après sa suspension (n° 305) ne sont pas applicables (Cass. soc. 22-3-1989 n° 86-43.050 P : RJS 5/89 n° 413 ; 30-11-2010 n° 09-66.210 F-PB : RJS 2/11 n° 126).

c. Si le **CDD** est arrivé à échéance en cours de suspension du contrat, sa **requalification** postérieure en CDI fait produire à la rupture les effets d'un licenciement nul (Cass. soc. 14-11-2018 n° 17-18.891 FS-PB : RJS 1/19 n° 9).

REPRISE DU TRAVAIL

Une absence pour cause de maladie professionnelle, quelle qu'en soit la durée, ou une absence d'au moins 30 jours pour accident du travail impose l'organisation d'une **visite médicale de reprise** : voir n° 72440. **285** N-V-19400 s

Seule la visite de reprise, lorsqu'elle est obligatoire, met **fin** à la **suspension** du contrat de travail (Cass. soc. 10-11-1998 n° 96-43.811 P : RJS 12/98 n° 1472 ; 24-6-2020 n° 19-11.914 F-D : RJS 8-9/20 n° 406). Le salarié qui a repris son emploi sans avoir passé cet examen médical continue de bénéficier de la protection applicable pendant la période de suspension. Il ne peut donc être licencié que pour faute grave ou impossibilité de maintenir le contrat (n° 265) : toute rupture pour un autre motif est nulle (Cass. soc. 28-2-2006 n° 05-41.555 FS-PBRI : RJS 5/06 n° 555 ; 7-7-2016 n° 14-23.799 F-D : RJS 10/16 n° 615). Il en va ainsi même si les faits reprochés ont été commis entre la fin de l'arrêt de travail et la visite de reprise, peu importe que le licenciement ne soit prononcé qu'après la suspension du contrat (Cass. soc. 12-3-2002 n° 99-42.934 FS-P : RJS 6/02 n° 671 ; 8-1-2003 n° 01-40.388 F-P : RJS 3/03 n° 338).

C. Réintégration du salarié

MODALITÉS

Si le salarié est déclaré en capacité de reprendre son poste de travail par le médecin du travail, ou si sa situation n'impose pas de visite de reprise, il retrouve son **emploi** ou, si ce dernier n'existe plus ou n'est plus vacant (Cass. soc. 22-10-1997 n° 94-44.706 P : RJS 12/97 n° 1360 ; 28-5-2013 n° 12-12.105 F-D : RJS 8-9/13 n° 630), un emploi similaire assorti d'une rémunération au moins équivalente (Cass. soc. 24-3-2010 n° 09-40.339 FS-PB : RJS 6/10 n° 505). **300** C. trav. art. L 1226-8 N-V-25600 s

Cette obligation de réintégration s'impose à l'employeur comme au salarié, qui doivent tenir compte des **réserves ou recommandations** éventuelles du médecin du travail (Cass. soc. 28-1-2010 n° 08-42.616 FS-PB : RJS 4/10 n° 336), formulées lors de la dernière visite en date (Cass. soc. 9-7-2014 n° 13-18.696 FS-PB : RJS 10/14 n° 677 ; 13-4-2016 n° 15-10.400 FS-PB : RJS 6/16 n° 403). Si le salarié conteste la compatibilité du poste qui lui est proposé avec ces recommandations, l'employeur doit à nouveau solliciter l'avis du médecin du travail (Cass. soc. 18-9-2013 n° 12-19.204 F-D : RJS 12/13 n° 809). En cas de désaccord, les parties peuvent exercer un recours dans les conditions visées n° 72530.

Le salarié réintégré ne doit subir aucun retard de promotion ou d'avancement du fait de son accident ou de sa maladie. Il ne bénéficie plus de la protection spéciale et les relations contractuelles sont à nouveau régies par les règles de droit commun.

› Précisions a. Si son emploi initial est disponible, le salarié peut légitimement **refuser la proposition d'un autre poste** et la rupture qui s'ensuit s'analyse en un licenciement (Cass. soc. 13-3-2001 n° 98-46.088 FS-P : RJS 5/01 n° 595 ; 28-5-2013 n° 12-12.105 F-D : RJS 8-9/13 n° 630), qui emporte les conséquences visées n° 305.

b. Sur les modalités de réintégration du salarié placé en **temps partiel thérapeutique,** voir n° 49870.

c. Sur le licenciement motivé par des faits survenus entre la date de réintégration et la visite de reprise, voir n° 285.

d. Si le salarié était en **période d'essai** au moment de la suspension de son contrat, l'employeur retrouve le pouvoir de rompre unilatéralement le contrat une fois l'intéressé réintégré si l'essai n'est pas concluant (Cass. soc. 12-1-1993 n° 88-44.572 P : RJS 2/93 n° 119) : voir n° 16745.

SANCTION DU DÉFAUT DE RÉINTÉGRATION

En cas de licenciement abusif d'un salarié titulaire d'un **CDI** en capacité de reprendre son emploi antérieur, le juge peut proposer la **réintégration** avec maintien des avantages acquis. Si l'employeur ou le salarié refuse, ce dernier bénéficie, s'il en remplit les conditions, des **indemnités** de rupture de droit commun : indemnité de licenciement et indemnité compensatrice de préavis si celui-ci n'est pas exécuté. Il peut en outre prétendre à l'indemnité spécifique visée n° 350. **305** C. trav. art. L 1226-15, al. 1 et 3 L 1226-21, al. 2 N-V-25950 s N-V-54200 s

La non-réintégration du salarié titulaire d'un **CDD** et déclaré apte est passible des sanctions visées n° 365.

Le salarié apte non réintégré n'a pas droit à l'**indemnité spéciale** dont bénéficie le salarié inapte non reclassé (Cass. soc. 8-4-2009 n° 07-45.234 FS-PB : RJS 6/09 n° 522 ; 9-7-2014 n° 13-18.696 FS-PB : RJS 10/14 n° 677).

D. Rupture du contrat pour inaptitude physique

320 C. trav. art. L 1226-12, al. 1 à 3 L 1226-20 **N-V-32000 s**

Lorsque le médecin du travail déclare le salarié inapte à reprendre son poste à la suite d'une affection d'origine professionnelle, dans les conditions exposées n° 72520, l'employeur est tenu à des obligations identiques à celles applicables en cas d'inaptitude d'origine non professionnelle : voir n°s 49960 s. Il ne peut rompre le contrat de travail du salarié que :
– s'il justifie de l'**impossibilité de le reclasser** ou du refus par l'intéressé de l'emploi proposé (n° 50015) ;
– ou si le **médecin du travail a expressément indiqué** dans l'avis d'inaptitude physique que tout maintien du salarié dans l'emploi serait gravement préjudiciable à sa santé ou que son état de santé fait obstacle à tout reclassement dans l'emploi (n° 50020).

La rupture du contrat de travail d'un salarié victime d'un accident du travail ou d'une maladie professionnelle emporte des conséquences spécifiques : voir n°s 340 s.

> **Précisions a.** Dans l'attente de son reclassement, le salarié dont l'inaptitude est d'origine professionnelle peut bénéficier des **indemnités journalières** de sécurité sociale (n° 1055). L'employeur n'a pas l'obligation de rompre à bref délai le contrat de travail du salarié inapte (Cass. soc. 1-2-2017 n° 15-14.852 F-D : RJS 4/17 n° 252), mais il doit reprendre le versement du **salaire,** dans les conditions visées n°s 50025 s., si l'intéressé n'est pas reclassé ou licencié dans le délai d'un mois.
> **b.** Sur l'obligation de **réentraînement au travail** et de rééducation professionnelle des victimes d'accidents ou de maladies, s'imposant à certains établissements, voir n° 40220.

CONTRAT À DURÉE INDÉTERMINÉE

340 C. trav. art. L 1226-12, al. 4 L 1226-15, al. 4 **N-V-44300 s**

Procédure de licenciement L'employeur doit respecter la procédure de licenciement pour motif personnel, sous peine des sanctions prévues par le Code du travail (n°s 48700 s.), applicables quels que soient l'effectif de l'entreprise et l'ancienneté du salarié (Cass. soc. 21-5-1996 n° 92-43.824 P : RJS 7/96 n° 784).

La **lettre de licenciement** doit mentionner l'inaptitude physique et l'impossibilité de reclassement (Cass. soc. 9-4-2008 n° 07-40.356 FS-PB : RJS 7/08 n° 771 ; 3-6-2020 n° 18-25.757 F-D : RJS 7/20 n° 335). Lorsque l'employeur est dispensé par le médecin du travail de rechercher un reclassement, la lettre de licenciement doit à notre sens reprendre la formulation de l'avis d'inaptitude. Le contrat de travail cesse à la date de notification de la rupture et non à celle d'achèvement du **préavis** que le salarié ne peut pas exécuter (Cass. soc. 15-6-1999 n° 97-15.328 P : RJS 8-9/99 n° 1052), y compris lorsque l'employeur lui verse l'indemnité compensatrice visée n° 345 (Cass. soc. 12-12-2018 n° 17-20.801 FS-PB : RJS 3/19 n° 150).

> **Précisions a.** C'est à l'employeur qu'il appartient de **prouver** que le reclassement du salarié est impossible (Cass. soc. 7-7-2004 n° 02-47.686 F-P : RJS 10/04 n° 1030 ; 16-3-2016 n° 14-22.765 F-D : RJS 5/16 n° 319).
> **b.** Le salarié inapte et non reclassé peut être **mis à la retraite** s'il remplit les conditions requises ; il bénéficie alors des indemnités spécifiques visées n° 345 (Cass. soc. 4-6-1998 n° 95-41.832 PB : RJS 7/98 n° 856 ; 29-1-2002 n° 99-41.028 FS-PB : RJS 4/02 n° 424).

345 C. trav. art. L 1226-14 L 1226-16 L 1226-17 **N-V-50000 s**

Indemnités de rupture Le salarié licencié pour inaptitude physique a droit, quelle que soit son ancienneté (Cass. soc. 25-5-1994 n° 91-40.442 D), à une **indemnité spéciale de licenciement** égale au double de l'indemnité légale minimale de licenciement (n° 48930) ou, si elle lui est supérieure, à l'indemnité conventionnelle de licenciement (Cass. soc. 10-5-2005 n° 03-44.313 F-PB : RJS 7/05 n° 731). L'indemnité conventionnelle de licenciement n'est doublée que si la convention collective le prévoit expressément (Cass. soc. 22-1-1992 n° 89-40.147 P : RJS 3/92 n° 276 ; 25-3-2009 n° 07-41.708 F-PB : RJS 6/09 n° 523).

Le salarié, qui par définition ne peut pas exécuter son préavis, bénéficie d'une **indemnité compensatrice** d'un montant égal à celui de l'indemnité légale de préavis (n°s 69335 s.). Il ne peut pas prétendre à l'indemnité conventionnelle de préavis (Cass. soc. 26-1-2011 n° 09-68.544 F-PB : RJS 4/11 n° 320 ; 2-7-2014 n° 12-29.677 F-D : RJS 10/14 n° 678). Sur le montant de cette indemnité lorsque le salarié est travailleur handicapé, voir n° 40225, a.

Ces indemnités sont **calculées** sur la base du salaire moyen brut (y compris primes, avantages de toute nature, indemnités et gratifications composant le revenu) qui aurait été perçu par le salarié au cours des 3 derniers mois s'il avait travaillé au poste occupé avant l'arrêt de travail. Elles sont couvertes par le privilège général sur les meubles et immeubles (n° 70870, b) et se voient appliquer la procédure de **garantie** des salaires.

Toutefois, ces indemnités ne sont pas dues si l'employeur établit que le **refus** par le salarié du reclassement qui lui est proposé est **abusif,** au sens indiqué nº 50010 (Cass. soc. 20-2-2008 nº 06-44.867 FP-PB : RJS 5/08 nº 540 ; 17-5-2016 nº 14-19.861 F-D : RJS 8-9/16 nº 547). Dans ce cas, le salarié a droit aux indemnités visées nº 50045.

› Précisions **a.** L'indemnité spéciale de licenciement et l'indemnité compensatrice ont un **caractère indemnitaire.** Par conséquent, les indemnités journalières perçues par le salarié ne peuvent pas être déduites de l'indemnité compensatrice (Cass. soc. 18-5-1999 nº 97-40.699 P : RJS 6/99 nº 812). L'intéressé ne peut pas prétendre à l'indemnité compensatrice de congés payés sur préavis (Cass. soc. 4-12-2001 nº 99-44.677 FS-P : RJS 2/02 nº 167 ; 23-11-2016 nº 15-21.470 F-D : RJS 2/17 nº 91).
b. L'indemnité compensatrice est assujettie aux **cotisations** sociales (Circ. Acoss 2001/022 du 25-1-2001 ; Cass. soc. 11-1-2017 nº 15-19.959 F-D : RJS 3/17 nº 226). L'indemnité spéciale de licenciement suit le régime des indemnités de licenciement (nºs 22845 s.). S'agissant de la CSG et de la CRDS, voir nºs 25140 s.
c. Ces indemnités ne se **cumulent** pas avec des avantages de même nature pouvant être prévus par des dispositions conventionnelles ou contractuelles en vue de compenser le préjudice résultant de la perte d'emploi. Même si la **faute inexcusable** de l'employeur est reconnue par la juridiction de sécurité sociale, le salarié ne peut pas obtenir devant le juge prud'homal des dommages et intérêts au titre de la perte de son emploi ou de ses droits à retraite (Cass. ch. mixte 9-1-2015 nº 13-12.310 PBRI : RJS 3/15 nº 213 ; Cass. soc. 6-10-2015 nº 13-26.052 FS-PB : RJS 12/15 nº 770 ; 3-5-2018 nº 14-20.214 FS-PB : RJS 7/18 nº 475). Sur le juge compétent pour statuer sur la légitimité de la rupture du contrat, voir nº 350, e.

EXEMPLE 347

Un salarié victime d'un accident du travail est licencié pour inaptitude physique et impossibilité de reclassement. À la date de notification du licenciement, il compte 13 ans d'ancienneté et perçoit une rémunération mensuelle brute de 1 800 € assortie d'un treizième mois. Son salaire mensuel moyen est de : [(1 800 × 3) + (1 800 / 12 × 3)] × 1/3 = 1 950 €. Il a droit à :
– une **indemnité spéciale** de licenciement de : [(1 950 € × 1/4 × 10) + (1 950 € × 1/3 × 3)] × 2 = (4 875 € + 1 950 €) × 2 = 13 650 € ;
– une **indemnité compensatrice** de 2 mois de salaire, soit 3 900 € brut.

Sanctions Le **licenciement** est **abusif** si l'employeur a manqué à son obligation de reclassement : défaut de consultation du CSE ou consultation irrégulière (Cass. soc. 2-10-2001 nº 99-45.346 FS-P : RJS 12/01 nº 1420 ; 15-10-2002 nº 99-44.623 FS-PB : RJS 1/03 nº 27), absence de preuve de l'impossibilité de reclassement ou d'un refus du salarié ou licenciement prononcé pour un autre motif que l'inaptitude physique (notamment pour un motif économique : Cass. soc. 19-5-2004 nº 02-44.671 FS-PB : RJS 7/04 nº 810). Il est également abusif si l'inaptitude physique est consécutive à un manquement préalable de l'employeur qui l'a provoquée (Cass. soc. 3-5-2018 nº 17-10.306 FS-PBRI : RJS 7/18 nº 475), par exemple en ne prenant pas en compte les recommandations du médecin du travail (Cass. soc. 26-9-2012 nº 11-14.742 FS-PB : RJS 12/12 nº 939). 350

C. trav. art. L 1226-15, al. 1 à 3
L 1226-16
L 1226-17
N-V-54200 s

Le juge peut proposer la **réintégration** du salarié abusivement licencié avec maintien des avantages acquis. En cas de refus de l'employeur ou du salarié, ce dernier bénéficie de l'indemnité de licenciement doublée et de l'indemnité compensatrice visées nº 345. Son préjudice est en outre réparé par une **indemnité spécifique** au moins égale à 6 mois de salaire, attribuée sans condition d'ancienneté ni d'effectif de l'entreprise. Cette indemnité est calculée en fonction de la rémunération brute dont le salarié aurait bénéficié s'il avait travaillé (Cass. soc. 8-7-2003 nº 00-21.862 FS-PB : RJS 10/03 nº 1151), sur une base identique à celle indiquée nº 345. Elle bénéficie de la garantie des créances salariales.

› Précisions **a.** L'indemnité spécifique couvre l'ensemble des préjudices subis par le salarié, même si plusieurs manquements ont été commis par l'employeur : par exemple, absence de recherche de reclassement et non-consultation du CSE (Cass. soc. 16-12-2010 nº 09-67.446 F-PB : RJS 2/11 nº 129 ; 15-10-2014 nº 13-16.773 F-D : RJS 1/15 nº 24). Elle n'est pas **cumulable** avec les indemnités de licenciement sans cause réelle et sérieuse ou irrégulier visée nºs 48700 s. (Cass. soc. 26-9-2012 nº 11-15.506 F-D : RJS 12/12 nº 936 ; 23-5-2017 nº 16-10.580 FS-PB : RJS 8-9/17 nº 557), des dommages et intérêts réparant la perte de l'emploi (Cass. soc. 29-5-2013 nº 11-28.799 FS-PBR : RJS 8-9/13 nº 599) ou d'une perspective de carrière dans l'entreprise (Cass. soc. 30-3-2011 nº 09-68.075 F-D : RJS 6/11 nº 559) ou la réparation de l'absence de notification écrite des motifs s'opposant au reclassement visée nº 50015 (Cass. soc. 13-7-2004 nº 02-44.336 F-D : RJS 10/04 nº 1031 ; 20-3-2013 nº 12-12.899 F-D : RJS 6/13 nº 444).
b. Les sanctions ci-dessus s'appliquent également en cas de **prise d'acte** de la rupture (Cass. soc. 21-1-2009 nº 07-41.822 FS-PB : RJS 4/09 nº 338) ou de **résiliation judiciaire** du contrat du salarié inapte produisant les effets d'un licenciement sans cause réelle et sérieuse (Cass. soc. 20-2-2019 nº 17-17.744 FS-PB : RJS 5/19 nº 281).
c. Si l'avis d'inaptitude physique est annulé sur **recours** (nº 72530), le licenciement est dépourvu de cause réelle et sérieuse et ouvre droit à

l'indemnité visée n° 48710 (Cass. soc. 9-2-2005 n° 03-44.486 F-PB : RJS 4/05 n° 395 ; 26-11-2008 n° 07-43.598 F-PB : RJS 2/09 n° 168), mais pas aux indemnités mentionnées ci-dessus (Cass. soc. 4-10-2007 n° 06-43.131 F-D : RJS 12/07 n° 1295).

d. Pôle emploi ne peut pas demander à l'employeur le **remboursement des allocations de chômage** versées au salarié (Cass. soc. 16-10-1991 n° 89-40.481 PF : RJS 11/91 n° 1192 ; 28-4-2011 n° 09-71.658 F-D : RJS 7/11 n° 600).

e. Le **juge prud'homal** est seul compétent pour statuer sur le bien-fondé du licenciement consécutif à un accident du travail et pour allouer, le cas échéant, au salarié une indemnisation pour licenciement sans cause réelle et sérieuse (Cass. soc. 3-5-2018 n° 16-18.116 FS-PB : RJS 7/18 n° 475). En revanche, l'indemnisation des dommages résultant de l'accident, qu'il résulte ou non d'un manquement de l'employeur à son obligation de sécurité, relève de la compétence exclusive des juridictions de sécurité sociale (Cass. soc. 29-5-2013 n° 11-20.074 FS-PBR : RJS 8-9/13 n° 637 ; 3-5-2018 n° 16-26.850 FS-PBRI : RJS 7/18 n° 475).

355 **Tableau récapitulatif** Le tableau ci-après récapitule les indemnités auxquelles peut prétendre le salarié victime d'un accident du travail ou d'une maladie professionnelle et dont le contrat de travail à durée indéterminée est rompu :

Moment de la rupture	Cas de rupture	Indemnisation du salarié
Pendant la suspension du contrat de travail	– licenciement pour faute grave	pas d'indemnités de rupture, droit à l'indemnité compensatrice de congés payés le cas échéant
	– licenciement pour impossibilité de maintenir le contrat	indemnité légale ou conventionnelle de licenciement et de préavis, droit à l'indemnité compensatrice de congés payés le cas échéant
	– licenciement pour un autre motif que la faute grave ou l'impossibilité de maintenir le contrat	application des sanctions du licenciement nul visées n°s 48770 s.
Après la suspension du contrat de travail	– manquement à l'obligation de réintégration	réintégration avec indemnisation au titre des salaires perdus, ou indemnités de rupture de droit commun + indemnité spécifique d'au moins 6 mois de salaire
Après la déclaration d'inaptitude du salarié	– licenciement pour inaptitude physique et impossibilité ou dispense de reclassement	indemnité spéciale de licenciement + indemnité compensatrice + indemnité compensatrice de congés payés le cas échéant
	– licenciement pour inaptitude physique et refus du salarié d'un poste de reclassement approprié	indemnité légale ou conventionnelle de licenciement + indemnité compensatrice de congés payés le cas échéant
	– licenciement pour inaptitude physique sans respect de l'obligation de reclassement	réintégration avec maintien des avantages acquis, ou indemnité spéciale de licenciement + indemnité compensatrice + indemnité spécifique d'au moins 6 mois de salaire
	– licenciement pour inaptitude physique d'un salarié handicapé sans respect de l'obligation de reclassement	réintégration avec maintien des avantages acquis, ou indemnité spéciale de licenciement + indemnité compensatrice de préavis doublée + indemnité spécifique d'au moins 6 mois de salaire

RUPTURE DU CDD

360 **Modalités et indemnités** L'employeur n'est pas tenu de recevoir le salarié inapte en entretien préalable. Il doit lui verser une **indemnité de rupture** d'un montant au moins égal au double de l'indemnité légale de licenciement (n° 48930), proratisée lorsque la durée d'emploi est inférieure à 8 mois.

C. trav. art. L 1226-20
L 1226-22
N-V-51000 s

Cette indemnité de rupture s'ajoute, le cas échéant, à l'**indemnité de fin de contrat** (n°s 20170 s.) et à l'indemnité compensatrice de congés payés (n° 20050). Elle est versée à l'issue du contrat en même temps que le dernier salaire et bénéficie de la garantie des créances salariales.

EXEMPLE

Le CDD conclu en vue du remplacement d'un salarié absent est rompu en raison de l'inaptitude de son titulaire et de l'impossibilité de le reclasser. Le salarié perçoit un salaire mensuel de 1 800 € brut et compte 9 mois d'ancienneté à la date de la rupture. Il a droit à :
– une **indemnité spéciale** de rupture de : [(1 800 € × 1/4) × 9/12] × 2 = 675 € ;
– une **indemnité de fin de contrat** de : (1 800 € × 9) × 1/10 = 1 620 € brut.

Sanctions Le manquement de l'employeur à l'obligation de reclassement d'un salarié titulaire d'un contrat à durée déterminée ouvre droit, pour ce dernier, à une **indemnité** correspondant au préjudice subi, qui ne peut pas être inférieure au montant des salaires et avantages qu'il aurait perçus jusqu'au terme de la période de validité du contrat. Cette indemnité bénéficie de la garantie des créances salariales. 365 C. trav. art. L 1226-21, al. 1 L 1226-22 N-V-55600 s

Tableau récapitulatif Le tableau ci-après récapitule les indemnités auxquelles peut prétendre le salarié victime d'un accident du travail ou d'une maladie professionnelle et dont le contrat de travail à durée déterminée est rompu : 370

Moment de la rupture	Cas de rupture	Indemnisation du salarié en CDD
Pendant la suspension du contrat de travail	– rupture anticipée du CDD pour faute grave ou force majeure	pas d'indemnités de rupture, droit à l'indemnité compensatrice de congés payés le cas échéant
	– échéance du terme du CDD en cours de suspension	indemnité de fin de contrat calculée comme si le contrat n'avait pas été suspendu, droit à l'indemnité compensatrice de congés payés le cas échéant
	– rupture anticipée du CDD pour un motif autre que la faute grave ou la force majeure	application des sanctions de la rupture abusive visées n°s 20245 s.
	– non-renouvellement du CDD sans motif réel et sérieux	indemnité correspondant au préjudice subi, au moins égale aux salaire et avantages qui auraient été perçus jusqu'au terme de la période de renouvellement
Après la suspension du contrat de travail	– manquement à l'obligation de réintégration	indemnité correspondant au préjudice subi, au moins égale aux salaires et avantages qui auraient été perçus jusqu'au terme du contrat
Après la déclaration d'inaptitude du salarié	– rupture anticipée du CDD pour inaptitude physique et impossibilité ou dispense de reclassement	indemnité au moins égale au double de l'indemnité légale de licenciement + indemnité de fin de contrat + indemnité compensatrice de congés payés le cas échéant
	– rupture anticipée du CDD pour inaptitude physique sans respect de l'obligation de reclassement	indemnité correspondant au préjudice subi, au moins égale aux salaires et avantages qui auraient été perçus jusqu'au terme du contrat
	– rupture anticipée du CDD pour inaptitude physique d'un salarié handicapé sans respect de l'obligation de reclassement	indemnité correspondant au préjudice subi, au moins égale aux salaires et avantages qui auraient été perçus jusqu'au terme du contrat

II. SÉCURITÉ SOCIALE

540 D-IV-1 s

Le salarié reconnu victime d'un accident du travail ou d'une maladie professionnelle par sa caisse primaire d'assurance maladie (CPAM) bénéficie de **prestations** plus importantes que celles attribuées au titre de l'assurance maladie. Il peut en outre obtenir des réparations complémentaires en cas de faute inexcusable de l'employeur et, en cas de faute intentionnelle de ce dernier ou de faute d'un tiers, une réparation judiciaire de ses préjudices non pris en charge par la sécurité sociale. Les prestations servies par la caisse sont **financées** par des **cotisations** à la charge de l'employeur (nos 23540 s.).

A. Bénéficiaires

SALARIÉS ET ASSIMILÉS

560 CSS art. L 411-1 L 412-2 D-IV-200 s

La législation sur les accidents du travail et maladies professionnelles couvre toute personne salariée ou travaillant, à quelque titre ou en quelque lieu que ce soit, pour un ou plusieurs employeurs ou chefs d'entreprise. Sont donc visées toutes les personnes assujetties au **régime général de sécurité sociale** des salariés, y compris celles mentionnées à l'article L 311-3 du CSS (voir nos 4260 s.), même si elles ne sont pas occupées dans l'établissement de l'employeur ou chef d'entreprise, ainsi que les travailleurs occupés à un **travail dissimulé** (Cass. crim. 11-2-2003 no 02-81.729 F-PFI : RJS 5/03 no 668).

EXTENSION À CERTAINES CATÉGORIES PARTICULIÈRES

565 CSS art. L 412-8

Le champ d'application de la garantie est étendu, sous réserve de modalités particulières d'application, à certaines catégories de personnes limitativement énumérées qui, bien que n'exerçant pas une activité salariée ou assimilée, exercent des **activités** les **exposant à des risques** professionnels. **Sont notamment visées** les catégories suivantes : salarié participant à des instances de la formation professionnelle ; salarié en congé de formation économique, sociale et syndicale ; salarié siégeant dans une commission, un conseil ou un comité administratifs ou paritaires, ou siégeant dans une instance instituée par une disposition législative ou réglementaire auprès d'une autorité de l'État ; représentant du personnel en stage de formation dans le cadre de ces fonctions ; délégué syndical, pour les accidents survenus lors des missions prévues à l'article L 2143-16-1 du Code du travail (no 73575, b) ; personne en stage de réadaptation ou de rééducation visé no 1020 ; bénéficiaire d'un congé de conversion ou d'un contrat de sécurisation professionnelle ; stagiaire de la formation professionnelle ; demandeur d'emploi en formation.

Les personnes n'entrant pas dans le champ d'application de la garantie peuvent **s'assurer volontairement,** voir no 5160.

B. Risques couverts

1. ACCIDENT DU TRAVAIL

590 CSS art. L 411-1 D-IV-1100 s

La **loi** qualifie d'accident du travail, quelle qu'en soit la cause, celui survenu par le fait ou à l'occasion du travail. Cette définition est précisée par la **jurisprudence,** qui caractérise cet accident par la survenance d'un fait accidentel en lien avec le travail ayant provoqué une lésion.

FAIT ACCIDENTEL

595 D-IV-1320 s

L'accident du travail suppose l'existence d'un fait ou d'un ensemble de **faits précis survenus soudainement,** à une date et dans des circonstances certaines. Cela exclut, en principe, les pathologies et lésions apparues progressivement (Cass. soc. 21-10-1985 no 84-12.653 ; Cass. 2e civ. 18-10-2005 no 04-30.352 : RJS 1/06 no 84) ou tardivement et les maladies contagieuses contractées à l'occasion du travail (Cass. ass. plén. 21-3-1969 no 66-11.181).

> **› Précisions** Le **sida** peut être indemnisé au titre des accidents du travail s'il est la conséquence d'un fait accidentel survenu au travail (piqûre, projection de sang). Il est conseillé de déclarer ce fait (no 725) et non de l'inscrire sur le registre des accidents bénins. La prise en charge répond à des conditions particulières (CSS art. R 434-32, annexe 16 ; Arrêté MTSS0762286A du 1-8-2007).

ILLUSTRATIONS 597

Est un accident du travail la maladie ayant pour origine une **piqûre d'insecte** survenue au temps et au lieu de travail (Cass. soc. 17-1-1991 n° 89-13.703 : RJS 3/91 n° 393).

Il en est de même de la maladie consécutive à une **vaccination** imposée par l'emploi occupé, quelle que soit la date de son apparition (Cass. 2e civ. 25-5-2004 n° 02-30.981 : RJS 8-9/04 n° 966 ; 6-10-2016 n° 15-25.924 F-PB : RJS 12/16 n° 812).

En revanche, n'ont pas le caractère d'accident du travail les lésions résultant d'un **état pathologique préexistant** (Cass. soc. 8-3-1989 n° 87-17.416 : RJS 4/89 n° 396 ; 18-7-1996 n° 94-20.769), sauf si un événement extérieur sur le lieu de travail en a précipité l'évolution, par exemple, une crise cardiaque d'un salarié malade du cœur suite à un rythme de travail inhabituel (Cass. soc. 16-12-1993 n° 91-18.376 : RJS 2/94 n° 185).

Ne peuvent pas non plus être prises en charge au titre d'accident du travail les lésions apparues à la suite de la **répétition d'un geste** (Cass. soc. 26-6-1980 n° 79-12.943), d'une **action prolongée** du froid (Cass. 2e civ. 18-10-2005 n° 04-30.352 : RJS 1/06 n° 84) ou d'un agent chimique (Cass. soc. 24-3-1982 n° 81-11.067).

LÉSION

L'accident du travail implique l'apparition d'une lésion. 600 D-IV-1600 s

Il peut s'agir d'une **lésion physique,** peu importe qu'elle soit externe (plaie…) ou interne (hémorragie cérébrale, hernie, infarctus…), superficielle ou profonde. Il peut également s'agir de **troubles psychologiques,** indépendamment de toute lésion corporelle (état de stress, dépression nerveuse…).

L'**origine** de la lésion importe peu : elle peut aussi bien résulter de facteurs extérieurs (bruit, chaleur, froid, agent chimique, outils…) que de facteurs propres au salarié (faux mouvement, effort, même normal, choc émotionnel…).

L'état de santé du salarié doit être **constaté** médicalement.

> Précisions **a.** La lésion physique peut être révélée par un **malaise** (Cass. soc. 5-1-1995 n° 92-17.574) ou des **douleurs** ressenties au travail et ayant justifié un arrêt de travail et un traitement médical (Cass. 2e civ. 22-3-2005 n° 03-16.415 : RJS 6/05 n° 668).

b. Les troubles psychologiques (**dépression, stress**…) sont pris en charge à titre d'accident du travail à condition que ceux-ci soient apparus brutalement à la suite d'un incident d'ordre professionnel, comme, par exemple, un entretien éprouvant avec un supérieur hiérarchique (Cass. 2e civ. 1-7-2003 n° 02-30.576 : RJS 10/03 n° 1222). À défaut d'être apparu soudainement, l'état dépressif consécutif à un harcèlement moral n'est pas couvert (Cass. 2e civ. 24-5-2005 n° 03-03.480 : RJS 8-9/05 n° 901).

Il n'est pas exclu, en revanche, que cet état soit reconnu comme maladie professionnelle sur expertise individuelle. S'agissant du **suicide** du salarié, voir n° 615.

LIEN AVEC LE TRAVAIL

Le caractère professionnel de l'accident suppose l'existence d'un lien direct entre ce dernier et le travail. Ainsi, est un accident du travail celui survenu en cours d'**exécution du contrat** de travail, à un **moment** et dans un **lieu** où le salarié se trouve sous le contrôle et l'**autorité de son employeur.** 605 D-IV-2150 s

Accident survenu au temps et au lieu de travail Par temps de travail, il faut entendre le temps travaillé effectivement selon l'horaire normal du salarié et le temps pendant lequel ce dernier se trouve dans l'entreprise à l'occasion du travail (temps de pause, de déjeuner, de douche…). 610

Le lieu de travail recouvre l'ensemble des locaux de l'entreprise et ses dépendances (Cass. soc. 30-11-1995 n° 93-14.208 : RJS 1/96 n° 70). Les locaux de l'entreprise affectés à la restauration du personnel sont également couverts par la législation professionnelle.

ILLUSTRATIONS

Constitue un accident du travail l'accident survenu :

– dans la **cantine** ou le réfectoire situé dans l'entreprise (Cass. soc. 5-1-1995 n° 93-11.500 : RJS 2/95 n° 155), ou en en sortant (Cass. soc. 27-4-1988 n° 86-12.425), même si ce lieu est géré par le CSE (Cass. soc. 20-11-1980 n° 79-12.454). Lorsque le lieu de restauration est situé à l'extérieur de l'entreprise, voir n° 655 ;

– sur le **parking** mis à la disposition du personnel (Cass. ass. plén. 3-7-1987 n° 86-14.914) ;

– sur la **voie de circulation** située dans l'enceinte de l'entreprise (Cass. soc. 7-11-1997 n° 96-10.818 : RJS 1/98 n° 99) ou séparant deux établissements de l'employeur (Cass. 2e civ. 4-7-2007 n° 06-17.005 : RJS 10/07 n° 1121).

Il en est de même de la **rixe** entre salariés (Cass. soc. 12-7-1990 n° 88-16.127 : RJS 10/90 n° 824 ; Cass. 2e civ. 12-7-2007 n° 06-17.256 : RJS 11/07 n° 1206) et d'une **agression** sur le lieu de travail (Cass. 2e civ. 15-6-2004 n° 02-31.194 : RJS 8-9/04 n° 965).

Est également un accident du travail l'accident dont est victime un salarié en tentant de **sauver un collègue** en péril, celui-ci ne pouvant pas être considéré comme s'étant soustrait à l'autorité de l'employeur (Cass. soc. 17-10-1973 n° 72-10.865).

Ne constitue pas un accident du travail l'accident survenu dans l'entreprise pendant le temps de travail, alors que le salarié se livre à des **travaux indépendants de ses fonctions** (Cass. soc. 16-4-1992 n° 90-10.320 ; Cass. 2e civ. 3-4-2003 n° 01-20.974 : RJS 6/03 n° 800) ou accomplit un acte étranger à la destination des lieux (Cass. soc. 12-1-1977 n° 76-10.518).

615 **Accidents hors temps ou lieu de travail** L'accident survenu alors que le salarié n'est plus sous l'autorité de son employeur n'est pas un accident du travail, sauf s'il peut être rattaché à l'activité professionnelle (Cass. 2e civ. 22-2-2007 n° 05-13.771 : RJS 5/07 n° 666).

ILLUSTRATIONS

N'est pas qualifié de professionnel l'accident survenu dans l'entreprise, hors du temps de travail, si le salarié y séjourne pour des **motifs personnels** (Cass. soc. 11-12-1985 n° 84-13.409).

Le salarié qui s'**absente** pendant les heures de travail n'est plus couvert par la législation sur les accidents du travail. Jugé ainsi notamment pour le salarié se rendant à la mairie avec l'autorisation de l'employeur pour donner son sang (Cass. soc. 28-9-1983 n° 82-13.703). En revanche, est un accident du travail l'accident survenu lors d'une collecte de sang organisée dans la société (Cass. soc. 11-7-1991 n° 89-18.855 : RJS 10/91 n° 1140).

Le malaise survenu dans les **locaux du médecin du travail** dans l'attente d'un examen périodique est présumé être un accident du travail (Cass. 2e civ. 6-7-2017 n° 16-20.119 F-PB : RJS 10/17 n° 702).

Le **suicide** constitue un accident du travail s'il est directement lié au travail, par exemple s'il fait suite à des reproches de l'employeur (Cass. soc. 20-4-1988 n° 86-15.690 ; Cass. 2e civ. 24-1-2019 n° 17-31.282 F-D : RJS 4/19 n° 248) ou à un harcèlement moral (voir n° 620). Il est considéré comme imputable à l'accident du travail lorsqu'il en est la conséquence directe et certaine (Cass. soc. 19-12-1991 n° 90-10.899 : RJS 2/92 n° 198 ; 15-1-2015 n° 13-28.368 : RJS 4/15 n° 285).

L'agression d'un salarié **à son domicile** constitue un accident du travail lorsqu'elle est liée à la mission qui lui a été confiée, par exemple la garde des clefs d'une banque (Cass. soc. 4-2-1987 n° 85-13.532).

620 **Accident pendant une suspension ou après la rupture du contrat** N'a pas de caractère professionnel l'accident survenu dans l'entreprise pendant une suspension du contrat. Il en est ainsi, notamment, de l'accident ayant eu lieu durant une **mise à pied** (Cass. soc. 4-10-1979 n° 78-13.802 ; Cass. 2e civ. 21-9-2017 n° 16-17.580 F-D : RJS 12/17 n° 831), une **grève** ou un **congé,** sauf si le salarié est convoqué par l'employeur, par exemple, pour un entretien préalable à son licenciement (Cass. soc. 11-7-1996 n° 94-16.485 : RJS 8-9/96 n° 983), ou s'il établit que son accident est lié au travail (exemple : tentative de suicide pendant un congé maladie consécutif à un harcèlement moral : Cass. 2e civ. 22-2-2007 n° 05-13.771 : RJS 5/07 n° 666).

N'a pas non plus de caractère professionnel l'accident survenu après la **rupture** du contrat, par exemple, quelques heures après la rupture de la période d'essai (Cass. soc. 29-5-1985 n° 84-10.603), à moins que les circonstances aient replacé le salarié sous l'autorité de l'employeur (Cass. soc. 11-7-1996 n° 94-15.666 : RJS 8-9/96 n° 984).

CAS PARTICULIERS

625 **Salarié en mission** Même si le déplacement du salarié est habituel et inhérent à ses
D-IV-5240 s fonctions (Cass. 2e civ. 16-9-2003 n° 02-30.009 : RJS 11/03 n° 1311), la jurisprudence qualifie d'accident du travail celui survenu **pendant le temps de la mission,** peu importe qu'il ait eu lieu à l'occasion d'un acte professionnel ou d'un acte de la vie courante, sauf si l'employeur ou la caisse prouve que l'intéressé avait alors interrompu sa mission pour un motif personnel (Cass. soc. 19-7-2001 nos 99-21.536 et 99-20.603 : RJS 10/01 n° 1196 ; 12-12-2002 n° 01-20.516 : RJS 2/03 n° 252 ; Cass. 2e civ. 12-10-2017 n° 16-22.481 F-PB : RJS 12/17 n° 830).

Est également un accident du travail celui survenu **pendant le trajet,** à l'aller (Cass. 2e civ. 12-5-2003 n° 01-20.968 : RJS 8-9/03 n° 1070) ou au retour (Cass. 2e civ. 16-9-2003 n° 02-30.396), entre le lieu de mission et l'entreprise ou le domicile du salarié, peu importe que le trajet emprunté soit un peu plus long ou un peu moins rapide que celui recommandé (Cass. 2e civ. 9-5-2018 n° 17-17.912 F-D : RJS 7/18 n° 503).

› Précisions a. L'accident survenu lors d'un séminaire d'entreprise, pendant un **moment de détente** ou au cours d'une **activité de loisir,** comme le ski, est un accident du travail si pendant cette période, rémunérée comme du temps de travail, le salarié reste soumis à l'autorité de son employeur (Cass. 2e civ. 21-6-2018 nº 17-15.984 F-D : RJS 11/18 nº 693).

b. Une **interruption du parcours** entre le lieu de mission et l'entreprise ou le domicile, par exemple pour dîner avec un ami, ne fait pas perdre à l'accident sa qualification d'accident du travail s'il a eu lieu postérieurement alors que l'intéressé avait repris le trajet (Cass. 2e civ. 1-7-2003 nº 01-13.433 : RJS 10/03 nº 844). En revanche, n'est pas un accident du travail (ni un accident de trajet) celui survenu au salarié alors qu'il avait **détourné son itinéraire** pour des raisons strictement personnelles (Cass. 2e civ. 22-3-2005 nº 02-30.858 : RJS 6/05 nº 669 ; 20-9-2005 nº 04-30.332 : RJS 12/05 nº 1261).

c. Sur l'accident d'un **représentant du personnel** dans l'exercice de ses missions, voir nº 62675.

Salarié travaillant à domicile Les salariés travaillant à leur domicile sont couverts pour les accidents survenus à l'occasion de l'exécution des travaux confiés par l'employeur. **630** D-IV-6360 s

Sont visés les salariés ayant le **statut de travailleur à domicile.** Est un accident du travail celui dont ils sont victimes au cours du transport de la marchandise entre leur domicile et l'entreprise, dès lors que ce transport est prévu par le contrat de travail (Cass. soc. 18-1-1995 nº 91-42.161 : RJS 3/95 nº 319). Il en est de même de l'accident survenu à un salarié revenant de La Poste où il s'est rendu pour raison professionnelle un jour ouvrable, à une heure normale de travail, alors que l'intéressé ne dispose pas de bureau extérieur à son domicile (Cass. soc. 11-4-1996 nº 94-12.208 : RJS 5/96 nº 602).

Sont également visés tous les salariés **effectuant habituellement ou occasionnellement un travail à leur domicile,** sans avoir le statut précité. Il a ainsi été jugé qu'est un accident du travail l'accident survenu à domicile à un VRP, alors qu'il décharge sa voiture un samedi, pour travailler chez lui comme il en a l'habitude (Cass. soc. 9-3-1995 nº 93-10.918 : RJS 4/95 nº 453) ou au salarié qui exécute chez lui des tâches de dactylographie confiées par son employeur (Cass. soc. 18-11-1993 nº 91-12.721 : RJS 2/94 nº 184).

Le salarié d'**astreinte à son domicile** n'est pas couvert par la législation sur les accidents du travail (Cass. soc. 2-4-2003 nº 01-20.765 : RJS 7/03 nº 940). En revanche, si la **permanence** est effectuée dans un local imposé par l'employeur, l'accident survenu dans ce lieu est présumé imputable au travail, peu importe qu'il se soit produit à l'occasion d'un acte professionnel ou d'un acte de la vie courante, sauf si l'employeur ou la caisse démontre que le salarié s'est temporairement soustrait aux obligations de l'astreinte pour des motifs personnels (Cass. 2e civ. 2-11-2004 nº 02-31.098 : RJS 1/05 nº 75).

S'agissant des **assistants maternels,** voir nº 33375 ; des **télétravailleurs,** voir nº 74000.

Salarié logé par l'employeur L'accident dont est victime un salarié logé par son employeur sur le lieu de travail a un caractère professionnel dès lors que, au moment de l'accident, l'intéressé effectue un acte **imposé par le service** (Cass. soc. 1-2-1989 nº 87-17.794 : RJS 3/89 nº 273) ou **agit dans l'intérêt de l'employeur.** **635** D-IV-6500 s

ILLUSTRATIONS

Est un accident du travail celui survenu à un salarié participant, la nuit, à des opérations de sauvetage lors d'un incendie (Cass. soc. 21-12-1988 nº 87-16.027 : RJS 2/89 nº 191) et celui survenu à un gardien d'immeuble, en dehors des heures de travail, en voulant remédier à une panne d'électricité à la demande d'un copropriétaire (Cass. soc. 30-4-1997 nº 95-16.650 : RJS 6/97 nº 759).

2. ACCIDENT DE TRAJET

L'accident de trajet, également couvert par la législation professionnelle, doit être distingué de l'accident du travail proprement dit. Les **prestations** de sécurité sociale sont identiques, mais la victime d'un accident de la circulation conserve le droit d'exercer une action en responsabilité civile de droit commun contre son employeur (nos 1280 s.). En matière de **cotisations,** seule la prise en charge d'un accident du travail proprement dit peut avoir une incidence sur le taux appliqué à l'employeur (nos 23540 s.). **650** D-IV-10000 s

LIMITES DU TRAJET

Est un accident de trajet celui survenu pendant le trajet aller et retour (itinéraire dit « protégé ») entre, d'une part, le **lieu du travail** et, d'autre part : **655** CSS art. L 411-2

– la **résidence** principale, une résidence secondaire stable ou tout autre lieu où le salarié se rend habituellement pour des motifs d'ordre familial ;

– le restaurant, la cantine ou, d'une manière plus générale, le **lieu où le salarié prend habituellement ses repas,** lorsqu'il est situé en dehors de l'entreprise.

Le **trajet** ne **commence** que lorsque la résidence est définitivement quittée et **se termine** lorsque le salarié arrive sur les lieux de l'entreprise (sur cette notion, voir nos 610 s.). Ne constitue donc pas un accident de trajet celui survenu dans les dépendances de l'habitation (escalier, garage, jardin, cour…).

Le lieu de travail est toujours à l'une ou l'autre extrémité du trajet.

> **Précisions** **a.** La **Cour de cassation** exerce son **contrôle** sur les extrémités du trajet, mais reconnaît aux juges du fond un pouvoir souverain d'appréciation de la nature de l'accident survenu au cours du trajet (Cass. soc. 16-3-1995 no 93-10.479 : RJS 5/95 no 574 ; 10-12-1998 no 97-13.170 : RJS 2/99 no 280). Cela la conduit à cautionner des décisions parfois contradictoires pour des espèces comparables.
b. La **résidence secondaire** doit être stable. N'a pas ce caractère le lieu de séjour occasionnel ou temporaire (Cass. soc. 31-3-1981 no 80-11.187). La distance séparant une telle résidence du lieu de travail ne semble pas être déterminante (Cass. soc. 28-6-1989 no 86-18.907 : RJS 7/89 no 629). Ne peut être qualifié d'accident de trajet l'accident survenu entre **2 résidences** du salarié (Cass. soc. 10-2-1982 no 81-10.370).
c. Pour être habituelle, la fréquentation du **lieu de restauration** situé hors de l'entreprise ne doit pas nécessairement être quotidienne, mais doit avoir une périodicité suffisante (ex. : une à deux fois par semaine : Cass. soc. 9-3-1977 no 76-10.967).

660 **Cas particuliers** L'accident survenu sur le **trajet chantier-siège de l'entreprise** est un accident du travail si le salarié ne recouvre son indépendance qu'en arrivant au siège (Cass. soc. 27-4-1988 no 84-12.147) ou un accident de trajet si l'utilisation du moyen de transport mis à disposition par l'employeur est purement facultative (Cass. crim. 3-3-1993 no 92-85.002 : RJS 5/93 no 549). Est aussi considéré comme un accident de trajet celui survenu sur le trajet lieu de **travail-domicile dans le véhicule de l'employeur** si ce transport constituait une simple commodité dont le salarié n'était pas tenu de profiter (Cass. soc. 17-2-1994 no 90-21.739 : RJS 4/94 no 467).

Est un accident de trajet celui survenu à un salarié **logé par l'employeur** entre sa résidence et le lieu de travail, dès lors que ces deux points ne se confondent pas (Cass. soc. 28-6-1989 no 86-19.239 : RJS 7/89 no 634). Il en est de même de celui survenu à un salarié ayant **plusieurs employeurs** sur le parcours direct séparant un lieu de travail d'un autre (Cass. soc. 20-11-1969 no 68-14.000).

Sur le trajet séparant deux établissements d'un même employeur, voir no 610.

ITINÉRAIRE PROTÉGÉ

665 Le salarié peut être pris en charge au titre d'un accident de trajet si cet accident est survenu sur l'itinéraire le plus **direct** par rapport au lieu de travail et dans un temps normal et à un **horaire** normal eu égard à l'horaire de travail. Cependant, le salarié est libre de choisir entre plusieurs itinéraires équivalents (Cass. soc. 4-2-1987 no 85-13.059). Il peut aussi le modifier selon les circonstances (panne, encombrement…) ou suivre un trajet plus long mais plus facile.

Par ailleurs, le trajet doit en principe avoir un **lien direct avec la prestation de travail.** Ne devrait donc pas être protégé le salarié qui se rend dans l'entreprise pendant la suspension de son contrat de travail ou pour un motif personnel.

> **Précisions** **a.** L'**horaire normal** du trajet est apprécié en fonction des circonstances de fait (distance parcourue, moyen de transport, difficultés de circulation...).
b. N'est pas protégé le **trajet effectué en avance ou en retard** par rapport à l'horaire normal de travail, sauf pour la victime à démontrer qu'il était guidé par un motif lié aux nécessités de la vie courante ou à l'emploi (heures supplémentaires...), motif souverainement apprécié par les juridictions du fond en cas de litige. Jugé, par exemple, que l'accident survenu au salarié non syndiqué, rejoignant son domicile à l'issue d'une réunion syndicale organisée par la section syndicale, aussitôt après le temps de travail, constitue un accident de trajet (Cass. soc. 21-3-1996 no 93-16.070 : RJS 5/96 no 603).
c. L'existence d'un **horaire variable** n'exclut pas le bénéfice de la protection. Les éléments tirés de la durée habituelle du trajet par rapport au moment de la survenance de l'accident constituent, en ce cas, des critères d'appréciation retenus par les juges.

DÉTOUR OU INTERRUPTION DE TRAJET

670 CSS art. L 411-2 L'itinéraire reste protégé si le détour est rendu nécessaire par un **covoiturage** régulier ou par les **nécessités de la vie courante** ou par l'**emploi.** Dans ce cas est un accident de trajet l'accident survenu lors du détour, de même que celui survenu avant et après l'interruption de trajet. En revanche, n'a pas ce caractère l'accident survenu sur le lieu même de l'interruption (magasin, banque, crèche, cabinet médical…) ou ses dépendances (escalier, hall…).

> **Précisions** N'est pas un accident de trajet celui survenu alors que le détour ou l'interruption de trajet est dicté par l'**intérêt personnel** et étranger aux **nécessités de la vie courante** ou

indépendant de l'emploi. En cas de litige, il appartient aux juges du fond de décider souverainement si tel acte de la victime relève de la vie courante ou est motivé par un intérêt strictement personnel. Ont par exemple été jugés dictés par une nécessité de la vie courante les détours ou interruptions de trajet motivés par l'achat de nourriture (Cass. soc. 12-10-1995 n° 93-21.225 : RJS 11/95 n° 1179) ou par des soins médicaux (Cass. soc. 19-3-1986 n° 84-14.406).

3. MALADIE PROFESSIONNELLE

Les maladies d'origine professionnelle sont indemnisées au même titre que les accidents du travail. Sont des maladies professionnelles les maladies reconnues comme telles par décrets et inscrites dans les **tableaux** (voir nos 695 s.) et, sous certaines conditions, celles dont l'origine professionnelle est établie à la suite d'une **expertise individuelle** (voir n° 710). **690** CSS art. L 461-1 D-IV-15300 s

ATTENTION

Ne peuvent pas être qualifiées de maladies professionnelles celles survenues **avant l'embauche** par l'employeur chez lequel le salarié a été exposé au risque (Cass. 2e civ. 10-3-2016 n° 15-15.262 : RJS 5/16 n° 371).

MALADIES INSCRITES DANS LES TABLEAUX

Présomption d'origine professionnelle L'origine professionnelle d'une affection est **présumée** pour les maladies inscrites dans les tableaux de maladies professionnelles, à **condition** pour la victime de justifier avoir été exposée de façon habituelle au risque de la maladie (pour certaines affections, les tableaux fixent une durée minimale d'exposition) et de ne pas avoir cessé, au moment de la première constatation médicale, d'être exposée au risque depuis un certain délai dit « de prise en charge » déterminé par chaque tableau. La date de la première constatation médicale, fixée par le médecin-conseil, est celle à laquelle les premières manifestations de la maladie ont été constatées par un médecin, avant même que le diagnostic ne soit établi (CSS art. D 461-1-1). Elle correspond au document médical le plus ancien attestant des débuts de la maladie, tel qu'un certificat ou un examen médical ou un arrêt de travail en lien avec les premiers symptômes. Elle peut donc différer de celle mentionnée sur le certificat médical initial visé n° 720, b (Circ. Cnamts 19 du 13-10-2016). **695** CSS art. L 461-2 D-IV-15420 s

> Précisions **a.** Les travaux exposant au risque sont énumérés dans les tableaux à titre tantôt indicatif, tantôt limitatif. La **condition d'exposition** au risque est remplie lorsqu'un salarié, bien que n'ayant pas personnellement effectué les travaux nocifs, a néanmoins été dans l'ambiance créée par ceux-ci (Cass. soc. 7-12-1989 n° 88-14.033 : RJS 2/90 n° 164 ; 28-5-1998 n° 96-22.361 : RJS 7/98 n° 914 ; Cass. 2e civ. 19-9-2019 n° 18-19.993 F-PBI : RJS 12/19 n° 720).
L'**intensité de l'agent nocif** n'est pas un critère d'exposition au risque (Cass. soc. 22-2-1990 n° 88-16.048). Ainsi, dès lors que les **bruits** auxquels a été exposé le salarié figurent sur la liste du tableau, la surdité de ce dernier est imputable au travail, peu importe leur faible intensité liée au fait que la victime portait en permanence un casque antibruit (Cass. 2e civ. 13-3-2014 n° 13-13.663 : RJS 5/14 n° 433).
b. Le **caractère habituel,** qui s'entend d'une certaine durée et d'une certaine régularité, dépend des circonstances de fait, appréciées souverainement par les juges du fond en cas de litige. Il n'implique pas que les travaux en cause constituent une part prépondérante de l'activité du salarié (Cass. 2e civ. 8-10-2009 n° 08-17.005 : RJS 12/09 n° 978).
c. Le caractère professionnel d'une maladie identifiée après l'expiration du **délai de prise en charge** ne peut être écarté si des lésions ont été constatées pendant ce délai (Cass. soc. 8-6-2000 n° 98-18.368 : RJS 7-8/00 n° 871).
d. Sauf preuve contraire (Cass. 2e civ. 8-10-2009 n° 08-19.273 ; 16-6-2011 n° 10-18.165), la maladie est considérée comme contractée au service du **dernier employeur** chez lequel la victime a été exposée au risque avant sa constatation médicale (Cass. soc. 21-10-1987 n° 85-42.014 ; 16-11-1995 n° 93-18.579).
e. La victime prise en charge au titre de l'un des tableaux peut demander la **requalification de la maladie au titre d'un autre tableau** tant que la décision de la caisse n'est pas devenue définitive et qu'elle a un intérêt légitime à agir (Cass. 2e civ. 18-9-2014 n° 13-14.650 : RJS 12/14 n° 895 ; Cass. 2e civ. 21-6-2018 n° 17-18.996 F-PB : RJS 10/18 n° 634).

Liste des tableaux de maladies professionnelles Nous reproduisons ci-dessous la liste des tableaux de maladies professionnelles dont le contenu est précisé à l'article R 461-3 du CSS. **700**

Tableau n°	Maladie
1	Affections dues au plomb et à ses composés
2	Maladies professionnelles causées par le mercure et ses composés
3	Intoxication professionnelle par le tétrachlorétane

700 (suite)

Tableau n°	Maladie
4	Hémopathies provoquées par le benzène et tous les produits en renfermant
4 *bis*	Affections gastro-intestinales provoquées par le benzène, le toluène, les xylènes et tous les produits en renfermant
5	Affections liées au contact avec le phosphore et le sesquisulfure de phosphore
6	Affections provoquées par les rayonnements ionisants
7	Tétanos professionnel
8	Affections causées par les ciments (aluminosilicates de calcium)
9	Affections dues aux dérivés halogénés des hydrocarbures aromatiques
10	Ulcérations et dermites provoquées par l'acide chromique, les chromates et bichromates alcalins, le chromate de zinc et le sulfate de chrome
10 *bis*	Affections respiratoires provoquées par l'acide chromique, les chromates et bichromates alcalins
10 *ter*	Affections cancéreuses causées par l'acide chromique et les chromates et bichromates alcalins ou alcalinoterreux ainsi que par le chromate de zinc
11	Intoxication professionnelle par le tétrachlorure de carbone
12	Affections provoquées par les hydrocarbures aliphatiques halogénés précisément énumérés
13	Intoxications par les dérivés nitrés et chloronitrés des hydrocarbures benzéniques
14	Affections provoquées par les dérivés nitrés du phénol, par le pentachlorophénol, les pentachlorophénates et dérivés halogénés de l'hydroxybenzonitrile
15	Affections provoquées par les amines aromatiques, leurs sels et leurs dérivés notamment hydroxylés, halogénés, nitrés, nitrosés et sulfonés
15 *bis*	Affections de mécanisme allergique provoquées par les amines aromatiques, leurs sels, leurs dérivés notamment hydroxylés, halogénés, nitrés, nitrosés, sulfonés et les produits qui en contiennent à l'état libre
15 *ter*	Lésions prolifératives de la vessie provoquées par les amines aromatiques et leurs sels
16	Affections cutanées ou affections des muqueuses provoquées par les goudrons de houille, les huiles de houille, les brais de houille et les suies de combustion du charbon
16 *bis*	Affections cancéreuses provoquées par les goudrons de houille, les huiles de houille, les brais de houille et les suies de combustion du charbon
18	Charbon
19	Spirochétoses (à l'exception des tréponématoses)
20	Affections professionnelles provoquées par l'arsenic et ses composés minéraux
20 *bis*	Cancer bronchique primitif provoqué par l'inhalation de poussières ou de vapeurs arsenicales
20 *ter*	Cancer bronchique primitif provoqué par l'inhalation de poussières ou de vapeurs renfermant des arsénopyrites aurifères
21	Intoxication professionnelle par l'hydrogène arsénié
22	Sulfocarbonisme professionnel
23	Nystagmus professionnel
24	Brucelloses professionnelles
25	Affections consécutives à l'inhalation de poussières minérales renfermant de la silice cristalline, des silicates cristallins, du graphite ou de la houille
26	Intoxication professionnelle par le bromure de méthyle
27	Intoxication professionnelle par le chlorure de méthyle
28	Ankylostomose professionnelle Anémie engendrée par l'ankylostome duodénal
29	Lésions provoquées par des travaux effectués dans des milieux où la pression est supérieure à la pression atmosphérique
30	Affections professionnelles consécutives à l'inhalation des poussières d'amiante
30 *bis*	Cancer broncho-pulmonaire provoqué par l'inhalation de poussières d'amiante
31	Maladies professionnelles engendrées par les aminoglycosides, notamment par la streptomycine, la néomycine et leurs sels

700 (suite)

Tableau n°	Maladie
32	Affections provoquées par le fluor, l'acide fluorhydrique et ses sels minéraux
33	Maladies professionnelles dues au béryllium et à ses composés
34	Affections professionnelles provoquées par les phosphates, pyrophosphates et thiophosphates d'alcoyle, d'aryle ou d'alcoylaryle et autres organophosphorés anticholinestérasiques, ainsi que par les phosphoramides et carbamates hétérocycliques anticholinestérasiques
36	Affections provoquées par les huiles et graisses d'origine minérale ou de synthèse
36 *bis*	Affections cutanées cancéreuses provoquées par les dérivés suivants du pétrole : huiles minérales peu ou non raffinées et huiles minérales régénérées utilisées dans les opérations d'usinage et de traitement des métaux, extraits aromatiques, résidus de craquage, huiles moteur usagées ainsi que suies de combustions des produits pétroliers
37	Affections cutanées professionnelles causées par les oxydes et les sels de nickel
37 *bis*	Affections respiratoires causées par les oxydes et les sels de nickel
37 *ter*	Cancers provoqués par les opérations de grillage des mattes de nickel
38	Maladies professionnelles engendrées par la chlorpromazine
39	Maladies professionnelles engendrées par le bioxyde de manganèse
40	Affections dues aux bacilles tuberculeux et à certaines mycobactéries atypiques
41	Maladies engendrées par les bétalactamines (notamment pénicillines et leurs sels) et les céphalosporines
42	Atteinte auditive provoquée par les bruits lésionnels
43	Affections provoquées par l'aldéhyde formique et ses polymères
43 *bis*	Affections cancéreuses provoquées par l'aldéhyde formique
44	Affections consécutives à l'inhalation de poussières minérales ou de fumées contenant des particules de fer ou d'oxyde de fer
44 *bis*	Affections consécutives au travail au fond dans les mines de fer
45	Infections d'origine professionnelle par les virus des hépatites A, B, C, D et E
46	Mycoses cutanées
47	Affections professionnelles provoquées par les poussières de bois
49	Affections cutanées provoquées par les amines aliphatiques, alicycliques ou les éthanolamines
49 *bis*	Affections respiratoires provoquées par les amines aliphatiques, les éthanolamines ou l'isophoronediamine
50	Affections provoquées par la phénylhydrazine
51	Maladies provoquées par les résines époxydiques et leurs constituants
52	Affections provoquées par le chlorure de vinyle monomère
52 bis	Carcinome hépatocellulaire provoqué par l'exposition au chlorure de vinyle monomère
53	Affections dues aux rickettsies
54	Poliomyélite
55	Affections professionnelles dues aux amibes
56	Rage professionnelle
57	Affections périarticulaires provoquées par certains gestes et postures de travail
58	Affections professionnelles provoquées par le travail à haute température
59	Intoxications professionnelles par l'hexane
61	Maladies professionnelles provoquées par le cadmium et ses composés
61 *bis*	Cancer broncho-pulmonaire primitif provoqué par l'inhalation de poussières ou fumées renfermant du cadmium
62	Affections professionnelles provoquées par les isocyanates organiques
63	Affections provoquées par les enzymes
64	Intoxication professionnelle par l'oxyde de carbone
65	Lésions eczématiformes de mécanisme allergique

700 (suite)

Tableau n°	Maladie
66	Rhinites et asthmes professionnels
66 *bis*	Pneumopathies d'hypersensibilité
67	Lésions de la cloison nasale provoquées par les poussières de chlorure de potassium dans les mines de potasse et leurs dépendances
68	Tularémie
69	Affections provoquées par les vibrations et chocs transmis par certaines machines-outils, outils et objets, et par les chocs itératifs du talon de la main sur des éléments fixes
70	Affections provoquées par le cobalt et ses composés
70 *bis*	Affections respiratoires dues aux poussières de carbures métalliques frittés ou fondus contenant du cobalt
70 *ter*	Affections cancéreuses broncho-pulmonaires primitives causées par l'inhalation de poussières de cobalt associées au carbure de tungstène avant frittage
71	Affections oculaires dues au rayonnement thermique
71 *bis*	Affections oculaires dues au rayonnement thermique associé aux poussières
72	Maladies résultant de l'exposition aux dérivés nitrés des glycols et du glycérol
73	Maladies professionnelles causées par l'antimoine et ses dérivés
74	Affections professionnelles provoquées par le furfural et l'alcool furfurylique
75	Affections résultant de l'exposition au sélénium et à ses dérivés minéraux
76	Maladies liées à des agents infectieux ou parasitaires contractées en milieu d'hospitalisation, d'hospitalisation à domicile ou en Ehpad
77	Périonyxis et onyxis
78	Affections provoquées par le chlorure de sodium dans les mines de sel et leurs dépendances
79	Lésions chroniques du ménisque
80	Kératoconjonctivites virales
81	Affections malignes provoquées par le bis(chlorométhyle)éther
82	Affections provoquées par le méthacrylate de méthyle
83	Lésions provoquées par les travaux effectués dans un milieu où la pression est inférieure à la pression atmosphérique et soumise à variations
84	Affections engendrées par les solvants organiques liquides à usage professionnel
85	Affection provoquée par l'un ou l'autre de ces produits : N-méthyl N'nitro N-nitrosoguanidine, N-éthyl N'nitro N-nitrosoguanidine, N-méthyl N-nitrosourée, N-éthyl N-nitrosourée
86	Pasteurelloses
87	Ornithose-psittacose
88	Rouget du porc (Érysipéloïde de Baker-Rosenbach)
89	Affection provoquée par l'halothane
90	Affections respiratoires consécutives à l'inhalation de poussières textiles végétales
91	Broncho-pneumopathie chronique obstructive du mineur de charbon
92	Infections professionnelles à Streptococcus suis
93	Lésions chroniques du segment antérieur de l'œil provoquées par l'exposition à des particules en circulation dans les puits de mine de charbon
94	Broncho-pneumopathie chronique obstructive du mineur de fer
95	Affections professionnelles de mécanisme allergique provoquées par les protéines du latex (ou caoutchouc naturel)
96	Fièvres hémorragiques avec syndrome rénal dues aux agents infectieux du groupe hantavirus
97	Affections chroniques du rachis lombaire provoquées par des vibrations de basses et moyennes fréquences transmises au corps entier
98	Affections chroniques du rachis lombaire dues à la manutention manuelle de charges lourdes
99	Hémopathies provoquées par le 1.3 butadiène et tous les produits en renfermant
100	Affections respiratoires aiguës liées à une infection au Sars-CoV-2

RECONNAISSANCE SUR EXPERTISE INDIVIDUELLE

La CPAM peut, après avis d'un comité régional de reconnaissance des maladies professionnelles (nº 880), reconnaître le caractère professionnel : 710 CSS art. L 461-1, R 461-8 D-IV-17300 s

– à une **maladie désignée dans un tableau** mais ne répondant pas à une ou plusieurs des conditions fixées par celui-ci (délai de prise en charge, durée d'exposition au risque, liste limitative des travaux exposant au risque) lorsqu'il est établi qu'elle est directement causée par le travail habituel de la victime, peu importe que ce travail ne soit pas la cause unique ou essentielle de la maladie (Cass. soc. 19-12-2002 nº 00-13.097 : RJS 3/03 nº 385) ;

– à une **affection non désignée dans un tableau,** y compris psychique (notamment « burn out » ou syndrome d'épuisement professionnel), lorsqu'il est établi qu'elle est essentiellement et directement causée par le travail habituel du salarié et qu'elle a entraîné le décès de celui-ci ou une incapacité permanente au moins égale à 25 %, le taux à retenir étant celui prévu par le dossier constitué pour la saisine du comité régional (Cass. 2e civ. 19-1-2017 nº 15-26.655 FS-PB : RJS 3/17 nº 229).

C. Formalités

1. ACCIDENT DU TRAVAIL OU DE TRAJET

a. Obligations du salarié

La victime d'un accident du travail doit en informer ou faire **informer l'employeur** ou l'un de ses préposés dans la journée où l'accident s'est produit ou, au plus tard, dans les 24 heures, sauf cas de force majeure, d'impossibilité absolue ou de motif légitime. Cette déclaration peut être faite verbalement sur le lieu de l'accident. À défaut, elle doit être envoyée par tout moyen conférant date certaine à sa réception. 720 CSS art. L 441-1 L 441-6 R 441-2 R 441-10 D-IV-19000 s

La victime doit par ailleurs **faire constater ses lésions** par un médecin de son choix en utilisant la feuille d'accident (nº 735).

› Précisions **a.** Le **non-respect du délai** de 24 heures n'est pas sanctionné. Il ne fait pas perdre le bénéfice de la présomption d'imputabilité de l'accident au travail (Cass. soc. 12-10-1989 nº 87-19.298 : RJS 12/89 nº 969).

b. Le médecin choisi par la victime établit un certificat médical, dit « **certificat médical initial** », indiquant l'état de la victime et les conséquences de l'accident ou les suites éventuelles et, en cas d'interruption de travail, sa durée probable ou, à compter du 1-11-2021, l'avis d'arrêt. Lors de la guérison ou de la consolidation (nº 1060), il établit un nouveau certificat établissant les conséquences définitives de la blessure, dit « **certificat final** ». Ces certificats sont établis en double exemplaire, l'un est délivré à la victime, l'autre est envoyé à la caisse par le praticien.

b. Obligations de l'employeur

DÉCLARATION À LA CAISSE

Modalités Sauf exception (nº 730), l'employeur doit déclarer tout accident du travail ou de trajet, dans le **délai** de 48 heures à compter du jour où il en a eu connaissance (Cass. 2e civ. 4-11-2003 nº 02-30.319 : RJS 1/04 nº 112 ; 17-1-2008 nº 06-21.556 : RJS 4/08 nº 479), à la CPAM dont relève la victime. La déclaration peut être effectuée directement **en ligne** sur www.net-entreprises.fr ou en adressant à la caisse, par tout moyen conférant date certaine à sa réception, un formulaire spécial fourni par cette dernière ou téléchargeable sur www.ameli.fr ou sur www.service-public.fr. Elle peut être assortie de **réserves** (voir nº 727). 725 CSS art. L 441-2 R 441-1 R 441-3 R 441-4 R 441-6 D-IV-19700 s D-IV-20950 s

En cas d'**arrêt de travail,** l'employeur est par ailleurs tenu de déclarer celui-ci via la DSN afin de déclencher le paiement des indemnités journalières de sécurité sociale (voir nº 24020).

› Précisions **a.** Le **délai** de déclaration de 48 heures ne tient pas compte des dimanches et jours fériés (CSS art. R 441-3). En cas de litige, il appartient à l'employeur d'apporter la preuve qu'il a fait la déclaration dans le délai prescrit (Cass. soc. 14-12-1977 nº 76-15.631).

S'agissant de l'accident survenu à un salarié détaché à l'étranger, voir nº 78707, et à un salarié d'une entreprise étrangère, voir nº 36210.

b. L'employeur doit **conserver une copie** de la déclaration faite à la caisse pendant 5 ans (C. trav. art. D 4711-3).

c. En cas de **carence de l'employeur,** la victime (ou un représentant) peut effectuer elle-même la déclaration jusqu'à l'expiration de la deuxième année qui suit l'accident (par exemple jusqu'au 31 décembre 2023 pour un accident survenu le 15 mars 2021). Dans ce cas, un double est adressé par la caisse à l'employeur, à qui la décision est susceptible de faire grief, par tout moyen conférant date certaine à sa réception. Un double de la déclaration est également adressé au médecin du travail (CSS art. L 441-2 et R 441-6).

727 CSS art. R 441-6 D-IV-28430 s

Émission de réserves L'employeur dispose d'un **délai** de 10 jours francs (n° 800) pour émettre, par tout **moyen** conférant date certaine à leur réception, des réserves motivées auprès de la CPAM, ce qui contraindra celle-ci à mener des investigations (voir n° 840). Le délai court à compter de la date de rédaction de la déclaration par l'employeur (Circ. Cnam 28 du 9-8-2019) ou, si la déclaration émane de la victime ou de ses représentants, à compter de la date à laquelle l'employeur en a reçu le double.

L'employeur doit motiver ses réserves mais il n'est pas tenu de **prouver** leur bien-fondé (Cass. 2e civ. 26-11-2020 n° 19-20.058 : RJS 2/21 n° 113).

> Précisions **Par « réserve motivée » il convient d'entendre** toute contestation du caractère professionnel de l'accident portant sur les circonstances de temps et de lieu de celui-ci ou sur l'existence d'une cause totalement étrangère au travail (Cass. soc. 12-7-2001 n° 99-21.762 : RJS 10/01 n° 1200 ; Cass. 2e civ. 17-12-2015 n° 14-28.312 : RJS 3/16 n° 207).

Par exemple, émet des réserves motivées contraignant la caisse à mener des investigations l'employeur qui fait état de l'absence de témoins de l'accident et du fait que celui-ci ne lui a pas été déclaré par le salarié le jour supposé de sa survenue (Cass. 2e civ. 23-1-2014 n° 12-35.003 : RJS 4/14 n° 352).

En revanche, la mention de « réserves conservatoires » avec courrier à suivre ne constituant pas des réserves motivées, la caisse n'est pas tenue de mener des investigations (Cass. 2e civ. 10-10-2013 n° 12-25.782 : RJS 1/14 n° 81).

730 CSS art. L 441-4 R 441-1 R 441-5 D 441-1 à D 441-4 D-IV-20300 s

Remplacement de la déclaration par un registre des accidents bénins Pour les accidents sans arrêt de travail ni soins médicaux, l'employeur peut, après déclaration dans des conditions à fixer par un décret à paraître (ou, jusqu'à la parution de ce décret, sur autorisation), mettre en place un registre destiné à remplacer la déclaration d'accident. Il doit alors en aviser le CSE.

L'inscription sur le registre, à effectuer dans les 48 heures suivant l'accident (non compris dimanches et jours fériés), doit **comporter** le nom de la victime, la date, le lieu et les circonstances de l'accident, ainsi que la nature et le siège des lésions (et tout autre élément devant figurer sur la déclaration d'accident du travail) et être contresignée par la victime.

L'accident qui, ayant fait l'objet d'une simple inscription, entraîne ultérieurement un **arrêt de travail** ou des **soins médicaux** doit être déclaré à la caisse dans les 48 heures suivant cette nouvelle circonstance. S'agissant de l'inscription sur le registre d'un fait pouvant causer le **sida,** voir n° 595.

> Précisions **a.** La tenue d'un registre n'est autorisée que si l'établissement répond aux **conditions** suivantes : présence d'un personnel médical ou paramédical, existence d'un poste de secours d'urgence et respect des obligations en matière de représentation du personnel impliquée dans la prévention des risques professionnels.

b. Le registre est **délivré** par la Carsat. L'employeur le **renvoie** à celle-ci, en recommandé avec accusé de réception, à la fin de chaque année civile.

Le CSE, l'inspecteur et le médecin du travail et les agents de contrôle des caisses (CPAM et Carsat) sont libres de le **consulter.**

c. Un **retrait d'autorisation** peut intervenir sur décision motivée de la caisse, lorsque les conditions d'octroi ne sont plus réunies, ou en cas de tenue incorrecte ou de refus de présentation aux personnes autorisées et aux victimes.

DÉLIVRANCE D'UNE FEUILLE D'ACCIDENT

735 CSS art. L 441-5 R 441-11 D-IV-20650 s

Dès qu'il en est informé, l'employeur se procure une feuille d'accident du travail et de maladie professionnelle auprès de la CPAM et la délivre à la victime afin de lui permettre de bénéficier du tiers payant et de la gratuité des soins (dans la limite des tarifs conventionnels).

> Précisions **a.** La feuille peut être délivrée par la caisse à la victime en cas de carence de l'employeur. Ce document n'entraîne pas de plein droit la prise en charge au titre des accidents du travail.

b. La feuille d'accident est valable pour la **durée** du traitement. Les **praticiens** y mentionnent les soins accomplis et l'utilisent pour établir leurs notes d'honoraires ou leur facture. À la fin du traitement, ou dès que la feuille est entièrement utilisée, la victime adresse cette dernière à la caisse qui, s'il y a lieu, lui en délivre une nouvelle.

2. MALADIE PROFESSIONNELLE

750 CSS art. L 461-5 R 461-5 R 461-6 D-IV-22000 s

La **victime** (et non l'employeur) doit déclarer la maladie à la CPAM dans le **délai** de 15 jours suivant la cessation du travail, au moyen d'un **imprimé** spécial (téléchargeable sur www.ameli.fr). Elle doit y joindre 2 exemplaires du **certificat médical** initial (n° 720, b) délivré par son médecin. Si elle se réfère à un **nouveau tableau** de maladies professionnelles, la déclaration doit être effectuée dans les 3 mois suivant la date d'entrée en vigueur de celui-ci.

Dès réception des documents relatifs à la demande de reconnaissance de la maladie, la caisse remet une **feuille d'accident** à l'intéressé (sur l'objet de ce document, voir n° 735).

L'**employeur** est tenu de déclarer l'arrêt de travail via la DSN (voir n° 24020). Il peut adresser des observations à la caisse (voir n° 875).

> Précisions a. La déclaration est obligatoire, même si la caisse a déjà eu connaissance de la maladie au titre de l'assurance maladie.

b. Le **non-respect du délai** de déclaration de 15 jours ne fait pas perdre à la victime ses droits à réparation si cette formalité est faite avant l'expiration du délai de prescription visé n° 960 (Cass. soc. 14-1-1993 n° 90-18.110 : RJS 2/93 n° 193).

c. La caisse doit adresser un **double de la déclaration** à l'employeur, sinon la décision de prise en charge lui est inopposable (Cass. 2e civ. 20-12-2012 n° 11-26.621 : RJS 3/13 n° 233), ainsi qu'au médecin du travail et à l'inspecteur du travail. Elle transmet également un exemplaire des **certificats médicaux** (certificats initial et final : n° 720, b) à l'inspecteur du travail.

d. Tout **médecin** est tenu de déclarer à l'inspecteur du travail tout symptôme et toute maladie ayant un caractère professionnel (CSS art. L 461-6).

e. La **Covid-19** est à déclarer sur www.declare-maladiepro.ameli.fr. Pour les assurés travaillant dans le secteur de la santé, elle est prise en charge au titre du tableau 100 si elle a entraîné une affection respiratoire grave. Dans les autres cas, elle peut être prise en charge sur avis d'un comité national de reconnaissance dédié à cette affection (Décret 2020-1131 du 14-9-2020 : JO 15).

3. SANCTIONS

L'employeur manquant à ses obligations en matière de déclaration d'accident du travail, de tenue d'un registre des accidents bénins ou de délivrance de la feuille d'accident est passible de l'**amende** prévue pour les contraventions de 4e classe (n° 67285) et de la **pénalité financière** visée n° 50240, b, cette dernière étant aussi applicable en cas de fausse déclaration d'accident du travail. En outre, l'employeur peut se voir réclamer par la caisse le **remboursement des dépenses** effectuées par elle à l'occasion de l'accident. **780** CSS art. L 114-17-1 L 471-1 R 471-3 **D-IV-21060 s**

Par ailleurs, la victime peut poursuivre son employeur pour obtenir la **réparation** de son **préjudice** résultant d'un défaut de déclaration, peu importe qu'elle n'ait pas usé du droit de déclarer elle-même l'accident (Cass. soc. 19-2-1992 n° 88-40.175 : RJS 4/92 n° 404 ; 15-11-2001 n° 99-21.638 : RJS 1/02 n° 92).

S'agissant de la **constatation des infractions** par l'inspection du travail, voir nos 43760 s.

> Précisions a. Le droit de la caisse d'obtenir le **remboursement** des prestations est soumis à la prescription quinquennale de droit commun (Cass. soc. 7-4-1994 n° 92-10.324 : RJS 5/94 n° 612). En cas de litige, le juge doit apprécier l'adéquation de cette sanction à la gravité de l'infraction commise (Cass. 2e civ. 8-4-2010 n° 09-11.232 FS-PBRI : RJS 6/10 n° 553 ; Cass. 2e civ. 24-9-2020 n° 19-17.073 F-D : RJS 11/20 n° 561).

b. S'agissant du travailleur **étranger employé en situation irrégulière,** voir n° 36050, b.

D. Instruction du dossier par la CPAM

La CPAM doit instruire les dossiers qui lui sont soumis en suivant une procédure déterminée et en respectant certains délais. Ces derniers sont exprimés en **jours francs,** c'est-à-dire en jours entiers de 24 heures, de 0 h 00 à minuit. Ainsi, chaque délai commence à courir le lendemain de l'événement et son dernier jour compte entièrement. Par exemple, pour une déclaration d'accident réalisée le 1-4-2021, le délai de 10 jours francs dont dispose l'employeur pour effectuer des réserves débute le 2-4-2021 et expire le 11-4-2021 à minuit. **800**

ATTENTION

Selon la Cour de cassation, la règle selon laquelle le **délai expirant un samedi, un dimanche, un jour férié ou chômé** est prorogée jusqu'au jour ouvrable suivant n'est pas applicable à la procédure d'instruction des accidents du travail et des maladies professionnelles (Cass. 2e civ. 13-2-2020 n° 19-11.253 F-PBI : RJS 4/20 n° 209) bien qu'elle soit admise par l'administration (Circ. Cnam 28 du 9-8-2019).

1. ACCIDENT DU TRAVAIL ET DE TRAJET

a. Objet et délai de l'instruction

Dès qu'elle a connaissance de l'accident, la **CPAM** en **informe** l'inspecteur du travail et instruit le dossier afin de **vérifier** le maintien de la présomption d'imputabilité. Elle dispose d'un **délai** de 30 jours francs (n° 800) à compter de la réception de la déclaration d'accident **810**

CSS art. L 441-3 R 441-7 R 441-13 D-IV-23500 s

et du certificat médical initial pour, soit statuer sur le caractère professionnel de l'accident, soit engager des investigations. Au cours de cette phase, **l'employeur et la victime** (ou ses ayants droit) conservent le droit de faire connaître leurs **observations** et toutes informations complémentaires à la caisse. S'agissant du délai dont dispose l'employeur pour formuler des réserves, voir n° 727.

Si la caisse engage des **investigations,** elle dispose de 90 jours francs (n° 800) à compter de la date à laquelle elle dispose de la déclaration d'accident et du certificat médical initial pour statuer sur le caractère professionnel de l'accident.

Sur les conséquences du **non-respect** par la CPAM du **délai** d'instruction, voir n° 905.

b. Présomption d'imputabilité

CONDITIONS

815 D-IV-6900 s D-IV-14100 s La victime (ou ses ayants droit) peut se prévaloir de la présomption d'imputabilité de l'accident au **travail** à condition d'apporter la preuve de la matérialité de cet accident et de sa survenance à l'occasion du travail (Cass. soc. 8-7-1985 n° 84-11.124 ; 26-5-1994 n° 92-10.106 : RJS 7/94 n° 908).

Un accident est présumé être un accident de **trajet** lorsque la victime (ou ses ayants droit) en établit la matérialité et montre qu'il a eu lieu sur le trajet protégé à un horaire normal, à moins que l'enquête ne permette à la caisse de disposer sur ce point de présomptions suffisantes (CSS art. L 411-2).

› Précisions a. La **preuve** à la charge de la victime (ou de ses ayants droit) peut être apportée par tous **moyens.** Le moyen le plus généralement utilisé est le témoignage. À défaut, tous faits permettant de retenir des présomptions graves, précises et concordantes (constatation des lésions par les premières personnes rencontrées, documents médicaux, information rapide de l'employeur...) peuvent être invoqués (ex. : Cass. soc. 15-6-1977 n° 76-10.289 ; 30-3-1995 n° 93-12.655 : RJS 7/95 n° 821). La preuve ne peut pas résulter des seules déclarations de la victime (Cass. soc. 26-5-1994 n° 92-10.106 : RJS 7/94 n° 908) ni des attestations se bornant à les reproduire (Cass. soc. 1-6-1995 n° 92-21.123 : RJS 8-9/95 n° 964).

b. La présomption d'imputabilité joue dans les rapports entre la victime (ou ses ayants droit) et l'employeur. Elle s'applique également dans les rapports entre l'employeur et la caisse (Cass. soc. 22-6-1995 n° 92-20.212 : RJS 10/95 n° 1058 ; 30-11-1995 n° 93-11.960 : RJS 1/96 n° 72).

c. La présomption d'imputabilité couvre, outre les **lésions concomitantes à l'accident,** celles apparues dans un temps voisin, par exemple quelques jours après (Cass. soc. 6-1-1977 n° 75-15.519 ; 8-6-1995 n° 93-17.804 : RJS 8-9/95 n° 946).

Elle ne peut jouer, en revanche, lorsque les troubles (ou le décès) interviennent **un certain temps après l'accident** (Cass. 2e civ. 9-10-2014 n° 13-21.748 F-D), sauf s'il y a eu continuité des soins ou des symptômes entre les deux événements (Cass. soc. 8-3-1989 n° 87-17.498 ; Cass. 2e civ. 2-11-2004 n° 02-31.066 : RJS 1/05 n° 84). En tout état de cause, si un arrêt de travail a été initialement prescrit ou que le certificat médical initial est assorti d'un arrêt de travail, la présomption d'imputabilité s'étend à toute la durée d'incapacité de travail précédant soit la guérison complète, soit la consolidation de l'état de la victime (Cass. 2e civ. 9-7-2020 n° 19-17.626 F-PBI : RJS 10/20 n° 500). Pour les conséquences d'une **vaccination,** voir n° 597.

d. Si l'**accident ne bénéficie pas de la présomption** d'imputabilité, la victime (ou ses ayants droit) doit prouver le lien de causalité entre les lésions (ou le décès) et l'accident (Cass. soc. 13-2-1997 n° 95-15.533 PB : RJS 3/97 n° 331 ; Cass. 2e civ. 3-4-2003 n° 01-21.054 : RJS 7/03 n° 939).

PREUVE CONTRAIRE

820 La caisse (Cass. soc. 14-12-1995 n° 93-14.133 : RJS 2/96 n° 163 ; 23-5-2002 n° 00-14.154 : RJS 8-9/02 n° 1027) ou l'employeur (Cass. soc. 30-11-1995 n° 93-11.960 : RJS 1/96 n° 72) peuvent détruire la présomption, par toutes preuves contraires, en établissant que l'accident a une cause totalement étrangère au travail (Cass. 2e civ. 11-7-2019 n° 18-19.160 F-PBI : RJS 10/19 n° 593). Sur l'incidence du refus de l'autopsie demandée par la caisse, voir n° 845.

› Précisions a. Si le salarié s'est volontairement soustrait à l'autorité de son employeur au moment de l'accident la preuve contraire est réputée rapportée (Cass. soc. 20-2-1980 n° 79-10.593) : nos 605 s.

b. La présomption d'imputabilité n'est pas détruite s'il existe un **doute** sur la cause de l'accident (Cass. soc. 10-6-1993 n° 91-17.207).

c. La **faute du salarié,** comme un état d'ébriété (Cass. soc. 23-3-1995 n° 92-21.311 : RJS 5/95 n° 573 ; 11-3-2003 n° 00-21.385 : RJS 6/03 n° 800) ou le non-respect de règles de sécurité (Cass. soc. 5-4-1990 n° 88-17.010), est sans incidence sur la nature professionnelle de l'accident. Elle n'a, éventuellement, de conséquences que sur les droits aux prestations : voir n° 965.

c. Investigations de la caisse

CAS ET MODALITÉS

Cas général En cas de réserves motivées de l'employeur (n° 727), ou si elle l'estime nécessaire, la CPAM engage des investigations. Elle informe alors, par tout moyen conférant date certaine à sa réception et dans le délai de 30 jours francs (n° 800) dont elle dispose pour engager ces investigations (n° 810), l'employeur et la victime (ou ses représentants) qu'un **questionnaire** est mis à leur disposition, sur le site https://questionnaires-risquepro.ameli.fr/login (Circ. Cnam 28 du 9-8-2019), à charge pour eux de le remplir en ligne et d'y porter des commentaires dans les 20 jours francs suivant sa réception (le questionnaire peut être obtenu auprès de la caisse en cas d'impossibilité de connexion). 840 CSS art. R 441-7 R 441-8 R 441-13 R 442-1 D-IV-23960 s

La CPAM peut en outre recourir à une **enquête complémentaire** et/ou faire procéder à un examen de la victime par un **médecin-conseil.** S'il y a désaccord entre le médecin-conseil et le médecin traitant ou si la victime en fait la demande expresse, il est procédé à une **expertise médicale technique** (n°s 15585 s.).

L'**employeur** et la **victime** (ou ses ayants droit) peuvent faire connaître leurs observations et toutes **informations complémentaires** à la CPAM ou en faire part directement à l'enquêteur.

› Précisions a. L'enquêteur peut demander à l'employeur de lui communiquer les renseignements permettant d'identifier les risques et les produits auxquels la victime a pu être exposée, à l'exclusion de tout dosage, formule ou processus de fabrication (CSS art. R 441-13). L'enquêteur doit respecter le droit à l'image et le secret médical : il ne peut pas prendre de photos sans autorisation ni poser des questions relatives à l'état de santé des personnes, à la consommation médicamenteuse ou aux soins. **Son rapport** peut comporter des procès-verbaux décrivant les images d'une vidéo-surveillance licite communiquée par une partie ou retranscrivant une audition comportant des déclarations spontanées d'ordre médical si le déclarant a été informé au préalable que le procès-verbal serait communiqué aux parties (Circ. Cnam 38 du 30-10-2019).

b. La décision de prise en charge de l'accident ou de la maladie est inopposable à l'employeur si la caisse n'a pas respecté le principe du **contradictoire** à son égard (Cass. 2e civ. 10-3-2016 n° 15-16.669 F-PB : RJS 5/16 n° 372). Tel est notamment le cas si elle n'a pas engagé d'investigations alors que l'employeur a formulé des réserves motivées (Cass. 2e civ. 23-1-2014 n° 12-35.003 : RJS 4/14 n° 352) ou si elle a envoyé un questionnaire à la victime sans en adresser un à l'employeur (Cass. 2e civ. 15-12-2016 n° 15-27.346 F-D : RJS 3/17 n° 230 ; 6-7-2017 n° 16-18.774 F-PB : RJS 11/17 n° 763). En revanche, selon la Cnam, l'enquêteur n'a pas à interroger systématiquement les deux parties si cela n'est pas nécessaire. Selon elle, dès lors que les questionnaires ont été adressés aux deux parties et que le dossier, y compris l'enquête, est soumis à consultation des deux parties dans les conditions prévues n° 855, le contradictoire est respecté (Circ. Cnam 38 du 30-10-2019). Cette interprétation ne préjuge pas toutefois de la décision qui sera retenue par la jurisprudence.

Décès de la victime En cas de décès de la victime, la CPAM procède obligatoirement à une **enquête,** sans adresser de questionnaire préalable. 845 CSS art. L 442-4 R 441-8 D-IV-24450 s

Si les ayants droit le sollicitent, ou avec leur accord si elle l'estime elle-même utile, elle peut faire procéder à une **autopsie.** Sauf si la demande de la caisse est tardive (Cass. soc. 26-6-1997 n° 95-20.531 : RJS 10/97 n° 1149), les ayants droit qui refusent l'autopsie perdent le bénéfice de la présomption d'imputabilité, même s'ils n'ont pas été informés des conséquences de leur refus (Cass. soc. 5-1-1995 n° 93-12.355 : RJS 2/95 n° 156).

› Précisions a. N'est pas considéré comme un **refus** d'autopsie et ne détruit donc pas la présomption d'imputabilité le fait pour les ayants droit d'avoir fait incinérer le corps (Cass. soc. 2-3-1983 n° 81-12.791) ou d'en avoir fait don à la médecine (Cass. soc. 20-1-1994 n° 91-17.282 : RJS 3/94 n° 316), ou encore d'avoir rapatrié la victime dans son pays d'origine pour y être inhumée (Cass. soc. 21-3-1996 n° 94-15.338 : RJS 5/96 n° 604), empêchant ainsi toute autopsie, dès lors qu'ils ont agi sans hâte excessive et sans volonté de fraude. La présomption ne disparaît pas non plus lorsque l'autopsie est impossible par la faute de la caisse ou d'un tiers (Cass. soc. 18-6-1980 n° 79-10.594).

b. S'agissant de la possibilité pour l'**employeur** de demander une autopsie, voir n° 920, b.

INFORMATION DES PARTIES

Simultanément à l'envoi des questionnaires, ou lors de l'enquête, la CPAM informe l'employeur et la victime (ou ses représentants), par tout moyen conférant date certaine à la réception, de la **date à laquelle elle devra,** au plus tard, **avoir statué** sur le caractère professionnel de l'accident. Au même moment (Circ. Cnam 28 du 9-8-2019), ou en tout état de cause au plus tard 10 jours francs avant l'ouverture de la période de **consultation du dossier,** elle 850 CSS art. R 441-8 D-IV-23500 s informe les parties, dans les mêmes formes, des dates d'ouverture et de clôture de cette période, ainsi que de celle au cours de laquelle ils pourront **formuler des observations.**

Le **non-respect** de l'obligation d'information vis-à-vis de l'employeur rend la décision de prise en charge inopposable à celui-ci (jurisprudence constante, notamment : Cass. soc. 14-6-2001 nº 01-20.384 FS-PB : RJS 3/03 nº 388 ; Cass. 2e civ. 21-6-2005 nº 03-30.649 FS-PB : RJS 10/05 nº 1044), sauf pour ce qui résulte de sa faute inexcusable, voir nº 1330, a.

› **Précisions** **a.** L'obligation d'information est satisfaite par le seul envoi par la CPAM à l'employeur des éléments requis, même si celui-ci est représenté par un **avocat** (Avis Cass. 20-9-2010 nº 1000005P : RJS 1/11 nº 76). En cas de mise à disposition d'un salarié par une **entreprise de travail temporaire,** cette dernière est destinataire de l'information (Cass. 2e civ. 5-4-2007 nº 05-21.608 et nº 06-12.540 : RJS 6/07 nº 790).

b. La **preuve** de l'information donnée aux parties ne peut résulter d'une copie informatique du courrier envoyé par la CPAM que si elle est fidèle à l'original et conservée dans des conditions de nature à en garantir l'intégrité (Cass. 2e civ. 4-12-2008 nº 07-17.622 : RJS 2/09 nº 216).

CONSULTATION DU DOSSIER

855 CSS art. R 441-8 R 441-13 R 441-14 D-IV-26400 s

À l'issue de ses investigations et au plus tard 70 jours francs (nº 800) à compter de la date à laquelle elle dispose de la déclaration d'accident et du certificat médical initial, la CPAM met le dossier qu'elle a constitué à la disposition de l'employeur et de la victime (ou de ses représentants). Ceux-ci ont **10 jours francs pour** le consulter et faire connaître leurs **observations,** qui sont annexées au dossier. **Au terme de ce délai,** les parties peuvent consulter le dossier sans formuler d'observations. La consultation et les observations sont effectuées sur le site https://questionnaires-risquepro.ameli.fr/login (depuis les locaux de la CPAM pour les parties sans accès à internet) (Circ. Cnam 28 du 9-8-2019).

Le dossier **doit comprendre** la déclaration d'accident, les certificats médicaux détenus par la CPAM, les constats faits par celle-ci, les informations qui lui sont parvenues de chacune des parties et les éléments communiqués par la Carsat.

› **Précisions** **a.** La partie qui n'a **pas répondu au questionnaire** (nº 840) peut quand même accéder au dossier et formuler des observations mais pas y joindre tardivement le questionnaire (Circ. Cnam 28 du 9-8-2019).

b. L'employeur ne peut pas **exiger communication** des documents portant sur la fixation du taux d'incapacité permanente susceptible d'être reconnu à la victime (Cass. 2e civ. 21-9-2017 nº 16-26.842 F-PB : RJS 12/17 nº 832). Il n'a pas non plus accès, en principe, aux pièces couvertes par le secret médical.

c. Une **enquête urgente** peut être organisée par la CPAM pour vérifier des observations insuffisamment étayées. Aucune nouvelle mise à disposition du dossier ne pouvant être réalisée, le respect du contradictoire impose à l'enquêteur de contacter (ou tenter de contacter) la partie à laquelle ses vérifications font grief pour recueillir ses observations (Circ. Cnam 28 du 9-8-2019).

d. Si la CPAM **ne respecte pas le délai** de consultation du dossier, celle-ci acceptera de reconnaître l'inopposabilité du sinistre à l'employeur dès que celui-ci en fera la demande à la commission de recours amiable (Circ. Cnam 28 du 9-8-2019).

2. MALADIE PROFESSIONNELLE

870 CSS art. R 461-9

La CPAM a **120 jours francs** (nº 800) **pour statuer** sur le caractère professionnel de la maladie ou saisir le comité régional de reconnaissance des maladies professionnelles (CRRMP). Ce délai d'instruction court à compter de la date à laquelle la caisse dispose de la déclaration de maladie professionnelle et du certificat médical initial et à laquelle le médecin-conseil dispose du résultat des examens médicaux prévus le cas échéant par le tableau.

INSTRUCTION PRÉALABLE À LA DÉCISION OU À LA SAISINE DU CRRMP

875 CSS art. R 441-13 R 461-9

En cas de déclaration de maladie professionnelle, la CPAM engage systématiquement des investigations afin de **vérifier** si les conditions fixées aux tableaux de maladies professionnelles (nº 695) sont réunies.

Dans ce cadre, elle informe, par tout moyen conférant date certaine à sa réception, la victime (ou ses représentants) et l'employeur auquel la décision est susceptible de faire grief qu'un **questionnaire** est mis à leur disposition sur https://questionnaires-risquepro.ameli.fr/login, à charge pour eux de le retourner dans les 30 jours francs suivant sa date de réception (le questionnaire peut être obtenu auprès de la caisse en cas d'impossibilité de connexion).

La caisse peut aussi recourir à une **enquête complémentaire** et **interroger** tout employeur ainsi que tout médecin du travail de la victime.

La **victime** (ou ses ayants droit) et l'**employeur** peuvent faire connaître leurs observations et toutes **informations complémentaires** à la CPAM ou en faire part directement à l'enquêteur.

À l'issue de ses investigations et au plus tard 100 jours francs (n° 800) à compter du point de départ du délai de 120 jours visé n° 870, la CPAM met le **dossier** qu'elle a constitué à disposition de la victime (ou de ses représentants) et de l'employeur auquel la décision est susceptible de faire grief. Ceux-ci disposent d'un délai de 10 jours francs pour **le consulter et faire connaître leurs observations,** qui sont annexées au dossier. Au terme de ce délai, ils peuvent consulter le dossier sans formuler d'observations.

À l'issue de cette période contradictoire, si le dossier relève d'une prise en charge ou d'un rejet au titre des tableaux, la CPAM notifie sa décision (nos 905 s.). Sinon elle saisit le CRRMP.

› Précisions a. Le **dossier** mis à disposition des parties **doit comprendre** la déclaration d'accident, les certificats médicaux détenus par la CPAM, les constats faits par celle-ci, les informations qui lui sont parvenues de chacune des parties et les éléments communiqués par la Carsat. Les pièces du dossier doivent permettre à l'employeur d'être suffisamment informé sur les conditions dans lesquelles la date de la première constatation médicale de la maladie a été retenue (Cass. 2e civ. 9-3-2017 n° 15-29.070 F-PB : RJS 5/17 n° 373 ; Cass. 2e civ. 7-11-2019 n° 18-21.408 F-D : RJS 1/20 n° 48). Les examens médicaux concourant à caractériser la maladie désignée dans le tableau n'ont pas en principe à figurer dans le dossier accessible à l'employeur (Cass. 2e civ. 29-5-2019 n° 18-14.811 F-PBI : RJS 8-9/19 n° 513). Il en va toutefois autrement s'ils se rapportent à la réunion même des conditions fixées par le tableau pour la reconnaissance de la maladie : tel est le cas, par exemple, de l'audiogramme exigé dans le cadre du tableau n° 42 (Cass. 2e civ. 11-10-2018 n° 17-18.901 F-D : RJS 12/18 n° 771).

b. Lors de l'envoi des questionnaires ou lors de l'enquête, la **CPAM informe l'employeur et la victime** (ou ses représentants) de la date d'expiration du délai de 120 jours dont elle dispose pour statuer ou saisir le CRRMP (CSS art. R 461-9). Lors de cet envoi, ou au plus tard 10 jours francs avant le début de la période de consultation (CSS art. R 461-9), elle les informe, par tout moyen conférant date certaine à la réception de cette information, des dates d'ouverture et de clôture de la période où ils pourront consulter le dossier, ainsi que de celle au cours de laquelle ils pourront formuler des observations (Circ. Cnam 28 du 9-8-2019).

c. Hormis les délais de procédure, et la possibilité d'interroger le médecin du travail, **l'instruction est identique** à celle prévue en cas d'accidents du travail. Les précisions figurant nos 840 s. sont donc, sous cette réserve, transposables aux maladies professionnelles.

d. Les **précédents employeurs** peuvent se prévaloir, aux fins d'inopposabilité de la décision de prise en charge, du défaut d'information de la caisse à l'égard du dernier employeur de la victime (Cass. 2e civ. 19-12-2013 n° 12-25.661 : RJS 3/14 n° 269), sauf s'ils ont reçu une information complète sur la procédure d'instruction (Cass. 2e civ. 6-10-2016 n° 15-22.721 F-PB : RJS 12/16 n° 813).

e. Les articles D 461-5 à D 461-23 du CSS prévoient des **dispositions particulières** pour les maladies inscrites aux tableaux nos 25, 30, 30 bis, 44, 44 bis, 91 et 94 (n° 700).

SAISINE DU CRRMP

Dans les cas mentionnés n° 710, la CPAM peut reconnaître le caractère professionnel d'une maladie après avoir obtenu l'avis, qui s'impose à elle, du comité régional de reconnaissance des maladies professionnelles (CRRMP) du **lieu** de résidence de la victime. **880** CSS art. R 461-10 D 461-26 à D 461-38

Lorsque la caisse saisit ce comité, elle **met à nouveau le dossier à disposition** de la victime (ou de ses représentants) ainsi qu'à celle de l'employeur pendant 40 jours francs (n° 800). Au cours des 30 premiers jours, ceux-ci peuvent le consulter, le compléter par tout élément qu'ils jugent utile et faire connaître leurs observations, qui y sont annexées. La caisse et le service du contrôle médical disposent du même délai pour compléter le dossier avec les pièces prévues à l'article D 461-29 du CSS (notamment l'avis du médecin du travail et le rapport du contrôle médical). Au cours des 10 jours suivants, seules la consultation et la formulation d'observations restent ouvertes aux parties.

À l'issue de cette procédure, le CRRMP examine le dossier. Il rend son avis motivé à la caisse dans un délai de 110 jours francs à compter de sa saisine. La caisse notifie à la victime (ou à ses représentants) et à l'employeur, au plus tard 120 jours francs après la saisine du CRRMP, la décision de reconnaissance ou de refus de reconnaissance de l'origine professionnelle de la maladie conforme à cet avis.

› Précisions a. La **caisse informe** la victime (ou ses représentants) et l'employeur, par tout moyen conférant date certaine à la réception de cette information, du délai dont elle dispose pour notifier sa décision, ainsi que des dates d'échéance des différentes phases de mise à disposition du dossier (CSS art. R 461-10).

b. Elle peut demander à l'employeur de fournir, dans un délai d'un mois, un **rapport décrivant notamment chaque poste** de travail détenu par la victime depuis son entrée dans l'entreprise et permettant d'apprécier les conditions de son exposition à un risque professionnel (CSS art. D 461-29).

c. L'avis du médecin du travail et le rapport du contrôle médical sont **communicables,** avec l'accord de la victime ou de ses ayants droit, à un médecin chargé, dans les limites de la déontologie, d'en faire état à l'employeur. Il appartient à la caisse d'effectuer les démarches nécessaires à la désignation de ce médecin par la victime ou ses ayants droit (Cass. 2e civ. 20-9-2018 no 17-22.512 F-D : RJS 12/18 no 771). Les conclusions administratives issues de ces documents sont communicables de plein droit à l'employeur (CSS art. D 461-29).

d. Sauf si la caisse s'est heurtée à une impossibilité matérielle de se procurer l'avis du médecin du travail (Cass. 2e civ. 20-6-2013 no 12-19.816 F-PB), l'**absence** de cet avis au dossier adressé au CRRMP vicie la procédure de reconnaissance de la maladie tant dans les rapports caisse/victime (Cass. 2e civ. 20-12-2007 no 06-18.119 F-D) que dans les rapports caisse/employeur (Cass. 2e civ. 24-9-2020 no 19-17.553 F-PBI : RJS 11/20 no 560). La règle vaut aussi pour l'absence au dossier d'**autres pièces,** comme le rapport circonstancié de l'employeur (Cass. 2e civ. 12-7-2006 no 05-10.657 FS-D).

e. Le CRRMP peut **entendre la victime et l'employeur** s'il l'estime nécessaire (CSS art. D 461-30).

f. Pour la **Covid-19,** l'avis est donné, non par le CRRMP, mais par un comité national, voir no 750, e.

E. Décision de la CPAM

CONTENU ET NOTIFICATION

905 CSS art. R 441-18 D-IV-27000 s

La décision de la CPAM est **motivée.** Elle est notifiée par tout **moyen** conférant date certaine à sa réception et avec **indication des voies et délais de recours** :
– en cas de rejet : à la victime (ou ses représentants) ;
– en cas de prise en charge à titre professionnel : à l'employeur.
Dans l'un et l'autre cas, la décision est également notifiée à la personne à laquelle la décision ne fait pas grief par lettre simple. Le médecin traitant est également averti.

L'**absence de décision** dans les **délais** requis équivaut à une reconnaissance implicite du caractère professionnel de l'accident ou de la maladie. Sur ces délais, voir : no 810 (accident), no 875 (maladie sans saisine du CRRMP) et no 880 (maladie avec saisine du CRRMP).

> Précisions a. Le **certificat médical initial** ne fait courir le délai imparti à la caisse pour statuer que s'il précise le siège exact des lésions (Cass. 2e civ. 30-3-2017 no 16-13.277 F-D : RJS 6/17 no 436 ; Cass. 2e civ. 4-4-2018 no 17-16.092 F-D).

b. Selon nous, l'**absence de notification** du refus de prise en charge au salarié vaut absence de décision, et donc reconnaissance implicite du caractère professionnel du sinistre. Pour l'employeur, l'absence de notification de la décision de prise en charge ne la lui rend pas inopposable mais lui permet d'en contester le bien-fondé devant le juge, sans avoir à respecter les délais de recours contentieux (Cass. 2e civ. 24-1-2019 no 17-28.208 F-PB : RJS 4/19 no 249) et sans limitation dans le temps (Cass. 2e civ. 9-5-2019 no 18-10.909 FS-PBI : RJS 7/19 no 459). Il en va de même, pour l'employeur comme pour le salarié, en cas de décision stéréotypée, de défaut ou d'insuffisance de **motivation** ou de son caractère erroné (Cass. 2e civ. 12-3-2015 no 13-25.599 : RJS 6/15 no 445 ; 26-5-2016 no 15-19.532 : RJS 8-9/16 no 594). Est suffisamment motivée pour faire courir le délai de recours la décision qui, sans faire état des circonstances de fait justifiant la prise en charge, mentionne ce délai, l'identification de l'assuré, la date de l'accident, la référence aux circonstances de l'accident connues de l'employeur et la référence des textes applicables (Cass. 2e civ. 4-5-2017 no 16-16.028 F-D : RJS 7/17 no 525).

c. Dès lors que la notification a été opérée auprès de la **personne, physique ou morale qui a la qualité d'employeur,** elle fait courir le délai de recours de l'entreprise, peu important que celle-ci ait centralisée la gestion de ses dossiers d'accidents du travail auprès d'un autre établissement (Cass. 2e civ. 4-4-2019 no 18-15.886 F-PBI : RJS 6/19 no 397).

d. Ni le **défaut de pouvoir de l'agent signataire** d'une décision de prise en charge (Cass. 2e civ. 23-1-2014 no 13-12.216 : RJS 4/14 no 353), ni le **défaut de signature** par l'agent de cette décision (Cass. 2e civ. 4-4-2018 no 17-14.176 F-D : RJS 6/18 no 443) ne rendent cette dernière inopposable à l'employeur.

PORTÉE

915 D-IV-27780 s

Refus de prise en charge Un refus de prise en charge entraîne **pour la victime** la perte du bénéfice des **prestations** correspondantes : la feuille d'accident ne pouvant plus être utilisée, elle doit être remise à la CPAM. La victime peut toutefois bénéficier des prestations de l'assurance maladie (nos 50100 s.)

Elle peut **contester** le refus selon les règles du contentieux de la sécurité sociale (hors tarification), voir n°s 15460 s. Ce recours n'a aucune conséquence **pour l'employeur** : dès lors qu'elle lui a été dûment notifiée, la décision de refus de prise en charge revêt un caractère définitif à son égard (Cass 2e civ. 20-12-2018 n° 17-21.528 FS-PB : RJS 2/19 n° 126) de sorte que, si le salarié obtient gain de cause, les dépenses en résultant ne sont ni imputables sur son compte ni prises en compte pour déterminer son taux de cotisation accidents du travail (Circ. DSS 267 du 21-8-2009 ; Cass. 2e civ. 8-10-2020 n° 19-13.730 F-PBI : RJS 1/21 n° 47), et l'employeur ne peut pas contester la prise en charge (Cass. 2e civ. 22-10-2020 n ° 19-16.999 F-PBI. : RJS 1/21 n° 50). En conséquence, il n'y a pas lieu de l'appeler en la cause dans le contentieux opposant l'assuré à la caisse (Circ. DSS 267 du 21-8-2009) et, s'il est quand même mis en cause, cela n'a pas d'incidence sur ses rapports avec la caisse (Cass. 2e civ. 7-11-2019 n° 18-19.764 F-PBI : RJS 1/20 n° 49).

ATTENTION

L'**employeur** ne peut pas se prévaloir d'une décision de refus de prise en charge qui ne lui a **pas été notifiée** (Cass. 2e civ. 4-4-2019 n° 18-14.182 FS-PBI : RJS 6/19 n° 381).

Prise en charge La décision de prise en charge a un caractère définitif **à l'égard de la victime** et de ses ayants droit (Cass. 2e civ. 19-2-2009 n° 08-10.544 FS-PB : RJS 5/09 n° 469) de sorte que la caisse ne peut plus la remettre en cause. **920** D-IV-27780 s

Une telle décision, même implicite (Cass. 2e civ. 16-12-2003 n° 02-30.788 : RJS 3/04 n° 344), est **opposable à l'employeur.**

Celui-ci peut toutefois la **contester** selon les **règles** du contentieux de la sécurité sociale (hors tarification) exposées n°s 15460 s. (Cass. soc. 20-6-1963 n° 62-11.020). Le **délai** de 2 mois visé n° 15485 est donc applicable (Cass. 2e civ. 12-7-2018 n° 17-20.198 F-PB : RJS 11/18 n° 695). Ce délai expiré, la décision de la caisse est définitive, l'employeur ne pouvant plus la contester, notamment à l'occasion de la notification de son taux de cotisation accidents du travail (Cass. 2e civ. 15-6-2004 n° 02-19.071 FD).

L'employeur **peut notamment contester** :

– la procédure de reconnaissance : si le principe du contradictoire n'a pas été respecté l'employeur peut exiger que la décision soit considérée comme non opposable à son égard. Tel est notamment le cas si aucune investigation n'a été diligentée alors qu'elle s'imposait ou si cette investigation n'a pas respecté le principe du contradictoire (voir n° 840, b), si l'employeur n'a pas été informé de la déclaration d'une rechute (n° 1195, a), ou encore, s'il n'a pas, en cas d'investigation, été informé des délais de la procédure (n° 850) ou que ceux-ci n'ont pas été respectés (n° 855, d) ;

– le caractère professionnel de l'accident ou de la maladie ;

– l'imputation sur son compte d'une maladie en démontrant que celle-ci n'a pas été contractée à son service (Cass. 2e civ. 19-12-2013 n° 12-19.995 : RJS 3/14 n° 270) ;

– l'imputabilité à l'accident du travail ou à la maladie professionnelle des soins pris en charge par la caisse (Cass. 2e civ. 4-5-2016 n° 15-16.895 F-PB : RJS 7/16 n° 519 ; 26-5-2016 n° 15-17.649 F-PB : RJS 8-9/16 n° 594).

Si l'employeur obtient gain de cause :

– les dépenses afférentes à l'accident ou à la maladie sont retirées de son compte par la Carsat (voir n° 15645, b) et il peut obtenir remboursement des cotisations d'accident du travail indûment versées (n° 15650) ;

– cela est sans incidence pour le salarié : sa prise en charge à titre professionnel n'est pas remise en cause (Cass. 2e civ. 19-2-2009 n° 08-10.544 FS-PB : RJS 5/09 n° 469).

Sur les conséquences des recours de l'employeur sur la reconnaissance ou la réparation de sa faute inexcusable, voir n° 1305 et n° 1330.

› **Précisions** **a.** L'**absence de réserves** lors de la déclaration d'accident ne vaut pas reconnaissance par l'employeur du caractère professionnel de cet accident et ne le prive pas du droit de le contester par la suite (Cass. soc. 28-11-1991 n° 90-11.709 : RJS 1/92 n° 77 ; Cass. 2e civ. 19-6-2008 n° 07-12.770 : RJS 10/08 n° 1032).

b. En cas de décès de la victime, l'employeur peut demander au juge compétent, statuant en référé, la mise en œuvre d'une **autopsie** (Cass. soc. 12-2-1998 n° 96-14.883 : RJS 4/98 n° 520 ; 28-10-1999 n° 97-21.328 : RJS 12/99 n° 1518) ou d'ordonner une **expertise** judiciaire (voir n° 15585, a).

c. Sur la **protection de l'emploi** de la victime, voir n°s 200 s.

F. Prestations

1. PRINCIPES D'INDEMNISATION

RÉPARATION FORFAITAIRE

950 CSS art. L 431-1 D-IV-49200 s

La victime bénéficie d'une réparation forfaitaire se traduisant par la prise en charge des **frais médicaux et paramédicaux** nécessités par son état (prestations en nature). Elle a également droit à des **indemnités journalières** en cas d'interruption temporaire de travail et à une rente en cas d'atteinte à la capacité de travail après consolidation. La victime est soumise au **contrôle** médical de la CPAM dans les mêmes conditions et sanctions qu'en matière d'assurance maladie : nos 50400 s. (CSS art. L 442-5 et R 442-2).

Par ailleurs, en cas de **décès,** certains membres de la famille de la victime peuvent prétendre à une rente.

Une **faute** de la victime (ou de ses ayants droit) peut mettre en cause ces prestations.

› Précisions **a.** Sur les cas où une **réparation complémentaire** peut être obtenue, voir no 1280.
b. L'employeur peut obtenir la **condamnation de l'État** à lui rembourser tout ou partie des sommes mises à sa charge, y compris en cas de faute inexcusable de sa part, lorsque l'administration a commis une faute ayant concouru à la réalisation du dommage subi par le salarié, sauf si l'employeur a délibérément commis une faute d'une particulière gravité (CE 9-11-2015 no 359548 et 342468 : RJS 1/16 no 90 ; CE 26-3-2018 no 401376 : RJS 6/18 no 444).

PRESCRIPTION DES DROITS

955 CSS art. L 431-2 D-IV-30000 s

Accident du travail La prescription extinctive des droits de la victime ou de ses ayants droit aux prestations et indemnités est de **2 ans à compter** :
– si aucune indemnisation n'a été demandée, du jour de l'accident ;
– s'il s'agit d'une demande de rente, du jour de la cessation du paiement de l'indemnité journalière ;
– s'il s'agit d'une rechute ou d'une révision, de la date de la première constatation médicale de la modification survenue dans l'état de la victime (sous réserve, en cas de contestation, de l'avis émis par l'expert) ou de la cessation du paiement de l'indemnité journalière servie en raison de la rechute ;
– s'il s'agit d'une demande de révision faite à la suite du décès, de la date du décès de la victime.

› Précisions Le délai de prescription des droits ne **commence à courir** qu'à partir du jour où la victime a connaissance du lien de causalité entre sa lésion ou sa pathologie et le fait accidentel qui en est à l'origine, par exemple en cas d'infection suite à injections vaccinales (Cass. 2e civ. 22-3-2005 no 03-30.551 : RJS 6/05 no 667 ; 12-7-2006 no 05-10.556 : RJS 11/06 no 1224). En cas d'infection par le virus du **sida,** ce délai court à compter de la date de révélation de la séropositivité (Cass. soc. 15-10-1998 no 96-22.127 : RJS 1/99 no 114).

960 CSS art. L 431-2 L 461-5 D-IV-30260 s

Maladie professionnelle La prescription extinctive des droits de la victime ou de ses ayants droit aux prestations est de **2 ans à compter** :
– de la date de la cessation du travail due à la maladie si la victime a déjà été informée par certificat médical du lien possible entre son affection et une activité professionnelle ;
– de la date de cette information si elle est postérieure à la cessation du travail ou en l'absence de cessation du travail (Cass. 2e civ. 30-3-2017 no 16-13.276 F-D : RJS 6/17 no 435) ;
– de la cessation du paiement des indemnités journalières s'il s'agit de l'attribution d'une rente ;
– du jour de la promulgation du décret de classement si le salarié est atteint d'une **affection constatée avant la publication du tableau** lui attribuant le caractère de maladie professionnelle (Cass. soc. 8-11-1982 no 81-15.446).

INCIDENCE D'UNE FAUTE DE LA VICTIME

965 CSS art. L 453-1 D-IV-30880 s

La **faute inexcusable** de la victime est une faute volontaire, d'une exceptionnelle gravité, exposant sans raison valable son auteur à un danger dont il aurait dû avoir conscience (Cass. 2e civ. 27-1-2004 no 02-30.693 : RJS 4/04 no 457 ; Cass. ass. plén. 24-6-2005 no 03-30.038 : RJS 10/05 no 1037). Elle a pour conséquence une diminution de la rente susceptible de lui être accordée. La **majoration de rente** prévue lorsque l'accident ou la maladie est dû à une faute inexcusable de l'employeur peut être également réduite (Cass. 2e civ. 17-6-2010 no 09-13.592 F-D).

La **faute intentionnelle** de la victime, définie de la même manière que la faute intentionnelle de l'employeur (no 1350), ne donne lieu à aucune prestation au titre de la législation sur les accidents du travail et les maladies professionnelles. La victime peut bénéficier, le cas échéant, des prestations en nature de l'assurance maladie.

> Précisions **a.** Par **exemple**, est une faute intentionnelle la dégradation d'un mobilier à l'occasion de laquelle le salarié s'est blessé (Cass. soc. 5-1-1995 n° 93-14.793 : RJS 2/95 n° 157).

b. Lorsque l'accident est dû à une **faute intentionnelle d'un des ayants droit** de la victime, celui-ci est déchu de ses droits au regard de la législation sur les accidents du travail, droits qui sont transférés à ses enfants ou descendants ou aux autres ayants droit.

2. PRESTATIONS EN NATURE

SOINS

Soins pris en charge Qu'il y ait ou non interruption de travail, la sécurité sociale prend en charge : 1010 CSS art. L 431-1, 1° L 442-8 **D-IV-32000 s**

– les **frais médicaux, chirurgicaux, pharmaceutiques et accessoires** ;
– les frais afférents aux produits et prestations inscrits sur des listes réglementaires : **appareillages** divers, prothèses orthopédiques ou dentaires (CSS art. L 162-1-7) ;
– le **transport** à la résidence habituelle ou à l'établissement hospitalier nécessité par le traitement ou la rééducation (Cass. soc. 20-10-1994 n° 92-13.014 : RJS 12/94 n° 1435), quelles que soient la durée et la nature de l'hospitalisation (complète, partielle ou ambulatoire) ;
– le **déplacement** pour répondre à une convocation du service médical de la caisse ou se soumettre à une expertise ou un contrôle ;
– et, d'une façon générale, les **autres frais** nécessités par le traitement (ex. : intervention subie par un tiers en vue d'une greffe d'organe, cure thermale…), la réadaptation fonctionnelle, la rééducation professionnelle, le reclassement et la reconversion professionnelle.

La victime bénéficie de cette prise en charge jusqu'à sa guérison ou sa consolidation (n° 1060), et postérieurement pour les soins directement consécutifs à l'accident ou la maladie (Cass. soc. 14-5-1998 n° 96-16.025 et n° 96-16.328 : RJS 6/98 n° 787 ; 20-4-2000 n° 98-14.935 : RJS 6/00 n° 721), sans qu'une déclaration de rechute soit exigée (Circ. DSS 178 du 31-3-2000).

Modalités La victime dispose du libre **choix du praticien** dans le cadre du parcours de soins coordonnés (n° 50260). Les frais sont pris en charge sur présentation de la **carte Vitale** et selon le système du **tiers payant.** La victime n'a donc pas à en faire l'avance sur présentation de la feuille d'accident. Il en va différemment pour les dépenses de **transport,** qui sont remboursées dans les conditions prévues pour l'assurance maladie (n° 50275), mais ne sont pas soumises à entente préalable (Cass. 2e civ. 13-11-2008 n° 07-19.618 : RJS 2/09 n° 217). 1015 CSS art. L 161-35-1 L 432-1 à L 432-4

En principe, l'assuré ne supporte aucune participation. Le forfait journalier n'est pas dû pour les **hospitalisations** imputables à l'accident ou à la maladie professionnelle (CSS art. L 174-4). Restent en revanche à la charge de la victime la **participation forfaitaire** visée n° 50230 et, le cas échéant, les **dépassements de tarifs** appliqués par le praticien.

RÉADAPTATION ET RÉINSERTION

La CPAM peut prendre en charge les frais nécessités par la **réadaptation fonctionnelle** de la victime, propre à hâter sa guérison ou sa consolidation (n° 1060) et à réduire les séquelles de son accident ou de sa maladie. 1020 CSS art. L 432-6 à L 432-12 L 461-1 R 432-6 à R 432-10 R 461-1 D 432-1 s à D 432-15 **D-IV-33050 s**

Qu'elle ait ou non bénéficié d'une telle réadaptation, la victime a le droit de suivre gratuitement un **stage de rééducation professionnelle** si elle ne peut pas reprendre son ancien métier sans adaptation ou si elle doit envisager une reconversion. La caisse prend en charge ses frais de transport (n° 1010) et peut lui accorder, sur sa demande dans le mois suivant la fin du stage, une prime de fin de rééducation et, éventuellement, un prêt d'honneur en vue de l'aménagement ou de l'installation d'une entreprise artisanale ou industrielle ou d'une exploitation agricole.

La victime dont l'incapacité atteint au moins 10 % peut demander à bénéficier, pour sa **reconversion** professionnelle, d'un abondement de 7 500 € de son **compte personnel de formation,** pris en charge par la Cnam.

> Précisions **a.** Pendant le **stage de rééducation professionnelle,** effectué soit en établissement spécialisé, soit chez un employeur, l'intéressé perçoit une somme au moins égale au salaire reçu avant l'accident ou la maladie ou au Smic, s'il est plus élevé. Il est couvert contre le risque accident du travail et la période est validée pour le calcul des droits à la **retraite.**

b. Le montant de la **prime de fin de rééducation** est compris entre 3 fois et 8 fois le plafond du salaire de base de l'indemnité journalière (n° 1070).

c. Pour sa **reconversion,** la victime ne peut bénéficier que d'un seul abondement de son CPF pour un même accident ou une même maladie.

3. INDEMNITÉS JOURNALIÈRES

CONDITIONS D'ATTRIBUTION

1050
CSS art. L 431-1, 2° L 433-1, al. 3 L 461-1 R 433-15 R 461-1 **D-IV-35000 s D-IV-36030 s**

Les indemnités journalières, destinées à compenser la perte de salaire résultant de l'accident ou de la maladie, sont, en principe, accordées en cas de **cessation totale de travail.** Elles sont également servies, en tout ou partie, lorsque le salarié est autorisé par son médecin traitant à effectuer un travail aménagé ou à temps partiel (**temps partiel thérapeutique**), à condition que cela soit reconnu par le médecin-conseil de la CPAM comme de nature à favoriser la guérison ou la consolidation de la blessure. En cas de désaccord sur l'opportunité ou les modalités de cette mesure, il est recouru à l'expertise médicale technique (n°s 15585 s.).

ATTENTION

La victime n'a pas droit au maintien de ses indemnités journalières si le certificat médical constatant la **prolongation de son incapacité** physique à reprendre le travail n'a pas été précédé de son examen par le praticien (Cass. 2e civ. 14-2-2019 n° 18-10.158 F-PBI : RJS 4/19 n° 250).

1055
CSS art. L 433-1, al. 5 R 461-1

L'indemnité journalière peut être versée à la victime tenue de suspendre son travail pour suivre un traitement sans l'interrompre totalement (Lettre min. 18-6-1966), ou lorsqu'elle demande à accéder durant son arrêt de travail à des actions de formation professionnelle dans les conditions visées n° 50335.

Par ailleurs, les indemnités journalières peuvent être rétablies en attendant la décision de l'employeur de **rompre le contrat** de travail ou de **reclasser** le salarié déclaré inapte. Cette **indemnité temporaire d'inaptitude** (ITI) est versée pour une période ne pouvant excéder le délai d'un mois visé n° 320, a.

> **Précisions** La **demande d'ITI** est faite par le salarié auprès de la CPAM au moyen d'un formulaire délivré par le médecin du travail. L'intéressé adresse un volet de ce document à l'employeur. L'indemnité est versée dès le premier jour qui suit la date d'avis d'inaptitude. Sauf en cas de travail pour plusieurs employeurs, et hormis le versement de rémunérations liées à des périodes d'activité antérieures à l'avis d'inaptitude (primes soumises à une condition d'ancienneté, de présence, d'assiduité), le salarié ne doit percevoir aucune rémunération pendant le versement de l'indemnité. L'employeur doit renvoyer le volet du formulaire de demande dans les 8 jours qui suivent la date de la décision de reclassement accepté par le salarié ou la date du licenciement. Si le salarié bénéficie d'une rente (n°s 1120 s.), celle-ci s'impute sur l'indemnité (CSS art. D 433-2 à D 433-8 ; Circ. DSS 240 du 1-7-2010).
> En cas de **refus de l'ITI,** la caisse notifie sa décision motivée dans les 2 mois (Circ. DSS 240 du 1-7-2010). En cas de différend médical entre l'assuré et la caisse sur l'origine professionnelle de l'inaptitude, une expertise médicale technique est mise en œuvre (Cass. 2e civ. 24-11-2016 n° 15-19.925 FS-D : RJS 2/17 n° 150).

DURÉE DE L'INDEMNISATION

1060
CSS art. L 433-1 L 442-6 R 433-17 R 442-4 L461-1 **D-IV-35210 s**

En cas d'accident du travail, l'indemnité journalière est due à partir du **premier jour** qui suit l'arrêt du travail, sans distinction entre les jours ouvrables, non ouvrables ou fériés (Cass. 2e civ. 15-12-2016 n° 15-23.904 F-PB : RJS 3/17 n° 233). La journée de travail au cours de laquelle l'accident s'est produit est intégralement payée par l'employeur. En cas de maladie professionnelle, l'indemnité journalière est due à partir de la date de la première constatation médicale de la maladie (n° 695) dans la limite, en cas de déclaration postérieure à cette constatation, des 2 années précédant la déclaration.

L'indemnisation **prend fin** à la date à laquelle le salarié peut exercer une activité salariée quelconque et pas nécessairement son emploi antérieur à l'arrêt de travail (Cass. 2e civ. 21-6-2018 n° 17-18.587 FS-PB : RJS 10/18 n° 636) ou, au plus tard, à celle de la guérison, de la consolidation de la blessure ou du décès de la victime.

> **Précisions** La **consolidation** s'entend de l'état où, à la suite de la période de soins, la lésion se fixe et prend un caractère permanent tel qu'un traitement n'est plus en principe nécessaire, si ce n'est pour éviter une aggravation, et qu'il est possible d'apprécier un certain degré d'incapacité permanente découlant de l'accident ou de la maladie sous réserve des rechutes et des révisions possibles. La **guérison** se distingue de la consolidation par l'absence de séquelles.
> La **date** de consolidation ou de guérison est fixée par la caisse sur avis du médecin traitant fourni dans le certificat médical final (n° 720, b). À défaut de ce certificat, la caisse notifie à la victime, par lettre recommandée avec accusé de réception, la date qu'elle entend retenir ; le médecin traitant en est également informé. Si le certificat n'est pas fourni dans les 10 jours de la notification, la date fixée devient définitive. Lorsque le médecin de la caisse conteste l'avis du médecin traitant, la date est fixée après expertise médicale technique (n°s 15585 s.).

MONTANT

Taux L'indemnité journalière est égale à 60 % du salaire journalier de base (nos 1070 s.) pendant les **28 premiers jours,** puis à 80 % de ce salaire **à compter du 29e jour** (CSS art. R 433-1 et R 433-3). **1065** CSS art. L 433-2 R 433-1 R 433-3 R 433-4 **D-IV-36500 s**

Elle ne peut toutefois pas dépasser un **plafond** égal au montant du gain journalier net perçu par la victime. Celui-ci est obtenu en déduisant du gain journalier brut un taux forfaitaire de 21 % représentatif de la part salariale des cotisations et contributions sociales obligatoires.

Salaire journalier de base Le salaire journalier de base est égal à 1/30,42 de la dernière paie pour les salariés mensualisés ou à 1/365 du salaire des 12 derniers mois pour les salariés travaillant de manière discontinue tels que les saisonniers. **1070** CSS art. R 433-2 R 433-4 R 433-6 R 433-7

Ce salaire journalier n'est pris en compte que dans la limite de 0,834 % du **plafond** annuel de sécurité sociale, soit 343,07 € en 2021.

› Précisions a. La **notion de « dernière paie »** doit être entendue comme la dernière paie échue avant la date d'arrêt de travail, que le salaire correspondant ait ou non été versé. En revanche, les salaires dus entre la date d'échéance de la dernière paie et celle de l'arrêt de travail sont exclus du salaire de référence.
b. Le **salaire est reconstitué** comme si l'intéressé avait effectivement travaillé pendant toute la période de référence (le mois précédant l'arrêt pour les salariés mensualisés) dans les cas suivants : début d'activité, maladie, accident, chômage, maternité, fermeture de l'établissement, congé non payé autorisé, appel sous les drapeaux.
En outre, si la victime a **changé d'emploi** au cours de la période à considérer, le salaire de base est déterminé à partir du salaire de l'emploi occupé au moment de l'arrêt de travail, à moins que le salaire global perçu par l'intéressé à raison des différents emplois occupés au cours de la période de référence ne soit supérieur.
c. Des dispositions spécifiques sont prévues pour les **intérimaires,** voir n° 82620.

Le **salaire à prendre en considération** s'entend de l'ensemble des rémunérations (salaire, indemnités, primes ou gratifications…) soumises aux cotisations dues au titre des accidents du travail et des maladies professionnelles et perçues en contrepartie ou à l'occasion du travail par le salarié pendant la période à considérer ou afférente à cette période (Cass. 2e civ. 28-5-2020 n° 19-10.029 F-PBI : RJS 7/20 n° 368). **1075** CSS art. R 433-5 R 436-1

Les sommes allouées, soit à titre de **rappel de salaire** pour la période écoulée, soit sous forme d'indemnités, primes ou gratifications réglées postérieurement à la rémunération principale de la période de référence (n° 1070, a), sont prises en compte tant qu'elles ont été effectivement payées avant la date d'arrêt de travail : elles sont considérées comme se rapportant à une période égale à celle au titre de laquelle elles sont allouées, cette période débutant le mois civil suivant la date de paiement.

Des **règles particulières** sont prévues pour les stagiaires de la formation professionnelle (voir n° 38370, e), les apprentis (voir n° 3510, a), les bénéficiaires d'allocations de conversion (CSS art. R 412-5-1) et les chômeurs (CSS art. D 412-92).

ILLUSTRATIONS

L'indemnité de vie chère, l'indemnité de scolarité et les **prestations qualifiées d'allocations familiales** extralégales sont prises en compte (Cass. soc. 18-5-1995 n° 93-11.811 : RJS 7/95 n° 822).

Sont exclus, en revanche, les **primes exceptionnelles** ne se rattachant pas à une période déterminée (Cass. soc. 25-11-1999 n° 97-21.207 : RJS 1/00 n° 98), ainsi que les **revenus non salariaux** et les éléments **non soumis aux cotisations** du régime général (Cass. soc. 17-1-1991 n° 88-18.278 : RJS 3/91 n° 395).

Les **primes annuelles** versées pendant le dernier mois sont à prendre en compte pour un douzième (Cass. 2e civ. 10-10-2013 n° 12-23.609 F-PB : RJS 1/14 n° 82).

Un complément de salaire (Cass. 2e civ. 14-9-2006 n° 04-30.734 : RJS 12/06 n° 1314) ou des commissions sur ventes (Cass. 2e civ. 11-10-2012 n° 10-23.415 FS-PB : RJS 1/13 n° 73) se rapportant à la période de travail mais **versés après l'arrêt de travail** ne peuvent pas être pris en compte.

EXEMPLE **1080**

En 2021, un salarié payé au mois a bénéficié d'un salaire de 1 800 € au titre du mois précédant l'arrêt de travail. Le salaire journalier de base est : 1 800 € / 30,42 = 59,17 €.

Montant des indemnités journalières :

– 59,17 € × 60 % = 35,50 € pour chacun des 28 premiers jours d'arrêt de travail ;
– 59,17 € × 80 % = 47,33 € à compter du 29e jour.

Le montant de cette indemnité sera toutefois plafonné au gain journalier net du salarié.

Par ailleurs, si le salaire journalier de base est supérieur à 343,07 €, il reste plafonné à cette somme et le montant de l'indemnité journalière ne peut alors dépasser 343,07 € × 60 % = 205,84 € pendant les 28 premiers jours et 343,07 € × 80 % = 274,46 € à compter du 29e jour.

PAIEMENT

1090 CSS art. L 433-2, L 436-1, R 433-9 à R 433-14, R 433-16, D-IV-38540 s

L'indemnité journalière est payable à des **intervalles** ne pouvant pas excéder 16 jours ouvrables. Elle peut être versée à la victime, à son conjoint ou, si elle est mineure, à toute personne justifiant l'avoir à sa charge. La victime peut aussi donner **délégation** à un tiers pour l'encaissement des indemnités journalières.

Toutefois, l'employeur est **subrogé** dans les droits de la victime lorsqu'il maintient la totalité du salaire dans les conditions visées no 49810.

Lorsque l'incapacité se prolonge au-delà de 3 mois, l'indemnité journalière est **revalorisée** en cas d'augmentation générale des salaires ou, sur demande, en cas d'augmentation du minimum conventionnel.

› Précisions **a.** Le **retard** injustifié apporté au paiement peut être sanctionné par une astreinte de 1 % par jour de retard à partir du 8e jour qui suit l'échéance (CSS art. R 436-5).

b. Les règles de **cumul** de l'indemnité journalière avec d'autres indemnités sont les mêmes qu'en matière d'assurance maladie, voir no 50385.

c. L'indemnité journalière est **cessible et saisissable** dans les limites prévues en matière de salaire (CSS art. L 433-3), voir nos 70940 s. Sur le **régime fiscal** des indemnités journalières, voir Mémento fiscal no 21645. Sur l'assujettissement de ces prestations aux cotisations de sécurité sociale, voir no 23040 et à la **CRDS** et à la **CSG**, voir no 25125.

4. RENTE D'INCAPACITÉ PERMANENTE

CONDITIONS

1120 CSS art. L 431-1, 4o, L 434-1, L 434-2, al. 4, L 461-1, R 434-1, R 434-4, R 434-31, R 434-32, R 461-1, D-IV-39800 s, D-IV-48200 s

La rente d'incapacité permanente, versée à compter du lendemain de la date de consolidation (no 1060), indemnise les pertes de gains professionnels futurs et les incidences professionnelles de l'incapacité. Elle est remplacée par une indemnité en capital si le **taux d'incapacité** est inférieur à 10 %.

Il appartient à la caisse de se prononcer sur l'existence de l'incapacité permanente et, le cas échéant, de fixer le taux de celle-ci et le montant de la rente. La **décision de la caisse** peut être contestée devant la CMRA dans les 2 mois de sa notification (voir no 1512).

En cas de faute inexcusable, voir no 1315.

› Précisions **a.** En cas d'accident du travail, la décision de la caisse, motivée, est **notifiée** par tout moyen permettant de déterminer la date de réception, avec mention des voies et délais de recours, à la victime ou à ses ayants droit et à l'employeur au service duquel se trouvait la victime. Un double est envoyé à la Carsat. La décision reste opposable à l'employeur même en cas de défaut ou d'insuffisance de motivation (Cass. 2e civ. 9-11-2017 no 16-21.793 FP-B : RJS 1/18 no 70) ou d'absence de mention du prénom, du nom et de la qualité du signataire de la notification (Cass. 2e civ. 30-11-2017 no 16-25.309 F-PB : RJS 2/18 no 146). Si, en cas de maladie professionnelle, ces modalités ne sont pas applicables (Cass. 2e civ. 4-4-2019 no 17-28.785 FS-PBI : RJS 6/19 no 383), la caisse doit néanmoins notifier sa décision en mentionnant les voies et délais de recours, sans quoi le délai de recours contentieux est inopposable (Cass. 2e civ. 3-4-2003 no 01-20.886 F-P : RJS 7/03 no 946).

b. L'**employeur** a un intérêt direct et personnel à **contester** la décision de la caisse (Cass. soc. 7-4-1967 no 65-14.007 P). Pour la victime, ce recours est sans incidence sur le montant de la rente qui lui a été notifié à titre définitif (Cass. soc. 14-4-1976 no 74-13.866 P ; Circ. DSS 267 du 21-8-2009). En cas de **recours de la victime**, la décision du tribunal est inopposable à l'employeur s'il n'a pas été appelé à la procédure (Cass. soc. 12-10-1995 no 92-20.356 P).

c. L'**indemnité en capital** est calculée en fonction d'un barème fixé par l'article D 434-1 du CSS. Elle est incessible et insaisissable.

Lorsque, à la suite d'un **nouvel accident** ou d'une maladie susceptible de donner lieu à une indemnité en capital, la somme des taux d'incapacité permanente inférieure à 10 % atteint ce taux, la victime peut choisir entre une rente tenant compte des indemnités en capital précédemment versées et une indemnité en capital correspondant au nouvel accident ou maladie. Son choix est définitif sous réserve que la fixation du taux d'incapacité permanente de chacun des accidents soit elle-même définitive (Cass. 2e civ. 14-3-2019 no 17-27.954 F-PBI : RJS 5/19 no 321). Ne peut pas bénéficier de ces dispositions l'assuré déjà atteint d'une incapacité au moins égale à 10 % avant le nouvel accident ou maladie (Cass. 2e civ. 23-11-2006 no 05-14.619 : RJS 2/07 no 279).

MONTANT DE LA RENTE

1125 CSS art. L 161-25 L 434-2 L 461-1 R 434-2 R 434-2-1 R 461-1 Loi 2019-1446 du 24-12-2019 art. 81 **D-IV-41480 s**

La rente est égale au salaire annuel visé n° 1135, multiplié par le **taux d'incapacité** permanente. Ce taux est compté pour moitié pour la partie ne dépassant pas 50 % et multiplié par 1,5 pour la partie supérieure à 50 %. Par exemple, si le taux d'incapacité est de 30 %, le taux de la rente est de 15 %. Si le taux d'incapacité est de 75 %, le taux de la rente est égal à : (50 / 2) + (25 × 1,5) = 62,50 %.

La rente est en principe **revalorisée** chaque année en fonction de l'inflation.

> **Précisions** **a.** Le montant de la rente est, s'il y est inférieur, porté à celui de la **pension d'invalidité** dont aurait pu bénéficier la victime si l'accident ou la maladie n'avait pas eu un caractère professionnel.
> **b.** En cas d'**accidents ou de maladies successifs,** le montant de la rente afférente au dernier accident ou à la maladie est calculé en tenant compte du ou des taux d'incapacité permanente antérieurement reconnus, qu'ils aient donné lieu au versement d'une rente ou d'une indemnité en capital. Ce montant est plafonné au montant du dernier salaire.

1130 **D-IV-39880 s**

Taux d'incapacité permanente L'incapacité permanente **s'entend** d'une atteinte partielle ou totale à la capacité de travail, même si elle ne se traduit pas par une perte de salaire effective (Cass. soc. 28-4-1986 n° 84-16.859).

Le taux d'incapacité permanente est **déterminé** d'après la nature de l'infirmité, l'état général, l'âge, les facultés physiques et mentales de la victime, ainsi que d'après ses aptitudes et sa qualification professionnelles, compte tenu d'un barème indicatif d'invalidité.

Sur les incidences de la **modification ultérieure** de l'état de la victime, voir n° 1150.

> **Précisions** **a.** Des **douleurs** subsistantes ne peuvent justifier en elles-mêmes un taux d'incapacité (Cass. soc. 12-6-1981 n° 80-12.949).
> **b.** Il existe 2 **barèmes indicatifs d'invalidité,** l'un pour les accidents du travail, l'autre spécifique aux maladies professionnelles. Lorsque ce dernier barème ne comporte pas de référence à la lésion considérée, il est fait application du premier (CSS art. R 434-32).
> Pour l'appréciation de l'aptitude et de la qualification de la victime, il peut être tenu compte d'un déclassement professionnel ou de difficultés de reclassement. Les conséquences sur une activité secondaire autre que celle au cours de laquelle est survenu l'accident peuvent également être retenues (Cass. soc. 26-3-1984 n° 82-16.503).

1135 CSS art. L 434-15 L 434-16 R 434-25 à R 434-30 **D-IV-40810 s**

Salaire annuel de base Le salaire annuel est **constitué** de la rémunération effective totale (au sens visé n° 1075) perçue par la victime pendant les 12 mois civils entiers (Cass. 2e civ. 12-3-2015 n° 14-12.799 : RJS 6/15 n° 444) ayant précédé l'arrêt de travail, **revalorisée,** le cas échéant, selon les modalités visées n° 44665.

En tout état de cause, le salaire annuel de référence pris en compte est, pour la période du 1-4-2020 au 31-3-2021, au **minimum,** de 18 631,28 € et, au **maximum,** de 149 050,38 €.

Pour le **calcul** de la rente, le salaire de base est pris intégralement en compte jusqu'à 2 fois le minimum (soit 37 262,57 €). La partie comprise entre 2 fois et 8 fois ce minimum (soit entre 37 262,57 € et 149 050,38 €) est comptée pour 1/3. La partie supérieure à 8 fois n'entre pas en compte.

> **Précisions** **a.** Les **revenus non salariaux** sont pris en compte pour le calcul de la rente à condition qu'ils aient supporté la cotisation d'assurance volontaire visée n° 5160.
> **b.** Lorsque la victime appartenait depuis moins de 12 mois à la **catégorie professionnelle** dans laquelle elle est classée au moment de l'arrêt de travail, le salaire est calculé en ajoutant à la rémunération afférente à la durée de l'emploi dans cette catégorie celle que la victime aurait pu recevoir pendant le temps nécessaire pour compléter les 12 mois. Toutefois, si la somme obtenue est inférieure au montant total des rémunérations effectivement perçues dans ses divers emplois, c'est sur ce dernier montant qu'est calculée la rente.
> **c.** Le salaire de base peut être **reconstitué fictivement** lorsque la victime n'a pas travaillé pendant les 12 mois. Il en est en particulier ainsi dans les cas visés n° 1070, b.
> C'est également un salaire fictif qui est pris en considération en matière de maladies professionnelles lorsqu'au moment de l'arrêt de travail la victime occupe un nouvel emploi ne l'exposant pas au risque et dans lequel elle perçoit un salaire moindre ou lorsqu'elle n'exerce plus de travail salarié à la date de la première constatation médicale dans le délai de prise en charge : ce salaire est celui que la victime aurait perçu si elle avait continué à être exposée au risque pendant la période de référence (CSS art. R 461-7).
> **d.** Si, à la suite de **petits accidents (ou maladies) successifs,** la victime opte pour une rente (n° 1120, b), celle-ci est calculée sur le salaire annuel perçu au moment de l'accident (ou de la maladie) ouvrant droit à l'option (CSS art. R 434-4, R 461-1).

1140 EXEMPLE

En mars 2021, un salarié a perçu 45 000 € de rémunération durant les 12 mois de référence.

Le montant de cette rémunération étant compris entre 2 fois et 8 fois le minimum, le **salaire annuel de base** est égal à : 37 262,57 + [(45 000 – 37 262,57) / 3] = 39 841,71 €.

Dans l'hypothèse où le **taux d'incapacité** permanente de l'intéressé est fixé à 60 %, le **taux de sa rente** s'établit à : (50 / 2) + (10 × 1,5) = 40 %.

Dans ce cas, le **montant de la rente** s'élève à : 39 841,71 € × 40 % = 15 936,69 € par an.

SERVICE DE LA RENTE

1145 CSS art. R 434-33 R 434-34 R 436-1 D-IV-42020 s

La rente est servie en principe, et sous réserve d'une révision (n° 1150), **jusqu'au** décès de son bénéficiaire. Elle est **payée** par la CPAM tous les 3 mois, ou tous les mois si le taux d'incapacité permanente est égal ou supérieur à 50 %. La caisse peut parfois consentir des **avances.**

> Précisions **a.** La rente peut, sous certaines conditions, être **cumulée** avec les pensions d'invalidité ou de retraite auxquelles peuvent avoir droit les intéressés en vertu d'un statut particulier (CSS art. L 434-6 et R 434-9).

b. Le bénéficiaire peut demander à la caisse que sa rente soit pour partie convertie en une **rente viagère réversible** pour moitié au plus sur la tête de son conjoint (CSS art. L 434-3, R 434-5 à R 434-8).

c. S'agissant du paiement des rentes aux bénéficiaires **étrangers** qui cessent de résider sur le territoire français, voir n° 36050.

d. Les rentes sont **incessibles et insaisissables** (CSS art. L 434-18), sauf à l'égard des créanciers légaux d'aliments (Cass. soc. 5-3-1964 n° 61-12.137). Les rentes indûment versées peuvent être recouvrées par retenue sur celles à venir (Cass. 2e civ. 28-5-2020 n° 19-11.815 F-PBI : RJS 7/20 n° 369). Sur leur **régime fiscal,** voir Mémento fiscal n° 22490. Sur l'assujettissement de ces prestations aux **cotisations** de sécurité sociale, voir n° 23040 et à la CRDS et à la CSG, voir n° 25125.

e. Si l'attribution des droits est soumise à la **prescription** biennale, le paiement de la rente ressortit à la prescription quinquennale (Cass. 2e civ. 4-5-2016 n° 15-15.009 F-PB : RJS 7/16 n° 520).

f. Sur la sanction du **retard** injustifié dans le paiement de la rente, voir n° 1090, a.

RÉVISION

1150 CSS art. L 443-1 L 461-1 R 443-1 R 461-1 D-IV-45650 s

Toute **aggravation ou amélioration de l'état de la victime,** après consolidation ou guérison apparente, ou son **décès** consécutif à l'accident ou la maladie peut donner lieu à une nouvelle fixation des réparations : modification ou suppression de la rente de la victime ou attribution d'une rente à ses ayants droit en cas de décès.

La **procédure** de révision peut être déclenchée soit à l'initiative de la caisse, notamment après un contrôle médical de la victime, soit à la demande de cette dernière ou de ses ayants droit (au sens visé nos 1230 s.) en cas de décès.

Hormis ce dernier cas, une nouvelle fixation des réparations peut avoir lieu à tout moment pendant les 2 ans suivant la consolidation ou la guérison, puis à des intervalles minimaux d'un an, sauf accord pour un **délai** plus court.

> Précisions **a.** La **demande** de révision doit être faite à la caisse, soit par déclaration, soit par lettre recommandée, accompagnée des justifications nécessaires. Elle donne lieu à **décision** de la caisse dans les mêmes conditions que pour la fixation de la rente initiale (CSS art. R 443-4).

b. Lorsque la victime se voit reconnaître un **nouveau taux d'incapacité,** la nouvelle réparation (rente ou indemnité en capital) est calculée en tenant compte, le cas échéant, de l'indemnité en capital déjà versée (CSS art. R 434-1-1 et R 434-1-2).

c. Des règles spécifiques sont prévues pour les bénéficiaires de **plusieurs rentes ou indemnités** en capital (CSS art. R 443-7).

d. Lors de la révision, la caisse ne peut modifier le **salaire de base** ayant servi au calcul de la **rente initiale** (Cass. soc. 15-6-1988 n° 86-13.277 ; 10-11-1994 n° 92-15.240) ni remettre en cause cette dernière au motif que l'évaluation du taux d'incapacité aurait été erronée (Cass. soc. 3-5-1963 n° 62-10.772).

e. L'évolution de l'incapacité de la victime a des conséquences sur la **majoration de rente** accordée en cas de faute inexcusable de l'employeur, voir n° 1315.

f. L'évolution d'un **état morbide préexistant** à l'accident ne peut justifier une révision des réparations, même si cet état a été révélé par l'accident (Cass. soc. 23-2-1983 n° 81-14.160).

AVANTAGES ATTACHÉS À LA RENTE

1155 CSS art. L 371-1 R 371-1 D-IV-43200 s

Le titulaire d'une rente d'incapacité permanente correspondant à un taux d'incapacité permanente partielle au moins égal à 66,66 % a droit à la prise en charge de ses **frais de santé** en cas de maladie et de maternité, sans application du ticket modérateur.

Sous certaines conditions, il ouvre également droit au **capital décès,** voir n° 6040.

Les titulaires d'une telle rente atteints d'une infirmité rendant la station debout pénible ou imposant le recours à l'aide d'une tierce personne peuvent obtenir auprès des préfectures une **carte de priorité** pour l'accès dans les transports en commun et aux guichets des administrations.

PRESTATION COMPLÉMENTAIRE POUR RECOURS À TIERCE PERSONNE

Les victimes atteintes d'une **incapacité** au moins égale à 80 % et dans l'obligation d'avoir recours à l'**assistance** d'une tierce personne pour effectuer les actes ordinaires de la vie bénéficient d'une prestation complémentaire. Son montant mensuel est calculé en fonction des besoins réels d'assistance de la victime déterminés par le médecin-conseil de la caisse, à partir de la grille d'appréciation des 10 actes ordinaires de la vie. Depuis le 1-4-2020 et jusqu'au 31-3-2021, le montant est fixé comme suit : **1160** CSS art. L 434-2, al. 3 R 434-3 D 434-2 D-IV-41720 s

– 562,61 € si la victime ne peut accomplir seule 3 ou 4 des 10 actes de la grille ;
– 1 125,25 € si elle ne peut accomplir seule 5 ou 6 de ces actes ;
– 1 687,90 € si elle ne peut accomplir seule au moins 7 de ces actes ou si, en raison de troubles neuropsychiques, son état présente un danger pour elle-même ou pour autrui.

› **Précisions** **a.** Le montant de la prestation peut être **révisé** lorsque, par suite d'un réexamen de la victime, à l'initiative de celle-ci ou de la caisse, il est constaté une modification de sa capacité à accomplir les actes ordinaires de la vie.
b. La prestation est **revalorisée** dans les conditions visées n° 44665.

5. INDEMNISATION EN CAS DE RECHUTE

DÉFINITION DE LA RECHUTE

La rechute est définie comme une **aggravation** de la lésion survenue **après guérison apparente ou consolidation** de la blessure (n° 1060) et nécessitant un traitement médical, qu'il y ait ou non nouvelle incapacité de travail. Elle suppose un fait nouveau résultant d'une évolution spontanée des séquelles de l'accident (ou de la maladie) initial en relation directe et exclusive avec celui-ci (Cass. soc. 19-12-2002 n° 00-22.482 : RJS 3/03 n° 384). **1190** D-IV-46630 s

Ne sont pas prises en charge à ce titre les simples manifestations de ces séquelles (Cass. soc.12-11-1998 n° 97-10.140 : RJS 2/99 n° 279), telles que la chute consécutive à l'état de faiblesse résultant de l'accident (Cass. soc. 11-1-1996 n° 94-10.116 : RJS 2/96 n° 164), ou l'aggravation imputable partiellement à un **état pathologique antérieur** (Cass. soc. 25-6-1992 n° 90-13.965).

PROCÉDURE DE PRISE EN CHARGE

Pour être prise en charge, la rechute doit être **déclarée** par la victime à la CPAM, accompagnée d'un certificat médical. Un double de ce certificat est adressé par la caisse, par tout moyen conférant date certaine à sa réception, à l'**employeur** à qui la décision est susceptible de faire grief. À réception, celui-ci a 10 jours francs (n° 800) pour émettre auprès de la CPAM, par tout moyen conférant date certaine à leur réception, des **réserves** motivées (n° 727). La caisse les transmet sans délai au médecin-conseil. **1195** CSS art. L 443-2 R 441-16 D-IV-46630

Ce dernier, s'il l'estime nécessaire ou en cas de réserves motivées, adresse un **questionnaire médical à la victime** ou ses représentants et il y joint, le cas échéant, les réserves formulées par l'employeur. Le questionnaire est retourné dans un délai de 20 jours francs à compter de sa date de réception.

La CPAM dispose d'un **délai** de 60 jours francs à compter de la date à laquelle elle reçoit le certificat médical **pour statuer** sur son imputabilité à l'accident ou à la maladie professionnelle. Si l'accident ou la maladie concerné(e) n'est pas encore reconnu(e), ce délai court à compter de la date de cette reconnaissance.

› **Précisions** **a.** **À défaut d'information de l'employeur,** la décision de prise en charge de la rechute lui est inopposable (Cass. soc. 30-11-2000 n° 99-11.872 : RJS 2/01 n° 247 ; Cass. 2e civ. 8-1-2009 n° 07-19.617 FS-PB : RJS 4/09 n° 398). Il en est de même si la décision de prise en charge de l'affection initiale lui avait été déclarée inopposable (Cass. 2e civ. 20-1-2012 n° 10-28.570 : RJS 4/12 n° 390).
b. L'employeur peut **contester le caractère professionnel** de la rechute (Cass. soc. 20-12-1990 n° 88-12.088), même si la décision de prise en charge lui est inopposable (Cass. 2e civ. 9-7-2020 n° 19-11.871 F-PBI : RJS 10/20 n° 501).
c. La caisse peut refuser la prise en charge si la victime n'apporte pas la **preuve** de la rechute ou refuse de se soumettre à tout examen complémentaire (Cass. soc. 10-12-1992 n° 90-16.245).

PRESTATIONS

1200 CSS art. R 433-7 R 443-2 R 443-3 R 461-1 D-IV-47530 s

La victime a droit aux prestations **en nature** (dans les conditions exposées nos 1010 s.) et à des **indemnités journalières,** dans la mesure où il y a incapacité de travail médicalement constatée et perte de salaire. L'indemnité journalière est calculée sur la base du salaire journalier de la période de référence immédiatement antérieure à la rechute. Elle ne peut, en aucun cas, être inférieure à celle perçue par la victime au cours de la première interruption de travail, éventuellement revalorisée.

Sur le délai de **prescription** des droits de la victime ou de ses ayants droit, voir nos 955 s.

La rechute peut entraîner la substitution d'un état d'**incapacité temporaire** à celui d'incapacité permanente jusqu'à la date de consolidation ou de guérison de la rechute (Rép. Soury : AN 15-7-1985). Cette date est fixée dans les conditions visées n° 1060.

> Précisions **a.** À réception de la déclaration de rechute, la caisse délivre à l'intéressé une **feuille de soins** lui permettant de recevoir des soins sans avoir à en régler le montant.

b. Si la victime n'exerce plus d'activité salariée au moment de la rechute, l'**indemnité journalière** est calculée sur la base de son dernier salaire (Cass. soc. 20-12-2001 n° 00-12.311 : RJS 3/02 n° 341). Si elle était indemnisée au titre de l'assurance chômage après un licenciement, le salaire pris en compte est celui reçu au moment du licenciement (Cass. 2e civ. 20-5-2010 n° 09-13.637 F-PB : RJS 8-9/10 n° 704).

Si la date de guérison ou de consolidation n'a pas été fixée, cette indemnité est portée à 80 % (au lieu de 60 % : n° 1065) du salaire à partir du 29e jour d'arrêt de travail, compte tenu de la durée de la première interruption de travail consécutive à l'accident.

L'indemnité journalière est amputée du montant de la **rente** versée. Si le montant journalier de la rente est au moins égal à celui de l'indemnité journalière, seule la rente continue à être servie.

6. INDEMNISATION EN CAS DE DÉCÈS

RENTES D'AYANTS DROIT

1230 CSS art. L 434-7 L 434-14 L 434-17 L 461-1 R 434-16 R 434-18 R 434-33 R 461-1 D-IV-43350 s

En cas d'accident ou de maladie suivi de mort, les ayants droit de la victime peuvent prétendre à une rente. Le **total** des rentes allouées à tous les ayants droit ne peut pas dépasser 85 % du salaire annuel de base de la victime (n° 1135). Si ce **montant** est dépassé, chaque rente est réduite proportionnellement.

Les rentes sont **servies** aux ayants droit, même si le caractère professionnel de la lésion est reconnu après le décès (Cass. 2e civ. 13-9-2007 n° 06-21.909 : RJS 11/07 n° 1209), à compter du :

– lendemain du décès si celui-ci a été instantané ou a eu lieu peu de temps après l'accident ;
– premier jour suivant la fin du mois d'arrérages au cours duquel la victime est décédée en raison d'une aggravation progressive de son état.

> Précisions **a.** Aucune rente n'est due lorsque l'affection n'est pas la **cause** directe du **décès** mais n'a joué qu'un rôle favorisant (Cass. soc. 12-10-1995 n° 93-17.568 : RJS 11/95 n° 1180). Lorsque la victime, décédée, bénéficiait de la prestation complémentaire pour **assistance d'une tierce personne** (n° 1160) depuis au moins 10 ans, l'ayant droit qui apportait cette assistance bénéficie de la présomption d'imputabilité du décès à l'accident ou la maladie pour l'appréciation de sa demande de rente, à moins que la caisse n'apporte la preuve que le décès est étranger à l'accident (Cass. soc. 18-1-2001 n° 99-15.981 : RJS 4/01 n° 513). À défaut de cette preuve, l'imputabilité est réputée établie pour l'ensemble des ayants droit (CSS art. R 443-4, D 443-1, R 461-1).

b. Les rentes sont payables par trimestre, à terme échu, à la résidence de leur titulaire. Une **allocation provisionnelle** peut être versée immédiatement par la caisse, qui récupérera cette avance lors du paiement des premiers arrérages.

c. Les rentes sont **revalorisées** dans les conditions visées n° 44665.

Sur le **régime** fiscal des rentes, voir Mémento fiscal n° 22490. Sur l'assujettissement de ces prestations aux cotisations de sécurité sociale, voir n° 23040 et à la CRDS et à la CSG, voir n° 25125.

1235 CSS art. L 434-8 L 434-9 L 461-1 R 434-10 à R 434-14 R 461-1

Conjoint Le conjoint, le **concubin** ou la personne liée par un **Pacs** a droit à une rente viagère égale à 40 % du salaire annuel de la victime, à **condition** que le mariage ait été contracté, le Pacs conclu ou la situation de concubinage établie antérieurement à l'accident (ou, en cas de maladie, avant la date visée n° 1060) ou, à défaut, que le mariage, le concubinage ou le Pacs ait eu une durée minimale de 2 ans à la date du décès (conditions non exigées si le couple a eu un ou plusieurs enfants).

La rente servie aux conjoint, concubin et partenaire d'un Pacs est portée à 60 % lorsque ceux-ci atteignent 55 ans ou sont reconnus atteints d'une **incapacité de travail** générale d'au moins 50 %.

Le **cumul** de la rente avec une pension personnelle de vieillesse ou d'invalidité est autorisé.

> **Précisions a.** Est reconnu atteint d'une **incapacité** de travail d'au moins 50 % le conjoint survivant, le concubin ou le partenaire d'un Pacs qui se trouve hors d'état de se procurer, dans une profession quelconque, un gain supérieur à la moitié du Smic.
> **b.** Si le **conjoint est divorcé ou séparé** de corps, la rente n'est accordée que s'il a obtenu de la victime une pension alimentaire, et non lorsqu'il a obtenu une prestation compensatoire (Cass. soc. 25-11-1993 n° 91-17.284). La rente viagère ramenée au montant de ladite pension ne peut dépasser 20 % du salaire annuel de la victime. En cas de rupture d'un Pacs, l'ex-partenaire n'a droit à la rente que s'il bénéficiait d'une aide financière. S'il existe un **nouveau conjoint,** partenaire ou concubin de la victime, la rente viagère à laquelle il a droit ne peut être inférieure à la moitié de la rente de 40 %.
> **c.** En cas de **nouveau mariage, Pacs ou concubinage,** le conjoint, partenaire ou concubin de la victime décédée cesse d'avoir droit à la rente : elle est alors remplacée par un capital égal à 3 fois son montant annuel (sauf s'il y a des enfants, auquel cas le rachat est différé aussi longtemps que l'un d'eux bénéficie lui-même d'une rente d'orphelin). En cas de rupture ou dissolution du Pacs, séparation, divorce ou veuvage consécutif à ce remariage, la rente, le cas échéant diminuée de la somme versée au titre des deux veuvages, est rétablie.

Autres ayants droit Les **enfants** dont la filiation, y compris adoptive, est légalement établie ont droit, jusqu'à l'âge de 20 ans (Cass. 2e civ. 19-6-2014 n° 13-18.467 : RJS 11/14 n° 811), à une rente collective fixée à 25 % du salaire annuel pour un enfant, 50 % pour 2 enfants et majorée de 20 % par enfant à partir du troisième. Les enfants orphelins de père et de mère bénéficient d'un complément de rente égal à 30 %. **1240** CSS art. L 434-10 L 434-13 L 434-14 L 461-1 R 434-15 R 434-16 R 461-1

Les **ascendants** ont droit à une rente viagère de 10 % du salaire annuel de base, sous réserve qu'ils remplissent les conditions suivantes :

– avoir été à la charge de l'assuré, si celui-ci avait conjoint, partenaire d'un Pacs, concubin ou enfant(s) ;

– prouver qu'ils auraient pu obtenir une pension alimentaire de l'assuré si celui-ci n'avait ni conjoint, ni partenaire d'un Pacs, ni concubin, ni enfant.

> **Précisions a.** La rente des **enfants** est réduite au fur et à mesure qu'ils atteignent l'âge limite. Les enfants de lits différents sont traités distinctement. Les **autres descendants** de la victime et les enfants recueillis par celle-ci ont les mêmes droits que ses enfants si, privés de leurs soutiens naturels, ils se sont retrouvés à la charge de la victime.
> **b.** Pour les **ascendants,** les conditions doivent être remplies soit à la date de l'accident (ou, en cas de maladie, à la date prévue n° 1060), soit, si cela est plus favorable, à la date du décès. L'ensemble des rentes allouées aux ascendants ne peut pas dépasser 30 % du salaire annuel de base. À défaut, chacune des rentes est réduite proportionnellement.

AUTRES PRESTATIONS

En cas de décès de la victime consécutif à son accident ou sa maladie, ses ayants droit peuvent, sous certaines conditions, obtenir de la caisse : **1250** CSS art. L 435-1 L 435-2 L 461-1 R 461-1 D-IV-34330 s

– l'attribution d'un **capital décès** ;

– le remboursement des **frais funéraires** dans la limite de 1/24 du plafond annuel de la sécurité sociale (Arrêté 20-2-1952), soit 1 714 € en 2021 ;

– des **frais de transport du corps** si la victime a succombé lors d'un déplacement professionnel et est inhumée en France.

G. Réparations complémentaires

1. LIMITATION DES ACTIONS EN JUSTICE DE DROIT COMMUN

La **réparation forfaitaire** assurée par la sécurité sociale **interdit à la victime** d'engager une action judiciaire dans les conditions du droit commun pour obtenir la réparation intégrale de son préjudice (Cass. 2e civ. 16-11-2004 n° 02-21.013 : RJS 2/05 n° 216 ; Cass. soc. 17-2-2010 n° 08-44.463 : RJS 5/10 n° 466), **sauf dans les cas suivants** : accident de la circulation (n° 1360), faute d'un tiers (n° 1370), faute intentionnelle de l'employeur (n° 1350), affection non prise en charge au titre de la législation professionnelle (Cass. soc. 28-10-1997 n° 95-40.272 : RJS 3/98 n° 305 ; 30-11-2016 n° 15-15.162 FD : RJS 2/17 n° 144) ou préjudice antérieur à cette prise en charge. Tel est par exemple le cas pour un harcèlement moral antérieur, voir n° 17090. **1280** CSS art. L 451-1 L 461-1 D-IV-49320 s

La **faute inexcusable de l'employeur** ouvre droit à une indemnisation complémentaire pour la victime ou ses ayants droit, non pas selon les règles de droit commun, mais selon celles exposées nos 1290 s.

› Précisions a. Les **proches de la victime,** notamment son conjoint (Cass. soc. 18-4-1991 n° 89-11.094), ses descendants ou ascendants (Cass. soc. 10-10-1991 n° 88-16.579 : RJS 11/91 n° 1243), peuvent engager contre le responsable de l'accident ou de la maladie (employeur ou tiers) une action judiciaire dans les conditions de droit commun en vue d'obtenir réparation de leurs préjudices personnels. Toutefois, en cas de **décès de la victime,** une telle action ne peut pas être engagée par les ayants droit puisqu'ils bénéficient d'une indemnisation : n°s 1230 s. (Cass. ass. plén. 2-2-1990 n° 89-10.682 : RJS 3/90 n° 257). L'action reste en revanche ouverte aux petits-enfants et collatéraux (Cass. crim. 2-3-1993 n° 92-84.336 : RJS 5/93 n° 550).
b. Lorsqu'il est saisi par la victime ou ses ayants droit alors qu'une action judiciaire de droit commun ne peut être engagée, le **juge pénal** peut accueillir leur constitution de partie civile mais il ne peut se prononcer ni sur le principe de la responsabilité ni sur le montant des dommages et intérêts (Cass. crim. 15-3-1977 n° 75-91.220 P ; Cass. crim. 1-9-2020 n° 19-80.815 F-D : RJS 11/20 n° 562).
c. Sur l'étendue de la compétence du **juge prud'homal,** voir n° 350, e.

2. FAUTE INEXCUSABLE DE L'EMPLOYEUR

1290 CSS art. L 452-1, L 461-1, D-IV-50700 s

La reconnaissance de la faute inexcusable de l'employeur, ou de ceux qu'il s'est substitués dans la direction, **permet à la victime ou à ses ayants droit** d'obtenir une majoration de leur rente et une indemnisation complémentaire au titre de divers préjudices subis et non réparés par la majoration. Une telle faute ne saurait être retenue en cas d'**accident de trajet** (Cass. 2e civ. 8-7-2010 n° 09-16.180 : RJS 11/10 n° 884).

› Précisions a. A la qualité de **substitué de l'employeur** toute personne dirigeant le travail (chef de chantier, contremaître...), même si elle n'est pas munie d'une délégation de pouvoir (Cass. soc. 23-5-1991 n° 89-18.294) ou n'appartient pas à l'entreprise (Cass. soc. 14-11-1991 n° 90-14.065 : RJS 2/92 n° 202), qui a commis une faute inexcusable se rattachant à son pouvoir de direction (Cass. soc. 2-3-1988 n° 86-14.749).
b. En cas d'accident survenu à un **travailleur temporaire,** voir n° 82620.

DÉFINITION

1295 D-IV-50830 s

Conscience du danger Le **manquement à l'obligation légale de sécurité** et de protection de la santé à laquelle l'employeur est tenu envers le travailleur a le caractère d'une faute inexcusable lorsque l'**employeur avait ou aurait dû avoir conscience du danger** auquel était soumis le travailleur et qu'il n'a pas pris les mesures nécessaires pour l'en préserver (Cass. 2e civ. 8-10-2020 n° 18-25.021 FS-PBI et n° 18-26.677 FS-PBI : RJS 12/21 n° 624).

Le non-respect de la réglementation en matière de santé et de sécurité des salariés, l'existence d'accidents antérieurs, d'avertissements des salariés ou des représentants du personnel, d'une mise en demeure de l'inspecteur du travail ou encore d'une condamnation pénale peuvent révéler cette conscience du danger. Ni l'engagement de poursuites pénales (Cass. 2e civ. 15-3-2012 n° 10-15.503 F-PB : RJS 6/12 n° 595) ni la déclaration par le juge répressif de l'absence de faute pénale non intentionnelle (CPP art. 4-1 ; Cass. soc. 12-7-2001 n° 99-18.375 : RJS 10/01 n° 1198 ; Cass. 2e civ. 16-9-2003 n° 01-16.715 : RJS 11/03 n° 1314) ne font obstacle à la reconnaissance d'une telle faute par le juge de la sécurité sociale.

La **preuve** de la conscience du danger par l'employeur ou du défaut de mesures appropriées pour l'éviter incombe à la victime (Cass. 2e civ. 8-7-2004 n° 02-30.984 : RJS 10/04 n° 1092 ; 22-3-2005 n° 03-20.044 : RJS 6/05 n° 671).

ILLUSTRATIONS

La conscience du danger que l'employeur avait ou aurait dû avoir peut résulter du non-respect d'une obligation générale de sécurité prévue par le Code du travail, telle que celle imposant d'éviter le recours à la manutention manuelle comportant des risques pour les travailleurs (Cass. 2e civ. 18-11-2010 n° 09-17.275 : RJS 2/11 n° 176).

Elle peut aussi résulter de sa connaissance de l'inadéquation entre la qualification du salarié et le travail confié (Cass. 2e civ. 16-3-2004 n° 02-30.834 : RJS 6/04 n° 756), du non-respect de l'avis du médecin du travail (Cass. 2e civ. 28-5-2020 n° 19-15.172 F-D : RJS 7/20 n° 370), de l'inscription d'une pathologie aux tableaux de maladies professionnelles (Cass. 2e civ. 8-3-2005 n° 02-30.998 : RJS 6/05 n° 670), de la réalisation de travaux dangereux sans établissement d'un document d'évaluation des risques (Cass. 2e civ. 12-10-2017 n° 16-19.412 F-D : RJS 1/18 n° 72), de la dégradation des relations de travail (Cass. 2e civ. 22-2-2007 n° 05-13.771 : RJS 5/07 n° 666), de l'accroissement de la charge de travail à la suite d'une politique de réduction des coûts, de pression et d'objectifs inatteignables (Cass. 2e civ. 8-11-2012 n° 11-23.855 F-D : RJS 1/13 n° 72), ou de l'absence de réaction face aux difficultés rencontrées par un salarié pour assurer ses fonctions (Cass. 2e civ. 19-9-2013 n° 12-22.156 F-D : RJS 1/14 n° 80).

De même, la **condamnation pénale** de l'employeur pour homicide ou blessures involontaires (Cass. 2e civ. 15-6-2004 n° 02-31.118 : RJS 12/04 n° 1333 ; Cass. 2e civ. 11-10-2018 n° 17-18.712 F-PB : RJS 12/18 nº 772) ou pour violation des règles de sécurité (Cass. soc. 8-4-1999 nº 97-20.059 : RJS 6/99 nº 859 ; Cass. soc. 11-7-2002 nº 00-17.377 : RJS 10/02 nº 1177) établit la conscience que celui-ci avait du danger et caractérise la faute inexcusable, tout comme une condamnation pénale pour harcèlement moral, même si la victime a tardé à dénoncer ces faits à l'employeur (Cass. 2e civ. 19-6-2014 nº 13-18.323 : RJS 10/14 nº 740).

Lien de causalité La faute inexcusable est retenue s'il est relevé un manquement de l'employeur en **relation avec le dommage** (Cass. soc. 31-10-2002 nº 01-20.445 : RJS 1/03 nº 86). Il suffit que cette faute soit une cause nécessaire de l'accident. Peu importe qu'elle en ait été la cause déterminante ou que d'autres fautes aient concouru au dommage (Cass. soc. 31-10-2002 nº 00-18.359 : RJS 1/03 nº 86 ; Cass. ass. plén. 24-6-2005 nº 03-30.038 : RJS 10/05 nº 1037) et, en particulier, que la victime ait elle-même commis une imprudence (Cass. 2e civ. 12-5-2003 nº 01-21.071 : RJS 8-9/03 nº 1071) ou une faute (Cass. 2e civ. 11-6-2009 nº 08-15.944 F-D). 1300

La responsabilité de l'employeur ne peut pas être engagée si la faute invoquée par le salarié est **étrangère** aux causes de sa maladie (Cass. 2e civ. 4-4-2013 nº 12-13.600 : RJS 6/13 nº 486) ou si la **cause de l'accident est indéterminée** (Cass. soc. 6-12-1979 nº 78-16.371 ; Cass. 2e civ. 16-11-2004 nº 02-31.003 : RJS 2/05 nº 213).

RECONNAISSANCE

Procédure Il appartient à la CPAM d'engager une procédure de **conciliation,** à la demande de la victime (ou de ses ayants droit) ou à son initiative (Lettre Cnamts du 30-11-1977), en vue d'aboutir à un accord amiable avec l'employeur sur l'existence de la faute inexcusable et le montant des indemnités complémentaires. À l'issue de cette procédure, un procès-verbal (de carence, de non-conciliation ou de conciliation) est établi par la CPAM et signé par les parties présentes. La caisse qui constate le refus de l'employeur de reconnaître sa faute inexcusable peut toutefois, sans organiser de réunion de conciliation, constater l'échec d'une possibilité d'accord amiable (Cass. 2e civ. 10-10-2019 nº 18-20.421 F-D : RJS 1/20 nº 50). 1305 CSS art. L 452-4 **D-IV-52460 s**

À défaut d'accord amiable, la caisse ou la victime (ou ses ayants droit) peuvent engager, contre la personne juridique employeur (voir nº 1330, b), une **action devant la juridiction** de la sécurité sociale (nos 15540 s.), avec appel de la caisse en déclaration de jugement commun. La caisse n'est pas tenue d'informer le salarié sur cette voie de recours (Cass. 2e civ. 10-10-2019 nº 18-20.421 F-D : RJS 1/20 nº 50).

› Précisions a. Est nulle la **transaction** dans laquelle la victime renonce, moyennant indemnisation, à une action en reconnaissance de la faute inexcusable de l'employeur (Cass. 2e civ. 1-6-2011 nº 10-20.178 F-PB : RJS 8-9/11 nº 727).

b. La victime peut demander la reconnaissance de la faute inexcusable de l'employeur même si le **caractère professionnel** du dommage est **inopposable** à l'employeur (Cass. soc. 28-2-2002 nº 99-17.201 : RJS 5/02 nº 618) ou si l'accident n'est **pas pris en charge** par la caisse (Cass. 2e civ. 20-3-2008 nº 06-20.348 F-PB : RJS 6/08 nº 722 ; Cass. 2e civ. 8-10-2009 nº 08-17.141 FS-PB).

En cas de **maladie** professionnelle **imputable à plusieurs employeurs,** il suffit que la victime établisse la faute inexcusable d'un seul pour obtenir une indemnisation complémentaire (Cass. soc. 28-2-2002 nº 99-21.255 : RJS 5/02 nº 626 ; Cass. 2e civ. 8-3-2005 nº 02-30.998 : RJS 6/05 nº 670 ; 23-11-2006 nº 05-13.348 : RJS 2/07 nº 277). L'employeur, même s'il n'est pas le dernier, qui prétend que la maladie ne lui est pas imputable, doit le prouver (Cass. 2e civ. 15-6-2017 nº 16-14.901 F-PB : RJS 8-9/17 nº 621).

c. La décision de la caisse sur le **caractère professionnel de l'accident** ou de la maladie est sans incidence sur l'action en reconnaissance de la faute inexcusable (Cass. 2e civ. 26-11-2015 nº 14-26.240 : RJS 2/16 nº 148). Dès lors, l'employeur peut, pour faire échec à la reconnaissance de sa faute inexcusable ou aux conséquences de cette reconnaissance (nº 1330, a), contester le caractère professionnel du dommage après décision définitive de la caisse (Cass. 2e civ. 5-11-2015 nº 13-28.373 : RJS 2/16 nº 148). En revanche, il ne peut contester ni la décision de prise en charge (Cass. 2e civ. 8-11-2018 nº 17-25.843 F-PB : RJS 1/19 nº 57), ni celle des soins et arrêts de travail prescrits à la victime (Cass. 2e civ. 9-7-2020 nº 18-26.782 F-PBI : RJS 10/20 nº 502), ni se prévaloir de l'irrégularité de la prise en charge pour faire échec à la reconnaissance de sa faute inexcusable (Cass. 2e civ. 31-3-2016 nº 14-30.015 FS-PB : RJS 6/16 nº 453).

d. Si la **caisse refuse de mettre en œuvre la procédure** de conciliation, la victime peut saisir directement le juge, sans passer par la commission de recours amiable (Cass. 2e civ. 14-3-2019 nº 18-12.620 F-PB : RJS 5/19 nº 322).

Prescription L'action en reconnaissance de la faute inexcusable se prescrit par **2 ans à compter** du plus récent des événements suivants : 1310 C. trav. art. L 431-2

- jour de l'accident ou de l'information du lien possible entre la maladie et le travail ;
- jour de la cessation du paiement de l'indemnité journalière ;
- jour de la cessation du travail ;

– jour de la reconnaissance du caractère professionnel de la maladie ou de l'accident (Cass. 2e civ. 3-4-2003 no 01-20.872 : RJS 7/03 no 941 ; 21-1-2010 no 09-10.944 F-PB : RJS 5/10 no 467).

› Précisions a. Le **délai de prescription** est **interrompu** par une action pénale engagée pour les mêmes faits ou une action en reconnaissance du caractère professionnel. Dans ce dernier cas, un nouveau délai de 2 ans recommence alors à courir dès la reconnaissance définitive du caractère professionnel de la maladie (Cass. 2e civ. 24-1-2013 no 11-28.595 F-PB : RJS 4/13 no 323). Le délai de prescription est également interrompu par la demande de conciliation (Cass. soc. 7-10-1987 no 86-11.146 ; Cass. 2e civ. 11-6-2009 no 08-15.435 F-D) ou d'indemnisation complémentaire adressée à la caisse par la victime ou ses ayants droit (Cass. 2e civ. 3-3-2011 no 09-70.419 : RJS 6/11 no 552) ou encore par la lettre de la caisse informant la victime qu'elle engage la procédure de conciliation (Cass. soc. 15-11-1990 no 89-12.437 P : RJS 1/91 no 87) ; un nouveau délai de 2 ans commence alors à courir à compter de la notification aux parties de l'issue de cette procédure (Cass. soc. 13-5-1993 no 90-19.548 : RJS 6/93 no 658 ; Cass. 2e civ. 10-12-2009 no 08-21.969 : RJS 2/10 no 217).

Ni les instructions du procureur de la République à un officier de police judiciaire, ni les procès-verbaux dressés par l'inspection du travail (Cass. 2e civ. 31-5-2012 no 11-10.424 FS-PB : RJS 10/12 no 844), ni le dépôt de plainte (Cass. 2e civ. 31-5-2012 no 11-13.814 FS-PB : RJS 10/12 no 844) n'interrompent la prescription.

Une **rechute** n'est pas non plus de nature à faire courir un nouveau délai de prescription (Cass. soc. 15-6-1988 no 86-18.735 ; Cass. 2e civ. 29-6-2004 no 03-10.789 : RJS 10/04 no 1093).

b. En cas de **cession de l'entreprise,** si l'employeur agit successivement contre le cédant et le cessionnaire, ou le contraire, la première des actions interrompt la prescription de la seconde (Cass. 2e civ. 19-12-2019 no 18-25.333 F-PBI : RJS 3/20 no 153).

INDEMNISATION DE LA VICTIME

1315 CSS art. L 452-2 D-IV-54700 s

Majoration de la rente

La faute inexcusable de l'employeur ouvre droit à une majoration de la rente ou du capital alloué à la victime, **calculée** en fonction de la réduction de capacité dont celle-ci est atteinte (Cass. 2e civ. 14-12-2004 no 03-30.451 : RJS 2/05 no 214). Toutefois, la rente majorée **ne peut pas dépasser** soit le salaire annuel (au sens visé no 1135) effectivement perçu par la victime (Cass. 2e civ. 13-2-2020 no 19-11.868 F-PBI : RJS 4/20 no 210) en cas d'incapacité totale, soit la fraction de ce salaire correspondant au taux d'incapacité s'il s'agit d'une incapacité permanente partielle. En cas d'indemnité en capital, la majoration ne peut pas excéder le montant de celle-ci.

La majoration est en principe fixée à son maximum (Cass. soc. 6-2-2003 no 01-20.004 : RJS 4/03 no 526 ; Cass. 2e civ. 6-4-2004 no 02-30.688 : RJS 6/04 no 755), y compris en cas de faute d'un tiers (Cass. 2e civ. 2-11-2004 no 03-30.206 : RJS 1/05 no 77), mais elle peut être réduite si la **victime a elle-même commis une faute** inexcusable au sens visé no 965 (Cass. soc. 19-12-2002 no 01-20.447 : RJS 2/03 no 254 ; Cass. ass. plén. 24-6-2005 no 03-30.038 : RJS 10/05 no 1037).

Elle suit l'**évolution du taux** d'incapacité de la victime (Cass. 2e civ. 14-12-2004 no 03-30.451 : RJS 2/05 no 214).

EXEMPLE

Pour un taux d'incapacité de 30 %, le taux de la rente, qui est en principe de 15 % (voir no 1125), est porté à 30 %.

Pour un taux d'incapacité de 100 %, le taux de la rente étant déjà de 100 %, la faute inexcusable de l'employeur est sans incidence.

1320 CSS art. L 452-3 D-IV-55070 s

Réparation des divers préjudices

Indépendamment de la majoration de rente, la victime peut demander à l'employeur, devant la juridiction de la sécurité sociale, la réparation de ses **préjudices esthétiques et d'agrément** et des préjudices causés par ses **souffrances** physiques et morales ou par la perte ou la diminution de ses possibilités de **promotion professionnelle.**

Si elle est atteinte d'un taux d'incapacité permanente de 100 %, il lui est alloué, en outre, une **indemnité forfaitaire** égale au montant du salaire minimal annuel servant au calcul de la rente (voir no 1135) en vigueur à la date de consolidation.

› Précisions a. Le **préjudice d'agrément** réparable est constitué par l'impossibilité pour la victime de continuer à pratiquer régulièrement une activité spécifique sportive ou de loisir qu'elle pratiquait antérieurement à son accident (Cass. 2e civ. 28-2-2013 no 11-21.015 FP-PBRI : RJS 5/13 no 408).

b. La victime peut prétendre à la réparation de sa **perte de possibilités de promotion,** peu importe le cadre dans lequel ces dernières étaient susceptibles de se réaliser (Cass. 2e civ. 20-9-2005 no 04-30.278 : RJS 12/05 no 1262), que ce soit à l'intérieur ou à l'extérieur de l'entreprise, par exemple en cas d'impossibilité de donner suite à un engagement pris à l'égard d'une autre entreprise (Cass. soc. 26-9-1991 no 89-20.557 : RJS 11/91 no 1242) ; mais encore faut-il que ces possibilités soient réelles et non hypothétiques (Cass. soc. 9-4-1998 no 96-19.055 : RJS 5/98 no 642 ; Cass. 2e civ. 30-6-2011 no 10-22.768 : RJS 1/12 no 81).

La jurisprudence reconnaît, en outre, à la victime le droit de demander devant la juridiction du contentieux général de la sécurité sociale la **réparation de tous les autres dommages** subis en conséquence de l'accident ou de la maladie (Cass. 2e civ. 19-9-2013 no 12-22.156 F-D : RJS 1/14 no 80) qui ne sont pas couverts par le Code de la sécurité sociale (Cons. const. 18-6-2010 no 2010-8 QPC : RJS 8-9/10 no 703). **1322**

ILLUSTRATIONS

À ce titre, la victime peut obtenir l'indemnisation des **frais d'aménagement** de son domicile et d'adaptation de son véhicule nécessités par son état (Cass. 2e civ. 30-6-2011 no 10-19.475 : RJS 10/11 no 839). Elle peut prétendre à la réparation de son **préjudice sexuel** (distinct du préjudice d'agrément), du **déficit fonctionnel temporaire** (Cass. 2e civ. 4-4-2012 no 11-14.311 FS-PBRI : RJS 6/12 no 596 ; 20-6-2013 no 12-21.548 FS-PB : RJS 10/13 no 709), qui est distinct des préjudices pour souffrance et d'agrément (Cass. 2e civ. 7-5-2014 no 12-23.962 : RJS 7/14 no 590), du préjudice lié à un refus d'assurance pour un **prêt immobilier** (Cass. 2e civ. 11-10-2018 no 17-23.312 F-D : RJS 1/19 no 58) ou à la nécessité de recourir à une **tierce personne** avant la consolidation (Cass. 2e civ. 20-6-2013 no 12-21.548 FS-PB : RJS 10/13 no 709). Sur la prise en charge des frais d'emploi d'une tierce personne après consolidation, voir no 1160.

La victime peut également prétendre à la réparation de son **préjudice d'établissement,** consistant en la perte d'espoir et de chance de réaliser un projet familial, et de son **préjudice permanent exceptionnel,** correspondant à un préjudice extra-patrimonial atypique, directement lié au handicap permanent qui prend une résonance particulière pour certaines victimes (Cass. 2e civ. 2-3-2017 no 15-27.523 F-PB : RJS 5/17 no 374).

En revanche, la victime ne peut pas obtenir réparation des **frais médicaux,** des frais de **transport** et assimilés, ainsi que du **déficit fonctionnel définitif** (Cass. 2e civ. 4-4-2012 no 11-18.014 FS-PBRI ; no 11-14.311 FS-PBRI ; no 11-15.393 FS-PBRI : RJS 6/12 no 596), ces dommages étant couverts par les prestations de sécurité sociale.

Sur l'indemnisation de la **perte d'emploi** et des **droits à retraite** d'un salarié régulièrement licencié pour inaptitude, voir no 345, c.

INDEMNISATION DES AYANTS DROIT

En cas d'accident du travail suivi de **mort,** une **majoration de leur rente** est accordée aux ayants droit. Celle-ci est calculée, revalorisée et révisée dans les mêmes conditions que la majoration de rente accordée à la victime (no 1315). Mais le total des rentes et majorations des ayants droit ne peut pas être supérieur au montant du salaire annuel de la victime. **1325** CSS art. L 452-2 **D-IV-55780 s**

Les ayants droit peuvent également demander à l'employeur réparation de leur **préjudice moral,** qu'ils aient droit ou non à une rente (Cass. soc. 23-5-2002 no 00-14.125 : RJS 8-9/02 no 1028 ; Cass. 2e civ. 22-6-2004 no 03-30.223 : RJS 10/04 no 1091), et du préjudice moral personnel de la victime (Cass. soc. 28-2-2002 no 00-11.793 : RJS 5/02 no 621).

› Précisions **a.** Les **frères et sœurs** ne peuvent pas demander la réparation de leur préjudice moral (Cass. soc. 18-5-2000 no 98-22.771 FS-PB : RJS 9-10/00 no 1003 ; Cass. 2e civ. 15-3-2012 no 11-12.116 F-D).

b. Le total des rentes et majorations servies à l'ensemble des ayants droit, qui peuvent obtenir une majoration de leur rente même si la victime a elle-même précédemment bénéficié d'une telle majoration (Cass. soc. 25-5-1988 no 86-15.914 ; Cass. 2e civ. 4-11-2010 no 09-12.709 : RJS 1/11 no 74), ne peut pas dépasser le **montant** du salaire annuel. Un ajustement est opéré lorsque la rente d'un ayant droit cesse d'être due. En présence d'un seul ayant droit, le total de sa rente et de la majoration est égal au salaire annuel de la victime décédée (Cass. 2e civ. 21-12-2006 no 05-15.051 : RJS 3/07 no 383).

c. Le montant de l'indemnité en réparation du préjudice moral des ayants droit est fixé par les juges du fond dans l'exercice de leur pouvoir d'appréciation (Cass. soc. 22-11-1990 no 89-10.043 P). La **faute d'un copréposé** n'a pas à être prise en considération (Cass. soc. 18-5-2000 no 98-22.771 : RJS 9-10/00 no 1003).

CHARGE DES RÉPARATIONS

Les réparations dues au titre de la faute inexcusable sont versées aux bénéficiaires par la caisse. Cette dernière **récupère auprès de l'employeur,** par tout moyen à sa convenance (Cass. soc. 6-11-1985 no 84-14.290) et en même temps, le montant des réparations versé au titre des divers préjudices et le capital représentatif de la majoration de rente (Cass. 2e civ. 9-5-2019 no 18-14.515 F-PBI : RJS 7/19 no 461) évalué selon le barème applicable en cas d'accident du travail imputable à un tiers (no 1370). **1330** CSS art. L 452-2 à L 452-4 D 452-1 **D-IV-56210 s**

L'employeur peut **s'assurer** contre les conséquences financières de sa propre faute inexcusable ou de la faute de ses préposés. Dans ce cas, il peut se voir imposer une **cotisation supplémentaire** (voir no 23550).

› Précisions **a.** Si une décision de justice devenue définitive a reconnu, dans les rapports entre la caisse et l'employeur, que l'accident ou la maladie n'avait **pas de caractère professionnel,** la caisse ne peut pas récupérer auprès de l'employeur les sommes qu'elle a versées à la victime en raison de sa faute inexcusable (Cass. 2e civ. 15-2-2018 nº 17-12.567 F-PB : RJS 4/18 nº 287).

Quelles que soient les **conditions d'information** de l'employeur par la caisse au cours de la procédure d'admission du caractère professionnel, la reconnaissance de sa faute inexcusable par une décision de justice définitive emporte l'obligation pour celui-ci de s'acquitter des sommes dont il est redevable (CSS art. L 452-3-1). Il ne peut alors pas contester par la suite l'opposabilité à son égard de la décision de prise en charge (Cass. 2e civ. 12-3-2009 nº 08-11.925 F-PB : RJS 7/09 nº 664), dès lors que la caisse a été appelée à l'instance (Cass. 2e civ. 4-4-2019 nº 17-16.649 FS-PBI : RJS 6/19 nº 382).

b. Selon la loi, l'auteur de la faute inexcusable est responsable sur son patrimoine personnel des conséquences de celle-ci. Jugé, toutefois, que l'action en récupération des frais engagés par la caisse doit, comme l'**action** en reconnaissance de la faute inexcusable, être **dirigée contre** la personne ayant la qualité juridique d'employeur, c'est-à-dire, s'il s'agit d'une société, contre celle-ci, et non contre son dirigeant (Cass. soc. 31-3-2003 nº 01-20.091 ; nº 00-22.269 et nº 01-20.822 : RJS 6/03 nº 802 ; Cass. 2e civ. 10-6-2003 nº 01-21.004 : RJS 8-9/03 nº 1073), et, en cas de mise à disposition de personnel, y compris en cas de travail temporaire (nº 82620), contre la personne morale employeur et non contre l'entreprise utilisatrice (Cass. 2e civ. 9-2-2017 nº 15-24.037 F-PB : RJS 4/17 nº 293).

c. La caisse peut réclamer à l'employeur le remboursement des **frais d'expertise** qu'elle a avancés pour évaluer les préjudices de la victime (Cass. 2e civ. 9-7-2015 nº 14-15.309 : RJS 11/15 nº 734 ; Cass. 2e civ. 25-1-2018 nº 16-25.647 78 F-PBI : RJS 4/18 nº 286).

d. Si une **décision de justice** définitive a **réduit,** dans les rapports employeur/caisse, le **taux d'incapacité,** l'action en récupération de cette dernière ne peut pas s'exercer au-delà des limites résultant du taux réduit (Cass. 2e civ. 4-5-2017 nº 16-13.816 FS-PB : RJS 7/17 nº 527). Si la victime obtient en justice une majoration de son **taux d'incapacité,** la caisse ne peut exercer son action en récupération qu'en fonction du taux d'incapacité initialement notifié à l'employeur (Cass. 2e civ. 9-5-2018 nº 17-17.460 F-PB et nº 17-16.963 F-PB : RJS 7/18 nº 504).

e. La **caisse doit rembourser** à l'employeur les sommes trop versées au titre de sa faute inexcusable en cas de diminution du montant des réparations dues à la victime (Cass. 2e civ. 20-6-2019 nº 18-18.595 F-PBI : RJS 10/19 nº 597).

f. Sur la possibilité pour l'employeur reconnu coupable d'une faute inexcusable de **se retourner contre l'État,** voir nº 950.

Sur la charge de l'accident survenu à un **intérimaire,** voir nº 82620. Sur celui survenu à un **apprenti** dans le centre de formation, voir nº 3510.

3. FAUTE INTENTIONNELLE DE L'EMPLOYEUR

1350 CSS art. L 452-5 D-IV-57620 s

La faute intentionnelle est **définie** comme un acte volontaire accompli avec l'intention de causer des lésions corporelles. Lorsqu'un accident du travail est dû à la faute intentionnelle de l'employeur ou d'un de ses préposés (entendu au sens de tout salarié de l'entreprise), la victime ou ses ayants droit peuvent intenter une action contre l'auteur de l'accident, selon les règles de droit commun, en vue d'obtenir la **réparation du préjudice** non couvert par les prestations de sécurité sociale. La CPAM est, en outre, autorisée à réclamer le **remboursement** des sommes payées par elle, et la Carsat, à imposer à l'employeur une **cotisation supplémentaire** (voir nº 23550).

› Précisions **a.** La **qualification** de faute intentionnelle n'est retenue que dans des cas limités. Il ne suffit pas de démontrer que l'auteur de l'accident a délibérément voulu et accompli l'acte qui a causé l'accident, il faut encore prouver qu'il en a voulu les conséquences dommageables. Ainsi, une imprudence, même très grave, ne peut être considérée comme une faute intentionnelle. Cette faute trouve son application la plus fréquente en cas de **rixe.** La faute qui sert de fondement à une condamnation pénale du chef de coups et blessures volontaires est nécessairement intentionnelle (Cass. crim. 17-5-1990 nº 89-81.895). En revanche, un délit de **harcèlement moral** ne constitue pas nécessairement une faute intentionnelle (Cass. crim. 13-12-2016 nº 15-81.853 FS-PB : RJS 3/17 nº 231).

b. La **réparation,** si elle est accordée sous forme de rentes, doit être constituée par le débiteur, dans les 2 mois de la décision définitive ou de l'accord des parties, à la caisse nationale de prévoyance.

c. En cas de faute intentionnelle de son préposé, l'**employeur** peut être mis en cause comme **civilement responsable** s'il existe une relation entre l'acte dommageable et les fonctions de son auteur. Cette action ne peut résulter que de la victime ou de ses ayants droit, l'action des caisses ne pouvant être dirigée que contre l'auteur de l'accident. L'employeur peut se retourner contre ce dernier. Il peut aussi se prémunir par une **assurance** contre la faute intentionnelle de ses salariés, mais pas contre les conséquences financières de sa propre faute intentionnelle (Cass. 2e civ. 15-4-1961 nº 59-13.437 ; 29-3-1962 nº 60-12.100).

4. ACCIDENT DE LA CIRCULATION

Lorsque l'accident qualifié d'accident du travail est survenu sur une voie ouverte à la circulation publique et implique un véhicule terrestre à moteur conduit par l'employeur, un préposé ou une autre personne appartenant à la même entreprise que la victime, cette dernière ou ses ayants droit et la caisse peuvent intenter une **action en responsabilité** contre l'auteur de l'accident dans les mêmes **conditions** que celles visées n° 1370. La victime ou ses ayants droit peuvent prétendre, en sus de la réparation forfaitaire de la sécurité sociale, à l'indemnité prévue par la loi du 5 juillet 1985 fixant les règles d'**indemnisation** des accidents de la circulation. 1360

CSS art. L 455-1-1 D-IV-61130 s

> Précisions a. Sont en principe exclus du champ d'application de l'indemnisation complémentaire les accidents survenus dans l'**enceinte de l'entreprise** ou à l'intérieur d'un chantier, ou encore ceux survenus alors que le véhicule est **à l'arrêt** (Cass. 2e civ. 5-2-2015 n° 13-26.358 : RJS 4/15 n° 288).
b. Les indemnités pour accident de la circulation et faute inexcusable de l'employeur sont **cumulables** (Cass. 2e civ. 12-7-2012 n° 11-20.123 : RJS 11/12 n° 900 rectifié par Cass. 2e civ. 10-2-2005 n° 03-11.316 FS-D).

5. FAUTE D'UN TIERS

Lorsque l'accident est dû à un tiers **extérieur à l'entreprise,** la victime ou ses ayants droit peuvent intenter une action contre celui-ci, conformément aux règles de droit commun, pour obtenir la **réparation** des préjudices non couverts par les prestations de sécurité sociale (ex. : remboursement de dépenses de certains soins, de pertes de salaires, réparation du préjudice moral…), même en cas de partage de responsabilité entre elle et l'employeur ou son préposé (Cass. ass. plén. 22-12-1988 n° 85-17.473 : RJS 2/89 n° 193). 1370

CSS art. L 454-1 L 454-2 D-IV-59000 s

Pour sa part, la caisse, qui est tenue de servir les prestations, peut en poursuivre le **remboursement** auprès du tiers responsable, le montant à rembourser étant évalué selon le barème fixé par l'arrêté AFSS1301494A du 29-1-2013.

L'employeur peut aussi demander à ce dernier **réparation** du préjudice qu'il a lui-même subi, par exemple le remboursement des salaires, charges comprises, versés pendant l'arrêt de travail (Cass. ass. plén. 30-4-1964 nos 62-11.135 et 61-13.793).

> Précisions a. Le tiers responsable de l'accident doit en **informer la caisse** dont relève la victime dans les 15 jours suivant sa survenue s'il n'en a pas informé son assureur. La victime doit avertir sa caisse de l'accident, dans ce même délai, sauf si elle l'a déclaré à l'employeur (CSS art. D 376-1 et D 454-1).
Si un **règlement amiable** intervient entre l'assuré et le tiers responsable ou son assureur, ces derniers doivent en informer la caisse, sous peine de sanctions.
c. En cas de **partage de responsabilité** entre le tiers et l'employeur, la caisse ne peut poursuivre un remboursement que si les indemnités dues par eux dépassent celles qui auraient été mises à la charge de l'employeur en vertu du droit commun. La coresponsabilité de l'employeur ne peut être retenue que si celui-ci est appelé en la cause (Cass. 2e civ. 25-11-2004 n° 02-14.018 : RJS 2/05 n° 217).
d. Sauf faute intentionnelle de l'employeur (Cass. 2e civ. 29-11-2018 n° 17-17.747 F-PB : RJS 2/19 n° 127), le **tiers condamné** à réparer le préjudice de la victime ne peut exercer un **recours contre cet employeur** (ou son préposé) ni contre son assureur, même s'ils partagent la responsabilité de l'accident (Cass. ass. plén. 31-10-1991 n° 88-17.449 ; n° 88-19.689 ; n° 89-11.514 : RJS 1/92 n° 78).

Sauf accident de la circulation (voir n° 1360), les **tiers** s'entendent des personnes autres que l'employeur ou ses préposés. 1375

Une personne étrangère à l'entreprise n'est pas un tiers si, au moment de l'accident, elle a la qualité de **préposé occasionnel** ou s'il y a **travail en commun.**

> Précisions a. La qualité de **préposé occasionnel** suppose que la personne soit placée dans un état de dépendance vis-à-vis de l'entreprise au moment de l'accident (Cass. soc. 8-6-1995 n° 93-17.999 : RJS 7/95 n° 824 ; Cass. 2e civ. 6-4-2004 n° 01-17.275 : RJS 6/04 n° 757). Exemple : salarié victime d'un accident dans une entreprise cliente de son employeur qui était responsable de l'exécution du travail du salarié au moment de l'accident (Cass. 2e civ. 7-5-2015 n° 14-16.153 : RJS 7/15 n° 524).
Une société est un tiers vis-à-vis d'un salarié d'une autre entreprise qui apporte une **aide bénévole** sans pour autant devenir son préposé occasionnel ; cette société doit donc réparer l'accident survenu au salarié ayant participé à ses travaux (Cass. soc. 1-6-1988 n° 86-15.980).
b. Il y a **travail en commun** si plusieurs sociétés travaillent simultanément pour un objet et un intérêt communs, sous une direction unique, ce qui implique une concertation des représentants de ces entreprises sur la tâche à accomplir (jurisprudence constante, notamment : Cass. crim. 2-5-1990 n° 89-82.030 D ; Cass. soc. 8-6-1995 n° 93-17.999 P : RJS 7/95 n° 824). Cette situation exclut que les sociétés soient considérées

comme des tiers les unes vis-à-vis des autres et, par conséquent, qu'elles soient amenées à indemniser les accidents subis par les salariés des autres sociétés (Cass. crim. 2-5-1990 nº 89-82.030 : RJS 10/90 nº 826). S'agissant de la qualité de l'**entreprise utilisatrice** à l'égard d'un salarié temporaire mis à sa disposition, voir nº 82620, c.

H. Fonds d'indemnisation

VICTIMES DE L'AMIANTE

1380 D-IV-62100 s Les victimes de l'amiante ou leurs ayants droit peuvent demander la réparation intégrale de leurs préjudices au Fonds d'indemnisation des victimes de l'amiante (Fiva). Si ce n'est déjà fait, le fonds déclare à la CPAM la maladie dont l'origine professionnelle est présumée. Si le caractère professionnel est reconnu, ou s'il est justifié d'une exposition à l'amiante, le fonds accorde une indemnisation de chaque préjudice (moral, matériel) complétant les sommes dont le demandeur a, le cas échéant, déjà bénéficié à ce titre (prestations de sécurité sociale, de mutuelles, maintien de salaire…).

L'acceptation de cette indemnisation vaut désistement des **actions en réparation** en cours devant les tribunaux et rend irrecevable toute action juridictionnelle en réparation du même préjudice. Toutefois, la constitution de partie civile devant la juridiction pénale reste possible. Le fonds est autorisé à récupérer les sommes versées auprès des responsables du dommage ou des personnes tenues à réparation (caisse, employeur, assureurs…).

VICTIMES DE PESTICIDES

1390 CSS art. L 491-1 à L 491-7 R 491-1 s. D 491-1 s. Le fonds d'indemnisation des victimes de pesticides (FIVP) facilite l'indemnisation des victimes de **maladies professionnelles** (et de leurs ayants droit) causées par des pesticides, ainsi que des enfants atteints d'une pathologie résultant directement d'une **exposition prénatale** aux pesticides du fait de l'exposition professionnelle de l'un ou l'autre de leurs parents. Le fonds centralise et instruit les demandes puis les transmet aux caisses compétentes (CPAM, CMSA, etc.) afin qu'elles procèdent au paiement des prestations. L'exposition prénatale ouvre droit à une indemnisation forfaitaire. Le fonds est subrogé, à due concurrence des sommes versées, dans les droits du demandeur contre le responsable du dommage.

Pour les assurés du régime général de la sécurité sociale, la **prescription** des droits est en principe celle prévue nº 960. Pour l'exposition prénatale, elle est de 10 ans à compter de la consolidation.

ATTENTION

Certaines **victimes dont les droits sont prescrits** seront indemnisées si elles déposent une **demande au plus tard le 31-12-2021** (Loi 2019-1446 art. 70-IV).

ACTIVITÉ PARTIELLE

SOMMAIRE

A. Régime de droit commun

Le système d'**indemnisation** d'**activité partielle** permet, sous certaines conditions, de compenser partiellement la **perte de salaire** résultant de la fermeture temporaire de l'établissement ou d'une réduction de l'horaire habituel de travail en deçà de la durée légale de travail. **1400** C. trav. art. L 5122-1 QA-I-100 s

Le salarié placé en activité partielle peut, dans certains cas, bénéficier d'une **rémunération mensuelle minimale.**

Sur le régime d'activité partielle de longue durée (**APLD**) mis en place temporairement, voir nos 1530 s.

› Précisions a. Les employeurs peuvent interroger l'administration sur l'étendue de leurs droits à indemnisation au titre de l'activité partielle ou de la rémunération mensuelle minimale dans le cadre du **rescrit « aides à l'emploi »** : voir no 1705.
Ils peuvent également estimer les montants d'indemnisation dont ils sont susceptibles de bénéficier à l'aide d'un **simulateur** disponible sur www.simulateurap.emploi.gouv.fr.
b. Afin d'éviter le recours à l'activité partielle, l'entreprise peut, le cas échéant, conclure avec l'État une **convention de formation et d'adaptation** : voir no 2235.
c. Il existe également un régime « d'indemnité de garantie » pour les **dockers professionnels** (C. transports art. L 5343-18 s., R 5343-20 et R 5343-21) et dans le **BTP** en cas d'intempéries (no 1500).
d. Le fait de bénéficier ou de tenter de bénéficier **frauduleusement** du système d'indemnisation de l'activité partielle est passible des sanctions pénales visées no 50240, c (C. trav. art. L 5124-1).

1. CONDITIONS DE MISE EN ŒUVRE

CHAMP D'APPLICATION

Cas de mise en œuvre L'employeur peut placer ses salariés en activité partielle en cas de réduction ou suspension temporaire de l'activité imputable à : **1405** C. trav. art. R 5122-1 QA-I-1000 s

- la conjoncture économique ;
- des difficultés d'approvisionnement en matières premières ou en énergie ;
- un sinistre ou des intempéries de caractère exceptionnel ;
- une transformation, restructuration ou modernisation de l'entreprise ;
- toute autre circonstance de caractère exceptionnel.

› Précisions a. En principe, l'activité partielle n'est pas applicable lorsque la réduction ou la suspension de l'activité revêt un **caractère structurel** (CE 13-11-1995 no 156339 : RJS 1/96 no 52). Toutefois, les difficultés rencontrées par les entreprises **sous-traitantes** en raison d'une baisse des commandes des donneurs d'ordre, bien que qualifiées de structurelles, peuvent, le cas échéant, ouvrir droit à l'activité partielle (Inst. DGEFP 19 du 25-11-2008 réputée abrogée).
b. N'ouvre pas droit à l'activité partielle la fermeture de l'établissement pour **travaux** d'entretien, d'embellissement (peinture, revêtements de murs ou de sols...) ou de mise en conformité des locaux, qui ne sont pas assimilables à des travaux de restructuration ou de modernisation (Circ. CDE 39 du 15-7-1985 ; Circ. DGEFP 21 du 18-7-2001 réputées abrogées).
c. Une entreprise peut recourir à l'activité partielle en même temps qu'elle procède à des

licenciements économiques, mais seulement pour des salariés dont l'emploi est maintenu (Doc. DGEFP 8-2013). Sur les conséquences du licenciement d'un salarié placé en activité partielle, voir n° 1445, c et d.

Le recours à l'activité partielle est possible pour les salariés d'une entreprise en **redressement judiciaire** afin de faciliter la relance ou la reprise, ainsi que pour ceux d'une entreprise en **liquidation judiciaire** dont la reprise est confirmée par le juge (Doc. DGEFP 8-2013).

d. Les **circonstances exceptionnelles** permettant une indemnisation au titre de l'activité partielle sont pour l'essentiel des cas de force majeure (Circ. CDE 48 du 14-8-1980 réputée abrogée), par exemple l'accident survenu à l'employeur alors que l'entreprise ne compte qu'un salarié (CA Nancy 21-6-2000 n° 98-3661). En revanche, ne relève pas de l'activité partielle l'arrêt temporaire d'activité dû à une faute de l'employeur, comme la fermeture de l'entreprise sur décision administrative ou judiciaire (Circ. CDE 48 du 14-8-1980 réputée abrogée).

1410 C. trav. art. R 5122-8 — Les entreprises relevant du chômage **intempéries** (n° 1500) ne peuvent pas obtenir le versement de l'allocation d'activité partielle, sauf si les éléments climatiques en cause sont exceptionnels pour la période (Note NDE 35 du 17-6-1988).

L'activité partielle provoquée par une **grève** dans l'établissement où sont employés les salariés ne donne pas lieu à indemnisation, sauf autorisation du préfet en cas de lock-out de plus de 3 jours. En revanche, ont droit à cette indemnisation les salariés occupés dans des entreprises qui, ayant un lien avec l'établissement en grève (établissement distinct, entreprises sous-traitantes, fournisseur, client…), subissent une réduction d'activité du fait de ce conflit (Circ. CDE 39 du 15-7-1985 réputée abrogée), y compris si les deux entreprises constituent une unité économique et sociale (CE 9-10-1992 n° 86977 : RJS 1/93 n° 63).

L'activité partielle peut également être autorisée en cas de **difficultés d'approvisionnement** en matières premières ou en énergie liées aux grèves d'entreprises extérieures (EDF, SNCF, transports…) ayant des incidences sur l'activité (Note 15 du 28-2-1987).

1415 C. trav. art. L 5122-1 QA-I-750 s — **Conditions** La réduction ou la cessation d'activité doit être **temporaire** et **collective.** Elle doit donc concerner tout un établissement ou une partie de celui-ci : unité de production, atelier, service, équipe chargée de la réalisation d'un projet, notamment en matière de prestations intellectuelles (Circ. DGEFP 12 du 12-7-2013).

En cas de réduction d'activité, seule la réduction de l'**horaire de travail** en deçà de la durée légale de travail peut être indemnisée.

› Précisions **a.** La réduction collective de l'horaire de travail peut toutefois être **appliquée individuellement** et par roulement par unité de production (Circ. DGEFP 12 du 12-7-2013).
b. La mise au chômage partiel ne peut pas concerner **un seul salarié** de l'établissement (Cass. soc. 19-7-1995 n° 91-45.676 PFR : RJS 10/95 n° 1039), sauf si l'établissement ne compte qu'un seul salarié (n° 1405, d).

1417

Mesures Covid-19

À titre exceptionnel et dérogatoire et jusqu'au **31-12-2021** au plus tard, les salariés peuvent être placés en activité partielle **de façon individualisée** ou selon une répartition non uniforme des heures chômées ou travaillées, sous réserve d'un accord collectif transmis à l'administration ou d'un avis conforme du CSE ou du conseil d'entreprise (Ord. 2020-346 du 27-3-2020 modifiée art. 10 ter et Ord. 2020-1639 du 21-12-2020 art. 1 ; Décret 2020-794 du 26-6-2020 art. 3 et Décret 2020-1681 du 24-12-2020 art. 1 : voir FRS 2/21 Inf. 2 n° 23 p. 10).

1420 QA-I-1520 s — **Salariés bénéficiaires** Tous les salariés de l'entreprise ont vocation à bénéficier de l'indemnisation de l'activité partielle, y compris ceux à **temps partiel** et à **domicile** (Cass. soc. 22-6-1994 n° 89-42.461 P : RJS 8-9/94 n° 1068).

› Précisions **a.** Peuvent prétendre aux indemnités d'activité partielle :
– les **salariés intermittents** (Note NDE 35 du 17-6-1988), ainsi que selon nous, ceux à temps partiel modulé ou aménagé sur une période supérieure à la semaine (nos 77250 s.) ;
– les **intérimaires,** si les salariés de l'entreprise utilisatrice sont aussi placés en activité partielle (Circ. DGEFP 12 du 12-7-2013) ;
– les **fonctionnaires détachés** dans une entreprise privée (CE 9-10-2002 n° 233596 : RJS 1/03 n° 95).

b. Bien que les **travailleurs saisonniers** ne soient plus expressément exclus par le Code du travail du bénéfice de l'activité partielle, le chômage saisonnier durant la morte saison, revêtant un caractère structurel, ne devrait pas ouvrir droit à indemnisation.

c. S'agissant : des **VRP,** voir n° 61600 ; des **apprentis,** voir n° 3510, b.

Mesures Covid-19 1422

• À titre exceptionnel et dérogatoire, l'activité partielle est **étendue** :
– jusqu'au 31-12-2021 au plus tard, aux **cadres dirigeants** mentionnés n° 29415 uniquement en cas de fermeture de l'entreprise selon des modalités définies par l'article 2, I-7° et II du décret 2020-1786 du 30-12-2020 (Ord. 2020-346 du 27-3-2020 modifiée art. 8 et Ord. 2020-1639 du 21-12-2020 art. 1 : voir FRS 2/21 Inf. 2 n° 23 p. 10) ;
– jusqu'au 31-12-2021 au plus tard, aux salariés **portés** en CDI selon des modalités définies par l'article 2, I-8° et II du décret 2020-1786 du 30-12-2020 (Ord. 2020-346 du 27-3-2020 modifiée art. 8 bis et Ord. 2020-1639 du 21-12-2020 art. 1 : voir FRS 2/21 Inf. 2 n° 23 p. 10) ;
– jusqu'au 31-12-2021 au plus tard, aux salariés de droit privé employés par des **entreprises publiques** qui s'assurent elles-mêmes contre le risque du chômage (Ord. 2020-346 du 27-3-2020 modifiée art. 2 et Ord. 2020-1639 du 21-12-2020 art. 1), aux salariés des **entreprises étrangères** qui ne comportent pas d'établissement en France (Ord. 2020-346 du 27-3-2020 art. 9 et Ord. 2020-1639 du 21-12-2020 art. 1) et aux salariés des régies dotées de la seule autonomie financière qui gèrent un service public à caractère industriel et commercial de **remontées mécanique,** de **pistes de ski** ou de **cure thermale,** ce qui inclut les **travailleurs saisonniers** (Ord. 2020-346 du 27-3-2020 modifiée art. 10 et Ord. 2020-1639 du 21-12-2020 art. 1 : voir FRS 2/21 Inf. 2 n° 23 p. 10) ;
– jusqu'au 31-12-2021 au plus tard, aux **salariés vulnérables** définis par le décret 2020-1365 du 10-11-2020 ou contraints de **garder leurs enfants** selon des modalités d'indemnisation définies dans le tableau reproduit n° 1472 (Loi 2020-473 du 25-4-2020 art. 20 et Ord. 2020-1639 du 21-12-2020 art. 2 : voir FRS 2/21 Inf. 2 n°s 16 s. p. 8) ;
– aux salariés employés par des **particuliers employeurs** et aux **assistants maternels** selon des modalités à préciser par un décret (à paraître) (Ord. 2020-346 du 27-3-2020 modifiée art. 7 et Ord. 2020-1639 du 21-12-2020 art. 1 : voir FRS 2/21 Inf. 2 n°s 24 s. p. 11).
• Sur les modalités d'indemnisation prises à titre dérogatoire pour les salariés **non soumis à la durée légale ou conventionnelle du travail** (VRP, pigiste, travailleur à domicile, intermittents du spectacle), voir n° 1457.

FORMALITÉS

Formalités internes L'employeur d'une entreprise d'au **moins 50 salariés** qui recourt à l'activité partielle doit : 1425 C. trav. art. R 5122-2 R 5122-4 **QA-I-1840 s**
– **consulter le CSE** avant d'effectuer la demande administrative visée n° 1430. Par dérogation, en cas de sinistres ou d'intempéries ou en cas de circonstances de caractère exceptionnel, cet avis peut être recueilli **postérieurement** à la demande d'autorisation et transmis dans un délai d'au plus de 2 mois à compter de cette demande ;
– **informer** le CSE, d'une part, de la décision de l'administration à réception de celle-ci, d'autre part, à l'échéance de chaque autorisation (voir n° 1437) des conditions dans lesquelles l'activité partielle a été mise en œuvre.
L'employeur est également tenu d'**afficher** les nouveaux horaires de travail dans les conditions visées n° 29817.

> **Précisions** Pour donner leur avis sur la nécessité et les modalités de recours à l'activité partielle, le **CSE** doit être destinataire d'informations précises outre celles transmises à l'administration (TJ Nanterre 20-1-2021 n° RG 20/08901).

Demande d'autorisation administrative Pour pouvoir recourir à l'activité partielle, l'employeur doit faire une demande **préalable** auprès de l'administration. Cette demande est effectuée en ligne via un **portail internet** sécurisé et confidentiel (https://activitepartielle.emploi.gouv.fr). Elle **précise** les motifs justifiant le recours à l'activité partielle, sa durée prévisible et le nombre de salariés concernés. Elle est accompagnée, le cas échéant (voir n° 1425), de l'avis du CSE. Si l'employeur a déjà placé ses salariés en activité partielle dans le délai visé n° 1440, il doit également y mentionner les engagements qu'il propose de souscrire. 1430 C. trav. art. R 5122-2 R 5122-3 R 5122-26 **QA-I-2000 s**

> **Précisions** **a. Préalablement** à sa demande d'autorisation, l'employeur doit **adhérer au service en ligne** en fournissant les informations nécessaires à son identification, le nom de la personne chargée des demandes d'autorisation d'activité partielle et une adresse électronique. La réponse de l'administration visée n° 1435 et la demande de versement de l'allocation d'activité partielle visée n° 1470 s'effectuent également via ce site Internet.
> **b.** S'il réduit ou suspend l'activité des salariés sans avoir demandé (Cass. soc. 16-6-1988 n° 85-46.239 P) ou obtenu (Cass. soc. 16-3-1989 n° 86-45.018 D : RJS 4/89 n° 376 ; 25-3-2010 n° 08-43.044 FD : RJS 6/10 n° 542) la prise en charge de l'activité partielle, l'employeur doit compenser la perte de salaire.

c. Par **dérogation,** en cas de suspension d'activité due à un **sinistre** ou à des **intempéries** ou en cas de circonstance de caractère exceptionnel, l'employeur dispose de 30 jours à compter du placement des salariés en activité partielle pour adresser sa demande par tout moyen conférant une date certaine à sa réception.

d. Lorsque la demande d'autorisation préalable et, le cas échéant, la demande de **renouvellement** d'autorisation portent, pour le même motif et la même période, sur **au moins 50 établissements** implantés dans plusieurs départements, l'employeur peut adresser une **demande unique** au titre de l'ensemble des établissements au préfet du département où est implanté l'un des établissements concernés. Dans ce cas, le **contrôle** de la régularité des conditions de placement en activité partielle est confié au représentant de l'État dans le département où est implanté chacun des établissements concernés.

1435 C. trav. art. R 5122-4 R 5122-9, I

Décision de l'administration À compter de la réception de la demande de placement en activité partielle, l'administration a 15 jours calendaires pour notifier, via le site Internet visé n° 1430, une **décision** de refus (motivée) ou d'autorisation, l'absence de réponse dans ce délai valant acceptation implicite.

> Précisions a. Le délai d'instruction de la demande d'autorisation démarre à compter du moment où le dossier est réputé complet. L'employeur reçoit alors un **accusé de réception** récapitulant l'ensemble des informations relatives à la demande et la date d'échéance du délai d'instruction (Circ. DGEFP 12 du 12-7-2013).

b. En cas d'**autorisation tacite,** l'employeur peut placer ses salariés en activité partielle suivant les conditions précisées dans le récapitulatif de sa demande, qui mentionne notamment la période prévisionnelle d'activité partielle, le nombre total d'heures demandées, le nombre de salariés concernés et les éventuels engagements proposés par l'employeur (Circ. DGEFP 12 du 12-7-2013).

1437 C. trav. art. R 5122-9, I

Durée d'autorisation À compter du **1-3-2021,** l'autorisation d'activité partielle peut être accordée pour une **durée maximum** de 3 mois renouvelable dans la limite de 6 mois, consécutifs ou non, sur une période de référence de 12 mois consécutifs. Par dérogation, en cas de **sinistres** ou d'**intempéries** de caractère exceptionnel, l'autorisation d'activité partielle peut être accordée pour une durée maximum de 6 mois renouvelable.

Dans les deux cas, l'autorisation est **renouvelée** dans les conditions visées n° 1440.

> Précisions a. Pour les demandes d'autorisation effectuées entre le **1-3-2020 et le 28-2-2021,** l'autorisation pouvait être accordée pour une durée de 12 mois renouvelable dans les conditions visées n° 1440.

b. Si l'employeur **a déjà bénéficié** d'une autorisation d'activité partielle avant le 1-3-2021, il ne sera pas tenu compte de cette période pour le calcul des durées maximales (Décret 2020-1316 du 30-10-2020 art. 4-1 modifié). En revanche, si une décision d'autorisation est prise avant le 28-2-2021 pour une durée allant au-delà du 1-3-2021, la période d'autorisation intervenant au-delà de cette date s'imputera sur les durées maximales d'autorisation (En ce sens QR min. trav. du 6-1-2021 sur l'activité partielle : travail-emploi.gouv.fr).

c. En cas de demande de renouvellement d'une entreprise portant sur au moins **50 établissements** implantés sur tout le territoire, voir n° 1430, d.

1440 C. trav. art. L 5122-1, III R 5122-9, II Doc. DGEFP 8-2013 **QA-I-2600 s**

Conditions de renouvellement L'**employeur** qui fait une nouvelle demande d'activité partielle, alors qu'il y a déjà recouru dans les 36 mois précédents, doit souscrire des **engagements** spécifiques qui peuvent porter notamment sur une obligation de maintien dans l'emploi des salariés pouvant atteindre le double de la période d'autorisation, des actions de formation des salariés, des actions en matière de GPEC ou visant à rétablir la situation économique de l'entreprise.

Les engagements sont **fixés** par l'administration et notifiés dans sa décision d'autorisation après un dialogue avec l'employeur, en tenant compte de la situation de l'entreprise, de la récurrence du recours à l'activité partielle et, le cas échéant, des engagements précédemment souscrits, de l'avis du CSE visé n° 1425, ainsi que du contenu d'un éventuel accord collectif sur les conditions du recours à l'activité partielle ou, à défaut, des propositions faites par l'employeur dans la demande d'autorisation visée n° 1430.

ATTENTION

L'administration vérifie le respect de ces engagements par l'employeur. Sur le remboursement des sommes perçues en cas de **non-respect** des engagements par l'employeur, voir n° 1470.

SITUATION DU SALARIÉ

1445 C. trav. art. L 5122-1, II L 5122-2

Le salarié ne peut pas refuser sa mise en activité partielle. Celle-ci entraîne la suspension de son contrat de travail, mais n'en constitue pas une **modification** (Cass. soc. 18-6-1996 n° 94-44.654 PB : RJS 8-9/96 n° 963 ; 2-2-1999 n° 96-42.831 P : RJS 3/99 n° 407). Si le salarié en activité partielle n'a pas droit au maintien de son salaire habituel (Cass. soc. 12-7-1989 n° 87-45.463 P :

RJS 10/89 n° 791 ; 11-10-2005 n° 03-41.617 FD : RJS 12/05 n° 1242), il est toutefois indemnisé dans les conditions visées n°s 1450 s. CSS art. L 351-3 QA-I-3050 s

Pendant une période d'activité partielle, le salarié peut suivre l'ensemble des actions de **formation** et de bilan de compétences pouvant être réalisées notamment dans le cadre du plan de formation de l'entreprise.

› Précisions a. S'agissant des **salariés protégés,** voir n° 63270.

b. À condition que leur contrat de travail ne comporte pas de clause licite d'exclusivité, les salariés sont autorisés à **cumuler un ou plusieurs emplois** pendant leur indemnisation au titre de l'activité partielle, sous réserve de respecter les principes de loyauté et de non-concurrence et la durée maximale du travail (Circ. DGEFP 12 du 12-7-2013).

c. En principe, pendant une période d'activité partielle, l'employeur doit maintenir l'emploi des salariés concernés (Circ. DGEFP 12 du 12-7-2013). S'il procède à des **licenciements économiques** malgré cette obligation, il peut être tenu de rembourser les sommes perçues au titre de l'activité partielle (voir n° 1440).

d. S'agissant, en cas de licenciement pendant ou suivant une période d'activité partielle, de la rémunération à prendre en compte pour calculer : l'**indemnité de licenciement,** voir n° 48945, b ; l'indemnité compensatrice de **préavis,** voir n° 69345, a.

e. Sur l'incidence des périodes d'activité partielle sur la répartition de la **participation** et de l'**intéressement,** voir n° 33910, d ; sur la détermination des droits du salarié à **congés payés,** voir n° 13337, c.

f. Les périodes d'activité partielle effectuées depuis le 1-3-2020 sont prises en compte pour l'ouverture des **droits à la retraite** pour les pensions ayant pris effet depuis le 12-3-2020 (Loi 2020-1576 du 14-12-2020 art. 8, VIII). Sur la prise en compte de ces périodes au titre de la retraite anticipée pour **carrières longues,** voir n° 67520. Sur l'incidence des périodes d'activité partielle sur la **retraite complémentaire,** voir n° 68305.

g. S'agissant de l'incidence de la mise en activité partielle sur la rémunération des **jours fériés,** voir n° 77380, a.

Mesures Covid-19 1447

• Sur les aides de l'État pour les salariés en activité partielle qui suivent une **formation,** voir n° 2250.

• Sur la possibilité de **monétiser des jours de congés** pour compenser une perte de rémunération à la suite d'un placement en activité partielle, voir n° 13460.

2. INDEMNISATION

INDEMNITÉ VERSÉE AU SALARIÉ

Montant de l'indemnité d'activité partielle Pour toutes les heures chômées à compter du 1-3-2021 le salarié perçoit de l'employeur une indemnité horaire dont le montant est égal à 60 % de la rémunération brute servant d'**assiette** au calcul de l'indemnité de congés payés suivant la règle du maintien de salaire, au sens visé n°s 13655 s., ramenée à un montant horaire sur la base de la durée du travail applicable (n° 1455). 1450 C. trav. art. L 5122-2 R 5122-18 QA-I-5000 s

Depuis le 1-1-2021, la **rémunération maximale** prise en compte pour le calcul de l'indemnité horaire est égale à 4,5 fois le taux horaire du Smic (soit une indemnité horaire maximale de 4,5 × Smic horaire soit 10,25 × 60% = 27,68 € à compter de mars 2021). Sur la garantie d'une **rémunération mensuelle minimale,** voir n°s 1475 s.

Pour un exemple de calcul de cette indemnité, voir n° 1467.

Si le salarié en activité partielle suit une action de **formation,** l'indemnité horaire est portée à 100 % de sa rémunération nette antérieure.

› Précisions a. Pour toutes les heures chômées en **janvier et février 2021,** l'indemnité horaire est égale à 70 % du salaire horaire de référence limité à 4,5 fois le Smic horaire (Décret 2020-1681 du 24-12-2020 modifié).

b. Pour les salariés qui bénéficient d'**éléments de rémunération variables** ou versés selon une périodicité non mensuelle, le salaire de référence servant au calcul de l'indemnité tient compte de la moyenne de ces éléments de rémunération perçus au cours des 12 mois civils, ou sur la totalité des mois travaillés si le salarié a travaillé moins, précédant le premier jour de placement en activité partielle.

c. À compter du 1-3-2021 l'**indemnité nette** d'activité partielle ne peut pas excéder la rémunération nette horaire habituelle du salarié, l'indemnité et la rémunération nettes s'entendant après déduction des cotisations et contributions obligatoires retenues par l'employeur.

d. L'entreprise peut verser aux salariés une **indemnité plus favorable** en application d'un accord collectif ou d'une décision unilatérale de l'employeur.

1451

Mesures Covid-19

• Sur la **majoration** à titre dérogatoire et temporaire de l'indemnité d'activité partielle, y compris pour les **salariés vulnérables,** voir n° 1472.
• À titre dérogatoire et jusqu'au 31-12-2021 au plus tard :
– l'indemnisation des salariés en **formation** est alignée sur celle de droit commun. Ainsi, ils n'ont pas droit à une indemnité égale à 100 % de leur rémunération nette, sauf décision plus favorable de l'employeur (Ord. 2020-346 du 27-3-2020 art. 5 bis et Ord. 2020-1639 du 21-12-2020 art. 1 : voir FRS 2/21 Inf. 2 n° 23 p. 10) ;
– les **apprentis** et les salariés en **contrat de professionnalisation** dont la rémunération est inférieure au Smic perçoivent une indemnité d'un montant égal au pourcentage du Smic qui leur est applicable au titre des dispositions du Code du travail et, s'il y a lieu, des dispositions conventionnelles applicables à l'entreprise. Pour ceux dont la rémunération est supérieure ou égale au Smic, le taux de l'indemnité ne peut pas être inférieur au taux horaire du Smic (Ord. 2020-1255 du 14-10-2020 art. 2 et Ord. 2020-1639 du 21-12-2020 art. 5 : voir FRS 2/21 Inf. 2 n° 26 p. 11).

1453 C. trav. art. R 3243-1, 16° R 5122-11, al. 2 R 5122-14, al. 2 QA-I-5700 s

Versement Les indemnités d'activité partielle sont versées aux salariés à la **date normale** de la paie. Le nombre d'heures indemnisées, les taux appliqués et les sommes versées au titre de la période considérée doivent figurer sur le **bulletin de paie** (jusqu'au 26-3-2021, ces mentions peuvent être indiquées dans un document annexe : Décret 2020-325 du 25-3-2020 art. 2, II).

› Précisions a. Lorsque les **congés payés** sont dus sous la forme d'une indemnité compensatrice, cette indemnité est versée en sus de l'indemnité d'activité partielle.
b. L'indemnité se substitue au salaire et doit être prise en compte pour le **calcul des primes** assises sur les rémunérations perçues (Cass. soc. 26-11-1996 n° 94-40.266 P : RJS 1/97 n° 77 ; 4-7-2007 n° 06-42.322 FS-D : RJS 10/07 n° 1054).
c. Le salarié ne peut pas **renoncer** à ses indemnités : la rupture du contrat résultant de leur non-paiement par l'employeur constitue un licenciement (Cass. soc. 30-5-2000 n° 98-40.085 FS-P : RJS 7-8/00 n° 844). En revanche, le retard de paiement de l'indemnité en raison des difficultés économiques de l'entreprise ne justifie pas la **prise d'acte de la rupture** du contrat aux torts de l'employeur (CA Versailles 19-3-2020 n° 17/05707 : RJS 7/20 n° 364).
d. Sur les cas où le salarié perçoit **directement de l'État** l'allocation d'activité partielle perçue par l'employeur (n° 1465), voir n° 1470.
e. En cas de **fraude** de l'employeur pour obtenir cette indemnité, voir n° 1400, d.

1455 C. trav. art. R 5122-6 R 5122-7 R 5122-11 R 5122-19 QA-I-4300 s

Détermination des heures indemnisables Le nombre d'**heures** pouvant être indemnisées au titre de l'activité partielle correspond à la **différence** entre la durée légale du travail – soit 35 h hebdomadaires, 151,67 h mensuelles, 1 600 h annuelles, la journée de solidarité étant déduite (Circ. DGEFP 12 du 12-7-2013) – ou, si elle est inférieure, la durée collective ou stipulée au contrat de travail, et le nombre d'heures réellement travaillées sur la période considérée.

La durée du travail applicable est définie sur la période considérée en tenant compte du nombre de mois entiers, de semaines entières et de jours ouvrés.

L'allocation est versée dans la limite d'un **contingent** fixé à 1 000 heures par année civile et par salarié. Au sein de ce contingent, 100 heures sont indemnisables en cas de transformation, restructuration ou modernisation de l'entreprise (Arrêté ETSD1319814A du 26-8-2013 : JO 6-9).

Ces contingents d'heures indemnisables peuvent être exceptionnellement **dépassés** sur décision conjointe des ministres chargés de l'emploi et du budget dans le premier cas, du préfet et du directeur départemental des finances publiques dans le second cas.

› Précisions a. Les **heures supplémentaires non travaillées** sont considérées comme des heures chômées, mais ne sont pas indemnisables au titre de l'activité partielle.
b. Lorsque la durée du travail du salarié est fixée par **forfait** en heures ou en jours **sur l'année,** doit être prise en compte la durée légale correspondant aux jours de fermeture de l'établissement ou aux jours de réduction de l'horaire de travail pratiquée dans l'établissement, à due proportion de cette réduction.
Pour les salariés employés dans le cadre d'un **régime d'équivalence,** est déduit de la durée légale le nombre d'heures rémunérées sur la période considérée.
c. Les **jours fériés** inclus dans une période d'activité partielle ne sont indemnisés que s'ils sont habituellement travaillés (Circ. DGEFP 12 du 12-7-2013).

1457

Mesures Covid-19

À titre dérogatoire et, au plus tard, jusqu'au **31-12-2021** :
• sont prises en compte pour le calcul de l'indemnité et de l'allocation d'activité partielle et sont indemnisées au titre des heures chômées :
– les heures correspondant au **régime d'équivalence** et non à la durée légale du travail (Ord. 2020-346 du 27-3-2020 art. 1 et Ord. 2020-1639 du 21-12-2020 art. 1). Par **exemple,** pour un salarié qui travaille 39 heures par semaine mais est rémunéré sur une base de 35 heures et qui, au cours d'une semaine d'activité partielle, ne travaille que 20 heures, le nombre d'heures indemnisables sera de 19 heures (39 – 20), au lieu de 15 heures (35 – 20) (voir QR min. trav. du 6-1-2021 sur l'activité partielle : travail-emploi.gouv.fr) ;
– les **heures supplémentaires** résultant soit d'une convention individuelle de forfait incluant des heures supplémentaires conclue avant le 23-4-2020, soit d'une durée collective du travail supérieure à la durée légale pratiquée en application d'une convention ou d'un accord collectif conclu avant le 23-4-2020 (Ord. 2020-346 du 27-3-2020 modifiée art. 1 bis et Ord. 2020-1639 du 21-12-2020 art. 1).
• pour les salariés en **forfait en jours ou en heures sur l'année,** l'indemnité et l'allocation sont déterminées en tenant compte du nombre d'heures ou de jours ou de demi-journées ouvrés non travaillés par le salarié, au titre de la période concernée par l'activité partielle, convertis en heures selon les modalités suivantes (Ord. 2020-1255 du 14-10-2020 art. 8 et Ord. 2020-1639 du 21-12-2020 art. 1 ; Décret 2020-1786 du 30-12-2020 art. 2, I-1° et II) :
– une demi-journée non travaillée correspond à 3 h 30 non travaillées ;
– un jour non travaillé correspond à 7 h non travaillées ;
– une semaine non travaillée correspond à 35 h non travaillées.
Il faut déduire de ces heures les jours de congés payés et de repos pris au cours de la période, ainsi que les jours fériés non travaillés qui correspondent à des jours ouvrés, après avoir converti ces jours en heures selon les mêmes modalités (Décret 2020-1786 du 30-12-2020 art. 2, I-1°) (voir QR min. trav. du 6-1-2021 sur l'activité partielle : travail-emploi.gouv.fr).
• les **VRP,** les **travailleurs à domicile,** les **pigistes** et les **intermittents du spectacle** rémunérés au cachet salariés sont indemnisés selon des modalités définies par l'article 2, I-3° à 6° et II du décret 2020-1786 du 30-12-2020 (Ord. 2020-1255 du 14-10-2020 art. 8 et Ord. 2020-1639 du 21-12-2020 art. 1 : voir FRS 2/21 Inf. 2 n° 23 p. 10).

Régime de l'indemnité L'indemnité **légale** d'activité partielle est exonérée des **cotisations** de sécurité sociale (sauf exceptions pour les salariés non domiciliés fiscalement en France ou affiliés au régime local de l'Alsace-Moselle : voir n° 6680, b) et de tout prélèvement dont l'assiette est harmonisée avec celle des cotisations, ainsi que des **taxes** assises sur les salaires. 1460

C. trav. art. L 5122-4 L 5428-1 CGI art. 231 bis D QA-I-5900 s

En 2021, l'indemnité **complémentaire** versée par l'employeur en application d'un accord collectif ou unilatéralement est assujettie aux mêmes prélèvements sociaux que l'indemnité légale dans la limite de 3,15 fois le Smic horaire. Lorsque la somme de l'indemnité légale et de l'indemnité complémentaire dépasse ce niveau (c'est-à-dire lorsqu'elle est supérieure à 32,29 €), la part de l'indemnité complémentaire excédentaire est soumise aux contributions et cotisations sociales applicables aux revenus d'activité (Loi 2020-1576 du 14-12-2020 art. 8, IV).
Ces indemnités sont soumises à la **CSG** et la **CRDS** dans les conditions indiquées nos 25275 s., ainsi qu'à l'**impôt** sur le revenu (Mémento paie n° 68330).
Elles sont **saisissables** et cessibles dans les mêmes conditions que les salaires : nos 70940 s.

ALLOCATION PERÇUE PAR L'EMPLOYEUR

Montant En contrepartie des indemnités d'activité partielle qu'il verse au salarié, l'employeur a droit, pour chaque heure indemnisée, à une allocation d'activité partielle cofinancée par l'État et l'Unédic. Pour toutes les heures chômées à compter du 1-3-2021 le taux horaire est égal à 36 % de la rémunération horaire brute telle que définie n° 1450, limitée à 4,5 fois le taux horaire du Smic (soit une allocation horaire maximale de 16,61 €). 1465

C. trav. art. L 5122-1 R 5122-12 D 5122-13 R 5122-18 QA-I-6500 s

Ce taux horaire ne peut pas être **inférieur** à 7,30 € en 2021.
Pour les salariés en contrat d'**apprentissage ou de professionnalisation,** l'allocation perçue par l'employeur ne peut pas être supérieure à l'indemnité horaire due au salarié et le taux horaire minimum de 7,30 € ne leur est pas applicable.

ATTENTION

Pour toutes les heures chômées en **janvier et février 2021,** le taux horaire de l'allocation a été maintenu à **60 %** (taux applicable depuis le 1-6-2020) du salaire horaire de référence limité à 4,5 fois le Smic horaire, ce taux horaire ne pouvant pas être inférieur à 8,11 €.

1467 EXEMPLE

Soit un salarié travaillant dans une entreprise dont l'horaire de travail est de 35 heures hebdomadaires, le salaire mensuel brut à prendre en compte est de 2 300 €. En cas d'activité partielle pendant 30 heures en octobre 2021, sans heure de formation, l'indemnisation est la suivante.

Taux horaire de la rémunération du salarié : 2 300 € / 151,67 h = 15,16 €.

Montant de l'indemnité horaire d'activité partielle due au salarié : 60 % × 15,16 € = 9,10 €.

Le salarié perçoit pour 30 heures d'activité partielle : 30 h × 9,10 € = 273 €.

Montant de l'allocation horaire perçue par l'employeur : 36 % × 15,16 € = 5,46 €.

L'employeur se fait rembourser par l'État la somme de 163,80 € (30 h × 5,46 €). Le reste à charge pour l'entreprise est donc de 109,20 € (273 € – 163,80 €).

1468 **Mesures Covid-19**

• Sur la **majoration** à titre dérogatoire et temporaire de l'allocation d'activité partielle, y compris pour les **salariés vulnérables,** voir nº 1472.

• À titre dérogatoire et jusqu'au **31-12-2021** au plus tard :

– des modalités spécifiques de calcul de l'allocation sont prévues pour les salariés en régime d'**équivalence** ou effectuant des **heures supplémentaires** indemnisées, les salariés en **forfait jours** et ceux non soumis à la durée légale du travail (VRP, pigistes, travailleurs à domicile...) : voir nº 1457 ;

– pour les **apprentis** et les salariés en **contrat de professionnalisation,** l'employeur perçoit une allocation d'activité partielle d'un montant égal à l'indemnité d'activité partielle versée aux intéressés et visée nº 1451 (Ord. 2020-1255 du 14-10-2020 art. 2 et Ord. 2020-1639 du 21-12-2020 art. 5 : voir FRS 2/21 Inf. 2 nº 26 p. 11).

1470 **Versement** Pour obtenir l'allocation d'activité partielle, l'employeur adresse une **demande d'indemnisation,** via le site Internet visé nº 1430, comportant des informations relatives à son identité, la liste nominative des salariés concernés et leur numéro d'inscription au répertoire national d'identification des personnes physiques, et les états nominatifs précisant notamment le nombre d'heures chômées par salarié.

C. trav. art. L 5122-1, IV R 5122-5 R 5122-10 R 5122-14 à R 5122-17 QA-I-6700 s

Après vérification de la demande, l'allocation est **liquidée** mensuellement **auprès de l'employeur** par l'Agence de services et de paiement (ASP).

Par **exception,** en cas de redressement ou liquidation judiciaire ou de difficultés financières de l'employeur, l'ASP verse les allocations soit directement aux salariés soit, le cas échéant, au mandataire judiciaire ou à l'AGS. Dans ces cas, si l'entreprise est dans l'impossibilité d'assurer le paiement mensuel des indemnités, l'allocation peut être liquidée par l'ASP avant l'échéance du mois. La procédure de paiement direct par l'ASP peut également servir à indemniser les travailleurs à domicile à employeurs multiples. L'ASP doit, dans ces situations, remettre aux salariés le document comportant les mentions à indiquer sur le bulletin de paie visées nº 1453.

› Précisions **a.** Toute **demande d'indemnisation** de l'employeur pour laquelle la demande d'autorisation de recours à l'activité partielle a été déposée depuis le 1-1-2021 doit être effectuée, sous peine de **prescription,** dans le délai de 6 mois suivant le terme de la période couverte par l'autorisation de recours à l'activité partielle (dans le délai d'un an pour les demandes d'autorisation antérieures au 1-1-2021).

b. Pour les établissements appliquant un accord d'aménagement du temps de travail sur une période supérieure à la semaine et inférieure à l'année, l'employeur joint à sa demande, dans le cas où il ne souhaite pas un remboursement à la fin de la période, une **demande de remboursement mensuel.**

c. Le remboursement ne peut pas être **refusé** au motif que l'employeur n'a pas cherché des solutions alternatives avant la mise au chômage partiel (CE 23-7-2003 nº 241874 : RJS 11/03 nº 1303).

d. En cas de trop-perçu ou de non-respect par l'entreprise, sans motif légitime, des engagements mentionnés nº 1440, le Dreets (Direccte avant le 1-4-2021) peut demander à l'employeur de **rembourser,** dans un délai qui ne peut pas être inférieur à 30 jours, les sommes versées au titre de l'allocation d'activité partielle, sauf si ce remboursement est incompatible avec la situation économique et financière de l'entreprise.

Mesures Covid-19 (indemnisation majorée) 1472

À titre dérogatoire le taux de l'**indemnité** et de l'**allocation** d'activité partielle est majoré dans les conditions définies dans le tableau reproduit ci-après (Ord. 2020-770 du 24-6-2020 modifiée et Ord. 2020-1639 du 21-12-2020 art. 4 modifié ; Décret 2020-810 du 29-6-2020 modifié et Décret 2020-1786 du 30-12-2020 modifié art. 5 et 6) :

– **sans aucune condition** pour les entreprises dont l'activité principale relève du tourisme, de l'hôtellerie, de la restauration, du sport, de la culture, du transport de personnes et de l'événementiel (ces secteurs sont listés dans l'annexe 1 du décret du 29-6-2020 modifié) (**secteurs Covid**) ;

– pour les entreprises dont l'activité principale est **dépendante** de celle des secteurs précités (liste détaillée en annexe 2 du décret du 29-6-2020 modifié) et ayant subi une **baisse de chiffre d'affaires** d'au mois 80 % entre le 15 mars et le 15 mai 2020, appréciée, au souhait de l'employeur, soit par rapport au chiffre d'affaires constaté au cours de la même période de l'année 2019, soit par rapport au chiffre d'affaires mensuel moyen de l'année 2019 ramené sur 2 mois. Pour les **entreprises créées après le 15 mars 2019,** la perte de chiffre d'affaires est appréciée par rapport au chiffre d'affaires mensuel moyen sur la période comprise entre la date de création de la structure et le 15 mars 2020 ramené sur 2 mois (**secteurs Covid**) ;

– pour les entreprises dont l'activité principale implique l'accueil du public et est interrompue, partiellement ou totalement, du fait des mesures prises pour limiter la propagation de l'épidémie de Covid-19, à l'exclusion des fermetures volontaires (**entreprises fermées administrativement**) ;

– pour les entreprises situées dans une **circonscription territoriale** soumise à des restrictions spécifiques prises dans le cadre de l'état d'urgence sanitaire et qui subissent une **baisse de chiffre d'affaires** d'au moins 60 % appréciée, au choix de l'employeur, soit par rapport au chiffre d'affaires constaté durant le mois précédant la mise en œuvre des mesures de restriction, soit par rapport au chiffre d'affaires constaté au titre du même mois en 2019 (**restrictions sanitaires territoriales**) ;

– pour les entreprises situées dans une **zone de chalandise** de stations de ski et qui subissent une baisse de chiffre d'affaires (voir FRS 2/21 Inf. 2 n° 9 p. 7).

		Indemnité versée aux salariés	Allocation versée à l'employeur
Indemnisation de l'activité partielle en **janvier et février 2021**	Cas général	**70 %** du salaire horaire brut limité à 4,5 fois le Smic horaire Indemnité horaire maximale : 32,29 € Indemnité horaire minimale : 8,11 €[1]	**60 %** du salaire horaire brut limité à 4,5 fois le Smic horaire Allocation horaire maximale : 27,68 € Allocation horaire minimale : 8,11 €[2]
	Secteurs « Covid-19 », entreprises fermées, restrictions sanitaires territoriales, zones de chalandise de stations de ski		**70 %** du salaire horaire brut limité à 4,5 fois le Smic horaire Allocation horaire maximale : 32,29 € Allocation horaire minimale : 8,11 €[2]
	Salariés vulnérables ou garde d'enfants		**60 %** du salaire horaire brut limité à 4,5 fois le Smic horaire ou **70 %** du salaire horaire brut limité si l'entreprise relève d'un secteur « Covid » ou est fermée administrativement ou est située dans une zone soumise à des restrictions territoriales sanitaires ou dans une zone de chalandise Allocation horaire maximale : 27,68 € ou 32,29 € Allocation horaire minimale : 8,11 €[2]

		Indemnité versée aux salariés	Allocation versée à l'employeur
Indemnisation de l'activité partielle à compter du **1-3-2021**[3]	Cas général	**60 %** du salaire horaire brut limité à 4,5 fois le Smic horaire Indemnité horaire maximale : 27,68 € Indemnité horaire minimale : 8,11 €[1]	**36 %** du salaire horaire brut limité à 4,5 fois le Smic horaire Allocation horaire maximale : 16,61 € Allocation horaire minimale : 7,30 €[2]
	Secteurs « Covid » jusqu'au 31-3-2021[3]		**60 %** du salaire horaire brut limité à 4,5 fois le Smic horaire Allocation horaire maximale : 27,68 € Allocation horaire minimale : 8,11 €[2]
	Entreprises fermées ou restrictions sanitaires territoriales, zones de chalandise de stations de ski jusqu'au **30-6-2021**[4]	**70 %** du salaire horaire brut limité à 4,5 fois le Smic horaire Indemnité horaire maximale : 32,29 € Indemnité horaire minimale : 8,11 €[1]	**70 %** du salaire horaire brut limité à 4,5 fois le Smic horaire Allocation horaire maximale : 32,29 € Allocation horaire minimale : 8,11 €[2]
	Salariés vulnérables ou garde d'enfants jusqu'au **31-12-2021**[5]		**60 %** du salaire horaire brut limité à 4,5 fois le Smic horaire Allocation horaire maximale : 27,68 € Allocation horaire minimale : 7,30 €[2]

1. L'existence d'une indemnité horaire minimale résulte de la position de l'administration et non d'un texte officiel. En tout état de cause, la salarié a droit à une rémunération mensuelle minimale (voir n°s 1475 s.).
2. Sauf pour les apprentis ou les salariés en contrat de professionnalisation dont la rémunération est inférieure au Smic.
3. Décret 2020-1316 du 30-10-2020 modifié par Décret 2021-88 du 29-1-2021 art. 1
4. Loi 2020-473 du 25-4-2020 art. 20 ; Décret 2020-1786 du 30-12-2020 art. 8 modifié.
5. Décret 2020-1786 du 30-12-2020 art. 9 et 11.

B. Garantie d'une rémunération mensuelle minimale

1475 C. trav. art. L 3232-1 L 3232-5 QA-I-8650 s

Les salariés touchés par une réduction d'horaire ont droit à la garantie d'une rémunération mensuelle minimale. Lorsque cette dernière n'est pas atteinte, le salarié bénéficie d'une **allocation complémentaire** à la charge de l'employeur, aussi longtemps que dure la réduction d'activité.

APPLICATION DE LA GARANTIE

1480 QA-I-8680 s

La garantie d'une rémunération minimale s'applique dans tous les cas de réduction d'horaire en dessous de la durée légale du travail, notamment en cas de manque de débouchés ou d'approvisionnement, sinistre, intempéries ou autres circonstances (Circ. TE 17 du 29-5-1973 réputée abrogée).

L'affectation du salarié sur un **chantier** où la durée du travail est inférieure à la durée légale ouvre droit à la garantie (Cass. soc. 25-5-1993 n° 89-45.167 P : RJS 7/93 n° 773).

BÉNÉFICIAIRES

Les salariés doivent être titulaires d'un contrat de travail comportant un **horaire** au moins égal à la durée légale hebdomadaire. En sont donc exclus les salariés à temps partiel (Doc. DGEFP 8-2013 ; Cass. soc. 12-1-1989 n° 86-40.554 D ; toutefois, en sens contraire : Cass. crim. 11-2-1986 n° 85-90.949 B). **1485** C. trav. art. L 3232-1 L 3232-9 L 3423-5 QA-I-8730 s

› **Précisions** **a.** La garantie s'applique, sous réserve, le cas échéant, d'**adaptations,** notamment dans les DOM et aux catégories suivantes : dockers professionnels, salariés agricoles, à domicile, intermittents ou saisonniers pendant la période normale de leur activité et jeunes travailleurs (Circ. TE 17 du 29-5-1973 réputée abrogée).
b. Sont **exclus** de la garantie : les assistants maternels (CASF art. L 423-2), les salariés des entreprises de gardiennage, les employés de maison et les concierges, les VRP (Circ. TE 17 du 29-5-1973 réputée abrogée), ainsi que les travailleurs temporaires et les apprentis (Doc. DGEFP 8-2013).

Mesures Covid-19 **1487**

• À titre dérogatoire et jusqu'au **31-12-2021** au plus tard :
– les **salariés à temps partiel** ont droit à une allocation minimale égale au Smic horaire (Ord. 2020-346 du 27-3-2020 modifiée art. 3 et Ord. 2020-1639 du 21-12-2020 art. 1 : voir FRS 8/20 inf. 1 n° 29 p. 7) ;
– les **intérimaires** ont droit à l'allocation complémentaire leur permettant d'avoir droit à la rémunération mensuelle minimale (Ord. 2020-346 du 27-3-2020 modifiée art. 8 ter et Ord. 2020-1639 du 21-12-2020 art. 1 : FRS 9/20 inf. 1 n° 25 p. 6).
• Sur l'indemnisation des **employés de maison** et des **assistants maternels,** voir n° 1422.
• Sur l'indemnisation des VRP, des salariés à domicile et des intermittents, voir n° 1457.
• Sur l'indemnisation des **apprentis** et des salariés en contrat de professionnalisation, voir n° 1451.

CALCUL DE LA GARANTIE

Le salarié a droit à une **rémunération mensuelle garantie** égale au produit du Smic horaire (n° 90010) par le nombre d'heures correspondant à la durée légale du travail pour le mois considéré. Cette garantie ne peut pas excéder, déduction faite des cotisations salariales, le salaire net qui aurait été perçu pour un travail effectif de même durée payé au Smic. **1490** C. trav. art. L 3232-3 à L 3232-5 R 3232-1 QA-I-8950 s

Lorsque la rémunération minimale garantie n'est pas atteinte, l'employeur doit verser une **allocation complémentaire** égale à la différence entre le montant de la rémunération minimale et le montant cumulé :
– du salaire perçu pour les heures effectivement travaillées, y compris les avantages en nature et majorations ayant le caractère d'un complément de salaire (voir nos 70445 s.), à l'exclusion des remboursements de frais et la prise en charge des frais de transports ;
– et des indemnités d'activité partielle.

› **Précisions** La rémunération mensuelle minimale est **réduite** à due concurrence lorsque, au cours du mois considéré, le salarié a accompli un nombre d'heures inférieur à celui correspondant à la durée légale hebdomadaire en cas de suspension du contrat de travail ou lorsque le contrat a débuté ou s'est terminé au cours du mois. Elle est également réduite en cas de **fermeture de l'entreprise** pour congés payés (Cass. soc. 2-4-1992 n° 88-42.817 P : RJS 5/92 n° 650).

PAIEMENT

Soumise au même **régime** fiscal et social que les indemnités d'activité partielle (n° 1460), l'allocation complémentaire est **versée** mensuellement par l'employeur. Ce dernier doit remettre au salarié un **document** indiquant le taux du Smic, la durée légale du travail, les déductions obligatoires, les montants du salaire et des allocations constituant les éléments de la rémunération minimale versée aux salariés ; il peut s'agir d'un complément au bulletin de salaire. **1495** C. trav. art. L 3232-6 et L 3232-7 R 3232-2 QA-I-9350 s

1500 C trav. art. L 5424-6 à L 5424-19 D 5424-7 à D 5424-45 QA-I-12200 s

Chômage intempéries dans le BTP

Les **salariés** du BTP, apprentis y compris, bénéficient d'un dispositif particulier d'indemnisation en cas d'arrêt de travail pour intempéries (conditions atmosphériques et inondations rendant l'accomplissement du travail dangereux ou impossible) s'ils justifient avoir accompli au moins 200 heures de travail au cours des 2 mois précédents. L'employeur décide l'**arrêt du travail** après consultation du CSE.

Les salariés concernés ont droit, pour chaque heure perdue à partir de la 2e dans la limite de 9 heures par jour et 45 heures par semaine, à une **indemnité** horaire égale à 75 % de leur salaire horaire brut perçu à la veille de l'interruption du travail. Cette indemnité est payée au salarié par son entreprise à l'échéance normale de la paie dans les mêmes conditions que cette dernière. Sur le régime social de cette indemnité, voir n° 23070, b.

L'employeur se fait ensuite rembourser partiellement par la caisse de congés payés à laquelle il doit adresser, dans le mois suivant la reprise du travail, un bordereau unique de déclaration conforme à un modèle fixé par la caisse de surcompensation du BTP.

Ce dispositif est **financé** par une cotisation des employeurs du BTP à la caisse de congés payés, dont le taux est fixé chaque année par arrêté ministériel et l'assiette constituée de l'ensemble des salaires pris en compte pour le calcul des cotisations de sécurité sociale, déduction faite d'un abattement déterminé par arrêté.

Pendant leur période de chômage, les salariés doivent rester à la **disposition de l'employeur.** Ce dernier doit leur remettre, lorsqu'ils quittent l'entreprise, un **certificat** indiquant le nombre d'heures et les périodes pendant lesquelles ils ont bénéficié de l'indemnité pour l'année civile en cours.

C. Activité partielle de longue durée (APLD)

1. MISE EN PLACE DANS L'ENTREPRISE

1530 Loi 2020-734 du 17-6-2020 art. 53 Décret 2020-926 du 28-7-2020 art. 9 et 10 QA-I-730

Les entreprises, quelle que soit leur taille, confrontées à des **difficultés économiques durables,** mais dont la pérennité n'est pas compromise, peuvent recourir à un dispositif spécifique d'activité partielle :

– soit par la voie d'un **accord** d'établissement, d'entreprise ou de groupe **validé** par l'administration. Cet accord est conclu dans les conditions de droit commun de la négociation collective (nos 51860 s.) ;

– soit par le biais d'un **document unilatéral** élaboré par l'employeur, après consultation du CSE, lorsqu'il existe, dans les entreprises d'au moins 11 salariés (QR min. trav. APLD du 31-12-2020) dans le cadre défini par un accord de branche étendu. Ce document est **homologué** par l'administration.

Ce dispositif **temporaire,** dénommé « activité partielle de longue durée » (APLD), permet aux entreprises qui s'engagent à maintenir l'emploi et à favoriser la formation de réduire l'horaire de travail de tout ou partie des salariés. Cette réduction d'activité est compensée pour le salarié par le versement d'une indemnité et, pour l'employeur, par le versement d'une allocation par l'État.

> **Précisions** **a.** L'APLD est **entrée en vigueur** le 31-7-2020. Elle s'applique aux accords collectifs et aux documents élaborés par l'employeur transmis à l'administration, selon le cas, pour extension (accord de branche), validation (accord d'établissement, d'entreprise ou de groupe) ou homologation (document unilatéral de l'employeur) **au plus tard** le 30-6-2022.
> **b.** L'APLD est une mesure d'ordre général et collective qui s'**impose aux salariés** (QR min. trav. APLD du 31-12-2020). Ces derniers sont placés dans une situation identique à celle du salarié en activité partielle de droit commun. On notera notamment que son contrat de travail est suspendu pendant les heures de réduction d'activité et que ces dernières sont prises en compte pour l'acquisition des congés payés et le calcul de la participation et de l'intéressement (voir n° 1445).
> **c.** Si l'entreprise est couverte par un **accord de branche,** il est possible de conclure un accord d'entreprise ou d'établissement et ce dernier peut déroger à l'accord de branche (QR min. trav. APLD du 31-12-2020).
> **d.** L'APLD ne **peut pas être cumulée,** sur une même période et pour un même salarié, avec le dispositif d'activité partielle de droit commun. Pour autant, un employeur bénéficiant de l'APLD au titre d'une partie de ses salariés peut **concomitamment** bénéficier pour d'autres salariés de l'activité partielle de droit commun pour tout autre motif que celui relatif à la situation économique de l'entreprise (voir n° 1405).
> **e.** Les **dispositions conventionnelles** relatives à l'activité partielle conclues avant le 19-6-2020 ne s'appliquent pas à l'APLD.

CONTENU DE L'ACCORD COLLECTIF OU DU DOCUMENT UNILATÉRAL

L'**accord** collectif d'établissement, d'entreprise, de groupe ou de branche doit **obligatoirement** comporter : 1535 Loi 2020-734 du 17-6-2020 art. 53, I et II Décret 2020-926 du 28-7-2020 art. 1, I à III

– un préambule présentant un diagnostic sur la situation économique et les perspectives d'activité, selon le cas, de l'établissement, de l'entreprise, du groupe ou de la branche. Le diagnostic peut retracer les difficultés rencontrées (perte de chiffres d'affaires, baisse des commandes, menaces pesant sur l'emploi…) (QR min. trav. APLD du 31-12-2020) ;
– la date de début et la durée d'application du dispositif d'APLD ;
– les activités et salariés auxquels s'applique ce dispositif. Les activités et secteurs concernés doivent être clairement identifiés mais il n'est pas nécessaire de désigner nommément les salariés concernés (QR min. trav. APLD du 31-12-2020) ;
– la réduction maximale de l'horaire de travail en deçà de la durée légale (voir n° 1545) ;
– les engagements en matière d'emploi (voir n° 1540) et de formation professionnelle ;
– les modalités d'information des organisations syndicales de salariés signataires et des institutions représentatives du personnel sur la mise en œuvre de l'accord, cette information devant avoir lieu au moins tous les 3 mois.

> **Précisions** **a.** Outre les clauses obligatoires ci-dessus, l'accord collectif peut **également prévoir** (liste non limitative) :
> – les conditions dans lesquelles les dirigeants salariés, les mandataires sociaux et les actionnaires fournissent des efforts proportionnés à ceux demandés aux salariés pendant la durée de recours au dispositif ;
> – les conditions dans lesquelles les salariés prennent leurs congés payés et utilisent leur compte personnel de formation, avant ou pendant la mise en œuvre du dispositif ;
> – les moyens de suivi de l'accord par les organisations syndicales.
>
> **b.** Le **document unilatéral** élaboré par l'employeur doit préciser les conditions de mise en œuvre, au niveau de l'entreprise ou de l'établissement, des stipulations de l'accord de branche étendu. Il doit comporter les mêmes éléments que ceux devant obligatoirement figurer dans l'accord collectif, y compris le diagnostic (QR min. trav. APLD du 31-12-2020), et, en particulier, les engagements spécifiques souscrits par l'employeur en matière d'emploi.
>
> **c.** Dans le cadre des mesures Covid-19, les **formations** des salariés en APLD bénéficient d'**aides de l'État** (voir n° 2250).

ENGAGEMENTS EN MATIÈRE D'EMPLOI

Les engagements en matière de maintien de l'emploi portent sur l'intégralité des emplois de l'établissement ou de l'entreprise, sauf si l'accord collectif (d'établissement, d'entreprise, de groupe ou de branche) prévoit un **champ d'application** plus restreint. C'est donc à l'accord de définir le périmètre des engagements. Selon nous, celui-ci porte au minimum sur les salariés bénéficiaires de l'APLD. Il peut toutefois être plus large. Seuls les salariés exclus pourront être licenciés pour motif économique, y compris dans le cadre d'un PSE. 1540 Décret 2020-926 du 28-7-2020 art. 1, IV

Le respect des engagements de maintien de l'emploi par l'employeur fait l'objet d'un **bilan** d'application (n° 1570). Sur les conséquences du **non-respect** des engagements, voir n° 1575.

> **Précisions** Le **document unilatéral** ne peut pas déroger au champ d'application prévu par l'accord de branche. En conséquence, en l'absence de mention dans l'accord de branche prévoyant explicitement que l'engagement peut porter sur un périmètre plus restreint, les engagements en matière d'emploi figurant dans le document unilatéral porteront sur l'intégralité des emplois de l'établissement ou de l'entreprise (QR min. trav. APLD du 31-12-2020).

RÉDUCTION DE L'HORAIRE DE TRAVAIL

La réduction de l'horaire de travail ne peut pas **être supérieure à 40 %** de la durée légale du travail. Ce volume s'apprécie par salarié sur la durée totale d'application du dispositif prévu par l'accord collectif ou le document unilatéral. Son application peut conduire à la suspension temporaire de l'activité. 1545 Décret 2020-926 du 28-7-2020 art. 4

Cette limite de 40 % peut toutefois être **portée** à 50 % dans des cas exceptionnels résultant de la situation particulière de l'entreprise, si l'accord collectif le prévoit et sur décision de l'administration. **Attention,** ce dépassement ne peut pas être mis en place unilatéralement par l'employeur si l'accord de branche ne le prévoit pas.

> **Précisions** **a.** La période entre le **1-11-2020 et une date fixée, au plus tard, le 31-3-2021** n'est pas prise en compte dans l'appréciation de la réduction maximale de l'horaire de travail (Décret 2020-926 du 28-7-2020 art. 9 modifié).
>
> **b.** Il est possible d'**alterner** des périodes de faible réduction d'activité et des périodes de forte réduction, voire de suspension temporaire de l'activité, dans le respect du plafond de 40 % sur toute la durée d'application du dispositif.

Un **lissage** du montant de l'indemnité APLD et de la rémunération du salarié peut être envisagé pour limiter l'impact sur sa rémunération mensuelle (QR min. trav. APLD du 31-12-2020)).

c. Dans le cadre du **suivi de l'accord,** il est recommandé de tenir à jour un **compteur** permettant d'apprécier la réduction d'activité des salariés et d'identifier les heures dites chômées ouvrant droit à une indemnité et les heures travaillées qui doivent être rémunérées normalement (QR min. trav. APLD du 31-12-2020).

d. Sauf clause de proratisation prévue par l'accord collectif ou le document unilatéral, la réduction de l'horaire s'applique de manière identique aux salariés à temps plein et à **temps partiel** (QR min. trav. APLD du 31-12-2020).

POINT DE DÉPART ET DURÉE D'APPLICATION

1550 Décret 2020-926 du 28-7-2020 art. 3 et 5, al. 3

Le point de départ du bénéfice de l'APLD ne peut **pas être antérieur** au premier jour du mois civil au cours duquel la demande de validation ou d'homologation a été transmise à l'administration. En clair, l'employeur qui transmet une demande courant juin 2021 pourra placer ses salariés en APLD à compter du 1er juin.

Le dispositif est accordé par l'administration par **période de 6 mois,** renouvelable dans les conditions fixées nº 1570, dans la limite de 24 mois, consécutifs ou non, sur une période de référence de 36 mois consécutifs.

› Précisions **a.** La période entre le **1-11-2020 et une date fixée, au plus tard, le 31-3-2021** n'est pas prise en compte dans l'appréciation de la durée d'application du dispositif APLD (Décret 2020-926 du 28-7-2020, art. 9 modifié).

b. Le **décompte** est réalisé en mois civils : un mois durant lequel l'entreprise recourt à l'APLD compte pour un mois entier (QR min. trav. APLD du 31-12-2020).

c. Il n'est pas nécessaire de préciser dans l'accord collectif ou le document unilatéral le **planning prévisionnel** de recours au dispositif. Seule doit être indiquée la **durée totale** de recours envisagée (QR min. trav. APLD du 31-12-2020).

d. La **validation de l'accord** collectif ou l'**homologation du document** unilatéral par l'administration vaut autorisation de recourir à l'APLD pour une durée de 6 mois sans autre formalité nécessaire.

2. CONTRÔLE DE L'ADMINISTRATION

VALIDATION DE L'ACCORD OU HOMOLOGATION DU DOCUMENT UNILATÉRAL

1555 Décret 2020-926 du 28-7-2020 art. 5 et 6

Demande de l'employeur L'employeur adresse la demande de validation de l'accord d'établissement, d'entreprise ou de groupe ou d'homologation du document unilatéral à l'administration par voie dématérialisée dans les mêmes conditions que celles prévues pour l'activité partielle classique (nº 1430). Cette demande est **accompagnée** de l'accord ou du document unilatéral. En cas de document unilatéral, l'avis du **CSE,** lorsqu'il existe, doit être joint.

› Précisions **a.** L'**administration compétente** est le préfet du département (le Dreets par délégation ; Direccte avant le 1-4-2021) où est **implanté l'établissement** concerné par l'accord collectif ou le document. Lorsque le périmètre de l'accord ou du document porte sur des établissements implantés dans **plusieurs départements,** l'employeur adresse une demande unique au préfet du département où est implanté l'un quelconque des établissements concernés. Dans ce cas, le contrôle de la régularité des conditions de recours à l'APLD est confié au préfet du département où est implanté chacun des établissements concernés.

b. En pratique, les démarches sont effectuées en ligne sur le **portail** https://activitepartielle.emploi.gouv.fr. L'employeur doit, lors de sa demande, impérativement, d'une part, cocher l'onglet « Activité partielle de longue durée », d'autre part, déposer l'accord ou le document unilatéral sur l'espace documentaire.

c. L'accord collectif doit également faire l'objet d'un **dépôt** sur la plateforme TéléAccordS (voir nº 51955).

1560 Loi 2020-734 du 17-6-2020 art. 53, IV et V

Vérifications opérées par le Dreets Le Dreets (Direccte avant le 1-4-2021) **valide l'accord collectif** après s'être assuré :

- des conditions de validité et de la régularité de la procédure de négociation ;
- de la présence dans l'accord de l'ensemble des dispositions obligatoires.

Il **homologue le document unilatéral** élaboré par l'employeur après avoir vérifié :

- la régularité de la procédure d'information et de consultation du CSE lorsqu'il existe ;
- la présence dans l'accord de l'ensemble des dispositions obligatoires ;
- la conformité du document unilatéral aux stipulations de l'accord de branche ;
- la présence d'engagements spécifiques en matière d'emploi.

La procédure de validation ou d'homologation est **renouvelée** en cas de révision de l'accord par avenant ou en cas de reconduction ou d'adaptation du document unilatéral de l'employeur. Dans ce dernier cas, le CSE dans les entreprises d'au moins 11 salariés doit être consulté (QR min. trav. APLD du 31-12-2020).

Décision du Dreets Le Dreets (Direccte avant le 1-4-2021) notifie sa décision, motivée, par **voie dématérialisée** sur le portail visée n° 1555, b, dans un **délai** de 15 jours s'agissant de la validation d'un accord collectif ou de 21 jours s'agissant de l'homologation d'un document unilatéral, à compter de la réception de ces documents. **1565** Loi 2020-734 du 17-6-2020 art. 53, VI Décret 2020-926 du 28-7-2020 art. 5

Le **silence** gardé par l'administration pendant ces délais vaut validation ou homologation. Dans ce cas, l'employeur est tenu de transmettre une copie de la demande et de son accusé de réception par l'administration, au CSE et, s'agissant d'un accord collectif, aux syndicats signataires.

› Précisions a. Le Dreets notifie, par tout moyen et dans les mêmes délais de 15 et 21 jours, sa décision de validation ou d'homologation au **CSE,** lorsqu'il existe, et si elle porte sur un accord collectif, aux **syndicats signataires.**

b. L'employeur porte à la **connaissance des salariés,** par affichage sur les lieux de travail ou par tout moyen permettant de conférer date certaine à cette information, la décision de validation ou d'homologation ou, à défaut, la copie de la demande avec l'accusé de réception, ainsi que les voies et délais de recours.

c. La décision de validation ou d'homologation vaut **autorisation d'APLD** pour une durée de 6 mois (voir n° 1550).

RENOUVELLEMENT DE L'APLD

L'autorisation d'APLD est renouvelée par périodes de 6 mois (dans les limites d'application du dispositif exposées n° 1550) au vu d'un **bilan** que l'employeur adresse au Dreets (Direccte avant le 1-4-2021), avant l'échéance de chaque période d'autorisation et qui porte sur le respect des engagements en matière : **1570** Décret 2020-926 du 28-7-2020 art. 2 et 5

– d'emploi et de formation professionnelle des salariés ;
– d'information des organisations syndicales de salariés signataires de l'accord et des représentants du personnel sur la mise en œuvre de l'accord.

Ce bilan est **accompagné** d'un diagnostic actualisé de la situation économique et des perspectives d'activité de l'établissement, de l'entreprise ou du groupe, ainsi que du procès-verbal de la dernière réunion au cours de laquelle le CSE, s'il existe, a été informé sur la mise en œuvre de l'activité partielle.

Attention, si l'APLD est mise en œuvre dans le cadre d'un **document unilatéral** de l'employeur, le renouvellement ne peut pas se faire au-delà de la durée maximale d'application du dispositif fixée par l'accord de branche étendu (Décret 2020-296 du 28-7-2020 art. 1, III).

CONSEIL

Afin de permettre une **continuité** dans le bénéfice du dispositif d'APLD, il est conseillé de déposer la demande complète au moins 15 jours (dans le cas d'un accord collectif) ou 21 jours (dans le cas d'un document de l'employeur) avant la date de fin d'autorisation (QR min. trav. APLD du 31-12-2020).

SANCTIONS

Sur demande de l'administration, l'employeur **rembourse** à l'État les sommes perçues pour chaque salarié bénéficiaire de l'APLD **licencié pour motif économique** pendant la durée de recours au dispositif. En cas de licenciement pour motif économique du contrat de travail d'un salarié **non bénéficiaire du dispositif** mais que l'employeur s'était engagé à maintenir dans l'emploi, l'employeur rembourse une somme égale, pour chaque rupture, au rapport entre le total des allocations APLD qu'il a reçues et le nombre de salariés placés en APLD. **1575** Décrets 2020-926 du 28-7-2020 art. 2 et 2020-1188 du 29-9-2020 art. 1, I 2020-1316 du 30-10-2020 art. 1 et 2

En outre, en cas de non-respect par l'employeur des engagements en matière d'emploi et de formation prévus dans l'accord ou le document unilatéral, l'administration peut **interrompre** le versement de l'allocation.

› Précisions a. Le remboursement dû par l'employeur **n'est pas exigible** dans les 2 cas suivants :
– si les **perspectives d'activité se sont dégradées** par rapport à celles prévues dans l'accord collectif ou le document unilatéral de l'employeur. L'employeur devra **justifier** que, au moment où il a procédé aux licenciements économiques, sa situation économique était dégradée par rapport aux perspectives envisagées au moment de la conclusion de l'accord ou de la rédaction du document. Il est ainsi recommandé de prévoir des **indicateurs** dans le préambule de l'accord ou du document unilatéral (chiffre d'affaires, rentabilité, etc.) (QR min. trav. APLD du 31-12-2020) ;
– s'il est **incompatible** avec la situation économique et financière de l'établissement, de l'entreprise ou du groupe.

b. En cas de **dispense de remboursement** de tout ou parties des sommes dues, l'employeur doit en **informer** les institutions représentatives du personnel et, le cas échéant, les organisations syndicales signataires de l'accord.

3. INDEMNISATION

INDEMNITÉ VERSÉE AU SALARIÉ

1580 Loi 2020-734 du 17-6-2020 art. 53, VII et VIII Décret 2020-926 du 28-7-2020 art. 8 et 9, II

Y compris s'il est en formation, le salarié en APLD reçoit une indemnité **horaire,** versée par son employeur, correspondant à 70 % de sa rémunération horaire brute, calculée comme l'indemnité d'activité partielle de droit commun (voir nº 1450), ramenée à un montant horaire sur la base de la durée légale du travail applicable dans l'entreprise ou, lorsqu'elle est inférieure, la durée collective du travail ou la durée stipulée au contrat de travail.

La **rémunération maximale** du salarié prise en compte est égale à 4,5 fois le taux horaire du Smic. En pratique, l'indemnité horaire maximale à verser au salarié en 2021 est de 32,29 € (70 % × 46,13 €).

Le **salaire de référence** retenu est celui qui précède le placement en APLD (QR min. trav. APLD du 31-12-2020).

L'indemnité APLD est **versée** au salarié selon les mêmes modalités que l'indemnité d'activité partielle de droit commun (nº 1453).

Pour un **exemple** chiffré du calcul de cette indemnité, voir nº 1595.

> **Précisions** **a.** La **détermination des heures indemnisables** au titre de l'APLD est la même que pour les salariés en activité partielle de droit commun (y compris les règles temporaires Covid-19), à l'exception du contingent annuel des heures indemnisables qui ne concerne pas l'APLD (nºs 1455 s.).
> **b.** Le décret du 28 juillet 2020 ne fait référence à **aucune indemnité minimale** pour le salarié et exclut même l'application de l'article D 5122-13 du Code du travail fixant un minimum net de 8,11 € dans le régime de droit commun. Toutefois, selon les exemples chiffrés donnés sur le site Internet du ministère du travail, ce plancher de 8,11 € s'appliquerait bel et bien à l'indemnité APLD, sauf, selon nous, pour les apprentis et les salariés en contrat de professionnalisation dont la rémunération est inférieure au Smic.
> **c.** L'accord collectif ou le document unilatéral peut prévoir une **indemnisation plus favorable** que celle prévue par le régime légal.
> **d.** L'indemnité APLD suit le même **régime social** que l'indemnité de droit commun (voir nº 1460).

ALLOCATION PERÇUE PAR L'EMPLOYEUR

1590 Loi 2020-734 du 17-6-2020 art. 53, VII Décrets 2020-926 du 28-7-2020 art. 7 et 2020-1188 du 29-9-2020 art. 1, II 2020-1316 du 30-10-2020 art. 2

Montant Le taux horaire de l'allocation est égal, pour chaque salarié placé en APLD, à 60 % de la rémunération horaire brute de référence **limitée à 4,5 fois** le Smic horaire (soit une allocation horaire maximale de 27,68 € en 2021).

Ce taux horaire ne peut pas **être inférieur** à 7,30 € en 2021, sauf pour les apprentis et les salariés en contrat de professionnalisation dont la rémunération est inférieure au Smic.

Par **dérogation,** le taux horaire de l'allocation APLD est égal au taux horaire de l'allocation d'activité partielle qui serait applicable à l'employeur lorsque ce taux est supérieur. Cette mesure vise à éviter que le dispositif APLD soit moins favorable pour l'employeur que le dispositif de droit commun. S'agissant des cas dans lesquels l'allocation d'activité de droit commun est égale à 70 % du salaire de référence et l'allocation minimale égale à 8,11 €, voir nº 1472.

1595 **EXEMPLE**

1. Cas d'un salarié payé 1 554,62 € par mois (soit le Smic brut mensuel calculé comme suit : 10,25 × 151,67), travaillant 35 heures par semaine et mis en APLD en application d'un accord prévoyant une indemnité égale à 70 % du salaire brut limité à 4,5 Smic.

Taux horaire de la rémunération du salarié : 1 554,62 € / 151,67 h = 10,25 €.

Montant de l'indemnité horaire APLD : 70 % × 10,25 € = 7,18 €.

Selon la position de l'administration, le salarié doit percevoir l'indemnité horaire minimale de 8,11 € prévue dans le cadre de l'activité partielle classique.

Montant de l'allocation horaire APLD : 60 % × 10,25 € = 6,15 €.

Ce montant étant inférieur à l'allocation minimale de 7,30 €, c'est ce dernier montant qui doit être retenu pour calculer l'allocation à verser à l'employeur.

Le reste à charge pour l'entreprise est de 0,81 € (8,11 € – 7,30 €) pour toute heure donnant lieu à une réduction d'activité en 2021.

2. Cas d'un salarié payé 7 773,10 € par mois (soit 5 Smic bruts mensuels), travaillant 35 heures par semaine et mis en APLD en application d'un accord prévoyant une indemnité égale à 70 % du salaire brut limité à 4,5 Smic.

Taux horaire de la rémunération du salarié : 7 773,10 € / 151,67 h = 51,25 €.

Montant de l'indemnité horaire APLD : 70 % × 51,25 € = 35,88 €.

Ce montant étant supérieur à 32,29 €, c'est ce dernier montant qui sera retenu.

Montant de l'allocation horaire APLD : 60 % × 51,25 € = 30,75 €.

Ce montant étant supérieur à 27,68 €, c'est ce dernier montant qui sera retenu.

Le reste à charge pour l'entreprise est de 4,61 € (32,29 € – 27,68 €) pour toute heure donnant lieu à une réduction d'activité en 2021.

Versement La demande et le versement de l'allocation APLD s'effectuent selon les **mêmes modalités** que celles prévues pour l'allocation d'activité partielle de droit commun (n° 1470), à l'exception des dispositions relatives à l'interruption et au **remboursement** de l'allocation qui obéissent aux règles visées n° 1575. **1600** Décret 2020-926 du 28-7-2020 art. 9, II

AIDES À L'EMPLOI

SOMMAIRE

OBJECTIFS

Des aides à caractère social peuvent être accordées par l'État, les collectivités locales, l'Unédic ou Pôle emploi à des individus ou des entreprises en vue de favoriser la création ou la reprise d'entreprise, le maintien ou le retour dans l'emploi, et l'embauche dans certains secteurs. Pour un récapitulatif, voir nº 2500. 1700

Le **comité social et économique** est informé et consulté en cas d'attribution d'aides publiques à l'entreprise excédant un certain montant (nº 9336).

D'autres aides financières peuvent être accordées par l'État ou les **régions** : prime d'aménagement du territoire, prime régionale à la création d'entreprise, prime régionale à l'emploi…

Rescrit aides à l'emploi 1705

C. trav. art. L 5112-1-1 R 5112-23 D 5112-24 Q-II-430 s

Une procédure de rescrit « aides à l'emploi » permet à tout employeur d'interroger le préfet sur ses droits aux aides au conseil, à la formation ou à la reconversion de salariés, aux aides versées aux structures d'insertion par l'activité économique ou attribuées dans le cadre d'un contrat adultes-relais, ainsi qu'aux aides aux salariés placés en activité partielle. La réponse de l'administration, motivée, lui est opposable. Les aides sous forme d'exonération de cotisations sociales, notamment celles prévues en faveur des créateurs d'entreprise (nºs 1720 s.) sont, elles, couvertes par la procédure de **rescrit social** « cotisations » visée nº 24490.

A. Création ou reprise d'entreprise

Les personnes créant ou reprenant une entreprise peuvent bénéficier d'une exonération de cotisations (nº 1740) et d'autres aides à la création et à la reprise d'entreprise (nºs 1780 s.). Une aide au projet de création peut aussi être accordée aux demandeurs d'emploi et aux salariés à temps partiel. 1720

Q-II-3000 s

› Précisions **a.** Les **salariés** en activité créant ou reprenant une entreprise, tout en conservant leur activité, bénéficient des dispositifs suivants : régime du « micro-social » (nºs 80830 s.), déblocage anticipé des droits acquis au titre de la participation aux résultats de l'entreprise (nº 33935), congé ou temps partiel pour création d'entreprise (nºs 12160 s.) ou encore inopposabilité temporaire de la clause d'exclusivité les liant à leur employeur (nº 12190, c).

b. D'**autres mesures** peuvent intéresser les créateurs ou repreneurs d'entreprise : par exemple prêts à taux favorable, notamment par le biais du livret d'épargne-entreprise.

c. Des **renseignements** sur les aides susceptibles d'être allouées et les coordonnées des lieux d'information sont diffusés par Bpifrance Création sur www.bpifrance-creation.fr et par les pouvoirs publics sur www.aides-entreprises.fr.

1. EXONÉRATION DE DÉBUT D'ACTIVITÉ

1740 CSS art. L 131-6-4 C. trav. art. L 5141-1 **Q-II-3400 s**

L'exonération de début d'activité de création ou de reprise d'entreprise (anciennement Accre devenue Acre) prend la forme d'une exonération temporaire de cotisations sociales. Elle est ouverte aux personnes qui créent ou reprennent une activité professionnelle ou qui entreprennent l'exercice d'une autre profession non salariée (profession libérale par exemple), soit à titre **indépendant,** soit sous la forme d'une **société.** Elle bénéficie donc à tous les créateurs et repreneurs d'entreprise, que la nouvelle activité relève de la **sécurité sociale des indépendants** ou du régime général des **salariés.**

› Précisions a. L'exigence d'une création ou reprise exclut l'extension ou la poursuite d'une **entreprise préexistante.** Ainsi jugé en cas de reprise par 2 frères, sous forme de SARL, de l'activité de l'entreprise de leur père, celui-ci y exerçant les fonctions de gérant et les intéressés conservant les mêmes attributions (CE 18-10-1995 n° 132345 : RJS 12/95 n° 1269).

b. Ne sont pas assimilées à un début d'activité et n'ouvrent pas droit à l'Acre la création d'une nouvelle société entretenant des relations étroites avec d'autres sociétés appartenant aux membres d'une même famille et se rapportant à la même activité (CE 28-12-1992 n° 110583 : RJS 3/93 n° 299), la reprise sous une appellation différente d'activités identiques à celles exercées par une précédente société liquidée (CE 29-7-1998 n° 167259) ou le simple ajout d'une activité accessoire après agrandissement d'un fonds de commerce (CE 8-4-1998 n° 170576).

BÉNEFICIAIRES

1745 CSS art. L 131-6-4, I et II C. trav. art. L 5141-1 **Q-II-3500 s**

L'Acre est réservée aux personnes qui :

1. soit relèvent du **régime micro-social** et appartiennent à l'**une de ces catégories** :
– demandeurs d'emploi indemnisés ou non mais inscrits à Pôle emploi 6 mois au cours des 18 derniers mois ;
– bénéficiaires de l'allocation de solidarité spécifique (ASS) ou du revenu de solidarité active (RSA) ;
– personnes âgées de 18 à moins de 26 ans ou handicapées et âgées de moins de 30 ans ou ne remplissant pas la durée d'activité antérieure pour ouvrir des droits à l'assurance chômage ;
– personnes salariées ou licenciées d'une entreprise en procédure de sauvegarde, de redressement ou de liquidation judiciaires et qui reprennent tout ou partie d'une entreprise ;
– personnes ayant conclu, sous certaines conditions, un contrat d'appui au projet d'entreprise ;
– personnes physiques créant ou reprenant une entreprise implantée au sein d'un quartier prioritaire de la politique de la ville ;
– bénéficiaires du complément de libre choix d'activité.

2. soit ne relèvent pas d'un **régime de règlement simplifié** des cotisations et contributions des travailleurs indépendants, qu'il s'agisse du régime micro-social (CSS art. L 613-7) ou de celui applicable aux médecins et étudiants en médecine exerçant une activité libérale de remplacement à titre accessoire (CSS art. L 642-4-2).

3. soit sont **conjoints collaborateurs** d'un travailleur indépendant bénéficiaire de l'Acre et ne relevant **pas du régime micro-social,** à l'exclusion de ceux des assurés relevant du régime d'**assurance vieillesse et invalidité-décès des avocats** ayant opté pour le calcul de leurs cotisations sur la base d'une fraction du revenu d'activité du chef d'entreprise avec partage de revenu.

CONTRÔLE EFFECTIF DE L'ENTREPRISE

1750 CSS art. L 131-6-4, al. 1 D 131-6-4 C. trav. art. L 5141-1 R 5141-2 **Q-II-4500 s**

Sauf s'ils entreprennent l'exercice d'une autre profession non salariée (profession libérale par exemple), les créateurs ou repreneurs d'une entreprise, exploitée à titre individuel ou sous la forme d'une société, doivent en exercer le contrôle effectif pour bénéficier de l'Acre.

› Précisions a. Sont considérés comme exerçant effectivement le contrôle d'une **entreprise constituée sous forme de société** :
– la personne détenant personnellement ou avec son conjoint, son partenaire lié par un Pacs ou son concubin, ses ascendants et descendants, plus de la moitié du capital de la société, sans que sa part personnelle puisse être inférieure à 35 % de celui-ci ;
– le dirigeant de la société détenant personnellement ou avec son conjoint, son partenaire lié par un Pacs, ses ascendants et descendants, au moins un tiers du capital de celle-ci, sans que sa part personnelle puisse être inférieure à 25 % et sous réserve qu'un autre actionnaire ou porteur de parts ne détienne pas directement ou indirectement plus de la moitié du capital ;
– les personnes détenant ensemble plus de la moitié du capital de la société, à condition qu'une ou plusieurs d'entre elles aient la qualité de dirigeant et que chaque demandeur de l'Acre détienne une part de capital égale à un dixième au moins de la part détenue par le principal actionnaire ou porteur de parts.

b. Sont **exclues** du bénéfice de l'aide les créations d'associations, de groupements d'intérêt économique et de groupement d'employeurs (Circ. DGEFP 31 du 10-9-2001, art. 1.2.1, réputée abrogée).

c. La condition de contrôle effectif suppose l'**absence de subordination** de l'entreprise vis-à-vis d'un tiers. L'existence d'un contrat de location-gérance (CE 15-2-1995 n° 126196 : RJS 4/95 n° 409), d'un contrat de concession (CE 8-9-1995 n° 151962 : RJS 11/95 n° 1158) ou d'un contrat de franchise (CAA Nantes 26-12-2002 n° 01-732 : RJS 10/03 n° 1201) ne fait pas obstacle à l'indépendance de l'entreprise dès lors que l'intéressé dispose d'une réelle autonomie dans l'exercice de son activité.

DEMANDE

La demande d'Acre est **adressée** au centre de formalités des entreprises (CFE : voir n° 90110). Elle peut être introduite dès le dépôt de la déclaration de création ou de reprise d'entreprise et, au plus tard, le 45e jour suivant celui-ci. 1755

CSS art. L 131-6-4, II, al. 6 et IV C. trav. art. R 5141-8 R 5141-10 à R 5141-12 **Q-II-5700 s**

Pour les personnes relevant du régime micro-social, elle est **formée** auprès de l'Urssaf lors de la création de leur activité.

› Précisions **a.** Cette demande doit être accompagnée d'un **dossier** comprenant, d'une part, le formulaire de déclaration de l'entreprise au CFE ou sa copie et, d'autre part, le feuillet spécifique de demande d'aide valant attestation sur l'honneur du non-bénéfice de l'aide depuis 3 ans (voir ci-dessous, c). Ce dossier doit aussi comporter des documents spécifiques justifiant de la situation du demandeur, tels que la notification d'ouverture de droits aux allocations de chômage par exemple (Arrêté ECED0767059A du 8-11-2007).

b. Le CFE délivre un récépissé au demandeur lorsque son dossier est complet et transmet ce dernier dans les 24 h à l'Urssaf qui dispose d'un mois à compter de la date de ce récépissé pour **statuer sur la demande.** Au-delà de ce délai, le silence de cet organisme vaut décision d'acceptation.

c. Une personne ayant obtenu l'Acre ne peut plus la **solliciter à nouveau** pendant 3 ans à compter de la fin de son attribution au titre d'une activité antérieure.

MODALITÉS DE L'EXONÉRATION

L'exonération est accordée pour une **durée** de 12 mois. 1760

CSS art. L 131-6-4 D 131-6-1 **Q-II-5050 s**

Cette exonération **porte sur** les cotisations d'assurances sociales (maladie, maternité, vieillesse, invalidité et décès) et d'allocations familiales dues au régime auquel le créateur ou le repreneur est affilié au titre de sa nouvelle activité. Elle est :

- **totale** lorsque les revenus ou rémunérations annuels sont inférieurs ou égaux à 75 % du plafond annuel de la sécurité sociale (Pass) en vigueur au 1er janvier de l'année au titre de laquelle les cotisations sont dues (30 852 € en 2021) ;
- **dégressive** lorsqu'ils sont supérieurs à 75 % et inférieurs à 100 % du Pass (plus de 30 852 € et moins de 41 136 € en 2021) ;
- **nulle** lorsqu'ils sont au moins égaux au Pass.

En cas d'embauche de salariés par le créateur ou repreneur d'entreprise, l'exonération de cotisations est **cumulable,** le cas échéant, avec les aides visées n° 2500. En revanche, elle n'est pas cumulable avec un autre dispositif de réduction ou d'abattement applicable à ces cotisations.

› Précisions **a.** Pour les créateurs relevant d'un **régime de salariés,** l'exonération **commence à compter** du début d'activité de l'entreprise. Elle porte sur les cotisations patronales et salariales dues au titre des rémunérations versées au cours de la période d'exonération.

Restent dus la contribution Fnal et le versement mobilités, les cotisations d'accident du travail pour les créateurs relevant d'un régime obligatoire d'assurance accidents du travail (CSS art. L 241-5), la CSG-CRDS, les contributions chômage et AGS, la contribution solidarité autonomie, la contribution au dialogue social (nos 84400 s.) et les contributions liées à la formation professionnelle (nos 38800 s.).

Pour les cotisations de **retraite complémentaire** Agirc-Arrco, le créateur ou repreneur d'entreprise a le choix, pendant la première année d'activité, entre, d'une part, le versement de ces cotisations sur les rémunérations issues de la nouvelle activité, et, d'autre part, le versement des cotisations permettant d'acquérir des points de retraite calculés suivant les règles retenues pour la validation des périodes de maladie, de maternité ou d'accident (ANI Agirc-Arrco du 17-11-2017 ann. A art. 7).

Sur le dispositif de report et de fractionnement des charges sociales dues par les dirigeants relevant du régime des salariés au titre de la première année d'activité, voir n° 28550.

b. Pour les créateurs relevant d'un régime de **non-salariés,** l'exonération **commence à compter** de la date d'affiliation de l'assuré. Elle concerne les cotisations dues au titre de l'activité exercée au cours de la période d'exonération. **Restent dues** la CSG-CRDS, la contribution à la formation professionnelle (n° 39000) et les cotisations de retraite complémentaire des indépendants.

Le titulaire de l'exonération peut bénéficier soit du régime du **micro-social** selon les modalités exposées n° 80860, soit du report et du fractionnement des sommes restant dues dans le cadre du dispositif exposé n° 80790 (Circ. DSS 224 du 17-5-2004, réputée abrogée).

Les créateurs peuvent adhérer à l'**assurance volontaire** pour le risque accidents du travail (n° 5160).

Pour les micro-entrepreneurs ayant débuté leur activité **à compter du 1-1-2020** la **durée** de l'exonération est fixée à 12 mois sans prolongation possible (Décret 2019-1215 du 20-11-2019 art. 1, I).

Pour les créateurs ou repreneurs ayant débuté leur activité **avant le 1-1-2020** soumis au **micro-fiscal** et **non au micro-social** l'exonération peut être prolongée une 2e année à hauteur de 2/3 du montant exonéré pendant les 12 premiers mois et une 3e année à hauteur de 1/3 du même montant. Sur les taux applicables aux créateurs et repreneurs relevant du **régime micro-social** et ayant débuté leur activité avant le 1-1-2020, voir n° 80860.

À la **fin de la période d'exonération,** les cotisations dues suivent le régime particulier de début d'activité, pour la durée d'application de celui-ci restant à courir, et, au-delà, selon le droit commun de chaque cotisation.

c. Le **montant dégressif** de l'exonération (entre 75 % et 100 % du Pass) se calcule selon la formule suivante : (montant total des cotisations pour un revenu égal aux 3/4 du Pass / 0,25 Pass) × (Pass – revenu d'activité). En cas d'**affiliation inférieure à un an** (si l'entreprise est créée ou reprise en cours d'année), la valeur du plafond est réduite au prorata de la durée d'affiliation.

RETRAIT DE L'AIDE

1770 C. trav. art. R 5141-4 à R 5141-6 Q-II-6150 s

Le bénéfice de l'exonération peut être retiré s'il a été obtenu à la suite de fausses déclarations ou si la condition de contrôle effectif de la société cesse d'être remplie dans les 2 ans suivant la création ou la reprise de l'entreprise. Le bénéficiaire doit alors en principe s'acquitter des cotisations dont il a été exonéré et rembourser le montant de l'aide déjà perçue.

ATTENTION

Si la **perte de contrôle effectif** résulte de la cessation de l'activité créée ou reprise, ou de la cession de l'entreprise dans le cadre d'une procédure de sauvegarde, de redressement ou de liquidation judiciaires, le versement des cotisations et le remboursement de l'aide déjà perçue peuvent ne pas être exigés, sur décision motivée du préfet.

2. AUTRES AIDES À LA CRÉATION ET À LA REPRISE D'ENTREPRISE

PARCOURS NACRE

1780 C. trav. art. L 5141-5 R 5141-7 R 5141-29 à R 5141-34 Q-II-7400 s

Le **dispositif d'accompagnement** pour la création et la reprise d'entreprise, appelé Nacre, est mis en œuvre par les conseils régionaux. Il comporte 3 **phases** : aide au montage du projet ; structuration financière du projet ; aide au démarrage et au développement de l'activité.

Au cours de celles-ci, l'intéressé reçoit un appui technique de la part d'un organisme professionnel conventionné et bénéficie, le cas échéant, d'un prêt sans intérêt (www.service-public.fr) et de l'accès à des expertises spécialisées. Il doit en contrepartie respecter les engagements définis dans le contrat d'accompagnement.

› Précisions **a. Peuvent bénéficier** de cet accompagnement les personnes sans emploi ou rencontrant des difficultés pour s'insérer durablement dans l'emploi, pour lesquelles la création ou la reprise d'entreprise est un moyen d'accès, de maintien ou de retour à l'emploi.

b. Le créateur ou repreneur d'entreprise sollicite l'**opérateur** conventionné de son choix sur une **liste** proposée par le conseil régional. Il lui adresse une **demande** ; si celle-ci est acceptée, il conclut avec l'opérateur un contrat d'accompagnement. L'opérateur peut, sous certaines conditions, refuser l'accompagnement ou résilier le contrat. Cette décision peut faire l'objet d'un recours hiérarchique devant le préfet de région.

c. Le **parcours** d'accompagnement Nacre peut ne pas être complet (phases 1 à 3), une entrée directe en phase 2 ou 3 étant possible.

d. Un **prêt à taux zéro** sur 5 ans maximum, financé par la région, peut, le cas échéant être accordé s'il est couplé avec un prêt complémentaire dont le montant et la durée sont supérieurs ou égaux à ceux du prêt à taux zéro (www.service-public.fr).

e. Par ailleurs, dans le cadre des phases 1 et 3, le bénéficiaire du parcours peut être autorisé à accéder à des **expertises spécialisées,** dans des conditions définies par la convention d'accompagnement.

MAINTIEN DES REVENUS SOCIAUX

1790 C. trav. art. L 5141-3 L 5141-4 R 5141-1 R 5141-7, 3° R 5141-28 CASF art. L 262-21 R 262-4 R 262-12 Q-II-6500 s

Les titulaires de minima sociaux admis au bénéfice de l'**Acre** (n° 1745) ont droit, sous certaines conditions, au maintien provisoire du revenu qu'ils percevaient avant la création ou la reprise d'entreprise.

› Précisions **a.** Les personnes qui perçoivent l'**ASS** ont droit à une aide mensuelle de l'État d'un montant égal à cette allocation à taux plein pendant un an (travail-emploi.gouv.fr) à compter de la création ou de la reprise d'entreprise et dans la limite de la période pendant laquelle elles bénéficient de l'Acre.

b. Les personnes bénéficiant d'une **allocation de veuvage** ont droit au maintien du versement de leur allocation pendant les 12 premiers mois de la création ou de la reprise de l'entreprise.

c. Les bénéficiaires du **RSA** continuent de percevoir leur allocation, dont le montant est recalculé périodiquement en fonction des revenus procurés par l'activité.

AIDE DE L'UNÉDIC

Les allocataires de l'assurance chômage créant ou reprenant une entreprise et justifiant de l'obtention de l'**Acre** (nos 1740 s.) peuvent bénéficier d'une aide financée par l'Unédic. 1800 Décret 2019-797 du 26-7-2019 art. 35 **Q-II-6800 s**

L'aide n'est **pas cumulable** avec le dispositif d'indemnisation par l'assurance chômage en cas d'activité non salariée (no 6860), ni avec les indemnités différentielles et primes de reclassement relatives au contrat de sécurisation professionnelle.

› Précisions a. L'aide est **égale à** 45 % d'un capital correspondant au produit du nombre de jours au titre desquels l'allocation reste due à la date d'attribution de l'aide par le montant de l'allocation journalière servie à cette date.

b. Elle est attribuée en 2 **versements** égaux : le premier intervient au plus tôt au jour du début de l'activité, sans pouvoir être antérieur à la date d'épuisement des différés et du délai d'attente s'il est plus tardif ; le second, 6 mois après, sous réserve que l'intéressé exerce toujours l'activité créée ou reprise. Elle entre dans l'assiette de la **CSG** et de la CRDS, est passible de l'**impôt sur le revenu** et est entièrement **cessible** et saisissable (Circ. Unédic 12 du 1-11-2019, fiche 8 no 2.6.3).

c. Cette aide ne peut être attribuée en cas de création ou de reprise d'entreprise à **l'étranger.**

CONTRAT D'APPUI AU PROJET D'ENTREPRISE

Les **salariés à temps partiel** et les **demandeurs d'emploi** ayant un projet de création ou de reprise d'une activité économique, ainsi que les **dirigeants** associés uniques, peuvent conclure avec une personne morale (entreprise ou association notamment) un contrat d'appui au projet d'entreprise leur permettant de **tester la viabilité** de celui-ci en situation réelle (Circ. DGEFP 28 du 5-9-2006, fiche I-1-1, réputée abrogée). 1835 C. com. art. L 127-1 à L 127-7 C. trav. art. L 5142-1 R 5142-1 R 5142-3 R 5142-5 CSS art. L 311-3, 25° R 312-5 **Q-II-9500 s**

Ils bénéficient, durant ce contrat, d'un statut social protecteur.

› Précisions a. Ce contrat, obligatoirement écrit, **ne peut pas excéder** 12 mois, renouvelables deux fois, soit 3 ans au total. Il comporte, pour la personne morale, l'engagement de fournir, par tous moyens (et sans qu'il en résulte présomption d'un lien de subordination), une aide particulière et continue à la personne physique et, pour cette dernière, l'obligation de suivre un programme de préparation à la création et à la gestion d'une activité économique.

b. Pendant toute la durée du contrat d'appui, la **personne physique** bénéficie des règles du Code du travail relatives à l'hygiène et à la sécurité et aux services de santé au travail. Elle est obligatoirement affiliée au régime général de sécurité sociale et est couverte par la législation sur les accidents du travail ainsi que par le régime d'assurance chômage. En revanche, elle ne relève pas du régime Agirc-Arrco unifié (Circ. Agirc-Arrco 1 du 9-1-2019). Sur le bénéfice du dispositif de report et de fractionnement des charges sociales dues par les dirigeants relevant du régime des salariés au titre de la première année d'activité, voir no 28550, a.

c. La **personne morale** assume les obligations incombant aux employeurs pour l'application de ces dispositions. Elle doit aussi verser les **cotisations** et contributions dues aux régimes précités, lesquelles sont calculées : avant le début de l'activité économique, sur la rémunération le cas échéant prévue au contrat, déduction faite des frais engagés en exécution du contrat ; après l'immatriculation du porteur du projet, sur les revenus correspondant aux recettes hors taxe dégagées par l'activité de l'intéressé, déduction faite des frais liés à l'exercice de l'activité et à la mise à disposition de moyens nécessaires à la préparation, la création ou la reprise de l'activité (Circ. Acoss 66 du 28-7-2008 no 5).

B. Allègements de cotisations patronales

1. RÉDUCTION GÉNÉRALE DE COTISATIONS

EMPLOYEURS ET SALARIÉS CONCERNÉS

La réduction générale de cotisations est une réduction **dégressive** de cotisations patronales, dont le montant varie selon le niveau de rémunération des salariés y ouvrant droit. Elle s'applique à l'ensemble des salariés dont la **rémunération,** telle que définie no 1910, **est inférieure à 1,6 Smic,** son montant étant maximal pour les salariés rémunérés au Smic. 1880 CSS art. L 241-13 **C-III-600 s** **C-III-750 s**

La réduction bénéficie aux employeurs obligatoirement soumis au **régime Unédic** d'assurance chômage et aux employeurs du secteur public ou parapublic mentionnés à l'article L 5424-1, 3° du Code du travail, pour leurs salariés ouvrant droit à l'assurance chômage.

› Précisions a. La réduction ne bénéficie ni aux **particuliers** employeurs ni aux employeurs relevant des **régimes spéciaux** de sécurité sociale, sauf ceux des marins, des mineurs et des clercs et employés de notaires (CSS art. L 241-13, II, L 711-13 et D 711-7 à D 711-10). Elle s'applique en **Corse** selon des modalités particulières non exposées dans cette étude. La réduction est applicable aux employeurs de salariés **agricoles.**

b. Tous les salariés ouvrent droit à la réduction, qu'ils soient à **temps plein ou partiel,** en **CDD ou CDI.**

Sont exclues du bénéfice du dispositif les rémunérations versées au titre de son mandat social à un **dirigeant de société** (gérant de SARL, président ou directeur général de société anonyme, etc.), et ce, même s'il est affilié au régime général de sécurité sociale des salariés (Circ. DSS 99 du 1-1-2015, opposable ; Décision de rescrit social du 15-4-2013). En revanche, un dirigeant cumulant ses fonctions avec un contrat de travail peut ouvrir droit à la réduction, mais seulement pour la rémunération du contrat de travail.

Sont également exclus les **stagiaires** en entreprise non titulaires d'un contrat de travail (Circ. DSS 99 du 1-1-2015, opposable).

Les personnes **handicapées** accueillies en établissements ou services d'aide par le travail (Ésat), n'étant pas salariées, n'ouvrent pas droit à la réduction. En revanche, les entreprises adaptées y ouvrent droit (Note DGEFP 19 du 30-7-2003).

Sur l'application de la réduction générale aux salariés **détachés** et aux **expatriés,** voir respectivement nos 78695 et 78895.

c. Si l'entreprise ne respecte pas son obligation de **négocier sur les salaires,** elle peut se voir appliquer une **pénalité** calculée en pourcentage des exonérations de cotisations dont elle bénéficie : voir no 51991. Le bénéfice de la réduction est remis en cause en cas de **travail illégal** (no 79540).

COTISATIONS ÉLIGIBLES

1885 CSS art. L 241-13 C-III-1200 s

La réduction s'applique :
– aux cotisations patronales d'**assurances sociales** (maladie, maternité, invalidité, vieillesse, décès) ;
– à la cotisation d'**allocations familiales** ;
– à la contribution **Fnal** ;
– à la contribution **solidarité autonomie** ;
– aux cotisations de **retraite complémentaire** légalement obligatoires ou créées par la loi ;
– à la contribution d'**assurance chômage** ;
– et, dans une certaine limite, à la cotisation d'**accidents du travail.**

Ne sont **pas concernés** : le versement mobilités, la cotisation AGS, la contribution au dialogue social, les contributions à la formation et à l'alternance et la participation à l'effort de construction.

CALCUL

1890 CSS art. L 241-13 D 241-7 D 241-11 C-III-1420 s

Le **montant total** de la réduction est **limité** au montant des cotisations visées no 1885 dues pour l'emploi du salarié au titre des rémunérations versées au cours de l'année.

Il est calculé **chaque année civile,** pour chaque salarié et pour chaque contrat de travail. La réduction fait l'objet d'une application par anticipation pour chaque mois de l'année civile (no 1915), puis, le cas échéant, d'une régularisation (no 1917).

La réduction est égale au **produit** des revenus d'activité de l'année, soumise aux cotisations de sécurité sociale au cours d'une année civile (voir nos 22320 s.) par un **coefficient** (C) calculé selon la formule suivante :

$$C = T / 0{,}6 \times [(1{,}6 \times \text{Smic annuel} / \text{rémunération annuelle brute}) - 1]$$

T correspond à la valeur maximale du coefficient. Celle-ci est égale à la somme des taux des cotisations et contributions éligibles à la réduction, la cotisation d'accidents du travail étant prise en compte dans la limite de 0,70 %. T varie donc selon le taux de la contribution Fnal applicable à l'entreprise (voir ci-après nos 1895 s.). La valeur T est ajustée, le cas échéant, pour correspondre à la somme des taux de chacune des cotisations effectivement à la charge de l'employeur lorsqu'ils sont inférieurs aux taux dont les valeurs maximales sont explicitées aux nos 1895 s. ou, pour les cotisations de retraite complémentaire, pour ne pas dépasser le taux qui résulte de la répartition 60 % employeur et 40 % salarié (pour aller plus loin voir Circ. Agirc-Arrco 2019-19 DRJ du 23-12-2019).

Le coefficient obtenu par application de cette formule est **arrondi** à 4 décimales, au dix millième le plus proche (Circ. DSS 99 du 1-1-2015, opposable).

Des formules de calcul spécifiques s'appliquent pour les salariés soumis à un régime d'heures d'équivalence (no 1942), les salariés temporaires (no 1946) et les salariés relevant d'une caisse de congés payés (no 1944).

› Précisions a. La réduction s'**impute** sur toutes les cotisations et contributions déclarées aux **Urssaf** et aux **institutions de retraite complémentaire** en fonction de la part que représente le taux de ces cotisations et contributions, dans la limite de la valeur maximale du coefficient de réduction. Elle s'impute, selon les mêmes règles, sur les cotisations recouvrées par **Pôle emploi** pour les salariés engagés à titre temporaire qui relèvent des professions de la production cinématographique, de l'audiovisuel ou du spectacle et les travailleurs expatriés ou par le guichet unique du spectacle occasionnel (**Guso**) pour les entrepreneurs de spectacles vivants.

L'imputation de la **cotisation d'accidents du travail** s'effectue dans la limite de 0,70 % de la rémunération (CSS art. D 241-2-4).

b. Lorsqu'un **CDD** est « à cheval » sur 2 années civiles, le calcul de la réduction est effectué pour la part de la rémunération versée chaque année, indépendamment. Par ailleurs, en cas de renouvellement d'un CDD ou de transformation en CDI, la réduction se calcule pour l'ensemble de la période couverte par ces contrats (Circ. DSS 99 du 1-1-2015, opposable). Pour les **salariés temporaires,** voir n° 1946.

c. Lorsque le niveau de cotisations acquittées par l'employeur est modifié en raison d'un **changement de statut** du salarié **en cours d'année,** la réduction est calculée pour chaque période sur la base de la valeur T applicable au titre de chacune de ces périodes, comme s'il s'agissait de contrats différents (Inst. interm. DSS 141 du 19-6-2019).

d. Le **montant maximal** de la réduction est **majoré** du facteur b indiqué n° 1941 pour les salariés temporaires et les salariés relevant d'une caisse de congés payés : voir n°s 1944 et 1946.

e. En cas d'application d'une **déduction forfaitaire spécifique** pour frais professionnels, le montant de la réduction est **plafonné** : voir n° 1939.

Entreprises soumises à la contribution Fnal de 0,10 % Dans les entreprises soumises à la contribution Fnal au taux de 0,10 % (n° 84205), le **coefficient** de réduction (**C**) est ainsi déterminé pour 2021 : 1895 C-III-1850 s

C = 0,3206 / 0,6 × [(1,6 × Smic annuel / rémunération annuelle brute) – 1]

Le résultat est plafonné à 0,3206.

› Précisions Le **coefficient T** est égal à la somme des cotisations et contributions suivantes : 7 % (maladie-maternité-invalidité-décès) ; 8,55 % (retraite plafonnée) ; 1,90 % (retraite déplafonnée) ; 3,45 % (cotisation d'allocation familiale) ; 0,10 % (Fnal) ; 0,3 % (solidarité autonomie) ; 0,70 % (accident du travail) ; 6,01 % (retraite complémentaire) et 4,05 % (assurance chômage).

Entreprises soumises à la contribution Fnal de 0,50 % Dans les entreprises soumises à la contribution Fnal au taux de 0,50 % (n° 84215), le **coefficient** de réduction (**C**) est ainsi déterminé pour 2021 : 1900 C-III-1800 s

C = 0,3246 / 0,6 × [(1,6 × Smic annuel / rémunération annuelle brute) – 1]

Le résultat est plafonné à 0,3246.

› Précisions Le **coefficient T** est égal à la somme des cotisations et contributions suivantes : 7 % (maladie-maternité-invalidité-décès) ; 8,55 % (retraite plafonnée) ; 1,90 % (retraite déplafonnée) ; 3,45 % (cotisation d'allocation familiale) ; 0,50 % (Fnal) ; 0,3 % (solidarité autonomie) ; 0,70 % (accident du travail) ; 6,01 % (retraite complémentaire) et 4,05 % (assurance chômage).

Montant du Smic Le montant du Smic à prendre en compte pour calculer le coefficient de réduction est égal à 1 820 fois le Smic horaire ou à la somme de 12 fractions identiques correspondant à sa valeur multipliée par les 52/12es de la durée légale hebdomadaire. 1905 CSS art. L 241-13 D 241-7 C-III-2300 s

Ce montant doit être **corrigé** dans différentes situations exposées n°s 1920 s., notamment en cas d'heures supplémentaires, de travail à temps partiel, avec ou sans heures complémentaires, de rémunération non liée à un temps de travail, de suspension du contrat de travail, etc.

› Précisions **a.** Par **tolérance,** si l'employeur rémunère mensuellement ses salariés sur la base de 151,67 heures, le Smic annuel pris en compte pour le calcul de la réduction peut être établi sur la base de 12 fois cette valeur (Circ. DSS 99 du 1-1-2015, opposable).

b. En cas d'**évolution en cours d'année** de l'un des paramètres de détermination du montant annuel du Smic, sa valeur annuelle est égale à la somme des valeurs déterminées pour les périodes antérieure et postérieure à l'évolution.

Revenus d'activité Les revenus d'activité de l'année permettant de déterminer l'éligibilité à la réduction générale et servant au calcul du **coefficient** de réduction **comprennent** les éléments de salaire assujettis aux cotisations de sécurité sociale et versés au cours de l'année civile. 1910 CSS art. L 241-13 D 241-7 C-III-3300 s

Pour la rémunération des heures supplémentaires et complémentaires, voir respectivement n° 1920 et n° 1934.

› Précisions **a.** Si une **déduction forfaitaire pour frais** professionnels est appliquée à l'assiette des cotisations, la rémunération s'entend déduction forfaitaire déduite, le cas échéant après réintégration des indemnités versées au salarié au titre du remboursement des frais professionnels (Circ. DSS 99 du 1-1-2015 opposable). Le montant de la réduction est toutefois plafonné, voir n° 1939.

Pour le calcul de la réduction générale sans DFS, les éventuelles sommes versées, le cas échéant, en remboursement de frais professionnels sont exclues de l'assiette de calcul (Doc. Urssaf 30-1-2020. Pour un exemple de calcul, voir n° 1940).

b. Si des **rappels de salaires** sont **versés en cours de contrat** (ex : rémunération d'un mois versée le mois suivant du fait d'une erreur dans l'établissement de la paie), le mois régularisé ultérieurement peut être reconstitué pour le calcul de la réduction. Le Smic figurant au numérateur de la formule de calcul tient compte du mois en question proratisé le cas échéant pour tenir compte de son caractère incomplet (Circ. Acoss 80 du 11-7-2012 ; Lettre DSS du 18-4-2012 ; Circ. DSS 99 du 1-1-2015, précitée).

Les rappels de salaire versés **après le départ** du salarié **de l'entreprise** doivent être réintégrés à la rémunération prise en compte pour le calcul de la réduction au titre de l'année à laquelle ils se rapportent (Circ. Acoss 80 du 11-7-2012 ; Lettre DSS du 18-4-2012 ; Circ. DSS 99 du 1-1-2015, précitée).

c. Une fois déterminé, le **coefficient** de réduction est **appliqué à** la totalité des revenus d'activité de l'année retenus pour le calcul des cotisations de sécurité sociale, y compris aux éléments exclus du calcul du coefficient mentionnés ci-dessus.

d. Les **indemnités de non-concurrence,** versées postérieurement à la rupture du contrat de travail, n'entrent pas dans le champ d'application de la réduction générale (Cass. 2e civ. 30-11-2017 no 16-12.403 F-PB : RJS 2/18 no 141).

e. Pour les entreprises qui pratiquent le **décalage de la paie,** voir no 23595, d.

APPLICATION MENSUELLE

1915 CSS art. L 241-13 D 241-8 C-III-3670 s

Le montant de la réduction appliquée **par anticipation** aux cotisations dues au titre des rémunérations versées au cours d'un mois civil est égal au produit de la rémunération mensuelle par le coefficient calculé comme indiqué nos 1895 s., à l'exception du Smic et de la rémunération, qui sont pris en compte pour un mois.

> **Précisions** **a.** Si l'employeur rémunère mensuellement ses salariés sur la base de 151,67 heures, le **Smic** peut être calculé sur cette base (Circ. DSS 99 du 1-1-2015, opposable). Le cas échéant, il est majoré ou proratisé dans les cas et selon les méthodes indiqués nos 1920 s.
> **b.** Un **abattement forfaitaire** peut être opéré sur le montant de la réduction mensuelle afin d'étaler dans le temps l'impact des primes : voir no 1917.

RÉGULARISATION

1917 CSS art. L 241-13 D 241-9 C-III-3720 s

L'employeur a le **choix** entre :

– une régularisation annuelle de la réduction : dans ce cas, les cotisations dues au titre du dernier mois ou du dernier trimestre civil (selon la périodicité du paiement des cotisations : nos 23910 s.) tiennent compte de la régularisation du différentiel entre la somme des montants de la réduction appliquée par anticipation pour les mois précédents de l'année (no 1915) et le montant de cette réduction calculée pour l'année ;

– une régularisation progressive en cours d'année, d'un versement à l'autre, en faisant masse, à chaque échéance, des éléments nécessaires au calcul de la réduction sur la période écoulée depuis le premier jour de l'année ou à dater de l'embauche si elle est postérieure.

Au lieu de choisir l'un de ces deux modes de régularisation, l'employeur peut affecter le montant de la réduction calculée mensuellement d'un coefficient d'**abattement forfaitaire** qu'il détermine, dans la limite de 15 % (Circ. DSS 99 du 1-1-2015, opposable).

> **Précisions** **a.** Lorsque le montant cumulé des réductions appliquées pour les mois précédents est supérieur à la réduction calculée sur une base **annuelle,** l'employeur doit déclarer le différentiel sur la DSN en fin de période au moyen d'un code type spécifique. À titre de tolérance, si l'écart constaté pour un salarié est inférieur à 1 €, la régularisation annuelle peut être omise (Circ. DSS 99 du 1-1-2015, opposable). En cas de cessation du contrat de travail en cours d'année, la régularisation s'opère sur les cotisations dues au titre de la dernière période d'emploi.
> **b.** En cas de régularisation **progressive,** le coefficient de réduction est calculé chaque mois en additionnant au numérateur et au dénominateur les valeurs du Smic et de la rémunération de l'ensemble des mois ou périodes d'emploi écoulés depuis le début de l'année (ou le premier jour de l'embauche si elle est postérieure). Cette formule est ensuite complétée chaque mois (Circ. DSS 99 du 1-1-2015 précitée). Dans le cas où le montant est négatif pour un mois donné, l'employeur doit le déclarer sur la DSN au moyen d'un code type spécifique.

APPLICATIONS PARTICULIÈRES

1920 CSS art. L 241-13 D 241-7 C-III-2480 s

Heures supplémentaires Le **Smic** est pris en compte pour le **calcul du coefficient** sur la base de la durée légale, augmentée, le cas échéant, du nombre d'heures supplémentaires au sens de l'article L 241-18 du CSS (nos 41310 s.), sans tenir compte des majorations auxquelles elles donnent lieu (c'est-à-dire que chaque heure supplémentaire compte pour une unité seulement et non pour 1,25 ou 1,50 unité selon le taux de majoration applicable). Le Smic est donc majoré, le cas échéant, du produit des heures supplémentaires rémunérées au cours de l'année par le Smic.

La rémunération des heures supplémentaires est intégrée dans la **rémunération** servant au calcul du coefficient de réduction, pour le montant total versé, majorations incluses.

Une fois calculé, le **coefficient** de réduction **s'applique** à la totalité de la rémunération du salarié, y compris à celle des heures supplémentaires, pour déterminer le montant de la réduction.

Pour la pondération du Smic des **salariés non rémunérés selon un nombre d'heures** ou **non mensualisés** en cas d'heures supplémentaires, voir nº 1934.

EXEMPLE 1922

Dans cet exemple, la réduction est calculée par anticipation pour le mois de janvier 2021.

Dans une entreprise soumise à la contribution Fnal au taux de 0,5 %, un salarié est rémunéré 13 € de l'heure pour un horaire de 35 heures hebdomadaires (salaire mensuel brut : 1 971,71 €). Au cours du mois de janvier 2021, il effectue 12 heures supplémentaires. Son employeur lui verse en plus 130 € correspondant à 8 heures supplémentaires (effectuées entre la 35e et la 43e heure hebdomadaire) payées à 125 % de l'heure normale et 78 € au titre de 4 heures supplémentaires (effectuées au-delà de 43 heures hebdomadaires) payées à 150 % de l'heure normale.

La rémunération totale brute est de 1 971,71 € + 130 € + 78 € = 2 179,71 €. Le montant du Smic à prendre en compte pour calculer le coefficient est le suivant : 1 554,62 + 10,25 × 12 = 1 677,62 €.

Le coefficient de réduction est égal à : 0,3246 / 0,6 × [(1,6 × 1 677,62/ 2 179,71) − 1] = 0,1252.

Réduction : 2 179,71 € × 0,1252 = 272,90 €.

Conventions de forfait Dans le cadre d'une convention de forfait établie sur une **base horaire,** qu'elle soit hebdomadaire, mensuelle ou annuelle, le montant du **Smic** est diminué si la durée prévue au forfait est inférieure à la durée légale. En application de la règle exposée nº 1920, il est augmenté à raison du dépassement de la durée légale du travail prévu dans la convention, comme en cas d'accomplissement d'heures supplémentaires en dehors du forfait. La **rémunération** retenue pour le calcul du coefficient comprend celle des heures supplémentaires (nº 1920), que ces heures soient comprises dans le forfait ou exécutées en dépassement du temps de travail prévu à cette convention. 1926 C-III-3040 s

Pour les conventions de **forfait annuel en jours** comportant moins de 218 jours, le montant du Smic est corrigé du rapport entre le nombre de jours fixé par la convention de forfait et 218 (CSS art. D 241-7 ; Circ. DSS 99 du 1-1-2015, opposable).

Horaire collectif de travail différent de la durée légale Si la durée collective de travail de l'entreprise ou de l'établissement est **inférieure** à la durée légale, le montant du **Smic** est corrigé selon le rapport entre cette durée collective, hors heures supplémentaires et complémentaires, et la durée légale (Circ. DSS 99 du 1-1-2015, opposable). 1930 C-III-3130 s

Si, au contraire, l'horaire collectif est **supérieur** à la durée légale, le montant du Smic est corrigé selon les règles exposées pour les heures supplémentaires (nº 1920).

Rémunération non liée à un temps de travail Pour les salariés non rémunérés selon un temps de travail (VRP, salariés rémunérés à la tâche, au rendement, à la pige ou par un fixe et une commission, etc.), l'employeur doit déterminer le **nombre de jours de travail** auquel se rapporte la rémunération versée (Circ. Acoss 42 du 15-4-2011 ; DSS 99 du 1-1-2015, opposable). Cette durée est **convertie en heures** sur la base de 7 heures par jour sauf s'il peut être prouvé qu'un horaire différent est à retenir. Le montant du **Smic** est corrigé en fonction de ce nombre d'heures. En tout état de cause, le Smic ne peut jamais être pris en compte pour une durée supérieure à la durée légale du travail ou à la durée collective applicable dans l'entreprise (Circ. DSS 99 du 1-1-2015, opposable). 1932 C-III-2900 s

Si l'employeur **ne peut pas déterminer ce nombre** d'heures ou de jours de travail, la valeur annuelle du Smic correspond au produit du Smic horaire par la durée légale du travail ou par la durée collective applicable dans l'entreprise (Circ. DSS 99 du 1-1-2015, opposable).

Salariés à temps partiel ou non rémunérés sur la base de la durée légale ou non mensualisés Pour les salariés dont la rémunération contractuelle est fixée sur une base inférieure à la durée légale, ce qui vise notamment les salariés à temps partiel, et ceux n'entrant pas dans le champ de la mensualisation (nº 70755), le montant du **Smic** est **corrigé** à proportion de la durée de travail, hors heures supplémentaires et complémentaires au sens des articles L 241-18 du CSS, L 3123-8, L 3123-9, L 3123-20 et L 3123-28 du Code du travail (voir nos 41310 s. et nos 77220 s.), inscrite à leur contrat de travail au titre de la période où ils sont présents dans l'entreprise et rapportée à celle correspondant à la durée légale du travail. 1934 CSS art. L 241-13 D 241-7 C-III-2840 s C-III-2990 s

Il est tenu compte des **heures complémentaires** effectuées par le salarié à temps partiel dans le montant du **Smic** à prendre en compte pour le **calcul du coefficient,** celui-ci étant calculé sur la base de la durée légale, augmentée du nombre de ces heures, sans prise en compte des majorations auxquelles elles donnent lieu (pour l'impact de cette précision, voir nº 1920). Le Smic est donc majoré, le cas échéant, du produit des heures complémentaires rémunérées au cours de l'année par le Smic.

La **rémunération** des heures complémentaires est intégrée dans la rémunération servant au calcul du coefficient de réduction, pour le montant total versé, majorations incluses.

Une fois calculé, le **coefficient** de réduction **s'applique** à la totalité de la rémunération du salarié, y compris celle des heures complémentaires, pour déterminer le montant de la réduction.

1936 **EXEMPLES**

Dans une entreprise soumise à la contribution Fnal au taux de 0,5 %, la réduction est calculée pour le mois de janvier 2021.

a) Un salarié travaille 18 heures par semaine, soit une moyenne de 78 heures par mois, et perçoit une rémunération mensuelle brute égale à 900 €. Le montant du Smic à prendre en compte pour calculer le coefficient est ainsi corrigé : 1 554,62 € × 78 / 151,67 = 799,50 €.

Le coefficient de réduction applicable à sa rémunération est égal à : (0,3246 / 0,6) × [(1,6 × 799,50 / 900) – 1] = 0,2279. La réduction est égale à 900 × 0,2279 = 205,11 €.

b) Un salarié travaille selon un horaire mensuel de 130 heures pour un salaire de 1 560 €. Il effectue 10 heures complémentaires au cours du mois, rémunérées au taux majoré de 10 % (soit 13,20 € par heure). Il perçoit une rémunération brute totale de 1 692 € dans ce mois. Le montant du Smic à prendre en compte pour calculer le coefficient est le suivant : (1 554,62 × 130 / 151,67) + (10,25 × 10) = 1 435,00 €.

Le coefficient de réduction applicable à sa rémunération est égal à : (0,3246 / 0,6) × [(1,6 × 1 435 / 1 692) – 1] = 0,1931. La réduction est égale à 1 692 × 0,1931 = 326,73 €.

1938 CSS art. D 241-7 C-III-2640 s

Suspension du contrat de travail et entrée ou sortie en cours d'année

Pour les **salariés** mensualisés qui ne sont **pas présents toute l'année** ou dont le **contrat** de travail est **suspendu sans rémunération ou avec paiement partiel** de celle-ci par l'employeur, la fraction du montant du **Smic** correspondant au mois où a lieu l'absence est corrigée selon le rapport entre les revenus d'activité versés et ceux qui l'auraient été si le salarié avait été présent tout le mois, hors éléments de rémunération non affectés par l'absence. La même règle prévaut pour les **salariés non mensualisés** dont le contrat de travail est suspendu avec un paiement partiel de la rémunération.

Ne sont donc pas prises en compte dans ce rapport les primes forfaitaires, les indemnités journalières versées par subrogation par l'employeur et les diverses indemnités versées lors de la rupture du contrat de travail (notamment indemnités compensatrices de congés payés et indemnités de fin de contrat) (Circ. DSS 99 du 1-1-2015, opposable).

En cas de **suspension** du contrat de travail **avec paiement intégral** de la rémunération brute du salarié, la fraction du montant du Smic correspondant au mois où le contrat est suspendu est prise en compte pour sa valeur déterminée dans les conditions exposées nº 1905 (cas général) et nº 1934 (salariés à temps partiel ou non mensualisés).

1939 CSS L 241-13, III-al. 4 Arrêté CPAS1934943A du 4-12-2019 C-III-3315 s

Application d'une déduction forfaitaire spécifique pour frais professionnels Le montant de la réduction générale de cotisations patronales ouverte aux employeurs dont les salariés sont éligibles à une déduction forfaitaire spécifique (DFS) est plafonné à 130 % du montant de la réduction auquel a droit un employeur pour un salarié non éligible à une telle déduction. L'employeur ouvrant droit à la réduction générale et appliquant une DFS doit donc effectuer deux calculs (avec et sans DFS) afin de déterminer si le montant de la réduction fait l'objet ou non d'un plafonnement.

> **Précisions** Sur la règle applicable aux remboursements de frais en cas de calcul de la réduction générale sans DFS, voir nº 1910, a.

1940 **EXEMPLES**

a. Dans une entreprise soumise au Fnal au taux de 0,5 %, un salarié est rémunéré 1 650 € brut par mois et bénéficie d'un remboursement de frais professionnels à hauteur de 100 €. L'abattement au titre de la DFS est de 10 %.

Calcul du montant de la réduction générale **avec application de la DFS.** L'assiette des cotisations avec abattement DFS est de : (1 650 + 100) – [(1 650 + 100) × 10 %] = 1 575 €. Le coefficient de la réduction générale est égal à : (0,3246 / 0,6) × [1,6 × (1 554,62/ 1 575) – 1] = 0,3134. Le montant de la réduction générale est donc de 1 575 × 0,3134 = 493,61 €.

Calcul du montant de la réduction générale **sans application de la DFS.** L'assiette des cotisations est égale à 1 650 €. Le coefficient de la réduction générale est de : (0,3246 / 0,6) × [1,6 × (1 554,62 / 1 650) – 1] = 0,2746. Le montant de la réduction générale est de : 1 650 × 0,2746 = 453,09 €.

Calcul du **plafonnement** : (453,09 € × 30 %) + 453,09 € = 589,02 €. Le montant de la réduction générale avec application de la DFS ne doit pas dépasser 589,02 €, ce qui est bien le cas ici. Le montant de la réduction générale appliqué par l'employeur sera donc de 493,61 €.

b. Dans une entreprise soumise au Fnal au taux de 0,5 %, un salarié est rémunéré 2 000 € brut par mois et bénéficie d'un remboursement de frais professionnels à hauteur de 100 €. L'abattement au titre de la DFS est de 20 %.

Calcul du montant de la réduction générale **avec application de la DFS.** L'assiette des cotisations avec abattement DFS est de : (2 000 + 100) – [(2 000 + 100) × 20 %] = 1 680 €. Le coefficient de la réduction générale est égal à : (0,3246 / 0,6) × [1,6 × (1 554,62/ 1 680) – 1] = 0,2600. Le montant de la réduction générale est donc de : 1 680 × 0,2600 = 436,80 €.

Calcul du montant de réduction **sans application de la DFS**. L'assiette de la réduction générale est de 2 000 €. Le coefficient de la réduction générale est donc de : (0,3246 / 0,6) × [1,6 × (1 554,62 / 2 000) – 1] = 0,1318. Le montant de la réduction générale : 2 000 × 0,1318 = 263,60 €.

Calcul du **plafonnement** : (263,60 € × 30 %) + 263,60 = 342,68 €. Le montant de la réduction générale avec application de la DFS est de 436,80 € et dépasse le montant plafonné. Le montant de la réduction calculée avec la DFS est donc réduit de 94,12 € (436,80 € – 342,68 €).

Horaires d'équivalence, salariés temporaires, caisses de congés payés

1941 CSS art. L 241-13 D 241-10 D 241-11 **C-III-1970 s**

Les salariés soumis à un régime d'heures d'équivalence, les salariés temporaires et les salariés relevant d'une caisse de congés payés bénéficient d'une formule de calcul spécifique du coefficient de réduction (C) :

C = (T/0,6) × [(1,6 × a × Smic annuel /rémunération annuelle brute) –1] × b

Le coefficient T et le montant annuel du Smic et de la rémunération brute sont identiques à ceux mentionnés respectivement nos 1890, 1905 et 1910.

Si la valeur de a ci-dessus **évolue en cours d'année,** la valeur annuelle du coefficient est égale à la somme des valeurs déterminées pour les périodes antérieures et postérieures à l'évolution (Circ. DSS 99 du 1-1-2015, opposable).

1942 CSS art. L 241-13 D 241-10 D 241-11 **C-III-2130 s**

Horaires d'équivalence Pour les personnels roulants marchandises « grands routiers » ou « longue distance » dont la durée de temps de service est fixée à 43 h par semaine, dans la formule indiquée no 1940, la valeur a est égale à 45/35 et celle de b, à 1.
Pour les autres personnels roulants marchandises dont la durée du temps de service est fixée à 39 h par semaine, la valeur de a est égale à 40/35 et celle de b, à 1.

› Précisions **a.** Les valeurs a et b ont été fixées pour les conducteurs marchandises rémunérés sur la base de la **durée équivalente à la durée légale** de travail. Lorsque la rémunération versée, hors heures supplémentaires, n'est pas établie sur cette base, la valeur a doit être **ajustée** dans la même proportion. Cet ajustement s'applique aussi pour les conducteurs marchandises longue distance pour leurs **heures d'amplitude, d'attente et de coupure** faisant l'objet, en vertu d'une convention ou d'un accord collectif étendu en vigueur au 1-1-2010, d'une indemnisation au-delà du temps de service et ne constituant pas du temps de travail effectif et pour le personnel roulant voyageurs pour leurs heures indemnisées d'amplitude et de coupure au-delà de 12 heures (Circ. DSS 99 du 1-1-2015, opposable).
b. Pour les personnels roulants marchandises relevant d'une **caisse de congés payés,** voir no 1944, b.

1944 CSS art. L 241-13 D 241-10 D 241-11 **C-III-2050 s**

Entreprises affiliées à une caisse de congés payés Pour les salariés dont le paiement des indemnités de congés payés et des charges afférentes est effectué par l'intermédiaire des caisses de congés payés, dans la formule indiquée no 1940, la valeur a est fixée à 1 et celle de b, à 100/90. Le **montant** maximal de la réduction est lui-même **majoré** de 100/90. En contrepartie, la réduction n'est pas applicable aux cotisations dues par les caisses de congés payés sur les indemnités de congés payés qu'elles versent.

› Précisions **a.** Sont concernés les employeurs obligatoirement affiliés à une caisse de congés payés pour les salariés entrant dans le champ d'application des conventions collectives nationales suivantes : transports routiers et activités auxiliaires du **transport,** entreprises **artistiques et culturelles, manutention portuaire** et **bâtiment et travaux publics** (Circ. DSS 99 du 1-1-2015, opposable).
b. Pour les **personnels roulants marchandises** relevant d'une caisse de congés payés, la valeur a est celle indiquée no 1942.

1946

Salariés temporaires Pour les salariés temporaires mis à disposition au cours d'une année de plusieurs entreprises utilisatrices, dans la formule indiquée no 1940, la valeur a est fixée à 1 et celle de b, à 1,1.

CSS art. L 241-13 D 241-7 D 241-10 D 241-11 C-III-2000 s

Le **coefficient de réduction** est déterminé pour **chaque mission.** Le **montant** maximal de la réduction est lui-même **majoré** de 1,1.

> **Précisions a.** En cas de **renouvellement d'une mission,** la réduction se calcule pour l'ensemble de la période couverte du début de la mission jusqu'à l'échéance du renouvellement (Circ. DSS 99 du 1-1-2015, opposable).
> **b.** Lorsqu'une **mission débute au cours d'une année civile** et **se termine l'année suivante,** le calcul de la réduction est effectué pour la part de la rémunération versée chaque année, indépendamment (Circ. DSS 99 du 1-1-2015, précitée).
> **c.** Sur la pondération du **Smic** pris en compte pour le calcul du coefficient de réduction des salariés temporaires, voir n° 1934.
> **d.** Les indemnités de mission et les indemnités compensatrices de congés payés affectées sur le compte épargne-temps (CET) d'un salarié temporaire doivent entrer dans le calcul de la rémunération annuelle à prendre en compte pour le calcul du coefficient de réduction au moment de leur acquisition et non de leur versement effectif au salarié, peu important que le recouvrement des cotisations afférentes à ces compléments de salaire soit différé du fait de leur affectation au CET (Cass. 2e civ. 22-10-2020 n° 19-20.789 F-D ; 22-10-2020 n° 19-20.794 F-D : RJS 1/21 n° 42).
> **e.** Les règles ci-dessus ne sont pas applicables aux **salariés temporaires en CDI** auprès de l'entreprise de travail temporaire (n° 82150) n'entrant pas dans le champ de la mensualisation et ouvrant droit à une garantie minimale de rémunération (GMR) mensuelle au moins égale pour un temps plein à 151,67 fois le Smic horaire, en application d'une convention de branche ou d'un accord professionnel ou interprofessionnel étendu. Pour ceux-ci, la valeur annuelle du Smic prise en compte pour le calcul du coefficient ne varie pas si les intéressés sont rémunérés certains mois en fonction du nombre d'heures réellement effectuées au titre des missions et d'autres mois sur la base de la GMR (Circ. DSS 99 du 1-1-2015 précitée). La fraction du montant du Smic correspondant au mois où se produit une interruption entre 2 missions est corrigée selon le rapport entre la rémunération versée et celle qui aurait été versée s'il n'y avait pas eu d'interruption, hors éléments de rémunération non affectés par cette interruption. Pour un exemple d'élément de rémunération non affecté par une interruption, voir n° 1938.

MODALITÉS PRATIQUES

1950 C-III-4980 s

L'employeur n'a aucune **formalité préalable** à accomplir pour bénéficier de la réduction. Celle-ci doit figurer sur le **bulletin de paie** (n° 70790, d).

RÈGLES DE CUMUL

1955 CSS art. L 241-13, VI C-III-4400 s

Le bénéfice de la réduction **ne peut pas être cumulé,** pour un même salarié, avec celui d'une autre exonération totale ou partielle de cotisations patronales, ou l'application de taux spécifiques, d'assiettes ou de montants forfaitaires de cotisations.

Par **exception,** il est cumulable avec les taux réduits de cotisation d'allocations familiales et de cotisation d'assurance maladie (n° 23525). Il l'est aussi avec la déduction forfaitaire de cotisations patronales pour heures supplémentaires (sur l'ordre d'application des 2 dispositifs, voir n° 41470).

> **Précisions a.** La réduction est cumulable avec les taux réduits de cotisation d'assurance vieillesse plafonnée prévus pour les **VRP multicartes,** les membres des **professions médicales** à employeurs multiples et les **journalistes** (Circ. DSS 99 du 1-1-2015, opposable). Le coefficient maximal de réduction (n° 1890) est alors ramené à la somme des taux de cotisations effectivement appliqués.
> **b.** L'employeur peut **renoncer à une autre exonération** totale ou partielle de cotisations patronales pour appliquer la réduction générale. Sa décision est définitive et s'applique donc à toutes les rémunérations versées ultérieurement, quel qu'en soit le montant (Circ. DSS 99 du 1-1-2015, précitée).
> **c.** La réduction générale est **compatible** avec l'application d'une **déduction forfaitaire spécifique** pour frais professionnels mais le montant de la réduction est plafonné, voir n° 1939.

2. EXONÉRATION DANS LES ZONES EN DIFFICULTÉ

1965 Sont exposés ci-après les dispositifs d'exonération de cotisations sociales patronales applicables dans les zones en difficulté, à l'exception, compte tenu de leur champ d'application géographique restreint, de ceux propres aux **zones de restructuration de la défense,** d'une part, et aux **bassins d'emplois à redynamiser,** d'autre part (voir notre Documentation sociale, respectivement C-III-10400 s. et C-III-13400 s. ou le Mémento Paie, respectivement nos 24400 s. et 24300 s.).

ZONES FRANCHES URBAINES – TERRITOIRES ENTREPRENEURS

1970 Un dispositif particulier d'exonération des cotisations patronales de sécurité sociale (hors accidents du travail), de la contribution Fnal et du versement mobilités s'applique dans les zones urbaines particulièrement défavorisées.

Il s'agit d'un dispositif complexe, en raison des différents cas d'exonération qu'il envisage, dont l'exposé détaillé dépasse le cadre du Mémento. Loi 96-987 du 14-11-1996 art. 12, 12-1 et 13 Décret 2004-565 du 17-6-2004 C-III-5200 s

› Précisions Les zones franches urbaines (ZFU) ont été créées dans des quartiers de plus de 10 000 habitants considérés comme particulièrement défavorisés. Leur **délimitation** précise a été réalisée par des décrets successifs (Décret 96-1154 modifié pour la métropole et 96-1155 du 26-12-1996 modifié pour les départements d'outre-mer pour les 44 premières zones ouvertes le 1-1-1997 ; Décret 2004-219 du 12-3-2004 modifié pour les 41 zones ouvertes au 1-1-2004 et décret 2006-1623 du 19-12-2006 pour les 15 zones ouvertes au 1-8-2006).

Les **plans** correspondant à cette délimitation peuvent être **consultés** :
– dans les départements concernés : auprès de la préfecture, de la direction des services fiscaux et de la Dreets (Direccte avant le 1-4-2021), ainsi qu'auprès des mairies des communes concernées ;
– sur le site Sig-Ville (système d'information géographique de la politique de la ville) : www.sig.ville.gouv.fr.

1975 C-III-5550 s

Entreprises bénéficiaires Bénéficient de l'exonération les entreprises créées ou implantées dans une ZFU au plus tard le 31-12-2014 :
– exerçant une activité industrielle, commerciale ou artisanale au sens des articles 34 et 35, I-5° du CGI (Mémento fiscal nos 7015 s.), ou une activité professionnelle non commerciale au sens de l'article 92, 1° du même Code (Mémento fiscal nos 13150 s.) ;
– ayant au moins un **établissement** dans l'une des **zones concernées** ;
– ne dépassant pas, tous établissements confondus, un effectif total **de 50 salariés,** calculé selon les règles indiquées nos 62365 s., au 1-1-1997 (zones de 1e génération), au 1-1-2004 (zones de 2e génération), au 1-8-2006 (zones de 3e génération) ou lors de la création ou de l'implantation de l'entreprise dans la zone ;
– dont soit le **chiffre d'affaires** annuel hors taxe, soit le **total de bilan** n'excède pas 10 millions d'euros.

Sont exclues les entreprises qui ne remplissent pas certaines conditions financières établissant leur indépendance par rapport à d'autres entreprises, et celles dont l'activité principale relève de certains secteurs, tels que la construction automobile, cette condition relative à l'activité étant appréciée pour chaque établissement situé en ZFU si l'entreprise comporte plusieurs établissements.

Ces entreprises doivent en outre :
– être **à jour** de leurs obligations à l'égard de l'**Urssaf** ou avoir souscrit un engagement d'apurement progressif des dettes ;
– respecter, le cas échéant, leur obligation de **négocier sur les salaires,** sous peine de se voir appliquer une pénalité calculée en pourcentage des exonérations de cotisations dont elles bénéficient : voir no 51991 ;
– adresser une **déclaration** annuelle des mouvements de main-d'œuvre et de chaque embauche : no 2000 ;
– entrer dans l'un des **cas d'exonération** visés no 1985.

Le bénéfice de l'exonération est remis en cause en cas de **travail illégal** (no 79540).

› Précisions a. Sont expressément **exclues** par la loi les activités de crédit-bail mobilier et de location d'immeubles à usage d'habitation. Sont également exclues les associations à but non lucratif non assujetties à l'impôt sur les sociétés et à la TVA dans les conditions de droit commun, les syndicats professionnels, les chambres professionnelles et consulaires, les particuliers employeurs, l'État, les collectivités territoriales et leurs établissements publics administratifs, scientifiques et culturels (Doc. Urssaf 8-9-2015). Les associations implantées en ZFU peuvent bénéficier de l'exonération sous des conditions spécifiques (no 2010).

b. Pour bénéficier de l'exonération, l'**établissement** doit présenter une **réalité économique** caractérisée par une implantation réelle et par la présence des éléments d'exploitation ou de stocks nécessaires à la réalisation, en son sein, d'une activité économique effective (Décret 2004-565 du 17-6-2004).

c. S'il survient une **modification dans la situation juridique de l'employeur** au sens de l'article L 1224-1 du Code du travail, le nouvel employeur reprend le ou les droits à l'exonération dont a ou aurait pu bénéficier le précédent, dans les conditions et pour la durée restant à courir (Décret 2004-565 du 17-6-2004).

d. Lorsqu'une entreprise bénéficiant de l'exonération s'implante dans une autre ZFU, l'exonération cesse de s'appliquer aux rémunérations versées aux salariés dont l'**emploi** est **transféré** dans la nouvelle ZFU à compter de la date d'effet du transfert. Elle s'applique, en revanche, aux rémunérations des salariés embauchés dans la nouvelle ZFU ayant pour effet d'accroître l'effectif de l'entreprise au-delà de l'effectif employé dans la ou les précédentes ZFU à la date de l'implantation dans la nouvelle ZFU.

1985 C-III-5800 s **Cas d'exonération** Il convient de distinguer selon la date de création de la ZFU.

Pour les **ZFU créées au 1-8-2006,** sont concernées les entreprises dont un établissement au moins était implanté dans la zone à cette date, et celles qui s'y sont implantées, créées ou y ont créé un établissement postérieurement et jusqu'au 31-12-2014.

Pour les **ZFU créées au 1-1-2004,** sont concernées les entreprises dont un établissement au moins était implanté dans la zone à cette date, et celles qui s'y sont implantées, créées ou y ont créé un établissement postérieurement et jusqu'au 31-12-2014.

Pour les **ZFU créées au 1-1-1997,** sont concernées les entreprises qui se sont implantées, créées ou ont créé un établissement dans la zone postérieurement à cette date et jusqu'au 31-12-2014.

1990 C-III-6900 s **Salariés concernés** Pour ouvrir droit à l'exonération, le salarié doit remplir les conditions suivantes :

– l'emploi doit être situé en zone franche. Cette condition est considérée comme remplie si l'établissement employant le salarié est implanté dans une zone franche dans les conditions définies n° 1975, b et si l'activité réelle, régulière et nécessaire à l'exécution du contrat de travail s'exerce en tout ou partie dans une zone franche ;

– il doit s'agir d'un salarié pour lequel l'employeur est tenu de cotiser à l'**assurance chômage gérée par l'Unédic** et qui n'est pas exclu du dispositif par l'effet des règles de non-cumul (n° 2005) ;

– le salarié doit être titulaire d'un **CDI** ou d'un **CDD** d'au moins 12 mois.

Lorsque l'exonération est liée à l'**embauche** d'un salarié, celle-ci doit intervenir dans un **délai de 5 ans,** courant **à compter** soit de la délimitation de la zone, pour les entreprises présentes dans celle-ci à cette date, soit de l'implantation ou de la création de l'entreprise ou d'un établissement de l'entreprise dans la zone.

Le **transfert** en ZFU d'un emploi existant antérieurement dans l'entreprise ouvre droit à exonération, sauf si l'employeur a bénéficié pour cet emploi, au cours des 5 années précédentes, de l'exonération de cotisations applicables dans les zones de revitalisation rurale (n°s 2015 s.), ou de la prime d'aménagement du territoire, et sous une condition tenant à la date du transfert non détaillée ici.

En cas de transfert d'activité d'une ZFU dans une autre, voir n° 1975, d.

L'exonération est limitée à l'équivalent de **50 salariés** à temps plein apprécié au premier jour de chaque mois. Par ailleurs, une obligation d'emploi d'un pourcentage minimum de salariés **résidant dans la ZFU** s'applique à compter de la deuxième embauche réalisée après la délimitation de la zone ou l'implantation ou la création de l'entreprise dans la zone (Circ. DSS 238 du 18-6-2012, opposable).

› Précisions a. Sont **exclues** du dispositif les personnes non titulaires d'un contrat de travail et ne relevant pas du régime Unédic (par exemple **dirigeants** salariés ne cumulant pas dans la même société un contrat de travail avec leur mandat social).

b. Ouvrent droit à l'exonération les salariés dont l'activité est exercée exclusivement dans l'**établissement implanté** dans une ZFU ainsi que les salariés suivants (Décret 2004-565 du 17-6-2004) :

– celui dont l'activité s'exerce **en partie dans l'établissement** lorsque l'exécution de son contrat de travail rend indispensable l'utilisation régulière des éléments d'exploitation ou de stocks présents dans l'établissement, ou, à défaut, lorsque son activité dans cet établissement est réelle, régulière et indispensable à l'exécution de son contrat de travail ;

– celui dont l'activité s'exerce **en dehors de cet établissement** lorsque son activité dans une ZFU est réelle, régulière et indispensable à l'exécution de son contrat de travail.

Le salarié est réputé exercer une activité régulière, dans l'établissement ou la zone, s'il y est présent au moins une fois par mois et si cette présence est indispensable à l'exécution de son contrat de travail.

c. Pour le calcul de la **limite de 50 salariés,** sont pris en compte les salariés employés sous CDI ou sous CDD d'au moins 12 mois dans la ZFU, dont le contrat de travail est en cours d'exécution ou suspendu, avec ou sans versement de rémunération, au premier jour du mois civil. Les salariés à temps partiel sont décomptés au prorata du nombre d'heures prévu au contrat, heures complémentaires comprises (Décret 2004-565 du 17-6-2004). En revanche, les apprentis ne sont pas à prendre en compte (Cass. 2e civ. 21-12-2017 n° 16-26.861 F-PB : RJS 3/18 n° 216).

Pour les entreprises implantées dans plusieurs ZFU, la limite est appréciée séparément pour chaque zone en tenant compte des salariés employés dans le ou les établissements de la zone concernée, indépendamment de ceux employés dans les autres zones (Circ. DSS 366 du 30-7-2004 réputée abrogée).

d. L'obligation d'emploi de salariés résidant dans la ZFU, non détaillée ici, est fixée par l'article 13 de la loi 96-987 du 14-11-1996 ainsi que par les articles 10 et suivants du décret 2004-565 du 17-6-2004.

Exonération L'exonération porte sur les **cotisations patronales** d'assurances sociales (maladie, maternité, invalidité, vieillesse, décès) et d'allocations familiales, le versement mobilités et la contribution Fnal. **1995** C-III-7800 s

Lorsque la rémunération horaire n'excède pas **1,4 Smic,** l'exonération intégrale s'applique à la totalité de celle-ci. Le coefficient d'exonération (T) est égal à :

T = somme des taux des cotisations patronales d'assurances sociales (maladie, maternité, invalidité, décès et vieillesse) et d'allocations familiales, majorée des taux de la contribution Fnal et du versement mobilités.

Les taux retenus sont ceux applicables au premier jour de la période d'emploi rémunérée.

Pour les rémunérations horaires **supérieures à 1,4 Smic,** l'exonération décroît à mesure que la rémunération s'élève, jusqu'à s'annuler lorsque celle-ci est égale à 2 Smic. Ainsi, pour ces rémunérations, le coefficient d'exonération est égal à :

T/0,6 × [(2 × Smic × 1,4 × nombre d'heures rémunérées / rémunération mensuelle brute) – 1,4]

Pour ce calcul, le taux horaire du **Smic** est pris en compte pour sa valeur au premier jour de la période d'emploi rémunérée. Le **nombre d'heures rémunérées** est déterminé sur le mois, comme indiqué n° 2001. La **rémunération** mensuelle brute est constituée des revenus d'activités assujettis aux cotisations de sécurité sociale.

Le résultat obtenu est arrondi à 3 décimales, au millième le plus proche. S'il est supérieur à T, il est pris en compte pour une valeur égale à T.

Le taux d'exonération ainsi déterminé est appliqué à la rémunération mensuelle brute du salarié.

› Précisions **Les cotisations patronales restant dues,** y compris sur la fraction de la rémunération exonérée, sont : les contributions chômage et l'AGS, la cotisation patronale de retraite complémentaire, les contributions solidarité autonomie et dialogue social, la taxe sur les salaires, les contributions à la formation et à l'alternance, la participation des employeurs à l'effort de construction, la cotisation accidents du travail et, le cas échéant, la cotisation aux caisses de congés payés.

L'exonération est accordée pour une **période initiale de 5 ans** à compter soit : **2000** C-III-8630 s

– de la délimitation de la zone pour les entreprises déjà présentes à cette date ;

– de la date de l'implantation ou de la création si l'entreprise s'est établie postérieurement à la délimitation de la zone ;

– de la date d'effet du contrat de travail des salariés embauchés selon les conditions ouvrant droit à l'exonération (n° 1990).

À l'issue de la période initiale de 5 ans, le bénéfice de l'exonération est maintenu de manière dégressive pendant les **3 années suivantes** : le taux d'exonération est ramené à 60 % la première année, 40 % la deuxième et 20 % la troisième. Les entreprises de moins de 5 salariés peuvent, après la période d'exonération initiale, appliquer une exonération dégressive pendant une période de **9 ans,** durant laquelle le taux d'exonération est ramené à 60 % pendant 5 ans, 40 % pendant 2 ans, puis 20 % pendant 2 ans.

Les entreprises implantées au 1-1-2004 en zone franche de la deuxième génération et au 1-8-2006 en zone franche de la troisième génération doivent respecter la règle communautaire dite de minimis, qui limite le **montant total des aides** de même catégorie pouvant être accordées librement aux entreprises à 200 000 € sur une période de 36 mois glissants, un plafond spécifique de 100 000 € s'appliquant dans le secteur du transport routier (Circ. Acoss du 15-3-2007). Pour plus de précisions sur l'appréciation de ce plafond, voir Mémento fiscal n° 92660.

Pour bénéficier de l'exonération, l'employeur doit adresser à la Dreets (Direccte avant le 1-4-2021) et à l'Urssaf une **déclaration des mouvements de main-d'œuvre** intervenus au cours de l'année précédente, au plus tard le 31 janvier de chaque année. Par tolérance, l'Urssaf fixe la date limite d'envoi de cette déclaration au 30 avril de chaque année et, à défaut d'envoi, le droit à exonération est suspendu au titre des revenus versés à l'ensemble des salariés à partir du 1er mai (Doc. Urssaf du 6-3-2020). Cette période est imputée sur la période de 5 ans visée ci-dessus.

Chaque embauche doit donner lieu à une déclaration auprès des mêmes services, impérativement sur le formulaire type fixé par arrêté (Cass. 2e civ. 29-11-2012 n° 11-26.416 F-D : RJS 3/13 n° 229) dans un délai maximum de 30 jours à compter de la date d'effet du contrat de travail. À défaut d'envoi de la déclaration dans le délai prescrit, l'exonération ne s'applique pas aux rémunérations versées pendant la période comprise, selon les cas, entre le 1er janvier de l'année ou la date de l'embauche et l'envoi ou le dépôt de la déclaration, le cachet de La Poste faisant foi.

› Précisions **a.** En cas de **suspension d'un contrat de travail** ouvrant droit à l'exonération, le terme de 5 ans n'est pas reporté.

b. Le **droit** à exonération est **suspendu ou supprimé** dans les cas suivants :

– non-respect par l'employeur de ses obligations vis-à-vis de l'Urssaf ou dénonciation du plan d'apurement ;

– non-respect de l'obligation d'emploi de salariés résidant en ZFU (nº 1990, d) ;

– défaut de déclaration de mouvement de main-d'œuvre ou d'embauche.

Si l'entreprise ne respecte pas son obligation de **négocier sur les salaires,** elle peut se voir appliquer une pénalité calculée en pourcentage des exonérations de cotisations dont elle bénéficie : voir nº 51991.

En cas de transfert d'activité d'une ZFU dans une autre, voir nº 1975, d.

2001 CSS art. L 241-15 C-III-8300 s

Nombre d'heures rémunérées Pour déterminer l'assiette de calcul des exonérations de cotisations, sont prises en compte toutes les **heures rémunérées** quelle qu'en soit la **nature,** c'est-à-dire non seulement des heures de **travail effectif,** mais aussi des heures rémunérées ne correspondant pas à un temps de travail effectif (périodes d'**astreinte,** temps de **pause,** de **restauration,** d'habillage…), dès lors qu'elles sont rémunérées (Circ. Acoss 68 du 5-4-2007).

Cette règle concerne tout **allègement** de cotisations de sécurité sociale **se référant à un nombre d'heures rémunérées.**

› Précisions **a.** Si la rémunération est mensualisée dans le cadre de la **modulation** du temps de travail, le nombre d'heures rémunérées pris en compte est celui sur la base duquel la rémunération lissée est établie. Sont également ajoutées les heures supplémentaires rémunérées, telles que définies nº 30295 (Circ. DSS 282 du 12-6-2003 réputée abrogée). Ce principe vaut également en cas de réduction de la durée du travail par l'octroi de **jours de repos** et pour les contrats de **travail intermittent** (Circ. Acoss 39 du 4-2-2004).

b. La rémunération correspondant à l'**indemnité compensatrice de congés payés** doit être reconvertie en un nombre d'heures, en divisant le montant total de l'indemnité versée au cours du mois par le taux horaire (Circ. Acoss 68 du 5-4-2007). Cette solution s'applique même lorsque l'indemnité versée, calculée en application de la règle du dixième, est supérieure à la rémunération d'un mois de travail effectif, ce qui peut conduire à la prise en compte au titre de l'indemnité d'un nombre d'heures supérieur à celui des mois de travail effectif (Cass. 2e civ. 10-5-2012 nº 11-14.519 FS-PB et nº 11-19.270 FS-D : RJS 8-9/12 nº 736). Le taux horaire est calculé en divisant le salaire de base brut mensuel (ne sont pas pris en compte les heures supplémentaires, les indemnités, les primes, les remboursements et avantages de toute nature...) par la durée mensuelle de travail du salarié correspondant au salaire de base (Circ. Acoss 68 du 5-4-2007).

c. Lorsque certains temps accomplis par le salarié sont rémunérés de manière forfaitaire sans référence à un nombre d'heures (temps de transport rémunérés en fonction des distances), l'**indemnité forfaitaire** afférente à ces heures soumises à cotisations doit être reconvertie en nombre d'heures en divisant son montant par le taux horaire (Circ. Acoss 68 du 5-4-2007).

d. Les **heures** qui, ne constituant pas du travail effectif, sont **rémunérées à un taux inférieur** à celui du salaire horaire de base (heures d'astreinte ou de pause par exemple) doivent être prises en compte, pour une durée proportionnelle au taux de rémunération qui leur est appliqué (Circ. Acoss 68 du 5-4-2007 ; Cass. 2e civ. 12-5-2011 nº 10-14.241 FS-D ; 19-6-2014 nº 13-15.580 F-D).

e. En cas de **suspension du contrat de travail** avec maintien total ou partiel de la rémunération, le nombre d'heures rémunérées pris en compte au titre de la suspension est égal au produit de la durée du travail que le salarié aurait effectuée s'il avait continué à travailler par le pourcentage de la rémunération restée à la charge de l'employeur et soumise aux cotisations (Décret 2004-565 du 17-6-2004 modifié). En pratique, le pourcentage est déterminé par application du rapport entre la rémunération du mois soumise à cotisations et la rémunération qui aurait été versée si le contrat de travail avait continué à être exécuté. Le rapport entre ces 2 paramètres ne peut pas être supérieur à un (Circ. Acoss 77 du 18-9-2009).

Des dispositions similaires s'appliquent à l'exonération de cotisations applicable dans les zones de revitalisation rurale : nºs 2015 s. (Décret 97-127 du 12-2-1997).

2002 CSS art. D 241-27 C-III-8540 s

Salariés non rémunérés selon un nombre d'heures Le nombre d'heures rémunérées est déterminé comme suit pour les salariés non rémunérés selon un nombre d'heures de travail mensuel. Ces modalités concernent tous les allègements de cotisations de sécurité sociale se référant à un nombre d'heures rémunérées.

› Précisions **a.** En cas de **forfait annuel en heures,** le nombre d'heures de travail pris en compte est fixé à : durée moyenne hebdomadaire de travail du salarié × (52/12).

Il est admis, pour simplifier le calcul de la durée moyenne hebdomadaire, que ce nombre d'heures puisse être ainsi calculé : forfait en heures sur l'année / 45,7 (soit le nombre moyen de semaines travaillées dans l'année) (Circ. DSS 282 du 12-6-2003, réputée abrogée).

b. En cas de **forfait annuel en jours,** le nombre d'heures de travail rémunérées sur le mois est égal à : durée légale du travail calculée sur le mois (soit 151,67 heures) × nombre de jours travaillés prévu par le forfait / 218 jours.

c. Pour les **autres salariés** non rémunérés selon un nombre d'heures, il convient de comparer la rémunération versée au cours du mois au salarié avec une **rémunération de référence.** Cette rémunération est égale au produit de la durée collective du travail applicable dans l'établissement ou la partie de l'établissement où est employé le salarié, calculée sur le mois, par la valeur du Smic.

Si la **rémunération du salarié** est **au moins égale** à cette rémunération de référence, le nombre d'heures de travail du salarié est égal à la durée collective du travail.

Si la rémunération du salarié est **inférieure** à la rémunération de référence, le nombre d'heures correspondant à la durée collective du travail est réduit selon le rapport entre la rémunération versée et cette rémunération de référence.

Pour ces calculs, la **durée collective** calculée sur le mois est égale à 52 / 12 de la durée hebdomadaire ou de la durée moyenne hebdomadaire en cas d'aménagement du temps de travail sur une période supérieure à la semaine (n°s 30100 s.) ou d'application des anciens dispositifs de modulation de la durée du travail (n°s 30270 s.) ou de réduction de la durée du travail sous forme de repos (n°s 30350 s.).

Sont notamment concernés les salariés rémunérés à la tâche, au rendement, à la pige ou par un fixe plus une commission, les travailleurs à domicile, les VRP et les concierges d'immeuble.

d. Lorsque la période d'emploi rémunérée d'un des salariés visés ci-dessus couvre **une partie du mois civil,** le nombre d'heures rémunérées au cours du mois est réputé égal au produit du nombre de jours calendaires compris dans la période par un trentième du nombre d'heures reconstitué conformément aux dispositions exposées ci-dessus. Si le **contrat de travail** du salarié est **suspendu avec maintien partiel de sa rémunération** mensuelle brute, le nombre d'heures pris en compte au titre de ces périodes de suspension est égal au produit du nombre d'heures rémunérées, le cas échéant reconstitué comme indiqué ci-dessus, par le pourcentage de la rémunération soumise à cotisations demeurant à la charge de l'employeur. Pour les salariés qui ne sont pas soumis à un forfait, la rémunération à comparer à la rémunération de référence d'une activité à temps plein est celle qu'aurait perçue le salarié s'il avait effectué son activité sur la totalité du mois civil.

Règles de cumul

2005 C-III-9000 s

Le bénéfice de l'exonération ne peut pas être cumulé, pour l'emploi d'un même salarié, avec celui d'une **aide de l'État** à l'emploi ou d'une **autre exonération** totale ou partielle de cotisations patronales de sécurité sociale, ou avec l'application de **taux spécifiques,** d'**assiettes ou montants forfaitaires** de cotisations. Par exception, il est possible de cumuler, sous certaines limites, l'exonération avec la **déduction forfaitaire de cotisations patronales** pour **heures supplémentaires** (voir n° 41470). L'exonération est également cumulable avec les taux réduits de **cotisations d'allocations familiales** et de cotisations d'**assurance maladie** (n° 23525).

ATTENTION

Il appartient à l'employeur d'**opter,** salarié par salarié, pour l'application du dispositif qui lui est le plus favorable. S'il opte pour l'exonération applicable aux ZFU, celle-ci pourra, le cas échéant, être relayée, à son terme, par la réduction générale de cotisations patronales (n°s 1880 s.) dans la mesure où il peut y prétendre.

Emplois associatifs en ZFU

2010 C-III-9500 s

Une exonération des cotisations sociales patronales est ouverte aux associations situées en ZFU et employant des salariés résidant en zone urbaine défavorisée. Sous réserve des dispositions particulières présentées ci-après, ses modalités d'application sont identiques à celles de l'exonération pour l'emploi en ZFU (voir n°s 1970 s.).

L'exonération bénéficie aux **associations** implantées au 1-1-2004 dans une ZFU (ou au 1-8-2006 pour les ZFU créées à cette date), ou à celles qui s'y créent ou s'y implantent à compter de cette date et avant le **1-1-2015.**

Celle-ci s'applique aux **salariés** :

– employés par un établissement de l'association implanté dans la ZFU au 1-1-2004 (ou 1-8-2006 pour les ZFU de la troisième génération) ;

– ou employés par un établissement de l'association à la date de création ou d'implantation de l'association si elle est postérieure et intervient avant le 1-1-2015 (ZFU) ;

– embauchés ultérieurement, si l'embauche est réalisée par l'association dans les 5 ans de sa création ou de son implantation dans la zone.

Elle n'est ouverte qu'au titre de l'emploi de salariés employés dans les conditions définies n° 1990, résidant dans la ZFU, ou dans un quartier prioritaire de la politique de la ville situé dans la même unité urbaine que la ZFU où est implantée l'association, et dont l'activité réelle, régulière et indispensable à l'exécution du contrat de travail s'exerce principalement dans ces zones.

Elle s'applique dans une **limite** de 15 salariés appréciée au premier jour de chaque mois, les salariés employés à temps partiel étant pris en compte au prorata de la durée de travail prévue à leur contrat.

› Précisions **a.** Le salarié ouvrant droit à exonération est réputé exercer son **activité principalement** dans une ZFU lorsqu'il y réalise plus de la moitié de l'horaire prévu par son contrat de travail, heures complémentaires non comprises. La preuve de cette condition est à la charge de l'employeur (Décret 2004-565 du 17-6-2004).

b. L'exonération n'est pas applicable aux associations présentes dans une zone au 1-1-2004 (ou au 1-8-2006 : ZFU de troisième génération) qui emploient ou ont employé des salariés au titre desquels elles bénéficient ou ont bénéficié de l'exonération visée nos 1975 s.

Celles qui remplissent simultanément les conditions fixées ci-dessus et nos 1975 s. doivent opter pour l'application à tous leurs salariés de l'un ou l'autre de ces 2 dispositifs. L'option, définitive et irrévocable, doit être exercée dans les 3 mois qui suivent la date à compter de laquelle l'une ou l'autre exonération est appliquée pour la première fois.

ZONES DE REVITALISATION RURALE

2015 CSS art. L 241-19 Décret 97-127 du 12-2-1997 C-III-11150 s

L'**embauche du premier au 49e salarié** par une entreprise implantée dans une zone de revitalisation rurale (**ZRR**) ouvre droit, sous certaines conditions, à une exonération portant sur les cotisations patronales de sécurité sociale.

› Précisions Le **classement** des communes en ZRR est établi chaque année par arrêté (Arrêtés du 16-3-2017 et du 22-2-2018). Les communes **sorties** du classement au 1-7-2017 continuent de bénéficier de l'exonération jusqu'au 31-12-2022 (Loi 2016-1888 du 28-12-2016, 2017-1837 du 30-12-2017, 2019-1479 du 28-12-2019 et 2020-1721 du 29-12-2020). Les plans et documents relatifs à ces zones peuvent être consultés auprès des organismes visés no 1970.

2020 C-III-11250 s

Entreprises bénéficiaires Bénéficient de l'exonération les entreprises et les groupements d'employeurs exerçant une **activité** artisanale, industrielle, commerciale, au sens de l'article 34 du CGI, une activité agricole, au sens de l'article 63 du même Code, ou non commerciale, au sens de l'article 92, 1 du même Code (voir respectivement Mémento fiscal nos 7015 s., 15155 s., 13150 s.) et remplissant les **conditions** suivantes :

– avoir au moins un **établissement dans l'une des zones** concernées (pour les groupements d'employeurs, chacun des membres doit avoir un établissement situé dans ces zones) ;
– avoir un **effectif,** tous établissements confondus, inférieur à 50 salariés (no 2025) ;
– ne pas avoir procédé à un **licenciement** économique dans les 12 mois précédant la ou les embauches, le point de départ de ce délai étant la date de notification du licenciement ;
– respecter l'obligation, imposée à certaines entreprises, de **négocier sur les salaires,** sous peine de se voir appliquer une pénalité calculée en pourcentage des exonérations de cotisations dont elles bénéficient : voir no 51991.

Le bénéfice de l'exonération est remis en cause en cas de **travail illégal** (no 79540).

› Précisions **a.** Sont **exclus** du champ d'application de l'exonération les associations, y compris les associations intermédiaires (à l'exception des associations soumises à l'impôt sur les sociétés et redevables de la TVA dans les conditions de droit commun), les syndicats, les mutuelles, les particuliers employeurs, l'État, les collectivités territoriales et leurs établissements administratifs (Circ. DGEFP 97-13 du 16-5-1997).

Sont également exclus par la loi La Poste et Orange, ainsi que les employeurs relevant d'un régime spécial de sécurité sociale visé par le titre premier du livre VII du CSS (SNCF, RATP, EDF et GDF-Suez entre autres).

b. Les **organismes d'intérêt général** visés no 2035 implantés en ZRR bénéficient de l'exonération exposée ici, dans les mêmes conditions que les autres entreprises, pour leurs salariés dont le contrat a été conclu à compter du **1-11-2007** (CSS art. L 241-20). Pour leurs salariés dont le contrat a été conclu avant, ils bénéficient d'une exonération spécifique (voir no 2035).

2025 C-III-11550 s

Embauches à réaliser Pour ouvrir droit à l'exonération, l'embauche doit concerner un salarié :

– pour lequel l'employeur est tenu de cotiser à l'**assurance chômage** gérée par l'Unédic et non exclu du dispositif par l'effet des règles de non-cumul (no 2030) ;
– titulaire d'un **CDI** ou d'un **CDD** d'au moins 12 mois pour accroissement temporaire d'activité (au sens indiqué no 19600) ;
– **employé exclusivement** dans un établissement de l'entreprise (ou d'un membre du groupement) situé **dans une ZRR.**

En outre, l'embauche doit avoir pour effet d'**accroître l'effectif** de l'entreprise jusqu'à 49 salariés au maximum.

> Précisions **a.** Sont **exclus** les aides familiaux, les employés de maison, les mandataires sociaux ne cumulant pas dans la même société un contrat de travail avec leur mandat social (Circ. DGEFP 97-13 du 16-5-1997).

b. La condition d'**emploi** exclusif dans un **établissement** de l'entreprise situé en ZRR conduit à exclure les VRP (Circ. DGEFP 97-13 du 16-5-1997, précitée).

L'embauche de travailleurs à domicile par un établissement situé dans une ZRR ouvre droit à l'exonération (Cass. soc. 15-3-2001 nº 99-15.025 FS-PB : RJS 5/01 nº 649).

Pour les salariés exerçant leur activité en partie hors de l'établissement de l'entreprise et en partie dans un établissement situé en ZRR (salariés des secteurs du BTP, du transport et du déménagement, du gardiennage, de l'entretien et du nettoyage), l'exonération s'applique si l'établissement situé en ZRR correspond à une réalité économique, c'est-à-dire s'il comporte les éléments d'exploitation nécessaires à l'activité des salariés (stocks, services administratifs, locaux destinés à la réparation des véhicules ou au chargement des marchandises, entrepôts, etc.) (Circ. Acoss du 24-6-1997).

En cas de **poursuite du contrat de travail** au cours des 12 mois suivant l'embauche dans un établissement situé **hors d'une ZRR,** l'exonération cesse de s'appliquer définitivement aux rémunérations versées au salarié concerné à compter du premier jour du mois civil suivant celui au cours duquel le salarié a cessé d'être employé dans un établissement situé dans ladite zone.

c. L'**embauche** doit avoir pour effet de porter l'**effectif de l'entreprise,** au cours des 12 mois civils qui suivent sa date d'effet, à un niveau au moins égal à la somme de l'effectif de référence et de l'effectif correspondant à l'embauche.

L'effectif de référence est l'effectif moyen le plus élevé déterminé parmi les 2 périodes consécutives de 12 mois civils qui précèdent la date d'effet de l'embauche ouvrant droit à exonération. Lorsque la période entre la date d'embauche et de création de l'entreprise est inférieure à 2 ans, il convient de retenir comme effectif de référence l'effectif moyen depuis la création de l'entreprise. Sur l'**appréciation de l'effectif** et de la limite de 49 salariés, voir nºs 23630 s.

Si, au terme d'un mois civil de la période de 12 mois civils qui suivent la date d'effet de l'embauche, l'effectif de l'entreprise est inférieur à l'effectif à maintenir, l'exonération ne s'applique pas au titre du mois considéré. Elle s'applique de nouveau, pour la durée restante de la période de 12 mois précitée, au titre des mois civils pour lesquels la condition d'effectif est de nouveau remplie.

d. En cas de **reprise d'entreprise,** le nouvel employeur ne peut bénéficier de l'exonération que s'il crée un emploi net supplémentaire ayant pour but d'accroître l'effectif jusqu'à la limite d'octroi de l'exonération (Circ. Acoss du 12-8-1997).

e. Pour les entreprises à **établissements multiples,** la limite de 49 salariés s'apprécie tous établissements confondus, qu'ils soient situés ou non en ZRR.

Exonération L'exonération porte sur les **cotisations** patronales d'assurances sociales (maladie, maternité, invalidité, vieillesse, décès) et d'allocations familiales. **2030** C-III-12100 s

Elle est accordée pour une **durée** de 12 mois à compter de la date d'effet du contrat de travail. Elle s'applique selon un **barème dégressif** fixé par décret tel qu'elle est totale pour une rémunération horaire inférieure ou égale à 1,5 fois le Smic et diminue jusqu'à devenir nulle à partir de 2,4 fois le Smic.

L'exonération est égale au produit de la rémunération mensuelle brute versée au salarié par un coefficient déterminé par application de la formule suivante :

Coefficient = (T/0,9) × [(2,4 × Smic × 1,5 × nombre d'heures rémunérées / rémunération mensuelle brute) – 1,5]

.

Dans cette formule, T est égal à la somme des taux de cotisations patronales éligibles à l'exonération dues au niveau du Smic. Le résultat obtenu est **arrondi** à 3 décimales, au millième le plus proche. S'il est supérieur à T, il est pris en compte pour une valeur égale à T. L'exonération ainsi déterminée s'applique dans la **limite** des cotisations d'assurances sociales et d'allocations familiales à la charge de l'employeur au titre de la rémunération versée au salarié au cours du mois civil.

Le bénéfice de l'exonération ne peut pas être **cumulé,** pour l'emploi d'un même salarié, avec celui d'une aide de l'État à l'emploi ou d'une autre exonération de cotisations patronales de sécurité sociale, ou avec l'application de taux spécifiques, d'assiettes ou montants forfaitaires de cotisations. Par exception, l'exonération est cumulable, sous certaines limites, avec la déduction forfaitaire de cotisations patronales pour heures supplémentaires : voir nº 41470. L'exonération est également cumulable avec les taux réduits de cotisations d'allocations familiales et de cotisations d'assurance maladie (nº 23525).

> Précisions **a.** Pour le calcul de l'exonération, le **Smic** est pris en compte pour sa valeur la plus élevée en vigueur au cours de la période d'emploi rémunérée.

La **rémunération mensuelle brute** est constituée des revenus d'activité assujettis aux cotisations de sécurité sociale du régime général (ou du régime agricole) versées au salarié au cours du mois civil.

Le **nombre d'heures rémunérées** est déterminé comme indiqué nº 2001. Pour les salariés non rémunérés selon un nombre d'heures de travail mensuel, les dispositions exposées nº 2002 s'appliquent.

b. Les **cotisations patronales restant dues,** y compris sur la fraction de la rémunération exonérée sont : les contributions chômage et AGS, la cotisation patronale de retraite complémentaire, la cotisation accidents du travail, les contributions solidarité autonomie, Fnal et dialogue social, la taxe sur les salaires, les contributions à la formation et à l'alternance et la participation des employeurs à l'effort de construction, le versement mobilités et, le cas échéant, la cotisation aux caisses de congés payés.

c. L'exonération a une **durée** de 12 mois civils à compter de la date d'embauche (Circ. DGEFP 97-13 du 16-5-1997).

En cas de **suspension du contrat de travail,** ce terme n'est pas reporté.

En cas de **rupture** pour un motif indépendant de la volonté de l'employeur, le droit à l'exonération se reporte pour la durée restant à courir à compter de la date d'effet de la rupture, sur la première embauche effectuée postérieurement sous CDI, ou sous CDD d'au moins 12 mois pour accroissement temporaire d'activité.

d. L'employeur qui remplit les conditions de l'exonération en fait la **déclaration** par écrit à la Dreets (Direccte avant le 1-4-2021) dans les 30 jours à compter de la date d'effet du contrat de travail en utilisant un formulaire prévu à cet effet. L'effectif de référence et l'effectif correspondant à l'embauche (nº 2025) sont déclarés dans ce formulaire.

À **défaut d'envoi** dans le **délai** imparti, l'exonération n'est pas applicable aux cotisations dues sur les rémunérations versées de la date de l'embauche au jour du dépôt ou de l'envoi de la déclaration, cette période étant imputée sur la durée de l'exonération.

e. Ne sont pas considérés comme des taux spécifiques les taux de cotisations plafonnées applicables aux membres des **professions médicales à employeurs multiples** et aux **journalistes pigistes** (Circ. Acoss du 12-8-1997).

f. Toute entreprise ou tout organisme qui cesse volontairement son activité en **ZRR** en la **délocalisant** dans un autre lieu moins de 5 ans après la perception d'une aide au titre des dispositions spécifiques intéressant ces territoires est tenue de verser les sommes qu'elle n'a pas acquittées en vertu des exonérations qui lui ont été consenties. Cette obligation concerne aussi l'exonération présentée nº 2035 (Circ. DSS 2006-206 du 10-5-2006).

En cas de transfert d'un emploi de ZRR en zone franche urbaine, voir nº 1990.

Si, en raison d'un **nouveau classement des communes** situées en ZRR, une entreprise est implantée dans une commune qui n'est plus classée en ZRR, elle ne satisfait plus aux conditions de l'exonération et en perd donc le bénéfice (s'agissant de l'arrêté du 9-4-2009 : Circ. Acoss 71 du 24-8-2009). Voir toutefois nº 2015 pour les communes sorties du classement au 1-7-2017 mais maintenues en ZRR à titre transitoire.

2035 Loi 2005-157 du 23-2-2005 art. 15 et 16 Loi 2007-1786 du 19-12-2007 art. 19 **C-III-12850 s**

Organismes d'intérêt général

Les organismes visés à l'article 200 du CGI pouvant recevoir des dons de particuliers ouvrant droit à réduction d'impôt (pour l'énumération de ces organismes, voir Mémento fiscal nº 3175) dont le siège social est situé en **ZRR** bénéficient, pour leurs salariés dont le contrat de travail a été conclu avant le **1-11-2007,** d'une exonération de cotisations spécifique, pendant toute la **durée** du contrat. L'exonération est réservée aux établissements de moins de 500 salariés des organismes éligibles, cet **effectif** étant apprécié comme indiqué nº 23630 s.

Elle s'applique aux **salariés** employés dans la zone et porte sur les **cotisations** patronales d'assurances sociales et d'allocations familiales, le versement mobilités et le Fnal. Elle est soumise au **barème dégressif** exposé nº 2030, T étant alors égal à la somme des taux des cotisations précitées (Rép. Morel-a-L'Huissier : AN 10-3-2015 p. 1722).

En l'absence de précision contraire, l'exonération se **cumule** avec d'autres aides, sauf interdictions prévues pour les textes instituant celles-ci.

Le bénéfice de l'exonération est remis en cause en cas de **travail illégal** (nº 79540).

› Précisions **a.** Cette exonération ne s'applique pas aux salariés dont le **contrat de travail** a été **conclu à compter du 1-11-2007.** Ces derniers ouvrent droit à l'exonération pour embauche en ZRR (nºs 2015 s.).

b. L'exonération est applicable à **tous les salariés** dont l'emploi ouvre droit à l'exonération et dont le contrat de travail est, au premier jour de chaque mois civil, en cours d'exécution ou suspendu, avec ou sans versement de rémunération (Circ. DSS 2006-206 du 10-5-2006).

c. Pour la définition des ZRR, voir nº 2015. La **délocalisation de l'activité** hors de la zone peut entraîner le paiement des sommes exonérées, de même que le déclassement de la commune du siège social de l'organisme hors du périmètre des ZRR (nº 2030, f).

d. En cas de **transfert du contrat de travail** ou d'affectation, même temporaire, du salarié dans un établissement de l'association ou de l'organisme situé en dehors d'une ZRR, le droit à l'exonération cesse d'être applicable aux rémunérations versées à compter du premier jour du mois suivant. Il est à nouveau ouvert à compter du premier jour du mois suivant la réintégration du salarié dans un établissement situé dans une ZRR (Circ. DSS 2006-206 du 10-5-2006, précitée).

3. EXONÉRATION DANS LES JEUNES ENTREPRISES INNOVANTES

Les entreprises réalisant des projets de recherche et de développement peuvent bénéficier d'une exonération des charges sociales patronales sur les rémunérations des personnels participant à la recherche, lorsqu'elles ont le statut de jeune entreprise innovante (JEI). Ce statut peut s'appliquer aux entreprises créées jusqu'au 31-12-2022 (Loi 2019-1479 du 28-12-2019 art. 46). **2070**

EMPLOYEURS ET PERSONNELS CONCERNÉS

Pour ouvrir droit à l'exonération, l'**entreprise** doit, à la clôture de l'exercice, remplir les conditions permettant d'accéder au **statut fiscal** de jeune entreprise innovante (JEI) réalisant des projets de recherche et de développement, définies par l'article 44 sexies-0 A du CGI (Mémento fiscal n° 10400). Elle doit notamment employer moins de 250 salariés. L'entreprise peut demander à l'administration fiscale de lui confirmer qu'elle constitue bien une JEI. Une réponse positive est opposable, non seulement aux services fiscaux, mais également à l'Urssaf. L'avis ne détermine toutefois pas l'éligibilité de l'entreprise à l'exonération (Cass. 2e civ. 25-1-2018 n° 16-27.325 F-PB : RJS 4/18 n° 281). **2075** Loi 2003-1311 du 30-12-2003 art. 131 Décret 2004-581 du 21-6-2004 **C-III-13900 s**

L'entreprise doit aussi avoir rempli ses obligations de déclaration et de paiement à l'égard de l'organisme de recouvrement des cotisations. Celle qui souscrit et respecte un plan d'apurement des cotisations dues est considérée comme à jour de ses paiements.

Le bénéfice de l'exonération est remis en cause en cas de **travail illégal** (n° 79540).

Les personnes ouvrant droit à l'exonération sont les suivantes : **2080** **C-III-14370 s**

– **salariés** au titre desquels l'employeur est soumis à l'obligation d'assurance chômage et occupant des postes de chercheurs, techniciens, gestionnaires de projets de recherche et de développement, juristes chargés de la protection industrielle et des accords de technologie liés au projet, personnels chargés des tests préconcurrentiels et tous les autres personnels affectés directement à la réalisation d'opérations de conception de prototypes ou installations pilotes de nouveaux produits tels que définis à l'article 244 quater B, II, k, 6° du CGI. Le projet de recherche et de développement doit constituer leur **activité principale** (Circ. Acoss 48 du 20-10-2015) ;

– **mandataires sociaux** participant, à titre principal, au projet de recherche et de développement de l'entreprise ou à la réalisation d'opérations de conception de prototypes ou installations pilotes visées ci-dessus.

> **› Précisions a.** Le **contenu des postes** des personnes ouvrant droit à l'exonération est défini par le décret 2004-581 du 21-6-2004.
> **b.** Les **mandataires sociaux** concernés sont les suivants : gérants minoritaires et égalitaires de SARL et Selarl (CSS art. L 311-3, 11°) ; présidents-directeurs et directeurs généraux de société anonyme (CSS art. L 311-3, 12°) ; présidents et dirigeants de SAS (CSS art. L 311-3, 23°) ; dirigeants occupant les mêmes fonctions au sein de sociétés agricoles (Décret 2004-581 du 21-6-2004). Le mandataire social exerçant une activité de recherche ou de gestion de projet au sein de l'entreprise est **présumé** exercer son activité dans des conditions ouvrant droit à l'exonération, sauf à l'Urssaf à rapporter la preuve contraire (Cass. 2e civ. 15-2-2018 n° 16-22.056 FS-PB : RJS 4/18 n° 281).
> **c.** L'exonération est acquise si le salarié consacre au moins la **moitié de son temps** aux activités de recherche et développement. **En deçà,** l'employeur devra pouvoir justifier de la quotité de travail consacrée par le salarié aux activités éligibles ou du lien effectif existant entre celles-ci et ses autres activités (Circ. Acoss 48 du 20-10-2015).

EXONÉRATION

L'exonération porte sur les **cotisations** patronales d'assurances sociales (maladie, maternité, invalidité, vieillesse, décès) et d'allocations familiales. **2085** Décret 2004-581 du 21-6-2004 **C-III-14680 s**

Doublement **plafonnée,** elle ne s'applique :

– que sur la fraction de la rémunération mensuelle brute inférieure à 4,5 fois le Smic. Cette limite est appréciée en multipliant cette valeur par le nombre d'heures rémunérées au cours du mois déterminé comme indiqué n° 2001 (Circ. Acoss 38 du 29-3-2011) ;

– et dans la limite d'un plafond annuel de cotisations éligible par établissement employeur fixé à 5 plafonds annuels de sécurité sociale par année civile, soit 205 680 € en 2021.

L'exonération s'applique à taux plein jusqu'au dernier jour de la septième année suivant celle de la création de l'entreprise (Loi 2013-1278 du 29-12-2013).

Si au cours d'une année, l'entreprise ne satisfait plus à l'une des conditions requises pour bénéficier du statut de jeune entreprise innovante, elle **perd** le **bénéfice** de l'exonération.

Elle peut être **réintégrée dans ses droits,** pour la durée restante, si elle remplit à nouveau les conditions pour cela, et après avoir obtenu l'avis exprès ou tacite de l'administration fiscale, saisie dans les conditions prévues pour le rescrit fiscal.

Cette exonération ne peut pas être **cumulée,** pour l'emploi d'un même salarié, ni avec une aide d'État à l'emploi, ni avec une autre exonération de cotisations patronales, ni avec l'application de taux spécifiques, d'assiettes ou de montants forfaitaires de cotisations. Par exception, le cumul de l'exonération avec la déduction forfaitaire de cotisations patronales pour heures supplémentaires est autorisé (voir n° 41470). L'exonération est également cumulable avec les taux réduits de cotisations d'allocations familiales et de cotisations d'assurance maladie (n° 23525).

› Précisions **a.** Les **cotisations restant dues** sont : les contributions chômage et AGS, la cotisation patronale de retraite complémentaire, les contributions solidarité autonomie, Fnal et dialogue social, la taxe sur les salaires, les contributions à la formation et à l'alternance et la participation à l'effort de construction, la cotisation accidents du travail, le versement mobilités et, le cas échéant, la cotisation aux caisses de congés payés.

b. Pour la détermination du **nombre d'heures rémunérées** à prendre en compte pour le calcul de la fraction exonérée, les modalités exposées n° 2002 s'appliquent aux salariés dont la rémunération ne peut être déterminée au cours du mois en fonction d'un nombre d'heures de travail rémunérées. Celles exposées n° 2002, c s'appliquent aux **mandataires sociaux** éligibles pour les rémunérations versées au titre de leur mandat social.

En cas de **cumul d'un mandat social et d'un contrat de travail,** l'exonération est calculée sur la base de chacune des rémunérations perçues, sans que le nombre total d'heures rémunérées prises en compte puisse excéder la durée légale du travail calculée sur le mois ou, si elle est supérieure, la durée figurant au contrat de travail.

c. En cas de **suspension du contrat** de travail avec **maintien partiel de la rémunération** par l'employeur, le nombre d'heures rémunérées au cours du mois est égal au produit de la durée de travail que le salarié aurait effectuée s'il avait continué de travailler et d'un coefficient égal au rapport entre la rémunération soumise à cotisations demeurant à la charge de l'employeur et celle qui aurait été versée si le contrat de travail avait continué à être exécuté.

d. À titre provisionnel, l'application de l'exonération est **limitée** chaque mois civil de l'exercice en cours à **moins de 250 des salariés** ouvrant droit à l'aide. Sont pris en compte les salariés dont le contrat de travail est en cours d'exécution ou suspendu au premier jour du mois civil. Les salariés à temps partiel sont décomptés au prorata du nombre d'heures de travail prévu au contrat, heures complémentaires comprises, sur la durée du travail à temps plein applicable dans l'établissement et appréciée sur la même période. Une régularisation est effectuée au plus tard dans les 3 mois qui suivent la clôture de l'exercice en fonction de l'effectif moyen de l'exercice écoulé (Décret 2004-581 du 21-6-2004).

e. L'entreprise ayant appliqué l'exonération dès le début d'un exercice **reverse les cotisations indûment exonérées** si, à la clôture de l'exercice, elle n'est pas une jeune entreprise innovante au sens de l'article 44 sexies-0 A du CGI (Décret 2004-581 du 21-6-2004).

Par dérogation, si l'entreprise a obtenu, au cours de l'exercice considéré, un avis favorable de l'administration fiscale sur son statut de JEI, et que sa bonne foi n'a pas été remise en cause, le droit à l'exonération cesse d'être applicable à compter du premier jour du mois civil de l'exercice suivant (Décret 2004-581 du 21-6-2004).

f. Pour les **établissements créés ou supprimés en cours d'année,** la limite annuelle de cotisations exonérées par établissement et par année fait l'objet d'un calcul au **prorata.**

C. Aides à la sauvegarde des emplois

1. AIDES AU CONSEIL ET À LA FORMATION

CONSEIL EN RESSOURCES HUMAINES

2160 Instr. DGEFP 2020-90 du 4-6-2020 opposable Q-II-35900 s

Les entreprises de moins de 250 salariés peuvent bénéficier d'une aide financière de l'État lorsqu'elles font appel à un conseiller extérieur pour répondre à leurs besoins en matière de gestion des ressources humaines (RH). L'aide comporte **deux niveaux** de prestation :

– un accompagnement court de 1 à 10 jours d'intervention permettant de diagnostiquer la situation de l'entreprise et de lui proposer des plans d'action opérationnels ;

– un accompagnement approfondi de 10 à 20 jours sur des thématiques précises.

L'aide est accordée après instruction de la demande formée auprès de la Dreets (Direccte jusqu'au 1-4-2021). Son **montant,** plafonné à 15 000 € hors taxe (HT), s'établit au maximum à 50 % du coût des conseils. Il donne lieu à 2 ou 3 versements.

L'entreprise doit établir un **plan d'actions** en matière RH et remettre à la Dreets, dans les 6 mois suivant la fin de la prestation, un **bilan** des actions réalisées.

› Précisions a. L'aide au conseil peut aussi être mobilisée par un **collectif d'entreprises.** Son montant est plafonné à 15 000 € HT quel que soit le nombre d'entreprises concernées.
b. L'entreprise choisit un **prestataire,** le cas échéant, parmi ceux proposés par la Dreets ou par un opérateur de compétences (Opco). Ce prestataire ne pourra être ni un Opco, ni un cabinet d'expertise comptable ou d'avocats, ni une organisation professionnelle.
c. Une **convention** est conclue entre la Dreets, l'entreprise (ou le collectif d'entreprises) et le prestataire. Elle détermine les conditions d'intervention du prestataire, l'engagement de l'entreprise (ou du collectif), les axes thématiques retenus, la durée (de 30 jours maximum sur une période de 12 mois) et le coût de l'accompagnement, ainsi que le montant de la participation financière de l'État et les modalités de versement de l'aide.
d. La Dreets peut moduler le **taux de prise en charge** en fonction de la taille de l'entreprise, sa situation financière, son projet et du coût de la prestation proposée. Afin de diminuer le reste à charge supporté par l'entreprise, des **cofinancements** peuvent être recherchés auprès de partenaires locaux (Opco par exemple) dans le cadre de conventions territoriales mises en œuvre par les Dreets.
e. L'Agence nationale pour l'amélioration des conditions de travail (**Anact**) propose aussi des actions d'accompagnement et de formation en entreprise : www.anact.fr

ACTIONS DE DÉVELOPPEMENT DE L'EMPLOI ET DES COMPÉTENCES

Les actions de développement de l'emploi et des compétences (Adec), menées en partenariat entre l'État et les branches professionnelles, ont pour objet d'accompagner les entreprises dans la réalisation d'**actions d'adaptation** des salariés **aux évolutions de l'emploi.** Sont particulièrement concernés les ouvriers, les employés, les salariés de plus de 45 ans et ceux des petites et moyennes entreprises. L'État finance une partie des actions d'accompagnement et de formation, mises en œuvre par un organisme mandaté à cet effet (Opco notamment). Le montant de l'aide financière, compris entre 25 % et 80 % du coût des actions, est négocié avec la Dreets (Direccte avant le 1-4-2021). 2200

C. trav. art. L 5121-1 L 5121-2 D 5121-1 à D 5121-3 Circ. DGEFP 2011-12 du 1-4-2011 Q-II-34400 s

2. AIDES À LA RECONVERSION DES SALARIÉS

CONVENTION DE COOPÉRATION

Objet et conclusion Les conventions de coopération sont des instruments de la politique de l'emploi destinés à répondre à des situations d'urgence. Elles sont conclues entre l'État et l'entreprise (ou des organismes professionnels ou interprofessionnels, des syndicats). Certaines de ces conventions prévoient des mesures temporaires de formation professionnelle (n° 2235) ou des mesures tendant à éviter des licenciements économiques : conventions de congé de conversion destinées à favoriser la réinsertion professionnelle du salarié dont le contrat est simplement suspendu (C. trav. art. L 5123-2, 3°, R 5111-2, 4° et R 5123-2) et/ou versement d'allocations (sur l'allocation temporaire dégressive, voir n° 2245). 2230

C. trav. art. L 5123-1 s R 5111-1 à R 5111-5 Q-II-800 s

› Précisions a. En pratique, les **demandes** sont déposées auprès de la Dreets (Direccte avant le 1-4-2021) ou de la préfecture si le champ d'application du projet est départemental ou régional ou auprès de la délégation à l'emploi et à la formation professionnelle si le projet excède ce cadre.
b. Une procédure de **consultation** précède la conclusion de la convention :
– consultation du comité social et économique **(CSE)** (et du CSE central si le projet porte sur plusieurs établissements distincts de l'entreprise). À cet effet, l'employeur doit faire parvenir à l'instance, préalablement à la réunion (au plus tard avec la convocation), un document expliquant le mécanisme et les conditions d'adhésion des salariés. Lorsque les conventions font partie des mesures prévues à l'occasion d'un projet de licenciement économique, elles sont soumises à l'une ou l'autre des réunions au cours desquelles le CSE est consulté sur le projet de licenciement ; l'ordre du jour mentionne alors distinctement ces deux points ;
– consultation d'**instances paritaires** géographiquement compétentes.
c. La **fraude aux allocations** d'aide au reclassement ou à la reconversion est passible des sanctions pénales visées n° 50240, c (C. trav. art. L 5124-1). En outre, une pénalité administrative est encourue, dans les conditions visées n° 7010, en cas de déclaration délibérément inexacte ou incomplète tendant au bénéfice de ces allocations ou en cas d'absence de déclaration d'un changement dans la situation ayant justifié leur octroi (C. trav. art. L 5123-8).

Convention AME-entreprise (ex FNE-formation) Les entreprises rencontrant d'importantes **difficultés économiques,** en priorité celles de moins de 250 salariés, peuvent conclure avec l'État une convention permettant une prise en charge partielle d'actions de 2235

C. trav. art. R 5111-2, 1° R 5123-5 à R 5123-8 Circ. DGEFP 2011-12 du 1-4-2011 **Q-II-34700 s**

formation et d'adaptation de leurs salariés d'une **durée maximale** de 18 mois. Sont visées des actions de formations spécifiques à un poste de travail, ou des formations générales permettant l'acquisition de compétences transférables.

Ces conventions de coopération ont pour objectif de faciliter la continuité de l'activité de ces entreprises et de favoriser l'adaptation de leurs salariés à de nouveaux emplois et de prévenir les licenciements pour motif économique.

S'agissant des mesures temporaires **Covid-19,** voir n° 2250.

> **Précisions** **a.** Sont principalement concernés les **salariés** les plus menacés dans leur emploi, notamment en raison de leur faible qualification, et ceux susceptibles d'être placés en activité partielle. Ne peuvent en revanche pas en bénéficier les salariés dont le contrat est rompu ou va être rompu par un licenciement ou un départ négocié pour motif économique, un plan de départ volontaire ou une rupture conventionnelle.
> **b.** L'entreprise doit s'engager à **maintenir** les salariés formés **dans leur emploi** pendant une **durée** au moins égale à celle de la convention augmentée de 6 mois, à moins qu'ils n'aient été formés en vue de leur reclassement externe. Le recours à une telle convention est une alternative à l'activité partielle.
> **c.** La **contribution de l'État** varie de 25 à 80 % des frais engagés en fonction de la taille de l'entreprise, du type de formation et du public concerné. Elle est accordée à condition que l'action de formation ou d'adaptation mise en œuvre fasse l'objet d'un cofinancement privé, par l'entreprise elle-même ou par un Opco.

2245 C. trav. art. L 5123-2, 1° L 5123-4 R 5111-2, 2° R 5123-9 à R 5123-11 Arrêté SOCF0411144A du 26-5-2004 modifié Circ. DGEFP 45 du 22-12-2005 **NB-III-58930 s**

Convention d'allocation temporaire dégressive Les conventions d'allocations temporaires dégressives, conclues avec les entreprises procédant à des licenciements économiques, prévoient le versement d'une allocation aux salariés (et non à un mandataire social : CE 3-3-1997 n° 155078 : RJS 5/97 n° 588) ayant fait l'objet d'un tel licenciement et **reclassés,** en France ou sous certaines conditions à l'étranger, dans un emploi comportant une **rémunération inférieure** à leur rémunération antérieure.

Pour ouvrir droit à l'aide de l'État, le reclassement doit intervenir dans le **délai** maximum d'un an à compter de la notification du licenciement des salariés concernés. Il peut s'effectuer par CDI, CDD ou contrat de travail temporaire de 6 mois ou plus.

> **Précisions** **a.** Les conventions d'allocations temporaires dégressives garantissent à leurs bénéficiaires, pour une période au plus égale à 2 ans, le versement d'une **allocation calculée** forfaitairement en prenant en compte l'écart existant entre le salaire net moyen perçu au cours des 12 derniers mois (salaire réel ou reconstitué), à l'exclusion de la rémunération des heures supplémentaires et des primes et indemnités qui ne se rapportent pas à la période de référence ou qui trouvent leur origine dans la rupture du contrat, et le salaire net que percevra le salarié pendant les 12 premiers mois dans l'emploi de reclassement.
> **b.** Le **financement** de l'allocation est assuré par l'entreprise et l'État, la participation de ce dernier étant limitée à 75 % de l'allocation et à 200 € par personne et par mois. Les entreprises dans l'incapacité de verser leur contribution ou situées dans des bassins d'emploi en grande difficulté peuvent en être exonérées. Le montant de l'allocation est alors limité à la contribution de l'État, portée à 300 €.
> **c.** L'**allocation est soumise** à la CSG et à la CRDS en tant que revenu de remplacement (n°s 25260 s.) ; s'agissant des cotisations de sécurité sociale, voir n° 23070, a. Elle est imposable, cessible et saisissable dans les mêmes conditions que les salaires (n°s 70940 s. et Mémento fiscal n° 21715).
> Les **contributions des employeurs** à l'allocation sont exonérées des cotisations et contributions sociales et de taxe sur les salaires.

2250

Mesures Covid-19

Depuis le 1-11-2020, le dispositif **AME-entreprise** (n° 2235) est temporairement recentré sur les salariés placés en **activité partielle** ou en activité partielle de longue durée (**APLD**). L'aide de l'État couvre 70 % des frais pédagogiques pour les formations des salariés en activité partielle. Le taux de prise en charge est de 80 % pour les formations des salariés en APLD avec un plafond moyen de 6 000 € par salarié et par an. La formation doit correspondre à la période durant laquelle le salarié est placé en activité partielle, sauf action de validation des acquis de l'expérience qui peut dépasser cette période. Dans le cadre de l'APLD, la formation peut dépasser la période pendant laquelle le salarié est placé en APLD, mais ne peut pas excéder 12 mois (QR min. trav. du 13-11-2020 sur le FNE-formation ; Fiche min. trav. du 23-12-2020 sur le FNE-formation ; Instr. min. 27-1-2021).

Par ailleurs, les entreprises les plus affectées par l'épidémie de Covid-19 bénéficient, sous certaines conditions, des aides financières versées par le **fonds de solidarité** (Ord. 2020-317 du 25-3-2020 ; Décret 2020-371 du 30-3-2020) : voir FRS 2/21 inf. 4 p. 16.

En outre, depuis le 15-1-2021, les entreprises qui ne sont engagées ni dans un plan de sauvegarde de l'emploi ni dans une rupture conventionnelle collective peuvent permettre à leurs salariés

dont l'emploi est menacé d'être formés à un **métier porteur** dans le cadre du dispositif de **transitions collectives** (Inst. DGEFP 2021-13 du 11-1-2021, opposable) : voir FRS 3/21 inf. 14 p. 21.
Sur le dispositif exceptionnel prévu pour les salariés placés en **activité partielle** ou en **APLD,** voir respectivement n°s 1400 s. et n°s 1530 s.
Sur les mesures de soutien mises en place en matière de **cotisations,** voir n° 23690.

D. Aides à l'embauche et au retour à l'emploi

1. AIDES DE PÔLE EMPLOI

L'employeur ayant déposé une offre d'emploi auprès de Pôle emploi peut bénéficier d'aides financières s'il s'engage à recruter un demandeur d'emploi après lui avoir dispensé la formation qui lui fait défaut, sous réserve que l'intéressé ait atteint le niveau requis. Il s'agit de : **2300**
– l'**action de formation préalable au recrutement** (AFPR), à l'issue de laquelle le demandeur d'emploi est embauché en CDD de 6 à moins de 12 mois, contrat de professionnalisation à durée déterminée de 6 à moins de 12 mois ou contrat de travail temporaire dès lors que les missions se déroulent pendant au moins 6 mois au cours des 9 mois suivant la fin de la formation ;
– la **préparation opérationnelle à l'emploi** (POE), qui concerne les embauches en CDI ou en CDD, contrat de professionnalisation ou contrat d'apprentissage d'au moins 12 mois. La POE peut être mise en œuvre de manière individuelle ou collective.
L'employeur signe une **convention** avec Pôle emploi avant l'entrée en formation, précisant les objectifs de cette formation, sa durée, ses modalités de financement ainsi que la date prévisionnelle et la forme de l'embauche à son terme.
Le **montant** de l'aide est de 5 € TTC maximum de l'heure pour une formation réalisée en interne par le futur employeur, et de 8 € TTC maximum de l'heure pour une formation dispensée par un organisme extérieur, dans la limite de 400 heures.

C. trav. art. L 6326-1 L 6326-2 Délibération PE 39 du 12-7-2012 Délibération PE 4 du 19-12-2008 modifiée Inst. PE 122 du 30-7-2012 Inst. PE 210 du 15-12-2010 **Q-II-56100 s**

› Précisions **a.** L'aide est **versée** au terme de la formation, et au plus tôt au jour de l'embauche du salarié. Elle est en principe versée directement à l'employeur. Toutefois, dans le cadre de la POE, si la formation est dispensée par un prestataire, ce dernier la perçoit directement.
b. L'aide attribuée dans le cadre de la **POE** peut être **complétée** par l'Opco dont relève l'employeur, si une convention est conclue entre cet organisme et Pôle emploi.
c. Si l'embauche au terme de la formation se fait à **temps partiel,** la durée hebdomadaire de travail doit être d'au moins 20 heures.
d. L'aide est exclue de l'assiette des **cotisations** de sécurité sociale, de la CSG et de la CRDS.
e. S'agissant des **aides** à la recherche ou la reprise d'un emploi versées par Pôle emploi **aux chômeurs,** voir n° 6950.

2. PRIME D'ACTIVITÉ

BÉNÉFICIAIRES

La prime d'activité a pour objet d'inciter les salariés et non-salariés aux revenus modestes à l'exercice ou à la reprise d'une activité professionnelle. Elle est ouverte aux personnes de plus de 18 ans, résidant en France de manière stable et effective, et dont les ressources sont inférieures à un certain plafond. Sauf exception, les non-ressortissants d'un pays membre de l'Union européenne, de l'Espace économique européen ou de la Suisse en bénéficient s'ils sont titulaires depuis au moins 5 ans d'un titre de séjour autorisant à travailler. **2350**

CSS art. L 841-1 L 842-1 L 842-2 R 842-1 s **Q-II-48500 s**

ATTENTION

N'ont **pas droit** à la prime :
– les élèves, étudiants, stagiaires et apprentis, sauf si leur revenu excède 55 % du Smic × 151,67 ou s'ils remplissent les critères pour bénéficier de la majoration pour isolement visée n° 2360 ;
– les travailleurs détachés temporairement en France ;
– les personnes en congé parental d'éducation, sabbatique ou sans solde, ou en disponibilité, sauf s'ils perçoivent des revenus professionnels.

CALCUL

La prime est égale à la différence entre un **montant forfaitaire,** qui varie selon la composition du foyer et les **ressources du foyer.** Le montant forfaitaire peut être **majoré** pour les parents isolés assumant la charge d'un ou plusieurs enfants, et pour les femmes isolées en **2360**

CSS art. L 842-3 à

L 842-8 R 842-3 R 842-5 R 843-1 D 843-1 à D 843-4 R 844-1 à R 845-3 **Q-II-49600 s**

état de grossesse ayant effectué la déclaration de grossesse et les examens prénataux. Cette majoration est accordée pendant 12 mois ou, le cas échéant, jusqu'aux 3 ans du plus jeune enfant à charge. Un **simulateur** des droits est disponible sur les sites www.caf.fr et www.msa.fr. Il permet à chaque bénéficiaire potentiel de vérifier s'il a droit à la prime et, le cas échéant, de calculer son montant.

› Précisions **a.** Le **montant forfaitaire** et sa majoration pour isolement sont indiqués dans la rubrique indices et taux du site www.efl.fr.
b. Les **bonifications** sont dues à chaque travailleur au sein du foyer dont les revenus professionnels mensuels sont compris entre 59 et 120 fois le Smic horaire. Elles augmentent linéairement entre 0 % et 29,101 % du montant forfaitaire applicable à une personne seule.
c. Sont prises en compte les **ressources** de l'allocataire et, le cas échéant, de son conjoint, concubin ou partenaire lié par un Pacs, ainsi que de ses enfants et personnes à charge ne bénéficiant pas à titre personnel de la prime d'activité. Sont retenus les revenus professionnels ou de remplacement, certaines prestations et aides sociales, l'avantage en nature procuré par la mise à disposition d'un logement gratuit et les autres ressources soumises à l'impôt sur le revenu. Pour les **travailleurs non salariés,** la prise en compte des revenus **trimestriels** (et non annuels) est possible sur demande et sous certaines conditions.
d. La **formule de calcul** de la prime est la suivante : [montant forfaitaire + (ressources du foyer × 61 %) + bonifications] – ressources du foyer.

VERSEMENT

2365 CSS art. L 843-1 à L 843-6 L 845-1 à L 845-6 R 846-1 s D 846-1 s D 847-1 **Q-II-50000 s**

La **demande** de prime est adressée à la CAF ou à la MSA. La démarche peut être effectuée sur www.caf.fr ou www.msa.fr. La prime est due à compter du 1er jour du mois civil au cours duquel une demande conforme a été déposée. Elle est **versée** mensuellement à terme échu, dès lors que son montant est au moins égal à 15 €. Le **montant** servi est égal à la moyenne des primes calculées pour les 3 mois précédents. Il est réévalué tous les 3 mois, en fonction de l'évolution des ressources.

La caisse peut vérifier les déclarations des bénéficiaires, et appliquer des sanctions en cas de **fraude** ou de fausse déclaration.

› Précisions **a.** La déclaration d'activité professionnelle par un **allocataire du RSA** vaut demande de prime.
b. La prime d'activité est **incessible** et insaisissable sauf pour le recouvrement des créances alimentaires mentionnées aux articles L 581-1 et L 581-3 du CSS.
c. Les **réclamations** présentées par les bénéficiaires de la prime d'activité relèvent de la compétence de la juridiction administrative. Elles sont nécessairement précédées d'un recours auprès de la commission de recours amiable de la caisse. À défaut de réponse de la commission dans le délai de 2 mois, le recours est réputé rejeté.
d. L'action de la caisse en **recouvrement des indus** de prime d'activité s'effectue selon des modalités similaires à celles visées n° 50240, a.

3. EMPLOIS FRANCS

2380 Loi 2017-1837 du 30-12-2017 art. 175 Décret 2019-1471 du 26-12-2019 modifié QR min. trav. du 24-11-2020 **Q-II-17500**

Une **aide financière** peut être accordée pour l'embauche, en CDI ou en CDD d'au moins 6 mois conclu jusqu'au 31-12-2021, d'un demandeur d'emploi de catégorie 1, 2, 3, 6, 7 ou 8, d'un adhérent au contrat de sécurisation professionnelle ou d'un jeune suivi par une mission locale non inscrit comme demandeur d'emploi, vivant dans un quartier prioritaire de la politique de la ville (QPV). La personne recrutée doit être maintenue au moins 6 mois dans les effectifs.

Le **montant annuel** de l'aide est égal, pour un temps complet, à 5 000 € s'il s'agit d'un CDI (versée pour 3 ans maximum) et à 2 500 € s'il s'agit d'un CDD d'au moins 6 mois (versée pour 2 ans maximum). En cas d'embauche d'un **jeune** de moins de 26 ans entre le 15-10-2020 et le 31-3-2021 inclus, le montant annuel est bonifié : 7 000 € la première année puis 5 000 € les 2 années suivantes s'il s'agit d'un CDI ; 5 500 € la première année puis 2 500 € l'année suivante s'il s'agit d'un CDD d'au moins 6 mois. L'aide est **versée** chaque semestre par Pôle emploi.

› Précisions **a.** Peuvent bénéficier de l'aide, quel que soit leur effectif, les **employeurs** assujettis au régime d'assurance chômage, les groupements d'employeurs qui organisent des parcours d'insertion et de qualification, les employeurs de pêche maritime, à l'exclusion des particuliers employeurs, des établissements publics administratifs et des établissements publics industriels et commerciaux. L'employeur doit être établi en France, et être à jour de ses **obligations déclaratives et de paiement** à l'égard de l'administration fiscale et des organismes sociaux ou avoir souscrit et respecter un plan d'apurement des montants restant dus.
b. L'**éligibilité du candidat** s'appréciant à la date de signature du contrat, le déménagement ou le changement de situation ultérieur de

l'intéressé n'a pas d'impact sur le versement de l'aide. Son éligibilité peut être vérifiée sur la base de **l'attestation** qui lui a été remise en ce sens par Pôle emploi ou la mission locale et du **justificatif de domicile** de ce dernier. Un **moteur de recherche** permet à l'employeur de s'assurer que l'adresse d'un candidat se trouve bien dans un QPV : https://sig.ville.gouv.fr/recherche-adresses-qp-polville

En pratique, pour encourager les candidats à signaler leur éligibilité au dispositif, l'employeur peut ajouter à ses **offres d'emploi** une référence explicite aux emplois francs, sans pour autant laisser entendre que le recrutement est réservé à ce public.

c. Le **salarié recruté** en emploi franc ne doit pas être affecté à un poste précédemment occupé par un salarié qui a été licencié pour motif économique dans les 6 mois précédant l'embauche. Il ne doit pas non plus avoir appartenu aux effectifs au cours des 6 mois précédant l'embauche sauf s'il était employé en tant qu'intérimaire, ou en vertu d'un contrat d'apprentissage ou de professionnalisation, d'un contrat unique d'insertion ou d'un CDD de remplacement.

d. Une entreprise de **travail temporaire** peut bénéficier de l'aide en recrutant une personne éligible en CDD d'au moins 6 mois ou en CDI intérimaire (y compris s'il s'agit d'une personne employée en contrat de mission dans les 6 mois précédents) mais pas pour les contrats de mission, quelle qu'en soit la durée.

e. L'employeur doit adresser par téléservice à Pôle emploi une **demande** assortie des justificatifs visés au b, au plus tard dans les 3 mois après la signature du contrat de travail.

Tous les 6 mois, il doit transmettre une copie du dernier bulletin de paie et une **attestation de présence** du salarié, mentionnant ses éventuelles absences.

f. L'aide « emploi franc » n'est pas **cumulable** avec une autre aide de l'État à l'insertion, à l'accès ou au retour à l'emploi versée au titre du salarié recruté en emploi franc, à l'exception des aides attachées aux contrats de professionnalisation visées n°s 20762 et 20765.

g. En cas de **rupture du contrat,** quels qu'en soit la cause et l'initiateur, au cours des 6 premiers mois, aucune aide n'est versée. En cas de rupture au-delà, le montant des aides est **proratisé** en fonction de la durée effective du contrat. Il en est de même en cas de recrutement à **temps partiel.**

L'aide n'est pas due pour les périodes d'**absence** ne donnant pas lieu au maintien de la rémunération par l'employeur, en cas d'**activité partielle** ou d'APLD.

h. L'aide continue d'être versée dans la limite de 2 ans si le **CDD** ayant ouvert droit à l'aide est **renouvelé** pour au moins 6 mois ou se poursuit par un **nouveau CDD** débutant au plus tard 7 jours après le terme du précédent. Cette limite est étendue à 3 ans si le CDD ayant ouvert droit à l'aide **se transforme,** avant son terme, **en CDI** ou s'il **laisse place après son terme à un CDI** débutant au plus tard 7 jours après (le montant de l'aide est alors revalorisé à compter de la date d'exécution du CDI). Toutefois, la poursuite de l'aide ne peut intervenir que si le salarié est **maintenu dans les effectifs** 6 mois supplémentaires.

i. En cas d'**attestation inexacte** ou de **fraude** de l'employeur, ce dernier doit rembourser la totalité des sommes reçues et ne perçoit plus d'aide pour les semestres restants. Il en est de même s'il apparaît que le recrutement du salarié en emploi franc a eu pour conséquence le licenciement d'un autre salarié.

4. AIDE À L'EMBAUCHE DE JEUNES

Une **aide financière** peut être accordée pour l'embauche en CDI (dont CDI intérimaire) ou en CDD d'au moins 3 mois, effectuée **entre le 1-8-2020 et le 31-3-2021,** d'un salarié de moins de 26 ans à la date de signature du contrat de travail et dont la rémunération est inférieure ou égale à 2 Smic. Le salarié doit être maintenu au moins 3 mois dans les effectifs. L'aide de 4 000 € au maximum pour un même salarié est versée à terme échu, à raison de 1 000 € par trimestre. Elle est proratisée en fonction de la quotité de temps de travail et de la durée effective du contrat de travail. **2400** Décret 2020-982 du 5-8-2020 modifié QR min. trav. du 29-9-2020 **Q-II-26100**

L'aide doit être **demandée** pour chaque jeune embauché à l'ASP via la plateforme Sylaé dans un délai de 4 mois à compter du début d'exécution du contrat de travail. L'employeur doit saisir sur la plateforme, avant les 4 mois suivant l'échéance de chaque trimestre, une **attestation** justifiant de la présence du salarié. À défaut, l'aide n'est pas versée. En cas de **contrôle,** le versement de l'aide est suspendu si l'employeur ne produit pas les justificatifs demandés par l'ASP. En cas de déclaration inexacte, l'aide est remboursée.

> Précisions **a.** Peuvent bénéficier de l'aide, quel que soit leur effectif, les **employeurs** assujettis au régime d'assurance chômage, les groupements d'employeurs qui organisent des parcours d'insertion et de qualification, les employeurs de pêche maritime et les associations, à l'exclusion des particuliers employeurs, des établissements publics administratifs, des établissements publics industriels et commerciaux et des sociétés d'économie mixte. L'employeur doit être établi en France, et respecter les obligations visées n° 2380, a.

b. Le **jeune salarié** ne doit pas être affecté à un poste précédemment occupé par un salarié licencié pour motif économique depuis le 1-1-2020. Il ne doit pas non plus avoir appartenu aux effectifs de l'employeur à compter du 1-1-2020 au titre d'un contrat de travail n'ayant pas ouvert droit au bénéfice de l'aide. Par exception, l'aide est accordée à l'employeur qui, avant le 31-3-2021, a embauché un jeune en CDD d'au moins 3 mois ou en CDI à l'issue de son stage, de son contrat d'apprentissage, de professionnalisation ou de son contrat unique d'insertion.

c. Si le salarié en CDD ayant ouvert droit à l'aide a conclu, avant le 31-3-2021, un **nouveau contrat** avec l'employeur (CDI ou un CDD d'au moins 3 mois), l'aide est maintenue dans la limite du montant maximal de 4 000 €, même s'il a dépassé l'âge de 26 ans au cours du précédent contrat.

d. L'aide n'est **pas due** pour les périodes d'absence ne donnant pas lieu au maintien de la rémunération par l'employeur, en cas d'activité partielle ou d'APLD.

e. La valeur du **Smic** à prendre en compte est celle en vigueur au 1er janvier de l'année considérée. Seule la rémunération connue au moment de la demande d'aide et définie par le contrat de travail est prise en compte pour apprécier le seuil des 2 Smic.

f. L'aide ne se **cumule** avec aucune autre aide de l'État à l'insertion, à l'accès ou au retour à l'emploi versée au titre du même salarié.

E. Tableau récapitulatif des aides à l'emploi

2500 Ce tableau, non exhaustif, récapitule les aides publiques à l'emploi accordées par l'État ou les collectivités locales, traitées dans le présent Mémento.

Objet	Nature des aides	Paragraphes du Mémento
Création d'entreprise	– primes de développement régional	n° 1700
	– congé ou travail à temps partiel	nos 12160 s.
	– déblocage anticipé de la participation, du PEE et du PEI de courte durée	n° 33935
Activité ou ZFU	– exonération de cotisation personnelle maladie pour les commerçants ou artisans non salariés	n° 80430
Aides à la création ou à la reprise d'entreprise	– report et étalement des cotisations de début d'activité	n° 28550 et n° 80790
	exonération de début d'activité (Acre)	nos 1740 s.
	– financement d'une expertise	n° 1780, e
	– livret d'épargne-entreprise	n° 1720, b
	– prêt sans intérêt	n° 1780, d
	– maintien provisoire du versement d'allocations pour les titulaires de minima sociaux	n° 1790
	– allocations de chômage en cas d'échec	n° 6540
	– micro-social	n° 80860
Embauche ou emploi de salariés		
Embauche ou emploi avec bas salaire	– réduction générale de cotisations	nos 1880 s.
Embauche ou emploi avec rémunération ≤ 3,5 Smic	– réduction du taux des cotisations patronales maladie et allocations familiales	nos 23525 s.
Emploi dans les ZFU	– exonération de cotisation, de versement de transport et de contribution Fnal	nos 1970 s.
Emploi en bassin d'emploi à redynamiser	– exonération de cotisations	n° 1965
Embauche en ZRR	– exonération de cotisations	nos 2015 s.
Emploi en zone de restructuration de la défense	– exonération de cotisations	n° 1965
Jeunes entreprises innovantes	– exonération de cotisations au titre des personnels participant à la recherche	nos 2070 s.
Simplifications administratives	– titre emploi-service entreprise, chèque emploi associatif, guichet unique spectacle occasionnel, titre firmes étrangères	nos 24000 s.
Aide à l'embauche de jeunes	– aide forfaitaire de l'État	n° 2400

2500 (suite)

Objet	Nature des aides	Paragraphes du Mémento
Gestion des ressources humaines		
Aide au conseil	– prise en charge partielle des frais d'études	n° 2160
Audit en matière d'égalité professionnelle	– participation financière au coût de l'intervention d'un consultant	n° 32235
Contrat pour la mixité des emplois et l'égalité professionnelle hommes-femmes	– participation financière à des actions de formation, d'aménagement matériel au profit de l'insertion professionnelle et de la promotion des femmes	n° 32230
Difficultés économiques		
Activité partielle (droit commun)	– indemnisation de l'activité partielle	n°s 1400 s.
Activité partielle de longue durée (APLD)	– indemnisation de l'APLD	n°s 1580 s.
Reclassement ou conversion des salariés touchés par un licenciement	– participation de l'État à des actions diverses : formation-adaptation, congé de conversion, allocation temporaire dégressive	n°s 2230 s.
	– aide du fonds de solidarité	n° 2250
Entreprises touchées par les conséquences économiques, financières et sociales de l'épidémie de Covid-19	– exonérations et aides au paiement des cotisations	n° 23690
Insertion professionnelle des jeunes et demandeurs d'emploi		
Contrat d'apprentissage	– réduction générale et exonération de cotisations salariales	n° 3430
	– aide forfaitaire versée par l'État	n°s 3275 s.
Contrat de professionnalisation	– réduction générale de cotisations	n° 20745, c
	– prise en charge des frais de formation	n° 20744
	– aide de l'État pour l'embauche d'un « senior »	n° 20762
	– aide de Pôle emploi pour l'embauche d'un chômeur d'au moins 26 ans	n° 20765
	– aide et réduction générale de cotisations pour les groupements d'employeurs	n° 20770
	– aide de l'État pour les structures d'insertion par l'activité économique	n° 20773
	– aide exceptionnelle pour certains contrats conclus entre le 1-7-2020 et le 28-2-2021	n° 20775
	– aide forfaitaire de l'État pour l'embauche dans le cadre d'un parcours d'insertion	n° 20773
Contrat initiative-emploi	– aide forfaitaire de l'État	n° 20815
Contrat d'accompagnement dans l'emploi	– aide forfaitaire de l'État	n° 20820
	– exonération de cotisations	n° 20820
	– exonération de la taxe sur les salaires, de la taxe d'apprentissage et de la participation-construction	n° 20820
Emploi d'avenir	– aide forfaitaire de l'État	n° 20895
Emplois francs	– aide forfaitaire de l'État	n° 2380
Garantie jeunes et parcours contractualisé d'accompagnement vers l'emploi et l'autonomie (PACEA)	– accompagnement et allocation	n° 46165
Associations intermédiaires	– exonération de TVA	MF n° 89555, a
	– aide au poste d'insertion	n° 20930, e
	– aide pour la conclusion d'un contrat de professionnalisation	n° 20773
Ateliers et chantiers d'insertion	– exonération de cotisations	n° 20930, b
	– aide au poste d'insertion	n° 20930, e
	– aide pour la conclusion d'un contrat de professionnalisation	n° 20773

2500 (suite)

Objet	Nature des aides	Paragraphes du Mémento
Entreprises d'insertion	– aide au poste d'insertion	nº 20930, e
	– aide pour la conclusion d'un contrat de professionnalisation	nº 20773
Demandeur d'emploi	– projet personnalisé d'accès à l'emploi	nº 6930
	– cumul de l'allocation de chômage avec des revenus professionnels	nºs 6830 s.
	– cumul de l'allocation de solidarité spécifique avec d'autres revenus	nº 7080
	– aides de Pôle emploi	nº 6950
	– aide à la recherche du premier emploi	nº 46165
Embauche d'un chômeur indemnisé	– aides de Pôle emploi	nº 2300
Emploi des travailleurs handicapés		
Entreprises de droit commun	– aide de l'Agefiph	nº 40205
	– aide à la lourdeur du handicap	nº 40205
	– aide temporaire à l'embauche	nº 40207
Entreprises adaptées	– aide de l'État	nº 40250
Emploi par des particuliers		
Assistant maternel et salarié employé au domicile de l'employeur	– chèque emploi universel (Cesu)	nºs 33505
	– aides du CSE ou de l'employeur : régime social et fiscal	nº 22416
	– exonération de cotisations pour l'emploi d'une aide à domicile par une personne âgée ou handicapée (ou les parents d'un enfant handicapé)	nº 33480
	– complément de libre choix du mode de garde (Pajemploi)	nºs 33510 s.
	– crédit d'impôt sur le revenu	MF nºs 3230 s. et 3315
Hébergement à titre onéreux de personnes âgées ou invalides	– exonération de cotisations patronales	nº 23685
Prime d'activité	– revenu garanti	nºs 2350 s.
Durée du travail	– exonérations de cotisations pour les heures supplémentaires ou complémentaires	nºs 41300 s.

APPRENTISSAGE

SOMMAIRE

DÉFINITION

L'apprentissage est une forme d'**éducation alternée** ayant pour but de donner à des travailleurs ayant satisfait à l'obligation scolaire une formation générale, théorique et pratique, assurée en entreprise et en centre de formation d'apprentis (CFA) ou en unité de formation par apprentissage, en vue d'obtenir une **qualification professionnelle** sanctionnée par un diplôme ou un titre à finalité professionnelle enregistré au répertoire national des certifications professionnelles. **3100** C. trav. art. L 6211-1 L 6211-2 L 6313-6 R-I-1 s

Il a également pour objet :

– de dispenser aux travailleurs titulaires d'un contrat d'apprentissage ainsi qu'aux apprentis originaires de l'Union européenne en mobilité en France une **formation** générale associée à une formation technologique et pratique, complétant la formation reçue en entreprise et s'articulant avec elle ;

– de contribuer au **développement** des connaissances, des compétences et de la culture nécessaires à l'exercice de la citoyenneté ;

– de contribuer au développement de l'aptitude des apprentis à **poursuivre des études** par la voie de l'apprentissage ou par toute autre voie.

L'apprenti peut préparer un **diplôme** de niveau 3 (CAP, BEP…), niveau 4 (baccalauréat professionnel, brevet professionnel…), niveau 5 (BTS, DUT…), niveau 6 (licence LMD, licence professionnelle) ou niveau 7 (ingénieur, master, DEA DESS).

Le **financement** du dispositif est assuré par le produit de la taxe d'apprentissage due par certains employeurs (voir Mémento paie n°s 32100 s.).

› Précisions a. Un **CFA interne à l'entreprise** peut être créé, sous certaines conditions (C. trav. art. D 6241-30).

b. Dans le cadre de la **consultation annuelle** sur la politique sociale, les conditions de travail et l'emploi, l'employeur doit consulter le **comité social et économique** (n° 9290), sauf accord prévoyant d'autres stipulations sur l'apprentissage. En vue de cette consultation, il doit mettre à sa disposition les informations correspondantes dans la base de données économiques et sociales (n°s 9215 s.).

A. Entrée en apprentissage

L'entrée en apprentissage est marquée par la signature d'un **contrat de travail de type particulier** par lequel l'employeur s'engage à assurer à un travailleur une **formation** professionnelle complète et à lui verser un salaire fixé selon des modalités spécifiques. L'apprenti s'engage en retour à travailler pour cet employeur et à suivre, parallèlement, la formation dispensée pour partie en entreprise et pour partie en CFA ou unité de formation par apprentissage. **3160** C. trav. art. L 6221-1 L 6221-2

La formation des apprentis est **gratuite** : aucune contrepartie financière ne peut être demandée ni à l'apprenti (ou à son représentant légal) à l'occasion de la conclusion, du dépôt ou de la rupture du contrat, ni à l'employeur à l'occasion du dépôt du contrat.

Sur l'action de **préparation** à l'apprentissage, voir n° 38005, a.

1. CONDITIONS PRÉALABLES

APPRENTI

3175 C. trav. art. L 6222-13 **R-I-250 s** L'apprentissage est ouvert aux travailleurs français et ressortissants de l'Union européenne ou étrangers hors UE titulaires d'une autorisation de travail (n°s 35560 s.).

Le travailleur doit être **physiquement apte** à exercer le métier auquel il se prépare (n° 3470).

Le salarié titulaire d'un **contrat de travail à durée indéterminée** peut conclure un contrat d'apprentissage avec son employeur. Le contrat de travail initial est alors **suspendu** pendant la durée de son apprentissage.

3180 C. trav. art. L 6222-1 L 6222-2 R 6222-1-1 R 6227-1 D 6222-1 D 6222-1-2 **R-I-300 s** **Âge** L'apprenti doit avoir au moins **16 ans** et moins de **30 ans** au début de l'apprentissage. L'employeur qui ne respecte pas ces conditions est passible de l'**amende** prévue pour les contraventions de 4e classe (n° 67285).

Toutefois, les jeunes âgés d'**au moins 15 ans** peuvent conclure un contrat d'apprentissage s'ils ont effectué le premier cycle de l'enseignement secondaire (collège).

Par ailleurs, les jeunes atteignant l'âge de **15 ans avant le terme de l'année civile** peuvent s'inscrire, sous statut scolaire, dans un lycée professionnel ou un CFA pour débuter leur apprentissage, dès lors qu'ils ont accompli la scolarité du premier cycle de l'enseignement secondaire et que la formation suivie conduit à la délivrance d'un titre ou diplôme à finalité professionnelle enregistré au répertoire national des certifications professionnelles.

› Précisions a. La **limite** d'âge **maximale** est portée à 35 ans en cas de :
– conclusion d'un nouveau contrat conduisant à un niveau de diplôme supérieur à celui précédemment obtenu ;
– rupture d'un précédent contrat d'apprentissage pour des causes indépendantes de la volonté de l'apprenti (cessation d'activité, fautes ou manquements répétés de l'employeur, mise en œuvre de la procédure d'urgence visée n° 3490) ou suite à une inaptitude physique et temporaire de l'apprenti.

Dans ces deux cas, le **nouveau contrat** doit être souscrit dans le délai maximal d'un an après l'expiration du précédent contrat.

b. Aucune limite d'âge maximale ne s'impose pour le contrat souscrit par :
– un travailleur handicapé reconnu par la commission des droits et de l'autonomie des personnes handicapées ;
– une personne ayant un projet de création ou de reprise d'une entreprise dont la réalisation est subordonnée à l'obtention du diplôme ou du titre sanctionnant la formation poursuivie ;
– un sportif de haut niveau inscrit sur la liste mentionnée à l'article L 221-2 du Code du sport ;
– un apprenti ayant échoué à l'obtention du diplôme et concluant un nouveau contrat avec un autre employeur (n° 3365).

3185 C. trav. art. L 6222-15 **R-I-17030** **Contrats successifs** Il est possible de souscrire des contrats d'apprentissage successifs pour préparer des diplômes ou titres sanctionnant des **qualifications différentes.**

Lorsque l'apprenti a déjà conclu 2 contrats successifs de **même niveau,** il doit obtenir l'autorisation du directeur du dernier CFA fréquenté pour en conclure un troisième.

Il n'est exigé aucune condition de **délai** entre 2 contrats.

3187 C. trav. art. L 6222-22-1 **R-I-290** **Changement d'orientation** L'apprenti initialement engagé dans la préparation d'un **baccalauréat professionnel** peut, à sa demande ou à celle de son employeur, au terme de la première année du contrat d'apprentissage, poursuivre sa formation en vue d'obtenir un **certificat d'aptitude professionnelle** (CAP), un CAP agricole ou un brevet professionnel agricole.

› Précisions a. Lorsque la spécialité du nouveau diplôme appartient au **même domaine** que celle du baccalauréat professionnel initialement visée, la **durée** du contrat ou de la période d'apprentissage est réduite d'un an. Sur la **rémunération** applicable, voir n° 3410.
b. Un **avenant au contrat** précisant le diplôme préparé et la durée correspondante est signé entre l'apprenti, ou son représentant légal, et l'employeur et est déposé dans les conditions de droit commun (n°s 3240 s.).

EMPLOYEUR

Nature L'apprentissage est ouvert à l'ensemble des **entreprises** du secteur privé, personnes physiques ou morales, et aux **associations.** 3190 C. trav. art. L 6226-1 R 6226-1 à R 6226-6 **R-I-710 s** **R-I-17200 s**

Les entreprises de travail temporaire (**ETT**) peuvent conclure des contrats avec des apprentis en vue de leur assurer une formation professionnelle dispensée pour partie en entreprise dans le cadre des missions de travail temporaire et pour partie en CFA.

› Précisions a. La mise à disposition d'un apprenti par une ETT nécessite de conclure **3 contrats** :
– un **contrat d'apprentissage** entre l'apprenti et l'ETT qui, outre les mentions de droit commun (n° 3230), précise le nom du maître d'apprentissage et la durée de son expérience en ETT ;
– un **contrat de mise à disposition** entre l'ETT et l'entreprise utilisatrice qui, outre les mentions de droit commun (n°s 82110 s.), mentionne le titre ou diplôme préparé par l'apprenti, la nature des travaux qui lui sont confiés, les noms des maîtres d'apprentissage désignés au sein de chaque entreprise ainsi que les modalités d'information entre les entreprises du déroulement de la formation du jeune travailleur et les modalités de liaison entre les maîtres d'apprentissage et le CFA ;
– un **contrat de mission** entre le travailleur et l'ETT, qui outre les mentions de droit commun (n°s 82140 s.), contient les mêmes mentions spécifiques à l'apprentissage que le contrat de mise à disposition visé ci-dessus.

b. La **durée minimale** de chaque mission de travail temporaire est fixée à 6 mois, temps passé en CFA inclus. La **durée maximale** est égale à celle du cycle de formation effectué en apprentissage (n° 3260), soit 36 mois au maximum (C. trav. art. L 1251-12-1).

c. Le **tutorat** est exercé par 2 maîtres d'apprentissage, un dans l'ETT et un dans l'entreprise utilisatrice.

d. L'apprenti employé par un **groupement d'employeurs** prévu à l'article L 1253-1 du Code du travail peut réaliser ses périodes de formation en entreprise chez 3 de ses membres. Le suivi de l'apprentissage est alors assuré sous la tutelle d'une personne appartenant au groupement (Loi 2018-771 du 5-9-2018 art. 11, IV ; dispositions à **titre expérimental** applicables jusqu'au 5-9-2021).

Maître d'apprentissage Le maître d'apprentissage (l'employeur, son conjoint collaborateur ou un ou plusieurs salariés volontaires), directement responsable de la formation de l'apprenti, assume la fonction de **tuteur.** Lorsque la fonction est partagée entre plusieurs salariés (**équipe tutorale**), un maître d'apprentissage référent est désigné. La fonction est exercée par 2 maîtres d'apprentissage différents dans les entreprises saisonnières (n° 3230, b) et de travail temporaire (n° 3190, c). 3200 C. trav. art. L 6223-5 à L 6223-8-1 R 6223-22 R 6223-23 R 6227-1 **R-I-900 s**

Le maître d'apprentissage contribue à l'acquisition par l'apprenti des compétences correspondantes à la qualification visée et au titre ou diplôme préparés, en liaison avec le CFA.

Pour sa **mission,** l'employeur doit, sous peine de l'**amende** prévue pour les contraventions de 4e classe (n° 67285), lui permettre de dégager sur son temps de travail les **disponibilités** nécessaires et le faire bénéficier de **formations** dont la mise en œuvre et la prise en charge peuvent être prévues par accord collectif.

L'activité de maître d'apprentissage permet d'acquérir des heures sur le compte personnel d'activité au titre du **compte d'engagement citoyen** (n° 38290).

› Précisions a. Le maître d'apprentissage doit être **majeur** et offrir toutes les garanties de **moralité.**

b. À défaut d'accord collectif de branche définissant des critères différents, les conditions de **compétences professionnelles** exigées du maître d'apprentissage sont les suivantes :
– être titulaire d'un diplôme ou d'un titre relevant du domaine professionnel correspondant à la finalité du diplôme ou du titre préparé par l'apprenti et d'un niveau au moins équivalent, et justifier d'une année d'exercice d'une activité professionnelle en rapport avec la qualification préparée par l'apprenti ;
– ou justifier de 2 années d'exercice d'une activité professionnelle en rapport avec la qualification préparée par l'apprenti.

Les **stages** et les **périodes de formation** effectués en milieu professionnel, dans le cadre d'une formation initiale ou continue, ne sont pas pris en compte pour calculer la durée de l'expérience requise.

Nombre maximal d'apprentis Le nombre maximal d'apprentis pouvant être accueillis **simultanément** dans une entreprise ou un établissement est fixé à 2 par maître d'apprentissage. Ce dernier peut, en outre, accueillir un troisième apprenti ayant échoué à l'examen et dont le contrat a été prolongé (n° 3365). 3210 C. trav. art. L 6223-5 R 6223-6 à R 6223-8 **R-I-1400 s**

Des **dérogations** individuelles peuvent toutefois être accordées par la commission départementale de l'emploi et de l'insertion. Celles-ci sont valables pour 5 ans au plus, renouvelables.

Par ailleurs, des arrêtés peuvent fixer des **plafonds différents** par branche professionnelle.

> Précisions **a.** Dans les **groupements d'employeurs,** ce nombre est apprécié au niveau de l'entreprise utilisatrice membre du groupement et non pas du groupement lui-même.
b. Sur la prise en compte des salariés en **contrat de professionnalisation** dans le calcul du nombre maximal d'apprentis par tuteur, voir nº 20743.

2. CONCLUSION DU CONTRAT

FORME ET CONTENU

3230 C. trav. art. L 6222-4 R 6222-2 à R 6222-4 **R-I-1700 s R-I-17500 s R-I-17650**

À peine de nullité (nº 3280), le contrat d'apprentissage doit être **écrit** et **signé** par l'employeur et l'apprenti ainsi que par son représentant légal s'il est mineur. Comportant un certain nombre de **mentions obligatoires,** il doit être impérativement établi au moyen d'un **formulaire** préimprimé disponible sur service-public.fr ou prérempli en ligne sur www.alternance.emploi.gouv.fr.

> Précisions **a.** Lorsqu'un mineur est employé par un ascendant (**apprentissage familial**), le contrat d'apprentissage est remplacé par une déclaration souscrite par l'employeur et signée par l'apprenti. Elle comporte l'engagement qu'il sera satisfait aux conditions habituelles de l'apprentissage et est assimilée dans tous ses effets à un contrat d'apprentissage. Elle est soumise à dépôt dans les conditions de droit commun (nºs 3240 s.). L'ascendant est tenu de verser une partie du **salaire** sur un compte ouvert au nom de l'apprenti et désigné dans la déclaration (C. trav. art. L 6222-5 et R 6224-8).
b. Pour l'exercice d'**activités saisonnières** (nº 19610), 2 employeurs différents peuvent conclure conjointement un contrat d'apprentissage avec le même apprenti, lequel bénéficie d'un maître d'apprentissage dans chacune des entreprises. Le contrat peut avoir pour finalité l'obtention de 2 diplômes différents (spécialités de baccalauréat professionnel ou certificats d'aptitude professionnelle), au titre de la même session d'examen (C. trav. art. L 6222-5-1 ; C. éduc. art. D 337-21 et D 337-90). Une **convention tripartite,** annexée au contrat d'apprentissage, doit fixer :
– l'affectation de l'apprenti entre les 2 entreprises au cours du contrat selon un calendrier prédéfini, ainsi que le nombre d'heures effectuées dans chaque entreprise ;
– les conditions de mise en place du tutorat entre les 2 entreprises ;
– la désignation de l'employeur tenu de verser la rémunération due au titre de chaque période passée en CFA.
c. L'employeur est **garant** que l'équipement de l'entreprise, les techniques utilisées, les conditions de travail, de santé et de sécurité, les compétences professionnelles et pédagogiques ainsi que la moralité des personnes qui sont responsables de la formation sont de nature à permettre une formation satisfaisante (C. trav. art. L 6223-1).

DÉPÔT

3240 C. trav. art. L 6224-1 D 6224-1 D 6224-7 **R-I-3050 s**

L'employeur doit, dans les 5 jours ouvrables suivant le début d'exécution du contrat d'apprentissage, **transmettre** le contrat auprès de l'**opérateur de compétences** (Opco : voir nº 38940), cet organisme pouvant charger les chambres consulaires de participer à cette mission (C. trav. art. L 6211-4). Doivent également être transmis la convention de formation visée nº 38025 et, le cas échéant, la convention tripartite prévue en cas de dérogation à la durée normale du contrat ou de la période d'apprentissage (nº 3265) et la déclaration spécifique visée nº 3230, a en cas d'apprentissage familial. S'agissant des **modalités** de ces transmissions, voir nº 3245, c.

Sur les conséquences d'un **défaut** de transmission, voir nº 3280.

> Précisions **a.** Lorsque la formation de l'apprenti est confiée à un **CFA interne à l'entreprise,** l'employeur transmet à l'Opco le contrat, accompagné le cas échéant de la convention tripartite visée ci-dessus, et une annexe pédagogique et financière précisant l'intitulé, l'objectif et le contenu de l'action de formation, les moyens prévus, la durée et la période de réalisation, les modalités de déroulement, de suivi et de sanction de l'action et le prix.
b. Il avait été jugé, à propos de l'ancienne procédure d'enregistrement, qu'en cas d'**enregistrement tardif,** le contrat n'encourait pas la nullité (Cass. soc. 28-10-2015 nº 14-13.274 FS-PB : RJS 1/16 nº 50). Cette solution est **transposable,** à notre sens, au dépôt du contrat d'apprentissage.

3245 C. trav. art. D 6224-2 à D 6224-6

L'Opco doit se prononcer sur la prise en charge financière du contrat d'apprentissage. Il vérifie que le contrat satisfait aux **conditions légales** et **réglementaires** concernant les formations éligibles à l'apprentissage, l'âge de l'apprenti, le maître d'apprentissage et la rémunération des apprentis.

S'il constate la méconnaissance d'une ou plusieurs conditions, l'Opco **refuse** la prise en charge financière du contrat par une décision motivée qu'il notifie aux parties ainsi qu'au CFA. Cette décision doit intervenir dans un **délai** de 20 jours à compter de la réception de l'ensemble des documents visés sous nº 3240. Passé ce délai, son **silence** équivaut à une décision implicite de refus.

L'Opco est chargé de **déposer** le contrat auprès des services ministériels en charge de la formation professionnelle. Le cas échéant, il informe simultanément ces services de son refus de prise en charge financière, ainsi que des motifs de ce refus.

> Précisions a. Toute **modification** d'un élément essentiel du contrat d'apprentissage doit faire l'objet d'un avenant transmis à l'Opco pour dépôt. À réception de l'avenant, l'Opco statue soit sur la prise en charge financière, s'il l'avait refusée initialement, soit sur le maintien de cette prise en charge.

b. Si le contrat d'apprentissage est **rompu avant son terme,** l'employeur doit notifier sans délai la rupture à l'Opco qui en informe les services ministériels.

c. Les transmissions, dépôts et notifications visés ci-dessus et sous nº 3240 peuvent être effectués par **voie dématérialisée.**

DURÉE DU CONTRAT OU DE LA PÉRIODE D'APPRENTISSAGE

Le contrat d'apprentissage peut être conclu pour une durée **déterminée** ou **indéterminée.** **3260**
Dans ce dernier cas, il débute par une **période d'apprentissage** et se poursuit selon les règles relatives au CDI de droit commun sans qu'une période d'essai puisse être imposée.

C. trav. art. L 6222-7 R 6222-46 R 6222-60 **R-I-2000 s**

La durée du contrat ou de la période d'apprentissage est égale à celle du **cycle de formation** préparant à la qualification. Elle peut **varier** entre 6 mois et 3 ans selon le type de profession et le niveau de qualification préparé.

La durée peut aussi être portée à **4 ans** pour les apprentis **handicapés** et pour les **sportifs de haut niveau.**

L'apprentissage peut également être prolongé en cas d'**échec à l'examen** (nº 3365).

> Précisions Si le contrat est **suspendu** pour des raisons indépendantes de la volonté de l'apprenti (accident ou maladie), la durée est prolongée jusqu'au terme du cycle de formation suivant (Cass. soc. 1-7-1998 nº 96-41.014 PB : RJS 8-9/98 nº 1038).

La durée du contrat ou de la période d'apprentissage peut être inférieure ou supérieure à **3265**
celle du cycle de formation pour tenir compte du **niveau initial de compétence** de l'apprenti ou des **compétences acquises** lors d'une mobilité à l'étranger (nº 3357), d'une activité militaire dans la réserve opérationnelle, d'un service civique, d'un volontariat militaire ou d'un engagement comme sapeur-pompier volontaire. Cette adaptation de la durée peut avoir lieu après évaluation par le CFA et ne peut pas conduire à une durée inférieure à 6 mois ou supérieure à 3 ans, sous réserve des particularités exposées nº 3260.

C. trav. art. L 6222-7-1 R 6222-6 R 6222-7 R 6222-23-1 **R-I-2100 s**

Une **convention tripartite** doit être signée par le CFA, l'employeur et l'apprenti ou son représentant légal, et annexée au contrat d'apprentissage. Le modèle est fixé par un arrêté MTRD2024415A du 14-9-2020.

Par ailleurs, un contrat d'apprentissage peut être conclu pour une durée inférieure ou égale à un an pour préparer un diplôme ou un titre de **même niveau** que celui précédemment obtenu, lorsque la nouvelle qualification recherchée est en rapport direct avec celle qui résulte du diplôme ou du titre précédemment obtenu.

Enfin, afin de permettre la signature d'un nouveau contrat d'apprentissage suite à la **rupture** d'un premier contrat (nº 3600, b), il peut être dérogé à la durée minimale du contrat d'apprentissage visée nº 3260 et à la durée minimale de formation en CFA visée nº 3360.

POINT DE DÉPART DE L'APPRENTISSAGE

Le contrat d'apprentissage mentionne la **date du début** de son exécution, la période de formation pratique chez l'employeur et la période de formation en CFA. La date de début de la formation pratique chez l'employeur, de même que celle de la période de formation au CFA, ne peut pas être postérieure de plus de 3 mois à celle du début d'exécution du contrat. **3270**

C. trav. art. L 6222-12 L 6222-12-1 D 6222-19 à D 6222-20 **R-I-2560 s**

Par dérogation, toute personne remplissant les conditions visées nº 3180, **sans employeur,** peut suivre une formation en CFA, dans la limite de 3 mois. Pendant cette période, l'intéressé a le statut de stagiaire de la formation professionnelle et le CFA l'assiste dans la recherche d'un employeur. Elle peut **signer,** à tout moment, un contrat d'apprentissage réduit du nombre de mois écoulés depuis le début du cycle de formation. En tant que **stagiaire de la formation professionnelle,** elle n'est pas rémunérée mais bénéficie d'une protection sociale financée par l'État (Lettre DGEFP du 24-10-2011).

3272 **Mesures Covid-19**

Des mesures dérogatoires ont été mises en place dans le cadre de la crise sanitaire liée à la Covid-19. Ainsi, la durée visée n° 3270, pendant laquelle un **apprenti sans employeur** peut suivre une formation en CFA, a été rallongée à 6 mois, d'abord pour les contrats en cours au 12-3-2020 (Ord. 2020-387 du 1-4-2020 modifiée, art. 3 : voir FRS 8/20 inf. 10 n° 3 p. 34), puis pour tous les cycles de formation débutés entre le 1-8-2020 et le 31-12-2020 (Loi 2020-935 du 30-7-2020 art. 75 : voir FRS 16/20 inf. 10 n°s 2 s. p. 30).

AIDE FINANCIÈRE

3275 C. trav. art. L 6243-1 D 6243-1 à D 6243-4 R-I-4600 s

Le contrat d'apprentissage conclu dans une **entreprise de moins de 250 salariés,** afin de préparer un diplôme ou un titre à finalité professionnelle équivalant **au plus au baccalauréat,** ouvre droit à une aide dite « unique » versée par l'État. L'**effectif** de l'entreprise est apprécié dans les conditions visées n°s 23630 s.

Le **montant** de l'aide s'élève, au maximum, à 4 125 € pour la première année d'exécution du contrat, 2 000 € pour la deuxième année, 1 200 € pour la troisième année et reste fixé à ce montant dans les cas particuliers où l'apprentissage se poursuit au-delà de 3 ans (n° 3260).

Le **versement** de l'aide est subordonné aux formalités visées n° 3240. Elle est versée chaque mois par l'Agence de services et de paiement (ASP), avant le paiement de la rémunération, dans l'attente de la souscription de la DSN. En l'absence de déclaration, le versement est suspendu dès le mois suivant.

L'aide n'est **pas due** pour les mois où le contrat est suspendu sans maintien de la rémunération. Elle cesse d'être due en cas de rupture anticipée du contrat. Les sommes indues doivent être remboursées.

3277 Loi 2020-935 du 30-7-2020 art. 76 Décrets 2020-1084 et 2020-1085 du 24-8-2020 R-I-4610

Dans le cadre du plan de relance de l'apprentissage, une aide financière **exceptionnelle et temporaire** a été mise en place pour les contrats conclus entre le 1-7-2020 et le 28-2-2021. Elle s'élève à un **montant** de 5 000 € pour un apprenti mineur et 8 000 € pour un apprenti majeur. Les modalités de versement sont calquées sur celles de l'aide visée n° 3275. Pour les entreprises de **moins de 250 salariés,** cette aide se substitue à l'aide précitée au titre de la première année d'exécution du contrat.

Les entreprises d'**au moins 250 salariés** peuvent en bénéficier sous conditions. Celles assujetties à la taxe d'apprentissage doivent être exonérées de la contribution supplémentaire à l'apprentissage (voir Mémento paie n°s 32400 s.) pour les rémunérations versées en 2021.

Celles non assujetties à cette taxe doivent :

a. soit occuper au 31 décembre 2021 un **effectif d'alternants** (apprentis, bénéficiaires de contrats de professionnalisation et, pendant l'année suivant la date de fin du contrat de professionnalisation ou d'apprentissage, salariés embauchés en contrat à durée indéterminée par l'entreprise à l'issue dudit contrat, volontaires accomplissant un volontariat international en entreprise et bénéficiaires d'une convention industrielle de formation par la recherche) représentant au moins 5 % de l'effectif salarié ;

b. soit atteindre un effectif de contrats d'apprentissage et de professionnalisation et, pendant l'année suivant la date de fin du contrat d'apprentissage ou de professionnalisation, de salariés embauchés en contrat à durée indéterminée à l'issue dudit contrat, supérieur ou égal à 3 % de l'effectif salarié total annuel au 31 décembre 2021 et :

– soit justifier individuellement d'une **progression** à la même date de l'effectif salarié annuel relevant des catégories susvisées d'au moins 10 % par rapport à l'année 2020 ;

– ou avoir connu une progression de l'effectif salarié annuel relevant des catégories susvisées et relever d'une **branche** couverte par un accord prévoyant au titre de l'année 2021 une progression d'au moins 10 % du nombre de ces mêmes salariés dans les entreprises d'au moins 250 salariés, et justifier, par rapport à 2020, que la progression est atteinte dans les proportions prévues par l'accord.

> **Précisions** **a.** Les conditions visées ci-dessus s'appliquent également aux entreprises dont l'effectif atteint au moins 250 salariés lors de la conclusion du contrat mais passe sous le seuil de 250 salariés au 31 décembre 2021 et aux **entreprises de travail temporaire** d'au moins 250 salariés qui ne sont pas redevables de la contribution supplémentaire à l'apprentissage (Décret 2020-1085 du 24-8-2020, art. 2, II et III).
>
> **b.** L'engagement de l'employeur quant au volume des salariés en alternance ou à leur progression prend la forme d'une **attestation sur l'honneur** qu'il va respecter ses obligations. Elle doit être transmise dans un délai de 8 mois à compter de la date de conclusion du contrat à l'ASP. À défaut de transmission dans ce délai, l'aide n'est pas due. Au plus tard le 31 mai 2022, l'entreprise d'au moins 250 salariés ayant

bénéficié de l'aide exceptionnelle devra adresser à l'ASP une déclaration sur l'honneur attestant du respect de son engagement. À défaut, l'ASP procédera à la récupération des sommes versées au titre de l'aide (Décret 2020-1085 du 24-8-2020, art. 2, V et VI).

c. L'**effectif** de l'entreprise doit être apprécié selon les modalités visées n°s 23630 s. Les modalités de franchissement de seuil visées n° 23640 ne s'appliquent pas. Il s'agit de l'effectif total des salariés de l'entreprise, **tous établissements confondus** (donc au niveau du **numéro Siren**), tel que prévu dans la partie « employeur » du contrat d'apprentissage, et non pas au niveau d'un établissement (Siret) (Site internet du ministère du travail, FAQ plan de relance alternance).

d. L'**éligibilité** à l'aide s'apprécie au moment de la **signature** du contrat d'apprentissage ou de professionnalisation. Si, au moment de la conclusion du contrat, l'entreprise est composée de moins de 250 salariés, elle n'aura pas à justifier de l'atteinte du quota d'alternants visé ci-dessus, et ce même si elle a 250 salariés ou plus avant la fin de la première année du contrat d'apprentissage ou au 31 décembre 2021. À l'inverse, si, au moment de la conclusion du contrat, l'entreprise compte 250 salariés ou plus, elle devra justifier de l'atteinte du quota d'alternants visé ci-dessus, et ce même si elle a moins de 250 salariés avant la fin de la première année du contrat d'apprentissage ou au 31 décembre 2021 (Site internet du ministère du travail, FAQ plan de relance alternance).

NULLITÉ DU CONTRAT

Le contrat d'apprentissage est nul à défaut d'être **écrit** (Cass. soc. 28-3-1996 n° 93-41.139 D), **signé** par le représentant légal d'un mineur non émancipé (CA Versailles 26-10-2006 n° 05-3746), en cas d'**incapacité de contracter** de l'employeur (CA Douai 28-10-2005 n° 04-3240) ou de poursuite du contrat **sans maître d'apprentissage** (CA Aix-en-Provence 3-11-1998 n° 95-11300). **3280** R-I-3700 s

S'agissant de l'absence de **dépôt** du contrat, la solution rendue à propos de l'ancienne procédure d'enregistrement, selon laquelle le non-respect de cette formalité entraînait la nullité du contrat (Cass. soc. 9-3-1978 n° 77-40.015 P), nous paraît transposable.

Le contrat d'apprentissage ne peut alors **ni recevoir exécution ni être requalifié** (Cass. soc. 28-5-2008 n° 06-44.327 FS-PB : RJS 8-9/08 n° 919 ; 11-2-2015 n° 13-27.616 F-D). Toutefois, si l'employeur n'a pas satisfait à son **obligation de formation** et a détourné le contrat d'apprentissage de son objet, ce dernier peut être **requalifié** en contrat à durée indéterminée de droit commun (Cass. soc. 12-2-2013 n° 11-27.525 FS-D : RJS 4/13 n° 311).

ATTENTION

Dès lors que le contrat d'apprentissage est jugé nul, l'apprenti a droit, pour la **période de son exécution,** au paiement de ses **salaires** calculés sur la base du Smic ou du salaire minimum conventionnel (Cass. soc. 28-5-2008 n° 06-44.327 FS-PB : RJS 8-9/08 n° 919), avec application, le cas échéant, des **abattements** d'âge visés n° 45550 (Cass. soc. 1-4-1992 n° 88-40.438 P : RJS 5/92 n° 646), mais sans le bénéfice de la prise en charge par l'État des cotisations sociales visée n° 3430 (Cass. soc. 1-4-1993 n° 91-12.380 P). Le travailleur peut, en outre, prétendre à une **indemnisation** du préjudice résultant de la rupture de la relation contractuelle si la nullité du contrat est imputable à une faute de l'employeur (Cass. soc. 28-5-2008 n° 06-44.327 FS-PB : RJS 8-9/08 n° 919).

Troisième prépa-métiers **3285** C. éduc. art. L 337-3-1 R-I-17070 s

Au cours de la dernière année de scolarité au collège, les élèves volontaires peuvent suivre une classe de troisième prépa-métiers visant à préparer leur orientation, en particulier vers la voie professionnelle et l'apprentissage, leur permettant de poursuivre l'acquisition du socle commun de connaissances, de compétences et de culture. Elle permet de renforcer la découverte des métiers, notamment par des périodes d'immersion en milieu professionnel, et prépare à l'apprentissage, notamment par des périodes d'immersion dans des CFA. Les modalités d'application de ce dispositif sont fixées par les articles D 337-172 à D 337-175 du Code de l'éducation, non reprises ici.

B. Déroulement de l'apprentissage

1. FORMATION

FORMATION EN ENTREPRISE

L'**employeur** assure dans l'entreprise la formation pratique de l'apprenti et lui confie des tâches correspondantes. L'**apprenti** s'engage en retour à suivre la formation dispensée et à effectuer, en dehors du temps de formation en CFA et dans la limite de l'horaire applicable dans l'entreprise, le travail confié par l'employeur. Sur l'incidence du **non-respect** par l'employeur de son obligation de formation, voir n° 3280. **3350** C. trav. art. L 6221-1 L 6222-24 L 6223-3 R-I-9550 s

3355 C. trav. art. R 6223-10 à R 6223-16 R-I-9700 s

Formation de l'apprenti dans une entreprise autre que celle qui l'emploie Une partie de la formation peut être menée dans une ou deux autres entreprises (mais pas plus), situées **en France,** afin de faire découvrir à l'apprenti des équipements ou des techniques que son employeur n'utilise pas. Cette possibilité est subordonnée à la conclusion d'une **convention tripartite** entre l'employeur, l'apprenti et l'entreprise d'accueil. Un maître d'apprentissage est nommé au sein de chaque entreprise d'accueil.

La **durée de l'accueil** de l'apprenti dans une autre entreprise est limitée à la moitié du temps de la formation en entreprise prévu par le contrat d'apprentissage. L'entreprise d'accueil est responsable du respect des dispositions relatives à la durée du travail ainsi qu'à la santé et la sécurité au travail.

Si les conditions d'accueil ne permettent pas un bon déroulement de l'apprentissage, la procédure d'**opposition** à l'engagement d'apprentis peut être appliquée (n° 3485).

› **Précisions a.** Dès sa conclusion, la **convention tripartite** est adressée par l'employeur au directeur du CFA, à l'Opco chargé du dépôt des contrats (n° 3240) et, le cas échéant, à la mission chargée du contrôle pédagogique de l'apprentissage.

b. Le **salaire** et les **congés** de l'apprenti restent dus par son employeur, qui assure également la couverture sociale relative aux accidents du travail pendant la période d'accueil dans l'autre entreprise (Circ. interministérielle du 22-3-1993, réputée abrogée). La rémunération de l'apprenti ne peut pas être diminuée pour le temps passé dans l'entreprise d'accueil (Circ. CDE 8-88 du 5-2-1988, réputée abrogée).

3357 C. trav. art. L 6222-42 à L 6222-44 R 6222-66 à R 6222-69

Formation pour partie à l'étranger Le contrat d'apprentissage peut également être exécuté en partie à l'étranger (**dans et hors de l'Union européenne**) pour une durée maximale d'un an. La durée d'exécution du contrat en France doit être au minimum de 6 mois.

Une **convention** peut être conclue entre l'apprenti, l'employeur en France, l'employeur à l'étranger, le CFA et, le cas échéant, le centre de formation à l'étranger. Cette convention **mentionne** notamment la date de début et de fin de la période de mobilité, l'objet de la formation et la nature des tâches confiées au bénéficiaire, et les lieux de travail et de formation. Avant la conclusion d'une telle convention, le CFA peut adresser à l'Opco le projet de convention avec une demande de prise en charge des **frais** générés par la mobilité internationale et doit, en tout état de cause, lui adresser la convention dès sa conclusion.

L'entreprise ou le centre de formation d'accueil est responsable des **conditions d'exécution du travail** (santé et sécurité, rémunération, durée du travail, repos hebdomadaire et jours fériés), selon les règles en vigueur dans le pays d'accueil.

› **Précisions a.** Pour les périodes de mobilité **n'excédant pas 4 semaines,** une convention de mise à disposition peut être conclue entre l'apprenti, l'employeur en France, le CFA et le centre de formation à l'étranger ainsi que, le cas échéant, l'employeur à l'étranger. Les règles exposées ci-dessus, relatives au contenu de la convention, à la transmission du projet de convention et de la convention définitive, sont applicables, à la différence qu'il revient à l'employeur d'effectuer les démarches auprès de l'Opco.

b. Les **modèles** de convention sont fixés par les arrêtés MTRD2002356A et MTRD2002357A du 22-1-2020.

c. Pendant la durée de la mobilité à l'étranger, le **principe de l'alternance** entre formation en centre et formation en entreprise ne s'applique pas. L'apprenti peut donc effectuer toute sa période de mobilité uniquement en centre de formation ou uniquement en entreprise.

d. L'apprenti relève de la **sécurité sociale** de l'État d'accueil, sauf lorsqu'il ne bénéficie pas du statut de salarié ou assimilé dans cet État, auquel cas sa couverture sociale est régie par le CSS. Les obligations de l'employeur incombent au CFA et l'apprenti est couvert dans les conditions prévues pour les étudiants. La couverture sociale est assurée, **en dehors de l'Union européenne,** sous réserve des dispositions des conventions internationales de sécurité sociale, par une adhésion à une assurance volontaire (voir n°s 5260 s.).

e. Dans les **départements et régions d'outre-mer,** le contrat d'apprentissage peut être exécuté à l'étranger pour une durée d'un an au maximum, sous réserve que la France ait conclu des accords bilatéraux avec les pays concernés (Loi 2018-771 du 5-9-2018 art. 13, XI, applicable à titre expérimental jusqu'au 5-9-2021).

3358

Mesures Covid-19

Cette possibilité de formation à l'étranger a été affectée par la crise sanitaire liée à l'épidémie de Covid-19. L'employeur étant responsable de la santé et de la sécurité des apprentis, le ministère du travail a indiqué que les déplacements non nécessaires devaient donc être reportés et que les mobilités européenne et internationale des apprentis devaient être limitées aux déplacements indispensables. Concernant les **apprentis déjà à l'étranger,** il a indiqué que si l'ensemble des mobilités en cours n'avait pas vocation à être interrompu, il convenait de procéder à un examen particulier de chaque situation, en se référant aux consignes du ministère de l'Europe et des affaires étrangères, notamment au regard de la situation épidémiologique de destination ainsi que celle des éventuelles zones de transit. Il convenait également de tenir compte des mesures restrictives éventuelles prises par les autorités locales restreignant, le cas échéant, l'activité sociale et l'accueil des personnes résidant sur le territoire français. Ces précisions, indiquées dans un « Questions-réponses » diffusé sur le site du ministère du travail, nous paraissent toujours valables.

FORMATION EN CFA

L'employeur **inscrit** gratuitement l'apprenti dans un CFA choisi librement. Le CFA est chargé d'assurer à l'apprenti une formation générale, technologique et pratique. La **durée** de formation en CFA tient compte des exigences propres à chaque niveau de qualification et des orientations prévues par les conventions ou accords de branches nationaux (ou conclus à d'autres niveaux territoriaux) et ne peut pas, en principe, être inférieure à 25 % de la durée totale du contrat. L'apprenti peut également choisir de suivre des **modules complémentaires** à sa formation obligatoire. **3360** C. trav. art. L 6211-2 L 6222-24 L 6223-2 R 6231-1 à R 6234-1 **R-I-10000 s**

› Précisions a. La formation peut également être dispensée hors CFA, dans une **unité de formation par apprentissage,** celle-ci étant créée par convention entre un établissement d'enseignement et un CFA. Elle précise notamment les moyens humains et matériels destinés à la formation, l'organisation pédagogique, les modalités d'accompagnement, le contenu des enseignements et, le cas échéant, les locaux destinés à l'hébergement (C. trav. art. L 6233-1 et R 6233-2).
b. La formation dispensée en CFA peut l'être en tout ou partie **à distance,** le CFA assurant alors le suivi et l'accompagnement de l'apprenti (C. trav. art. L 6231-2, 11°).
c. À l'exception du temps consacré par l'apprenti aux modules complémentaires à sa formation, le temps passé en CFA est pris en compte pour le calcul de la **durée du travail.** Il peut donner lieu au paiement d'**heures supplémentaires** (Cass. soc. 11-7-2000 n° 98-41.825 FS-D : RJS 11/00 n° 1122).
d. En cas d'application dans l'entreprise d'un **horaire d'équivalence,** ce dernier ne peut être opposé à l'apprenti pendant la période passée en CFA (Circ. DRT 2002-15 du 22-8-2002, réputée abrogée).

PRÉPARATION ET PASSAGE DE L'EXAMEN

L'employeur doit inscrire et faire participer l'apprenti aux **épreuves** du diplôme ou du titre préparé. L'apprenti est tenu de s'y présenter. **3365** C. trav. art. L 6222-11 L 6222-34 L 6222-35 L 6223-4 **R-I-2450 s** **R-I-6500 s** **R-I-10040 s**

En cas d'**échec** à l'examen, l'apprentissage peut être prolongé, pour une durée d'un an au plus, soit par prorogation du contrat initial ou de la période d'apprentissage, soit par conclusion d'un nouveau contrat avec un autre employeur. Sur les conséquences en matière de **rémunération,** voir n° 3405.

› Précisions a. Pour préparer l'examen, l'apprenti a droit à un **congé supplémentaire** de 5 jours ouvrables avec **maintien du salaire.** Si le CFA organise des enseignements spéciaux à cet effet, l'apprenti est tenu de les suivre pendant ce congé. Ce dernier est situé dans le mois qui précède les épreuves. Il s'ajoute aux congés légaux et à ceux prévus en faveur des jeunes travailleurs (n° 45515), ainsi qu'à la durée de formation en CFA inscrite au contrat.
b. Sur l'incidence de l'**obtention du diplôme** avant la fin du contrat, voir n° 3620.

SANCTIONS

L'employeur, s'il ne respecte pas ses obligations en matière de formation de l'apprenti, est passible de l'**amende** prévue pour les contraventions de 4e classe, et de celle prévue pour les contraventions de 5e classe (n° 67285) s'il ne présente pas l'apprenti aux épreuves du diplôme ou ne lui accorde pas le congé visé n° 3365, a avec maintien de la rémunération pour préparer l'examen. **3370** C. trav. art. R 6227-1 R 6227-6 R 6227-7 **R-I-9650 s**

2. RÉMUNÉRATION

Sous réserve de dispositions contractuelles ou conventionnelles plus favorables, l'apprenti perçoit un salaire égal à un **pourcentage du Smic,** ou du salaire minimum conventionnel s'il a plus de 21 ans, et dont le montant varie en fonction de son **âge** et de sa **progression dans le cycle de formation.** **3390** C. trav. art. L 6222-27 L 6222-29 **R-I-7000 s**

› Précisions a. Le **paiement** du salaire est effectué selon les règles de droit commun visées nos 70745 s. sous réserve des particularités applicables dans le cadre de l'apprentissage familial (n° 3230, a). Les apprentis bénéficient de l'assurance des créances des salariés, du privilège et du superprivilège (nos 70870 s.).
b. Un **simulateur de calcul** du salaire est disponible sur www.alternance.emploi.gouv.fr.

SALAIRE MINIMUM LÉGAL

3395 Le salaire est fixé comme suit, aussi bien en métropole que dans les départements d'outre-mer, selon que le contrat a été conclu avant ou depuis le 1-1-2019.

C. trav. art. D 6222-26 D 6222-27 D 6222-32 D 6522-1 **R-I-7050 s**

Contrats conclus depuis le 1-1-2019				
Année d'apprentissage	% du Smic [1]			
	avant 18 ans	18 ans à moins de 21 ans	21 ans à moins de 26 ans	26 ans et plus
1e année	27 %	43 %	53 %	100 %
2e année	39 %	51 %	61 %	
3e année	55 %	67 %	78 %	

1. Pourcentage du salaire minimum conventionnel correspondant à l'emploi occupé, s'il est plus favorable, pour les travailleurs de 21 ans et plus.
À noter : La rémunération minimale perçue par l'apprenti préparant une **licence professionnelle** correspond à celle fixée pour la deuxième année d'exécution du contrat.

Contrats conclus avant le 1-1-2019			
Année d'apprentissage	% du Smic [1]		
	avant 18 ans	18 ans à moins de 21 ans	21 ans et plus
1e année	25 %	41 %	53 %
2e année	37 %	49 %	61 %
3e année	53 %	65 %	78 %

1. Pourcentage du salaire minimum conventionnel correspondant à l'emploi occupé, s'il est plus favorable, pour les travailleurs de 21 ans et plus.
À noter : La rémunération minimale perçue par l'apprenti préparant une **licence professionnelle** correspond à celle fixée pour la deuxième année d'exécution du contrat.

3400 Pour déterminer les **pourcentages** applicables, les **années** d'apprentissage sont retenues de date à date à partir du début de celui-ci (Rép. Liot : Sén. 20-9-1973 n° 13519). Les majorations pour **âge** sont applicables à compter du premier jour du mois suivant le jour où l'apprenti atteint 18, 21 ou 26 ans. Sous réserve de dispositions contractuelles ou conventionnelles plus favorables, les majorations ne peuvent conduire l'apprenti à percevoir un salaire supérieur à 100 % du salaire minimum de croissance. Les années d'apprentissage exécutées avant que l'apprenti ait atteint 18, 21 ou 26 ans sont prises en compte pour le calcul de ces montants de rémunération.

C. trav. art. R 6227-4 D 6222-31 **R-I-7150 s**

Les **revalorisations** du Smic doivent être appliquées au salaire de l'apprenti pour la période restant à courir (Cass. soc. 12-3-1987 n° 85-43.344 P).

L'employeur qui paie un salaire inférieur aux minima ci-dessus est passible de l'**amende** prévue pour les contraventions de 5e classe (n° 67285), appliquée autant de fois qu'il y a d'apprentis concernés.

EXEMPLE

Un apprenti âgé de 17 ans depuis le 12 mars 2021 qui entre en apprentissage le 3 septembre 2021 percevra :
– 27 % du Smic du 3 septembre 2021 au 31 mars 2022 ;
– 43 % du Smic du 1er avril 2022 au 2 septembre 2022 ;
– 51 % du Smic du 3 septembre 2022 au 2 septembre 2023 ;
– 67 % du Smic du 3 septembre 2023 au 2 septembre 2024.

3405 **Prolongation de l'apprentissage** La rémunération de l'apprenti en cas de prolongation de la durée de l'apprentissage est égale :
– à celle de la dernière année précédant la prolongation en cas d'adaptation de la durée du contrat en raison du **niveau initial** de l'apprenti ou de ses **compétences** (n° 3265) ;
– à celle de la dernière année précédant la prolongation pour **échec à l'examen** (n° 3365) ;
– à celle de la dernière année de la durée normale de l'apprentissage majorée de 15 points pour un apprenti **handicapé** ;
– à celle correspondant à la 3e année si la durée de l'apprentissage est portée à 4 ans pour un **sportif de haut niveau**.

C. trav. art. D 6222-28 D 6222-28-2 R 6222-48 R 6222-60 **R-I-7350 s**

Réduction de l'apprentissage Lorsque la durée du contrat ou de la période d'apprentissage est inférieure à celle du cycle de formation en raison du **niveau initial ou des compétences** de l'apprenti (n° 3265), de la signature d'un **nouveau contrat** après rupture du premier (n° 3265), ou si l'apprenti a commencé son apprentissage **sans avoir trouvé d'employeur** (n° 3270), l'apprenti est considéré comme ayant accompli une durée d'apprentissage égale à ce cycle de formation. **3410** C. trav. art. R 6222-18 D 6222-28-1 D 6222-30 R-I-7400 s

Par ailleurs, pour les personnes déjà **titulaires d'un diplôme** et souhaitant en préparer un de même niveau dans les conditions visées n° 3265 :

– il est appliqué une majoration de 15 points aux pourcentages afférents à la dernière année de formation ;

– celles issues d'une voie autre que l'apprentissage sont considérées comme ayant déjà accompli la durée de l'apprentissage pour l'obtention de leur diplôme.

Succession de contrats Lorsqu'un apprenti conclut un nouveau contrat d'apprentissage avec le **même employeur,** sa rémunération est au moins égale à celle qu'il percevait lors de la dernière année d'exécution du contrat précédent. **3415** C. trav. art. D 6222-29 R-I-7500 s

Lorsque l'employeur est **différent,** sa rémunération est au moins égale à la rémunération minimale à laquelle il pouvait prétendre lors de la dernière année d'exécution du contrat précédent.

Dans ces deux cas, le contrat précédent doit avoir conduit à l'**obtention** du titre ou diplôme préparé, et la rémunération de l'apprenti ne peut pas être inférieure à celle à laquelle il a droit en raison de son âge.

COMPLÉMENTS DE RÉMUNÉRATION

En plus de la rémunération de base calculée selon les modalités indiquées n°s 3395 s., les apprentis ont également droit : **3420** C. trav. art. L 6222-28 R-I-7800 s

– au paiement des **heures supplémentaires** calculées sur la base du barème visé n° 3395 (Cass. soc. 30-3-1993 n° 89-41.621 D : RJS 6/93 n° 640) ;

– dans les conditions visées n° 3460, a, aux **avantages** conventionnels ou résultant d'un usage ou d'un engagement unilatéral de l'employeur prévoyant le **maintien du salaire** en cas de **maladie** (Cass. soc. 16-10-2002 n° 00-45.322 F-D : RJS 2/03 n° 224) ou le versement de diverses **primes** et **indemnités,** celles-ci ne devant pas être proratisées en fonction du temps passé en CFA (Cass. soc. 6-4-2004 n° 02-40.912 F-D) ;

– à la **participation** (Circ. intermin. du 14-9-2005, réputée abrogée) et à l'**intéressement** (Cass. soc. 27-6-2000 n° 98-11.909 FP-PB : RJS 11/00 n° 1120) ;

– à la prise en charge du **transport** domicile-travail (nos 70520 s.), y compris pour la partie de la formation se déroulant en dehors de l'entreprise (Cass. soc. 24-6-2009 n° 08-40.207 F-D), les CFA pouvant, le cas échéant, rembourser tout ou partie des frais de transport et d'hébergement engagés par l'apprenti pour se rendre au centre (Rép. Cornut-Gentille : AN 10-8-1998 n° 15009).

AVANTAGES EN NATURE

Sauf si un taux moins élevé est prévu par la convention collective ou le contrat de travail, les avantages en nature (logement, nourriture…) dont bénéficient les apprentis peuvent être déduits du salaire dans la **limite** de 75 % de la **déduction autorisée,** en ce qui concerne les autres travailleurs, par la réglementation applicable en matière de sécurité sociale (nos 22480 s.). **3425** C. trav. art. L 6222-29 D 6222-33 R-I-8200 s

Les déductions ne peuvent pas **excéder,** chaque mois, un montant égal à 75 % du salaire. Ainsi, un employeur ne peut pas priver de rémunération un apprenti au motif qu'il l'a nourri, logé et gratifié de nombreux avantages supplémentaires (Cass. soc. 5-3-1987 n° 85-43.601 S).

RÉGIME SOCIAL ET FISCAL

Les employeurs bénéficient de la **réduction générale** de cotisations : voir nos 1880 s. (Inst. intermin. DSS 141 du 19-6-2019, QR 3.4, opposable). **3430** C. trav. art. L 6243-2 L 6243-3 D 6243-5 CSS art. L 136-1-1, III, 1° R-I-8500 s

L'apprenti est quant à lui exonéré de la totalité des **cotisations salariales** d'origine légale et conventionnelle, pour la part de sa rémunération inférieure ou égale à un plafond fixé à 79 % du Smic. Cette exonération est sans effet sur sa **couverture sociale,** puisque les cotisations exonérées sont prises en charge par l'État ou la sécurité sociale. Sur les conditions d'application de la réduction de cotisations salariales sur les **heures supplémentaires,** voir n° 41370.

L'apprenti est également exonéré de **CSG** et de **CRDS.** Limitée aux salaires et aux contributions patronales de prévoyance (Circ. Acoss 97-7 du 17-1-1997), cette exonération ne s'étend ni à la participation ou à l'intéressement (Cass. soc. 26-4-2001 n° 99-18.773 FS-P : RJS 7/01 n° 917) ni, à notre avis, au versement complémentaire de l'entreprise aux plans d'épargne salariale.

Par ailleurs, l'apprenti ne peut pas bénéficier de la **déduction forfaitaire spécifique** pour frais professionnels (Inst. intermin. DSS 2019-141 du 19-6-2019, QR 3.3, opposable).

Les cotisations et contributions sont déclarées en **DSN** selon les modalités de droit commun.

Sur l'assujettissement de la rémunération des apprentis à l'**impôt sur le revenu,** voir Mémento paie n°s 84200 s.

> **Précisions** Le plafond de 79 % du Smic s'apprécie mensuellement et n'a pas à être proratisé en cas d'absence de l'apprenti ou de temps partiel (Inst. intermin. DSS 2019-141 du 19-6-2019, QR 3.8 et 3.9, opposable).

3435 Les rémunérations versées aux apprentis n'entrent pas dans l'assiette de la **taxe sur les salaires** en raison de l'alignement de l'assiette de cette taxe sur celle de la CSG (BOI-TPS-TS-20-10 n° 70).

Les rémunérations versées aux apprentis par les **employeurs de moins de 11 salariés,** apprentis non compris, sont exclues de l'assiette de la contribution à la formation professionnelle (C. trav. art. L 6331-1) et de la taxe d'apprentissage (BOI-TPS-TA-20 n° 10).

Les rémunérations versées aux apprentis par les **autres employeurs** entrent en revanche pour leur montant réel dans l'assiette de la taxe d'apprentissage ainsi que, pour ceux d'au moins 250 salariés, de sa contribution supplémentaire et, pour ceux d'au moins 50 salariés, de la **participation-contruction.**

3. CONDITIONS DE TRAVAIL

3460 C. trav. art. L 6222-23 R-I-5700 s Les conditions de travail des apprentis sont en principe identiques à celles des autres salariés, sous réserve des **spécificités** ci-après et de la réglementation propre aux **jeunes travailleurs** (n°s 45495 s.). Ils sont soumis au pouvoir disciplinaire de l'employeur.

> **Précisions** **a.** Les apprentis ne peuvent pas, en tant que tels, être **exclus** du champ d'application d'une convention ou d'un accord collectif, d'un usage ou d'un engagement unilatéral de l'employeur. Seules leur sont inapplicables les dispositions **incompatibles** avec leur situation de jeune en première formation et celles qui réservent spécifiquement un avantage déterminé à une catégorie particulière de salariés pour lequel ils ne remplissent pas les conditions objectives d'attribution (Cass. soc. 12-7-1999 n° 97-43.400 PBR : RJS 10/99 n° 1270).
> **b.** Les apprentis sont exclus du **calcul de l'effectif** au regard des dispositions se référant à une condition d'effectif minimum sauf de celles concernant la tarification des accidents du travail et des maladies professionnelles (C. trav. art. L 1111-3).
> **c.** L'employeur est responsable des **dommages causés par l'apprenti** dès lors que ce dernier est sous sa surveillance, cette responsabilité se substituant à celle des parents à l'égard des enfants mineurs (Cass. crim. 2-10-1985 n° 84-92.443 P).
> **d.** Une **carte d'étudiant des métiers** est délivrée à l'apprenti par le CFA lui permettant notamment de faire valoir son statut auprès des tiers et d'accéder à des réductions tarifaires (C. trav. art. L 6222-36-1 et D 6222-42 à D 6222-44).

DURÉE DU TRAVAIL ET CONGÉS

3465 R-I-5900 s Les apprentis **majeurs** sont soumis aux mêmes règles que les autres salariés mais les **mineurs** bénéficient de dispositions spécifiques en ce qui concerne la durée du travail (n° 45495), le travail de nuit (n° 45500), le repos hebdomadaire (n° 45505), les jours fériés (n° 45510) et les congés (n°s 45515 s.).

Sur le droit des apprentis au **congé spécifique** de préparation aux examens, voir n° 3365 ; au **compte personnel d'activité,** voir n° 38290 ; au **congé de formation** des cadres et animateurs pour la jeunesse, voir n° 12420.

> **Précisions** **a.** Le médecin du travail peut proposer un aménagement du temps de travail de l'apprenti reconnu **travailleur handicapé** (C. trav. art. R 6222-49-1).
> **b.** Sur la prise en compte du **temps passé en CFA,** voir n° 3360, c.
> **c.** Sur l'application aux apprentis d'un accord de **modulation** de la durée du travail, voir n° 30280, b.

SANTÉ ET SÉCURITÉ

3470 L'apprenti est soumis à un **suivi médical** comme les autres salariés dans les conditions exposées n°s 72410 s.

Sous peine de l'**amende** prévue pour les contraventions de 5e classe (n° 67285), l'employeur ne peut pas affecter un apprenti à des **travaux dangereux** pour sa santé, sa sécurité ou sa moralité, sauf pour certains travaux dangereux, s'il a effectué une **déclaration** auprès de l'inspection du travail (nº 45525, b). En cas de **situation dangereuse** pour l'apprenti, la procédure d'urgence prévue nº 3490 peut être mise en œuvre. C. trav. art. L 6222-30 à L 6222-33 R 6222-36 R 6223-9 R 6227-1 R 6227-5 **R-I-6600 s**

› Précisions a. Pour les contrats conclus jusqu'au 31-10-2021, un **dispositif expérimental** d'examen par un **médecin de ville** est mis en place : l'employeur saisit son service de santé au travail qui dispose d'un délai de 8 jours pour répondre. À l'issue de ce délai, si le service lui indique qu'aucun professionnel de santé n'est disponible dans les 2 mois, ou si le service ne lui a pas répondu, la visite d'information et de prévention peut être organisée auprès d'un médecin de ville : médecin ayant conclu une convention avec le service de santé au travail ; en cas d'indisponibilité ou à défaut de convention, tout médecin exerçant en secteur ambulatoire, notamment le médecin traitant de l'apprenti. Avant le jour de la visite, l'employeur adresse au médecin la **fiche de poste** de l'apprenti, ou tout autre document précisant les tâches qui lui sont confiées et les conditions dans lesquelles elles sont effectuées. À l'issue de la visite, le médecin remet à l'apprenti un **document de suivi,** attestant la réalisation de la visite, dont le modèle est établi par l'arrêté MTRT1912466A du 24-4-2019. Il en transmet une copie à l'employeur ainsi qu'au service de santé au travail de l'employeur (Décret 2018-1340 du 28-12-2018).

b. L'employeur doit prévenir les **parents** d'un apprenti **mineur** en cas de maladie, d'absence ou de tout fait de nature à motiver leur intervention, sous peine de l'**amende** prévue pour les contraventions de 4e classe (nº 67285).

CONTRÔLE

Le contrôle de l'application du droit du travail incombe à l'inspection du travail et aux fonctionnaires assimilés ainsi qu'aux officiers de police judiciaire selon les modalités visées nos 43720 s. Deux **procédures spécifiques** sont par ailleurs prévues afin de mettre fin aux éventuels abus commis à l'égard d'un apprenti. **3480** **R-I-11300 s**

Opposition à l'engagement d'apprentis Lorsqu'il est constaté, lors d'un contrôle de l'inspection du travail, de la transmission du contrat à l'Opco en charge du dépôt, ou d'une mission du contrôle pédagogique de l'apprentissage, que l'employeur ou le maître d'apprentissage ne **respecte pas ses obligations** légales ou contractuelles, une **mise en demeure** peut être adressée à l'employeur pour régulariser la situation ou désigner un nouveau tuteur. **3485** C. trav. art. L 6225-1 à L 6225-3-1 R 6223-16 R 6225-1 à R 6225-8 **R-I-11450 s**

Dans les 3 mois suivant l'expiration du délai qu'elle fixe, le **préfet** peut, par décision motivée, s'opposer à l'engagement d'apprentis. Dans ce cas, le préfet décide du **sort des contrats en cours.** S'il considère qu'ils ne peuvent pas être exécutés jusqu'à leur terme, ces derniers sont rompus et l'employeur doit verser aux apprentis les **salaires** que ceux-ci auraient perçus jusqu'au terme de leur contrat ou de la période d'apprentissage.

› Précisions a. Les décisions d'opposition sont **communiquées** notamment à l'inspection du travail et au comité social et économique.

b. L'employeur peut demander au préfet de **mettre fin** à cette opposition en joignant toute **justification** de nature à établir qu'il remplit à nouveau ses obligations. Si le préfet fait droit à la demande, il le notifie à l'employeur qui peut procéder de nouveau à l'engagement d'apprentis.

c. Les **voies de recours** contre la décision d'opposition ou de refus de levée de celle-ci sont celles de droit commun : recours hiérarchique devant le ministre chargé du travail ; recours contentieux devant le tribunal administratif (Circ. intermin. du 12-7-1994, réputée abrogée).

Procédure d'urgence En cas de risque sérieux d'**atteinte à la santé** ou à l'**intégrité physique** ou **morale** de l'apprenti, le Dreets (Direccte avant le 1-4-2021) peut, dans un premier temps et sans délai, **suspendre** le contrat d'apprentissage sur proposition de l'inspection du travail, avec maintien de la rémunération. **3490** C. trav. art. L 6225-4 à L 6225-7 R 6225-9 à R 6225-12 **R-I-11750 s**

Il se prononce également, dans les 15 jours, sur la **reprise** ou non de l'exécution du contrat. En cas de **refus,** le contrat est rompu et l'employeur est alors tenu de verser à l'apprenti les salaires qu'il aurait dû lui payer jusqu'au terme du contrat ou de la période d'apprentissage. Cette décision peut être accompagnée de l'**interdiction** faite à l'employeur de **recruter** temporairement de nouveaux apprentis ou des jeunes sous contrat d'insertion en alternance.

› Précisions a. S'il ne doit plus se rendre dans l'entreprise, l'apprenti a en revanche obligation de continuer sa **formation en CFA.**

b. L'employeur peut demander au Dreets (Direccte avant le 1-4-2021) la **levée de l'interdiction** de recruter des apprentis s'il justifie avoir pris les mesures nécessaires pour supprimer tout risque d'atteinte à leur santé ou à leur intégrité. La levée de l'interdiction l'autorise à procéder à nouveau à l'engagement d'apprentis.

c. Les **voies de recours** de l'employeur sont identiques à celles visées nº 3485, c.

4. PROTECTION SOCIALE

3510 La protection sociale des apprentis est identique à celle des autres salariés de l'entreprise. Ils sont affiliés au **régime général** de la sécurité sociale (assurance maladie, maternité, invalidité, décès) selon les modalités de droit commun. Ils relèvent également du régime **vieillesse** de la sécurité sociale et du régime de **retraite complémentaire** Agirc/Arrco.

C. trav. art. L 6222-32 L 6243-3 CSS art. L 311-2 R 433-8 D 373-3 D 373-4 **R-I-10300 s**

Pour l'ouverture des droits aux **prestations,** les règles générales s'appliquent, sous réserve d'une particularité relative à la pension d'invalidité (n° 44690, c). Les heures passées en CFA sont comptées comme temps de travail.

Les apprentis continuent à bénéficier de la protection sociale contre les **accidents du travail** et les maladies professionnelles pendant le temps passé en CFA.

Ils ont droit aux allocations d'assurance **chômage** à la fin de leur contrat dans les mêmes conditions que les autres salariés, même en cas de rupture amiable du contrat ou de résiliation prononcée par le conseil de prud'hommes (Circ. Unédic 2017-20 du 24-7-2017 n° 6.1.3.1).

› Précisions a. En cas d'**accident du travail,** le salaire servant de base au calcul de l'indemnité ne peut pas être inférieur au Smic correspondant à la durée légale du travail et applicable à la date de l'accident. Toutefois, en aucun cas le montant de l'indemnité ne peut dépasser celui de la rémunération nette versée à l'apprenti.

b. En cas d'**activité partielle,** les apprentis ont droit à l'allocation spécifique versée par l'État plafonnée à leur salaire net habituel. Les heures passées en CFA ne sont en revanche pas indemnisées (Note NDE 88-35 du 17-6-1988 n° 2-4). Sur l'indemnisation prévue pendant l'épidémie de **Covid-19,** voir n° 1451. Sur le droit à la **rémunération mensuelle minimale,** voir n° 1485, b.

c. S'agissant des conditions d'ouverture de droits pour les **parents** d'apprentis : aux prestations familiales, voir n° 57960, b ; à l'allocation de rentrée scolaire, voir n° 58215.

d. S'agissant de la protection sociale de l'apprenti durant une période de **mobilité à l'étranger,** voir n° 3357, d.

C. Fin de l'apprentissage

1. ARRIVÉE DU TERME DU CONTRAT OU DE LA PÉRIODE D'APPRENTISSAGE

3580 Sauf clause contractuelle contraire, l'apprenti n'a droit à aucune **indemnité** au terme du contrat ou de la période d'apprentissage. S'il n'est pas déjà titulaire d'un CDI, il peut être **embauché** sous contrat à durée indéterminée, à durée déterminée ou de travail temporaire dans une autre entreprise ou dans la même. Dans ce dernier cas, aucune **période d'essai** ne peut lui être imposée, sauf dispositions conventionnelles contraires, et la durée du contrat d'apprentissage précédent est prise en compte pour le calcul de sa rémunération et de son ancienneté, aucune convention collective ne pouvant déroger à cette dernière règle (Cass. soc. 27-3-2013 n° 11-23.967 FS-PB : RJS 6/13 n° 479).

C. trav. art. L 6222-16 **R-I-16940 s**

› Précisions a. L'apprenti peut également retrouver son contrat à durée indéterminée si celui-ci avait été **suspendu** pendant l'apprentissage (n° 3175).

b. L'apprenti peut compléter sa **formation** en souscrivant un nouveau contrat d'apprentissage (n° 3185) ou un contrat de professionnalisation (n°s 20715 s.).

c. Sur la question de savoir si les **abattements de salaire** prévus pour les jeunes travailleurs sont applicables à ceux embauchés après l'apprentissage, voir n° 45550, a.

2. RÉSILIATION DURANT LES 45 PREMIERS JOURS EN ENTREPRISE

3585 Le contrat d'apprentissage peut être rompu **librement** par l'une ou l'autre des parties jusqu'à l'échéance des 45 premiers jours, consécutifs ou non, de **formation pratique en entreprise** effectuée par l'apprenti. Par analogie avec la solution retenue à propos de l'ancienne procédure d'enregistrement (Cass. soc. 30-9-2009 n° 08-40.362 FS-PBR : RJS 12/09 n° 967), le fait qu'il soit ou non déposé à la date de la rupture importe peu, à notre sens.

C. trav. art. L 6222-18, al. 1 L 6222-21 R 6222-21 **R-I-12750 s**

Si elle n'est subordonnée à aucun **motif** particulier (Cass. soc. 26-9-1984 n° 82-41.561), la résiliation doit être constatée par **écrit** et **notifiée** au directeur du CFA et à l'Opco en charge du dépôt du contrat (n° 3240). Elle n'ouvre droit à **aucune indemnité,** sauf dispositions contractuelles contraires ou circonstances abusives (Cass. soc. 28-4-1994 n° 90-45.472 P : RJS 6/94 n° 739).

> Précisions **a.** Le délai de libre résiliation du contrat d'apprentissage est **suspendu** pendant les périodes d'absence pour **maladie** de l'apprenti (Cass. soc. 16-3-2004 nº 01-44.456 FS-PBRI : RJS 5/04 nº 584).
b. Est **nulle** la rupture intervenant pendant une période de suspension du contrat pour **accident du travail** (Cass. soc. 31-5-2006 nº 04-41.528 F-D : RJS 8-9/06 nº 984 ; 6-5-2014 nº 12-22.881 F-D : RJS 7/14 nº 582).
c. La rupture du contrat, ou à notre sens, de la période d'apprentissage par l'employeur se situe à la **date d'envoi** de la lettre la notifiant (Cass. soc. 29-1-2008 nº 06-43.906 F-P : RJS 4/08 nº 463). En cas de **litige,** l'employeur doit établir qu'il l'a bien remise ou envoyée à l'apprenti (Cass. soc. 29-9-2014 nº 11-26.453 FS-PB : RJS 12/14 nº 881).

3. RÉSILIATION AU-DELÀ DES 45 PREMIERS JOURS EN ENTREPRISE

Passé l'échéance des 45 premiers jours, consécutifs ou non, de formation pratique en entreprise, la résiliation du contrat d'apprentissage **pendant le cycle de formation** ne peut intervenir en principe que sur accord écrit signé des 2 parties ou, à défaut, être prononcée dans les conditions visées nos 3600 s. **3590** **R-I-14000 s**

> Précisions **a.** Pour les contrats d'apprentissage conclus avant le 1-1-2019, lorsqu'un nouveau contrat d'apprentissage était conclu avec un autre employeur pour achever la formation, ce dernier pouvait imposer à l'apprenti la **période d'essai** prévue pour les contrats à durée déterminée (nº 20020) ou les contrats à durée indéterminée (nos 16700 s.), mais il ne pouvait pas faire usage de la faculté de résiliation unilatérale visée nº 3585 (Cass. soc. 25-10-2017 nº 16-19.608 F-PB : RJS 1/18 nº 12).
b. Passée la période de formation, la **rupture d'un CDI** répond aux conditions de droit commun visées nos 69000 s.
c. Pour d'**autres cas** de cessation anticipée de l'apprentissage, voir nos 3280 (nullité du contrat), 3485 (opposition à l'engagement d'apprentis) et 3490 (risque d'atteinte à la santé de l'apprenti).

RÉSILIATION AMIABLE

Elle doit être constatée par un **écrit** signé par les parties au contrat d'apprentissage (Cass. soc. 5-2-1992 nº 88-44.370 PF : RJS 3/92 nº 326) et **notifiée** dans les conditions visées nº 3585. La rupture régulièrement convenue est valable, peu importe le motif invoqué (Cass. soc. 5-7-2011 nº 10-11.659 F-D : RJS 10/11 nº 830). À défaut, la rupture est prononcée aux torts de l'employeur (Cass. soc. 2-7-2014 nº 13-13.527 F-D : RJS 10/14 nº 717). **3595** C. trav. art. L 6222-18, al. 2 R 6222-21 **R-I-14020 s**

Le **consentement** de l'apprenti ne doit pas avoir été donné sous la contrainte de l'employeur et doit être exempt de tout vice (dol, violence ou erreur).

> Précisions **a.** Les **pressions** exercées par l'employeur sur son apprenti, dont il connaissait l'état de santé fragile, pour lui faire accepter une résiliation amiable peuvent être qualifiées de **harcèlement moral** (Cass. soc. 6-6-2012 nº 11-17.489 FS-PB : RJS 8-9/12 nº 681).
b. La résiliation du contrat par accord des parties ne peut pas résulter de la **démission** de l'apprenti acceptée par l'employeur (Cass. soc. 1-2-2005 nº 03-40.605 F-P : RJS 4/05 nº 424) ni être déduite du **comportement** du travailleur (Cass. soc. 2-7-2014 nº 13-13.527 F-D : RJS 10/14 nº 717).

AUTRES MODES DE RUPTURE

Contrats conclus depuis le 1-1-2019 L'**apprenti** peut **rompre unilatéralement** son contrat après respect d'un **préavis.** Il doit, au préalable, solliciter le médiateur visé nº 3625. S'il est mineur, l'acte de rupture doit être conjointement signé par son représentant légal. À défaut, l'apprenti peut solliciter le médiateur qui doit alors intervenir dans les 15 jours calendaires, afin d'obtenir l'accord ou non du représentant légal. Une copie de l'acte de rupture doit être adressée, pour information, à l'établissement de formation dans lequel l'apprenti est inscrit. **3600** C. trav. art. L 6222-18, al. 3 et 4 L 6222-18-1 L 6222-18-2 D 6222-21-1 **R-I-14760 s**

L'**employeur** peut rompre le contrat d'apprentissage en cas de **force majeure,** de **faute grave** de l'apprenti, auquel cas il doit respecter la procédure de licenciement pour motif disciplinaire (voir nos 56220 s.) ou encore d'**inaptitude physique** dûment constatée par le médecin du travail. L'employeur doit respecter la procédure de licenciement pour motif personnel visée nos 47450 s. mais n'est tenu à aucune obligation de reclassement.

Le **décès** de l'employeur, maître d'apprentissage dans le cadre d'une entreprise unipersonnelle, entraîne également la rupture du contrat d'apprentissage.

Par ailleurs, lorsque le **CFA** prononce l'**exclusion définitive** de l'apprenti, l'employeur peut engager une procédure de licenciement. L'exclusion constitue alors la cause réelle et sérieuse du licenciement, qui doit être prononcé selon la procédure de licenciement pour motif personnel. Si l'employeur ne licencie pas l'apprenti, le maintien de ce dernier dans l'entreprise est subordonné à son inscription dans un nouveau CFA dans un délai de 2 mois à compter de son exclusion définitive ou, à défaut, à la conclusion d'un contrat de travail de droit commun ou en mettant fin à la période d'apprentissage lorsque le contrat est conclu pour une durée indéterminée.

> Précisions **a.** L'apprenti doit informer, par tout moyen conférant date certaine, l'employeur de son **intention de rompre** le contrat, dans un délai ne pouvant être inférieur à 5 jours calendaires à compter de la saisine du médiateur. La rupture du contrat ne peut intervenir qu'après un délai minimal de 7 jours calendaires après la date à laquelle l'employeur a été informé de l'intention de l'apprenti de rompre son contrat.

b. En cas de rupture du contrat d'apprentissage, le CFA doit lui permettre de suivre sa formation théorique pendant 6 mois et contribuer à lui trouver un **nouvel employeur** pour lui permettre d'achever son cycle de formation.

3605 C. trav. art. L 6222-18, al. 2 ancien **R-I-16150 s**

Contrats conclus avant le 1-1-2019 Pour les contrats d'apprentissage conclus avant le 1-1-2019, la rupture ne peut être prononcée que par le **conseil de prud'hommes** selon la procédure accélérée au fond. Celui-ci prononce la résiliation judiciaire du contrat uniquement en cas de **faute grave** ou de **manquements répétés** de l'employeur ou de l'apprenti ou d'**inaptitude** de ce dernier à exercer son métier. Dans ce dernier cas, l'employeur n'est pas tenu de reclasser l'apprenti ni de reprendre le versement du salaire dans le mois suivant la visite de reprise (Cass. soc. 9-5-2019 n° 18-10.618 F-P : RJS 7/19 n° 417).

Le juge peut fixer la **date** de résiliation du contrat soit au jour où l'une des parties a manqué à ses obligations, soit au jour où la demande a été formée (Cass. soc. 1-10-2003 n° 01-40.125 FS-P : RJS 12/03 n° 1421), soit, quand l'employeur a envoyé à l'apprenti une lettre indiquant les manquements de ce dernier, à la date de cet envoi (Cass. soc. 8-11-2011 n° 10-22.828 F-D).

En cas de **résiliation unilatérale** du contrat d'apprentissage par l'**employeur** ou de **résiliation judiciaire** prononcée aux torts de ce dernier, l'apprenti a droit, même s'il a été mis à pied (Cass. soc. 26-3-2002 n° 00-41.218 F-P : RJS 7/02 n° 864), aux **salaires** perdus jusqu'à la date de résiliation fixée par le juge ou jusqu'au terme du contrat s'il a déjà pris fin (Cass. soc. 22-5-2002 n° 00-43.775 F-D). Il peut prétendre, le cas échéant, à la réparation du **préjudice** subi du fait de la rupture anticipée de son contrat (Cass. soc. 30-9-2015 n° 14-18.011 F-D).

Le caractère obligatoire de la saisine du juge interdit de condamner le demandeur pour **procédure abusive** (Cass. soc. 7-5-1996 n° 93-40.926 P : RJS 6/96 n° 697).

> Précisions **a.** **L'apprenti** ne pouvant pas **démissionner** (Cass. soc. 23-9-2008 n° 07-41.748 FS-PB : RJS 12/08 n° 1225), l'employeur doit, dans un tel cas, solliciter le juge prud'homal pour demander la résiliation. L'apprenti est toutefois autorisé, en cas de manquements graves de l'employeur, à **quitter l'entreprise** avant de saisir le conseil de prud'hommes (Cass. soc. 6-12-1995 n° 92-42.427 D).

b. **L'employeur**, quel que soit le bien-fondé des motifs invoqués, commet une **faute** en **rompant unilatéralement** le contrat (Cass. soc. 16-7-1996 n° 93-41.735 D : RJS 8-9/96 n° 960). Si la gravité des fautes commises par l'apprenti le justifie, l'employeur peut toutefois prononcer sa **mise à pied** dans l'attente de la décision judiciaire (Cass. soc. 23-3-1989 n° 86-41.607 P : RJS 5/89 n° 445 ; 6-2-2001 n° 98-44.133 FS-P : RJS 4/01 n° 482). En cas de résiliation aux torts de l'apprenti, l'employeur n'est pas tenu de lui payer les salaires correspondant à la période de mise à pied conservatoire (CA Nancy 6-5-1991 n° 90-2838).

c. En principe, ne peuvent pas être invoqués d'**autres motifs** que ceux précités, tels que des **difficultés économiques** (CA Montpellier 16-5-1989 n° 88-261), la **cessation d'activité** (Cass. soc. 6-4-2004 n° 02-40.727 F-D : RJS 6/04 n° 727) ou le **décès** de l'employeur (Cass. soc. 14-11-2018 n° 17-24.464 FS-PB : RJS 1/19 n° 8). Toutefois, a été admise comme cause de résiliation la **maladie** de l'employeur pour une durée imprévisible dans un cas où il était seul capable d'assurer la formation de l'apprenti (Cass. soc. 6-3-1985 n° 82-40.242 P).

d. Justifie la résiliation aux **torts de l'apprenti** l'abandon de poste dont il s'est rendu coupable (Cass. soc. 27-6-2007 n° 06-40.992 F-D : RJS 10/07 n° 1094), son exclusion du CFA (CA Nancy 30-6-1999 n° 98-139) ou son incapacité à effectuer des tâches, même élémentaires, en dépit des efforts constants de l'employeur et son manque d'attention et d'ardeur pour l'enseignement reçu au CFA dont il s'est absenté à plusieurs reprises sans justification (CA Paris 7-5-1987 n° 86-31806).

e. La résiliation doit être prononcée aux **torts de l'employeur** lorsque ce dernier ne respecte pas ses obligations en matière de conditions de travail ou de formation (CA Douai 26-4-2002 n° 02-461) ou ne paie pas l'apprenti (CA Rennes 5-12-1989 n° 88-923).

4. LIQUIDATION JUDICIAIRE

En cas de liquidation judiciaire sans maintien de l'activité, ou lorsqu'il est mis fin au maintien de l'activité de l'employeur à la suite d'un arrêté de cession totale ou de l'expiration du délai de maintien de l'activité, et qu'il doit être mis fin au contrat d'apprentissage, le liquidateur **notifie** à l'apprenti la rupture de son contrat. L'apprenti a alors droit à une **indemnité** égale aux rémunérations qu'il aurait perçues jusqu'au terme du contrat ou, à notre sens, de la période d'apprentissage si le contrat a été conclu pour une durée indéterminée. **3615** C. trav. art. L 6222-18, al. 5 **R-I-16100 s**

Le liquidateur doit intervenir dans des **délais** très brefs afin que l'AGS garantisse les indemnités dues aux salariés (voir nos 70906 s.).

5. OBTENTION DU DIPLÔME OU DU TITRE

L'apprenti, et lui seul, a la possibilité de rompre unilatéralement le contrat à **durée déterminée** avant son terme en cas d'obtention du diplôme ou du titre préparé à la condition d'en avoir **informé** l'employeur par écrit au minimum 1 mois auparavant. Cette **lettre** doit expressément indiquer le motif de la rupture, à savoir l'obtention du diplôme, et la date d'effet de la résiliation, qui ne peut intervenir avant le lendemain de la publication des résultats (Circ. DGEFP 2002-37 du 17-7-2002, réputée abrogée). **3620** C. trav. art. L 6222-19 R 6222-23 **R-I-15560 s**

6. FORMALITÉS

L'employeur doit remettre à l'apprenti un **certificat de travail** et l'**attestation** destinée à Pôle emploi à la fin de la relation de travail, que celle-ci soit normalement arrivée à son terme ou que le contrat ait été résilié avant. **3625** C. trav. art. L 6222-39

Un **médiateur,** désigné par les chambres consulaires visées no 3240, peut être amené à résoudre les **litiges** entre employeurs et apprentis relatifs à l'exécution ou à la résiliation du contrat.

S'agissant des droits à l'**assurance chômage,** voir no 3510.

ASSUJETTISSEMENT AU RÉGIME GÉNÉRAL DE LA SÉCURITÉ SOCIALE

SOMMAIRE

A. Présentation du régime général

Le **régime général** de sécurité sociale couvre : 4200 CSS art. L 200-1

– les risques sociaux (maladie, maternité et paternité, invalidité, vieillesse, décès, veuvage, accidents du travail), courus par les travailleurs **salariés et assimilés** des professions industrielles, commerciales, artisanales ou libérales ainsi que ceux exerçant leur activité pour le compte d'organismes sans but lucratif (associations…) et ceux employés au service de particuliers. Sont donc concernées toutes les activités salariées ou assimilées, de nature non agricole ;

– les risques maladie, maternité, paternité et vieillesse des **travailleurs indépendants,** à l'exception, pour ce dernier risque, des professionnels libéraux (voir n° 4525).

La couverture de ces risques s'exerce par l'**affiliation** au régime général, **à titre obligatoire,** de ces personnes.

› Précisions a. Sont couverts par le régime général les personnes visées n°s 57900 s. au titre des **prestations familiales** ainsi que, au titre de la **protection universelle maladie** et du soutien à l'autonomie : toute personne non couverte à un autre titre et résidant en France de façon stable et régulière, les invalides de guerre, les sapeurs-pompiers volontaires, les détenus visés n° 4340, les personnes inactives rattachées aux organismes du régime général.
b. Ce régime ne concerne ni les **salariés agricoles,** qui relèvent du régime particulier de la mutualité sociale agricole (voir notre documentation sociale, G-I-2100 s. et G-II-1 s.), ni les salariés relevant, pour tout ou partie des risques, de **régimes spéciaux.**

AFFILIATION ET RATTACHEMENT DES ASSURÉS

L'affiliation vise les régimes de sécurité sociale obligatoires qui dépendent de l'activité professionnelle de la personne lorsqu'elle en exerce une alors que l'organisme de rattachement désigne celui qui assure la prise en charge des frais de santé (Circ. Cnam 15/2019 du 9-7-2019). 4210 CSS art. R 312-1 B-II-2100 s

Tout assujetti au régime général relève de la caisse primaire de sa **résidence habituelle** (voir adresses sur www.ameli.fr). Pour les salariés, l'affiliation prend **effet** à la date où les conditions d'assujettissement sont réunies. Pour les travailleurs indépendants, voir n° 79980, b. Dans tous les cas, elle ne requiert que la réunion des conditions légales fixées à cet effet (Cass. 2e civ. 21-6-2018 n° 17-13.468 F-PBI : RJS 10/18 n° 632).

› Précisions a. Par **dérogation** :
– la **caisse** d'affiliation est celle du lieu de travail pour les agents relevant des régimes spéciaux s'agissant des risques assurés par le régime général et pour les assurés résidant à l'étranger et dont le lieu de travail est situé en France (Arrêté SPSS9500280A 6-3-1995) ;
– les **détenus** relèvent du pôle interrégionnal du Centre national de gestion de la protection sociale des personnes écrouées dont dépend

l'établissement pénitentiaire dans lequel ils sont placés sous écrou (Arrêté SPSS9500280A du 6-3-1995).

b. À défaut de **recours** contre une décision d'assujettissement dans le **délai** légal de 2 mois, le principe de l'assujettissement ne peut pas être remis en cause à l'occasion des recours formés contre les mises en demeure de l'Urssaf tendant au recouvrement des cotisations de sécurité sociale correspondantes (Cass. soc. 11-1-1990 nº 87-12.327 D : RJS 2/90 nº 153 ; 6-6-1991 nº 89-12.102 P : RJS 7/91 nº 882).

4215 CSS art. R 161-1 R 161-2 B-II-3000 s

Les personnes **nées en France,** affiliées aux assurances sociales ou rattachées aux organismes de sécurité sociale pour le bénéfice d'allocations ou prestations sont identifiées par le **numéro d'inscription** au répertoire national d'identification des personnes physiques (NIR) attribué à leur naissance par l'Insee.

Pour les personnes nées **à l'étranger,** ce numéro leur est attribué par la Caisse nationale d'assurance vieillesse (Cnav), sur la base des pièces d'identité et d'état civil qu'elles communiquent à l'occasion de leur première activité professionnelle en France ou de leur première démarche effectuée pour bénéficier d'une allocation ou prestation de sécurité sociale. La Cnav attribue aux personnes nées à l'étranger en instance d'attribution d'un NIR un numéro identifiant d'attente.

Toute personne a l'obligation de **communiquer à son employeur** son NIR ou, à défaut, son numéro d'attente pour lui permettre d'accomplir les formalités lui incombant. Sur les possibilités d'utilisation de ce numéro, voir nº 90100.

› Précisions Pour les personnes nées à l'étranger, le recueil des pièces justificatives s'effectue par l'intermédiaire de l'organisme de sécurité sociale auprès duquel sont réalisées les démarches pour bénéficier d'une prestation, celui-ci se chargeant des échanges nécessaires avec la Cnav. Par dérogation, pour les personnes nées à l'étranger sollicitant le bénéfice d'une pension de droit dérivé et ne disposant pas de NIR, les pièces justificatives doivent être transmises directement à cette dernière.

4220 A-I-15450 s

Changement de régime Une décision d'affiliation obtenue sans fraude lie les parties jusqu'à notification d'une **décision modificative,** laquelle ne vaut que pour l'avenir (jurisprudence constante, notamment Cass. soc. 6-12-1973 nº 72-13.118). La décision modificative prend effet à compter de la date de sa notification, quand bien même l'exercice des voies de recours en suspendrait la mise en application (Cass. soc. 27-2-1992 nº 89-20.538 P : RJS 4/92 nº 492).

Ce principe de non-rétroactivité s'oppose à ce que des **cotisations** puissent être réclamées par le nouveau régime d'affiliation pour la période antérieure au changement d'affiliation.

› Précisions a. La **décision initiale,** qui engage l'organisme, peut être explicite ou seulement implicite. Ainsi, l'acceptation sans réserve par l'Urssaf des cotisations du régime général vaut décision d'affiliation à ce régime, également opposable à la caisse primaire d'assurance maladie (Cass. soc. 6-12-1973 nº 72-13.118). Inversement, valent décision de non-affiliation au régime général la décision implicite résultant du silence gardé par l'Urssaf lors d'un contrôle de cotisations (Cass. soc. 29-4-1987 nº 84-17.068 S) si ce contrôle concernait la même catégorie de personnel (en ce sens : Cass. soc. 15-7-1987 nº 85-13.976 P ; 6-7-1988 nº 85-12.243 P), l'absence de décision d'affiliation par la caisse primaire pour des personnes dont la situation lui avait été soumise (Cass. soc. 4-10-1979 nº 78-12.106) ou une décision expresse de non-affiliation de la caisse primaire concernant d'autres collaborateurs de l'entreprise travaillant dans les mêmes conditions (Cass. soc. 6-7-1988 nº 85-12.243 P). Sur la notion de décision implicite, voir aussi nºs 24515 s.

b. Pour faire obstacle à une affiliation rétroactive au régime des salariés, l'**affiliation** au régime des travailleurs indépendants doit être **complète,** c'est-à-dire avoir comporté l'adhésion et le versement de cotisations à la fois à l'assurance maladie et à l'assurance vieillesse (Cass. soc. 17-10-1991 nº 88-10.864 D : RJS 12/91 nº 1358 ; 7-4-1994 nº 91-15.540 P : RJS 5/94 nº 597 ; Cass. 2e civ. 20-5-2010 nº 08-21.817 F-D : RJS 8-9/10 nº 699).

c. La portée, pour l'avenir, de la reconnaissance par l'Urssaf du caractère indépendant d'une activité est examinée nº 79730.

IMMATRICULATION DES EMPLOYEURS

4225 Arrêté 11-7-1950 B-II-200 s

L'employeur doit demander son immatriculation à l'Urssaf dans le **délai** de 8 jours suivant l'ouverture ou l'acquisition d'une entreprise employant des salariés, ou la première embauche d'un salarié. À défaut, il encourt les **sanctions** indiquées nº 24080.

› Précisions a. La **demande** d'immatriculation est effectuée par le biais de la déclaration préalable à l'embauche en cas d'embauche d'un premier salarié (« Déclaration préalable à l'embauche (DPAE) en ligne » à jour au 8-10-2020 : www.service-public.fr).

b. Si l'entreprise comporte **plusieurs établissements,** l'immatriculation doit être demandée pour chaque établissement distinct.

c. Dans le système d'identification des entreprises (« Siren »), l'immatriculation se traduit par l'attribution d'un numéro d'identité (nº **Siret**), utilisable auprès de toutes les administrations en relation avec l'entreprise (services des impôts, Urssaf, greffe du tribunal de commerce, etc.).

d. Les employeurs doivent, en outre, porter à la connaissance des centres de formalités des entreprises les **changements** dans la situation ou l'activité de l'entreprise : voir n° 90110.

B. Assujettissement des salariés et assimilés

1. CRITÈRES GÉNÉRAUX

Sont **obligatoirement** affiliées au régime général de sécurité sociale, quel que soit leur âge et même si elles sont titulaires d'une pension, toutes les personnes, quels que soient leur nationalité ou leur sexe, salariées ou travaillant à quelque titre ou en quelque lieu que ce soit, pour un ou plusieurs employeurs et quels que soient le montant et la nature de leur rémunération, la forme, la nature ou la validité de leur contrat. **4260** CSS art. L 311-2 B-I-300 s

QUALITÉ DE SALARIÉ

Est un salarié celui qui accomplit un travail pour un employeur dans un **lien de subordination.** Dans le silence de la loi, la jurisprudence a donné du lien de subordination une définition commune à la sécurité sociale et à la législation du travail. Le lien de subordination est caractérisé par l'exécution d'un travail sous l'autorité d'un employeur qui a pouvoir de donner des ordres et des directives, d'en contrôler l'exécution et de sanctionner les manquements de son subordonné (jurisprudence constante depuis Cass. soc. 13-11-1996 n° 94-13.187 PBR : RJS 12/96 n° 1320). Le travail au sein d'un **service organisé** peut constituer un indice du lien de subordination lorsque l'employeur détermine unilatéralement les conditions d'exécution du travail (jurisprudence constante depuis Cass. soc. 13-11-1996 n° 94-13.187 PBR : RJS 12/96 n° 1320). **4265** B-I-1200 s

L'immatriculation à certains registres de travailleurs indépendants crée une **présomption légale** de non-appartenance au régime de sécurité sociale des salariés, voir n° 79730.

CONTRAT

Le rapport de dépendance employé-employeur implique qu'il existe un contrat entre, d'une part, la personne salariée ou travaillant pour un ou plusieurs employeurs et, d'autre part, l'employeur. Ce contrat peut être verbal ou écrit, exprès ou tacite ; il peut **même ne pas être valable.** **4270** B-I-500 s

Le contrat de travail ne dépend ni de la **volonté des parties** ni de la dénomination de la convention mais des conditions d'exécution du travail (Cass. soc. 12-7-2005 n° 03-45.394 FS-PBRI : RJS 10/05 n° 941 ; 30-11-2011 n° 11-10.688 FS-D : RJS 2/12 n° 95 ; 30-9-2020 n° 19-10.677 F-D : RJS 12/20 n° 571).

ATTENTION

La **qualification donnée au contrat par les parties** est prise en considération sans pour autant lier les organismes de sécurité sociale ou les tribunaux. En effet, la législation de sécurité sociale étant d'ordre public, toute convention contraire est inopérante.

DURÉE DU TRAVAIL

Aucune condition n'est imposée par la loi quant à la durée du travail. L'assujettissement peut donc découler d'un **travail accidentel** (« coup de main » non bénévole), **occasionnel** (par exemple, distributeurs occasionnels de documents publicitaires : Cass. ass. plén. 18-6-1976 n° 74-11.210 ; Cass. soc. 25-11-1987 n° 85-15.245 D) ou de **faible importance.** **4275** B-I-2120 s

› **Précisions** **a.** S'il est rémunéré, un **essai professionnel** en vue de l'embauche éventuelle justifie l'assujettissement obligatoire (Cass. soc. 19-4-1967 n° 63-10.037 ; 5-11-1971 n° 70-12.746 ; 26-4-1979 n° 77-14.148).

b. L'activité salariée ou assimilée peut être exercée **à titre principal ou accessoire.** Ainsi, une personne peut relever du régime des salariés au titre d'une activité salariée ou assimilée alors qu'elle est déjà affiliée au régime agricole, à un régime spécial de sécurité sociale, ou au régime des travailleurs indépendants pour une autre activité. Sur les incidences de cette pluralité de rattachements au regard des cotisations, voir n°s 23390 s. (cumul d'activités salariées) et n° 79870 (cumul d'activités salariées et indépendantes).

RÉMUNÉRATION

L'existence d'une rémunération est une condition de l'assujettissement obligatoire au régime des salariés. Le **montant,** la **nature** et même la **qualification** de la rémunération importent peu : l'assujettissement est obligatoire, qu'elle soit calculée à l'heure, à la journée, **4280** B-I-800 s au mois, qu'elle soit versée à la tâche ou à la commission, à la vacation ou à l'acte, qu'elle prenne la forme de pourboires ou d'avantages en nature. La **fixité** et la **régularité** de la rémunération sont de nature à faire présumer l'existence d'un lien de dépendance.

› **Précisions** **a.** Un **gérant non majoritaire de SARL** non rémunéré n'a pas à être assujetti : voir n° 28450, b.

b. L'**échange de services ou les actes d'entraide** trouvant une contrepartie, même susceptible d'évaluation pécuniaire, ne sont pas suffisants pour se transformer en travail salarié. Il en est ainsi des services réciproques que peuvent se rendre des amis ou des voisins (Cass. soc. 20-3-1980 n° 78-16.251), ou de l'activité déployée en dehors de tout lien de subordination par des membres permanents d'une association d'entraide gérant un « café des arts » en échange de leur entretien et de leur logement (Cass. soc. 31-5-2001 n° 99-21.111 FS-D : RJS 11/01 n° 1336). En revanche des apporteurs d'affaires sont assujettis dès lors que l'importance des sommes versées exclut de les considérer comme la simple récompense d'un service rendu et que la société se refuse à fournir tout renseignement sur les intéressés (Cass. soc. 13-5-1993 n° 90-21.043 P : RJS 6/93 n° 649).

c. Le versement d'une rémunération est **insuffisant à lui seul** pour caractériser l'existence d'un travail salarié, l'établissement d'un lien de subordination étant nécessaire ; ainsi jugé dans les cas suivants : concours occasionnel apporté à une entreprise pour faciliter la vente d'automobiles (Cass. soc. 11-2-1981 n° 79-15.446) ; parrainage de nouveaux clients par d'anciens clients d'une société de crédit immobilier (Cass. soc. 14-3-1996 n° 94-15.387 PB : RJS 4/96 n° 445).

LIEU DE TRAVAIL ET NATIONALITÉ

4285
B-I-1980
B-I-3200 s

Sont assujetties au régime de sécurité sociale des salariés les personnes, quelle que soit leur lieu de résidence, **travaillant en France** métropolitaine et, sous réserve de quelques modalités particulières, dans les départements d'outre-mer. Peu importe que l'employeur soit établi en France ou à l'étranger. Certaines situations appellent des précisions : détachement en France (n° 36205) ; étrangers et frontaliers travaillant en France (n° 36020).

La législation française de sécurité sociale ne s'applique pas, en principe, en vertu de la règle de territorialité des lois, aux personnes exerçant leur **activité en dehors du territoire national.** Il existe cependant des exceptions à ce principe : n°s 78680 s.

2. PROFESSIONS VISÉES PAR LA LOI

4340
CSS art. L 311-3
B-I-2600 s

L'article L 311-3 du CSS énumère un certain nombre de **personnes** (n°s 4345 s.) **affiliées obligatoirement** au régime des salariés (assurances sociales), même si elles ne sont pas occupées dans l'établissement de l'employeur, possèdent tout ou partie de l'outillage nécessaire à leur travail et sont rétribuées en totalité ou en partie à l'aide de pourboires.

› **Précisions** D'autres articles du CSS assujettissent au régime des salariés, pour une partie des risques, certaines personnes parmi lesquelles on peut citer :
– les artistes-auteurs : n° 4355 ;
– les titulaires de certaines prestations familiales (n°s 58100, d, 58130 et 58210) et de certaines prestations non contributives de vieillesse (n°s 85000 s.), les détenus et les personnes retenues dans un centre socio-médico-judiciaire de sûreté (CSS art. L 381-30 à L 381-31-1) et les personnes ayant une personne handicapée à charge (n° 40320, b).

ASSURANCES

4345
CSS art. L 311-3, 4° et 5°
B-I-4100 s

Relèvent obligatoirement du régime des salariés :
– les **mandataires** non soumis à la contribution économique territoriale rémunérés à la commission, effectuant d'une façon habituelle et suivie des opérations de présentation d'assurances et tirant de ces opérations plus de la moitié de leurs ressources de l'année précédente ;
– les **sous-agents** d'assurances travaillant d'une façon habituelle et suivie pour un ou plusieurs agents généraux et à qui sont imposées, en plus de la prospection de la clientèle, des tâches sédentaires au siège de l'agence.

› **Précisions** **a.** Le **sous-agent d'assurances** qui ne remplit pas les conditions spéciales ci-dessus peut néanmoins être assujetti s'il satisfait aux conditions générales d'assujettissement (Cass. soc. 2-4-1992 n° 90-11.804 D : RJS 5/92 n° 677). C'est le cas s'il exerce son activité dans un secteur géographique déterminé, pour le compte et sous l'autorité de l'agent général qui est son employeur, établit les contrats et perçoit les primes et qui, rémunéré sous forme de commissions, ne supporte aucune responsabilité financière (Cass. soc. 13-6-1996 n° 94-11.212 D : RJS 11/96 n° 1203). En revanche, ne donne pas lieu à assujettissement l'activité de prospection et d'encaissement de primes exercée de manière sporadique en dehors de toute directive de la part de l'agent général (Cass. soc. 25-10-1990 n° 85-10.258 P : RJS 12/90 n° 1017).

b. Les commissions versées au personnel salarié d'une entreprise d'assurances ou d'un agent général, en contrepartie d'une **activité occasionnelle de prospection** de clientèle au profit de l'employeur, doivent être considérées comme une rémunération assujettie à cotisations, car elles proviennent de démarches étroitement liées à l'activité principale et effectuées sous la subordination de l'employeur (Cass. soc. 9-3-1983 nº 82-10.277 ; 31-5-1989 nº 86-16.278 P : RJS 7/89 nº 621 ; Circ. Acoss 29-1-1985).

c. L'**agent général d'assurances** exerce statutairement une profession libérale : il relève à ce titre du régime des travailleurs indépendants (nº 79725).

GÉRANTS DE COOPÉRATIVES ET DE DÉPÔTS

4350 CSS art. L 311-3, 6º B-I-8300 s

Les gérants non salariés des coopératives et les gérants de dépôts de sociétés à succursales multiples ou d'autres établissements commerciaux ou industriels relèvent du régime des salariés. Il ne peut en être autrement que si l'analyse du contrat conclu entre les parties exclut tout lien de subordination (Cass. soc. 30-1-1980 nº 78-14.199).

> Précisions a. Relèvent aussi du régime des salariés les personnes dont la profession consiste essentiellement soit à vendre des marchandises de toute nature fournies **exclusivement ou presque** par une seule entreprise, soit à recueillir les commandes ou à recevoir des marchandises à traiter, manutentionner ou transporter **pour le compte d'une seule entreprise,** lorsqu'elles exercent leur profession dans un local fourni ou agréé par cette entreprise et aux conditions et prix imposés par celle-ci (CSS art. L 311-3, 26º). Les **gérants** exerçant leur activité dans ces conditions doivent être affiliés au régime général sans qu'il y ait lieu de rechercher l'existence d'un lien de subordination (Cass. soc. 12-3-1987 nº 84-41.079 P ; 6-2-2008 nº 06-42.941 FS-D : RJS 4/08 nº 489).

b. Doit obligatoirement être affilié au régime des salariés le **conjoint** titulaire d'un contrat de cogérance. Dans le cas contraire, les relations de pur fait pouvant s'établir à l'occasion de la gérance entre la société et le conjoint, et que traduit l'absence de toute rémunération personnelle de celui-ci, ne permettent pas de lui conférer la qualité de salarié de la société et d'entraîner à ce titre son assujettissement. Il n'en va autrement que si le conjoint remplit les conditions visées nº 4450 (Rép. Rossi : AN 7-9-1987 nº 25027).

ARTISTES-AUTEURS

4355 CSS art. L 382-1 D 382-4 R 382-25 R 382-31 B-I-5450 s C-III-25400 s

Relèvent du régime général les artistes-auteurs d'œuvres littéraires et dramatiques, musicales et chorégraphiques, audiovisuelles et cinématographiques, graphiques et plastiques ainsi que photographiques.

> Précisions a. Bien qu'assujettis au régime général, ces artistes relèvent d'**organismes** spéciaux : la Maison des artistes pour les artistes graphiques et plastiques et l'Agessa pour les autres artistes-auteurs. L'**affiliation** à ces organismes spéciaux est obligatoire même si l'artiste exerce son activité à domicile dans des conditions susceptibles de le faire relever des organismes du régime des salariés en qualité de travailleur à domicile (Cass. soc. 16-11-1989 nº 86-13.430 D : RJS 1/90 nº 72). Mais si les artistes effectuent leur activité dans un lien de subordination, ils sont alors affiliés au régime général de droit commun en tant que salariés (Cass. soc. 6-2-2003 nº 01-20.205 FS-D : RJS 4/03 nº 536).

b. Les artistes-auteurs bénéficient des **prestations** de l'assurance maladie-maternité, invalidité et décès s'ils justifient avoir retiré de leur activité artistique des ressources au moins égales, au cours d'une année civile, à 900 fois le Smic, des prestations vieillesse et des prestations familiales, mais ne sont pas couverts par la législation sur les accidents du travail. Pour la retraite complémentaire, ils relèvent de la Caisse nationale de retraite complémentaire des artistes-auteurs (Ircec) qui gère les 3 régimes de retraite complémentaire des artistes-auteurs (le RAAP, le RACD et le RACL).

c. Le régime est financé par une **cotisation** personnelle des artistes, calculée au taux de la part salariale des cotisations vieillesse du régime général (nº 90030) et par une contribution des diffuseurs. Pour leur retraite complémentaire, les artistes-auteurs cotisent à un ou plusieurs des régimes visés ci-dessus selon la nature de leur activité. Pour la CSG et la CRDS, voir nº 25100.

DIVERS

4360 B-I-2700 B-I-24000 s

Relèvent du régime des salariés les catégories suivantes :

– **avocats** salariés, sauf pour la retraite gérée par la Caisse nationale des barreaux français (CNBF) (CSS art. L 311-3, 19º) ;

– **dirigeants des associations** à but non lucratif remplissant les conditions de gestion désintéressée définies par le CGI (Mémento fiscal nºs 89410 s.) (CSS art. L 311-3, 22º). Cette affiliation a été étendue par décision ministérielle aux dirigeants rémunérés de syndicats régis par la loi du 21-3-1884 (Circ. Acoss 1 du 4-1-2010) ;

– **artistes du spectacle et mannequins** visés aux articles L 7121-2 et L 7123-2 du Code du travail, considérés comme salariés en application des articles L 7121-3 et L 7123-3 du même Code, quelle que soit leur nationalité. Les obligations de l'employeur sont assumées par celui qui fait appel à eux, même de façon occasionnelle (CSS art. L 311-3, 15º) ;

4360 (suite) – personnes contribuant à l'exécution d'une **mission de service public** à caractère administratif pour le compte d'une personne publique ou privée, lorsque cette activité revêt un caractère occasionnel, sauf les experts requis, commis ou désignés par les juridictions de l'ordre judiciaire ou par les personnes agissant sous leur contrôle afin d'accomplir une mission d'expertise indépendante et affiliés à un régime de travailleurs non salariés (CSS art. L 311-3, 21°) ;

– entrepreneurs salariés et entrepreneurs salariés associés d'une **coopérative d'activité et d'emploi** (CSS art. L 311-3, 32°) ;

– **administrateurs de groupements mutualistes** percevant une indemnité de fonction et ne relevant pas, à titre obligatoire, d'un régime de sécurité sociale (CSS art. L 311-3, 24°) ;

– **employés d'hôtels, cafés et restaurants** (CSS art. L 311-3, 3°) ;

– **personnes agréées** accueillant **à leur domicile à titre onéreux des personnes âgées ou handicapées adultes** en vertu d'un contrat conforme à l'article L 442-1 du CASF (CSS art. L 311-3, 17°) ;

– **porteurs de bagages** occupés dans les gares s'ils sont liés, à cet effet, par un contrat avec l'exploitation ou avec un concessionnaire (CSS art. L 311-3, 8°) ;

– **ouvreuses de théâtres, cinémas et autres établissements de spectacles** et employés chargés des vestiaires dans ces établissements vendant aux spectateurs divers objets (CSS art. L 311-3, 9°) ;

– **délégués à la sécurité des ouvriers des carrières** (CSS art. L 311-3, 14°) ;

– **vendeurs-colporteurs et porteurs de presse** non immatriculés au registre du commerce ou au registre des métiers (CSS art. L 311-3, 18°) ;

– **franchisés** et, plus généralement, gérants visés n° 4350, a (CSS art. L 311-3, 26°) ;

– **fonctionnaires et agents publics** autorisés à faire des expertises ou à donner des consultations dans le cadre d'**activités de recherche et d'innovation** ou à apporter leur **concours scientifique** à une entreprise assurant la valorisation de leurs travaux. Toutefois, ces personnes peuvent demander à ne pas relever du régime des salariés si elles sont inscrites à l'Urssaf comme travailleurs indépendants et si l'existence d'un lien de subordination avec le donneur d'ouvrage n'est pas établie (CSS art. L 311-3, 27°) ;

– personnes ayant souscrit un **service civique** (CSS art. L 311-3, 28°) ;

– **gens de mer** salariés employés à bord d'un navire pratiquant le cabotage dans les eaux territoriales françaises (CSS art. L 311-3, 34°) ;

– gens de mer salariés, à l'exclusion des marins, résidant en France de manière stable et régulière employés à bord d'un navire battant pavillon d'un État étranger et ne pratiquant pas le cabotage dans les eaux territoriales françaises (CSS art. L 311-3, 33°) ;

– **élus** relevant de certaines **collectivités territoriales** et délégués de ces collectivités membres d'un établissement public de coopération intercommunale (CSS art. L 382-31) ;

– directeurs généraux et directeurs généraux délégués des institutions de prévoyance, des unions d'institutions de prévoyance et des sociétés de groupe assurantiel de protection sociale (CSS art. L 311-3, 12°) ;

– **loueurs de meublés** de courte durée ou de biens **meubles** exerçant l'option mentionnée n° 79925 lors de l'affiliation (CSS art. L 311-3, 35°) ;

– **particuliers** effectuant une **prestation ponctuelle** de conseil et de formation pour un autre particulier (CSS art. L 311-3, 36°) ;

– pour les cotisations et contributions dues **à compter du 1-1-2022, particuliers** dont les recettes annuelles ne dépassent pas 1 500 € **vendant des biens** neufs confectionnés ou achetés pour les revendre ou fournissant des **services rémunérés** de manière ponctuelle et qui exercent l'option pour relever du régime général (CSS art. L 311-3, 35° ; loi 2020-1576 du 14-12-2020 art. 22, II).

> Précisions D'**autres catégories** relèvent du régime des salariés :
– certains **dirigeants de sociétés** (n°s 28430 s.) ;
– les membres et certains dirigeants de **sociétés coopératives de production** (n° 28484) ;
– les **travailleurs à domicile** (n°s 74220 s.) ;
– les voyageurs et **représentants de commerce** (n°s 61580 s.) et **vendeurs à domicile** (n° 60800, a) ;
– les **journalistes** professionnels (n°s 46450 s.) ;
– les **assistants maternels** (n° 33365) ;
– les bénéficiaires d'un contrat d'**appui à la création** ou à la reprise d'une activité économique (n° 1835, b) ;
– les **arbitres et juges sportifs** (n° 4445, d) ;
– les salariés rémunérés par des tiers en contrepartie d'une activité accomplie dans l'intérêt de ceux-ci (CSS art. L 311-3, 31° : voir n°s 22445 s.).

3. AUTRES ACTIVITÉS

En dehors des hypothèses expressément prévues par la loi, les tribunaux apprécient chaque cas d'espèce au regard des **critères généraux** d'assujettissement. De son côté, l'**administration** a précisé certaines situations, sous réserve du contrôle du juge. 4420

Formateurs et enseignants Quelle que soit leur liberté pédagogique, les formateurs et enseignants sont assujettis au régime des salariés s'ils exercent leur activité, moyennant rémunération, dans un lien de subordination. Caractérise l'existence d'un tel lien l'exercice dans les locaux et avec le matériel mis à disposition par l'établissement, selon un programme et un horaire fixés par celui-ci, sans avoir le choix des élèves et sans supporter de risque économique. Les cotisations dues pour les formateurs occasionnels salariés peuvent être calculées sur une base forfaitaire lorsque la rémunération n'excède pas un certain seuil (Arrêté ASES8701922A 28-12-1987 modifié ; Doc. Urssaf du 1-1-2020 : www.urssaf.fr). 4425 B-I-6400 s

ILLUSTRATIONS

Ainsi sont assujettis au **régime des salariés** les enseignants animant des stages de formation professionnelle dans le cadre de la formation continue, au sein et pour le compte de l'entreprise (Cass. soc. 17-5-1990 n° 87-15.759 P : RJS 7/90 n° 612), chargés de donner des cours dans des entreprises pour le compte d'une chambre de commerce (Cass. soc. 21-10-1985 n° 84-11.080 P), animant des stages pour le compte d'une association de formation, fussent-ils par ailleurs administrateurs de cette association (Cass. soc. 30-5-1991 n° 88-19.212 D : RJS 8-9/91 n° 1002). Il en va de même d'un consultant en formation dont les interventions se font sous la surveillance et les directives de la société qui l'emploie (Cass. soc. 6-11-1985 n° 84-11.358 P). S'agissant des commissaires aux comptes et experts-comptables exerçant, à titre accessoire, une activité d'enseignement, voir n° 4430.

En revanche, selon l'administration, est présumé exercer une activité libérale et relève du **régime des indépendants** le formateur qui manifeste l'intention, en début d'activité, d'exercer en toute indépendance, à titre exclusif ou principal, et demande son immatriculation à l'Urssaf comme travailleur indépendant. Cette présomption se trouve renforcée lorsque l'intéressé a procédé à la déclaration d'activité visée à l'article L 6351-1 du Code du travail. Constituent aussi des critères d'indépendance excluant l'assujettissement au régime des salariés le pouvoir de négociation du formateur avec la clientèle, l'engagement de frais qui ne lui sont pas remboursés par le client, l'incertitude sur la réalisation effective de certaines interventions (Lettre min. 25-1-1988).

L'intervenant donnant des conférences aux adhérents d'une association ne relève pas du régime des salariés s'il fixe librement les dates et le thème des interventions, le nombre des participants et le montant de ses honoraires (Cass. soc. 23-5-1991 n° 88-20.259 : RJS 7/91 n° 878).

Les autres enseignants sont assujettis au régime des salariés s'ils exercent dans un établissement d'enseignement privé moyennant rémunération (Cass. soc. 23-5-1991 n° 89-12.855 : RJS 7/91 n° 884).

En ce qui concerne les professeurs de **disciplines sportives**, voir n° 4445, b.

Experts et conseils La jurisprudence et l'administration se sont prononcées sur certaines situations. 4430 B-I-12800 s F-I-19800 s

ILLUSTRATIONS

Le concours contre rémunération que les **comptables et experts-comptables** apportent à un centre de gestion agréé, auquel ils ont adhéré, en procédant à la vérification des documents comptables établis ou rassemblés par le personnel du centre et en faisant des exposés aux autres adhérents ne constitue pas une activité salariée (Cass. soc. 11-1-1990 n° 87-12.982 P : RJS 2/90 n° 150). En revanche, un expert-comptable et commissaire aux comptes est assujetti au régime des salariés dès lors qu'il exerce une activité salariée accessoire ne constituant pas le prolongement de son activité libérale : tel est le cas de l'enseignement dispensé régulièrement dans les locaux et aux seuls adhérents d'une association d'assistance aux professions libérales (qui définit les dates, thèmes et méthodes) moyennant une rémunération forfaitaire (Cass. soc. 19-11-1992 n° 90-15.201 D : RJS 1/93 n° 71) ou de l'enseignement dispensé, moyennant rémunération forfaitaire, dans les locaux et aux élèves d'un institut de formation selon un horaire et un programme imposés (Cass. soc. 7-7-1994 n° 91-17.232 D : RJS 8-9/94 n° 1048).

Sont des salariés les collaborateurs d'un **cabinet d'expertise automobile** dès lors que le responsable de celui-ci répartit entre eux les expertises qu'il entend leur confier et que, signant lui-même leurs rapports, il en effectue le contrôle et en assure la responsabilité de sorte que chacun d'eux, quelle que soit la liberté technique dont il dispose pour l'exécution de son travail, est soumis à un pouvoir de direction, d'instruction et de contrôle caractérisant le lien de subordination (Cass. soc. 20-12-1983 n° 82-14.502).

Les **experts des sociétés d'assurances** (experts automobiles, immobiliers, etc.) ne relèvent pas du régime des salariés s'ils interviennent dans des conditions identiques à celles des médecins experts non salariés visés n° 4440 (Cass. soc. 21-1-1993 n° 90-15.243 D : RJS 3/93 n° 307).

S'agissant des **experts judiciaires, commissaires-enquêteurs,** voir n° 4360.

4435 F-I-16250 s **Professions médicales et paramédicales** Les médecins, chirurgiens-dentistes, sages-femmes et auxiliaires médicaux exerçant à titre libéral relèvent du régime des travailleurs indépendants. Ceux qui sont soumis à des obligations de temps, de lieu ou de contrôle impliquant l'existence d'un lien de subordination sont, en revanche, assujettis au régime des salariés quel que soit le degré d'indépendance technique dont ils disposent.

ILLUSTRATIONS

Est assujetti au régime des salariés le médecin exerçant son **activité au sein d'un établissement de santé** qui, donnant des consultations selon un horaire préétabli, dans des locaux et avec du personnel et du matériel mis à sa disposition, n'a pas le choix des malades et est rémunéré à l'acte par l'établissement (en ce sens : Cass. soc. 18-3-1985 n° 83-13.174 ; 13-1-2000 n° 97-17.766 P : RJS 5/00 n° 573), mais pas le masseur-kinésithérapeute choisi par les malades, utilisant son propre matériel, fixant ses horaires et ses modalités d'intervention et payé à l'acte dont il détermine la cotation (Cass. soc. 11-2-1999 n° 97-12.083 D : RJS 4/99 n° 571).

Concernant l'activité exercée dans une maison de retraite, est assujetti le médecin généraliste tenu à une certaine fréquence dans ses visites et rémunéré à la vacation sur la base d'un forfait annuel (Cass. soc. 18-6-1986 n° 84-13.848 S), contrairement à l'infirmière dont les résidents constituent la clientèle dès lors qu'ils la choisissent et peuvent en changer, qui élabore l'organisation de son service et est payée par les pensionnaires ou les caisses et rétrocède une partie de ses honoraires à la maison de retraite (Cass. soc. 13-6-1996 n° 94-18.440 P : RJS 10/96 n° 1091 ; 23-1-1997 n° 95-10.223 D : RJS 3/97 n° 325).

Par ailleurs n'est pas assujetti au régime des salariés le médecin pratiquant des bilans de santé sur sa propre clientèle, moyennant des honoraires lui revenant après prélèvement d'une redevance par le centre médical pour l'utilisation du matériel et des locaux (Cass. soc. 11-6-1992 n° 89-21.959 P) ou celui qui effectue, moyennant honoraires calculés à l'acte, des interventions ponctuelles dans un institut médico-éducatif sans être chargé d'un contrôle médical permanent (Cass. soc. 27-2-1992 n° 89-17.467 D : RJS 4/92 n° 495).

En revanche doit être affilié au régime des salariés le médecin qui, dans le cadre d'un service organisé par une **société d'intervention médicale urgente** constituée sous la forme de **SARL,** doit répondre à tous les appels transmis par cette société suivant un tour de garde imposé et reverse à celle-ci un pourcentage des honoraires perçus (Cass. soc. 3-10-1979 n° 78-11.878). Il en va différemment lorsque la société est constituée en **association de la loi de 1901,** et cela en dépit des sujétions inhérentes à la continuité d'un service d'urgence. En effet, dans ce cas, l'activité des médecins ne s'exerce pas au profit de l'association mais dans leur propre intérêt (Cass. soc. 21-1-1987 n° 84-14.870 P). Faisant suite à ce dernier arrêt, l'administration a indiqué que ne doivent pas être assujettis au régime des salariés les médecins libéraux exerçant une partie de leur activité au sein de groupements lorsque certains éléments sont réunis : association dépourvue de but lucratif, participation du médecin aux instances délibérantes, apport financier ou matériel, activité personnelle de clientèle prépondérante, rémunération à l'acte, ordonnances établies au nom du médecin (Circ. Acoss 20-6-1988).

4440 Sont considérées comme salariées certaines activités occasionnelles ou de remplacement.

ILLUSTRATIONS

Doivent être affiliés au régime des salariés les médecins, dentistes, kinésithérapeutes apportant leur **collaboration à un confrère** sans supporter les risques du cabinet. Constituent aussi des indices de salariat l'absence de clientèle, la non-inscription du nom du collaborateur sur la plaque professionnelle, la rétrocession d'un pourcentage fixe des honoraires perçus trop important pour être considéré comme la contrepartie de l'usage des locaux et du matériel ou, a fortiori, le versement d'une rémunération forfaitaire (Cass. soc. 10-2-1982 n° 80-16.204 ; 22-2-1990 n° 87-17.709 D : RJS 4/90 n° 337 ; 16-5-1991 n° 89-13.806 D : RJS 7/91 n° 879).

De même doit être affiliée au régime des salariés la personne remplaçant pendant l'été un pharmacien biologiste à la tête de son laboratoire moyennant une rémunération forfaitaire (Cass. soc. 5-10-1989 n° 86-15.574 D : RJS 11/89 n° 880). En revanche ne relèvent pas du régime des salariés les médecins, dentistes ou kinésithérapeutes effectuant un remplacement chez un confrère sans contrôle de celui-ci, directement rémunérés par les clients dont ils conservent les honoraires dans les proportions convenues, supportant ainsi les aléas de cette activité temporaire (Cass. soc. 3-12-1981 n° 80-14.881 ; 18-3-1987 n° 85-11.167 S ; 19-7-2000 n° 96-15.283 FS-D : RJS 12/00 n° 1299).

Exerce une activité indépendante de **médecin expert** le médecin libéral effectuant des missions d'expertise pour une société d'assurances, en dehors de tout service organisé et fixant lui-même ses honoraires (Cass. soc. 20-12-1990 n° 88-15.875 P : RJS 2/91 n° 241 ; 23-5-1991 n° 87-15.775 P : RJS 7/91 n° 880). Est, en revanche, salarié le médecin-**conseil** tenu d'examiner pour avis, moyennant une rémunération forfaitaire, les personnes que lui désigne une caisse de retraite ou de prévoyance (Cass. soc. 25-1-1990 n° 87-10.751 D : RJS 3/90 n° 247 ; 12-7-1990 n° 88-12.923 P : RJS 8-9/90 n° 721).

S'agissant des **médecins collaborant occasionnellement à un service public,** voir n° 4360.
Les **étudiants en médecine employés comme auxiliaires médicaux** (par exemple, aides opératoires, gardes) doivent être assujettis au régime des salariés s'ils sont rétribués et tenus de se conformer aux ordres qui leur sont donnés ou de rendre compte de leur activité (Cass. soc. 12-2-1985 n° 83-13.104 P ; 10-5-1990 n° 85-10.958 P : RJS 6/90 n° 522).

Sportifs Sont considérés comme des salariés et relèvent donc du régime de ces derniers : **4445** C. sport art. L 222-2 L 222-2-11 **B-I-9700 s**
– les **sportifs professionnels** ayant pour activité rémunérée l'exercice d'une activité sportive dans un lien de subordination juridique avec une association ou une société sportive. En revanche, ceux participant librement, pour leur propre compte, à une compétition sportive sont présumés ne pas être liés à l'organisateur de la compétition par un contrat de travail et sont considérés comme des travailleurs indépendants ;
– les **entraîneurs professionnels** ayant pour activité principale rémunérée de préparer et d'encadrer l'activité sportive d'un ou de plusieurs sportifs professionnels salariés dans un lien de subordination juridique avec une association ou une société sportive et titulaires d'un diplôme, d'un titre à finalité professionnelle ou d'un certificat de qualification.

> Précisions a. La définition des sportifs et entraîneurs professionnels salariés est issue de la loi 2015-1541 du 27-11-2015. Toutefois, les critères généraux d'assujettissement au régime des salariés dégagés antérieurement par les tribunaux et l'administration conservent, selon nous, leur valeur. Ainsi, relèvent de ce régime les **joueurs promotionnels de football** (Cass. soc. 14-5-1992 n° 89-20.551 D : RJS 6/92 n° 789 ; 7-12-1995 n° 93-20.935 D : RJS 3/96 n° 328 ; Circ. DSS 94-60 du 28-7-1994, réputée abrogée).
b. Les **professeurs de sport** dans les associations, ligues ou clubs relèvent du régime des salariés lorsqu'ils exercent leur activité dans un lien de subordination vis-à-vis du club. Tel est le cas lorsque l'enseignant, soumis à des contraintes matérielles imposées par le club, dont il utilise les installations, n'a pour élèves que ses membres et est rémunéré par lui, forfaitairement ou en fonction des sommes versées par les élèves (notamment : Cass. soc. 11-3-1987 n° 84-17.772 ; 8-2-1990 n° 87-11.676 ; 10-10-1991 n° 89-13.804 : RJS 11/91 n° 1229). Sur l'assujettissement des moniteurs de ski, voir n° 4520.
c. Les sportifs professionnels ou amateurs **participant à des compétitions** organisées par une association moyennant une rémunération agissent dans le cadre d'un service de spectacle sportif organisé par l'association sous la subordination de celle-ci et relèvent à ce titre du régime des salariés. En ce sens : Cass. soc. 7-2-1974 n° 72-13.862 pour un coureur cycliste ; CA Paris 2-7-1990 n° 89/34356 : RJS 8-9/90 n° 723 pour un joueur de tennis.
d. Les **arbitres et juges** mentionnés à l'article L 223-1 du Code du sport relèvent du régime général (CSS art. L 311-3, 29°), mais les amateurs ne sont passibles des cotisations que sur la fraction de leurs rémunérations dépassant un seuil annuel fixé à 14,5 % du plafond annuel de la sécurité sociale, soit 5 964,72 € en 2021. Les obligations des intéressés et des fédérations sportives ou des organes ou ligues qu'elles ont créés sont précisées aux articles D 241-15 à D 241-20 du CSS (CSS art. L 241-16).
e. Les rémunérations versées à des sportifs au titre du **sponsoring** ne donnent pas lieu à assujettissement lorsqu'elles ont pour seul objet de permettre au sponsor d'exploiter l'image du joueur (Circ. DSS 94-60 du 28-7-1994, réputée abrogée).
Il en va autrement lorsque le contrat conduit le sportif à présenter un produit, un message publicitaire, ou à poser comme modèle ou lorsqu'il crée des obligations pour celui-ci (participation à des manifestations, démonstrations...) constitutives d'un lien de subordination (Circ. DSS 94-60 du 28-7-1994, réputée abrogée). Tel n'est pas le cas lorsque les obligations imposées au sportif sont limitées à des astreintes publicitaires et à la participation à certaines réunions qu'il peut choisir et ne relevant pas des activités de la société (Cass. soc. 16-1-1997 n° 95-12.994 D : RJS 3/97 n° 326).
Sont en revanche assujetties aux cotisations les sommes versées par les clubs à leurs salariés par le biais de versements à une société chargée d'exploiter le droit à l'image de ces derniers (Circ. DSS 94-60 du 28-7-1994, réputée abrogée).

Travail en famille Est affilié au régime général le **conjoint** d'un travailleur indépendant participant à l'entreprise ou à l'activité de son époux s'il remplit les **conditions** suivantes : **4450** CSS art. L 311-6 **B-I-11300 s** **F-I-9600 s**
– **participer** effectivement à l'activité **à titre professionnel et habituel** ;
– percevoir un **salaire** correspondant au salaire normal de sa catégorie professionnelle. S'il exerce dans l'entreprise des activités diverses ou une activité non définie par une convention collective, sa rémunération horaire est au moins égale au Smic ;
– être en situation de **subordination** dans l'accomplissement du travail (Cass. soc. 18-12-1997 n° 96-14.561 D : RJS 3/98 n° 360).

Le conjoint du travailleur **indépendant** fait l'objet d'un exposé d'ensemble n°s 79820 s.

Le **lien de parenté** n'exclut pas nécessairement le lien de subordination, même si peuvent entrer en jeu les notions d'entraide familiale et d'obligation alimentaire. Peuvent être ainsi assujettis au régime des salariés les enfants, frères, sœurs ou ascendants employés par un membre de leur famille. En principe, l'assujettissement à la sécurité sociale est obligatoire si la **subordination** est effective et la **rémunération** réelle (jurisprudence constante, notamment Cass. 2e civ. 25-11-1965 no 63-11.226).

C. Assujettissement des travailleurs indépendants

ASSURANCE MALADIE-MATERNITÉ

4520 CSS art. L 611-1 F-I-4900 s Relèvent du régime général au titre de l'assurance maladie-maternité :
– les travailleurs indépendants non affiliés au régime d'assurance vieillesse des travailleurs indépendants agricoles, c'est-à-dire les artisans, industriels et commerçants et les membres des professions libérales, y compris les avocats non salariés : voir no 79725 (professionnels libéraux) et no 79910 (avocats) ;
– les conjoints collaborateurs et associés de ces travailleurs indépendants, sous certaines réserves : voir no 79825 (conjoints collaborateurs) et no 79850 (conjoints associés) ;
– les **débitants de tabac** ;
– les **moniteurs de ski** titulaires d'un brevet d'État ou d'une autorisation d'exercer, organisés en association ou en syndicat professionnel ;
– les mandataires judiciaires agréés à la protection des majeurs ;
– les **loueurs en meublés,** de **biens meubles** et de **chambres d'hôtes,** sous certaines conditions : voir nos 79925, 79930 et 79935.

› Précisions **a.** Depuis le 14-6-2018, l'**associé unique d'EURL** à caractère non agricole ne figure plus dans cette liste en application de l'ordonnance 2018-470 du 12-6-2018. Toutefois, il continue de relever, sous les mêmes réserves qu'antérieurement, du régime général au titre de l'assurance maladie-maternité : voir no 28470.
b. Voir pour les collaborateurs libéraux no 79810, les pluriactifs nos 79870 s. et les pensionnés actifs no 79900.

ASSURANCE VIEILLESSE DE BASE

4525 CSS art. L 631-1 Relèvent du régime général au titre de l'assurance vieillesse de base les personnes mentionnées no 4520, sauf celles qui sont affiliées aux régimes d'assurance vieillesse et invalidité-décès des professions libérales (no 79725) ou des avocats (nos 81850 s.).

› Précisions **a.** Les personnes exerçant une activité professionnelle classée par décret dans le groupe des professions industrielles et commerciales relèvent du régime général. Ont, par exemple, été classés dans ce groupe, lorsqu'ils devaient s'inscrire à la fois au **registre du commerce et au répertoire des métiers,** les professionnels suivants : les bouchers (Décret 49-1210 du 28-8-1949) ; les boulangers, boulangers-pâtissiers (Décret 49-1211 du 28-8-1949) ; les pâtissiers, pâtissiers-confiseurs et pâtissiers-glaciers (Décret 50-815 du 29-6-1950) ; les chocolatiers et confiseurs (Décret 52-682 du 12-6-1952) ; les restaurateurs (Décret 55-1720 du 29-12-1955) ; les préparateurs et commerçants en détail de poissons et coquillages frais ou à l'état frais et les personnes exerçant la décoration et composition en fleurs et plantes naturelles, sauf la location (Décret 86-654 du 18-3-1986).
Certaines **activités non commerciales** ont été, par ailleurs, classées dans ce même groupe. C'est le cas, par exemple, pour les chefs d'établissements d'enseignement privé (Décret 55-543 du 14-5-1955), certains exploitants d'auto-écoles (Décret 56-160 du 28-1-1956) ou marchands de journaux (Décret 50-1388 du 31-10-1950).
b. L'appartenance à un régime social d'un **pays étranger non membre de l'Espace économique européen** ne dispense pas le commerçant de ses obligations vis-à-vis du régime français.

ASSURANCE VOLONTAIRE

SOMMAIRE

A. Caractéristiques générales de l'assurance volontaire

L'assurance volontaire s'adresse aux personnes non protégées à titre obligatoire contre certains risques sociaux. 5100

Certaines catégories de personnes peuvent ainsi s'assurer volontairement contre les risques **accidents du travail**-maladies professionnelles et **invalidité.** Elles peuvent également acquérir des droits dans le cadre d'une assurance **vieillesse** volontaire ou procéder au rachat de cotisations de retraite.

En matière d'**assurance maladie,** l'existence de la protection universelle maladie (nos 50120 s.) rend inutile tout dispositif d'assurance volontaire pour la prise en charge des frais de santé. Des possibilités d'assurance volontaire sont ouvertes aux expatriés.

B. Accidents du travail

Toute personne qui n'est **pas assujettie obligatoire** contre le risque accidents du travail et maladies professionnelles peut souscrire une assurance volontaire à ce titre auprès de la caisse primaire de sa résidence habituelle (adresses sur www.ameli.fr). 5160 CSS art. L 743-1 R 743-1 à R 743-3 R 743-9 H-II-1 s

La **cotisation** est assise sur le revenu professionnel que l'assuré doit déclarer annuellement à la caisse.

Le taux applicable est celui des assurés du régime général ayant la même activité professionnelle, diminué de 20 % (CSS art. D 242-6-11, al. 5 ; Arrêté TASS9523413A du 6-12-1995 modifié).

Les **prestations** sont les mêmes que celles du régime obligatoire. Par exception, les indemnités journalières en cas d'incapacité temporaire ne sont pas versées aux assurés volontaires.

› Précisions **a.** La caisse notifie sa **décision** dans un délai d'un mois. Les droits de l'assuré prennent effet à compter du premier jour du mois suivant la décision. Ils cessent au dernier jour du trimestre civil en cours sous réserve de l'acquittement des cotisations.
b. Sauf pour les conjoints collaborateurs de travailleurs non salariés non agricoles, qui cotisent sur une assiette forfaitaire égale au salaire minimum visé au n° 1135, la base de calcul des **cotisations** ne peut être :
– ni **inférieure** au salaire minimal à partir duquel sont calculées les rentes d'accidents du travail lorsque l'incapacité permanente est au moins égale à 10 % ;
– ni **supérieure** au plafond retenu pour le calcul des cotisations (n° 90020).
Dans le cas où l'assuré bénéficie également de l'assurance volontaire invalidité-vieillesse du régime général, la base annuelle de calcul des cotisations dépend de la catégorie dans laquelle l'intéressé se trouve rangé (n° 5235), sans pouvoir toutefois être inférieure au minimum ci-dessus.
En dehors du premier versement, les cotisations, qui sont trimestrielles, sont payables d'avance dans les 15 premiers jours du mois précédant le trimestre civil d'assurance.
c. La **déclaration** d'accident du travail ou de maladie professionnelle incombe à l'assuré volontaire.
d. Pour les **salariés expatriés,** voir n° 5280.

C. Invalidité-vieillesse

ASSURANCE VOLONTAIRE DU RÉGIME GÉNÉRAL

5220 CSS art. L 742-1 L 762-1 **H-I-50 s** L'assurance volontaire invalidité vieillesse du régime général bénéficie aux **personnes** énumérées ci-après, moyennant **cotisation** (montant : n° 5235). La demande est à présenter à la caisse primaire d'assurance maladie du domicile (adresses sur www.ameli.fr).

Les **prestations** versées sont celles du régime obligatoire : voir n°s 44660 s. pour l'invalidité et n°s 67510 s. pour la vieillesse.

Le cas des **expatriés** est traité à part : voir n°s 5260 s.

5225 **Invalidité et vieillesse** L'assurance volontaire invalidité et vieillesse est ouverte :
– aux **anciens assurés obligatoires,** c'est-à-dire à toute personne qui, ayant été affiliée obligatoirement pendant 6 mois au moins, cesse de remplir les conditions de l'assurance obligatoire, que ce soit à l'égard du régime général, d'un régime spécial ou du régime des assurances sociales agricoles. La demande d'adhésion doit être présentée dans un délai de 6 mois (CSS art. R 742-1 à R 742-3) ;
– aux personnes qui, sans être rémunérées (si elles l'étaient elles seraient assujetties obligatoires), remplissent effectivement les fonctions et obligations de la **tierce personne** auprès de leur conjoint ou d'un membre de leur famille, infirme ou invalide, et ne relèvent pas de l'assurance vieillesse au titre des personnes assumant la **charge d'un handicapé** prévue par l'article L 381-1 du CSS. Pour celles qui sont couvertes par cette dernière, l'affiliation à l'assurance volontaire est ouverte pour le **seul risque invalidité.** La demande est à présenter à la caisse primaire dans un délai de 10 ans à compter, selon le cas, du début de l'activité au service de la personne infirme ou invalide ou de la date à laquelle les intéressés cessent de relever de l'assurance vieillesse visée à l'article L 381-1 du CSS (CSS art. R 742-9 et R 742-10).

5230 **Risque vieillesse** La faculté de s'assurer contre le risque **vieillesse seul** est offerte à toute personne résidant en France, sans activité professionnelle, qui se consacre à l'éducation d'au moins un enfant à la charge de son foyer et âgé de moins de 20 ans à la date de la demande, sous réserve de ne pas relever à titre personnel d'un régime obligatoire d'assurance vieillesse. Sauf reprise d'une activité professionnelle, elle peut y rester affiliée sans limitation de durée (CSS art. D 742-1 et D 742-2). Pour le taux et le montant de la cotisation, voir n° 5235 (assurance vieillesse des personnes chargées de famille).

> **Précisions** **a.** Peut également s'assurer contre le risque vieillesse seul les personnes résidant **hors de France,** sous réserve d'avoir été à la charge d'un régime obligatoire français d'assurance maladie pendant 5 ans et de remplir les conditions exposées ci-dessus. La demande doit être adressée à la Caisse des Français de l'étranger (CFE) : www.cfe.fr (CSS art. R 742-2 et R 742-30).
> **b.** Les personnes résidant en France peuvent en outre adhérer à l'assurance volontaire **invalidité** dite « parentale » à condition de ne pas être atteintes d'une affection congénitale ou acquise invalidante à la date de la demande, laquelle est à présenter à la caisse primaire du domicile (CSS art. R 742-21-1 et D 742-12-3).

Barème des cotisations pour 2021 5235

Bases et montants	Taux %	Ressources au moins 41 136 €	entre 20 568 € et 41 136 €	moins de 20 568 €	moins de 22 ans
		1e catég.	2e catég.	3e catég.	4e catég.
Base annuelle de la cotisation		€ 41 136	€ 30 852	€ 20 568	€ 10 284
Montant trimestriel de la cotisation		€	€	€	€
Inv. Vieil.	18,65	1 918	1 438	959	479
Invalidité	0,90	93	69	46	23
Vieillesse [1]	17,75	1 825	1 369	913	456

1. Les bénéficiaires de l'indemnité de soins aux tuberculeux prévue à l'article L 41 du Code des pensions militaires d'invalidité et des victimes de la guerre, ayant adhéré à l'assurance volontaire avant le 1-12-1982, cotisent pour les risques « Vieillesse » sur la base de la 3e catégorie.

Personnes chargées de famille (no 5230) : base forfaitaire trimestrielle : 5 197 € (507 Smic horaire au 1-1-2021 ; taux vieillesse : 17,75 %, cotisation trimestrielle : 922 € ; taux invalidité parentale : 1,77 %, cotisation trimestrielle : 92 €.

Assurance accidents du travail (no 5160) : Base 1e catégorie = 41 136 € ; 2e catégorie = 30 852 € ; 3e et 4e catégories = 18 576 €.

Assurance volontaire des membres de la famille (tierce personne : no 5225) : Base : 5 146 € (507 fois Smic horaire au 1-7-2020) ; taux invalidité-vieillesse : 18,65 %, cotisation trimestrielle : 960 € ; invalidité : 0,90 %, cotisation trim. : 46 €.

ASSURANCE VOLONTAIRE DES INDÉPENDANTS

Peuvent adhérer volontairement à l'assurance vieillesse des travailleurs indépendants : 5240 CSS art. L 742-6, H-I-1000 s

– les personnes ayant exercé une des activités relevant de l'article L 611-1 du CSS (no 4520) et résidant **hors du territoire français** ;

– les personnes ayant exercé en dernier lieu une telle activité et qui soit ne peuvent prétendre en raison de leur **âge** aux prestations de vieillesse et n'exercent aucune activité professionnelle susceptible de les assujettir à un régime de sécurité sociale, soit ont cessé d'exercer directement leur activité en raison de la mise en **location-gérance** de leur fonds dont elles conservent la propriété ;

– les **conjoints collaborateurs** d'artisan, d'industriel, de commerçant ou de professionnel libéral (avocats compris) qui ne peuvent prétendre en raison de leur âge au service de prestations de vieillesse, et n'exercent aucune activité professionnelle susceptible de les assujettir à un régime d'assurance vieillesse obligatoire ;

– les personnes qui, sans bénéficier d'un régime obligatoire, participent à l'**exercice** d'une **activité** professionnelle **non salariée,** artisanale, industrielle ou commerciale.

Les organismes habilités à recevoir la demande sont les caisses d'assurance retraite et de la santé au travail (Carsat) pour les artisans, industriels et commerçants (adresses : www.lassuranceretraite.fr). Pour les professionnels libéraux, il faut s'adresser aux sections professionnelles concernées (liste et adresses : www.cnavpl.fr). Pour les collaborateurs d'avocats, s'adresser à la CNBF (coordonnées de contact sur : www.cnbf.fr).

Les **cotisations** sont déterminées à l'intérieur de chaque régime. Lorsque celui-ci comporte une assurance complémentaire obligatoire (retraite ou invalidité-décès), elle est nécessairement comprise dans l'adhésion.

Les **prestations** sont celles du régime obligatoire correspondant.

RACHAT DE COTISATIONS

Diverses possibilités de rachat de cotisations de retraite sont ouvertes à **titre permanent** à certaines catégories. Les plus courants sont les suivants : 5250 H-I-1500 s

a. Le régime général des **salariés** et les régimes de base des **artisans, industriels et commerçants et des professions libérales** (y compris les avocats) permettent le rachat, dans la limite globale de 12 trimestres, des années d'**études** ayant donné lieu à l'obtention d'un diplôme et des années civiles d'affiliation à ces régimes validées pour **moins de 4 trimestres** (CSS art. L 351-14-1, L 634-2, L 643-2 et L 653-5). Des tarifs préférentiels de rachat sont prévus pour les périodes de formation initiale et certaines périodes d'exercice de la profession d'assistant maternel et d'apprentissage (CSS art. L 351-14-1, II à IV, D 351-14-1 à D 351-14-3). Les périodes rachetées ne sont pas prises en compte pour l'ouverture du droit à la retraite anticipée pour longues carrières (CSS art. L 173-7).

Pour les **salariés,** les années d'études peuvent également être rachetées dans le **régime complémentaire** Agirc-Arrco.

b. Les années civiles d'exercice exclusif d'une **activité indépendante** artisanale, industrielle ou commerciale dont le **revenu** a été **trop faible** pour obtenir la validation de 4 trimestres par le régime de base peuvent également donner lieu au rachat des trimestres manquants, dans leurs régimes de base et complémentaire d'assurance vieillesse, sur le fondement d'un texte spécifique. Au cours de l'année de cessation d'activité, le versement complémentaire nécessaire à la validation de 4 trimestres pour cette année peut aussi être effectué (CSS art. L 634-2-1, I). Ce rachat doit être effectué dans les 6 ans suivant la date à laquelle les revenus professionnels de l'année rachetée sont définitivement connus, dans le premier cas, et dans le délai d'un an à compter de la date de cessation, dans le second (CSS art. D 634-2-3).

D. Assurance volontaire des expatriés

5260 CSS art. L 762-1 s

Les ressortissants d'un État membre de l'Union européenne, d'un autre État partie à l'accord sur l'Espace économique européen ou de la Confédération suisse qui résident à l'étranger et ne sont pas soumis à la législation française de sécurité sociale en application d'une convention internationale ou des dispositions visées au n° 78750, peuvent s'assurer volontairement auprès de la **Caisse des Français de l'étranger** (CFE : site internet, www.cfe.fr) contre les risques suivants :

1. maladie-maternité ;
2. invalidité et accidents du travail ;
3. vieillesse dans les conditions prévues aux articles L 742-1 et L 742-6 (n°s 5220 s.).

> **Précisions** Lors de son **retour définitif en France,** l'assuré qui cotisait à l'assurance volontaire maladie-maternité conserve son droit aux prestations de l'assurance volontaire pendant une durée maximale de 3 mois à compter du premier jour de résidence en France, tant qu'il n'est pas couvert par un régime obligatoire de base, sous réserve qu'il ait tenu la CFE informée de son retour définitif en France. Ce maintien de droit s'applique également aux membres de sa famille. Pour l'ouverture du droit aux prestations en espèces des assurances sociales, les périodes d'affiliation aux assurances volontaires maladie-maternité et invalidité sont assimilées à des périodes de travail salarié (CSS art. R 762-8 et R 762-19).

RÈGLES GÉNÉRALES

5265 CSS art. L 762-2 R 762-1

Sous réserve des particularités ci-après (n°s 5270 s.), l'**adhésion** à la CFE prend effet le premier jour du mois qui suit la réception par la CFE de la demande ou à la date demandée par l'assuré si elle n'est pas antérieure à son transfert à l'étranger.

Les **cotisations** sont dues à compter de la date d'effet de l'adhésion et font l'objet de paiements réguliers, fixés par la caisse, qui peuvent être mensuels, trimestriels ou annuels. Elles sont exigibles et payables en euros à la caisse avant le dernier jour précédant la période à laquelle elles se rapportent. Leur **mode de calcul** dépend toutefois du risque pour lequel l'assuré cotise.

Le versement des **prestations** relatives aux risques maladie-maternité et invalidité-accident du travail (n° 5260) est subordonné à la **justification** du paiement des cotisations exigibles à la date des soins, de l'accident de travail, ou de la constatation de l'invalidité ou de la maladie professionnelle.

> **Précisions** **a.** L'expatrié peut adhérer à l'une, à l'autre ou à toutes les assurances de la CFE.
> Purement facultative, l'adhésion à la CFE n'entraîne pas l'assujettissement à la **CSG** et à la **CRDS,** les intéressés n'étant pas à la charge d'un régime obligatoire français d'assurance maladie, voir n°s 25010 s.
> L'adhésion à la CFE ne permet pas au salarié expatrié d'échapper à l'application de la **législation de sécurité sociale de l'État d'expatriation,** lorsque celle-ci est obligatoire.
> **b.** Même si la **périodicité** de paiement des cotisations est **inférieure au trimestre,** tout trimestre entamé est dû, sauf lorsque les personnes informent la caisse qu'elles cotisent à un régime obligatoire de base en cas de retour en France.
> **c.** Les **entreprises** peuvent effectuer les **formalités** nécessaires à l'adhésion pour le compte de leurs salariés expatriés et **prendre en charge** leurs cotisations en tout ou partie. Lorsqu'il accepte cette prise en charge et qu'il effectue les formalités nécessaires à l'adhésion de ses salariés aux assurances volontaires ou à certaines d'entre elles, l'employeur doit informer expressément la CFE de sa volonté de se substituer aux salariés pour le paiement de tout ou partie des cotisations.

MALADIE-MATERNITÉ

La **demande** d'adhésion à l'assurance volontaire maladie-maternité peut être faite à **tout moment** sans droit d'entrée. Elle prend effet et le droit aux prestations est ouvert à l'issue de délais fixés en fonction du risque couvert et de l'âge de l'assuré. **5270** CSS art. L 762-5 s L 762-7 L 762-7-1 R 762-4 R 762-12 R 762-19 D 762-10 Arrêté SSAS1900252A du 3-1-2019 modifié

La **cotisation** est forfaitaire. Son montant est fixé par arrêté en fonction de l'appartenance à une tranche d'âge et de la composition de la famille de l'assuré. Il peut également être modulé selon les ressources de l'assuré, l'ancienneté de l'adhésion et, pour les entreprises, en fonction du nombre de salariés adhérents à la CFE.

L'assurance ouvre droit aux **prestations en nature** visées aux 1°, 2°, 3° et 4° de l'article L 160-8 et L 160-9 du CSS (frais médicaux, frais de transport, etc., à l'exception des frais relatifs à certains examens de dépistage et de prévention). Elles ne sont servies que si l'adhérent est **à jour de ses cotisations** lors de la survenance du risque (n° 5265).

En contrepartie de cotisations supplémentaires, les **salariés** peuvent prétendre aux prestations suivantes : indemnités journalières maladie et maternité, attribution d'un capital décès au profit des ayants droit, pension d'invalidité pour les salariés adhérents à titre individuel.

> Précisions a. Lorsque les **cotisations n'ont pas été versées** à l'échéance prescrite, la CFE invite le redevable à régulariser sa situation dans le mois suivant. À défaut, l'intéressé encourt la **radiation** de l'assurance volontaire. Les dispositions visées aux n°s 24050 s. sont applicables en cas de prise en charge des cotisations par l'employeur.

b. Les **remboursements** des soins s'effectuent, selon des modalités fixées par l'arrêté SSAS1918557A du 25-6-2019 (JO 3-7) sur la **base** des dépenses réellement exposées, dans la limite d'un taux de prise en charge ou d'un forfait, déterminé par pays et par type de soins par référence aux tarifs appliqués en France pour des soins analogues. En tout état de cause, si les dépenses exposées sont manifestement **excessives** au regard du coût moyen des soins analogues dans le pays d'expatriation, la CFE peut ajuster les remboursements sur la base de ce coût moyen (CSS art. L 762-6-1).

Lorsque l'importance des dépenses le justifie, la CFE peut faire procéder à un **examen médical** de l'assuré avant d'autoriser la prise en charge des frais de soins (CSS art. L 762-6-2).

Lorsque les soins sont dispensés lors des **séjours en France,** les prestations sont servies et prises en charge par la CFE à condition que les assurés n'aient pas droit, à un titre quelconque, à ces prestations sur le territoire français (CSS art. L 762-6-3).

c. Les **prestations supplémentaires** sont couvertes par des cotisations dont l'assiette est égale à la moitié, aux 2/3 ou au montant du plafond de la sécurité sociale selon que la rémunération des intéressés est inférieure aux 2/3 du plafond, comprise entre les 2/3 et le montant du plafond ou supérieure à ce plafond (CSS art. D 762-10).

ACCIDENTS DU TRAVAIL-MALADIES PROFESSIONNELLES

La **demande** d'adhésion à l'assurance volontaire accidents du travail et maladies professionnelles peut être faite à **tout moment.** L'adhésion prend effet au jour de la notification de la décision de la caisse et au plus tard le premier jour du mois qui suit la réception de la demande, sauf dans le cas où la demande a été effectuée **avant le départ de France.** En ce cas, elle prend effet à la date de début d'activité à l'étranger. **5280** CSS art. L 762-8 s R 762-23 s D 763 s

Les **cotisations** et les **prestations** sont calculées sur la base du salaire annuel de l'intéressé qui est tenu de le déclarer à la CFE. Le montant pris en compte, exprimé en euros, ne peut être inférieur, pour une année civile donnée, au salaire minimum visé au n° 1135 sans pouvoir excéder 8 fois ce montant.

Le taux de la cotisation est fixé à 1,15 %. Pour les entreprises mandataires de leurs salariés, ce taux subit un abattement dont l'importance est fonction du nombre de contrats souscrits.

Les prestations sont celles de droit commun. Pour le calcul des indemnités journalières, le salaire journalier à retenir est égal au 1/300 du salaire annuel précité.

> Précisions a. La **déclaration** d'accident doit être établie par la victime ou son représentant. Elle doit, sauf motif grave, être adressée à la CFE dans les 48 heures qui suivent l'accident. En vue du paiement des indemnités journalières, l'assuré doit fournir une **attestation** certifiant que son salaire ne lui est pas maintenu intégralement ou partiellement par son employeur pendant la période d'incapacité temporaire. Si, durant cette période, l'employeur maintient tout ou partie du salaire, il est subrogé de plein droit à la victime dans les droits de celle-ci aux indemnités journalières à due concurrence des sommes qu'il a versées.

b. La CFE peut accorder des **ristournes** sur le taux des cotisations d'assurance volontaire accidents du travail et maladies professionnelles dues par les salariés d'entreprises mandataires d'au moins 10 adhérents pour ce risque durant 3 années civiles consécutives. L'effectif s'entend de la moyenne annuelle du nombre de salariés cotisants au premier jour de chaque trimestre civil. Ces ristournes ne peuvent dépasser 25 % du taux de la cotisation.

c. La couverture des risques d'accidents du travail et de maladies professionnelles ouverte au travailleur expatrié qui adhère à l'assurance

5280 (suite) volontaire est limitée aux seules prestations prévues au titre de la législation professionnelle. La CFE ne peut donc être tenue de faire l'avance des prestations et indemnités allouées à la victime au titre de la **faute inexcusable** de l'employeur (Cass. 2e civ. 16-7-2020 no 18-24.942 FS-PBI : RJS 10/20 no 512).

d. Les salariés, ou leurs employeurs agissant pour leur compte, bénéficient également d'une prise en charge des frais engagés à la suite d'un accident survenu à l'occasion d'un **trajet** (aller ou retour) effectué pour raisons professionnelles entre le lieu habituel de résidence en France et le lieu de domicile à l'étranger.

CAPITAL DÉCÈS

OBJET DU CAPITAL DÉCÈS

L'assurance décès du régime général de sécurité sociale **garantit aux ayants droit** d'un assuré, à son décès, le paiement d'une somme dite « capital décès », destinée à faire face aux premières dépenses. **6000** CSS art. L 361-1 D-III-6500 s

Sur l'assurance décès résultant d'un régime de **prévoyance complémentaire d'entreprise,** notamment celle obligatoire des **cadres** et assimilés, voir n°s 59170 s. S'agissant de l'allocation forfaitaire pouvant être versée aux parents d'un **enfant décédé,** voir n° 58220.

CONDITIONS D'OUVERTURE DU DROIT AU CAPITAL DÉCÈS

Pour ouvrir droit au capital décès, l'assuré devait être, **moins de 3 mois avant son décès** : **6040** CSS art. L 313-1 L 361-1 R 313-1 R 313-6 R 361-2 R 361-3 D-III-6660 s
– salarié et justifier d'une certaine durée d'activité salariée ou assimilée ;
– bénéficiaire d'une allocation de conversion, de l'allocation de sécurisation professionnelle ou de l'un des revenus de remplacement en cas de chômage ;
– titulaire d'une pension d'invalidité ou d'une rente d'incapacité permanente correspondant à un taux mentionné n° 1155 ;
– bénéficiaire d'un maintien de droits aux prestations du régime général dans les conditions visées n° 50325.

Ces conditions s'apprécient à la **date du décès,** quels qu'en soient le lieu, la cause ou les circonstances (maladie, accident, suicide…) et la nationalité de l'assuré.

› **Précisions** **a.** Ouvre droit au capital l'assuré justifiant d'un montant minimal de **cotisations** assises sur ses rémunérations (assiette d'au moins 60 Smic sur un mois civil ou 30 jours consécutifs, 120 Smic sur 3 mois civils, 400 Smic sur une année civile) ou d'un **volume d'heures de travail** minimal (60, 120 ou 400 heures sur les mêmes périodes de référence, les 3 mois pouvant s'apprécier ici de date à date). La valeur du Smic à retenir est celle au premier jour de la période.
b. Les périodes d'**inactivité** assimilées à des périodes d'emploi salarié sont appréciées de la même façon qu'en matière d'assurance maladie (n° 50320).
c. Les **préretraités** ouvrent droit au capital décès si leur contrat n'est pas rompu (Cass. soc. 9-4-1998 n° 96-18.999 P-B : RJS 5/98 n° 639) ou, s'il l'est, pendant 12 mois à compter de la cessation d'activité en raison du maintien de droits. Sur l'allocation décès versée par **Pôle emploi,** voir n° 57135, c.
d. Sur l'ouverture du droit au capital décès pour les **chômeurs** pas ou plus indemnisés, voir n° 7130 et pour les **étrangers,** voir n° 36045.

BÉNÉFICIAIRES

Bénéficiaires prioritaires Le capital décès est versé par priorité aux personnes qui étaient, au jour du décès, à la **charge effective, totale et permanente** de l'assuré, sans qu'un lien familial entre l'assuré et le bénéficiaire soit exigé. **6045** CSS art. L 361-4 R 361-3 D-III-7320 s

S'il y a **plusieurs** bénéficiaires prioritaires, le capital est versé dans l'**ordre de préférence** suivant : au conjoint ou partenaire lié par un Pacs, aux enfants, aux ascendants. En cas de **droit égal** de priorité, le capital doit être partagé (Rép. Le Baill : AN 26-11-1984 n° 54185).

› **Précisions** **a.** Sont bénéficiaires prioritaires, à condition d'avoir été à la charge du défunt, son **concubin,** son **conjoint séparé** de fait ou de droit, son **frère** ou sa **sœur.** Ils ne peuvent en revanche bénéficier du capital en qualité de bénéficiaires non prioritaires au sens indiqué n° 6050.
b. Si l'**administration** semble admettre que des personnes à la charge de l'assuré disposant de ressources personnelles minimes soient considérées comme bénéficiaires prioritaires, la **Cour de cassation** apprécie la notion de charge effective, totale et permanente de manière plus stricte. Ainsi, n'est pas bénéficiaire prioritaire la concubine d'un assuré décédé ayant participé pendant la vie commune au remboursement d'un prêt contracté en vue de l'acquisition d'un logement commun (Cass. soc. 17-2-1988 n° 85-17.043 D), la veuve bénéficiant d'une allocation d'aide sociale (Cass. soc. 15-6-1978 n° 77-11.084 P) ou l'enfant se bornant à invoquer l'obligation alimentaire incombant au parent défunt (Cass. soc. 6-4-1995 n° 92-18.432 D : RJS 5/95 n° 572).

Bénéficiaires non prioritaires Si, dans le mois qui suit le décès, **aucune priorité** n'a été invoquée, le capital décès est attribué dans l'**ordre de préférence** suivant : conjoint survivant non séparé de droit ou de fait ou partenaire de Pacs, à défaut descendants, à défaut ascendants. **6050** CSS art. L 361-4 R 361-5 D-III-7550 s

› **Précisions** Le capital ne peut pas être attribué à un ascendant si l'assuré laisse un descendant, même si ce dernier a **renoncé à la succession** (Cass. soc. 7-3-1984 n° 81-14.961 P).

DEMANDE

6100 CSS art. L 332-1 R 361-4 D-III-8100 s La demande de capital décès doit être faite sur un **formulaire Cerfa** disponible sur www.ameli.fr, accompagnée de **pièces justificatives** (notamment livret de famille et RIB), et adressée à la caisse primaire d'assurance maladie dont relevait l'assuré décédé.

› Précisions a. Si le bénéficiaire est un **descendant mineur,** la demande est présentée par son représentant légal ou, à défaut, par le tribunal judiciaire qui désignera la personne ou l'établissement dépositaire du montant du capital.
b. L'action pour le paiement du capital décès se **prescrit** par 2 ans. Ce délai n'est pas suspendu par la minorité des ayants droit (Cass. soc. 5-5-1977 nº 76-10.577 P). Il **court** à partir du jour du décès ou de la date à laquelle les bénéficiaires en ont eu connaissance, dès lors qu'ils prouvent l'ignorance légitime dans laquelle ils se trouvaient de la disparition de l'assuré (Cass. soc. 9-3-1995 nº 92-13.992 P : RJS 4/95 nº 432).
c. Si les **bénéficiaires prioritaires** ne disposent que d'un mois pour invoquer la priorité d'attribution (nº 6045), ils peuvent réclamer le paiement du capital plus d'un mois après ce délai, s'il est toujours disponible et si la demande est présentée dans le délai de prescription de 2 ans (Cass. soc. 20-1-2000 nº 98-12.495 PB : RJS 3/00 nº 328).

MONTANT ET VERSEMENT

6105 CSS art. L 361-1 R 362-1 D 361-1 D-III-7850 s D-III-8350 s Le montant **forfaitaire** du capital décès est fixé à 3 472 € depuis le 1-4-2020. Il est en principe **revalorisé** chaque année dans les mêmes conditions que les pensions d'invalidité (voir nº 44665).

Le capital est versé par la caisse primaire au **requérant** ou au **tiers désigné** pour l'encaissement s'il est empêché d'y procéder lui-même. Dans ce dernier cas, la **délégation de créance** faite au tiers par le bénéficiaire du capital décès ne peut pas être supérieure au 1/24 du plafond annuel retenu pour le calcul des cotisations de sécurité sociale (1 714 € au 1-1-2021).

RÉGIME FISCAL ET SOCIAL

6115 CSS art. L 361-5 D-III-8400 s Le capital décès est **incessible et insaisissable,** sauf pour le paiement de dettes alimentaires ou le recouvrement du capital indûment versé à la suite d'une manœuvre frauduleuse ou d'une fausse déclaration.

Il est exclu de l'assiette des **cotisations** de sécurité sociale, de la **CSG** et de la **CRDS** (Lettre circ. Acoss 97-7 du 17-1-1997).

Le capital décès échappe, en principe, aux **droits de succession.**

CHÔMAGE

SOMMAIRE

I. ASSURANCE CHÔMAGE

A. Organisation

À partir d'un **cadre légal,** les partenaires sociaux négocient des accords qui déterminent la réglementation d'assurance chômage et prennent la forme d'une convention, d'un règlement général et d'annexes. **6300** C. trav. art. L 5311-1 L 5422-20 à L 5422-24 L 5427-1 **QA-II-100 s**

Le dispositif actuel est, pour l'essentiel, issu du décret 2019-797 du 26-7-2019 instituant un nouveau règlement d'assurance chômage selon des règles déterminées par le Gouvernement à la suite de l'échec des dernières négociations entre les partenaires sociaux gestionnaires de l'Unédic.

Le régime d'assurance chômage est **géré** paritairement, au niveau national, par l'Unédic et, au niveau local, par Pôle emploi dans les conditions visées nº 32980.

Ces organismes participent au **service public de l'emploi,** qui comprend notamment le placement, l'indemnisation, l'insertion, la formation et l'accompagnement des demandeurs d'emploi.

B. Champ d'application

Le régime d'assurance chômage s'applique à tous les employeurs du **secteur privé** situés sur le territoire métropolitain, dans les DOM, à Saint-Pierre-et-Miquelon, Saint-Barthélemy et Saint-Martin, ainsi qu'à Monaco. Il concerne tous les salariés titulaires d'un contrat de travail, y compris les bénéficiaires d'un contrat d'apprentissage ou de professionnalisation. **6330** C. trav. art. L 5422-13 Décret 2019-797 du 26-7-2019 art. 1 et 2 **QA-II-2500 s**

› Précisions a. Il s'applique notamment aux **travailleurs** suivants : salarié détaché à l'étranger, salarié expatrié visé nº 78895, conjoint salarié du chef d'une entreprise commerciale, artisanale ou libérale (Dir. Unédic 13 du 27-3-2008), fonctionnaire employé par une entreprise du secteur privé, qu'il soit détaché, mis à disposition ou en disponibilité, hors cadre ou en congé spécial (Cass. soc. 27-6-2000 nº 97-43.536 FS-PBI : RJS 9-10/00 nº 1016 ; Dir. Unédic 12 du 26-2-2003), salariés des ambassades et consulats situés en France affiliés au régime général de la sécurité sociale (Règl. art. 2 bis).

b. Sont **exclus** du régime d'assurance chômage les détenus et les bénéficiaires d'une convention de stage (Dir. Unédic 30 du 29-6-1993). S'agissant des dirigeants de sociétés, voir nºs 28645 s.

c. Les agents et fonctionnaires du **secteur public et parapublic** visés à l'article L 5424-1 du Code du travail ont droit aux allocations de chômage dans les mêmes conditions que les salariés du secteur privé (Circ. Unédic 2 du 17-1-2011). L'employeur public peut assurer lui-même l'indemnisation ou, dans certains cas, confier cette mission à l'Unédic, l'adhésion s'effectuant alors auprès de l'Urssaf (Circ. Acoss 63 du 24-5-2012).

d. Une Urssaf peut, lors d'un **contrôle** et en vue d'un redressement, se prononcer sur l'**assujettissement** à l'assurance chômage d'un travailleur, par exemple d'un dirigeant. Elle est toutefois liée par l'appréciation de Pôle emploi si cet organisme a déjà pris position (Cass. 2e civ. 12-7-2018 n° 17-16.547 F-PBR : RJS 10/18 n° 626).

C. Affiliation

6340 C. trav. art. L 5422-13 R 5422-5 Règl. art. 47 QA-II-4100 s

Tout employeur entrant dans le champ d'application du régime est tenu de s'y affilier lors de l'embauche de son **premier salarié** en adressant un bordereau d'affiliation à Pôle emploi. Il est réputé s'être acquitté de cette obligation par l'accomplissement de la déclaration préalable à l'embauche.

› Précisions **a.** Quelle que soit la date à laquelle les formalités déclaratives ont été accomplies, l'affiliation **prend effet** à la date d'embauche du premier salarié.
b. À **défaut d'affiliation** dans le délai prévu, l'employeur, personne physique ou personne morale, peut être condamné à rembourser à Pôle emploi les prestations versées à ses anciens salariés. Il est par ailleurs passible de l'amende prévue pour les contraventions de 5e classe (C. trav. art. R 5429-1) : n° 67285.
c. Sur l'affiliation des **employés de maison,** voir n° 33390.

D. Cotisation

1. CALCUL

RÈGLES GÉNÉRALES

6350 C. trav. art. L 5422-9 L 5422-12 Convention Unédic art. 4 Règlement art. 49 et 50-1 QA-II-5050 s

L'assurance chômage est financée par une **contribution patronale** dont le taux est de 4,05 % et l'assiette identique à celle des cotisations de sécurité sociale (nos 22320 s.) (Cass. 2e civ. 12-3-2020 n° 18-20.729 FS-PBRI, : RJS 6/20 n° 313). La fraction de la rémunération excédant 4 fois le **plafond** de la sécurité sociale est toutefois exclue de cette assiette (sur le calcul du plafond, voir nos 23365 s.). À la contribution d'assurance chômage proprement dite s'ajoute la cotisation **AGS** (n° 70900).

› Précisions **a.** Les salariés cotisant sur une **base forfaitaire** à la sécurité sociale le font sur leur salaire réel à l'assurance chômage (Règlement Unédic Annexe VII). Toutefois, les salariés des hôtels, cafés, restaurants rémunérés aux pourboires cotisent toujours sur la même assiette qu'en sécurité sociale (Circ. Unédic 12 du 28-7-1992).
b. Certaines catégories appellent des précisions ou relèvent de **règles spéciales** : dirigeants de sociétés (nos 28645 s.), loueurs de fonds de commerce (nos 79940 s.), apprentis (n° 3430), journalistes (n° 46480), salariés détachés à l'étranger (n° 78715), salariés expatriés hors du territoire de l'EEE ou de la Suisse (n° 78895), assistants maternels (n° 33370), VRP multicartes (n° 61620) et salariés à temps partiel (n° 77510). Les intermittents du spectacle et les dockers relèvent de règles spécifiques non étudiées ici.
c. À **Monaco,** une contribution salariale est due au taux de 2,40 %.

2. PAIEMENT ET CONTRÔLE

CAS GÉNÉRAL

6400 C. trav. art. L 5422-14 s. L 5427-1 R 5422-6 s CSS art. L 213-1 QA-II-6200 s

Le recouvrement et le contrôle des contributions chômage est assuré, pour le compte de l'Unédic, par l'**Urssaf** en charge du recouvrement des cotisations de sécurité sociale (CGSS dans les départements d'outre-mer) selon les règles, et sous les **garanties et sanctions,** applicables au recouvrement des cotisations du régime général de sécurité sociale assises sur les rémunérations.

La **déclaration** des rémunérations et le **règlement** des contributions incombent à l'employeur. En pratique, les contributions chômage sont intégrées aux déclarations Urssaf (DSN, Tese, etc.) et réglées en même temps que ces cotisations, sous peine des mêmes **majorations et pénalités** (nos 24050 s.).

À défaut de déclaration ou de paiement des contributions chômage, l'employeur est aussi passible de l'amende prévue pour les contraventions de la 5e classe (nº 67285) (C. trav. art. R 5429-1 et R 5429-2).

Sur les aides mises en place afin d'accompagner les entreprises face à la crise liée à la **Covid-19,** voir nº 23690.

> Précisions **a.** Les **très petites entreprises** peuvent opter (Loi 2009-1646 du 24-12-2009 art. 24, II ; Décret 2010-907 du 2-8-2010) :

– pour le recouvrement simplifié si elles ont moins de 10 salariés (une seule déclaration des salaires par an et un paiement en 4 acomptes égaux avec versement de régularisation joint au dernier acompte) ;

– pour le recouvrement annuel si elles sont redevables annuellement d'un montant de contribution chômage et AGS inférieur à 80 €.

b. Les différends relatifs au recouvrement des contributions chômage relèvent du **contentieux** de la sécurité sociale (CSS art. L 142-1).

c. Sur la possibilité pour l'Urssaf en cas de **contrôle** de se prononcer pour l'**assujettissement** à l'assurance chômage d'un travailleur à des fins de redressement, voir nº 6330, d.

CAS PARTICULIERS

Par exception, le recouvrement et le contrôle des contributions chômage est assuré par : 6410 C. trav. art. L 5422-16 CSS art. L 213-1 QA-II-6230 s

– Pôle emploi pour les intermittents du spectacle, les expatriés hors EEE et certains frontaliers et marins ;

– la caisse de MSA pour les salariés agricoles ;

– la Caisse de compensation des services sociaux (CCSS) pour les salariés travaillant à Monaco pour un employeur monégasque (Circ. Acoss du 19-4-2011) ;

– la caisse de prévoyance sociale pour les salariés de Saint-Pierre-et-Miquelon.

Pour les particuliers employeurs, voir nº 33505. Pour les expatriés hors EEE, voir nº 78900.

> Précisions Sauf pour les employeurs relevant du Guso, les contributions dues pour les **intermittents du spectacle** sont versées à : Pôle emploi services, Centre National Cinéma Spectacle – TSA 70113 – 92891 Nanterre Cedex 9 (tél. : 3995 puis composer le département 99).

3. RÉGIME FISCAL ET SOCIAL

La **contribution patronale** n'est passible ni de la taxe sur les salaires, ni des cotisations de sécurité sociale, ni de la CSG, ni de la CRDS, et peut être déduite des bénéfices imposables de l'employeur. Pour les salariés qui en sont redevables (intermittents du spectacle et certains expatriés), la **contribution salariale** est déductible du salaire imposable des intéressés (Mémento Paie nºs 42330 s.). 6440 C. trav. art. L 5422-10 QA-II-11400 s

E. Allocations de chômage

Pôle emploi verse, pendant une durée déterminée, un revenu de remplacement dénommé « **allocation d'aide au retour à l'emploi** » (ARE) aux salariés privés d'emploi qui remplissent certaines conditions d'activité, d'âge et d'aptitude physique ainsi que des conditions d'inscription comme demandeurs d'emploi et de recherche d'emploi. 6480 C. trav. art. L 5422-1 Règlement art. 1 et 4 f QA-II-12000 s

Pour bénéficier de l'ARE, les demandeurs d'emploi doivent **résider** sur le territoire relevant du champ d'application du régime d'assurance chômage.

> Précisions **a.** Certaines **catégories de salariés** bénéficient, du fait de la nature de leur activité et/ou de leur mode de rémunération, de règles particulières dérogatoires à celles étudiées ci-après. Ces règles sont définies par des annexes au règlement d'assurance chômage. Sont visés : les salariés recevant des rémunérations variables : journalistes (nº 46480), VRP, assistants maternels... (annexe I) ; les marins (annexe II) ; les dockers (annexe III) ; les travailleurs à domicile (annexe V) ; les salariés occupés hors de France (expatriés : voir nº 78895) ou par des organismes internationaux (annexe IX) ; les intermittents du spectacle (annexes VIII et X) ; les apprentis et titulaires d'un contrat de professionnalisation (annexe XI).

b. Sur la possibilité d'**exporter** ses allocations dans l'EEE, voir nº 78855.

c. Sur l'indemnisation au titre de l'assurance chômage d'un salarié bénéficiant d'une **période de mobilité volontaire sécurisée,** voir nº 12310.

1. CONDITIONS D'OUVERTURE DES DROITS

a. Période d'affiliation

PÉRIODES RETENUES

6500 Règlement art. 3 QA-II-13550 s

Pour avoir droit aux allocations de chômage, les salariés privés d'emploi doivent justifier d'une période d'affiliation correspondant à des **périodes d'emploi** accomplies dans une ou plusieurs entreprises relevant du champ d'application du régime. Celle-ci doit être au moins égale à 130 jours travaillés (6 mois) ou 910 heures travaillées au cours des 24 mois précédant la fin du contrat de travail (36 mois pour les salariés âgés de 53 ans et plus à la fin du contrat). Voir toutefois les mesures temporaires **Covid-19** visées n° 6510.

Le nombre d'heures pris en compte pour la recherche de la durée d'affiliation est **limité** à 260 heures par mois.

> **Précisions** **a.** Le nombre de jours pris en compte pour la durée d'affiliation correspond au nombre de **jours travaillés** à raison de 5 jours pour chaque période d'emploi égale à une semaine civile et du nombre exact de jours travaillés quand la période d'emploi est inférieure à une semaine civile. Un même jour travaillé au titre de plusieurs contrats de travail est décompté pour un seul jour travaillé.
>
> **b.** Les périodes de **suspension du contrat de travail** (maladie, congé parental d'éducation...) sont retenues à raison d'une journée par jour de suspension ou de 7 heures quand l'affiliation est calculée en heures. Toutefois, ne sont pas prises en compte les périodes ayant donné lieu à l'exercice d'une activité professionnelle non salariée (sauf congé pour création d'entreprise) et les périodes de suspension du contrat d'un salarié en congé sabbatique (et autres congés sans solde d'au moins un mois civil), ou en **mobilité volontaire sécurisée** ayant donné lieu à indemnisation dans les conditions fixées n° 12310.
>
> Les périodes de **formation professionnelle,** sauf celles rémunérées par le régime d'assurance chômage, sont assimilées à des heures de travail ou, à raison de 7 heures, à des jours d'affiliation dans la limite des 2/3 du nombre de jours ou d'heures de travail dont le salarié privé d'emploi justifie dans la période de référence.
>
> **c.** En cas de licenciement pour **fermeture définitive d'un établissement,** les salariés au chômage de ce fait sont dispensés de remplir la condition d'affiliation minimale (Règlement art. 5).

6510

Mesures Covid-19

Pour les demandeurs d'emploi dont le contrat a pris fin à compter du 16-4-2020, la **période de référence d'affiliation** est prolongée du nombre de jours compris entre le 1-3-2020 et le 31-5-2020 et entre le 30-10-2020 et le 31-1-2021 (Décret 2020-425 du 14-4-2020 art. 5 et 2020-1716 du 28-12-2020 art. 3 ; Arrêté MTRD2100173A du 12-1-2021) : voir FRS 3/21 inf. 5 p. 10.

Pour les demandeurs d'emploi dont le contrat prend fin entre le 1-8-2020 et le 31-3-2021, la **durée d'affiliation minimale** pour l'ouverture ou le rechargement de droits est de 88 jours (4 mois) ou 610 heures travaillés appréciés sur la période de référence (Décret 2020-929 du 29-7-2020 art. 3 et 2020-1716 du 28-12-2020 art. 3) : voir FRS 2/21 inf. 10 n° 7 p. 29.

Les **démissions,** intervenues entre le 1-6-2020 et le 29-10-2020 en vue d'une nouvelle embauche en CDI n'ayant pu se réaliser en raison de la crise sanitaire, sont analysées comme légitimes et permettent l'ouverture de droits à chômage pour les décisions de prise en charge intervenant du 30-12-2020 au 31-1-2021 (Décret 2020-1716 du 28-12-2020 ; Arrêté MTRD2100173A du 12-1-2021) : voir FRS 3/21 inf. 5 p. 10.

Le délai de **forclusion** (n° 6520) dans lequel la personne doit s'inscrire comme demandeur d'emploi est prolongé du nombre de jours compris entre le 1-3-2020 et le 31-5-2020 et entre le 30-10-2020 et le 31-1-2021, à l'exception des jours pendant lesquels l'intéressé bénéficie d'un contrat de travail (Décret 2020-425 du 14-4-2020 art. 7 et 2020-1716 du 28-12-2020 art. 3 ; Arrêté MTRD2100173A du 12-1-2021) : voir FRS 3/21 inf. 5 p. 10.

L'application de la **dégressivité des allocations élevées** est suspendue jusqu'au 31-3-2021 (Décret 2020-929 du 29-7-2020 art. 2 et 2020-1716 du 28-12-2020 art. 3) : voir FRS 3/21 inf. 5 p. 10.

Les demandeurs d'emploi qui épuisent, entre le du 30-10-2020 et le 15-2-2021, leurs droits à l'allocation d'aide au retour à l'emploi ou à l'allocation de solidarité spécifique, bénéficient à titre exceptionnel de la **prolongation de la durée de versement** de l'allocation jusqu'au 28-2-2021 (Ord. 2020-1442 du 25-11-2020 ; Arrêté MTRD2103403A du 30-1-2021) : voir FRS 2/21 inf. 10 n° 11 p. 29 et FRS 4/21.

DATE D'APPRÉCIATION

6520 Règlement art. 7 et 8 QA-II-13300 s

La **fin du contrat de travail** prise en considération pour apprécier la condition d'affiliation est en principe la dernière. Elle doit se situer dans les 12 mois précédant l'inscription de l'intéressé comme demandeur d'emploi (délai de forclusion). La fin du contrat correspond au terme du préavis.

> Précisions a. Par **exception,** le salarié involontairement privé d'emploi qui ne justifie pas, au titre de sa dernière fin de contrat de travail, des conditions d'affiliation requises, peut bénéficier d'une ouverture de droits s'il justifie que ces conditions se trouvaient satisfaites au titre d'une fin de contrat de travail antérieure intervenue dans les 12 mois précédant son inscription comme demandeur d'emploi.
b. Le **délai** de 12 mois est **allongé** notamment des périodes de : maladie, maternité, congé de paternité et d'accueil de l'enfant, accident du travail ayant donné lieu à des indemnités journalières, perception d'une pension d'invalidité, stage de formation professionnelle, incarcération, congé postnatal, congé parental d'éducation légal ou contractuel, congé de présence parentale, versement du complément de libre choix d'activité ou de la prestation partagée d'éducation de l'enfant, versement de l'allocation de présence parentale, congé pour création d'entreprise ou congé sabbatique, congé d'enseignement ou de recherche, mandat électif, politique ou syndical exclusif d'un contrat de travail, contrats de service civique, de volontariat de solidarité internationale ou de volontariat associatif... S'agissant des mesures temporaires **Covid-19,** voir n° 6510.

b. Privation d'emploi

CAS DE RUPTURE

Ont droit aux allocations de chômage les salariés involontairement privés d'emploi (ou assimilés) dont la cessation du contrat résulte : 6530

C. trav. art. L 5422-1 Règlement art. 2 et 4 e Circ. 2020-12 du 6-10-2020 Fiche 1 n° 6 **QA-II-12200 s**

– d'un licenciement (même pour faute grave ou lourde) ;
– d'une rupture conventionnelle visée n°s 69100 s., à condition qu'elle ait été homologuée (CA Paris 6-4-2012 n° 11/6828 : RJS 6/12 n° 546) ;
– d'une rupture d'un commun accord dans le cadre d'un accord collectif portant congé de mobilité ou rupture conventionnelle collective (n°s 69146 s.) ;
– d'une fin de CDD (le cas échéant après modification par avenant du terme initialement prévu, ou après refus du salarié d'une proposition de renouvellement (Cass. soc. 16-1-2019 n° 17-11-975 FS-PB : RJS 4/19 n° 243), y compris de CDD à objet défini, ou d'une fin de contrat de mission, ainsi que d'une rupture anticipée d'un de ces contrats à l'initiative de l'employeur ;
– d'une démission considérée comme légitime (n° 6540) ;
– d'une rupture de contrat de travail pour motif économique visée n°s 47230 s. (notamment départ négocié) ;
– d'une prise d'acte de la rupture produisant les effets d'un licenciement. Dans l'attente du jugement, la demande d'allocations est cependant rejetée (Inst. PE du 9-3-2011) ;
– d'une fin ou d'une résiliation anticipée d'un contrat d'apprentissage dans les conditions visées n°s 3580 s.

Toutefois, le demandeur d'emploi n'est pas en situation de chômage involontaire et ne peut donc pas être indemnisé si la fin du contrat de travail intervenue pour une de ces causes est précédée d'un **départ volontaire** et que, depuis ce départ volontaire, l'intéressé justifie d'une période d'emploi inférieure à 65 jours (3 mois) ou 455 heures travaillés.

> Précisions a. Ainsi, en présence d'une rupture involontaire d'un contrat de travail d'une durée inférieure à 3 mois, Pôle emploi vérifie le caractère volontaire ou non de la rupture précédente. Un salarié qui démissionne pour reprendre un autre emploi doit donc travailler à nouveau pendant 3 mois pour être indemnisé, sauf s'il a été affilié avant pendant 3 ans (voir n° 6540) et que la dernière cessation du contrat est involontaire. Cette règle ne s'applique que dans les cas où les contrats de travail se succèdent et non lorsque le salarié exerce cumulativement plusieurs emplois et démissionne de l'un avant que l'autre soit rompu par un licenciement (Cass. soc. 22-9-2010 n° 08-21.936 FS-PB : RJS 12/10 n° 969).
b. Tout départ volontaire ne constitue pas un obstacle définitif à l'indemnisation. En effet, le demandeur d'emploi pourra bénéficier des allocations **après 4 mois de chômage** s'il apporte la preuve qu'il recherche activement un emploi et s'il demande expressément le réexamen de ses droits auprès de l'instance paritaire régionale de Pôle emploi (Règlement art. 46 bis).

DÉMISSIONS LÉGITIMES

Sont considérées comme légitimes les démissions suivantes : 6540

Règlement art. 2 § 2

– démission du **salarié âgé de moins de 18 ans** pour suivre ses ascendants ou la personne qui exerce l'autorité parentale ;
– démission du salarié placé sous **sauvegarde de justice, curatelle ou tutelle** pour suivre son parent désigné mandataire spécial, curateur ou tuteur ;
– démission du salarié **suivant son conjoint ou son concubin** qui déménage pour exercer un nouvel emploi (mutation, changement d'employeur, création ou reprise d'entreprise) ;
– démission du salarié dont le **mariage ou le Pacs** a entraîné un déménagement dès lors que moins de 2 mois se sont écoulés entre la fin de l'emploi et le mariage ou le Pacs, quel que soit l'ordre de ces événements (Cass. soc. 28-3-2001 n° 99-40.809 F-D : RJS 6/01 n° 777) ;

– rupture, à l'initiative du salarié, d'un **contrat d'insertion** pour exercer un nouvel emploi (CDI ou CDD d'au moins 6 mois) ou pour suivre une formation qualifiante ;
– démission pour suivre son **enfant handicapé** admis dans une structure d'accueil dont l'éloignement entraîne un changement de résidence ;
– démission pour cause de **non-paiement des salaires** à condition que l'intéressé justifie d'une ordonnance de référé lui allouant une provision de sommes pour des arriérés de salaires ;
– démission d'un salarié **victime d'actes délictueux** au sein de l'entreprise, s'il justifie avoir déposé plainte auprès du procureur de la République (violences, harcèlement…) ;
– démission pour cause de changement de résidence d'un salarié victime de **violences conjugales**, s'il justifie avoir déposé plainte auprès du procureur de la République ;
– démission du salarié au cours ou au terme d'**une période d'emploi n'excédant pas 65 jours travaillés** d'un emploi repris postérieurement à un licenciement, une rupture conventionnelle ou une fin de CDD ;
– démission du salarié pour **reprendre un nouvel emploi à durée indéterminée** auquel l'employeur met fin avant l'expiration d'un délai de 65 jours travaillés, si le salarié justifie de 3 ans d'affiliation continue (si le contrat est rompu par l'employeur après 65 jours et le chômage est considéré comme involontaire : voir nº 6530) ;
– cessation du contrat de travail d'un salarié titulaire d'un **contrat « de couple ou indivisible »** comportant une clause de résiliation automatique lorsque la rupture est motivée par le licenciement ou la mise à la retraite du conjoint ;
– démission du **journaliste** dans les cas visés nº 46360 à condition qu'il y ait eu versement de l'indemnité de licenciement ;
– démission pour conclure un contrat de **service civique** ou un ou plusieurs contrats de **volontariat de solidarité internationale** d'une durée continue d'au moins un an même si la mission est interrompue avant l'expiration de la durée initialement prévue ;
– démission du salarié pour **créer ou reprendre une entreprise** (sans avoir été admis au bénéfice de l'allocation dans les conditions prévues nº 6550) dont l'activité, qui doit avoir donné lieu aux formalités de publicité requises par la loi, cesse pour des raisons indépendantes de la volonté du créateur ou du repreneur.
– démission de l'**assistant maternel** qui fait suite au **refus** de l'employeur de **faire vacciner** son enfant.
– démission considérée comme légitime dans le cadre des mesures temporaires **Covid-19** visées nº 6510.

DÉMISSION POUR RECONVERSION

6550 C. trav. art. L 5422-1 L 5422-1-1 R 5422-2-1 à R 5422-3 Règlement art. 4 g Arrêté MTRD1928595A du 23-10-2019 Circ. 2020-12 du 6-10-2020 Fiche 2 bis

Une démission dans le but de mettre en œuvre un **projet de reconversion professionnelle** nécessitant le suivi d'une formation, ou se traduisant par un projet de création ou de reprise d'entreprise, ouvre droit au versement d'allocations de chômage à condition que :
– le bénéficiaire justifie d'au moins 1 300 jours travaillés au cours des 60 mois précédant la fin du contrat, autrement dit 5 années d'activité ininterrompue ;
– il ait mis en œuvre, préalablement à sa démission, un conseil en évolution professionnelle visant à mettre en place un projet de reconversion professionnelle ;
– le caractère réel et sérieux du projet soit attesté par une commission paritaire interprofessionnelle régionale (CPIR).

› Précisions **a.** Le salarié doit adresser une **demande d'attestation** du caractère réel et sérieux de son projet professionnel, par tout moyen donnant date certaine à sa réception, à la **CPIR agréée dans la région** de son lieu de résidence principale ou de son lieu de travail. (C. trav. art. R 5422-2-1, I). La demande d'attestation doit être établie conformément aux **formulaires** annexés à l'arrêté du 23-10-2019. Pour un projet de reconversion nécessitant le suivi d'une formation, la demande doit être accompagnée des **pièces justificatives** suivantes : une présentation du programme, du calendrier et du montant des frais pédagogiques et des frais d'inscription de la ou des actions de formation envisagées ; le cas échéant, une copie des diplômes, validation des acquis de l'expérience professionnelle ou de tout document attestant que le demandeur dispose des niveaux de connaissance, de savoir-faire ou d'expérience nécessaires au suivi de la formation envisagée.

b. La CPIR **apprécie la cohérence et la pertinence de certaines informations** ainsi que leur connaissance par le salarié. Pour les projets de reconversion professionnelle nécessitant le suivi d'une formation, il s'agit des informations suivantes : le projet de reconversion, les caractéristiques du métier souhaité, la formation prévue et les modalités de financement envisagées, ainsi que les perspectives d'emploi à l'issue de la formation. Pour les projets de création ou de reprise d'entreprise, sont pris en compte les caractéristiques et les perspectives d'activité du marché de l'entreprise à créer ou à reprendre, les besoins de financement et les ressources financières de l'entreprise à créer ou à reprendre, ainsi que les moyens techniques et humains de l'entreprise à créer ou à reprendre (C. trav. art. R 5422-2-1, II).

c. La CPIR notifie sa **décision** au salarié par tout moyen donnant date certaine à la réception de cette notification. Si elle **refuse**

d'attester le caractère réel et sérieux du projet professionnel, la décision notifiée au salarié doit l'informer des raisons motivant ce refus et de la possibilité d'exercer un **recours** gracieux dans les 2 mois, ce recours étant examiné dans les conditions fixées à l'article R 6323-16, alinéa 2 du Code du travail (C. trav. art. R 5422-2-2).

d. Si la CPIR **atteste** du caractère réel et sérieux du projet, le salarié dispose de 6 mois à compter de la notification de la décision pour déposer une demande d'allocation d'assurance chômage auprès de Pôle emploi (C. trav. art. R 5422-2-3). Durant la période de mise en œuvre du projet de reconversion, la **condition de recherche d'emploi** requise pour le versement de l'allocation chômage est considérée comme remplie dès lors que l'intéressé est inscrit comme demandeur d'emploi et accomplit les démarches nécessaires à la mise en œuvre de son projet (C. trav. art. L 5426-1-2, I). Pôle emploi **contrôle** au bout de 6 mois de perception des allocations la réalité de la mise en œuvre du projet (C. trav. art. L 5426-1-2, II). L'allocataire en est informé par la notification d'admission à l'assurance chômage faite par Pôle emploi (Règlement art. 43 § 1, al. 5). S'il ne peut pas justifier, sans motif légitime, de cette mise en œuvre, il est radié de la liste des demandeurs d'emploi, avec interdiction de se réinscrire dans les 4 mois qui suivent (C. trav. art. R 5412-5, 2° bis). En parallèle, le revenu de remplacement est supprimé pendant 4 mois consécutifs (C. trav. art. R 5426-3, 2° bis).

c. Âge et aptitude physique

Pour bénéficier des allocations de chômage, les demandeurs d'emploi doivent être physiquement aptes à l'exercice d'un emploi. Cette condition est présumée remplie dès lors qu'ils sont inscrits sur la liste des demandeurs d'emploi. **6560**

C. trav. art. L 5411-5 L 5421-4 Règlement art. 4 c et d QA-II-14100 s

Les demandeurs d'emploi ne doivent pas non plus avoir atteint l'âge légal de départ à la **retraite** (n° 67510) ou bénéficier d'une retraite anticipée (carrières longues, travailleurs handicapés, pénibilité, maladie professionnelle ou amiante). De même, les personnes ayant atteint l'âge légal mais ne justifiant pas du nombre de trimestres d'assurance requis pour percevoir une retraite à taux plein peuvent bénéficier des allocations jusqu'à ce qu'elles remplissent cette dernière condition et, au plus tard, jusqu'à l'âge d'application automatique de la retraite à taux plein. L'âge s'apprécie à la fin du contrat de travail, c'est-à-dire au terme du préavis, même non effectué.

> **Précisions** **a.** En principe, seuls les invalides de **1e catégorie** peuvent être inscrits comme demandeurs d'emploi. Toutefois, l'attribution d'une pension d'invalidité par la sécurité sociale n'implique pas que son bénéficiaire soit reconnu inapte au regard du droit à un revenu de remplacement (Cass. soc. 22-2-2005 n° 03-11.467 FS-PB : RJS 5/05 n° 552 ; Cass. 2e civ. 8-4-2010 n° 08-70.464 FS-PB : RJS 6/10 n° 555).
> **b.** Sur l'autorité compétente pour **contrôler** l'aptitude au travail, voir n° 6980.

d. Demande d'emploi

LISTE DES DEMANDEURS D'EMPLOI

Inscription Les salariés privés d'emploi doivent être inscrits sur la liste des demandeurs d'emploi ou accomplir une action de formation inscrite dans le projet personnalisé d'accès à l'emploi visé n° 6930. Cette inscription doit être effectuée auprès de Pôle emploi, qui gère en même temps la demande d'allocations. **6580**

C. trav. art. L 5411-1 R 5411-1 à R 5411-5 Règlement art. 4 a Q-I-21100 s QA-II-17250 s

L'inscription sur la liste des demandeurs d'emploi s'effectue directement sur www.pole-emploi.fr. La personne doit y déclarer sa **domiciliation** et transmettre les informations permettant de procéder à son **identification.** La personne rencontrant des difficultés pour s'inscrire en ligne peut obtenir de l'aide par téléphone (39 49) ou se rendre dans une agence Pôle emploi pour utiliser l'équipement informatique et au besoin être assistée du personnel de l'agence. La date d'effet de l'inscription correspond à celle où le demandeur d'emploi valide l'étape « mon inscription » (Décret 2015-1264 du 9-10-2015 ; Arrêté ETSD1532435A du 24-12-2015 ; Inst. PE 33 du 6-10-2016).

Actualisation Les demandeurs d'emploi doivent actualiser **mensuellement** leur demande d'emploi avant le 15 du mois à minuit (Inst. PE 120 du 31-7-2012). **6590**

C. trav. art. L 5411-2 R 5411-6 à R 5411-8 R 5421-2 Arrêté 27-12-2015 Q-I-22700 s

Par ailleurs, tout demandeur d'emploi est tenu de déclarer à Pôle emploi, dans les 72 heures, tout changement de situation ou de domicile et toute absence de sa résidence habituelle d'une durée supérieure à 7 jours (les absences autorisées sont limitées à 35 jours par an).

> **Précisions** **a.** Les **changements de situation** à déclarer à Pôle emploi sont les suivants : reprise d'une activité professionnelle, maladie, maternité, accident du travail, incarcération, entrée en formation rémunérée ou non, obtention d'une pension d'invalidité, échéance ou renouvellement du titre de travail pour les étrangers.
> **b.** Les modalités de renouvellement de la demande d'emploi et la déclaration d'un changement de situation s'effectuent par **Internet** (www.pole-emploi.fr), sur l'application mobile « Mon Espace – Pôle emploi », par **téléphone** (39 49) ou par **borne Unidialog** dans certains sites Pôle emploi.

c. Le **non-respect** de ces obligations peut entraîner la radiation de la liste des demandeurs d'emploi et l'interruption du versement des allocations. Voir les sanctions n° 6980. Par ailleurs, les allocations indûment versées doivent être **remboursées** (n° 6970).

RECHERCHE D'EMPLOI

6600 C. trav. art. L 5421-3 L 5426-1 R 5411-11 R 5411-12 Règlement art. 4 b QA-II-13900 s

La condition de recherche d'emploi est satisfaite si les intéressés accomplissent, de manière permanente, tant sur **proposition** d'un des organismes chargés d'assurer le service public de l'emploi (Pôle emploi, Afpa…), en particulier dans le cadre du projet personnalisé d'accès à l'emploi visé n° 6930, que de leur propre **initiative,** des actes positifs et répétés pour retrouver un emploi, créer, reprendre ou développer une entreprise.

Ces **démarches** doivent présenter un caractère réel et sérieux, apprécié compte tenu de la situation du demandeur d'emploi et de la situation du marché du travail local.

Sur l'appréciation de la condition de recherche d'emploi pour un salarié poursuivant un projet de reconversion professionnelle après une démission, voir n° 6550, d.

Pour **apprécier** le caractère plus ou moins actif de la recherche d'emploi, les agents de contrôle de Pôle emploi peuvent demander aux demandeurs d'emploi de produire les pièces suivantes : candidatures envoyées, relevés de démarches sur Internet, justificatifs de participation à des sessions d'aide à la recherche d'emploi… (Circ. DGEFP 33 du 5-9-2005).

L'absence de recherche active d'emploi est passible de sanctions, voir n° 6980.

ATTENTION

À titre expérimental, les demandeurs d'emploi résidant dans les régions **Bourgogne Franche-Comté** et **Centre Val de Loire** doivent renseigner, à l'occasion de l'actualisation mensuelle de leur dossier visée n° 6590, des rubriques constitutives du « **journal de la recherche d'emploi** » relatives à l'état d'avancement de leur recherche d'emploi et aux actions engagées et réalisées en matière de formation, de préparation et de recherche d'emploi ou de création, de reprise et de développement d'entreprise (Décret 2019-796 du 26-7-2019 ; Arrêté MTRD1921116A du 16-10-2019).

2. MODALITÉS D'INDEMNISATION

a. Durée d'indemnisation

6620 C. trav. art. L 5422-2 R 5422-1 Règlement art. 9 et 10 QA-II-15000 s

Pour les demandeurs d'emploi dont le contrat de travail prend fin **à compter du 1-4-2021**, la durée d'indemnisation devrait être déterminée en fonction du nombre de jours travaillés au cours de la période de référence d'affiliation, selon des modalités fixées par décret à paraître à la suite de l'annulation des dispositions correspondantes par le Conseil d'État (voir n° 6635).

Pour ceux dont le contrat de travail prend fin **au plus tard le 31-3-2021,** la durée d'indemnisation correspond à la durée d'affiliation (n° 6500) affectée du coefficient de 1,4 (le résultat est arrondi au nombre entier supérieur) correspondant au quotient de 7 jours sur 5 pour être calculée sur une base calendaire.

Dans tous les cas, la durée d'indemnisation ne peut pas être supérieure à 730 jours, soit 24 mois, ni être inférieure à 182 jours. Toutefois, la durée maximale est allongée à 913 jours pour les personnes âgées de 53 à 54 ans et à 1 095 jours pour celles âgées d'au moins 55 ans et, en raison de la crise sanitaire, la durée minimale est ramenée à 122 jours pour les demandeurs d'emploi dont le contrat de travail prend fin entre le 1-8-2020 et le 31-3-2021.

Ces durées peuvent, selon les cas, être **réduites** ou **augmentées** (notamment, jusqu'à la date de perception d'une retraite à taux plein).

› Précisions **a.** **S'imputent en totalité** sur la durée d'indemnisation les jours indemnisés au titre du contrat de sécurisation professionnelle visé n° 48390 et de l'aide à la reprise ou à la création d'entreprise (n° 1800).

Les périodes de formation rémunérées par l'État ou les régions **s'imputent pour moitié** sur la durée d'indemnisation si un droit est ouvert pour 1 095 jours. Cette réduction ne peut pas conduire à un reliquat de droits inférieur à 30 jours.

b. Pour les personnes âgées d'au moins 53 ans au moment de leur privation d'emploi, à la durée maximale d'indemnisation s'ajoute le cas échéant la période de versement de l'**allocation de retour à l'emploi formation** (Aref), dans la limite de 6 mois supplémentaires, à condition que l'intéressé justifie d'un nombre de jours travaillés supérieur à 652 jours, que la durée totale d'indemnisation ne dépasse pas 1 095 jours calendaires et que la formation effectuée, inscrite au projet personnalisé d'accès à l'emploi (PPAE) ou financée au moins partiellement par le CPF, ne soit pas effectuée dans le cadre du contrat de sécurisation professionnelle.

c. Les **allocataires ayant atteint l'âge légal de la retraite** visé n° 67510 et qui ne peuvent pas prétendre à une retraite à taux plein **continuent d'être indemnisés** jusqu'aux limites d'âge visées n° 6560, s'ils sont en cours

d'indemnisation depuis un an au moins et s'ils **justifient** de :
– 12 ans d'affiliation au régime d'assurance chômage ou de périodes assimilées définies par l'accord d'application n° 17 et repris à l'article 9 § 3 du règlement, dont une année continue ou 2 ans discontinus dans les 5 ans précédant la fin du contrat de travail ;
– 100 trimestres validés par l'assurance vieillesse.
Le maintien des allocations est automatique. Sont toutefois soumis à l'accord de l'instance paritaire régionale de Pôle emploi les dossiers des salariés démissionnaires ou ayant refusé d'adhérer à une convention du fonds national pour l'emploi.
d. Sur la durée d'indemnisation en cas de **rechargement de droits,** voir n° 6890.

b. Calcul de l'allocation

6630 L'ARE est calculée en fonction des rémunérations perçues par le salarié sur la période de référence (salaire de référence). S'y ajoute, le cas échéant, une partie fixe. L'allocation ne peut pas excéder le montant net du salaire antérieurement perçu. Elle est fixée de façon journalière.

C. trav. art. L 5422-3
QA-II-15700 s

PÉRIODE ET SALAIRE DE RÉFÉRENCE

6635 **Règles applicables à compter du 1-4-2021** Pour les demandeurs d'emploi dont le contrat de travail prend fin à compter du 1-4-2021, la **période de référence** devrait correspondre à la période d'affiliation visée n° 6500, à savoir les 24 mois civils précédant le dernier jour travaillé et payé (36 mois pour les salariés âgés d'au moins 53 ans), et le salaire journalier de référence devrait être déterminé sur la base de cette période de référence selon des modalités fixées par décret avant le 31-3-2021. Les dispositions du décret 2019-797 du 26-7-2019 relatives au nouveau mode de calcul du salaire journalier de référence ont en effet été annulées par le Conseil d'État pour rupture d'égalité (CE 25-11-2020 n° 434920 : RJS 2/21 n° 108). Le décret à paraître doit donc fixer des modalités conformes à cette décision.

6650 **Règles applicables jusqu'au 31-3-2021** Pour les demandeurs d'emploi dont le contrat de travail prend fin au plus tard le 31-3-2021, les règles de calcul issues du règlement annexé à la convention Unédic du 14-4-2017 s'appliquent (Décret 2020-1796 du 28-12-2020 art. 1). La **période de référence** est en principe constituée des **12 mois civils précédant** le dernier jour de travail payé à l'intéressé, auprès d'un ou plusieurs employeurs. Si elle ne peut pas être prolongée, elle peut être **décalée** dans certaines situations.

Règlement art. 11

› Précisions **a.** Le **terme** de la période de référence est la fin du mois civil précédant le dernier jour travaillé et payé s'il intervient en cours de mois. Si ce dernier jour correspond au terme du mois, celui-ci est inclus dans la période de référence.
b. En cas d'**activité réduite ou de salaire réduit** à la fin du contrat de travail, il peut être décidé, d'office ou à la demande de l'allocataire, de retenir comme période de référence la **période précédant immédiatement la date à laquelle la situation a cessé d'être normale.** Il en est notamment ainsi lorsque le salarié a été licencié ou a rompu conventionnellement son contrat pendant une période durant laquelle il était indemnisé au titre de l'activité partielle ou bénéficiait d'un congé parental d'éducation à temps partiel, d'un congé de présence parentale, d'un congé conventionnel de fin de carrière ou de cessation anticipée d'activité.
Cette règle s'applique aussi dans les situations suivantes et dans la mesure où elles ont duré moins d'un an : salarié ayant accepté de nouvelles fonctions moins rémunérées à la suite d'une maladie ou d'un accident, ou ayant accepté, à la suite de difficultés économiques de l'entreprise et en application d'un accord collectif, de continuer à exercer son activité suivant un horaire réduit ou pour un salaire réduit (Accord d'application n° 5).

6660 Le **salaire de référence** est constitué des rémunérations brutes effectivement perçues par le salarié (Cass. soc. 9-2-2010 n° 08-16.170 F-D : RJS 4/10 n° 366), afférentes à la période de référence (même si elles ont été perçues en dehors de cette période), qui trouvent leur contrepartie dans l'exécution normale du contrat de travail et correspondent à la rémunération habituelle du salarié. Tel est le cas de l'indemnité compensatrice pour jours de RTT non pris (Cass. soc. 31-10-2007 n° 04-17.096 FS-PB : RJS 1/08 n° 60).

Règlement art. 12

› Précisions **a.** Par dérogation, les indemnités de treizième mois, les primes de bilan, les gratifications ainsi que les salaires et primes dont le paiement est subordonné à l'accomplissement d'une tâche particulière ou à la présence du salarié à une date déterminée, qui ont été perçus pendant la période de référence, sont pris en compte dans le salaire de référence, qu'ils soient ou non afférents à cette période.
b. Sont **exclues** du salaire de référence les sommes attribuées en raison de la rupture ou de la fin du contrat de travail (indemnités de licenciement, de départ, de rupture conventionnelle, compensatrices de congés payés, de préavis, de non-concurrence...) et les subventions ou remises de dettes consenties par l'employeur dans le cadre d'une accession à la propriété.

Sont également exclues les rémunérations correspondant aux heures de travail effectuées au-delà de 260 heures par mois.
c. Les périodes de maladie, de maternité ou, plus généralement, les périodes de **suspension du contrat de travail** n'ayant pas donné lieu à une rémunération normale ne sont pas prises en compte dans le salaire de référence.
d. Les **majorations de rémunération** intervenues pendant la période de référence sont prises en compte si elles résultent :
– de dispositions législatives, réglementaires, conventionnelles ou d'une décision unilatérale de revalorisation générale des salaires pratiqués dans l'entreprise ;
– de la transformation d'un contrat à temps partiel en temps plein ou, plus généralement, d'un accroissement du temps de travail, d'un changement d'employeur, d'une promotion ou de l'attribution de nouvelles responsabilités effectivement exercées.
Dans les autres cas, elles ne sont prises en compte que sur décision favorable de l'instance paritaire régionale de Pôle emploi. Les majorations intervenues pendant les périodes de préavis ou de délai de prévenance ne sont pas prises en compte si elles ne s'expliquent pas par l'une des causes ci-dessus énoncées (Accord d'application n° 6).

6670 Règlement art. 13 et 20

Le **salaire journalier de référence** (SJR) est déterminé en divisant le salaire de référence correspondant au total des rémunérations habituelles afférentes à la période des 12 mois civils précédant le dernier jour de travail payé par le nombre de jours travaillés durant cette période de référence (dans la limite de 261 jours), multiplié par 1,4 (correspondant au quotient de 7 jours sur 5), pour convertir ce nombre sur une base calendaire. Toutefois, le nombre de jours n'ayant pas donné lieu à une rémunération normale est déduit du nombre de jours travaillés.
Le SJR est **revalorisé** en principe chaque année au 1er juillet pour les allocataires dont le salaire de référence est intégralement constitué par des rémunérations anciennes d'au moins 6 mois.

MONTANT DE L'ALLOCATION JOURNALIÈRE

6680 CSS art. L 131-9 D 242-12 Règlement art. 14 à 16 et 19 à 20 QA-II-16300 s

Modalités de calcul de l'allocation initiale Le montant journalier **brut** de l'ARE est égal au montant le plus élevé entre :
– 40,4 % du SJR auquel s'ajoute une partie fixe revalorisée chaque année au 1er juillet (12,05 € au 1-7-2020) ;
– 57 % du SJR, sous réserve de l'application du coefficient de dégressivité visé n° 6695.
Ce montant ne peut être ni **inférieur** à une allocation minimale revalorisée chaque année au 1er juillet (29,38 € au 1-7-2020) ni **excéder** 75 % du SJR.

› Précisions **a.** Pour les **salariés à temps partiel,** l'allocation minimale et la partie fixe sont réduites proportionnellement à l'horaire de travail (de moitié pour un travail à mi-temps).
b. L'ARE est soumise à la **CSG** et à la **CRDS** dans les conditions indiquées nos 25275 s. Lorsque son montant est supérieur à l'allocation minimale, il est prélevé une participation de 3 % assise sur le SJR et affectée au financement des **retraites complémentaires.**
L'ARE et tout revenu de remplacement sont exonérés des cotisations de sécurité sociale sauf pour les personnes **non domiciliées fiscalement** en France (taux égal à 2,8 %) et pour celles affiliées au régime local **d'Alsace-Moselle** percevant un montant supérieur au Smic (taux égal à 1,5 % depuis le 1-1-2012).
c. Sur le montant de l'ARE en cas de **cumul** avec une pension d'invalidité ou de vieillesse, voir n° 6870.

6690 Le **tableau** ci-après récapitule le montant brut et net de l'allocation en fonction du salaire brut mensuel antérieurement perçu : cas général valable depuis le 1-7-2020.

Salaire brut mensuel	ARE brute [1]	Retenues sociales
Inférieur à 1 191,42 €	75 % du SJR	Aucune
Compris entre 1 191,42 € et 1 304,88 €	Allocation minimale : 29,38 €	Aucune
Compris entre 1 304,89 € et 2 207,95 €	40,4 % du SJR + partie fixe (12,05 €)	3 % du SJR (retraite complémentaire)
Compris entre 2 207,96 € et 13 712 €	57 % du SJR	3 % du SJR (retraite complémentaire) CSG et CRDS : 6,7 % de l'ARE × 0,9825 si l'allocation est supérieure à 51 € au 1-1-2021

1. L'allocation est journalière. Payable chaque mois, elle est multipliée par le nombre de jours du mois (30, 31, 28 ou 29).

Dégressivité des allocations élevées Le montant de l'allocation journalière d'ARE des allocataires âgés de moins de 57 ans à la date de la fin contrat de travail prise en compte pour l'ouverture des droits est affecté d'un coefficient de dégressivité égal à 0,7, à savoir une réduction de 30 %, **à partir du 183e jour d'indemnisation,** sans que cette réduction puisse porter le montant de l'allocation journalière en dessous du seuil de 84,67 € (ce seuil d'allocation correspond à un SJR de 148,54 €). 6695 Règlement art. 17 bis Circ. Unédic. 2020-12 du 6-10-2020 Fiche 2, Point 5

En pratique, aucune dégressivité ne s'applique aux demandeurs d'emploi dont l'allocation journalière calculée lors de l'ouverture des droits est inférieure ou égale à 84,67 €. Pour ceux dont l'**allocation journalière initiale est supérieure à 84,67 €** et inférieure à 120,47 €, le montant de leur allocation journalière est limité à 84,67 €. Pour ceux dont l'allocation journalière initiale est supérieure ou égale à 120,47 €, le montant de leur allocation journalière est affecté d'un coefficient de 0,7, le résultat étant arrondi au centime le plus proche.

› Précisions Le délai de 182 jours d'indemnisation complète est suspendu pendant l'accomplissement d'une action de formation inscrite dans le PPAE ou financée, en tout ou partie, par la mobilisation du CPF à condition que cette action rende l'allocataire indisponible pour occuper un emploi et soit ait pour objet la préparation d'une certification professionnelle, soit s'inscrive dans le cadre d'un projet de création ou de reprise d'entreprise ou bien d'un dispositif de formation préalable au recrutement (Arrêté MTRD2006573A du 11-3-2020).

Un nouveau délai de 182 jours court lorsque l'allocataire exerce son droit d'option pour une réadmission dans le cadre de l'article 26 § 3 du règlement et renonce à un reliquat de droits à indemnisation au titre d'une précédente admission à l'assurance chômage, et en cas de révision du montant de l'indemnisation en cas de perte involontaire d'une activité conservée par l'allocataire en cours d'indemnisation.

Voir toutefois les mesures temporaires **Covid-19** visées n° 6510.

Allocataires en formation Le demandeur d'emploi qui suit une formation inscrite dans le projet personnalisé d'accès à l'emploi visé n° 6930 continue à être indemnisé par Pôle emploi. Il perçoit, dans la limite des durées d'indemnisation visées n° 6620, l'ARE « formation » dont le **montant** brut est égal à celui perçu pendant la période de chômage. Toutefois, ce montant ne peut pas être inférieur à un **minimum** revalorisé chaque année au 1er juillet (21,04 € au 1-7-2020). Par conséquent, ce minimum est toujours versé même si, à la veille de l'entrée en formation, il est fait application du coefficient réducteur pour temps partiel (n° 6680, a), du plafond de 75 % du SJR visé n° 6680 et des règles de cumul avec une pension de vieillesse ou d'invalidité (n° 6870). 6700 Règlement art. 4 a et 17 Délibération PE 16-11-2011 **QA-II-19000 s**

Lorsque la formation est d'une **durée inférieure ou égale à 40 heures,** l'allocataire conserve son statut de demandeur d'emploi et le montant net de son allocation est identique. En cas de formation **excédant 40 heures,** l'allocataire devient stagiaire de la formation professionnelle. L'allocation est alors exonérée de CSG et de CRDS, seule étant précomptée la retenue au titre du financement de la retraite complémentaire.

› Précisions a. À l'**expiration des droits** à l'ARE « formation » ou à l'allocation de sécurisation professionnelle (n° 48415), une rémunération de fin de formation (**RFF**) peut prendre le relais, à condition que la formation permette au demandeur d'emploi d'acquérir une qualification reconnue et d'accéder à un emploi pour lequel sont identifiées des difficultés de recrutement. La liste de ces emplois est fixée par arrêté du préfet de région.

Le **montant** de la RFF est égal au dernier montant brut de l'ARE « formation » antérieurement perçu, sans pouvoir excéder 652,02 € par mois et sans qu'aucune retenue sociale ne soit opérée. La RFF est versée jusqu'au terme de la formation. Toutefois, la **durée** cumulée de son versement avec celui de l'ARE « formation » ne peut pas excéder 3 ans.

b. L'ARE « formation » peut se **cumuler** avec les revenus procurés par une activité professionnelle dans les conditions visées nos 6840 s. La RFF est entièrement cumulable avec ces revenus s'ils sont compatibles avec le suivi assidu de la formation. Ces 2 allocations sont **cessibles et saisissables** dans les mêmes limites que les salaires (voir nos 70940 s.).

c. L'allocataire en formation bénéficie de la même **protection sociale** qu'auparavant, à l'exception des droits à la retraite complémentaire pour les bénéficiaires de la RFF (voir nos 7120 s.).

c. Paiement des allocations

DEMANDE

La demande d'allocations est effectuée en principe lors de l'inscription comme demandeur d'emploi. Le cas échéant, cette demande doit être déposée auprès de Pôle emploi dans les 2 ans suivant cette inscription. Lors de l'ouverture des droits à indemnisation, Pôle emploi est tenu de délivrer aux demandeurs d'emploi une **information complète et personnalisée** sur leurs droits aux allocations (Cass. soc. 8-2-2012 n° 10-30.892 FS-PB : RJS 5/12 n° 493). 6720 C. trav. art. L 5422-4 Règlement art. 39 à 46 **QA-II-18500 s**

> Précisions Le demandeur d'emploi qui **conteste une décision** relative à ses droits aux allocations peut porter une réclamation, par tout moyen, auprès de son agence Pôle emploi et, en cas de rejet de sa demande, par courrier auprès de la direction régionale de Pôle emploi. À condition d'avoir effectué ces démarches, il peut ensuite saisir le médiateur régional puis le médiateur national par courrier (Médiateur national Pôle emploi, Direction générale, 1, avenue du Docteur Gley, 75987 Paris Cedex 20) ou courriel (mediateur.national@pole-emploi.fr).
En cas de recours contentieux, le demandeur d'emploi doit **saisir le juge judiciaire** (CE 20-10-1997 nº 148489 : RJS 12/97 nº 1412) dans les 2 ans suivant la date de notification de la décision prise par Pôle emploi. La **télécopie** avisant un demandeur d'emploi d'un refus de prise en charge ne constitue pas une notification faisant courir le délai de prescription (Cass. soc. 25-9-2012 nº 10-27.236 FS-P : RJS 12/12 nº 980).

POINT DE DÉPART

6730 Le point de départ du versement des allocations est fixé au **lendemain de la fin du contrat de travail** (terme du préavis) sous réserve de l'application des différés d'indemnisation et d'un délai d'attente (l'application combinée de ces délais ne pouvant pas reporter le point de départ de plus de 187 jours).

Lorsque le salarié renonce volontairement à son **préavis** et à l'indemnité compensatrice, le point de départ du versement est reporté à l'expiration de la date de la fin théorique du préavis (Cass. soc. 26-6-2008 nº 07-15.478 F-P : RJS 10/08 nº 1017).

En cas de licenciement ou de rupture anticipée d'un CDD pour **inaptitude** physique d'origine professionnelle ou non, le point de départ est fixé au lendemain de la rupture du contrat, sous réserve des différés d'indemnisation et du délai d'attente (Inst. PE 173 du 21-12-2012).

6740 Règlement art. 21 et 23 Circ. 2020-12 du 6-10-2020 Fiche 4 nº 1.2 QA-II-17850 s

Différé d'indemnisation spécifique Le versement des allocations est, le cas échéant, reporté à l'expiration d'un **différé spécifique** correspondant au nombre de jours qui résulte de la division, par 95,8 (quotient, applicable pour 2021, revalorisé chaque année en fonction de l'évolution du Pass), du montant des indemnités de rupture ou de toutes autres sommes supérieures aux minima légaux dont le principe et les modalités de calcul sont fixés par la loi. Ce différé spécifique est plafonné à 150 jours calendaires ou à 75 jours en cas de rupture de contrat pour motif économique.

> Précisions a. Sont **prises en compte**, pour le calcul du différé spécifique, les indemnités ou sommes prévues par des dispositions autres que législatives (indemnité conventionnelle ou transactionnelle pour la part dépassant l'indemnité légale de licenciement, indemnité de non-concurrence) ou celles dont le montant n'est pas directement déterminé par la loi. Sont **exclues** du calcul de ce différé les indemnités et autres sommes inhérentes à la rupture du contrat allouées par le juge.

b. Si tout ou partie de ces sommes est versé **postérieurement à la prise en charge** de l'allocataire, celui-ci et l'employeur sont dans l'obligation d'en faire la déclaration à Pôle emploi. Les allocations qui, de ce fait, n'auraient pas dû être perçues doivent être remboursées.

c. En cas de prise en charge consécutive à une **fin de contrat d'une durée inférieure à 182 jours,** le point de départ de l'indemnisation est déterminé en prenant en compte toutes les fins de contrat de travail situées dans ces 182 jours. Les indemnités versées lors de chaque fin de contrat donnent lieu au calcul des différés d'indemnisation qui commencent à courir au lendemain de chacune de ces fins de contrat. Le différé applicable est celui qui expire le plus tardivement.

Exemple : 1ᵉ fin de contrat le 31 mars avec un différé d'indemnisation de 70 jours expirant le 9 juin ; 2ᵉ fin de contrat le 15 mai avec un différé d'indemnisation de 3 jours expirant le 18 mai. C'est le différé expirant le 9 juin qui est applicable.

6745 Règlement art. 21 et 23

Différé d'indemnisation congés payés Pour les demandeurs d'emploi dont la **fin de contrat de travail** intervient **à compter du 1-4-2021,** le nombre de jours du différé d'indemnisation congés payés est déterminé selon les modalités fixées par décret à paraître, les articles correspondant du décret 2019-797 du 16-7-2019 ayant été abrogés par le décret 2020-1716 du 28-12-2020.

Pour les demandeurs d'emploi dont la fin de contrat de travail intervient **au plus tard le 31-3-2021,** ce différé correspond au nombre de jours qui résulte de la division, par le SJR, du montant de l'indemnité compensatrice de **congés payés** versée par le dernier employeur, et est appliqué avant le différé spécifique d'indemnisation.

Sur l'obligation de déclarer l'indemnité compensatrice de congés payés éventuellement versée après la prise en charge, voir, comme pour le différé spécifique, nº 6740, b.

Délai d'attente Le versement des allocations par Pôle emploi est reporté au terme d'un délai d'attente de 7 jours. Ce délai court à compter du terme du ou des différés d'indemnisation visés nos 6740 s. si les conditions d'ouverture de droits sont satisfaites ; à défaut, il court à partir du jour où elles sont satisfaites. Le délai d'attente ne s'applique pas s'il a déjà été appliqué dans les 12 mois précédents. 6750 Règlement art. 22 et 23 QA-II-18250 s

MODALITÉS DE VERSEMENT

Périodicité Les prestations sont payées **mensuellement** à terme échu pour tous les jours ouvrables ou non. Ce paiement, effectué par virement bancaire, est fonction des événements déclarés chaque mois par l'allocataire (voir n° 6590). 6760 Règlement art. 24 et 32 QA-II-18350 s

Des **avances** sur prestations et des **acomptes** peuvent éventuellement être obtenus.

Si l'allocataire a exercé une activité professionnelle permettant un cumul avec une partie des allocations selon les modalités visées nos 6840 s., Pôle emploi procède à un paiement provisoire, sous forme d'avance, à l'échéance du mois considéré et régularise le paiement le mois suivant au vu des justificatifs fournis (bulletins de paie notamment). Sur les règles de cumul des allocations avec d'autres revenus ou avantages, voir nos 6830 s.

Régime Les allocations d'assurance chômage sont **cessibles et saisissables** dans les mêmes conditions et limites que les salaires (nos 70940 s.). Elles sont soumises à l'impôt sur le revenu. Sur les **retenues sociales** opérées, voir n° 6680, b. 6770 C. trav. art. L 5428-1 QA-II-16600 s

CESSATION DU VERSEMENT

Le versement des allocations **cesse** au terme de la durée maximale d'indemnisation, les allocataires étant informés 2 mois avant ce terme de la possibilité de bénéficier de l'allocation de solidarité spécifique visée nos 7040 s. 6800 Règlement art. 25 QA-II-19700 s

L'allocation d'aide au retour à l'emploi **n'est pas due** lorsque l'allocataire :
– retrouve une activité professionnelle salariée ou non, exercée en France ou à l'étranger, sous réserve des dispositions visées nos 6840 s. ;
– bénéficie de l'aide à la création ou à la reprise d'entreprise visée n° 1800 ;
– est pris ou susceptible d'être pris en charge par la sécurité sociale au titre des prestations en espèces (assurance maladie, maternité, accident du travail ou maladie professionnelle) ;
– est admis à bénéficier de la prestation partagée d'éducation de l'enfant ou de l'allocation journalière de présence parentale ;
– a conclu un contrat de service civique ;
– bénéficie d'une indemnité différentielle ou d'une prime au reclassement dans le cadre d'un contrat de sécurisation professionnelle.

Elle **n'est plus due** lorsque l'allocataire cesse de :
– remplir la condition d'âge prévue n° 6560. Le terme du versement de l'allocation correspond alors à la veille du jour à compter duquel prend effet le versement de la pension de retraite ;
– résider sur le territoire français défini n° 6480.

Sur la suppression des allocations en cas de fraude ou de fausse déclaration, voir n° 6980.

S'agissant des mesures temporaires **Covid-19,** voir n° 6510.

ATTENTION

Le service des allocations, interrompu en cas de versement des **prestations en espèces** par la sécurité sociale, reprend dès la fin de l'arrêt pour la durée d'indemnisation restant à courir. La durée de cet arrêt doit être signalée lors de l'actualisation visée n° 6590.

d. Cumul des allocations avec d'autres revenus

CUMUL AVEC LES REVENUS D'UNE ACTIVITÉ PROFESSIONNELLE

Les allocations d'assurance et de solidarité peuvent se cumuler avec les revenus tirés de l'exercice d'une activité professionnelle réduite ou occasionnelle, **salariée ou non salariée,** y compris les revenus tirés de travaux saisonniers. 6830 C. trav. art. L 5425-1 L 5425-9 R 5425-19 R 5425-20 QA-II-24000 s

› Précisions a. Le revenu de remplacement est entièrement cumulable avec l'exercice d'une **activité bénévole,** par nature non professionnelle, à condition de ne pas l'accomplir chez un précédent employeur (Cass. soc. 23-5-2017 n° 15-25.377 F-D : RJS 8-9/17 n° 607), qu'elle ne se substitue pas à un emploi salarié et qu'elle reste compatible avec l'obligation d'accomplir des actes positifs et répétés de recherche d'emploi (C. trav. art. L 5425-8). Ainsi, l'exercice d'une activité bénévole à temps plein peut caractériser une fraude aux allocations passible de sanctions pénales (Cass. crim. 27-2-1996 n° 93-85.619 PF : RJS 4/96 n° 431). Sur le point de savoir si l'exercice d'un mandat social peut constituer une activité bénévole, voir nos 28655 s.

b. Les allocataires du régime d'assurance chômage ou de l'ASS peuvent effectuer, durant 6 mois au plus, des **tâches d'intérêt général** pendant une durée maximale de 50 heures par mois si elles sont rémunérées ou de 80 heures dans le cas contraire. Sont réputées d'intérêt général les tâches qui, sur proposition d'une collectivité publique ou d'un organisme privé à but non lucratif, ont fait l'objet d'un agrément prononcé par le préfet du département.

c. La participation à des stages de formation économique, sociale et syndicale qui ne constitue **pas** en principe une **activité professionnelle** permet le maintien intégral des allocations. Il en est de même de l'exercice (Circ. Unédic 2017-20 du 24-7-2017) :

– d'un mandat syndical non rémunéré, ou de conseiller prud'hommes, ou auprès d'un organisme social ou d'une collectivité territoriale... ;

– au profit du conjoint d'une activité limitée et non lucrative caractérisant l'entraide familiale ;

– à titre accessoire d'une activité de chambre d'hôtes.

Sur le caractère professionnel des activités exercées par les **dirigeants d'entreprise** : voir no 28655.

6840 Règlement art. 30 à 32 Circ. 2020-12 du 6-10-2020 Fiche 7 **QA-II-24600 s**

Activité salariée

En cas de **reprise** d'une **activité professionnelle,** le demandeur d'emploi continue de percevoir une partie de l'ARE à la seule **condition** que le cumul entre les allocations et les revenus n'excède pas le salaire brut mensuel pris en compte pour le **calcul** de l'indemnisation. Le plafond de cumul est obtenu en multipliant le salaire journalier de référence par 30,42.

En cas d'activité reprise, le versement des allocations est maintenu, sur la base d'un nombre de jours indemnisables égal, pour chaque mois civil, au nombre entier le plus proche du résultat issu du calcul suivant : [(ARE journalière × nombre de jours du mois civil) – 70 % des rémunérations brutes des activités exercées au cours du mois civil] / ARE journalière.

Si l'allocation est affectée d'un coefficient de **dégressivité,** le nombre de jours indemnisables est calculé selon la même formule, à partir de l'allocation journalière initiale. En revanche, l'allocation due pour chaque jour indemnisable est affectée du coefficient de dégressivité dans les conditions visées no 6695.

EXEMPLE

Soit un allocataire dont le SJR est égal à 100 €. Le plafond de cumul est égal à 3 042 € et son allocation journalière est égale à 54 € (57 % – 3 % après déduction de la participation au financement de la retraite complémentaire). Il exerce au mois d'avril 2021 une activité professionnelle lui procurant un revenu mensuel brut égal à 2 100 €.

Pour ce mois, le nombre de jours indemnisables au titre de l'ARE sera de : [(57 × 30) – (2 100 × 70 %)] / 57 = 4,2, soit 4 jours (les 26 jours non indemnisés reportent d'autant la date de fin de droits).

Il percevra donc 54 × 4 = 216 € d'allocations de chômage. Le cumul de son salaire avec les allocations est égal à 216 + 2 100 = 2 316 €. Cette somme reste inférieure au montant mensuel du salaire de référence.

6850 Règlement art. 33 et 34

Le salarié qui exerce **plusieurs activités** peut, en cas de perte de l'une d'elles, cumuler intégralement le revenu tiré de son activité conservée avec l'allocation calculée sur la base des salaires de l'activité perdue.

En cas de perte involontaire d'une **activité conservée** en cours d'indemnisation, le montant de l'ARE et la durée d'indemnisation sont révisés pour tenir compte des droits ouverts par la perte de cette activité.

6860 Règlement art. 30 32 bis

Activité non salariée

Les règles de cumul de l'allocation avec les revenus d'activité indépendante sont analogues à celles visées nos 6840 s. Les rémunérations prises en compte sont celles déclarées au titre des assurances sociales.

Pour les entrepreneurs relevant du régime micro-social, la rémunération prise en compte correspond au chiffre d'affaires après déduction de l'abattement pour frais professionnels.

> Précisions **a.** Si l'allocataire **déclare le montant mensuel** de ses rémunérations non salariées lors de son actualisation mensuelle, le nombre de jours indemnisables est affecté d'un coefficient égal à 0,8. Si les **rémunérations** mensuelles sont **indéterminées,** l'allocation versée au cours du mois considéré correspond à 70 % de l'allocation mensuelle qui serait due en l'absence de reprise d'activité. Une **régularisation** annuelle est ensuite effectuée à partir des rémunérations réelles soumises à cotisations.

b. Les règles de cumul peuvent s'appliquer si l'allocataire **crée ou reprend une entreprise** et exerce effectivement sa nouvelle activité. Dans ce cas, il n'a pas droit à l'aide visée no 1800 ; le point de départ du cumul est la date du début d'exploitation de la société créée et non la date de son immatriculation au RCS (CA Paris 10-4-2008 no 06-15711 : RJS 7/08 no 815).

Les **démarches** nécessaires à la création d'entreprise, considérées comme des actes positifs de recherche d'emploi, permettent un cumul intégral des allocations (voir no 6600).

CUMUL AVEC D'AUTRES REVENUS

L'ARE ne se cumule ni avec l'indemnité compensatrice de congés payés ni avec les **sommes** versées à l'occasion de la **fin du contrat de travail** à l'exception de celles légalement obligatoires, ce qui se traduit par l'application de différés d'indemnisation : voir n°s 6740 s. 6865 QA-II-16700 s

L'allocation ne se cumule pas avec les sommes ayant pour objet de réparer le préjudice résultant de la perte des salaires et évaluées en fonction de ces derniers eu égard à une période déterminée (Directive Unédic 35 du 23-7-2002). Tel est le cas des **dommages et intérêts** pour rupture anticipée d'un CDD (voir n° 20245) et pour violation d'une clause de garantie d'emploi (Cass. ass. plén. 13-12-2002 n° 00-17.143 P : RJS 2/03 n° 227 ; Cass. soc. 23-10-2007 n° 06-42.994 FS-PB : RJS 1/08 n° 2), ce non-cumul n'autorisant pas pour autant l'employeur à déduire de cette indemnisation le montant des allocations perçues par le salarié (Cass. soc. 14-3-2012 n° 07-44.941 F-D : RJS 5/12 n° 423).

CUMUL AVEC D'AUTRES AVANTAGES

Le tableau ci-après indique les modalités de cumul des allocations avec certains avantages perçus par les allocataires, y compris ceux acquis à l'étranger. Le montant de l'allocation ne peut toutefois pas être inférieur à l'allocation minimale ni supérieur à 75 % du SJR lorsqu'elle se cumule avec un avantage de vieillesse. 6870 Règlement art. 18

Avantages perçus par l'allocataire	Modalités de cumul
Pension d'invalidité de 1e catégorie	Cumul intégral
Pension d'invalidité de 2e ou 3e catégorie	Cumul intégral à condition que les revenus pris en compte pour l'ouverture des droits à l'ARE aient été cumulés avec la pension. À défaut, l'ARE est diminuée du montant de la pension.
Avantage de vieillesse ou autres revenus de remplacement à caractère viager	• Cumul intégral avant 50 ans • ARE diminuée de : – 25 % de l'avantage entre 50 et 55 ans, – 50 % de l'avantage entre 55 et 60 ans, – 75 % de l'avantage à partir de 60 ans.
Pension militaire	• Cumul intégral avant l'âge légal de départ à la retraite visé n° 67510 • ARE diminuée de 75 % de la pension après cet âge
Prestations en espèces servies par la sécurité sociale	Cumul impossible (voir n° 6800)

e. Droits rechargeables

Le salarié qui, du fait de la reprise d'un emploi, a cessé de percevoir les allocations de chômage alors que la période d'indemnisation précédemment ouverte n'était pas épuisée bénéficie, en cas de perte de ce nouvel emploi, d'une **reprise** de ces droits jusqu'à leur épuisement, même s'il remplit les conditions pour une nouvelle admission au titre de l'activité reprise. 6880 C. trav. art. R 5422-2 Règlement art. 26 QA-II-20000 s

› Précisions a. Le **service des allocations est repris** lorsque :
– l'allocataire n'a pas épuisé tous ses droits ;
– l'allocataire n'est pas déchu de ses droits. Le délai de déchéance correspond à la durée des droits ouverts augmentée de 3 ans ;
– la fin de contrat de travail donnant lieu à une reprise du reliquat des droits s'analyse en une privation involontaire d'emploi : le salarié ne doit pas avoir renoncé volontairement à sa dernière activité professionnelle salariée, ou à une précédente lorsque la dernière interruption de contrat intervient après moins de 65 jours travaillés ou 455 heures d'activité. Cette condition n'est toutefois pas opposable aux allocataires dont le reliquat d'une période d'indemnisation leur donne droit au service des allocations jusqu'à ce qu'ils puissent percevoir la retraite à taux plein, ainsi qu'aux salariés privés d'emploi qui ne justifient pas de 65 jours travaillés ou 455 heures d'activité.

b. Le demandeur d'emploi qui, lors de la perte d'une activité professionnelle ayant ouvert des droits à une nouvelle admission, bénéficie d'un reliquat de droits à indemnisation au titre d'un **contrat d'apprentissage ou de professionnalisation,** peut opter pour la seule prise en compte des nouveaux droits. Ce droit d'**option** est également ouvert, à leur demande, aux allocataires dont le reliquat ouvre droit à une allocation journalière soit **inférieure** ou égale à 20 €, soit inférieure d'au moins 30 % à celle qui leur aurait été servie en l'absence de reliquat. Les intéressés renoncent alors au reliquat de leurs droits à indemnisation antérieurs.

c. Les **différés d'indemnisation** visés n°s 6740 s. sont applicables en cas de reprise. Le **délai d'attente** est applicable dans les conditions visées n° 6750.

6890 C. trav. art. R 5422-2 Règlement art. 28 et 39 § 2

À la date d'**épuisement des droits** à indemnisation initiaux, un **rechargement** de droits est effectué si le salarié justifie à cette date d'une période d'affiliation d'au moins 910 heures de travail (ou 130 jours travaillés), au titre d'une ou plusieurs activités exercées au cours des 24 mois (36 mois pour les salariés âgés de 53 ans et plus) précédant la dernière fin de contrat de travail, et postérieures à la fin de contrat prise en considération pour l'ouverture des droits initiale.

Si ces conditions d'affiliation ne sont pas remplies au titre de la dernière fin de contrat, l'intéressé peut bénéficier d'un rechargement s'il justifie qu'elles étaient satisfaites au titre d'une fin de contrat antérieure. Le montant de l'allocation et la durée d'indemnisation sont appréciés compte tenu de ces activités. La durée d'indemnisation minimale au titre d'un rechargement est de 182 jours.

S'agissant des mesures temporaires **Covid-19,** voir nº 6510.

> Précisions **a.** Pôle emploi adresse à l'allocataire, au moins 30 jours avant la fin prévisionnelle des droits, un courrier comportant les données disponibles et utiles à la détermination du rechargement des droits, sur la base des activités déclarées. Ces informations doivent être le cas échéant complétées par l'intéressé dans le mois suivant leur transmission. Sans réponse de ce dernier à la date d'épuisement des droits, le rechargement est effectué à partir des informations disponibles.

b. L'allocataire a l'obligation de déclarer ses activités chaque mois à terme échu. Les périodes d'activité non déclarées d'une durée supérieure à 3 jours ne sont pas prises en compte par Pôle emploi pour l'ouverture, le rechargement ou le calcul des droits à l'assurance chômage (C. trav. art. L 5426-1-1). Sur le droit d'un allocataire à régulariser une erreur, voir nº 43890.

F. Accompagnement des allocataires

ÉLABORATION ET ACTUALISATION DU PPAE

6930 C. trav. art. L 5411-6 L 5411-6-1 R 5411-14 Circ. DGEFP 5-11-2008 QA-II-22100 s

Le projet personnalisé d'accès à l'emploi (PPAE) est établi **conjointement** par le demandeur d'emploi et Pôle emploi ou l'organisme participant au service public de l'emploi (voir nº 32985) vers lequel il a été orienté. Il retrace les actions que Pôle emploi s'engage à mettre en œuvre, notamment en matière d'accompagnement personnalisé et, le cas échéant, de formation et d'aide à la mobilité.

Il est élaboré lors de l'inscription sur la liste des demandeurs d'emploi ou au plus tard dans les 30 jours suivants. Il est actualisé selon une périodicité et des modalités définies avec le demandeur d'emploi.

Le PPAE retrace le champ de la recherche d'emploi. Il **précise** les éléments de l'offre raisonnable d'emploi en tenant compte de la formation du demandeur d'emploi, de ses qualifications, de ses connaissances et compétences acquises lors de ses expériences professionnelles, de sa situation personnelle et familiale ainsi que de la situation du marché du travail local.

> Précisions **a.** À l'issue de chaque entretien (élaboration ou actualisation), le PPAE est **communiqué** au demandeur d'emploi. Le refus de ce dernier d'élaborer ou actualiser le PPAE est passible de sanctions, voir nº 6980.

b. La **notification** du PPAE adressée au demandeur d'emploi **précise ses droits** concernant l'acceptation ou le refus des offres raisonnables d'emploi qui lui sont soumises et, notamment, les voies et délais de recours en cas de sanction par Pôle emploi.

c. Les **organismes participant au service public de l'emploi** ayant la charge du PPAE concourent au suivi de la recherche d'emploi des personnes orientées vers eux. Ils signalent à Pôle emploi leurs manquements aux obligations mais ne peuvent pas les sanctionner.

COMPTE PERSONNEL DE FORMATION

6935 C. trav. art. L 6323-21 à L 6323-23

Les demandeurs d'emploi peuvent mobiliser leur compte personnel de formation (CPF) pour financer toutes les formations mentionnées nº 38250.

Lorsque le demandeur d'emploi accepte une formation achetée par la région, l'opérateur de compétences, Pôle emploi ou le fonds de développement pour l'insertion professionnelle des handicapés, ces organismes ou collectivités prennent en charge les **frais** pédagogiques et les frais liés à la validation des compétences et des connaissances afférents à la formation du demandeur d'emploi. Ils peuvent également prendre en charge des frais annexes hors rémunération. Le CPF du demandeur d'emploi peut être débité selon des modalités définies par décret à paraître, en fonction notamment de sa situation sociale et professionnelle et dans la limite des droits inscrits sur son compte, après en avoir été informé.

OFFRE RAISONNABLE D'EMPLOI (ORE)

La nature et les caractéristiques de l'emploi ou des emplois recherchés, la zone géographique privilégiée et le salaire attendu tels que mentionnés dans le PPAE sont constitutifs de l'offre raisonnable d'emploi (ORE). Ces trois éléments sont déterminés librement entre le demandeur d'emploi et le conseiller Pôle emploi lors de l'**élaboration du PPAE** et révisés au moment des actualisations. **6940** C. trav. art. L 5411-6-2 à L 5411-6-4

› Précisions **a.** Le demandeur d'emploi bénéficie de **garanties.** Ces règles ne sauraient en effet l'obliger à accepter ni un emploi incompatible avec ses qualifications et ses compétences professionnelles, ni un niveau de salaire inférieur au Smic, au minimum conventionnel ou au salaire normalement pratiqué dans la région et pour la profession concernée.

De même, si le PPAE prévoit que le ou les emplois recherchés sont à temps complet, il ne peut pas être obligé d'accepter un emploi à temps partiel.

b. Le **refus d'emploi** peut notamment être constitué par le refus d'une mise en relation, la non-présentation à un entretien avec un employeur dès lors que le demandeur d'emploi avait la possibilité de s'y rendre, le refus d'une offre ferme d'emploi. Le refus d'une ORE n'est caractérisé qu'en l'absence de motif légitime. Ce dernier doit être justifié par écrit.

Le demandeur d'emploi a la possibilité de refuser une première ORE. Il sera en revanche sanctionné dans les conditions visées n° 6980 s'il refuse, sans motif légitime, une seconde ORE. Le dénombrement des refus s'opère sur toute la durée de l'inscription indépendamment des évolutions de l'ORE.

Le refus d'un demandeur d'emploi d'accepter une offre d'emploi impliquant de **travailler le dimanche** ne peut pas être sanctionné (C. trav. art. L 3132-3-1).

AIDES DE PÔLE EMPLOI

Pôle emploi peut, dans le cadre du PPAE (n° 6930) et à certaines conditions, attribuer aux demandeurs d'emploi des aides financières destinées à favoriser la reprise d'un travail : **6950** Délibération PE 4 du 19-12-2008 **Q-II-54000 s**

- une aide à la **mobilité,** permettant la prise en charge de tout ou partie des frais de déplacement, d'hébergement et de repas exposés à l'occasion d'une action de reclassement ;
- une aide à l'obtention du **permis de conduire** ;
- une aide à la **garde des enfants** pour les parents isolés ;
- une aide individuelle à la **formation,** consistant en une prise en charge de tout ou partie des frais pédagogiques de la formation suivie par un demandeur d'emploi, notamment les bénéficiaires d'un contrat de sécurisation professionnelle ;
- une aide à la **validation des acquis de l'expérience.**

Pôle emploi peut également verser des **aides ponctuelles** : attribution au conjoint d'un allocataire décédé d'une somme égale à 120 fois le montant journalier de son allocation, majorée pour chaque enfant à charge ; aide pour congés non payés ; aide forfaitaire égale à 27 fois la partie fixe visée à l'allocataire en fin de droits ne pouvant bénéficier d'une allocation de solidarité pour un motif autre que la condition de ressources (Règlement art. 36 à 38).

S'agissant des aides au reclassement des chômeurs versées aux **employeurs,** voir n° 2300.

G. Remboursement des allocations indues

Les personnes ayant indûment perçu des allocations doivent les rembourser à Pôle emploi. Elles peuvent solliciter une **remise de dette** auprès de l'instance paritaire régionale de Pôle emploi. **6970** C. trav. art. L 5422-5 L 5426-8-1 à L 5426-8-3 R 5426-18 à R 5426-24 Règlement art. 27 **QA-II-26400 s**

L'action en remboursement des allocations **se prescrit** par 3 ans à compter de leur versement (10 ans en cas de fraude ou de fausse déclaration). Sur les sanctions pénales applicables en cas de fraude, voir n° 7000.

› Précisions **a.** Sont **indues** les allocations perçues lorsque des sommes sont versées postérieurement à la rupture du contrat de travail ne pouvant se cumuler avec les allocations de chômage ainsi que les allocations versées correspondant aux jours d'activité non déclarée, c'est-à-dire les activités professionnelles, reprises ou conservées, salariées ou non salariées, réduites ou non, exercées en France ou à l'étranger n'ayant pas été régulièrement déclarées à terme échu sur le document d'actualisation visé n° 6590 et n'ayant pas été attestées par l'envoi ultérieur de bulletins de paie.

b. Même en l'absence de fraude ou de fausse déclaration, les allocations versées sans cause donnent lieu à remboursement (Cass. soc. 22-2-2005 n° 03-13.942 FS-PB : RJS 5/05 n° 553). Toutefois, en cas de **négligence fautive** de Pôle emploi, l'allocataire peut prétendre à des dommages et intérêts (Cass. soc. 30-5-2000 n° 98-15.153 FS-P : RJS 7-8/00 n° 849).

c. L'allocataire qui conteste le caractère indu des prestations réclamées forme un **recours** gracieux préalable devant le directeur général de Pôle emploi dans les 2 mois suivant la notification de l'indu. L'absence de réponse dans les 2 mois suivant ce recours vaut décision de rejet.

L'allocataire peut alors, s'il le souhaite, exercer un recours en justice.

d. Pour obtenir le remboursement des aides ou allocations, y compris l'allocation de solidarité spécifique (ASS), **Pôle emploi** peut :

– si le débiteur n'en conteste pas le caractère indu, procéder par **retenues sur les échéances** à venir, dans la limite de 20 % de son montant pour l'ASS (nos 7040 s.) ;

– après mise en demeure de l'allocataire restée sans effet dans le mois suivant sa notification, délivrer une **contrainte** qui, à défaut d'opposition du débiteur dans les 15 jours suivant sa notification, emporte tous les effets d'un jugement.

L'indu d'un **montant inférieur à 77 €** ne donne pas lieu à récupération.

H. Sanctions des allocataires

SUPPRESSION DU REVENU DE REMPLACEMENT

6980 C. trav. art. L 5412-1 L 5412-2 L 5426-2 R 5412-4 à R 5412-7-1 R 5426-3 R 5426-8 à R 5426-11 QA-II-26800 s

Selon la gravité et le caractère répété du **manquement du demandeur d'emploi** (absence de recherche d'emploi, refus d'actualiser ou d'élaborer le PPAE, refus d'une ORE, absence de déclaration ou déclaration mensongère, etc.), la suppression des allocations peut être temporaire ou définitive. L'exclusion du revenu de remplacement entraîne la **radiation de la liste** des demandeurs d'emploi pour une durée ne pouvant excéder celle de l'exclusion. Ces décisions sont susceptibles de recours, gracieux et contentieux.

› Précisions S'il envisage de prendre une décision de radiation ou de suppression du revenu de remplacement, le **directeur régional de Pôle emploi informe** l'intéressé, par tout moyen donnant date certaine, des faits qui lui sont reprochés et de la durée de la suppression envisagée, en lui indiquant qu'il dispose de 10 jours pour présenter des **observations** écrites ou demander à être entendu, le cas échéant assisté d'une personne de son choix.

Le directeur régional de Pôle emploi se prononce dans un **délai** de 15 jours à compter de l'expiration du délai de 10 jours ou à compter de la date de l'audition si l'intéressé a demandé à être entendu. La **décision,** notifiée à l'intéressé, est motivée, indique la durée de la radiation ou de la suppression et mentionne les voies et délais de recours. Le demandeur d'emploi peut contester cette décision en formant un **recours** préalable, non suspensif, devant le directeur régional de Pôle emploi.

SANCTIONS PÉNALES

7000 C. trav. art. L 5429-1 QA-II-30000 s

Est passible des peines prévues n° 50235, d le fait de :

– bénéficier ou tenter de bénéficier frauduleusement des allocations de chômage et du régime de solidarité ;

– faire obtenir ou tenter de faire obtenir frauduleusement les mêmes allocations.

Pour **caractériser le délit,** il doit être établi que les allocations n'étaient pas dues (Cass. crim. 16-6-2004 n° 03-83.255 FS-PF : RJS 11/04 n° 1183). Commet une fraude l'allocataire qui ne déclare pas à Pôle emploi l'exercice d'une activité professionnelle (Cass. crim. 27-3-2007 n° 06-87.415 FS-PF : RJS 7/07 n° 883 ; 11-7-2017 n° 16-83.733 FS-D, F. : RJS 11/17 n° 760). Il a même été jugé que ce fait rendait le prévenu coupable d'escroquerie (Cass. crim. 8-4-1999 n° 98-81.505 D). Sur le caractère frauduleux d'une **activité bénévole** à temps plein, voir n° 6830.

PÉNALITÉ ADMINISTRATIVE

7010 C. trav. art. L 5426-5 à L 5426-8 R 5426-15 à R 5426-17-1 QA-II-30500 s

Sans préjudice de l'action en répétition de l'indu et des poursuites pénales, est passible d'une **pénalité,** dont le montant ne peut excéder 3 000 €, l'allocataire qui a indûment perçu des allocations de chômage, à la suite de déclarations volontairement inexactes ou incomplètes ou en l'absence de déclaration d'un changement de situation.

Aucune pénalité ne peut être prononcée pour des faits datant de plus de 2 ans ou pour des faits ayant donné lieu à condamnation définitive, relaxe ou non-lieu.

› Précisions Lorsqu'il envisage de prononcer une pénalité administrative, le **directeur régional** de Pôle emploi **informe** par écrit l'intéressé des faits qui lui sont reprochés et de la pénalité envisagée, en lui indiquant qu'il dispose d'un mois pour présenter des **observations** écrites ou demander à être entendu, le cas échéant assisté d'une personne de son choix.

Le directeur régional de Pôle emploi **se prononce** par tout moyen donnant date certaine dans un délai de 15 jours à compter de l'expiration du délai d'un mois précité ou, si l'intéressé demande à être entendu, à compter de la date de l'audition. La **décision,** notifiée à l'intéressé, est motivée. Elle indique le montant de la pénalité et les voies et délais de recours.

Le demandeur d'emploi peut contester cette décision par un **recours préalable,** non suspensif, devant le directeur régional de Pôle emploi.

Cette pénalité peut être **recouvrée** par Pôle emploi au moyen de la procédure de contrainte visée n° 6970, d.

II. ALLOCATION DE SOLIDARITÉ SPÉCIFIQUE

L'indemnisation des demandeurs d'emploi ne pouvant plus ou pas prétendre aux allocations du régime d'assurance chômage, et qui ne satisfont pas aux conditions pour bénéficier de l'allocation des travailleurs indépendants (nos 81630 s.), prend la forme de l'allocation de solidarité spécifique (ASS), servie par Pôle emploi au titre du **régime de solidarité.** Ont droit à l'ASS les demandeurs d'emploi qui ont épuisé leurs droits aux allocations d'assurance chômage ou les allocataires âgés d'au moins 50 ans qui optent pour cette allocation, sous réserve d'être aptes au travail (voir n° 6560) et de **justifier** : 7040

C. trav. art. L 5423-1 à L 5423-3 L 5423-6 R 5423-1 R 5423-6 R 5423-8 R 5423-9 D 5424-63 D 5424-64 **QA-II-34200 s**

– de 5 ans d'activité salariée dans les 10 ans précédant la rupture du contrat de travail qui a ouvert droit à l'indemnisation au titre de l'assurance chômage ;

– de ressources mensuelles, définies aux articles R 5423-2 à R 5423-8 du Code du travail, inférieures à 70 fois le montant journalier de l'allocation pour une personne seule (110 fois pour un couple). Les **plafonds** en vigueur et le montant journalier de l'ASS sont indiqués dans notre rubrique Chiffres et taux sur www.efl.fr.

Lorsque le total des ressources de l'intéressé (y compris l'ASS) excède les plafonds visés n° 7080, l'allocation est versée sous forme de **prestation différentielle.**

L'ASS est attribuée par **périodes** de 6 mois renouvelables. Le renouvellement est subordonné aux mêmes conditions que son attribution initiale.

> Précisions Ont également droit à l'ASS pour une durée de 9 mois renouvelable certains **marins pêcheurs,** les **ouvriers-dockers** ainsi que les **artistes non salariés** visés à l'article D 5424-62 du Code du travail âgés d'au moins 18 ans, à la recherche d'un emploi et justifiant des conditions de ressources exposées ci-dessus.

MODALITÉS D'INDEMNISATION

Pour bénéficier de l'ASS, les intéressés doivent être inscrits comme demandeurs d'emploi et présenter leur **demande** au Pôle emploi du lieu de leur domicile dans les 2 ans à compter du jour où ils remplissent l'ensemble des conditions pour en bénéficier. Sur l'étendue de l'obligation d'information de Pôle emploi, voir n° 6720. 7070

C. trav. art. L 5421-4 L 5423-5 R 5423-12 R 5423-13 L 5428-1

L'allocation est **versée,** sans aucun délai d'attente, tous les mois à terme échu. Elle est accordée pour une période de 6 mois renouvelable. Le paiement des allocations est interrompu à compter du jour où l'intéressé ne remplit plus les conditions d'admission. Les autres motifs de cessation et d'interruption du versement sont identiques à ceux visés n° 6800.

S'agissant des mesures temporaires **Covid-19,** voir n° 6510.

> Précisions **a.** Les allocataires inscrits sur la liste des demandeurs d'emploi doivent satisfaire à la condition de **recherche d'emploi** et sont soumis aux contrôle et sanctions visés nos 6980 s.

b. Les allocations indûment perçues sont remboursées selon des modalités définies n° 6970, d.

c. Les allocations sont en principe soumises aux **mêmes retenues sociales** que celles du régime d'assurance ; toutefois, du fait de leur faible montant, aucune retenue n'est opérée. Elles sont incessibles et insaisissables.

CUMUL AVEC D'AUTRES REVENUS

La rémunération tirée d'une activité professionnelle, salariée ou non, se cumule **intégralement** avec le versement de l'ASS pendant une **période** de 3 mois, consécutifs ou non, dans la limite des droits aux allocations restants, tout mois civil au cours duquel une activité même occasionnelle ou réduite a été exercée étant pris en compte pour le calcul de cette période. Au terme des 3 mois de cumul, le versement de l'allocation est interrompu si l'intéressé poursuit son activité. 7080

C. trav. art. L 5425-3 R 5425-2 à R 5425-6 Inst. PE 32 du 19-7-2017 **QA-II-39000 s**

> Précisions **a.** En cas d'**interruption de l'activité professionnelle** pendant une durée minimale de 3 mois, les allocataires peuvent bénéficier à nouveau de ce dispositif dans son intégralité.

b. S'agissant du maintien de l'ASS aux bénéficiaires de **l'exonération de début d'activité, de création ou de reprise d'entreprise** : voir n° 1790.

c. Sur la possibilité pour les bénéficiaires de l'ASS d'exercer des activités **bénévoles,** non professionnelles, ou des tâches d'intérêt général, voir n° 6830.

REPRISE DU VERSEMENT DES ALLOCATIONS

L'exercice d'une activité professionnelle ou le fait de suivre une formation rémunérée ne fait pas obstacle à la reprise du versement de l'ASS. Toutefois, ce versement ne peut être effectué qu'à l'expiration des droits éventuels à l'ARE visée n° 6480 et à condition qu'il n'intervienne pas plus de 4 ans après la date d'admission à l'allocation considérée ou à la date de son dernier renouvellement. 7090

C. trav. art. R 5425-1 **QA-II-36000 s**

La reprise du versement de l'allocation de solidarité s'effectue au titre du **reliquat** de la période de 6 mois qui a été accordée. La situation familiale et les ressources de l'intéressé ne sont pas réexaminées pour le versement de ce reliquat. Elles le seront pour l'attribution d'une nouvelle période de 6 mois (Directive Unédic 17 du 17-8-2006).

III. PROTECTION SOCIALE

7120 Les demandeurs d'emploi, indemnisés par le régime d'assurance chômage ou de solidarité, ou non indemnisés, ont droit à une protection sociale qui varie selon leur situation et les risques couverts. Une allocation décès est par ailleurs servie au conjoint survivant du bénéficiaire des allocations d'assurance : voir nº 6950.

Sur la portabilité des garanties collectives en matière de frais de santé et de prévoyance instaurée au profit des demandeurs d'emploi, voir nº 59230.

ASSURANCE MALADIE, MATERNITÉ, INVALIDITÉ, DÉCÈS

7130 CSS art. L 161-8 L 311-5 R 311-1 QA-II-42100 s

Dès qu'il est admis au bénéfice d'un **revenu de remplacement,** le chômeur conserve la qualité d'assuré social et ses droits aux prestations en espèces du régime obligatoire d'assurance maladie, maternité, invalidité et décès dont il relevait antérieurement, y compris pendant les différés d'indemnisation et le délai d'attente (Cass. 2e civ. 11-10-2012 nº 11-14.179 FS-PB : RJS 2/13 nº 156). Il continue à en bénéficier en cas de reprise d'une activité, tant qu'elle ne lui permet pas d'acquérir des droits nouveaux (Cass. 2e civ. 9-11-2017 nº 16-19.926 F-PB : RJS 1/18 nº 65).

Le chômeur **non indemnisé** ou ayant **épuisé ses droits** à indemnisation bénéficie du maintien de ses droits aux prestations en espèces antérieurs pendant une certaine période et selon les conditions visées nº 50325. En cas de reprise d'une activité, il continue à en bénéficier pendant 3 mois.

> Précisions Les droits aux **prestations en espèces,** qui ne se cumulent pas avec les allocations de chômage, doivent être examinés à la date à laquelle l'allocataire a cessé d'exercer son activité (Cass. soc. 20-2-1992 nº 90-11.506 PF : RJS 4/92 nº 514). Cette date est également retenue pour déterminer le régime de sécurité sociale applicable (Cass. soc. 12-7-2001 nº 00-10.245 FS-D : RJS 10/01 nº 1174).

Sur le montant de l'indemnité journalière et sa revalorisation, voir nos 50350 s. ; sur le droit du conjoint survivant à l'assurance décès, voir nº 6040.

S'agissant de la prise en charge des **frais de santé** au titre de la maladie et de la maternité, voir nos 50120 s.

ACCIDENTS DU TRAVAIL

7150 CSS art. L 412-8, 11° QA-II-42900 s

Les chômeurs bénéficient de la protection contre les accidents du travail pour les accidents survenus à l'occasion de leur participation à des actions d'aide à la création d'entreprise, d'orientation, d'évaluation ou d'accompagnement de la recherche d'emploi dispensées ou prescrites par Pôle emploi, Cap emploi, une mission locale pour l'insertion des jeunes ou une structure ayant conclu une convention avec Pôle emploi.

AUTRES DROITS

7160 QA-II-43200 s

Les périodes de chômage sont assimilées à une période de **travail effectif** ou de **cotisation** pour la détermination des droits à différentes prestations ou indemnités : accident du travail (nº 1070, b), retraite de la sécurité sociale, y compris pour les périodes de formation non rémunérées par l'assurance chômage (nº 67570).

Les chômeurs se voient attribuer des points de **retraite complémentaire** (voir nº 68310).

L'appréciation des conditions de ressources exigées pour l'attribution de certaines **prestations familiales** tient compte des périodes de chômage.

COMITÉ SOCIAL ET ÉCONOMIQUE ET CONSEIL D'ENTREPRISE

SOMMAIRE

INSTITUTION DU COMITÉ SOCIAL ET ÉCONOMIQUE

Depuis le 1er janvier 2020, après une période transitoire de 2 ans, le comité social et économique (CSE), issu de l'ordonnance 2017-1386 du 22-9-2017, a remplacé les anciennes institutions représentatives du personnel élues : comité d'entreprise (CE), délégués du personnel (DP) et CHSCT. **8500**

Le CSE peut se voir confier, par accord collectif, des pouvoirs de négociation. Il prend alors le nom de conseil d'entreprise.

Sur le champ d'application territorial et professionnel du CSE, voir n° 62260.

› **Précisions** **a.** Les représentants du personnel **désignés** (délégués syndicaux et représentants syndicaux) et le **comité de groupe** subsistent. Les DS doivent toutefois abandonner leur pouvoir de négociation au conseil d'entreprise lorsqu'il est mis en place : voir n° 9750.
b. Les **droits et obligations des anciennes IRP** étant transférés de plein droit aux CSE (Ord.

2017-1386 du 22-9-2017 art. 9, VI), un CSE est recevable à poursuivre l'action pénale (Cass. crim. 17-11-2020 nº 19-87.904 F-D : RJS 2/21 nº 96) ou civile (Cass. soc. 14-10-2020 nº 18-24.578 F-D ; 16-12-2020 nº 19-11.200 F-D) engagée par une ancienne IRP.

c. S'ajoutent, au **niveau européen,** différentes instances de représentation du personnel non étudiées ici : comité d'entreprise européen, comité de la société européenne, comité de la société coopérative européenne et comité de la société issue d'une fusion transfrontalière de sociétés de capitaux.

SECTION 1

LE COMITÉ SOCIAL ET ÉCONOMIQUE

I. MISE EN PLACE

A. Cadre de mise en place

CSE AU NIVEAU DE L'ENTREPRISE

8620 C. trav. art. L 2313-1

L'entreprise constitue le cadre de la mise en place du CSE lorsqu'elle emploie moins de 50 salariés ou qu'elle en emploie au moins 50 mais ne comporte qu'un établissement. Dans les entreprises d'au moins 50 salariés comportant au moins 2 établissements distincts, des CSE d'établissement et un CSE central d'entreprise sont constitués, voir nos 9470 s.

8625 C. trav. art. L 2313-7 R 2314-1 LA-IV-3550

Les représentants de proximité

Il est possible de désigner des représentants de proximité. Ceux-ci peuvent être des membres du CSE ou être désignés par lui pour une durée prenant fin avec celle du mandat des membres élus du comité.

La mise en place de ces représentants doit être prévue par l'**accord** d'entreprise déterminant le nombre et le périmètre des établissements distincts (nº 9480). Cet accord définit alors le nombre de représentants, leurs attributions notamment en matière de santé, de sécurité et de conditions de travail, les modalités de leur désignation et leurs moyens de fonctionnement (en particulier leur crédit d'heures). À défaut de l'accord collectif précité, la mise en place des représentants de proximité peut être décidée par accord collectif majoritaire en cours de cycle (QR min. trav. du 16-1-2020 nº 33).

Lorsque les représentants de proximité sont **membres du CSE,** le temps nécessaire à l'exercice de leurs fonctions peut rester inchangé par rapport au temps dont ils disposent en qualité de membres du CSE en vertu du protocole préélectoral ou, à défaut, du Code du travail.

Lorsqu'ils ne sont **pas membres** du CSE, les représentants de proximité ne bénéficient pas de plein droit des mêmes droits que ceux des membres du comité. C'est à l'accord qui les institue de prévoir les moyens et les droits dont ils peuvent bénéficier, notamment leur participation aux réunions du CSE (QR min. trav. du 16-1-2020 nº 37).

CSE AU NIVEAU DE L'UES

8630 Lorsqu'une unité économique et sociale (UES) regroupant au moins 11 salariés est reconnue par accord collectif ou décision de justice entre plusieurs entreprises juridiquement distinctes, un **CSE commun** est mis en place. Sur la définition de l'UES, voir nº 62340.

C. trav. art. L 2313-8 R 2313-4 à R 2313-6

Des **CSE d'établissement** et un **CSE central** d'entreprise sont constitués dans les UES comportant au moins 2 établissements. Un **accord** d'entreprise conclu au niveau de l'UES (c'est-à-dire signé par les employeurs des entités concernées ou leurs représentants, d'une part, et, d'autre part, par un ou plusieurs syndicats de salariés représentatifs présents dans ces entités), dans les conditions prévues nº 9250, détermine le nombre et le périmètre des établissements distincts. En l'absence d'accord d'entreprise et en l'absence de DS désigné au niveau de l'UES, un accord entre les entreprises regroupées au sein de l'UES et le CSE, adopté à la majorité des élus titulaires du comité, peut déterminer le nombre et le périmètre des établissements distincts.

En l'**absence d'accord** d'entreprise ou d'accord conclu avec le CSE, un des employeurs mandaté par les autres fixe le nombre et le périmètre des établissements distincts, compte tenu de l'autonomie de gestion du responsable de l'établissement, notamment en matière de gestion du personnel. En cas de litige sur cette décision, le nombre et le périmètre des établissements distincts sont fixés par l'autorité administrative du siège de l'entreprise qui a pris la décision.

Les modalités de **communication de la décision de l'employeur** mandaté concernant le nombre et le périmètre des établissements distincts et les modalités de contestation de cette décision sont identiques à celles prévues pour le CSE dans les entreprises à établissements distincts exposées n° 9485.

CSE INTERENTREPRISES

Un CSE interentreprises peut être mis en place si la nature et l'importance de **problèmes communs** aux entreprises d'un même site ou d'une même zone le justifient, par **accord collectif** interentreprises conclu entre les employeurs des entreprises du site ou de la zone et les syndicats représentatifs au niveau interprofessionnel ou au niveau départemental. Cet accord **définit** le nombre de membres de la délégation du personnel du CSE interentreprises, les modalités de leur élection ou désignation et les attributions et modalités de fonctionnement du comité. Il peut aussi décider que, dans les entreprises d'au moins 11 salariés du site ou de la zone ayant mis en place un CSE, un membre de la délégation du personnel de chaque CSE participe aux réunions mensuelles. **8640** C. trav. art. L 2313-9

L'accord instituant un CSE interentreprises n'a pas pour effet de supprimer les **CSE des entreprises** entrant dans son champ d'application (QR min. trav. du 16-1-2020 n° 23).

B. Élection de la délégation du personnel au CSE

Les membres de la délégation du personnel au CSE sont élus par les salariés de l'entreprise ou de l'établissement. Le **nombre de représentants** à élire dépend de l'effectif de l'entreprise ou de l'établissement, selon le périmètre retenu pour l'élection : voir tableau n° 90060. L'**effectif** s'apprécie à la date du premier tour de scrutin (Cass. soc. 21-7-1986 n° 85-60.475 P ; 7-3-1990 n° 89-60.156 P : RJS 4/90 n° 311 ; 5-2-2020 n°s 19-13.444 F-D et 19-13.550 F-D : RJS 4/20 n° 196). **8670** LA-III-1 s

En cas de renouvellement de l'institution, on se réfère à l'effectif moyen de l'entreprise au cours de l'année, afin d'en neutraliser les variations occasionnelles et saisonnières (Cass. soc. 26-9-1990 n° 89-61.133 D : RJS 11/90 n° 871 ; 3-10-1995 n° 94-60.480 D : RJS 11/95 n° 1140). Cette notion relève, en cas de litige, de l'appréciation souveraine du juge du fond (Cass. soc. 6-5-1981 n° 80-60.411 P ; 3-10-1995 n° 94-60.480 D précité).

Les élections constituent une **échéance majeure** dans l'entreprise, les résultats du premier tour permettant de déterminer les syndicats représentatifs dans l'entreprise et au niveau national et interprofessionnel, ceux habilités à signer un accord collectif et les personnes pouvant être désignées DS.

Obéissent à des règles spécifiques les désignations des représentants du personnel au **comité de groupe** et au **comité européen.**

Mesures Covid-19 **8675**

Pendant la durée de l'état d'urgence sanitaire, l'**employeur** peut, selon l'administration, décider de **reporter les élections** du CSE, notamment si les mesures prises pour limiter la propagation du virus mettent en péril le processus d'organisation des élections, la sincérité du scrutin ou la faculté des salariés à participer à l'élection (QR min. trav. du 27-11-2020 sur le dialogue social) : voir FRS 1/21 inf. 4 p. 7.

1. DÉCLENCHEMENT

a. Initiative des élections

C'est à l'**employeur** de prendre l'initiative d'organiser les élections du CSE, qu'il s'agisse de sa première mise en place lorsque l'effectif requis est atteint, de le renouveler ou de pourvoir en cours de mandat des sièges laissés vacants. **8680** LA-III-900 s

À défaut, l'employeur commet un **délit d'entrave** (Cass. crim. 15-5-2007 n° 06-86.896 F-D : RJS 8-9/07 n° 970 ; 6-11-2007 n° 06-86.027 F-PF : RJS 3/08 n° 307). Au plan civil, il peut être condamné à payer des **dommages-intérêts** à un syndicat (n° 8682, b) et aux salariés (Cass. soc. 17-5-2011 n° 10-12.852 FS-PB : RJS 8-9/11 n° 714), sans que ces derniers aient à prouver l'existence d'un préjudice (Cass. soc. 17-10-2018 n° 17-14.392 FS-PB : RJS 12/18 n° 730 ; 15-5-2019 n° 17-22.224 F-D :

RJS 7/19 n° 445 ; 4-11-2020 n° 19-12.775 FS-PBI : RJS 1/21 n° 28) sauf en matière d'élections partielles (voir n° 8685, d).

> **Précisions a.** Le **retard** de l'employeur pour organiser les élections n'entraîne pas leur nullité (Cass. soc. 22-10-2014 n° 14-60.016 F-D : RJS 1/15 n° 49).
> **b.** Des **élections complémentaires** peuvent être organisées en cas d'**augmentation des effectifs** en cours de mandat si elles sont prévues par un accord collectif signé par tous les syndicats présents dans l'entreprise (Cass. soc. 13-10-2010 n° 09-60.206 FS-PBR : RJS 12/10 n° 960).
> **c.** Le défaut d'organisation des élections par l'employeur a des incidences sur la validité de la **dénonciation d'un usage** : voir n° 17520, d.

8682 C. trav. art. L 2314-8 LA-III-1050 s

En l'absence de CSE, un **salarié ou** un **syndicat** peut demander à l'employeur d'organiser les élections. Si l'employeur a engagé le processus électoral et qu'un **procès-verbal de carence** a été établi, une telle demande ne peut intervenir qu'à l'issue d'un délai de 6 mois après l'établissement de ce procès-verbal.

L'employeur doit engager la procédure définie n° 8695 dans le **mois suivant** la réception de cette demande.

> **Précisions a.** La demande peut être présentée par tout **syndicat** visé n° 8695 (Circ. DRT 13 du 25-10-1983 n° 2.1, réputée abrogée).
> **b.** Si l'employeur ne donne pas suite à une demande, il peut y être contraint par le **juge** (Cass. soc. 9-11-2005 n° 05-60.063 F-P : RJS 1/06 n° 66) et être condamné au paiement de dommages-intérêts au syndicat demandeur (Cass. soc. 7-5-2002 n° 00-60.282 FS-P : RJS 8-9/02 n° 995).
> **c.** Les salariés ayant demandé l'organisation d'élections bénéficient, sous certaines conditions, d'une **protection** spéciale : voir n° 63220.

b. Élections partielles

8685 C. trav. art. L 2314-10 LA-III-260 s

Des élections partielles doivent être organisées à l'initiative de l'employeur :
– si un **collège électoral** n'est plus représenté ;
– ou si le **nombre des élus titulaires** du CSE est réduit de moitié ou plus ;
– sauf si ces événements interviennent moins de **6 mois avant le terme** du mandat des élus intéressés.

Les élections partielles doivent se dérouler selon les **modalités** ordinaires sur la base des dispositions en vigueur lors de l'élection précédente, c'est-à-dire en application du protocole préélectoral précédent. Un syndicat ne peut donc pas demander la négociation d'un nouveau protocole adaptant le nombre de sièges à l'évolution des effectifs (Cass. soc. 28-2-2018 n° 17-11.848 F-D : RJS 5/18 n° 347). En revanche, l'électorat et l'éligibilité s'apprécient au jour du scrutin (Circ. DRT 13 du 25-10-1983 n° 2.5.2, réputée abrogée).

Les candidats sont élus pour la durée du **mandat** restant à courir.

> **Précisions a.** L'employeur ne peut pas organiser d'élections partielles si les **conditions légales** ne sont pas réunies (Cass. soc. 30-11-2011 n° 11-12.097 F-D : RJS 3/12 n° 273).
> **b.** Lorsqu'un collège n'est plus représenté, les élections partielles ont pour objet de pourvoir uniquement les sièges de titulaires et suppléants de ce collège. Lorsque le nombre de titulaires est réduit de moitié ou plus, elles concernent tous les sièges vacants, titulaires et suppléants, dans les différents collèges (Circ. DRT 13 du 25-10-1983 n° 2.5.2, réputée abrogée). Ces élections visent à pourvoir **tous les sièges vacants** dans les collèges intéressés, même ceux non pourvus lors des élections initiales (Cass. soc. 24-5-2016 n° 15-19.866 F-PB : RJS 8-9/16 n° 578).
> **c.** En cas de recours au **vote électronique** sur décision de l'employeur, voir n° 8785, b.
> **d.** L'employeur qui est tenu d'organiser les élections partielles mais ne le fait pas peut être condamné à payer des **dommages-intérêts aux salariés** s'ils démontrent l'existence d'un préjudice. Tel n'est pas le cas s'il reste un élu dans l'entreprise habilité à représenter et à défendre leurs intérêts (Cass. soc. 4-11-2020 n° 19-12.775 FS-PBI : RJS 1/21 n° 28).

c. Information du personnel et des syndicats

INFORMATION DU PERSONNEL

8690 C. trav. art. L 2314-4 LA-III-1350 s

Lorsque le seuil d'effectif requis pour la mise en place du CSE (n° 62300) est atteint, l'employeur doit informer le personnel tous les 4 ans de l'organisation des élections **par tout moyen** permettant de conférer date certaine à cette information. Le document diffusé doit préciser la **date envisagée** pour le premier tour. Celui-ci doit se tenir, au plus tard, le 90e jour suivant la diffusion.

> ATTENTION
> L'**inobservation** de cette formalité entraîne la nullité des élections (Cass. soc. 3-4-2002 n° 01-60.464 F-D : RJS 8-9/02 n° 1004 ; 30-11-2011 n° 11-11.852 F-D).

INVITATION DES SYNDICATS À NÉGOCIER LE PROTOCOLE

Forme, délai et destinataires L'employeur doit inviter les syndicats intéressés à négocier le protocole préélectoral et à établir leurs listes de candidats : **8695** C. trav. art. L 2314-5 LA-III-1450 s

1° par **courrier** pour les syndicats reconnus représentatifs dans l'entreprise ou l'établissement, ceux y ayant constitué une section syndicale et ceux affiliés à un syndicat représentatif au niveau national et interprofessionnel ;

2° par **tout moyen** pour les syndicats autres que ceux cités au 1°, qui satisfont aux critères de respect des valeurs républicaines et d'indépendance, légalement constitués depuis au moins 2 ans et dont le champ professionnel et géographique couvre l'entreprise ou l'établissement concerné.

L'invitation de l'employeur doit **parvenir aux syndicats** au plus tard 15 jours avant la date de la première réunion de négociation.

En cas de renouvellement de l'institution, elle doit être faite **2 mois au moins avant l'expiration du mandat** des élus en exercice. Le non-respect de ce délai n'est pas, cependant, une cause d'annulation du protocole préélectoral (Cass. soc. 25-1-2012 n° 11-60.093 F-PB : RJS 4/12 n° 370).

Sur l'invitation des syndicats à négocier dans les **entreprises entre 11 et 20 salariés,** voir n° 8700.

> Précisions a. L'invitation peut être adressée soit au **DS** présent dans l'entreprise, soit directement au syndicat l'ayant désigné (Cass. soc. 21-11-2007 n° 07-60.023 F-D ; 5-4-2011 n° 10-18.813 F-D), la convocation adressée à l'un valant convocation de l'autre (Cass. soc. 2-3-2005 n° 04-60.019 FS-PB : RJS 5/05 n° 543).

En l'**absence de DS,** l'invitation est valablement adressée au syndicat constitué dans la branche professionnelle ou à l'union à laquelle il a adhéré (Cass. ass. plén. 5-7-2002 n° 00-60.275 P : RJS 10/02 n° 1149 ; Cass. soc. 9-7-2008 n° 07-60.404 F-D : RJS 11/08 n° 1103). Il appartient à l'organisme destinataire de répercuter, le cas échéant, l'information à l'échelon le plus adéquat (Cass. soc. 15-12-1999 n° 98-60.468 P : RJS 1/00 n° 73).

En l'absence de syndicat représentatif dans l'entreprise ou l'établissement ou de syndicat y ayant constitué une section syndicale, l'invitation d'un syndicat représentatif au niveau national et interprofessionnel est valablement adressée à la confédération syndicale représentative nationale et interprofessionnelle (Cass. soc. 15-11-2017 n° 16-60.268 FS-PB : RJS 1/18 n° 53).

b. Les **syndicats intéressés** doivent tous être invités sans exception (Cass. soc. 13-12-1988 n° 88-60.191 P : RJS 1/89 n° 65).

Tout syndicat **représentatif** dans l'**entreprise** doit être invité à la négociation dans tous les **établissements** distincts de cette dernière, y compris ceux où il n'a pas désigné de DS (Cass. soc. 14-2-2007 n° 06-60.106 F-PB : RJS 5/07 n° 637 ; 12-3-2008 n° 07-60.394 F-D : RJS 6/08 n° 697). En cas de **litige** sur sa représentativité, un syndicat ne peut pas être écarté du processus électoral tant qu'il n'a pas été statué sur ce point (Cass. soc. 9-2-2000 n° 98-60.599 P : RJS 3/00 n° 297).

Pour préparer les élections d'un établissement, l'employeur doit inviter à négocier non seulement les syndicats ayant créé une **section syndicale** à ce niveau, mais aussi ceux en ayant créé une dans l'entreprise (Cass. soc. 31-1-2012 n° 11-19.106 FS-D : RJS 4/12 n° 369).

Tout syndicat, même catégoriel, affilié à un syndicat représentatif au plan national doit être invité à la négociation, même s'il n'a **aucun adhérent dans l'entreprise** (Cass. soc. 4-7-1990 n° 89-60.035 PF : RJS 10/90 n° 795 ; 12-12-1995 n° 95-60.116 D : RJS 1/96 n° 45 ; 28-2-2007 n° 06-60.128 F-D) ou n'y a **pas** désigné **de DS** (Cass. soc. 24-9-2003 n° 02-60.521 F-D).

Sur la portée de l'**absence de contestation** dans les délais du défaut d'invitation à négocier d'un syndicat intéressé, voir n° 8810, b.

c. L'employeur n'est pas tenu d'inviter une nouvelle fois les syndicats à négocier en l'**absence d'accord** sur le protocole préélectoral (Cass. soc. 26-9-1989 n° 88-60.709 D : RJS 11/89 n° 866) ou en cas d'**accord incomplet** (Cass. soc. 13-6-1989 n° 88-60.715 P : RJS 7/89 n° 604), mais il l'est en cas d'**annulation des élections** (Cass. soc. 26-10-2011 n° 11-14.767 F-D).

Défaut d'invitation ou invitation irrégulière L'**absence** d'invitation d'un syndicat intéressé constitue une irrégularité affectant par nature la **validité des élections** (Cass. soc. 9-4-1987 n° 86-60.432 P ; 14-2-2007 n° 06-60.106 F-PB : RJS 5/07 n° 637 ; 2-3-2011 n° 10-60.201 FS-PB : RJS 5/11 n° 437). Mais un syndicat ayant soit signé le protocole préélectoral, soit présenté des candidats, sans émettre expressément de réserves, ne peut pas s'en prévaloir pour demander ensuite l'annulation des élections (Cass. soc. 2-3-2011 n° 10-60.201 FS-PB : RJS 5/11 n° 437). **8697**

Seuls les syndicats non convoqués par lettre à la négociation alors qu'ils auraient dû l'être **peuvent s'en prévaloir** pour faire annuler les élections (Cass. soc. 24-10-2012 n° 11-60.199 FS-PB : RJS 1/13 n° 61).

ATTENTION

Si l'invitation mentionne **deux dates distinctes** pour la réunion de négociation, le syndicat destinataire peut être considéré comme irrégulièrement convié et les élections peuvent être annulées (Cass. soc. 25-9-2019 n° 18-23.487 F-D : RJS 12/19 n° 711).

8700 **Cas particulier des entreprises entre 11 et 20 salariés** Par **dérogation,** dans les entreprises dont l'effectif est compris entre 11 et 20 salariés, l'employeur ne doit inviter les syndicats intéressés que si au moins un salarié s'est porté candidat aux élections dans un délai de 30 jours à compter de l'information du personnel sur l'organisation des élections (n° 8690).

C. trav. art. L 2314-5
LA-III-1510 s

ATTENTION

L'administration considère qu'à défaut de candidature dans ce délai l'élection n'a pas à être organisée et que l'employeur doit établir un **procès-verbal de carence** (Modèle de procès-verbal de carence et notice explicative : www.elections-professionnelles.travail.gouv.fr ; QR min. trav. du 16-1-2020 n° 44). Cette position ne nous semble **pas conforme au texte** qui dispense seulement l'employeur d'inviter les syndicats à négocier le protocole sans prévoir la fin du processus électoral : selon nous, en l'absence de candidature dans le délai précité, l'employeur pourrait fixer seul les modalités d'organisation des opérations électorales.

2. PROTOCOLE PRÉÉLECTORAL

CONTENU

8710 Le contenu du protocole préélectoral dépend essentiellement des négociations sur les différents thèmes (n° 8720) mais certaines mentions doivent y figurer sans donner lieu à une négociation préalable, à savoir :

C. trav. art. L 2314-13, al. 2
L 2314-31
LA-III-5550 s

– la **proportion de femmes et d'hommes** composant chaque collège. L'employeur doit ensuite communiquer cette information aux salariés par tout moyen permettant de lui donner date certaine ;
– le cas échéant, le choix de l'**envoi dématérialisé des résultats** des élections professionnelles en cas de vote à l'urne (QR min. trav. du 16-1-2020 n° 47).

› Précisions La proportion femmes-hommes dans chaque collège inscrite dans le protocole ne peut pas être **contestée,** après les élections, par un syndicat ayant, sans réserve, signé ce protocole et présenté des candidats (Cass. soc. 11-12-2019 n° 18-20.841 FS-PB : RJS 2/20 n° 102).

NÉGOCIATION

8720 Une négociation doit s'engager entre l'employeur et les syndicats intéressés (n° 8695) pour rechercher un **accord,** notamment sur les points suivants :

C. trav. art. L 2314-7
L 2314-12
L 2314-13
L 2314-27
L 2314-28
L 2314-31
L 2314-33
LA-III-5100 s

– nombre et composition des collèges électoraux ;
– répartition du personnel et des sièges dans ces collèges ;
– modalités d'organisation et de déroulement des opérations électorales ;
– organisation du scrutin en dehors du temps de travail ;
– modification du nombre de sièges ou du volume des heures individuelles de délégation si leur volume global, au sein de chaque collège, est au moins égal à celui résultant des dispositions légales au regard de l'effectif de l'entreprise ;
– dérogation aux dispositions légales fixant à 3 le nombre de mandats successifs.

Si la **négociation n'aboutit pas** à un accord, les différents points à traiter relèvent, selon le cas, de l'employeur, du juge ou de l'administration : voir nos 8740 s.

› Précisions a. Dans une entreprise à établissements multiples, le protocole préélectoral est généralement négocié au niveau de chaque établissement distinct mais peut aussi l'être au niveau de l'entreprise (QR min. trav. du 16-1-2020 n° 45).

b. Le syndicat invité à négocier n'est pas tenu de composer sa **délégation** de salariés de l'entreprise ni d'y faire figurer le DS ou le RSS s'il en dispose. Le nombre de membres de la délégation syndicale ne peut pas excéder, sauf accord plus favorable, 3 ou 4 membres selon que l'effectif permet la désignation d'un ou plusieurs DS (Cass. soc. 31-1-2012 n° 11-16.049 FS-PB : RJS 4/12 n° 371). Le DS n'a pas à justifier de **mandat** pour négocier et conclure le protocole au nom de son syndicat (Cass. soc. 12-2-2003 n° 01-60.904 FS-PBRI : RJS 4/03 n° 488). Si le négociateur est une autre personne, salariée ou non, il doit avoir reçu mandat du syndicat (Cass. soc. 20-1-1983 n° 82-60.355 P).

c. L'employeur doit mener la négociation préélectorale **loyalement** (Cass. soc. 9-10-2019 n° 19-10.780 FS-PB : RJS 12/19 n° 712) notamment en **communiquant** aux syndicats les éléments nécessaires au contrôle de l'effectif de l'entreprise, de la régularité de la liste électorale (n° 8763, c) et de la répartition du personnel et des sièges dans les collèges (n° 8750, a). À défaut, le juge peut annuler les élections organisées sur la base du protocole préélectoral même si celui-ci a été signé à la condition de double majorité (Cass. soc. 9-10-2019 n° 19-10.780 FS-PB précité). La **contestation** en justice du protocole préélectoral fondée sur un manquement à l'obligation de négociation loyale doit être introduite avant le premier tour des élections, ou postérieurement par un syndicat n'ayant pas signé le protocole et ayant émis des réserves expresses avant de présenter des candidats (Cass. soc. 9-10-2019 n° 19-10.780 FS-PB précité).

L'employeur doit manifester une **volonté réelle de négocier** (Cass. soc. 10-5-2012 n° 11-20.459 F-D :

RJS 7/12 n° 644). Il ne peut ni fixer directement seul les modalités d'organisation et de déroulement du scrutin (Cass. soc. 28-9-2011 n° 10-21.752 FS-PB : RJS 12/11 n° 1003), ni procéder unilatéralement à la répartition des sièges entre les différentes catégories de personnel s'il n'a organisé aucune réunion avec les syndicats ayant manifesté leur intérêt (Cass. soc. 9-11-2011 n° 11-60.029 F-PB : RJS 1/12 n° 61).

d. Le **refus** de l'employeur de **négocier** avec un syndicat intéressé entraîne en lui-même l'annulation des élections (Cass. soc. 28-2-2018 n° 17-60.112 F-PB : RJS 5/18 n° 348).

CONDITIONS DE VALIDITÉ

8725 C. trav. art. L 2314-6, L 2314-12, al. 1, L 2314-27, L 2314-28, al. 1 **LA-III-5800 s**

Si un protocole est conclu, sa validité est subordonnée à une **condition de double majorité** :
– il doit être signé par la majorité des syndicats intéressés (n° 8695) ayant participé à sa négociation (majorité en nombre) ;
– parmi ces syndicats signataires doivent figurer des syndicats représentatifs ayant recueilli la majorité des suffrages exprimés lors des dernières élections professionnelles (majorité en voix) ou, lorsque ces résultats ne sont pas disponibles, la majorité des syndicats représentatifs dans l'entreprise.

Un **accord unanime** de l'ensemble des syndicats représentatifs dans l'entreprise est toutefois requis pour :
– modifier le nombre et la composition des collèges électoraux (voir n° 8740, a) ;
– organiser le scrutin en dehors du temps de travail.

Dans tous les cas, le protocole préélectoral doit respecter les **principes généraux du droit électoral.**

› Précisions a. À **défaut de syndicat représentatif** dans l'entreprise, seule la première condition de majorité est requise pour valider le protocole (Circ. DGT 6 du 27-7-2011 QR 1, réputée abrogée).

Un seul syndicat peut valablement négocier et signer le protocole si l'employeur a préalablement satisfait à ses obligations de convocation et de négociation. En revanche, si **deux syndicats** négocient et qu'un seul signe le protocole, la condition de majorité n'est pas remplie (Circ. DGT 6 du 27-7-2011 QR 2 et 3, réputée abrogée), celle-ci s'entendant de la moitié plus une unité (Cass. soc. 15-11-2017 n° 16-21.903 FS-PB : RJS 2/18 n° 126).

b. Les **syndicats intéressés** ayant participé à la négociation sont ceux qui, invités à celle-ci, s'y sont présentés, même s'ils ont ensuite décidé de s'en retirer (Cass. soc. 26-9-2012 n° 11-60.231 FS-PBRI : RJS 11/12 n° 889). Pour l'appréciation de la condition selon laquelle les syndicats signataires doivent avoir obtenu la majorité aux dernières élections professionnelles, on retient le nombre de suffrages exprimés au profit des listes qu'ils ont présentées, sans tenir compte d'éventuelles **ratures de noms de candidats** (Cass. soc. 6-1-2011 n° 10-17.653 FS-PBRI : RJS 3/11 n° 247).

Le pourcentage attribué à la **CFE-CGC** est calculé à partir des suffrages exprimés en sa faveur, rapportés à l'ensemble des suffrages exprimés au niveau de l'ensemble de l'entreprise (Circ. DGT 6 du 27-7-2011 QR 4, réputée abrogée).

c. La **validité** d'un protocole préélectoral doit être **appréciée** au **jour** de sa signature et ne peut pas dépendre du résultat d'élections postérieures (Cass. soc. 5-4-2011 n° 10-18.733 F-PB : RJS 6/11 n° 538).

d. L'absence d'indication de la **date** à laquelle le protocole a été signé n'affecte pas sa validité (Cass. soc. 7-5-2002 n° 00-60.487 FS-P : RJS 7/02 n° 852). Il n'est pas indispensable qu'il ait été **signé en même temps** par tous les syndicats, ni que les signatures figurent sur le même exemplaire (Cass. soc. 9-7-1974 n° 74-60.065 P).

e. Le protocole n'est soumis à aucune formalité de **publicité,** sauf s'il modifie le nombre et la composition des collèges (n° 8740, a). Le défaut de publicité ne constitue pas, en soi, un motif d'annulation des élections (Cass. soc. 9-7-1981 n° 81-60.561 P ; 6-7-1983 n° 82-60.256 P).

PORTÉE

8727 **LA-III-6250 s**

Le protocole préélectoral répondant à la condition de double majorité s'impose à ses **signataires** qui ne peuvent pas, en principe, en contester l'application en justice (Cass. soc. 10-6-1997 n° 96-60.200 PBR : RJS 7/97 n° 843). L'employeur ne peut pas unilatéralement modifier les modalités d'organisation et de déroulement des opérations électorales ainsi arrêtées (Cass. soc. 12-7-2006 n° 05-60.332 FS-PB : RJS 11/06 n° 1205 ; 26-10-2011 n° 10-27.134 F-PB : RJS 1/12 n° 63).

En présentant des candidats, un syndicat **non signataire** est réputé adhérer au protocole, ce qui lui interdit de le contester (Cass. soc. 22-6-1993 n° 91-60.263 D : RJS 8-9/93 n° 899 ; 12-7-2006 n° 05-60.353 F-PB : RJS 11/06 n° 1208), sauf s'il a saisi le juge ou, à tout le moins, s'il émet des réserves au plus tard lors du dépôt de sa liste (Cass. soc. 8-1-2002 n° 00-60.270 FS-P : RJS 3/02 n° 307 ; 28-9-2011 n° 10-60.245 FS-D : RJS 12/11 n° 1007).

Toutefois, même conclu à la double condition de majorité, le protocole préélectoral peut être contesté en justice et annulé en cas d'**irrégularité particulièrement grave.** Il en va ainsi :
– s'il contient des stipulations contraires à l'ordre public, notamment aux principes généraux du droit électoral (Cass. soc. 6-10-2011 n° 11-60.035 FS-PBR : RJS 12/11 n° 1004 ; 22-10-2014 n° 14-60.123 F-D : RJS 1/15 n° 50 ; 4-5-2017 n° 16-18.297 F-D : RJS 7/17 n° 506) ;
– en cas de manquement de l'employeur à son obligation de négociation loyale du protocole (Cass. soc. 9-10-2019 n° 19-10.780 FS-PB : RJS 12/19 n° 712).

> **Précisions** **a.** Le fait que les **conditions de majorité** (n° 8725) ne soient **pas remplies** ne rend pas irrégulier le protocole préélectoral mais permet à la partie y ayant intérêt de demander au **juge** de fixer les modalités d'organisation et de déroulement du scrutin (Cass. soc. 6-10-2011 n° 11-60.035 FS-PBR : RJS 12/11 n° 1004).
> Sur la saisine de l'**administration** à défaut de protocole préélectoral valable, voir n° 8745.
> **b.** La conclusion du protocole prive d'effet les **décisions de justice antérieures** à sa signature et portant sur les points qu'il règle (CE 29-12-1995 n° 104504 : RJS 3/96 n° 311 ; Cass. soc. 10-6-1997 n° 96-60.200 PBR : RJS 7/97 n° 843).
> **c.** Sur la portée de la **proportion femmes-hommes** indiquée dans le protocole préélectoral, voir n° 8710.

DURÉE DE VALIDITÉ

8730 LA-III-6350 s

Conclu pour une élection donnée, le protocole n'a en principe d'effet que pour celle-ci (Cass. soc. 20-6-2000 n° 99-60.153 FS-P : RJS 11/00 n° 1108 ; 21-5-2003 n° 01-60.742 FS-P : RJS 11/03 n° 1293). Toutefois, à défaut de **dénonciation,** il peut rester valable pour les élections suivantes (Cass. soc. 20-6-1979 n° 79-60.006 P). À l'inverse, sa dénonciation a un effet immédiat (Cass. soc. 9-12-1985 n° 85-60.370 P ; 21-3-1995 n° 94-60.221 D : RJS 5/95 n° 533) car elle n'est pas soumise aux conditions de dénonciation des accords collectifs (Cass. soc. 22-2-1996 n° 95-60.566 P : RJS 4/96 n° 425).

Sur l'application du protocole en cas d'**élections partielles,** voir n° 8685.

> **Précisions** **a.** En cas de **report des élections,** le protocole préélectoral initial est applicable aux élections organisées à une nouvelle date, dès lors qu'il n'a pas été dénoncé (Cass. soc. 7-2-1989 n° 88-60.131 P : RJS 4/89 n° 369 ; 19-12-2018 n° 17-27.442 F-PB : RJS 3/19 n° 172).
> **b.** Des **modifications** peuvent être apportées à un protocole préélectoral par un avenant négocié entre l'employeur et les syndicats intéressés (n° 8695), soumis aux mêmes conditions de validité que le protocole lui-même (Cass. soc. 26-10-2011 n° 10-27.134 F-PB : RJS 1/12 n° 63 ; 3-10-2018 n° 17-21.836 F-PB : RJS 12/18 n° 755).

3. COLLÈGES ÉLECTORAUX

NOMBRE ET COMPOSITION

8740 C. trav. art. L 2314-11 L 2314-12 LA-III-8200 s

Les membres de la délégation du personnel du CSE sont en principe élus par deux collèges, le **premier** comprenant les ouvriers et employés et le **second** les ingénieurs, chefs de service, techniciens, agents de maîtrise et assimilés.

Si le nombre des ingénieurs et cadres, y compris ceux exclus de l'électorat visés n° 8761, a (Cass. soc. 30-5-2001 n° 99-60.564 FS-P : RJS 8-9/01 n° 1040), est au moins égal à 25 au moment de la mise en place ou du renouvellement de l'instance, un **troisième** collège doit être constitué, quel que soit l'effectif de l'entreprise ou de l'établissement.

Par **dérogation,** dans les établissements ou les entreprises n'élisant qu'un titulaire et un suppléant, il est mis en place, pour chacune de ces élections, un collège électoral unique regroupant l'ensemble des catégories professionnelles.

> **Précisions** **a.** Le nombre et la composition des collèges électoraux ne peuvent être **modifiés** que par un **accord** unanime des syndicats représentatifs dans l'entreprise (n° 8725), ou dans l'établissement lorsque les élections concernées ont lieu au sein d'un établissement distinct (Cass. soc. 22-11-2017 n° 16-24.801 F-PB : RJS 2/18 n° 126). Cette exigence n'est pas remplie lorsque l'un des syndicats représentatifs n'a pas adhéré aux dispositions dérogatoires de la convention de branche relatives au nombre de collèges électoraux (Cass. soc. 23-9-2015 n° 14-26.262 F-PB : RJS 12/15 n° 792).
> Par exception, la création d'un collège spécifique aux **journalistes** professionnels peut être prévue par un accord préélectoral conclu à la double majorité (Cass. soc. 2-3-2011 n° 09-60.419 FS-PB : RJS 5/11 n° 480).
> Lorsque l'accord préélectoral modifie le nombre et la composition des collèges électoraux, il est transmis, à sa demande, à l'**inspecteur du travail.**
> **b.** En l'**absence d'accord,** le tribunal judiciaire ne peut pas autoriser une dérogation au nombre légal de collèges électoraux (Cass. soc. 26-6-2013 n° 12-27.480 FS-PB : RJS 10/13 n° 702).
> **c.** La mise en place d'un **collège spécial** n'entraîne pas l'accroissement du **nombre de représentants** à élire en fonction des effectifs de l'entreprise (Cass. soc. 6-6-2018 n° 17-27.175 FS-PB : RJS 8-9/18 n° 551).
> **d.** Il n'est pas possible de supprimer, même par accord, le collège spécial **cadres** lorsque sa constitution est obligatoire (Cass. soc. 17-10-1990 n° 89-61.354 P : RJS 11/90 n° 899 ; 13-10-2004 n° 03-60.275 F-PB : RJS 12/04 n° 1305).
> Si **aucun des salariés** devant composer le premier collège n'est **éligible,** celui-ci ne peut pas être constitué et le personnel doit être réparti en deux collèges composés respectivement des cadres et des non-cadres (Cass. soc. 16-10-2013 n° 13-11.324 FS-PB : RJS 1/14 n° 62).

RÉPARTITION DU PERSONNEL ET DES SIÈGES

Procédure de répartition La répartition des sièges entre les différentes catégories de personnel et la répartition du personnel dans les collèges électoraux doit être précisée par le **protocole préélectoral.** 8745 C. trav. art. L 2314-13 L 2314-14 R 2314-3 LA-III-8850 s

Lorsqu'au moins un syndicat, représentatif ou non, a répondu à l'invitation à négocier de l'employeur, ou a manifesté son intention de participer à la négociation (Cass. soc. 9-5-2018 nº 17-26.522 F-PB : RJS 7/18 nº 492), mais qu'**aucun accord** n'a pu être obtenu – ou si l'accord ne satisfait manifestement pas aux conditions de majorité mentionnées nº 8725 (Cass. soc. 26-9-2012 nº 11-60.231 FS-PBRI : RJS 11/12 nº 889) –, c'est à l'**autorité administrative** de décider de cette répartition en respectant, le cas échéant, les dispositions de l'accord modifiant le nombre et la composition des collèges (nº 8725) ou, à défaut, les dispositions légales.

En revanche, si **aucun syndicat représentatif** dans l'entreprise **n'a pris part à la négociation,** c'est à l'employeur de répartir le personnel et les sièges entre les différents collèges électoraux.

› Précisions La Dreets (Direccte avant le 1-4-2021) **territorialement compétente** est celle du siège de l'entreprise ou de l'établissement concerné.

Sa saisine suspend le **processus électoral** jusqu'à sa décision et entraîne la prorogation des **mandats en cours** jusqu'à la proclamation des résultats du scrutin. La Dreets peut néanmoins être saisie même si les mandats en cours sont expirés (Cass. soc. 22-1-2020 nº 19-12.896 F-PB : RJS 4/20 nº 197).

La **décision** administrative doit intervenir dans un délai de 2 mois à compter de la réception de la contestation. Elle est notifiée, avec mention des voies et délais de recours, par lettre recommandée avec avis de réception. Elle est d'application immédiate (Cass. soc. 13-5-1996 nº 95-60.580 D : RJS 6/96 nº 689). Sa contestation relève de la compétence du juge judiciaire (nºˢ 8805 s.). À défaut de décision de la Dreets à l'expiration du délai de 2 mois, l'employeur ou les syndicats intéressés peuvent saisir, dans le délai de 15 jours, le tribunal judiciaire afin qu'il soit statué sur la répartition.

Critères de répartition La répartition des **électeurs** dans les collèges s'effectue en fonction de la nature des fonctions réellement exercées (Cass. soc. 5-12-1984 nº 84-60.470 S ; 30-1-1985 nº 84-60.484 S). Il faut se référer à la **nature des activités** des salariés au regard de leur **formation,** au niveau de **technicité** des tâches afférentes aux emplois et au degré d'**autonomie** laissé aux salariés concernés (Cass. soc. 21-6-2017 nº 16-16.011 F-D : RJS 10/17 nº 689). 8750 LA-III-9460 s

La répartition des **sièges** entre les catégories doit en principe être proportionnelle aux effectifs de chaque collège, sous réserve de circonstances particulières à l'entreprise (nature, activités, organisation, composition du corps électoral, nombre de collèges) pouvant permettre de déroger à cette règle et, dans certains cas, de surreprésenter un collège (CE sect. 6-12-1974 nº 90907 ; CE 29-6-1983 nº 37591 ; Circ. DRT 12 du 17-3-1993 fiche 6 nºˢ 2 et 3, réputée abrogée ; Cass. soc. 6-6-2018 nº 17-27.175 FS-PB : RJS 8-9/18 nº 551). Pour que le protocole préélectoral soit valable, au moins un siège doit être attribué à chaque collège électoral (Cass. soc. 4-7-2012 nº 11-60.229 F-PB : RJS 10/12 nº 830).

› Précisions **a.** Au cours de la **négociation préélectorale,** l'employeur doit fournir aux syndicats les informations nécessaires à un contrôle réel de la répartition du personnel et des sièges dans les collèges, telles que les données nominatives sur l'identité, les fonctions et la classification des salariés (Cass. soc. 9-10-2019 nº 19-10.780 FS-PB : RJS 12/19 nº 712). Sur l'incidence de l'absence de communication de ces éléments sur la validité des élections, voir nº 8720, c.

b. Doit être inscrit dans le **premier collège** un employé même s'il bénéficie de certains avantages accordés aux cadres (Cass. soc. 21-1-1982 nº 81-60.631), un ouvrier chargé occasionnellement de tâches d'encadrement, même s'il a été rattaché à un autre collège lors d'élections antérieures (CE 19-6-1989 nº 88074 : RJS 11/89 nº 868), ou encore un salarié qui, malgré son titre, occupe en réalité des fonctions d'employé (CE 24-6-1987 nº 71976).

En revanche, ne peuvent pas être maintenus dans le collège des agents de maîtrise des personnels explicitement classés **cadres** par la convention collective, classement confirmé par leurs fonctions, responsabilité et rémunération (CE 24-6-1987 nº 78425).

Sur la constitution du premier collège à **défaut de salariés éligibles** dans celui-ci, voir nº 8740, d.

c. Il est possible de **réserver des sièges** à certains groupes de salariés occupant des emplois définis (ex. : un siège employé au sein du collège ouvriers-employés). La loi réserve un siège de titulaire aux ingénieurs, chefs de service et cadres dans les entreprises d'au moins 501 salariés (C. trav. art. L 2314-11, al. 4).

d. L'employeur et les syndicats intéressés peuvent prendre par accord conclu à la condition de double majorité (nº 8725) des mesures pour faciliter la représentation des salariés travaillant en **équipes successives** ou dans des conditions qui les isolent des autres salariés (C. trav. art. L 2314-15).

e. Dans les **entreprises de travail temporaire,** la répartition des sièges peut faire l'objet d'un accord conclu à la condition de double majorité (nº 8725) entre l'employeur et les syndicats intéressés en vue d'assurer une représentation équitable des personnels permanents et temporaires (C. trav. art. L 2314-16).

4. LISTES ÉLECTORALES

CONDITIONS D'ÉLECTORAT

8760 C. trav. art. L 2314-18 LA-III-14100 s

Sont électeurs les **salariés** des deux sexes, âgés de 16 ans révolus, travaillant depuis 3 mois au moins dans l'entreprise et n'ayant fait l'objet d'aucune interdiction, déchéance ou incapacité relatives à leurs droits civiques.

Ces **conditions** doivent être remplies à la **date** du premier tour de scrutin sans qu'un protocole préélectoral ne puisse modifier cette date (Cass. soc. 1-12-2010 n° 10-60.163 F-PB : RJS 2/11 n° 161 ; 25-10-2017 n° 16-17.740 F-D : RJS 1/18 n° 54). Ainsi, le salarié **muté** pendant la période électorale peut, s'il est présent dans les effectifs au premier tour, voter aux élections professionnelles dans son nouvel établissement d'affectation, même s'il a déjà voté lors des précédentes élections au sein de son établissement d'origine (Cass. soc. 20-9-2018 n° 17-60.306 F-PB : RJS 11/18 n° 683).

Un **accord collectif** peut aménager les conditions légales d'électorat et d'éligibilité dans un **sens plus favorable** aux salariés (Cass. soc. 20-1-1977 n° 76-60.217 P ; dans le même sens, CE ass. avis 22-3-1973 n° 310108). Mais un tel accord ne peut pas **étendre la capacité électorale** à des travailleurs n'ayant pas la qualité de salariés de l'entreprise (Cass. soc. 24-6-1998 n° 97-60.077 PB : RJS 8-9/98 n° 1021), ni **exclure** de l'éligibilité des salariés remplissant les conditions légales (Cass. soc. 20-3-2013 n° 12-11.702 F-PB : RJS 6/13 n° 476).

› Précisions **a.** Les salariés sont présumés jouir de leurs **droits civiques,** sauf preuve contraire (Cass. soc. 15-6-1995 n° 94-60.461 P : RJS 7/95 n° 798). L'employeur ne peut donc exiger ni la production d'un extrait de casier judiciaire (Cass. crim. 28-4-1953 n° 30001 ; Cass. soc. 25-10-1978 n° 78-60.693 P), ni la carte d'électeur politique (Cass. soc. 15-6-1995 n° 94-60.461 P : RJS 7/95 n° 798). La radiation de la mention de condamnations sur le casier judiciaire permet au salarié de recouvrer sa capacité électorale (Cass. soc. 4-2-1988 n° 87-60.219 D).

b. Les salariés travaillant au sein de **plusieurs établissements** doivent être inscrits sur la liste électorale de l'établissement où ils exercent principalement leur activité (Cass. soc. 8-12-2010 n° 10-60.126 F-PB : RJS 2/11 n° 159). Les salariés **itinérants** doivent être inscrits sur celle de l'établissement principal de l'entreprise s'ils y sont rattachés pour l'exécution de leur contrat (Cass. soc. 13-10-2004 n° 03-60.344 F-D : RJS 12/04 n° 1303). Les salariés travaillant pour **plusieurs entreprises** peuvent être électeurs dans chacune (Déb. AN 1-6-1982 p. 2793).

c. Même s'ils n'entrent pas dans le **calcul des effectifs** pour l'appréciation des seuils électoraux, les apprentis (Circ. DRT 12 du 17-3-1993 annexe n° 12, réputée abrogée), les salariés en contrat d'insertion professionnelle (Cass. soc. 8-4-1992 n° 91-60.264 PF : RJS 5/92 n° 640) et ceux en CDD remplaçant un salarié absent (Cass. soc. 17-5-1994 n° 93-60.329 D : RJS 8-9/94 n° 1020) sont électeurs s'ils remplissent les conditions d'électorat.

8761 C. trav. art. L 2314-18 LA-III-14400 s

Qualité de salarié Pour être électeur, il faut être salarié, c'est-à-dire lié à l'entreprise par un contrat de travail, cette qualité s'appréciant, selon la jurisprudence, en fonction des **conditions réelles** d'exécution du travail. Mais tous les salariés ne sont pas électeurs et certains travailleurs, non salariés de l'entreprise mais mis à disposition de celle-ci, peuvent y être électeurs.

› Précisions **a.** Les salariés **assimilés à l'employeur** ne peuvent pas être électeurs. Il s'agit de ceux :

– détenant sur un service, un département ou un établissement de l'entreprise une délégation particulière, écrite, permettant de les assimiler à l'employeur (Cass. soc. 6-3-2001 n° 99-60.553 FS-PBRI : RJS 5/01 n° 620 ; 26-9-2002 n° 01-60.670 FS-PB : RJS 12/02 n° 1411 ; 15-5-2019 n° 18-19.862 F-D : RJS 7/19 n° 446) ;

– ou représentant effectivement l'employeur devant les institutions représentatives du personnel (Cass. soc. 12-7-2006 n° 05-60.300 FS-PB : RJS 11/06 n° 1200 ; 30-1-2008 n° 07-60.093 F-D : RJS 4/08 n° 454 ; 15-5-2019 n° 18-19.862 F-D précité) ou dans les relations et négociations avec les salariés (Cass. soc. 28-9-2017 n° 16-15.807 F-D : RJS 1/18 n° 55) à la date des élections, cette situation relevant de l'appréciation souveraine des juges du fond (Cass. soc. 15-4-2015 n° 14-20.237 F-D : RJS 7/15 n° 507).

b. Les salariés **mis à disposition** peuvent être électeurs dans l'entreprise d'accueil s'ils sont présents dans ses locaux et y travaillent depuis au moins 12 mois continus. Ils choisissent alors s'ils exercent leur droit de vote dans cette entreprise ou dans celle qui les emploie (C. trav. art. L 2314-23). Ces dispositions sont d'ordre public (TGI Paris 9-2-2010 n° 09-15138 : RJS 7/10 n° 610). Ces conditions s'appréciant lors de l'organisation des élections dans l'entreprise utilisatrice, les salariés qui les remplissent à cette date peuvent demander à y voter même s'ils ont déjà voté dans leur entreprise d'origine (Cass. soc. 26-5-2010 n° 09-60.400 FS-PBR : RJS 8-9/10 n° 689).

Pour les droits des travailleurs temporaires : dans l'entreprise de travail temporaire, voir n° 82420 ; dans l'entreprise utilisatrice, voir n° 82410. S'agissant des salariés détachés à l'étranger, voir n° 78420.

c. Le salarié dont le **contrat de travail** est **suspendu** est éligible (n° 8766, a) et, par conséquent, électeur. Le salarié **en cours de licenciement** reste électeur même s'il est dispensé d'exécuter son préavis (Cass. soc. 10-5-1978 n° 78-60.049 P). Il en va de même :

– du salarié protégé dont l'autorisation de licenciement a été annulée (Cass. soc. 17-7-1990 n° 89-61.141 P : RJS 8-9/90 n° 701), même si l'employeur a refusé la réintégration ordonnée par le juge (Cass. soc. 19-12-1989 n° 88-60.765 D : RJS 2/90 n° 140) ;

– du salarié licencié puis réintégré dans l'entreprise, même temporairement, en application d'une ordonnance de référé (Cass. soc. 22-7-1982 n° 82-60.161 P), même si elle n'a pas été notifiée aux parties (Cass. soc. 12-7-2016 n° 15-23.433 F-D : RJS 11/16 n° 713).

d. Les salariés **intermittents ou vacataires** ne peuvent être électeurs que s'ils ont travaillé dans l'entreprise de manière habituelle pendant les 3 derniers mois et sont intégrés de manière étroite et permanente à la communauté de travail (Cass. soc. 24-9-2008 n° 07-60.310 FS-PBR : RJS 12/08 n° 1205 ; 25-10-2017 n° 16-17.740 F-D : RJS 1/18 n° 54).

e. S'agissant du salarié **à temps partiel,** voir n° 77410.

Ancienneté Sont électeurs les salariés ayant au **minimum** 3 mois d'ancienneté dans l'entreprise. **8762** C. trav. art. L 2314-18 LA-III-15450 s

La **suspension** du contrat de travail n'a pas pour effet d'annuler l'ancienneté acquise auparavant (Cass. soc. 14-1-1982 n° 81-60.850 P). Dans certains cas, la durée de suspension doit même être prise en compte pour le calcul de l'ancienneté. Il en est ainsi notamment en cas de suspension du contrat à la suite d'un accident du travail ou d'une maladie professionnelle (n° 255), de congé de maternité ou d'adoption (n° 51380) et de congé de transition professionnelle (n° 38365).

› Précisions a. Un salarié conserve son ancienneté en cas de **mutation** au sein d'une entreprise (Cass. soc. 20-7-1983 n° 83-60.698 P ; 7-1-1985 n° 84-60.530 P) ou d'une UES (Cass. soc. 22-7-1980 n° 80-60.235 P). Pour le cas de **transfert d'entreprise** entrant dans le champ de l'article L 1224-1, voir n° 74965.

b. L'ancienneté peut résulter de **contrats successifs discontinus,** comme l'a jugé la Cour de cassation en matière d'éligibilité (voir n° 8767). Sur le calcul de l'ancienneté des **travailleurs temporaires,** voir n° 82420 (dans l'entreprise de travail temporaire) et n° 82520 (embauche par l'entreprise utilisatrice).

c. L'inspecteur du travail peut, après consultation des syndicats représentatifs dans l'entreprise, autoriser des **dérogations** aux conditions d'ancienneté, notamment lorsque leur application aurait pour effet de réduire à moins des deux tiers de l'effectif le nombre des salariés électeurs (C. trav. art. L 2314-25, al. 1). La décision administrative doit être notifiée (C. trav. art. R 2314-24, al. 3). Sur la contestation de cette décision, voir n°s 8805 s.

ÉTABLISSEMENT DES LISTES ÉLECTORALES

L'établissement des listes électorales incombe à l'employeur (Cass. soc. 13-11-2008 n° 07-60.434 FS-PBRI : RJS 1/09 n° 57). Elles sont établies par collège et **affichées** au moins 4 jours avant les élections. **8763** LA-III-15900 s

Les seules **mentions** devant figurer sur la liste électorale, outre le nom des salariés, sont l'âge, l'appartenance à l'entreprise et l'ancienneté dans celle-ci. Ni leur adresse (Cass. soc. 20-3-2002 n° 00-60.315 FS-PBR : RJS 6/02 n° 702 ; 17-12-2003 n° 02-60.394 F-D), ni leur coefficient hiérarchique (Cass. soc. 20-6-2012 n° 11-19.643 FS-PB : RJS 10/12 n° 829) n'ont à y être mentionnés.

› Précisions a. Les listes électorales doivent tenir compte de l'affectation des salariés au moment où elles sont établies et publiées (Cass. soc. 22-7-1980 n° 80-60.236 P).

L'employeur doit les **actualiser** si l'effectif se modifie après publication, la publication des nouvelles listes devant intervenir au plus tard le quatrième jour avant la date du scrutin (Cass. soc. 20-3-2002 n° 01-60.482 F-P : RJS 7/02 n° 851). Passé le premier tour, elles ne peuvent plus être **modifiées** pour le second (Cass. soc. 7-3-1990 n° 89-60.283 P : RJS 4/90 n° 327). Toutefois, une modification pratiquée entre les deux tours n'entraîne l'annulation des élections que si elle a eu une influence sur le résultat du scrutin (Cass. soc. 18-11-2008 n° 07-60.359 FS-PB : RJS 2/09 n° 196).

b. Une **non-inscription** sur la liste électorale non contestée dans le délai légal (n° 8810) prive le salarié de sa qualité d'électeur et d'éligible (Cass. soc. 3-2-1986 n° 85-60.462 P ; 20-3-1990 n° 89-61.448 D : RJS 4/90 n° 328 ; 6-2-2002 n° 00-60.481 FS-P : RJS 4/02 n° 461). Le vote de salariés non inscrits entraîne l'annulation des élections (Cass. soc. 13-2-2003 n° 01-60.745 F-P : RJS 4/03 n° 492).

c. L'employeur doit fournir aux syndicats les éléments nécessaires au **contrôle** de l'effectif et de la **régularité** de la liste électorale au cours de la négociation préélectorale (Cass. soc. 13-5-2009 n° 08-60.530 F-PB : RJS 7/09 n° 652 ; 26-5-2010 n° 09-60.400 FS-PBR : RJS 8-9/10 n° 689 ; 9-10-2019 n° 19-10.780 FS-PB : RJS 12/19 n° 712) et en cas de contestation ultérieure (Cass. soc. 13-11-2008 n° 07-60.434 FS-PBRI : RJS 1/09 n° 57). Pour satisfaire à cette obligation, l'employeur peut soit leur fournir le registre unique du personnel et les déclarations sociales des années concernées dans des conditions permettant l'exercice effectif de leur consultation, soit des copies ou extraits desdits documents, expurgés des éléments confidentiels, notamment relatifs à la rémunération des salariés (Cass. soc. 6-1-2016 n° 15-10.975 FS-PB : RJS 3/16 n° 194). Si l'employeur a fourni aux syndicats des documents suffisants pour le contrôle de l'effectif et de la liste électorale, ils ne peuvent pas obtenir en justice des documents complémentaires (Cass. soc. 16-9-2020 n° 19-60.185 F-D : RJS 12/20 n° 606). S'agissant des **salariés mis à disposition,** l'employeur doit fournir aux syndicats les éléments dont il dispose ou dont il peut demander judiciairement la production aux entreprises extérieures, sans pouvoir se retrancher derrière le refus de celles-ci pour échapper à cette obligation (Cass. soc. 26-5-2010 n° 09-60.400 FS-PBR : RJS 8-9/10 n° 689).

Sur l'incidence de l'**absence de communication** de ces éléments sur la validité des élections, voir n° 8720, c.

Lorsque, saisi d'un **litige** relatif à la détermination de l'effectif à retenir pour l'organisation des élections professionnelles portant notamment sur le décompte des salariés mis à disposition, le **juge** du fond constate que l'employeur a loyalement satisfait à son obligation de fournir aux syndicats les informations nécessaires au contrôle de l'effectif, il doit **fixer** cet effectif en fonction des éléments produits ou ordonner la production de **nouvelles pièces** ou une mesure d'**instruction** (Cass. soc. 31-5-2017 n°s 16-16.492 FS-PB et 16-16.493 FS-D : RJS 8-9/17 n° 599).

Lorsqu'un syndicat représentatif en fait la demande, l'employeur est tenu de lui **communiquer copie des listes** même s'il n'a pas d'adhérents dans l'entreprise et ne présente pas de candidats (Cass. soc. 14-10-1997 n° 96-60.037 PF : RJS 11/97 n° 1263).

5. CANDIDATURES

CONDITIONS D'ÉLIGIBILITÉ

8765 C. trav. art. L 2314-19 LA-III-16650 s

Sont éligibles les salariés réunissant les **conditions** suivantes :
– être électeur (n°s 8760 s.) ;
– avoir 18 ans révolus ;
– travailler dans l'entreprise depuis un an au moins ;
– ne pas être conjoint, partenaire de Pacs, concubin, ascendant, descendant, frère, sœur, ou allié au même degré de l'employeur.

Ces conditions peuvent être **modifiées** conventionnellement (n° 8760). Elles doivent être remplies à chaque tour de scrutin (Cass. soc. 7-10-1998 n° 97-60.292 D : RJS 11/98 n° 1378).

Les salariés ne sont éligibles que dans le **collège** électoral auquel ils appartiennent (Cass. soc. 7-2-1989 n° 88-60.131 P : RJS 4/89 n° 369 ; 20-9-2017 n° 16-18.780 F-D : RJS 12/17 n° 812).

› **Précisions a.** Les salariés travaillant simultanément dans **plusieurs entreprises** ne sont éligibles que dans l'une d'entre elles. Ils choisissent celle où ils font acte de candidature (Cass. soc. 16-11-2011 n° 11-13.256 FS-PB : RJS 2/12 n° 175).
b. Les cas légaux d'inéligibilité des **proches parents** sont d'interprétation stricte et ne peuvent pas être étendus à des cas non visés par la loi. Ainsi jugé pour le fils du directeur d'établissement (Cass. soc. 10-10-1990 n° 89-61.356 P : RJS 11/90 n° 896), le beau-frère par alliance du chef d'entreprise (Cass. soc. 14-1-1987 n° 86-60.358 P) ou la nièce de la femme du président de la société (Cass. soc. 10-3-2016 n° 15-15.184 F-D : RJS 5/16 n° 354).
c. S'agissant des droits des **salariés temporaires,** voir n° 82420 (dans l'entreprise de travail temporaire) et n° 82410 (dans l'entreprise utilisatrice). Pour les salariés à **temps partiel,** voir n° 77410.

8766 LA-III-16760 s

Travail dans l'entreprise La condition de travail dans l'entreprise correspond à l'**appartenance** à l'entreprise et non à une condition de travail effectif.

› **Précisions a.** Le salarié dont le contrat de travail est **suspendu** est éligible (Cass. soc. 15-5-1991 n° 90-60.483 P : RJS 6/91 n° 730 ; 26-9-2002 n° 01-60.708 FS-PB : RJS 2/03 n° 219).
Le salarié **mis à pied** (Cass. soc. 27-4-1978 n° 78-60.010 P : décision rendue à propos d'une désignation de DS, transposable, selon nous, aux élections) ou en cours de **préavis** non effectué (Cass. soc. 27-1-1983 n° 82-60.327 P ; 14-3-2018 n° 17-14.028 F-D : RJS 5/18 n° 349) reste éligible et peut exercer ses fonctions représentatives jusqu'à la date d'expiration du préavis (Cass. soc. 13-2-1974 n° 73-60.142 P).
En revanche, une personne qui n'est **plus salariée de l'entreprise** à la date du second tour de scrutin n'y est plus éligible (Cass. soc. 7-10-1998 n° 97-60.292 D : RJS 11/98 n° 1378).
b. Le salarié **mis à disposition** n'est pas éligible dans l'entreprise utilisatrice (C. trav. art. L 2314-23, al. 1).
L'élection, dans sa société d'origine, d'un **salarié détaché** peut être annulée lorsque les conditions de son détachement (à l'étranger, par exemple) ne lui permettent pas d'exercer son mandat (Cass. soc. 4-5-1994 n° 93-60.333 PBBS : RJS 6/94 n° 711).

8767 LA-III-17320 s

Ancienneté Sont éligibles les salariés ayant travaillé dans l'entreprise, de façon continue ou discontinue, pendant au moins un an. L'ancienneté requise peut donc résulter de contrats distincts séparés par des **périodes d'interruption** (Cass. soc. 3-10-2007 n° 06-60.063 F-PB : RJS 12/07 n° 1313).

> Précisions a. L'inspecteur du travail peut, après avoir consulté les syndicats représentatifs dans l'entreprise, autoriser des **dérogations** aux conditions d'ancienneté dans le cas où celles-ci conduiraient à une réduction du nombre de candidats ne permettant pas l'organisation normale des opérations électorales (C. trav. art. L 2314-25, al. 2). La décision administrative doit être notifiée (C. trav. art. R 2314-24, al. 3). Sur la contestation de cette décision, voir n°s 8805 s.

b. Lorsque les élections ont lieu dans une **filiale** d'un groupe ou au niveau d'un **établissement distinct** d'une entreprise, il convient de prendre en compte l'ancienneté acquise dans les autres filiales du groupe (Cass. soc. 8-7-1997 n° 96-60.295 P : RJS 8-9/97 n° 999) ou dans les autres établissements de l'entreprise (Cass. soc. 30-1-2008 n° 07-60.121 F-D : RJS 4/08 n° 455 ; 11-10-2017 n° 16-60.295 F-PB : RJS 12/17 n° 812).

PRÉSENTATION DES CANDIDATURES

Au **premier tour,** le droit de présenter des candidats est réservé aux syndicats intéressés (n° 8695). Au **second tour,** en revanche, les candidatures sont libres. **8770** C. trav. art. L 2314-29 **LA-III-17700 s**

Les listes sont établies par **collège,** séparément pour les **titulaires** et les **suppléants**, car il doit être procédé à des votes séparés. Elles peuvent être **incomplètes** (Cass. soc. 7-3-1973 n° 72-60.086 P ; 9-11-2016 n° 16-11.622 F-D : RJS 1/17 n° 43), sous réserve de respecter les dispositions relatives à la représentation équilibrée femmes-hommes, mais ne doivent pas comporter un nombre de candidats supérieur à celui des sièges à pourvoir (Cass. soc. 27-10-1999 n° 98-60.419 PB : RJS 12/99 n° 1477 ; 20-6-2000 n° 99-60.153 FS-P : RJS 11/00 n° 1108). Une **candidature individuelle,** lorsqu'elle est possible (voir n° 8771), constitue une liste (Cass. soc.10-1-1989 n° 87-60.309 P : RJS 2/89 n° 173 ; 7-5-2003 n° 01-60.917 F-D : RJS 7/03 n° 914).

> Précisions a. Les **candidatures du second tour** peuvent émaner de **syndicats** déjà présents au premier tour, de syndicats qui auraient pu y être présents mais ne l'ont pas été (par exemple parce qu'ils ont déposé leurs listes hors délai) ou encore de syndicats qui ne pouvaient pas présenter de candidats au premier tour faute de remplir les conditions visées n° 8695 (par exemple, syndicats constitués depuis moins de 2 ans). Il peut s'agir aussi de candidatures présentées par des **salariés** sans étiquette syndicale ou des **personnes morales** autres que des syndicats (associations par exemple).

b. Un syndicat peut **choisir** comme candidats ses propres adhérents mais aussi des salariés non syndiqués ou adhérents à un autre syndicat (Cass. soc. 18-5-1983 n° 82-60.657 P ; 16-11-1993 n° 92-60.306 P : RJS 1/94 n° 58 ; 28-3-2012 n° 11-61.180 FS-PBI : RJS 6/12 n° 580). Il ne peut pas présenter de candidats sans leur **accord** (Cass. soc. 20-10-1993 n° 92-60.304 P : RJS 1/94 n° 58 ; 25-6-2014 n° 13-20.541 F-D : RJS 10/14 n° 710), mais n'a pas à s'assurer de la persistance de cet accord entre les deux tours (Cass. soc. 13-10-2010 n° 09-60.233 FS-PB : RJS 12/10 n° 962).

c. Un syndicat ne peut pas présenter de candidats dans un établissement situé hors de l'**espace géographique** défini par ses **statuts,** même s'il est affilié à un syndicat couvrant tout le territoire national (Cass. soc. 22-9-2010 n° 09-60.480 F-PB : RJS 11/10 n° 866).

Un syndicat affilié à une **confédération catégorielle interprofessionnelle** peut présenter des candidats dans tous les **collèges** que ses statuts lui donnent vocation à représenter (Cass. soc. 28-9-2011 n° 10-26.693 FS-PBR : RJS 12/11 n° 1002). Sur la faculté, pour un syndicat catégoriel, de présenter des candidats en cas de collège électoral unique, voir n° 73185, d.

d. Les syndicats **affiliés à la même confédération** ne peuvent présenter qu'une liste de candidats par collège (Cass. soc. 16-10-2001 n° 00-60.203 FS-PBRI : RJS 1/02 n° 58 ; 22-9-2010 n° 09-60.435 FS-PBR : RJS 11/10 n° 862 ; 24-1-2018 n° 16-22.168 F-PB : RJS 4/18 n° 271). Si deux listes sont présentées au nom d'une confédération, les syndicats doivent justifier des dispositions statutaires déterminant celui ayant qualité pour déposer une liste de candidats ou de la décision prise par la confédération pour régler le conflit conformément aux statuts. À défaut, c'est la liste déposée en premier qui est retenue (Cass. soc. 24-1-2018 n° 16-22.168 F-PB précité). Un employeur, informé par une fédération de sa volonté de déposer une liste au lieu et place des syndicats qui lui sont affiliés, peut, sans saisir le juge, refuser les listes déposées par ceux-ci (Cass. soc. 4-6-2014 n° 13-60.238 FS-PB : RJS 8-9/14 n° 643).

e. Les syndicats intéressés peuvent présenter une **liste commune** (Cass. soc. 16-11-1993 n° 92-60.306 P : RJS 1/94 n° 58). S'ils ont prévu une **répartition** inégale des suffrages entre eux (n° 73144), celle-ci étant librement déterminée (Cass. soc. 5-11-2014 n° 14-11.634 FS-PB : RJS 1/15 n° 48), ils ne peuvent s'en prévaloir que si elle a été portée à la connaissance de l'employeur et des électeurs avant les élections, faute de quoi elle s'opère à parts égales (Cass. soc. 13-1-2010 n° 09-60.208 FS-PB : RJS 3/10 n° 279 ; 2-3-2011 n° 10-17.603 FS-PB : RJS 5/11 n° 436 ; 24-10-2012 n° 11-61.166 FS-PB : RJS 1/13 n° 60), et ils ne peuvent pas la modifier a posteriori en fonction des résultats de l'élection (Cass. soc. 10-3-2016 n° 15-16.807 F-D : RJS 5/16 n° 355). Un **syndicat catégoriel** et un syndicat **intercatégoriel** peuvent présenter une liste commune dans les collèges dans lesquels leurs statuts leur permettent de présenter des candidats (Cass. soc. 5-11-2014 n° 14-11.634 FS-PB précité).

f. La **candidature simultanée** d'un même salarié aux fonctions de titulaire et de suppléant est possible (Cass. soc. 19-5-1988 n° 87-60.207 D ; 9-11-2016 n° 16-11.622 F-D : RJS 1/17 n° 43). Sur les conséquences d'une double candidature en cas d'élection comme titulaire, voir n° 8793, b.

g. Sauf si elle émane d'un salarié prétendant agir au nom d'un syndicat sans avoir de mandat pour cela (n° 8775, b), l'employeur ne peut pas refuser une candidature. Il doit porter la **contestation** devant le juge (Cass. soc. 13-7-1993 n° 92-60.117 P : RJS 8-9/93 n° 898 ; 13-10-2004 n° 03-60.236 F-D : RJS 1/05 n° 60).

8771 C. trav. art. L 2314-30 **Représentation équilibrée femmes-hommes** Pour chaque collège, les **listes présentées par les syndicats intéressés** (n° 8695) doivent, au premier comme au second tour, respecter une représentation équilibrée femmes-hommes (Cass. soc. 25-11-2020 n° 19-60.222 FS-PBI : RJS 2/21 n° 103).

Ainsi, les listes comportant plusieurs candidats doivent :
– être composées d'un **nombre de femmes et d'hommes** correspondant à leur part respective sur la liste électorale ;
– présenter **alternativement** un candidat de chaque sexe jusqu'à épuisement des candidats d'un des sexes.

Lorsque le calcul de la part de femmes et d'hommes par rapport à leur proportion sur la liste électorale n'aboutit pas à un nombre entier de candidats à désigner pour chacun des deux sexes, il est procédé à l'**arrondi** arithmétique suivant :
– arrondi à l'entier supérieur en cas de décimale supérieure ou égale à 5 ;
– arrondi à l'entier inférieur en cas de décimale strictement inférieure à 5.

En cas de **nombre impair de sièges** à pourvoir et de **stricte égalité** entre les femmes et les hommes inscrits sur les listes électorales, la liste comprend indifféremment un homme ou une femme supplémentaire.

Si l'application de ces règles conduit à **exclure totalement** la représentation de l'un ou l'autre sexe, les listes de candidats peuvent comporter un candidat du sexe qui, à défaut, ne serait pas représenté. Mais ce candidat ne peut pas être en première position sur la liste.

Hormis ce dernier cas, la règle d'alternance n'impose pas que le **premier candidat** de la liste soit du sexe majoritaire (Cass. soc. 27-5-2020 n° 19-60.147 F-D : RJS 7/20 n° 362).

Ces règles ne s'appliquent pas aux **candidatures libres** présentées au second tour (Cass. soc. 25-11-2020 n° 19-60.222 FS-PBI précité).

> Précisions a. Les dispositions relatives au respect de la représentation équilibrée femmes-hommes sur les listes de candidats étant d'**ordre public absolu,** un protocole préélectoral, même unanime, ne peut pas les aménager (Cass. soc. 9-5-2018 n° 17-60.133 FS-PB : RJS 7/18 n° 491 ; 11-12-2019 n°s 19-10.826 FS-PB, 18-23.513 FS-PB et 18-26.568 FS-PB : RJS 2/20 n° 102 ; 1-7-2020 n° 19-14.879 F-D : RJS 10/20 n° 487).

Elles s'imposent par **liste,** indépendamment de la répartition selon leur sexe de l'ensemble des élus dans le **collège** considéré toutes listes confondues (Cass. soc. 1-7-2020 n° 19-14.222 F-D : RJS 10/20 n° 487 ; dans le même sens : 6-6-2018 n° 17-60.263 FS-PB : RJS 8-9/18 n° 553).

b. Lorsque plusieurs sièges sont à pourvoir, les listes de candidats présentées par les syndicats doivent comporter au moins un candidat au titre du sexe sous-représenté (Cass. soc. 11-12-2019 nos 19-10.826 FS-PB, 18-23.513 FS-PB et 18-26.568 FS-PB précités). Il n'est donc pas possible de présenter une candidature individuelle s'il y a **2 sièges à pourvoir** dans un collège mixte : la liste de candidats doit comporter une femme et un homme (Cass. soc. 9-5-2018 n° 17-60.133 FS-PB : RJS 7/18 n° 491 ; 17-4-2019 n° 17-26.724 FS-PB : RJS 7/19 n° 447 ; 11-12-2019 n° 18-23.513 FS-PB précité). Si **plus de 2 sièges** sont à pourvoir, les listes peuvent comporter moins de candidats que de sièges à pourvoir, dès lors qu'elles respectent la part des hommes et des femmes dans le collège électoral considéré (Cass. soc. 17-4-2019 n° 17-26.724 FS-PB précité ; 11-12-2019 n° 19-10.826 FS-PB précité, n° 18-19.379 FS-PB : RJS 2/20 n° 102).

Si les règles de proportionnalité et d'arrondi conduisent à ce qu'un sexe n'ouvre droit à aucun siège (moins de 0,50 candidat), la liste peut ne comporter aucun candidat du **sexe ultraminoritaire,** qu'un candidat unique ou plusieurs candidats tous du sexe surreprésenté. Dans un tel cas, les syndicats peuvent, malgré tout, faire figurer sur leur liste un représentant du sexe ultraminoritaire mais ils n'y sont pas tenus (Cass. soc. 11-12-2019 18-26.568 FS-PB précité ; 1-7-2020 nos 19-14.879 F-D et 19-17.615 F-D : RJS 10/20 n° 487).

c. Le juge peut être saisi, **avant l'élection,** d'une **contestation** relative à la composition « équilibrée » des listes de candidats : il peut alors déclarer la liste irrégulière, dès lors qu'il statue avant l'élection, en reportant, le cas échéant, la date de l'élection pour permettre la régularisation des listes (Cass. soc. 11-12-2019 n° 18-26.568 FS-PB précité ; 27-5-2020 n° 19-60.147 F-D : RJS 7/20 n° 362). En revanche, s'il est saisi **après l'élection,** il ne peut pas annuler la liste irrégulière mais peut seulement prononcer les sanctions prévues n° 8772 (Cass. soc. 27-5-2020 n° 19-14.225 F-D : RJS 7/20 n° 362, n° 19-60.147 F-D précité).

La constatation par le juge, après l'élection, du **non-respect** des prescriptions relatives à la **représentation équilibrée** de femmes et d'hommes par une liste de candidats entraîne l'annulation de l'élection d'un nombre d'élus du sexe surreprésenté égal au nombre de **candidats du sexe surreprésenté en surnombre** sur la liste de candidats par rapport à la proportion de femmes et d'hommes que celle-ci devait respecter. Le juge annule l'élection des derniers élus du sexe surreprésenté en suivant l'ordre inverse de la liste des candidats. Le constat que l'un des sexes est en surnombre sur une liste doit conduire à annuler l'élection d'un candidat de ce sexe, même s'il s'agit du seul élu du sexe surreprésenté (Cass. soc. 17-4-2019 n° 17-26.724 FS-PB, n° 18-60.145 F-D : RJS 7/19 n° 447). **8772** C. trav. art. L 2314-32

La constatation par le juge, après l'élection, du **non-respect** par une liste de candidats de la règle de l'**alternance** des femmes et des hommes entraîne l'annulation de l'élection de tout **élu mal positionné,** sauf si la liste correspond à la proportion de femmes et d'hommes au sein du collège concerné et si tous les candidats de la liste ont été élus (Cass. soc. 9-5-2018 n° 17-60.133 FS-PB : RJS 7/18 n° 491). En revanche, le juge ne peut pas valider l'élection de candidats mal positionnés sur des listes de candidats au seul motif que les résultats dans le collège sont conformes à la part de chaque sexe sur la liste électorale (Cass. soc. 6-6-2018 n° 17-60.263 FS-PB : RJS 8-9/18 n° 553), le respect des dispositions sur la représentation équilibrée femmes-hommes s'appréciant par liste et non par collège (n° 8771, a).

> Précisions **a.** Pour déterminer le(s) candidat(s) dont l'élection a été annulée, le juge tient compte, le cas échéant, des **ratures** dont le nombre est égal ou supérieur à 10 % des suffrages exprimés (Cass. soc. 17-4-2019 n° 18-60.173 FS-PB : RJS 7/19 n° 447 ; 11-12-2019 n° 19-12.596 FS-PB : RJS 2/20 n° 102).

b. Dès lors qu'il est saisi après les élections, seules les sanctions ci-dessus peuvent être prononcées : le juge ne peut pas **annuler la liste** irrégulière (n° 8771, c) ou l'**ensemble des élections** (Cass. soc. 27-5-2020 n°s 19-60.147 F-D et 19-15.974 F-D : RJS 7/20 n° 362 ; 2-12-2020 n° 19-19.985 F-D).

c. Lorsque, dans un collège mixte, une liste présente **exclusivement** des **candidats d'un des deux sexes,** la sanction du manquement à l'obligation d'alternance des sexes sur les listes de candidats aux élections ne peut pas s'appliquer. La liste ne doit donc être sanctionnée qu'au titre du non-respect du principe de proportionnalité (Cass. soc. 9-9-2020 n° 19-18.900 F-D : RJS 11/20 n° 551).

d. L'annulation de l'élection d'un candidat en application des règles ci-dessus n'a pas d'effet rétroactif et est sans incidence sur sa **candidature** aux élections (Cass. soc. 30-9-2020 n° 19-15.505 F-PB : RJS 12/20 n° 607). Elle est aussi sans incidence sur la **représentativité des syndicats,** laquelle est fonction du pourcentage des suffrages exprimés au premier tour des dernières élections (Cass. soc. 1-7-2020 n° 19-14.222 F-D : RJS 10/20 n° 487 ; 16-12-2020 n° 19-18.613 F-D : RJS 10/20 n° 487).

DÉPÔT DES LISTES

La loi ne fixe pas de **date limite** pour le dépôt des candidatures. Celle-ci est le plus souvent fixée par le **protocole préélectoral** : l'employeur peut alors refuser les candidatures tardives (Cass. soc. 19-6-1987 n° 86-60.396 P ; 23-5-2007 n° 06-60.197F-D : RJS 8-9/07 n° 975 ; 9-11-2011 n° 10-28.838 F-PB : RJS 1/12 n° 60) mais ne doit pas abuser de ce droit (Cass. soc. 27-5-2020 n° 18-60.038 F-D : RJS 8-9/20 n° 427). En l'**absence d'accord,** elle peut être fixée par le juge saisi avant le vote ou, à défaut, par l'employeur, celui-ci ne pouvant alors refuser une candidature tardive que pour un motif tiré des nécessités d'organisation du vote (Cass. soc. 4-3-2009 n° 08-60.476 FS-PB : RJS 5/09 n° 453 ; 26-9-2012 n° 11-26.399 FS-PB : RJS 12/12 n° 971). **8775** LA-III-18850 s

> Précisions **a.** Si un syndicat dépose ses listes dans le délai fixé par le protocole préélectoral, il peut ensuite **supprimer des candidatures** en surnombre, sans dépôt de nouvelles listes, si cela n'influence pas la régularité et la sincérité du scrutin (Cass. soc. 2-7-2014 n° 13-21.626 F-D : RJS 11/14 n° 797).

b. Le **DS** ne peut présenter une liste de candidats au nom de son syndicat que s'il a expressément reçu un **mandat** à cette fin (Cass. soc. 1-3-1984 n° 83-61.128 ; 15-6-2011 n° 10-25.282 FS-PB : RJS 8-9/11 n° 713), ce mandat pouvant être verbal (Cass. soc. 10-12-2014 n° 14-60.447 F-PB : RJS 2/15 n° 125). Un mandat est aussi nécessaire pour modifier ou remplacer une liste après son dépôt (Cass. soc. 13-10-2004 n° 03-60.416 F-PB : RJS 12/04 n° 1304). L'**employeur** peut, sans saisir le juge, refuser la candidature présentée par un salarié au nom d'un syndicat, si ce dernier l'a informé qu'il ne dépose aucune candidature et n'a donné aucun mandat au salarié (Cass. soc. 30-10-2013 n° 12-29.952 F-PB : RJS 1/14 n° 60). En revanche, l'employeur qui n'a pas réclamé le mandat du DS lors du dépôt de la liste, ni contesté le dépôt, ne peut pas contester sa validité pour ce motif après le scrutin (Cass. soc. 26-9-2012 n° 11-25.544 FS-PB : RJS 12/12 n° 972).

c. Sauf si elles sont déposées sans respecter les formes et délais applicables (Cass. soc. 31-5-2016 n° 15-60.157 FS-PB : RJS 8-9/16 n° 579), les listes présentées au premier tour sont maintenues au **second,** sans que le syndicat ait besoin de les renouveler (Cass. soc. 25-4-1984 n° 83-63.188 P ; 18-7-2000 n° 99-60.356 FS-P). Un protocole préélectoral ne peut pas écarter cette règle (Cass. soc. 15-3-2006 n° 05-60.286 F-D : RJS 6/06 n° 753). Le syndicat doit être informé du **retrait d'un candidat** de la liste présumée reconduite pour le second tour (Cass. soc. 13-10-2010 n° 09-60.233 FS-PB : RJS 12/10 n° 962). Sur les personnes recevables à contester l'élection lorsqu'un syndicat n'a pas été informé du retrait d'un des candidats de sa liste entre les 2 tours, voir n° 8800, e.

d. En cas d'**annulation des élections,** les opérations électorales étant recommencées, il n'y a pas reconduction automatique des listes présentées lors des élections annulées et le syndicat doit déposer de nouvelles listes (Cass. soc. 10-7-1991 n° 90-60.466 D : RJS 10/91 n° 1117).

6. DÉROULEMENT DES ÉLECTIONS

ORGANISATION MATÉRIELLE

8780 C. trav. art. L 2314-28 R 2314-2 LA-III-21900 s

Les modalités d'organisation et de déroulement des opérations électorales sont définies dans le protocole préélectoral conclu dans le respect des conditions de double majorité (n° 8725) et des **principes généraux** du droit électoral.

Faute d'accord, elles peuvent être fixées par le président du tribunal judiciaire statuant en dernier ressort selon la procédure accélérée au fond. Si le juge n'est pas saisi, il appartient à l'employeur de les fixer (Cass. soc. 12-2-1985 n° 84-60.679 P ; 26-9-2012 n° 11-22.598 FS-PB : RJS 12/12 n° 973). Ces règles s'appliquent aussi en cas d'**accord incomplet** (Cass. soc. 13-6-1989 n° 88-60.715 P : RJS 7/89 n° 604).

En l'**absence d'interlocuteurs syndicaux,** il appartient à l'employeur de fixer lui-même ces modalités (Cass. soc. 5-2-1997 n° 96-60.009 D : RJS 3/97 n° 309).

8781 LA-III-21200 s

Propagande électorale La propagande électorale s'exerce par affichage, réunions, diffusion de tracts, etc. Les moyens utilisés ne doivent pas être déloyaux.

La propagande électorale **antérieure au premier tour** peut être exercée par tous les syndicats habilités à présenter des candidats au premier tour (n° 8770). Après le premier tour, elle est ouverte aux autres syndicats et aux candidats libres.

Au cours de la période préélectorale, l'employeur et ses représentants doivent observer une stricte **neutralité.** À peine d'annulation des élections, ils ne doivent pas utiliser de moyens de pression en vue d'influencer le vote des électeurs (Cass. soc. 25-2-1992 n° 91-60.140 D ; 14-1-2004 n° 01-60.788 FS-PBRI : RJS 3/04 n° 330) et doivent garantir un égal accès aux moyens de propagande entre les syndicats (Cass. soc. 27-5-2020 n° 19-15.105 F-D : RJS 7/20 n° 361).

› Précisions **a.** Les syndicats peuvent commencer à faire campagne avant la **date** de début **fixée par le protocole** préélectoral (Cass. soc. 15-11-2017 n° 16-24.798 FS-PB : RJS 1/18 n° 52).

La **diffusion d'un tract le jour même du scrutin** est licite s'il ne contient aucune mise en cause des candidats concurrents (Cass. soc. 5-12-1984 n° 84-60.516 ; 13-12-1988 n° 88-60.158 D : RJS 1/89 n° 68). Est au contraire illicite la diffusion, **la veille** du scrutin, d'un tract mettant en cause un syndicat concurrent (Cass. soc. 18-2-1988 n° 87-60.027 P).

Les **syndicats représentatifs au plan national** présentant des candidats dans une entreprise, mais n'y ayant ni adhérent ni élu, peuvent, pendant le déroulement des opérations électorales et jusqu'au scrutin, y être représentés par des membres extérieurs à cette entreprise (Cass. soc. 4-2-1997 n° 95-60.994 PBF : RJS 3/97 n° 310).

b. Un **employeur** porte atteinte à la liberté du vote en invitant le personnel à s'abstenir de voter au premier tour pour que, faute de quorum, il y en ait un second (Cass. soc. 10-5-1978 n° 78-60.070 P) ou s'il affiche avant le premier tour un tract de propagande électorale provenant de salariés envisageant de se présenter dans l'hypothèse d'un second tour (Cass. soc. 14-1-2004 n° 01-60.788 FS-PBRI précité). En revanche, s'il se borne, dans une note de service, à rappeler les dispositions légales prévoyant les cas où il y a lieu à un second tour, ou à informer les électeurs que des candidats libres peuvent se présenter au second tour, il respecte son obligation de neutralité (Cass. soc. 5-6-1980 n° 79-61.290).

Constitue un **délit d'entrave** la diffusion par l'employeur d'une note invitant à faire l'union autour d'un syndicat national autonome et à définir une stratégie de coalition afin d'empêcher un autre syndicat d'obtenir la majorité aux élections (Cass. crim. 8-3-1994 n° 93-81.115 : RJS 7/94 n° 877).

8782 C. trav. art. L 2314-27 LA-III-22400 s

Temps et lieu du scrutin L'employeur doit informer les salariés des dates, heures et lieux de scrutin. Cette information peut être réalisée par voie d'affichage (Cass. soc. 18-12-1978 n° 78-60.727 P ; 28-1-2015 n° 14-14.345 F-PB). À défaut d'information suffisante, les élections peuvent être annulées (Cass. soc. 4-4-1973 n° 72-60.125 P). La **date** du scrutin est en principe fixée par l'accord préélectoral (voir n° 8780).

L'élection a lieu **pendant le temps de travail.** Un accord contraire est possible, notamment en cas de travail en continu. Il doit être conclu entre l'employeur et tous les syndicats représentatifs de l'entreprise, sauf s'il s'agit d'autoriser le vote électronique à partir de tout ordinateur 24 heures sur 24, auquel cas la double majorité de droit commun suffit (Cass. soc. 5-4-2011 n° 10-19.951 F-PB : RJS 6/11 n° 539).

> Précisions Lorsque les élections ont lieu pendant le temps de travail, il est d'usage que le temps de vote soit **rémunéré** comme tel. L'élection se déroule en principe sur les **lieux de travail.** Il est toutefois possible de prévoir par accord que les élections se dérouleront en un autre lieu (par exemple, au siège administratif pour des chantiers disséminés : Cass. soc. 20-7-1983 n° 82-60.387).

Modalités et moyens matériels du vote L'élection a lieu au **scrutin secret** sous enveloppe ou par vote électronique (n° 8785). La jurisprudence admet aussi le vote par correspondance (n° 8784), mais pas le vote par procuration (Cass. soc. 21-7-1981 n° 81-60.568 P ; 3-7-1984 n° 83-61.173 B), l'exercice personnel du droit de vote constituant un principe général du droit électoral (Cass. soc. 3-10-2018 n° 17-29.022 F-PB : RJS 12/18 n° 756). L'employeur doit, dans tous les cas, fournir aux électeurs les moyens matériels leur permettant de voter et garantissant la liberté et la sincérité de ce vote. **8783** C. trav. art. L 2314-26 **LA-III-23020 s**

> Précisions **a.** L'employeur doit fournir et imprimer les **bulletins de vote** et **enveloppes.** Il doit éditer un bulletin de vote par liste de candidats (Cass. soc. 2-12-1982 n° 81-60.960 P ; 8-3-2017 n° 16-60.106 F-D : RJS 5/17 n° 354), en respectant leur ordre de présentation (Cass. soc. 22-10-2014 n° 14-60.016 F-D : RJS 1/15 n° 49), en principe sur du papier blanc. L'utilisation de **bulletins de couleur** est possible si des circonstances particulières constatées soit par le protocole d'accord préélectoral, soit par le tribunal judiciaire en cas de contestation, le justifient (Cass. soc. 11-3-1992 n° 91-60.160 PF : RJS 4/92 n° 469 ; 24-2-1993 n° 91-60.313 D).
Ils peuvent comporter le **sigle** du syndicat (Cass. soc. 2-7-1987 n° 86-60.514 P). À défaut d'accord sur ce point, l'impression d'un tel sigle peut être imposée à l'employeur par le tribunal judiciaire (Cass. soc. 25-6-1987 n° 86-60.317 P).
La fourniture de **bulletins blancs** est possible (Cass. soc. 25-2-1992 n° 89-61.135 P : RJS 4/92 n° 469).
b. L'élection a lieu au scrutin secret, mais l'installation d'**isoloirs** n'est pas nécessaire si le secret du vote est assuré autrement (Cass. soc. 11-6-1986 n° 85-60.485 S ; 28-3-2018 n° 17-60.278 F-D : RJS 6/18 n° 431).
c. Les bulletins sont déposés sous enveloppes dans des **urnes** distinctes pour les titulaires et les suppléants (Cass. soc. 13-5-1976 n° 75-60.031 P) et fermées jusqu'à la clôture définitive du scrutin (Cass. civ. 19-7-1962 n° 61-60.053).

L'organisation du **vote par correspondance** peut être prévue par une convention ou un accord collectif (Cass. soc. 1-2-1978 n° 77-60.599 P) ou par le protocole préélectoral, l'employeur ne pouvant pas le mettre unilatéralement en œuvre si ce dernier ne le prévoit pas (Cass. soc. 12-7-2006 n° 05-60.332 FS-PB : RJS 11/06 n° 1205). **8784** **LA-III-23740 s**
En l'absence de dispositions conventionnelles sur ce point ou en cas de désaccord des parties, le recours au vote par correspondance peut aussi être décidé par le tribunal judiciaire si des circonstances exceptionnelles ou la spécificité des fonctions exercées par les personnels concernés le justifient (Cass. soc. 10-10-1990 n° 88-60.712 P : RJS 11/90 n° 897 ; 6-6-2018 n° 17-60.132 F-D : RJS 8-9/18 n° 552). Il devrait en être de même de l'employeur s'il doit fixer seul les modalités d'organisation des élections.

> Précisions **a.** Si le vote physique est la règle en l'absence de dispositions conventionnelles dérogatoires, le vote par correspondance n'est contraire à aucune règle d'**ordre public.** Dès lors que le protocole préélectoral prévoyant le recours au vote par correspondance a été valablement conclu, le recours à ce mode de vote ne peut pas être contesté (Cass. soc. 13-2-2013 n° 11-25.696 FS-PBR : RJS 4/13 n° 303).
b. En pratique, il convient d'**adresser** aux salariés appelés à voter par correspondance les bulletins de vote, deux enveloppes destinées à recevoir les bulletins (l'une pour le vote « titulaire » et l'autre pour le vote « suppléant ») et une troisième qui servira à adresser les enveloppes contenant les bulletins de vote. Les circulaires de propagande émises par les syndicats doivent être adressées aux salariés (Cass. soc. 6-7-1983 n° 83-60.746 P), a fortiori lorsque le protocole préélectoral le prévoit, sans que le caractère diffamatoire du tract puisse être invoqué par l'employeur (Cass. crim. 30-5-1989 n° 87-83.411 P : RJS 8-9/89 n° 702). Ces documents sont envoyés par voie postale ou remis directement aux salariés (Cass. soc. 20-7-1983 n° 82-60.301 ; 21-7-1986 n° 86-60.040 S) dans un **délai** suffisant pour voter (Cass. soc. 7-7-1981 n° 81-60.510 P ; 30-1-2008 n° 07-60.338 F-D : RJS 5/08 n° 570).
c. La **signature de l'électeur** sur l'enveloppe extérieure est une formalité substantielle (Cass. soc. 19-12-2007 n° 07-60.021 F-D : RJS 3/08 n° 310 ; 28-9-2017 n° 16-17.173 F-D : RJS 12/17 n° 807) sur laquelle un protocole préélectoral, même unanime, ne peut pas revenir (Cass. soc. 9-2-2000 n° 98-60.581 P : RJS 3/00 n° 299). Si la prise en compte des bulletins de vote, contenus dans des enveloppes non signées, n'a affecté les résultats que dans un seul collège, l'annulation des élections peut être limitée à ce scrutin (Cass. soc. 12-7-2006 n° 05-60.353 F-PB : RJS 11/06 n° 1208).

8785 C. trav. art. R 2314-5 à R 2314-18 Arrêté SOCT0751067A du 25-4-2007 **LA-III-24800 s**

Le recours au **vote électronique** peut être prévu par **accord de groupe ou d'entreprise,** soumis aux conditions de validité des accords collectifs (Cass. soc. 28-9-2011 n° 10-27.370 FS-PB : RJS 12/11 n° 1005), ou, à défaut, par l'**employeur** lorsque, à l'issue d'une tentative loyale de négociation avec les DS, aucun accord collectif n'a pu être conclu (Cass. soc. 13-1-2021 n° 19-23.533 FS-PRI : RJS 3/21).

Dans tous les cas, l'employeur est tenu de négocier un **protocole d'accord préélectoral.**

Un **cahier des charges,** comportant des garanties minimales visant à assurer la sécurité et la confidentialité du vote, doit être établi. Il n'est soumis à aucune condition de forme (Cass. soc. 3-11-2016 n° 15-21.574 FS-PB : RJS 1/17 n° 44) et doit être tenu à la disposition des salariés sur le lieu de travail et mis sur l'intranet, s'il en existe un.

Le vote électronique peut se tenir sur les **lieux** de travail ou à distance. Il doit se dérouler sur une **période** délimitée. Pour une même élection, vote électronique et **vote à bulletin secret** peuvent coexister. Ce dernier ne peut alors s'ouvrir qu'après la clôture du vote électronique.

› Précisions **a.** Le vote électronique ne peut pas être mis en place par **accord d'établissement** (Cass. soc. 10-3-2010 n° 09-60.096 FS-PB : RJS 5/10 n° 452) mais un accord d'entreprise peut se contenter de fixer le cadre général du recours au vote électronique et renvoyer les modalités de sa mise en œuvre à un accord d'établissement (Cass. soc. 3-11-2016 n° 15-21.574 FS-PB précité).

b. La décision de l'employeur de recourir au vote électronique vaut aussi, le cas échéant, pour les **élections partielles** se déroulant en cours de mandat.

c. Si le vote électronique est prévu par **accord collectif,** le **protocole préélectoral** doit être conclu après l'entrée en vigueur de celui-ci (Cass. soc. 28-9-2011 n° 11-60.028 FS-PB : RJS 12/11 n° 1006), mentionner sa conclusion, le nom du prestataire choisi et donner une description détaillée du fonctionnement du système retenu et du déroulement des opérations électorales. En l'**absence de protocole** préélectoral valide, les modalités de mise en œuvre du vote électronique, prévu par l'accord d'entreprise, peuvent être fixées par l'employeur ou, à défaut, par le tribunal judiciaire (Cass. soc. 4-6-2014 n° 13-18.914 FS-PB : RJS 8-9/14 n° 644).

d. L'employeur est **responsable du traitement** même s'il confie des opérations de traitement de données à des **sous-traitants** (CE 11-3-2015 n°s 368748 et 368819 : RJS 5/15 n° 353).

e. Tout système de vote électronique doit être soumis à un **expert** indépendant, dont le rapport doit être tenu à la disposition de la Cnil. Les membres de la délégation du personnel du CSE et les membres du bureau de vote bénéficient d'une **formation** sur le système de vote électronique. Le défaut de formation ne peut constituer une cause d'annulation que s'il a exercé une influence sur le résultat des élections (Cass. soc. 25-10-2017 n° 16-21.780 F-D : RJS 1/18 n° 58). Chaque salarié doit disposer d'une **notice d'information** détaillée.

f. Les **garanties minimales** destinées à assurer la sécurité et la confidentialité du vote sont, pour l'essentiel, les suivantes :

– vote anonyme et chiffré par le système, l'électeur devant utiliser le code qui lui a été transmis, sachant qu'il ne doit pas l'être par messagerie professionnelle sans autre précaution destinée notamment à éviter qu'une personne non autorisée puisse se substituer frauduleusement à lui (Cass. soc. 27-2-2013 n° 12-14.415 FS-PB : RJS 5/13 n° 400 ; 14-12-2015 n° 15-16.491 F-D : RJS 3/16 n° 195) ni par courrier postal sans précautions suffisantes pour garantir la confidentialité des votes et des données transmises (Cass. soc. 20-9-2017 n° 16-60.272 FS-D : RJS 1/18 n° 57) ;

– édition de trois clés de chiffrement connues seulement du président du bureau de vote et de deux de ses assesseurs, et dont deux au moins doivent être activées pour le dépouillement du vote ;

– existence d'un dispositif de secours pouvant prendre le relais en cas de panne du système principal.

g. Un salarié ne peut pas **voter** par voie électronique **en lieu et place** d'autres salariés qui lui ont confié leur code confidentiel sous peine d'annulation des élections (Cass. soc. 3-10-2018 n° 17-29.022 F-PB : RJS 12/18 n° 756).

h. Sur la possibilité de prévoir un vote électronique **24 heures sur 24,** voir n° 8782.

DÉROULEMENT DU SCRUTIN

8786 C. trav. art. L 2314-26, al. 3 L 2314-29, al. 1 **LA-III-21000 s**

L'élection des membres de la délégation du personnel du CSE se fait au **scrutin de liste** à deux tours avec représentation proportionnelle à la plus forte moyenne. Il est procédé à des **votes séparés** pour les titulaires et suppléants dans chacun des collèges.

8787 C. trav. art. L 2314-5, al. 3 L 2314-29, al. 2 **LA-III-26880 s**

Premier tour Le premier tour des élections doit avoir lieu dans la **quinzaine** précédant l'expiration du mandat des représentants en exercice.

On ne tient compte du premier tour de scrutin que si le **quorum** est atteint, c'est-à-dire si le nombre des votants est au moins égal à la moitié des électeurs inscrits. Le nombre de **votants** s'entend du nombre de suffrages valablement exprimés, hors bulletins blancs ou nuls (Cass. ass. plén. 3-6-1983 n° 82-60.245 P ; Cass. soc. 7-4-1993 n° 91-60.197D) et bulletins panachés (Cass. soc. 10-1-1989 n° 87-60.309 P : RJS 2/89 n° 173 ; 7-5-2003 n° 01-60.917 F-D : RJS 7/03 n° 914).

> **Précisions** **a.** Les **ratures** n'ont pas d'incidence sur le calcul du quorum (Cass. soc. 4-7-1972 n° 72-60.024 P), sauf si le nom de tous les candidats a été rayé. Le bulletin étant alors considéré comme blanc, il est exclu du décompte des votants (Cass. soc. 7-5-1987 n° 86-60.357 P).
> **b.** Le **quorum** est apprécié séparément pour les titulaires et les suppléants (Modèles de procès-verbal des élections : www.elections-professionnelles.travail.gouv.fr). Même s'il n'est pas atteint au premier tour, il faut procéder au **dépouillement** et renseigner le procès-verbal. Sur l'utilisation des résultats constatés à ce niveau, voir n° 8670.
> **c.** Il est possible de prévoir que chaque électeur peut insérer dans l'enveloppe **autant de bulletins** qu'il y a de sièges à pourvoir lorsque ceux-ci sont établis au nom de chacun des **candidats se présentant individuellement** (Cass. soc. 19-11-1986 n° 86-60.252 P ; 24-9-2008 n° 08-60.004 FS-PB : RJS 12/08 n° 1217).

Second tour Un second tour doit être organisé, dans les **15 jours** à dater du premier tour en cas d'absence de quorum (n° 8787), d'absence totale ou partielle de candidature (Cass. 2e civ. 10-5-1961 n° 60-60.075 P), ou de vacance partielle des sièges à l'issue du premier tour (Cass. soc. 18-3-1982 n° 81-60.871 P ; 8-11-2006 n° 06-60.036 F-PB : RJS 1/07 n° 79 ; 10-5-2012 n° 11-21.339 F-PB : RJS 7/12 n° 646). Aucun **quorum** n'est exigé. **8788** C. trav. art. L 2314-29, al. 2 LA-III-29200 s

> **Précisions** **a.** Le second tour peut avoir lieu avant l'expiration du **délai** de 15 jours si la sincérité et la liberté du scrutin sont garanties. Tel n'est pas le cas lorsque les deux tours sont organisés le même jour, ce qui ne permet pas la présentation de candidats au second tour (Cass. soc. 8-7-1997 n° 95-60.916 P : RJS 8-9/97 n° 1000 ; 29-5-2002 n° 01-60.625 F-D : RJS 8-9/02 n° 1008).
> **b.** La **demande** tendant à ce qu'il soit enjoint à l'employeur d'organiser un second tour peut être formée plus de 15 jours après la proclamation des résultats du premier tour (Cass. soc. 8-11-2006 n° 06-60.036 F-PB précité).

Contrôle des élections Le contrôle du bon déroulement des élections, est effectué par le **bureau de vote.** Il est d'usage d'en constituer un dans chaque collège, mais prévoir un seul bureau de vote pour plusieurs collèges n'est pas contraire à l'ordre public (Cass. soc. 25-10-2017 n° 16-21.780 F-D : RJS 1/18 n° 58). **8789** LA-III-25900 s

Le bureau de vote veille à la régularité des opérations électorales, procède au dépouillement du scrutin, proclame les résultats et dresse le procès-verbal des élections. Il ne peut pas se faire juge de la représentativité d'un syndicat (Cass. soc. 22-7-1975 n° 75-60.080 P), de la validité des élections (Cass. soc. 3-3-1983 n° 82-60.344 P) ou de la régularité d'une liste (Cass. soc. 8-12-2010 n° 10-60.211 F-PB : RJS 2/11 n° 160).

Le **tribunal judiciaire,** saisi avant les élections, peut seul décider de la mise en place d'un autre dispositif de contrôle de la régularité, de la liberté et de la sincérité du scrutin (Cass. soc. 26-9-1989 n° 88-60.727 D : RJS 11/89 n° 869 ; 1-4-1992 n° 90-60.543 PF : RJS 5/92 n° 643). Les **frais** entraînés par ces mesures sont à la charge de l'employeur (C. trav. art. L 2314-17). Il en est de même des frais de déplacement des délégués de liste si le juge estime ce dispositif de contrôle nécessaire (Cass. soc. 29-6-2005 n° 04-60.488 FS-PB : RJS 10/05 n° 1011).

> **Précisions** **a.** Il est d'usage de constituer le bureau de vote avec un président, un secrétaire et des assesseurs. Si le protocole préélectoral détermine la **composition du bureau,** il faut la respecter (Cass. soc. 2-3-1978 n° 77-60.571 P). Le protocole ne peut toutefois pas laisser la désignation des membres du bureau à la discrétion de l'employeur (Cass. soc. 26-1-1984 n° 83-60.265 P). À peine d'annulation des élections, le bureau de vote ne peut pas être composé du seul président (Cass. soc. 19-10-1994 n° 93-60.049 P : RJS 12/94 n° 1409) ni sans président (Cass. soc. 13-2-2008 n° 07-60.097 F-PB : RJS 5/08 n° 569).
> **À défaut de** dispositions dans le **protocole** ou de désignation par **accord entre l'employeur et les syndicats** ayant présenté des listes, le bureau de vote est composé des deux salariés électeurs les plus âgés et du plus jeune (Cass. soc. 16-10-2013 n° 12-21.448 FS-PB : RJS 12/13 n° 837).
> **b.** Chaque **liste** a le droit d'avoir un **délégué** au bureau de vote. Il doit être électeur dans l'entreprise (Cass. soc. 28-6-1984 n° 84-60.135 P).
> **c.** Le **chef d'établissement** ou le **chef du personnel,** qui n'ont pas la qualité d'électeurs, ne peuvent pas y siéger (Cass. soc. 21-5-1980 n° 80-60.008 P ; 14-3-1989 n° 88-60.534 P : RJS 4/89 n° 365 ; 23-2-2005 n° 04-60.242 F-PB : RJS 5/05 n° 544). Leur présence (ou plus généralement celle d'un membre de la direction) dans la salle de vote n'est toutefois pas, à elle seule, de nature à entacher d'irrégularité les élections (Cass. soc. 14-3-1989 n° 88-60.534 P : RJS 4/89 n° 365 ; 21-3-1995 n° 94-60.221 D : RJS 5/95 n° 533).
> **d.** Il revient aux membres du bureau de vote de signer la **liste d'émargement** (C. élect. art. R 62) et à son président de constater publiquement et de mentionner au procès-verbal les **heures d'ouverture et de clôture** du scrutin (C. élect. art. R 57), à peine d'annulation des élections (Cass. soc. 28-3-2012 n° 11-16.141 F-PB : RJS 6/12 n° 581 ; 16-10-2013 n° 12-21.680 FS-PB : RJS 1/14 n° 63 ; 30-9-2015 n° 14-25.925 FS-PB : RJS 12/15 n° 796). La mention peut figurer sur un document annexé au procès-verbal et établi concomitamment

(Cass. soc. 17-12-2014 n° 14-12.401 FS-PB : RJS 3/15 n° 202) ou sur un constat d'huissier (Cass. soc. 28-1-2015 n° 14-60.413 F-PB : RJS 4/15 n° 266).
Aucune disposition légale n'imposant la tenue de deux **listes d'émargements distinctes** par bureau de vote en cas de votes séparés au cours d'une même élection, le seul fait qu'il n'existe qu'une seule liste d'émargement pour les titulaires et les suppléants n'entraîne pas l'annulation des élections (Cass. soc. 28-9-2017 n° 16-25.129 F-D : RJS 1/18 n° 56).
e. Sur la portée de l'annulation des élections en cas d'**irrégularités** dans **un seul bureau** de vote, voir n° 8815, c.

8790 C. trav. art. L 2314-9 R 2314-22 LA-III-29650 s

Procès-verbal de carence Lorsque le CSE n'a pas pu être mis en place ou renouvelé, du fait de l'absence de candidature ou de quorum au premier tour et de l'absence de candidature au second, l'employeur établit, **à l'issue du second tour,** un procès-verbal de carence (Circ. DRT 13 du 25-10-1983 n° 2.1, réputée abrogée).

Par tout moyen permettant de donner date certaine à l'information, l'employeur porte ce document à la connaissance des salariés, et le transmet, dans les 15 jours, à l'**inspecteur du travail** qui en envoie copie aux syndicats de salariés du département concerné et au **prestataire agissant pour le compte du ministre du travail** (n° 8795). Sur la procédure de transmission par voie électronique du procès-verbal de carence, voir n° 8795. Sur la mention du choix d'un tel envoi dématérialisé dans le protocole préélectoral, voir n° 8710.

Le procès-verbal de carence produit ses **effets jusqu'à** la date à laquelle doivent être organisées les nouvelles élections (Cass. soc. 11-5-2016 n° 14-12.169 FS-PB : RJS 7/16 n° 504 ; 6-3-2019 n° 17-28.478 F-PB : RJS 5/19 n° 284). Il ne dispense pas l'employeur d'**organiser les élections suivantes** tous les 4 ans ou selon la périodicité fixée par l'accord visé n° 8900 ou sur demande d'un salarié ou d'un syndicat (n° 8682).

Sur l'établissement d'un procès-verbal de carence dans les **entreprises** dont l'effectif est compris **entre 11 et 20 salariés,** lorsqu'aucun salarié ne s'est porté candidat aux élections dans un délai de 30 jours à compter de l'information du personnel sur l'organisation des élections, voir n° 8700.

Sur la possibilité pour le cessionnaire de se prévaloir du procès-verbal de carence établi par le cédant en cas de **transfert d'entreprise,** voir n° 74935, c.

CONSEIL

En principe, il n'est pas nécessaire d'établir un procès-verbal de carence à l'issue du **premier tour.** Toutefois, le délai de contestation des résultats du premier tour courant à compter de la proclamation des résultats ou de la publication du procès-verbal de carence (n° 8810, b), il est conseillé, en pratique, de procéder à la proclamation des résultats ou à la publication du procès-verbal de carence, à l'issue du premier comme du second tour, faute de quoi les délais de contestation ne courent pas.

RÉSULTATS DU VOTE

8791 LA-III-26800 s

Lorsque le scrutin est clos, le bureau de vote, éventuellement assisté de scrutateurs, procède au **dépouillement.** Les électeurs doivent librement accéder au lieu de dépouillement, à peine d'annulation des élections (Cass. soc. 18-12-2000 n° 00-60.033 FS-D ; 28-3-2012 n° 11-16.141 F-PB : RJS 6/12 n° 581).

8792 C. trav. art. R 2314-19 à R 2314-21 LA-III-27210 s

Attribution des sièges aux listes en présence Chaque liste reçoit autant de sièges que le nombre de voix recueillies par elle contient de fois le **quotient électoral,** celui-ci étant égal au nombre total de suffrages valablement exprimés pour le collège divisé par le nombre de sièges à pourvoir.

En cas de **ratures,** le **nombre de voix obtenues** par une liste est égal au total des voix obtenues par chaque candidat divisé par le nombre de candidats figurant sur la liste (Cass. soc. 24-3-1953 P ; Cass. soc. 26-3-1954 P).

Lorsqu'il n'a été pourvu à aucun siège ou qu'il reste des sièges à pourvoir, les sièges restants sont attribués sur la base de la **plus forte moyenne.** À cet effet, le nombre de voix obtenues par chaque liste est divisé par le nombre augmenté d'une unité des sièges déjà attribués à la liste (Cass. soc. 12-7-2016 n° 15-25.638 F-D : RJS 10/16 n° 644). Le premier siège non pourvu est attribué à la liste ayant la plus forte moyenne et ainsi de suite pour chacun des autres sièges non pourvus. En cas de **moyennes identiques** et s'il ne reste qu'un siège à pourvoir, il est attribué à la liste qui a obtenu le plus grand nombre de voix. Si les deux listes ont obtenu le même nombre de voix, est élu le candidat le plus âgé des deux. Pour un **exemple,** voir n° 8794.

› Précisions a. Dans le cas où il est attribué à une **liste incomplète** plus de sièges qu'elle ne comporte de candidats, les sièges non pourvus sont attribués aux listes concurrentes, selon le système de la plus forte moyenne (Cass. soc. 12-1-2000 n° 99-60.044 P : RJS 3/00 n° 302 ; 12-3-2008 n° 07-60.335 F-D : RJS 5/08 n° 571). Si une seule liste comprend des candidats non élus, le siège est attribué à celui qui a obtenu le plus grand nombre de voix parmi ceux qui restent (Cass. soc. 24-7-1974 n° 74-60.079 P ; Cass. soc. 19-7-1983 n° 82-60.336 P).

b. En cas de présentation d'une **liste unique** au premier tour, si le quorum est atteint, elle est automatiquement élue dans sa totalité, même si certains candidats de cette liste n'ont pas obtenu la majorité des voix (Cass. soc. 4-7-1972 n° 72-60.024 P ; 6-5-1985 n° 84-60.650 P).

c. Le nombre de sièges attribué au quotient électoral lors de la première répartition, qui sert de base au calcul des sièges restants attribués à la plus forte moyenne, étant nécessairement un **nombre entier,** il n'est pas possible de se fonder sur un nombre décimal pour effectuer le calcul des sièges restants à la plus forte moyenne (Cass. soc. 21-3-2018 n° 17-60.287 F-D : RJS 6/18 n° 432).

Désignation des élus au sein de chaque liste Les candidats doivent, en principe, être proclamés élus dans l'**ordre** de présentation de la liste. **8793** C. trav. art. L 2314-29, al. 3 et 4 **LA-III-27850 s**

Si le nom d'un candidat a été raturé, les **ratures** ne sont pas prises en compte si leur **nombre** est **inférieur à 10 %** des suffrages exprimés en faveur de la liste sur laquelle figure le candidat. Dans ce cas, les candidats sont proclamés élus dans l'ordre de présentation, conformément au principe, comme s'il n'y avait pas de rature.

Si le nombre des ratures est **égal ou supérieur à 10 %** des suffrages valablement exprimés en faveur de la liste, il en est tenu compte. La désignation des élus se fait alors en fonction du nombre de voix obtenues par chaque candidat et non selon l'ordre de présentation sur la liste (Cass. soc. 28-1-1982 n° 81-60.859 P).

› Précisions a. Lorsqu'un **siège** est **réservé** par la loi ou par accord à une catégorie de salariés, il peut arriver qu'aucun candidat appartenant à la catégorie bénéficiaire ne soit élu selon les règles normales d'attribution. La réserve devant être respectée, il convient de modifier l'ordre de présentation des élus (Cass. soc. 10-7-1984 n° 84-60.001) et, si cela ne suffit pas, de désigner le candidat le mieux placé dans la catégorie bénéficiaire, au détriment du dernier élu (Cass. soc. 25-3-1971 n° 70-60.097 P). En tout état de cause, le siège réservé ne peut pas revenir à un candidat n'ayant obtenu aucune voix (Cass. soc. 12-11-1997 n° 96-60.337 P : RJS 12/97 n° 1407 ; 9-11-2016 n° 15-28.940 F-D : RJS 1/17 n° 35). En l'absence de candidat appartenant à la catégorie bénéficiaire, le siège reste vacant (Cass. soc. 22-3-1973 n° 72-60.121 P).

b. La **double candidature** aux fonctions de titulaire et de suppléant sous-entend la volonté d'être élu en premier lieu titulaire (Cass. civ. 14-1-1966 n° 65-60.162 P ; Cass. soc. 19-5-1988 n° 87-60.207 D). Un élu titulaire ne pouvant plus être considéré comme candidat aux fonctions de suppléance, la liste sur laquelle il était devient incomplète (Cass. soc. 14-2-1973 n° 72-60.090 P). S'il refuse le poste de titulaire, il est démissionnaire et son remplacement est assuré par un suppléant de la même catégorie (Cass. soc. 29-5-1975 n° 75-60.010 P).

Si un élu suppléant au premier tour est ensuite élu titulaire au second, il perd la qualité subsidiaire de suppléant (Cass. soc. 10-5-2012 n° 11-18.912 F-PB : RJS 7/12 n° 643).

EXEMPLE **8794**

Dans une entreprise de 700 salariés, pour l'élection des membres du CSE, il faut attribuer 14 sièges de titulaires et 14 sièges de suppléants.

Le collège des ouvriers et employés dispose de **5 sièges.** Deux listes, A et B, sont en présence ; 654 suffrages ont été valablement exprimés, dont 452 pour la liste A et 202 pour la liste B.

En raison d'un certain nombre de ratures, alors que les listes étaient complètes, la répartition des suffrages pour les candidats titulaires a été la suivante :

A		B	
1er	452	1er	202
2e	372	2e	202
3e	220	3e	88
4e	452	4e	150
5e	372	5e	202

Le **quotient électoral** est égal à 654 / 5 = 130,8.

Le **nombre de voix** recueillies par chacune des listes est la moyenne des voix obtenues par les candidats, soit 373,6 pour la liste A et 168,8 pour la liste B.

Le quotient est contenu :
– 2 fois pour la liste A, qui obtient 2 sièges ;
– 1 fois pour la liste B, qui obtient 1 siège.

Il reste 2 sièges à attribuer à la **plus forte moyenne.** Celle-ci s'obtient en divisant le nombre moyen de voix accordées à la liste par le nombre de sièges attribués + 1.

Elle est donc de 373,6 / (2 + 1) = 124,533 pour A et de 168,8 / (1 + 1) = 84,4 pour B.

C'est donc la liste A qui se verra attribuer le 4e siège.

Après cette attribution, la plus forte moyenne est de 373,6 / (3 + 1) = 93,4 pour A et de 168,8 / (1 + 1) = 84,4 pour B.

C'est donc encore la liste A qui enlèvera le dernier siège à pourvoir (soit au total : liste A : 4 sièges et liste B : 1 siège).

Au sein de chacune des listes, les sièges sont attribués en fonction de l'ordre de présentation des candidats, sauf si le nombre des ratures est égal ou supérieur à 10 % des suffrages valablement exprimés en faveur de la liste (soit pour la liste A, 452 × 10 % = 45,2). On tiendra donc compte des ratures pour les candidats 2, 3 et 5.

Si 2 candidats ont le **même nombre de voix,** ils sont élus selon leur **ordre de présentation** sur la liste.

Ainsi, les 4 sièges revenant à la liste A seront attribués aux candidats 1, 4, 2 et 5.

En ce qui concerne la liste B, un seul siège est à pourvoir et les deux premiers candidats ainsi que le dernier ont le même nombre de voix. Dans ce cas, c'est également l'ordre de présentation qui va entraîner l'attribution du siège au 1er candidat.

PROCLAMATION DES RÉSULTATS ET PROCÈS-VERBAL

8795 C. trav. art. L 2314-29, al. 5 R 2314-22 **LA-III-28450 s**

Le procès-verbal des élections est **établi immédiatement après** la fin du dépouillement (Cass. soc. 27-5-2020 n° 19-13.504 F-D : RJS 7/20 n° 361), soit par le secrétaire, soit, en son absence, par un des membres du bureau de vote ou par un des électeurs présents de son choix (Cass. soc. 2-7-2014 n° 13-60.218 F-PB : RJS 10/14 n° 711). Il doit **mentionner** les heures d'ouverture et de clôture du scrutin (n° 8789, d), sauf vote par correspondance (Cass. soc. 15-4-2015 n° 14-60.688 F-D : RJS 6/15 n° 427) et être **signé** par tous les membres du bureau de vote (C. élect. art. R 67) avant la proclamation des résultats (Cass. soc. 7-12-2016 n° 15-26.096 FS-PB : RJS 2/17 n° 131), la signature sans réserve n'empêchant pas de contester la régularité des élections (n° 8800, b). Les bulletins blancs ou nuls doivent lui être **annexés** (Cass. soc. 25-1-2016 n° 14-29.796 F-D : RJS 4/16 n° 275).

Les résultats des élections sont proclamés par le bureau de vote. Il indique **nominativement les élus** avec le nombre de voix obtenues (Cass. soc. 26-5-1977 n° 77-60.001 P). La proclamation des résultats confère aux élus la qualité de représentants du personnel (Cass. soc. 16-7-1987 n° 86-60.441 P ; 10-12-1996 n° 95-60.956 D : RJS 1/97 n° 67).

L'employeur doit **transmettre** le procès-verbal dans les 15 jours à l'**organisme** chargé de collecter les résultats des élections en vue de l'appréciation de la représentativité syndicale : CTEP, TSA 79104, 76934 Rouen Cedex 9.

L'employeur doit, dans les meilleurs délais après la proclamation des résultats, transmettre par tout moyen une copie du procès-verbal aux **syndicats** ayant présenté des listes de candidats aux scrutins concernés ainsi qu'à ceux ayant participé à la négociation du protocole d'accord préélectoral.

Sur le procès-verbal de **carence,** voir n° 8790.

> **Précisions** La **transmission** des résultats des élections au prestataire agissant pour le compte du ministre du travail peut être effectuée **par voie électronique** sur la plateforme https://www.elections-professionnelles.travail.gouv.fr, selon la procédure sécurisée prévue par l'arrêté MTRT1931757A du 4-11-2019. Sur la mention du choix de l'envoi dématérialisé des résultats dans le protocole préélectoral, voir n° 8710.

7. CONTENTIEUX ÉLECTORAL

ÉLECTORAT ET RÉGULARITÉ DES OPÉRATIONS ÉLECTORALES

8800 C. trav. art. L 2314-32 L 2316-9 R 2314-23 R 2316-10 **LA-III-31100 s**

Les contestations visant l'électorat et la régularité des opérations électorales sont de la compétence du tribunal judiciaire dans le **ressort** duquel a eu lieu la proclamation des résultats (Cass. soc. 12-6-1981 n° 81-60.021 P ; 7-7-1983 n° 82-60.383).

L'élection peut être contestée par tous ceux qui y ont un **intérêt,** c'est-à-dire l'employeur, les électeurs appartenant au collège électoral dans lequel a eu lieu l'élection contestée (Cass. soc. 10-7-2002 n° 01-60.654 F-P : RJS 11/02 n° 1260), les syndicats intéressés (n° 8695), y compris ceux n'ayant pas d'adhérent dans l'entreprise (Cass. soc. 1-4-1998 n° 96-60.433 P : RJS 5/98 n° 616 ;

20-9-2018 nos 17-26.226 F-PB et 17-60.284 F-D : RJS 12/18 n° 757) et ceux ayant des adhérents, mais non représentatifs (Cass. soc. 18-5-1982 n° 81-60.746 ; 12-7-2006 n° 05-60.353 F-PB : RJS 11/06 n° 1208). La section syndicale, dépourvue de personnalité morale, ne peut pas agir en justice (Cass. soc. 18-7-1979 n° 79-60.118 P ; 13-2-2008 n° 07-60.171 F-D). Sur les litiges relatifs à la négociation du protocole préélectoral, voir n° 8727.

L'**employeur** ne peut en aucun cas se faire **juge de la validité** des élections, même avec l'accord des syndicats (Cass. soc. 10-3-1983 n° 82-60.352 P ; 18-2-1988 n° 87-60.093 D ; 19-12-2018 n° 18-60.067 FS-PB : RJS 3/19 n° 173).

› Précisions **a.** Si les litiges nés dans **plusieurs établissements** portent sur un **protocole préélectoral unique,** le tribunal judiciaire compétent est celui du lieu où a été signé l'accord (Cass. soc. 18-5-1983 n° 82-60.276 P). Toutefois, si le dépouillement et la proclamation des résultats ont été centralisés dans un même lieu situé hors de son ressort, un tribunal peut en déduire que le litige ne relève pas de sa compétence même si le protocole a été signé dans son ressort (Cass. soc. 11-3-2020 n° 19-16.438 F-PB : RJS 6/20 n° 307).

b. Les litiges relatifs à l'**électorat** sont ceux concernant l'inscription des salariés sur la liste : contestations sur l'appartenance à l'entreprise, l'ancienneté, les mentions de la liste électorale, etc.

Le contentieux de la **régularité des opérations électorales** recouvre toutes sortes de litiges pouvant surgir au cours du processus électoral : contestation du recours au vote électronique (Cass. soc. 13-1-2021 n° 19-23.533 FS-PRI : RJS 3/21) ; contestations relatives à la composition des collèges électoraux (Cass. soc. 13-2-2013 n° 11-25.468 FS-PB : RJS 4/13 n° 304), aux modalités de déroulement du vote ou à la répartition du personnel entre établissements ; demande en annulation d'une liste de candidats (Cass. soc. 28-3-2012 n° 11-16.141 F-PB : RJS 6/12 n° 581 ; 30-1-2019 n° 18-11.899 F-D : RJS 4/19 n° 237) ; contestation de l'éligibilité d'un candidat, y compris si elle est fondée sur le caractère injustifié de son inscription sur la liste électorale (Cass. soc. 20-1-1998 n° 96-60.446 PB : RJS 3/98 n° 333 ; 26-4-2006 n° 05-60.298 F-D : RJS 7/06 n° 868) ; contestation de l'inscription sur les listes électorales et de l'éligibilité d'une catégorie de personnel (Cass. soc. 24-5-2006 n° 05-60.295 F-D : RJS 8-9 n° 977 ; 11-3-2020 n° 19-16.438 F-PB : RJS 6/20 n° 307) ; contestation de la participation d'une catégorie de personnel déterminée aux opérations électorales (Cass. soc. 9-9-2020 n° 19-19.322 F-D : RJS 11/20 n° 552) ; contestation d'une candidature, quels qu'en soient les motifs, y compris pour non-respect de la représentation équilibrée femmes-hommes sur les listes de candidats (Cass. soc. 9-9-2020 n° 19-60.196 F-D : RJS 11/20 n° 552).

La **signature sans réserve du procès-verbal** des élections n'empêche pas de contester la régularité des opérations électorales (Cass. soc. 13-10-2010 n° 09-60.233 FS-PB : RJS 12/10 n° 962 ; 1-12-2010 n° 10-60.163 F-PB : RJS 2/11 n° 161).

c. Par voie d'exception, le tribunal judiciaire statuant en tant que juge des élections est compétent pour apprécier la **validité d'un accord collectif** visant à faciliter la communication des syndicats en vue des élections (Cass. soc. 11-1-2012 n° 11.14-292 FS-PB : RJS 3/12 n° 274) ou l'**existence du contrat de travail** en vue de se prononcer sur l'électorat du titulaire de ce contrat (Cass. soc. 8-2-2012 n° 11-14.802 F-PB : RJS 5/12 n° 480).

Sur les litiges relatifs à la **répartition** du personnel et des sièges **entre les collèges,** voir n° 8745.

Le tribunal judiciaire ne peut pas se prononcer sur la régularité d'une candidature avant le **dépôt des listes.** Une déclaration d'imminence de candidature ne peut donc pas être contestée devant lui (Cass. soc. 18-11-1992 n° 91-60.289 P : RJS 12/92 n° 1401 ; 5-1-2005 n° 03-60.376 F-D : RJS 4/05 n° 412).

d. Dès lors qu'il fonde sa contestation sur l'existence d'une **fraude** à raison d'une procédure de **licenciement** en cours, l'employeur d'un salarié détaché en qualité de démonstrateur de grand magasin est recevable à contester la **candidature** de l'intéressé aux élections de ce magasin (Cass. soc. 2-3-1999 n° 98-60.312 P : RJS 4/99 n° 552).

e. Le **candidat d'une liste concurrente** n'est pas recevable à demander l'annulation du scrutin en invoquant le fait qu'un autre candidat figurant sur la liste d'un syndicat présentée au premier tour n'a pas informé ce syndicat de son **retrait** de cette liste **pour le second tour** (Cass. soc. QPC 21-11-2018 n° 17-28.551 F-D : RJS 2/19 n° 115).

CONTESTATION DES DÉCISIONS ADMINISTRATIVES PRÉÉLECTORALES

Les décisions administratives prises dans le cadre du processus préélectoral peuvent être contestées devant le tribunal judiciaire statuant en dernier ressort, à l'exclusion de tout autre recours administratif ou contentieux. Sont visées : **8805**

C. trav. art. L 2314-13 L 2314-25 L 2316-8 R 2314-23 R 2316-9 **LA-III-31180**

– la répartition, par la Dreets (Direccte avant le 1-4-2021), du personnel et des sièges entre collèges électoraux ;
– l'autorisation, accordée par l'inspecteur du travail, de déroger aux conditions légales d'ancienneté pour être électeur ou éligible ;
– la répartition des sièges entre les différents établissements et les différents collèges en vue de l'élection du CSE central.

PROCÉDURE

8810 **Saisine du tribunal** La **demande** est portée devant le tribunal judiciaire par voie de **requête** remise ou adressée dans le **délai** de :

C. trav. art. R 2314-3, al. 2, R 2314-4, R 2314-24, LA-III-33530 s

– 3 jours après publication de la liste électorale en cas de contestation sur l'électorat ;
– 15 jours suivant la notification de la décision administrative préélectorale en cas de contestation de celle-ci ;
– 15 jours après l'élection en cas de contestation sur la régularité de l'élection.

› **Précisions** **a.** Le tribunal peut être saisi par **lettre simple** (Cass. soc. 29-5-2002 n° 01-60.625 F-D : RJS 8-9/02 n° 1008 ; 13-2-2003 n° 01-60.745 F-P : RJS 4/03 n° 492), envoyée dans les délais indiqués ci-dessus (Cass. soc. 6-1-2011 n° 09-60.398 FS-PBR : RJS 3/11 n° 255), mais pas par **télécopie** (Cass. soc. 16-1-2008 n° 06-60.289 FS-P : RJS 4/08 n° 456 ; 10-3-2010 n° 09-60.253 FS-D : RJS 5/10 n° 453).

b. Les **délais** de contestation sont prescrits à peine de **forclusion** (Cass. crim. 22-10-1991 n° 89-85.768 P : RJS 2/92 n° 174 ; Cass. soc. 26-1-2000 n° 98-60.534 D : RJS 3/00 n° 303). Ainsi, si aucune demande d'annulation des élections n'a été formée dans le délai de forclusion, les élections intervenues **postérieurement à la clôture des débats** devant le tribunal sont **purgées de tout vice** et le jugement ordonnant la négociation d'un nouveau protocole préélectoral pour défaut d'invitation à négocier d'un syndicat intéressé est privé de fondement juridique (Cass. soc. 4-7-2018 n° 17-21.100 FS-PB : RJS 10/18 n° 621).

Seule la recevabilité de la **demande d'annulation** est soumise au délai de forclusion et non les **moyens avancés** à l'appui de cette prétention (Cass. soc. 12-7-2006 n° 05-60.353 F-PB : RJS 11/06 n° 1208). La saisine du tribunal par toute partie recevable à agir aux fins d'annulation des élections **interrompt le délai de forclusion** au bénéfice des autres parties à l'instance dont les demandes tendent aux mêmes fins (Cass. soc. 22-10-2014 n° 14-60.123 F-D : RJS 1/15 n° 50).

Le recours portant sur l'élection peut être formé avant celle-ci si l'**irrégularité** est **apparue** avant (Cass. soc. 4-7-1989 n° 88-60.547 D : RJS 8-9/89 n° 703).

Le délai de 15 jours **court à compter** du lendemain de la proclamation des résultats (Cass. soc. 10-3-2016 n° 15-20.937 F-D : RJS 5/16 n° 356). À défaut d'une telle proclamation (n° 8795), le délai ne court pas (Cass. soc. 19-5-1988 n° 86-60.537D). La contestation portant sur les résultats du **premier tour,** en ce qu'ils permettent de déterminer la représentativité des syndicats et les candidats pouvant être désignés DS, n'est recevable que si elle est faite dans les 15 jours suivant ce premier tour, ce délai courant à compter de la proclamation des résultats ou de la publication du procès-verbal de carence (Cass. soc. 26-5-2010 n° 09-60.453 F-PB : RJS 8-9/10 n° 691 ; 31-1-2012 n° 11-60.139 FS-PB : RJS 4/12 n° 372). Sur l'établissement d'un procès-verbal de carence après le premier tour, voir n° 8790.

8815 **Décision du tribunal** Le tribunal statue dans le **délai** de 10 jours, sans frais, sur simple avertissement qu'il donne 3 jours à l'avance à toutes les parties intéressées.

C. trav. art. R 2314-25, LA-III-35000 s

La décision du tribunal ne peut faire l'objet ni d'une **opposition** (Cass. soc. 14-1-2014 n° 12-29.253 FS-PB : RJS 3/14 n° 250), ni d'une **tierce opposition** (Cass. soc. 15-5-1984 n° 83-13.605 ; 20-10-1999 n° 98-60.513 D : RJS 12/99 n° 1481), ni d'un **appel** (Cass. soc. 2-5-1979 n° 78-16.104 P ; 25-11-1982 n° 81-16.121 P ; 14-1-2014 n° 12-29.253 FS-PB précité). En revanche, elle peut être déférée à la Cour de **cassation** dans les 10 jours à compter de la notification du jugement (Circ. DRT 13 du 25-10-1983 n° 3.2.2, réputée abrogée ; Cass. soc. 23-9-2009 n° 08-60.535 FS-PBRI : RJS 12/09 n° 963). En cas de cassation de la décision du tribunal, la **juridiction de renvoi** est saisie dans les mêmes formes que le tribunal judiciaire (Cass. soc. 11-5-2016 n° 15-60.189 FS-PB : RJS 7/16 n° 511).

› **Précisions** **a.** Le tribunal doit **convoquer** les parties intéressées par lettre et non par simple télécopie (Cass. soc. 1-12-2010 n° 09-71.671F-D : RJS 3/11 n° 256).

Les candidats non élus ne sont pas parties intéressées dans un litige tendant à l'annulation des élections (Cass. soc. 28-1-2015 n° 14-60.423 F-PB).

Les salariés dont l'élection est contestée doivent être convoqués à leur domicile personnel (Cass. soc. 3-3-1999 n° 97-60.807 P : RJS 4/99 n° 553 ; 26-3-2003 n° 01-60.932 F-D : RJS 6/03 n° 775).

S'agissant d'un **litige sur une décision administrative préélectorale,** il faut convoquer le requérant, l'employeur et les syndicats intéressés. L'autorité administrative peut aussi être convoquée (Circ. justice JUSC1614424C du 27-5-2016, réputée abrogée).

Les parties qui n'ont pas été convoquées peuvent se prévaloir de cette **omission** pour faire annuler la décision du tribunal (Cass. soc. 30-1-1974 n° 73-60.166 P ; 1-4-2008 n° 07-60.317 FS-PB : RJS 6/08 n° 686 ; 8-12-2010 n° 10-60.211 F-PB).

b. À moins qu'elles ne soient directement contraires aux principes généraux du droit électoral, les irrégularités commises dans l'organisation et le déroulement du scrutin ne constituent une cause d'annulation des élections que si elles ont **faussé le résultat du scrutin** ou si, s'agissant du premier tour, elles ont pu avoir une **influence,** dans le périmètre de l'élection, **sur le seuil** de 10 % des voix que doit atteindre un syndicat pour être représentatif dans l'entreprise ou un candidat pour être désigné DS (Cass. soc.

13-1-2010 nº 09-60.203 FS-PBR : RJS 3/10 nº 281 ; 10-3-2010 nº 09-60.236 FS-PB : RJS 5/10 nº 451 ; 2-3-2011 nº 10-60.101 FS-PB : RJS 5/11 nº 440).

c. Les scrutins étant séparés pour chaque collège, l'**annulation** des élections peut n'être demandée que pour certains **collèges,** même si les irrégularités invoquées concernent l'ensemble des élections (Cass. soc. 24-10-2007 nº 06-60.302 F-PB : RJS 1/08 nº 53). En revanche, l'annulation d'élections organisées dans un périmètre donné au sein duquel sont constitués différents **bureaux de vote** ne peut pas être limitée à un seul bureau, mais produit ses effets sur l'ensemble du périmètre électoral (Cass. soc. 15-4-2015 nº 14-60.684 F-D : RJS 7/15 nº 509).

d. Pour les **conséquences** de l'annulation des élections sur les **mandats** et la régularité des **actes** passés des élus, voir nº 8903, d. Sur l'incidence de la cassation d'un jugement annulant les élections sur la mesure de l'**audience syndicale**, voir nº 73140, g.

II. COMPOSITION DU CSE

A. Présidence

Dans les **entreprises d'au moins 50 salariés,** le CSE est présidé par l'employeur ou son représentant, assisté éventuellement de 3 collaborateurs, nécessairement salariés de l'entreprise (Circ. DRT 9 du 21-6-1994, réputée abrogée), ayant voix consultative. **8840** C. trav. art. L 2315-23, al. 2 **LA-II-300 s**

L'employeur peut se faire **représenter** par une personne de son choix, dotée d'une procuration expresse et spéciale (Cass. soc. 9-1-1948 nº 5311), et, en cas d'empêchement de celle-ci, donner une délégation subsidiaire à une seconde personne (Cass. soc. 27-11-1980 nº 80-60.222). Il peut s'agir de quelqu'un mis à sa disposition par une autre entreprise, notamment du même groupe, pourvu qu'il ait la qualité et le pouvoir nécessaires à l'information et à la consultation du comité de nature à lui permettre l'exercice de ses prérogatives (Cass. soc. 25-11-2020 nº 19-18.681 FS-PB : RJS 2/21 nº 94). Sur le point de savoir si le fait pour l'employeur de se faire représenter l'exonère de sa responsabilité pénale en cas d'entrave au fonctionnement du CSE, voir nº 62705.

Si l'employeur est **défaillant,** voir nº 9022.

Sur la présidence du CSE des **entreprises d'au moins 11 et de moins de 50** salariés, voir nº 9166.

Sur l'**appréciation des effectifs,** voir nºs 62365 s.

B. Délégation du personnel

La délégation du personnel comporte un nombre égal de **titulaires** et de **suppléants** élus dans les conditions prévues nºs 8670 s. Fixé par le Code du travail en fonction du nombre de salariés (voir nº 90060), il peut être modifié, en même temps que le volume des heures individuelles de délégation, par le protocole préélectoral dans les conditions exposées nº 8720. **8845** C. trav. art. L 2314-1 R 2314-1 **LA-II-200 s** **LA-II-900 s**

Un **référent** en matière de **lutte contre le harcèlement sexuel** et les agissements sexistes est désigné par le CSE parmi ses membres, sous la forme d'une résolution adoptée selon les modalités définies nº 9031 pour la durée du mandat de ses membres.

Le fait que le **nombre** d'élus soit **inférieur** au nombre réglementaire n'interdit pas la mise en place du CSE, même si un seul candidat a été élu titulaire et suppléant (Cass. soc. 17-12-1986 nº 86-60.278).

Sur le mécanisme de **remplacement** prévu en cas de vacance de siège, voir nºs 8905 s. ; sur l'organisation d'**élections partielles,** voir nº 8685.

ATTENTION

La **liste nominative** des membres de chaque CSE, selon nous représentants syndicaux compris, est **affichée** dans les locaux de travail. Elle indique l'emplacement de travail habituel des membres du comité ainsi que, le cas échéant, leur participation à une ou plusieurs commissions (C. trav. art. R 2314-22). Il est aussi conseillé, à notre sens, de préciser quel membre du CSE a été nommé référent en matière de lutte contre le harcèlement sexuel.

C. Représentant syndical

ENTREPRISES DE MOINS DE 300 SALARIÉS

8850 C. trav. art. L 2143-22 LA-II-1250 s

Dans les entreprises de 50 à moins de 300 salariés et dans les établissements leur appartenant, le **délégué syndical** (DS), mais pas le représentant de section syndicale (Cass. soc. 14-12-2011 n° 11-14.642 : RJS 2/12 n° 157 ; CE 20-2-2013 n° 352981 : RJS 5/13 n° 386), est, de droit, représentant syndical au CSE. Sur la **désignation d'un élu** du comité en tant que **DS,** voir n° 8901, b.

Les textes ne prévoient pas de représentant syndical dans les entreprises de **moins de 50 salariés.**

ENTREPRISES D'AU MOINS 300 SALARIÉS

8855 C. trav. art. L 2314-2 LA-II-1900 s

Conditions et formalités Tout syndicat représentatif dans l'entreprise ou l'établissement (n°s 73130 s.) peut, s'il le souhaite (Cass. soc. 3-4-2002 n° 01-60.576 : RJS 6/02 n° 696) et à **tout moment,** désigner un représentant syndical au CSE. Il doit **notifier** cette désignation, voir n° 73520, a et b.

› Précisions **a.** L'effectif de l'entreprise (Cass. soc. 29-6-2011 n° 10-18.689 F-D : RJS 11/11 n° 884) doit avoir atteint 300 salariés **à la date** des dernières élections (Cass. soc. 15-4-2015 n° 14-19.197 : RJS 6/15 n° 420).
b. Le syndicat **représentatif au niveau** de l'entreprise, mais ayant recueilli moins de 10 % des suffrages à l'élection des membres du comité d'établissement ne peut pas désigner de représentant au sein de celui-ci (Cass. soc. 8-7-2015 n° 14-60.726 : RJS 10/15 n° 650).
c. En cas de **désaffiliation d'un syndicat** d'une fédération, celle-ci peut désigner un nouveau représentant syndical, ce qui met fin automatiquement au mandat du représentant désigné par le syndicat (Cass. soc. 6-3-2019 n° 18-15.238 F-PB : RJS 5/19 n° 303).
d. Sur la date d'appréciation du respect du critère de la **transparence financière** du syndicat désignataire, voir n° 73135, d.

8860 C. trav. art. L 2314-2 LA-II-1950 s

Nombre de représentants Chaque syndicat ne peut désigner qu'**un seul** représentant, sauf dérogation prévue par accord collectif, mais pas par usage d'entreprise, ni engagement unilatéral (Cass. soc. 30-5-2001 n° 00-60.150 : RJS 10/01 n° 1154). Toutefois, l'employeur ayant accepté la désignation d'un second représentant par un syndicat ne peut pas refuser le même avantage à un autre syndicat (Cass. soc. 5-1-2005 n° 04-60.164 : RJS 4/05 n° 401). Sur les conditions dans lesquelles il peut revenir à l'application des règles légales, voir n° 73515, d.

› Précisions **a.** Ne peuvent désigner qu'un seul représentant une **centrale** syndicale et ses **organisations affiliées,** notamment catégorielles (Cass. soc. 14-1-1976 n° 75-60.156 ; 6-4-2005 n° 04-60.323 : RJS 6/05 n° 645 ; 5-3-2008 n° 07-60.060 : RJS 5/08 n° 558) ou **2 syndicats** affiliés à la **même fédération** (Cass. soc. 23-6-1988 n° 87-60.196 ; 29-5-1991 n° 89-61.563 : RJS 7/91 n° 851).
b. Sur le **remplacement** du représentant, voir n° 73585, b.

8865 C. trav. art. L 2314-2 LA-II-2100 s

Choix du représentant Le représentant syndical est choisi parmi les salariés de l'entreprise ou, pour le comité d'établissement, parmi ceux de l'établissement (Cass. soc. 12-7-2016 n° 15-21.679 F-D : RJS 10/16 n° 638) et doit remplir les conditions d'éligibilité au CSE.

› Précisions **a.** Il n'y a pas d'obligation de choisir le représentant syndical parmi les **candidats aux élections** professionnelles (Circ. DGT 20 du 13-11-2008). Sur le point de savoir si un **élu** peut être désigné, voir n° 8901, b.
b. Un salarié **mis à disposition** ne peut pas être désigné dans l'entreprise d'accueil (Circ. DGT 20 du 13-11-2008).
c. Sur la désignation d'un salarié **assimilé à l'employeur,** voir n° 73490. Sur celle d'un salarié en cours ou en instance de **licenciement,** voir n° 73480.

CONTENTIEUX

8870 C. trav. art. L 2314-32 R 2314-23 R 2314-24 LA-II-2300 s

La contestation de la désignation d'un représentant syndical au CSE est de la compétence du **tribunal judiciaire,** saisi par **déclaration au greffe** dans les 15 jours suivant la désignation. Soumis aux principes exposés n° 73535, ce **délai** court, à l'égard de l'employeur, à partir de la date à laquelle la désignation lui a été notifiée (n° 73520) et, à l'égard des syndicats et des salariés, du jour où la désignation a été portée à leur connaissance par affichage (n° 8845) ou tout autre moyen, par exemple la tenue d'une réunion du comité en présence de l'ensemble des représentants des syndicats (Cass. soc. 5-3-1986 n° 85-60.492 ; 14-1-1987 n° 86-60.298).

Le tribunal statue en dernier ressort, la seule **voie de recours** contre sa décision étant le pourvoi en cassation (Cass. soc. 19-11-1986 n° 86-60.047).

ATTENTION

L'employeur n'étant pas juge de la validité de la désignation, tant que son **mandat** n'est **pas judiciairement annulé,** le représentant syndical doit être convoqué aux réunions du comité et recevoir les informations communiquées à ses membres (Cass. soc. 24-10-2012 n° 11-20.346 : RJS 2/13 n° 135).

RÔLE

Convoqué dans les mêmes conditions que les élus au CSE (n° 9024), le représentant syndical est destinataire des mêmes **informations.** Il assiste aux **réunions** avec voix consultative (sur cette notion, voir n° 9030). 8875 C. trav. art. L 2143-22 L 2314-2 LA-II-2800 s

› Précisions a. Le représentant syndical ne peut faire partie ni de la **commission économique** (n° 9015, b), ni de la délégation du CSE au **conseil d'administration ou de surveillance** (Circ. DRT 12 du 30-11-1984, réputée abrogée ; CA Paris 16-5-1997 n° 96-4130 : RJS 10/97 n° 1105).

b. Bien que ses fonctions soient inséparables de sa mission syndicale, son rôle ne doit pas se confondre avec celui de **délégué syndical** (Cass. crim. 25-5-1982 n° 81-93.443).

III. STATUT DES MEMBRES

DURÉE DU MANDAT

Membres élus Les membres de la délégation du personnel au CSE sont **élus pour** 4 ans, sauf accord collectif de branche, de groupe ou d'entreprise fixant une durée du mandat comprise entre 2 et 4 ans. 8900 C. trav. art. L 2314-33 L 2314-34 R 2314-26 LA-IV-300 s

Le nombre de **mandats successifs** est limité à 3, sauf dans les entreprises de moins de 50 salariés ou, si le protocole préélectoral en dispose autrement (n° 8720), dans celles employant entre 50 et 300 salariés. Ces règles valent pour les élus du **CSE central** et des CSE **d'établissement.**

Sur les effets des **transferts d'entreprise,** voir n°s 74930 s. Sur la **suspension du contrat de travail** des membres du CSE, voir n° 62670.

› Précisions a. À défaut de stipulations contraires, les stipulations du **protocole préélectoral** dérogeant à la limitation du nombre de mandats successifs sont à durée indéterminée.

b. Le **point de départ** du mandat est le jour de la proclamation des résultats (en ce sens, Cass. soc. 20-7-1978 n°s 78-60.654 et 78-60.655). En cas de proclamation des résultats avant la date d'expiration des mandats sortants, le point de départ des mandats des nouveaux élus est reporté à cette dernière date.

Représentants syndicaux Le mandat de représentant syndical **prend fin** lors du renouvellement des membres du CSE ; tout intéressé peut donc en faire constater l'expiration sans que le délai mentionné n° 8870 puisse lui être opposé (Cass. soc. 10-3-2010 n° 09-60.347 : RJS 5/10 n° 440 ; 9-11-2011 n° 11-12.312 : RJS 1/12 n° 51). Le mandat peut aussi prendre fin à la suite d'une **décision du syndicat,** soumise aux mêmes règles de forme que la désignation (n° 73520, a). 8901 LA-IV-13700 s

› Précisions a. S'agissant des incidences sur le mandat : de la **suspension du contrat** de travail, voir n° 62670 ; de l'**annulation des élections,** voir n° 8903, d ; de la **modification de la situation juridique de l'employeur,** voir n°s 74930 s.

b. Un salarié ne peut pas **cumuler** les fonctions de représentant syndical et de membre élu du comité, titulaire ou suppléant (Cass. soc. 17-7-1990 n° 89-60.729 : RJS 8-9/90 n° 689 ; 11-9-2019 n° 18-23.764 FS-PB : RJS 11/19 n° 640 ; 22-1-2020 n° 19-13.269 F-PB : RJS 4/20 n° 193). Un accord collectif ne peut pas déroger à cette règle (Cass. soc. 22-1-2020 n° 19-13.269 F-PB : RJS 4/20 n° 193). Si un membre élu du comité y est désigné représentant syndical, il doit opter pour l'un des deux mandats (Cass. soc. 17-7-1990 et 22-1-2020 précités). À défaut, son mandat de représentant syndical est caduc (Cass. soc. 22-1-2020 précité).

En revanche, le cumul avec un autre mandat représentatif est autorisé. Il est même obligatoire avec celui de DS dans les entreprises de moins de 300 salariés (n° 8850). Dans ces entreprises, si un membre élu du CSE est désigné comme DS, l'incompatibilité des mandats d'élu et de représentant syndical à ce comité n'a d'autre effet que de priver le syndicat d'un représentant au CSE (Cass. soc. 25-10-1995 n° 94-60.562 : RJS 12/95 n° 1255 ; 18-7-2000 n° 98-42.625 : RJS 11/00 n° 1112).

Cessation anticipée Les fonctions de membre du CSE (ou du comité d'établissement ou du comité central : Cass. soc. 4-7-1978 n° 78-60.399 P) **prennent fin** par le décès, la démission du mandat, la révocation, la rupture du contrat de travail ou la perte des conditions qui étaient requises pour l'éligibilité. 8903 C. trav. art. L 2314-33, al. 6 L 2314-36 LA-IV-940 s

Il en va de même quand l'établissement perd sa qualité d'établissement distinct (n° 9490) ou dans le cas de certains transferts d'entreprise (n° 74945).

Le **contentieux** relatif à la cessation anticipée du mandat des élus relève du tribunal judiciaire (Cass. soc. 7-11-1984 n° 84-60.372 P).

Pour la **protection** des représentants dont le mandat cesse avant terme, voir n° 63235.

> **Précisions** **a.** La **révocation** nécessite une proposition du syndicat ayant présenté l'élu, approuvée au scrutin secret par la majorité du collège électoral auquel il appartient. Les représentants du personnel sans appartenance syndicale ne peuvent donc pas être révoqués.
> La révocation doit résulter d'un vote (Cass. soc. 18-7-1978 n° 78-60.593), éventuellement par correspondance (Cass. soc. 2-7-1980 n° 80-60.021). La majorité exigée est celle des électeurs inscrits dans le collège (Cass. soc. 6-7-1977 n° 77-60.514).
> **b.** La **mutation** d'un établissement à un autre met fin aux fonctions de l'élu (Cass. soc. 26-1-1972 n° 71-40.194 ; Cass. soc. 10-11-1960 n° 3324), s'il l'a acceptée (n° 63270) et si elle n'est pas provisoire (Cass. soc. 11-3-1982 n° 80-41.252).
> **c.** Les membres du CSE conservent leur mandat en cas de **changement de catégorie** professionnelle.
> **d.** L'**annulation des élections** entraîne la perte de la qualité d'élu, mais seulement à compter du jour où elle est prononcée (Cass. soc. 15-4-2015 n° 14-19.139 FS-PB : RJS 7/15 n° 496), et même si les élus n'en ont pas été informés (Cass. soc. 9-4-1986 n° 83-41.856). Les actes réalisés antérieurement sont réguliers comme, par exemple, la désignation des DS et représentants syndicaux au comité (Cass. soc. 11-5-2016 n° 15-60.171 FS-PB : RJS 7/16 n° 512 ; Cass. soc. 11-12-2019 n° 18-19.379 FS-PB : RJS 2/20 n° 102, 6e espèce). Sur les conséquences de l'annulation de l'élection d'un élu du sexe surreprésenté sur sa candidature, voir n° 8772, d.

REMPLACEMENT DES ÉLUS EN COURS DE MANDAT

8905 C. trav. art. L 2314-37 LA-IV-2100 s

Cas de remplacement Un délégué titulaire au CSE, y compris au CSE central d'entreprise (Cass. soc. 4-7-1978 n° 78-60.399 P), peut être remplacé :
– s'il cesse ses fonctions pour l'une des causes indiquées n° 8903 ;
– s'il se trouve momentanément absent pour une cause quelconque, étant précisé qu'il n'y est alors pas obligé (voir n° 62670).

> **Précisions** **a.** En cas de **travail en équipe,** le représentant du personnel travaillant l'après-midi peut se faire remplacer le matin (Cass. soc. 5-10-1994 n° 93-42.164 D : RJS 11/94 n° 1281).
> **b.** La loi ne prévoit pas le remplacement des **suppléants.** Seule une stipulation conventionnelle ou une disposition du protocole préélectoral peut prévoir leur remplacement par des candidats non élus (Cass. soc. 3-10-2007 n° 05-43.940 FD).
> **c.** Dans certaines situations, l'employeur doit procéder à des **élections partielles** : voir n° 8685.
> **d.** Le **contentieux** relatif à la régularité du remplacement relève de la compétence du tribunal judiciaire (Cass. soc. 7-11-1984 n° 84-60.372 P).

8906 C. trav. art. L 2314-37 LA-IV-2220 s

Choix du remplaçant Le membre titulaire du CSE est remplacé par un suppléant élu sur une **liste présentée par le même syndicat.**

La priorité est donnée au suppléant élu de même catégorie. Par exemple, un élu CGT ouvrier doit être remplacé par un suppléant CGT, si possible de la catégorie ouvriers.

Si plusieurs suppléants remplissent les conditions requises, il n'est pas imposé de retenir le suppléant élu au même rang que le titulaire. Par exemple, le premier élu de la liste suppléant d'un syndicat peut remplacer le second élu de la liste titulaire du même syndicat (Cass. soc. 8-6-1983 n° 80-41.803 P).

À défaut de suppléant de la même catégorie, le titulaire doit être remplacé par un suppléant élu dans le même collège (Cass. crim. 6-3-1975 n° 74-90.322 P ; Cass. soc. 21-3-1978 n° 77-60.692 P ; Circ. DRT 25-10-1983 réputée abrogée), à défaut, par un suppléant élu appartenant à un autre collège (Circ. DRT 25-10-1983).

S'il n'existe **pas de suppléant de même appartenance syndicale,** le titulaire est remplacé par :
– un candidat non élu présenté par le même syndicat que le titulaire. Le candidat à retenir est celui qui vient sur la liste immédiatement après le dernier élu titulaire ou, à défaut, le dernier élu suppléant ;
– à défaut, par le suppléant élu n'appartenant pas au syndicat du titulaire à remplacer, mais à la même catégorie et ayant obtenu le plus grand nombre de voix.

Sur le remplacement d'un **élu au CSE central d'entreprise sans suppléant** dans le même établissement, voir n° 9575, b.

La loi est muette sur le remplacement des titulaires élus sur une **liste non syndicale.**

À défaut de solution jurisprudentielle, on peut préconiser une transposition des règles applicables aux élus sur présentation syndicale : remplacement par un suppléant de la même catégorie ou, à défaut, du même collège ou, à défaut, d'un autre collège en retenant, dans chaque cas, celui qui a obtenu le plus grand nombre de voix.

> Précisions Le choix du remplaçant doit s'effectuer suivant les règles prévues par le **Code du travail.** Les stipulations d'une **convention collective** ne peuvent pas prévaloir sur ces dispositions (Cass. soc. 17-5-1984 n° 83-61.123 P), mais seulement intervenir à titre subsidiaire, si aucun remplaçant n'est désigné après application des règles légales.

Effets Le **suppléant devient titulaire** jusqu'au retour de celui qu'il remplace ou, s'il s'agit d'un remplacement définitif à la suite d'une cessation anticipée du mandat, jusqu'au renouvellement de l'institution. **8908** C. trav. art. L 2314-37 **LA-IV-2450 s**

Le **refus** d'assurer le remplacement vaut démission des fonctions (Cass. soc. 5-5-1983 n° 82-60.418 P).

CRÉDIT D'HEURES

Bénéficiaires L'employeur laisse le temps nécessaire à l'exercice de leurs fonctions à chaque membre **titulaire** de la délégation du personnel du CSE, aux **représentants syndicaux au CSE** dans les entreprises d'au moins 501 salariés et aux représentants syndicaux au **CSE central d'entreprise** dans les entreprises d'au moins 501 salariés dont aucun établissement distinct n'atteint ce seuil. **8910** C. trav. art. L 2315-7, al. 1 à 4 **LA-IV-3000 s**

Sauf stipulations conventionnelles plus favorables, les membres **suppléants** ne bénéficient pas d'un crédit d'heures, sauf quand ils remplacent des titulaires.

Durée Le nombre d'heures de délégation des **élus** titulaires du CSE est fixé par le Code du travail en fonction des effectifs de l'entreprise ou de l'établissement et du nombre de membres de la délégation : voir n° 90070. Il peut être augmenté en cas de circonstances exceptionnelles. Il peut être modifié par le protocole préélectoral dans les conditions exposées n° 8720. **8915** C. trav. art. L 2315-7, al. 5 R 2314-1 R 2315-4 **LA-IV-3400 s**

Le crédit d'heures des **représentants syndicaux** au CSE et au CSE central d'entreprise est au maximum de 20 heures par mois, sauf circonstances exceptionnelles.

> Précisions a. Sur les **règles générales d'utilisation** du crédit d'heures, voir n°s 62575 s.
b. Sur le crédit d'heures des élus et des représentants syndicaux sous convention de **forfait annuel en jours,** voir n° 62590, c.
c. Sur les **circonstances exceptionnelles** pouvant autoriser le dépassement des crédits d'heures, voir n° 62580.

Report et mutualisation Les heures de délégation d'un même membre du CSE – élu ou représentant syndical – peuvent être **reportées** d'un mois sur l'autre, dans la limite de 12 mois. Cette règle ne peut pas conduire un membre du CSE à disposer, dans le mois, de plus d'une fois et demie le crédit d'heures de délégation dont il bénéficie. Les heures de délégation des élus peuvent aussi être **mutualisées** entre titulaires et entre titulaires et suppléants, cette règle ne pouvant pas conduire un élu à disposer, dans le mois, de plus d'une fois et demie le crédit d'heures de délégation dont bénéficie un titulaire. **8920** C. trav. art. L 2315-8 et L 2315-9 R 2315-5 R 2315-6 **LA-IV-5700 s**

Les représentants du personnel – titulaires si ce sont des élus – doivent **informer l'employeur** au plus tard 8 jours avant la date prévue de l'utilisation des heures cumulées ou mutualisées. En cas de mutualisation, l'information de l'employeur se fait par un document écrit précisant leur identité et le nombre d'heures mutualisées pour chacun d'eux.

> Précisions S'agissant de l'imputation sur le crédit d'heures du temps passé par les membres titulaires et les représentants syndicaux du comité aux :
- **réunions** avec l'employeur ou internes, voir n° 9032 ;
- réunions des **commissions** du comité, voir n°s 9010 s. ;
- **enquêtes** menées en cas d'accident du travail, voir n° 9225 ;
- **formations** dont les représentants bénéficient, voir n° 8935.

Paiement Le temps passé en délégation est de plein droit considéré comme **temps de travail** et payé à l'échéance normale. L'employeur entendant contester l'utilisation faite des heures de délégation doit saisir le juge judiciaire : voir n°s 62600 s. **8925**

Sur les dispositions spécifiques applicables aux entreprises de **travail temporaire,** voir n° 82425.

> Précisions Sur la rémunération du temps passé par les membres titulaires et les représentants syndicaux du comité aux :
- **réunions** avec l'employeur ou internes, voir n° 9032 ;
- réunions des **commissions** du comité, voir n°s 9010 s. ;
- **enquêtes** menées en cas d'accident du travail, voir n° 9225 ;
- **formations** dont les représentants bénéficient, voir n° 8935.

FORMATION

8935 C. trav. art. L 2315-16 à L 2315-17 R 2315-8 LA-IV-11300 s

Le temps consacré aux formations prévues ci-après est pris sur le **temps de travail** et **rémunéré** comme tel. Il n'est pas déduit des heures de délégation. Les formations dont peuvent bénéficier les membres du CSE sont **renouvelées** lorsqu'ils ont exercé leur mandat pendant 4 ans, consécutifs ou non.

La formation est dispensée, au choix de chaque membre titulaire du CSE (Circ. DRT 12 du 30-11-1984 réputée abrogée), par un **organisme** figurant sur une liste arrêtée par le préfet de région ou pouvant dispenser une formation économique, sociale et syndicale (nº 12345).

> **Précisions** **a.** Le membre du CSE en formation ne peut pas percevoir une rémunération supérieure à son salaire habituel. S'il est à **temps partiel,** il ne peut donc pas prétendre au paiement d'heures complémentaires pour le temps de formation excédant la durée contractuelle de travail (en ce sens, pour un membre du CHSCT, Cass. soc. 15-6-2010 nº 09-65.180 : RJS 10/10 nº 782 ; 21-9-2011 nº 10-13.681 : RJS 11/11 nº 882).
> **b.** Le salarié est protégé contre les **accidents du travail** pendant la formation (CSS art. L 412-8, 9º). À noter toutefois que l'article L 412-8, 9º du CSS vise les membres du CE et du CHSCT et n'a pas été mis à jour pour tenir compte de la création du CSE.

8936 C. trav. art. L 2315-63 LA-IV-11650 s

Stage de formation économique Dans les entreprises d'au moins 50 salariés, les membres **titulaires** du CSE **élus pour la première fois** bénéficient d'un stage de formation économique d'une durée maximale de 5 jours.

Les modalités de **demande** du salarié et les conditions dans lesquelles l'employeur peut **refuser ou reporter** le départ en congé sont identiques à celles fixées pour le congé de formation économique, sociale et syndicale : voir nºs 12345 s.

Le **financement** de la formation (frais de déplacement compris) est pris en charge par le CSE sur sa subvention de fonctionnement.

8937 C. trav. art. L 2315-18 R 2315-9 à R 2315-22 LA-IV-11950 s

Formation « santé, sécurité et conditions de travail » Les membres de la délégation du personnel du CSE **élus pour la première fois** et le **référent** en matière de lutte contre le harcèlement sexuel et les agissements sexistes visé nº 8845 bénéficient de la formation nécessaire à l'exercice de leurs missions en matière de santé, de sécurité et de conditions de travail.

Cette formation, théorique et pratique, a pour **objet** de développer leur aptitude à déceler et à mesurer les risques professionnels et leur capacité d'analyser les conditions de travail (une formation spécifique étant prévue dans les établissements à haut risque industriel).

Le Code du travail ne fixe de **durée minimale** pour cette formation que pour les membres de la CSSCT (nº 9010, b), mais l'ANI sur la santé au travail en prévoit une de 5 jours pour tous les élus lors de leur prise de fonction (ANI 9-12-2020 art. 1.2.4.2).

Le **congé** est pris en une seule fois (en 2 fois si les parties sont d'accord).

> **Précisions** **a.** La **demande** de congé doit être présentée à l'employeur 30 jours avant le début du stage et préciser la date de congé souhaitée, la durée et le prix du stage, le nom de l'organisme dispensant la formation. L'employeur peut **reporter** le stage, dans la limite de 6 mois, s'il estime que le départ du salarié serait préjudiciable à l'entreprise. Dans ce cas, sa **réponse** doit être notifiée au salarié dans les 8 jours suivant la réception de la demande. À défaut, celle-ci est réputée acceptée (Cass. soc. 9-2-2012 nº 10-21.820 : RJS 5/12 nº 465).
> **b.** L'employeur prend en charge :
> – d'une part, les **frais de déplacement et de séjour** des stagiaires (à concurrence, respectivement, du tarif seconde classe SNCF applicable au trajet le plus direct du siège de l'établissement au lieu de la formation et de l'indemnité de mission allouée par l'État aux fonctionnaires et dont le montant est fixé par arrêté) ;
> – d'autre part, la **rémunération des organismes** de formation, à concurrence d'un montant plafonné, par jour et par stagiaire, à l'équivalent de 36 fois le montant horaire du Smic, soit 369 € depuis le 1-1-2021.

OBLIGATION DE SECRET ET DE DISCRÉTION

8940 C. trav. art. L 2315-3 LA-IV-12450 s

Les membres de la délégation du personnel et, selon nous, les représentants syndicaux au CSE sont tenus au secret professionnel pour toutes les questions relatives aux **procédés de fabrication.** Élus et représentants sont tenus à une obligation de discrétion à l'égard des informations revêtant un **caractère confidentiel** et présentées comme telles par l'employeur.

Les informations couvertes par les obligations de secret et de discrétion **ne doivent pas être divulguées** aux personnes extérieures au comité (salariés et tiers à l'entreprise), sous peine de sanctions disciplinaires et civiles (dommages-intérêts) et, si la violation du secret concerne un procédé de fabrication, d'une sanction pénale (nº 16950).

› Précisions a. Une information est **confidentielle** si sa divulgation est de nature à nuire à l'intérêt de l'entreprise. Ce n'est donc pas le cas de celle déjà largement connue du public ou des salariés (Circ. DGT 1 du 18-3-2014). L'employeur classant **confidentiels tous les documents** remis sur un projet, sans en justifier la nécessité, porte une atteinte illicite aux prérogatives du comité devant être réparée par la reprise de la procédure de consultation à son début (Cass. soc. 5-11-2014 n° 13-17.270 : RJS 1/15 n° 44).

b. Sur le caractère confidentiel des informations : de la **base de données économiques et sociales,** voir n° 9220, c ; communiquées dans le cadre du **droit d'alerte économique,** voir n° 9372 ; relatives à la **gestion comptable prévisionnelle,** voir n° 9285 ; relatives à l'**offre de reprise** d'un site menacé de fermeture, voir n° 48208.

c. Sont **aussi assujettis** aux obligations de secret et de discrétion les experts assistant le comité (n° 9057) et les experts et techniciens participant aux commissions créées par lui (n° 9014).

d. Un **représentant du personnel** peut être **sanctionné** pour avoir diffusé des informations fournies en réunion du comité par le biais d'une note indiquant leur caractère confidentiel (Cass. soc. 6-3-2012 n° 10-24.367 : RJS 5/12 n° 408) ou verbalement données comme telles par l'employeur, le procès-verbal de la réunion faisant foi (Cass. soc. 12-7-2006 n° 04-47.558 : RJS 11/06 n° 1198). Sur l'**enregistrement** ou la sténographie des séances du comité où des informations confidentielles sont divulguées, voir n° 9027, c.

IV. FONCTIONNEMENT

Le CSE fonctionne différemment dans les entreprises dont l'effectif, calculé comme indiqué n°s 62365 s., est compris entre 11 et 49 salariés (n°s 9160 s.) et dans celles d'au moins 50 salariés (n°s 8970 s.). **8960** C. trav. art. L 2315-2

Les règles de fonctionnement exposées ci-après ne font pas obstacle aux **dispositions plus favorables** résultant d'accords collectifs ou d'usage.

A. Entreprises d'au moins 50 salariés

1. PERSONNALITÉ CIVILE ET RESPONSABILITÉ

PERSONNALITÉ CIVILE

Le CSE des entreprises d'au moins 50 salariés a la personnalité civile et gère son patrimoine. Il peut donc recevoir des dons et legs, contracter et ester en justice. **8970** C. trav. art. L 2315-23 **LA-VI-15900 s**

Pour la **Cour de cassation,** le comité peut **agir en justice** devant toutes les juridictions de l'ordre judiciaire si les faits dénoncés lui causent un préjudice direct, mais ne peut ni agir en justice au nom des salariés, sauf mandat, ni se joindre à leur action (Cass. soc. 18-3-1997 n° 93-43.989 : RJS 10/97 n° 1106 ; 14-3-2007 n° 05-45.458 : RJS 5/07 n° 624). Il n'a pas non plus qualité pour défendre les intérêts collectifs d'une profession (Cass. soc. 23-10-1985 n° 84-14.272 ; Cass. crim. 28-5-1991 n° 90-83.957 : RJS 7/91 n° 852). Le **Conseil d'État** autorise quant à lui le comité à critiquer tout acte administratif lésant les intérêts de l'ensemble du personnel de l'entreprise, par exemple une décision ministérielle d'attribution d'un marché de fourniture de passeports à une autre entreprise (CE 3-3-2006 n° 287960 : RJS 7/06 n° 856).

Pour exercer ses droits, le CSE est **représenté** par une personne mandatée à cet effet. La disposition réglementaire énoncée pour le comité d'entreprise selon laquelle cette personne devait être membre de l'institution n'a pas été reprise pour le CSE, mais il est prudent, selon nous, de continuer à l'appliquer.

Sur l'action civile du comité à raison d'une **infraction à la législation sociale** (délit d'entrave notamment), voir n°s 67340 s.

› Précisions Le **mandataire** du comité doit être muni d'une délégation régulière, générale ou spéciale (Cass. crim. 14-2-1978 n° 77-90.336). Le président (Cass. soc. 19-11-1986 n° 85-11.357) ou son secrétaire (Cass. soc. 4-4-2001 n° 99-40.677) n'en est donc le représentant que s'il est mandaté à cet effet. Le mandat n'est pas obligatoirement nominatif : il peut, par exemple, viser le secrétaire ès qualités (Cass. soc. 19-11-1986 n° 85-11.357). L'exigence d'un mandat exprès suppose une **délibération** préalable du comité (Cass. soc. 24-1-1980 n° 78-12.302 ; Cass. crim. 23-11-1992 n° 92-81.499 : RJS 2/93 n° 161). Un mandat spécial pour agir en justice est toutefois régulier s'il est produit avant que le juge statue (Cass. soc. 27-6-1990 n° 89-60.003 : RJS 8-9/90 n° 690), sauf pour l'action civile devant la juridiction pénale (Cass. crim. 30-6-1998 n° 97-80.398 : RJS 10/98 n° 1242).

Le mandat donné par le comité à l'un de ses membres pour agir en justice à l'occasion d'une affaire déterminée habilite celui-ci à intenter les **voies de recours** contre le jugement rendu sur cette action (Cass. soc. 10-6-1997 n° 95-19.818 : RJS 10/97 n° 1107 ; 10-4-2008 n° 06-45.741 : RJS 6/08 n° 690).

Un **membre du CSE sans mandat** de l'institution peut arguer d'un intérêt à soulever une irrégularité dans le fonctionnement de celle-ci portant atteinte à une prérogative personnelle attachée à sa qualité de membre, mais pas aux droits et attributions du comité lui-même (CA Rouen 21-10-2020 n° 20/01582 : RJS 1/21 n° 23).

8972 ILLUSTRATIONS **Action en justice du comité**

Le comité **peut exercer en justice** une action en reconnaissance d'une UES en vue de l'élection d'un CSE commun à plusieurs sociétés (Cass. soc. 27-6-1990 n° 89-60.003 : RJS 8-9/90 n° 690), contester le déroulement de l'élection des membres du CSE central ou la légalité d'une stipulation conventionnelle lui faisant grief (CA Versailles 26-2-1990 n° 88-8643). Il peut demander, conjointement avec les syndicats signataires, l'application d'un accord de fin de conflit dont il est lui-même signataire (Cass. soc. 5-7-2006 n° 04-43.213 : RJS 10/06 n° 1101 ; 8-4-2009 n° 08-40.256 : RJS 6/09 n° 560). En matière d'activités sociales et culturelles, il peut, en sa qualité de cocontractant d'une agence de voyages, obtenir un dédommagement en cas de manquements de l'agence dans la prestation convenue (CA Paris 3-7-2008 n° 07-13791).

En revanche, le comité **ne peut pas** réclamer l'exécution d'une décision unilatérale de l'employeur relative au paiement d'heures de travail, même annoncée lors d'une de ses réunions (Cass. soc. 23-10-1985 n° 84-14.272), ni demander en justice l'application dans l'entreprise d'une convention ou d'un accord collectif (Cass. soc. 20-9-2006 n° 04-10.765 : RJS 12/06 n° 1300 ; 2-3-2011 n° 10-13.547 : RJS 5/11 n° 434 ; 19-11-2014 n° 13-23.899 : RJS 2/15 n° 129) ou la mise en place de la participation aux résultats (voir n° 33735, c), ni contester la validité d'un accord d'entreprise conclu dans le cadre de la négociation annuelle obligatoire (Cass. soc. 1-6-1994 n° 92-18.896 : RJS 7/94 n° 884), ni se constituer partie civile en cas d'abus de pouvoir et de voix d'un dirigeant social, sauf atteinte à ses prérogatives légales ou faits susceptibles de lui causer un préjudice direct (Cass. crim. 4-11-1988 n° 88-83.468 : RJS 1/89 n° 38).

RESPONSABILITÉ

8974 C. civ. art. 1231-1 1242 C. pén. art. 121-2 **LA-VI-17140 s**

En contrepartie de sa capacité civile, le CSE peut engager sa responsabilité **civile** à raison de ses actes de gestion causant un **préjudice** à un tiers et est responsable des dommages causés par les **choses qu'il a sous sa garde** et par ses **préposés.** Il peut aussi engager sa responsabilité **pénale** en tant que personne morale, notamment pour les actes commis en sa qualité d'employeur (n°s 67130 s.).

> Précisions a. Le comité commet une **faute** engageant sa responsabilité lorsqu'il s'abstient de contrôler une société mutualiste d'entreprise dépendant de lui (Cass. soc. 11-2-1971 n° 69-12.463), ou interrompt le fonctionnement de la cantine sans y être contraint (Cass. soc. 14-1-1981 n° 79-10.981). Sa responsabilité civile n'est pas exclusive de la **responsabilité personnelle** de ceux de ses membres ayant concouru à la faute (Cass. soc. 17-1-1979 n° 77-14.266).

b. Le comité peut souscrire une **assurance** auprès de l'assureur de son choix (Cass. soc. 20-2-2002 n° 99-21.194 : RJS 5/02 n° 587). L'employeur lui rembourse alors les primes sans pouvoir les déduire de sa contribution aux activités sociales et culturelles (C. trav. art. R 2312-49, 3°).

2. ORGANISATION INTERNE

BUREAU

8980 C. trav. art. L 2315-23, al. 3 **LA-VI-17760 s**

Le CSE désigne, parmi ses **membres titulaires,** un secrétaire et un trésorier. Il peut aussi désigner un bureau plus étoffé. Sur la participation du président à ces désignations, voir n° 9030 et sur la majorité requise, n° 9031.

RÈGLEMENT INTÉRIEUR

8990 C. trav. art. L 2315-24 **LA-VI-18300 s**

Le CSE détermine, dans un règlement intérieur, les modalités de son **fonctionnement** et celles de ses **rapports avec les salariés** de l'entreprise, pour l'exercice de ses missions.

Doivent y figurer, le cas échéant, des éléments relatifs aux procès-verbaux des réunions (n° 9035), à la CSSCT et à la commission des marchés (n°s 9010 s.), aux comptes annuels du CSE et à son rapport d'activité et de gestion financière (n° 9154).

ATTENTION

Le règlement intérieur est **obligatoire,** même si le CSE n'encourt aucune sanction en ne l'établissant pas. Le refus par l'**employeur** d'appliquer ses dispositions peut constituer un délit d'entrave (Cass. crim. 10-7-1979 n° 78-91.623 P). Le règlement ne peut pas, toutefois, comporter des clauses lui imposant des obligations ne résultant pas de dispositions légales, sauf avec son accord. Celui-ci constitue un engagement unilatéral que l'employeur peut dénoncer à l'issue d'un délai raisonnable et après en avoir informé les membres de la délégation du personnel du CSE.

LOCAL ET AFFICHAGE

L'employeur met à la disposition du CSE un **local aménagé** et le matériel nécessaire à l'exercice de ses fonctions, sous peine de **délit d'entrave,** sauf impossibilité démontrée de respecter cette obligation (Cass. crim. 15-5-2007 n° 06-84.318 : RJS 8-9/07 n° 969). **8992** C. trav. art. L 2142-3 L 2315-15 L 2315-25 **LA-VI-18700 s**

Les membres de la délégation du personnel peuvent faire **afficher** les renseignements qu'ils ont pour rôle de porter à la connaissance du personnel sur des **emplacements** obligatoirement prévus et destinés aux communications syndicales, ainsi qu'aux portes d'entrée des lieux de travail.

› Précisions **a.** La **taille** du local doit permettre la tenue des réunions entrant dans le cadre des missions du comité (Cass. crim. 26-1-2016 n° 13-85.770 : RJS 4/16 n° 257). Il doit être **éclairé, chauffé et meublé,** les dépenses correspondantes étant à la charge de l'employeur (Circ. DRT du 6-5-1983 réputée abrogée). Le **matériel à fournir** comprend la mise à disposition de lignes téléphoniques excluant toute possibilité d'interception des communications et d'identification des correspondants (Cass. soc. 6-4-2004 n° 02-40.498 : RJS 6/04 n° 713), ainsi que le matériel de dactylographie et de photocopie (Circ. DRT du 6-5-1983 réputée abrogée). En revanche, les frais courants de fonctionnement (documentation, papeterie, frais d'abonnement et de communications téléphoniques) sont pris en charge par le CSE sur son budget (Circ. DRT du 6-5-1983 réputée abrogée).
b. L'employeur peut mettre un **nouveau local** à la disposition du comité si ce local lui permet d'exercer normalement ses fonctions (Cass. soc. 22-10-2014 n° 13-16.614 : RJS 1/15 n° 41).
c. Les **emplacements** spécifiques destinés aux communications des membres du CSE doivent être **distincts** de ceux réservés aux DS.
d. Constitue un **délit d'entrave** le fait de **refuser tout affichage.** L'employeur ne dispose d'aucun pouvoir de censure et peut seulement saisir les tribunaux, au besoin par voie de référé, de toute contestation sur le bien-fondé d'un affichage (Cass. crim. 8-5-1968 n° 67-92.659).

PERSONNEL

Le CSE peut embaucher des salariés pour les besoins de sa mission. Il a alors, à leur égard, toutes les obligations d'un employeur (Cass. soc. 21-6-1979 n° 78-11.594). **8994** **LA-VI-19080 s**

› Précisions **a.** Sauf disposition contractuelle plus favorable, le personnel du comité ne relève pas de la même **convention collective** que celui de l'entreprise (Cass. soc. 13-1-1965 n° 63-40.582).
b. En l'absence de disposition du règlement intérieur sur ce point, seule une délégation spéciale du comité, expresse ou tacite (Cass. soc. 15-1-2014 n° 12-24.594 : RJS 3/14 n° 237), peut habiliter une personne à exercer le **pouvoir disciplinaire** à l'égard des salariés de l'institution (Cass. soc. 12-7-2006 n° 04-47.737 : RJS 11/06 n° 1196 ; 29-9-2010 n° 09-42.296 : RJS 12/10 n° 950). Si le mandataire outrepasse ses pouvoirs, voir n° 47670, c.
c. Sur la **participation de l'employeur à un vote** concernant un salarié du CSE, voir n° 9030.

RÉUNIONS D'INFORMATION DU PERSONNEL

Le CSE peut organiser, dans le **local** mis à sa disposition, des réunions d'information, internes au personnel, portant notamment sur des problèmes d'actualité. Il peut y inviter des **personnalités extérieures,** syndicales ou autres, dans des conditions analogues à celles exposées n° 73350, b. Ces réunions ont lieu en dehors du **temps de travail** des participants, les membres de la délégation du personnel du CSE pouvant toutefois se réunir sur leur temps de délégation. **8996** C. trav. art. L 2315-26 **LA-VI-19350 s**

› Précisions **a.** Ces réunions peuvent **concerner** l'environnement économique et social de l'entreprise, les aides des collectivités publiques, l'information et la consultation du personnel sur des projets en cours d'examen par le comité. Elles doivent s'inscrire dans le cadre de ses **attributions** économiques et socio-économiques et correspondre à ses missions (Circ. DRT 12 du 30-11-1984, réputée abrogée).
b. Le fait qu'une **entreprise** pratiquant un horaire uniforme de travail **ferme immédiatement après la fin du travail** ne remet pas en cause le droit d'organiser des réunions d'information, les modalités pratiques devant dans ce cas être fixées par accord (Circ. DRT 12 du 30-11-1984, réputée abrogée).

3. COMMISSIONS

ORDRE PUBLIC

9010 C. trav. art. L 2315-36 à L 2315-44 R 2315-7 LA-VI-19650 s

Commission santé, sécurité et conditions de travail Une commission santé, sécurité et conditions de travail (CSSCT) doit être créée au sein du CSE, sans possibilité d'y déroger, car il s'agit d'une disposition d'ordre public :
– dans les entreprises et établissements distincts d'au moins **300 salariés** ;
– dans les établissements – sans condition d'effectif – comprenant au moins une **installation** nucléaire de base ou une installation classée « Seveso seuil haut » ou soumis à certaines dispositions du Code minier (n° 71615) ;
– dans les entreprises et établissements distincts de **moins de 300 salariés,** si l'inspecteur du travail estime cette mesure nécessaire, notamment en raison de la nature des activités, de l'agencement ou de l'équipement des locaux ; sa décision peut être contestée devant le Dreets (Direccte avant le 1-4-2021).

La CSSCT est **présidée** par l'employeur ou son représentant. Elle **comprend au minimum** 3 membres représentants du personnel (dont au moins un du 2e collège, ou le cas échéant du 3e : n° 8740), désignés par une résolution du CSE adoptée à la majorité des membres présents (Cass. soc. 27-11-2019 n° 19-14.224 FP-B : RJS 2/20 n° 97). Ce mandat prend fin avec celui des membres élus du comité.

La CSSCT se voit confier, par délégation du CSE, tout ou partie des **attributions** du comité relatives à la santé, à la sécurité et aux conditions de travail, à l'exception du recours à un expert et des attributions consultatives du comité. Elle peut se voir déléguer le droit d'alerte du comité en cas de danger grave et imminent (nos 9370 s.) (QR min. trav. 16-1-2020 n° 101).

Les modalités de **mise en place** et de **fonctionnement** de la CSSCT (nombre de membres, missions déléguées et modalités d'exercice, nombre d'heures de délégation, moyens alloués, modalités de la formation des membres et le cas échéant d'une formation spécifique aux risques ou facteurs de risques particuliers en rapport avec l'activité de l'entreprise) sont fixées par **accord** d'entreprise conclu dans les conditions exposées n° 9250. En l'absence d'accord, elles sont définies par le **règlement intérieur** du CSE.

› Précisions **a.** Lorsqu'elle n'est **pas obligatoire,** la création d'une ou plusieurs CSSCT peut être prévue par un **accord** d'entreprise conclu dans les conditions exposées n° 9250 ou, en l'absence de délégué syndical, un accord entre l'employeur et la majorité des élus du CSE. Cet accord peut définir le nombre, le périmètre et les modalités de mise en place de la ou des commissions. S'il ne détermine pas le nombre de commissions, celui-ci est fixé par l'employeur et s'il ne précise pas les modalités de mise en place, celles-ci sont fixées par le règlement intérieur du CSE.

b. Un salarié de la société mère peut **présider** la CSSCT du CSE d'une **filiale** s'il a une délégation de pouvoirs du président de celle-ci, est lié à elle et a les compétences requises (CA Versailles 12-3-2020 n° 19/02628 : RJS 8-9/20 n° 423).

c. La **formation des membres** de la CSSCT doit être organisée sur une durée minimale de 5 jours dans les entreprises d'au moins 300 salariés et de 3 jours dans les autres : sur les autres modalités de cette formation et les modifications prévues par l'ANI du 9-12-2020 sur la santé au travail, voir n° 8937.

d. Les « personnalités qualifiées » mentionnées à l'article L 2314-3 du Code du travail (n° 9027) sont invitées aux **réunions** de la CSSCT. L'employeur peut se faire assister par des collaborateurs appartenant à l'entreprise et choisis en dehors du comité (tenus aux mêmes obligations de secret professionnel et de discrétion que les membres de la délégation du personnel du CSE), sans qu'ils puissent être, ensemble, en nombre supérieur à celui des représentants du personnel titulaires.

e. Le **temps passé aux réunions** de la CSSCT est rémunéré comme du temps de travail. Il n'est pas déduit des heures de délégation prévues pour les titulaires de la délégation du personnel du CSE.

9012 C. trav. art. L 2315-44-1 à L 2315-44-4 D 2315-29 LA-VI-19870 s

Commission des marchés Les **grands comités sociaux et économiques,** au sens indiqué n° 9152, a, doivent mettre en place une commission des marchés chargée, pour ceux dont le montant excède 30 000 €, de choisir les fournisseurs et prestataires du comité selon des critères et une procédure arrêtés par le comité sur proposition de la commission.

› Précisions **a.** Les **membres de la commission** sont désignés par le CSE parmi ses membres titulaires. Le règlement intérieur du CSE fixe leur nombre, les modalités de leur désignation et la durée de leur mandat.

b. Le règlement fixe aussi les **modalités de fonctionnement** de la commission ainsi que celles selon lesquelles elle **rend compte,** au moins une fois par an, de ses choix au CSE. La commission des marchés établit aussi un rapport d'activité annuel, joint en annexe au rapport annuel de gestion du CSE (n° 9154).

CHAMP DE LA NÉGOCIATION COLLECTIVE

Un **accord d'entreprise** conclu dans les conditions exposées n° 9250, a peut prévoir la création de commissions supplémentaires pour l'examen de problèmes particuliers. L'employeur peut leur adjoindre, avec voix consultative, des **experts** et des techniciens appartenant à l'entreprise, choisis en dehors du comité et tenus aux mêmes obligations de secret professionnel et de discrétion que les membres de la délégation du personnel du CSE. Les **rapports** de ces commissions sont soumis à la délibération du comité. **9014** C. trav. art. L 2315-45 **LA-VI-20000 s**

RÈGLES SUPPLÉTIVES

À **défaut de l'accord** visé n° 9014 doivent être créées au sein du CSE : **9015** C. trav. art. L 2315-11 L 2315-49 à L 2315-56 R 2315-7 R 2315-28 à R 2315-31 **L-VI-20030 s**

a. dans les **entreprises d'au moins 300 salariés** :

– une commission de la **formation** chargée notamment de préparer les délibérations du CSE prévues dans ce domaine dans le cadre des consultations récurrentes, d'étudier les moyens de favoriser l'expression des salariés et de participer à leur information dans ce domaine et d'étudier les problèmes spécifiques concernant l'emploi et le travail des jeunes et des travailleurs handicapés ;

– une commission **d'information et d'aide au logement** des salariés, les entreprises de moins de 300 salariés pouvant se grouper entre elles pour la former ; elle facilite le logement et l'accession des salariés à la propriété et à la location des locaux d'habitation. À cet effet, elle recherche les offres de logements correspondant aux besoins du personnel, en liaison avec les organismes chargés de collecter la participation des employeurs à l'effort de construction (Mémento paie n°s 33320 s.), informe les salariés sur les conditions d'accès à la propriété ou à la location d'un logement et les assiste dans les démarches nécessaires pour l'obtention d'aides financières ;

– une commission de l'**égalité professionnelle** notamment chargée de préparer les délibérations du CSE en ce domaine dans le cadre de sa consultation sur la politique sociale de l'entreprise, les conditions de travail et l'emploi.

b. dans les **entreprises d'au moins 1 000 salariés** : au sein du CSE ou du CSE central, une commission **économique** chargée notamment d'étudier les documents économiques et financiers recueillis par le CSE et toute question que ce dernier lui soumet. Présidée par l'employeur ou son représentant, elle comprend au maximum 5 membres représentants du personnel, dont au moins un des cadres, désignés par le CSE ou le CSE central parmi ses membres. Elle se réunit au moins 2 fois par an, peut demander à entendre tout cadre supérieur ou dirigeant de l'entreprise après accord de l'employeur et se faire assister par l'expert-comptable qui assiste le CSE et par les experts choisis par lui.

› Précisions **a.** À l'exception de la commission économique, les commissions sont **présidées** par un de leurs **membres,** lesquels peuvent être choisis parmi les salariés de l'entreprise n'appartenant pas au CSE.
b. Des décrets à paraître détermineront les conditions de constitution de la **commission d'information et d'aide au logement,** le nombre maximal de ses membres, les conditions dans lesquelles les conseillers qu'elle s'adjoint sont le cas échéant rémunérés et celles dans lesquelles les droits en matière d'intéressement, de participation et d'épargne salariale peuvent être négociés ou exigés par anticipation.
c. Le **temps passé** par les membres du CSE aux **réunions** des commissions est **payé** comme du travail effectif, dans la limite d'une durée globale fixée par l'accord d'entreprise ou, à défaut, à 30 heures dans les entreprises de 300 à 1 000 salariés et à 60 heures dans celles d'au moins 1 000 salariés. Sur le point de savoir si les heures de réunions plénières du comité s'imputent sur ces limites et sur les modalités de calcul de l'effectif, voir n° 9032.

4. RÉUNIONS

PÉRIODICITÉ

Le nombre de réunions annuelles du CSE est fixé par l'**accord collectif** visé n° 9250, **sans pouvoir être inférieur** à 6. À **défaut** d'un tel accord, le CSE se réunit sur convocation de l'employeur ou de son représentant au moins : **9020** C. trav. art. L 2312-19 L 2315-28 **LA-VI-20710 s**

– une fois par mois dans les entreprises d'au moins 300 salariés ;

– une fois tous les 2 mois dans celles employant entre 50 et moins de 300 salariés.

Le comité peut tenir une seconde réunion à la **demande** de la majorité de ses membres, comprise comme la majorité des membres élus ayant voix délibérative (Cass. soc. 13-2-2019 n° 17-27.889 FS-PB : RJS 4/19 n° 228).

> **Précisions** **a.** La tenue de la **réunion** périodique **ordinaire** est obligatoire. Ne constituent pas une cause d'exemption la tenue de réunions informelles et l'absence de revendication des salariés (Cass. crim. 27-11-1989 n° 88-85.727 : RJS 11/89 n° 849) ou le fait que le comité ait accepté l'espacement des réunions (Cass. crim. 22-11-1977 n° 76-93.162), que le personnel ait jugé inutiles certaines d'entre elles (Cass. crim. 25-5-1981 n° 78-90.569) ou encore que l'employeur ait été absent ou que les membres du comité aient refusé de siéger (Cass. crim. 11-2-1992 n° 90-87.500 : RJS 10/92 n° 1120).
> **b.** Lorsqu'une **réunion extraordinaire** est demandée, l'employeur ne peut pas juger de son opportunité (Cass. crim. 14-9-1988 n° 87-91.416 : RJS 1/89 n° 44 ; 11-3-2008 n° 07-80.169 : RJS 7/08 n° 800). Elle doit se tenir sans attendre la **prochaine réunion ordinaire** sauf si des circonstances particulières, tenant notamment à la proximité de la date prévue pour celle-ci, justifient que les 2 réunions, tout en demeurant distinctes, puissent sans inconvénient être fixées le même jour. À défaut, l'employeur ne peut pas imposer la tenue des 2 réunions le même jour (Cass. crim. 17-1-1984 n° 82-94.159).

9022 C. trav. art. L 2315-27 LA-VI-21030 s

Au moins 4 des réunions annuelles du CSE doivent porter en tout ou partie sur ses attributions en matière de **santé, de sécurité et de conditions de travail,** cette **fréquence minimale** devant être augmentée en cas de besoin, notamment dans les branches d'activité présentant des risques particuliers.

Le CSE est aussi **obligatoirement réuni** :

– à la suite de tout **accident** ayant entraîné ou pu entraîner des conséquences graves ;

– en cas d'**événement grave** lié à l'activité de l'entreprise, ayant porté atteinte ou pu porter atteinte à la santé publique ou à l'environnement ;

– à la **demande motivée** de 2 de ses membres représentants du personnel, sur les sujets relevant de la santé, de la sécurité ou des conditions de travail.

Si l'**employeur** est **défaillant,** et à la demande d'au moins la moitié des membres du CSE, celui-ci peut être convoqué par l'inspecteur du travail et siéger sous sa présidence. Ces dispositions n'excluent pas des poursuites pour **délit d'entrave** à l'encontre de l'employeur (Cass. crim. 16-11-1999 n° 98-87.100 D).

> **ATTENTION**
> Les règles ci-dessus, d'**ordre public,** ne peuvent pas être écartées par accord.

Par ailleurs, l'employeur doit informer **annuellement** l'inspecteur du travail, le médecin du travail et l'agent des services de prévention des organismes de sécurité sociale du **calendrier retenu** pour les réunions consacrées aux sujets relevant de la santé, de la sécurité ou des conditions de travail et leur **confirmer** par écrit au moins 15 jours à l'avance la tenue de ces réunions.

CONVOCATION

9024 C. trav. art. L 2315-28 LA-VI-22300 s

Il incombe à l'**employeur** ou à son **représentant** de convoquer le CSE, le cas échéant par courriel via une liste de distribution collective (Cass. soc. 25-11-2015 n° 14-16.067 : RJS 2/16 n° 134), et de fixer la date (Cass. soc. 15-1-2013 n° 11-28.324 : RJS 3/13 n° 215) et le lieu (Cass. soc. 3-4-2019 n° 17-31.304 F-PB : RJS 6/19 n° 365) de la réunion.

Sur la convocation du CSE par l'**inspecteur du travail,** voir n° 9022.

> **Précisions** **a.** L'employeur n'ayant pas procédé à la convocation ne peut pas invoquer l'**usage** en vigueur dans l'entreprise de tenir les **réunions** du comité **à date fixe** (Cass. crim. 27-9-1988 n° 87-91.324 : RJS 1/89 n° 42).
> **b.** La loi ne prévoit pas de **délai** entre la convocation et la réunion, mais il en existe un pour la communication de l'ordre du jour, généralement transmis avec la convocation (n° 9026).
> **c.** L'absence de convocation régulière du **représentant syndical** à la réunion où doit être débattu le projet de licenciement d'un salarié protégé entache d'illégalité l'autorisation administrative de licenciement (CE 23-12-2010 n° 323318 : RJS 3/11 n° 250). Sur la convocation du représentant syndical dont l'employeur conteste la désignation, voir n° 8870.
> En cas d'**hospitalisation** d'un membre du CSE, voir n° 62670, a.

ORDRE DU JOUR

9026 C. trav. art. L 2315-29 à L 2315-31 LA-VI-21300 s

L'ordre du jour de chaque réunion du CSE est **établi** par le président et le secrétaire, avec inscription de plein droit des consultations rendues obligatoires par une disposition législative ou réglementaire ou un accord collectif de travail et, si le CSE se réunit à la demande de la majorité de ses membres, inscription des questions jointes à la demande de convocation.

Il est **communiqué** par le président 3 jours au moins avant la réunion aux membres du CSE, à l'inspecteur du travail et à l'agent des services de prévention des organismes de sécurité sociale.

> Précisions a. L'employeur peut désigner un **représentant** chargé d'arrêter l'ordre du jour avec le secrétaire (Cass. soc. 10-7-2002 n° 00-16.827 : RJS 11/02 n° 1247).
b. L'**élaboration conjointe** de l'ordre du jour étant la règle (Cass. crim. 15-5-2007 n° 06-84.318 : RJS 8-9/07 n° 969 ; Cass. soc. 12-7-2010 n° 08-40.821 : RJS 10/10 n° 736), un entretien en vue de celle-ci doit être proposé par l'employeur ou le secrétaire avant l'inscription de plein droit par l'un ou l'autre (Circ. DRT 47 du 30-12-2005).
c. L'ordre du jour doit être **rédigé** en termes clairs et précis. À défaut, l'avis du comité est nul (Cass. soc. 24-7-1984 n° 83-12.030). De même est irrégulière la délibération ne présentant aucun lien avec une question inscrite à l'ordre du jour ou n'y figurant pas (Cass. crim. 5-9-2006 n° 05-85.895 : RJS 11/06 n° 1197 ; Cass. soc. 15-1-2014 n° 12-25.468 : RJS 4/14 n° 332).
d. La communication de l'ordre du jour **incombe à** l'employeur (Cass. crim. 27-9-1988 n° 87-91.324 : RJS 1/89 n° 42). Celui-ci commet un **délit d'entrave,** en convoquant, en l'absence d'urgence, pour le jour même le comité à une réunion extraordinaire sans mentionner l'ordre du jour (Cass. crim. 25-10-1994 n° 93-85.802 : RJS 3/95 n° 250).
e. Le **délai** de 3 jours concerne la communication de l'ordre du jour, pas la convocation (Cass. crim. 4-1-1983 n° 82-90.710) ou la fixation du local de réunion (Cass. soc. 17-11-1977 n° 75-14.751). Il s'impose même si l'employeur décide d'informer et consulter le comité sur une question sans y être tenu (Cass. crim. 5-11-1991 n° 90-84.817). Pour le juge administratif toutefois, le non-respect du délai ne rend la délibération du CSE irrégulière que s'il l'a empêché de se prononcer en connaissance de cause (CE 27-6-1986 n° 61506).

DÉROULEMENT DES SÉANCES

Personnes présentes Sont présentes aux réunions du CSE les personnes qui le composent : président et collaborateurs éventuels, élus titulaires et représentants syndicaux, le suppléant n'assistant aux réunions qu'en l'absence du titulaire. **9027** C. trav. art. L 2314-1 à L 2314-3 **LA-VI-22700 s**

Le médecin du travail (ou le membre de l'équipe pluridisciplinaire du service de santé au travail qu'il délègue) et le responsable interne du service de sécurité et des conditions de travail ou, à défaut, l'agent chargé de la sécurité et des conditions de travail assistent de droit aux réunions portant sur les attributions du CSE en matière de santé, sécurité et conditions de travail sur les points de l'ordre du jour relatifs à ces questions, avec voix consultative.

L'inspecteur du travail et les agents des services de prévention des organismes de sécurité sociale sont invités aux réunions de la ou des **CSSCT,** ainsi que, à l'initiative de l'employeur ou à la demande de la majorité de la délégation du personnel, aux réunions du CSE portant sur ses attributions en matière de **santé, de sécurité ou de conditions de travail** (n° 9022) ou consécutives à un accident de travail ayant entraîné un arrêt de travail d'au moins 8 jours ou à une maladie professionnelle ou à caractère professionnel.

> Précisions a. Le **conseiller du travail** assiste de droit, avec voix consultative, aux réunions du comité ou de ses commissions spéciales si l'ordre du jour comporte des questions relevant de sa compétence (C. trav. art. D 4632-4). Peuvent aussi être présents les **experts** assistant le comité, le **commissaire aux comptes** (dans le cadre de la consultation annuelle sur la situation financière de l'entreprise visée n° 9285 ou du droit d'alerte économique exposé n° 9372), l'**auteur d'une offre publique d'acquisition** (n° 9330) et l'**inspecteur du travail.**
b. Pour la Cour de cassation, la présence d'**autres personnes étrangères** au comité est possible sous réserve de ne pas porter atteinte à l'équilibre de la procédure consultative (Cass. soc. 8-7-2014 n° 13-15.470 : RJS 10/14 n° 703) et d'un accord entre l'employeur et la majorité des représentants du personnel (Cass. soc. 22-11-1988 n° 86-13.368 : RJS 1/89 n° 43). Cet accord peut être implicite et résulter du fait que la présence de telles personnes n'a fait l'objet d'aucune protestation (Cass. soc. 2-7-1969 n° 68-40.383 ; 8-7-2014 n° 13-15.470 : RJS 10/14 n° 703). Sur la position du Conseil d'État, voir n° 48195.
c. L'employeur ou la délégation du personnel au CSE peuvent décider du recours à l'**enregistrement ou à la sténographie des séances.** Si la décision émane du CSE, l'employeur ne peut s'y opposer que pour les délibérations portant sur des informations confidentielles ou présentées comme telles. S'il est fait appel à une personne extérieure, elle est tenue à la même obligation de discrétion que les membres du CSE. Sauf accord différent entre l'employeur et les élus, les frais liés à l'enregistrement et à la sténographie sont à la charge de l'employeur quand il a pris la décision d'y recourir.

Visioconférence Il est possible de recourir à la visioconférence pour réunir les **institutions représentatives** suivantes : CSE, comités de groupe, d'entreprise européen et de la société européenne, comités de la société coopérative européenne et de la société issue d'une fusion transfrontalière. **9028** C. trav. art. L 2315-4 L 2334-2 L 2341-12 L 2353-27-1 L 2363-6 L 2373-3 D 2315-1 D 2315-2

Ce recours doit être autorisé par **accord entre l'employeur et les élus** des institutions représentatives concernées. À défaut, il est **limité** à 3 réunions par année civile. Il est entouré d'un certain nombre de **garanties** relatives à l'identification des participants, à la retransmission des délibérations et à la sécurité et à la confidentialité des votes.

9029

Mesures Covid-19

Pendant l'état d'urgence sanitaire, pour **réunir les représentants du personnel,** le recours à la **visioconférence** a été étendu et le recours à la **conférence téléphonique** ou à la **messagerie instantanée** exceptionnellement autorisé (Ord. 2020-1441 du 25-11-2020 ; décret 2020-1513 du 3-12-2020) : voir FRS 23/20 inf. 7 p. 9 et FRS 1/21 inf. 3 p. 6.

Par ailleurs, les **aides** accordées dans le cadre du **plan de relance** prévu par la loi de finances pour 2021 doivent faire l'objet d'une **information-consultation spécifique du CSE** dans le cadre de sa consultation sur les orientations stratégiques de l'entreprise (Loi 2020-1721 du 29-12-2020 art. 244) : voir FRS 2/21 inf. 20 p. 53.

9030 C. trav. art. L 2315-32 LA-VI- 23100 s

Discussions et droit de vote Tous les membres du comité peuvent **exprimer leur avis,** y compris ceux n'ayant que voix consultative (représentants syndicaux notamment). L'employeur qui les en empêche commet un délit d'entrave (Cass. crim. 12-3-1970 nº 69-91.317). Ont seuls le **droit de vote** les élus titulaires et les suppléants remplaçant un titulaire et le président, sauf lorsqu'il consulte les élus en tant que délégation du personnel.

ILLUSTRATIONS

La **participation au vote du président** est **admise** pour les mesures d'administration interne : par exemple désignation, même si une clause du règlement intérieur le lui interdit ou s'il s'est abstenu depuis plusieurs années (Cass. soc. 25-9-2013 nº 12-14.489 : RJS 12/13 nº 828), du secrétaire (Cass. soc. 10-7-1991 nº 88-20.411 : RJS 10/91 nº 1105 ; 5-1-2005 nº 02-19.080 : RJS 4/05 nº 402) ou du trésorier (Cass. soc. 5-1-2005 nº 02-19.080 : RJS 4/05 nº 402), désignation du président de la commission d'information et d'aide au logement (CA Rouen 17-3-1999 nº 98-4519 : RJS 7/99 nº 934), mesure concernant un salarié du comité (CA Paris 22-2-2000 nº 99-6951 : RJS 4/00 nº 485).

Cette participation est en revanche **exclue** :

– pour la désignation des représentants du comité au CSE central et au conseil d'administration ou de surveillance (Cass. soc. 5-5-1983 nº 81-16.787) et celle des membres de la commission de la formation professionnelle (CA Versailles 28-9-1995 nº 93-12554 : RJS 12/95 nº 1256 ; CA Rouen 17-3-1999 précité) ;

– pour le choix de l'expert-comptable du comité (nº 9055) ou d'un expert rémunéré par lui ;

– en cas de résolution sur la gestion des activités sociales et culturelles (Cass. soc. 25-1-1995 nº 92-16.778 : RJS 3/95 nº 251 ; en sens contraire : Cass. crim. 4-11-1988 nº 87-91.705 : RJS 1/89 nº 45) ou l'utilisation de la subvention de fonctionnement (Lettre min. 15-1-1986 ; CA Paris 16-6-1999 nº 99-4193 : RJS 10/99 nº 1262) ;

– et, de façon générale, dans tous les cas où l'employeur consulte le comité, par exemple sur la mise en place d'horaires individualisés (Cass. soc. 16-12-1981 nº 80-16.194) ou le licenciement d'un salarié protégé (nº 63355, b).

9031 C. trav. art. L 2315-32 LA-VI-23650 s

Règles de vote La loi ne fixe pas de **quorum** pour la validité des délibérations. Les résolutions du comité sont prises à la **majorité** des membres présents. Selon l'administration, cette règle ne s'applique pas aux élections internes du CSE (secrétaire, trésorier, membres des commissions notamment), qui ont lieu à la majorité des voix (Circ. DRT 12 du 30-11-1984, réputée abrogée). Pour les membres de la CSSCT, voir toutefois nº 9010.

Le **secret** du vote ne s'impose pas, sauf sur le projet de licenciement d'un salarié protégé (nº 63355) ou de nomination du médecin du travail (nº 72280, a).

› Précisions a. La délibération prise par **un seul membre élu** du CSE après que tous les autres ont quitté la réunion est régulière (Cass. soc. 30-9-2009 nº 07-20.525 : RJS 12/09 nº 915) et la clause du **règlement intérieur** du comité énonçant que les délibérations ne peuvent avoir lieu que si au moins la moitié des membres titulaires et suppléants sont présents lors de la réunion est nulle (CA Paris 10-9-2009 nº 08-14508 : RJS 12/09 nº 954).

b. La **majorité des présents** doit être calculée en tenant compte de l'ensemble des votes, y compris les votes blancs ou nuls et les abstentions (Circ. DRT 12 du 30-11-1984, réputée abrogée).

c. Pour les **élections,** en cas de **partage des voix** et sauf règle particulière prévue par le règlement intérieur ou par accord, le candidat le plus âgé est élu (Cass. soc. 7-10-1982 nº 81-15.525 ; Cass. crim. 1-12-1987 nº 85-96.612 ; Cass. soc. 5-3-2008 nº 06-60.274 : RJS 5/08 nº 572), ce qui ne constitue pas une discrimination en raison de l'âge (Cass. soc. 30-11-2011 nº 10-23.986 : RJS 2/12 nº 159).

d. Lorsqu'il vote, le **président** n'a pas voix prépondérante (Cass. crim. 4-10-1977 nº 76-91.922).

9032

Rémunération Le temps passé aux réunions avec l'employeur par les membres de la délégation du personnel et les représentants syndicaux au CSE est rémunéré comme temps de travail effectif. Selon nous et le ministère du travail (QR min. trav. 16-1-2020 nº 88), il n'est pas déduit des heures de délégation pour ceux qui y ont droit (nº 8910). Pour le Conseil d'État, il s'impute sur les heures de délégation si, cumulé avec le temps passé dans les commissions autres que la CSSCT, il dépasse 30 heures par an dans les entreprises de 300 à 1 000 salariés, 60 heures dans celles d'au moins 1 000 salariés (CE 15-7-2020 nº 418543 : RJS 12/20 nº 600), l'effectif étant apprécié une fois par an, sur les 12 mois précédents, à compter du premier mois suivant celui de l'élection du CSE. La Cour de cassation ne s'est pas prononcée sur le sujet. C. trav. art. L 2315-11 L 2315-12 R 2315-7 LA-VI-24090 s

> Précisions **a.** Le temps passé pendant la journée aux réunions du comité par un **salarié travaillant exclusivement la nuit** doit être rémunéré en sus (Cass. soc. 11-6-2008 nº 07-40.823 : RJS 8-9/08 nº 912).
b. Sur la rémunération des **temps de trajet** et la prise en charge des **frais de déplacement** exposés par les membres du comité pour se rendre aux réunions, voir nº 62640.

Procès-verbal Les délibérations du CSE sont consignées dans un procès-verbal (PV) **établi** par le secrétaire dans un **délai** et selon des modalités fixés par accord conclu dans les conditions exposées nº 9250. À défaut d'accord, le PV est établi et transmis à l'employeur dans les 15 jours suivant la réunion à laquelle il se rapporte ou, si une nouvelle réunion doit se tenir dans ce délai, avant celle-ci. **9035** C. trav. art. L 2315-34 à L 2315-35 R 2315-25 à D 2315-26 LA-VI-24300 s

En cas de consultation du CSE sur un projet de **licenciement d'au moins 10 salariés** sur 30 jours, le PV est établi et transmis à l'employeur dans un délai de 3 jours suivant la réunion à laquelle il se rapporte ou, si une nouvelle réunion est prévue dans ce délai, avant celle-ci. En cas de redressement ou de liquidation judiciaires, le délai est de 1 jour.

L'**employeur** doit faire connaître lors de la réunion du CSE suivant cette transmission sa décision motivée sur les propositions à lui soumises, les déclarations étant consignées dans le procès-verbal. Le PV adopté peut être **affiché** ou diffusé dans l'entreprise par le secrétaire du comité selon des modalités précisées par le règlement intérieur de cette instance.

À défaut d'accord, le PV contient au moins le **résumé des délibérations** du comité et la **décision motivée** de l'employeur sur les propositions faites lors de la précédente réunion.

> Précisions **a.** L'établissement du procès-verbal et le **contrôle** de sa rédaction sont réservés au secrétaire, même si la **rédaction matérielle** peut être confiée à une personne présente aux réunions du comité (Cass. crim. 1-12-1987 nº 85-96.612).
b. L'**employeur** ne peut ni rédiger le PV (Cass. crim. 25-2-1986 nº 84-96.003), ni intervenir dans sa rédaction (Circ. DRT 12 du 30-11-1984, réputée abrogée), mais il peut faire connaître aux salariés sa position exprimée en séance (Circ. DRT 12 du 30-11-1984, réputée abrogée). La carence du secrétaire n'autorise pas l'employeur à choisir un huissier de justice chargé d'assister aux réunions et de dresser le PV (Cass. soc. 25-11-2003 nº 01-14.176 : RJS 2/04 nº 223).
L'employeur ne peut pas s'opposer à la diffusion du procès-verbal (Cass. soc. 4-11-1981 nº 79-14.628 ; 5-11-1981 nº 78-12.277), mais seulement en demander l'interdiction en justice en cas de manquement à l'obligation de discrétion ou d'allégations diffamatoires (Circ. DRT 12 du 30-11-1984, réputée abrogée).
c. Le **temps** passé par le secrétaire à la rédaction du PV n'est pas assimilé au temps passé aux séances, mais s'impute sur le crédit d'heures (Cass. soc. 9-5-1979 nº 77-41.308).
d. Le CSE peut décider de transmettre certaines délibérations au **Dreets** (Direccte avant le 1-4-2021).

5. RECOURS À DES EXPERTS

CAS DE RECOURS À L'EXPERTISE

Le CSE peut, le cas échéant sur proposition des commissions constituées en son sein, décider de recourir à un **expert-comptable** : **9040**

– en vue des 3 consultations récurrentes ;

– pour les consultations ponctuelles relatives aux opérations de concentration, à l'exercice du droit d'alerte économique, aux projets de licenciement économique d'au moins 10 salariés dans une entreprise d'au moins 50 salariés, aux offres publiques d'acquisition ou afin qu'il apporte toute analyse utile aux organisations syndicales pour préparer les négociations relatives à un accord de performance collective (voir nº 17560, b) ou à un plan de sauvegarde de l'emploi ; C. trav. art. L 2315-78 L 2315-81 L 2315-87 L 2315-88 L 2315-91 L 2315-92 L 2315-94 LA-VI-25550 s

– en vue de l'examen du rapport relatif à la réserve spéciale de participation (C. trav. art. D 3323-14).

Le CSE peut aussi recourir à un **expert habilité ou,** jusqu'au 31-12-2021, **agréé** lorsqu'un risque grave, identifié et actuel, révélé ou non par un accident du travail, une maladie professionnelle ou à caractère professionnel, est constaté dans l'établissement, en cas d'introduction de nouvelles technologies ou de projet important modifiant les conditions de santé et de sécurité ou les conditions de travail et, dans les entreprises d'au moins 300 salariés, en vue de préparer la négociation sur l'égalité professionnelle.

Enfin, le CSE peut faire appel à **tout type d'expertise** pour la préparation de ses travaux. Ce type d'expertise est couramment dénommé « expertise libre ».

› Précisions **a.** L'**expert habilité** du CSE est certifié dans les conditions définies par un arrêté MTRT1937526A du 7-8-2020 (JO 20) et succède à l'expert **agréé** du CHSCT, qui peut, jusqu'au 31-12-2021, continuer à exercer sous certaines conditions (Décret 2017-1819 du 29-12-2017 modifié art. 6).
b. En cas d'inaction de l'entreprise utilisatrice et de son CHSCT, le CHSCT de l'**entreprise de travail temporaire** dispose du droit de recourir lui-même à l'expertise lorsqu'il constate l'existence d'un risque grave et actuel pesant sur ses intérimaires (Cass. soc. 26-2-2020 nº 18-22.556 FS-PBRI : RJS 5/20 nº 241), cette solution étant selon nous transposable au CSE.

9045 C. trav. art. L 2315-79 L-VI-25750

Fixation du nombre d'expertises Un **accord** d'entreprise ou, à défaut, un accord conclu entre l'employeur et la majorité des élus titulaires du CSE détermine le nombre d'expertises dans le cadre des **consultations récurrentes** sur une ou plusieurs années.

› Précisions En l'**absence d'accord,** les consultations récurrentes étant obligatoires et prévues par des dispositions d'ordre public et le droit de recours à un expert pour ces consultations étant expressément posé par le Code du travail, le CSE est en droit de recourir à un expert, s'il l'estime nécessaire, lors de chacune de ces consultations. Toutefois, si un accord espaçant la périodicité des consultations récurrentes est conclu (nº 9250), il aura pour effet, par lui-même, de limiter le nombre d'expertises.
En cas d'**accord**, si le CSE estime une expertise nécessaire alors qu'est déjà atteint le nombre prévu pour la période concernée, elle devra être prise en charge intégralement par le CSE sur son budget de fonctionnement.

FINANCEMENT DE L'EXPERTISE

9050 C. trav. art. L 2315-80 L 2315-81 LA-VI-27300 s

Les frais d'expertise sont **pris en charge** :

– **intégralement par l'employeur** pour les consultations sur la situation économique et financière de l'entreprise, sur sa politique sociale et les conditions de travail et l'emploi et sur les projets de licenciement économique d'au moins 10 salariés dans une entreprise d'au moins 50 salariés, en cas de risque grave constaté dans l'établissement, ainsi que, dans les entreprises d'au moins 300 salariés, en vue de préparer la négociation sur l'égalité professionnelle en l'absence de tout indicateur relatif à celle-ci dans la base de données économiques et sociales ;

– **à hauteur de 20 % par le CSE,** sur son budget de fonctionnement, **et de 80 % par l'employeur,** pour la consultation sur les orientations stratégiques de l'entreprise et pour toutes les consultations ponctuelles autres que celles citées ci-dessus. Par **exception,** quand le budget de fonctionnement du CSE est insuffisant pour couvrir le coût de l'expertise et n'a pas donné lieu à un transfert d'excédent annuel au budget des activités sociales et culturelles au cours des 3 années précédentes, ces consultations sont financées intégralement par l'employeur, le transfert ultérieur des excédents du budget de fonctionnement à celui des activités sociales et culturelles étant alors temporairement interdit : voir nº 9125.

Le **CSE** doit rémunérer **intégralement** les expertises libres.

PROCÉDURE DE RECOURS À UN EXPERT

9055 C. trav. art. L 2315-81-1 L 2315-85 R 2315-45 à R 2315-47 LA-VI-28000 s

Le CSE **choisit** librement l'expert (sur la possibilité pour l'employeur de contester ce choix, voir toutefois nº 9060). À compter de sa désignation, les **membres du comité établissent** au besoin et notifient à l'employeur un cahier des charges. L'**expert** demande à l'employeur, au plus tard dans les 3 jours de sa désignation, toutes les informations complémentaires qu'il juge nécessaires à la réalisation de sa mission, l'employeur devant répondre dans les 5 jours. Il notifie à l'employeur le coût prévisionnel, l'étendue et la durée d'expertise, dans un délai de 10 jours à compter de sa désignation.

En l'absence d'accord d'entreprise ou d'accord entre l'employeur et la majorité des élus titulaires du CSE définissant tout ou partie de ces délais, l'expert doit remettre son **rapport** :

– pour les expertises sollicitées dans le cadre d'une **consultation** du CSE par l'employeur, au plus tard 15 jours avant l'expiration des délais de consultation ;

– dans le cadre d'une **opération de concentration,** dans un délai de 8 jours à compter de la notification de la décision de l'Autorité de la concurrence ou de la Commission européenne saisie du dossier ;

– en **dehors des cas** ci-dessus, dans un délai de 2 mois à compter de sa désignation ; ce délai peut être renouvelé une fois pour une durée maximale de 2 mois, par accord entre l'employeur et la majorité des élus titulaires du CSE.

› Précisions a. Sur les règles spécifiques applicables aux expertises diligentées dans le cadre de **licenciements économiques** avec PSE, voir n° 48200.

b. Le **délai** de 3 jours **imparti à l'expert** pour demander à l'employeur des **informations complémentaires** n'a ni pour objet ni pour effet de faire obstacle à ce que l'expert demande à l'employeur, en cours d'expertise, d'autres informations complémentaires nécessaires à l'exercice de sa mission (CE 15-7-2020 n° 418543 : RJS 12/20 n° 600).

c. Les **expertises** dites « **en dehors des cas ci-dessus** » comprennent notamment, à notre sens, celles décidées en cas de risque grave, identifié et actuel, constaté dans l'établissement (C. trav. art. L 2315-96, 1°) ou dans le cadre du droit d'alerte économique.

DROITS ET OBLIGATIONS DE L'EXPERT

L'expert est tenu aux mêmes **obligations** de secret professionnel et de discrétion que les membres de la délégation du personnel du CSE (n° 8940). À l'exception de l'expert « libre » visé n° 9040, il a un **libre accès** dans l'entreprise pour les besoins de sa mission, que l'employeur ne peut pas lui refuser, sauf à commettre le délit d'entrave (Cass. crim. 9-11-2004 n° 03-83.683), et l'employeur doit lui fournir les **informations** nécessaires à l'exercice de celle-ci. **9057** C. trav. art. L 2315-82 à L 2315-84 L 2315-89 L 2315-90 L 2315-93 R 2315-48 LA-VI-29100 s

› Précisions a. La mission de l'expert-comptable saisi dans le cadre de la consultation sur la **situation économique et financière** de l'entreprise porte sur tous les éléments d'ordre économique, financier ou social nécessaires à la compréhension des comptes et à l'appréciation de la situation de l'entreprise. Pour opérer toute vérification ou tout contrôle entrant dans l'exercice de ses missions, l'expert a accès aux mêmes documents que le commissaire aux comptes de l'entreprise. Il en va de même s'il intervient dans le cadre d'une **consultation ponctuelle.** S'il est saisi dans le cadre d'une opération de **concentration ou de recherche de repreneurs,** il a accès aux documents de toutes les sociétés intéressées par l'opération, et, dans le cadre d'une offre publique d'acquisition, aux documents nécessaires à l'élaboration de son rapport.

b. Lorsqu'une expertise porte sur **plusieurs champs,** elle donne lieu à l'établissement d'un rapport d'expertise unique. L'expert désigné par le CSE peut s'adjoindre la compétence d'un ou plusieurs autres experts sur une partie des travaux que nécessite l'expertise. L'expert désigné vérifie alors que ces derniers disposent des compétences nécessaires au bon déroulement de la mission d'expertise ou, le cas échéant, de l'habilitation requise.

c. Si l'**employeur refuse** de communiquer les documents demandés par l'expert, le comité peut saisir le président du tribunal judiciaire (Circ. DGT 1 du 13-3-2014 ; Cass. soc. 11-10-2017 n° 16-10.814 F-D : RJS 12/17 n° 803). Sur le point de savoir si ce refus peut constituer une faute nécessitant réparation, voir n° 9372, d.

ILLUSTRATIONS

Accès de l'expert à la documentation **9058**

Appréciant seul les **documents utiles** à sa mission, l'expert assistant le comité en vue de la consultation annuelle sur la **situation économique et financière** de l'entreprise peut, par exemple :

– accéder aux comptes des 2 années précédentes (Cass. soc. 13-5-2014 n° 12-25.544 : RJS 7/14 n° 575), si la demande porte sur la communication des documents et non sur un nouvel examen de ceux-ci (Cass. soc. 16-5-1990 n° 87-17.555 : RJS 7/90 n° 592). Il ne peut pas en revanche exiger des informations sur les rémunérations et les fournisseurs antérieures aux 2 dernières années (Cass. soc. 25-3-2020 n° 18-22.509 F-PB : RJS 6/20 n° 302) ;

– accéder à la comptabilité prévisionnelle (Cass. soc. 29-10-1987 n° 85-15.244) et analytique (Cass. soc. 16-5-1990 n° 87-17.555 : RJS 7/90 n° 592) et aux comptes de chacune des divisions de la société (Cass. soc. 16-5-1990 n° 87-17.555 : RJS 7/90 n° 592) ;

– étendre ses investigations aux autres sociétés du groupe (Cass. soc. 8-11-1994 n° 92-11.443 : RJS 12/94 n° 1396), y compris à celles situées à l'étranger (Cass. soc. 27-11-2001 n° 99-21.903 : RJS 2/02 n° 194 ; 5-3-2008 n° 07-12.754 : RJS 5/08 n° 559) et accéder aux comptes de la société mère (Cass. crim. 26-3-1991 n° 89-85.909 : RJS 5/91 n° 600), mais pas aux documents relatifs aux entités exerçant un simple contrôle conjoint sur la société au sens de l'article L 233-3, III du Code de commerce ou sur lesquelles la société exerce un tel contrôle (Cass. soc. 5-2-2020 n° 18-24.174 F-D : RJS 4/20 n° 190).

L'expert-comptable assistant le CSE en vue de l'examen des **orientations stratégiques** de l'entreprise peut, si la stratégie de l'entreprise s'y insère, accéder aux informations sur la stratégie du groupe (CA Lyon 8-1-2016 n° 14/09041 : RJS 4/16 n° 260 ; CA Paris 15-7-2016 n° 15/24432 : RJS 11/16 n° 704). Il en va de même de celui désigné dans le cadre du droit d'alerte économique du comité, qui a aussi accès aux comptes des sociétés sœurs (Cass. soc. 25-10-2017 n° 16-10.278 F-D : RJS 1/18 n° 42).

L'expert peut se faire communiquer les documents par **voie électronique** (Cass. soc. 10-1-2012 n° 10-21.270 : RJS 3/12 n° 262).

Il ne peut pas exiger l'organisation d'un **entretien** avec des interlocuteurs du **groupe** (CA Lyon 8-1-2016 n° 14/09041 : RJS 4/16 n° 260) et ne peut accéder aux **pièces détenues par des tiers** à l'entreprise que sur décision de justice (CA Versailles 17-10-1990 n° 90-6736 : RJS 12/90 n° 991).

CONTESTATION DE L'EXPERTISE

9060 C. trav. art. L 2315-86 R 2315-49 et R 2315-50 LA-VI-30600 s

Sauf expertise diligentée dans le cadre d'un projet de licenciement économique d'au moins 10 salariés dans une entreprise d'au moins 50 salariés (n° 48200), l'employeur doit **saisir** le président du tribunal judiciaire dans un **délai** de 10 jours à compter :
- de la délibération du CSE décidant le recours à l'expertise s'il entend contester la nécessité de cette dernière ;
- de la désignation de l'expert par le CSE s'il entend contester le choix de l'expert ;
- de la notification à l'employeur du cahier des charges établi par le CSE et des informations communiquées par l'expert s'il entend contester le coût prévisionnel, l'étendue ou la durée de l'expertise ;
- de la notification à l'employeur du coût final de l'expertise s'il entend contester ce coût.

Le **juge statue,** suivant la procédure accélérée au fond, en premier et dernier ressort, **dans les 10 jours** suivant sa saisine, laquelle suspend l'exécution de la décision du comité, ainsi que les délais dans lesquels il est consulté, jusqu'à la notification du jugement. Cette procédure ne s'applique pas, toutefois, à la contestation du coût définitif de l'expertise, qui demeure soumise aux règles de droit commun.

La **décision du juge** sauf, selon nous, en cas de contestation du coût définitif de l'expertise, n'est pas susceptible d'**appel.** Le délai du **pourvoi en cassation** est de 10 jours à compter de sa notification.

› Précisions a. L'employeur ne peut pas demander la **rectification** ou la suppression **du rapport** de l'expert, sauf faute lui ayant causé un préjudice (CA Paris 30-5-1991 n° 89-18232 : RJS 7/91 n° 853).
b. Dans le cadre d'une **UES,** le juge doit être saisi par toutes les entreprises la composant ou par celle d'entre elles ayant reçu mandat pour représenter l'UES (Cass. soc. 26-2-2020 n° 18-22.123 FS-PB : RJS 5/20 n° 243).

6. BUDGETS

9110 Le CSE des **entreprises d'au moins 50 salariés** dispose de ressources pour permettre son fonctionnement et financer ses activités sociales et culturelles (celui des entreprises plus petites n'a aucun budget propre, sauf accord ou usage plus favorable).

Sur les dotations au **CSE central** d'entreprise et aux CSE **d'établissement** dans les entreprises pourvues de ces institutions, voir n° 9620.

SUBVENTION DE FONCTIONNEMENT

9115 C. trav. art. L 2315-61 LA-VI-33100 s

Montant L'employeur verse au CSE une subvention de fonctionnement d'un montant annuel équivalent à **0,20 %** de la masse salariale brute dans les entreprises de 50 à moins de 2 000 salariés et à **0,22 %** de cette même masse dans celles d'au moins 2 000 salariés.

Ce montant s'ajoute à la contribution aux activités sociales et culturelles, sauf si l'**employeur fait déjà bénéficier le comité** d'une somme ou de moyens en personnel équivalents à 0,22 % de la masse salariale brute (l'article L 2315-61 du Code du travail se réfère au seul seuil de 0,22 % et non aussi au seuil de 0,20 %, mais il s'agit probablement d'une erreur).

Cette somme et ses modalités d'utilisation sont **inscrites** dans les comptes annuels ou dans les documents comptables du CSE, selon la taille de celui-ci et dans le rapport annuel d'activité et de gestion : voir n° 9154.

› Précisions a. Le CSE décide librement de l'**utilisation** de la subvention qui doit s'inscrire dans le cadre de son fonctionnement et de ses missions économiques (Cass. soc. 27-3-2012 n° 11-10.285 : RJS 6/12 n° 575) : personnel, frais de déplacement des membres (sauf ceux incombant à l'employeur : n° 62640), documentation, expertises, frais de tenue des comptes...
b. En cas de **mise à disposition de sommes ou de moyens** pour un montant inférieur au montant légal, l'employeur ne doit verser que le complément (Circ. DRT du 6-5-1983, réputée abrogée). Le comité peut à tout moment renoncer aux sommes ou moyens mis à sa disposition et obtenir le versement de la subvention (Circ. DRT du 6-5-1983). Sont constitutifs du délit d'entrave la déduction faite par l'employeur malgré l'opposition du comité (Cass. crim. 10-3-1992 n° 91-81.177) ou le refus de l'employeur de fournir les justifications de l'équivalence (Cass. crim.

26-11-1991 nº 90-84.546 : RJS 3/92 nº 305), l'accord exprès du comité n'étant cependant pas nécessaire (Cass. soc. 20-10-2017 nº 16-10.573 F-D : RJS 1/18 nº 41).

c. L'employeur ne peut pas déduire de la subvention de fonctionnement les sommes et moyens en personnel fournis au comité au titre des **activités sociales et culturelles,** étant précisé que c'est à lui de prouver que les sommes et moyens imputés sur la subvention de fonctionnement ont été alloués pour les besoins du fonctionnement du comité autres que ceux résultant desdites activités (Cass. soc. 26-9-1989 nº 87-20.096 : RJS 11/89 nº 856 ; Cass. crim. 4-10-1989 nº 88-86.163 : RJS 12/89 nº 942).

La masse salariale brute prise en compte pour calculer les dotations au comité est constituée par l'ensemble des **rémunérations** soumises à **cotisations de sécurité sociale** en application des articles L 242-1 du CSS et L 741-10 du Code rural et de la pêche maritime, à l'exception des **indemnités** versées à l'occasion de la **rupture du contrat de travail** à durée indéterminée. **9120** C. trav. art. L 2312-61 **LA-VI-33550 s**

› Précisions **a.** L'expression « d'**indemnités versées à l'occasion de la rupture** du contrat de travail » vise, selon nous, les indemnités bénéficiant d'une exonération plafonnée de cotisations de sécurité sociale (nos 22840 s.). Elle recouvre aussi bien la partie affranchie de cotisations que celle qui y est assujettie. En d'autres termes, ces indemnités ne sont pas prises en compte pour calculer les dotations du CSE, quel que soit leur régime social. Sont notamment concernées les **indemnités de licenciement** ou de **cessation forcée** des fonctions de **mandataire social,** ainsi que les indemnités de **mise à la retraite.** En revanche, à notre sens, les indemnités de préavis ou compensatrices de préavis et compensatrices de congés payés entrent dans l'assiette de la subvention.

b. Sont exclues du calcul de la subvention de fonctionnement de l'entreprise d'accueil les rémunérations des **salariés temporaires** (Cass. soc. 10-3-2010 nº 08-21.529 : RJS 5/10 nº 477) et celles versées aux salariés **mis à disposition** par une entreprise extérieure (Cass. soc. 7-2-2018 nº 16-24.231 FS-PBRI : RJS 4/18 nº 267).

Versement La subvention de fonctionnement peut être versée en **plusieurs fois** sous réserve de permettre le fonctionnement normal du comité (Circ. DRT du 6-5-1983, réputée abrogée). **9122** **LA-VI-34350 s**

Les **sommes non utilisées** au cours d'une année sont reportées sur la subvention de fonctionnement de l'année suivante. Elles ne peuvent être ni récupérées par l'employeur, ni déduites de la subvention de l'année suivante (Note DRT du 26-7-1985).

Sur le versement de la subvention dans les **entreprises à établissements distincts,** voir nº 9620.

La **prescription** de l'action en paiement de la subvention et de la contribution aux activités sociales et culturelles est de 5 ans (C. civ. art. 2224) à compter de la communication au comité par l'employeur des éléments nécessaires à l'appréciation de ses droits (Cass. soc. 1-2-2011 nº 10-30.160 : RJS 4/11 nº 342 ; 3-11-2016 nº 15-19.385 FS-PB : RJS 1/17 nº 33). L'employeur a donc intérêt à communiquer annuellement au CSE des éléments chiffrés précis (masse salariale et, le cas échéant, évaluation des prestations fournies).

› Précisions **a.** Le CSE n'est pas créancier de sommes pour une **période antérieure à sa création,** même si sa mise en place tardive résulte d'une défaillance de l'employeur (Cass. soc. 27-3-2012 nº 11-11.176 : RJS 6/12 nº 574). Mais il l'est s'il a été empêché de fonctionner par suite de l'annulation des élections (Cass. soc. 22-11-2017 nº 16-12.952 FD : RJS 2/18 nº 121).

b. En cas de **transfert d'entreprise,** le CSE du cédant, resté en fonction, ne peut pas demander au cessionnaire le paiement de la subvention de fonctionnement au titre des années antérieures au transfert (Cass. soc. 28-5-2008 nº 07-40.904 : RJS 8-9/08 nº 911).

Transferts Le CSE peut décider, par une délibération : **9125** C. trav. art. L 2315-61 R 2315-31-1 **LA-VI-37300 s**

– de consacrer une partie de son budget de fonctionnement au financement de la **formation des délégués syndicaux** de l'entreprise ainsi qu'à la formation des représentants de proximité ;

– de transférer une partie du montant de l'excédent annuel de ce budget au financement des **activités sociales et culturelles,** dans la limite de 10 % de cet excédent, la somme et ses modalités d'utilisation devant être inscrites dans les comptes du CSE ou les documents simplifiés ainsi que dans le rapport annuel visés nos 9152 s. ; en outre, quand l'employeur a pris en charge le financement des frais d'expertise en raison d'une insuffisance du budget de fonctionnement dans les conditions exposées nº 9050, le CSE ne peut pas décider un tel transfert pendant les 3 années suivantes.

Une **faculté symétrique** est prévue, permettant le transfert des reliquats budgétaires des activités sociales et culturelles vers le budget de fonctionnement : nº 9145.

CONTRIBUTION AUX ACTIVITÉS SOCIALES ET CULTURELLES

9130 C. trav. art. L 2312-81 R 2312-49 LA-VI-35000 s

Montant La contribution versée chaque année par l'employeur pour financer des institutions sociales du CSE est fixée par **accord d'entreprise.**

À **défaut d'accord** d'entreprise, le **rapport de la contribution à la masse salariale** brute ne peut pas être inférieur au même rapport existant pour l'année précédente sous une réserve : il n'est pas tenu compte des dépenses temporaires lorsque les besoins correspondants ont disparu.

Une **décision unilatérale** ou un **usage** peut toujours conduire l'employeur à verser une contribution sans y être légalement tenu ou une contribution d'un montant supérieur au minimum fixé par le Code du travail.

> **Précisions** **a.** Le **minimum** ne s'appliquant qu'à défaut d'accord d'entreprise, il en résulte, selon nous, que l'accord peut prévoir un montant inférieur.
> **b.** Le comité **peut aussi recevoir** : les sommes précédemment versées par l'employeur aux caisses de compensation d'allocations familiales et organismes analogues, pour les institutions financées par ces caisses et qui fonctionnent au sein de l'entreprise ; le remboursement obligatoire par l'employeur des primes d'assurance dues par le CSE pour couvrir sa responsabilité civile (n° 8974, b) ; les cotisations facultatives du personnel de l'entreprise dont le CSE fixe éventuellement les conditions de perception et les effets ; les subventions des collectivités publiques ou des organisations syndicales ; les dons et legs ; les recettes procurées par les manifestations qu'il organise ; les revenus de ses biens meubles et immeubles ; la contre-valeur des titres-restaurant périmés (n° 22640) et des titres-mobilité périmés (n° 70530, b).

9138 LA-VI-36300 s

Versement La contribution annuelle n'a pas à être nécessairement versée en une seule fois ; elle peut l'être au fur et à mesure des besoins (Cass. soc. 18-3-1971 n° 69-11.020 ; 6-7-1976 n° 74-13.188).

> **Précisions** **a.** Sur le point de savoir si le CSE peut être créancier de sommes pour une **période antérieure à sa création** et sur la **prescription** de l'action en paiement de la contribution, voir n° 9122.
> **b.** Sur le point de savoir si, pour les **activités gérées par l'employeur,** le CSE peut exiger le montant des économies réalisées par l'employeur ou encore un transfert de gestion avec versement du budget correspondant, voir n° 9412, a.
> **c.** Sur le versement de la contribution dans les **entreprises à établissements multiples,** voir n° 9620.

9145 C. trav. art. L 2312-84 R 2312-51 LA-VI-37340 s

En cas de **reliquat budgétaire,** la délégation du personnel au CSE peut décider, par une délibération, de **transférer** une partie de l'excédent annuel du budget destiné aux activités sociales et culturelles au budget de fonctionnement ou à des associations, dans la limite de 10 % de cet excédent.

Sur la **faculté « symétrique »** de transférer tout ou partie de l'excédent annuel du budget de fonctionnement au budget des activités sociales et culturelles, voir n° 9125.

> **Précisions** En cas de transfert à une ou plusieurs **associations** humanitaires reconnues d'utilité publique afin de favoriser les actions locales ou régionales de lutte contre l'exclusion ou des actions de réinsertion sociale, la délibération du CSE précise les destinataires et, le cas échéant, la répartition des sommes transférées.
> L'excédent transféré et ses modalités d'utilisation sont **inscrits** dans les comptes annuels du CSE ou dans son livre des dépenses et des recettes et dans le rapport visés n°s 9152 s.

GESTION DES RESSOURCES PAR LE COMITÉ

9150 LA-VI-37000 s

Règles d'utilisation Le CSE dispose librement de ses fonds dans la limite de l'objet de la subvention de **fonctionnement** et de ses **attributions sociales** s'agissant des sommes destinées aux activités sociales et culturelles.

Les deux budgets du CSE présentent un **caractère autonome.** Ainsi, les fonds versés au comité au titre de son fonctionnement doivent être utilisés pour celui-ci ou ses attributions économique, ceux versés au titre de la contribution aux activités sociales et culturelles pour ces activités. Les opérations du CSE restent dans leurs produits et charges rattachées aux comptes correspondant à leur financement d'origine (Cass. soc. 2-12-2020 n° 19-10.299 FD : RJS 2/21 n° 95). Pour les conséquences de cette règle sur l'affectation des excédents de chacun d'entre eux, voir n° 9125 et n° 9145.

> **Précisions** **a.** Commet le délit d'**abus de confiance** le membre du CSE accordant des réductions injustifiées à des personnes extérieures à l'entreprise (Cass. crim. 7-3-2012 n° 11-82.070 : RJS 7/12 n° 639) ou utilisant les ressources du comité à des fins personnelles (Cass. crim. 16-10-1997 n° 96-86.231 : RJS 4/98 n° 486 ; 30-6-2010 n° 10-81.182 : RJS 11/10 n° 858).

b. En cas de **cessation définitive de l'activité de l'entreprise,** le comité décide de l'affectation de ses biens dans les conditions prévues à l'article R 2312-52 du Code du travail. En cas de **fermeture d'un établissement,** les biens du comité d'établissement doivent être affectés aux CSE d'entreprise ou d'établissement du groupe où les salariés ont été transférés (Cass. soc. 23-1-1996 n° 93-16.799 : RJS 3/96 n° 294 ; 10-6-1998 n° 96-20.112 : RJS 7/98 n° 877). En cas de **fusion-absorption** entraînant la disparition des comités des sociétés absorbées, si ceux-ci ont dévolu leur patrimoine au comité de la société absorbante au sein de laquelle les salariés ont été transférés, ce dernier hérite des créances de ces comités et peut demander un rappel de subvention de fonctionnement et de contribution aux activités sociales et culturelles pour les années antérieures à l'opération de fusion-absorption (Cass. soc. 16-1-2019 n° 17-26.993 F-PB : RJS 4/19 n° 227).

Tenue et conservation des comptes La tenue d'une comptabilité est obligatoire pour tous les CSE. Le **petit CSE** peut se contenter de tenir un livre retraçant chronologiquement les montants et l'origine de ses dépenses et recettes et d'établir, une fois par an, un état des recettes et dépenses ainsi qu'un état de situation patrimoniale. Le **CSE de taille moyenne** peut adopter une présentation simplifiée de ses comptes, mais doit, quelle que soit l'option retenue, confier celle-ci à un expert-comptable financé sur sa subvention de fonctionnement. Le **CSE de grande taille** est soumis aux obligations comptables définies à l'article L 123-12 du Code de commerce et doit faire certifier ses comptes par un ou plusieurs commissaires aux comptes. **9152**

C. trav. art. L 2315-64 à L 2315-67 L 2315-73 à L 2315-77 D 2315-33 à D 2315-36 D 2315-40 à R 2315-41 C. com. art. R 823-17 **LA-VI-38100 s**

Les comptes et les pièces justificatives doivent être **conservés** pendant 10 ans à compter de la clôture de l'exercice.

› Précisions a. Un CSE est **petit** si ses ressources annuelles n'excèdent pas 153 000 € à la clôture de l'exercice, celles-ci s'entendant des sommes suivantes : subventions patronales pour le fonctionnement (y compris remboursement des assurances) et les activités sociales et culturelles (sous déduction, le cas échéant, des sommes reversées au CSE central d'entreprise ou interentreprises), subventions publiques et syndicales, dons, legs, revenus des biens (sauf produits de cession d'immeubles). Le CSE est **moyen** si, à la clôture de l'exercice, il n'excède pas 2 de ces 3 critères : 50 salariés, 3 100 000 € de ressources annuelles (cumul des sommes ci-dessus, des recettes issues des manifestations qu'il organise et, le cas échéant, des cotisations facultatives perçues des salariés), 1 550 000 € au total du bilan. Si le CSE, ou l'ensemble constitué par lui et les entités (SCI, associations...) qu'il contrôle au sens de l'article L 233-16 du Code de commerce, excède au moins 2 de ces critères, il est tenu aux obligations des **grands CSE.**

b. Le CSE doit établir des **comptes consolidés** si l'ensemble qu'il constitue avec les entités qu'il contrôle atteint le seuil requis pour être considéré comme un grand CSE.

c. Le **contenu** et les modalités de présentation des comptes sont précisés par l'Autorité des normes comptables (Règlements ANC 2015-01 et 2015-02 du 2-4-2015 et 2015-10 du 26-11-2015).

Approbation et communication des comptes Les comptes annuels du CSE (ou, pour les petits comités, les documents comptables) sont **arrêtés,** selon des modalités prévues par son règlement intérieur, par des membres élus désignés par lui. Ils sont ensuite **approuvés,** dans les 6 mois de la clôture de l'exercice, par les membres élus du CSE réunis en séance plénière, ce délai pouvant être prolongé à la demande du CSE par le président du tribunal judiciaire statuant sur requête. Au plus tard **3 jours avant** cette réunion, les membres du CSE chargés d'arrêter les comptes doivent les communiquer aux membres du comité accompagnés d'un rapport d'activité et de gestion. Comptes et rapport sont également portés, par tout moyen, à la connaissance des **salariés** de l'entreprise. Selon nous, cette communication a lieu après approbation des comptes. **9154**

C. trav. art. L 2315-66 L 2315-68 à L 2315-72 R 2315-37 **LA-VI-39050 s**

› Précisions a. La **réunion d'approbation des comptes** porte sur ce seul sujet et fait l'objet d'un procès-verbal spécifique. Au cours de cette réunion, à laquelle ni l'employeur ni les représentants syndicaux ne participent (AN 1 Rapport 1754), sont présentés au CSE le rapport d'activité et de gestion ainsi qu'un rapport sur les conventions passées, directement, indirectement, ou par personne interposée, entre le CSE et l'un de ses membres. Ce dernier rapport est présenté par le trésorier ou, le cas échéant, le commissaire aux comptes.

b. Le règlement intérieur du CSE doit prévoir les modalités d'établissement du **rapport d'activité et de gestion,** dont le contenu est fixé par les articles L 2315-69 et D 2315-38 du Code du travail. Pour les grands CSE, ce rapport doit être complété par celui de la commission des marchés.

c. Le président du comité et tous ses autres membres ont **accès aux archives** et aux documents comptables du comité (Cass. soc. 19-12-1990 n° 88-17.677 : RJS 2/91 n° 200). Ils peuvent en faire une copie à leurs frais (Cass. soc. 26-9-2012 n° 11-15.384 : RJS 12/12 n° 961). Le règlement du comité peut encadrer l'accès de certains membres à la comptabilité du comité, pas le juge des référés (Cass. soc. 7-11-2018 n° 17-23.157 F-PB : RJS 1/19 n° 32).

9156 C. trav. art. R 2315-39 LA-VI-39900 s

Compte-rendu de fin de mandat Lors du **renouvellement** du CSE, les membres du comité sortant rendent compte de leur gestion au nouveau comité. Ils remettent aux nouveaux membres tous les documents concernant son administration et son activité.

B. Entreprises de moins de 50 salariés

9160 C. trav. art. L 2315-19 L 2315-2 LA-V-3000 s.

Dans les entreprises de moins de 50 salariés, les représentants du personnel au CSE **exercent individuellement les droits** qui lui sont reconnus par le Code du travail.

Les règles de fonctionnement exposées ci-après ne font pas obstacle aux **dispositions plus favorables** résultant d'accords collectifs ou d'usage.

ATTENTION

Le CSE institué dans ces entreprises n'a pas la **personnalité civile,** ce qui lui interdit d'agir en justice. Celle-ci est en effet réservée par l'article L 2315-23 du Code du travail aux CSE des entreprises d'au moins 50 salariés. Il ne dispose pas non plus de **budget** ni de **règlement intérieur,** de **secrétaire** ou de **trésorier.**

LOCAL

9161 C. trav. art. L 2315-20 LA-V-3250 s.

L'employeur doit mettre à la disposition des membres de la délégation du personnel du CSE le local nécessaire pour leur permettre d'**accomplir leur mission** et, notamment, de **se réunir.**

Sauf force majeure, l'employeur qui ne satisfait pas à cette obligation commet un **délit d'entrave** (Cass. crim. 7-1-1981 n° 79-94.255 ; 25-9-2007 n° 06-84.599 : RJS 12/07 n° 1304 ; 26-5-2009 n° 08-82.979 : RJS 10/09 n° 809). De simples difficultés à trouver un local disponible ne constituent pas un cas de force majeure (Cass. crim. 7-1-1981 n° 79-94.255).

› Précisions **a.** Si le Code du travail exige la mise à disposition d'un local, il n'impose pas expressément à l'employeur de l'**aménager** et de fournir le **matériel nécessaire** à l'exercice des fonctions du CSE. Cette question peut être réglée par voie de convention ou d'accord collectif. À défaut, il semble logique d'interpréter le texte ci-dessus comme supposant la fourniture d'un **matériel minimum** (table, sièges, armoires, téléphone) dont l'importance dépendra du nombre de membres composant la délégation.

Bien que cela ne soit pas expressément indiqué par l'article L 2315-20 du Code du travail, il paraît aller de soi que ce local soit conforme aux **règles d'hygiène et de sécurité** (aération, éclairage, etc.).

b. Le Code du travail est également muet sur la question de l'**utilisation du local.** Si cette question n'est pas réglée par **convention ou accord** collectif, il paraît souhaitable que l'employeur s'entende avec la délégation du personnel au CSE, au besoin en formalisant les modalités d'utilisation du local dans un document, afin que les droits de chacun soient clairement établis par avance et non pas déterminés chaque fois en fonction des circonstances.

Le local peut servir à des réunions organisées par la **direction** (Cass. crim. 17-11-1966 n° 66-90.425), à la condition qu'il n'en résulte pas pour les représentants du personnel une gêne dans l'exercice normal de leurs fonctions. Ainsi, l'employeur qui, intentionnellement et à plusieurs reprises, fait sortir les représentants du personnel du local qui leur a été affecté pour y tenir des réunions qui, bien que prévues d'avance, ne leur avaient pas été annoncées commet un délit d'entrave (Cass. crim. 17-11-1966 n° 66-90.425).

En tout état de cause, le local mis à la disposition du CSE **ne peut pas être utilisé** par les sections syndicales, qui doivent disposer d'un local distinct (n° 73345).

c. Pendant les heures où le local est mis à leur disposition, les membres de la délégation du personnel au CSE doivent pouvoir y **accéder** en toute liberté, sous la seule réserve, selon nous, des mesures que l'employeur pourrait être amené à prendre du fait de la responsabilité générale qui découle de son pouvoir de direction.

AFFICHAGE ET TRACTS

9162 Sur la possibilité pour les membres de la délégation du personnel du CSE de procéder à des affichages, voir n° 8992, les dispositions en la matière étant communes aux CSE des entreprises quelle que soit leur taille.

Alors que la diffusion de tracts est légalement autorisée pour les sections syndicales, ce mode d'information des salariés n'est pas prévu par les textes pour les membres de la délégation du personnel du CSE. Elle a cependant été admise, à propos des DP, par la jurisprudence sous réserve qu'elle ne cause aucun trouble dans l'entreprise ni ne perturbe le travail (Cass. soc. 2-2-1972 n° 71-40.102) et que le **contenu des documents** n'excède pas le cadre de leurs fonctions (Cass. soc. 2-2-1972 n° 71-40.102 ; Cass. soc. 13-3-1985 n° 82-43.175). Cette jurisprudence paraît transposable au CSE.

RÉUNIONS AVEC L'EMPLOYEUR

Les réunions entre l'employeur et les membres de la délégation du personnel du CSE peuvent être organisées soit à l'**initiative** de l'employeur, soit à la demande des membres de la délégation. **9163**

Réunions mensuelles Les membres de la délégation du personnel du CSE sont reçus collectivement par l'employeur ou son représentant **au moins** une fois par mois. Ils doivent tous être convoqués (Cass. crim. 11-10-1989 n° 87-90.494 : RJS 12/89 n° 943 ; 27-2-2018 n° 17-81.457 F-D : RJS 5/18 n° 337) avec assez d'avance pour pouvoir communiquer leurs questions dans le délai précisé n° 9168. **9164** C. trav. art. L 2315-21, al. 1 **LA-V-3800 s.**

ATTENTION

L'organisation de cette réunion est **impérative** et à la **charge de l'employeur.** Il doit le faire même si l'entreprise ne compte qu'**un seul représentant du personnel** (Cass. crim. 25-9-2007 n° 06-84.599 F-PFI : RJS 12/07 n° 1304) et doit pouvoir justifier de l'accomplissement de son obligation (Cass. crim. 26-4-1988 n° 86-93.166), notamment grâce aux formalités exposées n° 9168. Son **inobservation** ne peut être justifiée qu'en cas de force majeure ou de refus ou de défection des représentants du personnel eux-mêmes. Dans le cas contraire, le délit d'entrave est constitué (Cass. crim. 22-10-1975 n° 74-93.478 ; 25-9-2007 n° 06-84.599 F-PFI : RJS 12/07 n° 1304).

Réunions sur demande Les membres de la délégation sont reçus par l'**employeur** sur leur demande en cas d'urgence. Ils le sont également soit individuellement, soit par catégorie, atelier, service ou spécialité professionnelle selon les questions qu'ils ont à traiter. **9165** C. trav. art. L 2315-21, al. 1 **LA-V-4100 s.**

La **demande** de réunion peut émaner d'un ou de plusieurs représentants (Cass. crim. 29-3-1977 n° 76-91.340).

> Précisions a. La **notion d'urgence** n'est pas définie par la loi et est affaire de circonstances.

Le CSE doit notamment être réuni d'urgence, lorsqu'il a fait jouer son droit d'alerte, en cas de divergence avec l'employeur sur la réalité du danger ou la façon de le faire cesser, voir n° 71700. Indépendamment de la procédure particulière prévue dans ce cadre, l'urgence supposant une réponse rapide, on peut penser que les délais visés n°s 9168 et 9170 ne s'appliquent pas en ce cas.

b. Les représentants du personnel ne peuvent pas exiger d'être **reçus sur-le-champ** s'il n'y a pas d'urgence (Cass. soc. 10-6-1964 n° 63-40.406).

Même en cas d'urgence, les représentants qui présentent leurs revendications dans des conditions d'agitation, de désordre et de violence que l'**exercice normal** de leurs fonctions leur permet d'éviter commettent une faute grave (Cass. soc. 27-11-1968 n° 68-40.183).

c. Dans les **sociétés anonymes,** lorsque les membres de la délégation du personnel du CSE présentent des réclamations auxquelles il ne pourrait être donné suite qu'après délibération du conseil d'administration, ils sont reçus par celui-ci, sur leur demande, en présence du directeur ou de son représentant ayant connaissance des réclamations présentées (C. trav. art. L 2312-5, al. 3). On peut supposer que la règle vaut également dans les sociétés anonymes dotées d'un directoire.

Participants aux réunions Participent aux réunions : **9166** C. trav. art. L 2314-1 L 2315-11, al. 1, 3 et 5 L 2315-21, al. 2 **LA-V-4300 s.**

– les **membres de la délégation** du personnel au comité (les membres suppléants n'assistant toutefois aux réunions qu'en l'absence du titulaire) ;

– l'**employeur ou son représentant.** L'employeur peut se faire **assister** de collaborateurs mais, ensemble, ils ne peuvent pas être plus nombreux que les représentants du personnel titulaires.

> Précisions a. L'emploi du terme « collaborateurs » ne permet pas de dire si seuls des membres du personnel peuvent exercer ces fonctions d'assistance ou si des **tiers étrangers** à l'entreprise (expert-comptable ou conseiller juridique par exemple) peuvent aussi être admis.

Par ailleurs, on peut se demander si la limite maximale du nombre d'assistants doit s'entendre par référence au nombre de représentants du personnel titulaires ou seulement de ceux présents lors de la réunion. La fixation d'un maximum ayant pour objet d'assurer une parité entre l'employeur et ses assistants, d'une part, et les représentants du personnel, d'autre part, il semble que l'on doive plutôt se référer au nombre de représentants titulaires présents.

b. Le Code du travail ne prévoit pas la possibilité pour la délégation du personnel au CSE de se faire assister d'un **représentant d'une organisation syndicale,** contrairement à ce qui était prévu pour les délégués du personnel.

c. Le **temps** passé par les membres de délégation du personnel au CSE aux réunions est **rémunéré** comme temps de travail, qu'elles aient lieu pendant le temps de travail ou en dehors (Cass. soc. 23-10-1958 n° 6210). Il n'est pas déduit du crédit d'heures dont disposent les titulaires.

d. Sur la rémunération des temps de **trajet** et le remboursement des frais exposés pour se rendre aux réunions, voir n° 62640.

9168 C. trav. art. L 2315-22 LA-V-4500 s.

Préparation Sauf circonstances exceptionnelles, les membres de la délégation du personnel du CSE remettent à l'employeur une **note écrite** exposant l'objet des demandes présentées 2 jours ouvrables avant la date à laquelle ils doivent être reçus.

ATTENTION

Le **délai de 2 jours** précédant la réunion est d'**ordre public.** Le fait pour le chef d'établissement d'imposer un délai supérieur constitue un délit d'entrave à l'exercice régulier des fonctions du représentant (Cass. crim. 9-4-1975 n° 74-91.981), même en cas d'accord de l'un des syndicats de l'entreprise (Cass. crim. 23-5-1978 n° 76-91.889 et 5-2-1980 n° 79-90.889). En revanche, recevoir immédiatement, sur leur demande, les représentants ne constitue pas un délit (Cass. crim. 4-10-1977 n° 76-91.922).

9169

Date, lieu et durée La réunion mensuelle doit avoir lieu à la date fixée même si aucun représentant du personnel n'a remis en temps utile de **note écrite.** Le chef d'établissement peut seulement ne pas répondre aux **réclamations verbales** non précédées de la note (Cass. crim. 22-10-1975 n° 74-93.478).

Les textes ne précisent pas la **durée** de la réunion, mais la jurisprudence sanctionne le minutage excessif empêchant l'épuisement de l'ordre du jour dans des conditions normales (Cass. crim. 29-3-1977 n° 76-91.340).

Sur les règles de fixation du lieu de réunion et sur la possibilité de recourir à la **visioconférence,** qui est la même pour les CSE d'entreprises quelle que soit la taille de l'entreprise, voir respectivement n°s 9024 et 9028.

9170 C. trav. art. L 2315-22, al. 3 à 5

Réponse de l'employeur L'employeur doit répondre aux demandes transmises par les membres de la délégation du personnel **au plus tard** dans les 6 jours ouvrables suivant la réunion. Ses réponses doivent être **écrites et motivées.**

Ces demandes et les réponses qui leur ont été apportées sont soit transcrites sur un **registre spécial,** soit annexées à ce registre.

Ce registre ainsi que les documents annexés sont tenus à la disposition des salariés de l'établissement désirant en prendre connaissance, pendant un jour ouvrable par quinzaine et en dehors de leur temps de travail.

Ils sont également tenus à la disposition de l'inspection du travail et des membres de la délégation du personnel du CSE.

La loi étant muette sur ce point, la rédaction d'un **procès-verbal** de réunion est facultative, sauf convention ou usage contraire.

En cas de rédaction d'un procès-verbal, les salariés peuvent se prévaloir d'un engagement pris et inscrit dans ce document (Cass. soc. 28-2-1996 n° 92-45.334 P : RJS 4/96 n° 428 ; 12-6-2001 n° 00-41.944 FS-D : RJS 8-9/01 n° 1024).

S'agissant des réunions en **urgence,** voir n° 9165.

ATTENTION

La tenue d'un registre suppose un **document relié** et exclut les feuilles volantes. Lorsque les demandes et réponses sont annexées au registre, cela implique, en pratique, qu'il soit fait mention, dans le registre lui-même, de la date de chaque réunion avec renvoi aux annexes pour les demandes et réponses correspondant à la réunion, ces annexes étant également numérotées. Constitue un **délit d'entrave** le défaut de tenue du registre, peu important la mauvaise foi ou non de l'employeur (Cass. crim. 2-6-1976 n° 75-90.559 ; 7-10-1997 n° 96-82.539 D), ou de mention sur le registre de la réponse de la direction aux notes écrites (Cass. crim. 29-3-1977 n° 76-91.342).

V. ATTRIBUTIONS

9180 C. trav. art. L 2312-4

Comme pour son fonctionnement, les règles concernant les attributions du CSE **doivent être distinguées** selon les effectifs de l'entreprise : entre 11 et 49 salariés ou au moins 50 salariés.

Les dispositions du Code du travail ne font pas obstacle à celles **plus favorables** prévues par accord collectif de travail ou usage.

Sur le délai d'adaptation dont dispose l'employeur en cas de **franchissement du seuil de 50 salariés,** voir n° 62305.

A. Entreprises d'au moins 50 salariés

1. ATTRIBUTIONS ÉCONOMIQUES

a. Règles générales

ATTRIBUTIONS GÉNÉRALES

Expression collective des salariés et marche générale de l'entreprise 9200

C. trav. art. L 2312-8 L 2312-11 **LA-VI-210 s.**

Le CSE mis en place dans les entreprises d'au moins 50 salariés exerce les attributions prévues pour le CSE des **entreprises de moins de 50 salariés.** Ces attributions sont examinées nos 9420 s.

En outre, le CSE :

– assure l'**expression collective des salariés** permettant la prise en compte permanente de leurs intérêts dans les décisions relatives à la gestion et à l'évolution économique et financière de l'entreprise, à l'organisation du travail, à la formation professionnelle et aux techniques de production ;

– est informé et consulté sur les questions intéressant l'**organisation,** la **gestion et** la **marche générale de l'entreprise,** selon des modalités exposées nos 9315 s.

Ces missions s'exercent sans préjudice des dispositions relatives aux **délégués syndicaux** et à l'expression collective des **salariés.**

Analyse et prévention des risques professionnels Dans le champ de la **santé,** de la **sécurité et** des **conditions de travail,** le CSE : 9202

C. trav. art. L 2312-9 **LA-VI-230 s.**

– procède à l'**analyse des risques** professionnels auxquels peuvent être exposés les travailleurs, notamment les femmes enceintes, ainsi que des effets de l'exposition aux facteurs de risques professionnels mentionnés à l'article L 4161-1 du Code du travail (nos 71332 s.) ;

– contribue notamment à faciliter l'accès des **femmes** à tous les emplois, à la résolution des problèmes liés à la maternité, à l'adaptation et à l'aménagement des postes de travail afin de faciliter l'accès et le maintien des **personnes handicapées** à tous les emplois au cours de leur vie professionnelle ;

– peut **susciter toute initiative** qu'il estime utile et proposer notamment des actions de prévention des harcèlements moral et sexuel et des agissements sexistes. Le refus de l'employeur est motivé.

Faculté de proposition Le CSE **formule,** à son initiative, **et examine,** à la demande de l'employeur, toute proposition de nature à améliorer les conditions de travail, d'emploi et de formation professionnelle des salariés, leurs conditions de vie dans l'entreprise ainsi que les conditions dans lesquelles ils bénéficient de garanties collectives complémentaires en matière de prévoyance ou de retraite. 9204

C. trav. art. L 2312-12 **LA-VI-250**

Visites de l'inspecteur du travail Lors des visites de l'inspecteur du travail, les membres de la délégation du personnel au CSE sont **informés** de sa présence par l'employeur et peuvent présenter leurs observations. L'agent de contrôle se fait **accompagner** par un membre de la délégation, si le comité le souhaite. 9210

C. trav. art. L 2312-10 **LA-VI-260**

MOYENS D'INFORMATION

BDES : dispositions d'ordre public L'employeur doit mettre à la disposition du CSE une **base de données économiques et sociales** (BDES), rassemblant les informations nécessaires à ses consultations et informations récurrentes. L'ensemble des informations contribue à donner une vision claire et globale de la formation et de la répartition de la valeur créée par l'activité de l'entreprise. 9215

C. trav. art. L 2312-18 L 2312-21 R 2312-7 **LA-VI-450 s.**

La **mise à disposition actualisée** des données dans la base vaut communication au CSE, ainsi que, lorsqu'elle est requise, transmission à l'autorité administrative.

› Précisions La base doit, dans tous les cas, **au moins comporter les thèmes** suivants :
– l'investissement social et l'investissement matériel et immatériel ;
– l'égalité professionnelle entre les femmes et les hommes au sein de l'entreprise (cette rubrique devant comporter les indicateurs relatifs aux écarts de rémunération entre les femmes et les hommes et aux actions menées pour les supprimer : voir no 32200) ;
– les fonds propres et l'endettement ;
– l'ensemble des éléments de la rémunération des salariés et dirigeants ;

– les activités sociales et culturelles ;
– la rémunération des financeurs ;
– les flux financiers à destination de l'entreprise.

9217 C. trav. art. L 2312-21 LA-VI-700 s.

BDES : champ de la négociation Un **accord d'entreprise** conclu dans les conditions exposées n° 9250 peut définir :
– l'organisation, l'architecture et le contenu de la BDES ;
– ses modalités de fonctionnement (notamment les droits d'accès et le niveau de mise en place dans les entreprises à établissements distincts) ;
– son support et ses modalités de consultation et d'utilisation.

Outre les informations destinées aux consultations récurrentes du CSE, l'accord peut aussi prévoir d'intégrer dans la base les informations nécessaires aux **négociations obligatoires** avec les délégués syndicaux et aux **consultations ponctuelles** du CSE.

Dans les entreprises de moins de 300 salariés, à défaut d'accord d'entreprise, un **accord de branche** peut définir l'organisation, l'architecture, le contenu et les modalités de fonctionnement de la BDES.

> Précisions La base prévue par l'accord doit comporter certains thèmes : voir n° 9215. En revanche, elle n'est pas tenue de contenir des informations sur les 2 années précédentes et des perspectives sur les 3 années suivantes, comme c'est le cas en l'absence d'accord. Les signataires de l'accord ont donc toute latitude pour déterminer l'étendue des données historiques et/ou prospectives qui leur semblent utiles pour permettre au CSE d'exercer ses attributions consultatives.

9220 C. trav. art. L 2312-23 L 2312-36 R 2312-11 à R 2312-15 LA-VI-800 s.

BDES : dispositions supplétives En l'absence de l'accord visé ci-dessus, la BDES rassemble un ensemble d'informations que l'employeur met à la disposition du CSE.

Constituée au **niveau** de l'entreprise avec, dans les entreprises dotées d'un CSE central, l'inclusion d'informations que l'employeur met à la disposition de ce comité et des CSE d'établissement, elle est **accessible** en permanence aux membres de la délégation du personnel au CSE (CSE central compris) et aux délégués syndicaux, mais pas, à notre sens, aux représentants de section syndicale.

Dans les entreprises d'au moins 300 salariés, elle est tenue à disposition sur un **support** informatique, les autres entreprises ayant le choix entre ce support et un support papier.

Elle est **mise à jour** des éléments d'information au moins dans le respect des périodicités prévues par le Code du travail, l'employeur devant **informer** les personnes y ayant accès de son actualisation.

La **mise à disposition actualisée** dans la base des informations contenues dans les rapports et des informations transmises de manière récurrente au CSE vaut **communication** à celui-ci des rapports et informations, si elles sont correctement mises à jour et accompagnées des éléments d'analyse ou d'explication requis.

> Précisions **a.** Il est possible de constituer, par **accord de groupe,** une base de données au niveau du groupe, sans préjudice de l'obligation d'en instituer une au niveau de l'entreprise.
b. Les modalités d'**accès** et d'utilisation doivent permettre aux représentants du personnel, titulaires ou suppléants (Circ. DGT 1 du 18-3-2014), d'exercer utilement leurs compétences respectives. Pour l'administration, la base peut ne pas être accessible 24 h/24 lorsque sa consultation nécessite l'accès aux locaux de l'entreprise (Circ. DGT 1 du 18-3-2014).
c. Membres de la délégation du personnel au CSE et au CSE central et délégués syndicaux sont tenus à une **obligation de discrétion** à l'égard des informations contenues dans la base revêtant un caractère confidentiel et présentées comme telles par l'employeur, qui doit indiquer la durée de ce caractère confidentiel. Sur cette obligation, voir n° 8940.

9222 C. trav. art. R 2312-8 à R 2312-10

La base est découpée en **9 thèmes** : 1° investissements (social, matériel et immatériel) ; 2° égalité professionnelle entre les femmes et les hommes au sein de l'entreprise ; 3° fonds propres, endettement et impôts ; 4° rémunérations des salariés et dirigeants dans l'ensemble de leurs éléments ; 5° activités sociales et culturelles ; 6° rémunération des financeurs ; 7° flux financiers à destination de l'entreprise ; 8° partenariats ; 9° pour les entreprises appartenant à un groupe, transferts commerciaux et financiers entre les entités du groupe. Le **contenu** de la base diffère selon que l'entreprise emploie moins de **300 salariés** ou au moins cet effectif. Il est plus étoffé dans ce dernier cas, puisqu'il comporte notamment des informations sur la représentation du personnel et intègre le bilan social.

Les informations de la base portent sur l'**année** en cours, les 2 années précédentes (mais pas sur les années antérieures : Cass. soc. 25-3-2020 n° 18-22.509 F-PB : RJS 6/20 n° 302) et les

3 années suivantes. Elles sont **présentées** sous forme de données chiffrées ou, à défaut, pour les années suivantes, sous forme de grandes tendances. L'employeur indique, pour ces années, les informations qui, eu égard à leur nature ou aux circonstances, ne peuvent pas faire l'objet de données chiffrées ou de grandes tendances, pour des raisons qu'il précise.

ATTENTION

Les informations fournies dans la BDES à la suite d'une **fusion** doivent porter, sauf impossibilité pour l'employeur de se les procurer, sur les entreprises parties à l'opération pour les années en cause. À défaut, le comité n'a pas reçu l'information légalement due et le délai qui lui est imparti pour donner son avis dans le cadre de la consultation sur les orientations stratégiques de l'entreprise issue de la fusion ne commence pas à courir (Cass. soc. 27-11-2019 n° 18-22.532 F-PB : RJS 2/20 n° 96).

AUTRES SOURCES D'INFORMATION

Le CSE procède, à intervalles réguliers, à des **inspections** en matière de santé, sécurité et conditions de travail. Il réalise des **enquêtes** en matière d'accidents du travail ou de maladies professionnelles ou à caractère professionnel et peut demander à **entendre** le chef d'une entreprise voisine dont l'activité expose les travailleurs de son ressort à des nuisances particulières. Il est informé des **suites** réservées à ses observations. Il peut faire appel à titre consultatif et occasionnel au concours de toute **personne de l'entreprise** qui lui paraîtrait qualifiée. **9225** C. trav. art. L 2312-13 R 2312-4 L 2315-5 LA-VI-1300 s.

Il peut aussi procéder à des **enquêtes** à l'extérieur de l'entreprise et auprès des salariés, adresser à ceux-ci un questionnaire sur un problème donné (Circ. DRT 12 du 30-11-1984, réputée abrogée) ou encore organiser une **consultation du personnel,** sans toutefois pouvoir exiger de l'employeur la communication des **adresses des salariés** ou le support matériel de celles-ci (Cass. soc. 26-9-1989 n° 86-14.246 : RJS 11/89 n° 857 ; 19-12-1990 n° 89-16.072 : RJS 2/91 n° 203).

Le CSE dispose d'un droit d'**accès à certains documents** : registre unique du personnel, documents de décompte de la durée du travail, registre des accidents du travail bénins, déclaration d'emploi de travailleurs à domicile, carnet de maintenance des équipements de travail, etc. Pour ceux de ces documents rendus obligatoires par le Code du travail ou par une disposition légale relative au régime du travail, le CSE est **consulté préalablement** à la mise en place d'un **support de substitution.**

Sur son droit de se faire assister par des **experts,** voir n°s 9040 s. Sur ses **droits d'alerte,** voir n°s 9370 s.

› Précisions **a.** La fréquence des **inspections** doit être au moins égale à celle des réunions du CSE devant porter sur ses attributions en matière de santé, sécurité et conditions de travail : voir n° 9022.

b. Est **payé comme du temps de travail** effectif et **non déduit des heures de délégation** des élus titulaires le temps passé par les membres du CSE (C. trav. art. L 2315-11) :

– à la recherche de mesures préventives dans toute situation d'urgence et de gravité, notamment lors de la mise en œuvre de la procédure de danger grave et imminent prévue à l'article L 4132-2 : n°s 71700 s. ;

– aux enquêtes menées après un accident du travail grave ou des incidents répétés ayant révélé un risque grave ou une maladie professionnelle ou à caractère professionnel grave.

c. Sur l'information du CSE par l'administration ou la juridiction en cas de : **procédure collective,** voir n° 9334 ; **transaction pénale,** voir n° 67220 ; **amende administrative,** voir n° 43765 ; **poursuites pénales** contre l'employeur personne morale, voir n° 67135, e ; **opposition préfectorale** à l'engagement d'apprentis, voir n° 3485 ; décision de **rescrit** sur la conformité du **règlement intérieur,** voir n° 60155.

MODALITÉS DE CONSULTATION

Dans le cadre de ses attributions consultatives, le CSE émet des **avis et** des **vœux.** La loyauté de la consultation à l'issue de laquelle ils sont formulés est garantie par certains principes exposés ci-après. L'employeur doit rendre compte, en la motivant, de la **suite donnée** aux avis et vœux du comité. **9230** C. trav. art. L 2312-15 LA-VI-1470 s.

› Précisions **a.** Un avis du comité ne peut pas résulter d'une **simple appréciation** formulée à la suite d'une communication faite en réunion par l'employeur sans transmission préalable d'informations écrites (Cass. crim. 27-3-2012 n° 11-80.565 FS-PB : RJS 7/12 n° 638). Pour éviter tout litige sur l'existence de l'avis, il est conseillé de le mentionner en tant que tel sur le procès-verbal de réunion du CSE.

b. Un **avis négatif** n'empêche pas l'employeur de mettre en œuvre son projet, sauf quand l'accord du comité est nécessaire (n° 9382).

9232 C. trav. art. L 2312-14 LA-VI-1490 s

Caractère préalable La consultation du CSE doit **précéder la décision** de l'employeur.

Par exception, la consultation préalable du CSE n'est pas requise :
– avant le lancement d'une **offre publique d'acquisition** (nº 9330) ;
– sur les **projets d'accord** collectif, leur révision ou leur dénonciation ;
– sur la **gestion prévisionnelle des emplois** et des compétences pour les entreprises ayant conclu un accord relatif à celle-ci.

> **Précisions** **a.** Un **projet,** même **formulé en termes généraux,** doit être soumis au CSE avant son adoption dès lors que son objet est assez déterminé pour que son adoption ait une incidence sur la marche générale de l'entreprise, peu important que ses mesures d'application ne soient pas encore arrêtées (Cass. soc. 12-11-1997 nº 96-12.314 : RJS 12/97 nº 1391 ; 18-6-2003 nº 01-21.424 : RJS 8-9/03 nº 1033).
> **b.** Il y a délit d'entrave lorsque la consultation porte sur une **mesure déjà arrêtée dans son principe** même si sa mise en œuvre n'est pas encore effective (Cass. crim. 13-12-1994 nº 93-85.092 : RJS 3/95 nº 252 ; 15-3-2016 nº 14-85.078 : RJS 6/16 nº 432). En revanche, la consultation du CSE sur un projet, même avancé, est régulière si la décision n'est pas encore intervenue, l'employeur s'étant contenté d'effectuer une déclaration d'intention. Voir par exemple en cas de licenciement économique nº 48120, a.
> **c.** Lorsque la mesure envisagée s'inscrit dans une procédure complexe comportant des **décisions échelonnées,** le comité doit être consulté à chaque étape (Cass. soc. 7-2-1996 nº 93-18.756 : RJS 4/96 nº 417 ; Cass. crim. 30-11-1999 nº 98-82.729 : RJS 5/00 nº 550 ; Cass. soc. 18-11-2015 nº 14-12.684 : RJS 2/16 nº 131). Il doit être à nouveau consulté lorsque le projet sur lequel il a été initialement consulté fait l'objet de **modifications** importantes (Cass. soc. 10-7-2019 nº 18-10.815 F-D : RJS 11/019 nº 655).

9234 C. trav. art. L 2312-15 LA-VI-1350 s LA-VI-2670 s

Information écrite délivrée par l'employeur Pour lui permettre d'émettre ses avis et ses vœux, le CSE dispose d'informations précises et écrites transmises ou mises à disposition par l'employeur et de la réponse motivée de celui-ci à ses propres observations.

Le CSE a également accès à l'**information** utile détenue par les **administrations** publiques et les organismes agissant pour leur compte, conformément aux dispositions légales relatives à l'accès aux documents administratifs.

Si le CSE estime ne **pas disposer d'éléments suffisants,** il peut, avant l'expiration du délai de consultation (Cass. soc. 21-9-2016 nº 15-19.003 FS-PB : RJS 12/16 nº 785 ; Cass. soc. 3-11-2016 nº 15-16.082 FS-PB : RJS 1/17 nº 34), saisir le président du **tribunal judiciaire** statuant en procédure accélérée au fond pour qu'il ordonne à l'employeur de lui communiquer les éléments manquants. Cette saisine n'a pas pour effet de prolonger le délai dont dispose le comité pour rendre son avis, sauf, sur décision du juge, en cas de difficultés particulières d'accès aux informations nécessaires à la formulation de l'avis motivé du comité. Le tribunal doit statuer sur la demande du comité même si le délai de consultation est expiré le jour où il rend sa décision (Cass. soc. 26-2-2020 nº 18-22.759 FS-PBRI : RJS 5/20 nº 240). Il peut, s'il retient que les informations nécessaires à l'institution et demandées par elle pour formuler un avis motivé n'ont pas été transmises ou mises à disposition par l'employeur, ordonner la production des éléments d'information complémentaires et, en conséquence, prolonger ou fixer le délai de consultation réglementaire à compter de la communication de ces éléments complémentaires (Cass. soc. 26-2-2020 nº 18-22.759 précitée).

> **Précisions** **a.** L'information doit **permettre au CSE** d'apprécier la portée du projet et de donner un avis éclairé sur celui-ci (Cass. soc. 7-5-2014 nº 13-13.307). Elle doit être utile et loyale au regard des implications du projet (Cass. soc. 10-7-2013 nº 12-14.629), donc être suffisamment détaillée pour que le CSE puisse se prononcer en ayant une vision satisfaisante des objectifs poursuivis, des moyens pour y parvenir et des conséquences en termes d'emploi (CA Paris 31-7-2009 nº 09-14577 : RJS 11/09 nº 862) et/ou de conditions de travail. Le respect de la vie personnelle du salarié n'étant pas, en lui-même, de nature à faire obstacle au droit à l'information du comité, dès lors que les mesures demandées sont nécessaires et proportionnées, le comité peut obtenir des informations lui permettant d'avoir connaissance des niveaux de rémunération individuels de certains salariés (Cass. soc. 5-12-2018 nº 16-26.895 F-D : RJS 2/19 nº 111).
> **b.** L'employeur n'a pas à **communiquer le projet** lui-même (tel un projet de contrat) sauf disposition légale en ce sens (Cass. crim. 6-4-1993 nº 92-80.864 : RJS 6/93 nº 627) ou si la connaissance de ce document conditionne le bon déroulement de la consultation (Circ. DRT 12 du 30-11-1984, réputée abrogée).
> **c.** Une fois le **délai de consultation expiré,** le comité ne peut plus invoquer une insuffisance d'information devant le juge des référés (Cass. soc 27-5-2020 nº 18-26.483 F-PB : RJS 7/20 nº 354).

Délai d'examen Afin de formuler ses avis et vœux, le CSE dispose d'un délai d'examen suffisant. 9236 C. trav. art. L 2312-15 L 2312-16 R 2312-5 et R 2312-6 **LA-VI-2300 s**

Les **délais** dans lesquels les avis du CSE ou du CSE central sont rendus sont **fixés** :

– par des dispositions législatives spéciales ;

– ou, à défaut, par un accord conclu dans les conditions exposées nº 9250 ;

– ou, à défaut d'accord, par décret. Dans ce cas, le CSE est réputé avoir été consulté à l'expiration du délai d'un mois à compter de la communication par l'employeur des informations prévues par le Code du travail pour la consultation ou de l'information par l'employeur de leur mise à disposition dans la BDES. Ce délai est porté à 2 mois en cas d'intervention d'un expert et à 3 dans le cas d'une ou de plusieurs expertises dans le cadre de consultations se déroulant à la fois au niveau du CSE central et d'un ou de plusieurs CSE d'établissement.

Dans les deux derniers cas (délai conventionnel ou réglementaire), les délais doivent permettre à l'institution d'exercer utilement sa compétence, en fonction de la nature et de l'importance des questions soumises. À leur expiration, si le comité n'a **pas rendu d'avis,** il est réputé avoir été consulté et avoir rendu un **avis négatif.**

Lorsqu'il y a lieu de consulter à la fois le **CSE central** et un ou **plusieurs CSE d'établissements** (sur les cas concernés, voir nº 9650), les délais prévus ci-dessus s'appliquent au CSE central. L'avis de chaque CSE d'établissement est rendu et transmis au CSE central au plus tard 7 jours avant la date à laquelle ce dernier est réputé avoir été consulté et avoir rendu un avis négatif. À défaut, l'avis du CSE d'établissement est réputé négatif.

› Précisions **a.** Les **délais réglementaires** de consultation peuvent être **prolongés** par accord informel entre l'employeur et le comité (Cass. soc. 8-7-2020 nº 19-10.987 FS-PBI : RJS 10/20 nº 477).

b. Le **délai** applicable à **défaut d'accord** court à compter de la date à laquelle le CSE a été mis en mesure d'apprécier l'importance de l'opération projetée et de saisir le président du tribunal judiciaire s'il estime l'information communiquée insuffisante (Cass. soc. 21-9-2016 nº 15-19.003 FS-PB : RJS 12/16 nº 785). Si le juge a ordonné la **communication** de certains **documents,** le délai ne court qu'à compter de cette communication (Cass. soc. 30-1-2019 nº 17-23.025 F-D : RJS 4/19 nº 229). Tel est le cas, dans le cadre de la consultation sur les orientations stratégiques de l'entreprise, de la base de données économiques et sociales qui est le support de préparation de cette consultation (Cass. soc. 28-3-2018 nº 17-13.081 FS-PB : RJS 6/18 nº 426). Ce délai se **calcule** de date à date. Toutefois, s'il expire un samedi, un dimanche ou un jour férié ou chômé, il est prorogé jusqu'au premier jour ouvrable suivant (Circ. DGT 1 du 18-3-2014).

SANCTIONS

Le défaut de consultation ou la consultation irrégulière du comité sont constitutifs du **délit d'entrave** (Cass. crim. 13-12-1994 nº 93-85.092 : RJS 3/95 nº 252). Le CSE peut aussi demander des **dommages-intérêts** (Cass. soc. 26-3-2002 nº 99-14.144 : RJS 7/02 nº 859) et la **suspension** du projet jusqu'à la régularisation de la procédure de consultation (Cass. soc. 28-11-2000 nº 98-19.594 : RJS 2/01 nº 212 ; 25-6-2002 nº 00-20.939 : RJS 10/02 nº 1144 ; Cass. soc. 10-7-2019 nº 18-10.815 F-D : RJS 11/019 nº 655). Rendues à propos du CE, ces solutions sont, selon nous, transposables au CSE sous une réserve : si le CSE estime les informations fournies par l'employeur insuffisantes, il doit, avant l'expiration de son délai de consultation, saisir le juge selon la procédure exposée nº 9234. 9238 **LA-VI-2660 s**

En revanche, l'irrégularité de la procédure consultative sur un projet – en l'espèce la mise en place du travail de nuit – ne met pas en cause l'**opposabilité de la mesure** aux salariés (Cass. soc. 8-11-2017 nº 16-15.584 FS-PB : RJS 1/18 nº 32). Dans le même sens, le défaut de consultation annuelle du comité sur les décisions de l'employeur portant sur l'aménagement du temps de travail ou la durée du travail, exigée au titre des missions de cet organe concernant la politique sociale de l'entreprise, les conditions de travail et l'emploi, qui peut être sanctionné selon les règles régissant le fonctionnement du comité, n'a pas pour effet d'entraîner l'inopposabilité de l'accord de modulation à l'ensemble des salariés de la société (Cass. soc. 18-9-2019 nº 17-31.274 FS-PB : RJS 12/19 nº 699).

› Précisions Un syndicat professionnel n'a pas qualité à agir au lieu et place des institutions représentatives du personnel pour tirer argument d'un défaut de consultation qu'elles n'invoquent pas, et ne peut, dans un tel cas, que s'associer à l'action menée par l'une des institutions concernées (Cass. soc. 14-12-2015 nº 14-17.152 F-D : RJS 3/16 nº 188). Il ne peut ni demander communication à son profit de documents qui, selon lui, auraient dû être transmis au comité (Cass. soc. 11-9-2012 nº 11-22.014 : RJS 11/12 nº 882) ni exiger la remise au comité de documents que celui-ci n'a pas réclamés (Cass. soc. 16-12-2014 nº 13-22.308 : RJS 2/15 nº 116).

b. Consultations et informations récurrentes

9240 LA-VI-3200 L'employeur doit organiser 3 grandes consultations récurrentes du CSE, mais une grande latitude est laissée aux partenaires sociaux pour en adapter le contenu, les modalités et la périodicité.

Sur la forme, les dispositions afférentes aux 3 consultations sont organisées selon le triptyque ordre public/champ de la négociation/dispositions supplétives.

Par ailleurs, les entreprises d'au moins 300 salariés font l'objet de spécificités.

DISPOSITIONS D'ORDRE PUBLIC

9245 C. trav. art. L 2312-17 LA-VI-3210 s **Consultations récurrentes** Le CSE doit être **consulté sur** les orientations stratégiques de l'entreprise, sa situation économique et financière, sa politique sociale, les conditions de travail et l'emploi (dans le cadre de ces consultations, il est consulté sur les programmes de formation et veille à leur mise en œuvre effective : C. trav. art. L 4143-1 : nos 71280 s.).

Relève aussi de l'ordre public la **périodicité minimale des consultations,** fixée à 3 ans.

Dans les entreprises sans délégué syndical, la consultation sur le **droit d'expression** des salariés doit être organisée au moins une fois par an : voir no 9290.

S'agissant de l'information-consultation du CSE, dans le cadre de sa consultation sur les **orientations stratégiques** de l'entreprise, sur les aides attribuées à celle-ci dans le cadre du **plan de relance,** voir no 9029.

9247 C. trav. art. L 2312-34 L 2312-69 R 2312-21 LA-VI-3215 s **Informations récurrentes** Chaque **trimestre,** dans les **entreprises d'au moins 300 salariés,** l'employeur met à la disposition du CSE, dans la BDES, conventionnelle ou supplétive, des **informations sur** :

– l'évolution générale des **commandes** et l'exécution des programmes de **production** ;
– les éventuels retards de paiement de **cotisations sociales** par l'entreprise ;
– l'évolution des **effectifs** et de la **qualification** des salariés par sexe, faisant apparaître, mois par mois : le nombre de salariés en CDI et en CDD et à temps partiel, de contrats de professionnalisation, de salariés temporaires ou appartenant à une entreprise extérieure.

L'employeur communique aussi au CSE le nombre des journées de travail accomplies, au cours de chacun des 3 derniers mois, par les salariés en CDD et les salariés temporaires. Pour ces contrats, ainsi que pour les temps partiels et les salariés d'entreprises extérieures, il présente au comité les motifs l'ayant conduit à y recourir.

> **Précisions** **a.** Sur le franchissement du seuil de 300 salariés, voir no 62305.
> **b.** L'employeur doit aussi communiquer semestriellement au CSE la liste des demandes de période de **mobilité volontaire sécurisée** avec l'indication de la suite qui leur a été donnée (C. trav. art. L 1222-16).
> **c.** Le CSE des **entreprises de presse** ou de communication en ligne ou audiovisuelle est en outre informé annuellement sur le respect interne de la liberté de la presse (C. trav. art. L 7111-11). Celles **gérant un centre de formation** organisant des formations financées par l'État sont tenues à des obligations spécifiques lors de la consultation sur la politique sociale (C. trav. art. L 6122-1).

CHAMP DE LA NÉGOCIATION

9250 C. trav. art. L 2312-19 LA-VI-3230 s Un **accord d'entreprise** conclu dans les conditions prévues au premier alinéa de l'article L 2232-12 du Code du travail ou, en l'absence de délégué syndical, entre l'employeur et la majorité des élus titulaires du CSE peut définir :

– le contenu et les modalités des 3 **consultations récurrentes** ainsi que la liste et le contenu des informations nécessaires à ces consultations ;
– la périodicité de ces consultations, qui ne peut pas excéder 3 ans ;
– le nombre de réunions du CSE, au moins égal à 6 par an et devant respecter les règles d'ordre public visées no 9022 ;
– les niveaux auxquels les consultations sont conduites et leur articulation.

L'accord peut prévoir la possibilité pour le CSE d'émettre un **avis** unique portant sur tout ou partie des thèmes prévus pour les 3 consultations. Il peut aussi fixer les **délais** dont dispose le CSE pour rendre ses avis (no 9236) et le nombre d'**expertises** auxquelles il peut faire procéder (no 9045).

> **Précisions** **a.** L'**accord** conclu « dans les conditions prévues au premier alinéa de l'article L 2232-12 du Code du travail » s'entend d'un accord signé par un ou plusieurs syndicats représentatifs ayant recueilli **plus de 50 %** des suffrages exprimés au 1er tour des dernières

élections professionnelles en faveur des syndicats représentatifs dans l'entreprise ; à défaut d'un tel accord, l'employeur ne peut pas faire valider le texte par les salariés, la consultation de ces derniers étant prévue au deuxième alinéa de l'article L 2232-12, pas au premier (TGI Brest 6-9-2019 nº 19/00304 : RJS 1/20 nº 29).

b. Dans sa version la plus extrême, l'accord pourrait aller jusqu'à prévoir une **unique consultation** triennale au niveau du CSE portant à la fois sur les orientations stratégiques de l'entreprise, la situation économique et financière, la politique sociale, les conditions de travail et l'emploi. À l'inverse, il pourrait multiplier les **rendez-vous** en scindant les thèmes de consultation et en prévoyant une périodicité et des niveaux de consultation différents selon les thèmes.

Un **accord de groupe** peut opter pour une consultation sur les **orientations stratégiques** au niveau du comité de groupe. Cet accord prévoit les modalités de **transmission** de l'avis de ce comité à l'organe chargé de l'administration de l'entreprise dominante du groupe ainsi qu'à chaque CSE du groupe, qui reste consulté sur les conséquences des orientations stratégiques. Selon nous, compte tenu des termes de l'article L 2312-22 du Code du travail, seuls les **CSE centraux** des sociétés du groupe sont consultés sur les conséquences de la stratégie du groupe, pas les CSE d'établissement (sauf accord ou décision contraire des employeurs). **9255** C. trav. art. L 2312-20

RÈGLES SUPPLÉTIVES

Consultation sur les orientations stratégiques de l'entreprise En l'absence de l'accord visé nº 9250, le CSE est consulté, chaque année, sur les **orientations stratégiques de l'entreprise,** définies par l'organe chargé de l'administration ou de la surveillance de celle-ci et sur leurs conséquences sur l'activité, l'emploi, l'évolution des métiers et des compétences, l'organisation du travail, le recours à la sous-traitance, à l'intérim, à des contrats temporaires et à des stages. Cette consultation porte, en outre, sur la gestion prévisionnelle des emplois et des compétences (GPEC), sauf accord conclu sur le sujet, et sur les orientations de la formation professionnelle. **9280** C. trav. art. L 2312-22 et L 2312-24 **LA-VI-3240 s**

Le comité émet un **avis** sur les orientations stratégiques de l'entreprise et peut proposer des **orientations alternatives.** Cet avis est transmis à l'organe chargé de l'administration ou de la surveillance de l'entreprise, qui formule une **réponse** argumentée. Le comité en reçoit communication et peut y répondre.

› Précisions **a.** En l'absence d'accord et sous réserve de l'accord de groupe visé nº 9255, la consultation sur les orientations stratégiques de l'entreprise est conduite au **niveau** de l'entreprise, sauf si l'employeur en décide autrement.

b. Le contenu des **informations** à mettre à disposition du CSE en vue de cette consultation, pour laquelle il peut se faire assister d'un **expert** partiellement rémunéré par l'employeur (nº 9050), n'est pas précisé.

S'agissant de l'information-consultation du CSE sur les aides attribuées à l'entreprise dans le cadre du **plan de relance,** voir toutefois nº 9029.

Consultation sur la situation économique et financière de l'entreprise **9285** C. trav. art. L 2312-22 et L 2312-25 L 2312-68 R 2312-16 et R 2312-17 **LA-VI-3400 s**

En l'absence de l'accord visé nº 9250, la consultation annuelle sur la situation économique et financière de l'entreprise a lieu **chaque année** et porte également sur la politique de **recherche et de développement technologique** de l'entreprise (y compris sur l'utilisation du crédit d'impôt pour les dépenses de recherche).

Le CSE peut convoquer les **commissaires aux comptes** pour recevoir leurs explications et se faire assister d'un **expert-comptable** rémunéré par l'employeur.

À l'issue de la consultation, l'avis du CSE est transmis à l'**organe chargé de l'administration** ou de la surveillance de l'entreprise. L'absence de consultation emporte **suspension des aides publiques** en faveur des activités de recherche et de développement technologique.

En l'absence d'accord, la consultation sur la situation économique et financière de l'entreprise est conduite au **niveau** de l'entreprise, sauf si l'employeur en décide autrement.

› Précisions L'employeur met à la disposition du CSE, dans la BDES, les **informations** qui suivent :

– informations sur l'activité et sur la situation économique et financière de l'entreprise ainsi que sur ses perspectives pour l'année à venir (informations tenues à la disposition de l'autorité administrative) ;

– pour toutes les sociétés commerciales, documents obligatoirement transmis annuellement à l'assemblée générale des actionnaires ou à l'assemblée des associés, communications et copies transmises aux actionnaires et rapport des commissaires aux comptes ;

– documents de gestion prévisionnelle des sociétés commerciales et des GIE tenus d'établir de tels documents (documents réputés confidentiels) ;

– pour les entreprises ne revêtant pas la forme de société commerciale, documents comptables qu'elles établissent ;

– informations relatives à la politique de recherche et de développement technologique de l'entreprise.

Les informations devant être mises à la disposition du CSE pour la consultation sur la situation économique et financière sont, pour les entreprises de moins de 300 salariés, celles prévues aux rubriques suivantes de la **BDES** : 1° B (Investissement matériel et immatériel), 7° A (Aides publiques), 7° F (Résultats financiers), 8° (Partenariats) et 9° (Transferts commerciaux et financiers entre les entités du groupe, pour les entreprises appartenant à un groupe). Dans les entreprises d'au moins 300 salariés, il faut y ajouter celles prévues à la rubrique 1° C (Informations environnementales).

9290 C. trav. art. L 2312-22 et L 2312-26 L 2316-1 R 2312-18 et R 2312-20 **LA-VI-3500 s**

Consultation sur la politique sociale, les conditions de travail et l'emploi En l'absence de l'accord visé nº 9250, la consultation sur la politique sociale, les conditions de travail et l'emploi est **annuelle** et **porte sur** :

– l'évolution de l'emploi ;
– les qualifications ;
– le programme pluriannuel de formation et les actions de formation envisagées par l'employeur ;
– l'apprentissage et les conditions d'accueil en stage ;
– les actions de prévention en matière de santé et de sécurité ;
– les conditions de travail ;
– les congés et l'aménagement du temps de travail ;
– la durée du travail ;
– l'égalité professionnelle entre les femmes et les hommes ;
– les modalités d'exercice du droit d'expression des salariés dans les entreprises où aucun délégué syndical n'a été désigné ou non couvertes par un accord sur l'égalité professionnelle et la qualité de vie au travail contenant des dispositions sur ce droit.

Dans les entreprises d'**au moins 300 salariés,** la consultation porte aussi sur le bilan social de l'entreprise, dans les conditions exposées nº 9310.

Dans les entreprises à **établissements multiples,** la consultation est menée au niveau du CSE central, y compris si des mesures de mise en œuvre qui feront ultérieurement l'objet d'une consultation spécifique au niveau approprié ne sont pas encore définies. Mais si des mesures d'adaptation spécifiques aux établissements sont prévues, une consultation doit également être conduite au niveau des CSE d'établissement concernés.

Le CSE peut se prononcer par un **avis unique** portant sur l'ensemble des thèmes ou par des avis **séparés** organisés au cours de consultations propres à chacun de ces thèmes. Toutefois, aucune indication n'est donnée sur le point de savoir qui décide du nombre de consultations et d'avis. À défaut d'accord (nº 9250), c'est, selon nous, à l'employeur et au secrétaire du CSE de s'entendre pour fixer l'ordre du jour des réunions. À défaut d'accord entre eux, l'employeur devrait conserver la maîtrise du calendrier, car c'est à la date à laquelle il met l'information nécessaire à disposition du CSE que le délai de consultation commence à courir.

› Précisions a. L'employeur met à la disposition du CSE, dans la BDES, les **informations** relatives :

– à l'évolution de l'emploi, des qualifications, de la formation et des salaires, aux actions en faveur de l'emploi des travailleurs handicapés, au nombre et aux conditions d'accueil des stagiaires, à l'apprentissage et au recours aux CDD, aux contrats de mission conclus avec une entreprise de travail temporaire ou aux contrats conclus avec une entreprise de portage salarial ;

– aux indicateurs chiffrés sur la situation comparée des femmes et des hommes au sein de l'entreprise ainsi qu'à l'accord ou, à défaut, au plan d'action en faveur de l'égalité professionnelle ;

– au plan de développement des compétences du personnel de l'entreprise ;

– à la mise en œuvre des contrats de professionnalisation, de la promotion ou reconversion par alternance et du compte personnel de formation ;

– à la durée du travail : heures supplémentaires accomplies dans la limite et au-delà du contingent annuel ; à défaut de contingent conventionnel, modalités de son utilisation et de son éventuel dépassement ; bilan du travail à temps partiel, nombre de demandes individuelles de dérogations à la durée hebdomadaire minimale ; durée et aménagement du temps de travail, période de prise des congés, conditions d'application du temps partiel aménagé sur tout ou partie de l'année, recours aux conventions de forfait et modalités de suivi de la charge de travail des salariés concernés ;

– aux mesures prises en vue de faciliter l'emploi des accidentés du travail, des invalides et des travailleurs handicapés, notamment celles relatives à l'obligation d'emploi ;

– à l'affectation de la participation-construction et aux conditions de logement des travailleurs étrangers ;

– aux modalités d'exercice du droit d'expression des salariés ;

– aux contrats de mise à disposition conclus avec les entreprises de travail temporaire, aux contrats d'accompagnement dans l'emploi, aux contrats initiative-emploi et aux éléments ayant conduit l'entreprise à faire appel, au titre de l'année écoulée, et qui pourraient la conduire à faire appel, pour l'année à venir, à des CDD, des contrats de mission avec une entreprise de travail temporaire ou des contrats avec une entreprise de portage salarial.

Les informations devant être mises à la disposition du CSE pour la consultation sur la politique sociale sont, pour les entreprises de moins de 300 salariés, celles prévues aux rubriques suivantes de la BDES : 1° A (investissement social, dont notamment les informations relatives à la formation professionnelle et aux conditions de travail : 1° A e et f), 2° (égalité professionnelle entre les femmes et les hommes au sein de l'entreprise) et 4° (rémunération des salariés et dirigeants dans l'ensemble de leurs éléments). Dans les entreprises d'au moins 300 salariés, il faut y ajouter celles prévues à la rubrique 5° (représentation du personnel et activités sociales et culturelles).

b. Le CSE peut, en l'absence d'accord prévoyant le contraire, se faire assister par un **expert-comptable** rémunéré par l'employeur lors de chaque consultation annuelle (n° 9040).

Bilan santé, sécurité et conditions de travail-prévention En l'absence d'accord, la **consultation sur la politique sociale** de l'entreprise est aussi l'occasion de présenter au CSE : **9292** C. trav. art. L 2312-27 **LA-VI-3520 s**

– un **rapport** écrit faisant le bilan de la situation générale de la santé, de la sécurité et des conditions de travail dans l'établissement et des actions menées au cours de l'année écoulée dans ces domaines ; les questions du travail de nuit et de la pénibilité doivent être traitées spécifiquement ;

– un **programme de prévention** détaillant les mesures à prendre au cours de l'année à venir en matière de prévention des risques professionnels et d'amélioration des conditions de travail. Il est établi à partir de l'évaluation des risques faite par l'employeur (n°s 71270 s.), des analyses des risques professionnels faites par le CSE (n° 9202) et des informations visées n° 9310.

Le **CSE** peut **proposer** un ordre de priorité et l'adoption de mesures supplémentaires.

L'**employeur** doit énoncer s'il y a lieu, en annexe au rapport, les **motifs d'inexécution** des mesures qu'il avait prévues ou demandées par le comité et qui n'auraient pas été prises au cours de l'année concernée par le programme.

Ces documents sont **conservés** dans l'établissement et tenus à la disposition de l'inspecteur du travail, du médecin inspecteur du travail et des agents des services de prévention des organismes de sécurité sociale.

ATTENTION

Le **procès-verbal** de la réunion du CSE consacrée à l'examen du rapport et du programme annuels doit être joint par l'employeur à toute demande d'obtention de marchés publics, de participations publiques, de subventions, de primes de toute nature ou d'avantages sociaux ou fiscaux.

Bilan social Sauf accord contraire, dans les **entreprises d'au moins 300 salariés,** la **consultation sur la politique sociale** de l'entreprise porte aussi sur le bilan social de l'entreprise ainsi que, le cas échéant, sur le bilan social particulier à chaque établissement d'au moins 300 salariés. **9310** C. trav. art. L 2312-28 à L 2312-33 L 2312-35 **LA-VI-3530 s**

Le bilan **récapitule** les principales données chiffrées permettant d'apprécier la situation de l'entreprise, enregistrer les réalisations effectuées et mesurer les changements intervenus au cours de l'année écoulée et des 2 précédentes sur les thèmes suivants : emploi, rémunérations et charges accessoires, conditions de santé et de sécurité, autres conditions de travail, formation, relations professionnelles, nombre de salariés détachés et nombre de travailleurs détachés accueillis, conditions de vie des salariés et de leurs familles dans la mesure où ces conditions dépendent de l'entreprise.

› Précisions a. Les informations du bilan sont **mises à la disposition** du CSE dans la BDES et servent de base à la consultation du CSE sur la formation professionnelle. Elles sont mises à la disposition de tout salarié qui en fait la demande et, avec l'avis du CSE, de l'inspecteur du travail et des actionnaires.

b. Lorsque l'**effectif** de l'entreprise ou de l'établissement **atteint le seuil de 300 salariés,** le premier bilan social de l'entreprise ou de l'établissement porte sur l'année suivant celle au cours de laquelle le seuil a été atteint (soit l'année 2021 si le seuil a été atteint en 2020) et il peut ne concerner que l'année écoulée. Le deuxième bilan peut ne concerner que les 2 dernières années écoulées.

Un bilan social doit être présenté pour l'année au cours de laquelle l'**effectif** est **passé en deçà de 300 salariés.**

c. Consultations et informations ponctuelles

DISPOSITIONS D'ORDRE PUBLIC

9315 C. trav. art. L 2312-8 L 2312-37 LA-VI-3700 s

Thèmes et cas de consultation obligatoires Le CSE des entreprises d'au moins 50 salariés est informé et consulté sur les questions intéressant l'organisation, la gestion et la marche générale de l'entreprise, notamment sur les **thèmes** suivants :
– mesures de nature à affecter le volume ou la structure des effectifs ;
– modification de son organisation économique ou juridique ;
– conditions d'emploi et de travail, notamment durée du travail et formation professionnelle ;
– introduction de nouvelles technologies, tout aménagement important modifiant les conditions de santé et de sécurité ou les conditions de travail ;
– mesures prises en vue de faciliter la mise, la remise ou le maintien au travail des accidentés du travail, des invalides de guerre, des invalides civils, des personnes atteintes de maladies chroniques évolutives et des travailleurs handicapés, notamment sur l'aménagement des postes de travail.

Outre ces thèmes, le CSE est aussi informé et consulté dans les **cas** suivants :
– mise en œuvre de moyens de contrôle de l'activité des salariés ;
– restructuration et compression des effectifs ;
– licenciement collectif pour motif économique ;
– offre publique d'acquisition ;
– procédures de sauvegarde, de redressement et de liquidation judiciaires.

Le CSE doit aussi être consulté en cas de notification à l'entreprise de l'attribution de subventions, prêts ou avances remboursables par une personne publique.

Sur son information et sa consultation avant la mise en place ou la modification d'une garantie collective de protection sociale complémentaire, voir n° 58870.

9320 C. trav. art. L 2312-8 LA-VI-3750 s

Modification de l'organisation économique ou juridique Le Code du travail ne détaille pas ce que recouvre la notion de modification de l'organisation économique ou juridique de l'entreprise devant donner lieu à information-consultation du CSE, ce qu'il faisait pour l'information-consultation du comité d'entreprise. On peut toutefois penser qu'elle est identique pour les deux instances et que l'énumération non limitative qui figurait à l'article L 2323-33 ancien du Code du travail vaut aussi pour le CSE : fusion, cession, modification importante des structures de production de l'entreprise et acquisition ou cession de filiales au sens de l'article L 233-1 du Code de commerce.

> **Précisions** **a.** Par **exemple,** le CSE doit être consulté en cas de transfert à une holding de la totalité des actions d'une société, lorsque la mesure a des conséquences pour les salariés de celle-ci et est de nature à influer sur un projet de modernisation mené en son sein, peu important que le transfert soit imposé par la loi (Cass. soc. 26-10-2010 n° 09-67.760 : RJS 1/11 n° 54).
> **b.** L'employeur indique les **motifs** des modifications projetées et consulte le comité sur les **mesures** envisagées **à l'égard des salariés** lorsque ces modifications comportent des conséquences pour eux (Cass. soc. 9-7-1996 n° 94-19.722 : RJS 8-9/96 n° 940).
> **c.** Dans les **sociétés anonymes,** l'avis du CSE est communiqué à l'assemblée des actionnaires appelés à délibérer sur les modifications (C. com. art. L 225-105). À noter que l'article 225-105 du Code de commerce n'a pas été mis à jour pour tenir compte du remplacement du CE par le CSE, mais la règle s'applique à notre sens à cette dernière instance.

9322 C. trav. art. L 2312-8 LA-VI-3840 s

Conditions de travail et introduction de nouvelles technologies Le CSE est **obligatoirement consulté** les projets affectant les conditions d'emploi ou de travail (notamment la durée du travail), ainsi qu'en cas d'introduction de nouvelles technologies ou d'aménagement important modifiant les conditions de santé et de sécurité ou les conditions de travail.

En outre, en cas de projet important modifiant les conditions de santé et de sécurité ou les conditions de travail, le CSE peut se faire assister par des **experts** (nos 9040 s.).

> **Précisions** La **mesure** envisagée doit être **importante** et ne pas revêtir un **caractère individuel** (Cass. crim. 15-10-1991 n° 90-83.045 : RJS 3/92 n° 37). Par exemple, le CSE doit être consulté en cas de proposition, à des salariés précédemment titulaires de contrats d'adaptation, de CDI comportant une alternance entre périodes de travail par équipes successives et périodes de travail à la journée, lorsque la proposition, concernant d'abord 6 salariés sur 3 600, est étendue à 50 salariés (Cass. crim. 12-4-2005 n° 04-83.101 : RJS 11/05 n° 1114).

Recrutement et contrôle des salariés Le CSE est informé, préalablement à leur utilisation, sur les méthodes ou techniques d'**aide au recrutement** des candidats à un emploi ainsi que sur toute modification de celles-ci. Il est aussi informé, préalablement à leur introduction dans l'entreprise, sur les **traitements automatisés de gestion** du personnel et sur toute modification de ceux-ci. Il est informé et consulté, préalablement à la décision de mise en œuvre dans l'entreprise, sur les moyens ou les techniques permettant un **contrôle de l'activité** des salariés. 9324 C. trav. art. L 2312-38 LA-VI-4000 s

Restructuration et compression des effectifs Le CSE est saisi en temps utile des projets de restructuration et de compression des effectifs. Il émet un avis sur l'**opération projetée** et ses **modalités d'application.** Cet avis est transmis à l'autorité administrative. 9326 C. trav. art. L 2312-39 L 2312-40 LA-VI-4100 s

Si ces dispositions sont d'**ordre public,** elles **ne s'appliquent pas en cas** de congé de mobilité ou de rupture conventionnelle collective, ces deux situations faisant l'objet de règles particulières (nos 69146 s.).

Lorsque l'employeur envisage de procéder à un **licenciement collectif pour motif économique,** le CSE est consulté dans les conditions prévues nos 48075 s.

Opération de concentration Lorsque l'entreprise est partie à une opération de concentration, l'employeur réunit le CSE au plus tard dans un délai de 3 jours à compter de la publication du communiqué officiel relatif à la notification du projet. 9328 C. trav. art. L 2312-41 LA-VI-4300 s

Lorsque l'opération prend la forme d'une **offre publique d'acquisition,** ces règles sont réputées satisfaites si le CSE se réunit en application de celles exposées n° 9330.

› Précisions **a.** **Sont concernées** les opérations de concentration au sens de l'article L 430-1 du Code de commerce atteignant les seuils de chiffre d'affaires prévus par l'article L 430-2 du même Code.
b. Les **entreprises parties** à l'opération sont toutes les entités économiques affectées, directement ou non, par la prise de contrôle, par exemple des sociétés filiales qui sont indirectement la cible d'une opération ayant une incidence sur la situation de leurs salariés (Cass. soc. 26-10-2010 n° 09-65.565 : RJS 1/11 n° 53). En revanche, une entreprise ne peut pas être considérée comme telle si une telle incidence est incertaine (Cass. soc. 2-7-2014 n° 13-17.357 : RJS 10/14 n° 704).
c. Au cours de la réunion, le CSE ou la commission économique se prononce sur le recours à un **expert-comptable** dans les conditions prévues nos 9040 s. Une **seconde réunion** se tient alors pour entendre le résultat de ses travaux. L'expert a libre accès dans l'entreprise. Il est financé pour partie par l'employeur et pour partie par le CSE : n° 9050.
d. Le CSE peut demander à être entendu par l'**Autorité de la concurrence** (C. com. art. L 430-6).

Offre publique d'acquisition (OPA) Lors du dépôt d'une OPA, l'**entreprise cible** réunit **immédiatement** son CSE pour l'en **informer** et indiquer si l'offre a été ou non sollicitée. Au cours de cette réunion, le CSE décide s'il souhaite entendre l'auteur de l'offre et désigner un expert-comptable dans les conditions exposées nos 9040 s., l'expertise étant financée pour partie par l'employeur et pour partie par le CSE : n° 9050. Il peut se prononcer sur le caractère amical ou hostile de l'offre. L'auteur lui adresse la note d'information visée par l'Autorité des marchés financiers dans les 3 jours suivant sa publication. Si le CSE décide d'entendre l'auteur, l'audition se tient dans la semaine suivant le dépôt du projet. S'il désigne un expert-comptable, celui-ci peut l'assister lors de cette audition et a 3 semaines à compter du dépôt du projet pour établir son rapport. 9330 C. trav. art. L 2312-42 à L 2312-52 LA-VI-4360 s

Avant que le conseil d'administration ou de surveillance rende son propre avis sur l'offre, le CSE est **réuni pour consultation.** Il peut demander la présence de l'auteur à cette réunion où il examine le rapport de son expert-comptable. Il doit émettre son avis dans un délai d'un mois à compter du dépôt du projet, faute de quoi il est réputé avoir été consulté. Son **avis** et le **rapport de l'expert-comptable** sont reproduits dans la note en réponse établie par la société cible (ou dans la note commune des sociétés cible et auteur).

Si, à l'**issue de l'OPA,** l'auteur a acquis le contrôle de l'entreprise, il rend compte au CSE, au cours des 6e, 12e et 24e mois suivant la clôture de l'offre, de la manière dont il a mis en œuvre ses déclarations et engagements.

› Précisions **a.** Cette procédure ne concerne pas les **« offres techniques »,** c'est-à-dire celles où l'initiateur possède déjà le contrôle de la société, le CSE étant alors consulté dans le cadre de l'article L 2312-8 du Code du travail (n° 9320).
b. Lors de son audition, l'**auteur présente** sa politique industrielle et financière, ses plans stratégiques pour la société cible et les répercussions de la mise en œuvre de l'offre sur l'ensemble des intérêts, l'emploi, les sites d'activité

et la localisation des centres de décision de ladite société. L'**expert-comptable** évalue ces éléments dans son rapport. Il a accès aux documents nécessaires à cette évaluation. Pour le surplus, sa mission relève des règles exposées nos 9040 s.

c. Les membres élus du CSE peuvent demander au **président du tribunal judiciaire** d'ordonner la communication des éléments d'information qu'ils estiment manquants. Sauf décision contraire du juge sous certaines conditions, cette saisine ne prolonge pas le délai imparti au CSE pour rendre son avis.

d. Des sanctions sont prévues **si l'auteur ne se présente pas** aux réunions.

e. À la demande de l'auteur, la **première réunion** peut **se tenir** dans les 2 jours suivant l'annonce de l'offre, auquel cas les délais de la procédure courent, tant dans la société cible que dans la société auteur, à compter de cette annonce. En cas de modification significative entre l'annonce et le dépôt, l'avis du CSE est caduc et la procédure doit être recommencée.

f. En cas d'annonce d'offre portant sur l'**entreprise dominante** d'un groupe, le chef de cette entreprise en informe immédiatement le **comité de groupe** dans les conditions ci-dessus. En l'absence de comité d'entreprise européen instauré par un accord précisant les modalités de l'articulation des consultations, les représentants du personnel d'une **société contrôlée par une société mère** ayant son siège dans un **autre État** membre de l'UE doivent être consultés sur tout projet concernant l'organisation, la gestion et la marche générale de l'entreprise, notamment sur les mesures de nature à affecter le volume et la structure des effectifs résultant des modifications de l'organisation économique et juridique de l'entreprise, y compris lorsqu'une OPA porte sur les **titres de la société mère** (Cass. soc. 19-12-2018 no 18-14.520 FS-PBRI : RJS 3/19 no 167).

9332 C. trav. art. L 2312-14 L 2312-42 L 2312-49 **LA-VI-4500 s**

L'entreprise **auteur de l'offre réunit son CSE** pour l'en **informer** dans les 2 jours ouvrables suivant sa publication ou, s'il opte pour cette solution (no 9330, e), dans les 2 jours ouvrables suivant son annonce. Au cours de cette réunion, il lui transmet des **informations écrites et précises** sur le contenu de l'offre et sur ses conséquences en matière d'emploi. Il n'a pas à consulter son CSE avant le lancement de l'offre.

9334 C. trav. art. L 2312-53 L 2312-54 C. com. art. L 661-10 **LA-VI-4600 s**

Procédures collectives

La **consultation,** l'**information** ou l'**audition** du CSE est prévue aux **différents stades** des procédures de sauvegarde, de redressement et de liquidation judiciaires.

Avant l'ouverture de la procédure, l'employeur réunit le comité pour qu'il désigne, parmi ses membres, la personne habilitée à être entendue par le tribunal et à exercer les voies de recours en son nom. Le nom de ce **représentant** est communiqué au greffier (C. com. art. R 621-2, R 631-7 et R 641-1).

Le comité désigne aussi au sein de l'entreprise un **représentant des salariés** (C. com. art. L 621-4) qui peut être le représentant du CSE (Cass. soc. 5-12-2012 no 11-61.183 : RJS 2/13 no 153), chargé notamment de vérifier les relevés des créances nées des contrats de travail. Si l'employeur est informé de son mandat (no 63250), son **licenciement** ne peut intervenir que sur autorisation de l'inspecteur du travail et après avis du CSE (C. trav. art. L 2421-6 ; C. com. art. L 662-4 et R 621-16). Cette protection cesse au terme de la dernière audition ou consultation précédant l'adoption du plan de redressement (Cass. soc. 30-1-2013 no 11-22.979 : RJS 4/13 no 310).

› Précisions **a.** Les procédures collectives proprement dites peuvent être précédées de la **désignation** par le président du tribunal, à la demande du débiteur, d'un **mandataire « ad hoc »,** et/ou d'une **procédure de conciliation.** Le CSE n'a pas à être informé de la désignation du mandataire (C. com. art. L 611-3) ni de l'ouverture de la procédure de conciliation (C. com. art. L 611-6, alinéa 3). Toutefois, en cas d'homologation d'un accord de conciliation, il est informé par l'employeur et entendu par le tribunal (C. com. art. L 611-8-1 et L 611-9).

b. Les dispositions du **Code de commerce** n'ont pas été mises à jour des ordonnances du 22-9-2017 réformant le Code du travail. Ces dispositions continuent donc à faire référence au comité d'entreprise et aux délégués du personnel. À notre sens toutefois, il y a lieu de les appliquer, d'autant que les articles L 2312-53 et L 2312-54 du Code du travail visent une partie d'entre elles.

9336 C. trav. art. R 2312-23 **LA-VI-4830 s**

Attribution d'une aide publique

Le CSE est informé et consulté en cas d'attribution directe par une personne publique, ou dans le cadre de programmes ou fonds communautaires, de **subventions, prêts ou avances remboursables** dont les montants excèdent des seuils fixés par arrêté interministériel.

L'information et la consultation **portent sur** la nature de l'aide, son objet, son montant et les conditions de versement et d'emploi fixées le cas échéant par la personne publique. La consultation a lieu **après notification** à l'entreprise du montant de l'aide.

› Précisions **a.** Cette disposition est la transposition d'une disposition similaire applicable au comité d'entreprise. Pour celui-ci, un arrêté du 24-9-2009 a fixé les seuils à 200 000 € pour les subventions et à 1 500 000 € pour les prêts ou avances remboursables. Le texte n'a pas été modifié pour tenir compte de la création du CSE.

b. Pour les aides de l'État en faveur de l'**égalité professionnelle,** voir n° 32200. Pour celles attribuées en faveur de l'**emploi,** voir n° 2230, b (conventions de formation et d'adaptation pour la reconversion des salariés).

CHAMP DE LA NÉGOCIATION

Un **accord** conclu dans les conditions prévues n° 9250 **peut définir** : **9340** C. trav. art. L 2312-55 **LA-VI-5000**
- le **contenu** des consultations et informations ponctuelles visées n° 9315 ;
- leurs **modalités,** notamment le nombre de réunions ;
- les **délais** dans lesquels les avis du CSE sont rendus.

› Précisions Le Code du travail étant muet sur la question, il nous semble possible de conclure un **accord ponctuel** pour une consultation donnée ou un **accord-cadre** valant pour tout ou partie des thèmes sur lesquels le CSE doit être consulté avant la prise de décision patronale. Outre les dispositions d'**ordre public** concernant les thèmes de consultation, celles plus générales exposées n°s 9215 s. doivent être respectées.

Un **accord de groupe** peut prévoir que les consultations ponctuelles visées n° 9315 sont effectuées au niveau du comité de groupe. L'accord doit alors prévoir les modalités de **transmission** de l'avis du comité de groupe à chaque CSE des entreprises du groupe, qui reste consulté sur les conséquences des projets sur l'entreprise et à l'organe chargé de l'administration de l'entreprise dominante de ce groupe. **9345** C. trav. art. L 2312-56 **LA-VI-5010**

DISPOSITIONS SUPPLÉTIVES

Information des nouveaux élus Un mois après chaque élection du CSE, l'employeur lui communique une **documentation économique et financière** précisant : **9350** C. trav. art. L 2312-57 **LA-VI-5200 s**
- la forme juridique de l'entreprise et son organisation ;
- les perspectives économiques envisageables de l'entreprise ;
- le cas échéant, la position de l'entreprise au sein du groupe ;
- compte tenu des informations dont dispose l'employeur, la répartition du capital entre les actionnaires détenant plus de 10 % du capital et la position de l'entreprise dans sa branche d'activité.

› Précisions Cette information ne s'applique qu'à défaut d'accord visé n° 9250 (ou, dans les entreprises sans DS, à défaut d'accord entre l'employeur et le CSE).

Information des entreprises sous-traitantes À défaut d'accord, lorsqu'un **projet de restructuration et de compression des effectifs** soumis au CSE est de nature à affecter le volume d'activité ou d'emploi d'une entreprise sous-traitante, l'entreprise donneuse d'ordre en informe immédiatement l'entreprise sous-traitante. Le CSE de cette dernière en est immédiatement informé et reçoit toute explication utile sur l'évolution probable de l'activité et de l'emploi. **9352** C. trav. art. L 2312-58 **LA-VI-5230**

› Précisions Cette information ne s'applique qu'à défaut d'accord visé n° 9250 (ou, dans les entreprises sans DS, à défaut d'accord entre l'employeur et le CSE).

TEXTES SPÉCIFIQUES

Des textes spécifiques prévoient l'information et/ou la consultation du CSE **par l'employeur** sur divers points. Pour l'information communiquée **par des tiers,** voir n° 9225, c. **9355**

Recours aux **CDD** et au **travail temporaire**	
Conclusion en cas :	
– de départ définitif d'un salarié avant suppression de son poste	n° 19575
– de commandes exceptionnelles à l'exportation	n° 19600
Programme de formation et conditions d'accueil	n° 20060
Durée du travail	
– Dépassement de la durée maximale hebdomadaire	n°s 29535 s.
– Dépassement de la durée maximale journalière	n° 29550, a
– Mise en place et organisation des astreintes	n° 29640
– Aménagement de la durée du travail sur plusieurs semaines	n° 30160
– Mise en place d'équipes de suppléance	n° 30430
– Modalités de fixation de la journée de solidarité	n° 31265
– Transports routiers : durée hebdomadaire de travail des personnels roulants	Documentation sociale OA-I-57740 s., 59200 s.

9355 (suite)

– Travail en continu pour des raisons économiques	Documentation sociale OA-II-15390 s.
– Utilisation d'heures supplémentaires dans le cadre du contingent	n° 41060
– Utilisation d'heures supplémentaires hors contingent	n° 41070
– Remplacement de la rémunération des heures supplémentaires par un repos compensateur	n° 41150
– Mise en place du temps partiel	n°s 77120 s.
Télétravail (mise en place et modification)	n° 73920, b
Salariés protégés Rupture du contrat de travail	n°s 63350 s.
Protection sociale complémentaire (mise en place et modification)	n° 58870
Congés	
– Refus du congé pour création d'entreprise	n° 12185
– Refus du congé sabbatique	n° 12270
– Refus du congé de formation économique, sociale et syndicale	n° 12345
– Refus du congé de formation des cadres et animateurs pour la jeunesse	n° 12425
– Refus du congé de formation des élus locaux	n° 12490
– Refus de la participation à des instances de la formation professionnelle ou à un jury d'examen	n° 12495
– Refus de congé au représentant d'une mutuelle ou association	n° 12500
– Refus d'un congé de solidarité internationale	n° 12505
– Chèques-vacances	n° 13755
– Report du congé de transition professionnelle	n° 38330
Plans d'actions	
– Établissement d'un plan pour l'égalité professionnelle	n° 32215, a
– Établissement d'un plan en faveur de la prévention	n°s 71335 s.
– Établissement d'un plan d'amélioration de la sécurité	n° 71870
Mise en **activité partielle**	n° 1425
Épargne salariale	
– Livret d'épargne salariale	n° 33955
– Projet de règlement du PEE	n° 34435, a
– Assujettissement unilatéral à la participation	n° 33740
Prise en charge des **frais de transport** domicile-lieu de travail	n° 70530
Service de **santé au travail**	
– Droit de veto du CSE sur certains points	n°s 72220 et 72280
– Information et/ou consultation du CSE	n°s 72220 s.
Règlement intérieur (introduction ou modification)	n°s 60030, 60145
Notes de service, codes éthiques et chartes (introduction ou modification)	n° 60105
Charte sur le droit à la **déconnexion**	n° 52003, b
Mise en œuvre de moyens ou techniques de **contrôle de l'activité** des salariés	n° 56060
Mise en place d'un dispositif d'alerte professionnelle	n° 56070, b
Méthodes et techniques d'**aide au recrutement** (introduction ou modification)	n° 33140
Traitements automatisés de gestion du personnel (introduction ou modification)	n° 90100

Mise à disposition	
Prêt de main-d'œuvre à but non lucratif	n° 33037
Adhésion à un **groupement d'employeurs**	n° 33040, a
Mise à disposition d'une personne handicapée par une entreprise adaptée	n° 40255, b
Programme de **rachat d'actions**	mémento CSE n° 87660
Alerte des commissaires aux comptes de l'entreprise	mémento CSE n° 89155
Discrimination collective (demande préalable à la mise en œuvre d'une action de groupe)	n° 32280, a
Droit à l'expression	
Droit d'expression (mise en œuvre en l'absence d'accord)	n° 36975
Droit d'expression (avis émis par les groupes)	n° 37070
Conditions d'hygiène, de sécurité et de travail	
– mise en place d'un dispositif d'évaluation des salariés	n° 17020
– entretien et nettoyage des locaux de travail	C. trav. art. R 4224-18
– aménagement d'espaces fumeurs	n° 71490
– local ou emplacement de restauration	n° 71510
– liste des postes nécessitant la fourniture d'une boisson non alcoolisée	n° 71515
– liste des postes de travail liés à la sécurité dans les établissements à haut risque industriel	C. trav. art. L 4523-2
– dérogation aux règles d'aménagement des installations sanitaires	n° 71500
– mise à disposition des équipements de protection individuelle	n° 71550
– protection des salariés contre le froid et les intempéries	n° 71460
– emploi de travailleurs handicapés	n° 40200
– restructuration et compression des effectifs	n° 48190
– cessation d'adhésion à un service de santé au travail interentreprises	n° 72240
– programmes de formation à la sécurité	n° 71290
– établissements à haut risque industriel : documents transmis aux autorités chargées de la protection de l'environnement – liste des entreprises extérieures envisagées par l'employeur pour participer au comité élargi – plan d'urgence des installations nucléaires de base	C. trav. art. L 2315-6, R 4523-8 et L 4523-4
– plan de sécurité prescrit par décision judiciaire	n° 71870
– liste des salariés suivis par un service de santé au travail interentreprises	n° 72240, c

d. Droits d'alerte

ALERTE AUX DROITS DES PERSONNES

Si un membre de la délégation du personnel au CSE constate, notamment par l'intermédiaire d'un travailleur, qu'il existe une **atteinte aux droits des personnes, à leur santé** physique et mentale (pouvant notamment résulter de faits de harcèlement sexuel ou moral ou de toute mesure discriminatoire) ou aux **libertés** individuelles dans l'entreprise qui ne serait pas justifiée par la nature de la tâche à accomplir ni proportionnée au but recherché, il doit en **saisir** immédiatement l'employeur. **9370** C. trav. art. L 2312-59 **LA-VI-6150 s**

Celui-ci procède sans délai à une enquête avec le membre du CSE et prend les dispositions nécessaires pour remédier à la situation.

› **Précisions a.** En cas de **carence de l'employeur** ou de **divergence** sur la réalité de l'atteinte, et à défaut de solution trouvée avec l'employeur, le salarié, ou le membre du CSE si le salarié averti par écrit ne s'y oppose pas, saisit le bureau de jugement du conseil de prud'hommes qui statue en procédure accélérée au fond. Le **juge** peut ordonner toutes mesures propres à faire cesser l'atteinte et assortir sa décision d'une astreinte liquidée au profit du Trésor. Le délai d'appel est de 15 jours (Cass. soc. 17-6-2009 n° 08-40.274 FS-PB : RJS 8-9/09 n° 743).
b. L'exercice du droit d'alerte ne peut pas avoir pour objet de faire **annuler des sanctions disciplinaires** prononcées en violation des droits et libertés individuels (Cass. soc. 10-12-1997 n° 95-42.661 PBR : RJS 1/98 n° 62 ; 9-2-2016 n° 14-18.567 F-D : RJS 4/16 n° 262).

ALERTE ÉCONOMIQUE

9372 C. trav. art. L 2312-63 à L 2312-67 R 2312-29 et R 2312-30 LA-VI-6200 s

Lorsque le CSE a connaissance de **faits de nature à affecter de manière préoccupante** la situation économique de l'entreprise, il peut demander à l'employeur de lui fournir des explications. Sa demande est inscrite de droit à l'ordre du jour de la prochaine séance.

Si la réponse de l'employeur est insuffisante ou confirme le caractère préoccupant de la situation, le CSE déclenche la procédure d'alerte en établissant un **rapport** transmis à l'employeur et au commissaire aux comptes. Dans les entreprises d'au moins 1 000 salariés et en l'absence d'accord sur les commissions du CSE (nº 9015), la commission économique l'établit.

Le CSE ou la commission économique peut, notamment pour l'établissement du rapport, se faire assister, une fois par exercice comptable, d'un **expert-comptable** de son choix rémunéré par lui et par l'entreprise (nºs 9040 s.), convoquer le **commissaire aux comptes** et s'adjoindre avec voix consultative **2 salariés de l'entreprise** choisis pour leur compétence et en dehors du CSE (qui disposent chacun de 5 heures, rémunérées comme temps de travail, pour assister le comité ou la commission en vue de l'établissement du rapport).

Le rapport émet un avis sur l'opportunité de saisir de ses conclusions l'**organe chargé de l'administration ou de la surveillance** dans les sociétés ou personnes morales qui en sont dotées ou d'en informer les associés dans les autres sociétés ou les membres dans les groupements d'intérêt économique.

Au vu de ce rapport, le CSE peut décider, à la majorité des membres présents, de procéder à cette saisine ou à cette information, l'avis de l'expert-comptable étant joint à la saisine ou à l'information.

Les informations concernant l'entreprise communiquées aux différents stades de la procédure ont, par nature, un **caractère confidentiel**. Toute personne pouvant y accéder est tenue à leur égard à une obligation de discrétion.

› Précisions **a.** Le droit d'alerte n'a pas pour seul **objet** la prévention des difficultés économiques. Son exercice a, par exemple, été admis en cas de réorganisation de l'entreprise de nature à affecter sa situation lorsque le comité est préoccupé par les conséquences du projet, notamment en termes d'emploi (Cass. soc. 19-2-2002 nº 00-14.776 : RJS 5/02 nº 590 ; 18-1-2011 nº 10-30.126 : RJS 4/11 nº 344). En revanche, en l'absence d'apport par le comité d'éléments objectifs de préoccupation, un projet de fusion ne justifie pas à lui seul la mise en œuvre du droit d'alerte (Cass. soc. 30-6-1993 nº 90-20.158 : RJS 10/93 nº 998).

b. Dans les personnes morales dotées d'un **organe d'administration ou de surveillance,** la demande d'explications sur le caractère préoccupant de la situation est inscrite à l'ordre du jour de la prochaine séance de cet organe si celui-ci a été saisi au moins 15 jours à l'avance. Il délibère dans le mois de sa saisine. Sa réponse est motivée et l'extrait du procès-verbal des délibérations où elle figure est adressé au CSE dans le mois suivant la réunion. Dans les **autres formes** de sociétés ou les groupements d'intérêt économique, le gérant ou les administrateurs communiquent aux associés ou membres le rapport du CSE ou de la commission dans les 8 jours de la délibération du comité demandant cette communication.

c. Le refus de répondre aux **questions sur la société mère** justifie le déclenchement de la procédure d'alerte si la situation préoccupante de la filiale et sa situation de dépendance à l'égard de sa mère rendent indispensable pour le CSE d'obtenir de telles informations (Cass. soc. 21-9-2016 nº 15-17.658 FS-PB : RJS 12/16 nº 787).

d. L'employeur ne peut pas s'opposer à la désignation d'un **expert-comptable** par le CSE (Cass. soc. 12-3-1991 nº 89-41.941 : RJS 5/91 nº 602), mais il peut saisir le juge des référés s'il estime les faits invoqués par le comité non préoccupants (Cass. soc. 21-11-2006 nº 05-45.303). Le refus de l'employeur, pendant plusieurs mois, de remettre à l'expert-comptable les documents réclamés constitue une faute dont il doit réparation (Cass. soc. 29-9-2009 nº 08-15.035 : RJS 12/09 nº 956).

La mission de l'expert peut être précisée et complétée lorsque des faits en relation avec ceux ayant motivé l'exercice du droit d'alerte sont portés à la connaissance du CSE au cours de la mission (Cass. soc. 28-10-1996 nº 95-10.274 : RJS 2/97 nº 163 ; 29-9-2009 nº 08-15.035 : RJS 12/09 nº 956).

e. Sur la **compétence du CSE central d'entreprise** en matière d'alerte économique, voir nº 9640, c.

AUTRES DROITS D'ALERTE

9374 C. trav. art. L 2312-70 L 2312-71 LA-VI-6500 s

Le CSE dispose également de droits d'alerte en matière d'**hygiène et de sécurité** : danger grave et imminent (voir nº 71700) et risque grave pour la santé publique et l'environnement (voir nº 71720).

Par ailleurs, en cas d'**accroissement important** du nombre de salariés sous **CDD** et de **salariés temporaires** par rapport à la situation existant lors de la dernière réunion du comité ayant abordé ce sujet, cette question est inscrite de plein droit à l'ordre du jour de la prochaine réunion ordinaire du CSE si la majorité de ses membres le demande. Lors de cette réunion, l'employeur communique au comité le nombre de salariés sous CDD et de salariés temporaires, les motifs l'ayant amené à y recourir ainsi que le nombre de journées de travail accomplies par ces salariés depuis la dernière communication faite à ce sujet.

S'il constate un accroissement important du nombre de salariés sous CDD et de contrats de mission, le CSE peut saisir l'inspecteur du travail.

Il peut également saisir l'inspecteur du travail s'il a connaissance de faits susceptibles de caractériser un **recours abusif à ces contrats** et aux contrats conclus avec une entreprise de **portage salarial.**

L'inspecteur du travail peut effectuer une enquête sur place (Circ. DRT 2002-8 du 2-5-2002, réputée abrogée) et dresser un procès-verbal en cas d'infraction. Il adresse à l'employeur le rapport de ses constatations.

> Précisions a. L'employeur communique au CSE le **rapport de l'inspecteur du travail** avec sa réponse motivée aux constatations de ce dernier. Il précise si besoin les moyens qu'il entend mettre en œuvre dans le cadre d'un plan de résorption de la précarité destiné à limiter le recours au travail précaire.

b. Le CSE exerce d'**autres compétences** en matière de **travail précaire.** Notamment, sa consultation est prévue dans certains cas avant la conclusion du contrat (nº 9355).

e. Autres attributions économiques

RÔLE DANS LES AG ET CONSEILS D'ADMINISTRATION OU DE SURVEILLANCE

Le CSE est **obligatoirement représenté** au sein des conseils d'administration ou de surveillance des sociétés. Il dispose aussi de **droits** dans les assemblées générales (AG), comme demander en justice la désignation d'un mandataire chargé de convoquer l'AG en cas d'urgence ou requérir l'inscription de projets de résolutions à son ordre du jour. **9380** C. trav. art. L 2312-72 à L 2312-77 R 2312-31 à R 2312-34 **LA-VI-6800 s**

> Précisions Ces autres attributions dépassant le cadre du Mémento social, il convient de se reporter au Mémento Comité social et économique et autres représentants du personnel :
- délégation du CSE au conseil d'administration ou de surveillance : Mémento Comité social et économique nos 11100 s. ;
- droits du CSE dans les assemblées générales d'actionnaires ou d'associés : Mémento Comité social et économique nos 3313 s. ;
- demande judiciaire de désignation d'experts chargés de présenter un rapport sur des opérations de gestion : Mémento Comité social et économique nos 3355 s. ;
- demande de récusation ou de révocation d'un commissaire aux comptes de l'entreprise : Mémento Comité social et économique nos 3360.

DROIT DE VETO

Le CSE possède un **droit de veto** sur certains sujets : **9382**
- nomination du médecin du travail (nº 72280, a), nomination et maintien dans ses fonctions du conseiller du travail (C. trav. art. D 4632-5), le comité pouvant aussi s'opposer au choix de l'employeur pour la forme du service médical du travail (nº 72220) ;
- mise en place d'horaires individualisés (nº 29830) ;
- remplacement du paiement des heures supplémentaires par un repos compensateur (nº 41150) ;
- refus par l'employeur d'accorder une autorisation d'absence à un salarié pour suivre un stage de formation économique, sociale et syndicale (nº 12345) ou participer aux réunions d'associations familiales dont il est représentant (CASF art. L 211-13) ;
- option de l'employeur pour la déduction forfaitaire spécifique pour frais professionnels applicable à l'assiette des cotisations sociales (nº 22780).

2. ACTIVITÉS SOCIALES ET CULTURELLES

a. Définition

LISTE RÉGLEMENTAIRE

L'article R 2312-35 du Code du travail donne une liste des activités sociales et culturelles du CSE (cantines, colonies de vacances, bibliothèques, service social, etc.). Cette liste n'est qu'indicative, la jurisprudence ayant reconnu – à propos du comité d'entreprise, mais ces solutions sont, selon nous, transposables au CSE – la qualité d'activité sociale et culturelle à des activités n'y figurant pas mais remplissant les critères ci-après. **9400** C. trav. art. R 2312-35 **LA-VI-11250 s**

> **Précisions** **a.** Le CSE peut contribuer au financement des activités physiques ou sportives. Le Code du sport prévoit que, si une **association sportive** d'entreprise ou commune à plusieurs entreprises est créée, le comité d'entreprise et l'association conviennent annuellement des objectifs poursuivis et des moyens affectés, ces missions pouvant être, en l'absence de CE, assurées par les délégués du personnel conjointement avec l'employeur (C. sport art. L 121-7 à L 121-9). Ces dispositions n'ont pas été modifiées pour tenir compte de la création du CSE, mais on peut supposer qu'elles lui sont transposables.
> **b.** Des versements aux **associations humanitaires** sont possibles aux conditions indiquées nº 9145.
> **c.** Sur le **régime social** des avantages alloués par le CSE, voir nºs 22410 s.

CRITÈRES

9402 LA-VI-11270 s **Caractère facultatif** Les institutions sociales financées par la contribution patronale aux activités sociales et culturelles sont celles qui ne sont ni légalement (C. trav. art. R 2312-49) ni conventionnellement à la charge de l'employeur (Cass. soc. 11-5-1988 nº 84-10.617 ; 22-6-1993 nº 91-17.686 : RJS 7/93 nº 760).

Constitue par **exemple** une activité sociale et culturelle le versement par l'employeur, en dehors de toute obligation légale ou conventionnelle, de cotisations à une institution accordant des **prestations familiales** complémentaires au personnel de l'entreprise, peu important à cet égard l'assujettissement de cet avantage aux cotisations (Cass. soc. 11-5-1988 nº 84-10.617 ; 22-6-1993 nº 91-17.686 précités).

9404 LA-VI-11380 s **Objet** Les activités sociales et culturelles doivent avoir pour objet d'améliorer les **conditions de vie et d'emploi** dans l'entreprise. Toutefois, les avantages accordés en **contrepartie du travail** ne peuvent pas bénéficier de cette qualification. Il en va de même des manifestations organisées par l'employeur dans un but de **gestion de son personnel** (Cass. soc. 9-7-2014 nº 13-18.577 : RJS 10/14 nº 705).

ILLUSTRATIONS

Constitue une activité sociale et culturelle l'organisation par le comité d'un **pot de fin d'année** et d'un **repas des retraités** (Cass. soc. 13-10-1988 nº 87-11.505), mais pas la **soirée festive** organisée par l'employeur dans le but de présenter le bilan annuel et les perspectives de l'entreprise et d'assurer une cohésion au sein de celle-ci (Cass. soc. 9-7-2014 nº 13-18.577 : RJS 10/14 nº 705).

Ne constituent pas non plus des activités sociales et culturelles les **voyages** payés par l'employeur afin de récompenser des commerciaux pour un travail particulier et l'obtention de résultats déterminés (Cass. soc. 2-12-2008 nº 07-16.818 : RJS 2/09 nº 184), l'activité de **défense de l'emploi** décidée par le comité suite à la mise en œuvre d'une procédure de licenciement économique (Cass. soc. 12-2-2003 nº 00-19.341 : RJS 4/03 nº 478) ou la prise en charge par le CSE des frais de déplacement des salariés pour participer à une manifestation organisée par des **syndicats** (Cass. soc. 7-5-1980 nº 78-15.803).

9406 **Bénéficiaires** Les activités sociales et culturelles doivent être prioritairement établies au bénéfice des salariés de l'entreprise et de leur famille, mais peuvent aussi être ouvertes aux anciens salariés.

C. trav. art. L 2312-78 R 2312-35 LA-VI-11700 s

Le CSE peut ouvrir l'accès des activités sociales et culturelles aux **retraités** (Cass. soc. 13-11-1975 nº 73-14.848) ou accorder une aide exceptionnelle à d'**anciens salariés licenciés** pour motif **économique** à effet d'agir en justice pour obtenir le respect du PSE (Cass. soc. 26-1-1999 nº 97-10.522 : RJS 3/99 nº 386). Sur l'accès des **stagiaires** aux activités sociales et culturelles, voir nº 46046.

Sur la possibilité pour le CSE de verser une partie de son reliquat budgétaire à une **association humanitaire,** voir nº 9145.

9408 LA-VI-12120 s **Absence de discrimination** Le CSE ne doit pas faire de discrimination entre les bénéficiaires des activités sociales et culturelles (Cass. soc. 24-2-1983 nº 81-14.118). Cette règle l'oblige, pour l'accès à une prestation donnée, à traiter de manière identique, sans distinction entre eux, tous les bénéficiaires placés dans la même situation, mais n'interdit pas toute **différence de traitement** entre les bénéficiaires en fonction de critères objectifs. Ainsi, le CSE peut subordonner l'accès à une prestation à certaines conditions ou en moduler le montant suivant certains critères, sous réserve que ces conditions ou critères s'appliquent de manière identique à l'ensemble des bénéficiaires.

> **Précisions** Comme **justificatif** du niveau de revenu, le comité ne peut pas exiger la présentation préalable de la déclaration des revenus, ce qui constitue une atteinte à la vie privée (Cass. 1e civ. 29-5-1984 nº 82.12.232), mais devrait en revanche pouvoir demander celle d'un avis d'imposition (Guide Cnil pour les employeurs et les salariés fiche nº 4). Le refus de produire le document demandé ne prive pas le salarié de la prestation : c'est dans ce cas la prestation minimale qui est versée. Il en va autrement pour les prestations servies sous condition de ressources : dans ce cas le refus de produire le justificatif fait obstacle au bénéfice de l'avantage.

ILLUSTRATIONS 9410

Constituent par exemple des critères de distinction **discriminatoires** : l'appartenance syndicale (Cass. soc. 16-4-2008 n° 06-44.839 : RJS 6/08 n° 691), la date d'embauche (Cass. soc. 18-6-1981 n° 80-12.998), la qualité de gréviste ou de non-gréviste (Cass. soc. 8-6-1977 n° 75-13.681 ; 11-6-1996 n° 94-14.988 : RJS 7/96 n° 804), l'exclusion des salariés en longue maladie (Rép. Gorges : AN 13-12-2011 p. 13125) ou le fait d'écarter un enfant à charge du salarié (fille de sa concubine) en raison de l'absence de lien de filiation avec lui (Délibération Halde 2009-131 du 16-3-2009). Selon le ministre du travail, des critères tels que l'ancienneté ou la présence effective des salariés dans l'entreprise seraient également discriminatoires (Rép. Pellois : AN 6-5-2014 p. 3688) mais cette position nous paraît contestable.

Constituent au contraire des **critères objectifs** pouvant être retenus pour l'accès aux prestations ou la modulation de leur montant la **situation de besoin** ou les **revenus.** Ainsi jugé pour l'attribution de **secours** aux salariés en difficulté du fait de la grève, sans distinction entre grévistes et non-grévistes (Cass. soc. 8-6-1977 n° 75-13.681 ; 11-6-1996 n° 94-14.988 précités).

b. Gestion

MONOPOLE DU COMITÉ

9412 C. trav. art. L 2312-78 LA-VI-12700 s

Le CSE dispose d'un monopole pour la gestion de toutes les activités sociales et culturelles établies dans l'entreprise quel qu'en soit le mode de financement. À cet effet, il bénéficie des **moyens** financiers visés n°s 9130 s. Mais il ne peut pas exiger la remise du **fichier du personnel** (Cass. soc. 2-6-1993 n° 91-13.901 : RJS 7/93 n° 759).

› Précisions a. Le comité peut **revendiquer la gestion des activités** sociales et culturelles gérées par l'employeur et réclamer le transfert du budget correspondant. Il peut même réclamer le versement d'une somme correspondant à l'**économie réalisée par l'employeur** sur le coût d'une activité dont ce dernier assure la gestion. Ainsi jugé pour l'activité de restauration (Cass. soc. 30-3-2010 n° 09-12.074 : RJS 6/10 n° 527 ; Cass. soc. QPC 29-10- 2015 n° 15-12.525 : RJS 1/16 n° 39 ; Cass. soc. 12-11-2015 n° 14-12.830 : RJS 1/16 n° 37).

b. En cas de **défaillance du comité** dans la gestion des activités sociales, l'employeur ne peut pas se substituer à lui, sous peine d'entrave (Cass. crim. 19-12-1963 n° 62-92.573), mais seulement engager une action judiciaire tendant à imposer au comité d'exercer ses missions. Le CSE peut engager sa **responsabilité** s'il interrompt abusivement le fonctionnement d'une activité (n° 8974).

c. Sur la **participation de l'employeur au vote** des résolutions du comité, voir n° 9030.

MODES DE GESTION

9414 C. trav. art. L 2312-78 L 2312-80 R 2312-36 à R 2323-42 LA-VI-12820 s

Selon la **nature des activités** sociales, le CCE assure leur gestion, la contrôle ou y participe.

› Précisions a. Le CSE **assure la gestion** des activités sociales de toute nature, lorsqu'elles n'ont pas de personnalité civile, à l'exception des centres d'apprentissage et de formation professionnelle, ou des activités dont l'objet est d'assurer au personnel des logements et des jardins familiaux.

b. Il **participe** à la gestion des activités qui possèdent la personnalité civile, en désignant dans leurs conseils d'administration ou organes de direction au moins la moitié des membres choisis au sein du comité ou en dehors, de préférence parmi les adhérents et bénéficiaires des activités en question.

c. Il **contrôle** la gestion des sociétés de secours mutuel et des organismes de sécurité sociale établis dans l'entreprise, des activités sociales ayant pour objet d'assurer au personnel des logements et des jardins familiaux, ainsi que des centres d'apprentissage et de formation professionnelle. À cet effet, il désigne 2 représentants auprès des conseils d'administration et des commissions de contrôle des organismes de sécurité sociale et des sociétés mutualistes, auprès des conseils d'administration des autres activités. Il les choisit de préférence parmi les participants desdites institutions.

Sur le contrôle des services sociaux et de santé au travail, voir n°s 72230 s. ; sur celui des mutuelles d'entreprise, voir n° 58960.

9416 C. trav. art. R 2312-43 à R 2312-48 LA-VI-13500 s

Comité des activités sociales et culturelles interentreprises Quand plusieurs entreprises possèdent ou envisagent de créer certaines **institutions sociales communes** (services de santé au travail par exemple), les CSE intéressés constituent un comité des activités sociales et culturelles interentreprises (comité des ASC interentreprises) investi des mêmes attributions que les CSE dans la mesure nécessaire à l'organisation et au fonctionnement de ces institutions communes.

› Précisions a. Le comité des ASC interentreprises **comprend** :

– un représentant des employeurs désigné par eux, président, assisté d'un ou de 2 suppléants ;

– des représentants des salariés de chaque CSE, dont le nombre est fixé par l'article R 2312-44 du Code du travail. Ces représentants sont désignés pour la durée de leur mandat à leur CSE.

Les règles relatives au mandat des membres du CSE leur sont applicables.
b. Le comité des ASC interentreprises jouit de la **personnalité civile** et de la capacité de gérer son patrimoine. Ses règles de **fonctionnement** sont similaires à celles du CSE, notamment pour ce qui concerne la désignation du secrétaire et du trésorier (nº 8980), l'établissement et le contrôle des comptes (nºs 9152 s.) et la commission des marchés (nº 9012). Il doit avoir un règlement intérieur et conclure une convention de gestion avec les CSE.

Ses **dépenses** de fonctionnement sont supportées par les entreprises proportionnellement au nombre de salariés qu'elles occupent, sans pouvoir être imputées sur la subvention de fonctionnement des CSE. Ses **ressources** sont constituées par les sommes versées par les CSE pour le fonctionnement des activités sociales et culturelles. Il exerce ses fonctions dans les locaux et avec le matériel et le personnel d'un ou de plusieurs des CSE qui y sont représentés.

B. Entreprises de moins de 50 salariés

9420 LA-V-400 s Les missions principales de la délégation du personnel du CSE dans les entreprises d'au moins 11 et de moins de 50 salariés sont également dévolues au CSE des **entreprises d'au moins 50 salariés** exerce également ces attributions (C. trav. art. L 2312-8, al. 8) en plus de celles qui lui sont propres, voir nºs 9200 s. (attributions économiques), 9400 s. (gestion des activités sociales et culturelles).

Les dispositions exposées ci-après ne font pas obstacle à celles **plus favorables** résultant d'accords collectifs ou d'usages (C. trav. art. L 2312-4).

Sur les **moyens matériels** dont disposent les membres de la délégation du personnel pour exercer leurs missions, voir nº 9161.

> Précisions Outre les **salariés de l'entreprise** (ou de l'établissement) dans lequel le CSE est mis en place, la compétence de la délégation du personnel du CSE s'exerce (C. trav. art. L 2312-6) :
a. en matière de **santé,** de sécurité et de conditions de travail, aux travailleurs au sens de l'article L 4111-5 du Code du travail, c'est-à-dire aux salariés, y compris temporaires, aux stagiaires, ainsi qu'à toute personne placée à quelque titre que ce soit sous l'autorité de l'employeur ;
b. à l'égard des **salariés d'entreprises extérieures** qui, dans l'exercice de leur activité, ne se trouvent pas placés sous la subordination directe de l'entreprise utilisatrice, pour leurs réclamations individuelles et collectives, intéressant les conditions d'exécution du travail qui relèvent du chef d'établissement utilisateur ;
c. à l'égard des **salariés temporaires** pour leurs réclamations intéressant l'application des dispositions relatives :
– à la rémunération, ce qui inclut le paiement des jours fériés (C. trav. art. L 1251-18) ;
– aux conditions de travail : durée du travail, travail de nuit, repos hebdomadaire et jours fériés, santé et sécurité au travail, travail des femmes, des enfants et des jeunes travailleurs, surveillance médicale renforcée, équipements de protection individuelle (C. trav. art. L 1251-21 à L 1251-23) ;
– à l'accès aux moyens de transport collectifs et aux installations collectives (C. trav. art. L 1251-24).

RÉCLAMATIONS

9430 C. trav. art. L 2312-5, al. 1 L 2312-7 LA-V-700 s. Dans les entreprises de moins de 50 salariés, la délégation du personnel au CSE a pour mission de présenter à l'employeur les réclamations **individuelles ou collectives** relatives aux thèmes suivants :
– les **salaires** ;
– l'application du Code du travail et des autres dispositions légales concernant notamment la **protection sociale** ;
– l'application des **conventions et accords collectifs** ; cette compétence complète le droit d'agir en justice dévolu aux délégués syndicaux sur le même sujet.

> Précisions **a.** La compétence des membres de la délégation du personnel au CSE s'étend aux revendications relatives à l'application dans l'entreprise des taux de **salaires** déjà fixés mais pas au relèvement de ces taux, ce dernier thème relevant de la négociation collective (Cass. crim. 26-1-1993 nº 89-85.389 PF : RJS 4/93 nº 413).
b. Les **travailleurs** conservent cependant le droit de **présenter eux-mêmes** leurs observations à l'employeur ou à ses représentants. La délégation du personnel au CSE ne bénéficie ainsi d'aucun **monopole** pour la présentation des réclamations. Il n'y a pas non plus d'**ordre de priorité** entre l'intervention des salariés et celle de la délégation du personnel au CSE auprès de l'employeur. Ce dernier ne peut d'ailleurs pas en imposer un.
Commet un délit d'entrave l'employeur qui demande aux salariés de **s'engager à présenter eux-mêmes leurs réclamations** sans passer par les

représentants du personnel (Cass. crim. 3-7-1968 n° 67-93.637) ou diffuse une note de service imposant une **procédure de règlement des difficultés** de communication avec l'assistance d'un « facilitateur de communication », les représentants du personnel n'étant admis à intervenir que lorsque la procédure aura été respectée (Cass. crim. 20-3-1984 n° 83-93.403). En revanche, un membre de la délégation du personnel au CSE ne peut pas exiger d'assister aux **réunions** organisées dans un atelier pour permettre l'expression directe des salariés s'il n'y travaille pas (Cass. soc. 1-7-1985 n° 82-43.308). Sur l'assistance aux entretiens entre employeur et salarié, voir n° 9450.

RÔLE EN MATIÈRE DE SANTÉ, DE SÉCURITÉ ET DE CONDITIONS DE TRAVAIL

Types d'action La délégation du personnel au CSE **contribue à promouvoir** la santé, la sécurité et les conditions de travail dans l'entreprise et réalise des **enquêtes** en matière d'accidents du travail ou de maladies professionnelles ou à caractère professionnel. **9435**

C. trav. art. L 2312-5, al. 2
R 2312-2
LA-V-1300 s.

Indépendamment des enquêtes, la délégation du personnel au CSE peut exercer ce rôle via la transmission de réclamations ou encore, le cas échéant, l'exercice du droit d'alerte dont elle dispose (n° 9445).

S'agissant de la **formation** des membres du CSE en matière de santé, de sécurité et de conditions de travail, voir n° 8937.

› Précisions Les **enquêtes** du CSE ou, le cas échéant, de la commission santé, sécurité et conditions de travail en cas d'accidents du travail ou de maladies professionnelles ou à caractère professionnel sont réalisées par une délégation comprenant au moins l'employeur ou un représentant désigné par lui et un représentant du personnel siégeant à ce comité. À cette occasion, le CSE doit fournir à l'administration des renseignements déterminés par un arrêté interministériel à paraître.

La mise en place d'une commission santé, sécurité et conditions de travail n'est, en principe, pas obligatoire dans les entreprises de moins de 50 salariés mais peut le devenir si l'entreprise comporte certains types d'installations. Par ailleurs, rien ne paraît s'opposer à ce qu'il en soit prévue une par accord collectif si le risque de l'entreprise le justifie. Pour plus de détails sur cette mise en place, voir n° 9010.

Moyens d'action Les **moyens** à la disposition du CSE pour exercer son rôle ne sont pas détaillés par le Code du travail. Il est toutefois indiqué que les membres de la délégation sont **informés de la réception par l'employeur** des attestations, consignes, résultats et rapports relatifs aux vérifications et contrôles mis à sa charge au titre de la santé et de la sécurité au travail et peuvent demander la communication de ces documents. **9437**

C. trav. art. R 2312-1 et R 2312-3

Les membres du CSE ou, le cas échéant, de la commission santé, sécurité et conditions de travail peuvent **se faire présenter** l'ensemble des livres, registres et documents non nominatifs rendus obligatoires en matière d'hygiène et de sécurité.

Ils ont ainsi notamment accès au document d'**évaluation des risques professionnels,** voir n° 71270.

INTERVENTIONS AUPRÈS DE L'INSPECTION DU TRAVAIL

Les membres de la délégation du personnel au comité peuvent saisir l'inspection du travail de toutes les **plaintes et observations** relatives à l'application des **dispositions légales** dont elle est chargée d'assurer le contrôle. **9440**

C. trav. art. L 2312-5, al. 4
LA-V-1600 s.

L'inspecteur du travail devrait aussi pouvoir être saisi des plaintes et observations concernant l'application de **conventions** et **accords collectifs.** En effet, il doit veiller à l'application des dispositions du Code du travail et des autres dispositions légales relatives au régime du travail, ainsi qu'aux stipulations de ces conventions et accords, étendus ou non (C. trav. art. L 8112-1). Il semble que, ainsi définies, les attributions de l'inspecteur du travail lui permettent d'avoir connaissance, par l'intermédiaire de la délégation du personnel, des cas de violation des stipulations conventionnelles.

› Précisions L'article L 2312-5 du Code du travail ne confère pas un **monopole** à la délégation du personnel au CSE. L'inspecteur du travail peut être saisi directement par les salariés. Par ailleurs, bien que rien ne l'impose, il semble logique que les membres de la délégation portent les plaintes et observations **à la connaissance de l'employeur** avant de saisir l'inspecteur du travail.

AUTRES ATTRIBUTIONS

Le CSE des entreprises de moins de 50 salariés doit être réuni et consulté par l'employeur qui envisage de procéder à un **licenciement collectif** pour motif économique : voir n° 48122 (licenciement de moins de 10 salariés dans une même période de 30 jours), n° 48285 (licenciement d'au moins 10 salariés dans une même période de 30 jours). **9445**

Il dispose d'un droit d'accès à certains **documents** : registre unique du personnel (C. trav. art. L 1221-15), documents nécessaires au décompte de la durée du travail (C. trav. art. L 3171-2).

Pour ceux de ces documents rendus obligatoires par le Code du travail ou par une disposition légale relative au régime du travail, le CSE est consulté préalablement à la mise en place d'un **support de substitution** (nº 33240).

La délégation du personnel dispose enfin de **droits d'alerte** : aux droits des personnes (nº 9370), et en cas de danger grave et imminent (nº 71700) ou de risque grave pour la santé publique et l'environnement (voir nº 71720).

9450 Dans certains cas, la **loi** permet au salarié de se faire **assister** par un **membre du personnel** lors d'un entretien auquel il est convoqué. L'assistant choisi pouvant être un membre de la délégation du personnel au CSE, l'employeur ne peut donc pas refuser sa présence. Tel est le cas pour l'**entretien préalable** à un licenciement (nº 47570) ou à une sanction disciplinaire (nº 56240).

En dehors de ces entretiens, la loi étant muette, la jurisprudence a admis la possibilité pour l'employeur de **refuser** à un représentant du personnel d'assister un salarié au cours d'un entretien que celui-ci a demandé, sans que ce refus soit constitutif d'une entrave (Cass. crim. 29-3-1977 nº 76-91.340 ; 11-2-2003 nº 01-88.014 F-PFI : RJS 6/03 nº 772). En revanche, un employeur **ayant accepté** la présence du délégué au cours d'un entretien ne peut pas, par son attitude, porter atteinte aux fonctions de celui-ci, par exemple en le forçant à quitter la pièce après un incident (Cass. crim. 21-5-1985 nº 84-95.376).

VI. LE CSE DANS LES ENTREPRISES À ÉTABLISSEMENTS DISTINCTS

A. Mise en place et périmètre des établissements distincts

9470 C. trav. art. L 2313-1 LA-VII-1 s Des CSE d'établissement et un CSE central d'entreprise sont constitués dans les **entreprises d'au moins 50 salariés** comportant au moins **2 établissements** distincts.

L'article L 2312-1, alinéa 2 du Code du travail prévoit que les **attributions du CSE** sont définies en fonction de l'effectif de l'entreprise. Il en résulte que, dans les entreprises d'au moins 50 salariés comprenant un ou plusieurs **établissements distincts employant moins de 50 salariés,** le CSE de cet établissement ou de ces établissements exerce les attributions étendues propres aux CSE des entreprises d'au moins 50 salariés (QR min. trav. 16-1-2020 nº 63). Autrement dit, une telle entreprise ne peut pas « panacher » les 2 types de CSE.

MISE EN PLACE

9480 C. trav. art. L 2313-2 L 2313-3 Le nombre et le périmètre des établissements distincts peuvent être définis :

– par un **accord** d'entreprise conclu avec les **syndicats** dans les conditions prévues nº 9250, c'est-à-dire majoritaire sans possibilité de validation par référendum ;

– en l'absence d'un tel accord et en l'absence de délégué syndical, par un accord entre l'employeur et la majorité des élus titulaires du **CSE.**

9485 C. trav. art. L 2313-4 L 2313-5 R 2313-1 à R 2313-3 En l'absence d'accord, l'**employeur** fixe le nombre et le périmètre des établissements distincts, compte tenu de l'**autonomie de gestion** du responsable de l'établissement, notamment en matière de gestion du personnel.

Il informe de sa décision chaque syndicat représentatif dans l'entreprise et chaque syndicat y ayant constitué une section syndicale. Si des négociations ont eu lieu avec le CSE mais n'ont abouti à aucun accord, l'employeur doit le réunir afin de l'informer de sa décision. Lesdits syndicats ou le CSE peuvent, dans le délai de 15 jours à compter de la date à laquelle ils en ont été informés, **contester** la décision de l'employeur devant le Dreets (Direccte avant le 1-4-2021) du siège de l'entreprise (c'est-à-dire, selon nous, du lieu où se situe sa direction effective, même s'il est différent de celui du siège social : CE 29-3-2020 nº 211353 : RJS 5/00 nº 547). Faute d'information régulière, le délai de contestation ne court pas (Cass. soc. 17-4-2019 nº 18-22.948 PBRI : RJS 6/19 nº 363). Lorsqu'elle intervient dans le cadre d'un processus électoral global, cette saisine suspend ce processus jusqu'à sa décision et entraîne la prorogation des mandats des élus en cours jusqu'à la proclamation des résultats du scrutin.

> **Précisions a.** Est un **établissement distinct** celui présentant, notamment en raison de l'étendue des délégations de compétence dont dispose son responsable, une autonomie suffisante en ce qui concerne la gestion du personnel et l'exécution du service (Cass. soc. 19-12-2018 n° 18-23.655 FS-PBRI : RJS 3/19 n° 165 ; 22-1-2020 n° 19-12.011 FS-PB : RJS 4/20 n° 189), la centralisation de fonctions support et l'existence de procédures de gestion définies au niveau du siège n'étant pas de nature à exclure l'autonomie de gestion des responsables d'établissement (Cass. soc. 11-12-2019 n° 19-17.298 F-PB : RJS 2/20 n° 95 ; 22-1-2020 n° 19-12.011 FS-PB précité).
>
> **b.** L'employeur doit engager des **négociations sincères et loyales** sur le nombre et le périmètre des établissements. **À défaut,** sa décision unilatérale doit être annulée, sans que le Dreets ait à se prononcer sur le nombre et le périmètre des établissements distincts tant que des négociations n'ont pas été préalablement engagées. Cette décision unilatérale ne fait courir aucun délai pour solliciter l'arbitrage du Dreets qui serait opposable aux organisations syndicales (Cass. soc. 17-4-2019 n° 18-22.948 PBRI : RJS 6/19 n° 363). L'engagement de négociations est obligatoire même si l'entreprise ne comprend qu'un seul établissement et/ou site (QR min. trav. 16-1-2020 n° 27).
>
> **c.** En cas de **contestation** de la décision de l'employeur, le Dreets et le tribunal judiciaire **se fondent sur** les documents relatifs à l'organisation interne de l'entreprise fournis par l'employeur et sur les documents remis par les syndicats à l'appui de leur contestation (Cass. soc. 22-1-2020 n° 19-12.011 FS-PB : RJS 4/20 n° 189).
>
> La **décision administrative** intervient dans les 2 mois de la réception de la contestation. Elle est notifiée, avec mention des voies et délais de recours, par lettre recommandée AR. Elle peut être contestée devant le tribunal judiciaire dans les 15 jours de sa notification, à l'exclusion de tout autre recours administratif ou contentieux. En cas de **décision implicite de rejet** du Dreets, les syndicats représentatifs dans l'entreprise, ceux ayant constitué une section syndicale ou le CSE peuvent saisir dans un délai de 15 jours le tribunal judiciaire.
>
> Si le juge le demande, le Dreets doit communiquer un rapport précisant les éléments de droit ou de fait ayant fondé sa décision.
>
> Le **tribunal judiciaire** statue dans les 10 jours de sa saisine sans frais ni forme de procédure et sur avertissement qu'il donne 3 jours à l'avance à toutes les parties intéressées. Il doit examiner l'ensemble des contestations, qu'elles portent sur la légalité externe ou interne de la décision du Dreets, et, s'il les dit mal fondées, confirmer la décision ou, s'il les accueille partiellement ou totalement, statuer à nouveau, par une décision se substituant à celle du Dreets, sur les questions demeurant en litige (Cass. soc. 19-12-2018 n° 18-23.655 FS-PBRI : RJS 3/19 n° 165). Le juge se prononce en fonction des circonstances de fait existant au jour de la décision administrative ou, en cas d'annulation de celle-ci, à la date où il statue (Cass. soc. 8-7-2020 n° 19-11.918 FS-PBR : RJS 10/20 n° 476). Notifiée par le greffe dans les 3 jours par lettre recommandée avec accusé de réception, sa décision est susceptible d'un pourvoi en cassation dans un délai de 10 jours.
>
> **d.** Le **délai de contestation,** par des syndicats ayant saisi le Dreets d'une demande de détermination des établissements distincts, des **élections** organisées par l'employeur malgré la suspension légale du processus électoral et la prorogation légale des mandats des élus ne court qu'à compter de la décision du Dreets (Cass. soc. 17-4-2019 n° 18-22.948 PBRI : RJS 6/19 n° 363).

PERTE DE LA QUALITÉ D'ÉTABLISSEMENT DISTINCT

La perte de la qualité d'établissement distinct reconnue par accord visé n° 9250, sur décision de l'employeur ou de l'autorité administrative emporte **cessation des fonctions** des membres de la délégation du personnel du CSE de cet établissement, sauf si un **accord** d'entreprise conclu avec les syndicats représentatifs dans les conditions prévues à l'article L 2232-12, al 1 (n° 9250, a) ou, à défaut, un accord entre l'employeur et le CSE concerné leur permet d'achever leur mandat. **9490** C. trav. art. L 2313-6

B. CSE d'établissement

La **composition** des CSE d'établissement est identique à celle du CSE d'entreprise : voir nos 8840 s. **9510** C. trav. art. L 2316-24 à L 2316-26 **LA-VII-200 s**

Les CSE d'établissement sont dotés de la **personnalité civile.** Ils peuvent donc notamment agir en justice. Les autres modalités de **fonctionnement** de ces comités sont identiques à celles des CSE d'entreprise. Sur ces modalités, voir nos 8980 s.

La répartition des **attributions** entre CSE d'établissement et CSE central d'entreprise est examinée nos 9640 s.

C. CSE central d'entreprise

1. COMPOSITION

EMPLOYEUR ET DÉLÉGATION ÉLUE DU PERSONNEL

9530 C. trav. art. L 2316-4 R 2316-1 LA-VII-300 s

Le CSE central d'entreprise est composé, en plus de l'**employeur ou** de **son représentant,** d'un nombre égal de **délégués** titulaires et de suppléants élus, pour chaque établissement, par le CSE d'établissement parmi ses membres.

Sauf accord conclu entre l'employeur et l'ensemble des organisations syndicales représentatives, le **nombre maximal** des membres du **CSE central** est de 25 titulaires et 25 suppléants.

Seuls l'employeur ou son représentant et la délégation élue du personnel ont **voix délibérative.**

9532 C. trav. art. L 2316-5 L 2316-6 LA-VII-2050 s

La représentation des **cadres et ingénieurs** est synthétisée dans le tableau ci-après. Les sièges n'ont pas à être nécessairement attribués aux établissements comportant 3 collèges (en ce sens : CE 14-6-1999 n° 196601 : RJS 8-9/99 n° 1080 ; Cass. soc. 28-1-2015 n° 14-15.817 : RJS 4/15 n° 263).

Effectif total de l'entreprise	Nombre de cadres et ingénieurs [1]		Représentation au comité central
	Dans l'entreprise	Dans un établissement	
Moins de 501 salariés	Moins de 25	Moins de 25	Pas de représentation obligatoire [2]
	Au moins 25	Moins de 25	1 titulaire [2]
		Au moins 25 [3]	1 titulaire – 1 suppléant
Au moins 501 salariés	Moins de 25	Moins de 25	1 titulaire
	Au moins 25	Moins de 25	1 titulaire
		Au moins 25 [3]	1 titulaire – 1 suppléant

1. Par « cadres et ingénieurs », il faut entendre : ingénieurs, chefs de service et cadres administratifs, commerciaux ou techniques et assimilés sur le plan de la classification.
2. Dans ce cas, la représentation de cette catégorie n'est pas obligatoire au comité d'établissement.
3. Pour l'élection au CSE d'établissement, cette catégorie dispose d'un collège spécial (n° 8740).

PERSONNALITÉS QUALIFIÉES

9535 C. trav. art. L 2316-4 LA-VII-1060

Lorsque ses **réunions** portent sur la **santé, la sécurité et les conditions de travail,** le CSE central d'entreprise comprend aussi, à **titre consultatif,** le médecin du travail, l'inspecteur du travail, l'agent des services de prévention de l'organisme de sécurité sociale et, le cas échéant, l'agent de l'organisme professionnel de prévention du bâtiment et des travaux publics et le responsable du service de sécurité et des conditions de travail ou, à défaut, l'agent chargé de la sécurité et des conditions de travail.

Ces personnes sont celles **territorialement compétentes** pour l'établissement dans lequel se réunit le comité.

REPRÉSENTANT SYNDICAL

9540 C. trav. art. L 2316-7 LA-VII-700 s

Chaque **syndicat représentatif** dans l'entreprise désigne un représentant au CSE central d'entreprise, **choisi parmi** les représentants de ce syndicat aux CSE d'établissement ou parmi les membres élus de ces comités. Ce représentant assiste aux séances du CSE central avec **voix consultative.**

> **Précisions** La représentativité du syndicat s'apprécie au niveau de l'entreprise (Cass. soc. 17-4-1986 n° 85-60.581 ; 25-1-2006 n° 04-60.437 FS-PB : RJS 5/06 n° 598). Un syndicat représentatif et les syndicats qui lui sont affiliés ne peuvent désigner ensemble, sauf accord collectif, qu'un seul représentant syndical au comité central (Cass. soc. 23-6-1993 n° 92-60.275 D : RJS 8-9/93 n° 886 ; 6-4-2005 n° 04-60.323 F-P : RJS 6/05 n° 645).

2. ÉLECTIONS

RÉPARTITION DES SIÈGES

9560 La répartition des sièges entre différents établissements et différents collèges fait l'objet d'un **accord** entre l'employeur et les organisations syndicales intéressées, conclu aux mêmes conditions de majorité que le protocole préélectoral. En cas de **désaccord,** l'autorité administrative dans le ressort duquel se trouve le siège de l'entreprise décide de cette répartition. C. trav. art. L 2316-8 R 2316-1 R 2316-2 **LA-VII-1750 s**

La **saisine de l'administration** suspend le processus électoral jusqu'à sa décision et entraîne la prorogation des mandats en cours jusqu'à la proclamation des résultats du scrutin.

Sauf stipulation de l'accord visé nº 9530, **chaque établissement** peut être représenté au CSE central soit par un seul délégué, titulaire ou suppléant, soit par un ou 2 délégués titulaires et un ou 2 délégués suppléants.

Même si elles interviennent alors que le mandat de certains membres n'est pas expiré, détermination du nombre d'établissements distincts et répartition des sièges entre établissements et catégories sont **appliquées** sans attendre la date normale de renouvellement de toutes les délégations des CSE d'établissement ou de certaines d'entre elles.

La décision de l'administration peut faire l'objet d'un **recours** devant le juge judiciaire, à l'exclusion de tout autre recours administratif ou contentieux.

› Précisions **a.** L'intervention de l'administration est prévue « en cas de désaccord sur la répartition des sièges », ce qui suppose, selon nous, qu'un syndicat se soit manifesté et qu'il ne soit pas tombé d'accord avec l'employeur. Si **aucun syndicat n'a répondu** à l'invitation de négocier, l'employeur procède unilatéralement à la répartition des sièges.

b. Le **Dreets** (Direccte avant le 1-4-2021) du siège de l'entreprise est compétent pour la répartition des sièges entre les différents établissements et les différentes catégories. Il prend sa décision dans un **délai** de 2 mois à compter de sa saisine. Celle-ci est **notifiée** par lettre recommandée avec demande d'avis de réception portant mention des voies et délais de recours. Elle peut faire l'objet d'un **recours** devant le tribunal judiciaire dans un délai de 15 jours suivant sa notification. En cas de **décision implicite de rejet** du Dreets, l'employeur ou les syndicats intéressés peuvent **saisir,** dans un délai de 15 jours, le tribunal judiciaire afin qu'il soit statué sur la répartition.

c. La **jurisprudence** détaillée ci-après, énoncée pour le **comité central d'entreprise,** est à notre sens **transposable** au CSE central.

– Sont **électeurs** les seuls représentants titulaires de chacun des comités d'établissement (Cass. soc. 27-11-1975 nº 75-60.135). Leur président ne peut participer à l'élection (Cass. soc. 21-7-1976 nº 76-60.072).

– Les titulaires des CSE d'établissement sont **éligibles** au CSE central en tant que titulaires ou suppléants. En revanche, les suppléants ne peuvent qu'y être élus suppléants (Cass. soc. 27-11-1975 nº 75-60.135 ; 3-6-1977 nº 77-60.024). Les représentants syndicaux aux CSE d'établissement ne peuvent pas être élus au CSE central (Cass. soc. 4-6-2003 nº 01-60.909 : RJS 10/03 nº 1185).

– Sauf accord, il est procédé à un **vote global,** toutes catégories confondues, et non par **collèges** (Cass. soc. 21-7-1976 nº 76-60.030). En cas d'élection par collèges, un salarié élu au comité d'établissement par le premier collège (employés) peut valablement être élu au CSE central pour y représenter ce collège, alors même qu'il est passé, entre ces 2 élections, de la catégorie d'employé à celle d'agent de maîtrise, relevant du second collège (Cass. soc. 9-10-1991 nº 90-60.472 : RJS 12/91 nº 1337). Inversement, il peut dans cette situation être élu au CSE central pour le second collège (Cass. soc. 3-4-2002 nº 00-60.431 : RJS 6/02 nº 703).

– En l'absence d'accord unanime du collège électoral, l'élection a lieu au **scrutin** uninominal majoritaire (majorité des voix : Circ. DRT 12 du 30-11-1984, réputée abrogée) à un tour, chaque électeur devant voter en une seule fois pour autant de candidats qu'il y a de sièges à pourvoir (Cass. soc. 5-3-2008 nº 06-60.274 : RJS 5/08 nº 572 ; 8-12-2010 nº 10-60.176 : RJS 2/11 nº 162). En cas de partage de voix, voir nº 9031, c. Les élections doivent avoir lieu au scrutin secret sous enveloppe (Cass. soc. 9-6-1998 nº 96-60.455 et nº 97-60.304 : RJS 7/98 nº 884).

– L'établissement d'un procès-verbal n'étant pas obligatoire, la **proclamation des résultats** peut résulter de l'envoi d'un courrier électronique à tous les salariés et à l'inspecteur du travail les informant du nom des élus (Cass. soc. 16-2-2011 nº 10-21.039 : RJS 4/11 nº 355).

– Le **contentieux** relève du tribunal judiciaire saisi comme indiqué nº 8805. Les CSE d'établissement ont intérêt et qualité à agir (Cass. soc. 30-10-2013 nº 13-12.234 : RJS 1/14 nº 55). Il en va de même du CSE central (Cass. soc. 21-10-2009 nº 09-60.064 : RJS 1/10 nº 74).

CONTENTIEUX

Les contestations relatives à l'**électorat,** à la régularité des **opérations électorales** et à la désignation des **représentants syndicaux** sont de la compétence du juge judiciaire. Lorsqu'une contestation rend indispensable le recours à une mesure d'instruction, les dépenses afférentes à cette mesure sont à la charge de l'État. **9565** C. trav. art. L 2316-9 **LA-VII-2650 s**

Sur les contestations relatives à la **répartition des sièges,** voir nº 9560.

3. DURÉE ET FIN DU MANDAT

9575 C. trav. art. L 2316-10 L 2316-11 LA-VII-1200 s

L'élection a lieu tous les **4 ans,** après l'élection générale des membres des CSE d'établissement. Par dérogation, un **accord** de branche, de groupe ou d'entreprise, selon le cas, peut fixer une durée du mandat comprise entre 2 et 4 ans.

Sur le sort du CSE central d'entreprise en cas de **modification dans la situation juridique de l'employeur** prévue à l'article L 1224-1 du Code du travail, voir nº 74935.

› Précisions a. Le **mandat** des élus du CSE central **prend fin** par anticipation dans les cas prévus pour les membres du CSE (nº 8903), celui de représentant syndical au CSE central en cas de révocation du mandat par le syndicat.

b. En l'absence de suppléant appartenant au même établissement que le titulaire, le **remplacement** est assuré par un suppléant d'un autre établissement choisi comme indiqué nºs 8905 s. (Cass. soc. 26-10-2011 nº 10-20.918 : RJS 1/12 nº 53).

c. Le **cumul** des fonctions de représentant syndical et de délégué au CSE central est proscrit (Circ. DRT 12 du 30-11-1984, réputée abrogée).

4. FONCTIONNEMENT

ORGANISATION INTERNE

9590 C. trav. art. L 2316-13 R 2316-3 LA-VII-2900 s

Le CSE central est doté de la **personnalité civile.**

Il est **présidé** par l'employeur, assisté éventuellement de 2 collaborateurs ayant voix consultative.

Il désigne, parmi ses membres titulaires, un **secrétaire** et un **secrétaire adjoint** en charge des attributions en matière de santé, de sécurité et des conditions de travail.

Le bureau du CSE central d'entreprise ne comprend pas obligatoirement de **trésorier,** mais une telle désignation est selon nous possible si l'employeur et le comité sont d'accord. Il doit alors être désigné parmi les membres titulaires de l'institution.

9595 C. trav. art. L 2316-14 L 2316-18 LA-VII-3400 s

Le CSE central détermine, dans un **règlement intérieur,** les modalités de son fonctionnement et de ses rapports avec les salariés de l'entreprise pour l'exercice des missions qui lui sont conférées. Les règles applicables au règlement intérieur du CSE (adoption, modification, contenu, durée, etc.) lui sont transposables : voir nº 8990.

Ses **décisions** portant sur ses modalités de fonctionnement et l'organisation de ses travaux ainsi que ses résolutions sont prises à la majorité des membres présents.

Une **commission santé, sécurité et conditions de travail centrale** est mise en place dans les entreprises d'au moins 300 salariés dans les conditions prévues nº 9010.

RÉUNIONS

9600 C. trav. art. L 2316-15 à L 2316-17 D 2316-8 LA-VII-3000 s

Le CSE central d'entreprise se réunit au moins une fois tous les **6 mois** au **siège** de l'entreprise sur **convocation** de l'employeur et peut tenir des **réunions exceptionnelles** à la demande de la majorité de ses membres.

Le recours à la **visioconférence** pour le réunir peut être autorisé par accord entre employeur et membres élus du comité. En l'absence d'accord, ce recours est limité à 3 réunions par année civile. Sur ses modalités, voir nº 9028. Sur le recours à la visioconférence, à la conférence téléphonique ou à la messagerie instantanée en période d'**urgence sanitaire,** voir nº 9029.

L'**ordre du jour** des réunions est établi selon les mêmes modalités que pour le CSE d'entreprise (nº 9026). Il est communiqué aux membres 8 jours au moins avant la séance.

Les **autres règles** applicables aux réunions du CSE d'entreprise sont à notre sens transposables aux réunions du CSE central, notamment ce qui concerne le déroulement des séances, les délibérations et le procès-verbal (nºs 9027 s.).

MOYENS

9605 C. trav. art. L 2315-7 LA-VII-1400 s

Les délégués élus ne disposent que du **crédit d'heures** dont ils bénéficient, le cas échéant, dans leur établissement. Dans les entreprises d'au moins 501 salariés dont aucun établissement n'atteint ce seuil, le représentant syndical au CSE central d'entreprise bénéficie d'un crédit d'heures cumulable avec celui qui est le cas échéant le sien en tant que membre élu du CSE d'établissement (nº 8915).

5. RESSOURCES

Dans les entreprises comportant plusieurs CSE d'établissement, le **budget de fonctionnement** du CSE central est déterminé par **accord** entre celui-ci et les comités d'établissement. À défaut d'un tel accord et de stipulations dans la convention collective de branche, le **tribunal judiciaire** fixe le montant de la subvention que doit rétrocéder chaque CSE d'établissement au CSE central en vue de constituer son budget de fonctionnement. **9620** C. trav. art. L 2315-62 L 2312-82 L 2316-19 R 2315-32 D 2316-4 à D 2316-7 LA-VII-5500 s

Dans les mêmes entreprises, la détermination du montant global de la **contribution** patronale au financement des **activités sociales et culturelles** du comité est effectuée au niveau de l'entreprise dans les conditions prévues nos 9130 s. La répartition de la contribution entre les comités d'établissement est fixée par un **accord** d'entreprise au prorata des effectifs des établissements ou de leur masse salariale ou de ces 2 critères combinés. À défaut, cette répartition est effectuée au prorata de la masse salariale de chaque établissement.

> **Précisions** Le CSE central a les mêmes obligations que le CSE en ce qui concerne la tenue et le contrôle des **comptes** et la **commission des marchés** (nos 9152 s.). Pour apprécier si le CSE est petit, moyen ou grand au regard de la détermination des obligations comptables, sont prises en compte ses ressources propres et celles qui lui sont versées par les comités d'établissement. Pour l'approbation des comptes annuels, les documents sont adressés aux membres du CSE au moins 8 jours avant la séance.

6. ATTRIBUTIONS

ATTRIBUTIONS DE REPRÉSENTATION DU PERSONNEL

Principes généraux Les attributions économiques du CSE central d'entreprise et du CSE d'établissement sont exercées par l'une et/ou l'autre institution selon qu'elles concernent l'entreprise et/ou l'établissement. **9640** C. trav. art. L 2316-1, al. 1 L 2316-2 L 2316-20 LA-VII-4000 s

Le **CSE central d'entreprise** exerce les attributions concernant la marche générale de l'entreprise et excédant les limites des **pouvoirs** des chefs d'établissement.

Il est **informé et consulté** sur tous les projets importants concernant l'entreprise en matière économique et financière, notamment en cas d'offre publique d'acquisition, ainsi qu'en matière de santé, de sécurité et des conditions de travail, notamment sur les projets d'introduction de nouvelles technologies et d'aménagement important modifiant les conditions de santé et de sécurité ou les conditions de travail.

Après chaque élection, il est destinataire de la **documentation** économique et financière visée no 9350.

Le **CSE d'établissement** a les mêmes attributions que le CSE d'entreprise, dans la limite des **pouvoirs** du chef de cet établissement.

Sauf consultation conjointe du CSE central d'entreprise et d'un ou de plusieurs CSE d'établissement (no 9650), les **délais** dans lesquels le CSE central d'entreprise et les CSE d'établissement doivent rendre leurs avis sont identiques à ceux prévus pour le CSE d'entreprise : voir no 9236.

> **Précisions** **a.** Le CSE central est consulté sur les mesures concernant la marche générale de l'entreprise, même si elles impliquent **peu de salariés,** de surcroît volontaires (Cass. crim. 10-5-2011 no 09-87.558 : RJS 10/11 no 815). Sont seules exclues les mesures purement locales (Circ. DRT 12 du 30-11-1984, réputée abrogée).
> **b.** Lorsque la **dénonciation d'un usage** procède d'une décision de la direction générale et ne nécessite pas, pour sa mise en œuvre, de décisions particulières de la part des chefs d'établissement, seul le CSE central doit en être informé suivant la procédure exposée nos 17520 s. (Cass. soc. 13-10-2010 no 09-13.110 : RJS 12/10 no 1001).
> **c.** L'exercice du **droit d'alerte économique** (no 9372) étant subordonné à l'existence de faits de nature à rendre préoccupante la situation de l'entreprise, seul le CSE central d'entreprise peut s'en prévaloir (Cass. soc. 1-3-2005 no 03-20.429 : RJS 5/05 no 538 ; 12-10-2005 no 04-15.794 : RJS 12/05 no 1227).
> **d.** Sur les attributions des CSE d'établissement et du CSE central en matière : de **licenciements** pour motif économique, voir no 48124 ; de **bilan social,** voir no 9310.

Projet d'entreprise et doublonnage des consultations Le **CSE central** d'entreprise est **seul consulté** sur : **9645** C. trav. art. L 2316-1, al. 2 à 4 LA-VII-4200 s

– les projets décidés au niveau de l'entreprise et ne comportant **pas de mesures d'adaptation spécifiques** à un ou plusieurs établissements ; son avis, accompagné des documents relatifs au projet, est transmis, par tout moyen, aux CSE d'établissement ;

– les projets décidés au niveau de l'entreprise lorsque leurs éventuelles **mesures de mise en œuvre,** qui feront ultérieurement l'objet d'une consultation spécifique au niveau approprié, ne sont **pas encore définies** ;

– les mesures d'**adaptation communes** à plusieurs établissements des projets d'introduction de **nouvelles technologies** et d'aménagement important modifiant les **conditions de santé et de sécurité** ou les conditions de travail.

CONSEIL

On peut s'étonner que l'information des CSE d'établissement concernés par les projets d'introduction des nouvelles technologies ou d'aménagement important modifiant les conditions de santé ou les conditions de travail ne soit pas prévue par les textes. Cette information reste, à notre sens, conseillée.

9650 C. trav. art. L 2316-20 **LA-VII-4230 s**

Pour les projets arrêtés au niveau de l'entreprise comportant des mesures d'adaptation **spécifiques à un ou plusieurs établissements,** le CSE central d'entreprise et le ou les CSE d'établissement sont conjointement consultés. Par dérogation, le CSE central est seul consulté si le projet concerne l'introduction de nouvelles technologies ou d'aménagement important modifiant les conditions de santé ou les conditions de travail : voir ci-dessus.

Lorsqu'il y a lieu à double consultation, un **accord** peut définir l'**ordre et les délais** dans lesquels le CSE central d'entreprise et le ou les CSE d'établissement rendent et transmettent leurs avis. Sur l'ordre et les délais applicables à défaut d'accord, voir n° 9236.

Sur les règles spécifiques applicables en cas de projet de licenciement économique avec **plan de sauvegarde de l'emploi,** voir n°s 48190 s.

9655 **Consultations récurrentes et doublonnage des consultations** Les règles de répartition des compétences entre **CSE central** d'entreprise et CSE **d'établissement** pour les grandes consultations récurrentes sont examinées n° 9250 (répartition par accord collectif) et n°s 9280 s. (règles supplétives).

9660 C. trav. art. L 2316-3 et L 2316-21 **LA-VII-4650 s**

Expertises La désignation d'un expert envisagée dans le cadre des projets visés n° 9640 est effectuée par le **CSE central.** Le **CSE d'établissement** peut faire appel à un expert lorsqu'il est compétent conformément aux dispositions du Code du travail. Il résulte de cette dernière précision qu'il ne peut pas y avoir de double expertise, au niveau central et au niveau de l'établissement, en dehors des cas de double compétence. Notamment, en cas de projet important commun à plusieurs établissements, par exemple de projet de règlement intérieur modifiant les conditions de santé et de sécurité ou les conditions de travail, les CSE d'établissement concernés par le projet commun ne devraient pas être compétents pour décider le recours à une expertise même en l'absence d'expertise décidée par CSE (en ce sens, Cass. soc. 26-2-2020 n° 18-23.590 FS-PB : RJS 5/20 n° 242).

ACTIVITÉS SOCIALES ET CULTURELLES

9665 C. trav. art. L 2316-23 **LA-VII-6095 s**

Les **CSE d'établissement** assurent et contrôlent la gestion de toutes les activités sociales et culturelles.

Ils peuvent toutefois confier au **CSE central d'entreprise** la gestion d'activités communes. Un accord entre l'employeur et un ou plusieurs syndicats représentatifs dans l'entreprise peut définir les **compétences respectives** du CSE central et des CSE d'établissement. Cet accord est conclu dans les conditions visées à l'article L 2232-2, al 1 du Code du travail (voir n° 9250, a).

Le **transfert** au CSE central de la gestion d'activités sociales et culturelles fait l'objet d'une convention entre ce comité et les CSE d'établissement comportant des clauses types déterminées par l'article D 2316-7 du Code du travail.

SECTION 2 LE CONSEIL D'ENTREPRISE

9700 **LA-VIII-1 s.**

Le conseil d'entreprise est une instance qui, en plus d'exercer les attributions du CSE, est compétente pour négocier et conclure des accords d'entreprise ou d'établissement et dispose d'un droit de veto plus étendu que celui du CSE.

MISE EN PLACE

Le conseil d'entreprise est institué par un **accord d'entreprise** à durée indéterminée conclu dans les conditions prévues à l'article L 2232-12, al. 1 du Code du travail (nº 9250), ou par un **accord de branche étendu** pour les entreprises dépourvues de délégué syndical. 9720 C. trav. art. L 2321-2 L 2321-10 LA-VIII-400 s

› Précisions **a.** Les dispositions légales relatives au conseil d'entreprise ne donnent aucune indication sur l'**effectif** de l'entreprise au sein de laquelle cette instance peut être mise en place. Toutefois, ses attributions et ses modalités de fonctionnement étant calquées sur celles du CSE quelle que soit la taille de l'entreprise, il peut selon nous être mis en place dans toutes les entreprises entrant dans le champ d'application du CSE, y compris donc celles de moins de 50 salariés. Le fait qu'un conseil d'entreprise puisse être mis en place par accord de branche étendu dans les entreprises sans délégué syndical va aussi dans ce sens.
b. Le conseil d'entreprise peut être mis en place dans les entreprises appartenant à une **UES.** L'accord l'instaurant est conclu soit au niveau d'une ou de plusieurs entreprises composant l'UES, soit au niveau de l'UES. Dans ce dernier cas, les règles de validité de l'accord sont appréciées en tenant compte des suffrages valablement exprimés dans l'ensemble des entreprises.

L'accord collectif de mise en place comporte les **mentions obligatoires** suivantes : 9730 C. trav. art. L 2321-2 à L 2321-4 L 2321-6 à L 2321-8
– la liste des thèmes soumis à l'avis conforme du conseil d'entreprise (nº 9750) ;
– le nombre d'heures de délégation des élus de cette instance participant aux négociations (nº 9790) ;
– des stipulations relatives à l'indemnisation des frais de déplacement.

Il peut également comporter certaines **mentions facultatives,** telles que :
– la composition de la délégation chargée de la négociation (nº 9740) ;
– les modalités selon lesquelles les négociations se déroulent au niveau des établissements ;
– la périodicité de tout ou partie des thèmes de négociation du conseil d'entreprise (nº 9750).

COMPOSITION

Le Code du travail ne comporte aucune précision sur la composition du conseil d'entreprise. 9740 LA-VIII-1200 s
Le conseil d'entreprise étant le nom donné au CSE lorsqu'il se voit reconnaître des pouvoirs renforcés, il est **au minimum** constitué, à notre avis, des membres de ce comité.
Selon une vidéo diffusée sur le site du ministère du travail, les **délégués syndicaux** sont membres du conseil d'entreprise.

ATTRIBUTIONS

Le conseil d'entreprise exerce l'ensemble des **attributions du CSE** : nºˢ 9200 s. 9750 C. trav. art. L 2321-1 L 2321-3 L 2321-9 LA-VIII-1500 s
Il est **seul compétent pour négocier,** conclure et réviser les conventions et accords d'entreprise ou d'établissement.
Il dispose d'un **droit de veto** sur certains sujets. L'accord l'instaurant doit fixer la liste des thèmes, tels que l'égalité professionnelle, soumis à son avis conforme. La formation professionnelle constitue un thème obligatoire. Le conseil d'entreprise dispose aussi, à notre avis, des autres droits de veto du CSE (nº 9382).

› Précisions Pour être **valide,** une **convention ou un accord** conclu par le conseil d'entreprise doit être **signé par** :
– la majorité des élus titulaires du conseil ;
– ou par un ou plusieurs membres titulaires ayant recueilli plus de 50 % des suffrages exprimés lors des dernières élections professionnelles ; il est tenu compte des suffrages recueillis lors du 1er tour des élections pour les élus au 1er tour de scrutin et de ceux recueillis lors du second tour pour les élus au second tour de scrutin.

FONCTIONNEMENT ET MOYENS

Les modalités de **fonctionnement** du conseil d'entreprise sont celles définies pour le CSE : voir nºˢ 8960 s. 9790 C. trav. art. L 2321-1 L 2321-4 à L 2321-6 R 2321-1 LA-VIII-2200 s
L'accord instaurant le conseil d'entreprise fixe le nombre d'**heures de délégation** dont bénéficient les élus participant aux négociations. À défaut d'accord, chaque élu participant à une négociation dispose d'un nombre d'heures de délégation s'ajoutant à celles dont il bénéficie en tant que membre du CSE. Cette durée doit être au moins égale à 12 heures par mois dans les entreprises employant jusqu'à 149 salariés, 18 heures (150-499 salariés) ou 24 heures (500 salariés et plus).
Le **temps passé à la négociation** est de plein droit considéré comme temps de travail et payé à l'échéance normale.
Sur l'indemnisation des **frais de déplacement,** voir nº 9730.

SECTION 3

LE COMITÉ DE GROUPE

DÉFINITION DU GROUPE

9800 Un comité de groupe est constitué au sein du groupe formé par une entreprise dite dominante, dont le siège social est situé sur le territoire français, et les entreprises qu'elle **contrôle,** quels qu'en soient les effectifs (C. trav. art. L 2331-1, I).

C. trav. art. L 2331-1 L 2331-4 L 2331-6 L-II-43540 s

Est également considérée comme entreprise dominante, pour la constitution d'un comité de groupe, une entreprise exerçant une **influence dominante** sur une autre entreprise dont elle détient au moins 10 % du capital, lorsque la permanence et l'importance des relations de ces entreprises établissent l'appartenance de l'une et de l'autre à un même ensemble économique (C. trav. art. L 2331-1, II).

> Précisions a. L'entreprise est dominante lorsqu'elle **contrôle** d'autres entreprises dans les conditions définies par les articles suivants du Code de commerce :
– article L 233-1 visant les filiales, c'est-à-dire les sociétés détenues à plus de 50 % (Mémento des sociétés commerciales n° 79031) ;
– article L 233-3 (I et II) définissant les conditions dans lesquelles une société est considérée comme en contrôlant une autre (Mémento des sociétés commerciales nos 79013 s.) ;
– article L 233-16 définissant les critères du contrôle exclusif d'une société par une autre pour l'obligation de publication des comptes consolidés (Mémento des sociétés commerciales nos 81400 s.).

b. L'existence d'une **influence dominante** est présumée établie, sans préjudice de la preuve contraire, lorsqu'une entreprise, directement ou indirectement :
– peut nommer plus de la moitié des membres des organes d'administration, de direction ou de surveillance d'une autre entreprise ;
– ou dispose de la majorité des voix attachées aux parts émises par une autre entreprise ;
– ou détient la majorité du capital souscrit d'une autre entreprise.

Lorsque plusieurs entreprises satisfont, à l'égard d'une entreprise dominée, à un ou plusieurs des critères requis, celle qui peut nommer plus de la moitié des membres des organes de direction, d'administration ou de surveillance de l'entreprise dominée est considérée comme l'entreprise dominante, sans préjudice de la preuve qu'une autre entreprise exerce une influence dominante.

Une **filiale commune,** dont le capital est partagé entre 2 sociétés ou groupes qui la gèrent sur un plan de stricte égalité, n'appartient à aucun groupe. Par suite, son CSE ne peut demander son rattachement au comité de groupe d'aucun des 2 groupes (Cass. soc. 9-2-1994 n° 91-11.429 : RJS 3/94 n° 271).

c. Peu importe que l'entreprise dominante établie en France soit elle-même contrôlée par une ou plusieurs sociétés domiciliées **à l'étranger.** Si l'article L 2331-4 du Code du travail exclut de la qualification d'entreprises dominantes les **sociétés de participation financière,** c'est à la condition que celles-ci ne s'immiscent pas directement ou indirectement dans la gestion de leurs filiales (Cass. soc. 14-11-2019 n° 18-21.723 FS-PB : RJS 1/20 n° 30).

CONFIGURATION DU GROUPE

9805 La configuration du groupe est définie soit par **accord** des parties intéressées, soit, à défaut, par **décision de justice.**

C. trav. art. L 2331-2 L 2331-3 R 2331-1 R 2331-2 L-II-44000 s

Lorsque le **comité de groupe est déjà constitué,** toute entreprise qui établit avec l'entreprise dominante, de façon directe ou indirecte, des relations de dépendance doit être prise en compte lors du renouvellement de ce comité.

Le CSE d'une entreprise contrôlée ou dominée peut demander son inclusion dans le groupe déjà constitué.

> Précisions a. L'**accord sur la configuration** du groupe doit être conclu avec les parties intéressées de toutes les sociétés du groupe. L'engagement du chef de l'entreprise dominante de mettre en place un comité de groupe ne peut en tenir lieu (Cass. crim. 11-6-2002 n° 08-81.365 : RJS 11/02 n° 1251).

b. Le **comité** adresse sa **demande d'inclusion** par lettre recommandée avec accusé de réception au chef de l'entreprise concernée, qui la transmet au chef de l'entreprise dominante, lequel, dans un délai de 3 mois, fait droit à cette demande dans les mêmes formes.

c. La **disparition des relations de dépendance** fait l'objet d'une information préalable et motivée donnée au comité de l'entreprise concernée, qui cesse d'être prise en compte pour la composition du comité de groupe.

d. En cas de **litige** sur la constitution, la composition ou l'inclusion dans le comité de groupe, le CSE ou les syndicats représentatifs de l'entreprise dominante ou d'une entreprise du groupe peuvent saisir le tribunal judiciaire du siège de l'entreprise dominante.

CONSTITUTION ET COMPOSITION DU COMITÉ

Le comité de groupe est constitué à l'**initiative** de l'entreprise dominante dès que la configuration du groupe est définie selon les modalités exposées ci-dessus et au plus tard dans un **délai** de 6 mois suivant cet événement. **9810** C. trav. art. L 2333-5 L 2333-1 D 2332-2 L-II-44600 s

Il est composé du **chef de l'entreprise dominante assisté** de 2 personnes de son choix et de **représentants du personnel** des entreprises constituant le groupe.

> **Précisions a.** Le **nombre de représentants** du personnel est limité à 30. Cette limite est réduite au double du nombre des entreprises d'au moins 50 salariés dotées d'un CSE lorsque ce nombre est inférieur à 15. Toutes les entreprises ne sont donc pas nécessairement représentées au sein du comité de groupe.
> **b.** Un accord collectif peut autoriser la désignation, par les syndicats représentatifs, de **représentants syndicaux** au comité de groupe. Il ne peut pas être dérogé à un tel accord par voie d'usage, même dans un sens favorable aux syndicats (Cass. soc. 8-12-2004 n° 03-60.484 : RJS 4/05 n° 403).

DÉSIGNATION DES REPRÉSENTANTS DU PERSONNEL

Les représentants du personnel sont **désignés** par les organisations syndicales de salariés parmi leurs élus aux CSE et à partir des résultats des dernières élections. Cette désignation a lieu, sauf dérogation prévue par accord de branche, de groupe ou d'entreprise, selon le cas, tous les 4 ans. **9815** C. trav. art. L 2333-2 à L 2333-4 R 2332-1 L-II-45060 s

Le **nombre total de sièges** au comité de groupe est réparti entre les élus des différents **collèges** proportionnellement à l'importance numérique de chaque collège.

Les sièges affectés à chaque collège sont répartis entre les **syndicats** proportionnellement au nombre d'élus (titulaires et suppléants : Circ. DRT 6 du 28-6-1984, réputée abrogée) qu'ils ont obtenus dans ces collèges, selon la règle de répartition proportionnelle au plus fort reste.

> **Précisions a.** Tout **syndicat** ayant obtenu des élus dans l'un au moins des comités dépendant du groupe peut désigner des représentants au comité de groupe (Cass. soc. 4-5-1994 n° 91-15.064 : RJS 7/94 n° 875), sans avoir à justifier de sa représentativité à ce niveau (Cass. soc. 30-3-2010 n° 08-21.199 : RJS 6/10 n° 528). Un syndicat ne peut désigner au comité de groupe qu'un membre du CSE ou du CSE d'établissement élu sur sa propre liste (Cass. soc. 31-3-2009 n° 08-60.482 : RJS 6/09 n° 550).
> **b.** Sauf accord unanime des syndicats, le **nombre et la composition des collèges** sont ceux qui ont présidé aux élections aux CSE ou au CSE d'établissement (Cass. soc. 19-11-2002 n° 01-60.563 : RJS 2/03 n° 211) et la classification d'un salarié dans un collège au sein duquel il a été élu dans l'une de ces instances exclut sa désignation comme représentant au comité de groupe pour un autre collège (Cass. soc. 15-2-2006 n° 05-60.055 : RJS 5/06 n° 595). Il peut être **dérogé** à la règle de **répartition des sièges entre les organisations** syndicales par accord unanime (Cass. soc. 16-4-1986 n° 85-60.537).
> **c.** Par exception, la désignation est effectuée par le Dreets (Direccte avant le 1-4-2021), et non par les syndicats, lorsque, pour l'ensemble des entreprises faisant partie du groupe, la moitié au moins des élus d'un ou de plusieurs collèges a été présentée sur des **listes non syndicales.**
> **d.** Les syndicats représentatifs peuvent saisir le tribunal judiciaire du siège de l'entreprise dominante selon les modalités indiquées n° 8810 en cas de **litige** relatif à la désignation des représentants du personnel au comité de groupe (C. trav. art. R 2331-3). Le non-respect de la date limite fixée par accord pour cette désignation ne peut pas en entraîner la nullité dès lors que la violation du délai ne nuit pas au fonctionnement du comité de groupe et qu'aucune disposition ne la sanctionne (Cass. soc. 15-2-2006 n° 05-60.055 : RJS 5/06 n° 595).
> **e.** Le **remplacement** des membres du comité de groupe cessant leurs fonctions obéit à des règles spécifiques (C. trav. art. L 2333-6). Entre deux élections, les syndicats ne peuvent pas mettre fin au mandat de leurs élus (Cass. soc. 9-7-2014 n° 13-20.614 : RJS 11/14 n° 790).

FONCTIONNEMENT

Organisation interne et réunions

Le comité de groupe est **présidé** par le chef de l'entreprise dominante. **9820** C. trav. art. L 2334-1 à L 2334-3 R 2333-1 L-II-45940 s

Il désigne un **secrétaire** à la majorité des voix parmi ses membres.

La première **réunion** a lieu à l'initiative de l'entreprise dominante dès la constitution du comité et au plus tard dans les 6 mois suivant sa création.

Les réunions suivantes ont lieu au moins une fois par an sur **convocation** du président du comité. L'**ordre du jour** est arrêté par le président et le secrétaire et communiqué aux membres 15 jours au moins avant la séance.

Le **temps** passé par les représentants du personnel aux séances du comité de groupe est rémunéré comme temps de travail. Sur le recours à la **visioconférence,** voir n° 9028. Sur le recours à la visioconférence, à la conférence téléphonique ou à la messagerie instantanée en **période d'urgence sanitaire,** voir n° 9029.

> **Précisions** **a.** Les conditions de fonctionnement du comité de groupe peuvent faire l'objet d'un **accord** soit entre les parties, soit en son sein (Circ. DRT 6 du 28-6-1984 réputée abrogée). Dans le premier cas doivent participer à la négociation tous les syndicats habilités à désigner des représentants à ce comité.
> **b.** Aucun **crédit d'heures** supplémentaire n'est prévu pour les représentants du personnel au comité de groupe. Sur la rémunération des **temps de trajet** et la prise en charge des **frais de déplacement,** voir nº 62640.
> **c.** Dans les groupes dotés d'un **comité d'entreprise européen,** un accord entrant en vigueur sur vote favorable du comité de groupe peut décider d'aménager les conditions de fonctionnement de ce comité, ou même de le supprimer (C. trav. art. L 2343-19 et L 2345-2).

9825 C. trav. art. L 2334-4 L-II-46200 s

Moyens Bien que la loi soit muette sur ce point, le comité de groupe est doté de la **personnalité civile.** Pour l'exercice de ses attributions, il peut se faire assister d'un **expert-comptable** rémunéré par la société dominante. Pour opérer toute vérification ou tout contrôle entrant dans l'exercice de ces missions, l'expert-comptable a accès aux mêmes documents que les commissaires aux comptes des entreprises constitutives du groupe.

> **Précisions** **a.** Le comité de groupe peut **agir en justice** pour défendre les intérêts dont il a la charge (Cass. soc. 23-1-1990 nº 86-14.947 : RJS 2/90 nº 133).
> **b.** **L'expert-comptable** du comité de groupe exerce sa **mission** dans les mêmes **conditions** que celui du CSE (nos 9040 s.) et peut consulter, auprès de la société dominante, les éléments qu'elle détient concernant l'ensemble des **entreprises françaises et étrangères** comprises dans l'établissement des comptes consolidés. L'entreprise dominante ne peut pas limiter cette information à un sous-groupe composé des seules sociétés françaises du groupe (Cass. soc. 6-12-1994 nº 92-21.437 : RJS 1/95 nº 38).

ATTRIBUTIONS

9830 C. trav. art. L 2312-20 L 2312-56 L 2332-1 L 2332-2 L-II-46400 s

Le comité de groupe **ne se substitue pas** aux CSE existant dans les entreprises du groupe. Sa création a seulement pour but d'assurer aux représentants du personnel une information plus complète à un niveau supérieur à celui de l'entreprise dans laquelle ces derniers exercent leurs fonctions. Ses attributions sont donc limitées.

Il **reçoit des informations** sur l'activité, la situation financière, l'évolution et les prévisions d'emploi annuelles ou pluriannuelles et les actions éventuelles de prévention envisagées compte tenu de ces prévisions, dans le groupe et dans chacune des entreprises qui le composent. Il reçoit en outre communication, s'ils existent, des **comptes et du bilan consolidés** ainsi que du rapport du commissaire aux comptes correspondant. Il est informé, dans ces domaines, sur les perspectives économiques du groupe pour l'année à venir.

Il est informé des **offres publiques d'acquisition** dont la société dominante fait l'objet (selon les modalités visées nº 9330) et reçoit communication des avis des CSE sur les **orientations stratégiques de l'entreprise.**

Une convention ou un **accord de groupe** peut prévoir la constitution d'une **base de données** économiques et sociales au niveau du groupe, sans préjudice de l'obligation de mise en place d'une telle base au niveau de l'entreprise, ainsi que l'organisation de la consultation sur les **orientations stratégiques** au niveau du comité de groupe et/ou des consultations sur des projets ponctuels.

> **Précisions** **a.** La définition des **informations à fournir** au comité de groupe reste vague et les **modalités et délais** de communication de celles-ci ne sont pas précisés.
> Dans tous les cas, il convient de fournir les documents comptables tels qu'établis par la société dominante sans procéder à une consolidation spécifique comprenant les seules sociétés françaises faisant partie du groupe au sens du comité de groupe (Circ. DRT 6 du 28-6-1984, réputée abrogée). Le comité de groupe peut ainsi avoir des informations sur les comptes des filiales étrangères de la société dominante (Rép. Hollande : AN 25-9-1989 p. 4295). Dans le même sens, à propos des documents à communiquer à l'expert-comptable du comité de groupe, voir nº 9825, b.
> **b.** L'obligation d'informer le comité de groupe des **offres publiques d'acquisition** opérées sur la société dominante dispense les employeurs d'informer parallèlement les CSE des sociétés appartenant au groupe.

CONCIERGES ET EMPLOYÉS D'IMMEUBLES D'HABITATION

SOMMAIRE

A. Cadre général d'exercice de la fonction

Sont **considérées** comme concierge, employé d'immeubles, femme ou homme de ménage d'immeuble à usage d'habitation les personnes salariées par le propriétaire ou par le principal locataire et qui, logeant dans l'immeuble au titre d'accessoire au contrat de travail, sont chargées d'en assurer la garde, la surveillance et l'entretien ou une partie de ces fonctions (C. trav. art. L 7211-2). **10000** T-IX-250 s

Ces personnes sont soumises à un **statut spécial** fixé par les articles L 7211-1 s. et R 7212-1 s. du Code du travail. Sur les points non réglés par ce statut, elles relèvent, sauf exclusion expresse, des dispositions de droit commun du Code du travail (Cass. soc. 20-1-2010 n° 08-45.018 FS-PB : RJS 4/10 n° 386), telles que celles relatives aux obligations de l'employeur d'un salarié victime d'un accident du travail (Cass. soc. 30-6-1994 n° 89-41.654 PBF : RJS 10/94 n° 1212).

En métropole, elles bénéficient de la **convention collective nationale** (CCN) étendue des gardiens, concierges et employés d'immeubles du 11-12-1979 (IDCC 1043), réécrite par avenant 74 du 27-4-2009 (étendu, avec quelques exclusions et réserves, par arrêté du 24-12-2009 : JO 5-1-2010) et mise à jour par avenant 88 du 11-1-2016 (étendu par arrêté du 4-5-2017 : JO 6-5). Cette convention collective a un champ d'application professionnel plus large que celui des articles L 7211-1 s. Seules les dispositions concernant les concierges et employés d'immeubles soumis au statut légal spécial sont exposées ici.

› Précisions **a.** Les concierges d'**immeubles industriels et commerciaux** sont des salariés de droit commun, sous réserve des règles applicables en matière de repos hebdomadaire (n° 31000).
b. Sur le statut applicable aux **concierges attachés** à la personne même du propriétaire et aux jardiniers gardes de propriété, voir n° 33380.
c. L'employeur doit informer les intéressés des conventions et accords collectifs qui leur sont applicables, voir n° 52280.

B. Statut professionnel

EMBAUCHE

Les **formalités** d'embauche sont, en principe, effectuées par le biais de la déclaration préalable à l'embauche. Il est toutefois possible dans certains cas d'opter pour le titre emploi-service entreprise (n°s 24030 s.). **10040** T-IX-1200 s T-IX-7500 s

Le **contrat de travail,** qui doit faire référence à la convention collective nationale, doit être **écrit,** comporter certaines mentions obligatoires et être conclu lors de l'embauche, et au plus tard dans les 48 heures suivant l'embauche s'agissant d'un CDD. Un exemplaire doit être remis au salarié après signature (CCN art. 11).

La **période d'essai** ne peut pas excéder les limites prévues par l'article 11 de la convention collective nationale.

Les concierges et employés d'immeubles d'habitation sont soumis au régime de droit commun de la **surveillance médicale** (C. trav. art. L 7211-3 ; CCN art. 13).

RÉMUNÉRATION

10045 T-IX-3900 s T-IX-4400 s

La convention collective fixe un **salaire minimum** et détermine également la valeur du **logement** et des fournitures annexes. Elle prévoit en outre un 13e mois pour les salariés justifiant d'une présence complète pendant l'année civile, payable avec le salaire de décembre ou en valeur à la date de départ si le salarié quitte l'entreprise en cours d'année, et une prime d'ancienneté, à partir de 3 ans de service chez le même employeur.

La législation sur le **Smic** s'applique aux concierges et employés d'immeubles à usage d'habitation, à l'exclusion des dispositions relatives au montant des retenues pouvant être effectuées au titre du logement et de la nourriture exposées n° 70650 (Cass. soc. 23-6-1982 n° 80-40.936 P).

Leur salaire doit être **payé** mensuellement selon les modalités visées n° 70745.

L'assurance des créances des salariés s'applique, sauf si l'employeur est un syndicat de copropriétaires, voir n° 70900.

> **Précisions** **a.** Le salaire doit être maintenu en cas de **maladie ou d'accident,** professionnels ou non, et de **maternité,** dans les conditions fixées par la convention collective nationale (art. 28 à 30-1). Des garanties complémentaires de prévoyance peuvent également être octroyées (art. 30-2).
b. La convention collective étant muette sur ce point, l'usage local prévoyant la prise en charge par l'employeur de la **taxe d'habitation** afférente au logement de fonction du concierge n'est pas remis en cause, de sorte que l'intéressé est fondé à en revendiquer l'application (Cass. soc. 10-12-1996 n° 94-18.340 P : RJS 2/97 n° 217). Divers avenants départementaux étendus à la convention collective prévoient toutefois expressément cette prise en charge (avenant départemental Alpes-Maritimes) ou son remboursement total (avenant Loire-Atlantique) ou partiel (avenant Rhône) au salarié.
c. Deux **époux embauchés ensemble** comme gardiens et accomplissant le même service ont droit à un salaire identique (Cass. soc. 19-2-1992 n° 88-45.217 P : RJS 4/92 n° 447).

CONGÉS

10050 C. trav. art. L 7211-3, L 7213-1 s. et R 7213-1 s. T-IX-3200 s

Les concierges d'immeubles à usage d'habitation bénéficient du droit à **congé annuel** payé dans les mêmes conditions que les autres salariés (CCN art. 25).

Ils peuvent, en outre, prétendre aux **congés familiaux** rémunérés prévus par les articles L 3142-1 et L 3142-1-1 du Code du travail ou par l'article 27 de la convention collective nationale (plus favorable dans certains cas que le droit commun).

> **Précisions** **a.** S'agissant des congés payés, si le service est assuré par un couple, le congé leur est donné simultanément. La convention collective nationale prévoit une majoration de la durée du congé après 10 ans d'**ancienneté** chez le même employeur. Elle prescrit de calculer l'**indemnité** à partir de la rémunération totale brute avant déduction des retenues pour avantages en nature.
b. L'employeur détermine les conditions dans lesquelles le **remplacement** du salarié en congé doit en tout ou partie ou non être assuré, soit par une entreprise prestataire de services, soit par un ou des salariés engagés à temps complet ou partiel. Le salarié logé a la possibilité de choisir son remplaçant (CCN art. 26). Ce choix doit recevoir l'agrément de l'employeur, qui doit déclarer dans un délai de 8 jours s'il accepte le remplaçant proposé par le salarié (C. trav. art. L 7213-6 ; R 7213-8). La rétribution du remplaçant est assurée directement par l'employeur (et non par l'entremise du concierge titulaire) (C. trav. art. L 7213-2, al. 2). En cas de refus par l'employeur du remplaçant proposé, le remplaçant choisi ne peut pas être un salarié logé, la mise à disposition du logement de fonction ne pouvant pas être imposée au salarié titulaire (CCN art. 26).

CONDITIONS DE TRAVAIL ET FORMATION PROFESSIONNELLE

10055 T-IX-1800 s T-IX-6600 s

Les concierges d'immeubles à usage d'habitation ne bénéficient pas de la législation relative à la **durée du travail** (Cass. soc. 12-3-1997 n° 93-46-213 D). Ils sont soumis à un régime dérogatoire (dit « catégorie B ») institué par l'article 18 de la convention collective.

En revanche, pour le repos hebdomadaire, le repos quotidien et les jours fériés, le droit commun s'applique (C. trav. art. L 7211-3 ; Rép. Aurillac : AN 3-4-2000 p. 2203).

La convention collective nationale (art. 19) prévoit, pour le personnel à service complet ou permanent, un repos supplémentaire d'une demi-journée par semaine.

En matière de **formation professionnelle,** le droit commun est applicable. L'avenant 66 du 27-6-2006, mis à jour par l'avenant 90 du 25-4-2016, à la convention collective nationale en précise les modalités de mise en œuvre.

> **Précisions** **a.** Le **repos quotidien** de droit commun de 11 heures consécutives se combine avec l'article 18-B-3 de la convention collective fixant l'amplitude de la journée de travail à un maximum de 13 heures, incluant 4 heures de temps de repos pris en une ou deux fois.
> **b.** Les conjoints salariés du même employeur ont le droit de prendre leur **repos hebdomadaire** simultanément (CCN art. 19), s'ils informent l'employeur de leur volonté de faire usage de ce droit (Cass. soc. 16-2-2012 n° 10-24.421 FS-PB : RJS 5/12 n° 510).
> **c.** Pour les contrats antérieurs au 1-1-2003, l'**astreinte de nuit** est possible dans les conditions prévues par l'article 18-B-5 de la convention collective nationale.
> **d.** La **journée de solidarité** est fixée le jour de l'Ascension, sauf désignation d'un jour différent par accord d'entreprise (Avenant 61 du 24-3-2005 à la CCN).
> **e.** Les concierges d'immeubles d'habitation bénéficient de la protection contre le **harcèlement sexuel ou moral** (C. trav. art. L 7211-3).
> **f.** Les employeurs de moins de 11 salariés sont, depuis la collecte 2020, redevables d'une **contribution supplémentaire conventionnelle à la formation professionnelle** de 0,15 % de la masse salariale de l'année n-1 (Avenant 99 4-6-2019 à la CCN, étendu par arrêté du 3-4-2020 : JO 9).

RUPTURE DU CONTRAT DE TRAVAIL

Le contrat de travail à durée indéterminée prend fin par la **volonté de l'une ou l'autre des parties** ou dans les conditions exposées nos 69100 s. dans le cadre de la **rupture conventionnelle** (CCN art. 14). **10059**

Démission ou licenciement L'employeur est tenu de respecter la **procédure** légale de licenciement (CCN art. 14). Toutefois, le licenciement des concierges n'est pas soumis aux dispositions relatives au licenciement pour motif économique dès lors que leur employeur n'est pas une entreprise au sens indiqué n° 47905 (voir à propos d'un syndicat de copropriétaires : Cass. soc. 10-10-1990 n° 87-45.366 PF ; Cass. soc. 1-2-2017 n° 15-26.853 FS-PB : RJS 4/17 n° 298). **10060** T-IX-5200 s

La convention collective (CCN art. 14) fixe la durée du **préavis** de démission ou de licenciement. Le salarié à service complet licencié a droit à des heures pour recherche d'emploi (CCN art. 15).

L'**indemnité de licenciement** est égale à : 1/5e de mois par année de service, avec une majoration de 2/15e à partir de 8 ans d'ancienneté, et une majoration supplémentaire de 1/10e à partir de 20 ans d'ancienneté (CCN art. 16).

> **Précisions** **a.** Compte tenu de la jurisprudence visée n° 10000 et des principes visés n° 52205, on peut s'interroger sur l'applicabilité des dispositions conventionnelles relatives à l'indemnité de licenciement, l'indemnité légale de licenciement paraissant désormais plus favorable dans certains cas.
> **b.** En cas de **licenciement,** le concierge ne peut pas être obligé de **quitter son logement** avant un délai minimum de 3 mois ou sans le paiement d'une indemnité égale au prix de la location trimestrielle d'un logement équivalent à celui qu'il occupe et des avantages en nature qu'il reçoit. Toutefois, si le concierge commet une **faute grave** dans l'exercice de ses fonctions, son licenciement immédiat peut être prononcé par le conseil de prud'hommes à la demande de l'employeur (C. trav. art. L 7212-1, L 7212-2 et R 7212-1).
> **c.** Le concierge qui **refuse** de quitter son logement de fonction à l'expiration du délai de 3 mois est un occupant sans droit ni titre du logement accessoire à son contrat de travail : son expulsion peut être ordonnée par le juge des contentieux de la protection (C. org. jud. art. L 213-4-3). Il peut également être condamné au paiement d'une indemnité d'occupation. Le conseil de prud'hommes n'est pas compétent pour prononcer cette condamnation (Cass. soc. 4-6-1986 n° 84-45.632 S).
> **d.** En cas de **cession de l'immeuble,** l'article L 1224-1 du Code du travail ne joue pas : le contrat de travail du concierge ou de l'employé chargé de son entretien n'est pas transféré de plein droit à l'acquéreur (Cass. soc. 31-1-2001 n° 98-42.070 FS-P : RJS 4/01 n° 415 ; 23-9-2009 n° 07-40.844 FP-PB : RJS 12/09 n° 900).
> **e.** Le **syndic** n'a pas à recevoir mandat du syndicat de copropriétaires pour licencier le personnel (Cass. soc. 9-2-2010 n° 08-45.461 F-D : RJS 5/10 n° 471). Mais il peut être tenu à un formalisme particulier du fait des règles propres à la copropriété. Si, par exemple, le règlement de copropriété l'oblige à recueillir l'**autorisation préalable de l'assemblée générale** des copropriétaires, le licenciement prononcé en méconnaissance de cette obligation est sans cause réelle et sérieuse (Cass. ass. plén. 5-3-2010 n° 08-42.843 PBRI : RJS 5/10 n° 471).

Départ ou mise à la retraite Le concierge peut être **mis à la retraite** dans les conditions de droit commun. L'employeur doit respecter la procédure de l'entretien préalable et verser au salarié une **indemnité** égale à celle prévue en cas de licenciement (voir n° 10060) (CCN art. 17). **10065** T-IX-6160 s

En cas de **départ volontaire,** le concierge a droit à l'indemnité prévue par l'article 17 de la convention collective nationale.

Le **préavis** à respecter en cas de départ ou mise à la retraite est fixé par le même article.

CONTENTIEUX

10070 C. trav. art. L 7215-1 T-IX-8200 s

Le **conseil de prud'hommes** (n° 14450) est seul compétent pour connaître des différends relatifs au contrat de travail conclu entre les concierges et leurs employeurs ainsi qu'aux contrats qui en sont l'accessoire. Toutefois, en cas de refus du concierge de libérer son logement à l'expiration du contrat de travail, voir n° 10060, c.

C. Protection sociale

SÉCURITÉ SOCIALE

10120 T-IX-9100 s

Les **cotisations** de sécurité sociale, la **CSG** et la **CRDS** sont, pour les concierges et employés d'immeubles, calculées et versées dans les conditions de droit commun. Les intéressés ont droit aux prestations en espèces d'assurance maladie, maternité, invalidité et décès dans les conditions prévues pour les **professions à caractère saisonnier ou discontinu** par l'article R 313-7 du CSS (Cass. 2e civ. 20-12-2012 n° 11-26.676 FS-PB : RJS 4/13 n° 334 ; Circ. DSS 163 du 16-4-2013).

› Précisions a. Le **logement** fourni entre dans l'assiette des cotisations, soit pour sa valeur forfaitaire, soit pour sa valeur locative. En cas d'option pour le forfait, celui-ci se détermine par rapport à la rémunération brute après déduction, le cas échéant, de la retenue logement, et il n'y a d'avantage en nature assujetti à cotisations que dans la mesure où le forfait excède cette retenue. En cas d'option pour la valeur locative, c'est cette dernière qu'il convient de comparer à la retenue logement pour déterminer s'il y a avantage en nature assujetti à cotisations, et les avantages accessoires (eau, gaz, électricité...) sont pris en compte pour leur valeur réelle, diminuée, le cas échéant, de la participation du salarié. Un abattement de 30 % s'applique sur la valeur locative ou forfaitaire lorsque le logement est fourni par nécessité absolue de service (Circ. DSS 389 du 19-8-2005 : réputée abrogée).

b. Les concierges peuvent ouvrir droit, sauf si l'**employeur est un particulier,** à la réduction générale de **cotisations** patronales visée nos 1880 s. La déduction de cotisations patronales pour **heures supplémentaires** s'applique dans les conditions indiquées nos 41430 s. Pour la réduction de cotisations salariales sur les heures supplémentaires, voir nos 41350 s.

c. Sur le **cumul emploi-retraite,** voir n° 67540, j.

CHÔMAGE

10125 T-IX-10300 s

Les concierges d'immeubles à usage d'habitation bénéficient du régime d'**assurance chômage** dans les conditions de droit commun.

En cas de rupture d'un « contrat de **couple** », voir n° 6540.

PROTECTION SOCIALE COMPLÉMENTAIRE

10130 T-IX-10030 s

En matière de **retraite** complémentaire, le droit commun (nos 67900 s.) s'applique sous réserve des précisions suivantes. L'institution de retraite complémentaire compétente est la caisse Malakoff Humanis Retraite Agirc-Arrco au sein du groupe Humanis (site Internet : www.malakoffhumanis.com), si la convention collective applicable dans l'entreprise est celle visée n° 10000 (CCN art. 32) en application des règles exposées n° 67940.

› Précisions Le **taux** effectif de cotisation de base **sur la tranche** 1 est fixé à 10,16 %, dont 4,57 % à la charge du salarié et 5,59 % à la charge de l'employeur. Il s'applique à tous les salariés relevant de la convention collective du 11-12-1979, même lorsque l'employeur adhère à une caisse autre qu'Humanis Retraite Agirc-Arrco (CCN annexe V art. 5). Sur le **cumul emploi-retraite,** voir nos 68125 s.

10135 T-IX-10080

Un accord du 6-12-2013 (étendu par arrêté du 17-2-2015 : JO 25) a mis en place au niveau national un régime de prévoyance obligatoire couvrant les risques incapacité, invalidité, décès, et un régime frais de santé permettant le remboursement de tout ou partie des frais médicaux, chirurgicaux et d'hospitalisation en complément des prestations du régime de base de sécurité sociale.

Cet accord recommande l'organisme commun des institutions de rente et de prévoyance (Ocirp) pour la garantie rente éducation et Humanis Prévoyance pour les autres garanties.

CONFLITS COLLECTIFS

SOMMAIRE

A. Grève

Le droit de grève est un droit fondamental, reconnu et protégé par la Constitution, le Code du travail et différents textes internationaux ratifiés par la France. **10700** C. trav. art. L 2511-1 M-II-50 s

1. DÉFINITION

La notion de grève n'est pas définie par la loi. C'est la jurisprudence qui en a fixé les critères essentiels : il s'agit d'une cessation collective et concertée du travail par le personnel d'une ou de plusieurs entreprises visant à appuyer des revendications professionnelles. **10790** M-II-200 s

› Précisions Les salariés qui participent à un arrêt de travail répondant à cette définition bénéficient de la **protection** contre les sanctions ou licenciements visée n°s 11170 s. En revanche, ceux s'associant à un mouvement jugé illicite peuvent être sanctionnés ou licenciés pour faute dans les conditions de droit commun (n° 11020).
Sur la nullité de la dénonciation d'un usage tendant à faire échec à l'exercice du droit de grève, voir n° 17520, c.

CESSATION COLLECTIVE DU TRAVAIL

La grève est un droit individuel exercé collectivement. Il ne peut pas être exercé par une seule personne, sauf s'il s'agit de l'unique salarié de l'entreprise (Cass. soc. 13-11-1996 n° 93-42.247 PBR : RJS 12/96 n° 1312) ou si l'intéressé participe à une grève nationale telle que définie n° 10870 (Cass. soc. 29-3-1995 n° 93-41.863 PF : RJS 5/95 n° 553). Toutefois, il n'est pas exigé que tous les salariés de l'entreprise cessent le travail, ni même une **majorité** d'entre eux (jurisprudence constante). La grève peut au contraire être limitée à un établissement de l'entreprise, un atelier, une catégorie professionnelle, voire une fraction même **minoritaire** du personnel : l'arrêt de travail décidé par deux salariés pour appuyer des revendications professionnelles est une grève (CA Nancy 13-5-2003 n° 01-326 : RJS 12/03 n° 1429). **10800** M-II-600 s

› Précisions Un vote de la majorité des salariés pour la reprise du travail n'interdit pas la poursuite de la grève par une fraction minoritaire car le droit de grève est un droit personnel que chacun peut exercer sans être lié par la loi de la majorité. Cependant, si les revendications ont été considérées comme satisfaites par la majorité du personnel qui a repris le travail, la grève ne peut pas être poursuivie par une minorité sans **revendications nouvelles** (Cass. soc. 6-11-1985 n° 82-43.336 P).

CESSATION CONCERTÉE DU TRAVAIL

Les salariés cessant le travail doivent obligatoirement le faire de manière concertée et avec l'**intention commune** d'appuyer des revendications professionnelles au sens visé n°s 10855 s. **10810** M-II-1500 s

› Précisions **a.** Contrairement au secteur public, la grève dans le secteur privé n'a pas à être obligatoirement déclenchée à l'appel d'un syndicat. Elle peut aussi l'être à l'**initiative** des seuls salariés.
b. Les salariés doivent avoir eu réellement l'intention de faire grève : un arrêt de travail collectif ayant pour seul objet de permettre la tenue d'une **réunion syndicale** d'information du personnel n'est pas une grève (Cass. soc. 26-3-1980 n° 79-40.025 P) mais une pratique illicite visant à contourner l'interdiction de tenir une telle réunion durant le temps de travail (n° 73350).

CESSATION COMPLÈTE DU TRAVAIL

10820 M-II-2100 s La grève implique une cessation totale du travail. Tel n'est pas le cas des mouvements collectifs suivants : « grève perlée » se traduisant par un ralentissement volontaire de la production ou du rythme de travail (Cass. soc. 22-4-1964 n° 61-40.673 P) ; cessation du travail limitée à une obligation particulière du contrat (Cass. soc. 21-10-2009 n° 08-14.490 FS-PB : RJS 1/10 n° 82 ; 11-7-2016 n° 14-14.226 FS-PB : RJS 10/16 n° 653), par exemple le non-respect d'une obligation d'astreinte (Cass. soc. 2-2-2006 n° 04-12.336 FS-PB : RJS 4/06 n° 487) ; exécution du travail volontairement défectueuse (Cass. soc. 16-5-1989 n° 85-43.359 P : RJS 6/89 n° 536 ; 11-7-2016 n° 14-14.226 FS-PB : RJS 10/16 n° 653) ou encore grève « d'autosatisfaction » (n° 10860).

Est également un mouvement illicite la « **grève du zèle** », consistant en un accomplissement du travail de manière exagérément consciencieuse afin de paralyser un établissement ou un service.

Ces différents **mouvements** sont **illicites** ; les salariés y participant peuvent être sanctionnés dans les conditions visées n° 11020.

10825 M-II-2140 La grève ne peut avoir lieu que durant une **période de travail effectif.** Ne relèvent pas du droit de grève les revendications professionnelles formulées par des salariés durant un temps de pause rémunéré institué par accord collectif au cours duquel ils sont libres de vaquer à leurs occupations personnelles sans avoir à rendre de compte à leur employeur (Cass. soc. 18-12-2001 n° 01-41.036 F-P : RJS 3/02 n° 321).

DURÉE ET FORMES DE L'ARRÊT DE TRAVAIL

10835 M-II-2700 s La durée de l'arrêt de travail importe peu. **Aucun minimum** n'est requis et la durée d'une grève ne suffit pas en elle-même à caractériser un abus (n° 11025).

Ainsi, constitue une grève un arrêt d'une heure seulement (Cass. soc. 29-1-1960 n° 58-40.507). De même, des **débrayages courts et répétés,** quelque dommageables qu'ils soient pour la production, constituent l'exercice normal du droit de grève (Cass. soc. 25-1-2011 n° 09-69.030 FS-PB : RJS 4/11 n° 363) mais deviennent abusifs s'ils entraînent une désorganisation de l'entreprise (n° 11025).

10840 M-II-18300 s M-II-18600 s La **grève tournante** se caractérise par des arrêts de travail affectant successivement soit les catégories professionnelles (grève tournante horizontale), soit les secteurs d'activité, services ou ateliers de l'entreprise (grève tournante verticale). Interdite dans le secteur public (n° 11030), elle est admise dans le secteur privé, sauf abus (n° 11025).

Est également licite, sauf abus, la « **grève bouchon** » consistant en l'arrêt de travail d'un faible nombre d'ouvriers occupant une situation stratégique dans la chaîne de production.

10845 M-II-22300 s La **grève avec occupation des locaux** de travail n'est pas en elle-même illicite mais peut, le cas échéant, dégénérer en abus du droit de grève (n° 11025).

En tout état de cause, si cette occupation présente des risques pour la sécurité des personnes et des biens, l'employeur peut demander en référé l'expulsion des grévistes (Cass. soc. 26-2-1992 n° 90-15.459 P : RJS 4/92 n° 486). Le juge des référés n'a pas alors à se prononcer sur le caractère licite du mouvement. Il doit seulement rechercher si les faits reprochés aux grévistes constituent un trouble manifestement illicite qu'il convient de faire cesser (Cass. soc. 3-12-1986 n° 85-15.376 P).

› Précisions **a.** En principe, l'employeur doit **assigner personnellement** chacun des grévistes qu'il entend faire expulser devant le juge. Mais c'est en général matériellement impossible. Il peut dans ce cas recourir à la procédure d'ordonnance sur requête (CPC art. 845), qui échappe au principe du contradictoire et lui permet de n'assigner que les représentants du personnel ou syndicalistes ayant eu un rôle déterminant dans l'organisation de la grève et l'occupation des locaux. L'ordonnance d'expulsion délivrée dans le cadre de cette procédure par le président du tribunal judiciaire est alors opposable à l'ensemble des salariés grévistes (Cass. soc. 17-5-1977 n° 75-11.474 P ; 23-6-2004 n° 02-31.071 F-PB : RJS 11/04 n° 1187).

b. Les grévistes poursuivant l'occupation des lieux de travail malgré une ordonnance d'expulsion peuvent se voir reprocher une faute lourde (Cass. soc. 30-4-1987 n° 84-42.370 P) entraînant les conséquences visées n°s 11170 s. Dans ce cas, l'employeur, muni d'un titre exécutoire, peut faire appel à la **force publique** en vue d'obtenir l'évacuation des intéressés. L'autorité administrative qui refuse ou tarde trop à faire procéder à l'expulsion engage la responsabilité civile de l'État (CE 6-5-1991 n° 62405 : RJS 7/91 n° 874).

c. L'employeur ne peut pas recourir à des **vigiles** pour faire expulser des grévistes. Il est, en effet, interdit aux entreprises de surveillance, de gardiennage et de protection des personnes de s'immiscer, à quelque moment et sous quelque forme que ce soit, dans le déroulement d'un conflit du travail ou d'événements s'y rapportant (CSI art. L 612-4). Concernant l'incidence d'une occupation des locaux sur l'obligation de l'employeur de fournir du travail et de rémunérer les salariés **non grévistes,** voir n° 11310.

REVENDICATIONS PROFESSIONNELLES

Notion Les revendications invoquées à l'appui d'une grève doivent avoir un caractère professionnel et porter sur des **droits** intéressant directement les grévistes. À défaut, l'arrêt de travail est illicite (Cass. soc. 17-12-1996 n° 95-41.858 P : RJS 1/97 n° 85) et les salariés y participant peuvent être sanctionnés dans les conditions visées n° 11020. Sur la question de savoir si le juge peut apprécier le caractère raisonnable des revendications présentées à l'employeur, voir n° 10880. **10855** M-II-3000 s

> **Précisions** **a.** Ont par **exemple** une nature professionnelle les revendications portant sur le salaire (conditions de rémunération, primes et avantages divers, paiement d'heures supplémentaires...), les conditions et horaires collectifs de travail, l'emploi, l'hygiène ou la sécurité, les droits syndicaux et la représentation du personnel...
> La simple crainte du personnel de subir à l'avenir des compressions d'effectifs peut également constituer une revendication professionnelle. Il en est ainsi lorsque les salariés cessent collectivement le travail après l'annonce par l'employeur d'un licenciement économique collectif (Cass. soc. 22-11-1995 n° 93-44.017 PFR : RJS 1/96 n° 61) ou de sa décision d'ouvrir un nouvel établissement (Cass. soc. 4-4-1990 n° 88-43.909 P : RJS 5/90 n° 419).
> **b.** Un **salarié détaché** peut participer à une grève déclenchée dans l'entreprise d'accueil si les revendications à l'origine du mouvement, portant notamment sur les droits des représentants du personnel et les conditions de travail, le concernent directement (Cass. soc. 17-12-2003 n° 01-46.251 FS-P : RJS 3/04 n° 339).

Ne relèvent pas du droit de grève les **mouvements collectifs** dits « **d'autosatisfaction** » uniquement destinés à permettre aux salariés de travailler dans les conditions qu'ils revendiquent : par exemple, cessation collective du travail plusieurs samedis de suite par des salariés ne voulant plus travailler ce jour-là (Cass. soc. 23-11-1978 n° 77-40.946 P) ou ne voulant pas exécuter les heures supplémentaires décidées pour ces samedis en raison d'un retard de production (Cass. soc. 21-6-1989 n° 88-44.240 P), ou absence des salariés un jour de pont que l'employeur leur avait refusé (Cass. soc. 7-11-1984 n° 82-41.441 P). **10860** M-II-6300 s

ATTENTION

Il en va différemment si, dans le cadre d'un tel mouvement, les salariés cherchent en outre à faire aboutir d'autres revendications professionnelles (Cass. soc. 25-6-1991 n° 89-40.029 PF : RJS 8-9/91 n° 998). Est une grève l'arrêt collectif de travail n'ayant pas pour seul objet le refus d'accomplir des heures supplémentaires mais visant aussi à la satisfaction de revendications en matière d'embauche de personnel, de suppression des jours de carence et de réduction du temps de travail (Cass. soc. 12-4-1995 n° 93-10.968 P : RJS 5/95 n° 554) ou d'augmentations de salaire et de maintien des primes (Cass. soc. 18-4-1989 n° 88-40.724 P : RJS 5/89 n° 452).

Une **grève de solidarité** ayant pour seul objet de soutenir un salarié de l'entreprise, licencié ou menacé de sanction ou de licenciement pour un motif strictement personnel, est un mouvement illicite (Cass. soc. 30-5-1989 n° 86-16.765 P : RJS 7/89 n° 616 ; 16-11-1993 n° 91-41.024 P : RJS 1/94 n° 72) emportant les conséquences visées n° 11020. **10865** M-II-5000 s

En revanche, les salariés exercent bien leur droit de grève si leur soutien s'accompagne de revendications professionnelles intéressant directement le personnel.

Parfois, la grève de solidarité vise à soutenir un mouvement collectif déclenché dans une **autre entreprise.** Elle n'est pas, en principe, légitime, sauf si elle s'inscrit dans le cadre d'une défense d'intérêts communs aux salariés des différentes entreprises concernées, tels que la défense d'un droit prévu par la convention collective applicable à une même branche professionnelle ou, si les intéressés appartiennent à des branches d'activité différentes, la défense de la liberté syndicale, par exemple.

ILLUSTRATIONS

Est une grève l'arrêt collectif de travail par **solidarité avec des salariés licenciés** pour avoir prolongé leur congé au-delà de la date fixée par l'employeur, dès lors qu'il est assorti d'une demande par le personnel de suppression du fractionnement des congés (Cass. soc. 27-11-1985 n° 82-43.649 P). Il en est de même de l'arrêt de travail visant à soutenir un délégué syndical menacé de licenciement alors qu'il s'était engagé à défendre le pouvoir d'achat du personnel dans le cadre de la négociation annuelle obligatoire (Cass. soc. 5-1-2011 n° 10-10.685 FS-PB : RJS 3/11 n° 268) ou encore des salariés menacés de sanctions disciplinaires pour des faits commis lors d'un précédent mouvement de grève dont la légitimité n'est pas contestée (Cass. soc. 2-7-2014 n° 13-12.562 FS-PB : RJS 10/14 n° 730). Concernant la grève déclenchée à l'annonce d'un licenciement économique, voir n° 10855.

La cessation du travail pour participer à un mouvement de **protestation** purement politique contre des **décisions de la puissance publique** n'est pas une grève. En revanche, il y a bien exercice du droit de grève, protégé en tant que tel, si le mouvement national auquel les **10870** M-II-5600 s salariés se sont joints comporte, indépendamment de son aspect politique, des revendications d'ordre professionnel communes à l'ensemble des travailleurs. Il en est ainsi de la grève déclenchée pour protester contre la politique économique et sociale du Gouvernement, ayant en outre pour objet le refus du blocage des salaires, la défense de l'emploi et la réduction du temps de travail (Cass. soc. 29-5-1979 n° 78-40.553 P).

De même, les salariés poursuivent des revendications professionnelles et exercent donc leur droit de grève lorsqu'ils cessent le travail de manière collective et concertée pour s'associer à un **mouvement national** portant sur la défense des retraites (Cass. soc. 15-2-2006 n° 04-45.738 FS-PB : RJS 5/06 n° 622 ; 30-1-2008 n° 06-21.781 FS-D : RJS 4/08 n° 470) ou celle de l'emploi et du droit syndical (Cass. crim. 12-1-1971 n° 70-90.753 P).

S'agissant du cas où **un seul salarié** de l'entreprise s'associe à un mouvement national, voir n° 10800.

10880 M-II-6900 s **Information de l'employeur** Dans le **secteur privé,** les revendications professionnelles des salariés doivent simplement être connues de l'employeur au moment de l'arrêt de travail (Cass. soc. 19-11-1996 n° 94-42.631 P : RJS 1/97 n° 85 ; 30-6-2015 n° 14-11.077 FS-P : RJS 10/15 n° 663). Il n'est pas exigé qu'elles soient portées à sa connaissance **avant la cessation** collective du travail (Cass. soc. 22-10-2014 n° 13-19.858 FS-PB : RJS 1/15 n° 56) ni même qu'elles soient présentées par les salariés eux-mêmes. L'employeur peut aussi en avoir connaissance, notamment, par l'intermédiaire d'un syndicat (Cass. soc. 27-6-1990 n° 86-45.086 P : RJS 8-9/90 n° 718), d'un tract syndical (Cass. soc. 30-3-1999 n° 97-41.104 P : RJS 5/99 n° 725) ou de l'inspecteur du travail (Cass. soc. 28-2-2007 n° 06-40.944 FS-PB : RJS 5/07 n° 651).

Sous cette réserve, et sauf cas particulier (n° 10980), la grève peut être **déclenchée à tout moment** et sans formalités (n° 11010). De plus, elle n'est pas subordonnée au rejet préalable des revendications par l'employeur (Cass. soc. 11-7-1989 n° 87-40.727 P : RJS 10/89 n° 794 ; 20-5-1992 n° 90-45.271 PF : RJS 7/92 n° 905).

Sur l'obligation de préavis et de négociation préalable à la grève s'imposant dans le **secteur public,** voir n° 11030.

› Précisions Selon l'assemblée plénière de la Cour de cassation, la présentation à l'employeur de revendications professionnelles déraisonnables, qu'il ne peut de toute évidence pas satisfaire, justifie la suspension du préavis de grève par le juge des référés (Cass. ass. plén. 4-7-1986 n° 84-15.735 P). La chambre sociale ne s'est pas ralliée à cette solution et considère, pour sa part, qu'en l'absence d'abus de droit le juge ne peut pas substituer son appréciation à celle des grévistes, dès lors que les revendications ont bien un caractère professionnel (Cass. soc. 2-6-1992 nos 90-41.368 PF et 90-41.369 PF : RJS 7/92 n° 906 ; 19-10-1994 n° 91-20.292 PBBS : RJS 12/94 n° 1413).

2. LIMITES DU DROIT DE GRÈVE

LIMITES LÉGALES

10980 M-II-14200 s Selon la Constitution, le droit de grève s'exerce dans le cadre des lois qui le réglementent. Si ce droit est effectivement encadré par la loi dans le secteur public (n° 11030), il ne l'est quasiment pas dans le secteur privé, le législateur n'étant essentiellement intervenu que pour assurer la protection des salariés grévistes dans les conditions visées nos 11100 s.

Sur les dispositions légales relatives à la réquisition de grévistes, voir n° 11000.

› Précisions Des aménagements de l'exercice du droit de grève calqués sur ceux existant dans les transports terrestres de voyageurs (n° 11030) sont prévus pour les entreprises ou établissements, du secteur privé ou public, **concourant directement au transport aérien de passagers** (C. transports art. L 1114-1 à L 1114-7) :
– possibilité pour les partenaires sociaux de conclure un accord-cadre organisant une procédure de prévention des conflits comportant une obligation de négociation préalable obligatoire ;
– obligation pour les salariés dont l'absence pour grève est de nature à affecter directement la réalisation des vols d'informer l'employeur, sous peine de sanction, de leur participation à celle-ci 48 h au moins avant de cesser le travail ;
– obligation pour les salariés renonçant finalement à participer à la grève ou à la poursuivre d'en informer l'employeur 24 h au moins avant l'heure prévue pour leur participation ou pour la reprise du travail, sous peine de sanctions en cas de manquements répétés ;
– possibilité, pour l'employeur, un syndicat représentatif ou le médiateur éventuellement désigné par les parties au conflit, de décider, après 8 jours de grève, d'un vote sur la poursuite de cette dernière.
La finalité des dispositions obligeant les salariés à déclarer leur intention de faire grève est l'**information des usagers.** Elles n'autorisent pas l'employeur, en l'absence de service minimum imposé, à utiliser ces informations pour **recom-**

poser les équipages et **réaménager le trafic** avant le début du mouvement (Cass. soc. 12-10-2017 n° 16-12.550 FS-PB : RJS 12/17 n° 823). Cette déclaration d'intention n'est soumise à aucune règle de **forme.** Est licite une **liste collective** des déclarations d'intention de grève **signée** par chaque salarié souhaitant cesser le travail et mentionnant pour chacun d'eux l'**heure** du début de sa participation à la grève (Cass. soc. 8-12-2016 n° 15-16.999 FS-PB : RJS 2/17 n° 137). De même, l'obligation d'informer l'employeur de la **reprise du travail au moins 24 h** à l'avance n'est soumise à aucune règle de forme, dès lors qu'elle permet à l'employeur d'être informé de la volonté de reprise des salariés en temps utile pour les affecter. Ne satisfait pas à cette exigence la présentation d'une liste collective non signée par les salariés et non accompagnée des déclarations individuelles signées par ces derniers (Cass. soc. 28-2-2018 n° 16-21.109 F-D : RJS 5/18 n° 361).

Si l'entreprise concernée assure une **mission de service public,** l'obligation de préavis spécifique à ce secteur doit être respectée (n° 11030).

RÉQUISITION DE GRÉVISTES

Même si elle est rarement mise en œuvre, la réquisition de grévistes, du secteur public ou privé, peut, dans des cas d'urgence tels que l'atteinte à l'ordre public, être ordonnée par le Gouvernement (C. défense art. R 2212-7 ; CE sect. 24-2-1961 n° 40013) ou par le préfet (CGCT art. L 2215-1, 4°). **11000** M-II-15500 s

En revanche, ni le juge des référés judiciaire (Cass. soc. 25-2-2003 n° 01-10.812 FS-PBRI : RJS 5/03 n° 656) ni l'employeur (n° 11010, a) ne peuvent ordonner la réquisition de salariés grévistes.

LIMITES CONVENTIONNELLES OU CONTRACTUELLES

Sauf dans le secteur du transport aérien de passagers (n° 10980), les partenaires sociaux ne peuvent pas convenir de limiter ou réglementer l'exercice du droit de grève par les salariés d'une entreprise de droit privé. Sont ainsi inopposables aux salariés les clauses conventionnelles leur imposant de respecter un **délai de préavis** (Cass. soc. 7-6-1995 n° 93-46.448 PF : RJS 8-9/95 n° 933 ; 17-7-1996 n° 94-42.964 D : RJS 10/96 n° 1079) ou **toute autre formalité** préalable à la grève : procédure de conciliation ou obligation de se déclarer gréviste, par exemple. **11010** M-II-14700 s

> **Précisions** **a.** Sont également inopposables aux salariés grévistes les clauses conventionnelles ou du règlement intérieur leur imposant d'exécuter un **service minimum de sécurité** au cours de la grève. L'employeur ne peut en aucun cas s'arroger le pouvoir de réquisitionner un salarié gréviste, de sorte que l'intéressé ne peut pas être sanctionné pour avoir refusé d'exécuter un tel service minimum prévu par le règlement intérieur (Cass. soc. 15-12-2009 n° 08-43.603 FS-PB : RJS 3/10 n° 287).
> **b.** L'employeur ne peut pas non plus insérer dans le **contrat de travail** une clause interdisant l'exercice du droit de grève ou assimilant cet exercice à un cas de force majeure le libérant de ses obligations contractuelles (Rép. Ralite : AN 5-3-1977). Sur l'insertion de clauses relatives au droit de grève dans un contrat de travail international, voir n° 78400.

MOUVEMENT ILLICITE

Les juges condamnent les mouvements illicites ne répondant pas à la définition de la grève visée n°s 10790 s. Les salariés participant à un tel mouvement commettent une **faute professionnelle.** Étant privés de la protection prévue par la loi en cas d'exercice normal du droit de grève (n°s 11170 s.), ils peuvent être sanctionnés et, le cas échéant, licenciés dans les conditions de droit commun, c'est-à-dire quel que soit le degré de gravité de leur faute (cause réelle et sérieuse, faute grave ou faute lourde). **11020** M-II-16400 s

Sur la licéité des retenues sur **salaire** en raison de la participation à un mouvement illicite, voir n° 56150, a.

ABUS DU DROIT DE GRÈVE

Les juges condamnent également les mouvements collectifs répondant initialement à la définition de la grève, mais dégénérant en abus en raison des circonstances dans lesquelles ils sont exercés. **11025** M-II-16800 s

Il y a abus du droit de **grève** lorsque celle-ci **entraîne ou risque d'entraîner** la désorganisation de l'entreprise elle-même (Cass. soc. 18-1-1995 n° 91-10.476 PB : RJS 3/95 n° 289 ; 11-1-2000 n° 97-18.215 PB : RJS 2/00 n° 201) et non de sa seule production (Cass. soc. 7-4-1993 n° 91-16.834 P : RJS 5/93 n° 539).

Le mouvement collectif devient alors **illicite** à partir de ce moment et les salariés demeurant grévistes perdent le bénéfice de la protection légale ; ils peuvent être sanctionnés ou licenciés dans les conditions de droit commun (n° 11020).

ILLUSTRATIONS

La mise en place d'un dispositif permettant de relancer une grève sans limitation de durée n'est pas, à elle seule, constitutive d'un abus (Cass. soc. 8-12-2016 n° 15-16.078 FS-PB : RJS 2/17 n° 138). Si la durée d'une grève ne suffit pas en soi à caractériser un abus (Cass. soc. 4-7-2012 n° 11-18.404 FS-PB : RJS 10/12 n° 841), des débrayages répétés de courte durée revêtent toutefois un caractère abusif dès lors qu'ils entraînent une **désorganisation de l'entreprise** (jurisprudence constante, notamment Cass. soc. 10-7-1991 n° 89-43.147 P : RJS 8-9/91 n° 997) ou procèdent de la volonté de nuire à la situation économique de celle-ci (Cass. soc. 25-2-1988 n° 85-43.293 P).

Présente également un caractère abusif la grève tournante (n° 10840) se traduisant par un mouvement orchestré de désorganisation de l'entreprise (Cass. soc. 16-7-1964 n° 63-40.524 P).

Le seul fait que certains grévistes commettent des **actes illicites** au cours d'un mouvement de grève ne suffit pas à disqualifier celui-ci (Cass. soc. 18-1-1995 n° 91-10.476 PB : RJS 3/95 n° 289). Des actes illicites ayant désorganisé la production ne suffisent pas à caractériser un abus du droit de grève dès lors qu'il n'est pas établi qu'il en est résulté un risque de désorganisation de l'entreprise elle-même (Cass. soc. 18-1-1995 n° 91-10.476 précité).

11030
C. trav. art. L 2512-1 à L 2512-5
M-II-8900 s

La grève dans le secteur public

a. Droit commun

La grève est **interdite** par la loi à certains fonctionnaires (par exemple, police, magistrats).

Dans les autres secteurs de la fonction publique, les établissements publics et les entreprises privées gérant un service public, pour le seul personnel affecté à cette activité (Cass. soc. 8-10-2014 n° 13-13.792 FS-PB : RJS 12/14 n° 890), le droit de grève est **admis mais réglementé** : l'initiative de la grève appartient aux organisations syndicales ; les grèves tournantes (n° 10840) sont prohibées ; un préavis de grève, établi par une organisation syndicale représentative, doit parvenir à l'autorité hiérarchique ou à la direction au moins 5 jours francs avant le déclenchement de la grève, les parties étant tenues de négocier durant ce délai.

Plusieurs syndicats peuvent chacun présenter un préavis avec une date de cessation de travail différente (Cass. soc. 4-2-2004 n° 01-15.709 FS-PBRI : RJS 4/04 n° 443). De plus, ne sont pas en soi illicites le préavis unique comportant plusieurs motifs (Cass. soc. 4-7-2012 n° 11-18.404 FS-PB : RJS 10/12 n° 841) ou portant sur des arrêts de travail d'une durée limitée étalés sur plusieurs jours (Cass. soc. 7-6-2006 n° 04-17.116 FS-PB : RJS 10/06 n° 1111) ni les préavis successifs mentionnant le même motif (Cass. soc. 25-1-2012 n° 10-26.237 FS-PB : RJS 4/12 n° 384) ou des motifs différents (Cass. soc. 30-1-2008 n° 06-21.781 FS-D : RJS 4/08 n° 470).

Le salarié souhaitant rejoindre le mouvement (ou le quitter) doit le faire dès le début d'une de ses prises de service situées dans la période fixée par le préavis (CE 29-12-2006 n° 286294 : RJS 3/07 n° 378 ; Cass. soc. 13-5-2009 n° 07-44.852 FS-D : RJS 7/09 n° 659).

b. Réglementation spécifique

Dans certains secteurs des services publics où le droit de grève est admis, des obligations complémentaires à celles visées ci-dessus peuvent s'imposer soit en vertu d'un texte, soit en vertu d'une décision de l'autorité administrative compétente : par exemple, obligation de service minimum dans le secteur de la **radiodiffusion** et de la télévision (Loi 86-1067 du 30-9-1986 art. 57, II) ou celui de la **navigation aérienne** (Loi 84-1286 du 31-12-1984 ; Décret 85-1332 du 17-12-1985). Par ailleurs, dans les entreprises chargées d'une mission de service public de **transport terrestre** régulier de voyageurs, l'exercice du droit de grève est subordonné à des obligations spécifiques devant être prévues par un accord de prévention des conflits obligatoire (ou à défaut par les articles R 1324-2 à R 1324-6 du Code des transports) : notamment, négociation préalable obligatoire ; interdiction pour les syndicats de déposer un nouveau préavis pour les mêmes motifs avant la fin du préavis en cours ; obligation pour certains salariés de se déclarer grévistes 48 h au moins avant de cesser le travail ou d'informer l'employeur 24 h au moins à l'avance de leur décision de renoncer à faire grève ou de reprendre le travail avant la fin de celle-ci (C. transports art. L 1324-1 à L 1324-11 et R 1324-1).

La grève d'un salarié du secteur public peut être d'une durée moindre que celle fixée par le préavis. L'employeur ne peut pas, dans la période ainsi définie, déduire de l'absence de grévistes au cours de la période visée par le préavis, même en cas de préavis de durée illimitée, que celui-ci était devenu sans effet (Cass. soc. 11-2-2015 n° 13-14.607 FS-PB : RJS 5/15 n° 360 ; 8-12-2016 n° 15-16.078 FS-PB : RJS 2/17 n° 138). Par ailleurs, la grève reste licite dès lors que la volonté collective de désorganiser le fonctionnement de l'entreprise n'est pas établie (Cass. soc. 11-2-2015 n° 13-14.607 FS-PB : RJS 5/15 n° 360). La seule difficulté d'élaborer un plan de transport ne rend pas la grève illicite (Cass. soc. 30-6-2015 n° 14-10.764 FS-PB : RJS 10/15 n° 664).

Des obligations de même nature peuvent être organisées, par un accord-cadre facultatif, dans les entreprises du secteur public concourant directement au **transport aérien** de passagers (n° 10980).

3. CONSÉQUENCES DE LA GRÈVE

a. Salariés grévistes

L'exercice du droit de grève suspend l'exécution du contrat de travail et libère l'employeur et le salarié de leurs obligations respectives. Mais ce dernier bénéficie d'une protection particulière : il ne doit subir aucune mesure discriminatoire au sens visé nº 32060, notamment en matière de rémunération et d'avantages sociaux. De plus, sauf faute lourde, il ne peut être ni sanctionné ni licencié à raison de l'exercice normal de ce droit. **11100** C. trav. art. L 2511-1 et L 1132-2 **M-II-24800 s**

INCIDENCES DE LA SUSPENSION DU CONTRAT

Retenue sur salaire et accessoires Le salarié en grève n'exécutant plus son travail, l'employeur est dispensé, sauf exception (nº 11115), de lui verser le salaire, ainsi que ses compléments et accessoires définis nºs 70445 s. La **retenue** opérée sur le salaire doit être strictement **proportionnelle** à la durée de l'arrêt de travail (Cass. soc. 10-7-1991 nº 89-43.147 P : RJS 8-9/91 nº 997). Au-delà, il s'agit d'une sanction pécuniaire prohibée (Cass. soc. 16-5-1989 nº 85-45.244 P : RJS 6/89 nº 498). **11110** **M-II-25300 s**

Des dispositions particulières, non étudiées ici, sont prévues en cas de grève dans le secteur public.

> **Précisions** **a.** Tout **travail accompli normalement avant ou après** la grève doit être rémunéré. Ni la perte de production résultant de la grève (Cass. soc. 16-5-1989 nº 86-43.399 P : RJS 6/89 nº 540) ni le temps consacré à la remise en marche des machines (Cass. soc. 6-6-1989 nº 85-46.435 P : RJS 7/89 nº 617 ; 30-1-1991 nº 89-40.471 D : RJS 3/91 nº 376) n'autorisent l'employeur à effectuer un abattement supérieur à la durée de l'arrêt de travail. Le **juge des référés** peut allouer au salarié une provision sur le salaire indûment retenu par l'employeur au-delà du temps de grève (Cass. soc. 3-2-1993 nº 90-41.665 P : RJS 3/93 nº 304).
> **b.** Constitue une **discrimination indirecte** le fait pour l'employeur d'opérer une retenue sur salaire différente selon le degré de mobilisation des salariés grévistes, les services et les conséquences sur le fonctionnement de l'entreprise (Cass. soc. 9-7-2015 nº 14-12.780 FS-D : RJS 11/15 nº 726).
> **c.** Sur les modalités de **calcul** de la retenue sur salaire, voir nº 70725 (cas général) et nº 30690, c (grève de moins d'une journée ou d'une demi-journée par un salarié ayant conclu une convention individuelle de forfait en jours). Sur sa mention sur le **bulletin de paie,** voir nº 70795.
> **d.** Sur la licéité des retenues sur salaire en raison de la participation à un **mouvement illicite,** voir nº 56150, a. Sur les effets en matière de salaire du refus d'autorisation de licenciement d'un **représentant du personnel** mis à pied alors qu'il était gréviste, voir nº 63395, b.

Il peut être dérogé à la règle du non-paiement du salaire dans le cadre d'un **accord de fin de conflit** ou si les salariés ont été contraints à se mettre en grève pour faire respecter leurs droits essentiels. **11115** **M-II-27100 s**

Dans ce dernier cas, seul un **manquement grave et délibéré de l'employeur** à l'une de ses obligations contractuelles peut justifier sa condamnation à indemniser les grévistes pour leur perte de salaire (Cass. soc. 7-6-2006 nº 04-46.587 F-PB : RJS 8-9/06 nº 989 ; 9-5-2012 nº 10-27.115 FS-D : RJS 7/12 nº 652).

Sur les conditions :

– d'octroi d'une **aide financière** du CSE aux salariés en difficulté du fait d'une grève, voir nºs 9408 s. ;

– de la **récupération des heures perdues** en raison d'une grève interne ou externe à l'entreprise, voir nº 11160.

ILLUSTRATIONS

Constituent un manquement grave et délibéré de l'employeur :

– le non-paiement à l'échéance de la rémunération (Cass. soc. 27-11-1990 nº 88-45.790 P : RJS 1/91 nº 77), y compris les heures supplémentaires (Cass. soc. 3-5-2007 nº 05-44.776 FS-PB : RJS 7/07 nº 886), sauf s'il résulte d'une mise en redressement judiciaire de l'entreprise à la suite de difficultés financières (Cass. soc. 26-1-2000 nº 98-44.177 P : RJS 3/00 nº 313 ; 14-10-2020 nº 18-24.765 F-D : RJS 1/21 nº 40) ;

– le refus de supprimer une prime illicite incitant les salariés à dépasser l'horaire normal de travail (Cass. soc. 21-5-1997 nº 95-42.542 P : RJS 7/97 nº 854) ou le refus d'appliquer la convention collective de l'entreprise (Cass. soc. 4-12-2007 nº 06-42.463 FS-D : RJS 2/08 nº 202) ;

– la réduction unilatérale du temps de travail entraînant une réduction de la rémunération (Cass. soc. 4-10-2005 nº 04-44.795 F-D) ;

– un accident du travail dû au non-respect des règles de sécurité (Cass. soc. 11-12-1985 nº 83-45.566 P).

En revanche, ni le non-respect de la formalité de l'entretien préalable au licenciement (Cass. soc. 20-2-1991 n° 89-41.148 P : RJS 4/91 n° 507) ni la non-consignation par écrit d'un accord de fin de grève (Cass. soc. 20-1-1993 n° 90-44.074 P : RJS 3/93 n° 303) n'ont été jugés suffisamment graves pour justifier la condamnation de l'employeur.

11120 C. trav. art. L 2511-1, al. 2 M-II-28300 s

Réduction ou suppression de prime ou avantage L'interdiction de toute discrimination envers les salariés grévistes en matière de rémunération et d'avantages sociaux (n° 11100) ne fait pas nécessairement obstacle à la réduction ou suppression, en raison de l'absence pour grève du salarié, d'une prime subordonnée à une **condition de présence** dans l'entreprise (prime d'assiduité ou de fin d'année notamment).

En effet, l'employeur peut tenir compte de l'**absence motivée par la grève,** à condition que toutes les absences, hormis celles légalement assimilées à un temps de travail effectif, entraînent les mêmes conséquences sur son attribution (Cass. soc. 23-6-2009 nos 07-42.677 FS-PB et 08-42.154 FS-PB : RJS 10/09 n° 827 ; 23-11-2011 n° 10-15.644 F-D : RJS 2/12 n° 186 ; 7-11-2018 n° 17-15. 833F-PB : RJS 1/19 n° 50).

ILLUSTRATIONS

Est **légitime** la suppression pour grève d'une **prime d'assiduité** mensuelle subordonnée à la présence du salarié au cours du mois de référence dès lors qu'elle n'est pas due pour toute absence, autorisée ou non, sauf celles correspondant aux RTT, aux congés payés et congés de formation économique ou syndicale (Cass. soc. 23-6-2009 n° 08-42.154 FS-PB : RJS 10/09 n° 827), qui sont légalement assimilées à un temps de travail effectif.

Est en revanche **discriminatoire** la suppression d'une **prime trimestrielle de performance** fondée sur un double critère de chiffre d'affaires et de présence, dès lors qu'elle est maintenue en cas de congés conventionnels pour événements familiaux (Cass. soc. 23-11-2011 n° 10-15.644 F-D : RJS 2/12 n° 186). Est également discriminatoire la réduction opérée sur une **prime d'ancienneté** ou de **fin d'année** en raison d'une absence pour grève alors que ne donnent pas lieu à abattement les absences pour maladie (Cass. soc. 23-6-2009 n° 07-42.677 FS-PB : RJS 10/09 n° 827), pour permission ou congé sans solde de 5 jours au maximum (Cass. soc. 18-1-1995 n° 91-42.476 D : RJS 3/95 n° 292) ou pour événements familiaux (Cass. soc. 15-2-2006 n° 04-45.738 FS-PB : RJS 5/06 n° 622). Il en est de même si l'une de ces absences entraîne un abattement moindre que celui pratiqué en cas de grève (Cass. soc. 25-3-1982 n° 81-11.175 P).

11125 M-II-29400 s

L'employeur ne peut refuser en raison de l'absence pour grève un avantage lié à l'assiduité du personnel, tel qu'un **congé supplémentaire rémunéré,** que si toutes les absences autres que celles légalement assimilées à un temps de travail effectif entraînent les mêmes conséquences (Cass. soc. 4-5-2011 n° 09-72.206 F-D : RJS 7/11 n° 573 ; 26-3-2014 n° 12-18.125 FS-PB : RJS 6/14 n° 516).

La même condition s'applique à l'abattement en cas d'absences, prévu par l'accord instituant un dispositif légal d'**intéressement** (Cass. soc. 5-2-2003 n° 00-45.998 F-D : RJS 4/03 n° 500 ; 13-2-2019 n° 17-26.837 F-D : RJS 5/19 n° 310) ou pour un intéressement contractuel (Cass. soc. 6-1-1983 n° 80-41.722). Elle devrait aussi valoir pour le régime légal de participation aux résultats de l'entreprise.

> **Précisions** Est également discriminatoire le fait de retarder l'**ancienneté** du salarié et le bénéfice de l'augmentation de salaire liée à cette ancienneté, alors que, selon la convention collective applicable, les autres périodes d'absence n'ont pas cet effet (Cass. soc. 9-2-2000 n° 97-40.724 P : RJS 3/00 n° 314).
> Sur la licéité des **primes** accordées aux seuls salariés **non grévistes,** voir n° 11320.

11140 M-II-30100 s

Autres incidences Le salarié gréviste conserve l'**ancienneté** acquise avant la grève et le **logement de fonction** dont il bénéficie, le cas échéant, à titre d'accessoire à son contrat de travail.

S'il était en **période d'essai,** celle-ci est suspendue par la grève et doit en principe être prolongée de la durée de cette dernière.

Durant la grève, le salarié ne peut pas se faire **embaucher** auprès d'une autre entreprise. De son côté, l'employeur est tenu de le **réintégrer** à l'issue du mouvement collectif.

Le **préavis de licenciement notifié avant** le début de la grève continue à courir (Cass. soc. 3-10-1968 n° 67-40.226 P).

11145 M-II-30140 s

Sauf preuve contraire de sa part (Cass. soc. 15-1-2003 n° 00-46.527 F-D), le salarié est réputé gréviste pour toute la durée du mouvement auquel il s'est associé et ne peut pas, en principe, prétendre à une indemnisation pour les **jours de repos** rémunérés (Cass. soc. 24-6-1998 n° 97-43.876 PBR : RJS 8-9/98 n° 1045) ou les **jours fériés** chômés compris dans cette période

(Cass. soc. 24-6-1998 n° 96-44.234 P-B : RJS 8-9/98 n° 1045 ; 14-4-1999 n° 97-42.064 P : RJS 6/99 n° 848) même pour le 1er Mai (Cass. soc. 5-2-2002 n° 99-43.898 FS-P : RJS 4/02 n° 479).

En cas de grève prenant fin la veille ou débutant le lendemain d'un jour férié, le contrat de travail n'étant plus ou pas encore suspendu, le salarié a droit à sa rémunération pour ce jour férié.

Le gréviste ne perd pas sa qualité d'**assuré social,** quelle que soit la durée de l'arrêt de travail. Mais il n'est plus couvert par la législation sur les accidents du travail. **11150** M-II-31200 s D-IV-2980 s. D-IV-37690

Les périodes de grève ne sont pas prises en compte pour l'appréciation du droit des assurés aux prestations. Toutefois, pour le calcul des indemnités journalières, le salaire de la période de référence comprendra le salaire fictif et reconstitué que le gréviste aurait perçu s'il avait travaillé.

S'agissant : **11155**

– de la prise en compte ou non des jours de grève pour le calcul de la durée des **congés payés** annuels, voir n° 13337 ;

– du maintien du salaire en cas de **maladie** survenant avant ou pendant la grève, voir n° 49775, a ;

– de l'étendue du **pouvoir disciplinaire** de l'employeur à l'égard du salarié gréviste, voir nos 11170 s. ;

– des conséquences de la grève pour les **représentants du personnel,** voir n° 62670 (incidence sur le mandat) et n° 62580 (incidence sur le crédit d'heures).

RÉCUPÉRATION DES HEURES PERDUES

Les heures de travail perdues en raison d'une **grève interne** à l'entreprise ne peuvent pas, en principe, être récupérées ; toutefois un accord de fin de grève peut, le cas échéant, prévoir la récupération de ces heures, payées au taux des heures supplémentaires (Cass. soc. 25-4-1979 n° 78-40.058 P). **11160** OA-II-21520 s

En revanche, en cas d'arrêts de travail consécutifs à des **grèves extérieures** à l'entreprise (EDF, transports...), l'employeur peut faire récupérer les heures perdues, au taux normal (Cass. crim. 16-6-1970 n° 68-92.000 P). La récupération est alors une simple faculté pour l'employeur mais s'impose, en principe, aux salariés (n° 30510).

Sur le paiement des heures ainsi récupérées, voir n° 30525.

SANCTION OU LICENCIEMENT

Conditions L'exercice du droit de grève ne peut pas justifier la rupture du contrat de travail, sauf **faute lourde** imputable au salarié. À défaut, le licenciement est nul (n° 11185). **11170** C. trav. art. L 2511-1, al. 1 et L 1132-2 M-II-31800 s

Cette nullité s'applique à tout licenciement prononcé pour avoir participé à une grève ou pour avoir commis au cours d'une grève un fait ne pouvant pas être qualifié de faute lourde (Cass. soc. 9-5-2012 n° 10-24.307 FS-PB : RJS 7/12 n° 653). L'employeur ne peut pas non plus sanctionner un salarié pour de tels faits, hors le cas de la faute lourde (Cass. soc. 16-12-1992 n° 91-41.215 PF : RJS 2/93 n° 174).

Seuls les salariés exerçant normalement leur droit de grève **bénéficient de cette protection.** En sont exclus ceux participant à un mouvement illicite ou à un mouvement de grève ayant dégénéré en abus (nos 11020 s.).

De plus, cette protection ne fait pas obstacle à un licenciement pour une faute, quel qu'en soit le degré de gravité, antérieure à la grève (Cass. soc. 21-3-1973 n° 71-40.802 P).

> **› Précisions** **a.** En l'absence de faute lourde, le caractère illicite du motif du licenciement tiré de la participation à une grève emporte à lui seul la nullité de ce licenciement, peu important l'existence, dans la lettre de licenciement, de **faits distincts** pouvant constituer, s'ils étaient établis, une cause réelle et sérieuse de licenciement (Cass. soc. 8-7-2009 n° 08-40.139 FS-PB : RJS 10/09 n° 828). Sur les incidences de ces autres faits sur l'indemnisation du salarié, voir n° 48675.
>
> **b.** Si le salarié soutient que la rupture de son contrat est la conséquence de sa participation à une grève, il appartient à l'employeur de prouver que sa décision est justifiée par des **éléments objectifs étrangers** à l'exercice normal du droit de grève (Cass. soc. 19-1-2011 n° 09-43.547 F-D ; 28-3-2012 n° 11-11.307 FS-D : RJS 6/12 n° 588).
>
> **c.** Sur la perte de droits aux indemnités de rupture lorsque la **faute lourde est établie,** voir n° 47160.

La **faute lourde** subordonnant la légitimité de la sanction ou du licenciement d'un salarié gréviste, qu'il appartient à l'employeur d'établir, est une faute commise dans l'intention de nuire à l'employeur ou de désorganiser l'entreprise. **11175** M-II-33300 s

Seuls les grévistes ayant **personnellement et activement participé** aux actes fautifs peuvent être licenciés pour faute lourde (jurisprudence constante, notamment Cass. soc. 27-6-1989 n° 87-44.680 D : RJS 8-9/89 n° 715). Les autres grévistes n'ont pas à répondre de ces actes.

Cette faute ne rompt pas d'elle-même le contrat de travail. L'employeur qui s'en prévaut doit respecter la **procédure** disciplinaire (nos 56220 s.). Si le salarié auquel elle est reprochée a la qualité de salarié protégé, il doit, en outre, mettre en œuvre la procédure spéciale visée nos 63300 s.

ILLUSTRATIONS

Peuvent caractériser une **faute lourde** les violences et voies de fait, coups et blessures, séquestration, destruction ou dégradation du matériel, entraves à la liberté du travail... Ces faits peuvent également entraîner la mise en jeu de la responsabilité civile (nos 11410 s.) et pénale (no 11430) de celui qui les commet.

En revanche, **aucune faute lourde** n'est imputable au salarié gréviste qui :

– participe à un piquet de grève mais ne se rend coupable d'aucune voie de fait, son rôle étant complètement passif (Cass. soc. 10-3-1988 no 85-41.117 D) ;

– participe à une occupation des locaux se déroulant sans entrave à la liberté du travail (Cass. soc. 16-5-1989 no 87-42.300 P : RJS 6/89 no 538 ; 26-2-1992 no 90-40.760 P : RJS 4/92 no 485) ou au blocage d'un camion sans entraver le travail des non-grévistes ni désorganiser l'entreprise (Cass. soc. 9-5-2012 no 10-26.497 FS-PB : RJS 7/12 no 651) ;

– refuse de restituer le véhicule qui lui était affecté pour son travail, ni l'intention de nuire de l'intéressé ni l'atteinte à la liberté du travail n'étant établies, l'employeur ne prouvant pas qu'il aurait pu remettre ce véhicule à des non-grévistes (Cass. soc. 8-2-2012 no 10-14.083 FS-PB : RJS 5/12 no 499) ;

– fait usage de son droit d'expression, par exemple en distribuant au public un tract syndical pour dénoncer les mauvaises conditions de travail dans son entreprise (Cass. soc. 20-5-1992 no 90-45.271 PF : RJS 7/92 no 905) ;

– diffuse un tract pour lequel il a été condamné pour injures publiques envers l'employeur, ce délit n'impliquant pas en lui-même l'intention de nuire à ce dernier (Cass. soc. 8-12-2009 no 08-42.923 F-D : RJS 3/10 no 288) ;

– profère des injures, en dehors de toute violence (Cass. soc. 10-5-2001 no 99-41.438 F-D : RJS 7/01 no 907).

11185 C. trav. art. L 2511-1, al. 3 M-II-32500 s

Nullité du licenciement Tout licenciement prononcé en l'**absence de faute lourde** est nul de plein droit.

Du fait de cette nullité, le salarié peut prétendre à sa **réintégration** (nos 48770 s.), celle-ci pouvant, le cas échéant, être ordonnée par le juge des référés, compétent pour faire cesser le trouble manifestement illicite résultant d'un tel licenciement (Cass. soc. 26-9-1990 no 88-41.375 PF : RJS 10/90 no 812). Dans ce cas, il bénéficie en outre d'une indemnité égale au montant de la rémunération qu'il aurait dû percevoir entre son éviction et sa réintégration, même s'il a éventuellement perçu un salaire ou un revenu de remplacement durant cette période (Cass. soc. 2-2-2006 no 03-47.481 FS-PBRI : RJS 4/06 no 488 ; 25-11-2015 no 14-20.527 FS-PB).

Sur l'indemnisation dont bénéficie le salarié à **défaut de réintégration,** voir no 48775.

> Précisions **a.** Est nul le licenciement prononcé en raison de faits commis au cours d'une grève et **qualifiés de fautes graves** et non de fautes lourdes dans la lettre de licenciement (Cass. soc. 26-6-2013 no 11-27.413 FS-PB : RJS 10/13 no 706).

b. Lorsqu'un **protocole de fin de grève** prévoit qu'il n'y aura aucune sanction pour fait de grève, les juges du fond doivent vérifier si cet accord n'implique pas la réintégration des salariés déjà licenciés pour faute lourde (Cass. soc. 16-2-1989 no 86-43.610 P : RJS 4/89 no 381).

REMPLACEMENT DES GRÉVISTES

11195 C. trav. art. L 1251-10, 1° et L 1242-6, 1° N-IX-4720 s

Interdiction du recours au travail précaire Il est interdit à l'employeur d'embaucher un salarié sous CDD ou de faire appel à un intérimaire, même partiellement (Cass. crim. 1-3-2016 no 14-86.601 F-D : RJS 5/16 no 315), pour remplacer un salarié gréviste, sous peine des **sanctions pénales** visées respectivement nos 82760 et 20350.

Les grévistes ou les syndicats qui entendraient faire immédiatement obstacle à un recrutement illégal peuvent recourir au **juge des référés.**

> Précisions **a.** L'interdiction légale vise aussi le **glissement de poste,** c'est-à-dire le remplacement du salarié dont l'absence résulte du conflit collectif. Ainsi, si des salariés non grévistes sont affectés au remplacement des grévistes, ils ne peuvent pas être eux-mêmes remplacés par des travailleurs temporaires recrutés à cette fin.

b. Lorsque certaines activités d'un établissement en grève sont transférées vers un **autre établissement non touché par le conflit,** celui-ci peut-il, face au surcroît d'activité résultant du transfert, faire appel à des travailleurs temporaires ou embaucher des salariés sous contrat à durée déterminée ? À l'inverse, le chef d'un établissement en grève qui remplace les grévistes par des salariés d'un autre établissement peut-il faire remplacer ces derniers par des travailleurs temporaires ? Dans les deux cas, le remplacement sera considéré comme frauduleux si on estime que la situation doit être appréciée au niveau de l'entreprise (en ce sens, CA Lyon 30-3-1979 no 577) et non dans le cadre restreint de l'établissement.

Sont en revanche autorisés l'embauche d'un salarié sous contrat à durée déterminée ou le recours à un intérimaire : 11200
– même **pendant la grève,** pour l'accomplissement d'**autres tâches** que celles dévolues aux grévistes : remplacement d'un salarié absent en raison d'une maladie ou d'un accident, ouverture de nouveaux chantiers ou ateliers, etc. ;
– à la **fin du conflit,** pour faire face au **surcroît d'activité** résultant de la nécessité de rattraper le retard pris pendant la grève.

> Précisions La licéité du recrutement de travailleurs temporaires ou sous CDD **avant le déclenchement** de la grève n'est pas remise en cause du fait de celle-ci, sauf s'il est démontré que ce recrutement a été effectué en vue du conflit.
Le remplacement des grévistes par des travailleurs temporaires recrutés antérieurement à la grève est admis par les juges lorsque les intéressés sont occupés dans leur qualification professionnelle et ne sont pas **affectés à des tâches étrangères** à celles prévues par le contrat de mise à disposition (Cass. crim. 2-12-1980 n° 80-90.149 P ; Cass. soc. 17-6-2003 n° 01-00.332 F-D : RJS 10/03 n° 1125) ou ne voient pas leur **temps de travail** augmenté du fait de la grève (Cass. soc. 2-3-2011 n° 10-13.634 FP-PBR : RJS 5/11 n° 482). Toutefois, la rédaction de ces contrats obéissant à de nombreuses exigences légales (voir n° 19715 pour le CDD et n° 82140 pour le contrat de travail temporaire), l'employeur ne pourra pas, sans violer la loi, affecter les salariés à d'autres tâches que celles pour lesquelles ils ont été embauchés.

Pratiques autorisées Pour pallier l'absence des salariés grévistes, l'employeur peut **réorganiser le travail** du personnel non gréviste (n° 11300). 11210 M-II-37300 s
Par ailleurs, s'il lui est interdit de procéder au remplacement de salariés grévistes par des travailleurs précaires (n° 11195), il ne lui est pas interdit, en revanche, de faire appel, à cet effet, à des bénévoles (Cass. soc. 11-1-2000 n° 97-22.025 PB : RJS 2/00 n° 203) ou à une autre entreprise (Cass. soc. 15-2-1979 n° 76-14.527 P). Celle-ci interviendra soit sur les lieux mêmes de l'entreprise en grève en envoyant ses propres salariés, soit en réalisant la production dans ses propres locaux. Dans le premier cas, il doit s'agir d'une véritable sous-traitance et non d'un prêt de main-d'œuvre interdit par la loi ; dans le second cas, le sous-traitant ne peut pas recruter lui-même du personnel intérimaire pour assurer la tâche des grévistes.

b. Salariés non grévistes

POURSUITE DU CONTRAT

La grève d'une partie du personnel n'a pas en principe d'incidence pour les salariés non grévistes. Leur contrat de travail n'étant pas suspendu, l'employeur reste tenu de leur **fournir du travail** et de **les rémunérer** normalement. Les intéressés doivent pour leur part rester à sa disposition et accomplir leurs tâches. 11300 M-II-35300 s
Toutefois, les perturbations du fonctionnement de l'entreprise liées à la grève peuvent avoir des conséquences sur les conditions de travail et la rémunération de ces salariés.

ATTENTION
L'employeur peut, dans les limites de son pouvoir de direction, demander à un salarié non gréviste d'occuper provisoirement le poste d'un salarié gréviste. Mais il ne peut pas réduire le salaire de l'intéressé du fait qu'il l'a affecté à des **tâches différentes** de celles habituellement accomplies (Cass. soc. 4-10-2000 n° 98-43.475 F-P : RJS 12/00 n° 1275).

Lorsque les salariés non grévistes sont mis dans l'**impossibilité de travailler,** l'employeur ne peut être libéré de son obligation de les **rémunérer** que s'il justifie d'une situation contraignante l'ayant empêché de leur fournir du travail (Cass. soc. 8-4-1992 n° 89-40.967 P : RJS 5/92 n° 658 ; 27-5-1998 n° 96-42.303 P : RJS 7/98 n° 937), laquelle ne peut pas uniquement résulter des incidences financières du maintien en activité des ateliers ou services non affectés par la grève (Cass. soc. 10-1-1973 n° 71-40.803 P). 11310 M-II-35900 s
S'agissant de la rémunération des **intérimaires** restés à la disposition de l'entreprise, voir n° 82270, d.

> Précisions **a.** L'employeur justifie d'une situation contraignante autorisant une mesure d'**activité partielle** lorsque la négociation au niveau de l'établissement est impossible et que la grève a entraîné la paralysie de l'entreprise (Cass. soc. 4-7-2000 n° 98-20.537 FS-PB : RJS 9-10/00 n° 988).
b. Lorsque la grève s'accompagne de **piquets de grève ou** d'une **occupation des locaux** par les grévistes, l'employeur peut être libéré de son obligation de payer le salaire des non-grévistes s'il établit qu'il a demandé aux tribunaux un jugement ordonnant l'expulsion des membres des piquets de grève ou des occupants des lo-

caux et si, en outre, il justifie qu'il a sollicité l'exécution, par la force publique, du jugement obtenu (CA Versailles 11-6-1987 nº 86-5360). Le simple fait de déposer plainte sans requérir l'expulsion ne suffit pas (Cass. soc. 18-10-1952 nos 1587 et 1588).

PRIME OU AVANTAGE

11320 M-II-36700 s L'employeur ne doit pas accorder aux salariés non grévistes un avantage salarial constitutif d'une discrimination envers les grévistes.

Est illicite, en tant qu'elle vise à contourner le droit de grève, la décision de l'employeur de mettre en place, au cours d'un conflit social, une **avance sur salaire** permanente en contrepartie de l'engagement du salarié de ne pas cesser le travail (Cass. soc. 16-2-2011 nº 09-43.532 FS-D : RJS 5/11 nº 455). De même, est discriminatoire sa décision d'accorder aux non-grévistes des **heures de compensation** (Cass. soc. 3-3-2009 nº 07-44.676 F-D : RJS 5/09 nº 450) ou une **prime** (Cass. soc. 3-5-2011 nº 09-68.297 FS-D : RJS 7/11 nº 638) ne correspondant pas à un surcroît de travail assumé durant la période de grève.

4. ACTIONS EN RESPONSABILITÉ

11400 M-II-41500 s Les **grévistes et** les **syndicats** peuvent engager leur responsabilité civile et, le cas échéant, pénale pour les actes illicites commis dans le cadre d'une grève.

Sur la mise en jeu par l'employeur de la **responsabilité de l'État** en cas de refus de l'autorité administrative de faire procéder à l'expulsion de grévistes occupant les locaux de l'entreprise, voir nº 10845, b.

RESPONSABILITÉ CIVILE

11410 M-II-41800 s L'employeur et les salariés non grévistes peuvent, le cas échéant, engager une action en responsabilité civile délictuelle contre un **syndicat et** des **délégués ou représentants syndicaux,** sur le fondement de l'article 1240 du Code civil, pour obtenir réparation du préjudice qu'ils ont directement subi, dans le cadre d'un mouvement collectif illicite ou abusif ou par suite d'actes préjudiciables commis par ces derniers au cours d'une grève (par exemple, indemnisation des salaires perdus par les non-grévistes n'ayant pas pu accéder à l'entreprise du fait d'un blocage total des accès à cette dernière ou indemnisation des salaires versés par l'employeur aux non-grévistes sans contrepartie de travail).

› Précisions **a.** Un **syndicat** n'est **pas présumé responsable** d'actes préjudiciables commis au cours d'une grève du seul fait qu'il a appelé à celle-ci (Cass. soc. 17-7-1990 nº 88-11.937 P : RJS 10/90 nº 814), a donné des directives pour la journée de grève (Cass. soc. 14-11-2007 nº 06-14.074 FS-D : RJS 1/08 nº 66) ou du fait que ces actes ont été commis par certains de ses membres (Cass. soc. 22-6-2004 nº 02-15.500 FS-P : RJS 11/04 nº 1188). La responsabilité civile du syndicat ne peut être retenue que si des faits précis caractérisant sa **participation directe** aux actes dommageables sont relevés : par exemple, blocage de l'accès à l'entreprise et entraves à la liberté du travail commis sur ses instructions (Cass. soc. 17-7-1990 nº 87-20.055 P : RJS 10/90 nº 814 ; 30-1-1991 nº 89-17.332 PF : RJS 3/91 nº 377) ou encore diffusion de tracts incitant les salariés à commettre des actes illicites (Cass. soc. 11-7-2016 nº 14-14.226 FS-PB : RJS 10/16 nº 653).

b. Les **délégués syndicaux** n'engagent pas leur responsabilité civile du seul fait qu'ils ont participé à une grève au cours de laquelle des actes préjudiciables ont été commis (Cass. soc. 9-11-1982 nº 80-16.929 P) ou du seul fait que la responsabilité civile du syndicat auquel ils appartiennent a été reconnue. En effet, la faute de ce dernier n'implique pas nécessairement une faute personnelle du délégué syndical.

11420 M-II-42800 s Les **salariés grévistes** peuvent également engager leur responsabilité civile délictuelle et être condamnés à réparer le préjudice découlant directement des actes illicites qu'ils ont personnellement commis au cours d'une grève ou d'un mouvement collectif illicite (Cass. soc. 30-1-1991 nº 89-17.332 PF : RJS 3/91 nº 377 ; 18-1-1995 nº 91-10.476 PB : RJS 3/95 nº 289).

› Précisions Les non-grévistes peuvent notamment demander des dommages-intérêts réparant la perte de leur salaire (Cass. soc. 8-12-1983 nº 81-14.238 P ; 6-6-1989 nº 87-40.738 P : RJS 7/89 nº 618). En revanche, a été jugée irrecevable l'action civile au pénal de l'employeur tendant au remboursement des salaires versés aux non-grévistes, son préjudice étant indirect (Cass. crim. 27-11-1979 nº 78-93.150 P).

RESPONSABILITÉ PÉNALE

11430 M-II-23700 s Un **salarié gréviste** peut engager sa responsabilité pénale lorsqu'il se rend personnellement coupable, au cours d'une grève, d'un acte délictueux tel que l'entrave à la liberté du travail

(C. pén. art. 431-1), la séquestration de personnes (C. pén. art. 224-1) ou des violences (C. pén. art. 222-7 s.). Il encourt alors une amende et une peine d'emprisonnement.

La responsabilité pénale d'un **syndicat** pour ces mêmes actes délictueux est en théorie possible. Mais elle paraît en pratique devoir être exceptionnelle, compte tenu des conditions de mise en jeu de la responsabilité pénale des personnes morales (nº 67135).

B. Lock-out

DÉFINITION

11500 M-II-48500 s

Le lock-out, **fermeture provisoire d'une entreprise,** d'un établissement ou d'un atelier, décidé par l'employeur dans un **contexte de grève,** n'est pas réglementé par la loi. Pour la jurisprudence, cette mesure est illicite et oblige l'employeur à indemniser ses salariés pour la perte de salaire qu'ils ont subie, sauf s'il justifie d'une situation contraignante l'ayant mis dans l'impossibilité de fournir du travail à son personnel.

11505 M-II-40640 s OA-II-21700 s

Lorsque la **reprise du travail à l'issue d'une grève** est **différée,** par exemple en raison du temps nécessaire à la remise en route des machines, il ne s'agit pas d'un lock-out. L'employeur est en droit d'apprécier si la reprise est compatible ou non avec le fonctionnement normal de son entreprise. Dans la négative, il n'est pas tenu de payer les salaires correspondant à la durée d'un tel report, dès lors que celui-ci ne constitue pas une mesure de rétorsion (Cass. soc. 14-10-1982 nº 80-41.013 P).

De même, la fermeture de l'entreprise en prévision d'une **grève extérieure** à l'entreprise (EDF, transports), suivie d'une récupération des heures perdues, ne constitue pas un lock-out mais une modification de l'horaire de travail à laquelle l'employeur est en droit de procéder pour la bonne marche de l'entreprise (Cass. soc. 6-2-1980 nº 78-41.263 P). Sur les modalités de la récupération des heures perdues, voir nº 11160.

CONSULTATION DES REPRÉSENTANTS DU PERSONNEL

11510 M-II-49340

Dans les entreprises d'au moins 50 salariés, le comité social et économique doit, sous peine de délit d'entrave, être informé et consulté **avant la décision** de lock-out, la fermeture, même temporaire, d'un établissement constituant une mesure intéressant la marche générale de l'entreprise et nécessitant à ce titre l'information et la consultation du comité, voir nº 9315.

Il a toutefois été admis que l'existence de circonstances contraignantes (en l'occurrence, l'occupation illicite de locaux paralysant l'entreprise) peut dispenser l'employeur de l'obligation de consulter les représentants du personnel préalablement à la fermeture de l'entreprise (Cass. soc. 21-7-1986 nº 83-42.494 S).

LICÉITÉ

11515 M-II-49300 s

Le lock-out est **illicite** s'il est préventif ou constitue une mesure de rétorsion (moyen de pression exercé sur les grévistes notamment).

Le lock-out est en revanche **licite** lorsqu'il est justifié par la désorganisation de l'entreprise rendant impossible toute exploitation, consécutive notamment à un abus du droit de grève au sens visé nº 11025 (implicitement Cass. soc. 5-7-1995 nº 93-20.402 P : RJS 10/95 nº 1045), ou par la paralysie totale de l'entreprise consécutive à la grève du secteur de production (Cass. soc. 22-2-2005 nº 02-45.879 F-PB : RJS 5/05 nº 563) ou encore par la reprise du travail dans des conditions anormales privant l'employeur de la maîtrise des outils comptables de l'entreprise et du libre accès à ses locaux (Cass. soc. 26-3-2014 nº 12-26.600 FS-PB : RJS 6/14 nº 517).

Il est également licite s'il s'impose pour des raisons de sécurité du personnel et des équipements internes ainsi que d'éventuels usagers (implicitement Cass. soc. 7-11-1990 nº 89-44.264 P : RJS 12/90 nº 1016 ; 17-12-2013 nº 12-23.006 FS-PB : RJS 3/14 nº 264).

Concernant le report de la reprise du travail à l'issue d'une grève ou la fermeture de l'entreprise en raison de difficultés extérieures à cette dernière, voir nº 11505.

ATTENTION

La **force majeure ou la situation contraignante** légitimant le lock-out suppose que l'exécution des obligations de l'employeur soit impossible et pas seulement onéreuse (notamment Cass. soc. 5-7-1995 nº 93-20.402 P : RJS 10/95 nº 1045).

C'est à l'employeur d'apporter la **preuve** de son impossibilité de fournir du travail, même s'il a été contraint, du fait de la grève, d'arrêter certaines installations pour des raisons de sécurité (Cass. soc. 30-9-2005 nº 04-40.193 FS-PB : RJS 12/05 nº 1247).

CONSÉQUENCES POUR LES SALARIÉS

11525 M-II-53400 s C-I-19070 Légitime ou non, le lock-out **suspend le contrat** de travail. Mais, sauf dans le cas où la fermeture de l'entreprise a un caractère légitime (nº 11515), l'employeur est tenu, envers tous les salariés en cas de lock-out préventif, ou envers les seuls non-grévistes en cas de fermeture durant une grève, au paiement d'une indemnité compensatrice des salaires perdus, bien qu'aucun travail n'ait été fourni.

Sur les conséquences en matière de salaire d'un report de la reprise du travail en fin de grève et d'une fermeture d'entreprise liée à des difficultés extérieures, voir nº 11505.

> Précisions Les indemnités compensatrices versées en exécution d'une décision de justice ont le caractère de **dommages-intérêts** et sont donc exonérées des cotisations de sécurité sociale (Cass. soc. 23-10-1997 nº 95-19.444 D : RJS 12/97 nº 1427).

C. Règlement des conflits collectifs

11600 M-II-55300 s Pour résoudre un conflit collectif, la loi prévoit, outre la médiation judiciaire (Loi 95-125 du 8-2-1995 art. 21 ; CPC art. 131-1 à 131-15), plusieurs **procédures facultatives et complémentaires** : conciliation, médiation, arbitrage.

> Précisions **a.** Les parties à un conflit collectif du travail n'ayant pas encore donné lieu à la saisine d'un juge (ou d'un arbitre) devraient aussi pouvoir, à notre sens, conclure une « **convention de procédure participative** » (C. civ. art. 2062).

b. Indépendamment de ces procédures, les parties au conflit peuvent conclure un **protocole de fin de grève.** Celui-ci constitue un accord collectif dès lors que, conclu avant l'expiration de la période transitoire prévue par la loi 2008-789 du 20 août 2008 portant rénovation de la démocratie sociale, c'est-à-dire avant le 21-8-2013, il a été **signé par un syndicat représentatif** dans l'entreprise, après négociation avec les délégués syndicaux (Cass. soc. 8-4-2009 nº 08-40.256 FS-PB : RJS 6/09 nº 560 ; 30-5-2018 nº 17-12.782 FP-PB : RJS 8-9/18 nº 565) ou si, conclu après cette date, il répond aux conditions de majorité visées aux articles L 2232-12 et L 2232-13 du Code du travail applicables à la date de leur conclusion (Cass. soc. 30-5-2018 nº 17-12.782 FP-PB précité). Sur les règles de validité applicables, voir nºs 51900 s.

CONCILIATION

11605 C. trav. art. L 2522-1 s et R 2522-1 s M-II-56000 s Une **procédure conventionnelle** de conciliation, purement facultative, peut être prévue soit par convention ou accord collectif de travail, soit par accord particulier.

Si pour une raison quelconque le conflit collectif n'a pas été soumis à une telle procédure, celui-ci peut être soumis à une **conciliation réglementaire** en le portant devant une commission de conciliation, nationale ou régionale selon le cas, composée de représentants des employeurs, des salariés et des pouvoirs publics.

> Précisions **a.** Une clause relative à la procédure conventionnelle de règlement des conflits collectifs doit obligatoirement figurer dans les **conventions de branche** pour que ces dernières puissent être étendues (C. trav. art. L 2261-22, II, 13º).

Sur la portée des dispositions conventionnelles imposant le respect d'une procédure de conciliation préalable au déclenchement de la grève, voir nº 11010.

b. La **procédure** de **conciliation réglementaire** devant la commission de conciliation peut être engagée soit par l'une des parties au conflit, soit par le ministre chargé du travail ou la Direccte, soit par le préfet.

À l'issue de cette procédure, un procès-verbal constatant l'accord ou le désaccord total ou partiel des parties est établi et leur est aussitôt notifié.

En cas d'accord, celui-ci produit les effets visés nº 11625 ; en cas de désaccord, le conflit est soumis à la procédure de médiation (nºs 11610 s.) ou à celle de l'arbitrage si les deux parties en conviennent (nº 11620).

MÉDIATION

11610 C. trav. art. L 2522-1, al. 3, L 2523-1 s R 2523-1 s. M-II-58700 s Une procédure de médiation peut être engagée :

– soit après l'**échec d'une conciliation** (nº 11605), par le ministre chargé du travail ou le président de la commission régionale de conciliation, à la demande de l'une des parties au conflit ou de sa propre initiative ;

– soit **directement** par le ministre chargé du travail, ou le préfet selon le cas, lorsque les deux parties au conflit collectif en font conjointement la demande (en précisant qu'elles entendent recourir directement à cette procédure et en indiquant le nom du médiateur choisi d'un commun accord), ou de sa propre initiative ou à la demande écrite et motivée de l'une des parties, lorsque le conflit survient à l'occasion de l'établissement, de la révision ou du renouvellement d'une convention de branche ou d'un accord professionnel ou interprofessionnel.

> Précisions La **liste des médiateurs** appelés à être désignés par le ministre chargé du travail dans les conflits survenant au plan national est fixée par arrêté publié au Journal officiel. Au niveau régional, les listes sont arrêtées par les préfets de région et publiées au recueil des actes administratifs des départements intéressés.

Le **médiateur** a les plus larges **pouvoirs** pour s'informer de la situation économique de l'entreprise et de la situation des travailleurs concernés. Il peut notamment procéder à toute enquête auprès des entreprises et des syndicats. Dans le délai d'un mois à compter de sa désignation, pouvant être prorogé avec l'accord des parties, il leur soumet ses propositions de solution, sous forme de **recommandation** motivée. **11615** M-II-60400 s

Toutefois, s'il constate que le conflit porte sur l'interprétation ou la méconnaissance de dispositions légales ou de stipulations conventionnelles, il doit recommander aux parties de le soumettre à la juridiction compétente ou à la procédure d'arbitrage visée n° 11620.

La recommandation du médiateur n'a pas un **caractère obligatoire.** Les parties peuvent la **rejeter** dans les 8 jours à compter de sa réception en motivant leur décision.

L'**accord** sur cette recommandation lie les parties ne l'ayant pas rejetée et produit les effets visés n° 11625.

ARBITRAGE

Une procédure contractuelle d'arbitrage des conflits collectifs peut être prévue par la **convention ou l'accord collectif** de travail dont relèvent les parties au litige et s'impose dans ce cas à ces dernières. **11620** C. trav. art. L 2524-1 s R 2524-1 s. M-II-61500 s

À défaut, les parties peuvent, d'un **commun accord,** décider de soumettre à l'arbitrage d'un tiers les conflits collectifs subsistant à l'issue d'une procédure de conciliation ou de médiation.

L'arbitre est dans les deux cas librement choisi par les parties.

> Précisions a. L'arbitre **statue en droit** sur les conflits relatifs à l'interprétation et à l'exécution des lois, règlements, conventions ou accords collectifs en vigueur ; il statue **en équité** sur les autres conflits, notamment ceux portant sur les salaires ou sur les conditions de travail qui ne sont pas fixées par les dispositions des lois, règlements, conventions collectives ou accords en vigueur, et sur les conflits relatifs à la négociation de la révision des clauses des conventions collectives.

b. La **sentence arbitrale** doit être motivée et notifiée aux parties dans les 24 h. Elle produit les effets visés n° 11625. Elle peut faire l'objet d'un recours des parties devant la Cour supérieure d'arbitrage, pour excès de pouvoir ou violation de la loi, dans les 8 jours suivant sa notification.

EFFET DES SENTENCES ET ACCORDS

Les accords ou sentences intervenant à l'issue d'une procédure de conciliation, de médiation ou d'arbitrage ont les mêmes effets que les conventions et accords collectifs de travail (nos 51800 s.). Ils sont soumis aux **formalités** de dépôt prévues pour ces derniers (n° 51955) et **entrent en vigueur** à compter du jour suivant leur dépôt, sauf stipulations contraires. **11625** C. trav. art. L 2522-5 et L 2524-5 M-II-58240 s M-II-60940 M-II-62360

CONGÉS

SOMMAIRE

OBJET

La loi garantit aux salariés le droit à des congés ou autorisations d'absence leur permettant de concilier leur vie professionnelle et leur vie personnelle, de suivre une formation, de s'adonner à une autre activité professionnelle ou extraprofessionnelle ou d'exercer des fonctions civiques, sociales ou publiques. Ces congés légaux obéissent à des règles spécifiques exposées ci-après (à l'exception de certains congés en matière de **formation professionnelle** : voir nos 38300 s.). Certains congés sont rémunérés. Pour ceux qui ne le sont pas, le salarié peut mobiliser son **compte épargne-temps** s'il en bénéficie (voir nos 30800 s.). 11900 PA-II-1 s

› **Précisions** **a.** Ces différents congés, accordés sous certaines conditions à la demande du salarié, doivent être distingués du droit du salarié au repos (**repos compensateur** : nos 41150 s. ; **congés payés** annuels : nos 13100 s.) ou de la **journée défense et citoyenneté** imposée à tout citoyen (no 45515).

b. Hors du cadre légal, le salarié peut demander un **congé sans solde** à son employeur, qui est libre de l'accepter ou de le refuser. Le départ du salarié sans autorisation peut justifier son licenciement pour faute grave (Cass. soc. 30-9-2003 no 01-43.409 F-D : RJS 12/03 no 1407). En cas d'acceptation du congé, il revient aux parties d'en fixer l'organisation et la durée. Le salarié peut utiliser son congé à des fins personnelles ou professionnelles, mais doit respecter son obligation de loyauté (no 16945). Toutefois, les conventions et accords collectifs peuvent prévoir un tel congé. Par exemple, l'accord national du 10-2-1969 modifié prévoit que le salarié embauché après un licenciement économique et ayant moins d'un an d'ancienneté au 1er juin de l'année en cours a droit à un congé sans solde correspondant aux congés annuels acquis dans l'entreprise qui l'a licencié (sur le champ d'application de cet accord, voir no 47900).

Le congé sans solde n'est **pas rémunéré,** sauf utilisation d'un compte épargne-temps.

A. Congés pour raisons familiales

La loi permet au salarié de s'absenter ou de réduire son temps de travail en cas de : mariage, conclusion d'un Pacs, naissance, décès, annonce d'un handicap de l'enfant, maladie d'un enfant ou d'un proche ou adoption à l'étranger. Le **congé parental d'éducation** fait l'objet d'une étude séparée : voir nos 12040 s. 11930 PA-II-200 s

S'agissant des congés de maternité, d'adoption ou de paternité, voir nos 51360 s.

ÉVÉNEMENTS FAMILIAUX

Motif et durée du congé Tout salarié a droit, sur **justification,** à un congé au moins égal à : 11935 C. trav. art. L 3142-1 L 3142-4 L 3142-5 PA-II-300 s

– 4 jours pour son propre mariage (y compris s'il s'agit d'un remariage : Rép. Morisset : AN 7-8-1995 p. 3476), sans distinguer entre mariage civil et religieux (CA Douai 14-9-1990 no 89-3031) ;
– 4 jours pour la conclusion d'un Pacte civil de solidarité (Pacs) ;
– 3 jours pour chaque naissance ;
– 3 jours pour l'arrivée d'un enfant placé en vue de son adoption ;
– un jour pour le mariage ou remariage (Cass. soc. 28-11-1985 no 84-43.439 S) d'un enfant (mais pas de l'enfant du conjoint : Rép. Ferrand : AN 16-3-1998 p. 1500) ;

– 5 jours pour le décès d'un enfant, cette durée étant portée à 7 jours ouvrés lorsque l'enfant est âgé de moins de 25 ans et quel que soit son âge si l'enfant décédé était lui-même parent ou pour le décès d'une personne âgée de moins de 25 ans à sa charge effective et permanente ;
– 3 jours pour le décès du conjoint, du partenaire lié par un Pacs, du concubin, du père, de la mère, du beau-père, de la belle-mère (entendu comme le père ou la mère du conjoint : Cass. soc. 14-3-1985 n° 83-43.443 S ; 27-9-2006 n° 04-46.708 F-D : RJS 12/06 n° 1289), du frère ou de la sœur ;
– 2 jours pour l'annonce de la survenue d'un handicap chez un enfant.

Excepté pour le congés de 7 jours pour décès d'un enfant, les jours de congés mentionnés ci-dessus sont des jours ouvrables.

> Précisions **a.** Le droit au **congé de naissance** est ouvert au père. Pour les naissances intervenues ou supposées intervenir à compter du 1-7-2021, il est aussi ouvert, le cas échéant, au conjoint ou au concubin de la mère ou à la personne liée à elle par un Pacs. La mère peut prétendre à ce congé dès lors qu'elle n'a pas déjà bénéficié du congé de maternité. Le congé de naissance est **cumulable** uniquement avec le congé de paternité et d'accueil de l'enfant (n° 51400) ou d'adoption (n° 51410, c). S'agissant des autorisations d'absence accordées au **conjoint de la mère pendant la grossesse,** voir n° 51245.
b. Une **convention ou un accord collectif** d'entreprise ou, à défaut, une convention ou un accord de branche peut autoriser des absences pour une durée égale ou plus longue ou pour d'autres événements que ceux prévus par la loi. Elle **ne peut pas,** en revanche, fixer de durées inférieures, restreindre la liste des événements ou prévoir une condition d'ancienneté du salarié pour avoir droit au congé.
Sur l'obligation de **transmettre un accord d'entreprise** relatif à ces congés à une commission paritaire, voir n° 51955, c.
c. En cas de **décès d'un enfant,** le salarié peut également bénéficier d'un congé de deuil (n° 11945) et d'un don de jours de repos (n° 11965). Des **mesures d'accompagnement** sont également prévues : protection contre la rupture du contrat de travail (n° 51460, c), suppression du délai de carence en cas d'arrêt de travail (n° 50365, b), maintien de droit aux prestations familiales (n° 57985), versement d'une allocation forfaitaire (n° 58220) ou versement d'un capital décès (n° 6000 s.).

11940 **Prise du congé** Pour les naissances intervenues ou étant supposées intervenir à compter du 1-7-2021, le congé de naissance doit être pris, au choix du salarié, à compter du jour de la naissance de l'enfant ou du premier jour ouvrable suivant et doit être accolé à 4 jours de congé de paternité (voir n° 51404). S'agissant de l'interdiction d'emploi pendant cette période, voir n° 51407.

C. trav. art. L 3142-2 L 3142-3 R 3142-1

Pour les naissances survenues avant la date précitée et les autres congés, les jours d'absence autorisés ne doivent pas nécessairement être pris le jour de l'événement, mais dans une période raisonnable par rapport à celui-ci (Cass. soc. 16-12-1998 n° 96-43.323 PB : RJS 2/99 n° 221).

S'agissant des congés autres que le congé de naissance, lorsque le salarié est déjà absent de l'entreprise pendant cette période, aucun droit supplémentaire à rémunération ou à congé ne lui est ouvert (Cass. soc. 20-6-1984 n° 81-40.286 P ; 11-10-1994 n° 93-42.310 D : RJS 11/94 n° 1277 ; solution confortée par la jurisprudence européenne : CJUE 4-6-2020 aff. 588/18 : RJS 10/20 n° 515).

Ces jours d'absence n'entraînent pas de réduction de la **rémunération.** L'employeur ne peut pas supprimer ou réduire une prime conventionnelle de présence en raison d'une telle absence (Cass. soc. 10-12-1997 n° 94-44.887 D : RJS 1/98 n° 54).

> Précisions **a.** Les congés pour événements familiaux, dont la durée ne peut pas être imputée sur celle des **congés payés,** sont assimilés à du temps de travail effectif pour la détermination de la durée de ces congés. Ils sont par ailleurs pris en compte pour le calcul des heures supplémentaires (Circ. DRT 7 du 6-12-2000, opposable).
b. En cas de **refus de l'employeur** d'accorder au salarié l'un de ces congés ou de tout différend relatif à la prise du congé (Cass. soc. 23-1-2019 n° 17-28.330 FS-PB : RJS 4/19 n° 225), le salarié peut contester cette décision directement devant le bureau de jugement du conseil de prud'hommes, statuant selon la procédure accélérée au fond et en dernier ressort. Cette procédure judiciaire s'applique en cas de refus par l'employeur de la quasi-totalité des congés visés ci-après.

CONGÉ DE DEUIL

11945 Dans un délai d'un an à compter du décès de son **enfant âgé de moins de 25 ans** ou d'une personne âgée de moins de 25 ans à sa charge effective et permanente, intervenant depuis le 1-7-2020, le salarié a droit, sur justification, à un congé de deuil de **8 jours.** Le congé de deuil pris à compter du 10-10-2020 peut être fractionné en **2 périodes,** chacune étant d'une durée minimale d'une journée. Ces jours d'absence sont cumulables avec le congé de 7 jours pour décès d'un enfant visé n° 11965. Ils ne peuvent pas être imputés sur la durée des congés payés, et sont assimilés à du travail effectif pour la détermination de la durée de ces congés.

Le salarié doit adresser une demande de congé à son employeur et l'informer au moins 24 heures avant le début de chaque période d'absence. C. trav. art. L 3142-1-1 L 3142-2 D 3142-1-1 CSS art. L 331-9 D 331-6 Circ. Cnamst 31/2020 du 15-12-2020

Le congé n'entraîne pas de réduction de la **rémunération,** mais ouvre droit à une indemnité journalière versée par la sécurité sociale équivalente à celle versée en cas de congé de maternité ou de paternité (nos 51520 s.). L'employeur qui maintient le salaire de son salarié pendant le congé est subrogé dans les droits de ce dernier à l'indemnisation journalière.

> Précisions a. Le congé est également ouvert lorsque l'enfant n'est **pas né vivant** mais a atteint 22 semaines d'aménorrhée ou 500 g.

b. Le salarié ayant plusieurs **employeurs** peut solliciter un congé de deuil auprès de chacun d'eux ou d'un seul, pour des périodes identiques ou différentes.

c. L'employeur adresse à la caisse de rattachement du salarié, le **formulaire d'attestation de salaire** pour le paiement des indemnités journalières. En cas de **fractionnement** du congé, l'indemnité est fractionnable selon les mêmes modalités. L'**indemnité journalière** n'est pas cumulable avec les indemnités relatives aux congés maladie, maternité, paternité et d'accueil de l'enfant, ni avec les indemnités journalières versées en cas d'accident du travail ou de maladie professionnelle, ni avec l'indemnisation par l'assurance chômage ou le régime de solidarité.

d. Sur l'incidence du congé sur le calcul des droits à **participation** du salarié, voir n° 33910, c ; sur l'**intéressement,** voir n° 34245, a.

CONGÉ POUR ENFANT MALADE

11960 L'employeur doit accorder à tout salarié en faisant la demande un congé en cas de maladie ou d'accident, constatés par certificat médical, d'un enfant de moins de 16 ans dont il assume la charge au sens indiqué n° 57960. Sauf en Alsace-Moselle (Cass. soc. 19-6-2002 n° 00-41.736 FS-P : RJS 10/02 n° 1183), ou en cas de disposition conventionnelle particulière, ce congé n'est **pas rémunéré.** C. trav. art. L 1225-61 PA-II-2030 s

La **durée** du congé est, en principe, de 3 jours par an au maximum. Elle est portée à 5 jours si l'enfant a moins d'un an ou si le salarié assume la charge de 3 enfants ou plus âgés de moins de 16 ans.

Toute **convention contraire** à ces dispositions est nulle et peut donner lieu à l'attribution d'une **indemnité** calculée conformément à celle visée n° 48775 (C. trav. art. L 1225-70 et L 1225-71).

DON DE JOURS DE REPOS POUR MALADIE OU DÉCÈS D'UN ENFANT

11965 Tout salarié assumant la charge d'un **enfant de moins de 20 ans atteint d'une maladie,** d'un handicap ou victime d'un accident d'une particulière gravité rendant indispensables une présence soutenue et des soins contraignants peut bénéficier d'un ou de plusieurs jours de repos cédés par d'autres salariés de l'entreprise, en vue de s'absenter. Peuvent être cédés les jours de congés payés pour leur durée excédant 24 jours ouvrables, les jours de RTT ou de récupération, à condition qu'ils soient disponibles, affectés ou non sur un compte épargne-temps. C. trav. art. L 1225-65-1 L 1225-65-2 PA-II-3400 s

Depuis le 10-6-2020, de tels jours de repos peuvent également être cédés à un salarié en cas de **décès** de son **enfant âgé de moins de 25 ans** ou de la personne à sa charge effective et permanente de moins de 25 ans, le don pouvant intervenir dans l'année qui suit le décès.

Le don, anonyme et sans contrepartie, se fait sur demande du salarié volontaire après **accord de l'employeur.**

Le bénéficiaire d'un ou plusieurs jours cédés a droit au maintien de sa **rémunération** pendant son absence. Cette dernière est assimilée à une période de travail effectif pour la détermination des droits qu'il tient de son ancienneté. Le salarié conserve le bénéfice de tous les avantages acquis avant le début de son absence.

> Précisions a. La particulière gravité de la maladie, du handicap ou de l'accident de l'enfant et le caractère indispensable d'une présence soutenue et de soins contraignants sont attestés par un **certificat médical** détaillé, établi par le médecin qui suit l'enfant et que le salarié doit remettre à l'employeur.

b. Toute **convention contraire** aux dispositions ci-dessus est nulle et peut donner lieu à l'attribution d'une **indemnité** calculée conformément à celle visée n° 48775 (C. trav. art. L 1225-70 et L 1225-71).

CONGÉ DE PRÉSENCE PARENTALE

11970 **Modalités** Le salarié dont l'enfant à charge au sens indiqué n° 57960 est victime d'une **maladie,** d'un **handicap** ou d'un **accident grave** nécessitant une présence soutenue et des soins contraignants bénéficie de **310 jours** ouvrés (environ 14 mois) d'absence autorisée à prendre à son gré pendant une période maximale de 3 ans. Le salarié peut, avec l'accord de

C. trav. art. L 1225-62 à L 1225-65 R 1225-14 s. CSS art. L 544-2 PA-II-2150 s

l'employeur, transformer ce congé en période de travail à temps partiel ou le fractionner. La durée minimale de chaque période de congé est d'une demi-journée.

> Précisions **a.** Le salarié doit informer l'employeur de sa volonté de bénéficier du congé au moins 15 jours avant son début par lettre recommandée (papier ou électronique) avec avis de réception ou remise contre récépissé. Il doit fournir un **certificat médical** précisant la durée prévisible du traitement. Ce congé est de droit pour le salarié, l'employeur ne pouvant pas s'y opposer.

Quand le salarié souhaite prendre un ou plusieurs jours de congé ou, une demi-journée, il en **informe** l'employeur au moins 48 heures à l'avance. Toutefois, en cas de **dégradation soudaine de l'état de santé** de l'enfant ou en cas de **situation de crise** nécessitant une présence sans délai du salarié, ce dernier peut bénéficier du congé immédiatement.

b. Les droits au congé et à l'allocation visée n° 11975 sont ouverts pour la **durée prévisible du traitement.** Lorsque le médecin le prévoit, cette durée fait l'objet d'un **réexamen** à l'échéance qu'il a fixée et qui ne peut être inférieure à 6 mois ni supérieure à un an. Dans tous les cas, lorsque la durée prévisible **excède un an,** elle fait l'objet d'un nouvel examen au bout d'un an.

En cas de **prolongation** du traitement, le salarié doit renouveler les formalités mentionnées au a. ci-dessus auprès de son employeur et de l'organisme. Si l'enfant rechute au cours de la période de 3 ans, le salarié bénéficie, le cas échéant, du **reliquat** de ses droits à congé et allocation. Au-delà de la période de 3 ans, de **nouveaux droits** lui sont ouverts en cas de nouvelle pathologie ou en cas de rechute ou de récidive de la pathologie de l'enfant au titre de laquelle un premier congé a été accordé ou lorsque la gravité de cette pathologie nécessite toujours une présence soutenue et des soins contraignants.

c. À l'issue du congé, le salarié retrouve son **précédent emploi** ou un emploi similaire assorti d'une rémunération au moins équivalente (voir n° 12080, b). La durée du congé de présence parentale est prise en compte en totalité dans la détermination des avantages liés à l'**ancienneté.**

En cas de **décès de l'enfant** ou de **diminution importante des ressources** du ménage, le salarié retrouve également son précédent emploi ou un emploi similaire assorti d'une rémunération au moins équivalente, s'il a accompli les formalités visées n° 12077.

d. Sur l'incidence du congé sur son compte personnel de formation, voir n° 38215, e (acquisition de droit) et n° 38235 (abondement du compte).

e. Toute **convention contraire** à ces dispositions (notamment le refus de l'employeur d'accorder un congé) est nulle et peut donner lieu à l'attribution d'une **indemnité** calculée conformément à celle visée n° 48775 (C. trav. art. L 1225-70 et L 1225-71).

11975 Indemnisation et protection sociale

CSS art. L 544-1 s. R 544-1 s. D 544-1 s. R 552-2 PA-II-2840 s

Le salarié en congé de présence parentale n'est pas rémunéré par l'employeur, mais **indemnisé** par l'octroi d'un maximum de 310 allocations journalières de présence parentale (AJPP), pour un même enfant et par pathologie, et, sous condition de ressources, d'un complément mensuel forfaitaire pour frais.

> Précisions **a.** La **demande d'allocation** est adressée à l'organisme débiteur des prestations familiales (n° 58000), accompagnée d'une **attestation de l'employeur** précisant que le demandeur bénéficie d'un congé de présence parentale et d'un **certificat médical** détaillé, adressé sous pli fermé à l'attention du service du contrôle médical, attestant la particulière gravité de la maladie, du handicap ou de l'accident de l'enfant et précisant la nature des soins contraignants et les modalités de la présence soutenue du parent aux côtés de l'enfant, ainsi que la durée prévisible du traitement de l'enfant. Le droit à l'AJPP est soumis à l'avis favorable du contrôle médical.

b. L'**AJPP** est due à compter du 1er jour du mois civil au cours duquel est déposée la demande. Elle peut être versée par demi-journée (sauf pour les demandeurs d'emploi). Le salarié adresse à l'organisme, chaque mois au plus, une attestation établie par l'employeur décomptant le nombre de jours de congé pris au cours de la période considérée. Chacun des parents peut bénéficier de l'AJPP, dans la limite de 22 allocations mensuelles au total.

Le **complément pour frais** est attribué au parent dont les ressources ne dépassent pas un certain **plafond,** si ses dépenses mensuelles directement liées à l'affection touchant son enfant sont supérieures ou égales à un montant forfaitaire déterminé. Le salarié adresse chaque mois à la caisse une déclaration sur l'honneur précisant les sommes engagées.

Les **montants** de l'AJPP et du complément mensuel pour frais ainsi que les plafonds de ressources à ne pas dépasser pour avoir droit à ce complément sont donnés sur https://www.efl.fr/chiffres-taux/social/ (prestations familiales).

c. Les périodes de congé étant assimilées à des périodes de travail, le salarié conserve ses droits aux **prestations maladie, maternité, invalidité et décès,** dans les conditions indiquées n° 50320, b. Quel que soit l'ordre dans lequel s'enchaînent congé de présence parentale et congé parental d'éducation, le salarié retrouve lors de la reprise du travail les droits visés n° 12095 (CSS art. L 161-9-2). Il peut acquérir des droits à **retraite complémentaire** selon les règles applicables au congé parental d'éducation (voir n° 12075).

CONGÉ D'ADOPTION INTERNATIONALE

L'employeur doit accorder au salarié titulaire de l'agrément en vue d'adoption, délivré par le service d'aide sociale à l'enfance, un congé non rémunéré d'une **durée** maximale de 6 semaines si l'intéressé se rend dans un département ou une collectivité d'outre-mer, en Nouvelle-Calédonie ou à l'étranger pour adopter un enfant. **11985** C. trav. art. L 1225-46 L 1225-46-1 R 1225-9 R 1225-11 **N-V-67900 s**

› Précisions a. Le salarié doit **informer** l'employeur, par lettre recommandée (papier ou électronique) avec avis de réception ou remise contre récépissé, au moins 2 semaines à l'avance, du point de départ et de la durée envisagée du congé.

b. Le salarié a le droit de reprendre son **activité initiale** s'il interrompt son congé avant la date prévue. À l'issue du congé, il retrouve son précédent emploi ou un emploi similaire assorti d'une rémunération équivalente (sur la notion d'emploi similaire, voir n° 12080, b). Il a droit à l'**entretien professionnel** visé n° 17010.

c. Toute **convention contraire** aux dispositions ci-dessus est nulle et peut donner lieu à l'attribution d'une **indemnité** calculée conformément à celle visée n° 48775 (C. trav. art. L 1225-70 et L 1225-71).

d. S'agissant du congé d'adoption pris lors de l'arrivée de l'enfant au foyer, voir n°s 51410 s.

CONGÉ DE SOLIDARITÉ FAMILIALE

Tout salarié dont un ascendant, descendant, un frère, une sœur ou une personne partageant le même domicile souffre d'une **pathologie mettant en jeu le pronostic vital** ou est en phase avancée ou terminale d'une **affection grave et incurable** a droit à un congé de solidarité familiale. Sa **durée** est fixée par le salarié, dans la limite maximale prévue par un accord d'entreprise ou, à défaut, de branche ou, à défaut d'accord, dans la limite de 3 mois, renouvelable une fois. Le salarié peut, avec l'accord de l'employeur, transformer ce congé en période de travail à temps partiel ou le fractionner. Pendant cette période, il peut, sans condition de ressources, percevoir une **allocation** journalière d'accompagnement d'une personne en fin de vie (Ajap) dont le montant s'élève, depuis le 1-4-2020, à 56,27 € par jour pour un congé à temps plein, dans la limite de 21 jours calendaires et à 28,14 € par jour pour un congé à temps partiel, dans la limite de 42 jours calendaires. **11990** C. trav. art. PL 3142-6 à L 3142-15 D 3142-2 à D 3142-6 CSS art. L 168-1 à L168-7 D 168-1 à D 168-10 **PA-II-8700 s**

› Précisions a. Les droits au congé et à l'Ajap sont également ouverts au salarié qui a été désigné comme **personne de confiance** au sens de l'article L 1111-6 du CSP.

b. Sauf modalités différentes prévues par un accord d'entreprise ou de branche, le salarié **informe son employeur,** par tout moyen conférant date certaine, au moins 15 jours avant le début du congé, de sa volonté d'en bénéficier et de la date prévisible de son retour. Le salarié joint à sa demande un certificat médical établi par le médecin traitant de la personne assistée. En cas d'urgence absolue constatée par ce dernier, le congé débute sans délai. Le renouvellement du congé obéit aux mêmes formalités. En cas de **fractionnement,** la durée minimale de chaque période de congé est obligatoirement d'une journée.

c. Le formulaire de demande d'**Ajap** (disponible sur ameli.fr ou msa.fr) est adressé au Cnajat (Rue Marcel Brunet – BP 109 – 23014 Guéret Cedex) pour un salarié du régime général ou à sa caisse de MSA pour un salarié agricole. Doivent y être joints le certificat médical visé au b. ci-dessus et une attestation de l'employeur précisant que le salarié est en congé soit continu, soit à temps partiel, soit fractionné. Le silence de la caisse pendant 7 jours vaut acceptation. L'Ajap peut être partagée entre plusieurs bénéficiaires pour un même patient et être fractionnée dans le temps (Circ. MSA 6 du 9-2-2011 ; Circ. DSS 117 du 24-3-2011, opposable). Elle cesse d'être due à compter du jour suivant le décès de la personne accompagnée.

d. Pendant le congé, le salarié ne peut exercer aucune autre activité professionnelle. Il a droit à la prise en charge de ses frais de santé dans les conditions visées n° 50120. Il conserve ses droits aux prestations en espèces des assurances **maladie, maternité, invalidité et décès** de son régime d'origine pendant toute la durée du congé et lors de la reprise de son travail même si celle-ci a lieu à l'issue d'une période de maladie ou de maternité suivant le congé (CSS art. L 161-9-3 et D 161-2-1-1-1-1). Il peut acquérir des points de **retraite complémentaire** dans les conditions indiquées n° 12075, b.

e. Le congé prend **fin** soit à l'expiration de l'autorisation d'absence, soit dans les 3 jours qui suivent le décès de la personne assistée, sans préjudice du congé pour événement familial éventuellement dû, soit à une date antérieure choisie par le salarié. En cas de modification de la date initiale de retour prévue, le salarié doit en **informer** l'employeur 3 jours avant son retour.

À l'issue du congé, le salarié retrouve son **emploi** ou un emploi similaire assorti d'une rémunération au moins équivalente (voir n° 12080, b). La durée du congé ne peut pas être imputée sur celle des congés payés. Elle est prise en compte pour la détermination des avantages liés à l'**ancienneté.** Le salarié conserve le bénéfice des avantages acquis avant le début du congé.

Il a droit à l'**entretien professionnel** visé n° 17010.

f. En cas de **refus de l'employeur** d'accorder le congé au salarié, ce dernier peut contester cette décision selon les modalités visées n° 11940, b.

CONGÉ DE PROCHE AIDANT

11995 **Modalités** Tout salarié, quelle que soit son ancienneté dans l'entreprise, a droit à un congé de proche aidant lui permettant de s'occuper d'un proche présentant un **handicap** ou une **perte d'autonomie** d'une particulière gravité. La durée de ce congé, fixée par le salarié lui-même, ne peut pas excéder, renouvellements compris, un an sur l'ensemble de sa carrière, compte tenu des durées maximales et du nombre de renouvellements possibles prévus par un accord de branche ou, à défaut, par un accord d'entreprise. À défaut d'accord, sa durée maximale est de 3 mois, renouvelable dans la limite d'un an.

C. trav. art. L 3142-16 à L 3142-27 D 3142-7 à D 3142-13 CSS art. L 168-8 à L168-16 L 378-1 D 381-2-2 PA-II-10000 s

Le salarié peut, avec l'accord de son employeur, transformer ce congé en période de travail à **temps partiel** ou le **fractionner** par demi-journée.

› Précisions **a.** La **personne aidée** peut être un membre de la famille du salarié (conjoint, concubin, partenaire lié par un Pacs, ascendant, descendant ou collatéral jusqu'au 4e degré) ou toute personne handicapée ou âgée avec laquelle le salarié réside ou entretient des liens étroits et stables et à laquelle il vient en aide de manière régulière et fréquente à titre personnel pour accomplir tout ou partie des actes de la vie quotidienne. La personne aidée doit résider en France de façon stable et régulière.

b. Sauf **modalités** différentes prévues par un accord de branche ou d'entreprise ou dans les cas visés ci-après au c., le salarié **informe** l'employeur, par tout moyen conférant date certaine, de sa volonté d'exercer son droit à congé un mois avant la date de son départ. Ce **délai** est ramené à 15 jours en cas de renouvellement du congé. Il **joint** à sa demande une déclaration sur l'honneur du lien qui l'unit à la personne aidée et précisant s'il a déjà eu recours ou pas au congé durant sa carrière, ainsi que la justification d'un taux d'incapacité permanente d'au moins 80 % si la personne aidée est handicapée, ou d'une attribution de l'allocation personnalisée d'autonomie (APA) si la personne en bénéficie. En cas de **fractionnement** du congé, la durée minimale de chaque période est obligatoirement d'une demi-journée et le salarié avertit l'employeur au moins 48 heures à l'avance de la date à laquelle il entend prendre chaque période de congé, sauf dans les cas d'urgence mentionnés ci-après au c.

En cas de **refus de l'employeur** d'accorder le congé au salarié, ce dernier peut contester cette décision selon les modalités visées nº 11970, b.

c. En cas de **dégradation soudaine** de l'état de santé de la personne aidée ou de **situation de crise** nécessitant une action urgente du proche aidant constatée par un certificat médical écrit d'un médecin, le congé débute ou est renouvelé sans délai. Cette modalité s'applique aussi en cas de **cessation brutale de l'hébergement** en établissement de la personne aidée, attestée par le responsable de cet établissement.

d. Pendant le congé, le salarié ne peut exercer aucune **activité professionnelle,** mais peut être employé par la personne aidée en qualité d'aidant familial, et être rémunéré à ce titre par la prestation de compensation du handicap ou l'APA éventuellement perçue par la personne aidée.

e. Le salarié bénéficie de l'affiliation gratuite à l'**assurance vieillesse** du régime général pour la durée du congé, sur production à l'organisme débiteur des prestations familiales d'une attestation de l'employeur. Il peut acquérir des points de **retraite complémentaire** dans les conditions indiquées nº 12075, b. Il n'a pas droit aux indemnités journalières des **assurances maladie et maternité** (www.ameli.fr).

Il peut bénéficier d'un **don de jours** de repos (nº 12000).

f. Le congé **prend fin** à son terme initialement prévu sous réserve des renouvellements possibles. Le salarié peut toutefois y renoncer ou y mettre fin de façon anticipée, notamment en cas de diminution importante de ses ressources ou de décès de la personne aidée. Les modalités du **retour anticipé** sont fixées par accord collectif. À défaut d'accord, le salarié informe l'employeur au moins un mois avant la date à laquelle il souhaite cesser son congé (2 semaines en cas de décès de la personne aidée).

À l'**issue** du congé, le salarié retrouve son **précédent emploi** ou un emploi similaire assorti d'une rémunération au moins équivalente (voir nº 12080, b). La durée du congé ne peut pas être imputée sur celle des congés payés. Elle est prise en compte pour la détermination des avantages liés à l'**ancienneté.** Le salarié conserve le bénéfice des avantages acquis avant le début du congé.

Sur le droit à un **entretien professionnel** relatif à son orientation professionnelle, voir nº 17010.

Les droits du salarié qui reprend son activité aux prestations en espèces des assurances maladie, maternité et invalidité sont rétablis dans les conditions antérieures au congé, sauf s'il a été rémunéré en qualité d'aidant familial pendant le congé.

g. S'agissant de l'incidence du congé sur le **compte personnel de formation,** voir nº 38215, e ; de l'abondement de ce compte, voir nº 38235.

11997 **Indemnisations** Depuis le 30-9-2020, le salarié en congé (sauf s'il l'est en qualité d'aidant familial) est **indemnisé** par l'octroi d'une allocation journalière de proche aidant (AJPA) versée par la caisse d'allocations familiales et dont les montants modulables sont alignés sur ceux de l'allocation journalière de présence parentale (nº 11975). L'APJA peut être versée par demi-journée (sauf pour les demandeurs d'emploi). Dans ce cas, les montants sont divisés par deux.

CSS art. D 168-11 à D 168-18

› Précisions a. La **demande** d'allocation de proche aidant doit être faite au moyen d'un formulaire homologué adressé à la CAF ou à la MSA pour les travailleurs agricoles. Cette demande doit être accompagnée de la copie de la décision mentionnant le taux d'incapacité de la personne (supérieur ou égal à 80 %), ou d'une copie de la décision du conseil départemental fixant le niveau de dépendance (GIR I à III). Pour les salariés, la demande d'AJPA doit également s'accompagner, jusqu'au 1-7-2021, d'une attestation de l'employeur précisant le bénéfice du congé.
b. Le **nombre** maximal d'**allocations journalières** est fixé à 66 sur l'ensemble de la carrière, et le nombre maximal par mois à 22.
c. En cas de **changement de sa situation familiale,** l'allocataire doit le déclarer à l'organisme débiteur des prestations familiales dont il relève. Le montant de l'allocation sera modifié en conséquence à compter du premier jour du mois civil suivant celui au cours duquel intervient le changement de situation.
d. En cas de **décès** de la personne aidée, l'allocation de proche aidant continue d'être versée pour les jours d'interruption d'activité pris au cours du mois civil du décès, sauf décision contraire de l'allocataire. En cas de décès du proche aidant, l'allocation cesse d'être due à compter du jour suivant le décès.

DON DE JOURS DE REPOS POUR PROCHE AIDANT

Tout salarié qui vient en aide à une **personne en perte d'autonomie ou présentant un handicap** telle que visée sous 11995, a peut bénéficier d'un ou plusieurs jours de repos cédés par d'autres salariés de l'entreprise, en vue de s'absenter. Les modalités d'application de ce **dispositif** sont strictement **identiques** à celles prévues en faveur des parents d'enfants gravement malades : voir n° 11965.

12000 C. trav. art. L 3142-25-1 PA-II-10745

B. Congé parental d'éducation

Les salariés du secteur privé, y compris les assistants maternels, ont la possibilité de demander un congé parental ou de travailler à **temps partiel** à l'occasion de la **naissance** ou de l'**arrivée au foyer d'un enfant.** L'employeur est tenu dans tous les cas de faire droit à cette demande.
S'agissant des **prestations familiales** auxquelles le bénéficiaire d'un congé parental peut prétendre, voir n°s 58105 s.

12040 C. trav. art. L 1225-47 à L 1225-59 R 1225-12 R 1225-13 R 1227-5 PA-II-3500 s

ATTENTION
Toute **convention contraire** aux dispositions relatives au congé parental est nulle et peut donner lieu à l'attribution d'une **indemnité** calculée conformément à celle visée n° 48775 (C. trav. art. L 1225-70 et L 1225-71), l'employeur étant par ailleurs passible des peines d'**amendes** prévues pour les contraventions de 5e classe (n° 67285).

CONDITIONS D'OCTROI

Tout salarié qui justifie d'une **ancienneté** minimale d'une année à la date de la naissance de son enfant ou de l'arrivée à son foyer d'un enfant de moins de 16 ans confié en vue de son adoption peut demander :
– soit un congé parental d'éducation ;
– soit une réduction de son temps de travail, sans que celui-ci puisse être inférieur à 16 heures hebdomadaires.
Les droits sont ouverts à l'un ou l'autre des parents, qui peuvent en bénéficier soit **simultanément,** soit **successivement.** Un parent peut en bénéficier même si l'autre n'exerce pas d'activité salariée (Cass. soc. 5-5-1988 n° 86-40.164 P).

12045 C. trav. art. L 1225-47

POINT DE DÉPART ET DURÉE

Le salarié peut décider de recourir au congé parental d'éducation ou de réduire sa durée de travail à n'importe quel **moment** pendant la période qui suit l'expiration d'un congé de maternité ou d'adoption légal ou conventionnel (n°s 51360 s.). Congé et période d'activité à temps partiel ont une durée initiale d'un an au plus mais peuvent, en principe, être prolongés 2 fois, voire 3 fois avec l'accord de l'employeur (CA Paris 30-10-1992 n° 92/32825 : RJS 1/93 n° 44) pour prendre fin au plus tard au jour du **troisième anniversaire de l'enfant.** Le congé, renouvellement inclus, est pris de manière continue, chaque période de renouvellement pouvant être plus longue ou plus courte que la précédente.

12050 C. trav. art. L 1225-48 L 1225-49 R 1225-12 PA-II-4500 s

› Précisions a. En cas d'**adoption,** le terme du congé est fixé soit au troisième anniversaire de l'arrivée de l'enfant au foyer s'il s'agit d'un enfant de moins de 3 ans, soit au premier anniversaire de l'arrivée de l'enfant au foyer, s'il s'agit d'un enfant âgé de plus de 3 ans et de moins de 16 ans.
b. En cas de **naissances multiples** de 2 enfants, la durée du congé peut être prolongée 2 fois jusqu'à la date d'entrée à l'école maternelle des

enfants. En cas de naissances d'au moins 3 enfants ou d'arrivées simultanées d'au moins 3 enfants adoptés ou confiés en vue d'une adoption, le congé peut être prolongé 5 fois pour prendre fin au plus tard le jour du sixième anniversaire des enfants.

c. Le congé peut être **prolongé** d'une année si l'enfant est victime d'une **maladie** ou d'un **accident** grave, constaté par un certificat médical attestant que la présence d'un parent à ses côtés est nécessaire, ou d'un handicap ouvrant droit à l'allocation d'éducation de l'enfant handicapé. Les parties peuvent également convenir de la prolongation du congé au-delà du terme légal (Cass. soc. 11-2-2004 n° 01-43.574 FS-PB : RJS 4/04 n° 426).

d. Une salariée peut prendre 2 **congés successifs** (ou activités à temps partiel) en cas de **nouvelle naissance** ou adoption. Dans ce cas, le point de départ du second congé est calculé à partir de la fin du congé de maternité auquel la salariée aurait pu prétendre si elle n'avait pas été en congé parental (Rép. Lajoinie : AN 3-3-1986 p. 834).

e. Le juge européen considère que la salariée enceinte en cours de congé parental peut interrompre celui-ci pour bénéficier d'un **congé de maternité** (CJCE 20-9-2007 aff. 116/06 : RJS 12/07 n° 1337) et des prestations qui s'y attachent (CJUE 13-2-2014 aff. C-512/11 et C-513/11 : RJS 5/14 n° 450). La Cnamts a tiré les conséquences de cette solution, contraire à la jurisprudence française (voir n° 12075), et admis qu'une salariée enceinte pendant son congé puisse l'interrompre et percevoir les indemnités pour maternité (www.service-public.fr/particuliers/vosdroits/F1254).

DEMANDE DU SALARIÉ

12055 C. trav. art. L 1225-50 L 1225-51 R 1225-13

Le salarié **informe** son employeur, par lettre recommandée (papier ou électronique) avec avis de réception ou remise contre récépissé, du point de départ et de la durée de la période pendant laquelle il entend bénéficier de ses droits.

Si le congé ou la période d'activité à temps partiel débute **immédiatement après le congé de maternité ou d'adoption,** le salarié doit informer l'employeur au moins 1 mois avant le terme de ce congé. Dans le cas contraire, l'employeur doit être informé au moins 2 mois avant la début du congé ou du temps partiel.

Toutefois, ces formalités ne sont pas prescrites à peine d'irrecevablilité de la demande (Cass. soc. 12-3-2002 n° 99-43.501 FS-P : RJS 6/02 n° 691 ; 18-6-2002 n° 00-41.361 F-D : RJS 11/02 n° 1244).

› Précisions a. En cas de passage à **temps partiel,** la **fixation de l'horaire de travail,** à défaut d'accord des parties, relève du pouvoir de direction de l'employeur (Cass. soc. 4-6-2002 n° 00-42.262 FS-P : RJS 8-9/02 n° 993). Le refus par le salarié des horaires proposés est constitutif d'une faute grave, sauf si cette proposition est incompatible avec des obligations familiales impérieuses (Cass. soc. 1-4-2003 n° 00-41.873 FS-P : RJS 6/03 n° 768).

b. Le salarié en **congé à temps plein** qui entend le **prolonger** ou le **transformer** en activité à temps partiel avertit l'employeur, dans les formes ci-dessus, au moins 1 mois avant le terme initialement prévu. Dans ce dernier cas, l'employeur doit réintégrer le salarié dans son poste initial ou, s'il justifie de l'indisponibilité de celui-ci ou de son incompatibilité avec un temps partiel, dans un poste similaire (Cass. soc. 10-12-2014 n° 13-22.135 FS-PB : RJS 2/15 n° 109).

c. Le salarié **à temps partiel** qui entend **prolonger** sa période d'activité à temps partiel ou prendre un congé à temps plein avertit également l'employeur, dans les formes ci-dessus, au moins 1 mois avant le terme initialement prévu. En cas de prolongation, la durée du temps partiel ne peut pas être modifiée, sauf accord de l'employeur ou dispositions conventionnelles plus favorables.

d. L'employeur ne peut pas **refuser** au salarié le bénéfice du congé ou du temps partiel, ni sa prolongation ou la transformation du congé en temps partiel et du temps partiel en congé à temps plein (Cass. soc. 1-6-2004 n° 02-43.151 F-PB : RJS 8-9/04 n° 932 ; Cass. 2e civ. 10-7-2014 n° 13-20.372 F-PB : RJS 11/14 n° 787).

SITUATION DU SALARIÉ EN CONGÉ OU À TEMPS PARTIEL

12065 C. trav. art. L 1225-56 PA-II-5250 s

Effets sur le contrat de travail Le contrat de travail du salarié en congé à **temps plein** est suspendu et, sauf dispositions conventionnelles ou collectives plus favorables, le salarié n'est pas **rémunéré.** Il peut toutefois utiliser un compte épargne-temps (n° 30810).

Lorsque le congé est à **temps partiel,** le contrat de travail est modifié par avenant mentionnant la durée du travail et conforme aux dispositions définissant la forme et le contenu obligatoire du contrat à temps partiel (voir nos 77280 s.). Le salarié bénéficie des garanties attachées à ce statut : voir nos 77360 s.

› Précisions a. Pendant son congé, le salarié peut, le cas échéant, percevoir l'allocation de base de la **prestation d'accueil du jeune enfant** (n° 58100), ainsi que la **prestation partagée d'éducation de l'enfant** (nos 58105 s.).

b. Pendant la période de **suspension du contrat,** le salarié peut être **licencié** pour un motif indépendant du congé parental, en particulier pour un motif économique. Mais l'employeur ne peut pas licencier en priorité des salariés du seul fait qu'ils sont en congé parental (Cass. soc. 7-10-1992 n° 89-45.503 PF : RJS 11/92 n° 1268).

Dès lors que la durée du congé recouvre celle du délai de préavis, le salarié ne peut pas prétendre à une indemnité compensatrice de préavis (Cass. soc. 18-10-1989 n° 87-45.724 P : RJS 11/89 n° 852 ; 23-11-2005 n° 04-47.653 F-P : RJS 2/06 n° 229), sauf s'il se trouve dans l'un des 2 cas visés n° 12077 (Cass. soc. 9-3-1989 n° 86-45.457 P : RJS 4/89 n° 338).

c. Sur le calcul de l'**indemnité de licenciement,** voir n° 48940 s'agissant d'un salarié en congé à temps plein, n° 48945, d pour un congé à temps partiel.

Activité professionnelle ou formation Pendant la durée du congé ou du travail à temps partiel, l'intéressé ne peut pas exercer d'autre activité professionnelle, hormis celle d'**assistant maternel.** 12070 C. trav. art. L 1225-53 L 1225-58

En revanche, le salarié peut suivre, à son initiative, une action de formation concourant au développement des compétences parmi celles visées n°s 38005 s. ; il bénéficie de plein droit du **bilan de compétences.** Dans ce cas, la législation relative aux accidents du travail lui est applicable pendant la formation. Sur les actions de formation organisées par l'entreprise, voir n° 12085.

› Précisions La loi interdit l'exercice d'une nouvelle activité professionnelle mais n'oblige pas le salarié qui exerce **2 activités à mi-temps** et qui prend un congé parental chez un de ses employeurs à renoncer à son autre activité (Rép. Chouat : AN 29-4-1985 p. 1958).

Couverture sociale Les salariés en **congé total** ont droit à la prise en charge de leurs frais de santé dans les conditions de droit commun (n° 50120). Ils n'ont pas droit aux indemnités journalières d'assurance maladie (Cass. soc. 8-2-1984 n° 82-14.341) ou maternité (Cass. soc. 6-4-1995 n° 92-19.330 D), cette dernière solution, contraire au droit de l'Union européenne, n'étant pas toutefois appliquée par la Cnamts (voir n° 12050, e). 12075 PA-II-5850 s

Les salariés qui, avant le congé parental, sont affiliés à une caisse de **retraite complémentaire** Agirc-Arrco peuvent acquérir des **points** de retraite pendant leur congé, moyennant le versement de **cotisations,** calculées comme s'ils avaient poursuivi leur activité normalement (ANI du 17-11-2017 art. 78).

La prise d'un congé parental par un salarié qui continue à travailler à **temps partiel** n'a aucune incidence sur sa couverture sociale.

S'agissant de l'incidence du congé parental sur les droits à la **retraite de la sécurité sociale,** voir n° 67575, c.

› Précisions a. Ces dispositions relatives à la retraite complémentaire sont également applicables aux **congés de solidarité familiale, de présence parentale ou de proche aidant.**

b. Le **versement de cotisations Agirc-Arrco** intervient en principe pendant toute la durée du congé ; toutefois une durée limitée, au minimum égale à 6 mois, peut être retenue par accord (sauf pour les congés qui ont une durée inférieure). (ANI du 17-11-2017 art. 78).

En cas de prise en charge par l'employeur, la **part salariale** correspondant à ces cotisations est exclue de l'assiette de la CSG-CRDS et des cotisations de sécurité sociale pendant les 6 premiers mois du congé (CSS art. L 241-3-2), mais est soumis au forfait social (n° 84315).

CESSATION ANTICIPÉE DU CONGÉ

En cas de **décès de l'enfant** ou de **diminution importante des ressources** du ménage : 12077 C. trav. art. L 1225-52 R 1225-13 PA-II-4950 s

– le salarié en congé parental total a le droit soit de reprendre son activité initiale, soit d'exercer son activité à temps partiel dans la limite de la durée prévue par le contrat de travail initial ;

– le salarié en congé à temps partiel a le droit de reprendre son activité initiale et peut, avec l'accord de l'employeur, en modifier la durée.

› Précisions a. Le salarié doit adresser une **demande** motivée à l'employeur par lettre recommandée (papier ou électronique) avec avis de réception ou remise contre récépissé, un mois avant la date à laquelle il entend bénéficier de la modification. Toutefois cette obligation d'information n'est pas une condition du droit du salarié (Cass. soc. 26-3-2002 n° 99-42.396 FS-P : RJS 6/02 n° 692).

En cas de diminution importante des ressources, le salarié doit prouver que celle-ci est réelle au moment de sa demande et non éventuelle (Cass. soc. 29-1-2008 n° 06-44.751 F-D : RJS 4/08 n° 441).

b. S'agissant de l'incidence du retour du salarié sur le **CDD de son remplaçant,** voir n° 19770, c.

FIN DU CONGÉ

Réintégration À l'issue du congé ou de la période de travail à temps partiel, le salarié retrouve son **emploi précédent** ou un emploi **similaire** assorti d'une rémunération équivalente. 12080 C. trav. art. L 1225-55 PA-II-6650 s

› Précisions a. Hors le cas de retour anticipé (n° 12077), la loi n'impose au salarié ni forme ni délai pour manifester son désir de reprendre son emploi (Cass. soc. 2-6-1992 n° 88-42.816 D : RJS 7/92 n° 880).

b. La réintégration à l'issue d'un congé parental se fait en priorité dans le précédent emploi si celui-ci est disponible (Cass. soc. 27-10-1993 n° 90-40.226 PF-BS : RJS 12/93 n° 1213), même si le contrat prévoit une **clause de mobilité**

(Cass. soc. 19-6-2013 n° 12-12.758 F-PB : RJS 10/13 n° 693).

Dans le cas contraire, l'**emploi similaire** doit correspondre aux fonctions effectivement exercées par le salarié avant son congé (Cass. soc. 12-3-2002 n° 99-43.138 FS-P : RJS 6/02 n° 693). Il ne doit pas comporter des modifications par rapport à l'emploi initial, touchant à des éléments essentiels du contrat de travail : voir nos 17335 s. (Cass. soc. 16-3-1989 n° 86-42.328 P : RJS 4/89 n° 339). Si le salarié sollicite sa réintégration dans un emploi emportant **modification de son contrat** de travail pour des raisons familiales sérieuses, l'employeur ne peut lui opposer un refus que s'il justifie de raisons objectives (Cass. soc. 24-1-2007 n° 05-40.639 F-D : RJS 5/07 n° 619).

c. Le **manquement de l'employeur** à son obligation de réintégration, sauf s'il est justifié par des éléments objectifs étrangers à toute discrimination, peut constituer une **discrimination indirecte fondée sur le sexe,** eu égard au nombre considérablement plus élevé de femmes que d'hommes en congé parental (Cass. soc. 14-11-2019 n° 18-15.682 FS-PB : RJS 1/20 n° 27).

d. Le **licenciement économique** du salarié est possible si son poste a été supprimé et s'il ne peut pas être reclassé dans l'entreprise ou le groupe (Cass. soc. 13-7-1993 n° 91-41.989 D : RJS 10/93 n° 994).

e. Le retour du salarié constitue une cause réelle et sérieuse de licenciement de son **remplaçant** (Cass. soc. 19-12-1990 n° 88-40.494 D). Sur le remplacement par recours au CDD, voir n° 19770, c.

f. La salariée ayant enchaîné congé de maternité et congé parental bénéficie à son retour de l'**augmentation de salaire** intervenue, le cas échéant, pendant son congé de maternité et due au titre de la garantie d'évolution salariale définie n° 51450 (Circ. min. 19-4-2007, fiche 3, 2., opposable).

12085 C. trav. art. L 1225-54 L 1225-57 L 1225-59

La **durée du congé** est prise en compte pour moitié dans la détermination des avantages liés à l'**ancienneté,** le salarié conservant le bénéfice de tous les avantages qu'il avait acquis antérieurement. La durée du congé ne permet pas d'acquérir des congés payés. Sur le report des congés payés acquis antérieurement, voir n° 13523.

À **l'issue du congé** ou de l'activité à temps partiel, le salarié bénéficie, notamment en cas de changement de techniques ou de méthodes de travail, d'un droit à une **formation professionnelle.** Il a également droit à un **entretien** professionnel (voir n° 17010). Sur l'incidence du congé sur son compte personnel de formation, voir n° 38215, e (acquisition de droits) et n° 38235 (abondement du compte).

› Précisions a. Le salarié peut bénéficier d'une action de formation organisée par l'entreprise **avant la fin de son congé** ou de son temps partiel : il est alors mis fin au congé ou au temps partiel.

b. L'action de formation proposée au salarié doit être **adaptée à l'emploi** dans lequel il doit être réintégré (Cass. soc. 11-3-2009 n° 07-41.821 : RJS 5/09 n° 444).

c. Le **défaut de formation** au retour du congé ne constitue pas à lui seul une discrimination illicite (Cass. soc. 5-3-2014 n° 12-27.701 FS-PB : RJS 5/14 n° 409). Mais il interdit à l'employeur de licencier le salarié peu de temps après son retour pour insuffisance professionnelle. Un tel licenciement serait sans cause réelle et sérieuse (Cass. soc. 29-10-2002 n° 00-40.630 FS-D : RJS 1/03 n° 51) et non nul (Cass. soc. 5-3-2014 n° 11-14.426 FS-PB : RJS 5/14 n° 409).

12095 CSS art. L 161-9 L 311-5 D 161-2

Protection sociale Le salarié qui reprend le travail à l'issue du congé retrouve pendant 12 mois à compter de cette date les droits aux prestations en espèces de l'**assurance maladie, maternité, invalidité, décès** qui lui étaient ouverts avant le début du congé.

› Précisions a. En cas de **non-reprise du travail** à l'issue du congé parental, en raison d'une maladie ou d'une nouvelle maternité, la personne retrouve, pendant la durée de l'arrêt de travail, ses droits aux prestations en espèces du régime dont elle relevait avant le congé parental, même si l'arrêt de travail est prescrit pendant le congé parental (Cass. 2e civ. 11-7-2005 n° 04-30.153 FS-D : RJS 11/05 n° 1109).

b. La personne qui, pendant ou à l'issue du congé, est **involontairement privée d'emploi,** notamment en cas de démission pour motif légitime (CA Versailles 20-5-2003 n° 03-2 : RJS 8-9/03 n° 1031), bénéficie, tant que dure son indemnisation, de ses droits aux prestations en espèces du régime obligatoire d'assurance maladie, maternité, invalidité et décès dont elle relevait avant le congé.

C. Congé pour création d'entreprise

12160 C. trav. art. L 3142-105 à L 3142-124 D 3142-65 à D 3142-76 PA-II-11000 s

Les salariés du secteur privé, y compris les assistants maternels employés par des personnes morales (CASF art. L 423-14), désirant créer ou reprendre une entreprise, ou exercer des responsabilités de direction au sein d'une jeune entreprise innovante définie à l'article 44 sexies-0 A du CGI (voir Mémento fiscal n° 10400), peuvent, sous certaines conditions, bénéficier d'un congé pendant lequel leur contrat de travail est suspendu, ou d'une période de travail à **temps partiel** pendant laquelle ils sont soumis au statut défini nos 77360 s.

CONDITIONS D'OCTROI ET DURÉE

Le droit au congé ou au temps partiel pour **créer ou reprendre une entreprise** est ouvert aux salariés justifiant de l'ancienneté fixée par accord d'entreprise ou de branche ou, à défaut d'accord, de 24 mois dans l'entreprise, consécutifs ou non. L'**ancienneté** acquise dans toute autre entreprise du même groupe au sens du comité de groupe (nº 9800) est prise en compte. Elle s'apprécie à la date du départ en congé. **12165** C. trav. art. L 3142-105 L 3142-117 L 3142-119

La durée **maximale** du congé ou du temps partiel, ainsi que le nombre de renouvellements possibles, sont ceux fixés par **accord** d'entreprise ou, à défaut, de branche. **À défaut** d'accord, la durée maximale est d'un an. Elle peut être prolongée au plus d'un an.

DEMANDE DU SALARIÉ

Sauf modalités différentes prévues par un accord d'entreprise ou de branche, le salarié **informe** son employeur, par tout moyen conférant date certaine, au moins 2 mois à l'avance, de la date de départ en congé ou, en cas de passage à temps partiel, de la date de début de la période et de l'amplitude de la réduction souhaitée de son temps de travail, ainsi que de la durée envisagée de ce congé ou de cette période. Il précise l'activité de l'entreprise qu'il prévoit de créer ou de reprendre. **12170** C. trav. art. L 3142-117 L 3142-119 D 3142-73 D 3142-74 **PA-II-11530 s**

S'il souhaite **renouveler** son congé ou son temps partiel, il doit en informer son employeur dans les mêmes formes, 2 mois avant son terme.

Sur les possibilités de **renonciation,** la solution rendue à propos du congé sabbatique devrait être transposable : voir nº 12270, c.

RÉPONSE DE L'EMPLOYEUR

La décision de l'employeur d'accepter, de différer ou de refuser le congé ou le passage à temps partiel doit intervenir dans un **délai** de 30 jours à compter de la présentation de la demande du salarié. À défaut, son accord est réputé acquis. L'employeur **informe le salarié** de sa réponse, par tout moyen conférant date certaine. **12175** C. trav. art. L 3142-116 D 3142-65 D 3142-72 **PA-II-11700 s**

> **Précisions** **a.** Lorsque l'employeur accorde au salarié un congé à temps plein au lieu de la période à temps partiel demandée, cette décision s'analyse en un refus qui, s'il est injustifié, est nul ; le salarié peut alors se prévaloir d'une acceptation tacite de sa demande (Cass. soc. 24-9-2008 nº 06-44.939 FS-PB : RJS 12/08 nº 1204).
> **b.** Sur l'appréciation du délai et les conséquences d'une **demande hors délai,** les développements nº 12270, a sur le congé sabbatique devraient être transposables.

Report L'employeur peut reporter le départ en congé ou le passage à temps partiel, dans les conditions visées nº 12175 : **12180** C. trav. art. L 3142-107 L 3142-114 L 3142-115 L 3142-117 L 3142-119 D 3142-66 D 3142-72 D 3142-75 D 3142-76 **PA-II-11800 s**

– soit de manière discrétionnaire, dans la limite de 6 mois courant à compter de la réception de la demande du salarié ;

– soit pour limiter le nombre d'absences simultanées dans l'entreprise.

> **Précisions** **a.** Dans toutes les entreprises, le **départ en congé** peut être différé si :
> – le pourcentage de **salariés simultanément absents** de l'entreprise au titre des congés pour création d'entreprise, jeune entreprise innovante et sabbatique dépasse le pourcentage de l'effectif de l'entreprise défini par accord d'entreprise ou de branche ou, **à défaut d'accord,** 2 % de l'effectif ;
> – le **nombre de jours d'absence** au titre de ces congés dépasse un nombre total des jours de travail effectués qui peut être défini par un accord d'entreprise ou de branche. **À défaut d'accord,** le quota est fixé à 2 % du nombre de jours de travail effectués dans les 12 mois précédant le départ en congé. Pour permettre le départ en congé d'un salarié, cette période de 12 mois est prolongée dans la limite de 48 mois.
> **b.** Dans les entreprises d'au moins **300 salariés et plus,** le **début de la période à temps partiel** peut être différé si le pourcentage de salariés de l'entreprise passant simultanément à temps partiel au titre de ce seul congé dépasse un pourcentage de l'effectif de l'entreprise qui peut être défini par un accord d'entreprise ou de branche. **À défaut d'accord,** le quota est fixé à 2 % de l'effectif.
> **c.** La **procédure de recours** contre une décision de refus (nº 12185, c) n'est pas applicable en cas de report, même si, en raison des circonstances, celui-ci peut s'analyser en un refus. En revanche, si le **report injustifié** aboutit à priver le salarié de l'usage de son droit, l'employeur peut se voir ordonner d'accorder le congé à la date demandée (CA Paris 11-8-1989 nº 89-34002 : RJS 11/89 nº 854).

Refus Le refus par l'employeur d'accorder un congé ou un passage à temps partiel est possible dans les **entreprises de moins de 300 salariés** si : **12185**

– l'**employeur** estime, après avis du CSE, que ce congé ou ce temps partiel aura des conséquences préjudiciables pour l'entreprise ;

C. trav. art. L 3142-113 D 3142-69 D 3142-70 R 3142-71 PA-II-12100 s

– le **salarié** demande ce congé ou ce temps partiel moins de 3 ans après une précédente création ou reprise d'entreprise ou après le début de l'exercice de responsabilités au sein d'une jeune entreprise innovante.

> Précisions **a.** Pour l'appréciation du **seuil d'effectif,** il ne peut être tenu compte de l'effectif de **2 sociétés** que si celles-ci sont employeurs du salarié (Cass. soc. 17-4-1996 n° 93-41.168 P : RJS 6/96 n° 681).

b. Le refus doit être **motivé** et notifié au salarié par tout moyen conférant date certaine. Un employeur peut opposer un refus au salarié s'il estime que l'**activité** envisagée est directement **concurrente** de la sienne.

c. Le **refus** de l'employeur peut être **contesté,** par le salarié, dans les 15 jours suivant la réception de sa notification, selon les modalités visées n° 11940, b. L'employeur qui refuse d'octroyer un congé pour un motif jugé injustifié par le conseil de prud'hommes perd la faculté de le reporter lorsque ce refus est annulé (Cass. soc. 2-2-1999 n° 96-41.812 P : RJS 3/99 n° 384).

SITUATION DU SALARIÉ

12190 C. trav. art. L 3142-109 L 3142-111 L 3142-112 L 3142-118 L 3142-120 à L 3142-124 PA-II-12350 s

Le contrat de travail du salarié en **congé continu** est suspendu et, sauf dispositions conventionnelles contraires, le salarié ne perçoit aucune **rémunération.** Il peut toutefois demander un report des jours de **congés payés** annuels qui lui sont dus, selon des modalités qui peuvent être fixées par un accord d'entreprise ou de branche afin de percevoir une indemnité compensatrice à son départ en congé.

Lorsque le congé est à **temps partiel,** le salarié et l'employeur signent un avenant au contrat de travail mentionnant la durée de cette période et conforme aux dispositions définissant la forme et le contenu obligatoire du contrat de travail à temps partiel ; voir n°s 77280 s. Le salarié bénéficie des garanties attachées à ce statut exposées n°s 77360 s.

Le salarié, qu'il soit en congé ou à temps partiel, peut obtenir un déblocage anticipé de son épargne salariale (voir n°s 33935, h), utiliser un compte épargne-temps (voir n° 30810) ou bénéficier de certaines aides (voir n° 2500). En revanche, sauf accord de l'employeur, il ne peut invoquer aucun droit à être **réemployé** avant l'expiration du congé ou de la période de travail à temps partiel.

> Précisions **a.** À défaut d'accord collectif sur ce sujet, le salarié peut demander **le report des congés payés** dus au-delà de 24 jours ouvrables jusqu'à la date de départ en congé et sur 6 années maximum, afin de percevoir, à son départ, une indemnité compensatrice calculée selon les règles fixées n°s 13610 s. En cas de **renonciation du salarié au congé** pour création d'entreprise, les congés payés reportés sont ajoutés aux congés payés annuels par fraction de 6 jours, et jusqu'à épuisement, chaque année à compter de la renonciation. Pendant cette période, le salarié ne peut demander un nouveau report de ses jours de congés payés. En cas de **rupture du contrat de travail,** le salarié perçoit une indemnité compensatrice pour les droits à congés payés reportés (sauf si l'employeur est tenu d'adhérer à une caisse de congés payés).

b. En cas de licenciement du salarié par l'employeur, le point de départ du **préavis** est reporté au terme du congé (Cass. soc. 23-10-1991 n° 88-43.819 PF : RJS 12/91 n° 1333).

c. Le salarié reste soumis à une obligation de **loyauté** envers son employeur. Cependant, si son contrat de travail contient une clause d'exclusivité, et sauf s'il a la qualité de VRP, elle ne peut être invoquée contre lui pendant toute la durée de son congé ou de son temps partiel (C. trav. art. L 1222-5).

d. Durant le congé, l'intéressé ne perd pas la qualité d'assuré social, son contrat de travail étant suspendu. Mais ne pouvant prétendre au dispositif de maintien de droit, les prestations en espèces des assurances **maladie et maternité** ne lui sont plus servies (Circ. intermin. DSS/SD2 2015/179 du 26-5-2015, annexe 2, III, opposable ; www.ameli.fr.). En revanche, il a droit à la prise en charge de ses frais de santé dans les conditions de droit commun (n° 50120).

FIN DU CONGÉ

12195 C. trav. art. L 3142-108 à L 3142-110 L 3142-117 D 3142-67 PA-II-13200 s

À l'issue du congé ou du temps partiel, le salarié peut rompre son contrat de travail pour se consacrer à son entreprise. À défaut, le salarié à temps partiel retrouve une **activité à temps plein,** tandis que le salarié en congé retrouve son **précédent emploi** ou un emploi similaire (voir n° 12080, b). Il bénéficie alors d'une **rémunération** au moins équivalente à celle qui était précédemment servie.

> Précisions **a.** Sauf modalités différentes prévues par un accord d'entreprise ou de branche, le salarié en congé **informe** l'employeur de son intention soit d'être réemployé, soit de rompre son contrat, par tout moyen conférant date certaine, au moins 3 mois avant la fin de son congé. L'inobservation de ce délai n'est pas sanctionnée par une rupture automatique du contrat imputable au salarié (Cass. soc. 13-12-1995 n° 92-42.687 D : RJS 2/96 n° 130). En conséquence, l'employeur soutenant que l'inobservation du délai constitue un empêchement à la réintégration doit prononcer un licenciement dont le juge appréciera la légitimité en cas de

contentieux (Cass. soc. 14-10-1993 nº 90-44.517 D).
Le salarié ayant opté pour un passage à temps partiel n'est pas légalement tenu d'informer l'employeur de sa décision de reprendre son travail à temps plein.
L'employeur ne peut pas subordonner la réintégration du salarié à la justification du respect de la finalité du congé (Cass. soc. 1-12-2005 nº 04-41.394 FS-PB : RJS 2/06 nº 230) ou à l'abandon de son projet (Cass. soc. 13-2-2013 nº 11-27.261 F-D : RJS 6/13 nº 458).
b. Le salarié qui reprend son activité dans l'entreprise à l'issue de son congé (et non d'un temps partiel) bénéficie d'une **réadaptation professionnelle** en tant que de besoin, notamment en cas de changement de techniques ou de méthodes de travail. Les modalités d'accompagnement et de réadaptation du salarié peuvent être déterminées par un accord d'entreprise ou de branche.
c. Le **salarié décidant de rompre son contrat** à l'issue du congé ou du temps partiel doit démissionner. Il est toutefois libéré de ses obligations en matière de préavis et ne peut être contraint de verser une indemnité de rupture. En cas de chômage, voir nº 6520, b.

D. Congé sabbatique

BÉNÉFICIAIRES ET DURÉE

Le congé sabbatique est un congé pour convenance personnelle ouvert aux salariés qui, à la date de leur départ en congé : 12260 C. trav. art. L 3142-28 L 3142-32 L 3142-34 PA-II-14600 s
– justifient de 6 années d'**activité professionnelle** et d'une **ancienneté minimale,** dans l'entreprise (ou dans d'autres entreprises du même groupe au sens du comité de groupe : nº 9800), consécutive ou non, qui peut être fixée par un accord d'entreprise ou, à défaut, un accord de branche. En l'absence d'accord, l'ancienneté exigée est d'au moins 36 mois, consécutifs ou non ;
– n'ont **pas déjà bénéficié,** dans l'entreprise, soit d'un autre congé sabbatique, soit d'un congé pour création d'entreprise, soit d'un congé de transition professionnelle (nºs 38310 s.) d'au moins 6 mois, depuis une durée minimale fixée par l'accord collectif précité. À défaut d'accord, le délai de carence à respecter entre deux congés est de 6 ans.
L'accord collectif peut également définir les **durées minimale et maximale** du congé et le nombre de renouvellements possibles. En l'absence d'accord, la durée minimale du congé est de 6 mois et sa durée maximale de 11 mois.

PROCÉDURE

Sauf modalités différentes prévues par un accord collectif ou de branche, le salarié **informe** son employeur, par tout moyen conférant date certaine, au moins 3 mois à l'avance, de la date et de la durée de son congé sabbatique. 12270 C. trav. art. L 3142-29 L 3142-30 L 3142-32 L 3142-34 D 3142-14 à D 3142-21 PA-II-15100 s
L'employeur **répond** au salarié, dans les mêmes formes, dans un délai de 30 jours à compter de la présentation de la demande du salarié. Il peut accorder, refuser ou différer le congé, son absence de réponse dans le délai requis valant acceptation tacite.

› Précisions a. Le **délai** de réponse de l'employeur s'apprécie à la date à laquelle le salarié a reçu cette réponse (CA Nancy 11-9-2009 nº 08-1730 : RJS 2/10 nº 191).
Même si la demande est formulée hors délai, l'employeur doit y répondre : à défaut, son **accord tacite** sur la date de départ du salarié est acquis (Cass. soc. 12-3-2008 nº 06-43.866 FS-PBR : RJS 5/08 nº 557 ; 14-12-2017 nº 16-24.027 F-D : RJS 2/18 nº 118).
b. L'employeur peut **différer** le départ en congé, dans la **limite de 6 mois** à compter de la présentation de la demande (9 mois dans les entreprises de moins de 300 salariés), si :
– le pourcentage de **salariés simultanément absents** de l'entreprise au titre de ce congé dépasse le pourcentage de l'effectif de l'entreprise défini par accord d'entreprise ou de branche ou, **à défaut d'accord,** 1,5 % de l'effectif ;
– le **nombre de jours d'absence** au titre de ce congé dépasse un nombre total des jours de travail effectués défini par un accord d'entreprise ou de branche. **À défaut d'accord,** le quota est fixé à 1,5 % du nombre de jours de travail effectués dans les 12 mois précédant le départ en congé. Pour permettre le départ en congé d'un salarié, cette période de 12 mois est prolongée dans la limite de 48 mois.
Le départ en congé peut également être **différé** dans les conditions visées nº 12180, a, le quota en l'absence d'accord étant en revanche fixé à 1,5 % de l'effectif ou du nombre de jours de travail.
c. Dans les entreprises de moins de 300 salariés, l'employeur peut **refuser** d'accorder le congé et le salarié contester ce refus dans les conditions visées nº 12185. Une fois qu'il a donné son accord, l'employeur peut, sauf abus de sa part, s'opposer à la **renonciation** du salarié au congé, même intervenue longtemps avant la date de son début (Cass. soc. 7-5-1996 nº 92-43.545 PB : RJS 6/96 nº 682).

SITUATION DU SALARIÉ EN CONGÉ

12275 Le contrat de travail du salarié en **congé sabbatique** est suspendu et, sauf dispositions conventionnelles contraires, le salarié ne perçoit aucune **rémunération.** Il peut toutefois demander un **report** des jours de **congés payés** annuels dans les mêmes conditions que celles applicables au congé pour création d'entreprise (nº 12190) et éventuellement utiliser les droits accumulés sur un compte épargne-temps (nº 30810).

C. trav. art. L 3142-28 L 3142-31 L 3142-33 L 3142-35 **PA-II-15700 s**

Sauf accord de l'employeur, le salarié ne peut invoquer aucun droit à être **réemployé** avant l'expiration du congé.

> **Précisions a.** Rien n'interdit au salarié d'exercer pendant son congé une **activité professionnelle** salariée ou non, mais il reste tenu envers son employeur des obligations de **loyauté et** de **non-concurrence** (Cass. soc. 5-6-1996 nº 93-42.588 P : RJS 8-9/96 nº 937 ; 1-4-2003 nº 00-44.902 FS-D : RJS 6/03 nº 770).
> **b.** Le salarié en congé sabbatique au moment de son **licenciement** n'a pas droit à l'indemnité compensatrice de **préavis** (Cass. soc. 22-9-2016 nº 14-26.359 F-D : RJS 12/16 nº 781).
> **c.** S'agissant de son droit aux prestations des **assurances maladie et maternité,** les règles sont identiques à celles applicables au congé pour création d'entreprise (voir nº 12190, d).

FIN DU CONGÉ

12280 À l'issue du congé, le salarié retrouve son **précédent emploi** ou un emploi **similaire** assorti d'une rémunération au moins équivalente (voir nº 12080, b). Le salarié n'est pas tenu de **prévenir** l'employeur de son retour dans l'entreprise (CA Paris 27-9-1988 nº 88-32453). Le **refus** du salarié, dont le poste n'est plus disponible car occupé définitivement par un autre salarié, d'une proposition loyale d'un ou plusieurs **postes similaires** peut justifier son licenciement (Cass. soc. 3-6-2015 nº 14-12.245 FS-PB : RJS 8-9/15 nº 574).

C. trav. art. L 3142-31 **PA-II-16200 s**

Sur le droit à un **entretien professionnel,** voir nº 17010. En cas de **chômage** à l'issue du congé sabbatique, voir nº 6520.

E. Mobilité volontaire sécurisée

12300 Dans les entreprises et groupes d'au moins 300 salariés, tout salarié ayant au moins 24 mois d'**ancienneté,** consécutifs ou non, peut bénéficier d'une période de suspension de son contrat de travail, afin d'exercer une activité dans une autre entreprise.

C. trav. art. L 1222-12, al. 1 **PA-II-10800 s**

MODALITÉS

12305 Le salarié doit obtenir l'**accord de l'employeur** qui doit être formalisé par un avenant au contrat de travail.

C. trav. art. L 1222-12, al. 2 L 1222-13 L 1222-16

Cet **avenant** détermine l'objet, la durée, la date de prise d'effet et le terme de la période de mobilité. Il prévoit également le délai dans lequel le salarié informe par écrit de son choix éventuel de ne pas réintégrer l'entreprise à l'issue de la mobilité, ainsi que les situations et modalités d'un retour anticipé de l'intéressé, qui doit intervenir dans un délai raisonnable. Les parties peuvent prévoir d'autres clauses, notamment sur la prise en compte de la période de mobilité pour le calcul de l'ancienneté.

> **Précisions a.** Bien que la loi ne l'impose pas, le salarié a tout intérêt, pour des raisons de preuve, à formuler sa demande par tout moyen conférant date certaine, dans un **délai** raisonnable avant la date à laquelle il envisage la mobilité.
> **b.** La **suspension du contrat** de travail conclu avec l'entreprise d'origine produit les effets visés nº 17120. Le salarié reste notamment tenu d'une obligation de loyauté à son égard.
> **c.** L'employeur doit **communiquer** tous les 6 mois au **CSE** la liste des demandes de période de mobilité volontaire, avec indication de la suite qui leur a été donnée.

TERME DE LA MOBILITÉ

12310 Le salarié peut **réintégrer son entreprise d'origine** à tout moment au cours de la période de mobilité, avec l'accord de l'employeur et selon les modalités définies par l'avenant au contrat de travail (nº 12305). Si la réintégration se fait à l'issue de la période de mobilité, le salarié retrouve de plein droit son précédent emploi ou un emploi similaire, assorti d'une qualification et d'une rémunération au moins équivalentes, et du maintien de sa classification. Sur son droit à un **entretien professionnel,** voir nº 17010.

C. trav. art. L 1222-14 L 1222-15

S'il **ne souhaite pas revenir** dans son entreprise au cours de la période de mobilité ou au terme de celle-ci, il en informe l'employeur dans le délai prévu par l'avenant à son contrat de travail. Ce dernier est rompu par une démission qui n'est soumise à aucun préavis, sauf disposition contraire de l'avenant.

› Précisions Le salarié dont le contrat est rompu par l'entreprise d'accueil avant la fin de la mobilité et qui ne peut pas être réintégré de façon anticipée par l'employeur d'origine peut être indemnisé par **l'assurance chômage** dans l'intervalle s'il remplit les conditions requises (Règlement Unédic 2019 art. 6 ; Circ. Unédic 2019-12 du 1-11-2019, Fiche 5, art. 2.3). Il doit transmettre à Pôle emploi la copie de l'avenant à son contrat de travail et la preuve de l'impossibilité de réintégration anticipée (Circ. Unédic 2019-12 du 1-11-2019, Fiche 10, art. 2.1). L'indemnisation cesse quand le salarié est réintégré dans son entreprise ou s'il refuse cette réintégration (Règlement Unédic 2019 art. 25, § 3).

F. Congé de formation économique, sociale et syndicale

Tout **salarié** ou **demandeur d'emploi** désirant participer à des stages ou sessions de formation économique, sociale ou syndicale (suivi d'enseignement ou activité de recherche : Circ. DRT 11 du 3-11-1987, abrogée) a droit, sur sa demande, à un ou plusieurs congés. **12340** C. trav. art. L 2145-5 L 2145-9 L 2145-12 **PA-II-19100 s**

ATTENTION

Les **conventions et accords collectifs** peuvent préciser les périodes de congé les mieux adaptées aux nécessités de chaque profession et définir les procédures amiables permettant de régler les difficultés susceptibles de survenir. Des accords d'établissement peuvent fixer la répartition des congés par service ou par catégorie professionnelle.

PROCÉDURE

Le salarié adresse sa **demande** de congé à l'employeur, au moins 30 jours à l'avance, en précisant la date et la durée de l'absence sollicitée, ainsi que le nom de l'organisme responsable du stage ou de la session. **12345** C. trav. art. L 2145-11 R 2145-3 à R 2145-5 R 2146-6 **PA-II-19650 s**

L'organisme doit figurer sur une liste établie par le ministre chargé du travail (en dernier lieu, arrêté MTRT19000 73A du 2-1-2019 : JO 6).

L'employeur peut **refuser** le congé s'il estime, après avis conforme du CSE, que cette absence pourrait avoir des conséquences préjudiciables pour l'entreprise.

› Précisions a. Le refus de l'employeur doit être **motivé** et **notifié** dans les 8 jours suivant la réception de la demande du salarié. À défaut, le congé est considéré comme acquis (Circ. DRT 11 du 3-11-1987, abrogée). Le refus peut être **contesté** par le salarié selon les modalités visées n° 11970, b.

b. L'employeur qui méconnaît les dispositions relatives au refus d'accorder le congé encourt l'amende prévue pour les **contraventions** de 3e classe (n° 67285).

L'employeur peut **reporter** le départ en congé lorsque le **contingent global** de jours de congé pour l'année civile en cours est atteint dans l'établissement ou lorsque le quota d'**absences simultanées** est atteint. **12355** C. trav. art. L 2145-8 **PA-II-20040 s**

› Précisions a. Le nombre maximal de jours de congé pouvant être pris par établissement au cours d'une même année civile est fixé par arrêté en fonction de l'effectif de l'établissement (Arrêté 7-3-1986 : JO 14 rectif. JO 21, art. 1) :

– de 1 à 24 salariés : 12 jours (18 jours pour les animateurs et les salariés appelés à exercer des responsabilités syndicales) ;

– de 25 à 499 salariés : 12 jours par tranche ou fraction de tranche supplémentaire de 25 salariés ;

– de 500 à 999 salariés : 12 jours par tranche ou fraction de tranche supplémentaire de 50 salariés ;

– de 1 000 à 4 999 salariés : 12 jours par tranche ou fraction de tranche supplémentaire de 100 salariés ;

– plus de 4 999 salariés : 12 jours par tranche ou fraction de tranche supplémentaire de 200 salariés.

L'effectif est apprécié au 1er janvier de l'année considérée (Circ. DRT 11 du 3-11-1987, abrogée).

Dans les **établissements de plus de 49 salariés,** le total des jours de congé pris par les animateurs et par les salariés appelés à exercer des responsabilités syndicales ne peut excéder 50 % de l'ensemble des jours de congé de formation économique, sociale ou syndicale (Arrêté 7-3-1986 : JO 14 rectif JO 21, art. 2).

Le temps de formation des membres du CSE, des administrateurs et membres du conseil de surveillance représentant les salariés et des conseillers des salariés (n° 47600) est imputé sur ce contingent. En revanche, les absences pour formation des conseillers prud'hommes salariés (n° 14535) en sont exclues.

b. Le congé peut être différé pour que le nombre de **salariés simultanément absents** à ce titre ne dépasse pas : 1 dans les établissements de moins de 25 salariés, 2 dans les établissements de 25 à 99 salariés, 2 % dans les établissements de plus de 99 salariés (Arrêté 7-3-1986 : JO 14 rectif JO 21, art. 3).

DURÉE ET RÉMUNÉRATION

12360 C. trav. art. L 2145-1 L 2145-6 L 2145-7 L 2145-9 L 2145-10 PA-II-19430 s PA-II-20300 s

Chaque salarié a droit au **maximum** dans l'année à 12 jours de congé pris en une ou plusieurs fois. Cette durée est portée à 18 jours pour les **animateurs** de stages et de sessions et pour les salariés appelés à exercer des **responsabilités syndicales.** Ces limites de durée s'appliquent également aux demandeurs d'emploi.

Le salarié a droit au **maintien total** de sa rémunération par l'employeur lequel doit également verser les cotisations et contributions y afférentes.

› Précisions **a.** La notion de salariés appelés à exercer des responsabilités syndicales vise les salariés auxquels les organisations syndicales envisagent de confier ou qui exercent déjà une telle responsabilité dans l'entreprise ou à l'extérieur de celle-ci (Circ. DRT 11 du 3-11-1987, abrogée).

b. Sauf disposition conventionnelle contraire, la **durée** de chaque congé ne peut pas être inférieure à une demi-journée.

c. Cette durée ne peut pas être **imputée** sur la durée du congé annuel. Elle est assimilée à un temps de travail effectif pour la détermination de la durée des **congés payés** et pour l'ensemble des autres droits du salarié résultant de son contrat de travail. Pendant la durée du congé, le salarié bénéficie de la législation sur les **accidents du travail** (CSS art. L 412-8, 9°).

d. Les **demandeurs d'emploi** continuent, pendant la durée des stages et sessions, de bénéficier du revenu de remplacement auquel ils ont droit.

G. Congé de formation des cadres et animateurs pour la jeunesse

12420 C. trav. art. L 3142-54 à L 3142-59 D 3142-41 D 3142-43 PA-II-21500 s

Les salariés et apprentis âgés de moins de 25 ans peuvent obtenir un congé non rémunéré en vue de participer aux activités d'organisations, de fédérations et d'associations sportives agréées, destinées à favoriser la préparation, la formation ou le perfectionnement des cadres et animateurs.

Un accord d'entreprise ou de branche fixe la durée de ce congé et les conditions de son cumul avec le congé de formation économique, sociale ou syndicale (n°s 12340 s.). À défaut d'accord, sa **durée** totale maximale est de 6 jours ouvrables par an, pris en une ou deux fois, et les 2 congés précités ne peuvent se cumuler qu'à concurrence de 12 jours ouvrables pour une même année. À défaut d'accord d'entreprise ou de branche précisant le délai dans lequel le salarié **adresse sa demande,** celle-ci est formulée dans le même délai et les mêmes conditions que celles visées n° 12345.

› Précisions **a.** La **durée** du congé ne peut pas être **imputée** sur la durée du congé annuel. Elle est assimilée à un temps de travail effectif pour la détermination de la durée des congés payés (n° 13342) et pour l'ensemble des droits du salarié résultant de son contrat de travail.

b. Au **retour dans l'entreprise,** le salarié remet à l'employeur une attestation de l'organisme de formation justifiant de sa présence effective.

c. Ce congé est ouvert aux salariés qui exercent des **responsabilités associatives,** avec quelques aménagements (C. trav. art. L 3142-54-1 et L 3142-58-1).

12425 C. trav. art. L 3142-56 à L 3142-59 R 3142-36 D 3142-37 R 3142-42 R 3142-44 PA-II-21920 s

Le bénéfice du congé peut être **refusé** :

– en raison des nécessités particulières à l'entreprise ou à son fonctionnement et après consultation du CSE ;

– ou si le nombre de salariés ayant exercé leur droit au cours de l'année atteint le maximum fixé en fonction de l'effectif de l'établissement par un accord d'entreprise ou de branche, ou, à défaut d'accord, par l'article R 3142-44 du Code du travail.

› Précisions **a.** Le refus de l'employeur doit être **motivé** et **notifié** à l'intéressé dans le **délai** de 8 jours à compter de la réception de la demande. Ce refus peut être contesté par le **salarié** selon les modalités visées n° 11970, b.

b. Si l'intéressé **renouvelle** sa demande à l'issue d'un délai de 4 mois, un nouveau refus ne peut pas lui être opposé, sauf si le quota annuel de bénéficiaires a été dépassé.

H. Exercice de fonctions publiques, sociales ou professionnelles

La loi accorde aux salariés une **autorisation d'absence** pour exercer certaines fonctions publiques ou professionnelles énumérées ci-après, pendant lesquelles le **contrat** de travail est **suspendu.** 12480

> Précisions Sont étudiées sous d'autres rubriques les dispositions relatives à l'exercice des **fonctions suivantes** :
– conseiller prud'homme (nos 14520 s.) et défenseur syndical (n° 14750) ;
– membre du conseil d'administration d'un organisme de sécurité sociale (nos 54835 s.) ;
– assesseurs du tribunal judiciaire connaissant du contentieux de la sécurité sociale (n° 15540, b) ;
– représentants des salariés dans les conseils d'administration et de surveillance des sociétés anonymes et représentants des actionnaires salariés à l'assemblée générale (nos 62420 s.) ;
– représentants du personnel (nos 62565 s.) et conseillers assistant les salariés lors de l'entretien préalable au licenciement (n° 47600) ;
– délégués syndicaux ou salariés appelés à négocier des conventions ou accords collectifs (nos 51880 s.), ainsi que les salariés mandatés ou les élus mandatés ou non (voir n° 51915, c).

CANDIDAT ET TITULAIRE D'UN MANDAT PARLEMENTAIRE

12485 C. trav. art. L 3142-79 à L 3142-85 D 3142-59 à D 3142-61 **PA-II-25750 s**

Tout salarié, **candidat** à l'Assemblée nationale ou au Sénat, peut s'absenter 20 jours ouvrables pour participer à la campagne électorale, sous réserve que chaque absence soit au moins égale à une demi-journée et que l'employeur en soit averti au moins 24 heures à l'avance.

Ces absences sont assimilées à une période de travail effectif pour la détermination des droits à **congés payés** et des droits liés à l'**ancienneté.**

Le contrat de travail d'un **salarié élu** à l'Assemblée nationale ou au Sénat est, à sa demande, suspendu jusqu'à l'expiration de son mandat s'il justifie d'une ancienneté minimale d'un an lors de son entrée en fonction. La **suspension** prend effet 15 jours après notification faite à l'employeur par lettre recommandée (papier ou électronique) avec avis de réception.

> Précisions a. Sur demande du salarié candidat, les absence peuvent être **imputées** sur ses droits acquis à congés payés à la date du premier tour de scrutin. À défaut, elles sont non **rémunérées,** mais peuvent donner lieu à récupération en accord avec l'employeur.
b. Le salarié voulant **reprendre son emploi,** après son mandat, doit informer l'employeur, dans les mêmes formes que ci-dessus, au plus tard dans les 2 mois suivant l'expiration du mandat. Il doit être réintégré, dans les 2 mois, dans son précédent emploi ou un emploi similaire avec rémunération équivalente et bénéficier des avantages acquis par les salariés de sa catégorie pendant son absence et, le cas échéant, d'une réadaptation professionnelle. Cette **réintégration** ne s'applique pas après un renouvellement de mandat (sauf si la suspension du contrat de travail lors du premier mandat a été, pour une cause quelconque, inférieure à 5 ans) ou si le salarié membre d'une assemblée est élu dans l'autre. Toutefois, le salarié bénéficie alors d'une **priorité de réembauche** pendant un an dont il doit user dans les forme et délai prévus en cas de réintégration après suspension du contrat.

MEMBRES D'UN CONSEIL MUNICIPAL, DÉPARTEMENTAL OU RÉGIONAL

12490 C. trav. art. L 3142-79 L 3142-88 L 6315-2 CGCT art. L 2123-1 s. L 3123-1 s. L 4135-1 s. **PA-II-26300 s**

Les salariés **candidats** au conseil municipal, au conseil départemental ou au conseil régional ont droit, sur leur demande, au congé visé n° 12485, dans la limite de 10 jours ouvrables.

Une fois **élus,** les membres des conseils municipaux, départementaux et régionaux bénéficient d'autorisations d'absence pour participer aux **réunions** inhérentes à leurs fonctions et d'un crédit d'heures variable selon l'importance du mandat et la taille de la commune. L'employeur doit être informé préalablement de ces absences mais ne peut contrôler l'usage qui est fait du crédit d'heures (Cass. soc. 16-4-2008 n° 06-44.793 FS-PB : RJS 6/08 n° 689).

> Précisions a. Ces **absences** ne sont pas rémunérées. Elles n'ont pas d'incidence sur le calcul de commissions dépendant du seul chiffre d'affaires réalisé et non du temps de travail effectif (Cass. soc. 2-10-2019 n° 17-31.627 F-D : RJS 12/19 n° 706). Elles sont assimilées à du travail effectif et ne peuvent entraîner ni une modification des horaires de travail (sauf accord de l'élu), ni – sous peine de nullité et de dommages-intérêts – un licenciement, un déclassement professionnel ou une sanction disciplinaire.
b. Les salariés qui exercent un mandat local sont protégés contre les **discriminations** (n° 32060). L'employeur qui fait obstacle à l'exercice de leur mandat peut se voir imputer la responsabilité de la rupture du contrat de travail qui s'ensuit (Cass. soc. 28-10-1996 n° 94-40.567 P : RJS 12/96 n° 1275).

c. Les **maires** et leurs adjoints, les **présidents ou les vice-présidents** ayant délégation de l'exécutif du conseil départemental ou régional peuvent cesser leur activité pour exercer leur mandat. Ils bénéficient de la **suspension de leur contrat de travail** dans des conditions analogues à celles des parlementaires (voir n° 12485), leur droit à réintégration étant maintenu jusqu'à l'expiration de 2 mandats consécutifs.

d. Les élus locaux bénéficient d'un accès favorisé au **télétravail**. Au début de leur mandat, ils ont droit, à leur demande, à un **entretien individuel** avec l'employeur portant sur les modalités pratiques d'exercice du mandat au regard de leur emploi, entretien qui ne substitue pas à l'entretien professionnel visé n° 17010.

e. Les élus locaux ont droit à un **congé de formation** non rémunéré de 18 jours sauf refus motivé de l'employeur estimant, après avis du CSE, que l'absence peut avoir des conséquences préjudiciables pour l'entreprise (CGCT art. R 2123-16).

SALARIÉS PARTICIPANT À DES INSTANCES DE LA FORMATION PROFESSIONNELLE OU À UN JURY D'EXAMEN

12495 C. trav. art. L 3142-42 à L 3142-47 R 3142-30 à D 3142-32 PA-II-29100 s

Les employeurs accordent aux salariés désignés pour siéger aux instances traitant des problèmes d'emploi ou de formation professionnelle le temps nécessaire pour assister aux réunions. Cette même autorisation est accordée aux salariés désignés pour participer à un jury d'examen ou de validation des acquis de l'expérience, dès lors qu'ils en font la **demande** par écrit au moins 15 jours à l'avance, sauf délai différent prévu par accord d'entreprise ou de branche. Les employeurs ne peuvent pas s'opposer au départ de leur salarié sauf s'ils estiment, après avis du **CSE,** que cette absence peut avoir des conséquences préjudiciables pour l'entreprise.

> Précisions **a.** Le **refus** de l'employeur doit être motivé. Il peut être contesté par le salarié selon les modalités visées n° 11970, b.

b. La **liste** des instances et des jurys d'examens concernés est fixée par l'arrêté du 20-5-1980 modifié.

c. Les bénéficiaires de l'autorisation d'absence sont les **titulaires** et les **suppléants** lorsqu'ils remplacent les titulaires ou lorsque leur présence aux réunions est prévue par les statuts ou règlement intérieur de l'instance (Arrêté 20-5-1980 modifié). Ils bénéficient de la législation sur les **accidents du travail** pour les accidents survenus par le fait ou à l'occasion de leurs missions (CSS art. L 412-8, 7°) dans les conditions fixées par les articles D 412-82 à D 412-85 du CSS.

d. L'employeur maintient la **rémunération** des salariés et paie leurs frais de déplacement. Les conditions dans lesquelles il peut s'en faire rembourser une partie par l'organisme, le jury ou l'administration compétente sont fixées par décret (Décret 79-251 du 27-3-1979 modifié : JO 30).

REPRÉSENTANT D'UNE ASSOCIATION OU D'UNE MUTUELLE

12500 C. trav. art. L 3142-60 à L 3142-66 R 3142-45 à R 3142-53 PA-II-30800 s

Les membres d'une association loi 1901 ou d'une mutuelle désignés comme représentants de celles-ci **dans une instance de concertation** instituée par l'État bénéficient, à leur **demande,** d'autorisations d'absence pour participer aux réunions de cette instance. Sauf accord d'entreprise ou, à défaut, de branche prévoyant des modalités différentes, la demande doit être **adressée** par écrit au moins 15 jours à l'avance et la **durée** du congé est limitée à 9 jours ouvrables par an (fractionnable en demi-journée).

> Précisions **a.** Le congé de représentation peut être **refusé** par l'employeur s'il estime, après avis du CSE, que cette absence peut avoir des conséquences préjudiciables pour l'entreprise ou s'il établit que le nombre de salariés ayant bénéficié du congé dans l'année atteint le maximum fixé par l'accord d'entreprise ou de branche précité ou, à défaut d'accord, par l'article R 3142-53 du Code du travail. Le refus motivé de l'employeur est notifié au salarié, par tout moyen conférant date certaine, dans les 4 jours à compter de la réception de la demande. Il peut être contesté par le salarié selon les modalités visées n° 11970, b.

b. La **durée** du congé est assimilée à une période de travail effectif et ne peut pas être imputée sur la durée des **congés payés**.

c. Si le salarié subit une perte de rémunération, il reçoit de l'État une **indemnité** égale à la vacation allouée aux conseillers prud'homaux (n° 14530).

d. Le salarié bénéficie de la législation sur les **accidents du travail et de trajet** liés à l'exercice de sa mission (CSS art. L 412-8, 12°) dans les conditions fixées par les articles D 412-95 à D 412-97 du CSS.

CONGÉ DE SOLIDARITÉ INTERNATIONALE

12505 C. trav. art. L 3142-67 à L 3142-74 D 3142-54 à D 3142-57 PA-II-32100 s

Le salarié a droit à un congé **non rémunéré** pour participer à une mission hors de France pour le compte d'une des associations à objet humanitaire dont la liste est fixée par arrêté COPC9600039A du 16-7-1996 ou pour le compte d'une organisation internationale dont la France est membre.

Sauf dispositions différentes prévues par accord d'entreprise ou, à défaut, de branche, la **durée** maximale du congé est de 6 mois, le salarié devant justifier d'une **ancienneté** dans l'entreprise de 12 mois, consécutifs ou non, et **informer son employeur,** par tout moyen conférant date certaine, au moins 30 jours à l'avance, de la date de départ et de la durée de l'absence en précisant le nom de l'association concernée.

> Précisions **a.** L'absence du salarié est assimilée à un **travail effectif** pour les avantages liés à l'ancienneté.
b. Le congé peut être **refusé** par l'employeur s'il estime, après avis du CSE, que cette absence peut avoir des conséquences préjudiciables pour l'entreprise ou s'il établit que le nombre de salariés déjà en congé atteint le maximum prévu par l'accord collectif précité ou, à défaut d'accord, par l'article D 3142-57 du Code du travail. Ce refus, motivé, est notifié au salarié, par tout moyen conférant date certaine, dans les 15 jours après réception de la demande. Il peut être **contesté** par le salarié selon les modalités visées n° 11970, b. À défaut de réponse de l'employeur dans le délai prescrit, son accord est réputé acquis.
c. Sauf délais et durée différents fixés par accord d'entreprise ou, à défaut, de branche, en cas d'**urgence,** le salarié peut solliciter un congé maximum de 6 semaines, sous préavis de 48 heures. L'employeur lui fait connaître sa réponse dans un délai de 24 heures. Il n'est pas, dans ce cas, tenu de motiver son refus, et son silence ne vaut pas accord.
d. À l'**issue du congé** ou suite à son interruption en cas de force majeure, le salarié est réintégré dans son emploi ou un emploi similaire (voir n° 12080, b), assorti d'une rémunération au moins équivalente.

AUTRES ABSENCES AUTORISÉES

Bénéficient notamment de certaines garanties les salariés : **12515**
– membres des comités nationaux ou régionaux de prévention du bâtiment et des travaux publics (OPPBTP) (C. trav. art. R 4643-29) ;
– exerçant les fonctions de jurés ou de témoins, notamment en cour d'assises (C. trav. art. L 1132-3-1) ;
– désirant participer aux activités d'organismes apportant une aide aux victimes de catastrophes naturelles, qui peuvent s'absenter pendant 20 jours non rémunérés par an ou pendant la durée fixée par accord d'entreprise ou, à défaut, de branche (C. trav. art. L 3142-48 à L 3142-53 et R 3142-33 à D 3142-35) ;
– administrateurs d'une mutuelle (C. trav. art. L 3142-36 à L 3142-41 et R 3142-22 à R 3142-29) ;
– ayant la qualité de sapeurs-pompiers volontaires, participant à des missions opérationnelles et à des actions de formation (Code de la sécurité intérieure art. L 723-12) ;
– membres d'un corps de réserve : militaire (C. trav. art. L 3142-89 à L 3142-94 et D 3142-62), policière (Code de la sécurité intérieure art. L 411-13), de sécurité civile (Code de la sécurité intérieure art. L 724-7 à L 724-10), de sécurité nationale (C. défense art. L 2171-5) ou sanitaire (CSP art. L 3133-1 à L 3133-7) ;
– membres des conseils de l'ordre des professions médicales (CSP art. L 4125-3), des pharmaciens (CSP art. L 4233-4), des infirmiers (CSP art. L 4312-9) et des kinésithérapeutes (CSP art. L 4321-19) ;
– membres des commissions d'agrément compétentes en matière d'adoption (CASF art. L 225-8) ;
– assurant la représentation d'associations familiales (CASF art. L 211-13) ;
– souhaitant faire don de leurs ovocytes (CSP art. L 1244-5) ;
– siégeant au conseil d'administration ou de surveillance ou à la commission d'attribution d'un organisme d'habitations à loyer modéré (CCH art. L 423-13) ;
– représentant des immigrés dans des instances consultatives (Loi 85-772 du 25-7-1985 art. 38) ;
– assistant à leur cérémonie d'accueil ou à celle de leur conjoint dans la citoyenneté française (C. trav. art. L 3142-75 à L 3142-78 et R 3142-58).

CONGÉS PAYÉS

SOMMAIRE

A. Droit au congé

CHAMP D'APPLICATION

Tout salarié du **secteur privé** a droit, chaque année, à un congé payé à la charge de l'employeur selon le régime légal exposé ci-après, qui s'applique également aux établissements publics à caractère industriel et commercial. **13100** C. trav. art. L 3111-1 L 3141-1 PA-I-600 s

Certaines **professions** sont assujetties au régime légal, sous réserve de certaines **adaptations** dues aux conditions de travail. Parmi celles-ci, on relèvera : les assistants maternels (n° 33345), les employés de maison (n° 33420), les gardiens d'immeubles (n° 10050), les journalistes (n° 46310), les VRP (n° 61020), les gérants non salariés de succursales de maisons d'alimentation de détail ou de coopératives de consommation (n° 13175), les salariés de la marine marchande (régime fixé par le Code des transports), les professions agricoles (Mémento agriculture n°s 60500 s.).

› **Précisions** **a.** Une entreprise du **secteur public** est exclue du régime légal du secteur privé, dès lors que son statut comporte des dispositions spécifiques plus favorables (Cass. soc. 17-7-1996 n° 95-41.313 PBR : RJS 10/96 n° 1115) résultant des nécessités du service public (CE 7-7-1995 n° 146028 : RJS 11/95 n° 1188) ; les agents vacataires n'en bénéficient pas non plus (CE 17-10-1986 n° 50965), contrairement à un fonctionnaire mis à disposition d'une association et titulaire d'un contrat de travail (Cass. soc. 13-3-2001 n° 99-40.139 FS-P : RJS 6/01 n° 800).
b. Dans les branches d'activité à **travail discontinu**, les caisses de congés payés se substituent aux employeurs (n°s 13840 s.).
c. S'agissant des **entreprises étrangères** non établies en France, voir n°s 36190 s.

CARACTÈRE OBLIGATOIRE

L'octroi au salarié des congés qu'il a acquis constitue une obligation pour l'**employeur.** Il appartient donc à ce dernier de prendre les mesures nécessaires pour permettre à l'intéressé d'en bénéficier (Cass. soc. 13-6-2012 n° 11-10.929 FS-PBR : RJS 8-9/12 n° 718). **13165** PA-I-2050 s

Corrélativement, le **salarié** a l'obligation de prendre ses congés. À défaut, il ne saurait réclamer aucune indemnisation (notamment : Cass. soc. 17-12-1987 n° 85-43.845 D).

En cas de **litige relatif** à la **prise du congé légal** ou à son **report** (Cass. soc. 23-11-2016 n° 14-23.679 F-D : RJS 2/17 n° 118), il incombe à l'employeur de prouver qu'il a bien satisfait à ses obligations d'information des salariés sur la période de prise des congés et sur l'ordre des départs (n° 13410 s.) de manière à leur permettre de prendre effectivement leurs congés (Cass. soc. 13-6-2012 n° 11-10.929 FS-PBR : RJS 8-9/12 n° 718 ; 9-5-2019 n° 17-27.448 FS-PB : RJS 7/19 n° 430). À défaut, il peut être condamné à réparer le préjudice subi par le salarié (Cass. soc. 3-11-1994 n° 93-42.331 : RJS 12/94 n° 1389 ; 6-5-2002 n° 00-43.655 : RJS 7/02 n° 828) et souverainement apprécié par les juges (Cass. soc. 2-7-1987 n° 85-40.605). En revanche, si l'employeur a bien accompli les obligations lui incombant, les congés non pris par le salarié sont perdus.

Sauf disposition contraire, cette même règle de preuve s'applique **aux congés conventionnels** (Cass. soc. 21-9-2017 n° 16-18.898 FS-PB : RJS 12/17 n° 799).

> **Précisions** **a.** L'employeur qui occupe un de ses salariés à un **travail rémunéré** (même hors entreprise) pendant la période fixée pour son congé légal est considéré comme ne donnant pas ce congé (C. trav. art. D 3141-1). Il est donc passible d'une amende et peut être condamné au paiement de dommages et intérêts (n° 13180).
> **b.** Sur la possibilité de **reporter** les congés, voir n° 13410. Sur les règles de **non-cumul** de l'indemnité de congés payés avec le salaire, voir n° 13730. Sur l'incidence de la mention du droit à congés sur le **bulletin de paie,** voir n° 13705, a.

13175 Le droit aux congés payés doit **s'exercer en nature.** Le versement d'une indemnité compensatrice ne peut en effet suppléer la prise effective des congés (Cass. soc. 13-6-2012 n° 11-10.929 FS-PBR : RJS 8-9/12 n° 718), même si l'employeur et le salarié en sont d'accord (CA Limoges 5-1-1993 n° 91-235).

Des **exceptions** sont toutefois prévues dans les situations suivantes : rupture du contrat de travail (13700 s.) et gérants non salariés des succursales de maisons d'alimentation de détail et de coopératives de consommation en cas d'accord des parties (C. trav. art. L 7322-1). S'agissant du salarié titulaire d'un CDD, voir n° 20050. Pour le travailleur temporaire, voir n° 82510. En cas d'utilisation du chèque emploi-service universel, voir n° 33505. Sur la possibilité d'inclure l'indemnité de congés payés dans la rémunération, voir n° 13680.

Le « **compte épargne-temps** » permettant une monétisation des droits à congé est étudié n°s 30800 s.

Sur la possibilité de monétiser des jours de congés pour compenser une perte de rémunération à la suite d'un placement en activité partielle dans le cadre de l'épidémie de **Covid-19,** voir n° 13460.

SANCTIONS

13180
C. trav. art.
R 3143-1
D 3141-2
PA-I-5350 s

L'employeur qui contrevient aux dispositions légales et réglementaires sur les congés payés est passible de l'**amende contraventionnelle** de 5e classe (voir n° 67285). Celle-ci est appliquée autant de fois qu'il y a de personnes concernées.

ATTENTION

Le salarié qui accomplit pendant ses congés payés des travaux rémunérés de même que l'employeur qui l'occupe ainsi sciemment, privant de ce fait des demandeurs d'emploi d'un travail qui aurait pu leur être confié, peuvent être l'objet de la part du **maire** de la commune intéressée ou du **préfet** d'une action en dommages et intérêts envers le régime d'assurance chômage. Les dommages et intérêts ne peuvent être inférieurs au montant de l'indemnité de congés payés due au salarié.

B. Durée des congés

13300
C. trav. art.
L 3141-3
L 3141-7
D 3141-3
PA-I-6000 s

Sauf dispositions plus favorables visées n° 13350, la durée du congé annuel est de **2,5 jours ouvrables par mois** de travail effectif chez le même employeur, sans pouvoir excéder **30** jours ouvrables : le salarié qui a travaillé 12 mois au cours de la période de référence visée n° 13310 a donc légalement droit à 30 jours ouvrables.

Lorsque le nombre de jours ouvrables obtenu n'est pas un **nombre entier,** il est arrondi au nombre entier supérieur. Cette règle s'applique sur la totalité des congés acquis sur l'année et non sur une fraction de ceux-ci (Cass. soc. 15-5-2014 n° 12-27.319 F-D : RJS 7/14 n° 572).

S'il ne lèse pas le salarié, le calcul peut être effectué en **jours ouvrés** : voir n° 13485.

> **Précisions** **a.** Les salariés **à temps partiel** ont les mêmes droits que les salariés à temps plein (Cass. soc. 4-6-1987 n° 84-41.754 P ; 10-5-2001 n° 99-42.566 F-D : RJS 7/01 n° 944) : le nombre de jours de congés n'est pas réduit à proportion de leur horaire de travail ; ainsi un salarié à mi-temps acquiert 2,5 jours de congés par mois et non 1,25 jour. Corrélativement, on déduit un jour de congé pour chaque journée d'absence, sans tenir compte des jours non travaillés ou travaillés en partie (voir n° 13475).
> **b.** Le salarié qui **travaille moins d'un mois** a droit à un congé calculé au prorata du temps de travail accompli. L'application littérale des règles ci-dessus, fixées alors qu'était exigée une durée minimale de travail, conduit à ouvrir un droit à un jour de congés au salarié ayant travaillé une seule journée, voire quelques heures. On peut s'interroger sur l'application qu'en feront les tribunaux.
> **c.** Ne peuvent pas être **déduits du congé annuel,** y compris par accord collectif, les jours de maladie, de chômage, les congés de maternité, de paternité et d'accueil de l'enfant ou d'adoption, les

périodes obligatoires d'instruction militaire, les périodes de préavis, les absences autorisées. Par exemple, un salarié absent 20 jours ne peut voir son droit à congés réduit à 30 – 20 = 10 jours. En revanche, ces périodes peuvent influer sur le calcul de la durée des congés : voir n° 13335.

d. En cas de **litige,** c'est à l'employeur qu'il incombe de **prouver** que le salarié a bénéficié du nombre de jours de congés payés auquel il a droit (Cass. soc. 9-12-2009 n° 08-40.50 F-D ; Cass. soc. 24-10-2018 n° 17-18.753 F-D : RJS 1/19 n° 29).

PÉRIODE D'ACQUISITION DES CONGÉS

Un **accord** d'entreprise ou d'établissement ou, à défaut, un accord de branche fixe la **période de référence** pour l'acquisition des congés payés. À **défaut** d'accord, cette période est fixée du 1er juin de l'année précédente au 31 mai de l'année en cours. Pour les congés 2021, elle va ainsi du 1er juin 2020 au 31 mai 2021. **13310** C. trav. art. L 3141-10 L 3141-11 R 3141-4, al. 1 **PA-I-6100 s**

Les règles d'acquisition des congés sont les mêmes que celles retenues nos 13335 s. pour calculer leur durée (Cass. soc. 8-6-2016 n° 15-12.862 F-D : RJS 8-9/16 n° 568).

› Précisions a. La période de référence du salarié **entré en cours d'année** débute à sa date d'entrée. Pour celui **sorti en cours** d'année, voir n° 13705, a. En cas de **modification de la situation juridique** de l'employeur, voir n° 74690.
b. Sur l'obligation de transmettre l'accord d'entreprise à la **commission paritaire de branche,** voir n° 51955, c.
c. Pour les professions relevant d'une **caisse de congés** payés, voir n° 13845.

DÉTERMINATION DU TRAVAIL EFFECTIF

Définition du travail effectif La notion de travail effectif qui détermine l'ouverture du droit à congé (n° 13310) et sa durée n'est pas précisée légalement, la loi se bornant à assimiler certaines périodes à du travail effectif (nos 13340 s.). La jurisprudence française et l'administration ont fixé des **règles,** exposées ci-après (n° 13337), dont certaines pourraient être remises en cause, notamment celle relative aux absences pour maladie, compte tenu de la jurisprudence européenne visée n° 13510. **13335** **PA-I-6600 s**

Est considérée comme journée de travail effectif toute journée durant laquelle le **travail convenu** a été fourni (Cass. soc. 16-12-1981 n° 79-42.472), cette notion s'appréciant indépendamment de l'**horaire** pratiqué par le salarié (Rép. David : AN 27-3-1952). **13337**

Sauf assimilation par la loi à du travail effectif (n° 13340) ou dispositions conventionnelles contraires (Cass. soc. 3-11-2005 n° 03-45.838 FS-P : RJS 1/06 n° 80), les périodes d'**absence** au cours desquelles le contrat de travail est suspendu ne sont pas retenues. Tel est le cas des journées de maladie (Cass. soc. 13-3-2013 n° 11-22.285 FS-PB : RJS 5/13 n° 384 ; 10-12-2014 n° 13-17.743 F-D : RJS 2/15 n° 107), grève, chômage, congé parental d'éducation, congé sans solde ou sabbatique. Ces périodes d'absence ne peuvent pas entraîner de réduction des droits à congés plus que proportionnelle à leur durée (C. trav. art. L 3141-6).

› Précisions a. Les jours **fériés** chômés sont considérés comme du travail effectif (Rép. Gravoille : AN 18-9-1951 n° 352). En revanche, à défaut de dispositions conventionnelles expresses dans ce sens, la seule **indemnisation d'une absence pour maladie** ne permet pas de l'assimiler à du travail effectif (Cass. soc. 8-6-1994 n° 90-43.014 D : RJS 7/94 n° 866).
b. Le **redressement judiciaire** n'entraînant pas à lui seul la rupture des contrats de travail en cours, la période postérieure à la date du jugement doit être considérée comme période de travail effectif (Cass. soc. 3-7-1979 n° 78-11.059). Tel n'est pas le cas de la période de **congé de reclassement** excédant le préavis (Circ. DRT 1 du 5-5-2002 réputée abrogée).
c. En cas d'**activité partielle,** la totalité des heures chômées, ce qui comprend les heures indemnisées ou non visées n° 1455, est prise en compte pour le calcul de l'acquisition des droits à congés payés (C. trav. art. R 5122-11, al. 2).
d. S'agissant de la période d'**éviction** d'un salarié entre son licenciement nul et sa réintégration, voir n° 48770.

Périodes d'absence assimilées par la loi à du travail effectif L'article L 3141-5 du Code du travail prévoit la prise en compte des périodes suivantes : **13340**
– **congés payés** de l'année précédente ;
– congé de **maternité,** de paternité et d'accueil de l'enfant et d'adoption ;
– **repos** compensateurs au titre d'heures supplémentaires ;
– jours de **repos** acquis au titre de la réduction du temps de travail ;
– périodes de suspension du contrat de travail par suite d'**accident du travail** ou de **maladie professionnelle** dans la limite d'une durée d'un an (Cass. soc. 23-1-2001 n° 98-40.651 FS-P : RJS 4/01 n° 465) pour les salariés du secteur privé (Cass. soc. 2-6-2016 n° 15-11.422 F-D : RJS 11/16 n° 701), mais sans limite pour ceux employés par un employeur privé gérant un service public (Cass. soc. 22-6-2016 n° 15-20.111 FS-PBRI : RJS 11/16 n° 701) : le fait que le salarié ait cessé d'envoyer

les certificats médicaux justifiant de la prolongation de l'arrêt de travail ne fait pas obstacle à l'assimilation (Cass. soc. 24-10-1996 n° 93-44.792 D : RJS 12/96 n° 1340) ; la jurisprudence applique l'assimilation aux absences pour rechute (Cass. soc. 4-12-2001 n° 99-45.911 FS-PF : RJS 2/02 n° 188) et aux accidents de trajet (Cass. soc. 3-7-2012 n° 08-44.834 FP-PB : RJS 10/12 n° 811 ; CJUE 24-1-2012 aff. 282/10 : RJS 4/12 n° 399) ;
– **journée défense et citoyenneté.**

13342 Sont également assimilées à du travail effectif les périodes suivantes :
– absences des salariées enceintes, de leur conjoint, concubin ou partenaire lié par un Pacs et absences des salariées engagées dans un parcours d'assistance médicale à la procréation pour se rendre aux **examens médicaux** obligatoires (C. trav. art. L 1225-16) ; absence pour don d'ovocytes (CSP art. L 1244-5) ;
– congé pour **événements familiaux,** y compris congé de deuil C. trav. art. L 3142-2) ;
– **formation** dans le cadre du plan de développement des compétences (C. trav. art L 6321-2 et L 6321-6) et du compte personnel de formation (C. trav. art. L 6323-18), y compris dans le cadre du CPF « transition professionnelle » (C. trav. art. L 6323-17-4) ;
– formation par alternance en vue d'une reconversion ou d'une promotion (C. trav. art. L 6324-8) ;
– formation économique, sociale et syndicale (C. trav. art. L 2145-10) ;
– formation des cadres et animateurs pour la jeunesse (C. trav. art. L 3142-55) ;
– congé de validation des acquis de l'expérience professionnelle (C. trav. art. L 6422-3) ;
– temps de formation et de mission du **conseiller du salarié** lors de l'entretien préalable au licenciement (C. trav. art. L 1232-9 et L 1232-12) ;
– temps de mission du **défendeur syndical** devant le conseil de prud'hommes (C. trav. art. L 1453-6) ;
– congé de formation des **conseillers prud'hommes** (C. trav. art. L 1442-2), ainsi que le temps consacré à l'exercice de leurs fonctions (C. trav. art. L 1442-6) ;
– autorisation d'absence pour les candidats à une fonction parlementaire (C. trav. art. L 3142-82) ou les **élus** locaux (conseillers municipaux : CCT art. L 2123-7, généraux : CCT art. L 3123-5, régionaux : CCT art. L 4135-5) ;
– congé de formation des administrateurs de **mutuelle** (C. trav. art. L 3142-37) ;
– temps passé hors de l'entreprise par les administrateurs salariés des **organismes de sécurité sociale** (CSS art. L 231-9), par les élus aux **chambres d'agriculture** (C. rural art. L 515-3), ainsi que par les représentants d'**associations familiales** (CFAS art. L 211-13 al 5), ou par les représentants d'associations ou de mutuelles (C. trav. art. L 3142-62) ;
– temps de missions et de formation des sapeurs-**pompiers** volontaires (CSI art. L 723-14) ;
– autorisation d'absence pour participer à l'appel de préparation à la **défense** (C. trav. art. L 3142-97), temps de service dans la réserve opérationnelle (C. trav. art. L 3142-91), la réserve civile de la police nationale (CSI art. L 411-13), la réserve communale de sécurité civile (CSI art. L 724-9) ou le corps de réserve sanitaire (CSP art. L 3133-4) ;
– participation aux séances du **conseil de l'ordre** par les professions médicales (CSP art. L 4125-3), les pharmaciens (CSP art. L 4233-4), les infirmiers (CSP art. L 4312-9) et les masseurs-kinésithérapeutes (CSP art. L 4321-19).

13345 C. trav. art. L 3141-4 **Décompte du temps de travail effectif** En vertu de la règle des équivalences, un mois de travail effectif est équivalent à 4 semaines ou 24 jours de travail (ou moins selon la répartition de l'horaire de travail). En conséquence, un salarié a droit à la totalité de ses congés dès lors qu'il a travaillé 12 fois 4 semaines au cours de la période de référence (Cass. ass. plén. 9-1-1987 n° 85-43.471 P ; Rép. Renard : AN 11-10-1982 n° 17966).

Ainsi, un salarié qui a travaillé 48 semaines ou 240, 264 ou 288 jours, selon que l'horaire hebdomadaire de travail est réparti sur 5 jours, 5 jours et demi ou 6 jours, a droit, comme s'il avait travaillé 12 mois, à 30 jours ouvrables de congés.

Dans la mesure où le congé est acquis dès le premier jour de travail, il convient, selon nous, de retenir non seulement les mois complets mais également les fractions de mois pour calculer la durée des congés.

EXEMPLE

Un salarié absent 8 semaines pendant la période de référence totalise 52 – 8 = 44 semaines de travail, équivalant à 44 / 4 = 11 mois de travail. Il a donc droit à 2,5 jours × 11 mois = 27,5 jours de congés (arrondis à 28).

Un salarié ayant travaillé 9 semaines pendant la période de référence a droit à 9 / 4 = 2,25 mois × 2,5 jours = 5,6 arrondi à 6 jours de congés.

CONGÉS SUPPLÉMENTAIRES

La **loi** prévoit la prolongation du congé annuel : 13350
– en cas de **fractionnement,** voir n° 13445 ; C. trav. art. L 3141-8 L 3141-9 L 3141-10 **PA-I-8700 s**
– ou d'**enfant à charge** : les salariés bénéficient de 2 jours de congé supplémentaire par enfant à charge, sans que le cumul du nombre des jours de congé supplémentaire et de congé annuel ne puisse excéder 30 jours.

Pour les **jeunes travailleurs** et apprentis âgés de moins de 21 ans, voir n°s 45515 s.

Par ailleurs, les **conventions ou accords collectifs,** les **contrats** de travail ou les **usages** peuvent assurer des congés plus longs que le congé légal. Un accord d'entreprise, d'établissement ou, à défaut, de branche peut ainsi majorer la durée du congé en raison de l'âge, de l'ancienneté ou du handicap. Sur la preuve de la prise de ces congés majorés, voir n° 13165. Sur l'obligation de transmettre l'accord d'entreprise à une commission paritaire, voir n° 51955, c.

› Précisions **a.** Le droit aux congés ne devenant effectif que le jour où le salarié est admis à les prendre, l'étendue des droits de ce dernier doit être déterminée par application des **dispositions** législatives ou conventionnelles **en vigueur** à cette **date** (Cass. soc. 22-6-1994 n° 92-40.752 P : RJS 8-9/94 n° 1000).
b. En principe, les congés conventionnels ne peuvent pas se **cumuler** avec les congés légaux, le salarié ayant seulement la faculté de choisir la modalité qui lui est globalement la plus favorable (Cass. soc. 3-12-1996 n° 93-43.976 D). Le cumul est toutefois possible lorsque ces congés n'ont ni la même cause ni le même objet. Tel est le cas d'un avantage conventionnel consistant en une majoration de l'indemnité de congé payé en fonction de l'ancienneté avec possibilité, sous conditions, pour le salarié d'opter pour une prise effective de jours de congé supplémentaires (Cass. soc. 6-10-2010 n° 09-42.769 FS-PB : RJS 12/10 n° 943).
c. Les congés conventionnels supplémentaires ne sont dus qu'au **prorata de la durée de présence** du salarié dans l'entreprise (Cass. soc. 7-4-1998 n° 95-41.672 P : RJS 5/98 n° 580). La règle de proportionnalité ne s'applique pas aux congés supplémentaires pour ancienneté acquis par des salariés à **temps partiel** lorsqu'ils travaillaient à temps complet (Cass. soc. 8-7-2003 n° 01-41.706 FS-D : RJS 10/03 n° 1240). Ces congés, lorsqu'ils sont accordés en jours ouvrables, s'imputent sur les 6 jours de la semaine, quel que soit le nouvel horaire de travail (Cass. soc. 5-3-2003 n° 00-46.223 F-D : RJS 5/03 n° 685 ; 9-6-2004 n° 02-46.348 F-P : RJS 8-9/04 n° 978), et ne sauraient être réduits par une répartition proportionnelle entre les périodes de travail et les périodes non travaillées (Cass. soc. 17-7-2001 n° 99-45.105 FS-D : RJS 11/01 n° 1375).
d. Un **usage** favorable en matière de congés payés n'est obligatoire que dans l'établissement où il s'applique : un salarié muté ailleurs ne peut plus s'en prévaloir (Cass. soc. 10-1-1985 n° 81-42.801 S).

C. Prise des congés

1. MODALITÉS DE PRISE DES CONGÉS

Le droit à congés doit s'exercer **chaque année.** En principe, ni l'employeur ni le salarié ne peuvent exiger le **report** de tout ou partie des congés sur l'année suivante. Celui-ci est toutefois possible dans les situations suivantes : congé de maternité ou d'adoption, maladie (voir n°s 13510 s.), annualisation du temps de travail (voir n° 30140), congé pour création d'entreprise ou sabbatique (report d'une partie des congés : voir n°s 12190 et 12275), dispositions conventionnelles plus favorables et accord des parties. Cet accord peut résulter de la mention du solde des congés en question sur le bulletin de paie (Cass. soc. 27-9-2007 n° 06-41.744 FP-PB : RJS 12/07 n° 1296 ; 26-3-2014 n° 12-23.634 FP-PB : RJS 6/14 n° 470), mais pas du silence de l'employeur à la suite de la demande de report du salarié (Cass. soc. 22-6-1994 n° 90-43.766 D). S'agissant de l'incidence d'un congé parental, voir n° 13523. Sur la date de prise des congés reportés, voir n° 13420. 13410 C. trav. art. L 3141-2 L 3141-12 **PA-I-3500 s**

Les congés payés peuvent être pris dès l'**embauche.** Cette disposition, qui relève de l'ordre public, s'applique en respectant les règles de détermination de la période de prise des congés, de l'ordre des départs et des règles de fractionnement développées ci-après.

Sur la charge de la **preuve** en cas de litige, voir n° 13165.

Voir toutefois les mesures temporaires Covid-19 visées n° 13460.

ATTENTION

Le salarié ayant fait l'objet d'une **mise à pied conservatoire** ne peut pas prendre ses congés payés pendant cette période, même si les dates avaient été décidées avant (Cass. soc. 15-5-2014 n° 11-22.800 F-D : RJS 10/14 n° 697). Selon nous, les congés ne sont pas perdus et devraient pouvoir être **reportés** ou, en cas de licenciement, être indemnisés.

PÉRIODE DE CONGÉS

13415 La période de prise des congés est **fixée par** accord d'entreprise ou d'établissement ou, à défaut, par accord de branche. À défaut d'accord, elle est définie par l'employeur après avis du comité social et économique (CSE).

C. trav. art. L 3141-13 L 3141-15 L 3141-16 D 3141-5 **PA-I-10000 s**

Elle comprend obligatoirement la période du **1er mai au 31 octobre** de chaque année. Sur sa détermination en cas d'annualisation du temps de travail, voir n° 30140.

La période de prise des congés doit être portée à la connaissance des salariés au moins 2 mois avant son ouverture, sous peine de devoir indemniser le salarié qui n'aurait pas pris ses congés (voir n° 13165).

> **Précisions** **a.** Le **défaut de consultation** par l'employeur du CSE pour la fixation de la période ou de l'ordre des départs en congés en l'absence de disposition conventionnelle applicable est constitutif de la contravention visée n° 13180 et non du délit d'entrave (Cass. crim. 6-2-1990 n° 87-82.316 PF : RJS 3/90 n° 217).
> **b.** Sur l'obligation de transmettre l'accord d'entreprise à une **commission paritaire** de branche, voir n° 51955, c.

ORDRE ET DATE DES DÉPARTS

13420 **Fixation** L'**accord** visé n° 13415 fixe l'ordre des départs en congé des salariés pendant la période de prise des congés. À **défaut d'accord,** cet ordre est défini par l'employeur, après avis du CSE et en tenant compte de l'ancienneté du salarié dans l'entreprise, de son éventuelle activité chez un ou plusieurs **autres employeurs** et de sa situation de famille, notamment des possibilités de congé de son conjoint ou partenaire lié par un Pacs et de la présence au sein de son foyer d'un handicapé ou d'une personne âgée en perte d'autonomie.

C. trav. art. L 3141-14 L 3141-15 L 3141-16 **PA-I-10700 s**

D'autres critères que ceux prévus par la loi peuvent selon nous être pris en compte : charges de famille, dates des vacances scolaires pour les salariés ayant des enfants scolarisés, date de droits de garde pour les salariés divorcés.

Dans tous les cas, les **conjoints et les partenaires liés par un Pacs** travaillant dans une même entreprise ont droit à un congé simultané. Cette règle est d'ordre public, l'employeur ne pouvant pas invoquer les nécessités du service, même réelles, pour refuser de l'accorder (Cass. soc. 26-2-2013 n° 11-26.934 F-D : RJS 6/13 n° 456). En revanche, il n'est pas tenu de calquer les dates de congé du salarié sur celui de son conjoint ou partenaire travaillant pour un autre employeur, si l'entreprise ne peut pas s'en accommoder (Cass. soc. 19-6-1997 n° 94-44.997 D : RJS 8-9/97 n° 987).

Le salarié ne peut donc pas décider lui-même de ses dates de congés : voir n° 13430, b et c.

> **ATTENTION**
> Les règles de fixation de l'ordre des départs s'appliquent aussi bien aux congés annuels qu'aux **congés reportés.** L'employeur ne peut donc pas imposer à un salarié de prendre ses congés reportés sans respecter les délais de prévenance visés n° 13415 et n° 13425 (Cass. soc. 8-7-2020 n° 18-21.681 FS-PB : RJS 10/20 n° 474).

13425 L'ordre des départs est communiqué, par tout moyen, à **chaque salarié** un mois avant son départ, sous peine de devoir indemniser le salarié qui n'aurait pas pris ses congés (voir n° 13165). L'employeur ne saurait invoquer des circonstances exceptionnelles pour ne pas respecter ce délai de prévenance. Cette possibilité n'est prévue, en effet, qu'en cas de modification des dates de départ déjà fixées (n° 13430) et non pour leur fixation initiale (Cass. crim. 21-11-1995 n° 94-81.791 PF : RJS 4/96 n° 413).

C. trav. art. D 3141-6

Sur le délai d'information en cas de **fermeture** de l'entreprise, voir n° 13450, b.

13430 **Respect des dates de congés** L'employeur et le salarié doivent respecter l'ordre et les dates de congés qui ont été fixés. Toutefois l'**accord** visé n° 13415 peut fixer le délai à respecter par l'employeur pour modifier ces modalités. À défaut d'accord, et sauf circonstances exceptionnelles, les dates de congé ne peuvent pas être **modifiées** moins d'un mois avant. Pour apprécier si ce délai est respecté, la **date** à prendre en compte est celle de la réception de la lettre de modification (Cass. soc. 4-3-2003 n° 00-45.410 F-D : RJS 5/03 n° 624). Dès lors que l'employeur avait fixé un congé de plusieurs semaines, le report de la dernière semaine à une date ultérieure modifie non pas l'ensemble du congé mais seulement la semaine en cause et doit être notifié au salarié un mois avant le début de cette dernière (Cass. soc. 11-7-2007 n° 06-42.236 F-D : RJS 11/07 n° 1186).

C. trav. art. L 3141-15 L 3141-16

> **Précisions** **a.** Constitue une **circonstance exceptionnelle** la mise en redressement judiciaire de l'entreprise (CA Toulouse 12-7-1996 n° 95-1093), une commande importante, inattendue et de nature à sauver l'entreprise (CA Chambéry 12-12-1985 nos 84-253 à 84-256) ou

la nécessité de remplacer un salarié brutalement décédé (Cass. soc. 15-5-2008 n° 06-44.354 F-D : RJS 7/08 n° 797).

b. Le **départ prématuré** en congés sans autorisation de l'employeur peut constituer une cause réelle et sérieuse de licenciement, voire une faute grave (notamment : Cass. soc. 31-10-1989 n° 87-40.196 D), peu important que cette insubordination ait ou non causé une perturbation dans l'entreprise (Cass. soc. 23-3-2004 n° 01-45.225 F-D : RJS 6/04 n° 709). En revanche, le départ du salarié après que l'employeur a modifié les dates de congés sans respecter le délai et sans justifier de circonstances exceptionnelles ne constitue pas une faute (Cass. soc. 3-6-1998 n° 96-41.700 P : RJS 7/98 n° 871) et le licenciement qui en découle peut être jugé sans cause réelle et sérieuse (Cass. soc. 12-11-2002 n° 00-45.138 F-D : RJS 1/03 n° 50).

Le **retour tardif** de congés ne saurait être considéré comme une démission (Cass. soc. 19-2-1997 n° 94-41.610 D), mais peut justifier un licenciement pour cause réelle et sérieuse (notamment : Cass. soc. 16-5-1991 n° 89-42.825 D) ou pour faute grave (Cass. soc. 1-3-1994 n° 92-45.265 D ; 7-2-1995 n° 93-44.164 D).

c. Le **départ en congé** du salarié **sans autorisation de l'employeur** n'est pas fautif lorsque ce dernier n'a pas respecté ses obligations d'organisation des congés et d'information des salariés (Cass. soc. 14-12-2016 n° 15-25.293 FD : RJS 2/17 n° 119). Toutefois, les juges du fond, dans le cadre de leur pouvoir souverain d'appréciation, peuvent estimer que l'absence injustifiée du salarié est une cause réelle et sérieuse de licenciement (Cass. soc. 11-7-2007 n° 06-41.706 F-PB : RJS 10/07 n° 1079).

d. En cas de **transfert d'entreprise,** les dates accordées par l'ancien employeur restent valables, sauf modification par le repreneur justifiée par des circonstances exceptionnelles (Cass. soc. 15-5-2002 n° 00-41.528 F-D : RJS 7/02 n° 790).

FRACTIONNEMENT DES CONGÉS

Possibilités de fractionnement Sauf dérogation individuelle pour les salariés justifiant de contraintes géographiques particulières (notamment les **étrangers** ou les salariés travaillant à l'étranger) ou ayant, au sein de leur foyer, la charge d'un enfant ou d'un adulte **handicapé** ou d'une personne âgée en perte d'autonomie, la durée des congés pouvant être pris **en une seule fois** ne peut pas excéder 24 jours ouvrables. Ainsi, en principe, la **5e semaine** et, plus généralement, les jours acquis au-delà de 24 jours ne peuvent pas être accolés au congé principal. 13435 C. trav. art. L 3141-17 à L 3141-21 L 3141-23 PA-I-15000 s

Lorsque le congé **ne dépasse pas 12 jours ouvrables,** il doit être pris en continu.

Lorsque le congé est **supérieur à 12 jours ouvrables,** il peut être fractionné (pris en plusieurs fois) avec l'accord du salarié. Dans ce cas, une des périodes de congés doit au moins être égale à 12 jours continus, compris entre deux jours de repos hebdomadaire. Ces 12 jours sont pris à une période qui est fixée par accord d'entreprise ou d'établissement ou, à défaut, par accord de branche. À défaut d'accord, ils sont pris entre le 1er mai et le 31 octobre, sauf dérogation par accord individuel du salarié.

Les autres jours de congés sont pris selon des modalités fixées par l'accord collectif précité. À défaut, ils peuvent être accordés en une ou plusieurs fois en dehors de la période du 1er mai au 31 octobre, sauf dérogation par accord individuel du salarié. Ils ouvrent droit à des jours de congés supplémentaires (n° 13445).

En cas de **fermeture de l'entreprise,** voir n° 13450.

Jours supplémentaires Sauf renonciation du salarié ou dispositions différentes de l'**accord** collectif visé n° 13415 (celui-ci pouvant supprimer ou modifier le nombre de jours supplémentaires), lorsque le **nombre** de jours de congés pris en dehors de la période du 1er mai au 31 octobre est **au moins égal à 6,** le salarié a droit à 2 jours ouvrables de congé supplémentaire. Il n'a droit qu'à un seul jour lorsque ce nombre est compris **entre 3 et 5.** 13445 C. trav. art. L 3141-21 L 3141-23

Les jours de congé principal dus en sus des 24 jours ouvrables (jours supplémentaires ou 5e semaine) ne sont pas pris en compte pour l'ouverture du droit à ce supplément.

› Précisions **a.** Sauf clause contraire ou renonciation, les jours supplémentaires sont dus, que le **fractionnement** soit à l'**initiative** de l'employeur ou du salarié (Cass. soc. 4-7-2001 n° 99-43.494 PF : RJS 10/01 n° 1152 ; Cass. crim. 27-3-1973 n° 72-90.942), y compris pour les salariés entrés en cours d'année (Rép. Marie : AN 21-3-1970 n° 10024), même si le congé conventionnel est plus long que le congé légal (Cass. soc. 2-12-1981 n° 79-41.399 ; 23-11-1994 n° 90-44.960 P : RJS 1/95 n° 33) et même si les congés ont été pris par anticipation (Cass. soc. 7-3-1990 n° 87-40.629 P : RJS 4/90 n° 309 ; 12-2-1997 n° 94-42.441 D : RJS 3/97 n° 297) ou reportés en raison d'une maladie ou d'une maternité (Rép. Le Fur : AN 19-10-2010 n° 16120).

b. La **renonciation** du salarié aux jours de congés supplémentaires ne se présume pas, et l'employeur qui s'en prévaut doit en apporter la **preuve** (Cass. soc. 4-11-1988 n° 86-42.349 D : RJS 1/89 n° 31), celle-ci ne pouvant résulter de l'existence d'une note de service subordonnant le fractionnement à une renonciation (Cass. soc. 13-12-2006 n° 05-42.116 F-D ; 13-1-2016 n° 14-13.015 F-D :

RJS 3/16 n° 186), ou de la non-réclamation de ces jours plusieurs années durant (Cass. soc. 3-3-1988 n° 85-40.723 D). En revanche, la preuve est rapportée lorsque le salarié a rempli un formulaire de demande de congés mentionnant que leur fractionnement vaut renonciation (Cass. soc. 30-9-2004 n° 13-13.315 F-D : RJS 1/15 n° 29). De même, un accord collectif aux termes duquel la demande de fractionnement présuppose l'abandon par le salarié des jours de congés supplémentaires emporte renonciation collective (Cass. soc. 1-12-2005 n° 04-40.811 FS-P : RJS 2/06 n° 226).

13447 EXEMPLE

Soit un salarié bénéficiant de 30 jours ouvrables de congés dans une entreprise soumise aux seules dispositions légales.

– Il prend 4 semaines en août et une semaine en février : il n'a droit à aucun jour de congé supplémentaire pour fractionnement.

– Il prend 3 semaines en juillet et 2 semaines en décembre : il a droit à 2 jours ouvrables.

– Il prend 19 jours en août, 5 jours en décembre et 6 jours en avril : il a droit à un seul jour ouvrable car, sur les 11 jours pris en dehors de la période légale de congés, 6 représentent la 5e semaine et n'ouvrent pas droit à congé supplémentaire.

FERMETURE DE L'ÉTABLISSEMENT

13450 **Modalités** L'employeur a la faculté de fermer son établissement pendant la période de congés annuels de sa propre initiative ou en application d'un accord d'entreprise ou d'établissement, ou, à défaut, d'un accord de branche. Les règles de consultation du CSE et de prise des congés visées nos 13415 s. restent applicables, à l'exception de celles concernant l'ordre des départs en congés.

C. trav. art L 3141-19
PA-I-16600 s

Si la fermeture de l'entreprise donne lieu à fractionnement du congé principal (fermeture de moins de 24 jours ouvrables), l'accord du salarié n'est pas nécessaire.

S'agissant de l'incidence d'une fermeture de l'entreprise sur un CDD, voir n° 20080, a.

> Précisions **a.** Sous réserve du respect des dispositions légales, l'employeur peut décider que la **5e semaine** de congés sera prise pendant une période de fermeture de l'entreprise en raison de la **conjoncture économique** ; les salariés qui n'ont pas épuisé leurs droits à congés payés ne sauraient donc être indemnisés au titre de l'activité partielle (Cass. ch. mixte 10-12-1993 n° 88-42.652 P : RJS 1/94 n° 46).

b. La fermeture de l'entreprise ne dispense pas l'employeur du **délai d'information** des salariés sur les dates de congés ; s'il décide au dernier moment de fermer pour la **5e semaine** alors qu'il n'y avait pas habituellement fermeture de l'entreprise, il peut être condamné à rémunérer le salarié qui, ayant épuisé ses congés, est resté à sa disposition (Cass. soc. 25-2-1998 n° 95-45.659 D : RJS 4/98 n° 479).

c. L'employeur peut décider de **fractionner** la 5e semaine avec fermeture de l'entreprise (Cass. soc. 16-5-2000 n° 98-40.499 F-P : RJS 7-8/00 n° 817).

d. Lorsque, pour la **5e semaine** de congés payés, l'employeur ferme tous les ans à la même date, les salariés peuvent se prévaloir d'un **usage** (Cass. soc. 16-5-2000 n° 98-40.499 F-P : RJS 7-8/00 n° 817).

13455 **Fermeture dépassant la durée légale des congés** Lorsqu'un établissement ferme pour une durée supérieure à la durée légale des congés annuels, les salariés ont droit à une **indemnité journalière spéciale,** correspondant aux jours ouvrables excédant cette durée. Cette indemnité ne se confond pas avec l'indemnité de congés payés et ne peut pas lui être inférieure.

C. trav. art. L 3141-31
PA-I-17150 s

> Précisions **a.** Cette indemnité spéciale est due même lorsque la fermeture de l'entreprise est motivée par des circonstances extérieures, telles que le **rythme de l'activité scolaire** (notamment : Cass. soc. 26-5-1999 n° 96-44.535 D : RJS 7/99 n° 931 ; Cass. crim. 15-10-1991 n° 90-81.112 P : RJS 1/92 n° 90), y compris pour les enseignants vacataires (Cass. soc. 16-6-2010 n° 09-40.183 FS-PB : RJS 10/10 n° 778) ou ceux dont la durée du travail est modulée (Cass. soc. 4-9-2019 n° 18-18-300 F-D : RJS 12/19 n° 705).

Elle est également due en cas de **requalification de CDD successifs** en CDI, lorsque les périodes non travaillées entre chaque contrat correspondent à des périodes de fermeture de l'établissement au-delà de la durée légale des congés (Cass. soc. 13-12-2006 n° 04-46.935 FS-PB : RJS 2/07 n° 233).

b. L'absence de tâches correspondant à la qualification du salarié équivaut à une fermeture de l'entreprise (Cass. soc. 7-11-1984 n° 82-41.097 S).

c. L'indemnité spéciale n'est **pas cumulable** avec l'indemnité de congés payés ni avec les indemnités d'activité partielle (Cass. soc. 14-2-1968 n° 66-40.615). Elle est due même aux salariés qui n'ont pas acquis la totalité de leur congé annuel (Cass. soc. 8-11-1979 n° 78-40.773).

d. Sur l'**inclusion de cette indemnité** : dans le salaire, voir n° 13680 ; dans l'indemnité de congés, voir n° 13640.

Mesures Covid-19

13460

Départ en congé. Un **accord** d'entreprise ou de branche peut autoriser l'employeur à **imposer**, jusqu'au 30 juin 2021, la prise de congés payés acquis, y compris par anticipation, ou **modifier la date** de prise de jours de congés, dans la limite de 6 jours ; l'accord peut réduire le délai de prévenance d'un mois à un jour franc, permettre d'imposer le fractionnement des congés et priver les couples travaillant dans la même entreprise de congés simultanés (Ord. 2020-323 du 25-3-2020 modifiée) : FRS 1/21 inf. 2 p. 4.

Monétisation de jours de congé en cas d'activité partielle. Afin de lutter contre les conséquences de l'épidémie de Covid-19, jusqu'au 30 juin 2021, un **accord** de branche ou d'entreprise peut autoriser les salariés placés en activité partielle à monétiser jusqu'à 5 jours de repos conventionnels ou de congés annuels excédant 24 jours ouvrables en vue de **compenser** tout ou partie de la diminution de rémunération éventuellement subie ; un tel accord peut aussi autoriser l'employeur à imposer aux salariés placés en activité partielle et qui bénéficient du maintien intégral de leur rémunération d'**affecter** jusqu'à 5 jours de repos ou de congés à un **fonds de solidarité** pour être monétisés en vue de compenser tout ou partie de la diminution de rémunération subie, le cas échéant, par les autres salariés placés en activité partielle (Loi 2020-734 du 17-6-2020 art. 6 modifié) : FRS 22/20 inf. 9 p. 8.

La somme correspondant à des jours de congé monétisés ajoutée à l'indemnité d'activité partielle est soumise au régime social des salaires pour la seule part excédant 3,15 Smic (Doc. Urssaf 21-9-2020) : FRS 18/20 inf. 4 p. 9.

2. DÉCOMPTE DES JOURS DE CONGÉS

En principe effectué en jours ouvrables, le décompte des congés peut être opéré en jours ouvrés. En revanche, le **décompte horaire** n'est pas admis (Cass. soc. 11-3-1998 n° 96-16.553 D : RJS 4/98 n° 478 ; 19-5-2004 n° 02-19.866 FS-P : RJS 7/04 n° 847). 13470 PA-I-13250 s

Jours ouvrables Sont réputés jours ouvrables tous les jours de la semaine sauf : 13475 PA-I-13550 s
- le jour consacré au repos hebdomadaire (généralement le dimanche) ;
- les jours reconnus fériés par la loi et habituellement chômés dans l'entreprise.

En cas de répartition de l'**horaire hebdomadaire sur 5 jours,** le 6e jour de la semaine non travaillé – souvent le samedi ou le lundi – reste un jour ouvrable (Cass. soc. 18-1-2006 n° 04-41.746 F-P : RJS 3/06 n° 358).

Les salariés à **temps partiel** qui travaillent sur 4 jours ou moins se voient appliquer la même règle (car ils bénéficient des mêmes droits à congés que les salariés à temps plein : n° 13300). Comme pour les salariés à temps plein, la semaine compte 6 jours ouvrables, sauf jour férié (Circ. DRT 21-4-1994).

Dans les entreprises donnant le **repos hebdomadaire par roulement,** chaque semaine civile est considérée comme comportant 6 jours ouvrables (Rép. Michel : AN 7-7-1980 n° 31662).

Pour les salariés **travaillant en continu,** tous les jours de l'année sont des jours ouvrables, à l'exception des 52 jours de repos hebdomadaire et des 11 jours fériés (Cass. soc. 21-5-2008 n° 06-45.600 FS-D ; Cass. soc. QPC 15-4-2015 n° 15-40.003 FS-PB : RJS 7/15 n° 492).

Le décompte des jours de congés s'effectue sur la base du nombre de jours ouvrables inclus dans la période d'absence choisie. Il en est également ainsi pour les salariés **à temps partiel** (Circ. DRT 21-4-1994 réputée abrogée), sauf pour les jours de congés à caractère compensatoire, qui doivent être décomptés sur les seuls jours de travail (Cass. soc. 31-1-2012 n° 10-30.935 FS-PB : RJS 4/12 n° 397). 13480

Le **premier jour ouvrable** de congés est le premier jour où l'intéressé aurait dû travailler, et non le jour chômé en raison de la répartition sur moins de 6 jours de l'horaire de travail (Cass. crim. 31-3-1960 n° 59-94.109 ; Cass. soc. 2-3-1989 n° 86-44.120 P : RJS 4/89 n° 336), y compris en cas de fractionnement (Cass. soc. 19-3-1992 n° 88-41.421 P : RJS 5/92 n° 622).

Le **dernier jour** ouvrable compris dans la période d'absence compte, en revanche, pour le calcul des jours de congés, même s'il correspond à une journée non travaillée dans l'entreprise (Cass. soc. 8-11-1983 n° 81-41.583 ; 7-4-2004 n° 01-46.628 F-D : RJS 6/04 n° 708) ou à un jour de modulation (Cass. soc. 29-1-2020 n° 18-13.604 FS-PB : RJS 4/20 n° 185).

Ainsi, quel que soit l'horaire de travail, le point de départ des congés est le premier jour où le salarié aurait dû travailler et tous les jours ouvrables jusqu'à la reprise doivent ensuite être décomptés (Cass. soc. 22-2-2000 n° 97-43.515 P : RJS 4/00 n° 467).

EXEMPLES

Salarié travaillant 5 jours par semaine. Un salarié travaillant du lundi au vendredi s'absente :
– un vendredi soir pour revenir le lundi 10 jours après : il prend 6 jours de congés ;
– un jeudi soir pour revenir le lundi 11 jours après : il prend 8 jours de congés (car les 2 samedis sont des jours ouvrables dans ce cas).

Salarié travaillant 4 jours par semaine. Un salarié qui travaille les lundi, mardi, jeudi et vendredi prend 6 jours ouvrables de congés lorsqu'il s'absente une semaine. S'il part en congés un mardi soir et reprend son travail 13 jours après le lundi matin, le premier mercredi ne compte pas comme jour ouvrable mais les autres jours non travaillés (samedi, mercredi, samedi) sont des jours ouvrables : en conséquence, le salarié aura pris 9 jours ouvrables de congés.

Salarié travaillant 2 jours 1/2 par semaine. Soit un salarié travaillant les lundi, mardi et mercredi matin. S'il s'absente du mercredi après-midi au mercredi matin suivant, il ne prend que 2 jours ouvrables de congés, puisque son travail aurait dû reprendre le lundi seulement (et donc seuls les lundi et mardi sont des jours de congés). En revanche, s'il s'absente du mercredi après-midi au lundi 12 jours après, il aura pris 6 jours ouvrables de congés.

13485 PA-I-14500 s **Jours ouvrés** Il est possible de calculer les congés en jours ouvrés, c'est-à-dire en jours normalement travaillés dans l'entreprise. Il doit alors y avoir un parallélisme entre le calcul de la durée des congés et leur décompte (Cass. soc. 21-7-1993 n° 92-40.063 D).

Cette méthode ne doit pas aboutir concrètement à octroyer au salarié un congé inférieur à celui auquel il aurait pu prétendre en application de la loi (Cass. soc. 27-3-1996 n° 92-43.655 D : RJS 7/96 n° 800). Est conforme à la loi le décompte des congés payés qui permet aux salariés de bénéficier de 25 jours ouvrés, peu important la méthode de calcul adoptée (Cass. soc. 11-5-2016 n° 15-10.252 FS-PB : RJS 7/16 n° 501). La **comparaison** s'effectue **globalement** sur l'ensemble de la durée du congé annuel et non à chaque prise de congés (Cass. soc. 30-10-1997 n° 95-41.947 D : RJS 12/97 n° 1388).

Si l'**horaire de travail est réparti sur 5 jours,** une semaine de congés équivaut à 5 jours ouvrés.

Lorsqu'un salarié ne travaille que certains jours ouvrés de la semaine, les jours non travaillés restent ouvrés pour le calcul de ses congés (Cass. soc. 12-5-2015 n° 14-10.509 FS-PB : RJS 7/15 n° 491), y compris celui des jours de congés mobiles prévus par un accord collectif (Cass. soc. 31-5-2017 n° 16-13.697 F-D : RJS 8-9/17 n° 589). Par exemple, un salarié ne travaillant pas le mercredi prend 5 jours ouvrés de congés s'il s'absente une semaine. Par exception, il a été jugé que lorsqu'un accord collectif prévoit que les congés payés annuels sont calculés en jours ouvrés, les congés supplémentaires des salariés à temps partiel ne sont imputables que sur leurs jours de travail effectif (Cass. soc. 23-4-1997 n° 94-40.758 D : RJS 7/97 n° 880 ; 17-3-1999 n° 96-45.167 P : RJS 5/99 n° 765).

13490 PA-I-14160 s PA-I-14880 s **Jour férié ou journée de pont pendant les congés** Un jour férié légal coïncidant avec le jour de **repos hebdomadaire** (généralement le dimanche) n'a aucune incidence sur le décompte des congés.

Un jour férié légal **non chômé** conserve le caractère de jour ouvrable et doit être décompté comme jour de congés.

Un jour férié **chômé** inclus dans la période des congés n'est pas considéré comme un jour ouvrable même s'il tombe un jour de la semaine non travaillé en raison de la répartition de l'horaire : samedi ou lundi, par exemple (notamment : Cass. soc. 13-2-1991 n° 89-45.423 P : RJS 4/91 n° 490 ; 24-9-2014 n° 13-10.892 F-D). Dans ce cas, soit le congé sera prolongé d'un jour (voir n° 13610 sur la rémunération de cette journée), soit il sera décompté un jour de congés de moins (Cass. soc. 29-10-2003 n° 01-45.485 FS-P : RJS 1/04 n° 121), ce qui peut aboutir à un fractionnement du congé (Cass. soc. 20-10-1998 n° 96-17.652 P : RJS 11/98 n° 1373). Par **exemple,** un salarié en congé à partir du lundi 5 avril 2021 (jour férié) prendra 5 jours ouvrables de congés s'il reprend le travail le lundi 12 avril (ou 6 jours ouvrables s'il ne reprend que le mardi 13 avril).

En l'absence de dispositions plus favorables applicables dans l'entreprise, la **« journée de pont »** précédant ou suivant le jour férié doit être considérée comme jour ouvrable, même si cette journée est chômée dans l'établissement (Cass. soc. 3-12-1980 n° 79-41.051).

› Précisions a. En cas de décompte des congés en **jours ouvrés** (n° 13485), le jour férié coïncidant avec un jour non travaillé n'a aucune incidence si les salariés bénéficient sur l'ensemble de la période, en application des dispositions conventionnelles, d'un nombre de jours de congés supérieur à celui prévu par la loi (Cass. soc. 18-5-1994 n° 91-40.700 D ; 30-10-1997 n° 95-41.947 D : RJS 12/97 n° 1388). Au contraire, si le décompte en jours ouvrés est une **simple transposition** du décompte légal en jours ouvrables (30 jours ouvrables équivalant à 25 jours ouvrés), le salarié doit bénéficier d'une journée supplémentaire de congés lorsque le jour férié coïncide avec un jour ouvrable non travaillé dans l'entreprise (Cass. soc. 7-1-1988 n° 85-42.353 D ; 22-1-1992 n° 88-43.536 D : RJS 3/92 n° 301).

b. Équivaut à un jour férié chômé le jour férié dont la **convention collective** prévoit qu'il donne droit, au choix du salarié, soit à un jour de repos, soit au paiement des heures fériées travaillées en plus de la rémunération habituelle (Cass. soc. 13-11-2003 n° 01-46.715 F-D : RJS 1/04 n° 65) ou consacre le principe de l'absence rémunérée du personnel ce jour-là ou le bénéfice d'un repos d'égale durée pour les salariés au temps de travail modulé ou annualisé (Cass. soc. 26-1-2011 n° 09-68.309 FS-PB : RJS 5/11 n° 432).

3. INCIDENCE D'ÉVÉNEMENTS EXTÉRIEURS

a. Maladie ou accident

DROIT DE L'UNION EUROPÉENNE

La directive 2003-88 du 4-11-2003 prévoit un droit à congés payés d'au moins 4 semaines par an, que la CJUE a assorti d'un régime protecteur, celui-ci ne s'appliquant pas aux congés excédant ces 4 semaines (CJUE 19-11-2019 aff. 609/17 et 610/17 : RJS 3/20 n° 159). Pour la CJUE, ce droit à congé n'est pas affecté en cas d'absence du salarié pour raisons de santé au cours de la période d'acquisition des congés (CJUE 24-1-2012 aff. 282/10 : RJS 4/12 n° 399). Ainsi, le salarié en arrêt de travail pour **maladie,** avant une **période de congé annuel fixée au préalable** (CJCE 10-9-2009 aff. 277/08 : RJS 12/09 n° 990) ou pendant cette période (CJUE 21-6-2012 aff. 78/11 : RJS 8-9/12 n° 751), ne perd pas le bénéfice de son droit à congé. Il peut en demander le report à un autre moment, le cas échéant en dehors de la période de référence. Le report des congés peut toutefois être limité dans le temps (CJUE 22-11-2011 aff. 214/10 : RJS 2/12 n° 201). En revanche, le salarié qui n'a pas pu prendre ses congés en raison d'un refus de l'employeur de les rémunérer a droit à leur report illimité (CJUE 29-11-2017 aff. 214/16 : RJS 3/18). **13510** PA-I-4000 s

ATTENTION

Ces solutions pourraient faire évoluer le **droit français** qui, d'une part, distingue selon que la maladie est survenue avant ou au cours des congés payés et considère que la première cause de suspension du contrat prévaut sur l'autre (n° 13515) et, d'autre part, exclut les périodes d'absence pour maladie pour le calcul du nombre de jours de congés (n° 13335). Néanmoins, sans intervention du législateur, le **juge** français ne peut pas, en application de la directive 2003/88, écarter les effets d'une disposition nationale contraire dans un litige entre des particuliers (Cass. soc. 13-3-2013 n° 11-22.285 : RJS 5/13 n° 384), à moins que soit invoqué l'article 31, § 2, de la charte des droits fondamentaux qui a un effet direct (CJUE 6-11-2018 aff. 569/16 : RJS 2/19 n° 134).

DROIT FRANÇAIS

Maladie avant les congés Le salarié dont le contrat de travail est suspendu à la date des départs en congés fixée par l'employeur conserve son droit à congés lorsque l'arrêt de travail prend fin **avant que soit close la période** des congés payés (Cass. soc. 16-2-1999 n° 96-45.364 P : RJS 4/99 n° 532). L'employeur est donc fondé à lui imposer de prendre à son retour le reliquat de ses congés (Cass. soc. 4-12-1996 n° 93-44.907 P : RJS 1/97 n° 50). En revanche, il ne peut pas l'obliger à prendre ses congés pendant la suspension du contrat (Cass. soc. 31-10-2000 n° 98-23.131 FS-D : RJS 1/01 n° 61). **13515** PA-I-4050 s

En cas de **retour après la fin de la période des congés payés,** le salarié ne perd pas droit à ces derniers. En effet, les congés payés acquis qui n'ont pu être pris au cours de l'année en raison d'absences liées à une maladie, à un accident du travail ou à une maladie professionnelle doivent être reportés après la date de la reprise du travail ou, en cas de rupture du contrat, donner lieu au versement d'une indemnité compensatrice (Cass. soc. 24-2-2009 n° 07-44.488 FS-PB : RJS 5/09 n° 442 ; 25-3-2009 n° 07-43.767 F-PB : RJS 6/09 n° 519). Il en est de même en cas de rechute d'un accident du travail (Cass. soc. 16-2-2012 n° 10-21.300 FS-PB : RJS 5/12 n° 466).

La période de report peut être **limitée dans le temps,** à condition que celle-ci dépasse substantiellement la durée de la période de référence. À défaut de limite légale, il n'appartient pas au juge d'en fixer une (Cass. soc. 21-9-2017 n° 16-24.022 FS-PBRI : RJS 12/17 n° 821). Le seul délai applicable devrait donc être le délai de prescription de 3 ans visé n° 13675, b.

Sur la fixation des congés reportés, voir n° 13420.

Maladie pendant les congés Si la maladie survient pendant les congés, la jurisprudence française considère que l'employeur, ayant accordé au salarié le congé prévu par la loi, s'est acquitté de ses obligations pour l'année de référence ; le salarié ne peut pas exiger de **nouveaux congés,** même non rémunérés (notamment : Cass. soc. 8-11-1984 n° 82-42.372 P). **13520** PA-I-4400 s

Le salarié tombant malade au cours de ses congés perçoit à la fois son **indemnité de congés payés** calculée normalement (Cass. soc. 19-3-1954 n° 2158) et les **indemnités journalières** de la sécurité sociale (Cass. soc. 26-11-1964 n° 64-40.165). En revanche, aucune indemnité conventionnelle de maladie n'est due (notamment : Cass. soc. 6-3-1986 n° 83-41.805 S ; 2-3-1989 n° 86-42.426 P : RJS 4/89 n° 337).

ATTENTION

Ces règles pourraient **évoluer** compte tenu de la jurisprudence européenne visée n° 13510.

b. Autres absences

13523 PA-I-2900 s Selon la CJUE, le salarié de retour d'un **congé parental** a le droit de bénéficier des congés payés acquis avant et après son départ (CJUE 22-4-2010 aff. 486/08 : RJS 10/10 n° 817 ; 22-11-2011 aff. 214/10 : RJS 2/12 n° 201). Cette solution pourrait amener le juge français à revenir sur sa jurisprudence qui n'autorise pas le report des congés payés dans ce cas (Cass. soc. 28-1-2004 n° 01-46.314 F-PB : RJS 4/04 n° 423).

Il par ailleurs été jugé, par la CJUE, qu'un **plan social** négocié peut prévoir de ne pas accorder de congés au salarié ayant été dispensé d'activité pendant la période d'acquisition des congés (CJUE 8-11-2012 aff. 229/11 et 230/11 : RJS 1/13 n° 84).

Enfin, une **grève** commencée avant les congés payés ne peut avoir, à notre sens, aucun effet sur ceux-ci : les salariés en question bénéficient donc de leurs congés aux dates normales avec versement de l'indemnité de congés payés.

Sur les conséquences de congés payés accolés à un **congé de maternité,** voir n° 51460, b. Sur l'incidence d'une **mise à pied,** voir n° 13410.

c. Préavis

13525 NA-II-12000 s Les périodes de préavis et de congés payés ne peuvent pas être **confondues** (notamment : Cass. soc. 14-10-1987 n° 84-41.670 D). Ainsi, **sauf accord** des parties, le préavis ne peut pas être imputé sur les congés payés (Cass. soc. 7-12-1993 n° 90-42.781 D) et la prise du congé payé suspend le préavis (Cass. soc. 14-11-1990 n° 87-45.288 P : RJS 12/90 n° 960).

Les conséquences de cette règle sont les suivantes.

a. Le délai de préavis est **suspendu** uniquement en cas d'accord des parties ou si les dates de congés ont été fixées avant le licenciement (Cass. soc. 11-6-1987 n° 85-42.227 ; 22-6-1994 n° 90-45.861 D : RJS 8-9/94 n° 978).

b. En l'**absence de fixation** antérieure des dates de congés, ni l'employeur (Cass. soc. 15-4-1983 n° 80-42.049) ni le salarié (Cass. soc. 20-2-1986 n° 83-41.049 P) ne peuvent exiger la prise des congés au cours du préavis. Ainsi, en cas de rupture avant les congés, le salarié qui s'est trouvé dans l'obligation de prendre son congé au cours du préavis a droit à une indemnité complémentaire de préavis (Cass. soc. 24-11-1988 n° 85-44.808 D : RJS 2/89 n° 155). En revanche, s'il a demandé et pris son congé avec l'accord de l'employeur, il ne peut pas obtenir d'indemnité complémentaire (Cass. soc. 7-5-1987 n° 84-40.839 S ; Cass. ass. plén. 5-3-1993 n° 88-45.233 P : RJS 4/93 n° 389). Par ailleurs, la rémunération correspondant à la durée du congé payé pris est une indemnité de congés payés et non de préavis (Cass. soc. 23-3-1989 n° 87-41.533 D : RJS 5/89 n° 436).

Lorsque la période de préavis recouvre une période de fermeture de l'entreprise pour congés annuels, le salarié peut prétendre à la fois à une indemnité compensatrice pour la période de préavis qu'il aurait dû exécuter et à une indemnité de congés payés correspondant à la période de fermeture de l'entreprise (CA Versailles 14-12-2005 n° 04-4780 : RJS 5/06 n° 563). S'agissant de l'application d'un différé d'indemnisation par Pôle emploi, voir n° 6745.

c. En cas de rupture intervenant **au cours des congés** payés, le préavis du salarié ne commence à courir qu'à l'expiration de la période de congés (Cass. soc. 13-11-1967 n° 66-40.472 ; 8-11-1995 n° 92-40.186 D : RJS 12/95 n° 1243) ; en revanche, le seul versement d'une **indemnité compensatrice** de congés ne reporte pas le point de départ du préavis en l'absence de période de congés fixée antérieurement (Cass. soc. 4-3-1992 n° 90-14.551 P : RJS 4/92 n° 439).

Sur le calcul de l'indemnité compensatrice de congés en cas de **dispense** de préavis, voir n° 13705, b.

D. Rémunération des congés

1. INDEMNITÉ DE CONGÉS PAYÉS

COMPARAISON ENTRE DEUX MÉTHODES DE CALCUL

L'indemnité de congés payés est égale au **dixième de la rémunération totale** perçue par le salarié au cours de la période de référence, sans toutefois pouvoir être inférieure à la **rémunération que le salarié aurait perçue** s'il avait travaillé pendant sa période de congés. 13610 C. trav. art. L 3141-24 PA-I-19000 s

Il en découle que l'employeur doit procéder à une comparaison entre le salaire moyen et le salaire « théorique », afin d'appliquer à **chaque salarié** la méthode de calcul qui lui est le plus favorable.

Cette comparaison doit être effectuée même si les congés correspondent à deux périodes de référence (Cass. soc. 26-11-1981 nº 79-41.952) ou sont d'origine conventionnelle (notamment : Cass. soc. 11-2-1982 nº 80-40.163 ; 21-9-2017 nº 16-18.109 F-D : RJS 12/17 nº 801).

En cas de prolongation des congés du fait d'un jour férié, cette journée supplémentaire est aussi indemnisée selon le mode de calcul le plus favorable (notamment : Cass. soc. 23-5-1973 nº 71-40.815). Ainsi, si la règle la plus favorable est celle du 1/10, l'indemnité ainsi calculée couvre la totalité du droit à congés, même si un jour férié compris dans les congés les a prolongés d'une journée (Cass. soc. 4-5-1999 nº 97-13.725 D : RJS 6/99 nº 827).

D'une manière générale, la règle du maintien du salaire est plus favorable que la règle du 1/10 en cas d'**augmentation du salaire** au cours de la période de référence. Cela conduit donc l'employeur à continuer de verser au salarié en congés son salaire normal.

Au contraire, si, au cours de la période de référence, le salarié a effectué des **heures supplémentaires** (non régulières) ou si le **salaire a diminué,** la règle du 1/10 sera plus favorable.

En cas de **passage d'un temps plein à un temps partiel,** l'indemnité sera calculée sur la base du 1/10 de la rémunération de la période de référence, méthode plus favorable que le maintien de salaire. Au contraire, en cas de **passage d'un temps partiel à un temps plein,** le maintien de salaire sera plus favorable.

Sur un **exemple** d'application pratique de ces règles, voir nº 13670.

> **› Précisions** Pour les **salariés mensualisés,** lorsque les **congés ne couvrent pas la totalité du mois,** la comparaison entre les deux méthodes de calcul nécessite de déterminer la part du salaire qui rémunère le travail effectif.
> Selon la jurisprudence, pour déterminer les parties du salaire qui correspondent à l'indemnité de congés payés et à la rémunération du travail effectif, il convient de comparer le nombre de jours ouvrables (ou d'heures de travail) du mois considéré au nombre de jours (ou d'heures) travaillés ; ainsi, un salarié prenant 24 jours ouvrables de congés sur les 26 jours du mois percevra :
> – une indemnité de congés payés correspondant aux 24/26 du salaire mensuel ;
> – un salaire proprement dit égal aux 2/26 de son salaire mensuel (Cass. soc. 16-1-1974 nº 72-40.681).
> L'application de la règle du 1/10 dans ce cas peut conduire à verser une rémunération supérieure au salaire mensuel (Cass. soc. 14-5-1987 nº 85-17.578 S ; 12-1-1994 nº 91-20.433 D : RJS 2/94 nº 157).

RÈGLE DU DIXIÈME DE LA RÉMUNÉRATION

Droit à congés L'indemnité de congés est égale au dixième de la rémunération totale perçue par le salarié au cours de la **période de référence** ayant déterminé le droit et la durée des congés (nº 13310). Ce dixième de la rémunération correspond au droit à congés légal. 13620 PA-I-19400 s

Lorsque la durée du **congé conventionnel** est supérieure à la durée légale, l'indemnité est calculée proportionnellement à la durée du congé effectivement dû. Par **exemple,** si le salarié a droit à 36 jours ouvrables de congés, l'indemnité totale est égale au 1/10 de la rémunération multiplié par le rapport 36/30. Cette règle s'applique de la même façon lorsque le salarié n'a pas acquis la totalité du congé conventionnel (entrée dans l'entreprise en cours d'année, absences...).

En revanche, en cas d'application du droit à congés légal, pour les salariés n'ayant pas un droit à **congés complet,** il y a application normale de la règle du 1/10, puisque le salaire de référence, correspondant à leur seule période de travail, est moins élevé que s'ils avaient été présents toute la période.

Assiette de l'indemnité La rémunération servant de base au calcul de l'indemnité est celle perçue par le salarié en **contrepartie de son travail** personnel, présentant un caractère **obligatoire** pour l'employeur et ne rémunérant pas **à la fois les périodes de travail et de** 13630

congés payés. En effet, prendre en compte, dans l'indemnité des primes versées pour l'ensemble de l'année, périodes de travail et de congés payés confondues aboutirait à les faire payer pour partie une deuxième fois (en ce sens : Cass. soc. 19-12-1979 n° 78-40.076 ; 28-3-1990 n° 88-44.226).

En pratique, selon les conditions de son versement, un même élément de rémunération pourra être ou non compris dans la base de calcul de l'indemnité.

13635 PA-I-19900 s Les **éléments de salaire** pris en compte dans l'indemnité sont les suivants :
– le salaire brut, avant déduction des cotisations salariales (Cass. soc. 5-4-1990 n° 87-45.228) ; en cas de manquements de l'employeur à ses obligations, c'est la rémunération que le salarié aurait dû percevoir et non celle qu'il a effectivement perçue qui est prise en compte (Cass. soc. 22-3-2006 n° 04-43.933 : RJS 6/06 n° 719) ;
– les majorations pour heures supplémentaires, travail le dimanche (Cass. soc. 19-2-1981 n° 79-41.353) ou travail de nuit (Cass. soc. 18-12-1996 n° 94-41.184) ;
– les avantages en nature dont le travailleur ne continuerait pas à jouir pendant la durée de son congé (C. trav. art. L 3141-25) ;
– les pourboires, la base de calcul devant, pour le personnel rémunéré au pourboire, être évaluée comme en matière de sécurité sociale (C. trav. art. L 3141-26) : n° 22430 ;
– la part variable de la rémunération liée aux résultats du salarié (Cass. soc. 23-11-2016 n° 15-19.475 FD : RJS 2/17 n° 120) ou de l'entreprise (Cass. soc. 24-9-2014 n° 12-28.965 FS-PB : RJS 12/14 n° 870), peu important son paiement à l'année ;
– les commissions liées à l'activité personnelle du salarié dès lors qu'elles ne sont pas calculées pour l'année entière, y compris sur la période de congés payés (Cass. soc. 26-11-1975 n° 74-40.604). S'agissant des VRP, voir n° 61020.

Il a par ailleurs été jugé que la prise en charge volontaire par l'employeur d'une cotisation salariale constituait un complément de rémunération entrant dans le calcul de l'indemnité (Cass. soc. 2-3-1999 n° 96-42.541 : RJS 5/99 n° 686).

13640 PA-I-22100 s Pour les **périodes non travaillées,** les règles sont les suivantes.

Sont **incluses** dans la base de calcul : l'indemnité de congés payés de l'année précédente (C. trav. art. L 3141-24, I), y compris l'indemnité pour fermeture de l'entreprise dépassant la durée des congés (Cass. soc. 2-7-2002 n° 00-46.012 F-D : RJS 10/02 n° 1141), la rémunération des congés conventionnels complémentaires assimilés à du travail effectif (Cass. soc. 22-6-2017 n° 14-15.135 FS-PB : RJS 10/17 n° 678), celle des jours fériés (Cass. soc. 4-1-1974 n° 72-40.674) et celle versée au salarié inapte non reclassé ni licencié un mois après la visite de reprise (Cass. soc. 4-4-2012 n° 10-10.701 FS-PB : RJS 6/12 n° 542). Entrent également dans l'assiette la rémunération des **temps de pause,** dès lors que cette somme couvre une sujétion liée à l'emploi des salariés (Cass. soc. 5-11-2014 n° 13-19.818 FS-D : RJS 1/15 n° 37) ainsi que la fraction du 13e mois correspondant à un temps de pause conventionnel rémunéré (Cass. soc. 27-9-2006 n° 05-41.505 FS-D : RJS 12/06 n° 1288). Si l'indemnisation de la contrepartie obligatoire en repos pour heures supplémentaires est prise en compte (C. trav. art. L 3141-24, I), l'indemnité compensatrice versée au salarié privé de ce repos du fait de l'employeur, constituant des dommages et intérêts, est exclue (Cass. soc. 21-5-2002 n° 99-45.890 FS-P : RJS 8-9/02 n° 983).

Le salaire reconstitué correspondant à d'autres absences n'est retenu que si celles-ci sont assimilées à du travail effectif pour le calcul de la durée des congés, par la loi (voir n° 13340), ou par une convention ou un accord collectif.

Sont **exclues** les indemnités versées à l'occasion d'une absence non assimilée à du travail effectif pour le calcul de la durée du congé, par exemple les indemnités conventionnelles d'intempéries (Cass. soc. 2-2-1994 n° 89-45.551 D), les indemnités journalières de maladie (Cass. soc. 8-6-1994 n° 90-43.014 D : RJS 7/94 n° 866 ; 24-3-2004 n° 02-40.525 FS-P : RJS 6/04 n° 766) et la garantie de salaire à la charge de l'employeur (CA Paris 27-4-1988 n° 85-35429).

13645 PA-I-20350 s Les **primes et indemnités** versées en complément du salaire sont prises en compte si elles sont versées en contrepartie du travail, ne rémunèrent pas un risque exceptionnel et n'indemnisent pas déjà la période des congés, ce qu'il appartient aux juges de rechercher en cas de litige (Cass. soc. 10-4-2013 n° 12-16.225 F-D : RJS 6/13 n° 452).

Ainsi sont **prises en compte** les primes compensant une **servitude permanente de l'emploi** : prime de soirée (Cass. soc. 7-2-1990 n° 87-41.944 D : RJS 3/90 n° 188 ; 16-10-2001 n° 99-44.464 F-D : RJS 1/02 n° 48), indemnité d'astreinte (Cass. soc. 2-3-2016 n° 14-14.919 F-D : RJS 5/16 n° 339), prime de « non-accident » (Cass. soc. 13-2-2013 n° 11-23.880 FS-PB : RJS 4/13 n° 307), primes pour travaux pénibles, insalubres et dangereux (Cass. soc. 23-3-2005 n° 03-40.586 F-D).

Sont également prises en compte les primes liées à la **qualité du travail** à condition qu'elles ne couvrent pas la période des congés : primes de productivité ou de rendement (Cass. soc. 18-3-1960 n° 59-40.433), primes d'assiduité non versées pendant la période de congés (ex. : Cass. soc. 11-6-1987 n° 84-45.122), primes d'objectif, même si le chiffre d'affaires à atteindre a été fixé d'un commun accord (Cass. soc. 30-4-2003 n° 01-41.874 F-D : RJS 7/03 n° 899).

Les primes de performance ou de résultats sont prises en compte si elles sont assises sur le salaire des périodes travaillées (Cass. soc. 10-10-2001 n° 99-44.300 F-D : RJS 1/02 n° 48) ou si elles sont affectées par les périodes de congés payés (Cass. soc. 12-11-2008 n° 07-41.348 F-D) mais pas si elles reposent sur la notation du salarié (Cass. soc. 6-11-2019 n° 18-10.367 F-D : RJS 1/20 n° 26).

La prime d'**ancienneté** est incluse dans l'assiette de l'indemnité de congés payés, dans la mesure où cette dernière ne peut pas être inférieure au salaire que le salarié aurait perçu s'il avait travaillé (Cass. soc.13-6-2012 n° 10-30.590 FS-D ; 7-9-2017 n° 16-16.643 FS-PB : RJS 11/17 n° 748).

Si les **primes annuelles assises uniquement sur les périodes de travail,** exclusion faite de **13647**
la période de congés payés, sont prises en compte dans l'assiette (notamment s'agissant d'une prime de vacances : Cass. soc. 3-7-2019 n° 18-16.351 FS-PB : RJS 10/19 n° 578), en sont exclues en revanche les **primes versées globalement** pour l'année entière ou moins (prime annuelle, semestrielle, trimestrielle…) rémunérant à la fois les périodes de travail et celles de congés : 13e mois (Cass. soc. 2-4-1997 n° 94-41.389 D : RJS 5/97 n° 554 ; 8-6-2011 n° 09-71.056 FS-PB : RJS 8-9/11 n° 699), prime exceptionnelle (Cass. soc. 1-7-1998 n° 96-40.421 P : RJS 8-9/98 n° 1000), primes de vacances (Cass. soc. 12-11-1987 n° 83-45.490 D), primes d'assiduité et de rendement allouées globalement pour l'ensemble de l'année (ex. : Cass. soc. 6-5-1981 n° 79-41.486 ; 26-5-1999 n° 97-43.681 D : RJS 7/99 n° 930), primes semestrielles d'efficacité (Cass. soc. 23-11-1994 n° 93-42.326 D), primes d'intéressement et **participations au chiffre d'affaires** dont le montant n'est pas affecté par la prise des congés (notamment : Cass. soc. 16-12-1997 n° 94-42.089 P : RJS 1/98 n° 80).

Sont également **exclues** de l'assiette les **gratifications à la fois discrétionnaires et bénévoles** (ex. : Cass. soc. 17-3-1988 n° 85-45.587 D) ainsi que les sommes versées au titre de la **participation ou de l'intéressement,** celles-ci n'ayant pas le caractère de salaire.

Les **remboursements de frais** sont exclus de l'assiette de l'indemnité s'ils correspondent à **13650**
des dépenses réellement exposées par le salarié et inhérentes à l'emploi, c'est-à-dire découlant des conditions d'exécution de son travail et lui imposant une charge supérieure à celles liées à la vie courante.

Ainsi jugé pour des **primes de panier ou indemnités de repas** destinées à compenser le surcoût d'un repas consécutif à un déplacement (Cass. soc. 17-12-2014 n° 13-14.855 FS-PB : RJS 3/15 n° 196), à un travail posté, de nuit ou effectué selon des horaires atypiques (Cass. soc. 28-6-2018 n° 17-11.714 FS-PB : RJS 10/18 n° 584), pour une **indemnité de transport** compensant les frais de déplacement domicile-lieu de travail, peu important leur caractère forfaitaire (Cass. soc. 11-1-2017 n° 15-23.341 FS-PBRI : RJS 3/17 n° 201), ou une **prime d'expatriation** compensant les différences de niveau de vie entre la France et le pays d'accueil et servant à régler les impôts dus dans ce pays (Cass. soc. 25-3-1998 n° 96-40.754 D : RJS 6/98 n° 746).

En revanche, il a été jugé que les **indemnités allouées en contrepartie d'une sujétion inhérente à l'exercice des fonctions,** sans considérations des frais réellement engagés par le salarié, sont incluses dans l'assiette. Tel est le cas d'une prime de mission à l'étranger ou de dépaysement compensant les contraintes géographiques ou les conditions de travail (Cass. soc. 4-2-1993 n° 89-40.473 D : RJS 3/93 n° 278) ou d'une indemnité complémentaire destinée à compenser les sujétions et les frais inhérents au détachement du salarié en Europe (Cass. soc. 12-2-2015 n° 13-19.866 F-D). Les déductions fiscales forfaitaires pour frais professionnels ne peuvent pas être déduites de l'assiette de l'indemnité de congés payés (Cass. soc. 22-2-1995 n° 92-44.014 D).

ATTENTION

La jurisprudence française pourrait évoluer dans un sens plus favorable au salarié, la CJUE considérant que si les éléments couvrant des coûts occasionnels ou accessoires ne doivent pas être inclus dans l'assiette de l'indemnité, en revanche tous les éléments se rattachant au statut professionnel du salarié doivent l'être (CJUE 15-9-2011 aff. 155/10 : RJS 12/11 n° 1030).

RÈGLE DU MAINTIEN DE SALAIRE

L'indemnité de congés ne peut pas être inférieure à la rémunération que le salarié aurait **13655**
perçue s'il avait continué à travailler normalement pendant sa période de congés, calculée C. trav. art.
en fonction de son salaire pendant la période précédant le congé et de la durée du travail L 3141-24, II
effectif de l'établissement. **PA-I-22500 s**

> Précisions **a.** Les **éléments de rémunération à prendre en considération** sont les mêmes que ceux retenus pour l'application de la règle du 1/10 (nos 13630 s.). Le salaire retenu est celui de la période précédant le congé (le dernier mois pour les salariés mensualisés), y compris lorsqu'il a été réduit au cours de cette période, par exemple en cas de réduction de primes de rendement (Cass. soc. 14-10-1982 n° 80-41.307).

b. En cas d'**augmentation générale des salaires** au cours du congé, l'indemnité doit tenir compte de cette augmentation.

c. Le salaire maintenu pendant la durée des congés est déterminé en fonction de la **durée du travail** effectif de l'établissement au cours de la période considérée, ainsi que de l'horaire de travail propre au salarié. Il faut tenir compte des **heures supplémentaires** que le salarié aurait effectuées (Cass. soc. 13-10-1955 n° 2878) et du **travail le dimanche** donnant lieu à majoration (Cass. soc. 19-2-1981 n° 79-41.353).

Lorsque le salarié travaille selon un **horaire alterné** avec des semaines de forte et de faible activité, l'horaire retenu est celui que le salarié aurait effectué au cours de cette période et non un horaire moyen (Cass. soc. 2-6-1988 n° 85-41.200 P).

En cas de **fermeture de l'entreprise** pour la période de congés, la chambre sociale de la Cour de cassation estime qu'il convient de retenir l'horaire moyen de la période de référence (Cass. soc. 11-1-1967 n° 66-40.056) alors que la chambre criminelle préconise de prendre en compte l'horaire précédant la date de fermeture (Cass. crim. 15-6-1962 n° 62-90.169).

Lorsque le salarié part en congés au moment où est pratiqué un **horaire réduit,** l'indemnité doit être calculée sur la base de la rémunération ordinaire perçue pendant les périodes de travail et non sur celle de la rémunération réduite liée à l'**activité partielle** (CJUE 13-12-2018 aff. 385/17 : RJS 4/19 n° 266).

EXEMPLE DE CALCUL

13670 Soit un employé **rémunéré au mois** et ayant droit à **30 jours ouvrables de congés** ; son salaire mensuel, égal à 1 700 € durant l'année civile précédente, a été réduit à 1 600 € pour l'année en cours. L'intéressé a donc perçu au cours de la période de référence : 1 700 × 7 = 11 900 € pour les 7 premiers mois et 1 600 × 5 = 8 000 € pour les 5 derniers mois, soit 19 900 €. On suppose qu'il a bénéficié d'un 13e mois de 1 658 €. Ce 13e mois n'ayant pas à être retenu (n° 13645), l'indemnité calculée selon la règle du 1/10 est de : 19 900 / 10 = 1 990 €.

Si au cours d'un mois donné de 26 jours ouvrables, le salarié prend 15 jours ouvrables de congés, les calculs à opérer sont les suivants :

– indemnité de congés selon la règle du 1/10 : 1 990 / 30 × 15 = 995 € ;

– indemnité de congés selon la règle du maintien de salaire : 1 600 / 26 × 15 = 923,07 €, montant moins favorable que le 1/10 ;

– salaire proprement dit (le salarié ayant été présent 11 jours ouvrables sur 26) : 1 600 / 26 × 11 = 676,92 €.

Le salarié percevra donc une indemnité de congés de 995 € et un salaire de 676,92 €, soit un total de 1 671,92 €, montant supérieur à son salaire habituel.

PAIEMENT DE L'INDEMNITÉ DE CONGÉS PAYÉS

13675 C. trav. art. D 3141-7 PA-I-23500 s Le paiement des indemnités de congés payés est soumis aux règles applicables au paiement des salaires.

> Précisions **a.** Pour les salariés payés totalement ou en partie au **pourboire,** l'indemnité de congé ne peut pas être prélevée sur la masse des pourboires ou du pourcentage perçu pour le service (C. trav. art. L 3141-26).

b. L'indemnité est soumise à la **prescription** applicable aux salaires (voir n° 70815). Le point de départ de la prescription ne débute qu'à l'expiration de la période légale ou conventionnelle au cours de laquelle les congés auraient pu être pris (Cass. soc. 4-12-1996 n° 93-46.408 PBR : RJS 1/97 n° 51 ; 29-3-2017 n° 15-22.057 F-D : RJS 6/17 n° 412).

c. En cas de **modification de la situation juridique** de l'employeur, voir n° 74690 ; en cas de défaillance d'un **sous-traitant,** voir nos 70735 s. S'agissant du salarié **mis à disposition** d'une filiale étrangère, voir n° 78470, a.

13680 PA-I-23700 s **Date du paiement** Les indemnités de congés payés sont en principe exigibles à **terme échu.** Toutefois, certaines dispositions conventionnelles prévoient le règlement des indemnités au moment du **départ en congés.**

Il est possible, sous certaines conditions, de prévoir une **rémunération mensuelle forfaitaire** incluant l'indemnité de congés due en sus du salaire de base (Cass. soc. 16-12-1992 n° 89-40.827 P : RJS 2/93 n° 160).

> Précisions L'**inclusion de l'indemnité** de congés payés dans la rémunération peut se justifier par des circonstances particulières tenant à l'emploi (salariés payés à la commission par exemple, voir n° 61020). Cette pratique doit résulter d'une convention expresse entre les parties (Cass. soc. 21-9-2016 n° 15-11.033 F-D : RJS 12/16 n° 780) et ne peut être imposée au

salarié par un usage d'entreprise (Cass. soc. 16-1-2001 nº 98-43.144 FS-D : RJS 4/01 nº 466). Elle est en outre subordonnée aux **conditions** suivantes :
– la clause contractuelle doit être transparente et compréhensible pour le salarié (Cass. soc. 14-11-2013 nº 12-14.070 FS-PBR : RJS 2/14 nº 142), ce qui suppose que soient clairement distinguées la part de rémunération correspondant au travail et celle correspondant aux congés et que soit précisée l'imputation de ces sommes sur un congé déterminé devant être effectivement pris (Cass. soc. 22-5-2019 nº 17-31.517 F-PB : RJS 8-9/19 nº 500), conformément à la jurisprudence européenne (CJCE 16-3-2006 aff. 131/04 et 257/04 : RJS 8-9/06 nº 1005). Pour le juge européen, ce type de clause ne doit pas aboutir à ce que le salarié **renonce à prendre ses congés,** ces derniers ne pouvant pas être remplacés par une indemnité, sauf en cas de rupture du contrat de travail ;
– pour le salarié, le résultat ne doit pas être moins favorable que la stricte application des dispositions légales ou conventionnelles (Cass. soc. 2-4-1997 nº 95-42.320 PF-R : RJS 5/97 nº 555 ; 2-7-2014 nº 12-25.752 FS-D : RJS 11/14 nº 778).
Ces règles s'appliquent également à l'indemnité spéciale visée nº 13455, qui est versée lorsque la fermeture de l'entreprise dépasse la durée du congé (Cass. soc. 5-1-1995 nº 90-43.404D ; 2-7-2002 nº 00-46.012 F-D : RJS 10/02 nº 1141).
En cas d'augmentation de la durée des congés après la conclusion d'une convention de forfait, le salarié doit bénéficier d'un complément d'indemnisation (Cass. soc. 17-1-1996 nº 92-42.918 D).

Formalités Le **bulletin de paie** doit indiquer les dispositions légales ou conventionnelles fixant la durée des congés (voir nº 70785) ainsi que, si une période de congés est comprise dans la période de paie, les dates des congés et le montant de l'indemnité correspondante. **13685** C. trav. art. R 3243-1, 12º
Mais l'administration admet que les dates de congés ne figurent que sur le bulletin de paie du mois suivant si elles sont connues trop tardivement et que l'indemnité de congés n'apparaisse pas distinctement en cas de calcul selon la méthode du maintien du salaire (Circ. DRT 30-8-1978 ; 30-3-1989 réputées abrogées).
Les entreprises du bâtiment et des travaux publics affiliées à des **caisses de congés** payés ne font figurer que les dates de congés (Lettre min. 12-5-1978).
Sur la portée de la mention sur le bulletin de salaire d'un **reliquat de congés,** voir nº 13705, a.

2. INDEMNITÉ COMPENSATRICE DE CONGÉS PAYÉS

Le salarié dont le contrat de travail est **résilié avant qu'il ait bénéficié** de la totalité du congé auquel il avait droit doit recevoir une indemnité compensatrice de congé. **13700** C. trav. art. L 3141-28 et L 3141-29 **PA-I-26000 s**
De même, lorsque, au moment de la rupture de son contrat, un salarié **a pris,** par suite de l'ordre des départs, un **congé supérieur** à celui auquel il pouvait prétendre, il doit rembourser le trop-perçu à l'employeur, sauf faute lourde de ce dernier.

› Précisions **a.** La Cour de cassation limite le **remboursement du trop-perçu** au dépassement de droits dû à l'ordre des départs ; il ne peut être demandé lorsque la mise en congés prématurée résulte de la seule volonté de l'employeur, par exemple pour fermeture de l'entreprise (Cass. soc. 10-7-1980 nº 78-40.609 P).
b. L'employeur peut également être tenu de verser une indemnité compensatrice dans les cas de dérogation à la prise des congés visés nº 13175.

CONDITIONS D'ATTRIBUTION

Le versement d'une indemnité compensatrice de congés payés suppose l'existence de **congés non pris** par le salarié et une **rupture de contrat** de travail (du fait du salarié ou du fait de l'employeur). **13705** C. trav. art. L 1234-5 L 3141-28 **PA-I-26150 s**
Le licenciement pour **faute lourde** n'exclut pas le paiement d'une indemnité compensatrice de congés (Cass. soc. 28-3-2018 nº 16-26.013 FS-PB : RJS 6/18 nº 409 ; Cass. soc. 4-7-2018 nº 15-19.597 F-D : RJS 12/18 nº 734). Il en va de même de la rupture du contrat en cours de **période d'essai** (Cass. soc. 11-3-1998 nº 95-44.016 D RJS 4/98 nº 481).

› Précisions **a.** Les **droits à congés** pris en compte sont calculés selon la règle générale, en fonction du temps de travail effectif accompli jusqu'à la date de la rupture du contrat. Voir, pour les titulaires de CDD, nº 20050, pour les travailleurs temporaires, nº 82510 et, pour une salariée licenciée pendant sa grossesse, nº 51320, b.
Le fait de mentionner les congés acquis sur le **bulletin de paie** vaut reconnaissance par l'employeur de ce qu'ils restent dus (Cass. soc. 30-3-1999 nº 97-41.257 D : RJS 5/99 nº 688). Sur la mention de congés reportés d'une année sur l'autre, voir nº 13410.
L'indemnité correspondra aux congés acquis au titre de la période de référence en cours et, éventuellement, aux congés acquis au titre de la **période de référence antérieure** et non pris par le salarié (Cass. soc. 19-11-1987 nº 85-41.364 D ; 20-2-1990 nº 87-40.498 P).

b. Le **préavis** non effectué par suite d'une dispense de l'employeur est considéré comme temps de travail effectif (Cass. soc. 24-11-1992 n° 90-42.764 P : RJS 1/93 n° 42). Il en est de même en cas de licenciement pour une faute qualifiée à tort de grave par l'employeur (Cass. soc. 13-6-1991 n° 89-45.798 P : RJS 10/91 n° 1102). Si le salarié n'est pas dispensé du préavis mais se trouve dans l'incapacité de l'effectuer, sa durée n'est pas retenue pour le calcul de l'indemnité compensatrice (Cass. soc. 21-3-1991 n° 89-42.761 D). Sur le congé de reclassement, voir n° 13335, b.

13707 EXEMPLE

Un salarié quitte une entreprise accordant 30 jours ouvrables le 31 juillet 2021 au soir sans avoir pris les congés auxquels il a droit au titre de la période de référence 1er juin 2020-31 mai 2021 ; il devra percevoir une indemnité correspondant à 35 jours ouvrables de congés, soit 30 jours au titre de la période 1er juin 2020-31 mai 2021 et 5 jours au titre de la période 1er juin 2021-31 juillet 2021.

CALCUL ET PAIEMENT DE L'INDEMNITÉ

13710 PA-I-26950 s

L'indemnité compensatrice de congés payés est calculée selon les mêmes **modalités** que l'indemnité proprement dite : règle du dixième ou maintien du salaire (nos 13610 s.).

Selon l'administration, elle doit être **versée** au moment où le salarié quitte effectivement son travail. Sur la **prescription** de cette indemnité, voir n° 13675, b.

› Précisions **a.** L'indemnité compensatrice de congés payés versée, le cas échéant, pour la **période de référence antérieure** n'entre pas dans l'assiette de calcul de l'indemnité compensatrice de la période de référence en cours (Cass. soc. 17-2-1993 n° 89-44.825 D : RJS 4/93 n° 407).

b. L'**augmentation de salaires,** décidée durant la période de préavis, doit être prise en compte dans le calcul de l'indemnité compensatrice de congés payés (Cass. soc. 12-3-1981 n° 79-41.478).

c. Un **rappel** de salaire doit être pris en compte pour sa fraction se rapportant à la période de référence (Cass. soc. 30-4-2003 n° 00-44.789 F-D : RJS 7/03 n° 874).

d. En cas de versement d'une **indemnité de non-concurrence,** celle-ci doit être prise en compte dans le calcul (Cass. soc. 28-11-2001 n° 99-46.032 FD : RJS 2/02 n° 175 ; 23-6-2010 n° 08-70.233 F-PB : RJS 10/10 n° 754).

e. En cas de **décès du salarié**, l'indemnité compensatrice est versée à ceux des ayants droit qui ont qualité pour obtenir le paiement des salaires arriérés (C. trav. art. L 3141-28).

3. RÉGIME DES INDEMNITÉS

13730 PA-I-24850 s

Les indemnités de congés ont la nature d'un **salaire** (principe résultant de l'article D 3141-7 du Code du travail). Elles bénéficient en conséquence des mêmes règles protectrices (nos 70870 s.) et sont soumises aux mêmes charges sociales et fiscales, notamment : CSG et CRDS, cotisations de sécurité sociale, de chômage et de retraite complémentaire, contributions et taxes assises sur les salaires et impôt sur le revenu.

L'indemnité de congés payés ayant pour but d'assurer à l'intéressé des ressources équivalentes au salaire perdu pendant la durée des congés, elle ne peut pas **se cumuler** avec le salaire (notamment : Cass. soc. 4-4-1990 n° 87-43.703 D).

› Précisions **a.** En cas de **maladie,** voir nos 13510 s.

b. L'indemnité compensatrice ne peut pas se cumuler avec les allocations de **chômage** (n° 6745). Il peut y avoir en revanche cumul de cette indemnité avec l'indemnité compensatrice de préavis. S'agissant de la perception d'une pension d'invalidité, voir n° 44690.

c. En ce qui concerne le régime **fiscal** de la provision pour congés payés, voir Mémento Paie nos 60480 s.

4. CHÈQUES-VACANCES

13755 C. tourisme art. L 411-1 L 411-2 L 411-8 L 411-12 PA-I-38500 s

Les chèques-vacances sont des **titres de paiement** nominatifs, utilisables sur l'ensemble du territoire national et dans l'Union européenne pour régler des dépenses de vacances. Ils sont **distribués** par l'employeur ou le CSE (ou par des organismes paritaires de gestion d'activités sociales créés par accord collectif de branche ou territorial). Peuvent en **bénéficier** les salariés, y compris ceux des particuliers employeurs, les chefs d'entreprise de moins de 50 salariés (au sens indiqué nos 23630 s.), leurs conjoints ou concubins ou partenaires liés par un Pacs ainsi que les personnes à leur charge.

Ce système est purement **facultatif** tant pour les salariés ou assimilés qui peuvent ou non en acquérir que pour l'employeur libre de l'introduire dans l'entreprise selon des modalités d'attribution qu'il définit après consultation du CSE (ou, à défaut, de toute autre instance de concertation).

> Précisions Les chèques sont achetés à l'Agence nationale pour les chèques-vacances (**ANCV** : 36 bis, bd Henri-Bergson 95201 Sarcelles Cedex – tél. : 0 969 320 616 ; www.ancv.com). Ils sont **valables** jusqu'au 31 décembre de la 2e année civile suivant l'année d'émission ; ils peuvent être **échangés** contre des titres d'un même montant avant la fin du 3e mois suivant l'expiration de leur validité. Le bénéficiaire de chèques-vacances peut, sur sa demande motivée présentée avant l'émission des titres, obtenir le remboursement de sa contribution à l'achat des titres.

FINANCEMENT DE L'EMPLOYEUR

La contribution de l'employeur à l'acquisition de chèques-vacances **ne peut dépasser** : 13765 C. tourisme art. L 411-11 D 411-6-1
– 80 % de leur valeur libératoire si la rémunération moyenne du bénéficiaire au cours des 3 derniers mois précédant l'attribution est inférieure au plafond mensuel de la sécurité sociale (n° 90020) ;
– 50 % dans les autres cas.

Ces pourcentages sont **majorés** de 5 % par enfant à charge et de 10 % par enfant handicapé, dans la limite de 15 %.

Par ailleurs, la **contribution annuelle globale** de l'employeur ne peut pas être supérieure à la moitié du produit, évalué au 1er janvier de l'année en cours, du nombre total des salariés de l'entreprise par le Smic brut mensuel.

RÉGIME

La contribution patronale aux chèques-vacances est soumise aux **cotisations de sécurité sociale,** de retraite complémentaire, d'assurance chômage et d'assurance des créances des salariés, à la CSG et à la CRDS (sans application de l'abattement « frais professionnels » visé n° 25110), à la contribution solidarité-autonomie, à la cotisation Fnal, au versement mobilités, aux contributions formation et construction, à la taxe d'apprentissage, à la contribution supplémentaire à l'apprentissage et à la **taxe sur les salaires.** Selon nous, la contribution au dialogue social (nos 84400 s.) est également due. 13770 C. tourisme art. L411-5 L 411-9 à L 411-11 C-I-22700 s

Dans les entreprises de **moins de 50 salariés** (au sens indiqué nos 23630 s.) dépourvues de CSE, ainsi que pour les **particuliers employeurs,** elle est **exonérée** de ces cotisations dans la limite de 30 % du Smic mensuel par bénéficiaire et par an, à l'exclusion de la CSG, de la CRDS et du versement mobilités (Circ. Acoss 68 du 27-3-2003 modifiée par lettre 2011-035 du 24-3-2011), à condition qu'elle respecte les plafonds visés n° 13765, qu'elle soit plus élevée pour les salariés aux revenus les plus faibles, qu'elle ne se substitue pas à un élément de rémunération soumis à cotisations et que son montant et ses modalités d'attribution soient fixés par accord de branche, interentreprises ou d'entreprise ou sur proposition de l'employeur soumise aux salariés.

Elle est exonérée d'**impôt sur le revenu** dans la limite annuelle du montant mensuel du Smic (voir Mémento Paie nos 53060 s.). Sur le forfait social, voir n° 84320.

> Précisions **a.** Le **Smic mensuel** à prendre en compte pour l'exonération sociale est selon le site de l'Urssaf le Smic base 151,67 heures (Site Urssaf "les chèques vacances").

b. Lorsqu'un **redressement de cotisations sociales** a pour origine la mauvaise application des exonérations ci-dessus (dépassement des plafonds visés n° 13765 et/ou de la limite d'exonération de 30 %), ce redressement ne porte que sur la fraction des cotisations et contributions indûment exonérées ou réduites, sauf en cas de mauvaise foi ou d'agissements répétés du cotisant.

c. Lorsque le **CSE** participe avec l'employeur au financement des chèques, la participation est soumise au même régime fiscal et socal que la contribution de l'employeur.

Lorsque le comité finance les chèques, **sans contribution de l'employeur,** l'administration estime que sa participation est exonérée de cotisations sociales (Circ. 31-10-1984 réputée abrogée ; Site Urssaf "les chèques vacances"). L'avantage attribué n'ouvre pas droit en revanche aux exonérations fiscales (Inst. 16-2-1984 ; BOI-RSA-CHAMP-20-50-30 n° 430)

E. Caisses de congés payés

Dans les professions à **travail discontinu,** des « caisses de congés payés » se substituent à l'employeur pour le **paiement des indemnités.** Relèvent de ce régime le bâtiment et les travaux publics (C. trav. art. D 3141-12 à D 3141-37), la manutention des ports, les dockers (C. transports art. R 5343-34 à D 5343-40), les spectacles (C. trav. art. D 7121-28 à D 7121-49), les travailleurs intermittents des transports (C. transports art. D 1325-1 à D 1325-9). 13840 C. trav. art. L 3141-32 PA-I-30000 s

› Précisions a. Sauf dans le BTP où il est possible de déroger à cette règle par accord, les employeurs des professions assujetties aux caisses de congés payés **sont tenus de s'y affilier** pour leur activité principale (celle dans laquelle l'entreprise emploie le plus grand nombre de salariés), mais aussi pour leurs activités **accessoires ou secondaires** (Cass. crim. 11-1-1982 nº 80-93 659 B ; Cass. soc. 22-5-2002 nº 00-13.624 F-D : RJS 8-9/02 nº 1042), même si aucun **salarié n'est affecté spécialement** à cette activité (Cass. 2e civ. 2-3-2004 nº 02-19.218 F-D : RJS 5/04 nº 612 ; Cass. soc. 30-6-2004 nº 02-19.035 F-D : RJS 11/04 nº 1205).

Doit seule être prise en compte l'activité **réellement exercée** par l'entreprise même si elle sous-traite tout ou partie des travaux matériels de construction (Cass. ch. mixte 10-4-1992 nº 88-84.489 P : RJS 6/92 nº 803 ; Cass. soc. 11-7-2001 nº 99-15.987 F-D : RJS 10/01 nº 1224). En présence d'un **objet social** faisant état de prestations de nature à entraîner adhésion obligatoire à la caisse, il incombe toutefois à l'entreprise de démontrer que son activité réelle n'entre pas dans le champ d'application de cette obligation (Cass. soc. 15-11-2006 nº 05-19.124 F-PB : RJS 2/07 nº 286).

L'obligation d'affiliation à une caisse de congés payés s'impose aux employeurs dès le **1er avril** de la première année de référence (Cass. soc. 1-12-2005 nº 04-11.378 FS-PB : RJS 2/06 nº 228).

L'employeur qui ne s'est pas affilié est passible des **sanctions** visées nº 13180 (Cass. crim. 18-1-1982 nº 79-94.810) et doit verser aux salariés les indemnités de congés (Cass. soc. 10-7-1959 nº 3221).

b. Les employeurs affiliés à une caisse de congés payés doivent acquitter les **cotisations** selon les modalités prévues par chaque caisse, des pénalités de retard pouvant être instituées. Le juge peut toutefois reporter ou échelonner le paiement des cotisations en application de l'article 1343-5 du Code civil (Cass. soc. 4-4-2006 nº 04-15.284 F-PB : RJS 7/06 nº 897).

Les employeurs ne peuvent se substituer à une caisse pour verser les indemnités de congés payés, en se dispensant de verser les cotisations (notamment : Cass. soc. 12-2-1987 nº 85-11.975 P ; Cass. 1e civ. 6-5-1997 nº 95-12.001 P : RJS 7/97 nº 875), ni même considérer leur dette de cotisations éteinte du fait que la caisse n'a pas versé les indemnités de congés aux salariés (Cass. soc. 29-10-2003 nº 01-10.006 F-D : RJS 1/04 nº 122).

13845 C. trav. art. D 3141-9 D 3141-34

Les employeurs doivent délivrer aux salariés concernés, avant leur départ en vacances ou à leur départ de l'entreprise, en double exemplaire, un **certificat** justifiant de leurs **droits à congés.** À défaut, ils peuvent être condamnés à réparer le préjudice subi par les salariés (Cass. soc. 24-11-1993 nº 89-43.437 D ; 7-5-1997 nº 95-42.498 D : RJS 7/97 nº 875).

Le point de départ de l'**année de référence** est fixé au 1er avril. Il ne peut pas être dérogé à cette règle ni par accord collectif ni unilatéralement par l'employeur.

› Précisions a. La **durée du congé annuel** ainsi que le montant de l'**indemnité de congés** sont fixés de façon que les salariés des professions à travail discontinu aient les mêmes avantages que ceux du régime général des congés payés. À cet effet, des équivalences sont établies par les textes fixant les règles particulières à chacune des professions susvisées.

b. Le **paiement** de l'indemnité de congés payés est effectué par la caisse sur présentation des attestations remises par les différents employeurs, au moment où le salarié prend ses congés. Toutefois la caisse ne peut pas être condamnée au paiement des indemnités de congés payés pour les périodes non couvertes par les cotisations mises à la charge de l'employeur (Cass. soc. 14-9-2005 nº 03-40.132 F-D : RJS 11/05 nº 1149).

c. Le **tribunal compétent** pour connaître d'un litige entre un salarié et une caisse est le tribunal judiciaire et non le conseil de prud'hommes (Cass. soc. 5-4-2012 nº 11-14.020 F-D : RJS 6/12 nº 569).

d. Sur les cotisations dues au titre des périodes de congés des salariés dont les employeurs sont affiliés à une caisse, voir nº 22375. Sur les contributions formation et les autres taxes sur les salaires, voir nº 38920, d.

CONSEILS DE PRUD'HOMMES

SOMMAIRE

A. Organisation et fonctionnement

1. IMPLANTATION DES CONSEILS DE PRUD'HOMMES

Il est créé au moins un conseil de prud'hommes dans le ressort de chaque tribunal judiciaire. Il peut en être créé plusieurs dans celui d'un même tribunal pour des raisons d'ordre géographique, économique ou social. **14400** C. trav. art. L 1422-1 L 1422-3 R 1422-2 R 1422-3 **M-I-50 s**

Si le conseil est unique, son ressort s'étend à l'ensemble de celui du tribunal judiciaire.

La **liste** et le **ressort** des conseils de prud'hommes figurent en annexe du décret 2019-966 du 18-9-2019. L'**adresse** de chaque conseil peut être obtenue sur www.justice.gouv.fr.

2. COMPOSITION

Les conseils de prud'hommes et leurs différentes formations sont des juridictions paritaires comprenant un nombre égal de salariés et d'employeurs. La composition et le nombre de conseillers ont été fixés, pour chaque conseil, par le décret 2008-515 du 29-5-2008. **14445** C. trav. art. L 1421-1 L 1423-2

SECTIONS

Les conseils de prud'hommes sont divisés en 5 sections autonomes : encadrement, industrie, commerce et services commerciaux, agriculture, activités diverses. Relèvent des sections : **14450** C. trav. art. L 1423-1 L 1423-1-2 R 1423-1 à R 1423-7 **M-I-250 s**

– de l'**encadrement** : les ingénieurs et salariés visés nº 14490 ;

– de l'**industrie,** du **commerce** et de l'**agriculture,** respectivement : employés et ouvriers de l'industrie, des services commerciaux, de l'agriculture ;

– des **activités diverses** : les ouvriers et employés dont les employeurs n'exercent pas une activité industrielle, commerciale ou agricole, ainsi que les employés de maison, concierges et gardiens d'immeubles à usage d'habitation.

› Précisions **a.** Lorsque le ressort d'un tribunal judiciaire comprend plusieurs conseils de prud'hommes, il est constitué une **section agricole** unique pour l'ensemble de ce ressort. Cette section est rattachée au conseil de prud'hommes du siège de ce tribunal, sauf dans les départements de l'Ardèche et du Val-d'Oise. À l'échelle du département, le nombre de sections de l'agriculture peut encore être réduit compte tenu du nombre et de la variété des affaires traitées.

b. Sous réserve des dispositions relatives à la section de l'encadrement, les affaires sont réparties entre les sections au regard du champ d'application de la convention ou de l'accord collectif dont relève le salarié partie au litige. Un **tableau de répartition** rattache chaque convention ou accord de branche à une section. En l'absence de convention ou d'accord applicable, la section de rattachement est celle des activités diverses. Ce tableau, fixé par arrêté

pour chaque désignation générale des conseils de prud'hommes, demeure applicable même en cas de dénonciation ou mise en cause d'une convention ou d'un accord y figurant. Pour le mandat 2018-2021 (nº 14470), il figure dans un arrêté ETST1703456A du 1-3-2017.
c. En cas de **difficulté d'attribution d'un litige** à l'une des sections du conseil, son président désigne par ordonnance, après avis du vice-président, la section compétente. Cette décision, considérée comme une mesure d'administration judiciaire, n'est pas susceptible de recours. La difficulté doit être soulevée devant le bureau de conciliation ou avant toute défense au fond si l'affaire est portée directement devant le bureau de jugement.

CHAMBRES

14455 C. trav. art. R 1423-8 à R 1423-10

Les sections peuvent être **divisées** en chambres, sur proposition de l'assemblée générale du conseil de prud'hommes, par décision du premier président de la cour d'appel.
Toute section comportant plusieurs chambres doit comprendre une chambre compétente pour connaître des litiges relatifs aux **licenciements pour motif économique.**

PRÉSIDENCE

14460 C. trav. art. L 1423-3 à L 1423-6 R 1423-11 à R 1423-13 M-I-7800 s

Les conseillers prud'hommes élisent **chaque année,** par éléments séparés (c'est-à-dire salariés d'un côté, employeurs de l'autre), un président et un vice-président. Le président est **alternativement** un salarié ou un employeur. Lorsque le président est choisi parmi les salariés, le vice-président ne peut l'être que parmi les employeurs et réciproquement. L'**élection** a lieu au scrutin secret et à la majorité absolue des membres présents réunis en assemblée.
Élus pour un an et rééligibles, ils restent **en fonction** jusqu'à l'installation de leurs successeurs.

FORMATIONS

14465 C. trav. art. L 1423-12 L 1423-13 R 1423-34 R 1423-35 M-I-630 s

Chaque section ou, lorsqu'elle est divisée en chambres, chaque chambre comprend au moins :
– un **bureau de conciliation** et d'orientation (BCO) composé d'un conseiller employeur et d'un conseiller salarié ;
– un **bureau de jugement** composé de 2 conseillers employeurs et de 2 conseillers salariés.
Le bureau de jugement peut aussi siéger, sur décision du BCO, en **formation restreinte** composée d'un conseiller de chaque collège, ou en formation **présidée par un magistrat** désigné dans le ressort du tribunal judiciaire, même en l'absence de partage de voix, dans les cas visés nº 14755.
Chaque conseil comprend en outre une formation de **référé** composée d'un conseiller employeur et d'un conseiller salarié.

3. DÉSIGNATION

MODALITÉS

14470 C. trav. art. L 1441-1 à L 1441-4 L 1441-24 R 1441-23 R 1441-24 M-I-1500 s

Les conseillers prud'hommes sont **nommés tous les 4 ans** par arrêté, sur proposition des organisations syndicales de salariés et professionnelles d'employeurs. La nomination se déroule l'année suivant chaque cycle de mesure de l'audience syndicale pour le collège salarié et de l'audience patronale pour le collège employeur.
Des **désignations complémentaires** sont organisées en cours de mandat selon les modalités visées nº 14515.

› Précisions **a.** Les conseillers prud'hommes ont été nommés par arrêté MTRT1735267A du 14-12-2017 pour la **période 2018-2021.** Concernant les conséquences du Covid-19 sur le prochain renouvellement général, voir nº 14550.
b. **L'arrêté de nomination,** qui intervient après vérification administrative que chaque candidature individuelle remplit les conditions visées nos 14480 s., peut être **contesté** devant le tribunal administratif statuant en premier et dernier ressort dans les 10 jours suivant sa publication au Journal officiel, par tout candidat ou mandataire de liste.
c. En cas d'**expiration du mandat** des conseillers prud'hommes sortants avant la période fixée pour l'installation de leurs successeurs, ils restent en fonction jusqu'à cette installation.

14475 C. trav. art. L 1441-4 à L 1441-5

Le **nombre de sièges** attribués pour la durée du mandat aux organisations syndicales et professionnelles par conseil de prud'hommes, collège et section est fixé par arrêté en fonction de leur audience et du nombre de conseillers à nommer pour chaque collège et chaque section de chaque conseil.
Un recours devant le Conseil d'État peut être formé contre cet arrêté par une organisation syndicale ou professionnelle dans les 15 jours suivant sa publication.

> Précisions Pour déterminer le nombre de sièges attribués à chaque organisation, l'administration tient compte de la **mesure de l'audience** dans les conditions suivantes :
– pour les **organisations syndicales de salariés,** en fonction des suffrages obtenus au niveau départemental par chaque organisation, selon les règles définies n°s 73140 s. ;
– pour les **organisations professionnelles d'employeurs,** l'audience est déterminée au niveau national. Sont pris en compte, chacun à hauteur de 50 %, le nombre d'entreprises employant au moins un salarié et adhérant à une organisation patronale et le nombre de salariés employés par ces mêmes entreprises.

CANDIDATURES

Conditions Pour pouvoir être candidats à un mandat de conseiller prud'homme, les salariés, employeurs, demandeurs d'emploi et personnes ayant cessé d'exercer une activité professionnelle doivent : **14480** C. trav. art. L 1441-6 à L 1442-10 R 1441-14 R 1441-15 M-I-2100 s
– être de nationalité française ;
– être âgés d'au moins 21 ans ;
– ne pas avoir au bulletin n° 2 du casier judiciaire de mention incompatible avec l'exercice de fonctions prud'homales et n'être l'objet d'aucune interdiction, déchéance ou incapacité relative aux droits civiques ;
– avoir exercé une activité professionnelle pendant au moins 2 ans dans les 10 ans précédant la candidature ou justifier d'un mandat prud'homal dans ces 10 ans.

> Précisions a. Nul ne peut être candidat sur plus d'une liste de candidature, dans plus d'une section, ni dans un conseil de prud'hommes, un collège ou une section autres que ceux au titre desquels il remplit les conditions pour être candidat. En cas de **méconnaissance** de cette règle, aucune candidature d'un même candidat n'est recevable.
b. Le conseiller prud'homme déclaré déchu ne peut pas être candidat.
Le conseiller nommé refusant de se faire installer ou déclaré démissionnaire ou réputé démissionnaire ne peut pas être candidat pendant les 4 ans suivants.
c. La **nationalité** française et l'**absence de condamnation** ou de mention au casier judiciaire s'apprécient à la date de nomination, les autres conditions à la date d'ouverture du dépôt des candidatures, fixée par arrêté.
d. Sont **compatibles** avec la fonction de conseiller prud'homme la profession d'avocat (Décret 91-1197 du 27-11-1991) et la fonction d'assesseur devant le tribunal judiciaire (COJ art. L 218-4), mais pas la fonction de **conseiller** assistant les salariés lors de l'entretien préalable à leur licenciement (n°s 47580).

Détermination du conseil Les candidats peuvent se présenter dans la section du conseil de prud'hommes dans le **ressort** duquel ils exercent (ou ont exercé, s'agissant des demandeurs d'emploi et retraités) leur activité principale, ou dans la section de même nature d'un conseil **limitrophe.** **14485** C. trav. art. L 1441-11 M-I-2450 s
Les demandeurs d'emploi, retraités et VRP peuvent en outre opter pour le conseil de prud'hommes dans le ressort duquel est situé leur domicile ou un conseil limitrophe.
Les employés de maison et leurs employeurs sont candidats seulement dans le conseil dans le ressort duquel est situé leur domicile ou dans un conseil limitrophe.
La notion de conseil limitrophe s'apprécie, en ce qui concerne la section de l'**agriculture,** en fonction du ressort de cette section (voir n° 14450).

Section et collège de rattachement Sauf s'ils disposent d'une délégation particulière d'autorité (n° 14500), relèvent de la section de l'**encadrement** du collège **salariés** : **14490** C. trav. art. L 1423-1-2 L 1441-14 M-I-2600 s
– les ingénieurs et les salariés qui, même s'ils n'exercent pas de commandement, ont une formation équivalente constatée ou non par un diplôme ;
– les salariés qui, ayant acquis une formation technique, administrative, juridique, commerciale ou financière, exercent un commandement par délégation de l'employeur ;
– les agents de maîtrise qui ont une délégation écrite de commandement ;
– les VRP.

> Précisions a. La délégation écrite de commandement exigée pour les **agents de maîtrise** doit être, d'après l'administration, durable, effective, personnelle et non délivrée exclusivement pour permettre la candidature ; elle peut prendre la forme d'une clause du contrat de travail ou d'un document spécifique (Circ. DGT 6 du 10-4-2008, réputée abrogée).
La Cour de cassation juge que la délégation doit conférer personnellement aux intéressés des **pouvoirs distincts** de ceux normalement exercés par tout agent de maîtrise (Cass. soc. 30-11-1982 n° 82-60.454). Ainsi :
– le seul fait d'exercer un commandement ou d'avoir d'autres salariés sous ses ordres ne suffit pas pour relever de la section encadrement (Cass. soc. 3-12-1982 n° 82-60.594) ;
– la délégation ne peut pas être reconnue lorsque le justificatif produit est une note de service destinée essentiellement à l'information

du personnel et indiquant seulement la nomination du salarié comme « technicien d'encadrement » sans référence ni à une définition précise, ni à une délégation expresse de commandement (Cass. soc. 30-11-1982 nº 82-60.573).

b. Les **VRP** relèvent de la section de l'encadrement s'ils sont statutaires (Cass. soc. 21-11-1979 nº 79-60.682). À défaut, ils doivent remplir les conditions posées pour l'une des autres catégories de personnel d'encadrement.

14495 C. trav. art. L 1441-13

Relèvent du collège salariés dans les **sections de l'industrie, du commerce et des services commerciaux, de l'agriculture et des activités diverses** :

– les salariés non cadres ;
– les salariés titulaires d'un contrat d'apprentissage ou de formation en alternance ;
– les demandeurs d'emploi ;
– les personnes précitées ayant cessé toute activité professionnelle.

L'appartenance des candidats aux différentes sections est déterminée au regard du champ d'application de la **convention** ou de l'accord collectif dont ils relèvent, selon le tableau de répartition des affaires mentionné nº 14450, b.

14500 C. trav. art. L 1441-12

Peuvent être candidats dans le collège des **employeurs** :

– les personnes employant pour leur compte ou pour le compte d'autrui un ou plusieurs salariés (ou leur conjoint collaborateur sur leur mandat exprès et si elles ne sont pas déjà candidates) ;
– les cadres détenant, sur un service, un département ou un établissement de l'entreprise, une délégation particulière d'autorité, établie par écrit, permettant de les assimiler à un employeur ;
– les associés en nom collectif, les présidents des conseils d'administration, les directeurs généraux et directeurs.

› Précisions **a.** Les représentants de la personne morale au sein des **sociétés anonymes** et des **associations** relèvent du collège employeurs sans qu'il soit nécessaire de vérifier s'ils exercent effectivement les fonctions d'employeur. Les autres mandataires sociaux (gérants de SARL, d'EURL, de sociétés en commandite simple ou par actions) relèvent du collège employeurs s'ils ont un pouvoir de direction à l'égard du personnel (Circ. DGT 6 du 10-4-2008, réputée abrogée).

b. La **délégation d'autorité** des cadres doit être personnelle, durable et effective. Elle peut concerner une division de l'entreprise (directeur commercial, directeur du personnel...) ; le cadre doit disposer d'une partie des pouvoirs juridiques, économiques ou techniques de l'employeur (Circ. DGT 6 du 10-4-2008, réputée abrogée). La délégation peut prendre la forme d'un document spécifique ou d'une clause du contrat de travail. Le défaut de délégation écrite conduit le cadre concerné à relever de la section de l'encadrement du collège salariés : nº 14490 (C. trav. art. R 1441-16).

14505 C. trav. art. L 1441-18 à L 1441-23 R 1441-20 à R 1441-22 **M-I-3320 s**

Listes de candidats La déclaration des candidatures résulte du **dépôt** d'une liste de candidats pour chaque conseil de prud'hommes par les mandataires des organisations auxquelles des sièges ont été attribués. Cette liste est déposée par voie **dématérialisée** depuis le site www.designation-prudhommes.gouv.fr et doit, à la **date de clôture** du dépôt des candidatures :

– être **composée** alternativement d'un candidat de chaque sexe ;
– ne pas comporter un **nombre** de candidats supérieur au nombre de postes attribués par section et conseil de prud'hommes ;
– **préciser** le nom de l'organisation, ainsi que le conseil de prud'hommes, le collège et la section au titre desquels les candidats sont présentés ;
– être accompagnée de la **déclaration individuelle** de candidature de chaque candidat.

› Précisions **a.** Dans sa **déclaration, le candidat** doit justifier (documents à l'appui) qu'il remplit les conditions pour être candidat, donner mandat pour être présenté par l'organisation sur la liste de laquelle il figure, déclarer sur l'honneur ne faire l'objet d'aucune interdiction, déchéance ou incapacité relative à ses droits civiques et ne pas exercer de fonction incompatible avec un mandat de conseiller prud'homme.

b. À compter de la date de dépôt des candidatures, le **mandataire de liste** notifie à l'**employeur de chacun des salariés candidats,** par tout moyen lui conférant date certaine, le nom du salarié de l'entreprise concernée qu'il entend présenter sur sa liste de candidats. Il communique simultanément ces informations à l'inspection du travail.

c. L'**employeur du mandataire de liste** doit lui laisser le temps nécessaire pour remplir ses fonctions, qui est assimilé à du temps de travail effectif. S'il est délégué syndical, le mandataire peut utiliser le crédit d'heures dont il dispose à ce titre. L'exercice de ces fonctions ne peut pas être une cause de sanction ou de licenciement.

DÉSIGNATIONS COMPLÉMENTAIRES

Pour pourvoir aux **sièges vacants** en cours de mandat, il est procédé à des désignations complémentaires, sur proposition du garde des Sceaux et au moins une fois par an, selon un calendrier fixé par arrêté, sauf l'année précédant la désignation générale des conseillers prud'hommes. **14515** C. trav. art. L 1441-27 à L 1441-31 R 1441-25 R 1441-26 **M-I-4000 s**

› Précisions Les **conseillers** sont **nommés** conjointement par les ministres de la justice et du travail, pour la durée du mandat restant à courir. Les conditions et modalités de candidature sont les mêmes que pour la désignation générale (nos 14480 s.).

Cependant, la **liste de candidats** doit être **composée,** pour chaque organisation, de manière que l'écart entre le nombre de femmes et d'hommes parmi le nombre de conseillers désignés dans chaque conseil ne soit pas supérieur à un ou, lorsque la liste comprend un nombre de candidats inférieur au nombre de sièges restant à pourvoir, de manière à diminuer l'écart entre le nombre de conseillers de chaque sexe. Aucune liste ne peut comporter un **nombre** de candidats supérieur au nombre de postes restant à pourvoir par section et conseil de prud'hommes.

4. STATUT DES CONSEILLERS PRUD'HOMMES SALARIÉS

EXERCICE DES FONCTIONS

Les employeurs laissent aux salariés ayant la qualité de conseillers prud'hommes le **temps nécessaire** pour se rendre et participer aux activités prud'homales limitativement énumérées à l'article R 1423-55 du Code du travail (prestations de serment, étude préparatoire des dossiers, participation aux audiences, rédaction des décisions, etc.). Ces activités ouvrent droit à indemnisation fixée pour chacune des prestations par les articles D 1423-65 à D 1423-68. Cette indemnisation se fait sous la forme soit de vacations (nº 14530), soit d'un maintien de la rémunération lorsque l'activité prud'homale est exercée pendant les heures de travail (nº 14525). **14520** C. trav. art. L 1442-5 L 1442-6, al. 1 L 1443-1 **M-I-9000 s**

› Précisions **a.** Le **délit d'entrave,** passible d'un an d'emprisonnement et de 3 750 € d'amende, est constitué par tout fait portant atteinte ou visant à porter atteinte à l'indépendance ou à l'exercice des fonctions de conseiller prud'homme, comme, par exemple, ne pas laisser à un conseiller salarié le temps nécessaire pour exercer ses fonctions (Cass. crim. 4-10-1988 nº 86-96.874).

b. Le temps passé hors de l'entreprise pendant les heures de travail par les conseillers est assimilé à un temps de **travail effectif** pour la détermination de la durée des congés payés, du droit aux prestations d'assurances sociales et de tous les droits que le salarié tient de son ancienneté dans l'entreprise, ainsi que pour le paiement d'heures supplémentaires (Cass. soc. 25-5-2005 nº 03-43.373 : RJS 10/05 nº 1020).

c. Le conseiller est remboursé par l'État des **frais de déplacement** qu'il engage pour l'exercice de son activité dans les conditions prévues par le décret 2006-781 du 3-7-2006 applicable aux magistrats et fonctionnaires. Les **frais de transport** entre le siège du conseil et le domicile ou le lieu de travail du conseiller sont remboursés lorsqu'ils couvrent une distance supérieure à 5 kilomètres et n'excèdent pas la distance séparant le siège du conseil de la commune la plus éloignée du ressort du ou des conseils limitrophes (C. trav. art. D 1423-64).

INDEMNISATION

Les absences de l'entreprise justifiées par l'exercice des fonctions des conseillers salariés, qu'ils appartiennent au collège salariés ou employeurs (Cass. soc. 12-10-2005 nº 03-47.749 : RJS 1/06 nº 79), n'entraînent aucune diminution de leurs **rémunérations** et des avantages y afférents. L'État **rembourse** à l'employeur ces rémunérations et avantages ainsi que les charges sociales correspondantes. Par exemple, une prime d'habillage, constituant un de ces avantages, doit être maintenue (Cass. soc. 13-10-2004 nº 02-47.725 : RJS 1/05 nº 68). Si l'**horaire** est **supérieur à la durée légale,** la charge des majorations pour heures supplémentaires est répartie entre l'État et l'employeur proportionnellement au temps passé à chaque fonction. Sur le calcul de ces heures, voir nº 14520. **14525** C. trav. art. L 1442-6, al. 2 et 3 D 1423-71 D 1423-59

› Précisions **a.** Le **remboursement** mensuel est **effectué** au vu d'un état des absences établi par l'employeur et contresigné par le salarié, accompagné d'une copie du bulletin de salaire (sur lequel ces heures d'absences autorisées ne doivent pas être mentionnées : voir nº 70795) ; ces documents doivent être adressés au greffier en chef de la juridiction concernée, au plus tard dans l'année civile suivant l'année d'absence du salarié de l'entreprise.

b. Le temps déclaré par le salarié comme consacré à ses activités prud'homales est présumé exact en l'absence de tout moyen de **contrôle** sur la réalité de son activité juridictionnelle (CA Chambéry 12-9-2007 nº 06-697 : RJS 11/07 nº 1200).

c. Des **modalités d'indemnisation particulières** sont prévues pour certains salariés par les articles D 1423-60 à D 1423-63-1 du Code du travail : ceux rémunérés à la commission, en

travail continu de jour, postés de nuit, exerçant leur activité en dehors de tout établissement et sous convention de forfait en jours sur l'année.
d. Les **présidents** et **vice-présidents** de conseils de prud'hommes, de section des conseils et de chambre du conseil de Paris bénéficient du maintien de leur salaire ou de vacations, selon le cas, pour l'exercice de leurs fonctions administratives (dans la limite de temps maximum fixée aux articles D 1423-72 à D 1423-75).

14530 C. trav. art. D 1423-56 D 1423-57

Des **vacations,** dont le taux horaire est fixé à 8,40 €, sont allouées aux conseillers **salariés** exerçant leurs fonctions hors des heures de travail ainsi qu'à ceux ayant cessé leur activité professionnelle ou qui sont demandeurs d'emploi.

Les conseillers **employeurs** bénéficient aussi de vacations : 8,40 € par heure pour ceux exerçant leurs fonctions avant 8 heures et après 18 heures ou ayant cessé leur activité professionnelle ; 16,80 € pour ceux exerçant leurs fonctions entre 8 heures et 18 heures.

CONGÉ-FORMATION

14535 C. trav. art. L 1442-1 L 1442-2 R 1442-2 D 1442-1 à D 1442-10-6 **M-I-10000 s**

Les employeurs accordent à leurs salariés conseillers prud'homaux, sur leur demande et pour les besoins de leur formation, des **autorisations d'absence** dans la limite de 5 jours par mandat pour leur **formation initiale,** et 6 semaines par mandat au titre de la **formation continue.**

Ces autorisations sont **rémunérées** par l'employeur et ne peuvent pas être imputées sur la durée du congé payé annuel. Elles sont assimilées à du **travail effectif** pour la détermination de la durée des congés payés et pour l'ensemble des droits résultant du contrat de travail, y compris les titres-restaurant (Cass. soc. 20-2-2013 n° 10-30.028 : RJS 5/13 n° 383).

› Précisions a. Le conseiller souhaitant suivre une formation en **informe l'employeur** par tout moyen lui conférant date certaine, au moins 30 jours à l'avance en cas d'absence égale ou supérieure à 3 jours de travail consécutifs, 15 jours dans les autres cas. La lettre précise la date, la durée et les horaires du stage ainsi que le nom de l'établissement ou de l'organisme responsable.
L'organisme chargé du stage délivre au salarié une **attestation** constatant sa présence au stage, à remettre à l'employeur au moment de la reprise du travail.
L'absence n'est pas prise en compte pour déterminer le quota d'absences simultanées au titre du congé de formation économique, sociale et syndicale. Il en va de même s'agissant du congé individuel de formation (CIF) accordé jusqu'au 31-12-2018. Selon nous, cette règle devrait également trouver à s'appliquer au CPF de transition professionnelle (CPF-TP), qui a remplacé le CIF le 1-1-2019 (sur ce dispositif, voir n°s 38310 s.).
b. La **formation initiale** est obligatoire pour les conseillers nouvellement désignés n'ayant jamais exercé de mandat prud'homal. Organisée par l'École nationale de la magistrature, elle porte sur l'organisation du conseil, le statut et la déontologie des conseillers. Elle doit être suivie dans un délai de 15 mois à compter du 1er jour du 2e mois suivant la nomination. À défaut, le conseiller est réputé démissionnaire de son mandat sur constat du Premier président de la cour d'appel qui en informe le greffe du conseil de prud'hommes concerné, lequel adresse, dans les 8 jours, une lettre à l'employeur du conseiller faisant état de la cessation de ses fonctions. Voir toutefois les mesures temporaires Covid-19 visées n° 14550.
c. Le conseiller doit avoir commencé la formation initiale pour suivre la **formation continue.** Les 6 semaines de formation au sens de la loi correspondent à 6 jours de formation pendant 6 semaines, soit 36 jours au total, peu important la répartition hebdomadaire de l'horaire de travail dans l'entreprise (Cass. soc. 19-11-1996 n° 94-43.012 : RJS 12/96 n° 1311).
L'organisation et le financement de la formation continue sont assurés par l'État. Celle-ci peut être dispensée par des établissements publics (notamment établissement d'enseignement supérieur agréé) ou des organismes privés agréés (Liste publiée par arrêté MTRT1808926A du 30-3-2018 : JO 4-4).

PROTECTION DE L'EMPLOI

14540 C. trav. art. L 1442-19 L 2411-22 **M-I-10750 s**

L'exercice des fonctions de conseiller prud'homme et la participation aux différentes tâches qui en résultent ne peuvent pas être une cause de sanction ou de rupture du contrat de travail du salarié. L'employeur qui licencie un salarié absent pour cette raison est coupable de **discrimination syndicale** (Cass. crim. 6-5-2008 n° 07-80.530 : RJS 8-9/08 n° 923).

La **rupture du contrat** à l'initiative de l'employeur est par ailleurs soumise à la procédure d'**autorisation** de l'inspecteur du travail (n°s 63300 s.). Le salarié ne peut toutefois se prévaloir de cette protection que s'il a informé l'employeur de son mandat (voir n° 63250), bien qu'elle coure en principe à compter de la publication de l'arrêté de nomination.

› Précisions a. Le conseiller prud'homme bénéficie de la protection contre le **licenciement** même lors d'une procédure de sauvegarde, de redressement ou de liquidation judiciaires (C. trav. art. L 2411-1, 17°). La **procédure spécifique** de licenciement **s'applique** aux conseillers en fonctions et à ceux les ayant **cessées** depuis moins de 6 mois. En cas de démission,

ce délai ne commence à courir qu'à compter du jour où elle est définitive, c'est-à-dire un mois après l'expédition de la lettre du salarié informant de sa décision le président du conseil (Cass. crim. 6-5-2008 n° 07-80.530 : RJS 8-9/08 n° 923).
Les **candidats** sont protégés dès réception par l'employeur de la notification de candidature ou lorsque le salarié prouve que l'employeur avait eu connaissance de l'imminence de sa candidature et pendant 3 mois après publication de l'arrêté de nomination des conseillers prud'hommes, si leur nom figure sur la liste de candidats déposée à l'administration.
Les conseillers prud'hommes titulaires d'un **CDD** (y compris à caractère saisonnier) ou d'un contrat de travail **temporaire** sont également protégés dans les conditions visées n°s 63455 s. (C. trav. art. L 2412-13 et L 2413-1, 13°).
b. En cas d'**annulation** de l'**autorisation,** le salarié conseiller prud'homme bénéficie du droit à réintégration visé n°s 63510 s. (Cass. soc. 12-5-1998 n° 95-44.214 : RJS 6/98 n° 777).
c. Le **non-respect** de la **procédure** de licenciement entraîne application des sanctions visées n°s 63540 s. Ce fait est par ailleurs puni d'un an d'emprisonnement et d'une amende de 3 750 € (C. trav. art. L 2438-1).

PROTECTION SOCIALE

14545 CSS art. L 311-3, 21° D 311-1, 22° L 412-8, 6° D 412-78 s M-I-10550 s

Les conseillers prud'hommes sont protégés contre le risque **accident du travail** pour l'ensemble des activités entrant dans le cadre de leurs missions, y compris les stages de formation.
Les **accidents de trajet** sont également garantis (Circ. SS 9 du 22-2-1980, réputée abrogée).
De manière générale, le temps passé à l'exercice des fonctions prud'homales est assimilé à du **travail effectif** pour le droit aux prestations d'assurances sociales (n° 14520, b).

› Précisions Le salarié **victime d'un accident** du travail ou de trajet dans l'exercice de ses fonctions prud'homales doit bénéficier du **maintien de son salaire** par l'employeur, déduction faite du montant des indemnités journalières. Le salaire maintenu est remboursé par l'État conformément aux dispositions visées n° 14525 (Lettre min. 18 du 24-1-1990).
Le conseiller prud'homme qui perçoit les **vacations** horaires visées n° 14530 est affilié au **régime général** de sécurité sociale en qualité de collaborateur occasionnel du service public au titre de ces vacations.

14550

Mesures Covid-19

Le prochain **renouvellement général des conseillers** prud'hommes pour le mandat 2022-2025 est reporté à 2022. Les mandats en cours qui devaient expirer le 31-12-2021 sont prorogés et les mandats suivants réduits d'autant afin de revenir au calendrier légal (loi 2020-734 du 17-6-2020 art. 43) : voir FRS 12/20 inf. n°s 67 à 71 p. 12.
Les délais de **formation initiale des conseillers** prud'hommes sont prolongés de 6 mois ou d'un an (Décret 2020-482 du 27-4-2020, art. 5 à 7) : voir BS 6/20 inf. 364.

B. Compétence

1. COMPÉTENCE D'ATTRIBUTION

LITIGES ENTRE SALARIÉS ET EMPLOYEURS

14610 C. trav. art. L 1411-1 M-I-12000 s

Sauf exception et sous réserve que soient réunies les 4 conditions énumérées n°s 14615 s., les **différends individuels** qui peuvent s'élever à l'occasion de tout contrat de travail entre les employeurs ou leurs représentants et les salariés relèvent de la compétence des conseils de prud'hommes.
Le conseil de prud'hommes est compétent pour statuer sur l'existence d'un contrat de travail et sur la détermination de la qualité d'employeur (Cass. soc. 7-12-2005 n° 04-46.625 : RJS 2/06 n° 259), une telle action pouvant être engagée par l'**héritier** du travailleur décédé (Cass. soc. 13-5-2009 n° 07-40.934 : RJS 7/09 n° 597).
Le conseil de prud'hommes est compétent pour connaître des litiges relatifs à l'application du contrat de **VRP** (n° 61035) et à la **rupture conventionnelle** homologuée (n° 69145).

› Précisions **a.** Certaines **exceptions** à la compétence du conseil de prud'hommes sont prévues par le Code de l'organisation judiciaire (contentieux de la sécurité sociale), le Code rural (mutualité sociale agricole et accidents du travail) ou le Code des transports.
Par ailleurs, ne relèvent pas de sa compétence les saisies sur salaire, les contestations en matière d'élections ou désignation des représentants du personnel, les demandes concernant les droits des salariés à la participation aux résultats de l'entreprise, les litiges relatifs aux

inventions des salariés et ceux concernant les avocats salariés. Sur le juge compétent pour connaître de l'action en responsabilité délictuelle des salariés d'une filiale à l'encontre de la société mère d'un groupe, voir n° 48625.
b. Le caractère d'**ordre public** des règles de compétence d'attribution interdit toute convention dérogeant à ces règles (Cass. soc. 21-7-1986 n° 84-45.548). De plus, l'existence d'une **procédure conventionnelle** de règlement des litiges applicable dans l'entreprise ne peut en aucun cas constituer un préalable obligatoire à la saisine du conseil de prud'hommes (Cass. soc. 5-12-2012 n° 11-20.004 : RJS 2/13 n° 162 ; 19-3-2014 n° 13-10.021 : RJS 6/14 n° 506).
Les **incidents de compétence** doivent être soulevés avant toute défense au fond (C. trav. art. R 1451-2).

14615 M-I-12930 s **Existence d'un contrat de travail** La compétence du conseil de prud'hommes est subordonnée à l'existence d'un contrat de travail au sens de la législation du travail (voir n° 4270).

› Précisions L'**affiliation** à une caisse d'assurance maladie des travailleurs salariés ne suffit pas pour établir l'existence d'un contrat de travail (Cass. soc. 10-1-1973 n° 72-40.315).
Le litige concernant les conditions d'emploi du **gérant d'un fonds de commerce ou d'une station-service,** astreint à des obligations le plaçant dans une dépendance étroite à l'égard de la société, peut être porté devant le conseil de prud'hommes (notamment : Cass. soc. 23-5-2000 n° 97-42.063 : RJS 7-8/00 n° 881 ; 22-3-2006 n° 05-42.233 : RJS 6/06 n° 777), mais pas celui portant sur les modalités commerciales d'exploitation du fonds (Cass. soc. 8-3-2006 n° 04-17.059 : RJS 6/06 n° 766 ; 14-1-2015 n° 13-20.707 : RJS 3/15 n° 207).
Un litige entre un **travailleur à domicile** et le donneur d'ouvrage relève de la compétence prud'homale bien que le Code du travail définissant le statut de ce travailleur n'exige pas un lien de subordination entre les parties (Cass. soc. 19-7-1988 n° 85-42.847 ; 20-6-1990 n° 87-16.607).
De même, malgré l'absence de contrat de travail entre les professeurs de l'**enseignement privé** sous contrat d'association et leur établissement (C. éduc. art. L 442-5), relève de la compétence prud'homale le litige relatif à l'application d'une clause d'un accord d'entreprise (T. confl. 17-12-2012 n° 3883), ainsi qu'au paiement des heures de délégation d'un enseignant représentant du personnel (Cass. soc. 18-11-2008 n° 07-42.921 : RJS 2/09 n° 219 ; CE 28-11-2008 n° 319620).

14620 C. trav. art. L 1411-2 M-I-13800 s **Caractère privé du contrat** Seuls relèvent en principe du conseil de prud'hommes les salariés exerçant leur activité pour le compte d'un **employeur** de droit privé. Sont exclus de la compétence prud'homale les litiges concernant les personnels des services publics, sauf ceux employés dans les conditions du droit privé.
Sont aussi exclus de cette compétence les litiges expressément **attribués par la loi** à la juridiction administrative ; ainsi jugé pour le personnel de la **Banque de France** (Cass. soc. 10-5-1995 n° 92-40.352 : RJS 6/95 n° 686 ; 30-5-1996 n° 92-42.122).

› Précisions a. Relèvent du conseil de prud'hommes les litiges nés de contrats de travail conclus avec une **association** loi 1901, celle-ci étant un organisme privé même lorsqu'elle est investie d'une mission de service public (T. confl. 4-5-1987 n° 2246 ; Cass. soc. 30-9-2004 n° 02-43.655 : RJS 12/04 n° 1311), lorsqu'elle est créée à l'initiative d'une chambre de commerce et d'industrie (CE 1-2-1995 n° 142693 : RJS 3/95 n° 308), ou si les contrats de travail ont été conclus avec des personnes ayant par ailleurs la qualité d'agent d'une administration territoriale (Cass. soc. 4-5-1993 n° 89-42.572 : RJS 7/93 n° 776) ou si ces agents ont été mis à la disposition de l'association (Cass. soc. 15-6-2010 n° 09-69.453 : RJS 8-9/10 n° 706).
b. Sauf exception (notamment personnel de droit privé transféré à un service public administratif par l'effet de l'article L 1224-1 du Code du travail : voir n° 74645, c), les **salariés non statutaires** travaillant pour le compte d'un **service public administratif** géré par une personne publique sont des agents contractuels de droit public, quel que soit leur emploi. Les litiges susceptibles de les opposer à leur employeur relèvent en conséquence du juge administratif (T. confl. 25-3-1996 n° 3000 : RJS 7/96 n° 851 ; 2-3-2009 n° 3674 : RJS 5/09 n° 483 ; Cass. soc. 18-6-1996 n° 95-40.491 : RJS 8-9/96 n° 966 ; 15-6-2016 n° 15-15.343 : RJS 8-9/16 n° 587). Relèvent de cette dernière juridiction les litiges relatifs au **travail pénitentiaire** (T. confl. 14-10-2013 n° 3918 : RJS 12/13 n° 845).
c. Les agents affectés à un **service public industriel et commercial,** gérés dans les conditions du droit privé (SNCF, EDF-GDF, RATP, etc.), relèvent exclusivement des conseils de prud'hommes, sauf s'ils exercent les fonctions de directeur ou de chef de la comptabilité ayant la qualité de comptable public (T. confl. 22-2-1960 n° 1709 ; 15-11-2004 n° 3425 : RJS 3/05 n° 316 ; Cass. soc. 18-12-2007 n° 06-45.132 : RJS 3/08 n° 319).

14625 M-I-14400 s **Litige s'élevant à l'occasion du contrat de travail** Les conseils de prud'hommes connaissent des différends nés :
– **au cours de l'exécution** du contrat de travail : litiges relatifs à la validité, l'interprétation, la suspension, l'exécution du contrat de travail ou d'apprentissage. Il en est de même des

litiges se rapportant aux obligations résultant de la loi, de la convention collective applicable à l'établissement, du règlement intérieur (sur l'étendue du contrôle prud'homal sur le contenu du règlement intérieur, voir n° 60160), de l'action en dommages-intérêts d'un salarié pour réparation du préjudice moral résultant d'une sanction disciplinaire... ;
– **après la cessation** du contrat s'ils se rattachent à celui-ci, notamment : demande de remise de certificat de travail, action en résolution ou en nullité d'une transaction conclue après rupture du contrat, contestation du bien-fondé d'un licenciement ou de la régularité de la procédure. Sur la juridiction compétente pour connaître des litiges en matière de **licenciement économique avec PSE,** voir n° 48250 ; sur la procédure d'urgence applicable devant le conseil de prud'hommes, voir n° 14775 ;
– à l'occasion de l'application d'une convention **accessoire** au contrat, par exemple un litige né de l'exécution du contrat d'assurance souscrit par l'employeur pour l'ensemble du personnel (Cass. soc. 19-1-1999 n° 96-44.688 : RJS 3/99 n° 411).

Il n'est pas nécessaire que le contrat de travail ait reçu un début d'exécution. Une **promesse de contrat de travail,** même non suivie d'effet, suffit pour que la juridiction prud'homale soit compétente.

Sur la compétence du conseil pour une discrimination à l'embauche, voir n° 32270.

Litige d'ordre individuel Les conseils de prud'hommes sont incompétents en matière de conflits collectifs, lesquels doivent suivre des procédures qui leur sont propres (n°s 11600 s.). 14630 M-I-15300 s
Toutefois, les litiges restent d'ordre individuel **même si plusieurs salariés** font individuellement une demande identique du moment qu'ils n'entendent pas la faire trancher définitivement sur un plan collectif.

C'est le cas par **exemple** lorsque chaque salarié entend obtenir pour lui seul une classification et une rémunération découlant d'une convention collective dont l'interprétation donne lieu à un litige. Il en va de même lorsque le litige porte sur un rappel de salaire dû en application de décisions générales prises à l'issue d'une grève ; peu importe qu'à l'origine le conflit ait porté sur des intérêts communs à l'ensemble du personnel. S'agissant de certaines actions en justice intentées par l'employeur contre des grévistes, voir n° 11420.

AUTRES LITIGES

Litiges entre salariés ou entre employeurs La mission des conseils de prud'hommes comme conciliateurs et comme juges s'applique également aux **différends nés entre salariés** à l'occasion du travail. De tels litiges interviennent essentiellement à la suite d'une grève : voir n° 11420. 14635 C. trav. art. L 1411-3 M-I-15100 s

Le conseil de prud'hommes n'a pas, en principe, à connaître des différends survenus **entre employeurs.**

ATTENTION

Jugé toutefois qu'en cas de **cession d'entreprise** relèvent de la compétence du juge prud'homal le litige né entre le représentant de l'ancienne société et le nouvel exploitant à la suite du refus de ce dernier de poursuivre l'exécution des contrats de travail en cours lors de la cession (Cass. soc. 16-2-1977 n° 74-40.597) et celui ayant pour objet de faire déterminer lequel des 2 est l'employeur des salariés (Cass. soc. 23-9-2008 n° 07-44.270 F-D : RJS 12/08 n° 1166).

Litiges entre salariés et certains organismes Les organismes **se substituant habituellement aux obligations légales de l'employeur** peuvent être mis en cause avec celui-ci au cours de l'instance prud'homale. Tel n'est pas le cas des institutions de prévoyance (Cass. soc. 16-11-2010 n° 10-12.156 : RJS 3/11 n° 272). Sur la juridiction compétente en cas de litige entre un salarié et une caisse de congés payés, voir n° 13845, c. 14640 C. trav. art. L 1411-6 M-I-19710 s

2. COMPÉTENCE TERRITORIALE

Les règles de compétence des conseils de prud'hommes sont les suivantes : 14660 C. trav. art. R 1412-1 R 1412-2 R 1412-4 CPC art. 77 M-I-16000 s
– lorsque le travail est **effectué dans un établissement,** le conseil compétent est celui dans le ressort duquel est situé l'établissement ;
– lorsque le travail est effectué à **domicile** ou **en dehors de toute entreprise ou établissement,** la demande est portée devant le conseil du domicile du salarié ;
– le salarié peut toujours saisir le conseil du lieu où l'engagement a été contracté ou celui du lieu où l'employeur est établi.

Les règles de compétence territoriale sont d'**ordre public.** Toute clause y dérogeant est réputée non écrite. L'exception d'incompétence doit être soulevée par le défendeur avant toute défense au fond. Le conseil de prud'hommes ne peut se déclarer d'office incompétent, sauf si le défendeur ne comparaît pas.

› Précisions a. La deuxième règle vise notamment, outre les travailleurs à domicile, les VRP. S'agissant d'une demande dirigée contre la société utilisatrice tendant à la requalification de contrats de **travail temporaire** en contrat de travail à durée indéterminée, est compétent le conseil dans le ressort duquel se trouve cette société (Cass. soc. 14-12-2004 nº 03-40.401 : RJS 2/05 nº 192).

b. En cas de **pluralité de défendeurs,** le demandeur saisit, à son choix, la juridiction du lieu où demeure l'un d'eux (Cass. soc. 16-2-2011 nº 10-16.423 : RJS 5/11 nº 449).

c. Les **clauses attributives de juridiction** sont, en droit interne, interdites et réputées non écrites (C. trav. art. L 1221-5). S'agissant de celles inscrites dans les contrats de travail internationaux, voir nº 78520.

3. TAUX DE COMPÉTENCE

14680 C. trav. art. R 1462-1 D 1462-3 M-I-35100 s

Les conseils de prud'hommes statuent en **dernier ressort,** c'est-à-dire sans possibilité d'appel et sous le seul contrôle de la Cour de cassation, lorsque :

– la valeur totale des prétentions d'aucune des parties ne dépasse 5 000 € pour les instances introduites depuis le 1-9-2020 (4 000 € avant cette date) ; au-delà, le jugement rendu est susceptible d'appel (nº 14785) ;

– la demande tend à la remise, même sous astreinte (non prise en compte dans le montant de la demande), de **certificats de travail,** de **bulletins de paie** ou de toute autre **pièce** que l'employeur est tenu de délivrer (voir nº 14762), à moins que le jugement ne soit rendu en premier ressort en raison du montant des autres demandes.

› Précisions a. Pour l'**appréciation du taux de compétence,** la valeur totale de l'ensemble des prétentions du salarié est prise en compte, sans qu'il y ait lieu d'examiner séparément les demandes de nature salariale ou indemnitaire (Cass. soc. 6-3-2012 nº 10-28.426). Toutefois, si la seule demande reconventionnelle en dommages-intérêts, fondée exclusivement sur la demande initiale, dépasse le taux de compétence en dernier ressort, le jugement n'est pas susceptible d'appel (C. trav. art. R 1462-2).

b. Même assorties d'une demande d'**astreinte,** les demandes chiffrées inférieures au taux du dernier ressort ne sont pas susceptibles d'appel (Cass. soc. 22-10-2014 nº 12-19.587 : RJS 1/15 nº 55). Les demandes de liquidation des astreintes prononcées au titre des demandes de remise de pièces par l'employeur sont susceptibles d'appel si leur montant est supérieur au taux du dernier ressort (Cass. soc. 25-6-1992 nº 89-43.200 : RJS 10/92 nº 1147). Il en est de même d'une demande d'un salarié tendant à faire admettre au **passif de l'employeur une créance** dont le montant est précisé, dans le cadre d'une procédure collective (Cass. soc. 29-9-2010 nº 09-42.086 : RJS 12/10 nº 975).

c. La demande de **délivrance d'un document rectifié** (bulletins de paie, certificat de travail), lorsqu'elle est la conséquence nécessaire d'une demande en paiement chiffré, ne modifie pas le taux du ressort (Cass. soc. 23-3-2011 nº 09-70.827 : RJS 6/11 nº 546).

14685 En cas de **demande indéterminée** quant à son montant, le conseil juge à charge d'appel (CPC art. 40). Mais seul l'objet et non les moyens invoqués à son appui ou proposés à son encontre peut conférer à la demande un caractère indéterminé. N'est pas indéterminée une demande tendant à l'allocation d'une somme dont le montant est précisé, quel que soit le fondement de cette demande (Cass. soc. 12-11-1987 nº 85-42.064 ; 23-5-2006 nº 04-42.779 : RJS 8-9/06 nº 985).

ILLUSTRATIONS

Par exemple, ont un **caractère indéterminé** les demandes tendant à l'annulation d'une clause de non-concurrence (Cass. soc. 15-3-1978 nº 77-40.334) ou d'une mise à pied (Cass. soc. 8-7-1985 nº 83-43.225 ; 27-5-1997 nº 95-42.660) ; à la publication de la décision rendue (Cass. soc. 23-3-2011 nº 09-70.827 : RJS 6/11 nº 546) ; à la reconnaissance d'un droit acquis à jour férié et chômé (Cass. soc. 23-6-1982 nº 80-41.115) ou d'avantages individuels acquis à la suite de la dénonciation d'une disposition conventionnelle (Cass. soc. 13-3-2001 nº 00-40.944 : RJS 5/01 nº 639) ; à voir statuer sur l'imputabilité de la rupture du contrat de travail intervenue à l'initiative du salarié (Cass. soc. 22-10-2014 nº 13-21.188 : RJS 1/15 nº 54) ou voir dire le licenciement abusif (Cass. soc. 8-7-2020 nº 18-25.370 FS-PB : RJS 10/20 nº 495) ; à la reconnaissance d'un droit sans porter sur le paiement d'une somme d'argent dont le montant est déterminé ou déterminable (Cass. soc. 12-11-2008 nº 07-42.297).

Si la demande comporte **plusieurs éléments** dont certains ne peuvent être chiffrés, elle présente un caractère indéterminé et l'appel est possible pour l'ensemble de la réclamation : par exemple, lorsque la demande porte sur l'annulation de sanctions disciplinaires et le versement d'indemnités (Cass. soc. 7-5-1981 nº 79-40.571 ; 1-10-1996 nº 93-43.959 : RJS 1/97 nº 83) ou sur la reconnaissance du caractère illicite d'un lock-out et le paiement de salaires à ce titre (Cass. soc. 4-7-1989 n° 86-44.993 : RJS 8-9/99 n° 712). Mais l'appel n'est pas ouvert si le défendeur, en réponse à une demande déterminée, oppose un moyen de défense au fond présentant un caractère indéterminé (Cass. soc. 5-7-1984 n° 81-41.323 ; 13-7-2004 n° 02-46.230 : RJS 10/04 n° 1077).

C. Procédure

La procédure devant les conseils de prud'hommes relève du Code de procédure civile, sous réserve des règles dérogatoires édictées par le Code du travail. **14740**

Cette procédure comporte une phase de conciliation et une phase de jugement. Il existe, en outre, un référé prud'homal. Par ailleurs, une procédure d'urgence est prévue en cas de licenciement économique (n° 14775).

› Précisions a. Afin d'éviter une procédure judiciaire, il est possible de recourir à une **médiation conventionnelle** ou de conclure une **convention de procédure participative** en matière prud'homale (Loi 2015-990 du 6-8-2015 art. 258, III et IV). Le bureau de conciliation et d'orientation ou le bureau de jugement est compétent pour homologuer un accord issu d'une de ces procédures ou un accord transactionnel indépendant, après avoir été saisi à cette fin par la partie la plus diligente (C. trav. art. R 1471-1 à R 1471-2).

b. Le conseil de prud'hommes peut, comme toute juridiction de l'ordre judiciaire (sauf en matière pénale), solliciter l'**avis de la Cour de cassation** avant de statuer sur une demande soulevant une question de droit nouvelle ou sur l'interprétation d'une convention ou d'un accord collectif soulevant une question nouvelle et se posant dans de nombreux litiges (C. org. jud. art. L 441-1 ; CPC art. 1031-1 à 1031-7).

1. SAISINE DU CONSEIL DE PRUD'HOMMES

FORMALITÉS

Le conseil de prud'hommes est saisi par **requête** faite, remise ou adressée au greffe du conseil (contenant les mentions prescrites à peine de nullité par l'article 57 du CPC, un exposé sommaire des motifs de la demande et les différents chefs de celle-ci), accompagnée des pièces que le demandeur souhaite invoquer à l'appui de ses prétentions et d'un bordereau les énumérant. Requête et bordereau doivent être établis en autant d'exemplaires qu'il existe de défendeurs, en plus de celui destiné au conseil. **14745** C. trav. art. R 1452-1 à R 1452-6 M-I-21950 s

À réception par le greffe de la requête et du bordereau, le **défendeur** est **convoqué** à la séance du bureau de conciliation et d'orientation (BCO) par lettre recommandée avec avis de réception accompagnée d'un exemplaire de la requête et du bordereau énumérant les pièces du demandeur. Cette convocation vaut citation en justice.

Le **demandeur** est **informé** par le greffe par tous moyens des lieu, jour et heure de la séance du BCO.

Le **greffe** invite les parties à se communiquer leurs pièces et prétentions, et les informe des conséquences de leur non-comparution à la séance du BCO (voir n° 14753).

› Précisions a. La requête peut être établie au moyen du **formulaire** Cerfa n° 15586*07 disponible sur le site www.service-public.fr.

b. En présence de **plusieurs demandeurs,** le greffe peut, avec l'accord du défendeur, lui notifier les requêtes et bordereaux récapitulatifs de pièces par remise contre émargement ou récépissé, le cas échéant en plusieurs fois.

c. En cas de **reprise de l'instance** après une suspension, le greffe avise les parties par tous moyens.

d. Pour la **liste** des conseils de prud'hommes, voir n° 14400.

DÉLAI DE PRESCRIPTION

Toute action portant sur l'**exécution du contrat de travail** se prescrit par 2 ans à compter du jour où celui qui l'exerce a connu ou aurait dû connaître les faits lui permettant d'exercer son droit. **14746** C. trav. art. L 1471-1 M-I-20050 s

Toute action portant sur la **rupture** du contrat de travail se prescrit par 12 mois à compter de la notification de la rupture.

Sur le point de départ de ce délai en cas de prise d'acte de la rupture, voir n° 69158.

Ces délais **ne sont pas applicables** aux actions en réparation d'un dommage corporel causé à l'occasion de l'exécution du contrat de travail, aux actions en paiement ou en répétition du salaire (nº 70815), non plus qu'aux actions relatives à une discrimination (nº 32270, f) ou à des faits de harcèlement moral ou sexuel (nº 17085, a). Par ailleurs, ils ne font pas obstacle aux délais de prescription plus courts prévus par le Code du travail.

› Précisions **a.** L'action en réparation d'un **dommage corporel** se prescrit par 10 ans à compter de la date de consolidation du dommage (C. civ. art. 2226). Voir toutefois, sur le cas particulier des accidents du travail, nºs 955 s.
b. Sur le délai de prescription de l'action portant sur le **licenciement** pour motif économique et la contestation d'une **rupture** du contrat de travail résultant de l'adhésion à un contrat de sécurisation professionnelle, voir nº 48630 ; l'action relative à une rupture conventionnelle homologuée, voir nº 69145 ; la dénonciation du reçu pour solde de tout compte, voir nº 69540 ; l'action en requalification d'un **contrat à temps partiel** en contrat à temps plein, voir nº 77285, d.
c. La question se pose de savoir si le **contrat de travail** peut **fixer un délai de prescription différent** en application de l'article 2254 du Code civil. La Cour de cassation a admis la **réduction** contractuelle du délai de prescription de l'action en requalification du CDD en CDI (Cass. soc. 22-11-2017 nº 16-16.561 FS-PB : RJS 2/18 nº 96).
d. La saisine du conseil de prud'hommes, même incompétent, interrompt la prescription. Sur le point de départ et les modalités de **computation** du délai de prescription, voir nº 70815, d.

DEMANDES NOUVELLES

14747 Pour déterminer les demandes nouvelles recevables en cours de procédure devant le conseil de prud'hommes, les règles de **droit commun** de la procédure civile s'appliquent (voir notre mémento Procédure civile nº 6000 s.).

CPC art. 70
M-I-22550 s.

En particulier, les demandes additionnelles ou reconventionnelles doivent se rattacher aux prétentions originaires par un lien suffisant.

Sur la recevabilité des demandes formées après l'ordonnance de **clôture de l'instruction** par le BCO, voir nº 14760.

2. PARTIES AU PROCÈS

COMPARUTION, ASSISTANCE ET REPRÉSENTATION

14749 Les parties se défendent elles-mêmes, mais peuvent se faire **assister** ou **représenter** par :

C. trav. art. L 1453-1 A
R 1453-1
R 1453-2
M-I-20950 s

– un **salarié** ou un **employeur** appartenant à la même branche d'activité ;
– un **défenseur syndical** ;
– leur **conjoint** ou partenaire lié par un Pacs ou concubin ;
– un **avocat** régulièrement inscrit au barreau ;
– pour l'employeur, le **directeur** ou un **employé** de l'entreprise ou de l'établissement fondé de pouvoir ou habilité à cet effet.

› Précisions **a.** Tout mandataire doit être porteur d'un **pouvoir** (sur papier libre), sauf l'avocat qui en est dispensé (CPC art. 416 ; Cass. soc. 10-6-2015 nº 14-11.814 : RJS 10/15 nº 660). Le défaut de pouvoir est régularisable jusqu'au jour où le juge statue (Cass. soc. 26-1-2016 nº 14-11.992 FS-PB : RJS 4/16 nº 287).
Devant le BCO, le pouvoir doit autoriser le représentant à concilier au nom et pour le compte du mandant et à prendre part aux mesures d'orientation. Le **défaut de pouvoir** du salarié ou membre de l'entreprise chargé de **représenter l'employeur** entraîne la nullité des procès-verbaux de transaction signés par lui devant le BCO (Cass. soc. 5-3-1992 nº 88-45.188 : RJS 4/92 nº 484). Toutefois, le directeur général d'une société anonyme, en qualité de représentant légal de la société, n'a pas à justifier d'un mandat pour la représenter en justice (Cass. ass. plén. 18-11-1994 nº 90-44.754 : RJS 12/94 nº 1421). Cette solution de portée générale vaut pour toutes les phases de la procédure.
b. L'énumération légale des personnes habilitées à assister ou représenter les parties est limitative : un **père,** même muni d'un pouvoir, ne peut pas représenter son fils (Cass. soc. 11-5-1993 nº 88-44.230).
c. Sur la question de savoir si une partie peut être assistée ou représentée par un **conseiller prud'homme,** voir nº 14751.
d. La procédure est **orale.** Le dépôt de conclusions écrites, même notifiées en temps utile à la partie adverse, ne dispense pas une partie de comparaître, en personne ou représentée (Cass. soc. 8-11-1994 nº 91-41.134 et nº 91-41.133 : RJS 3/95 nº 288). Lorsque toutes les parties sont représentées par un avocat et formulent leurs prétentions par écrit, elles doivent formuler expressément dans des **conclusions** leurs prétentions et moyens en fait et en droit et indiquer, pour chaque prétention, les pièces invoquées, qui doivent être énumérées sur un bordereau annexé. Pour qu'il soit statué sur toutes prétentions, les conclusions doivent les récapituler dans un dispositif et, le cas échéant, reprendre celles énoncées dans de précédentes conclusions (C. trav. art. R 1453-5).

Le défenseur syndical

14750 C. trav. art. L 1453-4 à L 1453-9 D 1453-2-1 à D 1453-2-15 **M-I-21030 s.**

Missions et désignation Le défenseur syndical a pour mission d'assister et représenter les parties devant le conseil de prud'hommes et la cour d'appel en matière prud'homale, dans le périmètre d'une région administrative. Il peut assister ou représenter le justiciable devant une autre cour d'appel que celle de sa région administrative d'inscription s'il a été présent en première instance (Cons. const. 12-3-2020 n° 2019-831 QPC : RJS 6/20 n° 314). Il est inscrit sur la **liste de la région** de son domicile ou du lieu d'exercice de son activité professionnelle, établie par le Dreets (Direccte avant le 1-4-2021) et arrêtée par le préfet, sur proposition des organisations d'employeurs et de salariés représentatives au niveau national (interprofessionnel ou multiprofessionnel) ou dans au moins une branche. Révisée tous les 4 ans, cette liste peut être modifiée à tout moment, un défenseur syndical pouvant en être **retiré** sur sa demande ou celle de l'organisation ayant proposé l'inscription. Il peut aussi en être **radié** en cas de violation du secret professionnel, de manquement à son obligation de discrétion, de défaut d'exercice de sa fonction à titre gratuit ou d'absence d'exercice de ses missions pendant un an. La liste des défenseurs syndicaux de la région est tenue à la disposition du public à la Dreets, dans chaque conseil de prud'hommes et dans les cours d'appel de la région.

Moyens Le défenseur syndical exerce ses fonctions à titre gratuit. Lorsqu'il est salarié d'un **établissement d'au moins 11 salariés,** il dispose du temps nécessaire à l'exercice de ses fonctions, dans la limite de 10 heures par mois. Le temps passé hors de l'entreprise pendant les heures de travail pour l'exercice de ses missions est assimilé à du travail effectif pour la détermination des congés payés et du droit aux prestations d'assurances sociales et familiales et des autres droits liés à son ancienneté dans l'entreprise. Ces absences sont rémunérées par l'employeur et ne doivent entraîner aucune diminution des rémunérations et avantages correspondants.

Pour les salariés exerçant leurs fonctions **hors de tout établissement,** les heures passées à la mission de défenseur syndical sont considérées, dans la limite de 10 heures par mois, comme des heures de travail et payées comme telles par l'employeur.

L'employeur est **remboursé** mensuellement par l'État, sur **demande,** des salaires maintenus et des avantages et charges sociales correspondants qui lui incombent, ainsi que, si l'horaire de travail excède la durée légale, d'une partie des majorations pour heures supplémentaires.

Le défenseur **seulement rémunéré à la commission** perçoit, à sa demande et dans la limite de 10 heures par mois, une indemnité horaire égale à 1/1 900 des revenus déclarés à l'administration fiscale.

Le défenseur syndical bénéficie, à sa demande, d'une **indemnité de déplacement** à l'audience dont le montant est fixé par arrêté MTRT1727567A du 25-10-2017.

Les demandes d'**indemnisation** et de **remboursement** sont **gérées** par l'Agence de services et de paiement.

Formation Le défenseur syndical bénéficie, sur **demande,** d'**autorisations d'absence** afin de suivre une formation, dans la **limite** de 2 semaines par période de 4 ans suivant la publication de la liste sur laquelle il est inscrit. Rémunérées par l'employeur, ces absences ne peuvent pas être imputées sur la durée des congés payés et sont assimilées à du travail effectif pour la détermination des droits de l'intéressé. Le salarié qui entend s'absenter pour suivre une formation doit en informer son employeur par tout moyen conférant date certaine au moins 30 jours avant s'il s'absente pour au moins 3 journées de travail consécutives, au moins 15 jours avant dans les autres cas. La lettre doit préciser la date, la durée et les horaires du stage de formation, ainsi que le nom de l'organisme de formation. À son retour le salarié remet à l'employeur l'attestation de présence délivrée par l'organisme.

Protection L'exercice des fonctions de défenseur syndical ne peut pas être une cause de sanction ou de rupture du contrat de travail. Celui-ci ne peut être rompu qu'après obtention par l'employeur d'une **autorisation de l'inspecteur du travail** (voir n°s 63300 s.), le défenseur ne pouvant se prévaloir de cette protection que s'il a **informé l'employeur** de son mandat (voir n° 63250), sauf à prouver que l'employeur en avait connaissance, notamment s'il en avait été informé par le Dreets (Cass. soc. 16-1-2019 n° 17-27.685 FS-PB : RJS 3/19 n° 169).

GARANTIE D'IMPARTIALITÉ DU CONSEIL DE PRUD'HOMMES

14751 C. trav. art. L 1421-2 L 1453-2 L 1453-3

Les conseillers prud'hommes doivent exercer leurs fonctions avec indépendance, impartialité et probité. Ils doivent **se comporter** de façon à exclure tout doute légitime à cet égard, en s'abstenant notamment de tout acte ou comportement public incompatible avec leurs fonctions. Cette impartialité doit notamment apparaître dans les **termes du jugement** (Cass. soc. 8-4-2014 n° 13-10-209 : RJS 6/14 n° 514 ; 12-6-2014 n° 13-16.236 : RJS 8-9/14 n° 651).

ATTENTION

Les conseillers prud'hommes, président et vice-président du conseil ne peuvent pas **assister ou représenter** les parties, même en référé, devant le conseil de prud'hommes dont ils sont membres au moment de la saisine du conseil (Cass. soc. 2-2-2005 n° 03-40.271 : RJS 4/05 n° 428), même si leur mandat a pris fin le jour de l'audience (Cass. soc. 16-9-2008 n° 06-45.334 : RJS 11/08 n° 1118).

14752 C. trav. art. L 1457-1 **M-I-31500 s**

Un conseiller prud'homme peut être **récusé,** par déclaration remise au secrétariat du conseil avant la clôture des débats, dans les cas suivants :
– lorsqu'il a un intérêt personnel à la contestation, le seul fait d'être affilié à une organisation syndicale ne constituant pas celui-ci ;
– lorsqu'il est conjoint, partenaire lié par un Pacs, concubin, parent ou allié jusqu'au degré de cousin germain inclusivement d'une des parties ;
– si, dans l'année qui a précédé la récusation, il y a eu action judiciaire, criminelle ou civile entre lui et une des parties ou son conjoint, partenaire lié par un Pacs, concubin ou ses parents ou alliés en ligne directe ;
– s'il a donné un avis écrit dans l'affaire ;
– s'il est employeur ou salarié de l'une des parties en cause.

> Précisions a. Dès qu'il a **connaissance d'une demande** de récusation, le conseil doit suspendre l'instance jusqu'à ce qu'elle ait été définitivement tranchée et ne peut ni statuer sur cette demande ni examiner l'affaire au fond en présence du conseiller dont la récusation a été sollicitée (Cass. soc. 3-6-2009 n° 07-44.212 : RJS 8-9/09 n° 742).
b. Hors des cas de récusation, un conseiller peut être **écarté de la formation** de jugement pour d'**autres motifs** mettant en cause son impartialité en application de l'article 6-1 de la convention européenne de sauvegarde des droits de l'Homme (Cass. soc. 18-11-1998 n° 94-43.840 : RJS 2/99 n° 249 ; 27-1-2009 n° 07-42.967 : RJS 4/09 n° 393). Le fait qu'un conseiller prud'homme appartienne à la même organisation syndicale qu'une des parties au procès ne met pas en cause son impartialité (Cass. soc. 19-12-2003 n° 02-41.429 : RJS 3/04 n° 338 ; 16-5-2013 n° 11-23.246 : RJS 8-9/13 n° 631). En revanche, est de nature à faire naître un doute sur l'impartialité de la juridiction la présence d'un parent d'une des parties dans la section de la formation de jugement (Cass. soc. 13-1-2016 n° 14-21.803 : RJS 3/16 n° 202).

3. ÉTAPES DU PROCÈS

PROCÉDURE DEVANT LE BUREAU DE CONCILIATION ET D'ORIENTATION (BCO)

14753 C. trav. art. L 1454-1 L 1454-1-3 L 1454-2 R 1454-10 R 1454-12 R 1454-13 R 1454-17 **M-I-23900 s**

Tentative de conciliation Sauf exceptions, la conciliation constitue un **préalable obligatoire** dont l'absence est de nature à entraîner une nullité d'ordre public de la procédure. Elle est soumise au BCO dont les séances ne sont pas publiques, sauf lorsqu'il ordonne des mesures provisoires (n° 14755). Si, sans motif légitime, une partie ne comparaît pas (personnellement ou représentée selon les modalités visées n° 14749), le BCO juge l'affaire au fond en l'état des pièces communiquées par la partie comparante, à moins qu'il ne choisisse de renvoyer l'affaire à une audience ultérieure du bureau de jugement, réuni en formation restreinte. En cas de non-comparution du demandeur, il peut aussi déclarer la citation caduque si le défendeur ne sollicite pas un jugement au fond.

Le BCO peut **entendre** chacune des parties séparément et dans la confidentialité. Il établit un **procès-verbal** du résultat de sa tentative.

Sur la possibilité de mettre fin à un litige relatif à un licenciement par accord sur une **indemnité forfaitaire,** voir n° 48650. Sur l'homologation d'une **transaction** par le BCO, voir n° 14740, a.

> Précisions a. L'omission du préalable de conciliation peut être **réparée** en cours d'instance par le bureau de jugement (Cass. soc. 18-11-1998 n° 96-41.005 : RJS 1/99 n° 97) et ne peut pas être soulevée pour la première fois devant la Cour de cassation (Cass. soc. 23-3-2017 n° 15-24.005 FS-PB : RJS 6/17 n° 425).
b. Dans certains cas, le **bureau de jugement est saisi directement,** notamment en cas de requalification d'un CDD (n° 20325) ou d'un stage (n° 46020, c), de prise d'acte par un salarié de la rupture de son contrat (n° 69158), de requalification d'une démission en prise d'acte (n° 69015) de contestation du refus par l'employeur de certains congés (n° 11940) et de litige relatif à la mise en œuvre de l'AGS (n° 70925). Par ailleurs, l'absence de conciliation n'est pas opposable aux demandes nouvelles (n° 14747).
c. Si le BCO se déclare en **partage de voix,** le litige est renvoyé directement devant la formation de jugement présidée par un magistrat du tribunal judiciaire.

14755 C. trav. art. L 1454-1-1 L 1454-1-2

Orientation En cas d'**échec de la conciliation** lorsque les parties ont comparu, l'affaire peut être **renvoyée** par le BCO devant le bureau de jugement (n° 14765) réuni en formation normale ou :
– en formation normale mais présidée par un juge du tribunal judiciaire si les parties le demandent ou si la nature du litige le justifie ;
– en formation restreinte, avec l'accord des parties, pour les litiges portant sur un licenciement ou une résiliation judiciaire visés n° 14775.

Le greffier avise par tous moyens de la **date d'audience** devant le bureau de jugement les parties qui ne l'ont pas été verbalement.

Mise en état Chargé de la mise en état de l'affaire, le **BCO fixe,** après avis des parties, les délais et conditions de communication des prétentions, moyens et pièces. Il peut organiser des **séances** spécialement dédiées à la mise en état et dispenser une partie qui le demande de se présenter à une séance ultérieure. La communication entre les parties se fait alors par lettre recommandée avec avis de réception ou par notification entre avocats. 14760 C. trav. art. L 1454-1-2 R 1454-1 à R 1454-6 R 1454-19-3 **M-I-25100 s**

Le BCO peut entendre les **parties** et les inviter à fournir les explications nécessaires à la solution du litige et les mettre en demeure de produire tous documents ou justifications propres à éclairer le conseil. Il peut fixer par ordonnance la **clôture de l'instruction** de l'affaire.

› Précisions a. Le BCO peut au besoin confier la mise en état à un ou deux **conseillers rapporteurs** (l'un employeur, l'autre salarié). Ils ont les mêmes pouvoirs de mise en état que le BCO et peuvent auditionner toute personne et faire procéder à toutes mesures d'instruction. Ils peuvent ordonner toutes mesures nécessaires à la conservation des preuves ou des objets litigieux. Ils ne peuvent pas se faire remettre des **documents** contre le gré de leur détenteur (Cass. soc. 17-10-1990 n° 87-45.853 ; 12-4-1995 n° 93-10.982 : RJS 5/95 n° 552). Leurs décisions ont un caractère **provisoire.** Elles sont exécutoires et ne peuvent faire l'objet d'un recours qu'avec le jugement sur le fond.

b. Après l'**ordonnance de clôture,** aucune conclusion ne peut être déposée ni aucune pièce produite aux débats, à peine d'**irrecevabilité** prononcée d'office. Sont cependant recevables les demandes en intervention volontaire, les conclusions relatives aux rémunérations échues postérieurement dont le décompte ne peut faire l'objet d'aucune contestation sérieuse et les demandes de révocation de l'ordonnance de clôture.

Mesures provisoires Même s'il renvoie l'affaire devant le bureau de jugement, le BCO peut ordonner certaines mesures : 14762 C. trav. art. R 1454-14 à R 1454-16 R 1454-26

– délivrance, sous peine d'astreinte, de **certificats de travail, bulletins de paie** et toute autre **pièce** que l'employeur est tenu légalement de remettre au salarié (par exemple la lettre de licenciement : voir n° 47710, e) ;

– lorsque l'existence de l'obligation n'est pas sérieusement contestable, **versement** au salarié d'une provision sur salaire et accessoires du salaire, commissions, indemnités de congés payés, de préavis, de licenciement, de fin de CDD, de précarité d'emploi des travailleurs temporaires ; le montant total des provisions ne peut excéder 6 mois de salaire calculés sur la moyenne des 3 derniers mois ;

– toutes **mesures** d'**instruction** même d'office ;

– toutes mesures nécessaires à la **conservation** des preuves ou des objets litigieux.

Le BCO peut en outre prendre une décision, notifiée à Pôle emploi, récapitulant les éléments qui doivent figurer dans l'**attestation d'assurance chômage.** La décision rendue au fond par le bureau de jugement est alors notifiée à Pôle emploi qui peut former tierce opposition dans les 2 mois.

Il peut aussi liquider, à titre provisoire, les **astreintes** qu'il a ordonnées.

› Précisions a. Sauf précisions contraires du jugement, l'employeur condamné à **remettre un document** au salarié doit le lui faire parvenir. Ainsi jugé pour le certificat de travail : voir n° 69480.

b. Ces décisions n'ont qu'un **caractère provisoire** ; elles ne peuvent faire l'objet d'un recours qu'en même temps que le jugement sur le fond. L'appel immédiat est toutefois recevable lorsque la décision du BCO excède les pouvoirs conférés à cette formation par les textes.

PROCÉDURE DEVANT LE BUREAU DE JUGEMENT

À l'**audience** publique du bureau de jugement, les parties peuvent être assistées ou représentées, comme indiqué n° 14749. Au besoin, le bureau de jugement met l'affaire en état d'être jugée, selon les modalités visées n° 14760. 14765 C. trav. art. L 1454-2 R 1454-19 R 1454-22 R 1454-23 R 1454-26 **M-I-26100 s**

Sur la recevabilité de nouveaux chefs de demande et des demandes reconventionnelles ou en compensation, voir n°s 14747 s. Les moyens, pièces et prétentions dont la communication tardive, sans motif légitime, porte atteinte aux droits de la défense sont écartés des débats.

Comme à tous les stades de la procédure prud'homale, devant le bureau de jugement, la **conciliation,** même partielle, peut intervenir. À défaut, le bureau de jugement prend sa **décision** à la majorité absolue des voix.

Certains jugements sont de droit exécutoires à titre provisoire (voir n° 14785, d).

Le jugement est **notifié** aux parties par le greffe du conseil de prud'hommes au lieu de leur domicile, par lettre recommandée avec avis de réception. Sur la date de notification voir n° 15560. Celles-ci peuvent aussi le faire signifier par acte d'huissier.

› Précisions **a.** En cas de **partage des voix,** les débats doivent être repris sous la présidence d'un juge du tribunal judiciaire dans le ressort duquel est situé le siège du conseil de prud'hommes.
Si le partage des voix ne porte que sur une question, seule celle-ci fait l'objet d'une nouvelle audience présidée par le juge départiteur. Il en résulte 2 décisions distinctes, chacune susceptible de recours (Cass. soc. 10-7-1986 n° 83-44.697).
b. La **notification du jugement** doit indiquer de manière très apparente le délai de recours (appel ou opposition : n°s 14780 et 14785) et ses modalités (CPC art. 680), notamment le lieu où il peut être exercé (Cass. soc. 29-5-2013 n° 12-13.357 : RJS 8-9/13 n° 632). À défaut, ce délai ne court pas (Cass. soc. 8-11-1979 n° 78-40.708 ; 17-6-2009 n° 08-40.274 : RJS 8-9/09 n° 743). Si le jugement est notifié 2 fois, la première notification régulière fait courir le délai d'appel (Cass. soc. 30-5-2012 n° 11-10.247 : RJS 8-9/12 n° 733).
La notification d'un jugement revenue au greffe de la juridiction avec la mention **« non réclamée »** ne peut pas être considérée comme ayant fait courir le délai d'appel au seul motif qu'il en résulte que le salarié n'a pas accepté ou n'est pas allé chercher le pli recommandé, transmis à une adresse exacte (Cass. soc. 7-7-1993 n° 90-41.346 : RJS 10/93 n° 1013). En cas de **retour au greffe** de la lettre notifiant le jugement, quelle qu'en soit la cause, le greffe invite l'autre partie à faire notifier la décision par acte d'huissier (CPC art. 670-1) et le délai d'appel court à compter du jour de la signification du jugement par acte d'huissier (Cass. soc. 7-11-2007 n° 06-41.883 : RJS 1/08 n° 64).
c. Sur le cas où le jugement doit également être notifié à **Pôle emploi,** voir n° 14762.

4. PROCÉDURES D'URGENCE

RÉFÉRÉ PRUD'HOMAL

14770 C. trav. art. R 1455-5 à R 1455-10 **M-I-27500 s**

Le référé prud'homal, qui permet d'obtenir une **décision d'urgence** lorsque les circonstances l'exigent, doit être demandé soit dans les conditions de saisine normale (n° 14745), soit par acte d'huissier de justice. Dans ce dernier cas, copie de l'assignation doit être remise au greffe du conseil, au plus tard la veille de l'audience.
La formation de référé peut, dans tous les cas d'urgence et dans la **limite** de la **compétence** des conseils de prud'hommes, ordonner toutes les mesures qui ne se heurtent à aucune contestation sérieuse ou que justifie l'existence d'un différend.
Elle peut toujours prescrire, même en présence d'une contestation sérieuse, les **mesures conservatoires** ou de **remise en état** qui s'imposent pour prévenir un dommage imminent ou faire cesser un trouble manifestement illicite.
Si l'existence de l'obligation n'est pas sérieusement contestable, elle peut accorder une **provision** au créancier ou ordonner l'**exécution** de l'obligation, même s'il s'agit d'une obligation de faire.

› Précisions **a.** En cas de demande particulièrement urgente mais **excédant** ses **pouvoirs,** la formation de référé peut, avec l'accord de toutes les parties et après avoir tenté elle-même une conciliation, renvoyer l'affaire devant le bureau de jugement.
b. Les décisions de référé sont toujours **provisoires.** Elles sont immédiatement **exécutoires** à titre provisoire et sont susceptibles des voies de recours visées n°s 14780 s.
c. Sur la compétence du juge des référés en cas de recours contre un avis du médecin du travail en matière d'**inaptitude** physique, voir n° 72530.

PROCÉDURE ACCÉLÉRÉE POUR CERTAINS LITIGES

14775 C. trav. art. L 1454-1-1, 1° L 1456-1 R 1456-2 à R 1456-4 **M-I-30500 s**

La section ou la chambre chargée de se prononcer sur un licenciement pour **motif économique** statue en urgence. La tentative de conciliation doit avoir lieu dans le délai d'un mois suivant la saisine du conseil de prud'hommes. Le BCO fixe la date d'audience du bureau de jugement qui doit statuer dans un délai maximum de 6 mois.
Un délai spécifique est imparti au bureau de jugement pour statuer en matière de **prise d'acte** par le salarié de la rupture de son contrat de travail (n° 69158), de **requalification d'une démission** en prise d'acte (n° 69015), de requalification **d'un CDD** (n° 20325) ou d'un **stage** (n° 46020, c).
Sur l'exonération du préalable de conciliation pour ces litiges, voir n° 14753.
Pour les litiges portant sur un **licenciement** ou une demande de **résiliation judiciaire** du contrat de travail, quand le bureau de jugement est réuni en formation restreinte sur décision du BCO, avec l'accord des parties, il doit statuer dans un délai de 3 mois.
Certains litiges sont portés devant le conseil de prud'hommes selon une procédure accélérée au fond. Tel est le cas notamment des différends relatifs à la prise de **congés pour événements familiaux** (n° 11940), ou dans le cadre du droit d'alerte du CSE en cas d'**atteinte aux droits des personnes** (n° 9370).

5. VOIES DE RECOURS

OPPOSITION

L'opposition est ouverte au **défendeur défaillant** qui n'a pas comparu car la citation à comparaître (convocation) ne lui a pas été délivrée à personne et qui demande la rétractation du jugement rendu par défaut, c'est-à-dire rendu en dernier ressort (n° 14680). Elle doit intervenir dans le **délai** d'un mois suivant la notification du jugement (n° 14765). **14780** C. trav. art. R 1463-1 CPC art. 473, 538 et 571 s **U-III-3880 s**

Elle est portée directement devant le bureau de jugement dans les formes prévues pour la saisine du conseil de prud'hommes (voir n° 14745). Si la partie qui l'a faite ne se présente pas, elle est caduque et ne peut pas être renouvelée.

APPEL

L'appel est possible à l'encontre des jugements rendus en premier ressort (n° 14680) et doit être porté devant la chambre sociale de la cour d'appel dans le **délai** : **14785** CPC art. 527 542 à 570 930-1 à 930-3 C. trav. art. R 1461-1 à R 1461-2 **U-III-100 s**

– d'un mois à compter de la notification du **jugement** ou de sa signification par voie d'huissier dans le cas visé n° 14765, b ;

– de 15 jours si la décision a été rendue **en référé.**

Il est formé, instruit et jugé suivant la procédure avec **représentation obligatoire** dont les règles sont détaillées dans notre Mémento procédure civile nos 25480 s., sous réserve des spécificités indiquées ci-après.

Les parties doivent être représentées par un **défenseur syndical** ou, à défaut, constituer **avocat.** Les règles de la **postulation** territoriale des avocats ne s'appliquent pas en matière prud'homale, de sorte qu'un avocat peut représenter une partie devant toute cour d'appel (Cass. avis 5-5-2017 n° 17-70.005 PBRI : RJS 7/17 n° 518).

Le principe de l'**exécution provisoire** de droit des décisions de première instance applicable depuis le 1er janvier 2020 (Mémento procédure civile nos 20380 s.) a été **écarté** en matière prud'homale (C. trav. art. R 1454-28). L'appel est **suspensif** à l'égard de l'exécution du jugement prononcé par le conseil de prud'hommes, à moins que ce dernier en ait ordonné l'exécution provisoire ou que le jugement soit de droit exécutoire par provision.

› Précisions **a.** Il résulte de l'article 901 du CPC qu'outre les mentions prescrites par les 2° et 3° de l'article 54 et par le troisième alinéa de l'article 57 du CPC la **déclaration** d'appel contient, à peine de nullité, la constitution de l'avocat de l'appelant ou le mandat du défenseur syndical, l'indication de la décision attaquée, de la cour devant laquelle l'appel est porté, les chefs du jugement expressément critiqués auxquels l'appel est limité, sauf si l'appel tend à l'annulation du jugement ou si l'objet du litige est indivisible. Signée par l'avocat ou le défenseur syndical, elle est accompagnée d'une copie de la décision, dont l'absence n'entraîne toutefois pas irrecevabilité de l'appel (Cass. soc. 19-6-2007 n° 06-40.854 : RJS 10/07 n° 1109).

b. Pour interjeter appel, le mandataire doit, s'il n'est pas avocat, justifier d'un **pouvoir spécial** qui doit nécessairement avoir été délivré après la décision attaquée (Cass. soc. 10-12-1996 n° 93-41.737 : RJS 1/97 n° 84) et avant l'expiration du délai d'appel (Cass. soc. 27-5-2003 n° 01-42.246 : RJS 8-9/03 n° 1055).

c. Le **défenseur syndical** peut accomplir tous les actes mis à la charge de l'avocat dans le cadre de la procédure avec représentation obligatoire. N'ayant pas accès au Réseau privé virtuel des avocats (RPVA) que doivent utiliser les avocats pour **transmettre les actes** de la procédure à la juridiction, il établit les actes de la procédure sur papier et les remet au **greffe.** Dans ce cas, la déclaration d'appel doit être remise au greffe en autant d'exemplaires qu'il y a de parties destinataires, plus 2. Cette remise est constatée par le greffe par mention de la date et par visa sur chaque exemplaire, dont un est immédiatement remis au défenseur syndical. Il peut également transmettre l'acte par lettre recommandée avec avis de réception. Dans ce cas, le greffe l'enregistre à sa date et lui adresse un récépissé par lettre simple.

Les **notifications entre un avocat et un défenseur syndical** s'effectuent par lettre recommandée avec accusé de réception ou par voie de signification.

d. Sont de droit exécutoires à titre provisoire les jugements susceptibles d'appel par suite d'une demande reconventionnelle, ceux ordonnant la remise de **certificats de travail, bulletins de paie** ou de toute **pièce** que l'employeur est tenu de délivrer et ceux ordonnant le paiement de rémunérations ou indemnités visées n° 14762, dans la limite maximum de 9 mois de salaire calculés sur la moyenne des 3 derniers mois (C. trav. art. R 1454-28).

POURVOI EN CASSATION

Les jugements du conseil de prud'hommes et les ordonnances de la formation de référé rendus en dernier ressort ainsi que les arrêts rendus par la cour d'appel après jugement du conseil de prud'hommes en premier ressort peuvent faire l'**objet d'un recours** devant la Cour de cassation pour excès de pouvoir, incompétence, vice de forme ou violation de la loi. **14790** CPC art. 604 à 639 973 à 982 **U-III-2200 s**

Le pourvoi en cassation est formé, instruit et jugé suivant la procédure avec **représentation obligatoire** par un avocat au Conseil d'État et à la Cour de cassation.

Il intervient par **déclaration** écrite que cet avocat signe et remet au greffe de la Cour de cassation.

Le **délai du pourvoi** est de 2 mois à compter de la notification du jugement ou de l'arrêt à personne ou à domicile ou, pour les décisions rendues par défaut, à compter du jour où l'opposition n'est plus recevable. Ce délai ne court pas lorsque la décision n'a pas été notifiée à la personne concernée (Cass. 2e civ. 21-2-2008 nº 07-11.568 : RJS 5/08 nº 592).

Le pourvoi en cassation n'est **pas suspensif.**

6. FRAIS DE JUSTICE

14795 CPC art. 696 M-I-26730 s

Dépens et sanctions À tous les stades de la procédure, la partie qui succombe peut être condamnée aux dépens, à des dommages-intérêts, ou à des amendes en cas de recours abusif. Si les **frais** de procédure ne sont pas supportés par les parties, sont toutefois à leur charge certaines dépenses, notamment celles liées aux mesures d'expertise.

14800 Loi 91-647 du 10-7-1991 modifiée Décret 2020-1717 du 28-12-2020 M-I-21500 s

Aide juridictionnelle Le système de l'aide juridictionnelle est applicable à toutes les **procédures** d'ordre juridictionnel, gracieuses ou contentieuses, y compris en matière prud'homale. L'aide peut également être accordée pour le recours à un avocat en vue d'une **transaction** destinée à éviter le déclenchement du procès ou dans le cadre d'une médiation conventionnelle ou judiciaire.

› Précisions a. Pour les demandes déposées à partir de 2021, les conditions de **ressources** sont les suivantes :

– pour l'aide **totale**, le demandeur doit justifier que son revenu fiscal de référence, figurant sur son avis d'imposition le plus récent, est inférieur à 11 262 € ;

– pour l'aide **partielle** ou l'aide à l'intervention de l'avocat, le revenu fiscal de référence doit être inférieur à 16 890 €.

Ces plafonds sont **majorés** de 2 027,16 € pour les 2 premières personnes, autres que le demandeur, composant le foyer fiscal et de 1 280,19 € pour les suivantes. Les plafonds ci-dessus sont revalorisés chaque année.

Ces ressources sont **appréciées** à partir du revenu fiscal de référence ou, à défaut, des ressources imposables dont les modalités de calcul sont définies par décret, de la valeur du patrimoine mobilier ou immobilier et de la composition du foyer fiscal.

Lorsque la **situation** du demandeur a changé et que les **revenus du foyer fiscal** diffèrent, au jour de la demande, de ceux pris en compte pour établir l'avis d'imposition le plus récent, la condition de ressources est **appréciée** en tenant compte du double du montant des revenus imposables perçus par le foyer fiscal au cours des 6 derniers mois après abattement de 10 %. Il en va de même en l'**absence** de revenu fiscal de référence.

Lorsque la procédure oppose des personnes au sein d'un **même foyer fiscal** ou concerne une personne majeure ou mineure rattachée au foyer fiscal de ses représentants légaux, les ressources **individualisées** retenues correspondent au double du montant des revenus imposables du demandeur au cours des 6 derniers mois après abattement de 10 %. Les revenus des biens communs sont pris en compte au prorata de la part de propriété.

Le demandeur est **inéligible** s'il possède, au jour de la demande :

– un **patrimoine mobilier ou financier** d'une valeur supérieure à 11 262 € ;

– un **patrimoine immobilier**, hors résidence principale, d'une valeur supérieure à 33 780 €.

Les plafonds de patrimoine ci-dessus sont **majorés** en fonction du nombre de personnes composant le foyer fiscal.

b. La demande doit être effectuée au moyen du **formulaire** Cerfa disponible en ligne (www.service-public.fr), en mairie, tribunaux ou service unique d'accueil du justiciable.

CONTENTIEUX DE LA SÉCURITÉ SOCIALE

SOMMAIRE

RÉFORME DU CONTENTIEUX DE LA SÉCURITÉ SOCIALE

15400 **Depuis le 1-1-2020,** le contentieux de la sécurité sociale relève du tribunal judiciaire, sauf celui de la tarification des accidents du travail, confié à la cour d'appel d'Amiens. En outre, la distinction entre contentieux général et technique de la sécurité sociale a disparu au profit d'une distinction entre contentieux médical et non médical (Loi 2019-222 du 23-3-2019) et, à compter du 1-1-2022, l'expertise médicale technique sera supprimée (Loi 2019-1446 du 24-12-2019 art. 87).

Loi du 18-11-2016 art.12, 109, 114 Décret du 5-1-2017 Ord. du 16-5-2018 ratifiée Décrets du 29-10-2018 du 30-12-2019 du 24-2-2020

> **Précisions a.** La **Cnitaat,** auparavant chargée du contentieux de la tarification des accidents du travail et de connaître des appels des décisions des tribunaux du contentieux de l'incapacité, reste **compétente** sur ces points jusqu'au 31-12-2022 pour connaître des **procédures introduites avant le 1-1-2019.** Les instances en cours sont instruites et jugées selon les dispositions légales applicables avant le 1-1-2019. Toutefois, le président de la Cnitaat ou de la section compétente peut :
> — dans l'intérêt d'une bonne justice, d'office ou à la demande d'une partie, dessaisir la cour d'une affaire et en renvoyer en l'état la connaissance à la cour d'appel d'Amiens, lorsque l'affaire présente un lien avec une contestation relative à la tarification des accidents du travail pendante devant cette juridiction. La procédure se poursuit alors selon les règles applicables devant cette cour ;
> — statuer sur les exceptions de procédure et les fins de non-recevoir.

A. Champ d'application

15430 Le juge judiciaire connaît des contestations relatives :
– au contentieux de la sécurité sociale ;
– à une partie du contentieux de l'admission à l'aide sociale, non étudiée ici.

CSS art. L 142-3 L 142-8

15440 Le contentieux de la sécurité sociale comprend les litiges relatifs :
– à l'application des législations et réglementations de **sécurité sociale** ;
– au recouvrement de certains **versements, contributions et cotisations** dont notamment les contributions chômage et AGS (n° 70900) ;
– à l'état ou au degré d'**invalidité,** en cas d'accident ou de maladie non professionnels, et à l'état d'**inaptitude au travail** ;
– à l'état d'**incapacité** permanente de travail, notamment au taux de cette incapacité, en cas d'accident du travail ou de maladie professionnelle ;
– aux **décisions des Carsat** concernant, en matière d'accidents du travail, la fixation du taux de cotisation, l'octroi de ristournes, l'imposition de cotisations supplémentaires et la déter-

CSS art. L 142-1 L 133-9-4 R 437-1 E-I-200 s E-II-430 s

mination de la contribution due par certains employeurs pour l'alimentation du fonds commun des accidents du travail.

Relèvent aussi du contentieux de la sécurité sociale certaines décisions de la commission des droits et de l'autonomie des personnes handicapées (CDAPH) et du président du conseil départemental, non étudiées ici.

En conséquence, le contentieux de la sécurité sociale concerne au premier chef les différends survenus en matière d'assujettissement, d'affiliation, de cotisations et de prestations entre, d'une part, les employeurs ou les assurés et, d'autre part, les organismes dont ils relèvent pour l'application des législations et réglementations de sécurité sociale.

Son champ d'application est en principe limité à la sécurité sociale stricto sensu. Il ne comprend pas, par exemple, le contentieux concernant la **prévoyance** complémentaire et les **retraites complémentaires ou supplémentaires** (n° 68270). Toutefois, des dispositions législatives étendent expressément son champ d'application à certaines contributions ou taxes sociales. Il en est ainsi notamment pour la CSG et la CRDS (voir n° 25030) et le versement mobilités (voir n° 84140). Pour le **compte professionnel de prévention,** voir n° 71360, d.

ILLUSTRATIONS

Relèvent du contentieux de la sécurité sociale :

– les demandes de **dommages-intérêts** du fait des fautes commises par les organismes de sécurité sociale dans l'application des législations et réglementations de sécurité sociale (Cass. 2e civ. 23-1-2014 n° 12-29.239 F-PB : RJS 4/14 n° 357) mais non l'action en responsabilité engagée contre ces organismes du fait d'une faute commise dans l'exercice de leur pouvoir réglementaire (CE 20-5-2016 n° 384404 : RJS 8-9/16 n° 592) ;

– les litiges relatifs à la **détermination de la date de guérison** complète ou de consolidation de l'état de la victime **après un accident du travail** ou une maladie professionnelle (Cass. soc. 4-4-2018 n° 17-16.430 F-PB : RJS 6/18 n° 446).

B. Contentieux hors tarification des accidents du travail

PROCÉDURE

15460 Le contentieux de la sécurité sociale comprend :

– une **phase obligatoire** devant la commission de **recours amiable** (nos 15480 s.) ou la commission médicale de recours amiable (nos 15510 s.) ;

– éventuellement, une **phase judiciaire** devant le tribunal judiciaire et, le cas échéant, devant la cour d'appel et la Cour de cassation (nos 15540 s.).

Toutefois, les litiges d'ordre médical entre la caisse et l'assuré relèvent jusqu'au 31-12-2021 d'une procédure, dite **expertise médicale technique** (nos 15585 s.).

› Précisions **a.** En cas de désaccord portant sur une décision d'un organisme de sécurité sociale, il est aussi possible de saisir le **Défenseur des droits** ou l'un de ses délégués territoriaux (www.defenseurdesdroits.fr). Cette saisine n'interrompt pas les délais légaux pour introduire un recours contentieux.

b. Un **médiateur** est institué dans **tous les organismes locaux** du régime général de la sécurité sociale. Un usager ne peut saisir le médiateur qu'après avoir effectué une démarche auprès de l'organisme et si aucun recours contentieux n'a été formé. L'engagement de la médiation suspend les délais de recours (CSS art. L 217-7-1 ; Décret 2018-1084 du 4-12-2018 art. 2).

1. RECOURS AMIABLE PRÉALABLE

a. Commission de recours amiable (CRA)

15480 Les réclamations relevant du contentieux de la sécurité sociale formées contre les décisions, même implicites ou tacites (Cass. soc. 20-12-2001 n° 00-18.596 FS-D : RJS 3/02 n° 351), prises par les organismes de sécurité sociale sont **obligatoirement** soumises à la commission de recours amiable de l'organisme concerné avant tout recours devant le tribunal judiciaire.

CSS art. L 142-4, R 142-1, R 142-7, E-I-2500 s

S'agissant des contestations relatives à l'invalidité, l'incapacité permanente et l'inaptitude au travail et des contestations d'ordre médical formées par les employeurs en matière d'application des législations et réglementations de sécurité sociale, voir n° 15510.

› Précisions a. Par exception, sont **dispensées** de recours amiable : l'opposition à contrainte (n° 24645, c), les contestations mentionnées à l'article R 142-7 du CSS (notamment celles relatives à la répartition du coût des accidents du travail et maladies professionnelles des intérimaires et celles liées à la procédure de transaction visée n° 24415), les actions en dommages-intérêts (Cass. 2e civ. 3-2-2011 n° 10-10.357 FS-PB : RJS 4/11 n° 372), les réclamations contre les décisions émanant du conseil d'administration de l'organisme (Cass. soc. 14-12-1988 n° 86-17.573 P). Pour le compte professionnel de prévention, voir n° 71360, d.

b. La saisine de la commission **suspend** la possibilité de conclure une transaction sur les chefs de redressements qu'elle vise : voir n° 24415.

c. Le fait qu'un différend relève de l'**expertise médicale technique** visée nos 15585 s. ne dispense pas l'assuré de soumettre d'abord à la CRA les réclamations dont il entend saisir le tribunal en conséquence de cette expertise (Cass. soc. 24-5-1978 n° 76-15.043).

SAISINE

Délai La CRA doit être saisie dans le délai de **2 mois à compter** de la notification de la décision contestée. 15485

CSS art. R 142-1-A, III R 142-1 **E-I-3500 s**

Passé ce délai, la décision devient définitive et le requérant ne peut plus en contester la validité, même par voie d'exception (Cass. soc. 6-6-1991 n° 89-12.102 P : RJS 7/91 n° 882 ; 20-5-1999 n° 97-19.781 D : RJS 8-9/99 n° 1140).

Toutefois, il n'y a pas **forclusion** si la notification de la décision ou, en cas de décision implicite, l'accusé de réception de la demande ne mentionne pas ce délai ainsi que les voies de recours. Il en est de même, selon la jurisprudence, si l'organisme n'apporte pas la preuve de la date de notification de sa décision (Cass. soc. 28-10-1999 n° 97-21.373 P : RJS 12/99 n° 1521).

› Précisions a. Les règles de **computation des délais de l'article 669 du CPC** ne s'appliquent pas aux décisions de la caisse de sécurité sociale qui informe l'employeur par tout moyen permettant de déterminer la date de réception de la notification. Si cette date est **inconnue** mais que la date de retour de l'avis de réception de la notification est connue, le recours formé auprès de la CRA plus de 2 mois après cette dernière est irrecevable (Cass. 2e civ. 15-3-2018 n° 17-11.834 F-PB : RJS 5/18 n° 372).

b. Pour les personnes demeurant dans un **département ou une collectivité d'outre-mer** ou un **pays étranger,** les délais sont allongés en raison de la distance dans les conditions prévues par l'article 643 du CPC (Cass. soc. 11-3-1987 n° 82-16.861 P).

c. Sur le délai de saisine de la CRA en cas de contestation par l'employeur du **caractère professionnel d'un accident,** voir n° 920.

Forme La CRA peut être saisie par **tout moyen** donnant date certaine à sa réception. En cas de litige, c'est au requérant de prouver qu'il l'a saisie avant l'expiration du délai imparti (Cass. soc. 12-10-1995 n° 93-14.609). 15490

CSS art. R 243-59-9 **E-I-4100 s**

ATTENTION

La **réclamation,** qui fixe l'étendue de la saisine de la CRA (Cass. 2e civ. 12-3-2020 n° 19-13.422 F-PBI : RJS 5/20 n° 256), doit indiquer tous les points contestés. En effet, à l'expiration du délai de saisine de la CRA, la décision de l'organisme devient définitive sur les points non contestés (n° 15485). Néanmoins, l'absence de motivation de la réclamation n'empêche pas la saisine du tribunal (Cass. 2e civ. 13-2-2014 n° 13-12.329 F-PB : RJS 4/14 n° 358 ; 12-3-2020 n° 19-13.422 F-PBI précité).

DÉCISION

Sauf délégation de pouvoirs, la CRA ne donne qu'un avis. C'est le conseil, le conseil d'administration ou l'instance régionale qui **statue** et **notifie** sa décision motivée au requérant par tout moyen lui conférant date certaine. 15495

CSS art. R 142-1-A, I R 142-4 R 142-6 **E-I-5100 s**

Si la décision n'est pas intervenue dans le **délai** de 2 mois à compter de la réception de la réclamation par l'organisme, le requérant peut considérer sa réclamation comme rejetée, sauf si le recours formé relève à la fois de la compétence de la CRA et de celle de la CMRA : voir n° 15512, b. La décision de l'organisme (y compris sa décision implicite de rejet) peut faire l'objet d'un **recours** devant le tribunal judiciaire dans le délai et selon les modalités indiqués nos 15540 s.

› Précisions a. Le réclamant peut **produire des documents après le dépôt** de sa réclamation et avant l'expiration du délai visé ci-dessus. Ce délai ne court alors qu'à dater de la réception des documents par l'organisme (Cass. 2e civ. 12-3-2015 n° 14-13.521 F-PB : RJS 5/15 n° 374).

b. Si le **comité des abus de droit** a été saisi d'une demande relative au même litige, le délai ne court qu'à dater de la réception de l'avis du comité par l'organisme.

c. En cas de **redressement suite à un contrôle** Urssaf, la décision de la CRA détaille, par chef de redressement, les montants annulés et ceux qui sont maintenus et précise les délais et voies de recours.

d. L'**irrégularité** de la décision de la CRA n'empêche pas la juridiction saisie de se prononcer sur le fond du litige (Cass. 2e civ. 21-6-2018 n° 17-27.756 FS-PBRI : RJS 10/18 n° 639).

b. Commission médicale de recours amiable (CMRA)

15510 CSS art. L 142-4 R 142-8 R 142-8-1

Les contestations relatives à l'invalidité, l'incapacité permanente et l'inaptitude au travail visées n° 15440 et celles d'ordre médical formées par les employeurs en matière d'application de la législation de la sécurité sociale sont soumises, sauf exceptions, avant tout recours contentieux, à une commission médicale de recours amiable (CMRA).

Cette commission **examine** les recours préalables formés contre les décisions des organismes dont le siège est situé dans son ressort.

› Précisions a. Le **ressort géographique** de la commission est celui de l'échelon régional du contrôle médical du régime intéressé ou, à défaut, national, l'organisme national compétent pouvant toutefois prévoir qu'une commission couvre plusieurs échelons régionaux.

b. La CMRA est **composée** de 2 médecins désignés par le responsable du service médical territorialement compétent dont un praticien-conseil.

c. Le recours préalable du **professionnel libéral** relatif à l'état ou au degré d'**invalidité,** en cas d'accident ou de maladie non professionnels, et à l'état d'**inaptitude au travail** devra être formé auprès d'une **commission de l'inaptitude** constituée au sein du conseil d'administration de la section professionnelle auprès de laquelle il est affilié (CSS art. R 644-3 ; Décret 2019-1358 du 13-12-2019 art. 6, III).

SAISINE

15512 CSS art. R 142-1-A, III R 142-8 R 142-9-1 Arrêté SSAS1831916A du 28-12-2018 art. 4

La commission doit être saisie, dans un **délai** de 2 mois à compter de la notification de la décision contestée, par l'assuré ou l'employeur par tout moyen lui conférant date certaine.

Ce délai n'est **opposable** que s'il a été mentionné, ainsi que les voies de recours, dans la notification de la décision ou, en cas de décision implicite, dans l'accusé de réception de la demande.

› Précisions a. Si la CMRA est **saisie** alors que la contestation relève de la **compétence de la CRA,** le recours est transmis à cette dernière. Si elle est saisie alors que la contestation relève à la fois de **sa compétence et** de **celle de la CRA,** une copie du recours est transmise à cette dernière aux fins d'examen des questions relevant de sa compétence.
Si le recours relève d'une **question d'ordre médical** relevant de l'expertise médicale technique (n° 15585), le recours est transmis à l'échelon du service du contrôle médical placé près de l'organisme de prise en charge.

b. En cas de recours relevant à la fois de la **compétence** de la **CRA et** de celle de la **CMRA,** la CRA sursoit à statuer jusqu'à ce que cette dernière ait rendu un avis sur la contestation d'ordre médical. Cet avis s'impose à la CRA ou, à défaut de délégation de pouvoirs (n° 15495), au conseil, conseil d'administration ou à l'instance régionale. La CRA statue sur l'ensemble du recours. **L'absence de décision** dans les 6 mois à compter de l'introduction du recours préalable vaut rejet de la demande.

PROCÉDURE

15515 CSS art. L 142-6 R 142-1-A, IV R 142-8-2 à R 142-8-4-1 R 142-8-6

Dès sa réception, une copie du recours préalable est transmise au **service du contrôle médical** fonctionnant auprès de l'organisme dont la décision est contestée. Le praticien-conseil dispose alors de 10 jours à compter de la date de réception pour adresser à la commission, par tout moyen conférant date certaine :

– l'intégralité du **rapport médical** reprenant les constats résultant de l'examen clinique de l'assuré et des examens consultés justifiant sa décision ;

– l'**avis** transmis à l'organisme de sécurité sociale.

Lorsque le **recours** est formé par l'**employeur,** ces documents sont notifiés, dans un délai de 10 jours à compter de l'introduction du recours et par tout moyen conférant date certaine, au médecin mandaté par l'employeur.

Lorsque le **recours** est formé par l'**assuré,** ces documents sont notifiés à ce dernier sans délai selon la même forme, sauf si cette notification a été effectuée avant l'introduction du recours.

Dans tous les cas, les intéressés disposent de 20 jours à compter de la réception des documents ou de l'introduction du recours, s'ils ont été notifiés avant l'introduction de ce dernier, pour faire valoir leurs **observations** selon la même forme.

› Précisions a. Lorsque le recours est exercé par l'assuré, la CMRA peut décider, d'office ou à la demande de l'assuré, de procéder à son **examen médical** ou, en cas d'impossibilité de déplacement, liée à son particulier éloignement géographique ou s'il y a lieu de solliciter un avis médical complémentaire, de désigner un **médecin spécialiste ou compétent** pour l'affection considérée, pour réaliser l'examen médical ou une expertise sur pièces et lui transmettre son avis motivé. L'assuré doit être informé, au moins 15 jours avant, des lieu, date et heure de

l'examen clinique s'il est réalisé par la commission et au moins 8 jours avant s'il est réalisé à la demande de la commission par un praticien désigné. Dans tous les cas, l'assuré peut se faire accompagner du médecin de son choix.
Le praticien désigné dispose de 15 jours à compter de l'examen clinique ou de 20 jours à compter de la réception du rapport médical et du recours introduit par l'assuré qui doivent lui être transmis par la commission pour rendre son rapport, qui est joint à celui établi par la commission. Il ne s'impose pas à elle.
b. Lorsqu'il est convoqué, les **frais de déplacement** de l'assuré sont à la charge de l'organisme ayant pris la décision contestée. Les honoraires et frais de déplacement des médecins experts sont réglés d'après les tarifs fixés par l'arrêté AFSS1522412A modifié du 29-5-2015 (Circ. Cnam 24/2020 du 11-8-2020).

DÉCISION

La commission établit, pour chaque cas examiné, un **rapport** comportant son analyse du dossier, ses constatations et ses conclusions motivées. Elle rend un avis qui s'impose à l'organisme de prise en charge et lui est transmis sans délai. L'organisme de prise en charge notifie sa décision à l'intéressé par tout moyen lui conférant date certaine. **15520** CSS art. R 142-1-A, I R 142-8-5

ATTENTION
L'absence de décision de l'organisme dans le **délai** de 4 mois à compter de l'introduction du recours préalable vaut rejet de la demande, sauf si le recours formé relève à la fois de la compétence de la CRA et de celle de la CMRA : voir nº 15512, b.

2. RECOURS DEVANT LE TRIBUNAL JUDICIAIRE (TJ)

Les litiges relevant du contentieux de la sécurité sociale sont soumis en **première instance** à des tribunaux judiciaires spécialement désignés. **15540** C. org. jud. art. L 211-16 L 218-1 CSS art. L 142-8 R 142-1-A, II
Les demandes sont formées, instruites et jugées, **au fond comme en référé,** selon les dispositions du Code de procédure civile, sous réserve des dispositions exposées nºs 15545 s.

› Précisions **a.** La formation collégiale du tribunal est composée du **président** du tribunal judiciaire ou d'un magistrat professionnel désigné par lui pour le remplacer, et de 2 **assesseurs** représentant respectivement les salariés et les employeurs et travailleurs indépendants.
b. Les employeurs doivent laisser à leurs **salariés** assesseurs le **temps** nécessaire à l'exercice de leurs fonctions (C. org. jud. art. L 218-7).
c. La fonction d'assesseur est compatible avec celle de **conseiller prud'homme** (C. org. jud. art. L 218-4).

SAISINE DU TRIBUNAL

Le tribunal judiciaire est saisi par **requête** remise ou adressée au greffe par lettre recommandée avec avis de réception. Sauf exceptions, la requête doit être précédée d'un **recours amiable** : voir nºs 15480 s. **15545** CSS art. R 142-10 R 142-10-1 R 142-10-2
Si elle est **manifestement irrecevable,** elle peut être rejetée par ordonnance motivée du président de la formation de jugement.
Le **tribunal compétent** est celui dans le ressort duquel demeure le demandeur. Toutefois, c'est celui dans le ressort duquel se trouve le siège de l'organisme de recouvrement auprès duquel l'employeur verse ses cotisations et contributions sociales, en cas de versement en un lieu unique. Si le demandeur demeure à l'étranger, c'est celui du siège de l'organisme de sécurité sociale ou de l'autorité administrative qui a pris la décision.

› Précisions **a.** La requête doit, outre les **mentions** prescrites par l'article 57 du CPC, contenir un exposé sommaire des motifs de la demande accompagné :
– des pièces invoquées par le demandeur à l'appui de ses prétentions, énumérées sur un bordereau annexé ;
– d'une copie de la décision contestée ou, en cas de décision implicite, de celle de la décision initiale de l'autorité administrative et de l'organisme de sécurité sociale ainsi que de la copie du recours préalable.
Elle contient, le cas échéant, le nom et l'adresse du médecin désigné pour recevoir les documents médicaux.
b. L'irrecevabilité, **faute de saisine préalable de la CRA,** du recours formé directement devant le tribunal judiciaire n'empêche pas d'exercer, après saisine de la CRA, un nouveau recours contentieux, dès lors qu'il est exercé avant l'expiration du délai de forclusion visé nº 15550 (Cass. 2e civ. 22-10-2020 nº 19-18.175 F-PBI : RJS 1/21 nº 55).

Délai Le délai de recours est de **2 mois** à compter soit de la notification de la décision contestée, soit de l'expiration du délai de 2 mois dont disposait la CRA (nº 15495) ou de 4 mois dont disposait la CMRA (nº 15520) pour répondre à la réclamation de l'intéressé, ces **15550** CSS art. R 142-1-A, III R 142-10-1 deux derniers délais pouvant être portés à 6 mois en cas de recours relevant à la fois de la compétence de la CRA et de la CMRA (nº 15512, b).

Le cas échéant, le délai de recours est allongé en raison de la **distance** dans les conditions prévues par les articles 643 à 645 du CPC (en ce sens : Cass. soc. 23-10-1975 nº 74-11.519).

Sur le délai applicable pour l'**opposition à contrainte,** voir nº 24645. Pour la réclamation du salarié sur son **compte professionnel de prévention,** voir nº 71360, d.

› Précisions **a.** Le délai de 2 mois n'est **opposable** qu'**à la condition** d'avoir été mentionné, ainsi que les voies de recours, dans la notification de la décision contestée ou, en cas de décision implicite, dans l'accusé de réception de la demande. Ainsi, la **décision de la CRA** doit indiquer de manière très apparente le **délai de recours et ses modalités** d'exercice. À défaut, la notification de la décision ne fait pas courir le délai de recours (Cass. soc. 19-9-1991 nº 89-16.002 PF : RJS 10/91 nº 1145). Ce délai ne court pas non plus si l'avis de réception de la décision de la commission a été signé par un tiers (Cass. 2e civ. 17-9-2015 nº 14-23.139 F-D : RJS 12/15 nº 808).

En cas de décision implicite de **rejet,** le requérant doit être informé du délai de recours (Cass. soc. 30-11-2000 nº 99-12.651 FS-PB : RJS 2/01 nº 256) et de la date à laquelle il pourra considérer sa réclamation comme étant implicitement rejetée (Cass. 2e civ. 9-4-2009 nº 08-12.935 F-PB : RJS 6/09 nº 575), faute de quoi le délai de recours ne court pas. Ces solutions rendues concernant des décisions de la CRA sont, selon nous, applicables aux décisions de la CMRA.

b. Le demandeur qui conteste une décision implicite de rejet au seul motif de l'absence de saisine du tribunal contestant la décision explicite de rejet intervenue en cours d'instance ne peut pas se voir opposer la **forclusion.** Il en va de même de la personne ayant saisi un tribunal territorialement incompétent dans les 2 mois de la notification du rejet de sa demande par la CRA (Cass. 2e civ. 14-2-2019 nº 18-12.377 F-PB : RJS 4/19 nº 254).

c. Le **caractère définitif** d'une décision de la CRA ou d'un organisme de sécurité sociale non frappée d'un recours contentieux dans le délai de 2 mois n'est pas **opposable** en cas de **circonstances nouvelles** survenues après cette décision (Cass. 2e civ. 18-12-2014 nº 13-28.080 F-PB : RJS 3/15 nº 214 ; 26-5-2016 nº 15-16.094 F-PB : RJS 8-9/16 nº 598).

INSTRUCTION ET DÉBAT

15555 CSS art. L 142-9, L 142-11, R 142-10-4, R 142-10-5, R 142-10-10, R 142-16, R 142-17-1 à R 142-17-3, R 142-18, R 142-18-2

Devant le tribunal judiciaire, la procédure est orale et sans représentation obligatoire. Les parties ne sont tenues ni de déposer des **observations écrites** ni de faire appel à un **avocat.**

En principe, les parties doivent **présenter oralement à l'audience** leurs prétentions et moyens. Toutefois :

– toute partie peut, en cours d'instance, exposer ses moyens par lettre adressée au juge, si elle justifie que la partie adverse en a eu connaissance avant l'audience, par lettre recommandée avec avis de réception, et ne pas se présenter à l'audience. De son côté, le juge peut toujours ordonner la présence des parties devant lui ;

– le président de la formation de jugement peut se prononcer sans débat, après avoir recueilli les observations écrites des parties ou les avoir invitées à présenter leurs observations ;

– l'instance est périmée si les parties s'abstiennent d'accomplir pendant 2 ans les diligences expressément mises à leur charge par la juridiction. La péremption peut être demandée par l'une des parties et le juge peut la constater d'office après les avoir invitées à présenter leurs observations.

› Précisions **a.** Les parties peuvent uniquement **se faire assister ou représenter** par : leur conjoint, leur concubin ou leur partenaire de Pacs, un ascendant ou descendant en ligne directe ; un avocat ; un salarié, un employeur ou un travailleur indépendant exerçant la même profession ; un représentant syndical ; un administrateur ou employé d'un organisme de sécurité sociale ; un délégué des associations de mutilés et invalides du travail les plus représentatives ou constituées depuis 5 ans au moins pour œuvrer dans les domaines des droits économiques et sociaux des usagers ainsi que dans ceux de l'insertion et de la lutte contre l'exclusion et la pauvreté. Ainsi, une société peut se faire représenter par l'un de ses salariés et notamment par son responsable paie (Cass. 2e civ. 19-6-2014 nº 13-19.356 F-PB : RJS 11/14 nº 814).

Sur l'**aide juridictionnelle,** voir nº 14800.

b. Le président de la formation de jugement exerce les missions et dispose des pouvoirs reconnus au **juge de la mise en état** par les articles 780 à 801 du CPC.

c. Dans le cadre des contestations relatives à l'application de la législation de sécurité sociale, à l'invalidité, l'incapacité permanente et l'inaptitude au travail visées nº 15440, la juridiction peut ordonner toute mesure d'instruction pouvant prendre la forme d'une **consultation clinique ou sur pièces** exécutée **à l'audience** par un consultant en cas d'examen de la personne.

Toutefois, en cas de contentieux relatif à l'application de la législation de sécurité sociale :

– si le litige fait apparaître en cours d'instance une difficulté d'ordre médical relevant de la procédure d'expertise médicale technique, le juge ne peut statuer qu'après mise en œuvre de cette procédure (voir nº 15600) ;

– si le litige fait apparaître une difficulté d'ordre technique portant sur l'interprétation de la liste des actes et prestations remboursables, le tribunal peut ordonner une expertise spécifique ;
– si le litige porte sur la reconnaissance de l'origine professionnelle d'une maladie sur expertise individuelle (n° 880), le tribunal recueille préalablement l'avis d'un comité régional, distinct du comité saisi par la caisse. Si le caractère professionnel de la maladie reconnu après avis d'un comité régional est contesté par l'employeur en défense à une action en reconnaissance de sa faute inexcusable, le juge doit recueillir l'avis d'un autre comité régional avant de statuer (Cass. 2e civ. 6-10-2016 n° 15-23.678 F-PB : RJS 12/16 n° 814), sous réserve que soient invoquées devant lui les dispositions relatives à la reconnaissance des maladies professionnelles sur expertise individuelle (Cass. 2e civ. 9-5-2019 n° 18-11.468 FS-PBI et n° 18-17.847 FS-PBI : RJS 7/19 n° 460). Un tel comité doit aussi être saisi si le juge constate que la maladie, bien que reconnue professionnelle par la caisse, ne réunit pas les conditions prévues par le tableau la concernant (Cass. 2e civ. 21-9-2017 n° 16-18.088 FS-PB : RJS 12/17 n° 833). En revanche, si l'avis du comité régional saisi par la caisse est nul, mais pas celui du comité saisi par le tribunal, la cour d'appel n'est pas tenue de recueillir l'avis d'un autre comité (Cass. 2e civ. 21-6-2018 n° 17-20.623 F-PB : RJS 10/18 n° 635).

d. Les **frais de transports de l'assuré** pour répondre à la convocation d'un médecin-expert ou consultant désigné par une juridiction ou pour se rendre à l'audience au cours de laquelle une consultation clinique a lieu sont pris en charge (CSS art. R 322-10 du CSS). La convocation ou l'avis d'audience tient alors lieu de prescription (CSS art. R 322-10-2 du CSS). Les frais de transport sont remboursés sur la base du moyen de transport le moins onéreux compatible avec l'état de santé de l'assuré (Circ. Cnam 24/2020 du 11-8-2020).

En outre, les dépenses afférentes à la rémunération des experts ou consultants sont prises en charge par l'Assurance maladie. Les **honoraires** dus au **médecin consultant** visé n° 15555, c ainsi que ses **frais de déplacement** sont réglés selon les tarifs fixés par arrêté SSAS1831948A modifié du 21-12-2018 (Circ. Cnam 24/2020 du 11-8-2020).

JUGEMENT

15560 C. org. jud. art. L 311-15, R 211-3-25; CSS art. L 137-4, R 142-1-A, II, R 142-10-7, R 142-11, R 142-12, R 142-15, R 244-2

La décision du tribunal est **notifiée** par le greffe à chaque partie. Cette notification indique les **délais et modalités de recours** (CPC art. 680).

Le tribunal statue, en principe, en premier ressort, c'est-à-dire à charge d'**appel.**

Toutefois, il statue en dernier ressort, c'est-à-dire sous le seul contrôle de la Cour de cassation, d'une part, si la demande n'excède pas 5 000 € et, d'autre part, s'il est saisi de recours contre des décisions relatives aux demandes de remise gracieuse des majorations et pénalités de retard.

Le tribunal statue toujours à charge d'appel pour : la CSG et la CRDS (voir n° 25030, a), le forfait social, les contributions patronale et salariale sur les attributions d'options sur actions et d'actions gratuites, les contributions patronales perçues au titre des régimes de retraite à prestations définies, de la solidarité pour l'autonomie, sur les avantages de préretraite d'entreprise et sur les indemnités de mise à la retraite et la contribution additionnelle de solidarité pour l'autonomie.

L'appel est formé, instruit et jugé suivant la **procédure** sans représentation obligatoire auprès d'une cour d'appel spécialement désignée pour en connaître. Il doit intervenir dans le **délai** d'un mois à compter de la notification de la décision du tribunal (CPC art. 538) qui correspond à la date à laquelle la lettre a été remise à son destinataire (Cass. 2e civ. 19-11-2020 n° 19-17.934 F-PBI : RJS 2/21 n° 119). Ce délai peut être allongé pour des raisons de distance (CPC art. 643 s.).

La décision de la cour d'appel est notifiée aux parties par le greffe et peut, le cas échéant, être soumise à la **Cour de cassation** dans un délai de 2 mois à compter de sa notification.

INJONCTION DE PAYER

15565 CSS art. R 142-10-8

Le recouvrement d'une créance résultant d'une **prise en charge injustifiée** ou d'un **indu de prestation** peut être demandé suivant la procédure d'injonction de payer (CPC art. 1407 s.).

La demande est portée devant le président du tribunal judiciaire du lieu où demeure le débiteur. Si le juge rend une ordonnance portant injonction de payer, le débiteur peut former opposition, dans le délai prévu par l'article 1416 du CPC, devant le tribunal dont le président a rendu la décision.

3. EXPERTISE MÉDICALE TECHNIQUE

CHAMP D'APPLICATION

15585 CSS art. L 141-1 E-II-10000 s

Jusqu'au 31-12-2021, l'expertise médicale technique doit obligatoirement être mise en œuvre en cas de **contestation d'ordre médical relative** :
– à l'état du malade ou de la victime ;
– ou à la prise en charge thérapeutique du malade ou de la victime ;
– ou à l'état de santé de l'enfant pour l'ouverture du droit à l'allocation journalière de présence parentale visée nº 11975.

Elle ne concerne que le règlement des contestations d'ordre médical **opposant les assurés aux caisses** de sécurité sociale (Cass. soc. 17-3-1988 nº 86-40.636 P). Sont expressément exclues les contestations relatives à l'invalidité, l'incapacité permanente et l'inaptitude au travail visées nº 15440.

› **Précisions** **a.** L'expertise médicale technique, mise en œuvre dans les seuls rapports de la caisse et de l'assuré, n'est pas opposable à l'**employeur** qui ne peut pas s'y faire représenter (Cass. 2e civ. 17-2-2011 nº 10-14.925 F-PB : RJS 5/11 nº 471). Toutefois, cette inopposabilité n'entraîne pas celle de la décision de la caisse prise à la suite de cette expertise (Cass. 2e civ. 16-11-2004 nº 03-16.484 F-PB : RJS 2/05 nº 219). L'employeur peut solliciter une expertise judiciaire dans le cadre du différend l'opposant à l'organisme social (Cass. soc. 20-7-1995 nº 93-12.043 P : RJS 12/95 nº 1292) mais pas une expertise médicale technique (Cass. soc. 25-10-2001 nº 00-13.166 FS-D).
b. Aucune expertise médicale technique ne peut être diligentée en cas de **décès** du malade ou de la victime (Cass. soc. 3-2-2000 nº 98-16.149 P : RJS 4/00 nº 457).

15590

EXEMPLE

L'expertise médicale technique devra par exemple être mise en œuvre pour résoudre les litiges portant sur les questions médicales suivantes :
– pour l'assurance maladie : date à laquelle l'assuré est apte à reprendre un emploi, nécessité médicale d'un temps partiel thérapeutique, nécessité médicale d'un transport en ambulance ;
– pour les accidents du travail et les maladies professionnelles : date de consolidation (nº 1060), caractère professionnel d'une blessure (nº 840), d'une maladie (nºs 695 s.) ou d'une rechute (nºs 1190 s.), contestation par la victime de l'avis du médecin-conseil relatif à l'attribution d'une indemnité temporaire d'inaptitude (nº 1055).

PROCÉDURE

15595 CSS art. L 141-2 R 141-1 s R 142-18 E-II-11680 s

Expertise à l'initiative des parties L'expertise est effectuée à la **demande** soit de l'assuré, soit de la caisse.

Le médecin expert est désigné dans les 15 jours à compter de la date d'apparition de la contestation d'ordre médical ou de la réception de la demande d'expertise de l'assuré par le service du contrôle médical parmi les médecins spécialistes ou compétents pour la contestation d'ordre médical considérée et inscrits sur les listes d'experts judiciaires. Dans les 5 jours à compter de cette désignation, le service du contrôle médical fonctionnant auprès de la caisse dont la décision est contestée doit communiquer à l'expert, par tout moyen conférant date certaine, un protocole qu'il a établi ainsi que le rapport mentionné nº 15515.

Le médecin expert informe l'assuré des lieu, date et heure de l'**examen** ainsi que le service du contrôle médical, qui peut être représenté par un médecin-conseil pour assister à l'expertise.

Le **rapport** du médecin expert est transmis au service du contrôle médical avant l'expiration du délai de 15 jours à compter de l'examen clinique ou, à défaut de celui-ci, dans les 20 jours à compter de la réception du protocole et ce service en adresse immédiatement une copie intégrale à l'assuré.

La caisse dont la décision est contestée doit prendre une **nouvelle décision conforme à l'avis de l'expert** (l'avis de l'expert s'imposant à l'assuré comme à la caisse) et la notifier à l'assuré dans un délai maximum de 15 jours suivant la réception de l'avis.

› **Précisions** **a.** Si **aucun médecin expert** n'est **disponible** sur les listes d'experts judiciaires, le service du contrôle médical doit informer le médecin traitant de l'assuré de l'identité du médecin expert qu'il entend désigner. À défaut d'**opposition du médecin traitant** dans les 8 jours suivant la notification de cette proposition, le service du contrôle médical procède à cette désignation dans les 20 jours à compter de la date d'apparition de la contestation d'ordre médical ou de la réception de la demande d'expertise de l'assuré. En cas d'opposition du médecin traitant, le médecin expert est désigné par le directeur de l'agence régionale de santé.
b. La **demande d'expertise de l'assuré** doit être présentée dans le mois suivant la décision contestée, celle-ci devant mentionner ce délai (Circ. Cnamts 9 du 20-2-2007).

La demande doit être écrite et préciser l'objet de la contestation, le nom et l'adresse du médecin traitant. Elle doit être déposée contre récépissé auprès de la caisse ou lui être adressée par lettre recommandée.

c. La décision prise par la caisse à la suite de l'avis de l'expert est exécutoire par provision, nonobstant toute **contestation.** Les parties peuvent demander au juge d'ordonner un complément d'expertise ou une nouvelle expertise (voir n° 15605). La contestation de l'assuré doit au préalable être soumise à la CRA (n° 15480, c).

d. Les **honoraires** dus au **médecin expert** à l'occasion des examens ainsi que ses **frais de déplacement** sont réglés d'après les tarifs fixés par l'arrêté visé n° 15515, b. Celui-ci fixe également les tarifs des honoraires et des frais de déplacement dus au médecin accompagnant l'assuré lors de l'examen. Ces dépenses sont à la charge de la caisse dont la décision est contestée (Circ. Cnam 24/2020 du 11-8-2020). S'agissant des **frais de transport de l'assuré** pour se rendre à la consultation de l'expert désigné, voir n° 15555, d.

Expertise à l'initiative du juge Si le différend fait apparaître en cours d'instance une difficulté d'ordre médical visée n° 15585, la juridiction **ne peut statuer qu'après** mise en œuvre de la procédure d'expertise médicale prévue n° 15595. 15600

CSS art. L 141-2, L 142-11, R 142-17-1, I, R 142-18, **E-II-13950 s**

Dans ce cas, le médecin expert dispose d'un mois à compter de la date à laquelle il a reçu la demande d'expertise pour adresser son **rapport** à cette juridiction. Celle-ci transmet, au plus tard dans les 48 heures suivant sa réception, copie de ce rapport aux parties.

Le juge est **tenu par les conclusions de l'expert** (Cass. soc. 20-1-1994 n° 91-14.984 P : RJS 3/94 n° 321 ; 9-5-1996 n° 94-17.952 P). Il peut toutefois, s'il l'estime nécessaire, ordonner soit un complément d'expertise, soit une nouvelle expertise dans les conditions visées n° 15605.

S'agissant de la prise en charge des **frais,** voir n° 15555, d.

NOUVELLE EXPERTISE

À la **demande** d'une partie, la juridiction peut ordonner une nouvelle expertise, mais n'y est pas tenue (Cass. soc. 31-10-2000 n° 99-12.622 FS-D : RJS 1/01 n° 121). L'expertise est alors soumise à des règles particulières. 15605

CSS art. L 141-2, L 142-11, R 142-17-1, II, R 142-18, **E-II-15300 s**

S'agissant de la prise en charge des **frais,** voir n° 15555, d.

> **Précisions** Le juge qui estime nécessaires des précisions complémentaires sur l'avis de l'expert doit les lui demander et non ordonner, en l'**absence de demande d'une partie** en ce sens, une nouvelle expertise (Cass. soc. 26-1-1995 n° 91-18.713 PF : RJS 4/95 n° 444 ; Cass. 2e civ. 5-11-2015 n° 14-23.226 F-PB : RJS 1/16 n° 70).

C. Contentieux de la tarification des accidents du travail

Les contestations des **décisions des caisses d'assurance retraite et de la santé au travail (Carsat)** concernant, en matière d'accident du travail, la classification du risque, la fixation du taux de cotisation, l'octroi de ristournes, l'imposition de cotisations supplémentaires et la contribution due par certains employeurs pour l'alimentation du fonds commun des accidents du travail sont portées devant la **cour d'appel d'Amiens** qui s'est substituée à la Cnitaat depuis le 1-1-2019. La **Cnitaat** reste compétente pour connaître des procédures introduites avant le 1-1-2019, voir n° 15400, b. 15640

CSS art. L 142-1, 7°, L 242-5, R 142-13-5, C. org. jud. art. D 311-12

La cour d'appel statue en premier et dernier ressort. Sa décision est notifiée aux parties par lettre recommandée avec demande d'avis de réception et peut, le cas échéant, être soumise à la **Cour de cassation.**

> **Précisions** **a.** En l'absence de **décision de la Carsat,** la cour est incompétente (Cass. 2e civ. 13-12-2007 n° 06-19.324 F-PB : RJS 4/08 n° 482 ; 23-10-2008 n° 07-19.116 F-PB : RJS 3/09 n° 280 ; 20-6-2019 n° 18-17.049 F-PBI : RJS 10/19 n° 603). A contrario, si la Carsat a pris une décision, l'employeur peut la contester devant la cour. Ainsi, l'employeur, avisé par la Carsat de l'imputation d'une maladie professionnelle à son compte, peut contester cette décision devant la cour sans attendre la notification de son taux de cotisation (Cass. 2e civ. 13-1-2011 n° 10-13.975 F-D : RJS 4/11 n° 368).
>
> **b.** La compétence de la cour d'appel d'Amiens, se limite toutefois aux **questions techniques relevant de la compétence de la Carsat.** Ainsi, la Carsat étant liée par les éléments qui lui sont communiqués par la caisse primaire d'assurance maladie (CPAM), ceux-ci ne peuvent pas être contestés devant la cour (Cass. 2e civ. 2-4-2009 n° 08-11.811 F-PB : RJS 6/09 n° 573). Il convient donc de contester les décisions de la CPAM devant le tribunal judiciaire (n° 15540). De même, relève de la compétence du tribunal judiciaire, et non de la cour, le litige portant, non sur une question technique, mais sur une

question juridique telle que la date d'entrée en vigueur d'un texte modifiant les règles de calcul du taux de cotisation (Cass. soc. 19-11-1964 nº 9580 SS) ou l'incidence d'une loi sur ces règles de calcul (en ce sens : Cass. soc. 11-4-2002 nº 00-16.085 F-P : RJS 7/02 nº 911). Autres exemples : le contentieux du remboursement des cotisations indûment versées relève de la compétence du tribunal judiciaire (Cass. soc. 23-6-1994 nº 91-19.977 P), celui relatif à la légalité des arrêtés de tarification relève de la compétence du juge administratif.

15645 **Délai de recours** La **cour d'appel d'Amiens** doit être saisie dans le délai de 2 mois à compter de la notification de la décision contestée ou du jour de la décision de classification du risque par la Carsat pour le responsable du service de contrôle des organismes de sécurité sociale.

CSS art. R 142-1-A, III
R 142-13-2

Pour les requérants domiciliés **hors de la France** métropolitaine ou qui en sont temporairement éloignés, voir nº 15550.

Sous réserve des précisions ci-après, la tarification qui n'a fait l'objet d'**aucun recours** devant la cour dans le délai réglementaire acquiert un caractère définitif et ne peut plus être remise en cause au titre de l'exercice en cours (Cass. soc. 31-5-2001 nº 99-20.844 FS-PB : RJS 8-9/01 nº 1079).

› Précisions **a.** La forclusion ne peut être opposée aux intéressés que si la notification de la décision contestée ou, en cas de décision implicite, l'accusé de réception de la demande **mentionne** le délai et les voies de recours.

b. Même non contesté dans le délai réglementaire, le taux de cotisation notifié devra être rectifié par la Carsat si une **décision de justice ultérieure** en modifie les éléments de calcul (Cass. soc. 11-7-2002 nº 00-17.891 F-P : RJS 11/02 nº 1292 ; Cass. 2e civ. 24-11-2016 nº 15-26.187 F-PB : RJS 2/17 nº 149), ou si une **transaction ultérieure** est conclue entre la CPAM et un tiers responsable dans la survenance de l'accident (Cass. 2e civ. 13-12-2005 nº 04-10.837 FS-D : RJS 2/06 nº 275), ou encore si la Carsat reconnaît la nécessité de réparer les conséquences d'une **erreur** (Cass. 2e civ. 17-2-2011 nº 10-10.256 F-D : RJS 5/11 nº 464).

c. En cas de rectification du taux des cotisations d'accident du travail suite à une décision de justice, l'employeur peut contester l'ensemble des bases de la tarification afférente à l'année en cause, même si le délai de recours à l'encontre de la notification du taux initial est expiré (Cass. soc. 24-11-2016 nº 15-26.187 F-PB : RJS 2/17 nº 149).

15650 **Remboursement des indus** Pour les recours formés devant la CPAM ou la Carsat, si le recours conduit la Carsat à rectifier le taux précédemment notifié, l'employeur peut prétendre au remboursement des cotisations indûment versées sur l'ensemble de la période au titre de laquelle les taux sont rectifiés.

CSS art. L 243-6
C-VI-8500 s

ATTENTION

L'employeur dispose de **3 ans** à compter de la notification de la décision de l'organisme ou du jugement pour demander ce remboursement à l'Urssaf (Circ. Acoss 2015-25 du 15-6-2015 ; Cass. 2e civ. 12-10-2017 nº 16-20.579 F-D : RJS 12/17 nº 829 ; 8-10-2020 nº 19-20.955 F-D : RJS 12/20 nº 620).

CONTRAT DE TRAVAIL

SOMMAIRE

A. Définition

ÉLÉMENTS CONSTITUTIFS

En l'absence de définition légale, la jurisprudence considère qu'il y a contrat de travail quand une personne s'engage à travailler pour le compte et sous la direction d'une autre moyennant rémunération. 16360 N-I-1000 s

Cette définition fait apparaître 3 éléments :

– la **prestation de travail,** qui peut avoir pour objet les tâches les plus diverses (travaux manuels, intellectuels, artistiques), dans tous les secteurs professionnels ;

– la **rémunération,** contrepartie de la prestation de travail, peu importe qu'elle soit versée en argent ou en nature et calculée au temps, aux pièces ou à la commission ;

– la **subordination juridique,** critère décisif pour lequel la jurisprudence donne une définition commune au droit du travail et de la sécurité sociale : voir n° 4265.

Le contrat de travail peut être à durée indéterminée ou à durée déterminée. Le contrat à durée déterminée fait l'objet de développements spécifiques : voir n°s 19500 s.

> **Précisions** **a.** En présence d'un rapport de subordination, un contrat de travail existe entre un fonctionnaire et un organisme de droit privé en cas de **mise à disposition** (Cass. ass. plén. 20-12-1996 n° 92-40.641 P : RJS 3/97 n° 244 ; Cass. soc. 15-6-2010 n° 08-44.238 FS-PB : RJS 8-9/10 n° 706) ou de **détachement** (Cass. soc. 19-6-2007 n° 05-44.814 FS-PB : RJS 10/07 n° 1129). Jugé de même pour un salarié de droit privé mis à la disposition d'une entreprise (Cass. soc. 1-7-1997 n° 94-45.102 P : RJS 10/97 n° 1068).
> **b.** Le bénéfice de la législation du travail est légalement étendu à certaines catégories de travailleurs, comme les **VRP** statutaires, les **travailleurs à domicile** ou les **gérants non salariés** de succursales, indépendamment de l'existence d'un lien de subordination. S'agissant des **conjoints de travailleurs non salariés** participant à l'entreprise ou à l'activité de leur époux, voir n°s 79820 s.
> **c.** La conclusion d'un contrat de travail est autorisée, sous conditions, pour l'exercice de certaines **professions libérales** : notamment celles d'avocat (Loi 71-1130 du 31-12-1971 art. 7), de notaire (Ord. 45-2590 du 2-11-1945 art. 1 bis) et d'huissier de justice (Ord. 45-2592 du 2-11-1945 art. 3 ter).

Coemploi

16365 N-I-13650 s NB-IV-4130 s

Le salarié peut, sous certaines réserves (voir n° 16945, a), avoir plusieurs employeurs et conclure un contrat de travail avec chacun d'eux. Il peut arriver qu'un salarié titulaire d'un seul contrat de travail soit de fait lié à plusieurs employeurs, dits « coemployeurs » ou « employeurs conjoints », soit parce que le salarié se trouve sous la **subordination** de chacun d'eux, soit parce qu'il existe une confusion d'intérêts, d'activités et de direction entre l'employeur initial et une autre personne physique ou morale (jurisprudence constante, notamment Cass. soc. 7-3-2017 n° 15-16.865 FS-PB : RJS 5/17 n° 311). Dans le cadre d'un **groupe,** hors lien de subordination, une société ne peut être qualifiée de coemployeur du personnel employé par une autre que s'il existe, au-delà de la nécessaire coordination des actions économiques

entre les sociétés appartenant à un même groupe et de l'état de domination économique que cette appartenance peut engendrer, une immixtion permanente de cette société dans la gestion économique et sociale de la société employeur, conduisant à la perte totale d'autonomie d'action de cette dernière (Cass. soc. 25-11-2020 nº 18-13.769 FP-PBRI : RJS 2/21 nº 63). Ne suffit pas à caractériser le coemploi le fait que les dirigeants de la filiale proviennent du groupe et agissent en étroite collaboration avec la société mère, que la politique du groupe décidée par la société mère a une incidence sur l'activité économique et sociale de sa filiale ou sur sa politique de développement ou sa stratégie commerciale, ou que la société mère a pris des décisions affectant le devenir de sa filiale en s'engageant, soit à garantir l'exécution des obligations de cette dernière liée à la fermeture du site et à la suppression d'emploi, soit à financer le plan de sauvegarde de l'emploi, la filiale étant en redressement judiciaire (Cass. soc. 6-7-2016 nºs 14-27.266 FS-PB et 14-26.541 FS-PB : RJS 10/16 nº 609). De même, le coemploi n'a pas été reconnu en présence de remontées de dividendes de la filiale à la société mère, de conventions de trésorerie et de compensation entre elles, de dettes non réglées et de facturation de prestations de services partiellement sans contrepartie pour la filiale (Cass. soc. 9-10-2019 nº 17-28.150 FS-PB : RJS 12/19 nº 671).
Les coemployeurs sont solidairement débiteurs des obligations contractuelles à l'égard du salarié (voir par exemple nº 47945, a).
Sur l'appréciation du coemploi en cas de contrat de travail international, voir nº 78340.

16370 C. trav. art. L 1223-8, L 1223-9, L 1236-8, L 1236-9, N-I-3200 s, NB-I-50000 s

Contrat de chantier ou d'opération Le contrat de chantier ou d'opération est un contrat de travail à durée indéterminée (CDI) par lequel un salarié est embauché exclusivement pour la réalisation d'un ouvrage ou de travaux précis pour une durée ne pouvant pas être préalablement définie avec certitude.

Le recours à ce type de contrat doit être prévu par convention ou **accord collectif de branche étendu.** Cet accord fixe les conditions de recours, la taille des entreprises et les activités concernées, les mesures d'information du salarié sur la nature de son contrat, les contreparties accordées (rémunération et indemnités de licenciement), les garanties de formation, les modalités adaptées de rupture si le chantier ou l'opération ne peut pas se réaliser ou se termine de manière anticipée. Il peut également prévoir le délai et les modalités selon lesquels le salarié licencié à l'issue du contrat bénéficie d'une priorité de réembauche en CDI.

Des dispositions similaires sont prévues pour le **contrat de mission à l'exportation** : voir nº 78395, a.

À **défaut d'accord,** le contrat de chantier ou d'opération peut aussi être conclu dans les secteurs où son usage est habituel et conforme à l'exercice régulier de la profession qui y recourt au 1-1-2017 (notamment : bâtiment et travaux publics, construction navale, cinéma, aéronautique, construction mécanique, entreprises du paysage, bureaux d'études).

Le **licenciement** prononcé en raison de la fin d'un chantier ou de l'opération repose sur une cause réelle et sérieuse. Il est soumis à la procédure de licenciement pour motif personnel.

> **Précisions** Selon la jurisprudence, la validité du licenciement est subordonnée à l'**indication dans le contrat de travail** que ce dernier est conclu pour un ou plusieurs chantiers déterminés (Cass. soc. 2-6-2004 nº 01-46.891 FS-P ; 22-6-2016 nº 15-14.740 F-D).
> Le licenciement est justifié par l'**achèvement des tâches** pour lesquelles le salarié a été embauché (Cass. soc. 12-2-2002 nº 99-41.239 FS-P : RJS 4/02 nº 411 ; 16-11-2005 nº 04-44.743 FS-D : RJS 2/06 nº 184). Il importe peu que la durée d'engagement initialement prévue ait été inférieure à la durée du chantier (Cass. soc. 16-12-2008 nº 07-43.395 F-D : RJS 2/09 nº 155) ou que la durée estimée du chantier mentionnée dans le contrat ait été dépassée (Cass. soc. 15-11-2006 nº 04-48.672 FS-P : RJS 1/07 nº 31). En revanche est abusif le licenciement motivé par la fin de chantier alors que la mission n'est pas achevée (Cass. soc. 31-10-2006 nº 04-46.258 F-D ; 6-1-2010 nº 08-44.059 F-D), notamment lorsque le client de l'employeur résilie le contrat conclu avec ce dernier (Cass. soc. 9-5-2019 nº 17-27.493 FS-PB : RJS 7/19 nº 424).

DISTINCTION AVEC D'AUTRES CONTRATS

16375 C. civ. art. 1984, 1832, 1710, N-I-7000 s

De l'existence d'un contrat de travail résulte la qualité de salarié, qui permet au travailleur de bénéficier de la protection des lois sociales. Il convient donc de le distinguer de contrats voisins tels que :

– le **contrat de mandat,** acte par lequel une personne confie à une autre le pouvoir de faire quelque chose en son nom et pour son compte (s'agissant du statut des VRP et des agents commerciaux, voir nº 60800). Sur le cumul d'un contrat de travail avec un mandat social, voir nºs 28070 s. ;

– le **contrat de société,** contrat par lequel 2 personnes ou plus conviennent de mettre quelque chose en commun en vue de partager les bénéfices en résultant ;
– le **contrat d'entreprise,** dans lequel une partie s'engage à accomplir pour l'autre un travail déterminé moyennant un prix convenu, en dehors de tout lien de subordination.
Sur le régime applicable aux stages en entreprise, au volontariat de service civique, au volontariat de solidarité internationale et au volontariat international en entreprise, voir nos 46020 s.

ATTENTION

Sont **présumés non salariés** les travailleurs indépendants (n° 79730) et les dirigeants de personnes morales. Toutefois, cette présomption n'est pas irréfragable, et **l'existence d'un contrat de travail** peut être établie lorsque le travailleur fournit directement ou par personne interposée des prestations à un donneur d'ouvrage dans des conditions les plaçant dans un lien de subordination juridique permanente à l'égard de celui-ci (C. trav. art. L 8221-6 ; Cass. 2e civ. 7-7-2016 n° 15-16.110 FS-PB : RJS 11/16 n° 722). Ainsi jugé, par exemple, à propos d'un chauffeur poids lourd travaillant sous le statut d'**auto-entrepreneur** (Cass. 2e civ. 28-11-2019 n° 18-15.333 F-PBI : RJS 2/20 n° 70). Sur l'existence dans ce cas du délit de travail dissimulé, voir n° 79070, b. S'agissant des travailleurs des plateformes web de mise en relation, voir n° 55500.

B. Conclusion du contrat

Le contrat de travail est soumis aux règles du droit commun issues du droit civil, en particulier en ce qui concerne ses conditions de validité, sa forme et les règles de preuve. Des adaptations sont toutefois prévues pour tenir compte de la spécificité de la relation de travail. **16500** C. trav. art. L 1221-1 **N-III-500 s**

CONDITIONS DE VALIDITÉ

Contenu du contrat Comme tout contrat, pour être valable, le contrat de travail doit avoir un contenu certain, qui consiste dans la fourniture d'une prestation de travail moyennant rémunération, et licite, c'est-à-dire non prohibé par la loi ou contraire aux bonnes mœurs et à l'ordre public. **16505** C. civ. art. 1128 **N-III-3900 s**

› Précisions Le contrat ne doit pas être conclu dans le seul but de faire bénéficier, par la suite, le salarié de prestations de chômage (Cass. soc. 17-12-1987 n° 86-12.033 P) ni prévoir une clause de non-concurrence assortie d'une contrepartie financière d'un montant exorbitant (Cass. soc. 28-5-2003 n° 01-40.293 F-D).

Capacité de contracter Deux personnes ne peuvent valablement conclure un contrat de travail que si elles disposent de la capacité juridique de contracter. **16510** C. civ. art. 1128 1145 s **N-III-600 s**
L'**employeur** peut être une personne morale ou physique. Le **salarié** est obligatoirement une personne physique.
Un **mineur** ne peut conclure un contrat de travail qu'avec l'accord de son représentant légal, à moins qu'il ne soit émancipé. S'agissant de l'âge d'admission au travail, voir nos 45465 s. Sur les emplois interdits aux jeunes ou strictement réglementés, voir nos 45525 s.

› Précisions **a.** La personne placée sous **sauvegarde de justice ou en curatelle** simple a la capacité de contracter. En revanche, l'employeur en curatelle renforcée doit être assisté de son curateur (Cass. 1e civ. 3-10-2006 n° 04-13.198 FS-PB : RJS 12/06 n° 1238). La personne sous **tutelle** doit être représentée par son tuteur.
b. En cas de **redressement judiciaire,** le contrat de travail conclu sans le concours de l'administrateur judiciaire n'est pas opposable à la procédure collective (Cass. soc. 29-5-2013 n° 11-22.834 F-D : RJS 8-9/13 n° 583), sauf ratification ultérieure par ce dernier (Cass. soc. 17-10.2006 n° 04-45.827 F-D : RJS 12/06 n° 1239).

Consentement Employeur et salarié doivent être sains d'esprit et **exprimer** personnellement leur consentement réciproque traduisant sans ambiguïté leur commune intention de s'engager. Si le contrat n'est pas établi par écrit, le consentement peut se déduire d'une situation de fait, par exemple si le salarié est vu à plusieurs reprises en train de travailler dans les locaux de l'employeur (Cass. soc. 9-12-2010 n° 09-42.655 F-D). **16515** C. civ. art. 1128 s **N-III-1800 s**
Sur les **pourparlers,** l'**offre** ou la **promesse** unilatérale de contrat de travail émanant de l'employeur, voir nos 33160 s.
Le consentement des parties doit être exempt de tout **vice,** sous peine de nullité. L'**erreur,** le **dol** et la **violence** vicient le consentement lorsqu'ils sont de telle nature que, sans eux,

l'une des parties n'aurait pas contracté ou aurait contracté à des conditions substantiellement différentes. Le caractère déterminant est apprécié en fonction des personnes et des circonstances dans lesquelles le consentement a été donné.

> Précisions **a.** La délégation du **pouvoir de conclure un contrat au nom de l'employeur** peut être tacite et découler des fonctions du signataire, tel qu'un responsable des ressources humaines (Cass. soc. 15-12-2010 n° 09-42.642 F-D : RJS 4/11 n° 288).

b. Le salarié n'ayant pas la **possibilité de vérifier** si la personne qui l'a embauché était bien habilitée à le faire, les tribunaux considèrent que, s'il a pu **légitimement croire** qu'il en était ainsi, le contrat est réputé régulièrement conclu et engage pleinement l'employeur (en ce sens, Cass. soc. 15-6-1999 n° 97-41.375 P : RJS 8-9/99 n° 1018).

c. L'**erreur** n'est une cause de nullité du contrat que si elle porte sur les qualités essentielles de la prestation due ou sur celle du cocontractant. Le plus souvent, l'erreur est invoquée par l'employeur et porte sur la qualification ou les capacités professionnelles du salarié. Elle n'est cause de nullité que si elle est excusable. Ainsi, l'employeur ne peut pas invoquer une erreur à propos d'un candidat sur lequel il s'est insuffisamment renseigné (Cass. soc. 3-7-1990 n° 87-40.349 P : RJS 10/90 n° 753). Sur l'incidence des omissions ou informations inexactes données par le salarié lors de l'embauche, voir n° 33135.

d. Le **dol** est le fait pour une partie d'obtenir le consentement de l'autre par des manœuvres ou des mensonges. Il résulte aussi de la dissimulation intentionnelle par une partie d'une information dont elle sait le caractère déterminant pour l'autre. L'erreur résultant d'un dol est toujours excusable.

e. L'abus de dépendance dans laquelle se trouve le contractant est assimilé à de la **violence.**

16520 C. civ. art. 1178 s N-III-4700 s

Nullité du contrat Le contrat de travail peut être annulé par le juge prud'homal si l'une des conditions essentielles requises pour sa validité fait défaut.

Le salarié doit être **indemnisé** pour les prestations qu'il a fournies (Cass. soc. 15-5-2007 n° 06-43.205 F-D : RJS 11/07 n° 1157), mais ne peut pas prétendre au paiement de salaires (Cass. soc. 21-11-2018 n° 17-26.810 FS-PB : RJS 2/19 n° 73).

S'agissant des conséquences de l'illicéité des contrats conclus avec des **travailleurs étrangers** en situation irrégulière, voir nos 35970 s.

Sur la nullité du contrat conclu à la suite d'**enchères inversées,** voir n° 70570.

FORME DU CONTRAT

16530 C. trav. art. L 1221-1 à L 1221-3 C. civ. art. 1367 et 1375 N-III-3000 s et N-II-18760 s

Le contrat de travail à **durée indéterminée** (CDI) est la forme normale et générale de la relation de travail. Il peut être établi selon les formes que les parties décident d'adopter. Le contrat de travail à **durée déterminée** est une exception qui obéit à une réglementation particulière exposée nos 19500 s. S'agissant du contrat de chantier ou d'opération, voir n° 16370.

Sauf disposition légale ou conventionnelle le prévoyant, l'**écrit** n'est pas obligatoire pour conclure un CDI (Cass. soc. 27-3-2001 n° 98-40.928 FS-D : RJS 7/01 n° 827). Un contrat **verbal** est valable (Cass. soc. 4-12-2001 n° 99-43.324 FS-P : RJS 2/02 n° 136), mais il est recommandé en pratique de rédiger un contrat de travail écrit afin d'éviter toute contestation sur sa portée et son contenu, en particulier si une période d'essai est prévue (n° 16715).

Le contrat écrit doit être rédigé **en français** (même s'il doit être exécuté à l'étranger) et établi en deux **exemplaires** datés et signés par les parties. L'employeur ne peut pas se prévaloir à l'encontre du salarié des clauses d'un contrat qui ne répondent pas à ces conditions.

Le droit de l'UE impose en outre à l'employeur d'informer le salarié par écrit, dans un délai de 2 mois après le début du travail, des **éléments essentiels** applicables à la relation de travail. S'agissant de l'information des salariés sur le **droit conventionnel applicable,** voir n° 52280.

> Précisions **a.** La **loi impose un écrit,** notamment, pour les contrats à temps partiel, d'apprentissage ou d'insertion, pour ceux conclus avec un médecin du travail et ceux passés avec un groupement d'employeurs. Des informations particulières doivent être données au salarié en cas d'**expatriation** (n° 78290).

b. Lorsqu'il est obligatoire, l'écrit peut être établi et conservé sous forme **électronique** dans les conditions énoncées n° 16540 (C. civ. art. 1174).

c. L'exigence d'une **pluralité d'originaux** est réputée satisfaite pour les contrats sous forme électronique lorsque l'acte est établi et conservé comme indiqué n° 16540 et que le procédé permet à chaque partie de disposer d'un exemplaire sur support durable ou d'y avoir accès.

d. Le salarié est en droit d'invoquer toute stipulation de son contrat, même rédigée en **langue** étrangère. Lorsque l'emploi qui fait l'objet du contrat ne peut être désigné que par un terme étranger sans correspondant en français, le contrat de travail doit comporter une explication en français du terme étranger. S'agissant de l'emploi du français pour tout document nécessaire à l'exécution du travail, voir n° 60020.

Sur le droit pour un **salarié étranger** d'obtenir une traduction de son contrat, voir nº 35950.

e. Si **2 contrats de travail** sont signés le même jour avec le même employeur, seul le plus favorable au salarié doit recevoir application (Cass. soc. 12-7-2006 nº 04-48.654 F-P : RJS 10/06 nº 1024).

f. Selon le droit de l'UE, le salarié doit être **informé des éléments** suivants : identité des parties ; lieu de travail ; titre du salarié ou description sommaire du travail ; date de début du contrat ; durée du congé payé ; durée des délais de préavis à observer en cas de cessation du contrat ; divers éléments du salaire et périodicité de versement de la rémunération ; durée de travail journalière ou hebdomadaire et, le cas échéant, mention des conventions et/ou accords collectifs régissant les conditions de travail (Dir. 91/533 du 14-10-1991 : JOCE L 288, remplacée par Dir. 2019/1152 du 20-6-2019 : JOUE L 186/105). Cette énumération n'est pas limitative (CJCE 8-2-2001 aff. 350/99 : RJS 4/01 nº 544). Ces dispositions peuvent être invoquées directement devant les juridictions nationales à l'encontre de l'État ou des organismes placés sous son contrôle, à défaut de transposition correcte par les États membres (CJCE 4-12-1997 aff. 253/96 à 258/96 : RJS 2/98 nº 241).

PREUVE DU CONTRAT

C'est, en principe, à celui qui se prévaut d'un contrat de travail – généralement le travailleur – d'en établir l'**existence** (Cass. soc. 16-1-1985 nº 83-40.296 S ; 3-7-1991 nº 88-40.197 D). À l'inverse, en présence d'un **contrat apparent,** il incombe à celui qui invoque son caractère fictif – généralement l'employeur – d'en rapporter la preuve (Cass. soc. 10-5-2012 nº 11-18.681 FS-PB : RJS 7/12 nº 607 ; 23-10-2013 nº 12-19.921 F-D : RJS 1/14 nº 68). **16540** C. civ. art. 1353 s et 1366 N-I-12850 s

La preuve du contrat de travail est libre. Tous les **procédés de preuve** peuvent donc être utilisés (témoignages, présomptions…), et tout élément matériel peut être pris en compte (bulletins de paie, certificat de travail, carte de pointage, courriers…). Le juge du fond apprécie souverainement si, au vu des preuves qui lui sont soumises, les critères du contrat de travail (nº 16360) sont réunis (Cass. soc. 18-10-2007 nº 06-45.376 F-D).

L'écrit **électronique** sert de preuve si son émetteur peut être identifié, et s'il est établi et conservé dans des conditions de nature à en garantir l'intégrité. Sur la force probante d'une copie informatisée d'un document, voir nº 850, b.

C. Contenu du contrat

LIBERTÉ CONTRACTUELLE

Le contrat de travail peut comporter des **clauses** très variées, sous réserve qu'elles ne portent pas atteinte aux libertés fondamentales de la personne et au respect de la vie personnelle. **16550** N-III-8000 s

Certaines clauses sont **générales** et se retrouvent dans la quasi-totalité des contrats de travail : nature du contrat, période d'essai, date d'entrée en fonction, qualification et classification professionnelle, rémunération, durée du travail, convention collective applicable…

Le contrat de travail peut aussi comporter des clauses **spécifiques** (nºs 16565 s.) et prévoir l'attribution d'avantages **accessoires** (nº 16600).

Une clause ne respectant pas ces principes est nulle mais n'entraîne pas la nullité de l'intégralité du contrat, sauf si elle a été déterminante dans l'engagement des parties. La **nullité** peut être relative, c'est-à-dire que seule la partie dans le souci de protection de laquelle elle a été instituée (en pratique, le salarié) peut s'en prévaloir. Tel est le cas en matière de clause de non-concurrence (voir nº 69655). La nullité peut aussi être absolue, c'est-à-dire qu'employeur et salarié peuvent s'en prévaloir et que seules les dispositions légales ou conventionnelles trouvent application.

ATTENTION

Il est interdit d'inscrire dans le contrat de travail des clauses dérogeant aux **dispositions légales ou conventionnelles,** sauf dans un sens plus favorable au salarié. À l'inverse, si une clause du contrat reprend à l'identique un article du Code du travail ultérieurement modifié dans un sens moins favorable, le salarié est fondé à réclamer l'application de la clause contractuelle (Cass. soc. 29-11-2006 nº 05-42.043 FS-D : RJS 2/07 nº 284).

QUALIFICATION PROFESSIONNELLE

Détermination En général, le contrat de travail précise la qualification professionnelle du salarié en référence à la classification fixée par la convention collective applicable dans l'entreprise. Le plus souvent, les **conventions collectives** distinguent des grandes catégories (ouvriers, employés-techniciens-agents de maîtrise et cadres) divisées en plusieurs niveaux **16555** N-III-20000 s (ouvrier spécialisé ou qualifié, par exemple). À chaque catégorie correspond un statut différent : coefficient hiérarchique, salaire minimum conventionnel, durée de la période d'essai…

La classification professionnelle d'un salarié dépend des fonctions effectivement exercées (jurisprudence constante, notamment Cass. soc. 30-5-2007 nº 05-45.583 FS-D : RJS 8-9/07 nº 923).

S'agissant de la modification de la qualification par l'employeur, voir nº 17360.

> **Précisions** **a.** En cas de litige, il appartient au juge d'apprécier les fonctions réellement exercées par le salarié. En cas de **sous-classement,** le salarié doit être replacé de manière rétroactive au niveau auquel son poste correspond. Il peut alors prétendre à un rappel de salaire correspondant au minimum conventionnel afférent à ce coefficient (Cass. soc. 1-7-2009 nº 07-42.691 FS-PB : RJS 10/09 nº 759 ; 4-9-2019 nº 18-11.319 F-D : RJS 11/19 nº 615) et à des dommages-intérêts s'il justifie d'un préjudice particulier, comme la perte d'une partie de ses droits à retraite (Cass. soc. 3-5-2000 nº 97-43.263 F-D).
> **b.** Si l'emploi occupé n'est **pas prévu par la convention,** le classement se fait au niveau correspondant au poste le plus proche (Cass. soc. 3-5-1989 nº 86-45.423 D : RJS 7/89 nº 564 ; 19-3-2008 nº 06-45.413 F-D).
> **c.** Un salarié ne peut pas revendiquer une qualification subordonnée à un **diplôme** qu'il n'a pas (Cass. soc. 24-6-2015 nº 14-10.709 FS-PB : RJS 10/15 nº 615) ou à des fonctions qu'il n'exerce pas (Cass. soc. 11-2-2009 nº 08-40.095 FS-PB : RJS 4/09 nº 322).
> **d.** La loi ne donne pas de définition du **cadre,** excepté en matière prud'homale (nº 14490). Ce sont les conventions collectives qui définissent le plus souvent les fonctions donnant accès à cette qualification. À défaut, la jurisprudence considère que sont cadres les salariés qui exercent par délégation de l'employeur des fonctions de commandement ou laissant une marge d'initiative et de responsabilité (Cass. soc. 26-10-2011 nº 09-43.521 F-D).
> Les cadres peuvent être soumis à des sujétions particulières (par exemple, possibilité de mise en jeu de leur responsabilité pénale, appréciation plus rigoureuse de leur comportement en matière de licenciement) et bénéficient de certains avantages spécifiques (par exemple, en matière de protection sociale complémentaire : nº 32160). Le bénéfice de ces avantages ne suffit pas en lui-même à donner à un salarié la qualification de cadre (par exemple, affiliation à un régime de prévoyance de cadres : Cass. soc. 15-5-2012 nº 11-11.572 F-D).

16560 N-III-23400 s **Surclassement contractuel** L'employeur peut accorder au salarié une qualification supérieure à celle résultant de ses fonctions (Cass. soc. 12-1-2010 nº 08-42.835 F-PB : RJS 3/10 nº 232). Le salarié doit alors bénéficier des avantages liés à cette qualification (Cass. soc. 17-7-1996 nº 93-46.014 P : RJS 8-9/96 nº 887 ; 31-10-2012 nº 11-20.986 F-D : RJS 1/13 nº 40).

> **Précisions** **a.** Le surclassement peut poser des difficultés de **preuve.** La mention de la qualification dans les bulletins de paie et différentes correspondances caractérise une volonté claire et non équivoque de l'employeur de surclasser le salarié (Cass. soc. 12-7-2000 nº 98-41.702 F-D). Il en va autrement si la simple mention de la qualification sur le bulletin de paie ou le contrat de travail ne s'est pas accompagnée du paiement de la rémunération correspondante (Cass. soc. 3-5-2012 nº 10-26.520 F-D ; 7-3-2012 nº 10-16.611 F-PB : RJS 5/12 nº 407). En cas de litige, les juges apprécient souverainement la commune volonté des parties (Cass. soc. 1-3-1989 nº 86-45.639 D). Si la volonté non équivoque de l'employeur de surclasser le salarié n'est pas établie, le juge apprécie les fonctions réellement exercées par l'intéressé (Cass. soc. 12-11-2020 nº 19-13.124 F-D : RJS 1/21 nº 3).
> **b.** L'employeur ne peut pas **revenir** unilatéralement sur la qualification consentie (Cass. soc. 13-1-1998 nº 96-41.581 D).

CLAUSES SPÉCIFIQUES

16565 N-III-8000 s Dès lors qu'elles ne sont pas interdites par la loi, des clauses spécifiques influant sur la durée, l'exécution ou la rupture du contrat peuvent figurer dans ce dernier.

Sur la période d'essai, voir nºs 16700 s. ; sur les clauses de mobilité, voir nºs 17370 s. ; sur les clauses de confidentialité et de non-concurrence, voir respectivement nº 69450, a et nºs 69625 s.

De telles clauses ne sont **opposables** au salarié que s'il a signé le contrat de travail (Cass. soc. 2-4-1998 nº 95-43.541 P : RJS 5/98 nº 564).

Sur l'**insertion d'une clause nouvelle** en cours de contrat, voir nº 17380.

16570 N-III-13200 s **Clause d'exclusivité** La clause obligeant le salarié à consacrer l'exclusivité de son activité à l'employeur n'est **valable** que si elle est indispensable à la protection des intérêts légitimes de l'entreprise, justifiée par la nature de la tâche à accomplir et proportionnée au but recherché (Cass. soc. 11-7-2000 nº 98-40.143 FS-PF : RJS 11/00 nº 1155). Est illicite la clause d'exclusivité rédigée en termes généraux et imprécis, ne spécifiant pas les contours de l'activité complémentaire interdite (bénévole ou lucrative, professionnelle ou de loisirs) et ne permettant pas de limiter son champ d'application (Cass. soc. 16-5-2018 nº 16-25.272 F-D : RJS 7/18 nº 462).

La **violation** de la clause par le salarié peut justifier son licenciement disciplinaire (Cass. soc. 23-10-2013 n° 12-15.893 F-D).

Sur l'application d'une telle clause : au salarié **en congé pour création ou reprise d'entreprise,** voir n° 12190, c ; au salarié **à temps partiel,** voir n° 77280, b.

Clause de responsabilité financière Une clause ayant pour objet de permettre à l'employeur d'obtenir réparation du préjudice que lui a causé le salarié ne peut produire effet, quels qu'en soient les termes, qu'en cas de faute lourde de ce dernier (Cass. soc. 10-11-1992 n° 89-40.523 P : RJS 1/93 n° 4 ; 6-5-2009 n° 07-44.485 F-PB : RJS 7/09 n° 603). Jugé dans le même sens pour des clauses concernant des déficits d'inventaire ou des manquants en dépôt (Cass. soc. 31-10-1989 n° 87-13.376 P : RJS 12/89 n° 906 ; 23-1-1992 n° 88-43.275 PF : RJS 5/92 n° 581). Sur les modalités de mise en œuvre de la responsabilité civile du salarié, voir n° 16960. 16575 N-IV-56200 s

Clause de dédit-formation La clause de dédit-formation prévoit que le **salarié démissionnant** avant un certain délai devra rembourser les frais exposés pour sa formation. Elle est licite si elle constitue la contrepartie d'un engagement pris par l'employeur d'assurer une formation entraînant des frais excédant les dépenses imposées par la loi ou la convention collective, si elle n'a pas pour effet de priver le salarié de la faculté de démissionner et si l'**indemnité** de dédit est proportionnée aux frais de formation engagés (Cass. soc. 5-6-2002 n° 00-44.327 F-P : RJS 8-9/02 n° 1013). La clause ne peut pas prévoir le remboursement des salaires perçus pendant la formation (Cass. soc. 23-10-2013 n° 11-16.032 FS-PB : RJS 1/14 n° 65 ; 5-10-2016 n° 15-17.127 F-D). 16580 N-III-11000 s

› Précisions a. La loi **interdit** expressément de prévoir ce type de clause dans certains contrats, comme le contrat de professionnalisation (n° 20725, b).

b. Sous peine de nullité (Cass. soc. 16-5-2007 n° 05-16.647 F-D : RJS 11/07 n° 1199), la clause de dédit-formation doit être **conclue** avant le début de la formation et **préciser** les date, nature, durée et coût réel de la formation, ainsi que le montant et les modalités du remboursement à la charge du salarié (Cass. soc. 4-2-2004 n° 01-43.651 FS-PB : RJS 4/04 n° 438 ; 20-11-2013 n° 12-15.405 FS-D : RJS 2/14 n° 154). Elle lie alors l'employeur, qui doit assurer la formation convenue (Cass. soc. 15-6-2000 n° 98-42.873 F-D : RJS 9-10/00 n° 977). Il garde néanmoins la faculté de **rompre le contrat** pendant la durée de l'engagement du salarié (Cass. soc. 19-3-1987 n° 83-45.737 P). La circonstance que la démission soit intervenue en cours de période d'essai ne prive pas l'employeur de son droit au dédit-formation contractuellement prévu (Cass. soc. 5-6-2002 n° 00-44.327 F-P : RJS 8-9/02 n° 1013).

La clause est, en revanche, inapplicable si la rupture du contrat est imputable à l'employeur, notamment en cas de prise d'acte par le salarié produisant les effets d'un licenciement sans cause réelle et sérieuse (Cass. soc. 11-1-2012 n° 10-15.481 F-PB : RJS 3/12 n° 224).

Clause de garantie d'emploi Le contrat de travail comportant une clause de garantie d'emploi ne peut pas être rompu pendant la période couverte par la garantie (Cass. soc. 21-3-1990 n° 87-41.081 D : RJS 5/90 n° 350 ; Cass. soc. 16-5-1990 n° 87-40.904 D : RJS 7/90 n° 547), sauf accord des parties, faute grave ou lourde du salarié ou force majeure (Cass. soc. 15-4-2015 n° 13-21.306 FS-PB : RJS 6/15 n° 383), démission (Cass. soc. 30-11-2005 n° 04-41.709 F-D) ou départ volontaire du salarié (Cass. soc. 13-5-2014 n° 13-10.781 FS-PB : RJS 7/14 n° 534). Cette clause doit être distinguée de la garantie d'emploi conventionnelle en cas de maladie visée n° 49925. 16585 N-III-8800 s

Le **non-respect** d'une clause de garantie d'emploi ne prive pas à lui seul le licenciement de **cause réelle et sérieuse** (Cass. soc. 21-12-2006 n° 04-40.793 F-D : RJS 3/07 n° 306 ; 13-11-2008 n° 07-42.640 FP-PBR : RJS 1/09 n° 3), mais il oblige l'employeur à verser au salarié les salaires restant dus jusqu'au terme de la période garantie (Cass. soc. 10-7-2001 n° 99-44.762 F-D : RJS 10/01 n° 1106).

La clause peut prévoir l'**indemnité** à verser au salarié dans le cas de sa violation (Cass. soc. 15-4-2015 n° 13-21.306 FS-PB : RJS 6/15 n° 383). Sauf si elle a pour but de préserver le salarié difficilement reclassable de la perte de son emploi (Cass. soc. 23-10-2007 n° 06-42.994 FS-PB : RJS 1/08 n° 2), il s'agit d'une clause pénale qui peut être réduite par le juge.

› Précisions a. Pendant la période de garantie, le salarié ne peut pas faire l'objet d'un licenciement pour inaptitude physique (Cass. soc. 15-4-2015 n° 13-21.306 FS-PB : RJS 6/15 n° 383) ou d'une mise à la retraite, même s'il peut bénéficier d'une **retraite** à taux plein (Cass. soc. 23-9-2015 n° 13-28.192 FS-D : RJS 12/15 n° 746).

b. L'**indemnité** due en cas de non-respect de la clause peut se **cumuler** avec l'indemnité légale de licenciement (Cass. soc. 4-3-2008 n° 06-45.221 F-PB : RJS 5/08 n° 585), l'indemnité pour licenciement sans cause réelle et sérieuse (Cass. soc. 23-9-2015 n° 13-28.192 FS-D : RJS 12/15 n° 746) et l'indemnité de préavis (Cass. soc. 13-11-2008 n° 07-42.640 FP-PBR : RJS 1/09 n° 3). Sur son cumul avec les allocations de chômage, voir n° 6865.

S'agissant du régime social de cette indemnité, voir n° 22900.

16590 N-III-14180 s **Clause de cession** La clause de cession (ou clause de conscience) permet à un salarié de rompre son contrat en imputant la rupture à l'employeur en cas de changement significatif d'actionnariat dans l'entreprise. Elle est valable dès lors qu'elle est justifiée par les fonctions de l'intéressé (cadre dirigeant notamment) et n'empêche pas d'autres modes de rupture par les deux parties (Cass. soc. 26-1-2011 n° 09-71.271 FS-PB : RJS 4/11 n° 287 ; 10-4-2013 n° 11-25.841 FS-PB : RJS 6/13 n° 424). S'agissant des journalistes, voir n° 46360.

16595 NB-I-6400 s **Clause d'indivisibilité** La clause d'indivisibilité associe le contrat de travail à un autre, fréquemment celui liant le conjoint du salarié au même employeur (il s'agit alors de **contrats de couple**). Elle précise généralement que la résiliation de l'un des contrats entraîne ipso facto celle de l'autre.

> **Précisions** **a.** Dans la mesure où un salarié ne peut pas, par avance, renoncer à se prévaloir des règles du licenciement, il appartient au **juge**, en cas de litige, de vérifier que cette clause est justifiée par la nature du travail à accomplir et proportionnée au but poursuivi et que la poursuite du second contrat de travail est rendue impossible par la rupture du premier (Cass. soc. 12-7-2005 n° 03-45.394 FS-PBRI : RJS 10/05 n° 941). Dans ce cas, le licenciement de l'un des deux salariés, à condition qu'il repose sur une cause réelle et sérieuse (Cass. soc. 17-3-1993 n° 90-41.556 P : RJS 4/93 n° 423), peut justifier le licenciement de l'autre salarié (Cass. soc. 9-6-2004 n° 02-42.457 F-D ; 24-4-2013 n° 12-13.333 F-D : RJS 7/13 n° 567). Toutefois, la clause ne peut pas entraîner la rupture du contrat du conjoint suspendu à la suite d'un accident du travail, sauf faute grave ou impossibilité de maintenir le contrat pour un motif étranger à l'accident (Cass. soc. 28-9-2011 n° 10-21.294 FS-PB : RJS 12/11 n° 1021).
> **b.** L'employeur qui, ignorant la clause, **maintient le contrat** du conjoint et lui impose une mutation commet une faute légitimant la prise d'acte de la rupture du contrat de travail par le salarié (CA Paris 30-11-2007 n° 06-6984 : RJS 6/08 n° 632).

ACCESSOIRES AU CONTRAT DE TRAVAIL

16600 N-III-15000 s La convention collective ou le contrat de travail peut prévoir la fourniture au salarié d'accessoires destinés à faciliter l'exécution de son travail : **logement** ou **voiture** de fonction, **téléphone** ou **ordinateur** portable, **vêtements** de travail, etc. La clause fixe généralement la répartition des obligations de chacune des parties (entretien et assurance, notamment) et précise les modalités d'utilisation de l'accessoire, notamment dans le cadre de la vie privée du salarié. Ces accessoires peuvent constituer un élément du salaire (n° 70445) et être assujettis aux cotisations sociales (n°s 22480 s.). S'agissant du logement de fonction attribué à un concierge ou un employé d'immeuble d'habitation, voir n° 10045 (détermination de la valeur du logement lors de l'embauche) et n° 10120 (assiette des cotisations sociales).

L'employeur manque à ses obligations s'il ne fournit pas au salarié l'accessoire prévu par le contrat ou la convention collective (Cass. soc. 8-6-1994 n° 90-42.254 P : RJS 7/94 n° 842), s'il retire abusivement l'accessoire consenti (Cass. soc. 23-6-2010 n° 08-44.899 F-D) ou s'il en modifie unilatéralement les modalités d'utilisation (Cass. soc. 9-7-2008 n° 07-41.644 F-D). Jugé, par exemple, que le refus du salarié de restituer le véhicule de fonction dont il a la disposition depuis plusieurs années et qui constitue un avantage en nature, ne peut pas motiver un licenciement pour insubordination (Cass. soc. 2-12-2020 n° 19-18.445 F-D : RJS 2/21 n° 62).

Sur le sort de ces accessoires en cas de **suspension du contrat** de travail, voir n° 17120, b. Sur la question de savoir si ces accessoires sont conservés pendant le **préavis** exécuté, voir n° 69270 ; pendant le préavis non exécuté, voir n° 69352.

D. Période d'essai

OBJET

16700 C. trav. art. L 1221-20 N-III BIS-1 s La période d'essai, qui se situe nécessairement au début de l'exécution du contrat de travail, permet à l'employeur d'évaluer les compétences du salarié et à ce dernier d'apprécier si ses fonctions lui conviennent. Facultative, elle constitue une première phase du contrat durant laquelle l'une ou l'autre des parties peut en principe décider de rompre sans indemnité, sauf stipulations conventionnelles contraires ou statut protecteur particulier. Excepté cette liberté de rupture, le contrat de travail reçoit pleine application dès l'engagement.

Sur la distinction entre la période d'essai et **l'essai professionnel,** voir n° 33145.

S'agissant des **apprentis,** voir n° 3585.

> Précisions a. L'employeur ne peut pas prévoir une période d'essai s'il a déjà pu tester le salarié antérieurement. Il en est ainsi notamment si le **salarié a déjà exercé dans l'entreprise les fonctions** pour lesquelles il est engagé, au cours d'une mise à disposition par un groupement d'employeurs, par exemple (Cass. soc. 13-6-2012 n° 11-15.283 FS-D : RJS 8-9/12 n° 670). Lorsque le salarié démissionne d'une société pour être **embauché par une autre société du groupe,** juridiquement distincte, une période d'essai peut être valablement stipulée (Cass. soc. 20-10-2010 n° 08-40.822 FS-PB : RJS 1/11 n° 1). Sur l'incidence d'un stage, voir n° 16720, d ; sur celle d'un CDD, voir n° 20305, a.

b. La possibilité de convenir d'une période d'essai ne saurait priver le salarié de la **rémunération minimale conventionnelle** pendant la durée de son activité ni en différer le point de départ (Cass. soc. 5-5-1999 n° 97-40.443 : RJS 8-9/99 n° 1165).

c. Les parties ne peuvent pas **différer le début** de la période d'essai (Cass. soc. 25-2-1997 n° 93-44.923 PF : RJS 4/97 n° 370 ; 5-7-2005 n° 03-47.038 F-D), même si le contrat débute par une période de formation (Cass. soc. 24-10-1997 n° 94-45.275 : RJS 12/97 n° 1334).

Période probatoire

16710 N-III BIS-350 s

À l'occasion d'un **changement de fonctions** du salarié, soit en cas de succession de contrats (Cass. soc. 30-3-2005 n° 02-46.338 FS-PBRI : RJS 6/05 n° 594), soit en cours de contrat et avec l'accord de l'intéressé (Cass. soc. 16-5-2012 n° 10-10.623 FS-PB : RJS 7/12 n° 609), l'employeur peut prévoir non une période d'essai, mais une période d'adaptation appelée « période probatoire ». Si au cours de celle-ci **l'employeur n'est pas satisfait,** il ne peut pas rompre le contrat de travail mais doit replacer le salarié dans ses fonctions antérieures (Cass. soc. 30-3-2005 n° 03-41.797 FS-PBRI : RJS 6/05 n° 594). S'agissant d'un salarié protégé, voir n° 63270.
La stipulation d'une période probatoire au cours de la période d'essai met fin à cette dernière (Cass. soc. 20-10-2010 n° 08-42.805 FS-PB : RJS 1/11 n° 2).

EXISTENCE DE LA PÉRIODE D'ESSAI

16715 C. trav. art L 1221-23 N-III BIS-1100 s

La période d'essai et la possibilité de la renouveler ne se présument pas et doivent être **expressément prévues** dès le début dans la lettre d'engagement ou le contrat de travail. La période d'essai doit être fixée dans son principe et sa durée (Cass. soc. 19-2-1997 n° 93-44.056 P : RJS 4/97 n° 368 ; 31-10-2005 n° 04-40.548 F-D).

ATTENTION

La période d'essai n'est opposable au salarié que si celui-ci a **signé** le contrat (Cass. soc. 13-12-2000 n° 98-44.464 F-D : RJS 3/01 n° 278 ; 21-10-2020 n° 19-17.219 F-D : RJS 1/21 n° 2). Un **engagement verbal** exclut donc l'existence d'une période d'essai (Cass. soc. 14-3-1995 n° 91-43.788 D).

DURÉE

16720 C. trav. art. L 1221-19 et L 1221-22 N-III BIS-3100 s

Durée initiale La durée initiale de la période d'essai ne peut pas excéder :
- 2 mois pour les **ouvriers** et les **employés** ;
- 3 mois pour les **agents de maîtrise et les techniciens** ;
- 4 mois pour les **cadres.**

Ces durées ont un caractère **impératif,** sauf durées plus longues fixées par les accords de branche conclus avant le 26-6-2008, ou durées plus courtes fixées par des accords collectifs conclus après cette date ou par la lettre d'engagement ou le contrat de travail.
Les stipulations des accords de branche conclus avant cette date et fixant des durées initiales d'essai plus courtes ne sont plus applicables depuis le 1-7-2009 (Loi 2008-596 du 25-6-2008). Depuis cette date, les durées maximales légales (durée initiale et, le cas échéant, durée totale renouvellement compris, voir n° 16725) se sont substituées aux durées plus courtes de ces accords (Cass. soc. 31-3-2016 n° 14-29.184 FS-PB : RJS 6/16 n° 390).

> Précisions a. Des **durées spécifiques** s'appliquent à certaines catégories de salariés : VRP (n° 60975), assistants maternels (n° 33325), travailleurs temporaires (n° 82220), titulaires d'un contrat à durée déterminée (n°s 20020 s.). En cas d'embauche dans les 3 mois suivant l'issue du **stage** intégré à un cursus pédagogique réalisé lors de la dernière année d'études, la durée de ce stage est déduite de la période d'essai, sans réduire cette dernière de plus de la moitié, sauf dispositions conventionnelles plus favorables. Si l'embauche concerne un emploi en lien avec les activités du stagiaire, la durée du stage est déduite intégralement (C. trav. art. L 1221-24).

b. En tout état de cause, la durée de l'essai ne doit pas être **excessive** compte tenu des fonctions exercées (Cass. soc. 7-1-1992 n° 88-45.393 D : RJS 3/92 n° 244). Ont été jugées excessives la durée de 6 mois pour un assistant commercial (Cass. soc. 10-5-2012 n° 10-28.512 FS-PB : RJS 7/12 n° 608), et celle d'un an, renouvellement compris, pour un directeur de magasin (Cass. soc. 11-1-2012 n° 10-17.945 FS-PBR : RJS 3/12 n° 207), ou celle d'un an pour un conducteurreceveur (Cass. soc. 30-9-2014 nº 13-21.385 F-D). En revanche, la durée de 9 mois a été jugée raisonnable pour un directeur général adjoint (Cass. soc. 24-4-2013 nº 12-11.825 FS-PB : RJS 7/13 nº 501) ou un directeur d'agence (Cass. soc. 12-11-2020 nº 18-24.111 F-D : RJS 1/21 nº 1).

c. La validité de la clause fixant la durée de la période d'essai s'apprécie à la date de sa conclusion en tenant compte de la **convention collective mentionnée au contrat,** même s'il est établi ultérieurement que cette mention était erronée (Cass. soc. 16-5-2012 nº 11-11.100 PB : RJS 8-9/12 nº 671).

16725 C. trav. art. L 1221-21 à L 1221-23 N-III BIS-5200 s

Renouvellement La période d'essai peut être renouvelée, **une seule fois,** si un accord de branche étendu ainsi que la lettre d'engagement ou le contrat de travail en prévoient expressément la possibilité. L'accord de branche étendu fixe les conditions et les durées du renouvellement (sur la conclusion d'un accord d'entreprise sur ce point, voir nºˢ 52235 s.).

Le renouvellement a nécessairement pour **objet** d'apprécier les compétences du salarié (Cass. soc. 27-6-2018 nº 16-25.756 FS-PB : RJS 10/18 nº 578). Est donc abusif le **renouvellement systématique** de l'essai (Cass. soc. 27-6-2018 nº 16-28.515 FS-D : RJS 10/18 nº 578) ou prévu **dès l'origine** dans le contrat (Cass. soc. 31-10-1989 nº 86-42.508 P : RJS 12/89 nº 905 ; 11-3-2009 nº 07-44.090 F-PB : RJS 6/09 nº 494).

La durée de la période d'essai, renouvellement compris, **ne peut pas dépasser** :
– 4 mois pour les ouvriers et employés ;
– 6 mois pour les agents de maîtrise et les techniciens ;
– 8 mois pour les cadres.

Ces durées ont un caractère **impératif,** sauf exceptions visées nº 16720.

Si l'employeur entend renouveler l'essai, il doit le **faire savoir au salarié** avant l'expiration de la première période (Cass. soc. 29-11-2000 nº 99-40.174 F-D : RJS 2/01 nº 162). L'**accord du salarié** sur ce renouvellement est nécessaire ; il doit être **exprès** (Cass. soc. 23-1-1997 nº 94-44.357 P : RJS 3/97 nº 248) et non équivoque (Cass. soc. 11-10-2010 nº 98-45.170 F-D : RJS 12/00 nº 1215).

› **Précisions** **a.** Si la **convention collective ne prévoit pas** la possibilité de renouveler l'essai, la clause contractuelle **prévoyant** son renouvellement est nulle (Cass. soc. 25-2-2009 nº 07-40.155 FS-PB : RJS 5/09 nº 409 ; 20-12-2017 nº 16-17.998 FS-PB : RJS 3/18 nº 155).

b. L'**accord du salarié** sur le renouvellement de la période d'essai peut être **exprimé** par courriel (Rép. Reynaud : AN 1-3-2011 nº 88607) sous réserve que les termes de ce dernier ne soient pas ambigus (Cass. soc. 16-6-2010 nº 08-43.244 FS-PB). Il ne peut pas en revanche résulter de la seule poursuite du travail (Cass. soc. 4-10-2000 nº 98-44.458 F-D : RJS 12/00 nº 1215), de l'absence de réserve de l'intéressé sur la lettre de prolongation (Cass. soc. 5-3-1996 nº 93-40.080 D : RJS 4/96 nº 373), ni de sa seule signature sur une telle lettre (Cass. soc. 25-11-2009 nº 08-43.008 F-PB : RJS 2/10 nº 142 ; 8-7-2015 nº 14-11.762 F-D : RJS 11/15 nº 692) ou sur un document d'évaluation par lequel l'évaluateur propose à l'employeur le renouvellement (Cass. soc. 15-3-2006 nº 04-46.406 F-PB : RJS 5/06 nº 516).

16730 N-III BIS-4400 s

Prolongation Sauf si elle est due à l'employeur, toute **suspension du contrat de travail** entraîne une prolongation, au plus équivalente, de la période d'essai. Il en est ainsi, notamment, en cas de **congés** payés pris par le salarié (Cass. soc. 5-3-1997 nº 94-40.042 P : RJS 4/97 nº 369), de jours de RTT (Cass. soc. 11-9-2019 nº 17-21.976 FP-PB : RJS 11/19 nº 613), de congés sans solde (Cass. soc. 23-5-2007 nº 06-41.338 F-D : RJS 11/07 nº 1159), d'arrêts de travail consécutifs à la **maladie** (Cass. soc. 29-5-1986 nº 83-46.133 S) ou à un accident du travail (Cass. soc. 12-1-1993 nº 88-44.572 P : RJS 2/93 nº 119) ou de suspension de contrat pour désignation du salarié comme mandataire social (Cass. soc. 24-4-2013 nº 12-11.825 FS-PB : RJS 7/13 nº 501).

› **Précisions** Sauf dispositions conventionnelles ou contractuelles contraires, la durée de la prolongation ne peut pas être limitée aux seuls **jours ouvrables** inclus dans la période ayant justifié cette prolongation (Cass. soc. 14-11-1990 nº 87-42.795 P : RJS 12/90 nº 944 ; 11-9-2019 nº 17-21.976 FP-PB : RJS 11/19 nº 613).

DÉCOMPTE ET TERME DE LA PÉRIODE D'ESSAI

16740 N-III BIS-3850 s

Si la période d'essai est concluante, le contrat de travail se poursuit sans autre formalité. Les règles propres à la **computation** des délais de procédure ne s'appliquant pas au calcul de la durée d'une période d'essai (Cass. soc. 21-1-1987 nº 83-45.686 P ; 10-6-1992 nº 88-45.755 P), sauf convention contraire des parties (Cass. soc. 28-6-1989 nº 87-43.789 D : RJS 8-9/89 nº 661), celle-ci n'est pas prolongée si elle expire un jour non travaillé dans l'entreprise. Par exemple, une période d'essai d'un mois, renouvelée une fois pour une durée équivalente, ayant commencé à courir le 14 mai expire le 13 juillet à minuit (Cass. soc. 15-3-2006 nº 04-44.544 F-PB : RJS 5/06 nº 516). Si elle est exprimée en jours, elle se décompte en jours calendaires (Cass. soc. 29-6-2005 nº 02-45.701 FS-PBRI : RJS 10/05 nº 944).

RUPTURE DE LA PÉRIODE D'ESSAI

Motifs et modalités En cas de rupture avant le terme de la période d'essai, les règles relatives à la résiliation du contrat de travail à durée indéterminée ne sont pas applicables. **16745** C. trav. art. L 1231-1, al. 2 N-III BIS-8600 s

Les parties n'ont donc en principe pas à **motiver** leur décision de rompre (Cass. soc. 20-10-2010 nº 08-40.822 FS-PB : RJS 1/11 nº 1). Sur la rupture abusive ou nulle, voir nº 16755.

De même, sauf dispositions conventionnelles contraires, les parties ne sont tenues à aucune **obligation d'ordre procédural,** sous réserve du respect du délai de prévenance visé nº 16750. Toutefois, pour des questions de **preuve,** il est nécessaire de notifier la rupture de la période d'essai soit par lettre recommandée avec accusé de réception, soit par remise en main propre au salarié en double exemplaire, avec mention de la date de remise. La date de la rupture se situe au jour de l'envoi (Cass. soc. 11-5-2005 nº 03-40.650 F-PBRI : RJS 7/05 nº 722 ; 28-11-2006 nº 05-42.202 F-PB : RJS 2/07 nº 208) ou de la remise de cette lettre. En tout état de cause, la rupture doit être **explicite** (Cass. soc. 24-6-2020 nº 17-28.067 F-D : RJS 8-9/20 nº 398).

Par ailleurs, l'employeur ne peut pas rompre le contrat sans l'autorisation de l'inspecteur du travail si le salarié est **protégé** (nº 63300, a) ou sans respecter la **procédure disciplinaire** s'il invoque une faute (Cass. soc. 10-3-2004 nº 01-44.750 FS-PB : RJS 6/04 nº 646 ; 14-5-2014 nº 13-13.975 F-D : RJS 7/14 nº 533). Des **restrictions à la libre rupture** du contrat sont aussi apportées par la loi en cas de maladie ou d'accident professionnels (voir nº 270).

> Précisions **a.** Il ne peut pas être valablement convenu que le contrat prendra fin du seul fait de l'arrivée à son terme de l'essai (Cass. soc. 13-11-1996 nº 93-44.052 P : RJS 12/96 nº 1232) ou en cas de refus du salarié de prolonger l'essai (Cass. soc. 5-6-1996 nº 92-44.920 D : RJS 7/96 nº 768). De même, la rupture de l'essai ne peut pas se réduire à l'envoi au salarié de l'attestation pour l'assurance chômage (Cass. soc. 17-10-2007 nº 06-44.388 F-PB : RJS 1/08 nº 1) ou à une déclaration orale en présence du personnel de l'entreprise (Cass. soc. 7-2-2001 nº 99-42.041 F-D : RJS 4/01 nº 402 ; 5-12-2001 nº 99-45.758 F-D : RJS 2/02 nº 138).
b. L'employeur qui a notifié une rupture de période d'essai peut l'**annuler** avec l'accord du salarié, cet accord pouvant se déduire de la poursuite des relations contractuelles au-delà de la date d'expiration de la période d'essai (Cass. soc. 5-7-2017 nº 16-15.446 F-D : RJS 10/17 nº 646).

Délai de prévenance Chaque partie désirant rompre la période d'essai doit respecter un délai de prévenance (préavis) dont la durée dépend du temps de présence du salarié dans l'entreprise. **16750** C. trav. art. L 1221-25 L 1221-26 N-III BIS-9500 s

Le **salarié** doit prévenir l'employeur au moins 48 heures à l'avance, ou 24 heures s'il est depuis moins de 8 jours dans l'entreprise.

L'**employeur** doit respecter, lorsque la durée de la période d'essai est d'au moins une semaine, un préavis qui ne peut pas être inférieur à :
- 24 heures si le salarié est depuis moins de 8 jours dans l'entreprise ;
- 48 heures entre 8 jours et un mois de présence ;
- 2 semaines après un mois de présence ;
- 1 mois après 3 mois de présence.

La période d'essai, renouvellement inclus, **ne peut pas être prolongée** du fait du délai de prévenance. Si le délai de prévenance n'est pas respecté, le salarié a droit, sauf faute grave, à une **indemnité compensatrice.**

> Précisions **a.** Le **préavis plus long prévu par le contrat** de travail prime sur le préavis légal (Cass. soc. 15-4-2016 nº 15-12.588 F-D).
b. La rupture de l'essai avant son terme ne s'analyse pas en un licenciement, même si l'employeur n'a **pas respecté** tout ou partie du délai de prévenance (Cass. soc. 23-1-2013 nº 11-23.428 FS-PB : RJS 4/13 nº 251 ; 16-9-2015 nº 14-16.713 FS-PB : RJS 11/15 nº 693). En revanche, la **poursuite** de la relation de travail à la fin de l'essai afin de respecter ce délai fait naître un nouveau CDI qui ne peut être rompu par l'employeur que par un licenciement (Cass. soc. 5-11-2014 nº 13-18.114 FS-PB : RJS 1/15 nº 1).
c. L'**indemnité compensatrice** due en cas de non-respect du délai de prévenance est égale au montant des salaires et avantages que le salarié aurait perçus s'il avait exécuté le préavis, indemnité compensatrice de congés payés comprise. Sur le régime social de cette indemnité, voir nº 22900, b.

Rupture abusive ou nulle Même si l'interruption de l'essai n'a pas à être motivée, les **circonstances de la rupture** peuvent révéler une attitude fautive de l'employeur ou du salarié. **16755** N-III BIS-11200 s

En particulier, la période d'essai étant destinée à apprécier la valeur professionnelle du salarié, sa rupture par l'employeur pour un motif non inhérent à la personne du salarié est **abusive** (Cass. soc. 10-4-2013 nº 11-24.794 F-D : RJS 6/13 nº 423).

L'interruption de l'essai par le salarié du fait de l'inexécution de ses obligations par l'employeur s'analyse en une rupture abusive imputable à ce dernier (Cass. soc. 7-2-2012 nº 10-27.525 FP-PB : RJS 4/12 nº 295).

Par ailleurs, les dispositions des articles L 1132-1 à L 1132-4 du Code du travail (nºs 32060 s.) étant applicables, la rupture de la période d'essai pour un **motif discriminatoire** est **nulle** (Cass. soc. 16-2-2005 nº 02-43.402 FS-PB : RJS 5/05 nº 469). Pour une rupture fondée sur l'état de grossesse d'une salariée, voir nº 51290, c.

Le régime du licenciement étant exclu pendant la période d'essai (nº 16745), la rupture abusive ou nulle par l'employeur ouvre droit à des **dommages-intérêts** en réparation du préjudice subi par le salarié (Cass. soc. 16-2-2005 nº 02-43.402 FS-PB : RJS 5/05 nº 469), mais pas au paiement de l'indemnité pour licenciement abusif ou nul ni de l'indemnité compensatrice de préavis (Cass. soc. 7-2-2012 nº 10-27.525 FP-PB : RJS 4/12 nº 295 ; 12-9-2018 nº 16-26.333 FS-PB : RJS 11/18 nº 655).

Sur la garantie dont bénéficie, en cas de redressement ou liquidation judiciaires, l'indemnité versée au salarié victime d'une rupture abusive de la période d'essai, voir nº 70906.

ILLUSTRATIONS

La rupture de la période d'essai par l'employeur est abusive si celui-ci ne laisse pas au salarié un temps suffisant pour faire ses preuves (CA Paris 11-12-2008 nº 07-2548) ou si elle intervient pour un motif économique (Cass. soc. 20-11-2007 nº 06-41.212 FP-PBR : RJS 2/08 nº 134), ou après le refus par le salarié d'une baisse de sa rémunération (Cass. soc. 10-12-2008 nº 07-42.445 F-PB : RJS 2/09 nº 132).

E. Droits et obligations des parties

16900 N-IV-1 s Étant sous la subordination juridique de l'employeur, le salarié doit en principe obéir à ses consignes.

L'employeur dispose d'un large pouvoir de décision et de direction en matière de gestion de son entreprise et de son personnel. Toutefois, ce pouvoir doit être exercé dans le respect de la vie personnelle du salarié, de ses libertés et de sa dignité.

Dans certains cas, le contrat de travail et la plupart des obligations y afférentes peuvent être temporairement suspendus sans qu'une rupture s'ensuive.

1. OBLIGATIONS DU SALARIÉ

ÉTENDUE DES OBLIGATIONS

16940 N-IV-41100 s **Respect du contrat et des directives de l'employeur** Le salarié est tenu d'exécuter personnellement et consciencieusement le travail prévu au contrat. Il doit respecter les prescriptions du **règlement intérieur** et l'**organisation** générale du travail, notamment en matière d'horaires, de discipline, d'hygiène et de sécurité… Il est tenu à une obligation particulière de vigilance dans ce dernier domaine (voir nº 71250).

Le salarié doit se soumettre aux **instructions** de l'employeur, sous réserve qu'elles soient conformes à ses attributions et ne soient pas illicites, vexatoires ou immorales.

> **Précisions** **a.** Par **exemple,** l'employeur ne saurait exiger d'un salarié qu'il se prête à une manœuvre frauduleuse ou qu'il effectue un travail manifestement dangereux (ex. : antidater des denrées périmées : Cass. soc. 13-6-2001 nº 99-42.796 F-D ; conduire un véhicule de transport en commun défectueux : Cass. soc. 24-1-1991 nº 89-40.662 D). Sur le droit pour le salarié de se retirer d'une situation dangereuse, voir nºs 71680 s.
b. La faute d'un salarié ne peut pas justifier son licenciement (Cass. soc. 17-12-1992 nº 91-45.284 D), du moins pour faute grave (Cass. soc. 14-1-2004 nº 01-45.869 F-D), si elle est la conséquence d'un manquement de l'employeur à ses obligations. Ainsi, le refus de travail en raison du non-respect par l'employeur des règles d'hygiène et de sécurité n'est pas fautif (Cass. soc. 18-12-2007 nº 06-43.801 FS-PB : RJS 3/08 nº 294). Sur la rupture du contrat à l'initiative du salarié en raison de tels manquements, voir nºs 69150 s.
c. Sur la protection du salarié qui **témoigne** d'actes illicites commis dans l'entreprise, voir nºs 56155 s.

16945 C. trav. art. L 1222-1 **Obligation de loyauté** Le contrat de travail doit être exécuté de **bonne foi.** Le salarié doit s'abstenir de tout acte contraire à l'**intérêt de l'entreprise** et, en particulier, de tout acte de concurrence, y compris lorsque le contrat est suspendu (voir nº 17120, a).

Il doit également se garder de commettre un **acte moralement et/ou pénalement répréhensible** à l'égard de l'entreprise ou de ses collègues, tel que tromperie, manœuvre indélicate ou frauduleuse, vol ou malversation.

Il lui est interdit d'**abuser de ses fonctions** pour s'octroyer un avantage particulier ou accorder une faveur à d'autres salariés ou à des tiers sans accord de l'employeur.

Le salarié qui accepte ou sollicite un avantage quelconque en contrepartie de l'accomplissement d'un acte relevant de sa fonction (**délit de corruption**) est passible de 5 ans d'emprisonnement et de 500 000 € d'amende (C. pén. art. 445-1 et 445-2).

> Précisions **a.** Sauf si son contrat de travail comporte une clause d'exclusivité, le salarié peut exercer une **activité professionnelle hors de la société** employeur (Cass. soc. 21-9-2006 n° 05-41.477 FS-PB : RJS 11/06 n° 1148). Il doit cependant respecter les dispositions relatives au cumul d'emplois (n° 29555) et son **obligation de non-concurrence** (ou de fidélité) à l'égard de son employeur. Il ne peut pas créer une entreprise concurrente (Cass. soc. 30-11-2017 n° 16-14.541 F-D), détourner la clientèle de son employeur (Cass. soc. 21-10-2003 n° 01-43.943 F-P : RJS 12/03 n° 1384), ni suivre une formation dans une société concurrente (Cass. soc. 10-5-2001 n° 99-40.584 F-P : RJS 7/01 n° 833 ; 12-10-2004 n° 03-43.465 F-D : RJS 12/04 n° 1262). En revanche, il peut acquérir avec son conjoint un fonds de commerce dont l'activité est la même que celle de son employeur, s'il ne participe pas à l'activité de ce fonds (Cass. soc. 20-3-2007 n° 05-42.635 F-D : RJS 6/07 n° 699).

L'obligation générale de non-concurrence ne doit pas être confondue avec celle résultant d'une clause de non-concurrence, laquelle n'a d'effet qu'à la rupture du contrat de travail.

b. Manque à ses obligations le salarié qui **profite de ses fonctions** pour, par exemple, favoriser une société sous-traitante dont il est gérant (Cass. soc. 11-2-2003 n° 00-45.871 F-D), s'attribuer une prime ou une augmentation de salaire (Cass. soc. 11-7-2007 n° 06-40.225 F-D) ou octroyer des congés supplémentaires aux salariés placés sous son autorité (Cass. soc. 3-5-1990 n° 88-41.557 D) sans l'accord de l'employeur.

c. Se rend coupable d'**abus de confiance** passible de sanctions pénales le salarié qui détourne la clientèle de son employeur (Cass. crim. 22-3-2017 n° 15-85.929 F-PB : RJS 6/17 n° 393), utilise son temps de travail à d'autres fins que celles pour lesquelles il perçoit une rémunération (Cass. crim. 19-6-2013 n° 12-83.031 FS-PBR : RJS 10/13 n° 654 ; 3-5-2018 n° 16-86.369 F-D : RJS 7/18 n° 469), ou encore engage des fonds de l'entreprise au-delà des limites de son mandat de trader et à l'insu de son employeur (Cass. crim. 19-3-2014 n° 12-87.416 FP-PBRI : RJS 7/14 n° 542).

Obligation de discrétion Le salarié ne doit pas divulguer d'informations confidentielles dont il a connaissance dans l'exercice de ses fonctions, ni à l'extérieur ni à l'intérieur de l'entreprise, cette obligation s'appliquant avec une particulière acuité aux cadres dirigeants. 16950

Tout salarié est par ailleurs tenu au **secret de fabrique,** sous peine d'une amende de 30 000 € et d'un emprisonnement de 2 ans (C. trav. art. L 1227-1).

Toutefois, ces obligations n'interdisent pas aux salariés de s'exprimer sur leur entreprise : voir n° 17035.

ATTENTION

Si l'employeur peut sanctionner un salarié n'ayant pas respecté son obligation de discrétion, il ne saurait tenir compte du simple **risque de communication** d'informations à une société concurrente, résultant de l'existence d'un lien familial, amical ou affectif entre un membre du personnel et un salarié de cette société (Cass. soc. 10-12-1991 n° 90-44.524 P ; 27-5-1998 n° 96-41.276 P : RJS 10/98 n° 1185).

SANCTIONS

Sanctions disciplinaires Tout manquement volontaire du salarié à ses obligations peut donner lieu à une sanction disciplinaire pouvant aller jusqu'au licenciement (nos 56100 s.). 16955

Responsabilité civile En principe, le salarié ne peut voir sa responsabilité civile engagée **à l'égard de son employeur** que s'il a commis une **faute lourde** (jurisprudence constante, notamment Cass. soc. 11-4-1996 n° 92-42.847 P : RJS 6/96 n° 674), peu importe l'existence d'une clause de responsabilité financière dans le contrat de travail (n° 16575), la convention collective ou le règlement intérieur. Si le salarié n'a pas été licencié pour faute lourde, il ne peut être condamné à verser des dommages et intérêts à l'employeur que si le juge constate qu'il a commis une telle faute, distincte des faits visés par la **lettre de licenciement** (Cass. soc. 25-1-2017 n° 14-26.071 FS-PB : RJS 4/17 n° 245). L'**autorité de la chose jugée** au pénal s'oppose également à une demande de dommages et intérêts devant le conseil de prud'hommes si les faits, même qualifiables de faute lourde, ont déjà donné lieu à indemnisation de l'employeur par le juge pénal (Cass. soc. 10-5-2016 n° 14-26.249 F-D : RJS 7/16 n° 476). 16960 N-IV-52000 s N-IV-56500 s

À défaut d'une faute lourde, il est donc interdit à l'employeur d'opérer une **compensation** entre le salaire et une dette du salarié à son égard en raison d'une mauvaise exécution du travail (par exemple, en cas de perte des recettes : Cass. soc. 21-10-2008 nº 07-40.809 FS-PB : RJS 12/08 nº 1174). En revanche, est recevable, sans nécessité d'établir une faute lourde, l'**action** de l'entreprise **en restitution** de sommes détournées par le salarié à son profit et appartenant à l'employeur (Cass. soc. 19-11-2002 nº 00-46.108 FS-PBR : RJS 1/03 nº 7) ou à un client que l'employeur a remboursé (Cass. soc. 9-11-2005 nº 04-14.419 FS-D : RJS 1/06 nº 7).

> **Précisions** La responsabilité civile du salarié **à l'égard des tiers** est, en principe, exclue à condition qu'il n'ait pas excédé les limites de sa mission (Cass. ass. plén. 25-2-2000 nº 97-17.378 P : RJS 6/00 nº 630 ; Cass. crim. 4-9-2018 nº 17-82.297 F-D : RJS 11/18 nº 659). Il en va différemment, toutefois, s'il a intentionnellement commis une infraction (Cass. crim. 7-4-2004 nº 03-86.203 FS-PF ; 28-3-2006 nº 05-82.975 F-PF : RJS 8-9/06 nº 918), fût-ce sur ordre de l'employeur (Cass. ass. plén. 14-12-2001 nº 00-82.066 P : RJS 2/02 nº 142).
> Sur la responsabilité civile du salarié auteur de **harcèlement** : à l'égard de subordonnés, voir nº 17105 ; à l'égard de l'employeur partie civile à un procès pénal, voir nº 17110, b.

16965 N-IV-59000 s **Responsabilité pénale** Le salarié engage sa responsabilité lorsqu'il commet une infraction de droit commun dans le cadre de l'exécution de son travail. Le fait que cette infraction ait été commise **sur instruction** de l'employeur ou d'un supérieur hiérarchique n'est pas une cause d'exonération de cette responsabilité (Cass. crim. 26-6-2002 nº 01-87.314 P : RJS 2/03 nº 157 ; Cass. soc. 5-10-1999 nº 97-42.320 D : RJS 12/99 nº 1448).

S'agissant des infractions à la législation sociale commises par le salarié, voir nº 67100.

Sur les sanctions encourues en cas de :
- délit de corruption, voir nº 16945 ;
- violation du secret de fabrique, voir nº 16950 ;
- faits de harcèlement moral ou sexuel, voir nº 17110.

S'agissant de la prise en charge des frais de justice par l'employeur, voir nº 17000.

16970 CPI art. L 611-7 s R 611-1 s N-IV-46500 s

Inventions du salarié

Les inventions réalisées par le salarié dans l'exécution soit d'un **contrat de travail** comportant une mission inventive qui correspond à ses fonctions effectives, soit d'**études et de recherches** qui lui sont explicitement confiées, appartiennent à l'employeur. Le salarié bénéficie d'une rémunération supplémentaire. L'employeur doit l'informer si l'invention fait l'objet du dépôt d'une demande de titre de propriété industrielle et lors de la délivrance, le cas échéant, de ce titre.

Les autres inventions appartiennent au salarié. Toutefois, si elles sont faites par le salarié au cours de l'exécution de ses fonctions, dans le cadre des activités de l'entreprise, ou grâce à des connaissances, moyens ou données procurés par elle, l'employeur peut se faire attribuer les droits qui lui sont attachés, le salarié devant alors en obtenir un juste prix.

Aucune rémunération supplémentaire n'est due au gérant salarié au titre d'inventions antérieures au contrat de travail et correspondant à son **apport en nature** à la société (Cass. soc. 2-6-2010 nº 08-70.138 FS-PB : RJS 8-9/10 nº 639).

Le salarié auteur d'une invention en **informe** l'employeur, qui en accuse réception. Tout accord conclu à ce sujet doit être constaté par écrit à peine de nullité.

Le salarié est fondé à invoquer ces droits à l'encontre de son nouvel employeur en cas de transfert d'entreprise (Cass. com. 9-12-2014 nº 13-16.559 FS-PB : RJS 5/15 nº 310).

Les **litiges** peuvent être soumis pour conciliation à la Commission nationale des inventions de salariés (Inpi – Secrétariat de la Commission nationale des inventions de salariés, 15 rue des Minimes, CS50001, 92677 Courbevoie Cedex – Tél. : 0820 210 211) et relèvent de la **compétence** du tribunal judiciaire. Cependant, le litige portant sur une rémunération supplémentaire pour invention prévue par une convention collective relève de la compétence du conseil de prud'hommes s'il ne porte pas sur un droit attaché à un brevet (Cass. soc. 3-5-2018 nº 16-25.067 FS-PB : RJS 7/18 nº 463).

2. OBLIGATIONS DE L'EMPLOYEUR

EXÉCUTION DU CONTRAT ET RESPECT DE LA RÉGLEMENTATION

17000 C. trav. art. L 1222-1 N-IV-15020 s N-IV-18000 s Comme le salarié, l'employeur est tenu d'exécuter le contrat de travail de **bonne foi.**

Il doit en respecter les dispositions et, en particulier, fournir au salarié le travail prévu (Cass. soc. 3-11-2010 nº 09-65.254 F-PB : RJS 1/11 nº 6) et les moyens nécessaires à son exécution et lui payer le salaire convenu. Sur le droit au salaire du salarié qui se tient à la disposition de l'employeur, voir n° 70720. Ce dernier doit également faire bénéficier le salarié des conventions, **accords collectifs** et **usages** applicables dans l'établissement et, d'une manière générale, observer la réglementation en vigueur.

L'employeur est par ailleurs tenu à une obligation de **sécurité** (voir n° 71250).

Il doit également **garantir ses salariés** à raison des actes accomplis en exécution du contrat de travail ; en particulier, il doit prendre en charge les frais engagés pour assurer leur défense lorsqu'ils sont poursuivis pénalement pour des faits relatifs à l'exercice de leurs fonctions (Cass. soc. 18-10-2006 n° 04-48.612 FS-PBRI : RJS 12/06 n° 1243 ; 5-7-2017 n° 15-13.702 FS-PB : RJS 10/17 n° 652 ; 14-11-2019 n° 17-31.337 FS-D : RJS 1/20 n° 8), mais pas pour des faits totalement étrangers à la relation de travail (par exemple en cas d'altercation avec un collègue Cass. soc. 18-10-2017 n° 16-17.955 F-D : RJS 1/18 n° 10).

› Précisions **a.** Manque à son obligation de loyauté l'employeur qui fournit au salarié des **informations** insuffisantes, erronées ou tardives (Cass. soc. 19-12-1990 n° 88-41.363 P : RJS 2/91 n° 161 ; 2-4-1996 n° 92-44.292 D et n° 93-42.084 D : RJS 5/96 n° 513), notamment sur ses conditions de travail (Cass. soc. 16-2-1989 n° 85-46.116 D) ou de rémunération (Cass. soc. 18-6-2008 n° 07-41.910 FS-PBRI : RJS 8-9/08 n° 874).
S'agissant de l'information du salarié licencié économique sur les risques du **reclassement** proposé, voir n° 48173.

b. En cas de **manquement** de l'employeur assez grave pour empêcher la poursuite du contrat, le salarié peut prendre acte de la rupture du contrat ou en demander la résiliation judiciaire.

c. Sur le caractère obligatoire d'engagements unilatéraux pris par l'employeur, voir n° 70455.
S'agissant du respect par l'employeur des engagements contenus dans un plan de sauvegarde de l'emploi, voir n° 48185.

d. Sur la **langue** utilisée pour les documents nécessaires à l'exécution du travail, voir n° 60020.

GESTION DES CARRIÈRES

17005 C. trav. art. L 6321-1 R-II-4600 s

Adaptation des salariés L'employeur est tenu d'assurer l'adaptation des salariés à leur **poste de travail** (Cass. soc. 13-7-2010 n° 08-44.121 FS-PB : RJS 10/10 n° 717), essentiellement au moyen de la formation. Cette obligation s'impose en particulier en cas de projet de licenciement économique (voir n°s 47945 s.). L'employeur doit également veiller au maintien de l'employabilité des salariés, au regard notamment de l'**évolution** des emplois, des technologies et des organisations.

› Précisions **a.** Caractérise un manquement de l'employeur à son obligation l'**absence de formation** du salarié pendant une longue période même si l'intéressé n'en a pas réclamé (Cass. soc. 5-6-2013 n° 11-21.255 F-PB : RJS 8-9/13 n° 629 ; 18-6-2014 n° 13-14.916 FS-PB : RJS 10/14 n° 718), ou un **faible nombre** de formations sur une longue période, susceptible de compromettre son évolution professionnelle (Cass. soc. 5-10-2016 n° 15-13.594 F-D : RJS 12/16 n° 758).
L'employeur ne peut pas en revanche se voir reprocher l'absence d'**évolution de carrière** d'un salarié qui a bénéficié des mêmes possibilités de formation que les autres mais a émis la volonté de demeurer dans son emploi (Cass. soc. 6-7-2010 n° 09-41.354 FS-PBR : RJS 10/10 n° 788).
Par ailleurs, il n'est pas tenu de former le salarié à l'acquisition de compétences qu'il avait **faussement déclaré** posséder lors de son embauche (Cass. soc. 31-1-2006 n° 05-42.130 F-P : RJS 4/06 n° 390).

b. L'employeur qui **manque à son obligation d'adaptation** peut être condamné à réparer le préjudice subi par les salariés, distinct de celui résultant de la rupture du contrat de travail (Cass. soc. 23-10-2007 n° 06-40.950 FS-PB : RJS 1/08 n° 3 ; 2-3-2010 n° 09-40.914 F-D : RJS 5/10 n° 398).
Sur la légitimité d'un licenciement prononcé pour insuffisance professionnelle, alors que l'employeur n'a pas satisfait à son obligation d'adaptation, voir n° 47195, c.

c. S'agissant de la négociation sur la **gestion des emplois et des parcours professionnels,** voir n°s 51990 s.

17010 C. trav. art. L 6315-1 L 3142-11 L 3142-23 QR min. trav. mai. 2020 N-IV-9250 s

Entretien professionnel L'employeur doit faire bénéficier chaque salarié tous les 2 ans, appréciés de date à date, d'un entretien professionnel distinct de l'entretien d'évaluation visé n° 17015. Le salarié est informé de ce droit lors de l'embauche. L'entretien est consacré à l'examen de ses **perspectives d'évolution,** notamment en termes de qualifications et d'emploi, et comporte des informations relatives à la validation des acquis de l'expérience, l'activation du CPF, les abondements de l'employeur à ce compte et le conseil en évolution professionnelle.

L'entretien professionnel doit également être systématiquement proposé au salarié à son retour après une des **absences** suivantes : congés de maternité, d'adoption, parental d'éducation, de proche aidant, sabbatique, période de mobilité volontaire sécurisée, arrêt longue maladie et mandat syndical. Dans ces situations, l'entretien peut avoir lieu, à l'initiative du salarié, avant la reprise de poste. Pour certains congés (proche aidant, solidarité familiale), l'entretien doit aussi avoir lieu avant le départ du salarié.

Tous les 6 ans de présence dans l'entreprise, l'entretien dresse un **état des lieux** récapitulant le parcours professionnel de l'intéressé.

> **Précisions** **a.** Chaque entretien donne lieu à un **compte rendu** écrit avec copie remise au salarié. Pour les salariés en télétravail, l'entretien peut se dérouler en visioconférence.
> **b.** Lors de l'**état des lieux,** il s'agit de vérifier que le salarié a bénéficié de tous les entretiens auxquels il avait droit et suivi au moins une action de formation, acquis des éléments de certification par la formation ou une validation des acquis de l'expérience et progressé au plan salarial ou professionnel. Dans les entreprises d'**au moins 50 salariés,** si le salarié n'a pas bénéficié de tous les entretiens prévus et d'au moins une formation visée n° 38150, son compte personnel de formation est abondé dans les conditions visées n° 38230. Toutefois, jusqu'au 30-6-2021, l'employeur échappe à cette sanction s'il justifie que le salarié a bénéficié de tous les entretiens et d'au moins 2 des 3 actions suivantes : formation, certification par la formation ou une VAE, ou progression salariale (individuelle et/ou collective) ou professionnelle (verticale et horizontale) (Ord. 2020-1501 du 2-12-2020 art. 2).
> **c.** Au retour d'un **congé parental,** l'entretien organise le retour à l'emploi du salarié en déterminant ses besoins de formation et en examinant les conséquences éventuelles du congé sur l'évolution de sa carrière et sur sa rémunération ; à la demande du salarié, il peut avoir lieu avant la fin du congé (C. trav. art. L 1225-57).
> **d.** Un **accord collectif** d'entreprise ou, à défaut, de branche peut définir un cadre, des objectifs et des critères collectifs d'abondement par l'employeur du compte personnel de formation des salariés. Il peut aussi prévoir des modalités d'appréciation du parcours professionnel et une périodicité des entretiens professionnels différentes de celles prévues par la loi.

17012 **Mesures Covid-19**

Les entretiens professionnels (état des lieux récapitulatif, entretiens périodiques tous les 2 ans ou après certaines absences du salarié) ayant dû ou devant se tenir entre le 1-1-2020 et le 30-6-2021 peuvent être **reportés** jusqu'au 30-6-2021.

En outre, les **sanctions** attachées au non-respect des délais de réalisation des entretiens « état des lieux » sont reportées pour la période courant du 12-3-2020 au 30-6-2021 (Ord. 2020-1501 du 2-12-2020) : voir FRS 23/20 inf. 9 p. 13.

17015 C. trav. art. L 1222-2 L 1222-3 N-IV-9400 s

Évaluation professionnelle L'employeur peut **évaluer** le travail des salariés (Cass. soc. 10-7-2002 n° 00-42.368 F-D : RJS 10/02 n° 1066). À cette fin, il peut mettre en place des dispositifs d'évaluation (entretiens annuels notamment), lui permettant de disposer d'éléments objectifs pour justifier ses décisions, en matière de promotion, de rémunération et, le cas échéant, des différences de traitement entre salariés (voir n° 32125, c).

L'employeur peut **demander** aux salariés des renseignements les concernant personnellement si ceux-ci ont un lien direct et nécessaire avec le travail. Les salariés sont tenus de fournir ces informations de bonne foi.

Les **dispositifs d'évaluation** doivent reposer sur des **critères** précis, objectifs et pertinents au regard de la finalité poursuivie (Cass. soc. 14-12-2015 n° 14-17.152 F-D : RJS 3/16 n° 188).

ILLUSTRATIONS

Est licite le critère d'évaluation fondé sur l'appréciation de l'**imagination** et de la **clairvoyance** du salarié (CA Versailles 2-10-2012 n° 12-00276 : RJS 1/13 n° 4), mais pas celui fondé sur l'appréciation de son **courage** (CA Toulouse 21-9-2011 n° 11-00604 : RJS 12/11 n° 930).

Un système d'évaluation reposant sur un **classement des salariés** en fonction de **quotas préétablis impératifs** (« forced ranking ») est illicite (Cass. soc. 27-3-2013 n° 11-26.539 FS-PB : RJS 6/13 n° 425). Si le **« benchmark »,** outil de management fondé sur la performance des salariés, est licite, ses modalités d'application dans l'entreprise ne doivent pas être source de souffrance au travail mettant les salariés en concurrence perpétuelle (CA Lyon 21-2-2014 n° 12/06988 : RJS 5/14 n° 367). De même est licite le dispositif comportant une **autoévaluation** par le salarié de ses propres performances professionnelles (CA Versailles 19-12-2014 n° 13/03952 : RJS 3/15 n° 170).

17020 C. trav. art. L 1222-3 L 1222-4

Avant de mettre en œuvre un dispositif d'évaluation, l'employeur doit **consulter** le CSE (Cass. soc. 28-11-2007 n° 06-21.964 FS-PBR : RJS 2/08 n° 135). Le défaut de consultation constitue un trouble manifestement illicite justifiant la suspension en référé du dispositif (Cass. soc. 10-4-2008 n° 06-45.741 F-D : RJS 6/08 n° 690).

Les **méthodes et techniques** utilisées pour l'évaluation ou le recueil des informations doivent être **portées préalablement à la connaissance** des salariés.

> **Précisions** **a.** Le salarié a le droit de **consulter** les résultats de son évaluation et d'en demander une copie (Circ. DRT 93-10 du 15-3-1993 réputée abrogée ; Communiqué Cnil du 11-5-2011). Ces résultats sont confidentiels à l'égard des tiers.

b. Le **refus** par un salarié de **signer le compte rendu** de son entretien annuel d'évaluation et la manifestation de son désaccord avec les observations qui lui ont été faites ne sont pas fautifs et ne justifient ni une mise à pied (CA Chambéry 19-1-2010 nº 09-1180 : RJS 11/10 nº 829) ni un licenciement (CA Versailles 9-10-2008 nº 07-3427 : RJS 4/09 nº 312).

c. Seuls les salariés peuvent réclamer la destruction d'évaluations illicites (Cass. soc. 14-12-2015 nº 14-17.152 F-D : RJS 3/16 nº 188).

RESPECT DES DROITS ET LIBERTÉS DU SALARIÉ

Il est interdit à l'employeur de prendre des mesures discriminatoires ou contraires à l'égalité de traitement des salariés. Il doit respecter la **vie personnelle** de chacun d'eux. Il ne peut apporter aux droits des personnes et aux libertés individuelles et collectives que des restrictions justifiées par la nature de la tâche à accomplir et proportionnées au but recherché. **17025** C. trav. art. L 1121-1 N-IV-30000 s

Sous réserve de respecter ces principes, l'employeur peut **surveiller ses salariés** (voir nºˢ 56020 s.) et **évaluer** leur travail (voir nºˢ 17015 s.).

Vie privée Le salarié a droit, même au temps et lieu du travail, au respect de l'intimité de sa vie privée (Cass. soc. 2-10-2001 nº 99-42.942 FS-PBRI : RJS 12/01 nº 1394). **17030**

Il est donc interdit à l'employeur de s'immiscer dans la vie affective, conjugale ou familiale d'un salarié ou d'intervenir dans ses choix de vie ou de consommation, sauf **restriction** légitime et proportionnée (Cass. soc. 13-1-2009 nº 07-43.282 FS-PBR : RJS 3/09 nº 225). Il ne peut pas non plus divulguer des informations relatives à la vie privée du salarié (à propos d'une opération relative à un changement de sexe : CA Grenoble 10-9-2020 nº 17/05440 : RJS 11/20 nº 524).

Sur le droit du salarié au respect du secret de ses **correspondances,** voir nº 56055.

› Précisions **a.** L'employeur ne saurait imposer le **célibat** à ses salariés (Cass. soc. 7-2-1968 nº 65-40.622 P).

La **relation** amoureuse entre deux salariés ne justifie pas un licenciement, sauf si elle crée un trouble caractérisé dans l'entreprise (Cass. soc. 5-3-1987 nº 84-44.419 S ; CA Nancy 21-11-2000 nº 99-707 : RJS 5/01 nº 559 ; Cass. soc. 16-12-2020 nº 19-14.665 F-D : RJS 2/21 nº 69).

b. Un salarié ne saurait se voir reprocher d'**acheter des produits** d'une marque autre que celle commercialisée par l'entreprise (pour l'achat d'un véhicule : Cass. soc. 22-1-1992 nº 90-42.517 PF : RJS 3/92 nº 247).

c. Le salarié a le droit au respect de son **domicile** et de choisir le lieu de sa résidence (Cass. soc. 12-1-1999 nº 96-40.755 PBR : RJS 2/99 nº 151 ; 12-7-2005 nº 04-13.342 FS-PB : RJS 10/05 nº 1048 ; 28-2-2012 nº 10-18.308 FS-PB : RJS 5/12 nº 415).

d. Sauf si la fonction du salarié ou la nature de l'entreprise l'exige, l'employeur ne peut pas **interdire** à l'intéressé d'exercer ses **libertés publiques** en dehors du temps de travail, comme participer à une manifestation publique, même en cas de trouble dans l'entreprise (Cass. soc. 23-5-2007 nº 05-41.374 F-PB : RJS 8-9/07 nº 910). Sur un licenciement fondé sur des **actes** commis **hors du cadre professionnel,** voir nº 47210.

e. Sur la possibilité pour le salarié de refuser un **changement de ses conditions de travail** portant une atteinte excessive à sa vie privée, voir nº 17350.

f. Sur l'information de l'employeur de l'**état de grossesse** d'une salariée, voir nº 51220.

Liberté d'expression Le salarié jouit, **dans l'entreprise et hors** de celle-ci, de sa liberté d'expression (Cass. soc. 14-12-1999 nº 97-41.995 PB : RJS 2/00 nº 192 ; 22-6-2004 nº 02-42.446 F-P : RJS 11/04 nº 1120), sous réserve de respecter ses obligations de discrétion et de loyauté (nºˢ 16945 s.). **17035** N-IV-33600 s

Distincte du droit d'expression (nºˢ 36800 s.), elle autorise le salarié à tenir des propos sur l'organisation et le fonctionnement de l'entreprise (y compris sur un blog : TGI Paris 16-10-2006 nº 06-8820 : RJS 4/07 nº 409). De tels propos ne peuvent justifier un licenciement qu'en cas d'**abus** (Cass. soc. 4-2-1997 nº 96-40.678 D : RJS 3/97 nº 252 ; 25-1-2000 nº 97-45.044 D : RJS 3/00 nº 259), notamment si les termes utilisés sont injurieux, diffamatoires ou excessifs (Cass. soc. 2-5-2001 nº 98-45.532 FS-P : RJS 7/01 nº 832 ; 27-3-2013 nº 11-19.734 FS-PB : RJS 6/13 nº 453).

Le fait pour l'employeur d'**obliger un salarié à émettre une opinion** ou à prendre une position publique porte atteinte à la liberté d'expression de l'intéressé ; le refus d'obtempérer de ce dernier n'est donc pas fautif (Cass. soc. 26-10-2005 nº 03-41.796 F-D : RJS 2/06 nº 158).

Sur des restrictions pouvant être apportées à la liberté d'expression, voir nº 69570, d.

ILLUSTRATIONS

Par exemple, caractérisent un **abus** de la liberté d'expression les accusations mensongères formulées avec l'intention de nuire à l'employeur (Cass. soc. 7-10-1997 nº 93-41.747 P : RJS 11/97 nº 1199), les courriels adressés au dirigeant de la société mère mettant en cause l'honnêteté du dirigeant de la filiale (Cass. soc. 29-4-2009 nº 07-44.798 F-D : RJS 7/09 nº 602), la lettre envoyée à un ancien mandataire social mettant en cause la moralité du dirigeant en exercice dans des actes liés à sa vie privée (Cass. soc. 21-9-2011 nº 09-72.054 FS-PB : RJS 11/11 nº 858) ou la publication, sur un réseau social ouvert à un large public, de propos portant atteinte à l'image de l'entreprise, à l'autorité et à la réputation d'un supérieur hiérarchique (Cons. prud'h. Boulogne-Billancourt 19-11-2010 nº 10-853 : RJS 1/11 nº 5).

En revanche, ne caractérisent **pas** un **abus** la signature d'une **pétition** demandant du personnel supplémentaire et ne contenant aucun propos injurieux, diffamatoire ou excessif (Cass. soc. 3-5-2011 n° 10-14.104 FS-PB : RJS 7/11 n° 609), des interrogations sur le licenciement d'un collègue formulées sur un **site internet** peu consulté (Cass. soc. 6-5-2015 n° 14-10.781 F-D : RJS 8-9/15 n° 540), des propos insultants à l'égard de l'employeur tenus sur un **réseau social** au sein d'un groupe fermé et restreint (Cass. soc. 12-9-2018 n° 16-11.690 FS-PB : RJS 11/18 n° 656), l'envoi à l'employeur d'une lettre dont les propos litigieux s'inscrivent dans une polémique lancée par ce dernier (Cass. soc. 23-3-2011 n° 09-70.607 FS-D : RJS 6/11 n° 519), l'envoi d'un courriel à des salariés et des représentants syndicaux critiquant un projet d'accord d'entreprise pour défendre les droits (Cass. soc. 19-5-2016 n° 15-12.311 F-D : RJS 8-9/16 n° 543).

17040
N-IV-35700 s

Liberté de témoigner et d'agir en justice Le salarié est libre de déposer une **plainte pénale** contre son employeur (Cass. soc. 28-4-2011 n° 10-30.107 F-PB : RJS 7/11 n° 577) ou de témoigner en justice en sa défaveur (Cass. soc. 4-4-2006 n° 04-44.549 FS-PB : RJS 6/06 n° 682). Le licenciement prononcé pour ce motif est nul (Cass. soc. 29-10-2013 n° 12-22.447 FS-PB : RJS 1/14 n° 9 ; 9-10-2019 n° 18-14.677 FS-PB : RJS 12/19 n° 688).

En application de la liberté fondamentale de la **défense,** l'employeur ne peut pas licencier un salarié pour avoir **produit devant une juridiction** des **conclusions** injurieuses à son égard (Cass. soc. 28-3-2006 n° 04-41.695 FS-PB : RJS 6/06 n° 682).

> Précisions **a.** Est nul le **licenciement** d'un salarié **motivé** par sa demande de résiliation judiciaire du contrat de travail (Cass. soc. 3-2-2016 n° 14-18.600 FS-PB : RJS 4/16 n° 246), par la menace du salarié d'introduire une action en justice (Cass. soc. 21-11-2018 n° 17-11.122 FS-PB : RJS 2/19 n° 90), mais pas celui qui, bien que postérieur à une telle demande, est prononcé pour d'autres motifs (Cass. soc. 6-10-2017 n° 16-11.682 F-D : RJS 12/17 n° 791), à moins que ces motifs se révèlent infondés (Cass. soc. 5-12-2018 n° 17-17.687 F-D : RJS 2/19 n° 90). Est également nul le licenciement prononcé à la suite d'une demande, de requalification de CDD en CDI, s'il s'agit d'une **mesure de rétorsion** à son action en justice (Cass. soc. 16-3-2016 n° 14-23.589 FS-PBR : RJS 5/16 n° 311).

b. Si le **licenciement** n'est **pas expressément motivé** par l'action en justice du salarié et repose sur une cause réelle et sérieuse, le salarié doit prouver que la rupture constitue en réalité une mesure de rétorsion (Cass. soc. 9-10-2019 n° 17-24.773 FS-PB : RJS 12/19 n° 688). La seule concomitance entre le licenciement et l'action en justice du salarié (Cass. soc. 4-11-2020 n° 19-12.367 FS-PBI : RJS 1/21 n° 4) ou la dénonciation d'un harcèlement (Cass. soc. 24-6-2020 n° 19-12.403 F-D : RJS 8-9/20 n° 401) ne fait pas présumer une atteinte à une liberté fondamentale du salarié.

c. Sur l'interdiction de sanctionner un salarié dénonçant de bonne foi des faits répréhensibles commis dans l'entreprise, voir n° 56155.

Sur le statut des salariés **lanceurs d'alerte,** voir n° 56070.

17045
N-IV-32200 s

Aspect physique À condition d'être propre et décent, le salarié est libre de s'habiller et de se coiffer à sa guise, de porter une barbe ou une moustache… Toutefois, l'employeur peut restreindre la liberté de se vêtir, qui n'est pas une liberté fondamentale (Cass. soc. 28-5-2003 n° 02-40.273 FS-PBRI : RJS 8-9/03 n° 975), en imposant, par exemple, le **port d'un uniforme ou d'un insigne** quand cette contrainte répond à des impératifs de sécurité (port d'une blouse, d'un casque, de chaussures de sécurité…), ou est liée, dans l'intérêt de l'entreprise, à l'exercice de certaines fonctions : activité de gardiennage, contacts avec la clientèle… (Cass. soc. 18-2-1998 n° 95-43.491 PB : RJS 4/98 n° 461 ; 3-6-2009 n° 08-40.346 F-PB : RJS 8-9/09 n° 683).

Le contrat de travail ne peut pas contenir en la matière de dispositions plus restrictives que celles de la convention collective (Cass. soc. 16-1-2001 n° 98-44.252 FS-P : RJS 4/01 n° 534).

Sur la possibilité de prévoir des restrictions dans le règlement intérieur, voir n°s 59960 s.

> Précisions **a.** Un salarié en contact avec la clientèle peut se voir interdire de venir travailler en **survêtement** (Cass. soc. 6-11-2001 n° 99-43.988 F-P : RJS 1/02 n° 8) ou en **bermuda** (Cass. soc. 12-11-2008 n° 07-42.220 F-D : RJS 1/09 n° 8). Repose sur une cause réelle et sérieuse le licenciement d'une salariée refusant de modifier sa **tenue suggestive** de nature à susciter un trouble dans l'entreprise (Cass. soc. 22-7-1986 n° 82-43.824 S) ou d'une vendeuse d'un magasin de prêt-à-porter refusant de mettre les vêtements fournis par l'employeur de la marque commercialisée (CA Metz 3-3-2009 n° 06-2417 : RJS 8-9/09 n° 683).

S'agissant du port de **boucles d'oreilles** par un homme, voir n° 32060, a.

b. En cas de travail dans l'espace public, le port d'une tenue **dissimulant le visage** est, sauf exception, interdit (Loi 2010-1192 du 11-10-2010 ; Circ. 2-3-2011 opposable). Sur le port d'un **signe religieux,** voir n° 17050.

17050
N-IV-34100 s

Liberté d'opinion et religieuse L'employeur doit respecter les opinions et les convictions religieuses de ses salariés. Il ne peut apporter de **restrictions** à cette liberté que si elles sont justifiées par la nature de la tâche à accomplir et proportionnées au but recherché.

Une **obligation de neutralité** peut être prévue dans le **règlement intérieur** en respectant les conditions exposées n° 59965. Une telle clause étant applicable seulement en cas de **contact avec la clientèle,** le non-respect de cette obligation par un salarié portant un signe religieux impose à l'employeur de rechercher si, tout en tenant compte des contraintes inhérentes à l'entreprise et sans que celle-ci ait à subir une charge supplémentaire, il peut lui proposer un poste n'impliquant pas de contact visuel avec les clients (Cass. soc. 22-11-2017 n° 13-19.855 FP-PBRI : RJS 1/18 n° 5).

En l'absence d'une telle clause, seule une **exigence professionnelle** nécessaire et déterminante peut justifier une restriction à la liberté religieuse telle que l'interdiction du **port de signes religieux.** Il peut s'agir d'impératifs d'**hygiène** et de sécurité (CEDH 15-1-2013 n° 59842/10 : RJS 5/13 n° 420), mais licencier un salarié en raison d'une barbe que l'employeur considère comme un signe religieux ou politique est discriminatoire si des raisons objectives de **sécurité** ne sont pas invoquées pour justifier cette décision (Cass. soc. 8-7-2020 n° 18-23.743 FS-PBRI : RJS 10/20 n° 452). La volonté de l'employeur de suivre le souhait d'une partie de la clientèle ne constitue pas une telle exigence ; le licenciement fondé sur le refus du salarié de s'y conformer est nul car discriminatoire (CJUE 14-3-2017 aff. 188/15 : RJS 5/17 n° 384 ; Cass. soc. 22-11-2017 n° 13-19.855 FS-PBRI : RJS 1/18 n° 5).

En tout état de cause, le salarié ne peut pas réclamer un **traitement particulier** en raison de ses croyances, sauf stipulation contractuelle ou usage en ce sens (Cass. soc. 24-3-1998 n° 95-44.738 PB : RJS 6/98 n° 701) et doit se garder de tout **prosélytisme** dans l'entreprise (CA Versailles 6-12-2012 n° 11-02076 : RJS 4/13 n° 262).

› Précisions a. L'employeur peut interdire aux salariés le port d'un signe religieux en vertu du principe constitutionnel de laïcité seulement si l'entreprise assure une mission de **service public** (Cass. soc. 19-3-2013 n° 12-11.690 FS-PBRI ; n° 11-28.845 FS-PBRI : RJS 5/13 n° 346 ; CEDH 26-11-2015 n° 64846/11 : RJS 3/16 n° 158).

b. Refuser, en raison de sa foi, de jurer pour prêter **serment,** comme certaines professions l'exigent, ne justifie pas un licenciement (Cass. soc. 1-2-2017 n° 16-10.459 FS-PB : RJS 4/17 n° 300).

c. Sur le port d'une tenue dissimulant le visage, voir n° 17045, b.

RESPECT DE LA DIGNITÉ DU SALARIÉ

L'employeur doit éviter tout comportement humiliant ou vexatoire à l'égard de ses salariés **17055** N-IV-28030 s
et faire en sorte qu'ils aient une attitude respectueuse entre eux.

Une atteinte à la dignité d'un salarié peut justifier la résiliation judiciaire du contrat de travail aux torts de l'employeur (Cass. soc. 7-2-2012 n° 10-18.686 FS-PB : RJS 4/12 n° 303).

› Précisions a. Un salarié victime de **violences physiques ou morales** de la part d'un collègue peut invoquer un manquement de l'employeur à son obligation de sécurité (Cass. soc. 3-2-2010 n° 08-40.144 FP-PBR : RJS 4/10 n° 348 ; 23-1-2013 n° 11-18.855 FS-PB : RJS 4/13 n° 291) et prendre acte de la rupture de son contrat, laquelle peut produire les effets d'un licenciement sans cause réelle et sérieuse (Cass. soc. 8-6-2011 n° 10-15.493 FS-PB : RJS 8-9/11 n° 665 ; 23-1-2013 n° 11-18.855 FS-PB : RJS 4/13 n° 291), sauf si l'employeur justifie qu'il a immédiatement pris les mesures nécessaires à faire cesser et prévenir ces violences dès qu'il en a eu connaissance (Cass. soc. 22-9-2016 n° 15-14.005 F-D : RJS 12/16 n° 779). Est à cet égard insuffisante la simple organisation par l'employeur d'une réunion à la suite d'une **altercation** entre salariés (Cass. soc. 17-10-2018 n° 17-17.985 FS-PB : RJS 1/19 n° 37). Manque à son obligation de prévention des risques l'employeur dont de nombreux salariés souffrent d'une grave dégradation des conditions de travail causée par un **management par la peur** (Cass. soc. 6-12-2017 n° 16-10.885 FS-D : RJS 3/18 n° 159).

b. L'employeur peut licencier pour faute grave un salarié ayant **injurié** un de ses subordonnés (Cass. soc. 19-1-2010 n° 08-42.260 F-D : RJS 3/10 n° 244).

c. Dans un **accord national interprofessionnel** étendu, les partenaires sociaux donnent des indications aux employeurs sur les moyens de prévenir et traiter les phénomènes de violence et de harcèlement au travail, sans toutefois prévoir de mesure contraignante (ANI 26-3-2010 ; Arrêté MTST1019978A du 23-7-2010). Sur la prévention du harcèlement, voir n° 17080. Sur le droit d'alerte du CSE en cas d'atteinte aux droits des salariés, voir n° 9370.

RESPONSABILITÉ CIVILE DE L'EMPLOYEUR

L'employeur peut voir sa responsabilité civile engagée en cas de non-respect de ses obliga- **17060** N-IV-48500 s
tions, comme en cas de **manquement** à l'exécution de bonne foi du contrat de travail (Cass. soc. 4-6-2002 n° 00-42.280 FS-P : RJS 8-9/02 n° 942), dont la preuve incombe au salarié (Cass. soc. 23-2-2005 n° 03-42.018 FS-PBRI : RJS 5/05 n° 477).

Le salarié peut également demander à son employeur réparation du dommage causé par sa **faute** ou sa **négligence** (voir, par exemple, n° 780 en cas de défaut de déclaration d'accident du travail, n° 72550 en cas de non-organisation des visites médicales et n° 71250 en cas d'absence de moyens de protection contre les risques professionnels).

Au plan civil, l'employeur doit également répondre des **actes** ou faits dommageables commis par des tiers exerçant, de fait ou de droit, une autorité sur son personnel (Cass. soc. 10-5-2001 n° 99-40.059 F-P : RJS 8-9/01 n° 989).

> **Précisions** **a.** Par **exemple,** le discrédit porté sur un salarié par un cadre titulaire d'une délégation de pouvoir (Cass. soc. 15-3-2000 n° 97-45.916 D : RJS 6/00 n° 626) ou les insultes et mauvais traitements infligés à un salarié par l'épouse de l'employeur (Cass. soc. 10-5-2001 n° 99-40.059 F-P : RJS 8-9/01 n° 989) justifient la mise en jeu de la responsabilité civile de ce dernier et ne constituent pas un cas de force majeure (Cass. soc. 4-4-2012 n° 11-10.570 FS-PB : RJS 6/12 n° 521).
> Sur la responsabilité de l'employeur envers un salarié victime de **harcèlement moral,** voir n°s 17080.
> Sur le manquement de l'employeur à son **obligation de sécurité,** voir n° 71250 ; sur la portée d'un tel manquement, voir n° 1295.
> **b.** Sur le délai de **prescription** des actions civiles relatives à l'exécution du contrat de travail, voir n° 14746.
> **c.** Sur la **responsabilité pénale** du chef d'entreprise ou de l'entreprise, voir n°s 67000 s.

3. PROTECTION CONTRE LE HARCÈLEMENT

HARCÈLEMENT MORAL

17070 C. trav. art. L 1152-1 N-IV-24300 s

Aucun salarié ne doit subir des **agissements répétés** de harcèlement moral qui ont pour **objet** ou pour **effet** une dégradation des conditions de travail susceptible de porter atteinte à ses droits et à sa dignité, d'altérer sa santé physique ou mentale ou de compromettre son avenir professionnel.

Ne répond **pas** à cette définition un **acte isolé** telle une rétrogradation (Cass. soc. 9-12-2009 n° 07-45.521 FS-PBR : RJS 2/10 n° 148) ou la publicité donnée à la mise en cause de méthodes de management (Cass. soc. 24-9-2014 n° 13-16.666 FS-D : RJS 12/14 n° 829).

Le harcèlement peut être constitué même si son auteur n'a pas d'**intention de nuire** (Cass. soc. 10-11-2009 n° 08-41.497 FS-PBR : RJS 1/10 n° 7 ; Cass. crim. 13-11-2019 n° 18-85.367 FS-D : RJS 1/20 n° 6) et peu importe que les agissements soient ou non de même nature (par exemple : Cass. crim. 26-1-2016 n° 14-80.455 F-PB : RJS 5/16 n° 309), qu'ils se répètent sur une brève période (Cass. soc. 26-5-2010 n° 08-43.152 F-P : RJS 8-9/10 n° 640) ou soient espacés dans le temps (Cass. soc. 25-9-2012 n° 11-17.987 F-D : RJS 12/12 n° 912).

Des méthodes de gestion peuvent aussi caractériser un harcèlement (Cass. soc. 10-11-2009 n° 07-45.321 FS-PB : RJS 1/10 n° 8 ; 19-1-2011 n° 09-67.463 F-D : RJS 4/11 n° 292 ; Cass. crim. 1-9-2020 n° 19-82.532 F-D : RJS 12/20 n° 574), même si aucune différence de traitement entre salariés n'est constatée (Cass. soc. 28-3-2012 n° 10-26.363 F-D : RJS 6/12 n° 522).

> **Précisions** **a.** La loi 2008-496 du 27-5-2008 assimile à une **discrimination** (voir n° 32060, c) les faits de harcèlement moral qu'elle définit comme tout agissement lié à un motif discriminatoire subi par une personne et ayant pour objet ou pour effet de porter atteinte à sa dignité ou de créer un environnement hostile, dégradant, humiliant ou offensant.
> **b.** L'**auteur** du harcèlement peut être l'employeur, un supérieur hiérarchique, un collègue, un subordonné (Cass. crim. 6-12-2011 n° 10-82.266 F-PB : RJS 3/12 n° 216) ou un tiers à l'entreprise : voir n° 17080, b.
> **c.** Le salarié qui n'a pas été **personnellement victime** d'une dégradation de ses conditions de travail à la suite des agissements d'un supérieur hiérarchique subis par un autre salarié n'est pas fondé à se prévaloir d'un manquement de l'employeur à ses obligations à son égard (Cass. soc. 20-10-2010 n° 08-19.748 FS-PB : RJS 1/11 n° 10).
> **d.** La victime de harcèlement moral ou la personne mise en cause peut engager une procédure de **médiation.** Le choix du médiateur doit faire l'objet d'un accord entre les parties (C. trav. art. 1152-6).
> **e.** Les dispositions relatives au harcèlement s'appliquent au salarié dispensé d'activité en raison d'un **congé de fin de carrière,** dès lors que le contrat n'est pas rompu pendant cette période (Cass. soc. 26-6-2019 n° 17-28.328 FS-PB : RJS 10/19 n° 549).

HARCÈLEMENT SEXUEL

17075 C. trav. art. L 1153-1 Circ. crim. 15 du 7-8-2012, opposable N-IV-21400 s

Le harcèlement sexuel est caractérisé par des propos ou comportements à **connotation sexuelle répétés** qui soit portent atteinte à la dignité de la victime en raison de leur caractère dégradant ou humiliant, soit créent à son encontre une situation intimidante, hostile ou offensante.

Par ailleurs, est assimilé à un harcèlement sexuel le fait, même non répété, d'user de toute forme de **pression grave** dans le but réel ou apparent d'obtenir un acte de nature sexuelle, que celui-ci soit recherché au profit de l'auteur des faits ou d'un tiers.

› Précisions a. L'**auteur** du harcèlement sexuel peut être un supérieur hiérarchique, un collègue ou un subordonné.
b. Le harcèlement sexuel peut être constitué même si les faits sont intervenus hors du **temps** et du **lieu** de travail (Cass. soc. 19-10-2011 n° 09-72.672 FS-PB : RJS 1/12 n° 7 ; 11-1-2012 n° 10-12.930 FS-PB : RJS 3/12 n° 218), peu importe que l'auteur sous-estime la **portée** de ses actes (Cass. crim. 18-11-2015 n° 14-85.591 FS-PBI : RJS 2/16 n° 97). Mais il peut être écarté si la salariée qui invoque le harcèlement a adopté une **attitude ambiguë** de séduction (Cass. soc. 25-9-2019 n° 17-31.171 F-D : RJS 12/19 n° 678).
c. Est assimilé à une **discrimination** (voir n° 32060, c) tout agissement à connotation sexuelle, ou tout agissement sexiste, à savoir lié au sexe d'une personne, même non répété, ayant pour objet ou pour effet de porter atteinte à sa dignité ou de créer un environnement intimidant, hostile, dégradant, humiliant ou offensant (Loi 2008-496 du 27-5-2008 art. 1 ; C. trav. art. L 1142-2-1). Un de ces agissements peut également être qualifié d'**outrage sexiste** passible d'une amende (voir n° 17110). Par ailleurs, la victime d'un fait isolé à connotation sexuelle est protégée contre toute mesure de rétorsion (voir n° 17082).

ÉTENDUE DE LA PROTECTION

Prévention Le chef d'entreprise doit prévenir le harcèlement. En matière de harcèlement sexuel, la loi lui impose également de mettre fin aux agissements et de les sanctionner. Il est tenu en la matière à une obligation de sécurité de résultat (Cass. soc. 21-6-2006 n° 05-43.914 FP-PBRI : RJS 8-9/06 n° 916). Sa **responsabilité** ne peut ainsi être écartée que s'il a mis en œuvre toutes les mesures de prévention prévues par les articles L 4121-1 et L 4121-2 du Code du travail (n° 71250), notamment des actions d'information et de formation, et a mis fin au harcèlement dès qu'il en a été avisé (Cass. soc. 1-6-2016 n° 14-19.702 FS-PBRI : RJS 8-9/16 n° 567 ; 5-10-2016 n° 15-20.140 F-D : RJS 1/17 n° 5). 17080

C. trav. art. L 1152-2 à L 1152-4 L 1153-2 à L 1153-5-1 L 1155-2 **N-IV-21700 s N-IV-25500 s**

› Précisions a. Un rôle de prévention du harcèlement sexuel ou moral est dévolu au **CSE** dans les entreprises d'au moins 50 salariés (n° 9202), lequel doit désigner un **référent** en matière de lutte contre le harcèlement sexuel et les agissements sexistes (n° 8845), au **médecin du travail** (n° 72320, a) à l'inspecteur du travail (Circ. DGT 2012-14 du 12-11-2012, réputée abrogée), ainsi qu'aux **CPRI** (n° 62409). Un **salarié référent** chargé d'orienter, informer et accompagner les salariés en matière de lutte contre le harcèlement sexuel et les agissements sexistes, doit être désigné dans les entreprises d'au moins 250 salariés.
b. L'employeur est responsable des faits de harcèlement commis sur ses salariés par un autre salarié (Cass. soc. 21-6-2006 n° 05-43.914 FP-PBRI : RJS 8-9/06 n° 916 ; Cass. crim. 13-11-2018 n° 17-81.398 FS-PB : RJS 2/19 n° 75), y compris par un représentant du personnel dans l'exercice de son mandat (Cass. crim. 28-5-2013 n° 11-88.009 F-PB : RJS 11/13 n° 721) ou par un **tiers exerçant une autorité** de fait ou de droit sur ceux-ci (Cass. soc. 1-3-2011 n° 09-69.616 F-PB : RJS 5/11 n° 390 ; 19-10-2011 n° 09-68.272 FS-PB : RJS 1/12 n° 5), mais pas des agissements commis par le médecin du travail (Cass. soc. 30-6-2015 n° 13-28.201 FS-PB : RJS 10/15 n° 648).

Non-discrimination des victimes et témoins Aucune personne salariée, en formation ou en stage ne peut être sanctionnée, licenciée ou faire l'objet d'une mesure discriminatoire, directe ou indirecte, notamment dans les domaines visés n° 32060, pour avoir **subi ou refusé de subir**, ou pour avoir témoigné de tels agissements ou les avoir relatés. Toute **rupture du contrat** de travail qui en résulterait, toute disposition ou tout acte contraire est nul de plein droit. 17082

› Précisions a. Les garanties offertes aux victimes ou témoins de harcèlement doivent figurer dans le **règlement intérieur** (n° 59930). Par ailleurs, les salariés doivent être informés par tout moyen des articles 222-33-2 et 222-33 du Code pénal relatifs aux délits de harcèlement moral et sexuel, ainsi que des actions contentieuses civiles et pénales ouvertes en matière de harcèlement sexuel et des coordonnées des autorités et services compétents, dont la liste est fixée à l'article D 1151-1 du Code du travail.
b. Un salarié ne peut pas être licencié en raison de l'attitude agressive adoptée en **réaction** au harcèlement moral qu'il subit (Cass. soc. 10-7-2019 n° 18-14.317 F-D : RJS 10/19 n° 553).
c. Dénoncer des faits de harcèlement, même non établis, ne peut justifier ni un licenciement, ni la résiliation judiciaire d'un contrat d'apprentissage aux torts de l'apprenti, sous peine de nullité, sauf mauvaise foi du salarié (Cass. soc. 10-3-2009 n° 07-44.092 FP-PBR : RJS 6/09 n° 496 ; 19-10-2011 n° 10-16.444 FS-PB : RJS 1/12 n° 6 ; 10-6-2015 n° 14-13.318 FS-PB : RJS 8-9/15 n° 539), c'est-à-dire s'il avait connaissance de la fausseté des faits dénoncés (Cass. soc. 7-2-2012 n° 10-18.035 FS-PBR : RJS 4/12 n° 302 ; 6-6-2012 n° 10-28.345 FS-PB : RJS 8-9/12 n° 682 en cas d'accusations mensongères ; 7-2-2018 n° 16-19.594 F-D : RJS 4/18 n° 236 en cas de faux document dont le salarié, de par ses fonctions, ne pouvait ignorer le caractère factice). La **mauvaise foi** du salarié peut être invoquée devant le juge même si elle n'a pas été mentionnée dans la lettre de licenciement (Cass. soc. 16-9-2020 n° 18-26.696 F-PB : RJS 11/20 n° 521). Par ailleurs, le salarié ne saurait se voir reprocher de ne pas avoir prévenu l'employeur avant de déposer une plainte pénale pour harcèlement (Cass. soc. 2-11-2016 n° 15-20.916 F-D :

RJS 1/17 nº 6). Cependant, cette protection ne s'applique que si le salarié a **qualifié** lui-même de harcèlement les faits qu'il dénonce (Cass. soc. 13-9-2017 nº 15-23.045 FP-PB : RJS 11/17 nº 724 ; 21-3-2018 nº 16-24.350 F-D : RJS 6/18 nº 396).

d. Ne peut pas être poursuivi pour diffamation le salarié relatant, auprès de son employeur ou des organes chargés de veiller à l'application du Code du travail, des agissements de harcèlement dont il estime être victime. Il peut toutefois être reconnu coupable de **dénonciation calomnieuse** s'il avait connaissance, au moment de la dénonciation, de la fausseté de ses allégations (Cass. 1e civ. 28-9-2016 nº 15-21.823 FS-PBRI : RJS 12/16 nº 747 ; Cass. crim. 26-11-2019 nº 19-80.360 FS-PBI : RJS 2/20 nº 75).

CONTENTIEUX ET SANCTIONS

17085 **Action civile** La **victime** d'un harcèlement peut engager une action devant le juge civil. Les règles de **preuve** visées nº 32275 en matière de discrimination sont applicables aux faits de harcèlement.

C. trav. art. L 1154-1 L 1154-2 N-IV-22720 s N-IV-26900 s

Les **syndicats** représentatifs dans l'entreprise peuvent engager l'action en justice, au lieu et place du salarié, sous réserve de justifier de son accord écrit.

> Précisions **a.** L'action civile relative à des faits de harcèlement moral ou sexuel se **prescrit** en principe par 5 ans (délai de prescription de droit commun : C. civ. art. 2224). Ce délai **court à compter** de la date du dernier fait incriminé et vaut pour les faits antérieurs susceptibles d'être qualifiés de harcèlement (Cass. crim. 19-6-2019 nº 18-85.725 F-PBI : RJS 10/19 nº 550). Sur le délai applicable en cas de dommage corporel, voir nº 14746, a.

b. Il appartient au **juge** d'examiner l'ensemble des éléments invoqués par le salarié, y compris les documents médicaux éventuellement produits, puis d'apprécier si les faits matériellement établis, pris dans leur ensemble, permettent de présumer l'existence d'un harcèlement. Sous ces conditions, **contrôlées** par la Cour de cassation, le juge **apprécie souverainement** si le salarié établit des faits permettant de présumer l'existence d'un harcèlement et si l'employeur prouve que les agissements invoqués sont étrangers à tout harcèlement (Cass. soc. 8-6-2016 nº 14-13.418 PBRI : RJS 8-9/16 nº 541 ; 8-7-2020 nº 18-24.320 FS-PB : RJS 11/20 nº 523). Le juge ne peut pas faire peser la charge de la preuve sur le seul salarié (Cass. soc. 9-12-2020 nº 19-13.470 FS-PB : RJS 2/21 nº 92).

17090 Un harcèlement peut causer à la victime un **préjudice,** d'ordre moral (Cass. soc. 27-1-1993 nº 91-45.777 P : RJS 4/93 nº 395) ou corporel, dont l'évaluation relève de la compétence du juge prud'homal (Cass. soc. 16-3-2005 nº 03-40.251 FS-PBRI : RJS 5/05 nº 534). Si elle justifie de préjudices distincts, la victime peut obtenir des dommages-intérêts à la fois au titre du harcèlement moral ou sexuel subi et au titre du manquement de l'employeur à son obligation de prévention (Cass. soc. 6-6-2012 nº 10-27.694 FS-PB : RJS 8-9/12 nº 680 ; 17-5-2017 nº 15-19.300 FS-PB : RJS 8-9/17 nº 547 ; 8-7-2020 nº 18-24.320 FS-PB : RJS 11/20 nº 523) ou au titre d'une discrimination (Cass. soc. 3-3-2015 nº 13-23.521 FS-PB : RJS 5/15 nº 314). Le comportement de la victime de harcèlement ne peut pas conduire, en revanche, à réduire le montant de la réparation du préjudice (Cass. soc. 13-6-2019 nº 18-11.115 F-D : RJS 11/19 nº 552).

La prise en charge de l'affection consécutive au harcèlement moral au titre d'une **maladie professionnelle** ou d'un **accident du travail** ne s'oppose pas à l'attribution de dommages-intérêts à la victime pour les faits de harcèlement antérieurs à cette décision (Cass. soc. 15-11-2006 nº 05-41.489 FS-PB : RJS 1/07 nº 5 ; 4-9-2019 nº 18-17.329 F-D : RJS 10/19 nº 617 ; Cass. crim. 1-9-2020 nº 19-83.976 F-D : RJS 11/20 nº 562). Sur les questions de savoir si le harcèlement moral peut être à l'origine d'un **accident du travail,** voir nº 600, b ; si la dégradation des relations de travail peut caractériser une faute inexcusable de l'employeur, voir nº 1295.

17100 Si les agissements de harcèlement rendent impossible la poursuite du contrat de travail (Cass. soc. 11-3-2015 nº 13-18.603 FS-PB : RJS 5/15 nº 319), la victime est fondée à prendre acte de la **rupture** de son contrat de travail ou à en demander la résiliation judiciaire (Cass. soc. 3-2-2016 nº 14-25.843 F-D : RJS 4/16 nº 242). Cette rupture produit alors les effets d'un licenciement nul (Cass. soc. 20-2-2013 nº 11-26.560 F-PB : RJS 5/13 nº 344 ; 28-3-2018 nº 16-20.020 F-D : RJS 6/18 nº 405).

> Précisions **a.** S'agissant du **licenciement** de la victime fondé sur la perturbation du fonctionnement de l'entreprise consécutive à son absence prolongée, voir nº 49915, c.

b. La **démission de la victime** d'un harcèlement est reconnue légitime au regard des droits à l'assurance chômage (voir nº 6540). Sur la validité d'une **rupture conventionnelle** conclue par un salarié harcelé, voir nº 69110.

c. Sur les pouvoirs du juge judiciaire lorsque la victime, **salarié protégé,** a été licenciée sur autorisation de l'inspecteur du travail, voir nº 63490.

17105 **Sanctions disciplinaires** Le **salarié auteur** de harcèlement moral ou sexuel est passible d'une sanction disciplinaire. En cas de litige, l'employeur ne peut pas se prévaloir de l'aménagement de la **preuve** prévue pour les victimes et témoins de harcèlement visé nº 17085 (Cass. soc. 7-2-2012 nº 10-17.393 FS-PB : RJS 4/12 nº 301).

C. trav. art. L 1152-5 L 1153-6

Le harcèlement sexuel caractérise une **faute** grave justifiant un licenciement (Cass. soc. 24-9-2008 n° 06-46.517 FS-PBRI : RJS 12/08 n° 1154), peu important la tolérance passée de l'employeur (Cass. soc. 18-2-2014 n° 12-17.557 FS-PB : RJS 5/14 n° 387). N-IV-22100 s N-IV-26000 s

Pour le harcèlement moral, la faute grave est généralement admise (Cass. soc. 24-10-2012 n° 11-20.085 F-D : RJS 1/13 n° 7). Néanmoins, l'employeur doit prouver la gravité des faits et l'impossibilité de maintenir le salarié dans l'entreprise, laquelle ne découle pas automatiquement de l'obligation de prévention qui lui incombe (Cass. soc. 22-10-2014 n° 13-18.862 FS-PB : RJS 1/15 n° 5). Notamment, la faute grave peut être écartée si l'auteur était lui-même victime de harcèlement moral (Cass. soc. 29-1-2013 n° 11-23.944 F-D : RJS 4/13 n° 259).

> **Précisions** **a.** L'employeur doit respecter la **procédure** disciplinaire, notamment le délai de prescription des faits fautifs visé n° 56225, sans attendre que le conseil de prud'hommes saisi par la victime se soit prononcé sur le harcèlement (Cass. soc. 29-6-2011 n° 09-70.902 FS-PB : RJS 10/11 n° 750).
> **b.** La sanction disciplinaire de l'auteur des faits ne peut pas être ordonnée par un **juge** à la demande de la victime (Cass. soc. 1-7-2009 n° 07-44.482 FS-PBR : RJS 10/09 n° 762). L'auteur engage néanmoins sa **responsabilité civile** personnelle à l'égard de la victime (Cass. soc. 21-6-2006 n° 05-43.914 FP-PBRI : RJS 8-9/06 n° 916), sans pour autant exclure celle de l'employeur (n° 17080, b).

Sanctions pénales Le tableau ci-dessous récapitule les sanctions pénales applicables en cas de harcèlement : **17110** Circ. crim. 15 du 7-8-2012, opposable N-IV-23000 s N-IV-27900 s

Infractions	Définition	Sanctions encourues
Harcèlement moral	Même définition que le Code du travail (voir n° 17070)	30 000 € d'amende 2 ans d'emprisonnement max. (C. pén. art. 222-33-2)
	Circonstances aggravantes : Le harcèlement est constitué si la répétition résulte de faits isolés commis par différentes personnes de manière concertée ou en ayant conscience de cette répétition si 2 des circonstances aggravantes suivantes sont réunies : la victime est une personne dont la particulière vulnérabilité est apparente ou connue de son auteur ; les faits ont causé une incapacité de travail d'une durée supérieure à 8 jours ; les faits ont été commis au moyen de l'utilisation d'un service de communication au public en ligne ou d'un support numérique ou électronique.	45 000 € d'amende 3 ans d'emprisonnement max. (C. pén. art. 222-33-2-2)
Harcèlement sexuel	Définition plus complète que celle du Code du travail (voir n° 17075) Sont réprimés en plus les propos ou comportement répétés à connotation sexuelle ou sexiste, même si la répétition résulte de faits isolés commis par différentes personnes, de manière concertée ou en ayant conscience de cette répétition.	30 000 € d'amende 2 ans d'emprisonnement max. (C. pén. art. 222-33)
	Circonstances aggravantes lorsque le harcèlement sexuel est commis : – par une personne abusant de l'autorité conférée par ses fonctions ou ayant sur la victime une autorité de droit ou de fait ; – par plusieurs personnes (coauteurs ou complices) ; – sur une personne dont la particulière vulnérabilité due à son âge, à une maladie, à une infirmité, à une déficience physique ou psychique, à sa grossesse, ou à la précarité de sa situation économique ou sociale est apparente ou connue de l'auteur des faits ; – par l'utilisation d'un service de communication au public en ligne ou d'un support numérique ou électronique.	45 000 € d'amende 3 ans d'emprisonnement max. (C. pén. art. 222-33)

Outrage sexiste	Tout propos ou comportement à connotation sexuelle ou sexiste, même isolé, qui soit porte atteinte à la dignité d'une personne en raison de son caractère dégradant ou humiliant, soit crée à son encontre une situation intimidante, hostile ou offensante.	Amende prévue pour les contraventions de 4e classe (C. pén. art. 621-1)
	Circonstances aggravantes : l'outrage sexiste est constitué s'il est commis – par une personne abusant de l'autorité conférée par ses fonctions ; – par plusieurs personnes (coauteurs ou complices) ; – sur une personne dont la particulière vulnérabilité due à son âge, à une maladie, à une infirmité, à une déficience physique ou psychique, à sa grossesse, ou à la précarité de sa situation économique ou sociale est apparente ou connue de l'auteur des faits ; – en raison de l'orientation sexuelle, vraie ou supposée de la victime.	Amende prévue pour les contraventions de 5e classe (C. pén. art. 621-1)
Mesures discriminatoires dirigées contre les victimes ou témoins de harcèlement moral ou sexuel	1° Voir n° 17082. 2° Sanctions plus sévères parfois en cas de discriminations à l'encontre d'une personne ayant subi ou refusé de subir un harcèlement sexuel, voir n° 32330	1° 3 750 € d'amende 1 an d'emprisonnement max. 2° 45 000 € d'amende 3 ans d'emprisonnement max. (C. trav. art. L 1155-2 ; C. pén. art. 225-1-1 et 225-2)

› **Précisions** **a.** Les **associations** régulièrement déclarées depuis au moins 5 ans luttant contre les discriminations fondées sur le sexe, les violences ou le harcèlement sexuel peuvent exercer devant le juge pénal les droits de la victime de harcèlement sexuel ou d'une discrimination liée à un tel harcèlement, sous réserve de l'accord écrit de celle-ci (CPP art. 2-2 et 2-6). Sur la constatation de l'infraction par l'**inspecteur du travail,** voir n° 43720.
b. Devant le juge pénal, le régime de la **preuve** obéit au principe de la présomption d'innocence ; les règles de preuve visées n° 17085 ne s'appliquent pas, même concernant l'appréciation de l'existence d'une faute civile à la demande de la **partie civile** (Cass. crim. 7-6-2017 n° 16-84.779 F-D : RJS 8-9/17 n° 546), laquelle peut réclamer réparation de son **préjudice.** Jugé par exemple que le salarié coupable de harcèlement a porté atteinte à l'image de l'employeur auprès de ses salariés, lui causant un préjudice qu'il doit réparer (Cass. crim. 14-11-2017 n° 16-85.161 F-PB : RJS 2/18 n° 95).
c. Le **délai de prescription** de l'action publique, qui est de 6 ans (CPP art. 8), court à compter de la date indiquée n° 17085, a (Cass. crim. 19-6-2019 n° 18-85.725 F-PBI : RJS 10/19 n° 550).

4. SUSPENSION DU CONTRAT DE TRAVAIL

17120
N-IV-46100 s

Dans certaines situations, le contrat de travail n'est plus exécuté sans pour autant être rompu : il est suspendu. Il en est ainsi, notamment, dans les cas suivants : arrêt de travail pour maladie ou accident, professionnel ou non, maternité, paternité ou adoption, congés ou absences autorisées, projet de transition professionnelle, grève, journée défense et citoyenneté, détention provisoire (Cass. soc. 21-11-2000 n° 98-41.788 FS-PB : RJS 1/01 n° 26), mise à pied conservatoire ou disciplinaire, recours à l'activité partielle (n° 1445) ou lock-out.

En principe, l'inexécution de son **travail** par le salarié fait disparaître l'obligation pour l'employeur de le rémunérer, sauf dispositions légales ou conventionnelles prévoyant le maintien du **salaire,** comme en cas de maladie, par exemple (nos 49760 s.). Sur les modalités de calcul des retenues sur salaire, voir n° 70725.

Le salarié conserve le bénéfice des **avantages acquis** avant la suspension. À défaut de disposition légale ou conventionnelle contraire, la durée de celle-ci n'a pas à être prise en compte dans le calcul de l'**ancienneté** (voir sur ce point chaque situation : congé parental d'éducation, accident ou maladie professionnels…).

Sur les conséquences de la suspension du contrat de travail sur la période d'essai, voir n° 16730 ; sur les droits à congés payés, voir nos 13335 s. ; sur la durée du préavis, voir n° 69250 ; sur l'électorat et l'éligibilité du salarié aux élections professionnelles, voir respectivement n° 8762 et n° 8766, a.

> Précisions **a.** Pendant la période de suspension du contrat, le salarié reste tenu à ses obligations de **discrétion** et de **loyauté** (Cass. soc. 30-3-2005 n° 03-16.167 FS-PB : RJS 7/05 n° 709) envers son employeur (nos 16945 s.). Est ainsi justifié le licenciement pour faute grave du salarié ayant travaillé pour une **entreprise concurrente** pendant ses congés payés, sans que l'employeur n'ait à prouver un préjudice (Cass. soc. 5-7-2017 n° 16-15.623 FS-PB : RJS 10/17 n° 650). Pour un exemple d'application de ces règles en cas de **maladie,** voir n° 49940, a ; en cas d'exercice d'un **mandat social,** voir n° 28285.
b. Sauf stipulation contraire, le salarié ne peut se voir ni retirer le **véhicule** de fonction dont il a l'usage dans sa vie personnelle (Cass. soc. 24-3-2010 n° 08-43.996 FS-PB : RJS 6/10 n° 482) ni réclamer le paiement d'un loyer et de charges s'il occupe un logement de fonction à titre gratuit (Cass. soc. 26-1-2011 n° 09-43.193 FS-PB : RJS 4/11 n° 286).
c. La suspension du contrat n'exclut pas sa rupture. Le salarié peut **démissionner** durant cette période. Sur l'obligation de respecter le préavis dans ce cas, voir n° 69210. Il peut être **licencié** pour une cause autre que celle ayant entraîné la suspension (Cass. soc. 5-7-1979 n° 77-41.310), sauf si la loi en dispose autrement (voir nos 265 s. en cas d'accident du travail et n° 51385 en cas de maternité).

Médaille d'honneur du travail

17150 Décret 84-591 du 4-7-1984 modifié N-IV-44900 s

Sauf exceptions, peut obtenir la médaille d'honneur du travail tout salarié, quelle que soit sa nationalité, travaillant sur le territoire français depuis un certain nombre d'années et tirant de cette occupation l'essentiel de ses ressources. Il existe 4 échelons selon les **années de services** du salarié, quel que soit le nombre d'employeurs pour lesquels il a travaillé : médaille d'argent (20 ans) ; médaille de vermeil (30 ans) ; médaille d'or (35 ans) ; grande médaille d'or (40 ans). Par dérogation, ces médailles peuvent être accordées après respectivement 18, 25, 30 et 35 ans de services si le salarié a exercé une activité pénible justifiant l'attribution d'une pension de retraite avant l'âge légal visé n° 67510. Mis à part les congés de maternité et d'adoption (Circ. BC 23-11-1984 réputée abrogée), les périodes de suspension du contrat de travail ne sont pas prises en compte pour le calcul des années de service.
Le salarié fait la **demande** de médaille en ligne ou par courrier selon son département de résidence, auprès de la préfecture ou sous-préfecture ou auprès de la Dreets (Direccte avant le 1-4-2021) de son domicile et, pour Paris, auprès du service des décorations de la préfecture (Préfecture de Paris, Cabinet du Préfet, Service du cabinet, Bureau du protocole et des déplacements, Section décorations, Pôle médailles d'honneur, 5 rue Leblanc, 75911 Paris Cedex 15). La médaille étant décernée par arrêté les 1er janvier et 14 juillet de chaque année, les dossiers doivent être déposés au plus tard le 1er mai pour la promotion du 14 juillet et le 15 octobre pour la promotion du 1er janvier.
Les médailles métalliques sont **frappées et gravées** aux frais des titulaires ou de leurs employeurs (en cas d'accord de ces derniers) sur commande adressée à la Monnaie de Paris (11, quai de Conti, 75006 Paris), après publication des promotions au Recueil des actes administratifs des départements. L'**attribution** de la médaille donne lieu à la délivrance d'un diplôme et, éventuellement, à la remise par l'employeur d'une gratification si des dispositions conventionnelles ou des usages applicables dans l'entreprise le prévoient. Sur le régime social de la gratification, voir n° 22390. Sur son régime fiscal, voir Mémento fiscal n° 21735.

F. Modification du contrat

Au cours de l'exécution du contrat de travail, l'employeur peut, pour différentes raisons, souhaiter modifier les conditions d'emploi du salarié. La mesure envisagée est soumise à un régime différent selon qu'elle entraîne une modification du contrat de travail ou un simple **changement des conditions de travail** du salarié (nos 17335 s.). **17300**

La **révocation d'un usage** applicable dans l'entreprise ou d'un engagement unilatéral de l'employeur (nos 17520 s.) doit être distinguée de la modification du contrat. De même, sont soumises à un régime particulier les modifications mises en œuvre dans le cadre d'**accords de performance collective** (nos 17550 s.).

La portée sur le contrat de travail de la révision d'un accord collectif est étudiée n° 52060, a. Sur les conséquences de l'entrée en vigueur d'un nouvel accord collectif, voir n° 52210.

S'agissant de la dénonciation d'une décision unilatérale de l'employeur mettant en place un régime de retraite supplémentaire, voir n° 58845, b.

ATTENTION

Il peut arriver que le **salarié sollicite** une modification de son contrat (par exemple à l'issue d'un congé parental d'éducation : voir n° 12080, b) ou un changement de ses conditions de travail. Dans ce cas, l'employeur est, sauf exception (voir notamment n° 77135, c), libre d'accepter ou non cette demande, à condition de l'examiner avec **loyauté** (Cass. soc. 28-10-2009 n° 08-41.883F-D : RJS 1/10 n° 10). Une telle demande ne constitue pas en elle-même une faute (Cass. soc. 9-1-2002 n° 99-44.153 F-D : RJS 3/02 n° 274). En revanche, commet une faute pouvant justifier son licenciement le salarié qui, face au refus de l'employeur, décide d'exécuter son contrat aux conditions refusées (Cass. soc. 13-10-1999 n° 97-41.757 D ; 30-1-2002 n° 99-44.976 F-D : RJS 5/02 n° 529) ou cesse de travailler (Cass. soc. 28-10-2009 n° 08-41.883 F-D : RJS 1/10 n° 10 ; CA Paris 18-6-1996 : RJS 8-9/96 n° 909).

Sur les modalités et les conséquences de la **demande** du salarié **de passer à temps partiel,** voir nos 77130 s. (temps partiel choisi), n° 12055 (naissance ou arrivée au foyer d'un enfant) et nos 12170 s. (création d'entreprise).

1. RÉGIME DE LA MODIFICATION

a. Notion de modification

MODIFICATION DU CONTRAT OU DES CONDITIONS DE TRAVAIL

17335 N-VI-4200 s La mesure qui affecte un ou plusieurs **éléments essentiels** ou déterminants du contrat de travail (éléments dits « contractuels ») d'un salarié correspond à une modification du contrat nécessitant l'accord de l'intéressé selon la procédure visée nos 17410 s.

Les éléments essentiels du contrat de travail ne sont pas définis par la loi. Le droit de l'Union européenne en donne une énumération non limitative (voir n° 16530, f). Aux termes de la jurisprudence en font partie, en principe, la rémunération (n° 17345) et la durée du travail (voir n° 17350).

En dehors des éléments essentiels du contrat, le caractère contractuel d'un élément de la relation de travail peut résulter de la **volonté des parties** exprimée en ce sens dans le contrat, lors de sa conclusion, à charge pour le juge, en cas de litige, d'apprécier cette intention. La modification d'un tel élément ne peut donc pas non plus être imposée au salarié.

En tout état de cause, la modification du contrat de travail ne doit pas porter atteinte au principe de **non-discrimination** ou à des **dispositions d'ordre public,** telles que celles prévues en matière de transfert d'entreprise notamment (voir n° 74695).

17340 N-VI-11000 s La modification décidée par l'employeur portant sur un élément **non déterminant** du contrat relève de son **pouvoir de direction.** Elle constitue un simple **changement des conditions de travail,** et non une modification du contrat. Elle s'impose alors au salarié, sauf en cas d'atteinte excessive à sa vie privée (n° 17350) ou lorsqu'elles ont un impact sur un élément essentiel du contrat tel que le montant de la rémunération (n° 17345).

Le **refus** du salarié d'un simple changement de ses conditions de travail constitue une faute (Cass. soc. 10-10-2000 n° 98-41.358 FS-PB : RJS 12/00 n° 1221), mais pas nécessairement (Cass. soc. 9-4-2002 n° 99-45.155 FS-P : RJS 7/02 n° 785 ; 27-9-2006 n° 04-47.005 F-D : RJS 12/06 n° 1247), ni à lui seul (Cass. soc. 23-2-2005 n° 03-42.018 FS-PBRI : RJS 5/05 n° 477), une faute grave. Sur les conséquences du refus d'une mutation par un salarié tenu par une clause de mobilité, voir n° 17377.

S'agissant du changement des conditions de travail d'un **salarié protégé,** voir nos 63270 s.

› Précisions a. La décision de l'employeur de changer les conditions de travail du salarié est présumée prise de **bonne foi.** Il incombe au salarié de démontrer qu'elle l'a été pour des raisons étrangères à l'**intérêt de l'entreprise** ou dans des conditions exclusives de la bonne foi contractuelle (Cass. soc. 23-2-2005 n° 03-42.018 FS-PBRI : RJS 5/05 n° 477 ; 14-10-2008 n° 07-43.071 FS-D : RJS 12/08 n° 1162).

b. L'employeur qui considère que le **refus du salarié** implique la rupture de son contrat doit le licencier : voir nos 17475 s. À **défaut de licenciement,** le contrat n'est pas rompu : le salarié ne peut en conséquence réclamer aucune indemnité (Cass. soc. 10-7-1996 n° 93-41.137 PBF : RJS 8-9/96 n° 900 ; 20-10-1998 n° 96-40.757 P : RJS 1/99 n° 8).

c. L'employeur peut imposer au salarié licencié d'exécuter son **préavis** dans les conditions refusées (Cass. soc. 25-11-1997 n° 95-44.053 PB : RJS 1/98 n° 28). Sur les conséquences du **refus** du salarié, voir n° 17377. Sur le droit à l'indemnité compensatrice de préavis en cas de requalification du licenciement prononcé à tort pour faute grave, voir n° 69335, a.

ÉLÉMENT MODIFIÉ

Rémunération La rémunération du salarié résulte en principe du contrat de travail, sous réserve du respect, d'une part, du Smic et, d'autre part, des avantages résultant des accords collectifs (nos 52150 s.) et des usages ou engagements unilatéraux de l'employeur (n° 17520) (Cass. soc. 20-10-1998 n° 95-44.290 P : RJS 12/98 n° 1448). 17345 N-VI-7820 s

La **rémunération ou son mode de calcul** ne peuvent être modifiés sans l'accord du salarié (Cass. soc. 3-3-1998 n° 95-43.274 PB : RJS 4/98 n° 417 ; 3-7-2001 n° 99-42.761 FS-P : RJS 10/01 n° 1112), même de manière minime (Cass. soc. 19-5-1998 n° 96-41.573 PB). Il en va ainsi y compris si l'employeur estime plus avantageux le nouveau mode de rémunération (Cass. soc. 28-1-1998 n° 95-40.275 PBR : RJS 3/98 n° 274 ; 3-7-2001 n° 99-42.761 FS-P : RJS 10/01 n° 1112 ; 5-5-2010 n° 07-45.409 FS-PB : RJS 7/10 n° 583) ou si la modification ne porte que sur la **partie variable** du salaire (Cass. soc. 16-2-1999 n° 96-45.013 D : RJS 4/99 n° 475 ; 8-1-2002 n° 99-44.467 FS-P : RJS 3/02 n° 264) et ne réduit pas la rémunération globale du salarié (Cass. soc. 9-12-1998 n° 96-44.789 PBR : RJS 1/99 n° 45 ; 18-5-2011 n° 09-69.175 FS-PB : RJS 8-9/11 n° 659).

› Précisions a. L'attribution de **stock-options** au lieu du versement d'une partie de la rémunération variable (Cass. soc. 29-6-2011 n° 09-67.492 FP-PB : RJS 10/11 n° 798) ou la suppression de cette partie variable dans le cadre d'une promotion assortie d'une augmentation corrélative de la partie fixe du salaire (Cass. soc. 8-6-2016 n° 15-10.116 F-D : RJS 8-9/16 n° 549) nécessitent l'accord du salarié.

b. L'employeur doit aussi obtenir l'accord du salarié s'il veut modifier un **aspect de la relation de travail** qui relève en principe de son pouvoir de direction, mais peut avoir un impact sur le montant de la rémunération variable. Ainsi jugé à propos d'un changement d'attributions (Cass. soc. 6-12-2007 n° 05-45.502 F-D) ou de la modification d'une zone de prospection d'un commercial (Cass. soc. 10-4-2013 n° 12-10.193 F-D : RJS 6/13 n° 430). En revanche, la **suppression d'une prime** liée à une tâche ayant disparu à la suite d'une nouvelle affectation, décidée par l'employeur dans l'exercice de son pouvoir de direction, n'est pas une modification du contrat (Cass. soc. 16-3-2011 n° 08-42.671 FS-PB rectifié : RJS 5/11 n° 394). Il en est de même de la **baisse de rémunération** résultant de la réduction des sujétions consécutive à l'acceptation par le salarié d'un nouveau poste (Cass. soc. 16-10-2019 n° 17-18.446 F-D : RJS 1/20 n° 10) ou de la **suppression de l'avantage logement** au salarié n'en remplissant plus les conditions réglementaires d'attribution (Cass. soc. 29-1-2020 n° 17-27.597 F-D : RJS 4/20 n° 219).

c. Les objectifs **fixés unilatéralement** par l'employeur et conditionnant le versement d'une rémunération variable peuvent être modifiés sans l'accord de l'intéressé, s'ils sont réalisables et ont été communiqués au salarié en début d'exercice (Cass. soc. 2-3-2011 n° 08-44.977 FP-PB : RJS 5/11 n° 393).

d. Conformément au principe visé n° 52210, seules les dispositions d'un **nouvel accord collectif** plus favorables en matière de rémunération se substituent de plein droit aux clauses du contrat (Cass. soc. 13-11-2001 n° 99-42.978 FS-P et n° 99-42.979 FS-D : RJS 1/02 n° 12 ; 27-6-2002 n° 00-44.663 FS-D : RJS 10/02 n° 1075). Un nouvel accord collectif, même s'il prévoit une garantie de maintien de salaire, ne permet pas à l'employeur de diminuer unilatéralement le taux horaire contractuel du salaire (Cass. soc. 3-7-2001 n° 99-40.641 FS-PB : RJS 10/01 n° 1113). De même, une **prime conventionnelle** ne saurait être intégrée dans la rémunération contractuelle du salarié sans son accord (Cass. soc. 23-10-2001 n° 99-43.153 FS-P : RJS 1/02 n° 36).

Sur les effets sur la rémunération du **non-remplacement** d'une convention ou d'un accord dénoncé dans le délai de survie de l'accord, voir n° 52095.

Sur la référence dans le contrat de travail aux modalités de calcul de la **prime d'intéressement** prévues par accord collectif, voir n° 34240, c.

Sur les **clauses contractuelles** prévoyant une modification de la rémunération, voir n° 17365.

Sur la portée d'un accord de performance collective, voir n° 17590.

Temps de travail Sauf exception, l'employeur ne peut pas modifier, sans l'accord du salarié, la **durée du travail** mentionnée au contrat (Cass. soc. 20-10-1998 n° 96-40.614 PB : RJS 12/98 n° 1445), même si la rémunération est maintenue (Cass. soc. 30-3-2011 n° 09-70.853 F-D : RJS 6/11 n° 564). 17350 N-VI-8200 s

En revanche, sauf atteinte excessive au droit du salarié au respect de sa vie personnelle et familiale ou à son droit au repos (Cass. soc. 3-11-2011 n° 10-14.702 FS-PB : RJS 1/12 n° 10), l'employeur peut librement fixer une **nouvelle répartition des horaires de travail** au sein de la journée (Cass. soc. 22-2-2000 n° 97-44.339 PB : RJS 4/00 n° 374 ; 9-4-2002 n° 99-45.155 FS-P : RJS 7/02 n° 785) ou de la semaine (Cass. soc. 16-5-2000 n° 97-45.256 FS-P : RJS 7-8/00 n° 771 ; 27-6-2001 n° 99-42.462 F-P : RJS 10/01 n° 1111) dès lors qu'il n'en résulte aucune modification de la durée contractuelle du travail ou de la rémunération contractuelle (Cass. soc. 9-4-2002 n° 99-45.155 FS-P : RJS 7/02 n° 785). Il en va toutefois autrement lorsque ces horaires ont été contractualisés (Cass. soc. 11-7-2001 n° 99-42.710 F-P : RJS 10/01 n° 1111 ; 29-4-2009 n° 08-40.175 F-D : RJS 7/09 n° 604) ou ont été jugés déterminants par les parties, cas par exemple où l'horaire modifié tenait compte de la situation personnelle du salarié (Cass. soc. 30-11-1983, n° 81-41.995 ; 14-11-1985 n° 83-41.141 S).

> Précisions **a.** Constitue une modification du contrat le passage d'un horaire fixe à un **horaire variable** (Cass. soc. 14-11-2000 n° 98-43.218 FS-PB : RJS 1/01 n° 10 ; 24-1-2007 n° 05-42.688 F-D : RJS 4/07 n° 410 ; 8-7-2008 n° 06-45.769 F-D : RJS 11/08 n° 1075), d'un horaire continu à un horaire **discontinu** (Cass. soc. 18-12-2000 n° 98-42.885 FS-PB : RJS 2/01 n° 168 ; 3-11-2011 n° 10-30.033 FS-PB : RJS 1/12 n° 10 ; 23-9-2014 n° 13-16.257 F-D), d'un horaire de jour à un horaire **de nuit** (Cass. soc. 5-6-2001 n° 98-44.781 FS-P et n° 98-44.782 FS-P : RJS 8-9/01 n° 992 ; 18-6-2002 n° 00-44.134 F-D : RJS 11/02 n° 1205), ou inversement (Cass. soc. 14-11-2018 n° 17-11.757 FS-PB : RJS 1/19 n° 10 ; 16-1-2019 n° 17-23.337 F-D).

Toutefois, la réduction d'une heure de travail de nuit avec suppression de la majoration correspondante peut être imposée par l'employeur si la durée globale de travail n'est pas modifiée (Cass. soc. 30-5-2012 n° 11-10.087 F-D : RJS 8-9/12 n° 686).

b. Concernant l'incidence :
– de la mise en place d'un **accord** de performance collective, voir n°s 17590 s. ;
– de la mise en **activité partielle**, voir n°s 1400 s. ;
– de la **transformation** d'un horaire à temps complet en horaire à temps partiel, voir n° 77140 ;
– de la demande d'exécution, réduction ou suppression d'**heures supplémentaires**, voir n°s 40955 s. ;
– de l'utilisation régulière d'heures complémentaires ou de la mise en place de compléments d'heures par accord collectif dans le cadre du **temps partiel**, voir n°s 77235 et 77295 ;
– de la modification de la durée du travail ou de la répartition des horaires de travail d'un salarié à temps partiel, voir n°s 77290 s. ;
– de la modification du volume de travail confié à un **travailleur à domicile**, voir n° 74160, b ;
– de la mise en place ou de la suppression d'**astreintes**, voir n° 29640, a ;
– d'une nouvelle répartition des horaires privant le salarié du **repos dominical**, voir n° 30895.

17355 N-VI-8840 s **Lieu de travail** La mutation d'un salarié non soumis à une obligation conventionnelle ou contractuelle de mobilité (n°s 17370 s.), ou dont le contrat ne prévoit pas de manière claire et précise que l'intéressé exécutera son travail exclusivement en un lieu déterminé (Cass. soc. 3-6-2003 n° 01-40.376 FP-PBRI et n° 01-43.573 FP-PBRI : RJS 8-9/03 n° 980 ; 15-3-2006 n° 02-46.496 F-PB : RJS 6/06 n° 684), n'emporte modification du contrat que si le nouveau lieu de travail se situe dans un **secteur géographique différent** (Cass. soc. 16-12-1998 n° 96-40.227 P : RJS 2/99 n° 157 ; 3-5-2006 n° 04-41.880 F-PB : RJS 7/06 n° 808 ; 20-2-2019 n° 17-24.094 F-D : RJS 5/19 n° 283).

Par dérogation, un **déplacement occasionnel** en dehors du secteur géographique où le salarié travaille habituellement peut lui être imposé s'il est motivé par l'intérêt de l'entreprise, justifié par des circonstances exceptionnelles et si le salarié est préalablement informé dans un délai raisonnable du caractère temporaire de l'affectation et de sa durée prévisible (Cass. soc. 3-2-2010 n° 08-41.412 FP-PBR : RJS 4/10 n° 312 ; 15-3-2006 n° 04-47.368 F-P : RJS 6/06 n° 687) ou si les fonctions du salarié impliquent une certaine mobilité (ex. chef de chantier : Cass. soc. 22-1-2003 n° 00-43.826 FP-PBRI : RJS 3/03 n° 313 ; 2-4-2014 n° 12-19.573 FS-PB : RJS 6/14 n° 462). Voir également n° 78285, b s'agissant de l'envoi d'un salarié à l'étranger.

> Précisions **a.** Le **changement de secteur géographique** doit être apprécié objectivement, de manière identique pour tous les salariés, sans tenir compte de la situation personnelle de chacun d'entre eux en termes de trajet (Cass. soc. 4-5-1999 n° 97-40.576 PB : RJS 6/99 n° 792). En revanche, il peut être tenu compte, d'une manière générale, de l'accessibilité de chacun des sites de travail et de leur desserte par les transports publics (Cass. soc. 15-6-2004 n° 01-44.707 FP-D : RJS 10/04 n° 997 ; 4-3-2020 n° 18-24.473 F-D : RJS 6/20 n° 282).

b. La **réintégration** d'un salarié en région parisienne **au terme d'un détachement** dans un DOM ne constitue pas une modification de son contrat nécessitant son accord (Cass. soc. 24-6-2015 n° 13-25.522 FS-PB : RJS 11/15 n° 699).

c. Le refus par le salarié d'une **mutation** dans une autre localité n'est pas fautif si la convention collective lui ouvre ce droit (Cass. soc. 30-11-2010 n° 08-43.499 FS-PB : RJS 2/11 n° 98).

d. L'employeur ne peut pas imposer au salarié d'établir sa **résidence** dans le département de son nouveau lieu de travail (Cass. soc. 15-5-2007 n° 06-41.277 FS-PB : RJS 7/07 n° 811).

e. Sur les modifications de l'organisation du travail d'un salarié autorisé à exercer tout ou partie de ses fonctions **à domicile**, voir n° 73930, c.

f. Sur l'incidence de la mise en place d'un **accord** de performance collective, voir n°s 17590 s.

17360 N-VI-9860 s **Fonctions ou organisation du travail** L'employeur ne peut imposer au salarié une modification de sa **qualification** (Cass. soc. 23-1-2001 n° 99-40.129 F-P : RJS 5/01 n° 563 ; 2-10-2002 n° 00-42.003 F-D : RJS 12/02 n° 1351) ou de la nature de ses **fonctions** (Cass. soc. 8-10-2003 n° 01-44.772 F-D : RJS 1/04 n° 4), même en cas d'insuffisance professionnelle (Cass. soc. 7-7-2004 n° 02-44.734 F-D). Le retrait d'une **délégation générale de signature** (Cass. soc. 26-10-2011 n° 10-19.001 FS-PB : RJS 1/12 n° 9) ou, plus généralement, tout retrait de responsabilité (Cass. soc.

10-5-2012 n° 10-21.690 FS-D : RJS 7/12 n° 626 ; 29-1-2014 n° 12-19.479 FS-PB : RJS 4/14 n° 297) constitue également une modification de contrat.

En revanche, l'employeur peut, sans l'accord du salarié, modifier sa **cadence de travail** si cela n'a aucune répercussion sur sa rémunération ou son temps de travail (Cass. soc. 20-10-2010 n° 08-44.594 FS-PB : RJS 1/11 n° 14), l'affecter à une tâche différente de celle qu'il exerçait antérieurement, mais correspondant à sa qualification (Cass. soc. 10-5-1999 n° 96-45.673 P : RJS 6/99 n° 791 ; 9-4-2002 n° 99-45.155 FS-P : RJS 7/02 n° 785 ; 26-9-2018 n° 17-10.192 FD : RJS 12/18 n° 720), si cette nouvelle affectation ne s'accompagne pas de la **perte d'avantages salariaux** (Cass. soc. 22-3-2006 n° 04-47.749 F-D : RJS 11/06 n° 1149) ou d'une **baisse des responsabilités** (Cass. soc. 10-5-2012 n° 10-21.690 FS-D : RJS 7/12 n° 626 ; 23-1-2019 n° 17-27.200 F-D : RJS 4/19 n° 205).

Le **changement provisoire ou définitif d'employeur** obéit à des règles particulières.

› Précisions a. Si le salarié a par avenant à son contrat accepté le **caractère temporaire** de la modification de ses attributions, son accord n'est pas nécessaire pour le réintégrer dans son emploi antérieur (Cass. soc. 31-5-2012 n° 10-22.759 FS-P : RJS 8-9/12 n° 685).

b. Lorsque les conditions d'application de l'article L 1224-1 du Code du travail ne sont pas réunies (voir n°s 74560 s.), le **transfert du salarié** d'une société à une autre ne peut intervenir qu'avec son accord exprès (Cass. soc. 2-2-2006 n° 04-41.073 F-D : RJS 4/06 n° 399 ; 22-6-2011 n° 10-30.043 F-D : RJS 10/11 n° 751), lequel ne peut se déduire de la seule poursuite du travail (Cass. soc. 10-10-2006 n° 04-46.134 FS-PB : RJS 1/07 n° 13 ; 17-6-2009 n° 08-42.615 FS-PB : RJS 10/09 n° 769). Il en va ainsi, que le transfert ait lieu dans une **société** appartenant ou non à un **même groupe.** Dans le premier cas, peu importe que les deux sociétés du groupe aient le **même dirigeant** (Cass. soc. 5-5-2004 n° 02-42.580 F-P : RJS 7/04 n° 794). Sur la question de savoir si la procédure spécifique de modification du contrat pour motif économique est applicable en cas de changement d'employeur, voir n° 17420, b.

c. S'agissant de la **mise à disposition** d'un salarié, voir n°s 33035 s.

d. Sur la mise en œuvre d'**accords de performance collective** affectant la mobilité professionnelle interne à l'entreprise, voir n°s 17585 s.

CLAUSES PRÉVOYANT UNE MODIFICATION

Clause de portée générale Une clause du contrat ne peut pas permettre à l'employeur de modifier unilatéralement un élément du contrat de travail (Cass. soc. 27-2-2001 n° 99-40.219 F-P : RJS 5/01 n° 562 ; 16-10-2002 n° 00-44.307 F-D : RJS 1/03 n° 102 ; 14-11-2018 n° 17-11.757 FS-PB : RJS 1/19 n° 10), tel que la **rémunération** (Cass. soc. 3-7-2001 n° 99-42.761 FS-P : RJS 10/01 n° 1112) ou la **durée du travail** (Cass. soc. 29-6-1999 n° 97-42.248 P : RJS 8-9/99 n° 1025) notamment. 17365 N-VI-4300 s

Ainsi est dépourvue d'effet la clause autorisant par avance l'employeur à modifier la **partie variable du salaire** en fonction de l'évolution du marché et des produits de la marque, sans autre précision (Cass. soc. 30-5-2000 n°s 97-45.068 FS-PB et 98-44.016 FS-PB : RJS 7-8/00 n° 772) ou faisant dépendre le calcul de cette partie de la seule volonté de l'employeur (Cass. soc. 9-5-2019 n° 17-27.448 FS-PB : RJS 7/19 n° 430).

En revanche, peuvent recevoir application, dès lors qu'elles n'ont pas pour effet de réduire la rémunération en dessous des minima légaux et conventionnels, les **clauses fondées sur des éléments objectifs** indépendants de la volonté de l'employeur et ne faisant pas porter le risque d'entreprise sur le salarié (Cass. soc. 2-7-2002 n° 00-13.111 FS-P : RJS 10/02 n° 1076 ; 20-4-2005 n° 03-43.696 F-D et n° 03-43.734 F-D : RJS 7/05 n° 710).

Clause de mobilité L'employeur peut, en principe, imposer une mutation au salarié dont le contrat de travail comporte une clause de mobilité (Cass. soc. 23-11-1999 n° 97-41.295 D : RJS 1/00 n° 13), à la condition que celle-ci définisse de façon précise sa **zone géographique d'application** et ne confère pas à l'employeur le pouvoir d'en étendre unilatéralement la portée (Cass. soc. 7-6-2006 n° 04-45.846 FS-PB : RJS 8-9/06 n° 920 ; 14-10-2008 n° 06-46.400 FS-PB : RJS 12/08 n° 1160 ; 2-10-2019 n° 18-20.353 F-D : RJS 12/19 n° 684). L'intéressé peut refuser sa nouvelle affectation si celle-ci s'accompagne de la modification de sa rémunération (Cass. soc. 15-12-2004 n° 02-44.714 FS-PB : RJS 2/05 n° 122 ; 14-10-2008 n° 07-41.454 FS-D : RJS 12/08 n° 1161) ou d'un autre élément de son contrat, tel un bouleversement de ses horaires (Cass. soc. 14-10-2008 n° 07-40.092 FS-PB : RJS 12/08 n° 1161). 17370 N-VI-4970 s

Un salarié ne pouvant pas accepter par avance un changement d'employeur, la clause de mobilité par laquelle il s'engage à accepter toute mutation dans une autre société est **nulle,** même si cette dernière appartient au même groupe ou à la même UES (Cass. soc. 23-9-2009 n° 07-44.200 FS-PBR : RJS 12/09 n° 898 ; 19-5-2016 n° 14-26.556 FS-PB : RJS 8-9/16 n° 550).

Sur l'**affectation temporaire** d'un salarié effectuée dans des conditions dépassant les limites prévues par la clause de mobilité, voir n° 17355.

Sur la mise en œuvre d'**accords de performance collective** affectant la mobilité géographique interne à l'entreprise, voir nos 17585 s.

> Précisions a. Une clause par laquelle le salarié prend l'engagement d'accepter tout changement de lieu de travail nécessité par l'intérêt ou le fonctionnement de l'entreprise dans la limite géographique du **territoire national** peut être valable lorsque la nature de ses fonctions implique une telle mobilité (Cass. soc. 9-7-2014 n° 13-11.906 FS-PB : RJS 10/14 n° 668). Ainsi jugé à propos d'un consultant informatique dont les fonctions impliquaient l'exécution de missions ponctuelles sur tout le territoire (Cass. soc. 13-3-2013 n° 11-28.916 F-D : RJS 7/13 n° 511).

b. L'employeur ne peut pas invoquer une clause de mobilité pour obliger le salarié à partager son temps de travail entre **deux établissements** de l'entreprise (Cass. soc. 20-12-2006 n° 05-42.224 FS-PB : RJS 3/07 n° 309).

c. Sur la possibilité pour les salariés homosexuels de refuser une mutation dans un État poursuivant l'**homosexualité**, voir n° 78285, c.

17375 L'employeur doit respecter les conditions fixées le cas échéant par la convention collective pour la **mise en œuvre** de la clause de mobilité. À défaut, la mesure est abusive, et le salarié est en droit de retrouver son poste ou un poste similaire (Cass. soc. 25-2-1998 n° 95-44.217 P : RJS 5/98 n° 567). L'employeur peut aussi être tenu de respecter la clause du **règlement intérieur** lui imposant de rechercher, dans toute la mesure du possible, une autre affectation au salarié ayant refusé une mutation en application d'une clause de mobilité (Cass. soc. 2-5-2000 n° 97-44.091 PB : RJS 6/00 n° 669).

ILLUSTRATIONS

L'employeur doit **respecter la convention collective** subordonnant l'application de la clause contractuelle à une concertation préalable (Cass. soc. 13-10-2004 n° 02-42.271 FS-PB : RJS 1/05 n° 10), à une notification écrite (Cass. soc. 3-6-1997 n° 94-43.476 D : RJS 7/97 n° 794 ; 4-2-2003 n° 01-40.384 F-P : RJS 4/03 n° 410), à l'observation d'un délai de prévenance (Cass. soc. 15-11-2006 n° 05-41.772 F-D : RJS 3/07 n° 310 ; Cass. soc. 4-3-2020 n° 18-24.329 F-D : RJS 6/20 n° 283) ou à l'existence de sérieuses nécessités de service (Cass. soc. 5-5-1998 n° 95-42.545 P : RJS 6/98 n° 705 ; 22-1-2003 n° 01-40.141 F-D : RJS 4/03 n° 410).

17377 En tout état de cause, la clause de mobilité doit être appliquée de **bonne foi** : voir n° 17340, a. En cas de litige, le juge doit contrôler que son application ne porte pas une atteinte disproportionnée au droit du salarié à une vie personnelle et familiale (Cass. soc. 14-10-2008 n° 07-40.523 FS-PB : RJS 12/08 n° 1162 ; 13-1-2009 n° 06-45.562 FS-PB : RJS 3/09 n° 228 ; 10-2-2016 n° 14-17.576 F-D : RJS 4/16 n° 238). Le refus du salarié tenu par une telle clause d'une nouvelle affectation sans motif légitime constitue une faute (Cass. soc. 11-3-2009 n° 07-43.378 F-D) qui peut être qualifiée de grave (Cass. ass. plén. 23-10-2015 n° 13-25.279 PBRI : RJS 1/16 n° 6 ; Cass. soc. 12-1-2016 n° 14-23.290 FS-PB : RJS 3/16 n° 163 ; 13-6-2018 n° 17-17.644 F-D : RJS 10/18 n° 589).

En cas de licenciement, l'employeur peut imposer au salarié d'exécuter son **préavis** sur le nouveau lieu de travail, le refus du salarié le privant des indemnités compensatrices de préavis et de congés payés afférents (Cass. soc. 31-3-2016 n° 14-19.711 FS-PB : RJS 6/16 n° 409 ; 4-3-2020 n° 18-10.636 FS-PB : RJS 5/20 n° 249).

ILLUSTRATIONS

Ont été jugées **abusives ou déloyales** les mutations imposées à une salariée mère de famille d'un enfant handicapé moteur alors que son ancien poste demeurait libre (Cass. soc. 6-2-2001 n° 98-44.190 FS-P : RJS 4/01 n° 412), ou à une salariée mère de 4 enfants peu de temps avant son retour de congé parental alors que le poste était libre depuis longtemps (Cass. soc. 14-10-2008 n° 07-43.071 FS-D : RJS 12/08 n° 1162). Jugé de même en cas de mutation sur un site distant de plus de 150 km alors que l'employeur avait connaissance des difficultés matérielles du salarié et du mauvais état de son véhicule (Cass. soc. 2-7-2003 n° 01-42.046 F-D : RJS 10/03 n° 1120), ou imposée à un salarié ne disposant d'aucun moyen de transport en commun pour se rendre sur le nouveau lieu de travail (Cass. soc. 10-1-2001 n° 98-46.226 F-P : RJS 4/01 n° 412) ou sans respecter un délai de prévenance suffisant (Cass. soc. 18-9-2002 n° 99-46.136 FP-P : RJS 12/02 n° 1352 ; 21-6-2006 n° 04-44.866 F-D : RJS 11/06 n° 1150). Agit également avec **précipitation et légèreté blâmables** l'employeur qui impose au salarié une mutation impliquant un éloignement du foyer de plusieurs centaines de kilomètres laissant son épouse enceinte seule avec un enfant en bas âge pendant un an (CA Versailles 29-4-2020 n° 18/00569 : RJS 8-9/20 n° 407).

AJOUT OU MODIFICATION DE CLAUSE

17380 N-VI-10240 s L'adjonction au contrat de nouvelles clauses ou la modification du contenu des clauses existantes peuvent être **refusées** par le salarié. Ainsi jugé pour l'insertion d'une clause de mobilité (Cass. soc. 18-3-1997 n° 94-40.593 D : RJS 5/97 n° 522 ; 25-1-2006 n° 03-46.794 F-D : RJS 5/06 n° 525 ; 23-10-2019 n° 18-18.151 F-D), d'une clause de non-concurrence (Cass. soc. 7-7-1998 n° 96-40.256 PB : RJS 8-9/98 n° 958 ; 15-6-2000 n° 98-43.723 D) ou d'une clause d'exclusivité (Cass. soc. 7-6-2005 n° 03-42.080 F-PB : RJS 8-9/05 n° 803) dans un contrat qui n'en comportait pas. Jugé de même en cas de réduction du préavis contractuel (Cass. soc. 15-7-1998 n° 97-43.985 PB : RJS 10/98 n° 1176) ou de remplacement du logement de fonction prévu au contrat par une indemnité (Cass. soc. 30-10-2000 n° 98-44.786 F-D).

b. Procédure

Toute **modification du contrat** de travail, pour quelque **cause** que ce soit (même disciplinaire : n° 56280), est subordonnée à l'accord clair et non équivoque du ou des salariés concernés (Cass. soc. 31-10-2000 n° 98-44.988 FS-P : RJS 1/01 n° 11 ; 7-7-2009 n° 08-40.414 F-D : RJS 10/09 n° 778). **17410**

La procédure à mettre en œuvre par l'employeur diffère selon que la modification envisagée repose ou non sur un motif économique.

MODIFICATION POUR UN MOTIF ÉCONOMIQUE

Lorsqu'ils reposent sur un motif économique (nos 47230 s.) et ne revêtent pas un caractère ponctuel, les projets de modification doivent faire l'objet d'une **consultation du CSE** avant toute décision (voir nos 9230 s.). Par exception, sauf disposition conventionnelle contraire, une telle consultation n'est pas obligatoire en cas de **modification individuelle** pour motif économique. **17415** N-VI-13500 s

Proposition au salarié L'employeur doit proposer à chaque salarié concerné la modification envisagée par lettre recommandée (le cas échéant électronique : n° 56260) avec avis de réception, en l'informant de ses nouvelles conditions d'emploi et des éventuelles mesures d'accompagnement, telles que la prise en charge des frais qu'entraîne la modification (Cass. soc. 30-1-2008 n° 06-42.000 F-D : RJS 4/08 n° 369), et en lui précisant qu'il dispose d'un délai d'un mois (15 jours en cas de redressement ou liquidation judiciaires) à compter de sa réception pour faire connaître son refus. **17420** C. trav. art. L 1222-6 N-VI-13980 s

L'employeur n'a pas à mettre en œuvre la procédure de licenciement à ce stade : il ne devra le faire qu'en cas de **refus** du salarié (voir nos 17475 s.) et en tout état de cause pas avant l'expiration du **délai** de réflexion (Cass. soc. 22-11-2006 n° 05-42.619 F-D : RJS 3/07 n° 311). À **défaut de réponse** dans ce délai, le salarié est réputé avoir accepté la modification.

> Précisions a. Le **délai de réflexion d'un mois** applicable dans le cas général expire à minuit le jour du mois suivant qui porte le même quantième que le jour de la réception de la lettre recommandée contenant la proposition de modification, soit, par exemple, le 20 décembre à minuit pour une proposition reçue le 20 novembre (Cass. soc. 3-3-2009 n° 07-42.850 F-D : RJS 6/09 n° 499).

b. La procédure de proposition n'est **applicable** que si les modifications procèdent d'un motif économique (Cass. soc. 17-11-2010 n° 09-42.120 F-D : RJS 2/11 n° 99) expressément visé à l'article L 1233-3 du Code du travail (nos 47230 s.). À défaut, elle ne s'applique pas, même si la modification n'est pas inhérente à la personne du salarié (Cass. soc. 13-9-2017 n° 15-28.569 FP-PB : RJS 11/17 n° 727). Elle est également inapplicable lorsque l'employeur propose un reclassement au salarié dont le licenciement économique a été décidé (Cass. soc. 9-7-1998 n° 96-42.805 D : RJS 8-9/98 n° 959 ; 17-11-2010 n° 09-42.311 F-D : RJS 2/11 n° 99 ; 12-9-2018 n° 17-12.746 F-D) ou en cas de **changement d'employeur** résultant du transfert d'un service ou de sa gestion à un tiers, un tel changement constituant une novation du contrat de travail qui nécessite l'acceptation expresse du salarié (Cass. soc. 8-4-2009 n° 08-41.046 FS-PB : RJS 6/09 n° 498).

En revanche, elle est applicable lorsque les propositions de modification du contrat interviennent, avant tout licenciement, dans le cadre de l'élaboration du plan de sauvegarde de l'emploi (Cass. soc. 28-11-2000 n° 98-42.852 FS-P : RJS 2/01 n° 169).

c. Lorsqu'il procède à une **notification** selon cette procédure, l'employeur reconnaît que la mesure envisagée modifie le contrat de travail et ne constitue pas un simple changement des conditions de travail. Cette **qualification** s'impose à lui comme au juge (Cass. soc. 12-7-1999 n° 97-41.738 PB : RJS 10/99 n° 1228 ; 15-10-2002 n° 99-45.948 FS-D : RJS 12/02 n° 1353).

d. Seule une **réponse expresse et positive,** ou le **silence gardé par le salarié** au-delà du délai de réflexion imparti, vaut acceptation de la modification proposée par l'employeur. L'acceptation résultant du silence du salarié lui reste opposable, même si par la suite le motif économique invoqué est jugé inexistant (Cass. soc. 5-3-2014 n° 12-25.035 FS-D : RJS 5/14 n° 384). Une réponse dilatoire ou conditionnelle, telle qu'une demande de prorogation (Avis C. cass. 6-7-1998 n° 98-20011 P : RJS 8-9/98 n° 959), ou une acceptation avec réserve (Cass. soc. 14-1-2003 n° 00-45.269 FS-D : RJS 3/03 n° 317 ; 4-2-2003 n° 01-40.066 F-P : RJS 4/03 n° 497), vaut réponse négative. Il en est de même d'un courrier du salarié faisant valoir le caractère contraire à son contrat de la modification envisagée (Cass. soc. 20-3-2013 n° 11-27.806 F-D : RJS 5/13 n° 349).

17425 **Sanctions** S'il **ne respecte pas** la procédure de proposition, l'employeur ne peut se prévaloir ni d'une acceptation ni d'un refus du salarié (Cass. soc. 25-1-2005 nº 02-41.819 FS-PB : RJS 4/05 nº 344 ; 27-5-2009 nº 06-46.293 FS-PB : RJS 8-9/09 nº 689 ; 28-9-2016 nº 15-16.775 F-D : RJS 12/16 nº 760), et le licenciement prononcé en raison de ce dernier est sans cause réelle ni sérieuse (Cass. soc. 25-1-2006 nº 03-46.794 F-D : RJS 5/06 nº 525 ; 28-10-2008 nº 07-42.718 F-D : RJS 1/09 nº 10).

> **Précisions** L'employeur ne respecte pas la procédure lorsqu'il **convoque** le salarié dans le délai de réflexion imparti pour un entretien préalable (Cass. soc. 4-7-2012 nº 11-19.205 F-D : RJS 10/12 nº 773), même si ce dernier a lieu après l'expiration de ce délai (Cass. soc. 25-6-2008 nº 07-40.841 F-D : RJS 10/08 nº 958).

MODIFICATION POUR UN AUTRE MOTIF

17430 N-VI-14920 s Dans les autres cas de modification, et sauf disposition conventionnelle contraire, l'**information** est obligatoire, mais n'est soumise à aucune condition de forme (Cass. soc. 4-6-1971 nº 70-40.050). L'employeur ne peut s'en dispenser par un accord passé avec les représentants du personnel (Cass. soc. 10-12-1987 nº 85-44.358 P).

Il est tenu de laisser à l'intéressé un **délai** suffisant pour faire connaître son acceptation ou son refus. L'administration préconise le respect d'un délai de 15 jours (Inst. DRT 30-7-1993 réputée abrogée). Jugé qu'avait agi avec une **précipitation fautive** l'employeur ayant laissé 24 heures à un salarié pour accepter un nouveau poste alors que l'intéressé avait demandé un délai de réflexion de 10 jours (Cass. soc. 21-7-1986 nº 84-41.577 P).

En cas de modification pour un **motif disciplinaire,** l'employeur doit respecter la procédure visée nºs 56220 s.

Sur les dispositions conventionnelles applicables aux **journalistes,** voir nº 46260, a.

c. Conséquences

17460 Le salarié peut accepter ou refuser la proposition de l'employeur de modifier son contrat de travail. C'est à l'employeur qu'il appartient de tirer les conséquences de sa réponse, positive ou négative.

ACCEPTATION DU SALARIÉ

17465 N-VI-16300 s Sauf en cas de modification pour motif économique (nº 17420) ou en cas de modification proposée dans le cadre d'un accord de performance collective (nº 17590), l'accord du salarié doit être **exprès** (Cass. soc. 29-11-2011 nº 10-19.435 FP-PB : RJS 2/12 nº 110). En cas de litige, il appartient à l'employeur d'apporter la **preuve** de cette acceptation (Cass. soc. 14-1-1988 nº 85-43.742 P).

Le silence du salarié ou la **poursuite** par lui **du travail aux nouvelles conditions** ne peuvent suffire à établir qu'il a accepté la modification de son contrat (Cass. soc. 8-10-1987 nº 84-41.902 P ; 18-3-1992 nº 88-43.679 D : RJS 4/92 nº 407 ; 16-11-2005 nº 03-47.560 F-D : RJS 2/06 nº 164 ; 16-10-2019 nº 17-18.445 F-D : RJS 1/20 nº 10). Il en est ainsi même si le contrat s'est poursuivi pendant plusieurs mois (Cass. soc. 24-1-2001 nº 99-40.596 F-D : RJS 5/01 nº 563) ou plusieurs années (Cass. soc. 17-9-2008 nº 07-42.366 FS-D : RJS 12/08 nº 1165 ; 26-6-2019 nº 17-20.723 F-D ; 16-10-2019 nº 17-18.445 F-D : RJS 1/20 nº 10), ou jusqu'au départ du salarié en préretraite (Cass. soc. 27-3-1990 nº 87-43.840 D), sans que l'intéressé n'émette de protestation (Cass. soc. 2-3-1989 nº 86-42.312 D).

> **Précisions** **a.** Ne constitue pas une **preuve de l'acceptation** par le salarié d'une modification de sa rémunération la réception par celui-ci des bulletins de paie, sans protestation ni réserve (Cass. soc. 15-10-1987 nº 84-40.071 P ; 5-10-1993 nº 90-41.358 D), ou le fait qu'il se soit lui-même prévalu du nouveau taux de commission imposé par l'employeur (Cass. soc. 18-4-2000 nº 97-43.706 PB : RJS 6/00 nº 633). En revanche, le salarié qui a déclaré désirer être affecté au poste auquel il a été muté peut être considéré comme ayant donné son accord exprès à la modification de son contrat (Cass. soc. 16-10-2019 nº 17-18.446 F-D : RJS 1/20 nº 10).
> **b.** La **signature de deux avenants successifs,** selon lesquels les autres clauses du contrat ou d'un avenant antérieur restaient inchangées, ne peut faire produire effet à une clause de cet avenant non signé (Cass. soc. 8-6-2011 nº 10-18.379 F-D : RJS 10/11 nº 754).
> **c.** Sur la portée de la signature par le salarié du **règlement intérieur,** voir nº 60100.

17470 L'acceptation de la modification entraîne la **novation du contrat** de travail, sauf lorsqu'elle a été présentée comme provisoire (Cass. soc. 16-2-1989 nº 86-42.368 D ; 2-3-1994 nº 90-40.080 D : RJS 4/94 nº 376). Les parties ne peuvent pas exiger le retour aux conditions initiales (notamment : Cass. soc. 10-1-1991 nº 88-40.986 D : RJS 2/91 nº 150).

En pratique, l'employeur a intérêt à formaliser les modifications dans un **avenant écrit** au contrat de travail (Inst. DRT 30-7-1993 réputée abrogée).

› Précisions a. La directive européenne 91/533 du 14-10-1991 prévoit que toute modification d'un élément essentiel du contrat (nº 16530, f) doit faire l'objet d'un **document écrit** à remettre par l'employeur au salarié, au plus tard un mois après sa date d'effet. Cette obligation n'a pas été transcrite en droit français, sauf dans le cas où la modification concerne les conditions d'expatriation (nº 78290). Cette directive sera remplacée au plus tard le 1-8-2022 par la directive 2019/1152 du 20-6-2019 qui prévoit que, en cas de modification d'un élément de la relation de travail, l'employeur doit informer le salarié dans les plus brefs délais et au plus tard à la date où elle prend effet (Dir. art. 6).

b. Jugé que l'acceptation expresse par le salarié d'une offre de détachement très précise dans ses modalités vaut **avenant** au contrat de travail, l'employeur ne pouvant se rétracter (Cass. soc. 25-5-2011 nº 09-66.956 F-D : RJS 8-9/11 nº 661).

c. Sur la question de savoir si la **baisse de la rémunération** consécutive à une mutation acceptée par le salarié constitue une modification du contrat, voir nº 17345, b.

d. Sur le régime des **sommes éventuellement versées** au salarié pour compenser le préjudice subi du fait de la modification, voir nº 22380 (cotisations de sécurité sociale) et nº 25135 (CSG et CRDS).

REFUS DU SALARIÉ

17475 N-VI-18200 s
En cas de refus par le salarié de la modification de son contrat, l'employeur dispose d'une **option** : poursuivre le contrat aux conditions initiales ou prendre l'initiative d'un licenciement (Cass. soc. 26-6-2001 nº 99-42.489 FS-P : RJS 10/01 nº 1117 ; 26-11-2002 nº 00-44.517 FS-PB : RJS 2/03 nº 158).

17480
Licenciement S'il opte pour le licenciement, la **procédure** à respecter diffère selon que la modification a été envisagée pour un motif économique (nºs 47230 s.) ou personnel (nºs 47120 s.).

Lorsque le salarié revient sur son refus au cours de l'entretien préalable, l'employeur perd tout motif pour le licencier (nº 47100, b).

L'employeur qui envisage de licencier **au moins 10 salariés** ayant refusé une proposition de **modification de leur contrat pour motif économique** (nº 17420) doit mettre en œuvre la procédure de licenciement collectif pour motif économique (C. trav. art. L 1233-25) et établir, le cas échéant, un plan de sauvegarde de l'emploi (PSE) nºs 48170 s.).

› Précisions a. L'employeur n'a pas à établir un PSE si, à la suite du refus de plus de 10 salariés de voir modifier leur contrat de travail, il a **modifié son projet initial de réorganisation** pour maintenir une partie de son activité et a procédé à une nouvelle consultation des représentants du personnel sur un projet de licenciement collectif concernant moins de 10 salariés (Cass. soc. 24-1-2018 nº 16-22.940 FS-PB : RJS 4/18 nº 259).

b. Le licenciement prononcé en raison du refus par un salarié de la modification de sa rémunération proposée par suite d'une **mise en œuvre non négociée** de la réduction de la durée du travail est soumis à la procédure de licenciement économique (Cass. soc. 15-3-2006 nº 05-42.946 FS-PBRI : RJS 5/06 nº 581), laquelle doit être conforme aux dispositions conventionnelles et légales (Cass. soc. 23-5-2006 nº 04-17.524 FS-P : RJS 8-9/06 nº 955). Sur le licenciement consécutif à la mise en œuvre d'un accord de performance collective, voir nº 17595.

c. S'agissant du refus : par le salarié inapte d'un poste de reclassement, voir nº 50010 ; d'une modification décidée pour un motif disciplinaire, voir nº 56280, ou pour un motif ni personnel ni économique, voir nº 47230, d ; d'une modification résultant d'un transfert d'entreprise, voir nº 74680, c ; d'une modification de son contrat par un salarié protégé, voir nº 63405 ; de la modification d'un CDD, voir nº 20090.

17485
La **lettre de licenciement** doit à la fois **indiquer** les raisons ayant conduit l'employeur à décider la modification et le fait que le licenciement intervient à la suite du refus du salarié de voir son contrat modifié (Cass. soc. 8-1-1997 nº 95-40.209 D et nº 95-41.013 D : RJS 3/97 nº 254 ; 13-7-1999 nº 97-42.939 D : RJS 11/99 nº 1360).

Est donc sans cause réelle et sérieuse le licenciement uniquement **motivé** par l'abandon de poste du salarié refusant de se conformer au nouvel horaire (Cass. soc. 22-5-2001 nº 99-41.146 FS-P : RJS 8-9/01 nº 992) ou par son refus d'accepter la modification du contrat proposée, ce refus ne constituant pas par lui-même un motif de licenciement (Cass. soc. 7-7-1998 nº 96-40.256 PB : RJS 8-9/98 nº 958 ; 11-7-2018 nº 17-12.747 FP-PB : RJS 10/18 nº 601). Il en est de même, a fortiori, en l'absence de lettre de licenciement (Cass. soc. 20-1-1998 nº 95-41.575 P : RJS 3/98 nº 276).

› Précisions Si le salarié est toujours en droit de refuser la modification de son contrat, le **motif de la modification** peut constituer une **cause réelle et sérieuse** de licenciement (Cass. soc. 27-5-1998 nº 96-41.713 D : RJS 7/98 nº 826 ; 16-11-2005 nº 03-43.512 F-D : RJS 2/06 nº 167). Il appartient aux juges du fond de rechercher si la décision de l'employeur de procéder à la modification était justifiée (Cass. soc. 10-12-1996 nº 94-40.300 P : RJS 1/97 nº 6 ; 28-1-2005 nº 03-40.639 F-PB : RJS 5/05 nº 475 ; 16-11-2005 nº 03-43.512 F-D : RJS 2/06 nº 167) ou si elle est intervenue dans des conditions exclusives de la bonne foi contractuelle (Cass. soc. 28-3-2006 nº 04-41.016 FS-PBI : RJS 6/06 nº 690).

17490 Le salarié licencié pour avoir refusé une modification de son contrat de travail peut, s'il réunit les conditions d'ancienneté requises, prétendre à une **indemnité de licenciement** (nos 48900 s.). Son refus de la modification étant légitime, il n'est pas tenu d'exécuter son **préavis** aux nouvelles conditions et l'indemnité compensatrice lui est due (Cass. ass. plén. 18-11-1994 n° 90-44.754 P ; Cass. soc. 4-12-2002 n° 00-44.510 F-D : RJS 2/03 n° 172 ; Cass. soc. 3-5-2016 n° 14-25.726 F-D : RJS 7/16 n° 485). S'agissant des conséquences du refus d'une mutation par un salarié tenu par une clause de mobilité, voir n° 17377.

17495 **Modification imposée au salarié** Si l'employeur impose la modification, le salarié peut exiger la poursuite du contrat aux conditions antérieures (Cass. soc. 26-6-2001 n° 99-42.489 FS-P : RJS 10/01 n° 1117), même plusieurs années après (Cass. soc. 27-3-1990 n° 87-43.840 D).

La modification du contrat de travail imposée au salarié par l'employeur justifie la **résiliation judiciaire** du contrat de travail ou une **prise d'acte** de la rupture à ses torts lorsqu'elle est de nature à empêcher la poursuite du contrat de travail, ce qu'il appartient aux juges du fond de déterminer au cas par cas (Cass. soc. 12-6-2014 n° 13-11.448 FS-PB et n° 12-29.063 FS-PB : RJS 8-9/14 n° 626).

2. DÉNONCIATION D'UN USAGE D'ENTREPRISE

CONDITIONS

17520 K-I-12900 s Les avantages consentis aux salariés en vertu d'un usage d'entreprise ne sont pas intégrés au contrat de travail. L'employeur peut les supprimer, unilatéralement par écrit, à condition d'en **informer,** dans un délai suffisant (n° 17525), les représentants du personnel et, de manière individuelle, chaque salarié concerné (Cass. soc. 28-1-2015 n° 13-24.242 FS-PB : RJS 4/15 n° 264) ou, s'agissant d'un usage prévoyant l'attribution d'un avantage soumis à condition d'ancienneté, chaque salarié susceptible d'en bénéficier un jour (Cass. soc. 13-10-2010 n° 09-13.110 FS-PB : RJS 12/10 n° 1001 ; 29-1-2014 n° 12-28.236 F-D).

Est soumise à la même procédure la dénonciation des **engagements unilatéraux** à exécution successive et à durée indéterminée (Cass. soc. 4-4-1990 n° 86-42.626 P : RJS 5/90 n° 372 ; 16-12-1998 n° 96-41.627 P : RJS 2/99 n° 245).

Sur le point de savoir si une **décision unilatérale** de l'employeur **ne procurant pas un avantage** aux salariés est soumise aux règles de dénonciation des engagements unilatéraux, voir n° 41150.

Sur la dénonciation des usages, engagements unilatéraux et accords atypiques par le nouvel employeur en cas de **transfert d'entreprise,** voir n° 74795.

Sur leur remise en cause en cas de signature d'un **accord collectif** sur le même sujet, voir n° 52215.

Concernant les **salariés protégés,** voir n° 63270.

> Précisions **a.** Un engagement à **durée déterminée** cesse de produire effet au terme fixé sans que l'employeur soit tenu de procéder à l'information des salariés concernés et des représentants du personnel (Cass. soc. 18-5-2011 n° 10-10.605 F-D : RJS 10/11 n° 851).

L'avantage issu d'un **engagement subordonné à une condition** peut être suspendu du seul fait que cette condition n'est plus remplie, sans dénonciation préalable (Cass. soc. 18-3-1997 n° 94-45.156 D : RJS 5/97 n° 546), sous réserve que cette condition ait été prévue par une clause précise définissant objectivement l'étendue et les limites de l'obligation souscrite (Cass. soc. 27-6-2000 n° 99-41.926 FS-P : RJS 9-10/00 n° 1034). En revanche, l'**ajout d'une condition restrictive** à un engagement préexistant nécessite une dénonciation préalable de ce dernier (Cass. soc. 7-5-1998 n° 96-41.020 P : RJS 10/98 n° 1255).

b. S'agissant de l'information des salariés, l'envoi d'une note de l'employeur comportant une date certaine adressée à l'ensemble des salariés est valable (Cass. soc. 4-7-2012 n° 10-24.082 FS-D : RJS 10/12 n° 858). En revanche, une information verbale (Cass. soc. 7-5-1996 n° 93-44.289 D : RJS 6/96 n° 740) ou collective, par voie d'affichage (Cass. soc. 27-11-1990 n° 87-42.404 P) ou de **note de service** (Cass. soc. 15-12-1988 n° 86-45.338 D) ne suffit pas.

c. La dénonciation n'a pas à être motivée. Mais elle est nulle si elle répond à un **motif illicite** : par exemple, tenter de faire échec à l'exercice normal du droit de grève (Cass. soc.13-2-1996 n° 92-42.066 PF : RJS 4/96 n° 480) ou entraver l'exercice de la mission des membres des instances représentatives du personnel (jugé ainsi pour le CHSCT : Cass. soc. 26-11-1996 n° 95-60.987 : RJS 1/97 n° 109).

d. **L'absence de représentants du personnel** dans l'entreprise rend la dénonciation irrégulière si elle est due au défaut d'organisation d'élections par l'employeur (Cass. soc. 16-11-2005 n° 04-40.339 FS-PB : RJS 2/06 n° 293).

DÉLAI DE PRÉVENANCE

L'**information** sur la dénonciation doit être faite dans un **délai suffisant** pour permettre d'éventuelles négociations (Cass. soc. 7-4-1998 n° 95-42.992 PB : RJS 5/98 n° 670 ; 10-11-1998 n° 96-43.811 P : RJS 12/98 n° 1472 ; 29-1-2014 n° 12-28.236 F-D). Mais l'employeur n'a pas à prendre l'initiative de ces dernières (Cass. soc. 16-3-1989 n° 85-45.934 P : RJS 4/89 n° 323). **17525** K-I-13600 s

Le délai de prévenance, qui doit être respecté à l'égard tant des représentants du personnel que des salariés concernés (Cass. soc. 13-3-2001 n° 99-40.678 FS-P : RJS 5/01 n° 698), ne se confond pas avec le délai minimum de préavis prévu pour la dénonciation d'une convention collective (Cass. soc. 12-2-1997 n° 96-40.972 P : RJS 3/97 n° 349). Il s'**apprécie** en fonction de chaque cas d'espèce.

En cas de litige, c'est à l'employeur d'apporter la **preuve** du respect d'un délai suffisant (Cass. soc. 22-10-1996 n° 93-43.845 P : RJS 12/96 n° 1344). À défaut, celui-ci est apprécié souverainement par les juges du fond (Cass. soc. 16-3-1989 n° 85-45.934 P : RJS 4/89 n° 323). Par exemple, la dénonciation d'une prime de fin d'année faite le 1er décembre est tardive et ne peut valoir pour l'année en cours (Cass. soc. 3-3-1993 n° 89-45.785 D : RJS 4/93 n° 451). En cas de conclusion d'un accord d'entreprise ayant le même objet que l'usage, les salariés doivent bénéficier de celui-ci jusqu'à la date de cet accord (Cass. soc. 16-12-1998 n° 95-40.385 P : RJS 2/99 n° 318).

CONSÉQUENCES

La **dénonciation régulière,** qui ne saurait être rétroactive (Cass. soc. 20-6-2000 n° 98-43.395 FS-P : RJS 9-10/00 n° 1036), s'impose à tous les salariés concernés. Elle ne constitue pas une modification de leur contrat de travail (Cass. soc. 13-2-1996 n° 93-42.309 P : RJS 4/96 n° 481 ; 6-7-2005 n° 04-44.995 FS-PB : RJS 10/05 n° 1058), sauf si l'avantage supprimé a été intégré aux dispositions du contrat (Cass. soc. 22-1-1992 n° 89-42.840 P : RJS 3/92 n° 373 ; 7-4-1998 n° 95-42.992 PB : RJS 5/98 n° 670). **17530** K-I-14500 s

En l'**absence de dénonciation régulière** des avantages prévus par un usage, un engagement unilatéral ou un accord atypique, l'employeur reste tenu de les respecter (Cass. soc. 27-5-1997 n° 95-40.651 P : RJS 7/97 n° 886 ; 17-12-2002 n° 00-44.120 FS-P : RJS 2/03 n° 228 ; 4-12-2019 n° 18-20.763 F-D : RJS 2/20 n° 116), même en l'absence de réclamation des salariés (Cass. soc. 23-10-1991 n° 90-40.168 PF : RJS 12/91 n° 1383).

> **Précisions a.** La remise au salarié, lors de son embauche, d'un **document résumant les usages et les engagements unilatéraux** de l'employeur ne contractualise pas les avantages qui y sont décrits (Cass. soc. 11-1-2000 n° 97-44.148 P : RJS 2/00 n° 151), même si ce document a été mentionné dans le contrat de travail à titre d'information (Cass. soc. 2-5-2001 n° 99-41.178 FS-D et n° 99-41.264 FS-PB : RJS 7/01 n° 834).
> De même, la recherche par l'employeur d'un **accord** avec ses **salariés** sur la modification de l'avantage issu d'un usage ne lui confère pas une nature contractuelle (Cass. soc. 16-11-2005 n° 04-40.339 FS-PB : RJS 2/06 n° 293). En revanche, la demande de consentement du salarié à l'instauration d'une nouvelle prime incorpore cet avantage au contrat de travail (Cass. soc. 1-2-2012 n° 10-17.394 FS-PB : RJS 4/12 n° 307).
> **b.** Un **salarié embauché après la dénonciation** d'un usage ne peut pas en contester la régularité (Cass. soc. 12-2-2008 n° 06-45.397 FS-PB : RJS 4/08 n° 374).

3. ACCORDS DE PERFORMANCE COLLECTIVE

CADRE GÉNÉRAL

Les employeurs souhaitant s'adapter plus facilement à leur environnement économique peuvent négocier et conclure des « accords de performance collective » (APC) afin de répondre aux nécessités de fonctionnement de l'entreprise ou en vue de préserver ou de développer l'emploi. D'une manière générale, ces accords ont pour **finalité** de permettre à l'entreprise de s'adapter rapidement aux évolutions à la hausse ou à la baisse du marché. Si elle peut être justifiée par des difficultés économiques, la conclusion de ces accords n'est pas subordonnée à l'existence de telles difficultés et peut s'inscrire dans une perspective offensive de créations d'emploi. Leur mise en œuvre peut avoir une **incidence directe sur le contrat de travail.** **17550** C. trav. art. L 2254-2, I

S'agissant du point de savoir si ces accords peuvent faire l'objet d'une **publication** dans la base de données nationale, voir n° 51957, a.

ATTENTION

Si un APC peut être conclu notamment pour faire face à la nécessité de redéployer du personnel sur les sites de production de l'entreprise ou à un surcroît d'activité, ou encore pour rationnaliser la gestion du personnel, il ne peut pas, en revanche, être utilisé pour la **fermeture définitive d'un**

site ou d'un établissement, lorsque cette fermeture entraîne un déménagement de l'intégralité des postes et fonctions du site ou de l'établissement et que les conditions de reclassement proposées aux salariés présentent des caractéristiques telles qu'un refus de la très grande majorité des salariés concernés peut être anticipé avec un degré de certitude élevé (QR « L'accord de performance collective » min. trav. juillet 2020 n° 2). En clair, un APC **ne peut pas se substituer** à un PSE.

CONCLUSION

17560 Le Code du travail ne définit pas expressément le **niveau** de conclusion des accords, qui peuvent ainsi s'entendre d'accords d'entreprise, d'établissement, voire de groupe en application de article L 2232-11 du Code du travail (n° 51810).

Pour être valable, l'accord doit, lorsqu'il est conclu avec des délégués syndicaux, remplir les **conditions** visées n°s 51900 s. En l'absence de représentation syndicale, les modalités de négociation sont celles exposées n°s 51915 s.

› Précisions a. Aucune **condition d'effectif** n'étant prévue, rien ne paraît s'opposer à la conclusion d'APC dans les très petites entreprises, ce qui inclut les entreprises de moins de 11 salariés, mais également celles de 11 à 20 salariés dépourvues d'institutions représentatives du personnel, sur constat d'un procès-verbal de carence. Il convient alors de respecter la procédure de consultation spécifique visée n°s 51915 s.

b. L'APC ne peut concerner qu'une seule catégorie de salariés (ex : les cadres) ou qu'un seul établissement (QR « L'accord de performance collective » min. trav. juillet 2020 n° 19).

c. Il n'est pas prévu de phase de **concertation** ou d'**information** préalable des partenaires à la négociation. Toutefois, le CSE peut, le cas échéant, mandater un **expert-comptable** afin qu'il apporte toute analyse utile aux organisations syndicales pour préparer les négociations. L'expert est alors le même que celui désigné dans le cadre de la procédure de licenciement collectif pour motif économique (C. trav. art. L 2315-92, II). Sur les modalités de prise en charge de cette expertise, voir n° 9050.

d. Compte tenu des conséquences qu'emportent les accords, il pourrait être utile de faire précéder leur négociation d'un **accord de méthode** (voir n° 51890).

e. La **durée** des APC n'est pas précisée. Il convient donc, à notre sens, de s'en remettre, sur cette question, aux dispositions générales relatives à la durée d'application des accords (voir n° 51960).

CONTENU

17570 C. trav. art. L 2254-2, I et II **Objet de l'accord** L'accord doit définir ses **objectifs** dans un **préambule.** Ceux-ci doivent s'inscrire dans le cadre général défini n° 17550.

L'accord **peut** :

– aménager la **durée du travail,** ses modalités d'organisation et de répartition ;

– aménager la **rémunération** au sens de l'article L 3221-3 du Code du travail dans le respect des salaires minima hiérarchiques conventionnels ;

– déterminer les conditions de la **mobilité professionnelle ou géographique** interne à l'entreprise.

ATTENTION

a. Le Code du travail est muet sur les conséquences de l'**absence de préambule.** À notre avis, les accords relèvent des dispositions de l'article L 2222-3-3 dudit Code, aux termes duquel l'absence de préambule n'est pas de nature à entraîner la nullité d'un accord.

Indépendamment de ce qui précède, l'accord doit satisfaire, à notre sens, aux **règles générales** relatives au contenu des accords exposées n°s 51935 s.

b. La liste des **aménagements envisageables** est donc vaste, et rien ne semble interdire de les combiner entre eux. Ces règles laissent également une latitude certaine dans la définition des aménagements potentiels. Sous réserve du respect des salaires minima hiérarchiques conventionnels, il n'est prévu ni garantie de rémunération ni encadrement de leur baisse éventuelle. Il n'est pas non plus prévu de maintien de la qualification professionnelle ni de limites imposées à la mobilité.

17573 C. trav. art. L 2254-2, II Si l'accord met en place ou modifie un **dispositif d'aménagement du temps du travail** sur une **période de référence supérieure à la semaine,** les dispositions suivantes du Code du travail s'appliquent : articles L 3121-41 (décompte des heures supplémentaires), L 3121-42 (information des salariés sur le changement dans la répartition de leur durée du travail), L 3121-44 (contenu des accords) et L 3121-47 (délai de prévenance des salariés en cas de changement de durée ou d'horaires lorsque l'accord ne stipule rien sur ce point). Pour plus de détails sur ces dispositions, voir n°s 30110 s.

La signature d'un APC ne permet pas de contourner les règles de mise en place des **conventions de forfait.** Ainsi, les articles L 3121-53 à L 3121-66 (n°s 30590 s.) s'appliquent si l'accord met en place ou modifie un dispositif de forfait annuel. En revanche, certaines de ces règles sont écartées en cas de modification de ces conventions par l'APC.

> Précisions **a.** Ne sont pas applicables, en cas de **simple modification** d'une **convention de forfait,** l'article L 3121-55 du Code du travail selon lequel la forfaitisation de la durée du travail doit faire l'objet de l'accord du salarié et d'une convention individuelle de forfait établie par écrit, et le 5° du I de l'article L 3121-64 du même Code, aux termes duquel l'accord prévoyant la conclusion de conventions individuelles de forfait en heures ou en jours sur l'année doit déterminer les caractéristiques principales des conventions individuelles, en particulier le nombre d'heures ou de jours compris dans le forfait.
b. Le fait qu'un salarié accepte un APC **instaurant** un **dispositif de forfait annuel** ne dispense pas l'employeur de recueillir ultérieurement son accord pour une application effective du forfait à sa situation (QR « L'accord de performance collective » min. trav. juillet 2020 n° 16).
c. En revanche, lorsque l'APC **modifie** un dispositif de forfait annuel, l'acceptation par le salarié de l'application de cet accord entraîne de plein droit l'application des stipulations de celui-ci relatives au dispositif de forfait annuel. Autrement dit, si le salarié a déjà conclu une convention individuelle de forfait et qu'un APC qu'il a accepté vient modifier l'accord collectif mettant en place le forfait, ces modifications s'imposent à lui. Le refus par le salarié de la modification de sa convention individuelle de forfait annuel vaut refus de l'accord et peut entraîner le prononcé de son licenciement sui generis selon les modalités visées nos 17480 s.

17580 **Clauses facultatives** L'accord **peut préciser** : C. trav. art. L 2254-2, II

– les modalités d'**information des salariés** sur son **application** et son **suivi** pendant toute sa durée, ainsi que, le cas échéant, l'examen de la situation des salariés au terme de l'accord ;
– les conditions dans lesquelles les **dirigeants salariés** exerçant dans le périmètre de l'accord et les **mandataires sociaux et les actionnaires** (dans le respect des compétences des organes d'administration et de surveillance) fournissent des efforts proportionnés à ceux demandés aux salariés ;
– les modalités selon lesquelles sont conciliées la **vie professionnelle** et la **vie personnelle et familiale** des salariés ;
– les modalités d'**accompagnement des salariés** refusant l'application de l'accord ainsi que l'**abondement** de leur **compte personnel de formation** au-delà du montant minimal visé n° 17595.

> Précisions Aucun **suivi spécifique** des accords n'est exigé. La définition des modalités de ce suivi fait simplement partie des clauses pouvant être insérées dans l'accord. Le CSE n'a pas de compétence pour examiner les conséquences de l'accord.

MISE EN ŒUVRE DE L'ACCORD

17585 **Information des salariés** L'employeur doit **informer** les salariés, par **tout moyen** conférant date certaine et précise, de l'existence et du contenu de l'accord, ainsi que du **droit** de chacun d'eux d'accepter ou de refuser l'application de cet accord à son contrat de travail. S'agissant de l'information des salariés **tout au long de l'application** de l'accord, voir n° 17580. C. trav. art. L 2254-2, IV

17590 **Acceptation du salarié** Si le salarié accepte l'application de l'accord, les stipulations de ce dernier se substituent de plein droit aux **clauses contraires et incompatibles** de son **contrat de travail,** y compris en matière de rémunération (sous réserve du respect des minima conventionnels hiérarchiques), de durée du travail et de mobilité professionnelle ou géographique interne à l'entreprise. C. trav. art. L 2254-2, III

Le Code du travail n'indique rien sur les **modalités** d'acceptation. Mais elles peuvent se déduire de celles prévues pour le refus (n° 17595). Ainsi, à défaut de refus dans les règles, cette acceptation peut, à notre sens, être **tacite.**

Sur les conséquences de l'acceptation de l'accord dans le cas où celui-ci modifie un dispositif de **forfait annuel,** voir n° 17573.

CONSEIL

La substitution aux clauses du contrat de travail soulève certaines questions. Notamment que se passe-t-il à l'**issue de la période d'application de l'accord** ? Le contrat de travail dans ses composantes (durée du travail, salaire, lieu de travail, notamment) a-t-il vocation à reprendre son cours antérieur ? Cette réactivation du contrat, quelle que soit la période d'application de l'accord, peut s'avérer impossible, par exemple si le lieu de travail a disparu par suite de la réorganisation de l'entreprise. Par ailleurs peut se poser le problème des **salariés recrutés pendant la période d'application** de l'accord. Leur contrat de travail sera-t-il conclu conformément au contenu de l'accord ? Si oui, quel sera leur sort à l'issue de l'application de celui-ci ? Autant de questions qu'il sera bon d'aborder en **phase de négociation** et de préciser dans l'accord, ainsi que le suggère l'article L 2254-2 du Code du travail (n° 17580).

17595 C. trav. art. L 2254-2, III à VI R 6323-3-2 **Refus du salarié** Le salarié dispose d'un **délai** d'un mois à compter de la date à laquelle il a été informé de l'existence et du contenu de l'accord pour faire connaître son refus par **écrit** à l'employeur.

Le salarié qui refuse s'expose à un **licenciement** qui repose sur un **motif spécifique,** ni économique ni personnel, constituant une **cause réelle et sérieuse.**

L'employeur dispose d'un **délai de 2 mois** à compter de la notification du refus du salarié pour engager une **procédure de licenciement** individuel pour motif personnel (nos 47450 s.). Il doit aussi observer les dispositions suivantes du Code du travail relatives à la rupture du contrat : articles L 1234-1 à L 1234-11 (préavis, indemnité compensatrice de préavis et indemnité de licenciement), L 1234-14 (règles spécifiques à certains salariés du secteur public), L 1234-18 (dispositions d'application réglant les conséquences du licenciement), L 1234-19 et L 1234-20 (certificat de travail et reçu pour solde de tout compte) du Code du travail.

Le salarié licencié peut s'inscrire et être accompagné comme **demandeur d'emploi** à l'issue du licenciement. Il est indemnisé selon les règles relatives à l'assurance chômage exposées nos 6480 s. et bénéficie, sauf stipulations plus favorables de l'accord de performance collective, d'un abondement de son **compte personnel de formation** (CPF) d'un montant minimal de 3 000 € versé par l'employeur (sur les modalités de ce versement, voir no 38200, a). L'accompagnement du salarié, comme l'abondement, peuvent aussi faire l'objet de dispositions spécifiques dans l'accord (no 17580).

› Précisions **a.** Le fait que le motif du licenciement soit présumé réel et sérieux n'interdit pas au salarié de **contester** ce licenciement devant le juge en cas de non-respect des règles de procédure auxquelles il est soumis (voir nos 48625 s.). Il devrait également pouvoir saisir le juge afin que ce dernier contrôle, d'une part la conformité de l'APC au regard de l'article L 2254-2 du Code du travail et, d'autre part, sa justification par l'existence des nécessités de fonctionnement de l'entreprise (ainsi jugé à propos des ex-accords de mobilité interne : Cass. soc. 2-12-2020 no 19-11.986 à 19-11.994 FS-PBRI : RJS 2/21 no 105).

b. L'abondement n'entre en compte ni dans le **calcul des droits** crédités annuellement sur le CPF ni dans le décompte du plafond de ce compte.

c. Le cas des salariés sous **CDD** n'a pas été envisagé. S'ils sont libres d'accepter l'application de l'accord, leur contrat ne devrait pas pouvoir être rompu en cas de refus. En effet, la rupture anticipée d'un CDD ne peut intervenir que dans certains cas (voir nos 19550 s.).

d. Sur le cas des salariés protégés, voir no 63405, c.

CONTRAT DE TRAVAIL À DURÉE DÉTERMINÉE

SOMMAIRE

ENCADREMENT DU TRAVAIL PRÉCAIRE

Le CDI étant le mode de recrutement de droit commun, le recours au CDD et au travail temporaire est strictement encadré par la loi, complétée par un accord national interprofessionnel qui s'applique à toutes les professions non agricoles (ANI du 24-3-1990 étendu et élargi par arrêtés du 9-10-1990 : JO 14). 19500 N-IX-1 s

Le **travail temporaire** est traité à part, sauf pour les règles communes avec les CDD qui sont exposées ici.

I. CONCLUSION DU CONTRAT

A. Cas de recours

Le recours au CDD n'est possible que pour l'exécution d'une tâche précise et temporaire, et seulement dans les cas exposés n°s 19560 à 19625 ou dans le cadre de la politique de l'emploi (n° 19630). 19550 N-IX-700 s

> **Précisions** **a.** La cause du recours au CDD **s'apprécie** à sa **date** de conclusion (Cass. soc. 11-4-1991 n° 87-41.349 P : RJS 6/91 n° 686 ; 3-10-2000 n° 98-44.431 D) ou lors de son renouvellement (Cass. soc. 1-2-2000 n° 97-44.952 P : RJS 3/00 n° 255).
> **b. Ne justifient** pas le recours à un CDD un stage probatoire de qualification à un emploi permanent (Circ. DRT 14 du 29-8-1992 réputée abrogée ; Cass. soc. 29-5-1991 n° 87-41.924 P : RJS 7/91 n° 816), une préembauche (Circ. DRT 14 du 29-8-1992 réputée abrogée) ou une réduction de l'activité de l'employeur (Cass. soc. 4-3-1992 n° 88-42.987 P : RJS 5/92 n° 586).

1. TÂCHE PRÉCISE ET TEMPORAIRE

Sauf embauche dans le cadre de la politique de l'emploi (n° 19630), un CDD ou un contrat de mission ne peut être conclu que pour l'exécution d'une tâche précise et temporaire. Il ne doit avoir ni pour objet ni pour effet de **pourvoir** durablement un emploi lié à l'**activité normale et permanente** de l'entreprise (de l'entreprise utilisatrice en cas de travail temporaire). 19555 C. trav. art. L 1242-1 L 1242-2 L 1251-5 L 1251-6 N-IX-980 s

> Précisions a. L'accord collectif permettant le recours au CDD pour des **salariés** occupant **en CDI** dans l'entreprise des emplois liés à son activité normale et permanente est nul (Cass. soc. 30-3-2011 n° 10-10.560 P : RJS 6/11 n° 504).

b. Le **caractère temporaire** de l'organisme **employeur** ne justifie pas la conclusion d'un CDD si le salarié occupe un emploi lié à l'activité normale et permanente de l'entreprise (Cass. soc. 4-12-1996 n° 93-44.892 D : RJS 1/97 n° 9).

c. Un CDD peut être conclu dans le cadre du portage salarial (n° 33060), avec des entraîneurs et **sportifs professionnels** (C. sport art. L 222-2-3 s.), des **joueurs professionnels de jeu vidéo** compétitif (Loi 2016-1321 du 7-10-2016 art. 102) ou pour la réalisation de **travaux de vendanges** (C. rur. art. L 718-4 à L 718-6 ; voir notre Documentation sociale N-IX-3780 s.).

a. Remplacement

19560 Un CDD ou un contrat de mission peut être conclu pour remplacer un salarié ou un chef d'entreprise et certaines personnes assimilées, **temporairement absents.**

Sur la possibilité de conclure un seul contrat pour remplacer **plusieurs salariés,** voir n° 19908.

> Précisions Le contrat peut **débuter avant l'absence** de la personne à remplacer, dans la limite du temps nécessaire à la transmission des instructions et à la mise au courant du remplaçant (Circ. DRT 18 du 30-10-1990 réputée abrogée).

Sur le **report du terme** du contrat **après le retour** de la personne remplacée, voir n° 19770, b.

REMPLACEMENT D'UN SALARIÉ

19565 C. trav. art. L 1242-2, 1° L 1251-6, 1° **N-IX-1100 s**

Absence Un CDD ou un contrat de mission peut être conclu pour remplacer un salarié absent ou dont le contrat est suspendu, qu'il soit en CDI, en CDD (Circ. DRT 14 du 29-8-1992 réputée abrogée) ou en contrat de travail temporaire (Circ. DRT 18 du 30-10-1990 réputée abrogée).

Le salarié remplacé peut être temporairement absent **de l'entreprise** (congés payés, congé maternité ou parental, congé maladie, etc.) (Circ. DRT 14 du 29-8-1992 réputée abrogée) ou **de son poste de travail** (Cass. soc. 25-2-2009 n° 07-43.513 FS-PB : RJS 5/09 n° 482 ; 4-4-2012 n° 10-20.007 F-D : RJS 6/12 n° 599). Sur le remplacement des salariés **grévistes,** voir n° 19640.

> Précisions a. Le remplacement peut n'être que **partiel** (Cass. soc. 15-10-2002 n° 00-40.623 FS-P : RJS 12/02 n° 1361). Le remplaçant n'effectuant alors qu'une partie des tâches du salarié absent peut être recruté avec une qualification inférieure à celle du titulaire du poste (Circ. DRT 14 du 29-8-1992 réputée abrogée), ce qui a des conséquences sur sa rémunération : voir n° 20040, b.

b. Le **remplacement en cascade,** consistant à affecter le salarié en CDD sur un poste autre que celui du salarié absent, le poste de ce dernier étant occupé provisoirement par un autre salarié de l'entreprise, est admis (Cass. soc. 22-11-1995 n° 91-44.480 PFR : RJS 1/96 n° 7 ; 25-2-2009 n° 07-43.513 FS-PB : RJS 5/09 n° 482). Sur les mentions du contrat dans ce cas, voir n° 19715, b. Sur la fin **du contrat** lorsque le CDD est conclu sans terme précis, voir n° 19830, c.

c. Le **salarié** remplacé doit être **identifié,** le CDD ne pouvant pas être conclu pour remplacer tout salarié absent (Cass. soc. 24-2-1998 n° 95-41.420 P : RJS 4/98 n° 421 ; 3-10-2000 n° 98-44.431 F-D) ou en raison de la réorganisation d'un service (Cass. soc. 16-9-2009 n° 08-42.102 F-D).

En cas de **nouvelle absence** du salarié remplacé, voir n° 19925.

d. L'**aménagement du terme de la mission** du salarié temporaire (n° 82175) ne constitue pas un cas d'absence permettant le recours au CDD (Cass. soc. 21-3-2000 n° 97-45.167 D : RJS 5/00 n° 506).

19570 C. trav. art. L 1242-2, 1° L 1251-6, 1° **N-IX-1650 s**

Passage provisoire à temps partiel Un CDD ou un contrat de mission peut être conclu pour remplacer un salarié en cas de passage provisoire à temps partiel, conclu par **avenant** à son contrat de travail ou par **échange écrit** entre ce salarié et l'employeur, mais pas pour exécuter le complément de travail de plusieurs salariés employés à temps partiel de façon permanente (Cass. soc. 12-7-1999 n° 96-45.473 P : RJS 10/99 n° 1232). Voir néanmoins n° 19908 sur la possibilité de conclure un seul contrat pour remplacer plusieurs salariés.

Sur le terme d'un CDD conclu pour remplacer un salarié en **temps partiel thérapeutique,** voir n° 19830.

19575 C. trav. art. L 1242-2, 1° L 1251-6, 1° **N-IX-1850 s**

Départ définitif d'un salarié avant la suppression de son poste Un CDD ou un contrat de mission peut être conclu en cas de départ définitif d'un salarié précédant la suppression de son poste de travail, après consultation du CSE, s'il existe.

> Précisions a. Ce cas vise le remplacement d'un salarié en CDI ayant définitivement quitté son poste de travail et ne pouvant pas être remplacé par un salarié en CDI en raison d'**arrêts d'activité** ou de **changements techniques** de production ou de matériels expressément prévus devant, dans un **délai** maximum de 24 mois, aboutir à des suppressions

d'emplois dans l'entreprise (ANI du 24-3-1990 art. 2).
La suppression du poste de travail peut donc faire suite à une mesure de réorganisation des effectifs qui doit avoir été précédée de la consultation du **CSE,** s'il existe (n° 9326).

b. Le recours au CDD ou au travail temporaire reste possible, sans consultation préalable, dans une **entreprise dépourvue de représentants du personnel,** que cette entreprise soit tenue ou non de les mettre en place (Rép. Charbonnel : AN 15-4-1991 ; Circ. DRT 14 du 29-8-1992 réputée abrogée).

Attente de l'entrée en service du nouveau titulaire du poste Un CDD ou un contrat de mission peut être conclu pour le remplacement d'un salarié dans l'attente de l'embauche définitive d'un salarié sous CDI appelé à le remplacer lorsque le candidat pressenti pour occuper le poste à pourvoir n'est pas immédiatement disponible. 19580

C. trav. art. L 1242-2, 1° L 1251-6, 1° N-IX-2000 s

› Précisions **a.** La **vacance** du poste à pourvoir **peut résulter** soit du départ définitif du salarié de l'entreprise, soit de sa mutation définitive sur un autre poste (Circ. DRT 18 du 30-10-1990 réputée abrogée). Il peut aussi s'agir d'un nouveau poste (Circ. DRT 14 du 29-8-1992 réputée abrogée).
b. Le poste considéré doit être pourvu par un **titulaire** déjà recruté mais momentanément indisponible, ce qui exclut de recourir au CDD dans l'attente d'un recrutement (Cass. soc. 9-3-2005 n° 03-40.386 FS-PB : RJS 5/05 n° 485 ; 22-9-2016 n° 15-17.654 F-D : RJS 12/16 n° 750 ; 15-1-2020 n° 18-16.399 F-PB : RJS 3/20 n° 124). Le nouveau titulaire du poste peut être un salarié de l'entreprise sous CDI ayant fait l'objet d'une **mutation interne** (Circ. DRT 14 du 29-8-1992 réputée abrogée).
c. Sur le **nom** du salarié remplacé à faire figurer sur le contrat, voir n° 19715, b.

REMPLACEMENT D'UN CHEF D'ENTREPRISE

Un CDD ou un contrat de mission peut être conclu pour remplacer : 19590

C. trav. art. L 1242-2, 4° et 5° L 1251-6, 4° et 5° N-IX-1750 s

– un chef d'entreprise **artisanale, industrielle ou commerciale,** une personne exerçant une **profession libérale,** son conjoint participant effectivement à l'activité de l'entreprise à titre professionnel et habituel ou un associé non salarié d'une société civile professionnelle, d'une société civile de moyens ou d'une société d'exercice libéral ;
– un chef d'exploitation ou d'entreprise **agricole,** un aide familial, un associé d'exploitation, ou leur conjoint participant effectivement à l'activité de l'exploitation ou de l'entreprise agricole.

› Précisions Le **remplacement partiel** d'un chef d'entreprise est possible si ce dernier a déjà préalablement exercé les fonctions confiées à son remplaçant. Ce dernier peut être affecté sur un site où le chef d'entreprise n'était pas présent physiquement mais qu'il dirigeait depuis un autre lieu (Cass. soc. 26-11-2008 n° 07-41.751 FS-PB : RJS 2/09 n° 144).

b. Accroissement temporaire d'activité

Un CDD ou un contrat de mission peut être conclu en cas d'accroissement temporaire de l'activité de l'entreprise. Ce cas de recours vise : 19600

C. trav. art. L 1242-2, 2° L 1242-5 L 1251-6, 2° L 1251-9 N-IX-2160 s NC-II-530 s

– l'**augmentation** temporaire de l'**activité** habituelle de l'entreprise (Circ. DRT 18 du 30-10-1990 réputée abrogée) ;
– l'exécution d'une **tâche occasionnelle,** précisément définie et non durable ne relevant pas de l'activité normale de l'entreprise : informatisation d'un service, audit, etc. (Circ. DRT 18 du 30-10-1990 réputée abrogée) ;
– la survenance dans l'entreprise, qu'il s'agisse de celle de l'entrepreneur principal ou d'un sous-traitant, d'une **commande exceptionnelle** à l'exportation dont l'importance nécessite la mise en œuvre de moyens quantitativement ou qualitativement exorbitants de ceux utilisés ordinairement ;
– les **travaux urgents** dont l'exécution immédiate est nécessaire pour prévenir des accidents imminents, organiser les mesures de sauvetage ou réparer les insuffisances du matériel, des installations ou des bâtiments présentant un danger pour les personnes (ANI du 24-3-1990 art. 3), les urgences à caractère économique étant exclues (JO déb. AN 2-6-1990 p. 1968).

L'accroissement temporaire de l'activité de l'entreprise n'a pas à présenter un caractère **exceptionnel** (Cass. soc. 21-1-2004 n° 03-42.754 FS-PBRI : RJS 3/04 n° 352 ; 23-2-2005 n° 02-40.336 FS-PB : RJS 5/05 n° 586).

Sur l'interdiction de conclure un CDD ou un contrat de mission au titre d'un accroissement temporaire d'activité en cas de **licenciement économique,** voir n°s 19645 s.

› Précisions **a.** L'employeur ayant recours à un CDD pour accroissement temporaire d'activité de l'entreprise n'est pas tenu d'**affecter le salarié** à des tâches directement liées à ce surcroît d'activité (Cass. soc. 18-2-2003 n° 01-40.470 FS-P ; 13-12-2006 n°s 05-44.956 FS-P et 05-44.580 FS-PB : RJS 2/07 n° 293).
b. En cas de **commande exceptionnelle** à l'exportation, le recours au CDD est subordonné à la consultation préalable du comité social et

économique (C. trav. art. L 1242-8-1). S'agissant du contrat de mission, la loi ne requiert plus expressément cette consultation depuis la recodification du Code du travail opérée en 2008 (C. trav. art. L 1251-12-1), sauf lorsque le contrat est conclu dans un établissement ayant procédé à un licenciement économique (voir n° 19650). Mais la recodification ayant eu lieu à droit constant, la consultation s'impose toujours selon nous. Sur conclusion de ces contrats dans un établissement ayant procédé à un licenciement économique voir n° 19650.

19605 ILLUSTRATIONS

L'accroissement temporaire de l'activité de l'entreprise peut résulter, notamment, de **variations cycliques de production** (Cass. soc. 21-1-2004 n° 03-42.754 : RJS 3/04 n° 352 ; 23-2-2005 n° 02-40.336 FS-PB : RJS 5/05 n° 586). Il peut correspondre à une production supplémentaire **liée à une saison** (Cass. soc. 25-3-2015 n° 13-27.695 FS-PB : RJS 6/15 n° 392). Toutefois, il doit y avoir une corrélation entre pics d'activité et recours au contrat précaire, à peine de requalification en CDI (Cass. soc. 15-3-2006 n° 04-48.548 F-PB : RJS 6/06 n° 784).

Le lancement de **nouveaux produits** relevant de l'activité normale de l'entreprise ne peut suffire, seul, à caractériser un accroissement temporaire de son activité (Cass. soc. 5-5-2009 n° 07-43.482 F-D).

c. Emplois saisonniers

19610 C. trav. art. L 1242-2, 3° L 1251-6, 3° N-IX-2650 s

Un CDD ou un contrat de mission peut être conclu pour des emplois saisonniers dont les tâches sont appelées à se répéter chaque année selon une périodicité à peu près fixe, en fonction du **rythme des saisons** ou des **modes de vie collectifs.**

> Précisions a. Pour pouvoir être qualifiées de saisonnières, les variations d'activité doivent être **régulières, prévisibles, cycliques,** ce qui les distingue du simple accroissement d'activité, et indépendantes de la volonté des employeurs ou des salariés (Circ. DRT 14 du 29-8-1992 réputée abrogée).

Le caractère saisonnier d'un emploi **s'apprécie au regard de l'activité** de l'entreprise employeur et non de celles de ses entreprises clientes (Cass. soc. 18-6-2002 n°s 99-42.003 D, 00-42.347 D et 00-43.727 D).

b. La notion d'emploi saisonnier n'est pas limitée à certains **secteurs d'activité** (Cass. soc. 10-1-1991 n° 87-45.059 D) mais concerne essentiellement l'agriculture, les industries agro-alimentaires et le tourisme (Circ. DRT 14 du 29-8-1992 réputée abrogée).

Une entreprise **ouverte toute l'année** mais dont l'activité touristique connaît un accroissement significatif chaque année à la même période peut conclure un CDD saisonnier s'il couvre uniquement cette période (Cass. soc. 19-9-2013 n° 12-18.001 F-D : RJS 12/13 n° 787).

En revanche, les emplois liés à l'organisation de l'**enseignement** ne sont pas des emplois saisonniers (Cass. soc. 13-11-1990 n° 87-44.964 P : RJS 12/90 n° 949).

d. Emplois d'usage

19620 C. trav. art. L 1242-2, 3° L 1251-6, 3° D 1242-1 D 1251-1 N-IX-2960 s

Un CDD ou un contrat de mission peut être conclu pour les emplois pour lesquels, dans certains secteurs d'activité définis par décret ou convention ou accord collectif étendu, il est d'usage constant de ne pas recourir au CDI en raison de la **nature de l'activité** exercée et du **caractère par nature temporaire** de ces emplois.

La **succession** de contrats **avec le même salarié** est alors autorisée si elle est justifiée par des raisons objectives, qui s'entendent de l'existence d'éléments concrets établissant le caractère par nature temporaire de l'emploi concerné (Cass. soc. 23-1-2008 n°s 06-44.197 FP-PB et 06-43.040 FP-PBR : RJS 3/08 n° 256 ; 9-10-2013 n° 12-17.882 FP-PBR : RJS 12/13 n° 788).

> Précisions a. Pour les CDD, le décret vise les **secteurs suivants** : exploitations forestières ; réparation navale ; déménagement ; hôtellerie-restauration, centres de loisirs et de vacances ; activités foraines ; sport professionnel ; spectacles, action culturelle, audiovisuel, production cinématographique, édition phonographique ; enseignement ; information, activités d'enquête et de sondage ; entreposage et stockage de la viande ; bâtiment et travaux publics pour les chantiers à l'étranger ; activités de coopération, d'assistance technique, d'ingénierie et de recherche à l'étranger ; activités de prêt de main-d'œuvre exercées par les associations intermédiaires (n° 33047) et les associations et entreprises de services à la personne (n° 33050) ; recherche scientifique réalisée dans le cadre d'une convention internationale, d'un arrangement administratif international pris en application d'une telle convention, ou par des chercheurs étrangers résidant temporairement en France.

La liste est identique pour le **travail temporaire,** à l'exception des activités des associations intermédiaires et des entreprises et associations de services à la personne et des activités foraines, non visées, et une cause de recours supplémentaire est prévue pour les activités d'assistance technique et logistique au sein d'institutions internationales ou de l'UE pour la tenue de sessions, d'une durée limitée, en application des règlements de ces institutions ou des traités.

b. Les secteurs visés correspondent à l'**activité principale** de l'entreprise (Cass. soc. 27-9-2006 n° 04-47.663 F-PB : RJS 12/06 n° 1329 ; 17-3-2016 n° 14-20.813 F-D : RJS 6/16 n° 400).

c. C'est à l'**employeur** de **prouver** que les CDD d'usage successifs conclus avec un salarié n'ont pas pour fonction de pourvoir durablement un emploi lié à l'activité normale de l'entreprise (Cass. soc. 20-11-2019 n° 18-15.696 F-D : RJS 2/20 n° 77). La détermination par **accord collectif** de la **liste précise des emplois** pour lesquels il peut être recouru au CDD d'usage ne dispense pas le juge de vérifier concrètement l'existence de raisons objectives établissant le **caractère** par nature **temporaire** de l'emploi concerné (Cass. soc. 30-11-2010 n° 09-68.609 FS-PB : RJS 2/11 n° 103 ; 9-10-2013 n° 12-17.882 FS-PBR : RJS 12/13 n° 788 ; 12-11-2020 n° 19-11.402 FS-PBI : RJS 1/21 n° 10). Le seul fait que les différents emplois occupés en CDD par un salarié aient été de **courte durée** ne suffit pas à l'établir (Cass. soc. 17-12-1997 n° 93-43.364 PB : RJS 2/98 n° 147).

CDD à objet défini

19625 C. trav. art. L 1242-2, 6° L 1242-8-2 L 1242-12-1 L 1243-1 L 1243-5 **N-IX-39600 s**

Un CDD peut être conclu avec des **ingénieurs et cadres** pour la réalisation d'un objet défini. Il obéit au droit commun, sous réserve des spécificités exposées ci-après.

Conclusion. Le recours à ce contrat doit être prévu par un **accord de branche étendu ou, à défaut, d'entreprise définissant** :

– les nécessités économiques auxquelles ce contrat est susceptible d'apporter une réponse adaptée ;

– les conditions dans lesquelles les salariés en CDD à objet défini bénéficient de garanties relatives à l'aide au reclassement, à la validation des acquis de l'expérience, à la priorité de réembauche et à l'accès à la formation professionnelle continue et peuvent, au cours du délai de prévenance, mobiliser les moyens disponibles pour organiser la suite de leur parcours professionnel ;

– les conditions dans lesquelles ces salariés ont priorité d'accès aux emplois en CDI dans l'entreprise.

Il ne peut pas être conclu pour faire face à un accroissement temporaire d'activité (ANI 11-1-2008, étendu par arrêté du 23-7-2008).

Mentions obligatoires. Établi par **écrit**, il comporte, outre les clauses visées n°s 19710 s., la mention « CDD à objet défini », l'intitulé et les références de l'accord collectif instituant ce contrat, une clause descriptive du projet et sa durée prévisible, la définition des tâches pour lesquelles le contrat est conclu, l'événement ou le résultat objectif déterminant la fin du contrat, le délai de prévenance de l'arrivée au terme du contrat et de la proposition éventuelle de poursuivre la relation contractuelle en CDI, la mention de la possibilité de rompre le contrat à la date anniversaire de sa conclusion, par l'une ou l'autre partie, pour un motif réel et sérieux et le droit pour le salarié à une indemnité de fin de contrat, si la rupture est à l'initiative de l'employeur.

Durée et terme. Le CDD à objet défini est conclu pour une durée comprise entre 18 mois et 36 mois et n'est pas renouvelable.

S'il est sans terme précis, il doit comporter une durée minimale. Il prend fin avec la réalisation de son objet, après un **préavis** d'au moins 2 mois.

Rupture et conséquences financières. Le CDD à objet défini peut être rompu **par anticipation** dans les cas prévus pour les CDD de droit commun ainsi que par l'une ou l'autre partie pour un motif réel et sérieux au bout de 18 mois, puis à la date anniversaire de sa conclusion, soit au 24e mois. En dehors de ces cas, la rupture du CDD à objet défini conclu sans terme précis avant la réalisation de son objet est abusive (Cass. soc. 4-3-2020 n° 19-10.130 FS-PB : RJS 5/20 n° 230).

L'**indemnité de fin de contrat** est due dans les mêmes conditions que pour les CDD de droit commun ainsi que :

– en cas de rupture à l'initiative de l'employeur, pour un motif réel et sérieux, au bout de 18 mois (Circ. DGT 5 du 17-3-2009) ou à la date anniversaire de sa conclusion ;

– en cas d'acceptation par le salarié, au terme du contrat, d'un CDI à des conditions moins avantageuses (ANI 11-1-2008, étendu par arrêté du 23-7-2008).

Elle est assujettie aux **prélèvements sociaux et fiscaux** sur les salaires (Circ. Acoss 81 du 16-10-2008 ; également, à propos des prélèvements sociaux : Circ. DSS 210 du 10-7-2009).

2. POLITIQUE DE L'EMPLOI

19630 C. trav. art. L 1242-3 L 1251-7 D 1242-3 **N-IX-4150 s**

Même s'il s'agit de pourvoir un emploi lié à l'activité normale et permanente de l'entreprise (Circ. DRT 8 du 2-5-2002 réputée abrogée ; Cass. soc. 16-3-1999 n° 97-41.768 PBR : RJS 4/99 n° 563 ; CE 23-6-2004 n° 260945 : RJS 11/04 n° 1179), un CDD ou un contrat de mission peut être conclu :

– au titre de dispositions légales visant à **favoriser le recrutement** de certaines catégories de **personnes sans emploi.** S'agissant du travail temporaire, le contrat s'adresse aux personnes rencontrant des difficultés sociales et professionnelles particulières et peut aussi être conclu au titre d'un accord de branche étendu ;

– lorsque l'employeur (ou, pour le travail temporaire, l'entreprise de travail temporaire et l'utilisateur) s'engage à **assurer un complément de formation** professionnelle au salarié.

Un contrat de mission peut en outre être conclu avec un **apprenti** dans les conditions exposées n° 3190.

Un CDD peut également être conclu dans le cadre d'activités de recherche, dans des conditions et selon des modalités, dérogatoires au droit commun des CDD et devant être précisées par décret (à paraître), non exposées ici (Loi 2020-1674 du 24-12-2020 art. 6 et 7 : JO 26).

› Précisions **a.** Pour le **travail temporaire,** ces dispositions sont mises en œuvre par 2 **accords étendus** (Accords du 7-9-2005 et du 26-9-2014).

La durée et les conditions dans lesquelles un complément de formation professionnelle est accordé peuvent être définies par décret (à paraître) ou par accord de branche étendu.

b. Les contrats destinés à favoriser l'embauche des **personnes sans emploi** sont essentiellement les contrats de formation en alternance ou d'insertion ainsi que ceux conclus avec des retraités exerçant une activité de tutorat auprès de salariés de leur ancienne entreprise.

c. Un CDD peut être conclu pour assurer un **complément de formation** professionnelle aux :

– candidats effectuant un stage en vue d'accéder à un établissement d'enseignement ;

– élèves ou anciens élèves d'un établissement d'enseignement effectuant un stage d'application ;

– étrangers venant en France pour acquérir un complément de formation professionnelle ;

– bénéficiaires d'une aide financière individuelle à la formation par la recherche ;

– salariés liés par un contrat de rééducation professionnelle prévu par la législation de sécurité sociale ou sur les travailleurs handicapés ;

– salariés occupant un emploi saisonnier, que l'employeur s'est engagé à reconduire pour la saison suivante : voir n° 38120, b.

3. LIMITES ET INTERDICTIONS

INTERDICTIONS

19640 C. trav. art. L 1242-6 L 4154-1 D 4154-1 s N-IX-4600 s

Même dans les cas de recours autorisés par la loi, il est interdit de conclure un CDD pour :

– remplacer un **salarié gréviste** (nos 11195 s.) ;

– effectuer des **travaux** particulièrement **dangereux** dont la liste est fixée par décret (voir notre Documentation sociale N-IX-44600 s.), sauf dérogation accordée par la Dreets (Direccte avant le 1-4-2021) préalablement à l'affectation du salarié à ces travaux (Cass. soc. 30-11-2010 n° 08-70.390 FS-PBR : RJS 2/11 n° 185).

LIMITES

19645 C. trav. art. L 1242-5 L 1251-9

Dans les **6 mois** suivant un **licenciement pour motif économique,** il est interdit de conclure un CDD ou de faire appel à un salarié temporaire au titre d'un **accroissement temporaire de l'activité,** y compris pour l'exécution d'une tâche occasionnelle, précisément définie et non durable, ne relevant pas de l'activité normale de l'entreprise. Cette interdiction porte sur les **postes concernés** par le licenciement dans l'établissement.

› Précisions **a.** Si le **poste** occupé par le salarié licencié ne peut pas être **isolé,** l'interdiction concerne les postes nécessitant la même qualification professionnelle dans l'unité de travail concernée par le licenciement (Circ. DRT 18 du 30-10-1990 réputée abrogée).

b. La période de **6 mois** court **à compter** de la date de notification du licenciement au salarié concerné (Circ. DRT 18 du 30-10-1990 réputée abrogée) et, en cas d'étalement dans le temps de licenciements économiques portant sur des postes de même qualification ne pouvant pas être isolés, de la notification du licenciement au dernier salarié de cette qualification (Circ. DRT 14 du 29-8-1992 réputée abrogée).

c. Le **non-respect** de cette interdiction entraîne non pas la requalification en CDI mais des **sanctions** pénales (n° 20350 pour le CDD et n° 82760 pour le travail temporaire).

19650 L'interdiction ne **s'applique pas** :

– si la durée du CDD ou du contrat de mission, non susceptible de renouvellement, n'excède pas 3 mois. La conclusion de contrats successifs et discontinus, quelle qu'en soit la durée, est interdite (Circ. DRT 14 du 29-8-1992 réputée abrogée) ;

– ou si le contrat est lié à la survenance dans l'entreprise d'une commande exceptionnelle à l'exportation, la conclusion du contrat précaire devant alors être précédée de l'information et la consultation du comité social et économique s'il existe (n° 19600).

Ces dérogations n'exonèrent pas l'employeur du respect de la priorité de réembauche à l'égard du salarié licencié.

› Précisions L'interdiction ne s'applique pas, sauf fraude, à un **établissement** d'une entreprise qui n'a procédé à aucun **licenciement économique,** mais qui, à la suite d'une réorganisation de l'entreprise, fait appel à des salariés sous CDD ou à des salariés temporaires pour accroissement temporaire de l'activité dans le cadre de la **reprise de l'activité d'un autre** établissement de l'entreprise ayant prononcé de tels licenciements (Circ. DRT 14 du 29-8-1992 réputée abrogée).

B. Forme et contenu

ÉTABLISSEMENT ET REMISE D'UN CONTRAT ÉCRIT

Le CDD doit être établi par écrit, faute de quoi il est réputé conclu pour une durée indéterminée. **19700** C. trav. art. L 1242-12 L 1242-13 L 1245-1 **N-IX-6300 s**

Il doit être transmis au salarié dans les 2 jours ouvrables suivant l'embauche, le jour de l'embauche ne comptant pas pour le calcul de ce délai (Cass. soc. 29-10-2008 n° 07-41.842 FS-PB : RJS 1/09 n° 17). À défaut, le salarié peut prétendre à une indemnité, à la charge de l'employeur, au plus égale à un mois de salaire, mais pas, pour ce seul manquement, à la requalification de son contrat.

Pour un **modèle** de contrat, voir notre Formulaire social.

> **Précisions** **a.** Malgré l'absence d'écrit, le salarié peut, s'il y a intérêt, apporter la **preuve** que le contrat verbal est à durée déterminée (Cass. soc. 10-7-2002 n° 00-44.534 FS-PBRI : RJS 11/02 n° 1208), mais pas l'employeur (Circ. DRT 18 du 30-10-1990 réputée abrogée ; Cass. soc. 21-5-1996 n° 92-43.874 PBR : RJS 7/96 n° 773 ; 9-7-2008 n° 07-40.804 F-D). Sur le droit à l'**indemnité de fin de contrat**, voir n° 20170, c.
> **b.** Est **assimilée à un défaut d'écrit** et entraîne donc la requalification en CDI l'absence de signature du contrat par les parties (Cass. soc. 14-11-2018 n° 16-19.038 FS-PB : RJS 1/19 n° 6) qu'il s'agisse de l'employeur (Cass. soc. 6-10-2016 n° 15-20.304 F-D : RJS 1/17 n° 8), seul le salarié pouvant s'en prévaloir (Cass. soc. 15-4-1992 n° 88-42.113 D), ou du salarié (Cass. soc. 22-10-1996 n° 95-40.266 D : RJS 12/96 n° 1238 ; 31-5-2006 n° 04-47.656 FS-PB : RJS 8-9/06 n° 927), sauf s'il a, de mauvaise foi ou frauduleusement, refusé de le signer (Cass. soc. 18-4-2000 n° 98-40.922D ; 7-3-2012 n° 10-12.091 FS-PB : RJS 5/12 n° 426 ; Cass. soc. 10-4-2019 n° 18-10.614 F-D : RJS 7/19 n° 406).
> **c.** En cas de recours au **Tese**, voir n° 24030.

MENTIONS OBLIGATOIRES

Motif du contrat Le CDD doit comporter la définition précise de son motif (Cass. soc. 5-12-1989 n° 83-44.316 D) et le cas légal de recours auquel celui-ci correspond (Cass. soc. 9-6-2017 n° 15-28.599 F-D : RJS 8-9/17 n° 548). Il appartient à l'employeur de prouver sa **réalité** (Cass. soc. 15-9-2010 n° 09-40.473 PBR : RJS 11/10 n° 834 ; 22-6-2011 n°s 10-14.781 F-D et 10-14.782 F-D). **19710** C. trav. art. L 1242-12 **N-IX-7100 s**

> **Précisions** **a.** Le CDD ne peut comporter qu'**un seul motif** de recours, à peine de requalification en CDI (Cass. soc. 23-1-2008 n° 06-41.536 FS-PB : RJS 4/08 n° 473). Le **juge** ne peut retenir un **motif** de recours **différent** de celui qui y est indiqué (Cass. soc. 4-12-1996 n° 94-42.987 PB : RJS 2/97 n° 124 ; 27-2-2001 n° 98-45.428 F-P : RJS 5/01 n° 572).
> **b.** Le recours au **CDD d'usage** ou **saisonnier** ne dispense pas l'employeur d'établir un contrat écrit comportant la définition précise de son motif (Cass. soc. 28-11-2006 n° 05-40.775 F-PB : RJS 2/07 n° 198 ; 2-3-2017 n° 16-10.038 F-D : RJS 5/17 n° 317).
> **c.** La mention dans un CDD qu'il est conclu pour faire face à un surcroît ou un **accroissement temporaire d'activité** constitue un motif précis (Cass. soc. 28-9-2005 n° 04-44.823 F-PB : RJS 12/05 n° 1178 ; 10-5-2012 n° 10-14.039 FS-D : RJS 7/12 n° 619).

Autres mentions Outre son motif, le contrat comporte, notamment, les mentions suivantes : **19715** C. trav. art. L 1242-12 **N-IX-7310 s**

- **nom et qualification** professionnelle de la personne remplacée en cas de remplacement (n°s 19560 s.) ;
- date du **terme** et, le cas échéant, une clause de **renouvellement** s'il comporte un terme précis (n°s 19770 s.) ;
- **durée minimale** pour laquelle il est conclu s'il est sans terme précis (n° 19825) ;
- désignation du **poste de travail** en précisant, le cas échéant, s'il figure sur la liste des postes de travail présentant des risques particuliers (n° 20060), de l'emploi occupé ou de la nature des activités auxquelles participe le salarié dans l'entreprise lorsque le contrat vise à lui assurer un complément de formation professionnelle (n° 19630) ;
- intitulé de la **convention collective** applicable ;
- durée de la **période d'essai** éventuellement prévue (n° 20020) ;
- montant de la **rémunération** et de ses différentes composantes, y compris les primes et accessoires de salaire, s'il en existe ;
- nom et adresse de la **caisse de retraite** complémentaire et, le cas échéant, de l'organisme de **prévoyance.**

> **Précisions** **a.** Le **droit européen** impose d'autres mentions, voir n° 16530, f.
> **b.** S'agissant de la **qualification professionnelle** de la personne remplacée, la mention des fonctions exercées par celle-ci suffit si elle renvoie à une qualification professionnelle issue de la grille de classification de l'entreprise (Cass. soc. 3-5-2018 n° 16-20.636 FS-PB : RJS 7/18 n° 470).

Il est conseillé de mentionner :
– pour le remplacement dans l'**attente de l'entrée en service** du titulaire du poste, les nom et qualification du salarié ayant effectivement quitté l'entreprise et ceux du salarié dont l'arrivée est prévue ;
– en cas de **remplacement en cascade,** le nom et la qualification du salarié réellement absent de l'entreprise ou de son poste de travail et ceux du salarié effectivement remplacé.
c. Sur les mentions supplémentaires en cas de **CDD à objet défini,** voir n° 19625.

19720 C. trav. art. L 1242-12 N-IX-7700 s

Omission d'une mention Selon l'article L 1242-12 du Code du travail, à défaut de **définition précise du motif** du contrat, celui-ci est réputé conclu pour une durée indéterminée, ce qui interdit à l'employeur d'apporter la preuve contraire. En revanche, la loi est muette sur la sanction de l'absence ou de l'inexactitude d'une autre mention obligatoire.

La jurisprudence semble opérer une distinction entre :
– les **mentions essentielles** du contrat, dont l'omission entraîne sa requalification automatique (Cass. soc. 28-9-2005 n° 03-44.757 FS-D : RJS 12/05 n° 1179 ; 16-2-2012 n° 10-20.113 F-D : RJS 5/12 n° 425) ;
– et les mentions destinées à l'**information** du salarié, dont l'absence ne suffit pas à requalifier le contrat (Cass. soc. 16-2-2011 n° 09-67.607 F-D : RJS 5/11 n° 398).

Seul le **salarié** peut **se prévaloir** de l'absence d'une mention obligatoire pour demander la requalification, voir n° 20325.

ILLUSTRATIONS

Constituent des **mentions essentielles** le nom ou la qualification du salarié remplacé (Cass. soc. 26-10-1999 n° 97-40.894 PB : RJS 12/99 n° 1444 ; 16-2-2012 n° 10-20.113 F-D : RJS 5/12 n° 425 ; 15-1-2020 n° 18-16.399 F-PB : RJS 3/20 n° 124) et l'indication d'une durée minimale dans un contrat sans terme précis (Cass. soc. 28-9-2005 n° 03-44.757 FS-D : RJS 12/05 n° 1179).

Ne présentent pas ce caractère la mention de la convention collective applicable (Cass. soc. 26-10-1999 n° 97-42.255 P : RJS 12/99 n° 1444), de la caisse de retraite complémentaire ou de prévoyance (Cass. soc. 28-2-2001 n° 98-45.096 F-D), du montant de la rémunération et de ses différentes composantes (Cass. soc. 20-5-2009 n° 07-43.245 F-D ; 16-2-2011 n° 09-67.607 F-D : RJS 5/11 n° 398), ou, s'agissant d'un contrat d'usage, du poste de travail, si l'emploi réellement occupé est par nature temporaire (Cass. soc. 21-9-2017 n° 16-17.241 FS-PB : RJS 12/17 n° 783).

C. Terme et durée

CONTRAT DE DATE À DATE

19770 C. trav. art. L 1242-7 L 1251-11 N-IX-9850 s

Terme Sauf dans les cas visés n° 19820, le CDD ou le contrat de mission doit, à peine de requalification, comporter un terme **précis** dès sa conclusion (dès la conclusion du contrat de mise à disposition dans le cas du contrat de mission), ce qui suppose la mention de la date de fin du contrat. Il prend fin à la date prévue ou, le cas échéant, à la fin de la période de renouvellement (n° 19790).

> Précisions **a.** Le contrat ne répond pas à l'**exigence de terme précis** s'il prévoit qu'il prend fin avec l'automatisation de la tâche confiée au salarié (Cass. soc. 19-6-1987 n° 84-45.379 P), à l'issue de la commercialisation d'un programme immobilier (Cass. soc. 22-1-1992 n° 88-42.842 P : RJS 2/92 n° 123), ou s'il est conclu pour une durée approximative (Cass. soc. 19-6-1990 n°s 86-43.589 D, 86-43.588 D et 86-43.590 D), pour une durée prévisible de 12 mois renouvelable (CA Paris 16-10-1987 n° 85-36510) ou pour une durée minimale de 3 ans (Cass. soc. 8-10-1987 n° 84-45.018 D).
b. Le terme du contrat conclu pour **remplacer** un salarié absent ou dont le contrat est suspendu peut être fixé à une date antérieure à celle du retour prévu du salarié absent (Cass. soc. 25-10-1989 n° 85-42.573 P : RJS 1/90 n° 81 ; 26-2-1991 n° 87-40.410 P ; Circ. DRT 18 du 30-10-1990 réputée abrogée) et peut être **reporté jusqu'au surlendemain** du jour où la personne remplacée reprend son emploi (C. trav. art. L 1243-7 et L 1251-31). Le remplaçant peut ainsi transmettre au titulaire du poste les instructions et consignes utiles. Le report de terme est possible aussi pour le remplacement des personnes visées n° 19590.
c. Ni le fait que l'**absence** du salarié remplacé soit **définitive** (CA Nîmes 24-4-1986 n° 84-2392 ; Circ. DRT 18 du 30-10-1990 réputée abrogée) ni le **retour** du salarié remplacé **avant le terme** fixé dans le contrat n'ont pour conséquence d'en avancer le terme (Circ. DRT 18 du 30-10-1990 réputée abrogée) et ne constituent un cas de force majeure permettant de le rompre par anticipation (Cass. soc. 8-11-1995 n° 92-40.399 P : RJS 12/95 n° 1230).

19780 C. trav. art. L 1242-8 L 1242-8-1

Durée La durée totale du CDD ou du contrat de mission peut être fixée par une **convention ou un accord de branche** étendu, celui de l'entreprise utilisatrice pour le contrat de mission. Cette durée totale ne peut avoir ni pour objet ni pour effet de pourvoir durablement un emploi lié à l'activité normale et permanente de l'entreprise.

À défaut de stipulation conventionnelle, la durée totale du contrat à durée déterminée ou de mission conclu pour l'exécution d'une tâche précise et temporaire visée nos 19555 à 19620 est, **en principe, limitée à** 18 mois, renouvellement inclus. L 1251-12 L 1251-12-1 **N-IX-10200 s**

Elle est **réduite à** 9 mois dans les cas suivants :

– attente de l'entrée en service effective d'un salarié recruté en CDI (n° 19580), que le CDD ou le contrat de mission soit conclu de date à date ou sans terme précis (Circ. DRT 18 du 30-10-1990 réputée abrogée) ;

– travaux urgents nécessités par des mesures de sécurité (n° 19600).

Elle est **portée à** 24 mois dans les cas suivants :

– contrat exécuté à l'étranger (quel que soit son motif : Circ. DRT 14 du 29-8-1992 réputée abrogée) ;

– départ définitif d'un salarié précédant la suppression de son poste (n° 19575) ;

– commande exceptionnelle à l'exportation (n° 19600), la durée initiale du contrat devant dans ce cas être au moins égale à 6 mois.

> Précisions a. La durée maximale de **18 mois** ne s'applique **en pratique** qu'en cas d'accroissement temporaire d'activité, sauf commande exceptionnelle à l'exportation ou travaux urgents nécessités par des mesures de sécurité. En effet, cette durée ne s'applique ni aux contrats d'usage (Cass. soc. 28-10-1997 n° 95-43.101 P : RJS 12/97 n° 1343 ; 13-10-1999 n° 97-41.829 D) ou saisonniers (n° 19610) ni à ceux conclus pour remplacer un salarié ou un chef d'entreprise absent (Cass. soc. 8-2-2006 n° 04-41.279 FS-PB : RJS 4/06 n° 402 ; 31-5-2007 n° 06-41.923 F-D). Sur la prise en compte de la période de **fermeture de l'entreprise pour congé** annuel dans l'appréciation de la durée maximale du contrat, voir n° 20080, a.

b. La durée des contrats conclus au titre de la **politique de l'emploi** et de la formation (n° 19630) est fixée par la réglementation spécifique à chacun. Pour chaque contrat, on se reportera donc à l'étude qui lui est consacrée dans les rubriques « Apprentissage » et « Contrats d'insertion ».

Pour les contrats destinés à assurer un **complément de formation professionnelle,** la durée maximale est fixée à 24 mois (C. trav. art. D 1242-6).

Une **durée spécifique** s'applique dans les hypothèses suivantes (C. trav. art. D 1242-6) :

– élève ou ancien élève d'un établissement d'enseignement effectuant un stage dont la durée est fixée par voie réglementaire : le contrat est alors conclu pour cette durée ;

– étranger soumis au régime de l'autorisation de travail : le contrat est conclu pour la durée de l'autorisation ou, le cas échéant, de son renouvellement ;

– embauche d'un bénéficiaire d'une aide financière individuelle à la formation par la recherche : période donnant lieu à l'octroi de l'aide.

Aucune durée maximale n'est prévue pour le contrat de rééducation professionnelle.

Sur la durée du **CDD à objet défini,** voir n° 19625.

c. Sur la possibilité de déroger à la durée maximale du contrat en cas d'**exposition** du salarié à des **rayonnements ionisants,** voir n° 20160, a.

Renouvellement Une **convention** ou un **accord de branche** étendu (celui de l'entreprise utilisatrice pour le contrat de mission) peut fixer, pour le CDD et le contrat de mission **à terme précis,** le nombre maximal de renouvellements du contrat. Ce nombre ne peut avoir ni pour **objet** ni pour **effet** de pourvoir durablement un emploi lié à l'activité normale et permanente de l'entreprise. À défaut de stipulation conventionnelle, ces contrats sont renouvelables **2 fois** pour une **durée** déterminée qui, ajoutée à celle du contrat initial, ne peut pas excéder la durée maximale conventionnelle ou, à défaut, légale mentionnée au n° 19780. La durée de chaque renouvellement peut dépasser celle du contrat initial. **19790** C. trav. art. L 1243-13 L 1243-13-1 C. trav. art. L 1251-35 L 1251-35-1 **N-IX-10500 s**

> Précisions a. Ces dispositions ne sont **pas applicables** aux contrats conclus dans le cadre de la politique de l'emploi et de la formation (n° 19630), aux contrats de courte durée conclus dans un établissement ayant procédé à un licenciement économique (n° 19650), aux contrats de mission dont le terme a été aménagé (n° 82175, a) et au CDD à objet défini (n° 19625).

b. Sur la prorogation du CDD des salariés exposés à des **rayonnements ionisants,** voir n° 20160, a.

Si les conditions de renouvellement ne figurent pas dans le contrat, elles doivent faire l'objet d'un **avenant** soumis au salarié avant l'arrivée du terme du contrat initial (ou selon nous, de l'avenant du premier renouvellement). À notre sens, pour le travail temporaire, cette obligation concerne tant le contrat de mise à disposition que le contrat de mission. À défaut, la poursuite du travail au-delà de ce terme ne vaut pas accord du salarié au renouvellement de son contrat (Cass. soc. 5-10-2016 n° 15-17.458 FS-PB : RJS 12/16 n° 751) et entraîne requalification en CDI (Cass. soc. 5-10-2016 n° 15-17.458 FS-PB : RJS 11/16 n° 751). **19800**

> Précisions a. Le renouvellement n'est **licite** que si, à la date où il intervient, le recours à ce type de contrat est toujours justifié (n° 19550, a).

b. La présence d'une clause de renouvellement, automatique ou non, dans un **CDD conclu pour la durée maximale** autorisée suffit à lui conférer la nature de CDI (Cass. soc. 3-12-1987 n° 85-40.604 P).

c. La présence d'une clause de renouvellement dans le contrat initial, autre qu'une clause de renouvellement automatique, n'**oblige** pas **l'employeur** à le renouveler à l'arrivée du terme, sauf s'il s'y était engagé (Cass. soc. 9-5-1990 n° 87-44.763 D : RJS 7/90 n° 556), ou en cas d'abus de droit (Cass. soc. 4-6-1969 n° 68-40.489) ou de discrimination (n° 32060).

Toutefois, la décision de l'employeur de ne pas user de la clause de renouvellement du CDD est soumise à des conditions particulières pour le salarié victime d'un **accident du travail** (n° 275), les **représentant du personnel** (n° 63460) et le **médecin du travail** (n° 72290, a). Sur la procédure particulière applicable en cas de non-renouvellement du contrat de mission d'un **représentant du personnel** ou d'un délégué syndical, voir n° 63465.

d. Le renouvellement ne se confond pas avec la conclusion d'un nouveau contrat et n'autorise donc pas l'employeur à le **modifier** unilatéralement (Cass. soc. 1-2-2000 n° 97-44.100 P : RJS 5/00 n° 508).

e. Lorsqu'un CDD de date à date est **renouvelé pour un terme imprécis,** l'avenant de renouvellement doit comporter une **durée minimale,** comme le CDD à terme imprécis lui-même (Cass. soc. 25-6-2013 n° 11-27.390 FS-PB : RJS 10/13 n° 656).

f. Sur l'**indemnité de fin de contrat ou de fin de mission** due au salarié refusant le renouvellement ou rompant son contrat pendant cette période, voir n° 20170 (CDD) et n° 82505, a (contrat de mission).

g. Sur le droit du salarié refusant le renouvellement de son contrat aux **allocations de chômage,** voir n° 6530.

19810 **Mesures Covid-19**

Jusqu'au 30-6-2021, par **dérogation** aux articles L 1242-8, L 1243-13, L 1244-3, L 1244-4, L 1251-12, L 1251-35, L 1251-36 et L 1251-37 du Code du travail, un **accord collectif** d'entreprise (conclu au sein de l'entreprise utilisatrice pour le travail temporaire) peut :

– fixer le nombre maximal de **renouvellements** possibles pour un CDD. Ce nombre ne peut avoir ni pour objet ni pour effet de pourvoir durablement un emploi lié à l'activité normale et permanente de l'entreprise. Cette disposition n'est pas applicable aux CDD conclus en application de l'article L 1242-3 du Code du travail, c'est-à-dire à ceux conclus dans le cadre de la politique de l'emploi ;

– fixer le nombre maximal de renouvellements possibles pour un contrat de mission. Ce nombre ne peut avoir ni pour objet ni pour effet de pourvoir durablement un emploi lié à l'activité normale et permanente de l'entreprise utilisatrice ;

– fixer les modalités de calcul du **délai de carence** entre 2 contrats prévu aux articles L 1244-3 et L 1251-36 du Code du travail ;

– prévoir les cas dans lesquels ce délai de carence n'est pas applicable (Ord. 2020-1597 du 16-12-2020) : voir FRS 1/21 inf. 2 p. 4.

CONTRAT SANS TERME PRÉCIS

19820 Le CDD ou le contrat de mission peut ne pas comporter un terme précis lorsqu'il est conclu dans l'un des **cas suivants** :

C. trav. art. L 1242-7 L 1251-11 N-IX-11600 s

– remplacement d'un salarié (n°s 19565 s.), même pour une absence dont la **durée légale** est **connue** d'avance (Cass. soc. 9-6-1988 n° 86-41.967 D ; Circ. DRT 18 du 30-10-1990 réputée abrogée), ou d'une personne mentionnée n° 19590 ;

– attente de l'entrée en service effective d'un salarié recruté par CDI (n° 19580) ;

– emplois saisonniers (n° 19610) ou d'usage (n° 19620) ;

– CDD à objet défini : n° 19625.

19825 **Durée** Le contrat sans terme précis doit comporter une durée **minimale,** librement fixée par les parties (Circ. DRT 18 du 30-10-1990 réputée abrogée), à peine de requalification (jurisprudence constante, notamment Cass. soc. 30-9-2014 n° 13-13.522 : RJS 1/15 n° 7).

N-IX-11850 s

Il n'est soumis à aucune durée **maximale** (Circ. DRT 18 du 30-10-1990 réputée abrogée ; Cass. soc. 26-10-1999 n° 97-42.255 P : RJS 12/99 n° 1444 ; 4-2-2009 n° 08-40.184 FS-PB : RJS 4/09 n° 320), sauf s'il est conclu dans l'attente de l'entrée en service effective d'un salarié recruté par CDI (n° 19580), pour la réalisation d'un objet défini (n° 19625) ou avec des travailleurs saisonniers étrangers (n° 35610, c).

> **Précisions** **a.** Un contrat conclu sans terme précis pour la durée du congé de maternité de la salariée remplacée répond, par son objet même, à l'exigence légale d'une **durée minimale,** en raison de l'interdiction d'emploi des femmes enceintes ou accouchées : n° 51250 (Cass. soc. 16-7-1997 n° 94-42.398 PB : RJS 10/97 n° 1073).

b. La durée **maximale** de 19 années prévue pour un contrat d'usage conclu avec un artiste dans le secteur de l'édition phonographique n'est pas une cause de requalification en CDI, dès lors que le contrat comporte une durée minimale et un objet suffisamment défini (Cass. soc. 4-2-2009 nº 08-40.184 FS-PB : RJS 4/09 nº 320).

Détermination du terme Le contrat conclu sans terme précis a pour terme la **fin de l'absence** de la personne remplacée ou la **réalisation de l'objet** pour lequel il a été conclu. 19830 N-IX-12500 s
L'employeur n'a pas à **notifier par écrit** au salarié la rupture de son CDD en raison de l'arrivée à terme (Cass. soc. 18-9-2019 nº 18-12.446 FS-PB : RJS 11/19 nº 618).

Sur le **report du terme** du contrat conclu pour remplacer une **personne absente,** voir nº 19770, b.

> Précisions a. Bien que les textes ne le prévoient pas, l'administration a admis que, en cas de **réalisation de l'objet** du contrat conclu sans terme précis avant l'**expiration de la durée minimale,** le contrat a pour terme le dernier jour de la période minimale (Circ. DRT 18 du 30-10-1990 réputée abrogée).
En revanche, la rupture du CDD à l'expiration de la durée minimale alors que l'objet du contrat n'est pas réalisé s'analyse en une rupture anticipée (Cass. soc. 15-10-2014 nº 13-18.582 FS-PB : RJS 1/15 nº 9).
b. Si le contrat est conclu jusqu'au retour du **salarié remplacé,** le fait que l'intéressé **prolonge son absence** initiale pour un nouveau motif est indifférent : le contrat prend fin à son retour (Cass. soc. 16-11-2005 nº 03-44.957 FS-P : RJS 2/06 nº 173 ; 10-4-2013 nº 12-13.282 F-D : RJS 7/13 nº 513 ; 6-11-2019 nº 18-10.799 F-D : RJS 2/20 nº 79). Si, en revanche, le contrat est conclu pour assurer le remplacement d'un salarié pour un motif précis (ex. : congé maternité), et que l'absence se poursuit pour un autre motif (ex. : congé parental), le terme du contrat est en principe la réalisation du motif initial (ex. : fin du congé de maternité) (Cass. soc. 28-10-1992 nº 89-44.388 P : RJS 12/92 nº 1347), sauf si le contrat se poursuit pendant la prolongation, auquel cas il a pour terme la reprise effective du travail par le salarié remplacé (Cass. soc. 9-3-2005 nº 02-44.927 FS-PBRI : RJS 5/05 nº 487). Le CDD conclu pour remplacer un salarié en temps partiel thérapeutique prend fin à l'issue du temps partiel thérapeutique même si le salarié remplacé choisit de rester à temps partiel (Cass. soc. 23-11-2016 nº 14-10.652 FS-PB : RJS 2/17 nº 84).
c. En cas de **remplacement en cascade** (nº 19565, b), le contrat conclu sans terme précis prend fin au retour du salarié dont l'absence a constitué le motif de recours à ce contrat, peu important le remplacement par glissement effectué par l'employeur (Cass. soc. 24-6-2015 nº 14-12.610 FS-PB : RJS 10/15 nº 621).
d. Si l'**absence** du salarié remplacé est **définitive,** le contrat doit se poursuivre tant que le contrat de travail du salarié remplacé n'est pas rompu (Cass. soc. 17-12-1991 nº 88-42.342 PF : RJS 2/92 nº 122 ; 30-1-2002 nº 99-46.375 F-D : RJS 4/02 nº 402). C'est à l'employeur de prouver la cessation définitive du contrat du salarié remplacé (Cass. soc. 13-5-2003 nº 01-40.809 FS-PBI : RJS 7/03 nº 855), par exemple en justifiant de son départ à la retraite (Cass. soc. 17-12-1997 nº 95-42.913 PB : RJS 2/98 nº 149), de son licenciement économique (Cass. soc. 26-3-2002 nº 00-40.652 FS-P : RJS 6/02 nº 658 ; 20-4-2005 nº 03-41.490 F-PB : RJS 7/05 nº 715) ou de son décès et d'en informer le salarié remplaçant dans un délai raisonnable (Cass. soc. 4-2-2009 nº 07-42.954 FS-PB : RJS 4/09 nº 321). Si la durée minimale n'est pas expirée, le contrat doit se poursuivre jusqu'à la fin de celle-ci (Circ. DRT 18 du 30-10-1990 réputée abrogée).

D. Contrats successifs

AVEC LE MÊME SALARIÉ

La conclusion de CDD successifs **sans interruption** avec le même salarié n'est possible qu'en cas de remplacement (nºs 19560 s.) et pour les emplois saisonniers (nº 19610) ou d'usage (nº 19620). 19900 C. trav. art. L 1244-1 N-IX-31500 s

En dehors de ces cas, il est possible de conclure un nouveau contrat avec le même salarié après un certain délai mais, si ce délai est bref, le juge pourra considérer qu'il y a fraude à la loi (Circ. DRT 18 du 30-10-1990 réputée abrogée ; Cass. soc. 6-5-1998 nº 95-45.027 P : RJS 6/98 nº 708 ; 30-6-2010 nº 08-43.730 F-D).

> Précisions a. La succession de CDD avec le même salarié n'est licite que si **chaque contrat** est conclu pour un **motif** permettant une telle succession (Cass. soc. 16-7-1987 nº 84-45.111 P ; 3-7-1991 nº 87-44.773 PF : RJS 10/91 nº 1076 ; 3-6-2009 nº 08-40.517 F-D).
b. À peine de requalification en CDI, la succession de contrats doit être **formalisée** par la conclusion, chaque fois, d'un **nouveau contrat** (Cass. soc. 6-10-1988 nº 85-44.277 D), cette succession n'ayant pas pour effet de créer entre les parties une relation de travail à durée indéterminée (Cass. soc. 12-3-1987 nº 85-43.256 P ; 13-12-1995 nº 92-41.743 D : RJS 3/96 nº 253).

19905 N-IX-31800 s **Remplacement d'un salarié** La succession de contrats avec un même salarié pour **remplacer successivement plusieurs salariés** est limitée par l'interdiction de pourvoir durablement par ce moyen un **emploi lié à l'activité normale et permanente de l'entreprise** (nº 19555). Il n'est donc pas possible de recourir systématiquement aux CDD de remplacement pour des besoins structurels de main-d'œuvre (Cass. soc. 26-1-2005 nº 02-45.342 FS-PBRI : RJS 4/05 nº 350 ; 11-10-2006 nº 05-42.632 F-PB : RJS 12/06 nº 1253), étant précisé que le seul fait de recourir à des CDD de remplacement de manière récurrente, voire permanente, ne suffit pas à caractériser cette situation (Cass. soc. 14-2-2018 nº 16-17.966 FS-PB : RJS 4/18 nº 240).

ATTENTION

Il n'est pas possible de conclure avec un **même salarié** pour une **même absence** et de façon continue plusieurs CDD de date à date sur le **même poste.** En effet, le respect du délai visé nº 19920 s'impose, sauf nouvelle absence du salarié remplacé (nº 19925).

19906 ILLUSTRATIONS

A ainsi été requalifiée en CDI la succession de 94 contrats sur 4 ans avec un salarié conservant la même qualification et le même salaire, quel que soit le remplacement assuré (Cass. soc. 4-12-1996 nº 93-41.891 PB : RJS 1/97 nº 13). Il en va de même si le salarié est, lors de ses remplacements successifs, maintenu dans les mêmes tâches (Cass. soc. 16-7-1997 nº 94-42.398 PB : RJS 10/97 nº 1073 ; 26-1-2005 nº 02-45.342 FS-PBRI : RJS 4/05 nº 350), avec la même qualification (Cass. soc. 29-9-2004 nº 02-43.249 F-PB : RJS 12/04 nº 1251) ou encore si le salarié occupe pendant 3 ans le même poste (et occasionnellement un autre poste) avec la même rémunération pour des remplacements proposés au dernier moment, ce qui l'oblige à rester à la disposition de l'employeur (Cass. soc. 23-1-2019 nº 17-21.796 F-D : RJS 10/19 nº 554).

19908 Lorsqu'un salarié est engagé sous CDD pour assurer des remplacements successifs il doit être conclu avec lui autant de **contrats écrits** qu'il y a de salariés à remplacer, sous peine de requalification (Cass. soc. 28-6-2006 nº 04-40.455 FS-PB : RJS 10/06 nº 1034 ; 9-6-2017 nº 15-28.599 F-D : RJS 8-9/17 nº 548). Chaque contrat doit mentionner nommément la personne remplacée (Cass. soc. 13-12-1995 nº 92-41.743 D : RJS 3/96 nº 253) et sa qualification (nº 19715). Cette obligation s'impose également en cas de recours à un salarié temporaire (Circ. DRT 18 du 30-10-1990 réputée abrogée).

19910 C. trav. art. L 1244-2 L 1244-2-1 L 1244-2-2 N-IX-32100 s **Contrats saisonniers** La faculté de conclure des CDD saisonniers successifs avec le même salarié n'étant assortie d'aucune limite, le **renouvellement** de tels contrats **pendant une longue période** n'est pas en soi de nature à créer une relation de travail globale à durée indéterminée entre les parties (Cass. soc. 15-10-2002 nº 00-41.759 FS-P : RJS 12/02 nº 1362 ; 26-10-2011 nº 09-43.205 FS-PB : RJS 1/12 nº 12).

Toutefois, le renouvellement du contrat peut créer une telle relation si, par exemple, un salarié est employé chaque année depuis 22 ans, pendant toute la période d'ouverture, ou de fonctionnement dans le cas d'une entreprise ne fonctionnant qu'une partie de l'année (Cass. soc. 13-12-1995 nº 92-42.713 D : RJS 2/96 nº 101 ; 18-1-2018 nº 16-23.836 FS-D : RJS 3/18 nº 163).

> **Précisions** Pour calculer l'**ancienneté** du salarié, il faut tenir compte de la durée cumulée des CDD saisonniers successifs dans une même entreprise. Pour la Cour de cassation, il en va ainsi, qu'ils contiennent ou non une clause de reconduction (Cass. soc. 30-9-2014 nº 13-21.115 FS-PB : RJS 12/14 nº 835). Dans les **branches,** définies par arrêté (Arrêté ETST1713866A du 5-5-2017), où l'emploi saisonnier est particulièrement développé, à défaut de stipulations conventionnelles, les CDD saisonniers dans une même entreprise sont considérés comme successifs s'ils sont conclus sur une ou plusieurs saisons, y compris s'ils ont été interrompus par des périodes sans activité dans l'entreprise.

19915 Les **contrats de travail** saisonniers peuvent comporter une **clause de reconduction** pour la saison suivante. Jugé, dans un tel cas, que le renouvellement du contrat crée une relation de travail à durée indéterminée entre les parties (Cass. soc. 15-10-2002 nº 00-41.759 FS-P : RJS 12/02 nº 1362 ; 16-11-2004 nº 02-46.777 F-PB : RJS 2/05 nº 130).

Une **convention ou un accord collectif** peut prévoir que tout employeur ayant occupé un salarié dans un emploi à caractère saisonnier lui propose, sauf motif réel et sérieux, un emploi de même nature, pour la même saison de l'année suivante. Ce texte en définit alors les conditions, notamment la période d'essai, et prévoit dans quel délai la proposition est faite avant le début de la saison et le montant minimum de l'indemnité due à l'intéressé s'il ne l'a pas reçue. Cette clause a pour seul effet d'octroyer une **priorité d'emploi** au salarié et ne peut pas être assimilée à une clause contractuelle de reconduction automatique du contrat de travail pour la saison suivante. Elle ne crée pas une relation de travail à durée indéterminée (Cass. soc. 30-5-2000 n° 98-41.134 FS-P : RJS 7-8/00 n° 775 ; Cass. soc. 8-7-2015 n° 14-16.330 FS-PB : RJS 10/15 n° 620).

En revanche, si une clause conventionnelle prévoit le **renouvellement de plein droit** du contrat d'une année sur l'autre, sauf refus fondé sur un motif défini, la relation qui se crée a une durée indéterminée (Cass. soc. 1-2-2000 n° 97-41.304 P : RJS 3/00 n° 256 ; 18-11-2003 n° 01-43.549 FS-PB : RJS 2/04 n° 177). La rupture du contrat est alors subordonnée à l'existence d'une cause réelle et sérieuse (Cass. soc. 29-10-2002 n° 00-42.211 FS-PB : RJS 1/03 n° 15 ; 18-11-2003 n° 01-43.549 FS-PB : RJS 2/04 n° 177).

S'agissant de la procédure applicable lorsque le salarié est **représentant du personnel,** voir n° 63460.

> Précisions a. Le non-respect de la **procédure conventionnelle** de proposition d'un emploi de même nature pour la saison suivante ouvre droit, pour le salarié, à des dommages-intérêts (Cass. soc. 3-5-2016 n° 14-30.085 FS-PB : RJS 7/16 n° 478).

b. Dans les **branches,** définies par arrêté (Arrêté ETST1713866A du 5-5-2017), où l'**emploi saisonnier** est très **développé,** à défaut de texte conventionnel, tout salarié embauché sous CDD saisonnier bénéficie d'un **droit à la reconduction** de son contrat s'il a effectué au moins 2 mêmes saisons dans l'entreprise sur 2 années consécutives et si l'employeur dispose d'un emploi saisonnier à pourvoir, compatible avec sa qualification.
L'employeur l'informe de son droit par tout moyen permettant de conférer date certaine à l'information, sauf motif dûment fondé. Il doit également l'informer des conditions de reconduction de son contrat avant l'échéance de celui-ci, par tout moyen conférant date certaine à l'information.

SUR LE MÊME POSTE

19920 C. trav. art. L 1244-3 L 1244-3-1 L 1251-36 L 1251-36-1 N-IX-33500 s

À l'issue d'un CDD ou d'un contrat de mission, il ne peut être recouru, pour pourvoir le poste du salarié dont le contrat a pris fin, ni à un CDD ni à un contrat de travail temporaire, avant l'expiration d'un **délai de carence** égal :

– au tiers de la durée du contrat initial, renouvellement inclus, si cette durée est de 14 jours ou plus ;

– à la moitié de la durée du contrat initial, renouvellement inclus, si cette durée est inférieure à 14 jours.

Le délai entre 2 contrats successifs sur le même poste s'applique, que le nouveau contrat soit conclu avec le **même salarié ou un autre.**

Sans préjudice de l'interdiction de pourvoir durablement un emploi lié à l'activité normale et permanente de l'entreprise (n° 19555), une **convention** ou un **accord de branche** étendu peut fixer les modalités de calcul du délai de carence. S'agissant des contrats de mission, c'est le texte conventionnel de l'entreprise utilisatrice qui peut prévoir ce calcul. À défaut, les dispositions légales s'appliquent.

> Précisions a. La notion d'**identité de poste** s'apprécie en fonction de la nature des travaux confiés au salarié et non de la localisation géographique de leur exécution (Circ. DRT 18 du 30-10-1990 et 14 du 29-8-1992 réputées abrogées ; Cass. soc. 31-10-1989 n° 86-43.137 P : RJS 12/89 n° 976), ou de la qualification mentionnée (Cass. crim. 28-5-1991 n° 90-82.359 PF : RJS 8-9/91 n° 1038). Si le poste ne peut pas être isolé, il faut se référer à l'ensemble des emplois nécessitant la même qualification dans l'unité de travail (Circ. DRT 14 du 29-8-1992 réputée abrogée).

b. Un **salarié absent** ne peut pas être **remplacé par plusieurs salariés successifs** embauchés par CDD ou contrat de travail temporaire, sauf nouvelle absence (n° 19925), suspension du CDD ou du contrat de mission du remplaçant (n° 20080, c), rupture anticipée due à son fait ou refus par celui-ci du renouvellement de son contrat (Circ. DRT 18 du 30-10-1990 réputée abrogée).

c. La **durée du contrat** servant de base au calcul du délai de carence **s'apprécie** en jours calendaires (Circ. DRT 8 du 2-5-2002 réputée abrogée).

d. Le **délai de carence** se **calcule** en jours d'ouverture de l'entreprise ou de l'établissement. Par « jours d'ouverture de l'entreprise », il faut entendre jours d'activité. Cette notion ne se confond pas avec les jours d'ouverture aux clients ou aux fournisseurs. Quand une partie de l'établissement présente un nombre de jours d'activité supérieur à celui du salarié, on retient cette durée comme référence, étant entendu que des activités annexes comme le gardiennage ne sont pas des périodes d'ouverture de l'établissement (Circ. DRT 8 du 2-5-2002 réputée abrogée).

e. Le CDD conclu sans respecter ce délai, légal ou conventionnel, est réputé à durée indéterminée (n° 20320) et donne lieu à l'application de **sanctions** pénales (n° 20350). Pour le travail temporaire, seules des sanctions pénales sont prévues (n° 82760), mais la jurisprudence applique également la requalification en CDI (n° 82725, a).

19922 EXEMPLE

Un contrat a débuté le 20 janvier 2021, a été prolongé à compter du 24 février et est arrivé à terme le 5 mars. Sa durée a donc atteint 45 jours calendaires (de date à date), le salarié étant employé du lundi au vendredi.

Un des ateliers de l'établissement fonctionne du lundi au samedi, sauf jours fériés.

Le délai de carence légal est ici égal à un tiers de 45 = 15 jours. Décompté à partir du samedi 6 mars, il s'étend jusqu'au mardi 23 mars. Un nouveau contrat pourra donc être conclu à effet du mercredi 24 mars (d'après Circ. DRT 8 du 2-5-2002 réputée abrogée).

19925 C. trav. art. L 1244-4 L 1244-4-1 L 1251-37 L 1251-37-1 N-IX-34040 s

Le délai de carence ci-dessus n'est toutefois **pas applicable** dans les **cas suivants** :

– nouvelle absence du salarié remplacé lorsque le contrat est conclu pour remplacer un salarié temporairement absent ou dont le contrat de travail est suspendu (nº 19565), entendue comme toute absence régulièrement justifiée par la production d'un nouveau document (ex. : envoi d'un arrêt de travail prolongeant l'arrêt initial) ou toute absence dont la nature est distincte de la précédente (ex. : congé parental d'éducation faisant suite à un congé de maternité) (Circ. DRT 14 du 29-8-1992 réputée abrogée) ;

– contrat conclu pour remplacer un chef d'entreprise ou une personne assimilée (nº 19590) ;

– exécution de travaux urgents nécessités par des mesures de sécurité (nº 19600) ;

– emplois saisonniers (nº 19610) ou d'usage (nº 19620) ;

– CDD conclus dans le cadre de la politique de l'emploi (nº 19630) ;

– rupture anticipée du contrat à l'initiative du salarié ;

– refus du renouvellement de son contrat par le salarié, le nouveau contrat ne pouvant alors être conclu que pour la durée du contrat non renouvelé.

Une **convention** ou un **accord de branche** étendu (celui de l'entreprise utilisatrice pour les contrats de mission) peut prévoir les cas dans lesquels le délai de carence ne s'applique pas. À défaut, les dispositions légales s'appliquent.

S'agissant des **mesures temporaires Covid-19**, voir nº 19810.

ATTENTION

La conclusion de contrats successifs sur un même poste de travail n'est **licite** que si chaque contrat en cause est conclu pour un des motifs ci-dessus (Cass. soc. 10-5-2006 nº 04-42.076 F-PB : RJS 7/06 nº 814 ; 24-4-2013 nº 12-11.793 FS-PB : RJS 7/13 nº 571 ; 10-10-2018 nº 17-18.294 FS-PB : RJS 12/18 nº 717).

II. EXÉCUTION DU CONTRAT

20000 N-IX-15000 s

Les salariés en CDD bénéficient de l'essentiel des dispositions applicables aux salariés en CDI et de dispositions propres, exposées ci-après.

› Précisions a. S'ajoutent à ces **dispositions** celles **relatives** :

– aux accidents du travail et aux maladies professionnelles : nº 275 (protection pendant l'arrêt de travail) et nºs 360 s. (rupture du contrat) ;

– à la rupture du CDD pour inaptitude physique en cas de maladie ou d'accident non professionnel : voir nº 50050 ;

– à la rupture du CDD d'une salariée enceinte : voir nºs 51280 s. ;

– au congé de transition professionnelle : nº 38315 (condition d'ancienneté) nº 38325, a (autorisation d'absence), nº 38345 (demande de prise en charge financière), nº 38370, d (statut pendant le congé) ;

– au décompte de l'effectif de l'entreprise : voir nºs 62365 s. ;

– à la contribution pour le financement du compte personnel de formation : nº 38930.

b. Ils doivent faire l'objet d'une **déclaration** préalable à l'**embauche** (nºs 33220 s.) et figurer sur le **registre du personnel** (nº 33235).

c. Sur la possibilité, pour les **travailleurs saisonniers,** de bénéficier du plan de développement des compétences, voir nº 38120, b.

ÉGALITÉ DE TRAITEMENT

20010 C. trav. art. L 1242-14 L 1242-17 L 1251-25 N-IX-15100 s

Les **dispositions légales et conventionnelles** et les **usages** applicables aux salariés en CDI s'appliquent aux salariés en CDD, à l'exception des dispositions concernant la rupture du contrat de travail. Ce principe, de portée générale, ne peut pas être mis en échec par une convention collective plus restrictive (Cass. crim. 14-5-1985 nº 84-91.215).

L'employeur porte à la connaissance des salariés en CDD la liste des **postes à pourvoir** dans l'entreprise en CDI si un tel dispositif d'information existe pour les salariés permanents. Une disposition identique existe à la charge de l'entreprise utilisatrice pour les salariés temporaires.

PÉRIODE D'ESSAI

Durée et décompte Le CDD peut comporter une période d'essai qui **ne peut pas excéder** : 20020 C. trav. art. L 1242-10 N-IX-15400 s

– une durée calculée à raison d'un jour par semaine, dans la limite de 2 semaines pour un **contrat** d'une durée initiale de **6 mois ou moins** ;

– un mois pour un contrat d'une durée initiale de **plus de 6 mois.**

Des **durées moindres** peuvent être prévues par des usages ou des stipulations conventionnelles.

La période d'essai **se calcule,** pour les CDD sans terme précis, par rapport à la durée minimale du contrat et, pour les CDD de date à date, en fonction de la durée initialement prévue au contrat, peu important l'existence d'une clause de renouvellement (Cass. soc. 28-5-1991 n° 88-44.357 P : RJS 7/91 n° 818).

En cas de **CDD successifs** ou d'**embauche définitive** à l'issue d'un CDD, voir n° 20305, a. Pour les contrats conclus dans le cadre de la **politique de l'emploi** : voir n°s 20715 s. En cas d'embauche sous CDD d'un jeune à l'issue de son **apprentissage,** voir n° 3580.

› Précisions **a.** La période d'essai doit être **expressément mentionnée** dans le contrat (n° 19715). La seule référence dans le contrat à la convention collective en prévoyant une ne suffit pas (Cass. soc. 11-1-1994 n° 89-44.642 : RJS 2/94 n° 130).
b. Sauf disposition conventionnelle ou contractuelle contraire, la période d'essai, exprimée en jours, en semaines, ou en mois, **se décompte** de manière calendaire (Cass. soc. 28-4-2011 n° 09-72.165 FS-PB : RJS 7/11 n° 582), peu important le nombre de jours ouvrés (Cass. soc. 6-7-1994 n° 90-43.877 D : RJS 10/94 n° 1122). La semaine s'entend de toute période de 7 jours consécutifs (ex. : du mercredi au mardi suivant inclus) et le mois, d'une période calculée de date à date (ex. : du 10 d'un mois au 9 du mois suivant inclus).
c. La fixation d'une période d'essai **excédant la durée autorisée** ne transforme pas le contrat en CDI (Cass. soc. 28-11-1989 n° 86-44.370 D), mais la rupture intervenue après le terme normal de la période d'essai constitue une rupture anticipée du contrat (Cass. soc. 8-11-1989 n°s 87-42.268 D et 87-42.269 D ; 16-10-1991 n° 88-43.771 D).

Rupture pendant l'essai Sauf abus de droit, le CDD peut être rompu à tout moment pendant l'essai sous réserve, le cas échéant, du respect du délai de prévenance visé ci-dessous. Cette rupture ne donne lieu à aucune **indemnité,** à l'exception de l'indemnité compensatrice de congés payés, due au prorata du travail effectivement accompli (Rép. Marleix : AN 6-6-1994). En revanche, ni l'indemnité de fin de contrat (n°s 20170 s.) ni les dommages-intérêts pour rupture anticipée (n° 20245) ne sont dus. 20025 C. trav. art. L 1242-11 N-IX-15950 s

Il résulte de la combinaison des règles exposées n° 16750 et n° 20020 que le respect d'un **délai de prévenance** par l'employeur ne s'impose que pour les CDD d'une durée initiale égale ou supérieure à 7 semaines. Ce délai est de 24 heures en deçà de 8 jours de présence et de 48 heures au-delà. La période d'essai, renouvellement inclus, ne peut être prolongée du fait de la durée du délai de prévenance (C. trav. art. L 1221-25). Le **non-respect** de ce délai donne droit à une indemnité compensatrice : voir n° 16750.

› Précisions **a.** En cas de rupture **abusive** de sa période d'essai, le salarié peut prétendre à des dommages-intérêts, dont le montant est apprécié par le juge (Cass. soc. 23-4-1997 n° 90-45.757 P : RJS 6/97 n° 665).
b. En cas d'**accident du travail** pendant l'essai, voir n° 275.

ANCIENNETÉ

L'ancienneté du salarié en CDD se **décompte** comme celle du salarié en CDI. Se pose toutefois la question spécifique de la succession de contrats (CDD successifs ou CDI succédant à un ou plusieurs CDD) ou de la transformation du CDD en CDI. 20030 C. trav. art. L 1243-11 N-IX-30400 s

Lorsque le contrat devient un CDI du fait de la **poursuite de la relation contractuelle** après l'échéance du terme du CDD (n° 20300), le salarié conserve l'ancienneté acquise au terme de celui-ci.

En cas de **succession de contrats** sans interruption, il y a reprise de l'ancienneté acquise à l'issue du CDD (Circ. DRT 14 du 29-8-1992 réputée abrogée). Lorsque les contrats successifs sont séparés par des périodes d'interruption, la durée des contrats antérieurs n'est pas prise en compte (Cass. soc. 16-10-1996 n° 93-41.449 D), sauf pour les contrats saisonniers : voir n° 19910.

En cas de **requalification** de ses CDD, l'ancienneté du **salarié ultérieurement embauché en CDI** remonte au jour de sa première embauche dans l'entreprise (Cass. soc. 24-6-2003 n° 01-40.757 ; 23-3-2016 n° 14-23.276 FP-PB : RJS 6/16 n° 434 ; Cass. soc. 29-1-2020 n° 18-15.359 FS-PBI :

RJS 4/20 nº 170). Ainsi jugé même en cas de CDD séparés par de courtes périodes d'interruption (Cass. soc. 24-4-2013 nº 12-12.273 FS-D ; 6-11-2013 nº 12-15.953 : RJS 1/14 nº 15).

Sur les modalités de prise en compte de l'ancienneté pour l'accès des salariés en CDD au **congé de transition professionnelle,** voir nº 38315.

RÉMUNÉRATION

20040 C. trav. art. L 1242-15 L 1251-18 N-IX-16300 s

Sous peine de sanctions pénales (nº 20350), la rémunération du salarié en CDD **ne peut pas être inférieure à** celle que percevrait dans la même entreprise, après période d'essai, un salarié en CDI de qualification professionnelle équivalente et occupant les mêmes fonctions. La règle est identique pour les salariés temporaires.

Le **montant** de la rémunération et de ses accessoires doit figurer au contrat (nº 19715).

Les salariés en CDD, à l'exclusion des travailleurs saisonniers (C. trav. art. L 3242-1), bénéficient des dispositions relatives à la **mensualisation** (nºs 70750 s.). Les salariés temporaires en sont exclus mais bénéficient d'un régime propre (voir nº 82275).

Le versement de la rémunération s'accompagne de la remise d'un **bulletin de paie.** Toutefois, pour les CDD saisonniers ou d'usage de moins d'un mois s'étendant sur 2 mois civils, un seul bulletin de paie suffit (C. trav. art. L 1242-2, 3º).

› Précisions a. L'égalité de rémunération s'applique pendant la **période d'essai** (Cass. soc. 17-12-1996 nº 94-41.460 PB : RJS 1/97 nº 11). Elle ne vaut que pour les éléments de rémunération attachés au poste de travail. Ainsi, l'**ancienneté** peut justifier une différence de traitement entre un salarié en CDD et un collègue en CDI (Circ. DRT 18 du 30-10-1990 réputée abrogée), sauf si elle est déjà prise en compte par une prime d'ancienneté distincte du salaire de base (Cass. soc. 17-3-2010 nº 08-43.135 F-D : RJS 7/10 nº 587).

La rémunération comprend le **salaire de base** et tous les **avantages et accessoires** payés, directement ou indirectement, en espèces ou en nature, en raison de l'emploi du salarié et, notamment, les titres-restaurant (Cass. soc. 29-11-2006 nº 05-42.853 FS-PB : RJS 2/07 nº 295 ; 9-4-2008 nº 06-45.286 F-D), mais pas l'indemnité de fin de contrat ou de fin de mission (Circ. DRT 18 du 30-10-1990 réputée abrogée ; Cass. soc. 10-10-2012 nº 10-18.672 FS-PB : RJS 1/13 nº 10).

Lorsqu'une **réévaluation** des salaires a lieu dans l'entreprise, elle doit être répercutée sur la rémunération du salarié temporaire ou en CDD (Circ. DRT 18 du 30-10-1990 réputée abrogée).

b. La rémunération du salarié en CDD de **remplacement** d'un salarié absent doit être identique à celle du salarié en CDI qu'il remplace s'il est de qualification équivalente et occupe les mêmes fonctions. S'il n'effectue qu'une partie des tâches du salarié absent et a une qualification inférieure, il peut percevoir une rémunération moindre (Cass. soc. 15-10-2002 nº 00-40.623 FS-P : RJS 12/02 nº 1361), sous réserve que soient précisées dans le contrat les tâches qu'il n'a pas à effectuer (Lettre DRT du 12-7-1982). Le remplaçant ne peut pas bénéficier du coefficient plus élevé attribué à titre personnel au titulaire du poste en raison de son ancienneté (Cass. soc. 20-4-1989 nº 87-42.547 P : RJS 6/89 nº 562). À l'inverse, si le remplaçant bénéficie d'une rémunération plus élevée, le salarié remplacé peut la revendiquer à son retour sur le fondement du principe « à travail égal, salaire égal », sauf si cette situation est justifiée par un élément objectif, telle l'urgence du remplacement : voir nº 32140.

c. Le paiement des **jours fériés** chômés est dû au salarié sous CDD dès lors que les autres salariés de l'entreprise en bénéficient (Cass. crim. 14-5-1985 nº 84-91.215 ; Circ. DRT 18 du 10-10-1990 réputée abrogée).

Les salariés en CDD peuvent bénéficier des sommes versées au titre de l'**épargne salariale** (nºs 33895 s.).

CONGÉS PAYÉS

20050 C. trav. art. L 1242-16 N-IX-17000 s

Le salarié en CDD a droit, comme tout autre salarié de l'entreprise, à un congé annuel.

Si le régime des congés applicable dans l'entreprise ne lui permet pas de le prendre effectivement, il a droit, quelle que soit la durée de son contrat, à une **indemnité compensatrice** de congés payés égale au dixième de la rémunération totale brute perçue pendant son contrat. Cette indemnité est versée à la fin du contrat, sauf si les relations contractuelles se poursuivent par un CDI.

Sur la possibilité de **suspendre** le CDD pendant la période de congés dans l'entreprise, voir nº 20080, a.

› Précisions a. L'indemnité compensatrice est **due dès** la première heure travaillée. En cas de rupture pendant la période d'essai, voir nº 20025. Cette indemnité n'est pas prise en compte pour calculer l'**indemnité de fin de contrat** (nº 20175, a). En revanche, cette dernière entre en compte dans le calcul de l'indemnité de congés payés (Circ. DRT 18 du 30-10-1990 réputée abrogée).

b. Les dommages-intérêts alloués au salarié en cas de **rupture anticipée** du fait de l'employeur, bien qu'égaux aux salaires qui auraient dû être perçus jusqu'au terme du contrat (nº 20245), n'entrent pas dans la base de calcul de

l'indemnité de congés payés (Cass. soc. 16-11-1993 n° 90-44.199 PBS : RJS 1/94 n° 9 ; 31-10-2000 n° 97-45.324 F-D).
La période comprise entre la rupture anticipée du contrat et son terme n'ouvre pas droit à indemnité compensatrice de congés payés (Cass. soc. 7-10-1992 n° 89-40.370 D : RJS 11/92 n° 1232 ; 8-11-1994 n° 92-42.783 D : RJS 12/94 n° 1356 ; 6-5-2015 n° 13-24.261 F-D : RJS 7/15 n° 475).

SANTÉ ET SÉCURITÉ AU TRAVAIL

Le salarié en CDD se voit appliquer les mêmes règles de santé et de sécurité au travail que les autres salariés de l'établissement où il travaille et bénéficie, comme tout nouvel embauché, de la **formation** pratique à la sécurité. Il ne peut pas être affecté à certains travaux dangereux (n° 19640). En cas d'affectation à un poste de travail présentant des **risques particuliers** pour sa santé ou sa sécurité, le salarié en CDD ou temporaire bénéficie dans l'entreprise d'accueil d'une formation renforcée à la sécurité et d'un accueil et d'une information adaptés. **20060** C. trav. art. L 4154-2 L 4154-3 L 4143-1 N-IX-17350 s

Lorsqu'il est fait appel à un salarié temporaire ou en CDD pour effectuer des **travaux urgents** (n° 19600), l'employeur ou l'utilisateur lui donne les informations nécessaires sur les spécificités de l'entreprise et de son environnement susceptibles d'avoir une incidence sur sa sécurité (ANI du 24-3-1990 art. 17).

Le **CSE** est **consulté** sur le programme et les modalités pratiques de la **formation renforcée** et sur les conditions d'accueil des salariés concernés.

› Précisions a. La **liste des postes** de travail présentant des **risques particuliers** pour la santé et la sécurité est établie par l'employeur, après avis du médecin du travail et du CSE, s'il existe. Doivent **notamment** figurer sur cette liste (Circ. DRT 18 du 30-10-1990 réputée abrogée) :
– les travaux habituellement reconnus dangereux et nécessitant une certaine qualification (conduite d'engins, travaux sur machines dangereuses) ou ceux exposant à certains risques (travaux en hauteur, manipulation de produits chimiques, nuisances sonores) ;
– les travaux pour lesquels une formation particulière est prévue par la réglementation (ex. : poste de cariste) ;
– les postes de travail à l'origine d'un accident du travail ou d'une maladie professionnelle ou d'incidents répétés.
Si aucun poste de travail de l'établissement ne présente de risques particuliers, un **état néant** est établi après avis du médecin du travail (Circ. DRT 18 du 30-10-1990 réputée abrogée) et, selon nous, du CSE.
La liste ou l'état néant est **tenu à disposition** de l'inspection du travail (Circ. DRT 18 du 30-10-1990 réputée abrogée).
Le fait que le poste de travail figure sur la liste des emplois présentant des risques particuliers doit être **mentionné** dans le CDD (n° 19715) ou le **contrat** de mise à disposition (n° 82115) et le contrat de mission (n° 82140).
Sur la protection des salariés exposés à des **rayonnements ionisants**, voir n° 20160, a.
b. La **formation renforcée** doit comprendre des **informations** sur les risques liés à la circulation dans les zones où le salarié est appelé à se déplacer (zones dangereuses, circulations d'engins...) et sur les risques à long terme des produits utilisés (Circ. DRT 18 du 30-10-1990 réputée abrogée).
La **faute inexcusable** de l'employeur est **présumée** établie pour le salarié en CDD ou temporaire, victime d'un accident du travail alors qu'il était affecté à un poste présentant des risques particuliers sans avoir bénéficié de la formation renforcée (Cass. soc. 4-4-1996 n° 94-11.319 PB : RJS 5/96 n° 521 ; Cass. 2e civ. 21-6-2006 n° 04-30.665 FS-PB : RJS 10/06 n° 1135), même lorsque d'autres fautes ont concouru au dommage (Cass. 2e civ. 4-2-2010 n° 08-10.520 F-D). Cette présomption ne peut être renversée que par la preuve que l'employeur ou l'entreprise utilisatrice a dispensé au salarié la formation renforcée (Cass. 2e civ. 11-10-2018 n° 17-23.694 F-PB : RJS 12/18 n° 718).

REPRÉSENTATION DU PERSONNEL

Le salarié en CDD bénéficie des mêmes droits collectifs que les autres salariés. Il est **électeur et éligible** comme les salariés permanents sous réserve de l'ancienneté requise. Il peut être désigné comme **représentant de section syndicale** ou **délégué syndical** dans les mêmes conditions et bénéficie d'une **protection** du fait de son mandat. Il a accès aux **activités sociales et culturelles** du CSE. **20070** N-IX-19500 s N-IX-35350 s

Le CSE exerce un **contrôle** sur les conditions de recours au travail précaire : voir n° 9374.

Les **syndicats** représentatifs dans l'entreprise peuvent exercer toute **action** résultant de la réglementation sur le CDD en faveur d'un salarié sans avoir à justifier d'un mandat (C. trav. art. L 1247-1). Une disposition similaire est prévue pour le travail temporaire (C. trav. art. L 1251-59).

Sur l'**action de groupe** ouverte aux syndicats représentatifs en matière de discrimination, voir n° 32280.

SUSPENSION DU CONTRAT

20080 C. trav. art. L 1243-6 N-IX-19700 s

Le CDD peut être suspendu dans les mêmes conditions que le CDI (n° 17120). Cette suspension ne fait pas obstacle à l'échéance du terme. Le CDD de date à date dont le **terme** survient **pendant la période de suspension** prend fin à la date prévue, sans être prolongé de la durée de suspension. De même, si l'objet du CDD sans terme précis est réalisé pendant l'absence du salarié, il prend fin dès la réalisation de cet objet. Dans le cas contraire, le contrat reprend au retour de l'intéressé et se poursuit jusqu'au terme prévu ou à la réalisation de l'objet (Circ. DRT 18 du 30-10-1990 réputée abrogée).

› Précisions **a.** Le contrat peut notamment être suspendu pendant la durée de **fermeture de l'entreprise pour congés** payés s'il contient une clause en ce sens (Circ. DRT 18 du 30-10-1990 réputée abrogée). Cette suspension ne permet pas de conclure un contrat dont la durée totale, période de fermeture incluse, excède la durée maximale autorisée (n° 19780) (Cass. soc. 9-10-1990 n° 87-41.109 : RJS 11/90 n° 845 ; 25-2-2004 n° 01-43.072 : RJS 5/04 n° 511).

S'agissant de l'incidence, sur l'échéance du terme, de la suspension du contrat : pour voir n° 275 ; pour **congé de maternité,** voir n° 51385. Sur les conséquences de l'**inaptitude** physique : d'origine professionnelle, voir n°s 320 s. ; non professionnelle, voir n°s 49960 s.

b. La suspension du CDD ne constitue pas une **cause de rupture** anticipée (Cass. soc. 31-10-1989 n° 86-43.225). Il en va ainsi notamment en cas de maladie, même prolongée (Cass. soc. 15-2-1995 n° 91-44.366 : RJS 4/95 n° 357) ou justifiée avec retard (Cass. soc. 30-5-1996 n° 93-43.798 : RJS 8-9/96 n° 906).

c. L'entreprise peut **recourir à un autre salarié temporaire ou en CDD** pendant la période de suspension, sauf pour remplacer un salarié gréviste (n° 19640) ou, en ce qui concerne le travail temporaire, le médecin du travail (n° 82070). Un nouveau contrat de travail doit être établi avec le remplaçant. Il peut comporter un terme fixé au plus tard à la date de la fin de la suspension du contrat initial ou prévoir une durée minimale au plus égale à la durée prévue de la suspension (Circ. DRT 18 du 30-10-1990 réputée abrogée).

MODIFICATION DU CONTRAT

20090 N-IX-20050 s

Les règles exposées n°s 17300 s. en cas de modification du contrat de travail d'un salarié en CDI sont, pour l'essentiel, applicables en cas de modification du CDD. L'employeur imposant au salarié une modification de son CDD commet une faute grave (Cass. soc. 12-1-2010 n° 08-43.128 F-D : RJS 3/10 n° 242). Si le salarié **refuse** cette modification, la rupture anticipée du CDD est imputable à l'employeur, même si le salarié en prend l'initiative, et ce dernier a droit aux dommages-intérêts prévus n° 20245 (Cass. soc. 21-10-1987 n° 84-44.892 D ; Circ. DRT 18 du 30-10-1990 réputée abrogée).

En revanche, en cas de simple changement de ses **conditions de travail** (n° 17340), le refus du salarié constitue une faute mais, à la différence de la règle applicable en matière de CDI, la rupture anticipée du CDD par l'employeur n'est justifiée que si ce refus est constitutif d'une faute grave (n° 20215).

› Précisions **a.** Le refus par un salarié en CDD d'un changement de ses conditions de travail ne constitue pas à lui seul une **faute grave** (Cass. soc. 20-11-2013 n°s 12-30.100 FS-PB et 12-16.370 FS-PB : RJS 2/14 n° 104). Est constitutif d'une telle faute le refus du salarié d'exécuter son travail selon un **nouvel horaire** (Cass. soc. 17-2-1994 n° 90-43.179 D), sauf s'il en résulte un accroissement de l'amplitude de l'horaire de nuit (Cass. soc. 7-9-2004 n° 02-42.657 F-PB : RJS 11/04 n° 1125) ou si le nouvel horaire du salarié, à temps partiel, est incompatible avec son autre emploi (n° 77300).

b. La modification du CDD ne peut, à elle seule, avoir pour effet de le **transformer en CDI** (Cass. soc. 11-4-1991 n° 87-41.349 P : RJS 6/91 n° 686).

c. Sur la possibilité pour l'employeur de modifier unilatéralement le CDD au moment de son **renouvellement,** voir n° 19800, d.

Sur l'application aux salariés sous CDD des **accords de performance collective,** voir n° 17595, c.

III. CESSATION DU CONTRAT

20140 N-IX-21500 s

La rupture du CDD obéit à des règles propres. Sauf requalification en CDI, la réglementation du licenciement ne s'applique pas.

Les anciens salariés titulaires d'un CDD bénéficient du régime d'assurance **chômage** dans les conditions de droit commun.

› Précisions Lors de la cessation du CDD, sont applicables la **protection spéciale des représentants du personnel,** la **procédure disciplinaire** en cas de rupture anticipée pour faute grave du salarié (n° 20215) ainsi que les obligations de l'employeur consécutives à la rupture : droit à l'**indemnité compensatrice de congés payés** (n° 20050), remise d'un **certificat de travail** et de l'**attestation Pôle emploi,** maintien temporaire des droits en matière de **protection sociale complémentaire.**

A. Cessation à l'échéance du terme

CESSATION DE PLEIN DROIT

Qu'il soit de date à date (nos 19770 s.) ou sans terme précis (nos 19820 s.), le CDD cesse de plein droit à l'échéance du terme sans que l'employeur doive observer de **délai de prévenance,** sauf clause contractuelle en ce sens (Cass. soc. 11-10-1994 n° 91-41.213 D RJS 11/94 n° 1249) ou pour le CDD à objet défini pour lequel un tel délai est imposé (n° 19625). Il lui est toutefois conseillé d'informer le salarié dans les meilleurs délais de son intention de poursuivre ou non la relation contractuelle. 20160 C. trav. art. L 1243-5 N-IX-21900

La **suspension du contrat** ne fait pas obstacle à l'échéance du terme (n° 20080).

› Précisions a. Au terme du CDD, l'employeur doit, à peine de sanctions pénales, proposer une prorogation du contrat au salarié s'il a été exposé à des **rayonnements ionisants** excédant une valeur limite annuelle (fixée par décret). Cette prorogation est sans effet sur la qualification du CDD. La durée maximale légale ou conventionnelle du contrat visée n° 19780 est inapplicable dans ce cas (C. trav. art. L 1243-12).

b. La cessation du **contrat saisonnier** à l'échéance du terme obéit à des règles particulières pour les représentants du personnel (n° 63460) et le médecin du travail (n° 72290, a).

INDEMNITÉ DE FIN DE CONTRAT

Conditions d'octroi Sous peine de sanctions pénales (n° 20350), au terme du CDD, le salarié a droit à une indemnité de fin de contrat sauf, en l'absence de dispositions conventionnelles plus favorables, dans les cas suivants : 20170 C. trav. art. L 1243-8 à L 1243-10 N-IX-22300 s

- emploi saisonnier (n° 19610) ou d'usage (n° 19620) ;
- contrat conclu dans le cadre de la politique de l'emploi (n° 19630) ;
- contrat conclu avec un jeune pendant ses vacances scolaires ou universitaires, sauf s'il vient d'achever sa scolarité ou si le contrat excède sa période de vacances (Circ. DRT 14 du 29-8-1992 réputée abrogée) ;
- refus du salarié d'accepter un CDI pour occuper le même emploi ou un emploi similaire assorti d'une rémunération au moins équivalente ;
- poursuite de la relation contractuelle sous la forme d'un CDI à l'issue du CDD.

En cas de **renouvellement** du contrat, l'indemnité n'est due qu'à l'issue du renouvellement mais se calcule sur la durée totale du contrat, renouvellement inclus.

Le **refus** du renouvellement de son contrat par le salarié ne le prive pas de l'indemnité de fin de contrat, sauf s'il comporte une clause de renouvellement automatique. En revanche, si le salarié rompt le contrat pendant la période de renouvellement, il perd la totalité de l'indemnité et pas simplement la part correspondant à la période de renouvellement inachevée (Circ. DRT 14 du 29-8-1992 réputée abrogée).

› Précisions a. Par refus d'embauche définitive, il faut entendre le refus d'un CDI pour occuper un **emploi identique ou similaire** ne comportant pas de modifications substantielles en ce qui concerne la qualification, l'horaire de travail et le temps de transport (Circ. DRT 14 du 29-8-1992 réputée abrogée).

b. L'indemnité de fin de contrat n'est pas due si la relation contractuelle **se poursuit en CDI sans interruption,** y compris en cas de requalification du CDD (Cass. soc. 7-7-2015 n° 13-17.195 FS-PB : RJS 10/15 n° 623). En cas de **requalification** en CDI **postérieure** à la cessation du contrat, voir n° 20335.

L'indemnité de fin de contrat est due lorsque le CDD et le CDI sont séparés par une période d'interruption, même de quelques jours. Elle est également due en cas de **poursuite** de la relation contractuelle par un **nouveau CDD** (Circ. DRT 14 du 29-8-1992 réputée abrogée). Dans ce cas, elle doit être versée à l'issue de chaque contrat y ouvrant droit (Circ. DRT 18 du 30-10-1990 réputée abrogée). En cas d'embauche définitive à l'issue d'une succession de CDD, seule l'indemnité afférente au dernier contrat n'est pas due.

c. En l'**absence d'écrit,** le salarié peut obtenir l'indemnité de fin de contrat, même si le CDD a été conclu dans un cas n'y ouvrant normalement pas droit (Cass. soc. 28-9-2011 n° 09-43.385 FS-PB : RJS 12/11 n° 945 ; 21-9-2017 n° 16-17.241 FS-PB : RJS 12/17 n° 783). Le simple **défaut de mention du caractère saisonnier** du CDD n'y ouvre en revanche pas droit (Cass. soc. 9-10-2013 n° 12-15.561 F-D : RJS 1/14 n° 18).

Montant L'indemnité de fin de contrat ou de fin de mission est égale à 10 % de la rémunération totale brute versée au salarié. Pour les CDD, elle peut être limitée à 6 % par convention ou accord collectif de branche étendu ou accord d'entreprise ou d'établissement moyennant des contreparties en termes de **formation professionnelle** pouvant prendre la forme, en dehors du temps de travail effectif, d'un bilan de compétences. Dans ce cas, l'employeur doit avoir **proposé individuellement** au salarié concerné un accès à cette 20175 C. trav. art. L 1243-8, L 1243-9 et L 1251-32 N-IX-23000 s formation (Cass. soc. 11-7-2007 n° 06-41.765 FS-PBRI : RJS 10/07 n° 1033 ; 23-1-2008 n° 06-44.190 FS-PB : RJS 4/08 n° 376 ; 3-7-2012 n° 11-16.269 FP-PB : RJS 10/12 n° 777).

> **Précisions** **a.** La rémunération brute servant de **base au calcul** de l'indemnité est celle versée au salarié pendant toute la durée de son contrat, primes et accessoires compris, à l'exception de l'indemnité compensatrice de congés payés (Circ. DRT 18 du 30-10-1990 réputée abrogée) et des indemnités représentatives de frais professionnels, comme les indemnités de grand déplacement à l'étranger (Cass. soc. 16-6-2004 n° 03-43.928 F-P : RJS 10/04 n° 1110).
> En cas de **suspension du contrat,** l'indemnité est calculée sur la base de la rémunération effectivement perçue par le salarié, à l'exclusion des indemnités journalières de sécurité sociale (Circ. DRT 14 du 29-8-1992 réputée abrogée), sauf en cas de suspension à la suite d'un accident du travail ou d'une maladie professionnelle où elle est calculée comme si le contrat n'avait pas été suspendu (n° 275).
> **b.** Sur la prise en compte de l'indemnité de fin de contrat : dans la **comparaison des rémunérations** des salariés en contrat précaire avec celles des salariés en CDI, voir n° 20040, a ; pour le calcul de l'**indemnité de requalification,** voir n° 20330, b.
> **c.** Sur le calcul de l'indemnité de fin de contrat en cas de **rupture abusive** du CDD par l'employeur, voir n° 20247.

20180 C. trav. art. L 1243-8 N-IX-23350 s

Versement et régime juridique L'indemnité de fin de contrat s'ajoute à la rémunération totale brute du salarié. Elle est versée à l'issue du contrat, en même temps que le dernier salaire, et figure sur le bulletin de paie correspondant.

Ayant la nature d'un salaire (Circ. DRT 18 du 30-10-1990 réputée abrogée), elle bénéficie de ses **règles protectrices.** Sur la **prescription** applicable, voir n° 70815.

Elle est assujettie aux **cotisations** de sécurité sociale, de chômage, AGS, de retraite complémentaire Arrco-Agirc, aux taxes et participations sur les salaires, à la CSG et à la CRDS (Circ. DSS 556 du 21-11-2000 réputée abrogée), ainsi qu'aux contributions Fnal, solidarité-autonomie et dialogue social.

Pour son régime fiscal, voir Mémento paie n°s 76360 s.

> **Précisions** **a.** S'il ne lèse pas le salarié, un accord collectif peut prévoir un **versement** mensuel **de l'indemnité** au lieu d'un versement global en fin de contrat (CA Paris 15-10-1986 n° 10492).
> **b.** L'**acceptation** sans protestation ni réserve de l'indemnité de fin de contrat ne prive pas le salarié de la possibilité de se prévaloir de l'**existence d'un CDI** (Cass. soc. 20-11-1996 n° 92-43.547 D).
> **c.** Les **cotisations** sont **exigibles** dès lors que l'indemnité est due, même si l'employeur ne l'a pas versée (Cass. soc. 1-2-1996 n° 94-14.410 P : RJS 5/96 n° 593 ; 17-1-2002 n° 00-14.709 P : RJS 4/02 n° 483).

B. Rupture anticipée

20200 N-IX-24200 s

La rupture anticipée du CDD est celle qui intervient avant le terme initialement fixé dans un contrat de date à date ou avant la fin de la période initiale ou la réalisation de l'objet d'un contrat sans terme précis (Circ. DRT 18 du 30-10-1990 réputée abrogée).

> **Précisions** **a.** L'**employeur** ne peut pas demander la **résiliation judiciaire** du contrat, une telle action s'analysant en une rupture abusive du contrat, avec les conséquences visées n° 20245 (Cass. soc. 4-12-2001 n° 99-46.364 FS-P : RJS 2/02 n° 149 ; 31-5-2007 n° 06-41.106 F-D : RJS 8-9/07 n° 981). Le **salarié** peut, en revanche, obtenir une telle résiliation en cas de faute grave de l'employeur (Cass. soc. 14-1-2004 n° 01-40.489 F-P : RJS 3/04 n° 291).
> **b.** La rupture du contrat avant **commencement d'exécution** s'analyse en une rupture anticipée (Cass. soc. 28-10-1970 n° 69-40.286 ; CA Aix-en-Provence 18-11-1997 n° 93-16613). S'il y a commencement d'exécution du contrat, sa rupture en dehors des cas prévus ci-dessous est abusive, même si la **condition suspensive** prévue au contrat se réalise (Cass. soc. 1-7-2009 n° 08-40.023 F-PB : RJS 11/09 n° 840).

CAS DE RUPTURE AUTORISÉS

20205 C. trav. art. L 1243-1 et L 1243-2 N-IX-24200 s

Une fois la période d'essai achevée, le CDD ne peut être rompu avant l'échéance du terme qu'en cas d'accord des parties, de faute grave (ou, a fortiori, lourde), de force majeure, d'inaptitude physique du salarié constatée par le médecin du travail (pour cette situation, voir n°s 360 s., origine professionnelle ; n° 50050, origine non professionnelle) ou si le salarié justifie d'une embauche en CDI. Pour le CDD à objet défini, voir n° 19625.

Ces dispositions étant d'ordre public (Circ. DRT 18 du 30-10-1990 réputée abrogée), une clause conventionnelle ne peut y déroger que dans un sens favorable au salarié en prévoyant un autre cas de rupture anticipée à son seul profit (Cass. soc. 10-2-2016 n°s 14-30.095 FS-PB et 15-16.132 FS-PB : RJS 4/16 n° 233). Sous cette réserve, aucun autre cas que ceux-ci-dessus n'est autorisé. L'employeur ne peut donc pas rompre le contrat avant terme pour refus d'une modification de son contrat par le salarié (n° 20090) ou pour motif économique (Cass. soc. 15-6-1999 n° 97-41.375 P : RJS 8-9/99 n° 1018 ; 16-10-2002 n° 00-40.869 F-D : RJS 1/03 n° 16).

De même, la loi ne reconnaît pas la **démission** comme mode de rupture du CDD. En cas de rupture anticipée de son contrat par le salarié, le juge doit rechercher si la rupture a pour origine une faute grave de l'employeur. À défaut, le salarié ne peut pas prétendre aux dommages-intérêts visés n° 20245 (Cass. soc. 23-9-2003 n° 01-41.495 FP-PBRI : RJS 12/03 n° 1370 ; 30-5-2007 n° 06-41.180 FS-PB : RJS 8-9/07 n° 918 ; 24-6-2015 n° 14-11.220 FS-D : RJS 11/15 n° 700). La même règle prévaut en cas de **prise d'acte** de la rupture (Cass. soc. 30-5-2007 n° 06-41.240 FS-PB : RJS 8-9/07 n° 919).

> Précisions **a.** L'invocation dans la **lettre de rupture** d'un motif ne permettant pas la rupture anticipée du contrat suffit à la rendre abusive (Cass. soc. 15-6-1999 n° 97-41.375 P : RJS 8-9/99 n° 1018 ; 10-5-2005 n° 03-43.022 F-D).
Le salarié n'est pas tenu d'accepter la proposition de l'**employeur** de **revenir sur sa décision** de rompre son contrat avant terme (Cass. soc. 4-12-2001 n° 99-46.364 FS-P : RJS 2/02 n° 149). La rupture du CDD par l'employeur visant à sanctionner le salarié à la suite d'une **action en justice** engagée à son encontre est illicite et le juge peut ordonner la poursuite du contrat (Cass. soc. 6-2-2013 n° 11-11.740 FS- RJS 4/13 n° 265).

b. Sur la rupture anticipée du CDD conclu :
– avec une **salariée enceinte** ou en congé de **maternité** ou d'adoption ou avec un salarié en congé de **paternité** ou d'accueil de l'enfant, voir n°s 51280 s. ;
– pour pourvoir un **emploi d'avenir,** voir n° 20885 ;
– avec un **médecin du travail,** voir n° 72290 ;
– sous **contrat** unique **d'insertion,** voir n° 20840.

c. En cas de clause de **renouvellement,** voir n° 19800, c. Sur la **résiliation judiciaire** du contrat, voir n° 20200, a. Sur l'application aux salariés sous CDD des **accords de performance collective,** voir n° 17595, b.

Accord des parties La rupture par accord des parties doit résulter d'une **volonté claire et non équivoque** de mettre fin aux relations contractuelles (Cass. soc. 21-3-1996 n° 93-40.192 D : RJS 5/96 n° 522 ; 3-5-2016 n° 15-12.396 FS-D : RJS 7/16 n° 479) et faire l'objet d'un **écrit** (Circ. DRT 14 du 29-8-1992 réputée abrogée). Le salarié peut prétendre à l'indemnité de fin de contrat si ce dernier y ouvre droit (n° 20170) et à l'indemnité compensatrice de congés payés calculée sur la seule période antérieure à la rupture (n° 20050). **20210** N-IX-24450 s

> Précisions **a.** Ne caractérisent pas une rupture d'un commun accord d'un CDD un échange de courriels relatifs à la décision du salarié de solder les jours de congés payés dont il dispose et à une demande de l'employeur concernant les modalités de remise des documents de fin de contrat (Cass. soc. 3-5-2016 n° 15-12.396 FS-D : RJS 7/16 n° 479), la signature d'un **reçu pour solde de tout compte** (Cass. soc. 11-7-2000 n° 98-45.046 D : RJS 9-10/00 n° 913), l'acceptation d'un **certificat de travail** (Cass. soc. 11-7-2000 n° 98-45.046 D : RJS 9-10/00 n° 913 ; 23-11-2005 n° 05-40.186 F-D) ou d'une **attestation Pôle emploi** (Cass. soc. 23-11-2005 n° 05-40.186 F-D).

b. En principe, la rupture par accord des parties ne constitue pas une **transaction** et ne peut pas priver le salarié des droits nés de l'exécution du contrat (Cass. soc. 16-5-2000 n° 98-40.238 FS-PB : RJS 7-8/00 n° 778), comme, par exemple, de l'indemnité de fin de contrat (Cass. soc. 6-10-2015 n° 14-19.126 F-D : RJS 12/15 n° 755). Toutefois, si l'avenant de résiliation vise à mettre fin à un conflit entre les parties, il s'agit d'une transaction (Cass. soc. 25-3-2009 n° 07-44.657 F-D : RJS 6/09 n° 504). Sur la rupture par accord des parties du CDD d'un **représentant du personnel,** voir n° 63460, b.

c. La **clause** d'un contrat faisant **accepter par avance** à l'une des parties sa rupture pour un **motif non prévu par la loi** est nulle (Cass. soc. 5-7-1995 n° 92-40.095 D ; 16-12-1998 n° 95-45.341 P : RJS 2/99 n° 165 ; 5-7-2017 n° 16-17.690 FS-PB : RJS 10/17 n° 654), même si elle ouvre au salarié une faculté de rupture plus large (Cass. soc. 4-2-2015 n° 13-26.172 F-D : RJS 4/15 n° 239). Elle ouvre droit, pour la partie lésée, aux dommages-intérêts visés n° 20245, mais n'entraîne pas la requalification en CDI (Cass. soc. 17-10-2000 n° 98-41.815 FS-D). Il en va ainsi, par exemple, d'une clause prévoyant la possibilité de mettre fin au contrat pour faute simple du salarié (Cass. soc. 11-5-1988 n° 86-42.012 P) ou de la clause d'indivisibilité du contrat du salarié avec celui de son conjoint (Cass. soc. 5-7-2017 n° 16-17.690 FS-PB : RJS 10/17 n° 654).

Faute grave La faute grave de l'une des parties permet à l'autre de rompre unilatéralement le contrat par anticipation. **20215** N-IX-25000 s

Celle du **salarié** correspond à la faute qui rend impossible son maintien dans l'entreprise (n° 47155). L'employeur qui l'invoque doit la prouver (Cass. soc. 17-5-1990 n° 88-42.123 D ; 11-7-2000 n° 98-41.915 FS-D), respecter la procédure disciplinaire exposée n°s 56220 s. (Cass. soc. 11-4-1996 n° 93-42.632 P : RJS 5/96 n° 523 ; 4-6-2008 n° 07-40.126 FS-PB : RJS 8-9/08 n° 872) dans ses dispositions applicables aux sanctions autres que le licenciement et, s'il s'agit d'un salarié protégé, la procédure protectrice exposée n° 63460. La faute grave du salarié le prive de l'indemnité de fin de contrat (C. trav. art. L 1243-10) mais pas de l'indemnité compensatrice de congés payés, calculée sur la seule période antérieure à la rupture (nº 20050). L'employeur ne peut pas lui réclamer les dommages-intérêts visés nº 20250 (Cass. soc. 26-4-2017 nº 15-21.196 FS-PB : RJS 7/17 nº 461).

En cas de faute grave de l'**employeur,** le salarié peut prétendre à l'indemnité de fin de contrat si le contrat y ouvre droit (nº 20170), à l'indemnité compensatrice de congés payés calculée comme indiqué ci-dessus, ainsi qu'à des dommages-intérêts dont le montant est fixé en fonction du préjudice subi.

› Précisions **a.** La **faute grave du salarié** peut être involontaire (Cass. soc. 5-3-1987 nº 84-43.064 S). Elle ne peut pas résulter de faits commis avant le commencement d'exécution du contrat (Cass. soc. 26-9-2002 nº 00-42.581 FS-PB : RJS 12/02 nº 1363).

b. L'existence d'une **clause résolutoire conventionnelle** ne prive pas le salarié de la faculté de rompre le contrat dans les conditions de droit commun et ne saurait, par exemple, lui imposer le respect d'une procédure particulière en cas de faute grave de l'employeur (Cass. soc. 22-6-2011 nº 10-18.897 FS-PB : RJS 10/11 nº 760).

c. Si la **lettre de notification** de la rupture n'énonce aucun **grief,** la rupture est considérée comme abusive (Cass. soc. 23-1-1997 nº 95-40.526 P ; 4-6-2008 nº 07-40.126 FS-PB : RJS 8-9/08 nº 872).

La **mise en œuvre de la rupture** anticipée du contrat doit intervenir dans un **délai** restreint après que l'employeur a eu connaissance des faits allégués si aucune vérification n'est nécessaire quant à la réalité et la gravité de ceux-ci (Cass. soc. 6-10-2010 nº 09-41.294 FS-PB : RJS 12/10 nº 909).

d. Le salarié qui rompt son contrat avant l'arrivée du terme pour **faute grave de son employeur** ne lui doit aucune indemnité. Il en va de même quand le juge, saisi d'une action en résiliation judiciaire, prononce la rupture du contrat en raison de la faute grave de l'employeur (nº 20200, a).

20217 ILLUSTRATIONS

Faute grave du salarié

Commet une faute grave le salarié refusant de partir en livraison puis abandonnant son poste (Cass. soc. 18-4-2008 nº 07-42.457 FD) ou celui exigeant la remise de commissions de la part de plusieurs fournisseurs auxquels il passe des commandes pour l'entreprise (Cass. soc. 11-1-1995 nº 93-41.525 D : RJS 2/95 nº 109).

Sur le point de savoir si le refus par le salarié d'un changement de ses conditions de travail constitue une faute grave, voir nº 20090, a. Sur le refus par un salarié en CDD à temps partiel d'un nouvel horaire incompatible avec son autre emploi, voir nº 77300.

Faute grave de l'employeur

L'employeur commet une faute grave s'il ne verse pas au salarié la rémunération convenue (Cass. soc. 6-12-1994 nº 91-43.012 D : RJS 1/95 nº 5 ; 22-6-2011 nº 10-18.897 FS-PB : RJS 10/11 nº 760), ne lui fournit pas de travail (Cass. soc. 14-1-2004 nº 01-40.489 F-P : RJS 3/04 nº 291 ; 15-5-2008 nº 06-43.343 F-D) ou lui impose une modification de son contrat de travail (nº 20090), mais pas s'il commet une erreur de calcul d'une majoration conventionnelle du taux horaire (Cass. soc. 30-5-2007 nº 06-41.240 FS-PB : RJS 8-9/07 nº 919).

20220 N-IX-26100 **Force majeure** La force majeure est **appréciée** comme pour le CDI : voir nº 69195. La rupture anticipée du contrat due à un cas de force majeure n'ouvre pas droit à l'indemnité de fin de contrat au profit du salarié (C. trav. art. L 1243-10), y compris en cas de sinistre relevant de la force majeure (Circ. DRT 8 du 2-5-2002 réputée abrogée). Elle n'ouvre pas droit non plus aux dommages-intérêts visés au nº 20245, sauf en cas de sinistre relevant d'un cas de force majeure (C. trav. art. L 1243-4).

› Précisions **a.** Ne constituent pas un cas de force majeure la **disparition du motif d'embauche** provenant de l'interruption du financement du stage pour lequel avait été engagé un animateur (Cass. soc. 7-12-1995 nº 92-44.097 D : RJS 2/96 nº 104) ou le retour anticipé du salarié remplacé (nº 19770, c), ou encore la **suppression du poste** du salarié remplacé (Cass. soc. 26-3-2002 nº 00-40.652 FS-P : RJS 6/02 nº 658).

b. La notion de **sinistre relevant d'un cas de force majeure** s'entend au sens du droit des assurances, à savoir comme la réalisation d'un risque contre lequel l'employeur aurait pu s'assurer (CA Paris 20-1-2015 nº 12-09002 : RJS 3/15 nº 177).

c. Sur l'impossibilité, pour une salariée enceinte, d'exercer ses fonctions en raison de son état de **grossesse,** voir nºs 51255 s.

20225 C. trav. art. L 1243-2 et L 1251-28 N-IX-25600 s **Conclusion d'un CDI** Le salarié peut rompre son CDD avant son terme s'il justifie de la conclusion d'un CDI. Sauf accord des parties, il doit respecter un **préavis** dont la durée, d'au plus 2 semaines, est calculée à raison :

– d'un jour par semaine, compte tenu de la durée totale du contrat, renouvellement inclus, pour un contrat à terme précis ;

– de la durée effectuée pour un contrat sans terme précis.

Une disposition identique est prévue pour le **travail temporaire.** Dans ce cas, le préavis ne peut pas être inférieur à un jour.

Ce cas de rupture n'ouvre pas droit à l'indemnité de fin de contrat (C. trav. art. L 1243-10) ni aux dommages-intérêts visés n° 20245. L'indemnité compensatrice de congés payés, calculée sur la seule période antérieure à la rupture, reste due (n° 20050).

Le salarié notifie la rupture du contrat par **écrit.** Le préavis **court à compter de** cette notification. Sa durée, exprimée en jours, s'entend en jours ouvrés, c'est-à-dire travaillés (Circ. DRT 8 du 2-5-2002 réputée abrogée).

RUPTURE ABUSIVE

La rupture anticipée prononcée par l'une des parties **en dehors des cas autorisés** (n°s 20205 s.) ouvre droit, pour l'autre, à des dommages-intérêts. **20240**

ATTENTION

La **clause contractuelle** prévoyant le **montant de l'indemnité** due à l'une des parties en cas de rupture anticipée par l'autre est licite si ce montant est au moins égal au minimum légal (n° 20245). Il peut être réduit ou majoré par le juge s'il lui semble excessif ou dérisoire (Cass. soc. 23-10-1980 n° 78-40.649).

Rupture par l'employeur La rupture anticipée du contrat par l'employeur, en dehors des cas autorisés (n°s 20205 s.), ouvre droit pour le salarié à des **dommages-intérêts** d'un **montant au moins égal** aux rémunérations qu'il aurait perçues jusqu'au terme du contrat. Ce montant ne peut pas être réduit (Cass. soc. 31-3-1993 n° 89-43.708 PBS : RJS 5/93 n° 492 ; 27-2-2001 n° 98-45.140 FS-PB : RJS 5/01 n° 574). Cette indemnité a la **nature** de dommages-intérêts et non de salaire. Elle est donc cessible et saisissable en totalité et ne bénéficie pas du superprivilège des salaires. Elle constitue toutefois une créance privilégiée sur les meubles et immeubles (n° 70870) et est couverte par l'assurance des créances des salariés.

20245 C. trav. art. L 1243-4 **N-IX-27500 s**

> **Précisions** **a.** L'indemnité de rupture anticipée est **calculée** en fonction de la rémunération brute dont le salarié aurait bénéficié jusqu'au terme du contrat (Cass. soc. 7-10-1992 n° 89-43.282 P : RJS 11/92 n° 1233 ; 13-12-1995 n° 93-40.436 D : RJS 2/96 n° 105), à l'exclusion des allocations pour frais professionnels (Cass. soc. 19-1-1999 n° 96-42.884 P : RJS 3/99 n° 346). Pour le contrat sans terme précis, elle est évaluée en fonction de sa durée prévisible (Cass. soc. 13-5-1992 n° 89-40.044 D : RJS 6/92 n° 721 ; 13-12-2006 n° 05-41.232 FS-PB : RJS 3/07 n° 314).

b. Selon la jurisprudence, les sommes accordées au salarié, même à titre transactionnel, pour rupture abusive du CDD par l'employeur, sont assujetties aux **cotisations sociales** (Cass. 2e civ. 7-10-2010 n° 09-12.404 FS-PB : RJS 12/10 n° 983 ; 6-7-2017 n° 16-17.959 F-PB : RJS 10/17 n° 711) et doivent donc, à notre sens, figurer sur le bulletin de paie. L'employeur peut toutefois invoquer la position plus favorable de l'administration, qui considère que l'indemnité de rupture anticipée est affranchie de cotisations de sécurité sociale (Circ. Acoss 22 du 25-1-2001 ; Circ. DSS 145 du 14-4-2011 : BOSS 5/11) pour sa part excédant les rémunérations que le salarié aurait perçues jusqu'au terme du contrat, dans les conditions et limites prévues pour les indemnités de licenciement (voir n°s 22845 s.). Pour la CSG et la CRDS, voir n° 25150.

c. Les dommages-intérêts sont dus même si l'**employeur revient sur sa décision** de rupture (Cass. soc. 13-3-1990 n° 87-44.782 D ; 30-1-1996 n° 92-43.930 D). La rupture par l'employeur en dehors des cas autorisés est abusive même si elle intervient avant le **début d'exécution du contrat** (Cass. soc. 12-3-2002 n° 99-44.222 FS-PB : RJS 6/02 n° 659 ; 26-9-2002 n° 00-42.581 FS-PB : RJS 12/02 n° 1363) ou lorsque l'employeur se prévaut d'une condition suspensive prévue au contrat après son début d'exécution (Cass. soc. 1-7-2009 n° 08-40.023 F-PB : RJS 11/09 n° 840).

d. **L'action en paiement** de l'indemnité se prescrit dans le délai visé n° 14746. Les intérêts légaux courent à compter de la date du jugement (Cass. soc. 14-10-1987 n° 86-41.369 ; 1-7-1998 n° 96-40.398 P : RJS 8-9/98 n° 961).

Le montant attribué au salarié relève de l'appréciation souveraine du juge du fond (Cass. soc. 15-6-1999 n° 98-44.295 P : RJS 8-9/99 n° 1029 ; 9-1-2008 n° 06-43.191 F-D), qui peut fixer une indemnisation supérieure (Cass. soc. 3-7-2019 n° 18-12.306 FS-PB : RJS 10/19 n° 554), notamment en cas de préjudice moral (CA Paris 24-5-1988 n° 87-32242).

e. L'indemnité n'étant pas cumulable avec les **allocations chômage,** l'intéressé doit rembourser celles qui lui ont été indûment versées (Cass. soc. 14-1-1997 n° 95-13.044 PB : RJS 2/97 n° 188 ; 15-10-2002 n° 01-00.235 FD), l'employeur ne pouvant pas, pour sa part, les déduire de l'indemnité à sa charge (Cass. soc. 27-2-2001 n° 98-45.140 FS-PB : RJS 5/01 n° 574).

Les dommages-intérêts pour rupture anticipée du CDD sont cumulables avec l'**indemnité** forfaitaire pour **travail dissimulé,** compte tenu des règles de cumul de cette indemnité avec les autres indemnités de rupture (n° 79200, b).

20247 Sont également dues, le cas échéant, l'**indemnité compensatrice de congés payés** calculée sur la seule période antérieure à la rupture (nº 20050) et l'indemnité **de fin de contrat** (Cass. soc. 15-7-1998 nº 96-42.283 P : RJS 10/98 nº 1182) si le contrat a été conclu dans un cas y ouvrant droit (nº 20170).

Cette dernière est calculée sur la base de la rémunération déjà perçue et de celle qui aurait été perçue jusqu'au terme du contrat (Cass. soc. 3-5-2018 nº 16-22.455 FS-D : RJS 7/18 nº 471).

20250 C. trav. art. L 1243-3 L 1243-10 N-IX-28520 s **Rupture par le salarié** La rupture anticipée du contrat par le salarié en dehors des cas autorisés (nos 20205 s.) ouvre droit pour l'employeur à des **dommages-intérêts** correspondant au préjudice subi. Leur montant relève de l'appréciation souveraine des juges du fond (Circ. DRT 18 du 30-10-1990 réputée abrogée ; Cass. soc. 4-4-1990 nº 87-40.487 D : RJS 6/90 nº 464 ; 3-3-1993 nº 89-44.695 D).

L'**indemnité de fin de contrat** n'est pas due, notamment en cas de rupture au cours du renouvellement du contrat (nº 20170). Le salarié a droit au paiement de l'indemnité compensatrice de **congés payés,** calculée sur la seule période antérieure à la rupture (nº 20050).

IV. POURSUITE DES RELATIONS À L'ÉCHÉANCE DU TERME

POURSUITE SANS NOUVEAU CONTRAT

20300 C. trav. art. L 1243-11 N-IX-29500 s Lorsque la relation contractuelle se poursuit après l'échéance du terme du CDD, celui-ci devient à durée indéterminée et le salarié conserve l'ancienneté acquise au terme du CDD, sauf dans les cas suivants :

- renouvellement d'un contrat à terme précis (nos 19790 s.) ou report du terme (nº 19770, b) ;
- conclusion de contrats successifs dans les cas autorisés (nos 19900 s.) ;
- prorogation du contrat du salarié exposé à des rayonnements ionisants (nº 20160, a) ou du salarié protégé dans l'attente de l'autorisation administrative de rupture (nº 63460, a).

Lorsque la poursuite de la relation contractuelle découle d'une **situation de fait,** sans conclusion d'un nouveau contrat, le contrat initial se poursuit aux mêmes conditions (Cass. soc. 5-1-1995 nº 90-45.732 PBBS : RJS 2/95 nº 11 ; 28-5-2008 nº 06-45.572 F-PB : RJS 8-9/08 nº 873) et l'employeur ne peut pas le modifier sans l'accord du salarié, ni y mettre fin en invoquant le refus du salarié de conclure un CDI à d'autres conditions (Cass. soc. 25-10-1989 nº 86-45.239). Le CDD devenant un **CDI,** les règles propres à la **rupture** d'un tel contrat s'appliquent de plein droit, sans être subordonnées à une demande de requalification du salarié (Cass. soc. 13-12-2007 nº 06-44.004 FS-PB : RJS 2/08 nº 147).

Sur le droit à l'**indemnité de fin de contrat** et à l'indemnité de **requalification** dans cette situation, voir respectivement nº 20170, b et nº 20320, b.

› Précisions Dans certains **cas particuliers,** le dépassement du terme du CDD n'entraîne pas la requalification automatique en CDI. C'est le cas si le salarié en CDD travaillant de nuit commence sa mission le soir du dernier jour de son contrat et la termine le lendemain matin quelques heures après le terme du contrat si le travail accompli le lendemain du terme se rattache à la mission de la veille sans pouvoir être considéré comme une mission autonome (Cass. soc. 11-3-2009 nº 07-44.549 F-D : RJS 5/09 nº 416). Il y a, en revanche, poursuite de la relation contractuelle si l'employeur accepte et exécute les commandes prises par un salarié après la fin de son CDD (Cass. soc. 14-2-1996 nº 93-42.035 P : RJS 4/96 nº 474).

CONCLUSION D'UN NOUVEAU CONTRAT

20305 C. trav. art. L 1243-11 N-IX-30200 s À l'expiration de son CDD, le salarié peut être embauché, sans délai, sous **CDI** par l'entreprise dans laquelle il travaillait (Circ. DRT 18 du 30-10-1990 réputée abrogée). Il peut aussi se voir proposer un nouveau **CDD** si cette succession est possible (nos 19900 s.). Ce contrat constituant un nouveau contrat et non la poursuite du CDD initial, il peut prévoir des conditions d'exécution différentes sans que le salarié puisse invoquer une modification de son contrat (Cass. soc. 9-2-1989 nº 86-40.772 P : RJS 3/89 nº 216).

› Précisions a. Lorsque le salarié est **engagé en CDI** à l'issue d'un ou de plusieurs CDD, la durée de ce ou ces CDD est déduite de la **période d'essai** éventuellement prévue dans le nouveau contrat, même si les différents contrats sont séparés par de courtes périodes d'interruption (Cass. soc. 9-10-2013 nº 12-12.113 FS-PB : RJS 12/13 nº 789). La déduction de la durée des

CDD antérieurs de la période d'essai du nouveau contrat est a fortiori admise en cas de **nouvelle embauche en CDD** à l'issue de CDD immédiatement successifs (Cass. soc. 13-6-2012 n° 10-28.286 F-D : RJS 8-9/12 n° 687).
En revanche, il est admis, sauf fraude à la loi, que l'employeur ne procède à aucune **réduction** de la période d'essai si le nouvel emploi correspond à un **poste différent** exigeant du salarié des qualités et des compétences différentes (Cass. soc. 28-6-1989 n° 86-41.188 D : RJS 8-9/89 n° 660 ; 17-3-1993 n° 89-45.508 D).
b. Sur l'appréciation de l'**ancienneté** du salarié en cas de succession de contrats, voir n° 20030.
c. S'agissant des conséquences de la conclusion d'un CDI sur le droit du salarié à l'**indemnité de fin de contrat,** voir n° 20170.

V. SANCTIONS

REQUALIFICATION EN CDI

20320 **Hypothèses visées** Le contrat est réputé à durée indéterminée dans les cas suivants :

C. trav. art. L 1245-1 N-IX-36000 s

– conclusion d'un CDD en dehors des cas autorisés ou pour pourvoir un emploi lié à l'activité normale et permanente de l'entreprise (nos 19550 s.) ;
– conclusion d'un CDD pour remplacer un salarié gréviste ou effectuer des travaux dangereux (n° 19640) ;
– absence d'écrit (n° 19700) ou d'une mention essentielle dans le contrat (n° 19720) ;
– violation des règles sur le terme du contrat (n° 19770) ;
– violation des règles légales ou conventionnelles sur la durée et le renouvellement du contrat (nos 19780 s.) ;
– non-respect des règles légales ou conventionnelles sur le délai de carence entre 2 contrats successifs sur le même poste (nos 19920 s.).

› Précisions a. Ne font pas **obstacle** à la requalification du contrat le fait que le salarié ait accepté à plusieurs reprises de conclure des CDD irréguliers (Cass. soc. 25-10-1995 n° 91-45.016 D : RJS 12/95 n° 1229), qu'il ait refusé de signer un CDI (Cass. soc. 21-3-2012 n° 10-11.762 FS-D : RJS 6/12 n° 527), ou que le caractère précaire du contrat ait été souhaité par les 2 parties (Cass. soc. 16-2-2011 n° 09-43.072 F-D : RJS 5/11 n° 399).
b. Si la **poursuite au-delà du terme** d'un CDD régulièrement conclu sans conclusion d'un nouveau contrat transforme la relation contractuelle en CDI, elle ne s'analyse pas en une requalification. La rupture ultérieure de la relation contractuelle obéit donc de plein droit aux règles propres au CDI, sans qu'une demande de requalification soit nécessaire (n° 20300) et cette situation n'ouvre pas droit à l'indemnité de requalification mentionnée n° 20330 (Cass. soc. 22-3-2006 n° 04-48.264 FS-PBRI : RJS 5/06 n° 538 ; 27-9-2007 n° 06-41.086 FS-PB : RJS 12/07 n° 1312). Mais si le CDD ou le contrat de mission initial (ou l'un des suivants en cas de succession) est irrégulier, le salarié peut en demander la requalification, avec l'indemnité correspondante (Cass. soc. 9-3-1999 n° 96-41.586 PB : RJS 4/99 n° 481 ; Cass. soc. 19-2-2014 n° 12-24.929 F-PB : RJS 5/14 n° 443).
c. Sur l'incidence du défaut de **remise au salarié de son contrat** dans le délai imparti, voir n° 19700.

20325 **Demande** La demande de requalification est portée directement devant le bureau de jugement du conseil de prud'hommes qui statue au fond dans le délai d'un mois à compter de la saisine. Sa décision est exécutoire à titre provisoire.

C. trav. art. L 1245-2 L 1251-41 R 1245-1 D 1251-3 N-IX-36150 s

Seul le salarié **peut se prévaloir** de l'inobservation des dispositions relatives aux CDD, édictées dans son intérêt.

› Précisions a. L'**employeur** n'est pas recevable à faire valoir qu'un contrat conclu en violation des dispositions légales est réputé à durée indéterminée (jurisprudence constante depuis Cass. soc. 16-7-1987 n° 85-45.258 P). Même solution pour l'**AGS,** sauf fraude qu'il lui appartient de démontrer (jurisprudence constante depuis Cass. soc. 4-12-2002 n° 00-43.750 FP-PBRI : RJS 2/03 n° 161).
Le **juge** ne peut, d'office, requalifier un CDD irrégulier en CDI sans que l'intéressé le sollicite (Cass. soc. 7-5-1996 n° 93-42.061 D : RJS 6/96 n° 658 ; 20-2-2013 n° 11-12.262 FS-PB : RJS 5/13 n° 354).
Le salarié qui s'oppose à ce qu'un **syndicat** exerce pour son compte une action en requalification ne perd pas le droit d'engager lui-même une telle action (Cass. soc. 12-2-2008 n° 06-45.397 FS-PB : RJS 4/08 n° 374).
b. L'action en requalification obéit à la **prescription** de 2 ans prévue pour les actions portant sur l'exécution du contrat de travail par l'article L 1471-1 du Code du travail (voir n° 14746), (Cass. soc. 29-1-2020 n° 18-15.359 FS-PBI : RJS 4/20 n° 170) et non pas à celle applicable au salaire visée n° 70815 (Cass. soc. 22-11-2017 n° 16-16.561 FS-PB : RJS 2/18 n° 96).
Le point de départ de la prescription est constitué par le terme du contrat irrégulier, ou du dernier contrat en cas de contrats successifs, si l'action en requalification est fondée sur le motif de recours (Cass. soc. 29-1-2020 n° 18-15.359 FS-PBI : RJS 4/20 n° 170) et par la conclusion du contrat si l'action est fondée sur l'absence d'une mention susceptible d'entraîner sa requalification (Cass. soc. 3-5-2018 n° 16-26.437 FS-PB : RJS 7/18 n° 472).

c. La **saisine directe** du bureau de jugement **s'étend** à toute **autre demande** dérivant du contrat de travail, telle une demande en paiement de l'indemnité de requalification et des indemnités de rupture du contrat (Cass. soc. 7-4-1998 n° 95-43.091 P ; 11-7-2007 n° 06-41.732 FS-D : RJS 10/07 n° 1140), de rappels de salaires (Cass. soc. 4-12-2002 n° 00-40.255 FP-PBRI : RJS 2/03 n° 163), d'annulation de la clause de non-concurrence (Cass. soc. 22-9-2010 n° 09-42.650 FS-PB : RJS 12/10 n° 907), de réintégration du salarié (Cass. soc. 30-9-2003 n° 01-42.575 F-D) ou même une demande visant à reconnaître l'existence d'un contrat de travail (Cass. soc. 28-4-2011 n° 09-43.226 F-PB : RJS 7/11 n° 584).

L'inobservation par le juge du **délai** d'un mois pour statuer n'entraîne pas la nullité du jugement (Cass. soc. 8-12-2004 n° 02-40.513 FS-P : RJS 2/05 n° 241).

Le droit à l'emploi ne constitue pas une liberté fondamentale qui justifierait la **poursuite du contrat de travail au-delà du terme** de la mission de travail temporaire en cas d'action en requalification en CDI (Cass. soc. 21-9-2017 n° 16-20.270 FS-PBRI : RJS 12/17 n° 786). La solution vaut pour les CDD.

d. La demande de requalification, indéterminée par nature, est jugée **en premier ressort** et à charge d'appel (Cass. soc. 12-3-1996 n° 92-43.129 PB : RJS 4/96 n° 384 ; 20-4-2005 n° 03-46.482 F-D).

e. Sur la compétence du juge prud'homal en cas de demande de requalification présentée par un **salarié protégé** dont le non-renouvellement du contrat a été autorisé par l'administration, voir n° 63460, c.

20330 C. trav. art. L 1245-2 L 1251-41 N-IX-37200 s

Indemnité Le juge doit accorder au salarié une **indemnité** de requalification au moins égale à un mois de salaire.

Pour le **travail temporaire,** l'indemnité de requalification n'est due qu'auprès de l'entreprise utilisatrice, les textes s'opposant à ce que l'entreprise de travail temporaire soit condamnée à la verser lorsque le salarié est lié à elle par un CDI (Cass. soc. 1-12-2005 n° 04-41.005 FS-PB : RJS 2/06 n° 287 ; 20-12-2017 n° 15-29.519 PB ; Cass. soc. 12-11-2020 n° 18-18.294 FS-PBI : RJS 1/21 n° 9).

> Précisions a. L'octroi de l'indemnité de requalification n'est pas **subordonné à** la mise en œuvre préalable de la procédure de saisine directe du bureau de jugement indiquée n° 20325 (Cass. soc. 4-2-2003 n° 00-43.558 FS-P : RJS 4/03 n° 422), ni à une demande du salarié à cette fin, le juge devant l'accorder d'office lorsqu'il fait droit à la demande de requalification (Cass. soc. 19-1-1999 n° 96-44.954 P : RJS 3/99 n° 345 ; 16-9-2009 n° 07-45.613 F-D).

b. L'indemnité de requalification est **calculée** en tenant compte des heures supplémentaires accomplies par le salarié (Cass. soc. 10-6-2003 n° 01-40.779 FS-PB : RJS 8-9/03 n° 1023) et des accessoires du salaire (Cass. soc. 3-5-2016 n° 14-29.739 FS-PB : RJS 7/16 n° 482), mais pas de l'indemnité de fin de contrat (Cass. soc. 18-12-2013 n° 12-15.454 FS-PB : RJS 3/14 n° 201). Elle est au moins égale à la dernière moyenne du salaire mensuel (Cass. soc. 20-11-2013 n° 12-25.459 F-D : RJS 3/14 n° 200), réévaluée en cas de reclassification (Cass. soc. 26-4-2017 n° 15-23.311 F-D : RJS 7/17 n° 462).

Lorsque les relations contractuelles se sont poursuivies à l'issue du CDD, soit de fait, sans nouveau contrat, soit en CDI, et que le salarié demande la requalification du CDD initial, l'indemnité accordée ne peut pas être inférieure au dernier salaire perçu avant la saisine du juge (Cass. soc. 17-6-2005 n° 03-44.900 FS-PBRI : RJS 8-9/05 n° 812 ; 17-3-2010 n° 09-40.266 F-D). Si les relations contractuelles se poursuivent dans une autre entreprise du même groupe, elle ne peut pas être inférieure au dernier salaire perçu dans l'entreprise ayant conclu le CDD (Cass. soc. 26-4-2017 n° 15-26.817 FS-PB : RJS 7/17 n° 462).

La requalification donne lieu au versement d'une **indemnité unique** même si le juge requalifie une **succession de contrats** de travail temporaire (Cass. soc. 30-3-2005 n° 02-45.410 FS-PBRI ; 10-5-2012 n° 10-23.514 FS-PB : RJS 7/12 n° 660) ou de CDD (Cass. soc. 25-5-2005 n° 03-43.146 FS-PBRI : RJS 8-9/05 n° 813 ; 27-2-2007 n° 05-43.536 F-D).

c. L'indemnité de requalification est **cumulable,** le cas échéant, avec les indemnités de préavis, de licenciement et éventuellement de licenciement sans cause réelle et sérieuse dues en cas de rupture du CDI (Cass. soc. 7-1-1998 n° 95-43.808 D : RJS 3/98 n° 282 ; 10-6-2003 n° 01-40.808 FS-PB : RJS 8-9/03 n° 1003) et des rappels de salaire (Cass. soc. 24-6-2003 n° 02-45.092 FS-PBRI : RJS 10/03 n° 1124 ; 30-11-2010 n° 09-40.160 F-D : RJS 2/11 n° 104). Le salarié ne peut pas en revanche réclamer en sus l'indemnité pour rupture abusive du CDD (Cass. soc. 25-5-2005 n° 03-43.146 FS-PBRI : RJS 8-9/05 n° 813). Sur le cumul avec l'indemnité pour travail dissimulé, voir n° 79200, b.

d. Ayant la **nature** de dommages-intérêts, l'indemnité de requalification n'est pas soumise aux **charges sociales** et fiscales (Circ. DRT 14 du 29-8-1992 réputée abrogée).

e. Sur le droit à l'indemnité : en cas de **poursuite des relations** contractuelles **après** l'échéance du **terme,** voir n° 20320, b ; en l'absence de saisine de l'inspecteur du travail avant le terme du CDD conclu avec un **représentant du personnel,** voir n° 63460. Sur l'employeur redevable de l'indemnité en cas de **transfert d'entreprise,** voir n° 74840, b (transfert légal) et n° 75030, e (transfert conventionnel).

Autres conséquences La requalification d'un CDD en CDI **ne porte que sur le terme du contrat** et n'a pas d'effet sur les autres clauses du contrat, notamment sur la **durée du travail** (Cass. soc. 9-10-2013 n° 12-17.882 FS-PBR : RJS 12/13 n° 788 ; 7-9-2017 n° 16-16.643 FS-PB : RJS 11/17 n° 748 ; 5-10-2017 n° 16-13.581 FS-PB : RJS 12/17 n° 785). **20335** N-IX-37900 s

Le salarié a droit à des **rappels de salaire** pour les **périodes intermédiaires** entre ses différents contrats (Cass. soc. 10-11-2009 n° 08-40.088 FS-PB : RJS 1/10 n° 101 ; 7-7-2010 n° 08-40.893 F-D : RJS 11/10 n° 835), s'il prouve qu'il a dû se tenir et s'est effectivement tenu à la disposition de l'employeur pendant ces périodes (Cass. soc. 28-9-2011 n° 09-43.385 FS-PB : RJS 12/11 n° 945 ; 10-12-2014 n° 13-22.422 FS-PB : RJS 2/15 n° 82 ; 19-10-2016 n° 15-22.790 F-D : RJS 1/17 n° 9). Ces rappels de salaire ne peuvent concerner que les périodes postérieures à la requalification (Cass. soc. 9-12-2020 n° 19-16.138 FS-PB : RJS 2/21 n° 91). L'inscription au **chômage** entre 2 CDD n'exclut pas qu'il se soit tenu à la disposition de l'employeur (Cass. soc. 25-6-2013 n° 11-22.646 FS-PB : RJS 10/13 n° 657) mais ne le prouve pas non plus (Cass. soc. 21-9-2017 n° 16-20.460 FS-PB : RJS 12/17 n° 784). Le rappel de salaire n'est pas réduit du montant des allocations chômage perçues (Cass. soc. 16-3-2016 n° 15-11.396 : RJS 5/16 n° 341 ; 9-6-2017 n° 16-17.634 F-D : RJS 8-9/17 n° 551).

En cas de **requalification** du CDD **après son terme,** le salarié n'a pas à restituer l'**indemnité de fin de contrat** déjà perçue (Cass. soc. 9-5-2001 n° 98-46.205 FS-PB : RJS 7/01 n° 839 ; 30-3-2005 n° 03-42.667 F-PB : RJS 6/05 n° 606 ; Rép. Braillard : AN 5-3-2013). De même, le salarié temporaire ayant obtenu la requalification de son contrat auprès de l'utilisateur n'a pas à restituer à l'entreprise de travail temporaire l'indemnité de fin de mission déjà versée (Cass. soc. 13-4-2005 n° 03-41.967 FS-PBRI : RJS 6/05 n° 688).

Sur l'**ancienneté** du salarié embauché en CDI en cas de requalification de CDD antérieurs, voir n° 20030.

Rupture après requalification La requalification en CDI entraîne, en cas de rupture, l'application de la **procédure de licenciement** pour motif personnel ou, le cas échéant, pour motif économique (Cass. crim. 25-2-1986 n° 84-96.003). L'employeur ne peut alors pas justifier le licenciement par la seule échéance du terme du prétendu CDD (Cass. soc. 17-12-2002 n° 00-43.609 FS-P : RJS 2/03 n° 162 ; 8-2-2005 n° 02-46.720 F-P : RJS 4/05 n° 349). **20340** N-IX-38370 s

La **lettre** par laquelle l'employeur annonce au salarié qu'il ne renouvellera pas son CDD peut être assimilée à une lettre de licenciement énonçant les **motifs de la rupture** du contrat : si les griefs énoncés constituent un motif réel et sérieux, les dommages-intérêts pour licenciement abusif ne sont pas dus (Cass. soc. 7-5-2003 n° 00-44.396 F-P : RJS 8-9/03 n° 990 ; 20-10-2015 n° 14-23.712 FS-PB : RJS 1/16 n° 8).

ATTENTION

Si une **décision du juge, exécutoire par provision,** ordonne la requalification d'un CDD en CDI, la rupture du contrat intervenue postérieurement à la notification de cette décision au motif de l'arrivée du terme stipulé dans le CDD est nulle (Cass. soc. 18-12-2013 n° 12-27.383 FS-PBR : RJS 3/14 n° 199 ; 2-3-2016 n° 14-15.603 F-D : RJS 5/16 n° 313).

SANCTIONS PÉNALES

Est punie d'une amende de 3 750 € et, en cas de récidive, d'une amende de 7 500 € et d'un emprisonnement de 6 mois la violation des **dispositions** légales **relatives** : **20350** C. trav. art. L 1248-1 à L 1248-11 N-IX-38800 s

- aux cas de recours et à l'interdiction de pourvoir durablement un emploi lié à l'activité normale et permanente de l'entreprise (nos 19550 s.) ;
- à l'interdiction de recours après un licenciement économique (nos 19645 s.), pour remplacer un salarié gréviste ou pour effectuer des travaux dangereux (n° 19640) ;
- à l'obligation de remettre dans un certain délai au salarié un contrat écrit comportant la définition précise de son motif (nos 19700 et 19710) ;
- au terme des contrats (n° 19770) ;
- au principe d'égalité de rémunération entre les salariés précaires et les salariés permanents (n° 20040) ;
- au non-respect du dispositif de protection des salariés exposés à des rayonnements ionisants (n° 20160).

Les mêmes sanctions sont prévues en cas de non-respect des dispositions légales et conventionnelles sur la durée et le renouvellement des contrats (nos 19780 s.) et sur le calcul du délai de carence entre 2 contrats précaires sur un même poste (nos 19920 s.).

CONTRATS D'INSERTION

SOMMAIRE

A. Contrat de professionnalisation

OBJET

Le contrat de professionnalisation permet à son bénéficiaire d'acquérir une qualification reconnue (qualification enregistrée dans le répertoire national des certifications professionnelles, ou reconnue dans les classifications d'une convention collective nationale de branche, ou ouvrant droit à un certificat de qualification professionnelle de branche ou interbranches) et de favoriser son insertion ou sa réinsertion professionnelle. Contrat de formation en **alternance,** il associe une expérience professionnelle au sein d'une ou de plusieurs entreprises et des enseignements généraux, professionnels et technologiques dispensés par des organismes publics ou privés de formation, ou par l'entreprise si elle dispose de son propre service de formation. 20715 C. trav. art. L 6325-1, al. 1 L 6325-2 L 6325-6-2 D 6325-4 D 6325-29 D 6325-30 **R-III-300 s**

Le contrat de professionnalisation est assorti d'**aides financières.** S'agissant de l'incidence sur ces dernières d'une infraction de travail illégal commise par l'employeur, voir nº 79480.

› Précisions a. Des offres de contrats de professionnalisation destinées aux jeunes de moins de 26 ans et des **actualités** sur l'alternance sont diffusées sur www.alternance.emploi.gouv.fr.
b. Les périodes en entreprise effectuées au titre de la **formation initiale** des jeunes sous statut scolaire ou universitaire ne peuvent pas donner lieu à la conclusion de contrats de professionnalisation.
c. Une **carte « Étudiant des métiers »,** ouvrant droit à certains avantages (nº 3460, d), est délivrée sous certaines conditions aux titulaires d'un contrat de professionnalisation, âgés de 25 ans au plus.
d. Le salarié en contrat de professionnalisation peut effectuer sa période d'action de professionnalisation au sein de **plusieurs entreprises,** le temps passé dans d'autres entreprises que celle qui l'emploie devant être au maximum égal à la moitié du temps de formation prévu par le contrat. Chaque entreprise d'accueil doit désigner un tuteur. Une convention, dont le contenu est précisé à l'article D 6325-31 du Code du travail, est conclue entre le salarié, l'employeur et les entreprises d'accueil.
e. À titre expérimental, du 29-12-2018 au 28-12-2023, un contrat de professionnalisation peut être conclu en vue d'acquérir des **compétences définies par l'employeur et l'opérateur de compétences,** en accord avec le salarié (Loi 2018-771 du 5-9-2018 art. 28, VI ; Décret 2018-1263 du 26-12-2018 ; Arrêté MTRD1830971A du 26-12-2018).

CHAMP D'APPLICATION

Le contrat de professionnalisation est ouvert aux **jeunes** âgés de 16 à 25 ans révolus afin de compléter leur formation initiale, aux **demandeurs d'emploi** âgés de 26 ans et plus, aux bénéficiaires d'un **minima social** (revenu de solidarité active [RSA], allocation de solidarité spécifique, allocation aux adultes handicapés) et aux personnes ayant été employées en **contrat unique d'insertion.** S'agissant des jeunes **étrangers,** voir nº 35560, b. 20720 C. trav. art. L 6325-1, al. 2 L 6325-23 **R-III-450 s**

Les **employeurs** concernés sont ceux assujettis au financement de la formation professionnelle (Circ. DGEFP 15 du 19-7-2012), à l'exception des particuliers employeurs (Loi 2011-893 du 28-7-2011 art. 21 modifiée). Les **structures d'insertion par l'activité économique** (entreprises d'insertion, entreprises de travail temporaire d'insertion, associations intermédiaires, ateliers et chantiers d'insertion) ont aussi la possibilité de conclure des contrats de professionnalisation pour les salariés qu'elles accompagnent dans le cadre d'une convention avec Pôle emploi (C. trav. art. L 5132-3, 3°).

> **Précisions** **a.** Le contrat est adapté pour le personnel navigant dans le **secteur maritime** (C. transports art. L 5547-2). Les entreprises de **travail temporaire** peuvent embaucher des personnes en contrat de professionnalisation à durée déterminée.
> Sur la conclusion d'un contrat de professionnalisation par 2 employeurs distincts pour des **activités saisonnières,** voir n° 20725, c.
> **b.** Les **entreprises de portage salarial** peuvent, à titre expérimental du 1-1-2021 au 31-12-2023, conclure des contrats de professionnalisation à durée déterminée soumis à un régime particulier non exposé ici (Loi 2020-1577 du 14-12-2020 art. 16 : JO 15).

CARACTÉRISTIQUES DU CONTRAT

20725 C. trav. art. L 6325-4-1, L 6325-5, L 6325-7, L 6325-11, L 6325-12, L 6325-15, **R-III-1250 s**

Le contrat peut être à **durée déterminée** (CDD) et comme tel soumis aux dispositions régissant ce type de contrat, ou à durée **indéterminée** (CDI) comportant au début une période d'action de professionnalisation.

Le CDD peut être **renouvelé,** par la conclusion d'un nouveau contrat et non la signature d'un avenant au contrat initial, dans les 2 cas suivants, pouvant être utilisés une seule fois chacun pour le même bénéficiaire (Circ. DGEFP 15 du 19-7-2012) :
– préparation d'une qualification supérieure ou complémentaire après avoir obtenu la qualification préparée ;
– échec aux épreuves d'évaluation de la formation suivie, maternité, maladie, accident du travail, maladie professionnelle ou défaillance de l'organisme de formation, empêchant d'obtenir la qualification visée.

> **Précisions** **a.** La **durée minimale** du CDD ou de l'action de professionnalisation en début de CDI est de 6 à 12 mois. Elle peut être allongée jusqu'à 36 mois pour les personnes sorties du système éducatif sans qualification professionnelle reconnue, les personnes inscrites sur la liste des demandeurs d'emploi depuis plus d'un an, les bénéficiaires d'un minima social ou d'un contrat unique d'insertion. Elle peut être allongée jusqu'à 24 mois pour les autres bénéficiaires ou lorsque la nature des qualifications visées l'exige, selon des modalités définies par convention ou accord collectif.
> **b.** Le contrat peut comporter une **période d'essai** (Circ. DGEFP 15 du 19-7-2012), mais pas de **clause de dédit-formation,** celle-ci étant nulle et de nul effet.
> **c.** Pour l'exercice d'**activités saisonnières, 2 employeurs** distincts peuvent conclure conjointement un seul et même CDD de professionnalisation avec un jeune âgé de 16 à 25 ans, en vue de l'acquisition par ce dernier d'une ou de 2 formations qualifiantes (baccalauréat professionnel ou CAP) au titre de la même session d'examen. La convention tripartite, signée et annexée au contrat, doit déterminer notamment l'affectation du jeune entre les 2 entreprises, les conditions de mise en place du tutorat et l'employeur tenu de verser la rémunération.
> Si une période d'essai est prévue, elle s'applique au début de la première période de travail effectif chez chacun des 2 employeurs. Par ailleurs, le contrat peut être rompu, dans les conditions applicables aux CDD (n° 20205), à l'initiative de chacune des parties, celle-ci prenant alors en charge les conséquences financières éventuelles de cette rupture.

FORMALITÉS

20730 C. trav. art. L 6325-5, al. 3, D 6325-1, D 6325-2, D 6325-11, **R-III-2240 s**

Le contrat de professionnalisation est établi sur un **formulaire** spécial pouvant être téléchargé ou rempli en ligne sur www.alternance.emploi.gouv.fr. Ce formulaire, accompagné d'une convention formalisant le programme de formation, est transmis par l'employeur à l'opérateur de compétences (Opco) qui finance la formation, au plus tard dans les 5 jours suivant le début du contrat via le portail de l'alternance.

Dans les 20 jours à compter de la réception de ces documents, l'**Opco se prononce** sur la prise en charge des dépenses de formation, notifie sa décision à l'employeur, et dépose le contrat auprès de la Dreets (la Direccte avant le 1-4-2021). À défaut de décision dans ce délai, la prise en charge est réputée acceptée et le contrat déposé. Si l'Opco **refuse la prise en charge** au motif que les stipulations du contrat sont contraires à une disposition légale ou à une stipulation conventionnelle, il notifie sa décision motivée à l'employeur et au salarié concerné.

> **Précisions** Si le contrat est **rompu avant son terme,** l'employeur signale cette rupture, dans les 30 jours qui suivent, à l'autorité administrative précitée, à l'opérateur de compétences (sur www.alternance.emploi.gouv.fr) et à l'organisme chargé du recouvrement des cotisations et contributions sociales (C. trav. art. D 6325-5).

CONDITIONS D'EMPLOI

Le titulaire d'un contrat de professionnalisation bénéficie de l'ensemble des **dispositions applicables** aux autres salariés de l'entreprise si elles ne sont pas incompatibles avec les exigences de sa formation. 20735

C. trav. art. L 6325-4 L 6325-6 L 6325-10 **R-III-4100 s** **K-III-3750 s**

Sa **durée du travail,** incluant le temps passé en formation, ne peut pas excéder la durée hebdomadaire de travail pratiquée dans l'entreprise ni la durée quotidienne maximale du travail (nº 29545). Il bénéficie du **repos hebdomadaire** dans les conditions de droit commun (nºs 30860 s.). Il est **électeur** aux élections professionnelles (nº 8760) et est exclu du calcul du contingent d'**absences** simultanées au titre du congé de transition professionnelle (nº 38330).

› Précisions **a.** Jusqu'au terme prévu par le contrat lorsqu'il est à durée déterminée ou jusqu'à la fin de l'action de professionnalisation lorsqu'il est à durée indéterminée, le bénéficiaire n'est pas pris en compte dans le calcul des **seuils d'effectif** de l'entreprise, d'origine législative ou réglementaire, à l'exception de ceux concernant la tarification des risques d'accidents du travail et de maladies professionnelles (C. trav. art. L 1111-3).
b. La conclusion d'un contrat de professionnalisation à **temps partiel** est possible si ce dernier est compatible avec l'acquisition de la qualification visée et respecte les conditions propres à ce contrat, notamment en matière de durée de formation (Circ. DGEFP 15 du 19-7-2012).
c. Sur la **consultation** du comité social et économique sur l'exécution des contrats de professionnalisation, voir nº 9290.
d. Le contrat de professionnalisation peut être **exécuté** en partie **à l'étranger** (dans ou hors UE) pour une **durée** maximale d'un an. La durée du contrat peut alors être portée à 24 mois, l'exécution du contrat en France devant être au minimum de 6 mois. Les modalités d'exécution de cette période de mobilité, fixées par l'article L 6325-25 du Code du travail, peuvent donner lieu à la conclusion d'une convention entre le bénéficiaire, l'employeur en France, l'employeur à l'étranger, l'organisme de formation en France et, le cas échéant, l'organisme de formation à l'étranger pour la mise en œuvre de la mobilité (C. trav. art. R 6325-33 ; arrêté MTRD2002357A du 22-1-2020). Pour les périodes de **mobilité n'excédant pas 4 semaines,** une convention organisant la mise à disposition d'un bénéficiaire d'un contrat de professionnalisation peut être conclue entre le bénéficiaire, l'employeur en France, l'organisme de formation en France et l'organisme de formation à l'étranger ainsi que, le cas échéant, l'employeur à l'étranger (C. trav. art. R 6325-34 ; arrêté MTRD2002356A du 22-1-2020). L'organisme de formation (l'employeur si la période de mobilité n'excède pas 4 semaines) adresse à l'Opco en France le projet de convention et une demande de prise en charge des frais supportés par le salarié ; il adresse ensuite à l'Opco la convention une fois conclue (C. trav. art. R 6325-35 et R 6325-36). Si, pendant les périodes effectuées à l'étranger, le bénéficiaire du contrat de professionnalisation n'a pas le statut de salarié, il est couvert contre les **accidents du travail** et maladies professionnelles dans les conditions prévues pour les étudiants, selon les modalités prévues par les articles R 412-4 et D 412-2 du CSS.

FORMATION

Convention et durée de la formation Le salarié bénéficie d'actions de formation (positionnement, évaluation, accompagnement et enseignement) d'une **durée** minimale comprise entre 15 %, sans être inférieure à 150 heures, et 25 % de la durée totale du contrat ou de la période d'action de professionnalisation. Ces actions peuvent être **mises en œuvre** par le service de formation interne à l'entreprise. À défaut, une convention précisant les objectifs, le programme et les modalités d'organisation, d'évaluation et de sanction de la formation est signée par l'employeur et l'organisme de formation, et annexée au contrat transmis à l'Opco (nº 20730). 20740

C. trav. art. L 6325-2-1 L 6325-13 L 6325-14 D 6325-13 **R-III-2850 s**

L'inscription d'un salarié à un organisme de formation est gratuite. Les dépenses de formation (du salarié et du tuteur) et de tutorat peuvent être prises en charge par l'Opco.

› Précisions **a.** Dans les 2 mois suivant le début du contrat, employeur et salarié peuvent conclure un avenant adaptant le **programme** de formation aux acquis du salarié.
b. Pour vérifier si la **part minimale des actions de formation** est respectée, il faut appliquer la formule suivante : nombre de semaines prévues au contrat × durée hebdomadaire × 0,15 (Circ. DGEFP 15 du 19-7-2012).
Un accord de branche, ou à défaut un accord conclu entre les organisations représentatives d'employeurs et de salariés signataires de l'accord constitutif d'un Opco, peut porter au-delà de 25 % la **durée** des actions pour certaines catégories de bénéficiaires.

Tutorat Un tuteur est obligatoirement désigné par l'employeur. Il doit justifier d'une expérience professionnelle d'au moins 2 ans dans une qualification en rapport avec l'objectif de professionnalisation visé. Il assure la **liaison** avec l'organisme ou le service de formation et participe à l'**évaluation** du suivi de la formation. Il ne peut pas suivre plus de 3 personnes 20743

C. trav. art. L 6325-3-1 D 6325-6 à D 6325-10 R-III-3600 s

en contrat de professionnalisation ou d'apprentissage. Si aucun salarié ne remplit ces critères ou si les salariés volontaires sont indisponibles, l'employeur peut assurer lui-même le tutorat de 2 personnes au maximum simultanément.

› Précisions Dans les **entreprises de travail temporaire**, les **associations intermédiaires** et les **groupements d'employeurs,** un tuteur est désigné pour assurer la liaison avec l'organisme de formation et participer à l'évaluation du suivi de la formation. Il assure cette mission en lien avec le tuteur désigné dans l'entreprise utilisatrice, qui accompagne la personne en contrat de professionnalisation, organise son activité et veille au respect de son emploi du temps.

20744 C. trav. art. L 6325-14-1 L 6332-14 D 6332-85 D 6332-86 D 6332-92 D 6332-93 R-III-8550 s

Financement La prise en charge des **frais de formation** se fait sur la base d'un forfait fixé par convention ou accord de branche, ou par accord interprofessionnel. À défaut, la prise en charge s'effectue sur une base horaire, de 9,15 € par heure, ou 15 € par heure pour les personnes sorties du système éducatif sans qualification professionnelle reconnue, les demandeurs d'emploi de longue durée, les bénéficiaires d'un minima social et les personnes en parcours d'insertion dans un groupement d'employeur pour l'insertion et la qualification.

› Précisions **a.** Les dépenses exposées pour chaque salarié ou pour tout employeur de moins de 10 salariés bénéficiant d'une **formation de tuteur** (frais pédagogiques, rémunérations, cotisations et contributions sociales légales et conventionnelles ainsi que frais de transport, de restauration et d'hébergement) peuvent être prises en charge par les Opco, dans la limite d'un plafond de 15 € par heure de formation et d'une durée maximale de 40 heures.

b. Les Opco peuvent prendre en charge les dépenses liées à l'**exercice du tutorat** (rémunérations, cotisations, contributions sociales légales et conventionnelles et, le cas échéant, frais de transport, d'hébergement et de repas) dans la limite d'un plafond de 230 € par mois et par salarié, pour une durée maximale de 6 mois. Ce plafond est porté à 345 € lorsque le tuteur est âgé de 45 ans ou plus ou qu'il accompagne une personne sortie du système éducatif sans qualification professionnelle reconnue, un demandeur d'emploi de longue durée, le bénéficiaire d'un minima social ou d'un contrat unique d'insertion.

c. Un **accord** de branche ou un accord collectif conclu entre les organisations syndicales de salariés et d'employeurs signataires de l'accord constitutif d'un opérateur de compétences interprofessionnel peut définir les modalités de la poursuite et du financement, pour une durée n'excédant pas 6 mois, des actions d'évaluation et d'accompagnement et des enseignements, en cas de **rupture,** sauf à l'initiative de son titulaire, d'un contrat qui comportait une action de professionnalisation d'au moins 12 mois.

RÉMUNÉRATION

20745 C. trav. art. L 6325-8 L 6325-9 D 6325-14 à D 6325-18 R-III-4800 s

Les titulaires d'un contrat de professionnalisation perçoivent une rémunération fixée en pourcentage du Smic ou du minimum conventionnel en fonction de leur âge et de leur niveau de qualification.

	Qualification inférieure au bac professionnel ou titre ou diplôme professionnel de même niveau	Qualification égale ou supérieure au bac professionnel ou titre ou diplôme professionnel de même niveau
De 16 à 20 ans révolus	55 % du Smic	65 % du Smic
De 21 à 25 ans révolus	70 % du Smic	80 % du Smic
Au moins 26 ans	Montant au moins égal au Smic ou, si ce montant est supérieur, à 85 % de la rémunération conventionnelle minimale	

› Précisions **a.** Les montants sont calculés à compter du premier jour du mois suivant le jour où le titulaire du contrat atteint l'âge indiqué.

En cas de **passage de 20 à 21 ans** en cours de contrat, les montants sont réévalués à compter du premier jour du mois suivant le jour où l'intéressé atteint ses 21 ans. En revanche, le **passage de 25 à 26 ans** n'a pas d'incidence automatique sur la rémunération, employeur et salarié pouvant toutefois convenir qu'il donnera lieu à revalorisation salariale (Circ. DGEFP 15 du 19-7-2012).

b. Sauf taux moins élevé prévu par convention collective ou contrat particulier, les **avantages en nature** peuvent être déduits du salaire, dans la limite de 75 % de la déduction autorisée pour les autres salariés par la réglementation en matière de sécurité sociale et des trois quarts du montant du salaire minimum applicable à l'intéressé.

c. La réduction générale de **cotisations** (n°s 1880 s.) est applicable.

Sur la possibilité de recourir à la procédure de **rescrit social,** voir n° 24490.

d. Le titulaire d'un contrat de professionnalisation ne peut pas bénéficier de la **déduction forfaitaire spécifique** pour frais professionnels (Inst. intermin DSS 2019-141 du 19-6-2019, QR 3.3).

EXEMPLE 20747

Un salarié âgé de 22 ans perçoit une rémunération mensuelle égale au salaire minimum applicable, soit 70 % du Smic (fixé à 10,25 € de l'heure au 1-1-2021). 22 repas lui sont fournis à titre gratuit au cours du mois. Sa durée de travail est égale à la durée légale. Les repas sont évalués conformément au barème applicable au 1-1-2021. Le taux global des cotisations sociales salariales est supposé être égal à 20,84 %.

Salaire mensuel brut minimum applicable : 70 % × 10,25 € × 151,67 = 1 088,23 €.

Valeur des avantages en nature : 22 × 4,95 € = 108,90 €. Salaire minimum brut en espèces, compte tenu de la fourniture d'avantages en nature : 1 088,23 € − (75 % × 108,90 €) = 1 006,56 €.

Assiette des cotisations de sécurité sociale : 1 006,56 € + 108,90 € = 1 115,46 €.

Montant net à payer, déduction faite des avantages en nature versés au cours du mois : 1 115,46 € − (20,84 % × 1 115,46 €) − 108,90 € = 774,10 €.

AIDES FORFAITAIRES

Embauche d'un senior Une aide de l'État d'un montant de 2 000 € est accordée en cas d'embauche en contrat de professionnalisation d'un demandeur d'emploi âgé de **45 ans et plus** à la date de début d'exécution de ce contrat. 20762

Décret 2011-524 du 16-5-2011 **R-III-9600 s**

Cette aide est subordonnée à la **condition** que l'employeur soit à jour de ses obligations déclaratives et de paiement des cotisations et contributions sociales, et qu'il n'ait pas procédé dans les 6 mois précédant l'embauche à un licenciement économique sur le poste pourvu par le recrutement. Le titulaire du contrat ne doit pas avoir appartenu à l'effectif de l'entreprise au cours des 6 mois précédant la date de début du contrat.

La **demande** doit être adressée à Pôle emploi dans les 3 mois suivant le début de l'exécution du contrat et être accompagnée d'une copie de ce dernier et de la décision de prise en charge financière de l'Opco ou, à défaut, de la preuve de dépôt du contrat auprès de cet organisme.

> **Précisions** **a.** Pour les salariés à **temps partiel,** le montant de l'aide est proratisé en fonction du temps de travail effectif.
> **b.** L'aide est **versée** en deux fois (1 000 € à l'issue du 3e mois d'exécution du contrat et le solde à l'issue du 10e mois). L'employeur doit transmettre à Pôle emploi, dans les 3 mois suivant chacune de ces deux échéances, une **déclaration** attestant que le contrat de professionnalisation est toujours en cours.

Embauche d'un chômeur d'au moins 26 ans Les employeurs affiliés au régime d'assurance chômage qui embauchent sous contrat de professionnalisation un demandeur d'emploi indemnisé âgé d'au moins 26 ans peuvent prétendre à une **aide forfaitaire de Pôle emploi,** à condition d'être à jour de leurs contributions d'assurance chômage et de ne pas avoir procédé à un licenciement économique dans les 6 mois précédant l'embauche. Le titulaire du contrat ne doit pas avoir appartenu à l'effectif de l'entreprise au cours des 6 derniers mois. 20765

Délibération 2011-18 du 24-5-2011 Inst. PE 29 du 10-10-2019 **R-III-9900 s**

> **Précisions** **a.** L'octroi de l'aide est subordonné à la conclusion par l'employeur d'une **convention** avec le Pôle emploi auprès duquel il est affilié.
> **b.** Cette aide, d'un **montant** maximal de 2 000 € par contrat, est exclue de l'assiette des cotisations de sécurité sociale, de la CSG et de la CRDS. Elle est **versée** en 2 fois : 1 000 € à l'issue du 3e mois d'exécution de l'action de professionnalisation, et le solde à l'issue du 10e mois. Dans les 3 mois suivant chacune de ces échéances, l'employeur transmet à Pôle emploi une attestation de poursuite de l'action de professionnalisation.
> **c.** L'aide ne peut pas être **cumulée** avec une autre aide à l'emploi, à l'exception de l'aide à l'embauche d'un senior visée nº 20762 et des aides versées par l'Agefiph (nº 40205).

Groupements d'employeurs Outre les aides à la formation et au tutorat attribuées à tous les employeurs (nº 20740) et l'aide de Pôle emploi (nº 20765), les groupements d'employeurs pour l'insertion et la qualification (GEIQ) organisant des parcours d'insertion au profit soit de jeunes de 16 à 25 ans révolus sortis du système scolaire sans qualification ou en difficulté d'accès à l'emploi, soit de demandeurs d'emploi de 45 ans et plus, bénéficient d'une **aide de l'État** spécifique d'un montant de 814 € par accompagnement et en année pleine (Arrêté ETSD1514373A du 17-8-2015). 20770

C. trav. art. D 6325-23 à D 6325-28 **R-III-7760 s** **R-III-9300 s**

S'agissant de la **réduction de cotisations** dont ils bénéficient, voir nº 20745, c.

20773 Décret 2020-1741 du 29-12-2020 R-III-10350

Structures d'insertion par l'activité économique Une aide de l'Etat d'un montant de 4 000 € est accordée aux structures d'insertion visées n° 20930 pour toute conclusion, depuis le 1-1-2021, d'un contrat de professionnalisation avec une **personne éligible à un parcours d'insertion** par l'activité économique.

Cette aide est subordonnée à la **condition** que l'employeur soit à jour de ses obligations déclaratives et de paiement des cotisations et contributions sociales, et qu'il n'ait pas procédé dans les 6 mois précédant l'embauche à un licenciement économique sur le poste pourvu par le recrutement.

La **demande** d'aide doit être adressée à Pôle emploi dans les mêmes conditions que celles visées n° 20762.

> **Précisions** **a.** L'aide est **proratisée** en fonction de la durée effective du contrat si celui-ci est interrompu en cours d'année civile, de la quotité de temps de travail en cas de temps partiel et des périodes d'absence n'ayant pas donné lieu au maintien de la rémunération.
> **b.** L'aide est **versée** en 2 fois : un premier versement correspondant à la moitié de son montant à l'issue du 3e mois d'exécution du contrat et le solde à l'issue du 6e mois. L'employeur doit transmettre à Pôle emploi, dans les 3 mois suivant chacune de ces 2 échéances, une déclaration attestant que le contrat est toujours en cours.
> **c.** L'aide n'est **pas cumulable**, pour un même poste, avec une autre aide de l'Etat ou de Pôle emploi.

20775 Loi 2020-935 du 30-7-2020 art 76 Décret 2020-1084 du 24-8-2020

Aide exceptionnelle Le **contrat** de professionnalisation **conclu entre le 1-7-2020 et le 28-2-2021** avec un salarié âgé de **moins de 30 ans** préparant un diplôme ou titre à finalité professionnelle équivalant au plus à un master ouvre droit, pendant la première année, à une aide exceptionnelle de 5 000 € si l'alternant a moins de 18 ans ou de 8 000 € s'il a au moins 18 ans. Cette aide peut également être accordée au titre d'un contrat de professionnalisation expérimental visé n° 20715, e et pour la préparation d'une qualification professionnelle de branche ou interbranche. Peuvent en bénéficier les entreprises de moins de 250 salariés et, sous certaines conditions, celles d'au moins 250 salariés : voir n° 3275. L'aide est versée selon les modalités visées n° 3275, après transmission chaque mois à l'Agence de service et de paiement (ASP) du bulletin de paie du titulaire.

B. Contrat unique d'insertion

20790 C. trav. art. L 5134-19-1 L 5134-20 L 5134-65 Q-II-63000 s

Le contrat unique d'insertion (CUI) est un contrat aidé ayant pour objet de faciliter l'insertion professionnelle des **personnes sans emploi** rencontrant des difficultés particulières d'accès à l'emploi, et comporte à cette fin des actions d'accompagnement professionnel.

Le CUI prend la forme du **contrat initiative-emploi** dans le secteur marchand, et du **contrat d'accompagnement dans l'emploi** dans le secteur non marchand.

1. CHAMP D'APPLICATION

SECTEUR MARCHAND

20800 C. trav. art. L 5134-19-3 L 5134-66 L 5134-67 L 5522-2 Q-II-63200 s

Dans le secteur marchand, le CUI prend la forme du **contrat initiative-emploi** (CIE). Il peut être conclu par les employeurs assujettis au régime d'assurance chômage (n° 6330), les groupements d'employeurs visés n° 33040 qui organisent des parcours d'insertion et de qualification, et les employeurs de pêche maritime, mais pas par les particuliers employeurs. Ce contrat peut avoir pour **objet** de pourvoir durablement un emploi lié à l'activité normale et permanente de l'entreprise (Cass. soc. 18-11-2003 n° 01-46.408 FS-PBRI : RJS 2/04 n° 245 rectifié ; 26-1-2005 n° 02-46.639 FS-PB : RJS 4/05 n° 426).

En pratique, aujourd'hui, la possibilité de conclure un CIE est essentiellement ouverte aux employeurs recrutant des **jeunes** de moins de 26 ans, ou âgés de 30 ans au plus en cas de handicap (Circ. DGEFP 163 du 28-9-2020).

> **Précisions** **En dehors de ce CIE-jeune,** la conclusion de CUI-CIE n'est autorisée pour tous publics que dans les DOM ou par les conseils départementaux dans le cadre des conventions annuelles d'objectifs et de moyens, sous réserve que leur coût soit intégralement pris en charge par les conseils départementaux et que ces derniers s'engagent à cofinancer à bon niveau les CAE (Circ. DGFEFP/SDPAE/MIP/MPP 11 du 11-1-2018 réputée abrogée) ou encore sur des territoires délimités, à des fins expérimentales dans les départements du Nord et des Pyrénées-Orientales (Circ. DGEFP 163 du 28-9-2020).

SECTEUR NON MARCHAND

20805 C. trav. art. L 5134-19-3 L 5134-21 L 5134-24 L 5522-2

Dans le secteur non marchand, le CUI prend la forme du **contrat d'accompagnement dans l'emploi** (CAE), aussi baptisé **contrat parcours emploi compétences** (contrats PEC). Sont concernés les organismes de droit privé à but non lucratif, les collectivités territoriales et leurs groupements, les autres personnes morales de droit public, les personnes morales de droit privé chargées de la gestion d'un service public et les sociétés coopératives d'intérêt collectif. Ce contrat est utilisé pour des **emplois** visant à répondre à des besoins collectifs non satisfaits, mais pas dans les services de l'État.

2. AIDE À L'INSERTION PROFESSIONNELLE

MODALITÉS D'ATTRIBUTION

20810 C. trav. art. L 5134-19-1 L 5134-21-1 à L 5134-22 L 5134-66-1 R 5134-14 à R 5134-17-1 R 5134-26 R 5134-37 à R 5134-39 R 5134-51 R 5134-60 à R 5134-62 Q-II-64500 s

Avant de conclure le contrat de travail, l'employeur doit solliciter une aide à l'insertion professionnelle auprès du président du conseil départemental lorsque le salarié bénéficie du RSA ou, dans les autres cas, de **Pôle emploi** ou d'un organisme public ou privé de placement s'étant vu confier une mission d'insertion professionnelle par l'État.

La **demande** d'aide est effectuée au moyen d'un formulaire, disponible sur www.service-public.fr. Outre des informations relatives à l'employeur, à l'identité du bénéficiaire et aux caractéristiques du contrat de travail, elle prévoit obligatoirement des actions d'orientation, d'accompagnement et de formation professionnelle et, le cas échéant, de validation des acquis de l'expérience.

› Précisions **a.** Il **ne peut pas être attribué** d'aide à l'insertion professionnelle lorsque le contrat a été conclu :

– pour remplacer un salarié licencié pour un motif autre que la faute grave ou lourde ;

– lorsque l'employeur n'est pas à jour du paiement de ses cotisations et contributions sociales.

En outre, dans le secteur marchand, les établissements ayant procédé à un **licenciement économique** dans les 6 mois précédents ne peuvent pas conclure de CIE.

b. L'autorité attribuant l'aide à l'insertion professionnelle désigne en son sein ou auprès d'un organisme d'insertion un **référent** chargé d'assurer le suivi du salarié. L'employeur doit nommer un **tuteur** parmi ses salariés qualifiés justifiant d'une expérience professionnelle d'au moins 2 ans. Exceptionnellement, l'employeur peut assurer lui-même le tutorat. Le tuteur, qui ne peut pas suivre plus de 3 salariés en CUI, doit notamment contribuer à l'acquisition par le salarié de savoir-faire professionnels et assurer la liaison avec son référent.

c. En cas de refus d'attribution de l'aide ou de litige, l'employeur ou le salarié peut exercer dans un délai de 2 mois un **recours** gracieux auprès de l'organisme prescripteur ou un recours contentieux devant le tribunal administratif.

d. L'**attribution d'une nouvelle aide** à l'insertion professionnelle est subordonnée au bilan préalable des actions d'accompagnement et d'insertion réalisées dans le cadre de contrats aidés antérieurs.

e. S'agissant de l'incidence sur l'aide d'une infraction de **travail illégal** commise par l'employeur, voir n° 79480.

MONTANT

20815 C. trav. art. L 5134-72 à L 5134-72-2 D 5134-64 à R 5134-66 Q-II-65150 s

Secteur marchand La conclusion d'un **CIE** ouvre droit à une **aide financière** de l'État dont le montant, fixé chaque année par un arrêté du préfet de région en fonction de différents critères (qualité des actions de formation, secteur d'activité, difficultés du bénéficiaire, etc.), ne peut pas excéder 47 % du taux brut du Smic par heure travaillée, dans la limite de 35 heures hebdomadaires. Lorsque le contrat a été conclu avec un bénéficiaire du RSA, le département, qui participe au financement de cette aide, peut fixer un taux supérieur.

› Précisions L'aide peut se **cumuler** avec la réduction générale de cotisations patronales visée n°s 1880 s. mais pas avec les exonérations pour les zones franches urbaines ou pour les zones de revitalisation rurale. Dans ce cas, l'employeur doit opter soit pour l'exonération, soit pour l'aide au CIE (Circ. DGEFP 11 du 21-3-2005 réputée abrogée).

20820 C. trav. art. L 5134-30 à L 5134-33 D 5134-41 à R 5134-43 D 5134-48 Q-II-65500 s

Secteur non marchand L'embauche en **CAE** ouvre droit pour l'employeur à une **aide financière** de l'État (exonérée de toute charge fiscale), dont le montant, fixé chaque année par un arrêté du préfet de région en fonction de différents critères (qualité des actions d'accompagnement et de formation professionnelle, secteur d'activité…), ne peut pas excéder 95 % du taux brut du Smic par heure travaillée, dans la limite de 35 heures hebdomadaires, et au financement de laquelle le département participe si le contrat a été conclu avec un bénéficiaire du RSA. Le taux de l'aide est de 65 % sur tout le territoire en cas de CAE conclu avec un jeune âgé de moins de 26 ans ou un jeune de 30 ans au plus en situation de handicap (Circ. DGEFP 163 du 28-9-2020).

Seules les **collectivités locales et autres personnes morales de droit public** ouvrent droit, pour toute la durée d'attribution de l'aide, à une **exonération spécifique des cotisations** patronales d'assurances sociales (maladie-maternité, invalidité, décès, vieillesse) et d'allocations familiales dues sur la rémunération du bénéficiaire du contrat, pour la fraction de rémunération n'excédant pas le produit du Smic par le nombre d'heures rémunérées, dans la limite de la durée légale du travail calculée sur le mois ou, si elle est inférieure, de la durée conventionnelle applicable dans l'établissement. Cette rémunération est en outre exonérée de la **taxe** sur les salaires, de la taxe d'apprentissage et de la participation due par l'employeur au titre de l'effort de construction. La cotisation patronale d'accidents du travail et de maladies professionnelles est en revanche due. S'agissant de la **contribution** au dialogue social, voir n° 84410.

Les **autres employeurs** du secteur non marchand visés n° 20800 bénéficient de la **réduction générale** des cotisations patronales (voir n°s 1880 s.).

L'État peut en outre contribuer au financement des actions de **formation** professionnelle et de validation des acquis de l'expérience dans le cadre du CAE.

› Précisions **a.** Les aides ouvertes au titre du CAE ne peuvent pas être **cumulées** avec une autre aide à l'emploi.

b. Sur la possibilité pour l'employeur de recourir à la procédure de **rescrit social** au titre de la législation relative aux exonérations de charges, voir n° 24490.

VERSEMENT

20825 L'aide financière est attribuée pour toute la **durée** du contrat de travail sans pouvoir excéder 2 ans, sauf prolongations exceptionnelles visées n° 20830. Elle est versée, mensuellement et par avance, par l'Agence de services et de paiement (www.asp-public.fr), sur production de justificatifs transmis mensuellement par l'employeur à l'aide d'un téléservice dénommé Sylae, accessible sur https://sylae.asp-public.fr/sylae/ (Arrêté ETSD1239186A du 26-11-2012 modifié).

C. trav. art. L 5134-23, L 5134-23-1, L 5134-67-1, R 5134-28, R 5134-29, R 5134-40, R 5134-44 à R 5134-47, R 5134-49, R 5134-50, R 5134-53, R 5134-54, R 5134-63, R 5134-67 à R 5134-70, Q-II-66350 s

Si le contrat a été conclu avec un bénéficiaire du RSA, l'aide est versée par le département sur production d'une attestation de situation par l'employeur.

L'employeur doit signaler à l'ASP et, le cas échéant, au département, dans un délai de 7 jours francs :

– toute **suspension du CUI** : dans ce cas, l'aide n'est pas versée si la rémunération du salarié n'est pas maintenue, et elle est proratisée en cas de maintien partiel ;

– toute **rupture** du CUI qui entraîne la cessation du versement de l'aide. Dans certains cas de rupture anticipée du contrat à l'initiative de l'employeur, le remboursement de l'aide est exigé.

L'employeur doit également rembourser l'intégralité des sommes perçues au titre de l'aide et des exonérations de cotisations dont il a bénéficié en cas de dénonciation de la décision d'attribution de l'aide.

› Précisions **a.** En cas de **suspension du CAE** avec maintien total ou partiel de la rémunération, le nombre d'heures rémunérées pris en compte pour le calcul de l'exonération est égal au produit de la durée de travail que le salarié aurait effectuée s'il avait continué à travailler et du pourcentage de la rémunération demeuré à la charge de l'employeur et soumis à cotisation. Le résultat ainsi déterminé ne peut pas excéder, pour le mois civil considéré, la durée légale du travail, ou, si elle est inférieure, la durée conventionnelle applicable dans l'établissement.

b. L'employeur n'a pas à **rembourser l'aide** déjà perçue et correspondant au nombre de jours complets travaillés lorsque le **CUI à durée indéterminée** est rompu au cours de la période d'essai ou pour force majeure, rupture conventionnelle homologuée, licenciement économique en cas de redressement ou de liquidation judiciaire, ou licenciement pour faute grave du salarié ou inaptitude médicalement constatée (sous réserve du respect par l'employeur, le cas échéant, de son obligation de reclassement : n°s 49970 s.).

Lorsque le CUI est à **durée déterminée,** l'aide déjà perçue est conservée par l'employeur en cas de rupture anticipée résultant de la volonté claire et non équivoque des parties, faute grave du salarié ou force majeure.

c. Sur l'exercice d'un **recours** en cas de litige, voir n° 20810, c.

3. CONTRAT DE TRAVAIL

CONCLUSION

20830 Le CUI est un contrat à **durée** indéterminée, ou à durée déterminée conclu dans le cadre de la politique de l'emploi (n° 19630).

Lorsqu'il est à durée déterminée, le CUI est conclu pour une durée **minimale** de 6 mois (ramenée à 3 mois si le salarié est une personne condamnée bénéficiant d'un aménagement de peine), et pour une durée **maximale** de 24 mois, renouvellement compris. Toutefois, depuis le 12-3-2020 et jusqu'au 16-8-2021, les CUI peuvent être renouvelés pour une durée de 36 mois, contrat initial inclus (Loi 2020-734 du 17-6-2020 art. 5 modifié). C. trav. art. L 5134-23-1 L 5134-24 à L 5134-26 L 5134-67-2 L 5134-69 à L 5134-69-2 L 5134-70-1 R 5134-30 à R 5134-33 R 5134-55 à R 5134-58 **Q-II-67200 s**

Pour les travailleurs handicapés et les salariés âgés d'au moins 50 ans rencontrant des difficultés particulières qui font obstacle à leur insertion durable dans l'emploi, il peut être **prolongé,** avec maintien de l'aide financière, dans la limite d'une durée totale de 5 ans à l'échéance de la durée initiale du contrat.

Pour les salariés âgés de 58 ans ou plus, le CDD peut être prolongé au-delà de la durée maximale jusqu'à la date à laquelle ils sont autorisés à faire valoir leur droit à retraite.

Le CAE-CDD peut être prolongé au-delà de sa durée maximale pour permettre au salarié d'achever une formation.

Le contrat, obligatoirement écrit, peut être à **temps complet** ou à temps **partiel** d'au moins 20 heures par semaine, sauf exception justifiée par les difficultés d'insertion de la personne embauchée.

> Précisions **a.** Lorsqu'il est à **durée déterminée,** le contrat doit faire expressément état de son motif : embauche dans le cadre soit d'un CAE, soit d'un CIE. À défaut, il est réputé conclu pour une durée indéterminée (Cass. soc. 19-4-2000 n° 98-41.073 D : RJS 6/00 n° 636 ; 5-11-2003 n° 01-44.145 F-D : RJS 1/04 n° 50 ; 11-2-2004 n° 02-40.744 : RJS 4/04 n° 385). La nécessité de remplacer un salarié ne peut pas justifier le recours à un CUI à durée déterminée (Cass. soc. 26-2-2002 n° 00-40.758 F-P : RJS 5/02 n° 537).

Les règles de **renouvellement** du CDD visées n° 19790 ne sont pas applicables au CUI, et l'**indemnité** de fin de contrat n'est pas due (Cass. soc. 20-10-2010 n° 08-44.933 F-PB : RJS 1/11 n° 65).

b. L'employeur qui souhaite **prolonger** le CUI adresse à l'autorité signataire visée n° 20810 une **demande** préalable motivée et accompagnée d'un bilan des actions d'insertion réalisées et de celles qu'il envisage de mettre en œuvre pendant la prolongation. Si cette demande concerne un salarié suivant une action de formation professionnelle en cours de réalisation, elle doit être accompagnée de justificatifs visant notamment à établir que le terme de la formation dépasse la durée d'attribution de l'aide.

c. La **durée hebdomadaire de travail** peut être inférieure à 20 heures pour un salarié en CIE âgé d'au moins 60 ans et éligible à un dispositif d'intéressement à la reprise d'activité des bénéficiaires de l'allocation visée nos 7040 s.

d. En cas de **transfert d'entreprise** au sens indiqué nos 74500 s., le nouvel employeur est substitué dans les droits de l'ancien en ce qui concerne le contrat de travail et l'aide qui y est liée, sous réserve de l'accord de l'autorité attributaire.

e. Les **représentants du personnel** sont informés sur les contrats uniques d'insertion conclus par l'entreprise via la base de données économiques et sociales : voir nos 9220 s. et nos 9245 s.

EXÉCUTION

La **rémunération** du salarié est déterminée conformément aux dispositions conventionnelles applicables dans l'entreprise (Cass. soc. 6-4-2011 n° 10-11.051 FS-PB : RJS 6/11 n° 544), sans pouvoir être inférieure au produit du Smic horaire par le nombre d'heures de travail effectuées. **20835** C. trav. art. L 5134-27 R 5134-36 **Q-II-68200 s**

Le salarié doit bénéficier d'**actions d'accompagnement et de formation professionnelle** pendant le temps de travail ou en dehors de celui-ci. Il peut bénéficier de la ProA (dispositif de reconversion ou promotion par alternance, voir nos 38500 s.) ou d'une mise en situation en milieu professionnel (n° 20840, b). Tout manquement de l'employeur à cette obligation est fautif et justifie, lorsque le CUI a été conclu pour une durée déterminée, sa requalification en CDI (Cass. soc. 11-7-2012 n° 11-13.827 F-D : RJS 11/12 n° 893 ; 7-7-2015 n° 14-11.919 FS-D : RJS 11/15 n° 724), y compris lorsque le contrat de travail a été conclu avec un employeur de droit public (Cass. soc. 28-5-2014 n° 13-16.235 FS-PB : RJS 8-9/14 n° 647).

> Précisions **a.** Pendant toute la durée d'attribution de l'aide à l'insertion, les salariés sont exclus du calcul de l'**effectif,** sauf pour la tarification des accidents du travail (C. trav. art. L 1111-3) et pour l'application des règles relatives aux institutions représentatives du personnel (C. trav. art. L 2301-1).

b. S'agissant des **charges sociales et fiscales** appliquées au salaire, voir n° 20815 pour le CIE, et n° 20820 pour le CAE.

c. Le salarié est **accompagné** par un référent et un tuteur : voir n° 20810, b.

SUSPENSION OU CESSATION DU CONTRAT

Le CUI peut être **suspendu,** à la demande du salarié, pour lui permettre : **20840**

– en accord avec l'employeur, d'effectuer une période de mise en situation en milieu professionnel ou une action concourant à son insertion professionnelle ;

– d'accomplir une période d'essai pour un emploi à durée indéterminée ou à durée déterminée d'au moins 6 mois.

C. trav. art. L 5134-28 à L 5134-29 L 5134-70 L 5134-70-2 L 5134-71 L 5135-1 à L 5135-8 D 5135-1 à D 5135-8 Q-II-68490 s

En cas d'embauche à l'issue d'une de ces périodes de suspension, le contrat de travail est rompu sans préavis.

Lorsqu'il est conclu à durée déterminée, le CUI peut être **rompu avant l'échéance** du terme par accord des parties, force majeure, faute du salarié ou inaptitude physique constatée par le médecin du travail ou, à l'initiative du salarié, en vue soit d'être embauché en CDI ou CDD d'au moins 6 mois, soit de suivre une formation qualifiante au sens de l'article L 6314-1 du Code du travail.

› Précisions a. S'agissant des **incidences** de la suspension ou de la rupture du CUI sur l'attribution de l'**aide,** voir n° 20825.

b. Les **périodes de mise en situation en milieu professionnel** sont prescrites par l'autorité attribuant l'aide à l'insertion, en accord avec le salarié et l'employeur. Elles donnent lieu à la signature d'une convention, dont le modèle est fixé par l'arrêté ETSD1422812A du 13-11-2014 modifié. La **durée** maximale de chaque période est d'un mois, renouvelable une fois, et leur durée cumulée ne peut excéder 25 % de la durée totale du contrat de travail. Au cours d'une même période de 12 mois, le salarié peut conclure 2 conventions avec une même structure d'accueil, pour une durée totale maximale de 60 jours. Pendant la période de mise en situation en milieu professionnel, le salarié est accompagné par une personne désignée dans la structure d'accueil. Il n'est pas **rémunéré** par cette dernière. En cas d'accident du travail au sein de la structure d'accueil, c'est l'employeur qui doit procéder à la déclaration auprès de la caisse.

c. Une **attestation** d'expérience professionnelle est établie par l'employeur avec l'aide du tuteur et remise au salarié à sa demande ou au plus tard un mois avant la fin du CUI.

C. Emploi d'avenir

20870 C. trav. art. L 5134-110 L 5134-111 R 5134-161 à R 5134-164 Q-II-70500 s

Le dispositif des emplois d'avenir a été mis en place pour faciliter l'insertion professionnelle et l'accès à la qualification de jeunes sans emploi, **pas ou peu qualifiés,** âgés de 16 à 25 ans à la date de signature du contrat (30 ans pour les personnes reconnues travailleur handicapé). Les **employeurs** du secteur non marchand et, par exception, ceux du secteur marchand au sens indiqué n° 20800 qui recrutaient en emploi d'avenir pouvaient prétendre à une aide financière versée par l'État. Depuis le **1-1-2018,** il n'est plus possible d'en conclure. Les contrats en cours iront jusqu'à leur terme mais ne pourront pas être renouvelés (Direction de l'information légale et administrative 5-2-2018). Les développements ci-dessous ne concernent donc que les emplois d'avenir en cours.

CONDITIONS D'EMPLOI

20885 C. trav. art. L 5134-112 L 5134-115 L 5134-116 L 5134-117 R 5134-165 Q-II-71250 s

L'emploi d'avenir est pourvu par voie de CUI (nos 20790 s.). Les dispositions propres à ce contrat s'appliquent, sous réserve des spécificités suivantes.

Le jeune est embauché à temps plein en CDI, ou en CDD de 36 mois. Par dérogation, la durée du contrat peut être **prolongée** pour permettre au salarié d'achever une action de formation professionnelle en cours de réalisation.

Outre les cas de **rupture** du contrat visés n° 20840, le CDD peut être rompu à sa date anniversaire par le salarié, qui doit respecter un préavis de 2 semaines, ou par l'employeur, sous réserve de justifier d'une cause réelle et sérieuse, de convoquer le salarié à un entretien préalable en respectant la procédure visée nos 47480 s. et de lui accorder un préavis d'un mois.

Au **terme** de l'emploi d'avenir, le jeune peut être **embauché** (sans période d'essai), notamment par voie de contrat de professionnalisation ou de contrat d'apprentissage et bénéficier d'actions de formation professionnelle. S'il était en CDD, il bénéficie d'une **priorité de réembauche** pendant un an. L'employeur l'informe de tout emploi disponible et compatible avec sa qualification et ses compétences.

› Précisions a. Par **dérogation,** si la situation personnelle du salarié ou la nature du poste le justifie, l'emploi d'avenir peut avoir été pourvu :

– en CDD d'une durée initiale d'au moins 12 mois renouvelables jusqu'à 36 mois ;

– ou à temps partiel avec l'accord du salarié et de l'autorité attribuant l'aide financière, à condition que le poste soit au moins occupé à mi-temps et que la durée du travail soit augmentée dès que possible.

b. La **rémunération** du salarié est conforme aux dispositions conventionnelles applicables dans l'entreprise, sans pouvoir être inférieure au Smic, y compris lorsque l'intéressé était âgé de 16 ou 17 ans au moment de la signature du contrat de travail (Circ. DGEFP 20 du 2-11-2012).

c. L'employeur s'engage, sous peine de sanction (n° 20895), à former le salarié, principalement pendant le temps de travail, pour lui permettre d'accéder à un niveau de qualification supérieur. La **formation** doit notamment permettre au jeune de se présenter à un examen diplômant ou à un concours. Les compétences acquises sont reconnues par attestation.

d. Pendant l'exécution du contrat, le salarié est accompagné, notamment par Pôle emploi, sur le plan professionnel et, si besoin, social. Ce **suivi** est réalisé pendant le temps de travail, et donne lieu, 2 mois avant l'échéance du contrat, à un bilan sur le projet professionnel du jeune.

AIDE DE L'ÉTAT

La conclusion d'un emploi d'avenir ouvre droit à une aide de l'État, versée pour une **durée** minimale de 12 mois et une durée maximale de 36 mois, sans pouvoir excéder le terme du contrat de travail. À titre dérogatoire, une prolongation de l'aide peut être accordée pour permettre au jeune d'achever une action de formation, dans les conditions visées nº 20885. **20895** C. trav. art. L 5134-113 L 5134-114 R 5134-166 R 5134-167 R 5134-168 **Q-II-71950 s**

Le **montant** de l'aide est fixé à (Arrêté ETSD1238270A 31-10-2012) :
– 75 % du taux horaire brut du Smic dans le secteur non marchand ;
– 35 % du taux horaire brut du Smic dans le secteur marchand, portés à 47 % pour les entreprises d'insertion ou les groupements d'employeurs pour l'insertion et la qualification.

En contrepartie de l'aide, l'employeur prend des **engagements** sur le contenu du poste proposé, les conditions d'encadrement et de formation du salarié et les possibilités de pérennisation de l'activité. Le non-respect de ces engagements justifie le remboursement de l'aide financière.

› Précisions **a.** L'aide est **versée** mensuellement par l'ASP, selon les modalités visées nº 20825.
b. L'employeur bénéficie des **exonérations** de cotisations liées au contrat unique d'insertion : voir nº 20815 dans le secteur marchand, et nº 20820 dans le secteur non marchand (Rapport AN 148).
c. Les aides perçues sont **remboursées** en cas de rupture anticipée du contrat, dans les conditions indiquées nº 20825. En cas de litige, l'employeur peut exercer les recours visés nº 20810, c.

D. Autres contrats

CONTRAT À DURÉE DÉTERMINÉE D'INSERTION

Les structures d'**insertion par l'activité économique** que sont les entreprises d'insertion, les ateliers et chantiers d'insertion et les associations intermédiaires peuvent recourir, pour l'embauche de personnes sans emploi rencontrant des difficultés sociales et professionnelles particulières, au contrat à durée déterminée d'insertion (CDDI). **20930** C. trav. art. L 5132-5 L 5132-11-1 L 5132-15-1 R 5132-7 à R 5132-10 R 5132-23 à R 5132-25 R 5132-37 à R 5132-40 D 5132-26-1 s. D 5132-41 D 5132-43-1 à R 5132-43-7 **Q-II-74900 s**

Il s'agit d'un contrat conclu en application des dispositions visées nº 19630, pour une **durée** comprise entre 4 et 24 mois, renouvellements compris, sauf dérogations. Le contrat peut être à **temps complet** ou à temps **partiel** d'au moins 20 heures par semaine. La durée du travail peut varier sur tout ou partie de la période couverte par le contrat sans dépasser la durée légale hebdomadaire.

› Précisions **a.** La **durée minimale** de 4 mois peut être réduite pour les personnes ayant fait l'objet d'une condamnation et bénéficiant d'un aménagement de peine. Depuis le 12-3-2020 et jusqu'au 16-8-2021, le contrat peut exceptionnellement être **renouvelé** pour une durée de 36 mois, contrat initial inclus (Loi 2020-734 du 17-6-2020 art. 5 modifié). Par ailleurs, la **durée maximale** du CDDI peut être **prolongée** jusqu'au terme d'une action de formation en cours de réalisation ; la durée du contrat peut être portée à 5 ans lorsqu'il a été conclu avec un travailleur handicapé ou un salarié âgé d'au moins 50 ans rencontrant des difficultés particulières faisant obstacle à son insertion durable dans l'emploi, après contrôle de Pôle emploi.
b. Seuls les employeurs publics mettant en place des **ateliers et chantiers d'insertion** (ACI) embauchant en CDDI bénéficient de l'**exonération** spécifique de cotisations et contributions visée nº 20820 (Loi 2013-1203 du 23-12-2013 art. 20-IV A-1º). Les employeurs privés (associations principalement) se voient appliquer la réduction générale des cotisations patronales (nºs 1880 s.). Pour chaque embauche d'un bénéficiaire du RSA, le département verse aux ACI une aide égale à 88 % du montant forfaitaire du RSA.
c. Les ACI peuvent déroger à la **durée hebdomadaire minimale de travail** de 20 heures en cas d'embauche en CDDI d'un salarié présentant des difficultés importantes, sur demande de l'employeur et pour une durée maximale de 6 mois. Ils peuvent également déroger à la **durée maximale du contrat,** avec l'accord de Pôle emploi et dans la limite de 5 ans, si celui-ci est conclu avec un salarié rencontrant des difficultés particulièrement importantes.
d. Le salarié titulaire d'un CDDI peut bénéficier de périodes de **mise en situation en milieu professionnel** dans les conditions indiquées nº 20840, b. Il peut **rompre** le contrat avant son terme pour suivre une formation qualifiante reconnue. La rupture est alors considérée comme une démission légitime au regard des droits à l'assurance chômage.
e. Les structures d'insertion par l'activité économique bénéficient d'une **aide financière de l'État** pour chaque salarié embauché composée d'un montant socle et d'un montant modulé déterminé par le préfet. L'aide, versée par l'ASP, est proratisée pour les salariés à temps partiel, et

revalorisée chaque année en fonction de l'évolution du Smic. Elle n'est cumulable avec aucune autre aide à l'emploi financée par l'État. En 2020, le **montant** socle annuel est fixé à 10 646 € pour les entreprises d'insertion, 20 441 € pour les ACI, 1 383 € pour les associations intermédiaires et 4 299 € pour les entreprises de travail temporaire d'insertion (Arrêté MTRD2000550A du 7-2-2020).

f. En cas de **transfert d'entreprise** au sens indiqué nos 74500 s., le nouvel employeur est substitué dans les droits et obligations de l'employeur initial.

g. Les périodes travaillées en CDDI sont retenues pour le calcul des **pensions de vieillesse** du régime général si elles donnent lieu au versement du minimum de cotisations requis (voir no 67560).

CONTRAT À DURÉE DÉTERMINÉE « SENIORS »

20940 C. trav. art. D 1242-2 D 1242-7 Q-II-40300 s

Tout employeur, à l'exception des professions agricoles, peut conclure un CDD « seniors » avec une personne **âgée** de plus de 57 ans en **recherche d'emploi** depuis plus de 3 mois, ou bénéficiant d'un contrat de sécurisation professionnelle.

Ce contrat, d'une **durée** initiale de 18 mois au maximum, peut être renouvelé une fois pour une durée déterminée qui, ajoutée à la durée du contrat initial, ne peut excéder 36 mois.

› Précisions a. Il s'agit d'un CDD conclu dans le cadre de la politique de l'emploi (no 19630). Par dérogation à la règle en principe applicable à ce type de contrat, l'accord national interprofessionnel du 13-10-2005 prévoit le versement au salarié de l'**indemnité de fin de contrat** (ANI du 13-10-2005 ; Arrêté SOCT0612536A du 15-12-2006).

b. Un dispositif particulier est prévu dans le **secteur agricole** : un CDD « seniors » peut être conclu avec des chômeurs à qui il manque au maximum 8 trimestres de cotisations, tous régimes confondus, pour bénéficier d'une retraite à taux plein. Le contrat, conclu pour une durée maximale de 24 mois, ne peut pas être renouvelé. Il n'ouvre pas droit à l'indemnité de fin de contrat (C. rur. art. D 718-4 et D 718-5).

CONTRAT À DURÉE INDÉTERMINÉE D'INCLUSION « SENIORS »

20942 C. trav. art. L 5132-5-1 L 5132-6-1 L 5132-14-1 L 5132-15-1-1

Les **entreprises d'insertion**, les **associations intermédiaires**, les **ateliers et chantiers d'insertion** et les **entreprises de travail temporaire d'insertion** peuvent conclure un contrat à durée indéterminée d'inclusion (CDII) avec une personne âgée d'au moins 57 ans rencontrant des **difficultés sociales et professionnelles** particulières, selon des modalités définies par décret (à paraître). Ce contrat conclu avec une entreprise de travail temporaire d'insertion est un CDI intérimaire (no 82150), et la durée totale d'une mission ne peut pas excéder 36 mois.

20945

Expérimentation du contrat d'accès à l'entreprise

Le contrat d'accès à l'entreprise est expérimenté pour une **durée de 3 ans** depuis le 1-7-2019, dans des **régions volontaires** qui seront définies par arrêté (à paraître). Il a pour objet de faciliter l'insertion professionnelle de personnes sans emploi rencontrant des **difficultés sociales et professionnelles particulières d'accès à l'emploi** (Loi 2018-771 du 5-9-2018 art. 88 et Décret 2019-658 du 27-6-2019, art. 1 : JO 28).

Conclu avec une collectivité territoriale, ce contrat de travail est un **CDD** d'une **durée** maximale de 18 mois, à temps partiel ou à temps complet, s'inscrivant dans les cas de recours prévus no 19630. Sur la base d'une convention-cadre signée avec des entreprises, la collectivité met ces personnes à disposition d'employeurs à titre gratuit pendant une durée minimale de 3 mois et maximale de 6 mois afin de leur permettre d'améliorer leur qualification, leur insertion et de favoriser les transitions professionnelles. Le salarié est rémunéré par la collectivité territoriale au minimum au niveau du Smic et perçoit, s'il y a lieu, un complément de rémunération.

COTISATIONS DE SÉCURITÉ SOCIALE DES SALARIÉS

SOMMAIRE

DÉFINITION

22200 Les cotisations du régime général de la sécurité sociale des salariés sont dues pour l'emploi des **travailleurs salariés et assimilés** des professions **non agricoles** (voir nos 4200 s.).

Calculée sur les rémunérations de toute nature allouées à ces personnes, la cotisation vieillesse comporte une **part patronale et** une **part salariale.** La cotisation maladie, maternité, invalidité et décès, les cotisations d'allocations familiales et d'accidents du travail, de même que la contribution de solidarité-autonomie (nos 31290 s.), sont à la charge exclusive de l'employeur.

L'**ensemble des charges sociales et fiscales** qui pèsent sur les salaires font l'objet d'un tableau récapitulatif qui figure no 90030.

Les cotisations sociales dues à titre personnel par les **non-salariés** sont examinées par ailleurs. Il en est de même des charges sociales sur les **retraites,** les **préretraites** et les **allocations d'activité partielle** et de chômage.

I. RÉMUNÉRATIONS ASSUJETTIES

22320 CSS art. L 136-1-1 L 242-1 **C-I-1 s** Les cotisations de sécurité sociale sont assises sur les **revenus d'activité** tels qu'il sont pris en compte pour la détermination de l'assiette de la CSG définie à l'article L 136-1-1 du CSS (nos 25100 s.) : salaires, indemnités, primes, gratifications, avantages en nature, etc.

Un **tableau** récapitule le régime social et fiscal des **principaux éléments de la rémunération,** voir no 90040.

Sur le recours par l'employeur à la procédure de **rescrit social** au titre de la législation relative aux cotisations de sécurité sociale, voir no 24490.

A. Salaires et assimilés

1. SALAIRES PROPREMENT DITS

22360 CSS art. L 136-1-1 L 242-1 **C-I-40 s** **C-I-20360 s** Les cotisations sont dues sur la rémunération que l'employeur verse au salarié en contrepartie du travail fourni, quelle qu'en soit la forme, **fixe ou variable** (salaire au temps, aux pièces…).

La rémunération assujettie aux cotisations inclut en principe les **majorations** de salaire : majorations pour travail le dimanche ou de nuit…, salaire des heures « récupérées », des jours fériés, chômés ou non (notamment celui du 1er mai). Les **heures supplémentaires** font l'objet d'une réduction de cotisations salariales de sécurité sociale et, dans les entreprises de moins de 20 salariés, sous conditions, d'une déduction forfaitaire de cotisations patronales (nos 41300 s.).

Comme les salaires, les **rappels de salaires** sont soumis aux cotisations : voir no 23605.

2. INDEMNITÉS, PRIMES ET AUTRES AVANTAGES EN ARGENT

RÈGLES GÉNÉRALES

22365 **C-I-18150 s** Sous réserve des exonérations auxquelles donnent droit certaines indemnités, notamment les indemnités représentatives de frais professionnels (nos 22600 s.) ou de dommages-intérêts, les avantages en argent versés à l'occasion du travail, y compris par l'intermédiaire d'un tiers (Cass. 2e civ. 16-6-2016 no 15-18.079 F-PB : RJS 10/16 no 654), sont assujettis à cotisations.

Il en est ainsi, par exemple, de la prise en charge par l'employeur des amendes pour infraction routière commise par les salariés (Cass. 2e civ. 9-3-2017 no 15-27.538 F-PBI : RJS 5/17 no 387 ; Cass. 2e civ. 14-2-2019 no 17-28.047 F-D : RJS 5/19 no 314), des bons de souscription d'actions (Cass. 2e civ. 4-4-2019 no 17-24.470 FS-PBRI : RJS 6/19 no 378), des primes d'ancienneté (Cass. soc. 25-6-1992 no 90-13.068 D), d'assiduité et de rendement et des gratifications, même bénévoles, allouées en raison de l'**appartenance à l'entreprise** (Cass. ass. plén. 28-1-1972 no 70-13.261) : primes de fin d'année, de treizième mois ou de vacances, de bilan, gratifications versées à l'occasion d'un **événement personnel** au salarié : mariage, naissance, décès, etc.

En revanche, les sommes versées par l'employeur à ses salariés à titre de **secours** en considération de situations individuelles particulièrement dignes d'intérêt, tels des prêts sans intérêt, sont exclues de l'assiette des cotisations (Cass. 2e civ. 12-3-2020 no 19-13.341 F-PBI : RJS 5/20 no 255).

> Précisions a. Les **dommages-intérêts** alloués par le juge pour compenser la privation de congés familiaux échappent aux cotisations (Cass. soc. 17-4-2008 n° 07-41.401 FS-PB et n° 07-41.465 FS-PB : RJS 7/08 n° 809).
b. Les **indemnités transactionnelles** qui rémunèrent des contraintes liées à l'activité (temps d'habillage et de déshabillage notamment), ayant pour objet de mettre fin à un **litige lié à l'exécution du contrat,** sont assujetties à cotisations (Cass. 2e civ. 19-1-2017 n° 16-11.472 F-D : RJS 4/17 n° 287 ; Cass. 2e civ. 28-11-2019 n° 18-22.807 F-PBI : RJS 2/20 n° 111).
c. Pour les indemnités versées aux salariés **détachés à l'étranger** ou la prise en charge par l'employeur de leur supplément d'impôt : nos 78695 s. ; la contribution de l'employeur et du CSE aux **chèques-vacances** : n° 13770 ; les sommes allouées au titre de la **participation financière** ou de l'**actionnariat** des salariés : nos 33700 s. ; les sommes versées au titre du parrainage (sponsoring) des **sportifs professionnels** : n° 4445, e.
d. Sur la possibilité de conclure une **transaction avec l'Urssaf** en cas de difficulté portant sur l'évaluation d'avantages en argent, voir n° 24415.

INDEMNITÉS DE CONGÉS PAYÉS

Elles sont assujetties aux cotisations de sécurité sociale, que le salarié ait ou non pris son congé annuel (indemnités de congés payés ou compensatrices de congés payés). **22370** C-I-20530 s

ATTENTION

L'indemnité compensatrice de congés payés est exclue de l'assiette des cotisations lorsque les cotisations dues pour le salarié sont assises sur une **base forfaitaire,** celle-ci en tenant déjà compte (Cass. soc. 19-3-1998 n° 96-17.837 P : RJS 5/98 n° 634 ; 29-10-1998 n° 96-11.790 D : RJS 12/98 n° 1523).

Employeurs affiliés à une caisse de congés payés

22375 CSS art. L 243-1-3 D 243-0-2 à D 243-0-5 C-I-20690 s C-V-840 s C-V-6490 s

Cotisations de sécurité sociale, CSG, CRDS et contribution solidarité-autonomie

Les cotisations et contributions dues au titre des périodes de congés des salariés sont acquittées par les caisses de congés payés. À cet effet, celles-ci effectuent, avant la fin du mois au cours duquel les cotisations finançant les congés leur sont versées par les employeurs, un versement égal au produit du montant de ces cotisations par un taux fixé :
– dans le secteur du BTP en métropole à 5,09 % et dans les DOM à 3,55 % ;
– dans les autres secteurs à 3,66 %.
Le versement est **exigible** le 5 ou le 15 du mois suivant celui au cours duquel les employeurs ont versé leurs cotisations à la caisse. Le versement peut faire l'objet d'un **ajustement** correspondant à la différence entre les cotisations et contributions sociales salariales et patronales, calculées sur les indemnités de congés payés effectivement versées au cours de chaque période de prise de congés, et les versements effectués par la caisse de congés payés au cours de l'exercice d'acquisition des droits à congés correspondants. L'ajustement est opéré lors de l'exigibilité des cotisations de sécurité sociale qui suit la fin de la période de prise des congés payés. Toutefois, pour les congés relatifs à ce même exercice pris au cours d'une période ultérieure, l'ajustement correspondant est versé lors de l'ajustement relatif à cette période ultérieure.
Ces règles ne s'appliquent pas aux caisses de congés des **intermittents du spectacle** soumises à un régime spécifique, mais quasi similaire (CSS art. L 136-5).

Cotisation Fnal, Cufpa et versement mobilités

L'employeur acquitte, de manière libératoire, une **majoration** de la cotisation Fnal, de la Cufpa et du versement mobilités, calculée sur les rémunérations versées à ses salariés qu'il est tenu de déclarer à la caisse (Circ. Acoss 19 du 28-3-2013). Le taux de cette majoration est fixé à 11,5 %.
Pour calculer le montant à acquitter, l'employeur doit majorer de 11,5 % **l'assiette** afférente à chacun de ces prélèvements, y compris si les cotisations sont calculées sur une assiette forfaitaire. Pour la contribution Fnal assise sur une assiette plafonnée, si la rémunération du salarié excède le **plafond,** seul le montant plafonné est majoré (Circ. Acoss 19 du 28-3-2013).
Au titre de la **régularisation,** il convient de majorer de 11,5 % l'assiette plafonnée retenue pour le calcul des cotisations et contributions (Circ. Acoss 19 du 28-3-2013).
Si l'application d'une **déduction** forfaitaire spécifique **pour frais** professionnels conduit à retenir l'assiette minimum, la majoration s'applique à cette assiette (Circ. Acoss 19 du 28-3-2013).

Autres prélèvements

La caisse de congés payés est tenue au paiement des contributions **chômage** et AGS (Circ. Unédic 4-3-1960) et des cotisations de **retraite complémentaire** Agirc-Arrco et le cas échéant, Apec, calculées sur le montant des indemnités de congés payés qu'elle verse.
Des dispositions spécifiques sont cependant prévues pour les entreprises du BTP.
Sur les contributions-formation et autres taxes sur les salaires, voir n° 38920, d.

INDEMNITÉS COMPENSATRICES DE LA MODIFICATION DU CONTRAT DE TRAVAIL

22380 C-I-19270 s La jurisprudence reconnaît dans certaines situations le caractère de dommages-intérêts affranchis de cotisations à des sommes versées à l'occasion d'une modification du contrat de travail imposée par l'employeur ou proposée par celui-ci et à laquelle le salarié consent sous la pression de **difficultés économiques de l'entreprise.** Ainsi en est-il de primes liées au changement du lieu de travail versées dans ces conditions (Cass. soc. 17-7-1998 nº 96-22.443 P : RJS 10/98 nº 1273 ; 3-6-1999 nº 97-22.691 PB : RJS 7/99 nº 964).

› Précisions a. A contrario est soumise à cotisations la prime de transfert de siège social allouée en dehors de tout contexte de difficultés économiques (Cass. 2e civ. 12-3-2015 nº 14-10.744 F-PB : RJS 6/15 nº 435).
b. Pour les indemnités versées à la suite d'un **lock-out irrégulier** et les indemnités de **rupture** du contrat de travail proprement dites, voir respectivement nos 11525 et 22840 s.
Sur les **frais de déménagement et de réinstallation** : voir nos 22740 s.

22385 C-I-18550 s **Indemnités compensatrices d'une diminution de la rémunération** Les sommes destinées à compenser une diminution de la rémunération du salarié sont, comme la rémunération supprimée, assujetties à cotisations (Cass. soc. 25-11-1999 nº 97-18.919 PB : RJS 2/00 nº 207 ; Cass. 2e civ. 24-5-2005 nº 04-30.025 F-D : RJS 8-9/05 nº 897 ; 8-7-2010 nº 09-15.801 FS-D : RJS 11/10 nº 880). Tel est le cas, par exemple, des indemnités incitatives au passage à temps partiel si celui-ci repose sur le **volontariat** et si le salarié est libre de le refuser sans que son emploi soit menacé (Cass. 2e civ. 29-6-2004 nº 02-30.986 F-D : RJS 11/04 nº 1190).

GRATIFICATIONS LIÉES À DES DIPLÔMES OU MÉDAILLES

22390 C-I-19630 s Les gratifications versées à l'occasion de la remise aux salariés de diplômes ou de médailles sont assujetties à cotisations (Cass. soc. 14-12-1988 nº 86-14.415 P : RJS 1/89 nº 83 ; Cass. 2e civ. 10-12-2009 nº 09-11.730 F-D : RJS 2/10 nº 214).

Par exception sont exonérées celles allouées pour la remise de la **médaille d'honneur du travail** (nos 17150 s.), dans la limite du salaire mensuel de base (hors prime ou indemnité) du bénéficiaire, la fraction excédentaire étant soumise à cotisations (Lettre min. du 6-5-1988 ; Circ. Acoss du 13-6-1988 et 103 du 22-11-2000 ; Cass. 2e civ. 10-12-2009 nº 09-11.730 F-D : RJS 2/10 nº 214).

Si le **CSE** alloue aussi une gratification, la limite d'exonération s'apprécie en faisant masse des sommes versées par l'employeur et le comité (Lettre min. 12-12-1988 ; Circ. Acoss 4-1-1989). L'exonération ne s'applique qu'aux sommes versées **concomitamment** à la remise d'une médaille (Cass. 2e civ. 16-9-2010 nº 09-10.346 FS-D : RJS 11/10 nº 879).

PRISE EN CHARGE PAR L'EMPLOYEUR DE LA PART SALARIALE DES COTISATIONS

22395 C-I-13910 s La prise en charge par l'employeur d'une cotisation salariale constitue un salaire complémentaire indirect inclus dans l'assiette des cotisations (Cass. soc. 4-4-1996 nº 94-15.497 D : RJS 5/96 nº 592).

› Précisions a. Par tempérament, la chambre sociale de la Cour de cassation a assimilé la prise en charge par l'employeur de la cotisation salariale à un régime de **retraite supplémentaire ou de prévoyance complémentaire** à une contribution patronale, bénéficiant en tant que telle de l'exonération plafonnée exposée nos 22930 s. (Cass. soc. 4-4-1996 nº 94-15.497 D : RJS 5/96 nº 592 ; 5-4-2001 nº 99-16.618 FS-D : RJS 7/96 nº 915), mais la deuxième chambre civile est revenue postérieurement sur cette position dans un arrêt non publié (Cass. 2e civ. 5-11-2015 nº 14-21.385 F-D : RJS 1/16 nº 56). L'administration exige, pour cette assimilation, que les modalités de répartition soient prévues dans un nouvel acte juridique (convention collective ou déclaration unilatérale de l'employeur) (Circ. Acoss 36 du 24-3-2011). Cette assimilation ne vaut pas, en revanche, pour la prise en charge par l'employeur de la cotisation due à un régime de **retraite complémentaire légalement obligatoire** : voir nº 22925, b.
b. La loi exonère expressément de cotisations de sécurité sociale la prise en charge par l'employeur de la part salariale des cotisations de retraite complémentaire pouvant être versées pendant les 6 premiers mois de **congé parental d'éducation,** de **proche aidant,** de **solidarité familiale** et de **présence parentale** : voir nº 12075, b.
c. Pour la prise en charge du supplément de cotisations des salariés à **temps partiel** et dont la cotisation d'**assurance vieillesse** reste calculée sur le salaire à temps plein, voir nos 77495 et 77505.

3. AVANTAGES ALLOUÉS PAR LE CSE

CONDITIONS D'EXONÉRATION

22410 C-I-5500 s Les **prestations en nature** allouées au titre des activités sociales et culturelles du CSE au bénéfice des salariés ou anciens salariés et de leur famille (activités définies nos 9400 s.)

échappent par principe aux cotisations. Les **autres avantages** servis y sont soumis (Cass. soc. 9-6-1992 n° 89-18.539 P : RJS 11/92 n° 1295 ; 13-5-1993 n° 91-14.362 P : RJS 6/93 n° 652), sauf s'il s'agit de secours ou de sommes exclues par nature de l'assiette des cotisations.

Appliqués strictement par la jurisprudence, ces principes font toutefois l'objet de **tolérances administratives** admises au bénéfice du CSE. Les Urssaf ont ainsi reçu pour directive d'exclure de l'assiette des cotisations les prestations en espèces ou en nature se rattachant directement aux activités sociales et culturelles, sauf si ces prestations sont assujetties aux cotisations par un texte exprès ou ont en fait le caractère d'un complément de salaire, ce qui vise tous les avantages attribués de façon automatique et non personnalisée (Inst. 17-4-1985 ; Circ. Acoss 14-2-1986 ; Lettre min. 12-12-1988 ; Circ. Acoss 3-12-1996).

> Précisions **a.** Ces tolérances administratives s'appliquent aux avantages servis par le **CSE, une institution analogue** ou l'**employeur** gérant les activités sociales et culturelles en l'absence de CSE (Circ. Acoss 17 du 14-2-1986). S'agissant de l'avantage constitué par l'accès des salariés à un **équipement sportif,** elles s'appliquent également à celui servi par l'employeur en présence d'un CSE (Lettre DSS du 12-12-2019).

b. Les **secours** exonérés des cotisations sont les avantages attribués aux salariés dont la situation sociale est particulièrement digne d'intérêt et dont le montant est fixé en fonction du besoin à satisfaire. Y sont au contraire assujettis les avantages alloués en fonction de critères objectifs et de normes préétablies (Cass. soc. 11-1-1990 n° 87-16.181 P : RJS 2/90 n° 154 ; Cass. 2e civ. 16-9-2010 n° 09-10.346 FS-D : RJS 11/10 n° 879), même s'ils sont modulés selon le revenu (Cass. 2e civ. 9-2-2006 n° 04-30.549 FS-P : RJS 5/06 n° 626).

c. Les **prestations à caractère familial,** servies pour les enfants à charge (primes de cantine scolaire, de logement, de scolarité, de rentrée scolaire, de maternité, bourses d'études), sont – sous réserve des secours et de l'aide visée n° 22416 – assujetties aux cotisations (notamment : Cass. soc. 21-6-1990 n° 88-11.023 D : RJS 10/90 n° 818 ; Cass. 2e civ. 16-9-2003 n° 02-30.011 F-D : RJS 12/03 n° 1449).

d. Selon la jurisprudence, les **sommes allouées à l'occasion des vacances, des sports et des loisirs** sont soumises aux cotisations.
Pour l'administration sont cependant exonérés les avantages destinés, sans discrimination, à favoriser les activités extraprofessionnelles, sociales ou culturelles des salariés et de leur famille. Il en est ainsi, par exemple, des participations favorisant le départ en vacances, des réductions tarifaires pour des voyages touristiques, même si elles ne sont pas modulées en fonction de la situation et des ressources familiales et sont attribuées de façon personnalisée. Sur les **chèques-vacances,** voir nos 13770 s.

e. Les **aides accordées** aux anciens salariés **retraités ou préretraités** ainsi qu'à leur famille sont exonérées de cotisations (Inst. du 17-4-1985), sous réserve de la cotisation spéciale sur les retraites (nos 68355 s.) (Circ. Acoss 17 du 14-2-1986) et, selon nous, de la contribution additionnelle de solidarité pour l'autonomie (n° 68380).

f. Sur la contribution au **financement de prestations de prévoyance,** voir n° 22932.

g. Sur les avantages attribués sur la base d'un **critère lié à l'ancienneté ou à la présence** effective des salariés dans l'entreprise, voir nos 9408 s.

Cadeaux et bons d'achat Pour la **Cour de cassation,** sauf s'ils sont constitutifs d'un secours, les cadeaux et bons d'achat sont assujettis aux cotisations, celle-ci refusant d'appliquer la tolérance administrative prévue pour les cadeaux et bons de faible valeur (Cass. 2e civ. 30-3-2017 n° 15-25.453 F-PB : RJS 6/17 n° 430 ; Cass. 2e civ. 14-2-2019 n° 17-28.047 F-D : RJS 5/19 n° 314). Cette solution rendue à propos de cadeaux attribués par l'employeur peut être étendue à ceux attribués par le CSE. **22412** C-I-7880 s

La position de l'**administration** est plus souple puisqu'elle admet une **exonération** totale des cotisations, lorsque le montant global des bons d'achat et/ou cadeaux n'excède pas, par bénéficiaire et par an, 5 % du plafond mensuel de sécurité sociale (171,40 € en 2021) (Circ. min. du 12-12-1988 ; Circ. Acoss 64 du 3-12-1996 et 24 du 21-3-2011), à condition d'être attribués sans **discrimination** entre salariés. Ainsi, les Urssaf considèrent notamment l'ancienneté et la présence effective du salarié comme des critères discriminatoires (Rép. Pellois : AN 6-5-2014).

Au-delà de la limite, ces avantages demeurent également exonérés si les conditions suivantes sont simultanément remplies : attribution à l'occasion d'un **événement** particulier, **valeur** conforme aux usages et, pour les bons d'achat, **utilisation** déterminée.

> Précisions **a.** Les **événements** visés sont les suivants (liste limitative) : mariage ; Pacs ; naissance ; adoption ; départ à la retraite ; fête des Mères/Pères ; Ste-Catherine/St-Nicolas ; Noël des enfants jusqu'à 16 ans (dans l'année civile) et des salariés ; rentrée scolaire des enfants de moins de 26 ans dans l'année civile (Circ. Acoss 64 du 3-12-1996 et 24 du 21-3-2011).

b. La condition de **valeur** conforme aux usages est **présumée** remplie si le montant des avantages attribués au salarié pour un événement ne dépasse pas un seuil équivalant à 5 % du plafond mensuel de la sécurité sociale par année civile (171,40 € en 2021). Pour la rentrée scolaire, le seuil est de 5 % par enfant, pour Noël de 5 % par enfant et 5 % par salarié (Circ. Acoss 64 du 3-12-1996 et 24 du 21-3-2011).

c. Le caractère déterminé de l'**utilisation** du bon d'achat s'apprécie comme suit : son objet doit être en relation avec l'événement ; il doit mentionner soit la nature du bien, soit un ou plusieurs rayons d'un magasin, soit le nom d'un ou plusieurs magasins ; il ne peut pas être échangeable contre du carburant ou des produits alimentaires, sauf s'ils ont un caractère festif (Circ. Acoss 24 du 21-3-2011).

22414 C-I-8200 s **Chèques-culture** Les chèques-culture et tout financement de **biens ou de prestation de nature culturelle** échappent aux cotisations et contributions sociales si leur **utilisation** est **conforme** à leur objet (Circ. Acoss 59 du 26-2-2002 et 124 du 14-12-2006).

› Précisions **a.** Les biens ou prestations à caractère culturel doivent **financer** des places de spectacle, de cinéma, des billets d'accès aux musées et monuments historiques, des livres et bandes dessinées ainsi que des supports musicaux ou vidéo. Sont exclus les compétitions ou manifestations à caractère sportif et les équipements permettant la lecture des supports musicaux ou audiovisuels (Circ. Acoss 124 du 14-12-2006).

b. Les chèques-culture doivent être exclusivement échangeables contre des biens ou prestations à caractère culturel dans des **enseignes** spécialisées, ou généralistes s'ils comportent de manière apparente une restriction d'utilisation aux seuls biens ou prestations culturels (Circ. Acoss 124 du 14-12-2006).

22416 C. trav. art. L 7233-4 s et D 7233-8 s CSS art. L 136-1-1, III-4°-c C-I-6600 s **Aide aux services à la personne** Qu'elle soit directe ou versée sous forme de Cesu préfinancé (n° 33500), l'aide **financière** du CSE ou celle de l'**entreprise** aux services à la personne – services développés au sein de l'entreprise ou financement des services aux personnes définis n° 33535 ou de la garde des enfants, par exemple une crèche d'entreprise (Cass. 2e civ. 29-5-2019 n° 18-11.436 F-PBI : RJS 8-9/19 n° 520) – échappe aux cotisations sociales, au versement mobilités, aux contributions Fnal, à la CSG et la CRDS et aux taxes et participations assises sur les salaires à hauteur de 1 830 € par bénéficiaire et par année civile. Sur son **régime fiscal,** voir Mémento fiscal nos 10555 et 21735.

› Précisions L'exonération de cotisations ci-dessus **s'apprécie** par bénéficiaire. Une participation annuelle globale pour réserver des places en crèche non individualisées n'est donc pas déductible de l'assiette des cotisations (Cass. 2e civ. 8-10-2020 n° 19-16.898 F-PBI : RJS 12/20 n° 618).

PAIEMENT DES COTISATIONS

22420 C-I-9000 s Le paiement des cotisations incombe à l'**employeur** et non au CSE, même si celui-ci peut modifier les conditions d'attribution des avantages sans en référer à l'employeur (Cass. soc. 17-5-1983 n° 82-11.101).

La **procédure de contrôle** doit être suivie entre l'Urssaf et l'employeur (Inst. 17-4-1985 ; Cass. soc. 11-5-1988 n° 86-17.284 D).

› Précisions **a.** Les avantages soumis à cotisations doivent figurer sur le **bulletin de paie** (voir n° 70785, c).

b. L'employeur peut exiger du comité un **relevé des sommes** assujetties aux cotisations qu'il verse aux salariés (Cass. soc. 3-10-1984 n° 83-10.569 P ; Inst. 17-4-1985). Les documents comptables nécessaires au contrôle doivent être tenus à sa disposition (Inst. 17-4-1985). Il peut lui réclamer le **remboursement** des cotisations afférentes aux prestations octroyées (Cass. soc. 9-6-1992 n° 89-18.539 P : RJS 11/92 n° 1295 ; 13-5-1993 n° 91-14.362 P : RJS 6/93 n° 652).

4. POURBOIRES

22430 CSS art. L 136-1-1 L 242-1 R 242-1, al. 5 Arrêté 28-3-1956 C-I-17850 s Les pourboires perçus par les salariés font partie du salaire. Pour l'assiette des cotisations, ils sont évalués ainsi :

– s'ils sont **prélevés par l'employeur** sous forme de pourcentage obligatoirement ajouté aux notes des clients ou autrement et centralisés **et répartis par lui,** ou par l'un de ses préposés selon un barème préétabli sur des bases ignorées par les bénéficiaires, leur valeur est déterminée par les sommes effectivement versées par l'employeur et elle s'ajoute aux rémunérations en argent ou en nature ;

– s'ils sont **versés directement aux salariés ou** centralisés par l'employeur mais **répartis** entre les intéressés par un préposé de l'employeur **selon des modalités** de répartition **ignorées de l'employeur,** les cotisations sont calculées sur des rémunérations au moins égales au Smic, majorées des indemnités, primes ou majorations s'y ajoutant en vertu d'une disposition législative ou réglementaire. Toutefois, si le montant de la rémunération versée est supérieur à cette assiette forfaitaire minimale, les cotisations peuvent être calculées sur cette rémunération soit d'un commun accord entre l'employeur et le salarié, soit par référence aux conventions et accords collectifs. Il appartient, le cas échéant, au salarié de reverser à l'employeur le montant de la part salariale des cotisations (n° 23870).

› Précisions **a.** Ces règles, de **portée** générale, sont applicables, entre autres, au personnel des salons de coiffure, aux porteurs de bagages, aux ouvreuses des établissements de spectacles (autres que les théâtres nationaux).

b. S'agissant des pourboires et gratifications versés par une **entreprise tierce,** voir n°s 22445 s.

HÔTELS, CAFÉS ET RESTAURANTS

Pour les salariés payés aux pourboires, l'**assiette** des cotisations est la suivante : 22435 Arrêtés 14-1-1975 10-2-1977 C-III-23600 s

– si l'employeur tient un registre de répartition des pourboires, le montant des pourboires et, le cas échéant, le versement complémentaire de l'employeur, les avantages en nature et l'indemnité compensatrice de repas ;

– dans le cas contraire, la **rémunération forfaitaire** (voir montant n° 22440), incluant la valeur des avantages en nature.

› Précisions **a.** Que la rémunération servant de base de calcul des cotisations de sécurité sociale soit réelle ou forfaitaire, elle ne saurait être inférieure à l'**assiette minimum,** égale au salaire minimum prévu par la convention collective ou au Smic hôtelier pour le personnel rémunéré sur cette base (n° 70660) augmenté, le cas échéant, de la nourriture, évaluée comme indiqué n° 22505.

On trouvera des **exemples** illustrant ces règles dans notre Mémento paie n°s 95240 s.

b. Ces dispositions s'appliquent aux **établissements ou organismes** dans lesquels des denrées alimentaires ou des boissons sont consommées sur place.

c. Sur le cumul de l'assiette forfaitaire et du taux réduit de la **cotisation d'allocations familiales** et de la **cotisation d'assurance maladie,** voir n° 23520.

Barème des cotisations forfaitaires 2021 22440

Pour calculer les cotisations de sécurité sociale des personnels au pourboire des hôtels, cafés et restaurants, il convient d'appliquer aux assiettes figurant ci-dessous les taux de cotisation du régime général (n° 90030).

Première catégorie : employés des lavabos et des vestiaires, sommelier verseur, commis débarrasseur, commis de suite, commis de bar, hommes et femmes toutes mains (dans les établissements n'occupant pas plus de 2 salariés).

Pour cette catégorie, l'assiette forfaitaire étant inférieure à l'assiette minimum, c'est sur cette dernière que doivent être calculées les cotisations des intéressés.

Toutefois, le montant de l'assiette minimale variant en fonction du nombre d'heures de travail effectivement accomplies, il a été admis, par mesure de simplification, de calculer d'après les montants forfaitaires suivants les cotisations dues pour les employés de première catégorie employés à la journée ou à la demi-journée :

– par journée de plus de 5 heures : 1/26 (arrondi à l'euro le plus voisin) du salaire minimum professionnel ;

– par demi-journée de 5 heures ou de moins de 5 heures : la moitié du chiffre ci-dessus, arrondie à l'euro le plus voisin (Lettre Acoss du 20-5-1976).

Deuxième catégorie : groom, chasseur, portier, fille de salle, garçon de restaurant, garçon de comptoir, garçon limonadier, garçon de café, sommelier de salle, chef de rang :

– par mois : 3/4 du plafond mensuel de la sécurité sociale ;

– par journée de plus de 5 heures : 1/26 du chiffre mensuel, arrondi à l'euro le plus voisin ;

– par demi-journée de 5 heures ou de moins de 5 heures : la moitié du chiffre ci-dessus, arrondie à l'euro le plus voisin.

Troisième catégorie : chef sommelier, maître d'hôtel, premier maître d'hôtel trancheur, barman, chef barman, ainsi que chef de rang et garçon des restaurants de tourisme classés par application de l'arrêté du 8 octobre 1965, en catégorie 4 étoiles et 4 étoiles de luxe :

– par mois : plafond mensuel de la sécurité sociale ;

– par journée de plus de 5 heures : 1/26 du chiffre mensuel, arrondi à l'euro le plus voisin ;

– par demi-journée de 5 heures ou de moins de 5 heures : la moitié du chiffre ci-dessus, arrondie à l'euro le plus voisin.

Assiette forfaitaire des cotisations (en €)	Catégories de salariés	
	2ᵉ catégorie	3ᵉ catégorie
	Du 1-1 au 31-12-2021	Du 1-1 au 31-12-2021
Par mois	2 571	3 428
Par journée	99	132
Par 1/2 journée (ne dépassant pas 5 h)	50	66

5. RÉMUNÉRATIONS VERSÉES PAR UN TIERS

ASSUJETTISSEMENT À COTISATIONS

22445 CSS art. L 242-1-4 L 311-3 D 242-2-2 C-I-22800 s

Tout avantage ou somme alloué à un salarié par une personne n'ayant pas la qualité d'employeur en contrepartie d'une **activité accomplie dans l'intérêt de celle-ci** est assujetti aux cotisations de sécurité sociale, à la CSG, à la CRDS et à la contribution de solidarité-autonomie. Le paiement est assuré par la personne tierce.

> **Précisions** **a.** La **forme et le mode de versement** des avantages (en argent, en nature...) sont indifférents. Cependant, si seuls des **avantages en nature** sont versés, aucune cotisation ni contribution salariale n'est due. Le dispositif ne s'applique pas aux avantages qui, s'ils avaient été versés par l'employeur, auraient été qualifiés de frais professionnels ou d'entreprise (Circ. DSS 56 du 5-3-2012). Pour les simples **pourboires,** voir n° 22430.
> **b.** La cotisation **accidents du travail** est fixée forfaitairement dans les conditions prévues par l'arrêté BCRS1127822A du 12-10-2011 (JO 29).
> **c.** Au titre des avantages qu'il perçoit, le salarié est **affilié** au régime général. Le tiers qui ne serait pas affilié à ce régime doit procéder à son immatriculation (Circ. Acoss 39 du 29-3-2011).
> Le salarié doit aussi être affilié au **régime Agirc-Arrco** au titre des avantages alloués par le tiers. Les cotisations salariales et patronales sur la tranche 1 sont dues soit dès le premier euro, soit, pour les activités entrant dans le champ de la contribution libératoire (n° 22450), sur la part dépassant le montant soumis à cette contribution (Circ. Agirc-Arrco 3 du 9-1-2012). Pour le **calcul des cotisations,** les sommes et avantages alloués à un salarié par chaque personne tierce à l'employeur sont traités de façon distincte, dans les limites annuelles des deux assiettes, sans tenir compte des durées d'emploi (ANI du 17-11-2017 annexe art. 78).
> **d.** Le tiers remplit les obligations de **déclaration et versement** de la contribution libératoire ou des cotisations et contributions sociales selon les règles et sous les garanties et sanctions applicables au recouvrement des cotisations du régime général sur les salaires. Il **informe l'employeur** en lui transmettant une copie du document adressé au **salarié,** indiquant le montant des sommes et avantages alloués ainsi que celui des cotisations et contributions acquittés par ceux-ci.

ACTIVITÉS COMMERCIALES

22450 CSS art. L 242-1-4

Par exception, si le salarié exerce une activité commerciale ou en lien direct avec la clientèle pour laquelle il est d'usage qu'une personne tierce alloue des sommes ou avantages au salarié, celle-ci verse une **contribution libératoire,** égale à 20 % de la part des rémunérations qu'elle verse excédant, pour l'année considérée, 15 % du Smic mensuel calculé sur la base de la durée légale du travail, et ne dépassant pas 1,5 Smic mensuel ainsi déterminé.

> **Précisions** **a.** Si le tiers et l'employeur appartiennent au même **groupe** au sens indiqué n° 9800, la contribution libératoire n'est pas applicable. Elle ne l'est pas non plus s'ils ont accompli des actes ayant pour objet d'éviter, en totalité ou en partie, le paiement des cotisations et contributions sociales. En cas de constat d'opérations litigieuses, la procédure de répression des **abus de droit** (n° 24435) est applicable à l'employeur.
> **b.** La part des versements inférieure à 15 % du Smic mensuel (et celle qui, dépassant ce seuil, est soumise à la contribution libératoire) est **affranchie de toutes cotisations** légales ou conventionnelles rendues obligatoires par la loi (sécurité sociale, chômage, etc.).
> La part supérieure à 1,5 Smic mensuel est **assujettie aux cotisations** de sécurité sociale, à la CSG-CRDS et à la contribution solidarité-autonomie. La cotisation vieillesse plafonnée s'applique sur une assiette annualisée à partir de 1,5 Smic jusqu'à un montant égal à cette somme plus le plafond mensuel de sécurité sociale (Circ. DSS 56 du 5-3-2012).
> Ainsi, les sommes versées par un tiers, correspondant à une période de l'année 2021, sont totalement affranchies si elles sont inférieures au plafond de 233,19 € (15 % du Smic mensuel). En revanche, si ces sommes sont comprises entre 233,19 € et 2 331,93 € (1,5 Smic mensuel), la contribution forfaitaire de 20 % est due par le tiers.
> Sur la contribution au régime **Agirc-Arrco** et les obligations de **déclarations et versement** pesant sur le tiers, voir respectivement n° 22445, c et n° 22445, d.

B. Avantages en nature

22480 CSS art. L 242-1, al. 1 et L 136-1-1, I-al. 1 R 242-1 Arrêté

Les avantages en nature sont des **biens ou services** fournis par l'employeur au salarié pour son usage privé, gratuitement ou moyennant une participation inférieure à leur valeur. Ils s'ajoutent à la rémunération en espèces pour le calcul des cotisations de sécurité sociale, sauf si l'assiette ou le montant des cotisations est fixé forfaitairement.

Les avantages en nature sont en principe retenus dans la base de calcul des cotisations pour leur **valeur réelle** arrondie à la dizaine de centimes d'euro la plus proche. Celle-ci s'entend, non du prix de revient pour l'employeur, mais de sa valeur pour le bénéficiaire, c'est-à-dire l'économie qu'elle lui permet de réaliser (Cass. soc. 27-10-1994 n° 92-21.053 D : RJS 12/94 n° 1427). 10-12-2002 C-I-200 s

Certains avantages en nature peuvent faire l'objet d'**évaluations forfaitaires,** dont les montants minimaux sont fixés par la réglementation. Des montants supérieurs peuvent être prévus par convention ou accord collectif ou par accord entre employeur et salarié.

> Précisions a. Il importe peu que l'avantage en nature soit octroyé par l'intermédiaire d'un **tiers** dès lors qu'il l'est en considération de l'appartenance du salarié à l'entreprise (Circ. DSS 7 du 7-1-2003, réputée abrogée). En cas d'avantage consenti en contrepartie d'une activité du salarié en faveur du tiers, voir n° 22445.

b. Lorsqu'un travail est **rémunéré exclusivement** par des avantages en nature, seule la part patronale des cotisations est exigible sur leur valeur, et non la part salariale. Le logement doit être évalué sur la base de la première tranche du barème mentionné n° 22527 (Circ. DSS 7 du 7-1-2003, réputée abrogée). Si l'employeur demande une **participation financière au salarié,** la valeur de l'avantage en nature doit être diminuée de son montant (Circ. DSS 7 du 7-1-2003, réputée abrogée).

c. En cas d'option pour l'**évaluation forfaitaire** de l'avantage, l'évaluation **inférieure** aux montants réglementaires, prévue par contrat de travail ou convention collective, ne peut pas être retenue (Circ. DSS 389 du 19-8-2005, réputée abrogée).

En cas d'évaluation sur une **base réelle,** celle-ci peut être **inférieure à l'évaluation forfaitaire,** sous réserve de la production de justificatifs (Circ. DSS 389 du 19-8-2005, réputée abrogée).

Les évaluations forfaitaires sont **revalorisées** au 1er janvier de chaque année en fonction de la prévision d'inflation du projet de loi de finances, la nouvelle valeur étant **arrondie** à la dizaine de centimes d'euro la plus proche.

d. L'évaluation des avantages en nature des **dirigeants** présente certaines particularités (n° 28525). Celle des salariés membres de la **famille de l'employeur** également, dans des conditions non détaillées ici (voir notre Documentation sociale : C-I-990 s.).

e. Sur la possibilité de conclure une **transaction avec l'Urssaf** en cas de difficulté portant sur l'évaluation d'avantages en nature, voir n° 24415.

1. NOURRITURE

PRINCIPES

22490 C-I-600 s C-I-1240 s

La fourniture de la nourriture par l'employeur à ses salariés est un avantage en nature assujetti aux cotisations, sauf pour les salariés en déplacement professionnel. Pour 2021, cet avantage est **évalué forfaitairement** à 9,90 € pour deux repas par jour et à 4,95 € pour un seul repas. Il s'agit d'évaluations minimales obligatoires auxquelles ne peut pas être substitué un prix de revient inférieur (Circ. DSS 389 du 19-8-2005, réputée abrogée). L'évaluation doit tenir compte du **nombre** exact de repas fournis.

L'indemnisation des frais de repas des salariés au titre des **frais professionnels** ne fait pas apparaître d'avantage en nature (voir n° 22670).

> Précisions a. Une simple **collation** est évaluée comme un repas (Cass. soc. 6-12-1990 n° 4569 D).

b. Les repas fournis aux personnels amenés par nécessité de service à prendre leur repas avec les personnes dont ils ont la **charge éducative, sociale ou psychologique** ne constituent pas un avantage en nature si leur présence résulte d'une obligation professionnelle figurant dans le projet pédagogique de l'établissement, le contrat de travail ou la convention (Circ. DSS 7 du 7-1-2003, réputée abrogée ; Cass. 2e civ. 23-3-2004 n° 02-30.940 FS-D : RJS 6/04 n° 740 ; 7-4-2011 n° 09-71.310 F-D).

SALARIÉS NOURRIS DANS UNE CANTINE

22495 C-I-700 s

L'administration admet, à titre de **tolérance,** qu'il soit fait abstraction de l'avantage en nature lorsque la participation personnelle du salarié nourri dans une cantine est au moins égale à 50 % du forfait avantage nourriture (n° 22490). Si la participation est d'un montant inférieur, les cotisations sont dues sur la différence entre la valeur forfaitaire de l'avantage et ce montant.

> Précisions a. Ces règles s'appliquent aux **cantines d'entreprise ou interentreprises,** réservées au personnel et non ouvertes au public, qu'elles soient gérées ou subventionnées par l'entreprise ou le CSE soit directement, soit par un prestataire extérieur (société de restauration) avec lequel l'entreprise ou le comité a passé contrat à cet effet (Circ. DSS 7 du 7-1-2003, réputée abrogée). Les cantines concernées sont celles qui bénéficient, en application de l'article 85 bis de l'annexe III au CGI, du taux réduit de TVA sur les recettes provenant de la fourniture de repas (Circ. DSS 389 du 19-8-2005, réputée abrogée).

b. La somme versée par le salarié pour l'achat d'une **boisson** est **exclue** du calcul de sa participation personnelle au prix du repas (Cass. 2e civ. 12-3-2015 n° 14-10.744 F-PB : RJS 6/15 n° 435).

SALARIÉS NOURRIS À L'EXTÉRIEUR DE L'ENTREPRISE HORS DÉPLACEMENT PROFESSIONNEL

22500 C-I-920 s La participation à des **repas d'affaires** dûment justifiés ne constitue pas un avantage en nature, sauf abus manifeste (Circ. DSS 7 du 7-1-2003, réputée abrogée), mais des frais d'entreprise, dans les conditions exposées nº 22795.

En dehors des repas d'affaires, la prise en charge par l'employeur des frais de nourriture des salariés sédentaires à proximité des locaux de travail représente un avantage en nature (paiement au restaurateur) ou en espèces (indemnités de repas) assujetti aux cotisations.

> **Précisions** **a.** Pour bénéficier d'une exonération de cotisations, l'employeur doit recourir aux **titres-restaurant** : voir nºs 22630 s. (Cass. soc. 4-3-1993 nº 90-21.547 P : RJS 4/93 nº 435).
> **b.** S'agissant des frais de nourriture des salariés en **déplacement,** voir nº 22650.

SALARIÉS DES HÔTELS, CAFÉS ET RESTAURANTS

22505 C-I-1350 s La valeur de **l'avantage en nature nourriture** à inclure dans l'assiette des cotisations pour les salariés, nourris gratuitement, des entreprises du secteur des hôtels, cafés, restaurants et de celles relevant des conventions collectives nationales de la **restauration de collectivités,** de la **restauration rapide,** des chaînes de **cafétérias** et assimilés et des **casinos** est fixée, quel que soit leur niveau de rémunération, à une fois le minimum garanti (nº 90010) par repas.

2. LOGEMENT

DÉFINITION DE L'AVANTAGE

22515 C-I-1500 s Il y a avantage en nature lorsqu'un logement est mis à la disposition du salarié, **gratuitement** ou moyennant une faible participation non assimilable à un véritable loyer.

> **Précisions** **a.** Il n'y a pas d'avantage en nature si le loyer est au moins égal à la **valeur locative servant à l'établissement de la taxe d'habitation** ou, si celle-ci est inconnue, aux loyers pratiqués dans la commune pour un logement de même surface ou au forfait mentionné nº 22520. Dans le cas contraire, il y a un avantage en nature, égal à la différence entre ce montant et le loyer. On peut négliger cet avantage s'il est inférieur à l'évaluation de la première tranche du barème forfaitaire pour une pièce visé nº 22527 (Circ. DSS 7 du 7-1-2003, réputée abrogée).
> **b.** La prise en charge du loyer par l'employeur constitue un avantage en nature si celui-ci, **titulaire du bail locatif,** loge gratuitement le salarié. La prise en charge d'une dépense incombant nominativement au salarié (bail au nom du salarié) constitue un avantage en espèces, que l'employeur paie directement le loyer au bailleur ou le rembourse au salarié (Circ. DSS 389 du 19-8-2005, réputée abrogée).
> **c.** Le **logement collectif** en dortoir ne constitue pas un avantage (Cass. soc. 29-4-1987 nº 84-17.231 S).
> **d.** Sur le logement fourni aux **salariés détachés** hors métropole ou à l'étranger, voir nº 22680.

ÉVALUATION

22520 C-I-1850 s L'avantage en nature logement est évalué forfaitairement ou, sur option de l'employeur, d'après la valeur locative servant de base à la taxe d'habitation.

> **Précisions** **a.** L'**option,** exercée salarié par salarié, est laissée à la seule diligence de l'employeur. Il peut la réviser en fin d'exercice pour l'année entière écoulée (Circ. DSS 7 du 7-1-2003, réputée abrogée).
> **b.** L'avantage est évalué par mois ou par semaine. L'évaluation par **semaine** est égale au quart du montant mensuel arrondi à la dizaine de centimes d'euro la plus proche. L'évaluation par semaine ou par mois s'entend des semaines ou des mois complets, quel que soit le nombre de **jours ouvrables.** Toute **semaine incomplète** doit être comptabilisée comme une semaine. En cas de **mois incomplet,** le nombre de semaines effectives, limité à 4, est pris en compte (Circ. DSS 7 du 7-1-2003, réputée abrogée).

22525 C-I-1950 s **Évaluation forfaitaire** Le forfait applicable est déterminé chaque mois en fonction de la rémunération de ce mois (voir barème nº 22527). Il s'agit d'une évaluation minimale (nº 22480).

La **rémunération** à considérer est le salaire brut mensuel en espèces, c'est-à-dire avant prise en compte des avantages en nature. S'il est fait application d'une déduction forfaitaire pour frais, il s'agit de la rémunération après déduction. Pour les salariés occupés par **plusieurs employeurs,** on tient compte de la seule rémunération perçue chez celui qui alloue l'avantage logement.

Le forfait comprend également les **avantages accessoires** suivants : eau, gaz, électricité, chauffage et garage.

> Précisions **a.** Il est tenu compte de toutes les **rémunérations** (salaire, acomptes, etc.). Lorsqu'un **rappel de salaire** est alloué à la suite d'une décision de justice, il est rattaché à la période d'emploi à laquelle il se rapporte, ce qui peut conduire à une réévaluation de l'avantage (Circ. DSS 389 du 19-8-2005, réputée abrogée).

b. En cas de **variation de la rémunération en cours d'année,** il n'est pas possible de calculer l'avantage sur une rémunération mensuelle moyenne et de régulariser en fin d'année (Circ. DSS 389 du 19-8-2005, réputée abrogée).

c. En cas de **suspension de contrat** sans versement de rémunération pendant la durée d'un mois, le salarié est considéré comme rémunéré exclusivement par des avantages en nature (Circ. DSS 389 du 19-8-2005, réputée abrogée) : voir nº 22480, b.

Barème d'évaluation de 2016 à 2021 Le tableau ci-après indique le **montant mensuel** de l'avantage logement à réintégrer dans l'assiette des cotisations suivant les tranches de revenus, le nombre de pièces du logement et l'année considérée. Ces montants résultent de l'arrêté du 10 décembre 2002 (JO p. 21750) et de l'application de la règle de revalorisation annuelle mentionnée nº 22480, c. 22527

Sur l'évaluation par semaine et en cas de semaine ou de mois incomplets, voir nº 22520, b

Montant de la rémunération en fonction du plafond mensuel de la sécurité sociale	Valeur mensuelle de l'avantage (en euros)					
	2016	2017	2018	2019	2020	2021
Inférieure à 0,5 :						
Logement de 1 pièce principale	68,0	68,5	69,2	70,1	70,8	71,2
Autres logements (par pièce)	36,3	36,6	37	37,5	37,9	38,1
Égale ou supérieure à 0,5 et inférieure à 0,6 :						
Logement de 1 pièce principale	74,4	80,0	80,8	81,9	82,7	83,2
Autres logements (par pièce)	51,0	51,4	51,9	52,6	53,1	53,4
Égale ou supérieure à 0,6 et inférieure à 0,7 :						
Logement de 1 pièce principale	90,6	91,3	92,2	93,4	94,3	94,9
Autres logements (par pièce)	68,0	68,5	69,2	70,1	70,8	71,2
Égale ou supérieure à 0,7 et inférieure à 0,9 :						
Logement de 1 pièce principale	101,8	102,6	103,6	105	106,1	106,7
Autres logements (par pièce)	84,8	85,5	86,4	87,5	88,4	88,9
Égale ou supérieure à 0,9 et inférieure à 1,1 :						
Logement de 1 pièce principale	124,6	125,6	126,9	128,6	129,9	130,7
Autres logements (par pièce)	107,5	108,4	109,5	110,9	112,0	112,7
Égale ou supérieure à 1,1 et inférieure à 1,3 :						
Logement de 1 pièce principale	147,2	148,4	149,9	151,9	153,4	154,3
Autres logements (par pièce)	130,1	131,1	132,4	134,1	135,4	136,2
Égale ou supérieure à 1,3 et inférieure à 1,5 :						
Logement de 1 pièce principale	169,8	171,1	172,9	175,2	177,0	178,1
Autres logements (par pièce)	158,4	159,7	161,3	163,4	165,0	166,0
Égale ou supérieure à 1,5 :						
Logement de 1 pièce principale	192,5	194,0	195,9	198,5	200,5	201,7
Autres logements (par pièce)	181,2	182,6	184,4	186,8	188,7	189,8

EXEMPLE

Un logement de 2 pièces fourni gratuitement par l'employeur à un salarié dont la rémunération en espèces s'élève à 3 300,50 € (entre 0,9 et 1,1 fois le plafond mensuel de sécurité sociale) doit, en **2021,** être évalué à 112,70 × 2 = 225,40 € par mois. Les cotisations sont donc dues sur 3 300,50 + 225,40 = 3 525,90 €.

22530 C-I-2100 s **Valeur locative** C'est en principe la valeur locative servant à l'établissement de la **taxe d'habitation** qui est retenue pour l'évaluation.

Si, par exception, les services fiscaux ne sont pas en mesure de fournir le renseignement sur cette valeur, on retient la valeur locative réelle (taux des loyers pratiqués dans la commune pour un logement de surface comparable) ou, à défaut, le forfait.

Les **avantages accessoires** pris en charge par l'employeur (eau, électricité, gaz, etc.) doivent être pris en compte, pour leur valeur réelle, sur présentation de factures.

> **Précisions** **a.** Si le **loyer acquitté** par l'employeur est **inférieur au taux des loyers pratiqués dans la commune,** il convient de retenir la valeur du loyer acquitté par l'employeur, sous réserve de la production de justificatifs (quittance de loyer...) (Circ. DSS 389 du 19-8-2005, réputée abrogée).
> **b.** Si l'employeur acquitte d'autres charges dont le paiement incombe normalement à l'occupant du logement (**taxe d'habitation, assurances**...), il s'agit d'avantages en espèces soumis à cotisations (Circ. DSS 7 du 7-1-2003, réputée abrogée).

3. VÉHICULE

22540 C-I-2440 s Lorsque l'employeur met un véhicule à la **disposition permanente** d'un salarié, l'**utilisation privée** que celui-ci en fait constitue un avantage en nature.

Cet avantage est évalué sur la base des dépenses réellement engagées ou d'un forfait annuel, sur option de l'employeur exercée dans les conditions exposées nº 22520, a.

> **Précisions** **a.** Il y a mise à **disposition à titre permanent** du véhicule si le salarié peut le conserver et l'utiliser soit pendant le repos hebdomadaire, soit pendant les congés payés (Circ. DSS 389 du 19-8-2005, réputée abrogée).
> **b.** Si un **véhicule utilitaire** est mis à disposition permanente du salarié, l'avantage en nature peut être négligé si l'employeur indique sur un document (règlement intérieur, circulaire interne, courrier) que ce véhicule sert pour un usage uniquement professionnel (Circ. DSS 389 du 19-8-2005, réputée abrogée).
> **c.** Sur la mise à disposition d'un véhicule pour les **trajets domicile-lieu de travail,** voir nº 22715.
> **d.** L'administration a précisé les règles d'évaluation de l'avantage en cas de mise à disposition de véhicules par des **constructeurs ou distributeurs** (Circ. DSS 389 du 19-8-2005, réputée abrogée).

FORFAIT

22545 C-I-3070 s Le forfait annuel est égal, pour un **véhicule acheté,** à 9 % du coût d'achat TTC (6 % si le véhicule a plus de 5 ans), et, pour un véhicule **loué,** à 30 % du coût global annuel TTC incluant la location, l'entretien et l'assurance.

Si l'employeur paie le **carburant,** cet avantage est pris en compte soit en majorant l'évaluation forfaitaire des dépenses réelles de carburant utilisé à des fins personnelles, soit par une majoration des pourcentages ci-dessus, qui sont alors portés à 12 % du coût d'achat TTC (9 % si le véhicule a plus de 5 ans), et, pour un véhicule loué, à 40 % du coût global annuel TTC comprenant la location, l'entretien, l'assurance et le carburant (Circ. DSS 389 du 19-8-2005, réputée abrogée).

> **Précisions** **a.** Le montant est **arrondi** à la dizaine de centimes d'euro la plus proche.
> **b.** En cas de mise à disposition **en cours d'année,** le montant du forfait doit être proratisé en fonction du nombre de mois de mise à disposition, un mois incomplet étant pris en compte comme un mois intégral (Circ. DSS 7 du 7-1-2003, réputée abrogée).
> **c.** Pour un **véhicule loué,** l'évaluation de l'avantage en nature est plafonnée au montant qui aurait été calculé si l'employeur l'avait acheté. Les **loueurs** et crédits-bailleurs doivent **communiquer aux entreprises locataires** les éléments nécessaires à ce calcul. À défaut, on retient le prix du véhicule proposé par le constructeur au début du contrat de location (Circ. DSS 389 du 19-8-2005, réputée abrogée).

DÉPENSES RÉELLES

22550 C-I-2850 s Les dépenses réelles comprennent, pour un **véhicule acheté,** l'amortissement de l'achat du véhicule TTC sur 5 ans, soit 20 % par an (10 % pour les véhicules de plus de 5 ans), l'assurance et les frais d'entretien. Pour un véhicule **loué,** il s'agit du coût global annuel de la location, auquel s'ajoutent l'assurance et les frais d'entretien. La valeur de l'avantage en nature s'obtient en appliquant au total ainsi obtenu le rapport existant entre le kilométrage parcouru par le salarié pour son usage personnel et le kilométrage total.

> **Précisions** Les frais d'**entretien** sont les frais courants (vidange, changement de pneus...). Sont exclus les frais de remise en état du véhicule consécutifs à un sinistre (Circ. DSS 389 du 19-8-2005, réputée abrogée). Si l'employeur paie le **carburant,** on doit ajouter les frais réels de carburant correspondant à l'usage personnel.

Véhicules électriques

22555 Arrêté 10-12-2002 art. 3 et 3 bis

Pour un véhicule **mis à disposition** durant une période comprise entre le 1-1-2020 et le 31-12-2022 fonctionnant exclusivement au moyen de l'énergie électrique (ce qui exclut les véhicules hybrides), les dépenses prises en compte pour calculer l'avantage en nature mentionnées n°s 22545 s. ne tiennent pas compte des **frais d'électricité** engagés par l'employeur pour la recharge du véhicule et sont évaluées après application d'un **abattement** de 50 % plafonné à 1 800 € par an.

Lorsque l'employeur met à la disposition du salarié, durant une période comprise entre le 1-1-2019 et le 31-12-2022, une **borne de recharge** pour les véhicules électriques et hybrides, l'avantage en nature résultant de l'utilisation de cette borne par le salarié à titre non professionnel est **évalué** à hauteur d'un montant nul (Information Urssaf 18-11-2019). Cette disposition vise, selon nous, aussi bien le cas dans lequel l'employeur met un véhicule électrique ou hybride à disposition du salarié que celui dans lequel le salarié utilise une borne de recharge mise à disposition par l'employeur pour son **véhicule personnel.**

4. INFORMATIQUE ET COMMUNICATION

Lorsque, dans le cadre de l'**activité professionnelle,** l'employeur met à la disposition permanente du salarié des outils issus des nouvelles technologies de l'information et de la communication (téléphone mobile, micro-ordinateur portable ou non, progiciels, modem, etc.), dont l'**usage est en partie privé,** l'avantage en nature constitué par l'utilisation privée est évalué, sur option de l'employeur exercée selon les règles visées n° 22520, a, sur la base des dépenses réellement engagées (à justifier) ou sur la base d'un forfait annuel estimé à 10 % du coût TTC d'achat ou, le cas échéant, de l'abonnement, le montant ainsi obtenu devant être arrondi à la dizaine de centimes d'euro la plus proche. 22560 Arrêté 10-12-2002 art. 4 C-I-4310 s

› Précisions **a.** Il y a mise à disposition à **titre permanent** chaque fois que les circonstances de fait permettent au salarié d'utiliser l'outil à titre privé, en dehors du temps de travail. La **réalité de l'usage privé** résulte d'un document écrit (contrat individuel, accord collectif, règlement intérieur, courrier de la direction...), ou de factures détaillées (Circ. DSS 7 du 7-1-2003, réputée abrogée).

b. Ne doit pas être considérée comme un avantage en nature l'**utilisation raisonnable** de ces instruments pour la vie quotidienne d'un salarié, dont l'emploi est justifié par des besoins ordinaires de la vie professionnelle et familiale (Circ. DSS 7 du 7-1-2003, réputée abrogée).

L'avantage peut également être **négligé** si le contrat de travail ou un autre document (accord d'entreprise, etc.) mentionne que les matériels, logiciels, abonnements et temps de connexion consentis par l'employeur sont destinés à l'usage professionnel ou si l'utilisation de technologies portables par le salarié découle d'obligations ou sujétions professionnelles (Circ. DSS 7 du 7-1-2003, réputée abrogée).

c. Sur la mise à disposition **en cours d'année,** voir n° 22545, b.

d. Si la mise à disposition est le fait d'un **employeur qui produit et fournit** ce type de service, voir n° 22585.

e. La mise à disposition, gratuitement ou à un tarif préférentiel, d'outils issus des nouvelles technologies de l'information et de la communication, pour un **usage exclusivement privé** et extérieur à l'activité professionnelle du bénéficiaire, constitue un avantage en nature à soumettre aux cotisations sur la base des dépenses réellement engagées par l'employeur (Circ. DSS 389 du 19-8-2005, réputée abrogée).

5. AUTRES AVANTAGES EN NATURE

Les avantages en nature autres que ceux examinés ci-dessus sont à prendre en compte dans l'assiette des cotisations pour leur valeur réelle, arrondie à la dizaine de centimes d'euro la plus proche. On trouvera ci-après des solutions concernant les plus courants d'entre eux. 22575 C-I-4830 s

› Précisions **a.** Les **voyages** d'agrément offerts par l'employeur constituent des avantages cotisables (Cass. soc. 21-6-1989 n° 86-18.717 P : RJS 8-9/89 n° 721 ; 5-5-1995 n° 92-18.435 P : RJS 6/95 n° 696 ; 12-12-2002 n° 00-22.450 FS-P : RJS 3/03 n° 376) de même que ceux dont le caractère professionnel n'est pas établi (Cass. soc. 7-5-1998 n° 96-17.447 P : RJS 7/98 n° 906 ; Cass. 2e civ. 20-3-2008 n° 07-12.797 FS-PB : RJS 6/08 n° 716).

b. Sur les **avantages fournis par un tiers,** par exemple une autre société du même groupe, en **contrepartie d'une activité** accomplie par le salarié pour ce tiers, voir n° 22445.

VÊTEMENTS

Pour la Cour de cassation, les frais d'habillement constituent en principe des dépenses d'ordre personnel dont la prise en charge par l'employeur caractérise un avantage en nature 22580 C-I-4850 s ou en espèces assujetti à cotisations, même si les vêtements sont utilisés dans le cadre de l'activité professionnelle (Cass. soc. 18-3-1993 n° 90-21.540 D : RJS 5/93 n° 546). Par exception, elle reconnaît le caractère de frais professionnels aux vêtements ou équipements destinés à assurer la **protection des salariés** (Cass. soc. 17-1-2002 n° 00-13.091 FS-PBR : RJS 4/02 n° 482).

Pour l'administration constituent des **frais d'entreprise,** exclus de l'assiette des cotisations, même en cas d'application d'une déduction forfaitaire spécifique pour frais professionnels, le remboursement ou la fourniture gratuite aux salariés de vêtements de protection individuelle au sens de l'article R 4321-4 du Code du travail et de vêtements de coupe et de couleur (**uniformes,** notamment), fixés par l'entreprise et spécifiques à une profession, qui répondent à un objectif de salubrité ou concourent à la démarche commerciale de l'entreprise. Ces vêtements doivent demeurer la propriété de l'employeur, leur port doit être obligatoire en vertu d'une disposition conventionnelle individuelle ou collective et ils ne doivent pas être portés en dehors de l'activité professionnelle (Circ. DSS 7 du 7-1-2003 ; 389 du 19-8-2005, réputée abrogée).

> **Précisions** **a.** La prise en charge de frais de **coiffure** constitue un avantage cotisable, même s'ils sont imposés par l'employeur aux salariés pour satisfaire aux standards de présentation dans une maison de haute couture (Cass. soc. 31-10-2000 n° 99-13.329 FS-D : RJS 1/01 n° 89).
> **b.** Les **frais d'entretien** des vêtements qui satisfont aux conditions ci-dessus sont considérés comme des frais d'entreprise, même en cas de versement d'une **prime forfaitaire de salissure** et même si cette prime bénéficie à des salariés n'accomplissant pas des travaux particulièrement salissants si les dépenses d'entretien sont justifiées en vertu de dispositions conventionnelles ou d'une réglementation interne à l'entreprise (Circ. DSS 7 du 7-1-2003, réputée abrogée ; 389 du 19-8-2005, réputée abrogée).
> La prime de salissure est réputée utilisée conformément à son objet et est exonérée de cotisations et contributions sociales dans la limite du montant prévu par la convention collective applicable (Information Urssaf du 18-12-2019). Au-delà de cette limite, l'employeur est tenu de produire les pièces justificatives des dépenses pour bénéficier de l'exonération afférente aux frais professionnels (n° 22615).
> L'**indemnité de lavage** versée pour l'entretien d'uniformes siglés mis à disposition du personnel roulant par l'employeur et utilisés quotidiennement est exclue de l'assiette des cotisations sous les conditions suivantes : le lavage est réalisé par les salariés eux-mêmes, le montant de l'indemnité correspond aux dépenses réellement engagées par les salariés, celle-ci n'est versée qu'au personnel roulant et allouée au prorata du temps de présence dans l'entreprise (Cass. 2e civ. 14-2-2019 n° 17-28.047 F-D : RJS 5/19 n° 314).
> **c.** Sur l'**opposabilité** aux Urssaf de la doctrine résultant d'une **circulaire** ministérielle, voir n° 24480.

PRODUITS DE L'ENTREPRISE

22585 C-I-5280 s

La fourniture gratuite de **biens ou de services** produits par l'entreprise constitue un avantage cotisable (Cass. soc. 14-12-1988 n° 86-10.311 P : RJS 1/89 n° 82 ; 9-11-1995 n° 93-20.784 D : RJS 12/95 n° 1280 ; Cass. 2e civ. 9-7-2015 n° 14-18.686 F-PB : RJS 10/15 n° 666) même si l'avantage n'est pas fourni directement par l'employeur, mais par un tiers agissant en ses lieu et place, par exemple par une autre société du même groupe (Cass. soc. 28-3-2006 n° 04-30.211 FS-PB : RJS 7/06 n° 883 ; Cass. 2e civ. 14-9-2006 n° 05-11.840 F-P : RJS 11/06 n° 1218).

L'administration admet cependant, par tolérance, que les **réductions tarifaires** consenties par l'entreprise à ses salariés ne constituent un avantage en nature cotisable que si la remise dépasse 30 % du prix de vente normal TTC. Dans le cas contraire, elles peuvent être négligées (Circ. DSS 7 du 7-1-2003, réputée abrogée).

> **Précisions** **a.** Pour déterminer le niveau de la réduction tarifaire, le **prix de vente normal** TTC correspond à l'offre proposée au grand public au cours d'une année, à l'exclusion de toute offre promotionnelle (Cass. 2e civ. 25-6-2009 n° 08-17.156 F-PB : RJS 11/09 n° 878).
> **b.** Sont **exclues de la tolérance** administrative les réductions tarifaires consenties sur les produits et services produits par une autre société du groupe (Cass. 2e civ. 1-7-2010 n° 09-14.364 FS-PB : RJS 10/10 n° 803 ; 13-1-2011 n° 10-30.565 F-D : RJS 5/11 n° 457).
> **c.** Sur la fourniture aux salariés de **produits invendus** de l'entreprise ou du groupe à des conditions préférentielles, voir n° 22587.

PRODUITS INVENDUS DE L'ENTREPRISE OU DU GROUPE

22587 CSS art. L 242-1 et L 136-1-1, III-8°

Depuis le 1-1-2021, les **réductions tarifaires jusqu'à** 50 % du prix de vente public normal TTC, dans la limite du seuil de revente à perte (C. com. art. L 442-5), dont les salariés bénéficient sur les produits invendus de l'entreprise ou du groupe, entendu au sens de l'article L 2331-1 du Code du travail (n° 9800), sont des avantages exclus de l'assiette des cotisations et contributions sociales. Les produits invendus s'entendent des **produits** initialement destinés à la vente mais qui **ne peuvent pas ou** ne peuvent **plus être vendus.**

CADEAUX ET BONS D'ACHAT

Les cadeaux ou bons d'achat remis directement par l'employeur aux salariés sont assujettis aux cotisations, quelles que soient les conditions dans lesquelles ils sont octroyés, la Cour de cassation refusant d'appliquer les **tolérances administratives** exposées n° 22412 (Cass. 2e civ. 30-3-2017 n° 15-25.453 F-PB : RJS 6/17 n° 430 ; Cass. 2e civ. 14-2-2019 n° 17-28.047 F-D : RJS 5/19 n° 314). **22590** C-I-5150 s.

L'administration opère quant à elle entre :

– les bons d'achat permettant aux salariés d'acquérir, chez des commerçants extérieurs à l'entreprise employeur, des **marchandises au moindre coût** (prix de gros) : il n'y a pas lieu de prendre en considération la remise dont bénéficie le salarié ;

– et ceux permettant aux salariés d'acquérir à **titre gratuit** des marchandises de leur choix à concurrence de la valeur nominale du bon remis : il convient de réintégrer cette valeur dans l'assiette des cotisations (Guide Acoss du recouvrement n° 101 p. 44-30 ; Circ. Acoss du 14-2-1986).

SPORT EN ENTREPRISE

Les avantages que représentent pour ses salariés la mise à disposition par l'employeur d'**équipements** sportifs à usage collectif et le **financement de prestations** sportives à destination de l'ensemble de ses salariés sont exclus de l'assiette des cotisations et contributions sociales sur les revenus d'activité, dans des conditions et limites prévues par décret (à paraître). **22595** CSS art. L 136-1-1, III-4°-f

> **Précisions** Dans l'attente du décret, l'**administration** admet une exonération de cotisations sociales pour l'avantage constitué par la mise à disposition à l'ensemble des salariés par un employeur, même lorsque l'entreprise est dotée d'un CSE, d'un accès à un équipement dédié à la réalisation d'activités sportives aux fins d'une pratique sportive, l'organisation de cours de sport ou d'activités physiques et sportives. Les **espaces concernés** sont la salle de sport appartenant à l'entreprise, l'espace géré par l'entreprise, l'espace dont la location est prise en charge par l'entreprise et les vestiaires et les douches destinés à la pratique sportive (Lettre DSS du 12-12-2019).

C. Remboursement de frais professionnels

Les sommes versées au salarié en remboursement de frais qu'il a engagés pour l'accomplissement de ses missions sont **exonérées** des cotisations de sécurité sociale dans certaines conditions et limites. **22600** CSS art. L 242-1 et L 136-1-1, I-al. 2 Arrêté 20-12-2002 C-I-24000 s

Certaines professions bénéficient d'une **déduction forfaitaire** spécifique pour frais professionnels, se traduisant par une diminution de l'assiette des cotisations qui, en principe, n'est pas cumulable avec l'exonération des remboursements de frais.

Sur les frais professionnels liés au **télétravail,** voir n° 73990.

Sur la possibilité de conclure une **transaction avec l'Urssaf** en cas de difficulté portant sur l'évaluation de frais professionnels, voir n° 24415.

1. CONDITIONS GÉNÉRALES D'EXONÉRATION

Les sommes versées au salarié au titre de frais professionnels sont exonérées des cotisations de sécurité sociale si les dépenses qu'elles indemnisent revêtent bien un caractère professionnel et si elles correspondent aux frais réellement exposés par les salariés. **22605** Arrêté 20-12-2002 art. 1er et 2 C-I-24100 s

DÉFINITION DES FRAIS PROFESSIONNELS

Les frais professionnels s'entendent des charges de caractère spécial inhérentes à la fonction ou à l'emploi du salarié que celui-ci supporte au titre de l'accomplissement de ses missions. **22610** C-I-24100 s

> **Précisions** **a.** Il n'est pas nécessaire que les **dépenses** engagées soient **exceptionnelles.** Elles peuvent correspondre aux inconvénients normaux attachés à l'exercice des fonctions (Cass. soc. 17-5-1990 n° 87-16.543 P : RJS 7/90 n° 616 ; 7-2-1991 n° 88-16.177 : RJS 3/91 n° 381).
> L'**appellation** donnée à une prime, allocation ou remboursement n'est pas déterminante de son caractère de frais professionnels.
> Constituent des frais professionnels les dépenses supplémentaires de **déplacement** occasionnées par un **fractionnement des congés payés** décidé en vue d'assurer la bonne marche de l'entreprise (Cass. soc. 5-1-1990 n° 87-10.373 P : RJS 2/90 n° 156 ; 19-3-1992 n° 89-21.679 D : RJS 5/92 n° 665) et les frais de **nettoyage** des salariés effectuant des travaux salissants (Cass. soc. 17-5-1990 n° 87-16.543 P : RJS 7/90 n° 616 ; 11-4-1991 n° 88-17.610 PF : RJS 6/91 n° 745 ; 17-4-1996 n° 94-15.831 P : RJS 6/96 n° 716).
> **b.** Les frais professionnels doivent être distingués des dépenses incombant normalement à l'employeur ou **frais d'entreprise** (n° 22790).

c. Le régime des frais professionnels les plus courants est exposé ci-après. S'agissant des frais d'atelier des travailleurs à domicile, voir nº 74230 ; des dépenses liées à l'habillement, voir nº 22580 ; des cotisations des experts-comptables à la Cavec, voir nº 79920.

UTILISATION DES INDEMNITÉS

22615 C-I-24100 s Il incombe à l'employeur de justifier de l'utilisation des indemnités pour frais professionnels **conformément à leur objet.**

En cas d'indemnisation sous forme d'un **remboursement des frais réels,** cette preuve est apportée par la production des pièces justificatives des dépenses.

En cas d'indemnisation sous forme d'**allocations forfaitaires,** elle est plus difficile dès lors que l'employeur n'exige pas de factures. C'est pourquoi, pour certaines dépenses, des **limites forfaitaires** sont prévues, en deçà desquelles les employeurs sont dispensés de justifier de l'utilisation des allocations conformément à leur objet.

› Précisions a. Des **limites forfaitaires** d'exonération sont prévues pour les frais de nourriture et logement (nºs 22635 s.), de transport (nºs 22700 s.), les frais liés à la mobilité professionnelle (nºs 22740 s.).
La déduction des allocations est acceptée si les **indemnisations** sont **inférieures ou égales aux montants fixés,** à condition que les **circonstances de fait** soient établies (Circ. DSS 7 du 7-1-2003, réputée abrogée ; Cass. soc. 6-2-1992 nº 89-15.900 D : RJS 3/92 nº 347), ce qu'il appartient à l'employeur de prouver (Cass. soc. 12-7-1989 nº 86-19.156 D ; 1-6-1995 nº 92-20.688 P ; Cass. 2e civ. 12-2-2015 nº 14-10.635 F-PB : RJS 5/15 nº 363). À défaut, l'allocation est réintégrée en totalité dans l'assiette des cotisations (Circ. DSS 7 du 7-1-2003, réputée abrogée).
La **présomption** d'utilisation conforme en deçà des limites d'exonération est absolue. L'Urssaf n'est donc pas fondée à réintégrer tout ou partie des allocations au motif qu'elle serait en mesure d'établir qu'elles n'ont pas été utilisées en totalité conformément à leur objet (Cass. soc. 14-4-1983 nº 81-14.955 ; 20-10-1994 nº 92-10.035 P : RJS 12/94 nº 1428). La présomption ne joue que si l'indemnisation des dépenses est effectuée exclusivement sous forme d'une allocation forfaitaire et non si l'employeur procède également au **paiement direct** de ces dépenses (Cass. soc. 22-7-1993 nº 90-14.594 D : RJS 10/93 nº 1024 ; 29-6-1995 nº 93-11.699 P : RJS 10/95 nº 1052).
b. Si, les circonstances de fait étant établies, les **allocations** sont **supérieures aux limites** d'exonération, la fraction excédentaire demeure exclue de l'assiette des cotisations si l'employeur prouve que l'allocation a été utilisée conformément à son objet, en produisant des justificatifs (Circ. DSS 7 du 7-1-2003, réputée abrogée). Cette **preuve** peut être apportée par tous moyens, sans que la justification du montant exact des dépenses réelles du salarié ne soit exigée (Cass. soc. 26-4-1990 nº 87-13.665 P : RJS 6/90 nº 525 ; 6-6-1991 nº 89-13.882 D : RJS 7/91 nº 883). L'appréciation du caractère probant des éléments produits appartient aux juges du fond, dans le cadre défini par la jurisprudence de la Cour de cassation exigeant un minimum de justification. Voir ainsi, à propos des indemnités kilométriques, nº 22725.
c. Des **limites forfaitaires,** mais ne bénéficiant pas de la présomption absolue d'utilisation conforme exposée au a. ci-dessus, sont également prévues pour l'allocation forfaitaire allouée aux télétravailleurs (nº 73990) et les frais liés à l'entretien des vêtements (nº 22580).
d. Pour les allocations forfaitaires versées aux **dirigeants de société,** voir nº 28520.

2. NOURRITURE ET LOGEMENT

a. Nourriture

22625 C-I-24300 s Des allocations pour frais de nourriture sont prévues pour les salariés travaillant dans des conditions particulières ou en déplacement. En dehors de ces situations, la seule participation de l'employeur exonérée de cotisations est celle qui répond à la réglementation relative aux titres-restaurant.

TITRES-RESTAURANT

22630 CSS art. L 242-1, I et L 136-1-1, III-4º-a C-I-20800 s **Limites d'exonération** La participation de l'employeur aux titres-restaurant est **exonérée** des cotisations de sécurité sociale, sous réserve du respect de la réglementation, dans une **limite** indexée sur la variation de l'indice des prix à la consommation hors tabac et fixée en 2021 à 5,55 €.

Cette exonération est ouverte aux salariés bénéficiant d'une **déduction forfaitaire spécifique** pour frais professionnels visés nºs 22770 s.

› Précisions Sur la prise en compte ou non de la participation de l'employeur aux titres-restaurant pour apprécier le respect du salaire **minimum conventionnel,** voir nº 70595, c.

La **contribution de l'employeur** ne peut pas excéder 60 % ni être inférieure à 50 % de la valeur libératoire des titres. La contribution salariale est donc obligatoire. 22635

En cas de **dépassement,** quelle qu'en soit l'importance, de la limite de 60 %, la réintégration dans l'assiette des cotisations est limitée à la fraction excédentaire, sauf agissements répétés ou mauvaise foi du cotisant (CSS art. L 133-4-3), la réintégration portant alors sur la totalité de la contribution (Circ. Acoss 81 du 13-10-2008). Les mêmes règles s'appliquent si la contribution patronale est comprise entre 50 % et 60 % de la valeur libératoire du titre mais supérieure à 5,55 € en 2021 (Circ. Acoss 81 du 13-10-2008).

> Précisions a. Lorsque l'employeur contribue à l'acquisition des titres-restaurant et verse, en outre, une **prime de restaurant ou de repas,** les montants de sa participation aux titres-restaurant et de la prime ne sont additionnés pour apprécier le dépassement ou non de la limite de 60 % de la valeur du titre que si la prime est destinée à couvrir des frais de repas, par exemple si elle est forfaitaire et attribuée pour chaque jour de travail effectif (Cass. soc. 14-6-1990 nº 87-18.536 P : RJS 8-9/90 nº 726 ; Cass. 2e civ. 7-5-2015 nº 14-15.341 F-D : RJS 7/15 nº 517).

b. Si le **CSE** et l'employeur participent à l'acquisition des titres, il convient de faire masse des deux participations pour apprécier le droit à l'exonération (Guide Acoss du recouvrement).

c. Sur les cotisations et contributions dues sur les titres-restaurant attribués sans contrepartie par l'employeur aux **stagiaires non rémunérés,** voir nº 46070, e.

Réglementation L'**utilisation** des titres-restaurant est réservée au paiement de préparations immédiatement consommables permettant une alimentation variée, ou de fruits et légumes, immédiatement consommables ou non. Elle est limitée à un montant maximum de 19 € par jour. 22640 C. trav. art. L 3262-1 à L 3262-7 et R 3262-1 à R 3262-46 P-I-10000 s

On ne peut attribuer à un même salarié qu'un titre-restaurant par repas compris dans un horaire de **travail journalier.** Ce titre ne peut être utilisé que par le salarié auquel l'employeur l'a remis. Un même repas ne peut pas être payé avec plusieurs titres.

Les titres-restaurant ne peuvent être utilisés que dans le département du **lieu** de travail des salariés bénéficiaires et les départements limitrophes, sauf s'ils portent, de manière très apparente, une mention contraire apposée pour les salariés qui sont, du fait de leurs fonctions, appelés à des déplacements à longue distance.

Ces titres peuvent être **émis** sur support papier ou sous forme dématérialisée.

> Précisions a. L'attribution des titres-restaurant doit respecter le principe d'**égalité de rémunération entre salariés** (nº 32140, b).

b. Les titres-restaurant ne sont pas utilisables les **dimanches et jours fériés,** sauf s'ils portent, de manière très apparente, une mention contraire apposée par l'employeur, sous sa responsabilité, au bénéfice exclusif de son personnel travaillant pendant ces jours.

c. Les titres qui n'ont pas été présentés au remboursement par un restaurant ou un détaillant en fruits et légumes avant la fin du deuxième mois suivant l'**expiration de leur période d'utilisation** sont définitivement périmés. Leur contre-valeur est versée au budget des activités sociales et culturelles de l'entreprise sous réserve de certains prélèvements.

d. Le salarié quittant l'entreprise doit remettre à son employeur, au moment de son **départ,** les titres-restaurant en sa possession contre remboursement de sa contribution à l'achat des titres.

e. Lorsque l'employeur décide de recourir au **titre dématérialisé,** le salarié doit pouvoir accéder en permanence et gratuitement au solde de son compte personnel. Ce solde ne peut pas être converti sur support papier, sauf si le salarié accomplit principalement ses missions en dehors des locaux de l'entreprise. Le salarié est débité de la somme exacte à payer. Une fonctionnalité permet d'utiliser d'abord les titres sur le point de se périmer, d'empêcher le dépassement du plafond quotidien ou l'utilisation des titres les dimanches et jours fériés, sauf exception admise.

Mesures Covid-19 22641

Afin de répondre aux difficultés économiques des restaurants résultant de leur fermeture durant l'état d'urgence sanitaire et d'aider à la relance de leur activité, les conditions d'utilisation des titres-restaurant sont temporairement assouplies. Ainsi, **jusqu'au 1-9-2021,** ces titres sont utilisables dans les restaurants, hôtels-restaurants et les débits de boissons assimilés à ceux-ci tous les jours de la semaine, y compris les **dimanches et jours fériés,** dans tous les cas et le **plafond journalier d'utilisation** est porté à 38 € (FRS 2/21 inf. 6 p. 23).

SALARIÉS TRAVAILLANT DANS DES CONDITIONS PARTICULIÈRES

Lorsque le salarié est contraint de se restaurer sur son lieu effectif de travail, en raison de conditions particulières d'**organisation** ou d'**horaires de travail** (travail en équipe, travail posté, travail continu, travail en horaire décalé ou travail de nuit), l'indemnité compensant 22645

Arrêté 20-12-2002 art. 3 C-I-24670 s les dépenses supplémentaires de restauration est réputée utilisée conformément à son objet pour la fraction qui n'excède pas 6,70 € pour 2021.

› Précisions **a.** Le salarié est **contraint** de se restaurer sur son lieu de travail chaque fois que son temps de pause réservé au repas se situe en dehors de la plage horaire fixée pour les autres salariés de l'entreprise (Circ. DSS 7 du 7-1-2003, réputée abrogée).

b. Les **primes de panier** versées aux salariés sont assimilées à des indemnités de restauration sur le lieu de travail, si les conditions particulières d'organisation du travail sont remplies (Circ. DSS 7 du 7-1-2003, réputée abrogée ; Cass. soc. 5-11-1992 n° 88-19.399 D : RJS 12/92 n° 1412).

c. Si le salarié se trouve placé au cours de la même période dans les différentes situations visées ci-dessus et n°s 22650 s., les limites d'exonération correspondantes ne sont pas **cumulables** pour le même repas. Le cas échéant, c'est la limite la plus avantageuse qui est retenue (par exemple : 9,40 € en 2021 pour un salarié occupé sur un chantier, de nuit, à un travail en équipe) (Circ. DSS 7 du 7-1-2003, réputée abrogée).

SALARIÉS EN DÉPLACEMENT

22650 Arrêté 20-12-2002 art. 3 C-I-24800 s Si le salarié est en déplacement **hors des locaux** de l'entreprise ou sur un **chantier** et si les conditions de travail lui **interdisent de regagner sa résidence ou son lieu habituel de travail** pour le repas et qu'il n'est pas démontré que les circonstances ou les usages de la profession l'obligent à prendre ce repas au restaurant, l'indemnité destinée à compenser les dépenses supplémentaires de repas est réputée utilisée conformément à son objet pour la fraction qui n'excède pas 9,40 € par repas en 2021.

› Précisions **a.** Sont visés les **salariés** occupés notamment sur des chantiers, des entrepôts, des ateliers extérieurs ou en déplacement sur un autre site de l'entreprise et ne pouvant pas rentrer chez eux pour le repas de midi du fait de contraintes d'horaires, par opposition aux salariés en déplacement contraints d'aller au restaurant (Circ. DSS 7 du 7-1-2003, réputée abrogée).

L'exonération s'applique en principe sans limitation de **durée** (Circ. DSS 389 du 19-8-2005, réputée abrogée). Elle n'est cependant pas admise pour des salariés affectés exclusivement pendant plusieurs années sur un **seul chantier** (Cass. soc. 6-5-1985 n° 83-15.748 P) ni pour ceux dont le contrat de travail prévoit que leur lieu de travail habituel est le chantier et qu'ils doivent se loger à une distance qui ne soit pas une gêne pour l'exécution de leurs obligations (Cass. 2e civ. 15-9-2016 n° 15-22.146 F-D : RJS 1/17 n° 59).

b. Les indemnités de **casse-croûte** prévues par une convention collective nationale sont assimilées à des indemnités de restauration hors des locaux de l'entreprise (Circ. DSS 7 du 7-1-2003, réputée abrogée).

c. Sur le versement de sommes **dépassant les limites** d'exonération, voir n° 22645, b.

Sur le **cumul** de la limite prévue ci-dessus avec celles applicables aux salariés travaillant dans des conditions particulières, voir n° 22645, c.

d. Les entreprises de **travail temporaire,** de **travaux publics,** du **bâtiment,** de la tôlerie, de la chaudronnerie et de la tuyauterie industrielle bénéficient d'un **barème** spécifique d'exonération pour les indemnités de petit déplacement (Lettre DSS du 15-4-2003, modifiée par lettre DSS du 6-10-2011). En outre, pour les salariés intérimaires et salariés de SSII en mission, des **conditions** d'exonération spécifiques s'appliquent aux indemnités de frais de repas ainsi qu'aux indemnités d'hébergement en cas de grand déplacement (Circ. Acoss 34 du 7-7-2015). Comme les salariés ordinaires (voir a, ci-dessus), les salariés temporaires travaillant sur un **lieu de mission unique** ne sont pas en déplacement (voir n° 82605, b).

22655 C-I-24920 s Si le salarié en déplacement et empêché de regagner sa résidence ou son lieu habituel de travail est contraint de prendre son repas au **restaurant,** la limite d'exonération des allocations forfaitaires qui lui sont attribuées est fixée à 19,10 € par repas pour 2021.

› Précisions **a.** L'exonération s'applique aux salariés occupés sur des **chantiers situés dans la ville** du siège de l'entreprise ou à proximité, s'ils répondent aux conditions ci-dessus (Cass. soc. 2-7-1992 n° 90-15.571 P : RJS 8-9/92 n° 1028).

b. L'exonération est acquise, quels que soient le **type d'établissement** de restauration et le **montant réel** de la dépense (Circ. DSS 7 du 7-1-2003, réputée abrogée), par exemple si les repas sont pris, pour un montant inférieur à la limite d'exonération, dans un restaurant interentreprises (Cass. soc. 27-9-1990 n° 87-19.541 P : RJS 11/90 n° 920).

c. Sur le versement d'une **indemnité dépassant la limite** d'exonération, voir n° 22615, b.

b. Nourriture et logement des salariés en grand déplacement

22665 C-I-25100 s Quand le salarié est en situation de grand déplacement, les indemnités de mission destinées à compenser les dépenses supplémentaires de nourriture et de logement sont exclues de l'assiette des cotisations de sécurité sociale. Des limites d'exonération sans justification, variables selon le lieu d'affectation, ont été fixées.

GRAND DÉPLACEMENT EN MÉTROPOLE

Si le salarié, en déplacement professionnel, est empêché de regagner chaque jour sa résidence habituelle, les indemnités de mission compensant les dépenses supplémentaires de nourriture et de logement sont réputées utilisées conformément à leur objet dans les **limites** suivantes en 2021 : 22670 Arrêté 20-12-2002 art. 5 **C-I-25150 s**

– indemnités compensant les dépenses supplémentaires de **repas** : 19,10 € par repas ;
– indemnités compensant les dépenses supplémentaires de **logement et de petit déjeuner** : 68,50 € par jour pour les déplacements dans les départements 75, 92, 93, 94 et 50,80 € pour les déplacements dans les autres départements de la métropole.

Cette déduction est limitée aux déplacements dont la durée continue ou discontinue dans un même lieu n'excède pas **3 mois de date à date.** La durée de déplacement sur un même chantier ou site s'entend de la durée d'affectation, comprenant le cas échéant les périodes de suspension du contrat de travail avec ou sans versement de la rémunération (Circ. DSS 7 du 7-1-2003, réputée abrogée).

Lorsque les conditions de travail conduisent le salarié à une **prolongation de la durée de son affectation** sur un même lieu de travail, de façon continue ou discontinue, le montant des indemnités que l'employeur est autorisé à déduire subit un abattement de : 15 % en cas de prolongation au-delà de 3 mois et 30 % au-delà de 24 mois et dans la limite de 4 ans.

› Précisions **a.** Les limites de 24 mois et 4 ans s'apprécient séparément et conduisent à un maintien possible de la déduction des indemnités de grand déplacement pendant une **durée globale de 6 ans.** Si les conditions de travail entraînent un déplacement d'une durée supérieure à 3 mois et inférieure à 6 ans dans un même lieu, l'employeur peut utiliser les forfaits avec un abattement de 15 % en deçà de 24 mois et de 30 % en deçà de 6 ans (Circ. DSS 6 du 6-1-2003 et 389 du 19-8-2005, réputées abrogées).

Au-delà de 6 ans, il ne peut déduire les remboursements de frais de grand déplacement que sous la forme des dépenses réelles, sur justificatifs (Circ. DSS 389 du 19-8-2005, réputée abrogée).

Si un salarié est affecté sur **plusieurs chantiers,** le décompte de la durée du déplacement, qu'il soit effectué sur une période continue ou discontinue, doit se faire par chantier et à la date d'affectation sur chaque chantier (Circ. DSS 389 du 19-8-2005, réputée abrogée).

La durée d'affectation se calcule selon le seul critère géographique, même si le salarié reste sur un même lieu de travail dans le cadre de **missions distinctes** (CA Rennes 23-4-2014 n° 13/02376 : RJS 7/14 n° 589).

b. Le remboursement peut s'effectuer à la fois sur la base des **dépenses réelles** (par exemple pour le logement et le petit déjeuner) et sur la base du **forfait** (par exemple pour les frais de repas) (Circ. DSS 389 du 19-8-2005, réputée abrogée).

c. Sur le **cumul** de l'indemnité de grand déplacement avec l'**indemnité d'hébergement provisoire** versée dans le cadre de la **mobilité professionnelle** du salarié, voir n° 22745, a.

Sur le versement d'**indemnités dépassant les limites** d'exonération, voir n° 22615, b.

EXEMPLE 22672

Dans le cas d'un **déplacement à Paris,** les limites d'exonération applicables aux indemnités de mission sont, pour 2021, de : 106,70 € par jour [68,50 € au titre du logement et du petit déjeuner + (2 × 19,10 €) au titre des repas] pendant 3 mois ; 90,60 € par jour [58,20 € + (2 × 16,20 €)] à compter du 1er jour du 4e mois ; 74,80 € par jour [48 € + (2 × 13,40 €)] à compter du 1er jour du 25e mois.

Le grand déplacement **se définit** comme la situation dans laquelle le salarié, en déplacement professionnel, est empêché de regagner chaque jour sa résidence personnelle. 22675 Arrêté 20-12-2002 art. 5 **C-I-25190 s**

Il est **présumé** empêché de la regagner lorsque la distance entre son lieu de résidence et son lieu de déplacement est d'au moins 50 km (trajet aller) et que les transports en commun ne permettent pas de la parcourir en moins de 1 h 30 (trajet aller). Si ces critères font défaut, le salarié est considéré comme étant en grand déplacement si l'employeur établit qu'il ne peut pas regagner son domicile en fin de journée pour des circonstances de fait (horaires de travail, modes de transport…) (Circ. Acoss 126 du 25-8-2005, réputée abrogée ; Cass. soc. 14-12-1983 n° 82-10.585).

› Précisions **a.** Les critères de distance et de durée du trajet ne constituent qu'une simple **présomption** (Circ. DSS 389 du 19-8-2005, réputée abrogée). La limite d'exonération du grand déplacement ne s'applique pas si les salariés **rentrent en fait chez eux tous les soirs,** même si ces conditions sont remplies (Cass. soc. 18-4-1980 n° 78-13.402 ; 12-3-1992 n° 89-16.204 D : RJS 4/92 n° 503), ou s'ils n'ont pas d'autre résidence que celle qu'ils occupent sur le chantier ou à proximité immédiate (Cass. soc. 21-5-1981 n° 79-13.534 ; 26-9-1991 n° 89-12.050 D : RJS 11/91 n° 1249). Ces circonstances peuvent néanmoins entraîner des dépenses supplémentaires de nourriture ; on applique alors les limites d'exonération des repas des salariés en déplacement professionnel :

nº 22650 (Cass. soc. 7-3-1991 nº 88-15.954 P : RJS 4/91 nº 511 ; 26-9-1991 nº 89-12.050 D : RJS 11/91 nº 1249).

b. Si des indemnités de grand déplacement sont versées pour les **fins de semaine,** il appartient à l'employeur d'établir que les salariés se trouvent empêchés par l'éloignement du chantier de regagner leur domicile le vendredi (Cass. 2e civ. 16-3-2004 nº 02-30.402 FS-D : RJS 6/04 nº 767).

GRAND DÉPLACEMENT EN OUTRE-MER OU À L'ÉTRANGER

22680 Arrêté 20-12-2002 art. 5 C-I-25350 s

Des **limites d'exonération** sans justification sont applicables aux indemnités allouées aux salariés en déplacement professionnel à l'étranger, dans les départements et territoires situés outre-mer, afin de compenser leurs dépenses supplémentaires de nourriture et de logement.

Ces limites sont égales aux indemnités allouées aux agents de l'État envoyés en mission temporaire dans ces départements ou territoires (dans ce cas, on retient le taux maximum de l'indemnité : Circ. Acoss 74 du 10-5-2007) ou à l'étranger (dans ce cas, le montant à retenir est celui du groupe I). Elles peuvent être consultées sur le site Internet www.economie.gouv.fr. Au-delà de 3 mois, leur montant est réduit dans les conditions exposées nº 22670.

› Précisions **a. Sont concernés** les grands déplacements au sens indiqué nº 22675, à condition que le salarié soit maintenu au régime français de sécurité sociale, ce qui exclut les travailleurs frontaliers et les expatriés (Circ. Acoss 56 du 10-10-1988). Le déplacement doit être effectué de la France métropolitaine vers l'étranger, les DROM (Martinique, Guadeloupe, Guyane, La Réunion ainsi que par assimilation Mayotte et Saint-Pierre et Miquelon) ou les COM (Nouvelle-Calédonie, Wallis-et-Futuna et Polynésie française) ou depuis un DROM vers l'étranger, les COM ou un autre DROM (Lettre min. 13-9-1989).

b. Le montant des limites d'exonération est réduit de 65 % lorsque le salarié est **logé gratuitement,** c'est-à-dire lorsque l'employeur fournit le logement ou prend en charge les frais d'hébergement en réglant directement l'hôtelier, de 17,5 % lorsqu'il est **nourri** à l'un des 2 repas ou de 35 % lorsqu'il est nourri aux 2 repas (Circ. Acoss 74 du 10-5-2007).

c. S'agissant des déplacements à l'**étranger,** le remboursement peut s'effectuer à la fois sur la base des **dépenses réelles pour les frais d'hébergement** et sur la base du **forfait** pour les frais de **repas.** Dans ce cas, la limite d'exonération sans justification de l'allocation forfaitaire pour les repas est égale à 40 % du montant de l'indemnité de mission à l'étranger des agents de l'État (Lettre DSS du 18-4-2007 ; Circ. Acoss 74 du 10-5-2007). La solution inverse (forfait pour l'hébergement et dépenses réelles pour le repas) est en revanche exclue, alors qu'elle est admise pour les grands déplacements en métropole (nº 22670, b).

d. Sur le régime des indemnités allouées aux salariés **détachés à l'étranger** dans le cadre de la **mobilité professionnelle** et sur le **cumul** de l'indemnité d'hébergement provisoire versée dans cette situation avec l'indemnité de grand déplacement, voir nos 22745 s.

Sur le versement d'**indemnités dépassant les limites** d'exonération, voir nº 22615, b.

3. TRANSPORT

a. Trajet du domicile au lieu de travail

CONDITIONS GÉNÉRALES D'EXONÉRATION

22700 C-I-25900 s

Les primes et indemnités versées par les employeurs à leurs salariés pour l'indemnisation de leurs frais de transport domicile-travail ont un caractère professionnel, sauf lorsque les salariés fixent leur domicile en un lieu anormalement éloigné pour des raisons de convenances personnelles (Circ. DSS 7 du 7-1-2003).

Sous cette réserve, la prise en charge par l'employeur des frais exposés par les salariés pour aller de leur domicile à leur lieu de travail échappe aux cotisations, dans des conditions différentes selon le **mode de transport** : transports en commun (nº 70525), vélo, covoiturage ou autres services de mobilité partagée (nº 70530), voiture (nos 22710 s.).

› Précisions **a.** Le **caractère contraint de l'éloignement de la résidence** peut résulter de circonstances liées (Circ. DSS 7 du 7-1-2003, réputée abrogée) :

– soit à l'emploi (difficulté de trouver un emploi, précarité ou mobilité de l'emploi...) ;

– soit à des contraintes familiales (lieu d'activité du conjoint, état de santé du salarié, scolarité des enfants...).

b. Par **mesure de simplification,** la prise en charge des frais de transport domicile-lieu de travail est exonérée sans justification pour la fraction n'excédant pas **4 €** par mois, même en cas d'application de la déduction forfaitaire visée nº 22770. Cette mesure ne joue pas si le salarié est logé sur son lieu de travail ou réside à une proximité telle que le recours à un moyen de transport n'apparaît pas justifié (Circ. DSS 7 du 7-1-2003, réputée abrogée).

VÉHICULE PERSONNEL DU SALARIÉ

Les **indemnités kilométriques** versées par l'employeur au salarié utilisant son véhicule personnel pour les trajets de son domicile à son lieu de travail peuvent être déduites de l'assiette des cotisations de sécurité sociale pour leur part ne dépassant pas les évaluations kilométriques de frais de voiture ou de deux-roues à moteur établies par l'administration **fiscale** (pour ces évaluations, voir le Mémento paie nos 96230 s.). **22710** Arrêté 20-12-2002 art. 4 C-I-26070 s

Cette exonération est accordée sans justification des dépenses réelles, si la décision de l'intéressé d'utiliser sa voiture au lieu des transports en commun ne résulte pas de convenances personnelles, mais est motivée par l'**absence de transports collectifs** ou l'**incommodité de leurs horaires** pour l'intéressé, sous réserve que la condition exposée nº 22700, a soit remplie (Circ. DSS 7 du 7-1-2003, réputée abrogée).

La prise en charge par l'employeur de **frais de carburant ou d'alimentation électrique** d'un véhicule peut être exonérée des cotisations sociales (nº 70530).

> Précisions **a.** L'exonération des indemnités kilométriques fixées sur la base du barème fiscal suppose que soit apportée la **justification** : du moyen de transport utilisé par le salarié ; de la distance domicile-lieu de travail ; de la puissance fiscale du véhicule et du nombre de trajets effectués chaque mois. Le salarié doit attester qu'il ne transporte dans son véhicule aucune autre personne de la même entreprise bénéficiant des mêmes indemnités (Circ. DSS 7 du 7-1-2003, réputée abrogée).

En l'**absence de** telles **justifications** ou s'il apparaît que le salarié utilise sa voiture par simple **commodité personnelle,** les remboursements accordés par l'employeur ne peuvent, en principe, être exonérés de cotisations qu'à concurrence du tarif du transport en commun le plus économique (Circ. DSS 7 du 7-1-2003, réputée abrogée).

b. L'exonération vaut, dans les mêmes conditions, pour la prise en charge des **frais de parking** exposés par le salarié pour le stationnement de son véhicule à proximité de son lieu de travail, si l'employeur peut justifier de l'absence d'emplacement de parking gratuit à proximité de ce lieu (Circ. DSS 389 du 19-8-2005, réputée abrogée).

c. La prise en charge par l'employeur des **dépenses réelles** exposées par le salarié ou l'utilisation d'un barème supérieur au barème fiscal est possible, à condition de justifier de ces dépenses (Circ. DSS 523 du 24-11-2005, réputée abrogée).

VÉHICULE DE FONCTION

L'utilisation par le salarié pour ses trajets domicile-travail d'un véhicule mis gratuitement à sa disposition par l'entreprise ne fait pas apparaître d'avantage passible des cotisations si l'employeur établit que cette utilisation est nécessaire à l'activité professionnelle et que le salarié ne peut pas utiliser les **transports en commun** soit parce que le trajet domicile-travail n'est pas ou est mal desservi, soit en raison de conditions ou d'horaires particuliers de travail. **22715** C-I-2540

Les mêmes principes s'appliquent en cas d'option pour une déduction forfaitaire spécifique pour frais professionnels (nº 22800, a) (Circ. DSS 389 du 19-8-2005, réputée abrogée).

De plus, la **résidence** du salarié ne doit pas être anormalement éloignée du lieu de travail par convenance personnelle (nº 22700).

Si ces conditions ne sont pas réunies, l'utilisation du véhicule est considérée comme relevant de convenances personnelles du salarié, ce qui fait apparaître un **avantage** évalué comme indiqué nos 22540 s.

b. Déplacements professionnels

Le remboursement des frais de transport d'un salarié en déplacement professionnel est exclu de l'assiette des cotisations lorsqu'il correspond à ses **frais réellement engagés.** **22720** C-I-26300 s

> Précisions **a.** La prise en charge par l'employeur des frais de voyage des **étudiants étrangers** venant effectuer un stage obligatoire dans une entreprise française doit être exclue de l'assiette des cotisations (Circ. DSS 7 du 7-1-2003, réputée abrogée). À l'inverse, les sommes versées par l'employeur, en remboursement de leurs frais de transport, aux salariés **saisonniers** qu'il fait venir **de l'étranger** entrent dans cette assiette (Cass. soc. 4-7-1983 nº 80-16.540).

En ce qui concerne les voyages payés par l'employeur pour la période de congés à des **salariés détachés à l'étranger,** voir nº 22750.

Sur les indemnités de petit déplacement dans le **bâtiment et les travaux publics,** voir nº 22650, d.

b. Les dépenses **payées par l'employeur à un tiers** échappent aux cotisations, même en cas d'application d'une déduction forfaitaire spécifique pour frais professionnels, voir nº 22785.

c. Si l'employeur met un **véhicule à disposition du salarié,** son utilisation privée constitue un avantage en nature au bénéfice du salarié, intégrée à l'assiette des cotisations (nos 22540 s.), son utilisation professionnelle en étant exclue.

SALARIÉ UTILISANT SON VÉHICULE PERSONNEL

22725 Arrêté 20-12-2002 art. 4 C-I-26300 s

Lorsque le salarié est contraint d'utiliser son véhicule personnel à des fins professionnelles, l'indemnité forfaitaire kilométrique allouée par l'employeur est réputée utilisée conformément à son objet dans les limites fixées par les **barèmes kilométriques** annuellement publiés par l'administration fiscale (voir Mémento paie nos 96230 s.).

> **Précisions** **a.** Le véhicule personnel du salarié est celui qu'il détient et utilise habituellement pour ses activités privées, sans en être forcément propriétaire (CA Rennes 23-4-2014 n° 13/02376 : RJS 7/14 n° 589).
> **b.** En cas d'utilisation d'un **barème conventionnel supérieur** au barème fiscal, les indemnités sont réputées utilisées conformément à leur objet dans la limite de ce dernier. Au-delà, il appartient à l'employeur de justifier de l'utilisation effective des indemnités conformément à leur objet (Circ. DSS 389 du 19-8-2005, réputée abrogée). Ces solutions valent aussi, à notre sens, pour le barème fiscal des dépenses de deux-roues (Mémento paie nos 96240 s.)
> **c.** L'appréciation du caractère probant des **éléments fournis par l'employeur** appartient aux juges du fond (Cass. soc. 4-7-1991 n° 89-15.263 D : RJS 10/91 n° 1134 ; 11-7-1991 n° 89-17.703 P : RJS 10/91 n° 1134) ; la justification de l'employeur ne peut résulter ni de la seule référence à un barème théorique dressé par lui (Cass. soc. 4-3-1993 n° 89-18.375 P et n° 91-15.508 D : RJS 4/93 n° 437 ; 24-11-1994 n° 92-15.560 PF : RJS 1/95 n° 65), ni de la simple comparaison avec un coût moyen publié dans la presse spécialisée (Cass. soc. 7-2-1991 n° 89-10.015 D : RJS 3/91 n° 382). Elle peut être apportée par des fiches mensuelles précises de dépenses (Cass. soc. 11-7-1991 n° 89-17.703 P : RJS 10/91 n° 1134).
> **d.** En cas d'application d'une **déduction forfaitaire spécifique** pour frais, voir n° 22800.

4. MOBILITÉ PROFESSIONNELLE

22740 Arrêté 20-12-2002 art. 8 C-I-26800 s

Les frais liés à la mobilité professionnelle engagés par le salarié sont considérés comme des frais professionnels. Les indemnités destinées à couvrir ces frais sont exclues de l'assiette des cotisations si les dépenses sont justifiées. Des limites forfaitaires d'exonération sans justification sont prévues pour certaines d'entre elles.

> **Précisions** La mobilité professionnelle suppose un changement de **lieu de résidence** lié à un changement de **poste** de travail, y compris dans la même entreprise ou le même groupe (Circ. DSS 389 du 19-8-2005, réputée abrogée), dans un autre **lieu de travail.** Le salarié est **présumé** placé dans cette situation lorsque la distance séparant l'ancien logement du lieu du nouvel emploi est d'au moins 50 km et entraîne un temps de trajet aller ou retour au moins égal à 1 h 30.
> Si le critère de distance kilométrique n'est pas rempli, le critère du temps de trajet aller doit, en tout état de cause et quel que soit le mode de transport, être égal au moins à 1 h 30. En présence d'un trajet pouvant être effectué en voiture en moins d'1 h 30, cette condition n'est pas remplie (Cass. 2e civ. 17-9-2015 n° 14-20.896 F-D : RJS 12/15 n° 806).

HÉBERGEMENT PROVISOIRE ET INSTALLATION

22745 C-I-26950 s

Sont **réputées utilisées** conformément à leur objet :
– les indemnités destinées à compenser les dépenses d'hébergement provisoire rendu nécessaire par la localisation de l'emploi et les frais supplémentaires de nourriture, dans l'**attente d'un logement définitif,** pour la partie qui n'excède pas 76,10 € par jour pour 2021 pour une durée d'au plus 9 mois (Circ. DSS 7 du 7-1-2003, réputée abrogée). Cette limite de 9 mois ne concerne que le forfait ; elle n'est donc pas opposable en cas d'option pour les dépenses réelles justifiées (Circ. DSS 389 du 19-8-2005, réputée abrogée) ;
– les indemnités destinées à compenser les dépenses inhérentes à l'**installation dans le nouveau logement,** pour la partie n'excédant pas, en 2021, 1 524,30 €, majorés de 127,10 € par enfant à charge dans la limite de 1 905,30 €.

> **Précisions** **a.** Un salarié en mobilité professionnelle et en situation de **grand déplacement** peut **cumuler** l'indemnité due au titre de l'hébergement provisoire avec celle de grand déplacement, sauf la part représentative de la nourriture pour cette dernière (Circ. DSS 389 du 19-8-2005, réputée abrogée).
> **b.** Les dépenses d'installation liées à une **embauche en CDD ou CDI** constituent des frais professionnels si cette mobilité ne résulte pas de pure convenance personnelle mais d'une contrainte due aux circonstances visées au n° 22700, a (Circ. DSS 389 du 19-8-2005, réputée abrogée). Les **frais de notaire** liés à l'achat d'un nouveau logement ne peuvent pas être exclus par principe de la déduction au titre des frais professionnels (Cass. 2e civ. 11-2-2016 n° 15-13.724 F-PB : RJS 4/16 n° 289).
> **c.** L'employeur peut **renoncer aux forfaits** et déduire le remboursement des frais réellement engagés par le salarié sous réserve de justifier des dépenses. Dans cette situation sont prises

en compte, en cas de **location,** les dépenses nécessaires à la remise en service du nouveau logement (Circ. DSS 7 du 7-1-2003, réputée abrogée) et celles nécessaires à la remise en état, correspondant aux frais constatés dans l'état des lieux et engagés par le salarié, ayant le caractère de réparations locatives (voir notre Mémento gestion immobilière n° 63752). En cas d'**achat,** les frais occasionnés pour la remise en état du logement ne sont pas des frais professionnels (Circ. DSS 389 du 19-8-2005, réputée abrogée).

FRAIS DE MISSION ET DE DÉMÉNAGEMENT

Sont **déductibles,** si l'employeur **justifie** des dépenses réellement engagées : 22750 C-I-27230 s

– les indemnités destinées à compenser les frais exposés par les salariés envoyés en **mission temporaire ou mutés en France par les entreprises étrangères** et qui ne bénéficient pas du régime de détachement en vertu des règlements communautaires (n° 78650, a) ou d'une convention bilatérale de sécurité sociale à laquelle la France est partie et par les salariés ou assimilés des entreprises françaises **détachés à l'étranger** qui continuent de relever du régime général ;

– les indemnités destinées à compenser les frais exposés par les salariés envoyés en **mission temporaire ou mutés de la métropole vers les territoires français situés outre-mer** et inversement ou de l'un de ces territoires vers un autre ;

– les indemnités destinées à compenser les frais de **déménagement** engagés par le salarié : frais de déménagement proprement dits, de transport et d'hôtel, de recherche d'un nouveau logement, de garde-meuble (Circ. DSS 7 du 7-1-2003, réputée abrogée).

› **Précisions** Les dépenses engagées par le salarié sont considérées comme des frais professionnels si elles résultent directement de la **décision de l'employeur** de muter ou d'envoyer l'intéressé en mission. Sont **déductibles** à ce titre (liste non exhaustive) : les frais de voyage de début et de fin de mobilité du salarié et de sa famille, les frais de passeport, visa ou vaccination, les frais de scolarité des enfants dans le pays d'accueil, les frais de voyage annuel dans le pays d'origine du salarié et de sa famille (Circ. DSS 7 du 7-1-2003, réputée abrogée).

5. NOUVELLES TECHNOLOGIES

Les frais engagés par le salarié à des fins professionnelles lorsqu'il utilise des outils informatiques personnels sont considérés comme frais professionnels. L'indemnisation de ces frais ne peut pas être évaluée forfaitairement, sous peine de réintégration dans l'assiette des cotisations (Cass. 2e civ. 28-5-2014 n° 13-18.212 : RJS 8-9/14 n° 653). 22760 Arrêté 20-12-2002 art. 7 C-I-27700 s

La situation visée est celle du salarié autorisé, conformément au contrat de travail, à utiliser à des fins professionnelles les outils issus des NTIC qu'il possède (téléphonie mobile, micro-ordinateur portable ou non, progiciels, modem, Internet, etc.).

Pour l'**évaluation des dépenses déductibles** doivent être pris en compte : pour le matériel amortissable, les annuités d'amortissement ; pour le petit matériel non amortissable, la valeur réelle de l'année d'acquisition ; pour les consommables (papier, cartouches d'encre, etc.) et les frais de connexion, les justificatifs produits par le salarié (Circ. DSS 7 du 7-1-2003, réputée abrogée).

S'agissant des frais liés au **télétravail,** voir n° 73990.

› **Précisions** Si l'employeur **ne peut pas justifier la réalité des dépenses** professionnelles supportées par le salarié, la part des frais professionnels est fixée d'après la déclaration faite par le salarié évaluant le nombre d'heures à usage professionnel, dans la limite de 50 % de l'usage total. Si les **justificatifs** produits établissent de façon certaine le quantum de l'usage professionnel, les frais professionnels correspondants sont exclus en totalité de l'assiette des cotisations, même s'ils dépassent 50 % de l'usage total (Circ. Acoss 126 du 25-8-2005).

6. DÉDUCTION POUR FRAIS PROFESSIONNELS

Pour certaines catégories de salariés, les employeurs sont autorisés à appliquer à la base de calcul des cotisations de sécurité sociale, dans la limite d'un plafond, une déduction forfaitaire spécifique pour frais professionnels. Il s'agit d'une liste limitative, ce qui exclut que la déduction soit appliquée par analogie à d'autres professions. 22770 Arrêté 20-12-2002 art. 9 CGI ann. IV ancien art. 5 C-I-28500 s

Pour les salariés également liés à la société par un **mandat social,** voir n° 28520.

Professions ouvrant droit à une déduction pour frais professionnels	Taux en %
Artistes dramatiques, lyriques, cinématographiques ou chorégraphiques	25
Artistes musiciens, choristes, chefs d'orchestre, régisseurs de théâtre [1]	20
Aviation marchande Personnel navigant comprenant : pilotes, radios, navigateurs, hôtesses de l'air, stewards, commissaires de bord et mécaniciens navigants des compagnies de transports aériens, pilotes et mécaniciens employés par les maisons de construction d'avions et de moteurs pour l'essai de prototypes ; pilotes moniteurs d'aéro-clubs et des écoles d'aviation civile	30
Casinos et cercles	
Personnel supportant des frais de représentation et de veillée	8
Personnel supportant des frais de double résidence	12
Personnel supportant à la fois des frais de représentation et de veillée et des frais de double résidence	20
Chauffeurs et receveurs-convoyeurs de cars à services réguliers ou occasionnels, conducteurs démonstrateurs et conducteurs convoyeurs des entreprises de construction d'automobiles, chauffeurs et convoyeurs de transports routiers ou d'entreprises de déménagement par automobiles	20
Commis des prestataires de services d'investissement qui étaient agréés au 31 décembre 1995 en tant que sociétés de bourse (place de Paris). Sur les émoluments variables de toute nature	20
Haute couture (grandes maisons parisiennes)	
Modélistes	20
Mannequins	10
Inspecteurs d'assurances des branches vie, capitalisation et épargne	30
Internes des hôpitaux de Paris	20
Journalistes, rédacteurs, photographes, directeurs de journaux, critiques dramatiques et musicaux	30
Ouvriers du bâtiment visés aux paragraphes 1 et 2 de l'article 1er du décret du 17 novembre 1936, à l'exclusion de ceux qui travaillent en usine ou en atelier	10
Ouvriers à domicile (pour les catégories visées à l'ancien article 5 de l'annexe IV au CGI)	de 5 à 40
Ouvriers forestiers	10
Ouvriers horlogers, lorsqu'ils sont personnellement propriétaires des outils et petites machines nécessaires à l'exercice de leur métier	5
Ouvriers d'imprimerie de journaux travaillant la nuit	5
Ouvriers mineurs travaillant au fond des mines	10
Ouvriers scaphandriers	10
Représentants en publicité	30
Speakers de la radiodiffusion-télévision française	20
Voyageurs, représentants et placiers	30

1. Le personnel de création de l'industrie cinématographique a droit à cette déduction.

MONTANT DE LA DÉDUCTION

22775 C-I-28815 s

Le montant de la déduction correspond au produit du **taux,** variable selon les professions, indiqué dans le tableau ci-dessus, par la rémunération brute du salarié incluant en principe les remboursements de frais (nos 22785 s.).

Ce montant est **plafonné à 7 600 €** par salarié et par an.

Sur le cumul de la déduction et de la **réduction générale de cotisations patronales,** voir nos 1939 s.

> **› Précisions** Pour les salariés travaillant pour **plusieurs employeurs,** la limite de 7 600 € peut, pour des raisons de simplicité – et alors même que le principe est celui d'une application par salarié – être appréciée par chaque employeur, sauf abus manifeste (Circ. DSS 2005-389 du 19-8-2005, réputée abrogée).

OPTION DE L'EMPLOYEUR

L'employeur peut appliquer la déduction forfaitaire si une convention ou un accord collectif de travail l'a explicitement prévu ou si le CSE a donné son accord. À défaut, il appartient à chaque salarié d'accepter ou non cette option. **22780** C-I-28650 s

> Précisions **a.** Le salarié ne peut pas **contester** la position prise par une **convention collective,** un accord collectif ou un accord du **CSE** (Circ. DSS 389 du 19-8-2005, réputée abrogée). Lorsque l'option pour la pratique de la déduction forfaitaire spécifique a été réalisée dans le cadre d'un **accord collectif,** les parties ne peuvent **revenir sur leur décision** que pour l'année à venir et non pour l'année en cours. Ces décisions doivent intervenir avant le 31 décembre de l'année en cours (Circ. DSS 389 du 19-8-2005, réputée abrogée).

b. En cas de **consultation individuelle** de chaque salarié concerné, l'option peut alors figurer soit dans le contrat de travail ou un avenant au contrat, soit faire l'objet d'une procédure mise en œuvre par l'employeur consistant à informer chaque salarié individuellement par lettre recommandée avec accusé de réception de ce dispositif et de ses conséquences sur la validation de ses droits, accompagné d'un coupon-réponse d'accord ou de refus à retourner par le salarié. Le silence du salarié vaut accord définitif (Circ. DSS 389 du 19-8-2005, réputée abrogée). Cependant, l'employeur qui ne justifie pas avoir consulté ou informé au préalable ses salariés de l'option envisagée pour la déduction ne peut pas se prévaloir de leur accord, même tacite (Cass. 2e civ. 20-9-2012 nº 11-26.763 F-D : RJS 2/13 nº 166).

Chaque **salarié** peut **réviser sa décision** pour l'année à venir, en adressant un courrier à l'employeur avant le 31 décembre de l'année en cours (Circ. DSS 389 du 19-8-2005, réputée abrogée).

c. En cas de substitution de l'entreprise utilisatrice à l'entreprise de **travail temporaire,** voir nº 82675, b.

SORT DES INDEMNITÉS OU REMBOURSEMENTS DE FRAIS

Principe de réintégration Si l'employeur applique la déduction forfaitaire spécifique, l'assiette des cotisations avant déduction est constituée par le montant global des rémunérations et indemnités de toutes sortes acquises aux intéressés, y compris, le cas échéant, celles versées à titre de remboursement des frais professionnels. **22785** C-I-28950 s

En tout état de cause, l'assiette ainsi constituée ne peut pas être inférieure à l'**assiette minimum** visée nº 23340.

EXEMPLE

Soit un salarié percevant une rémunération mensuelle de 2 500 € plus une allocation forfaitaire pour frais professionnels de 400 €. On suppose que la catégorie professionnelle à laquelle appartient ce salarié bénéficie d'une déduction forfaitaire spécifique de 30 %. Si l'employeur n'opte pas pour la déduction forfaitaire, la base de calcul des cotisations est égale à 2 500 €. S'il opte pour cette déduction, la base de calcul des cotisations est de : (2 500 + 400) − (2 900 × 30 %) = 2 030 €.

Exceptions Les indemnités pour frais professionnels suivantes n'ont pas, par exception, à être ajoutées à la base de calcul des cotisations, même s'il est fait application d'une déduction forfaitaire spécifique (**liste limitative**) : **22790** Arrêté 20-12-2002 art. 9, annexe

– les indemnités de **grand déplacement** payées aux ouvriers du **bâtiment** visées nos 22670 s. (métropole) et 22680 (étranger et outre-mer). Cette exception s'applique que l'employeur verse des allocations forfaitaires ou rembourse sur la base des dépenses réelles (Circ. DSS 2005-389 du 19-8-2005, réputée abrogée). Elle s'étend aux frais de transport exposés à l'occasion des voyages de début et de fin de chantier et des voyages de détente prévus par les conventions collectives du bâtiment et des travaux publics (Circ. DSS 2005-389 du 19-8-2005, réputée abrogée) ;

– la prise en charge obligatoire du coût des **titres de transport** des salariés (voir nº 70525). La prime de transport instituée par l'arrêté du 28-9-1948 (ancienne prime de 23 F), applicable en région parisienne et en province, peut être admise dans la limite de 4 € par mois. Les sommes versées en plus doivent être réintégrées dans l'assiette des cotisations ;

– la contribution patronale aux **titres-restaurant** visée nº 22630 ;

– certaines indemnités ou certains remboursements de frais alloués aux **journalistes** (nº 46455, a) ;

– certaines indemnités allouées aux **ouvriers forestiers** et aux **artistes** et autres travailleurs du spectacle, non détaillées ici.

Par **ailleurs,** les employeurs appliquant une déduction forfaitaire pour frais et prenant à leur charge les frais de repas de leurs salariés en déplacement professionnel sous forme d'un **paiement direct aux restaurateurs** n'ont pas à réintégrer cette prise en charge dans l'assiette des cotisations. Il en va de même pour les **autres frais** engagés par le salarié dans le cadre de son déplacement professionnel (frais d'hébergement, taxi, véhicule mis à disposition…) et payés directement par l'employeur à un tiers (hôtelier, entreprise de taxi ou de location de véhicules…) (Circ. DSS 2005-389 du 19-8-2005, réputée abrogée).

FRAIS D'ENTREPRISE

22795 Aux sommes versées au salarié en remboursement de frais professionnels, assujetties aux cotisations de sécurité sociale en cas d'application d'une déduction forfaitaire spécifique, sont opposées les sommes versées en remboursement (ou correspondant à la prise en charge directe par l'employeur) de frais dits « d'entreprise » pouvant être exclues de l'assiette des cotisations sociales, même en cas d'application d'une déduction forfaitaire.

Constituent des frais d'entreprise les sommes versées au salarié en remboursement de dépenses ne découlant pas de son activité, qu'il a exposées à titre exceptionnel et dans l'intérêt de son employeur, ce qu'il appartient à ce dernier de prouver (Cass. 2e civ. 18-6-2015 nº 14-18.592 F-D : RJS 10/15 nº 668 ; Circ. DSS 7 du 7-1-2003, réputée abrogée). Pour l'administration, il faut en outre que ces sommes soient justifiées par l'accomplissement des obligations légales ou conventionnelles de l'entreprise, la mise en œuvre de ses techniques de direction, d'organisation ou de gestion ou le développement de sa politique commerciale (Circ. DSS 7 du 7-1-2003, réputée abrogée). Toutefois, l'administration ne peut pas s'immiscer dans la politique commerciale décidée par le dirigeant pour apprécier la nature des frais engagés, même malheureuse avec peu de retombées économiques (CA Paris 5-6-2020 nº 16/07499 : RJS 8-9/20 nº 432).

> **Précisions** **a.** S'agissant des **repas d'affaires,** l'employeur doit produire les pièces comptables attestant la réalité du repas, la qualité des personnes y ayant participé et le montant de la dépense (Circ. DSS 389 du 19-8-2005, réputée abrogée).
> **b.** S'agissant des dépenses **vestimentaires,** voir nº 22580.
> **c.** Pour des exemples de frais d'entreprise spécifiques aux **journalistes,** voir nº 46455, a.

22797 **ILLUSTRATIONS**

Sont considérés comme des frais d'entreprise les frais d'achat ou d'entretien de matériel pour le compte de l'entreprise ne correspondant pas à l'exercice normal de la profession du salarié, les achats de cadeaux pour la clientèle, les frais de repas d'affaires (sauf abus manifeste) (Circ. DSS 7 du 7-1-2003, réputée abrogée), les frais pris en charge par l'employeur au titre de soirées organisées pour les salariés d'un même service (CA Paris 15-3-2019 nº 15/02659 : RJS 6/19 nº 377) ou pour des repas de salariés organisés régulièrement en dehors du lieu et du temps de travail et dont la participation n'est pas obligatoire (Cass. 2e civ. 8-10-2020 nº 19-16.898 F-PBI : RJS 12/20 nº 618).

APPLICATIONS PARTICULIÈRES

22800 **a.** Les **dépenses habituelles** de **déplacement** exposées par les salariés pour **se rendre à leur travail ou** dans l'accomplissement de **missions courantes** n'excédant pas les servitudes habituelles de la profession ne constituent pas une charge de l'entreprise, mais une charge inhérente à l'emploi déjà couverte par la déduction forfaitaire spécifique pour frais professionnels. S'il est fait application de cette déduction, le remboursement par l'employeur de ces dépenses constitue donc un avantage soumis à cotisations, sous réserve de la dérogation signalée nº 22795. Il en va ainsi des indemnités kilométriques allouées aux salariés utilisant leur **véhicule personnel** pour se rendre sur les chantiers (Cass. soc. 20-7-1982 nº 81-10.045 ; 13-2-1992 nº 89-20.725 P : RJS 3/92 nº 349).

En cas d'application d'une déduction forfaitaire, la mise à disposition d'un **véhicule fourni par l'employeur** pour les déplacements professionnels du salarié n'a pas à être soumise à cotisations, qu'il s'agisse d'un véhicule de tourisme ou d'un véhicule utilitaire (Circ. DSS 389 du 19-8-2005, réputée abrogée). Sur le cumul d'une déduction avec la prise en charge, par l'employeur, des **frais de carburant ou d'alimentation électrique** d'un véhicule au titre du trajet domicile-travail, voir nº 70530, d.

b. En cas d'application d'une déduction forfaitaire spécifique, les **remboursements des frais de restaurant** exposés par les salariés doivent être inclus en totalité dans l'assiette des cotisations de sécurité sociale (Cass. soc. 17-1-1991 nº 88-12.725 D : RJS 3/91 nº 385 ; 17-1-2002 nº 00-13.091 FS-PBR : RJS 4/02 nº 482). Selon l'administration, la solution est différente en cas de paiement direct par l'employeur au restaurateur, voir nº 22785.

Sur les **titres-restaurant,** voir nº 22790 ; sur les **repas d'affaires,** voir nºs 22795 s.

c. Lorsque l'employeur appliquant une déduction forfaitaire spécifique met un **téléphone portable** à la disposition du salarié à titre professionnel, cette prise en charge peut, selon l'administration, être laissée en dehors de l'assiette des cotisations (Circ. DSS 389 du 19-8-2005, réputée abrogée).

D. Sommes versées à la cessation du contrat de travail

Les sommes versées au titre de la cessation du contrat de travail ayant le caractère de **rémunération** entrent en principe dans l'assiette des cotisations de sécurité sociale. Toutefois, une **exonération partielle** est prévue pour les indemnités mentionnées à l'article L 242-1, II-7° du CSS (qui renvoie aux sommes non assujetties à l'impôt en application de l'article 80 duodecies du CGI). De même, celles qui n'y sont pas mentionnées peuvent aussi être exonérées si l'employeur prouve qu'elles concourent, pour tout ou partie de leur montant, à l'**indemnisation d'un préjudice** (Cass. 2e civ. 15-3-2018 nos 17-11.336 et 17-10.325 F-PB : RJS 5/18 no 363). 22840 C-I-14000 s
Sur les règles en matière de **CSG et de CRDS,** voir nos 25140 s. ; de **forfait social,** voir no 84310.

1. INDEMNITÉS CONSÉCUTIVES AU LICENCIEMENT

INDEMNITÉ VERSÉE EN DEHORS D'UN PLAN DE SAUVEGARDE DE L'EMPLOI

L'**indemnité de licenciement proprement dite** est exonérée de cotisations, dans la limite de **2 fois le plafond annuel** de la sécurité sociale, soit 82 272 € en 2021, à hauteur du plus élevé des 3 montants suivants : 22845 CSS art. L 242-1, II-7° C-I-14670 s

– montant de l'indemnité prévue par la convention collective de branche, par l'accord professionnel ou interprofessionnel ou, à défaut, par la loi ;
– 2 fois le montant de la rémunération annuelle brute perçue par le salarié au cours de l'année civile précédant la rupture de son contrat de travail (sur la date de rupture en cas de dispense de préavis, voir no 23420, b) ;
– 50 % du montant de l'indemnité versée.

Cependant, les indemnités dont le montant dépasse 10 fois le plafond annuel de la sécurité sociale, soit 411 360 € en 2021, sont intégralement assujetties aux cotisations de sécurité sociale.

› Précisions a. Les **indemnités** visées sont l'indemnité due lors de la rupture du CDI d'un salarié ayant une ancienneté d'au moins 8 mois et, par assimilation, celle qui peut être versée au salarié n'ayant pas l'ancienneté suffisante, l'indemnité spécifique de licenciement des journalistes et l'indemnité spéciale de licenciement due en cas d'accident du travail ou de maladie professionnelle.
b. Pour calculer la limite d'exonération égale au double de la **rémunération,** il convient de retenir le salaire imposable à l'impôt sur le revenu avant déduction des cotisations salariales et de la CSG déductible (Circ. Acoss 22 du 25-1-2001). Le salaire à prendre en compte est celui **effectivement versé au salarié** par l'employeur et non son salaire théorique reconstitué à la suite de ses absences, pour congé maternité et parental notamment (Cass. 2e civ. 21-9-2017 no 16-20.580 F-PB : RJS 12/17 no 826).
c. Sur le cumul d'indemnités de licenciement et de **cessation forcée d'un mandat social,** voir no 22897.

EXEMPLES 22847

1° Indemnité perçue en 2021 : 15 250 €, montant fixé par la convention collective de branche. Ce montant ne dépassant pas 82 272 €, l'indemnité est exonérée en totalité de cotisations sociales, de CSG et de CRDS (voir nos 25140 s.).

2° Indemnité perçue en 2021 : 82 442 €, montant fixé par la convention collective de branche. L'indemnité est exonérée de cotisations sociales, de CSG et de CRDS dans la limite de 82 272 €, le surplus, soit 170 €, étant assujetti à ces cotisations et contributions.

3° Indemnité perçue en 2021 : 15 250 €, montant supérieur à celui fixé par la convention collective de branche. Rémunération brute annuelle de 2020 : 45 000 €. Pour les cotisations, les seuils d'exonération s'établissent, en l'espèce, à :
– 10 250 € (montant de l'indemnité prévue par la convention collective de branche) ;
– 90 000 € (double de la rémunération brute de 2020), limité à 82 272 € ;
– 7 625 € (50 % de l'indemnité perçue).

L'indemnité, qui ne dépasse pas la limite de 82 272 €, est exonérée en totalité de cotisations sociales. Elle est exonérée de CSG et de CRDS à hauteur de 10 250 €, et assujettie sur la fraction excédentaire.

4° Indemnité perçue en 2021 : 138 760 €, montant supérieur à celui fixé par la convention collective de branche. Rémunération brute annuelle de 2020 : 250 000 €.

Les seuils d'exonération s'établissent, en l'espèce, à :
– 102 500 € (montant de l'indemnité prévue par la convention collective de branche), seuil limité à 82 272 € ;
– 500 000 € (double de la rémunération brute de 2020), seuil limité à 82 272 € ;
– 69 380 € (50 % de l'indemnité perçue).

L'indemnité est exonérée de cotisations sociales, de CSG et CRDS à hauteur de 82 272 €. Le surplus, soit 56 488 €, est assujetti aux cotisations sociales, à la CSG et à la CRDS.

PLAN DE SAUVEGARDE DE L'EMPLOI

22850 CSS art. L 242-1, II-7° C-I-14960 s

Les indemnités de licenciement versées dans le cadre d'un plan de sauvegarde de l'emploi (PSE) sont exclues de l'assiette des cotisations dans la limite de 2 fois le plafond annuel de la sécurité sociale, soit 82 272 € en 2021.

Cette exonération vise les PSE au sens des articles L 1233-61 s. (PSE au sens strict) et L 1233-32 (mesures accompagnant le licenciement d'au moins 10 salariés dans une entreprise de moins de 50 salariés) du Code du travail.

Elle ne joue pas si le montant total versé dépasse 10 fois le plafond annuel de la sécurité sociale, soit 411 360 € en 2021.

› Précisions **a.** L'exonération s'étend à l'ensemble des **indemnités** s'ajoutant à l'indemnité légale ou conventionnelle, quelle que soit leur dénomination (Circ. Acoss du 25-1-2001 et 24-5-2006).
Sur le **calcul** de la limite d'exonération lorsque plusieurs indemnités sont versées, notamment au cours d'années différentes voir n° 22897.
b. L'exonération peut être **remise en cause** dans les cas suivants (Inst. DSS-DGEFP du 26-3-2014, réputée abrogée) :
– PSE mis en œuvre malgré une décision administrative défavorable ou lorsque la décision favorable a été annulée à l'issue d'un recours juridictionnel ;
– ruptures de contrats de travail intervenues en dehors du cadre d'un PSE, soit que le plan n'ait pas été validé ou homologué, soit que les départs des salariés s'incrivent hors du champ du PSE homologué ou validé ;
– ruptures de contrats de travail intervenues en méconnaissance des règles fixées par le PSE validé ou homologué.
c. Sur le cumul d'indemnités de licenciement et de **cessation forcée d'un mandat social,** voir ci-après n° 22897.

INDEMNITÉ TRANSACTIONNELLE

22855 C-I-16330 s

La transaction conclue entre l'employeur et le salarié pour régler un litige relatif à son licenciement peut prévoir le versement d'une indemnité dite « transactionnelle ». Celle-ci peut être **exonérée** de cotisations pour sa fraction représentative d'une indemnité susceptible d'être exonérée (Circ. Acoss 22 du 25-1-2001 ; Circ. DSS 145 du 14-4-2011), car entrant au nombre de celles limitativement énumérées par l'article 80 duodecies du CGI, auquel renvoie l'article L 242-1 du CSS (Cass. 2e civ. 28-5-2015 n° 14-14.494 F-PB : RJS 8-9/15 n° 585). Mais une somme non mentionnée par ce texte peut aussi être exonérée si l'employeur prouve qu'elle concourt à l'indemnisation d'un préjudice (n° 22840). Par exemple est affranchie de cotisations l'indemnité transactionnelle versée à un salarié pour faute grave, dès lors que l'employeur démontre qu'il n'a pas renoncé à se prévaloir de cette faute, qu'aucun préavis n'a été exécuté et que l'indemnité ne comportait aucune indemnité de préavis ni aucun élément soumis à cotisations (Cass. 2e civ. 21-6-2018 n° 17-19.773 F-PB : RJS 10/18 n° 633). Si, en revanche, l'employeur abandonne la notion de faute grave, une fraction de l'indemnité transactionnelle correspondant au préavis doit être assujettie à cotisations (Cass. 2e civ. 4-4-2019 n° 18-12.898 F-D : RJS 7/19 n° 457).

Si la transaction prévoit le versement d'**éléments à caractère de salaire** (rappels de salaire, indemnité compensatrice de préavis), ceux-ci doivent être soumis aux cotisations (Cass. 2e civ. 23-3-2004 n° 01-21.430 FS-D : RJS 7/04 n° 842). L'employeur est fondé à déduire les cotisations salariales correspondantes de la somme due au salarié, sauf si la transaction en dispose autrement (Cass. soc. 9-5-1979 n° 77-41.762).

› Précisions **a.** Si la transaction se borne à stipuler une indemnité **globale,** l'employeur doit être en mesure de justifier la nature et le montant des éléments qui la composent. En cas de différend avec l'Urssaf, il revient au juge de trancher (Cass. 2e civ. 30-6-2011 n° 10-21.274 F-D : RJS 10/11 n° 834).
À cet égard, l'employeur et le salarié pouvant renoncer au **préavis** de façon réciproque et sans indemnité, l'Urssaf ne saurait assujettir systématiquement une part de l'indemnité transactionnelle à titre d'indemnité compensatrice de préavis (Cass. soc. 8-2-1989 n° 86-11.022 P : RJS 3/89 n° 266).
b. L'indemnité versée à un salarié licencié pour **faute grave ou lourde** suit le régime de l'indemnité de licenciement (Circ. Acoss 22 du 25-1-2001).
c. Si l'indemnité transactionnelle s'ajoute à une **autre indemnité** déjà versée ouvrant droit à exonération, voir n° 22870.

INDEMNITÉ DE CONCILIATION PRUD'HOMALE

L'indemnité forfaitaire de conciliation versée après conclusion d'un accord devant le conseil de prud'hommes est **exonérée** de cotisations dans la **limite** du montant fixé par le barème mentionné nº 48650 (Doc. Acoss 1-1-2017) et de 2 fois le plafond annuel de la sécurité sociale, soit 82 272 € en 2021. Si d'autres **indemnités** ont été versées auparavant au salarié au titre du licenciement, voir nº 22870. **22860** CSS art. L 242-1, II-7° C-I-16780 s

INDEMNITÉ POUR LICENCIEMENT IRRÉGULIER OU ABUSIF

L'indemnité versée en cas de licenciement irrégulier, abusif **ou nul,** en application des articles L 1235-2, L 1235-3 et L 1235-11 à L 1235-13 du Code du travail, est exclue de l'assiette des cotisations dans la limite de 2 fois le plafond annuel de la sécurité sociale, soit 82 272 € en 2021. Il en va de même de l'indemnité pour licenciement nul pour motif discriminatoire prévue à l'article L 1235-3-1 du Code du travail. **22865** CSS art. L 242-1, II-7° C-I-16800 s

Toutefois, en cas de licenciement nul, la somme allouée au salarié **réintégré,** en réparation du préjudice subi entre le licenciement et la réintégration, est soumise à cotisations (Cass. soc. 16-10-2019 nº 17-31.624 FS-PB : RJS 1/20 nº 15).

> **› Précisions** Pour déterminer la limite d'exonération si d'**autres indemnités** ont déjà été versées au salarié au titre de la rupture, voir ci-après nº 22870.

CUMUL D'INDEMNITÉS

Pour apprécier la **limite d'exclusion** d'assiette égale à **2 fois le plafond annuel** de la sécurité sociale, il doit être fait masse de l'ensemble des indemnités versées au salarié visées par l'article 80 duodecies du CGI, y compris les indemnités transactionnelles. À l'inverse ne sont pas prises en compte les indemnités qui, par nature, constituent un **élément de rémunération** et sont donc intégralement soumises à cotisations (Circ. DSS 145 du 14-4-2011). Ces mêmes règles s'appliquent pour l'appréciation du seuil de **10 fois ce plafond,** au-delà duquel les indemnités sont intégralement assujetties (Circ. DSS 10-7-2009). En cas de cumul d'un contrat de travail et d'un **mandat social** dans la même société ou dans plusieurs sociétés d'un même groupe, voir nº 22897. **22870** CSS art. L 242-1, II-7° C-I-14450 s

Si un **complément d'indemnisation** est accordé une année différente de celle de l'indemnité d'origine, les taux et plafonds applicables sont ceux mentionnés nº 23605.

2. INDEMNITÉS DE DÉPART VOLONTAIRE

DÉMISSION

Les sommes versées par l'employeur lors de la démission d'un salarié constituent en principe des éléments de rémunération soumis aux cotisations de sécurité sociale. Elles peuvent toutefois avoir, en tout ou en partie, le caractère de dommages-intérêts s'il est établi qu'en réalité la rupture du contrat a été provoquée par l'employeur et que les sommes versées réparent le préjudice né de la perte de l'emploi (Cass. soc. 6-1-1998 nº 94-21.159 PB : RJS 3/98 nº 362). **22880** C-I-15380 s

RUPTURE CONVENTIONNELLE HOMOLOGUÉE

La rupture conventionnelle homologuée est assortie du versement d'une indemnité spécifique, dont le montant minimum est fixé par la loi. Si le salarié n'est pas en droit de bénéficier d'une **retraite d'un régime légalement obligatoire,** l'indemnité ainsi versée est exonérée des cotisations de sécurité sociale dans les conditions prévues pour l'indemnité de licenciement due en dehors d'un PSE, voir nº 22845. **22885** CSS art. L 242-1, II-7° C-I-15260 s

Si le salarié est en droit de bénéficier d'une telle retraite, même à taux réduit (Circ. DSS 210 du 10-7-2009), l'indemnité est intégralement soumise aux cotisations (Circ. Acoss 81 du 16-10-2008). Il ne doit pas être tenu compte des droits acquis auprès des régimes de **retraite complémentaire obligatoire** (Circ. DSS 210 du 10-7-2009).

RUPTURE CONVENTIONNELLE COLLECTIVE ET CONGÉ DE MOBILITÉ

Les indemnités versées dans le cadre d'une rupture de contrat à la suite de l'acceptation par un salarié d'une proposition de congé de mobilité (nº 69146) ou dans le cadre d'une rupture conventionnelle collective, y compris les indemnités d'accompagnement ou de reclassement externe des salariés (nºs 69147 s.), sont exclues de l'assiette des cotisations dans la limite de 2 fois le plafond annuel de la sécurité sociale, soit 82 272 € en 2021. Cette exonération **22887** CSS art. L 242-1, II-7° C-I-15340 s ne joue pas si le montant total versé dépasse 10 fois le plafond annuel de la sécurité sociale, soit 411 360 € en 2021.

PLAN DE SAUVEGARDE DE L'EMPLOI

22890 Les indemnités de départ volontaire versées dans le cadre d'un PSE sont exclues de l'assiette des cotisations dans les mêmes conditions et limites que les indemnités de licenciement versées dans ce cadre, mentionnées nº 22850 (Circ. Acoss 21 du 11-2-2009 ; Circ. DSS 145 du 14-4-2011). Pour le départ volontaire à la **retraite,** voir nº 22895.

3. INDEMNITÉS DE DÉPART OU DE MISE À LA RETRAITE

22895 CSS art. L 242-1, II-7º C-I-15530 s

L'indemnité de **mise à la retraite** est exonérée de cotisations, dans la limite de 2 fois le plafond annuel de la sécurité sociale, soit 82 272 € en 2021, à hauteur du plus élevé des 3 montants suivants :
– montant de l'indemnité prévu par la convention collective de branche, par l'accord professionnel ou interprofessionnel ou, à défaut, par la loi ;
– 2 fois le montant de la rémunération annuelle brute perçue par le salarié au cours de l'année civile précédant la rupture de son contrat de travail (sur la date de rupture en cas de dispense de préavis, voir nº 23420, b) ;
– 50 % du montant de l'indemnité versée.

L'exonération ne joue pas si la ou les indemnités versées dépassent le seuil de 10 fois le plafond annuel de la sécurité sociale, soit 411 360 € en 2021.

L'indemnité de **départ volontaire** à la retraite est assujettie en tant que salaire aux cotisations de sécurité sociale (Cass. soc. 24-2-1994 nº 91-21.140 : RJS 4/94 nº 460), sauf cas de PSE (voir nº 22850).

› Précisions **a.** Le mécanisme d'exonération des indemnités de mise à la retraite fonctionnant de la même façon que celui applicable aux indemnités de licenciement, on peut donc se reporter, notamment pour les exemples, au nº 22845.

b. Les indemnités de mise à la retraite sont soumises à une **contribution patronale** spécifique (nº 69050).

c. Le départ à la retraite peut parfois être suivi d'une **transaction,** accompagnée du versement d'une indemnité, qui suit le régime exposé nº 22855.

4. CESSATION FORCÉE DU MANDAT SOCIAL

22897 CSS art. L 242-1, II-7º L 136-1-1, III-5º TA-III-14550 s

Les indemnités pour cessation forcée (révocation notamment) du mandat social des dirigeants de société bénéficient d'une exonération des cotisations de sécurité sociale, de la CSG et de la CRDS, dans la limite de 2 fois le plafond annuel de la sécurité sociale en vigueur lors de leur versement, soit 82 272 € en 2021. Cependant, si leur montant dépasse le seuil de **5 fois le plafond annuel de la sécurité sociale,** soit 205 680 € en 2021, elles sont intégralement assujetties à ces différents prélèvements.

En cas de **cumul d'un contrat de travail et d'un mandat** social dans la même société ou le même groupe, les limites et seuils d'exonération s'appliquent au montant global des indemnités liées à la cessation du contrat et à celle du mandat versées au sein d'une même entreprise ou de sociétés du même groupe (Circ. Acoss 22 du 25-1-2001 et 73 du 24-5-2006).

5. AUTRES INDEMNITÉS

22900 C-I-15920 s

a. L'indemnité de cessation d'activité allouée au titre de la **préretraite-amiante,** ainsi que, le cas échéant, les indemnités complémentaires sont exonérées des cotisations de sécurité sociale, de CSG et de CRDS, de cotisations et prélèvements perçus sur une assiette harmonisée avec celle des cotisations de sécurité sociale (assurance chômage…) (Loi 98-1194 du 23-12-1998 art. 41 modifié ; Loi 2001-1246 du 21-12-2001 ; CSS art. L 136-1-2, II-7º). L'exonération ne s'étend pas à l'allocation versée après cessation d'activité, jusqu'à l'obtention de la retraite, aux anciens salariés exposés à l'amiante.

Les **autres** indemnités de départ en préretraite sont exonérées dans la limite mentionnée nº 22850 si elles sont versées dans le cadre d'un PSE et assujetties en totalité dans le cas contraire (sauf cas de départ provoqué par l'employeur, voir nº 22880).

b. L'indemnité de **rupture de la période d'essai** sans respect du délai de prévenance est, selon nous, soumise aux cotisations de sécurité sociale.

c. L'indemnité compensatrice de **préavis** est assujettie aux cotisations (Cass. ass. plén. 18-6-1963 n° 58-50.474). Sur l'indemnité de préavis versée au salarié licencié pour inaptitude après un accident du travail, voir n° 345. Sur le reliquat de l'indemnité de préavis éventuellement versée au salarié ayant adhéré à un contrat de sécurisation professionnelle, voir n° 48410.

d. Les indemnités d'« **out-placement** » versées directement au cabinet par l'entreprise, pour les salariés qu'elle envisage de licencier, sont affranchies de cotisations (Lettre 30-7-1992).

e. La somme versée par un employeur à un ancien salarié en exécution d'une **clause contractuelle de garantie d'emploi** devrait être assujettie à cotisations (Cass. 2e civ. 13-3-2014 n° 13-12.381 F-D : RJS 5/14 n° 427), sauf à ce que l'employeur prouve que cette somme a pour objet d'indemniser un préjudice (voir n° 22840).

f. L'indemnité pour violation du statut protecteur d'un **représentant du personnel** (nos 63550 s.) est soumise à cotisations (Cass. 2e civ. 12-2-2015 n° 14-10.886 F-PB : RJS 4/15 n° 279 ; 11-2-2016 n° 15-13.398 F-D : RJS 4/16 n° 290 ; Cass. soc. 21-11-2018 n° 17-15.874 F-D : RJS 2/19 n° 114), sauf si l'employeur prouve que cette somme répare un préjudice (voir n° 22840). Il en va de même de l'indemnité due en cas d'annulation de l'autorisation de licenciement (n° 63520).

g. Voir par ailleurs le régime applicable à certaines autres sommes ou indemnités : indemnité compensatrice de **congés payés** (n° 22370), indemnité de **non-concurrence** (n° 69665), de clientèle des **VRP** (n° 61400), de fin de mission des **salariés temporaires** (n° 82500), de fin de contrat (n° 20180) ou de rupture anticipée (n° 20245, b) du **contrat à durée déterminée,** garantie forfaitaire accordée au **travailleur dissimulé** (n° 79200).

E. Contributions patronales de retraite et de prévoyance complémentaires

Si la part patronale des cotisations sociales n'entre pas dans la base des cotisations, les contributions patronales à un régime de prévoyance complémentaire ou de retraite supplémentaire obéissent à des règles particulières. **22920** CSS art. L 242-1, II, 4° et L 136-1-1, III 2°-b C-I-9200 s

Sur leur assujettissement : à la **CSG** et à la CRDS, voir n° 25130 ; au **forfait social,** voir nos 34646 et 84315.

1. RETRAITE COMPLÉMENTAIRE LÉGALEMENT OBLIGATOIRE

Sont exclues de l'assiette des cotisations les contributions mises à la charge des employeurs en application des textes régissant les régimes de retraite complémentaire légalement obligatoires par répartition et destinées au financement de ces régimes. **22925** CSS art. L 136-1-1, III, 2°-b L 242-1, I C-I-13800 s

› Précisions **a.** Sont essentiellement **visées** les **contributions** aux régimes légalement obligatoires : régimes Agirc-Arrco, Ircantec, géré par la Caisse de retraite du personnel naviguant ainsi que ceux gérés par la Caisse nationale des barreaux français et la Caisse d'assurance vieillesse des experts-comptables (Circ. DSS 31 du 30-1-2009 réputée abrogée). La contribution d'équilibre technique et celle d'équilibre général (n° 67985) comptent, selon nous, parmi les contributions visées.

b. L'**exonération** est **limitée** à la part patronale de la contribution fixée par le texte fondateur du régime ou par l'accord de branche ou d'entreprise auquel il renvoie expressément (Circ. DSS 31 du 30-1-2009 réputée abrogée). Elle ne couvre pas la contribution volontaire de l'employeur excédant ce montant, ni la prise en charge patronale de tout ou partie de la part salariale de la contribution (Cass. 2e civ. 21-10-2010 n° 09-17.042 F-PB : RJS 1/11 n° 71).

c. Sur la prise en charge par l'employeur de salariés à **temps partiel** du supplément de cotisation salariale induit par le calcul des cotisations de retraite complémentaire sur un temps plein, voir n° 77505.

d. S'agissant de l'exonération de la prise en charge par l'employeur de la part du salarié en **congé parental d'éducation,** du salarié en congé de **présence parentale** et du salarié en congé de **proche aidant,** n° 12075.

2. RETRAITE SUPPLÉMENTAIRE ET PRÉVOYANCE COMPLÉMENTAIRE

Les contributions patronales aux régimes de retraite supplémentaire et aux régimes de prévoyance complémentaire font l'objet, sous certaines conditions (nos 22935 s.), d'une exonération plafonnée des cotisations de sécurité sociale (n° 23000). **22930** C-I-9205 s

> **Précisions** **a.** La notion de **contribution** vise toutes les sommes destinées à financer des prestations de retraite supplémentaire et de prévoyance complémentaire, quelle que soit leur dénomination (cotisations, subventions, appel de fonds…), qu'elles financent des droits nouveaux ou la consolidation de droits acquis, des prestations de retraite en cours de service ou futures (Circ. DSS 32 du 30-1-2009 réputée abrogée ; Cass. 2e civ. 12-11-2020 no 18-12.816 F-D : RJS 1/21 no 58).
> **b.** Les **bénéficiaires** des contributions pouvant être exclues de l'assiette des cotisations sont les salariés, anciens salariés – ceux dont la rupture du contrat de travail ouvre droit à la portabilité et non les retraités (Circ. Acoss 36 du 24-3-2011) – et leurs ayants droit tels que définis par l'acte fondateur du régime (Circ. Acoss 2 du 4-2-2014), ainsi que les mandataires sociaux titulaires d'un contrat de travail ou affiliés comme salariés au régime général de sécurité sociale en application de l'article L 311-3 du CSS (Cass. 2e civ. 19-12-2013 no 12-28.429 F-PB : RJS 2/14 no 172) si une décision du conseil d'administration (ou équivalent) de l'entreprise le prévoit (Circ. DSS 344 du 25-9-2013 opposable).

CONTRIBUTIONS DU CSE

22932 C-I-9300 s La participation du CSE à un régime de retraite supplémentaire ou de prévoyance complémentaire bénéficiant à tous les salariés de l'entreprise ou à une catégorie d'entre eux s'analyse en une **contribution de l'employeur**. Elle est donc exclue de l'assiette des cotisations si elle respecte les conditions posées pour cette contribution (Circ. Acoss 2 du 4-2-2014).

Cette participation doit être **uniforme,** en montant ou en taux, pour l'ensemble des salariés ou, si le régime institue des catégories objectives, pour l'ensemble des salariés y appartenant. Elle peut toutefois être **modulée** en fonction de la situation familiale si la cotisation salariale l'est aussi (Circ. Acoss 2 du 4-2-2014).

Pour l'appréciation de la limite d'exonération visée no 23000, il est **fait masse** des contributions de l'employeur et du comité (Circ. Acoss 2 du 4-2-2014).

a. Conditions générales d'exonération

MISE EN PLACE ET ORGANISME GESTIONNAIRE

22935 CSS art. L 242-1, II, 4° D 242-1, II C-I-9380 s L'exonération des contributions patronales aux régimes de retraite supplémentaire ou de prévoyance complémentaire est subordonnée :

– à la **mise en place** de la couverture par convention ou accord collectif, ratification à la majorité des intéressés d'un projet d'accord proposé par l'employeur ou décision unilatérale de l'employeur constatée dans un écrit remis à chaque intéressé, ces deux dernières modalités ne pouvant être utilisées qu'au niveau de l'entreprise (Circ. DSS 32 du 30-1-2009 réputée abrogée). Pour plus de détails sur les différentes procédures de mise en place, voir nos 58830 s. ;

– à la **non-substitution** de ces contributions à d'autres éléments de rémunération en tout ou partie supprimés dans l'entreprise depuis moins de 12 mois. Ce délai est décompté entre le dernier versement de l'élément de rémunération et le premier versement de la contribution patronale (Circ. DSS 32 du 30-1-2009 réputée abrogée) ;

– au versement des prestations par l'un des **organismes** visés nos 58930 s.

> ATTENTION
> Si un **régime** de prévoyance mis en place par décision unilatérale de l'employeur est **modifié** sans faire l'objet d'un écrit remis à chaque salarié, la contribution patronale doit être réintégrée dans l'assiette des cotisations (Cass. 2e civ. 14-3-2019 no 18-12.380 F-PB : RJS 5/19 no 325).

CARACTÈRE COLLECTIF

22940 CSS art. R 242-1-1 R 242-1-2 C-I-9700 s **Bénéficiaires** Pour que les contributions patronales les finançant ouvrent droit à l'exonération, les **garanties** doivent, qu'elles soient prévues par un ou plusieurs dispositifs, bénéficier **à l'ensemble des salariés ou à une catégorie** d'entre eux établie à partir des critères objectifs suivants :

1° l'appartenance aux catégories de **cadres** et de **non-cadres** en référence aux définitions posées aux articles 4 (ingénieurs et cadres), 4 bis (assimilés cadres) et 36 de l'annexe I (salariés occupant des fonctions de coefficient compris entre 200 et 300) de la convention Agirc du 14-3-1947, entièrement révisée le 1-1-2019. Les cadres peuvent regrouper les salariés relevant de l'article 4 ou des articles 4 et 4 bis ou des articles 4, 4 bis et 36. Les non-cadres sont définis par opposition aux cadres (Circ. DSS 344 du 25-9-2013 réputée abrogée) ;

2° un seuil de **rémunération** déterminé à partir de l'une des limites inférieures fixées pour le calcul des cotisations dues aux anciens régimes de retraite complémentaire Agirc et Arrco. La référence à un seuil de rémunération implique la constitution, au plus, de 2 catégories de salariés sur la base de ce critère (Circ. Acoss 12-8-2015). Une catégorie peut regrouper les salariés dont la rémunération est inférieure ou égale à 1, 2, 3, 4 ou 8 fois le plafond de la sécurité sociale ou ceux dont la rémunération est supérieure ou égale à 1, 2, 3 ou 4 fois ce plafond. Les tranches fixées par les caisses de retraite des avocats, des experts-comptables et des agents publics non titulaires peuvent être utilisées par les entreprises en relevant (Circ. DSS 344 du 25-9-2013 opposable ; Circ. Acoss 12-8-2015). Il doit être tenu compte de la rémunération brute annuelle constituant l'assiette des cotisations (Circ. DSS 344 du 25-9-2013 opposable), y compris, donc, une éventuelle part variable ou des primes annuelles (Circ. Acoss 2 du 4-2-2014). On peut se référer au salaire de l'année N – 1 (Circ. Acoss 2 du 4-2-2014) ;

3° la place dans les **classifications** professionnelles définies par les conventions de branche ou les accords professionnels ou interprofessionnels dont relève l'entreprise. Est en principe visé le premier niveau de classification (Circ. DSS 344 du 25-9-2013 opposable), mais s'il ne renvoie pas à des fonctions distinctes, une distinction plus structurante doit être recherchée dans la convention (ouvriers/Etam/cadres…) (Circ. Acoss 12-8-2015) ;

4° le niveau de responsabilité, le type de fonctions ou le degré d'autonomie ou l'ancienneté dans le travail des salariés correspondant aux **sous-catégories** fixées par les textes visés 3°. L'ancienneté ne peut être retenue que si elle conditionne l'accès à certains échelons ou niveaux d'emploi au sein des classifications (Circ. Acoss 12-8-2015) ;

5° l'appartenance aux catégories définies clairement et non restrictivement à partir des **usages** constants, généraux et fixes en vigueur dans la profession ainsi qu'au champ d'application d'un régime légalement ou réglementairement obligatoire assurant la couverture du risque concerné, ou bien à des catégories spécifiques de salariés définies par une convention collective, un accord de branche ou un accord national interprofessionnel caractérisant des conditions d'emploi ou des activités particulières.

Ces 5 critères limitatifs peuvent être **combinés** (Circ. DSS 344 du 25-9-2013 opposable).

Sur le montant des **redressements** en cas de méconnaissance du caractère collectif, voir n° 22960, c.

> Précisions **a.** Le caractère collectif des régimes institués dans un **groupe** ou une **entreprise** s'apprécie au niveau de l'entreprise et, pour les régimes d'**établissement,** à ce niveau (Circ. DSS 344 du 25-9-2013 opposable ; Circ. Acoss 36 du 24-3-2011).

b. Ni les cadres **dirigeants** ni les mandataires sociaux ne peuvent constituer en tant que tels une catégorie (Circ. DSS 344 du 25-9-2013 opposable).

c. Les catégories ne peuvent pas être définies en fonction du **mode de rémunération** (Cass. 2e civ. 14-2-2019 n° 18-11.100 F-D : RJS 5/19 n° 326), du **temps de travail,** de la **nature du contrat,** de l'**âge** (Cass. 2e civ. 29-5-2019 n° 18-17.850 et n° 18-17.851 F-D : RJS 8-9/19 n° 527) ou de la **nationalité** (Cass. 2e civ. 20-12-2018 n° 17-27.021 F-PB : RJS 3/19 n° 178). Elles ne peuvent pas, non plus, être définies en fonction de l'**ancienneté** des salariés, sous réserve des dispositions exposées 4° ci-dessus et de la possibilité de réserver les garanties aux salariés de plus de 12 mois d'ancienneté pour les prestations de retraite supplémentaire, incapacité de travail, invalidité, inaptitude ou décès et aux salariés de plus de 6 mois d'ancienneté pour les autres prestations. Est toutefois sans caractère collectif le régime de retraite supplémentaire réservé aux salariés justifiant d'une ancienneté continue de 12 mois et dans lequel l'ancienneté est calculée contrat de travail par contrat de travail, cette condition excluant les salariés sous CDD successifs de moins de 12 mois, mais dont la durée cumulée atteint celle requise (Cass. 2e civ. 15-6-2017 n° 16-18.532 F-PB : RJS 8-9/17 n° 630).
Pour les contrats frais de santé, la condition d'ancienneté entre en conflit avec la couverture minimale obligatoire (nos 59130 s.), mais la méconnaissance de cette couverture n'est pas susceptible de remettre en cause l'exonération de cotisations attachée aux contributions patronales (Circ. DSS 29-12-2015 QR 1 réputée abrogée).

d. Les **erreurs et omissions ponctuelles** dans la mise en œuvre d'un régime de prévoyance ne lui font pas perdre son caractère collectif et obligatoire (Cass. 2e civ. 19-1-2017 n° 16-11.239 F-D : RJS 4/17 n° 296).

e. L'administration s'est prononcée sur la possibilité de définir les catégories de bénéficiaires au regard des **critères 1 et 2** après le 1-1-2019 malgré la **révision** à cette date de la **convention Agirc** du 14-3-1947 et de l'accord Arrco du 8-12-1961. Selon elle, ces critères peuvent être maintenus, sans risque de redressement, par les accords collectifs (Lettre DSS du 13-12-2018) ainsi que par les régimes de retraite supplémentaire (Lettre DSS du 25-2-2019). Cette précision vaut, à notre sens, pour les régimes mis en place par accord ratifié ou décision unilatérale de l'employeur et pour ceux mettant en place des garanties de prévoyance complémentaire. Elle n'est pas opposable aux organismes en cas de contrôle faute de publication dans les formes exposées n° 24480.

Les catégories de salariés définies par un régime de protection sociale complémentaire doivent couvrir tous les salariés que leur **activité professionnelle** place dans une **situation identique** au regard des garanties concernées. **22942** CSS art. R 242-1-2

Sont **considérées** comme répondant à cette condition : les prestations de retraite supplémentaire bénéficiant à des catégories établies à partir des critères mentionnés aux 1° à 3° ; les prestations décès prévues par l'ANI du 17-11-2017 (nº 59180) ; les prestations destinées à couvrir les risques incapacité de travail, invalidité, inaptitude (ou décès, lorsque ce dernier est associé à au moins un des 3 risques précédents), ou la perte de revenus en cas de maternité, bénéficiant à des catégories établies à partir des critères mentionnés aux 1° et 2° ainsi que, sous réserve que l'ensemble des salariés de l'entreprise soit couvert, au 3° ; les prestations destinées à couvrir des frais de santé bénéficiant à des catégories établies à partir des critères visés aux 1° et 2°, sous réserve que l'ensemble des salariés de l'entreprise soit couvert.

Dans tous les **autres cas** où les garanties ne couvrent pas l'ensemble des salariés de l'entreprise, la présomption ne s'applique pas et l'employeur doit pouvoir **justifier** que la ou les catégories prévues répondent à cette exigence. À défaut, la contribution patronale est soumise à cotisations.

Sur l'application du principe d'**égalité de traitement** aux régimes catégoriels de prévoyance, voir nº 32160.

22945 CSS art. R 242-1-3 R 242-1-5 C-I-10360 s

Garanties Les garanties doivent être les **mêmes pour tous** les salariés ou tous ceux d'une catégorie. La possibilité pour les salariés de souscrire pour eux-mêmes ou leurs ayants droit des **garanties supplémentaires** ne remet pas en cause le caractère collectif du régime, mais la contribution patronale afférente est soumise à cotisations (Circ. DSS 344 du 25-9-2013 : opposable).

> **Précisions** **a.** Prévoir des garanties de prévoyance complémentaire plus favorables au bénéfice de certains salariés en raison des **conditions d'exercice de leur activité** ne remet pas en cause leur caractère collectif.
> **b.** En cas de **suspension du contrat de travail,** les garanties doivent être maintenues si le salarié est indemnisé (congé maternité ou arrêt maladie indemnisé, notamment). S'il ne l'est pas, il peut être privé de garanties sans que cela remette en cause l'exonération bénéficiant au régime (Circ. DSS 32 du 30-1-2009 réputée abrogée).

22946

Mesures Covid-19

Les salariés placés en **activité partielle** (AP) ou en **activité partielle de longue durée** (APLD) en raison de l'épidémie de Covid-19, ainsi que leurs ayants droit, bénéficient du maintien des garanties collectives de prévoyance mises en place dans leur entreprise pour la période du 13-3-2020 au 30-6-2021. Ce maintien conditionne celui de l'exonération plafonnée de cotisations sociales dont bénéficient les contributions patronales aux régimes en cause. Dans ce cadre, cotisations et prestations peuvent être calculées sur des assiettes dérogatoires, particulières aux salariés en AP et en APLD, ce qui ne remet pas en cause le caractère collectif des garanties (Loi 2020-734 du 17-6-2020 art. 12, modifié par loi 2020-1379 du 14-11-2020 art. 8 : FRS 22/20 inf. 1 nºs 10 à 11 p. 4).

Les **modalités** de ce dispositif, et notamment le calcul des contributions de prévoyance et des plafonds d'exonération de cotisations de sécurité sociale applicables à ces contributions, ainsi que des prestations, ont été précisées par l'administration (Inst. DSS 197 du 16-11-2020 : FRS 23/20 inf. 1. p. 3).

22950 CSS art. R 242-1-4 R 242-1-5 C-I-10440 s

Contributions de l'employeur Le taux ou le montant des contributions de l'employeur doit être **uniforme** pour tous les salariés ou tous ceux d'une même catégorie, **sauf** dans les cas suivants : prise en charge par l'employeur de l'intégralité des contributions des salariés à **temps partiel** ou des **apprentis** si, à défaut, ils doivent acquitter une contribution au moins égale à 10 % de leur rémunération brute ; modulation des contributions de prévoyance en fonction de la **composition du foyer** du salarié ; taux croissants en **fonction de la rémunération** (pour la retraite supplémentaire, l'incapacité de travail, l'invalidité ou l'inaptitude), si une progression au moins aussi importante s'applique aux contributions des salariés.

Pour les salariés à **employeurs multiples,** les employeurs peuvent, par accord, partager la contribution si cette possibilité est prévue dans l'acte instituant le régime (Circ. Acoss 2 du 4-2-2014).

CARACTÈRE OBLIGATOIRE

22960 L'exonération des contributions patronales de retraite supplémentaire ou de prévoyance complémentaire est subordonnée au caractère obligatoire de l'adhésion des salariés, ce qui implique que l'ensemble des salariés de l'entreprise ou tous ceux relevant de la ou des catégories couvertes par le régime y soient affiliés. CSS art. L 133-4-8 R 242-1-5 s **C-I-10700 s**

› Précisions **a.** Certains cas de **dispense d'adhésion** à l'initiative du salarié, limitativement énumérés par les textes, ne remettent pas en cause le caractère obligatoire du régime : salariés embauchés avant sa mise en place par décision unilatérale de l'employeur et, sous certaines conditions non détaillées ici, CDD, apprentis et salariés à temps partiel, salariés couverts par ailleurs. Ces cas de dispense doivent être, sauf pour les salariés embauchés avant la mise en place du régime, prévus par son acte fondateur. Sur les règles particulières applicables aux régimes de remboursement des frais de santé, voir toutefois nº 59150.

b. Le régime couvrant les **ayants droit** du salarié doit prévoir leur adhésion à titre obligatoire, sous réserve des cas de dispenses prévus ci-dessus, pour ouvrir droit à l'exonération de cotisations sociales. En effet, leur adhésion facultative prive le régime de caractère obligatoire et justifie la réintégration dans l'assiette des cotisations de l'intégralité des contributions patronales (Cass. 2e civ. 20-12-2018 nº 17-26.958 F-PB : RJS 3/19).

c. Les **redressements** opérés dans le cadre d'un **contrôle** du caractère obligatoire et collectif des couvertures de protection sociale complémentaire portent sur le **montant global** des cotisations dues sur les contributions patronales versées pour leur financement (Cass. 2e civ. 9-5-2019 nº 18-16.877 F-D : RJS 8-9/19 nº 526). Toutefois, par dérogation, l'agent de contrôle doit réduire le redressement en tenant compte des seules **sommes faisant défaut ou excédant les contributions nécessaires** pour que la couverture revête un caractère obligatoire et collectif, sous réserve que l'employeur reconstitue ces sommes de manière probante.

Le **montant** du redressement réduit s'élève à une fois et demie les sommes manquantes ou en excès si le motif du redressement est la non-production d'une demande de dispense ou d'un autre justificatif et à 3 fois ces sommes dans les autres cas. Ce montant est plafonné à celui résultant de l'assujettissement de l'ensemble des contributions de l'employeur au financement du régime.

Le redressement **ne peut pas être réduit** : si le manquement reproché révèle une méconnaissance d'une particulière gravité des règles relatives au caractère collectif et obligatoire des garanties ; s'il procède d'un cas d'octroi d'avantage personnel ou d'une discrimination ; si l'irrégularité a déjà fait l'objet d'une observation lors d'un contrôle antérieur dans la limite des 5 années civiles précédentes ; en cas de travail dissimulé, d'obstacle à contrôle ou d'abus de droit.

L'employeur ne peut pas demander aux **salariés** le **remboursement** des cotisations salariales dues sur les montants donnant lieu à redressement.

d. Sur l'incidence d'**erreurs ponctuelles** dans la mise en œuvre d'un régime de prévoyance quant à son caractère obligatoire, voir nº 22940, d.

b. Conditions d'exonération propres à la retraite supplémentaire

DISPOSITIFS VISÉS

L'exonération plafonnée de cotisations de sécurité sociale vise : **22970** CSS art. D 242-1, II **C-I-11100 s**

– les contributions patronales finançant des opérations de retraite supplémentaire à cotisations définies organisées dans le cadre de **contrats d'assurance groupe** ;

– les versements obligatoires de l'employeur dans un plan d'épargne retraite d'entreprise à adhésion obligatoire (**Pero**) ou dans un PER d'entreprise collectif (**Pereco**). Sur le taux réduit de **forfait social** pouvant être appliqué à ces versements, voir nº 34646.

› Précisions Les contributions patronales finançant des régimes de retraite à **prestations définies** n'entrant pas dans le champ d'application du dispositif exposé nos 23010 s. peuvent être exclues de l'assiette des cotisations de sécurité sociale dans les mêmes limites que les contributions patronales aux régimes à cotisations définies. Ces régimes doivent, sans avoir à remplir les conditions particulières énoncées ci-dessous, avoir été institués avant le 1-1-2005, ne plus accepter de nouveaux adhérents depuis le 30-6-2008, ne pas être gérés en interne et répondre aux conditions générales exposées nos 22935 s. (Circ. DSS 32 du 30-1-2009 réputée abrogée).

OBJET DES GARANTIES

Les garanties doivent avoir pour objet l'acquisition et la jouissance de **droits viagers** personnels payables à l'assuré **au plus tôt** à la date de liquidation de sa pension dans un régime obligatoire d'assurance vieillesse, de base ou complémentaire, ou à l'âge légal de départ à la retraite et où les droits sont constitués : **22972** CSS art. D 242-1, II, al. 2 et 3 **C-I-11120 s**

– par l'acquisition de droits dans un Pero ou dans un Pereco recevant des versements obligatoires de l'employeur ;

– pour les opérations de retraite supplémentaire à cotisations définies, soit par l'acquisition d'une rente viagère différée, soit par la constitution d'une épargne qui sera obligatoirement convertie en rente viagère (le capital est exprimé en euros et, le cas échéant, en unités de compte avec dénouement obligatoire en rente exprimée en euros), soit dans le cadre d'une opération régie par l'article L 441-1 du Code des assurances, l'article L 932-24 du CSS ou l'article L 222-1 du Code de la mutualité (il s'agit de contrats dits « à points » dont les droits sont exprimés en unités de rente).

› Précisions Ces contrats peuvent prévoir des **garanties complémentaires** (capital ou rente) en cas de décès de l'adhérent avant ou après la mise en service de la rente viagère, ainsi qu'en cas d'invalidité ou d'incapacité.

FACULTÉ DE RACHAT

22974 CSS art. D 242-1, II, al. 4 C-I-11140 s

Pour ouvrir droit à l'exonération plafonnée de cotisations de sécurité sociale, les contrats couvrant le dispositif de retraite supplémentaire ne doivent pas comporter de clause de rachat, même partiel, sauf en cas :
– de **décès** du conjoint ou du partenaire de Pacs ;
– d'**invalidité** de 2e ou 3e catégorie du participant et, seulement pour les droits constitués dans un PER, de ses enfants, de son conjoint ou de son partenaire de Pacs ;
– de **surendettement** du participant ;
– d'expiration des droits à l'assurance **chômage** du participant ou, pour un assuré ayant exercé certains mandats sociaux et n'ayant pas liquidé sa pension dans un régime obligatoire de retraite, d'absence de contrat de travail ou de mandat social depuis 2 ans au moins après le non-renouvellement de son mandat ou sa révocation.

TRANSFERTS

22976 CSS art. D 242-1, II, al. 5 C-I-11150 s

Autre condition de l'exonération plafonnée de cotisations de sécurité sociale, l'existence dans le contrat couvrant le dispositif de retraite supplémentaire, au bénéfice du participant qui n'est plus tenu d'y adhérer, d'une faculté de transfert.

Cette faculté doit pouvoir s'exercer, pour les droits constitués dans le cadre d'un **régime à cotisations définies,** vers un autre régime de ce type, un contrat d'assurance groupe dit « Madelin » ou un Perp. La notice d'information à remettre aux participants doit préciser cette faculté et en détailler les modalités d'exercice.

Les droits constitués dans le cadre d'un **PER obligatoire** ou d'un **Pereco** pouvant recevoir des **versements obligatoires** sont transférables dans les conditions exposées à l'article L 224-6 du Code monétaire et financier

ATTENTION

Les **droits individuels en cours de constitution** dans un régime de retraite supplémentaire à cotisations définies sont transférables dans un PER lorsque le salarié n'est plus tenu d'adhérer à ce régime. Les droits issus de versements obligatoires du salarié ou de l'employeur sont assimilés à des droits issus de versements obligatoires au PER. Lorsque l'ancienneté du régime ne permet plus à l'organisme assureur de distinguer les versements volontaires des versements obligatoires, les droits sont assimilés à des versements obligatoires sauf lorsque le titulaire justifie du montant des versements volontaires effectués (C. mon. fin. art. L 224-40, et II).

c. Conditions d'exonération propres à la prévoyance complémentaire

RISQUES COUVERTS

22980 CSS art. L 242-1, II, 4o-b L 871-1 C-I-11300 s

Pour être exclues de l'assiette des cotisations de sécurité sociale, les contributions patronales doivent financer des garanties ayant pour objet la couverture des risques décès, atteinte à l'intégrité physique, maternité, incapacité de travail, invalidité, inaptitude et chômage.

Ces garanties peuvent assurer notamment le versement des prestations suivantes : remboursements de frais de santé, capitaux décès, allocations obsèques, rentes conjoint survivant et orphelin, rentes ou capitaux d'invalidité, indemnités journalières complémentaires versées postérieurement aux périodes de maintien obligatoire du salaire par l'employeur en application de la loi ou d'un accord collectif et, par assimilation, prestations dépendance (Circ. DSS 32 du 30-1-2009 réputée abrogée).

› Précisions **a.** Les indemnités journalières complémentaires versées par l'employeur pendant la période de **maintien obligatoire du salaire** prévue par la loi ou un accord collectif ne sont pas considérées comme des prestations de prévoyance complémentaire. Les contributions patronales les finançant échappent aux cotisations et ne sont pas prises en compte pour l'appréciation des limites d'exonération mentionnées no 23000 (Circ. DSS 77 du 23-2-2007 réputée abrogée ; Circ. Acoss 36 du 24-3-2011). Pour une possible remise en cause de cette position administrative par la Cour de cassation, voir toutefois no 25130. La solution est inverse pour les obligations de maintien de salaire excédant ce minimum issues d'une décision unilatérale de l'employeur ou du contrat de travail (Circ. Acoss 30 du 8-2-2007).

b. La **Cour de cassation** semble admettre qu'une garantie puisse relever de la prévoyance complémentaire même si elle ne complète pas une prestation du régime général de sécurité sociale (en ce sens, Cass. 2e civ. 6-7-2017 no 16-17.959 F-PB : RJS 10/17 no 711) à condition qu'elle soit liée à des raisons de santé (Cass. 2e civ. 10-10-2019 no 18-18.175 F-PBI : RJS 12/19 no 724).

CONTRATS FRAIS DE SANTÉ

Les contributions patronales finançant des contrats d'assurance couvrant des **frais** occasionnés par une **maladie, une maternité ou un accident** ouvrent droit à une exonération de cotisations sociales dans les limites définies no 23000, si ces contrats remplissent les conditions générales présentées nos 22935 s. et sont conformes à la définition des **contrats dits « responsables »,** exposée nos 22990 s. **22985**

CSS art. L 871-1 R 871-1 R 871-2 Loi 2005-1579 du 19-12-2005 art. 41 et 54 **C-I-11400 s**

› Précisions **a.** Les **contributions patronales concernées** sont celles garantissant la prise en charge des frais de soins de santé tels que les frais médicaux, dentaires, pharmaceutiques, d'analyse ou d'appareillage ainsi que les dépenses indirectes engagées dans le cadre d'une hospitalisation (séjour, transport...) (Circ. Acoss 89 du 9-6-2005).

b. La **conformité** aux caractéristiques des contrats responsables **s'apprécie globalement** pour tous les contrats souscrits par un même adhérent, personne physique ou morale, auprès d'un même organisme ou d'organismes différents. Il ne peut pas en revanche y avoir d'analyse globale entre les garanties souscrites par l'employeur et celles souscrites par le CSE (Circ. DSS 314 du 11-7-2006 réputée abrogée).

Frais obligatoirement couverts Les contrats frais de santé responsables doivent prendre en charge : le **ticket modérateur** (no 50265) tant pour les soins de ville (excepté certains médicaments) que pour les frais d'hospitalisation ; le **forfait journalier hospitalier** (no 50270) et les dépenses visées par la réforme « **100 % santé** ». Ces dépenses, qui donnent lieu à prise en charge renforcée, sont celles exposées par l'assuré pour les équipements et prestations suivants : **22990**

Décret 2019-21 du 11-1-2019 art. 5 CSS art. R 871-2 **C-I-11500 s**

– les équipements d'optique médicale à usage individuel (classe A) dans la limite des prix de vente fixés par la liste des produits et prestations (LPP) par période de 2 ans sauf exceptions (Inst. DSS 116 du 29-5-2019 opposable) ;
– les soins dentaires prothétiques visés par l'arrêté SSAS1911866A du 24-5-2019, dans les limites des honoraires de facturation fixés par la convention nationale signée entre les chirurgiens-dentistes et l'assurance maladie ;
– les aides auditives (classe 1) dans la limite des prix de vente fixés par la LPP par période de 4 ans (Inst. DSS 265 du 20-12-2019 opposable).

Des **barèmes** de prise en charge s'appliquent en cas de couverture de dépenses pour des équipements d'**optique** médicale ou d'**aide auditive** ne donnant pas lieu à prise en charge renforcée.

Les contrats frais de santé responsables doivent aussi prévoir le **tiers payant,** au moins à hauteur des tarifs de responsabilité et, pour les contrats souscrits ou renouvelés à compter du 1-1-2022, à hauteur de toutes les dépenses du 100 % santé. La prise en charge des **dépassements tarifaires** des médecins n'ayant pas adhéré aux dispositifs de pratique tarifaire maîtrisée est plafonnée.

› Précisions **a.** Le bénéfice de l'exonération peut être remis en cause pour non-conformité de l'acte mettant en place la couverture frais de santé avec ces prises en charges obligatoires qui composent le cahier des charges des contrats responsables.

Par **mesure de tolérance,** l'exonération peut être maintenue malgré l'absence d'adaptation de l'accord de branche, la convention collective, l'accord collectif d'entreprise ou l'accord ratifié si le contrat collectif d'assurance souscrit par l'entreprise a été mis en conformité avec ce cahier des charges. L'acte opérant par renvoi au cahier des charges du contrat responsable ou aux garanties du contrat d'assurance souscrit par l'employeur n'a pas à être modifié. Il est réputé mis en conformité dès lors que le contrat d'assurance l'a lui-même été.

Enfin, l'exonération n'est pas remise en cause si l'acte mettant en place la couverture est conforme au nouveau cahier des charges des contrats responsables mais ne respecte pas la convention collective ou l'accord de branche (Inst. DSS 116 du 29-5-2019 opposable).

b. Les **clauses d'exclusion** de la garantie dans certaines situations (fait intentionnel de l'assuré, état d'ivresse, agressions, etc.) sont incompatibles avec l'obligation de prise en charge minimale. Seule l'exclusion pour force majeure est admise (Circ. DSS 32 du 30-1-2009 réputée abrogée ; Circ. Acoss 36 du 24-3-2011).

c. Une **carte de tiers payant,** mentionnant explicitement des garanties couvertes en tiers payant par le contrat, doit être délivrée à l'assuré ou l'adhérent (Lettre DSS 168 du 27-12-2016 réputée abrogée).

22992 CSS art. R 871-1 CSS art. L 871-1 C-I-11800 s

Frais dont la couverture est interdite Les contrats de santé responsables ne doivent pas couvrir : le forfait de 1 € à la charge de l'assuré pour les actes médicaux et de biologie médicale et la franchise médicale visés n° 50230 ; la majoration de la participation de l'assuré pour non-désignation d'un médecin traitant ou consultation d'un autre médecin sans prescription du premier (n° 50260) ; les dépassements d'honoraires pratiqués par les spécialistes consultés sans prescription du médecin traitant, à hauteur au moins du dépassement autorisé pour les actes cliniques, la prise en charge du dépassement au-delà de cette limite n'entraînant aucune conséquence au plan social (Circ. Acoss 168 du 29-11-2005).

22994 C-I-11920 s

Information de l'employeur L'organisme gestionnaire doit communiquer, **avant la souscription** du contrat ou l'adhésion au règlement puis **annuellement**, à l'employeur :
– le rapport, exprimé en pourcentage, entre le montant des **prestations** qu'il verse au titre des frais de santé et le montant des **cotisations** ou primes hors taxe qu'il perçoit pour leur couverture ;
– le montant et la composition des **frais de gestion** afférents à cette couverture exprimés en pourcentage de cotisations.

Les **modalités** de cette communication sont précisées par l'arrêté SSAS201137A4 du 6-5-2020 (JO 5-6).

d. Limites d'exonération

23000 CSS art. L 242-1, II, 4° D 242-1, I C-I-12600 s

Les contributions patronales de retraite supplémentaire et de prévoyance complémentaire sont exclues de l'assiette des cotisations de sécurité sociale propre à chaque assuré :
– pour la **retraite** supplémentaire, dans la limite de la plus élevée des deux valeurs suivantes : 5 % du plafond annuel de la sécurité sociale (2 057 € en 2021) ou 5 % de la rémunération, retenue dans la limite de 5 fois le même plafond (10 284 € en 2021) ;
– pour la **prévoyance** complémentaire, dans la limite d'un montant égal à la somme de 6 % du plafond annuel de la sécurité sociale (2 468 € en 2021) et de 1,5 % de la rémunération, sans que le total ainsi obtenu puisse excéder 12 % du plafond annuel de la sécurité sociale (4 936 € en 2021).

La fraction excédentaire éventuelle est passible des cotisations de sécurité sociale (Circ. DSS 396 du 25-8-2005 réputée abrogée) et doit figurer sur le **bulletin de paie** (n° 70785, c).

> Précisions a. Sur le calcul des plafonds applicables aux contributions de prévoyance pour les **salariés en activité partielle** pendant l'épidémie de **Covid-19,** qui peut obéir à des dispositions particulières, voir n° 22946.
b. Pour le calcul de ces limites (Circ. DSS 32 du 30-1-2009 réputée abrogée), la **rémunération** est celle soumise à cotisations de sécurité sociale, déduction faite de l'éventuelle fraction des contributions patronales de retraite et de prévoyance assujettie à ces cotisations.
Le **plafond de sécurité sociale** s'apprécie comme pour le calcul des cotisations plafonnées et est réduit dans les mêmes cas : voir n°s 23365 s.
c. L'abondement exonéré de l'employeur au **Perco** (n° 34570) et au Pereco (n° 34620) s'ajoute aux contributions patronales de retraite supplémentaire et aux versements obligatoires dans un Pero ou un Pereco pour l'application de la limite d'exonération propre à ces sommes.
d. Sur l'incidence de l'utilisation des droits affectés au **compte épargne-temps** (CET) pour financer un régime de retraite supplémentaire collectif et obligatoire, voir n° 30830. Pour le régime des sommes correspondant à des repos non pris que le salarié affecte, dans une **entreprise dépourvue de CET,** à un tel régime de retraite, voir n° 34570, d.

3. RÉGIMES DE RETRAITE À PRESTATIONS DÉFINIES

RÉGIMES À DROITS CERTAINS

23010 CSS art. L 136-1-1, III, 2°-e L 242-1 L 137-11-2

Les sommes versées par l'**employeur** pour le financement d'un régime de retraite à prestations définies à droits certains bénéficient d'une exonération de cotisations de sécurité sociale, de CSG, de CRDS et de forfait social, mais sont soumises à une **contribution spécifique** de 29,7 % à la charge de l'employeur.

Ce régime social de faveur s'applique sous réserve des **conditions** suivantes :
– les prestations sont exprimées sous forme de **rente** et sont, le cas échéant, versées sous déduction de celles perçues au titre des régimes de retraite obligatoires auxquels est affilié le bénéficiaire ;
– les droits supplémentaires sont acquis chaque année sans possibilité d'acquisition rétroactive au titre d'une année antérieure à l'adhésion ou l'affiliation. Ils sont exprimés en

pourcentage de la rémunération du bénéficiaire soumise aux cotisations sociales. Ce pourcentage est **limité,** dans l'entreprise, à **3 %** par an. La somme des taux appliqués au cours de la carrière du bénéficiaire ne peut excéder 30 points ;
– l'employeur **notifie** annuellement à un organisme désigné par arrêté, via la **DSN,** l'identité des salariés ou mandataires sociaux bénéficiaires et le montant des droits acquis par chacun d'entre eux ;
– l'acquisition des droits est subordonnée à une **condition de performances professionnelles** pour les dirigeants sociaux relevant au titre de leur mandat du régime général des salariés et pour les bénéficiaires dont la rémunération excède 8 fois le plafond annuel de la sécurité sociale, soit 329 088 € en 2021 ;
– les droits acquis sont **revalorisés** annuellement sur la base d'un coefficient au plus égal à l'évolution du plafond de sécurité sociale ;
– tous les salariés de l'entreprise sont couverts par un Perco, un régime obligatoire de retraite supplémentaire mis en place par accord collectif ou ratifié ou par décision unilatérale de l'employeur ou par un plan d'épargne retraite d'entreprise.

Les **bénéficiaires** d'une rente versée dans le cadre d'un régime de retraite à prestations définies à droits certains sont redevables des mêmes contributions que les bénéficiaires de rentes versées dans le cadre des régimes à droits aléatoires (nº 23015).

› Précisions La DSS a apporté des indications sur les conditions que doivent remplir les régimes à prestations définies à droits certains pour bénéficier du régime social décrit nº 23015, notamment sur les points suivants : expression des droits à rente annuelle en pourcentage de la rémunération ou en euros, possibilité de prévoir le versement des droits sous forme de rente ou de capital aux ayants droits du bénéficiaire en cas de décès de celui-ci, modalités de sécurisation des droits acquis et des pensions des bénéficiaires afin d'en garantir le versement en cas de liquidation judiciaire de l'entreprise, maintien des droits en cas de suspension du contrat de travail, notion de performances professionnelles, déclarations via la DSN, modalités d'appréciation des plafonds d'acquisition sur l'ensemble de la carrière et pour les salariés multiemployeurs (Inst. intermin. 2020-237 du 23-12-2020).

RÉGIMES À DROITS ALÉATOIRES

Sont exclues de plein droit et sans limitation de l'assiette des cotisations sur salaires, de la CSG et de la CRDS et du forfait social les sommes versées par les employeurs pour le financement de régimes de retraite supplémentaire à prestations définies à droits aléatoires : **23012**
– subordonnant les prestations à l'**achèvement de la carrière** du bénéficiaire dans l'entreprise, ce qui doit être prévu expressément ;
– dont le **financement,** par l'employeur exclusivement (Circ. DSS 105 du 8-3-2004 réputée abrogée), n'est **pas individualisable** par salarié.

CSS art. L 136-1-1, III, 2º-e
L 242-1, I
L 137-11-2
C-I-13000 s

Employeur et bénéficiaire sont en revanche soumis à des prélèvements spécifiques.

› Précisions La **condition d'achèvement de la carrière** dans l'entreprise suppose que le bénéficiaire achève dans l'entreprise sa carrière et liquide ses droits à retraite au moment où il quitte l'entreprise et non simplement son activité dans l'entreprise (Cass. 2e civ. 11-7-2019 nº 18-18.069 F-D : RJS 11/19 nº 657). L'administration admet certains **aménagements** à cette condition (Circ. DSS 105 du 8-3-2004 réputée abrogée). La Cour de cassation se montre, quant à elle, stricte. Elle estime ainsi que le règlement du régime ne peut pas prévoir le maintien des droits des bénéficiaires n'ayant pas pu achever leur carrière dans l'entreprise pour une raison indépendante de leur volonté (Cass. 2e civ. 12-7-2018 nº 17-22.520 F-D : RJS 11/18 nº 700 ; 11-7-2019 nº 18-18.362 F-D : RJS 11/19 nº 657).

Les sommes versées par l'employeur à un régime de retraite à prestations définies à droits aléatoires supportent une **contribution spécifique** à sa charge, **assise,** sur **option** de celui-ci : **23015**
– soit sur les **rentes** liquidées à compter du 1-1-2001, aux taux de 16 % pour celles liquidées avant le 1-1-2013 et de 32 % pour celles liquidées depuis cette date ;
– soit sur les **primes** versées pour le financement de ces engagements à l'un des organismes assureurs mentionnés nos 58930 s., au taux de 24 %. En cas de gestion interne (régimes créés avant le 1-1-2012), le taux, fixé à 48 %, est appliqué à l'assiette constituée par les dotations aux provisions, ou les montants mentionnés en annexe au bilan, correspondant au coût des services rendus au cours de l'exercice.

CSS art. L 137-11
R 137-3 à R 137-6
C-I-13100 s

Les **bénéficiaires** des régimes de retraite chapeau sont redevables, au titre de la rente perçue, de la cotisation maladie, de la CSG et de la CRDS et d'une contribution spécifique prévue par l'article L 137-11-1 du CSS.

> **Précisions** **a.** Si l'**option** entre contribution sur les **rentes** et contribution sur les **primes** a été, en principe, exercée de **manière irrévocable,** les entreprises ayant opté pour une contribution sur les rentes et décidant de passer d'une gestion interne à une gestion externe peuvent opter pour une contribution sur les primes, moyennant le versement d'une contribution libératoire (Ord. 2015-839 du 9-7-2015 art. 5).
b. L'organisme payeur doit **déclarer et payer** la **contribution spécifique** due par l'employeur sur les **rentes** et s'acquitter de la **contribution due par le bénéficiaire** dans les conditions applicables à la cotisation d'assurance maladie sur les avantages retraite.
La **contribution assise sur les primes** doit être **versée** par l'employeur au plus tard à la première date d'exigibilité des cotisations dues sur les rémunérations de ses salariés suivant la date de versement des primes à l'organisme payeur de la rente en cas de gestion externe ou suivant la date de clôture de l'exercice social de l'entreprise en cas de gestion interne.
L'employeur remplit ses obligations de déclaration et de versement auprès de l'Urssaf compétente.
Les règles de recouvrement, de contrôle, de prescription et de contentieux de la contribution patronale spécifique sont les mêmes que celles des cotisations de sécurité sociale dues sur les salaires.

TRANSFERTS VERS UN RÉGIME À DROITS CERTAINS

23017 L'employeur peut transférer les engagements d'un régime à droits aléatoires vers un régime à droits certains dans la **limite** d'un plafond. Celui-ci est calculé en rapportant le montant des droits conditionnels à la date du transfert à la rémunération moyenne du bénéficiaire au cours des 3 dernières années dans le régime. La rémunération prise en compte est celle entrant dans l'assiette des cotisations sociales. Le pourcentage obtenu ne peut pas excéder 30 %. Il est communiqué à l'organisme assureur. Le transfert est subordonné au versement d'une **contribution libératoire** par l'entreprise (Ord. 2019-697 du 3-7-2019 art. 5, II).

F. Prestations sociales

PRESTATIONS DE SÉCURITÉ SOCIALE

23040 CSS art. L 242-1 L 136-1-2, II C-I-21300 s

Les prestations versées au salarié au titre de l'assurance **maladie, maternité, invalidité, décès,** les prestations d'**accidents du travail** et les **prestations familiales** sont **exclues** de la base de calcul des cotisations.

Sur le **traitement de la paie** lorsque l'employeur fait l'avance des indemnités journalières, voir n° 49810.

ALLOCATIONS COMPLÉMENTAIRES AUX INDEMNITÉS JOURNALIÈRES

23045 CSS art. R 242-1, I-al. 2 et 3 C-I-21650 s

Les allocations complémentaires aux indemnités journalières de sécurité sociale versées au titre de périodes d'incapacité temporaire (maladie, maternité ou accident) antérieures à la rupture du contrat de travail sont soumises aux cotisations de sécurité sociale, qu'elles soient **versées directement par l'employeur** ou pour son compte **par un tiers.**

Les allocations **partiellement financées par le salarié** sont soumises à cotisations pour la seule part correspondant à la participation de l'employeur (Circ. Acoss 30 du 8-2-2007 ; Cass. soc. 26-4-1990 n° 87-15.023 D : RJS 6/90 n° 524 ; Cass. 2e civ. 29-11-2012 n° 11-23.919 F-D). Si, par **exemple,** les allocations ont été financées par une contribution de 5 % dont 3 % à la charge de l'employeur et 2 % à la charge du salarié, elles ne donneront lieu à cotisations qu'à concurrence des 3/5e de leur montant.

> **Précisions** **a.** Sont **intégralement exclues** de l'assiette des cotisations les allocations complémentaires financées exclusivement par le salarié (Cass. soc. 11-6-1992 n° 90-15.335 P : RJS 7/92 n° 920) ou versées après la rupture de son contrat de travail (Cass. soc. 29-10-1998 n° 96-11.790 D : RJS 12/98 n° 1523) ou en vertu de contrats passés à titre volontaire et individuel entre le salarié et un organisme tiers (Circ. Acoss 30-3-1972).
b. Le **versement** des cotisations salariales et patronales et les **déclarations** correspondantes incombent à l'employeur, même si les allocations sont versées par un organisme tiers (Circ. Acoss 20 du 30-3-1972), sauf dans le bâtiment et les travaux publics pour les allocations versées par BTP-Prévoyance. Si les allocations sont versées par l'employeur, elles sont comprises dans l'assiette des cotisations dès ce versement. Si elles le sont par un tiers, elles sont intégrées dans la paie suivant la date à laquelle l'employeur est informé de leur montant (Circ. Acoss 30-3-1972).
c. Pour l'incidence de l'absence du salarié sur le montant du **plafond,** voir n° 23370.

CAPITAL DÉCÈS OU INVALIDITÉ

23050 C-I-19350 s

Sont assujettis aux cotisations de sécurité sociale en tant que complément de salaire le capital décès **versé par l'employeur** aux ayants droit du salarié décédé et le capital versé, même après la rupture du contrat de travail, au salarié devenu invalide (Cass. ass. plén. 26-1-2001 n° 99-11.758 P : RJS 4/01 n° 490).

> Précisions **a.** L'indemnité versée par l'employeur ayant omis de souscrire une garantie décès au profit de ses **salariés cadres** en méconnaissance de l'obligation instituée par la convention du 14-3-1947 est assujettie aux cotisations (Cass. soc. 24-4-1997 n° 95-18.039 P : RJS 6/97 n° 738). Cette solution reste selon nous valable dans le cadre juridique issu de l'ANI du 17-11-2017 relatif à la prévoyance des cadres.
b. Sur le capital décès **versé par une mutuelle,** voir n° 23065.

ALLOCATIONS DE RETRAITE ET DE PRÉRETRAITE

23055 C-I-22655 s

Les compléments de **retraite** versés directement par l'employeur à d'anciens salariés échappent aux cotisations applicables aux salaires, mais sont assujettis à la cotisation spéciale de maladie sur les retraites (n°s 68355 s.), la contribution additionnelle de solidarité pour l'autonomie (Casa : n° 68380), la CSG et la CRDS sur les revenus de remplacement (n°s 25265 s.).

Les avantages de **préretraite** servis par l'employeur sont passibles des cotisations comme des salaires si le contrat de travail du bénéficiaire est seulement suspendu (Cass. soc. 19-12-1991 n° 89-16.324 : RJS 2/92 n° 184 ; Circ. Acoss 26 du 24-4-1973).

> Précisions **a.** Lorsque le **contrat est rompu,** les avantages de préretraite sont passibles soit de la cotisation spéciale sur les préretraites (n° 57120) lorsqu'ils sont versés en exécution d'accords collectifs (CSS art. L 131-2), soit de la cotisation spéciale de maladie sur les retraites lorsqu'ils résultent de décisions unilatérales de l'employeur (Inst. 30-6-1983 : BOSS 31-83, réputée abrogée ; Cass. soc. 13-10-1994 n° 92-15.648 D : RJS 11/94 n° 1290 et 17-11-1994 n° 91-22.086 D ; Cass. 2e civ. 19-6-2008 n° 07-14.099 F-D : RJS 10/08 n° 1018). Dans un cas comme dans l'autre, l'employeur doit également prélever la CSG, la CRDS (n°s 25275 s.) et la Casa (n° 68380).
b. Voir : pour les **primes** versées à l'occasion du **départ en préretraite,** n° 22900 ; pour les pensions de **retraite supplémentaire** servies par un organisme de prévoyance complémentaire, n° 59400 ; pour les prestations en nature versées aux retraités par une **mutuelle,** n° 23065.

PRESTATIONS FAMILIALES COMPLÉMENTAIRES

23060 C-I-22400 s

Les prestations familiales « extra-légales » versées par **l'employeur** ou pour son compte, sous diverses dénominations (primes de crèche, de scolarité...), sont assujetties aux cotisations de sécurité sociale en tant que complément de salaire (jurisprudence constante).

Sur l'aide financière du **CSE** ou de l'employeur aux emplois familiaux, voir n° 22416. Pour les autres prestations du CSE, voir n° 22410.

PRESTATIONS VERSÉES PAR UNE MUTUELLE

23065 C-I-22550 s

Sont exclues de l'assiette des cotisations les prestations versées par une mutuelle en relation avec son **action de prévoyance, de solidarité et d'entraide** (Cass. soc. 12-3-1998 n° 95-20.324 D ; 12-10-2000 n° 98-22.539 FS-D ; 25-3-2003 n° 00-17.199 FS-P : RJS 6/03 n° 792). Il en va de même pour les prestations en nature versées aux **retraités** de l'entreprise, même en partie financées par l'employeur (Cass. 2e civ. 29-6-2004 n° 03-13.049 FS-PB : RJS 10/04 n° 1086).

ALLOCATIONS DE CHÔMAGE ET D'ACTIVITÉ PARTIELLE

23070 C. trav. art. L 5123-2 L 5123-5 L 5424-14, al. 1 QA-II-16500 s et QA-I-13850 s

Les allocations de chômage échappent aux cotisations applicables aux salaires. Elles supportent toutefois dans certains cas une cotisation spéciale (n° 6680, b). Sur le régime des indemnités d'activité partielle, voir n° 1460.

> Précisions **a.** Sont exclues de l'assiette des cotisations de sécurité sociale (et de la taxe sur les salaires) les **contributions des entreprises** à certaines allocations versées par le FNE à leurs salariés ou anciens salariés : **allocation de congé conversion** visée n° 2230 et **allocations temporaires dégressives** visées n° 2245.
b. Les indemnités de **chômage-intempéries** versées dans le **bâtiment et les travaux publics** échappent aux cotisations applicables aux salaires, mais sont passibles de la CSG et de la CRDS (n° 25275), ainsi que de la cotisation spéciale de sécurité sociale frappant dans certains cas tout revenu de remplacement (salariés non domiciliés fiscalement en France ou affiliés au régime local de l'Alsace-Moselle : voir n° 6680, b). Par exception, l'employeur est redevable des cotisations normales de sécurité sociale sur les indemnités qu'il a dû verser lui-même, lorsqu'il a omis d'adhérer à une caisse (Cass. soc. 7-2-1974 n° 72-13.760).
Les **compléments** d'indemnisation de chômage-intempéries versés en vertu d'accords nationaux ou interprofessionnels nationaux ou régionaux (même non agréés) sont également exonérés en totalité des cotisations de sécurité sociale, à l'exception de la cotisation spéciale précitée (Cass. soc. 28-5-1986 n° 84-10.223 P ; 7-12-1988 n° 86-10.700 P : RJS 2/89 n° 201). Les autres compléments sont considérés comme des salaires et assujettis à cotisations (Cass. soc. 15-10-1981 n° 80-14.681 ; 5-5-1982 n° 81-12.424).

II. CALCUL DES COTISATIONS

23250 Les cotisations de sécurité sociale sont calculées, pour chaque salarié, en multipliant l'**assiette** par les **taux** en vigueur. Des **exonérations** ou réductions de cotisations sont prévues dans certains cas.

A. Assiette

23300 CSS art. L 242-1 s C-II-1 s

Les cotisations de sécurité sociale, tant salariales que patronales, sont calculées sur la **rémunération brute** avant toutes déductions pour cotisations salariales (assurances sociales, assurance chômage, retraite complémentaire, mutuelle…).

Pour certaines cotisations dites « plafonnées », la rémunération brute n'est toutefois prise en compte que dans la limite du **plafond** de sécurité sociale. Par ailleurs, si le salarié n'a pas perçu la rémunération minimale à laquelle il peut prétendre, les cotisations sont dues sur celle-ci en vertu des règles sur l'**assiette minimum.**

Par « rémunération brute », il convient d'entendre toute rémunération ou tout avantage assujetti à cotisations en vertu des règles exposées n°s 22320 s.

> **Précisions a.** Pour certaines professions, la rémunération brute peut faire l'objet d'une **déduction forfaitaire spécifique pour frais professionnels** (voir n°s 22770 s.). Pour certains salariés, le montant ou l'assiette des cotisations de sécurité sociale est **forfaitaire,** voir nº 23680.
> **b.** L'assiette des cotisations peut être **fixée d'office** par les Urssaf si les données nécessaires à leur calcul n'ont pas été transmises (voir nº 24075) ou si les documents mis à la disposition de l'agent de contrôle sont insuffisants (voir nº 24420). Pour le **travail dissimulé,** voir nº 79550.

1. ASSIETTE MINIMUM

23340 CSS art. R 242-1 C-II-1550 s

Le montant des rémunérations pris en compte pour le calcul des cotisations ne peut pas être inférieur au montant cumulé :

– du **Smic** (calculé en fonction de l'horaire effectif de travail) ou, s'il est supérieur, du **salaire minimum prévu par la convention collective** étendue (notamment : Cass. soc. 13-2-1974 nº 73-11.133 ; 21-7-1986 nº 84-15.445 ; Cass. 2e civ. 5-6-2008 nº 07-14.408) ;

– et des **majorations s'y ajoutant** en vertu d'une disposition législative ou réglementaire, telles que les majorations pour heures supplémentaires ou complémentaires.

Les **indemnités** légales ou réglementaires (indemnité compensatrice de congés payés, de fin de CDD, etc.) entrent dans l'assiette des cotisations même si l'employeur s'est abstenu de les verser (Cass. soc. 8-11-1990 nº 88-16.634 : RJS 12/90 nº 1021 ; 17-1-2002 nº 00-14.709 : RJS 4/02 nº 483) et même si la rémunération du salarié est supérieure au Smic (Cass. soc. 1-2-1996 nº 94-14.410 : RJS 5/96 nº 593). Il en va de même des primes (vacances, 13e mois, etc.) et indemnités prévues par une convention collective étendue (Cass. soc. 8-6-1988 nº 85-18056 ; Cass. 2e civ. 5-6-2008 nº 07-14.408 ; 15-6-2017 nº 16-19.162 F-D : RJS 10/17 nº 697) dans la mesure où elles sont dues.

L'assiette minimum doit être respectée lors de **chaque paie** (Cass. soc. 3-7-1985 nº 83-12.770), même pour les salariés bénéficiant d'une déduction forfaitaire spécifique pour frais professionnels (Cass. 2e civ. 9-2-2017 nº 15-20.858 F-PB : RJS 4/17 nº 286).

> **Précisions a.** En cas de **paiement partiel** d'une indemnité, l'Urssaf peut réclamer les cotisations sur la part non versée (Cass. 2e civ. 7-5-2015 nº 14-16.693 : RJS 7/15 nº 518 ; 7-7-2016 nº 15-21.497 F-D : RJS 11/16 nº 719).
> **b.** Lorsque l'application d'une déduction forfaitaire spécifique pour **frais professionnels** (n°s 22770 s.) ramène la rémunération soumise à cotisations à un montant inférieur au Smic, les cotisations sont calculées sur le Smic (Arrêté SANS0224282A du 20-12-2002 art. 9 ; Circ. DSS 376 du 4-8-2005, réputée abrogée).
> **c.** L'assiette minimum est **inapplicable aux** salariés ne bénéficiant pas de la législation sur le Smic (Cass. soc. 18-12-1997 nº 96-10215), tels que les VRP sans horaire contrôlable (nº 61180), ainsi qu'aux personnes n'ayant pas la qualité de salarié au regard du droit du travail, comme certains dirigeants de sociétés (nº 28515) ou les stagiaires (nº 46050). Elle n'est pas non plus applicable aux salariés dont le montant ou l'assiette des cotisations est forfaitaire (nº 23680), sauf dans les hôtels, cafés, restaurants (voir nº 22435).
> **d.** Pour les **jeunes** de moins de 18 ans, voir nº 45590, c ; pour les **travailleurs temporaires,** voir nº 82605.

2. PLAFOND

Certaines **cotisations** sont **plafonnées** (voir tableau récapitulatif au nº 90030), c'est-à-dire que les rémunérations n'entrent dans leur assiette qu'à hauteur d'un plafond. Le montant de ce plafond est déterminé pour **chaque paie** mais fait l'objet d'une **régularisation,** au mois le mois, dans le cadre de l'année civile. **23355** C-II-2500 s

a. Détermination du plafond de la paie

MONTANT DU PLAFOND

Les cotisations plafonnées sont en **principe** calculées chaque mois dans la limite de la valeur mensuelle du plafond de la sécurité sociale (nº 90020). Mais cette valeur est corrigée dans les cas suivants : **23365** CSS art. L 241-3 R 242-2

a. travail à **temps partiel** : voir nºs 77465 s. ;

b. salarié **non mensualisé** (au sens visé nº 70755) : le plafond est ajusté prorata temporis, en fonction de la périodicité de la paie. Il est donc égal à : valeur mensuelle du plafond × (nombre de jours de la période d'emploi/ 28, 29, 30 ou 31 selon le nombre de jours calendaires du mois) (Circ. DSS 351 du 19-12-2017, opposable) ;

c. travail aux pièces dont l'exécution dure plus d'une quinzaine (au sens visé nº 70750, d) : le plafond est égal à 50 % de la valeur mensuelle du plafond.

Sur le point de savoir si la valeur mensuelle du plafond à retenir est **celle en vigueur** lors du paiement du salaire ou lors de la période d'emploi, voir nºs 23590 s.

Pour les **pigistes,** voir nº 46570. Pour les travailleurs à **domicile,** voir nº 74240. Pour les **commissions** versées aux VRP, voir nº 61590, a.

EXEMPLE

Pour un **salarié mensualisé** travaillant à temps plein, le plafond de la paie de janvier 2021 est égal au plafond mensuel 2021, soit 3 428 €.

Pour un **salarié non mensualisé** travaillant à temps plein et payé le 15 janvier 2021 et le 31 janvier 2021, le plafond est égal (Circ. DSS 351 du 19-12-2017, opposable) : pour la première période à 3 428 € × (15 jours/31 jours) ; pour la seconde période à 3 428 € × (16 jours/31 jours).

CAS DE RÉDUCTION

Absences Le montant du plafond est réduit prorata temporis pour tenir compte des périodes d'**absence non rémunérées** en appliquant, selon l'administration, la formule indiquée nº 23365, b (Circ. DSS 351 du 19-12-2017, opposable). **23370** CSS art. R 242-2

› Précisions **a.** Les **journées d'absence totale** réduisent le plafond mais pas l'absence d'une ou plusieurs demi-journées, ou d'une ou plusieurs heures (Circ. DSS 351 du 19-12-2017 précitée).

b. La **période d'absence est calculée** de date à date. Si elle contient des jours de repos (fin de semaine, jours fériés, etc.), ceux-ci restent comptés dans la période d'absence (Circ. DSS 351 du 19-12-2017 précitée).

c. Le plafond n'est pas réduit en cas d'absence partiellement ou totalement **indemnisée par l'employeur** en dehors des cas de subrogation (maintien de salaire, versement par l'employeur d'une indemnité journalière financée en partie ou en totalité par l'employeur au-delà des maintiens légaux et conventionnels) (Circ. DSS 351 du 19-12-2017 précitée). En cas de versement d'un élément de salaire pendant une absence non rémunérée, voir nº 23595, b.

d. Les entreprises qui pratiquent de manière habituelle le **recueil des événements sur le mois suivant** (ou « à cheval » sur deux mois) peuvent imputer les absences non rémunérées sur le mois de paie au cours duquel elles sont décomptées (Circ. DSS 351 du 19-12-2017 précitée).

EXEMPLE **23375**

Soit un salarié mensualisé employé à temps plein qui s'absente (Circ. DSS 351 du 19-12-2017, opposable) :

– du mardi 2 février, après-midi, jusqu'au jeudi 4 février 2021 inclus. Le plafond est égal à : 3 428 × (26 jours/28 jours).

– du vendredi 12 février au lundi 15 février 2021 inclus. Le plafond est égal à : 3 428 × (24 jours/ 28 jours).

– les mardi 2 et mercredi 3 février 2021 dans une entreprise comptabilisant habituellement les absences le mois suivant. Les absences de février étant comptabilisées en mars, le plafond du mois de mars est égal à : 3 428 × (29 jours/31 jours).

23380 **Entrées et sorties** Si le contrat ne couvre pas l'intégralité de la période de paie, c'est-à-dire en cas d'**entrée ou de sortie en cours de mois,** le plafond est réduit à due proportion du nombre de jours de la période d'emploi en appliquant la formule indiquée n° 23365, b (Circ. DSS 351 du 19-12-2017, opposable).

CSS art. R 242-2

Sur les incidences d'une **dispense de préavis,** voir n° 23420, b.

EXEMPLE

a. Pour un salarié mensualisé embauché à temps plein le 20 janvier 2021, le plafond de la paie de janvier 2021 est égal à : 3 428 × (12 jours d'emploi/31 jours).

b. Pour un salarié non mensualisé embauché à temps plein le 6 janvier 2021 et payé le 15 janvier et le 31 janvier 2021, le plafond est égal : pour la première période à 3 428 × (10 jours/15 jours) × (15 jours/31 jours) ; pour la seconde période à 3 428 × (16 jours/31 jours).

23385 **Autres cas** Le plafond est également réduit à due proportion du nombre de jours de la période d'emploi pour tenir compte des périodes de **chômage intempéries** ou de **congés payés indemnisés par une caisse** de congés payés ainsi que des périodes d'**activité partielle,** que celle-ci prenne la forme d'une fermeture temporaire ou d'un recours au temps partiel (Circ. DSS 351 du 19-12-2017, opposable).

EXEMPLE

Soit un salarié mensualisé à temps plein travaillant dans une entreprise appliquant la durée légale du travail et recourant à l'activité partielle du 1er février au 15 mars 2021.

Si l'entreprise ferme temporairement, le plafond est ajusté comme suit (Circ. DSS 351 du 19-12-2017 précitée) :

– pour le mois de février : 3 428 × (0 jour/28 jours) soit un plafond égal à 0 ;

– pour le mois de mars : 3 428 × (16 jours/31 jours).

Si l'entreprise réduit son activité de 50 %, le plafond est ajusté comme suit (Circ. DSS 351 du 19-12-2017 précitée) :

– pour le mois de février : 3 428 × 50 % ;

– pour le mois de mars : (3 428 × 50 % × 15/31) + (3 428 × 16/31).

CUMUL D'EMPLOIS

23390 Pour les assurés qui travaillent régulièrement et simultanément pour le compte de plusieurs employeurs, si le total des rémunérations versées excède les limites du plafond (Cass. soc. 17-4-1996 n° 94-12.939 D), chaque employeur calcule les **cotisations plafonnées** au **prorata** des rémunérations qu'il a versées. Quant aux cotisations **déplafonnées,** chacun les doit sur la totalité des rémunérations qu'il a versées.

CSS art. L 242-3 R 242-3 C-II-7400 s

› Précisions **a.** Les assurés **déclarent** à chacun de leurs employeurs à la fin de chaque mois ou de chaque trimestre, selon le cas, le total de la rémunération qu'ils ont reçue au cours de ce mois ou de ce trimestre. À défaut, chaque employeur calcule les cotisations plafonnées sur la base de la rémunération qu'il verse, dans la limite du plafond. Mais il peut ensuite demander le remboursement des cotisations versées en trop.

Les employeurs peuvent se mettre d'**accord** pour que l'un d'entre eux règle l'ensemble des cotisations dues, y compris la part « déplafonnée ». Toutefois, cette faculté résultant d'une simple tolérance ministérielle, les employeurs ont intérêt à s'assurer qu'elle est bien admise par leur Urssaf.

b. Si le salarié est à **temps partiel,** l'employeur peut opter, en lieu et place de la règle du prorata, pour la réduction du plafond des salariés à temps partiel visé nos 77465 s.

c. La règle du prorata n'est pas cumulable avec l'application d'une **assiette forfaitaire** (n° 23680) ou de **taux réduits** de cotisations (n° 23520) (Cass. soc. 6-5-1987 n° 85-11.574 P).

d. Des règles particulières, non exposées ici, s'appliquent en cas de cumul d'activités relevant pour l'une, du régime général, et pour l'autre, d'un **régime spécial** (CSS art. D 171-3) ou du **régime agricole** (C. rur. art. L 741-11 et L 741-12).

23395 EXEMPLE

Assuré ayant perçu, en janvier 2021, 1 700 € chez l'employeur A, 1 000 € chez l'employeur B et 800 € chez l'employeur C, soit une rémunération totale de 3 500 €. Le plafond mensuel en vigueur étant de 3 428 €, les cotisations plafonnées sont calculées sur les parts suivantes : A : 3 428 × 1 700 / 3 500 = 1 665,03 € ; B : 3 428 × 1 000 /3 500 = 979,43 € ; C : 3 428 × 800 /3 500 = 783,54 €.

b. Régularisation

Afin de corriger les incidences des variations du montant des rémunérations d'une paie à l'autre, les cotisations plafonnées sont régularisées **chaque mois** (régularisation dite « progressive »). L'employeur fait donc masse, à chaque échéance de cotisations, des sommes dues au titre des périodes de travail comprises entre le premier jour de l'année civile (ou le jour de l'embauche s'il est postérieur) et cette échéance et **calcule les cotisations** sur la partie de cette masse qui ne dépasse pas la somme des plafonds périodiques applicables à ces mêmes périodes. 23420 CSS art. R 242-2 C-II-5700 s

La différence éventuelle entre le montant des cotisations ainsi déterminé et le montant de celles qui ont été précédemment versées fait l'objet d'un **versement complémentaire** aux échéances habituelles.

› Précisions **a.** En cas de conclusion de **plusieurs contrats de travail** continus ou discontinus avec le même salarié, la régularisation porte sur les cotisations dues au titre de toutes les périodes d'emploi du salarié depuis le début de l'année civile (Cass. soc. 11-3-1976 n° 74-11.436 ; 23-1-1980 n° 78-14.019) et le plafond régularisateur tient compte des seules périodes d'emploi (Cass. soc. 9-2-1978 n° 76-12.151 ; 11-3-1987 n° 84-16.975). Si une somme afférente à un contrat est versée après sa rupture, voir n° 23615, b.

b. En cas de rupture du contrat de travail avec **dispense de préavis,** la période de préavis est considérée comme une période d'emploi pour la régularisation des cotisations, y compris si l'indemnité compensatrice de préavis est versée lors du départ du salarié (Inst. Acoss du 17-1-1974 ; Cass. soc. 6-5-1987 n° 87-17.882 S).

c. Pour les **travailleurs temporaires,** voir n° 82605. Pour les **travailleurs à domicile,** voir n° 74240, b.

B. Taux

RÈGLES GÉNÉRALES

Les taux des cotisations de sécurité sociale (hors accident du travail) sont indiqués dans un **tableau récapitulatif** au n° 90030. Pour la majorité des employeurs, les taux des cotisations patronales d'**assurance maladie** et d'**allocations familiales** sont réduits sur les salaires n'excédant pas un certain seuil fixé en fonction du Smic (n°s 23525 s.). Les taux de la cotisation due au titre des **accidents du travail** et des maladies professionnelles (cotisation AT/MP) diffère en principe selon les établissements (n°s 23540 s.) 23520 CSS art. D 242-3 D 242-4 C-II-8000 s

Sur le point de savoir si, en cas de **changement de taux,** il convient de retenir celui en vigueur lors du paiement du salaire ou lors de la période d'emploi, voir n°s 23590 s.

› Précisions Des taux réduits spécifiques s'appliquent aux **VRP multicartes** (n° 61620), aux **journalistes** (n° 46460), aux **artistes** et musiciens du spectacle (Arrêté du 24-1-1975 modifié) et aux membres des **professions médicales** employés à temps partiel par plusieurs employeurs (Arrêté du 3-2-1975 modifié).

RÉDUCTION DU TAUX DES COTISATIONS MALADIE ET ALLOCATIONS FAMILIALES

Champ d'application Les taux des **cotisations patronales** maladie et allocations familiales (AF) font l'objet d'une réduction pour les **employeurs** entrant dans le champ d'application de la **réduction générale** de cotisations patronales (n° 1880). Pour ces employeurs : 23525 C-II-8000 s CSS art. L 241-2-1 L 241-6 L 241-6-1 D 241-3-1 D 241-3-2 D 242-3

– le **taux maladie** est ramené de 13 % à 7 % pour les salariés dont les revenus d'activité n'excèdent pas 2,5 Smic ;

– et le **taux AF** est ramené de 5,25 % à 3,45 % pour les salariés dont les revenus d'activité n'excèdent pas 3,5 Smic.

Pour l'appréciation de ces **seuils,** les revenus pris en compte sont ceux pris en considération pour la détermination de l'assiette des cotisations et le Smic est calculé comme pour la réduction générale : voir n° 1905 (cas général) et n°s 1920 s. (cas particuliers).

› Précisions **a.** Les seuils sont appréciés **par contrat** ou, si un contrat à durée déterminée est renouvelé ou transformé en contrat à durée indéterminée, sur l'ensemble de la période couverte par les contrats (Inst. intermin. 141 du 19-6-2019, opposable).

b. La réduction des taux maladie et AF est **cumulable** avec les dispositifs d'exonération totale ou partielle de cotisations et contributions patronales, de taux spécifiques, d'assiette ou de montants forfaitaires de cotisations et avec l'application d'une déduction forfaitaire spécifique pour frais (Circ. DSS 99 du 1-1-2015, opposable ; Inst. intermin. 141 du 19-6-2019 précitée).

Dans ce dernier cas, les réductions de taux se calculent sur la base de la rémunération après application de la déduction et s'appliquent à cette même rémunération (Inst. intermin. 141 du 19-6-2019 précitée).

Pour les **journalistes,** voir n° 46460.

23530 EXEMPLE

Exemples de calcul du seuil annuel (1)			
Hypothèses	Calcul du Smic annuel	Calcul du seuil annuel de 2,5 Smic	Calcul du seuil annuel de 3,5 Smic
Salarié à temps plein sans absence ni heures supplémentaires	(Smic horaire × 35 × 52/12) × 12 = Smic annuel	Smic annuel × 2,5	Smic annuel × 3,5
Salarié à temps plein ayant effectué 10 heures supplémentaires sur l'année	[(Smic horaire × 35 × 52/12) × 12] + (10 × Smic horaire) = Smic annuel	Smic annuel × 2,5	Smic annuel × 3,5

(1) Exemples valables pour une entreprise rémunérant ses salariés sur la base de 35 × 52/12 h /mois. Pour celles les rémunérant sur la base de 151,67 h /mois, il nous semble possible, comme pour la réduction générale (n° 1905), de calculer les seuils sur cette base.

23535 CSS art. L 241-6-1 D 241-3-2

Application mensuelle et régularisation Le **droit à la réduction du taux AF** est déterminé sur une base annuelle mais celle-ci est appliquée mensuellement par anticipation. Le taux applicable **chaque mois** est fonction de la rémunération du mois et du montant du Smic du mois. On peut toutefois appliquer le taux réduit tout au long d'une année donnée si la rémunération de janvier (ou du premier mois de travail en cas d'embauche en cours d'année) est inférieure ou égale à 3,5 Smic mensuel ou le taux normal si elle est supérieure à ce montant ou si l'on anticipe que la rémunération annuelle excédera 3,5 Smic annuel. Il est également possible de régulariser le taux mensuellement (Circ. DSS 99 du 1-1-2015 opposable). Si le montant cumulé de cotisations AF versé pour les mois précédents de l'année est supérieur ou inférieur au montant de la cotisation AF calculée sur la base annuelle, l'employeur déclare et verse le différentiel lors de la **dernière DSN de l'année** ou, en cas de rupture du contrat en cours d'année, lors de la dernière période d'emploi (Circ. DSS 99 du 1-1-2015 précitée).

CONSEIL

Ces règles peuvent, à notre sens, être transposées à la réduction du taux de la **cotisation patronale maladie.** En effet, cette réduction peut être réalisée par anticipation sur les cotisations dues au titre d'un mois civil et une régularisation est ensuite effectuée soit en fin de période (dernier mois ou dernier trimestre de l'année), soit de manière progressive (Inst. intermin. DSS 141 du 19-6-2019, opposable).

23537 EXEMPLE

a. Application des mêmes taux toute l'année. Pour un salarié à temps plein présent tout le mois sans heures supplémentaires dans une entreprise rémunérant ses salariés sur la base de 35 × 52/12 h /mois, le seuil mensuel de 2,5 Smic est égal à (Smic horaire × 35 × 52/12) × 2,5 et le seuil de 3,5 Smic est égal à (Smic horaire × 35 × 52/12) × 3,5.

Si la rémunération de janvier de ce salarié n'excède pas le seuil de 2,5 Smic, les réductions de taux maladie et AF peuvent être appliquées toute l'année. Si elle excède 2,5 Smic mais pas 3,5 Smic, on peut appliquer la réduction de taux AF toute l'année (mais pas la réduction maladie).

Dans tous les cas, si nécessaire, une régularisation est opérée sur la dernière DSN de l'année (ou lors du départ du salarié) pour tenir compte du taux finalement applicable.

b. Régularisation mensuelle des taux. Pour un salarié présent depuis le 1er janvier dans une entreprise pratiquant une régularisation mensuelle des taux, ceux du mois d'avril sont déterminés à partir du rapport suivant :

(Rémunération brute de janvier à avril) / (Smic de janvier à avril). Si ce rapport est inférieur ou égal à 2,5, les réductions de taux maladie et AF s'appliquent pour le mois d'avril. Si ce rapport excède 2,5 sans excéder 3,5, en avril la réduction de taux AF s'applique mais pas la réduction maladie.

Dans tous les cas, si nécessaire, une régularisation du montant de cotisations versé sur l'ensemble de l'année est opérée en fin d'année ou lors du départ du salarié (ou, le cas échéant, au mois le mois).

COTISATION AT/MP

Modes de tarification Selon l'effectif global de l'entreprise à laquelle il appartient, chaque établissement est soumis à : 23540 CSS art. D 242-6-2 C-II-10450 s C-II-12600 s

– la **tarification collective** (entreprises de moins de 20 salariés) : le taux de la cotisation AT/MP, dit « taux collectif », est alors déterminé par la Carsat en fonction du barème national, publié chaque année au JO, fixant le taux applicable pour chaque code risque ;

– la **tarification individuelle** (entreprises d'au moins 150 salariés) : le taux est alors calculé par la Carsat en tenant compte du coût des maladies ou accidents professionnels survenus au sein de l'établissement et inscrits à son compte au cours de la période triennale de référence (années N – 4 à N – 2), ce coût étant déterminé selon un barème national publié chaque année au JO ;

– la **tarification mixte** (entreprises dont l'effectif est d'au moins 20 et de moins de 150 salariés) : dans ce cas, le taux applicable est pour partie déterminé par tarification collective et pour partie par tarification individuelle.

Sur l'**effectif** pris en compte, voir n°s 23635 s.

› Précisions a. Est un **établissement distinct** toute entité présentant une implantation distincte et une activité propre, même si elle est rattachée pour sa gestion à une entreprise englobant d'autres activités (Cass. 2e civ. 14-1-2010 n° 09-11.450 F-PB : RJS 4/10 n° 380).

b. Dans les entreprises en tarification collective ou mixte, constitue également un établissement distinct, sur demande de l'entreprise, le personnel occupant à titre principal des **fonctions support de nature administrative** dans des locaux non exposés aux autres risques de l'entreprise. Cette option est toutefois exclue pour les établissements en tarification mixte à raison de leur activité (n° 23545) et les travailleurs à domicile (Arrêté SANS9502262A du 17-10-1995).

c. L'entreprise qui relève d'une tarification individuelle ou mixte peut demander à bénéficier d'un **taux unique** pour l'ensemble de ses établissements appartenant à un même code risque. Cette option, définitive pour la catégorie de risque concernée, doit être demandée à la Carsat du siège social de l'entreprise, par tout moyen lui conférant une date certaine, avant le quatrième trimestre de l'année civile en cours pour une application au 1er janvier de l'année civile suivante (Arrêté SANS9502262A du 17-10-1995). L'entreprise qui souhaite bénéficier d'un taux unique à compter du 1-1-2022 doit donc adresser sa demande avant le 1-10-2021.

Régimes particuliers Par exception, relèvent des taux collectifs, quel que soit l'effectif de l'entreprise dont ils relèvent : 23545 C-II-15300 s T-VI-1500 s

– les **établissements nouvellement créés** (CSS art. D 242-6-17) : les taux collectifs leur sont applicables l'année de leur création et les 2 années civiles suivantes. ;

– les établissements exerçant l'une des **activités listées par l'arrêté** SANS9502262A du 17-10-1995 (assurances, cabinet juridique, expertise comptable…) ;

– les **travailleurs à domicile** et les salariés visés n° 23550, c.

Une tarification particulière est prévue pour les activités du **bâtiment** et des travaux publics (celles-ci sont tarifées non par établissement mais par activité) et pour les établissements situés dans les départements du **Haut-Rhin,** du **Bas-Rhin** et de la **Moselle.** Certains salariés bénéficient de **taux réduits** (n° 23520). Pour les contrats de **service civique,** voir n° 46160.

› Précisions N'a pas la qualité d'**établissement nouveau** celui issu d'un précédent établissement exerçant une activité similaire avec les mêmes moyens de production et reprenant au moins la moitié du personnel (CSS art. D 242-6-17). Si l'un de ces critères fait défaut, l'établissement est nouveau (Cass. 2e civ. 30-6-2011 n° 10-23.746 : RJS 11/11 n° 900 ; 24-1-2013 n° 11-27.389 : RJS 4/13 n° 322 ; 21-1-2016 n° 14-28.981 : RJS 4/16 n° 294). Néanmoins, une baisse importante d'effectif sans modification de la nature de l'activité, de la structure juridique de l'établissement ou des moyens de production ne confère pas la qualité d'établissement nouveau (Cass. 2e civ. 9-7-2020 n° 19-13.959 F-PBI : RJS 10/20 n° 499).

Notification du taux annuel Le taux de la cotisation AT/MP est déterminé **chaque année, pour chaque établissement** distinct, et notifié à l'employeur par la Carsat (ou Cramif pour l'Île-de-France) avec indication du code risque de l'établissement. 23550 CSS art. L 242-5 L 242-7 D 242-6 à D 242-6-23 C-II-23050 s

La décision de la caisse peut être **contestée** dans les conditions indiquées n°s 15640 s.

› Précisions a. Le taux de l'année précédente s'applique à titre provisionnel **jusqu'à la notification du taux** pour l'année en cours.

b. Pour les entreprises d'au moins 10 salariés, la notification du taux est effectuée via leur **compte AT/MP** (accessible après adhésion sur net-entreprises.fr). Pour ces entreprises, l'absence d'adhésion à ce service est passible d'une pénalité variant, en 2021, entre 18 et 52 € par salarié selon la taille de l'entreprise. Pour celles de moins de 10 salariés, la notification via le compte AT/MP ne sera obligatoire qu'en

2022 mais est d'ores et déjà accessible sur option (Décret 2020-1232 du 8-10-2020 ; Arrêté SSAS2011506A du 8-10-2020).
c. La **notification ne concerne pas** les VRP multicartes (n° 61620), les salariés d'un employeur sans établissement en France, les vendeurs à domicile visés à l'article L 311-3, 20° du CSS, les vendeurs-colporteurs et porteurs de presse et les personnes au service de particuliers : employés de maison (n° 33470), assistants maternels (n° 33370), personnes effectuant des travaux de courte durée ou accueillant chez elles des personnes âgées ou handicapées. Pour eux, l'employeur applique directement un taux collectif particulier publié au JO.

23555 CSS art. L 242-7 L 422-4 L 452-4 L 452-5 Arrêté 9-12-2010 C-II-18500 s

Ristournes et cotisations supplémentaires La **Carsat** peut accorder des ristournes sur cotisations aux établissements soumis à tarification mixte ou collective justifiant d'une politique de prévention efficace. Elle peut aussi imposer une cotisation supplémentaire à tout établissement présentant des risques exceptionnels révélés par un procès-verbal de l'inspecteur ou du contrôleur du travail ou résultant d'une inobservation des mesures de prévention prescrites par la Carsat ou rendues obligatoires au plan national par arrêté ministériel. Une cotisation supplémentaire peut aussi être imposée en cas d'accident ou de maladie dû à la faute intentionnelle de l'employeur (n° 1350) ou, si l'employeur est garanti par une assurance pour cette faute, dû à sa faute inexcusable (n°s 1290 s.)

› Précisions a. Avant imposition de la **cotisation supplémentaire,** une **injonction** est adressée à l'employeur par lettre recommandée avec avis de réception lui demandant de prendre certaines mesures de sécurité dans un délai déterminé.
Dans les cas suivants, l'injonction préalable n'est pas nécessaire, l'employeur étant informé par lettre recommandée avec avis de réception qu'il est passible d'une cotisation supplémentaire : répétition dans un établissement, dans un délai de 6 mois, de certaines situations particulièrement graves de risques exceptionnels définis par arrêté ETSS1031394A du 9-12-2010 qui ont donné lieu à une première injonction à cet établissement ; infraction constatée par l'inspection du travail ; méconnaissance de dispositions générales de prévention étendues au plan national (sauf disposition contraire de l'arrêté d'extension) ; récidive dans les 3 ans.
Dès réception de la lettre ou de l'injonction, l'employeur doit consulter le **comité social et économique,** et doit adresser à l'inspection du travail et à la Carsat le compte rendu de cette délibération dans les 15 jours suivants.
L'employeur peut **contester** dans les 8 jours (4 jours pour les chantiers d'une durée inférieure à 3 mois) la lettre de la caisse ou son injonction préalable au moyen d'un recours suspensif adressé au Dreets (Direccte jusqu'au 1-4-2021) par lettre recommandée. L'absence de décision de sa part dans un délai de 15 jours vaut rejet du recours.
b. Si les **mesures** requises sont exécutées **dans les délais prescrits par l'injonction,** il n'y a pas de cotisation supplémentaire. L'employeur doit aviser la Carsat de cette exécution par lettre recommandée. Dans le cas contraire, ou quand l'injonction n'est pas nécessaire, la Carsat adresse une lettre recommandée avec avis de réception à l'employeur lui notifiant le montant de la cotisation supplémentaire imposée à l'établissement et l'informant que, à défaut d'exécution des mesures dans le nouveau délai qu'elle lui impartit, la cotisation supplémentaire sera automatiquement augmentée. Cette décision peut être contestée dans les conditions indiquées n°s 15640 s.
c. La cotisation supplémentaire est **due à partir** de la date à laquelle ont été constatés les risques exceptionnels, y compris en cas d'envoi d'une injonction préalable. Elle **cesse** à partir de la date d'exécution des mesures de prévention (sous réserve d'en avoir informé la caisse par lettre recommandée) et du paiement du montant minimal. La cotisation supplémentaire **ne peut** en effet **être inférieure** ni à 1 000 € ni à 25 % de la cotisation normale calculée sur une période de 3 mois. Elle est **versée** dans les mêmes conditions que les cotisations normales d'accidents du travail.

C. Période de calcul

23590 CSS art. L 242-1 R 242-1 C-II-200 s.

Les cotisations étant dues pour les périodes au titre desquelles les revenus sont attribués, elles sont calculées pour chaque **période de travail ou d'emploi.** C'est donc en principe cette période qui détermine les taux et plafond et les règles d'assiette à retenir pour le calcul des cotisations.

SOMMES VERSÉES EN COURS DE CONTRAT

23595 CSS art. L 242-1 R 242-1

Sommes versées à bonne date Les **taux et le plafond** applicables sont en **principe** ceux en vigueur au cours de la **période de travail** au titre de laquelle les rémunérations sont dues.
Les taux et plafond de la période de travail sont également appliqués aux **rémunérations rattachées** à la même paie dues au titre d'autres périodes. Ainsi, pour les éléments de

rémunération dont le versement est habituellement réalisé selon une périodicité particulière (primes, avantages d'épargne salariale, indemnités de congés payés, indemnités de préavis, etc.), les cotisations sont calculées selon les taux et le plafonnement de la paie du mois où ces éléments doivent être versés (Circ. DSS 351 du 19-12-2017, opposable).

Ces principes s'appliquent aussi aux **règles d'assiette** (Circ. DSS 351 du 19-12-2017, précitée).

> Précisions a. En cas de recueil habituel des **événements sur le mois suivant** (ou « à cheval » sur deux mois), ceux-ci sont rattachés à la paie où ils sont décomptés (en ce sens : Circ. DSS 351 du 19-12-2017 précitée). C'est notamment le cas pour les absences, les heures complémentaires (Circ. DSS 351 du 19-12-2017 précitée) et, selon nous, les heures supplémentaires.

b. Un élément de salaire versé pendant un **congé parental** est rattaché à la dernière période de travail. Mais si cette dernière se situe l'année précédente, il est admis que les cotisations soient calculées selon les règles applicables lors du versement avec application d'une valeur mensuelle du plafond entier (Circ. DSS 351 du 19-12-2017 précitée). Selon nous, les mêmes principes s'appliquent aux **autres absences non rémunérées** : congé sabbatique, congé pour création d'entreprise, etc.

c. Pour un **salarié non mensualisé** dont le contrat est à cheval sur deux mois, les taux et plafonds applicables sont ceux en vigueur le dernier jour de la période d'emploi (Circ. DSS 351 du 19-12-2017 précitée).

d. Les entreprises qui pratiquent le **décalage de la paie,** c'est-à-dire qui versent les salaires le mois suivant la période de travail y afférente, sont tenues, comme les autres, d'appliquer à la paie due au titre du mois M, bien qu'elle soit versée en mois M + 1, l'ensemble des règles en vigueur le mois M (Circ. DSS 351 du 19-12-2017 précitée).

Rappels de salaire Pour les rappels de salaire ordonnés par **décision de justice,** il est fait application des taux et plafonds, et des règles d'assiette, en vigueur lors des périodes de travail donnant lieu à ces rappels. 23605

Il en va de même des **rappels amiables** donnant lieu à réédition du bulletin de paie et portant sur des périodes effectuées à compter du 1-1-2018 (Circ. DSS 351 du 19-12-2017, opposable). Les autres rappels amiables sont quant à eux rattachés à la paie avec laquelle ils sont versés (Guide Acoss « comment déclarer et régulariser les cotisations Urssaf en DSN » version 3.1 p. 80) de sorte qu'ils sont soumis aux taux et plafond et règles d'assiette en vigueur lors de leur versement.

SOMMES VERSÉES APRÈS LA RUPTURE DU CONTRAT

Pour les sommes versées après le départ du salarié, il est fait application des taux et plafonds, ainsi que des règles d'assiette, applicables lors de la **dernière période de travail.** Par exemple, une prime versée en 2021 à un salarié parti le 30-11-2020 est soumise aux règles d'assiette, de taux et de plafond en vigueur en novembre 2020 (Circ. DSS 351 du 19-12-2017, opposable). 23615 CSS art. L 242-1 R 242-1

Sur le **calcul du plafond** de la dernière période d'emploi, voir nº 23380.

> Précisions a. Pour les rappels de salaire ordonnés par **décision de justice,** il est fait application, même si le contrat est rompu (Circ. DSS 351 du 19-12-2017 précitée), de la règle les rattachant aux périodes de travail y donnant lieu (nº 23605).

b. En cas de **succession de CDD,** si une somme due au titre du contrat A est versée pendant le contrat B, il faut distinguer le cas où cette somme aurait dû être versée antérieurement (auquel cas elle est rattachée à la dernière période de travail du contrat A) de celui où elle est versée à la date normale (auquel cas elle est rattachée à la paie du mois où elle est versée) (Circ. DSS 351 du 19-12-2017 précitée).

D. Effectif

EFFECTIF DE RÉFÉRENCE

L'effectif salarié annuel de l'employeur pris en compte pour le **calcul** et le **recouvrement des cotisations** et contributions de sécurité sociale correspond, y compris s'il s'agit d'une personne morale comportant plusieurs établissements, à la moyenne du nombre de personnes employées au cours de chacun des mois de l'**année civile précédente,** sans comptabiliser les mois au cours desquels aucun salarié n'est employé. 23630 CSS art. L 130-1, I R 130-1 C-II-24500 s.

Cette **règle concerne** l'ensemble des seuils prévus par le **Code de la sécurité sociale,** notamment :

– la contribution au Fnal (nºs 84205 s.) et, par voie de conséquence, la formule de calcul de la réduction générale de cotisations patronales (nºs 1890 s.) ;

– le droit à la déduction forfaitaire de cotisations patronales sur les heures supplémentaires (nº 41430) ;
– les dates de paiement des cotisations (nºˢ 23910 s.) et de souscription de la DSN (nº 24015) ;
– le droit pour l'Urssaf d'effectuer un contrôle sur pièces (nº 24280).

L'effectif « sécurité sociale » s'applique aussi, par le jeu de renvois, à certains seuils prévus par d'autres Codes et législations, parmi lesquels le **Code du travail.** Les seuils en cause sont mentionnés au fil des rubriques concernées.

Pour le **versement mobilités,** voir nºˢ 84010 s.

> **Précisions** **a.** Par exception, pour la **tarification** des **accidents du travail** et maladies professionnelles, l'effectif pris en compte est celui de la dernière année connue (année n – 2).
> **b.** L'effectif à prendre en compte pour l'année de **création du premier emploi** correspond à l'effectif présent le dernier jour du mois au cours duquel cette première embauche a eu lieu.
> **c.** En cas de **modification de la situation juridique de l'employeur** au sens indiqué nºˢ 74560 s., y compris si elle entraîne une création d'entreprise, l'effectif pris en compte pour l'année de transfert des contrats est l'effectif présent le dernier jour du mois au cours duquel ce transfert a été réalisé.
> **d.** L'effectif salarié annuel de l'employeur est **arrondi,** s'il y a lieu, au centième (il n'est pas tenu compte de la fraction au-delà de la deuxième décimale).

PERSONNES PRISES EN COMPTE

23635 CSS art. R 130-1 C-II-24500

Sont uniquement prises en compte pour la détermination de l'effectif salarié annuel les personnes titulaires d'un **contrat de travail** (même si elles sont absentes ou si leur contrat est suspendu) et les agents et salariés du secteur public relevant du régime d'assurance chômage.

Les salariés à **temps plein** sont intégralement pris en compte dans l'effectif du mois. Les salariés à **temps partiel** sont décomptés comme en droit du travail (nº 62390).

En cas d'**embauche** ou de **départ en cours de mois,** les personnes sont décomptées à due proportion du nombre de jours d'emploi dans le mois. Pour un salarié à temps partiel dans cette situation, il y a donc lieu de procéder à une double proratisation.

> **Précisions** **a.** Sont **exclus** : le salarié sous CDD remplaçant un salarié absent ou dont le contrat de travail est suspendu, le stagiaire, le volontaire en service civique (CSS art. R 372-4), l'apprenti, le titulaire d'un contrat de professionnalisation (pour la durée de l'action de professionnalisation), d'un contrat initiative-emploi (CIE) et d'un contrat d'accompagnement dans l'emploi (CAE) (pendant la durée d'attribution de l'aide afférente) et le **mandataire social** relevant du régime général du seul fait de son mandat (pour les dirigeants concernés, voir nºˢ 28430 s.) Pour la tarification des accidents du travail, voir toutefois c. ci-après.
> **b.** Le salarié **mis à disposition** par une entreprise extérieure est pris en compte dans l'effectif de son employeur. Pour le décompte de l'effectif de l'entreprise de **travail temporaire,** voir nº 82610.
> **c.** Pour la **tarification des accidents du travail,** l'effectif tient compte des contrats d'apprentissage, de professionnalisation, des CAE et CIE, et est calculé en séparant les salariés relevant du régime général de sécurité sociale de ceux relevant du régime agricole.

VARIATION DE L'EFFECTIF

23640 CSS art. L 130-1, II

Depuis le 1-1-2020, le **franchissement à la hausse** d'un seuil d'effectif salarié est pris en compte lorsque ce seuil a été atteint ou dépassé pendant 5 années civiles consécutives.

À l'inverse, le **franchissement à la baisse** d'un seuil d'effectif sur une année civile a pour effet de faire à nouveau courir la règle de prise en compte du franchissement à la hausse précitée. Autrement dit, une entreprise dont la diminution de l'effectif conduit à la faire passer sous un seuil dispose à nouveau de 5 ans avant d'être soumise à l'obligation attachée au seuil en question.

EXEMPLE

Une entreprise dont l'effectif moyen de 2020 est de 50 salariés est considérée comme atteignant le seuil de 50 salariés en 2021. Elle ne sera soumise aux obligations liées au franchissement de ce seuil que si elle maintient cet effectif d'au moins 50 salariés en 2022, 2023, 2024 et 2025 (soit un effectif moyen d'au moins 50 salariés en 2021, 2022, 2023 et 2024). Ces obligations s'imposeront alors à elle en 2026. Si le seuil est descendu en dessous de 50 salariés sur l'une de ces quatre années, par exemple en 2023, il faudra de nouveau attendre que le seuil de 50 salariés soit atteint pendant 5 nouvelles années civiles consécutives (soit par exemple de 2024 à 2028) pour que les obligations liées au franchissement de seuil s'appliquent (dans l'exemple en 2029).

E. Exonérations et régimes particuliers

COTISATIONS FORFAITAIRES

Des cotisations forfaitaires (assiette ou montant forfaitaire) peuvent être prévues par décret pour **certaines professions et/ou catégories de salariés** particulières. Bien qu'aucun décret ne soit paru, certaines cotisations forfaitaires fixées par d'anciens arrêtés peuvent encore être appliquées (la liste des activités concernées est consultable sur www.urssaf.fr). 23680 CSS art. L 242-3, al. 3 L 242-4-4 **C-III-23500 s** **T-VIII-4800 s**

› Précisions Parmi les **catégories** couvertes par un régime de cotisations forfaitaires, nous exposons les suivantes : jeunes étrangers au pair (n° 33490) et personnel au pourboire des hôtels, cafés et restaurants (n° 22435). Les autres (formateurs occasionnels, vendeurs à domicile, etc.) sont étudiées dans notre Documentation sociale.

EXONÉRATIONS OU RÉDUCTIONS DE COTISATIONS

Les exonérations ou réductions de cotisations obéissent à des **règles communes** pour la détermination du nombre d'heures effectuées par les salariés non rémunérés à l'heure (voir n° 2002) et pour la remise en cause de l'avantage en cas de travail illégal (n° 79540). Les allégements de cotisations visant à **encourager l'embauche ou l'emploi** de salariés ou la création d'entreprises sont **récapitulés** n° 2500. 23685 **C-III-20 s**

D'**autres allégements** de cotisations de sécurité sociale existent pour :
- les salariés exclusivement rémunérés en nature : voir n° 22480, b ;
- les fonctionnaires détachés dans le secteur privé : les cotisations (patronales et salariales) d'assurance vieillesse du régime général de sécurité sociale et de retraite complémentaire Agirc et Arrco ne sont pas dues, mais une contribution est due au Trésor ;
- les accueillants familiaux de personnes âgées ou handicapées (CSS art. L 241-10, II) : voir notre Documentation sociale C-III-21750 s. ;
- les employeurs de Guadeloupe, de Guyane, de Martinique, de La Réunion, de Saint-Barthélemy et de Saint-Martin (CSS art. L 752-3-2) : voir notre Documentation sociale T-VII-230 s.

Mesures Covid-19 23690

Certaines entreprises de moins de 250 salariés ont bénéficié d'une **exonération de cotisations patronales** pour les périodes de fermeture obligatoire ou de restriction d'activité (dites « exonérations Covid 1 et Covid 2 »). Les entreprises éligibles à ces exonérations ont aussi droit à une **aide au paiement** égale à 20 % du montant des salaires d'activité ouvrant droit à ces exonérations et, le cas échéant, à une aide forfaitaire pour le paiement des cotisations de leurs mandataires sociaux assimilés à des salariés. Ces aides au paiement, dites « aide Covid 1 » et « aide Covid 2 », sont imputables sur les cotisations dues au titre de 2020 et de 2021.
Pour tous les employeurs, les cotisations restant dues au 31-12-2020, ou à une date postérieure à fixer par décret, peuvent faire l'objet de **plans d'apurement** spécifiques, avec remise automatique des majorations et pénalités de retard, mis en place le 31-3-2020 au plus tard, soit sur proposition de l'Urssaf, soit sur demande de l'employeur. Pour les employeurs de moins de 250 salariés non éligibles à l'exonération Covid 1, ces plans peuvent, sur demande, comporter une **remise partielle** des dettes de cotisations patronales constituée au titre des périodes d'activité courant du 1-2-2020 au 31-5-2020 (Loi 2020-935 du 30-7-2020 art. 65 ; Décret 2020-1103 du 1-9-2020 ; Inst. DSS 2020-160 du 22-9-2020 ; Loi 2020-1576 du 14-12-2020 art. 9 ; Décret 2021-75 du 27-1-2021 : FRS 4/21 inf. 3.).

III. PAIEMENT ET DÉCLARATIONS

A. Fait générateur de l'obligation de cotiser

PRINCIPES

Sous réserve de l'assiette minimum (n° 23340), c'est le **paiement des rémunérations** qui rend les cotisations exigibles. Ainsi, dès lors que la rémunération est versée, ou mise à disposition de son bénéficiaire, par exemple par inscription à un compte personnel (Cass. soc. 21-11-1991 n° 89-14.177 PF : RJS 1/92 n° 75), les cotisations sont exigibles. 23860 **C-II-200 s**

› **Précisions** **a.** La rémunération versée à un dirigeant est soumise à cotisations même si elle est **ultérieurement restituée** à l'entreprise (Cass. 2e civ. 25-4-2013 no 12-19.144 F-PB : RJS 8-9/13 no 644).

b. Les cotisations ne sont pas exigibles sur des rémunérations figurant dans la comptabilitéde l'entreprise à un **compte de provision** pour pertes et charges (Cass. soc. 8-2-1990 no 87-12.238 P : RJS 3/90 no 268), à un compte « diverses **charges à payer** » (Cass. soc. 14-5-1992 no 89-20.776 D : RJS 7/92 no 936), au compte **frais généraux** (Cass. soc. 15-10-1992 no 90-12.979 D : RJS 12/92 no 1422) ou au compte « **rémunérations dues** » (Cass. soc. 3-6-1993 no 90-17.036 D : RJS 7/93 no 810).

c. S'agissant des cotisations dues sur la **participation** attribuée en application d'un accord non déposé, voir no 33980. Pour les plus-values d'acquisition réalisées dans le cadre d'**options de souscription ou d'achat d'actions,** voir nos 34690 s.

ACOMPTES

23865 C-VI-4570 s C-VI-4630 s.

Le versement d'acomptes **au cours du mois de travail** est sans incidence sur la date d'exigibilité des cotisations, celle-ci restant déterminée par la date de versement du solde, telle qu'elle figure sur le bulletin de paie (Circ. 135 du 22-11-1961 : JO 5-1-1962, réputée abrogée).

En revanche, le versement d'**avances ou acomptes sur une prime annuelle** rend exigible le paiement des cotisations (Cass. soc. 2-3-1966 no 63-12.126), même si le salarié doit les restituer en cas de départ de l'entreprise avant la date de règlement du solde (Cass. 2e civ. 18-3-2010 no 09-14.722 : RJS 6/10 no 550).

B. Parties au paiement

REDEVABLE DU VERSEMENT

23870 CSS art. L 241-7 L 241-8 L 243-1 C-VI-400 s

Responsabilité de l'employeur L'**employeur** doit verser à l'Urssaf non seulement les cotisations patronales, mais également les cotisations salariales.

La **contribution patronale** reste exclusivement à sa charge, toute convention contraire étant nulle de plein droit.

La **contribution salariale** est précomptée (c'est-à-dire déduite) par l'employeur lors de chaque paie. Le salarié rémunéré aux pourboires est tenu, quant à lui, de verser à l'employeur sa contribution sur les pourboires qu'il a perçus directement ou via un tiers.

L'employeur qui précompte par erreur des cotisations non dues engage sa responsabilité vis-à-vis du salarié (Cass. soc. 31-10-2006 no 05-40.302 FS-PB : RJS 1/07 no 11).

Sur l'information du **comité social et économique** (CSE) sur les retards de paiement, voir no 9247.

En cas de **cession de l'entreprise,** voir no 23920.

› **Précisions** **a.** L'employeur peut **confier à un tiers à l'entreprise** le soin de régler et déclarer les cotisations, voir no 24040. Il peut aussi, sous réserve d'en aviser son Urssaf (Cass. crim. 13-1-1972 no 70-90.649 et no 70-90.650), déléguer ses pouvoirs à un salarié pour le règlement des cotisations et les obligations en découlant. Sur les conditions de validité de la délégation, voir nos 67110 s.

b. Le **CSE** est redevable des cotisations dues pour le personnel qu'il emploie (Cass. soc. 21-6-1979 no 78-11.594). Sur celles dues au titre des avantages qu'il attribue, voir no 22420.

L'**organisation syndicale** est redevable des cotisations dues au titre des indemnités qu'elle verse au salarié mis à sa disposition par l'employeur (C. trav. art. L 2135-7).

c. L'employeur doit précompter les cotisations sur les **rappels judiciaires** de salaire (Cass. soc. 3-7-2019 no 18-12.149 FS-PB : RJS 10/19 no 592).

d. Des règles spécifiques ont été adoptées pour le **travail temporaire** (no 82675), la **sous-traitance** (nos 70735 s.), les **groupements d'employeurs** (no 33040), le **travail à temps partagé** (no 33055), le **travail à domicile** (no 74240), le **travail dissimulé** (no 79160), les **avantages alloués par un tiers** (nos 22445 s.).

23875 **Responsabilité personnelle des dirigeants** Sauf grave faute de gestion ou engagement en tant que caution solidaire, le dirigeant de société n'est pas personnellement tenu, sur ses biens propres, de régler la **dette de cotisations** et de majorations de retard de la société (Cass. crim. 15-3-1973 no 72-90.424 ; 4-5-1982 no 81-93.809). En revanche, il peut être condamné personnellement à des **dommages-intérêts** pour le préjudice qu'il a occasionné à l'Urssaf, contrainte d'ouvrir un dossier contentieux (Cass. crim. 22-11-1988 no 86-95.426 et no 86-95.427 : RJS 3/89 no 283).

› **Précisions** **a.** Les sociétés n'ayant pas la personnalité morale avant leur immatriculation au registre du commerce et les associés des **sociétés en cours de constitution** sont personnellement et solidairement responsables vis-à-vis de l'Urssaf des cotisations dues sur les salaires versés par la société jusqu'à cette immatriculation (Cass. soc. 18-12-1979 no 78-11.259). Il en

va de même des associés d'une **société de fait** (Cass. 2e civ. 11-2-2016 n° 15-10.487 F-PB : RJS 4/16 n° 292).
b. Les **membres, dirigeants ou non, d'une association** n'ont pas à payer sur leurs biens personnels les cotisations et frais de contrainte dus par celle-ci, du moins si cette dernière a été régulièrement déclarée et dispose de ce fait de la capacité juridique (Cass. soc. 11-3-1987 n° 84-16.807).

Remboursement de la part salariale après redressement L'action de l'employeur en remboursement par le salarié de la part salariale des cotisations résultant d'un redressement Urssaf se **prescrit** comme le salaire (Cass. soc. 18-7-2000 n° 97-44.215 : RJS 11/00 n° 1095), soit par 3 ans (n° 70815). Elle peut s'opérer par **compensation** dans certaines limites (n° 70975). 23877

> Précisions **a.** Cette action n'est pas possible si la **rémunération convenue** entre l'entreprise et le salarié a été fixée pour un montant net (Cass. soc. 14-6-2005 n° 02-47.320 : RJS 8-9/05 n° 915).
b. Pour le remboursement des redressements portant sur les **contributions patronales de prévoyance complémentaire,** voir n° 22960, c.

ORGANISME DE RECOUVREMENT

Un **versement global** est effectué à l'Urssaf (CGSS dans les départements d'outre-mer) dans la circonscription de laquelle est implantée l'entreprise pour les cotisations d'assurances sociales, d'accidents du travail et d'allocations familiales, la CSG et la CRDS (n° 25115), la contribution solidarité autonomie (n° 31300), la contribution au Fnal (nos 84200 s.), les contributions chômage (n° 6400) et AGS (n° 70900), le forfait social (n° 84330) ainsi que, le cas échéant, le versement mobilités (nos 84000 s.). 23880 CSS art. L 213-1 R 243-6 R 243-6-3 R 243-8 **C-VI-2500 s**

Dans les entreprises à établissements multiples, les cotisations sont en principe versées **par établissement** immatriculé à la sécurité sociale. Toutefois :
– les entreprises d'au moins 250 salariés, ainsi que celles, quel que soit leur effectif, appartenant à un groupe d'au moins 500 salariés, doivent effectuer un **versement en un lieu unique (VLU)** pour l'ensemble de leurs établissements : l'Urssaf faisant fonction d'interlocuteur unique est désignée par l'Acoss, après consultation de l'entreprise, au plus tard le 1er septembre de l'année précédant l'entrée dans le dispositif ;
– les autres peuvent opter pour ce dispositif si elles sont à jour du paiement de leurs cotisations et des déclarations y afférentes.
Sur l'**effectif** à prendre en compte, voir nos 23635 s.

> Précisions **a.** Sauf VLU, chaque établissement déclare et verse les cotisations pour les salariés qu'il est tenu d'inscrire sur son **registre du personnel.**
b. Pour tout renseignement sur le VLU : vlu.urssaf@acoss.fr. En cas de **changement d'Urssaf** interlocuteur unique **en cours de contrôle**, voir n° 24210.
c. En cas de recours à un dispositif de **guichet unique** (Tese...), voir nos 24000 s.

C. Date de paiement

DATE D'EXIGIBILITÉ

Dates normales d'exigibilité Le versement des cotisations est en **principe** effectué mensuellement au plus tard à la date prévue pour la souscription de la DSN (n° 24015). 23910 CSS art. R 243-6 R 243-6-1 **C-VI-5000 s**

Toutefois, l'employeur de **moins de 11 salariés** peut opter pour le versement trimestriel des cotisations. Dans ce cas, les cotisations dues au titre des périodes de travail d'un trimestre civil sont versées dans les 15 premiers jours du trimestre civil suivant (soit au plus tard les 15-4, 15-7, 15-10 et 15-1). Pour exercer cette option, l'employeur doit en informer par écrit l'Urssaf dont dépend son établissement avant le 31 décembre (soit avant le 31-12-2020 pour 2021 et avant le 31-12-2021 pour 2022) ou au moment de l'emploi de son premier salarié. L'option est reconduite pour l'année suivante, sauf renonciation avant le 31 décembre. Sur l'effectif à prendre en compte, voir nos 23635 s.

Pour les employeurs utilisant le **Tese**, voir n° 24032 ; les **particuliers employeurs,** voir n° 33505 ; les **associations intermédiaires,** voir n° 33045, d.

Cession ou cessation d'activité En cas de **cession d'entreprise,** cédant et cessionnaire sont chacun redevables des cotisations pour la période où ils ont payé les rémunérations, y compris en cas de cession rétroactive (Cass. 2e civ. 6-11-2014 n° 13-23.571 : RJS 2/15 n° 137) ou de résolution de la vente (Cass. soc. 24-6-1987 n° 85-10.550). 23920 CSS art. R 243-7

Pour les employeurs ayant opté pour le versement trimestriel, en cas de cession de l'entreprise ou de **cessation d'activité** de l'entreprise ou de l'un de ses établissements, le versement des cotisations est exigible lors de la première échéance mensuelle suivant soit la date de la vente ou de la cession (c'est-à-dire la date de la publication au Bodacc si c'est un fonds de commerce ou la date où l'acquéreur a effectivement pris la direction des exploitations dans les autres cas) soit celle de la cessation définitive d'activité ou de la fermeture de l'établissement.

PREUVE ET IMPUTATION DU PAIEMENT

23940 CRPA art. L 100-3 L 112-13 CSS art. L 133-4-11 **U-II-10350 s**

Le paiement est fait à bonne date s'il est effectué **au plus tard** à la date prescrite.

C'est à l'employeur de **prouver** qu'il s'est acquitté des cotisations dans les délais requis (Cass. soc. 6-12-1990 n° 88-14.380 ; 11-7-1991 n° 89-18.330 ; 16-5-1991 n° 89-17.029 : RJS 7/91 n° 885). En cas de télépaiement, la date figurant sur l'accusé de réception ou, le cas échéant, sur l'accusé d'enregistrement adressé à l'usager fait foi.

En cas de **paiement partiel,** celui-ci est prioritairement imputé sur la créance due au principal, puis, le cas échéant, sur les majorations de retard et pénalités restant dues et sur les frais de justice.

› Précisions Pour l'affectation du **paiement partiel** aux sommes dues à titre principal, les cotisations et contributions salariales sont prélevées par priorité et dans des proportions identiques sur les sommes recouvrées. Le solde éventuel est affecté aux autres cotisations et contributions dans des conditions à fixer par un décret à paraître.

DÉLAIS SUPPLÉMENTAIRES DE PAIEMENT

23960 CSS art. L 243-6-6 R 243-21 **C-VI-35000 s**

L'employeur peut demander au **directeur de l'Urssaf** des délais pour le paiement des cotisations patronales, des majorations et des pénalités visées n°s 24050 s. Les **demandes** peuvent être effectuées depuis le site **urssaf.fr.** S'agissant de l'**incidence du délai octroyé** par le directeur de l'Urssaf : sur les majorations de retard, voir n° 24050 ; sur l'obligation de rembourser les prestations, voir n° 24070.

Sur les plans d'apurement pouvant être mis en place suite à la **Covid-19,** voir n° 23690.

› Précisions **a.** L'Urssaf communique les demandes d'échéancier qu'elle reçoit, ainsi que sa réponse, aux **institutions de retraite complémentaire** Agirc-Arrco. Dans des conditions fixées par décret (à paraître), l'octroi d'un échéancier de paiement par l'Urssaf emporte également le bénéfice d'un échéancier similaire pour les cotisations patronales obligatoires dues à ces institutions.

b. Un **juge** ne peut pas octroyer des délais pour le paiement des cotisations (notamment Cass. soc. 10-10-1996 n° 94-20.887 : RJS 11/96 n° 1206 ; Cass. 2e civ. 16-6-2016 n° 15-18.390 FS-PBI : RJS 10/16 n° 660), sauf cas de force majeure (Cass. soc. 5-1-1990 n° 87-14.428) ou s'il est saisi en tant que juge de l'exécution (Cass. soc. 19-7-2001 n° 00-12.917 : RJS 11/01 n° 1342). Mais si un débiteur en **procédure de conciliation** est mis en demeure ou poursuivi par un créancier, le tribunal qui a ouvert cette procédure peut, à la demande du débiteur, accorder des délais de paiement. La demande est, le cas échéant, portée à la connaissance du juge saisi de la poursuite, qui sursoit à statuer jusqu'à la décision se prononçant sur les délais (C. com. art. L 611-7 et R 611-35).

D. Mode de paiement

23970 CSS art. L 133-5-5 D 133-10 **C-VI-6000 s**

Tous les employeurs privés doivent, sous peine de sanctions (n° 24052), effectuer leurs règlements par **virement ou télépaiement.** Si le montant dû l'année civile précédente excède 7 millions, le seul mode de paiement admis est le virement bancaire.

› Précisions **a.** Pour l'**appréciation du seuil** ci-dessus, on prend en compte le montant total des prélèvements recouvrés par l'Urssaf auprès de l'ensemble des établissements de l'entreprise. En revanche, sont exclues les éventuelles majorations et pénalités exposées n°s 24050 s.

b. En cas de virement, l'**ordre de virement** doit comporter le numéro Siret de l'établissement et mentionner la période à laquelle se rapporte le versement selon la codification définie par l'arrêté MESS9921716A du 11-6-1999. Il appartient à l'employeur de s'assurer du respect, par sa banque, de ces obligations (Circ. Acoss du 23-7-1999).

c. Pour les obligations des **tiers déclarants,** voir n° 24040.

E. Formalités déclaratives

1. DISPOSITIFS EXISTANTS

Sont examinés ci-après la **déclaration sociale nominative** (DSN), dispositif obligatoire, ainsi que le **Tese** (titre emploi-service entreprise), dispositif facultatif destiné à faciliter les formalités des entreprises. 24000

> Précisions **a.** D'**autres dispositifs de simplification** des formalités, non étudiés ici, existent : Cesu (nº 33505), Pajemploi (nº 33520), chèque emploi-associatif (www.cea.urssaf.fr), Guichet unique spectacle occasionnel (www.guso.fr), titre firmes étrangères (www.tfe.urssaf.fr) et titre particulier employeur étranger (www.tpee.urssaf.fr).
b. L'employeur peut souscrire lui-même ses déclarations ou faire appel à un **tiers déclarant,** voir nº 24040.

DSN

Sous peine de sanctions (nº 24051), la DSN doit être souscrite, **sur le site** www.net-entreprises.fr, par **tous les employeurs** du régime général (faisant ou non appel à un tiers déclarant) sauf par ceux ayant recours à des titres simplifiés mentionnés nº 24000. 24005

CSS art. L 133-5-3 R 133-13 R 133-14 R 243-13 C-VI-9000 s

CONSEIL

On ne trouvera ici que les grands principes régissant la DSN. Pour plus de **détails pratiques et techniques,** il est conseillé de consulter le site net-entreprises.fr.

Objet La DSN est constituée d'une **déclaration mensuelle** et dématérialisée générée automatiquement par le logiciel de paie et d'une déclaration au fil de l'eau en vue du **signalement d'événements** (arrêts de travail et fins de contrat). 24010

La souscription de ces déclarations permet non seulement de s'acquitter des déclarations à destination de l'**Urssaf,** mais également de celles à destination de la plupart des **autres organismes sociaux** (CPAM, Carsat, CGSS, caisses de retraite et certaines caisses de prévoyance complémentaire, Pôle emploi, caisses de congés payés du spectacle, etc.).

Elle permet aussi de procéder à la **DMMO** (déclaration mensuelle de mouvements de main-d'œuvre incombant aux établissements du secteur privé employant au moins 50 salariés) et à la **DOETH** (déclaration obligatoire d'emploi de travailleurs handicapés), de déclarer les facteurs de risques professionnels en vue de l'alimentation du **compte professionnel de prévention** et, pour les entreprises de **travail temporaire,** de transmettre le relevé mensuel des contrats de mission.

Vis-à-vis de l'**administration fiscale,** elle permet de déclarer les salaires ainsi que les données nécessaires au calcul et au paiement du prélèvement à la source de l'impôt sur le revenu.

DSN mensuelle La DSN est effectuée le mois suivant la période de travail au titre de laquelle les rémunérations sont dues et **au plus tard** aux dates suivantes : 24015

- le 5 de ce mois pour les employeurs d'au moins 50 salariés ne pratiquant pas le décalage de la paie (au sens indiqué nº 23595, d) ;
- le 15 de ce mois pour les employeurs de moins de 50 salariés et, s'ils décalent la paie, ceux d'au moins 50 salariés. Sur l'effectif pris en compte, voir nºs 23635 s.

Si ces dates tombent un **dimanche** ou un **jour férié,** le délai est prorogé jusqu'au premier jour ouvrable suivant.

Tant que l'employeur n'a pas demandé la radiation de son compte, il doit effectuer chaque mois la DSN, même s'il n'a versé **aucune rémunération** au cours de ce mois.

> Précisions **a.** Sur la DSN, le montant des cotisations et contributions sociales et de leurs assiettes est **arrondi** à l'euro le plus proche, la fraction d'euro égale à 0,50 étant comptée pour 1 (CSS art. L 133-10).
b. Un **flux retour** unifié sera mis en place, dans des conditions à définir par décret (à paraître), afin que les destinataires de la DSN communiquent au déclarant les informations utiles pour la déclaration suivante et les anomalies à corriger (CSS art. L 133-5-3, II ter et L 133-5-3-1). Sur la correction des erreurs, voir nº 24025.

DSN événementielle La déclaration des débuts et fins d'arrêt de travail (pour maladie ou accident professionnel ou non et congé de maternité, d'adoption, de paternité ou d'accueil de l'enfant) et des fins de contrat de travail doit être effectuée dans les 5 jours ouvrés suivants (Arrêté BUDS1317232A du 2-7-2013). 24020

Par exception, dans les cas suivants, la déclaration est effectuée en même temps que la déclaration mensuelle (CSS art. R 133-14, II) :
– employeur subrogé dans les droits du salarié aux indemnités journalières ;
– arrêt de travail n'ayant pas donné lieu à retenue sur le salaire du mois au cours duquel il a débuté ;
– sauf demande contraire du salarié, fin de contrat de mission des salariés temporaires, fin de CDD des salariés des associations intermédiaires et fin des CDD d'usage commençant et se terminant le même mois (net-entreprises, fiche n° 1723).

› **Précisions** **a.** L'arrêt de travail au cours du **premier mois d'embauche** ne peut pas être pris en charge par la DSN. Il convient alors d'effectuer la déclaration selon l'ancienne procédure (net-entreprises, fiche n° 673).
b. En cas de signalement d'un départ, Pôle emploi délivre en retour, via le tableau de bord de la déclaration, une **attestation employeur rematérialisée** (AER). L'employeur est tenu de remettre cette attestation au salarié concerné (voir n°s 69500 s.).
c. Si le **délai de signalement d'un événement expire avant le 15 du mois,** la DSN relative aux rémunérations du mois civil précédent doit être transmise dans le même délai que celui fixé pour la transmission de l'événement. Par exemple, pour un employeur déclarant les salaires le 15 du mois N, si un salarié est en arrêt de travail sans subrogation à partir du 3 de ce mois N, la DSN du salaire du mois N − 1 du salarié doit être effectuée à la même date que le signalement de l'événement dans les 5 jours ouvrés (soit, sauf jour férié, pour le 8 du mois N et non pour le 15).
d. Le site de l'assurance maladie diffuse un **guide** intitulé « Pour une bonne gestion des arrêts de travail dans la DSN » (www.ameli.fr).

24025 CSS art. L 133-5-3-1 L 133-5-4 R 243-10

Correction des erreurs ou anomalies L'employeur est **tenu de corriger** les anomalies signalées par les organismes destinataires des données déclarées. À défaut, la correction peut, dans des conditions à définir par décret, être réalisée par ces organismes et l'employeur est passible d'une pénalité dont le montant sera aussi défini par décret.

En tout état de cause, sauf omission de salariés ou inexactitudes répétées du montant des rémunérations déclarées, l'employeur **échappe aux majorations** et pénalités Urssaf :
– s'il corrige de sa propre initiative ou à la demande de son Urssaf, lors de l'échéance déclarative la plus proche, les erreurs constatées dans ses déclarations et verse à la même échéance le complément de cotisations et de contributions correspondant ;
– et si l'une de ces conditions est remplie : la rectification et le paiement correspondant sont effectués au plus tard lors de l'échéance suivant celle de l'erreur, ou le montant des majorations et pénalités est inférieur au plafond mensuel de sécurité sociale ou bien le versement régularisateur est inférieur à 5 % du montant total des cotisations initiales.

› **Précisions** **a.** Jusqu'à la veille de l'échéance à minuit, l'employeur qui constate une erreur peut effectuer une **DSN « annule et remplace ».** Au-delà, la rectification se fait sur la DSN du mois suivant.
b. Les conditions dans lesquelles l'employeur peut échapper aux sanctions en cas de corrections d'erreurs de données à destination d'**autres organismes que l'Urssaf** sont prévues par les articles L 123-1 et L 123-2 du CRPA.

TITRE EMPLOI-SERVICE ENTREPRISE (TESE)

24030 CSS art. L133-5-6 L 133-5-7 C. trav. art.L 1273-3 L 1273-5 et L 1273-6 et D 1273-1 s **U-II-13820 s**

Objet et champ d'application Facultatif, le Tese **décharge** l'employeur des **formalités suivantes** : établissement du contrat de travail, déclaration préalable à l'embauche, délivrance des bulletins de paie et des certificats de travail. Il lui **permet** :
– d'obtenir le calcul des rémunérations dues aux salariés et des cotisations et contributions suivantes : sécurité sociale, chômage, retraite complémentaire et prévoyance obligatoires, Fnal, versement mobilités et, le cas échéant, caisses de congés payés ;
– de souscrire les déclarations obligatoires relatives à ces cotisations et contributions (y compris la DSN) et de déclarer les montants donnant lieu au prélèvement à la source de l'impôt sur le revenu ;
– de satisfaire au respect des obligations relatives à l'organisation du service de santé et à la visite d'information et de prévention.

Le Tese **peut être utilisé** par les entreprises, quel que soit leur **effectif.** En sont toutefois exclus :
– les employeurs agricoles, et les organisateurs non professionnels de spectacles vivants, ceux-ci disposant de dispositifs similaires ;
– les entreprises relevant de régimes spéciaux (EDF, GDF, les mines…), les groupements d'employeurs, les entreprises de travail temporaire, les CSE, les entreprises des secteurs de la pêche et de l'aquaculture (Dépliant d'information Tese, janvier 2021).

L'employeur adhérant au Tese doit l'utiliser pour l'ensemble de ses salariés. Les employeurs occupant des salariés non gérés par ce dispositif – salariés dont les cotisations sont calculées sur des **taux réduits** (journalistes, certains médecins), VRP multicartes, travailleurs à domicile… – ne peuvent pas l'utiliser.

L'**adhésion** peut se faire à tout moment et s'effectue obligatoirement **en ligne** sur le site : www.letese.urssaf.fr.

› Précisions a. Le Tese peut être utilisé pour un **salarié déjà présent** dans l'entreprise, quel que soit son contrat (CDI, CDD), ou pour toute **nouvelle embauche.**

b. L'employeur doit continuer à s'acquitter directement auprès des organismes concernés des contributions à la **formation professionnelle et à l'alternance,** au service de **santé au travail** et aux **régimes de protection sociale facultatifs** (Circ. Acoss 45 du 16-4-2009). Ne sont pas non plus collectées dans le cadre du Tese la contribution au dialogue social, la taxe d'apprentissage, la taxe sur les salaires. Ces contributions sont à verser directement aux organismes concernés.

c. L'employeur relevant d'une **caisse de congés payés** doit, préalablement à l'utilisation du Tese, se faire connaître auprès de cet organisme (Circ. Acoss 45 du 16-4-2009).

Modalités d'utilisation Toutes les déclarations concernant les salariés sont **souscrites en ligne** sur le site www.letese.urssaf.fr. **24032**

C. trav. art. L 1273-3 s D 1273-1 s CSS art. L 133-5-6 s R 133-15 D 133-12-1 s.

La **rubrique « contrat »** du site doit être renseignée pour chaque salarié, y compris s'il est déjà présent dans l'entreprise, et doit intervenir dans le délai prévu pour la déclaration nominative préalable (nº 33225), s'il s'agit d'une embauche.

Un **certificat d'enregistrement** est adressé à l'employeur qui sert de déclaration préalable à l'embauche et de contrat de travail et le libère notamment de l'obligation d'établir un contrat écrit pour les salariés à temps partiel ou sous contrat à durée déterminée. L'employeur et le salarié doivent chacun en garder une copie.

La **rubrique « volet social »** du site sert à déclarer les éléments nécessaires au calcul des cotisations et contributions et du prélèvement à la source de l'impôt. Cette déclaration doit être transmise au plus tard le 5e jour suivant la période d'activité.

À réception de la déclaration, l'organisme gestionnaire compétent (Urssaf d'Aquitaine ou d'Île-de-France) :

– calcule le montant des cotisations et contributions et du prélèvement à la source et met le décompte à disposition de l'employeur. Le **montant** dû est **réglé** à l'Urssaf dont dépend l'entreprise par prélèvement automatique (au cours du deuxième mois suivant celui de la période d'activité déclarée ou sans délai si la déclaration a été effectuée après la fin du premier du mois suivant la période d'activité) ;

– établit le **bulletin de paie** à remettre au salarié et l'adresse à l'employeur au maximum 4 jours après la réception de la déclaration.

En cas de défaut, d'omission ou d'inexactitude dans la transmission des déclarations de rémunération, l'employeur est passible des **sanctions** visées nº 24052.

› Précisions a. En cas d'embauche à **temps partiel,** l'employeur doit préciser la durée du travail dans la **rubrique « contrat »** du site, faute de quoi le contrat est réputé conclu à temps complet (Cass. soc. 5-3-2014 nº 12-17.809 : RJS 5/14 nº 446).

Si un contrat de travail a été signé lors de l'embauche, ce sont les clauses prévues par ce contrat qui s'appliquent en lieu et place des mentions de la rubrique « contrat ».

b. En cas d'**entrée ou de sortie du dispositif** en cours d'année, l'entreprise doit procéder aux déclarations habituelles pour les périodes non déclarées au moyen du Tese (Circ. Acoss 45 du 16-4-2009). Ces déclarations sont à souscrire via la DSN (nºs 24005 s.).

c. La **rupture du contrat** de travail des salariés employés sous Tese obéit au droit commun du Code du travail (en ce sens, à propos du chèque emploi TPE, mais la solution nous paraît transposable au Tese : Cass. soc. 6-11-2013 nº 12-24.053 : RJS 1/14 nº 17).

2. RECOURS À UN TIERS DÉCLARANT

Toute formalité sociale incombant aux employeurs en application du CSS peut être effectuée pour leur compte par un tiers (notamment un expert-comptable). **24040**

CSS art. L 133-11 R 133-43 R 133-44 **U-II-19800**

Ce **tiers** est **identifié par** l'Urssaf de l'employeur lors de la première DSN qu'il effectue pour son compte. Il devient alors l'**interlocuteur principal** de l'Urssaf et il est réputé, sauf convention contraire des parties, accomplir aussi l'ensemble des déclarations ou formalités de son client auprès de la Carsat ou de la CPAM. Il doit **dématérialiser** les déclarations nécessaires au calcul des cotisations et contributions sociales ainsi que les paiements qu'il effectue pour le compte de ses clients. À défaut, il est passible d'une pénalité égale à 0,2 % des sommes dont la déclaration ou le paiement a été effectué par une autre voie.

Quelles que soient les stipulations du mandat confié au tiers, l'**employeur reste tenu** à l'ensemble des obligations et bénéficie de l'ensemble des droits prévus par le CSS à l'égard des organismes de sécurité sociale. En particulier, il demeure tenu de répondre aux demandes de ces organismes et, en cas de défaillance du tiers, d'effectuer lui-même les déclarations et formalités. Le contrôle, le recouvrement et les sanctions continuent d'être mis en œuvre à son égard. Il reste passible des pénalités et majorations dues pour déclaration inexacte ou défaut de déclaration.

ATTENTION

En cas de **fraude** ou de complicité de fraude, le tiers déclarant peut se voir retirer, pour une durée maximale de 5 ans, le droit d'exercer une mission de tiers déclarant auprès de l'ensemble des organismes de sécurité sociale. Il est aussi passible d'une amende s'il aide son client à commettre un **abus de droit,** voir n° 24435.

F. Sanctions

1. MAJORATIONS ET PÉNALITÉS

CAS D'APPLICATION ET MONTANT

24050 CSS art. R 243-11 R 243-16 R 243-17 C-VI-18000 s

Paiement L'employeur qui n'a **pas payé** les cotisations **dans les délais** légaux s'expose à des majorations de retard dont le montant est fixé à 5 % des cotisations non réglées à la date d'exigibilité. S'y ajoute une majoration complémentaire de 0,2 %, par mois ou fraction de mois écoulé, à compter de la date d'exigibilité.

Toutefois ces majorations ne sont pas dues si les conditions suivantes sont réunies : le retard n'excède pas 30 jours (ou un plan d'apurement a été souscrit dans ce délai), il n'y a pas eu d'autre retard lors des 24 mois précédents, les obligations déclaratives sont respectées et le montant des majorations est inférieur au plafond mensuel de sécurité sociale.

› Précisions **a.** C'est la date d'exigibilité des cotisations qui constitue le **point de départ** des majorations, et non la mise en demeure préalable à leur recouvrement (Cass. soc. 29-3-2001 n° 99-18.758 : RJS 6/01 n° 786), même si la dette de cotisations résulte d'une décision de justice (Cass. soc. 3-2-1982 n° 80-16.770).

b. En cas de **redressement à la suite d'un contrôle Urssaf** :

– la majoration complémentaire n'est décomptée qu'à partir du 1er février de l'année suivant celle au titre de laquelle les régularisations sont effectuées ;

– son taux est réduit à 0,1 % si le montant redressé est payé dans les 30 jours suivant l'émission de la mise en demeure. Toutefois, il ne l'est pas si le cotisant fait l'objet d'une pénalité ou d'une majoration pour l'un des motifs suivants : abus de droit, absence de mise en conformité avec les observations notifiées lors d'un précédent contrôle, travail dissimulé ou obstacle à contrôle ;

– la majoration de 5 % ne s'applique pas sauf si le montant du redressement est au moins égal au plafond annuel de la sécurité sociale en vigueur à la date de sa notification ou si le cotisant fait l'objet, au titre de la période contrôlée, d'une pénalité ou d'une majoration pour l'un des motifs ci-dessus.

a. Sur la remise automatique des majorations en cas de correction d'**erreurs commises dans les déclarations,** voir n° 24025. Pour les majorations dues en cas de défaillance d'une entreprise de **travail temporaire,** voir n° 82675, c. Sur celles dues après **taxation provisionnelle,** voir n° 24075.

24051 CSS art. L 133-5-5 D 133-11 C-VI-6820 s

Le non-respect, par l'employeur, de l'**obligation de dématérialiser** les paiements ou de l'obligation de paiement par virement entraîne l'application d'une majoration de 0,2 % du montant des sommes versées par une autre voie. Pour les sanctions dont est passible le **tiers déclarant,** voir n° 24040.

24052 CSS art. R 243-12 R 243-13 R 243-14 C-VI-10550 s

DSN Le **défaut de production** de la DSN dans les délais prescrits ou l'**omission de salariés** ou assimilés entraîne une pénalité de 1,5 % du plafond mensuel de la sécurité sociale (PMSS) par salarié ou assimilé. Cette pénalité est appliquée pour chaque mois ou fraction de mois de retard et est calculée en fonction de l'effectif connu ou transmis lors de la dernière déclaration produite par l'employeur. Si le retard n'excède pas 5 jours, la pénalité est plafonnée à 150 % du PMSS, ce plafonnement n'étant applicable qu'une fois par année civile. À cette sanction s'ajoute l'application d'un mécanisme de taxation provisionnelle, voir n° 24075.

L'**inexactitude des rémunérations déclarées** ayant pour effet de minorer le montant des cotisations dues fait encourir une pénalité de 1 % du PMSS par salarié ou assimilé.

Pour les **autres infractions** (omissions ou inexactitudes ne portant pas sur les rémunérations, non-respect de la nomenclature), la pénalité est égale au tiers de 1 % du PMSS par salarié ou assimilé.

> **Précisions** **a.** Ces pénalités sont exclusives du prononcé d'une **autre sanction** à raison des mêmes faits en vertu de dispositions prévues pour réprimer les manquements aux obligations auxquelles la DSN se substitue, à l'exception de la déclaration des informations relatives au prélèvement à la source de l'impôt.
> **b.** Sur la remise automatique de ces pénalités en cas de **correction des erreurs** et sur la pénalité applicable en cas de refus de corriger la DSN, voir n° 24025.

RECOUVREMENT

Les majorations et pénalités doivent être versées dans le mois de leur notification par **mise en demeure,** celle-ci ne pouvant porter que sur des majorations et pénalités non prescrites. **24053** CSS art. L 244-3 L 244-11 R 243-19 C-VI-19000 s

La **prescription** est de 3 ans (5 ans en cas de travail dissimulé) à compter :

– pour les majorations : du 31 décembre de l'année au cours de laquelle a eu lieu le paiement ou l'exigibilité des cotisations y afférentes ;

– pour les pénalités : du 31 décembre de l'année au cours de laquelle la déclaration a été produite (ou, à défaut, de l'année de notification de la mise en demeure de régler les cotisations).

En ce qui concerne les majorations de **faible montant,** voir n° 24630, b.

Sur le **contenu de la mise en demeure** relative aux majorations de retard, voir n° 24605.

REMISE GRACIEUSE

Les employeurs peuvent demander à leur Urssaf une remise gracieuse des majorations et pénalités **après règlement** de la totalité des cotisations afférentes ou conclusion d'un plan d'apurement. Dans ce cas, la remise est accordée sous réserve du respect du plan. **24060** CSS art. R 243-20 R 243-22 C-VI-19800 s

La majoration de 0,2 % (n° 24050) ne peut être remise que si les cotisations ont été acquittées dans le délai de 30 jours qui suit la date limite d'exigibilité ou en cas d'événements présentant un caractère irrésistible et extérieur.

Les décisions de l'Urssaf sont susceptibles de **recours** devant le tribunal judiciaire (n°s 15540 s.).

> **Précisions** **a.** La **condamnation** au paiement de majorations de retard par **décision de justice** ne prive pas l'employeur du droit d'en demander la remise gracieuse après acquittement de l'intégralité des cotisations (Cass. soc. 12-12-2002 n° 00-22.450 : RJS 3/03 n° 376).
> **b.** Pour les entreprises faisant l'objet d'un **examen par la CDCSF** (commission départementale des chefs de services financiers et des représentants des organismes de sécurité sociale), une remise intégrale peut être accordée même s'il n'est pas justifié d'un événement présentant un caractère irrésistible et extérieur (Cass. 2e civ. 31-3-2016 n° 15-15.974 : RJS 6/16 n° 449).
> **c.** Il ne peut pas être accordé de remise des majorations et des **pénalités spécifiques** prononcées en cas d'abus de droit, d'absence de mise en conformité avec les observations notifiées lors d'un précédent contrôle, de constat de travail dissimulé ou d'obstacle à contrôle.
> **d.** Pour les **particuliers employeurs,** voir n° 33505. Pour les remises accordées dans le contexte de l'épidémie de **Covid-19,** voir n° 23690.

PROCÉDURES COLLECTIVES

En cas de procédure de conciliation, de sauvegarde ou de redressement judiciaire, les Urssaf et les organismes de retraite et de prévoyance complémentaires peuvent **remettre tout ou partie des dettes** (cotisations et contributions sociales patronales, majorations de retard, frais de poursuite, pénalités, amendes) dans les conditions précisées par les articles D 626-9 à D 626-15 du Code de commerce et l'article R 243-23 du CSS. **24067** C. com. art. L 611-7, L 626-6 et L 631-19 CSS art. L 243-5 et L 922-7 C-VI-37150 s C-VI-36930 s J-II-8870 s

En cas de procédure de sauvegarde, de redressement ou de liquidation judiciaire, les pénalités, majorations de retard et frais de poursuite dus à la date du **jugement d'ouverture** sont obligatoirement remis par l'Urssaf et les institutions de retraite complémentaire Agirc-Arrco, sauf si le passif déclaré résulte en tout ou partie du constat de l'infraction de travail dissimulé.

2. REMBOURSEMENT DES PRESTATIONS VERSÉES AUX SALARIÉS

La caisse primaire d'assurance maladie peut demander à l'employeur de rembourser les **prestations de maladie de longue durée ou d'accidents du travail** effectivement servies **24070**

CSS art. L 244-8 L 256-4 C-VI-22200 s par elle aux salariés ou assimilés de l'entreprise si, à la date de l'accident ou de l'arrêt de travail, l'employeur n'a pas acquitté l'intégralité des cotisations de sécurité sociale dues pour son personnel.

> Précisions a. La sanction est **limitée au remboursement** des prestations effectivement servies entre la date de l'accident ou celle de l'arrêt de travail et le paiement par l'employeur des cotisations dont il était redevable à cette date pour l'ensemble de son personnel. Le montant du remboursement ne peut pas être supérieur au montant des cotisations dues pour l'ensemble du personnel à la date de l'accident ou de l'arrêt de travail. La caisse, ou le tribunal judiciaire (Cass. 2e civ. 28-5-2020 no 18-26.512 FS-PBRI : RJS 7/20 no 377), peut réduire le montant du remboursement en cas de **précarité financière** de l'entreprise.

b. Destiné à sanctionner la **négligence ou la mauvaise foi** de l'employeur, le remboursement ne s'applique pas lorsque le retard dans le versement de l'intégralité des cotisations résulte d'une difficulté sérieuse sur l'interprétation de la loi et que la comptabilité régulièrement tenue fait apparaître les éléments de rémunération omis de l'assiette des cotisations (Cass. soc. 31-1-1980 no 78-12.868).
Lorsque l'employeur a obtenu de l'organisme de recouvrement des **délais pour le versement des cotisations,** il n'y a pas lieu à remboursement des prestations sous réserve du respect par le débiteur des échéances prévues (Inst. Acoss du 27-7-1976).

3. TAXATION PROVISIONNELLE

24075 CSS art. R 243-15 C-VI-22100 Si les **données nécessaires au calcul** des cotisations n'ont **pas été transmises,** celles-ci sont calculées à titre provisoire sur la base des dernières rémunérations connues majorées de 25 % pour la première échéance. En l'absence de rémunérations connues, elles sont établies sur la base du produit du plafond mensuel de la sécurité sociale et du nombre de salariés ou assimilés connu, majoré de 50 % pour la première échéance. Pour les échéances suivantes, les taux de 25 % et 50 % sont majorés de 5 points à chaque échéance non déclarée consécutive.
Cette taxation est notifiée à l'employeur dans le délai d'un mois (3 mois pour les employeurs réglant leurs cotisations trimestriellement) suivant la date limite de déclaration.
Si l'employeur effectue sa déclaration après cette notification, le montant des cotisations est régularisé, mais la majoration de retard de 5 % (no 24050) est portée à 8 %.

> Précisions a. L'Urssaf ne peut pas procéder à une taxation provisionnelle si elle a accepté que l'employeur cesse de lui adresser une déclaration en raison de l'**absence d'emploi salarié.**
b. Sur la taxation forfaitaire pratiquée par l'Urssaf si les documents mis à la disposition d'un agent de **contrôle** sont insuffisants, voir no 24420.

4. AUTRES SANCTIONS

24080 C-VI-23000 s L'employeur qui ne se conforme pas aux prescriptions de la législation de sécurité sociale est passible de **sanctions pénales.** Il s'expose aussi à un **refus de délivrance par l'Urssaf des attestations** à fournir pour accéder aux marchés publics ou aux contrats de concession publique (Arrêté ECOM1830220A du 22-3-2019) ou pour conclure certains contrats de sous-traitance (no 79490).
Sur la **responsabilité civile** personnelle des dirigeants de société ou d'association, voir no 23875. Sur l'**action du salarié** en cas de minoration de ses droits à retraite, voir no 67945.

> Précisions a. L'employeur est passible des **sanctions pénales** suivantes :
– emploi de toute personne dans des conditions contraires aux règles relatives à l'immatriculation et au paiement des cotisations : amende prévue pour les contraventions de 3e classe (no 67285), sans que le total des amendes puisse dépasser 1 500 € (CSS art. R 244-4) ;
– rétention de la contribution salariale précomptée sur le salaire : amende prévue pour les contraventions de 5e classe (no 67285) (CSS art. R 244-3) et, en cas de récidive dans le délai de 3 ans, emprisonnement de 2 ans au plus et/ou amende de 3 750 € au plus (CSS art. L 244-6) ;
– dissimulation d'emploi salarié : voir no 79070.
Sur la responsabilité pénale des personnes morales, voir nos 67130 s.
b. Sur les pénalités pour **obstacle à contrôle, abus de droit ou refus de corriger la DSN,** voir respectivement no 24250, no 24435 et no 24025. Sur la **majoration du redressement** en cas de non-prise en compte des observations du contrôleur ou de travail dissimulé, voir no 24430. Sur les sanctions dont est passible le **tiers déclarant,** voir no 24040.

G. Remboursement des cotisations indues

L'employeur ayant acquitté des cotisations non dues est en **droit** d'en obtenir la restitution sans avoir à établir qu'il a commis une erreur (Cass. ass. plén. 2-4-1993 n° 89-15.490 : RJS 5/93 n° 545 ; Cass. soc. 20-1-1994 n° 91-18.493 : RJS 5/94 n° 603). Il doit pour cela s'**adresser** à l'Urssaf dont il relève à la date de sa demande (Cass. 2e civ. 19-12-2019 n° 18-24.291 F-D : RJS 3/20 n° 149). **24090** CSS art. L 243-6 L 133-3 D 133-1 **C-VI-7500 s**

La **prescription** est de 3 ans à compter de la date de paiement des cotisations, ou d'un an pour les trop-perçus inférieurs à 1,27 % du plafond mensuel de la sécurité sociale (n° 90020) arrondis à l'euro supérieur.

La demande de remboursement contenant l'ensemble des éléments permettant de déterminer le montant de l'indu interrompt le délai de prescription même si elle ne comporte pas de chiffrage de cet indu (Cass. 2e civ. 19-6-2014 n° 13-15.580 : RJS 10/14 n° 734).

Le remboursement doit intervenir dans les 4 mois suivant la demande. Toutefois, ce délai ne s'impose que si la demande porte sur une créance certaine, liquide et exigible dont le caractère indu a été reconnu et est accompagnée de pièces justificatives probantes (Circ. Acoss 39 du 29-3-2011).

› Précisions **a.** Lorsque l'obligation de remboursement naît d'une **décision juridictionnelle,** qui révèle la **non-conformité** de la règle de droit appliquée à une règle de droit supérieure (normes de droit interne, de droit de l'Union européenne ou de droit international), la demande de remboursement ne peut porter que sur la période postérieure au 1er janvier de la 3e année précédant celle où la décision révélant la non-conformité est intervenue. Ainsi, pour un jugement rendu en 2021, le remboursement ne pourra porter que sur des cotisations acquittées depuis le 1-1-2018.
b. L'employeur a droit aux **intérêts** légaux à compter du jour de sa demande, si l'Urssaf est de bonne foi (Cass. ass. plén. 2-4-1993 n° 89-15.490 : RJS 5/93 n° 545) et à compter du paiement des cotisations indues dans le cas contraire (Cass. soc. 18-10-1978 n° 77-10.906).
c. En cas de remboursement des cotisations, les organismes de sécurité sociale sont en droit de demander à l'assuré, dans un délai maximum de 2 ans, le **reversement des prestations** servies. Au-delà de 2 ans, le bénéfice de ces prestations et les droits à l'assurance vieillesse restent acquis à l'assuré, sauf fraude ou fausse déclaration.
d. Le **salarié** ne peut pas demander à l'Urssaf de réviser les modalités selon lesquelles l'employeur a calculé les cotisations (Cass. 2e civ. 17-12-2015 n° 14-29.125 : RJS 3/16 n° 206) ni de lui rembourser les cotisations indûment versées (Cass. 2e civ. 24-9-2020 19-17.776 FPBI : RJS 12/20 n° 621).
e. Sur la prescription du remboursement de la **cotisation d'accident du travail,** voir n° 15650.

IV. CONTRÔLE

L'employeur (personne physique ou morale) peut faire l'objet d'un contrôle portant sur les cotisations dues au titre de ses salariés. **24200**

La grande majorité des règles ci-après sont applicables au contrôle visant un **travailleur indépendant** : voir n° 80700.

A. Cadre juridique

ORGANISME COMPÉTENT

L'Urssaf compétente pour le contrôle est en principe celle dans le **ressort géographique** de l'entreprise contrôlée (Cass. soc. 31-10-2000 n° 99-13.322 FS-D : RJS 1/01 n° 96). Une Urssaf peut toutefois **déléguer ses compétences** à une autre, en vertu d'une convention de réciprocité. Sur l'envoi de l'**avis de contrôle** dans ce cas, voir n° 24290, f. **24210** CSS art. L 213-1 D 213-1-1 **C-VI-12130 s**

› Précisions **a.** L'Urssaf n'a aucune obligation de produire, au début ou au cours du contrôle, un **titre** attestant de sa compétence (Cass. 2e civ. 19-1-2017 n° 16-10.759 F-PB : RJS 3/17 n° 227).
b. En cas de **versement** des cotisations **en un lieu unique** (n° 23880), si l'Acoss désigne une nouvelle Urssaf de liaison ou interlocuteur unique en remplacement de la précédente, cette dernière peut poursuivre le recouvrement des cotisations contrôlées si elle a initié le contrôle et qu'il est toujours en cours au moment du transfert de gestion (Cass. 2e civ. 3-4-2014 n° 13-16.643 F-PB : RJS 6/14 n° 520).

AGENTS CHARGÉS DU CONTRÔLE

24220 Les agents de contrôle sont les **inspecteurs du recouvrement** des Urssaf et, pour le contrôle sur pièces (nº 24280), les **contrôleurs** du recouvrement. Ils sont **agréés, assermentés** et tenus au secret professionnel.

CSS art. L 243-7 L 243-9 R 243-59-3 **C-VI-12340 s** **A-I-2200 s**

› Précisions a. Ils peuvent être **assistés** de collègues non encore assermentés (Cass. soc. 31-10-2000 nº 99-13.322 FS-D : RJS 1/01 nº 96).

b. L'**habilitation régulière** des agents de contrôle constitue une formalité substantielle fondant leur pouvoir de contrôle (Cass. avis 5-3-2001 nº 10001 P : RJS 8-9/01 nº 1085). L'entreprise contrôlée ne peut pas saisir directement le juge administratif d'une demande d'annulation de la décision d'agrément de l'agent mais elle peut en soulever l'illégalité devant le juge de la sécurité sociale à l'appui d'un recours en annulation du redressement (CE 11-12-2009 nº 320112 : RJS 6/10 nº 551).

POUVOIRS

24230 Outre les pouvoirs d'investigation dont ils disposent en cas de contrôle (nºs 24300 s.), les organismes de recouvrement bénéficient d'autres prérogatives leur permettant de réunir des éléments pouvant conduire à un redressement.

24235 **Droit de communication** Les organismes de recouvrement peuvent, sans que s'y oppose le **secret professionnel,** obtenir des informations directement auprès de personnes physiques ou morales entretenant ou ayant entretenu des **relations professionnelles avec le cotisant** (Circ. DSS 323 du 21-7-2011, 2., réputée abrogée).

CSS art. L 114-19 L 114-20 à L 114-21 **A-I-26170 s**

Ce droit peut être **exercé si** les éléments relevés en comptabilité sont insuffisants et si les informations recueillies auprès d'autres organismes ou administrations ne lèvent pas cette incertitude (Circ. du 21-7-2011, 3.2., précitée).

L'organisme est tenu d'**informer le cotisant,** avant la mise en recouvrement (Cass. 2e civ. 12-3-2020 nº 19-11.399 F-PBI : RJS 5/20 nº 254), de la teneur et de l'origine des informations et documents obtenus par cette voie et sur lesquels il s'est fondé pour prendre sa décision. À défaut, le contrôle et le redressement en découlant sont nuls (Cass. 2e civ. 21-6-2018 nº 17-20.227 F-PB : RJS 10/18 nº 631 ; 12-3-2020 nº 19-11.399 F-PBI précité). L'organisme communique une copie des documents concernés à la personne qui en fait la demande.

En outre, la **lettre d'observations** doit mentionner les documents consultés par la voie du droit de communication si l'information ayant conduit au redressement est issue de la mise en œuvre de ce droit (Circ. du 21-7-2011, 5.2., précitée).

› Précisions a. Les documents et informations demandés sont communiqués **gratuitement** dans les **30 jours** suivant la demande. Le **silence** gardé ou le **refus** de communication du tiers détenteur est puni d'une pénalité de 1 500 € par cotisant concerné, sans que le total puisse excéder 10 000 €. Ces montants sont doublés en cas de **récidive** de refus ou de silence gardé dans le délai de 5 ans à compter de l'expiration du délai de 30 jours pour faire droit à la première demande de communication.

b. Les agents de contrôle peuvent échanger avec les agents investis de pouvoirs analogues dans les **États étrangers** tous renseignements et documents nécessaires à leur mission (CSS art. L 243-7-1).

24240 **Vérification des déclarations** L'Urssaf vérifie l'exactitude et la conformité à la législation des déclarations des employeurs. Elle peut **recouper les informations** y figurant avec celles communiquées par d'autres institutions (notamment services fiscaux ou Dreets, Direccte avant le 1-4-2021). Elle peut aussi demander par écrit à l'employeur tout document ou toute information complémentaire nécessaire à la vérification.

CSS art. R 243-43-3 R 243-43-4 R 243-59-9 **C-VI-11000 s**

Cette vérification n'est pas un contrôle (Cass. 2e civ. 28-5-2014 nº 13-18.066 F-PB : RJS 8-9/14 nº 655) mais certaines **garanties de procédure** sont prévues car elle peut aboutir à un redressement.

Si, à l'issue de la vérification, l'Urssaf envisage un **redressement,** l'employeur en est informé et a 30 jours pour répondre. À l'expiration de ce délai, l'Urssaf fait savoir si elle maintient son redressement en tout ou partie. Dans l'affirmative, l'envoi de la mise en demeure peut intervenir soit à l'issue du délai de 30 jours en l'absence de réponse de l'employeur dans ce délai, soit après l'envoi par l'Urssaf du courrier par lequel il lui a été répondu. Ces échanges s'effectuent par tout moyen donnant date certaine à leur réception.

La validité du redressement est subordonnée au respect de ces seules formalités : l'Urssaf n'a pas à communiquer au cotisant les informations qui lui ont été transmises par une **autre institution** (Cass. 2e civ. 28-5-2014 nº 13-18.066 F-PB précité).

› Précisions a. Les documents ou **pièces justificatives** nécessaires à l'établissement de l'assiette ou au contrôle doivent être **conservés** pendant une **durée** au moins égale à 6 ans à compter de la date à laquelle ils ont été établis ou reçus. Ceux établis ou reçus sur support papier peuvent être conservés sur support informatique, après numérisation dans les conditions fixées par l'article A 102 B-2 du LPF (voir notre Mémento fiscal n° 78065) (CSS art. L 243-16 ; Arrêté CPAS1914040A du 23-5-2019 : JO 29). Si un document numérisé ne respecte pas ces conditions, le cotisant doit présenter l'original papier. À défaut, cette situation est assimilée à une absence de documents justificatifs (Arrêté du 23-5-2019 précité).

b. La **notification d'une mise en demeure** pour le recouvrement de cotisations et contributions non versées à l'échéance ne constitue pas une vérification de déclaration et n'a donc pas à être précédée de la procédure ci-dessus (Cass. 2e civ. 4-5-2017 n° 16-15.762 F-PB : RJS 7/17 n° 522).

c. Le fait que la vérification d'un employeur ne débouche pas sur un redressement n'empêche pas l'Urssaf de procéder **ultérieurement** à un redressement à la suite d'un **contrôle.**

OBSTACLE AU CONTRÔLE

Définition L'obstacle à contrôle se caractérise par des **actions ou omissions** ayant pour objet de faire obstacle ou de se soustraire aux opérations de contrôle. Il consiste notamment à refuser l'accès à des lieux professionnels, à refuser de communiquer une information formellement sollicitée, quel qu'en soit le support, y compris dématérialisé, à ne pas répondre ou apporter une réponse fausse, incomplète ou abusivement tardive à toute demande de pièce justificative, d'information, d'accès à une information ou à ne pas répondre à une convocation, si la sollicitation, demande ou convocation est nécessaire à l'exercice du contrôle. **24250** CSS art. L 243-12-1 R 243-59-4-1 **C-VI-12460 s**

Pour le **particulier employeur,** l'obstacle à contrôle est établi lorsque, successivement, il s'est abstenu à deux reprises soit de répondre de manière circonstanciée aux demandes d'information qui lui ont été adressées, soit d'accueillir un agent chargé du contrôle se présentant à son domicile, puis ne s'est pas présenté ou fait représenter à au moins deux convocations dans les locaux de l'organisme de recouvrement.

Sanctions L'agent de contrôle qui constate un obstacle à contrôle, dans le cadre d'un contrôle sur pièces ou sur place (Charte du cotisant contrôlé, éd. 2020), en informe par écrit l'employeur, lui notifie le délai dans lequel il peut satisfaire à la demande et l'informe qu'à défaut le directeur de l'Urssaf peut engager une procédure de sanction. Si cette demande n'est pas satisfaite dans le délai, l'agent transmet un **procès-verbal** au directeur de l'Urssaf qui fixe le montant de la **pénalité.** Ce montant ne peut pas excéder : **24255** CSS art. L 243-12-1 L 243-12-3 R 243-59-4-1 R 243-59-9 **C-VI-12480 s**

- 7 500 € par salarié dans la limite de 750 000 € par **employeur** ;
- 3 750 € pour un **particulier employeur** ayant recours à des employés de maison, à des stagiaires aides familiaux placés au pair ou employant des salariés exerçant une activité de garde d'enfants.

Ces plafonds sont doublés en cas de **nouveau manquement** constaté dans un délai de 5 ans à compter du jour où la pénalité concernant un précédent manquement est devenue définitive.

La pénalité peut être notifiée à tout moment de la procédure de contrôle et au plus tard au moment de l'envoi de la mise en recouvrement. L'employeur dispose de 30 jours à compter de la réception de cette notification pour présenter ses observations écrites au directeur. Si l'employeur utilise cette faculté dans le délai, le directeur lui répond avant de notifier sa décision définitive et d'engager la mise en recouvrement.

Les **échanges** effectués dans le cadre de cette procédure le sont par tout **moyen** donnant date certaine à leur réception.

> **Précisions** **a.** Au **plan pénal,** les actes de résistance, les outrages et violences contre les agents de contrôle sont passibles des mêmes peines que celles prévues par le Code pénal pour les officiers de police judiciaire. La responsabilité pénale de la personne morale peut également être engagée dans les conditions exposées n°s 67130 s.
> **b.** Sur les conséquences de l'obstacle à contrôle sur l'application des **majorations de retard** en cas de redressement, voir n° 24050.

B. Étendue du contrôle

OBJET DU CONTRÔLE

L'objet du contrôle est de vérifier le respect de la législation sociale et l'exactitude des montants versés. Il **peut viser** les employeurs mais aussi les personnes qui, sans être employeur, versent des rémunérations aux salariés d'employeurs contrôlés. **24260** CSS art.L 243-7 **C-VI-12700 s**

Pour le contrôle des avantages servis au personnel par le **CSE,** voir n° 22420.

24263 **Cotisations contrôlées** Les organismes de recouvrement sont chargés du contrôle des cotisations de **sécurité sociale.** Ils sont également habilités, dans le cadre de leurs contrôles, à vérifier l'assiette, le taux et le calcul des cotisations de **chômage et d'AGS** ainsi que, pour les périodes d'emploi effectuées à compter du 1-1-2020, de la **contribution** annuelle due au titre de l'**obligation d'emploi** des travailleurs handicapés (pour cette dernière, voir nº 40065). Pour les cotisations de **retraite complémentaire obligatoire,** voir nº 68005.

CSS art. L 213-1 L 243-7 **C-VI-12710 s**

La procédure de contrôle est unique, quelles que soient les cotisations contrôlées.

24265 **Interdiction d'un nouveau contrôle sur des points déjà vérifiés** Un nouveau contrôle ne peut pas porter, pour une **même période,** sur des points déjà vérifiés, **sauf en cas** de réponses incomplètes ou inexactes, de fraude, de travail dissimulé ou de demande de l'autorité judiciaire.

CSS art. L 243-12-4 **C-VI-12750**

PÉRIODE CONTRÔLÉE

24270 Le contrôle est limité dans le temps par le délai de prescription des cotisations et contributions sociales. Celui-ci est de **3 ans** à compter de la fin de l'année civile au titre de laquelle elles sont dues (5 ans en cas d'infraction de **travail illégal**). Le contrôle peut donc porter sur les 3 dernières années civiles et sur l'année en cours (sur les 5 dernières années civiles et sur l'année en cours en cas d'infraction de travail illégal).

CSS art. L 244-3 L 244-11 **C-VI-27000 s** **C-VI-12770 s**

Toutefois, l'organisme de recouvrement n'est pas tenu d'exercer son contrôle pour toute la période éligible et peut le limiter à une seule année (CA Paris 2-7-2015 nº 13/11539). En outre, l'examen d'**éléments de fait antérieurs** à la période vérifiée est possible s'il est nécessaire au contrôle en cours (Cass. 2e civ. 19-6-2014 nº 13-20.374 F-PB : RJS 10/14 nº 735).

› Précisions **a.** Le délai de prescription est suspendu pendant la période contradictoire visée nº 24325, b. Ainsi, les cotisations dues par un employeur afférentes à la période d'emploi de janvier 2018 seront en principe prescrites le 1-1-2022. En cas de contrôle comportant une période contradictoire d'un mois, la prescription sera acquise le 1-2-2022.

b. S'agissant du délai de mise en recouvrement, des **majorations de retard** et des pénalités sanctionnant le non-respect des obligations **déclaratives,** voir nº 24053.

c. Sur la possibilité d'engager un **nouveau contrôle,** pour une même période, sur des points déjà vérifiés, voir nº 24265.

d. Sur la portée de la **mention** de la période contrôlée dans l'**avis de contrôle,** voir nº 24290, g.

24272 **EXEMPLE**

Peuvent être incluses dans un contrôle effectué en 2021, les cotisations dues au titre des années 2018, 2019, 2020 et 2021.

DURÉE DU CONTRÔLE

24275 Le contrôle visant une entreprise rémunérant moins de 10 salariés ne peut pas s'étendre sur une **période supérieure à** 3 mois comprise entre :

CSS art. L 243-13 R 243-59-6 R 243-59-9 Loi 2018-727 du 10-8-2018 art. 33 **C-VI-12850 s**

– la date de début du contrôle, entendue comme celle de la première visite de l'agent de contrôle en cas de contrôle sur place ou celle de début des vérifications indiquée sur l'avis préalable en cas de contrôle sur pièces (Circ. Acoss 19 du 13-4-2015 et Charte du cotisant contrôlé, éd. 2020, p. 8 et 15) ;

– et la date de la lettre d'observations (Charte du cotisant contrôlé, éd. 2020, p. 8).

S'agissant de l'allongement des délais de contrôle en raison de l'épidémie de Covid-19, voir nº 24635.

› Précisions Dans le cadre d'une **expérimentation** prenant fin le 10 août 2021, l'application de l'article L 243-13 du CSS est étendue aux entreprises de **moins de 20 salariés** pour les contrôles engagés depuis le 12 août 2018.

Avant cette expérimentation, l'administration admettait, à titre de **tolérance,** d'appliquer cette limitation de la durée du contrôle aux entreprises de **moins de 11 salariés,** et cette tolérance devrait continuer de s'appliquer à la fin de celle-ci (Charte du cotisant contrôlé, éd. 2020, p. 15).

24276 Cette période de 3 mois peut être **prorogée** une fois à la demande écrite de l'employeur ou de l'Urssaf (Circ. Acoss 19 du 13-4-2015).

CSS art. L 243-13 R 243-59-6 **C-VI-12910 s**

Si le contrôle prend fin du fait du **dépassement** du délai, l'agent de contrôle doit informer l'employeur des manquements constatés par tout moyen donnant date certaine à sa réception.

Un **nouveau contrôle** ne peut pas porter sur tout ou partie de la période antérieure à la date d'envoi de l'avis de contrôle ayant donné lieu à l'information de clôture du contrôle.

ATTENTION

La durée du contrôle n'est **pas limitée** dans les deux situations suivantes :
– il est établi, au cours de la période de 3 mois, une situation de travail dissimulé, d'obstacle à contrôle, d'abus de droit, de comptabilité insuffisante ou de documentation inexploitable ;
– l'employeur appartient à un ensemble de personnes dont l'effectif est d'au moins 10 salariés (au moins 20 salariés pendant l'expérimentation visée n° 24275), entre lesquelles existe un lien de dépendance ou de contrôle.

Hauts-de-France et Auvergne-Rhône-Alpes : limitation expérimentale de la durée de contrôle dans les PME

24277

Loi 2018-727 du 10-8-2018 art. 32
Décret 2018-1019 du 21-11-2018
Circ. du 19-2-2019

Dans le cadre d'une expérimentation prenant fin, selon l'administration, le 30-11-2022, les **contrôles administratifs** opérés depuis le 1-12-2018 dans un même **établissement** situé dans les Hauts-de-France et en Auvergne-Rhône-Alpes d'une entreprise de moins de 250 salariés dont le chiffre d'affaires annuel n'excède pas 50 millions d'euros ne peuvent pas dépasser une **durée cumulée** de 270 jours sur une période glissante de 3 ans.
S'agissant de l'allongement des délais de contrôle en raison de l'épidémie de Covid-19, voir n° 24635.
Sont visés, outre les contrôles Urssaf, ceux opérés par les administrations mentionnées à l'article L 100-3 du Code des relations entre le public et l'administration (CRPA) (administrations de l'État, collectivités territoriales, leurs établissements publics administratifs, organismes et personnes de droit public et de droit privé chargés d'une mission de service public administratif), à l'exclusion :
– des contrôles destinés à s'assurer du respect des règles prévues par le droit européen ou préservant directement la santé publique, la sécurité des personnes et des biens ou l'environnement ;
– des contrôles résultant de l'exécution d'un contrat ;
– des contrôles effectués par les autorités de régulation à l'égard des professionnels soumis à leur contrôle ;
– des contrôles opérés à la demande de l'entreprise. Sur ces derniers, voir n° 43890, g.
La **durée d'un contrôle** est comprise entre la date de début du contrôle figurant sur l'avis de contrôle et la date de notification de l'achèvement du contrôle. À défaut d'avis de contrôle ou en cas de report de la date du début, le point de départ est la date de la première visite sur place ou la date de réception de la première demande de renseignements ou de documents. À défaut de notification de l'achèvement du contrôle, il prend fin le jour où l'entreprise reçoit les conclusions définitives. La durée d'un contrôle est exprimée en jours entiers : tout contrôle inférieur à un jour est comptabilisé pour une journée pleine.
Les contrôles exclus de l'expérimentation ne sont pas pris en compte pour l'appréciation de la limite de 270 jours.
Lorsque cette **limite** est **atteinte** ou en voie de l'être, l'entreprise peut l'opposer à l'administration, en produisant les copies des attestations de contrôle. L'administration est alors tenue de cesser le contrôle en cours, de reporter le contrôle qu'elle souhaite effectuer ou de renoncer à tout nouveau contrôle avant le terme de la période de 3 ans, sauf :
– s'il s'agit d'un contrôle exclu de l'expérimentation ;
– s'il s'agit d'un contrôle opéré par l'inspection du travail en vertu des conventions internationales du travail n° 81 (inspection du travail dans l'industrie et le commerce), n° 129 (inspection du travail dans l'agriculture) et n° 178 (inspection des conditions de travail et de vie des gens de mer) ;
– ou s'il existe des indices précis et concordants de manquement à une obligation légale ou réglementaire, que ces indices soient détenus avant l'engagement du contrôle ou décelés au cours de celui-ci.
Dans le cadre de cette expérimentation, l'**Urssaf** effectuant un contrôle doit, par tout moyen, **informer le cotisant,** à titre indicatif, de la durée du contrôle et, avant le terme de la durée annoncée, de sa prolongation puis lui transmettre, à l'issue de l'opération, les conclusions du contrôle ainsi qu'une attestation mentionnant son champ et sa durée.

C. Déroulement du contrôle

Le contrôle Urssaf, qu'il soit réalisé sur pièces ou sur place, est entouré d'un certain nombre de **garanties procédurales.** 24278
Les agents de l'Urssaf sont habilités à rechercher et constater les infractions constitutives de **travail illégal**, mais la procédure applicable en cas de recherche de telles infractions diffère de la procédure de contrôle Urssaf : voir nos 79400 s.

> Précisions **a.** Une Urssaf peut procéder, dans le cadre du contrôle des cotisations, à la recherche des infractions de travail illégal aux seules fins de recouvrement des cotisations afférentes mais, dès lors qu'elle engage la procédure de contrôle sur l'une des deux voies qui lui sont ouvertes (contrôle des cotisations ou recherche d'infractions de travail dissimulé), elle doit s'en tenir aux dispositions qui la régissent : voir nº 79425.

b. Une Urssaf ne peut engager un contrôle après avoir eu connaissance de certains éléments de la situation du cotisant au cours d'échanges informels qu'à la condition d'avoir préalablement informé le cotisant sur le fait que ces échanges pouvaient déboucher sur un contrôle puis un redressement d'une part, et que les échanges informels aient cessé avant l'engagement du contrôle d'autre part (Cass. 2e civ. 12-3-2020 nº 19-10.502 F-D : RJS 6/20 nº 316).

1. CONTRÔLE SUR PIÈCES

24280 CSS art. R 243-59-3 C-VI-13700 s

L'Urssaf peut procéder, dans ses locaux, à des opérations de contrôle des obligations déclaratives et de paiement des employeurs de **moins de 11 salariés.** Ce contrôle porte sur les éléments dont l'organisme dispose et sur ceux demandés à l'employeur pour le contrôle.

Le contrôle sur pièces est entouré de toutes les **garanties procédurales** applicables au contrôle sur place (nos 24290 s.). Le cotisant dispose de 30 jours minimum à compter de la réception de l'avis de contrôle pour mettre les documents demandés à la disposition de l'Urssaf (Charte du cotisant contrôlé, éd. 2020, p. 14).

Sans préjudice des dispositions relatives à l'obstacle à contrôle (nos 24250 s.), en cas de **non-transmission des éléments** complémentaires demandés ou lorsque l'examen des pièces nécessite d'**autres investigations,** un document doit être adressé à l'employeur, l'informant que le contrôle peut se poursuivre dans les conditions d'un contrôle sur place hormis l'envoi d'un avis de contrôle.

Sur la limitation de la **durée** du contrôle, voir nº 24275 s. ; sur les **agents compétents** pour le contrôle sur pièces, voir nº 24220.

2. CONTRÔLE SUR PLACE

AVIS DE CONTRÔLE

24290 CSS art. R 243-59 R 243-59-9 C-VI-13250 s

Sauf recherche d'infractions en matière de travail dissimulé (Cass. 2e civ. 7-7-2016 nº 15-16.110 FS-PB : RJS 11/16 nº 722 ; 31-5-2018 nº 17-18.584 F-D : RJS 8-9/18 nº 560) ou transformation d'un contrôle sur pièces en contrôle sur place (nº 24280), le contrôle est précédé de l'**envoi, au moins** 15 jours **avant** la date de première visite de l'agent de contrôle, d'un avis adressé à l'employeur par tout moyen permettant de rapporter la preuve de sa date de réception.

Cet avis doit **mentionner** la date de première visite de l'agent de contrôle (Cass. 2e civ. 25-4-2013 nº 12-30.049 F-PB : RJS 7/13 nº 562), le droit pour l'employeur de se faire assister du conseil de son choix pendant le contrôle, l'existence de la Charte du cotisant contrôlé (présentant la procédure de contrôle et les droits du cotisant) dont les dispositions sont opposables aux organismes de contrôle, l'adresse électronique où elle est consultable et la possibilité pour le cotisant de la recevoir sur demande.

L'absence d'avis de contrôle ou l'omission d'une de ces mentions entraîne la **nullité** du contrôle (Cass. 2e civ. 10-7-2008 nº 07-18.152 F-PB : RJS 10/08 nº 1029 ; 18-9-2014 nº 13-17.084 F-D : RJS 12/14 nº 892), sans qu'il soit nécessaire d'apporter la preuve d'un préjudice (Cass. 2e civ. 10-7-2008 précité). En revanche, l'agent de contrôle n'a pas à fournir d'informations précises sur la nature des éléments ou la période sur laquelle porteront les vérifications (Cass. 2e civ. 2-10-2008 nº 07-17.936 F-PB : RJS 12/08 nº 1237).

> Précisions **a.** La **Charte du cotisant contrôlé** (éd. 2020) préconise, pour les contrôles engagés depuis le 1-2-2020, l'envoi de l'avis préalable au moins 30 jours avant la date de première visite de l'agent de contrôle. La sanction du non-respect des dispositions de cette charte, opposable aux Urssaf (CSS art. R 243-59, I-al. 5), est toutefois incertaine.

b. En cas de contrôle pour recherche d'infractions en matière de **travail dissimulé,** si l'organisme entend poursuivre le contrôle sur d'autres points de la réglementation, il doit envoyer un avis de contrôle.

c. L'avis de contrôle doit être adressé :
– si l'employeur est une **personne morale,** à son représentant légal, à l'adresse du siège social de l'entreprise ou, le cas échéant, à celle de son établissement principal ;
– si l'employeur est une **personne physique,** à son domicile ou à défaut à son adresse professionnelle.

Sauf précision contraire, l'avis de contrôle vaut pour l'**ensemble des établissements** de l'employeur.

d. Le **report** de la date de la **première visite,** notamment en raison de l'absence de l'employeur à la date prévue, ne nécessite pas l'envoi d'un **nouvel avis** de contrôle (Cass. 2e civ. 12-5-2011 n° 10-18.116 F-D : RJS 11/11 n° 897 ; 15-3-2018 n° 17-13.409 F-PB : RJS 5/18 n° 364). L'Urssaf doit seulement informer l'employeur de ce report en temps utile et par tout moyen et pouvoir rapporter la preuve de la réception de cette information en cas de contentieux (Cass. 2e civ. 15-3-2018 précité). L'Urssaf n'a pas non plus à envoyer un nouvel avis si l'agent de contrôle effectue une **deuxième visite** pour recueillir des éléments complémentaires sur un chef de redressement notifié dans la lettre d'observations (n° 24325, d) ou s'il décide, après la réponse de l'employeur à cette lettre, de **minorer le redressement** envisagé (n° 24335, a).

e. La réception de l'avis de contrôle a une incidence sur le recours au **rescrit social,** voir n° 24490, a.

f. En cas de délégation de compétences entre Urssaf (n° 24210), celle-ci doit, à peine d'annulation du contrôle, être préalable à l'envoi de l'avis de contrôle (Cass. 2e civ. 12-7-2006 n° 04-30.844 FS-PB : RJS 10/06 n° 1114 ; 4-5-2016 n° 15-18.188 F-PB : RJS 7/16 n° 518 ; 16-6-2016 n° 15-20.222 F-D : RJS 10/16 n° 656). Toutefois, le défaut de mention de la délégation sur l'avis de contrôle n'en affecte pas la validité (Cass. 2e civ. 4-2-2010 n° 08-21.034 F-D : RJS 4/10 n° 378).

g. La mention dans l'avis de contrôle de la **période contrôlée** ne lie pas l'organisme. Il peut donc opérer un contrôle sur une période plus étendue, dans la limite du délai de prescription (n° 24270), sans affecter la validité des opérations de contrôle (Cass. 2e civ. 4-2-2010 n° 08-21.034 F-D précité).

INVESTIGATIONS

24300 — CSS art. L 243-11 — C-VI-13890 s

Accès aux locaux Les agents de contrôle ont **droit d'entrée et de visite** chez le cotisant.

Si le contrôle s'exerce dans les locaux de l'employeur, sa **présence** au cours du contrôle n'est pas exigée, y compris lors de l'audition des salariés (Cass. soc. 7-11-1997 n° 95-15.148 D). En l'absence de l'employeur et de **tout salarié** de l'entreprise, l'Urssaf doit toutefois prouver que le caractère contradictoire du contrôle a été respecté (Cass. 2e civ. 10-6-2003 n° 01-20.850 D : RJS 8-9/03 n° 1064).

ATTENTION

L'employeur doit recevoir les agents de contrôle dans tous ses établissements en cas de **versement des cotisations en un lieu unique** (n° 23880) (Cass. 2e civ. 3-4-2014 n° 13-16.021 F-PB : RJS 6/14 n° 520).

24305 — CSS art. L 243-12, R 243-59, R 243-59-1, R 243-59-9 — C-VI-13980 s

Communication des documents L'agent de contrôle peut exiger de l'employeur, à tout moment, même après sa dernière visite sur place (Cass. 2e civ. 13-2-2014 n° 13-14.132 F-PB : RJS 5/14 n° 429), la communication du **double des bulletins de paie,** la présentation de **tout document,** comptable ou non, et l'accès à tout **support d'information** nécessaire à l'exercice du contrôle. Sur la durée de conservation des documents, voir n° 24240, a.

En revanche, sous peine de nullité du contrôle, il ne peut pas **rechercher lui-même** ces documents en l'absence de l'employeur (Cass. soc. 5-12-1991 n° 89-17.754 PF : RJS 1/92 n° 76) ou les demander à un tiers sans les avoir préalablement demandés à l'employeur (Cass. 2e civ. 20-3-2008 n° 07-12.797 FS-PB : RJS 6/08 n° 716 ; 31-3-2016 n° 15-14.683 F-D : RJS 6/16 n° 450), quand bien même le contrôle conduit à une constatation d'une infraction de travail dissimulé (Cass. 2e civ. 22-10-2020 n° 19-18.335 F-PBI : RJS 1/21 n° 44).

› Précisions **a.** L'agent de contrôle peut demander, par tout moyen permettant de rapporter la preuve de la date de réception, que ces documents lui soient présentés selon un **classement** nécessaire au contrôle dont il aura au préalable informé l'employeur. Il peut choisir de ne demander que des données et **documents partiels.**

b. Sauf autorisation de l'employeur, seules des **copies** des documents remis peuvent être emportées et exploitées **en dehors de ses locaux.**

c. Si la tenue et la conservation des documents et informations à transmettre sont réalisées par des **moyens informatiques,** l'agent de contrôle peut mettre en œuvre des traitements automatisés en utilisant le matériel informatique de l'employeur. En revanche, il ne peut pas imposer au cotisant de mettre ses documents sous forme informatique pour recourir à cette procédure (Cass. 2e civ. 30-3-2017 n° 16-12.851 F-PB : RJS 6/17 n° 431).

L'agent de contrôle doit en **informer préalablement** l'employeur par tout moyen permettant de rapporter la preuve de la date de réception. À la demande de l'agent, l'employeur doit mettre à sa disposition un **utilisateur habilité** pour réaliser les opérations sur son matériel.

En cas d'opposition dans les 15 jours de la réception de la demande de l'agent de contrôle, l'employeur informe celui-ci de son choix soit de mettre à sa disposition les copies des documents, données ou traitements nécessaires au contrôle, soit d'effectuer lui-même tout ou partie des traitements automatisés.

d. Le cotisant qui **n'a pas produit les éléments justificatifs** lors des opérations de contrôle ne peut pas se fonder sur ces éléments pour obtenir la nullité du redressement effectué par l'Urssaf (Cass. 2e civ. 24-11-2016 n° 15-20.493 FS-D : RJS 2/17 n° 141).

24310 CSS art. R 243-59 C-VI-14220 s

Audition Les agents de contrôle peuvent interroger les **personnes rémunérées,** notamment pour connaître leurs nom et adresse, la nature des activités exercées et le montant des rémunérations y afférentes, y compris les avantages en nature.

Ils ne peuvent entendre que les salariés de l'entreprise eux-mêmes, et ce, dans l'**entreprise** ou sur les **lieux de travail** (Cass. soc. 28-11-1991 n° 89-11.287 P-F : RJS 1/92 n° 76 ; 6-6-1996 n° 94-14.202 P : RJS 7/96 n° 841).

Une irrégularité particulièrement grave, telle l'audition de l'épouse d'un salarié à son domicile, rend le redressement nul même si d'autres éléments réguliers établissent l'infraction (Cass. 2e civ. 11-10-2005 n° 04-30.389 FS-D : RJS 12/05 n° 1252). Tel n'est pas le cas d'une irrégularité moins grave, comme par exemple l'audition d'une personne autorisée menée sans interprète habilité (Cass. 2e civ. 7-11-2019 n° 18-21.947 F-PBI : RJS 1/20 n° 40).

Sur la **présence de l'employeur** lors de l'audition, voir n° 24300.

Par exception, les pouvoirs des agents de contrôle sont plus étendus dans le cadre de la répression du **travail dissimulé** (n° 79420).

ILLUSTRATIONS

L'audition de salariés d'un **prestataire de services** exerçant leur activité dans l'entreprise contrôlée entraîne la nullité du contrôle et du redressement (Cass. 2e civ. 20-9-2018 n° 17-24.359 F-PB : RJS 12/18 n° 768). En revanche, l'audition de salariés sur un des **chantiers** d'une entreprise est valable, même si l'avis préalable vise une vérification effectuée au siège social de celle-ci (Cass. 2e civ. 5-6-2008 n° 06-21.494 F-PB : RJS 10/08 n° 1028).

Les agents de contrôle peuvent valablement entendre les salariés d'un **groupement d'intérêt économique,** chargés de la tenue et de la comptabilité de la paie des membres de ce groupement, dans le cadre du contrôle de l'un d'entre eux (Cass. 2e civ. 22-2-2005 n° 03-30.442 F-PB : RJS 5/05 n° 568).

En revanche, ils ne peuvent pas interroger les salariés (ou leurs conjoints) à leur **domicile** (Cass. soc. 28-11-1991 n° 89-11.287 PF : RJS 1/92 n° 76 ; Cass. 2e civ. 11-10-2005 n° 04-30.389 FS-D : RJS 12/05 n° 1252) ou dans les locaux de l'Urssaf (Cass. soc. 25-3-1999 n° 97-14.680 PB : RJS 5/99 n° 736) ni leur envoyer un questionnaire à domicile (Cass. soc. 27-2-2003 n° 01-21.149 FS-PB : RJS 5/03 n° 664 ; Cass. 2e civ. 10-5-2005 n° 04-30.046 F-D : RJS 7/05 n° 770).

24315 CSS art. R 243-59-2 R 243-59-9 Arrêté SANS0700488A du 11-4-2007 C-VI-14340 s

Vérification par échantillonnage et extrapolation Le contrôle par échantillonnage et extrapolation consiste à limiter la vérification détaillée à un échantillon représentatif de la population concernée et à en extrapoler les résultats à l'ensemble de celle-ci. Il suppose le respect d'une **procédure spécifique,** résumée ici. À défaut, le chef de redressement fondé sur cette technique est nul (Cass. 2e civ. 9-2-2017 n° 16-10.971 F-D : RJS 4/17 n° 290 ; 15-3-2018 n° 17-11.891 F-PB : RJS 5/18 n° 364), y compris pour sa part établie sur des bases effectivement vérifiées (Cass. 2e civ. 15-3-2018 précité).

L'agent de contrôle doit informer l'employeur de son intention de recourir à cette méthode. Ce dernier peut s'y **opposer par écrit** et doit alors réunir les éléments nécessaires au contrôle dans un lieu et sous les conditions déterminés par l'agent de contrôle. À défaut, son opposition ne peut pas être prise en compte. Le lieu dans lequel les éléments nécessaires au contrôle doivent être réunis ne peut être **extérieur** aux locaux de l'employeur qu'avec son autorisation.

Ces échanges se font par tout **moyen** donnant date certaine à leur réception.

> **Précisions a.** La **taille** minimale de l'échantillon est de 50 individus (Arrêté SANS0700488A du 11-4-2007). L'article R 243-59-2 du CSS définissant la procédure de vérification par échantillonnage et extrapolation ne fait aucune distinction pour son application suivant l'importance de l'entreprise contrôlée. Selon la Cour de cassation, l'Urssaf mettant en œuvre ces méthodes doit respecter la procédure prévue par ce texte, peu important la taille de l'**entreprise** (Cass. 2e civ. 9-2-2017 n° 16-10.971 F-D : RJS 4/17 n° 290).
b. Lorsque la vérification par échantillonnage et extrapolation est mise en œuvre, l'employeur doit pouvoir **présenter ses observations** à chaque étape de la procédure (Cass. 2e civ. 19-6-2014 n° 13-19.150 F-PB : RJS 10/14 n° 736).
c. La **lettre d'observations** doit contenir, outre les mentions citées n° 24330, certaines mentions spécifiques, notamment la faculté pour l'employeur de procéder lui-même au calcul des sommes dont il est redevable.
d. Sur la possibilité de conclure une **transaction** avec l'Urssaf sur le montant du redressement calculé en application de ces méthodes, voir n° 24415.

LETTRE D'OBSERVATIONS

24325 CSS art. L 243-7-1 A R 243-59 R 243-59-9 C-VI-14530 s

En fin de contrôle, ou si un constat d'infraction de travail dissimulé a été transmis à l'Urssaf pour qu'il soit procédé à un redressement des cotisations et contributions dues, l'agent de contrôle doit communiquer **à l'employeur,** par tout moyen permettant de rapporter la preuve de sa date de réception, un document daté et signé, dénommé « lettre d'observations ». Elle doit être adressée aux mêmes **destinataires** que l'avis de contrôle (n° 24290, c). Elle n'est soumise à aucun délai (Cass. 2e civ. 11-7-2005 no 03-20.898 F-D : RJS 11/05 no 1140 ; 28-5-2015 no 14-17.618 F-PB : RJS 8-9/15 no 586), sauf si le contrôle concerne une petite entreprise (no 24275).

Cette communication constitue une **formalité substantielle** dont l'omission entraîne la **nullité** des opérations de contrôle et de redressement (Cass. soc. 12-12-1996 no 95-12.881 P ; 6-2-1997 no 95-13.685 PB : RJS 3/97 no 329 ; Circ. Acoss 82 du 16-7-1999).

> **Précisions** **a.** Pour les contrôles engagés **depuis le 1-2-2020,** hors constat de travail dissimulé ou d'obstacle à contrôle, l'agent de contrôle doit, avant la communication de ses observations, proposer un **entretien** au cotisant pour lui présenter le résultat de ses analyses et les suites éventuelles (Charte du cotisant contrôlé, éd. 2020). Sur les conséquences du non-respect des dispositions de la Charte, voir no 24290, a.
> **b.** La réception de la lettre d'observations engage la **période contradictoire** préalable à l'envoi de toute mise en demeure ou avertissement. Sur la fin de la période contradictoire, voir no 24350. S'agissant de l'incidence de cette période sur le délai de prescription des cotisations et contributions sociales, voir no 24270, a.
> **c.** La **preuve** de la remise de la lettre d'observations incombe à l'Urssaf (Cass. soc. 7-5-1991 no 88-16.344 PF : RJS 6/91 no 750).
> **d.** L'agent qui revient dans les locaux de l'entreprise après l'envoi d'une première mise en demeure pour recueillir des éléments complémentaires sur un chef de redressement notifié dans la lettre d'observations ne procède pas à un **nouveau contrôle** : il peut donc notifier une mise en demeure rectificative sans avoir à adresser préalablement un nouvel avis de contrôle ou une nouvelle lettre d'observations (Cass. 2e civ. 6-12-2006 no 05-13.699 FS-D : RJS 3/07 no 380).
> **e.** La lettre d'observations doit être **signée** par tous les agents de contrôle ayant participé au contrôle (Cass. 2e civ. 6-11-2014 no 13-23.990 F-PB : RJS 1/15 no 60).

Contenu La lettre d'observations **mentionne** : 24330 CSS art. R 243-59, III R 243-60-3 R 244-1 C-VI-14760 s

– l'objet du contrôle, les documents consultés, la période vérifiée et la date de la fin du contrôle ;
– s'il y a lieu, les observations faites au cours du contrôle, **motivées** par chef de redressement. Elles doivent donc comprendre les considérations de droit et de fait constituant leur fondement et, le cas échéant, l'indication du montant des assiettes correspondant ainsi que, pour les cotisations et contributions sociales, l'indication du mode de calcul et du montant des redressements et des éventuelles majorations et pénalités envisagés. Si aucune **infraction** n'est relevée, elle mentionne expressément l'**absence totale d'observations** ou, éventuellement, les seules prescriptions pour l'avenir (Circ. DSS 726 du 30-12-1999, réputée abrogée). Pour les contrôles engagés depuis le 1-1-2020, les observations sont faites sur la base des éléments déclarés par le cotisant à la date d'envoi de l'avis de contrôle ;
– la possibilité de se faire **assister d'un conseil** de son choix ;
– la décision de l'organisme de recouvrement de mettre en œuvre la procédure de répression des **abus de droit,** la possibilité pour le cotisant de saisir le comité des abus de droit et le délai imparti pour le faire (no 24435) ;
– le montant des **majorations** prévues (no 24430) et **pénalités** encourues (no 24435) ;
– les éléments caractérisant le constat d'absence de mise en conformité (no 24430).

La lettre d'observations doit indiquer les montants dus **année par année,** y compris en cas d'engagement de la solidarité financière du donneur d'ordre (Cass. 2e civ. 13-2-2020 no 19-11.645 F-PBI : RJS 4/20 no 207).

Elle doit également mentionner les **modalités** et le **délai** ouvert à l'employeur **pour répondre** aux observations (Charte du cotisant contrôlé, éd. 2020 ; sur la valeur de ce document, voir no 24290, a) mais pas le point de départ de ce délai (Cass. 2e civ. 15-3-2018 no 17-14.748 F-D : RJS 5/18 no 364).

> **Précisions** **a.** Sur le contenu de la lettre d'observations en cas de constat de **travail dissimulé,** voir no 79550.
> **b.** L'omission des mentions suivantes entraîne la **nullité du contrôle** et du redressement : **faculté de se faire assister** par un conseil de son choix (Cass. 2e civ. 3-4-2014 no 13-11.516 F-PB : RJS 6/14 no 521) et **mode de calcul** des redressements envisagés (Cass. 2e civ. 18-9-2014 no 13-21.682 F-PB : RJS 12/14 no 893). En revanche, une erreur purement matérielle dans la lettre d'observations n'entache pas la régularité du contrôle (CA Rennes 12-1-2011 no 08/04631).
> **c.** La **liste ou le nombre des salariés** concernés par le redressement ne sont pas exigés si les éléments fournis à l'employeur sont précis (Cass. soc. 24-10-2002 no 01-20.035 FS-P : RJS 2/03 no 249 ; Cass. 2e civ. 23-11-2006 no 05-10.662 F-D : RJS 2/07 no 272) et lui permettent de connaître exactement les causes, les bases et le montant des redressements (Cass. 2e civ. 9-7-2015 nos 14-17.752 F-PB et 14-19.114 F-D : RJS 11/15 no 728).
> L'agent de contrôle n'a pas à communiquer l'intégralité du **rapport de contrôle** si l'employeur est informé des omissions et erreurs qui lui sont reprochées et des bases du redressement proposé (Cass. soc. 14-11-1973 no 72-13.169 P ; 7-3-1991 no 88-16.818 D : RJS 4/91 no 515 ; Cass. 2e civ. 21-9-2004 no 03-30.236 F-D : RJS 12/04 no 1321).
> Pour le **mode de calcul du redressement,** l'indication des assiettes et montants par

année ainsi que des taux de cotisations appliqués est suffisante (Cass. 2e civ. 12-7-2006 nº 05-10.661 FS-PB : RJS 10/06 nº 1115). Il n'y a pas à fournir le détail des calculs pour chaque chef de redressement (Cass. 2e civ. 23-11-2006 nº 05-10.662 F-D : RJS 2/07 nº 272).

d. Sur la portée d'**observations exprimées pour l'avenir** dans la lettre d'observations, voir nº 24445.

e. Sur le point de savoir si le cotisant peut se prévaloir de l'**absence d'observations,** voir nos 24515 s.

24335 CSS art. L 243-7-1 A L 244-3 R 243-59 R 243-59-9 **C-VI-15150 s**

Réponse de l'employeur L'employeur dispose d'un **délai** de 30 jours pour répondre à la lettre d'observations. Pour les contrôles engagés depuis le 1-1-2020, sauf mise en œuvre de la procédure d'abus de droit ou constat de travail illégal, ce délai peut être porté à 60 jours sur demande du cotisant reçue par l'Urssaf avant l'expiration du délai initial. Si l'Urssaf ne répond pas, la prolongation du délai est considérée comme acceptée.

Dans sa réponse, l'employeur peut indiquer toute précision ou tout complément qu'il juge nécessaire, notamment en proposant des **ajouts** à la liste des documents consultés. Pour les contrôles engagés depuis le 1-1-2020, il peut justifier avoir corrigé, pendant le contrôle, les déclarations afférentes à la période contrôlée et acquitté les sommes correspondantes pour qu'il en soit tenu compte.

Chaque observation circonstanciée de l'employeur doit faire l'objet d'une réponse motivée **détaillant,** par motif de redressement, les montants qui, le cas échéant, ne sont pas retenus et les redressements qui restent envisagés.

Ces **échanges** s'effectuent par tout **moyen** donnant date certaine à leur réception.

Le **silence** de l'employeur pendant le délai de réponse ne le prive pas de la faculté de contester ultérieurement les observations en justice (Cass. 2e civ. 9-2-2006 nº 04-30.535 F-D : RJS 5/06 nº 630).

› Précisions **a.** Si, d'après les éléments fournis en réponse par l'employeur, l'agent **minore** le redressement envisagé, il n'a pas à envoyer de nouvelle lettre d'observations (Cass. 2e civ. 3-5-2006 nº 04-30.729 F-D : RJS 7/06 nº 889 ; 20-3-2008 nº 07-12.797 FS-PB : RJS 6/08 nº 716) ni, a fortiori, un nouvel avis préalable à contrôle (Cass. 2e civ. 16-11-2006 nº 05-16.874 FS-D : RJS 3/07 nº 380).
b. L'employeur ne peut pas **contester en justice** la **réponse de l'Urssaf** à ses remarques sur la lettre d'observations : il doit fonder son recours sur la mise en demeure (Cass. 2e civ. 14-2-2019 nº 17-27.759 F-PB : RJS 4/19 nº 246).

D. Clôture du contrôle et engagement de la mise en recouvrement

24350 CSS art. R 243-59, III et IV **C-VI-17100 s** **C-VI-15500 s**

La mise en recouvrement ne peut pas être engagée avant la **fin de la période contradictoire.**

Pour les **contrôles** engagés **depuis le 1-1-2020,** la période contradictoire prend fin et une mise en demeure peut donc être envoyée :
– en l'**absence de réponse de l'employeur,** au terme des délais de réponse du cotisant (délai initial et délai supplémentaire le cas échéant) ;
– en cas de **réponse** du cotisant avant la fin du délai imparti, à la date d'envoi de la réponse de l'agent de contrôle.

Pour engager la mise en recouvrement, l'agent de contrôle transmet à l'Urssaf, à l'issue de la période contradictoire, le rapport de contrôle faisant état des échanges mentionnés nº 24335.

L'organisme de recouvrement doit également transmettre à l'employeur les observations ne conduisant pas à redressement mais l'appelant à une **mise en conformité** pour l'avenir.

Le rapport de contrôle fait foi jusqu'à **preuve** du contraire (Circ. DSS 726 du 30-12-1999, 2.4., réputée abrogée ; Cass. 2e civ. 15-6-2017 nº 16-13.855 F-D : RJS 8-9/17 nº 614).

› Précisions **a.** La mise en demeure envoyée prématurément est nulle (Cass. 2e civ. 4-5-2017 nº 16-15.861 F-PB : RJS 7/17 nº 523), mais la procédure peut être régularisée par la notification d'une nouvelle mise en demeure respectant ces délais (Cass. 2e civ. 6-7-2017 nº 16-19.384 F-PB : RJS 10/17 nº 700).
b. L'agent de contrôle peut le **même jour,** sans violer le principe du contradictoire, **répondre aux observations** de l'employeur, **clôturer le contrôle** et transmettre son rapport à l'Urssaf pour l'établissement et l'envoi de la mise en demeure (Cass. 2e civ. 11-10-2012 nº 11-25.108 F-PB : RJS 3/13 nº 230).
c. Sur la possibilité pour l'**employeur** d'obtenir le rapport de contrôle, voir nº 24330, c.

E. Suites du contrôle

1. AFFILIATION DES SALARIÉS

Si, à l'occasion du contrôle, l'Urssaf réintègre des **rémunérations** dans l'assiette des cotisations, la caisse d'assurance maladie peut, après communication du dossier, décider d'**affilier** les personnes concernées au **régime général.** 24400 C-VI-16650 s

2. REDRESSEMENTS

BASES DU REDRESSEMENT

Lorsqu'il révèle des irrégularités, le contrôle débouche sur un redressement. Ce dernier est en principe calculé à partir des informations recueillies lors de l'examen exhaustif des documents auxquels l'agent de contrôle a eu accès. Il peut également être établi sur la base des informations contenues dans les procès-verbaux de **travail dissimulé** (CSS art. L 243-7-5). 24410 C-VI-15660 s

Si le redressement ne peut pas être établi sur des bases réelles, son montant peut être fixé forfaitairement. Il peut aussi être assorti de majorations ou de pénalités.

Sur les **majorations de retard** applicables en cas de redressement suite à contrôle, voir nº 24050. Sur les **moyens de défense** de l'employeur pour contester le redressement, voir nºˢ 24480 s.

› Précisions **a.** Sur la **modulation** du montant du redressement en cas de contrôle portant sur le caractère obligatoire et collectif d'un régime de **protection sociale complémentaire,** voir nº 22960, c.
b. Lorsqu'un redressement de cotisations a une incidence sur les **droits des salariés** au titre de l'**assurance vieillesse,** l'Urssaf déclare aux Carsat le montant du redressement afin que ces dernières rectifient les droits de ces salariés (CSS art. L 242-1-3).
c. Les sommes réintégrées dans l'assiette des cotisations à la suite d'un redressement le sont pour leur montant brut (Cass. 2ᵉ civ. 16-9-2010 nº 09-10.346 FS-D ; 24-9-2020 nº 19-13.194 F-PBI : RJS 12/20 nº 622).

TRANSACTION

L'Urssaf et le cotisant (ou un tiers pour son compte) peuvent conclure une transaction pour terminer ou prévenir une contestation sur des sommes non prescrites. Elle ne peut porter, pour une **période limitée** à 4 ans, que sur : 24415 CSS art. L 243-6-5 R 243-45-1 C-VI-34000 s

- le montant des majorations de retard et les pénalités, notamment celles visées nºˢ 24050 s. ;
- l'évaluation d'éléments d'assiette des cotisations ou contributions dues relative aux avantages en nature ou en argent et aux frais professionnels, lorsque cette évaluation présente une difficulté particulière ;
- les montants des redressements calculés en application des méthodes de vérification par échantillonnage et extrapolation ou d'une fixation forfaitaire du fait de l'insuffisance ou du caractère inexploitable des documents administratifs et comptables.

La **saisine de la commission de recours amiable** suspend la possibilité de conclure une transaction sur le ou les chefs de redressement faisant l'objet de ce **recours** jusqu'à sa décision. Cette possibilité n'est rétablie qu'une fois le tribunal judiciaire saisi.

La transaction ne peut pas être conclue en cas de **travail dissimulé** ou de **manœuvres dilatoires** du cotisant.

› Précisions **a.** La **demande** de transaction, adressée au directeur de l'Urssaf par l'employeur ou, pour son compte, par un expert-comptable ou un avocat, n'est recevable qu'après réception de la mise en demeure. Écrite et motivée, elle doit comporter certaines mentions.
La réception de la demande par l'Urssaf **interrompt,** le cas échéant jusqu'à la notification de sa décision de ne pas transiger, le **délai** imparti à l'employeur pour saisir la commission de recours amiable et celui imparti à l'Urssaf pour recouvrer les cotisations visées dans la mise en demeure.
À réception d'une demande **complète,** l'Urssaf a 30 jours pour notifier sa réponse par tout moyen permettant de prouver sa réception. À défaut, la réponse est réputée négative. En cas de demande **incomplète,** ce délai court à compter de la réception des documents manquants, ceux-ci devant être adressés dans les 20 jours suivant la demande à peine de caducité de la demande.
L'Urssaf n'a pas à motiver sa **réponse.** Les parties peuvent à tout moment abandonner la procédure, sans avoir à motiver leur décision.
b. La transaction doit comporter des **concessions réciproques** et être conforme au **modèle** fixé par l'arrêté SSAS2023992A du 8-10-2020 (JO 20). Le montant de la transaction s'apprécie comme la différence entre le montant initialement notifié dans la mise en demeure et le montant figurant dans la proposition de transaction.
La transaction doit être **approuvée** par la mission nationale de contrôle et d'audit des organismes de sécurité sociale (**MNC**). Le silence de la MNC à l'issue du délai qui lui est imparti vaut approbation. Son refus d'approbation prive la transaction d'effet.

c. En cas d'**approbation,** la transaction devient **définitive.** Plus aucune procédure contentieuse ne peut être engagée ou reprise pour remettre en cause son objet. Le cotisant doit s'y conformer, tout manquement entraînant la caducité de l'acte. Elle engage l'organisme de recouvrement. En cas de déménagement, le cotisant peut s'en prévaloir auprès de son nouvel organisme. La transaction n'emporte pas d'effet sur l'**interprétation** en droit concernant les motifs mentionnés dans la **lettre d'observations.** L'employeur doit donc se conformer à ces observations pour la période postérieure à celle faisant l'objet de la transaction.

d. À **défaut** de conclusion d'une **transaction** ou si elle devient caduque, le recouvrement des sommes notifiées dans la mise en demeure est engagé ou poursuivi par l'Urssaf selon les règles, garanties et sanctions applicables au recouvrement des cotisations et contributions de sécurité sociale.

e. Sur le point de savoir si, en cas de litige lié à la procédure de transaction, le cotisant est tenu de saisir la **commission de recours amiable,** voir n° 15480, a.

Sur l'incidence de la saisine de la commission de recours amiable sur la possibilité de conclure une transaction, voir n° 15480, b.

TAXATION FORFAITAIRE

24420 L'Urssaf peut fixer forfaitairement le montant des cotisations :

CSS art. R 243-59-4 C-VI-15780 s

– si la **comptabilité de l'employeur** ne permet pas de connaître le montant exact des salaires devant leur servir de base ;

– si les **documents et justificatifs** nécessaires à la réalisation du contrôle ne sont **pas mis à disposition** ou si leur présentation n'en permet pas l'exploitation.

Le forfait est établi par **tout moyen d'estimation probant,** en tenant compte des conventions collectives en vigueur ou, à défaut, des salaires pratiqués dans la profession ou la région considérée. La durée de l'emploi est déterminée d'après les déclarations des intéressés ou par tout autre moyen de preuve.

La **preuve** de l'absence ou de l'insuffisance de comptabilité de l'employeur appartient à l'Urssaf (Cass. soc. 21-1-1993 n° 90-17.460 D : RJS 3/93 n° 320). Celle-ci doit notamment établir la **réalité du travail** salarié au titre duquel elle entend fixer l'assiette des cotisations (Cass. soc. 1-2-1989 n° 86-16.616 D : RJS 3/89 n° 268).

Sur l'évaluation forfaitaire du redressement en cas de **travail dissimulé,** voir n° 79550.

› Précisions **a.** La fixation d'office est applicable en l'**absence de comptabilité** ou lorsque la comptabilité est **incomplète ou insincère** (Cass. soc. 13-10-1977 n° 76-11.311 P ; Cass. 2e civ. 18-10-2005 n° 04-15.018 F-D : RJS 1/06 n° 82). Tel n'est pas le cas si la comptabilité permet l'utilisation de bases réelles (Cass. soc. 23-11-2000 n° 98-22.035 FS-P : RJS 2/01 n° 236 ; Cass. 2e civ. 18-10-2005 n° 04-15.018 F-D précité).

b. Sont sans incidence sur la fixation d'office les résultats d'un contrôle **fiscal** portant sur la même période (Cass. soc. 24-6-1987 n° 85-11.711) ou une décision des juridictions pénales intervenue à la suite des poursuites intentées par l'administration fiscale qui n'aurait pas retenu la fraude fiscale pour la période considérée (Cass. soc. 29-1-1981 n° 79-15.146).

c. Le forfait peut être établi sur des **bases** supérieures à celles résultant de la convention collective s'il y a des présomptions sérieuses que, dans la région considérée, la profession ou l'entreprise, il est versé habituellement des rémunérations plus élevées (Cass. soc. 5-3-1986 n° 84-11.819 P).

d. Même dans le cas de fixation d'office, l'employeur doit recevoir la **lettre d'observations** visée n° 24325 (Cass. 2e civ. 27-1-2004 n° 02-30.706 F-PB : RJS 4/04 n° 450). Il peut apporter la **preuve de l'exagération** de l'évaluation forfaitaire (Cass. soc. 19-6-1997 n° 95-21.380 D : RJS 11/97 n° 1290). Il appartient au juge du fond d'apprécier s'il y a lieu d'ordonner une mesure d'**expertise** (Cass. soc. 19-2-1986 n° 84-12.151 P).

e. L'employeur qui n'a **pas fourni** les pièces et éléments probants de sa comptabilité **lors du contrôle** ne peut pas suppléer sa carence en les produisant devant le juge (Cass. 2e civ. 14-3-2019 n° 17-28.099 F-D : RJS 5/19 n° 319).

f. Le **rapport de l'agent** de l'Urssaf fait foi jusqu'à preuve du contraire (Cass. soc. 24-6-1987 n° 85-11.711).

g. Sur la découverte de fraudes comptables non décelées lors d'un **précédent contrôle,** voir n° 24510, a. Sur la possibilité de conclure une **transaction** avec l'Urssaf en cas de fixation forfaitaire du montant du redressement, voir n° 24415.

MAJORATION DU MONTANT DU REDRESSEMENT

24430 Le montant des redressements est majoré de 10 % en cas de constat d'**absence de mise en conformité.** Il y a absence de mise en conformité du cotisant s'il n'a **pas pris en compte** les observations notifiées lors d'un **précédent contrôle** moins de 6 ans avant la date de notification des nouvelles observations constatant le manquement aux mêmes obligations, que ces premières observations aient donné lieu à redressement ou non. La majoration ne s'applique qu'à la **part du montant** du redressement résultant du manquement réitéré. Sur le contenu de la lettre d'observations en cas de constat d'absence de mise en conformité, voir n° 24330.

CSS art. L 243-7-6 R 243-18 C-VI-16320 s

Sur les **majorations de retard** applicables en cas de redressement suite à contrôle, voir n° 24050. Sur l'incidence d'un constat d'absence de mise en conformité sur ces majorations, voir n° 24050.

Sur les majorations du redressement en cas de constat de **travail dissimulé,** voir n° 79550.

RÉPRESSION DES ABUS DE DROIT

Le redressement peut se fonder sur la requalification des actes constitutifs d'abus de droit. Dans ce cas, une **pénalité** égale à 20 % des cotisations et contributions dues est appliquée. Cette procédure, très peu utilisée à ce jour, n'est pas détaillée ici. Pour plus de précisions, on peut se reporter à notre Documentation sociale C-VI-16380 s. **24435** CSS art. L 243-7-2 R 243-60-1 à R 243-60-3 **C-VI-16380 s**

Sur l'incidence du prononcé d'une pénalité pour abus de droit sur les **majorations de retard** applicables au redressement, voir n° 24050.

Sur le contenu de la **lettre d'observations** en cas de mise en œuvre de cette procédure, voir n° 24330.

ATTENTION

Toute personne qui, dans l'exercice d'une **activité professionnelle** de conseil à caractère juridique, financier ou comptable ou de détention de biens ou de fonds pour le compte d'un tiers, fournit intentionnellement une **prestation** contribuant directement à la **commission** ou à la **dissimulation** d'actes constitutifs de l'abus de droit s'expose à une amende égale à 50 % des revenus tirés de la prestation fournie sans pouvoir être inférieure à 10 000 € (CSS art. L 114-18-1).

3. PRESCRIPTIONS POUR L'AVENIR

Si **aucune infraction** n'est relevée lors du contrôle, l'agent de contrôle peut, dans sa lettre d'observations, édicter des prescriptions ou observations pour l'avenir. **24445**

Les **observations exprimées pour l'avenir** en des termes impératifs constituent une décision de l'organisme de recouvrement susceptible d'un recours devant le tribunal judicaire (Cass. 2e civ. 19-6-2008 n° 07-11.571 FS-PB : RJS 10/08 n° 1025 ; 20-12-2018 n° 17-21.710 F-D : RJS 3/19 n° 180).

S'agissant de la possibilité pour le cotisant d'opposer une circulaire ministérielle à l'appui d'une demande d'annulation d'observations pour l'avenir, voir n° 24480, b.

› Précisions Une lettre de l'Urssaf intitulée « confirmation d'observations suite à contrôle », indiquant qu'en cas de non-respect de ses recommandations lors d'un contrôle ultérieur un redressement sera notifié et que cette décision est susceptible de recours, est une décision d'observations pour l'avenir s'opposant à tout redressement sur les points non respectés pour la période antérieure à sa date (CA Rennes 2-12-2015 n° 14/08668 : RJS 4/16 n° 293).

4. SOLDE CRÉDITEUR

Si un solde créditeur en faveur de l'employeur résulte des vérifications, l'organisme le notifie par tout moyen donnant date certaine à sa réception et effectue le **remboursement** dans un **délai** maximum de 4 mois suivant la notification. **24450** CSS art. R 243-59, IV R 243-59-9

› Précisions La **Charte du cotisant contrôlé** (éd. 2020) préconise un remboursement dans un délai maximum de 2 mois suivant la notification. Sur les conséquences du non-respect des dispositions de la charte, voir n° 24290, a.

V. DROITS DES COTISANTS

Les cotisants disposent d'un certain nombre de garanties dans leurs rapports avec l'administration ou les Urssaf. **24460**

Ne sont abordées ci-après que les règles spécifiques applicables aux employeurs dans leurs relations avec leur Urssaf. Pour une présentation des garanties dont bénéficie l'ensemble des usagers de l'administration : droit à régularisation en cas d'erreur, droit général au contrôle, conditions générales d'application et d'opposabilité des circulaires et instructions administratives notamment, voir n° 43890.

OPPOSABILITÉ DES CIRCULAIRES

Le cotisant (employeur ou travailleur indépendant) ayant appliqué la législation relative aux cotisations et contributions sociales selon l'interprétation en vigueur admise par une **circulaire ou une instruction du ministre** chargé de la sécurité sociale **régulièrement publiée** est garanti contre tout redressement de l'organisme de recouvrement compétent qui serait fondé sur une interprétation différente. **24480** CSS art. L 243-6-2 R 243-59-8 R 243-59-9 **U-II-800 s**

Cette garantie joue tant que la législation n'a pas été modifiée ou la circulaire abrogée. Elle ne vaut donc que pour la **période de validité** des circulaires ou instructions.

Pour être opposables, les circulaires ou instructions ministérielles concernant les cotisations et contributions sociales doivent être applicables, c'est-à-dire avoir été publiées sur le site https://www.legifrance.gouv.fr/liste/circ. S'y ajoutent certaines spécificités reprises ci-après.

> Précisions **a.** Les règles du CRPA ayant un caractère supplétif, la publication de ces circulaires sur l'un des sites dédiés énumérés n° 43890, d ne paraît pas indispensable. En effet, les termes de l'article L 243-6-2 du CSS laissent penser que la publication sur le seul site de Légifrance suffit à permettre aux cotisants de les opposer aux organismes.

b. La garantie contre un redressement ne peut pas être invoquée pour demander l'**annulation d'observations pour l'avenir** (Cass. 2e civ. 24-5-2017 n° 16-15.724 F-PB : RJS 8-9/17 n° 615).

c. La **demande** de l'employeur est **recevable** tant que les sommes mises en recouvrement au titre d'une situation couverte par la circulaire ou l'instruction n'ont pas un caractère définitif. Cette demande doit être faite par tout moyen donnant date certaine à sa réception.

L'organisme de recouvrement **informe** l'employeur dans un **délai** de 2 mois à compter de la réception de cette demande, par motif de redressement, des montants annulés et des montants dont il reste redevable par tout moyen donnant date certaine à leur réception.

d. Les circulaires ministérielles peuvent être opposées aux organismes de recouvrement en cas de **demandes de rectification** des déclarations sociales ainsi qu'aux **fédérations d'institutions de retraite complémentaire** pour ce qui concerne l'application de la réduction générale de cotisations patronales, des exonérations de cotisations applicables aux structures d'aide à domicile et dans les DOM, ou de tout point de droit susceptible d'avoir une incidence sur les allégements de cotisations patronales de retraite complémentaire.

e. La portée des autres circulaires (de l'**Acoss,** des **caisses nationales** de sécurité sociale, etc.) ne fait l'objet d'aucun texte spécifique. N'ayant aucune force obligatoire, ces circulaires ne peuvent pas être opposées par les employeurs ou les assurés aux organismes de sécurité sociale. Inversement, ceux-ci ne peuvent pas non plus les opposer aux employeurs et assurés.

f. Lorsqu'une circulaire **revient sur une interprétation plus favorable** contenue dans une circulaire précédente, la situation est en principe la suivante :

– si les circulaires en cause ont une valeur réglementaire, la nouvelle circulaire s'applique, mais pour l'avenir seulement, en raison du principe de non-rétroactivité des actes réglementaires (notamment : CE 12-10-1992 n° 117227 : RJS 1/93 n° 73) ;

– si les circulaires n'ont pas de valeur obligatoire, la circulaire supprimant une tolérance instaurée par une précédente circulaire peut être appliquée par l'organisme, à l'occasion d'un contrôle, même pour une période antérieure, sauf s'il a appliqué à l'intéressé la tolérance administrative lors d'un contrôle effectué avant sa suppression. Dans ce cas, en effet, l'absence d'observations lors du précédent contrôle vaut, sous certaines conditions, accord tacite de l'Urssaf, sur lequel celle-ci ne peut revenir que pour l'avenir, voir n° 24510.

RESCRIT SOCIAL

24490 CSS art. L 243-6-3 R 243-43-2 Arrêté SANS0524648A du 19-12-2005 **U-II-1500 s**

Demande Cette procédure permet à tout cotisant, futur cotisant, ou tiers dûment mandaté, de solliciter de son organisme de recouvrement (Urssaf ou CGSS pour les DOM) une **décision explicite** sur toute demande ayant pour objet de connaître l'application à une situation précise de la législation relative aux cotisations et contributions de sécurité sociale contrôlées par cet organisme et de la lui opposer ultérieurement.

> Précisions **a.** Le cotisant ne peut pas bénéficier de la procédure de rescrit si un **contrôle** a été engagé, c'est-à-dire lorsqu'un avis de contrôle lui a été notifié, ni si un contentieux en rapport avec la demande est en cours.

b. Pour être recevable, la demande doit soumettre une **question nouvelle et sérieuse.** Elle est **adressée** par tout moyen permettant de prouver sa date de réception à l'organisme de recouvrement auprès duquel le cotisant est tenu de souscrire ses déclarations ou de s'affilier.

c. Les **organisations professionnelles et syndicales représentatives** au niveau des branches professionnelles peuvent, au nom de leurs adhérents, présenter des demandes portant sur une application spécifique des dispositions du CSS à la situation de la branche. La demande est soumise à l'Acoss et doit comporter le nom et l'adresse de l'organisation ainsi qu'une présentation précise et complète des dispositions du projet de convention, ou d'accord collectif, ou des dispositions de la convention ou de l'accord collectif.

d. La demande est **réputée complète** si, dans un délai de 20 jours à compter de sa réception, l'organisme n'a pas fait connaître à l'auteur de la demande la liste des **pièces ou informations manquantes.** Elle est **réputée caduque** en l'absence de réception de ces pièces et informations dans un délai d'un mois.

e. Toute demande d'une entreprise **hors la procédure de rescrit social** mais susceptible d'entrer dans son champ d'application et respectant son formalisme est réputée être faite dans ce cadre si elle est complète. Elle bénéficie alors du même régime juridique. Un organisme peut également se saisir de demandes incomplètes et les faire bénéficier des mêmes garanties. Il doit alors en informer le demandeur et lui indiquer les garanties dont il bénéficie au titre du rescrit.

Réponse de l'organisme L'organisme doit notifier sa décision dans un **délai de 3 mois** à compter du jour où le dossier est complet. 24495 U-II-2000 s

L'**absence de décision** de l'organisme dans le délai imparti lui interdit de procéder à un redressement fondé sur la législation au regard de laquelle devait être appréciée la situation du cotisant, pour la période comprise entre la date d'expiration du délai de réponse et la notification de la réponse explicite.

La **décision,** applicable au seul demandeur, est **opposable** pour l'avenir à l'organisme tant que la situation de fait exposée dans la demande ou la législation en cause n'ont pas été modifiées. Si le demandeur appartient à un **groupe,** au sens de l'article L 233-16 du Code de commerce (nº 9800) et si sa demande comporte expressément ces précisions, la décision s'applique à toute autre entreprise ou personne morale y appartenant dès lors que sa situation est identique à celle sur le fondement duquel la demande a été formulée.

Si la demande porte sur une application spécifique de la législation à une **branche professionnelle,** l'Acoss doit répondre dans un **délai de 4 mois** à compter de la réception de la demande complète. Toute entreprise de la branche peut s'en prévaloir.

Dans tous les cas, la réponse de l'organisme doit être **motivée et signée** par son directeur ou son délégataire. Elle mentionne les voies et délais de recours contre la décision.

> Précisions **a.** Les décisions de rescrit présentant une portée générale peuvent être **publiées** sur le site internet www.securite-sociale.fr après avoir été rendues anonymes, sur proposition du directeur de l'Acoss.

b. La décision de rescrit peut faire l'objet d'un **recours** devant la commission de recours amiable de l'organisme dans les 2 mois de sa réception dans les conditions de droit commun.

c. Certaines demandes peuvent, selon des modalités à définir par décret, faire l'objet d'une **acceptation tacite** de la part de l'organisme. L'usager peut demander une attestation de cette acceptation tacite auprès de l'autorité administrative (CRPA art. L 232-3).

d. Si une organisation professionnelle d'employeurs ou une organisation syndicale représentative formule une demande sur une **convention ou un accord collectif déposé et non étendu,** le ministre compétent suspend la procédure d'extension de l'accord. Une fois informée par le ministère de la réponse apportée par l'Acoss, l'organisation professionnelle ayant demandé l'extension de l'accord dispose de 15 jours pour faire savoir si elle maintient sa demande d'extension. À défaut de réponse, la demande d'extension est maintenue (C. trav. art. D 2261-3).

e. Les décisions prises par les organismes de recouvrement sont également opposables aux fédérations d'institutions de **retraite complémentaire** lorsqu'elles portent sur la réduction générale de cotisations patronales, ou tout point de droit susceptible d'avoir une incidence sur les allègements de cotisations patronales de retraite complémentaire ou sur les exonérations de cotisations applicables aux structures d'aide à domicile et dans les DOM.

Remise en cause de sa décision par l'organisme La nouvelle décision d'un organisme de recouvrement modifiant sa décision prise à la suite d'une demande formulée par un cotisant, un futur cotisant ou un tiers dûment mandaté doit être notifiée au cotisant par tout moyen permettant de prouver sa date de réception. Elle doit être motivée et préciser les voies et délais de recours, la faculté de saisir **l'Acoss** dans le mois suivant sa notification, les dispositions relatives à la demande d'intervention de cet organisme et les incidences de cette saisine. 24500 U-II-2150 s

Dans le cadre d'une demande formulée par une organisation professionnelle ou syndicale, si l'Acoss entend modifier pour l'avenir une décision explicite prise à la suite d'une demande de rescrit, sa nouvelle décision doit être notifiée au demandeur par tout moyen permettant de rapporter la preuve de sa date de réception. Elle doit être motivée et préciser les voies et délais de recours contre cette nouvelle décision.

> Précisions **a.** En cas de **contestation,** le cotisant peut soit saisir la commission de recours amiable dans un délai de 2 mois, soit solliciter l'arbitrage de l'Acoss. Dans ce dernier cas, le délai de 2 mois est interrompu : le cotisant peut saisir la commission après notification par l'Urssaf de la décision de l'Acoss. Si la commission est saisie avant cette notification, la demande d'arbitrage de l'Acoss devient caduque (Circ. DSS 72 du 21-2-2006, 2.9., réputée abrogée).

b. Le cotisant qui sollicite l'**arbitrage** de l'Acoss lui adresse sa demande par tout moyen permettant de prouver sa date de réception dans le mois suivant la notification de la nouvelle décision de l'organisme de recouvrement.

Il est recommandé au cotisant de joindre la copie de la décision initiale de rescrit social et celle la remettant en cause. La demande est réputée **complète** si, dans le délai d'un mois à compter de sa réception, l'Acoss n'a pas fait connaître au demandeur, par tout moyen permettant de prouver sa date de réception, la liste des pièces ou informations manquantes. L'Acoss dispose d'un **délai** de 40 jours, à compter de la date de réception de la demande complète, pour communiquer à l'organisme de recouvrement sa position sur l'interprétation à retenir. Celle-ci s'impose à l'organisme qui doit la **notifier** au cotisant dans le délai d'un mois à compter de sa réception (Circ. DSS 72 du 21-2-2006 précitée).

DÉCISIONS INDIVIDUELLES DES ORGANISMES

24510 A-I-16200 s Les organismes de recouvrement sont liés par les décisions individuelles qu'ils prennent à l'égard des cotisants (Cass. soc. 6-5-1986 n° 84-13.458 P). Ce principe s'applique, qu'il s'agisse de décisions **explicites** « informelles » prises en dehors de la procédure de rescrit social (par exemple en réponse à une question posée par un employeur à son Urssaf) ou de décisions **implicites** (n° 24515).

Pour la décision prise dans le cadre du rescrit social, voir n°s 24490 s. Sur la portée d'une transaction signée avec l'Urssaf, voir n° 24415, c.

› Précisions a. Les décisions individuelles engagent l'Urssaf à l'égard de l'employeur qui les a obtenues si elles ont été prises en **connaissance de cause,** c'est-à-dire en l'absence de fraude ou de dissimulation du bénéficiaire (Circ. Acoss 21 du 17-2-2000 ; Cass. soc. 24-3-1986 n° 84-12.896 P). Si l'Urssaf a connaissance, à l'occasion d'un procès prud'homal, de **rémunérations non déclarées** par l'employeur, elle peut procéder à un redressement de ce chef même si la période de leur versement a déjà fait l'objet d'un contrôle, peu important le caractère frauduleux ou non du comportement de l'employeur (Cass. soc. 8-7-1985 n° 83-15.961 P). La découverte de **fraudes** comptables entraînant le rejet de la comptabilité de l'employeur autorise l'Urssaf à fixer forfaitairement les cotisations en application de la règle exposée n° 24420, même pour des périodes antérieures à un précédent contrôle qui n'avait pas décelé ces fraudes (Cass. soc. 27-11-1975 n° 74-12.181 P ; 3-5-1978 n° 76-14.206 P et 20-7-1978 n° 77-17.140). Cette fixation forfaitaire ne peut pas être ultérieurement révisée, même en cas de découverte de nouvelles fraudes ayant porté sur la même période (Cass. 2e civ. 11-10-1961 n° 59-50.796 P).

b. Une décision individuelle n'engage que l'Urssaf qui l'a prise. Ainsi, la décision d'une Urssaf à l'égard d'un établissement ne peut pas être **opposée à une autre Urssaf** contrôlant un autre établissement (Cass. soc. 29-6-1995 n° 93-11.506 P et 20-7-1995 n° 93-10.088 PF : RJS 8-9/95 n° 934 ; Cass. 2e civ. 17-12-2009 n° 08-21.948 F-D). De même, l'Urssaf de liaison n'est pas liée par les décisions prises par les Urssaf territorialement compétentes (Cass. 2e civ. 14-2-2007 n° 05-16.810 FS-PB : RJS 4/07 n° 472).

Par exception, en cas de changement d'organisme de recouvrement lié à un **changement d'implantation géographique** de l'entreprise ou d'un de ses établissements, ou à la demande de l'organisme de recouvrement – cas notamment du changement opéré par l'Acoss pour les très grandes entreprises ou pour celles admises en **versement en un lieu unique** (Circ. Acoss 84 du 3-11-2009, 4.) –, le cotisant peut se prévaloir des **décisions explicites** rendues par le précédent organisme dont il relevait, auprès du nouvel organisme, s'il établit que sa situation de fait ou de droit est identique à celle prise en compte par le précédent organisme (CSS art. L 243-6-4).

c. Seule l'entreprise ayant fait l'objet de la décision peut s'en prévaloir, ce qui exclut notamment les autres sociétés du **groupe** (Cass. 2e civ. 8-7-2010 n° 09-15.782 FS-D). Un cotisant confronté à des **interprétations divergentes des Urssaf** dont relèvent ses **établissements** ou toute autre entreprise ou personne morale du groupe auquel il appartient, au sens de l'article L 233-16 du Code de commerce (n° 9800), peut toutefois demander l'intervention de l'Acoss, afin que celle-ci définisse et impose l'interprétation à appliquer (CSS art. L 243-6-1 et R 243-43-1). L'appartenance au groupe s'apprécie au jour de la demande et doit être précisée dans celle-ci (Circ. Acoss 84 du 3-11-2009, 1.).

Un cotisant peut solliciter l'arbitrage de l'Acoss en cas de divergence d'interprétation entre un ou plusieurs organismes de recouvrement, d'une part, et des fédérations d'institutions de retraite complémentaire, d'autre part, portant sur l'application de la **réduction générale de cotisations patronales,** ou tout point de droit dont l'application est susceptible d'avoir une incidence sur les allégements portant sur les cotisations patronales de retraite complémentaire ou sur les exonérations de cotisations applicables aux structures d'aide à domicile et dans les DOM.

24515 CSS art. R 243-59-7 A-I-15100 s A-I-29000 s. **Notion de décision implicite** Une décision implicite correspond à un accord tacite de l'Urssaf résultant de l'absence d'observations de sa part sur les pratiques ayant donné lieu à vérification lors d'un précédent contrôle dès lors que :

– l'organisme a eu l'occasion, au vu de l'ensemble des documents consultés, de se prononcer **en toute connaissance de cause** sur ces éléments (n° 24510, a) ;

– les **circonstances de droit et de fait** au regard desquelles les éléments ont été examinés sont **inchangées.**

› Précisions a. Le **silence seul** de l'organisme et de l'inspecteur du recouvrement ne vaut pas accord tacite (Circ. Acoss 21 du 17-2-2000, n° 221). Les circonstances doivent permettre de considérer que le silence observé par l'Urssaf lors du précédent contrôle a valeur de décision prise de son propre chef et en connaissance de cause (Cass. soc. 5-6-1997 n° 95-17.763 P : RJS 8-9/97 n° 1023).

Si un **précédent contrôle** a été momentanément **interrompu,** sans être finalisé ni avoir donné lieu à une quelconque lettre d'observations, l'employeur ne peut pas se prévaloir d'un accord implicite (CA Aix-en-Provence 14-10-2014 n° 13/05462). L'**annulation d'un redressement** par la commission de recours amiable n'a pas pour effet de valider les pratiques de l'employeur, lequel ne peut se prévaloir d'un accord tacite de ce fait (Cass. 2e civ. 9-5-2019 n° 18-15.435 F-PBI : RJS 7/19 n° 455).

b. Un cotisant ne peut pas se prévaloir d'un accord tacite de l'Urssaf lors d'un contrôle antérieur pour s'opposer à un redressement consécutif à un constat de **travail dissimulé** (Cass. 2e civ. 4-4-2019 n° 18-13.786 F-PBI : RJS 6/19 n° 376).

c. La **preuve** de l'accord tacite incombe à l'employeur (Cass. 2e civ. 1-7-2003 n° 01-20.498 F-P : RJS 10/03 n° 1218 ; 28-1-2010 n° 08-21.783 FS-PB : RJS 4/10 n° 377 ; 26-11-2015 n° 14-26.017 : RJS 3/16 n° 203). La **lettre d'observations** constitue une pièce décisive (Circ. Acoss 21-1 du 29-2-2000).

EXEMPLE 24517

Constituent des décisions prises en connaissance de cause le silence de l'agent lorsqu'il a pris connaissance des **livres de comptabilité** et des **bulletins de paie** sur lesquels figurait l'indemnité litigieuse (Cass. soc. 24-6-1993 n° 90-16.773 D : RJS 10/93 n° 1026), du relevé comptable des sommes versées à une même catégorie de bénéficiaires (Cass. 2e civ. 22-1-2009 n° 07-19.038 FS-PB : RJS 3/09 n° 275) ou lorsqu'il a consulté les procès-verbaux des réunions du directoire et des représentants du personnel instituant ou rappelant l'avantage litigieux (Cass. 2e civ. 10-9-2009 n° 08-17.126 F-D).

En revanche, le fait d'avoir pris connaissance de bulletins de paie mentionnant des indemnités pour frais de déplacement professionnel ne suffit pas à prouver qu'il a vérifié que les conditions de leur exonération étaient réunies (Cass. 2e civ. 19-4-2005 n° 03-30.718 FS-PB : RJS 6/05 n° 661). Même solution en cas d'examen de bulletins de paie faisant état de retenues pour achat d'actions de la société mère à un tarif préférentiel (Cass. 2e civ. 28-1-2010 n° 08-21.783 FS-PB : RJS 4/10 n° 377).

Remise en cause d'une décision L'organisme de recouvrement peut remettre en cause les décisions individuelles prises à l'égard du cotisant, mais seulement pour l'avenir, à condition de lui notifier sa nouvelle position (Cass. soc. 6-5-1986 n° 84-13.458 P ; 19-9-1991 n° 88-20.483 P : RJS 10/91 n° 1137). Un redressement pour la période antérieure au changement est donc impossible. 24520 A-I-16850 s

› Précisions a. Le principe de non-rétroactivité s'applique si l'Urssaf modifie son **interprétation** des textes ou prend une nouvelle position résultant d'une **évolution jurisprudentielle** (Cass. soc. 18-7-1997 n° 95-10.174 D : RJS 10/97 n° 1133).

b. Vaut **notification** d'une décision nouvelle la position adoptée par l'Urssaf au cours d'un redressement de cotisations (Cass. soc. 1-12-1994 n° 92-14.219 P : RJS 1/95 n° 55 ; 10-1-2002 n° 00-13.541 FS-P : RJS 3/02 n° 324), mais pas la diffusion aux employeurs d'instructions ministérielles à caractère général par l'Urssaf (Cass. soc. 27-6-1991 n° 89-10.147 P : RJS 8-9/91 n° 1010), d'une lettre ministérielle par l'Acoss (Cass. 2e civ. 22-1-2009 n° 07-19.038 FS-PB : RJS 3/09 n° 275) ou d'une circulaire sans portée normative (Cass. 2e civ. 9-7-2015 n° 14-18.686 F-PB : RJS 10/15 n° 666).

AUTRES MOYENS DE DÉFENSE

Le cotisant peut aussi s'opposer aux redressements liés à la **requalification d'un non-salarié** en salarié, puisque celle-ci ne vaut que pour l'avenir (n° 4220) et se prévaloir de la sécurisation par l'administration des accords de participation, d'intéressement ou des plans d'**épargne salariale** (n° 34160 s.). 24530

Sur l'opposabilité d'une décision prise lors d'un précédent contrôle, voir n° 24515, et de la charte du cotisant contrôlé, voir n° 24290, a.

Sur la **contestation** par l'employeur **de la compétence** de l'agent chargé du contrôle, voir n° 24220, b.

VI. RECOUVREMENT CONTENTIEUX

A. Mise en demeure

MODALITÉS ET EFFETS

Toute action aux fins de recouvrement de cotisations ou majorations doit être précédée, à peine de nullité (Cass. 2e civ. 21-2-2008 n° 07-11.963 F-PB : RJS 5/08 n° 591), de l'envoi au débiteur, par tout moyen donnant date certaine à sa réception, d'une mise en demeure l'invitant à régulariser sa situation dans le mois. Ce n'est qu'à l'expiration de ce **délai** que des poursuites peuvent être engagées. 24600 CSS art. L 244-2 R 244-1 R 243-59-9 C-VI-25100 s

› Précisions La mise en demeure interrompt le cours de la **prescription des cotisations** (n° 24270). Le **défaut de réception effective** par le débiteur de la mise en demeure qui lui a été régulièrement adressée n'empêche pas l'interruption de la prescription (Cass. ass. plén. 7-4-2006 n° 04-30.353 : RJS 6/06 n° 772) et n'affecte ni la validité de la mise en demeure ni celle de la procédure de redressement (Cass. 2e civ. 17-12-2009 n° 08-21.852 ; 11-7-2013 n° 12-18.034 : RJS 11/13 n° 760).

CONTENU

24605 CSS art. L 244-2 R 244-1 C-VI-26000 s

La mise en demeure précise la **cause,** la **nature** et le **montant** des cotisations réclamées ainsi que la **période** à laquelle elles se rapportent. À défaut, le cotisant peut en demander l'annulation sans avoir à justifier d'un préjudice (Cass. soc. 19-3-1992 n° 88-11.682 : RJS 5/92 n° 671 ; 2-12-1993 n° 91-16.576 : RJS 1/94 n° 78).

Elle doit aussi mentionner :

– le **délai de paiement,** à peine de nullité (Cass 2e civ. 19-12-2019 n° 18-23.623 F-PBI : RJS 3/20 n° 151) ;

– la **dénomination de l'organisme** émetteur, à peine de nullité (Avis C. cass. 22-3-2004 n° 0040002P : RJS 6/04 n° 748 ; Cass. 2e civ. 5-7-2005 n° 04-30.196 : RJS 10/05 n° 1032) ;

– les **majorations et pénalités** s'appliquant aux sommes réclamées et, si elle ne porte que sur des majorations de retard, à peine de nullité, la nature et le montant des cotisations auxquelles ces majorations se rapportent (Cass. 2e civ. 4-4-2018 n° 17-15.093 F-PB : RJS 6/18 n° 441).

Enfin, si elle est établie **à la suite d'un contrôle,** elle doit en outre, au titre des différentes périodes annuelles contrôlées, mentionner :

– les montants notifiés dans la lettre d'observations, éventuellement corrigés suite aux échanges entre le cotisant et l'agent de contrôle, et tenant compte des sommes déjà réglées ;

– la référence et les dates de la lettre d'observations et du dernier courrier établi par l'agent de contrôle.

La mise en demeure ne peut concerner que des **cotisations non prescrites** (n° 24270) ou des majorations et pénalités non prescrites (n° 24053). Toutefois, en présence d'un montant global incluant des cotisations ou majorations prescrites, la mise en demeure reste valable pour celles qui ne le sont pas (Cass. soc. 16-1-2003 n° 01-21.260 : RJS 5/03 n° 663).

› Précisions **a.** En cas de redressement suite à contrôle, la mise en demeure peut ne pas comporter les **motifs du redressement** si ceux-ci ont été portés à la connaissance du cotisant dans la lettre d'observations (Cass. 2e civ. 21-10-2010 n° 09-17.042 : RJS 1/11 n° 71) et si elle fait référence à cette lettre (Cass. 2e civ. 30-6-2011 n° 10-20.416 : RJS 11/11 n° 898). En revanche, n'est pas valable la mise en demeure se référant à des « chefs de redressement précédemment communiqués » dont elle ne précise pas la date de notification (Cass. 2e civ. 10-5-2005 n° 03-30.689 : RJS 10/05 n° 1032).

b. La mention « absence de versement » est une motivation suffisante dans une mise en demeure pour le recouvrement de cotisations **déclarées mais non réglées** (Cass. 2e civ. 24-5-2017 n° 16-16.703 F-D : RJS 8-9/17 n° 618).

c. La mise en demeure **non chiffrée ou chiffrée à un euro** n'est pas valable (Cass. soc. 12-10-1995 n° 93-14.001 : RJS 11/95 n° 1170).

d. L'omission des nom, prénom et qualité du **signataire** n'affecte pas la validité de la mise en demeure (Avis C. cass. 22-3-2004 n° 0040002P : RJS 6/04 n° 748 ; Cass. 2e civ. 5-7-2005 n° 04-30.196 : RJS 10/05 n° 1032). Il en va de même de l'absence de mention ou de la mention insuffisante ou erronée de la **voie de recours** ouverte, de son délai ou de ses modalités, cette absence ou insuffisance ayant pour seul effet de ne pas faire courir le délai de recours (Cass. 2e civ. 28-5-2020 n° 19-12.503 F-PBI : RJS 7/20 n° 376).

CONTESTATION

24610 La mise en demeure peut être contestée devant la commission de **recours amiable** (CRA) de l'Urssaf puis, le cas échéant, devant le **tribunal judiciaire** (nos 15460 s.). Le recours amiable préalablement à la saisine du juge est obligatoire, même si la mise en demeure concerne des majorations de retard portant sur des cotisations contestées (Cass. 2e civ. 20-6-2019 n° 17-18.061 F-PBI : RJS 11/19 n° 656).

Si la mise en demeure est **annulée,** le cotisant n'est plus tenu de payer les sommes qui y sont réclamées et peut, s'il les a déjà réglées, en obtenir le remboursement (Cass. 2e civ. 20-12-2018 n° 18-11.546 F-D : RJS 3/19). Néanmoins, si ces sommes ne sont pas encore prescrites et que la cause de la nullité peut être régularisée, l'Urssaf peut émettre une nouvelle mise en demeure. Pour un exemple, voir n° 24350, a.

Le recours contre la mise en demeure ne suspend pas le délai imparti à l'Urssaf pour entamer les poursuites (n° 24630, a) et notamment pour signifier une **contrainte.** Si une contrainte lui a été signifiée, le cotisant ne peut pas contester la mise en demeure s'il n'a pas formé **opposition** dans les délais requis (Cass. 2e civ. 16-6-2016 n° 15-12.505 FS-PB : RJS 10/16 n° 657). Sur la possibilité de former opposition à contrainte en l'absence de recours, voir n° 24645, c.

> Précisions **a.** **Après un contrôle,** c'est la mise en demeure, et non la communication des observations de l'agent de contrôle, qui fait courir les délais de recours (Cass. soc. 21-3-1996 nº 94-15.696 : RJS 5/96 nº 595). Elle ne peut pas être émise avant l'expiration du délai de réponse accordé à l'employeur (voir nº 24335). L'irrégularité de la composition de la CRA ne fait pas obstacle au redressement (Cass. 2e civ. 21-6-2018 nº 17-27.756 FS-PBRI : RJS 10/18 nº 639).

b. Un employeur ayant contesté une mise en demeure devant la CRA peut en **soulever la nullité devant le juge** même s'il ne l'a pas fait lors du recours amiable (Cass. 2e civ. 14-9-2006 nº 05-10.919 : RJS 11/06 nº 1221).

c. Le cotisant dont l'**opposition à contrainte** est déclarée **irrecevable** ne peut pas contester, par un recours contre la mise en demeure, la régularité et le bien-fondé du redressement faisant l'objet de la contrainte (Cass. 2e civ. 9-3-2017 nº 16-11.167 F-PB : RJS 5/17 nº 371).

B. Recouvrement forcé

PROCÉDURE

Si, au terme du **délai** imparti par la mise en demeure, le cotisant n'a pas régularisé sa situation, l'Urssaf peut entamer des poursuites en délivrant une **contrainte** ou en introduisant une **action devant le tribunal judiciaire** ou une action civile devant les **tribunaux répressifs.** **24630** CSS art. L 133-3 D 133-1 L 244-8-1 L 244-11 C-VI-25000 s

> Précisions **a.** L'Urssaf dispose, pour mettre en œuvre les poursuites, de 3 ans (5 ans en cas de travail illégal) à compter de l'expiration du **délai** d'un mois imparti à l'employeur par la mise en demeure pour régulariser sa situation. La saisine de la CRA de l'Urssaf ne suspend pas ce délai (Cass. 2e civ. 3-4-2014 nº 13-15.136 : RJS 6/14 nº 519 ; Cass. 2e civ. 10-3-2016 nº 15-12.506 F-D : RJS 5/16 nº 368).

b. Les Urssaf sont autorisées à ne pas recouvrer leurs **créances de faible montant,** soit en 2021, celles inférieures à 44 €.

24635

Mesures Covid-19

Sauf constat de travail illégal, les **délais** régissant le recouvrement des cotisations et contributions sociales non versées à leur date d'échéance, ainsi que ceux régissant le contrôle et le contentieux subséquents **ont été suspendus** du 12-3-2020 au 30-6-2020 inclus (Ord. 2020-312 du 25-3-2020 art. 4 modifié : FRS 11/20 inf. 2 p. 5). Ainsi, les délais ont cessé de courir pendant cette période mais ceux ayant déjà couru n'ont pas été effacés. Par exemple, si l'Urssaf disposait encore, au 12-3-2020, de 2 ans pour mettre en œuvre des poursuites, elle dispose désormais de 2 ans à partir du 1-7-2020 pour les mettre en œuvre.

Contrainte La contrainte est une procédure extrajudiciaire conçue pour faciliter et accélérer le recouvrement des cotisations et majorations. Elle est **notifiée** au débiteur par tout moyen permettant de rapporter la preuve de sa réception ou lui est **signifiée** par acte d'huissier. **24640** CSS art. L 244-9 L 244-11 R 133-3 à R 133-7 C-VI-28500 s

À défaut d'opposition du cotisant, la contrainte comporte tous les **effets** d'un jugement (Cass. 2e civ. 31-5-2006 nº 04-30.612 : RJS 8-9/06 nº 990) et confère à l'Urssaf le bénéfice d'une hypothèque judiciaire. Ses **frais** de signification et tous les actes de procédure nécessaires à son exécution sont à la charge du débiteur (sauf opposition jugée fondée).

> Précisions **a.** À peine de nullité, la **contrainte doit permettre** à l'employeur de connaître la nature et le montant des cotisations réclamées et la période à laquelle elles se rapportent (Cass. soc. 19-3-1992 nº 88-11.682 PF : RJS 5/92 nº 671). La **signature** de la contrainte peut être numérisée (Cass. 2e civ. 28-5-2020 nº 19-11.744 F-PBI : RJS 7/20 nº 375).

b. À peine de nullité, l'acte d'huissier ou l'acte de **notification** doit **mentionner** la référence de la contrainte et son montant, le délai d'opposition, l'adresse du tribunal compétent et les formes requises pour le saisir. Doit donc être annulée la signification mentionnant un montant différent de celui de la contrainte sans comporter de décompte permettant de justifier cette différence (Cass. 2e civ. 15-6-2017 nº 16-10.788 F-PB : RJS 10/17 nº 707). Sur l'information relative à l'obligation de motiver l'opposition, voir nº 24645, a.

c. Le délai de prescription de l'action en **exécution de la contrainte** non contestée et devenue définitive est de 3 ans (5 ans en cas de travail illégal) à compter de la date à laquelle la contrainte a été notifiée ou signifiée, ou un acte d'exécution signifié en application de cette contrainte.

Opposition à contrainte L'employeur peut former opposition à contrainte, **dans les 15 jours** de sa signification, pour **contester soit** ses conditions de délivrance, soit le montant ou la réalité de la dette elle-même. L'opposition doit être **motivée.** Elle **s'opère par** inscription au secrétariat du tribunal judiciaire dans le ressort duquel le cotisant est domicilié ou par lettre recommandée avec avis de réception adressée à ce secrétariat. **24645** CSS art. R 133-3 R 133-5 C-VI-30000 s

› **Précisions** **a.** L'opposition **non motivée** est recevable si le cotisant n'a pas été informé de son obligation de la motiver par l'acte de signification de la contrainte (Cass. 2e civ. 23-3-2004 no 02-30.119 : RJS 6/04 no 765).
b. L'opposition à contrainte postée dans le délai de **15 jours** est recevable même si elle n'est parvenue à la juridiction qu'après l'expiration de ce délai (Cass. 2e civ. 21-2-2008 no 06-20.614 : RJS 5/08 no 593). Ce délai de 15 jours est inopposable au cotisant si l'acte de signification n'indique pas ou indique de façon incomplète ou erronée le délai dans lequel l'opposition doit être formée, l'adresse du tribunal compétent et les formes requises pour sa saisine (Cass. 2e civ. 21-6-2018 no 17-16.441 F-PB : RJS 11/18 no 691).
c. Devant le tribunal, c'est à l'opposant à contrainte de **prouver** le caractère infondé de la créance de l'Urssaf (Cass. 2e civ. 19-12-2013 no 12-28.075 : RJS 3/14 no 274). Si la qualité du signataire de la contrainte est contestée, l'Urssaf doit justifier que le signataire en détenait le pouvoir (Cass. 2e civ. 12-3-2020 no 19-13.045 F-PBI : RJS 5/20 no 261).
d. L'**opposition est possible même si** la contrainte n'a pas été notifiée ou signifiée au débiteur (Cass. 2e civ. 24-5-2017 no 16-18.372 F-PBI : RJS 8-9/17 no 626) ou si le débiteur n'a pas contesté sa dette auprès de la CRA dans les 2 mois suivant la notification de la mise en demeure (Cass. soc. 23-2-1995 no 93-14.568 : RJS 4/95 no 429 ; 12-6-1997 no 95-17.330 : RJS 8-9/97 no 1025). En revanche, dès lors qu'il a été dûment informé des voies et délais de recours qui lui sont ouverts, le cotisant qui n'a pas contesté en temps utile la mise en demeure, ou la décision de la CRA saisie à la suite de la notification de la mise en demeure, n'est pas recevable à contester, à l'appui de l'opposition à contrainte, la régularité et le bien-fondé des sommes réclamées (jurisprudence constante). Il en va ainsi même si le cotisant a formé opposition avant même que la CRA ne rende sa décision (Cass. 2e civ. 4-4-2019 no 18-12.014 F-PBI : RJS 6/19 no 379).
e. Sur la possibilité de contester une mise en demeure sur les points faisant l'objet de la contrainte en l'**absence d'opposition** à contrainte ou lorsque l'opposition à contrainte a été **déclarée irrecevable** : voir no 24610.

GARANTIES DE PAIEMENT

24650 CSS art. L 243-4 L 243-5 C-VI-33000 s

La créance de l'Urssaf (cotisations, majorations et pénalités de retard) est garantie par un **privilège** sur les biens meubles du débiteur et par une **hypothèque** légale sur ses biens immeubles.

Comme tout créancier, l'Urssaf bénéficie d'une hypothèque judiciaire pour l'exécution des jugements en sa faveur (C. civil art. 2412 s.), peut éventuellement se faire consentir une hypothèque conventionnelle ou d'autres garanties (cautionnement, cession de créances…) et recourir à des **mesures conservatoires** (C. exécution art. L 511-1 s.).

› **Précisions** **a.** Dès lors qu'elles dépassent un montant fixé par l'article D 243-3 du CSS, les **créances privilégiées** dues par un commerçant, un artisan, un travailleur indépendant (y compris en libéral) ou une personne morale de droit privé doivent donner lieu à **inscription**, au terme du trimestre civil suivant leur date limite de paiement ou, en cas de redressement suite à contrôle, au terme du semestre civil suivant la mise en demeure. Cette inscription peut être requise même si le débiteur conteste la créance (Cass. 2e civ. 13-2-2014 no 13-12.211 : RJS 4/14 no 349). L'Urssaf n'est pas tenue d'inscrire ses créances privilégiées si le débiteur respecte un plan d'apurement échelonné de sa dette. Si le plan est dénoncé, l'inscription doit être requise dans les 2 mois. Pour les autres créances, cette inscription, facultative, doit être demandée dans les mêmes délais (CSS art. R 243-50).
b. Si elle est munie d'un titre exécutoire, l'Urssaf peut utiliser l'**opposition à tiers détenteur** (CSS art. L 133-4-9). En cas de procès-verbal de **travail dissimulé,** voir no 79545.

PROCÉDURES COLLECTIVES

24655 C. com. art. L 622-17 L 622-21, L 622-22 L 631-14 L 641-3 C-VI-36500 s

Le jugement d'ouverture de la procédure de sauvegarde, de redressement ou de liquidation judiciaire interrompt ou interdit toute action en justice tendant au paiement d'une somme d'argent de la part de tout créancier, y compris l'Urssaf, dont la **créance est antérieure au jugement.** Il arrête ou interdit aussi toute procédure d'exécution de la part de ces créanciers. Les délais impartis à peine de déchéance ou de résolution des droits sont en conséquence interrompus.

Est antérieure au jugement la créance de cotisations afférentes à la rémunération d'un travail effectué avant ce jugement (Cass. soc. 19-10-2000 no 98-22.798 : RJS 1/01 no 101).

› **Précisions** **a.** L'ouverture de la procédure n'interdit pas à l'Urssaf de délivrer une **contrainte pour une créance antérieure** ni au débiteur d'y faire opposition. Mais la validation de la contrainte par le juge ne peut pas s'accompagner d'une condamnation à paiement (Cass. 2e civ. 7-5-2015 no 14-16.680 : RJS 7/15 no 526).
b. Les **créances nées après le jugement** d'ouverture des procédures de sauvegarde et redressement judiciaires doivent être payées à leur échéance normale. À défaut, l'Urssaf peut les réclamer selon les voies et procédures habituelles.

CSG ET CRDS SUR REVENUS D'ACTIVITÉ ET DE REMPLACEMENT

SOMMAIRE

A. Caractères généraux

Les **revenus d'activité et de remplacement** sont assujettis : **25000** C-IV-300 s
– à la CSG (contribution sociale généralisée), instituée à titre permanent pour diversifier les sources de financement de la sécurité sociale ;
– à la CRDS (contribution au remboursement de la dette sociale), instaurée à titre temporaire jusqu'à extinction de la dette de la sécurité sociale.

L'**assiette** de ces deux contributions, presque identique, comprend l'ensemble des revenus des personnes physiques, sous réserve d'exonérations de portée limitée.

ATTENTION

Les dispositions relatives à la CSG et à la CRDS font référence à la fois aux textes fiscaux et de sécurité sociale, mais les mécanismes sociaux sont largement prédominants.

La CSG et la CRDS frappent aussi les **revenus du capital** (revenu du patrimoine et produits de placement). La question est étudiée dans notre Mémento fiscal nos 34430 s.

PERSONNES ASSUJETTIES

Sont assujetties les **personnes physiques** qui sont **à la fois** considérées comme fiscalement **domiciliées en France** en vertu de l'article 4 B du CGI ou des conventions internationales (Mémento fiscal nos 420 s.) et à la charge, à quelque titre que ce soit, d'un régime obligatoire français d'**assurance maladie.** **25010** CSS art. L 136-1 Ord. 96-50 du 24-1-1996 art. 14 C-IV-2000 s

› Précisions a. La **domiciliation fiscale** s'apprécie au **moment** de la perception du revenu susceptible d'être assujetti (Circ. DSS 16-1-1991 : BOSS 3-91 réputée abrogée ; Circ. DSS 17-7-2001 : BOSS 32-01 réputée abrogée).

La personne **non domiciliée fiscalement en France** doit en apporter la **preuve** à l'entreprise chargée du précompte (Circ. DSS 16-1-1991 réputée abrogée ; Circ. DSS 17-7-2001 : BOSS 32-01 réputée abrogée).

Elle n'a pas à acquitter la CSG et la CRDS, même si elle est assujettie à un régime français d'assurance maladie, mais elle est alors redevable d'une cotisation salariale d'assurance maladie à un taux majoré : voir nos 90030 (revenus salariaux) et 68370 (retraites). Cette règle vaut pour la rémunération des **activités salariées exercées en France** par une personne fiscalement domiciliée à l'étranger, même lorsque cette rémunération est imposable en France en vertu d'une convention fiscale prévoyant l'imposition des traitements et salaires privés dans l'État d'exercice de l'activité professionnelle (Rép. Dolez : AN 10-11-1997).

La Cour de cassation considère, pour sa part, que le ressortissant d'un État membre de l'UE exerçant son activité salariée ou non salariée en France et résidant sur le territoire d'un autre État membre est soumis aux contributions, sauf s'il est affilié à un régime de sécurité sociale dans un autre État membre en application des règlements de coordination de sécurité sociale

(Cass. 2e civ. 8-3-2005 no 03-30.700 FS-PB : RJS 6/05 no 664). Cette solution nous semble contestable, car elle contredit les dispositions de notre droit interne plaçant hors du champ de la CSG et de la CRDS les personnes fiscalement domiciliées hors de France.

b. La CSG et la CRDS ne sont pas dues si le titulaire des revenus n'est pas obligatoirement assujetti à un **régime français d'assurance maladie,** même s'il est fiscalement domicilié en France. L'exonération concerne au premier chef les **salariés frontaliers** travaillant à l'étranger et assujettis au régime d'assurance maladie de leur lieu de travail, ainsi que ceux travaillant en Suisse et affiliés en France au régime général de la sécurité sociale (CSS art. L 380-3-1 et L 136-1-1, III-7o).

Elle est également applicable aux **salariés détachés** en France depuis un autre État pendant la période de maintien au régime d'assurance maladie du pays d'origine et aux salariés détachés de France vers un État étranger à partir du moment où ils deviennent assujettis au régime local d'assurance maladie.

25020 C-IV-2500 s **Revenus de source étrangère** Les revenus d'activité et de remplacement de source étrangère imposables en France à l'impôt sur le revenu sont en principe soumis à la CSG et à la CRDS si leurs titulaires répondent au double critère d'assujettissement. Le **recouvrement** des contributions est confié aux services fiscaux, auxquels les revenus de source étrangère doivent être déclarés (CSS art. L 136-5, II bis) et non pas aux Urssaf sauf, s'agissant de revenus d'activité, si les deux contributions ont été précomptées par l'employeur (CE 4-6-2007 no 269449 : RJS 8-9/07 no 991).

Ces revenus échappent toutefois à la CSG et à la CRDS s'ils ne sont **pas imposables** en France en vertu d'une convention fiscale (CJCE 3-4-2008 aff. 103/06 : RJS 6/08 no 738 ; CA Paris 6-11-2008 no 03-43012 : RJS 3/09 no 279). Mais ils sont, en contrepartie, assujettis à un taux majoré de cotisation d'assurance maladie (voir nos 90030 pour les revenus salariaux et 68370 pour les retraites).

› Précisions En vertu du **principe général d'unicité de législation de sécurité sociale,** applicable à la CSG et à la CRDS sur les revenus d'activité et de remplacement (CJCE 15-2-2000 aff. 169/98 : RJS 3/00 no 347), un revenu de source étrangère perçu par un contribuable fiscalement domicilié en France n'est pas assujetti à ces contributions si l'intéressé prouve avoir déjà subi un prélèvement social dans un autre État membre (ou dans un État relevant des dispositions du règlement européen de coordination des systèmes de sécurité sociale, tel la Suisse).

Le Conseil d'État a toutefois jugé qu'un tel contribuable ne peut pas contester l'assujettissement à la CSG et à la CRDS d'une **pension** de droit suisse perçue en sa qualité d'ayant droit de son conjoint décédé, dès lors qu'il perçoit également une pension de retraite de source française, et qu'il n'a pas été placé dans une situation moins favorable que celle des assurés demeurés en France pour y exercer la totalité de leur activité, susceptible de caractériser une **entrave à la libre circulation des travailleurs** (CE 24-7-2019 no 416662 : RJS 11/19 no 653).

TAUX ET DÉDUCTIBILITÉ

25025 CSS art. L 136-8 Ord. 96-50 du 24-1-1996 art. 19 CGI art. 154 quinquies, I **C-IV-500 s et 1300 s**

Due au taux de 0,5 %, la **CRDS** n'est pas déductible au titre de l'impôt sur le revenu.

La **CSG** est due au taux et est déductible au regard de l'impôt sur le revenu dans les proportions indiquées ci-dessous.

Catégories de revenus	Taux	Déductibilité
Revenus d'activité (salaires et revenus non salariaux) Indemnités complémentaires aux indemnités journalières de sécurité sociale (IJSS) versées par les employeurs ou pour leur compte	9,2 %	6,8 %
Allocations de préretraite ou de cessation anticipée d'activité ayant pris effet (1)(3) : – depuis le 11-10-2007 – avant le 11-10-2007	 9,2 % 8,3 %	 6,8 % 5,9 %
Pensions de retraite et d'invalidité dont les bénéficiaires ont un revenu fiscal de référence 2019 (2)(3) : – supérieur ou égal à 23 147 € – supérieur à 14 914 € mais inférieur à 23 147 €	 8,3 % 6,6 %	 5,9 % 4,2 %

Catégories de revenus	Taux	Déductibilité
Indemnités d'activité partielle – Indemnité légale	6,2 %	3,8 %
– Indemnité complémentaire due au titre des périodes d'emploi de 2021 (4) :		
• Fraction versée dans la limite globale (indemnité légale + indemnité complémentaire) de 3,15 Smic	6,2 %	3,8 %
• Fraction excédentaire	9,2 %	6,8 %
Indemnités versées pendant un congé de reclassement ou un congé de mobilité perçues à compter du 1-1-2021 (5)	6,2 %	3,8 %
Allocations de chômage (3)		
IJSS	6,2 %	3,8 %
Allocations journalières de proche aidant (nº 11995)		

(1) Loi 2007-1786 du 19-12-2007 art. 16, II.
(2) Pour une personne célibataire et sans enfant : Site internet www.legislation.cnav.fr
(3) Le taux de CSG sur les revenus de remplacement peut être ramené à 3,8 % dans certains cas : voir nº 25270 (pensions de retraite et d'invalidité) et nº 25280 (allocations de chômage et de préretraite). Dans ce cas, la CSG est intégralement déductible.
(4) Indemnité due par l'employeur en application d'un accord collectif ou d'une décision unilatérale (Loi 2020-1576 du 14-12-2020 art. 8, IV).
(5) C. trav. art. L 1233-72 et L 1237-18-3.

ATTENTION

La CSG précomptée sur les **revenus** d'activité ou de remplacement à la fois **exonérés d'impôt sur le revenu et des cotisations de sécurité sociale** n'est pas fiscalement déductible (BOI-RSA-BASE-30-30 nos 80 s.). En application de ce principe, la CSG sur les indemnités de rupture du contrat de travail ou du mandat social exonérées de ces prélèvements n'est pas déductible. En revanche, celle due sur la fraction exonérée d'impôt sur le revenu mais assujettie aux cotisations de sécurité sociale l'est (BOI-RSA-BASE-30-30 nº 100).

Par exception, la CSG frappant les **contributions patronales de retraite supplémentaire et de prévoyance complémentaire,** y compris le remboursement des frais de santé, est déductible dans tous les cas à hauteur de 6,8 % (BOI-RSA-BASE-30-30 nº 120). Sur la déductibilité de la CSG due au titre des **heures supplémentaires et complémentaires,** voir nº 41500.

SANCTIONS, CONTRÔLE ET CONTENTIEUX

La CSG et la CRDS obéissent aux règles applicables aux **cotisations de sécurité sociale** concernant les garanties, majorations et pénalités (nos 24050 s.), leur contrôle (nos 24200 s.), leur délai de prescription (nos 24270 s.) et le contentieux (nos 15460 s.). **25030** CSS art. L 136-5 Ord. 96-50 du 24-1-1996 art. 14 **C-IV-3300 s**

> Précisions **a.** Par exception, les jugements des tribunaux judiciaires statuant en matière de CSG et de CRDS sont toujours susceptibles d'**appel**.
b. Les litiges relatifs aux contributions dues sur les revenus d'activité ou de remplacement de **source étrangère** relèvent de la compétence des juridictions administratives (pour la CRDS : CE 4-6-2007 nº 269449 : RJS 8-9/07 nº 991 ; pour la CSG : CE 24-7-2019 nº 416662 : RJS 11/19 nº 653).

B. Salaires et assimilés

SALAIRES ASSUJETTIS

Sont assujettis à la CSG et à la CRDS sur les revenus d'activité **toutes les sommes,** avantages et accessoires en nature ou en argent, dus **en contrepartie ou à l'occasion d'un travail,** quelles qu'en soient la dénomination, la qualité de celui qui les attribue et que cette attribution soit directe ou indirecte. **25100** CSS art. L 136-1-1, I Ord. 96-50 du 24-1-1996 art. 14 **C-IV-4050 s et 6600 s**

Ainsi, en principe, l'ensemble des sommes ou avantages accordés aux salariés ou assimilés en raison de leur appartenance à l'entreprise est soumis à CSG et CRDS sur les revenus d'activité. Par exception les sommes allouées en remboursement de **frais professionnels** en sont affranchies sous certaines conditions et limites prévues pour les cotisations de sécurité sociale (nos 22605 s.), car elles ne constituent pas un revenu d'activité.

Si la rémunération est exclusivement composée d'**avantages en nature,** les contributions ne sont pas dues.

Les revenus tirés des activités d'**artistes-auteurs** relevant de l'Agessa ou de la Maison des artistes sont assujettis à la CSG et la CRDS sur une base identique à celle de la cotisation personnelle de sécurité sociale sous réserve de la déduction forfaitaire pour frais : voir nº 25110.

S'agissant des **apprentis,** voir nº 3430.

Pour les **indemnités complémentaires d'activité partielle**, voir nº 25260, b.

ASSIETTE

25105 L'assiette de la CSG et de la CRDS sur les salaires, d'une part, et celle des cotisations de sécurité sociale, d'autre part, sont en principe les mêmes. Toutefois, certains éléments expressément exonérés de cotisations sont soumis à la CSG et à la CRDS : voir nos 25120 s. Par conséquent, ils sont en principe assujettis au **forfait social** : voir nos 84300 s.

L'identité d'assiette s'applique, en particulier, aux **indemnités pour frais professionnels.** Les indemnités passibles des cotisations en raison de l'application d'une déduction forfaitaire spécifique pour frais (inapplicable à la CSG et la CRDS : nº 25110, b) restent toutefois exclues de l'assiette de la CSG et de la CRDS.

Il en est de même des règles relatives à l'évaluation des **avantages en nature,** aux **assiettes forfaitaires** (l'option retenue devant être identique pour un même salarié pour la CSG, la CRDS et les cotisations) et à l'**assiette minimum** (la base de la CSG et de la CRDS pouvant être ramenée à un montant inférieur à l'assiette minimum par le jeu de la déduction de 1,75 %).

DÉDUCTION FORFAITAIRE POUR FRAIS PROFESSIONNELS

25110 Il est opéré sur l'assiette de la CSG et de la CRDS une déduction forfaitaire spécifique représentative de frais professionnels de 1,75 %.

CSS art. L 136-2, I Ord. 96-50 du 24-1-1996 art. 14 **C-IV-7050 s**

Celle-ci **concerne** uniquement les salaires proprement dits, les revenus d'artistes-auteurs assimilés fiscalement à des salaires, les allocations de chômage et les indemnités d'activité partielle. Elle s'applique de plein droit sans qu'il soit nécessaire de justifier de l'existence de frais. Elle ne joue pas en cas d'application d'une assiette forfaitaire.

Son **assiette** est limitée à **4 plafonds de la sécurité sociale** (164 544 € pour une année entière en 2021).

› Précisions a. La **valeur du plafond** à retenir lors de chaque paie pour le calcul de la déduction est celle en vigueur pendant la période au titre de laquelle ces sommes sont attribuées (nº 23595). Les **règles de calcul et de proratisation** du plafond sont identiques à celles applicables aux cotisations de sécurité sociale (Circ. DSS 30-12-2011 : BOSS 2-12 réputée abrogée) : sur ces règles, voir nos 23365 s. (cas général) et nos 77465 s. (temps partiel). De même, la **régularisation** du plafond obéit aux règles prévues pour les cotisations de sécurité sociale dues dans la limite du plafond (Circ. DSS 30-12-2011 : BOSS 2-12 réputée abrogée) : voir nº 23420.

b. Les **déductions forfaitaires spécifiques réservées à certaines professions** (VRP, ouvriers du bâtiment, travailleurs à domicile, etc.) ne sont pas applicables pour le calcul de la CSG et de la CRDS. Les employeurs ayant opté pour ces déductions au regard de la sécurité sociale doivent donc asseoir la CSG et la CRDS sur le salaire avant déduction forfaitaire spécifique (sans y ajouter les indemnités pour frais professionnels), diminué de la déduction de 1,75 %.

c. Pour les salariés (VRP notamment) dont les frais professionnels sont **réputés inclus dans leur rémunération** et qui ne perçoivent donc en sus aucune indemnité à ce titre, les frais professionnels peuvent être déduits, sur justificatifs, avant application de la déduction (Circ. DSS 16-1-1991 : BOSS 3-91 réputée abrogée ; Rép. Morisset : AN 6-9-1993 p. 2800).

EXIGIBILITÉ ET PAIEMENT

25115 La CSG et la CRDS sur les salaires sont dues pour les périodes au titre desquelles ceux-ci sont attribués. Elles sont recouvrées comme les cotisations de sécurité sociale du régime général.

CSS art. L 136-1 L 136-5 Ord. 96-50 du 24-1-1996 art. 14 **C-IV-7900 s**

Elles sont donc **précomptées par l'employeur,** lors de chaque paie, sur les salaires et revenus assimilés, puis reversées à l'**Urssaf** aux mêmes périodicités et dates et sous les mêmes garanties et **sanctions** que les cotisations. Elles doivent figurer sur le **bulletin de paie** (nº 70790) et être déclarées dans le cadre de la **DSN.**

› Précisions a. Il incombe à l'employeur et non au **CSE** de précompter et de verser la CSG et la CRDS assises sur les avantages alloués par celui-ci (Circ. Acoss 7 du 17-1-1997).

b. S'agissant du paiement de la CSG et de la CRDS dues sur les indemnités de congés payés servies par les **caisses de congés payés,** voir nº 22375.

c. Des **exceptions** sont apportées à la compétence de l'Urssaf comme organisme de recouvrement de la CSG et de la CRDS, notamment pour l'emploi occasionnel d'artistes du spectacle (Guso). S'agissant de la CSG et de la CRDS sur les revenus de source étrangère soumis en France à l'impôt sur le revenu, voir n° 25020.

APPLICATIONS PARTICULIÈRES

25120 PB-I-25350 s 36810 s 39460 et 53850 s

Épargne salariale Par application de l'article L 136-1-1, I du CSS (n° 25100), les **sommes réparties individuellement** entre les salariés au titre de la participation, de l'intéressement, de même que l'**abondement** et le **versement unilatéral** de l'employeur aux plans d'épargne (PEE, PEI, Perco, Pereco) sont assujettis à CSG et CRDS. Ces contributions sont précomptées dès cette répartition, sans attendre la disponibilité des sommes. Le taux est celui applicable aux salaires et la déduction forfaitaire pour frais professionnels ne s'applique pas.

› Précisions **a.** Le **précompte** et le versement à l'Urssaf incombent à l'**employeur,** même si les fonds sont gérés par un organisme extérieur à l'entreprise.
En cas d'accord de participation ou de plan d'épargne conclu au niveau du **groupe,** chaque société est redevable auprès de son Urssaf des contributions dues sur la réserve spéciale de participation dégagée à son niveau ou sur le montant de l'abondement attribué à ses salariés (Guide épargne salariale juillet 2014).
b. Les entreprises doivent faire figurer sur le **bulletin de paie** le montant de la CSG et de la CRDS précompté au titre des dispositifs d'épargne salariale (participation, intéressement, plans d'épargne). Ces contributions doivent également apparaître sur une **fiche individuelle** lorsqu'elles sont précomptées sur la participation (n° 33950) et sur l'intéressement (n° 34265).
c. L'intéressement, la participation et l'abondement versés aux plans d'épargne salariale et le versement unilatéral de l'entreprise à un tel plan effectué au bénéfice du chef d'entreprise ou **mandataire social** ayant le statut de travailleur indépendant pour l'application du droit de la sécurité sociale sont soumis à CSG et à CRDS (CSS art. L 136-3 et L 136-4). Il en va de même de l'abondement versé pour le conjoint collaborateur ou associé du chef d'entreprise (Circ. DSS 199 du 15-5-2007 : BOSS 6/07 réputée abrogée).
d. Les **produits** (intérêts et dividendes) sont passibles des prélèvements sociaux dus sur les produits de placement.
Lorsque les produits sont **réinvestis et bloqués** avec le principal, ce qui les exonère d'impôt sur le revenu, les prélèvements ci-dessus doivent être précomptés par le débiteur (employeur ou organisme chargé de la gestion des droits, selon le cas), qui doit en reverser le montant au service des impôts. Le précompte doit être effectué au **moment** où les intéressés demandent la délivrance des droits constitués à leur profit, sur la différence entre le montant de ces droits et celui des sommes résultant de la répartition de la réserve spéciale de participation ou, pour les plans d'épargne, sur la différence entre le montant des sommes ou valeurs provenant du plan et celui des sommes qui y ont été versées.
Pour plus de précisions concernant le calcul et le paiement de ces prélèvements, voir Mémento fiscal n°s 34430 s. et notamment 34620 (revenus de l'épargne exonérés d'impôt sur le revenu), 34640 (calcul) et n°s 34650 s. (paiement).
e. Pour le cas du **transfert sur un plan d'épargne salariale** de droits provenant d'autres dispositifs d'épargne salariale, voir n° 34485.
f. S'agissant des **options de souscription ou d'achat d'actions,** voir n°s 34690 s. ; des **attributions gratuites d'actions**, voir n° 34745.

25125 C-IV-13000 s

Sommes versées en cas de maladie, maternité, paternité ou accident

Les **indemnités journalières** ou allocations versées par les organismes de **sécurité sociale** (IJSS) ou, pour leur compte, par les employeurs à l'occasion de la maladie, de la maternité ou paternité, des accidents du travail et des maladies professionnelles sont assujetties à la CSG et à la CRDS au taux réduit indiqué n° 25025, sans application de la déduction pour frais professionnels. Cet assujettissement a des conséquences sur le calcul du complément de rémunération dû par l'employeur en cas de maintien du salaire net, voir n° 49805.

Lorsque l'employeur est **subrogé** au salarié pour la perception des IJSS, il reçoit de l'organisme une indemnité journalière nette de CSG et de CRDS, mais déduit de l'assiette des cotisations de sécurité sociale le montant brut de l'indemnité, montant que l'organisme débiteur doit lui indiquer (Circ. DSS 785 du 31-12-1996 : BOSS 97-3 réputée abrogée).

Sont également assujetties à ces deux contributions, mais au taux applicable aux salaires (n° 25025), avec application de la déduction pour frais professionnels, les **indemnités complémentaires** versées par l'employeur ou par un organisme tiers agissant pour son compte. Dans ce dernier cas, c'est l'employeur et non l'organisme qui les précompte. Si le salarié participe au financement des indemnités complémentaires, celles-ci ne sont assujetties qu'au prorata du financement patronal (Circ. Acoss 7 du 17-1-1997).

Les **rentes viagères** et les **capitaux** servis par la sécurité sociale aux victimes d'accidents du travail ou de maladies professionnelles, ou à leurs ayants droit, sont exonérés de CSG et de CRDS.

25130 CSS art. L 136-1-1, III-2°-e L 136-5 C-IV-4300 s

Contributions patronales de retraite et de prévoyance Les contributions patronales finançant les prestations de prévoyance complémentaire et de retraite supplémentaire supportent la CSG et la CRDS dès le premier euro (y compris pour leur part finançant la gestion de l'organisme : Cass. 2e civ. 18-6-2015 nos 14-18.632 F-PB et 14-18.635 F-D : RJS 10/15 no 669). Le taux est celui applicable aux salaires (no 25025), sans déduction pour frais professionnels.

Par dérogation, les sommes versées pour le financement des engagements de retraite supplémentaire dits « à prestations définies » sont, sous certaines conditions (nos 23010 s.), totalement exonérées de CSG et de CRDS.

› Précisions a. Les contributions patronales visées sont, pour la **prévoyance,** celles finançant des prestations, autres que de retraite, s'ajoutant à celles servies par la sécurité sociale et pour la **retraite,** celles versées en vue de compléter les pensions servies par le régime de base et les régimes complémentaires à affiliation légalement obligatoire : les cotisations patronales de retraite complémentaire **Agirc-Arrco** ne sont donc pas concernées.

b. Les contributions finançant l'obligation de **maintien du salaire en cas de maladie** ou d'accident, à laquelle est tenu l'employeur en vertu du Code du travail ou d'un accord collectif (nos 49760 s.), échappent à la CSG et à la CRDS (Cass. 2e civ. 23-11-2006 no 05-11.364 FP-PBRI et no 04-30.208 FP-PBRI : RJS 2/07 no 274). Cette position a été entérinée par l'administration (Circ. Acoss 36 du 24-3-2011 et Circ. DSS 32 du 30-1-2009 : BOSS 2/2009 réputée abrogée) et étendue aux contributions versées par le comité d'entreprise (ou CSE) dans les mêmes conditions et limites (Circ. Acoss 30 du 8-2-2007).

c. Il est possible de **ne verser qu'une fois par an** la CSG et la CRDS dues sur les contributions patronales de retraite et de prévoyance non soumises aux cotisations de sécurité sociale, à condition que le montant total de la CSG et de la CRDS dû sur ces contributions échues au cours de l'année civile ne dépasse pas 1 % du plafond annuel de sécurité sociale (411,36 € pour 2021) par entreprise ou établissement. L'employeur les précompte alors au plus tard sur le dernier bulletin de paie de l'année (Circ. DSS 785 du 31-12-1996 : BOSS 97-3 réputée abrogée et Circ. intermin. 7-4-1997 : JO 9 réputée abrogée).

25135 C-IV-4800 s

Indemnités pour modification du contrat de travail Toutes les sommes versées à l'occasion de la modification du contrat de travail sont assujetties à la CSG et à la CRDS au taux applicable aux salaires (no 25025), sans application de la déduction pour frais professionnels.

25140 CSS art. L 136-1-1, III-5° C-IV-4900 s

Indemnités de rupture du contrat de travail Certaines indemnités de rupture du contrat de travail sont susceptibles d'être pour partie affranchies de CSG et de CRDS. L'exonération ne peut jouer qu'à **condition** que les indemnités de rupture concernées n'excèdent pas 10 fois le plafond annuel de la sécurité sociale, soit 411 360 € en 2021.

› Précisions a. Pour l'**appréciation de cette limite,** voir no 22870.

b. S'agissant des indemnités versées aux **dirigeants de sociétés** à l'occasion de la **cessation forcée du mandat social,** voir no 22897.

25145 Les indemnités versées à l'occasion de la **rupture** du contrat de travail (**hors période d'essai**) sont exonérées de CSG et de CRDS à hauteur du montant prévu par la convention collective de branche, l'accord professionnel ou interprofessionnel ou, à défaut, par la loi. Toutefois, cette exonération ne peut pas excéder celle admise pour les cotisations de sécurité sociale : voir nos 22840 s.

La fraction des indemnités de rupture non exonérée est passible de la CSG et de la CRDS au **taux** applicable aux salaires (no 25025), sans application de la déduction pour frais professionnels.

› Précisions a. En l'**absence de montant légal ou conventionnel** pour un motif de rupture, les indemnités sont assujetties à la CSG et à la CRDS pour la fraction excédant l'indemnité légale ou conventionnelle de licenciement.

b. Pour les indemnités de **rupture conventionnelle collective** ou de **congé de mobilité,** on peut hésiter sur l'existence d'un montant légal d'indemnité puisque les articles L 1237-19-1 et L 1237-18-2, 7° du Code du travail prévoient seulement que celles-ci ne doivent pas être inférieures aux indemnités légales dues en cas de licenciement. Selon nous, à l'instar de ce qui avait été retenu en matière d'indemnité pour licenciement sans cause réelle et sérieuse avant l'institution du barème légal d'indemnisation (no 48710), la loi prévoyant alors seulement, sous certaines conditions, un montant plancher (no 48730), l'administration et les juges pourraient considérer qu'il existe bien un montant légal d'indemnité de rupture conventionnelle collective ou de congé de mobilité. Si tel était le cas, le seuil d'exonération serait alors fixé au niveau de ce montant minimal légal c'est-à-dire de l'indemnité légale de licenciement. L'indemnité de rupture conventionnelle collective ou de congé de mobilité ne serait donc assujettie à la CSG-CRDS que pour sa part excédant le montant de l'indemnité légale de licenciement ou pour

sa part correspondant au montant soumis aux cotisations de sécurité sociale, si celui-ci lui est supérieur. Une autre interprétation du texte consisterait à soutenir qu'il n'existe pas de montant légal pour l'indemnité de rupture conventionnelle collective ou le congé de mobilité. Il conviendrait, dans ce cas, de considérer que l'indemnité versée à ce titre peut être exonérée à hauteur du montant de l'indemnité conventionnelle de licenciement. On attendra avec intérêt que l'administration prenne position sur ce point.
c. Les indemnités s'ajoutant aux indemnités de rupture proprement dites (**congés payés, préavis, non-concurrence,** etc.) sont pleinement assujetties à la CSG et à la CRDS.
d. À défaut de disposition prévoyant son exonération, l'indemnité pour **rupture de période d'essai** sans respect du délai de prévenance est soumise à CSG et CRDS.

Lorsqu'elle est versée à un salarié qui n'est pas en droit de bénéficier d'une retraite d'un régime légalement obligatoire, l'indemnité de **rupture conventionnelle homologuée** est exonérée de CSG et CRDS à hauteur du montant de l'indemnité minimale à laquelle le salarié peut prétendre, déterminée selon les règles indiquées nº 69130, sans pouvoir excéder le montant exonéré de cotisations de sécurité sociale s'il est inférieur. L'exonération est subordonnée au respect du plafond mentionné nº 25140. **25150**

Dans le cas contraire, elle est intégralement soumise à la CSG et à la CRDS (Circ. DSS 210 du 10-7-2009).

Les indemnités de **départ volontaire** sont assujetties en totalité, sauf celles versées dans le cadre d'un plan de sauvegarde de l'emploi qui sont exonérées dans la limite de l'indemnité légale ou conventionnelle de licenciement ou du montant exonéré de cotisations de sécurité sociale, s'il est inférieur (Circ. Acoss 22 du 25-1-2001), si elles n'excèdent pas le seuil mentionné nº 25140.

Les indemnités de **rupture du contrat à durée déterminée** sont assujetties en totalité : indemnité de fin de contrat de droit commun, de fin de contrat à objet défini et indemnité de rupture anticipée (Circ. Acoss 22 du 25-1-2001 ; Cass. 2e civ. 7-6-2006 nº 04-10.326 FS-PBRI : RJS 8-9/06 nº 991). Pour la rupture en période d'essai, voir nº 25145, d.

› Précisions **a.** Les indemnités **transactionnelles,** allouées dans le cadre d'une procédure de licenciement, sont exonérées de CSG et de CRDS à hauteur de l'indemnité légale ou conventionnelle de licenciement ou du montant exonéré de cotisations de sécurité sociale, s'il est inférieur (Circ. Acoss 22 du 25-1-2001 ; Cass. 2e civ. 19-4-2005 nº 03-30.759 F-PB : RJS 7/05 nº 773).
b. L'indemnité pour **licenciement sans cause réelle et sérieuse** est exonérée à hauteur du montant alloué, dans la limite du montant maximal fixé en application du barème légal mentionné nº 48710 ou du montant exonéré de cotisations de sécurité sociale, s'il est inférieur.
c. L'indemnité de licenciement des **journalistes** est exonérée dans la limite du minimum de l'indemnité légale visée nos 46365 s. (Cass. 2e civ. 21-6-2005 nº 03-30.754 FS-PB : RJS 10/05 nº 1035) ou du montant exonéré de cotisations de sécurité sociale, s'il est inférieur ; l'indemnité de clientèle des **VRP** est exonérée à hauteur du minimum légal ou conventionnel de l'indemnité de licenciement à laquelle le VRP aurait pu prétendre (Circ. Acoss 22 du 25-1-2001) ou du montant exonéré de cotisations de sécurité sociale, s'il est inférieur. L'indemnité de **conciliation prud'homale** est exonérée à hauteur du montant figurant dans le barème fixé par l'article D 1235-21 du Code du travail dans la limite de 2 fois la valeur du plafond annuel de la sécurité sociale. L'exonération ne joue que si le montant de l'indemnité n'excède pas 10 fois le plafond annuel de la sécurité sociale. En cas de cumul d'indemnités, voir nº 22870.

C. Revenus professionnels non salariés

REVENUS ASSUJETTIS

Sont **assujettis** à la CSG et à la CRDS tous les revenus professionnels des travailleurs **indépendants** entrant dans le **champ** des cotisations de sécurité sociale dues par ces derniers : voir nos 80150 s. **25200**

CSS art. L 136-1-1, II-1º
L 136-3
Ord. 96-50 du 24-1-1996 art. 14
C-IV-9080 s

› Précisions **a.** Les **revenus imposables comme BIC ou BNC,** sans être soumis aux cotisations des travailleurs indépendants, sont assujettis à la CSG et à la CRDS au titre des revenus du patrimoine, ainsi qu'aux autres contributions portant sur ces revenus : voir Mémento fiscal nº 34555.
b. Certains revenus provenant d'une activité effectivement non salariée – à titre d'exemple, les commissions versées par les compagnies aux agents généraux d'assurance – peuvent être **rangés sur option fiscale dans la catégorie des traitements et salaires.** Ils sont néanmoins assujettis à la CSG et à la CRDS comme revenus non salariés (Circ. DSS 16-1-1991 : BOSS 3-91 réputée abrogée).

ASSIETTE

25205 CSS art. L 136-3 Ord. 96-50 du 24-1-1996 art. 14 C-IV-9450 s

La CSG et la CRDS sont calculées sur une **assiette brute** de cotisations sociales. Elles sont en effet assises sur le revenu d'activité indépendante avant déduction de celui-ci des cotisations de sécurité sociale (nos 80160 s.).

> **Précisions a.** Les **prestations en espèces** servies par le régime de base d'assurance maladie-maternité (nos 81070 s.) sont en principe comprises dans le revenu professionnel imposable et donc dans l'assiette des cotisations. Les caisses maladie transmettent aux Urssaf les informations permettant à ces dernières de pratiquer le taux réduit de CSG applicable à ces sommes (no 25025).
> Par exception, pour les ressortissants du régime micro-entreprises, ces prestations échappent aux cotisations sociales, mais sont ajoutées par les Urssaf à l'assiette sociale pour le calcul de la CSG (au taux réduit applicable aux revenus de remplacement, voir no 25025) et de la CRDS, au vu des informations transmises par les caisses (Notice explicative de la déclaration sociale des indépendants pour 2020).
> **b.** S'agissant de la **participation,** de l'**intéressement**, de l'abondement et du versement unilatéral de l'entreprise à un **plan d'épargne salariale** effectués par un dirigeant ou chef d'entreprise non salarié et, le cas échéant, par son conjoint associé ou collaborateur, voir no 25120.

CALCUL ET RECOUVREMENT

25210 CSS art. L 136-5 Ord. 96-50 du 24-1-1996 art. 14 C-IV-9800 s

La CSG et la CRDS sur les revenus d'activité indépendante sont calculées et recouvrées selon les mêmes modalités et en même temps que les autres cotisations sociales (voir respectivement nos 80270 s. et 80630 s.).

Pour les micro-entrepreneurs relevant du régime **micro-social,** elles sont incluses dans le versement libératoire mensuel ou trimestriel calculé en pourcentage du chiffre d'affaires (nos 80840 s.).

D. Revenus de remplacement

25260 CSS art. L 136-1-2 Ord. 96-50 du 24-1-1996 art. 14 C-IV-10800 s

Sous réserve de certaines exonérations, toute somme destinée à compenser la perte de revenu d'activité, y compris en tant qu'ayant droit, et versée sous quelque forme que ce soit et quelle qu'en soit la dénomination est assujettie : **pensions** de retraite ou d'invalidité, **rentes viagères** à titre gratuit, **allocations** de **chômage et de préretraite,** indemnités d'**activité partielle,** indemnités et **allocations diverses** quel que soit l'organisme qui les verse (caisse de sécurité sociale, organisme de prévoyance, entreprise, etc.).

Pour les revenus **provenant de l'étranger,** voir no 25020.

> **Précisions a.** L'**assiette** est constituée par le montant brut des revenus de remplacement avant tout précompte (notamment avant déduction des cotisations de sécurité sociale). Elle comprend, le cas échéant, les majorations et bonifications pour enfants et les avantages en nature ou en argent pouvant s'ajouter au revenu assujetti. Seules les allocations de chômage et les indemnités d'activité partielle ouvrent droit à la **déduction forfaitaire** mentionnée no 25110.
> **b.** L'**indemnité légale** d'**activité partielle** est assujettie à la CSG et à la CRDS due sur les revenus de remplacement. L'**indemnité complémentaire** due par l'employeur en application d'un accord collectif ou d'une décision unilatérale et versée au titre des **périodes d'emploi de 2021** est assujettie à ces contributions dans les mêmes conditions que l'indemnité légale. Par dérogation, lorsque la somme de l'indemnité légale d'activité partielle et de l'indemnité complémentaire versée par l'employeur en application d'un accord collectif ou d'une décision unilatérale est supérieure à 3,15 fois la valeur horaire du Smic, la part de l'indemnité complémentaire à l'indemnité légale versée au-delà de ce montant est assujettie aux contributions et cotisations sociales applicables aux revenus d'activité (Loi 2020-1576 du 14-12-2020 art. 8, VII). L'indemnité complémentaire versée au titre des **périodes d'emploi courant à compter de 2022**, sera assujettie à la CSG et à la CRDS en tant que revenu d'activité dans son intégralité (Doc. Urssaf du 20-1-2021). Pour les conséquences de ces règles sur le taux de CSG applicable, voir no 25025.
> **c.** Les **taux** applicables sont indiqués no 25025.
> **d.** On trouvera no 25290 la **liste** des **principaux revenus** de remplacement **exonérés.**

PENSIONS

25265 C-IV-11000 s

Principe d'assujettissement La CSG et la CRDS sont dues sur les pensions de **retraite et d'invalidité** (sur l'assiette indiquée no 25260) mais pas sur la majoration **pour tierce personne** (Circ. Cnav 19 du 16-4-2019).

> **Précisions a.** La CSG et la CRDS frappent tous les **avantages vieillesse** considérés comme pensions pour l'application de l'impôt sur le revenu quels que soient la qualité du bénéficiaire (droits propres ou dérivés) et le débiteur de ces avantages : sécurité sociale, entreprise, organisme assureur (Circ. DSS 16-1-1991 : BOSS 3-91, réputée abrogée).

b. La CSG et la CRDS sont également dues sur les **rentes viagères** à titre gratuit (les rentes viagères à titre onéreux sont elles aussi assujetties, mais en tant que revenus du patrimoine : voir Mémento fiscal n° 34555).

Exonérations et taux réduit Sont **exonérées** de **CSG** et de **CRDS** les pensions de retraite ou d'invalidité : **25270** CSS art. L 136-1-2, II-1° L 136-8, III Ord. 96-50 du 24-1-1996 art. 14 **C-IV-11400 s**

– dont le bénéficiaire est titulaire d'un **avantage de vieillesse ou d'invalidité non contributif** servi par un régime de base de sécurité sociale sous condition de ressources et financé par le Fonds de solidarité vieillesse ou le Fonds spécial invalidité ; cette condition de ressources est celle de l'allocation de solidarité aux personnes âgées (nos 85010 s.) ; l'exonération porte sur l'**ensemble des pensions** de retraite ou d'invalidité versées aux intéressés, même si une partie d'entre elles n'est pas servie sous condition de ressources. Elle ne s'étend pas, en revanche, aux revenus autres que ces pensions (Circ. DSS 71 du 2-2-1996 réputée abrogée) ;

– servies aux personnes dont le **revenu fiscal de référence de l'avant-dernière année** (2019 pour la CSG et la CRDS de 2021) n'excède pas 11 408 € pour la première part de quotient familial et 3 046 € pour chaque demi-part supplémentaire (Circ. Cnav 31 du 5-12-2019).

Les personnes dont le revenu fiscal de référence dépasse ces plafonds sans atteindre, pendant 2 années consécutives, 14 914 € pour la première part de quotient familial et 3 982 € pour chaque demi-part supplémentaire sont passibles sur leurs pensions de retraite ou d'invalidité d'une **CSG au taux réduit** de 3,8 %, intégralement déductible du revenu imposable, tout en restant assujetties à la CRDS au taux normal (Circ. Cnav 31 du 5-12-2019).

Sur les pensions **exonérées de CSG et de CRDS** en raison de leur **nature,** voir n° 25290.

> Précisions **a.** Les plafonds visés ci-dessus sont **revalorisés** au 1er janvier de chaque année en fonction de l'évolution des prix à la consommation hors tabac.
b. Des seuils spécifiques s'appliquent dans les **départements et territoires d'outre-mer.**

CHÔMAGE, PRÉRETRAITE ET ACTIVITÉ PARTIELLE

Principe d'assujettissement Les allocations de chômage et de préretraite, ainsi que les indemnités d'activité partielle, sont assujetties à la CSG et à la CRDS sur la base indiquée n° 25260, quel qu'en soit le débiteur. L'allocation des travailleurs indépendants est elle aussi assujettie à ces contributions (Circ. Unédic 2019-13 du 1-11-2019). **25275** CSS art. L 136-1-2, II-4° L 136-8 Ord. 96-50 du 24-1-1996 art. 14 **C-IV-12100 s**

> Précisions **a.** Les indemnités de **chômage-intempéries** suivent le même régime que les allocations de chômage.
Les sommes versées par l'employeur au salarié en **congé de reclassement** durant la période excédant la durée du préavis sont assimilées à des allocations de chômage et soumises à CSG et CRDS dans les mêmes conditions (Circ. Acoss 148 du 9-10-2003). Il en va de même pour la rémunération perçue par un salarié en **congé de mobilité,** durant la période excédant la durée du préavis et dans la limite des 12 premiers mois de ce congé (C. trav. art. L 1237-18-3).
b. La **notion de préretraite** englobe la préretraite-licenciement, la préretraite amiante et les régimes conventionnels de cessation anticipée d'activité.

Exonérations et taux réduit Les personnes titulaires de **faibles revenus** peuvent bénéficier, sur leurs allocations de **chômage,** d'une exonération de CSG et de CRDS ou d'un taux réduit de CSG dans les mêmes conditions que les personnes percevant une pension de retraite ou d'invalidité : voir n° 25270. Cette exonération et ce taux réduit ne concernent plus les indemnités d'**activité partielle** versées depuis le 1-1-2021 (Loi 2020-1576 du 14-12-2020 art. 8). **25280** **C-IV-12540 s**

En outre, les bénéficiaires d'allocations de chômage et d'indemnités d'**activité partielle** bénéficient d'une **garantie de revenu** : la CSG et la CRDS pesant sur ces sommes ne peuvent pas avoir pour effet de réduire le montant net de celles-ci, ou, en cas d'activité partielle, le montant cumulé de la rémunération d'activité et de l'allocation perçue en deçà du Smic brut. Le montant à comparer au Smic brut est celui de l'allocation nette, après déduction de la CSG et de la CRDS.

Les allocations de **préretraite** perçues par les salariés dont la préretraite ou la cessation anticipée d'activité a pris effet depuis le **11-10-2007** n'ouvrent pas droit à ces exonérations ou allégements (Loi 2007-1786 du 19-12-2007 art. 16, II).

> Précisions **a.** Si le montant de l'allocation perçue suppose un prélèvement social réduit, les cotisations et contributions sociales doivent être **prélevées dans l'ordre suivant** : cotisation d'assurance maladie si elle s'applique, puis CSG, et enfin CRDS (Lettres DSS 5 du 5-7-2002 et du 16-7-2002 réputées abrogées).
b. S'agissant des allocations perçues par les personnes affiliées au **régime local d'Alsace-Moselle,** le précompte est effectué dans l'ordre suivant :

– pour les allocations de chômage et les indemnités d'activité partielle : CRDS, CSG, cotisation du régime local, retraite complémentaire ;

– pour les préretraites FNE : CRDS, cotisation de sécurité sociale, CSG, cotisation du régime local (Directive Unédic du 1-9-1998).

PAIEMENT

25285 La CSG et la CRDS sur les pensions, allocations de chômage et de préretraite, indemnités d'activité partielle sont **précomptées** par le débiteur (Pôle emploi, caisse de retraite, etc.) lors du versement de l'allocation.

CSS art. L 131-1 Ord. 96-50 du 24-1-1996 art. 14 C-IV-14100 s

Si l'allocation est servie par l'**employeur** (indemnités d'activité partielle, complément de retraite, préretraite d'entreprise, etc.), c'est lui qui les précompte après avoir vérifié que les conditions d'exonération sont réunies, voir n° 25270 (pensions) ou n° 25280 (allocations de chômage ou de préretraite, indemnités d'activité partielle). Il les verse ensuite à l'organisme de recouvrement dans les mêmes conditions que les cotisations de sécurité sociale assises sur les salaires.

EXONÉRATIONS

25290 Sont récapitulées ci-après les principales exonérations concernant les revenus de remplacement. Sauf indication contraire, elles sont **communes** à la CSG et à la CRDS.

CSS art. L 136-1-2 et L 136-1-3 C-IV-14900 s

• Rentes ou capitaux versés aux victimes d'**accidents du travail ou de maladies professionnelles** ou à leurs ayants droit, voir n° 25125.

• Pensions de **retraite** ou d'**invalidité** dans les conditions indiquées n° 25270.

• Sous certaines conditions, prestations de retraite issues d'un **plan d'épargne retraite** versées sous forme de rente ou de capital.

• Allocations de **chômage** ou de **préretraite**, voir n° 25280.

• Prestations servies par les organismes de **prévoyance** en contrepartie de contrats souscrits dans le cadre de la gestion privée des individus, par adhésion individuelle ou facultative, et dont la cotisation est entièrement à la charge de l'adhérent (Circ. Acoss 38 du 3-6-1991).

• **Prestations familiales** : les prestations visées à l'article L 511-1 du CSS sont affranchies de CSG mais, à l'exception de l'allocation d'éducation de l'enfant handicapé, assujetties à la CRDS.

• Allocation aux adultes **handicapés** (n° 40335, d).

• **Pensions alimentaires** visées aux articles 205 à 211 du Code civil, **rentes** de l'article 276 du même Code et pensions alimentaires allouées par décision de justice en cas de séparation de corps ou de divorce, ou d'instance en séparation de corps ou en divorce.

• Allocations d'**assurance veuvage** versées par la sécurité sociale (n° 67825, b).

• **Revenu de solidarité active** : il est affranchi de CSG mais assujetti à la CRDS, l'assiette étant constituée du montant brut de l'allocation, minoré de la part correspondant à la différence entre le montant forfaitaire applicable (voir la rubrique chiffres et taux sur www.efl.fr) et les ressources du foyer.

DIRIGEANTS DE SOCIÉTÉS

SOMMAIRE

Les fonctions de dirigeant exercées dans le cadre d'un mandat social échappent en principe au droit du travail. Le dirigeant peut toutefois avoir la qualité de salarié s'il remplit les conditions pour cumuler un contrat de travail avec son mandat social. Au niveau de la sécurité sociale, certains dirigeants sont assimilés à des salariés, indépendamment de l'exercice ou non de fonctions salariales en sus de leur mandat social. **28000** TA-0-1 s

S'agissant de la **responsabilité pénale** des dirigeants, voir n°s 67000 s.

Pour le **régime juridique** et **fiscal** de leur rémunération, voir Mémento fiscal n°s 23500 s.

I. CUMUL DU CONTRAT DE TRAVAIL ET DU MANDAT SOCIAL

A. Conditions du cumul

1. CONDITIONS GÉNÉRALES

Il est possible de cumuler un mandat social avec un contrat de travail si celui-ci correspond à un **emploi effectif.** Cette condition nécessite la réunion des éléments suivants : exercice de fonctions techniques distinctes de celles du mandat, versement d'une rémunération au titre de ces fonctions, existence d'un lien de subordination vis-à-vis de la société, absence de fraude à la loi. **28070** TA-I-5000 s

› Précisions a. À ces conditions communes à tous les cas de cumul s'ajoutent des conditions propres aux **sociétés anonymes** (voir n°s 28120 s.). Dans les sociétés par actions et les SARL, le contrat de travail ainsi que ses avenants peuvent être soumis, au regard du **droit des sociétés,** à la procédure de contrôle des conventions réglementées (Mémento sociétés commerciales n°s 52550 s.).

b. Les **dirigeants de fait** sont dans la même situation que les dirigeants de droit. Rien ne s'oppose a priori au cumul d'un mandat de fait et d'un contrat de travail, mais encore faut-il que les conditions de validité du cumul soient remplies, ce qui est rarement le cas (CA Bordeaux 9-9-1997 : RJS 2/98 n° 259 ; Cass. soc. 7-6-2006 n° 04-44.037).

c. La charge de la **preuve** incombe à celui qui se prévaut de l'existence d'un contrat de travail (Cass. soc. 29-1-2008 n° 06-43.581 : RJS 4/08 n° 487) ou à celui qui la conteste (10-7-2007 n° 05-44.300 : RJS 10/07 n° 1131 ; 5-12-2018 n° 17-16.913). Cependant, la production d'un écrit – lettre de licenciement, bulletins de paie ou contrat de travail – ne suffit pas à créer l'apparence d'un tel contrat pour les mandataires sociaux (Cass. soc. 10-6-2008 n° 07-42.165 : RJS 10/08 n° 1045 ; 17-9-2008 n° 07-43.626 F-D).

FONCTIONS TECHNIQUES DISTINCTES

28080 L'exercice de fonctions techniques distinctes conditionne le cumul du mandat social avec le contrat de travail. Ces fonctions supposent des **attributions** mettant en œuvre des connaissances particulières et une **séparation** entre celles-ci et les missions menées au titre du mandat. Si elles sont **absorbées par le mandat social,** le cumul est écarté. Cette absorption relève d'une appréciation de fait dans laquelle la **taille de la société** revêt une grande importance. En effet, plus la société est petite, plus les fonctions de direction technique exercées sous couvert du contrat de travail et les missions du mandat social tendent à se confondre. Sur le cas particulier des dirigeants de **sociétés coopératives de production,** voir n° 28180.

ILLUSTRATIONS

L'**existence** de fonctions techniques distinctes a été **reconnue** pour un gérant de SARL occupant le poste de métreur (Cass. soc. 16-5-1990 n° 86-42.681 : RJS 6/90 n° 535) ; un président de conseil d'administration également directeur commercial (Cass. soc. 6-11-1991 n° 90-41.183 : RJS 12/91 n° 1377) ; un responsable administratif et commercial nommé directeur général (Cass. soc. 23-6-2004 n° 02-40.534 : RJS 11/04 n° 1206).

En revanche, les fonctions salariales ont été jugées **absorbées** par le mandat social pour un directeur commercial nommé président-directeur général (Cass. soc. 2-7-1987 n° 85-40.219) et pour un directeur de chantiers promu administrateur et directeur général de la société (Cass. soc. 14-6-2000 n° 98-45.328).

RÉMUNÉRATION DISTINCTE

28090 Le versement d'une **double rémunération** constitue un indice du cumul du mandat social avec un contrat de travail (Cass. soc. 23-5-2007 n° 05-44.714) devant être corroboré par des fonctions techniques distinctes et subordonnées (Cass. com. 7-6-1988 n° 86-17.229 ; Cass. soc. 1-12-1993 n° 91-42.288 : RJS 1/94 n° 88). Le mandat social pouvant être exercé à titre gratuit, l'existence d'une **rémunération unique** n'exclut pas le cumul (Cass. soc. 17-2-1983 n° 82-10.564 ; 27-4-1984 n° 82-13.526).

> Précisions Le calcul de la rémunération d'un gérant sur d'autres bases que celles prévues dans les **statuts** pour les gérants est insuffisant pour admettre l'existence d'un contrat de travail (Cass. soc. 21-10-1982 n° 80-17.265). De même, le fait qu'un **salarié devenu mandataire social** continue de percevoir la même rémunération est insuffisant pour en établir le maintien (Cass. soc. 4-11-1988 n° 85-44.162 : RJS 1/89 n° 107).

LIEN DE SUBORDINATION

28100 Les fonctions confiées au titre du contrat de travail doivent s'exercer dans le cadre d'un lien de subordination (n° 4265). Ce lien suppose que l'intéressé exerce ses fonctions techniques **sous le contrôle** d'un organe ou d'un représentant de la société auquel il rend compte de son activité. Le cumul est écarté, faute de lien de subordination, si le mandataire les exerce **en toute indépendance** (Cass. soc. 5-7-1989 n° 86-18.534 : RJS 8-9/89 n° 729 ; 18-10-1989 n° 86-44.215 ; 4-1-1990 n° 86-44.298) ou s'il dispose du **monopole des connaissances** nécessaires à celles-ci (Cass. soc. 17-1-1989 n° 86-11.686 : RJS 3/89 n° 281 ; 11-7-1995 n° 92-40.808 : RJS 8-9/95 n° 966).

> Précisions L'existence d'un lien de subordination ne peut pas découler des seules **directives** de l'**assemblée des associés** ou du **conseil d'administration**, qui concernent l'activité de mandataire et non celle de salarié (Cass. soc. 19-11-1986 n° 84-41.140 ; 7-11-1995 n° 92-43.126), ni du contrôle opéré par le conseil de surveillance sur les membres du directoire (Cass. soc. 4-2-1988 n° 85-42.190). En revanche est subordonné le président d'une SA tenu de consulter le conseil d'administration dans l'exercice de ses fonctions techniques (Cass. soc. 6-11-1991 n° 90-41.183 : RJS 12/91 n° 1377).

ABSENCE DE FRAUDE À LA LOI

28110 Le contrat de travail ne doit pas avoir été conclu dans le seul but d'échapper à l'application de la loi. Est ainsi **illicite** le contrat visant à contourner la règle de libre révocabilité des dirigeants en assurant à l'intéressé la permanence de l'emploi (Cass. soc. 23-6-1988 n° 85-46.078) ou celui ayant pour objet d'assurer au mandataire social un statut injustifié de salarié.

L'**appréciation** du caractère frauduleux ou non du contrat de travail relève du pouvoir souverain des juges du fond (Cass. soc. 18-5-2005 n° 03-41.799 : RJS 8-9/05 n° 916). Ceux-ci ne sont liés ni par la qualification donnée par les parties ni par une délibération du conseil d'administration ou de l'assemblée des associés mentionnant l'existence d'un contrat de travail (Cass. soc. 31-3-1981 n° 79-16.946).

2. DIRIGEANTS DE SOCIÉTÉS ANONYMES

ADMINISTRATEURS

La loi restreint la possibilité de cumuler un contrat de travail avec le mandat d'administrateur de société anonyme (SA) par la règle d'antériorité du contrat de travail et la fixation d'un quota d'administrateurs en situation de cumul. Ces restrictions **ne s'appliquent pas** aux sociétés d'exercice libéral à forme anonyme (Loi 90-1258 du 31-12-1990 art. 12, al. 2), aux SAS, aux sociétés de commissaires aux comptes (C. com. art. L 822-9, al. 4) et aux Scop (n° 28180). **28120** C. com. art. L 225-21-1 **TA-I-1250 s** **TA-I-1000 s**

Antériorité du contrat de travail Un salarié d'une SA peut être nommé administrateur sans perdre le bénéfice de son contrat de travail si celui-ci correspond à un **emploi effectif,** au sens indiqué nos 28070 s. Aucune durée minimale n'est requise pour l'**antériorité** du contrat de travail par rapport au mandat social. **28125** C. com. art. L 225-22 **TA-I-1300 s**

› Précisions En cas de **fusion** ou de **scission,** le contrat de travail peut avoir été conclu avec l'une des sociétés fusionnées ou avec la société scindée. De la même façon, il peut avoir été conclu avec une société qui a **cédé son fonds** à celle dont l'intéressé était administrateur, pourvu que le contrat soit antérieur à la nomination comme administrateur, peu important que le transfert du fonds soit intervenu après cette nomination (Cass. soc. 12-10-2005 n° 03-47.474 : RJS 12/05 n° 1195). En revanche, le **transfert conventionnel** du contrat de travail du salarié d'une société mère dans une filiale du groupe au sein duquel l'intéressé occupe déjà les fonctions d'administrateur ne permet pas de déroger à l'interdiction pour un administrateur en fonctions d'obtenir un contrat de travail (Cass. soc. 6-10-1993 n° 92-40.077 : RJS 11/93 n° 1146).

Un **administrateur en fonctions** ne peut pas obtenir un contrat de travail (Cass. soc. 2-11-1993 n° 89-42.640 : RJS 12/93 n° 1241 ; 25-6-1996 n° 94-19.992 P : RJS 10/96 n° 1114). Le contrat de travail conclu dans ces conditions est **nul** (Cass. soc. 21-11-2006 n° 05-45.416 : RJS 4/07 n° 494 ; 7-12-2016 n° 15-23.820 FD : RJS 2/17 n° 154 ; Cass. com. 7-3-1989 n° 86-12.678 : RJS 5/89 n° 468). Sur les conséquences de cette nullité, voir n° 28295. **28130** **TA-I-2000 s**

› Précisions a. Une **convention modificative** du contrat de travail préexistant peut être conclue avec un administrateur en fonctions à condition qu'elle n'emporte pas novation de ce contrat (CA Aix-en-Provence 9-3-1994 n° 91-3952 : RJS 5/94 n° 624). Elle doit être soumise à la procédure des conventions réglementées (Mémento sociétés commerciales n° 39217).
b. Sur la possibilité pour un **ancien administrateur** de conclure un contrat de travail, voir n° 28310.

Par **dérogation,** un administrateur en fonctions d'une SA peut en devenir salarié sous deux conditions : **28135** C. com. art. L 225-21-1 **TA-I-1000 s**

– cette société ne dépasse pas, à la clôture d'un exercice social, les seuils fixés pour la définition des **PME** au sens du droit européen par l'article 2 de l'annexe à la recommandation 2003/361 de la Commission du 6-5-2003, à savoir un effectif de 250 personnes et un chiffre d'affaires annuel de 50 millions d'euros ou un bilan annuel total de 43 millions d'euros ;
– son contrat de travail correspond à un **emploi effectif.**

Ces administrateurs sont pris en compte pour la détermination du **nombre maximal d'administrateurs** liés à la société par un contrat de travail (n° 28140).

Quota d'administrateurs en situation de cumul Le nombre des administrateurs liés à la société par un contrat de travail ne peut pas excéder le **tiers des administrateurs** en fonction. La violation de cette règle entraîne la **nullité de la nomination** comme administrateur, le contrat de travail restant valable (Cass. soc. 11-6-1986 n° 83-40.274), sauf si l'intéressé renonce à ce dernier afin de pouvoir devenir administrateur (Cass. soc. 15-3-1983 n° 81-40.368). **28140** C. com. art. L 225-22

› Précisions Les administrateurs élus par les salariés et ceux représentant les salariés actionnaires (n° 62425) et, dans les sociétés anonymes à participation ouvrière (Sapo), les représentants de la société coopérative de main-d'œuvre ne sont **pas pris en compte** pour déterminer si la limite du tiers est atteinte.

PRÉSIDENT, PRÉSIDENT-DIRECTEUR GÉNÉRAL ET DIRECTEUR GÉNÉRAL

La condition d'antériorité du contrat de travail et celle relative au nombre d'administrateurs liés par un contrat de travail s'appliquent aux président et président-directeur général, ceux-ci étant nécessairement administrateurs (Cass. soc. 16-10-1991 n° 88-40.188 : RJS 11/91 n° 1251). **28145** **TA-I-2850 s**

Il en va de même du directeur général et des directeurs généraux délégués s'ils sont choisis parmi les administrateurs (Cass. soc. 13-11-1990 nº 86-41.195). Sinon le cumul est seulement soumis aux conditions générales indiquées nºs 28070 s. (Cass. soc. 19-7-1988 nº 85-45.546 ; 22-1-2008 nº 06-44.911 F-D).

MEMBRES DU DIRECTOIRE ET DU CONSEIL DE SURVEILLANCE

28150 C. com. art. L 225-61 L 225-85 TA-I-2850 s et TA-I-3300 s

Le mandat de président ou membre du **directoire** est compatible avec des fonctions salariées aux conditions générales exposées nºs 28070 s. Les conditions tenant à l'antériorité du contrat de travail et au nombre de dirigeants en situation de cumul ne s'appliquent pas (Cass. soc. 13-2-2008 nº 06-44.234 : RJS 4/08 nº 488). Le contrat de travail conclu par un membre du directoire est soumis à la procédure de contrôle des **conventions réglementées** (Mémento sociétés commerciales nºs 43576 s.).

Il en va de même pour les membres du **conseil de surveillance,** avec une restriction : le nombre des membres du conseil de surveillance liés par un contrat de travail ne peut **pas excéder un tiers** des membres en fonctions.

› Précisions La règle du tiers ne s'applique pas aux membres du conseil de surveillance exerçant dans une société dont le **capital social** est **détenu** à plus de **50 % par l'État** et/ou des entreprises publiques (Loi 73-1196 du 27-12-1973 art. 15). Par ailleurs, les **membres** du conseil de surveillance **élus par le personnel,** ainsi que ceux représentant les salariés actionnaires (nºs 62420 s.), ne sont pas pris en compte pour l'appréciation de cette limite (C. com. art. L 225-85).

3. AUTRES DIRIGEANTS

GÉRANTS DE SARL

28170 TA-I-3600 s

Dans le silence de la loi, la jurisprudence admet le cumul aux conditions générales (nºs 28070 s.) entre la qualité de gérant de SARL et celle de salarié pour les **gérants minoritaires** (Cass. soc. 16-5-1990 nº 86-42.681 : RJS 6/90 nº 535 ; 26-11-2003 nº 01-45.019 F-D) ou **non associés** (Cass. soc. 14-5-1998 nº 96-40.693).

Elle le refuse, en revanche, pour les gérants **majoritaires,** considérant qu'ils ne peuvent pas, du fait de leur mandat, se trouver, même dans l'exercice de leurs fonctions techniques, dans un état de subordination (Cass. soc. 8-10-1980 nº 79-12.125).

S'agissant des gérants **égalitaires,** l'administration admet le cumul s'ils remplissent les conditions générales (Rép. Procaccia : Sén. 14-4-2011 nº 16525 p. 967), mais l'Unédic les exclut de l'assurance chômage (Fiche thématique Unédic février 2020 p. 2).

› Précisions **a.** Lorsqu'il est conclu avec un gérant en fonctions, le contrat de travail est soumis à la procédure de contrôle des **conventions réglementées** (Mémento sociétés commerciales nº 31061).
b. L'**associé unique** d'une SARL, ancien gérant de celle-ci et disposant du pouvoir de révoquer le gérant actuel, ne peut pas être titulaire d'un contrat de travail (Cass. soc. 16-1-2019 nº 17-12.479 FS-PB : RJS 4/19 nº 259). Il en va de même, selon nous, de l'associé gérant d'entreprise unipersonnelle à responsabilité limitée (**EURL**) par analogie avec la situation du gérant majoritaire de SARL.

GÉRANTS DE SOCIÉTÉS EN NOM COLLECTIF OU EN COMMANDITE

28175 TA-I-3750 s

Lorsqu'ils ont la qualité d'**associés,** les gérants des sociétés en nom collectif (SNC) et les gérants commandités des sociétés en commandite simple ou par actions ont la qualité de commerçants et ne peuvent, de ce fait, être liés à la société par un contrat de travail (en ce sens, pour l'associé d'une SNC, Cass. soc. 14-10-2015 nº 14-10.960 : RJS 12/15 nº 817).

Lorsqu'ils sont choisis **en dehors des associés,** aucune disposition légale ne s'oppose au cumul de leur mandat avec un contrat de travail si les conditions générales (nºs 28070 s.) sont remplies.

ATTENTION

La conclusion d'un contrat de travail entre le dirigeant d'une **personne morale associée** commanditée et gérante de la société en commandite par actions et cette même société n'est en principe pas possible (Rép. Belcour : Sén. 23-8-1990 p. 1840).

DIRIGEANTS DE SCOP

28180 TA-I-4000 s

Certains dirigeants de sociétés coopératives de production (Scop) peuvent avoir la qualité de salarié au titre de leurs seules **fonctions de mandataire.** Il s'agit des dirigeants rémunérés et considérés, en tant que tels, comme employés de l'entreprise.

Ces dirigeants peuvent également **cumuler** un contrat de travail avec leur mandat social, sans être soumis aux restrictions particulières concernant les membres du conseil d'administration ou de surveillance des sociétés anonymes (antériorité du contrat de travail et règle du tiers). Ainsi, un **administrateur en fonctions** peut, s'il occupe un emploi effectif (Rapp. AN n° 3787), devenir salarié d'une Scop constituée sous forme de société anonyme (Loi 1978-763 du 19-7-1978 art. 15).

4. GROUPES DE SOCIÉTÉS

SALARIÉ NOMMÉ MANDATAIRE

Le salarié d'une société du groupe peut se voir attribuer un mandat social dans une autre société du groupe (ou plusieurs). **28205** TA-I-7150 s

S'il **conserve ses fonctions techniques salariées** avec maintien du lien de subordination, son contrat de travail n'est pas remis en cause et se cumule avec son ou ses mandats.

S'il **cesse** ses fonctions salariées dans la société d'origine, sa situation dépend du maintien du lien de subordination vis-à-vis d'elle. Lorsque ce lien subsiste, le contrat de travail est maintenu, bien que nécessairement modifié par l'effet de la nomination dès lors que son objet devient l'exercice du mandat social dans une autre société du groupe ; il se cumule donc avec ce ou ces mandats (Cass. soc. 11-3-2003 n° 01-40.813 : RJS 5/03 n° 681). Dans le cas inverse, le contrat, sauf convention contraire, est suspendu pendant le temps d'exercice du ou des mandats.

› Précisions Le salarié réintégré dans son entreprise d'origine suite à sa révocation comme mandataire social dans une société du groupe ne peut être licencié qu'en raison de motifs propres à son contrat de travail. Une faute commise dans le cadre du mandat social ne peut pas constituer un **motif de licenciement** du salarié (Cass. soc. 9-12-1997 n° 95-42.619 : RJS 1/98 n° 117 ; 28-6-2000 n° 98-43.100 : RJS 11/00 n° 1066), sauf interférence caractérisée (n° 28270).

COLLABORATEUR RECRUTÉ POUR EXERCER UN MANDAT SOCIAL

Une personne engagée par une société pour exercer un mandat social dans une filiale du groupe a la qualité de **salarié** de cette société lorsqu'elle se trouve dans un état de subordination vis-à-vis d'elle et en reçoit directement sa rémunération (Cass. soc. 2-10-1991 n° 87-45.668 : RJS 11/91 n° 1252 ; 4-3-1997 n° 93-44.805 : RJS 4/97 n° 484 ; 10-2-2010 n° 09-40.383 : RJS 4/10 n° 388). **28210** TA-I-7450 s

› Précisions **a.** L'exigence du lien de subordination implique que la société mère conserve les prérogatives de l'employeur à l'égard de l'intéressé (Cass. soc. 11-3-2003 n° 01-40.813 : RJS 5/03 n° 681).
b. Le salarié engagé pour l'exercice d'un mandat social peut être révoqué de celui-ci et licencié pour les mêmes faits (Cass. soc. 4-3-1997 n° 93-44.805 : RJS 4/97 n° 484).

B. Conséquences du cumul

EXÉCUTION DU CONTRAT DE TRAVAIL

Quand il remplit les conditions du cumul d'un contrat de travail avec son mandat social, le dirigeant social est, pour les fonctions correspondant au contrat de travail, soumis au **statut de salarié** au regard du droit du travail. Tous les droits et obligations prévus par la législation du travail doivent alors être respectés : droit à un salaire minimum, établissement de bulletins de paie, durée du travail (sauf pour les cadres dirigeants visés n° 29415), congés payés, participation et intéressement, respect de la réglementation du licenciement, etc. **28260** TA-I-10300 s

› Précisions **a.** Le dirigeant social en situation de cumul et qui exerce le rôle de l'employeur n'est ni électeur ni éligible au **comité social et économique** (CSE) (n° 8761, a), mais il est, en tant que salarié, pris en compte dans l'**effectif** pour l'application de la législation sur le CSE et, plus largement, pour la mise en œuvre de l'ensemble des dispositions du Code du travail (n° 62370, a). Il est également pris en compte dans l'effectif pris en compte pour le calcul et le recouvrement des cotisations et contributions de sécurité sociale (nos 23630 s.).
b. Certains dirigeants peuvent, sans être titulaires d'un contrat de travail, bénéficier des régimes d'**épargne salariale** et d'**actionnariat** salarié (voir ainsi, notamment, pour la participation aux résultats de l'entreprise, n° 33905 ; pour l'intéressement, n° 34130 ; pour le PEE, n° 34450). Ils peuvent également avoir accès, sous certaines conditions, aux **aides aux services à la personne** et aux exonérations qui y sont attachées : voir n° 22416.

MODIFICATION ET RUPTURE DU CONTRAT DE TRAVAIL

28270 TA-I-10910 s et TA-I-11200 s La modification ou la cessation du mandat social est, en principe, sans incidence sur le contrat de travail, et inversement. Si la société souhaite mettre un terme aux liens l'unissant au dirigeant, elle doit révoquer son mandat social suivant les formes prévues par le droit des sociétés et rompre son contrat de travail en respectant les règles du droit du travail.

> **Précisions** **a.** La **révocation du mandat** social ne constitue pas, en soi, une modification du contrat de travail et ne justifie pas la requalification de la **prise d'acte** du salarié en licenciement sans cause réelle et sérieuse en l'absence de modification des fonctions techniques exercées par l'intéressé en exécution de son contrat de travail (Cass. soc. 14-6-2000 n° 97-45.852 : RJS 9-10/00 n° 1022).
b. Le **motif de licenciement** doit se fonder sur des manquements aux obligations du contrat de travail et non sur des éléments tirés de la seule qualité de mandataire social ou d'associé, comme, par exemple, le fait d'avoir dissimulé l'interdiction qui le frappe d'exercer un mandat social (Cass. soc. 7-7-2009 n° 07-44.659 : RJS 11/09 n° 886). Mais, lorsqu'ils sont suffisamment précis et que leur interférence sur l'exécution du contrat de travail est caractérisée, les faits ayant conduit à la révocation du mandat peuvent également motiver le licenciement (Cass. soc. 23-1-1991 n° 88-44.041). Même solution lorsque l'intéressé a délibérément entretenu la confusion entre des actes accomplis en qualité de mandataire et ceux effectués en tant que salarié (Cass. soc. 15-12-2010 n° 09-71.288 : RJS 2/11 n° 182).
c. S'agissant du licenciement dans les **groupes de sociétés,** voir n°s 28205 s.

C. Sort du contrat de travail en cas de non-cumul

28280 TA-I-12500 s Lorsque les conditions du cumul des fonctions salariées avec celles de mandataire ne sont pas remplies, le contrat de travail est, selon les cas, suspendu pendant l'exercice du mandat, rompu ou nul.

SUSPENSION PENDANT LE MANDAT

28285 TA-I-12550 s Si les conditions tenant à l'existence d'un contrat de travail effectif ne sont pas remplies (n°s 28070 s.) et en l'absence d'une cause de nullité (n° 28295), celui-ci est suspendu de plein droit pendant la durée du mandat social, sauf convention contraire (Cass. soc. 14-6-2005 n° 02-47.320 : RJS 8-9/05 n° 915). Il **reprend effet** de plein droit à l'expiration du mandat (Cass. soc.13-6-2006 n° 04-42.702 : RJS 8-9/06 n° 1000 ; 17-6-2015 n° 14-10.230 : RJS 10/15 n° 681).

> **Précisions** **a.** Pour le calcul de l'**ancienneté** du salarié, il faut neutraliser la période de suspension du contrat de travail (Cass. soc. 26-4-1979 n° 78-40.201 ; 21-10-2009 n° 08-42.544 : RJS 1/10 n° 94). Pour le calcul de l'indemnité de licenciement, l'ancienneté acquise avant la suspension du contrat doit donc être ajoutée à celle obtenue depuis la reprise des fonctions salariées (Cass. soc. 11-3-1992 n° 89-45.168 : RJS 4/92 n° 453).
b. Sur l'incidence de la désignation comme mandataire d'un salarié en **période d'essai,** voir n° 16730.

RUPTURE

28290 TA-I-13800 s Pour faire échec à la suspension automatique du contrat de travail, les parties peuvent **décider** d'y mettre fin en concluant une **convention** (Cass. soc. 12-11-2008 n° 07-44.636 F-D : RJS 1/09 n° 69). La rupture peut aussi résulter de la **novation** du contrat (Cass. soc. 22-3-2005 n° 03-42.898 : RJS 6/05 n° 684 ; 9-5-2012 n° 11-23.299 : RJS 7/12 n° 659) : par exemple, la substitution d'un contrat de mandat au contrat de travail initial, mettant fin à ce dernier.

> **Précisions** La charge de la **preuve** de la rupture du contrat de travail pèse sur celui qui s'en prévaut, le plus souvent l'employeur, Pôle emploi ou le liquidateur judiciaire (Cass. soc. 10-4-1991 n° 89-15.335 : RJS 7/91 n° 896 ; 7-11-1995 n° 92-41.132).

NULLITÉ

28295 TA-I-14100 s La nullité sanctionne le contrat de travail consenti à un mandataire social en **violation des règles du droit des sociétés** : contrat conclu avec un administrateur de société anonyme en fonctions (sauf cas dans lesquels cette situation est autorisée : n° 28135 ; Cass. soc. 21-11-2006 n° 05-45.416 : RJS 4/07 n° 494), violation des conditions de forme applicables aux conventions réglementées, contrat de travail fictif conclu dans le seul but de contourner une disposition légale, pendant ou après le mandat social.

La nullité du contrat de travail entraîne en principe la **restitution des salaires** et des **indemnités** de **rupture** perçus (en ce sens, s'agissant d'administrateurs de SA ayant conclu un contrat de travail pendant leur mandat, Cass. soc. 2-2-2006 n° 04-46.058 : RJS 4/06 n° 499 ; 7-12-2016 n° 15-23.820 FD : RJS 2/17 n° 154).

> Précisions a. Le dirigeant dont le contrat est nul peut réclamer à Pôle emploi le remboursement de la part salariale des **cotisations d'assurance chômage** perçues par cet organisme au titre du contrat (CA Paris 7-4-1995 n° 93-25029).

b. Un contrat de travail illégalement conclu avec un administrateur en fonctions n'est pas rétroactivement validé par la **démission du mandat** d'administrateur (Cass. com. 26-1-1999 n° 97-10.018 : RJS 6/99 n° 873). Il n'est possible de le rétablir pour l'avenir qu'au moyen d'un accord en ce sens intervenu après la cessation du mandat d'administrateur (Cass. soc. 25-6-1996 n° 94-19.992 : RJS 10/96 n° 1114). À ce sujet, notamment sur les clauses de reprise d'ancienneté, voir n° 28310, c.

D. Contrat de travail succédant à un mandat social

Un ancien mandataire social peut, sauf fraude, conclure un contrat de travail avec la société dans laquelle il a exercé son mandat, après expiration de celui-ci (Cass. soc. 27-4-1984 n° 82-13.027). Il peut s'agir aussi bien d'un nouveau contrat que du rétablissement d'un contrat antérieur frappé de nullité, la cause de cette nullité ayant disparu avec la cessation du mandat. Le caractère **réel et sérieux** de ce contrat s'apprécie, comme pour tout autre salarié, en fonction du caractère effectif des fonctions exercées, de l'existence d'un lien de subordination et d'une rémunération (Cass. soc. 12-7-2007 n° 06-43.414 : RJS 10/07 n° 1132). 28310 TA-I-14500

> Précisions a. La conclusion d'un contrat de travail avec l'ancien directeur général et administrateur juste après que celui-ci a, le même jour, démissionné de son mandat social ne constitue pas une **fraude à la loi** lorsque cette démission a été acceptée sans réserve par l'assemblée générale ordinaire des actionnaires préalablement informée qu'un contrat de directeur d'usine serait consenti à l'intéressé (CA Paris 16-9-1986 n° 84-37011). Solution inverse pour un dirigeant qui, conformément aux prévisions d'une convention conclue alors qu'il exerçait son mandat social, a démissionné de ce mandat pour être aussitôt engagé comme salarié, puis à nouveau désigné en qualité d'administrateur de la même société (Cass. soc. 18-5-2005 n° 03-41.799 : RJS 8-9/05 n° 916).

b. Un contrat de travail peut valablement être consenti par une SA à un ancien administrateur avant l'accomplissement des formalités de **publicité** relatives à la cessation du mandat (Cass. soc. 26-6-2008 n° 06-18.056 : RJS 10/08 n° 1046).

c. Le nouveau contrat de travail peut inclure une **clause de reprise d'ancienneté,** recouvrant notamment une période durant laquelle l'intéressé cumulait de façon illicite un mandat d'administrateur et un contrat de travail (Cass. soc. 21-3-2002 n° 00-40.189 : RJS 6/02 n° 745). Il est à **durée indéterminée,** dès lors qu'il n'a pas été conclu par écrit, même si le précédent contrat, atteint de nullité car conclu avec un administrateur en fonctions, était à durée déterminée (Cass. soc. 21-2-2006 n° 04-41.272 : RJS 5/06 n° 643).

d. La **promesse d'embauche** faite par le président du conseil d'administration d'une SA à son directeur général en exercice, et acceptée par celui-ci, constitue une convention réglementée (Mémento sociétés commerciales n°s 52550 s.) qui peut être annulée si elle entraîne des conséquences dommageables pour la société (Cass. soc. 12-6-2012 n° 11-10.135 : RJS 8-9/12 n° 744). Solution transposable selon nous aux offre et promesse de contrat de travail qui se sont substituées à la promesse d'embauche (n° 33160).

II. PROTECTION SOCIALE

A. Sécurité sociale

1. DÉTERMINATION DU STATUT APPLICABLE

Selon son mandat, le dirigeant social peut, pour la sécurité sociale, relever du statut salarié ou de celui de travailleur indépendant. 28430

SOCIÉTÉS ANONYMES ET SAS

Président du conseil d'administration, DG, DG délégué, membre du directoire de SA, président et dirigeant de SAS Ces dirigeants relèvent, en tant que salariés, du régime général de la sécurité sociale en raison de leur mandat et indépendamment de tout cumul de celui-ci avec un contrat de travail. Il en va de même dans les 28435 CSS art. L 311-3, 12° et 23°

TA-III-4100 s et TA-III-5700 s sociétés à directoire du directeur général (DG) unique nommé au lieu et place du directoire (CA Paris 26-1-1990 : RJS 3/90 n° 267).

L'affiliation de ces dirigeants au régime général comme salarié est subordonnée à l'existence d'une **rémunération** (Cass. soc. 22-6-1995 n° 92-20.820). En revanche, l'étendue de leurs pouvoirs dans la société est sans incidence.

> Précisions **a.** Relèvent également du régime général comme salarié par assimilation les dirigeants des **sociétés d'exercice libéral** à forme anonyme (Selafa) ou par actions simplifiées (Selas). Un avocat nommé associé et dirigeant d'une Selas ne peut donc pas se voir réclamer par la Caisse nationale des barreaux français les cotisations afférentes à son activité professionnelle à compter de cette nomination (Cass. 2e civ. 24-5-2017 n° 16-18.834 F-PB ; RJS 8-9/17 n° 634).

b. Les **cotisations** sont dues au régime général sur l'ensemble des rémunérations perçues au titre des fonctions de dirigeant (nos 28515 s.), y compris sur les jetons de présence (Cass. soc. 7-2-1980 n° 78-13.425 ; 17-11-1994 n° 92-13.066 : RJS 1/95 n° 79 ; Cass. 2e civ. 14-2-2007 n° 05-21.106 : RJS 5/07 n° 656) et, le cas échéant, sur la rémunération des fonctions techniques en cas de cumul du mandat avec un contrat de travail (Cass. soc. 17-11-1994 n° 90-10.817 : RJS 1/95 n° 77). De manière générale, toutes les sommes versées par la société au dirigeant sont réputées l'être à titre de rémunération et sont assujetties à cotisations (Cass. 2e civ. 3-4-2003 n° 01-20.935 : RJS 6/03 n° 815 ; 14-9-2006 n° 05-12.464 : RJS 11/06 n° 1227), sauf si la société établit qu'elles se rattachent à une activité indépendante et distincte du mandat social, tel un contrat de prestation de services (Cass. 2e civ. 15-11-2005 n° 04-30.409 : RJS 2/06 n° 282).

c. Les dirigeants de **sociétés locataires de fonds de commerce** peuvent être assujettis à cotisations au titre des revenus tirés de la location : voir nos 79940 s.

d. Sur la situation du **conjoint** du gérant de SARL : voir nos 79820 s.

28440 TA-III-5750 s et TA-III-5800 s **Membres du conseil d'administration ou de surveillance** Les membres du conseil de surveillance (sociétés à directoire), de même que ceux du conseil d'administration autres que ceux visés n° 28435, ne relèvent pas du régime général comme salarié au titre de leur mandat social (pour un administrateur, Cass. soc. 26-5-1987 n° 85-12.333). Ils peuvent toutefois cotiser à ce régime en tant que salarié s'ils sont liés à la société par un contrat de travail.

> Précisions **a.** Sont en conséquence exclus de l'assiette des **cotisations** dues sur les salaires les **jetons de présence** versés à des administrateurs de SA également liés à la société par un contrat de travail, chaque fois qu'ils rémunèrent l'activité indépendante des intéressés en tant que membres du conseil d'administration et non leur travail salarié (Cass. soc. 16-3-1976 n° 74-13.824 ; 3-12-1981 n° 80-16.228 ; 19-10-1995 n° 94-11.752 : RJS 12/95 n° 1300). En revanche y sont soumises les sommes qui, versées en tant que jetons de présence, constituent en réalité un complément de salaire alloué au titre des fonctions salariées de l'administrateur (Cass. soc. 12-12-1991 n° 89-16.730 : RJS 1/92 n° 85).

b. La **rémunération** perçue par un administrateur dépourvu d'emploi salarié dans la société au titre d'une **mission d'étude ponctuelle** qui lui a été confiée par le conseil d'administration pour l'éclairer sur la situation de l'entreprise est exclue de l'assiette des cotisations dues sur les salaires (Cass. soc. 26-5-1987 n° 85-12.333 ; 31-10-2000 n° 98-44.988 : RJS 1/01 n° 124).

c. Le **président du conseil de surveillance**, même rémunéré, n'est pas affilié au régime général comme salarié du fait de son mandat. Il n'est pas redevable des cotisations sociales dues par les travailleurs indépendants dès lors qu'il est seulement chargé de convoquer les membres du conseil et de diriger les débats, son mandat ne caractérisant pas alors une activité professionnelle (Cass. soc. 25-1-2001 n° 99-12.376 : RJS 4/01 n° 536 ; 18-10-2001 n° 00-11.663 : RJS 1/02 n° 103). Est, en revanche, assujetti à ces cotisations un ancien directeur technique nommé vice-président du conseil de surveillance après son départ en retraite, dont la rémunération perçue en cette qualité constitue, en réalité, la contrepartie de l'activité commerciale soutenue (réception de commandes et factures, négociations de prix, rendez-vous chez les clients, etc.) exercée au service de la société (Cass. 2e civ. 1-7-2010 n° 09-15.076 : RJS 11/10 n° 888).

d. Quand ils échappent aux cotisations dues sur les salaires, les **jetons de présence** versés aux administrateurs et membres de conseils de surveillance des SA et des Selafa, ainsi que les **rémunérations exceptionnelles** servies au titre de missions ou mandats, sont assujettis au **forfait social** (CSS art. L 137-15).

28445 TA-III-4850 s **Anciens dirigeants** Les anciens présidents et directeurs généraux **poursuivant** une **activité professionnelle** dans la société, moyennant une rémunération fixe, relèvent du régime général comme salarié s'ils sont placés sous la subordination juridique de celle-ci (Cass. 2e civ. 14-2-2007 n° 05-21.839 : RJS 5/07 n° 676), même s'ils jouissent dans leurs fonctions d'une liberté très large en raison de leur ancienne qualité (Cass. soc. 3-3-1994 n° 91-13.974 : RJS 7/94 n° 919 ; 26-5-1994 n° 91-16.790 : RJS 7/94 n° 919) et quelle que soit leur situation fiscale (Cass. soc. 20-12-1990 n° 88-12.414 : RJS 2/91 n° 260).

En revanche, sauf s'il constitue un prolongement de son activité antérieure, le **concours** exceptionnel et temporaire **librement apporté à son successeur** par un ancien dirigeant (directeur général adjoint en l'occurrence) pour la réalisation de certaines opérations de la société ne permet pas de le considérer comme un salarié de celle-ci (Cass. soc. 26-5-1987 n° 85-12.333).

ILLUSTRATIONS

La rémunération fixe mensuelle versée à un administrateur qui, après avoir démissionné de ses fonctions de P-DG, s'est vu confier par le conseil d'administration un rôle d'**assistance** et de **conseil** auprès des nouveaux dirigeants doit être soumise à cotisations dès lors que ce rôle dépasse en fait largement les attributions d'un simple administrateur, en sorte qu'il s'exerce pour le compte de la société qui est son employeur (Cass. soc. 12-10-1989 n° 87-11.195 : RJS 11/89 n° 898).

SOCIÉTÉS À RESPONSABILITÉ LIMITÉE

Gérants majoritaires et non majoritaires (SARL relevant de l'IS) Dès lors qu'ils ne possèdent **pas** ensemble **plus de la moitié du capital** social et qu'ils perçoivent une **rémunération,** les gérants de SARL et de sociétés d'exercice libéral à responsabilité limitée (Selarl) relevant de l'impôt sur les sociétés (IS) relèvent du régime général comme salariés en raison de leur mandat. Sont concernés les **gérants minoritaires ou égalitaires,** et les gérants, associés ou non, appartenant à un collège de gérance minoritaire ou égalitaire. **28450** CSS art. L 311-3, 11° TA-III-6300 s

Les **gérants majoritaires** et les gérants, associés ou non, appartenant à un collège de gérance majoritaire relèvent du régime général comme travailleurs indépendants (nos 28590 s.) au titre de leur mandat, même si celui-ci n'est pas rémunéré (Cass. soc. 28-5-1998 n° 96-20.917 : RJS 7/98 n° 929 ; Cass. 2e civ. 19-1-2017 n° 16-10.744 F-D : RJS 4/17 n° 299 ; Cass. 2e civ. 31-5-2018 n° 17-17.518 : RJS 8-9/18 n° 568) et si la société n'exerce aucune activité effective (Cass. soc. 28-5-1998 précité).

› Précisions **a.** L'affiliation obligatoire des gérants non majoritaires au régime général comme salariés ne s'applique pas aux **gérants de fait** (Cass. 2e civ. 19-11-1965 n° 63-10.562 : Bull. civ. II n° 915). Sur ces derniers, voir n° 28460.

b. Les gérants **non majoritaires non rémunérés** ne relèvent du régime général ni comme salariés (Cass. ch. réunies 24-6-1966 n° 63-13.821), ni comme travailleurs indépendants (Cass. soc. 13-1-1988 n° 85-11.621 ; 1-2-1989 n° 86-17.704 : RJS 3/89 n° 282). Ils peuvent bénéficier des prestations d'assurance maladie au titre de la protection universelle maladie (Puma) : voir n° 50120.

c. Un **salaire minime** n'empêche pas l'affiliation au régime général comme salarié dès lors qu'il correspond aux faibles résultats économiques de la société (Cass. soc. 24-2-1988 n° 86-10.080). Il en va différemment lorsque la rémunération apparaît dérisoire compte tenu du temps consacré par le gérant à la société, de ses responsabilités dans celle-ci et des résultats de la société (Cass. soc. 24-2-1971 n° 70-10.256). L'intéressé est alors considéré comme non rémunéré.

d. Sur la situation du **conjoint** du gérant de SARL : voir nos 79820 s.

Pour **évaluer la participation au capital** de la SARL sont prises en compte les parts détenues en pleine propriété ou en usufruit par les gérants, leur conjoint ou partenaire lié par un Pacs, et leurs enfants mineurs non émancipés. Les parts en nue-propriété sont exclues, sauf si le nu-propriétaire s'est vu attribuer statutairement les droits normalement réservés à l'usufruitier (Lettre Cnamts 7-3-1980). Il doit être tenu compte aussi, le cas échéant, des participations détenues par l'intermédiaire d'une société associée dans la SARL, dont le ou les gérants ont le contrôle (Cass. soc. 28-1-1993 n° 90-11.859 : RJS 3/93 n° 332). **28455**

› Précisions **a.** Les parts appartenant au conjoint doivent être prises en considération, même si les époux, en instance de **divorce,** sont en conflit d'intérêts (Cass. soc. 22-3-1990 n° 87-16.376 : RJS 5/90 n° 442).

b. N'ont pas à être prises en compte les parts sociales : rémunérant l'**apport en industrie du conjoint** du gérant (Rép. Madelin : AN 25-9-1989 p. 4288) ; détenues par le **concubin** du gérant (Cass. soc. 12-5-1971 n° 70-10.112 ; 13-3-1985 n° 83-11.326) ou par le **cogérant de fait** (Cass. soc. 12-5-1971 n° 69-13.556 ; 21-7-1986 n° 85-12.228 ; Cass. 2e civ. 6-12-2006 n° 05-20.016 : RJS 2/07 n° 288) ; selon la jurisprudence sociale, les parts détenues en **indivision** par le gérant (Cass. soc. 24-3-1977 n° 75-14.803). Par référence à la jurisprudence fiscale, l'administration estime, quant à elle, que ces parts doivent être prises en compte pour la fraction que le gérant détient dans l'indivision (Circ. Acoss 13-9-1978).

c. La **cession** des parts sociales n'est opposable aux organismes de protection sociale qu'après exécution des formalités de **publicité** (Cass. 2e civ. 7-5-2014 n° 13-15.981 : RJS 7/14 n° 595).

Associés non gérants Les associés non gérants, même majoritaires, travaillant dans la société contre rémunération peuvent être assujettis au **régime général** en tant que salarié, à condition de ne pas s'immiscer dans la gestion de celle-ci. Dans le cas contraire, ils relèvent de ce régime comme travailleurs indépendants. **28460** TA-III-8450 s

Les associés **gérants de fait** relèvent du régime général comme travailleurs indépendants (Circ. Cnam 21-12-1989).

> Précisions **a.** Pour être affilié au régime général comme salarié, l'associé non gérant doit occuper un emploi qui le place dans un état de **dépendance effective** à l'égard du gérant qui assume seul la responsabilité de l'entreprise (Cass. 2e civ. 14-9-2004 n° 02-31.230 : RJS 12/04 n° 1324 ; Cass. soc. 9-11-1981 n° 80-12.106). Tel n'est pas le cas d'un associé majoritaire exerçant les fonctions de chef de travaux et ayant reçu du gérant une délégation générale lui donnant pouvoir de contrôle sur la marche de l'entreprise (Cass. soc. 25-5-1977 n° 76-10.403).
b. L'associé non gérant qui n'a pas la maîtrise de la gestion de la société et n'y exerce **pas d'activité professionnelle rémunérée** ne relève d'aucun régime obligatoire de sécurité sociale (Cass. soc. 22-11-1990 n° 87-20.144 : RJS 1/91 n° 99 ; 4-7-1991 n° 89-13.436 : RJS 8-9/91 n° 1031).

28465 SARL de famille relevant du régime fiscal des sociétés de personnes

TA-III-9100 s

Les rémunérations des dirigeants relèvent du régime général selon les **mêmes distinctions** que dans les SARL soumises à l'IS (nos 28450 s.).

La base de **calcul des cotisations** est la suivante (Lettre DSS 10-11-1989) :

– pour les dirigeants relevant du régime général en tant que salariés (**gérants non majoritaires et assimilés**), les cotisations salariales sont dues sur les appointements, émoluments ou salaires, mais pas sur les droits aux résultats bénéficiaires, qui n'ont pas la nature d'un salaire. Ces droits ne sont pas davantage soumis aux cotisations dues par les travailleurs indépendants (Rép. Vidalies : AN 30-1-1989 p. 528) ;

– pour ceux relevant du régime général comme travailleurs indépendants (**gérants majoritaires et assimilés**), les cotisations dues sont assises sur leurs revenus professionnels non salariés, y compris par conséquent sur leur part des résultats bénéficiaires.

> Précisions **a.** L'option des SARL de famille pour le régime fiscal des sociétés de personnes est sans **incidence en matière sociale.**
b. Les règles ci-dessus s'appliquent quelle que soit la **date de l'option.** Notamment, le fait que la société ait opté pour le régime fiscal des sociétés de personnes dès sa constitution ne confère pas aux associés y exerçant une activité salariée la qualité de travailleurs indépendants (Cass. soc. 23-1-1992 n° 89-20.651 : RJS 3/92 n° 363) et ne peut donc motiver le refus d'affiliation au régime général comme salarié d'un gérant minoritaire rémunéré (Cass. soc. 14-6-1989 n° 86-16.549 : RJS 7/89 n° 651 ; 27-6-1991 n° 89-10.616 : RJS 8-9/91 n° 1030).

ENTREPRISES UNIPERSONNELLES À RESPONSABILITÉ LIMITÉE (EURL)

28470 L'**associé unique** relève du régime général comme travailleur indépendant à **condition** d'exercer la gérance ou d'autres fonctions dans l'entreprise (Cass. soc. 12-10-2000 n° 98-20.399 : RJS 12/00 n° 1303 ; Circ. Organic 99-60 du 2-7-1999).

TA-III-10300 s

Les **cotisations** sont dues sur la totalité du bénéfice de l'EURL. Corrélativement, les déficits d'exploitation doivent être, le cas échéant, déduits de l'assiette des cotisations dont l'associé unique est redevable pour une autre activité non salariée (Cass. soc. 13-2-2003 n° 00-21.513 : RJS 4/03 n° 540).

En cas d'option pour le régime fiscal des sociétés de capitaux, les cotisations sont dues sur la base des rémunérations perçues soit en qualité de gérant, soit au titre des fonctions occupées dans la société. Sur les dividendes, voir n° 80180.

> Précisions **a.** Le **conjoint** de l'associé unique est assujetti à la sécurité sociale comme travailleur indépendant s'il est gérant, même non rémunéré (Cass. soc. 22-11-2001 n° 00-11.810 : RJS 3/02 n° 358). Sur la situation du conjoint, voir nos 79820 s.
b. Les dispositions applicables aux SARL l'étant également aux EURL, dans l'hypothèse où la **gérance** de l'EURL est **exercée conjointement** par l'associé unique et un autre gérant, ce dernier relève du régime général comme travailleur indépendant en raison de son appartenance à un collège de gérance majoritaire (Cass. soc. 3-12-1998 n° 96-13.463 : RJS 1/99 n° 125).
c. Si la gérance n'est pas exercée par l'associé unique ou par son conjoint, le **gérant** a la qualité de **salarié** (Lettre Acoss 22-11-1991), sauf s'il détient le contrôle de la société qui est l'associée unique de l'EURL, ce qui l'assujettit à la sécurité sociale comme travailleur indépendant (Cass. soc. 20-5-1999 n° 97-18.585 : RJS 7/99 n° 999).

SOCIÉTÉS EN NOM COLLECTIF ET EN COMMANDITE

28475 Les **associés,** gérants ou non, des SNC et les associés commandités des sociétés en commandite simple ou par actions sont considérés comme des commerçants. Ils relèvent donc du régime général comme travailleurs indépendants (Cass. 2e civ. 11-10-2005 n° 04-30.347 : RJS 12/05 n° 1274 ; 16-12-2010 n° 09-17.456 : RJS 3/11 n° 275).

TA-III-11200 s

Les **gérants pris en dehors de la société** sont assujettis au régime général comme salariés lorsqu'ils perçoivent une rémunération.

> Précisions a. L'associé n'est pas dispensé de payer ses cotisations sociales personnelles lorsqu'il **ne participe pas à la gestion** de la SNC, gérée par une autre société (Cass. 2e civ. 11-10-2005 nº 04-30.437 : RJS 12/05 nº 1274 ; 16-12-2010 nº 09-17.456 : RJS 3/11 nº 275), ou lorsque, après avoir donné en **location** ses **fonds de commerce** à d'autres sociétés, la SNC n'a plus d'autre activité que la perception du prix de la location (Cass. soc. 22-2-1990 nº 88-16.048 ; 31-10-2000 nº 99-14.327 : RJS 1/01 nº 125).
b. Sur la situation du **conjoint** : voir nos 79820 s.

AUTRES SOCIÉTÉS

Sociétés civiles Les associés d'une **société civile professionnelle** relèvent du régime général comme travailleurs indépendants (Cass. soc. 19-6-1980 nº 79-11.083 ; 18-5-2000 nº 99-10.151 : RJS 7-8/00 nº 880). Il en va de même des associés d'une société civile de **construction-vente** s'ils participent effectivement à la gestion et au contrôle de celle-ci (Cass. soc. 8-6-1995 nº 93-17.042 : RJS 10/95 nº 1074). **28480** TA-III-11600 s

Les associés d'une société civile **gérant un patrimoine** qui perçoivent des revenus du capital et non des revenus professionnels ainsi que le gérant d'une telle société non rémunérés ne sont pas assujettis au régime général (Cass. soc. 10-5-1988 nº 86-10.105).

Groupements d'intérêt économique Les **membres** des GIE, assimilables aux associés des sociétés en nom collectif, relèvent du régime général comme travailleurs indépendants (Cass. soc. 21-12-1977 nº 76-11.179). **28482** TA-III-12050 s

Les **administrateurs,** en leur qualité de mandataires sociaux, relèvent en principe aussi du régime général comme travailleurs indépendants. Toutefois, si un membre du groupement, administrateur ou non, exerce également une activité salariée au sein de ce groupement, la qualité de salarié peut lui être reconnue au titre de cette activité si celle-ci constitue une profession autonome détachable de l'objet du groupement. L'intéressé relève alors du régime général comme salarié (Lettre Cnamts 28-8-1974).

Sociétés coopératives Les membres des **sociétés coopératives de production,** ainsi que les gérants, directeurs généraux, présidents du conseil d'administration et membres du directoire percevant une rémunération et n'ayant pas la qualité de salariés de l'entreprise à un autre titre relèvent du régime général comme salarié (CSS art. L 311-3, 13° ; Loi 78-763 du 19-7-1978 art. 17). **28484** TA-III-12250 s TA-III-13200

Il en va de même des présidents des **sociétés coopératives de banque** (CSS art. L 311-3, 30°).

Sociétés en participation Les associés d'une société en participation relèvent du régime général comme travailleurs indépendants, à condition de participer effectivement à son activité (Cass. soc. 18-12-1997 nº 96-15.207 : RJS 2/98 nº 233 ; 28-3-2002 nº 00-17.418 : RJS 6/02 nº 746). Dans le cas contraire, ils n'ont pas à cotiser sur leur part de bénéfice, mais ne peuvent, à l'inverse, pas déduire leur part du déficit de leurs autres revenus professionnels non salariés (Cass. soc. 13-2-2003 nº 00-21.375 : RJS 4/03 nº 540). **28486** TA-III-12730 s

Gérants-mandataires Les personnes ayant conclu un contrat de gérance-mandat conforme à l'article L 146-1 du Code de commerce relèvent du régime général comme travailleurs indépendants (Circ. RSI 4 du 19-1-2009). **28488** TA-III-13100 s

2. PARTICULARITÉS DE CHAQUE STATUT

a. Affiliation au régime général comme salarié

Les dirigeants de sociétés relevant du **régime général** comme salarié y sont assujettis dans les conditions ordinaires, sous réserve des particularités signalées ci-après. **28510** TA-III-13300 s

Ils sont redevables de la **CSG** et de la **CRDS** suivant les règles applicables aux salariés. Sur la **contribution au dialogue social,** voir nº 84410.

BASE DE CALCUL DES COTISATIONS DE SÉCURITÉ SOCIALE

Rémunération réelle Les cotisations dues au régime général des salariés, pour les dirigeants qui y sont rattachés, sont calculées sur leur **rémunération réelle,** y compris celle afférente aux fonctions techniques en cas de cumul d'un contrat de travail avec le mandat social et, le cas échéant, les jetons de présence des présidents et directeurs généraux de sociétés anonymes (nº 28435, b), et abstraction faite des dividendes. **28515** TA-III-13700 s

> **Précisions a.** N'étant pas soumis à la législation sur le Smic, les dirigeants ne sont pas concernés par la règle de l'**assiette minimum** des cotisations (nº 23340), sauf s'ils sont simultanément liés à la société par un contrat de travail (Cass. soc. 28-3-1984 nº 82-12.800).
> **b.** Il en va de même de la réduction d'assiette prévue au titre de l'emploi de salariés à **temps partiel** (nºs 77465 s.) (CA Paris 1-3-1995 : RJS 5/95 nº 587 ; 20-3-1997).
> **c.** La circonstance qu'une partie de leur **rémunération** soit **considérée fiscalement comme excessive** et perde au regard de l'impôt le caractère de salaire est sans incidence en matière de sécurité sociale. Elle ne permet donc pas de réclamer le remboursement des cotisations de sécurité sociale versées à raison de cette fraction de la rémunération (Cass. soc. 14-1-1993 nºs 90-15.103 et 90-15.106 : RJS 2/93 nº 204).

28520 TA-III-13700 s **Frais professionnels** Les **allocations forfaitaires** pour frais professionnels versées aux dirigeants sont assujetties aux cotisations de sécurité sociale, à la CSG et à la CRDS (Arrêté 20-12-2002 art. 1er). Toutefois, ces allocations sont exonérées, pour les mandataires sociaux titulaires d'un contrat de travail, dans les mêmes conditions que pour les autres salariés (Cass. soc. 18-6-1998 nº 97-10.742 : RJS 8-9/98 nº 1088 ; Circ. DSS 7 du 7-1-2003 réputée abrogée), à condition de pouvoir justifier que ces versements se rattachent exclusivement à l'exécution du contrat (Cass. soc. 13-2-2003 nº 01-21.194 : RJS 4/03 nº 541) : voir nºs 22600 s. et 22615 pour les cotisations, et nº 25110 pour la CSG et la CRDS. Il est admis par ailleurs que les frais de voiture remboursés au moyen d'indemnités kilométriques sont exonérés dans la limite du barème de l'administration fiscale (Mémento fiscal nº 97200) (Circ. DSS 7 du 7-1-2003 réputée abrogée).

Les remboursements de **frais réels** sont exonérés aux conditions de droit commun (Circ. DSS 7 du 7-1-2003 réputée abrogée).

L'exercice d'un mandat social n'ouvre droit au bénéfice d'aucune **déduction forfaitaire spécifique** pour frais professionnels. Toutefois, lorsque le dirigeant, en plus de son mandat social, est titulaire d'un contrat de travail donnant lieu à une rémunération distincte au titre d'une activité salariée ouvrant droit au bénéfice d'une telle déduction, celle-ci s'applique à la rémunération de l'activité salariée (Cass. 2e civ. 21-9-2004 nº 03-30.293 : RJS 10/04 nº 1328 ; 13-5-1987 nº 85-11.558).

28525 TA-III-14060 s **Avantages en nature** L'avantage en nature logement doit être évalué d'après sa valeur réelle et non forfaitairement (Arrêté 10-12-2002 art. 5). Toutefois, les dirigeants **titulaires d'un contrat de travail** pour lequel ils relèvent de l'assurance chômage peuvent bénéficier de l'évaluation forfaitaire de cet avantage au titre de la rémunération de ce contrat (Circ. DSS 7 du 7-1-2003 réputée abrogée).

Les évaluations forfaitaires prévues pour les **avantages autres** que le logement (nºs 22560 et 22575) peuvent être utilisées pour les dirigeants, même en dehors du cas de cumul du mandat social et d'un contrat de travail (Circ. DSS 7 du 7-1-2003 réputée abrogée).

28530 TA-III-14370 s **Avance en compte courant** Une avance en compte courant dont un dirigeant (gérant de SARL en l'occurrence) a eu la libre disposition constitue un **avantage en espèces** soumis à cotisations sociales. Le fait que son montant ait été ensuite réduit par des versements au crédit du compte ne remet pas en cause ces cotisations (Cass. 2e civ. 10-5-2005 nº 03-30.657 : RJS 8-9/05 nº 917 ; 23-5-1996 nº 94-12.010 : RJS 12/96 nº 1330). Il en va de même pour l'**indemnité inscrite au compte courant** d'associé d'un mandataire social lors de sa mise à la retraite volontaire, peu important l'annulation ultérieure de cette mise à disposition (Cass. 2e civ. 4-5-2016 nº 15-16.777 F-D : RJS 8-9/16 nº 602).

28535 TA-III-14550 s **Indemnités de rupture** Sont en **principe** assujetties aux cotisations sociales, ainsi qu'à la CSG et à la CRDS, les indemnités versées à l'occasion de la cessation de leurs fonctions, en leur qualité de mandataires sociaux, aux dirigeants mentionnés à l'article 80 ter du CGI, c'est-à-dire aux dirigeants, de droit ou de fait, soumis au régime fiscal des salariés (Mémento fiscal nº 23720).

Par exception, le cas de **cessation forcée** (révocation notamment) peut, sous certaines conditions, ouvrir droit à une exonération limitée : voir nº 22897.

Les indemnités allouées en cas de rupture du **contrat de travail** peuvent également bénéficier d'une exonération plafonnée : voir nºs 22840 s.

EXONÉRATIONS ET ALLÉGEMENTS DE CHARGES

28550 CSS art. L 243-1-1 **Création d'entreprise** Une **exonération** de cotisations de sécurité sociale est prévue pour les personnes créant ou reprenant une entreprise et dont les revenus annuels ne dépassent pas certains seuils, voir nºs 1740 s.

En cas de dépassement de ces seuils, les dirigeants créant ou reprenant une entreprise peuvent bénéficier d'un **report du paiement** des cotisations dues en début d'activité, sans perdre le droit aux prestations. La date limite de paiement des cotisations afférentes aux rémunérations perçues au cours des 12 premiers mois d'activité de l'entreprise est alors reportée au 13e mois suivant la date de création ou reprise de l'entreprise. et R 243-1-1 TA-III-13390 s

Ce report peut être accompagné d'un **étalement** du paiement des cotisations ainsi reportées sur une période maximale de 5 ans.

› Précisions **a.** Le report et l'étalement concernent les **dirigeants** relevant du régime général, y compris les dirigeants et membres de Scop, ainsi que les personnes bénéficiaires du contrat d'appui au projet d'entreprise pour la création ou la reprise d'une activité économique visées à l'article L 127-1 du Code de commerce.
b. Ils s'appliquent aux **cotisations** salariales et patronales de sécurité sociale, à la CSG et la CRDS, à la contribution Fnal et au versement mobilité (Circ. DSS 224 du 17-5-2004 réputée abrogée).
c. Pour bénéficier du report, l'employeur doit en faire la **demande** écrite avant la date d'échéance des cotisations se rapportant à la première rémunération ; pour bénéficier de l'étalement, avant la fin du 12e mois d'activité de l'entreprise.

Autres dispositifs Pour l'administration, les dirigeants n'ouvrent pas droit à la **cotisation d'allocations familiales** à **taux** réduit (n° 23530), sauf s'ils sont titulaires d'un contrat de travail, et dans ce cas seulement au titre de la rémunération afférente à ce contrat. Il devrait en aller de même, selon nous, pour la réduction du taux de la **cotisation patronale d'assurance maladie** (n° 23520). 28555

Voir par ailleurs :
– pour les différents allégements de cotisations patronales de sécurité sociale : nos 1880 s. ;
– sur les conséquences d'une rémunération différée ou définitivement abandonnée : n° 23860 ;
– sur l'incidence de la prise en charge par la société de la cotisation à un régime facultatif d'assurance chômage : n° 28665, a ;
– sur l'application du régime d'exonération plafonnée à la contribution de l'employeur à un régime de prévoyance ou de retraite supplémentaire ouvert aux mandataires sociaux : n° 22930, b.

Mesures Covid-19 28560 TA-III-16210 s

Les dirigeants sociaux relevant du régime général en tant que salarié en raison de leur mandat social bénéficient d'une **réduction de cotisations** et contributions dues au titre des années 2020 et 2021 (loi 2020-1576 du 14-12-2020 art. 9, III-al. 3). Cette aide, dont le montant et les modalités d'imputation sont fixés par décret, est **réservée aux** dirigeants dont l'entreprise répond aux conditions d'effectif, d'activité principale, de lieu d'exercice de l'activité et de fermeture ou de baisse du chiffre d'affaires exigées pour bénéficier de l'exonération de cotisations patronales à laquelle ouvrent droit les salariés (FRS 24/20 inf. 1 nos 23 à 25).

RETRAITE ET MAINTIEN D'UNE ACTIVITÉ

Retraite progressive Seuls les mandataires sociaux cumulant un **contrat de travail** avec leur mandat peuvent bénéficier de la retraite progressive, au seul titre du contrat de travail. L'activité à temps partiel devant être exercée à titre exclusif (voir toutefois sur ce point n° 67735, a), la retraite progressive n'est compatible avec un mandat social que si celui-ci ne donne pas lieu au versement, à titre obligatoire ou facultatif, de cotisations à un régime de base d'assurance vieillesse (Lettre DSS 19-12-1988). 28570 TA-III-16420 s

Sur l'éligibilité à la retraite progressive des salariés en **forfait jours,** voir n° 67735.

Cumul emploi-retraite Sauf exceptions, le service d'une pension de retraite de base est subordonné à la cessation de l'activité professionnelle exercée (voir n° 68185). Cette obligation s'applique à l'activité de mandataire social. Toutefois, les dirigeants ou associés peuvent continuer d'exercer des fonctions à raison desquelles ils ne sont pas assujettis, à titre obligatoire ou facultatif, aux cotisations d'assurance vieillesse ; par exemple la fonction de dirigeant non rémunéré ou d'administrateur de société anonyme (notamment, Lettre DSS 29-1-1990). 28575 TA-III-16200 s

Sur le cumul d'un mandat social avec l'allocation de cessation anticipée d'activité des travailleurs de l'amiante (**Acaata**), voir n° 52270.

b. Affiliation au régime général comme travailleur indépendant

CARACTÉRISTIQUES GÉNÉRALES

28590 TA-III-15800 s Lorsqu'ils relèvent du régime général comme travailleur indépendant, les dirigeants de sociétés bénéficient des **prestations** offertes par ce régime et sont assujettis aux **cotisations** correspondantes. Ils sont redevables de la CSG et de la CRDS suivant les règles applicables au revenu d'activité indépendante. Ces cotisations et contributions sont **dues à titre personnel** par les dirigeants eux-mêmes et non par la société (Cass. soc. 4-3-1999 n° 96-14.229 : RJS 4/99 n° 602).

BASE DE CALCUL DES COTISATIONS

28595 TA-III-15860 s L'assiette des cotisations dues comme travailleur indépendant varie selon le régime fiscal de l'entreprise :

– dans les **sociétés soumises au régime fiscal des sociétés de personnes** : pour les associés, gérants ou non, les cotisations sont assises sur leur part du bénéfice, qu'elle soit distribuée ou non et, le cas échéant, sur la rémunération allouée par la société ;

– dans les **sociétés soumises à l'impôt sur les sociétés** : les cotisations sont assises sur les rémunérations d'activité perçues par les gérants et associés, ainsi que sur les dividendes excédant un certain montant : voir n° 80160.

› Précisions **a.** La **CSG et la CRDS** sont dues dans les conditions de droit commun : voir n°s 25200 s.

b. Certaines cotisations des travailleurs indépendants sont calculées sur une **assiette minimale** et sont dues même si le dirigeant cesse d'être rémunéré (Cass. 2e civ. 22-3-2005 n° 03-30.751 : RJS 6/05 n° 685). Il en est ainsi pour les cotisations **maladie-maternité** (pour les professionnels libéraux, n° 80390, et, pour les autres travailleurs indépendants, n° 80400), **vieillesse de base** (pour les professionnels libéraux, n° 80460, et pour les autres travailleurs indépendants, n° 80490) et **invalidité-décès** hors professionnels libéraux (n° 80570).

c. Dans les **sociétés d'exercice libéral,** les dividendes sont intégrés dans l'assiette des cotisations dues par les associés, dans les limites définies aux articles L 131-6 et R 131-2 du CSS, sauf s'il s'agit de gérants minoritaires n'appartenant pas à un collège majoritaire ou d'associés minoritaires non gérants ou non dirigeants et exerçant leur activité dans un lien de subordination vis-à-vis de la société (Circ. DSS 315 du 18-8-2010 opposable).

RETRAITE ET MAINTIEN D'UNE ACTIVITÉ

28597 TA-III-16200 s Les dirigeants non salariés sont soumis à la réglementation du **cumul emploi-retraite** dans les conditions exposées n° 81310 et bénéficient de certains assouplissements, notamment en cas de transmission de l'entreprise (n° 81320). Ils peuvent accéder à la **retraite progressive** dans les conditions indiquées n° 81330. Par exception, dans le régime vieillesse des professions, libérales, il n'y a pas de retraite progressive, et le cumul emploi-retraite obéit à des règles spécifiques (n° 81330).

B. Retraite complémentaire

DIRIGEANTS RELEVANT DU RÉGIME GÉNÉRAL COMME SALARIÉS

28605 TA-III-16750 s Les dirigeants relevant du régime général de la sécurité sociale comme salarié au titre de leur mandat social doivent être **affiliés** au régime de retraite complémentaire Agirc-Arrco.

Cette affiliation obéit aux mêmes conditions que pour les autres cadres de la société sous réserve des principales particularités suivantes :

– les **indemnités pour frais professionnels** suivent le régime exposé n° 28525 ;

– sauf lorsqu'ils cumulent leur mandat social avec un contrat de travail et relèvent, en conséquence, du régime d'assurance chômage géré par l'Unédic, les dirigeants ne peuvent pas faire **valider** gratuitement auprès du régime Agirc-Arrco les périodes pendant lesquelles ils ont été involontairement privés d'emploi. Les périodes indemnisées par le régime d'assurance **chômage** GSC (n° 28665) peuvent être prises en compte par le régime Agirc-Arrco moyennant cotisations (ANI Agirc-Arrco du 17-11-2017, art. 49).

› Précisions **a.** L'affiliation des dirigeants de sociétés exerçant une profession libérale aux régimes complémentaires des **professions libérales** en sus du régime Agirc-Arrco peut être rendue obligatoire par décret, sur demande de la Cnav-PL. Sont visés les dirigeants suivants : gérants minoritaires ou égalitaires de SARL et de Selarl, présidents du conseil d'administration, directeurs généraux et directeurs généraux délégués des SA et des Selafa, présidents et dirigeants des SAS et Selas. Les cotisations sont calculées dans les conditions prévues par les statuts de ces régimes (CSS art. L 644-3 et D 644-2). Cette double affiliation a été décidée pour les notaires, les vétérinaires et les agents généraux d'assurance.

b. La réglementation du **cumul emploi-retraite** s'applique dans les mêmes conditions que pour les autres salariés de l'entreprise (voir nos 68125 s.).

DIRIGEANTS RELEVANT DU RÉGIME GÉNÉRAL COMME INDÉPENDANT

Les dirigeants relevant du régime général de la sécurité sociale comme indépendant relèvent pour leur retraite complémentaire des régimes propres aux travailleurs indépendants selon l'activité exercée par la société (nos 79765 s.). **28610** TA-III-18350 s

C. Assurance chômage

Les dirigeants de sociétés ne bénéficient pas de la garantie Unédic, à moins d'être titulaires d'un contrat de travail. Des régimes spécifiques d'assurance chômage ont été créés à leur intention. Sur la possibilité pour certains dirigeants de percevoir l'**allocation forfaitaire des travailleurs indépendants** en cas de liquidation ou de redressement judiciaire, voir nos 81630 s. **28640**

RÉGIME UNÉDIC

Conditions d'application aux dirigeants Le régime d'assurance chômage de l'Unédic garantissant exclusivement les salariés titulaires d'un contrat de travail, les dirigeants de sociétés en sont exclus en leur qualité de mandataire social, même s'ils relèvent du régime général comme salariés (Cass. 2e civ. 9-5-2019 no 18-11.158 F-PBI : RJS 7/19 no 453, solution rendue s'agissant de formateurs occasionnels et transposable aux dirigeants). **28645** TA-III-200 s

En cas de cumul d'un mandat et d'un emploi salarié, les intéressés participent à ce régime **au titre du contrat de travail** dans les conditions de droit commun. Les contributions chômage et AGS sont alors dues sur la seule rémunération versée au titre du contrat de travail à l'exclusion des sommes allouées au titre du mandat social (jetons de présence, rémunérations exceptionnelles pour mission ponctuelle).

> **Précisions a.** L'employeur peut demander, dans le cadre d'une **procédure de rescrit,** à Pôle emploi de se prononcer de manière explicite sur l'assujettissement d'un de ses mandataires sociaux à l'assurance chômage. La décision vaut seulement pour le mandataire visé par la demande. Elle est **opposable à l'avenir** à l'employeur, à Pôle emploi et à l'Urssaf tant que la situation de fait ou la législation applicable n'ont pas été modifiées (C. trav. art. L 5312-12-2). Si Pôle emploi entend **modifier sa réponse** pour l'avenir en raison d'un changement de la situation de fait ou de l'analyse de cette dernière, il doit notifier sa décision à l'employeur. Cette modification prend effet à la date du changement de la situation de fait ou, s'agissant d'un changement d'analyse de cette situation, à la date de sa notification (C. trav. art. R 5312-5-2).
> L'**avis** de Pôle emploi peut être obtenu dans le cadre d'une **étude préalable** (demande de l'employeur ou du dirigeant concerné) ou au moment du traitement d'une **demande d'allocations** (demande de l'ancien dirigeant demandeur d'emploi). Cet avis est opposable à Pôle emploi si la situation de l'intéressé ne subit aucune modification (fiche Unédic février 2020). Les demandes d'étude préalable et d'allocations sont formulées via l'envoi du questionnaire employeur ou de celui demandeur d'emploi à l'adresse suivante : Pôle emploi TSA 10116 92891 Nanterre Cedex 9. Ces deux questionnaires sont téléchargeables sur le site www.pole-emploi.fr.
> Sur le point de savoir si une **Urssaf** peut, lors d'un **contrôle,** se prononcer sur l'assujettissement d'un dirigeant au régime d'assurance chômage, voir no 6400, c.
> L'**encaissement de cotisations** d'assurance chômage par Pôle emploi ne constitue pas reconnaissance tacite d'un droit aux prestations. En cas d'avis négatif, les intéressés peuvent obtenir le remboursement, dans la limite de la prescription légale, des cotisations qu'ils auraient versées à tort (Dir. Unédic 36 du 31-7-2002).
> **b.** Par dérogation, certains **dirigeants de Scop** peuvent bénéficier du régime d'assurance chômage de l'Unédic au titre de leurs seules fonctions de mandataire : voir no 28180.

Cumul des allocations avec un mandat social Le cumul des allocations de chômage servies par l'Unédic avec l'exercice d'un mandat social est exclu dès lors que le mandat correspond à une **activité professionnelle** (Cass. soc. 10-10-1990 no 88-19.888 : RJS 11/90 no 933). Selon le cas, l'exercice du mandat fait alors **obstacle** soit à l'ouverture du droit aux allocations (perte du contrat de travail et poursuite du mandat social), soit au maintien du service des allocations (chômeur indemnisé nommé mandataire social). La perception des allocations en contravention avec cette règle constitue le délit de fraude aux prestations de chômage (Cass. crim 7-4-1994 no 93-81.361 : RJS 10/94 no 1166). Sur les peines attachées à ce délit, voir no 7000. **28650** TA-III-1600 s

28655 Selon le **Conseil d'État,** l'exercice d'un mandat social dans une société commerciale n'est pas une activité bénévole et est dès lors incompatible avec la perception d'un revenu de remplacement (CE 17-11-1997 n° 159494 ; CE 26-3-2018 n° 402044 : RJS 6/18 n° 450).

La **Cour de cassation** adopte, quant à elle, une position plus nuancée. Selon elle, la question de savoir si le mandat correspond à une **activité professionnelle** dépend du temps dont le mandataire social dispose pour chercher un emploi. Ainsi, le versement des allocations doit être interrompu pendant l'exercice des mandats de **président-directeur général** d'une société et de **directeur général** d'une autre société dès lors que, même non rémunérées, ces fonctions à temps plein constituent une activité professionnelle ne permettant pas de rechercher un emploi (Cass. soc. 18-6-1981 n° 79-16.026). À l'inverse, le fait d'être **gérant bénévole de société civile** (immobilière en l'occurrence) n'implique pas nécessairement l'exercice d'une activité professionnelle interdisant la recherche effective et permanente d'un emploi (Cass. soc. 10-11-1998 n° 96-22.103 : RJS 12/98 n° 1562). Sur la **compétence du juge judiciaire** s'agissant de l'ouverture du droit aux allocations chômage, voir n° 6720.

28660 Selon l'**Unédic,** il n'y a pas activité professionnelle faisant obstacle au droit aux allocations dans les cas suivants (Circ. Unédic 20 du 27-7-2017) :
– exercice du mandat d'**administrateur** ou de **membre du conseil de surveillance,** sauf si l'intéressé est investi de plusieurs mandats et y consacre un temps important ;
– chefs et dirigeants d'**entreprises mises en sommeil** ayant accompli les formalités nécessaires au registre du commerce ;
– exercice d'un mandat de direction générale (président du conseil d'administration, directeur général, gérant de société civile ou commerciale notamment) dans une **société n'ayant pas d'activité effective** et pouvant ainsi être assimilée à une entreprise mise en sommeil. Jugé en ce sens que le mandat social de gérant d'une SARL n'ayant aucune activité, en l'absence de tout marché, est compatible avec le service des allocations, l'intéressé pouvant dans ce cas consacrer tout son temps à la recherche d'un emploi (CA Versailles 18-3-1992 : RJS 5/92 n° 685).

> **› Précisions** **a.** Pour les dirigeants de sociétés faisant l'objet d'une **procédure collective,** l'Unédic refuse le droit aux allocations si l'intéressé, en l'absence de nomination d'un mandataire de justice, continue à diriger l'entreprise.
> **b.** En cas de **démission ou de révocation** du mandataire, bien que l'indemnisation par le régime Unédic soit en principe subordonnée à la publicité effective de la perte du mandat, l'Unédic peut y procéder avant que la radiation au registre du commerce ne soit effective, si l'examen de la situation de l'intéressé démontre que l'activité antérieure n'a pas été poursuivie.

RÉGIMES PROPRES AUX DIRIGEANTS

28665 TA-III-2400 s Des régimes privés spécifiques sont prévus en faveur des dirigeants :
– la **GSC** (garantie sociale des chefs et dirigeants d'entreprises, www.gsc.asso.fr). Elle est ouverte aux chefs d'entreprise en nom personnel et aux dirigeants d'entreprise mandataires sociaux non couverts par le régime Unédic et ne pouvant pas prétendre, à la date de leur affiliation, avant au moins 5 ans, à la liquidation de leur retraite de base de la sécurité sociale au taux plein. Les créateurs d'entreprise exceptés, les dirigeants doivent être membres d'une organisation patronale ayant adhéré à l'association des assurés GSC ;
– l'**Appi** (Association pour la protection des patrons indépendants, www.appi-asso.fr). Elle s'adresse aux dirigeants sociaux dont les fonctions prennent fin dans le cadre d'une procédure de redressement ou de liquidation judiciaire de l'entreprise ou, sous certaines conditions, de la révocation de leur mandat social ;
– la garantie **April Assurance** (www.april.fr). Elle s'applique en cas de redressement ou liquidation judiciaire, ou de restructuration liée à une contrainte technique ou économique ; sur option, les dirigeants peuvent également en bénéficier en cas de révocation, sous certaines conditions.

> **› Précisions** **a.** La **prise en charge par la société** de la cotisation de son dirigeant est assujettie aux cotisations de sécurité sociale en tant que complément de rémunération. Elle n'est donc pas concernée par l'exonération des contributions patronales de prévoyance visée n°s 22930 s. (Cass. soc. 18-3-1999 n° 97-19.231 : RJS 5/99 n° 756).
> **b.** Les **indemnités** servies sont insaisissables et incessibles dans les mêmes conditions que les salaires, voir n°s 70940 s. (Loi 79-1130 du 28-12-1979 art. 12).
> **c.** Sur le **régime fiscal** des cotisations, voir Mémento fiscal n°s 8680 s. (dirigeants relevant de l'article 62 du CGI) et Mémento fiscal n° 23555, b (autres dirigeants).

DURÉE DU TRAVAIL

SOMMAIRE

I. DURÉE ET ORGANISATION DU TEMPS DE TRAVAIL

A. Champ d'application de la réglementation

EMPLOYEURS ASSUJETTIS

Les dispositions du Code du travail sur la durée du travail s'appliquent aux employeurs de **droit privé** et, dans le secteur public, aux **établissements publics industriels et commerciaux.** 29400

C. trav. art. L 3111-1
OA-I-2040 s
OA-I-2850 s

› Précisions a. Les dispositions du Code du travail sur la durée du travail **s'appliquent** aux établissements d'hospitalisation privée à but lucratif ou non lucratif, aux organismes de sécurité sociale (Rép. Cazeau : Sén. 1-7-1999) et aux syndicats de copropriétaires (Cass. soc. 18-12-2001 nº 99-40.240 : RJS 3/02 nº 291 ; nº 98-18.305 : RJS 3/02 nº 295).
Sont **exclues** les chambres d'agriculture et de commerce et d'industrie, y compris pour leurs agents de droit privé (Rép. Fousseret : AN 29-3-1999).

b. Des **textes particuliers** régissent les secteurs suivants :
– **agriculture** : le Code du travail s'applique aux salariés agricoles, sauf dispositions particulières du Code rural et de la pêche maritime (C. rur. art. L 713-2 : voir Mémento Agriculture nos 59900 s.) ;
– **marine marchande et pêche** (C. transports art. L 5544-1 s.) ;
– **mines** (C. min. art. L 191-1 et L 191-2) ;
– **transports collectifs de voyageurs** (SNCF, RATP, voies ferrées d'intérêt local et transports urbains de province).

SALARIÉS BÉNÉFICIAIRES

29410 C. trav. art. L 3111-1 OA-I-2250 s

Les dispositions du Code du travail sur la durée du travail s'appliquent à tout salarié, c'est-à-dire à tout titulaire d'un **contrat de travail** conclu avec un employeur visé nº 29400, y compris aux cadres, cadres dirigeants exceptés.

› Précisions **a.** Sont ainsi **concernés** les salariés sous CDD, les travailleurs temporaires (nº 82340), les journalistes (nº 46300), les apprentis (nº 3465), les jeunes travailleurs, sous réserve de dispositions particulières pour les moins de 18 ans (nºs 45495 s.) et les salariés temporairement détachés en France par une entreprise étrangère n'y possédant pas d'établissement, sauf pour le compte épargne-temps (nºs 36190 s.).

b. Certains salariés, en raison de la nature ou des conditions d'exécution de leurs tâches, se voient appliquer un **régime particulier** : VRP (nº 61010), assistants maternels (nº 33340), employés de maison (nº 33410), concierges d'immeubles à usage d'habitation (nº 10055) et travailleurs à domicile (nº 74140).

c. Sont **exclues,** en revanche, les personnes non salariées au regard de la réglementation du travail : travailleurs indépendants, gérants non salariés de succursales de maisons d'alimentation de détail et gérants salariés déterminant eux-mêmes les horaires (Circ. DRT 4 du 21-4-1994, réputée abrogée). Sur les dirigeants de sociétés, voir nº 28260.

29415 C. trav. art. L 3111-2 OA-I-2400 s

Cadres dirigeants Sont considérés comme tels (on parle aussi de « forfait sans référence horaire ») les cadres auxquels sont confiées des **responsabilités** dont l'importance implique une grande indépendance dans l'organisation de leur **emploi du temps,** habilités à prendre des **décisions** de façon largement autonome et percevant une **rémunération** se situant dans les niveaux les plus élevés des systèmes de rémunération pratiqués dans l'entreprise ou l'établissement. Ces critères sont **cumulatifs.**

Ces cadres sont **exclus** des dispositions du Code du travail sur la durée du travail, le repos quotidien et hebdomadaire, les jours fériés et la journée de solidarité. L'entreprise n'est donc pas tenue de décompter leur temps de travail. Sauf stipulations contractuelles ou conventionnelles plus favorables, ils ne peuvent prétendre ni à la rémunération des astreintes (Cass. soc. 28-10-2008 nº 07-42.487 FS-PB : RJS 1/09 nº 42 ; 12-11-2008 nº 07-41.694 F-D : RJS 1/09 nº 42), ni aux compensations financières pour travail dominical ou des jours fériés prévues par accord collectif (Cass. soc. 27-6-2012 nº 10-28.649 F-PB : RJS 10/12 nº 801). Ils **bénéficient,** en revanche, des congés payés et autres congés légaux et du compte épargne-temps.

› Précisions **a.** Seuls ont la qualité de cadres dirigeants les cadres participant à la **direction de l'entreprise** (Cass. soc. 31-1-2012 nº 10-24.412 FS-PBR : RJS 4/12 nº 349 ; Cass. soc. 5-3-2015 nº 13-20.817 F-D : RJS 5/15 nº 343), une telle participation n'étant toutefois pas un critère autonome et distinct se substituant aux trois critères légaux (Cass. soc. 22-6-2016 nº 14-29.246 FS-PBR : RJS 10/16 nº 631). Cette catégorie, plus étroite que celle des cadres supérieurs, est limitée à un très petit nombre de personnes, constituant le premier cercle de pouvoir autour du chef d'entreprise. Tous les cadres placés à la tête d'un service ne peuvent donc pas être considérés comme des cadres dirigeants (Rapport AN 1826 p. 162).

b. Un cadre peut avoir la qualité de cadre dirigeant même si :

– il n'a pas conclu à cette fin d'**accord particulier** avec l'employeur (Cass. soc. 30-11-2011 nº 09-67.798 FS-PB : RJS 3/12 nº 255) – mais le forfait est nul si les responsabilités justifiant le recours au forfait sans référence horaire ne figurent pas dans un document écrit, en violation d'une **obligation conventionnelle** (Cass. soc. 6-4-2011 nº 07-42.935 FS-PB : RJS 6/11 nº 530) ;

– il ne se situe pas au niveau hiérarchique le plus élevé de la **classification conventionnelle** (Cass. soc. 30-11-2011 nº 09-67.798 FS-PB : RJS 3/12 nº 255) ;

– il exerce ses fonctions à un niveau **décentralisé** (Cass. soc. 11-5-2017 nº 15-27.118FS-PB : RJS 7/17 nº 486) ;

– l'**entreprise** est de toute petite **taille** (Cass. soc. 31-1-2012 nº 10-23.828 F-D : RJS 4/12 nº 349) ;

– dans le cas du directeur de plusieurs sociétés d'un **groupe,** ses bulletins de paie mentionnent la durée de travail à consacrer à chacune d'elles, en l'absence de contrat de travail précisant ses horaires de travail (Cass. soc. 30-11-2011 nº 09-67.798 FS-PB : RJS 3/12 nº 255).

c. La qualité de cadre dirigeant est, en revanche, incompatible avec la mention dans le **contrat de travail** selon laquelle le salarié ne peut pas refuser d'effectuer des **heures supplémentaires** et est soumis à l'**horaire de travail** de l'entreprise (Cass. soc. 27-3-2013 nº 11-19.734 FS-PB : RJS 6/13 nº 453) ou avec la conclusion d'une **convention de forfait** en jours (Cass. soc. 7-9-2017 nº 15-24.725 FS-PB : RJS 11/17 nº 745).

d. En cas de **contentieux,** le juge doit vérifier précisément les conditions réelles d'emploi du salarié, peu important que l'accord collectif retienne, pour la fonction qu'il occupe, la qualité de cadre dirigeant (Cass. soc. 13-1-2009 nº 06-46.208 FS-PB : RJS 3/09 nº 250 ; Cass. soc. 4-2-2015 nº 13-22.892 F-D : RJS 5/15 nº 343).

B. Textes applicables

DÉCRETS PROFESSIONNELS

La loi renvoie à des décrets le soin de définir les modalités d'application de la durée légale pour l'ensemble des branches d'activité ou des professions ou pour une branche ou une profession particulière. 29430 C. trav. art. L 3121-67 OA-I-400 s

Ces décrets fixent notamment la répartition et l'aménagement des **horaires** de travail, les périodes de **repos,** les conditions de recours aux **astreintes,** les **dérogations** permanentes ou temporaires, les modalités de **récupération** des heures de travail perdues et les mesures de contrôle de ces dispositions.

Il est possible d'y **déroger** par convention ou accord collectif (n° 29445).

› Précisions a. Des décrets sont intervenus pour l'application de la **semaine de 39 heures ou de 35 heures** dans les **secteurs suivants** : établissements bancaires, financiers, de crédit, d'épargne et de change (Décret 97-326 du 10-4-1997) ; transports routiers (C. transports art. R 3311-1 s.) ; entreprises de navigation intérieure (C. transports art. R 4511-1 s. et D 4511-3 s.) ; entreprises assurant la restauration, l'exploitation des couchettes et l'avitaillement dans les **trains** (Décret 2003-849 du 4-9-2003 modifié). Dans les professions n'ayant pas fait l'objet de décrets plus récents, les textes réglementaires antérieurs à l'ordonnance du 16-1-1982 (c'est-à-dire les décrets d'application de la **loi de 1936**) demeurent en vigueur (Ord. 82-41 du 16-1-1982 art. 25).

b. La **méconnaissance** des dispositions des décrets prévus ci-dessus est punie de l'amende prévue pour les contraventions de la 4e classe (n° 67285), appliquée autant de fois qu'il y a de salariés indûment employés (C. trav. art. R 3124-3). Sur les informations relatives à l'infraction que l'inspecteur du travail doit délivrer à la personne mise en cause, voir n° 67210.

CONVENTIONS ET ACCORDS COLLECTIFS

Dérogation aux lois et règlements Les conventions ou accords collectifs sur la durée du travail peuvent s'écarter des dispositions légales et réglementaires dans les conditions de **droit commun** exposées n° 51937. 29445 C. trav. art. L 3121-68 OA-I-600 s

Des dérogations peuvent être apportées par convention ou **accord collectif étendu ou d'entreprise ou d'établissement** aux dispositions des décrets sur la durée du travail (n° 29430) concernant :

- l'aménagement et la répartition des horaires de travail sur la semaine ;
- les périodes de repos ;
- les conditions de recours aux astreintes ;
- les modalités de la récupération des heures de travail perdues.

En cas de **dénonciation** ou de **non-renouvellement** de ces conventions ou accords, les dispositions des décrets auxquelles il avait été dérogé redeviennent applicables.

› Précisions a. Les **dérogations** portant sur l'aménagement et la répartition des horaires de travail peuvent concerner les domaines suivants : répartition de l'horaire hebdomadaire sur les jours ouvrables d'une semaine ; répartition et aménagement des horaires en cas de travail en continu ; travail par roulement ou relais (Circ. DRT 4 du 23-2-1982, réputée abrogée) ; amplitude de la journée de travail (CE 26-2-2003 n° 238579 : RJS 7/03 n° 920). Elles peuvent porter sur les décrets d'application de la loi du 21-6-1936 restés en vigueur (Cass. soc. 30-9-1997 n° 95-11.264 : RJS 12/97 n° 1381).

b. Sur les **sanctions** applicables en cas de méconnaissance d'une convention ou d'un accord collectif dérogeant aux décrets d'application, voir n° 52300, b.

Articulation entre niveaux de négociation La durée du travail relève des règles de droit commun sur les rapports entre **accords de branche** et accords d'**entreprise** et d'**établissement,** voir nos 52235 s. 29450

Lorsqu'une convention ou un accord d'entreprise relatif à la durée du travail est conclu, il doit être transmis à la **commission paritaire permanente de négociation et d'interprétation** selon la procédure exposée n° 51955, c.

Sécurisation des accords collectifs Afin d'accompagner les nombreuses réformes de la durée du travail, le législateur a sécurisé les conventions et accords collectifs conclus en application des lois successives. En dernier lieu, la loi 2008-789 du 20-8-2008 a prévu le maintien en vigueur des conventions et accords collectifs conclus dans le cadre des dispositions antérieures à sa publication. 29455 Loi 2000-37 du 19-1-2000 art. 28 Loi 2003-47 du 17-1-2003 art. 16 OA-I-1500 s

› Précisions a. Accords conclus avant la loi du 17-1-2003. Les stipulations des conventions ou accords collectifs étendus ou des accords d'entreprise ou d'établissement conclus en application des lois 98-461 du 13-6-1998 et 2000-37 du 19-1-2000 et **conformes** aux dispositions de la loi 2003-47 du 17-1-2003 sont réputées signées sur le fondement de cette loi.

b. Accords conclus avant la loi du 19-1-2000. La loi du 19-1-2000 avait sécurisé les accords conclus en application de la loi du 13-6-1998. Ces accords se trouvent ainsi doublement sécurisés :
– les stipulations des conventions ou accords collectifs étendus ou des accords d'entreprise ou d'établissement conclus en application de la loi 98-461 du 13-6-1998, et qui sont **conformes** aux dispositions de la loi 2000-37 du 19-1-2000, sont réputées signées sur le fondement de cette loi ;
– les clauses des accords conclus en application de la loi du 13-6-1998 et **contraires** aux dispositions de la loi du 19-1-2000 continuent à produire leurs effets jusqu'à la conclusion d'un accord collectif s'y substituant, à l'exception des stipulations contraires aux articles L 3121-29 à L 3121-40 du Code du travail concernant les majorations pour heures supplémentaires et la contrepartie obligatoire en repos.

C. Durée légale et durées maximales

DURÉE LÉGALE

29520 C. trav. art. L 3121-27 OA-I-3500 s

La durée légale du travail effectif est fixée à **35 heures par semaine.**

Pour les **salariés mensualisés,** cette durée correspond à une durée moyenne mensuelle de 151,67 h (35 × 52/12), soit 151 h 40 minutes.

› Précisions a. Le législateur a défini une **durée annuelle** de travail fixée à 1 607 heures (journée de solidarité comprise), correspondant à une durée hebdomadaire moyenne de 35 heures sur l'année, après déduction des jours de congés payés et fériés légaux. Cette durée est applicable en cas d'accord collectif aménageant le temps de travail sur l'année (nos 30100 s.), de forfait annuel en heures (nos 30650 s.) et de temps partiel sur l'année (n° 77060).

b. La durée légale **s'applique** aux employeurs et salariés visés nos 29400 s. Elle s'apprécie dans le cadre de la **semaine** définie comme indiqué n° 41000 et s'entend du **travail effectif** au sens indiqué nos 29600 s. Elle ne constitue pas une norme impérative : l'employeur peut prévoir une **durée inférieure** ou, sous réserve de respecter la réglementation des heures supplémentaires (nos 40900 s.) et les durées maximales hebdomadaires (n° 29530), **supérieure.**

DURÉES MAXIMALES HEBDOMADAIRES

29530 C. trav. art. L 3121-20 L 3121-22 OA-I-11100 s

Des heures supplémentaires ne peuvent être effectuées, en sus de la durée légale, que dans une double limite :
– la durée du travail sur une **même semaine** ne peut pas dépasser 48 heures ;
– la durée hebdomadaire moyenne de travail calculée sur une période quelconque de **12 semaines consécutives** ne peut pas excéder 44 heures.

› Précisions a. Certaines catégories sont soumises à des dispositions particulières, notamment : jeunes de moins de 18 ans (n° 45495), salariés travaillant en continu (n° 30420), travailleurs de nuit (n° 30460) ou encore personnel roulant des entreprises de transport routier de marchandises (C. transports art. R 3312-50).

b. L'employeur doit **prouver** le respect de la durée maximale de 48 heures (Cass. soc. 20-2-2013 n° 11-28.811 FS-PB : RJS 5/13 n° 379 ; 23-5-2017 n° 15-24.507 FP-PB : RJS 8-9/17 n° 583), comme celle de 44 heures sur 12 semaines (Cass. soc. 4-2-2015 n° 13-20.891 FS-PB : RJS 4/15 n° 258).

c. Les clauses des **accords collectifs conclus avant la loi** du 19-1-2000 ayant prévu des durées maximales hebdomadaires moyennes de plus de 44 heures (dans la limite de 46) continuent de produire leurs effets (Circ. CAB 3 du 3-3-2000, réputée abrogée).

d. Les **infractions** à la durée maximale hebdomadaire sont sanctionnées par l'amende prévue pour les contraventions de 4e classe (n° 67285) prononcée autant de fois qu'il y a de salariés indûment employés (C. trav. art. R 3124-11). Sur les informations relatives à l'infraction que l'inspecteur du travail doit délivrer à la personne mise en cause, voir n° 67210. Sur la possibilité pour l'inspection du travail de prononcer une amende administrative en cas de non-respect par l'employeur des règles relatives aux durées maximales de travail, voir n° 43765.

29535 C. trav. art. L 3121-21 R 3121-8 à R 3121-10

Dépassement de la durée absolue de 48 heures En cas de **circonstances exceptionnelles** entraînant un surcroît extraordinaire de travail, il est possible de dépasser, pendant une période limitée, le plafond de 48 heures, dans la limite de **60 heures par semaine.**

› Précisions La demande de dépassement doit être adressée à l'inspecteur du travail dont relève l'établissement qui emploie les salariés concernés, accompagnée de l'avis du comité social et économique (CSE). Elle est assortie de justifications sur les circonstances exceptionnelles et précise la durée pour laquelle l'autorisation est sollicitée. La décision est prise par le Dreets (Direccte avant le 1-4-2021) (Inst. DGT 6 du 29-7-2010, réputée abrogée), le défaut de réponse de l'administration dans les 30 jours du dépôt de la demande valant acceptation (Décret 2014-1290 du 23-10-2014).

Dépassement de la durée moyenne de 44 heures Une convention ou un **accord d'entreprise** ou d'établissement ou, à défaut, de branche peut porter la durée moyenne à 46 heures. 29540 C. trav. art. L 3121-23 à L 3121-25 R 3121-8 R 3121-9 R 3121-11 R 3121-12

À défaut d'accord, l'autorité administrative peut accorder, à titre exceptionnel et pour une durée limitée, une autorisation de dépassement permettant soit un étalement de la période de référence, soit un dépassement de la moyenne de 46 heures, soit une combinaison de ces deux possibilités ; elle est accordée dans les conditions prévues n° 29535 et renouvelable.

> **Précisions** Lorsqu'elles visent un **secteur d'activité,** les autorisations de dépassement sont octroyées : sur le plan national par le ministre du travail ; sur le plan régional, départemental ou local, par le Dreets (Direccte avant le 1-4-2021). Chaque entreprise ne peut en user qu'après décision de l'inspecteur du travail dont relève l'établissement qui emploie les salariés concernés (Inst. DGT 6 du 29-7-2010, réputée abrogée) et avis du CSE (C. trav. art. R 3121-13 à R 3121-15).
> Lorsqu'il s'agit d'une autorisation particulière demandée par une **entreprise** pour faire face à des situations exceptionnelles (activité soumise aux intempéries ou à caractère saisonnier, par exemple), la demande motivée est adressée à l'inspecteur du travail dont relève l'établissement employant les salariés (Inst. DGT 6 du 29-7-2010, réputée abrogée), avec l'avis du CSE. La décision est prise par le Dreets (Direccte avant le 1-4-2021) (C. trav. art. R 3121-16).
> Dans les deux cas, le défaut de réponse de l'administration dans les 30 jours du dépôt de la demande vaut acceptation (Décret 2014-1290 du 23-10-2014).

DURÉE QUOTIDIENNE MAXIMALE

La durée quotidienne du **travail effectif** ne peut pas excéder **10 heures,** sauf dérogation. 29545 C. trav. art. L 3121-18 **OA-I-12840 s**
Cette durée s'apprécie dans le cadre de la **journée civile,** c'est-à-dire de 0 à 24 heures (Circ. DRT 4 du 21-4-1994, réputée abrogée).

Elle doit être distinguée de l'**amplitude** de la journée de travail (n° 29880).

> **Précisions** **a.** La durée quotidienne maximale est **réduite** pour les jeunes (n° 45495) et les travailleurs de nuit (n° 30460), des dispositions particulières s'appliquant dans les entreprises de **transport** routier de marchandises (C. transports art. R 3312-51 s.).
> **b.** La **preuve** du respect de la durée maximale quotidienne incombe à l'employeur (Cass. soc. 20-2-2013 n° 11-28.811 FS-PB : RJS 5/13 n° 379 ; 4-2-2015 n° 13-20.891 FS-PB : RJS 4/15 n° 258 ; Cass. soc. 23-5-2017 n° 15-24.507 FP-PB : RJS 8-9/17 n° 583).
> **c.** Les **infractions** à la durée maximale quotidienne sont sanctionnées par l'amende prévue pour les contraventions de 4e classe (n° 67285) prononcée autant de fois qu'il y a de salariés indûment employés (C. trav. art. R 3124-3). Sur les informations relatives à l'infraction que l'inspecteur du travail doit délivrer à la personne mise en cause, voir n° 67210. Sur la possibilité pour l'inspection du travail de prononcer une amende administrative en cas de non-respect par l'employeur des règles relatives à la durée quotidienne de travail, voir n° 43765.

Des **dépassements** de la durée quotidienne maximale sont possibles sur autorisation de l'inspecteur du travail ou par voie de convention ou d'accord collectif. 29550 C. trav. art. L 3121-18 L 3121-19 D 3121-4 à D 3121-7

> **Précisions** **a.** Le dépassement de cette durée peut être autorisé par l'**inspecteur du travail** en cas de **surcroît temporaire d'activité,** notamment de :
> – travaux devant être exécutés dans un délai déterminé en raison de leur nature, des charges imposées à l'entreprise ou des engagements contractés par celle-ci (ex. : traitement de denrées périssables, commandes urgentes) ;
> – travaux saisonniers ;
> – travaux impliquant une activité accrue pendant certains jours de la semaine, du mois ou de l'année.
> La **demande** d'autorisation de dépassement est adressée à l'inspecteur du travail dont relève l'établissement employant les salariés concernés (Inst. DGT 6 du 29-7-2010, réputée abrogée), avec justification et avis du CSE, s'il existe. Le défaut de réponse de l'inspecteur dans les 15 jours du dépôt de la demande vaut acceptation (Décret 2014-1290 du 23-10-2014).
> En cas d'**urgence,** l'employeur peut déroger à la durée quotidienne maximale sous sa propre responsabilité et sous réserve de régulariser sa situation en déposant une demande ou d'informer l'inspecteur du travail si celle-ci est en cours d'examen.
> **b.** Un dépassement de la durée quotidienne maximale de travail peut être prévu par convention ou **accord d'entreprise** ou d'établissement ou, à défaut, de branche en cas d'activité accrue ou pour des motifs liés à l'organisation de l'entreprise. Il ne peut porter la durée quotidienne de travail effectif à plus de 12 heures.
> Des dispositions particulières s'appliquent aux salariés des établissements accueillant des **personnes handicapées** chargés d'assurer le suivi et l'accompagnement des résidents (CASF art. L 313-23-1 et L 313-23-2).

CUMUL D'EMPLOIS

Un salarié peut exercer plusieurs activités professionnelles au service d'employeurs différents, 29555
de manière occasionnelle ou régulière, à condition que la **durée totale** de ses travaux rémunérés ne dépasse pas les durées maximales du travail. Il commet une faute grave en refusant de

C. trav. art. L 8261-1 à L 8261-3 Q-I-2500 s fournir à l'employeur les documents lui permettant de vérifier cette durée totale (Cass. soc. 19-5-2010 nº 09-40.923 F-D : RJS 7/10 nº 614 ; Cass. soc. 20-6-2018 nº 16-21.811 F-D : RJS 10/18 nº 624).

> **Précisions** **a.** Cette **limitation ne s'applique pas** aux travaux :
– d'ordre scientifique, littéraire ou artistique et aux concours apportés aux œuvres d'intérêt général, notamment d'enseignement ou de bienfaisance ;
– accomplis pour le propre compte du salarié ou à titre gratuit sous forme d'une entraide bénévole ;
– ménagers de faible importance accomplis chez des particuliers pour leurs besoins personnels ;
– d'extrême urgence dont l'exécution immédiate est nécessaire pour prévenir des accidents imminents ou organiser des mesures de sauvetage.
b. En cas de cumul de deux emplois privés entraînant un **dépassement de la durée maximale** du travail, il n'y a pas lieu d'annuler le second contrat conclu, l'infraction résultant non de sa conclusion, mais de l'accomplissement de travaux au-delà de la durée autorisée (Cass. soc. 27-4-1989 nº 87-13.951 P : RJS 6/89 nº 532).
L'**employeur** doit **mettre en demeure** le salarié de choisir l'emploi qu'il souhaite conserver (Cass. soc. 9-5-1995 nº 91-43.786 D), en lui accordant un délai de réflexion suffisant (Cass. soc. 4-6-1998 nº 95-44.693 P : RJS 10/98 nº 1305). Mais il n'est pas tenu d'accepter la **demande du salarié** de réduire son temps de travail, ni de mentionner dans la lettre de licenciement les raisons pour lesquelles il n'a pas retenu cette proposition (Cass. soc. 10-3-2009 nº 07-43.985 FS-PB : RJS 5/09 nº 456).
L'**inertie du salarié** invité à régulariser sa situation ne constitue pas à elle seule la preuve d'une volonté claire et non équivoque de mettre fin au premier des contrats conclus (Cass. soc. 25-10-1990 nº 86-44.212 PF : RJS 12/90 nº 1008).
En revanche, elle autorise l'employeur à mettre en œuvre la procédure de licenciement (Cass. soc. 25-10-1990 nº 86-44.212 PF : RJS 12/90 nº 1008), mais ne le libère pas de son obligation de paiement des salaires correspondant aux heures de travail effectuées (Cass. soc. 31-1-1996 nº 92-40.944 P : RJS 3/96 nº 319).
En cas de refus du salarié de régulariser sa situation, l'employeur qui le licencie ne peut pas se voir opposer la prescription, le comportement fautif de l'intéressé s'étant poursuivi jusqu'au licenciement (Cass. soc. 1-4-2003 nº 01-40.507 F-D : RJS 6/03 nº 782).
c. Les périodes de travail accomplies au service d'employeurs distincts ne peuvent pas être totalisées pour le décompte des **heures supplémentaires,** celles accomplies dans les différents établissements d'une même entreprise, oui.

D. Notion de travail effectif

DÉFINITION

29600 C. trav. art. L 3121-1 OA-I-4900 s

La durée du travail effectif est le temps pendant lequel le salarié est à la **disposition de l'employeur** et se conforme à ses **directives** sans pouvoir vaquer librement à des occupations personnelles.

La loi, les conventions collectives ou les usages peuvent assimiler des **périodes non travaillées** à du travail effectif pour l'application de certaines dispositions. Ces textes doivent être interprétés strictement et l'assimilation à du travail effectif de périodes non travaillées pour les congés payés ou l'ancienneté ne vaut pas pour le décompte de la durée du travail.

> **Précisions** **a.** Ne constitue pas du temps de travail effectif l'intégralité du temps passé chez lui par un **salarié travaillant à son domicile** depuis lequel il se rend chez des clients pour des **interventions,** sur appel de l'employeur, sauf si, durant tout ce temps, il se tient à la disposition de l'employeur sans pouvoir vaquer librement à des occupations personnelles (Cass. soc. 2-7-2014 nº 13-11.940 FS-PB : RJS 10/14 nº 693).
b. Certains « temps » font l'objet de **précisions complémentaires** : heures de délégation des représentants du personnel (nº 62600) ; temps de formation (nºs 38140 s.) ; repos compensateur de remplacement et contrepartie obligatoire en repos (nº 41230) ; jours fériés chômés et congés payés (nº 40995) ; heures de recherche d'emploi pendant le préavis (nº 69285) ; temps de douche dans les établissements tenus de mettre des douches à la disposition du personnel (nº 71500, c) ; examens médicaux obligatoires (nº 72480).

TEMPS DE REPAS ET PAUSES

29605 C. trav. art. L 3121-2 OA-I-5700 s

Nature juridique Parallèlement aux dispositions légales imposant une pause obligatoire (nº 29875), les conventions ou accords collectifs ou les usages peuvent prévoir l'aménagement de pauses pendant la journée de travail (pause déjeuner, casse-croûte, café, etc.).
Le temps nécessaire à la restauration et ceux consacrés aux pauses ne sont pas du travail effectif, sauf si le salarié est à la disposition de l'employeur et doit se conformer à ses directives, sans pouvoir vaquer librement à des occupations personnelles.
Sur la possibilité de demander au salarié des **interventions éventuelles et exceptionnelles** pendant les pauses, voir nº 29875, a.

ILLUSTRATIONS

Sont du **travail effectif** les temps de pause pendant lesquels les salariés restent en permanence à la disposition de l'employeur (Cass. soc. 25-3-1998 n° 95-44.735 D ; 96-40.800 D et 96-45.139 D). Tel est le cas, par exemple : de salariés travaillant en **cycle continu** qui, en raison de la spécificité de leurs fonctions, ne peuvent pas s'éloigner de leur poste de travail même pendant la pause du repas (Cass. soc. 10-3-1998 n° 95-43.003 P : RJS 4/98 n° 473) ; d'un **cuisinier,** obligé de prendre ses repas sur place et ne disposant, en raison de son emploi, d'aucune liberté pendant ce temps (Cass. soc. 4-1-2000 n° 97-43.026 P : RJS 2/00 n° 176) ; d'un **éducateur** dans un centre d'hébergement pour adultes handicapés tenu de prendre ses repas sur place pour répondre à leurs sollicitations (Cass. soc. 14-11-2000 n° 97-45.001 FS-P : RJS 1/01 n° 54) ; ou encore d'un salarié travaillant seul de nuit dans une **station-service** et devant, pendant ses pauses, rester à la disposition des clients, même si leur passage est improbable (Cass. soc. 13-1-2010 n° 08-42.716 FS-PB : RJS 3/10 n° 263).

En revanche, le temps de repas pris sur place par le **veilleur de nuit** d'une maison de retraite n'est pas du temps de travail effectif dès lors qu'il n'est pas tenu de répondre aux appels des pensionnaires pendant cette période (Cass. soc. 26-2-2002 n° 00-40.722 F-D : RJS 6/02 n° 678).

Ni la circonstance que les salariés ne peuvent pas **quitter l'établissement** ni la brièveté des pauses ne permettent de les considérer comme un temps de travail effectif (Cass. soc. 5-4-2006 n° 05-43.061 FS-P : RJS 6/06 n° 738 ; Circ. DRT 7 du 6-12-2000 ; Cass. soc. 3-11-2005 n° 04-10.935 FS-D : RJS 1/06 n° 52).

Seul un **travail commandé** par l'employeur peut être qualifié de travail effectif. Ainsi, le fait que le salarié n'utilise pas la pause aménagée dans l'entreprise ne suffit pas à la transformer en temps de travail effectif (Cass. soc. 9-3-1999 n° 96-44.080 PB : RJS 4/99 n° 519).

Rémunération Sauf lorsqu'elle constitue du travail effectif, la pause n'a pas à être rémunérée ni **décomptée** dans la **durée du travail.** **29610** C. trav. art. L 3121-6 L 3121-8

Même si elle ne constitue pas du temps de travail, elle peut néanmoins faire l'objet d'une rémunération prévue par convention ou accord d'entreprise ou d'établissement ou, à défaut, de branche. À défaut, une rémunération peut être fixée par le contrat de travail.

› Précisions **a.** Les temps de pause ne peuvent être pris en considération pour l'appréciation du droit aux **majorations pour heures supplémentaires** que si une convention collective ou un usage les assimile à un temps de travail effectif (Cass. soc. 30-3-1994 n° 91-44.868), ce qui ne peut être déduit du seul fait qu'ils en prévoient la rémunération (Cass. soc. 18-1-1967 n° 66-40.328 ; 13-3-2013 n° 12-12.413 FS-D : RJS 5/13 n° 378).
b. Le défaut de distinction sur les **bulletins de paie** entre les heures travaillées et les heures de pause rémunérées non travaillées en vertu d'un accord collectif, qui peut relever d'une présentation erronée, ne signifie pas nécessairement que les temps de pauses n'ont pas été effectivement payés (Cass. soc. 28-3-2018 n° 16-23.831 FS-PB ; n° 16-20.856 FS-D : RJS 6/18 n° 419).
c. Sur la prise en compte de la rémunération des pauses dans le **salaire à comparer au Smic,** voir n° 70647.

TEMPS D'HABILLAGE ET DE DÉSHABILLAGE

Lorsque le port d'une tenue de travail est imposé par la loi, la convention collective, le règlement intérieur ou le contrat de travail et que l'habillage et le déshabillage doivent être réalisés dans l'entreprise ou sur le lieu de travail, les temps nécessaires à ces occupations font l'objet de **contreparties,** en repos ou financières. **29615** C. trav. art. L 3121-3 L 3121-7 L 3121-8 **OA-I-6100 s**

Un accord collectif – d'entreprise ou d'établissement ou, à défaut, de branche – ou, à défaut, le contrat de travail peut prévoir soit d'accorder ces contreparties, soit d'assimiler ces temps à du **temps de travail effectif.**

À défaut d'une telle assimilation conventionnelle ou contractuelle, ou résultant d'un usage, les temps nécessaires à l'habillage et au déshabillage ne sont pas du travail effectif (Cass. soc. 28-10-2009 n° 08-41.953 FS-PB : RJS 1/10 n° 48).

› Précisions **a.** Le seul fait d'être astreint au port d'une tenue de travail ne suffit pas à ouvrir droit à la contrepartie. Il faut aussi que le salarié ait l'obligation de revêtir ou d'enlever la tenue sur son **lieu de travail** (Cass. soc. 26-3-2008 n° 05-41.476 FS-PBRI : RJS 5/08 n° 550 ; Cass. ass. plén. 18-11-2011 n° 10-16.491 PBRI : RJS 3/12 n° 253). Cette obligation peut résulter d'un ordre de l'employeur ou seulement de circonstances de fait – par exemple, activité exercée dans des conditions insalubres, risques liés à l'affichage public de l'appartenance du salarié à l'entreprise – qui peuvent rendre indispensables l'habillage et le déshabillage sur le lieu de travail (Cass. soc. 11-7-2012 n° 11-21.192 F-D : RJS 11/12 n° 877 ; 21-11-2012 n° 11-15.696 FS-PB : RJS 2/13 n° 130 ; 20-12-2017 n° 16-22.300 F-D : RJS 3/18 n° 190), peu important la décision de certains salariés de ne pas procéder ainsi (Cass. soc. 20-12-2017 précité).
b. En l'absence d'accord collectif ou de clause du contrat de travail sur ce point, le **juge** doit déterminer les contreparties qui s'imposent (Cass. soc. 16-1-2008 n° 06-42.983 FS-PB : RJS 4/08 n° 432).

c. Pour être libéré de son obligation de prévoir des contreparties, l'employeur doit **prouver** que les temps d'habillage et de déshabillage ont été rémunérés comme du temps de travail effectif (Cass. soc. 12-7-2006 nº 04-45.441 FS-PB : RJS 11/06 nº 1187).

d. Sur les temps de déplacement entre les **vestiaires** et la **pointeuse,** voir nº 29628. Pour les **temps de douche** dans les établissements tenus de mettre des douches à la disposition du personnel, voir nº 71500, c. Sur l'opposabilité au salarié d'une **modification** d'une clause du **règlement intérieur** interdisant le port des vêtements de travail en dehors du temps de travail, voir nº 60030, a.

TEMPS DE DÉPLACEMENT

29620 C. trav. art. L 3121-5 OA-I-6340 s

Trajet domicile-lieu de travail Le **temps habituel** de trajet entre le domicile et le lieu de travail ne constitue pas en soi un temps de travail effectif (Cass. soc. 5-11-2003 nº 01-43.109 FS-PBRI : RJS 1/04 nº 52 ; 2-6-2004 nº 02-42.613 F-D : RJS 10/04 nº 1050) et n'a donc pas à être rémunéré, sauf stipulation conventionnelle ou usage contraire (pour un exemple de stipulation conventionnelle, s'agissant d'un chauffeur de car autorisé par l'employeur à effectuer les trajets entre son domicile et le lieu de début et de fin de tournée avec son véhicule : Cass. soc. 24-9-2014 nº 12-28.459 FS-PB : RJS 12/14 nº 900).

Sur le cas des salariés **transportés par l'employeur** sur leur lieu de travail, voir nº 29624.

Si le temps de trajet entre le domicile et le lieu habituel de travail est majoré du fait d'un **handicap,** il peut faire l'objet d'une contrepartie sous forme de repos.

29622 C. trav. art. L 3121-4 L 3121-7 L 3121-8 OA-I-6310 s

Trajet domicile-lieu de mission Le temps de déplacement professionnel pour se rendre sur le lieu d'exécution du contrat de travail n'est pas un temps de travail effectif. Toutefois, s'il **dépasse le temps normal de trajet** entre le domicile et le lieu habituel de travail, il doit faire l'objet d'une **contrepartie** en repos ou financière. La part de ce temps de déplacement professionnel coïncidant avec l'**horaire de travail** ne doit pas entraîner de perte de salaire.

› Précisions a. Les **salariés concernés** sont ceux se rendant dans un autre établissement de l'entreprise ou en clientèle, voyageant à l'étranger, les formateurs itinérants... Ces dispositions s'appliquent aux salariés qui n'ont pas l'obligation de passer par le siège de l'entreprise avant de se rendre sur des chantiers (Cass. soc. 5-12-2018 nº 17-18.217 F-D : RJS 2/19 nº 102). Pourraient aussi être visés ceux dont l'employeur a modifié définitivement le lieu de travail et sensiblement allongé le temps de trajet (Cass. soc. 4-12-2013 nº 12-20.155 F-D : RJS 2/14 nº 135), mais cette décision, isolée et non publiée, mérite d'être confirmée.

La **preuve** qu'il a accompli un temps de trajet inhabituel incombe au salarié (Cass. soc. 15-5-2013 nº 11-28.749 FP-PB : RJS 8-9/13 nº 610).

b. Le **temps normal de trajet** doit être apprécié dans la région concernée (Cass. soc. 7-5-2008 nº 07-42.702 F-D : RJS 7/08 nº 785).

c. Ne constituant pas un temps de travail effectif, le temps de déplacement professionnel n'entre pas dans le **décompte de la durée du travail,** en particulier pour l'application de la législation sur les heures supplémentaires ou pour le calcul des durées quotidienne et hebdomadaire maximales de travail (Cass. soc. 30-5-2018 nº 16-20.634 FS-PB : RJS 8-9/18 nº 539). Il n'a pas à être **rémunéré,** sauf coïncidence avec l'horaire de travail.

d. La **contrepartie** due en cas de dépassement est **fixée par** accord d'entreprise ou, à défaut, de branche et, en l'absence d'accord, par l'employeur après consultation du CSE, s'il existe. À défaut, le juge en détermine le montant, sachant qu'il ne peut pas aller jusqu'à assimiler les temps de déplacement à un temps de travail effectif (Cass. soc. 14-11-2012 nº 11-18.571 FS-PB : RJS 2/13 nº 128).

29623

Temps de trajet des salariés itinérants

Pour la **CJUE,** le temps de déplacement domicile-lieu de mission des salariés sans lieu de travail fixe ou habituel constitue du temps de travail au sens de la directive 2003/88/CE du 4-11-2003 (CJUE 10-9-2015 aff. 266/14 : RJS 1/16 nº 81).

En revanche, la **Cour de cassation** juge, sur le fondement de l'article L 3121-4 du Code du travail, que le temps de trajet entre le domicile d'un salarié itinérant et le lieu de travail assigné par l'employeur ne constitue pas un temps de travail effectif (Cass. soc. 30-5-2018 nº 16-20.634 FS-PB : RJS 8-9/18 nº 539). Consciente de l'incompatibilité du droit interne avec celui de l'Union européenne, la Cour suggère depuis 2015 au législateur de modifier l'article L 3121-4 du Code du travail (Rapp. C. cass. 2019 p. 70 s.). En dernier lieu, elle a jugé que le trajet entre le domicile du salarié et les locaux du client de son employeur est un temps de travail effectif dès lors que le salarié doit utiliser un véhicule de l'entreprise, contenant parfois des colis appartenant à ce client (Cass. soc. 3-6-2020 nº 18-16.920 F-D : RJS 8-9/20 nº 419). Il s'agit toutefois d'un arrêt isolé et non publié, qui mérite confirmation.

Trajet entre deux lieux de travail Le temps de trajet entre deux lieux de travail (entre l'entreprise et le chantier, entre deux chantiers ou deux lieux de mission) constitue du temps de **travail effectif** (Cass. soc. 5-11-2003 n° 01-43.109 FS-PBRI : RJS 1/04 n° 52 ; 2-6-2004 n° 02-42.613 F-D : RJS 10/04 n° 1050 ; Cass. crim. 2-9-2014 n° 13-80.665 F-PBI : RJS 11/14 n° 803). 29624 OA-I-6355 s

› Précisions Il en va ainsi du temps de transport entre l'**entreprise** où les salariés doivent se rendre à la demande de l'employeur pour l'embauche et la débauche et le **chantier.** En effet, les salariés se trouvent alors à la disposition de l'employeur et ne peuvent pas vaquer à des occupations personnelles (Cass. soc. 16-6-2004 n° 02-43.685 FS-PB : RJS 10/04 n° 1051). Il en va autrement si le **passage par l'entreprise** est **facultatif** : par exemple, le temps passé dans la navette mise à la disposition de conducteurs de bus pour se rendre du dépôt au lieu de prise de service et en revenir n'est pas un temps de travail effectif lorsque l'employeur les laisse libres de se rendre directement sur leur lieu de service par tout moyen à leur convenance (Cass. soc. 20-4-2005 n° 03-42.017 F-D : RJS 8-9/05 n° 927 ; dans le même sens, Cass. soc. 26-3-2008 n° 05-41.476 FS-PBRI : RJS 5/08 n° 550).

Grand déplacement Le temps passé sur le **lieu de sa mission** par un salarié en déplacement professionnel à l'étranger ne constitue pas, hors des périodes où il exerce ses fonctions, du temps de travail effectif s'il jouit d'une entière autonomie. En effet, l'éloignement du domicile ne permet pas à lui seul de déduire qu'il est en permanence à la disposition de l'employeur et ne peut pas vaquer à des occupations personnelles (Cass. soc. 20-12-2006 n° 04-48.525 F-D : RJS 5/07 n° 605). 29626

Déplacements à l'intérieur de l'entreprise La qualification des temps de déplacement du salarié au sein de l'entreprise pour se rendre à son poste de travail doit être appréciée au regard du seul article L 3121-1 du Code du travail, relatif à la **définition générale du temps de travail effectif,** et non de l'article L 3121-4, relatif au temps de déplacement professionnel (Cass. soc. 31-10-2007 n° 06-13.232 FS-PB : RJS 1/08 n° 33 ; 13-1-2009 n° 07-40.638 FS-D : RJS 3/09 n° 248). 29628

Ainsi, le temps de déplacement à l'intérieur de l'entreprise pour se rendre au lieu de travail ou en revenir ne constitue du temps de travail effectif que si le salarié se tient à la **disposition de l'employeur** et doit se conformer à ses **directives** sans pouvoir vaquer librement à des occupations personnelles (Cass. soc. 13-7-2004 n° 02-15.142 F-PB : RJS 10/04 n° 1052 ; 31-10-2007 et 13-1-2009 précités). L'obligation de porter une **tenue de travail** pendant ces temps de déplacement n'en fait pas nécessairement du temps de travail effectif (Cass. soc. 31-10-2007 précité). Même solution s'agissant de l'obligation de s'équiper d'un dosimètre pendant les trajets porte de l'entreprise-pointeuse (Cass. soc. 7-6-2006 n° 04-43.456 F-D : RJS 10/06 n° 1072) ou de prendre une navette pour se déplacer à l'intérieur d'une zone sécurisée (Cass. soc. 9-5-2019 n° 17-20.740 FS-PB : RJS 7/19 n° 432).

ASTREINTES

Définition L'astreinte est une période pendant laquelle le salarié, sans être sur son lieu de travail et sans être à la disposition permanente et immédiate de l'employeur, doit être en mesure d'intervenir pour accomplir un travail au service de l'entreprise. 29630 C. trav. art. L 3121-9 OA-I-6800 s

Pour qu'il y ait astreinte, deux conditions doivent être réunies :

– son **lieu d'exécution** (hors interventions) ne doit pas être le lieu de travail du salarié ; les permanences effectuées au sein de l'entreprise ou en un autre lieu imposé par l'employeur, sauf dans un logement de fonction, sont du temps de travail effectif ;

– les **sujétions imposées au salarié** ne doivent pas aboutir à le mettre à la disposition permanente et immédiate de l'employeur ; en pratique, la question se pose dans le cas des permanences effectuées à partir d'un logement de fonction, l'imposition au salarié de contraintes l'empêchant de vaquer à des occupations personnelles étant alors plus facile (interventions rapprochées dans le temps, mission de surveillance, etc.).

› Précisions **a.** L'impossibilité pour le salarié de vaquer à des occupations personnelles ne peut pas être déduite de considérations liées à la **taille et à la situation du logement de fonction** : jugé ainsi à propos de salariés assurant des permanences de nuit dans des hôtels à partir de chambres situées dans l'établissement (Cass. soc. 30-6-2010 n° 09-40.082 F-D ; 5-4-2012 n° 11-11.283 F-D).

b. Si les permanences effectuées au sein de l'entreprise ou dans un autre lieu imposé par l'employeur ne sont pas des astreintes, elles peuvent, si elles comportent des périodes d'inactivité et sous certaines conditions, être rémunérées selon un régime d'**équivalence** : voir n° 29660.

c. S'agissant des conséquences de la distinction astreinte/travail effectif sur la qualification d'un

accident survenu pendant l'une ou l'autre de ces périodes, voir n° 630.
d. Pour la CJUE, les **sujétions** imposées aux salariés ne doivent pas restreindre significativement leurs possibilités d'avoir d'autres activités. Ainsi, le temps de garde d'un travailleur avec l'obligation de répondre aux appels de son employeur dans un délai de 8 minutes doit être considéré comme un « temps de travail » (CJUE 21-2-2018 aff. 518/15 : RJS 5/18 n° 382).

29632 OA-I-7800 s **Astreintes et temps de travail effectif** Sont des **astreintes** les périodes pendant lesquelles, entre deux interventions chez les clients, le salarié d'une **entreprise de surveillance,** joignable par un système d'appel à distance et ne travaillant à aucun moment dans l'entreprise, a la libre disposition de son temps (Cass. soc. 24-11-1993 n° 88-42.722 P : RJS 1/94 n° 41). Même solution pour les salariés du service d'intervention d'urgence d'une entreprise d'**entretien de chaufferies** et d'équipements thermiques pouvant être joints par portable à leur domicile ou à proximité (Cass. soc. 10-7-2002 n° 00-18.452 FS-PBRI : RJS 11/02 n° 1236).

29634 Constituent du temps de **travail effectif** :
– les **permanences de nuit, de fin de semaine ou des jours fériés** assurées dans un **local de garde** par des médecins d'un centre médical (Cass. soc. 8-6-2011 n° 09-70.324 FS-PB : RJS 8-9/11 n° 694 ; 27-6-2012 n° 10-27.726 F-D : RJS 10/12 n° 798) ou par les salariés d'un établissement pour personnes âgées ou autistes afin de pouvoir répondre à tout moment aux sollicitations de l'employeur ou des pensionnaires (Cass. soc. 4-7-2001 n° 99-44.296 F-D ; 20-9-2005 n° 03-46.853 F-D : RJS 11/05 n° 1097 ; 28-5-2014 n° 13-10.339 F-D : RJS 8-9/14 n° 632), même si le contrat de travail prévoit un repos entre 23 heures et 4 heures (Cass. soc. 9-3-1999 n° 96-45.590 PB : RJS 4/99 n° 517) ;
– les **permanences nocturnes** effectuées en **chambre de veille** dans les établissements du secteur sanitaire et social (Cass. soc. 14-11-2000 n° 97-45.001 FS-P : RJS 1/01 n° 54).
Les permanences effectuées dans un **logement de fonction** sont des astreintes si le salarié peut vaquer à des occupations personnelles (Cass. soc. 31-5-2006 n° 04-41.595 FS-PB : RJS 8-9/06 n° 951 ; 8-9-2016 n° 14-23.714 FS-PB : RJS 11/16 n° 697), du travail effectif dans le cas contraire (Cass. soc. 6-4-2011 n° 10-16.203 FS-PB : RJS 6/11 n° 528). Mais même dans le cas où le salarié peut vaquer à des occupations personnelles, les rondes et interventions auprès des résidents constituent un travail effectif et doivent être rémunérées comme tel (Cass. soc. 5-11-2003 n° 01-44.822 F-D : RJS 3/04 n° 313).

29636 Les permanences de **gardiens ne disposant pas d'un logement** sur place dans les locaux de l'entreprise pour effectuer certaines tâches (surveillance, rondes, etc.) sont en totalité du temps de travail effectif (Cass. soc. 28-10-1997 n° 94-42.054 : RJS 12/97 n° 1379).
Pour ceux **logés sur place,** il faut distinguer les périodes pendant lesquelles ils n'ont pas d'autre obligation que de demeurer en permanence à leur domicile pour répondre à un éventuel appel et restent libres de vaquer à leurs occupations personnelles, qui constituent des astreintes, de celles où ils interviennent (rondes, distribution du courrier, ouverture et fermeture des portes, etc.) qui sont du temps de travail effectif (Cass. soc. 3-6-1998 n° 96-42.455R PBR : RJS 7/98 n° 867 ; 18-7-2000 n° 97-45.010 FS-PB : RJS 11/00 n° 1054 ; 6-2-2001 n° 98-44.875 FS-PB : RJS 4/01 n° 454). Est toutefois en situation de travail effectif un gardien qui, dans une entreprise assurant une permanence téléphonique de sécurité 7 jours sur 7 et 24 heures sur 24, reprend, la nuit et le week-end, les fonctions d'un autre salarié spécialement affecté à la réception des appels d'urgence le jour et en semaine (Cass. soc. 9-11-2010 n° 08-40.535 FS-PB : RJS 1/11 n° 44) ou qui est tenu de rester dans l'enceinte d'un musée afin de pouvoir répondre aux situations d'urgence et ne peut en sortir que sur autorisation de l'employeur (Cass. soc. 17-9-2015 n° 14-11.940 F-D : RJS 12/15 n° 785).

29638 Les heures d'ouverture d'une **station-service** ne sont pas du travail effectif si le salarié, logé sur place, ne consacre pas son temps exclusivement à servir les clients et ne sort de sa loge où il vaque à ses occupations habituelles que lorsqu'un client se manifeste (Cass. soc. 26-11-1980 n° 79-40.737). Il en va autrement si le salarié, même logé sur place, reste en permanence à la disposition de l'employeur (Cass. soc. 29-11-2000 n° 98-45.448 F-D : RJS 2/01 n° 208).

29640 C. trav. art. L 3121-9 L 3121-11 L 3121-12 R 3121-2 R 3121-3 D 3171-16 OA-I-7200 s **Mise en place et organisation** Un **accord collectif** – d'entreprise ou d'établissement ou, à défaut, de branche – peut mettre en place des astreintes. Cet accord fixe leur mode d'organisation et la compensation financière ou en repos à laquelle elles donnent lieu. Il détermine également les modalités d'information et les délais de prévenance des salariés concernés, sachant qu'ils doivent être informés de la programmation individuelle des astreintes dans un délai raisonnable.
À défaut d'accord, les astreintes sont mises en place par décision unilatérale de l'employeur. Celui-ci fixe le mode d'organisation et la compensation après information et consultation du CSE et information de l'inspecteur du travail. L'employeur doit porter à la connaissance des

salariés concernés, par tout moyen conférant date certaine, la programmation individuelle des périodes d'astreinte 15 jours à l'avance, sauf circonstances exceptionnelles et sous réserve de le faire au moins un jour franc à l'avance.

L'employeur doit remettre en fin de mois au salarié un **document** récapitulant le nombre d'heures d'astreinte accomplies au cours du mois ainsi que la compensation correspondante et le tenir à la disposition de l'**inspection du travail** pendant un an.

> **Précisions** **a.** Il y a **modification du contrat** requérant l'accord du salarié en cas de **mise en place** d'une astreinte non prévue par celui-ci (Cass. soc. 31-5-2000 n° 98-42.102 F-D : RJS 9-10/00 n° 956), sauf convention collective prévoyant cette possibilité (Cass. soc. 16-12-1998 n° 96-42.102 PB : RJS 2/99 n° 241 ; 13-2-2002 n° 00-40.387 F-D : RJS 5/02 n° 570). Le salarié peut **refuser d'exécuter** les astreintes prévues dans son contrat de travail mais ni par accord collectif ni par décision unilatérale de l'employeur après consultation des représentants du personnel (Cass. soc. 23-5-2017 n° 15-24.507 FP-PB : RJS 8-9/17 n° 583).
> L'**élargissement** à la fin de semaine, un dimanche sur 5, d'astreintes dont le salarié reconnaît qu'elles constituaient une modalité d'exécution de son contrat et qu'il a effectuées pendant près de 10 ans ne constitue pas une modification du contrat (Cass. soc. 2-11-2005 n° 04-43.801 F-D : RJS 3/06 n° 351).
> Il n'existe pas de **droit acquis** à l'exécution d'astreintes, sauf **engagement** de l'employeur vis-à-vis du salarié de lui en faire exécuter un certain nombre. À défaut, seul un abus de l'employeur dans l'exercice de son pouvoir de direction peut ouvrir droit à indemnisation en cas de diminution ou de suppression des astreintes (Cass. soc. 15-12-2004 n° 02-43.233 FS-PB : RJS 2/05 n° 158 ; 13-7-2010 n° 08-44.092 FS-PB : RJS 11/10 n° 851 ; 10-10-2012 n° 11-10.454 FS-PB : RJS 1/13 n° 35).
> **b.** L'employeur souhaitant **modifier** les **modalités d'organisation** des astreintes prévues par accord collectif doit suivre les règles de révision des accords collectifs et non le faire unilatéralement (Cass. soc. 23-5-2017 n° 15-24.507 FP-PB : RJS 5/17 n° 336).
> **c.** Les **infractions** à l'obligation d'accorder des contreparties, de remettre au salarié ou de conserver à la disposition des agents de contrôle le document mensuel récapitulatif sont sanctionnées par l'amende prévue pour les contraventions de la 4e classe (n° 67285). L'amende est prononcée autant de fois qu'il y a de salariés indûment employés (C. trav. art. R 3124-4). Sur les informations relatives à l'infraction que l'inspecteur du travail doit délivrer à la personne mise en cause, voir n° 67210.
> **d.** Les astreintes ne peuvent pas être **mises en place** à la seule **initiative** des salariés. Ainsi jugé pour un service d'appel téléphonique (Cass. soc. 8-9-2016 n° 14-26.825 FS-PB : RJS 11/16 n° 697). Toutefois, dès lors qu'elles sont prévues dans le contrat de travail, les astreintes sont caractérisées même si le salarié a l'initiative de communiquer, de **modifier** voire **annuler ses jours de disponibilité** auprès de l'employeur (Cass. soc. 20-1-2021 n° 19-10. 956 FS-PI).

Contreparties L'**astreinte** n'est pas un temps de travail effectif et doit être décomptée indépendamment de celui-ci (notamment Cass. soc. 4-5-1999 n° 96-43.037 PBR : RJS 6/99 n° 820), mais doit donner lieu à **compensation.** Celle-ci peut prendre plusieurs **formes** : indemnisation forfaitaire, rémunération horaire exprimée en pourcentage du salaire horaire de base, repos compensateur ou avantages en nature (par exemple, mise à disposition d'un logement de fonction). **29645** C. trav. art. L 3121-9

La durée d'**intervention** est considérée comme un temps de travail effectif, décomptée et rémunérée comme tel. Il en est de même du temps de **déplacement** accompli lors de périodes d'astreinte, qui fait partie intégrante de l'intervention (Cass. soc. 10-3-2004 n° 01-46.367 F-D : RJS 6/04 n° 698 ; 31-10-2007 n° 06-43.834 FS-PBR : RJS 1/08 n° 32).

> **Précisions** **a.** Sous réserve de la situation particulière des cadres dirigeants (voir n° 29415), la compensation prévue en cas d'astreinte est due, quel que soit le niveau de responsabilité du salarié dans l'entreprise, y compris aux **cadres** (Cass. soc. 9-12-1998 n° 96-44.789 PBR : RJS 1/99 n° 45). En cas de **forfait,** la rémunération des heures d'astreinte, distincte de celle des heures de travail effectif, s'ajoute au salaire forfaitaire (Cass. soc. 4-5-1999 n° 96-45.453 P : RJS 6/99 n° 821).
> **b.** La fourniture gratuite d'un **logement de fonction** peut constituer une modalité de rémunération de l'astreinte à condition d'être prévue par une disposition claire et précise (Cass. soc. 12-7-2006 n° 04-47.622 FS-PB : RJS 10/06 n° 1071 ; 13-4-2016 n° 14-23.306 F-D : RJS 6/16 n° 424), mais n'exonère pas l'employeur de son obligation de rémunérer comme du temps de travail effectif la durée des interventions (Cass. soc. 16-11-2005 n° 03-41.457 ; 16-12-2005 n° 03-44.843 : RJS 3/06 n° 350).

Astreinte et repos Exception faite de la durée d'intervention, la période d'astreinte est prise en compte pour le calcul des durées minimales de repos **quotidien** et de repos **hebdomadaire.** **29650** C. trav. art. L 3121-10 **OA-I-7680 s**

> **Précisions** Si une **intervention** a lieu pendant l'astreinte, le repos quotidien ou hebdomadaire doit être donné intégralement à compter de la fin de l'intervention sauf si le salarié a déjà bénéficié entièrement, avant le début de celle-ci, de la durée minimale de repos continue (11 h

pour le repos quotidien, 35 h pour le repos hebdomadaire). Toutefois, si l'intervention répond aux besoins de « **travaux urgents** dont l'exécution immédiate est nécessaire pour organiser des mesures de sauvetage, prévenir des accidents imminents ou réparer des accidents survenus au matériel, aux installations ou aux bâtiments », il peut être dérogé au repos quotidien dans les conditions prévues au nº 29890, b. Même chose pour le repos hebdomadaire : nº 31005 (Circ. DRT 6 du 14-4-2003, réputée abrogée).

ÉQUIVALENCES

29660 C. trav. art. L 3121-13 L 3121-14 L 3121-15 OA-I-8500 s

Définition et mise en place Le régime d'équivalence constitue un mode spécifique de détermination du temps de travail effectif et de sa rémunération pour des professions et des emplois déterminés comportant des **périodes d'inaction.**

Il peut être institué par une convention ou un **accord de branche étendu** déterminant la rémunération des périodes d'inaction ou, **à défaut,** par décret.

> **Précisions** **a.** L'équivalence est un **régime d'exception** applicable exclusivement aux activités et aux emplois visés par les textes réglementaires et conventionnels (Cass. soc. 18-1-1989 nº 86-41.935 : RJS 2/89 nº 147 ; 4-1-2000 nº 97-40.777 D : RJS 2/00 nº 177 ; 28-10-2009 nº 07-42.026 FS-PB : RJS 1/10 nº 47). Elle ne s'applique pas aux salariés à **temps partiel** : nº 77060, b.
> **b.** Les équivalences **conventionnelles** légalement mises en place par un accord conclu sur le fondement de la loi du 13-6-1998 sont toujours applicables (Loi du 19-1-2000 art. 28) : il s'agit d'accords de branche étendus et d'accords d'entreprise non frappés d'opposition, mais pas des accords de branche agréés (Circ. DRT 7 du 6-12-2000).
> **c.** Des **stipulations conventionnelles plus favorables** peuvent toujours réduire ou supprimer les équivalences.

29665 OA-I-80100 s

Principaux secteurs concernés Des équivalences ont été définies par décret notamment dans les secteurs énumérés ci-après, auxquels il faut ajouter les secteurs ayant institué une équivalence conventionnelle (nº 29660) ainsi que les emplois pour lesquels des **dérogations permanentes** assimilées à des équivalences sont prévues (nº 29695).

a. Commerces de détail alimentaire (personnel de vente des établissements relevant du champ d'application de la convention collective nationale des commerces de détail de fruits et légumes, épiceries et produits laitiers) : décret 2003-1194 du 15-12-2003.

b. Établissements sociaux et médico-sociaux gérés par des personnes privées à but non lucratif comportant un hébergement (permanences nocturnes en « chambre de veille ») : CASF art. R 314-201 s.

c. Hospitalisation privée et secteur médico-social à caractère commercial : décret 2002-396 du 22-3-2002.

d. Pharmacies d'officine (services de garde à volets fermés) : décret 2002-386 du 21-3-2002.

e. Transport sanitaire (ambulanciers) : C. transports art. D 3312-31 ; C. transports art. D 3511-8 s. (textes applicables aux DOM).

f. Transport routier de marchandises (personnel roulant) : C. transports art. D 3312-45.

g. Enseignement privé hors contrat, pour le personnel chargé de la surveillance de nuit des internats et disposant d'une chambre individuelle (décret 2008-853 du 26-8-2008) et **sous contrat,** pour les activités de garde, de surveillance et de permanence nocturnes caractérisées par la nécessité d'assurer la protection des personnes et des biens ainsi que la continuité des services (décret 2007-1180 du 3-8-2007).

h. Enseignement agricole privé (personnel effectuant des surveillances de nuit) : décret 2008-973 du 17-9-2008 modifié.

i. Maisons d'étudiants (veilleurs de nuit en chambre de garde) : décret 2004-114 du 5-2-2004.

j. Production audiovisuelle (pour certains personnels employés à des activités de répétition et de tournage) : décret 2007-1753 du 13-12-2007.

k. Production cinématographique (techniciens) : décret 2013-1165 du 17-12-2013 modifié.

l. Entreprises techniques au service de la création et de l'événement (personnels présents sur le lieu d'exploitation) : décret 2009-44 du 12-1-2009.

m. Tourisme social et familial (personnels encadrant des mineurs, accompagnateurs de groupes et guides accompagnateurs) : décret 2004-124 du 9-2-2004.

n. Animation (personnels amenés à travailler dans le cadre d'un accueil ou d'un accompagnement de groupes avec nuitées ou à effectuer des permanences nocturnes) : décret 2005-908 du 2-8-2005.

o. Centres de formation des apprentis du bâtiment (personnel d'animation intervenant notamment en tant que surveillants d'internat) : décret 2005-1223 du 28-9-2005.

p. Services de l'automobile (personnel de gardiennage de jour et de nuit) : décret 2005-40 du 20-1-2005.

Rémunération Sauf convention ou usage plus favorable, la rémunération doit être calculée sur la base non de la durée de présence accomplie par le salarié, mais de la **durée de travail effectif** à laquelle cette durée de présence est réputée équivalente. 29675 C. trav. art. L 3121-14 OA-I-9400 s

Heures supplémentaires Seules sont considérées comme supplémentaires les heures effectuées au-delà de la **durée de présence équivalente** à la durée légale. Elles sont rémunérées comme heures supplémentaires sans application du rapport d'équivalence (Cass. soc. 14-3-1983 n° 80-41.460). 29680 C. trav. art. L 3121-33 OA-I-9600 s

› Précisions **a.** En cas de **travail par cycles,** voir n° 30345 ; en cas de **modulation,** voir n° 30295.
b. Un salarié a droit au paiement d'heures supplémentaires pour les **attributions accessoires** et distinctes de ses fonctions soumises à un horaire d'équivalence (par exemple, maître d'hôtel chargé de travaux de comptabilité) et effectuées dans le cadre de cet horaire (Cass. soc. 8-7-2003 n° 01-41.843 FS-P : RJS 10/03 n° 1232).

Durées maximales et temps de pause La **norme communautaire** impose de considérer en totalité le temps de présence sur le lieu de travail comme du temps de travail pour l'application des prescriptions minimales de la directive 2003/88 du 4-11-2003 (CJCE 1-12-2005 aff. 14/04 : RJS 2/06 n° 288 ; 11-1-2007 aff. 437/05 : RJS 6/07 n° 792 ; Cass. soc. 26-3-2008 n° 06-45.469 FS-PB : RJS 5/08 n° 549) : repos journalier minimal de 11 h consécutives se traduisant par une amplitude journalière maximale de 13 h, l'amplitude journalière étant définie comme le temps séparant la prise de poste de sa fin (Cass. soc. 23-9-2009 n° 07-44.226 FS-PB : RJS 12/09 n° 940) ; durée maximale hebdomadaire de 48 h appréciée sur 4 mois consécutifs au maximum ; durée maximale quotidienne des travailleurs de nuit limitée à 8 h sur une période quelconque de 24 h ; droit à une pause lorsque le temps de travail journalier dépasse 6 h (Cass. soc. 29-6-2011 n° 10-14.743 FS-PB : RJS 10/11 n° 804). 29685 OA-I-9800 s

En revanche, le droit communautaire ne s'oppose pas à l'application de rapports d'équivalence aux durées maximales fixées par le **droit national** (Cass. soc. 24-6-2020 n° 18-23.510 F-PB, Sté Europ Taurion Ambazac c/ S. : RJS 11/20 n° 541). Ainsi, pour l'application des dispositions du droit national relatives aux durées maximales hebdomadaires et journalière du travail, il faut prendre en compte non pas le temps de présence sur le lieu de travail, mais le temps de travail effectif. Par **exemple,** si la durée équivalente à la durée légale est de 39 h, il convient d'ajouter aux durées maximales hebdomadaires du travail de 44 et 48 h les 4 h d'équivalence. On obtient ainsi 48 h pour la durée maximale moyenne et 52 h pour la durée maximale absolue.

› Précisions La directive ne s'appliquant pas à la **rémunération,** les heures de présence sur le lieu de travail ne correspondant pas à du travail effectif peuvent être rémunérées selon un régime particulier (CJCE 11-1-2007 aff. 437/05 : RJS 6/07 n° 792). Il en va ainsi des heures de permanence nocturne en chambre de veille dans les établissements sociaux et médico-sociaux, payées selon un régime d'équivalence (Cass. soc. 13-6-2007 n° 06-40.823 FS-PBRI : RJS 8-9/07 n° 959).

DÉROGATIONS ET PROLONGATIONS PERMANENTES

Les **décrets d'application** de la durée du travail peuvent permettre de déroger à la durée légale du travail. Les heures effectuées à ce titre sont des **heures supplémentaires** rémunérées comme telles, sauf assimilation à des équivalences (n° 29695), mais ne s'imputent pas sur le contingent (n° 41050). Les dérogations ne s'appliquent que dans les branches ou professions couvertes par un décret d'application le prévoyant. Toute dérogation doit être portée sur l'horaire collectif et signalée à l'inspecteur du travail. 29690 C. trav. art. L 3121-67 OA-I-10000 s

› Précisions **a.** Les **dérogations permanentes** dont l'utilisation est de droit sont prévues pour les travaux préparatoires ou complémentaires devant nécessairement être effectués en dehors de l'horaire normal (ceux des ouvriers des fours ou des chaudières, des ouvriers d'entretien...) ou les travaux qui une fois commencés doivent être achevés dans la journée (ex. : chargement ou déchargement). La durée des dérogations varie généralement de 30 minutes à 2 heures par jour.
Les heures de dérogation permanente doivent respecter les durées maximales quotidienne et hebdomadaires (Circ. DRT 9 du 17-3-1993, réputée abrogée).
b. Les **dérogations temporaires** sont acquises de plein droit en cas de travaux urgents dont l'exécution est nécessaire pour prévenir ou réparer les accidents survenus au matériel, aux installations ou aux bâtiments.
Le refus par un salarié d'effectuer le travail urgent demandé pour réparer le matériel endommagé peut constituer une faute grave (Cass. soc. 13-7-1988 n° 85-45.107 P).

29695 OA-I-10300 s Parmi les dérogations permanentes figurent certaines **prolongations permanentes** de la durée du travail **assimilées à des équivalences,** compte tenu du caractère intermittent du travail effectué, et rémunérées comme telles (n° 29675).

> **Précisions** Ces prolongations s'appliquent dans les branches ou professions couvertes par un **décret d'application** le prévoyant aux personnels suivants :
– personnel de **surveillance et de gardiennage** : 54/40 (soit 47 h 15 min/35) ;
– préposés du service **incendie** : 46/40 (soit 40 h 15 min/35).
Ces durées constituent des **maxima** applicables sous réserve de stipulations conventionnelles réduisant les équivalences ou les supprimant.
Les équivalences ne peuvent jouer que si l'activité des salariés comporte des **périodes d'inaction,** ce qui **exclut** les cas où ils sont occupés à d'autres travaux nécessitant une activité continue.
À **défaut** de disposition réglementaire ou conventionnelle instituant un régime d'**équivalence** dans le secteur d'activité, les heures de travail effectuées par le personnel de surveillance ou de gardiennage au-delà de la durée légale doivent être rémunérées en heures supplémentaires (Cass. soc. 19-2-1992 n° 88-41.397 PF : RJS 4/92 n° 454).

E. Décompte et contrôle

OBLIGATIONS DE L'EMPLOYEUR

29740 OA-I-44100 s L'employeur doit établir les documents nécessaires au décompte du temps de travail. Ces documents prennent la forme :
– de l'**horaire collectif affiché** sur les lieux de travail et transmis à l'inspecteur du travail, pour les salariés occupés selon cet horaire (n°s 29800 s.) ;
– d'un **décompte individuel** de la durée du travail pour les salariés ne relevant pas de l'horaire collectif (n° 29745).

> **Précisions a.** Les documents permettant de comptabiliser les heures de travail effectuées par chaque salarié doivent être **tenus à la disposition** de l'inspecteur du travail pendant un an ou, en cas d'aménagement du temps de travail sur une période supérieure à l'année, pendant cette période (C. trav. art. L 3171-3 et D 3171-16). À défaut, l'employeur est passible de l'amende prévue pour les contraventions de 3e classe : n° 67285 (C. trav. art. R 3173-3) ou de la peine prévue en cas d'obstacle à contrôle (n° 43770).
Sur l'obligation de tenir ces documents à la disposition des agents de contrôle de l'Urssaf, en cas d'accomplissement d'heures supplémentaires ouvrant droit à la réduction de cotisations salariales et à la déduction forfaitaire de cotisations patronales de sécurité sociale, voir n° 41480.
b. Les documents établissant les temps de travail des salariés doivent être **conservés** pendant la durée de la prescription des salaires (n° 70815) (Cass. soc. 13-2-2002 n° 00-40.836 F-D : RJS 5/02 n° 573 ; 2-6-2004 n° 02-46.811 FS-PB : RJS 10/04 n° 1117 ; 9-4-2008 n° 07-41.418 FS-PB : RJS 7/08 n° 788).
c. Sur la nécessité d'une **analyse d'impact** en application du Règlement général relatif à la protection des données (**RGPD**) concernant les traitements mis en œuvre pour le calcul du temps de travail, voir n° 90100.

29745 C. trav. art. D 3171-8 et D 3171-9 OA-I-44250 s **Décompte individuel** Lorsque les salariés d'un atelier, d'un service ou d'une équipe au sens de l'article D 3171-7 du Code du travail (travail par relais, roulement ou équipes successives) ne sont **pas occupés** selon le **même horaire collectif** de travail affiché, la durée du travail de chaque intéressé doit être décomptée :
– **quotidiennement,** par enregistrement, selon tous moyens, des heures de début et de fin de chaque période de travail ou par le relevé du nombre d'heures de travail accomplies ;
– **chaque semaine,** par récapitulation, selon tous moyens, du nombre d'heures de travail accomplies.
Sont concernés les **salariés** occupés sur la base d'un horaire nominatif et individuel, employés à temps partiel ou soumis à des horaires individualisés.
Ces dispositions s'appliquent à tous les **employeurs,** à l'exception du secteur agricole et des transports routiers.

> **Précisions a.** Ces dispositions ne sont pas applicables aux salariés concernés par les conventions ou accords collectifs prévoyant des conventions de **forfait en heures** lorsque ces conventions ou accords fixent les modalités de contrôle de la durée du travail. Pour les salariés soumis à un **forfait en jours,** voir n° 30685.
Les dispositions spécifiques au décompte du temps de travail des salariés exerçant une activité de **distribution ou** de **portage de documents** ayant été annulées par le Conseil d'État (CE 28-3-2012 n° 343072 : RJS 6/12 n° 561), les intéressés sont soumis au droit commun.
b. La seule indication de l'amplitude journalière du travail, sans mention des périodes effectives de **coupures** et de **pauses,** est insuffisante (Cass. crim. 25-1-2000 n° 98-85.266 : RJS 4/00 n° 418).

c. Les **documents** nécessaires au décompte doivent être établis par l'employeur (C. trav. art. L 3171-2). Il peut demander au salarié d'effectuer lui-même ce décompte, mais sans pouvoir s'exonérer de sa responsabilité pénale en cas de mauvaise exécution de la part de celui-ci (Circ. DRT 9 du 17-3-1993, réputée abrogée).

Aucune **forme** particulière n'est prescrite. Il peut s'agir d'un cahier, d'un registre, d'une fiche, d'un listing, d'un système de badge.

En cas de recours à un système d'**enregistrement automatique,** celui-ci doit être fiable et infalsifiable.

Sur l'utilisation de la **géolocalisation** pour contrôler la durée du travail, voir n° 56020.

d. Le **comité social et économique** peut consulter ces documents (C. trav. art. L 3171-2), les **salariés** peuvent en obtenir une copie et demander toutes les rectifications utiles (C. trav. art. D 3171-14) et un syndicat peut en produire des copies en justice (Cass. soc. 9-11-2016 n° 15-10.203 FS-PBRI : RJS 1/17 n° 27).

e. La **non-tenue des décomptes** journalier et hebdomadaire est punie de la peine d'amende des contraventions de la 4e classe (n° 67285), appliquée autant de fois qu'il y a de personnes indûment employées (C. trav. art. R 3173-2). Sur la possibilité pour l'inspection du travail de prononcer une amende administrative dans cette situation, voir n° 43765.

Informations complémentaires La comptabilisation du temps de travail doit être complétée, le cas échéant, par la remise, chaque mois, au salarié d'une information portant sur les points suivants : **heures supplémentaires** effectuées et droits à **repos** (n° 41240) ; **repos** pris au titre d'un dispositif d'aménagement du temps de travail sur plusieurs semaines ou l'année (n° 30145) ou de réduction du temps de travail sous forme de jours de repos (n° 30365) ; heures d'**astreinte** effectuées au cours du mois (n° 29640). **29750**

PREUVE DE LA DURÉE EFFECTUÉE

En cas de **litige** relatif à l'**existence** ou au **nombre d'heures** de travail accomplies, l'employeur doit fournir au juge les éléments de nature à justifier les horaires effectivement réalisés par le salarié. Au vu de ces éléments et de ceux fournis par le salarié à l'appui de sa demande, le juge forme sa conviction après avoir ordonné toutes les mesures d'instruction qu'il estime utiles. **29755** C. trav. art. L 3171-4 **OA-I-46000 s**

Le salarié doit présenter, à l'appui de sa **demande,** des éléments suffisamment précis quant aux heures non rémunérées qu'il prétend avoir accomplies afin de permettre à l'employeur d'y répondre utilement en produisant ses propres éléments (Cass. soc. 18-3-2020 n° 18-10.919 FP-PBRI : RJS 6/20 n° 293 ; 8-7-2020 n° 18-26.385 F-D : RJS 10/20 n° 470 ; 27-1-2021 n° 17-31.046 FP-PRI).

Pour autant, la **preuve** des heures de travail effectuées n'incombe spécialement à aucune des parties : le juge ne peut donc pas se fonder sur l'insuffisance des preuves apportées par le salarié pour rejeter sa demande, mais doit examiner les éléments de nature à justifier les horaires effectivement réalisés et que l'employeur est tenu de lui fournir (jurisprudence constante).

ILLUSTRATIONS

Le salarié peut utilement produire, à l'appui de sa demande, un décompte des heures qu'il prétend avoir réalisées, calculé mois par mois, même sans explication ni indication complémentaire (Cass. soc. 24-11-2010 n° 09-40.928 FP-PBR : RJS 2/11 n° 142), un décompte hebdomadaire n'étant pas obligatoire pour satisfaire à cette exigence (Cass. soc. 4-9-2019 n° 18-10.541 F-D : RJS 11/19 n° 634), ou son agenda personnel, corroboré par des attestations d'autres salariés (Cass. soc. 8-12-2010 n° 09-66.138 F-D). En tout état de cause, le salarié n'a pas à prouver le bien-fondé de sa demande (Cass. soc. 10-5-2007 n° 05-45.932 FS-PBR : RJS 7/07 n° 852 ; 21-1-2009 n° 06-45.914 FS-D : RJS 4/09 n° 334).

L'**employeur** doit être en mesure de fournir au juge les éléments de nature à justifier les horaires effectivement réalisés par le salarié dans la limite de la prescription applicable aux salaires (Cass. soc. 13-2-2002 n° 00-40.836 F-D : RJS 5/02 n° 573 ; 2-6-2004 n° 02-46.811 FS-PB : RJS 10/04 n° 1117 ; 9-4-2008 n° 07-41.418 FS-PB : RJS 7/08 n° 788). Il ne peut toutefois pas produire en justice des tickets de restauration comportant des informations trop détaillées sur les habitudes alimentaires du salarié (Cass. soc. 27-3-2019 n° 17-31.715 F-PB : RJS 6/19 n° 355).

Lorsque le **salarié établit lui-même** des fiches de temps à la demande de l'employeur, les juges peuvent se fonder sur elles pour estimer que la preuve des heures supplémentaires est apportée (Cass. soc. 19-1-1999 n° 96-45.628 P : RJS 3/99 n° 376). En effet, les mentions portées par le salarié ont alors, à l'égard de l'employeur, la même force probante qu'un enregistrement effectué par celui-ci (Circ. DRT 9 du 17-3-1993, réputée abrogée).

L'**absence de signature** par un salarié **du registre des heures supplémentaires** tenu par l'employeur ne suffit pas à écarter la demande du salarié qui fournit des éléments suffisamment précis à l'appui de celle-ci (Cass. soc. 14-9-2005 n° 03-40.574 F-D : RJS 11/05 n° 1099).

29757 Le **juge** du fond ayant constaté l'existence d'heures supplémentaires en **évalue souverainement l'importance** et fixe les créances salariales s'y rapportant, après avoir apprécié et analysé l'ensemble des éléments de fait et sans être tenu de préciser le détail du calcul appliqué (Cass. soc. 4-12-2013 nos 12-17.525 FP-PBR, 12-11.886 FP-PBR, 12-22.344 FP-PBR et 11-28.314 FP-PBR : RJS 2/14 no 136 ; 12-1-2016 no 13-26.318 FS-PB : RJS 3/16 no 192 ; 18-3-2020 no 18-10.919 FP-PBRI : RJS 6/20 no 293). Il ne peut pas substituer au paiement des heures une condamnation à des dommages-intérêts (Cass. soc. 15-10-2002 no 00-40.728 FS-PB : RJS 12/02 no 1404 ; 23-2-2005 no 02-42.552 FS-PB : RJS 5/05 no 527).

F. Horaire et répartition

HORAIRE COLLECTIF

29800
C. trav. art. L 3171-1
D 3171-1
OA-I-15100 s

La durée hebdomadaire du travail s'inscrit, en principe, dans le cadre d'un horaire collectif, c'est-à-dire **uniforme** pour l'ensemble des salariés de l'établissement ou pour une partie d'entre eux seulement.

Cet horaire indique les heures de début et de fin de chaque période de travail ainsi que les heures et la durée des repos. Il doit mentionner les coupures et les temps de pause, même si ces derniers peuvent être déplacés au gré des salariés (Lettre min. 22-12-1982 ; Circ. DRT 9 du 17-3-1993, réputée abrogée). Aucun salarié ne peut être occupé en dehors de cet horaire, sauf heures supplémentaires, dérogations permanentes (nos 29690 s.) ou convention de forfait (nos 30590 s.).

Il peut toutefois être **dérogé** à la règle de l'horaire collectif, notamment en cas d'horaires individualisés (nos 29825 s.), de travail à temps partiel (nos 77060 s.) et d'équipes de suppléance (nos 30425 s.).

Des mentions spécifiques sont prévues dans les établissements appliquant des **modalités particulières d'organisation du temps de travail** : aménagement du temps de travail sur plusieurs semaines ou l'année (no 30115), modulation (nos 30270 s.), travail par cycles (no 30335), organisation du travail par relais, roulement ou équipes successives (nos 30410 s.).

29805
OA-I-15210 s et 15240 s

Fixation et modification L'employeur peut, dans l'exercice de son pouvoir d'organisation de l'entreprise, fixer l'horaire collectif par **décision unilatérale.**

Il peut, dans les mêmes conditions, **modifier** l'horaire initial, sauf si les parties en ont fait un élément déterminant lors de la conclusion du contrat de travail (no 17350).

L'horaire collectif peut aussi être fixé par **convention ou accord collectif,** notamment en cas de modalités particulières d'organisation de la durée du travail exigeant l'intervention d'un texte conventionnel (par exemple, dans certaines hypothèses d'aménagement du temps de travail sur une période supérieure à la semaine, de répartition différente de celle prévue par le décret applicable à la profession, etc.).

La **modification** de l'horaire collectif fixé par convention ou accord collectif passe alors par la révision de ce texte ou, à défaut, par sa dénonciation, selon les procédures prévues par la loi (nos 52050 s.).

Dans tous les cas, le **nouvel horaire** collectif modifié s'impose aux salariés, sauf clause plus favorable contenue dans le contrat de travail (no 52210). Par exception, dans le cas d'un horaire fixé par un **accord de performance collective,** voir no 17590.

29815
OA-I-15300 s

Consultation du CSE Dans le cadre de ses attributions économiques, le comité social et économique doit être préalablement consulté sur l'horaire collectif initial et sur les projets de modification de cet horaire lorsque la modification envisagée est suffisamment importante (Circ. DRT 9 du 17-3-1993, réputée abrogée), sauf lorsque la fixation ou la modification de l'horaire résulte d'une convention ou d'un accord collectif : voir no 9232.

› **Précisions a.** Constituent, par exemple, une modification importante nécessitant la consultation du **CSE** une modification de l'organisation du temps de travail mise en œuvre à titre expérimental pour 6 salariés, mais destinée à être étendue à 50 personnes (Cass. crim. 12-4-2005 no 04-83.101 F-PF : RJS 11/05 no 1114), mais non des aménagements d'horaires temporaires et ne concernant qu'un nombre réduit de personnes (Cass. crim. 25-5-1982 no 81-93.079).
b. Sur les conséquences du **défaut de consultation** du CSE sur les décisions de l'employeur portant sur l'aménagement du temps de travail ou la durée du travail, voir no 9238.

Formalités L'horaire collectif, daté et signé par l'employeur ou, sous sa responsabilité, par son délégataire, est **affiché** en caractères lisibles et apposé de façon apparente dans chacun des lieux de travail auxquels il s'applique ou, en cas de personnel occupé à l'extérieur, dans l'établissement auquel ce personnel est attaché. 29817 C. trav. art. D 3171-2 à D 3171-4 OA-I-15400 s

Un double de cet horaire et des modifications qui y sont apportées est préalablement adressé à l'inspecteur du travail.

> **Précisions** **a.** Ces dispositions s'appliquent à tous les employeurs à l'exception du **secteur agricole** et des **transports routiers.**
> **b.** Le **défaut d'affichage** de l'horaire collectif est puni de l'amende prévue pour les contraventions de la 4e classe (nº 67285), appliquée autant de fois qu'il y a de personnes irrégulièrement employées (C. trav. art. R 3173-2).

Décompte individuel de la durée du travail La pratique de l'horaire collectif ne dispense pas l'employeur de tenir un décompte individuel de la durée du travail pour les salariés occupés selon cet horaire, dans les cas suivants : heures supplémentaires ouvrant droit à repos compensateur de remplacement et/ou à contrepartie obligatoire en repos (nº 41240) ou heures supplémentaires ayant donné lieu à réduction de cotisations salariales et à déduction forfaitaire de cotisations patronales de sécurité sociale (nº 41480), aménagement du temps de travail sur plusieurs semaines ou l'année (nº 30145), accord de modulation (nº 30300) ou dispositif de réduction de la durée du travail sous forme de journées ou demi-journées de repos (nº 30365), exécution d'astreintes au cours du mois (nº 29640). 29820 OA-I-44250 s

HORAIRES INDIVIDUALISÉS

L'employeur peut déroger à la règle de l'horaire collectif en instituant dans l'entreprise des horaires individualisés (dénommés également « variables », « libres », « à la carte » ou « flexibles »). 29825 OA-I-15800 s

L'employeur doit **afficher** ce document dans les locaux de travail où il s'applique.

Mise en place Dans les entreprises dotées de **représentants du personnel,** la mise en place d'horaires individualisés est subordonnée à une demande de salariés et à l'avis conforme du CSE. 29830 C. trav. art. L 3121-48, al. 1 OA-I-16000 s

L'information préalable de l'inspection du travail n'est pas nécessaire.

> **Précisions** **a.** **L'avis des représentants du personnel** doit être recueilli de manière expresse à l'occasion des réunions, les procès-verbaux faisant foi. La consultation doit s'effectuer sur la base d'un document écrit précisant les modalités d'organisation des horaires individualisés. En cas de divergence de vues, il n'y a pas opposition dès lors que le projet présenté n'a pas été rejeté à la majorité des voix des membres présents, les bulletins blancs ou nuls n'étant pas pris en compte (Circ. DRT 4 du 21-4-1994, réputée abrogée). L'employeur ne prend pas part au vote (nº 9030).
> **b.** Le CSE peut s'opposer aux propositions de l'employeur mais non imposer par un vote un plan de substitution ; en faisant obstacle aux **contre-propositions** des représentants du personnel, l'employeur ne commet pas de délit d'entrave (Cass. crim. 4-11-1983 nº 82-94.265).
> Le **refus de consulter,** sans motif légitime, le CSE sur l'instauration d'horaires de travail individualisés caractérise, en revanche, un tel délit (Cass. crim. 16-9-2003 nº 02-86.661 FS-PFI : RJS 1/04 nº 72).

Dans les entreprises **sans représentant du personnel,** la pratique d'horaires individualisés peut être autorisée par l'inspecteur du travail après constatation de l'accord du personnel (c'est-à-dire adhésion individuelle de chaque salarié), le défaut de réponse de l'inspecteur dans les 30 jours du dépôt de la demande valant acceptation (Décret 2014-1290 du 23-10-2014). 29835 C. trav. art. L 3121-48, al. 2 R 3121-29

Modification ou suppression Le recours aux horaires individualisés constitue un engagement unilatéral de l'employeur qui ne peut être **dénoncé ou suspendu** qu'en suivant la procédure exposée nos 17520 s. (Cass. soc. 10-12-2003 nº 02-40.039 F-D : RJS 3/04 nº 314). L'employeur n'a pas à recueillir l'accord des représentants du personnel (CA Paris 29-5-2002 nº 01-9690 : RJS 12/02 nº 1402). 29840 OA-I-16200 s et 16300 s

En revanche, l'employeur ne peut pas **modifier** les modalités pratiques d'application des horaires individualisés sans respecter au préalable la même procédure que pour leur mise en place (nº 29830), ce qui suppose l'absence d'opposition des représentants du personnel s'ils existent (CA Caen 19-5-1988 nº 87-427 ; Circ. DRT 4 du 21-4-1994, réputée abrogée).

> **Précisions** **a.** Lorsque l'employeur se borne, dans l'intérêt de l'entreprise, à adapter l'horaire de travail d'**un seul salarié** à la spécificité de son emploi, le CSE ne peut pas s'opposer à cette décision (Cass. soc. 1-7-1997 nº 95-12.000 PB : RJS 8-9/97 nº 991).
> **b.** Lorsque l'horaire individualisé résulte d'une convention ou d'un **accord collectif,** sa modification ou sa suppression passe par la révision ou la dénonciation de l'accord collectif (voir nos 52050 s.).

29845 OA-I-16400 s **Organisation des horaires de travail** Le salarié sous horaires individualisés organise son temps de travail à l'intérieur de **plages fixes,** correspondant à des périodes de présence obligatoire pour tous les salariés, et de plages **mobiles** pendant lesquelles sa présence est facultative.

Sous réserve de la possibilité de reporter des heures d'une semaine sur l'autre par dérogation au principe du décompte hebdomadaire des heures supplémentaires, l'application des horaires individualisés ne permet pas de s'affranchir du respect de la **réglementation de la durée du travail** (durées maximales hebdomadaires et journalière, amplitude de la journée de travail, temps de pause obligatoire, repos quotidien, en particulier).

L'employeur doit tenir un **décompte individuel** des temps de travail pour chaque salarié concerné (nº 29745).

> Précisions **a.** La répartition de la durée du travail sur **les jours de la semaine** doit s'inscrire dans l'un des modes de répartition offerts par le décret applicable à la profession (nº 29860). La mise en œuvre d'horaires individualisés peut cependant se combiner avec l'organisation du travail sur 4 jours, ou 4,5 jours dans les conditions prévues nº 29865.
b. L'administration recommande un **repos intercalaire** obligatoire d'au moins 45 minutes.
c. La **récupération** des heures perdues est possible aussi bien pendant les plages fixes que pendant les plages mobiles (Circ. DRT 4 du 21-4-1994, réputée abrogée).

29850 C. trav. art. L 3121-48, al. 1 L 3121-51, 1º L 3121-52 R 3121-30 Un **accord collectif** d'entreprise ou d'établissement ou, à défaut, de branche, mais pas un accord conclu avec le CSE (Cass. soc. 21-2-2007 nº 04-43.071 FS-PB : RJS 5/07 nº 606), peut prévoir les limites et modalités du **report d'heures** d'une semaine à une autre.

À défaut d'accord collectif, les horaires individualisés peuvent entraîner des reports d'heures d'une semaine à l'autre, dans la limite de 3 heures, leur cumul ne pouvant pas avoir pour effet de porter le total des heures reportées à plus de 10 heures.

Les heures reportées ne sont pas des **heures supplémentaires** si elles résultent d'un libre choix du salarié, la solution étant opposée pour celles expressément demandées par l'employeur (Circ. DRT 4 du 21-4-1994, réputée abrogée).

29855 OA-I-16610 s **Représentation du personnel et droit syndical** L'introduction de l'horaire variable ne doit pas entraîner d'entrave à l'exercice normal des droits syndicaux et des fonctions de représentation du personnel : les **réunions périodiques** du CSE, les heures de délégation des DS doivent pouvoir se situer aussi bien dans les plages fixes que dans les plages mobiles. Les intéressés ne peuvent pas être contraints de n'utiliser leurs heures de délégation que pendant les plages fixes (Circ. DRT 4 du 21-4-1994, réputée abrogée).

La **diffusion des documents et tracts syndicaux** peut avoir lieu pendant les plages mobiles, seules les plages fixes devant être considérées comme temps de travail (Rép. Montcharmont : AN 16-3-1998).

Sur la possibilité pour les représentants du personnel d'utiliser leurs heures de délégation en dehors de l'horaire normal de travail, voir nº 62590.

RÉPARTITION DES HEURES DE TRAVAIL SUR LES JOURS DE LA SEMAINE

29860 OA-I-11850 s Sous réserve des dispositions régissant la durée maximale journalière (nºs 29545 s.) et le repos hebdomadaire (nºs 30860 s.), la loi ne prévoit pas les modalités de répartition de la durée du travail sur les jours de la semaine. Celles-ci sont fixées par les **décrets d'application** de la durée du travail (nºs 29430 s.) auxquels il peut toujours être dérogé par **convention ou accord collectif** (nº 29445).

> Précisions Les décrets d'application de la loi du 21-6-1936, dans les professions où ils demeurent en vigueur (nº 29430), offrent le choix entre 3 modes de répartition de la durée légale :
– sur **5 jours,** à raison de 7 heures par jour, avec repos le dimanche et le lundi (ou le samedi) ;
– sur **6 jours,** à raison de 5 heures 50 minutes par jour, avec repos le dimanche ;
– répartition inégale sur **5 jours et demi,** avec un maximum de 7 heures par jour, et un jour et demi de repos dont le dimanche.

29865 OA-I-12160 s **Semaine de 4 jours** La durée hebdomadaire du travail peut être répartie sur 4 ou 4,5 jours si le **décret applicable à la profession** le prévoit et selon la procédure qu'il détermine (ex. : banque ou transports routiers). À défaut (par exemple dans les secteurs couverts par les décrets d'application de la loi du 21-6-1936), cette répartition peut être instituée par **convention ou accord collectif** étendu, d'entreprise ou d'établissement (nº 29445).

L'application d'un dispositif de **réduction** de la durée du travail sous forme de **journées ou de demi-journées de repos** permet aussi les semaines de 4 ou 4,5 jours.

La semaine de 4 jours ne peut pas faire échec aux dispositions sur la durée du travail des **jeunes** (nº 45495).

JOURNÉE DE TRAVAIL

La journée de travail est la période comprise entre 0 heure et 24 heures. Elle comprend des périodes de travail effectif et des temps de **pause** et de **repos** obligatoires. La durée du travail effectif doit, sauf dérogations, respecter la **durée maximale journalière** (nºs 29545 s.). 29870 OA-I-12750 s

Des dispositions particulières s'appliquent au travail de nuit (nºs 30450 s.).

Temps de pause Dès que le temps de travail quotidien atteint 6 heures, continues ou non (Cass. soc. 20-2-2013 nºs 11-21.599 FS-PB, 11-26.793 FS-PB et 11-28.612 FS-PB : RJS 5/13 nº 379), le salarié bénéficie d'un temps de pause d'une durée minimale de 20 minutes consécutives. Une **convention ou un accord** d'entreprise ou d'établissement ou, à défaut, de branche peut fixer un temps de pause supérieur. 29875 C. trav. art. L 3121-16 L 3121-17 OA-I-13240 s

Si le salarié est effectivement dégagé de toute obligation, la pause n'a pas à être **rémunérée,** sauf stipulation contraire de la convention ou de l'accord collectif (Circ. min. 24-6-1998, réputée abrogée) ou usage contraire.

> **Précisions** **a.** La pause, qui s'analyse comme un arrêt de travail de courte durée sur le lieu de travail ou à proximité, n'est pas incompatible avec des **interventions éventuelles et exceptionnelles** demandées au salarié en cas de nécessité, notamment pour des motifs de sécurité (Cass. soc. 1-4-2003 nº 01-01.395 FS-PB : RJS 6/03 nº 747 ; 13-3-2013 nº 12-12.413 FS-D : RJS 5/13 nº 378), ou avec l'obligation faite au salarié d'adopter un comportement irréprochable et de rester en tenue de travail (Cass. soc. 3-6-2020 nº 18-18.836 FS-PB : RJS 7/20 nº 348). Sont toutefois du temps de travail effectif les « pauses » pendant lesquelles les salariés doivent demeurer dans les locaux de l'entreprise et peuvent être appelés à tout moment pour effectuer des interventions immédiates de sécurité, qui sont fréquentes, pendant le sommeil et les repas (Cass. soc. 20-2-2013 nº 11-26.401 FS-PB : RJS 5/13 nº 378).
> **b.** Des dispositions particulières s'appliquent aux **jeunes** (nº 45495), ainsi qu'au personnel roulant des entreprises de **transport** (C. transports art. L 1321-9, L 1321-10 et L 3312-2).
> **c.** En cas de **litige** sur le point de savoir si le salarié a bien bénéficié d'une pause après 6 heures de travail, la **preuve** incombe entièrement à l'employeur (Cass. soc. 17-10-2012 nº 10-17.370 FS-PB : RJS 1/13 nº 37 ; 20-2-2013 nº 11-21.599 FS-PB et 11-28.811 FS-PB : RJS 5/13 nº 379 ; 15-5-2019 nº 17-28.018 F-D : RJS 7/19 nº 434).

Amplitude L'amplitude de la journée de travail est le nombre d'heures comprises entre la prise de poste et sa fin (Cass. soc. 23-9-2009 nº 07-44.226 FS-PB : RJS 12/09 nº 940) et comprenant les heures de pause. Elle ne peut pas dépasser **13 heures.** 29880 OA-I-13470 s

> **Précisions** **a.** La limite de 13 heures, se déduisant de l'existence du **repos quotidien** légal d'une durée minimale de 11 heures, peut être **dépassée** lorsque l'entreprise est habilitée à déroger à la durée de ce repos (nºs 29885 s.).
> **b.** Dans certaines professions, l'amplitude de la journée de travail fait l'objet de limitations propres fixées par **décret** : par exemple, dans les commerces de détail alimentaires et non alimentaires ou pour le personnel roulant du transport routier de personnes.
> **c.** Dans les établissements accueillant des **personnes handicapées,** l'amplitude de la journée de travail des salariés chargés d'accompagner les résidents peut être portée à 15 heures, sans que leur durée quotidienne de travail effectif excède 12 heures (CASF art. L 313-23-1).

REPOS QUOTIDIEN

Durée minimale Tout salarié bénéficie, sauf dérogation, d'un repos quotidien d'une durée minimale de **11 heures consécutives.** La durée de ce repos s'ajoute à celle du repos hebdomadaire (nº 30860). 29885 C. trav. art. L 3131-1 OA-I-13950 s

> **Précisions** **a.** Pour assurer le respect du repos quotidien des **salariés** qui ne sont **pas occupés** selon l'**horaire collectif,** l'employeur peut fixer pour l'établissement, l'atelier, le service ou l'équipe une période quotidienne correspondant au moins à la durée de ce repos. Les heures auxquelles commence et finit cette période sont affichées dans l'entreprise. Si des salariés sont occupés durant la ou les périodes fixées par l'employeur ou lorsque celui-ci n'a pas fixé de période de repos quotidien, le respect de ce dernier doit être démontré par tous moyens (C. trav. art. D 3131-3).
> **b.** Sur la prise en compte des périodes d'**astreinte** dans le temps de repos quotidien, voir nº 29650.
> **c.** Le repos quotidien s'applique dans le secteur des **transports** selon les modalités prévues par l'article L 1321-4 du Code des transports.
> **d.** La **preuve** qu'il a respecté le repos quotidien incombe à l'employeur (Cass. soc. 23-5-2013 nº 12-13.015 F-D : RJS 8-9/13 nº 611 ; 4-2-2015

n° 13-20.891 FS-PB : RJS 4/15 n° 258 ; 23-5-2017 n° 15-24.507 FP-PB : RJS 8-9/17 n° 583).

e. Les **infractions** au repos quotidien sont punies de l'amende prévue pour les contraventions de la 4e classe (n° 67285) appliquée autant de fois qu'il y a de salariés indûment employés (C. trav. art. R 3135-1). Par ailleurs, la méconnaissance de ce repos caractérise une atteinte aux intérêts collectifs de la profession justifiant l'action en justice d'un syndicat (Cass. soc. 23-5-2013 n° 12-13.015 F-D : RJS 8-9/13 n° 611). Sur la possibilité pour l'inspection du travail de prononcer une **amende administrative** en cas de non-respect par l'employeur des règles relatives au repos quotidien, voir n° 43765.

29890 C. trav. art. L 3131-1 à L 3131-3 D 3131-1 à D 3131-7 OA-I-14160 s

Dérogations Il peut être dérogé à la durée minimale de repos quotidien :
– en cas d'**urgence.** À défaut d'accord, l'employeur peut mettre en œuvre cette dérogation sous sa seule responsabilité, sous réserve d'en informer l'inspecteur du travail pour les travaux dont l'exécution immédiate est nécessaire pour organiser des mesures de sauvetage, prévenir des accidents imminents, réparer des accidents survenus au matériel, aux installations ou aux bâtiments ;
– en cas de **surcroît exceptionnel d'activité.** À défaut d'accord, la dérogation peut être mise en œuvre sur autorisation de l'inspecteur du travail selon la même procédure qu'en cas de dérogation à la durée quotidienne maximale (voir n° 29550, a) ;
– par **accord collectif** – d'entreprise ou d'établissement ou, à défaut, de branche – pour certaines activités énumérées par l'article D 3131-4 du Code du travail, notamment celles caractérisées par la nécessité d'assurer une continuité du service ou par des périodes d'intervention fractionnées.

Le salarié doit alors bénéficier de **périodes de repos** au moins équivalentes à la dérogation. En cas d'impossibilité, une **contrepartie** équivalente – le cas échéant, financière (CE 17-5-1999 n° 199095 : RJS 7/99 n° 926) – doit être prévue par accord collectif.

ATTENTION

Les dérogations prévues dans le cadre de conventions ou d'accords collectifs ne peuvent pas avoir pour effet de **réduire la durée du repos** en deçà de 9 heures.

G. Aménagement du temps de travail

1. AMÉNAGEMENT SUR PLUSIEURS SEMAINES

30100 OA-II-200 s

L'aménagement du temps de travail sur plusieurs semaines comprend deux dispositifs :
– un régime conventionnel permettant d'aménager les horaires sur une période supérieure à la semaine jusqu'à 3 ans (nos 30110 s.) ;
– un régime réglementaire supplétif permettant d'aménager les horaires sur 4 ou 9 semaines au plus, selon que l'effectif de l'entreprise est au moins égal à 50 salariés ou inférieur (nos 30160 s.).

› Précisions a. Ce mode d'aménagement du temps de travail s'est substitué, sous réserve du maintien des accords conclus avant la loi 2008-789 du 20-8-2008, aux **dispositifs préexistants** : modulation, cycles de travail, réduction du travail sous forme de jours de repos et travail à temps partiel modulé (n° 77250).
b. Sur les règles applicables dans les **entreprises fonctionnant en continu,** voir n° 30420, b.

30105

Mesures Covid-19

Afin de lutter contre les conséquences de l'épidémie de Covid-19, les entreprises en difficultés économiques peuvent, jusqu'au 30-6-2021, déroger aux règles légales et conventionnelles applicables et imposer la prise de jours de repos aux salariés en bénéficiant ou modifier leurs dates (Ord. 2020-323 du 25-3-2020 art. 2 à 5 ; Ord. 2020-1597 du 16-12-2020 art. 1er). Tels est le cas pour :
– les jours de repos ou de RTT accordés dans le cadre d'un dispositif d'**aménagement du temps de travail sur plusieurs semaines** ou d'un accord ou convention collective de réduction du temps de travail maintenu en vigueur en application de la loi du 20-8-2008 ;
– les jours de repos prévus par une convention mettant en place un dispositif de **forfait en jours** ;
– les jours de repos affectés sur le **compte épargne-temps** du salarié.
L'employeur doit toutefois remplir plusieurs **conditions** :
– l'intérêt de l'entreprise doit le justifier eu égard aux difficultés économiques liées à la propagation de la Covid-19 ;
– un délai de prévenance d'au moins un jour franc doit être respecté ;

– le nombre total de jours de repos dont l'employeur peut imposer au salarié la prise ou dont il peut modifier la date ne peut pas être supérieur à 10 ;
– la période de prise de repos imposée ou modifiée ne peut pas s'étendre au-delà du 31-6-2021 ;
– le CSE doit être informé sans délai et par tout moyen. Il a un mois à compter de l'information de l'employeur pour rendre son avis. Le comité peut rendre son avis après l'usage par l'employeur de sa faculté d'imposer la pose ou la modification des dates de jours de repos (Ord. 2020-389 du 1-4-2020 art. 7).

À ces 10 jours, il faut ajouter les 6 jours de **congés payés** dont l'employeur peut imposer la prise ou modifier les dates : n° 13460.

RÉGIME CONVENTIONNEL

Mise en place Un **accord collectif d'entreprise ou d'établissement** ou, à défaut, **de branche** peut définir les modalités d'aménagement du temps de travail et organiser la répartition de la durée du travail sur une période supérieure à la semaine et au plus égale à l'année ou, si un accord de branche l'autorise, à 3 ans. 30110 C. trav. art. L 3121-44 OA-II-300 s

L'accord collectif prévoit :
– la **période de référence** ;
– les conditions et délais de **prévenance** des changements de durée ou d'horaire de travail ;
– les limites pour le décompte des **heures supplémentaires** (n° 30125) ;
– les conditions de prise en compte, pour la **rémunération** des salariés, des **absences** ainsi que des **arrivées et départs** en cours de période.

La mise en place par accord collectif d'une répartition des horaires sur une période supérieure à la semaine ne constitue pas une modification du **contrat de travail** pour les salariés à temps complet (C. trav. art. L 3121-43). Elle ne nécessite donc pas l'accord des intéressés. Pour les salariés à **temps partiel,** voir n° 77255.

› **Précisions** Les salariés doivent être informés, dans un **délai raisonnable,** de tout changement dans la répartition de leur durée du travail (C. trav. art. L 3121-42). À défaut de stipulations conventionnelles, le **délai de prévenance** en cas de changement de durée ou d'horaires est fixé à 7 jours (C. trav. art. L 3121-47).

Formalités La mise en place du dispositif ou sa modification est subordonnée au respect des **formalités** prévues nos 29815 s. 30115 C. trav. art. L 3171-1 D 3171-5 OA-II-900 s

À défaut de stipulation conventionnelle contraire, dans les entreprises, établissements, ateliers, services ou équipes où s'applique un dispositif d'aménagement du temps de travail sur plusieurs semaines ou sur l'année, l'horaire collectif doit indiquer le nombre de semaines que comporte la **période de référence** et, pour chaque semaine incluse dans cette période, l'**horaire** de travail et la **répartition** de la durée du travail.

L'affichage des **changements de durée ou d'horaire** de travail est réalisé en respectant le délai de prévenance visé n° 30110.

Organisation de la durée du travail L'accord peut faire varier la durée du travail sur 3 ans, l'année, une partie de l'année ou plusieurs semaines. Il peut prévoir des jours de réduction du temps de travail. 30120 OA-II-400 s

Il peut aménager le **temps partiel** sur plusieurs semaines (n° 77255).

La répartition de la durée du travail doit respecter les **durées maximales** hebdomadaires (nos 29530 s.) et journalière (nos 29545 s.) ainsi que les **repos** quotidien (nos 29885 s.) et hebdomadaire (nos 30860 s.).

ATTENTION

Le **Comité européen des droits sociaux** considère que l'aménagement du temps de travail sur une période supérieure à un an et jusqu'à 3 ans n'est pas raisonnable et est contraire à l'article 4 § 2 de la Charte sociale européenne. Pour lui, cet aménagement a pour effet de priver les travailleurs du droit à un taux de rémunération majoré pour les heures de travail supplémentaires, la durée de travail hebdomadaire pouvant être augmentée durant une longue période sans majoration (Décision CEDS du 18-10-2018, réclamation n° 154/2017, publiée le 15-3-2019). Cette décision n'a toutefois aucun caractère contraignant.

Heures supplémentaires En cas d'organisation de la durée hebdomadaire de travail sur **l'année,** constituent des heures supplémentaires : 30125 C. trav. art. L 3121-41 L 3121-44 OA-II-430 s

– en cours d'année, les heures accomplies au-delà de la limite haute hebdomadaire éventuellement fixée par l'accord (à défaut, aucune heure supplémentaire n'est décomptée en cours d'année) ;

– en fin de période, les heures effectuées au-delà de 1 607 heures annuelles, ou de la limite annuelle inférieure fixée par l'accord, déduction faite, le cas échéant, des heures supplémentaires déjà décomptées en cours d'année.

En cas d'organisation de la durée du travail sur une période de **plusieurs semaines** ou **supérieure à l'année,** constituent des heures supplémentaires :

– les heures effectuées au-delà de la limite haute hebdomadaire fixée par l'accord (à défaut, aucune heure supplémentaire n'est décomptée à ce titre) ; la fixation d'une telle limite est obligatoire si le temps de travail est organisé sur une période supérieure à un an ;

– les heures effectuées au-delà de la moyenne de 35 heures calculée sur la période de référence fixée par l'accord, déduction faite, le cas échéant, des heures supplémentaires déjà comptabilisées.

› Précisions **a.** Lorsque le texte conventionnel fixe une **limite haute hebdomadaire,** le taux de la majoration de salaire à appliquer est déterminé en fonction du rang des heures supplémentaires par rapport à cette limite, et non par rapport à la durée légale. Cette précision, apportée par la Circ. DRT 2000-7 du 6-12-2000 pour les accords de modulation, nous semble toujours applicable.
b. Le seuil de déclenchement des heures supplémentaires ne peut pas être **supérieur à 1 607 heures annuelles** même si le salarié n'a pas acquis tous ses droits à congés payés au titre de la période de référence prévue par l'accord collectif applicable (Cass. soc. 11-5-2016 n° 14-29.512 FS-PB : RJS 7/16 n° 496).
c. Sur le point de savoir si ces heures ouvrent droit à la **réduction de cotisations salariales** et, dans les petites entreprises, à la **déduction forfaitaire de cotisations patronales** de sécurité sociale, voir n°s 41300 s.

30135 C. trav. art. L 3121-44 OA-II-520 s

Lissage de la rémunération L'accord peut stipuler que la rémunération mensuelle des salariés est indépendante de l'horaire réel et calculée dans les conditions qu'il précise. Toutefois, lorsque des **heures supplémentaires** sont accomplies au-delà des limites qu'il prévoit, la rémunération correspondante est payée avec le salaire du mois considéré.

La durée de travail mensuelle sur la base de laquelle est calculée la rémunération lissée doit être mentionnée sur le **bulletin de paie.**

Sur la **monétisation de jours de repos** pour les salariés placés en activité partielle pendant la crise de la **Covid-19,** voir n° 13460.

30140 C. trav. art. L 3141-22 PA-I-3700 s

Congés payés En cas de **décompte** de la durée du travail **sur l'année,** une convention ou un accord collectif d'entreprise ou d'établissement ou, à défaut, de branche peut prévoir que les congés ouverts au titre de l'année de référence peuvent faire l'objet de **reports** jusqu'au 31 décembre de l'année suivant celle pendant laquelle la période de prise de ces congés a débuté. L'accord doit prévoir les cas exceptionnels où, à la demande du salarié, ces reports sont possibles et la rémunération des congés reportés. Ces reports ne doivent pas avoir pour effet de majorer le plafond de 1 607 heures dans une proportion plus importante que celle correspondant à la durée ainsi reportée.

30145 C. trav. art. D 3171-12 D 3171-13 OA-II-950 s

Informations à remettre au salarié Un document annexé au bulletin de paie mentionnant le **total des heures de travail** accomplies depuis le début de la période de référence doit être remis au salarié à la fin de cette période ou lors de son départ s'il a lieu avant. Lorsque des salariés d'un atelier, d'un service ou d'une équipe ne travaillent pas selon le même horaire collectif de travail affiché, un document mensuel, dont le double est annexé au bulletin de paie, établi pour chaque salarié, doit mentionner le **nombre de jours de repos** effectivement pris au cours du mois, dès lors qu'un dispositif de réduction du temps de travail par attribution de journées ou de demi-journées de repos s'applique dans l'entreprise ou l'établissement.

RÉGIME SUPPLÉTIF

30160 C. trav. art. L 3121-45 D 3121-27 OA-II-650 s

Mise en place En l'absence d'accord collectif, l'employeur peut, par une **décision unilatérale,** mettre en place un aménagement du temps de travail dans la limite de 9 semaines pour les entreprises de moins de 50 salariés et 4 semaines pour les autres.

La mise en place d'une telle répartition ne constitue pas une modification du contrat de travail requérant l'**accord du salarié** (Cass. soc. 11-5-2016 n° 15-10.025 FS-PB : RJS 7/16 n° 497).

L'employeur doit établir le **programme indicatif** de la variation de la durée du travail et le soumettre pour avis, avant sa première mise en œuvre, au **CSE,** s'il existe. Il est affiché selon les modalités prévues n° 30115. Les mêmes formalités sont requises en cas de modification du programme indicatif. Les salariés sont prévenus des changements de leurs horaires de travail 7 jours ouvrés au moins avant la date du changement.

Rémunération La rémunération mensuelle est indépendante de l'horaire réel. Elle est 30165 C. trav. art. D 3121-25 D 3121-28 **OA-II-860 s**
calculée sur la base de 35 heures hebdomadaires. S'y ajoute, le cas échéant, la rémunération des heures supplémentaires.

En cas d'**absence** rémunérée, le temps non travaillé n'est pas récupérable et est valorisé sur la base du temps qui aurait été travaillé si le salarié avait été présent, heures supplémentaires comprises.

Sur le calcul de la rémunération en cas d'**arrivée ou de départ** en cours de période de référence, voir n° 30170, b.

Sur les **informations** à remettre au salarié en même temps que le bulletin de paie, voir n° 30145.

Sur la **monétisation de jours de repos** pour les salariés placés en activité partielle pendant la crise de la **Covid-19,** voir n° 13460.

Heures supplémentaires Constituent des heures supplémentaires les heures effec- 30170 C. trav. art. D 3121-25 **OA-II-820 s**
tuées au-delà :

– de **39 heures** par semaine ;

– de la **durée moyenne de 35 heures** hebdomadaires calculée sur la période de référence de 4 ou 9 semaines au plus, **déduction** faite, le cas échéant, des heures supplémentaires effectuées au-delà de 39 heures déjà comptabilisées.

> **Précisions** **a.** Pour les heures effectuées au-delà de 39 heures, le **taux de la majoration** de salaire à appliquer est déterminé en fonction de leur rang par rapport à 39 heures, et non par rapport à la durée légale. Cette précision, issue de la Circ. DRT 2000-7 du 6-12-2000, nous semble toujours applicable.
b. En cas d'**arrivée ou de départ** en cours de période, les heures accomplies au-delà de 35 heures hebdomadaires sont des heures supplémentaires. Les semaines où la durée de travail est inférieure à 35 heures, le salaire est maintenu sur la base de 35 heures hebdomadaires.

2. RÉGIMES MIS EN PLACE AVANT LA LOI DU 20-8-2008

a. Modulation

La loi du 20-8-2008 a abrogé les anciens articles L 3122-9 et suivants du Code du travail, 30270 **OA-II-1400 s**
qui prévoyaient la possibilité, par **convention ou accord collectif** étendu, d'entreprise ou d'établissement, de mettre en place la modulation de la durée du travail.

Toutefois, les accords collectifs conclus en application de l'ancien article L 3122-9 **restent en vigueur** et continuent à s'appliquer dans les conditions prévues par la législation antérieure (Loi 2008-789 du 20-8-2008 art. 20-V).

Sur le point de savoir si l'**accord individuel du salarié** est nécessaire pour la mise en œuvre de la modulation, voir n° 30110.

> **Précisions** Les accords conclus sur le fondement des anciens articles L 212-2-1 (**modulation de type III**) et L 212-8 (**modulations de types I et II**) du Code du travail applicables au 20-1-2000 restent également en vigueur, sous réserve de l'application du régime des heures supplémentaires aux heures excédant une durée moyenne sur l'année de 35 heures par semaine travaillée (Loi 2000-37 du 19-1-2000 art. 8).

CONTENU DE L'ACCORD COLLECTIF

La convention ou l'accord collectif de modulation fixe : 30280 C. trav. anciens art. L 3122-9 L 3122-11 L 3122-15 **OA-II-1600 s**

– les modalités de **recours au travail temporaire** ;

– les conditions de **recours au chômage partiel** (devenu activité partielle) pour les heures non prises en compte dans la modulation ;

– le droit à rémunération et à repos compensateur des **salariés n'ayant pas travaillé** pendant la **totalité de la période** de modulation ou dont le contrat de travail a été rompu au cours de cette même période (n° 30310).

Les dispositions conventionnelles relatives à la détermination d'un **programme indicatif** de la répartition de la durée du travail ont en revanche cessé de s'appliquer (Loi 2016-1088 du 8-8-2016 art. 12).

> **Précisions** **a.** La convention ou l'accord peut prévoir le **« lissage »** de la rémunération (n° 30300) et le report de la prise des **congés payés** (n° 30140).
b. L'accord de modulation ne s'applique aux salariés sous **CDD** ou sous contrat de **travail temporaire** que s'il le prévoit expressément. Même solution pour les **apprentis** et les jeunes sous **contrat d'insertion en alternance,** la modulation ne concernant alors que le temps de travail passé dans l'entreprise, celui passé en centre de formation étant réputé correspondre

à l'horaire collectif applicable à l'entreprise (Note DGEFP 38 du 21-9-2001).
Il ne semble toutefois pas possible d'appliquer la modulation aux **moins de 18 ans,** celle-ci entraînant un dépassement régulier de la limite hebdomadaire de 35 heures prévue par la loi : nº 45495 (Circ. DRT 15 du 22-8-2002, réputée abrogée).
c. Lorsqu'un accord de branche prévoit que la modulation ne peut être mise en œuvre, en l'absence de représentants du personnel, qu'après **information des salariés,** l'information des seuls chefs de service rend le régime inopposable à l'ensemble des salariés (Cass. soc. 6-5-2009 nº 07-40.235 F-PB : RJS 7/09 nº 636).
d. Le fait qu'un accord de modulation ne mentionne pas les conditions de **recours au chômage partiel** ne l'entache pas d'illégalité, mais signifie seulement que les signataires ont renoncé à la possibilité de recourir au chômage partiel (CE 17-6-2002 nºs 226936 et 227145 : RJS 11/02 nº 1239).

DURÉE ET RÉPARTITION DE LA DURÉE DU TRAVAIL

30285 C. trav. ancien art. L 3122-9 **OA-II-2400 s**

Sous réserve de respecter les durées maximales hebdomadaires (nºs 29530 s.) et quotidienne (nºs 29545 s.), la convention ou l'accord peut prévoir une variation de la durée du travail sur tout ou partie de l'année à condition que, sur un an, cette durée n'excède pas **1 607 heures.** La convention ou l'accord peut fixer un plafond inférieur.

› Précisions **a.** Pour prendre en compte la **journée de solidarité,** les plafonds fixés conventionnellement avant le 1-7-2004 ont été majorés automatiquement de 7 heures par an (Loi 2004-626 du 30-6-2004 art. 5).
b. Si le salarié n'a **pas** acquis la **totalité des congés payés légaux,** le plafond de 1 607 heures est augmenté à due concurrence : par exemple, s'il n'a pu prendre que 4 semaines de congés au cours de l'exercice applicable à la modulation, le plafond est de 1 642 heures (Circ. DRT 7 du 6-12-2000). Sur la rémunération des heures effectuées au-delà de 1 607 heures, voir nº 30295.

HEURES SUPPLÉMENTAIRES

30295 C. trav. ancien art. L 3122-10 **OA-II-3600 s**

Constituent des heures supplémentaires :
– **en cours d'année,** les heures effectuées **au-delà de la durée maximale hebdomadaire** fixée par l'accord de modulation : le taux de majoration applicable est fonction de leur rang par rapport à la limite haute de la modulation (non par rapport à la durée légale) ;
– **en fin d'année,** les heures effectuées **au-delà de 1 607 heures** ou du plafond inférieur fixé par l'accord, sous déduction des heures visées ci-dessus.

› Précisions Le seuil de déclenchement des heures supplémentaires ne peut pas dépasser **1 607 heures** :
– même si le salarié n'a pas acquis l'intégralité de ses **droits à congés payés** au titre de la période de référence (Cass. soc. 14-11-2013 nº 11-17.644 FS-PB : RJS 2/14 nº 138) ;
– même s'il existe, dans le secteur d'activité, un **régime d'équivalence** (Cass. soc. 26-9-2012 nº 11-14.083 FS-PB : RJS 12/12 nº 951).

RÉMUNÉRATION

30300 C. trav. ancien art. L 3122-16 **OA-II-5800 s**

Une convention ou un accord collectif étendu, d'entreprise ou d'établissement peut prévoir une **rémunération mensuelle moyenne** (ou **« lissée »**) indépendante de l'horaire effectué chaque mois. Toutefois, la rémunération des **heures supplémentaires** effectuées au-delà des limites prévues par l'accord est payée avec le salaire du mois considéré.
En l'**absence de « lissage »,** la rémunération du mois est fonction du nombre d'heures effectuées au cours de ce mois.

› Précisions **a.** La **rémunération mensuelle moyenne** est calculée sur la base de la durée hebdomadaire moyenne prévue par l'accord sur la période de variation choisie. Ne sont pas prises en compte les **primes** à périodicité non mensuelle telles que le 13e mois ou les primes de résultat (Circ. DRT 4 du 21-4-1994, réputée abrogée).
Sur les conditions d'application de la réglementation du **Smic,** voir nº 70655.
b. Doit figurer sur le **bulletin de paie** la durée du travail mensuelle sur la base de laquelle est calculée la rémunération lissée ou, en l'absence de lissage, le nombre d'heures effectuées au cours du mois. Un document annexé mentionnant les heures effectuées depuis le début de la période de référence doit être remis au salarié à la fin de celle-ci ou lors de son départ si celui-ci a lieu en cours de période (C. trav. ancien art. D 3171-13).

SUSPENSION OU RUPTURE DU CONTRAT DE TRAVAIL

30310 C. trav. anciens art. L 3122-11 L 3122-18 **OA-II-4500 s** **OA-II-5860 s**

La convention ou l'accord de modulation fixe le **droit à rémunération** et à **repos compensateur** des salariés n'ayant pas travaillé pendant toute la période de modulation ou dont le contrat de travail a été rompu au cours de celle-ci.
En cas de rupture du contrat de travail pour motif économique, aucune **retenue** ni sur le salaire ni sur les sommes dues au salarié ne peut être opérée au motif qu'il serait redevable

d'un temps de travail. La solution vaut aussi en cas de licenciement sans cause réelle et sérieuse, même si l'accord collectif prévoit le contraire (Cass. soc. 4-2-2009 n° 07-45.512 FS-D : RJS 4/09 n° 356).

> **Précisions** **a.** En cas d'**absence pour maladie** ou accident, la **durée du travail** à prendre en considération pour le calcul du **maintien du salaire** est la durée moyenne sur la base de laquelle est établie la rémunération mensuelle (ou rémunération lissée), que l'absence ait correspondu à une période de forte ou de faible activité (Cass. soc. 19-7-1994 n° 90-43.013 P : RJS 10/94 n° 1139).
> En vertu du principe de non-discrimination en raison de l'état de santé, lorsqu'un salarié a été absent pour maladie en période de haute activité :
> – il n'est pas possible de retenir, pour effectuer la **régularisation de la rémunération en fin d'année,** la durée hebdomadaire moyenne de la modulation comme mode de décompte des jours d'absence pour maladie (Cass. soc. 9-1-2007 n° 05-43.962 FS-PBR : RJS 3/07 n° 346) ;
> – le **seuil annuel** de déclenchement des **heures supplémentaires** doit être réduit de la durée d'absence évaluée sur la base de la durée hebdomadaire moyenne de modulation (et non des heures que le salarié aurait effectuées s'il avait été présent) et le nombre d'heures supplémentaires déterminé en comparant à ce seuil les heures effectivement réalisées par le salarié (Cass. soc. 13-7-2010 n° 08-44.550 FS-PB : RJS 11/10 n° 852).
> **b.** Les heures d'absence pour **congé sans solde** doivent être déduites pour le **décompte des heures supplémentaires** effectué en fin de période, les jours de congés payés et d'absence ne pouvant être assimilés à du temps de travail effectif (Cass. soc. 9-2-2011 n° 09-42.939 FS-PBR : RJS 4/11 n° 331).

Récupération des absences Ni les absences rémunérées ou indemnisées, ni les congés et autorisations d'absence auxquels le salarié a droit en application de stipulations conventionnelles, ni les absences justifiées par l'incapacité pour maladie ou accident ne peuvent être récupérés. **30315** C. trav. ancien art. L 3122-17

Les autres absences doivent être décomptées en fonction de la durée de travail que le salarié devait effectuer.

Des dispositions identiques sont prévues dans le cadre du dispositif de **réduction de la durée du travail sous forme de jours de repos** (C. trav. ancien art. L 3122-22).

b. Cycle de travail

La loi du 20-8-2008 a modifié les articles L 3122-2 et suivants du Code du travail, qui prévoyaient la possibilité d'organiser la durée du travail de l'entreprise ou l'établissement sous forme de cycles de travail. **30330** C. trav. anciens art. L 3122-2 L 3122-3 **OA-II-8000 s**

Toutefois, les accords collectifs conclus en application de l'ancien article L 3122-3 **restent en vigueur** et continuent à s'appliquer dans les conditions prévues par la législation antérieure (Loi 2008-789 du 20-8-2008 art. 20-V). Les entreprises ayant mis en place le travail par cycles avant la loi du 20-8-2008 par voie de convention ou d'**accord collectif** doivent, sauf dénonciation ou modification du texte conventionnel, maintenir leur dispositif en l'état.

Celles qui, en application de l'ancien article L 3122-3, appliquaient ce mode d'organisation du temps de travail **en dehors de tout accord** collectif peuvent continuer de le faire dans le cadre du régime supplétif permettant la répartition de la durée du travail sur 4 ou 9 semaines au plus (n°s 30160 s.).

Sur le point de savoir si l'**accord exprès du salarié** est requis, voir n° 30110.

Sur le cas particulier du **travail en continu,** voir n° 30420, b.

Sur le **décompte des jours de congés payés** dans le cadre d'une organisation du travail par cycle, voir n° 13480.

Le cycle est une période brève, multiple de la semaine (en pratique **8 à 12 semaines** au maximum) au sein de laquelle la durée du travail est répartie de façon fixe et répétitive de sorte que les semaines comportant un nombre important et celles comportant un nombre plus faible d'heures de travail se compensent ; un cycle peut être établi sur une base inférieure à la durée légale ou – sauf travail en continu : n° 30420 – supérieure (Circ. DRT 4 du 21-4-1994, réputée abrogée). **30335**

La convention ou l'accord fixe la durée maximale du cycle.

> **Précisions** **a.** La **durée maximale hebdomadaire** de travail de 48 heures reste appréciée dans le cadre de la semaine et non en moyenne sur le cycle (Cass. soc. 5-11-2003 n° 01-42.174 F-P : RJS 1/04 n° 58).
> **b.** Dans le cas d'un **cycle** de 8 semaines, **alternant 7 semaines à 40 heures et une semaine non travaillée,** le repos compense les horaires hebdomadaires supérieurs à 35 heures pendant les semaines travaillées et s'analyse en une

récupération de ces dépassements d'horaires. En cas de **maladie** du salarié pendant la semaine de repos, les temps de repos acquis au titre des semaines travaillées doivent donc être récupérés (Cass. soc. 24-3-2004 nº 02-46.391 F-D : RJS 6/04 nº 702).

c. Dans les entreprises et établissements organisant le temps de travail par cycles, l'**affichage** de l'horaire collectif prévu nº 29817 indique le nombre de semaines que comporte le cycle et, pour chaque semaine, l'horaire de travail (C. trav. ancien art. D 3171-5).

30345 C. trav. anciens art. L 3122-4 L 3122-5 **OA-II-8900 s**

En cas de travail par cycles, sont des **heures supplémentaires** les heures dépassant la durée moyenne de 35 heures calculée sur la durée du cycle.

La rémunération peut être lissée comme en cas de modulation : voir nº 30300.

Pour les salariés soumis à un **horaire d'équivalence,** les heures supplémentaires se déterminent par rapport à la durée moyenne du cycle, après application du régime d'équivalence (Cass. soc. 5-11-2003 nº 01-42.174 F-P : RJS 1/04 nº 58).

c. Réduction de la durée du travail sous forme de jours de repos

30350 Les anciens articles L 3122-6 et suivants et L 3122-19 et suivants du Code du travail prévoyaient deux variantes de réduction du temps de travail sous forme de journées ou demi-journées de repos : l'une sur une période de 4 semaines, pouvant être mise en œuvre sur décision de l'employeur ; l'autre sur l'année, nécessitant l'intervention d'une convention ou d'un accord collectif.

Ces dispositions ont été abrogées par la loi du 20-8-2008, mais les accords collectifs conclus en application de l'ancien article L 3122-19 restent en vigueur (Loi 2008-789 du 20-8-2008 art. 20-V). Les entreprises qui appliquaient un **accord collectif** de réduction de la durée du travail sous forme de **jours de repos répartis sur l'année** doivent, sauf dénonciation ou modification du texte conventionnel, maintenir ce dispositif en l'état.

Les entreprises qui attribuaient des jours de repos sur une **période de 4 semaines** peuvent continuer de le faire dans le cadre du régime supplétif mis en place par la loi du 20-8-2008 (nºˢ 30160 s.).

CONTENU DE L'ACCORD COLLECTIF

30360 C. trav. anciens art. L 3122-19 L 3122-20 **OA-II-10800 s**

Le régime de réduction de la durée du travail sous forme de **jours de repos répartis sur l'année** permet de prévoir par convention ou accord collectif étendu ou par accord d'entreprise ou d'établissement que la **durée hebdomadaire moyenne** sur l'année est réduite, en tout ou partie, en deçà de 39 heures, par l'attribution de journées ou demi-journées de repos.

L'accord détermine les **modalités de prise** des journées et demi-journées de repos et de répartition dans le temps des droits à **rémunération** en fonction du calendrier des repos (un **lissage** de la rémunération est possible).

Il peut prévoir qu'une partie des jours de repos alimente un **compte épargne-temps.**

JOURS DE RTT

30365 C. trav. anciens art. L 3122-20 L 3122-21 **OA-II-10930 s**

L'accord détermine les modalités de **prise** des journées et demi-journées de repos, au choix pour partie du salarié et pour partie de l'employeur. Il fixe, dans la limite de l'année, les **délais** dans lesquels ces repos sont pris.

En cas de **modification des dates** fixées pour la prise des jours de repos, ce changement doit être notifié au salarié 7 jours au moins avant sa date d'effet, sauf réduction dans les conditions fixées par l'accord.

> **Précisions** **a.** Les jours de RTT ne peuvent pas être positionnés sur un jour **férié chômé.** Lorsque la date prévue pour la prise du jour de RTT coïncide avec un **jour chômé dans l'entreprise** (jour férié ou assimilé), le salarié a droit à la récupération de ce jour chômé ou à un rappel de rémunération (Cass. soc. 13-12-2006 nº 05-42.528 FS-PB : RJS 3/07 nº 348 ; 11-7-2007 nº 06-41.575 FS-PBR : RJS 10/07 nº 1074 ; nº 06-40.567 FS-PBR : RJS 10/07 nº 1074 ; 16-2-2012 nº 09-70.617 FS-PB : RJS 5/12 nº 508).
>
> **b.** Sauf pour le calcul de la durée des **congés payés** (nº 13340), les jours de RTT ne sont pas assimilés à du travail effectif.
>
> **c.** L'**absence de prise des jours** de RTT n'ouvre pas droit à **indemnité,** sauf si cette situation est imputable à l'employeur ou si un accord collectif le prévoit (Cass. soc. 18-3-2015 nº 13-16.369 FS-PB : RJS 6/15 nº 416). À l'inverse, la **prise des jours** de RTT ne doit faire subir aucune **perte de salaire** au salarié, sauf dispositif spécifique de l'accord collectif. Ainsi, en

l'absence d'une telle disposition, la part de la rémunération variable étroitement liée à l'activité du salarié et à ses performances doit être intégrée dans l'assiette de calcul de l'indemnité des jours de RTT (Cass. soc. 28-3-2018 n° 16-27.641 FS-PB : RJS 6/18 n° 421).
d. Les modalités d'**information du salarié** sur les heures effectuées et les jours de repos sont identiques à celles applicables dans le dispositif d'aménagement du temps de travail sur une période supérieure à la semaine : voir n° 30145.
e. Sur la **monétisation de jours de RTT** pour les salariés placés en activité partielle pendant la crise de la **Covid-19,** voir n° 13460. Sur la **dérogation** aux règles légales et conventionnelles pour la **prise de jours de RTT** par l'employeur pendant la crise de la Covid-19, voir n° 30105.

HEURES SUPPLÉMENTAIRES

Constituent des heures supplémentaires : 30375 C. trav. ancien art. L 3122-19 OA-II-11400 s
– les heures effectuées **au-delà de 39 heures** ou d'un **plafond inférieur** fixé par l'accord : le taux de majoration applicable est fonction de leur rang par rapport à 39 heures (ou au plafond inférieur fixé par l'accord) ;
– en fin d'année, les heures effectuées au-delà de **1 607 heures,** sous déduction des heures visées ci-dessus.

> **Précisions** Le seuil annuel de déclenchement des heures supplémentaires a été relevé de 1 600 à 1 607 heures pour tenir compte de la **journée de solidarité.** Les stipulations des conventions et accords collectifs antérieurs au 1-7-2004 faisant référence à l'ancien seuil de 1 600 heures ont été remplacées automatiquement par une référence au nouveau seuil (Loi 2004-626 du 30-6-2004 art. 5).

ABSENCES ET CONGÉS

Sauf stipulations conventionnelles plus favorables, le **droit à repos** s'acquiert semaine par semaine, à concurrence des heures effectuées (ou assimilées à du travail effectif) au-delà de 35 heures et dans la limite de 39. Une période d'absence ou de congés conduisant à ne pas dépasser 35 heures une semaine donnée ne crée pas de droit à repos cette semaine-là. En revanche, les heures de repos acquises le demeurent : un salarié absent le jour où il doit consommer son repos ne le perd pas, mais l'exercera ultérieurement (Circ. CAB 3 du 3-3-2000, réputée abrogée ; Circ. DRT 7 du 6-12-2000). 30380 OA-II-11900 s
La **récupération des absences** fait l'objet de dispositions identiques à celles prévues dans le cadre de la modulation (voir n° 30315).
Sur la possibilité de reporter la période de prise des **congés payés,** voir n° 30140.

H. Modes particuliers d'organisation du travail

TRAVAIL PAR RELAIS ET PAR ROULEMENT

Le travail par **relais** consiste à répartir le personnel par équipes travaillant à des heures différentes dans la journée. On peut faire appel à des **équipes alternantes** ou **chevauchantes.** 30400 OA-II-14000 s et 15000 s

EXEMPLE

Équipes alternantes : équipe A : 6 h-10 h/14 h-18 h ; équipe B : 10 h-14 h/18 h-22 h.
Équipes chevauchantes : équipe A : 6 h-14 h ; équipe B : 9 h-17 h ; équipe C : 12 h-20 h.

Le travail par **roulement** consiste à répartir différemment les journées de travail parmi le personnel, qui n'a donc pas les mêmes jours de repos. On peut ainsi faire fonctionner une entreprise ou un établissement 6 jours ou 7 jours sur 7, ce dernier cas étant réservé aux entreprises autorisées à donner le **repos hebdomadaire par roulement** (n° 30900). 30405
Le travail par relais ou roulement peut être autorisé par **décret** ou par **convention ou accord** de branche étendu, d'entreprise ou d'établissement.

> **Précisions** Par **exemple,** les décrets autorisent ces modes d'organisation du travail dans les secteurs suivants :
> – travail par relais : banques, cinémas, commerces de détail alimentaire et non alimentaire pour le personnel de vente, hôpitaux pour le personnel soignant, hôtels pour le personnel de garde... ;
> – travail par roulement : banques, blanchisseries, teintureries, horlogeries, pâtisseries, commerces de détail alimentaire ou non alimentaire, hôtels, cafés, restaurants, établissements hospitaliers, métallurgie...

La mise en place du travail par relais ou roulement ou sa modification est subordonnée au respect des **formalités** prévues n°s 29815 s. 30410

› Précisions La **composition** nominative de chaque **équipe,** y compris les salariés mis à disposition par une entreprise de travail temporaire, est indiquée soit par un **tableau** affiché dans les mêmes conditions que l'horaire, soit par un **registre** tenu constamment à jour et mis à la disposition de l'inspecteur du travail et des membres de la délégation du personnel du CSE (C. trav. art. D 3171-7).

TRAVAIL EN ÉQUIPES SUCCESSIVES (OU TRAVAIL POSTÉ)

30415 OA-II-15200 s Le travail en équipes successives est un travail continu exécuté par des salariés formant des équipes distinctes qui se succèdent sur un même poste de travail sans se chevaucher.

Il existe trois types de travail posté : **continu** (équipes fonctionnant 24 heures sur 24, 7 jours sur 7) qui fait l'objet d'une réglementation particulière (n° 30420), **semi-continu** (avec un arrêt hebdomadaire), **discontinu** (arrêt la nuit et en fin de semaine).

Ce mode de travail peut être autorisé par **décret** ou par **convention ou accord** de branche étendu, d'entreprise ou d'établissement (n° 29445).

La mise en œuvre du travail en équipes successives est soumise aux mêmes **formalités** que celles requises en cas de travail par relais ou roulement : voir n° 30410.

Une **surveillance médicale** spéciale est prévue.

30420 OA-II-15340 s **Travail en continu** Le travail en continu permet le fonctionnement sans interruption de tout ou partie de l'activité de l'entreprise, 24 heures sur 24, dimanche et jours fériés inclus. Il suppose que l'entreprise bénéficie d'une **dérogation au repos dominical** : voir n° 30900 (travail en continu pour raisons techniques) et n° 30980 (travail en continu pour raisons économiques).

› Précisions **a.** La **durée du travail** des salariés travaillant de manière permanente en équipes successives en continu ne doit pas être supérieure en moyenne, sur une année, à 35 heures par semaine travaillée (C. trav. art. L 3132-15).

Il suffit que l'entreprise fonctionne en permanence en continu par équipes successives pour que ces dispositions soient applicables aux salariés affectés à l'une de ces équipes, peu important que, par intermittence, ils soient soumis à un horaire normal (Cass. soc. 7-12-1999 n° 97-45.792 PBR : RJS 1/00 n° 57 ; 14-11-2000 n° 98-45.456 FS-PB : RJS 1/01 n° 54).

Le **calcul** de la moyenne de 35 heures s'effectue sur une année (365 jours) et par semaine travaillée. En pratique, il convient de déduire 52 jours de repos hebdomadaire, 30 jours ouvrables de congé annuel, 11 jours fériés (mais seulement s'ils sont chômés ou compensés), soit 93 jours au total. Il reste : 365 − 93 = 272 jours ouvrables, soit 272/6 = 45 semaines 1/3. Ce nombre, calculé par l'administration, n'est toutefois qu'indicatif et doit être adapté pour tenir compte par exemple des congés conventionnels accordés en sus des congés légaux (Cass. soc. 10-3-1998 n° 95-43.003 P : RJS 4/98 n° 473).

b. Dans les entreprises fonctionnant en continu, le temps de travail peut être organisé sur **plusieurs semaines** par décision de l'employeur (C. trav. art. L 3121-46). Dans ce cas, les **heures supplémentaires** se calculent dans le cadre de la période de plusieurs semaines ainsi retenue.

c. Dans les établissements ou parties d'établissements industriels pratiquant le travail en continu, l'affectation d'un salarié à **deux équipes successives** est interdite, sauf à titre exceptionnel et pour des raisons impérieuses de fonctionnement. Lorsque la durée du travail du salarié affecté à une deuxième équipe est prolongée de plus de 2 heures, l'employeur doit en communiquer les motifs à l'inspecteur du travail dans les 48 heures (C. trav. art. R 3121-26).

ÉQUIPES DE SUPPLÉANCE

30425 C. trav. art. L 3132-16 OA-II-16000 s Les entreprises industrielles peuvent fonctionner à l'aide d'un personnel d'exécution composé de deux groupes dont l'un a pour seule fonction de remplacer l'autre pendant les **jours de repos** accordés au premier. Ce dispositif permet de **déroger** au principe du **repos dominical** pour l'équipe de suppléance ainsi que pour le personnel nécessaire à son encadrement.

30430 C. trav. art. L 3132-16 à L 3132-18 R 3132-10 R 3132-13 OA-II-16220 s **Mise en place** Le recours aux équipes de suppléance peut être prévu par convention ou **accord d'entreprise ou d'établissement** ou, à défaut, par une convention ou accord collectif étendu.

À défaut, il peut être autorisé par **l'inspecteur du travail** après consultation des DS et avis du CSE, s'il existe, s'il tend à une meilleure utilisation des équipements de production et au maintien ou à l'accroissement du nombre des emplois existants.

› Précisions **a.** La convention ou l'accord collectif doit comporter des dispositions concernant la **formation** du personnel des équipes de suppléance et les modalités d'exercice du **droit** des salariés de ces équipes d'occuper un **emploi dans l'équipe de semaine.**

b. La **demande d'autorisation** doit être adressée à l'inspecteur du travail, avec les justifications nécessaires et l'avis des représentants du personnel, s'ils existent, le défaut de réponse de l'inspecteur dans les 30 jours du dépôt de la demande valant acceptation (Décret 2014-1290 du 23-10-2014).

Conditions d'intervention Les équipes de suppléance peuvent être occupées en fin de semaine pendant les jours de **repos hebdomadaire** ainsi que durant les autres périodes de repos collectif de l'équipe habituelle, telles que les **jours fériés** et les **congés annuels.** 30435 OA-II-16420 s

Le **personnel d'encadrement,** contrairement au personnel d'exécution, peut être commun aux équipes de suppléance et aux autres équipes. Le repos hebdomadaire doit dans ce cas être donné par roulement.

> **Précisions** **a.** Il est interdit de faire travailler en même temps les deux équipes, sauf **chevauchement** de quelques heures nécessaire à la continuité de la production (Circ. DRT 4 du 21-4-1994, réputée abrogée).
> **b.** Selon le nombre de jours travaillés par l'équipe de semaine, l'équipe de fin de semaine peut être occupée 1, 2 ou 3 jours (nécessairement consécutifs). Les salariés de l'équipe de suppléance remplaçant en semaine pendant plus d'une journée une équipe en **congé annuel** ne peuvent pas être occupés simultanément en fin de semaine. En revanche, une équipe de suppléance peut être occupée un **jour férié** collectivement chômé par l'équipe de semaine sans que cela remette en cause son activité du week-end (Circ. DRT 4 du 21-4-1994, réputée abrogée).
> **c.** Les salariés des équipes de suppléance ne peuvent pas remplacer des **salariés absents,** notamment pour maladie ou événement familial (Circ. DRT 4 du 21-4-1994, réputée abrogée).

Durée du travail La **durée quotidienne** du travail des salariés de l'équipe de suppléance peut atteindre 12 heures lorsque la durée de recours à cette équipe n'excède pas 48 heures consécutives. Dans les autres cas, la durée journalière maximale de 10 heures s'applique, sauf autorisation de l'inspecteur du travail, le défaut de réponse de celui-ci dans les 30 jours du dépôt de la demande valant autorisation (Décret 2014-1290 du 23-10-2014). 30440 C. trav. art. R 3132-11 OA-II-16560 s

Il est possible de déroger à la durée quotidienne de 8 heures applicable au **travail de nuit** (C. trav. art. L 3122-6).

En cas de recours à l'équipe de suppléance pendant la période des **congés payés,** l'horaire habituel de l'équipe remplacée s'applique (Circ. DRT 4 du 21-4-1994, réputée abrogée).

Rémunération La rémunération des salariés de l'équipe de suppléance est **majorée** d'au moins 50 % par rapport à celle qui serait due pour une durée équivalente effectuée suivant l'horaire normal de l'entreprise. Cette majoration ne s'applique pas lorsque les salariés de l'équipe de suppléance remplacent durant la semaine les salariés partis en **congés.** 30445 C. trav. art. L 3132-19 OA-II-16710

> **Précisions** **a.** Selon l'administration, la majoration de 50 % peut se **cumuler** avec celle pour travail de nuit ou jours fériés (Circ. DRT 4 du 21-4-1994, réputée abrogée), mais cette position est contestable s'agissant de la majoration « jours fériés » dès lors que les deux majorations ont le même objet.
> **b.** Le salarié en équipe de suppléance qui effectue un travail à **temps partiel** doit bénéficier du principe de **proportionnalité de la rémunération** à celle d'un travailleur à temps complet de même qualification et occupant un emploi équivalent dans l'entreprise ou l'établissement (Cass. soc. 16-5-2007 n° 05-44.299 F-PB : RJS 7/07 n° 855).

TRAVAIL DE NUIT

Définition Le travail de nuit est défini par **accord d'entreprise ou d'établissement** ou, à défaut, **de branche** dans les limites suivantes : doit être considéré comme tel tout travail effectué au cours d'une période d'au moins 9 heures consécutives comprenant l'intervalle entre minuit et 5 heures, commençant au plus tôt à 21 heures et s'achevant au plus tard à 7 heures. 30450 C. trav. art. L 3122-2 L 3122-15 L 3122-20 L 3122-22 OA-II-18100 s

À **défaut d'accord,** est considéré comme travail de nuit tout travail accompli entre 21 heures et 6 heures. Lorsque les caractéristiques particulières de l'activité de l'entreprise le justifient, l'inspecteur du travail peut toutefois autoriser la définition d'une période différente, dans le respect des limites prévues ci-dessus, après consultation des délégués syndicaux et avis du CSE. Le défaut de réponse de l'inspecteur dans les 30 jours du dépôt de la demande vaut alors acceptation (Décret 2014-1290 du 23-10-2014).

> **Précisions** **a.** Pour les activités de production rédactionnelle et industrielle de **presse,** de **radio,** de **télévision,** de **production et d'exploitation cinématographiques,** de **spectacles** vivants et de **discothèque,** la période de travail de nuit est d'au moins 7 heures consécutives comprenant l'intervalle entre minuit et 5 heures (C. trav. art. L 3122-3). À défaut d'accord collectif, tout travail accompli entre minuit et 7 heures est considéré comme du travail de nuit (C. trav. art. L 3122-20). Les contreparties au travail de nuit ne sont pas obligatoirement données sous forme de repos compensateur lorsque la durée effective du travail de nuit est inférieure à la durée légale (C. trav. art. L 3122-9).
> Dans les **établissements de vente de détail** situés dans des **zones touristiques internationales** mettant en œuvre le travail en soirée, le

début de la période de nuit peut être reporté jusqu'à minuit (nº 30471). Lorsqu'il est fixé au-delà de 22 heures, la période de nuit est d'au moins 7 heures consécutives comprenant l'intervalle entre minuit et 7 heures (C. trav. art. L 3122-4).

b. Le fait de méconnaître les dispositions relatives au travail de nuit est puni de l'amende prévue pour les contraventions de la 5e classe (nº 67285), prononcée autant de fois qu'il y a de salariés concernés par l'**infraction** (C. trav. art. R 3124-15). En cas de **poursuite unique** pour **plusieurs infractions** et en l'absence de récidive, l'amende est appliquée autant de fois qu'il y a de personnes employées dans des conditions contraires aux prescriptions légales. En cas de **récidive,** l'amende est appliquée autant de fois qu'il a été relevé de nouvelles infractions (Cass. crim. 19-6-2018 nº 17-80.299 F-D : RJS 8-9/18 nº 542 ; Cass. crim. 4-9-2018 nº 17-83.674 F-D : RJS 11/18 nº 675).

30452 C. trav. art. L 3122-5 L 3122-16 L 3122-23 **OA-II-18170 s**

Le **travailleur de nuit** est celui qui accomplit :

– au moins 2 fois par semaine, selon son horaire de travail habituel, au moins 3 heures de travail de nuit quotidiennes ;

– ou, au cours d'une période de référence, un nombre minimal d'heures de travail de nuit. Ce nombre ainsi que la période de référence sont fixés par convention ou accord collectif étendu. À défaut, il est fixé à 270 heures de travail de nuit sur une période quelconque de 12 mois consécutifs.

Sont **réputées accomplies** toutes les heures répondant à la définition des heures de nuit comprises dans l'horaire habituel du salarié, ce qui inclut les heures non effectivement travaillées en raison des congés, jours de formation, jours fériés, participation aux réunions du CSE et crédits d'heures des représentants du personnel (Cass. soc. 7-3-2012 nº 10-21.744 FS-PBR : RJS 5/12 nº 458).

› Précisions a. Sur la conclusion d'un **accord d'entreprise** fixant le nombre minimal d'heures de travail de nuit sur une période de référence, voir nos 52235 s.

b. Sur la prise en compte des heures de **travail en soirée** pour la qualité de travailleur de nuit, voir nº 30473.

c. Sauf dérogation, le travail de nuit est interdit aux **jeunes** de moins de 18 ans (nº 45500).

La législation sur le travail de nuit s'applique aux salariés roulants ou navigants du secteur des **transports** selon des dispositions particulières (C. transports art. L 1321-6 à L 1321-8).

30455 C. trav. art. L 3122-1 L 3122-10 L 3122-15 L 3122-21 **OA-II-18200 s**

Mise en place Le recours au travail de nuit doit être exceptionnel, prendre en compte les impératifs de protection de la santé et de la sécurité des salariés et être **justifié** par la nécessité d'assurer la continuité de l'activité économique ou des services d'utilité sociale, ces conditions étant appréciées en considération de la situation propre à chaque établissement (Cass. crim. 7-1-2020 nº 18-83.074 FS-PBI : RJS 3/20).

Sa mise en place dans l'entreprise ou l'établissement ou son extension à de nouvelles catégories de salariés sont subordonnées à la conclusion préalable d'une convention ou d'un **accord collectif** d'entreprise ou d'établissement ou, à défaut, de branche, cet accord étant présumé conforme aux conditions ci-dessus.

À défaut d'accord collectif, l'introduction ou l'extension du travail de nuit est subordonnée au respect des **consultations et formalités** prévues nos 29815 s. Les travailleurs peuvent être affectés à des postes de nuit à condition que l'employeur ait engagé sérieusement et loyalement des négociations en vue de la conclusion d'un tel accord et sur **autorisation** de l'inspecteur du travail.

Le **médecin du travail** est consulté avant toute décision relative à la mise en place ou à une modification importante de l'organisation du travail de nuit.

› Précisions a. La condition tenant à la nécessité d'assurer la **continuité de l'activité économique** ou des **services d'utilité sociale** n'est pas remplie, par exemple, dans les secteurs du commerce alimentaire (Cass. crim. 2-9-2014 nº 13-83.304 F-D : RJS 11/14 nº 782 ; 16-10-2018 nº 17-83.703 F-D : RJS 1/19 nº 22 ; 30-9-2020 nº 18-24.130 FS-D : RJS 12/20 nº 592) ou du commerce de parfumerie (Cass. soc. 24-9-2014 nº 13-24.851 FS-PB : RJS 12/14 nº 867), ces secteurs pouvant cependant, sous certaines conditions, recourir au travail en soirée : voir nos 30471 s. Elle l'est en revanche, dans le secteur sanitaire, social et médico-social lorsque le recours au travail de nuit est justifié par la prise en charge continue des usagers (Cass. soc. 8-11-2017 nº 16-15.584 FS-PB : RJS 1/18 nº 32).

b. L'**accord collectif** doit **comporter** : les justifications du recours au travail de nuit ; la définition de la période de travail de nuit ; des **contreparties** (nº 30465) ; l'organisation des temps de pause ; des mesures destinées à améliorer les conditions de travail des salariés, à faciliter l'articulation de leur activité professionnelle nocturne avec leur vie personnelle et avec l'exercice de responsabilités familiales et sociales, concernant notamment les moyens de transport, et à assurer l'égalité professionnelle entre les femmes et les hommes, notamment par l'accès à la formation. S'il s'agit d'un accord

collectif étendu, il peut en outre fixer le nombre minimal d'heures et la période de référence retenus pour la qualité de travailleur de nuit (nº 30452).
c. L'**engagement de négociations loyales et sérieuses** suppose que l'employeur ait convoqué à la négociation les organisations syndicales représentatives dans l'entreprise et fixé le lieu et le calendrier des réunions, leur ait communiqué les informations nécessaires pour leur permettre de négocier en toute connaissance de cause et ait répondu à leurs propositions.
d. La **demande d'autorisation** justifie, de façon circonstanciée : les contraintes propres à la nature de l'activité ou au fonctionnement de l'entreprise rendant nécessaire le travail de nuit ; le caractère loyal et sérieux de l'engagement préalable de négociations ; l'existence de contreparties et de temps de pause, la prise en compte des impératifs de protection de la sécurité et de la santé des travailleurs. Elle doit être accompagnée de l'avis des DS et du CSE ou, à défaut de représentants du personnel, d'un document attestant une information préalable des salariés (C. trav. art. R 3122-9). Elle est adressée à l'inspecteur du travail dont relève l'établissement qui emploie les salariés concernés (Inst. DGT 6 du 29-7-2010, réputée abrogée). Le défaut de réponse de l'inspecteur dans les 30 jours du dépôt de la demande vaut autorisation (Décret 2014-1290 du 23-10-2014).
e. L'existence d'une **convention collective,** même **présumée valide,** ne suffit pas à établir que les conditions du recours au travail de nuit sont remplies. Les juges du fond doivent les contrôler, fût-ce en écartant les clauses d'une convention ou d'un accord non conformes (Cass. crim 7-1-2020 nº 18-83.074 FS-PBI : RJS 3/20).

Durées maximales du travail La **durée hebdomadaire** de travail, calculée sur une période quelconque de 12 semaines consécutives, ne peut pas dépasser 40 heures, pouvant être portées à 44 par **convention ou accord** d'entreprise ou d'établissement ou, à défaut, de branche lorsque les caractéristiques du secteur le justifient. **À défaut d'accord,** un décret peut fixer la liste des secteurs pour lesquels la durée maximale hebdomadaire de travail est fixée entre 40 et 44 heures. **30460**

C. trav. art. L 3122-6, L 3122-7, L 3122-17, L 3122-18, L 3122-24, R 3122-1 à R 3122-8
OA-II-18480 s

La **durée quotidienne** du travail ne peut pas excéder 8 heures. Il peut être dérogé à cette durée dans la limite de 12 heures :
– par **convention ou accord** d'entreprise ou d'établissement ou, à défaut, de branche pour les activités suivantes : activités caractérisées par l'éloignement entre le domicile et le lieu de travail ou entre différents lieux de travail du salarié ; activités de garde, de surveillance et de permanence caractérisées par la nécessité d'assurer la protection des biens et des personnes ; activités caractérisées par la nécessité d'assurer la continuité du service ou de la production ;
– en cas de circonstances exceptionnelles, sur **autorisation de l'inspecteur du travail.**

Dans tous les cas, un **repos** d'une durée équivalente au nombre d'heures accomplies au-delà de la durée maximale quotidienne doit être accordé aux salariés le plus près possible de la période travaillée. Ce repos n'est pas déductible des heures travaillées ni rémunéré (Cass. soc. 16-2-2012 nº 09-72.335 FS-D : RJS 5/12 nº 459).

Des temps de **pause** doivent être organisés.

> Précisions **a.** La **demande de dérogation** à la durée quotidienne est adressée à l'inspecteur du travail, avec les justifications utiles, l'avis du CSE, s'il existe, et le procès-verbal de consultation des DS, s'il en existe. En l'absence de représentants du personnel, un document attestant une information préalable des salariés doit être joint. Le défaut de réponse de l'inspecteur dans les 15 jours du dépôt de la demande vaut dérogation (Décret 2014-1290 du 23-10-2014).
Sous réserve d'adresser ultérieurement à l'inspecteur du travail une demande de **régularisation,** l'employeur peut déroger à la durée quotidienne maximale sous sa propre responsabilité en cas de **travaux urgents** au sens indiqué au nº 41050.
b. Dans les cas exceptionnels où l'octroi d'un repos n'est pas possible, une **contrepartie** équivalente peut être accordée sous une autre forme, si l'accord le prévoit.
c. Il est également possible de déroger à la durée quotidienne de 8 heures dans le cadre des **équipes de suppléance** (nº 30440).

Statut du travailleur de nuit Les travailleurs de nuit doivent bénéficier, au titre des périodes de nuit, de contreparties données obligatoirement sous forme d'un **repos compensateur** rémunéré. Une **compensation salariale** peut s'y ajouter. **30465**

C. trav. art. L 3122-8, L 3122-11, R 3122-11
OA-II-18700 s

Le travailleur de nuit bénéficie d'un **suivi individuel** régulier de son **état de santé** dans les conditions exposées nº 72420.

> Précisions **a.** Les **contreparties** (repos compensateur et compensation salariale) sont prévues par la convention ou l'accord collectif d'entreprise ou d'établissement ou, à défaut, de branche (C. trav. art. L 3122-15). Lorsque le travail de nuit est mis en place sur autorisation de l'inspecteur du travail, la demande doit être accompagnée des éléments permettant de vérifier l'existence de contreparties (nº 30455, d).
Sur la nature des contreparties applicables dans certaines activités relevant du **secteur des médias et des spectacles,** voir nº 30450, a. Pour

les contreparties en cas de dépassement de la durée maximale autorisée, voir nº 30460.
b. La convention collective peut réserver les **compensations salariales** à une plage de temps plus restreinte que la période légale 21 h/6 h, eu égard au caractère facultatif de ces compensations (Cass. soc. 21-6-2006 nº 05-42.073 FP-PBRI : RJS 8-9/06 nº 954 ; 12-7-2006 nº 04-45.441 FS-PB : RJS 11/06 nº 1187 ; 24-1-2007 nº 05-42.215 F-D : RJS 4/07 nº 442). À défaut, la compensation salariale est due pour les heures comprises dans la période légale (Cass. soc. 24-1-2007 nº 04-45.585 FS-PB : RJS 4/07 nº 442).
c. L'**horaire des visites médicales** doit être fixé de telle sorte que le salarié bénéficie de 11 heures de repos consécutives prenant effet immédiatement à la fin de son service (Cass. soc. 27-6-2012 nº 10-21.306 FS-PB : RJS 10/12 nº 802), c'est-à-dire, en pratique, le lendemain de son repos hebdomadaire ou en fin de journée.

30470 C. trav. art. L 3122-12 à L 3122-14 OA-II-18990 s

Changements de poste Plusieurs dispositions organisent le passage ou le retour d'un poste de nuit à un poste de jour, et inversement.

› Précisions **a.** Les travailleurs de nuit qui souhaitent occuper ou reprendre un poste de jour et les salariés occupant un poste de jour qui souhaitent occuper ou reprendre un poste de nuit dans le même établissement ou, à défaut, dans la même entreprise ont **priorité** pour l'attribution d'un emploi ressortissant à leur catégorie professionnelle ou équivalent. L'employeur porte à leur connaissance la liste des **emplois disponibles** correspondants.
b. Lorsque le travail de nuit est incompatible avec des **obligations familiales** impérieuses, notamment avec la garde d'un enfant ou la prise en charge d'une personne dépendante, le salarié peut demander son **affectation sur un poste de jour** ou **refuser un travail de nuit** sans que ce refus constitue une faute ou un motif de licenciement. Il importe peu que le contrat de travail, reprenant les dispositions de la convention collective, stipule que le salarié accepte indistinctement de travailler de jour comme de nuit, ceci constituant une modalité normale de l'exercice de la fonction (CA Versailles 24-2-2006 nº 04-3243 : RJS 12/06 nº 1281).
c. Lorsque son **état de santé** constaté par le médecin du travail l'exige, le travailleur de nuit est transféré à titre temporaire ou définitif sur un poste de jour correspondant à sa qualification et aussi comparable que possible à l'emploi précédemment occupé. L'employeur ne peut pas rompre le contrat pour inaptitude au poste, sauf à justifier par écrit de l'impossibilité dans laquelle il se trouve de proposer au salarié un tel poste ou de son refus d'accepter le poste proposé.
Sur le transfert sur un poste de jour des **salariées enceintes** ou venant d'accoucher, voir nº 51260.

TRAVAIL EN SOIRÉE

30471 C. trav. art. L 3122-4 OA-II-19300 s

Définition Par dérogation au travail de nuit, les **établissements de vente de détail** mettant à disposition des biens et des services et situés dans des **zones touristiques internationales** (nº 30940) peuvent reporter jusqu'à minuit le début de la période de travail de nuit. Le travail en soirée est donc une période de travail comprise **entre 21 heures et minuit.**

30472 C. trav. art. L 3122-4, al. 2 L 3122-19 OA-II-19320 s

Mise en place Le travail en soirée doit être prévu soit par accord collectif d'entreprise ou, à défaut, de branche, soit par accord territorial. Cet accord doit prévoir notamment :
– la mise à disposition d'un moyen de **transport** pris en charge par l'employeur et permettant au salarié de regagner son lieu de résidence ;
– les mesures destinées à faciliter la **conciliation entre la vie professionnelle et la vie personnelle** des salariés et, en particulier, les mesures de compensation des charges liées à la garde d'enfants ou à la prise en charge d'une personne dépendante ;
– la fixation des conditions de prise en compte par l'employeur de l'évolution de la situation personnelle des salariés et, en particulier, de leur souhait de **ne plus travailler après 21 heures** ;
– et, à notre sens, l'**heure de fin du travail en soirée,** la **rémunération** et le **repos compensateur** auxquels il donne droit.
Seuls les salariés volontaires ayant donné leur **accord par écrit** à l'employeur peuvent travailler en soirée.

› Précisions **a.** La négociation collective peut porter sur d'**autres thèmes** additionnels en fonction des spécificités de l'entreprise.
b. Le **refus** de travailler en soirée ne doit pas donner lieu à des mesures discriminatoires lors de l'embauche (refus d'embaucher) ou en cours d'exécution du contrat de travail. Il ne constitue pas une faute ou un motif de licenciement.
c. En l'**absence de conformité** légale de l'accord collectif, les règles sur le travail de nuit s'appliquent (nºs 30450 s.) (Cass. soc. 3-9-2020 nº 18-24.130 FS-D : RJS 12/20 nº 592).

Statut du travailleur en soirée Chaque heure de travail en soirée doit être **rémunérée** au moins le double de la rémunération normalement due et donner lieu à un **repos compensateur** équivalent en temps. Le salarié bénéficie également d'un moyen de transport et de mesures facilitant la conciliation entre sa vie professionnelle et sa vie personnelle : voir nº 30472. **30473** C. trav. art. L 3122-4, al. 3 à 5 **OA-II-19400 s** **OA-II-19450 s**

› Précisions Les salariés accomplissant entre 21 heures et 24 heures le nombre minimal d'heures de travail requis pour avoir la qualité de **travailleur de nuit** (nº 30450) bénéficient des dispositions prévues pour ces travailleurs en matière de **surveillance médicale spéciale** et de **changement de poste** (nºs 30465 s.). Lorsque, au cours d'une même période de référence, le salarié accomplit des heures de travail en soirée et des heures de travail de nuit, ces **heures** sont **cumulées** pour l'application de ces dispositions.

Réversibilité Les salariés ayant accepté de travailler en soirée peuvent **revenir sur leur décision.** **30474** C. trav. art. L 3122-19 **OA-II-19430 s**

Pour les salariées en état de **grossesse** médicalement constaté ou ayant accouché, le choix de ne plus travailler en soirée est d'effet immédiat.

› Précisions **a.** L'**accord collectif** doit fixer les conditions de prise en compte par l'employeur de l'évolution de la situation personnelle des salariés : voir nº 30472.

b. Les salariés accomplissant le nombre d'heures requis pour avoir la qualité de travailleurs de nuit (nº 30450) peuvent demander à être affectés à un poste de jour en cas d'incompatibilité du travail en soirée avec des **obligations familiales impérieuses** (nº 30470, b).

TRAVAIL INTERMITTENT

Mise en place Le **contrat de travail** intermittent est à durée indéterminée. Il a pour objet de pourvoir un **emploi permanent** qui, par nature, comporte une alternance de **périodes travaillées et non travaillées.** Il doit être écrit et mentionner notamment : la qualification du salarié, les éléments de sa rémunération, la durée annuelle minimale de travail, les périodes de travail et la répartition des heures de travail à l'intérieur de ces périodes. **30475** C. trav. art. L 3123-33 L 3123-34 L 3123-38 **OA-II-19500 s**

Le recours à ce contrat suppose que l'entreprise soit couverte par une **convention ou un accord collectif** d'entreprise ou d'établissement ou, à défaut, de branche étendu le prévoyant. Cet accord doit définir les emplois permanents concernés.

Sur la mise en place du travail intermittent dans les **entreprises adaptées,** voir nº 40255, a.

Sur la possibilité de conclure un contrat de travail intermittent avec un **salarié saisonnier,** voir nº 19610, c.

› Précisions **a.** Le contrat de travail intermittent conclu en l'**absence de convention ou d'accord** collectif étendu, d'entreprise ou d'établissement le prévoyant est illicite et doit être requalifié en contrat de travail à durée indéterminée à temps complet (Cass. soc. 8-6-2011 nº 10-15.087 FS-PB : RJS 8-9/11 nº 697). Même solution pour le contrat conclu en application d'une convention ou d'un **accord** collectif **ne désignant pas** précisément **les emplois permanents** pouvant être pourvus par ce type de contrat (Cass. soc. 27-6-2007 nº 06-41.818 : RJS 10/07 nº 1137 ; 11-5-2016 nº 15-11.382 FS-PB : RJS 7/16 nº 531).

b. Le **contrat de travail** intermittent ne définissant pas les périodes travaillées et non travaillées doit être requalifié en contrat de travail à durée indéterminée de droit commun à temps plein (Cass. soc. 20-2-2013 nº 11-24.531 FS-D : RJS 5/13 nº 381 ; 15-5-2014 nº 12-27.516 F-D : RJS 7/14 nº 568 ; 25-5-2016 nº 15-12.332 F-PB : RJS 8-9/16 nº 604). Même solution pour celui ne mentionnant pas la durée annuelle minimale du travail et sa répartition à l'intérieur des périodes travaillées, sauf si l'employeur prouve que le salarié, connaissant ses jours et ses horaires de travail, ne se tient pas en permanence à sa disposition (Cass. soc. 10-7-2002 nº 00-44.519 F-D : RJS 12/02 nº 1451 ; 7-7-2015 nº 13-17.195 FS-PB : RJS 10/15 nº 623). La faculté donnée au salarié de refuser les dépassements d'horaires au-delà de la durée minimale contractuelle ne constitue pas cette preuve (Cass. soc. 16-2-2011 nº 09-41.462 F-D : RJS 5/11 nº 481).

À l'inverse, le dépassement de la durée maximale annuelle de travail fixée conventionnellement n'affecte pas, à lui seul, la qualification de contrat de travail intermittent (Cass. soc. 2-3-2016 nº 14-23.009 FS-PBR : RJS 5/16 nº 381).

c. L'absence de contrat écrit comportant la durée annuelle minimale de travail, les périodes de travail et la répartition des heures de travail à l'intérieur de ces périodes, lorsque ces mentions sont obligatoires, est passible de l'**amende** prévue pour les contraventions de la 5e classe (voir nº 67285), prononcée autant de fois qu'il y a de salariés irrégulièrement employés (C. trav. art. R 3124-5).

d. Un **accord de groupe** peut autoriser le recours au contrat de travail intermittent depuis la loi 2016-1088 du 8-8-2016, les négociations prévues par le Code du travail au niveau de l'entreprise pouvant être engagées et conclues au niveau du groupe (nº 51810). Toutefois, tel n'est pas le cas des accords de groupe conclus antérieurement (Cass. soc. 3-4-2019 nº 17-19.524 FP-PB : RJS 6/19 nº 393).

e. Lorsqu'une convention ou un accord d'entreprise relatif au travail intermittent est conclu, il doit être transmis à la **commission paritaire permanente de négociation et d'interprétation** suivant la procédure de transmission exposée n° 51955, c.

f. Dans les **secteurs déterminés par décret** où la nature de l'activité ne permet pas de fixer précisément les **périodes de travail et la répartition des heures de travail** au sein de ces périodes, la convention ou l'accord collectif détermine les adaptations nécessaires, notamment les conditions dans lesquelles le salarié peut refuser les dates et les horaires de travail proposés. N'est concerné à ce jour que le spectacle vivant et enregistré (C. trav. art. D 3123-4).

g. L'article L 3123-6 du Code du travail (n° 77170), disposant que le contrat de travail à **temps partiel** précise la durée hebdomadaire ou mensuelle prévue et sa répartition entre les jours de la semaine ou les semaines du mois, n'est pas applicable au contrat de travail intermittent (Cass. soc. 30-9-2020 n°s 18-24.909 et 18-24.911 FS-D : RJS 12/20 n° 636).

30480 C. trav. art. L 3123-35 L 3123-36 L 3123-38 OA-II-20000 s

Statut du salarié Les titulaires d'un contrat de travail intermittent bénéficient des droits reconnus aux salariés à temps complet sous réserve, pour les droits conventionnels, de modalités spécifiques prévues par la convention ou l'accord collectif étendu, d'entreprise ou d'établissement.

› Précisions a. Sauf accord du salarié, les heures dépassant la **durée annuelle minimale** fixée au contrat ne peuvent pas excéder le tiers de cette durée, sous peine des sanctions visées n° 30475, b et c.
Celles effectuées, au cours d'une semaine, au-delà de la **durée légale hebdomadaire** de travail sont des heures supplémentaires (Circ. DRT 7 du 6-12-2000 ; Cass. soc. 16-6-2010 n° 08-43.244 FS-PB : RJS 10/10 n° 811 ; 28-5-2014 n° 13-12.087 F-PB : RJS 8-9/14 n° 635).

b. La **rémunération** doit être fixée par le contrat de travail.
Les travailleurs intermittents sont exclus du champ de la mensualisation (n° 70755) mais la convention ou l'accord d'entreprise ou d'établissement ou, à défaut, de branche étendu peut prévoir le **lissage** de leur rémunération.

c. Pour la détermination des droits liés à l'**ancienneté,** les périodes non travaillées sont prises en compte en totalité.

d. Sur l'obligation pour l'employeur de verser sa rémunération à un **salarié inapte,** voir n° 50025, a.
Sur le bénéfice du maintien de salaire légal en cas de **maladie,** voir n° 49765, a.
Les travailleurs intermittents sont **pris en compte dans l'effectif** selon les règles exposées n° 62385.

I. Récupération des heures perdues

30500 OA-II-21000 s

Dans certains cas, l'employeur peut prolonger le temps de travail pour récupérer des heures perdues par suite d'interruption collective du travail. Il s'agit d'une **dérogation à la durée légale hebdomadaire** permettant de considérer comme heures déplacées et non comme heures supplémentaires les heures de travail effectuées au-delà de la durée légale en compensation d'heures perdues.

CAS DE RÉCUPÉRATION

30505 C. trav. art. L 3121-50 OA-II-21060 s

Seules peuvent être récupérées les heures perdues par suite d'**interruption collective** de travail résultant :
– de **causes accidentelles,** d'**intempéries** ou de cas de **force majeure** ;
– d'**inventaire** ;
– du chômage d'un ou de 2 jours ouvrables compris entre un jour férié et un jour de repos hebdomadaire (**pont**) ou d'un jour précédant les congés annuels.
Seules les heures perdues **en dessous de la durée légale** du travail peuvent être récupérées (Cass. soc. 19-2-1959 n° 57-40.062 ; 16-3-1960).

› Précisions a. Un **même jour férié** (ex. : un mercredi) ne peut pas permettre la récupération des heures perdues à la fois pour les jours ouvrables qui le précèdent (lundi et mardi) et ceux qui le suivent (jeudi et vendredi) (Cass. soc. 18-5-1999 n° 97-13.131 PB : RJS 7/99 n° 925).

b. La **liste** des cas de récupération, **limitative,** ne peut pas être allongée conventionnellement.
Il est impossible de récupérer les heures perdues pour **congés payés, jours fériés,** variations saisonnières ou cycliques d'activité (Circ. DRT 4 du 21-4-1994, réputée abrogée) et les **heures perdues individuellement** (retard, absences, etc.).
Sur la récupération des heures perdues pour **grève ou lock-out,** voir n°s 11160 et 11505.

OBLIGATIONS DES PARTIES

30510 OA-II-21900 s

La récupération étant **facultative** pour l'employeur, les salariés ne peuvent pas l'exiger (Cass. soc. 25-4-1984 n° 81-41.580).

En revanche, la récupération régulièrement décidée par l'employeur **s'impose aux salariés** et ceux qui la refusent ne peuvent pas prétendre à une indemnisation du fait des heures de travail perdues (Cass. soc. 21-7-1981 nº 79-42.429 ; Circ. DRT 4 du 21-4-1994, réputée abrogée).

La récupération s'impose aux travailleurs **absents** le jour de l'interruption collective de travail (Cass. soc. 24-4-1980 nº 78-40.572 ; 5-7-1982 nº 80-40.029 ; 25-5-1994 nº 91-40.927 D : RJS 7/94 nº 864) et à ceux **embauchés après.** En cas de modulation ou de réduction de la durée du travail sous forme de jours ou de demi-journées de repos, voir toutefois nº 30315.

> **Précisions** L'employeur n'a pas à rémunérer en heures supplémentaires les heures de récupération effectuées par le salarié absent pour maladie lors de l'interruption collective (Cass. soc. 5-7-1982 nº 80-40.029). De même, ce salarié ne peut pas prétendre, en sus du salaire mensuel qu'il a intégralement perçu, à une somme rémunérant les heures de récupération qu'il a effectuées (Cass. soc. 25-5-1994 nº 91-40.927 D : RJS 7/94 nº 864). S'il **refuse la récupération,** il peut faire l'objet d'une retenue sur salaire correspondant aux heures non récupérées (Cass. soc. 5-7-1982 nº 80-40.029).

FORMALITÉS ET CONSULTATIONS

30515 C. trav. art. R 3121-33 OA-II-22350 s

L'employeur doit :
– informer préalablement l'**inspecteur du travail** des interruptions collectives et des modalités de la récupération ou, lorsque le travail est interrompu pour un événement imprévu, l'en aviser immédiatement ;
– consulter le **CSE,** dès lors qu'il y a modification de l'horaire de travail ;
– procéder à l'**affichage** de la modification de l'horaire de travail en résultant.

> **Précisions** Le **défaut d'information de l'inspecteur du travail** donne lieu à des dommages-intérêts si un préjudice en résulte pour les salariés et non à des rappels de salaire (Cass. soc. 19-4-2000 nº 98-41.099 D : RJS 7-8/00 nº 813). Il n'affecte pas la régularité de la décision de récupération prise qui s'impose donc au salarié (Cass. soc. 16-12-2005 nº 04-40.905 F-PB : RJS 3/06 nº 356). Il ne confère pas aux heures de récupération le caractère d'heures supplémentaires (Cass. soc. 22-10-1985 nº 83-40.162 P ; 15-4-1992 nº 88-43.057 P : RJS 7/92 nº 875). En revanche, lorsque le décret applicable à la profession subordonne la récupération à l'**autorisation** de l'inspecteur du travail, les heures récupérées sans autorisation sont soumises au régime des heures supplémentaires (Cass. soc. 15-4-1992 nº 88-43.057 P : RJS 7/92 nº 875).

ORGANISATION DE LA RÉCUPÉRATION

30520 C. trav. art. L 3121-51, 2º L 3121-52 R 3121-31 R 3121-34 R 3121-35 OA-II-22650 s

Un **accord collectif** d'entreprise ou d'établissement ou, à défaut, de branche peut fixer les modalités de récupération des heures perdues.

À défaut d'accord, les heures de récupération doivent être effectuées dans les **12 mois** précédant ou suivant la perte et ne peuvent ni être **réparties** uniformément sur l'année ni **augmenter la durée du travail** de plus d'une heure par jour et de 8 heures par semaine.

L'employeur ne peut pas **licencier** pour insuffisance d'activité, dans le délai d'un mois suivant une période de récupération, les salariés habituellement employés dans l'établissement ou partie d'établissement où ont été accomplies des heures de récupération ou des heures supplémentaires.

Pour les salariés occupés selon un **horaire variable,** voir nº 29845, c.

PAIEMENT DES HEURES RÉCUPÉRÉES

30525 OA-II-22800 s

Les heures de récupération effectuées au-delà de la durée légale du travail ne sont pas des heures supplémentaires, mais des **heures ordinaires** de travail, rémunérées au taux normal, sauf stipulations conventionnelles plus favorables (Circ. DRT 4 du 21-4-1994, réputée abrogée) ou défaut d'autorisation de l'inspecteur du travail, lorsque celle-ci est requise (nº 30515).

> **Précisions** **a.** À défaut de clause contraire de la convention collective, le **personnel payé au mois** et mensualisé ne peut prétendre à aucune rémunération supplémentaire pour les heures de récupération, sauf si les heures perdues ont été déduites au moment de l'interruption collective de travail.
>
> **b.** Le **salarié malade le jour de la récupération** a droit aux indemnités pour maladie correspondant aux heures qui auraient dû être récupérées (Cass. soc. 14-3-1984 nº 82-40.124).
>
> Sur la situation des salariés **absents le jour de l'interruption collective** ou embauchés postérieurement, voir nº 30510.

J. Conventions de forfait

1. FORFAITS EN HEURES SUR LA SEMAINE OU LE MOIS

30590 C. trav. art. L 3121-56 **OA-I-28200 s**

Lorsque l'horaire de travail comporte l'accomplissement régulier d'heures supplémentaires, il est possible de conclure une convention individuelle de forfait en heures sur la semaine ou le mois incluant un nombre déterminé d'heures supplémentaires.

Ce type de convention peut être conclu avec **tout salarié.**

Sur les incidences de la conclusion ou de la modification d'un **accord de performance collective,** voir nº 17570.

CONDITIONS DE VALIDITÉ

30595 C. trav. art. L 3121-55 **OA-I-28350 s**

Pour être valide, la conclusion d'une convention individuelle de forfait en heures sur la semaine ou le mois doit répondre à **3 conditions cumulatives.**

Tout d'abord, sa conclusion requiert l'**accord du salarié** et la convention doit être établie par **écrit.**

› Précisions a. En cas de litige, il incombe à celui invoquant une convention de forfait d'en apporter la **preuve** (Cass. soc. 6-7-1999 nº 96-45.512 D ; 21-11-2000 nº 98-44.026 FS-P : RJS 1/01 nº 50). En cas d'**invalidité** d'une telle convention, le droit commun des heures supplémentaires s'applique et le salarié doit étayer sa demande de rappel de salaire pour ces heures, faute de quoi elle doit être rejetée (Cass. soc. 5-6-2013 nº 12-14.729 F-D : RJS 8-9/13 nº 612).

b. Si le principe du forfait est inscrit dans un **accord collectif,** ce qui n'est pas nécessaire, l'accord écrit du salarié reste requis (Cass. soc. 10-3-2004 nº 01-46.369 FS-PB : RJS 5/04 nº 549 ; 9-4-2008 nº 07-41.418 FS-PB : RJS 7/08 nº 788). Le forfait ne peut pas résulter d'un **usage** d'entreprise (Cass. soc. 31-3-1998 nº 96-41.878 P : RJS 5/98 nº 594 ; 6-7-1999 nº 97-41.290 P : RJS 10/99 nº 1259).

c. L'exigence d'un **écrit** s'applique aux conventions conclues depuis le 22-8-2008 et à celles conclues entre cette date et la loi du 19-1-2000 avec des cadres ne faisant partie ni des cadres dirigeants ni de ceux intégrés à l'horaire collectif (Cass. soc. 26-3-2008 nº 06-45.990 FS-PB : RJS 6/08 nº 680 ; 16-12-2008 nº 07-42.107 FS-PBR : RJS 2/09 nº 177 ; 31-1-2012 nº 10-17.593 FS-PB : RJS 4/12 nº 348). Il existe une incertitude sur la validité des forfaits conclus avant le 22-8-2008 avec les cadres soumis à l'horaire collectif ou des non-cadres. Les employeurs ont intérêt à conclure avec les intéressés une convention individuelle écrite.

d. L'employeur peut valablement se prévaloir de l'**absence d'écrit** pour contester l'existence d'une convention de forfait (Cass. soc. 4-11-2015 nº 14-10.419 FS-PB : RJS 1/16 nº 32).

30600 C. trav. art. L 3121-57 **OA-I-28850 s**

Deuxième condition, le **nombre d'heures** correspondant au forfait doit être déterminé.

Troisième condition, la **rémunération** du salarié doit être au moins égale à la rémunération minimale applicable dans l'entreprise pour le nombre d'heures correspondant à son forfait, augmentée des **majorations pour heures supplémentaires.**

Une convention de forfait désavantageuse pour le salarié est nulle et celui-ci a le droit de réclamer la différence entre la rémunération due, compte tenu des heures supplémentaires effectuées, et le salaire forfaitaire versé (Cass. soc. 18-1-1961 nº 59-40.920 ; 18-3-1981 nº 79-41.700).

› Précisions a. La **rémunération forfaitaire** s'entend d'une rémunération convenue entre les parties pour une durée supérieure à la durée légale (Cass. soc. 9-4-2008 nº 07-41.418 FS-PB : RJS 7/08 nº 788). La seule fixation d'une rémunération forfaitaire, sans détermination du **nombre d'heures supplémentaires** qui y sont incluses, ne permet pas de caractériser une convention de forfait (Cass. soc. 19-1-1999 nº 96-45.628 P : RJS 3/99 nº 376 ; 3-5-2011 nº 09-70.813 FS-PB : RJS 7/11 nº 580).

b. La seule **référence à l'horaire collectif** de l'entreprise ne suffit pas à la détermination du nombre d'heures comprises dans la convention de forfait (Cass. soc. 3-12-2003 nº 01-44.041 F-D : RJS 4/04 nº 417). Toutefois la référence dans le contrat de travail à un **horaire de travail supérieur à la durée légale** peut caractériser l'existence d'un forfait si le salarié a eu connaissance de cet horaire et si sa rémunération est au moins égale à celle qu'il aurait dû percevoir compte tenu des majorations pour heures supplémentaires (Cass. soc. 5-5-2004 nº 01-43.918 FS-PB : RJS 7/04 nº 819 ; 13-7-2005 nº 03-47.603 F-D : RJS 11/05 nº 1100).

c. La seule **référence à la durée hebdomadaire maximale** de travail au cours d'une même semaine ne permet pas de caractériser une convention de forfait (Cass. soc. 9-5-2019 nº 17-27.448 FS-PB : RJS 7/19 nº 430).

FONCTIONNEMENT DU FORFAIT

30610 **OA-I-29350 s**

Les heures accomplies **au-delà du forfait** sont rémunérées au taux majoré en sus du salaire forfaitaire (Cass. soc. 6-11-1991 nº 88-43.669 D ; 31-1-1996 nº 92-44.026 D : RJS 3/96 nº 293 ; 5-1-2000 nº 97-44.606 D : RJS 3/00 nº 283). En effet, la clause de rémunération forfaitaire ne déroge pas au principe du décompte du travail dans un cadre hebdomadaire (Cass. soc. 8-7-2020 n° 18-23.366 F-D : RJS 10/20 n° 469). En revanche, si le nombre d'heures effectuées est **inférieur au forfait,** le salaire forfaitaire doit être versé tant que la convention n'a pas été modifiée (Cass. soc. 8-5-1961 n° 59-40.811).

Les heures supplémentaires incluses dans le forfait ou accomplies au-delà ouvrent droit à la réduction de cotisations salariales prévue n°s 41350 s. et, dans les petites entreprises, à la déduction forfaitaire de cotisations patronales de sécurité sociale prévue n°s 41420 s.

> Précisions **a.** L'indication de la durée du travail correspondant au forfait doit apparaître sur le **bulletin de paie** (n° 70785, b). En cas d'heures supplémentaires accomplies au-delà de cette durée, celles-ci doivent apparaître distinctement (Circ. 30-3-1989, réputée abrogée).
b. Ayant un caractère contractuel, la convention de forfait ne peut être **modifiée** que par l'accord des deux parties. L'employeur ne peut donc pas modifier unilatéralement le nombre d'heures incluses dans le forfait et recalculer la rémunération en conséquence (Cass. soc. 6-7-1999 n° 96-45.787 PB : RJS 8-9/99 n° 1072).

Le salarié au forfait en heures sur la semaine ou le mois est soumis aux mêmes règles de **durée du travail** que les autres salariés. **30615** OA-I-29100 s

Il relève du **contingent annuel** d'heures supplémentaires et peut prétendre, le cas échéant, à la **contrepartie obligatoire en repos** (Cass. soc. 2-2-1994 n° 91-45.514 P : RJS 4/94 n° 422 ; 10-12-1997 n° 95-40.008 D : RJS 1/98 n° 41) ou à une indemnité équivalente s'il n'a pas pu bénéficier du repos du fait de son licenciement (Cass. soc. 3-2-1994 n° 90-43.456 D : RJS 4/94 n° 422 ; 5-1-2000 n° 97-44.606 D : RJS 3/00 n° 283).

> Précisions La **durée du travail** doit être décomptée selon les modalités de droit commun sous réserve de particularités prévues par la convention ou l'accord collectif (n° 29745).
Sur l'incidence des **astreintes,** voir n° 29645.

2. FORFAITS SUR L'ANNÉE

Les dispositions exposées ci-après résultent des lois 2008-789 du 20-8-2008 et 2016-1088 du 8-8-2016, qui ont modifié en dernier lieu le régime des conventions de forfait annuel en heures et en jours. **30630**

> Précisions Les **accords conclus** en application des **dispositions antérieures** au 22-8-2008, date d'entrée en vigueur de la loi 2008-789 du 20-8-2008, restent en vigueur (Loi 20-8-2008 art. 19, III).
Sur le sort des accords conclus avant la loi 2000-37 du 19-1-2000 ayant mis en place les forfaits annuels en heures et en jours ou avant la loi 2003-47 du 17-1-2003 ayant modifié leur régime, voir n° 29455.

MISE EN PLACE

La mise en place de conventions individuelles de forfait, en heures ou en jours, sur l'année est subordonnée à la conclusion d'un **accord collectif** d'entreprise ou d'établissement ou, à défaut, de branche, qui détermine : **30640** C. trav. art. L 3121-55 L 3121-63 L 3121-64 OA-I-29850 s

– les **catégories de salariés** susceptibles de conclure une convention de forfait ;
– le **nombre d'heures ou de jours** compris dans le forfait ;
– les **caractéristiques** principales de ces conventions ;
– s'il autorise la conclusion de conventions de **forfait en jours,** des clauses supplémentaires en matière de **suivi** de la charge de travail des salariés : voir n° 30692 ;
– s'il est postérieur au 8-8-2016 (Loi 2016-1088 du 8-8-2016 art. 12), la **période de référence** du forfait, c'est-à-dire une période de 12 mois consécutifs correspondant à l'année civile ou à une autre période, ainsi que les conditions de prise en compte des absences, des arrivées et des départs en cours de période pour la **rémunération** des salariés.

Cette mise en place nécessite également la conclusion d'une **convention individuelle de forfait,** laquelle requiert l'accord du salarié et doit être passée par **écrit.**

> Précisions **a.** Un forfait annuel en heures ou en jours appliqué **sans accord collectif** le prévoyant ou sans **convention individuelle** n'est pas valable, ce qui entraîne l'application du régime des heures supplémentaires dans son intégralité (n°s 41030 s.). Même solution quand l'accord de branche autorisant le forfait renvoie à un accord d'entreprise la définition de ses modalités de mise en place, en l'absence d'un tel accord (Cass. soc. 19-9-2012 n° 11-19.016 F-D : RJS 12/12 n° 949 ; 9-5-2018 n° 16-26.910 F-D : RJS 7/18 n° 484) ou s'il prévoit que, faute d'accord d'entreprise, employeur et salarié fixent les modalités d'exécution du forfait (Cass. soc. 28-5-2014 n° 13-13.947 F-D : RJS 8-9/14 n° 633). Sur le **rappel de salaire** pour heures supplémentaires en cas d'irrégularité d'une convention de forfait, voir n° 30595, a. Sur le délit de **travail dissimulé** en cas d'application d'un forfait en jours sans convention individuelle, voir n° 79080. Sur l'incidence de la nullité d'une convention de forfait à l'égard d'un **salarié protégé,** voir nº 63270.

b. En cas de **mutation** dans une filiale, le salarié ne reste soumis à la convention de forfait initiale que si a été conclu, au sein de cette filiale, un accord collectif autorisant de telles conventions (Cass. soc. 15-5-2014 nº 12-14.993 F-D : RJS 7/14 nº 567). Cette solution devrait à notre avis être étendue au **transfert d'entreprise** sous réserve de la survie provisoire de l'accord collectif d'origine.

c. Le licenciement consécutif au **refus du salarié de conclure une convention de forfait** annuel en application d'un accord de réduction du temps de travail est soumis aux dispositions de l'ancien article L 1222-8 du Code du travail : nº 17480, b (Cass. soc. 15-3-2006 nº 04-40.504 FS-PBRI : RJS 5/06 nº 580). Il est sans cause réelle et sérieuse si l'accord collectif instituant les forfaits ne comporte pas toutes les mentions prescrites par la loi (Cass. soc. 13-12-2006 nº 04-48.262 FS-D : RJS 3/07 nº 345).

FORFAIT ANNUEL EN HEURES

30650 C. trav. art. L 3121-56 OA-I-30200 s

Salariés concernés Peuvent conclure une convention de forfait en heures sur l'année :

– les cadres dont la nature des fonctions ne les conduit pas à suivre l'horaire collectif applicable au sein de l'atelier, du service ou de l'équipe auxquels ils sont intégrés ;

– les salariés disposant d'une réelle autonomie dans l'organisation de leur emploi du temps.

La **convention ou l'accord collectif** doit déterminer, au regard de ces critères, les catégories de salariés susceptibles de conclure ce type de conventions (nº 30640). Il est interdit de conclure une convention de forfait annuel en heures avec le personnel roulant des entreprises de **transport routier** (C. transports art. L 3313-2).

30655 OA-I-30650 s

Fonctionnement Les conventions de forfait annuel en heures doivent respecter la **durée annuelle** de travail fixée par l'accord collectif (nº 30640).

Les salariés relèvent des dispositions sur la durée du travail : **durées maximales** hebdomadaires et journalière, travail de nuit, **repos** quotidien et hebdomadaire, **jours fériés, journée de solidarité, compte épargne-temps.** Ils ont droit aux majorations pour **heures supplémentaires.**

En revanche, ils sont exclus du champ du **contingent annuel** d'heures supplémentaires (nº 41030) et donc de la contrepartie obligatoire en repos (nºs 41180 s.) (Cass. soc. 28-3-2018 nº 16-16.466 F-D : RJS 6/18 nº 420).

› Précisions **a.** La convention de forfait annuel en heures n'instaure pas au profit du salarié un droit à la libre **fixation de ses horaires de travail** indépendamment de toute contrainte liée à l'horaire collectif fixé par l'employeur (Cass. soc. 2-7-2014 nº 13-11.904 FS-PB : RJS 10/14 nº 694).

b. La **durée du travail** est décomptée selon les modalités de droit commun, sous réserve de particularités prévues par la convention ou l'accord collectif (nº 29745).

Pour tenir compte de la **journée de solidarité** (nºs 31250 s.), les forfaits annuels en heures fixés par les conventions et les accords collectifs ainsi que les clauses des contrats de travail conclus avant le 1-7-2004 sont automatiquement majorés de 7 heures par an (Loi 2004-626 du 30-6-2004 art. 5). Cette majoration est sans incidence sur le montant de la rémunération des salariés.

Sur le régime de certaines **heures de formation** prévues dans le plan de développement des compétences, voir nº 38150.

c. Lorsqu'il existe un **compte épargne-temps,** le salarié peut, si l'accord collectif le prévoit, affecter dans les proportions retenues par l'accord les heures effectuées au-delà de la durée prévue au forfait (Circ. DGT 20 du 13-11-2008, réputée abrogée). La convention ou l'accord collectif peut permettre aux salariés sous convention de forfait en heures de déroger à la période de prise des **congés payés** (nº 30140).

30665 C. trav. art. L 3121-57 OA-I-30900 s

Rémunération La rémunération du salarié au forfait annuel en heures est **au moins égale** à la rémunération minimale applicable dans l'entreprise pour le nombre d'heures correspondant au forfait, augmentée des majorations pour heures supplémentaires.

Les heures effectuées au-delà de 1 607 heures ouvrent droit à la **réduction de cotisations salariales** prévue nºs 41350 s. et, dans les petites entreprises, à la **déduction forfaitaire de cotisations patronales** de sécurité sociale prévue nºs 41420 s.

Sur les mentions à porter sur les **bulletins de paie,** voir nº 70785, b.

FORFAIT ANNUEL EN JOURS

30680 C. trav. art. L 3121-58 OA-I-31500 s

Salariés concernés Peuvent conclure une convention de forfait en jours sur l'année :

– les cadres qui disposent d'une autonomie dans l'organisation de leur emploi du temps et dont la nature des fonctions ne les conduit pas à suivre l'horaire collectif applicable au sein de l'atelier, du service ou de l'équipe auxquels ils sont intégrés ;

– les salariés dont la durée du travail ne peut pas être prédéterminée et qui disposent d'une réelle autonomie dans l'organisation de leur emploi du temps pour l'exercice des responsabilités qui leur sont confiées.

La **convention ou l'accord collectif** doit déterminer, au regard de ces critères, les catégories de salariés susceptibles de conclure des conventions individuelles de forfait annuel en jours (n° 30640).

> Précisions a. Ne peuvent pas conclure une convention de forfait en jours le salarié dont l'emploi du temps et le planning des interventions sont déterminés par sa hiérarchie (Cass. soc. 31-10-2007 n° 06-43.876 FS-PBR : RJS 1/08 n° 36 ; Cass. soc. 23-1-2013 n° 11-12.323 F-D : RJS 4/13 n° 289), celui qui n'a pas l'ancienneté minimale requise (Cass. soc. 3-11-2011 n° 10-14.637 FS-PBR : RJS 1/12 n° 42) ou qui ne bénéficie pas du niveau de rémunération exigé par la convention collective (Cass. soc. 28-6-2018 n° 16-28.344 FS-PB : RJS 10/18 n° 608).

L'impossibilité de prédéterminer la durée du travail suppose que les heures de début et de fin de travail ne soient pas imposées. L'autonomie du salarié doit être réelle : l'organisation de l'emploi du temps des jours travaillés ne peut pas résulter des seules directives de l'employeur (Circ. MES/CAB 3 du 3-3-2000, réputée abrogée).

b. L'accord collectif peut valablement définir les **cadres autonomes** susceptibles de relever d'une convention de forfait en jours comme étant ceux dont le rythme de travail ne peut, en raison de leur mission, être soumis à l'horaire collectif de travail du service qu'ils dirigent et auquel ils sont affectés, dès lors qu'une telle définition permet d'apprécier le degré d'autonomie du personnel d'encadrement concerné (Cass. soc. 26-5-2004 n° 02-18.756 FP-PBRI : RJS 8-9/04 n° 924).

c. Il est interdit de conclure une convention de forfait annuel en jours avec le personnel roulant des entreprises de **transport routier** (C. transports art. L 3313-2).

30685 C. trav. art. L 3121-62 L 3121-64 D 3171-10 **OA-I-32000 s et 33120 s**

Fonctionnement La convention ou l'accord collectif prévu n° 30640 détermine le **nombre de jours travaillés** dans la limite de 218 jours.

Dans la limite posée par l'accord, la convention individuelle de forfait doit fixer le nombre de jours travaillés. À défaut, elle est nulle (Cass. soc. 12-3-2014 n° 12-29.141 FS-PB : RJS 5/14 n° 404) et le salarié peut prétendre au paiement des heures supplémentaires accomplies (Cass. soc. 1-12-2009 n° 07-44.010 F-D : RJS 2/10 n° 189).

La durée de travail du salarié au forfait en jours est **décomptée** chaque année par récapitulation du nombre de journées ou demi-journées travaillées.

Le salarié sous convention de forfait en jours bénéficie des **repos** quotidien et hebdomadaire, mais n'est concerné ni par la **durée** légale hebdomadaire **du travail** ni par les dispositions relatives aux heures supplémentaires et aux durées maximales journalière et hebdomadaire du travail.

> Précisions a. Le nombre de jours travaillés prévus dans les conventions et accords collectifs ou les contrats de travail conclus avant le 1-7-2004 doit être automatiquement majoré d'un jour pour tenir compte de la **journée de solidarité** (Loi 2004-626 du 30-6-2004 art. 5). Le travail accompli au titre de cette journée ne donne pas lieu à rémunération (C. trav. art. L 3133-8).

Les jours d'**absence pour maladie** ne peuvent pas être récupérés, de sorte que le nombre de jours du forfait est réduit d'autant (Circ. DRT 7 du 6-12-2000).

Dans le cas des **salariés entrés en cours d'année** n'ayant pas acquis un droit complet à congés payés, le forfait et le plafond légal de 218 jours sont majorés des jours de congé manquants (Circ. DRT 7 du 6-12-2000).

Les jours de **congés d'ancienneté conventionnels** acquis par le salarié sont pris en compte pour la détermination du plafond du nombre de jours travaillés fixé par la convention de forfait (Cass. soc. 3-11-2011 n° 10-18.762 FS-PB : RJS 1/12 n° 43).

Le salarié peut dépasser le nombre de jours travaillés fixés par la convention en renonçant à des jours de repos : voir n° 30695. Le **dépassement du forfait** en dehors de ce dispositif peut causer au salarié un préjudice évalué conformément aux règles exposées n° 30690, a (Cass. soc. 7-12-2010 n° 09-42.626 FS-PB : RJS 4/11 n° 330) mais ne rend pas nulle ou sans effet la convention de forfait (Cass. soc. 24-10-2018 n° 17-12.535 F-D : RJS 1/19 n° 25).

Sur le régime de certaines **heures de formation** prévues dans le plan de développement des compétences, voir n° 38150.

b. Le salarié soumis à une convention de forfait en jours sur l'année dont le nombre est inférieur à 218 jours n'est pas à **temps partiel** (Cass. soc. 27-3-2019 n° 16-23.800 FS-PB : RJS 6/19 n° 356).

c. Les **documents** comptabilisant le nombre de jours travaillés doivent être tenus par l'employeur à la **disposition de l'inspecteur du travail** pendant 3 ans (C. trav. art. D 3171-16), sous peine de l'amende de 3e classe (n° 67285) (C. trav. art. R 3173-3).

En cas de **litige** relatif à l'**existence ou** au **nombre de jours travaillés,** l'article L 3171-4 du Code du travail, qui répartit la charge de la preuve entre salarié et employeur (n° 29755), est applicable (Cass. soc. 23-9-2009 n° 08-41.377 FS-PBR :

RJS 12/09 n° 942 ; 7-12-2010 n° 09-42.626 FS-PB : RJS 4/11 n° 330), de même en cas de litige relatif à l'existence et à l'alimentation du **compte épargne-temps** : n° 30805, d.

d. La convention ou l'accord collectif peut permettre aux salariés sous convention de forfait en jours de déroger à la **période de prise des congés payés** (n° 30140).

e. Sur la **dérogation** aux règles légales et conventionnelles pour la **prise de jours de repos** par l'employeur pendant la crise de la **Covid-19,** voir n° 30105.

30690 C. trav. art. L 3121-61 OA-I-33600 s

La **rémunération** est fixée librement par les parties dans la convention de forfait. En l'absence de référence horaire, il n'y a pas à comparer son montant avec l'application des majorations pour heures supplémentaires.

Sur l'**échange périodique** entre l'employeur et le salarié sur le sujet, voir n°s 30692 s.

> **Précisions** **a.** Lorsque le salarié perçoit une **rémunération** manifestement **sans rapport avec les sujétions** qui lui sont imposées, il peut, même en présence d'une clause conventionnelle ou contractuelle contraire, saisir le juge judiciaire afin d'obtenir une **indemnité** calculée en fonction de son préjudice, eu égard notamment au niveau du salaire pratiqué dans l'entreprise et correspondant à sa qualification. Le juge doit s'assurer que le salarié remplit les conditions requises pour se voir appliquer un forfait annuel en jours. À défaut, l'intéressé ne peut pas prétendre à l'indemnité, mais à un rappel de salaire pour ses heures supplémentaires (Cass. soc. 31-10-2007 n° 06-43.876 FS-PBR : RJS 1/08 n° 36).
>
> **b.** Sur les mentions à porter sur les **bulletins de paie,** voir n° 70785, b. Sur la **réduction du plafond de sécurité sociale** lorsque le forfait est inférieur à la limite légale ou conventionnelle, voir n° 77470. Sur la fixation d'un montant **minimum conventionnel garanti** en cas de forfait en jours inférieur à 218 jours, voir n° 70595.
>
> **c.** Lorsqu'un cadre au forfait en jours fait **grève** moins d'une journée ou d'une demi-journée, la retenue sur salaire doit être la même que pour toute autre absence de même durée donnant lieu à retenue. À défaut de stipulation sur le sujet dans l'accord collectif, l'employeur peut opérer une retenue égale au produit du nombre d'heures de grève par un salaire horaire « reconstitué » tenant compte de 3 éléments : salaire, nombre de jours travaillés prévus par la convention de forfait et durée légale du travail, ou durée applicable aux cadres soumis à l'horaire collectif si elle est supérieure (Cass. soc. 13-11-2008 n° 06-44.608 FP-PBRI : RJS 1/09 n° 43). Lorsque l'accord collectif exclut, pour les cadres au forfait jours, toute retenue en cas de suspension du contrat de travail inférieure à la journée ou demi-journée, cette règle doit être appliquée en cas de grève (Cass. soc. 4-3-2009 n° 07-45.291 FS-PB : RJS 5/09 n° 439). Ces solutions sont transposables aux non-cadres au forfait jours.

30692 C. trav. art. L 3121-60 L 3121-64 OA-I-33400 s

Suivi L'employeur est tenu de s'assurer régulièrement que la **charge de travail** du salarié soumis à une convention de forfait en jours est raisonnable et permet une bonne répartition dans le temps de son travail.

L'**accord collectif** autorisant la mise en place de forfaits en jours doit fixer les modalités selon lesquelles :
– l'employeur assure l'**évaluation** et le **suivi** régulier de la charge de travail du salarié ;
– l'employeur et le salarié **échangent** périodiquement sur la charge de travail du salarié, l'articulation entre son activité professionnelle et sa vie personnelle, sa rémunération, ainsi que sur l'organisation du travail dans l'entreprise ;
– le salarié peut exercer son droit à la **déconnexion.**

La **Cour de cassation** exige quant à elle que l'accord collectif protège la santé et la sécurité du salarié, en garantissant le respect de durées raisonnables de travail et des repos journaliers et hebdomadaires (Cass. soc. 5-10-2017 n° 16-23.106 FS-PB : RJS 12/17 n° 796), ainsi que le caractère raisonnable de l'amplitude et de la charge de travail et une bonne répartition du travail dans le temps (Cass. soc. 17-1-2018 n° 16-15.124 F-PB : RJS 3/18 n° 191). Remplit ces conditions l'accord imposant à l'employeur de veiller à la surcharge de travail du salarié et d'y remédier (Cass. soc. 8-9-2016 n° 14-26.256 FS-PB : RJS 11/16 n° 699 ; 22-6-2017 n° 16-11.762 FS-PB : RJS 10/17 n° 675), mais pas celui faisant peser sur le seul salarié le suivi de l'exécution du forfait (Cass. soc. 14-5-2014 n° 12-35.033 FS-PB : RJS 7/14 n° 566 ; 8-11-2017 n° 15-22.758 FS-PB : RJS 1/18 n° 33).

> **Précisions** **a.** Lorsqu'un accord collectif conclu **avant le 9-8-2016** est **révisé** pour y ajouter les stipulations ci-dessus, l'exécution de la convention de forfait se poursuit sans que l'**accord du salarié** soir requis (Loi 2016-1088 du 8-8-2016 art. 12), à condition que la révision de l'accord ait lieu après l'entrée en vigueur de la loi du 8-8-2016 (Cass. soc. 16-10-2019 n° 18-16.539 FS-PBRI : RJS 12/19 n° 698). A contrario, la modification d'un autre paramètre de l'accord collectif entraîne obligatoirement une révision de la convention individuelle de forfait et requiert l'accord du salarié (Rapp. Sén. n° 661 p. 159).
>
> L'employeur peut poursuivre l'exécution ou conclure de nouvelles conventions individuelles de forfait sur le fondement d'un accord collectif qui, au 9-8-2016, ne comporte pas les **stipulations relatives au suivi** des salariés à condition de respecter les règles prévues n° 30693.

b. Le régime des heures supplémentaires s'applique si une convention individuelle de forfait est conclue en application d'une **convention collective invalide** (Cass. soc. 14-5-2014 n° 12-35.033 FS-PB : RJS 7/14 n° 566 ; 22-6-2017 n° 16-11.762 FS-PB : RJS 10/17 n° 675) ou si elle est **exécutée de façon défectueuse** par l'employeur. La **preuve** du respect de l'accord collectif incombe à l'employeur (Cass. soc. 19-12-2018 n° 17-18.725 F-PB : RJS 3/19). La convention de forfait est nulle dans le premier cas (Cass. soc. 24-4-2013 n° 11-28.398 FS-PB : RJS 7/13 n° 543 ; 6-11-2019 n° 18-19.752 F-PB : RJS 1/20 n° 22) et privée d'effet à compter de la défaillance de l'employeur dans le second (Cass. soc. 2-7-2014 n° 13-11.940 FS-PB : RJS 10/14 n° 693 ; 22-6-2016 n° 14-15.171 FS-PB : RJS 10/16 n° 632). Le salarié est **recevable à contester** la validité de la convention de forfait dès lors que sa demande de rappel de salaire au titre des heures supplémentaires n'est pas prescrite (Cass. soc. 27-3-2019 n° 17-23.314 FS-PB : RJS 6/19 n° 357). Toutefois, l'employeur peut demander le remboursement des **jours de repos** octroyés en application d'une convention nulle ou privée d'effet (Cass. soc. 6-1-2021 n° 17-28.234 F-PB : RJS 3/21).

c. Les accords collectifs conclus **avant l'entrée en vigueur de la loi** du 20-8-2008 doivent prévoir les modalités de suivi de l'organisation du travail des salariés au forfait jours, de l'amplitude de leurs journées d'activité et de la charge de travail en résultant. À défaut, les conventions individuelles de forfait sont nulles (Cass. soc. 13-12-2006 n° 05-14.685 FS-PB : RJS 3/07 n° 345).

En l'**absence de stipulations conventionnelles** relatives au suivi de la charge de travail des salariés sous convention de forfait en jours et aux échanges avec l'employeur sur ce sujet (n° 30692), l'employeur peut valablement conclure une telle convention si : **30693** C. trav. art. L 3121-65

– il établit un **document de contrôle** mentionnant la date et le nombre de journées ou demi-journées travaillées. Ce document peut être renseigné par le salarié sous la responsabilité de l'employeur ;

– il s'assure de la compatibilité de la charge du travail du salarié avec le **respect des temps de repos** quotidien et hebdomadaire ;

– il organise un **entretien annuel** avec le salarié pour évoquer sa charge de travail, l'organisation de son travail, l'articulation entre son activité professionnelle et sa vie personnelle ainsi que sa rémunération.

En l'absence de stipulations conventionnelles relatives au droit à la **déconnexion,** les modalités d'exercice de ce droit par le salarié sont définies par l'employeur et communiquées par tout moyen aux salariés concernés. Dans les entreprises de 50 salariés et plus, ces modalités doivent, en outre, être conformes à la **charte** sur la régulation de l'utilisation des outils numériques prévue n° 52003, b.

Renonciation du salarié à des jours de repos Le salarié au forfait annuel en jours peut, s'il le souhaite, en accord avec l'employeur, renoncer à une partie de ses jours de repos dans les conditions suivantes : **30695** C. trav. art. L 3121-59 L 3121-64 L 3121-66 **OA-I-32500 s**

– l'**accord individuel** entre le salarié et l'employeur est établi par **écrit** ;

– le **nombre de jours travaillés** dans l'année ne peut pas excéder un maximum fixé par l'accord collectif instituant le forfait (n° 30640) ou, à défaut d'accord, 235 jours (ce nombre prenant en compte un jour férié chômé, le 1er Mai, 30 jours ouvrables de congés payés et 2 jours de repos hebdomadaire) ;

– la **rémunération** de ce temps de travail supplémentaire donne lieu à une **majoration** d'au moins 10 %, fixée par un avenant à la convention individuelle de forfait. Cet avenant est valable pour l'année en cours et ne peut pas être reconduit de manière tacite.

La rémunération majorée des jours de travail effectués au-delà de 218 jours ouvre droit à la **réduction de cotisations salariales** prévue nos 41350 s. et, dans les petites entreprises, à la **déduction forfaitaire de cotisations patronales** de sécurité sociale prévue nos 41420 s.

› Précisions **a.** Le salarié fait connaître son choix en signant un **avenant à la convention de forfait,** conclu pour l'année du dépassement mais pouvant être renouvelé (Circ. DRT 20 du 13-11-2008).

b. Aucun **plafond** n'est prévu si le nombre de jours travaillés est fixé par la convention ou l'accord collectif, le nombre de 235 jours ne s'appliquant qu'à titre subsidiaire. Dans tous les cas, le nombre maximal de jours travaillés prévu par l'accord doit être compatible avec les dispositions relatives aux **repos** quotidien et hebdomadaire, aux **jours fériés** chômés dans l'entreprise et aux **congés payés,** dont le plafond théorique est de 282 jours (365 jours – 30 jours ouvrables de congés – 52 jours de repos hebdomadaire – le 1er Mai).

Ainsi, par exemple, si des jours fériés sont chômés dans l'entreprise en vertu de stipulations conventionnelles ou d'un usage, le plafond de 235 jours applicable en l'absence d'accord collectif doit être réduit en conséquence.

c. Lorsqu'il existe un **compte épargne-temps**, le salarié peut, si l'accord collectif le prévoit, affecter dans les proportions retenues par l'accord des jours de repos dans la limite du nombre maximal fixé par l'accord collectif ou, à défaut, de 235 jours (Circ. DGT 20 du 13-11-2008).

d. Avant la loi 2008-789 du 20-8-2008, le salarié pouvait déjà, en accord avec l'employeur, renoncer à une partie de ses jours de repos, mais cette possibilité était subordonnée à la conclusion d'une convention ou d'un accord collectif le prévoyant. Les accords conclus en application de ces dispositions continuent de s'appliquer conformément aux règles de sécurisation (nº 30630).

e. S'agissant des conséquences du **dépassement** du nombre de jours prévus dans la convention de forfait **en dehors des conditions** exposées ci-dessus, voir nº 30685, a. Sur la **monétisation de jours de repos** pour les salariés placés en activité partielle pendant la crise de la **Covid-19,** voir nº 13460.

II. COMPTE ÉPARGNE-TEMPS

OBJET ET MISE EN PLACE

30800 C. trav. art. L 3151-1 L 3151-2 OA-II-24000 s

Afin de permettre aux salariés d'accumuler des droits à **congé** rémunéré ou de se constituer une **rémunération,** immédiate ou différée, un compte épargne-temps (CET) peut être mis en place par convention ou **accord d'entreprise ou d'établissement** ou, **à défaut,** par convention ou accord de **branche.**

Lorsqu'une convention ou un accord d'entreprise relatif au CET est conclu, il doit être transmis à la **commission paritaire** permanente de négociation et d'interprétation suivant la procédure exposée nº 5955, c.

ALIMENTATION ET GESTION

30805 C. trav. art. L 3151-2 L 3152-1 L 3152-2 OA-II-24700 s OA-II-25400 s

La **convention ou l'accord collectif** détermine dans quelles conditions et limites le CET peut être alimenté en **temps ou** en **argent** à l'initiative du salarié ou, pour les heures accomplies au-delà de la durée collective, à l'initiative de l'employeur. Le **congé payé** annuel ne peut toutefois être affecté au compte que pour sa durée excédant 24 jours ouvrables.

L'accord peut éventuellement prévoir un **abondement** de l'employeur en temps ou en argent complétant les temps ou sommes affectés par le salarié (Circ. DGT 20 du 13-11-2008).

Il définit aussi les **modalités de gestion** du compte, notamment de conversion monétaire et de revalorisation des droits.

› Précisions a. Peuvent être affectés au compte épargne-temps, si la convention ou l'accord l'instituant le prévoit (C. trav. art. L 3343-1) :
– tout ou partie des primes d'**intéressement,** l'accord d'intéressement devant alors fixer les modalités de choix du salarié lors de la répartition de l'intéressement ;
– à l'issue de leur période d'indisponibilité, tout ou partie des sommes issues de la répartition de la réserve de **participation,** celles versées par le salarié sur un **plan d'épargne** d'entreprise et l'abondement de l'employeur sur un plan d'épargne salariale (d'entreprise, interentreprises ou Perco).

b. Il ne peut pas être dérogé aux dispositions d'ordre public du Code du travail n'ouvrant à l'**employeur** la possibilité d'alimenter le compte que pour les heures déjà accomplies au-delà de la durée collective (Cass. soc. 2-7-2014 nº 13-11.108 FS-D : RJS 11/14 nº 786).

c. Le régime fiscal et social spécifique des sommes provenant de l'**épargne salariale** (nº 30825) nécessite de les isoler dans la gestion du compte dans un **compartiment particulier.** À défaut, la totalité des sommes versées au salarié, notamment lors de la prise de congés, est soumise à l'ensemble des cotisations et contributions sociales et à l'impôt sur le revenu (Circ. 6-4-2005, réputée abrogée). Les droits correspondant à l'**abondement** de l'employeur ouvrant droit à des exonérations sociales et fiscales spécifiques (nºs 30825 s.), il convient aussi, selon nous, de les isoler dans un compartiment particulier.

d. En cas de **litige** relatif à l'existence d'un **compte épargne-temps** et de son **alimentation en jours** de congés annuels et en jours de réduction du temps de travail pour les jours de travail effectués par le salarié au-delà d'une convention de forfait jours, les règles de preuve exposées nº 29755 sont applicables (Cass. soc. 10-2-2010 nº 08-45.361 F-D : RJS 5/10 nº 432).

UTILISATION

30810 C. trav. art. L 3151-3 L 3152-2 OA-II-26100 s

En principe, les conditions d'utilisation du CET sont déterminées par la **convention ou l'accord collectif.** Celui-ci peut autoriser les salariés à utiliser le CET pour se faire indemniser des périodes d'absence (formation, congés sans solde, passage à temps partiel, cessation progressive ou totale d'activité, etc.), obtenir un complément de rémunération (on parle de « monétisation des droits ») ou alimenter leur épargne retraite.

Toutefois, même si la **convention ou l'accord ne le prévoit pas,** tout salarié peut, à sa demande et en accord avec son employeur, utiliser les droits affectés sur le compte pour compléter sa rémunération ou cesser progressivement son activité.

La **5e semaine** de congés payés ne peut jamais être monétisée.

Sur la prise en compte des droits transférés vers un **plan d'épargne salariale** pour l'appréciation du **plafonnement** annuel des **versements du participant,** voir nos 34460, c et 34570, d.

Sur la **dérogation** aux règles légales et conventionnelles pour la **prise de jours de repos** par l'employeur pendant la crise de la **Covid-19,** voir no 30105.

GARANTIE DES DROITS

30815 C. trav. art. L 3151-4 L 3152-3 L 3153-1 D 3154-1 à D 3154-4 **OA-II-28500 s**

Les droits acquis dans le cadre du CET sont garantis par l'**AGS** à hauteur du plus élevé des plafonds de garantie de cette assurance : no 70914.

La convention ou l'accord collectif doit prévoir un dispositif d'assurance ou de garantie pour la fraction des **droits dépassant le plus élevé de ces plafonds,** ainsi que les cotisations obligatoires afférentes. À défaut de texte conventionnel, un dispositif de garantie financière est mis en place par l'employeur. La garantie financière doit résulter d'un engagement de caution pris par certains types d'établissements déterminés, établi par contrat écrit contenant certaines mentions obligatoires. Ce contrat doit être tenu à la disposition de l'inspecteur du travail.

En l'absence de dispositif conventionnel ou mis en place par l'employeur, les droits inscrits au CET qui dépassent le plafond de garantie sont liquidés.

DÉPART DU SALARIÉ

30820 C. trav. art. L 3152-2 L 3153-2 D 3154-3 à D 3154-6 **OA-II-28000 s**

La **convention ou l'accord collectif** détermine les conditions de liquidation et de transfert des droits d'un employeur à un autre.

À défaut de stipulations conventionnelles relatives au transfert, le salarié peut :
– percevoir, en cas de rupture du contrat de travail, une **indemnité** correspondant à la conversion monétaire de l'ensemble des droits acquis ;
– demander, en accord avec l'employeur, la **consignation** auprès de la Caisse des dépôts et consignations de l'ensemble des droits acquis, convertis en unités monétaires.

> **Précisions** **a.** Les sommes consignées sont **rémunérées** selon les mêmes modalités que les autres sommes consignées auprès de cet organisme et soumises à la **prescription** trentenaire.
> **b.** Le **déblocage** des droits consignés peut se faire :
> – soit à la demande du salarié bénéficiaire, par le transfert de ces sommes sur le CET, le PEE, le PEI, le Perco ou le Pereco du nouvel employeur, dans les conditions prévues par l'accord collectif mettant en place le CET ou par les règlements des plans d'épargne salariale ;
> – soit à la demande du salarié ou de ses ayants droit, par le paiement, à tout moment, de tout ou partie des sommes consignées.

PRÉLÈVEMENTS SOCIAUX ET FISCAUX

30825 C. trav. art. L 3343-1 **OA-II-27000 s**

Les indemnités versées lors de la prise du congé et les sommes versées lors de la monétisation des droits sont soumises aux **cotisations** sociales, aux contributions à la formation professionnelle dans les conditions exposées nos 38800 s., d'assurance chômage, solidarité autonomie et Fnal, au versement mobilité et à la participation des employeurs à l'effort de construction, y compris lorsqu'elles proviennent de la participation, de l'intéressement ou du plan d'épargne d'entreprise.

Elles supportent également la taxe sur les salaires, la **CSG** et la **CRDS,** sauf lorsqu'elles proviennent de la participation ou de l'intéressement, ou de l'abondement de l'employeur à un plan d'épargne d'entreprise (Guide épargne salariale juillet 2014). En effet, CSG et CRDS ont déjà été précomptées au moment, selon le cas, de la répartition des droits entre les salariés ou du versement de l'abondement (no 25120). Sur la taxe sur les salaires, voir nos 33990, b (participation), 34295 (intéressement) et 34485 (abondement).

Les sommes provenant du compte épargne-temps sont imposables à l'**impôt sur le revenu** (en contrepartie, les rémunérations affectées au compte ne sont pas imposées lors de leur affectation), à l'exception de celles provenant de la participation ou des plans d'épargne salariale et des primes d'intéressement (Mémento fiscal no 21630).

Sur la déductibilité pour l'**employeur** des **provisions** constituées pour faire face aux engagements découlant d'un accord collectif relatif à un compte épargne-temps, voir Mémento fiscal no 9875, d.

30830 CSS art. L 242-4-3 C. trav. art. L 3152-4 **OA-II-27100 s**

Par exception, les **droits** provenant d'un abondement de l'employeur et **utilisés,** à l'initiative du salarié, pour alimenter un **Perco,** un plan d'épargne retraite d'entreprise collectif (Pereco) ou un plan d'épargne retraite obligatoire (Pero) ou pour financer un régime collectif et obligatoire de retraite supplémentaire à cotisations définies sont assimilés à un **abondement** de l'employeur au Perco ou au Pereco, à un versement obligatoire de ce dernier au Pero ou au Pereco ou à une contribution patronale au régime précité, selon le cas. Ils sont donc exonérés de cotisations sociales et d'impôt sur le revenu dans les mêmes conditions et limites que ces avantages (voir respectivement nos 34590 et 22935 s.).

Les droits ne provenant pas d'un abondement de l'employeur sont, dans la limite de 10 jours par an, exonérés de cotisations sociales, salariales et patronales, à l'exception des cotisations accidents du travail. En revanche, ils sont assujettis à la CSG, à la CRDS, aux cotisations de retraite complémentaire et aux contributions d'assurance chômage (AGS comprise), à la formation professionnelle dans les conditions exposées nos 38800 s., solidarité autonomie et Fnal, au versement mobilités et à la participation aux employeurs à l'effort de construction. Le forfait social n'est pas dû, en application de la règle exposée nos 84300 s. Ils sont exonérés d'impôt sur le revenu (cas d'affectation au Perco ou au Pereco) ou assimilés à des cotisations déductibles sous certaines conditions et limites (Mémento fiscal no 21630).

III. REPOS HEBDOMADAIRE

A. Principe

30860 C. trav. art. L 3132-1 à L 3132-3 **OA-III-900 s**

Le Code du travail pose 2 principes :
– le principe du **repos hebdomadaire,** selon lequel il est interdit de faire travailler un même salarié plus de 6 jours par semaine, ce repos devant avoir une **durée minimale** de 24 h consécutives à laquelle s'ajoutent les heures de repos quotidien (nos 29885 s.), soit une durée minimale totale de repos hebdomadaire de 35 h consécutives ;
– le principe du **repos dominical,** selon lequel, dans l'intérêt des salariés, le repos hebdomadaire doit être donné le dimanche (de 0 h à 24 h).

› Précisions Le refus d'un **demandeur d'emploi** d'accepter une **offre** d'emploi impliquant de travailler le dimanche ne constitue pas un motif de radiation de la liste des demandeurs d'emploi (C. trav. art. L 3132-3-1).

30865 C. trav. art. L 3111-1 **OA-III-300 s**

Les principes des repos hebdomadaire et dominical **s'appliquent** aux salariés des employeurs de droit privé et des établissements publics industriels ou commerciaux.

› Précisions **a.** Bénéficient du repos hebdomadaire selon des **modalités particulières** : les moins de 18 ans (no 45505), les concierges et employés d'immeubles à usage d'habitation (no 10055), les journalistes professionnels (no 46300), les travailleurs à domicile (no 74140), les employés de maison (no 33415) et les assistants maternels (no 33340).
Sur les travailleurs **temporaires,** voir no 82340 ; sur les salariés temporairement **détachés en France** par une entreprise étrangère, voir nos 36190 s.

b. L'obligation de repos s'applique dans les établissements où ne sont employés que les **membres de la famille de l'employeur,** sauf si les intéressés interviennent au titre de l'entraide familiale ou en qualité d'associé, sans se trouver dans un lien de subordination vis-à-vis de l'employeur (Cass. crim. 4-10-1994 no 92-85.078 D ; Cass. soc. 4-6-2002 no 00-10.655 FS-D : RJS 10/02 no 1130).

c. Les départements d'**Alsace-Moselle** sont régis par des dispositions spécifiques (C. trav. art. L 3134-2 s. et R 3134-1 s.).

B. Dérogations

30875 Pour les besoins de la vie économique et sociale, des dérogations ont été apportées aux principes du repos dominical et du repos hebdomadaire exposés no 30860. Elles sont examinées ci-après, sauf le dispositif des équipes de suppléance étudié nos 30425 s.

1. DÉROGATIONS AU REPOS DOMINICAL

a. Règles générales

OBLIGATION DE NÉGOCIER

30885 Loi 2009-974 du 10-8-2009 art. 2-IV **OA-III-11100 s**

Dans les branches couvrant des commerces ou services de détail et dans les **commerces ou services de détail,** où des dérogations administratives au repos dominical sont applicables, les organisations professionnelles d'employeurs ou l'employeur, d'une part, et les organisations représentatives de salariés, d'autre part, doivent engager des négociations en vue d'un

accord relatif aux **contreparties** accordées aux salariés privés de repos dominical, lorsque la branche ou l'entreprise n'est pas déjà couverte par un accord.
Il s'agit d'une obligation de négocier, non de conclure un accord.

> Précisions a. Sont **exclus** les commerces ou services de détail déjà couverts par un accord collectif sur le sujet et les entreprises dont l'activité n'est pas le commerce ou les services de détail.
b. L'octroi des dérogations en cas de **fermeture préjudiciable au public** ou compromettant le fonctionnement normal de l'établissement est subordonné à une négociation spécifique (voir n°s 30910 s.). Il en est de même pour les dérogations sur **fondement géographique** (voir n°s 30955 s.).

COMPENSATION DU TRAVAIL DOMINICAL

En dehors des cas visés n°s 30910, 30930, 30960 et 30975, et de celui des équipes de suppléance, la **loi** ne prévoit aucune **majoration de salaire** pour les salariés qui travaillent le dimanche. 30890
Sauf usage ou disposition conventionnelle ou contractuelle plus favorable, les heures de travail effectuées le dimanche sont donc rémunérées comme des heures normales (sous réserve des majorations pour heures supplémentaires pour les heures effectuées au-delà de la durée légale hebdomadaire).

> Précisions a. En pratique, de nombreuses **conventions collectives** prévoient des majorations de salaire ou des primes en cas de travail dominical.
b. Lorsque la convention collective prévoit une majoration de salaire pour les **travaux exceptionnels** du dimanche et des jours fériés, celle-ci n'est pas due au salarié travaillant habituellement le dimanche (Cass. soc. 26-2-2003 n° 01-43.906 FS-PBI : RJS 5/03 n° 618 ; 11-5-2016 n° 14-20.826 FS-PB : RJS 7/16 n° 498) ou les jours fériés (Cass. soc. 26-2-2003 n° 00-46.726 FS-P : RJS 5/03 n° 618 ; 11-5-2016 n° 14-20.826 FS-PB : RJS 7/16 n° 498). En revanche, la majoration conventionnelle pour les heures effectuées occasionnellement le dimanche est due au salarié travaillant environ un dimanche matin sur 5 (Cass. soc. 23-4-1997 n° 94-42.034 D).
c. Sur le **cumul des majorations** pour travail le dimanche avec les majorations pour heures supplémentaires ou pour le travail des jours fériés, voir respectivement n°s 41105 et 31135.
d. Sur le droit des **cadres dirigeants** à la compensation financière prévue par une convention collective au profit des salariés travaillant le dimanche, voir n° 29415.

SUPPRESSION DU REPOS DOMINICAL EN COURS DE CONTRAT

Une nouvelle répartition des horaires de travail entraînant la suppression du repos dominical constitue une **modification du contrat de travail** que le **salarié** est **en droit de refuser,** même si l'entreprise bénéficie d'une dérogation permanente à ce repos (Cass. soc. 2-3-2011 n° 09-43.223 FS-PB : RJS 5/11 n° 429 ; 18-1-2012 n° 10-17.085 F-D : RJS 4/12 n° 352). 30895

b. Activité dont la continuité est nécessaire

Les établissements dont le fonctionnement ou l'ouverture le dimanche est rendu nécessaire par les **contraintes de la production, de l'activité** ou les **besoins du public** peuvent de droit déroger à la règle du repos dominical en attribuant le repos hebdomadaire par roulement. 30900 C. trav. art. L 3132-12 OA-III-3300 s
Les **catégories d'établissements intéressées** sont définies limitativement par les articles R 3132-5 et R 3132-7 du Code du travail (ameublement, bricolage, hôpitaux et cliniques, hôtels, cafés, restaurants, etc.).

> Précisions a. Dans les établissements mentionnés à l'article R 3132-5 où sont exercées en même temps d'**autres industries ou activités,** la faculté de donner le repos hebdomadaire par roulement s'applique exclusivement aux fabrications, travaux et activités mentionnés à cet article (C. trav. art. R 3132-6). Jugé, par exemple, que l'activité des opérateurs de détaxe touristique ne satisfait pas aux conditions prévues à l'article L 3132-12 du Code du travail pour être susceptible d'être retenue par le pouvoir réglementaire au nombre des catégories d'établissements pouvant de droit déroger à la règle du repos dominical en application de ces dispositions (CE 10-7-2019 n° 419215 : RJS 10/19 n° 575).
b. Pour ouvrir droit à la dérogation, les activités doivent être exercées à titre sinon **exclusif,** du moins **principal** (Cass. crim. 3-5-1989 n° 88-83.353 PF : RJS 7/89 n° 587 ; Cass. soc. 25-10-1994 n° 90-12.756 PBBS : RJS 12/94 n° 1380 ; 18-12-2001 n° 98-18.305 FS-PBR : RJS 3/02 n° 295 ; 16-6-2010 n° 09-11.214 FS-PB : RJS 8-9/10 n° 678). Ce caractère est apprécié au cas par cas au vu de différents critères : chiffre d'affaires réalisé, surfaces occupées, effectifs employés dans chacune des activités... (Circ. DRT 19 du 7-10-1992, réputée abrogée). La dérogation n'est accordée que pour les nécessités spécifiques de l'exercice de l'activité concernée (Cass. soc. 21-5-2002 n°s 01-00.952 FS-P et 99-13.317 FS-P : RJS 8-9/02 n° 985).

c. Les dérogations permanentes de droit à la règle du repos dominical sont d'**interprétation stricte.** Ainsi, la vente de billets d'avion ou de séjours ne relève pas des activités de réservation et de vente d'excursion, de places de spectacle et d'accompagnement de clientèle permettant aux entreprises de tourisme et de loisirs de bénéficier de la dérogation (Cass. soc. 9-5-2019 n° 17-21.162 FS-PB : RJS 7/19 n° 435).

d. Sur l'opposabilité d'un arrêté préfectoral de fermeture à une entreprise pouvant donner le repos hebdomadaire par roulement, voir n° 31020, b.

c. Fermeture préjudiciable au public ou à l'entreprise

30905 C. trav. art. L 3132-20 **OA-III-3700 s**

S'il est établi que le repos simultané, le dimanche, de tous les salariés d'un établissement serait préjudiciable au public ou compromettrait le fonctionnement normal de cet établissement, le repos peut être donné, toute l'année, ou à certaines époques de l'année, selon l'une des modalités suivantes : un autre jour que le dimanche à tous les salariés ; du dimanche midi au lundi midi ; le dimanche après-midi avec repos compensateur d'une journée par roulement et par quinzaine ; par roulement à tout ou partie du personnel.

Cette dérogation a un caractère **temporaire** (voir n° 30915).

PROCÉDURE DE DÉROGATION

30910 C. trav. art. L 3132-20 L 3132-25-3, I et III **OA-III-3700** **OA-III-11430 s**

Les entreprises concernées doivent obtenir une **autorisation** du **préfet de département.** Celle-ci est accordée au vu d'un **accord collectif** ou, **à défaut,** d'une **décision unilatérale** de l'employeur prise après consultation du CSE, s'il existe, et approuvée par **référendum** organisé auprès des personnels concernés par la dérogation.

L'accord doit fixer les **contreparties** accordées aux salariés privés du repos dominical, les conditions dans lesquelles l'employeur prend en compte l'évolution de leur situation personnelle et les **engagements** pris en termes d'emploi ou en faveur de certains publics en difficulté ou de personnes handicapées.

En l'absence d'accord collectif, la décision unilatérale fixe ces contreparties et engagements. Elle doit prévoir, au minimum, que chaque salarié privé du repos dominical bénéficie d'un repos compensateur et perçoit pour le dimanche travaillé une rémunération au moins égale au double de celle normalement due pour une durée équivalente.

Lorsqu'un **accord collectif** est négocié **postérieurement** à la **décision unilatérale,** celui-ci s'applique dès sa signature en lieu et place des contreparties prévues par cette décision.

30915 C. trav. art. L 3132-21 L 3132-23 R 3132-16 R 3132-17

L'autorisation est accordée pour une durée d'**au plus 3 ans** après avis du conseil municipal et, le cas échéant, de l'organe délibérant de l'établissement public de coopération intercommunale à fiscalité propre dont la commune est membre, de la chambre de commerce et d'industrie, de la chambre de métiers et de l'artisanat, ainsi que des organisations professionnelles d'employeurs et des organisations syndicales de salariés intéressées de la commune. Ces avis ne sont pas requis en cas d'**urgence dûment justifiée** et lorsque l'autorisation est sollicitée pour **3 dimanches au plus.**

› Précisions **a.** L'autorisation peut être **étendue** à plusieurs ou à tous les établissements de la même localité exerçant la même activité et s'adressant à la même clientèle, une fraction d'établissement ne pouvant en aucun cas être assimilée à un établissement.

Ces **autorisations d'extension** sont prises selon les mêmes modalités et soumises aux mêmes conditions que les autorisations de dérogation elles-mêmes. Elles sont toutes **retirées** lorsque, dans la localité, la majorité des établissements intéressés le demande.

Le **silence** gardé par l'administration pendant 2 mois sur une demande d'extension ou de retrait d'autorisation d'extension vaut **rejet** de la demande (Décret 2014-1291 du 23-10-2014).

b. L'annulation d'un acte administratif ayant un effet rétroactif, un arrêté préfectoral autorisant le travail le dimanche **annulé** est réputé n'être jamais intervenu (Cass. soc. 9-11-2016 n° 15-10.203 FS-PBRI : RJS 1/17 n° 27). En revanche, l'**abrogation** d'un arrêté préfectoral ordonnant la fermeture d'un établissement pendant la durée du repos hebdomadaire n'a pas d'effet rétroactif (Cass. crim. 7-1-2020 n° 18-83.074 FS-PBI : RJS 3/20 n° 134).

STATUT DES SALARIÉS

30920 C. trav. art. L 3132-25-4 **OA-III-11300 s**

Seuls les **salariés volontaires** ayant donné leur accord par écrit à leur employeur peuvent travailler le dimanche. Sur les conséquences de cette règle, voir n° 30965.

› Précisions **a.** À **défaut d'accord collectif** :
– l'employeur demande chaque année au salarié travaillant le dimanche s'il souhaite bénéficier d'une priorité pour occuper ou reprendre un emploi ressortissant de sa catégorie professionnelle ou un emploi équivalent ne comportant pas de travail le dimanche dans le même établissement ou, à défaut, dans la même entreprise. Il l'informe

aussi de sa faculté de ne plus travailler le dimanche s'il ne le souhaite plus, le refus du salarié prenant alors effet 3 mois après sa notification écrite à l'employeur ;
– le salarié travaillant le dimanche peut à tout moment demander à bénéficier de la priorité visée ci-dessus. Il peut également refuser de travailler 3 dimanches de son choix par année civile, s'il en informe l'employeur un mois avant.
b. Si le dimanche travaillé tombe le jour d'un **scrutin national ou local,** l'employeur doit prendre toute mesure nécessaire pour permettre aux salariés d'exercer personnellement leur droit de vote.

d. Commerces de détail alimentaire

Les établissements dont l'activité exclusive ou principale est la vente de denrées alimentaires au détail peuvent donner le repos hebdomadaire le dimanche à partir de 13 h. **30925** C. trav. art. L 3132-13, al. 1 à 3 L 3132-25-5 R 3132-8 **OA-III-6600 s**

Les salariés bénéficient d'un repos compensateur d'une journée, par roulement et par quinzaine (d'un autre après-midi par semaine pour les moins de 21 ans logés chez leur employeur).

Les établissements de détail alimentaire situés en **zone touristique internationale** (n° 30940) ou dans l'emprise de certaines **gares** (n° 30950) ouvrant le dimanche jusqu'à 13 h sont soumis aux règles ci-dessus. L'ouverture après 13 h est subordonnée aux conditions prévues pour l'ensemble des commerces de détail situés dans la zone considérée, voir n° 30955 (procédures de dérogation) et n° 30960 (garanties des salariés).

ATTENTION

a. Les dispositions d'une convention collective qui prévoient que les établissements pourront être amenés à ouvrir régulièrement ou occasionnellement le dimanche ne permettent pas, à elles seules et **à défaut d'arrêté préfectoral ou d'accord collectif,** l'ouverture le dimanche après 13 h (Cass. crim. 7-1-2020 n° 18-83.074 FS-PBI : RJS 3/20 n° 134).
b. Le recours d'un hypermarché à un prestataire de service extérieur pour contourner l'interdiction d'employer des salariés le dimanche après 13 h est illégal (TGI Angers 17-10-2019 n° 19/00492).

Les salariés des commerces de détail alimentaire dont la **surface de vente** excède 400 m² privés de repos dominical bénéficient d'une rémunération majorée d'au moins 30 % par rapport à la rémunération normalement due pour une durée équivalente. **30930** C. trav. art. L 3132-13, al. 4 **OA-III-12100 s**

e. Dérogations sur fondement géographique

ÉTABLISSEMENTS CONCERNÉS

Les commerces pouvant déroger au repos dominical, dans les zones géographiques décrites ci-après, sont les établissements de **vente au détail** qui mettent à disposition des **biens** et des **services.** **30935** C. trav. art. L 3132-24 L 3132-25 L 3132-25-1 L 3132-25-6

En l'absence de précision légale contraire sur ce point, **tout type de commerce de vente au détail** est concerné. Par **exemple**, peuvent bénéficier d'une telle dérogation un établissement de vente de vêtements, d'articles de sports, un commerce de souvenirs et cartes postales, un établissement de service de location de matériel de plage, une librairie, etc. (Circ. DGT 20 du 31-8-2009, réputée abrogée).

Sont **exclus** de ces dérogations : les établissements de **vente en gros** (Circ. DGT 20 du 31-8-2009 précitée) et, sous réserve des précisions données n° 30925, les commerces de **détail alimentaire** (C. trav. art. L 3132-25-5).

Zones touristiques internationales (ZTI) Les établissements de vente au détail situés dans les ZTI peuvent donner le repos hebdomadaire par roulement pour tout ou partie du personnel. Pour être désignées comme telles, ces zones doivent : **30940** C. trav. art. L 3132-24 R 3132-21-1 **OA-III-7150 s**
– avoir un **rayonnement international** en raison d'une offre de renommée internationale en matière commerciale ou culturelle ou patrimoniale ou de loisirs ;
– être desservies par des **infrastructures de transports** d'importance nationale ou internationale ;
– connaître une affluence exceptionnelle de touristes résidant hors de France ;
– bénéficier d'un **flux important d'achats** effectués par des touristes résidant hors de France, évalué par le montant des achats ou leur part dans le chiffre d'affaires total de la zone.

L'**emplacement précis** des ZTI est fixé par arrêté après avis du maire et, le cas échéant, du président de l'établissement public de coopération intercommunale à fiscalité propre dont la commune est membre ainsi que celui des organisations professionnelles d'employeurs et des organisations syndicales de salariés intéressées.

30945 C. trav. art. L 3132-25 L 3132-25-1 L 3132-25-2 R 3132-19 OA-III-7200 s OA-III-7640 s

Zones touristiques et commerciales Les établissements de vente au détail situés dans les zones touristiques et les zones commerciales peuvent donner le repos hebdomadaire par roulement pour tout ou partie du personnel.

Les zones touristiques se caractérisent par une **affluence particulièrement importante de touristes,** les zones commerciales, par une **offre commerciale et une demande potentielle particulièrement importantes,** le cas échéant en tenant compte de la proximité immédiate d'une zone frontalière.

› Précisions **a.** Les **critères de délimitation** de ces zones sont fixés par les articles R 3132-20 (zones touristiques) et R 3132-20-1 (zones commerciales) du Code du travail.
b. La décision de **délimitation** ou de **modification** de ces zones est prise par le **préfet** de région qui statue dans un délai de 6 mois s'il s'agit d'une demande de délimitation, de 3 mois sur une demande de modification. Lorsqu'une zone est située sur le territoire de plus d'une région, les préfets de région concernés la délimitent par arrêté conjoint.
c. Les **communes d'intérêt touristique ou thermales** et les **zones touristiques d'affluence exceptionnelle** ou d'animation culturelle permanente créées avant le 7-8-2015 constituent de plein droit des zones touristiques et les **périmètres d'usage de consommation exceptionnel** (Puce) délimités avant cette même date, des zones commerciales (Loi 2015-990 du 6-8-2015 art. 257, I et II).

30950 C. trav. art. L 3132-25-6 OA-III-7400

Gares Les établissements de vente au détail situés dans l'emprise de certaines gares non incluses dans une ZTI peuvent donner le repos hebdomadaire par roulement pour tout ou partie du personnel dans les conditions prévues nos 30955 (procédures de dérogation) et 30960 s. (garanties des salariés). Les gares visées sont celles qui accueillent une **affluence exceptionnelle de passagers.** Elles sont désignées par un arrêté interministériel après avis du maire, le cas échéant du président de l'établissement public de coopération intercommunale dont la commune est membre, et des représentants des employeurs et des salariés des établissements concernés. Les avis requis seront réputés donnés à l'issue d'un délai de 2 mois à compter de la saisine de ces personnes.

PROCÉDURE DE DÉROGATION

30955 C. trav. art. L 3132-25-3, II OA-III-7460 s

Pour pouvoir donner le repos hebdomadaire par roulement pour tout ou partie du personnel, les établissements situés dans les ZTI (no 30940), les zones touristiques et commerciales (no 30945) et les gares (no 30950) doivent être couverts :

– soit par un **accord** d'entreprise ou d'établissement, ou, à défaut, un accord collectif de branche ;
– soit par un accord conclu à un niveau **territorial.**

Ces dérogations, accordées sans autorisation administrative préalable, sont qualifiées de dérogations permanentes **de droit.**

› Précisions Dans les établissements de **moins de 11 salariés,** à défaut d'accord collectif ou d'accord conclu à un niveau territorial, la faculté de déroger au repos dominical est ouverte après consultation par l'employeur des salariés concernés sur les thèmes visés no 30960 et approbation de la majorité d'entre eux.
Pour les entreprises **franchissant** le seuil de 11 salariés, la nécessité d'être couvertes par un accord collectif est applicable à compter de la troisième année consécutive au cours de laquelle l'effectif de l'établissement employé dans la zone atteint ce seuil.

30960 C. trav. art. L 3132-25-3, II et III L 3132-25-4, al. 2 OA-III-11550 s

L'accord visé ci-dessus doit fixer :

– les **contreparties,** en particulier salariales, accordées aux salariés privés du repos dominical, les engagements pris en termes d'emploi ou en faveur de certains publics en difficulté ou de personnes handicapées ainsi que les mesures destinées à faciliter la conciliation entre les **vies professionnelle et personnelle** des salariés. Ces dispositions valent également pour les entreprises disposant d'espaces de vente, avec leurs propres salariés, au sein de grands magasins situés dans les zones précitées ;
– les contreparties mises en œuvre par l'employeur pour compenser les **charges** induites par la **garde des enfants** ainsi que les conditions dans lesquelles il sera tenu compte de l'évolution de la **situation personnelle** des salariés ;
– les modalités de prise en compte d'un **changement d'avis** du salarié privé du repos dominical.

À ces stipulations s'ajoute l'obligation de prévoir une compensation déterminée pour tenir compte du caractère dérogatoire du travail accompli le dimanche.

STATUT DES SALARIÉS

Seuls les salariés **volontaires** ayant donné leur accord par **écrit** à leur employeur peuvent travailler le dimanche. 30965 C. trav. art. L 3132-25-4, al. 1 OA-III-11550 s

Le **refus** de travailler le dimanche ne peut pas être pris en compte par l'employeur pour refuser d'embaucher un candidat ou prendre à l'égard d'un salarié une mesure discriminatoire dans le cadre de son contrat de travail. En outre, il ne constitue pas une faute ou un motif de licenciement.

Sur les modalités de prise en compte d'un **changement d'avis** du salarié, voir ci-dessus nº 30960.

f. Autres cas de dérogation

DIMANCHES DU MAIRE

Douze fois par an, au maximum, dans les établissements de commerce de détail où le repos hebdomadaire a lieu normalement le dimanche, ce repos peut être **supprimé.** 30970 C. trav. art. L 3132-26 L 3132-27 R 3132-21 OA-III-10300 s

La décision est prise par le **maire,** y compris à **Paris** (Cons. const. 24-6-2016 nº 2016-547 QPC : RJS 8-9/16 nº 566) après avis des organisations d'employeurs et de salariés intéressées et du conseil municipal.

Lorsque le nombre de ces dimanches excède 5, la décision est prise après avis conforme de l'organe délibérant de l'établissement public de coopération intercommunale à fiscalité propre dont la commune est membre. À défaut de délibération dans un délai de 2 mois suivant sa saisine, cet avis est réputé favorable.

La liste des dimanches doit être arrêtée avant le **31 décembre** pour l'année suivante. Elle peut être modifiée dans les formes précitées en cours d'année, au moins 2 mois avant le premier dimanche concerné par cette modification.

L'arrêté municipal ou préfectoral détermine les conditions dans lesquelles le repos compensateur (nº 30975) est accordé.

> **Précisions** **a.** Un **décompte particulier** des dimanches est prévu pour les **commerces de détail alimentaire dont la surface de vente excède 400 m^2.** Pour eux, les jours fériés travaillés (à l'exception du 1er mai) doivent être déduits des dimanches désignés par le maire, dans la limite de 3.
> **b.** La décision doit concerner une **catégorie d'établissements** exerçant la même activité commerciale, sans pouvoir être limitée à un seul d'entre eux (CE 29-10-2008 nº 289617 : RJS 2/09 nº 178).

Le principe du **volontariat** s'applique aux salariés travaillant les dimanches du maire. Sur ses conséquences, voir nº 30965. 30975 C. trav. art. L 3132-26-1 L 3132-27 L 3132-27-1 OA-III-11900 s

Chaque salarié privé de repos dominical a droit à une **rémunération** au moins égale au double de la rémunération normalement due pour une durée équivalente, ainsi qu'à un **repos compensateur** équivalent en temps. Celui-ci est accordé collectivement ou par roulement dans la quinzaine qui précède ou suit la suppression du repos, selon des modalités précisées par l'arrêté municipal ayant supprimé le repos dominical (nº 30970). Si le repos dominical est supprimé un dimanche précédant une fête légale, le repos est donné le jour de cette fête.

> **Précisions** **a.** Des salariés ayant travaillé plusieurs dimanches sans avoir bénéficié de repos compensateur dans les 15 jours ayant précédé ou suivi la suppression du repos dominical ont droit à des **indemnités de repos,** même si l'arrêté du maire autorisant les entreprises à travailler ces jours-là ne précise pas les modalités d'octroi du repos compensateur (Cass. soc. 16-3-2011 nº 09-41.176 F-D).
> **b.** La majoration et le repos compensateur se cumulent. En aucun cas, le paiement du jour de repos compensateur, même majoré, ne remplace le paiement à 200 % du dimanche travaillé (Cass. crim. 22-9-2015 nº 13.82.284 FS-PBI).
> **c.** Si le dimanche travaillé tombe le jour d'un **scrutin national ou local,** l'employeur doit prendre toute mesure nécessaire pour permettre aux salariés d'exercer personnellement leur droit de vote.

TRAVAIL EN CONTINU POUR RAISONS ÉCONOMIQUES

Dans les **entreprises industrielles,** il est possible d'organiser le travail en continu pour raisons économiques et d'attribuer le repos hebdomadaire par roulement. 30980 C. trav. art. L 3132-14 OA-III-3050

Sur les modalités d'organisation du travail en continu, voir nº 30420.

Sur la rémunération des salariés, voir nº 30890.

La possibilité d'organiser le travail en continu pour raisons économiques et d'attribuer le repos hebdomadaire par roulement doit être prévue par **convention ou accord** d'entreprise ou d'établissement ou, à défaut, de branche étendu. 30985

C. trav. art. L 3132-14 R 3132-9 OA-II-15390 s

À défaut, elle peut être accordée par l'**inspecteur du travail,** après consultation des délégués syndicaux et avis du CSE, s'il existe, si elle tend à une meilleure utilisation des équipements de production et au maintien ou à l'accroissement du nombre des emplois existants.

2. DÉROGATIONS AU REPOS HEBDOMADAIRE

31000 C. trav. art. L 3132-8 L 3132-11 L 3164-3 OA-III-2000 s

Si un établissement industriel ou commercial attribue le repos hebdomadaire le même jour à tous les salariés, ce repos peut être réduit à une demi-journée pour les salariés affectés aux travaux de **nettoyage des locaux industriels et de maintenance** devant être réalisés nécessairement le jour de repos collectif et indispensables pour éviter un retard dans la reprise du travail. Une journée entière de repos compensateur est attribuée pour deux réductions d'une demi-journée.

Les **gardiens et concierges** des établissements industriels et commerciaux auxquels le repos hebdomadaire ne peut être donné bénéficient d'un repos compensateur.

Ces dérogations ne sont pas applicables aux moins de **18 ans.**

31005 C. trav. art. L 3132-4 L 3132-5 L 3132-7 L 3164-3 L 3132-10 R 3172-6 à R 3172-9

Le repos hebdomadaire peut être **suspendu** ou différé :

– sauf pour les moins de 18 ans, en cas de **travaux urgents** dont l'exécution immédiate est nécessaire pour organiser des mesures de sauvetage, prévenir des accidents imminents ou réparer des accidents survenus aux installations, au matériel ou aux bâtiments. Cette faculté de suspension s'applique non seulement aux salariés de l'entreprise où les travaux urgents sont nécessaires, mais aussi à ceux d'une autre entreprise faisant les réparations pour le compte de la première. Les salariés affectés aux travaux d'entretien et de réparation ont droit à un repos compensateur équivalent ;

– dans les industries traitant des **matières périssables** ou ayant à répondre à des **surcroîts extraordinaires de travail,** dans la double limite de 2 fois par mois et 6 fois par an. Ces industries sont définies par l'article R 3132-1 du Code du travail (ex. : ameublement, bijouteries, blanchisseries, boulangeries, pâtisseries, charcuteries, confection, conserveries de fruits, de légumes et de poissons, hôtels, restaurants, imprimeries, laiteries) ;

– dans les industries et les activités à caractère **saisonnier** et n'ouvrant en tout ou partie que pendant une période de l'année ; chaque travailleur bénéficie au moins de 2 jours de repos par mois, autant que possible le dimanche ; les établissements concernés sont définis par les articles R 3132-3 et R 3132-4 du Code du travail (notamment hôtels, restaurants, conserveries de fruits, de légumes et de poissons, à condition qu'ils n'ouvrent qu'à certaines époques de l'année) ;

– dans les établissements industriels fonctionnant **en continu** ; chaque salarié bénéficie, dans une période de travail donnée, d'un nombre de repos de 24 heures consécutives au moins égal au nombre de semaines comprises dans cette période, le plus possible le dimanche.

Dans tous ces cas, l'employeur doit informer l'**inspecteur du travail** avant le commencement du travail, sauf cas de force majeure. Il communique, par tout moyen, aux salariés, la copie de l'information transmise à l'inspecteur du travail.

> **Précisions a.** Dans les **ports, débarcadères et stations,** l'emploi de salariés le jour du repos hebdomadaire aux travaux de **chargement et de déchargement** est autorisé dans les mêmes cas et sous les mêmes conditions que ceux de prolongation de la durée du travail pour les mêmes travaux en vertu des décrets d'application de la durée du travail (C. trav. art. L 3132-6). Les activités concernées, définies par l'article R 3132-2 du Code du travail, comprennent, par exemple, les conserveries de fruits, de légumes et de poissons.
> **b.** Dans les établissements où sont exécutés des travaux pour le compte de l'État et dans l'intérêt de la **défense nationale,** les ministres intéressés peuvent suspendre temporairement le repos hebdomadaire (C. trav. art. L 3132-9).

C. Fermeture obligatoire des établissements

31020 C. trav. art. L 3132-29 OA-III-14000 s

Le **préfet** peut, par **arrêté,** sur demande des syndicats intéressés, ordonner la fermeture au public des établissements d'une profession et d'une zone géographique déterminées, pendant la durée du repos hebdomadaire.

Les arrêtés préfectoraux ne peuvent intervenir que lorsqu'un **accord** est conclu entre les syndicats d'employeurs et de salariés intéressés sur les conditions dans lesquelles le repos hebdomadaire est donné aux salariés. Ils ne sont obligatoires qu'une fois régulièrement publiés ou affichés et portés à la connaissance des personnes qu'ils concernent, leur insertion au recueil des actes administratifs ne suffisant pas (Cass. crim. 19-6-1990 n° 89-83.645 : RJS 10/90 n° 774 ; 5-3-1991 n° 90-80.344 : RJS 5/91 n° 587).

À la demande des organisations syndicales représentatives des salariés ou des employeurs de la zone géographique concernée exprimant la volonté de la **majorité des membres** de la profession de cette zone, le préfet doit **abroger** l'arrêté de fermeture, sans que cette abrogation puisse **prendre effet** avant un délai de 3 mois.

› Précisions **a.** La finalité de ces dispositions étant de préserver la concurrence entre les établissements d'une même profession, la fermeture s'impose à tous les établissements, y compris à ceux n'employant **aucun salarié** (Cass. crim. 25-2-1986 n° 85-90.167 ; CE 28-5-2003 n° 247120 : RJS 11/03 n° 1278).

Pour l'appréciation de la notion d'**identité de profession,** le critère principal à retenir est celui de la nature du produit vendu : sont concernés tous les commerçants qui vendent un même produit (Cass. soc. 17-10-2012 n° 11-24.315 FS-PB : RJS 12/12 n° 952 ; 11-5-2017 n° 15-25.195 FS-PB : RJS 7/17 n° 491).

Ces dispositions ne s'appliquent pas aux **activités** dont les modalités de fonctionnement et de paiement sont **automatisées** (stations-service, notamment).

b. L'arrêté préfectoral s'applique à tous les établissements compris dans son champ d'application, y compris à ceux autorisés de plein droit (CE 7-12-1992 n° 91173 : RJS 3/93 n° 282 ; 9-11-2005 n° 270501 : RJS 5/06 n° 586) ou par un accord collectif, fût-il étendu, à donner le repos hebdomadaire par roulement (Cass. soc. 11-5-2017 n° 15-25.195 FS-PB : RJS 7/17 n° 491). La décision ne peut pas comporter de **dérogation individuelle** (CE 2-3-1992 n° 98654 : RJS 9/92 n° 999), mais peut prévoir dans ses modalités d'application des **exceptions** pour tous les établissements remplissant les conditions qu'elle énonce : ainsi, l'arrêté peut prévoir de suspendre la fermeture dans certaines communes de montagne pendant certaines périodes de l'année qu'il fixe (CE 6-3-2002 n° 217459 : RJS 7/02 n° 822) ou encore prévoir des dérogations pour les fêtes légales, celles-ci ne se limitant pas aux jours fériés mais pouvant inclure, par exemple, la fête des Mères (Cass. soc. 11-5-2016 n° 14-26.975 FS-PB : RJS 7/16 n° 499).

Le **choix** donné au commerçant **du jour de fermeture** hebdomadaire constitue non une dérogation, mais une simple modalité d'application de l'arrêté (Cass. crim. 19-11-1991 n° 91-81.095 : RJS 3/92 n° 293 ; 4-1-1994 n° 91-86.246 : RJS 5/94 n° 558). Il en est de même de la possibilité pour les commerçants exerçant dans une galerie marchande de prendre comme jour de fermeture celui pratiqué par la galerie (Cass. crim. 9-1-2018 n° 15-85.274 F-PB : RJS 3/18 n° 193).

c. L'arrêté préfectoral ne peut pas prescrire un repos hebdomadaire d'une **durée** supérieure à 24 heures. Ainsi, il ne peut pas ordonner la fermeture des établissements le lundi sur la base d'un accord syndical octroyant aux salariés de la profession, en sus du dimanche, un jour de repos supplémentaire le lundi (CE 18-2-1991 n° 84631 : RJS 5/91 n° 586 ; Cass. crim. 7-12-1993 n° 91-86.733 : RJS 2/94 n° 155).

d. L'**accord** syndical visé ci-dessus n'est pas un accord collectif de travail (CE 15-5-2006 n° 277361 : RJS 10/06 n° 1077 ; Cass. soc. 12-7-2006 n° 04-20.770 FS-P : RJS 10/06 n° 1077). Il n'a donc pas à prendre la forme d'un document écrit et signé dans les conditions prévues pour les conventions et accords collectifs. Pour autant, il doit résulter d'échanges et de discussions menés simultanément et collectivement entre organisations d'employeurs et de salariés, et non de simples avis recueillis séparément auprès de chacune d'entre elles (CE 30-3-2005 n° 268603 : RJS 8-9/05 n° 859), et doit exprimer la volonté de la **majorité des professionnels** concernés par la fermeture hebdomadaire (Cass. soc. 11-10-1994 n° 89-21.395 P : RJS 11/94 n° 1271). En l'absence de majorité établie, l'arrêté préfectoral pris à la suite de cet accord est illégal (Cass. crim. 8-4-2014 n° 11-84.722 F-PBI : RJS 6/14 n° 484).

e. Sur l'incidence de l'**annulation** d'un arrêté préfectoral de fermeture, voir la solution visée n° 30915, b qui nous paraît transposable.

D. Contrôle

FORMALITÉS

Lorsque le **repos** est **donné collectivement** un **autre jour que le dimanche** (ou partiellement le dimanche) à la totalité ou à une partie du personnel, l'employeur doit indiquer aux salariés, par tout moyen, les jours et heures de ce repos, ces derniers ainsi que les modalités d'information des salariés envisagées devant être préalablement communiqués à l'inspecteur du travail. **31030** C. trav. art. R 3172-1 à R 3172-5 **OA-III-3070 s**

Lorsque le repos n'est **pas donné collectivement,** un registre spécial doit mentionner les noms des salariés soumis à un régime particulier de repos et indiquer ce régime. Ce registre doit préciser, pour chaque salarié, le jour et les fractions de jour de repos. Il doit être tenu à la disposition de l'inspecteur du travail qui le vise au cours de sa visite.

SANCTIONS

31040
OA-III-21300 s

Fermeture des établissements En cas d'infraction au repos dominical, le **juge des référés** peut être saisi, afin d'ordonner sous astreinte la fermeture le dimanche de l'établissement concerné, par un **syndicat** de salariés ou d'employeurs (Cass. ass. plén. 7-5-1993 n° 91-12.611 P : RJS 6/93 n° 620 ; Cass. soc. 25-10-1994 n° 90-12.756 PBBS : RJS 12/94 n° 1380 ; Cass. crim. 29-10-1996 n° 95-82.355 PF : RJS 2/97 n° 150), même si les salariés de l'entreprise sont consentants (Cass. soc. 22-1-2014 n° 12-27.478 FS-PB : RJS 4/14 n° 328), par une **entreprise concurrente** à titre individuel (Cass. soc. 30-5-2012 n° 10-25.349 PB : RJS 8-9/12 n° 716), ou par l'**inspecteur du travail** (C. trav. art. L 3132-31 et L 3134-15). Ce dernier est tenu non pas de dresser un procès-verbal, mais seulement d'établir – par tout moyen – l'emploi illicite qu'il entend faire cesser et dont il atteste dans le cadre de l'assignation (Cass. soc. 10-3-2010 n° 08-17.044 FS-PB : RJS 5/10 n° 434 ; 19-3-2014 n° 12-28.411 FS-PB : RJS 6/14 n° 485).

> **Précisions** **a.** Le non-respect du droit au repos dominical par certains commerçants n'autorise pas d'autres à se soustraire à ce droit au nom de la libre concurrence (Cass. soc. 22-1-2014 n° 12-27.478 FS-PB : RJS 4/14 n° 328).
Dans l'hypothèse où l'infraction au repos dominical est le fait d'un même employeur disposant d'établissements dans le ressort de plusieurs tribunaux, le juge des référés saisi est compétent pour statuer sur l'ensemble des demandes dès lors que cette infraction s'est, pour partie, réalisée, dans son ressort (Cass. soc. 22-1-2014 n° 12-27.478 FS-PB : RJS 4/14 n° 328).
b. Est, par ailleurs, interdite et passible d'une amende administrative, dont le montant ne peut excéder 15 000 € pour une personne physique et 75 000 € pour une personne morale, toute **publicité** portant sur une **opération commerciale** réalisée en infraction au repos hebdomadaire ou au repos dominical (C. consom. art. L 121-22, 3° et L 132-24).

31045
OA-III-21400 s

Autres sanctions civiles Les **salariés** privés irrégulièrement de leur repos dominical ont droit à des **dommages-intérêts** en réparation du préjudice subi (Cass. soc. 31-1-2006 n° 04-40.985 FS-PB : RJS 4/06 n° 462). Sur la **prescription** applicable à l'action du salarié, voir n° 70815.

L'employeur peut aussi être condamné à verser des dommages et intérêts à un **syndicat d'employeurs** (Cass. soc. 17-2-1994 n° 90-11.037 D : RJS 4/94 n° 423) ou de salariés (Cass. crim. 23-7-1980 n° 79-90.593) en raison de l'atteinte portée à l'intérêt collectif de la profession qu'il représente.

ILLUSTRATIONS

Le salarié travaillant habituellement le dimanche dans un **établissement ouvert le dimanche sans autorisation** peut prétendre non pas à un rappel de salaire au titre de la majoration prévue par la convention collective en cas de travaux exceptionnels le dimanche, mais à des dommages-intérêts en réparation du préjudice causé par la violation des dispositions légales (Cass. soc. 31-1-2006 n° 04-40.985 FS-PB : RJS 4/06 n° 462).

La **prise d'acte** par le salarié de la rupture de son contrat de travail pour non-respect des dispositions relatives au repos hebdomadaire produit les effets d'un licenciement sans cause réelle et sérieuse en raison du préjudice subi sur le plan de la santé (Cass. soc. 31-10-2012 n° 11-20.136 F-D : RJS 1/13 n° 13).

31050
C. trav. art. R 3135-2
OA-III-20200 s

Sanctions pénales Les infractions à la réglementation sur le repos hebdomadaire et le repos dominical sont passibles de l'**amende** prévue pour les contraventions de 5e classe (n° 67285), prononcée autant de fois qu'il y a de salariés illégalement employés.

Sur la possibilité pour l'inspection du travail de recourir à l'**amende administrative** ou à la **transaction pénale,** voir respectivement nos 43765 et 67220.

> **Précisions** **a.** Les contraventions à la règle du repos hebdomadaire ou dominical donnent lieu, qu'elles aient été perpétrées une seule fois ou à plusieurs reprises, à autant d'amendes qu'il y a de personnes illégalement employées (Cass. crim. 10-1-1995 n° 94-82.490 : RJS 4/95 n° 387 ; 25-11-1997 n° 96-86.297 PF : RJS 3/98 n° 322 ; 16-3-2010 n° 09-82.198 F-PF : RJS 7/10 n° 604). Ainsi, un **même salarié** employé irrégulièrement **plusieurs dimanches** de suite pourra donner lieu à autant d'amendes que d'infractions constatées.
b. Les infractions à la règle du repos hebdomadaire et du repos dominical comportent des **éléments constitutifs** spécifiques qui doivent être réprimés **distinctement** de sorte qu'un même salarié employé un même dimanche en **violation de ces 2 règles** donne lieu à 2 amendes (Cass. crim. 25-11-1997 n° 96-86.297 PF : RJS 3/98 n° 322). De même, en cas d'infractions à un arrêté préfectoral de fermeture et à la règle du repos hebdomadaire (Cass. crim. 11-1-2000 n° 98-87.599 PF : RJS 4/00 n° 419) ou du repos dominical (Cass. crim. 16-3-2010 n° 08-88.418 F-PF : RJS 7/10 n° 603).
c. L'**accord du personnel** pour travailler le dimanche en méconnaissance de la loi ne fait pas disparaître l'infraction (Cass. crim. 5-12-1989 n° 89-82.001 : RJS 1/90 n° 30 ; 24-4-1990 n° 89-82.778 : RJS 7/90 n° 579).

IV. JOURS FÉRIÉS

JOURS FÉRIÉS ORDINAIRES

Les jours fériés légaux ordinaires sont les suivants : 1er janvier, lundi de Pâques, 8 mai, Ascension, lundi de Pentecôte, 14 juillet, 15 août, Toussaint, 11 novembre, Noël. **31100** C. trav. art. L 3133-1 **OA-III-30300 s**

S'y ajoutent :

– dans la **collectivité européenne d'Alsace** (Haut-Rhin, Bas-Rhin) (Décret 2019-142 du 27-2-2019) et le département de la **Moselle,** le 26 décembre ; dans les communes ayant un temple protestant ou une église mixte, le Vendredi saint (C. trav. art. L 3134-13) ;

– dans les **départements et régions d'outre-mer, Mayotte, Saint-Barthélemy et Saint-Martin** les journées de commémoration de l'abolition de l'esclavage (C. trav. art. L 3422-2).

> **Précisions** L'article L 3133-1 du Code du travail liste les fêtes légales désignées comme des jours fériés, sans distinguer les jours fériés ordinaires et le 1er mai. Ce dernier ayant un statut propre, il fait l'objet d'un traitement particulier (voir n° 31110).

Le **repos des jours fériés** n'est **légalement obligatoire,** sauf dérogations, que pour les moins de 18 ans (C. trav. art. L 3164-6 et L 3164-8). En Alsace-Moselle, les jours fériés sont, sauf dérogation, chômés (C. trav. art. L 3134-2). **31105** C. trav. art. L 3133-2 L 3133-3-1 L 3133-3-2

En dehors de ces hypothèses, les jours fériés chômés dans l'entreprise sont définis par **accords d'entreprise ou d'établissement,** ou, à défaut, de branche. À **défaut d'accord,** la décision revient à l'employeur.

Il est interdit de **récupérer** les heures de travail perdues par suite de chômage d'un jour férié.

> **Précisions** Le repos des jours fériés prévu par une **convention collective** s'imposant à l'employeur, les salariés sont en droit de **refuser de travailler** (Cass. soc. 13-5-1986 n° 83-41.641 P ; 19-12-1990 n° 87-45.621 D). À l'inverse, le refus de travailler un jour férié non chômé autorise l'employeur à pratiquer une **retenue sur salaire** pour les heures non travaillées (Cass. soc. 3-10-1991 nos 88-43.026 P et 88-43.198 D : RJS 11/91 n° 1214 ; 10-10-1995 n° 91-43.982 P : RJS 11/95 n° 1137). Sur le calcul de cette retenue, voir n° 70725.
> Si la **journée de solidarité** est effectuée un jour férié chômé, les stipulations conventionnelles prévoyant le chômage de ce jour sont neutralisées (Loi 2004-626 du 30-6-2004 art. 4).
> Si un jour férié tombe un **dimanche,** l'employeur n'est pas tenu, sauf stipulation conventionnelle plus favorable, de donner congé à son personnel le lendemain ou la veille. Il en est de même si le jour férié tombe le jour de **repos hebdomadaire** ou un jour chômé de la semaine (ex. : samedi ou lundi). Pour les salariés à temps partiel, voir n° 77380. Sur le jour férié chômé qui tombe pendant les **congés payés,** voir n° 13490, ou pendant une période d'activité partielle, voir n° 1455, c.

31107

Négocier sur les jours fériés

Il est possible de négocier un accord pour l'avenir, y compris moins favorable que ce que prévoit la convention collective applicable à l'entreprise. Les jours fériés font partie du bloc 3, c'est-à-dire des thèmes relevant prioritairement de l'accord d'entreprise (n° 52260.). Mais certaines règles d'ordre public doivent être respectées.

Il est ainsi **possible** de :

– fixer (et donc limiter le cas échéant) les jours fériés qui seront chômés en plus du 1er mai ;

– réduire la condition d'ancienneté de 3 mois nécessaire à leur rémunération ;

– étendre le bénéfice des jours fériés chômés, et donc rémunérés, aux travailleurs à domicile ou intermittents ;

– prévoir les conditions d'un travail exceptionnel des jours fériés autres que le 1er mai ;

– prévoir – ou non – une majoration de salaire pour les jours fériés travaillés exceptionnellement.

Il n'est **pas possible,** en revanche, de :

– prévoir le travail du 1er mai si l'activité de l'entreprise ne l'exige pas ;

– instaurer une condition d'ancienneté ou réduire la rémunération du 1er mai chômé ;

– remplacer la majoration de 100 % du 1er mai travaillé par un jour de repos ;

– prévoir que les jours fériés chômés ne seront pas rémunérés ou donneront lieu à rémunération minorée ;

– prévoir que les jours fériés chômés seront récupérés ;

– prévoir que les jours fériés chômés ne donneront pas lieu à congés payés.

1ER MAI

31110 C. trav. art. L 3133-4 L 3133-5 D 3133-1 OA-III-33050 s

Le 1er mai est un jour férié et chômé en vertu de la loi. Celle-ci pose le principe du maintien du salaire et, dans les cas exceptionnels où le 1er mai est travaillé, d'une indemnité supplémentaire venant s'ajouter au salaire habituel (no 31140). Sur les sanctions applicables en cas de non-respect de ces règles, voir no 31145.

31112

Et les « ponts » ?

Les « ponts » correspondent à une période non travaillée d'un ou de deux jours ouvrables comprise entre un jour férié et un jour de repos hebdomadaire ou entre un jour de repos hebdomadaire et un jour férié (C. trav. art. L 3121-50, 3o).
Ces journées n'ont pas de régime légal. En l'absence de stipulations conventionnelles, la décision appartient à l'employeur et constitue une modification de l'horaire de travail, soumise aux formalités visées no 29815.
La journée de « pont » peut donner lieu à :
– un jour de congé ou de RTT posé par le salarié ;
– un jour de RTT fixé par l'employeur ;
– un jour payé « offert » par l'employeur.
Contrairement aux heures de travail perdues par suite du chômage d'un jour férié, les heures non travaillées en raison de journées de « pont » sont récupérables, c'est-à-dire qu'elles peuvent être effectuées à une autre période pour compenser (voir sur ce point no 30505). Ces heures ne font l'objet d'aucune majoration de salaire. Sur l'imputation des journées de « pont » sur les congés payés, voir no 13490.

RÉMUNÉRATION DES JOURS FÉRIÉS CHÔMÉS

31115 C. trav. art. L 3133-3 OA-III-30950 s

Jours fériés ordinaires Le chômage des jours fériés ordinaires ne peut entraîner aucune perte de salaire pour les salariés totalisant au moins 3 mois d'ancienneté dans l'entreprise ou l'établissement.

Ces dispositions s'appliquent aux salariés **saisonniers** si, du fait de divers contrats successifs ou non, ils cumulent une ancienneté totale d'au moins 3 mois dans l'entreprise.

Pour le calcul du **salaire** à maintenir, voir no 31130.

› Précisions **a.** La **condition d'ancienneté** de 3 mois s'applique, sauf dispositions conventionnelles plus favorables.
b. La note de service informant les salariés que les jours fériés du 14 juillet et du 15 août ne seraient plus travaillés et donc **défalqués** du compteur des jours de congés payés **méconnaît** les dispositions de l'article L 3133-3 du Code du travail pour les salariés bénéficiant d'une **ancienneté de plus de 3 mois** dans l'entreprise puisqu'elle aboutit à une perte de salaire consécutive au chômage des jours fériés (Cass. soc. 9-9-2020 no 18-24.673 F-D : RJS 11/20 no 542).
c. En cas de **suspension du contrat de travail** donnant lieu au maintien de tout ou partie du salaire (ex. : absence pour maladie ou consécutive à un accident du travail), le jour férié inclus dans cette période doit être indemnisé comme les autres jours d'absence.
d. L'employeur ne peut pas rémunérer les jours fériés chômés sur la base de la **durée quotidienne moyenne** du travail si cette pratique aboutit à une récupération prohibée d'une partie des heures perdues par suite du chômage du jour férié (Cass. soc. 13-6-2012 no 11-10.146 FS-PB : RJS 8-9/12 no 715).
e. Sauf dispositions conventionnelles plus favorables, les travailleurs à domicile ou intermittents sont **exclus** du maintien du salaire. Pour les travailleurs temporaires, voir no 82285.
Sur l'incidence des jours fériés chômés sur la rémunération des salariés à **temps partiel,** voir no 77380, a.

31125 C. trav. art. L 3133-5 D 3133-1 OA-III-33050 s

1er mai Le chômage du 1er mai ne doit entraîner aucune réduction de **salaire,** quels que soient la périodicité et le mode de rémunération. Les salariés **rémunérés à l'heure,** à la **journée** ou au **rendement** ont droit à une indemnité à la charge de l'employeur égale au salaire perdu du fait de ce chômage.

Le maintien de la rémunération pour la journée du 1er mai n'est subordonné à aucune condition, notamment d'**ancienneté.** Les conventions collectives qui prévoient une telle condition pour l'indemnisation des jours fériés ne s'appliquent pas sur ce point à la journée du 1er mai.

› Précisions Le salarié dont le contrat de travail prend fin la veille du 1er mai ne peut pas prétendre à la rémunération de cette journée. En revanche, le salarié dont le **préavis** expire le 1er mai doit être rémunéré au titre de cette journée.
En cas d'**embauche,** il convient aussi de distinguer selon que le contrat de travail prend effet le 1er mai ou le 2 mai.
Sur la question de savoir si les **jours de RTT** peuvent être positionnés sur des **jours fériés chômés** voir no 30365, a.

Salaire à maintenir Sauf indication contraire, les développements qui suivent sont communs à la journée du 1er mai et aux autres jours fériés chômés lorsqu'ils donnent lieu au maintien de la rémunération en application soit de la loi, soit de conventions ou accords collectifs prévoyant que le chômage de jours fériés ne peut être la cause d'une réduction du salaire. Sous réserve que les conditions prévues par ces différents textes soient réunies : 31130 OA-III-31400 s.
– le salarié a droit au maintien de son **salaire de base** et de tous les éléments ayant la nature d'un **complément** de salaire (sauf remboursements de frais professionnels) ;
– le salarié dont la rémunération comprend, outre un salaire fixe, un pourcentage variant en fonction du chiffre d'affaires mensuel a droit au paiement de la **partie variable** de sa rémunération calculée en fonction de la moyenne journalière des sommes perçues au même titre pendant les jours ouvrés du mois considéré (Cass. soc. 7-5-1996 n° 92-45.148 P : RJS 6/96 n° 679 ; 5-12-2001 n° 99-45.666 F-D : RJS 2/02 n° 185) ;
– pour les salariés dont l'horaire habituel de travail est supérieur à la durée légale, le principe du maintien de la rémunération implique que les heures qui auraient été normalement travaillées le jour férié chômé doivent être prises en compte pour calculer les majorations pour **heures supplémentaires** (CE 6-3-2002 n° 231530 : RJS 6/02 n° 688 ; Circ. DRT 6-12-2000) ;
– le 1er mai tombant un **jour habituellement chômé** dans l'entreprise n'a aucune incidence sur le salaire et ne donne donc pas lieu à une indemnité particulière, sauf convention ou usage plus favorable (Cass. soc. 5-12-1973 n° 72-40.299) ;
– lorsqu'un salarié travaille habituellement la nuit, les **primes de travail de nuit** doivent être maintenues les jours fériés chômés (Cass. soc. 27-6-2012 n° 10-21.306 FS-PB : RJS 10/12 n° 802) ;
– le maintien de la rémunération suppose la prise en compte des **heures** qui auraient **normalement** été **travaillées** le jour férié chômé et non d'une durée quotidienne moyenne (Cass. soc. 13-6-2012 n° 11-10.146 FS-PB : RJS 8-9/12 n° 715). Sur la rémunération de la journée du 1er mai comprise à l'intérieur d'une **période de suspension** du contrat de travail, voir n° 31115, a.

RÉMUNÉRATION DES JOURS FÉRIÉS TRAVAILLÉS

Jours fériés ordinaires Lorsque le jour férié est travaillé, les salariés ne bénéficient, sauf dispositions plus favorables, d'aucune majoration de leur rémunération (Cass. soc. 4-12-1996 n° 94-40.693 P : RJS 1/97 n° 47), sous réserve de l'application des majorations pour heures supplémentaires en cas de dépassement de la durée légale du travail. 31135 OA-III-32000 s

Cependant, de nombreuses **conventions collectives** prévoient le paiement d'un salaire majoré pour les heures effectuées au titre des jours fériés.

Sur la rémunération due lorsque le jour férié est travaillé au titre de la **journée de solidarité,** voir n° 31270.

› Précisions **a.** Si la convention collective prévoit une majoration de 100 % pour les **heures effectuées le dimanche et les jours fériés légaux,** il convient d'appliquer les principes suivants aux salariés mensualisés (Cass. soc. 27-3-1996 n° 92-40.705 D : RJS 6/96 n° 680) :
– le travail effectué au titre d'un jour férié tombant un jour ordinaire ouvre droit, en sus du salaire mensuel, à une rémunération correspondant aux heures effectuées ce jour-là ;
– le travail effectué un dimanche ou un jour férié tombant un dimanche ouvre droit, en sus du salaire mensuel, à une rémunération correspondant aux heures effectuées ce jour-là majorée de 100 %.
Si la convention collective prévoit 2 **majorations** distinctes pour le travail des jours fériés et le **travail du dimanche,** ces majorations ne se cumulent pas lorsque le jour férié tombe un dimanche (Cass. soc. 5-4-1974 n° 73-40.089).

b. Dans le cas où la convention collective prévoit une majoration de salaire pour les heures effectuées **exceptionnellement** les dimanches et jours fériés, voir n° 30890.

c. Des **travailleurs de nuit** travaillant de 0 à 5 h un jour férié ont droit à la majoration de salaire pour travail les jours fériés prévue par la convention collective, même s'ils ont chômé la nuit suivante, sauf si celle-ci exclut cette catégorie de salariés de son bénéfice (Cass. soc. 21-2-2007 n° 05-40.991 FS-PB : RJS 5/07 n° 607).

d. Sur le cumul entre majorations conventionnelles pour le travail des jours fériés et majorations légales pour **heures supplémentaires,** voir n° 41105.

e. Sur le droit des **cadres dirigeants** à la compensation financière prévue par une convention collective au profit des salariés travaillant les jours fériés, voir n° 29415.

1er mai Il n'est prévu d'**exception** au chômage du 1er mai que pour les établissements et services qui, en raison de la nature de leur activité, ne peuvent pas interrompre le travail. 31140 C. trav. art. L 3133-6 OA-III-33800 s

Les salariés occupés le 1er mai ont droit, en plus de leur **salaire** habituel, à une **indemnité** égale au montant de ce salaire (salaire de base et primes inhérentes à la nature du travail) mais, selon l'administration, hors majorations pour heures supplémentaires.

> Précisions **a.** Aucune liste des établissements admis à faire travailler leur personnel le 1er mai n'est établie, mais entrent dans cette catégorie les **transports,** les **usines à feu continu,** les établissements **hospitaliers,** les **hôtels,** les entreprises de **gardiennage.**
L'article L 3133-6 du Code du travail n'institue aucune dérogation de principe au repos du 1er mai en faveur des établissements et services bénéficiant du **repos par roulement.** Il appartient donc à celui qui se prévaut de ce texte d'établir que la nature de l'activité exercée ne permet pas d'interrompre le travail le jour du 1er mai (Cass. crim. 14-3-2006 n° 05-83.436 F-PF : RJS 7/06 n° 852).
b. Lorsque la convention collective prévoit pour les salariés occupés le 1er mai une journée de **repos compensateur,** cet avantage peut s'ajouter, le cas échéant, à l'indemnité légale (Cass. soc. 8-10-1996 n° 92-44.037 P : RJS 11/96 n° 1181), mais il ne peut pas s'y substituer (Cass. soc. 30-11-2004 n° 02-45.785 FS-PB : RJS 2/05 n° 162).
c. Des **travailleurs de nuit** travaillant de 0 à 5 h le 1er mai ont droit, pour ces 5 heures, à l'indemnité légale prévue au titre du travail le 1er mai, même s'ils ont chômé la nuit suivante (Cass. soc. 8-3-2007 n° 05-44.330 F-P : RJS 5/07 n° 607).

31145 C. trav. art. R 3135-3 OA-III-34500 s

Le **non-respect de l'obligation de repos** (ainsi que de l'obligation de rémunération du 1er mai chômé et du 1er mai travaillé) est passible de l'amende de la 4e classe (n° 67285), appliquée autant de fois qu'il y a de salariés indûment employés ou rémunérés.
Sur la possibilité pour l'inspection du travail de recourir à l'**amende administrative** ou à la **transaction pénale,** voir nos 43765 et 67220.

V. JOURNÉE DE SOLIDARITÉ

31250 C. trav. art. L 3133-7 OA-I-43000 s

La loi 2004-626 du 30-6-2004 a posé le principe d'une journée de solidarité prenant la forme, pour les salariés, d'une journée supplémentaire de travail non rémunéré et, pour les employeurs, d'une contribution patronale assise sur les salaires.

A. Travail d'une journée supplémentaire

MODALITÉS D'ACCOMPLISSEMENT

31265 C. trav. art. L 3133-11 L 3133-12 OA-I-43050 s

Les modalités d'accomplissement de la journée de solidarité sont fixées par **accord d'entreprise ou d'établissement** ou, **à défaut,** par accord de **branche.** L'accord peut prévoir :
– le travail d'un jour férié précédemment chômé autre que le 1er mai ;
– le travail d'un jour de repos accordé au titre d'un accord collectif aménageant le temps de travail sur plusieurs semaines (nos 30100 s.) ;
– ou toute autre modalité permettant le travail de 7 heures précédemment non travaillées en application de stipulations conventionnelles ou des modalités d'organisation des entreprises (ex. : un jour de RTT, un samedi ou un jour de congé payé conventionnel).
À **défaut d'accord collectif,** les modalités d'accomplissement de la journée de solidarité sont fixées par l'employeur, après consultation du comité social et économique.
Les stipulations conventionnelles prévoyant le chômage de la journée de solidarité sont expressément neutralisées par la loi (Loi 2004-626 du 30-6-2004 art. 4).

> Précisions **a.** Sont **concernés** tous les **salariés** relevant du Code du travail, y compris les catégories particulières visées dans sa 7e partie – VRP, travailleurs à domicile, concierges (n° 10055, d), employés de maison –, ainsi que les assistants maternels, etc. (Circ. DRT 10 du 16-12-2004, réputée abrogée).
Lorsqu'un **accord d'entreprise** prévoit le bénéfice de 2 **« ponts » annuels payés,** la journée de solidarité ne peut pas être fixée le jour de l'un d'entre eux (Cass. soc. 12-6-2013 n° 10-26.175 FP-D : RJS 10/13 n° 686).
Si la journée de solidarité est fixée un jour férié, elle ne concerne pas les **moins de 18 ans,** sauf dérogation à l'interdiction pour eux de travailler un jour férié (n° 45510).
La journée de solidarité s'applique aux départements du de la **Collectivité européenne d'Alsace et de la Moselle.** Toutefois, dans ces départements, l'accord collectif ou la décision de l'employeur ne peut retenir ni le premier ou le second jour de Noël ni le Vendredi saint (C. trav. art. L 3134-16).
La journée de solidarité ne peut pas être effectuée un **dimanche.** Dans le cas où le jour férié retenu pour cette journée tombe un dimanche, la règle du repos dominical prévaut et le salarié ne peut donc pas effectuer sa journée de

solidarité ce jour-là (Circ. DRT 10 du 16-12-2004, réputée abrogée).

b. Lorsque la journée de solidarité est **fractionnée** en heures, des modalités spécifiques doivent être prévues pour certains salariés, notamment ceux sous convention annuelle de forfait jours ou heures ou ceux à temps partiel (Circ. DRT 14 du 22-11-2005, réputée abrogée).

En cas de **changement d'employeur,** le salarié peut avoir déjà effectué une journée de solidarité au titre de l'année en cours. Dans ce cas, l'employeur peut lui demander d'effectuer une nouvelle journée, mais les heures travaillées à ce titre doivent alors être rémunérées, le cas échéant, comme des heures supplémentaires. Elles s'imputent sur le contingent annuel ou sur le nombre d'heures complémentaires ; elles donnent lieu, le cas échéant, à contrepartie obligatoire en repos. Le salarié peut aussi refuser de travailler cette journée supplémentaire, sans que ce refus constitue une faute ou un motif de licenciement. **31267** C. trav. art. L 3133-10 **OA-I-43400 s**

INCIDENCE SUR LA RÉMUNÉRATION

Le travail accompli, dans la limite de 7 heures, durant la journée de solidarité n'est pas rémunéré pour les **salariés mensualisés.** **31270** C. trav. art. L 3133-8 **OA-I-43500 s**

Au-delà, les heures effectuées sont rémunérées, le cas échéant comme heures supplémentaires (Circ. DRT 10 du 16-12-2004, réputée abrogée).

Pour les salariés au **forfait jours,** le travail accompli durant la journée de solidarité n'est pas rémunéré dans la limite de la valeur d'une journée de travail.

Il est recommandé de faire apparaître clairement la journée de solidarité sur le **bulletin de paie** pour pouvoir prouver qu'elle a été effectuée (Circ. DRT 10 du 16-12-2004, réputée abrogée).

Pour les salariés appelés à effectuer une **seconde journée de solidarité** au titre de la même période de référence, voir n° 31267.

› Précisions a. Les salariés **exclus** du champ de la **mensualisation** (n° 70755) sont astreints à cette journée de travail supplémentaire, mais doivent être rémunérés normalement pour le travail accompli à ce titre (Circ. DRT 10 du 16-12-2004, réputée abrogée).

Si la date de la journée de solidarité correspond à un jour férié précédemment chômé, toute **majoration de salaire** (ou repos compensateur) prévue par convention ou accord collectif pour le **travail des jours fériés** ne s'applique pas (Circ. DRT 10 du 16-12-2004, réputée abrogée).

b. Pour les salariés à **temps partiel,** la limite de 7 heures est réduite proportionnellement à la durée contractuelle (C. trav. art. L 3133-8).

Les salariés travaillant chez **plusieurs employeurs** doivent effectuer chez chacun d'eux une journée de solidarité au prorata de leur durée contractuelle. Si le cumul des deux emplois dépasse la durée légale, les 7 heures sont dues à l'un et l'autre des employeurs au prorata de la durée contractuelle respective. Pour les salariés ayant simultanément une **activité à temps plein** et une activité à temps partiel, la journée de solidarité ne doit être effectuée que dans l'entreprise où le salarié exerce son activité à temps plein (Circ. DRT 10 du 16-12-2004, réputée abrogée).

c. En cas de **refus du salarié** d'effectuer la journée de solidarité, l'employeur peut pratiquer une retenue sur salaire, même s'il est mensualisé. Ainsi, lorsque la journée de solidarité est fixée un jour férié précédemment chômé pour lequel le salarié aurait été rémunéré par l'effet de la mensualisation, l'absence injustifiée ou la grève de l'intéressé autorise l'employeur à pratiquer une retenue qui ne constitue pas une sanction pécuniaire (Cass. soc. 16-1-2008 n°s 06-43.124 FS-PBRI et 06-42.327 FS-PBRI : RJS 3/08 n° 293).

INCIDENCE SUR LA DURÉE DU TRAVAIL

Dans la limite de 7 heures, les heures correspondant à la journée de solidarité ne s'imputent pas sur le **contingent annuel** d'heures supplémentaires et ne donnent pas lieu à **contrepartie obligatoire en repos.** **31275** C. trav. art. L 3133-9 **OA-I-43600 s**

L'accomplissement d'une journée de solidarité (par exemple, le samedi) ne peut pas avoir pour effet d'entraîner un dépassement de la **durée hebdomadaire maximale** absolue de travail fixée à 48 heures (Circ. DRT 10 du 16-12-2004, réputée abrogée).

› Précisions a. Pour les salariés à **temps partiel,** les heures effectuées au titre de la journée de solidarité ne sont pas prises en compte, dans la limite de 7 heures réduite au prorata de la durée de travail stipulée au contrat, pour l'application des dispositions limitant le nombre des heures complémentaires ou prescrivant une majoration de l'horaire contractuel en cas d'accomplissement régulier d'heures complémentaires.

b. Pour les salariés appelés à effectuer une **seconde journée de solidarité** au titre de la même période de référence, voir n° 31267.

B. Contribution de solidarité autonomie

CHAMP D'APPLICATION

31290 CASF art. L 14-10-4 C-V-9500 s La contribution de solidarité autonomie est due par les **employeurs**, publics ou privés, au titre des personnes pour lesquelles ils sont redevables de cotisations patronales destinées au financement d'un régime de base d'assurance maladie applicable en métropole ou dans les départements d'outre-mer (régime général, régime des salariés agricoles, régimes spéciaux).

Le versement de cette contribution est indépendant de l'application de la journée de solidarité (Circ. DSS 622 du 22-12-2004 : BOSS 1-05, réputée abrogée).

› **Précisions** **a.** Sont considérées comme employeurs les personnes auxquelles incombe le paiement des cotisations patronales d'assurance maladie, indépendamment de l'existence d'un **lien de subordination** avec l'assuré (Circ. DSS 307 du 1-7-2004 : BOSS 42-04, réputée abrogée).
La contribution est ainsi due sur les gratifications versées aux **stagiaires** par l'entreprise d'accueil et sur les rémunérations versées aux **dirigeants** affiliés au régime général (Circ. DSS 307 du 1-7-2004 : BOSS 42-04, réputée abrogée ; Circ. DSS 622 du 22-12-2004 : BOSS 1-05, réputée abrogée).
b. Ne sont pas assujetties les rémunérations versées aux salariés affiliés à un régime de sécurité sociale **étranger** ou à un régime français autonome de sécurité sociale applicable dans les collectivités ou les territoires d'**outre-mer** (Circ. DSS 307 du 1-7-2004 : BOSS 42-04, réputée abrogée).
En cas de **détachement** à l'étranger avec maintien au régime français, les rémunérations versées sont assujetties à la contribution solidarité autonomie (Circ. DSS 307 du 1-7-2004 : BOSS 42-04, réputée abrogée).
c. Lorsque le salarié ou assimilé relève de **plusieurs régimes** de sécurité sociale de base au titre de la même activité, la contribution solidarité autonomie est due au régime destinataire de la cotisation patronale d'assurance maladie (Circ. DSS 307 du 1-7-2004 : BOSS 42-04, réputée abrogée).
En cas de **changement** d'employeur en cours d'année, chacun des employeurs est redevable de la contribution (Circ. DSS 622 du 22-12-2004 : BOSS 1-05, réputée abrogée).

MONTANT ET RECOUVREMENT

31300 La contribution est **calculée** sur la même assiette que les cotisations patronales d'assurance maladie (nos 22320 s.) et **recouvrée** dans les mêmes conditions et sous les mêmes garanties. Son **taux** est de 0,3 %.

Les **allégements** de cotisations patronales de sécurité sociale, sauf la réduction générale de cotisations (no 1885), ne sont pas applicables à la contribution solidarité autonomie (Circ. DSS 307 du 1-7-2004 : BOSS 42-04, réputée abrogée).

› **Précisions** **a.** Lorsque les cotisations patronales d'assurance maladie sont calculées sur une **assiette forfaitaire,** la contribution est calculée sur cette même assiette. Si l'employeur et/ou le salarié peuvent opter entre une base forfaitaire et la rémunération réelle, ils doivent choisir la même option pour la cotisation patronale d'assurance maladie et pour la contribution solidarité autonomie (Circ. DSS 307 du 1-7-2004 : BOSS 42-04, réputée abrogée).
Lorsque le **montant** des cotisations de sécurité sociale est **fixé forfaitairement,** le montant de la contribution est considéré comme étant inclus dans celui de la cotisation forfaitaire à la charge de l'employeur (Circ. DSS 307 du 1-7-2004 : BOSS 42-04, réputée abrogée).
Les **abattements de taux** dont bénéficient certains salariés (artistes du spectacle, journalistes, professions médicales à temps partiel) ne s'appliquent pas à la contribution (Circ. Acoss 127 du 9-9-2004).
b. Sont, en particulier, **assujetties** à la contribution les rémunérations des salariés sous contrat d'accompagnement dans l'emploi et contrat de professionnalisation (Circ. Acoss 127 du 9-9-2004 ; Circ. DSS 622 du 22-12-2004 : BOSS 1-058, réputée abrogée ; Circ. Acoss 172 du 27-12-2004). Sur ces contrats, voir nos 20715 s.
La contribution due pour les personnes ouvrant droit à la Pajemploi (nos 33510 s.) est **prise en charge** dans les mêmes conditions que les autres cotisations et contributions (Circ. Acoss 127 du 9-9-2004 ; Circ. DSS 622 du 22-12-2004 : BOSS 1-058, réputée abrogée).

BULLETIN DE PAIE

31305 La contribution est mentionnée sur les bulletins de paie, mais **fusionnée** avec les autres contributions dues uniquement par l'employeur au sein d'une rubrique intitulée « Autres contributions dues par l'employeur » (no 70790, b).

ÉGALITÉ PROFESSIONNELLE

SOMMAIRE

A. Sources

DROIT EUROPÉEN

Le **traité** sur le fonctionnement de l'UE (TFUE) contient une clause générale de non-discrimination (art. 19). Il pose également le principe fondamental de l'égalité de traitement entre les femmes et les hommes (art. 157), qui s'impose aux États membres (CJCE 15-6-1978 aff. 149/77). Ce dernier article prévoit aussi la possibilité pour ces États d'adopter des mesures spécifiques en faveur des femmes afin d'assurer une égalité concrète entre les sexes. Le juge européen ayant admis son effet direct (CJCE 8-4-1976 aff. 43/75), ce texte peut être invoqué par les particuliers devant le juge français. **32000** N-VII-500 s. N-VII-10450 s.

Il existe par ailleurs des **directives** européennes qui ont été transposées en droit français, notamment par la loi 2008-496 du 27-5-2008.

DROIT NATIONAL

Le préambule de la **Constitution** de 1946, qui a valeur constitutionnelle, énonce que la loi garantit à la femme, dans tous les domaines, des droits égaux à ceux de l'homme. **32010** N-VII-800 s. N-VII-10650 s.

Le **Code du travail** comprend une disposition d'ordre général interdisant la discrimination (art. L 1132-1) et plusieurs dispositions spécifiques : appartenance à un syndicat (nos 73065 s.) ; état de grossesse (no 51230) ; exercice du droit de grève (nos 11100 s.).

Les atteintes au principe de non-discrimination peuvent en outre être poursuivies sur la base des articles 225-1 à 225-4 du **Code pénal** (no 32330).

Dans le cadre de la **négociation collective** obligatoire, les **entreprises** sont tenues d'aborder les questions relatives à l'égalité professionnelle entre les femmes et les hommes selon les modalités exposées nos 51990 s. **32020** C. trav. art. L 2241-1, L 2241-4, L 2241-5 et L 2241-11 N-VII-12500 s.

Les organisations syndicales et patronales liées par une convention de **branche** ou un accord **professionnel** doivent négocier, au moins une fois tous les 4 ans, sur les mesures tendant à assurer l'égalité femmes-hommes et à remédier aux inégalités constatées. Le calendrier, la périodicité et les modalités de cette négociation peuvent être déterminés dans un accord d'adaptation signé par ces organisations, sous réserve de ne pas prévoir une durée supérieure à 4 ans entre deux négociations. En l'absence d'un tel accord d'adaptation, elles se réunissent tous les 3 ans pour négocier sur l'égalité professionnelle entre les sexes, la mise en œuvre des éventuelles mesures salariales de rattrapage faisant l'objet d'un suivi dans le cadre de la négociation annuelle obligatoire sur les salaires.

> Précisions **a.** Pour être **étendues,** les conventions collectives de branche doivent obligatoirement comporter des clauses relatives aux modalités d'application du principe « à travail égal, salaire égal », à l'égalité de traitement entre les salariés, à la prévention des discriminations et à l'égalité professionnelle entre les femmes et les hommes (C. trav. art. L 2261-22 et R 2261-1).

b. Un **accord national interprofessionnel** sur l'égalité femmes-hommes a été signé le 1-3-2004 et étendu par arrêté du 22-4-2005 (JO 5-5). Un autre accord relatif à la diversité dans l'entreprise a été signé le 12-10-2006 et étendu par arrêté du 22-2-2008 (JO 1-3).

c. Sur l'interdiction d'insérer dans une convention collective une **clause contraire** au principe d'égalité entre les sexes, voir n° 32180.

B. Égalité entre tous les salariés

1. INTERDICTION DES DISCRIMINATIONS

32050 C. trav. art. L 1131-1 et L 1142-6 **N-VII-1510** **N-VII-13350**

Le principe de non-discrimination posé par le Code du travail est applicable à tous les employeurs et salariés de **droit privé** et au personnel employé par une personne publique dans les conditions de droit privé.

> Précisions **a.** Dans les lieux de travail et dans les locaux ou à la porte des locaux où se fait l'embauche, les personnes mentionnées n° 32060 (salarié, candidat à l'embauche, à une fonction exécutive, à un stage, etc.) doivent être **informées** par tout moyen du texte des articles 225-1 à 225-4 du Code pénal relatifs aux discriminations prohibées (n° 32330).

b. L'employeur doit assurer une **égalité de traitement** entre tous les salariés, y compris les apprentis (n° 3460), les titulaires d'un contrat de professionnalisation (n° 20735), les salariés en CDD (n° 20010) et à temps partiel (n°s 77360 s.), les travailleurs temporaires (n° 82000) et étrangers (n°s 35950 s.), sauf impossibilité due à leur situation. S'agissant de l'égalité entre les femmes et les hommes, voir n°s 32180 s.

MOTIFS DISCRIMINATOIRES PROHIBÉS

32060 Loi 2008-496 du 27-5-2008 C. trav. art. L 1132-1 à L 1132-3-3 **N-VII-1000 s** **N-VII-2000 s**

Aucune personne ne peut être écartée d'une procédure de recrutement ou de nomination ou de l'accès à un stage ou à une période de formation en entreprise, aucun salarié ne peut être sanctionné, licencié ou faire l'objet d'une mesure discriminatoire, directe ou indirecte, notamment en matière de rémunération (voir n°s 32100 s.), de mesures d'intéressement, de distribution d'actions, de formation, de reclassement, d'affectation, de qualification, de classification, de promotion professionnelle, de mutation ou de renouvellement de contrat pour les **motifs suivants** : origine, sexe (voir n°s 32180 s.), mœurs, orientation sexuelle, identité de genre, âge, situation de famille, grossesse, caractéristiques génétiques, particulière vulnérabilité résultant de la situation économique de l'intéressé apparente ou connue de l'auteur de la discrimination, appartenance ou non-appartenance, vraie ou supposée, à une ethnie, une nation ou une prétendue race, opinions politiques, activités syndicales (voir n°s 73065 s.) ou mutualistes, convictions religieuses, apparence physique, nom de famille, lieu de résidence, domiciliation bancaire, état de santé, perte d'autonomie, handicap, capacité à s'exprimer dans une langue autre que le français.

En outre, aucun salarié ne peut être sanctionné, licencié ou faire l'objet de l'une des mesures discriminatoires ci-dessus en raison de l'exercice normal du droit de grève (voir n°s 11120 s.), d'un mandat électif local ou de fonctions de juré ou de citoyen assesseur ou encore pour avoir témoigné ou relaté des agissements discriminatoires ou des faits constitutifs d'un délit ou d'un crime dont il aurait eu connaissance dans l'exercice de ses fonctions.

Sur la protection du **lanceur d'alerte,** voir n° 56070, c ; du salarié ayant refusé sa **mutation géographique** en raison de son orientation sexuelle, voir n° 78285, c.

> Précisions **a.** La discrimination est **directe** quand, pour l'un de ces motifs, une personne est traitée moins favorablement qu'une autre ne l'est, ne l'a été ou ne l'aura été dans une situation comparable (Loi 2008-496 du 27-5-2008 art. 1). Par exemple, constitue une discrimination directe fondée sur l'**origine** le fait de demander à un salarié de porter un prénom français au lieu de son prénom d'origine étrangère (Cass. soc. 10-11-2009 n° 08-42.286 FS-PBR : RJS 1/10 n° 4), une discrimination fondée sur l'**apparence physique** rapportée au sexe le fait d'interdire à un chef de rang d'un restaurant de porter des boucles d'oreilles parce qu'il est un homme (Cass. soc. 11-1-2012 n° 10-28.213 FS-PB : RJS 3/12 n° 214) et une discrimination fondée sur l'**orientation sexuelle** le fait pour un salarié homosexuel de subir une baisse injustifiée de sa rémunération variable (CA Paris 22-9-2016 n° 14/07337 : RJS 1/17 n° 4) ou un retard injustifié dans l'évolution de sa carrière (Cass. soc. 24-4-2013 n° 11-15.204 FS-PB : RJS 7/13 n° 506). En revanche, ne suffit pas à caractériser une discrimination fondée sur l'**état de santé** du salarié la procédure de licenciement engagée avant son arrêt maladie (Cass. soc. 27-2-2013 n° 11-27.130 F-PB : RJS 5/13 n° 364).

b. La discrimination est **indirecte** lorsqu'une disposition, un critère ou une pratique, neutre en apparence, peut entraîner un désavantage particulier pour certaines personnes par rapport à d'autres, sauf à être objectivement justifié par un but légitime et des moyens nécessaires et appropriés (Loi 2008-496 du 27-5-2008 art. 1). Constituent une discrimination indirecte en raison de l'**état de santé** un mode de rémunération qui, apparemment neutre, pénalise les salariés malades (Cass. soc. 9-1-2007 n° 05-43.962 FS-PBR : RJS 3/07 n° 346) ou un dispositif culpabilisant les salariés absents, notamment en cas de maladie (Cass. soc. 12-2-2013 n° 11-27.689 FS-PB : RJS 4/13 n° 255). En revanche, le plafonnement de l'indemnité conventionnelle de licenciement en fonction de l'ancienneté ne constitue pas une discrimination indirecte fondée sur l'**âge** (Cass. soc. 30-4-2009 n° 07-43.945 FS-PB : RJS 7/09 n° 600). Pour un exemple de discrimination indirecte fondée sur le **sexe**, voir n° 12080, c.

c. La discrimination inclut les faits de **harcèlement moral et sexuel** définis par le droit européen (voir n°s 17070, a et 17075, c) et le fait d'**enjoindre** à quiconque d'adopter un comportement discriminatoire (Loi 2008-496 du 27-5-2008 art. 1). La protection contre les discriminations bénéficie au salarié ayant **témoigné** ou **relaté** de tels agissements.

DOMAINES D'APPLICATION

Le principe de non-discrimination s'applique dès la procédure de **recrutement** (n° 33130), que celle-ci soit effectuée directement par l'employeur ou par l'intermédiaire d'un cabinet de recrutement, et pendant toute l'exécution du contrat de travail jusqu'à sa rupture. En ce qui concerne la rupture, ce principe vise non seulement le **licenciement** mais également la rupture de la **période d'essai** (Cass. soc. 16-2-2005 n° 02-43.402 FS-PB : RJS 5/05 n° 469) ou la mise à la **retraite** (Cass. soc. 21-12-2006 n° 05-12.816 FP-PBRI : RJS 3/07 n° 326 ; 15-1-2013 n° 11-15.646 FS-PB : RJS 3/13 n° 202), mais pas la rupture du contrat résultant d'une **adhésion volontaire** du salarié à un dispositif de **préretraite** conventionnel, le salarié ne pouvant s'estimer victime d'une décision de l'employeur (Cass. soc. 20-4-2017 n° 15-28.304 FS-PB : RJS 7/17 n° 455). **32070** N-VII-1600 s

L'existence d'une discrimination n'implique pas nécessairement une **comparaison** avec la situation d'autres salariés (Cass. soc. 10-11-2009 n° 07-42.849 FS-PB : RJS 1/10 n° 6 ; 12-6-2013 n° 12-14.153 FS-PB : RJS 8-9/13 n° 616). En cas de comparaison, il n'est pas exigé que les salariés soient dans une situation identique, il suffit qu'ils soient dans une **situation équivalente** (Cass. soc. 5-5-2011 n° 09-43.175 F-D : RJS 7/11 n° 575). La comparaison concernant un déroulement de carrière doit être faite avec des salariés engagés dans des conditions identiques de diplômes, de qualification et à une date voisine (Cass. soc. 24-10-2012 n° 11-12.295 F-D : RJS 1/13 n° 6). Sur les éléments de comparaison que le salarié peut exiger de l'employeur, voir n° 32275, a.

> Précisions a. La discrimination peut être retenue lorsque l'**embauche** a été **retardée** pour un motif illicite, tel que l'origine du candidat (Cass. soc. 18-1-2012 n° 10-16.926 F-PB : RJS 5/12 n° 406). Elle peut même être reconnue en l'absence de **victime identifiable,** par exemple, lorsque l'employeur déclare publiquement qu'il ne recrutera pas de salariés étrangers (CJCE 10-7-2008 aff. 54/07 : RJS 11/08 n° 1136) ou qu'il ne veut pas recruter certaines personnes en raison de leur orientation sexuelle (CJUE 23-4-2020 aff. 507/18 : RJS 10/20 n° 518). Sur la formation des chargés de recrutement à la non-discrimination à l'embauche, voir n° 33130.

b. La discrimination peut être invoquée par la victime d'un traitement défavorable qu'elle soit elle-même discriminée ou étroitement associée à une personne qui le serait. Ainsi, a été jugé discriminatoire **par association** le licenciement d'une salariée lié au fait qu'elle avait la charge d'un enfant handicapé (CJCE 17-7-2008 aff. 303/06 : RJS 11/08 n° 1135) ou en raison des activités syndicales de son conjoint (Cons. prud'h. Caen 25-11-2008 n° 06-120 : RJS 2/09 n° 134).

c. Tenu envers les salariés d'une obligation de sécurité, l'employeur doit répondre des agissements discriminatoires **commis sur eux par des tiers** exerçant de fait ou de droit une autorité (Cass. soc. 30-1-2019 n° 17-28.905 F-PB : RJS 4/19 n° 196).

d. Le principe de non-discrimination s'applique également à la procédure de **nomination aux fonctions exécutives** des sociétés (président, directeur général, directeurs généraux délégués, présidents de comités exécutifs, membres du directoire, etc.).

DIFFÉRENCES DE TRAITEMENT AUTORISÉES

Le principe de non-discrimination ne fait pas obstacle aux différences de traitement lorsqu'elles répondent à une **exigence professionnelle** essentielle et déterminante et pour autant que l'objectif soit légitime et l'exigence proportionnée. **32080** C. trav. art. L 1133-1 et L 1133-2 N-VII-4600 s

Ainsi, les différences de traitement fondées sur l'**âge** (Cass. soc. 11-5-2010 n°s 08-43.681 FP-PBR et 08-45.307 FP-PBR : RJS 7/10 n° 582 ; 16-2-2011 n°s 09-72.061 FS-PBR et 10-10.465 FS-PBR : RJS 5/11 n°s 474 et 477) ne constituent pas une discrimination si elles sont justifiées par un objectif légitime et que les moyens pour y parvenir sont appropriés et nécessaires.

ILLUSTRATIONS

N'est pas discriminatoire le fait de ne pas devoir verser l'indemnité de précarité à un **jeune ayant conclu un CDD** lors de ses vacances scolaires ou universitaires dans la mesure où il ne se trouve pas en situation de précarité professionnelle à l'issue de son contrat puisqu'il a vocation à reprendre ses études au terme de ses vacances (CJUE 1-10-2015 aff. 432/14 : RJS 1/16 nº 82). En outre, si la mise à la retraite automatique à **67 ans** peut constituer une différence de traitement justifiée par un objectif légitime relatif à la politique de l'emploi et du marché du travail (CJUE 5-7-2012 aff. 141/11 : RJS 1/13 nº 86), limiter à **60 ans** l'âge d'activité du personnel navigant d'une compagnie aérienne (pilotes de ligne, hôtesses de l'air, stewards) ne se justifie pas en termes de sécurité aérienne et de politique de l'emploi (Cass. soc. 3-7-2012 nº 11-13.795 FS-PB : RJS 10/12 nº 851 ; 21-9-2017 nº 16-10.291 FS-PB : RJS 12/17 nº 843). De même, prévoir dans le cadre d'un plan de départ volontaire le versement d'une indemnité différenciée selon l'âge est discriminatoire si cette mesure désavantage les plus âgés de manière excessive (Cass. soc. 9-12-2015 nº 14-22.766 F-D : RJS 2/16 nº 121).

32090 C. trav. art. L 1133-3 à L 1133-6

Ne constituent pas non plus une discrimination les différences de traitement fondées sur l'**inaptitude** constatée par le médecin du travail **en raison de l'état de santé ou du handicap** lorsqu'elles sont objectives, nécessaires et appropriées, ainsi que les mesures visant à favoriser l'égalité de traitement des personnes **handicapées,** de celles résidant dans certaines **zones géographiques** ou des individus vulnérables en raison de leur **situation économique.**

Sur la possibilité pour l'employeur de **sanctionner différemment** des salariés ayant participé à une même faute, voir nº 56250 ; de **traiter différemment les femmes et les hommes** dans certaines situations, voir nº 32185.

› Précisions Ne constitue pas une discrimination en raison de l'état de santé le refus d'une mutation du salarié à l'étranger motivé par l'existence de **contraintes administratives et matérielles** rendant aléatoire l'approvisionnement en médicaments et ne permettant pas de garantir la continuité de son traitement médical (Cass. soc. 18-9-2019 nº 18-11.114 FS-D : RJS 12/19 nº 675).

2. ÉGALITÉ DE RÉMUNÉRATION

32100 C. trav. art. L 2271-1 et R 2261-1 N-VII-16500 s

Principe fondamental dégagé par la jurisprudence, la règle « à travail égal, salaire égal » oblige l'employeur à assurer une égalité de rémunération (sur cette notion, voir nº 32195) entre des salariés effectuant un **même travail** ou un **travail de valeur égale** (Cass. soc. 21-6-2005 nº 02-42.658 FP-PBRI : RJS 10/05 nº 978). Ainsi, si l'employeur peut **librement fixer** des rémunérations différentes en fonction des compétences de chacun de ses salariés, il est tenu d'assurer l'égalité de rémunération entre tous les salariés placés dans une situation identique (Cass. soc. 29-10-1996 nº 92-43.680 PF : RJS 12/96 nº 1272). À défaut, il doit pouvoir **justifier toute disparité** de salaire (voir nºs 32120 s.). Cette règle est une application particulière du principe d'égalité de traitement entre les salariés. Elle s'oppose à ce que des salariés, placés dans une situation identique, soient traités différemment au regard de l'octroi d'une augmentation de salaire, d'une prime ou d'un avantage.

Les exemples donnés ci-après valent pour l'application de l'égalité de rémunération entre les femmes et les hommes.

› Précisions **a.** La rémunération d'un salarié ne peut pas être **réduite** au motif qu'un autre salarié assurant un travail d'une valeur supérieure perçoit la même rémunération (Cass. soc. 29-6-1999 nº 97-41.567 PBR : RJS 8-9/99 nº 1069).

b. Sur l'application du principe d'égalité de traitement en cas de **transfert d'entreprise,** voir nº 74780, d (transfert légal) et nº 75030, f (transfert conventionnel).

a. Comparaison entre les salariés

PÉRIMÈTRE DE LA COMPARAISON

32110 N-VII-17000 s

Le principe d'égalité de rémunération s'applique dans la mesure où les salariés sont placés dans une **situation identique** (Cass. soc. 8-3-2005 nº 02-45.848 F-D : RJS 5/05 nº 518). Ainsi, ils doivent appartenir à la même entreprise (Cass. soc. 12-7-2006 nº 04-46.104 F-D : RJS 11/06 nº 1186) et les conditions de rémunération doivent être fixées par une source unique et commune : loi, convention collective, direction d'entreprise (CJCE 17-9-2002 aff. 320/00 : RJS 12/02 nº 1454).

Si la différence de traitement résulte des termes mêmes de la norme qui l'institue, la comparaison entre salariés ne s'impose pas (Cass. soc. 23-3-2011 nº 09-42.666 FS-PB : RJS 6/11 nº 496).

> Précisions **a.** La règle « à travail égal, salaire égal » ne s'applique pas lorsque des salariés travaillent pour des **entreprises différentes,** peu important qu'elles appartiennent au **même groupe** (Cass. soc. 14-9-2010 nº 08-44.180 F-D : RJS 11/10 nº 849) ou que ces salariés soient soumis à la **même convention collective** (Cass. soc. 24-9-2008 nº 06-45.579 FS-PBRI : RJS 11/08 nº 1070).

b. Au sein d'une **même entreprise,** le principe d'égalité ne s'applique pas, par exemple, entre :
– des fonctionnaires ou agents publics et des agents privés rémunérés selon des dispositions conventionnelles (Cass. soc. 21-12-2006 nº 05-41.919 F-D : RJS 3/07 nº 341), sauf s'il s'agit d'un avantage ouvert à tout le personnel sur le critère de la fonction ou du poste (Cass. ass. plén. 27-2-2009 nº 08-40.059 PBRI : RJS 5/09 nº 475 ; 12-6-2013 nº 12-17.273 FS-PB : RJS 8-9/13 nº 625). Sont notamment visées les entreprises à statut particulier : EDF, La Poste (Cass. soc. 6-2-2013 nº 11-26.604 FP-PB : RJS 4/13 nº 328) ;
– des salariés permanents et des salariés mis à disposition par un autre employeur (Cass. soc. 6-7-2005 nº 03-43.074 FS-PB : RJS 10/05 nº 979) ;
– des salariés d'une unité économique et sociale sauf si leur travail est accompli dans un même établissement (Cass. soc. 1-6-2005 nº 04-42.143 FS-PBRI : RJS 8-9/05 nº 846 ; 30-5-2012 nº 11-11.387 F-D : RJS 8-9/12 nº 708).

c. Une différence de traitement ne peut être pratiquée par l'employeur entre des salariés relevant d'**établissements différents** d'une même entreprise que si cette inégalité repose sur une raison objective et pertinente comme peut l'être, par exemple, la disparité du coût de la vie existant entre les salariés d'un établissement situé en Île-de-France et ceux d'un établissement de province (Cass. soc. 14-9-2016 nº 15-11.386 FS-PBRI : RJS 11/16 nº 676). Sur la différence de traitement entre établissements issue d'un accord collectif conclu avec des syndicats représentatifs, voir nº 32155.

d. Le principe d'égalité de rémunération ne se limite pas aux situations dans lesquelles les salariés effectuent **simultanément** un travail égal pour un même employeur (Cass. soc. 8-12-2015 nº 13-28.461 F-D : RJS 3/16 nº 159). Un salarié peut réclamer une rémunération identique à celle perçue par un salarié effectuant le même travail, que ce dernier ait été **embauché antérieurement** à son entrée en fonction (CJCE 27-3-1980 aff. 129/79) ou **postérieurement** (CA Toulouse 17-3-1995 nº 93-5492 : RJS 11/95 nº 1132).

COMPARAISON DU TRAVAIL

32115 C. trav. art. L 3221-4 N-VII-17500 s

L'égalité salariale suppose que les salariés exercent un **même travail ou un travail de valeur égale,** c'est-à-dire qu'ils soient dans une situation comparable au regard de la nature de leur travail et de leurs conditions de formation et de travail (CJUE 28-2-2013 aff. 427/11 : RJS 5/13 nº 418). Sont considérés comme tels les travaux qui, sans être strictement identiques (Cass. soc. 6-7-2010 nº 09-40.021 FS-PBR : RJS 10/10 nº 764), exigent des salariés un ensemble comparable de connaissances professionnelles consacrées par un titre, un diplôme ou une pratique professionnelle, de capacités découlant de l'expérience acquise, de responsabilités et de charge physique ou nerveuse. En cas de litige, les juges doivent se livrer à une **analyse comparée** des missions, des tâches et des responsabilités des salariés (Cass. soc. 1-7-2009 nº 07-42.691 FS-PB : RJS 10/09 nº 759 ; 22-10-2014 nº 13-18.362 FS-PB : RJS 1/15 nº 30 ; 8-7-2020 nº 18-23.765 FS-D : RJS 10/20 nº 454), le fait qu'ils appartiennent à la même catégorie professionnelle ne suffisant pas (Cass. soc. 6-3-2007 nº 04-42.080 F-D : RJS 5/07 nº 600 ; 4-6-2014 nº 12-23.759 FS-D : RJS 8-9/14 nº 630).

ILLUSTRATIONS

Effectuent un **travail de valeur égale** des professeurs de niveau de formation comparable enseignant dans les mêmes conditions (Cass. soc. 11-7-2007 nº 05-45.324 FS-D : RJS 10/07 nº 1066) ou des époux, embauchés comme gardiens, sans spécification des tâches de chacun (Cass. soc. 19-2-1992 nº 88-45.217 P : RJS 4/92 nº 447).

N'effectuent **pas un même travail** deux salariés cadres dont l'un est, en sus des tâches qui leur sont communes, responsable d'une agence (Cass. soc. 1-7-2009 nº 07-42.691 FS-PB : RJS 10/09 nº 759), un chef d'agence travaillant en Espagne et des commerciaux exerçant en France (Cass. soc. 10-12-2008 nº 07-40.103 FS-D : RJS 2/09 nº 149) ou un veilleur de nuit et les auxiliaires de vie travaillant habituellement le jour (Cass. soc. 25-4-2007 nº 05-44.244 F-D). Un permanent syndical ne saurait se comparer à un autre permanent, dès lors que la nature de leur travail, commerciale pour l'un et administrative pour l'autre, est différente (Cass. soc. 24-9-2014 nº 13-11.782 FS-PB : RJS 12/14 nº 863).

b. Justifications des différences de traitement

32120 N-VII-18000 s

Il est possible de réserver l'octroi d'un avantage à certains salariés si tous ceux placés dans une situation identique au regard de cet avantage en bénéficient. Par exemple, il a été jugé qu'une prime de 13e mois peut être réservée aux cadres, les non-cadres n'étant pas dans une situation identique au regard de cette prime, dont l'objet n'est pas étranger au travail accompli, eu égard notamment aux responsabilités pesant sur les cadres (Cass. soc. 26-9-2018 nº 17-15.101 FS-PB : RJS 12/18 nº 715).

En outre, la différence de traitement doit, pour être licite, reposer sur des **règles préalablement définies et contrôlables** (Cass. soc. 18-1-2000 nº 98-44.745 P : RJS 3/00 nº 277). Cela suppose donc que ces règles soient portées à la connaissance des salariés concernés (Cass. soc. 10-10-2013 nº 12-21.167 F-D : RJS 1/14 nº 41).

Par ailleurs, une inégalité salariale entre des salariés exerçant un travail égal peut tout de même être licite si l'employeur la justifie par des **critères objectifs et pertinents,** étrangers à toute discrimination (voir nºs 32125 s.). Mais il ne peut pas opposer son **pouvoir discrétionnaire** pour se soustraire à cette obligation (Cass. soc. 30-4-2009 nº 07-40.527 FS-PB : RJS 7/09 nº 631 ; 10-10-2012 nº 11-15.296 FS-PB : RJS 12/12 nº 941). En revanche, lorsqu'elle résulte d'une convention ou d'un accord collectif de travail, la différence de rémunération peut bénéficier d'une **présomption de justification** ayant pour effet d'exonérer l'employeur de son devoir de justification (voir nºs 32145 s.).

Une différence de traitement peut aussi se justifier par l'application d'une disposition légale (Cass. soc. 23-10-2013 nº 12-22.268 FS-PB : RJS 1/14 nº 43) ou d'une décision de justice (Cass. soc. 23-10-2013 nº 12-12.894 FS-PB : RJS 1/14 nº 42).

ILLUSTRATIONS

Sont fondées sur un **motif discriminatoire** les différences de traitement suivantes :
– exclusion de l'augmentation générale de salaire des seuls salariés ayant été en arrêt maladie plus de 20 jours (Cass. soc. 7-2-2006 nº 04-45.733 F-D : RJS 4/06 nº 444) ;
– application d'abattements sur une prime en raison des seules absences pour maladie des salariés (Cass. soc. 11-1-2012 nº 10-23.139 FS-PB : RJS 3/12 nº 241) ;
– maintien d'un régime salarial en faveur de salariés allemands plus avantageux que celui prévu en faveur de salariés français (Cass. soc. 10-12-2002 nº 00-42.158 FS-PB : RJS 2/03 nº 152) ;
– versement à un seul conjoint d'un couple marié, chacun étant salarié de l'entreprise, d'une prime d'achat vacances destinée au personnel en activité (Cass. soc. 7-2-2001 nº 98-46.063 F-D).

Est **contraire au principe d'égalité** de traitement le fait :
– d'exclure les salariés d'un service de l'augmentation du taux horaire des salaires résultant du passage aux 35 heures (Cass. soc. 21-2-2007 nº 05-43.526 FS-D : RJS 5/07 nº 599) ;
– de refuser d'attribuer une prime de 13e mois à un salarié en raison de son absence à une date déterminée, alors que cette prime a été versée précédemment à des salariés dans la même situation (Cass. soc. 13-9-2012 nº 11-22.414 F-D : RJS 12/12 nº 923).

MOTIF INHÉRENT AU SALARIÉ

32125 N-VII-19000 s

Justifient des différences de rémunération l'**ancienneté** du salarié si elle ne donne pas déjà lieu au versement d'une prime spécifique (Cass. soc. 21-1-2009 nº 07-40.609 F-D : RJS 4/09 nº 353), l'**expérience** (Cass. soc. 19-12-2007 nº 06-44.795 F-D : RJS 3/08 nº 279 ; 29-6-2011 nº 10-15.082 FS-D : RJS 10/11 nº 800) ou la possession d'un **diplôme** si celui-ci est requis par la convention collective pour exercer les fonctions (Cass. soc. 10-11-2009 nº 07-45.528 FS-PB : RJS 1/10 nº 42).

› Précisions **a.** L'expérience acquise chez un précédent employeur ainsi que les diplômes ne justifient une différence de salaire qu'au moment de l'embauche et pour autant qu'ils sont **en relation avec les exigences du poste et les responsabilités effectivement exercées** (Cass. soc. 31-10-2012 nº 11-20.986 F-D : RJS 1/13 nº 40). N'est pas contraire au principe « à travail égal, salaire égal » le fait de procéder, pendant une durée maximale de 24 mois, à un abattement de 5 % sur le salaire minimal d'un cadre débutant, jusqu'à ce qu'il ait acquis l'expérience nécessaire pour l'exercice correct de sa fonction, ce mécanisme conventionnel étant encadré par des entretiens réguliers entre l'employeur et l'intéressé pendant sa période d'application (CE 16-10-2017 nº 390011 : RJS 1/18 nº 7).

b. La différence de diplômes ne suffit pas à justifier une différence de rémunération entre salariés effectuant un travail égal, sauf à démontrer que la possession d'un titre spécifique atteste de **connaissances particulières** utiles à l'exercice des fonctions (Cass. soc. 16-12-2008 nº 07-42.107 FS-PBR : RJS 2/09 nº 177 ; 13-11-2014 nº 12-20.069 FS-PB : RJS 2/15 nº 100). Par exemple, les salariés dont la formation théorique est directement en phase avec l'activité de l'entreprise peuvent être mieux payés (Cass. soc. 24-3-2010 nº 08-42.093 F-D : RJS 6/10 nº 519).

c. Si les **qualités professionnelles** peuvent autoriser une différence de traitement entre deux salariés occupant le même poste, l'inégalité salariale ne peut toutefois pas se justifier **dès l'embauche,** à un moment où l'employeur n'a pas encore pu apprécier la qualité du travail du salarié nouvellement recruté (Cass. soc. 13-11-2014 nº 12-20.069 FS-PB : RJS 2/15 nº 100). En outre, un employeur ne peut pas se borner à invoquer la prétendue médiocrité du travail d'un salarié pour justifier une différence de rémunération (Cass. soc. 26-11-2002 nº 00-41.633 FS-PBRI : RJS 2/03 nº 178), à moins qu'il ne s'appuie sur un **système d'évaluation** reposant sur des critères objectifs et pertinents (Cass. soc. 20-2-2008 nº 06-40.085 FS-P : RJS 5/08 nº 545).

DIFFÉRENCE DE SITUATION JURIDIQUE

Est insuffisante à elle seule pour justifier une inégalité de rémunération une différence de **statut** juridique. Il en a ainsi été jugé à propos de différences de traitement entre salariés ordinaires et représentants du personnel (Cass. soc. 6-7-2011 n° 09-65.554 F-D : RJS 11/11 n° 854), entre salariés en CDD ou vacataires et ceux en CDI (Cass. soc. 15-5-2007 n° 05-42.894 : RJS 7/07 n° 848 ; 1-7-2009 n° 07-44.333 F-D : RJS 11/09 n° 856) ou entre salariés en CDD d'usage et ceux en CDD de droit commun (CE 17-3-2017 n° 396835 : RJS 6/17 n° 391). 32130 N-VII-18500 s

De même, une différence de **catégorie professionnelle** ne peut pas justifier à elle seule, pour l'attribution d'un avantage, une différence de traitement entre les salariés placés dans une situation identique au regard dudit avantage (Cass. soc. 20-2-2008 n° 05-45.601 FP-PB : RJS 5/08 n° 512 ; 10-10-2013 n° 11-15.608 F-D), sauf à reposer sur une **raison objective et pertinente.** Tel est le cas, par exemple, lorsqu'un accord collectif prévoit l'amélioration pour les seuls cadres du dispositif d'épargne salariale en contrepartie de mesures moins favorables concernant la durée du travail (Cass. soc. 26-2-2020 n° 18-15.024 FS-D : RJS 6/20 n° 278). Sur la présomption de justification d'une différence de traitement entre catégories professionnelles issue d'un accord collectif, voir n° 32150. Sur la différence de traitement résultant de l'opposition syndicale à l'accord collectif applicable à une seule catégorie professionnelle, voir n° 32135, c.

En principe, la circonstance qu'un salarié soit engagé avant ou après l'**entrée en vigueur d'un accord** collectif ou d'un **engagement unilatéral** de l'employeur ne suffit pas à justifier une inégalité de rémunération, sauf s'ils ont pour objet de compenser un préjudice subi par les salariés présents dans l'entreprise lors de leur mise en place (Cass. soc. 21-2-2007 n° 05-43.136 FS-PB : RJS 5/07 n° 598 ; 24-9-2008 n° 06-43.529 FS-PBR : RJS 11/08 n° 1077 ; 4-2-2009 n° 07-41.406 FS-PBR : RJS 4/09 n° 351). Il en va de même lorsque le salarié est embauché avant ou après la **dénonciation d'un accord** (Cass. soc. 11-7-2007 n° 06-42.128 FS-PBR : RJS 10/07 n° 1065) ou d'un **engagement unilatéral** (Cass. soc. 12-2-2008 n° 06-45.397 FS-PB : RJS 4/08 n° 374) ou avant ou après la **modification** des conditions d'attribution d'un avantage résultant d'un **usage** (Cass. soc. 18-3-2009 n° 07-43.789 F-D : RJS 6/09 n° 536). 32135

Toutefois, les salariés engagés après l'entrée en vigueur d'un **accord de substitution** ne peuvent pas revendiquer, au titre du principe d'égalité de traitement, le bénéfice des dispositions prévues par l'accord collectif antérieur (Cass. soc. 28-6-2018 n° 17-16.499 FS-PB : RJS 10/18 n° 582).

En vertu du principe d'égalité de traitement, le salarié dont le **contrat de travail a été rompu avant la signature d'un accord collectif** prévoyant des avantages salariaux de façon rétroactive a droit à ces avantages pour la période pendant laquelle il était encore salarié de l'entreprise au même titre que les salariés placés dans une situation identique ou similaire et dont le contrat de travail n'était pas rompu à cette date (Cass. soc. 13-1-2021 n° 19-20.736 FS-PBRI : RJS 3/21).

› Précisions a. L'égalité de traitement ne fait pas obstacle à ce que le salarié embauché après l'entrée en vigueur d'un nouveau barème conventionnel bénéficie d'une **évolution de carrière plus rapide** dès lors qu'il ne bénéficie à aucun moment d'une rémunération plus élevée que celle des salariés embauchés avant et placés dans une situation similaire (Cass. soc. 7-12-2017 n° 16-14.235 FS-PB : RJS 2/18 n° 91 ; 5-6-2019 n° 17-21.749 F-PB : RJS 8-9/19 n° 475). Un salarié engagé après la mise en œuvre d'un accord collectif modifiant les modalités de rémunération ne peut pas prétendre au complément destiné à **compenser la perte de salaire** subie par les salariés déjà en poste (Cass. soc. 31-10-2006 n° 03-42.641 FS-PB : RJS 1/07 n° 121). Lorsque des salariés engagés après la dénonciation d'un accord collectif se voient accorder par engagement unilatéral un avantage strictement identique à celui dont bénéficie un salarié engagé avant la dénonciation de cet accord, ce dernier ne peut cumuler les 2 avantages (Cass. soc. 24-4-2013 n° 12-10.196 FS-PBRI : RJS 7/13 n° 540).

b. La **règle interdisant la modification du contrat** de travail **par un accord** collectif constitue une raison objective justifiant que les salariés engagés avant l'adoption d'une grille salariale conventionnelle perçoivent, en vertu de leur contrat, un salaire plus élevé que celui accordé aux salariés engagés après (Cass. soc. 7-12-2017 n° 16-15.109 FS-PB : RJS 2/18 n° 91). Il pourrait toutefois en aller autrement en cas d'**accord de performance collective** conclu selon les modalités visées nos 17550 s.

c. Lorsque les avantages prévus par un accord relatif aux non-cadres **ne peuvent être maintenus** en vigueur à leur profit en raison d'une **opposition syndicale** au texte, la différence de traitement, par rapport aux cadres qui bénéficient de ces avantages par un accord distinct, se trouve justifiée par un élément objectif et pertinent (Cass. soc. 30-5-2018 n° 16-16.484 FP-PB : RJS 8-9/18 n° 524).

d. Sur l'application du principe d'égalité de traitement en cas de **transfert d'entreprise en vertu d'un accord collectif,** voir n° 75030, f.

RAISONS CONJONCTURELLES

32140 N-VII-20000 s Des raisons conjoncturelles ou liées aux contraintes imposées à certains salariés d'une entreprise ou de l'un de ses établissements permettent de déroger à l'égalité de rémunération ou de traitement entre salariés.

Tel est le cas s'il y a une **pénurie de candidats** à une fonction (CJCE 27-10-1993 aff. 127/92 : RJS 1/94 n° 97), à condition pour l'employeur d'apporter des éléments de nature à prouver ses difficultés de recrutement (Cass. soc. 16-3-2011 n° 09-43.529 F-D : RJS 5/11 n° 425) ou si, pour éviter la fermeture d'un établissement, il recrute, en urgence et sous CDD, un directeur à un salaire plus élevé que celui qu'il remplace (Cass. soc. 21-6-2005 n° 02-42.658 FP-PBRI : RJS 10/05 n° 978). En revanche, les **contraintes budgétaires** imposées par une autorité de tutelle (Cass. soc. 4-2-2009 n° 07-11.884 FS-PB : RJS 4/09 n° 351) ou l'**insuffisance des capacités financières** de l'entreprise ne constituent pas un motif pertinent relatif à la situation des salariés (Cass. soc. 28-10-2009 n° 08-40.457 F-PB : RJS 1/10 n° 41).

ILLUSTRATIONS

Repose sur des **éléments objectifs et pertinents** l'octroi :
– d'une prime d'expatriation aux seuls salariés étrangers compensant les inconvénients de leur installation en France et facilitant leur embauche dans le but de créer un pôle d'excellence scientifique international (Cass. soc. 9-11-2005 n° 03-47.720 FS-PB : RJS 2/06 n° 210 ; 17-4-2008 n° 06-45.270 FS-PB : RJS 6/08 n° 675) ;
– d'un droit d'option sur des actions nouvellement créées aux seuls salariés italiens constituant la contrepartie des sacrifices acceptés par ces derniers dans le cadre d'un plan de restructuration de l'entreprise en Italie (Cass. soc. 17-6-2003 n° 01-41.522 FS-P : RJS 8-9/03 n° 974) ;
– de titres-restaurant aux seuls salariés dont le domicile est situé à plus de 10 minutes du lieu de travail, les autres salariés pouvant, sans difficulté, regagner leur domicile pour le déjeuner (CA Nîmes 27-3-2012 n° 10-4144).
De même, le refus d'un salarié d'effectuer des déplacements nécessitant un hébergement extérieur constitue une cause objective et pertinente du refus de l'employeur de lui accorder l'augmentation de salaire octroyée à ses collègues (Cass. soc. 15-9-2010 n° 08-45.058 FS-D : RJS 11/10 n° 850).

DIFFÉRENCES OPÉRÉES PAR VOIE CONVENTIONNELLE

32145 Dans certaines situations (nos 32150 s.) et uniquement dans celles-ci, semble-t-il, le principe ne pouvant pas être généralisé (Cass. soc. 3-4-2019 n° 17-11.970 FP-PBRI : RJS 6/19), la Cour de cassation accorde une présomption de justification aux **différences de traitement opérées par voie de conventions ou d'accords collectifs,** négociés et signés par des organisations syndicales représentatives, investies de la défense des droits et intérêts des salariés et à l'habilitation desquelles ces derniers participent directement par leur vote. Par conséquent, il n'appartient pas, dans ces cas, à l'employeur de prouver que cette inégalité repose sur une raison objective et pertinente, mais à celui qui la conteste de démontrer qu'elle est étrangère à toute considération de nature professionnelle (Cass. soc. 27-1-2015 n° 13-22.179 FS-PBRI, n° 13-25.437 FS-PB et n° 13-14.773 FS-PB : RJS 3/15 n° 172), la simple constatation du traitement différent de certains salariés ne constituant pas cette démonstration (Cass. soc. 28-6-2018 n° 16-21.225 FS-D : RJS 10/18 n° 646).

Dès lors qu'il a valeur d'accord collectif, un **protocole de fin de grève** (n° 11600, b) bénéficie également de cette présomption (Cass. soc. 30-5-2018 n° 17-12.782 FP-PB : RJS 8-9/18 n° 565).

ATTENTION

La présomption de justification n'est **pas applicable** aux inégalités salariales issues d'autres sources comme une **décision unilatérale** de l'employeur ou un **contrat de travail.** Elle ne l'est pas non plus, à notre sens, aux différences prévues par un accord collectif conclu avec des organisations non représentatives, tel qu'un **accord atypique** signé avec le CSE ou un salarié mandaté à cet effet. Dans ces hypothèses, l'employeur doit démontrer que la différence de traitement repose sur des critères objectifs et pertinents (nos 32125 s.). S'agissant de l'application de la présomption de justification lorsque la différence de traitement repose sur un **motif discriminatoire,** voir n° 32275.

32150 N-VII-18300 s **Catégories professionnelles** Sont présumées justifiées les différences de traitement, opérées par voie conventionnelle, **entre catégories** professionnelles (Cass. soc. 27-1-2015 n° 13-22.179 FS-PBRI, n° 13-25.437 FS-PB et n° 13-14.773 FS-PB : RJS 3/15 n° 172) ou entre salariés exerçant des **fonctions distinctes** au sein d'une **même catégorie** (Cass. soc. 8-6-2016 n° 15-11.324 FP-PBRI : RJS 8-9/16 n° 542 ; CE 15-3-2017 n° 389559 : RJS 6/17 n° 391).

ILLUSTRATIONS

Bénéficient de la présomption de justification les dispositions conventionnelles prévoyant :
– une durée de préavis de licenciement plus longue ou un mode de calcul de l'indemnité de licenciement plus avantageux pour les **cadres** et ingénieurs que pour les **ouvriers** et employés (Cass. soc. 27-1-2015 n° 13-22.179 FS-PBRI et n° 13-25.437 FS-PB : RJS 3/15 n° 172) ;
– l'octroi d'une prime d'ancienneté pour les **seuls ouvriers et employés** (Cass. soc. 27-1-2015 n° 13-14.773 FS-PB : RJS 3/15 n° 172 ; 18-6-2015 n° 13-22.972 F-D : RJS 11/15 n° 717) ;
– l'octroi d'un avantage logement et d'une indemnité de résidence aux **seuls chefs d'agence et cadres** de direction (Cass. soc. 8-6-2016 n° 15-11.324 FP-PBRI : RJS 8-9/16 n° 542) ;
– l'octroi d'une indemnité de repas plus élevée pour les **cadres de direction** que pour les **autres cadres** (Cass. soc. 26-4-2017 n° 15-23.968 FS-PB : RJS 7/17 n° 459) ;
– un mode de calcul d'une prime d'expérience professionnelle plus favorable aux **salariés non cadres** (Cass. soc. 23-3-2016 n° 14-25.574 F-D : RJS 6/16 n° 398) ;
– un mode de calcul de l'indemnité de licenciement différent entre les **cadres non spécialisés** et les cadres **inspecteurs** (Cass. soc. 15-3-2017 n° 15-28.577 F-D : RJS 6/17 n° 391) ;
– des jours de congés payés en plus pour les **cadres** (Cass. soc. 25-6-2015 n° 13-25.938 F-D : RJS 11/15 n° 717).

Appartenance à des établissements distincts Sont présumées justifiées les différences de traitement entre des salariés appartenant à la **même entreprise** mais à des établissements distincts, que celles-ci soient opérées par voie d'**accords d'établissement** (Cass. soc. 3-11-2016 n° 15-18.444 : RJS 1/17 n° 7) **ou d'entreprise** (Cass. soc. 4-10-2017 n° 16-17.517 FS-PBRI : RJS 12/17 n° 780). 32155 N-VII-17300 s

ILLUSTRATIONS

Bénéficient de la présomption de justification les stipulations :
– d'un accord d'établissement accordant à ses seuls salariés une augmentation salariale sur 3 ans et une prime spécifique (Cass. soc. 3-11-2016 n° 15-18.444 FP-PBRI : RJS 1/17 n° 7) ou une prime de panier (Cass. soc. 12-7-2017 n° 16-19.692 F-D : RJS 11/17 n° 725) ou encore une prime de 13e mois (Cass. soc. 13-12-2017 n° 16-14.000 F-D) ;
– d'un accord d'entreprise maintenant aux salariés d'un établissement absorbé leurs anciennes conditions de rémunération, sans les accorder dans le même temps aux salariés d'un autre établissement de l'entreprise absorbante (Cass. soc. 4-10-2017 n° 16-17.517 FS-PBRI : RJS 12/17 n° 780).

CAS PARTICULIER DE LA PROTECTION SOCIALE COMPLÉMENTAIRE

32160 N-VII-18450 s
En matière de protection sociale complémentaire couvrant les risques maladie, incapacité, invalidité, décès et retraite, les différences de traitement entre salariés de **catégories professionnelles distinctes** sont admises sans avoir à être justifiées. Un employeur ou un accord collectif peut donc instituer un régime de prévoyance au profit d'une seule catégorie de salariés ; si un régime couvre l'ensemble du personnel, il peut y avoir des différences entre les catégories, que cela concerne le financement du régime ou les prestations garanties.

En revanche, au sein d'une **même catégorie professionnelle,** le principe d'égalité de traitement s'applique, de sorte que l'employeur ne peut réserver des avantages à des salariés particuliers qu'à condition de les justifier par des éléments objectifs et pertinents (Cass. soc. 13-3-2013 n° 11-20.490 FS-PBR ; n° 10-28.022 FS-D ; n° 11-23.761 FS-D : RJS 5/13 n° 339 ; 9-7-2014 n° 13-12.121 FS-PB : RJS 11/14 n° 764).

C. Égalité entre les femmes et les hommes

1. INTERDICTION DES DISCRIMINATIONS

PRINCIPE

32180 C. trav. art. L 1142-1 et L 1142-3 N-VII-10800 s
Sous réserve des dispositions visées n° 32185, aucune **clause** réservant le bénéfice d'une mesure à un ou plusieurs salariés en raison du sexe ne peut être insérée dans les conventions ou accords collectifs ou dans les contrats de travail. Il est en outre interdit de :
– faire mention du sexe ou de la situation de famille du candidat recherché dans une **offre d'emploi** (voir n° 33020) ;
– refuser **d'embaucher** une personne, prononcer une **mutation,** résilier ou refuser de renouveler le contrat de travail d'un salarié en considération du sexe, de la situation de famille ou de la grossesse sur la base de critères de choix différents selon le sexe, la situation de famille ou la grossesse ;

– prendre en considération du sexe ou de la grossesse toute mesure, notamment en matière de **rémunération** (voir plus spécifiquement n° 32195), de **formation,** d'**affectation,** de **qualification,** de **classification,** de **promotion** professionnelle ou de mutation.

S'agissant des **femmes enceintes** et des discriminations subies par les salariées du fait de leur maternité, voir n° 51230.

> **Précisions** **a.** Est discriminatoire le statut d'une entreprise fixant la **retraite** de son personnel à un âge différent pour les femmes et pour les hommes (Cass. soc. 15-6-1999 n° 96-45.464 PB : RJS 8-9/99 n° 1053). Le fait de fixer un âge de retraite **différent selon les métiers** de l'entreprise peut constituer une discrimination indirecte définie n° 32060, b si cela désavantage particulièrement des personnes d'un même sexe, sauf à être justifié par des raisons objectives et si le moyen mis en œuvre est approprié et nécessaire à la réalisation de l'objectif suivi (Cass. soc. 30-9-2013 n° 12-14.752 FS-PBR : RJS 12/13 n° 847).
> **b.** Constituent une **discrimination indirecte** en raison du sexe le refus de l'Agirc d'affilier certains emplois, dès lors que ceux-ci sont très majoritairement occupés par des femmes (Cass. soc. 6-6-2012 n° 10-21.489 FS-PB : RJS 8-9/12 n° 677) et l'exclusion des **salariés à temps partiel** d'un régime de retraite complémentaire si la part des femmes à temps partiel par rapport au total des travailleurs féminins est beaucoup plus élevée que celle des hommes (Cass. soc. 3-7-2012 n° 10-23.013 FS-PB : RJS 10/12 n° 797). De même, constitue une discrimination indirecte, au détriment des hommes, la règle subordonnant le **droit à la liquidation anticipée d'une pension de retraite** accordé aux parents à la condition d'avoir interrompu ou réduit leur activité pendant 2 mois pour élever leurs enfants, du fait du nombre plus élevé de femmes que d'hommes pouvant s'en prévaloir en raison du congé de maternité (Cass. 2e civ. 19-12-2019 n° 18-16.974 FS-PBI : RJS 3/20).
> **c.** Sont prohibés les **avantages conventionnels** réservés aux seules **mères de famille** dès lors que les pères remplissent les conditions requises. Il en a été décidé ainsi à propos des avantages suivants : droit de s'absenter pour garder un enfant malade ou priorité d'emploi à temps partiel (Circ. min. 2-5-1984, réputée abrogée), congé supplémentaire pour enfant à charge (Cass. soc. 5-12-1996 n° 92-44.386 D ; 4-5-2011 n° 09-72.206 F-D : RJS 7/11 n° 573), prime de crèche (Cass. soc. 27-2-1991 n° 90-42.239 PF : RJS 4/91 n° 465), allocation de frais de garde et allocation de naissance qui compensent les dépenses liées à la présence d'un enfant au foyer (Cass. soc. 8-10-1996 n° 92-42.291 PB : RJS 11/96 n° 1178). Est valable, en revanche, l'octroi aux seules salariées partant en **congé de maternité** d'une allocation, si cette mesure est destinée à compenser les désavantages professionnels liés à leur éloignement du travail (CJCE 16-9-1999 aff. 218/98 : RJS 11/99 n° 1414 ; Cass. soc. 21-3-2000 n° 98-45.485 PB : RJS 5/00 n° 536), ou d'un congé supplémentaire visant à la protection, non seulement des rapports particuliers entre la femme et son enfant au cours de la période suivant la grossesse et l'accouchement (Cass. soc. 21-9-2017 n° 16-16.246 FS-PB : RJS 12/17 n° 793), mais aussi de la condition biologique de la femme, ces critères devant être appréciés en prenant en compte, notamment, les conditions d'octroi dudit congé, les modalités et la durée de celui-ci ainsi que le niveau de protection juridique qui y est afférent (CJUE 18-11-2020 aff. 463/19 : RJS 2/21 n° 124).

DÉROGATIONS

32185 C. trav. art. L 1142-2 à L 1142-4, L 1143-1 à L 1143-3 et R 1142-1 N-VII-11900 s

Le principe de non-discrimination ne s'oppose pas à ce que l'appartenance à l'un ou l'autre sexe soit prise en considération pour les **activités et professions suivantes** (liste limitative) : artistes appelés à interpréter un rôle féminin ou masculin, mannequins chargés de présenter des vêtements et accessoires, modèles masculins ou féminins.

En outre, des mesures temporaires en faveur des femmes peuvent être prises, notamment en application du **plan pour l'égalité professionnelle,** en vue d'établir de façon effective l'égalité en matière d'embauche, de formation, de promotion, d'organisation et de conditions de travail (discrimination positive).

> **Précisions** **a.** En matière de **discrimination positive,** afin de lutter contre la sous-représentation des femmes dans certains secteurs d'activité, il est possible de :
> – réserver des places subventionnées de crèche au seul personnel féminin sous réserve, toutefois, que les salariés masculins puissent également en bénéficier en cas d'urgence ou lorsqu'ils assument seuls l'éducation de leurs enfants (CJCE 19-3-2002 aff. 476/99 : RJS 7/02 n° 913) ;
> – accorder, à qualifications égales entre candidats à un emploi, une priorité aux femmes sauf si des motifs objectifs tenant à la personne d'un homme font pencher la balance en sa faveur (CJCE 11-11-1997 aff. 409/95 : RJS 3/98 n° 391). En revanche, une priorité inconditionnelle et absolue aux seules candidates est interdite (CJCE 17-10-1995 aff. 450/93 ; Cass. soc. 18-12-2007 n° 06-45.132 : RJS 3/08 n° 319).
> Est également licite l'**accord d'entreprise** qui octroie aux seules salariées femmes une demi-journée de repos pour la journée des droits des femmes (Cass. soc. 12-7-2017 n° 15-26.262 FS-PBRI : RJS 10/17 n° 648).
> **b.** Le **plan pour l'égalité professionnelle** doit résulter d'un accord collectif négocié dans l'entreprise selon les règles applicables à la négociation collective. À défaut d'accord, il peut être

mis en œuvre par l'employeur après avoir recueilli l'avis du CSE. Le plan s'applique, sauf opposition notifiée par la Dreets (Direccte avant le 1-4-2021) dans les 2 mois suivant sa saisine (C. trav. art. D 1143-6). Il peut donner lieu à une aide financière de l'État (voir nº 32230).

c. Le principe de non-discrimination ne fait pas obstacle à l'application de **mesures protectrices spécifiques** en faveur des femmes en matière d'hygiène et de sécurité (nº 71220) et de maternité (nºs 51200 s.).

2. ÉGALITÉ DE TRAITEMENT

L'employeur est soumis à une **série d'obligations** en matière d'égalité de traitement entre les femmes et les hommes. Notamment, il est tenu d'assurer une égalité de rémunération entre les sexes, d'engager des discussions sur ce sujet dans le cadre de la négociation collective obligatoire et d'informer les représentants du personnel. 32190

ÉGALITÉ DE RÉMUNÉRATION

Principe Tout employeur assure, pour un **même travail** ou un travail de **valeur égale,** l'égalité de rémunération entre les femmes et les hommes. Sur l'application de ce principe, voir nºs 32100 s. 32195

Traité FUE art. 157
C. trav. art. L 3221-2 à L 3221-6
N-VII-20800 s

Ainsi, les différents éléments composant la rémunération doivent être établis selon des **normes identiques** pour les deux sexes (catégories, critères de classification et de promotion, bases de calcul de la rémunération, modes d'évaluation des emplois).

Les disparités de rémunération entre **établissements** d'une même entreprise ne peuvent pas être fondées sur l'appartenance des salariés à l'un ou l'autre sexe.

Par **rémunération,** il faut entendre le salaire ou traitement de base ou minimum et tous les autres avantages et accessoires payés, directement ou indirectement, en espèces ou en nature, par l'employeur en raison de l'emploi du salarié. Entrent dans cette définition tous les **avantages** sociaux, actuels ou futurs, consentis au salarié (CJCE 9-2-1982 aff. 12/81).

Lorsque des salariés exerçant des fonctions identiques sont rémunérés avec une **part fixe et une part variable,** la comparaison s'effectue sur le salaire total et non sur l'une de ces parts (CA Versailles 6-6-2013 nº 12-011099 : RJS 11/13 nº 730).

ILLUSTRATIONS

Constituent des rémunérations :

– le salaire maintenu en cas de maladie bien qu'une fraction de ce salaire soit remboursée à l'employeur par les caisses d'assurance maladie (CJCE 13-7-1989 aff. 171/88) ;

– les indemnités légales, conventionnelles ou contractuelles de licenciement (CJCE 8-6-2004 aff. 220/02 : RJS 1/05 nº 101) ;

– la pension de transition prévue par un **plan social** versée par l'employeur aux travailleurs ayant atteint un âge proche de l'âge légal de la retraite sans contrepartie de travail (CJCE 9-12-2004 aff. 19/02) ;

– les **pensions de retraite** (CJCE 17-5-1990 aff. 262/88) et de survie (CJCE 6-10-1993 aff. 109/91 : RJS 12/93 nº 1252) servies par le régime professionnel financé par l'entreprise (Cass. soc. 3-7-2012 nº 10-23.013 FS-PB : RJS 10/12 nº 797) ou par un régime spécial (notamment SNCF : CE 6-12-2006 nº 291473 : RJS 3/07 nº 400) même si ce régime est légalement obligatoire et géré par un organisme public (CJCE 1-4-2008 aff. 267-06 : RJS 8-9/08 nº 945).

Réduction des écarts de salaire Les entreprises d'au moins 50 salariés doivent **publier** chaque année des **indicateurs** relatifs aux écarts de rémunération entre les femmes et les hommes et aux actions mises en œuvre pour les supprimer. Rassemblés dans un **index de l'égalité,** ces indicateurs permettent de calculer une note sur 100, selon des modalités fixées par le décret 2019-15 du 8-1-2019. 32200

C. trav. art. L 1142-7 à L 1142-10
D 1142-2 à D 1142-14
N-VII-22150 s
N-VII-23710 s

Si la **note** obtenue par l'entreprise est **inférieure** à 75 sur 100, l'employeur dispose de 3 ans pour se mettre en conformité. Pour cela, un **plan de rattrapage salarial** doit être inscrit à l'ordre du jour de la négociation obligatoire sur l'égalité professionnelle visée nº 51992, afin de négocier les mesures de correction et, le cas échéant, la programmation, annuelle ou pluriannuelle, de mesures financières propres à combler les écarts constatés. En l'**absence d'accord** collectif prévoyant de telles mesures, celles-ci sont déterminées unilatéralement par l'employeur après consultation du CSE.

Si, à l'expiration du délai de 3 ans, la note minimale n'a toujours pas été atteinte, l'employeur peut se voir appliquer une **pénalité financière,** dont le montant peut atteindre au maximum 1 % de la masse salariale (calculée selon les modalités visées nºs 22320 s.). Avant de la prononcer, le Dreets (Direccte avant le 1-4-2021) tient toutefois compte des mesures prises par l'entreprise en matière d'égalité salariale entre les femmes et les hommes, de la bonne foi de l'employeur, ainsi que des motifs de sa défaillance, soit pour accorder à l'employeur un délai supplémentaire, d'une durée maximale d'un an, pour atteindre la note minimale, soit pour déterminer le taux de la pénalité.

› Précisions **a.** Déterminé au niveau de l'entreprise ou de l'UES, l'index de l'égalité femmes-hommes est composé de **5 indicateurs** dans les entreprises d'au moins 250 salariés : écart de rémunération entre les femmes et les hommes ; pourcentage de salariées ayant bénéficié d'une augmentation dans l'année de leur retour de congé de maternité ; nombre de salariés du sexe sous-représenté parmi les 10 salariés ayant perçu les plus hautes rémunérations ; écart de taux d'augmentations individuelles de salaire ne correspondant pas à des promotions entre les femmes et les hommes ; écart de taux de promotions entre les femmes et les hommes. Dans les entreprises de 50 à 250 salariés, ces deux derniers indicateurs n'en forment qu'un seul consacré à l'écart de taux d'augmentations individuelles de salaire entre les femmes et les hommes de sorte que leur index n'est composé que de **4 indicateurs.**
b. La **note** de l'index doit être **calculée** à partir des données de la période de référence annuelle choisie par l'employeur qui précède l'année de publication.
Pour aider les employeurs, le ministère du travail a mis en ligne sur son site Internet (https://travail-emploi.gouv.fr/) des **outils** permettant aux entreprises, quel que soit leur effectif, d'effectuer ce calcul et la liste des **référents** « égalité professionnelle » chargés d'accompagner les entreprises de 50 à 250 salariés. Une **hotline téléphonique** « Allo Index Ega Pro » est également joignable au 0 800 009 110.
c. La note de l'index doit être **publiée, avant le 1er mars** de chaque année, sur le site Internet de l'entreprise, lorsqu'il en existe un, une publication sur le site Intranet n'étant pas suffisante. À défaut, elle est portée à la connaissance des salariés par tout moyen : courrier papier ou électronique, affichage, etc. Les indicateurs et la note obtenus par l'entreprise doivent également être transmis, d'une part, au CSE en utilisant la base de données économiques et sociales et, d'autre part, à l'administration par le biais d'une **télédéclaration** accessible depuis le site https://solen1.enquetes.social.gouv.fr.
d. Le fait pour l'employeur de **ne pas publier son index** de l'égalité ou de **ne pas adopter de mesures** de rattrapage n'est pas sanctionné par la pénalité « index » ci-dessus, mais par celle visée n° 51993, sanctionnant les entreprises non couvertes par un accord collectif ou un plan d'action relatif à l'égalité professionnelle entre les femmes et les hommes. L'employeur qui se voit appliquer la pénalité « index » ne peut plus encourir la pénalité pour défaut d'accord ou de plan d'action. En revanche, selon l'administration, la réciproque n'est pas prévue, de telle sorte que l'administration peut décider d'appliquer la pénalité « index » quand bien même l'entreprise aurait déjà été antérieurement sanctionnée selon les modalités visées n° 51993. Dans ce cas, les deux pénalités sont en effet cumulables (Inst. DGT 3 du 25-1-2019).
e. Avant le 31-12-2022, les employeurs de plus de 50 salariés (franchissement de ce seuil apprécié dans les conditions visées n° 23640) bénéficiant de crédits au titre du **plan de relance** prévu par la loi de finances pour 2021 ont l'obligation, sous peine de la pénalité visée n° 51993, de faire publier leurs indicateurs et, le cas échéant, leurs objectifs de progression sur le **site du ministère du travail** selon des modalités fixées par décret à paraître (Loi 2020-1721 du 29-12-2020 art. 244).

32205 C. trav. art. L 1142-6 et R 3221-2 N-VII-22900 s

Information des salariés En plus de l'information visée n° 32050, l'employeur doit porter, par tout moyen, à la connaissance des personnes ayant accès aux lieux de travail, ainsi qu'aux candidats à l'embauche, les **textes relatifs à l'égalité de rémunération** femmes-hommes (notamment le texte des articles L 3221-1 à L 3221-7 du Code du travail).

NÉGOCIATION COLLECTIVE OBLIGATOIRE

32210 C. trav. art. L 1142-5, L 2242-1, 2°, L 2242-3 et L 2242-13, 2° R 2242-2 s. N-VII-12800 s

L'employeur est tenu, dans le cadre de la négociation collective obligatoire d'entreprise, d'aborder les questions relatives à l'égalité professionnelle entre les femmes et les hommes selon les **modalités** exposées nos 51980 s.
Si cette négociation n'aboutit pas à la conclusion d'un accord, l'employeur doit établir un **plan d'action** destiné à assurer l'égalité professionnelle entre les sexes.
Dans les **entreprises dépourvues de délégué syndical** ou non soumises à cette obligation de négocier ou non couvertes par un accord de branche étendu relatif à l'égalité femmes-hommes, l'employeur est tenu de prendre en compte les objectifs en matière d'égalité femmes-hommes et les mesures permettant de les atteindre.

› Précisions **a.** Fondé sur des critères clairs, précis et opérationnels, le **plan d'action** détermine, après avoir évalué les objectifs fixés et les mesures prises au cours de l'année écoulée, les objectifs de progression prévus pour l'année à venir, définit les actions qualitatives et quantitatives permettant de les atteindre et évalue leur coût. Les objectifs de progression et les actions permettant de les atteindre tiennent compte des indicateurs et mesures de correction figurant dans l'index égalité (n° 32200, a).
b. Le plan d'action est déposé auprès de la Dreets (Direccte avant le 1-4-2021) sur la plate-forme de téléprocédure du ministère du travail

accessible depuis le site www.teleaccords.travail-emploi.gouv.fr.
c. Les entreprises d'au moins 50 salariés non couvertes par un accord relatif à l'égalité professionnelle entre les femmes et les hommes ou un plan d'action sont passibles de la **pénalité** visée n° 51993. Elles peuvent s'assurer de la validité de leur accord ou plan d'action en utilisant la procédure de **rescrit** visée n° 51992, b.

RÔLE DES REPRÉSENTANTS DU PERSONNEL

Des **informations** relatives à l'égalité professionnelle entre les femmes et les hommes au sein de l'entreprise sont mises à disposition du CSE en vue de leur **consultation** récurrente sur la politique sociale de l'entreprise. **32215** C. trav. art. L 2312-21, L 2323-26 et L 2323-36

S'agissant des informations à transmettre au CSE en matière de réduction des **écarts de salaire,** voir n° 32200, b.

› Précisions a. Ces informations sont à verser dans la **base de données économiques et sociales.** Elles comprennent les éléments suivants : diagnostic et analyse de la situation respective des femmes et des hommes pour chacune des catégories professionnelles de l'entreprise en matière d'embauche, de formation, de promotion professionnelle, de qualification, de classification, de conditions de travail, de sécurité et de santé au travail, de rémunération effective et d'articulation entre l'activité professionnelle et la vie personnelle, analyse des écarts de salaires et de déroulement de carrière en fonction de l'âge, de la qualification et de l'ancienneté, évolution des taux de promotion respectifs des femmes et des hommes par métiers dans l'entreprise, part des femmes et des hommes dans le conseil d'administration.
Doivent également figurer dans cette base :
– les **indicateurs chiffrés** permettant d'analyser la situation comparée des femmes et des hommes dans l'entreprise et son évolution et les conditions dans lesquelles s'articulent l'activité professionnelle et l'exercice de la responsabilité familiale des salariés ;
– l'**accord** sur l'égalité professionnelle femmes-hommes ou le **plan d'action** visé n° 32210.
b. S'agissant de la possibilité d'**adapter par accord** les modalités de la consultation sur la politique sociale de l'entreprise et le contenu de l'information sur l'égalité professionnelle entre les femmes et les hommes, voir nos 9250 s. Sur les règles applicables en l'**absence** d'un tel accord, voir n° 9220.

3. AIDES DE L'ÉTAT

CONTRAT POUR LA MIXITÉ DES EMPLOIS ET L'ÉGALITÉ PROFESSIONNELLE

Un contrat pour la mixité des emplois et l'égalité professionnelle entre les femmes et les hommes, prévoyant une aide financière de l'État, peut être conclu entre le préfet de région et un employeur, après avis des organisations syndicales de l'entreprise. Les entreprises doivent avoir **au préalable** soit conclu un accord collectif comportant des actions exemplaires en faveur de l'égalité professionnelle, soit adopté un plan pour l'égalité professionnelle (voir n° 32185, b) ou une ou plusieurs mesures en faveur de la mixité des emplois. Ce contrat précise la nature des engagements souscrits par l'employeur en vue d'atteindre la mixité ou l'égalité (en matière notamment d'organisation, de formation…), les modalités d'évaluation et de contrôle de la réalisation de ces engagements, le montant de l'aide de l'État et ses modalités de versement. **32230** C. trav. art. D 1143-7 à D 1143-18 **N-VII-13600 s**

Cette aide ne peut concerner que les actions engagées en faveur des salariés en CDI ou en CDD (ou intérim) d'au moins 6 mois et doit être reversée en cas de non-respect du contrat. Son **montant** ne peut pas excéder 50 % du coût d'investissement matériel lié à la modification de l'organisation et des conditions de travail (déduction faite de la TVA), 30 % des dépenses de rémunération exposées pour les formations (charges sociales patronales incluses) et 50 % des autres coûts (Circ. 77 du 17-2-2012). Les CSE sont régulièrement informés de l'exécution des engagements souscrits.

CONVENTION D'ÉTUDE

Les **entreprises de moins de 300 salariés** peuvent conclure avec l'État une convention leur permettant de percevoir une **aide financière à l'audit** destinée à financer une étude de leur situation en matière d'égalité professionnelle et des mesures envisageables pour rétablir l'égalité des chances entre les deux sexes. Le montant de cette aide, qui doit être reversée en cas de non-respect de la convention par l'entreprise, est au plus égal, pour chaque convention, à 70 % des frais d'intervention (hors taxe) du consultant chargé de l'étude dans la limite de 10 700 €. Le CSE reçoit l'étude pour avis et est consulté sur les suites à lui donner. L'étude est également communiquée aux délégués syndicaux et à la **Dreets** (Direccte avant le 1-4-2021). **32235** C. trav. art. R 1143-1 à D 1143-5 **N-VII-14150 s**

D. Contrôle, recours et sanctions

1. CONTRÔLE

32260 C. trav. art. L 3221-9, L 8112-2, 1°, L 8113-5, 1° et 2° N-VII-6150 s N-VII-14550 s N-VII-23000 s

Les agents de contrôle de l'**inspection du travail** sont compétents pour veiller à l'application des dispositions relatives à la non-discrimination et à l'égalité professionnelle et de rémunération entre les femmes et les hommes. Ils sont également chargés, concurremment avec les officiers et agents de police judiciaire, de constater les **infractions** à ces dispositions. Ils peuvent se faire **communiquer** tout document ou information susceptibles d'établir l'existence d'une discrimination ou d'une inégalité de traitement sexiste.

La **Dreets** (Direccte avant le 1-4-2021) s'assure que les entreprises d'au moins 50 salariés sont bien couvertes par un accord sur l'égalité professionnelle ou par un plan d'action (nº 32210) et si ceux-ci sont conformes aux obligations légales et réglementaires (Inst. DGT 124 du 4-4-2017).

2. RECOURS

RECOURS NON CONTENTIEUX

32265 Lois 2011-333 et 334 du 29-3-2011 Décret 2011-904 du 29-3-2011 N-VII-6300 s

Les salariés qui s'estiment victimes d'une discrimination peuvent saisir :
– le **CSE** dans le cadre de la procédure d'alerte en cas d'atteinte aux droits des personnes et à leur santé physique et mentale : voir nº 9370 ;
– le **Défenseur des droits** par courrier motivé et sans affranchissement (Défenseur des droits, Libre réponse 71120, 75342 Paris Cedex 07) ou par l'intermédiaire d'un délégué territorial (coordonnées sur le site Internet) ou directement en ligne (www.defenseurdesdroits.fr/saisir-le-defenseur-des-droits).

› Précisions **a.** Le Défenseur des droits peut aussi **se saisir d'office** (sous réserve que la victime, si elle est identifiée, en soit avertie et ne s'y soit pas opposée), ou être saisi par l'intermédiaire d'un parlementaire ou, si la victime est d'accord, par une association de lutte contre les discriminations déclarée depuis au moins 5 ans. Il peut **entendre** les personnes mises en cause, **exiger** la communication de toutes les informations qu'il estime utiles et procéder, sous conditions, à des vérifications sur place. Faire obstacle à ses prérogatives est passible d'un an d'emprisonnement et de 15 000 € d'amende.
Le Défenseur des droits peut notamment **résoudre les conflits** par voie de médiation, d'une transaction civile ou d'une transaction pénale prévoyant une amende maximale de 3 000 € (15 000 € s'il s'agit d'une personne morale) et devant être homologuée par le procureur de la République.
Les décisions du Défenseur des droits ayant le caractère d'un acte réglementaire ou d'une prescription individuelle peuvent faire l'objet d'un **recours en annulation pour excès de pouvoir** devant le juge administratif par les personnes y ayant intérêt (CE 21-3-2016 nº 368082 : RJS 6/16 nº 468).
b. Un service d'**accueil téléphonique** répond aux demandes d'information et de conseil sur les discriminations et sur les conditions de saisine du défenseur des droits (09 69 39 00 00).

RECOURS CONTENTIEUX

32270 C. trav. art. L 1134-2 à L 1134-5, L 1144-2 C. pén. art. 225-3 N-VII-7230 s N-VII-14700 s N-VII-20400 s N-VII-23100 s

Modalités En matière de discrimination ou d'inégalité professionnelle, des dispositions spécifiques sont prévues afin de faciliter l'action en justice au civil. Celle-ci doit être exercée devant le **conseil de prud'hommes,** y compris si le litige concerne une procédure de recrutement (Cass. soc. 20-12-2006 nº 06-40.662 FS-PBRI : RJS 3/07 nº 397 ; 28-11-2007 nº 07-40.787 F-D : RJS 2/08 nº 138).

Les salariés sont par ailleurs protégés contre les **mesures de rétorsion** (nº 32325).

L'action en réparation du préjudice résultant d'une discrimination se **prescrit** par 5 ans à compter de sa révélation (par exemple, à la suite d'un courrier de l'inspection du travail : Cass. soc. 20-2-2013 nº 10-30.028 FS-PB : RJS 5/13 nº 383). Ce délai n'est pas susceptible d'aménagement et les dommages et intérêts réparent l'entier préjudice pendant toute la durée de la discrimination. S'agissant de l'effet sur ce délai de prescription de l'exercice d'une action de groupe, voir nº 32280, b.

› Précisions Les **syndicats représentatifs** au plan national ou dans l'entreprise peuvent exercer en justice les actions en discrimination ou en violation de l'égalité de rémunération femmes-hommes en lieu et place du salarié ou du candidat à un emploi, à condition que celui-ci ait été informé par écrit et ne s'y soit pas opposé dans les 15 jours. L'intéressé peut intervenir à l'instance. Cette action est également ouverte aux **associations** régulièrement constituées depuis au moins 5 ans pour la lutte contre les discriminations ou œuvrant dans le domaine du handicap sous réserve de l'accord écrit de l'intéressé. Celui-ci peut non seulement intervenir à l'instance mais aussi y mettre un terme. Les règles de preuve visées nº 32275 sont applicables.

Règles de preuve S'agissant de la charge de la preuve au **civil,** il appartient à la personne qui s'estime **victime** d'une discrimination ou d'une inégalité de traitement (Cass. soc. 28-9-2004 n° 03-41.825 F-PB : RJS 12/04 n° 1287 ; 17-10-2006 n° 05-40.393 F-PB : RJS 1/07 n° 56) de soumettre au juge les éléments de fait, obtenus loyalement (Cass. soc. 1-2-2011 n° 09-67.959 F-D : RJS 12/11 n° 952), laissant supposer son existence. De tels éléments peuvent découler, par exemple, d'un rapport établi par l'inspection du travail (Cass. soc. 15-1-2014 n° 12-27.261 FS-PB : RJS 4/14 n° 295). **32275** C. trav. art. L 1134-1, L 1144-1 et L 3221-8 **N-VII-7610 s** **N-VII-14800 s** **N-VII-20400 s** **N-VII-23100 s**

Il incombe ensuite à l'**employeur** de prouver que sa décision est justifiée par des éléments objectifs étrangers à toute discrimination. Dans certains cas, la différence de traitement résultant d'un accord collectif bénéficie d'une présomption de justification au regard du principe d'égalité de traitement ayant pour effet d'inverser la charge de la preuve (voir n°s 32145 s.). L'employeur ne peut toutefois pas invoquer cette présomption pour échapper à son obligation de justification dès lors que l'inégalité de traitement repose sur un motif discriminatoire (Cass. soc. 9-10-2019 n° 17-16.642 FS-PB : RJS 12/19 n° 694).

Le **juge** doit prendre en compte les éléments présentés par le salarié dans leur globalité et non les analyser séparément (Cass. soc. 29-6-2011 n° 10-15.792 FS-PB : RJS 10/11 n° 748). Il en va de même lorsqu'il est saisi après une prise d'acte de la rupture fondée sur une discrimination (Cass. soc. 6-10-2015 n° 14-18.406 FS-D : RJS 12/15 n° 747). Il forme sa conviction après avoir ordonné, si nécessaire, toutes les mesures d'instruction qu'il estime utiles en appréciant souverainement l'opportunité d'y recourir (Cass. soc. 4-2-2009 n° 07-42.697 FS-PB : RJS 4/09 n° 314).

Ces règles ne s'appliquent pas en revanche en **matière pénale,** la charge de la preuve incombant à l'accusation (Cass. crim. 3-4-2007 n° 06-81.784 F-PFI : RJS 7/07 n° 870 ; 11-4-2012 n° 11-83.816 F-PB : RJS 10/12 n° 818).

> Précisions a. Le salarié qui veut obtenir la production de **documents détenus par l'employeur** (contrats de travail, bulletins de paie, tableaux d'avancement d'autres salariés, etc.) pour établir qu'il est victime d'une inégalité de traitement doit en faire la demande au juge (Cass. soc. 12-6-2013 n° 11-14.458 FP-PB : RJS 8-9/13 n° 606 ; 8-7-2020 n° 18-23.765 F-D : RJS 10/20 n° 454), le cas échéant en référé (Cass. soc. 19-12-2012 n° 10-20.526 FS-PB : RJS 3/13 n° 191), le juge pouvant au besoin limiter le périmètre de la production des pièces sollicitées (Cass. soc. 16-12-2020 n° 19-17.637 F-PB : RJS 3/21).

b. La pratique dite du « **testing** » peut être utilisée comme mode de preuve d'un acte discriminatoire. La discrimination peut donc être retenue même si la victime a sollicité le droit ou le bien qui lui a été refusé dans l'unique objectif de démontrer son existence.

c. Le salarié qui s'estime victime d'une discrimination doit nécessairement **invoquer un des motifs** de discrimination illicite visés n° 32060 (Cass. soc. 21-10-2009 n° 08-42.699 F-D : RJS 1/10 n° 5). À défaut, il ne peut invoquer devant le juge qu'une **atteinte à l'égalité** de traitement.

Action de groupe Lorsque plusieurs candidats à un emploi, à un stage ou à une période de formation en entreprise ou plusieurs salariés font l'objet d'une discrimination, directe ou indirecte, fondée sur un même motif et imputable à l'employeur, une action de groupe devant le tribunal judiciaire du lieu où demeure le défendeur (ou celui de Paris si le défendeur réside à l'étranger ou n'a ni domicile ni résidence connus) peut être exercée par une **organisation syndicale** de salariés représentative au niveau national interprofessionnel, au niveau de la branche ou de l'entreprise. Celle-ci peut, si elle le souhaite, se faire aider par une **association régulièrement déclarée** depuis au moins 5 ans intervenant dans la lutte contre les discriminations ou œuvrant dans le domaine du handicap. Une telle association peut également agir elle-même aux mêmes fins, pour la défense des intérêts de plusieurs candidats à un emploi ou à un stage en entreprise. **32280** C. trav. art. L 1134-6 à L 1134-10 CPC art. 848 à 849-21 Loi 2008-496 du 27-5-2008 art. 92 **N-VII-8220**

Les règles de preuve visées n° 32275 sont applicables.

> Précisions a. Avant l'engagement de l'action de groupe, l'organisation syndicale doit demander à l'employeur, par tout moyen conférant date certaine à cette demande, de **faire cesser la situation de discrimination** collective alléguée. Dans un délai d'un mois à compter de la réception de cette demande, l'employeur en informe le CSE et les organisations syndicales représentatives dans l'entreprise et engage une discussion sur les mesures permettant d'arriver à cette fin.

b. Si, dans un délai de 6 mois à compter de la demande, l'employeur n'a **pas pris les mesures adéquates,** l'organisation syndicale représentative peut intenter une action de groupe visant à la cessation de la discrimination et, le cas échéant, à la réparation des préjudices subis. L'action de groupe intentée en vue de la réparation des préjudices subis a pour effet de **suspendre la prescription** des actions individuelles visant aux mêmes fins.

c. Ne **peuvent être invoqués** dans le cadre de l'action de groupe que des faits ou manquements générateurs survenus après le 20-11-2016, et non des faits générateurs ou manquements antérieurs même dans l'hypothèse où les effets continueraient de s'exercer après (TJ Paris 15-12-2020 n° 18/04058 : RJS 3/21).

3. SANCTIONS

32310 Les employeurs coupables de discrimination ou ne respectant pas leurs obligations en matière d'égalité de traitement encourent des sanctions civiles et pénales.

› Précisions Par ailleurs, peuvent être exclus de la procédure de **passation des marchés publics** (CCP art. L 2141-4) ou de conclusion des **contrats de concession** (CCP art. L 3123-4) :
– les employeurs définitivement condamnés, depuis moins de 5 ans, à l'une des sanctions pénales visées n°s 32330 s. ;
– les entreprises d'au moins 50 salariés qui, au 31 décembre de l'année précédant celle au cours de laquelle a lieu la candidature, n'ont pas mis en œuvre leur obligation de négocier sur l'égalité professionnelle selon les modalités visées n° 51992 (existence d'un accord d'adaptation) ou n° 52003 (absence ou non-respect d'un accord d'adaptation), et qui n'ont pas régularisé ou engagé la régularisation au moment où elles soumissionnent.

SANCTIONS CIVILES

32320 **Mesures discriminatoires ou inégalitaires** Sont **nuls** de plein droit toute disposition ou tout acte contraire au principe de non-discrimination et toute clause contractuelle ou conventionnelle réservant le bénéfice d'une mesure à un ou plusieurs salariés en raison du sexe sous réserve des exceptions visées n° 32185.

C. trav. art. L 1132-4, L 1142-3 et L 3221-7
N-VII-8950 s
N-VII-14900 s
N-VII-23400 s

Le salarié victime a droit à des **dommages et intérêts** souverainement appréciés par les juges du fond (Cass. soc. 8-12-2009 n° 08-44.003 F-D).

Sur les conséquences de la nullité d'un **licenciement** discriminatoire, voir n°s 48770 s.

› Précisions **a.** Si l'interdiction des **discriminations sexistes et syndicales** ainsi que l'obligation d'assurer l'**égalité de traitement** entre les salariés sont distinctes par leur objet, la violation concomitante de chacune d'elles n'ouvre droit à des **réparations spécifiques** que dans la mesure où elle entraîne des **préjudices distincts** (Cass. soc. 27-11-2019 n° 18-10.807 F-D : RJS 2/20 n° 76). Sur la possibilité d'obtenir une double indemnisation en cas de **discrimination** et de **harcèlement,** voir n° 17090.

b. S'agissant de la **discrimination syndicale,** il a été jugé que la **réparation** du dommage causé à la victime doit être **intégrale** ce qui conduit à la replacer dans la situation où elle se serait trouvée si le comportement fautif n'avait pas eu lieu (CA Versailles 19-12-2019 n° 18/03801 : RJS 3/20).

c. L'atteinte au principe d'**égalité de traitement** peut être réparée par l'octroi aux salariés concernés de l'avantage dont ils ont été irrégulièrement privés (Cass. soc. 13-12-2017 n° 16-12.397 FS-PB : RJS 2/18 n° 140). De même, le salarié doit bénéficier de l'avantage dont il a été privé en raison d'une **discrimination** (Cass. soc. 16-1-2019 n° 17-17.475 FS-D : RJS 4/19 n° 214). En matière d'égalité de **rémunération femmes-hommes,** la rémunération la plus élevée dont bénéficient les travailleurs de l'un des sexes se substitue automatiquement à celle résultant de la disposition entachée de nullité. Ainsi, une prime de crèche prévue par un accord collectif en faveur des mères de famille doit également être versée aux pères de famille remplissant les conditions (Cass. soc. 27-2-1991 n° 90-42.239 PF : RJS 4/91 n° 465).

d. Le non-respect du principe d'égalité de traitement ou de non-discrimination peut, le cas échéant, justifier la **prise d'acte de la rupture** du contrat par le salarié (voir n°s 69150 s.).

32325 **Mesures de rétorsion** Est nul et de nul effet le **licenciement** d'un salarié faisant suite à une **action en justice** engagée par ce salarié ou en sa faveur sur la base des dispositions relatives aux discriminations ou à l'égalité professionnelle femmes-hommes, lorsqu'il est établi que le licenciement n'a pas de cause réelle et sérieuse et résulte de cette action en justice. Dans ce cas, la réintégration est de droit et le salarié est regardé comme n'ayant jamais cessé d'occuper son emploi.

C. trav. art. L 1134-4, L 1144-3 et L 1235-4
N-VII-9300 s
N-VII-14950 s

› Précisions **a.** Il a été jugé que si le grief d'insuffisance professionnelle sur lequel repose le licenciement d'un salarié, prononcé à la suite de son action en justice pour violation du principe d'égalité femmes-hommes, n'est pas établi, celui-ci est sans cause réelle et sérieuse, ce dont il résulte qu'il est nul (Cass. soc. 28-11-2000 n° 97-43.715 : RJS 2/01 n° 165). En d'autres termes, l'**absence de cause réelle et sérieuse** suffit à établir que le licenciement a été prononcé en raison de l'action en justice et il n'est pas en outre nécessaire de vérifier si l'action en justice du salarié était ou non fondée.

b. Le salarié qui **refuse sa réintégration** a droit aux indemnités visées n° 48775. Sur le remboursement à Pôle emploi par l'employeur des allocations de chômage versées au salarié, voir n° 48725.

c. Ces dispositions ne sont pas applicables lorsque la demande du salarié est fondée sur le principe « **à travail égal, salaire égal** » (Cass. soc. 20-2-2008 n° 06-40.085 FS-P : RJS 5/08 n° 545).

SANCTIONS PÉNALES

Non-discrimination Le fait de refuser d'embaucher, de sanctionner ou licencier une personne pour un motif discriminatoire (sauf celui relatif à la grève) est passible d'une peine d'**emprisonnement** de 3 ans au plus et d'une **amende** de 45 000 €. **32330** C. pén. art. 225-1 à 225-4 **N-VII-9450 s**

Ces sanctions ne sont **pas applicables** en cas de discrimination positive (nº 32185) et de différences de traitement autorisées (nº 32080).

> **Précisions a.** Les entreprises, **personnes morales,** peuvent être déclarées pénalement responsables de ces infractions dans les conditions visées nºs 67130 s. Sur les pouvoirs de sanction du **Défenseur des droits,** voir nº 32265.
> **b.** Sur l'obligation pour l'employeur d'**informer** les salariés des dispositions des articles du Code pénal, voir nº 32050, a.
> **c.** Sur les conséquences pour l'employeur d'une condamnation pénale définitive sur sa faculté de **soumissionner aux marchés publics** ou de conclure des **contrats de concession,** voir nº 32310.

Égalité professionnelle femmes-hommes Les infractions au principe d'égalité professionnelle ou de rémunération femmes-hommes sont punies d'un **emprisonnement** d'un an et d'une **amende** de 3 750 €. Le tribunal peut toutefois décider d'**ajourner le prononcé** de la peine en enjoignant à l'employeur de définir, après consultation du CSE, ou d'exécuter, dans un délai déterminé, les mesures propres à rétablir l'égalité professionnelle. **32335** C. trav. art. L 1146-1 à L 1146-3, L 3222-1, L 3222-2, R 3222-1 à R 3222-3 **N-VII-15100 s** **N-VII-23500 s**

> **Précisions a.** Tout employeur qui contrevient au principe d'égalité de rémunération entre les sexes est passible de l'amende prévue pour les **contraventions** de 5e classe (nº 67285), appliquée autant de fois qu'il y a de travailleurs rémunérés dans des conditions illégales.
> **b.** Le défaut **d'information sur les dispositions relatives** à l'égalité de rémunération et le défaut de **communication** des éléments servant à déterminer les rémunérations sont passibles de l'amende prévue pour les contraventions de 3e classe (nº 67285).
> **c.** Sur les conséquences pour l'employeur d'une condamnation pénale définitive sur sa faculté de **soumissionner aux marchés publics** ou de conclure des **contrats de concession,** voir nº 32310.
> **d.** La **discrimination sexuelle** est passible des sanctions visées nº 32330.

EMBAUCHE

SOMMAIRE

A. Filières de recrutement

32900 L'employeur est libre, sauf cas particulier, de choisir entre différents modes de recrutement (organismes de placement, petites annonces…). Il peut aussi recourir à des salariés mis à sa disposition par des entreprises de travail temporaire (n°s 82000 s.) ou d'autres structures (n°s 33035 s.).

1. ACTIVITÉ DE PLACEMENT

DÉFINITION

32975 C. trav. art. L 5321-1 à L 5321-3 Q-I-19300 s

L'activité de placement consiste à rapprocher, à titre habituel, **offres et demandes d'emploi,** sans devenir partie aux relations de travail susceptibles d'en découler. Cette activité peut être exercée à titre lucratif, notamment par les entreprises de travail temporaire.

Aucun service de placement ne peut être refusé à un demandeur d'emploi ou à un employeur pour l'un des **motifs discriminatoires** visés n° 32060.

Aucune **rétribution,** directe ou indirecte, ne peut être exigée des demandeurs d'emploi en contrepartie de la fourniture de services de placement. Par exception, le placement des artistes du spectacle (C. trav. art. L 7121-9) et des sportifs (C. sport art. L 222-7) peut être effectué à titre onéreux.

PÔLE EMPLOI

32980 C. trav. art. L 5312-1 Q-I-19550 s

L'activité de placement est essentiellement assurée par Pôle emploi (adresses des agences sur www.pole-emploi.fr) qui a notamment pour **mission** de :

– collecter les offres d'emploi, aider et conseiller les entreprises dans leur recrutement et assurer la mise en relation entre les offres et les demandes d'emploi ;

– accueillir, informer, orienter et accompagner les personnes, qu'elles disposent ou non d'un emploi, à la recherche d'un emploi, d'une formation ou d'un conseil professionnel et leur prescrire toutes actions utiles pour développer leurs compétences et améliorer leur employabilité, favoriser leur reclassement et faciliter leur mobilité géographique et professionnelle ;

– procéder aux inscriptions sur la liste des demandeurs d'emploi, tenir celle-ci à jour, assurer le contrôle de la recherche d'emploi et le service des allocations de chômage.

AUTRES PARTICIPANTS

32985 C. trav. art. L 5311-4 Q-I-20300 s

Organismes publics et privés D'autres organismes peuvent effectuer des tâches de placement, qu'ils aient passé ou non une convention avec Pôle emploi. Il peut s'agir d'établissements **publics** (chambre de commerce, chambre de métiers…), d'**associations** (Apec et Apecita), d'entreprises de **travail temporaire** et d'**agences privées** de placement.

Par ailleurs, les **employeurs** ou **groupements d'employeurs** qui entreprennent des actions de reclassement en faveur de leur salariés peuvent également effectuer des opérations de placement durant ces actions.

> **Précisions** L'Association pour l'emploi des cadres, ingénieurs et techniciens (Apec : www.apec.fr) est financée par une cotisation prévue par l'ANI du 12-7-2011. Ce texte, qui se réfère encore aux dispositions de la convention du 14-3-1947, devra être adapté pour tenir

compte de l'abrogation de cette convention et de la disparition au 1-1-2019 du régime de retraite Agirc qu'elle prévoyait.

La **cotisation** concerne les salariés relevant des articles 4 et 4 bis de la convention du 14-3-1947 (ANI du 12-7-2011 art. 14). Sont ainsi visés les ingénieurs et cadres et les assimilés cadres définis par la convention collective nationale ou régionale applicable à l'entreprise.

La cotisation comporte une part salariale et une part patronale (voir taux n° 90030) et est **assise** sur la rémunération limitée à 4 plafonds de la sécurité sociale. Elle est recouvrée en même temps et selon les mêmes modalités, y compris en ce qui concerne les majorations de retard, que les cotisations de retraite. Pour plus de détails sur ce dernier point, voir n°s 68000 s.

32990 C. trav. art. L 5311-3 L 5311-3-1 L 5313-1 à L 5313-5 L 5322-1 à L 5322-4 Q-I-19800 s

Collectivités territoriales La **région** participe à la coordination des acteurs du service public de l'emploi sur son territoire. L'État peut lui déléguer la mission de veiller à la complémentarité et de coordonner l'action des différents intervenants.

Les autres collectivités territoriales (**départements, communes et leurs groupements**) peuvent aussi concourir au placement des demandeurs d'emploi. Ainsi, les communes peuvent recevoir des offres d'emploi et effectuer des opérations de placement en faveur de leurs administrés, après avoir passé une convention avec l'État et Pôle emploi.

Par ailleurs, il existe dans chaque région des **maisons de l'emploi** qui participent, notamment, à l'accueil, l'information, l'orientation et l'accompagnement des demandeurs d'emploi, au maintien et au développement de l'emploi et à l'aide à la création d'entreprise. Elles associent notamment l'État, Pôle emploi et au moins une collectivité territoriale ou un établissement public de coopération intercommunale (syndicat de communes, communauté de communes, communauté urbaine, communauté d'agglomération ou métropole).

2. EMBAUCHE DIRECTE

OFFRES D'EMPLOI

33010 C. trav. art. L 5331-1 L 5332-1 L 5332-2 R 5334-1 N-II- 3800 s

Publicité La **diffusion gratuite** des offres et demandes d'emploi est possible par tout moyen. Si la **vente** des offres et demandes est interdite sur tout support, leur insertion, à titre onéreux, est permise dans une publication papier ou électronique. Les offres publiées ou diffusées doivent être datées.

La méconnaissance de ces dispositions est passible de l'**amende** prévue pour les contraventions de 3e classe (n° 67285).

En cas de publication ou de diffusion d'une offre d'emploi **anonyme,** l'employeur ou son intermédiaire (cabinet de recrutement…) doit communiquer au directeur de la publication ou au responsable du moyen de communication ses nom ou raison sociale et adresse.

33015 C. trav. art. L 5331-2 à L 5331-5 L 5333-1 L 5334-1 N-II- 3100 s

Contenu Il est interdit, sous peine de l'**amende** prévue pour les contraventions de 3e classe (n° 67285), de faire publier ou de diffuser une offre d'emploi comportant :

– la mention d'une **limite d'âge supérieure,** sauf obligation légale ou réglementaire ;

– un texte rédigé en **langue étrangère.** Si l'emploi ne peut être désigné que par un terme étranger sans équivalent en français, le texte français doit être suffisamment explicite pour ne pas induire en erreur. Ces dispositions s'appliquent aux services à exécuter sur le territoire français, quelle que soit la nationalité de l'auteur de l'offre ou de l'employeur, et aux services à exécuter hors de ce territoire lorsque l'auteur de l'offre ou l'employeur est français, même si la parfaite connaissance d'une langue étrangère est une des conditions de l'emploi proposé. Toutefois, les publications et moyens de communication utilisant en tout ou partie une langue étrangère peuvent contenir des offres rédigées dans cette langue.

Il est également interdit, sous peine d'un emprisonnement d'un an et d'une amende de 37 500 €, de faire publier ou de diffuser une offre comportant des **allégations fausses** ou **susceptibles d'induire en erreur** :

– pour une offre d'emploi, en particulier sur un ou plusieurs éléments suivants : l'existence, le caractère effectivement disponible, l'origine, la nature et la description de l'emploi offert, la rémunération et les avantages annexes proposés, ainsi que le lieu de travail ;

– pour une prestation de services concernant les offres d'emploi ou les carrières, notamment sur la gratuité du service.

ATTENTION

La diffusion d'une **offre trompeuse** engage la responsabilité de son auteur. Le directeur de publication ou du moyen de communication est responsable s'il a agi sans demande expresse de l'annonceur. Les **agents** de la concurrence, de la consommation et de la répression des fraudes sont chargés de rechercher et de constater les infractions.

Aucune offre d'emploi (au sens large : sont visés les courriels ou instructions internes faisant état d'une intention de recruter ou de ne pas recruter des salariés) ne peut comporter de référence à l'un des **motifs discriminatoires** visés nº 32060. 33020 C. trav. art. L 5321-2 C. pén. art. 225-1 s N-II-4300 s

Le fait de soumettre une offre d'emploi à une condition discriminatoire est **sanctionné pénalement** dans les conditions visées nº 32330.

Ont été jugées discriminatoires, car fondées sur l'**origine ou la nationalité** des candidats, les mentions suivantes : « jeune femme 18 à 22 ans – taille maxi 40 – BBR », ce dernier sigle signifiant « bleu, blanc, rouge » utilisé pour indiquer que la personne à recruter devait être de race blanche (Cass. crim. 23-6-2009 nº 07-85.109 F-PF : RJS 10/09 nº 819) ; « carte d'électeur obligatoire », ce qui exclut les candidats étrangers qui n'ont pas le droit de vote (Cass. crim. 20-1-2009 nº 08-83.710 F-PF : RJS 4/09 nº 311).

> Précisions **a.** Les **mentions sexistes** sont interdites sous réserve des dérogations visées nº 32190.

L'administration recommande (Circ. min. du 2-5-1984 réputée abrogée) :
– lorsque l'offre concerne un emploi dont il existe une **dénomination au masculin et au féminin** [employé(e), ouvrier(ère)], de mentionner les deux genres ;
– lorsque, au contraire, la dénomination de l'emploi n'existe qu'au masculin ou au féminin : soit d'ajouter une mention indiquant que l'emploi est offert aux candidats des deux sexes (ex. : cadre H/F, ingénieur H/F), soit d'utiliser des mots neutres tels que « personne chargée de »...

b. Si les mentions « **junior** » et « **senior** » ne sont pas, en elles-mêmes, discriminatoires, elles peuvent constituer un indice qui, parmi d'autres éléments, met en évidence une pratique discriminatoire. Il est conseillé de définir l'**expérience professionnelle** en termes de niveau de compétences et de responsabilité justifiées par rapport au poste à pourvoir (Délib. Halde 2007-306 du 26-11-2007).

c. Il est recommandé d'éviter la mention « priorité travailleur **handicapé** » sauf si celle-ci est apposée sur toutes les offres d'emploi et accompagnée de la mention « à compétences égales ». Est proscrite également la mention « poste réservé aux personnes en situation de handicap » (Délib. Halde 2010-126 du 14-6-2010).

d. Sont prohibées les mentions suivantes relatives à l'**état de santé** ou à l'**apparence physique** des candidats : « bonne santé », « personne valide », « bonne condition physique », « taille fine », « personne élégante », « yeux bleus », « cheveux courts », « pas de barbe », « non fumeur », « sportif » (Guide Pôle emploi « Repères juridiques sur les offres d'emploi » février 2019 consultable sur pole-emploi.fr).

CABINETS DE RECRUTEMENT

L'employeur peut confier les **opérations de sélection** à des cabinets de recrutement. Ils sont tenus à une **obligation de moyens** et non de résultat (CA Paris 22-2-1989 nº 86-18330 ; 3-6-1993 nº 91-17782). 33025 N-II- 2650 s

La **définition du poste** à pourvoir incombe à l'employeur ; le conseiller en recrutement doit seulement aider celui-ci à préciser le profil du candidat recherché et l'informer d'éventuelles difficultés (CA Paris 2-12-1986 nº 3577 ; 21-3-1995 nº 93-13861 : RJS 6/95 nº 682).

Les professionnels du conseil en recrutement doivent respecter les règles fixées par la **Cnil** relatives à la collecte et au traitement des informations nominatives recueillies (Délib. Cnil 02-017 du 21-3-2002 ; Fiche Cnil 25-7-2018 : « Le recrutement et la gestion du personnel »).

Ils sont également concernés par les règles exposées nºs 33130 s.

ILLUSTRATIONS

Un cabinet de recrutement ne peut **pas se voir reprocher** par l'employeur :
– d'avoir tardé à accomplir sa mission dès lors que les parties n'étaient convenues d'aucune urgence et d'aucun délai (CA Paris 27-9-1990 nº 89-1624 : RJS 3/91 nº 364) ou que le délai prévu n'avait qu'un caractère indicatif (CA Paris 16-5-1991 nº 90-4871) ;
– la démission ultérieure du salarié sélectionné (CA Versailles 25-3-1993 nº 91-9906) ;
– de n'avoir pas recherché le nom marital de la candidate, celle-ci étant l'épouse du PDG d'une société concurrente (CA Paris 8-3-2000 nº 98-3458 : RJS 5/00 nº 493).

En revanche, commet, par exemple, une **faute** engageant sa responsabilité le cabinet de recrutement qui ne vérifie pas les informations portées sur le CV d'un candidat (Cass. 1e civ. 2-11-2005 nº 03-10.909 FS-PB : RJS 2/06 nº 150).

3. MISE À DISPOSITION DE SALARIÉS

LICÉITÉ DE LA MISE À DISPOSITION

Prêt de main-d'œuvre illicite Sauf dérogations concernant notamment les entreprises de travail temporaire, à temps partagé, de portage salarial (C. trav. art. L 1254-6), les associations ou entreprises de services à la personne (C. trav. art. L 7232-6) ou encore la mise à disposition de salariés auprès des organisations syndicales ou des associations d'employeurs 33035

C. trav. art. L 8241-1 L 8241-2 L 8281-1 R 8281-1 à R 8281-4 R 8282-1 NC-I-200 s

dans les conditions prévues aux articles L 2135-7 et L 2135-8 du Code du travail, est illicite toute opération à but lucratif ayant pour **objet exclusif** le prêt de main-d'œuvre (y compris entre des sociétés fonctionnant comme une entité unique : Cass. crim. 9-9-2020 nº 18-82.746 F-PBI : RJS 11/20 nº 555). Est également illicite le **marchandage** au sens visé nº 79300.

Le prêt de main-d'œuvre illicite et le marchandage constituent des **infractions de travail illégal** (nº 79300) réprimées dans les conditions visées nºs 79400 s. et susceptibles de faire l'objet des sanctions exposées nºs 79480 s.

› Précisions **a.** Une **même opération** peut constituer :
– les délits de marchandage et de prêt illicite de main-d'œuvre. Ainsi, par exemple, l'habillage, par un contrat de sous-traitance, de la mise à disposition de personnel permettant à l'entreprise utilisatrice de s'exonérer du paiement des charges sociales et fiscales et d'heures supplémentaires au profit de salariés qui, une fois intervenus pour l'une des deux sociétés, basculaient sur des missions prétendument réalisées par l'autre société, lorsqu'ils avaient atteint leur contingent horaire (Cass. crim. 23-1-2018 nº 17-81.231 F-D : RJS 4/18 nº 273) ;
– voire également, outre ces deux délits, celui de travail dissimulé par dissimulation de salariés (Cass. crim. 8-1-2019 nº 17-87.246 F-D : RJS 3/19 nº 174).

b. Lorsque les règles propres au **travail temporaire** ne sont pas respectées, les opérations de prêt de main-d'œuvre réalisées dans ce cadre peuvent être qualifiées de prêt de main-d'œuvre illicite (Cass. crim. 13-11-2012 nº 10-80.862 F-PB : RJS 4/13 nº 335), de marchandage (Cass. crim. 22-3-1983 nº 82-91.726 ; Cass. soc. 6-2-2013 nº 11-16.950 FS-D : RJS 4/13 nº 335) ou de ces deux délits à la fois (Cass. crim. 28-3-2017 nº 15-84.795 FS-PB : RJS 6/17 nº 395), l'un et/ou l'autre pouvant être retenu(s) à l'encontre de l'entreprise de travail temporaire et/ou de l'entreprise utilisatrice (Cass. crim. 22-3-1983 nº 82-91.726 ; 18-4-1989 nº 87-81.212 D : RJS 7/89 nº 656).

c. Le donneur d'ordre est associé, à peine de sanctions, au respect par son sous-traitant ou cocontractant du **salaire minimum dû** aux salariés de ce dernier (voir nº 70738).

Il est en outre passible de l'**amende** prévue pour les contraventions de 5e classe (nº 67285) s'il ne respecte pas la procédure d'injonction et d'information applicable lorsqu'il est informé par écrit par un agent de contrôle compétent en matière de travail illégal d'une infraction à un **socle de règles minimales.**

Une procédure d'injonction et d'information est également prévue lorsque le donneur d'ordre est informé que les salariés d'un sous-traitant ou cocontractant sont soumis à des conditions d'**hébergement collectif** indignes (C. trav. art. L 4231-1 et R 4231-1 à R 4231-4).

33036 C. trav. art. L 8241-1, dernier al.

Prêt de main-d'œuvre autorisé La mise à disposition ne poursuit **pas de but lucratif** et est donc licite lorsque l'entreprise prêteuse ne facture à l'entreprise utilisatrice que les salaires versés au salarié, les charges sociales afférentes et les frais professionnels remboursés à l'intéressé au titre de la mise à disposition.

Le prêt de main-d'œuvre réalisé à titre gratuit ou s'inscrivant dans le cadre plus large de la **sous-traitance** ou d'une **prestation de services** est licite car il n'est pas alors l'objet exclusif de l'opération mais seulement un des moyens mis en œuvre pour honorer le contrat. Mais, dans le cas contraire, l'opération est constitutive de l'une et/ou l'autre des infractions visées nº 33035 (par exemple : Cass. soc. 4-4-1990 nº 86-44.229 P ; Cass. crim. 12-5-1998 nº 96-86.479 PF ; Cass. crim. 15-9-2009 nº 09-80.414 F-D : RJS 1/10 nº 98).

En pratique, les juges vérifient que la prestation de services ou le contrat de sous-traitance ne masque pas un prêt de main-d'œuvre exercé à titre lucratif et exclusif en se référant à un **ensemble de critères** dont aucun n'est à lui seul déterminant. Ainsi, sont licites les opérations répondant à plusieurs des conditions suivantes (notamment : Cass. crim. 2-6-1981 nº 80-94.065 P ; 18-4-1989 nº 86-96 663 D : RJS 7/89 nº 656 ; Cass. soc. 6-2-2008 nº 06-45.385 F-D : RJS 4/08 nº 493 ; 4-3-2020 nº 18-10.636 FS-PB : RJS 5/20 nº 249) :
– tâche à accomplir définie avec précision ;
– totale autonomie, pendant l'exécution, du personnel mis à disposition par rapport aux salariés de l'utilisateur et encadrement par un membre de l'entreprise prêteuse ;
– rémunération fixée forfaitairement en fonction du résultat et non du nombre d'heures de travail effectuées ou de salariés mis à disposition ;
– fourniture, par le sous-traitant au personnel détaché, des moyens matériels nécessaires à l'exécution de la tâche ;
– activité sous-traitée impliquant une spécialisation ou un savoir-faire que n'ont pas les salariés de l'utilisateur.

33037 C. trav. art. L 8241-2

Le prêt de main-d'œuvre **non lucratif** obéit aux règles suivantes :
– il nécessite l'**accord du salarié,** concrétisé par un **avenant** à son contrat de travail, et la conclusion d'une **convention de mise à disposition** ;
– le salarié bénéficie d'un **statut protecteur** : interdiction des mesures discriminatoires en cas de refus de la mise à disposition, survie du contrat le liant à l'entreprise prêteuse pendant

celle-ci, réintégration dans son poste ou un poste équivalent à son issue et, s'il exerce un mandat représentatif, maintien de la protection ;
– le salarié a accès aux **installations** et moyens de transport collectif de l'entreprise utilisatrice ;
– l'opération doit donner lieu à information-consultation des **représentants du personnel** de l'entreprise prêteuse et de l'entreprise utilisatrice : pour plus de détails, voir notre Mémento Comité social et économique et autres représentants du personnel n° 52395.

> Précisions Une entreprise d'au moins **5 000 salariés** ou appartenant à un groupe d'au moins 5 000 salariés peut mettre à disposition ses salariés auprès de certaines personnes morales listées à l'article 238 bis, 1, a à g du CGI, d'une **jeune** entreprise ayant moins de 8 ans d'existence au moment de la mise à disposition ou d'une **petite ou moyenne entreprise** de moins de 250 salariés, pour une durée maximale de 2 ans, dans l'objectif de lui permettre d'améliorer la qualification de sa main-d'œuvre, de favoriser les transitions professionnelles ou de constituer un partenariat d'affaires ou d'intérêt commun. Le prêt de main-d'œuvre est alors considéré comme non lucratif (C. trav. art. L 8241-3, R 8241-1 et R 8241-2). L'effectif salarié et le franchissement du seuil de 250 salariés sont déterminés selon les modalités exposées n°s 23630 s.

Mesures Covid-19 33038

Des mesures dérogatoires ont été mises en place dans le cadre de la crise sanitaire liée à la Covid-19. Elles sont applicables jusqu'au 30-6-2021. Ainsi, une **même convention de mise à disposition** peut concerner plusieurs salariés, alors qu'en principe il doit être établi une convention par salarié. De même, l'**avenant au contrat de travail** signé avec chaque salarié mis à disposition n'a pas à fixer par avance les horaires d'exécution du travail au sein de l'entreprise utilisatrice, mais juste à définir un volume horaire hebdomadaire. Les horaires sont ensuite définis par l'entreprise utilisatrice avec l'accord du salarié.
Par ailleurs, lorsque l'entreprise prêteuse recourt à l'activité partielle, les opérations de **prêt de main-d'œuvre** n'ont **pas de but lucratif** pour les entreprises utilisatrices, même lorsque le montant facturé par l'entreprise prêteuse à l'entreprise utilisatrice est inférieur aux salaires versés au salarié, aux charges sociales afférentes et aux frais professionnels remboursés à l'intéressé au titre de sa mise à disposition temporaire ou est égal à zéro (Ord. 2020-1597 du 16-12-2020 art. 2, 2° modifiant la loi 2020-734 du 17-6-2020 art. 52) : voir FRS 1/21 inf. 2 p. 4 n°s 12 s.

GROUPEMENT D'EMPLOYEURS

Constitution et fonctionnement Plusieurs personnes physiques ou morales entrant dans le champ d'application d'une **même convention collective** peuvent constituer un groupement d'employeurs, sous la forme d'une association type loi de 1901 ou d'une société coopérative (association régie par le Code civil local ou coopérative artisanale en Alsace-Moselle), dans le but de mettre à disposition de ses membres des salariés liés à lui par un contrat de travail. 33040 C. trav. art. L 1253-1 à L 1253-8-1 L 1253-17 à L 1253-24 **NC-III-200 s**
Un groupement peut aussi être constitué entre employeurs de **conventions collectives différentes** s'ils choisissent la convention qu'ils souhaitent appliquer et déclarent ce choix à l'administration qui exerce un contrôle.
En tant qu'employeur, le groupement est soumis aux **formalités** visées n°s 33220 s.

> Précisions **a.** La constitution d'un groupement doit être portée à la connaissance de l'inspecteur du travail et des représentants du personnel des entreprises qui en sont membres. La **liste** des membres est tenue à la disposition de l'inspecteur du travail.
b. Les membres du groupement sont **solidairement responsables** des dettes de celui-ci à l'égard des salariés et des organismes créanciers des cotisations obligatoires, sauf si, par dérogation, les statuts prévoient, sur la base de critères objectifs, des règles de répartition de ces dettes entre les membres du groupement, opposables aux créanciers.
c. Seuls les groupements d'employeurs pour **l'insertion et la qualification (GEIQ)**, reconnus comme tels selon une procédure spécifique (C. trav. art. L 1253-1, al. 3 ; D 1253-45 à D 1253-49 ; Arrêté ETSD1514379A du 17-8-2015 : JO 18), peuvent bénéficier des aides prévues pour le contrat initiative-emploi (C. trav. art. L 5134-66) et les emplois d'avenir (C. trav. art. L 5134-111).
d. La méconnaissance des dispositions des articles L 1253-1 à L 1253-10 et L 1253-17 du Code du travail est punie d'une **amende** de 3 750 € (C. trav. art. L 1255-13), la responsabilité des personnes morales pouvant être engagée dans les conditions visées n°s 67130 s.
e. Pour l'application du Code du travail, sauf la partie consacrée aux relations collectives de travail, l'**effectif du groupement** s'entend hors salariés mis en tout ou partie à la disposition d'un ou de plusieurs membres.

33042 C. trav. art. L 1253-9 à L 1253-15 CSS art. L 412-9 NC-III-1900 s

Statut des salariés Les **contrats de travail** conclus par le groupement sont écrits et indiquent les conditions d'emploi et de rémunération, la qualification du salarié, la liste des utilisateurs potentiels et les lieux d'exécution du travail. Les contrats doivent aussi garantir l'**égalité de traitement** entre salariés du groupement et salariés des entreprises utilisatrices en matière de rémunération. Sur les droits en matière d'intéressement, de participation et d'**épargne salariale,** voir n° 33895, d.

Les salariés du groupement bénéficient de la **convention collective** applicable à celui-ci.

La législation sur les **accidents du travail** s'applique au groupement et à ses entreprises membres selon les règles prévues n°s 82610 s.

La situation des salariés dans l'**entreprise utilisatrice** est calquée sur celle des travailleurs temporaires : voir n°s 82340 s. pour les conditions de travail et n° 82370 pour l'accès aux installations collectives. S'agissant de leur prise en compte dans l'effectif de cette entreprise, voir n° 62375 (règle générale) et n° 40040 (obligation d'emploi des travailleurs handicapés).

> Précisions Lorsque le groupement a pour objet principal de mettre des remplaçants à disposition de **chefs d'entreprise,** la zone géographique d'exécution du contrat de travail vaut mention de la liste des utilisateurs potentiels (C. trav. art. R 1253-14 et R 1253-34).

ASSOCIATION INTERMÉDIAIRE

33045 C. trav. art. L 4625-1 L 5132-4 L 5132-7 à L 5132-14 R 4745-5 R 5132-18 R 5132-26-6 à R 5132-26-8 CSS art. L 412-9 NC-III-4000 s

Objet et fonctionnement Les associations intermédiaires ont pour objet d'embaucher des **personnes sans emploi** rencontrant des difficultés sociales et professionnelles et de les mettre, à titre onéreux, à la disposition de personnes physiques ou morales afin de faciliter leur insertion professionnelle. Elles doivent à ce titre être **conventionnées** par l'État.

En tant qu'employeur, l'association est soumise aux **formalités** visées n°s 33220 s. et doit assurer le **suivi médical** de ses salariés par un service interentreprises.

> Précisions **a.** Les associations intermédiaires peuvent mettre leurs salariés à disposition de particuliers ou de personnes morales de droit privé à but non lucratif (associations, syndicats...). La **mise à disposition** de salariés **auprès d'entreprises** est toutefois subordonnée à la conclusion d'une convention de coopération avec Pôle emploi, les salariés concernés devant en outre être agréés par cet organisme s'ils exécutent une tâche précise et temporaire d'une durée supérieure à 16 heures.

La **durée** totale maximale des **mises à disposition d'un même salarié** est fixée à 480 heures par périodes de 24 mois à compter de la première mise à disposition.

b. Les associations intermédiaires ne peuvent pas mettre de salariés à disposition d'employeurs ayant procédé à un **licenciement économique** sur un emploi équivalent ou de même qualification dans les 6 mois précédents.

c. Les associations intermédiaires bénéficient de la **réduction générale de cotisations** patronales visée n°s 1880 s. et d'une **aide financière** (voir n° 20930, d).

d. Depuis le 1-7-2019, les associations intermédiaires dont l'effectif est d'**au moins 11 salariés** sont tenues de cotiser mensuellement. Les associations intermédiaires de moins de 11 salariés peuvent opter pour le paiement trimestriel des cotisations avant le 31 décembre de l'année N pour une application au 1er janvier de l'année N + 1 (Fiche association intermédiaires sur le site www.urssaf.fr).

e. Sur le **régime fiscal** auquel sont soumises ces associations, voir Mémento fiscal n°s 89555, a (TVA) et 89565, d (impôt sur les sociétés).

33047 C. trav. art. L 5132-11 R 5132-21 NC-III-5200 s

Statut des salariés Les personnes mises à disposition par une association intermédiaire sont liées à celle-ci par un **contrat de travail** qui n'est soumis ni au régime des CDD (Cass. soc. 14-6-2006 n° 05-40.995 FS-PB : RJS 8-9/06 n° 997), ni à celui des contrats de travail temporaire (Cass. soc. 23-2-2005 n° 02-40.913 FS-PBRI : RJS 5/05 n° 583). Il peut être à temps partiel (Circ. DGEFP 17 du 26-3-1999 réputée abrogée) sans avoir à respecter la durée minimale prévue n° 77175. Sur la possibilité pour l'association intermédiaire de conclure un CDD d'insertion, voir n° 20930.

La **rémunération** des salariés est fonction d'un nombre d'heures forfaitaire déterminé par le contrat ou du nombre d'heures effectivement travaillées, sans pouvoir être inférieure à celle que percevrait dans l'entreprise concernée un salarié de qualification équivalente occupant le même poste de travail. Les travailleurs mis à disposition auprès des employeurs visés n° 51860 ont droit au paiement des jours fériés si les salariés de ces employeurs en bénéficient. Les périodes passées en **formation,** à l'initiative de l'association ou dans le cadre d'un congé de transition professionnelle, sont assimilées à du travail effectif.

La situation des salariés dans l'**entreprise utilisatrice** est calquée sur celle des travailleurs temporaires : voir n°s 82340 s. pour les conditions de travail et n° 82370 pour l'accès aux installations collectives. S'agissant de leur prise en compte dans l'effectif de cette entreprise, voir n° 62375.

En outre, les salariés mis à disposition ne peuvent pas se voir confier des **travaux dangereux** visés à l'article D 4154-1.

La législation sur les **accidents du travail** s'applique selon les règles visées nos 82610 s.

> Précisions a. La mise à disposition ne peut intervenir que pour l'exécution d'une **tâche précise et temporaire** et non pour l'occupation d'un emploi lié à l'activité normale et permanente de l'entreprise utilisatrice, faute de quoi le salarié peut faire valoir auprès de celle-ci les droits tirés d'un CDI (Cass. soc. 2-3-2011 nº 09-43.290 FS-PB : RJS 5/11 nº 472). Le contrat peut aussi être requalifié en CDI si l'association intermédiaire n'assure pas le **suivi et l'accompagnement** de son salarié qui sont les conditions de son insertion professionnelle durable (Cass. soc. 23-5-2013 nº 12-14.027 FS-PB : RJS 8-9/13 nº 643 ; 5-6-2019 nº 17-30.984 FS-PB : RJS 8-9/19 nº 530).

b. Les associations intermédiaires ayant pour activité l'insertion par l'activité économique, aucun **accord collectif** relatif à l'activité d'aide à domicile n'est applicable aux personnes mises à disposition, même si elles exercent cette activité (CA Bourges 4-11-2011 nº 10-01185 : RJS 7/12 nº 658).

ASSOCIATION ET ENTREPRISE DE SERVICES À LA PERSONNE

Les associations ou entreprises exerçant des activités de services à la personne énumérées à l'article D 7231-1 du Code du travail (nº 33535) peuvent assurer leur activité selon plusieurs modalités : **33050**

C. trav. art. L 7231-1 à L 7234-1 D 7231-1 à R 7233-12 **NC-III-7000 s**

– le **mode mandataire** : un particulier donne mandat à l'association ou à l'entreprise pour l'aider à recruter le salarié dont il a besoin et gérer les formalités liées à cet emploi (moyennant, le cas échéant, une contribution représentative de frais de gestion), mais demeure l'employeur de l'intéressé ; à ce titre, il doit signer personnellement les documents déclaratifs et le contrat de travail, définir les conditions de travail et payer le salaire et les charges sociales (Rép. Biessy : AN 28-11-1994) ; à défaut, l'association ou l'entreprise peut être considérée comme l'employeur (Cass. soc. 20-1-2000 nº 98-13.216 D : RJS 3/00 nº 341 ; 28-11-2006 nº 05-43.195 F-D : RJS 2/07 nº 285 ; 30-6-2010 nº 09-42.116 F-D : RJS 12/10 nº 991) ; si elle méconnaît les obligations inhérentes au contrat de mandat (ex. : établissement de bulletins de paie non conformes aux dispositions légales), sa responsabilité peut être engagée par le particulier employeur en cas de litige avec son salarié (Cass. soc. 5-1-2011 nos 09-72.264 et 09-72.265 F-D : RJS 6/11 nº 557) ;

– le **mode prêt de main-d'œuvre** : l'association ou l'entreprise recrute des travailleurs pour les mettre, à titre onéreux, à la disposition de personnes physiques. L'intervenant est salarié de la structure, mais mis à la disposition du client qui exerce par délégation certaines responsabilités de l'employeur relatives aux conditions de travail (Circ. DGAS/2C/DGEFP/ANSP 263 du 15-5-2007 réputée abrogée). Dans ce mode, il est d'usage constant de recruter les salariés par CDD (voir nº 19620) ;

– le **mode prestataire,** consistant en la fourniture de prestations de services aux particuliers.

Le recours au **portage salarial** est expressément exclu : nº 33060, b.

> Précisions a. Les associations ou entreprises exerçant des activités auprès de **jeunes enfants** ou de **personnes âgées ou handicapées** doivent obtenir un agrément du préfet (C. trav. art. L 7232-1 et R 7232-1 à R 7232-17 ; Arrêté EFII127461A du 26-12-2011 : JO 30).

b. À condition d'exercer leur activité à titre exclusif, sauf cas de dispenses prévues à l'article L 7232-1-2 du Code du travail, et de s'être déclarées auprès du préfet, les associations et entreprises de services aux personnes bénéficient d'**avantages sociaux et fiscaux** (C. trav. art. L 7232-1-1 et R 7232-18 s. ; CSS art L 241-10, III) : taux réduits, voire exonération, de **TVA** (voir Mémento fiscal nos 53015, 53260 et 89555, a) ; exonération dégressive des **cotisations** patronales d'assurances sociales (maladie, maternité, invalidité, décès et vieillesse), d'allocations familiales, d'accidents du travail (à hauteur d'un taux fixé par arrêté), de retraite complémentaire (dans certaines limites) et des contributions solidarité autonomie, Fnal, et d'assurance chômage pour leurs aides occupées au domicile de « **publics fragiles** » (personnes âgées ou dépendantes, parents d'enfants handicapés ou familles en difficulté) (CSS art. L 241-10, III et D 241-5 s.), les aides intervenant également auprès de publics non fragiles ouvrant droit, pour les heures en cause, à la **réduction générale** de cotisations patronales (nos 1880 s. ; Circ. Acoss 2011-38 du 29-3-2011). Pour plus de précisions, voir notre documentation sociale C-III-20540 s. Sur la remise en cause de ces exonérations en cas de **travail illégal,** voir nº 79540.

Sur les règles spécifiques applicables à leurs salariés à **temps partiel,** voir 77170, d et nos 77310, b.

c. Les **particuliers** peuvent prétendre à un crédit d'impôt (voir nº 33530) : une attestation fiscale annuelle doit leur être remise (C. trav. art. D 7233-4). Ils peuvent aussi, le cas échéant, bénéficier du complément de libre choix du mode de garde (nos 33510 s.) et d'une aide de leur employeur ou de leur comité social et économique (nº 22416). Ils peuvent régler les services de l'association ou de l'entreprise à l'aide de **Cesu** préfinancés (nº 33500). S'ils ont recours au mode mandataire, ils peuvent prétendre aux exonérations de cotisations mentionnées nos 33475 s.

d. Les **entreprises** de services à la personne sont couvertes par une **convention collective** du 20-9-2012 (étendue par arrêté ETST1408167A du 3-4-2014 : JO 30).

ENTREPRISE DE TRAVAIL À TEMPS PARTAGÉ

33055 C. trav. art. L 1252-1 à L 1252-13 NC-III-11000 s

L'activité exclusive de ces entreprises consiste à mettre à disposition d'entreprises clientes du **personnel qualifié** que ces dernières ne peuvent recruter elles-mêmes en raison de leur taille ou de leurs moyens. Elles peuvent également apporter à leurs entreprises clientes des **conseils** en matière de gestion des compétences et de formation.

Cette activité peut être exercée par des entreprises de **travail temporaire.**

› Précisions a. Chaque mission donne lieu à la conclusion :

– d'un **contrat de mise à disposition** entre l'entreprise de travail à temps partagé et l'entreprise cliente. Il précise le contenu et la durée estimée de la mission, la qualification professionnelle, les caractéristiques particulières du poste de travail ou des fonctions occupées, le montant et les composantes de la rémunération. Toute clause tendant à interdire l'embauche par l'entreprise cliente à l'issue de la mission est interdite ;

– d'un **contrat de travail** entre le salarié mis à disposition et l'entreprise de travail à temps partagé. Réputé être à durée indéterminée, ce contrat obéit aux mêmes règles de rupture que le CDI.

b. Toute entreprise de travail à temps partagé est tenue, à tout moment, de justifier d'une **garantie financière** assurant, en cas de défaillance de sa part, le paiement des salaires et accessoires et des cotisations obligatoires dues aux organismes de sécurité sociale et aux institutions sociales.

c. La **rémunération** versée au salarié mis à disposition ne peut pas être inférieure à celle d'un salarié de niveau de qualification identique ou équivalent occupant le même poste ou les mêmes fonctions dans l'entreprise cliente. La situation des salariés dans celle-ci est calquée sur celle des **travailleurs temporaires** : voir nos 82340 s. pour les conditions de travail et no 82370 pour l'accès aux installations collectives.

d. À titre expérimental, du 7-9-2018 au 31-12-2021, les entreprises de travail à temps partagé peuvent conclure avec les **personnes ayant des difficultés d'insertion professionnelle** un contrat de travail à temps partagé aux fins d'employabilité (Loi 2018-771 du 5-9-2018 art. 115).

PORTAGE SALARIAL

33060 C. trav. art. L 1254-1 à L 1254-31 R 1254-3 à R 1254-5 NC-III-12200 s

Le portage salarial désigne l'ensemble organisé constitué par :

– la relation entre une entreprise de portage salarial effectuant une prestation pour une entreprise cliente donnant lieu à la conclusion d'un **contrat commercial** de prestation de portage salarial ;

– le **contrat de travail** entre l'entreprise de portage salarial et un salarié porté rémunéré par cette entreprise.

L'entreprise de portage salarial n'est pas tenue de **fournir du travail** au salarié porté, celui-ci justifiant d'une expertise, d'une qualification et d'une autonomie qui lui permettent de rechercher lui-même ses clients.

Le portage salarial est encadré par la **convention collective** de branche des salariés en portage salarial du 22-3-2017 (étendue par arrêté ETST1713055A du 28-4-2017).

› Précisions a. L'activité de portage salarial ne peut être menée que par une entreprise de portage salarial l'exerçant **à titre exclusif,** après déclaration auprès de l'administration et obtention d'une garantie financière.

b. L'entreprise cliente ne peut recourir au portage salarial que pour l'exécution d'une **tâche occasionnelle** ne relevant pas de son activité normale et permanente ou pour une prestation ponctuelle nécessitant une expertise qu'elle n'a pas.

La prestation de portage ne peut **pas concerner** des activités de services à la personne. Elle ne peut pas avoir pour objet de remplacer un salarié gréviste ou d'effectuer certains travaux dangereux dont la liste est fixée à l'article D 4154-1 du Code du travail, sauf dérogation accordée par la Dreets (Direccte avant le 1-4-2021).

La **durée** de la prestation de portage dans l'entreprise cliente est **limitée** à 36 mois.

c. L'entreprise de portage salarial peut conclure avec le salarié porté un **CDI** ou un **CDD** d'une durée totale maximale de 18 mois (renouvellement inclus) régi par des règles particulières. Le contrat de travail doit comporter un certain nombre de clauses obligatoires.

La seule **rupture du contrat commercial** conclu entre l'entreprise de portage et l'entreprise cliente n'entraîne pas celle du contrat de travail du salarié porté et l'entreprise de portage est redevable de la rémunération qui lui est due.

d. Le salarié porté bénéficie d'une **rémunération** minimale et d'une indemnité d'apport d'affaire dont les montants sont définis par la convention collective. Le salaire mensuel minimum, qui intègre les indemnités de congés payés et la prime d'apport d'affaires, est de 70 % du plafond mensuel de la sécurité sociale pour un salarié porté junior, 75 % de ce plafond pour un salarié porté senior et de 85 % de ce plafond pour un salarié porté en forfait jours. Le salarié porté n'est pas rémunéré lorsqu'il n'est pas en mission de portage mais il bénéficie d'une réserve financière entre 2 missions (CCN des salariés en portage salarial art. 21-3).

Il est pris en compte dans l'**effectif** de l'entreprise de portage s'il a effectué des prestations de portage dans le cadre de contrats de travail conclus avec celle-ci pendant au moins 3 mois au cours de la dernière année civile. Son

ancienneté dans cette entreprise s'apprécie en totalisant les périodes où il a effectué des prestations de portage dans le cadre de contrats de travail conclus avec elle. Des règles particulières de décompte de l'ancienneté sont prévues pour l'électorat et l'éligibilité aux élections des représentants du personnel et l'épargne salariale.

Les obligations relatives à la **médecine du travail** sont à la charge de l'entreprise de portage.

e. Le CSE peut saisir l'**inspecteur du travail** dans certaines situations : voir nº 9374.

f. Le non-respect de la réglementation sur le portage salarial est passible de **sanctions pénales** (C. trav. art. L 1255-14 s.).

B. Choix du futur salarié

L'employeur est libre dans le choix du salarié, sous réserve de respecter certaines **priorités d'embauche** ou de réembauche (notamment pour les salariés licenciés pour motif économique : nºs 48490 s.) ainsi que la réglementation propre à certaines **catégories** de travailleurs, par exemple les jeunes (nºs 45465 s.) et les étrangers (nºs 35560 s.). Il est, par ailleurs, tenu d'observer les règles de **non-concurrence.** Sur sa **responsabilité** éventuelle dans le cadre d'une action en concurrence déloyale, voir nº 69750. 33100

L'employeur peut aussi tenir compte des différentes **aides** à l'embauche ou à l'emploi dont il peut bénéficier.

Le processus de sélection des candidats est en outre encadré.

NON-DISCRIMINATION

Le choix du candidat ne peut pas être fondé sur l'un des motifs discriminatoires visés nº 33020. En particulier, l'employeur ne peut pas prendre en considération la **grossesse** d'une femme (nº 51220) ou le **sexe** du candidat sauf si l'appartenance à un sexe est une condition déterminante ou si l'embauche tend à la mise en œuvre d'un plan d'égalité professionnelle (nº 32190). Sur le **tribunal** compétent en matière de discrimination lors d'un recrutement, voir nº 32270. 33130 N-II-6900 s

› Précisions Dans les entreprises d'au moins 300 salariés et dans celles spécialisées dans le recrutement, les employés chargés des missions de recrutement reçoivent une **formation** à la non-discrimination à l'embauche au moins une fois tous les 5 ans (C. trav. art. L 1131-2).

INFORMATIONS DEMANDÉES AU CANDIDAT

Caractéristiques Les informations demandées à un candidat ont pour seule **finalité** d'apprécier sa capacité à occuper l'emploi proposé ou ses aptitudes professionnelles et doivent avoir un **lien direct et nécessaire** avec cet emploi ou avec l'évaluation de ses aptitudes. Le candidat doit y répondre de bonne foi. 33135 C. trav. art. L 1221-6 L 1221-7 N-II-6650 s

Les informations communiquées par écrit par le candidat à un emploi peuvent être examinées dans des conditions préservant son **anonymat.**

ILLUSTRATIONS

L'employeur ou le cabinet de recrutement ne peut pas exiger d'un candidat qu'il fournisse des renseignements sur sa **vie privée** sauf s'ils ont un lien direct et nécessaire avec l'emploi proposé. Il en est ainsi par exemple de la possession du **permis de conduire** en cas de recrutement d'un livreur (CA Bourges 31-5-1996 nº 96-102 : RJS 12/96 nº 1230).

Aucune faute ne peut être reprochée au candidat qui n'a pas mentionné, lors de son embauche, une **condamnation pénale** antérieure (Cass. soc. 25-4-1990 nº 86-44.148 P : RJS 6/90 nº 450), sa qualité de **prêtre** (Cass. soc. 17-10-1973 nº 72-40.360 P) ou ses **antécédents médicaux** (Cass. soc. 9-1-1991 nº 88-41.091 D).

L'employeur peut demander au candidat de présenter certains **documents,** tels que ses diplômes et ses certificats de travail délivrés par ses anciens employeurs, mais pas son dossier scolaire ni ses derniers bulletins de paie (Rép. Legrand : AN 23-4-1975 nº 16670 ; Rép. Chauvierre : AN 16-3-1987 nº 13309).

Le **dol,** susceptible d'entraîner la nullité du contrat, n'a pas été retenu en cas de mention dans un CV d'une **expérience professionnelle** imprécise et susceptible d'une interprétation erronée (Cass. soc. 16-2-1999 nº 96-45.565 P : RJS 4/99 nº 468) ni de celle d'une fausse durée d'emploi (CA Aix-en-Provence 1-3-1994 nº 91-3909), ou en l'absence d'informations relatives à l'**état de santé** du salarié ou son handicap (Cass. soc. 21-9-2005 nº 03-44.855 FS-PBI : RJS 12/05 nº 1163).

Produire un **CV mensonger** peut justifier un **licenciement** si les fonctions du salarié exigent de sa part une **honnêteté et une loyauté** irréprochables (ex. gestionnaire de patrimoine : CA Lyon 25-6-2010 nº 09-6376 : RJS 2/11 nº 90). Il en est de même de mentir sur son **expérience** chez un concurrent si cet élément a été déterminant pour le recrutement (Cass. soc. 25-11-2015 nº 14-21.521 F-D : RJS 2/16 nº 91), ou sur la possession d'un **diplôme,** sauf s'il s'avère que le salarié a les compétences pour occuper ses fonctions (Cass. soc. 30-3-1999 nº 96-42.912 P : RJS 5/99 nº 626). La dissimulation par le salarié d'une mesure d'**interdiction de gérer** dont il fait l'objet, n'empêchant pas l'exercice de ses fonctions salariées, ne peut lui être reprochée (Cass. soc. 19-1-2010 nº 08-42.519 F-D : RJS 4/10 nº 304).

33140 C. trav. art. L 1221-8 L 1221-9 N-II-5800 s

Encadrement des techniques d'aide au recrutement Le candidat est expressément **informé,** au préalable, des méthodes et techniques d'aide au recrutement utilisées à son égard. Elles doivent être pertinentes au regard du but poursuivi et les **résultats** obtenus sont confidentiels. Une information écrite est souhaitable et facilitera le règlement d'éventuels litiges (Circ. DRT 93-10 du 15-3-1993 réputée abrogée).

Le **CSE** doit également être informé sur ces méthodes ainsi que sur leurs modifications (C. trav. art. L 2312-38).

Les informations concernant les candidats ne peuvent pas être **collectées** par un dispositif qui n'a pas été porté préalablement à leur connaissance.

> Précisions a. Les **questionnaires d'embauche** doivent mentionner (Loi 78-17 du 6-1-1978 art. 116) :
– l'identité du responsable du traitement et, le cas échéant, de celle de son représentant ;
– la finalité poursuivie par le traitement auquel les données sont destinées ;
– le caractère obligatoire ou facultatif des réponses ;
– les droits des personnes à l'égard des traitements de données à caractère personnel : voir nº 90100.

b. Les données collectées ne doivent pas faire apparaître de **critères discriminatoires** visés nº 32060.

c. S'agissant des **tests d'évaluation,** les candidats doivent être informés au préalable sur les destinataires du traitement et l'existence d'un droit d'accès. Ils doivent également recevoir systématiquement les résultats des tests pratiqués qui restent confidentiels à l'égard des tiers (Délib. Cnil 02-017 du 21-3-2002).

ESSAI PROFESSIONNEL

33145 N-II-6050 s

Non réglementé, l'essai professionnel (à distinguer de la période d'essai) consiste en une épreuve ou un examen permettant à l'employeur de vérifier la **qualification professionnelle** du postulant et son aptitude à occuper le poste demandé. Il est de très **courte durée** et il n'y a pas de lien de subordination pendant son exécution, l'intéressé ne se trouvant pas dans des conditions normales d'emploi (Cass. soc. 4-1-2000 nº 97-41.154 P-F : RJS 2/00 nº 145). L'employeur n'est pas tenu de **rémunérer** l'essai, sauf disposition conventionnelle contraire. La rémunération est alors soumise aux cotisations de sécurité sociale (nº 4275, a) et à CSG-CRDS, sauf si elle consiste juste en un remboursement de frais.

OFFRE DE CONTRAT DE TRAVAIL

33160 C. civ. art. 1114 à 1116 N-II-8350 s

L'offre de contrat est l'acte par lequel l'employeur propose un **engagement** précisant l'emploi, la rémunération et la date d'entrée en fonctions et exprime sa volonté d'être lié en cas d'acceptation. Une fois émise, l'offre peut être **rétractée** dans les cas suivants :
– librement tant qu'elle n'est pas parvenue à son destinataire ;
– si l'employeur a fixé une date limite d'acceptation, après l'expiration de ce délai ;
– à défaut de délai fixé par l'employeur, à l'issue d'un délai raisonnable (à définir par la jurisprudence).

La **rétractation irrégulière** d'une offre fait obstacle à la conclusion du contrat de travail, mais engage la responsabilité extracontractuelle de l'employeur qui peut être condamné à verser des dommages-intérêts, si le candidat apporte la preuve de son préjudice (Cass. soc. 21-9-2017 nº 16-20.103 FS-PBRI et nº 16-20.104 FS-PBRI : RJS 12/17 nº 776).

La rupture de simples **pourparlers** n'engage pas, en revanche, la responsabilité de l'employeur et ne peut, sauf abus, entraîner le versement de dommages-intérêts (Cass. soc. 21-12-1977 nº 76-41.117 ; 17-5-1979 nº 78-40.497).

ILLUSTRATIONS

Ont été considérées comme des offres de contrat de travail :
– le **courriel** du président d'un club sportif adressé à l'agent du candidat, précisant l'emploi, la rémunération et la période d'engagement envisagée, et donc la date d'entrée en fonction de l'intéressé, l'offre ayant été **acceptée** par un courriel de l'agent du joueur le jour même (Cass. soc. 23-9-2020 nº 18-22.188 F-D : RJS 12/20 nº 572) ;
– la **lettre** rédigée de la manière suivante : « Suite à notre entretien, nous vous confirmons votre embauche en contrat à durée indéterminée, au plus tard le X aux conditions suivantes... », mais

subordonnant la conclusion du contrat à l'acceptation du candidat (CA Poitiers 2-5-2018 nº 16-03766).

En revanche, ne valent pas offre de contrat mais constituent de simples **pourparlers** les **discussions** encore en cours sur la **partie variable de la rémunération** (Cass. soc. 26-9-2018 nº 17-18.560 F-D : RJS 12/18 nº 709).

PROMESSE DE CONTRAT DE TRAVAIL

La promesse unilatérale de contrat est un véritable **contrat** par lequel l'employeur accorde au bénéficiaire le droit d'opter pour la conclusion d'un contrat de travail, dont l'emploi, la rémunération et la date d'entrée en fonction sont déterminés, et pour la formation duquel ne manque que le consentement du bénéficiaire. Sous réserve que ces conditions soient remplies, la **révocation** de la promesse pendant le temps laissé au bénéficiaire pour opter n'empêche pas la formation du contrat de travail promis (Cass. soc. 21-9-2017 nº 16-20.103 FS-PBRI et nº 16-20.104 FS-PBRI précités). Une promesse de contrat conclue **frauduleusement** peut être jugée nulle (Cass. soc. 7-3-2018 nº 16-17.303 F-D : RJS 5/18 nº 306). **33170** C. civ. art. 1124 **N-II-8550 s**

Avant les arrêts du 21-9-2017, la Cour de cassation jugeait que, en cas de **rupture injustifiée** d'une promesse d'embauche par l'employeur, la rupture s'analysait en un licenciement sans cause réelle et sérieuse (Cass. soc. 18-12-2013 nº 12-19.577 F-D : RJS 3/14 nº 187). En cas de rupture abusive par le salarié, l'employeur pouvait prétendre à des dommages-intérêts en fonction du préjudice subi (Cass. soc. 29-3-1995 nº 91-44.288 D). Ces solutions nous paraissent conserver un intérêt dans le cadre de la jurisprudence issue des arrêts de 2017.

ILLUSTRATIONS

L'existence d'une promesse de contrat de travail a été reconnue dans les situations suivantes :
– employeur ayant adressé à un candidat un **exemplaire** du contrat de travail et des simulations de salaire, l'intéressé n'ayant pas retourné ce document contractuel signé mais ayant accepté l'offre par courriel sans équivoque (CA Colmar 11-12-2018 nº 17/04877) ;
– **courrier** énonçant les conditions du contrat de travail à durée indéterminée envisagé quant au salaire net mensuel, à la durée hebdomadaire du temps de travail, à la date de prise d'effet, et au lieu d'exécution dudit contrat, mais dont la datation suscite des interrogations (CA Pau 18-10-2018 nº 15/02724) ;
– **lettre** adressée au candidat ne traduisant pas la volonté de l'employeur de subordonner son offre à l'acceptation de l'intéressé, mais précisant au contraire que la **candidature** de la personne « a été retenue », tout en précisant le niveau de classification, le service d'affectation et la rémunération (CA Paris 9-11-2017 nº 16-01877).

C. Formalités liées à l'embauche

DÉCLARATION PRÉALABLE À L'EMBAUCHE

L'embauche d'un salarié ne peut intervenir qu'après déclaration nominative, comportant certaines mentions, accomplie par l'employeur auprès des organismes de protection sociale. Cette formalité s'impose à **tous les employeurs,** y compris les particuliers. Certains bénéficient toutefois de **dispositifs simplifiés** (nºˢ 24030 s.). **33220** C. trav. art. L 1221-10 R 1221-1 R 1221-2 **N-II-13000 s.**

Par ce moyen, l'employeur accomplit les **déclarations et demandes suivantes** : immatriculation de l'employeur et du salarié à la sécurité sociale, affiliation à l'assurance chômage de l'employeur, demande d'adhésion à un service de santé au travail, demande de suivi médical du salarié et affiliation des salariés agricoles aux institutions de retraite et de prévoyance complémentaires.

› Précisions Toute nouvelle embauche d'un **même salarié** (extra, intérimaires...) doit faire l'objet d'une déclaration préalable, sauf si l'intéressé est engagé par des contrats successifs effectués sans interruption (Circ. Acoss 79 du 6-10-1993).

Transmission de la déclaration La déclaration préalable est **adressée,** au plus tôt 8 jours avant la date prévisible de l'embauche et au plus tard au moment de l'entrée en fonctions du salarié (Circ. CAB 13 du 16-9-1993 réputée abrogée), à l'organisme de recouvrement des cotisations de sécurité sociale (Urssaf ou caisse de MSA) dans le ressort duquel est situé l'établissement devant employer le salarié (ou le lieu de travail pour les salariés agricoles) et au service de santé au travail. **33225** C. trav. art. L 1221-12-1 R 1221-3 à R 1221-9 D 1221-18

La déclaration est obligatoirement effectuée par **voie électronique** lorsque l'employeur relevant du régime général a adressé plus de 50 déclarations au cours de l'année civile précédente. La formalité est réputée accomplie si les éléments suivants ont été fournis :
– numéro d'identification de l'établissement employeur ;
– numéro de sécurité sociale du salarié s'il a déjà fait l'objet d'une déclaration préalable à l'embauche dans un délai de 14 mois (Arrêté ETSS1120114A du 19-7-2011 : JO 27) ;
– indication des date et heure de l'embauche, des nature et durée du contrat et de la période d'essai.

L'employeur doit **remettre** au salarié, lors de son embauche, une copie de la déclaration ou de l'accusé de réception. Cette obligation est considérée comme satisfaite dès lors que le salarié dispose d'un contrat de travail écrit mentionnant l'organisme destinataire de la déclaration.

> **Précisions** À **défaut d'envoi électronique,** notamment pour les particuliers employeurs, la déclaration est effectuée au moyen d'un formulaire transmis à l'Urssaf ou à la caisse de MSA par télécopie ou lettre recommandée avec demande d'avis de réception envoyée au plus tard le dernier jour ouvrable précédant l'embauche. L'employeur doit garder une preuve de son envoi.

33227 **Contrôle et sanctions** Susceptible d'être également sanctionné au titre du travail dissimulé (nos 79040 s.), le non-respect de la déclaration préalable à l'embauche est passible d'une **amende administrative**, directement exécutoire, d'un montant égal à 300 fois le taux horaire du minimum garanti (no 90010) et de l'**amende pénale** prévue pour les contraventions de 5e classe (no 67285).

C. trav. art. L 1221-11 L 1221-12-1 R 1221-12 R 1221-13 D 1221-19 R 1227-1 R 1227-2 **N-II-14300 s.**

L'employeur n'ayant pas adressé ses déclarations par **voie électronique** alors qu'il y est tenu (no 33225) encourt une **pénalité** égale, par salarié, à 0,5 % du plafond mensuel de la sécurité sociale (no 90020), recouvrée dans les conditions visées no 24053. Il est aussi passible de l'amende pénale prévue pour les contraventions de 4e classe (no 67285) :
– s'il ne remet pas **copie** de la déclaration au salarié ou, à défaut, ne délivre pas au salarié de contrat écrit accompagné de la mention de l'organisme destinataire de la déclaration préalable d'embauche ;
– s'il ne peut pas **présenter,** à toute demande des agents de contrôle (notamment de l'inspection du travail ou des organismes de sécurité sociale), l'accusé de réception de la déclaration qui doit être conservé jusqu'à l'accomplissement de la déclaration visée nos 24005 s. ou leur **communiquer,** tant qu'il n'a pas reçu l'accusé de réception, les justificatifs de la déclaration.

> **Précisions** Les **salariés** peuvent s'informer de l'accomplissement par l'employeur de la déclaration préalable les concernant en adressant une **demande écrite** en ce sens aux services administratifs compétents en matière de travail illégal visés no 79400 qui doivent répondre dans les 30 jours (C. trav. art. L 8223-2, D 8223-1 à D 8223-3).

REGISTRE UNIQUE DU PERSONNEL

33235 Quel que soit l'effectif de l'entreprise, l'employeur doit tenir un registre du personnel dans **chaque établissement** (et non au siège de l'entreprise : Cass. crim. 29-9-1992 no 91-86.851 PF : RJS 12/92 no 1403 ; 31-1-2012 no 11-85.226 F-PB : RJS 5/12 no 490) où sont employés des salariés. Doivent y être **mentionnés** de façon indélébile, lors des **embauches** et dans leur ordre, les nom et prénoms de tous les salariés occupés par l'établissement, y compris les travailleurs à domicile, ainsi que les **événements postérieurs** à l'embauche lorsque ceux-ci surviennent. Sur la mention des télétravailleurs, voir no 73900, c.

C. trav. art. L 1221-13 L 1221-15 L 1221-15-1 R 1221-26 R 1227-7 D 1221-23 à D 1221-25 **Q-I-1000 s**

Doivent également y être inscrits dans une **partie spécifique,** et dans l'ordre de leur arrivée, les nom et prénoms des stagiaires et des volontaires en service civique accueillis dans l'établissement. Des **indications complémentaires** sont à mentionner soit pour l'ensemble des salariés, soit pour certaines catégories seulement.

Les renseignements contenus dans le registre doivent être **conservés** pendant 5 ans à compter de la date du départ des personnes concernés.

L'employeur est passible de l'**amende** prévue pour les contraventions de 4e classe (no 67285), appliquée autant de fois qu'il y a de salariés concernés, s'il ne respecte pas les dispositions relatives à la tenue du registre.

> **Précisions** **a.** L'obligation de tenir un registre **ne concerne pas** les particuliers employant des gardiens ou des employés de maison (Cass. crim. 29-3-1994 no 92-86.082 PF : RJS 8-9/94 no 1028) ni les associations utilisant le chèque-emploi associatif (C. trav. art. L 1272-4).
> **b.** Doivent être portées sur le registre les **indications complémentaires** suivantes :

– pour **tous les salariés** : nationalité, date de naissance, sexe, emploi, qualification, dates d'entrée et de sortie, date d'autorisation d'embauche ou de licenciement ou, à défaut, dates des demandes d'autorisation, lorsqu'une autorisation est requise ;
– pour les **stagiaires** : nom et prénoms du tuteur, lieu de présence du stagiaire, lieu et dates de début et de fin du stage ;
– pour les **travailleurs étrangers** assujettis à la possession d'un titre de travail : type et numéro d'ordre du titre valant autorisation de travail. Les copies de ces documents doivent par ailleurs être annexées au registre unique du personnel et tenues à disposition soit dans l'établissement, soit sur chaque chantier ou lieu de travail distinct de l'établissement pour ceux des travailleurs qui y sont occupés ;
– pour les salariés **détachés par un prestataire étranger,** l'entreprise d'accueil doit annexer au registre les accusés de réception des déclarations de détachement incombant au prestataire (n° 36230) qui sont tenus à disposition soit dans l'établissement, soit sur chaque chantier ou lieu de travail distinct de l'établissement pour ceux des travailleurs détachés qui y sont employés ;
– le cas échéant, la mention « apprenti », « contrat de professionnalisation », « contrat à durée déterminée », « salarié à temps partiel » ou « salarié temporaire ». Dans ce dernier cas sont précisés le nom et l'adresse de l'entreprise de travail temporaire ;
– pour les travailleurs **mis à disposition** par un groupement d'employeurs : la mention « mis à disposition par un groupement d'employeurs » ainsi que la dénomination et l'adresse de ce dernier.

La Cour de cassation estime que doivent également être mentionnés les transferts de salariés et les sorties d'établissement, en vue d'une **mutation** dans un autre établissement de la même entreprise (Cass. crim. 10-12-1985 n° 84-92.970 P).

c. Le registre est **tenu à la disposition** du CSE et des agents de contrôle de l'inspection du travail. En revanche, sauf accord de l'employeur, les délégués syndicaux n'ont pas accès au registre (Rép. Vivien : AN 17-1-1976 n° 2420).

d. Le **conseil de prud'hommes** n'est pas compétent pour statuer sur une demande de mise à jour du registre, ce litige d'ordre collectif relevant des juridictions de droit commun (CA Toulouse 23-1-2009 n° 07-6314).

Pour la tenue du registre unique du personnel, l'employeur peut recourir à d'autres moyens, notamment **informatiques,** dans les conditions exposées n° 70805, b (C. trav. art. L 8113-6, D 8113-2 et D 8113-3), à la condition que des garanties de contrôle équivalentes soient maintenues. **33240** C. trav. art. L 1221-14 D 1221-27 **Q-I-1855 s**

› Précisions L'employeur doit **consulter** le CSE (C. trav. art. L 2315-5) avant la mise en place du support de substitution et adresser cet avis à l'inspecteur du travail.
En cas de **traitement automatisé** d'informations nominatives portant sur le registre unique du personnel, les obligations visées n° 90100 doivent être respectées.

TABLEAU RÉCAPITULATIF

Sont récapitulées dans le tableau suivant les **principales formalités** incombant à l'employeur au moment de l'embauche, avec renvois aux numéros de paragraphes sous lesquels ces formalités sont précisées. **33245**

Nature des formalités (1)	Renvois
1. Tous salariés	
• Déclaration préalable à l'embauche : envoi à l'Urssaf ou à la MSA	n°s 33220 s.
• Registre unique du personnel : mention de l'embauche	n° 33235
• Affiliation du salarié à la caisse de retraite complémentaire	n° 67945
• Affiliation du salarié à la couverture complémentaire collective obligatoire « remboursement des frais de santé »	n°s 59140 s.
• Information du salarié sur les éléments essentiels de son contrat de travail	n° 16530.
• Information du salarié sur la convention collective applicable	n° 52280
• Remise au salarié d'une notice d'information sur la protection sociale complémentaire applicable dans l'entreprise	n° 58880
• Remise d'un livret d'épargne salariale présentant les dispositifs de participation, intéressement et/ou plan d'épargne salariale mis en place dans l'entreprise	n° 33955
• Visite médicale d'information et de prévention	n° 72410
• Information du salarié sur son droit à un entretien professionnel tous les 2 ans	n° 17010

33245 (suite)

Nature des formalités (1)	Renvois
2. Première embauche (en plus des formalités visées au 1. ci-dessus)	
• Déclaration préalable à l'inspection du travail	nº 43945
• Affiliation de l'employeur	nºs 4225 (SS) et 6340 (chômage)
• Adhésion à une institution Agirc-Arrco	nº 67940
3. Catégories ou situations particulières	
• Embauche d'un travailleur étranger : vérification du titre de travail	nº 35690
• Expatriation à l'étranger : information du salarié	nº 78290
• Détachement en France d'un salarié par une entreprise étrangère dans le cadre d'une prestation de services : formalités auprès de l'administration française	nºs 36230 s.
• Embauche d'un employé de maison ou d'un assistant maternel par un particulier	nºs 33325 et 33390
• Embauche d'un avocat salarié : déclaration à la CNBF	nº 81890
• Embauche d'un journaliste :	
– informations sur le contrat	nº 46260
– remise de la charte déontologique	nº 46250
• Autorisation préalable pour l'emploi de jeunes de plus de 14 et de moins de 16 ans pendant les vacances scolaires	nº 45470
• Embauche sur un poste à risque : examen médical d'aptitude	nº 72430
• Contrat d'apprentissage :	
– déclaration de l'employeur	nº 3230
– dépôt du contrat	nºs 3240 s.
• Contrat unique d'insertion : attribution préalable d'une aide à l'insertion professionnelle	nºs 20810 s.
• Contrat de professionnalisation : dépôt du contrat et du programme de formation à l'Opco	nº 20730
• Début de travail à domicile : déclaration communiquée, à sa demande, à l'inspection du travail	nº 74130
• Formalités liées à l'obtention de certaines exonérations de cotisations de sécurité sociale : voir sous chaque type d'exonération	

(1) Certaines formalités doivent être accomplies via la déclaration sociale nominative (voir nº 24010), d'autres peuvent l'être par le biais des titres simplifiés (voir nºs 24030 s.).

EMPLOIS FAMILIAUX

SOMMAIRE

A. Statut des salariés

On entend ici par « emplois familiaux » les emplois occupés par les salariés au service des familles (**assistant maternel agréé, employé de maison, stagiaire aide familial**). Ces personnels font l'objet de statuts professionnels particuliers et d'aides à l'emploi spécifiques. Pour les salariés des **associations ou entreprises de services aux personnes,** voir n° 33050. 33300

Mesures Covid-19 33305

Dans le cadre de la crise sanitaire, les assistants maternels et les employés de maison peuvent bénéficier du dispositif d'**activité partielle** à certaines conditions, voir FRS 2/21 inf. 2 n° 21.

1. ASSISTANT MATERNEL

L'assistant maternel est la personne qui, moyennant rémunération, **accueille** habituellement et de façon non permanente **à son domicile des mineurs confiés par leurs parents** (directement ou par l'intermédiaire d'un service d'accueil). Il exerce sa profession comme salarié de particuliers ou de personnes morales de droit public ou privé. 33310 CASF art. L 421-1 s. L 424-1 **T-V-1 s**

› Précisions a. L'assistant maternel peut aussi, dans les conditions précisées par l'article L 424-5 du CASF, accueillir des mineurs hors de son domicile dans une **maison d'assistants maternels,** celle-ci ne pouvant réunir plus de 4 assistants. Les intéressés et les particuliers qui les emploient ont les mêmes droits et obligations que ceux prévus pour les assistants exerçant à domicile.
b. Ne sont pas développées ici les délégations d'accueil consenties par les parents (CASF art. L 424-2 à L 424-4), les règles applicables aux assistants maternels occupés par des personnes morales de droit public (CASF art. L 422-1 s.) et celles concernant les assistants familiaux (CASF art. L 421-2 et art. L 423-29 s.).

CONDITIONS REQUISES POUR EXERCER

Agrément Sauf exceptions (CASF art. L 421-17), les assistants maternels doivent obtenir l'agrément du président du conseil départemental préalablement à l'exercice de leur profession, sous peine de **sanctions pénales** pour l'assistant maternel et pour l'employeur. 33315 CASF art. L 421-3 s. L 421-12 L 423-8 L 423-24 L 423-27 L 423-28 R 421-1 s R 421-53 D 423-20 **T-V-25 s** **T-V-800**

› Précisions a. Le **défaut d'agrément,** faute de demande de l'assistant maternel, justifie son licenciement (Cass. soc. 24-1-2008 n° 06-41.654 F-D : RJS 4/08 n° 485).
Les personnes non agréées, même en vertu d'une dispense prévue par l'article L 421-17 du CASF, ne bénéficient pas du statut professionnel visé n°s 33320 s. (Cass. soc. 5-1-1995 n° 91-41.857 PB-BS : RJS 2/95 n° 163) et n'ouvrent pas droit au complément de libre choix du mode de garde (Cass. 2e civ. 20-6-2013 n° 12-23.001 F-PB).
b. En cas de **retrait** ou de **suspension** de l'agrément, aucun enfant ne peut être confié. Le **particulier employeur** doit alors rompre le contrat de travail de l'intéressé, qui n'a droit ni à préavis ni à indemnisation de la rupture. Si l'employeur est une **personne morale** de **droit privé,** en cas de retrait de l'agrément, le salarié doit être licencié. En cas de suspension d'agrément, il est interdit d'exercer ses fonctions pendant 4 mois au maximum avec versement d'une indemnité compensatrice spécifique, puis, si l'employeur décide de maintenir le contrat, versement d'une indemnité d'attente.
c. S'agissant des assistants maternels exerçant en **maison d'assistants maternels,** voir n° 33310.

33317 CASF art. L 421-13

Assurance Les assistants maternels agréés employés par des **particuliers** doivent **souscrire une assurance spécifique.** Les employeurs sont tenus de vérifier que cette obligation est bien remplie. Les assistants maternels employés par des personnes morales de droit privé doivent être assurés par leur employeur.

a. Statut professionnel

33320 CASF art. L 423-1 à L 423-12 D 423-1 à D 423-20 **T-V-1200 s** **T-V-5600 s**

Le **statut** des assistants maternels est **fixé par** le CASF et, pour les assistants maternels employés par des **particuliers,** par la convention collective nationale (CCN) étendue du 1er juillet 2004.

Le **conseil de prud'hommes** est compétent pour connaître des différends qui peuvent s'élever à l'occasion du contrat de travail des assistants maternels agréés.

EMBAUCHE

33325 CASF art. L 421-8 L 423-2, 4° L 423-3 L 423-9 L 423-17 D 423-5 D 423-14 D 423-17 **T-V-1500 s**

Le **contrat de travail** peut être à durée indéterminée ou déterminée. Il doit être écrit. Son contenu est défini par le CASF et, pour les particuliers employeurs, par l'article 4 de la convention collective.

Normalement fixée à 3 mois, la **période d'essai** est ramenée à 2 mois en cas d'accueil sur 4 jours et plus par semaine d'un enfant confié par un particulier (CCN 1-7-2004 art. 5).

> **Précisions** **a.** Le CDD est soumis aux règles visées nos 19500 s. Sur le recours au contrat de **professionnalisation,** voir no 33395.
> **b.** Pour les particuliers employeurs, les **formalités d'embauche** sont simplifiées, voir no 33390.
> **c.** Une **liste des assistants maternels agréés** est mise à la disposition des familles dans les services du département, dans les mairies et tout autre service d'accueil des familles et des assistants maternels.

SALAIRE

33330 CASF art. L 423-2, 14° et 15° L 423-19 D 423-1 s. CCN 1-7-2004 art. 7 **T-V-2800 s** **T-V-3500 s**

Salaire de base Le salaire des assistants maternels **ne peut pas être inférieur** à 0,281 fois le montant du Smic horaire (no 90010) par enfant et par heure d'accueil.

Le salaire doit être payé au moins une fois par mois dans les conditions de droit commun. En cas d'horaires irréguliers, la CCN prévoit les modalités de calcul du salaire mensuel. Pour les assistants maternels employés par une personne morale, un lissage peut être prévu dans cette situation par accord étendu ou accord d'entreprise ou, à défaut, par le contrat de travail.

Pour le **bulletin de paie,** les particuliers employeurs bénéficient des mesures de simplification exposées no 33505 et peuvent se dispenser de certaines mentions, voir no 33405, c.

Les dispositions du Code du travail en matière de **saisies et cessions** sont applicables.

33332 CASF art. L 423-4 L 423-13 L 423-18 L 423-28 D 423-1 s. CCN 1-7-2004 art. 7 à 10 **T-V-2800 s**

Indemnités et majorations Une **indemnité d'entretien** est due en plus du salaire. Lorsque aucune fourniture n'est apportée par les parents ou par l'employeur, son montant ne peut pas être inférieur à 85 % du minimum garanti (no 90010) par enfant et par journée de 9 heures, ce montant étant à proratiser en fonction de la durée effective d'accueil. Toutefois, pour les assistants maternels employés par des particuliers, l'indemnité d'entretien est fixée au minimum à 2,65 € par journée d'accueil.

Si les **repas** sont fournis par l'assistant maternel, celui-ci doit recevoir une indemnité de nourriture d'un montant à fixer d'un commun accord.

Lorsque l'employeur est un **particulier,** des **majorations** sont prévues dans trois cas : au-delà de 45 heures hebdomadaires d'accueil (majoration laissée à l'accord des parties) ; travail le jour de repos hebdomadaire (majoration de 25 % ou récupération équivalente) ; enfant présentant des difficultés particulières (majoration à négocier dans le contrat).

S'il s'agit d'une **personne morale de droit privé,** la rémunération est majorée dans deux cas : au-delà de 45 heures hebdomadaires d'accueil (selon taux fixé par accord collectif ou accord des parties) ; en cas de handicap, maladie ou inadaptation de l'enfant entraînant des contraintes réelles (indemnité au moins égale à 0,14 fois le Smic horaire par enfant et par heure d'accueil).

Sur l'application aux assistants maternels de la **réduction de cotisations salariales** sur les heures supplémentaires, voir no 41340.

Après le départ d'un enfant, l'assistant maternel employé par une personne morale de droit privé a droit, jusqu'à ce que son employeur lui confie un autre enfant et pendant 4 mois au maximum, à une **indemnité d'attente** dont le montant est défini à l'article D 423-20 du CASF.

Absence de l'enfant En cas d'absence d'un enfant pendant une période d'accueil prévue par le contrat, la **rémunération** doit être **maintenue** (hors indemnités d'entretien et de repas), sauf si l'enfant ne peut pas être accueilli du fait de l'assistant maternel ou si l'absence est due à une maladie de l'enfant attestée par un certificat médical. 33335 CASF art. L 423-20 D 423-18 CCN 1-7-2004 art. 14 T-V-3230 s

> Précisions En cas de **maladie de l'enfant** :
– si l'employeur est un **particulier** : les courtes absences ne sont pas rémunérées dans la limite de 10 jours par an ; en cas de maladie de 14 jours consécutifs, ou en cas d'hospitalisation, le salarié n'est pas rémunéré. Après 14 jours calendaires consécutifs d'absence, les parents doivent soit rompre le contrat, soit maintenir le salaire ;
– si l'employeur est une **personne morale de droit privé**, l'assistant maternel a droit à une indemnité compensatrice au moins égale à 0,1405 fois le montant du Smic horaire (n° 90010) par enfant et par heure d'absence.

DURÉE DU TRAVAIL

Les assistants maternels sont soumis au régime suivant : 33340 CASF art. L 423-21 L 423-22 T-V-1950 s
– la durée maximale de travail est de 48 heures par semaine en moyenne sur 4 mois (avec l'accord du salarié, la moyenne peut être calculée sur 12 mois dans le respect d'un plafond annuel de 2 250 heures) ;
– le repos quotidien doit avoir une durée minimale de 11 heures consécutives ;
– le repos hebdomadaire doit être au minimum de 24 heures auxquelles s'ajoutent les 11 heures de repos quotidien, l'assistant maternel ne pouvant être employé plus de 6 jours consécutifs.

> Précisions **a.** Il est possible de déroger aux règles ci-dessus (CASF art. L 423-17, L 423-21, D 423-11 et D 423-12).
b. L'article L 3171-4 du Code du travail relatif à la **preuve** de l'existence ou du nombre d'heures de travail effectuées (n° 29755) s'applique aux assistants maternels employés par des particuliers, (Cass. soc. 8-6-2011 n° 10-19-684 FS-PB : RJS 8-9/11 n° 734).
c. Sur l'application de la réduction de cotisations salariales sur les heures supplémentaires, voir n° 41340.

CONGÉS PAYÉS

La durée des congés payés est régie par le droit commun exposé nos 13300 s. 33345 CASF art. L 423-2, 11° L 423-6 L 423-7 CCN 1-7-2004 art. 12 T-V-2210 s

L'**indemnité** de congés payés est égale au dixième de la rémunération totale perçue hors indemnités (entretien, nourriture…), mais indemnité de congés payés de l'année précédente incluse, ou, en cas d'accueil régulier d'un enfant confié par un particulier, au maintien du salaire si ce maintien est plus avantageux pour le salarié.

En cas de **licenciement ou de démission** avant épuisement du droit à congé, l'assistant maternel doit recevoir une indemnité compensatrice déterminée comme ci-dessus.

Sur le droit aux **chèques-vacances,** voir n° 13755.

AUTRES DROITS

Les assistants maternels relèvent du droit commun pour le **1er mai** (CASF art. L 423-2, 10°) et la **journée de solidarité** (nos 31265 s.) (Circ. DRT 10 du 16-12-2004 réputée abrogée). 33350 CASF art. L 423-2 L 423-14 L 423-16 T-V-2330 s T-V-2520 s T-V-4000 s

Sauf dispositions plus favorables, le chômage des **jours fériés ordinaires** (n° 31105) n'est pas obligatoire. Pour les particuliers employeurs, les jours fériés ordinaires travaillés doivent être prévus au contrat (CCN 1-7-2004 art. 11).

> Précisions Les assistants maternels bénéficient des **dispositions du Code du travail** concernant :
– la maternité, la paternité, l'adoption, l'éducation des enfants (chapitre V du titre II du livre II de la première partie du Code du travail : protection de la grossesse et de la maternité, congés de paternité et d'accueil de l'enfant, d'adoption, d'éducation des enfants) ;
– les congés pour événements familiaux visés nos 11935 s. Les assistants maternels au service de particuliers ont droit, en plus des congés légaux, à 1 jour ouvrable en cas de décès d'un grand-père ou d'une grand-mère (CCN 1-7-2004 art. 13) ;
– le harcèlement sexuel ou moral (nos 17070 s.), l'égalité professionnelle et les discriminations (nos 32060 s. et nos 32180 s.) ;
– la représentation du personnel (nos 62200 s.) et la grève (nos 10700 s.) ;
– la négociation collective (nos 51800 s.) et les syndicats professionnels (nos 73000 s. et n° 33370) ;
– la formation professionnelle (nos 38000 s. et n° 33370).
Les assistants maternels employés par des personnes morales de droit privé peuvent bénéficier du congé pour création ou reprise d'entreprise (nos 12160 s.), du congé sabbatique (nos 12260 s.) et du droit d'expression (nos 36800 s.).

RUPTURE DU CONTRAT

33355 Après la période d'essai, le **licenciement** est soumis aux règles ci-dessous.

CASF art. L 423-9 à L 423-12 L 423-24 à L 423-26 D 423-4 CCN 1-7-2004 art. 18 T-V-4560 s T-V-4900 s T-V-5020 s T-V-5350 s

La **démission** est soumise à un préavis de 1 mois (15 jours si moins de 6 mois d'ancienneté chez une personne morale ou moins de 1 an d'ancienneté auprès d'un particulier).

En cas de **suspension ou retrait d'agrément,** voir nº 33315, b.

› Précisions **a.** Les dispositions du Code du travail sur la rupture du contrat de travail ne sont pas applicables à l'**assistant maternel employé par un particulier** (Cass. soc. 31-5-2012 nº 10-24.497 FS-PB : RJS 8-9/12 nº 743).

L'employeur doit notifier sa décision de rompre le contrat par **lettre** recommandée avec avis de réception ; la date de présentation de cette lettre fixe le point de départ du préavis. Sauf faute grave du salarié, le **préavis** de 15 jours est porté à un mois si l'enfant est accueilli depuis un an ou plus.

L'employeur n'est tenu ni de convoquer l'assistant maternel à un **entretien** préalable (Cass. soc. 16-6-1998 nº 95-45.592 P : RJS 8-9/98 nº 1085) ni de mentionner le **motif** de la rupture dans la lettre recommandée (Cass. soc. 8-4-2009 nº 07-43.868 FS-PB : RJS 6/09 nº 579). Toutefois, si le motif de la rupture est abusif ou illicite, l'assistant maternel a droit à des dommages et intérêts (Cass. soc. 17-6-1997 nº 94-41.147 PF : RJS 10/97 nº 1169 ; 26-3-2002 nº 99-45.980 FS-P : RJS 6/02 nº 744 ; 31-1-2018 nº 16-17.886 F-PB : RJS 4/18 nº 294).

L'assistant ne peut prétendre qu'à l'**indemnité** de rupture prévue par la CCN du 1-7-2004, soit, dès lors qu'il a au moins un an d'ancienneté, 1/120e du total des salaires nets perçus pendant la durée du contrat (Cass. soc. 31-5-2012 nº 10-24.497 FS-PB : RJS 8-9/12 nº 743).

b. Si l'employeur est une **personne morale de droit privé** qui envisage de licencier un assistant maternel qu'il occupe pour un **motif** réel et sérieux (nos 47120 s.), il doit le convoquer et le recevoir en **entretien** préalable dans les conditions prévues nos 47480 s. Au cours de cet entretien, il est tenu d'indiquer le ou les motifs de la décision envisagée et de recueillir les explications du salarié. Ce dernier peut se faire assister dans les conditions indiquées nos 47570 s.

L'employeur doit ensuite **notifier** sa décision de licenciement par lettre recommandée dans les conditions prévues nos 47660 s.

La date de présentation de la lettre recommandée fixe le point de départ du **préavis.** Sauf faute grave, celui-ci est de : 15 jours pour une ancienneté comprise entre 3 et 6 mois ; 1 mois pour 6 mois à moins de 2 ans ; 2 mois pour au moins 2 ans.

Lorsque l'assistant maternel a la qualité de **salarié protégé,** il faut solliciter l'autorisation de l'inspecteur du travail (Cass. soc. 7-7-1988 nº 85-46.009 P).

Sauf faute grave, à partir de 2 ans d'ancienneté, une **indemnité** de licenciement est due. Elle ne peut pas être inférieure, par année d'ancienneté, à 1/5e de la moyenne mensuelle des sommes perçues au titre des 6 meilleurs mois consécutifs de salaire versés par l'employeur qui licencie. Il est prévu une **indemnité majorée,** dont le montant minimal doit être fixé par décret, en cas de licenciement pour **inaptitude** professionnelle consécutive à un accident du travail ou à une maladie professionnelle.

b. Protection sociale

33365 Les assistants maternels doivent être affiliés au régime général de **sécurité sociale,** au régime d'assurance **chômage,** à un régime de **retraite complémentaire** (Ircem pour les particuliers employeurs : voir nº 33450) et, si l'employeur est un particulier, à l'Ircem-**prévoyance.** Sur la **validité** des stipulations conventionnelles désignant un organisme de prévoyance complémentaire, voir nº 58970.

CSS art. L 311-3, 10º CASF art. L 423-2, 16º T-V-6000 s

Pour les particuliers employeurs, les **formalités d'embauche** sont simplifiées : voir nº 33390.

COTISATIONS

33370 La rémunération des assistants maternels est assujettie aux cotisations de sécurité sociale, d'assurance chômage, de retraite complémentaire, à la CSG, à la CRDS, aux contributions Fnal, solidarité autonomie, dialogue social (nº 84405) et formation et, si l'employeur est un particulier, aux cotisations Ircem-prévoyance.

T-V-6160 s T-V-7000 s

› Précisions **a.** Les cotisations sont **assises** sur le salaire réel brut, hors indemnités d'entretien et de repas. La CSG et la CRDS sont dues sur la même base, augmentée des cotisations patronales de prévoyance visées au b et diminuée de 1,75 %.

b. Les cotisations sont dues aux **taux** de droit commun (nº 90030). Toutefois, lorsque l'employeur est un particulier, la cotisation d'accidents du travail s'élève à 1,0 % (en 2021), la contribution formation à la charge de l'employeur est de 0,55 % (C. trav. art. L 6331-57 ; Accords 19-12-2018 art. 4-4-2) et le taux de la contribution due à l'Ircem-prévoyance s'élève à 2,57 % (1,42 % pour l'employeur et 1,15 % pour le salarié) (CCN 1-7-2004 ann. II art. 3-6 et ann. III art. 3-1 ; Accord 27-2-2017).

c. Pour le **recouvrement** des cotisations, voir nº 33505, b.

PRESTATIONS

Les assistants maternels bénéficient des prestations de sécurité sociale, d'assurance chômage et de retraite complémentaire dans les conditions de droit commun, sous réserve des précisions suivantes : 33375 T-V-6400 s T-V-7110 s

– les prestations en espèces d'**assurance maladie,** maternité, invalidité et décès leur sont servies dans les conditions prévues pour les professions à caractère saisonnier ou discontinu par l'article R 313-7 du CSS (n° 50310) (Circ. DSS/2A/2013/163 du 16-4-2013) lorsqu'ils ne remplissent pas les conditions d'activité professionnelle préalables et celles d'**accidents du travail et maladies professionnelles** dans les conditions fixées par les articles R 412-12 à R 412-15 du CSS (CSS art. L 412-2) ;

– les assistants maternels employés par des personnes morales de droit privé bénéficient des prestations d'assurance **chômage** dans des conditions spécifiques fixées par l'annexe I au règlement Unédic (n° 6480) ;

– pour les assistants maternels au service de particuliers, l'**Ircem-prévoyance** (coordonnées n° 33450) verse, sous conditions, des prestations en espèces complémentaires de celles servies par la sécurité sociale (CCN 1-7-2004 ann. II) ;

– sur le **cumul emploi-retraite,** voir n° 67540, i ;

– sur le rachat de cotisations d'assurance vieillesse, voir n° 5250.

2. EMPLOYÉ DE MAISON

Est considéré comme employé de maison le salarié **employé par des particuliers à leur domicile privé** pour réaliser des travaux à caractère familial ou ménager. 33380 C. trav. art. L 7221-1 T-III-100 s

Le particulier employeur est celui qui emploie un ou plusieurs salariés à son domicile privé, ou à proximité de celui-ci, **sans poursuivre de but lucratif** et pour satisfaire des besoins relevant de sa vie personnelle, notamment familiale, et non de sa vie professionnelle.

› Précisions a. Relèvent du statut des employés de maison :

– tout **employé au pair** effectuant des travaux domestiques chez des particuliers, à l'exclusion des stagiaires aides familiaux (n° 33490) (Rép. Bollengier-Stragier : AN 2-5-1988 n° 33427 ; Cass. soc. 17-3-1993 n° 89-40.317 D : RJS 6/93 n° 675) ;

– les **concierges** attachés à la personne même du propriétaire (C. trav. art. L 7211-1). Les autres relèvent des règles exposées n°s 10000 s.

b. Les gardes-chasse, gardes-pêche, gardes forestiers, **jardiniers,** jardiniers gardes de propriété et, de manière générale, toutes les personnes qui, n'ayant pas la qualité d'entrepreneur, sont occupées par des particuliers à la mise en état et à l'entretien des jardins relèvent du régime de protection sociale des salariés agricoles (C. rur. art. L 722-20, 2°). Toutefois les **petits travaux de jardinage** peuvent être rémunérés par Cesu (C. trav. art. L 1271-1, L 7231-1 et D 7231-1). Dans ce cas, le salarié est affilié au régime général (Circ. MSA 21 du 24-4-2007) par le biais du CNCESU (n° 33505).

a. Statut professionnel

Les employés de maison sont soumis aux dispositions du Code du travail énumérées par l'article L 7221-2 de ce Code et à celles de la **convention collective nationale** (CCN) étendue des salariés du particulier employeur du 24 novembre 1999. 33385 T-III-700 s T-III-7100 s

Les différends qui peuvent s'élever entre les employés de maison et leurs employeurs à l'occasion du contrat de travail relèvent du **conseil de prud'hommes** (n°s 14610 s.).

› Précisions a. L'énumération figurant sous l'article L 7221-2 du Code du travail n'est pas **limitative.** Ainsi jugé à propos du licenciement, n° 33435.

b. L'employé de maison doit recevoir une **information sur la convention collective** : voir n° 52280, b (document à remettre au salarié) et n° 70785 (mention sur le bulletin de paie). On ne trouvera ci-après que les principales dispositions de cette convention.

EMBAUCHE

Formalités Tout particulier employeur doit : 33390 T-III-1030 s

– souscrire la déclaration visée n° 33220 via le **CNCESU** (n° 33505) ou le Centre **Pajemploi** (n° 33520) ;

– se déclarer auprès de l'**Urssaf** s'il n'est pas déjà immatriculé auprès de cet organisme. Cette déclaration le dispense de se faire connaître de **Pôle emploi** et de l'**Ircem** retraite et prévoyance.

Les particuliers employeurs peuvent faire appel à une **association ou à une entreprise de services aux personnes** pour l'accomplissement des formalités d'embauche, voir n° 33050.

Les particuliers employeurs doivent, par ailleurs, faire procéder à une visite d'information et de prévention pour leurs salariés : voir n° 72410.

33395 CCN 24-11-1999 art. 7 et 8 T-III-1000 s T-III-1280

Contrat de travail Le contrat de travail doit être établi par **écrit** soit à l'embauche, soit au plus tard à la fin de la période d'essai. Dans ce cas, une lettre d'embauche est établie lors de l'engagement. Son **contenu** doit être conforme aux prescriptions de la CCN. L'annexe 1 de la convention propose un **modèle** de contrat à durée indéterminée. L'exigence d'un contrat écrit est simplifiée en cas d'utilisation du Cesu, voir nº 33505.

La durée de la **période d'essai** (un mois au maximum) doit être précisée par **écrit.** Elle peut être renouvelée une fois.

> **Précisions** **a.** Le **contrat à durée déterminée** est soumis aux règles spécifiques prévues par le Code du travail : voir nos 19700 s.
> **b.** En cas d'embauche à **temps partiel,** les dispositions de l'article L 3123-6 du Code du travail énumérant les mentions obligatoires du contrat de travail ne s'appliquent pas (Cass. soc. 4-3-2003 nº 00-46.785 F-D : RJS 6/03 nº 817).
> **c.** Les employés de maison ne peuvent pas, en principe, être embauchés sous **contrat de professionnalisation ou d'insertion** : voir nos 20715 s.
> **d.** Deux **parents séparés** peuvent être reconnus **coemployeurs** s'il existe un lien de subordination entre eux et l'employé de maison (Cass. soc. 8-7-2020 nº 17-10.622 FS-PB : RJS 10/20 nº 508).

33400 CCN 24-11-1999 art. 4 T-III-1200

Garde partagée

Pour les employés de maison assurant simultanément la garde des enfants de 2 familles alternativement au domicile de l'une et de l'autre :
– chaque famille doit établir un **contrat de travail** précisant le lien avec l'autre famille ;
– la **durée du travail** s'entend du total des heures effectuées au domicile de l'une et de l'autre famille, toutes les heures constituant du travail effectif ;
– chaque famille **rémunère** les heures effectuées à son domicile ;
– la date des **congés payés** est fixée par les deux employeurs d'un commun accord (le congé doit être réel) ;
– la **rupture** de l'un des contrats entraîne une modification substantielle de l'autre ;
– si la durée du travail globale équivaut à un temps plein, la **médecine du travail** est obligatoire à la charge des deux employeurs.

SALAIRE

33405 CCN 24-11-1999 art. 6 et 20 T-III-5400 s

Le salaire brut ne peut être inférieur ni au **salaire minimum conventionnel** ni au **Smic.** Le cas échéant, les **prestations en nature** (repas et logement) sont déduites du salaire net pour le montant fixé par la convention collective. Si l'importance du logement le justifie, une évaluation supérieure peut être prévue au contrat. Si le salarié est tenu de dormir sur place, le logement ne doit pas être déduit du salaire net.

Pour la rémunération des **heures supplémentaires,** voir nº 33412.

Le bulletin de paie est établi par le biais des dispositifs simplifiés Cesu (nº 33505) ou Pajemploi (nº 33520) et mis à la disposition du salarié et du particulier employeur.

> **Précisions** **a.** En cas d'**horaires irréguliers,** le salaire est calculé, à partir du salaire horaire brut, en fonction du nombre d'heures de travail effectif décomptées dans le mois. Ces dispositions ne s'appliquent pas lorsque le contrat de travail stipule une durée hebdomadaire de travail, l'employeur étant alors tenu de rémunérer le salarié à hauteur des heures fixées au contrat (Cass. soc. 16-9-2015 nº 14-11.990 FS-PB : RJS 12/15 nº 818).
> **b.** La convention collective nationale prévoit :
> – des **majorations de salaire** pour ancienneté, travail de nuit ou jour de repos hebdomadaire (voir nº 33415) et conduite automobile. Pour les jours fériés, voir nº 33425 ;
> – en cas de **maladie** ou d'accident, une indemnisation assurée par un régime obligatoire de prévoyance : voir nos 33450 s.
> **c.** Le **bulletin de paie** peut ne pas comporter : la position du salarié dans la classification, le montant de la rémunération brute, la nature et le montant des cotisations patronales (Loi 91-1406 du 31-12-1991 art. 20 ; C. trav. art. R 3243-6 ; CASF art. D 423-15). Le particulier employeur peut, s'il le souhaite, éditer le bulletin de paie sur Internet (www.cesu.urssaf.fr).
> **d.** En cas de **garde partagée,** voir nº 33400.

DURÉE DU TRAVAIL

33410 CCN 24-11-1999 art. 3-a et 15 T-III-1400 s

Les dispositions du **Code du travail** relatives à la durée du travail n'étant **pas applicables** aux employés de maison (Cass. soc. 5-7-2017 nº 16-10.841 FS-PB : RJS 10/17 nº 714 ; 8-7-2020 nº 17-10.622 FS-PB : RJS 10/20 nº 508), ceux-ci relèvent uniquement, sur ce point, de la convention collective. Selon celle-ci, la durée du travail effectif est de 40 heures hebdomadaires pour un salarié à **temps plein.**

Tout salarié dont la durée normale de travail, calculée sur une base hebdomadaire, ou en moyenne sur une période d'emploi pouvant aller jusqu'à un an, est inférieure à 40 heures hebdomadaires est un travailleur à **temps partiel.**

> Précisions a. Le salarié assumant une responsabilité auprès d'enfants ou de personnes âgées ou handicapées peut effectuer des **heures de présence responsable** (c'est-à-dire des heures durant lesquelles il peut vaquer à ses occupations personnelles tout en restant vigilant pour intervenir, s'il y a lieu) dont le nombre doit être précisé au contrat. Une heure de présence responsable équivaut à 2/3 d'une heure de travail effectif.
b. Le **travail de nuit** est réglementé par l'article 6 de la convention collective.
c. En cas de **garde partagée,** voir n° 33400.

Heures supplémentaires Les heures supplémentaires (heures effectuées au-delà d'une durée de travail effectif de 40 heures par semaine) ne peuvent ni **excéder** une moyenne de 8 heures par semaine calculée sur une période quelconque de 12 semaines consécutives ni dépasser 10 heures au cours de la même semaine. Les dispositions du Code du travail relatives au **repos compensateur** ne sont pas applicables aux employés de maison (Cass. soc. 8-7-2020 n° 17-10.622 FS-PB : RJS 10/20 n° 508) qui relèvent uniquement de la convention collective s'agissant des contreparties à l'accomplissement d'heures supplémentaires. Celles-ci donnent lieu en rémunération ou en récupération à une **majoration** de 25 % pour les 8 premières heures et de 50 % au-delà. En cas d'horaires irréguliers, les heures supplémentaires ouvrant droit à majoration sont calculées en moyenne sur un trimestre. **33412** CCN 24-11-1999 art. 15 T-III-1540

L'article L 3171-4 du Code du travail relatif à la **preuve** de l'existence ou du nombre d'heures de travail effectuées (n° 29755) s'applique aux employés de maison, y compris à ceux occupés sous Cesu (Cass. soc. 19-3-2003 n° 00-46.686 F-PB : RJS 6/03 n° 817 ; 17-10-2012 n° 10-14.248 FS-PB : RJS 1/13 n° 77 ; 8-7-2020 n° 17-10.622 FS-PB : RJS 10/20 n° 508).

> Précisions Les salariés à temps plein du particulier employeur peuvent bénéficier d'une réduction de cotisations salariales sur les heures supplémentaires : voir n° 41340. Ce dispositif ne s'applique pas au salarié du particulier employeur **cumulant plusieurs temps partiels** auprès de plusieurs employeurs (Rép. AN 16-7-2019 n° 17010, p. 6739).

Repos hebdomadaire Le contrat de travail doit prévoir un repos hebdomadaire d'une **durée minimale** de 24 heures consécutives (de préférence le dimanche) auquel doit s'ajouter une demi-journée. Le **travail** le jour de repos hebdomadaire ne peut être qu'exceptionnel. Il donne lieu en rémunération ou en récupération à une majoration de 25 %. Toute **autre modalité** de repos hebdomadaire doit faire l'objet d'un accord entre les parties ; cet accord doit être notifié dans le contrat de travail. **33415** CCN 24-11-1999 art. 15 T-III-1550

CONGÉS ET JOURS FÉRIÉS

Les employés de maison ont droit à des **congés payés** dans les conditions de droit commun (n°s 13100 s.). **33420** C. trav. art. L 7221-2, 3° R 7221-1 CCN 24-11-1999 art. 16 T-III-1830 s

L'indemnité journalière est égale au 1/6e du salaire hebdomadaire, sauf application, si elles sont plus favorables, des règles du 1/10e ou du maintien du salaire (n°s 13610 s.). Elle doit être calculée à partir de la rémunération totale brute sans déduction des avantages en nature dont le salarié cesse de bénéficier pendant les congés.

> Précisions a. Si l'employeur **impose** une **durée** de congé annuel **supérieure** à celle à laquelle le salarié peut prétendre, la rémunération doit être maintenue.
b. Pour les modalités d'utilisation du **Cesu,** voir n° 33505. En cas de **garde partagée,** voir n° 33400.
c. Sur le droit aux **chèques-vacances,** voir n° 13755.

L'employé de maison a droit aux congés pour **événements familiaux** indiqués n°s 11935 s. Il bénéficie également d'un congé non rémunéré pour **enfant malade** de moins de 16 ans dont il a la charge. **33425** C. trav. art. L 7221-2, 2° et 4° CCN 24-11-1999 art. 17, 18 et 23 T-III-1970 s

Il peut prétendre au **congé parental** d'éducation (n°s 12040 s.).

S'agissant des jours fériés, la législation de droit commun s'applique pour le **1er mai.** Les **autres jours fériés** ne sont pas obligatoirement chômés. Décidé par l'employeur, le chômage des jours fériés donne lieu à maintien de la rémunération si la condition d'ancienneté indiquée n° 31115 est remplie. Si le jour férié est travaillé, il est rémunéré sans majoration.

AUTRES DROITS

Les employés de maison bénéficient des règles prévues par le Code du travail en matière de : **33430** T-III-2550 s T-III-6000 s
– **maternité** et **adoption** (CCN 24-11-1999 art. 23) ;
– protection contre le **harcèlement** sexuel ou moral (C. trav. art. L 7221-2, 1°) ;

– **surveillance médicale** (C. trav. art. L 7221-2, 5°). Ces dispositions bénéficient aux employés de maison à temps complet comme à temps partiel (Cass. soc. 28-9-2011 n° 10-14.284 FS-PBR : RJS 12/11 n° 1020) qui doivent, en particulier, bénéficier de la visite d'information et de prévention (n° 72410), y compris lorsqu'ils sont employés dans le cadre d'un Cesu (Cass. soc. 17-10-2012 n° 10-14.248 FS-PB : RJS 1/13 n° 77). Sur la **sanction** du non-respect des dispositions relatives à la surveillance médicale des employés de maison, voir n° 72550.

Les employeurs d'employés de maison sont redevables d'une contribution à la **formation professionnelle** : n°s 33460 s. L'organisation de la formation elle-même est définie par les annexes 4 et 5 de la convention collective.

LICENCIEMENT

33435 T-III-2900 s **Règles générales** Malgré la rédaction restrictive de l'article L 7221-2 du Code du travail, la Cour de cassation considère que certaines dispositions relatives au licenciement, non visées par cet article, sont applicables aux employés de maison. Celles-ci doivent être combinées avec celles de l'article 12 de la convention collective.

Ainsi, la **procédure** de licenciement est applicable aux employés de maison (Cass. soc. 29-6-2011 n° 10-11.365 FS-PB : RJS 10/11 n° 843). Il faut donc en respecter les différentes étapes : convocation du salarié à l'entretien préalable, tenue de l'entretien, notification du licenciement. Au cours de l'entretien, l'employeur ne peut pas se faire assister par un tiers (Cass. soc. 22-2-2006 n° 04-43.636 F-D : RJS 7/06 n° 900).

Le licenciement d'un employé de maison doit être **motivé** par une cause réelle et sérieuse (Cass. soc. 13-1-1994 n° 91-44.109 P : RJS 3/94 n° 329).

L'**indemnité de licenciement** doit être au moins égale à l'indemnité minimale légale visée n°s 48930 s. (Cass. soc. 29-6-2011 n° 10-11.525 FP-PB : RJS 10/11 n° 843).

Les dispositions des articles L 1226-9 (n° 265) et L 1226-13 (n° 280) du Code du travail sont applicables aux employés de maison en cas d'**accident du travail ou de maladie professionnelle** (Cass. soc. 9-11-2010 n° 09-65.637 F-D).

› Précisions **a.** Dès lors qu'elles perturbent le bon fonctionnement de la vie familiale, les **absences répétées ou prolongées** justifient le licenciement d'un employé de maison occupé par un particulier, même si l'employeur n'a pas procédé à son remplacement définitif (Cass. soc. 16-9-2015 n° 14-11.990 FS-PB : RJS 12/15 n° 818). Les règles exposées n° 49915 ne s'appliquent donc pas en ce cas.

b. Le licenciement d'un employé de maison peut être **prononcé par un tiers** agissant comme gérant d'affaires pour protéger un employeur fragile (Cass. soc. 29-1-2013 n° 11-23.267 F-P : RJS 4/13 n° 327).

c. Le licenciement n'est pas soumis aux dispositions relatives à l'assistance du salarié visées n° 47570 lors de l'**entretien préalable** au licenciement (Cass. soc. 4-6-1998 n° 95-44.693 P : RJS 10/98 n° 1305 ; 29-1-2002 n° 99-40.254 FS-D : RJS 4/02 n° 498) ni à celles relatives au **licenciement économique** (Cass. soc. 18-2-1998 n° 95-44.721 PB : RJS 4/98 n° 539), sauf si l'employeur est une personne morale et non un particulier (Cass. soc. 21-1-2015 n° 13-17.850 FS-PB). S'agissant du licenciement d'un employé de maison pour inaptitude, voir n° 33440.

d. Le **préavis** à respecter est de : 1 semaine pour moins de 6 mois d'ancienneté ; 1 mois pour 6 mois à moins de 2 ans ; 2 mois pour 2 ans ou plus. L'employé licencié qui trouve un nouvel emploi en cours de préavis peut abréger celui-ci. Les salariés à temps complet (au sens indiqué n° 33410) ont droit à des **heures pour recherche d'emploi,** sans diminution de salaire (CCN 24-11-1999 art. 12).

e. À l'expiration du contrat, **l'employeur doit remettre** au salarié un certificat de travail (n°s 69455 s.), une attestation Pôle emploi (n°s 69500 s.) et, si le salarié le demande, une attestation précisant la date à laquelle il se trouvera libre de tout engagement (CCN 24-11-1999 art. 14).

33440 T-III-2390 s **Inaptitude physique** Lorsque le **salarié est reconnu inapte** partiellement ou totalement **par la médecine du travail,** l'employeur, qui ne peut pas le reclasser dans un emploi différent pour lequel il serait apte, doit le licencier dans le mois (CCN 24-11-1999 art. 12). Il n'a pas à établir auparavant qu'il se trouve dans l'impossibilité d'aménager le poste de travail du salarié selon les préconisations du médecin du travail. L'employé licencié pour inaptitude d'origine professionnelle a droit à une indemnité spéciale de licenciement égale à celle mentionnée n° 345, sauf dispositions conventionnelles plus favorables (Cass. soc. 10-7-2013 n° 12-21.380 FS-PB rectifié par Cass. soc. 10-9-2013 F-D : RJS 11/13 n° 761).

ATTENTION

Sous cette dernière réserve, le **licenciement** n'est soumis qu'aux dispositions de la CCN (Cass. soc. 17-2-2010 n° 08-45.205 F-PB : RJS 5/10 n° 472). L'employeur n'a donc pas à appliquer les dispositions du Code du travail relatives à la durée du préavis visé n° 40225 et à l'indemnité compensatrice mentionnée n° 345 (Cass. soc. 13-4-2005 n° 03-42.004 FS-PB : RJS 6/05 n° 686).

AUTRES CAS DE RUPTURE

Outre le licenciement, le contrat de travail d'un employé de maison peut être rompu dans les cas suivants : démission du salarié, départ ou mise à la retraite et décès de l'employeur. 33445 CCN 24-11-1999 art. 11 à 13 T-III-2800 s T-III-3950 s

> **Précisions** **a.** La **démission** doit être écrite. Le préavis est de : 1 semaine pour moins de 6 mois d'ancienneté ; 2 semaines pour 6 mois à moins de 2 ans ; 1 mois pour 2 ans ou plus.
> **b.** Quelle que soit son ancienneté, en matière de préavis et d'indemnité, le salarié mis à la **retraite** a les mêmes droits qu'en cas de licenciement (CCN 24-11-1999 art. 12).
> En cas de départ volontaire à la retraite, l'employé a droit à l'indemnité conventionnelle de départ à la retraite prévue par l'article 11 de la CCN. Le préavis est le même qu'en cas de licenciement.
> **c.** Le **décès** de l'employeur met fin au contrat de travail sans qu'il soit besoin de mettre en œuvre la procédure de licenciement, ce qui n'exonère pas les héritiers de l'obligation de notifier le licenciement (Cass. soc. 26-9-2012 n° 11-11.697 FP-D : RJS 12/12 n° 990). Le salarié a droit à son dernier salaire, à l'indemnité de congés payés et aux indemnités de préavis et de licenciement, compte tenu de son ancienneté à la date du décès.
> **d.** Sauf en cas de départ à la retraite, l'employeur doit **remettre** au salarié les **documents** indiqués n° 33435, e.

b. Protection sociale

Les employés de maison relèvent du régime général de **sécurité sociale** et de l'assurance **chômage.** Ils bénéficient d'un régime obligatoire de **retraite complémentaire** et de **prévoyance** géré par l'Ircem (tél. : 0 980 980 990. Site internet : www.ircem.com). Sur la **validité** des stipulations conventionnelles désignant un organisme de prévoyance complémentaire, voir n° 58970. 33450 CCN 24-11-1999 art. 19 et 27 T-III-7600 s

Des **formalités** sont à accomplir lors de l'embauche : voir n° 33390.

PRESTATIONS

Les employés de maison ont droit aux prestations de **sécurité sociale,** d'assurance **chômage** et de **retraite complémentaire** dans les conditions de droit commun. 33455 T-III-7600 s

L'Ircem-**prévoyance** sert des indemnités journalières complémentaires maladie ou accident et des pensions complémentaires d'invalidité.

Sur le droit de ces salariés aux prestations d'assurance maladie, voir n° 50320.

COTISATIONS

La **rémunération** des employés de maison est **assujettie aux cotisations suivantes** : sécurité sociale, contribution solidarité autonomie, Fnal et dialogue social, CSG, CRDS, contribution formation, chômage, Ircem retraite et Ircem-prévoyance. 33460 T-III-6000 s T-III-7600 s

Sur le **recouvrement** de ces cotisations, voir n° 33505, b.

Sur les sanctions applicables aux particuliers employeurs en cas d'obstacle à un contrôle Urssaf, voir n°s 24255 s.

Assiette Les cotisations sont calculées sur les rémunérations réelles. Les employeurs bénéficient toutefois d'une **déduction forfaitaire** sur les cotisations patronales de sécurité sociale (maladie, maternité, invalidité-décès, vieillesse, accidents du travail et allocations familiales) égale à 2 € par heure travaillée. Cette déduction **n'est cumulable** avec aucune exonération de cotisations sociales ni avec l'application de taux ou d'assiettes spécifiques ou de montants forfaitaires de cotisations. 33465 CSS art. L 241-10, I bis T-III-7740 s

> **Précisions** **a.** Dans les **DOM,** la déduction forfaitaire est de 3,7 € par heure travaillée et porte sur l'ensemble des cotisations et contributions sociales patronales d'origine légale et conventionnelle. La règle de non-cumul ci-dessus vaut également en ce cas.
> **b.** La **CSG** et la **CRDS** sont assises sur le salaire réel diminué de 1,75 %.

Taux Les cotisations sont dues aux taux de **droit commun** (n° 90030) sous réserve des précisions suivantes. 33470 T-III-7600 s

> **Précisions** Le taux de la cotisation d'accidents du travail est fixé à 1,9 % pour 2021.
> La cotisation de retraite complémentaire sur tranche 1 est de 3,94 % pour l'employeur et de 3,93 % pour le salarié.
> La cotisation Ircem-prévoyance est de 1,66 % : 0,70 % employé, 0,96 % employeur (CCN 24-11-1999 Ann. VI ; Accord 18-5-2000 modifié ; Accord 27-2-2017).
> La contribution formation s'élève à 0,55 % (C. trav. art. L 6331-57 ; Accord 19-12-2018 art. 4-4-2).

33475 **Réductions et exonérations** Pour les **gardes d'enfant à domicile,** les bénéficiaires
T-III-10100 s de Pajemploi sont partiellement dispensés de verser les cotisations (voir n° 33520).

Les **personnes âgées ou handicapées** et les personnes ayant un enfant handicapé à charge peuvent, sous certaines conditions, être exonérées de certaines cotisations patronales de sécurité sociale pour l'emploi d'une aide à domicile (voir n° 33480).

> **Précisions** Les employés de maison **au pair** dont la rémunération est exclusivement composée d'avantages en nature sont exonérés de la part salariale des cotisations de sécurité sociale (voir n° 22480, b), de la CSG et de la CRDS (voir n° 25105).

33480 Certaines personnes bénéficient d'une exonération spécifique lorsqu'elles emploient une
CSS art. L 241-10, I D 241-5 D 241-5-1 T-III-10700 s **aide à domicile** à leur service personnel, à leur domicile ou chez des membres de leur famille, afin de les aider dans les actes de la vie quotidienne. Sont concernés :

– les personnes de 70 ans et plus (dans la limite, par foyer, d'un plafond mensuel de rémunération fixé à 65 Smic horaire) ;

– les personnes ayant à charge un enfant ouvrant droit au complément de l'allocation d'éducation de l'enfant handicapé ou à la prestation de compensation du handicap dans les conditions définies à l'article L 245-1, III-1° du CASF ;

– les bénéficiaires de la prestation de compensation du handicap liée à un besoin d'aides humaines ou d'une majoration pour tierce personne servie au titre de l'assurance invalidité ou d'une prestation complémentaire pour recours à tierce personne servie au titre de la législation des accidents du travail ;

– les personnes ayant atteint l'âge d'ouverture du droit à une pension de retraite (n° 67510) obligées de recourir à l'assistance d'une tierce personne pour accomplir les actes ordinaires de la vie ou remplissant la condition de perte d'autonomie requise pour ouvrir droit à l'allocation personnalisée d'autonomie.

L'exonération est accordée, dès lors que l'**activité de l'aide à domicile** correspond à celles visées par l'article D 7231-1 du Code du travail (n° 33535) (Circ. Acoss 2006-55 du 29-3-2006).

> **Précisions** **a.** Pour appliquer l'exonération, les intéressés, à l'exception des particuliers employeurs de 70 ans et plus qui ne sont soumis à aucune formalité, doivent en faire préalablement la **demande** par le biais du CNCESU (n° 33505).
> **b.** **L'exonération porte sur** les cotisations patronales d'assurances sociales et d'allocations familiales. Restent dues l'ensemble des cotisations et contributions à la charge du salarié et les cotisations ou contributions patronales suivantes : contributions solidarité autonomie, dialogue social, chômage, retraite et prévoyance complémentaire, contribution-formation, cotisation accident du travail et contribution Fnal (Doc. Urssaf 14-3-2017).
> **c.** L'exonération n'est **pas cumulable,** pour une même aide à domicile, avec le complément de libre choix du mode de garde.

3. STAGIAIRE AIDE FAMILIAL

33490 Les **jeunes étrangers placés au pair au sein de familles françaises,** pour perfectionner leurs
S-I-8060 s S-II-700 s. S-II-4560 J-II-2820 s J-II-6140 s connaissances linguistiques et accroître leur culture générale, relèvent du statut des stagiaires aides familiaux régi par l'**accord européen** sur le placement au pair du 24 novembre 1969 (publié par décret 71-797 du 20-9-1971 : JO 26).

Ce texte prévoit la conclusion d'un accord écrit (accord de placement) et l'obligation pour la famille d'accueil de fournir à l'intéressé la nourriture, le logement, un peu d'argent de poche et de lui laisser le temps suffisant pour suivre des cours ainsi qu'une journée complète de repos par semaine. L'accord, établi sur un modèle type, doit être signé par les deux parties et visé par la Dreets (Direccte avant le 1-4-2021). Bien que redevable de cotisations, la famille n'est pas considérée comme un employeur au sens du **Code du travail** (Rép. Masson : Sén. 18-5-2006 n° 21105).

Le jeune stagiaire ne peut pas être rémunéré à l'aide de **Cesu,** mais il peut être déclaré par ce biais. Il n'ouvre pas droit au **complément de libre choix du mode de garde** (n° 33510).

> **Précisions** Les cotisations patronales de sécurité sociale sont calculées au taux de droit commun sur une base forfaitaire : semaine, 13 fois le Smic horaire en vigueur au premier jour du trimestre civil considéré ; mois, 56 fois le Smic horaire. La cotisation de retraite complémentaire à la charge exclusive de l'employeur est égale au 1/5e de la cotisation forfaitaire de sécurité sociale (ANI du 17-11-2017, annexe A, art. 2 ; Circ. Agirc-Arrco 2019-1-DRJ du 9-1-2019 Fiche 3, point I.1.2). Cette cotisation est **recouvrée** dans les conditions indiquées n° 33505, b.
> Ne sont pas dues : les cotisations salariales de sécurité sociale et de retraite complémentaire, la CSG, la CRDS et la contribution chômage.

B. Aides à l'embauche ou à l'emploi

Divers dispositifs ont été institués en faveur de l'emploi d'un employé de maison ou d'un assistant maternel : **déduction forfaitaire** de cotisations patronales (n° 33465), **exonérations de cotisations** visées n°s 33475 s., **crédits d'impôt** (n°s 33530), mesures incitant le **CSE** ou l'employeur à octroyer des aides (n° 22416) et **Cesu** (n° 33505). 33495 T-III-10000 s T-V-1690

Diverses **prestations** peuvent être servies : aide à la garde d'enfant visée n°s 33510 s., prestations en faveur des personnes âgées ou handicapées (allocation d'éducation de l'enfant handicapé, prestation de compensation du handicap, allocation personnalisée d'autonomie…).

Enfin, les employeurs peuvent faire appel aux **associations ou entreprises de services aux personnes** pour l'accomplissement des formalités liées à l'emploi d'un salarié à domicile (n° 33050).

› Précisions a. Pour les **stagiaires aides familiaux,** voir n° 33490.

b. Inspiré du Cesu déclaratif (n° 33500), le titre **particulier employeur étranger** (TPEE) permet aux particuliers **employeurs ne résidant pas fiscalement en France** d'effectuer les formalités de déclaration et de payer les cotisations liées à l'emploi d'un salarié. Adhésions et déclarations sur le site internet www.tpee.urssaf.fr.

CESU

Le chèque emploi-service universel (Cesu) est une offre de services simplifiée pour déclarer la rémunération d'un salarié, essentiellement pour des activités de services à la personne. Il en existe deux types : 33500 C. trav. art. L 1271-1 s D 1271-1 s CSS art. L 133-5-6 T-III-13800 s

– le **Cesu déclaratif** : après adhésion auprès de son établissement bancaire ou sur www.cesu.urssaf.fr, l'employeur déclare la rémunération des salariés dans les conditions exposées n° 33505 ;

– le **Cesu préfinancé** : il est diffusé par un organisme financeur (employeur, CSE, organisme de sécurité sociale…) qui se le procure auprès d'un organisme habilité figurant sur une liste publiée sur le site www.entreprises.gouv.fr/services-a-la-personne/emetteurs-cesu.

Le Cesu préfinancé permet de rémunérer et de déclarer des salariés dans les conditions exposées n° 33505, mais aussi d'acquitter tout ou partie du montant des prestations suivantes : garde d'enfant à l'extérieur du domicile (assistant maternel, crèche, garderie périscolaire, prestations proposées par les centres de loisirs…), services fournis par les associations ou entreprises de services aux personnes, services fournis par les établissements émetteurs (services de gestion en ligne par exemple) (n° 33050), prestations que les aidants familiaux font délivrer à leurs ascendants bénéficiaires de l'allocation personnalisée d'autonomie, transport de voyageurs par taxi des personnes âgées ou à mobilité réduite titulaires de prestations sociales.

Sur le régime social de la part préfinancée du Cesu, voir n° 22416 ; sur son régime fiscal, voir Mémento fiscal n°s 21735 et 10555.

Tous les particuliers employeurs, autres que ceux devant recourir à Pajemploi, doivent utiliser le Cesu pour déclarer leur salarié. L'utilisation du Cesu dispense d'établir un **bulletin de paie** et, si l'emploi n'excède pas 8 heures par semaine ou 4 semaines consécutives dans l'année, un **contrat de travail** écrit. Pour les emplois excédant ces durées, un contrat écrit mentionnant la durée du travail prévue et sa répartition entre les jours de la semaine ou les semaines du mois doit être établi. À défaut, il est présumé à temps complet, sauf preuve contraire incombant à l'employeur (Cass. soc. 13-6-2007 n° 05-43.013 FS-PB ; 9-4-2008 n° 06-41.596 FS-PB : RJS 6/08 n° 729). Sur les règles de preuve en cas de litige sur le nombre d'heures de travail accomplies, voir n° 33412. 33505 C. trav. art. L 1271-4 s D 1271-5-1 CSS art. R 133-15 D 133-13-9 D 133-13-11 R 243-16 R 243-25 T-III-14610 s

Si le nombre d'heures de travail inscrit au contrat n'excède pas 32 heures par mois, ou en cas d'accord entre le salarié et l'employeur, la rémunération portée sur le Cesu inclut une indemnité de **congés payés** égale à 1/10e de la rémunération brute. Dans les autres cas, cette indemnité peut être versée lors de la prise du congé. Le régime retenu vaut pour toute la période annuelle de prise des congés payés : en cas de modification du nombre d'heures prévu au contrat, le changement éventuel de régime prend effet pour la période suivante.

› Précisions a. Le Cesu permet de déclarer des avantages en nature et des heures spécifiques (Communiqué Urssaf 16-10-2019). Trois options sont offertes : la déclaration classique, l'adhésion au service Cesu + et le service « Cesu connect ».

Si l'employeur n'a **opté ni pour le dispositif Cesu +**, ni pour **« Cesu connect »,** après réception de la déclaration, le CNCESU :

– calcule les cotisations et en prélève le montant sur le compte de l'employeur. Les taux, l'assiette et le plafond des cotisations sont ceux en

vigueur dans le département de résidence de l'employeur au jour de la réception de la déclaration. Lorsque le prélèvement des cotisations n'est pas honoré, il est fait application des dispositions visées nos 24050 s. ;
– communique à l'employeur le montant de la rémunération qu'il doit verser au salarié (au moment de la déclaration), après déduction du montant du prélèvement à la source (PAS) de l'impôt sur le revenu et procède au prélèvement correspondant à ce PAS sur le compte de l'employeur ;
– met à disposition du salarié un document valant bulletin de paie ;
– adresse annuellement au particulier employeur une attestation lui permettant de justifier de son droit à réduction ou crédit d'impôt (no 33530).
Si l'employeur **opte pour le dispositif Cesu +**, il peut déléguer en plus au CNCESU le versement de la rémunération au salarié, après accord préalable et écrit de celui-ci. Le CNCESU déduira du salaire le montant du prélèvement à la source qu'il reversera directement à l'administration fiscale.
Si l'employeur opte pour le service **« Cesu connect »,** cela lui permet de déléguer à des plateformes de mise en relation le soin d'effectuer les déclarations. Il ne peut alors recourir à Cesu + (Communiqué Urssaf 22-1-2020).

b. La **déclaration** en vue du paiement des cotisations doit être effectuée par Internet, au plus tard le 5e jour du mois suivant la période d'activité déclarée (www.cesu.urssaf.fr).
Le particulier employeur qui ne remplit pas ses obligations en matière de déclaration encourt des **pénalités** égales à :
– 0,5 % du plafond mensuel de la sécurité sociale par déclaration à défaut de déclaration de rémunération dans les délais ;
– 0,25 % de ce même plafond par déclaration en cas d'inexactitude ayant pour effet de minorer le montant des cotisations.
Ces pénalités sont recouvrées et peuvent faire l'objet de remise dans les mêmes conditions que les cotisations du régime général.
En cas de **non-paiement des cotisations** dans les délais, il est fait application des dispositions visées nos 24255 s. Des **remises** peuvent être accordées par l'Urssaf dans les conditions indiquées nos 24060 s. ou dans le cadre du règlement des difficultés liées au surendettement des particuliers.
c. Pour les **emplois au pair,** la déclaration nominative simplifiée papier est maintenue à titre transitoire (Réponse téléphonique Urssaf aux EFL).
d. Sur le droit des salariés employés sous Cesu aux **prestations d'assurance maladie,** voir no 50320. Sur la surveillance médicale de ces salariés, voir no 33430.

COMPLÉMENT DE LIBRE CHOIX DU MODE DE GARDE

33510 CSS art. L 531-5 s R 531-5 s D 531-17 s **T-III-11800 s**

Le complément de libre choix du mode de garde (CMG) est attribué pour la **garde d'un enfant de moins de 6 ans** par un employé de maison ou un assistant maternel agréé. Sous réserve d'exceptions (personne handicapée, chômeur, étudiant, signataires d'un contrat de service civique…), seuls les ménages ou la personne seule exerçant une **activité professionnelle** peuvent en bénéficier.
La **demande** est à déposer auprès de la caisse d'allocations familiales. Les parents en bénéficiant pour un enfant sont dispensés de déposer une nouvelle demande en cas de naissance d'un autre enfant. Ils sont simplement tenus aux formalités requises sur le site Internet Pajemploi.

33515 CSS art. L 531-5 D 531-17 s **T-III-12100 s**

Le **montant** du CMG couvre une partie de la rémunération du salarié et les cotisations sociales (partiellement pour les employés de maison, totalement pour les assistants maternels agréés). Sur les montants, voir la rubrique « indices et taux » sur efl.fr.

› Précisions **a.** La prise en charge de la **rémunération** est au maximum de 85 % du salaire net servi, sans pouvoir excéder un montant variable selon les ressources, la situation du bénéficiaire (parent isolé ou couple, bénéficiaires de l'allocation aux adultes handicapés, parents bénéficiaires de l'allocation d'éducation de l'enfant handicapé) et le nombre et l'âge des enfants à charge. Le montant pris en charge est calculé par enfant en cas d'emploi d'un assistant maternel agréé et par ménage en cas d'emploi d'un employé de maison.
b. La prise en charge des **cotisations** patronales et salariales d'un **assistant maternel agréé** visées no 33370 est totale si sa rémunération ne dépasse pas 5 Smic horaires par jour et par enfant gardé.
Pour les **employés de maison,** la moitié des cotisations patronales et salariales visées no 33460 est prise en charge dans une limite fixée en 2021 à 463 € par mois (231,5 € pour les enfants de 3 à 6 ans). Pour les gardes réalisées depuis le 1er janvier 2020, le versement intégral de l'aide est maintenu pour l'enfant qui atteint ses 3 ans entre le 1er janvier et le 31 août d'une année civile.
c. Des **règles particulières** s'appliquent en cas d'emploi simultané d'un employé de maison et d'un assistant maternel (CSS art. D 531-22) ou de cumul avec la prestation partagée d'éducation de l'enfant à taux partiel (CSS art. D 531-21). Lorsque le ménage travaille et fait garder son enfant au moins 25 heures dans le mois selon des horaires spécifiques (nuit, dimanche, jours fériés), le complément est majoré (C. trav. art. D 531-23-1).

Le complément s'accompagne du **dispositif Pajemploi** qui dispense l'employeur d'établir un bulletin de paie – mais pas un contrat de travail – et facilite les formalités d'embauche et de déclaration des salaires auprès de l'Urssaf. **33520** CSS art. L 531-8 R 133-15 D 531-24 **T-III-12450 s**

> Précisions a. Sous peine de sanctions, l'employeur doit **déclarer** mensuellement **la rémunération** du salarié au centre Pajemploi dans les mêmes délais que les utilisateurs du Cesu (nº 33505, b), sur www.pajemploi.urssaf.fr.
b. Deux options sont offertes au particulier employeur. Dans le cadre de **Pajemploi classique,** la CAF règle les cotisations à l'Urssaf et verse la prise en charge partielle de la rémunération à l'employeur. Au moment de la déclaration, Pajemploi calcule le montant du salaire net à verser à l'assistant maternel ou à la garde à domicile, après déduction du prélèvement à la source de l'impôt sur le revenu (PAS). Pour les gardes à domicile, les cotisations restant à la charge de l'employeur sont prélevées sur son compte bancaire. Les parents employeurs peuvent également adhérer au dispositif **Pajemploi +**. Deux jours après avoir fait leur déclaration, le centre national Pajemploi se charge alors de prélever le salaire sur le compte bancaire du parent employeur, après avoir déduit le montant de son CMG. Il reverse ensuite, 3 jours après la déclaration, le salaire sur le compte bancaire du salarié, après déduction du montant du PAS qu'il reverse directement à l'administration fiscale.

Recours à une structure habilitée Le complément peut, à certaines conditions (notamment tarification inférieure à 10 € par heure d'accueil pour les modes de garde expérimentaux), être servi au particulier recourant à une association ou à une entreprise habilitée pour assurer la garde de l'enfant. Il est alors versé sous la forme d'une aide prenant en charge partiellement le coût de la garde et variant selon les ressources, la situation du bénéficiaire (parent isolé ou couple, bénéficiaires de l'allocation aux adultes handicapés, parents d'enfants handicapés) et du nombre et de l'âge des enfants à charge. **33525** CSS art. L 531-6 D 531-23 D 531-23-1 **T-III-12650 s**

ATTENTION

À **défaut d'habilitation** de la structure assurant la garde, les parents doivent **rembourser** le complément perçu (Cass. 2e civ. 10-3-2016 nº 15-13.595 F-PB : RJS 5/16 nº 379).

CRÉDIT D'IMPÔT

Les **frais de garde à l'extérieur du domicile** des enfants de moins de 6 ans ouvrent droit à un crédit d'impôt, voir Mémento fiscal nº 3315. **33530** **T-III-11550** **NC-III-10410 s** **T-V-1690**

Les activités de **services à la personne** énumérées ci-dessous (nº 33535) ouvrent droit au crédit d'impôt prévu par l'article 199 sexdecies du CGI (Mémento fiscal nos 3230 s.). Toutefois, certaines prestations sont spécifiquement plafonnées (par an et par foyer fiscal) : 500 € pour le petit bricolage (une intervention ne peut excéder 2 heures), 3 000 € pour l'assistance informatique et Internet à domicile et 5 000 € pour les petits travaux de jardinage (C. trav. art. D 7233-5).

Liste des services à la personne **33535**

La liste des activités de services à la personne fixée par l'article D 7231-1 du Code du travail est la suivante.

a. Activités soumises à agrément (nº 33050) :
1. Garde d'enfants à domicile, en dessous d'un âge fixé par arrêté (moins de 3 ans) ;
2. Accompagnement des enfants en dessous d'un âge fixé par arrêté (moins de 3 ans) dans leurs déplacements en dehors de leur domicile (promenades, transport, actes de la vie courante) ;
3. Assistance dans les actes quotidiens de la vie ou aide à l'insertion sociale aux personnes âgées, handicapées ou atteintes de pathologies chroniques qui ont besoin de telles prestations à domicile, à l'exclusion en principe d'actes de soins relevant d'actes médicaux (sauf les aspirations endo-trachéales effectuées dans certaines conditions) ;
4. Prestation de conduite du véhicule personnel des personnes âgées, handicapées ou atteintes de pathologies chroniques du domicile au travail, sur le lieu de vacances, pour les démarches administratives ;
5. Accompagnement des personnes âgées, handicapées ou atteintes de pathologies chroniques, dans leurs déplacements en dehors de leur domicile (promenades, aide à la mobilité et au transport, actes de la vie courante).

b. Activités, outre celles visées au a, dont l'exercice est soumis à la déclaration prévue nº 33050 :
1. Entretien de la maison et travaux ménagers ;
2. Petits travaux de jardinage, y compris les travaux de débroussaillage ;
3. Travaux de petit bricolage dits « homme toutes mains » ;
4. Garde d'enfants à domicile au-dessus d'un âge fixé par arrêté (3 ans et plus) ;
5. Soutien scolaire à domicile ou cours à domicile ;
6. Soins d'esthétique à domicile pour les personnes dépendantes ;
7. Préparation de repas à domicile, y compris le temps passé aux courses ;

33535 (suite) 8. Livraison de repas à domicile ;
9. Collecte et livraison à domicile de linge repassé ;
10. Livraison de courses à domicile ;
11. Assistance informatique à domicile ;
12. Soins et promenades d'animaux de compagnie, à l'exception des soins vétérinaires et du toilettage, pour les personnes dépendantes ;
13. Maintenance, entretien et vigilance temporaires, à domicile, de la résidence principale et secondaire ;
14. Assistance administrative à domicile ;
15. Accompagnement des enfants de plus de 3 ans dans leurs déplacements en dehors de leur domicile (promenades, transport, actes de la vie courante) ;
16. Téléassistance et visio-assistance ;
17. Interprète en langue des signes, technicien de l'écrit et codeur en langage parlé complété ;
18. Prestation de conduite du véhicule personnel des personnes qui, sans être âgées, handicapées ou atteintes de pathologies chroniques, ont besoin temporairement d'une aide personnelle à leur domicile, du domicile au travail, sur le lieu de vacances, pour les démarches administratives ;
19. Accompagnement des personnes visées au 18 ci-dessus dans leurs déplacements en dehors de leur domicile (promenades, aide à la mobilité et au transport, actes de la vie courante) ;
20. Assistance aux personnes visées au 18 ci-dessus ayant besoin temporairement d'une aide personnelle à leur domicile, à l'exclusion des soins relevant d'actes médicaux ;
21. Coordination et délivrance des services mentionnés au présent article.

c. Les activités mentionnées aux 2, 4 et 5 du a et aux 8, 9, 10, 15, 18 et 19 du b n'ouvrent droit au bénéfice des exonérations visées n°s 33480 et 33050 que si la prestation est comprise dans une offre de services incluant un ensemble d'activités réalisées à domicile.

ÉPARGNE SALARIALE ET ACTIONNARIAT SALARIÉ

SOMMAIRE

CARACTÈRES GÉNÉRAUX

Les dispositifs examinés ci-après sont prévus par la loi pour associer les salariés aux résultats de l'entreprise, leur permettre de se constituer une épargne et/ou encourager l'actionnariat. Ils peuvent être simultanément appliqués dans l'entreprise et sont assortis d'exonérations sociales et fiscales. **33700** PB-I-1 s

Ils sont facultatifs, sauf la participation qui est obligatoire pour certaines entreprises : voir n° 33735.

Ces régimes ne doivent pas se substituer au **salaire** et présentent pour la plupart un caractère **collectif,** en vertu duquel tous les salariés de l'entreprise ont vocation à en bénéficier.

Enfin, les résultats de la participation et de l'intéressement sont aléatoires, ce qui s'oppose notamment à la fixation d'un minimum garanti.

A. Participation des salariés aux résultats de l'entreprise

1. ENTREPRISES CONCERNÉES

La participation concerne les employeurs de droit privé et leurs salariés. Son champ d'application recouvre donc l'ensemble des entreprises, quelles que soient la nature de leur activité (industrielle, commerciale, artisanale, agricole, libérale…) et leur forme juridique. Elle est **obligatoire** pour les entreprises et unités économiques et sociales qui emploient au moins 50 salariés et facultative pour les autres. **33730** C. trav. art. L 3321-1 et L 3322-2

› **Précisions** **a.** Une **entreprise étrangère** disposant d'un **établissement distinct en France** est assujettie à la participation dès lors qu'elle est imposable en France à raison des opérations qu'elle y réalise. C'est à l'employeur qui conteste cet assujettissement d'établir qu'il n'en remplit pas les conditions (Cass. soc. 8-2-2012 n° 10-28.526 : RJS 5/12 n° 486).

b. Lorsqu'elles emploient au moins 50 salariés, les **entreprises ayant des activités à l'étranger** sont assujetties à la participation dès lors qu'elles sont soumises à la loi française, y compris si, en raison de leurs activités à l'étranger, le contrat de travail de certains salariés est soumis à une autre loi (Cass. soc. 22-5-2001 n° 99-12.902 : RJS 8-9/01 n° 1047).

c. Sous réserve d'adaptations, les **Scop** et les **coopératives agricoles** (n° 33845, e) occupant au moins 50 salariés sont soumises à la participation.

d. Certains **établissements publics et entreprises publiques** sont soumis à la participation, ce qui nécessite, dans certains cas, l'intervention de décrets (Décret 87-948 du 26-11-1987 modifié).

ASSUJETTISSEMENT OBLIGATOIRE

33735 C. trav. art. L 3322-1 à L 3322-3 et L 3322-5 **PB-I-1320 s**

Est soumise à la participation l'entreprise employant au moins 50 salariés, l'effectif et le franchissement de seuils étant déterminés selon les règles exposées sous nos 23630 s. La participation doit être mise en place à compter du premier exercice ouvert après la période de gel de 5 années civiles consécutives mentionnée à l'article L 130-1 du CSS.

Toutefois, si un **accord d'intéressement** est en cours, la participation ne devient obligatoire qu'au troisième exercice clos après le franchissement du seuil d'assujettissement si l'accord est appliqué sans discontinuité pendant cette période. Ce délai peut se cumuler avec le gel de 5 ans du franchissement du seuil de 50 salariés (Inst. intermin. 2019-252 du 19-12-2019 n° 6). L'accord de participation alors conclu peut reprendre la base de calcul et de répartition de l'accord d'intéressement ayant expiré. Il s'agit dans ce cas d'un accord dérogatoire tenu de respecter les conditions visées au n° 33770.

Par ailleurs, l'**entreprise nouvelle** non issue d'une fusion, totale ou partielle, d'entreprises préexistantes n'est assujettie qu'à partir du troisième exercice clos suivant sa création si elle remplit la condition d'effectif. L'administration n'a pas précisé si ce report de 3 ans peut se cumuler avec le gel du franchissement de seuil de 5 années.

Pour l'**unité économique et sociale,** voir n° 33825. Pour une entreprise **cessant d'employer 50 salariés,** voir n° 33805.

> Précisions **a.** Dans l'entreprise à **établissements multiples,** l'effectif s'apprécie au niveau de l'entreprise, tous établissements confondus, ce qui empêche notamment l'exclusion d'une catégorie de personnel suivant un critère d'affectation géographique (Cass. soc. 24-1-2006 n° 03-43.073 : RJS 4/06 n° 480). Pour un **groupe d'entreprises,** voir n° 33820.

b. Sur le **délai** dont dispose l'entreprise pour conclure un accord de participation à compter de la **clôture de l'exercice** au titre duquel sont nés les droits des salariés, voir n° 33810.

c. Le **CSE** ne disposant d'aucun droit propre à la mise en place du régime de participation, il ne peut pas agir en justice à cette fin lorsque l'entreprise atteint l'effectif requis (Cass. soc. 18-1-2011 n° 08-19.398 : RJS 4/11 n° 341).

d. Des **astreintes** peuvent être prononcées par le juge civil à l'encontre des entreprises manquant à leurs obligations, les salariés de ces sociétés et le procureur de la République étant seuls qualifiés pour agir (C. trav. art. L 3326-2).

33737 EXEMPLE

Depuis l'exercice 2020, lorsque l'effectif d'une entreprise atteint ou dépasse 50 salariés une année N (sur la base des effectifs mensuels de l'année N − 1) et les 4 années consécutives suivantes (de N + 1 à N + 4), le seuil n'est considéré comme franchi qu'à compter de la cinquième année (N + 4). L'entreprise n'est effectivement soumise à la participation qu'au titre de l'année N + 5. Elle a jusqu'à la fin de l'année N + 6 pour conclure un accord de participation (Inst. intermin. 2019-252 du 19-12-2019 n° 3).

APPLICATION VOLONTAIRE

33740 C. trav. art. L 3323-6 L 3323-7 D 3323-3 **PB-I-2200 s**

L'entreprise **non assujettie à la participation** (c'est-à-dire comptant moins de 50 salariés et non incluse dans une unité économique et sociale d'au moins 50 salariés : voir n° 33825) peut s'y soumettre volontairement.

Pour cela, l'employeur doit conclure un **accord** dans les conditions indiquées ci-après (nos 33760 s.), sauf si l'entreprise est **concernée par un plan d'épargne interentreprises** prévoyant de recueillir les sommes issues de la participation (voir n° 34530, b).

En cas d'échec des négociations, l'employeur peut appliquer **unilatéralement** un régime de participation conforme aux dispositions applicables aux entreprises assujetties. Le **CSE** est **consulté** sur le projet de décision au moins 15 jours avant son **dépôt** dans les conditions mentionnées n° 33785 et le procès-verbal de cette consultation doit être déposé avec la décision.

> Précisions **a.** L'entreprise appliquant volontairement la participation a droit aux **avantages fiscaux et sociaux** attachés au régime (voir nos 33980 s.) et peut en faire bénéficier ses **dirigeants et leurs conjoints** collaborateurs ou associés : voir n° 33905.

b. Pour favoriser l'adoption de la participation dans les petites entreprises, il est prévu d'élaborer des régimes de participation par **accord de branche** auquel les entreprises peuvent adhérer (n° 33806 s.) Une convention ou un accord de branche étendu peut prévoir d'appliquer un régime de participation dans les **entreprises agricoles** selon des modalités de calcul dérogeant aux dispositions exposées n° 33840.

c. Sur la notification de la **dénonciation** du régime de participation établi unilatéralement, voir n° 33795, b.

2. ACCORD DE PARTICIPATION

La mise en place de la participation dans l'entreprise s'opère normalement par voie d'accord conclu entre l'employeur et les salariés ou d'application d'un accord de branche. Mais l'absence d'accord ne dispense pas de la participation les entreprises qui y sont obligatoirement assujetties. **33760** PB-I-3300 s

FORME ET CONTENU

L'accord de participation doit être **écrit** et comporter un certain nombre de **clauses** (date d'effet, durée, formule de calcul, etc.). **33765** PB-I-5300 s

L'accord ainsi que le règlement d'un plan d'épargne salariale peuvent prévoir les conditions dans lesquelles le **CSE** ou une commission spécialisée créée par lui disposent des moyens d'information nécessaires sur les conditions de leur application (C. trav. art. L 3341-5). L'institution d'un tel suivi est obligatoire pour les accords d'intéressement (C. trav. art. L 3313-2).

Un **modèle d'accord** est proposé dans notre Formulaire social.

Accord dérogatoire L'accord de participation peut comporter une **formule de calcul** de la réserve spéciale de participation différente de la formule légale (n°s 33840 s.), à condition de respecter les principes généraux de l'épargne salariale (n° 33700) et d'assurer aux salariés des avantages au moins équivalents (appréciés pour les accords de groupe comme indiqué n° 33820). Cet accord dit « dérogatoire » ouvre droit aux **avantages sociaux et fiscaux** attachés à la participation (n°s 33980 s.) si le **montant** de la réserve spéciale de participation (et éventuellement du supplément visé n° 33870) est plafonné à 50 % du bénéfice net comptable ou, au choix des parties, à l'un des trois seuils suivants : bénéfice net comptable ou bénéfice net fiscal diminués de 5 % des capitaux propres (au sens défini n° 33850) ou 50 % du bénéfice net fiscal. L'accord dérogatoire doit préciser le plafond retenu. **33770** C. trav. art. L 3324-2 PB-I-11700 s

› Précisions **a.** Les formules dérogatoires peuvent notamment prendre en compte l'évolution de la valeur des actions ou parts de l'entreprise ou du groupe au cours du dernier exercice clos ou retenir une base de calcul de la réserve spéciale égale au tiers du bénéfice net fiscal.
Sur les possibilités de dérogation ouvertes aux **entreprises agricoles,** voir n° 33740, b.

b. Un accord dérogatoire peut reprendre la formule de calcul prévue dans un **accord d'intéressement** appliqué dans l'entreprise : voir n° 33735.

c. L'accord dérogatoire peut **exclure** le supplément de réserve spéciale de participation lié à la formule dérogatoire de l'option pour la **disponibilité immédiate** (n° 33920) (C. trav. art. L 3324-10). Sur **l'affectation** de ces sommes **par défaut au Perco ou au Pereco,** voir n° 33945, b.

MODE DE CONCLUSION

L'accord de participation peut être conclu : **33780** C. trav. art. L 3322-6 PB-I-4120 s

– dans le cadre d'une convention ou d'un accord collectif de travail, d'entreprise ou de branche ;

– entre le chef d'entreprise et les représentants des syndicats représentatifs dans l'entreprise (voir n°s 73130 s.) ;

– au sein du CSE à la majorité des représentants du personnel ;

– par ratification par le personnel, à la majorité des 2/3, d'un projet de contrat proposé par le chef d'entreprise (ratification demandée conjointement avec, s'ils existent, au moins un syndicat représentatif ou le CSE).

Sur l'action en justice du CSE aux fins de mise en place d'un régime de participation lorsque l'entreprise a atteint le seuil d'effectif requis, voir n° 33735, c.

S'agissant des **groupes** d'entreprises et des **unités économiques et sociales,** voir n°s 33820 s.

DÉPÔT

L'accord de participation ou le **document unilatéral** visé n° 33808 doit être déposé sur la plateforme TéléAccords selon les modalités indiquées n° 51955. En cas d'accord avec le personnel autre qu'un accord collectif, le dépôt est accompagné des **pièces** énumérées par les articles D 3345-1 et suivants du Code du travail. **33785**

C. trav. art. L 3323-4, D 3323-1 et D 3345-1 à D 3345-4 **PB-I-5500 s**

Aucun **délai** de dépôt n'est fixé par les textes, mais les exonérations sociales et fiscales attachées à la participation sont subordonnées à cette formalité (voir n° 33980). Sur le **contrôle** exercé par l'administration après le dépôt, voir n°s 34160 s.

> **Précisions** **a.** L'accord de **groupe** doit également être déposé (voir n° 33820) ainsi que les documents relatifs à la **participation mise en place unilatéralement** par l'employeur (n° 33740).
b. Sur le **dépôt commun** des accords de participation et d'intéressement et du règlement du plan d'épargne salariale conclus en même temps, voir n° 34155, b.
c. Sur l'obligation de dépôt en cas de **renouvellement**, voir n° 33790 ou de **modification** de l'accord, voir n° 33795, a.
d. Les accords de participation n'ont pas à être publiés dans la **base de données nationale** (n° 51957, a).

DURÉE

33790 PB-I-3580 s

L'accord de participation peut être conclu pour une durée indéterminée ou déterminée, ou, s'il le prévoit, être renouvelable par tacite reconduction (Guide épargne salariale juillet 2014).

Il peut être dénoncé ou modifié sous certaines conditions, cesser de produire ses effets en cas de transfert de l'entreprise ou être suspendu si l'effectif passe au-dessous du seuil de 50 salariés (n° 33805).

L'obligation de **dépôt** (n° 33785) s'applique au renouvellement de l'accord arrivé à expiration (Guide épargne salariale juillet 2014).

33795 PB-I-3670 s

Dénonciation ou changement de mode de calcul Pour respecter le **caractère aléatoire,** l'accord de participation ne peut être ni modifié dans sa formule de calcul ni dénoncé avant d'avoir été appliqué à au moins un **exercice** dont les résultats n'étaient ni connus ni prévisibles à la date de sa conclusion. À cet effet, les résultats d'un exercice sont considérés comme prévisibles lorsque la moitié de l'exercice s'est écoulée (Guide épargne salariale juillet 2014). En cas de **manquement** à cette règle, la participation de l'exercice en cause ne peut donner lieu aux exonérations fiscales et sociales qu'à hauteur du montant calculé selon les termes de l'accord initial (en ce sens, à propos de l'exonération sociale, Cass. soc. 19-11-1998 n° 96-22.869 : RJS 1/99 n° 82).

Par exception, la dénonciation peut intervenir avant ce délai en cas d'**irrégularités signalées par l'administration** : voir n° 34160, a.

> **Précisions** **a.** La modification d'un accord de participation nécessite un **avenant** conclu selon l'une des formes prévues pour la signature des accords (Guide épargne salariale juillet 2014) et **déposé** (n° 33785).
b. L'accord peut être dénoncé par l'une des **parties** (ou l'employeur en cas de mise en place volontaire unilatérale), qui doit aussitôt **notifier** la décision au Dreets (Direccte avant le 1-4-2021). La dénonciation d'un accord conclu au sein du CSE est constatée dans le procès-verbal de la séance au cours de laquelle elle a lieu (C. trav. art. D 3323-8).

33796

EXEMPLE

Dans le cas d'un accord conclu le 1-4-2021, les résultats de l'exercice 2021 sont considérés comme prévisibles (dans le cas d'un exercice coïncidant avec l'année civile) à partir du 1-7-2021, soit après la date de l'accord. Celui-ci pourra par conséquent être dénoncé ou modifié dans sa formule de calcul dès la clôture de l'exercice 2021, soit à partir du 1-1-2022. Si l'accord est conclu le 1-9-2021, il ne pourra être dénoncé ou modifié dans sa formule de calcul qu'après la clôture de l'exercice 2022, soit à partir du 1-1-2023.

33800 C. trav. art. L 3323-8 **PB-I-28200 s**

Transfert d'entreprise Lorsqu'une modification survenue dans la situation juridique de l'entreprise, par fusion, cession ou scission, rend impossible l'application d'un accord de participation, cet accord cesse de produire effet entre le nouvel employeur et le personnel de l'entreprise. Tel est le cas lorsque le **nouvel employeur** est déjà **couvert par un accord de participation** : celui-ci s'applique immédiatement aux salariés transférés (Guide épargne salariale juillet 2014) sans qu'il soit nécessaire de dénoncer l'autre accord (CA Versailles 7-2-2002 n° 00-2 : RJS 7/02 n° 862).

En l'**absence d'accord** de participation applicable à la **nouvelle entreprise,** celle-ci doit engager, dans un délai de 6 mois à compter de la clôture de l'exercice au cours duquel est intervenue la modification, une négociation selon l'un des modes indiqués au n° 33780, en vue de la conclusion éventuelle d'un nouvel accord.

En toute hypothèse, les **droits à participation déjà affectés** des salariés transférés restent indisponibles. Leur gestion relève de la responsabilité du nouvel employeur, qui doit reprendre au passif de son bilan la réserve spéciale de participation correspondante (BOI-BIC-PTP-10-20-20 n°s 50 et 70).

Réduction de l'effectif au-dessous de 50 salariés Si l'effectif d'une entreprise baisse en deçà du seuil d'assujettissement obligatoire (n° 33735), l'application de l'accord peut être interrompue si l'accord comporte une **clause de caducité,** ou suspendue jusqu'au franchissement à la hausse de ce seuil si l'accord comporte une clause de **suspension,** peu important qu'il soit conclu pour une durée déterminée ou indéterminée (Cass. soc. 18-9-2002 n° 99-15.454 : RJS 11/02 n° 1264). La suspension ou la caducité doit être **notifiée** à la Dreets (Direccte avant le 1-4-2021) et aux salariés de l'entreprise (Guide épargne salariale juillet 2014). **33805** PB-I-3880 s

À défaut d'une telle clause, l'employeur ne peut échapper à la participation qu'en **dénonçant** l'accord (n° 33795). Il en va ainsi même en présence d'une **clause de tacite reconduction** n'excluant pas son application en cas de baisse de l'effectif, peu important le nombre de salariés alors employés (Cass. soc. 3-5-2007 n° 05-12.340 FS-PB : RJS 7/07 n° 875).

APPLICATION D'UN ACCORD DE BRANCHE

Négociation de branche obligatoire Dans chaque branche, une négociation en vue de la mise en place d'un **régime** d'**intéressement,** de **participation,** de **PEI** ou de **Perco** conforme aux dispositions légales relatives à ces dispositifs doit être ouverte et conclue au plus tard le 31-12-2021. **33806** Loi 2019-486 du 22-5-2019 art. 155, V PB-I-5000 s

› Précisions a. **À défaut d'initiative** de la partie patronale au 31-12-2019, la négociation s'engage dans les 15 jours suivant la demande d'une organisation syndicale de salariés représentative dans la branche.

b. Pour l'**intéressement,** la négociation peut porter sur des critères de performance relevant de la **responsabilité sociale des entreprises** listés au II de l'article R 225-105 du Code de commerce (Décret 2019-862 du 20-8-2019 art. 2).

c. Ces dispositions mentionnent encore la mise en place du **Perco,** qui n'est toutefois plus possible depuis le 1-10-2020 : voir n° 34560.

Agrément de l'accord de branche Un accord de branche d'intéressement, de participation ou instaurant un plan d'épargne salariale fait l'objet d'une procédure d'agrément par l'administration après son dépôt, dans un **délai** et des conditions déterminées par décret (à paraître). Pendant ce délai, l'administration peut demander le **retrait** ou la **modification** des clauses contraires aux dispositions légales. L'absence de décision dans le délai imparti vaut agrément. L'agrément de l'accord de branche entraîne une **sécurisation** des exonérations pour les entreprises y ayant adhéré : voir n° 34163. **33807** C. trav. art. L 3345-4 Loi 2020-1525 du 7-12-2020 art. 118

Selon nous, cette procédure d'agrément ne sera applicable qu'à compter de l'entrée en vigueur du décret qui doit en préciser les modalités. Sur le contrôle administratif des accords de branche déposés avant, voir n° 34160.

Adhésion de l'entreprise à l'accord de branche Toute entreprise peut appliquer un dispositif d'intéressement, de participation ou de plan d'épargne salariale conclu au niveau de la branche et agréé dans les conditions mentionnées n° 33807. À cette fin, l'entreprise doit conclure un **accord** selon le mode de conclusion de droit commun prévu pour chaque dispositif : voir n° 33780 pour la participation, n° 34150 pour l'intéressement, n° 34435 pour les plans d'épargne d'entreprise et n° 34525 pour les plans d'épargne interentreprises. **33808** C. trav. art. L 3312-8 L 3322-9 L 3332-6-1 L 3333-7-1 D 3312-1 et D 3322-1 Loi 2020-1525 du 7-12-2020 art. 118

Les **entreprises de moins de 50 salariés** peuvent opter pour l'application de ce régime au moyen d'un **document unilatéral** d'adhésion, dans les conditions d'information du CSE et des salariés exposées n° 52170, c, à condition que l'accord de branche prévoie cette possibilité et propose, sous forme d'accord-type indiquant les différents choix laissés à l'employeur, des stipulations spécifiques pour ces entreprises.

L'accord d'entreprise ou le document unilatéral d'adhésion est **déposé** selon les modalités prévues pour les accords d'épargne salariale (n° 33785 pour la participation, n° 34155 pour l'intéressement et n° 34440 pour les plans d'épargne salariale).

Sur la **sécurisation** des exonérations fiscales et sociales portant sur les sommes versées en application de ces régimes, voir n° 34163.

› Précisions a. Pour l'**intéressement,** l'accord d'entreprise ou le document unilatéral d'adhésion est conclu ou signé avant la **date limite** prévue pour un accord d'intéressement : voir n° 34150.

b. Lorsque l'accord de branche de **participation** ou d'**intéressement** ouvre des **choix** aux parties signataires au niveau de l'entreprise, l'**accord d'entreprise** peut **contenir** uniquement les clauses résultant de ces choix.

c. En attendant la parution du décret qui permettra l'entrée en vigueur des dispositions de la loi 2020-1525 du 7-12-2020 sur l'agrément des accords de branche et l'adhésion des entreprises à ces accords (voir n° 33807), les entreprises d'une branche peuvent opter pour l'application d'un régime négocié au niveau de la branche soit par un accord selon les modalités spécifiques à l'épargne salariale, soit par un document unilatéral si elles comptent moins de 50 salariés et si l'accord de branche propose un accord-type (Loi 2019-486 du 22-5-2019 art. 155, V ancien ; Inst. intermin. 2019-252 du 19-12-2019 n° 42 et 43 ; Décret 2020-795 du 26-6-2020). Les modalités de contrôle administratif de ces accords ou documents unilatéraux sont celles mentionnées n° 34160 et n° 34162.

d. Le fait pour une entreprise d'être couverte par un accord de branche la **dispense** de **négocier** périodiquement en vue de la mise en place d'un dispositif d'épargne salariale, voir n° 33815.

ABSENCE D'ACCORD

33810 C. trav. art. L 3323-5 D 3324-35 PB-I-6400 s

Régime « d'autorité » Lorsqu'une **entreprise obligatoirement assujettie** à la participation (n° 33735) et dégageant des bénéfices suffisants pour constituer une réserve spéciale de participation n'a pas signé d'accord dans le **délai d'un an** à compter de la clôture de l'exercice au titre duquel sont nés les droits des salariés, cette situation est constatée par l'inspecteur du travail.

Un **régime** dit « d'autorité », **moins favorable,** est alors mis en place, qui ne permet aucun aménagement des points normalement négociables. Ainsi, tous les salariés de l'entreprise **bénéficient** de la participation sans qu'une condition d'ancienneté puisse être exigée. La réserve est **calculée** selon les règles de droit commun et **répartie** entre les salariés proportionnellement aux salaires. Sauf demande de versement immédiat du salarié ou déblocage anticipé (n° 33935), elle est placée en **comptes courants bloqués** pour 8 ans qui portent intérêt, à compter du premier jour du sixième mois suivant la clôture de l'exercice au titre duquel elle est attribuée, à un taux annuel égal à 1,33 fois le taux moyen de rendement des obligations des sociétés privées (Arrêté 10-10-2001 art. 1).

› Précisions **a.** L'obligation d'appliquer le régime d'autorité s'apprécie **exercice** par exercice.
b. L'**entreprise** peut appliquer spontanément le régime d'autorité sans attendre le constat de l'inspecteur du travail, à charge pour elle de l'en informer (Guide épargne salariale juillet 2014). Pour leur part, les **salariés** peuvent demander au juge l'application du régime légal de la participation, même en l'absence de constat de l'inspecteur du travail (Cass. soc. 13-9-2005 n° 03-10.502 : RJS 11/05 n° 1128). Sur l'action du **CSE** en vue de la mise en place de la participation dans l'entreprise, voir n° 33735, c.
c. Sur le **régime social et fiscal** des sommes versées, voir n° 33980, b.
d. Sur l'application d'**astreintes,** voir n° 33735, d.

33815 C. trav. art. L 2242-15 L 3344-3 PB-I-80 s

Négociation obligatoire Sauf si elle a conclu un accord d'adaptation (n° 51995), l'entreprise ayant **au moins un délégué syndical** et non couverte par un accord d'intéressement ou de participation, par un plan d'épargne d'entreprise ou d'épargne retraite, ou par un accord de branche comportant un ou plusieurs de ces dispositifs, est tenue d'engager, chaque année, une négociation sur un ou plusieurs d'entre eux et, s'il y a lieu, sur l'affectation d'une partie des sommes collectées par le Perco ou le Pereco et sur l'acquisition de parts de fonds solidaires. Cette obligation s'insère dans la négociation obligatoire d'entreprise et est soumise aux mêmes règles (nos 51980 s.). Les groupements d'employeurs y sont également soumis.

L'entreprise **dépourvue de délégué syndical** mais dotée d'un CSE dans laquelle aucun accord d'intéressement ou de participation n'est en vigueur doit proposer à ce comité, tous les 3 ans, un **examen** des conditions dans lesquelles pourraient être mis en œuvre un ou plusieurs dispositifs d'épargne salariale : intéressement, participation, plans d'épargne.

Sur l'obligation de négociation au niveau de la **branche,** voir n° 33806.

APPLICATIONS PARTICULIÈRES

33820 C. trav. art. L 3344-1 L 3324-2 PB-I-27050 s

Groupe d'entreprises Afin qu'une compensation puisse être établie entre les salariés de filiales dont les résultats seraient inégaux, un accord peut être conclu au niveau du groupe.

La participation est alors **calculée** à ce niveau et répartie entre tous les **salariés.** Dans le cadre de la **formule légale** (n° 33840), elle est égale à la somme des participations calculées distinctement dans chaque entreprise membre. Si l'accord retient une **formule dérogatoire,** assise par exemple sur les résultats consolidés, l'équivalence des avantages s'apprécie globalement au niveau du groupe et non par entreprise, c'est-à-dire au regard du total des réserves calculées dans chaque entreprise en application de la formule légale.

> **Précisions** **a.** Le groupe s'entend d'entreprises juridiquement indépendantes, mais ayant établi entre elles des liens financiers et économiques.
> **b.** Pour la conclusion d'un accord de groupe, des **modalités** spécifiques sont prévues, faisant intervenir un mandataire unique représentant les sociétés intéressées (C. trav. art. L 3322-7). L'article D 3323-4 du Code du travail indique les documents à joindre à l'accord lors de son **dépôt.**
> **c.** Le **seuil de 50 salariés** rendant la participation obligatoire s'apprécie distinctement pour chaque société du groupe, sauf dans les unités économiques et sociales (n° 33825).
> **d.** Les **avantages fiscaux** (notamment déduction de la réserve spéciale) sont appréciés société par société et ne sont accordés à chaque société du groupe que dans la limite de sa contribution (fixée dans l'accord) à la réserve globale de participation (BOI-BIC-PTP-10-20-10-30 n° 50), alors que tous les salariés du groupe ont vocation à l'attribution d'une part de cette réserve.

Unité économique et sociale La participation doit être mise en place au niveau d'une unité économique et sociale (UES) si l'effectif total des entreprises la constituant atteint le seuil d'assujettissement de 50 salariés. La participation peut être mise en œuvre par un **accord** unique couvrant l'UES ou par des accords d'entreprise distincts. **33825** C. trav. art. L 3322-2 R 3322-2

En cas d'**accord unique,** pour les entreprises qui n'entrent pas dans un même périmètre de consolidation ou de combinaison des comptes en application de l'article L 233-16 du Code de commerce, la **répartition** des sommes est effectuée entre tous les bénéficiaires employés sur la base du total des réserves de participation constituées dans chaque entreprise (C. trav. art. L 3324-8).

> **Précisions** **a.** Le **CSE commun** ne peut conclure qu'un accord de participation applicable à toutes les entreprises constituant l'UES. Si celles-ci préfèrent des **accords distincts,** ces accords peuvent être conclus soit sous forme d'accord collectif, soit avec des représentants syndicaux, soit par ratification aux 2/3 du personnel, sans que la ratification ait à être demandée par le comité commun (Guide épargne salariale juillet 2014).
> **b.** Une UES ayant mis en place la participation par un **accord unique** peut calculer sa réserve de participation sur la base du **résultat consolidé** si les entreprises qui la composent entrent dans un même périmètre de consolidation des comptes (Circ. DSS-DGT 2007-199 du 15-5-2007 : BOSS 6-07).

3. CALCUL DE LA PARTICIPATION

FORMULE DE CALCUL

Les entreprises soumises à la participation doivent constituer, exercice par exercice, une **réserve spéciale de participation.** **33840** C. trav. art. L 3324-1 PB-I-8000 s

Le montant de cette réserve est calculé, au titre de chaque **exercice,** après l'arrêté des comptes de cet exercice et sur la base des données propres audit exercice.

Dans les **accords de droit commun** (les accords dérogatoires visés n° 33770 pouvant éventuellement comporter des dispositions différentes), le montant de la réserve de participation (R) s'obtient en appliquant la formule ci-après :

$R = 1/2 (B - 5 C/100) (S/VA)$,

dans laquelle B représente le bénéfice net de l'entreprise, C ses capitaux propres, S les salaires et VA la valeur ajoutée de l'entreprise.

Il ressort notamment de cette formule qu'une réserve de participation ne peut être constituée au titre d'un exercice que si le bénéfice (B) est supérieur à 5 % des capitaux propres (C).

Sur la possibilité d'accorder un **supplément de réserve,** voir n° 33870.

ÉLÉMENTS DE CALCUL

Bénéfice net (B) Le montant du bénéfice net ressort d'une **attestation** établie par l'inspecteur des finances publiques ou le commissaire aux comptes (n° 33865). **33845** C. trav. art. L 3324-1 L 3324-3 R 3324-7 D 3324-8 et D 3324-9 PB-I-8600 s

Il s'agit du **bénéfice fiscal** d'origine française imposable à l'impôt sur les sociétés au taux de droit commun (ou au taux réduit de 15 % prévu en faveur des PME) ou à l'impôt sur le revenu, diminué de l'impôt correspondant. Il est majoré des bénéfices exonérés par certaines dispositions du CGI. Il tient compte des déficits antérieurs.

> **Précisions** **a.** Pour les entreprises soumises à l'**impôt sur les sociétés,** l'impôt à déduire pour la détermination du bénéfice net n'a pas à être diminué du montant des **crédits d'impôt** (CE 20-3-2013 n° 347633 : RJF 6/13 n° 609 ; Cass. soc. 10-1-2017 n° 14-23.888 FS-PB : RJS 3/17 n° 217 ; BOI-BIC-PTP-10-10-20-10 n° 200).
> **b.** Les entreprises relevant de l'**impôt sur le revenu** peuvent déduire la « rémunération normale » du chef d'entreprise, dès lors que celle-ci

est afférente à l'année au titre de laquelle la participation est calculée (TA Paris 28-3-2006 nº 00-4543 : RJF 11/06 nº 1351).

c. Lorsque les **associés d'une société de personnes** sont eux-mêmes assujettis à la participation, le bénéfice servant au calcul de la réserve ne tient compte ni de leur quote-part du résultat (bénéfice ou déficit) de la société de personnes ni de l'impôt correspondant.

d. Les **bénéfices exonérés** à retenir pour le calcul de la participation sont exclusivement ceux des entreprises nouvelles (CGI art. 44 sexies), des jeunes entreprises innovantes (CGI art. 44 sexies A), des entreprises créées pour la reprise d'une entreprise en difficulté (CGI art. 44 septies), des entreprises implantées dans les zones franches urbaines (CGI art. 44 octies et 44 octies A) ou dans une zone de recherche d'un pôle de compétitivité (CGI art. 44 undecies) et des sociétés d'investissements immobiliers cotées [SIIC] (CGI art. 208 C).

e. Le bénéfice et les capitaux propres à considérer dans les sociétés **coopératives agricoles** et leurs unions sont définis par l'article R 523-9 du Code rural et de la pêche maritime (PB-I-29840 s.).

f. Certaines situations font l'objet de **dispositions ou solutions particulières** : fusions et opérations assimilées à effet rétroactif (PB-I-28640 s.) ; report en arrière des déficits (PB-I-9045 s.) ; intégration fiscale des groupes d'entreprises (PB-I-27730 s.).

33850 C. trav. art. D 3324-4 PB-I-10000 s

Capitaux propres (C) Les capitaux propres sont définis par l'article D 3324-4 du Code du travail. Comme le bénéfice net, leur montant est établi par une attestation délivrée par l'inspecteur des finances publiques ou le commissaire aux comptes (nº 33865).

Le bénéfice net est diminué de la rémunération, au taux de 5 %, du montant ainsi défini.

› Précisions **a.** L'administration considère le **taux de 5 %** comme un taux annuel susceptible de varier en fonction de la durée de l'exercice comptable (BOI-BIC-PTP-10-10-20).

b. Voir **particularités** : coopératives agricoles, nº 33845, e ; incidence du report en arrière des déficits, PB-I-9060 s.

33855 C. trav. art. D 3324-1 PB-I-10800 s

Salaires (S) Les salaires à retenir pour le calcul de la participation sont les revenus d'activité tels qu'ils sont pris en compte pour la détermination de l'assiette des cotisations définie à l'article L 242-1 du CSS (nºs 22320 s.), qu'ils soient ou non assujettis à **cotisations sociales** (Cass. soc. 29-10-2013 nº 12-23.866 FS-PB : RJS 1/14 nº 64).

› Précisions **a.** Pour le calcul de la réserve spéciale de participation, l'employeur peut déduire les **frais professionnels** des rémunérations, dans les conditions et limites réglementaires, même s'il a déclaré le montant brut de ces rémunérations à l'administration fiscale. En revanche, il ne peut pas contester l'intégration de **sommes déclarées à l'administration** comme **salaires** (Cass. soc. 17-5-2011 nº 10-10.957 FS-PB : RJS 8-9/11 nº 718).

b. Les salaires doivent comprendre les indemnités de congés payés versées par les **caisses de congés payés.** Pour ce faire, l'employeur est autorisé à majorer forfaitairement les salaires qu'il verse du taux de la cotisation due à la caisse (Guide épargne salariale juillet 2014).

c. Si les salariés d'un **groupement d'employeurs** bénéficient de l'accord de participation en vigueur dans l'entreprise utilisatrice (voir nº 33895, d), la part de la rémunération correspondant à leur activité dans cette entreprise est ajoutée au montant des salaires à prendre en compte. La somme à retenir est communiquée à l'entreprise par le groupement d'employeurs (Guide épargne salariale juillet 2014).

d. Ne sont pas prises en compte les **rémunérations des dirigeants** et de leur conjoint participant à ce dispositif (C. trav. art. R 3321-1).

e. Sur le droit des salariés dont la rémunération est **exclue du calcul** de la participation à **bénéficier** de ce dispositif, voir nº 33895.

33860 C. trav. art. D 3324-2 D 3324-3 PB-I-11000 s

Valeur ajoutée (VA) La valeur ajoutée s'obtient en faisant le total des postes suivants du **compte de résultat** (pour autant qu'ils concourent à la formation d'un bénéfice réalisé en France métropolitaine et dans les départements d'outre-mer) :

– charges de personnel ;
– impôts, taxes et versements assimilés, à l'exclusion des taxes sur le chiffre d'affaires ;
– charges financières ;
– dotations de l'exercice aux amortissements ;
– dotations de l'exercice aux provisions, à l'exclusion des dotations figurant dans les charges exceptionnelles ;
– résultat courant avant impôts. Celui-ci correspond à la somme algébrique du résultat d'exploitation et du résultat financier, à l'exclusion du résultat exceptionnel (la participation des salariés n'est donc pas prise en compte dans la valeur ajoutée).

Des règles particulières sont prévues pour la détermination de la valeur ajoutée dans les **banques et assurances.**

ÉTABLISSEMENT DU MONTANT DES ÉLÉMENTS DE CALCUL

33865 Le montant du **bénéfice net et des capitaux propres** est établi par une **attestation** que l'entreprise demande à l'inspecteur des finances publiques ou au commissaire aux comptes.

Les énonciations y figurant ne peuvent pas être contestées à l'occasion des litiges portant sur la participation. Cette interdiction concerne l'employeur et ses salariés, mais aussi les syndicats (Cass. soc. 28-2-2018 n° 16-17.994 FS-PB : RJS 5/18 n° 353), signataires ou non de l'accord de participation (Cass. soc. 9-2-2010 n° 08-11.338 : RJS 4/10 n° 363), y compris s'ils invoquent une fraude de l'entreprise (Cass. soc. 28-2-2018 n° 16-50.015 FS-PB : RJS 5/18 n° 353). Elle concerne également le CSE (pour le comité d'entreprise : Cass. soc. 7-11-2001 n° 00-12.216 : RJS 1/02 n° 64 ; 11-3-2009 n° 08-41.140 F-PB : RJS 6/09 n° 565).

C. trav. art. L 3326-1 D 3325-1 D 3325-4 D 3324-40 **PB-I-8150 s**

Le montant des autres éléments de calcul de la participation (**salaires et valeur ajoutée**) est établi directement par l'entreprise, sans intervention extérieure. Les **contestations** les concernant sont réglées par les procédures prévues à cet effet par les accords de participation ou, à défaut, par la juridiction administrative. Seuls les litiges portant sur le montant des salaires déclarés à l'administration fiscale et le calcul de la valeur ajoutée relèvent de cette juridiction (Cass. soc. 2-12-2008 n° 07-16.615 FS-P : RJS 2/09 n° 202 ; 26-6-2019 n° 17-23.110 FS-PB : RJS 10/19 n° 585 ; T. confl. 11-12-2017 n° 4104 : RJF 6/18 n° 670). Tous les autres litiges concernant la participation sont de la compétence des tribunaux judiciaires.

› Précisions a. L'entreprise qui s'adresse à l'inspecteur des finances publiques pour obtenir l'**attestation** doit joindre à sa **demande** un état annexe n° 989.

b. Peut être contestée l'**attestation** délivrée par les commissaires aux comptes **ne comportant aucune information** sur le montant des capitaux propres et de l'excédent net répartissable retenu et sur l'exercice auquel ces montants se rapportent (Cass. soc. 30-1-2013 n° 12-11.875 FS-PB : RJS 4/13 n° 309).

Toute **modification d'assiette** du bénéfice net intervenant après la délivrance d'une attestation donne lieu à l'établissement d'une **attestation rectificative,** établie par l'auteur de l'attestation initiale (inspecteur des finances publiques ou commissaire aux comptes).

Tel est le cas lorsque l'entreprise fait l'objet d'un **contrôle fiscal** entraînant la rectification de ses résultats, laquelle affecte le montant du bénéfice net et des capitaux propres servant de base au calcul de la participation.

L'entreprise doit alors **recalculer** a posteriori la participation des exercices antérieurs concernés et modifier en conséquence la réserve de participation, soit en baisse si le contrôle conduit à une diminution du bénéfice fiscal (Cass. soc. 1-7-1998 n° 96-16.471 : RJS 8-9/98 n° 1032), soit plus généralement en hausse. Cette modification est prise en compte au titre de l'exercice au cours duquel les rectifications sont devenues définitives. Si un **complément de participation** est dégagé, seuls les salariés présents dans l'entreprise au cours de cet exercice peuvent donc y prétendre (Cass. soc. 10-3-1998 n° 96-16.473 : RJS 4/98 n° 504). L'action en responsabilité formée contre l'entreprise par des salariés l'ayant quittée avant que la rectification ne devienne définitive est irrecevable (Cass. soc. 18-2-2016 n° 14-12.614 FS-PB : RJS 4/16 n° 280 ; 22-6-2016 n° 14-28.175 FS-PB). Le complément de participation est majoré d'un **intérêt de retard** dont le taux est égal au taux moyen de rendement des obligations des sociétés privées publié par le ministre chargé de l'économie. Cet intérêt court à compter du premier jour du sixième mois de l'exercice suivant celui au titre duquel les rectifications ont été opérées (C. trav. art. D 3324-40).

En revanche, lorsque l'entreprise **régularise spontanément** une erreur de calcul de la réserve, tous les salariés lésés par cette erreur doivent bénéficier de cette régularisation, y compris ceux l'ayant quittée entre-temps (Cass. soc. 5-6-2001 n° 99-14.037 : RJS 8-9/01 n° 1048).

SUPPLÉMENT DE RÉSERVE

Le conseil d'administration ou le directoire, ou l'employeur dans les entreprises dépourvues de ces organes, peut accorder un supplément de réserve spéciale de participation. Cette **décision** ne peut intervenir qu'au titre du dernier exercice clos s'il était couvert par un accord, ce qui exclut les entreprises soumises au régime d'autorité (Guide épargne salariale juillet 2014). **33870**

C. trav. art. L 3324-9 **PB-I-13800 s**

Si l'entreprise dispose d'un accord dérogatoire de participation (n° 33770), la réserve spéciale de participation, y compris le supplément, ne peut pas excéder le **plafond** retenu dans l'accord. En l'absence d'un tel accord, elle ne peut pas excéder le plus élevé des plafonds applicables aux accords dérogatoires (voir n° 33770).

La **répartition** du supplément entre les bénéficiaires s'opère selon les modalités prévues soit par l'accord de participation, soit par un accord spécifique conclu comme indiqué n° 33780. Elle est soumise au même plafond de salaire (n° 33915) que la réserve spéciale de participation. Le total de la participation et du supplément ne doit pas dépasser le plafond individuel d'attribution (n° 33915).

› Précisions a. Les **bénéficiaires** du supplément de réserve spéciale de participation sont les mêmes que ceux de la réserve au titre de laquelle il est décidé.

b. Si un **accord spécifique** fixe les modalités de répartition, il doit être conforme aux règles exposées n° 33910 et doit être déposé (Guide épargne salariale juillet 2014).

c. Le **versement** du supplément ne peut pas être effectué avant la participation elle-même (Cass. soc. 11-7-2019 nº 18-16.412 F-D : RJS 10/19 nº 586, solution rendue à propos de l'intéressement, mais transposable selon nous à la participation). Il ne peut pas être reporté au-delà de l'année au cours de laquelle la participation est versée, ni être fractionné (Circ. DSS-DGT 2007-199 du 15-5-2007 : BOSS 6-07).

d. Le supplément est également soumis à **indisponibilité,** sauf choix du bénéficiaire pour le versement immédiat (nº 33920), et bénéficie du même **régime fiscal et social** que la réserve elle-même (nºs 33980 s.) (Guide épargne salariale juillet 2014).

4. DROITS DES BÉNÉFICIAIRES

33890 Chaque bénéficiaire acquiert un droit personnel sur une part de la réserve de participation. Il a le choix entre le versement immédiat des sommes correspondant à ses droits individuels ou leur indisponibilité pendant une certaine durée.

BÉNÉFICIAIRES

33895 C. trav. art. L 3342-1 PB-I-2400 s

Salariés Sous réserve de l'ancienneté éventuellement requise (nº 33900), **tous les salariés** d'une entreprise – entendus au sens de titulaires d'un contrat de travail – compris dans le champ d'un accord de participation doivent pouvoir bénéficier de ses dispositions, y compris ceux dont la rémunération est exclue du calcul de la réserve (Cass. soc. 7-11-2018 nº 17-18.936 FS-PB : RJS 1/19 nº 39) ou qui sont exclus de l'effectif d'assujettissement (Guide épargne salariale juillet 2014).

Aucune condition autre que l'ancienneté ne peut être requise comme, par exemple, l'absence de **sanction disciplinaire** (Rép. Baeumler : AN 26-3-1990), la **présence** continue du salarié pendant la totalité de l'exercice ou sa présence à une date déterminée. Les mêmes principes valent pour l'intéressement (Cass. soc. 5-5-1995 nº 92-17.414 : RJS 6/95 nº 677).

La **résiliation du contrat de travail,** notamment le licenciement, ne peut pas, quelle qu'en soit la cause, priver le salarié de ses droits à participation (Cass. soc. 9-3-1989 nº 86-43.980 : RJS 4/89 nº 374) ou à intéressement (Cass. soc. 12-10-1995 nº 93-18.391 : RJS 11/95 nº 1154).

› Précisions **a.** Les salariés de l'entreprise **travaillant à l'étranger** bénéficient de la participation s'ils restent placés sous la subordination de leur employeur (Cass. soc. 22-5-2001 nº 99-12.902 : RJS 8-9/01 nº 1047). Est donc réputée non écrite la clause d'un accord de participation ou d'intéressement excluant les salariés **détachés** à l'étranger dans une succursale alors qu'ils appartiennent toujours à l'effectif de la société française (Cass. soc. 6-6-2018 nº 17-14.372 FS-PB : RJS 8-9/18 nº 558), ou excluant l'application de la participation aux salariés **expatriés** (Cass. soc. 29-10-2002 nº 00-14.787 : RJS 1/03 nº 60). Les salaires que les expatriés perçoivent d'une filiale étrangère doivent être pris en compte pour le calcul de leurs droits (Cass. soc. 6-12-2007 nº 06-10.858 : RJS 2/08 nº 208).

b. Pour les salariés d'une **entreprise étrangère** occupés dans un **établissement situé en France,** voir nº 33730, a.

c. Les titulaires d'un **congé de reclassement,** qui restent salariés de l'entreprise jusqu'à l'issue de ce congé, ont droit à la participation due au titre des exercices correspondants (Cass. soc. 7-11-2018 nº 17-18.936 FS-PB : RJS 1/19 nº 39).

d. Le salarié d'un **groupement d'employeurs** n'ayant pas mis en place un dispositif de participation peut bénéficier des dispositifs mis en place dans chacune des entreprises utilisatrices si l'accord de participation le prévoit (C. trav. art. L 3322-2 et D 3321-2). Il en est de même pour l'intéressement (C. trav. art. L 3212-2) et les plans d'épargne salariale (C. trav. art. L 3332-2). Le contrat de travail conclu entre un salarié et un groupement d'employeurs doit garantir l'égalité de traitement avec les salariés des entreprises utilisatrices, en matière notamment d'intéressement, de participation et d'épargne salariale (C. trav. art. L 1253-9).

e. Les **litiges** individuels entre un salarié et son employeur en matière de participation (portant par exemple sur le versement des intérêts de retard) ou d'intéressement sont de la **compétence** du conseil de prud'hommes (Cass. soc. 28-2-2018 nº 16-13.682 FS-PB : RJS 5/18 nº 354).

33900 C. trav. art. L 3342-1 PB-I-2700 s

Condition d'ancienneté L'accord de participation peut exiger une ancienneté de 3 mois au plus dans l'entreprise (ou dans le groupe au sens défini nº 33820).

Pour le calcul de l'ancienneté, sont pris en compte tous les contrats de travail exécutés au cours de la période de calcul et des 12 mois qui la précèdent.

› Précisions **a.** L'ancienneté correspond à la durée totale d'appartenance juridique à l'entreprise et comprend donc toutes les périodes de **suspension du contrat** de travail (Guide épargne salariale juillet 2014).

b. Le salarié sous contrat de **travail temporaire** ou en **portage salarial** est réputé compter 3 mois d'ancienneté dans l'entreprise ou le groupe qui l'emploie s'il a été mis à la disposition d'entreprises utilisatrices (ou d'entreprises clientes dans le cas du portage) pendant une durée totale d'au moins 60 jours au cours du dernier exercice. Le salarié d'un **groupement d'employeurs** est réputé compter 3 mois d'ancienneté dans l'entreprise utilisatrice s'il y a été mis à disposition pendant une durée totale d'au moins 60 jours au cours du dernier exercice (C. trav. art. D 3342-1).

c. Les règles applicables à la condition d'ancienneté valent pour les accords d'**intéressement,** les **plans d'épargne** d'entreprise ou interentreprises et les **Perco.** Pour le **Pereco,** voir n° 34610.

Dirigeants d'entreprise et conjoints Les dirigeants de sociétés ne bénéficient pas, en principe, de la participation sauf s'ils cumulent un contrat de travail avec leur mandat (Circ. Acoss 31-5-1989). **33905** C. trav. art. L 3321-1 L 3323-6 L 3324-2 **PB-I-3170 s**

Par exception, l'**entreprise volontairement assujettie** à la participation peut en faire bénéficier ces dirigeants et certains conjoints des chefs d'entreprise visés au n° 34130.

L'entreprise dont l'effectif habituel est compris **entre un et moins de 250 salariés** et qui a conclu un **accord dérogatoire** (n° 33770) peut en faire bénéficier ces mêmes personnes, mais seulement pour la part de la réserve excédant le montant qui résulterait de la formule de droit commun. L'effectif de l'entreprise et le franchissement du seuil de 250 salariés sont appréciés selon les règles exposées sous n°s 23630 s. En revanche le franchissement du seuil de un salarié n'est pas soumis au gel de 5 années civiles prévu par ces règles.

› Précisions a. Pour l'administration, les dirigeants et conjoints bénéficient intégralement de la participation dans les entreprises de moins de 50 salariés mettant en place **volontairement** la participation avec une **formule dérogatoire** (Circ. DGT 2009/13 du 19-5-2009).
b. Les dirigeants et conjoints n'ont droit à la participation que si l'**accord** le prévoit (Guide épargne salariale juillet 2014).

RÉPARTITION

Modalités Le montant de la réserve de participation est en principe réparti entre les bénéficiaires proportionnellement à leur salaire (au sens indiqué n° 33855) retenu pour un montant plafonné (n° 33915). **33910** C. trav. art. L 3324-5 L 3324-6 **PB-I-14500 s**

L'accord peut cependant prévoir d'autres formules : répartition uniforme, proportionnelle à la durée de présence dans l'entreprise au cours de l'exercice ou utilisant conjointement plusieurs de ces critères. Il peut aussi fixer un salaire plancher servant de base de calcul de la part individuelle.

› Précisions a. Concernant les **dirigeants d'entreprise et conjoints** visés n° 33905, la répartition est proportionnelle à la rémunération annuelle ou au revenu professionnel imposé à l'impôt sur le revenu au titre de l'année précédente, plafonnés au niveau du salaire le plus élevé dans l'entreprise, les limites mentionnées n° 33915 s'imposant également.
b. Lorsque le critère est celui de la **durée de présence,** cette durée totalise les périodes de travail effectif et celles qui y sont légalement assimilées : congés payés, exercice de mandats représentatifs... (Guide épargne salariale juillet 2014).
c. Quel que soit le mode de répartition retenu, sont assimilées à des périodes de présence les périodes visées aux articles L 1225-17 (**congé de maternité**), L 1225-37 (**congé d'adoption**), L 3142-1-1 (**congé de deuil**), L 1226-7 du Code du travail (absences consécutives à un **accident du travail ou une maladie professionnelle**) et les périodes de **mise en quarantaine** au sens de l'article L 3131-15, 3° du Code de la santé publique. Pour la participation répartie en fonction du **salaire,** il faut prendre en compte celui qui aurait été perçu si le salarié avait travaillé pour les congés de maternité ou d'adoption ou les absences liées à un accident du travail ou à une maladie professionnelle (C. trav. art. D 3324-11). S'agissant des périodes non travaillées dans le cadre d'un **accident de trajet** ou d'un **temps partiel thérapeutique** consécutif à un accident du travail, voir n° 34245, a.
d. En cas d'**activité partielle,** sont pris en compte pour la répartition proportionnelle aux **salaires** de la participation et de l'intéressement les salaires qu'auraient dû percevoir les salariés durant cette période. Si la répartition est proportionnelle à la durée de présence, les heures chômées doivent être prises en compte (C. trav. art. R 5122-11).
e. En cas d'**utilisation conjointe de différents critères,** chacun d'eux doit s'appliquer à une « sous-masse » distincte : par exemple 30 % répartis de manière uniforme, 30 % répartis au prorata du temps de présence, 40 % répartis proportionnellement aux salaires (Guide épargne salariale juillet 2014).
f. Sur le salaire pris en compte pour les salariés travaillant **à l'étranger,** voir n° 33895, a.
g. Sur la répartition dans une **unité économique et sociale,** voir n° 33825.

Plafonnements En cas de répartition proportionnelle au **salaire,** celui-ci est **pris en compte** dans la limite d'un montant maximum librement fixé par l'accord, qui doit être identique pour tous les salariés et ne pas dépasser 3 fois le plafond annuel de la sécurité sociale (Pass, voir n° 90020). **33915** C. trav. art. L 3324-5 L 3324-7 D 3324-10 D 3324-12

Quelle que soit la formule de répartition, le **montant maximal attribué** à un même salarié pour un même exercice est égal aux trois quarts du Pass.

Le **reliquat** de participation non distribué en raison du plafond des droits individuels fait l'objet d'une répartition immédiate entre tous les bénéficiaires n'ayant pas atteint ce plafond, selon les mêmes modalités. Le plafond ne peut pas être dépassé du fait de cette nouvelle répartition. L'opération peut être renouvelée autant de fois que possible. Si un reliquat subsiste encore alors que tous les bénéficiaires ont atteint le plafond individuel, il demeure dans la réserve spéciale de participation et sera réparti au cours des exercices ultérieurs, même si ces derniers ne sont pas bénéficiaires (CE 15-2-2016 n° 367752 : RJF 5/16 n° 434).

› Précisions **a.** Le **plafond de la sécurité sociale (Pass)** applicable est celui correspondant à l'exercice au titre duquel la réserve de participation est attribuée. Si l'exercice ne coïncide pas avec l'année civile, il convient de se référer à la somme des plafonds mensuels de l'exercice (Guide épargne salariale juillet 2014).
b. Les deux limites (salaire pris en compte et montant maximal de la prime) s'appliquent aussi aux **dirigeants** et **conjoints** collaborateurs ou associés bénéficiant de la participation.
c. Les plafonds s'appliquent au prorata de la **durée de présence** si le salarié n'a pas accompli une année entière dans la même entreprise (C. trav. art. D 3324-13). En revanche, les absences ou le temps partiel ne peuvent pas donner lieu à une réduction des plafonds (Guide épargne salariale juillet 2014).
d. En cas de **répartition combinant plusieurs critères,** le plafond de droits individuels s'applique à l'ensemble des droits et non à la seule partie proportionnelle au salaire (Guide épargne salariale juillet 2014).
e. Sur la possibilité d'obtenir un **rappel** de prime de participation en cas de **requalification** d'un contrat de travail à temps partiel en **contrat à temps plein,** voir n° 77285, e.

33916 EXEMPLE

Si le **salaire maximum** pris en compte a été fixé par l'accord à 3 Pass et si l'exercice coïncide avec l'année civile :
– pour la répartition de la réserve calculée au titre de l'exercice 2020 ou de l'exercice 2021 (après l'arrêté des comptes de cet exercice), on ne tiendra pas compte de la fraction des rémunérations individuelles excédant 123 408 € ;
– si la part de la réserve correspondant aux droits d'un bénéficiaire dépasse 30 852 €, la fraction excédentaire sera répartie entre les autres bénéficiaires comme indiqué ci-dessus.

CHOIX DU BÉNÉFICIAIRE SUR LE SORT DE SES DROITS

33920 Lors du versement effectué au titre de la répartition de la réserve spéciale de participation, chaque bénéficiaire peut soit demander le **versement immédiat** de tout ou partie de ses droits, soit n'en recouvrer la libre disposition qu'après expiration d'une période de **blocage** (voir n° 33925). Le montant des droits disponibles immédiatement peut être limité dans les entreprises appliquant un accord dérogatoire (voir n° 33770, c) et dans les coopératives agricoles et les Scop (n° 33730) (C. trav. art. L 3323-9). L'entreprise doit effectuer le **versement avant** le premier jour du sixième mois suivant la clôture de l'exercice au titre duquel la participation est attribuée. Passé ce délai, elle doit y ajouter un intérêt de retard égal à 1,33 fois le taux moyen de rendement des obligations des sociétés privées (C. trav. art. D 3324-21-2).

C. trav. art. L 3324-10 R 3324-21-1 **PB-I-15400 s**

› Précisions **a.** L'accord précise les modalités d'**information** de chaque bénéficiaire sur les sommes attribuées, le montant susceptible de versement immédiat, le délai pour en faire la demande et l'affectation par défaut au Perco ou au Pereco d'une quote-part de la réserve spéciale (n° 33945).
b. La **demande de versement immédiat** doit être faite dans un **délai** de 15 jours à compter de la date à laquelle le bénéficiaire a été informé du montant lui revenant. L'accord de participation précise la date à laquelle il est présumé avoir été informé ; à défaut, ce délai court à compter de la réception de la lettre recommandée avec avis de réception ou remise contre récépissé l'informant du montant attribué et de celui susceptible de versement immédiat. Le **silence** vaut option pour le blocage et il peut entraîner l'affectation par défaut d'une partie de sa prime au Perco ou au Pereco, voir n° 33945. La décision concernant les sommes attribuées au titre d'un exercice donné ne lie pas le bénéficiaire pour un versement au titre d'un **exercice ultérieur** (Rapp. AN n° 1107).
c. Si les sommes attribuées au titre d'un exercice n'excèdent pas **80 €** par personne, les entreprises peuvent les verser d'office aux bénéficiaires ou leur demander d'opter entre versement immédiat et blocage (C. trav. art. L 3324-11 ; Arrêté 10-10-2001 : JO p. 16368 ; Circ. DGT 13 du 19-5-2009).
d. Pour le **régime fiscal** des sommes versées immédiatement, voir n° 33990.

DROITS INDISPONIBLES

33925 **Durée** Les droits attribués au titre d'un exercice qui ne sont ni versés immédiatement au bénéficiaire (n° 33920) ni affectés par défaut au Perco ou au Pereco (voir n° 33945) ne sont négociables ou exigibles qu'à l'expiration d'un **délai de 5 ans** à compter de leur ouverture. Par exception, toutefois :
– le délai d'indisponibilité est porté à 8 ans en cas d'application du **régime « d'autorité »** (n° 33810) ;
– des **cas de déblocage anticipé** sont prévus (n° 33935).

C. trav. art. L 3324-10 **PB-I-15550 s**

› Précisions **a.** Certains accords en vigueur le 20-2-2001 peuvent prévoir une indisponibilité de **3 ans,** dont la contrepartie est une diminution de l'exonération d'impôt sur le revenu accordée aux salariés (n° 33990).
b. Le **point de départ du délai** d'indisponibilité est le premier jour du sixième mois suivant l'exercice au titre duquel les droits sont nés (C. trav. art. R 3324-21-1). Par exemple, pour la réserve calculée au titre d'un exercice arrêté le 31-12-2020, le délai d'indisponibilité commence à courir le 1-6-2021, et les droits des salariés deviendront disponibles le 1-6-2026.
c. À la fin de la période d'indisponibilité, la participation peut être versée à un **compte épargne-temps** : voir n° 30805, a.

Déblocage anticipé Les droits indisponibles deviennent négociables ou exigibles avant l'expiration du délai d'indisponibilité dans les cas indiqués n° 33935. **33930** C. trav. art. R 3324-23 **PB-I-17000 s**

Le salarié (ou un de ses ayants droit) doit faire la **demande** de déblocage dans un délai de 6 mois à compter de la survenance du fait générateur ou à tout moment en cas de cessation du contrat de travail, décès, invalidité, violences conjugales et surendettement. La demande n'est pas nécessaire en cas de cession ou liquidation judiciaire (n° 33935, k).

› Précisions **a.** À l'exception des cas de décès et de cessation du contrat de travail, seuls les droits afférents aux **exercices clos** à la date du cas de déblocage anticipé peuvent être débloqués (Guide épargne salariale juillet 2014).
b. Le déblocage anticipé donne lieu à un **versement unique** portant, au choix du salarié, sur **tout ou partie des droits** susceptibles d'être débloqués. Un même cas de déblocage anticipé ne peut pas donner lieu à des déblocages successifs, sauf si les droits du dernier exercice clos n'ont pas encore été déterminés et individualisés lors de la demande du salarié. Dans ce cas, un second versement est possible (Guide épargne salariale juillet 2014). Le déblocage anticipé dans les cas autorisés ne prive pas du **régime social et fiscal** de faveur (n° 33980).

Les cas de déblocage anticipé sont les suivants (liste limitative) : **33935** C. trav. art. R 3324-22 **PB-I-17030 s**

a. Mariage de l'intéressé ou conclusion d'un Pacs par l'intéressé ;

b. Naissance ou arrivée au foyer d'un enfant en vue de son **adoption** dès lors que le foyer compte déjà au moins 2 enfants à sa charge ;

c. Divorce, séparation ou dissolution d'un Pacs lorsqu'ils sont assortis d'une convention ou d'une décision judiciaire prévoyant la résidence habituelle unique ou partagée d'au moins un enfant au domicile de l'intéressé ;

d. Violences conjugales commises contre l'intéressé par son actuel ou ancien conjoint, concubin ou partenaire lié par un Pacs, lorsqu'une ordonnance de protection a été délivrée ou que les faits donnent lieu à une alternative aux poursuites, à une composition pénale, à l'ouverture d'une information par le procureur de la République, à la saisine du tribunal correctionnel par ce dernier ou par le juge d'instruction, à une mise en examen ou à une condamnation pénale même non définitive ;

e. Invalidité de l'intéressé, de ses enfants, de son conjoint ou de la personne qui lui est liée par un Pacs. Cette invalidité s'apprécie au sens de l'article L 341-4, 2° et 3° du CSS (n° 44600) ou doit être reconnue par décision de la commission compétente ou du président du conseil départemental à condition que le taux d'incapacité atteigne au moins 80 % et que l'intéressé n'exerce aucune activité professionnelle ;

f. Décès de l'intéressé, de son conjoint ou de la personne liée au bénéficiaire par un Pacs ;

g. Rupture du contrat de travail, cessation de son **activité** par l'entrepreneur individuel, fin du **mandat social,** perte du **statut de conjoint** collaborateur ou de conjoint associé ;

h. Affectation des sommes épargnées à la **création ou reprise,** par l'intéressé, ses enfants, son conjoint ou partenaire de Pacs, **d'une entreprise** industrielle, commerciale, artisanale ou agricole, soit à titre individuel, soit sous la forme d'une société, à condition d'en exercer effectivement le contrôle au sens de l'article R 5141-2 du Code du travail (n° 1750), à l'**installation** en vue de l'exercice d'une autre profession non salariée ou à l'**acquisition de parts sociales** d'une Scop ;

i. Affectation des sommes épargnées à l'**acquisition** ou l'agrandissement de la **résidence principale** emportant création de surface habitable nouvelle telle que définie à l'article R 111-2 du Code de la construction et de l'habitation, sous réserve de l'existence d'un permis de construire ou d'une déclaration préalable de travaux, ou à la remise en état de la résidence principale endommagée à la suite d'une catastrophe naturelle reconnue par arrêté ministériel ;

j. Situation de **surendettement** de l'intéressé définie à l'article L 711-1 du Code de la consommation, sur demande adressée à l'organisme gestionnaire des fonds ou à l'employeur, soit par le président de la commission de surendettement des particuliers, soit par le juge lorsque le déblocage des droits paraît nécessaire à l'apurement du passif de l'intéressé ;

k. En sus des motifs de déblocage ci-dessus, liés à la situation personnelle du bénéficiaire, les droits à participation non échus sont rendus immédiatement exigibles par le jugement arrêtant le **plan de cession** de l'entreprise ou le jugement ouvrant ou prononçant sa **liquidation judiciaire,** en application de l'article L 643-1 du Code de commerce et de l'article L 3253-10 du Code du travail.

33940 **Gestion des fonds inscrits à la réserve spéciale** L'accord doit prévoir l'affectation de la participation à un **plan d'épargne salariale.**

C. trav. art. L 3323-2 L 3323-3 PB-I-20000 s

Un accord conclu depuis le 24-5-2019 ne peut plus prévoir le placement d'une partie de la participation dans un **compte courant bloqué** que l'entreprise doit consacrer à des **investissements,** sauf dans les Scop. Toutefois, les dispositions relatives à ce mode de placement restent applicables, pour la durée de l'accord, aux entreprises qui en bénéficiaient au 23-5-2019 (Loi 2019-486 du 22-5-2019 art. 155, VI). Par ailleurs, ce mode de placement s'impose pour le régime d'autorité : voir n° 33810.

> **Précisions** **a.** L'entreprise qui met en place la participation doit obligatoirement disposer d'un **plan d'épargne** salariale de moyen terme (PEE ou PEI) et pas seulement d'un Perco (Étude d'impact de la loi 2019-486).
b. Les versements de la participation à un plan d'épargne salariale doivent être effectués avant le premier jour du sixième mois suivant la clôture de l'exercice ; passé ce **délai,** l'entreprise doit y ajouter un intérêt de retard égal à 1,33 fois le taux moyen de rendement des obligations des sociétés privées publié chaque semestre par le ministère de l'économie (C. trav. art. D 3324-25).
c. Si l'accord permet aux salariés de **choisir** entre les différents modes de gestion proposés (plan d'épargne ou compte courant bloqué), il doit préciser les modalités d'exercice de ce choix, notamment le délai d'option, et régler le cas de défaut d'option expresse du salarié (C. trav. art. D 3324-27). Sur l'orientation des sommes au sein d'un PEE à défaut de stipulations sur ce point, voir n° 34475, a.
d. En cas d'affectation de la participation à un **compte ou un fonds d'investissements,** les salariés ont sur l'entreprise un droit de créance égal au montant des sommes versées au compte ou au fonds. Cette créance porte obligatoirement intérêt, pendant toute la durée de l'indisponibilité, à un taux fixé par l'accord de participation au moins égal au taux moyen de rendement des obligations des sociétés privées (C. trav. art. D 3324-33).
e. Les **revenus de la participation** sont en principe versés annuellement aux bénéficiaires (C. trav. art. D 3324-31) mais l'accord peut prévoir soit leur réinvestissement, soit une option individuelle des bénéficiaires entre ce réinvestissement et le versement immédiat. Dans ce dernier cas, il doit préciser le régime applicable aux salariés n'ayant pas opté (C. trav. art. D 3324-30). Les revenus réinvestis sont exonérés d'impôt sur le revenu (n° 33990).
Sur la possibilité de demander individuellement la disponibilité immédiate des produits des fonds communs et Sicav d'actionnariat salarié, voir n° 34475, d.

33945 Le bénéficiaire peut demander le versement immédiat de tout ou partie de ses droits à participation ou décider de les affecter à un des emplois proposés par l'accord de participation. S'il ne le fait pas, la moitié de sa quote-part de la réserve spéciale, déterminée selon la formule légale de calcul, est **affectée par défaut au Perco ou au Pereco.** Pour le Perco, cette part est affectée selon une allocation sécurisée de l'épargne définie n° 34580. L'autre moitié est affectée en application des dispositions de l'accord de participation.

C. trav. art. L 3324-12

> **Précisions** **a.** Ce dispositif d'affectation par défaut n'est **obligatoire** que pour les entreprises disposant d'un Perco ou d'un Pereco. Il s'applique de plein droit et ne nécessite pas de modification de l'accord lui-même (Circ. intermin. du 19-4-2012). Les sommes affectées à un Perco sont **indisponibles** dans les conditions prévues pour ce dispositif : voir n° 34575 (C. trav. art. R 3324-21-1). Il en va de même, selon nous, pour les sommes affectées au Pereco (voir n° 34645). Sur la possibilité pour le salarié de liquider les sommes affectées par défaut au Pereco, voir n° 34620, a.
b. Dans les entreprises appliquant un **accord dérogatoire** de participation, l'affectation au Perco ou au Pereco ne s'applique pas au supplément de réserve spéciale correspondant à la dérogation, sauf si l'accord le prévoit selon des modalités librement définies.
c. Le dispositif d'affectation par défaut ne s'applique pas si le salarié opère un **choix,** restreint à une **partie des sommes** qui lui sont attribuées (Circ. intermin. du 19-4-2012).
d. Si **plusieurs Perco** ont été mis en place dans l'entreprise, les sommes sont affectées au Perco de l'entreprise ou, à défaut, dans le Perco du groupe. En l'absence de ces plans, elles sont affectées dans le Perco interentreprises (C. trav. art. R 3334-1-1). La règle est, selon nous, transposable au Pereco.
e. L'accord de participation fixe les modalités d'**information des bénéficiaires** sur cette affectation par défaut (C. trav. art. R 3324-21-1).

INFORMATION DES SALARIÉS

33950 **Information générale** L'**accord** de participation doit déterminer les conditions d'information individuelle et collective des salariés sur son **application par l'employeur,** les modalités d'information sur la **disponibilité de leurs droits** (sur ce point, voir n° 33920, a) et sur l'**affectation par défaut** des droits au Perco ou au Pereco (n° 33945, e).

C. trav. art. L 3323-1 D 3323-12 à D 3323-18 PB-I-21500 s

Le personnel est informé de l'**existence et** du **contenu** de l'accord de participation par tout moyen prévu à cet accord et, à défaut, par affichage.

Dans les 6 mois suivant la clôture de chaque exercice, l'employeur doit présenter au **CSE** un **rapport** sur les éléments de calcul de la participation de l'exercice écoulé et sur la gestion et l'utilisation des sommes. En l'absence de CSE, ce rapport est adressé à chaque salarié. Le CSE peut se faire assister par un expert-comptable (Cass. soc. 28-1-2009 n° 07-18.284 FS-PB : RJS 4/09 n° 388). Sur le **suivi de l'accord** par le comité, voir n° 33765.

Dans le même délai, chaque salarié est informé des **sommes et valeurs qu'il détient** au titre de la participation.

Lors de chaque répartition de la participation, une **fiche distincte du bulletin de paie,** comportant les indications énumérées par l'article D 3323-16 du Code du travail, doit être remise à chaque bénéficiaire. Sauf opposition de ce dernier, elle peut l'être par voie électronique dans des conditions garantissant l'intégrité des données. Cette fiche doit être envoyée aux bénéficiaires qui ont quitté l'entreprise avant la conclusion de l'accord de participation ou avant le calcul et la répartition de la participation.

Entrée et sortie de l'entreprise Tout bénéficiaire doit recevoir, lors de la conclusion de son contrat de travail, un **livret d'épargne salariale** présentant les dispositifs de partici- 33955 C. trav. art. L 3341-6 L 3341-7 PB-I-16450 s
pation, d'intéressement et les plans d'épargne d'entreprise ou interentreprises, les Perco ou Pereco mis en place au sein de l'entreprise. Les mentions obligatoires de ce livret, établi sur support durable, sont précisées par l'article R 3341-5 du Code du travail. Il doit être porté à la connaissance des **représentants du personnel,** le cas échéant en tant qu'élément de la base de données économiques et sociales définie n°s 9215 s.

En outre, tout bénéficiaire quittant l'entreprise se voit remettre un **état récapitulatif** de l'ensemble des sommes et valeurs mobilières épargnées ou transférées au sein de l'entreprise dans le cadre des différents régimes d'épargne salariale et d'épargne retraite d'entreprise. Le contenu de ce document est précisé par l'article R 3341-6 du Code du travail.

› Précisions **a.** Une procédure spécifique d'échange d'informations est prévue afin de permettre aux salariés quittant l'entreprise sans que leur participation ait été liquidée ou débloquée d'être informés de leurs droits **après leur départ** (C. trav. art. D 3324-36). Si un salarié **ne peut pas être atteint à la dernière adresse** indiquée par lui, les sommes et droits lui revenant sont tenus à sa disposition dans les conditions fixées par les articles D 3324-37 et D 3324-38 du Code du travail.
b. La **remise tardive** du livret d'épargne salariale, ou de l'état récapitulatif, ne cause pas nécessairement un **préjudice** au salarié (Cass. soc. 18-5-2011 n° 10-11.043 : RJS 11/11 n° 894).

5. RÉGIME FISCAL ET SOCIAL

CONDITIONS D'OCTROI DES AVANTAGES

La participation bénéficie d'avantages fiscaux et sociaux à plusieurs conditions : 33980 PB-I-22400 s
– **dépôt de l'accord** (n° 33785) ;
– conformité aux **textes** législatifs et réglementaires et, en particulier, respect de la **règle de l'indisponibilité** des droits (n°s 33925 s.). Par exception, les exonérations sociales et fiscales sont maintenues en cas de déblocage anticipé de la participation intervenant dans les cas mentionnés n° 33935. Il en va de même, pour les seules exonérations sociales, lorsque le salarié opte pour le versement immédiat de ses droits à participation (n° 33920) ;
– respect des **caractères généraux de la participation** : les versements effectués en application d'un accord non conforme au caractère aléatoire (n° 33795) et collectif (n° 33895) de la participation doivent être intégralement requalifiés en salaire (Guide épargne salariale juillet 2014).

Les avantages ne jouent qu'à concurrence des **plafonds** fixés par les textes pour la réserve spéciale en cas d'accords dérogatoires (n° 33770) et pour le salaire de répartition et les droits individuels (n° 33915). L'excédent éventuel est réintégré dans l'assiette de l'impôt et des cotisations sociales (en ce sens, à propos des cotisations : Guide épargne salariale juillet 2014 ; à propos de l'impôt sur le revenu : BOI-RSA-ES-10-20 n°s 100 et 110).

› Précisions **a.** Les **sommes attribuées** en exécution d'un accord de participation **avant son dépôt** à la Dreets (Direccte avant le 1-4-2021) sont soumises à cotisations sociales, celles-ci étant exigibles dès la répartition par l'employeur de la réserve spéciale de participation entre les salariés, sans attendre la fin de la période d'indisponibilité (Cass. soc. 30-3-1995 n° 93-10.495 : RJS 5/95 n° 542 ; 8-12-2010 n° 09-11.217 : RJS 5/11 n° 443).
b. Selon la Cour de cassation, une entreprise appliquant le **régime « d'autorité »** (n° 33810) ne peut pas bénéficier de l'exonération de cotisations sociales, puisqu'elle n'a pas déposé d'accord (Cass. 2e civ. 3-7-2008 n° 07-17.379 : RJS 11/08 n° 1109). Cette solution, restée isolée,

mériterait d'être confirmée. L'administration admet, quant à elle, la solution inverse pour l'exonération d'impôt sur le revenu (BOI-RSA-ES-10-20 n° 60) comme pour l'exonération sociale (Guide épargne salariale juillet 2014).

c. Sur la remise en cause possible des exonérations fiscales et sociales après contrôle par l'**administration** de la **conformité** de l'accord aux lois et règlements, voir n°s 34160 s.

AVANTAGES SOCIAUX

33985 C. trav. art. L 3325-1 CSS art. L 137-15 L 137-16 PB-I-25000 s

Les sommes portées à la réserve spéciale de participation (ainsi que l'éventuel supplément de réserve visé n° 33870) ne sont pas prises en considération pour l'application de la **législation du travail.** Elles ne constituent donc pas un élément du salaire pour, notamment, le calcul du Smic ou du minimum conventionnel, de l'indemnité de congés payés, des heures supplémentaires, des primes ou gratifications et ne sont pas soumises au régime de la saisie sur salaires (Cass. soc. 1-2-2005 n° 02-14.452 : RJS 4/05 n° 422). Les sommes placées dans l'entreprise sont couvertes par l'AGS en cas de procédure collective (n° 70908).

Les actions des salariés en paiement de la participation sont soumises à la **prescription** de droit commun et non pas à celle concernant le salaire (Cass. soc. 14-4-1988 n° 85-46.027 ; 26-1-1989 n° 86-43.081 : RJS 3/89 n° 256).

Ces sommes échappent en totalité aux **cotisations** de sécurité sociale, de retraite complémentaire, d'assurance chômage, au versement mobilités, à la contribution de solidarité autonomie, etc.

Elles sont en revanche assujetties à la **CSG** et à la **CRDS** (n° 25120).

Le **forfait social** est en principe dû au **taux** de 20 % (n° 84305). Par exception, sous certaines conditions, un taux réduit de 16 % peut s'appliquer aux sommes versées sur un Perco (voir n° 34590). Pour le Pereco voir n° 34646, c.

Dans les **entreprises non assujetties** à la participation, les sommes versées au titre de la participation et de l'intéressement ainsi que l'abondement de l'employeur à un plan d'épargne salariale sont **exonérées** de forfait social. En cas de franchissement du seuil de 50 salariés, le forfait social n'est dû qu'à partir du premier exercice d'assujettissement à la participation apprécié selon les règles mentionnées n° 33735 (Inst. intermin. 2019-252 du 19-12-2019 n° 7).

AVANTAGES FISCAUX

33990 CGI art. 163 bis AA 237 bis A 150-0 A, III PB-I-22400 s

Le régime fiscal de la participation est avantageux pour l'entreprise, ainsi que pour les salariés en cas d'indisponibilité des droits.

› Précisions Lorsqu'elles sont bloquées, les sommes portées à la réserve spéciale de participation sont exonérées d'**impôt sur le revenu** entre les mains des salariés, cette exonération étant toutefois réduite de moitié, sauf affectation à un plan d'épargne, pour les accords ayant ramené l'indisponibilité à 3 ans. Sont également exonérés les revenus produits par ces sommes au cours de la période d'indisponibilité, voire au-delà, à condition qu'ils soient réemployés de la même façon et soient frappés de la même indisponibilité. Il en est de même, sous conditions, des plus-values de cession des titres acquis dans le cadre de la participation ou d'un plan d'épargne.

À l'inverse, les sommes versées immédiatement au salarié sur sa demande (voir n° 33920) ainsi que les droits de faible montant versés d'office (voir n° 33920, c) sont assujetties à l'impôt sur le revenu dans la catégorie des traitements et salaires au titre de l'année de leur versement (BOI-RSA-ES-10-20 n° 40).

Les sommes attribuées au titre de la participation sont par ailleurs déductibles du **bénéfice imposable de l'entreprise,** au titre de l'exercice de dotation de la réserve spéciale ou du versement immédiat lorsque le salarié en a fait la demande (voir n° 33920).Elles entrent dans le champ de la taxe sur les salaires mais échappent aux autres **taxes ou participations sur les salaires** (taxe d'apprentissage, contribution formation et participation-construction).

Pour un exposé plus complet, voir Mémento Paie n°s 47620 s. (déduction du résultat imposable), n°s 47760 s. (exonération d'impôt) et n° 47930 (provision pour investissement).

B. Intéressement

34100 L'intéressement des salariés à l'entreprise est un **dispositif facultatif,** permettant d'associer les salariés aux résultats et aux performances de l'entreprise, par le versement de primes.

Il constitue un thème de la **négociation annuelle obligatoire** dans les entreprises dans certains cas : voir n° 33815.

Sur la juridiction compétente en cas de **litiges** entre un salarié et son employeur, voir n° 33895, e.

1. CHAMP D'APPLICATION

ENTREPRISES CONCERNÉES

L'intéressement est applicable aux employeurs de droit privé. Il peut être instauré dans toute **entreprise** qui satisfait à ses obligations en matière de représentation du personnel, quelles que soient la nature de son activité et sa forme juridique. 34120 C. trav. art. L 3311-1 L 3312-2 L 3313-2 L 3315-4 L 3344-1 PB-I-45410 s

Une entreprise à **établissements multiples** peut le mettre en place dans certains de ses établissements seulement, précisés dans l'accord.

L'intéressement peut aussi être institué au niveau d'un **groupe** d'entreprises, au sens indiqué n° 33820, a. Il peut s'agir d'un groupe de dimension communautaire, dont les sociétés sont établies dans plusieurs États membres de l'UE.

> **Précisions** **a.** Aucune condition d'**effectif** n'est exigée pour la mise en place de l'intéressement, sauf dans le cas signalé n° 34130.
> **b.** Le respect des **obligations en matière de représentation du personnel** est une des conditions pour bénéficier du régime d'exonération exposé n°s 34290 s. (Guide épargne salariale juillet 2014).
> **c.** L'intéressement est applicable aux **établissements publics** à caractère industriel et commercial ainsi qu'aux établissements publics administratifs qui emploient du personnel de droit privé.
> Il l'est aussi de plein droit aux **entreprises publiques** ou aux sociétés nationales entrant dans le champ de la législation relative à la négociation collective (n° 51860), et dans des conditions fixées par le décret 87-947 du 26-11-1987 à celles qui n'y entrent pas. Une circulaire précise les modalités de l'intéressement dans ce secteur (Circ. 7-12-1989).

BÉNÉFICIAIRES

Salariés L'intéressement doit présenter un caractère **collectif** : tous les salariés (entendus au sens de titulaires d'un contrat de travail) compris dans le champ d'un accord d'intéressement doivent pouvoir en bénéficier. 34125 C. trav. art. L 3312-1 PB-I-45750 s

Seule une condition d'**ancienneté** peut être prévue (voir n°s 33895 s.).

Pour les salariés des **groupements d'employeurs,** voir n° 33895, d.

Dirigeants et conjoints Les dirigeants de sociétés, qui ne sont pas des salariés, ne bénéficient en principe pas de l'intéressement sauf s'ils **cumulent** un contrat de travail avec leur mandat (Circ. Acoss 31-5-1989). 34130 C. trav. art. L 3312-3 PB-I-46200 s

Par exception, dans les **entreprises employant entre un et moins de 250 salariés,** si l'accord le prévoit, les **chefs d'entreprise** ou, s'il s'agit de personnes morales, leurs présidents, directeurs généraux, gérants ou membres du directoire peuvent bénéficier de l'intéressement sans être titulaires d'un contrat de travail. Il en est de même du **conjoint du chef d'entreprise** ou de son **partenaire lié par un Pacs** s'il a le statut de conjoint collaborateur ou associé ou de collaborateur d'exploitation ou d'entreprise agricole.

L'effectif de l'entreprise et le franchissement du seuil de 250 salariés sont appréciés selon les règles exposées n°s 23630 s. En revanche le franchissement du seuil de un salarié n'est pas soumis au gel de 5 années civiles prévu par ces règles.

> **Précisions** Les **dispositions réglementaires** du Code du travail relatives à l'intéressement sont applicables à ces bénéficiaires (C. trav. art. R 3311-3), auxquels doit être remis le **livret d'épargne salariale** visé au n° 33955.

2. ACCORD D'INTÉRESSEMENT

CONCLUSION

Règles de droit commun L'accord d'intéressement est conclu selon les mêmes **modalités** qu'un accord de participation (n° 33780) pour une **durée** de un à 3 ans depuis le 9-12-2020 (contre 3 ans pour un accord conclu avant cette date). La **date limite** de conclusion est le dernier jour de la première moitié de la période de calcul suivant la date de sa prise d'effet, sous peine de sanctions (n° 34155, c). 34150 C. trav. art. L 3312-5, I L 3312-8 L 3314-4 PB-I-46300 s

Un **modèle d'accord** est proposé dans notre Formulaire social.

> **Précisions** **a.** L'accord doit être écrit et comporter les **clauses** prévues par les articles L 3313-1, L 3313-2 et R 3313-12 du Code du travail. Sur les clauses liées au dispositif d'affectation par défaut de l'intéressement, voir n° 34255. Sur l'application de l'accord en l'absence de **fixation annuelle des objectifs** déterminant le seuil de déclenchement de l'intéressement, voir n° 34190, a.
> **b.** Sur la **négociation obligatoire** d'un régime d'intéressement de branche d'ici au 31-12-2021 et les modalités d'**adhésion** d'une entreprise à

un tel accord de branche, voir nos 33806 s. Pour l'accord conclu dans les entreprises à **établissements** multiples, voir n° 34200 et pour l'accord de **groupe,** voir n° 34205.

c. La **date d'effet** de l'accord doit tenir compte, le cas échéant, de la règle de non-substitution de l'intéressement au salaire (n° 34290).

d. Un accord d'intéressement peut prévoir son **renouvellement** pour une durée de 3 ans par tacite reconduction. Le renouvellement a lieu si aucune demande de renégociation n'est présentée dans les 3 mois précédant sa date d'échéance par l'une des parties habilitées à le renégocier (C. trav. art. L 3312-5). Si l'accord a été conclu par ratification à la majorité des deux tiers des salariés (n° 33780), la demande de renégociation émanant aussi de cette majorité doit être accompagnée de certains documents (C. trav. art. D 3313-7-1).

À défaut d'une telle clause, le renouvellement d'un accord nécessite un avenant devant être déposé.

34152 C. trav. art. L 3312-5, II

Entreprises de moins de 11 salariés Par dérogation aux règles de droit commun (n° 34150), les entreprises de moins de 11 salariés sans délégué syndical ni membre élu du CSE peuvent mettre en place par **décision unilatérale** un régime d'intéressement pour une **durée** comprise entre 1 et 3 ans. L'employeur doit en **informer** les salariés par tout moyen. Ce régime vaut accord d'intéressement, y compris pour les exonérations fiscales et sociales, et répond aux mêmes règles.

› Précisions a. Pour recourir à cette modalité de mise en place, l'entreprise ne doit pas être couverte par un **accord** d'intéressement ni en avoir conclu un depuis au moins 5 ans avant la date d'effet de la décision unilatérale.

b. Cette modalité ne peut pas être utilisée pour l'**intéressement de projet** (n° 34215).

c. Au terme de sa période de validité, le régime peut être **reconduit** selon les modalités de droit commun (n° 34150) mais pas par une nouvelle décision unilatérale.

DÉPÔT

34155 C. trav. art. L 3313-3 D 3313-1 D 3345-1 à D 3345-4 PB-I-47090 s

L'accord d'intéressement (d'entreprise, d'établissement ou de groupe) ou le **document unilatéral** permettant l'application d'un accord-type de branche (n° 33808) doit être déposé sur la plateforme TéléAccords selon les modalités indiquées n° 51955, dans un **délai** de 15 jours suivant la date limite de conclusion visée n° 34150. En cas d'accord avec le personnel autre qu'un accord collectif, le dépôt est accompagné des **pièces** énumérées par les articles D 3345-1 et suivants du Code du travail.

› Précisions a. Les accords d'intéressement ne sont pas publiés dans la **base de données nationale** (n° 51957, a). Des modalités particulières sont prévues en cas de dépôt d'accords d'**établissement** (voir n° 34200) et d'accords de **groupe** (voir n° 34205, b).

b. Lorsqu'ils sont **conclus concomitamment,** l'accord d'**intéressement,** l'accord de **participation** et le règlement d'un **plan** d'épargne salariale peuvent faire l'objet d'un dépôt commun auprès de l'administration dans les conditions et le délai fixés pour les accords d'intéressement (C. trav. art. L 3345-1).

c. Lorsqu'un accord a été conclu ou déposé **hors délai,** il produit ses effets entre les parties mais n'ouvre droit aux exonérations que pour les périodes de calcul ouvertes postérieurement au dépôt (C. trav. art. L 3315-5). Les **acomptes** versés avant le dépôt de l'accord ne peuvent pas être rétroactivement exonérés (Guide épargne salariale juillet 2014).

EXEMPLE

Une entreprise dont l'exercice coïncide avec l'année civile désire mettre en place l'intéressement pour les exercices 2021 à 2023, les primes étant calculées sur une période annuelle. Un accord doit être conclu en ce sens avant le 1-7-2021 et peut être déposé jusqu'au 15-7-2021.

Si l'entreprise conclut le 18-5-2021 un accord prenant effet au 1-1-2021 et le dépose le 11-7-2021, toutes les primes versées sont exonérées.

Si elle conclut le 8-7-2021 un accord prenant effet au 1-1-2021 et le dépose le 13-7-2021, elle est tenue de verser les sommes dues en application de cet accord au titre de 2021 mais, l'accord ayant été conclu hors délai, ces primes sont soumises à cotisations. Seules les sommes versées au titre des années 2022 et 2023 bénéficient des exonérations.

CONTRÔLE ADMINISTRATIF

34160 C. trav. art. L 3345-2 à L 3345-3 Loi 2020-1525 du 7-12-2020 art. 119 PB-I-47630 s

Sécurisation pour les exercices antérieurs et en cours Pour les **accords d'intéressement** ou de **participation** ou les **règlements** de plans d'épargne salariale **déposés jusqu'au 31-8-2021,** la Dreets (Direccte avant le 1-4-2021) dispose d'un délai de **4 mois** à compter du dépôt pour demander, après **consultation** de l'Urssaf dont relève l'entreprise, le retrait ou la modification des dispositions illégales. Sur le fondement de cette demande, l'accord ou le règlement peut être **dénoncé** à l'initiative d'une des parties en vue de la renégociation d'un accord conforme aux dispositions légales.

Pour les accords **déposés à compter du 1-9-2021,** l'administration du travail dispose d'un délai fixé par décret (à paraître) pour délivrer un récépissé attestant du dépôt d'un accord ou règlement **valablement conclu.** À défaut de demande de pièces complémentaires ou d'observations par l'administration dans ce premier délai, l'accord ou le règlement est réputé valablement conclu. Simultanément à la délivrance du récépissé ou, à défaut, à l'expiration du premier délai, l'administration transmet l'accord ou le règlement (et, le cas échéant, son récépissé) à **l'Urssaf** qui dispose d'un second délai fixé par décret (à paraître), à compter de la délivrance du récépissé ou de la date à laquelle le document est réputé valide, pour demander le retrait ou la modification des clauses illégales, à l'exception des règles relatives aux modalités de dénonciation et de révision des accords. Les deux délais cumulés ne peuvent pas excéder 4 mois.

En l'**absence de demande** de la Direccte ou de la Dreets (pour les accords déposés avant le 1-9-2021) ou de l'Urssaf (pour les accords déposés à partir du 1-9-2021) dans le délai imparti, aucune **contestation ultérieure** de la conformité des termes de l'accord aux dispositions légales en vigueur au moment de sa conclusion ne peut avoir pour effet de remettre en cause les **exonérations fiscales et sociales** attachées aux avantages accordés aux salariés au titre des exercices en cours ou antérieurs à la contestation.

Ces dispositions s'appliquent aussi aux **accords de branche** instituant un régime de participation ou un plan d'épargne interentreprises déposés avant l'entrée en vigueur de la procédure d'agrément par l'administration des accords de branche (nº 33807) qui remplace ce contrôle.

› Précisions a. Un redressement ne peut pas être validé au motif que l'employeur ne prouve pas l'**absence d'observation** de l'administration, cette **preuve** ne pouvant pas exclusivement peser sur lui (Cass. 2e civ. 19-1-2017 nº 16-11.311 F-D : RJS 3/17 nº 218).

Si l'accord n'est **pas modifié** à la suite de la demande administrative, l'Urssaf ou le service des impôts peut refuser d'appliquer les exonérations sociales et fiscales aux sommes versées depuis son entrée en vigueur (Circ. Acoss 10-4-2001). Le **silence** de l'administration sur l'avenant déposé à la suite d'une demande de mise en conformité ne garantit pas l'entreprise contre un risque de redressement si l'avenant ne met pas l'accord en conformité sur tous les points relevés par l'administration (Cass. 2e civ. 11-6-2009 nº 08-14.279 FS-D : RJS 11/09 nº 871).

b. Les **irrégularités de fait,** c'est-à-dire celles portant sur la mise en œuvre de l'accord, ne sont pas couvertes par cette procédure. Si de telles irrégularités sont constatées lors d'un contrôle Urssaf, les exonérations peuvent donc être remises en cause sur les exercices écoulés ou en cours. Par exemple, une application non conforme aux termes de l'accord ou ne respectant pas le caractère collectif de l'intéressement ou le principe de non-substitution peut conduire à la remise en cause des exonérations sociales et fiscales pour la totalité des exercices d'application de l'accord (Guide épargne salariale juillet 2014).

c. Les avenants modifiant les **accords** d'intéressement **conclus avant la loi** 2001-152 **du 19-2-2001** qui a mis en place le dispositif de sécurisation juridique ne bénéficient pas de ce dispositif, même si ces avenants sont conclus après cette loi (Cass. 2e civ. 18-2-2010 nº 09-65.432 F-D : RJS 5/10 nº 455).

Sécurisation pour la durée de l'accord Pour les **accords d'intéressement** déposés depuis le 24-5-2019 et **avant le 1-9-2021,** en l'absence d'observation de la Dreets (Direccte avant le 1-4-2021) à l'expiration du délai de 4 mois après le dépôt (voir nº 34160), les **exonérations fiscales** prévues aux articles L 3315-1 à L 3315-3 du Code du travail sont réputées acquises pour la durée de l'accord. **34162** C. trav. art. L 3313-3

Mais jusqu'à la fin du **sixième mois,** l'administration peut encore formuler des demandes de modifications de dispositions contraires aux dispositions légales afin que l'entreprise puisse se mettre en conformité pour les exercices suivant celui du dépôt (voir nº 34160, a).

À défaut de demande, les **exonérations fiscales et sociales** sont réputées acquises pour la durée de l'accord.

Pour les accords déposés **à compter du 1-9-2021,** l'Urssaf se substitue à la Dreets pour l'application de ces règles. Le premier délai dont dispose l'organisme pour formuler des observations (auquel s'ajoute le délai supplémentaire de 2 mois) doit encore être précisé par décret (voir nº 34160).

ATTENTION

Ce dispositif de sécurisation concerne les accords d'intéressement mais pas les autres dispositifs d'épargne salariale.

Entreprises adhérant à un accord de branche agréé Les entreprises appliquant un accord de branche d'épargne salariale agréé (nº 33807) bénéficient d'une double **34163**

C. trav. art. L 3312-8 L 3322-9 L 3332-6-1 L 3333-7-1 L 3345-4 Loi 2020-1525 du 7-12-2020 art. 119

sécurisation des exonérations. D'une part, dès lors que l'accord de branche a obtenu l'agrément administratif, aucune **contestation** ultérieure de **sa conformité** aux dispositions légales en vigueur au moment de sa conclusion ne peut avoir pour effet de remettre en cause les **exonérations** fiscales et sociales attachées aux avantages accordés aux salariés des entreprises qui y adhèrent selon les modalités mentionnées n° 33808.

D'autre part, lorsqu'une entreprise adhère à un accord de branche agréé, les exonérations fiscales et sociales pour les sommes versées en application de ces dispositifs sont réputées acquises **dès le dépôt** de l'accord ou du document unilatéral d'adhésion, pour sa **durée** d'application. Ces dispositions **dérogent** au contrôle administratif de droit commun (n° 34160 et n° 34162).

Pour l'**intéressement,** cette sécurisation est subordonnée au respect de la date limite de conclusion de l'accord ou de signature du document unilatéral mentionnée n° 33808, a.

MODIFICATION ET DÉNONCIATION

34165 C. trav. art. D 3313-5 à D 3313-7 **PB-I-48300 s**

L'accord d'intéressement ne peut être dénoncé ou modifié que par l'ensemble des **signataires** et dans la même **forme** que sa conclusion, **sauf** si un ou plusieurs signataires d'origine ont **disparu.** Dans ce cas, l'accord peut être dénoncé ou modifié selon l'une des modalités de conclusion d'un accord d'intéressement visées n° 34150.

Pour être applicable à l'exercice en cours, la **dénonciation** de l'accord ou du document unilatéral permettant l'application d'un accord de branche (n° 33808) doit être déposée dans les mêmes conditions et le même délai que l'accord lui-même (n°s 34155).

Pour préserver le caractère aléatoire de l'intéressement, l'**avenant** modificatif doit également être signé dans le délai prévu pour la conclusion des accords d'intéressement (Guide épargne salariale juillet 2014). Il doit être déposé selon les mêmes **formalités** et délais que l'accord lui-même, y compris s'il ne fait que reporter la fin d'un exercice pour le calcul de l'intéressement (Cass. 2e civ. 22-1-2015 n° 14-10.701 F-PB : RJS 4/15 n° 273). À défaut, les exonérations sociales attachées aux sommes versées sont remises en cause (Cass. 2e civ. 16-2-2012 n° 11-10.690 : RJS 5/12 n° 502).

> **Précisions** Par **exception,** la **dénonciation unilatérale** de l'accord est autorisée si elle a pour objet la renégociation d'un accord à la demande de l'administration (n° 34160). Les conditions de délais et dépôt mentionnées plus haut ne s'appliquent pas à une telle dénonciation, ni à l'avenant de mise en conformité de l'accord.

34170 C. trav. art. L 3313-4 **PB-I-48650 s**

Transfert d'entreprise Si une modification dans la situation juridique de l'employeur, notamment par **fusion, cession** ou **scission,** nécessite la mise en place de nouvelles institutions représentatives du personnel, l'accord se poursuit ou peut être renouvelé selon les modalités prévues pour sa conclusion. Par exemple, selon l'administration, un accord conclu entre l'employeur et le CSE pourra se poursuivre ou être renouvelé par ratification du personnel, avant que de nouvelles élections soient organisées dans l'entreprise (Inst. intermin. 2019-252 du 19-12-2019 n° 23).

Si la modification juridique rend **impossible l'application de l'accord,** celui-ci cesse de produire effet entre le nouvel employeur et le personnel de l'entreprise.

Lorsque le nouvel employeur est déjà couvert par un accord d'intéressement, les salariés transférés en bénéficient (Guide épargne salariale juillet 2014). Dans le cas contraire, la nouvelle entreprise doit engager une négociation en vue de la conclusion éventuelle d'un nouvel accord dans un délai de 6 mois courant à compter de la modification de la situation juridique de l'employeur.

3. CALCUL DE L'INTÉRESSEMENT

RÈGLES GÉNÉRALES

34190 C. trav. art. L 3314-2 **PB-I-48900 s**

L'intéressement doit présenter un caractère **aléatoire** et doit résulter d'une **formule de calcul,** inscrite dans l'accord, liée aux résultats ou/et aux performances de l'entreprise, en matière de qualité, sécurité, productivité, etc. La **période de référence** pour le calcul de l'intéressement est l'année ou une période d'une durée inférieure, exprimée en mois entiers et au moins égale à 3 mois. La formule de calcul peut toutefois être complétée par un **objectif pluriannuel** lié aux résultats ou performances de l'entreprise.

> **Précisions** **a.** Le caractère aléatoire exclut les versements de primes en l'**absence de résultat ou de performance** ou ceux reflétant la simple activité de l'entreprise (Circ. Acoss 32 du 31-1-2002). En revanche, un aléa faible est suffisant (Cass. soc. 2-7-2003 n° 00-22.101 : RJS 10/03 n° 1199).
> Si les seuils de déclenchement de l'intéressement dépendent de la réalisation d'**objectifs**

fixés à chaque exercice, l'absence de définition de ces objectifs empêche le versement de primes d'intéressement au titre de l'exercice donné sauf si l'accord prévoit un dispositif supplétif (Cass. soc. 18-5-2011 n° 09-70.818 : RJS 11/11 n° 892 ; Guide épargne salariale juillet 2014).

b. En pratique, les périodes de **calcul infra-annuelles** peuvent être de 3, 4 ou 6 mois (Guide épargne salariale juillet 2014).

c. Le conseil d'administration, le directoire, ou l'employeur dans les entreprises dépourvues d'organes de direction, peut décider de verser un **supplément d'intéressement** au titre de l'exercice clos, dans le respect des plafonds global et individuel respectivement visés au n° 34195 et au n° 34250 (C. trav. art. L 3314-10). Sur les modalités de répartition de ce supplément, voir n° 34240, b. Sur son affectation par défaut à un plan d'épargne, voir n° 34255, a. Sur la date à laquelle il peut être versé, voir n° 33870, c

d. L'intéressement aux résultats des salariés d'un **groupement d'intérêt économique** ou d'un **groupement d'employeurs** peut prendre en compte les résultats ou les performances des entreprises membres du groupement (C. trav. art. L 3314-3).

34195 C. trav. art. L 3314-8 D 3314-1 PB-I-50070

Plafond global Le **montant global** des primes distribuées aux bénéficiaires, y compris, le cas échéant, le **supplément** d'intéressement (n° 34190, c) ou l'intéressement de **projet** étudié n° 34215 (Circ. Acoss 48 du 6-3-2007), ne doit pas dépasser annuellement 20 % du total des salaires bruts versés au personnel de l'entreprise ou du ou des établissements concernés, selon le champ d'application de l'accord.

› Précisions a. Doivent être pris en compte les salaires versés, au cours de l'exercice au titre duquel est calculé l'intéressement, à l'**ensemble du personnel** inscrit à l'effectif de l'entreprise ou des établissements concernés par l'accord et non aux seuls bénéficiaires de l'intéressement (Guide épargne salariale juillet 2014).

b. Le **salaire brut** s'apprécie par référence à l'assiette des cotisations de sécurité sociale. S'y ajoutent le cas échéant les indemnités de congés payés versées par une caisse de congés payés (Guide épargne salariale juillet 2014). Pour les dirigeants et leurs conjoints visés n° 34130, est pris en compte la rémunération annuelle ou le revenu professionnel imposé à l'impôt sur le revenu au titre de l'année précédente.

c. En cas d'accord de **groupe,** le plafond global de 20 % doit nécessairement être calculé société par société (Rép. Cormillet : AN 16-9-1996).

ÉTABLISSEMENTS ET UNITÉS DE TRAVAIL

34200 C. trav. art. L 3314-1 L 3314-5 PB-I-51600 s

Les modalités de **calcul** de l'intéressement et les critères de **répartition** entre les salariés peuvent varier selon les unités de travail et, dans les entreprises à établissements multiples, selon les établissements. L'accord peut, à cet effet, renvoyer à des **accords d'établissement.** Tous les établissements concernés doivent alors signer un accord pour assurer le caractère collectif de l'intéressement (Guide épargne salariale juillet 2014).

› Précisions a. Il y a **unité de travail** lorsque les salariés travaillent habituellement ensemble, ont des contenus de travail (tâches) proches ou identiques, des conditions de travail analogues ou sont placés sous la responsabilité d'un même encadrement (Guide épargne salariale juillet 2014).

b. Si l'accord d'entreprise renvoie à des **accords d'établissement,** les **clauses** de ces accords ne peuvent porter que sur le calcul et les critères de répartition de l'intéressement. L'accord d'entreprise contient l'ensemble des autres clauses obligatoires (Guide épargne salariale juillet 2014).

Les accords d'établissement sont **conclus** selon des modalités et dans des délais identiques à ceux des accords d'entreprise. Ils prennent effet à la même date et pour la même période que l'accord d'entreprise qui les prévoit, la date de l'accord correspondant à la date de conclusion du dernier accord d'établissement qui s'y rattache. Les accords d'établissement doivent être **déposés** auprès de l'administration (Guide épargne salariale juillet 2014). L'absence de dépôt des accords d'établissement suffit à entraîner la perte des exonérations (Cass. soc. 20-2-1997 n° 95-10.730 : RJS 4/97 n° 447).

GROUPES

34205 C. trav. art. L 3344-1 PB-I-46580 s

Accords de groupe L'intéressement peut être mis en place au sein d'un groupe tel que défini au n° 33820, a. Il est possible de prévoir un intéressement aux résultats (consolidés) au niveau du groupe, et un intéressement aux performances au niveau de chaque entreprise partie prenante à l'accord (Guide épargne salariale juillet 2014).

› Précisions a. L'accord de groupe est **conclu** selon les modalités exposées n° 34150, chaque entreprise concernée manifestant sa volonté d'être partie audit accord, au besoin en choisissant sa propre modalité de conclusion. Dans le cadre d'un accord européen, ces modalités peuvent être adaptées en tenant compte de la législation sociale en vigueur dans les pays où sont implantées des entreprises du groupe (Guide épargne salariale juillet 2014).

Un unique accord de groupe peut être conclu selon les modalités de droit commun (n° 51928).

b. Si la signature de l'accord de groupe au sein des différentes entreprises est échelonnée dans le temps, le **délai de dépôt** de l'accord s'apprécie par rapport à la date de la dernière signature (Guide épargne salariale juillet 2014).

c. Les entreprises situées en France appartenant à un groupe de **dimension européenne** peuvent bénéficier des exonérations fiscales et sociales liées au versement à leur personnel de primes d'intéressement, lorsque celles-ci sont calculées dans le cadre d'un accord conclu au sein du groupe, en tenant compte des **résultats de l'ensemble des entreprises** du groupe, établies dans différents États membres de l'Union européenne (C. trav. art. L 3315-4).

d. Sur l'application du **plafond,** voir nº 34195, c.

34210 C. trav. art. L 3314-2 D 3313-3 PB-I-49700 s

Prise en compte des résultats d'autres sociétés du groupe Dans les **entreprises possédant des filiales,** la formule de calcul de l'intéressement peut être liée aux résultats de l'une ou plusieurs de ces filiales. Dans ce cas, au moins 2/3 des salariés de ces filiales situées en France doivent, à la date de conclusion de l'accord, être couverts par un accord d'intéressement.

Pour la Cour de cassation, un accord d'intéressement d'entreprise peut prendre en compte les résultats du **groupe auquel appartient l'entreprise** (Cass. soc. 28-3-2006 nº 04-30.211 : RJS 7/06 nº 883) ou d'une ou plusieurs sociétés du groupe (Cass. soc. 16-5-2007 nº 05-17.288 : RJS 7/07 nº 878). Il semble prudent d'attendre la confirmation de cette solution contraire aux textes prescrivant d'asseoir le calcul de l'intéressement sur les résultats de l'entreprise, en dehors de l'hypothèse précitée ou du cas des accords de groupe.

> Précisions a. Les **filiales concernées** sont celles visées par l'article L 233-16 du Code de commerce, c'est-à-dire entrant dans le périmètre de consolidation des comptes.

b. Une liste des filiales dont le siège social est situé en France est annexée à l'**accord déposé,** mentionnant pour chacune ses effectifs et les renseignements relatifs à l'accord d'intéressement en vigueur.

INTÉRESSEMENT DE PROJET

34215 C. trav. art. L 3312-6 PB-I-46730 s

Les entreprises ou groupes disposant d'un accord d'intéressement peuvent prévoir un intéressement de projet, réservé à tout ou partie de leurs salariés. Le projet pouvant donner lieu à un intéressement spécifique est :

– soit une **activité caractérisée** et **coordonnée** à laquelle l'entreprise ou le groupe concourt avec d'**autres entreprises.** Dans ce cas, il doit faire l'objet d'un accord distinct de l'accord de base ;

– soit un projet **interne** à l'entreprise, concernant tout ou partie des salariés. Cet intéressement de projet peut être prévu par l'accord de base ou par un accord distinct.

Dans les deux cas, l'accord peut définir pour l'intéressement de projet un **champ d'application** et une **période de calcul** spécifiques, cette dernière ne pouvant pas excéder 3 ans.

> Précisions a. Dans le cas d'un projet associant plusieurs entreprises, l'intéressement de projet ne peut être mis en place que si l'entreprise dispose déjà d'un accord d'intéressement et ne peut pas s'y **substituer** (Circ. DSS-DGT 2007-199 du 15-5-2007 : BOSS 6-07). Il peut être mis en place **par une seule entreprise,** bien que le projet soit commun à plusieurs. Dans ce cas, l'accord fait référence au projet commun mais en réserve le bénéfice aux seuls salariés de l'entreprise (Circ. DSS-DGT 2007-199 du 15-5-2007 : BOSS 6-07).

b. S'il n'implique que tout ou partie des salariés d'une **même entreprise** ou d'un même **groupe,** l'accord de projet est négocié au niveau de l'entreprise ou du groupe, dans les mêmes conditions qu'un accord d'intéressement de droit commun. S'il concerne tout ou partie des salariés d'**entreprises indépendantes** juridiquement, ne constituant pas un groupe, il est négocié selon les modalités prévues pour la mise en place des plans d'épargne interentreprises (voir nº 34525). Dans ces deux cas, si l'accord est soumis à la **ratification** du personnel, la majorité des deux tiers requise s'apprécie par rapport au personnel entrant dans le champ d'application du projet.

c. Le caractère collectif de l'intéressement impose, selon nous, que tous les salariés entrant dans le **champ d'application** de l'accord et participant au projet bénéficient d'un intéressement, quelle que soit la durée de leur participation.

4. RÉPARTITION ET PAIEMENT

CRITÈRES DE RÉPARTITION

34240 C. trav. art. L 3314-5 PB-I-50650 s

L'intéressement peut être réparti entre les bénéficiaires uniformément, proportionnellement à la durée de présence dans l'entreprise au cours de l'exercice ou proportionnellement aux salaires. L'accord définit le ou les différents critères retenus. Ceux-ci peuvent varier selon les établissements et les unités de travail (nº 34200).

Le montant des primes versées à chaque bénéficiaire est plafonné.

Sur la répartition du **reliquat** éventuel, voir nº 34252.

› Précisions **a.** Il est interdit d'utiliser tout **autre critère** de répartition tel que les performances individuelles (Cass. soc. 8-10-1998 n° 97-10.677 : RJS 11/98 n° 1388), des critères personnels (Cass. soc. 11-6-1998 n° 96-19.003 : RJS 8-9/98 n° 1035), l'ancienneté ou la qualification (Guide épargne salariale juillet 2014) ou le versement d'une part variable de rémunération (Cass. soc. 16-3-2011 n° 09-72.384 : RJS 6/11 n° 542). L'application de critères illicites peut conduire à la requalification des primes versées en salaires et/ou au versement de dommages-intérêts au profit du salarié ayant reçu une prime réduite pour cette raison (Cass. soc. 16-3-2011 n° 09-72.384 : RJS 6/11 n° 542).
En cas d'option pour **plusieurs critères,** il convient d'appliquer chaque critère à une sous-masse distincte, comme en matière de participation : n° 33910, e.
b. Lorsqu'un **supplément d'intéressement** collectif (voir n° 34190, c) est versé au titre de l'exercice clos, un accord spécifique, conclu selon les modalités prévues pour les accords d'intéressement, peut fixer des critères de répartition différents de ceux de l'accord de base.
c. La référence dans le contrat de travail aux modalités de calcul de la prime d'intéressement prévues par l'accord collectif n'emporte pas, pour le salarié, **contractualisation** de ce **mode de calcul** lui permettant de s'opposer à l'application d'un nouvel accord d'intéressement (Cass. soc. 6-3-2019 n° 18-10.615 F-PB : RJS 5/19 n° 311).

Salaire et durée de présence C'est à l'accord de définir la **notion de salaire** retenue, qu'il s'agisse soit du salaire effectivement versé, soit de la rémunération habituelle des salariés. Il peut fixer un **plancher** et/ou un **plafond** afin d'atténuer la hiérarchie des rémunérations (Guide épargne salariale juillet 2014). **34245** C. trav. art. L 3314-5 L 3314-6

Pour les **dirigeants et le conjoint du chef d'entreprise** visés n° 34130, le salaire doit s'entendre de la rémunération annuelle ou du revenu professionnel imposé à l'impôt sur le revenu au titre de l'année précédente, dans la limite d'un **plafond** égal au salaire le plus élevé versé dans l'entreprise. Si l'accord le prévoit, la répartition proportionnelle aux salaires peut retenir, pour le **conjoint** non rémunéré, un montant servant de base à la répartition plafonné au quart du plafond annuel de la sécurité sociale (C. trav. art. L 3314-6 ; Inst. intermin. 2019-252 du 19-12-2019 n° 24).

La **période de présence** s'entend des périodes de travail effectif (ce qui peut permettre une prise en compte différenciée du temps partiel et du temps complet), auxquelles s'ajoutent les périodes légalement assimilées de plein droit à du travail effectif et rémunérées comme tel (congés payés, exercice de mandats de représentation du personnel…) (Guide épargne salariale juillet 2014). En cas de répartition strictement proportionnelle à la durée de présence, l'absence d'un salarié sur la totalité de la période de référence peut priver celui-ci de tout intéressement (Cass. soc. 25-2-2003 n° 00-21.268 : RJS 5/03 n° 648).

En revanche, l'**application conjuguée** de critères liés au salaire et à l'absentéisme ne doit pas aboutir à exclure certains salariés de l'intéressement (Cass. soc. 14-6-2005 n° 03-16.083 : RJS 8-9/05 n° 882).

› Précisions **a.** Sont **assimilées** à des périodes de présence les périodes de **congé de maternité, d'adoption** ou de **deuil,** de mise en **quarantaine** et les absences consécutives à un **accident du travail** ou à une maladie professionnelle, y compris en cas de **temps partiel thérapeutique** mis en place à la suite d'un accident du travail ou d'une maladie professionnelle (Cass. soc. 16-6-2011 n° 08-44.616 : RJS 11/11 n° 893). Les salaires à prendre en compte au titre des absences pour maternité, adoption, accident du travail ou maladie professionnelle sont ceux qu'aurait perçus le bénéficiaire s'il avait été présent (C. trav. art. R 3314-3).
Ne bénéficient pas de cette assimilation les absences consécutives à un **accident de trajet** (Guide épargne salariale juillet 2014).
b. L'employeur qui réduit une prime d'intéressement en raison d'absences liées à l'exercice de **fonctions prud'homales** commet un délit d'entrave (Cass. crim. 4-1-1991 n° 88-87.675 : RJS 3/91 n° 375).
c. S'agissant de l'**activité partielle** en cas de répartition de l'intéressement proportionnelle au salaire ou à la durée de présence, voir n° 33910, c.

PLAFOND INDIVIDUEL

Le montant des primes distribuées à un **même bénéficiaire** au titre d'un **même exercice** est limité à 75 % du montant du plafond annuel de la sécurité sociale. **34250** C. trav. art. L 3314-8 **PB-I-51290 s**

› Précisions **a.** Ce plafond est **apprécié** compte tenu du montant brut des primes et suppléments d'intéressement attribués au bénéficiaire (Guide épargne salariale juillet 2014).
b. Sur le **plafond de la sécurité sociale** à retenir selon si l'exercice coïncide ou pas avec l'année civile, voir n° 33915, a.
c. Sur le calcul du plafond pour les salariés n'ayant **pas accompli une année entière** dans l'entreprise, voir n° 33915, c.

RELIQUAT

34252 C. trav. art. L 3314-11

Si l'**accord** le prévoit, les sommes non réparties en raison de l'application combinée des critères de répartition et du plafond individuel des droits font l'objet d'une répartition immédiate entre les bénéficiaires de l'accord qui n'ont pas déjà atteint le plafond individuel, dans la limite de ce plafond, selon les mêmes modalités que la répartition originelle.

> Précisions Les textes n'envisagent pas le sort du reliquat dans le cas où l'ensemble des bénéficiaires aurait atteint le plafond individuel, alors que cette hypothèse est réglée pour le reliquat de participation (voir nº 33915).

CHOIX D'AFFECTATION

34255 C. trav. art. L 3315-2 R 3313-12 PB-I-51920 s.

Le bénéficiaire de l'intéressement peut, dans les **15 jours** de la date à laquelle il est informé du montant lui revenant, en demander en tout ou partie le **versement immédiat** ou l'**affectation** à un ou plusieurs plans d'épargne salariale (dans des proportions qu'il détermine).

S'il s'abstient, ses droits sont **affectés par défaut** au PEE ou, à défaut, au plan d'épargne de groupe, ou, en l'absence de tels plans, au PEI. L'accord d'intéressement précise les conditions de cette affectation et les modalités d'information de chaque bénéficiaire sur ce dispositif, le délai dans lequel ce dernier formule sa demande et la date à laquelle il est présumé avoir été informé du montant qui lui est attribué. Les sommes affectées par défaut sont **bloquées** pendant la période d'indisponibilité prévue par le plan et bénéficient du régime fiscal exposé nº 34295. Le régime social de l'intéressement ne varie pas quant à lui selon que les sommes sont ou non immédiatement versées, voir nº 34295.

Sur l'affectation à un **compte épargne-temps**, voir nº 30805, a.

> Précisions a. **L'affectation par défaut** ne s'applique que si un PEE ou un PEI existe dans l'entreprise. Elle joue même si l'**accord** d'intéressement **ne le prévoit pas** et concerne également le **supplément** d'intéressement défini nº 34190, c (Circ. intermin. 2016-45 du 18-2-2016).

b. À défaut de stipulation conventionnelle sur ce point, le **document informant le bénéficiaire du montant attribué** doit être envoyé par tout moyen permettant d'apporter la preuve de la **date** de sa réception.

c. Si l'intéressement est **calculé** sur une **période infra-annuelle,** le bénéficiaire doit être interrogé sur le sort de ses droits au titre de chaque période de calcul. Il peut l'être seulement une fois par an après la première période de calcul à condition d'être informé que son choix sera appliqué aux droits à intéressement versés au titre des périodes de calcul suivantes sauf s'il revient sur son choix initial (Circ. intermin. 2016-45 du 18-2-2016).

d. En cas de versement d'**avances** en cours d'année, le bénéficiaire se prononce sur le sort de ses droits à chaque versement et lors du versement définitif. Sa réponse au premier versement peut valoir pour les suivants s'il en est informé et sauf décision contraire de sa part (Circ. intermin. 2016-45 du 18-2-2016).

e. Sur la **gestion** des sommes issues de l'intéressement au sein du PEE (ou PEI) **en l'absence de dispositions dans le règlement** du plan, voir nº 34475, a.

PAIEMENT

34260 C. trav. art. L 3314-9 D 3313-13

Les droits à intéressement doivent être versés **au plus tard** le dernier jour du cinquième mois suivant la clôture de l'exercice. À défaut, l'entreprise est redevable d'un **intérêt de retard** égal à 1,33 fois le taux moyen de rendement des obligations des sociétés privées. Cet intérêt, versé en même temps que le principal, bénéficie du régime d'exonération visé nº 34295.

> Précisions a. La **date limite** de versement de l'intéressement s'applique de plein droit (Circ. intermin. 2016-45 du 18-2-2016), quelles que soient donc les dispositions de l'accord sur ce point.

b. Si l'intéressement est calculé sur une **période inférieure à une année,** les intérêts courent à compter du premier jour du troisième mois suivant la fin de la période de calcul.

c. En cas de versement d'**avances** en cours d'année, le respect du caractère aléatoire de l'intéressement implique le reversement, à prévoir dans l'accord, du trop-perçu. À défaut, le trop-perçu est soumis à cotisations de sécurité sociale (Guide épargne salariale juillet 2014 ; Circ. Acoss du 3-2-1994).

d. Si un **salarié ayant quitté l'entreprise** ne peut être atteint à la dernière adresse indiquée par lui, ses droits sont tenus à sa disposition dans les conditions fixées par l'article D 3313-11 du Code du travail.

INFORMATION DU PERSONNEL

34265 C. trav. art. L 3313-1 L 3313-2 D 3313-8 à D 3313-11 PB-I-54700 s

L'accord d'intéressement doit instituer un système d'information du personnel et de vérification des modalités d'exécution de l'accord. Il doit prévoir aussi les conditions d'information des **représentants du personnel** sur son suivi.

L'information individuelle des salariés est assurée par la remise d'une **note d'information** sur l'accord et d'une **fiche** lors de l'attribution des primes, comportant les indications énumérées à l'article D 3313-9 du Code du travail, qui peut, sauf opposition du salarié, être effectuée par voie électronique, dans des conditions garantissant l'intégrité des données. Sur la remise d'un livret d'épargne salariale et d'un état récapitulatif, voir n° 33955.

Une procédure spécifique d'échange d'informations est prévue afin de permettre aux **salariés quittant l'entreprise** avant que leur intéressement ait été liquidé d'être informés de leurs droits après leur départ et d'en disposer.

5. RÉGIME FISCAL ET SOCIAL

NON-SUBSTITUTION AU SALAIRE

Les sommes attribuées au titre de l'intéressement n'ont pas le caractère d'éléments de salaire pour l'application de la législation du travail. Ainsi, elles sont exclues du calcul du Smic ou du minimum conventionnel. 34290 C. trav. art. L 3312-4 PB-I-52350 s

Elles **ne peuvent se substituer** à aucun des éléments de **rémunération** en vigueur dans l'entreprise ou qui deviennent obligatoires en vertu de règles légales ou contractuelles, sauf si un **délai** de 12 mois s'est écoulé entre le dernier versement de l'élément de rémunération en tout ou partie supprimé et la date d'effet de cet accord.

› Précisions **a.** L'intéressement est intégralement **saisissable** entre les mains de l'employeur par la voie de la procédure de droit commun de saisie-attribution (Rép. Lepeltier : AN 23-5-1994). Pour la garantie de l'**AGS** en cas de procédure collective, voir n° 70908.

b. Les **rémunérations** concernées sont toutes celles entrant dans l'assiette des cotisations de sécurité sociale (n°s 22360 s.), y compris les primes régulières ou occasionnelles ainsi que le revenu professionnel non salarié des chefs d'entreprises ou assimilés bénéficiant le cas échéant de l'accord d'intéressement (Guide épargne salariale juillet 2014).

c. La substitution prohibée est **sanctionnée** par la réintégration de la totalité des primes versées dans les assiettes fiscale et sociale, quel que soit le montant de l'élément de rémunération supprimé (Cass. soc. 15-6-2000 n° 99-11.075 RJS 12/00 n° 1268). Le salarié a droit à un rappel de salaire au titre de cet élément (Cass. soc. 9-10-2001 n° 98-43.905 : RJS 12/01 n° 1448), l'employeur pouvant en contrepartie obtenir la **restitution** des primes d'intéressement versées s'il agit dans le délai de 5 ans courant à compter de la déclaration de l'illicéité de l'accord (Cass. soc. 16-2-2011 n° 09-43.089 : RJS 5/11 n° 444).

Lorsque les primes d'intéressement sont **requalifiées en éléments de salaire,** l'entreprise doit respecter un **délai** de 12 mois entre le dernier versement des primes et la date de prise d'effet du **prochain accord** pour bénéficier des exonérations fiscales et sociales dans le cadre du nouvel accord. Le droit à exonération est rouvert sans délai si l'entreprise rétablit pour l'avenir l'élément supprimé (Guide épargne salariale juillet 2014).

d. Lorsque l'intéressement a été institué par un accord de **groupe,** la règle de non-substitution s'applique dans chaque société (Cass. soc. 14-10-1999 n° 96-21.697 : RJS 12/99 n° 1491).

34292

EXEMPLE

Si le dernier versement d'un élément de rémunération a été effectué le 31-12-2020, le principe de non-substitution interdit qu'un accord d'intéressement prenne effet jusqu'au 31-12-2021. En revanche, le principe ne peut pas être invoqué pour un accord prenant effet le 1-1-2022.

PRÉLÈVEMENTS SOCIAUX ET FISCAUX

N'ayant pas le caractère de rémunération au sens de l'assiette des **cotisations de sécurité sociale,** les sommes versées au titre de l'intéressement, du supplément d'intéressement (n° 34190, c), du reliquat d'intéressement (n° 34252) ou de l'intéressement de projet (n° 34215) sont exonérées des cotisations de sécurité sociale, et, par extension, des autres cotisations et **prélèvements ayant la même assiette** : contribution Fnal, versement mobilités, cotisations d'assurance chômage, contribution au dialogue social... Cette exonération s'étend aux intérêts de retard (n° 34260). Elle s'applique aussi aux cotisations de sécurité sociale dues par les travailleurs indépendants dont sont redevables les dirigeants mentionnés n° 34130. 34295 C. trav. art. L 3315-1 à L 3315-4 L 3312-4 PB-I-53200 s

L'intéressement est soumis à la **CSG** et à la CRDS (n° 25120) et, le cas échéant, à la **taxe sur les salaires** (CGI art. 231).

L'intéressement n'est pas soumis au **forfait social** dans les entreprises non assujetties à la participation (voir n° 33985) ni dans les entreprises de 50 à **moins de 250 salariés** (CSS art. L 137-15), l'effectif étant décompté selon les modalités prévues aux n°s 23630 s. L'entreprise qui franchit le seuil de 250 salariés reste exonérée pendant la période de gel de 5 ans visée au n° 23640 (Inst. intermin. 2019-252 du 19-12-2019 n° 22).

Dans les autres entreprises, il y est soumis au **taux** de 20 % (n° 84325) ou à un **taux réduit** en cas d'affectation à certains Perco (voir n° 34590). Pour le Pereco, voir n° 34646, c.

L'intéressement est, en revanche, en principe assujetti comme salaire à l'**impôt sur le revenu** au nom des bénéficiaires salariés et bénéficiaires dirigeants de personnes morales passibles de l'impôt sur les sociétés l'année au cours de laquelle ils en ont la disposition, sauf affectation à un plan d'épargne, y compris par défaut, les bénéficiaires bénéficiant alors à due concurrence d'une exonération dans la limite d'un montant fixé aux trois quarts du plafond annuel de sécurité sociale (voir Mémento paie nos 48730 s.). Pour les autres bénéficiaires non salariés (exploitants individuels, associés de sociétés de personnes et assimilés n'ayant pas opté pour l'impôt sur les sociétés, conjoints collaborateurs et associés), il n'est pas imposable.

De son côté, l'**entreprise** peut déduire de son bénéfice imposable l'intéressement versé aux salariés et aux dirigeants des personnes morales soumises à l'impôt sur les sociétés (CGI art. 237 ter A). L'intéressement versé aux autres bénéficiaires n'est déductible du bénéfice imposable, dans une limite égale aux trois quarts du plafond annuel de sécurité sociale, que si ces derniers le versent à un plan d'épargne. Pour un exposé plus complet de la situation fiscale de l'entreprise, voir Mémento Paie nos 48620 s.

> **› Précisions** Les exonérations fiscales et sociales sont notamment subordonnées au **dépôt** de l'accord (nos 34155 s.). En cas de dépassement des **plafonds** mentionnés nos 34195 et 34250, la fraction excédentaire ne bénéficie pas des avantages sociaux et fiscaux (en ce sens, pour les cotisations sociales : Guide épargne salariale juillet 2014).

C. Plans d'épargne

34400 C. trav. art. L 3332-1 L 3331-1

Le plan d'épargne salariale est un système d'épargne collectif ouvrant au personnel de l'entreprise la faculté de participer, avec l'aide de celle-ci, à la constitution d'un **portefeuille de valeurs mobilières.** Les sommes versées sont temporairement **bloquées.** En contrepartie, des **exonérations** sociales et fiscales sont prévues. Les dispositifs des plans d'épargne salariale concernent les employeurs de droit privé, leurs salariés et certains dirigeants et conjoints.

Un plan peut être créé :

– au niveau d'une **entreprise** ou d'un **groupe** d'entreprises : c'est le plan d'épargne d'entreprise (PEE) ;

– en commun entre entreprises ne constituant pas un groupe : il s'agit alors du plan d'épargne **interentreprises** (PEI).

Il est également possible d'instituer un **plan d'épargne retraite d'entreprise collectif** (Pereco) au niveau d'une entreprise ou interentreprises. L'entreprise peut enfin être dotée d'un **plan d'épargne pour la retraite collectif** (Perco) mis en place avant le 1-10-2020.

Des **modèles** de plans d'épargne sont proposés dans notre Formulaire social.

> **ATTENTION**
>
> Ces dispositifs sont **facultatifs.** Mais leur mise en place fait l'objet d'un examen ou d'une **négociation obligatoire** au niveau de l'**entreprise** (voir n° 33815). Par ailleurs, les organisations liées par une convention de **branche** ou, à défaut, par des accords professionnels, doivent négocier périodiquement en vue de la mise en place d'un ou plusieurs PEI ou Pereco **interentreprises,** en l'absence d'accord conclu à ce niveau en la matière (C. trav. art. L 2241-1 et art. L 2241-16). Sur la négociation d'un régime de branche obligatoire d'ici le 31-12-2021, voir n° 33806.
>
> En outre, une entreprise ayant mis en place un **PEE depuis plus de 3 ans** doit engager une négociation en vue d'instituer un **Pereco** ou un **Pero** ouvert à tous les salariés de l'entreprise (C. mon. fin. art. L 224-9).
>
> Enfin, toutes les entreprises appliquant un accord de **participation** doivent disposer au moins d'un PEE ou d'un PEI : voir n° 33940.

1. PLAN D'ÉPARGNE D'ENTREPRISE

ENTREPRISES CONCERNÉES

34430 C. trav. art. L 3332-3 L 3335-1 PB-I-31200 s

Le plan d'épargne d'entreprise (PEE) peut être mis en place dans toute entreprise sans **condition** tenant à son activité, à sa forme juridique ou à son effectif. Il peut être créé notamment pour recevoir les versements faits aux salariés en vertu d'un accord de participation ou d'intéressement.

Un plan peut être institué au **niveau** d'une entreprise ou d'un groupe d'entreprises au sens indiqué n° 33820, a.

> **Précisions a.** Dans les entreprises à **établissements multiples,** il est interdit d'exclure certains d'entre eux.
> **b.** En cas de modification survenue dans la situation juridique d'une entreprise ayant mis en place un PEE, notamment par **fusion, cession, absorption ou scission,** rendant impossible la poursuite de ce plan, le **nouvel employeur** n'est pas tenu de le poursuivre. Le salarié dont le contrat a été transféré ne peut donc pas obtenir réparation pour la période non couverte par un tel plan, comprise entre son transfert et son départ de la nouvelle entreprise (Cass. soc. 19-5-2016 n° 14-29.786 FS-PB : RJS 8-9/16 n° 582). Il est seulement possible de transférer les sommes affectées à l'ancien plan dans le plan d'épargne de la nouvelle entreprise si celui-ci comporte des organismes de placement collectif en valeurs mobilières ou des placements collectifs dont les caractéristiques sont identiques à celles des organismes prévus dans le plan d'origine. En cas d'impossibilité juridique de réunir les signataires initiaux, le transfert peut être mis en place par un accord avec le personnel ou avec les CSE concernés. Si le plan d'épargne salariale n'a pas été institué en vertu d'un accord avec le personnel, le CSE s'il existe doit être consulté sur le projet de transfert au moins 15 jours avant sa réalisation effective (C. trav. art. R 3332-20 et R 3332-21). Le **délai d'indisponibilité** écoulé des sommes transférées s'impute sur la durée de blocage prévue par le nouveau plan.

MISE EN PLACE DU PLAN

Le PEE peut être établi à tout moment et pour une durée déterminée ou indéterminée à l'**initiative de l'entreprise,** par une décision unilatérale établissant le règlement du plan, ou en vertu d'un **accord** avec le personnel, négocié selon l'une des modalités prévues pour les accords de participation (voir n°s 33780 s.). La **négociation** du plan avec le personnel est **obligatoire** lorsque l'entreprise comporte au moins un délégué syndical ou un CSE. Si elle échoue, un procès-verbal de désaccord est établi, consignant en leur dernier état les propositions respectives des parties et les mesures que l'employeur entend appliquer unilatéralement. 34435 C. trav. art. L 3332-3 à L 3332-5 R 3332-7 **PB-I-31900 s**

> **Précisions a.** Si le plan est mis en place par **décision unilatérale de l'employeur,** le CSE est **consulté** sur le projet de règlement du plan au moins 15 jours avant son dépôt auprès de la Dreets (Direccte avant le 1-4-2021). Selon l'administration, cette consultation s'impose aussi lorsque la décision a été précédée d'une négociation avec un délégué syndical ou avec le comité (Guide épargne salariale juillet 2014).
> Le plan doit également faire l'objet d'une **information du personnel** lors de sa mise en place : voir n° 34490.
> **b.** Dans les entreprises concernées par l'obligation de négocier, la **modification du plan** obéit à la même procédure, sauf s'il a été mis en place unilatéralement avant le 11-8-2004, auquel cas l'employeur peut le modifier sans négociation préalable.
> **c.** Un **plan de groupe** peut être mis en place par décision unilatérale, sous réserve du respect de l'obligation de négociation applicable dans certaines entreprises. Le règlement du plan de groupe est cosigné par les représentants de chacune des entreprises sauf si un mandat pour établir le règlement a été donné à une entreprise, en général la tête de groupe (Guide épargne salariale juillet 2014).
> Le plan de groupe peut également être prévu dans chaque entreprise du groupe par un accord conclu selon les modalités exposées n° 33780, ou au niveau du groupe par un accord de groupe conclu dans les conditions de droit commun : voir n° 51928.

Dépôt du règlement Le règlement du PEE doit être déposé sur la plateforme TéléAccords mentionnée au n° 51955, avec les **annexes** relatives aux critères de choix et à la liste des instruments de placement ainsi que le procès-verbal de consultation du CSE si le plan est mis en place unilatéralement. En cas de mise en place par accord avec le personnel autre qu'un accord collectif, il doit être accompagné des **documents** énumérés par les articles D 3345-1 à D 3345-3 du Code du travail. 34440 C. trav. art. L 3332-9 L 3332-27 R 3332-4 R 3332-5 D 3345-1 à D 3345-3 **PB-I-32100 s**

Le dépôt est une condition des **exonérations** fiscales et sociales mentionnées n° 34485. Un **abondement** versé avant n'en bénéficie donc pas.

Sur le **contrôle** par l'administration de la validité du règlement et les conséquences sur le droit aux exonérations, voir n°s 34160 s.

> **Précisions a.** Un **dépôt commun** des règlements de plan d'épargne salariale, accord de participation et accord d'intéressement conclus au même moment est possible (n° 34155, b).
> **b.** L'obligation de dépôt ne concerne pas les **plans établis avant le 22-2-2001,** qui peuvent donc continuer sans limitation de durée à ouvrir droit aux exonérations sans qu'il soit besoin de les déposer (Guide épargne salariale juillet 2014) mais elle concerne leurs avenants, même formels (Cass. soc. 16-12-2008 n° 07-14.610 FS-PB : RJS 3/09 n° 267).
> **c.** Les règlements de plan d'épargne d'entreprise ne sont pas publiés dans la **base de données nationale des accords** (n° 51957, a).

BÉNÉFICIAIRES

34445
C. trav. art. L 3332-1 L 3332-2 L 3342-1 PB-I-31300 s

Le PEE doit présenter un caractère collectif et doit donc bénéficier à l'ensemble des **salariés,** au sens indiqué nº 33895, compris dans le champ d'application du règlement. Une condition d'ancienneté peut toutefois être exigée (voir nº 33900).

Les **anciens salariés** partis à la retraite ou en préretraite peuvent continuer à effectuer des versements au PEE, mais sans abondement de l'entreprise. Les autres peuvent conserver leurs avoirs sur le plan mais ne peuvent plus y effectuer de versement après la rupture de leur contrat de travail, sauf pour y affecter l'intéressement et la participation perçus postérieurement (voir nº 34460, e).

Peuvent également participer au PEE :

– les salariés d'un **groupement d'employeurs,** selon les modalités exposées nº 33895, d ;

– les **agents commerciaux** et les **agents généraux d'assurance** sous certaines conditions (C. trav. art. R 3331-1 et D 3331-3).

34450
C. trav. art. L 3332-2 PB-I-31420 s

Dirigeants et conjoint du chef d'entreprise En principe, les dirigeants de sociétés ne peuvent pas participer à un PEE, sauf s'ils cumulent un **contrat de travail** avec leur mandat (Rép. Teissier : AN 11-5-1998).

Par **exception,** dans les entreprises dont l'effectif est compris entre 1 et moins de 250 salariés, les dirigeants et le conjoint du chef d'entreprise visés nº 34130 peuvent y participer.

› Précisions a. L'**effectif** de l'entreprise et le **franchissement du seuil** de 250 salariés sont appréciés selon les règles exposées sous nºs 23630 s. En revanche le franchissement du seuil de un salarié n'est pas soumis au gel de 5 années civiles prévu par ces règles.
b. L'accès au plan est **de droit** pour le dirigeant ou le chef d'entreprise et le cas échéant pour leur conjoint : il n'est pas nécessaire que le règlement le prévoie.

ALIMENTATION DU PLAN

34455
PB-I-32600 s

Le PEE est alimenté par les versements facultatifs de l'adhérent auxquels peut s'ajouter un abondement ainsi que, sous certaines conditions, des versements unilatéraux de l'entreprise. L'abondement peut aussi compléter la participation ou l'intéressement lorsqu'ils sont affectés au plan, y compris par défaut.

Le plan peut également recevoir des sommes issues d'autres dispositifs d'épargne salariale par **transfert** (voir tableau récapitulatif au nº 34470). Les actions gratuites attribuées aux salariés peuvent être versées au PEE dans les conditions exposées nº 34730, b.

34460
C. trav. art L 3332-10 L 3332-11 R 3332-9 PB-I-32670 s

Versements des adhérents Le **plafond** des **versements annuels** d'un salarié au PEE est égal à 25 % de sa rémunération annuelle, ou 100 % de cette rémunération en cas d'affectation à un **FCPE de reprise** (nº 34475).

Le plan peut prévoir, pour chaque versement volontaire des participants, un **montant minimum** par support de placement, au plus égal à 160 € (Arrêté du 10-10-2001).

› Précisions a. La **rémunération** prise en compte pour l'appréciation du plafond est le salaire brut perçu par le **salarié,** déclaré par l'employeur aux services fiscaux, avant déduction des retenues sociales et des frais professionnels (Guide épargne salariale juillet 2014 ; BOI-BIC-PTP-20-30 nº 150). Pour un **dirigeant** ou un **conjoint du chef d'entreprise** mentionnés nº 34450, on tient compte du revenu professionnel imposé à l'impôt sur le revenu au titre de l'année précédente, pour la seule fonction exercée dans l'entreprise (Guide épargne salariale juillet 2014). Le plafond est relevé 100 % du revenu professionnel en cas d'affectation à un FCPE de reprise. Pour le **conjoint du chef d'entreprise** ou le **salarié** dont le **contrat de travail** est **suspendu,** qui n'ont perçu **aucune rémunération** au titre de l'année de versement, les versements sont limités à 25 % du plafond annuel de la sécurité sociale (Pass), ou à un Pass en cas d'affectation à un FCPE de reprise.
Des dispositions spécifiques sont prévues pour les **agents commerciaux** et les **agents généraux d'assurance** (C. trav. art. D 3332-9-1).
Pour les **anciens salariés** partis en retraite ou en préretraite, le plafond est égal à 25 % de la somme des pensions perçues (Guide épargne salariale juillet 2014).
b. En cas de participation simultanée à **plusieurs plans** d'épargne, ce plafond s'apprécie en tenant compte du total des versements faits par la même personne aux différents plans, par analogie avec la solution retenue pour le plafond d'abondement : voir nº 34465, c.
c. Ne sont **pas prises en compte,** pour l'appréciation du plafond annuel de versement, les primes de **participation** (Circ. DGT 2009-13 du 19-5-2009 nº 19) ou d'**intéressement** versées au plan (Circ. intermin. 2016-45 du 18-2-2016 nº 12). Il en va de même du montant des droits inscrits à un **compte épargne-temps** alimentant un PEE s'il sert à l'acquisition de titres de l'entreprise ou d'une entreprise du même groupe au sens indiqué nº 33820, a, ou de parts ou d'actions de fonds d'épargne salariale mentionnés aux articles L 214-165 (FCPE d'actionnariat salarié) et L 214-166 (Sicavas) du Code monétaire et financier.

d. Le versement sur le PEE d'**actions gratuites** attribuées au salarié dans les conditions étudiées n° 34730 constitue un versement volontaire et en suit le régime (Circ. DSS-DGT 2007-199 du 15-5-2007 : BOSS 6-07).

e. Après son **départ de l'entreprise,** quelqu'en soit le motif, un salarié peut affecter au plan de son ancien employeur l'**intéressement et la participation** qui lui sont versés au titre de sa **dernière période d'activité.** Le règlement du PEE peut prévoir un abondement dans ce cas (C. trav. art. R 3332-13).

Abondement de l'entreprise Le règlement du plan détermine les conditions dans lesquelles la contribution du bénéficiaire (comprenant les versements volontaires, l'intéressement et la participation) sont complétés par un abondement de l'entreprise, dans le respect des règles suivantes. **34465** C. trav. art. L 3332-11 à L 3332-13 R 3332-8 **PB-I-32850 s**

L'abondement **est plafonné** à la fois :
- au triple de la contribution du salarié ;
- à 8 % du Pass, **majoré** en cas d'acquisition de titres de l'entreprise ou du groupe.

Afin de respecter le caractère collectif du PEE, la **modulation** éventuelle de l'abondement doit résulter de l'application de règles à caractère général, qui ne peuvent pas avoir pour effet de rendre le rapport entre le versement de l'entreprise et celui de l'adhérent croissant avec la rémunération de ce dernier. Cette règle ne s'impose pas à l'abondement de l'employeur à un plan d'épargne antérieur au 20-2-2001 (Cass. soc. 21-9-2016 n° 13-24.437 FS-PB : RJS 12/16 n° 800). La modulation peut, par exemple, être liée à l'origine des sommes, à leur affectation, aux catégories professionnelles, à l'ancienneté.

Enfin, l'abondement **ne peut se substituer** à aucun des éléments de rémunération en vigueur dans l'entreprise au moment de la mise en place du plan ou devenant obligatoires en vertu de règles légales ou contractuelles. Cette règle, qui conditionne l'exonération de l'abondement, s'applique aussi à la prime d'intéressement : voir n° 34290.

› Précisions **a.** Le règlement du plan peut ne pas prévoir d'abondement de l'employeur, mais il doit instituer une **aide** au bénéfice des adhérents au moins égale à la prise en charge de différents **frais de tenue des comptes** (Guide épargne salariale juillet 2014).

b. Les **transferts** de sommes issues d'autres dispositifs d'épargne salariale ne peuvent pas être complétés par un abondement, sauf exception : voir le tableau n° 34470.

c. En cas de **participation simultanée** à un **PEE** et à un **PEI,** le plafond de 8 % s'applique globalement aux abondements versés sur ces deux plans.

d. L'abondement au PEE peut être **majoré** à concurrence du montant consacré par l'adhérent à l'acquisition d'actions ou de certificats d'investissement émis par l'entreprise ou par une entreprise du même **groupe** dans la limite de 80 % du plafond normal, soit 6,4 % du plafond annuel de la sécurité sociale. Les entreprises du **groupe** sont celles incluses dans le même périmètre de consolidation ou de combinaison des comptes en application de l'article L 233-16 du Code de commerce (C. trav. art. L 3344-1, al. 2).

e. Sur l'abondement en cas d'affectation par le salarié **quittant l'entreprise** de l'intéressement et de la participation versés au titre de la dernière période d'emploi, voir n° 34460, e.

Versement unilatéral de l'employeur L'entreprise peut effectuer des versements sur ce plan même en l'**absence de contribution du salarié** : **34467** C. trav. art. L 3332-11 D 3332-8-1 D 3332-8-2
- si le règlement le prévoit, pour l'acquisition d'**actions** ou de **certificats** d'investissement **émis par l'entreprise** ou par une entreprise incluse dans le même périmètre de consolidation ou de combinaison des comptes ;
- dans le cadre du dispositif de **contrat de partage de la plus-value** de cession de titres prévu aux articles L 23-11-1 à L 23-11-4 du Code de commerce.

Sur le **régime social et fiscal** de ces versements unilatéraux, voir n° 34485.

› Précisions **a.** Les versements pour l'acquisition d'**actions de l'entreprise** doivent **bénéficier** à l'ensemble des adhérents satisfaisant aux conditions d'ancienneté éventuellement prévues par le règlement et être uniformes pour tous les bénéficiaires. Leur montant est **plafonné** à 2 % du Pass et doit être pris en compte pour apprécier le respect du plafond d'abondement au PEE (n° 34465). Les actions ou certificats ainsi acquis ne sont disponibles qu'après une période d'**indisponibilité** d'au moins 5 ans. Selon l'administration, ces versements peuvent prendre la forme d'une somme d'argent ou d'une attribution gratuite d'actions (Inst. intermin. 2019-252 du 19-12-2019 n° 44).

b. Les versements au titre du **contrat de partage des plus-values** de cession de titres **bénéficient** à l'ensemble des salariés qui sont présents dans la société pendant tout ou partie de la période comprise entre la date de signature du contrat et la date de la cession des titres et adhérents au PEE au jour de cette cession. Le contrat peut prévoir une **répartition** uniforme, proportionnelle à la durée de présence dans l'entreprise au cours de la période écoulée entre la signature du contrat et la cession des titres, proportionnelle aux salaires ou combinant plusieurs de ces modalités. Le montant du versement par salarié est **limité** à 30 % du Pass et n'est pas pris en compte pour apprécier le respect du plafond d'abondement au PEE (nº 34465).

34470 C. trav. art. L 3335-2 D 3324-29 PB-I-33560 s

Transferts d'épargne Ce tableau résume les possibilités d'affectation aux plans d'épargne salariale (PEE, PEI et Perco) de droits provenant de la participation et d'autres plans et les règles applicables à ces transferts au regard du droit à abondement de l'entreprise, et du blocage des sommes transférées.

ATTENTION

Depuis le 1-10-2020, les droits individuels d'un **Perco** ne peuvent être transférés que sur un PER individuel ou un PER d'entreprise (Pereco ou Pero). Le transfert d'un Perco vers un autre Perco n'est plus possible (Ord. 2019-766 24-7-2019 art. 8-IV et art. 9-II ; Décret 2019-807 30-7-2019 art. 9-III).

Nature du transfert	Droit à abondement de l'entreprise	Indisponibilité des sommes après transfert [1]
Participation vers PEE ou PEI en cours de contrat de travail : versement en cours d'indisponibilité, ou immédiatement à l'expiration de l'indisponibilité	Non	Pour la durée du nouveau plan. Il est tenu compte des périodes de blocage déjà courues, sauf si les sommes sont utilisées pour souscrire à une augmentation de capital. En cas de transfert immédiat en fin d'indisponibilité, les sommes demeurent disponibles.
Participation vers PEE ou PEI après la rupture du contrat de travail	Sommes transférées en cours de période d'indisponibilité de 3 ou 5 ans : non	Pour la durée du nouveau plan. Il est tenu compte des périodes de blocage déjà courues, sauf si les sommes sont utilisées pour souscrire à une augmentation de capital.
	Sommes transférées à l'expiration de la période d'indisponibilité de 3 ou 5 ans : oui	Pour la durée du nouveau plan.
Participation vers Perco (en cours de contrat de travail ou après la rupture de celui-ci)	Oui	Jusqu'à la retraite.
PEE vers PEE ou PEI, ou **PEI** vers PEE ou PEI (rupture ou non du contrat de travail) à condition que le nouveau plan ait une durée de blocage aussi longue	Sommes transférées en cours de période d'indisponibilité : non	Pour la durée du nouveau plan. Il est tenu compte des périodes de blocage déjà courues, sauf si les sommes sont utilisées pour souscrire à une augmentation de capital.
	Sommes transférées à l'expiration de la période d'indisponibilité : oui	Pour la durée du nouveau plan.
PEE ou PEI vers Perco (rupture ou non du contrat de travail)	Oui	Jusqu'à la retraite.

1. Sauf cas de déblocage anticipé applicable au plan recevant les sommes transférées.

AFFECTATION DE L'ÉPARGNE

34475 C. trav. art. L 3332-15 à L 3332-17 R 3332-1 à R 3332-3 R 3332-10 à R 3332-12 R 3332-13-1 PB-I-34700 s

Les sommes versées ou affectées à un plan doivent être **employées** dans un **délai** de 15 jours à compter de leur versement par l'adhérent ou de la date à laquelle elles sont dues. L'affectation à la réalisation du plan de l'**abondement** de l'entreprise intervient concomitamment aux versements de l'adhérent ou, **au plus tard,** à la fin de chaque exercice et, en tout état de cause, avant le départ de l'adhérent de l'entreprise.

Les sommes recueillies par un PEE peuvent être affectées à l'acquisition :

– de titres de **Sicav** à vocation générale, de Sicav d'actionnariat salarié (Sicavas) ou de **FCPE diversifiés** ou **d'actionnariat salarié.** Le règlement du plan doit prévoir qu'une partie des sommes peut être affectée, dans certaines limites, à l'acquisition de parts de **fonds solidaires** ;

– de **valeurs mobilières** émises par l'**entreprise ou** par une entreprise du même **groupe** au sens indiqué n° 33820, a. Ces valeurs peuvent être détenues directement, l'institution d'un fonds commun de placement n'étant pas obligatoire. Les salariés doivent pouvoir choisir un autre investissement, diversifié, soit dans le même plan, soit dans un autre plan (plan d'épargne de groupe ou plan d'épargne interentreprises) de même durée minimum de placement ;

– d'actions émises par des sociétés constituées pour le **rachat** de tout ou partie du capital de la société. Dans le cadre d'un rachat d'entreprise par les salariés (**RES**), le plan d'épargne établi en vertu d'un accord avec le personnel peut également prévoir l'affectation à un fonds dédié au rachat des titres de l'entreprise ou d'actions émises par des sociétés spécialement constituées pour ce rachat, ainsi que de titres d'une entreprise du même groupe au sens ci-dessus (**FCPE de reprise**) ; le choix de réaliser l'affectation ainsi prévue relève de la décision individuelle des salariés.

> **Précisions** **a.** À **défaut de stipulation conventionnelle** organisant l'orientation des sommes au sein du plan en l'**absence de choix du bénéficiaire,** ces dernières sont affectées par défaut à une Sicav ou à un fonds d'épargne salariale présentant le profil d'investissement le moins risqué dans le PEE ou, à défaut, dans le plan d'épargne du groupe ou, en l'absence de l'un et de l'autre de ces plans, dans le PEI, s'il existe. Cette règle concerne en particulier l'intéressement affecté par défaut au plan.
> **b.** Lorsque le plan offre plusieurs instruments de placement, son règlement précise les modalités selon lesquelles l'**adhérent** peut **modifier l'affectation** de son épargne entre ces instruments. Toutefois, le règlement du plan peut prévoir des restrictions à la faculté de modifier le choix de placement initial. L'investissement des sommes ayant bénéficié de la majoration d'abondement visé n° 34465, d ne peut pas être modifié.
> Le règlement du plan précise, le cas échéant, la ou les **modifications** pouvant intervenir à l'occasion du **départ du salarié** de l'entreprise. Une telle modification s'impose aux porteurs de parts sans recueil de leur consentement et quelle que soit la date de leurs versements sur le plan (Cass. soc. 4-11-2020 n° 18-20.210 FS-PB : RJS 1/21 n° 29).
> Il doit comporter **en annexe** les critères de choix et la liste des instruments de placement ainsi que les notices des Sicav et des FCP offerts aux adhérents.
> **c.** Les signataires de l'accord peuvent **modifier l'affectation** de l'épargne investie dans des **OPCVM** ou des placements collectifs lorsque les caractéristiques des nouveaux organismes ou placements sont identiques à ceux antérieurement prévus. D'après l'administration, cette possibilité est ouverte à l'employeur ayant établi le plan unilatéralement (Guide épargne salariale juillet 2014).
> **d.** Lorsque des sommes ont été affectées à un **Sicavas,** leurs titulaires peuvent demander individuellement la disponibilité immédiate des **produits** attachés aux titres qu'ils détiennent (C. mon. fin. art. L 214-166). Ces revenus ne sont alors pas exonérés d'impôt (n° 34485).
> **e.** L'investissement en **titres de l'entreprise,** ou d'entreprises du même groupe au sens indiqué n° 34465, d, peut être réalisé par la voie d'une **augmentation de capital** réservée aux salariés, dans des conditions réglementées (C. trav. art. L 3332-18 ; C. com. art. L 225-138-1).
> **f.** Si les titres de l'entreprise ne sont **pas cotés,** leur valeur est déterminée dans le respect des règles légales d'évaluation sous peine de perdre le droit aux exonérations fiscales et sociales.

BLOCAGE DES AVOIRS

Les titres acquis pour le compte des salariés et des anciens salariés leur sont délivrés à l'expiration d'un **délai minimum** de 5 ans courant à compter de leur date d'acquisition. Par **exception,** les participants peuvent demander le déblocage anticipé de leurs avoirs dans les cas énumérés n° 33935. Par ailleurs, les **revenus** de leurs avoirs sont, dans certains cas, immédiatement disponibles (n° 34475, d). **34480** C. trav. art. L 3332-25 PB-I-34350 s

> **Précisions** **a.** Le délai d'indisponibilité des sommes versées au titre d'un accord de **participation** et gérées au sein du PEE ne peut pas dépasser 5 ans (Guide épargne salariale juillet 2014).
> **b.** Le **point de départ** de l'indisponibilité peut être fixé à une date moyenne, par exemple le 30 juin, pour tous les versements effectués la même année (Guide épargne salariale juillet 2014). Le règlement peut également choisir le même point de départ que celui fixé pour la participation (n° 33925, b) (Circ. intermin. 2016-45 du 18-2-2016). Bien que la loi ne le précise pas, le blocage des avoirs s'impose également aux **dirigeants** et conjoints mentionnés n° 34450.
> **c.** La **liquidation anticipée** des avoirs du plan peut aussi être demandée si elle sert à lever des options consenties dans les conditions exposées n° 34670 ou à acheter des parts de l'entreprise. Les actions ou les parts ainsi souscrites ou achetées doivent alors être versées dans le plan d'épargne et isolées dans un compartiment spécifique. Elles ne sont disponibles qu'à l'expiration d'un délai minimum de 5 ans à compter de ce versement, sans déblocage

anticipé possible. L'apport des titres à une société ou à un fonds commun de placement dont l'actif est exclusivement composé de titres de capital ou donnant accès au capital émis par l'entreprise ou par une entreprise qui lui est liée est autorisé pendant ce délai de 5 ans. L'indisponibilité de 5 ans continue à s'appliquer, pour la durée restant à courir à la date de l'apport, aux actions ou parts reçues en contrepartie.

d. Le **transfert** des sommes affectées au plan sur un autre plan d'épargne salariale est possible, y compris pendant la durée d'indisponibilité, à titre individuel (voir n° 34470) ou collectif (voir n° 34430, b).

e. Les sommes affectées à un fonds dédié à une opération de **rachat d'entreprise réservée aux salariés** (n° 34475) doivent être détenues jusqu'au terme de l'opération, sans que la durée de détention puisse être inférieure à 3 ans (C. trav. art. L 3332-16). Par exception, elles peuvent être débloquées avant l'expiration de ce délai dans des cas réglementés (C. trav. art. R 3332-29).

RÉGIME FISCAL ET SOCIAL

34485 C. trav. art. L 3332-11 L 3332-27 CSS art. L 137-15 L 137-16 PB-I-36300

Le régime social et fiscal de l'abondement présenté ci-dessous s'applique également aux **versements unilatéraux** de l'employeur visé n° 34467 (dans une limite particulière pour ceux effectués dans le cadre d'un contrat de partage de plus-value : voir précision e. ci-après).

L'**abondement** de l'entreprise n'est pas pris en considération pour l'application de la **législation du travail** et échappe aux cotisations de **sécurité sociale.** La règle est la même que pour la participation et revêt la même portée (voir n° 33985).

L'abondement est en principe soumis au **forfait social** au taux de 20 % (n° 84300). Par exception :

– il en est **exonéré** dans les entreprises non assujetties à la participation (n° 33985) ;

– un **taux réduit** de 10 % s'applique à l'abondement complétant une contribution des bénéficiaires destinée à l'acquisition d'actions ou de certificats d'investissement émis par l'entreprise ou par une entreprise du groupe visé n° 34465, d, inclus dans le même périmètre de consolidation ou de combinaison des comptes au sens indiqué n° 33820, a. Toutefois, ce type d'abondement est affranchi du forfait social pour les années 2021 et 2022. Le même taux réduit s'applique au **versement unilatéral** pour acquérir des actions de la société visé n° 34467 (Loi 2020-1721 du 29-12-2020 art. 207, II).

Sur la **CSG** et la CRDS, voir n° 25120.

En matière **fiscale,** l'abondement est déductible des bénéfices imposables de l'entreprise (CGI art. 237 ter). Il est soumis, le cas échéant, à la taxe sur les salaires (CGI art. 231, 1). Il est, en revanche, exonéré des autres taxes et participations assises sur les salaires. Pour les bénéficiaires, il est exonéré de l'impôt sur le revenu à condition d'être maintenu dans le plan pendant au moins 5 ans, cette exonération s'appliquant aussi aux revenus du portefeuille collectif (à condition d'être réemployés dans le plan et frappés de la même indisponibilité que les titres auxquels ils se rattachent) et aux plus-values de cession de titres (CGI art. 163 bis B et 150-0 A, III) ; voir sur ces régimes Mémento Paie n° 49710 (abondement et versement unilatéral), Mémento Paie n° 49860 (régime des plus-values de cession) et Mémento Paie n° 49880 (revenus du plan).

› Précisions **a.** Les exonérations fiscale et de cotisations de sécurité sociale sont **conditionnées** au respect des dispositions régissant les PEE, notamment : dépôt de l'accord auprès de l'administration, caractère collectif du plan, plafonnement et principe de non-substitution au salaire de l'abondement, indisponibilité des sommes. Le **dépassement des plafonds** est sanctionné par la réintégration de la fraction excédentaire. Une modulation de l'abondement non conforme aux règles indiquées n° 34465 (Cass. soc. 23-3-2000 n° 98-20.398 : RJS 6/00 n° 691) ou une composition du portefeuille irrégulière peuvent entraîner la perte de l'ensemble de ces avantages. Sur le dispositif de sécurisation juridique pouvant limiter la remise en cause des exonérations, voir n°s 34160 s.

b. L'exonération de cotisations de sécurité sociale et de forfait social bénéficie également à l'abondement versé pour des **dirigeants et chefs d'entreprise** et leurs conjoints ayant le statut de travailleur indépendant. L'exonération d'impôt sur le revenu leur est également applicable.

c. Les **versements personnels des salariés** ne sont pas déductibles de l'assiette de l'impôt sur le revenu.

d. L'entreprise peut pratiquer une **déduction spéciale** à raison de l'attribution d'actions nouvelles dans le cadre d'une augmentation de capital réservée aux adhérents d'un PEE (CGI art. 217 quinquies, II) : voir Mémento paie n° 49830.

e. Les **versements** effectués dans le cadre d'un **contrat de partage de plus-value** avec les salariés ne peuvent pas excéder, par bénéficiaire et par an, 30 % du plafond annuel de la sécurité sociale (n° 34467, b). Les montants excédantaires sont versés directement au bénéficiaire et sont assujettis à la CSG et à la CRDS sur les revenus d'activité et sont imposables à l'impôt sur le revenu selon les règles applicables aux traitements et salaires (CGI art. 80 sexdecies). Ils échappent en revanche aux cotisations de sécurité sociale.

INFORMATION DU PERSONNEL

Le règlement du PEE doit déterminer les conditions dans lesquelles le personnel est informé de son existence et de son **contenu** et prévoir les modalités d'une **aide à la décision** pour les bénéficiaires du plan. **34490** C. trav. art. L 3332-7 à L 3332-8 L 3341-5 **PB-I-32280**

L'entreprise (ou l'organisme chargé de la tenue du registre des comptes administratifs) doit fournir à chaque bénéficiaire un **relevé annuel de situation** dont les modalités de remise et le contenu obligatoire sont fixées à l'article D 3332-16-1 du Code du travail. Cette obligation s'applique aux opérations effectuées depuis le 1-1-2020 (Décret 2019-862 du 22-8-2019 art. 3 ; Inst. intermin. 2019-252 du 19-12-2019 nº 36).

L'entreprise ou l'organisme établit un **relevé des actions ou des parts** appartenant à chaque adhérent. Une copie de ce relevé est adressée au moins une fois par an aux intéressés avec l'indication de l'état de leur compte (C. trav. art. R 3332-16).

Les salariés bénéficient également d'une information personnelle par le biais du **livret d'épargne salariale** (nº 33955).

› Précisions a. L'information sur le contenu du plan doit être délivrée dès son instauration (Cass. soc. 5-3-2008 nº 06-45.205 F-PB : RJS 5/08 nº 577). Elle doit en particulier porter sur les diverses formes de placement offertes et comporter : la fourniture des notices d'information des Sicav et FCPE, la description claire des modalités de l'abondement de l'entreprise en précisant les éventuelles modulations et les règles régissant les modifications du choix de placement (Guide épargne salariale juillet 2014). Les salariés, même ceux absents pour maladie, doivent être informés en temps utile des modifications du plan portant sur les dates de versement des salariés, sous peine d'inopposabilité (Cass. soc. 17-6-2009 nº 07-45.560 FS-PB : RJS 8-9/09 nº 738).

b. L'entreprise ayant mis en place le plan par **décision unilatérale** doit :
– soit communiquer la liste nominative de ses salariés à l'établissement auquel elle a confié la tenue des comptes des adhérents, celui-ci informant nominativement par courrier chaque salarié de l'existence d'un PEE ;
– soit remettre à l'ensemble de ses salariés une note d'information individuelle, prévue par le règlement du PEE, sur l'existence et le contenu du plan.

c. Le règlement du plan peut prévoir les conditions d'information des **représentants du personnel** sur son application : voir nº 33765.

2. PLAN D'ÉPARGNE INTERENTREPRISES

CARACTÉRISTIQUES

Le plan d'épargne interentreprises (PEI) est un plan commun à plusieurs entreprises. En mutualisant le coût de mise en place et de fonctionnement du plan, il peut faciliter l'accès des salariés des petites et moyennes entreprises à cette forme d'épargne salariale. **34520** C. trav. art. L 3333-1 à L 3333-8 R 3333-1 à R 3333-5 **PB-I-41500 s**

En dehors des dispositions spécifiques présentées ci-après, le PEI peut fonctionner comme un PEE (nºs 34430 s.) ou comme un Perco (nºs 34560 s.), selon la volonté des signataires et notamment la durée souhaitée de blocage des avoirs. Sur le Pereco interentreprises, voir nº 34605.

› Précisions a. Le champ d'application et les bénéficiaires du PEI sont les mêmes que ceux du PEE (nºs 34430 s.).

b. Se reporter aux développements suivants, pour ce qui concerne :
– l'**indisponibilité** des sommes (PEE : nº 34480 ; Perco : nº 34575) et les cas de **déblocage anticipé** (PEE : nºs 33930 s ; Perco : nº 34575) ;
– l'**information** des salariés sur le plan (nº 34490) ;
– le **régime fiscal et social** (PEE : nº 34485 ; Perco : nº 34590).

S'agissant des conditions de **transfert des sommes** détenues sur un PEI vers un autre plan (PEE, PEI ou Perco), voir nº 34470.

MISE EN PLACE

Un PEI peut être institué par **accord collectif** conclu dans les conditions de droit commun. **34525** C. trav. art. L 3333-2 à L 3333-3-1 L 3333-7 **PB-I-41550 s**

Depuis le 9-12-2020, si ce plan est institué entre plusieurs employeurs pris individuellement, il peut également être établi selon l'une des modalités prévues pour le PEE (voir nº 34435). Dans ce cas, l'accord doit être approuvé dans les mêmes termes au sein de chacune des entreprises et celles souhaitant y adhérer ou en sortir doivent le faire suivant l'une de ces modalités. En cas de mise en place par décision unilatérale, l'obligation d'information mentionnée 34490, b s'applique.

> **Précisions** **a.** L'accord instituant le PEI est **déposé** et fait l'objet d'un **contrôle** administratif, comme le PEE : voir n° 34440. Les règlements de PEI n'ont pas à être publiés dans la **base de données nationales** (n° 51957, a).
b. Sur l'obligation pour chaque **branche** de **négocier** au plus tard le 31-12-2021 sur un régime de PEI de branche, et les modalités d'adhésion d'une entreprise à cet accord de branche, voir n°s 33806 s. Sur l'obligation de négociation de branche périodique sur ce sujet, voir n° 34400.
c. Un **avenant** au PEI se conclut selon les modalités prévues pour le plan lui-même.
d. Par exception, le règlement d'un **plan institué entre plusieurs employeurs** pris individuellement et ouvert à l'adhésion d'autres entreprises peut valablement être modifié pour **intégrer des dispositions législatives ou réglementaires** postérieures à l'institution du plan ou de nouvelles dispositions relatives à la nature des sommes pouvant être versées, aux différentes possibilités d'affectation des sommes recueillies ou à la liste des différents taux et plafonds d'abondement proposés, si cette modification fait l'objet d'une information des entreprises parties prenantes au plan. La **modification s'applique** si la majorité de ces entreprises ne s'y oppose pas dans un délai d'un mois à compter de la date d'envoi de l'information et, pour chaque entreprise, à compter du premier exercice suivant la date d'envoi de l'information. Dans le cas contraire, le plan est fermé à tout nouveau versement. L'avenant conclu en application de cette procédure doit être déposé sur la plateforme TéléAccords comme le règlement du plan (C. trav. art. R 3333-6).

CONSTITUTION DE L'ÉPARGNE

34530 Le PEI peut recueillir des sommes provenant de la participation, de l'intéressement, de versements volontaires des adhérents et, le cas échéant, des versements complémentaires des entreprises. La nature de ces sommes est prévue par son règlement.

C. trav. art. L 3333-3 à L 3333-5 R 3333-2 à R 3333-4 **PB-I-41960 s**

Sur l'**affectation par défaut de l'intéressement** à un plan d'épargne, voir n° 34255 (cas d'application, blocage des sommes et information du bénéficiaire) et n° 34475, a (placement des sommes).

> **Précisions** **a.** Le règlement établit une liste des différents taux et plafonds d'**abondement** parmi lesquels les entreprises souhaitant effectuer des abondements pourront opter. Ces abondements ne peuvent pas leur être imposés. Ils doivent être conformes aux règles établies pour les PEE (n° 34465) ou les Perco (n° 34570), selon que le PEI est institué comme un PEE ou un Perco.
L'**aide** des entreprises est **au moins égale** à la prise en charge des **frais de tenue de compte,** dans des conditions que doit préciser le règlement. En cas de liquidation d'une entreprise, les frais de tenue de compte dus postérieurement à la liquidation sont mis à la charge des participants.
b. S'il prévoit de recueillir les sommes issues de la **participation,** le règlement du PEI dispense les entreprises mentionnées n° 33740 de conclure un accord de participation. Il doit préciser la formule de calcul de la réserve spéciale de participation. S'il ne retient pas la formule de droit commun (n° 33840), il doit comporter la clause d'équivalence des avantages et l'un des 4 plafonds énumérés n° 33770 (Guide épargne salariale juillet 2014). Il doit également inclure les clauses relatives à la répartition et à l'affectation de la participation.

GESTION DES AVOIRS

34535 Les sommes recueillies sur le PEI peuvent être **investies** selon les modalités autorisées pour les plans d'épargne d'entreprise (n° 34475), **à l'exception** des investissements en titres de l'entreprise. Lorsque le plan prévoit l'acquisition de parts de **fonds communs de placement diversifiés,** ceux-ci ne peuvent détenir plus de 10 % de titres non admis aux négociations sur un marché réglementé, cette limitation ne s'appliquant pas aux titres d'OPCVM ou de certains placements collectifs.

C. trav. art. L 3333-3 L 3333-6 **PB-I-42310 s.**

> **Précisions** **a.** Le règlement du PEI ne peut pas prévoir l'investissement dans des Sicav d'actionnariat salarié ni l'acquisition de parts de FCPE d'actionnariat salarié, ni la détention directe d'actions par les salariés (Guide épargne salariale juillet 2014).
b. Les différentes possibilités d'affectation des sommes recueillies sont prévues par le **règlement** du plan. Celui-ci doit mentionner le nombre, l'orientation de gestion et le profil de risque des fonds utilisés. À défaut de stipulations conventionnelles sur l'orientation par défaut des sommes versées sur le plan, voir n° 34475, a.

3. PLAN D'ÉPARGNE POUR LA RETRAITE COLLECTIF (PERCO)

CARACTÉRISTIQUES

34560 Le plan d'épargne pour la retraite collectif (Perco) permet aux salariés de se constituer une épargne retraite avec l'aide de l'entreprise. **Depuis le 1-10-2020,** sa **mise en place** n'est plus possible mais les Perco existant à cette date peuvent être maintenus et accueillir de nouveaux adhérents (Ord. 2019-766 du 24-7-2019 art. 8-II et 9-II ; Décret 2019-807 du 30-7-2019 art. 9-III).

Les entreprises peuvent désormais mettre en place un plan d'épargne retraite d'entreprise collectif ou **Pereco,** dispositif voué à remplacer le Perco : voir n°s 34600 s. C. trav. art. L 3334-1 à L 3334-16 R 3334-1 R 3334-5 **PB-I-38800 s**

Sur la **transformation** d'un Perco en Pereco, voir nº 34595.

Sur le **transfert collectif** des avoirs d'un Perco vers un Pereco, voir nº 34597.

En dehors des dispositions spécifiques présentées ci-après, le Perco est régi par les **dispositions relatives au PEE,** notamment : entreprises concernées (nº 34430) ; bénéficiaires (nº 34445) ; durée du règlement (nº 34435) ; dépôt et contrôle administratif du règlement (nº 34440) ; information des salariés (nº 34490).

› Précisions a. Un Perco peut prévoir l'**adhésion par défaut** des salariés de l'entreprise. Ils doivent être **informés** de cette clause selon des modalités précisées par le règlement, notamment par voie électronique si l'intégrité des données est garantie, et disposent de 15 jours pour renoncer expressément à cette adhésion. Cette possibilité ne concerne pas les agents commerciaux et agents généraux d'assurance (C. trav. art. R 3331-1).

b. Le Perco est l'un des dispositifs d'épargne retraite dont les entreprises peuvent être dotées pour que leur régime de **retraite supplémentaire à prestations définies** bénéficie du régime social de faveur : voir nº 23010.

FONCTIONNEMENT DU PLAN

Alimentation Le Perco peut recevoir : 34570 C. trav. art. L 3332-10 L 3334-6 à L 3334-10 R 3334-1-1 R 3334-2 D 3334-3-2 **PB-I-38980 s**

– des **versements volontaires** des participants (dans la limite mentionnée nº 34460) et les sommes perçues au titre de l'**intéressement** ;

– des sommes issues de la **participation** (n°s 33940), le cas échéant en application du dispositif d'affectation par défaut (voir nº 33945) ;

– des **abondements** de l'entreprise. Les sommes versées au cours d'une année au bénéfice d'un adhérent à un ou plusieurs Perco sont **limitées** à un montant égal à 16 % du plafond annuel de la sécurité sociale (Pass) et au triple de la contribution du bénéficiaire ;

– si le règlement le prévoit, et même en l'absence de contribution du salarié, un **versement initial** et des versements **périodiques** de la part de l'entreprise, dans la limite annuelle de 2 % du Pass. Ces versements sont pris en compte pour apprécier le respect du plafond annuel total de 16 % du Pass ;

– les droits inscrits au **compte épargne-temps** (CET) ou, pour les entreprises n'en disposant pas, des **jours de repos** ou de congés non pris. Ces montants ne sont pas pris en compte pour l'appréciation du plafond des versements volontaires.

Sur le **transfert** vers un Perco de sommes issues d'autres dispositifs d'épargne salariale, voir nº 34470.

› Précisions a. Sauf s'il bénéficie d'un Perco chez son nouvel employeur, le salarié ayant **quitté l'entreprise** peut continuer à effectuer des versements au Perco, mais sans abondement et en supportant seul les **frais de gestion.** Ces frais sont **plafonnés** à 20 € par an ou, si le montant total des sommes et valeurs inscrites au compte du salarié est inférieur à 400 €, à 5 % de ce montant par an (C. trav. art. D 3334-3-3).

b. Le plafond prévu pour l'**abondement** de l'entreprise est spécifique au Perco et s'apprécie sans prendre en compte les abondements au PEE, PEG ou PEI.

L'abondement au Perco obéit aux **règles du PEE** s'agissant de la non-individualisation, de la non-substitution au salaire et de son caractère facultatif : voir nº 34465.

c. Le **versement initial** et les **versements périodiques** de l'entreprise doivent bénéficier à l'ensemble des adhérents remplissant la condition d'ancienneté exigée. Le versement initial n'est possible que pour les plans mis en place après le 4-12-2008 (Circ. DGT 13 du 19-5-2009). Le versement périodique peut être fixé pour une durée indéterminée ou pour une durée déterminée avec ou sans tacite reconduction (Circ. intermin. 2016-45 du 18-2-2016).

d. Le montant des droits inscrits à un **CET** (nº 30810) est assimilé à un versement de l'employeur sur le Perco s'il correspond à un abondement de l'employeur au CET et doit dans ce cas être pris en compte dans l'appréciation du plafond annuel de l'abondement. Sur le régime social, voir nº 34590, a.

Dans les **entreprises dépourvues de CET,** les **jours de repos non pris** peuvent être affectés au Perco dans la limite de 10 jours par an pour la somme correspondant à l'indemnité de congés payés calculée selon les règles exposées n°s 13610 s. et retenue pour sa valeur établie à la date de la demande du salarié. L'entreprise doit informer le salarié de la valeur monétaire nette d'un jour de congé (Circ. intermin. du 19-4-2012 nº 3). S'agissant de jours de congés payés, seuls ceux excédant la durée annuelle de 24 jours ouvrables peuvent être affectés au Perco. Cette affectation est possible même si le règlement du Perco ne la prévoit pas expressément. Le versement doit être effectué avant la fin de l'année civile de la demande selon la périodicité éventuellement fixée par le règlement (Circ. intermin. du 19-4-2012 n° 3). Son **régime fiscal et social** est celui applicable à l'affectation de droits inscrits sur un CET ne correspondant pas à un abondement de l'employeur (voir n° 30830).

34575 C. trav. art. L 3334-14 R 3334-4 R 3334-5 PB-I-39270 s

Indisponibilité Les sommes ou valeurs inscrites aux comptes des participants sont détenues **jusqu'au départ à la retraite.** Par exception, ces derniers peuvent demander leur **déblocage anticipé,** en tout ou partie mais sous forme d'un versement unique, dans les cas suivants :
– décès du bénéficiaire, de son conjoint ou de la personne qui lui est liée par un Pacs ;
– expiration des droits à l'assurance chômage du titulaire ;
– invalidité du bénéficiaire, de ses enfants, de son conjoint ou de la personne qui lui est liée par un Pacs, appréciée comme indiqué n° 33935, e ;
– situation de surendettement du participant définie à l'article L 711-1 du Code de la consommation ;
– affectation des sommes épargnées à l'acquisition de la résidence principale ou à la remise en état de la résidence principale endommagée à la suite d'une catastrophe naturelle reconnue par arrêté interministériel.

› Précisions a. La **demande** peut intervenir à tout **moment,** sauf, depuis le 7-6- 2020, pour l'acquisition ou la remise en état de la résidence principale, cas dans lequel elle doit être présentée dans les 6 mois à compter du fait générateur.
b. En cas de **décès,** le déblocage est demandé par les ayants droit. L'exonération d'impôt sur le revenu, prévue à l'article 150-0 A, III-4 du CGI (pour les plus-values réalisées lors de la cession de titres acquis dans le cadre de la participation et de l'actionnariat des salariés), cesse d'être applicable à l'expiration du délai de déclaration de succession.
c. En cas de **surendettement,** la demande émane de la commission de surendettement, ou du juge lorsque le déblocage paraît nécessaire à l'apurement du passif.

34580 C. trav. art. L 3334-11 à L 3334-13 R 3334-1-2 R 3334-1-3 PB-I-39300 s

Placement des fonds L'épargne constituée sur le Perco est **investie** en parts de fonds communs de placement d'entreprise (FCPE) diversifiés ou de Sicav à vocation générale, qui doivent répondre à des conditions de liquidité et de diversification particulières. Les participants au plan doivent bénéficier d'un choix entre au moins **3 organismes** de placement collectif en valeurs mobilières présentant différents profils d'investissement.

Le règlement du plan doit proposer une **allocation sécurisée** de l'épargne. À défaut de choix explicite du participant, ses versements dans le Perco sont affectés selon cette allocation, quel que soit le contenu du règlement sur ce point (Circ. intermin. 2016-45 du 18-2-2016).

› Précisions a. Le Perco ne peut pas permettre l'acquisition de parts de FCPE ou de Sicav investis en **titres de l'entreprise** (régis par les articles L 214-165 et L 214-166 du Code monétaire et financier), ni de titres de l'entreprise ou d'une société du même groupe au sens indiqué n° 33820, a.
b. Le règlement du Perco doit permettre aux participants d'affecter une partie des sommes à l'acquisition de parts de fonds investis, dans certaines limites, dans des **entreprises solidaires.**
c. L'**allocation sécurisée** de l'épargne doit permettre l'augmentation progressive de la part des sommes investies dans un ou des OPCVM ou certains placements collectifs présentant un faible risque d'investissement, de sorte que, 2 ans au plus tard avant la sortie du plan, le portefeuille de parts du participant soit investi à hauteur d'au moins 50 % dans de tels fonds. Les modalités de transfert progressif de l'épargne sont déterminées par le plan. L'information sur cette option est adressée avec le relevé de compte individuel à chaque participant, à compter de ses 45 ans. Elle peut être adressée aux salariés n'ayant pas atteint cet âge par tout moyen, y compris via ce relevé (Circ. intermin. du 19-4-2012).

34585 C. trav. art. L 3334-15 R 3334-3 PB-I-39365 s

Délivrance des fonds La délivrance des sommes ou valeurs inscrites aux comptes des participants s'effectue sous forme de **rente viagère** acquise à titre onéreux. Toutefois, le règlement du Perco peut prévoir des modalités de délivrance en **capital** et de conversion en rente desdites sommes ou valeurs. Dans ce dernier cas, l'option aboutit au paiement échelonné du capital, jusqu'à épuisement de celui-ci, en sorte que la durée des versements n'est pas liée à la durée de vie des intéressés.

› Précisions a. L'accord prévoit les conditions dans lesquelles chaque **participant** au plan exprime son **choix** entre les différentes modalités de délivrance des sommes.
b. Les avoirs sont débloqués uniquement lorsque le bénéficiaire en fait la **demande,** dans les conditions définies dans le règlement du plan. Toutefois, la liquidation du Perco est de droit à partir de la date à laquelle l'adhérent a fait **liquider sa pension dans un régime obligatoire** d'assurance vieillesse (Guide épargne salariale juillet 2014).

RÉGIME SOCIAL ET FISCAL

Le régime social et fiscal du Perco est celui du PEE sous réserve des particularités suivantes. 34590

CSS art. L 137-3 L 137-16 **PB-I-39385 s**

L'**abondement** bénéficie des avantages fiscaux et sociaux décrits pour le PEE dans la **limite** indiquée n° 34570.

Il est pris en compte dans le plafond d'exonération de cotisations de sécurité sociale prévue pour les contributions patronales de retraite supplémentaire (n° 23000). Il vient en principe minorer le montant maximum déductible de l'impôt sur le revenu au titre des **cotisations de retraite** supplémentaire obligatoires ou, pour les entrepreneurs individuels, la limite de déduction des cotisations d'assurance vieillesse facultative (Mémento Paie n° 50120, a).

> **Précisions a.** Les sommes issues d'un **compte épargne-temps** (CET) et correspondant à un abondement en temps ou en argent de l'employeur sur ce compte, assimilées à un abondement de l'employeur au Perco lorsqu'elles sont versées sur ce plan, sont soumises au régime social et fiscal décrit ci-dessus (C. trav. art. L 3334-10).
> Sur le régime social des sommes issues d'un CET et ne correspondant pas à un abondement de l'employeur sur ce compte, voir n° 30830. Sur leur régime fiscal, voir Mémento Paie n° 72310. Sur celui, dans les entreprises ne disposant pas d'un CET, des sommes correspondant à des **jours de repos ou de congé non pris,** et **transférées** à un Perco, voir Mémento Paie n° 50110, b.
> **b.** L'abondement de l'employeur au Perco, incluant le versement initial (n° 34570, c) (Circ. DSS 387 du 30-12-2008 : BOSS 1-09) et les versements périodiques, est soumis en principe au **forfait social** au taux de 20 % (n°s 84305 s.), sauf dans les entreprises non assujetties à la participation qui en sont exonérées (voir n° 33985). Sur les jours de repos non pris affectés au Perco dans les entreprises dépourvues de compte épargne-temps, voir n° 34570, d.
> Les sommes issues de l'intéressement ou de la participation et les versements de l'employeur au Perco bénéficient d'un **maintien** du **taux réduit** de forfait social à 16 % pendant 3 ans **à partir du 1-10-2019** si, dès cette date, le règlement du plan prévoyait (Loi 2019-486 du 22-5-2019 art. 71-III ; Décret 2019-807 du 30-7-2019 art. 9-I) :
> – que les sommes recueillies sont affectées par défaut vers le mode de gestion sécurisée prévu n° 34580, c ;
> – et que l'allocation de l'épargne est affectée à l'acquisition de parts de fonds comportant au moins 7 % de titres susceptibles d'être employés dans un plan d'épargne en actions destiné au financement des petites et moyennes entreprises et des entreprises de taille intermédiaire. Le respect de cette condition s'apprécie selon les modalités prévues aux 1° à 4° de l'article D 137-1 du CSS.

TRANSFORMATION EN PERECO

L'employeur peut décider de transformer le Perco en Pereco (nos 34600 s.) après information et **consultation** du CSE et sauf **opposition** des signataires d'origine. 34595

C. mon. fin. art. L 224-40, V

Pour cela, le Perco doit être **conforme** aux dispositions suivantes relatives au Pereco :
– modalités et cadre de mise en place du plan (voir n° 34605) ;
– bénéfice du plan à tous les salariés de l'entreprise, modalités d'adhésion par défaut et conditions de poursuite des versements pour les anciens salariés (voir n° 34610) ;
– allocation de l'épargne selon un mode de gestion pilotée (voir n° 34630) ;
– prise en charge par l'employeur des frais de gestion du plan (voir n° 34635) ;
– liquidation des avoirs à la sortie du plan (voir n° 34645).

La transformation n'est effective qu'après **information des bénéficiaires** sur les conditions fiscales relatives aux versements volontaires et aux cas de déblocage anticipé applicables au Pereco.

> **Précisions** S'agissant d'un Perco **interentreprises** (nos 34520 s.), son règlement peut être modifié pour permettre la transformation en un Pereco interentreprises, dans les conditions indiquées n° 34525, d.

TRANSFERT DES DROITS VERS UN PERECO

L'entreprise dotée d'un Perco peut décider, selon les modalités qui avaient été prévues pour la mise en place d'un Perco, de transférer **collectivement** les droits en cours d'acquisition dans un Pereco (nos 34600 s.) Le transfert doit être effectué dans un **délai** de 6 mois après la décision. Les salariés doivent être **informés** de ses conséquences, des caractéristiques du nouveau plan et des différences entre ce dernier et le plan transféré. 34597

C. mon. fin. art. L 224-40, I à IV C. trav. art. L 3334-2

Le bénéficiaire d'un Perco peut également procéder au **transfert individuel** de ses droits vers un Pereco ou tout autre PER.

> **Précisions a.** Le **transfert collectif** peut être décidé par l'entreprise ou selon l'une des **modalités** de conclusion d'un accord de participation (nos 33780 s.). Si l'entreprise est pourvue d'un délégué syndical ou d'un CSE, elle doit **d'abord négocier** selon l'une de ces

modalités. En cas d'**échec de la négociation,** un procès-verbal de désaccord doit consigner les propositions respectives des parties en leur dernier état et les mesures que l'employeur veut soumettre à la **ratification** du personnel **ou** appliquer **unilatéralement.**

b. Avant le départ de l'entreprise, le **transfert individuel** n'est possible qu'une fois tous les 3 ans. Ces droits transférés sont assimilés au sein du PER à des versements issus de l'épargne salariale.

4. PLAN D'ÉPARGNE RETRAITE D'ENTREPRISE COLLECTIF (PERECO)

PRÉSENTATION

34600 C. mon. fin. art. L 224-1 à L 224-22

Le plan d'épargne retraite d'entreprise collectif (Pereco) est destiné à terme à remplacer le Perco (voir n° 34560).

Sauf exceptions et règles particulières mentionnées ci-dessous, il est soumis aux dispositions applicables au PEE (C. mon. fin. art. L 224-13).

> **Précisions** Par opposition au Pereco, le plan d'épargne retraite obligatoire ou **Pero** peut être réservé à une catégorie de salariés (voir n°s 59330 s.)

MISE EN PLACE

34605 C. mon. fin. art. L 224-12 à L 224-14 L 224-16 R 224-7

Modalités Le Pereco peut être mis en place soit à l'initiative de l'entreprise, soit par accord selon l'une des modalités de mise en place de la participation (voir n° 33780).

Si l'entreprise compte au moins un **délégué syndical** ou est dotée d'un **CSE,** la **mise en place** unilatérale ou par ratification du personnel d'un projet de contrat n'est possible qu'en cas d'échec de la négociation, après établissement d'un procès-verbal de désaccord consignant en leur dernier état les propositions respectives des parties et les mesures que l'employeur entend mettre en œuvre ou soumettre à la ratification.

Le Pereco peut être mis en place au niveau **interentreprises** dans les conditions prévues pour le PEI : voir n° 34525. S'agissant de la négociation de branche obligatoire sur un Pereco interentreprises, voir n° 34400.

Sont applicables au Pereco l'obligation de **consultation** du CSE (voir n° 34435, a) ainsi que les modalités de **dépôt** (voir n° 34440) et de **contrôle administratif** du règlement (voir n°s 34160 s.) prévues pour le PEE.

> **Précisions** **a.** Sur l'obligation pour l'entreprise de **négocier** sur la mise en place d'un Pereco, voir n° 34400. Sur l'obligation périodique de négociation sur l'épargne salariale, notamment sur le Pereco, voir n° 33815.
> **b.** Les accords de mise en place d'un Pereco ne sont pas soumis à l'obligation de **publication** sur la base nationale de données des accords collectifs (n° 51957, a).
> **c.** Sur la mention du Pereco dans le **livret d'épargne salariale** et dans l'**état récapitulatif,** voir n° 33955.
> **d.** En cas de modification survenue dans la situation juridique d'une entreprise ayant mis en place un Pereco ou un Pero, notamment par **fusion, cession, absorption ou scission,** rendant impossible la poursuite de l'ancien plan, les sommes qui y étaient affectées peuvent être **transférées** dans le Pereco ou le Pero de la nouvelle entreprise. La décision doit émaner des signataires de l'accord ou de l'employeur si le Pereco résultait d'une décision unilatérale. Les représentants du personnel doivent en être informés. En cas d'impossibilité juridique de réunir les signataires initiaux, le transfert peut être décidé par accord avec le personnel ou avec les CSE concernés.

34610 C. mon. fin. art. L 224-17 D 224-11

Bénéficiaires Tous les **salariés** de l'entreprise peuvent bénéficier du Pereco. Toutefois, le règlement du plan peut prévoir une **condition d'ancienneté** d'une durée maximale de 3 mois.

Il peut par ailleurs prévoir l'**adhésion par défaut** des salariés sauf avis contraire de leur part.

Par application des règles relatives au PEE, les **dirigeants** de l'entreprise et le conjoint du chef d'entreprise peuvent, dans certains cas, bénéficier du plan : voir n° 34450.

Les **anciens salariés** ne disposant pas d'un Pereco dans leur nouvelle entreprise peuvent continuer à effectuer des versements sur le Pereco de leur ancien employeur, mais sans l'abondement de ce dernier, et les frais afférents à leur gestion sont à leur charge exclusive.

> **Précisions** **a.** La loi ne fixe pas les modalités d'appréciation de la condition d'**ancienneté.** On peut se demander si les règles prévues pour la participation (n° 33900) sont applicables.
> **b.** En cas d'**adhésion par défaut,** l'entreprise en **informe** chaque salarié lors de la mise en place du plan, et ensuite chaque nouveau salarié, suivant les modalités prévues par le règlement.

L'information peut être transmise par voie électronique, dans des conditions garantissant l'intégrité des données. Le salarié dispose de 15 jours à compter de cette communication pour **renoncer** de manière expresse à son adhésion au plan.

Information Le **règlement** du Pereco détermine les conditions dans lesquelles le personnel est informé de son existence et de son contenu. 34615 C. mon. fin. art. L 224-7 L 224-19

Lorsque le plan est établi unilatéralement par l'**employeur,** celui-ci communique la liste nominative des salariés au **gestionnaire** du plan. Ce dernier informe chaque salarié de l'existence du Pereco, sauf si l'entreprise a remis aux salariés une note d'information individuelle sur son existence et son contenu, prévue par le règlement.

Le gestionnaire du plan doit également fournir chaque année aux titulaires du plan une information sur leurs droits, notamment sur la **valeur des droits** en cours de constitution et les modalités de **transfert** vers un autre PER. Avant l'ouverture du plan puis chaque année, les titulaires doivent recevoir une information détaillée sur les **performances** et les frais de chaque actif du plan. Le contenu de ces informations est réglementé (C. mon. fin. art. R 224-2 ; Arrêté NOR ECOT1917532A du 7-8-2019 art. 2).

FONCTIONNEMENT

Alimentation du plan Le Pereco peut recevoir : 34620 C. mon. fin. art. L 224-2 L 224-20 D 224-8 à D 224-10

– des versements **volontaires** du titulaire sans limitation ;
– des sommes issues de la **participation** ;
– des sommes issues du mécanisme d'**affectation par défaut** de la **participation** exposé nº 33945 ;
– des sommes issues de l'**intéressement** ou du supplément d'intéressement (C. trav. art. L 3314-10 modifié) ;
– des droits inscrits à un **compte épargne-temps** (CET) selon la valeur de l'indemnité de congés payés correspondante ;
– en l'absence de CET dans l'entreprise, des sommes correspondant à des **jours de repos non pris** dans la **limite** de 10 jours par an. S'il s'agit de jours de congés payés, seule peut être affectée au Pereco la durée du congé au-delà de 24 jours ouvrables ;
– l'**abondement** de l'employeur dans la limite d'un plafond ;
– même en l'absence de contribution du salarié, un **versement initial** et des **versements périodiques** de l'employeur attribués de manière uniforme à l'ensemble des salariés selon une périodicité prévues par le règlement du plan et sous réserve d'éventuelles conditions d'ancienneté prévues par ce document. Le total annuel de ces versements est **plafonné** à 2 % du plafond annuel de la sécurité sociale.

Sur la possibilité de mettre en place un Pereco prévoyant des versements **obligatoires** des titulaires, voir nº 34625.

Le Pereco peut en toute hypothèse accueillir, par **transfert,** des sommes issues de versements obligatoires sur un autre PER.

> **Précisions** **a.** En cas d'**affectation par défaut** d'une partie de la participation, et par dérogation à la règle d'indisponibilité des avoirs du Pereco (voir nº 34645), le titulaire peut demander la **liquidation** ou le **rachat** des droits correspondant à ce versement dans un **délai** d'un mois à compter de la notification de son affectation au plan. Les droits sont valorisés à la date de cette demande.
> **b.** Le total annuel de l'**abondement** de l'employeur et du **versement initial et périodique** est **plafonné** à 16 % du Pass et limité au triple de la contribution du salarié (composée de ses versements volontaires et des sommes issues de la participation et de l'intéressement). Les versements de l'entreprise doivent respecter la règle de **non-substitution** au salaire prévue pour les abondements au PEE (nº 34465).

L'entreprise dotée d'un Pereco peut décider, selon l'une des modalités de mise en place du Pereco (voir nº 34605), de mettre en place des **versements obligatoires.** Ces derniers peuvent être réservés à une ou plusieurs catégories de salariés, sous réserve que ces catégories soient constituées à partir des critères objectifs mentionnés au nº 22940. 34625 C. mon. fin. art. L 224-27 Loi 2020-1525 du 7-12-2020 art. 120 : JO 8

Le règlement du plan prévoit que l'**adhésion** des salariés concernés est **obligatoire** jusqu'à la liquidation du plan à son échéance normale (nº 34645). Toutefois si ces versements sont mis en place par décision unilatérale de l'employeur, les salariés présents dans l'entreprise lors de la mise en place du plan peuvent refuser d'y être soumis.

Par ailleurs, l'**entreprise dotée d'un Pero** (nos 59330 s.) peut décider, selon les mêmes modalités, de le **transformer** en un Pereco recevant des versements obligatoires dans les conditions fixées ci-dessus.

Dans ces deux cas de figure, le Pereco accueille à la fois des versements obligatoires et les versements visés sous nº 34620.

› Précisions Avant le 9-12-2020, la possibilité de mettre en place des versements obligatoires au sein d'un Pereco ou de transformer un Pero en Pereco doté de versements obligatoires était **limitée** aux entreprises dotées d'un moins un délégué syndical ou d'un CSE (C. mon. fin. art. L 224-27 ancien).

34630 C. mon. fin. art. L 224-1 L 224-21

Gestion des avoirs du plan Le Pereco donne lieu soit à l'ouverture d'un **compte-titres** auprès d'un gestionnaire d'actifs, soit à l'adhésion à un **contrat d'assurance de groupe** auprès d'une entreprise d'assurance, d'une mutuelle ou union, d'une institution de prévoyance ou union.

Dans les deux cas, sauf décision contraire et expresse du titulaire, et sauf contrat d'assurance de groupe dont les garanties sont exprimées en unités de rente, les versements sont affectés selon une allocation de l'épargne permettant de **réduire** progressivement les **risques** financiers pour le titulaire. Il est proposé au moins une allocation d'actifs correspondant à un profil d'investissement différent, notamment une allocation pour l'acquisition de parts de **fonds solidaires.** Les modalités de cette gestion pilotée sont réglementées (C. mon. fin. art. D 224-3 ; Arrêté NOR ECOT1917532A art. 1).

Le **règlement** du plan fixe la **liste des actifs** auxquels les versements peuvent être affectés.

› Précisions **a.** L'article R 224-1 du Code monétaire et financier recense les **titres financiers éligibles** au Pereco dans le cas de l'ouverture d'un compte-titres ou de l'adhésion à un contrat d'assurance groupe dont les droits sont exprimés en unités de compte.

b. Selon la composition du plan, la mise en place d'un **comité de surveillance,** composé de représentants de l'entreprise et de représentants des titulaires du plan, est prévue dans des conditions que nous ne détaillons pas ici (C. mon. fin. art. L 224-21 et art. L 224-22).

c. Lorsque le Pereco a donné lieu à un contrat d'assurance de groupe, il peut prévoir des **garanties complémentaires** détaillées à l'article L 142-3 du Code des assurances.

34635 C. mon. fin. art. L 224-15 D 224-12

Frais de gestion Le règlement du plan détermine dans quelles conditions les frais de gestion du plan sont **pris en charge** par l'employeur. Sont, a minima, **obligatoirement** pris en charge :

– si le Pereco donne lieu à l'ouverture d'un **compte-titres** : les frais récurrents de toute nature liés à la tenue du compte ;

– s'il donne lieu à l'adhésion à un **contrat d'assurance de groupe** : les frais récurrents de toute nature liés à la gestion du contrat, **sauf** frais liés à la gestion des engagements exprimés en euros et en parts de provision de diversification.

Les frais pris en charge par l'employeur lui sont **facturés** par le gestionnaire et ne peuvent pas donner lieu à un **prélèvement** sur les droits individuels en cours de constitution dans le Pereco.

34640 C. mon. fin. art. L 224-6 L 224-18

Transférabilité des droits Les droits individuels en cours de constitution sur un Pereco sont transférables par leur titulaire vers tout autre PER sans modification des conditions de rachat ou de liquidation prévues sous nº 34645. Toutefois, un tel transfert n'est possible qu'une fois tous les 3 ans. De plus, les droits individuels issus de **versements obligatoires** ne sont transférables que lorsque le titulaire n'est plus tenu d'adhérer au plan, autrement dit lorsqu'il quitte l'entreprise.

Sur le transfert individuel ou collectif vers un Pereco de droits inscrits dans un **Perco,** voir nº 34597.

› Précisions **a.** Les **frais** encourus à l'occasion d'un tel transfert ne peuvent pas excéder 1 % des droits acquis et sont même nuls à l'issue d'une période de 5 ans à compter du premier versement dans le plan, ou lorsque le transfert intervient après l'échéance normale du plan visée au nº 34645.

b. Des mesures spécifiques concernent les **PER ouverts avant le 1-10-2020** (Ord. 2019-766 du 24-7-2019 art. 9-III)

34645 C. mon. fin. art. L 224-1 L 224-4 L 224-11 D 224-4 D 224-5

Liquidation ou rachat des droits En principe, les droits inscrits au Pereco peuvent être liquidés ou rachetés par le titulaire **au plus tôt** à compter :

– de la date de la **liquidation de la retraite** dans un régime obligatoire d'assurance vieillesse ;

– **ou** de la date de l'**âge légal** de départ en retraite.

À cette échéance :
– les droits issus de **versements obligatoires** (n° 34625) sont délivrés sous forme de rente viagère ;
– les droits issus des **autres versements** (n° 34620) sont délivrés, au **choix** du titulaire, sous forme d'un capital, libéré en une fois ou de manière fractionnée, ou d'une rente viagère. Le règlement du plan doit prévoir les conditions dans lesquelles le titulaire exprime son choix. L'option irrévocable pour la délivrance des droits en rente viagère n'est pas possible dans le cadre d'un Pereco.

Avant cette échéance, le titulaire peut demander la liquidation ou le rachat de tout ou partie de ses droits inscrits au Pereco, sous forme d'un versement unique, dans les seuls cas suivants :
– **décès** du conjoint du titulaire ou de son partenaire lié par un Pacs ;
– **invalidité** (au sens des 2° et 3° de l'article L 341-4 du CSS) du titulaire, de ses enfants, de son conjoint ou de son partenaire lié par un Pacs ;
– situation de **surendettement** au sens de l'article L 711-1 du Code de la consommation ;
– expiration des droits à l'**assurance chômage** du titulaire ;
– absence de contrat de travail ou de mandat social depuis 2 ans au moins à compter du non-renouvellement ou de la révocation d'un **mandat social,** pour un titulaire du plan qui a exercé des fonctions d'administrateur, de membre du directoire ou du conseil de surveillance et n'a pas liquidé sa pension dans un régime obligatoire d'assurance vieillesse ;
– **cessation d'activité non salariée** du titulaire à la suite d'un jugement de liquidation judiciaire ou toute situation justifiant ce retrait ou ce rachat selon le président du tribunal de commerce auprès duquel est instituée une procédure de conciliation, qui en effectue la demande avec l'accord du titulaire ;
– acquisition de la **résidence principale.** Les droits correspondant à des versements obligatoires ne peuvent pas être liquidés ou rachetés pour ce motif.

› Précisions **a.** Le **décès** du titulaire avant l'échéance normale du plan entraîne la clôture de celui-ci (C. mon. fin. art. L 224-4, II).
b. Le plan doit prévoir qu'à compter de la 5e année précédant son échéance normale, le titulaire peut **interroger** par tout moyen le gestionnaire du plan afin de s'informer sur ses droits et sur les modalités de restitution de l'épargne appropriés à sa situation et de confirmer, le cas échéant, le rythme de réduction des risques financiers dans le cadre de l'allocation sécurisée des avoirs (n° 34630). Le gestionnaire informe le salarié de cette possibilité 6 mois à l'avance (C. mon. fin. art. L 224-10).

RÉGIME SOCIAL

Les sommes versées par l'employeur au Pereco sont exclues de l'assiette des **cotisations de sécurité sociale.** Les textes ne prévoient pas de limitation de l'exonération mais les versements de l'employeur sont plafonnés : voir n° 34620. **34646** CSS art. L 137-15 L 137-16 L 242-1 L 242-4-3 D 137-1 C. trav art. L 3152-4

Les sommes versées au Pereco issues de la **participation** et de l'**intéressement** ou du supplément d'intéressement sont également exclues de l'assiette des cotisations de sécurité sociale (C. trav. art. L 3325-1 et art. L 3312-4).

Les droits issus d'un abondement de l'employeur au CET et affectés au Pereco sont exclus de l'assiette des cotisations sociales au même titre que l'abondement de l'employeur au PEE (voir n° 34485). Sur le régime social des autres droits issus d'un CET versés au Pereco, voir n° 30830.

Sur la **CSG** et la **CRDS,** voir n° 25120.

Les versements de l'employeur, les droits issus d'un abondement de l'employeur au CET, la participation et l'intéressement affectés au Pereco sont en principe soumis au **forfait social** au taux de 20 % sauf exonération selon la taille de l'entreprise pour la participation (voir n° 33985) ou l'intéressement (voir n° 34295). Par exception, un **taux réduit** de 16 % est appliqué aux versements de l'employeur sur un Pereco et à ses versements obligatoires sur un Pereco ou un Pero lorsque le plan prévoit que l'allocation sécurisée de l'épargne (voir n° 34630) est affectée à l'acquisition de parts de fonds comportant au moins 10 % de titres susceptibles d'être employés dans un PEA destiné au financement des **PME** et des entreprises de taille intermédiaire (**ETI**), dans des conditions fixées à l'article D 137-1 du CSS. De même, des exonérations de forfait social sont prévues dans les PME pour la participation (voir n° 33985) et l'intéressement (voir n° 34295).

Pour les cotisations de sécurité sociale dues au titre des **versements obligatoires** sur un Pereco, voir nos 22970 s.

> **Précisions** **a.** L'article L 242-1, II-3° du CSS dans sa rédaction issue de l'ordonnance 2019-766 du 24-7-2019 exclut de l'assiette des cotisations de sécurité sociale les versements de l'employeur prévus à l'article L 224-21 du Code monétaire et financier. Il s'agit selon nous d'une **erreur,** le renvoi devant viser l'article L 224-20.
> **b.** Les textes ne prévoient pas d'exonération de cotisations de sécurité sociale pour les droits issus de **jours de repos non pris** affectés à un Pereco dans les entreprises sans CET (voir n° 34620). Il s'agit selon nous d'un oubli. Par analogie avec le Perco, les jours de repos non pris devraient selon nous bénéficier de la même exonération que les jours issus d'un CET ne correspondant pas à un abondement de l'employeur : voir n° 34570 d.
> **c.** Selon la DSS, même si les textes ne sont pas explicites sur ces points, l'**exonération** de forfait social sur les versements de l'employeur au PEE dans les entreprises non assujetties à la participation prévue à l'article L 137-15, al. 11 du CSS s'applique bien au Pereco. Par ailleurs, le **taux réduit** de forfait social à 16 % s'applique non seulement aux abondements de l'employeur et à ses versements obligatoires mais également à ses versements initiaux et périodiques ainsi qu'à l'intéressement, à la participation et aux jours de CET correspondant à un abondement de l'employeur versés au Pereco.

RÉGIME FISCAL

34647 Pour **l'entreprise,** les versements qu'elle fait au Pereco constituent, même en l'absence de texte exprès, une charge de personnel déductible de son résultat imposable dans les conditions de droit commun de déduction des charges prévues à l'article 39,1 du CGI.

Pour le **titulaire** du plan, les versements obligatoires ou volontaires qu'il effectue ouvrent droit à une déduction plafonnée soit du revenu global (cas des versements volontaires des salariés), soit du salaire imposable (cas des versements obligatoires aux Pereco comportant un compartiment obligatoire), soit du revenu professionnel imposable (cas des versements volontaires des indépendants). Il lui est possible de renoncer à la déduction de ses seuls versements volontaires afin d'obtenir une fiscalité plus avantageuse des capitaux ou rentes servis par le plan. L'affectation au plan de l'intéressement, de la participation et des sommes retirées du compte épargne-temps permet l'exonération d'impôt sur le revenu de ces sommes. Par ailleurs, les versements obligatoires des entreprises à un Pereco ne constituent pas, pour les bénéficiaires, un complément de salaire imposable.

Pour plus de précisions sur le régime fiscal applicable, voir Mémento fiscal n°s 96580 s.

> **Précisions** Les **prestations** servies par le plan sous forme de rente ou de capital sont imposables comme pensions de retraite (avec application de l'abattement de 10 % pour les sorties en rente, sans abattement pour les sorties en capital). Par exception, la part correspondant aux versements n'ayant pas donné lieu à déduction fiscale ou provenant de sommes exonérées d'impôt (cas notamment des versements obligatoires de l'entreprise ou des sommes issues de l'épargne salariale : participation, intéressement, etc.) est soit soumise au régime des rentes viagères à titre onéreux, ce qui permet de n'imposer que les produits accumulés pendant la période d'épargne (cas de sortie en rente), soit imposée comme revenus mobiliers à hauteur de ces produits et exonérée pour le surplus (cas de sortie en capital).

D. Actionnariat des salariés

34650 Ne sont exposés ci-après que les régimes les plus courants, c'est-à-dire les options de souscription ou d'achat d'actions et les attributions gratuites d'actions. Les autres régimes d'actionnariat sont étudiés sous PB-I-85000 s.

1. OPTIONS DE SOUSCRIPTION OU D'ACHAT D'ACTIONS

34670 Ce système facultatif permet à des salariés ou dirigeants de souscrire ou d'acheter, à des conditions avantageuses, des actions de la société qui les emploie ou d'autres sociétés du même groupe. Il est applicable dans les sociétés par actions : sociétés anonymes et sociétés en commandite par actions, cotées ou non, sociétés par actions simplifiées. Le mécanisme en est exposé dans le Mémento Sociétés commerciales n°s 69410 s. Sur l'utilisation du **plan d'épargne d'entreprise** pour la levée des options : voir n° 34480, c.

C. com. art. L 225-177 s
L 22-10-56 s
PB-I-57000 s

Ces opérations font l'objet d'un traitement social et fiscal spécifique, détaillé ci-après.

Le traitement s'applique également aux options consenties au personnel des sociétés françaises par leur mère ou filiale dont le siège est à **l'étranger,** sous réserve que ces options soient offertes dans le cadre de plans conformes à la législation française.

CONTRIBUTIONS SOCIALES SPÉCIFIQUES

Les options attribuées depuis le 16-10-2007 donnent lieu à 2 contributions sociales spécifiques, l'une à la charge de la société, l'autre à la charge des bénéficiaires. 34675 PB-I-68150 s

Contribution à la charge de la société La contribution à la charge de la société se calcule à son choix sur l'une des deux bases suivantes : 34680 CSS art. L 137-13 PB-I-68250
- soit la juste valeur des options, telle qu'elle est estimée pour l'établissement des comptes consolidés pour les sociétés appliquant les normes comptables internationales adoptées par le règlement européen 1606/2002 du 19-7-2002 ;
- soit 25 % de la valeur des actions sur lesquelles portent les options, à la date de la décision d'attribution de celles-ci.

Le choix de l'assiette vaut pour la durée de l'exercice pour l'ensemble des options et est irrévocable durant cette période.

Le taux de cette contribution est de 30 %. Elle est recouvrée dans les mêmes conditions que les cotisations de sécurité sociale (CSS art. L 137-3).

> **Précisions** **a.** Lorsque les options sont attribuées par une entreprise (mère ou filiale) autre que celle employant les bénéficiaires, c'est cette dernière qui est **redevable** de la contribution (Circ. DSS 2007-199 du 8-4-2008 : BOSS 5-08).
Selon nous, il en va ainsi y compris si l'entreprise attribuant les options a son siège à l'étranger.
b. La contribution assise sur la valeur des actions est due sur la **valeur** du premier cours coté du jour où l'option est consentie (Cass. 2e civ. 15-9-2016 no 15-22.346 F-PB : RJS 11/16 no 823). En cas d'option pour la juste valeur des options, celle-ci ne peut pas être minorée en appliquant un ratio fondé sur le départ prévisible de salariés (Cass. 2e civ. 28-5-2020 no 19-10.273 F-D : RJS 8-9/20 no 429).
c. La contribution est **exigible** le mois suivant la date de la décision d'attribution des options. Son fait générateur est constitué par cette décision, même si elle est assortie de conditions qui n'ont pas été remplies (en ce sens : Cass. 2e civ. 7-5-2014 no 13-15.790 FS-PB : RJS 8-9/14 no 645 ; 2-4-2015 no 14-16.453 : RJS 6/15 no 429). Les entreprises bénéficient toutefois d'un délai supplémentaire d'un mois avant l'application des pénalités (Circ. DSS 2007-199 du 8-4-2008 : BOSS 5-08). Elles ont droit à la restitution de la contribution patronale si les conditions auxquelles l'attribution était subordonnée ne sont pas satisfaites (Cass. 2e civ. QPC 12-10-2017 no 16-21.686 F-PB : RJS 12/17 no 817). Rendue à propos des attributions gratuites d'actions, cette solution est, selon nous, applicable aux options de souscription ou d'achat d'actions.

Contribution à la charge des bénéficiaires La contribution due par les bénéficiaires est égale à 10 % de la plus-value d'acquisition (différence entre la valeur du titre lors de la levée de l'option et le prix de souscription ou d'achat). 34685 CSS art. L 137-14 PB-I-68700 s

C'est la cession des actions qui déclenche l'exigibilité de cette contribution, recouvrée par les services fiscaux.

> **Précisions** La date de cession des actions inscrites au PEE est également le fait générateur de la contribution salariale due sur l'avantage réalisé lors de la **levée des options sur titres** financée par **mobilisation des avoirs d'un PEE** dans les conditions exposées no 34480, c (BOI-RSA-ES-20-30 no 120).

COTISATIONS SOCIALES, CSG ET CRDS

Options attribuées depuis le 28-9-2012 Pour les options attribuées depuis le 28-9-2012, la **plus-value d'acquisition** (no 34685) échappe aux cotisations de sécurité sociale si l'employeur respecte la condition de **notification** à l'Urssaf (no 34745). À défaut, l'employeur est tenu au paiement de la totalité des cotisations, y compris pour leur part salariale. La même solution vaut si l'attribution est effectuée par une société dont le siège est à l'étranger et qui est mère ou filiale de l'entreprise dans laquelle l'attributaire exerce son activité. 34690 CSS art. L 242-1 L 242-14 L 136-1-1 PB-I-67200 s

Cet avantage est soumis à la CSG et à la CRDS sur les salaires, recouvrées suivant les règles applicables à la CSG sur les revenus du patrimoine (CSS art. L 136-5). La déduction forfaitaire pour frais n'est pas applicable.

Si le prix de souscription ou d'achat est inférieur à la valeur de l'action au moment où l'option est attribuée, la part du **rabais** ainsi consenti qui excède 5 % est assujettie à ces cotisations et contributions dès la levée de l'option.

Le **forfait social** n'est pas dû (no 84305, b).

Options attribuées avant le 28-9-2012 Pour les options attribuées avant le 28-9-2012, la plus-value d'acquisition (no 34685) échappe aux cotisations et contributions sociales sur les salaires (y compris la CSG et la CRDS sur les revenus d'activité) mais est 34695

soumise aux prélèvements sociaux sur revenus du patrimoine, dès lors que le bénéficiaire a respecté la forme nominative des titres et leur indisponibilité (ces conditions sont nécessairement remplies en cas de cession en 2021).

LÉGISLATION DU TRAVAIL

34700 L'**avantage** consenti au salarié n'est pas pris en considération pour l'application de la législation du travail, même en cas de non-respect de l'indisponibilité des titres (Loi 70-1322 du 31-12-1970 art. 6, V-al. 1er). Sur les conséquences pratiques de cette règle, voir n° 33985.

RÉGIME FISCAL

34705 CGI art. 217 quinquies PB-I-63000

La société qui attribue les options peut déduire de son **résultat imposable** les charges qu'elle subit du fait de la levée des options et les moins-values résultant de la levée d'options d'achat. Pour les options de souscription, elle peut pratiquer une déduction extra-comptable égale à la différence entre la valeur des titres à la date d'augmentation de capital et leur prix de souscription, lorsque l'émission d'actions nouvelles a été autorisée par une assemblée générale extraordinaire. Pour plus de précisions, voir Mémento Paie nos 50360 s.

L'avantage consenti au salarié est exonéré de la taxe sur les salaires et suit, au regard des autres **taxes et participations sur les salaires** (taxe d'apprentissage, etc.), le régime applicable aux cotisations de sécurité sociale (n° 34690).

Pour les **bénéficiaires,** l'avantage correspondant aux options est, en principe, passible, lors de la cession des actions, de l'impôt sur le revenu et des prélèvements sociaux selon des régimes différents en fonction de la date d'attribution des options, et dont le recouvrement incombe aux services fiscaux. Pour plus de précisions, voir Mémento Paie nos 50480 s. (options attribuées depuis le 28-9-2012) et Mémento fiscal nos 88785 s. (options attribuées avant et après cette date).

2. ATTRIBUTION GRATUITE D'ACTIONS

FONCTIONNEMENT

34730 C. com. art. L 225-197-1 s L 22-10-59 s PB-I-75000 s

Les sociétés par actions, cotées ou non, peuvent procéder à des attributions gratuites d'actions au profit de tout ou partie de leur personnel. Autorisées par l'assemblée générale extraordinaire, ces attributions sont assorties, par cette assemblée, de conditions relatives aux délais d'acquisition et, éventuellement, de conservation des titres. Le conseil d'administration ou le directoire détermine l'identité des bénéficiaires de ces attributions et fixe les conditions et, le cas échéant, les critères d'attribution des actions.

Le fonctionnement de ce régime est détaillé dans le Mémento Sociétés commerciales nos 69980 s.

› **Précisions** **a.** L'assemblée générale fixe la durée respective des périodes d'acquisition et de conservation des actions, sachant que la durée cumulée doit être d'au moins 2 ans, dont un an au moins pour la période d'acquisition, et que la période de conservation est facultative.

b. À l'issue de la période d'acquisition, les actions gratuites attribuées à l'ensemble des salariés peuvent être versées sur un **plan d'épargne d'entreprise** dans la limite d'un montant égal à 7,5 % du plafond annuel de la sécurité sociale par adhérent (3085,20 € en 2021). La répartition des actions entre les salariés peut être uniforme, proportionnelle aux salaires ou à la durée de présence dans l'entreprise au cours de l'exercice ou retenir conjointement ces différents critères. Elle fait l'objet d'un accord d'entreprise ou, à défaut d'accord, c'est-à-dire en cas d'échec des négociations (Circ. DSS-DGT 2007-199 du 15-5-2007 : BOSS 6-07), d'une décision du conseil d'administration, du directoire ou du chef d'entreprise.

Les actions gratuites ainsi versées sur un PEE ne sont disponibles qu'à l'expiration d'un délai minimum de 5 ans à compter de leur versement sur le plan (C. trav. art. L 3332-14), aucun des cas de déblocage anticipé des droits inscrits dans un PEE ne pouvant être invoqué. Il est toutefois admis, en cas de décès du bénéficiaire, que le déblocage puisse être demandé par ses ayants droit (BOI-RSA-ES-10-30-10 n° 185).

Le **gain** réalisé lors de la **cession ultérieure** des actions devenues disponibles, y compris le gain d'acquisition, est exonéré d'impôt sur le revenu (BOI-RSA-ES-10-30-10 n° 189).

RÉGIME FISCAL

34735 CGI art. 217 quinquies PB-I-78900 s

Situation de la société émettrice La société peut déduire de son résultat imposable les **charges** qu'elle subit du fait de l'attribution gratuite ainsi que la **moins-value** résultant du rachat de ses actions. Lorsque l'attribution porte sur des actions nouvelles (après émission autorisée par l'assemblée générale extraordinaire), la société peut pratiquer une **déduction** extra-comptable égale à la différence entre la valeur des titres à la date de l'augmentation de capital et leur prix de souscription par les salariés. En ce qui concerne les taxes et participations sur les salaires, voir n° 34705. Pour plus de précisions, voir Mémento Paie nos 51000 s.

Situation des attributaires L'**avantage tiré de l'attribution** des actions, égal à la valeur des titres au jour de l'acquisition (nette, le cas échéant, de la valeur symbolique exigée de l'attributaire), est imposé comme suit, lors de la cession des actions. 34740

CGI art. 80 quaterdecies
PB-I-80800 s

Pour les **actions attribuées** en vertu d'une **autorisation** de l'assemblée générale extraordinaire **accordée à compter du 1-1-2018** :

– le gain d'acquisition ou la fraction du gain qui n'excède pas une limite annuelle de 300 000 € est imposé selon le barème progressif de l'impôt sur le revenu après application d'un abattement de 50 % ou, le cas échéant, de l'abattement fixe de 500 000 € prévu en faveur des dirigeants partant à la retraite par l'article 150-0 D ter du CGI, et pour le surplus d'un abattement de 50 %. Lorsqu'il s'applique, l'abattement fixe s'impute en priorité sur la plus-value de cession puis, pour le reliquat éventuel, sur la plus-value d'acquisition ;

– la fraction du gain qui excède cette limite est imposée comme un salaire, selon le barème progressif de l'impôt sur le revenu, sans aucun abattement.

Pour les **actions attribuées** en vertu d'une **autorisation** de l'assemblée générale extraordinaire **accordée entre le 31-12-2016 et le 31-12-2017** :

– le gain d'acquisition ou la fraction du gain qui n'excède pas une limite annuelle de 300 000 € est imposé selon le barème progressif de l'impôt sur le revenu après application, le cas échéant, des abattements pour durée de détention prévus par l'article 150-0 D du même Code dans sa version antérieure à l'entrée en vigueur de la loi de finances pour 2018 (voir toutefois les précisions ci-après) ;

– la fraction du gain qui excède cette limite est imposée comme un salaire, selon le barème progressif de l'impôt sur le revenu, sans application d'aucun abattement pour durée de détention.

Pour les actions attribuées en vertu d'une **autorisation accordée entre le 8-8-2015 et le 30-12-2016,** le gain d'acquisition est soumis à un régime spécifique prévoyant l'imposition selon le barème de l'impôt sur le revenu après application, le cas échéant, des abattements pour durée de détention prévus par l'article 150-0 D du même Code dans sa version antérieure à l'entrée en vigueur de la loi de finances pour 2018 (voir toutefois les précisions ci-après).

S'agissant des **actions attribuées depuis le 28-9-2012** en vertu d'une **autorisation antérieure au 8-8-2015,** l'avantage tiré de l'attribution des actions est toujours soumis au barème de l'impôt sur le revenu dans la catégorie des traitements et salaires.

S'agissant des **actions attribuées avant le 28-9-2012,** lorsqu'une période de conservation des titres de 2 ans minimum à compter de leur attribution définitive a été respectée, le gain d'acquisition est imposé à l'impôt sur le revenu au taux forfaitaire de 30 % (auxquels s'ajoutent les prélèvements sociaux sur les revenus du patrimoine), sauf option par l'attributaire des actions pour l'imposition à l'impôt sur le revenu selon les règles applicables aux traitements et salaires (en cas d'option, les prélèvements sociaux applicables restent ceux dus sur les revenus du patrimoine). En cas de non-respect de la période de conservation, il est soumis au barème de l'impôt sur le revenu dans la catégorie des traitements et salaires (avec application des prélèvements sociaux sur revenus d'activité).

La **plus-value de cession,** égale à la différence entre le prix de cession et la valeur des actions au jour de l'acquisition, est imposée dans les conditions prévues à l'article 150-0 A du CGI. La moins-value éventuelle est déduite du montant de l'avantage tiré de l'attribution des actions.

Pour plus de précisions, voir Mémento Paie nos 51020 s.

› Précisions Les **actions gratuites dont l'attribution a été autorisée par une décision de l'AGE prise entre le 8-8-2015 et le 31-12-2017** peuvent bénéficier, le cas échéant, au titre du gain d'acquisition (pour la totalité, s'agissant des actions attribuées en vertu d'une autorisation accordée entre le 8-8-2015 et le 30-12-2016 ; pour la fraction n'excédant pas 300 000 €, s'agissant des actions attribuées en vertu d'une autorisation accordée entre le 31-12-2016 et le 31-12-2017), de l'abattement fixe mentionné à l'article 150-0 D ter du CGI, tel que modifié par la loi de finances pour 2018. Dans ce cas, l'application de cet abattement fixe est exclusive de celle de l'abattement proportionnel de droit commun ou renforcé de l'ancien article 150-0 D du CGI. Ce dernier abattement peut toutefois s'appliquer lorsque le contribuable renonce à l'application de l'abattement fixe nouveau. Lorsque le « nouvel » abattement fixe s'applique, il s'impute en priorité sur la plus-value de cession et, pour le surplus, sur la plus-value d'acquisition (Loi 2017-1837 du 30-12-2017 art. 28, VI-G).

RÉGIME SOCIAL

Cotisations sociales, CSG et CRDS L'avantage tiré de l'attribution des actions (no 34740) est exclu de l'assiette des **cotisations de sécurité sociale** à condition pour 34745

CSS art. L 242-1 L 242-14 L 136-1-1 PB-I-83000 s

l'entreprise de **notifier** à l'Urssaf l'identité des salariés ou mandataires sociaux auxquels des actions gratuites ont été attribuées au cours de l'année civile précédente, ainsi que le nombre et la valeur des actions attribuées à chacun d'entre eux. Ces mentions sont à porter sur la **DSN** (CGI ann. III art. 39, 2°-j), qui sert, selon nous, de support de notification, comme c'était le cas de la DADS (Circ. Acoss 19 du 28-3-2013).

L'exonération s'applique également aux **prélèvements** dont l'assiette est définie par référence à celle des cotisations de sécurité sociale (cotisations d'assurance chômage, de retraite complémentaire Agirc-Arrco, etc.) ainsi qu'au forfait social (n° 84305, b).

Pour les actions gratuites attribuées en vertu d'une **autorisation** de l'assemblée générale extraordinaire **accordée depuis le 31-12-2016,** cet avantage est soumis à la CSG et à la CRDS (et autres prélèvements) sur revenus du patrimoine pour la fraction qui n'excède pas une limite annuelle de 300 000 € et à la CSG et à la CRDS sur revenus d'activité pour la fraction dépassant cette limite. Les règles de recouvrement sont celles des prélèvements sur revenus du patrimoine pour l'ensemble du gain (CSS art. L 136-5).

Pour les actions gratuites attribuées en vertu d'une autorisation de l'assemblée générale extraordinaire accordée **entre le 8-8-2015 et le 30-12-2016,** cet avantage est soumis à la CSG et la CRDS sur revenus du patrimoine (n° 34740).

Pour les actions **attribuées depuis le 28-9-2012** en vertu d'une **autorisation** de l'assemblée générale **antérieure au 8-8-2015,** l'avantage est soumis à la CSG et la CRDS sur revenus d'activité.

Pour les **actions attribuées avant le 28-9-2012,** l'avantage est soumis, lorsqu'une période de conservation des titres de 2 ans minimum a été respectée, à CSG et CRDS (et autres prélèvements) sur revenus du patrimoine ; dans le cas contraire, il est soumis à la CSG et la CRDS sur revenus d'activité. Il échappe aux cotisations sociales sous réserve de la notification à l'Urssaf mentionnée ci-dessus et de la conservation des actions pendant la période de 2 ans prévue pour le régime d'impôt sur le revenu (n° 34740).

> Précisions a. Le **fait générateur** de l'accomplissement de la **notification** par l'employeur est la date d'expiration de la période d'acquisition, pour les attributions d'actions gratuites, et la date de la levée de l'option, pour les stock-options (Circ. Acoss 19 du 28-3-2013).

b. Si les **conditions d'exonération** ne sont **pas respectées,** l'employeur est tenu au paiement de la totalité des cotisations sociales, y compris pour leur part salariale. L'assiette est alors constituée par la valeur des actions à la fin de la période d'acquisition (Circ. Acoss 48 du 6-3-2007) sans application, pour la CSG et la CRDS sur revenus d'activité lorsqu'elle est due, de la déduction forfaitaire pour frais.

34750 CSS art. L 137-4 L 137-13 L 137-14

Contributions sociales spécifiques

Les actions attribuées depuis le 16-10-2007 supportent des **contributions sociales, patronales et salariales, spécifiques.**

> Précisions a. La **contribution patronale** est due au taux de : 20 % pour les attributions d'actions gratuites autorisées par l'assemblée générale extraordinaire à compter du 1-1-2018 ; 30 % pour les attributions autorisées entre le 31-12-2016 et le 31-12-2017. Cette contribution est **calculée** sur la valeur, à leur date d'acquisition, des actions attribuées. Elle est **exigible** le mois suivant la date d'acquisition des actions par le bénéficiaire. Son recouvrement est effectué dans les mêmes conditions que les cotisations de sécurité sociale.

Les petites et moyennes entreprises répondant à la définition donnée à l'annexe à la recommandation 2003/361 sur la définition des micro, petites et moyennes entreprises sont exonérées de cette contribution si, à la date de la décision d'attribution :

– elles n'ont procédé à aucune distribution de dividendes depuis leur création ;

– ces actions sont attribuées dans la limite, par salarié, du plafond annuel de la sécurité sociale (soit 41 136 € en 2021). Cette limite s'apprécie en faisant masse des actions gratuites dont l'acquisition est intervenue pendant l'année en cours et les 3 années précédentes ;

– elles ont respecté le règlement 1407/2013 du 18-12-2013 concernant les aides de minimis.

La même exonération s'applique aux entreprises de taille intermédiaire (**ETI**), au sens de l'article 51 de la loi 2008-776, remplissant les mêmes conditions, pour les actions gratuites dont l'attribution a été autorisée par l'assemblée générale des actionnaires **depuis le 1-1-2021** (Loi 2020-1721 du 29-12-2020 art. 206, II).

b. Les actions gratuites dont l'attribution a été autorisée par l'assemblée générale extraordinaire depuis le 31-12-2016 sont soumises à la **contribution salariale** visée n° 34685 sur la fraction du gain d'acquisition, tel que défini à l'article 80 quaterdecies du CGI, excédant 300 000 €. Celles attribuées avant le 31-12-2016 en vertu d'une autorisation donnée depuis le 8-8-2015 ne sont pas soumises à cette contribution salariale. Celles attribuées en vertu d'une autorisation antérieure au 8-8-2015 y sont intégralement soumises.

ÉTRANGERS

SOMMAIRE

A. Recrutement et emploi des étrangers

1. TITRE DE TRAVAIL

RESSORTISSANTS VISÉS

En principe, les étrangers doivent, pour pouvoir exercer une **activité salariée** en France, être en possession d'un titre en cours de validité valant autorisation de travail, sauf s'ils sont **ressortissants de l'UE,** de l'EEE (Allemagne, Autriche, Belgique, Bulgarie, Chypre, Croatie, Danemark, Espagne, Estonie, Finlande, Grèce, Hongrie, Irlande, Islande, Italie, Lettonie, Liechtenstein, Lituanie, Luxembourg, Malte, Norvège, Pays-Bas, Pologne, Portugal, République tchèque, Roumanie, Slovaquie, Slovénie, Suède), de la Suisse, de Monaco, d'Andorre et de Saint-Marin. En effet, ceux-ci bénéficient de la **libre circulation** en vertu de l'article 45 du traité sur le fonctionnement de l'UE. Ils n'ont pas besoin d'une autorisation de travail s'ils peuvent produire un document (passeport, carte nationale d'identité) en cours de validité justifiant de leur qualité de citoyen de l'un de ces États. Leur refus de présenter une carte de séjour à l'employeur ne constitue donc pas une faute (Cass. soc. 12-6-2007 nº 05-45.320 F-PB : RJS 8-9/07 nº 1002). **35560** C. étrangers art. L 121-1 L 121-2 C. trav. art. L 5221-2 à L 5221-5 R 5221-1 à R 5221-4 **S-I-50 s** **S-I-2400 s**

Sont également **dispensés** d'une autorisation de travail les salariés **ressortissants d'un pays hors zone UE-EEE-Suisse** :
– détachés en France et travaillant de façon régulière et habituelle pour le compte d'un employeur établi sur le territoire de l'UE, de l'EEE ou de la Suisse ;
– titulaires d'un diplôme, d'un certificat ou d'un autre titre permettant l'exercice d'une profession de santé dans le pays d'obtention et sur présentation de la décision d'affectation du ministre compétent dans un établissement de santé ;
– effectuant un séjour en France afin d'y exercer une activité salariée pour une durée inférieure ou égale à 3 mois dans certains secteurs d'activité.

> **Précisions** **a.** Les **domaines d'activité** dans lesquels une autorisation de travail n'est pas requise par l'étranger pour un **court séjour professionnel** sont les suivants : manifestations sportives, culturelles, artistiques et scientifiques ; colloques, séminaires et salons professionnels ; production et diffusion cinématographiques, audiovisuelles, du spectacle et de l'édition phonographique, lorsque l'étranger est artiste du spectacle ou personnel technique attaché directement à la production ou à la réalisation ; mannequinat et pose artistique ; services à la personne et les employés de maison pendant le séjour en France de leurs employeurs ; missions d'audit et d'expertise en informatique, gestion, finance, assurance, architecture et ingénierie, lorsque l'étranger est détaché dans les conditions visées nºs 36160 s. ; activités d'enseignement dispensées, à titre occasionnel, par des professeurs invités.
> **b.** L'autorisation de travail est accordée **de droit** à tout étranger, y compris au mineur isolé pris en charge par l'aide sociale à l'enfance, autorisé à séjourner en France pour la conclusion d'un **contrat d'apprentissage ou de professionnalisation** à durée déterminée.
> **c.** Le **Royaume-Uni** est sorti de l'UE le 31 janvier 2020. Des modalités transitoires, applicables jusqu'au 31 décembre 2020, ont été conclues entre les deux parties, notamment pour régler les conséquences du **Brexit** sur la circulation de leurs travailleurs. Les Britanniques séjournant ou travaillant en France avant le 1er janvier 2021 devront

solliciter un titre de séjour portant la mention « accord de retrait » avant le 1er juillet 2021 sur le site contacts-demarches.interieur.gouv.fr ; ceux souhaitant s'installer sur le territoire national à compter du 1er janvier 2021 devront obtenir un titre de séjour comme tout ressortissant d'un État tiers. En tout état de cause, les citoyens britanniques devront être en possession d'un titre de séjour dès le 1er octobre 2021. (Ord. 2019-176 du 6-2-2019 ; décrets 2019-264 du 2-4-2019, 2019-265 du 3-4-2019 et 2020-1417 du 19-11-2020). En matière de **protection sociale,** voir n° 78650, a.

35570 **Recodification du Code des étrangers**

Le Code de l'entrée et du séjour des étrangers et du droit d'asile (Ceseda) a été intégralement recodifié par l'ordonnance 2020-1733 du 16-12-2020 (partie législative) et le décret 2020-1734 du 16-12-2020 (partie réglementaire). Cette refonte, intervenue **à droit constant,** a notamment pour objet d'aménager le plan du Code et de clarifier la rédaction de ses dispositions. Composé de 8 livres, le nouveau Code entre **en vigueur le 1-5-2021.**

Nous signalons ci-après les principaux nouveaux articles portant sur la réglementation applicable aux étrangers souhaitant exercer une activité professionnelle en France :

– L 121-1 à L 121-16 et R 121-1 à R 121-39 : organisation et missions de l'Ofii et de l'Ofpra ;
– L 200-1 à L 234-3 et R 221-1 à R 234-6 : entrée et séjour en France des citoyens de l'Union européenne ;
– L 310-1 à L 313-8 et R 311-1 à R 313-18 : conditions d'admission des étrangers en France ;
– L 410-1 à 414-15 et R 410-1 à R 414-6 : conditions générales de séjour des étrangers en France ;
– L 420-1 à L 421-35 et R 420-1 à R 421-60 : titres de séjour pour motif professionnel ;
– L 430-1 à L 433-7 et R 430-1 à R 433-6 : demandes, refus et renouvellements des titres de séjour.

Notons enfin que les dispositions d'autres Codes (notamment le Code du travail et le CSS) et de lois non codifiées ont également fait l'objet des aménagements nécessaires.

TYPES D'AUTORISATION DE TRAVAIL

35605 **Cartes de séjour temporaires** D'une **durée de validité** maximum d'un an, la carte de séjour temporaire est attribuée selon la procédure détaillée nos 35690 s.

C. étrangers art. L 313-1 à L 313-16 R 313-1 à R 313-38 C. trav. art. R 5221-3 R 5221-21 D 5221-21-1 R 5221-26 **S-I-2650 s**

Si elle est délivrée **pour motif professionnel,** elle porte l'une des mentions suivantes :

– **« salarié »** pour l'exercice d'une activité salariée sous CDI ;
– **« travailleur temporaire »** pour l'exercice d'une activité salariée sous CDD ou dans le cadre d'un détachement en France.

Permettent également, sous conditions, de travailler sur le territoire national les cartes de séjour temporaires portant les mentions suivantes :

– **« stagiaire »** pour celui qui suit un stage dans le cadre d'une convention visée par l'autorité administrative compétente et dispose de moyens d'existence suffisants ;
– **« étudiant »** ou « étudiant-programme de mobilité » pour l'étranger qui suit en France un enseignement ou y fait des études et dispose de moyens d'existence suffisants ;
– **« recherche d'emploi ou création d'entreprise »** pour celui souhaitant compléter sa formation par une première expérience professionnelle ou ayant un projet de création d'entreprise en lien avec sa formation ;
– **« vie privée et familiale »** pour celui ayant des attaches privées et familiales en France ;
– **« jeune au pair »** pour l'étranger souhaitant réaliser de petits travaux ménagers et de la garde d'enfants.

› Précisions **a.** La durée de validité de la carte de séjour temporaire **« salarié »** est prolongée d'un an si l'étranger se trouve involontairement privé d'emploi. Lors du renouvellement suivant, s'il est toujours privé d'emploi, il est statué sur son droit au séjour pour une durée équivalant à celle des droits qu'il a acquis au titre de l'assurance chômage.

La carte **« travailleur temporaire »** est délivrée, dans la limite d'un an, pour une durée identique à celle du CDD ou du détachement. Elle peut toutefois être renouvelée pour la même durée. Sa durée de validité est dans ce cas identique à celle soit du CDD ou du détachement restant à courir, soit du nouveau contrat ou de la prolongation de détachement présenté par l'étranger à l'appui de sa demande de renouvellement.

b. La carte portant l'une des deux mentions ci-dessus est délivrée à l'étranger sans que lui soit opposable la situation de l'emploi (n° 35705) lorsque sa demande concerne un métier et une zone géographique caractérisés par des difficultés de recrutement. Il en va de même pour l'étudiant étranger qui, titulaire d'un diplôme au moins équivalent au master ou labellisé par la Conférence des grandes écoles ou de licence professionnelle, souhaite exercer un emploi salarié et présente un CDI ou un CDD, en lien avec sa formation et assorti d'une rémunération au moins égale à 1,5 fois le Smic.

c. La carte **« étudiant »** autorise l'exercice, à titre accessoire, d'une activité professionnelle salariée dans la limite de 964 heures par an.

d. La carte **« recherche d'emploi ou création d'entreprise »,** d'une durée de 12 mois non renouvelable, est délivrée à l'étranger ayant été titulaire d'une carte temporaire ou pluriannuelle « étudiant » ou « étudiant-programme de mobilité » ou d'un passeport-talent « chercheur » ou « chercheur-programme de mobilité » (n° 35610, b).

e. La carte **« vie privée et familiale »** est délivrée de plein droit notamment à l'étranger dont l'un des parents ou le conjoint est titulaire d'une carte de séjour ou de la carte de résident, à celui marié avec un ressortissant français ou encore au père ou à la mère d'un enfant français mineur résidant en France, à la condition que l'étranger établisse qu'il contribue effectivement à l'entretien et à l'éducation de cet enfant.

f. La carte **« jeune au pair »,** d'une durée d'un an renouvelable, est accordée à l'étranger âgé de 18 à 30 ans exerçant son activité au sein d'une famille d'une nationalité différente et avec laquelle il ne possède aucun lien de parenté.

g. S'agissant des cartes de séjour temporaires accordées aux étrangers dans le cadre d'un **détachement en France,** voir n° 36200.

Cartes de séjour pluriannuelles Après avoir été titulaire d'une carte de séjour temporaire pendant un an, l'étranger peut bénéficier, à sa demande, d'une **carte de séjour pluriannuelle générale,** dont la durée de validité est d'au maximum 4 ans. Pour l'obtenir, il doit justifier de son assiduité, sous réserve de circonstances exceptionnelles, et du sérieux de sa participation aux formations prescrites par l'État dans le cadre du contrat d'intégration républicaine et continuer de remplir les conditions de délivrance de la carte de séjour temporaire dont il était précédemment titulaire. **35610** C. étrangers art. L 313-17 à L 313-27 R 313-39 à R 313-85 C. trav. art. R 5221-3

Certains étrangers peuvent obtenir, dès leur première admission au séjour, une carte de séjour pluriannuelle portant la mention :

– **« passeport talent »** lorsque l'étranger dispose d'un haut potentiel ;
– **« travailleur saisonnier »** lorsqu'il souhaite exercer un emploi à caractère saisonnier ;
– **« étudiant-programme de mobilité »** lorsqu'il relève d'un programme comportant des mesures de mobilité ;
– **« bénéficiaire de la protection subsidiaire »** ou **« bénéficiaire du statut d'apatride »** lorsqu'il a obtenu le statut protecteur correspondant.

› Précisions **a.** La **carte de séjour pluriannuelle générale** porte la même mention que la carte de séjour temporaire dont l'étranger était précédemment titulaire, à savoir « salarié », « étudiant » ou « vie privée et familiale ». S'il souhaite obtenir une carte pluriannuelle portant une autre mention que celle de sa carte temporaire, l'étranger doit remplir les conditions de délivrance de la carte correspondante. Seul l'étranger titulaire de la carte temporaire « salarié » peut se voir accorder la carte pluriannuelle portant cette mention. En outre, la carte pluriannuelle ne peut pas être délivrée à la suite de certaines cartes de séjour temporaires, notamment celles portant la mention « travailleur temporaire » ou « stagiaire ». Sur le sort des droits sociaux de l'étranger à l'expiration de sa carte de séjour, voir n° 35615, b.

b. Le **« passeport talent »** a une durée de validité maximale de 4 ans. Il peut être accordé, sous la mention « carte bleue européenne », à l'étranger occupant un emploi hautement qualifié, pour une durée égale ou supérieure à un an, et justifiant d'un diplôme sanctionnant au moins 3 années d'études supérieures ou d'une expérience professionnelle d'au moins 5 ans d'un niveau comparable et d'une rémunération annuelle brute au moins égale à 53 836,50 € (Arrêté INTV1629577A du 28-10-2016). Le « passeport talent » est également délivré aux étrangers suivants : salarié en mission ; chercheur ; artiste-interprète ; jeune diplômé salarié ou salarié d'une jeune entreprise innovante ; créateur d'entreprise ; porteur d'un projet économique innovant ; investisseur économique ; mandataire social ; étranger ayant une renommée nationale ou internationale dans le domaine scientifique, littéraire, artistique, intellectuel, éducatif ou sportif. Les membres de la famille du détenteur d'un tel document peuvent obtenir un « passeport talent (**famille**) » leur permettant d'exercer une activité professionnelle en France.

c. La carte de séjour pluriannuelle **« travailleur saisonnier »** est délivrée, dans la limite de 3 ans renouvelables, à l'étranger titulaire d'un contrat de travail saisonnier et s'engageant à maintenir sa résidence habituelle hors de France. Cette carte lui permet d'exercer un ou plusieurs emplois saisonniers dont la durée cumulée ne peut excéder 6 mois par an.

d. Sur la faculté offerte aux **étudiants** et **chercheurs** d'obtenir une carte de séjour temporaire à la fin de la validité de leur carte de séjour pluriannuelle, voir n° 35605, d.

e. S'agissant des cartes de séjour pluriannuelles accordées aux étrangers dans le cadre d'un **détachement en France,** voir n° 36200.

Autres documents Peuvent exercer une activité salariée en France, sous certaines conditions, les détenteurs des documents suivants : **35615**

– **carte de résident** et carte de résident de longue durée-UE ;
– **carte de séjour** portant la mention « carte de séjour de **membre de la famille d'un citoyen de l'Union** / EEE / Suisse – toutes activités professionnelles » ;

C. étrangers art. L 311-4, L 314-1, L 314-4, R 311-6 C. trav. art. R 5221-3 S-I-4100 s

– **récépissé de première demande ou de renouvellement** d'un titre de séjour portant la mention « autorise son titulaire à travailler » ;
– **autorisation provisoire de séjour** : elle est délivrée, pour une durée de 12 mois non renouvelable, à l'étranger ayant obtenu dans un établissement d'enseignement supérieur l'un des diplômes visés n° 35605, b, ou, pour une durée de 6 mois non renouvelable, au parent mineur titulaire d'une telle autorisation ;
– **autorisation provisoire de travail** : d'une durée maximale de 12 mois renouvelable, elle est délivrée soit à l'étranger salarié qui, par la nature de son séjour ou de son activité, ne peut pas obtenir une carte de séjour temporaire ou pluriannuelle ou une carte de résident, soit à l'étudiant qui, en raison de son cursus, dépasse la durée annuelle de travail visée n° 35605, c ;
– **formulaire de demande** d'autorisation de travail revêtu du visa accordé par le préfet **dans l'attente de la délivrance d'une carte de séjour** temporaire « salarié » ou « travailleur temporaire » (n° 35605) ;
– **visa de long séjour** valant titre de séjour (VLS-TS) permettant d'entrer en France et d'y séjourner de 4 à 12 mois sans avoir à demander immédiatement un titre de séjour ;
– **visa,** d'une durée comprise entre 3 et 12 mois, dispensant de titre de séjour et portant la mention **« vacances-travail »** ;
– **certificat de résidence** pour les personnes de **nationalité algérienne** valable un an ou 10 ans selon le cas (Accord franco-algérien du 27-12-1968).

› Précisions **a.** Le **contrat de travail** visé par le préfet dans l'attente de la délivrance de la carte de séjour peut aussi valoir dans certains cas autorisation de travail.
b. Entre la date d'expiration de la carte de séjour pluriannuelle générale, de la carte de résident ou d'un titre de séjour d'une durée supérieure à un an prévu par une stipulation internationale et la décision de l'autorité administrative relative à son renouvellement, l'étranger conserve, dans la limite de 3 mois, l'intégralité de ses **droits** sociaux et son droit de travailler.

35650 C. étrangers art. L 311-4, L 311-5-1, L 311-5-2, L 744-11 S-I-10350 s

Cas particuliers En principe, le **demandeur d'asile** n'est pas autorisé à travailler en France. Toutefois, une autorisation provisoire de travail peut lui être délivrée si l'Ofpra n'a pas statué dans le délai de 6 mois suivant l'enregistrement de la demande d'asile, pour des raisons dont l'intéressé n'est pas responsable.

Peuvent également exercer la profession de leur choix sur tout le territoire l'étranger auquel a été délivré un récépissé mention « reconnu **réfugié** » ainsi que l'étranger bénéficiant de la **protection subsidiaire** et mis en possession d'un récépissé de demande de titre de séjour.

2. PROCÉDURES DE RECRUTEMENT

CHOIX DU SALARIÉ

35690 C. trav. art. L 5221-8, L 5221-9, R 5221-1, R 5221-6, R 5221-7, R 5221-11 à R 5221-15, R 5221-27, R 5221-28, R 5221-41 à R 5221-45 S-I-5040 s S-I-5470 s

Étranger résidant en France Le candidat doit posséder une **autorisation de travail** correspondant à la catégorie professionnelle, la profession ou la zone géographique de l'emploi proposé par l'employeur (n° 35710), sauf s'il s'agit d'un ressortissant de l'UE, de l'EEE ou de la Suisse. À défaut, l'étranger doit adresser à la préfecture de son domicile une demande de **changement de statut** administratif, accompagnée d'une demande d'autorisation de travail formulée par l'employeur ou son mandataire (Circ. SPM/DMI2 323 du 22-8-2007 réputée abrogée).

L'employeur doit vérifier auprès du préfet du lieu d'embauche ou, à Paris, du préfet de police, la **validité du titre** produit, sauf si cet étranger est inscrit sur la liste des demandeurs d'emploi tenue par Pôle emploi.

› Précisions **a.** L'employeur doit effectuer cette **vérification** en adressant au préfet, au moins 2 jours ouvrables avant la date d'effet de l'embauche, une lettre datée, signée et recommandée avec avis de réception, ou un courriel, accompagné de la copie du document produit par l'étranger. À défaut de réponse du préfet par courrier, télécopie ou courriel dans les 2 jours ouvrables suivant la réception de la demande, l'obligation de vérification est réputée accomplie.
Lorsqu'une **entreprise de travail temporaire** a procédé à cette vérification, celle-ci vaut pour la durée de l'autorisation de travail et pour tout contrat de travail conclu avec l'étranger.
Sur les obligations mises à la charge du donneur d'ordre en cas de **sous-traitance,** voir nos 79260 s.
b. L'embauche d'un étranger titulaire de la carte de séjour temporaire ou du visa « **étudiant** » ne peut intervenir qu'après la **déclaration nominative** que l'employeur doit effectuer auprès du préfet, par lettre recommandée avec avis de réception ou par courriel, au moins 2 jours ouvrables avant la date d'effet de cette embauche. À défaut de réponse du préfet dans les 2 jours ouvrables suivant la réception de la déclaration, cette dernière vaut accomplissement de la formalité de vérification visée au **a.** ci-dessus.

c. Les **contrats** d'apprentissage ainsi que les contrats d'insertion visés nos 20715 s. ne permettent pas la délivrance d'une autorisation de travail et ne peuvent pas être conclus par les titulaires d'une carte de séjour « étudiant ». Par dérogation, l'étranger titulaire d'une telle carte peut être autorisé à conclure un contrat d'apprentissage ou de professionnalisation à l'issue d'une première année de séjour. Concernant les salariés autorisés à séjourner en France pour la conclusion d'un de ces deux contrats à durée déterminée, voir n° 35560, c.

Étranger ne résidant pas en France L'employeur doit déposer une offre d'emploi auprès de Pôle emploi ou d'un autre organisme de placement et rechercher au niveau local des candidats. Si aucun demandeur d'emploi ne satisfait à l'offre, il dépose une **demande d'introduction** de travailleur étranger auprès de la Dreets (la Direccte avant le 1-4-2021). Les formulaires sont disponibles sur www.immigration.interieur.gouv.fr. 35695

C. trav. art. L 5221-2 L 5221-3 R 5221-14 R 5221-16 **S-I-5350 s**

S'agissant des contrats d'insertion et d'apprentissage, voir n° 35690, c.

> Précisions a. L'autorité administrative compétente pour le dépôt de la demande d'introduction est en principe celle du lieu d'emploi.

b. L'étranger souhaitant entrer en France en vue d'y exercer une profession salariée et manifestant sa volonté de s'y installer durablement doit attester d'une connaissance suffisante de la **langue française** sanctionnée par une validation des acquis de l'expérience ou s'engager à l'acquérir après son installation en France.

AUTORISATION DE TRAVAIL

Instruction de la demande Les **critères** pris en compte pour l'acceptation des demandes d'introduction et de changement de statut sont la situation de l'emploi dans la profession et la zone géographique concernées (n° 35705), l'adéquation entre les caractéristiques du poste et la qualification, l'expérience et les diplômes de l'intéressé, les conditions d'application de la réglementation sociale, les conditions réglementaires d'exercice de l'activité considérée, les conditions d'emploi et de rémunération offertes au travailleur étranger, les dispositions prises pour assurer ou faire assurer le logement de celui-ci, ainsi que l'intérêt technologique et commercial de la demande (Circ. DPM/DM 26 du 16-1-2002 réputée abrogée). 35700

C. trav. art. R 5221-17 à R 5221-20 **S-I-5780 s**

La **décision** du préfet est notifiée à l'employeur ou à son mandataire et à l'étranger.

> Précisions a. L'administration adresse **l'autorisation de travail** à l'Ofii si le contrat est d'une durée supérieure à 3 mois ou a un caractère saisonnier, et directement à l'employeur dans les autres cas (Circ. DPM/DMI2 323 du 22-8-2007 n° 3.4.1. réputée abrogée).

b. Tout **refus** doit être notifié par écrit et motivé (CRPA art. L 211-2) et indiquer les voies et délais de recours (Circ. DPM/DMI2 323 du 22-8-2007 n° 3.4.1. réputée abrogée).

c. La décision de l'administration peut faire l'objet d'un **recours** hiérarchique auprès du ministre chargé de l'immigration et d'un recours contentieux auprès du tribunal administratif.

Situation de l'emploi Le recrutement d'un ressortissant étranger ne se justifie pas si le poste de travail demandé peut être occupé par un **demandeur d'emploi déjà présent** sur le marché du travail. L'administration vérifie ce critère. 35705

C. étrangers art. L 121-2 L 313-10 C. trav. art. R 5221-21 R 5221-22 **S-I-5820 s**

Toutefois, la situation de l'emploi n'est **pas opposable** aux :

– étrangers qui entendent exercer une activité salariée dans un **métier ou une zone** géographique caractérisés par des difficultés de recrutement et figurant sur une liste établie par arrêté (Arrêté IMID0800328A du 18-1-2008) ; voir, par exemple, n° 35605, b, pour l'attribution de la carte de séjour temporaire « salarié » ou « travailleur temporaire » ;

– jeunes pris en charge dans certaines conditions par les services de l'**aide sociale à l'enfance,** lorsque l'autorisation de travail est demandée, soit en vue de la délivrance, dans l'année suivant leur 18e anniversaire, d'une carte de séjour temporaire mention « salarié » ou « travailleur temporaire » s'ils justifient suivre depuis au moins 6 mois une formation professionnelle qualifiante, soit en vue de la conclusion d'un contrat d'apprentissage ou de professionnalisation ;

– étrangers visés par l'arrêté du 14 décembre 1984 (**interprètes de conférence, techniciens** venus pour monter un équipement importé, jeunes de 14 à 16 ans accomplissant des travaux saisonniers pendant les vacances scolaires, stagiaires professionnels, étudiants accomplissant dans le cadre de leur scolarité un stage pratique dans un établissement de soins) ;

– étrangers titulaires d'une carte de séjour **« recherche d'emploi ou création d'entreprise »** (n° 35605) ;

– **étudiants en fin de cursus** (voir nos 35605, b et 35615) ;

– **parents d'enfants français régularisés** (Circ. DPM 19 du 16-8-1995 réputée abrogée) ;

– **cadres dirigeants** (voir n° 29415) ou de haut niveau (rémunération mensuelle égale ou supérieure à 5 000 € brut), employés depuis plus de 6 mois dans une autre société du groupe et appelés à prendre la responsabilité des sociétés françaises de groupes internationaux.

35710 **Conditions de validité** L'autorisation de travail peut être limitée à certaines **activités** professionnelles ou **zones** géographiques.

C. trav. art. L 5221-7 R 5221-4 R 5221-8 à R 5221-9 S-I-4240 s

Lorsqu'elle est délivrée en France métropolitaine, elle ne confère de droits qu'en France métropolitaine. Elle permet l'exercice de l'activité qu'elle mentionne sous réserve de justifier des **conditions** exigées le cas échéant.

VISITE MÉDICALE

35715 Les étrangers venant travailler en France pour le compte d'un employeur qui y est établi ou qui, résidant régulièrement en France, obtiennent un changement de statut en qualité de salarié doivent passer, **dans les 3 mois** suivant la délivrance de l'autorisation de travail, une visite médicale auprès de l'Ofii. À défaut, l'autorisation peut être retirée.

C. étrangers art. R 313-1 R 313-4 C. trav. art. L 5221-5 L 5223-1 S-I-9380 s

Cet examen médical n'est **pas requis** pour les étrangers déjà admis à résider en France et pour ceux titulaires d'une carte de séjour « passeport talent », « salarié détaché ICT », « étudiant », « étudiant-programme de mobilité », « recherche d'emploi ou création d'entreprise », « jeune au pair », « stagiaire », « stagiaire ICT », « bénéficiaire de la protection subsidiaire », « bénéficiaire du statut d'apatride » et « vie privée et familiale ».

FRAIS DE RECRUTEMENT

35720 Tout employeur qui embauche un travailleur étranger ou qui accueille un salarié détaché temporairement sur le territoire national acquitte, lors de la première entrée en France de cet étranger dans le cadre d'une **première procédure d'introduction** en qualité de salarié ou lorsqu'il est admis au séjour à l'occasion d'un **changement de statut** qui lui permet d'accéder à cette qualité, une taxe recouvrée par l'Ofii dans un **délai** de 3 mois. Pour les **saisonniers,** la taxe est due à l'occasion de chaque embauche, quelle que soit la durée du contrat (Circ. min. du 11-3-2011, réputée abrogée).

C. étrangers art. L 311-15 D 311-18-2 D 311-18-3 S-I-8950 s

> **Précisions a.** Sont **exonérés** du paiement de la taxe, sous certaines conditions, les établissements d'enseignement supérieur, les organismes publics de recherche et les organismes assimilables embauchant un scientifique ou un universitaire étranger pour des travaux de recherche ou un enseignement universitaire.
> Ne sont pas non plus assujettis à la taxe les employeurs qui emploient des travailleurs appartenant à certaines catégories particulières d'étrangers autorisées à travailler à titre exceptionnel (demandeurs d'asile, assignés à résidence, etc.) (Circ. min. du 11-3-2011, réputée abrogée).
> **b.** L'employeur tentant de se faire rembourser cette taxe encourt des **sanctions** (voir n° 35760).

35722 Le **montant** de la taxe s'établit de la manière suivante en fonction de la durée du contrat de travail et du niveau de rémunération du travailleur :

Catégories de travailleurs	Montant de la taxe
1. Travailleur permanent (contrat ≥ 12 mois)	55 % du salaire [1]
2. Travailleur temporaire (contrat > 3 mois < 12 mois)	
– Salaire ≤ Smic [2]	74 €
– Salaire > Smic ≤ 1,5 Smic [2]	210 €
– Salaire > 1,5 Smic [2]	300 €
3. Saisonnier	50 €/mois de travail [3]
4. Jeune professionnel recruté dans le cadre d'un accord bilatéral d'échanges	72 €

1. Dans la limite de 2,5 Smic.
2. Montant mensuel à temps plein du Smic.
3. Y compris pour les mois incomplets.

FORMALITÉS

35725 L'embauche est soumise aux formalités de droit commun (nos 33220 s.).

S-I-9180 s

Le cas échéant, l'employeur doit transmettre la déclaration relative à l'**hébergement collectif** à la préfecture et à l'inspecteur du travail du lieu où est situé le local (Loi 73-548 du 27-6-1973 art. 1er modifié).

S'agissant de la traduction du **contrat de travail** du travailleur étranger, voir n° 35950 ; des formalités en cas d'embauche d'un **étudiant,** voir n° 35690, b ; de l'affiliation à **la sécurité sociale,** voir n° 36020.

3. SANCTIONS

Les **personnes physiques** employant ou ayant sciemment recours aux services d'un employeur qui occupe des étrangers sans titre sont passibles de sanctions pénales variant selon la qualification de l'infraction (voir n° 35760). 35750 S-I-11000 s

Les **personnes morales** peuvent aussi être déclarées pénalement responsables : voir n°s 67130 s. (C. étrangers art. L 622-8 et L 622-9).

Des sanctions administratives et pécuniaires sont également prévues (voir n°s 35765 s.).

S'agissant de la responsabilité solidaire des **donneurs d'ordre,** voir n°s 79260 s. ; des garanties accordées au **travailleur étranger** irrégulièrement occupé, voir n° 35970 ; de la responsabilité civile de l'étranger recruté de bonne foi par l'employeur sur présentation d'un titre falsifié, voir n° 35970, e

SANCTIONS PÉNALES

Le fait d'occuper un étranger en situation irrégulière est constitutif de l'infraction de **travail illégal** passible des sanctions visées n°s 79500 s. 35760 C. trav. art. L 5222-1 L 5222-2 L 5224-2 à L 5224-4 R 5224-1 C. étrangers art. L 622-1 à L 622-7 S-I-11140 s S-I-13020 s S-I-13420 s

Sont également pénalement sanctionnées les infractions suivantes :

a. Non-respect des formalités d'embauche. Le fait pour l'employeur de ne pas s'assurer de l'existence de l'autorisation de travail ou de ne pas accomplir la déclaration nominative visée n° 35690, b est sanctionné par les peines prévues pour les contraventions de la 5e classe (n° 67285).

b. Aide au séjour irrégulier. Sauf exemptions prévues à l'article L 622-4 du Code des étrangers, toute personne qui, par aide directe ou indirecte, a facilité ou tenté de faciliter l'entrée, la circulation ou le séjour irréguliers d'un étranger en France est passible d'un emprisonnement de 5 ans et d'une amende de 30 000 €, ces peines pouvant être portées à 10 ans d'emprisonnement et 750 000 € d'amende en cas de circonstance aggravante (notamment, infraction en bande organisée).

c. Remboursement et retenues sur salaires. Il est interdit à tout employeur, sous peine d'un emprisonnement de 2 ans et d'une amende de 3 000 €, de se faire rembourser la redevance forfaitaire qu'il a versée à l'Ofii ou les frais de voyage qu'il a réglés pour la venue d'un travailleur étranger en France, ainsi que d'opérer sur le salaire de celui-ci des retenues sous quelque dénomination que ce soit, à l'occasion de son embauche.

d. Perception d'argent ou de biens. Nul ne peut (excepté les agents artistiques) **se faire remettre** ou tenter de se faire remettre, de manière occasionnelle ou renouvelée, **des fonds, des valeurs ou des biens** mobiliers en vue ou à l'occasion de l'introduction en France d'un travailleur étranger ou de son embauchage. L'employeur contrevenant encourt 3 ans d'emprisonnement et 45 000 € d'amende.

ATTENTION

En plus des peines principales ci-dessus, la commission de ces infractions peut également donner lieu à la condamnation de leurs auteurs à des **peines complémentaires** (par exemple : interdiction d'exercer l'activité professionnelle en cause, confiscation des objets ayant servi à commettre l'infraction, affichage ou diffusion de la décision prononcée, etc.).

SANCTIONS PÉCUNIAIRES

Sans préjudice des poursuites judiciaires pouvant être intentées à son encontre (n° 35760), l'employeur est tenu d'acquitter, pour chaque étranger sans titre de travail, la **contribution spéciale** visée n° 79560 et une **contribution forfaitaire** représentative des frais de réacheminement de l'intéressé dans son pays d'origine. 35765 C. étrangers art. L 626-1 R 626-1 S-I-11800 s

Le **montant total** des sanctions pécuniaires pour l'emploi d'un étranger en situation de séjour irrégulier ne peut excéder le montant visé n° 79560, b ou le montant des sanctions pénales prévues n° 35760, b si l'employeur entre dans le champ d'application de ces dispositions.

SANCTIONS ADMINISTRATIVES

Les **employeurs étrangers** titulaires d'une carte de résident ou de séjour temporaire ou pluriannuelle peuvent se la voir retirer s'ils emploient des étrangers non munis d'un titre les autorisant à exercer une activité salariée en France. 35770 C. étrangers art. L 313-5 L 314-6 S-I-12900 s

En outre, l'employeur ayant fait l'objet d'une obligation de quitter le territoire français en raison du retrait de son titre de séjour peut, dans les 3 ans qui suivent, se voir refuser le droit d'exercer une activité professionnelle en France.

S'agissant des sanctions administratives encourues par l'employeur en cas de **travail illégal,** voir n°s 79480 s.

B. Statut du salarié étranger

1. STATUT DANS L'ENTREPRISE

CONDITIONS DE TRAVAIL

35950 S-II-100 s Les travailleurs salariés de nationalité étrangère, régulièrement embauchés dans l'entreprise, bénéficient des mêmes droits et conditions de travail que les salariés français en vertu de l'**interdiction de discrimination** selon la nationalité du salarié (voir n° 32060). L'intégralité des dispositions du Code du travail s'applique donc aux travailleurs étrangers.

Ces derniers peuvent également demander la traduction de leur **contrat de travail.** Les deux textes font également foi en justice. En cas de discordance, seul le texte rédigé dans la langue du salarié étranger peut être invoqué contre lui.

S'agissant des **congés payés,** un accord entre le salarié et l'employeur ou des dispositions conventionnelles peuvent prévoir des délais supplémentaires pour l'aller et le retour dans le pays d'origine, le report et le regroupement des congés payés, une dérogation à la règle de fractionnement des congés (n° 13435), la possibilité de congés supplémentaires sans solde.

Sur les missions susceptibles d'être confiées à un travailleur étranger par une entreprise de **travail temporaire,** voir n° 82070 ; sur le **transfert conventionnel** du contrat de travail d'un salarié étranger en situation irrégulière, voir n° 75030, c.

RUPTURE DU CONTRAT DE TRAVAIL

35955 S-II-900 s **Étranger en situation régulière** Le contrat de travail d'un travailleur étranger en situation régulière peut être rompu selon les règles de droit commun durant la **période de validité de son titre** de travail.

Le licenciement d'un salarié en raison de son appartenance ou de sa non-appartenance, vraie ou supposée, à une ethnie, une nation, une prétendue race ou une religion déterminée est interdit tant par le Code du travail que par le Code pénal (voir nos 32060 et 32330).

35960 S-II-950 s S-II-2200 s **Étranger en situation irrégulière** L'irrégularité de la situation d'un travailleur étranger, n'ayant **pas obtenu le renouvellement de son titre** de travail à l'expiration de la période de validité de ce dernier, constitue une cause objective de rupture de son contrat (Cass. soc. 1-10-2014 n° 13-17.745 F-D : RJS 3/15 n° 222). Il en est de même, a fortiori, lorsque le salarié est en **situation irrégulière depuis son embauche** (Cass. soc. 4-7-2012 n° 11-18.840 FS-PB : RJS 10/12 n° 850 ; 9-7-2014 n° 13-11.027 F-D : RJS 11/14 n° 817).

> **Précisions** **a.** Si l'employeur invoque uniquement cette irrégularité comme cause de rupture, les règles relatives à la **procédure** de licenciement et à l'appréciation de la **cause réelle et sérieuse** de ce dernier ne s'appliquent pas. En revanche, s'il entend invoquer une faute grave distincte de la seule irrégularité de l'emploi, telle que la présentation d'un faux titre de séjour, il doit alors respecter la procédure disciplinaire et faire état de cette faute dans la lettre de licenciement (Cass. soc. 4-7-2012 n° 11-18.840 FS-PB : RJS 10/12 n° 850 ; 12-10-2016 n° 15-20.979 F-D : RJS 12/16 n° 829).
> **b.** La seule irrégularité de la situation de l'étranger n'est pas en soi une faute privative des **indemnités** de rupture. La faute grave, si elle est reconnue, prive l'intéressé desdites indemnités et, le cas échéant, de l'indemnité forfaitaire (n° 35975).
> **c.** Sur le bénéfice de la **protection liée à la maternité** en cas de perte du titre de travail, voir n° 51290, d.

35965 C. étrangers art. D 331-1 à D 331-14 Arrêté du 7-12-1987 S-II-1460 s **Aide au retour et à la réinsertion** Les salariés étrangers en situation régulière involontairement privés d'emploi peuvent, sous certaines conditions, bénéficier d'une aide au retour et à la réinsertion dans leur pays d'origine.

Ce dispositif, ouvert aux travailleurs menacés de **licenciement économique** dont l'employeur a conclu une convention avec l'Ofii et aux demandeurs d'emploi en cours d'indemnisation, est fondé sur le strict volontariat.

Il **se compose** d'une aide publique de l'État à laquelle peut éventuellement s'ajouter, pour les travailleurs étrangers licenciés pour motif économique, une aide versée par l'entreprise où ils étaient employés.

DROITS DU TRAVAILLEUR IRRÉGULIÈREMENT EMPLOYÉ

35970 **Assimilation au salarié régulièrement embauché** L'étranger employé sans titre de travail a droit, comme le salarié régulièrement embauché, à toutes les garanties prévues par le Code du travail en matière de protection de la **maternité** (interdiction d'emploi prénatal et postnatal, allaitement, etc.), de **durée du travail** (durée légale, heures supplémentaires, repos et congés, etc.), de **santé** et de **sécurité** (hygiène et sécurité, médecine du travail, etc.) ainsi qu'à la prise en compte de l'**ancienneté** dans l'entreprise. C. trav. art. L 8252-1 à L 8252-4 R 8252-1 à R 8252-12 C. étrangers art. L 313-5 **S-II-2650 s**

Il a également droit, au titre de la période d'emploi illicite (présumée égale à 3 mois, sauf preuve contraire), à l'intégralité du **salaire** et de ses accessoires dans les conditions législatives, réglementaires, conventionnelles ou contractuelles applicables à son emploi, déduction faite des sommes antérieurement perçues au titre de la période considérée. Ainsi, il doit bénéficier du Smic ou du salaire conventionnel applicable, des indemnités de congés payés, éventuellement des majorations pour heures supplémentaires, primes et indemnités diverses.

S'il a été employé sans titre dans le cadre d'un travail dissimulé, il peut prétendre soit à cette indemnisation, soit à celle visée n° 79200 si elle lui est plus favorable (Cass. soc. 14-2-2018 n° 16-22.335 FS-PB : RJS 4/18 n° 297 ; 18-3-2020 n° 18-24.982 F-PB : RJS 6/20 n° 321).

› Précisions **a.** L'employeur doit **verser les sommes** dues au titre de la période d'emploi illicite, dans les 30 jours suivant la constatation de l'infraction, en principe directement au salarié étranger, ou à l'Ofii si ce dernier a entre-temps été placé en rétention administrative ou assigné à résidence ou s'il n'est plus sur le territoire national. Sous certaines conditions, il peut être tenu de prendre en charge les **frais d'envoi** des sommes impayées vers le pays dans lequel le travailleur étranger est parti ou a été reconduit.

b. L'agent de contrôle compétent en matière de travail illégal (n° 79400), constatant l'emploi sans titre d'un travailleur étranger, remet à ce dernier un **document l'informant** de ses différents droits, traduit dans certaines langues (Arrêté 30-11-2011 : JO 1-12).

c. En cas de **redressement** ou de **liquidation judiciaire,** voir nos 70900 s.

d. L'étranger qui exerce une activité professionnelle salariée sans autorisation de travail peut se voir retirer sa **carte de séjour** temporaire ou pluriannuelle.

e. L'étranger recruté de bonne foi par l'employeur, sur présentation d'un titre falsifié, ne peut être condamné à lui verser des dommages-intérêts qu'en cas de faute lourde (Cass. soc. 13-2-2013 n° 11-23.920 F-PB : RJS 5/13 n° 413).

Indemnisation lors de la rupture du contrat Le salarié en situation irrégulière dont le contrat est rompu (selon les modalités visées n° 35960) a droit, quelle que soit son ancienneté, à une **indemnité forfaitaire** égale à 3 mois de salaire ou, si elles sont plus favorables, à l'indemnité légale, conventionnelle ou contractuelle de préavis ou de licenciement ou de rupture anticipée ou de fin de contrat à durée déterminée. **35975** C. trav. art. L 8252-2 L 8252-3 **S-II-2800 s**

Sur l'option ouverte au travailleur étranger en cas d'emploi sans titre dans le cadre d'un travail dissimulé, voir n° 35970.

› Précisions **a.** L'indemnité forfaitaire est due au travailleur, même en cas de **refus administratif de régularisation** de sa situation (Cass. soc. 8-7-1985 n° 84-44.498 S). En revanche, elle n'est pas due à l'étranger licencié pour faute grave pour avoir falsifié son titre de travail, dès lors que l'employeur n'a commis aucune faute dans la vérification de ce titre, apparemment régulier (Cass. soc. 18-2-2014 n° 12-19.214 FS-PB : RJS 4/14 n° 359). Sur la responsabilité civile de l'étranger recruté sur présentation d'un faux titre, voir n° 35970, e.

Le conseil de prud'hommes peut ordonner par **provision** le versement de l'indemnité forfaitaire de rupture. Sur la prise en charge par l'employeur des frais d'envoi vers l'étranger des sommes dues au travailleur, voir n° 35970, a.

b. **L'indemnité de préavis,** à laquelle le salarié peut prétendre, même si aucun préavis ne peut être exécuté (Cass. soc. 12-3-2002 n° 99-44.316 FS-PB : RJS 6/02 n° 748), ne se cumule pas avec l'indemnité forfaitaire visée ci-dessus ; seule la plus élevée est due (Cass. soc. 29-1-2008 n° 06-44.983 F-P : RJS 5/08 n° 611 ; 13-2-2013 n° 11-23.920 F-PB : RJS 5/13 n° 413).

c. Au moment de la rupture de la relation de travail, l'employeur doit délivrer les **bulletins de salaire,** un certificat de travail et le solde de tout compte (C. trav. art. R 8252-6, al. 2), mais pas l'attestation Pôle emploi (Cass. soc. 8-12-2009 n° 08-42.100 F-D : RJS 2/10 n° 221).

d. Une indemnité supplémentaire peut être accordée par le juge si le salarié justifie d'un préjudice tenant notamment aux **circonstances abusives** dans lesquelles serait intervenue la rupture de la relation de travail (Cass. soc. 12-3-2002 n° 99-44.316 FS-PB : RJS 6/02 n° 748).

e. **Aucun salaire** n'est dû à l'étranger en situation irrégulière **postérieurement à la rupture du contrat de travail.** Par conséquent, ce dernier ne peut pas prétendre à un rappel de salaire correspondant aux 3 mois qui ont suivi la cessation de son travail au motif que l'employeur ne l'avait officiellement rompu qu'à l'issue de ces 3 mois et que le salarié était entre-temps resté à sa disposition (Cass. soc. 9-7-2014 n° 13-11.027 F-D : RJS 11/14 n° 817).

f. En cas de **redressement** ou de **liquidation judiciaire,** voir nos 70900 s.

2. PROTECTION SOCIALE

ASSUJETTISSEMENT

36020 Sauf dérogation prévue par les **accords internationaux** (règlements européens et conventions bilatérales de sécurité sociale notamment), tout étranger en situation régulière exerçant une activité salariée en France doit être affilié au régime français de sécurité sociale et est soumis aux cotisations selon les mêmes **modalités** que les travailleurs français.

CSS art. L 311-2 L 115-6 R 111-3 R 111-4 S-II-4100 s

› Précisions **a.** Les **ressortissants de l'EEE et de la Suisse** ne sont pas tenus de présenter un titre de séjour (Décret 2000-649 du 7-7-2000). Ils doivent simplement pouvoir justifier de cette qualité au moyen d'une pièce d'identité ou d'état civil.

b. Pour les ressortissants des **pays tiers,** la liste des titres ou documents attestant de leur **séjour régulier** en France est fixée par arrêté (Arrêté AFSS1713741A du 10-5-2017). La régularité du séjour est contrôlée au jour de la demande de prestations, y compris si celle-ci est instruite après la date de fin de validité du document ou du titre présenté. Sauf fraude ou signalement par l'intéressé qu'il ne réside plus en France ou ne relève plus de la législation de sécurité sociale française, le droit aux prestations ne peut pas être **fermé** avant la fin du 6e mois suivant la date d'expiration des titres ou documents présentés.

c. Les **frontaliers** ayant leur lieu de travail en France mais leur résidence à l'étranger sont assujettis à titre obligatoire. Sur la caisse d'affiliation compétente dans cette hypothèse, voir n° 4210, a.

d. Un accord international peut permettre de déroger à l'assujettissement obligatoire au régime français. En pratique, la dérogation recouvre essentiellement le cas du **détachement** (n° 36205).

e. S'agissant des **cotisations sur les indemnités d'expatriation,** voir n° 78695.

PRESTATIONS

36040 **Conditions générales** Sous réserve des dispositions des accords internationaux, et sauf exceptions (voir nos 36050 s.), les travailleurs étrangers en situation régulière ont droit aux prestations de sécurité sociale françaises, s'ils résident en France.

CSS art. L 311-7 S-II-4800 s

La régularité de leur séjour est appréciée comme indiqué n° 36020, a et b (la nature des titres de séjour exigés à cet effet faisant l'objet de dispositions spécifiques aux différentes prestations).

› Précisions **a.** Bien que résidant en France, les ressortissants des États membres de l'UE et de l'EEE sont **exclus** du bénéfice du RSA (CASF art. L 262-6), de la prise en charge des frais de santé (CSS art. L 160-6) et de l'AAH (CSS art. L 821-1) s'ils sont entrés dans le pays pour y rechercher un emploi et s'y maintiennent à ce titre.

b. S'agissant du cas particulier des bénéficiaires de l'**aide à la réinsertion familiale et sociale des anciens migrants** dans leur pays d'origine, voir n° 36060.

36045 **Maladie, maternité, invalidité, décès** Dès lors qu'ils justifient de la **régularité de leur séjour,** les travailleurs étrangers ont **droit aux prestations** dans les mêmes conditions que les Français. Toutefois, certains textes internationaux prévoient la totalisation des périodes d'assurance accomplies dans les différents États concernés pour l'appréciation des conditions d'ouverture du droit.

CSS art. L 161-16-1 L 161-25-1 S-II-4830 s S-II-5330 S-II-6050

Le travailleur ressortissant d'un État de l'UE ou de l'EEE exerçant son activité professionnelle en France et résidant sur le territoire d'un autre État membre a droit aux prestations en nature servies par l'institution du lieu de résidence et aux prestations en espèces servies par l'institution compétente (voir nos 78832 s.).

Certains accords internationaux prévoient le maintien des droits aux prestations en cas de séjour temporaire dans un autre État membre ou de transfert de résidence.

› Précisions **a.** Aucun titre n'est exigé pour les **ayants droit** mineurs de l'étranger non ressortissant de l'UE, de l'EEE ou de la Suisse (Circ. DSS/AAF/AF1 11 du 17-2-1995 réputée abrogée).

b. Les membres de la famille des travailleurs ressortissants de l'UE, de l'EEE ou de la Suisse peuvent prétendre aux prestations d'assurance maladie-maternité-décès (Règl. 883/2004 et 987/2009).

c. Les étrangers qui **cessent de remplir la condition de régularité** du séjour bénéficient du maintien provisoire de leurs droits aux prestations en espèce de l'assurance maladie-maternité-décès (CE 14-1-1998 n° 174219 : RJS 5/98 n° 660) (voir n° 50325), et éventuellement de certaines prestations d'aide sociale.

36050 **Accidents du travail** En cas d'incapacité temporaire, l'assuré peut séjourner hors de France en conservant ses droits aux soins et aux **indemnités journalières.**

En revanche, en cas d'incapacité permanente, la **rente** cesse d'être due si le travailleur quitte le territoire français. L'intéressé perçoit alors un capital égal à 3 fois le montant annuel de la rente. De même, les **ayants droit** (sur cette notion, voir nos 1230 s.) étrangers ne reçoivent aucune indemnité s'ils ne résident pas sur le territoire français lors de l'accident. CSS art. L 434-20 R 434-35 **S-II-4990** **S-II-5550 s** **S-II-6500 s**

> Précisions a. Les textes internationaux comportent des dispositions levant les restrictions opposables aux étrangers : le paiement de la **rente** est maintenu en cas de résidence hors de France.
b. L'**irrégularité** de la situation d'un ressortissant étranger ne fait pas obstacle au versement des prestations d'accident du travail (Circ. DSS/AAF/A1 11 du 17-2-1995 réputée abrogée). La caisse recouvre dans ce cas auprès de l'employeur la totalité des prestations qu'elle a à ce titre supportées. Si elle constate à cette occasion un manquement de ce dernier aux obligations relatives à la déclaration d'accident du travail et à la remise de la feuille d'accident à la victime, elle peut en outre prononcer une pénalité financière dont le montant varie en fonction de la gravité des faits reprochés, sans préjudice d'autres sanctions, le cas échéant (CSS art L 471-1, al. 3 et L 114-17-1).

Prestations vieillesse Le bénéfice des **pensions de retraite et de réversion** n'est pas subordonné à la justification de la résidence en France. Néanmoins, si le ressortissant étranger réside en France, il doit justifier de la régularité de son séjour. **36055** CSS art. L 161-18-1 **S-II-5750 s** **S-II-6700 s**
S'agissant de l'ouverture du droit à l'**allocation veuvage,** voir n° 67820.

Prestations non contributives Pour prétendre à l'allocation aux adultes handicapés (**AAH**), les étrangers non ressortissants de l'UE, de l'EEE ou de la Suisse doivent justifier de la régularité de leur séjour en France en produisant les titres ou documents requis. Les ressortissants de l'UE, de l'EEE ou de la Suisse y ont droit s'ils résident en France depuis plus de 3 mois. Toutefois, cette condition n'est pas opposable aux personnes exerçant une activité déclarée ou qui, ayant exercé une telle activité, sont en incapacité de travail pour raison médicale, en formation ou demandeurs d'emploi ainsi qu'à leurs ascendants, descendants et conjoint. **36060** CSS art. L 311-7 L 816-1 L 821-1 CASF art. L 117-3 **S-II-5140 s** **S-II-5900 s** **S-II-7320**

Pour prétendre à l'allocation de solidarité aux personnes âgées (**Aspa**), les étrangers doivent résider de façon stable et régulière en France (n° 85005) et, sauf exception, posséder un titre de séjour régulier depuis au moins 10 ans. Ils perdent l'Aspa s'ils font de longs séjours dans leur pays d'origine. Sous certaines conditions, il peut leur être accordé en remplacement l'**aide à la vie familiale et sociale des anciens migrants** dans leur pays d'origine. Les bénéficiaires de cette aide ont droit, lors de courts séjours sur le territoire national, aux prestations en nature des assurances maladie ou maternité du régime dont ils relevaient avant leur départ de France ou, à défaut, du régime général de sécurité sociale.

Dans le cadre des règlements européens, les prestations non contributives ne peuvent être servies que dans l'État où elles ont été acquises (Règl. CE 883/2004 art. 70).

Prestations familiales Ne peuvent bénéficier de prestations familiales que les parents étrangers en situation régulière dont les enfants à charge résident eux-mêmes régulièrement en France. En cas de **régularisation** de la situation d'un enfant déjà arrivé en France, celui-ci ouvre droit aux prestations familiales (Cons. const. 15-12-2005 n° 2005-528 DC). **36065** CSS art. L 512-1 à L 512-6 D 512-1 à D 512-3 **S-II-5050 s** **S-II-5620 s** **S-II-6850 s**

Les personnes résidant en France et ayant droit à des prestations familiales en application des dispositions d'un **accord international, du droit interne d'un État** étranger ou des **statuts d'une organisation internationale,** dont les ressortissants étrangers détachés sur le sol français, bénéficient de compléments différentiels à la charge du régime français si les droits acquis au regard de l'autre législation en cause sont inférieurs à ceux tirés du régime français. Pour le calcul de ce complément, toutes les prestations visées à l'article L 511-1 du CSS sont prises en compte, sauf l'allocation de logement et la prime à la naissance ou à l'adoption.

> Précisions a. Les enfants à charge au titre desquels les prestations familiales sont demandées doivent se trouver dans l'une des situations limitativement énumérées par le CSS : naissance en France, entrée régulière en France dans le cadre d'un regroupement familial (Cass. 2e civ. 6-11-2014 n° 13-22.687 FS-PB : RJS 2/15 n° 155 ; 12-3-2015 n° 14-11.102 F-D : RJS 6/15 n° 451), etc. La **liste des titres et justifications** attestant la régularité de l'entrée et du séjour des bénéficiaires étrangers, ainsi que la nature des documents exigés pour justifier de la régularité de la situation de leurs enfants à charge est fixée par les articles D 512-1 et D 512-2 du CSS.
b. La production d'un document attestant d'une entrée régulière des enfants étrangers en France ne peut être exigée pour les ressortissants étrangers bénéficiaires des **accords d'association** CE-Algérie et CE-Turquie (Cass. ass. plén. 5-4-2013 nos 11-17.520 PBRI et 11-18.947 PBRI : RJS 6/13 n° 494).
c. S'agissant de la condition de **résidence des enfants,** voir n° 57955.
d. Le travailleur salarié occupé en France peut prétendre, pour ses enfants résidant sur le territoire d'un autre État, aux prestations exportables (règlements européens) ou à des prestations forfaitaires ou une participation de la France (accords bilatéraux).

36075 C. trav. art. R 5421-3 S-II-5020 S-II-5860 s S-II-7200 s

Chômage Les étrangers titulaires d'un titre en cours de validité autre qu'une autorisation provisoire de travail bénéficient des allocations d'assurance chômage et de solidarité dans les mêmes **conditions** que les travailleurs français. Pour bénéficier des prestations de chômage, ils doivent être inscrits à Pôle emploi, qui vérifie la régularité de leur situation. La liste des titres de séjour admis pour cette inscription est fixée par l'article R 5221-48 du Code du travail.

Sur l'indemnisation dans le cadre des règlements européens, voir nº 78855.

> **Précisions** **a.** La mesure empêchant les titulaires d'une **autorisation provisoire de travail** de faire valoir leurs droits aux prestations chômage ne méconnaît pas le principe d'égalité mais découle de la différence de traitement entre les étrangers, inhérente à la nature de leurs titres de séjour et d'activité (CE 29-12-2000 nº 210231 : RJS 5/01 nº 679).
> **b.** S'agissant de l'impact du chômage sur le **renouvellement** du **titre de travail,** voir nº 35605, a.
> **c.** Sur l'**aide au retour** dans le pays d'origine, voir nº 35965.

C. Détachement en France

36160 S-II-9700 s

Les entreprises ayant leur siège social hors de France peuvent détacher temporairement leurs salariés en France pour y exécuter une prestation de services. Toutefois, afin de lutter contre les montages frauduleux, le Code du travail encadre ces détachements et s'attache à renforcer l'application de la législation française, en tant que pays d'accueil.

> **Précisions** Le Code du travail transpose les directives européennes 96/71 du 16 décembre 1996 (nºs 78360 s.) et 2018/957 du 28 juin 2018 (JOUE 9-7).

1. DÉFINITIONS

SITUATIONS DE DÉTACHEMENT

36170 C. trav. art. L 1262-1 L 1262-2 L 1262-3 S-II-9950 s

Le Code du travail distingue trois situations :

1º Un employeur établi hors de France peut détacher temporairement des salariés sur le territoire national, s'il existe un contrat de travail entre cet employeur et le salarié et si leur relation de travail subsiste pendant le détachement. Le détachement s'effectue soit **pour le compte de l'employeur** et sous sa direction, dans le cadre d'un contrat conclu entre celui-ci et un destinataire établi ou exerçant en France, soit entre établissements d'une **même entreprise ou** entre entreprises d'un **même groupe.**

2º Une entreprise exerçant une activité de **travail temporaire** (ETT) établie hors du territoire français peut également détacher temporairement des salariés auprès d'une entreprise utilisatrice établie sur le territoire national (détachement **direct**) ou située à l'étranger mais exerçant temporairement une activité sur le territoire national (détachement **indirect**), à condition qu'il existe un contrat de travail entre l'ETT étrangère et le salarié et que leur relation de travail subsiste pendant la période de détachement.

3º Un employeur établi hors de France peut détacher temporairement des salariés sur le territoire national pour réaliser une **opération pour son propre compte,** sans qu'il existe un contrat entre celui-ci et un destinataire.

> **Précisions** **a.** Quel que soit le cadre du détachement, un **contrat de travail** doit exister entre l'employeur et le salarié détaché, et doit être maintenu pendant le détachement. Commettent le délit de prêt illicite de main-d'œuvre les sociétés françaises ayant eu recours aux services de travailleurs polonais mis à leur disposition par une société de droit britannique n'ayant conservé sur ces derniers aucune autorité durant le détachement (Cass. crim. 3-3-2009 nº 07-81.043 F-PF : RJS 6/09 nº 584).
> **b.** La **durée** du détachement n'est pas précisée par la loi. Elle peut varier selon l'importance de la tâche à accomplir. Il appartient à l'inspection du travail de vérifier le caractère temporaire du détachement. Sur la durée de ce dernier en matière de sécurité sociale, voir nº 78685.
> **c.** Un employeur ne peut pas se prévaloir des dispositions applicables au détachement de salariés lorsqu'il exerce, dans l'État dans lequel il est établi, des **activités relevant uniquement de la gestion interne ou administrative** ou lorsque son activité est **réalisée sur le territoire national de façon habituelle, stable et continue,** notamment par la recherche et la prospection d'une clientèle ou le recrutement de salariés sur ce territoire. Dans ces situations, l'employeur est assujetti aux dispositions du Code du travail applicables aux entreprises établies sur le territoire français.
> **d.** Les modalités de mise en œuvre des dispositions légales régissant le détachement temporaire de salariés sont adaptées aux **entreprises de transport routier ou fluvial** établies hors de

France et détachant du personnel roulant ou navigant sur le territoire national. La méconnaissance par l'employeur de ces dispositions le rend passible de l'amende visée n° 36280 (C. transports art. L 1331-1 à L 1331-3 et R 1331-1 à R 1331-11).

SALARIÉ DÉTACHÉ

Est un salarié détaché tout salarié d'un employeur régulièrement établi et exerçant son activité hors de France et qui, travaillant habituellement pour le compte de celui-ci hors du territoire national, exécute un travail à sa demande pendant une durée limitée sur le sol français dans les conditions définies n° 36170. 36175 C. trav. art. L 1261-3 **S-II-10400 s**

2. RÉGLEMENTATION APPLICABLE AUX SALARIÉS DÉTACHÉS

DROIT DU TRAVAIL

Régime applicable pendant les 12 premiers mois Quelle que soit la loi applicable au contrat de travail (nos 78335 s.), l'employeur détachant temporairement un salarié en France (y compris les mannequins et personnels artistiques et techniques des entreprises du spectacle) lui **garantit,** pendant les 12 premiers mois du détachement, l'**égalité de traitement** avec les salariés employés par les entreprises de la même branche établies sur le territoire national en lui appliquant les dispositions légales et les stipulations conventionnelles, en matière de législation du travail, dans les domaines suivants (**« noyau dur »**) : 36190 C. trav. art. L 1262-4 L 1265-1 R 1261-1 à R 1262-15 D 1265-1 **S-II-11900 s**

– libertés individuelles et collectives dans la relation de travail et droit de grève ;
– non-discrimination et égalité professionnelle entre les femmes et les hommes ;
– protection de la maternité, congés de maternité, de paternité et d'accueil de l'enfant ou pour événements familiaux ;
– conditions de mise à disposition et garanties dues aux travailleurs par les entreprises exerçant une activité de travail temporaire ;
– durée du travail, repos compensateurs, jours fériés, congés payés, assujettissement aux caisses de congés et intempéries (Cass. soc. 22-2-2006 n° 03-18.771 : RJS 5/06 n° 641) ;
– âge d'admission au travail, emploi des enfants, durée du travail et travail de nuit des jeunes travailleurs ;
– rémunération au sens visé n° 32195, paiement du salaire, y compris les majorations pour les heures supplémentaires ;
– remboursements effectués au titre de frais professionnels correspondants à des charges de caractère spécial inhérentes à sa fonction ou à son emploi supportés par le salarié détaché, lors de l'accomplissement de sa mission, en matière de transport, de repas et d'hébergement ;
– règles relatives à la santé et sécurité au travail, sous peine de sanctions pénales (n° 72550) ;
– travail illégal.

> Précisions a. Le **non-respect** des règles impératives en matière de repos, durée du travail et salaire peut entraîner la suspension administrative de l'activité du prestataire de services dans les conditions exposées n° 36270.

b. Les allocations propres au détachement sont regardées comme faisant partie de la **rémunération.** Tel est le cas d'une indemnité de détachement qui est la contrepartie du travail (Cass. soc. 13-11-2014 n° 13-19.095 : RJS 1/15 n° 71). Toutefois, les sommes versées à titre de remboursement des dépenses effectivement encourues du fait du détachement en sont exclues et sont prises en charge par l'employeur lorsque, d'une part, leur prise en charge est prévue par des dispositions légales ou des stipulations conventionnelles et, d'autre part, le salarié détaché se déplace vers ou depuis son lieu de travail habituel sur le territoire national ou est temporairement envoyé par son employeur de ce lieu de travail habituel vers un autre lieu de travail. Si l'employeur ne justifie pas du versement de tout ou partie de l'allocation propre au détachement au titre de la rémunération ou des dépenses effectivement encourues du fait du détachement, l'intégralité de l'allocation est alors regardée comme payée à titre de remboursement des dépenses et est exclue de la rémunération.

c. Sur la responsabilité du donneur d'ordre en cas de **non-paiement par l'employeur du salaire minimum,** voir n° 70738.

d. Le salarié détaché bénéficie d'un **suivi de son état de santé** par un service de santé au travail, notamment d'un examen médical d'aptitude à l'embauche ou d'une visite d'information et de prévention, sauf s'il est soumis à une surveillance équivalente dans son pays d'origine.

e. Lorsque la durée du détachement est supérieure à un mois, les règles relatives à la **mensualisation** (nos 70755 s.), à l'indemnisation complémentaire due par l'employeur en cas d'**absence pour maladie ou accident** (nos 49760 s.) et au chômage des **jours fériés** (nos 31100 s.) sont applicables.

f. En cas de détachement entre établissements d'une même entreprise et entre entreprises d'un même groupe, les salariés disposent du **droit d'expression** visé nos 36800 s.

g. Les contestations relatives à l'application des dispositions ci-dessus relèvent du **conseil de prud'hommes** du ou des lieux où s'effectue ou a été effectué le travail (C. trav. art. R 1412-5).

Une **organisation syndicale représentative** peut faire valoir devant cette juridiction les droits du salarié détaché par une entreprise établie à l'étranger, sans avoir à justifier d'un mandat de celui-ci, après l'en avoir au préalable averti, par tout moyen permettant de conférer à cette démarche une date certaine, et en précisant à l'intéressé : la nature et l'objet de l'**action en justice** envisagée ; le fait qu'il peut s'opposer à celle-ci dans les 15 jours à compter de la réception de la lettre du syndicat et qu'il peut, à tout moment, intervenir à l'instance ; la possibilité pour le syndicat d'exercer lui-même les voies de recours.

h. Sur l'obligation pour le maître d'ouvrage de porter à la connaissance des salariés détachés sur les **chantiers de bâtiment ou de génie civil** les informations sur la réglementation qui leur est applicable, voir nº 36240, c.

i. Les dispositions ci-dessus limitant à 12 mois l'application du seul « noyau dur » ou obligeant à respecter le principe d'égalité de rémunération s'appliquent depuis le 30 juillet 2020. Toutefois, pour apprécier la **durée** de détachement **de 12 mois** pendant laquelle s'applique le « noyau dur », il est tenu compte des **périodes** de détachement **déjà accomplies à cette date** (Ord. 2019-116 du 20-2-2019 art. 7).

36195 C. trav. art. L 1262-4 R 1262-18-1

Régime applicable à compter du 13e mois À compter du 13e mois de détachement, l'employeur est tenu d'appliquer l'**intégralité de la législation** sociale française à l'exception des règles relatives :

- à la formation du contrat de travail, à son exécution, à sa modification pour motif économique, à son transfert et à sa rupture ;
- à la mobilité volontaire sécurisée ;
- aux contrats à durée déterminée, de mission à l'exportation, de chantier ou d'opération ;
- aux chèques et titres simplifiés de travail.

Toutefois, lorsque l'exécution de la prestation le justifie, l'employeur peut, sur déclaration motivée adressée à la Dreets (la Direccte avant le 1-4-2021), solliciter une **prorogation** de 6 mois maximum de la durée d'application du seul « noyau dur » de la réglementation sociale française (nº 36190).

› Précisions **a.** En cas de **remplacement d'un salarié détaché** par un autre salarié détaché sur le même poste de travail, la **durée** de détachement **de 12 mois** est **atteinte** lorsque la durée cumulée du détachement des salariés se succédant sur le même poste est égale à 12 mois. Sur la prise en compte des **périodes antérieures** au 30 juillet 2020 pour apprécier la durée de 12 mois de détachement, voir nº 36190, i.

b. Sous peine d'une amende administrative (nº 36280), l'employeur doit compléter la **déclaration de détachement** visée nº 36230, pour chaque salarié concerné, en indiquant la durée et le motif de la prorogation.

TITRE DE TRAVAIL

36200 C. étrangers art. L 313-7-2 L 313-10 L 313-24 C. trav. art. R 5221-2 R 5221-3 R 5221-16 S-II-11380

Sauf s'il est ressortissant de l'UE ou de l'EEE ou de la Suisse (nº 35560), l'étranger détaché doit en principe être titulaire d'un document l'autorisant à travailler en France, à savoir :

- la carte de séjour pluriannuelle **« salarié détaché ICT (Intra corporate transfer) »** : d'une durée maximale de 3 ans, elle est délivrée à l'étranger qui vient en France afin d'occuper un poste d'encadrement supérieur ou d'apporter une expertise dans un établissement ou une entreprise du groupe qui l'emploie, s'il justifie d'une ancienneté professionnelle dans celui-ci d'au moins 6 mois ;
- la carte de séjour temporaire **« stagiaire ICT »** : elle est accordée à l'étranger qui vient en France, dans le cadre d'une convention visée par l'autorité administrative compétente, effectuer un stage dans un établissement ou une entreprise du groupe qui l'emploie, s'il justifie d'une ancienneté dans celui-ci d'au moins 6 mois, de moyens suffisants et d'un diplôme de l'enseignement supérieur ;
- la carte de séjour temporaire **« travailleur temporaire »** visée nº 35605.

› Précisions **a.** L'étranger ayant été **admis au séjour dans un autre État membre** de l'UE peut effectuer en France une mission d'une durée inférieure ou égale à 90 jours afin d'occuper un poste d'encadrement supérieur ou d'apporter une expertise ou en vue de suivre un stage conventionné dans un établissement ou une entreprise du groupe qui l'emploie, sous couvert du titre de séjour délivré dans le premier État membre portant la mention « ICT ». Lorsque cette mission est supérieure à 90 jours, l'étranger doit obtenir, selon le cas, une carte de séjour pluriannuelle « salarié détaché mobile ICT » ou une carte de séjour temporaire « stagiaire mobile ICT ».

b. Le **conjoint** âgé d'au moins 18 ans ainsi que les **enfants** du titulaire d'une carte de séjour peuvent obtenir, sous conditions, une carte de séjour les autorisant à exercer une activité professionnelle en France. Selon la situation, cette carte porte les mentions suivantes : « salarié détaché ICT (famille) », « salarié détaché mobile

ICT (famille) », « stagiaire ICT (famille) » ou « stagiaire mobile ICT (famille) ».

c. La personne contractant avec un prestataire établi à l'étranger qui détache des salariés en France doit se faire remettre, lors de la conclusion de ce contrat et tous les 6 mois jusqu'à la fin de l'exécution de celui-ci, la **liste des salariés étrangers** soumis à autorisation de travail précisant la date d'embauche, leur nationalité ainsi que le type et le numéro d'ordre du titre valant autorisation de travail (C. trav. art. D 8254-3 et D 8254-4).

SÉCURITÉ SOCIALE

Affiliation au régime Les salariés détachés qui entrent dans le champ d'application des **règlements européens** ou de l'une des nombreuses **conventions bilatérales** de sécurité sociale conclues par la France relèvent, dans les matières et pendant la durée prévues par l'accord international applicable, du régime de sécurité sociale de leur pays d'origine (voir nos 78680 s.). **36205** CSS art. L 111-2-2 L 114-15-1 L 767-2 L 512-1 D 767-1 **S-II-14500 s**

À défaut, ils relèvent en principe du régime français de sécurité sociale. L'employeur doit donc s'immatriculer, les **affilier** temporairement et verser les cotisations sociales. Toutefois, les salariés détachés peuvent demander, sur démarche conjointe avec leur employeur, une **dispense** d'affiliation en matière d'assurance vieillesse de base et complémentaire.

› Précisions a. Les salariés détachés ou, à défaut, l'employeur établi à l'étranger ou son représentant en France (no 36230) doivent **tenir à la disposition de l'inspection du travail,** sur le lieu d'exécution du travail et chez le donneur d'ordre ou maître d'ouvrage, le **formulaire concernant la législation de la sécurité sociale** qui leur est applicable. Le défaut de production de ce document, lors du contrôle, entraîne l'application d'une **pénalité financière** due par le donneur d'ordre ou maître d'ouvrage et recouvrée par l'Urssaf, dont le montant est fixé, pour chaque travailleur concerné, à hauteur du plafond mensuel de sécurité sociale en vigueur. Ce montant est doublé en cas de nouveau manquement constaté dans un délai de 2 ans à compter de la notification de la pénalité concernant un précédent manquement. La pénalité n'est pas due en cas de production, lors du contrôle, d'un justificatif attestant du dépôt de la demande d'obtention du formulaire, suivie de la production, dans un délai de 2 mois à compter du contrôle, du formulaire délivré à la suite de cette demande.

b. La **demande de dispense d'affiliation** à l'assurance retraite, dont le contenu est précisé par l'arrêté SSAS1918858A du 27 juin 2019, doit être contresignée par le salarié et adressée par l'employeur à l'**Urssaf,** par tout moyen permettant d'accuser date certaine à sa réception, dans un **délai** d'au moins 60 jours avant la date à compter de laquelle le salarié est affilié en France. En cas de **demande postérieure,** employeur et salarié sont tenus au respect des obligations déclaratives et de paiement jusqu'à réception de l'accord de dispense. La demande est **accompagnée** d'une déclaration sur l'honneur du salarié attestant qu'il n'a pas été soumis au régime de sécurité sociale français ainsi que des attestations du versement par les parties d'une contribution d'au moins 20 000 € par an sur des produits d'assurance vieillesse français ou étrangers. L'Urssaf accorde la dispense dans un **délai** de 30 jours à compter de la réception de la demande, avec la possibilité de demander des éléments complémentaires et de proroger sa **réponse** de 30 jours supplémentaires.

Accident du travail Sous peine de l'amende administrative visée no 36280, lorsqu'un salarié détaché est victime d'un accident du travail, une **déclaration** est envoyée, par tout moyen permettant de lui conférer date certaine, à l'inspection du travail du lieu où s'est produit l'accident dans un délai de 2 jours ouvrables suivant cet accident par : **36210** C. trav. art. L 1262-4-4 R 1262-2 **S-II-12780 s**

– l'employeur étranger, lorsque le détachement est réalisé pour son propre compte ;
– le donneur d'ordre ou maître d'ouvrage, dans les autres situations de détachement.

L'entreprise utilisatrice d'un salarié détaché non affilié à un régime français de sécurité sociale est tenue d'informer l'**ETT étrangère** de tout accident mettant en cause ce salarié détaché. En revanche, lorsque le salarié détaché est affilié à un régime français de sécurité sociale, la déclaration est effectuée selon les modalités de droit commun.

3. FORMALITÉS

OBLIGATIONS DU PRESTATAIRE DE SERVICES

Sous peine des sanctions visées nos 36270 s., le prestataire établi à l'étranger doit, avant le détachement, adresser à l'inspection du travail du lieu où débute la prestation une **déclaration** en français en utilisant le téléservice « Sipsi » (www.sipsi.travail.gouv.fr), dont le guide d'utilisation est disponible sur www.travail-emploi.gouv.fr. Il doit également, dans cette déclaration, désigner un **représentant de l'entreprise** sur le territoire national, chargé d'accomplir ses obligations et d'assurer la liaison avec les agents de contrôle. **36230**

C. trav. art. L 1262-2-1 L 1262-2-2 L 1262-6 L 1262-7 L 1263-8 R 1263-2-1 à R 1263-6 **S-II-10750 s**

Toutefois, des **aménagements** à ces obligations peuvent être demandés à la Dreets (la Direccte avant le 1-4-2021), pour une durée ne dépassant pas un an par les employeurs détachant de manière récurrente des salariés dans les conditions visées n° 36170, 1° et garantissant le respect des dispositions du Code du travail visées n°s 36190 s.

Par ailleurs, sont **exonérés** de ces deux formalités les employeurs détachant des salariés pour leur propre compte (n° 36170, 3°) ainsi que ceux visés n° 36170, 1° (sauf agences de mannequins) effectuant des prestations et opérations de courte durée ou dans le cadre d'événements ponctuels et dont les salariés détachés exercent l'une des activités dont la liste est fixée par l'arrêté MTRT1914009A du 4 juin 2019 : artistes, sportifs, apprentis, participants à des colloques, séminaires ou manifestations scientifiques, professeurs et chercheurs.

› Précisions a. La **déclaration** se substitue à l'ensemble des obligations déclaratives prévues par le Code du travail hormis celles spécifiquement prévues dans le cadre du détachement, en particulier celles relatives aux accidents du travail (n° 36210) et au travail temporaire (n° 36300). Sur l'obligation pour l'entreprise d'accueil d'annexer l'accusé de réception de la déclaration de détachement à son registre unique du personnel, voir n° 33235, b.

b. La **désignation du représentant** de l'entreprise couvre l'ensemble de la période pendant laquelle les salariés sont détachés.

c. L'**accomplissement des obligations** de déclaration du détachement et de désignation d'un représentant ne présume pas du caractère régulier du détachement.

d. Sur l'obligation de compléter la déclaration de détachement lorsque l'employeur souhaite obtenir une **prorogation de la durée de 12 mois** pendant laquelle le salarié détaché n'est soumis qu'au **« noyau dur »** de la réglementation française, voir n° 36195, b.

e. L'employeur est tenu d'**informer** les personnes autres que le déclarant, et en particulier les **salariés** détachés, que leurs **données personnelles** feront l'objet d'un traitement automatisé dans le cadre du téléservice « Sipsi » ainsi que de leurs droits d'accès et de rectification dont ils disposent en application des articles 39 et 40 de la loi Informatique et libertés du 6 janvier 1978. En revanche, aucun droit d'opposition ne s'applique au traitement « Sipsi » (Décret 2016-1044 du 29-7-2016 art. 4).

f. L'employeur étranger détachant ses salariés en France, tenu de ne répondre des conditions de ce détachement que **dans les limites de l'opération déclarée** aux autorités françaises, ne saurait être regardé comme ayant méconnu son obligation déclarative dès lors que l'**affectation irrégulière** de deux de ses salariés sur un autre chantier avait été **décidée** par le donneur d'ordre français **à son insu** (CAA Lyon 2-4-2020 n° 19LY00545 : RJS 11/20 n° 565).

g. La déclaration de détachement s'impose même si le travailleur détaché est **indépendant** dans son pays d'origine, dès lors qu'il est bien sous la subordination du prestataire de services en France (CAA Lyon 2-4-2020 n° 18LY03401 : RJS 11/20 n° 565).

OBLIGATIONS DU MAÎTRE D'OUVRAGE OU DONNEUR D'ORDRE

36240 C. trav. art. L 1262-4-1 L 1262-4-2 L 1263-4-5 R 1263-12 à R 1263-14 **S-II-11350 s**

Obligation de vigilance Le donneur d'ordre ou maître d'ouvrage est soumis à une obligation de vigilance. Avant le début de chaque détachement, il doit ainsi vérifier auprès du prestataire de services établi à l'étranger que ce dernier s'est bien acquitté de ses obligations. À cet effet, il doit **se faire remettre** l'accusé de réception de la déclaration de détachement (n° 36230) et une attestation sur l'honneur (comportant les nom, prénom, raison sociale et signature du représentant légal) certifiant que le cocontractant s'est acquitté, le cas échéant, du paiement des amendes visées n°s 36275 s. À défaut, il doit transmettre à l'unité territoriale compétente dans les 48 heures suivant le début du détachement, en utilisant le téléservice visé n° 36230, une **déclaration subsidiaire** rédigée en français. Il doit également vérifier que les **sous-traitants directs ou indirects** (qu'il a agréés en application de la loi 75-1334 du 31-12-1975) de ses cocontractants, ainsi que chacune des entreprises de travail temporaire avec laquelle l'un de ses sous-traitants ou de ses cocontractants a passé un contrat, se sont bien acquittés de leur obligation déclarative.

Le **non-respect** de ces dispositions est passible des sanctions exposées n°s 36270 s.

› Précisions a. L'obligation de vigilance **ne s'applique pas** au particulier qui contracte avec un prestataire de services établi hors de France pour son usage personnel, celui de son conjoint, de son partenaire lié par un pacte civil de solidarité, de son concubin ou de ses ascendants ou descendants.

b. Sur l'obligation pour le donneur d'ordre ou maître d'ouvrage : d'annexer l'accusé de réception de la déclaration de détachement à son **registre unique du personnel,** voir n° 33235, b ; de détenir le **formulaire d'affiliation au régime de sécurité sociale** du salarié détaché, voir n° 36205.

c. Sur les **chantiers de bâtiment ou de génie civil,** le maître d'ouvrage doit porter à la connaissance des salariés détachés, par voie d'affichage sur les lieux de travail, les informations sur la réglementation qui leur est applicable. L'affiche est facilement accessible et traduite dans l'une des langues officielles parlées dans chacun des États d'appartenance des salariés détachés.

d. L'obligation de vigilance mise à la charge du donneur d'ordre n'excède pas la **vérification,**

avant le début du détachement, de ce que le prestataire étranger s'est formellement acquitté de la **communication à l'administration** de la déclaration de détachement des salariés et de la désignation de son représentant en France (CAA Lyon 30-1-2020 n° 18LY02028 ; 2-4-2020 n° 18LY03401 : RJS 11/20 n° 565). Elle ne s'étend pas à la **vérification détaillée du contenu** des documents fournis par le prestataire de services (CAA Lyon 30-1-2020 n° 19LY00557 : RJS 11/20 n° 565).

Devoir d'injonction Le maître d'ouvrage ou donneur d'ordre est tenu à un devoir d'injonction : dès qu'il est informé par l'administration du **non-paiement partiel ou total du salaire** minimum légal ou conventionnel dû au salarié détaché par son cocontractant, par un sous-traitant direct ou indirect ou par un cocontractant d'un sous-traitant, il doit enjoindre, par écrit, à ce sous-traitant ou à ce cocontractant, ainsi qu'au donneur d'ordre immédiat de ce dernier, de faire cesser sans délai cette situation. 36245

C. trav. art. L 1262-4-3 R 1263-15 à R 1263-19

À défaut de régularisation de la situation signalée, le maître d'ouvrage ou donneur d'ordre, s'il ne dénonce pas le contrat de prestation de services, est **tenu solidairement avec l'employeur** étranger au paiement des rémunérations, indemnités et charges dues à chaque salarié détaché ainsi que, lorsque ce dernier relève d'un régime français de sécurité sociale, des cotisations et contributions sociales afférentes.

> **Précisions** **a.** À compter du jour de la réception de l'injonction, l'employeur détachant des salariés et, le cas échéant, le donneur d'ordre cocontractant de ce dernier informent dans un délai de 7 jours le maître d'ouvrage ou donneur d'ordre des **mesures prises pour faire cesser la situation.** Ce dernier transmet aussitôt cette information à l'administration ou l'informe, dès l'expiration du délai imparti, de l'absence de réponse.
> **b.** L'agent de contrôle auteur du signalement **informe par écrit les salariés** concernés qu'à défaut de paiement de leurs rémunérations par l'employeur, le maître d'ouvrage ou donneur d'ordre, ils peuvent saisir le **conseil de prud'hommes** afin de recouvrer les sommes dues.
> **c.** Le devoir d'injonction **ne s'applique pas** au particulier mentionné n° 36240, a.

4. CONTRÔLE ET SANCTIONS

MODALITÉS DE CONTRÔLE

Les **obligations** et **interdictions** applicables aux entreprises françaises faisant appel à des prestataires de services, notamment celles relatives au travail illégal, s'appliquent dans les mêmes conditions si les prestations sont réalisées par des entreprises étrangères détachant du personnel en France. 36260

C. trav. art. L 1261-2 L 1263-1 R 1263-10 R 1263-11 S-II-13200 s

Le contrôle des conditions de travail et d'emploi et la coopération avec les administrations des autres États membres sont assurés par le **bureau de liaison** de la direction générale du travail. Les **inspecteurs du travail** peuvent communiquer à leurs homologues étrangers, directement ou par l'intermédiaire du bureau de liaison, toute information nécessaire à ce contrôle.

En vue du contrôle de l'administration, l'employeur établi à l'étranger est tenu de conserver sur le lieu de travail du salarié détaché ou, en cas d'impossibilité matérielle, dans tout autre lieu accessible à son représentant, et de présenter sans délai à la demande de l'inspection du travail les **documents traduits en langue française** permettant de vérifier le respect de ses obligations en matière de détachement, dont la liste est fixée à l'article R 1263-1, II, du Code du travail. 36265

C. trav. art. L 1263-7 R 1263-1 à R 1263-2

Le **manquement** à cette obligation peut entraîner les sanctions visées n°s 36270 s.

> **Précisions** L'employeur qui est **dispensé** des deux formalités visées n° 36230 dispose d'un **délai,** qui ne peut pas être supérieur à 15 jours, pour présenter ces documents. Ce même délai est accordé à l'employeur réalisant un **détachement pour son propre compte** (n° 36170, 3°), mais seulement pour la présentation des documents attestant d'un examen médical du salarié détaché dans son pays d'origine et justifiant de l'exercice d'une activité réelle et substantielle de l'employeur dans son pays d'établissement.

TYPES DE SANCTIONS

Suspension de la prestation de services Le Dreets (le Direccte avant le 1-4-2021) peut **décider** de suspendre, pendant un mois maximum, l'activité d'un prestataire de services établi hors de France lorsqu'un agent de contrôle de l'inspection du travail constate que celui-ci : 36270

C. trav. art. L 1263-3 à L 1263-4-1 L 1263-5 R 1263-11-1 à R 1263-11-7 S-II-13750 s

– commet un manquement grave aux règles impératives portant sur le repos quotidien ou hebdomadaire et la durée quotidienne ou hebdomadaire maximale de travail ;
– ne respecte pas les dispositions relatives au paiement total ou partiel du salaire minimum légal ou conventionnel ;

– soumet les salariés à des conditions de travail ou d'hébergement incompatibles avec la dignité humaine (C. pénal art. 225-14) ;
– ne respecte pas l'obligation de communication visée nº 36265 ;
– communique aux agents de contrôle des informations délibérément erronées ;
– ne s'est pas acquitté du paiement des amendes administratives visées nºs 36275 s.

Une telle suspension peut en outre être prononcée lorsque l'administration n'a pas reçu la déclaration subsidiaire de détachement visée nº 36240.

Le **non-respect** par l'employeur de la mesure de suspension de la prestation de services est passible de l'**amende** administrative visée nº 36275.

L'administration **met fin** à la mesure au vu des justificatifs de régularisation fournis par le représentant de l'employeur ou dès la réception de la déclaration de détachement ou encore dès le paiement des amendes administratives dues.

› Précisions **a.** Lorsqu'il constate un manquement justifiant la **suspension de l'activité,** l'agent de l'inspection du travail **enjoint par écrit** à l'employeur de faire cesser la situation dans un délai de 3 jours à compter de la réception de l'injonction (un jour en cas de circonstances exceptionnelles). Avant de prononcer la suspension, le Dreets invite le représentant de l'employeur à présenter ses **observations** dans un nouveau délai de 3 jours (un jour en cas de circonstances exceptionnelles). **À défaut de régularisation** de la situation, il peut ordonner la suspension de l'activité par une décision motivée indiquant sa durée ainsi que les voies et délais de recours. Le Dreets doit **informer,** sans délai, le préfet du département dans lequel est situé l'établissement ou, à Paris le préfet de police, et le maître d'ouvrage ou donneur d'ordre cocontractant du prestataire de toute décision de suspension ou de fin de la mesure.
b. La décision de suspension de la prestation n'entraîne ni rupture ou suspension du **contrat de travail** ni aucun préjudice pécuniaire pour les salariés.
c. Les injonctions, informations, invitations et notifications sont effectuées **par tout moyen** permettant de leur conférer **date certaine.**

36272 **Interdiction de la prestation de services** L'agent de contrôle qui constate, dès la réception de la déclaration préalable de détachement, l'**absence de paiement** par l'employeur étranger de ses **amendes** administratives visées nºs 36275 s. l'en informe sans délai et lui enjoint de régulariser la situation avant le début de la prestation. À défaut, le Dreets (Direccte avant le 1-4-2021) peut ordonner l'interdiction de la prestation de services, pendant une durée de 2 mois renouvelable.

C. trav. art. L 1263-4-2 L 1263-5 R 1263-11-3-1 à R 1263-11-7 **S-II-13750 s**

Le **non-respect** par l'employeur de la mesure d'interdiction de la prestation de services est passible de l'**amende** administrative visée nº 36275

Le Dreets **autorise** la prestation dès le versement des amendes administratives dont le non-paiement avait entraîné l'interdiction de la prestation.

› Précisions **a.** L'agent de contrôle qui constate, avant le début de la prestation, le non-paiement par l'employeur établi hors de France de ses amendes administratives transmet son **rapport motivé** au Dreets. Celui-ci **enjoint** à l'employeur **de payer** les sommes dues dès réception de l'injonction et à présenter ses observations dans un délai de 3 jours (un jour en cas de circonstances exceptionnelles). À défaut de régularisation à l'expiration du délai, le Dreets lui notifie une **décision motivée** d'interdiction temporaire de la prestation, pour une durée ne pouvant pas excéder 2 mois, ainsi que les voies et délais de recours. Si l'employeur ne transmet pas une attestation de paiement des amendes avant la fin du délai d'interdiction, l'autorité administrative peut **renouveler** l'interdiction.
b. La décision de suspension ou d'interdiction de la prestation n'entraîne ni rupture ou suspension du **contrat de travail** ni aucun préjudice pécuniaire pour les salariés.
c. Les injonctions, informations, invitations et notifications sont effectuées **par tout moyen** permettant de leur conférer **date certaine.**

36275 **Amendes administratives** L'employeur **ne respectant pas la décision administrative** d'interdiction ou de suspension de la prestation (nºs 36270 s.) est passible d'une amende administrative dont le montant, qui prend en compte les circonstances et la gravité du manquement, le comportement de son auteur ainsi que ses ressources et ses charges, ne peut excéder 10 000 € par salarié concerné. Elle est prononcée par le Dreets (le Direccte avant le 1-4-2021) selon les modalités visées nº 36280, b.

C. trav. art. L 1263-6 **S-II-13940**

Le **délai de prescription** de l'action de l'administration pour la sanction du manquement par une amende administrative est de 2 années révolues à compter du jour où le manquement a été commis.

L'employeur peut **contester** la décision de l'administration devant le tribunal administratif, à l'exclusion de tout recours hiérarchique.

Le **prestataire étranger** est passible d'une amende administrative lorsqu'il méconnaît ses obligations de déclaration du détachement de ses salariés et de désignation de son représentant en France (n° 36230), de déclaration d'un accident du travail (n° 36210), de déclaration de la prorogation visée n° 36195, c et de tenir à la disposition de l'administration les documents visés n° 36265. **36280** C. trav. art. L 1264-1 à L 1264-3 L 8115-1 R 8115-1 à R 8115-5 **S-II-14100 s**

Le **donneur d'ordre ou maître d'ouvrage** encourt la même sanction en cas de manquement à son obligation de vigilance (n° 36240), de déclaration d'un accident du travail (n° 36210) et d'affichage de la réglementation applicable aux salariés détachés sur un chantier de bâtiment ou de génie civil (n° 36240, c). Il en va de même si l'employeur étranger avec qui il a conclu le contrat de prestation de services ne respecte pas les dispositions légales, conventionnelles ou contractuelles relatives au salaire minimum des salariés détachés.

> Précisions a. Le **montant** de l'amende ne peut dépasser 4 000 € par salarié détaché ou 8 000 € en cas de nouveau manquement dans les 2 années suivant la notification de la première amende, avec un plafond total de 500 000 €. Pour fixer ce montant, sont pris en compte les circonstances et la gravité du manquement, le comportement de son auteur (notamment sa bonne foi) ainsi que ses ressources et ses charges.

b. L'amende est **prononcée par** le Dreets après qu'il a invité la personne ayant commis le manquement à présenter ses observations dans un délai de 15 jours. Le délai de prescription de l'action de l'administration pour la sanction du manquement par une amende administrative est de 2 années révolues à compter du jour où le manquement a été commis. L'indication de l'amende envisagée et la **notification** de la décision infligeant l'amende sont effectuées **par tout moyen** permettant de leur conférer date certaine. Les voies et délais de recours sont indiqués dans la décision de l'administration.

c. Le délai de **prescription** de l'action en recouvrement de l'amende est de 5 ans à compter de la date de notification du titre de perception. L'employeur, le maître d'ouvrage ou le donneur d'ordre peut **contester** la décision de l'administration devant le tribunal administratif, ce recours n'étant pas suspensif. Tout recours hiérarchique est exclu.

d. Le fait pour l'employeur de **ne pas payer** ses amendes administratives peut entraîner la suspension ou l'interdiction de la prestation de services (voir n°s 36270 s.).

e. Le **manquement à l'obligation de vigilance,** dont la **matérialité** est constituée au début de l'opération de détachement, ne peut entraîner le prononcé que d'une seule amende, quel que soit le nombre de documents non communiqués, multipliée par le nombre de salariés concernés, appliquée même en cas de **régularisation** en cours de détachement (CAA Lyon 30-1-2020 n° 18LY02028 ; 2-4-2020 n° 18LY03401 : RJS 11/20 n° 565).

Travail temporaire

36300 C. trav. art. L 1262-2 L 1262-2-1 L 1264-2 R 1262-16 à R 1262-18 R 1263-6 à R 1263-9 **S-II-10970 s** **S-II-12960 s**

Les dispositions du **Code du travail** relatives au travail temporaire sont applicables aux salariés temporairement mis à disposition en France par une entreprise de travail temporaire (ETT) étrangère, à l'exception de l'obligation de versement d'une indemnité de fin de mission pour les salariés sous contrat à durée indéterminée dans leur pays d'origine, et sous réserve de certaines adaptations tenant à la garantie financière.

Sous peine de l'amende visée n° 36280, l'**entreprise utilisatrice établie hors du territoire national** est tenue, dans le cadre d'un détachement indirect (n° 36170), d'informer préalablement au détachement, par tout moyen et dans un délai raisonnable, l'ETT qui emploie ces travailleurs du détachement de ses salariés sur le territoire national et des règles qui leur sont applicables, dont la liste est définie par l'arrêté MTRT2010970A du 28 juillet 2020.

Dans le cadre d'un détachement direct (n° 36170), l'**entreprise utilisatrice établie en France** doit de son côté informer l'employeur étranger, sous peine de l'amende visée n° 36280, des règles applicables à ses salariés en matière de rémunération pendant leur mise à disposition sur le territoire national. Les salariés bénéficient en effet des stipulations des conventions et accords applicables au lieu de travail et aux salariés employés par l'entreprise utilisatrice en matière de rémunération et dans les domaines visés n° 82340.

S'agissant de l'obligation déclarative en cas d'**accident du travail** d'un salarié intérimaire détaché, voir n° 36210.

EXPRESSION DES SALARIÉS DANS L'ENTREPRISE

SOMMAIRE

A. Domaines du droit d'expression

OBJET

36800 C. trav. art. L 2281-1 à L 2281-3 PB-II-200 s

Le droit d'expression est un droit spécifique reconnu aux salariés et encadré par la loi. Exercé de manière « **directe et collective** », il permet à des salariés se trouvant dans une même situation de travail de définir les actions à mettre en œuvre pour améliorer leurs conditions de travail, l'organisation de l'activité et la qualité de la production. Les salariés peuvent ainsi formuler des **avis, vœux et observations** sans passer par la voie hiérarchique ni par les représentants du personnel. L'accès au droit d'expression peut être assuré par le recours aux **outils numériques** (réseaux sociaux internes ou site intranet, notamment).

Le droit d'expression des salariés ne doit pas être confondu avec la liberté d'expression dont ils jouissent dans l'entreprise et hors de celle-ci, qui est étudiée nº 17035.

› Précisions Le **champ d'intervention** du droit d'expression s'étend, selon l'administration, à tout ce qui est directement lié au travail et aux conditions dans lesquelles il s'exerce ; il convient d'y faire entrer notamment (Circ. DRT 3 du 4-3-1986, réputée abrogée) :
– les caractéristiques du poste de travail ;
– l'environnement matériel et humain ;
– le contenu et l'organisation du travail ;
– les projets de changement qui constituent des thèmes privilégiés pour l'expression des salariés (modification de l'implantation des bâtiments, aménagement d'horaires, introduction de technologies nouvelles, restructuration des tâches, etc.).
À l'inverse, il convient d'**exclure** les questions se rapportant au contrat de travail, aux classifications et aux contreparties directes ou indirectes du travail.

ENTREPRISES ET SALARIÉS CONCERNÉS

36840 C. trav. art. L 2211-1 PB-II-350 s

Le droit d'expression s'applique dans toutes les **entreprises de droit privé,** sans condition d'effectif, ainsi que dans les **établissements publics** à caractère industriel et commercial, et dans les établissements publics à caractère administratif qui emploient du personnel dans les conditions du droit privé.

Le droit d'expression est reconnu à **tout salarié,** quel que soit le contrat de travail qui le lie à l'entreprise : contrat de travail à durée indéterminée ou déterminée, contrat de travail à temps partiel, contrat de travail temporaire, contrat d'apprentissage (Circ. DRT 3 du 4-3-1986, réputée abrogée).

B. Mise en place

PRÉSENCE D'AU MOINS UN DÉLÉGUÉ SYNDICAL

36960

Obligation de négocier Les modalités d'exercice du droit d'expression sont définies dans le cadre de la **négociation** portant sur l'**égalité professionnelle** entre les femmes et les hommes et la qualité de vie au travail (nº 51992). À défaut d'accord d'adaptation au sens

C. trav. art. L 2281-5 L 2281-8 L 2281-9 PB-II-1200 s

de l'article L 2242-11 du Code du travail (voir n° 51995), ou en cas de non-respect de ses stipulations, un accord est conclu entre l'employeur et les organisations syndicales représentatives, dont la négociation a lieu dans les conditions de droit commun (voir n°s 51870 s.).

› Précisions **a.** La négociation peut avoir lieu au **niveau** des établissements ou des groupes d'établissements distincts existant dans l'entreprise, à condition que l'ensemble des établissements et groupes d'établissements soit couvert par la négociation.

b. À **défaut d'accord,** le juge ne peut pas se substituer à l'employeur pour arrêter unilatéralement les mesures destinées à pallier ce désaccord (Cass. soc. 10-10-1989 n° 87-19.465 P : RJS 11/89 n° 872).

c. L'**accord** ou le **procès-verbal de désaccord** dans lequel sont consignées, en leur dernier état, les propositions des parties et les mesures que l'employeur entend appliquer unilatéralement doit être déposé auprès de la Dreets (Direccte avant le 1-4-2021), selon des modalités détaillées n° 51955.

36965 C. trav. art. L 2281-6 L 2281-7 PB-II-1300 s

Périodicité Lorsqu'un **accord** sur le droit d'expression **existe,** l'employeur est tenu, au moins une fois tous les 3 ans, de provoquer une **réunion** avec les organisations syndicales représentatives en vue d'en examiner les résultats et de le renégocier à la demande d'une organisation syndicale représentative.

À **défaut d'initiative** de l'employeur dans le délai d'un an en cas d'accord ou de 3 ans en l'absence d'accord, calculé à compter de la date d'ouverture des précédentes négociations, si une organisation syndicale représentative le demande, la négociation s'engage **obligatoirement** dans un délai de 15 jours. La demande du syndicat est transmise aux autres organisations syndicales représentatives par l'employeur dans les 8 jours.

ATTENTION

Le texte ne semble pas **limiter l'invitation** aux organisations syndicales ayant signé l'accord. Il semble de même que toute organisation syndicale représentative peut demander la renégociation de l'accord même si elle n'est pas partie à celui-ci. Le refus par l'employeur de renégocier l'accord à la demande d'une organisation syndicale est constitutif du **délit d'entrave** à l'exercice du droit syndical.

36970 C. trav. art. L 2281-10 PB-II-1830 s

Contenu de l'accord L'accord sur le droit d'expression doit comporter des **clauses** portant notamment sur :

– le niveau, le mode d'organisation, la fréquence et la durée des **réunions** permettant l'expression des salariés : doivent être définies les conditions de convocation, de fixation de l'ordre du jour, d'animation et de secrétariat des séances, de lieu et d'heure de la réunion (Circ. DRT 3 du 4-3-1986, réputée abrogée) ;

– les **outils numériques** disponibles dans l'entreprise, permettant l'expression des salariés ;

– les mesures destinées à assurer, d'une part, la **liberté** d'expression de chacun, d'autre part, la **transmission** à l'employeur des demandes et propositions des salariés ainsi que celle des avis émis par les salariés dans les cas où ils sont consultés par l'employeur ;

– les mesures destinées à permettre aux salariés intéressés, aux organisations syndicales représentatives et au comité social et économique de prendre connaissance des **demandes, avis et propositions** émanant des groupes ainsi que des **suites** qui leur sont réservées ;

– les conditions spécifiques d'exercice du droit à l'expression dont bénéficie le **personnel d'encadrement** ayant des responsabilités hiérarchiques, outre leur participation dans les groupes auxquels ils sont rattachés du fait de ces responsabilités.

ABSENCE DE DÉLÉGUÉ SYNDICAL OU D'ACCORD

36975 C. trav. art. L 2281-11 PB-II-1600 s

L'employeur doit déterminer lui-même les modalités d'exercice du droit d'expression des salariés après **consultation du comité social et économique** lorsque aucun accord n'a été conclu ou lorsque aucun délégué syndical n'a été désigné dans l'entreprise. Dans ce dernier cas, la consultation, qui porte sur les points visés n° 36970, doit avoir lieu au moins une fois par an.

SANCTIONS

36980 C. trav. art. L 2283-1 L 2283-2 PB-II-1970 s

Le refus de **négocier** en vue d'un accord ou, dans les conditions visées n° 36975, le refus de **consulter les représentants du personnel** est puni d'un emprisonnement d'un an et d'une amende de 3 750 €. Sur la responsabilité des personnes morales, voir n°s 67130 s.

C. Modalités d'exercice

GROUPE D'EXPRESSION

Le droit d'expression s'exerce au sein de groupes composés généralement par **unités élémentaires de travail** : bureau, atelier, équipe. L'entreprise peut constituer elle-même une telle unité si elle comporte peu de salariés. Pour permettre à chacun de participer réellement aux réunions, les groupes ne devraient pas excéder 15 personnes (Circ. DRT 3 du 4-3-1986, réputée abrogée). Dans le cas de **travailleurs isolés** ou **itinérants** (ex. : VRP, salariés occupés sur des chantiers de courte durée), des solutions doivent être arrêtées en vue de regrouper les salariés sur la base d'activités communes. Rien n'interdit la participation de personnes extérieures. **37040** PB-II-2200 s

Le **personnel d'encadrement** fait partie du groupe d'expression correspondant à l'unité de travail qu'il dirige, et a vocation à l'animer (Rapport AN n° 3058 du 14-11-1985). Les cadres ayant des responsabilités hiérarchiques doivent bénéficier de conditions **spécifiques** d'exercice du droit d'expression pour les problèmes les concernant dans les conditions fixées par l'accord ou l'employeur.

GARANTIES

Le droit d'expression s'exerce sur les **lieux** et pendant le **temps de travail,** dans les conditions fixées par l'accord ou, à défaut, unilatéralement par l'employeur (nos 36970 s.). Le temps passé à l'exercice de ce droit est **rémunéré.** **37050** C. trav. art. L 2281-3 L 2281-4 PB-II-2450 s

Les opinions que les salariés, quelle que soit leur place dans la hiérarchie, émettent dans l'exercice du droit d'expression ne peuvent pas motiver une **sanction** ou un **licenciement.** Toutefois, le salarié doit respecter ses devoirs de discrétion et de loyauté (n° 17035).

> **Précisions** Le droit d'expression ne saurait être légitimement exercé par l'**envoi** d'une **lettre** dans laquelle un salarié fait connaître son opinion défavorable sur son supérieur hiérarchique (Cass. soc. 28-4-1994 n° 92-43.917 P : RJS 6/94 n° 738) ni par la **diffusion,** au sein du comité de direction, d'un **document** critiquant la nouvelle organisation de l'employeur. Une telle diffusion relève néanmoins, s'agissant de cadres de haut niveau, de la liberté d'expression (Cass. soc. 14-12-1999 n° 97-41.995 PB : RJS 2/00 n° 192).

COMMUNICATION DES VŒUX ET AVIS

Communication à l'employeur Les demandes et propositions des salariés, ainsi que leurs avis lorsqu'ils sont consultés par l'employeur, sont **transmis** à celui-ci dans les conditions fixées par l'accord ou, à défaut, par l'employeur, le cas échéant au moyen d'outils numériques. **37065** PB-II-2650 s

La recherche de solutions au sein même des groupes rend possible le **traitement immédiat** de certaines questions (Circ. DRT 3 du 4-3-1986, réputée abrogée). En dehors de cette hypothèse, il convient de définir les modalités de traitement et de **réponse** aux salariés concernés.

> **Précisions** Par « **employeur** », il faut entendre les responsables qui ont qualité pour prendre une décision sur la question soulevée à l'échelon où elle est posée, et non le représentant de la direction au niveau le plus élevé (Circ. DRT 3 du 4-3-1986, réputée abrogée).

Information des salariés et de leurs représentants Les demandes, avis et propositions émanant des groupes ainsi que les suites qui leur sont réservées par les responsables doivent être **communiqués,** dans des conditions déterminées dans l'accord ou par l'employeur, aux salariés concernés, aux organisations syndicales représentatives et aux représentants du personnel élus. **37070** PB-II-2710 s

FORMATION PROFESSIONNELLE

SOMMAIRE

I. DÉFINITION DE LA FORMATION

OBJET DE LA FORMATION

38000 C. trav. art. L 6111-1 L 6111-3 L 6111-6 L 6311-1 L 6314-1 R 6421-1 R-II-100 s

La formation professionnelle constitue une **obligation nationale** visant à permettre à chaque personne, indépendamment de son statut (travailleur, jeune qui s'engage dans la vie active, personne ayant interrompu son activité…), d'acquérir et d'actualiser des connaissances et des compétences favorisant son évolution professionnelle et son maintien dans l'emploi et de progresser d'au moins un niveau de qualification au cours de sa carrière. Son financement est notamment assuré par les entreprises au moyen de contributions obligatoires (voir nos 38800 s.).

› Précisions a. Toute personne dispose d'un **droit à l'information,** au conseil et à l'accompagnement en matière d'orientation professionnelle ainsi que sur les principes, les modalités de mise en œuvre et de financement de la validation des acquis de l'expérience. Ce droit peut notamment s'exercer par l'intermédiaire du service public gratuit de l'orientation tout au long de la vie assuré par l'État et les régions (www.orientation-pour-tous.fr) ou du Centre Inffo (4, av. du Stade-de-France, 93218 Saint-Denis-La-Plaine Cedex ; www.centre-inffo.fr).

b. Chaque individu peut bénéficier tout au long de sa vie professionnelle d'un **conseil en évolution professionnelle** (CEP), dont l'objectif est de favoriser l'évolution et la sécurisation de son parcours professionnel. Ce CEP est mis en œuvre gratuitement dans le cadre du service public régional par l'Apec (cadres), Cap emploi (personnes handicapées), Pôle emploi (demandeurs d'emploi) et les missions locales (jeunes), ainsi que par des opérateurs régionaux financés et sélectionnés par France compétences (dont la liste est consultable sur www.mon-service-cep.fr).

CATÉGORIES D'ACTIONS

38005 C. trav. art. L 6111-2 L 6313-1 L 6313-6 R-II-2000 s

Les actions entrant dans le champ de la formation professionnelle sont celles qui concourent au **développement des compétences,** à savoir l'action de formation (no 38010), le bilan de compétences (no 38015), la validation des acquis de l'expérience (no 38020) et l'apprentissage (no 3100).

› Précisions a. Une action de **préparation à l'apprentissage** peut être organisée, en amont de la conclusion d'un contrat d'apprentissage, par un centre de formation d'apprentis en vue d'accompagner la personne souhaitant s'orienter ou se réorienter par la voie de l'apprentissage. Disposant de la qualité de stagiaire de la formation professionnelle, le bénéficiaire de cette action est obligatoirement affilié à un régime de sécurité sociale et peut percevoir une rémunération versée par l'État.

b. Les actions de lutte contre l'**illettrisme** et en faveur de l'apprentissage et de l'amélioration de la maîtrise du français et des **compétences numériques** font également partie de la formation professionnelle tout au long de la vie.

38010 C. trav. art. L 6313-2 L 6313-3 R 6313-1 à R 6313-3-2 **R-II-2100 s**

Action de formation L'action de formation se définit comme un **parcours pédagogique** permettant d'atteindre un objectif professionnel et d'acquérir des compétences et une qualification plus élevée. Elle doit notamment favoriser l'adaptation des salariés à leur poste de travail et à l'évolution des emplois, le maintien dans leur emploi, le développement de leurs compétences et leur mobilité professionnelle, et réduire les risques résultant d'une qualification inadaptée à l'évolution des techniques et des structures des entreprises pour ceux dont l'emploi est menacé.

Ce parcours peut être **organisé** aussi bien sous la forme d'un stage en présentiel ou à distance ou d'une mise en situation de travail. En toute état de cause, l'organisme dispensateur doit pouvoir **justifier,** par tout élément probant, la réalisation de l'action par le bénéficiaire.

> **Précisions** **a.** La mise en œuvre d'une action de formation en tout ou partie **à distance** comprend nécessairement une assistance technique et pédagogique appropriée pour accompagner le bénéficiaire dans le déroulement de son parcours, une information sur les activités pédagogiques à effectuer à distance et leur durée moyenne ainsi que des évaluations pendant et à la fin de la formation.
> **b.** Lorsqu'elle est réalisée sous la forme d'une mise **en situation de travail,** l'action de formation nécessite en particulier d'analyser l'activité pour l'adapter à des fins pédagogiques, de désigner un formateur-tuteur et d'évaluer les acquis de la formation pendant et à la fin de l'action.

38015 C. trav. art. L 6313-4 R 6313-4 à R 6313-7 **R-II-2400 s**

Bilan de compétences Le bilan de compétences a pour **objet** de permettre à des travailleurs d'analyser leurs compétences professionnelles et personnelles ainsi que leurs aptitudes et leurs motivations afin de définir un projet professionnel et, le cas échéant, un projet de formation.

D'une durée maximale de 24 heures, ce bilan ne peut être réalisé que par un prestataire spécialisé, les employeurs n'ayant pas le droit de l'effectuer eux-mêmes pour leurs salariés. Ces derniers doivent donner leur **accord** à la réalisation du bilan de compétences, le refus d'y consentir ne constituant ni une faute ni un motif de licenciement.

> **Précisions** **a.** Le bilan de compétences s'effectue en trois temps : une **phase préliminaire** (analyse de la demande et du besoin du bénéficiaire, détermination du format le plus adapté, définition conjointe des modalités d'organisation) ; une **phase d'investigation** (construction d'un projet professionnel pertinent, élaboration d'une ou de plusieurs alternatives) ; une **phase de conclusions** (analyse des résultats détaillés, recensement des conditions et moyens de réalisation du projet professionnel, programmation des étapes du projet et de l'entretien de suivi avec le prestataire).
> **b.** Les **informations demandées** par le prestataire dans le cadre du bilan doivent présenter un lien direct et nécessaire avec son objet. Le bénéficiaire est tenu d'y répondre de bonne foi. Il doit recevoir les **résultats** détaillés et un **document de synthèse,** qui peut être communiqué, à sa demande, à l'opérateur du conseil en évolution professionnelle (nº 38000, b) et, avec son accord, à toute autre personne ou institution. En principe, les documents élaborés pour la réalisation du bilan sont détruits dès son terme ; toutefois peuvent être conservés pendant un an le document de synthèse et les documents nécessaires au suivi de la situation du bénéficiaire.

38020 C. trav. art. L 6313-5 L 6411-1 L 6412-1 L 6421-1 à L 6421-3 L 6423-1 R 6423-3 **R-II-2800 s**

Validation des acquis de l'expérience L'action de validation des acquis de l'expérience (VAE) permet au travailleur de faire **valider son expérience** liée à l'exercice d'une activité **professionnelle** ou d'un **mandat syndical** ou d'**élu local** en vue de l'obtention d'une certification enregistrée au répertoire national des certifications professionnelles (nº 38030). Le régime juridique de la VAE, non détaillé ci-après, est défini par les articles L 335-5 (enseignements du second degré) et L 613-3 (enseignements supérieurs) du Code de l'éducation.

La VAE ne peut être réalisée qu'avec le **consentement** du salarié, le refus d'y consentir ne constituant ni une faute ni un motif de licenciement. Les informations qui lui sont demandées pendant l'action doivent présenter un lien direct et nécessaire avec l'objet de la VAE.

> **Précisions** Toute personne dont la candidature à une VAE a été déclarée recevable peut bénéficier d'un **accompagnement** jusqu'à la date d'évaluation par le jury. Cet accompagnement comprend un module de base composé d'une aide méthodologique à la description des activités et de l'expérience du candidat correspondant aux exigences du référentiel de la certification visée, à la formalisation de son dossier de validation, à la préparation de l'entretien avec le jury et, le cas échéant, à la mise en situation professionnelle. Sur la prise en charge des frais d'accompagnement à la VAE du travailleur recourant aux services de plateformes de mise en relation, voir nº 55510.

38022

Mesures Covid-19

Afin de faciliter l'**accès à la VAE** pendant la période de crise sanitaire, les opérateurs de compétences et les associations Transition Pro peuvent exceptionnellement financer, jusqu'au 30-6-2021, dans la limite de 3 000 € par dossier, les parcours de validation, composés du positionnement du candidat, de son accompagnement à la constitution du dossier de recevabilité et de son passage devant le jury de validation (Ord. 2020-387 du 1-4-2020 : FRS 8/20 inf. 10 n°s 12 s. p. 35 ; Ord. 2020-1501 du 2-12-2020 : FRS 23/20 inf. 9 n° 6 p. 13).

CONVENTION DE FORMATION

38025 C. trav. art. L 6316-1 L 6353-1 R 6313-8 D 6353-1 **R-II-930 s** **R-II-2610 s** **R-II-2940 s**

Pour la réalisation des actions concourant au développement des compétences, une convention doit être **conclue entre** l'acheteur de la formation et l'organisme qui la dispense.

Lorsque la formation est financée avec des fonds mutualisés par les opérateurs de compétences (n° 38940), les commissions paritaires interprofessionnelles régionales (n° 38345), l'État, les régions, Pôle emploi ou l'Agefiph (pour les personnes handicapées), la convention précise les **mentions** suivantes : intitulé, objectif et contenu de l'action ; moyens prévus ; durée et période de réalisation ; modalités de déroulement, de suivi et de sanction ; prix et modalités de règlement de la prestation. En plus de ces mentions obligatoires, peuvent également figurer dans cette convention toutes précisions utiles : exigence en matière de qualité de la formation, compensation financière en cas d'inexécution de la formation, etc. (Circ. DGEFP du 15-11-2011 réputée abrogée).

› Précisions **a.** Pour l'**action de formation** au sens visé n° 38010, les **bons de commande** ou les **devis** approuvés peuvent tenir lieu de convention si ces documents ou une de leurs annexes contiennent les mentions ci-dessus.

b. Si le **bilan de compétences** est réalisé dans le cadre d'un plan de développement des compétences ou d'un congé de reclassement, une **convention tripartite** doit être signée entre l'employeur, le salarié et l'organisme prestataire dans laquelle figurent, outre les mentions ci-dessus, les modalités de remise des résultats détaillés et du document de synthèse (n° 38015, b). Le salarié dispose d'un délai de 10 jours à compter de la transmission par son employeur du projet de convention pour la signer, l'absence de réponse dans ce délai valant refus de la conclure.

c. Lorsque la formation est financée par la Caisse des dépôts et consignations dans le cadre du **compte personnel de formation,** ce sont les conditions générales d'utilisation du portail internet dédié (n° 38200, a) qui tiennent lieu de convention entre le prestataire et le titulaire du compte.

d. Les organismes financeurs doivent s'assurer de la capacité du prestataire de formation à **dispenser une formation de qualité** (C. trav. art. L 6316-1 jusqu'au 31-12-2021). À partir du 1-1-2022 (Ord. 2020-387 du 1-4-2020 art. 1,1-1°), cette obligation de contrôle pesant sur les organismes financeurs doit être remplacée par une obligation de **certification** des organismes de formation (C. trav. art. L 6316-1 à partir du 1-1-2022).

FORMATIONS CERTIFIANTES

38030 C. trav. art. L 6113-1 à L 6113-10 L 6313-7 **R-II-1310 s**

Les dispositifs de la formation professionnelle permettent aux salariés de suivre des formations certifiantes sanctionnées par une certification professionnelle enregistrée au **répertoire national** des certifications professionnelles (RNCP), une certification enregistrée au **répertoire spécifique** ou encore par l'acquisition d'un **bloc de compétences.**

› Précisions **a.** Les blocs de compétences, qui constituent une partie identifiée des certifications professionnelles inscrites au RNCP, sont des **ensembles homogènes et cohérents** de compétences contribuant à l'exercice autonome d'une activité professionnelle et pouvant être évaluées et validées.

b. Les **formations ne répondant pas aux critères** ci-dessus ne sont pas certifiantes mais peuvent faire l'objet d'une attestation dont le titulaire peut se prévaloir.

II. FORMATION DES SALARIÉS

VOIES D'ACCÈS À LA FORMATION

38050 C. trav. art. L 6312-1 **R-II-4000 s**

Les salariés ont principalement accès à la formation professionnelle, sur décision de l'employeur, dans le cadre du **plan de développement des compétences** ou, à leur initiative, dans le cadre de leur **compte personnel de formation.** Les travailleurs peuvent également bénéficier d'un **congé** spécifique pour faire valider les acquis de leur expérience ou pour réaliser un projet de transition professionnelle. En matière de formation en **alternance,**

outre celle suivie dans le cadre d'un contrat d'apprentissage (nos 3100 s.) ou de professionnalisation (nos 20715 s.), les salariés peuvent suivre une action de reconversion ou de promotion par alternance.
S'agissant de l'accès à la formation : des **télétravailleurs,** voir no 73940 ; des **travailleurs temporaires,** voir nos 82455 s. ; des **assistants maternels,** voir no 33350 ; des **employés de maison,** voir no 33430 ; des travailleurs **indépendants,** voir no 39000.

RÔLE DES PARTENAIRES SOCIAUX

38055 **Au niveau national ou de la branche** Au niveau national, la formation professionnelle peut donner lieu à la conclusion d'un **accord national interprofessionnel.**

C. trav. art. L 2241-1, L 2241-4, L 2241-5, L 2241-14, R-II- 280 s

Par ailleurs, les organisations syndicales et patronales liées par une **convention de branche** ou un **accord professionnel** doivent négocier, au moins une fois tous les 4 ans, sur les priorités, objectifs et moyens de la formation professionnelle des salariés. Le calendrier, la périodicité et les modalités de cette négociation peuvent être déterminés dans un accord d'adaptation signé par ces organisations, sous réserve de ne pas prévoir une durée supérieure à 4 ans entre deux négociations. En l'absence d'un tel accord d'adaptation, elles se réunissent tous les 3 ans pour négocier sur la formation professionnelle, notamment sur l'égal accès à la formation des salariés selon leur catégorie professionnelle et la taille de leur entreprise, les abondements du compte personnel de formation ou encore la validation des acquis de l'expérience.

38060 **Au niveau de l'entreprise** Le conseil d'entreprise, s'il existe, ou les délégués syndicaux sont amenés, dans le cadre de la **négociation collective obligatoire d'entreprise,** à discuter avec l'employeur des questions relatives à la formation professionnelle et à la gestion des parcours professionnels selon les modalités visées nos 51980 s.

R-II-360 s, R-II-750 s

Des informations relatives à la formation professionnelle des salariés sont en outre mises à disposition du comité social et économique (CSE) en vue de ses **consultations récurrentes** relatives aux orientations stratégiques et à la politique sociale de l'entreprise. Par ailleurs, les membres du CSE sont compétents pour présenter à l'employeur les **réclamations** du personnel, notamment en matière de formation professionnelle selon les règles exposées no 9430.

> **Précisions** **a.** Les **informations** relatives à la formation professionnelle sont mises à la disposition des représentants du personnel dans la base de données économiques et sociales (voir nos 9215 s.).
> **b.** Sur la possibilité d'**adapter par accord** les modalités de la consultation sur les orientations stratégiques et la politique sociale de l'entreprise et le contenu de l'information sur la formation professionnelle, voir nos 9250 s. Sur les règles applicables en l'**absence** d'un tel accord, voir nos 9280 s.

A. Plan de développement des compétences

38100 Le plan de développement des compétences peut être **défini** comme l'ensemble des formations décidées par l'employeur au profit de son personnel pour une année donnée.

R-II-4300 s

1. ÉLABORATION DU PLAN

OBLIGATIONS DE L'EMPLOYEUR

38105 L'élaboration d'un plan de développement des compétences n'est pas légalement obligatoire mais permet à l'entreprise d'appliquer son programme pluriannuel de formation, s'il existe, et de satisfaire à ses obligations en matière de formation. En effet, l'employeur doit assurer l'**adaptation de ses salariés** à leur poste de travail, veiller au maintien de leur capacité à occuper leur emploi (voir no 17005) et, dans certains cas, les former à la **sécurité** (voir nos 71280 s.).

C. trav. art. L 6321-1, R-II-4600 s

Par ailleurs, l'employeur doit, le cas échéant, tenir compte des dispositions de l'**accord collectif** auquel il est assujetti.
Le plan fait partie des documents qui doivent être **mis à la disposition** du CSE dans la base de données économiques et sociales (no 9290, a).

DÉTERMINATION DES BESOINS EN FORMATION

Pour **déterminer** les besoins en formation de ses salariés, l'employeur peut recourir aux services d'un organisme de conseil ou d'audit. Il peut également prendre en considération les souhaits et besoins de formation révélés lors d'un bilan de compétences (n° 38015), d'un entretien d'évaluation ou de l'entretien professionnel (n° 17010) ou dans le cadre du droit d'expression. Enfin, il peut s'appuyer sur les propositions formulées par les représentants du personnel. 38110 R-II-5530 s

En tout état de cause, pour établir son plan de développement des compétences, l'employeur doit **tenir compte** :
– des résultats de la négociation de branche (n° 38055) ;
– des orientations et objectifs arrêtés en matière de formation lors de la négociation obligatoire d'entreprise (n° 38060) ;
– des orientations générales de la formation dans l'entreprise présentées aux représentants du personnel dans le cadre de leur consultation (n° 38060) ;
– le cas échéant, du plan pour l'égalité professionnelle (n° 32190, c).

CONTENU

L'employeur peut **inscrire dans le plan** de développement des compétences des : 38115 C. trav. art. L 6321-1 L 2212-1 R 2212-3 R-II-6700 s
– actions de formation (n° 38010) ;
– bilans de compétences (n° 38015) ;
– actions de validation des acquis de l'expérience (n° 38020) ;
– actions participant au développement des compétences, y compris numériques, et à la lutte contre l'illettrisme, notamment celles permettant l'accès au socle de connaissances et de compétences ;
– actions visant à améliorer les pratiques du dialogue social dans les entreprises.

BÉNÉFICIAIRES

Tous les **salariés** ont vocation à bénéficier du plan de développement des compétences. 38120 C. trav. art. L 6112-1 L 6112-2 L 6321-9 à L 6321-11 R-II-8250 s

L'employeur est libre de **choisir** ceux qu'il souhaite envoyer en stage, sous réserve de respecter ses obligations en matière de formation (voir n° 38105). Il ne peut pas fonder son choix sur un critère discriminatoire (n° 32060), tel que l'âge du salarié (Cass. soc. 18-2-2014 n° 13-10.294 FS-PB : RJS 5/14 n° 437), ni opérer de distinctions entre les femmes et les hommes, sauf de manière transitoire en vue de rétablir l'égalité des chances entre les deux sexes. S'agissant de l'accès à la formation : des personnes en situation de handicap, voir n° 40215, b ; des représentants du personnel, voir n° 62685.

De son côté, le salarié ne peut pas **refuser** un stage sans motif valable (Cass. soc. 3-5-1990 n° 88-41.900 D ; 5-12-2007 nos 06-42.904 F-D et 06-42.905 F-D : RJS 3/08 n° 314), sous peine de sanction pouvant aller jusqu'au licenciement (Cass. soc. 20-6-2001 n° 99-44.378 F-D ; 3-12-2008 n° 07-42.196 F-D : RJS 2/09 n° 203), sauf s'il s'agit d'une formation réalisée hors du temps de travail (n° 38150, b), d'un bilan de compétences (n° 38015) ou d'une action de VAE (n° 38020) ou, s'agissant d'un salarié saisonnier, si le stage est organisé entre deux saisons.

› Précisions **a.** Constitue, par exemple, un **motif valable de refus** de suivre un stage le fait que l'employeur ne prenne pas en charge le transport des salariés pour se rendre au lieu de formation (CA Reims 11-1-1995 n° 93-3232 : RJS 6/95 n° 680).
b. L'employeur qui s'engage contractuellement ou en vertu d'une convention ou d'un accord collectif étendu à reconduire le contrat de travail d'un **salarié saisonnier** pour la saison suivante peut établir, avec l'accord de l'intéressé, un contrat à durée déterminée pour lui permettre de participer à une action prévue au plan de développement des compétences. La durée du contrat est alors égale à celle du stage. Pendant cette période, le salarié a droit à la rémunération correspondant aux fonctions qui seront exercées lors de la saison suivante, calculée dans les conditions visées n° 20040. Les modalités de proposition de la formation doivent être fixées par convention ou accord collectif étendu. L'employeur reste tenu de reconduire le contrat du salarié pour la saison suivante si ce dernier refuse la formation.

2. ORGANISATION DE LA FORMATION

DISPENSATEUR DE FORMATION

Sauf pour les actions de bilan de compétences et de VAE où le recours à un prestataire spécialisé s'impose, l'**employeur** a le choix entre **organiser lui-même** la formation (formation interne) ou faire appel à un **organisme extérieur** (formation externe). En cas de formation externe, l'employeur est libre de choisir l'organisme de formation qui répond le mieux à ses besoins, 38130

C. trav. art. L 6321-1 L 6351-1-A R-II-2170 s R-II-8900

sous réserve qu'il soit enregistré ou en cours d'enregistrement. Il doit signer avec ce dispensateur de formation une convention de formation dans les conditions visées n° 38025.

Les actions de formation mises en œuvre dans le cadre du plan peuvent permettre d'obtenir une **partie identifiée de certification** professionnelle visant à l'**acquisition d'un bloc de compétences** (voir n° 38030). Elles doivent être réalisées conformément à un **programme préétabli** faisant mention, dans un document écrit, des différentes phases prévues, pratique ou théorique et des modalités de leur déroulement, pour atteindre le but recherché (Circ. 37 du 14-3-1986 réputée abrogée).

S'agissant des **modalités pratiques** de l'organisation du parcours pédagogique et de l'obligation pour l'organisme de formation de **justifier** la réalisation de la formation par le salarié, voir n° 38010. Sur le **contrôle de qualité** opéré par les organismes financeurs sur les prestataires de formation, voir n° 38025, d.

PÉRIODE DE FORMATION ET RÉMUNÉRATION

38140 C. trav. art. L 6321-2 R-II-6750 s

Actions de formation conditionnant l'exercice d'une activité

Toute action de formation qui conditionne l'exercice d'une activité ou d'une fonction, en application d'une convention internationale ou de dispositions légales et réglementaires, constitue un **temps de travail effectif** et donne lieu pendant sa réalisation au maintien par l'entreprise de la rémunération.

38150 C. trav. art. L 6321-6 à L 6321-8 R 6321-4 R-II-7000 s

Autres actions de formation

En principe, les formations ne remplissant pas les conditions visées n° 38140 constituent également un **temps de travail effectif** et donnent lieu pendant leur déroulement au maintien par l'entreprise de la rémunération.

Toutefois, des actions de formation, déterminées par **accord collectif** d'entreprise ou, à défaut, de branche, peuvent se dérouler en tout ou partie **hors du temps de travail** soit dans une limite horaire par salarié, soit dans une limite correspondant à un pourcentage du forfait pour celui soumis à un forfait en jours ou en heures sur l'année. L'accord collectif peut également prévoir les contreparties mises en œuvre par l'employeur pour compenser les charges induites par la **garde d'enfant** pour les salariés suivant des formations se déroulant en dehors du temps de travail.

En l'**absence d'accord collectif** et avec l'accord du salarié, des actions de formation peuvent tout de même s'effectuer en tout ou partie hors du temps de travail dans la limite de 30 heures par an et par salarié ou de 2 % du forfait pour celui soumis à un forfait en jours ou en heures sur l'année.

> **Précisions** **a.** En l'**absence de dispositions conventionnelles,** le salarié doit donner son **accord par écrit** à la réalisation d'une action en dehors du temps de travail et peut y **renoncer** dans un délai de 8 jours.
> **b.** Le **refus** du salarié de participer à des actions de formation hors temps de travail ou le fait de **renoncer à son accord** ne constituent ni une faute ni un motif de licenciement.
> **c.** Pendant la durée de la formation accomplie en dehors du temps de travail, le salarié bénéficie de la législation de la sécurité sociale relative à la protection en matière d'**accidents du travail** et de **maladies professionnelles.**

SITUATION DU SALARIÉ

38160 C. trav. art. R 6352-8 CSS art. R 412-5 R-II-9500 s

Pendant la formation

L'envoi d'un salarié en stage constitue une modalité particulière d'exécution du contrat de travail. Le salarié demeure donc sous la **subordination** juridique de son employeur et soumis aux mêmes droits et obligations que s'il continuait à travailler (n°s 16940 s.). L'employeur continue d'exercer sur lui son pouvoir de contrôle et de direction ainsi que son pouvoir disciplinaire, et le stagiaire est protégé contre le harcèlement moral ou sexuel (n° 17082).

La **rémunération** du salarié pendant cette période varie en fonction du régime applicable aux heures de formation suivies (voir n°s 38140 s.).

Les stagiaires ont droit aux mêmes prestations d'**assurances sociales** que s'ils continuaient à travailler. Ils bénéficient de la législation sur les accidents du travail pour ceux survenus par le fait ou à l'occasion de la formation, même lorsqu'elle a lieu en dehors du temps de travail (n° 38150, c). Ils continuent à acquérir normalement des droits aux retraites de base et complémentaires.

> **Précisions** **a.** Sauf détournement de pouvoir, l'employeur peut **interrompre un stage** lorsqu'il juge le salarié incapable de le suivre (Cass. soc. 5-10-1988 n° 86-40.152 D).
> **b.** Si la formation a lieu dans un **organisme de formation,** ce dernier doit informer l'employeur des sanctions prises à l'encontre du stagiaire ayant commis une faute. Cette faute peut donner lieu à une **sanction disciplinaire** de la part de l'employeur si elle a un lien direct avec l'entreprise ou l'activité professionnelle (CA Metz 24-1-1994 n° 93-2650). En cas

d'**accident du travail** survenu dans un organisme de formation, la déclaration incombe à ce dernier.

c. L'employeur s'acquitte des **cotisations sociales** dans les conditions de droit commun. Toutefois, le taux de cotisation accidents du travail applicable est celui auquel est soumis l'établissement d'accueil lorsque le stage a lieu dans une autre entreprise ou celui prévu pour les stagiaires de la formation professionnelle lorsque le stage a lieu en centre de formation, taux forfaitaire fixé à 2,24 % pour 2021 (Arrêté SSAS2023621A du 16-12-2020).

d. Dans certains cas, l'**État peut prendre en charge** une partie des rémunérations et des cotisations (voir nº 38175).

À l'issue de la formation L'employeur n'est pas tenu de prendre en considération la **qualification** ou les connaissances acquises par le salarié pour lui confier de nouvelles fonctions ou lui accorder une promotion, sauf s'il s'y est préalablement engagé ou si des dispositions conventionnelles l'y obligent. 38165 R-II-10450 s

L'employeur peut tenir compte des résultats de la formation dans son **évaluation des capacités** professionnelles de l'intéressé (nº 17015). L'insuffisance des résultats constatée à l'issue du stage peut, le cas échéant, justifier un licenciement (CA Versailles 18-9-1985 nº 83-2391), sous réserve que la formation ait été adaptée et d'une durée suffisante.

Le salarié peut **démissionner** après son stage. Pour l'en dissuader, l'employeur peut prévoir une clause de **dédit-formation** dans le contrat de travail (voir nº 16580).

› Précisions a. La prise en compte des connaissances acquises par le salarié peut entraîner une **modification du contrat de travail** (rémunération, lieu de travail, etc.). Sur le régime et les conséquences de cette modification, voir nºs 17300 s.

b. Sur l'obligation pour l'organisme de formation de **justifier** la réalisation de la formation par le salarié, voir nº 38010.

FINANCEMENT DE LA FORMATION

Prise en charge Les frais afférents aux actions suivies par les salariés dans le cadre du plan de développement des compétences sont supportés par l'**employeur.** S'il occupe **moins de 50 salariés,** il peut demander à son opérateur de compétences (nº 38940) la prise en charge ou le remboursement du coût des actions de formation, des frais annexes (transport, restauration, hébergement, frais de garde) et de la rémunération des salariés (dans la limite du Smic horaire). 38170 C. trav. art. L 6332-17 R 6332-25 R-II-9160 s

Aide de l'État Si le **stage est agréé** par l'État, l'employeur peut obtenir de ce dernier le remboursement de la rémunération maintenue au salarié dans la limite de : 38175 C. trav. art. L 6341-2 L 6342-2 R 6341-44 à R 6341-48 Décret 88-368 15-4-1988 R-II-580 s R-II-9940 s

– 50 % dans le cas de création d'emploi, de modification du processus de production ou d'actions d'adaptation inscrites dans une convention AME-entreprise ;

– 70 % dans le cas de réduction d'effectif, de cessation d'activité ou d'actions de formation inscrites dans une convention AME-entreprise.

L'État participe aux cotisations patronales dans les mêmes proportions.

L'employeur doit adresser sa **demande** de remboursement à la Dreets (Direccte avant le 1-4-2021).

› Précisions a. Les **conventions AME-entreprise** (ex FNE-formation : voir nºs 2230 s.) prévoyant des actions de formation ou d'adaptation valent agrément par l'État. S'agissant des mesures temporaires **Covid-19**, voir nº 2250.

b. Le **remboursement** à l'employeur est **liquidé**, selon le cas, par le préfet du département du lieu du stage, par le président du conseil régional ou par l'Agence de services et de paiement.

c. Le remboursement à l'employeur peut être réduit proportionnellement aux absences injustifiées du stagiaire à la formation. L'employeur peut être tenu de **reverser** à l'État les sommes perçues lorsque l'intéressé abandonne le stage sans motif légitime ou est renvoyé pour faute lourde.

B. Compte personnel de formation

Le compte personnel de formation (CPF) est une **composante** du compte personnel d'activité (CPA) défini nº 38290. Il permet à son titulaire (salarié, demandeur d'emploi, travailleur indépendant, membre d'une profession libérale ou d'une profession non salariée ou conjoint collaborateur) de **suivre, à son initiative,** des formations visant à l'acquisition d'un premier niveau de qualification ou au développement de ses compétences et de ses qualifications. 38200 C. trav. art. L 6111-1 L 6323-1 à L 6323-3 L 6323-8 et L 6323-9 R-II-12500 s R-II-13600 s

Ouvert et fermé comme le CPA, le CPF est **comptabilisé** en euros et suit son titulaire tout au long de sa carrière professionnelle. La **gestion** du compte est assurée par la Caisse des dépôts et consignations (CDC), et non par l'employeur.

› Précisions a. Le CPF est directement piloté par son titulaire via un **portail internet** accessible depuis www.moncompteformation.gouv.fr ou l'**application mobile** « Mon Compte Formation ». Après avoir créé son profil sécurisé, chaque salarié peut notamment consulter le montant crédité sur son compte, s'informer sur les formations qui y sont éligibles ou encore effectuer sa demande de formation puis la payer. L'employeur peut verser directement l'un des **abondements** visés nos 38225 s. sur le CPF du salarié via un espace sécurisé accessible depuis www.financeurs.moncompteformation.gouv.fr/employeurs, après avoir obtenu une habilitation sur www.net-entreprises.fr.

b. Le crédit inscrit sur le CPF demeure acquis en cas de **changement de situation** professionnelle ou de **perte d'emploi** de son titulaire (démission, licenciement, arrivée à terme du CDD, rupture conventionnelle homologuée, etc.).

c. S'agissant de l'utilisation du CPF dans le cadre d'un **projet de transition professionnelle,** voir nos 38310 s.

d. Des modalités spécifiques d'utilisation du CPF, non exposées ci-après, sont prévues pour les travailleurs **non salariés** et les personnes en situation de **handicap** au sein d'un établissement ou service d'aide par le travail (Ésat). S'agissant de la mobilisation du CPF pendant une période de **chômage,** voir no 6935.

1. ALIMENTATION DU COMPTE

38210 R-II-12700 s

Le CPF du salarié est alimenté par un **crédit annuel,** calculé en fonction de sa durée du travail, et par des **abondements supplémentaires,** octroyés sous certaines conditions. S'agissant des abondements **complémentaires** accordés à l'occasion de la mobilisation du compte pour compléter le financement de la formation, voir no 38260.

Les droits inscrits sur le CPF peuvent en outre financer un **congé de transition professionnelle** selon les modalités exposées nos 38310 s.

CRÉDIT ANNUEL

38215 C. trav. art. L 6323-10 à L 6323-12 R 6323-1 R 6323-3-1 D 6323-3-3 R-II-12830 s

Crédit légal Le CPF du salarié ayant effectué une **durée de travail supérieure ou égale à la moitié** de la durée légale (soit 1 607 heures) ou conventionnelle du travail sur l'ensemble de l'année est alimenté au titre de cette année à hauteur de 500 €, dans la limite d'un plafond total de 5 000 €. Les droits du salarié n'ayant **pas atteint cette durée** de référence dans l'année sont calculés à due proportion du temps de travail effectué.

Le **bénéficiaire de l'obligation d'emploi** visé no 40035 et le salarié **peu qualifié** bénéficient d'un crédit annuel de 800 € dans la limite d'un plafond de 8 000 €.

Le **calcul des droits** est effectué par la CDC au moyen des données issues de la déclaration sociale nominative des employeurs. Lorsque ce calcul aboutit à un montant en euros comportant des décimales, ce montant est arrondi à la deuxième décimale, au centime d'euro supérieur.

› Précisions a. Pour le salarié dont la durée de travail est décomptée en jours dans le cadre d'une **convention de forfait annuel en jours,** le nombre de jours de travail de référence pour le calcul de l'alimentation du compte est égal au nombre de jours compris dans le forfait tel que fixé par l'accord collectif instaurant le forfait annuel, dans la limite de 218 jours.

b. Lorsque la rémunération du salarié n'est **pas établie en fonction d'un horaire de travail,** le montant de référence pour le calcul de l'alimentation de son compte est fixé à 2 080 fois le montant du Smic horaire (21 320 € pour 2021). L'alimentation de son CPF est ensuite calculée au prorata du rapport entre la rémunération effectivement perçue et ce montant de référence.

c. Est considéré comme peu qualifié le **salarié qui n'a pas atteint un niveau de formation** sanctionné par un diplôme ou un titre professionnel enregistré et classé au niveau 3 du RNCP visé no 38030 (niveau CAP/BEP) ou une certification reconnue par une convention collective nationale de branche. Pour bénéficier du crédit annuel majoré, le salarié peu qualifié doit effectuer une **déclaration** sur le portail internet (no 38200, a) dans laquelle il assure remplir les conditions requises. S'il ne les remplit plus, il doit le déclarer selon la même procédure. Il cesse alors de bénéficier de la majoration à compter de l'année civile suivante. En cas de déclaration frauduleuse ou erronée, l'intéressé ne peut pas utiliser le crédit majoré et ses droits sont recalculés.

d. Le **salarié saisonnier** peut bénéficier, en application d'un accord ou d'une décision unilatérale de l'employeur, de droits majorés sur son CPF.

e. La **période d'absence** du salarié pour un congé de maternité, de paternité et d'accueil de l'enfant, d'adoption, de présence parentale, de proche aidant ou un congé parental d'éducation ou pour une maladie professionnelle ou un accident du travail est intégralement prise en compte pour le calcul de la durée du travail.

f. Avant le 1-1-2019, le CPF était crédité en heures, et non pas en euros. Les **heures de formation acquises au 31-12-2018** au titre du CPF et de l'ancien droit individuel à la formation (DIF) ont été **converties** à raison de 15 € par heure (Décret 2018-1153 du 14-12-2018). Les droits acquis au titre du DIF sont pris en compte pour le calcul du plafond du CPF et doivent être inscrits sur le portail visé no 38200, a avant le 30-6-2021 (Ord. 2019-861 du 21-8-2019 art. 8 modifié par loi 2020-1379 du 14-11-2020 art. 13).

Crédit conventionnel Un **accord** collectif d'entreprise ou de groupe ou, à défaut, de branche peut prévoir des **modalités** d'alimentation du CPF **plus favorables.** Autrement dit, il peut être prévu un crédit conventionnel supplémentaire s'ajoutant au crédit légal de base des salariés. L'employeur doit effectuer annuellement, pour chacun des salariés concernés, le **calcul des droits** venant ainsi créditer le CPF. **38220** C. trav. art. L 6323-11 R 6323-2 **R-II-12970 s**

Un **financement spécifique** doit être prévu par l'accord collectif. La liste des salariés bénéficiaires et la somme correspondant au montant de ce crédit supplémentaire doivent être transmises à la CDC par l'employeur. Dès réception de cette somme, le compte des salariés concernés est alimenté.

ABONDEMENTS SUPPLÉMENTAIRES

Les abondements supplémentaires correspondent à des sommes venant s'ajouter au crédit du CPF des salariés **dans certaines hypothèses** : non-respect des règles sur les entretiens professionnels (nº 38230) ; application d'un accord collectif (nº 38235) ou d'un accord de performance collective (nº 17595) ; utilisation du compte professionnel de prévention (nº 71370) ; reconversion professionnelle des victimes d'un accident du travail ou d'une maladie professionnelle (nº 1020) ; travail pour des plateformes de mise en relation (nº 55510). **38225** **R-II-13150 s**

S'agissant de l'**abondement complémentaire** accordé à l'occasion de la mobilisation du compte pour compléter le financement de la formation, voir nº 38260. Sur la possibilité pour l'employeur d'abonder directement le CPF des salariés via un espace sécurisé, voir nº 38200, a.

Abondement correctif Dans les **entreprises d'au moins 50 salariés,** l'employeur qui manque à ses obligations relatives à l'**entretien professionnel** (voir nº 17010) doit accorder au salarié concerné un abondement correctif de 3 000 €, qui n'entre pas en compte dans le **calcul** du crédit annuel et du plafond du CPF indiqués nº 38215. **38230** C. trav. art. L 6323-13 L 6323-15 R 6323-3 **R-II-13220 s**

À cet effet, l'employeur **verse** cette somme à la CDC et en informe le salarié, dont le compte est crédité dès réception. En cas d'**absence de versement** ou de versement insuffisant, l'employeur peut être mis en demeure par l'administration d'y procéder dans le cadre d'une procédure contradictoire. À défaut, il est redevable d'une somme auprès du Trésor public selon les modalités exposées nº 38970.

Abondement conventionnel Le CPF peut être abondé en application d'un accord d'entreprise, de groupe, de branche ou conclu par les organisations syndicales de salariés et d'employeurs signataires de l'accord constitutif d'un opérateur de compétences (nº 38940) portant notamment sur la définition des formations éligibles et les **salariés prioritaires,** en particulier les moins qualifiés, ceux exposés à des facteurs de risques professionnels ou occupant des emplois menacés par les évolutions économiques ou technologiques, ceux qui bénéficient d'une période d'absence mentionnée nº 38215, e, ainsi que les salariés à temps partiel. La somme correspondant à cet abondement n'entre en compte ni dans le **calcul** du crédit annuel ni dans celui du plafond du CPF indiqués nº 38215. **38235** C. trav. art. L 6323-14 L 6323-15 **R-II-13180 s**

2. UTILISATION DU COMPTE

FORMATIONS ÉLIGIBLES

Qu'elles se déroulent en France ou à l'étranger, les actions qui peuvent être suivies par le salarié dans le cadre de son CPF sont les suivantes : **38250** C. trav. art. L 6323-6 L 6323-6-1 L 6323-16 R 6323-6 à R 6323-8 **R-II-13900 s**

a. Formations certifiantes (nº 38030), y compris la certification relative au socle de connaissances et de compétences professionnelles ;

b. Validation des acquis de l'expérience (nº 38020) ;

c. Bilan de compétences (nº 38015) : avant de mobiliser ses droits à CPF pour réaliser un tel bilan, le salarié peut s'adresser au conseil en évolution professionnelle (nº 38000, b) pour être accompagné dans sa réflexion sur son évolution professionnelle ;

d. Permis de conduire : préparation à l'épreuve théorique et à l'épreuve pratique du permis de conduire des catégories B, C1, C, D1, D, C1E, CE, D1E, DE, dont l'obtention contribue à la réalisation d'un projet professionnel ou à favoriser la sécurisation du parcours professionnel, assurée par un établissement d'enseignement de la conduite et de la sécurité routière agréé et déclaré ;

e. Création ou reprise d'entreprises : actions réalisées dans le cadre du parcours pédagogique (nº 38010) qui permettent l'acquisition de compétences liées à l'exercice de la fonction de chef d'entreprise concourant au démarrage, à la mise en œuvre et au développement du projet de création ou de reprise d'une entreprise et à la pérennisation de son activité ; elles sont mises en œuvre par des opérateurs ayant procédé à leur déclaration, qui peuvent refuser de les dispenser soit en raison du manque de consistance ou de viabilité économique du projet, soit lorsque celui-ci ne correspond pas à leur champ de compétences ;

f. Bénévolat et volontariat : formations permettant aux bénévoles et aux volontaires en service civique d'acquérir les compétences nécessaires à l'exercice de leurs missions ; seuls les droits acquis au titre du compte d'engagement citoyen peuvent financer ces actions (voir nº 38290).

S'agissant de l'utilisation du CPF dans le cadre d'un **projet de transition professionnelle,** voir nºs 38310 s.

DÉPART EN FORMATION

38255 C. trav. art. L 6323-17 à L 6323-19 D 6323-4 R-II-14300 s

Moment de la formation Lorsqu'elles sont suivies **en dehors du temps de travail,** les formations financées dans le cadre du CPF ne sont pas soumises à l'accord de l'employeur et le salarié ne peut prétendre au versement d'une quelconque rémunération pour le temps de formation.

Lorsqu'elles sont suivies en tout ou partie **pendant le temps de travail,** le salarié doit demander une autorisation d'absence au minimum 60 jours calendaires avant le début de celle-ci en cas de durée de formation inférieure à 6 mois et au minimum 120 jours avant dans les autres cas. L'employeur dispose de 30 jours calendaires pour y répondre, l'absence de réponse dans ce délai valant acceptation. Les heures de formation ainsi effectuées sont considérées comme du temps de travail effectif et donnent lieu au maintien de la **rémunération** par l'employeur.

Dans tous les cas, le salarié bénéficie de la législation sur les **accidents du travail et les maladies professionnelles** pendant la durée de la formation.

38260 C. trav. art. L 6323-4 R 6333-2-1 R-II-14400 s

Abondement complémentaire Lorsque le **coût de la formation** souhaitée par le salarié mobilisant son CPF est **supérieur au montant des droits inscrits** sur son compte, celui-ci peut faire l'objet, à l'initiative de l'intéressé, d'un abondement complémentaire pour assurer le financement intégral de cette formation. En pratique, le salarié peut compléter lui-même ce financement avec ses deniers personnels ou bien s'adresser notamment à :

– son employeur, qui peut par exemple inscrire la partie de la formation qu'il finance dans le cadre de son plan de développement des compétences ; à cet effet, il peut verser l'abondement directement sur le CPF des salariés concernés en utilisant l'espace sécurisé visé nº 38200, a ;
– l'opérateur de compétences dont dépend son employeur (nº 38940) ;
– l'organisme gestionnaire du compte professionnel de prévention lorsque celui-ci est utilisé pour suivre une formation (nº 71360) ;
– la branche AT/MP de la sécurité sociale dans le cadre de la reconversion de victimes d'accidents du travail ou de maladies professionnelles (nº 1020) ;
– l'État, les régions ou une collectivité territoriale ;
– l'établissement public chargé de la gestion de la réserve sanitaire.

Ces financeurs peuvent confier à la CDC la gestion d'une **enveloppe globale** de fonds lui permettant de financer des abondements complémentaires.

38265 C. trav. art. L 6323-20 D 6323-5 R-II-14600 s

Prise en charge financière Les **frais pédagogiques** et ceux liés à la validation des compétences et des connaissances afférents à l'une des actions visées nº 38250, suivie par le salarié pendant son temps de travail ou hors temps de travail, sont pris en charge par la CDC dans le cadre des fonds qu'elle gère au titre du CPF. En tout état de cause, cette prise en charge s'effectue dans la limite du crédit inscrit sur le compte du salarié et des éventuels abondements supplémentaires et complémentaires.

38290

Compte personnel d'activité

Le compte personnel d'activité (CPA) regroupe le compte personnel de formation (nºs 38200 s.), le compte professionnel de prévention (nºs 71350 s.) et le compte d'engagement citoyen (voir ci-après). Le CPA est accessible via un portail en ligne : www.moncompteformation.gouv.fr.

Ouverture et utilisation du CPA

C. trav. art. L 5151-1 à L 5151-6 N-IV-12000 s

Peut **ouvrir** un CPA toute personne âgée d'au moins 16 ans qui occupe ou recherche un emploi ou est accompagnée dans un projet d'orientation et d'insertion professionnelles ou accueillie dans un établissement et service d'aide par le travail (Ésat) ainsi que toute personne ayant fait

valoir ses droits à la retraite. Il est ouvert dès l'âge de 15 ans pour le jeune en contrat d'apprentissage. Les autres personnes d'au moins 16 ans et les retraités peuvent ouvrir un CPA pour bénéficier des services en ligne et du compte d'engagement citoyen.
Sauf disposition contraire, les droits inscrits sur le CPA le demeurent jusqu'à leur **utilisation** par son titulaire (avec son accord exprès) ou jusqu'à la **fermeture** du compte, au décès de la personne.
Lorsque le bénéficiaire est à la **retraite,** le CPA reste ouvert, mais permet seulement l'acquisition d'heures sur le CPF en application du compte d'engagement citoyen.

Compte d'engagement citoyen (CEC)
Il permet de recenser les activités bénévoles ou volontaires exercées par le titulaire du CPA pour acquérir des droits sur le CPF comptabilisés en euros, et non plus en heures depuis le 1-1-2019, ou des jours de congés destinés à l'exercice de ces activités. Les heures acquises au titre du CEC au 31-12-2018 sont converties en euros sur la base d'un taux horaire de 12 €. C. trav. art. L 5151-7 à L 5151-12 D 5151-11 à R 5151-19 **N-IV-12500 s**
Les **activités** suivantes permettent l'inscription de 240 € sur le CPF : service civique (pendant 6 mois continus sur l'année civile écoulée et la précédente) ; maître d'apprentissage (pendant 6 mois continus sur l'année civile écoulée et la précédente) ; réserve (militaire opérationnelle : 90 jours sur l'année civile écoulée ; citoyenne de défense et sécurité et communale de sécurité civile : contrat d'engagement de 5 ans ; sanitaire : 30 jours d'emploi au cours de l'année civile écoulée ; civile de la police nationale : contrat d'engagement de 3 ans ayant donné lieu à 75 vacations par an ; citoyenne de la police nationale : contrat d'engagement de 3 ans ayant donné lieu à 350 heures par an ; citoyenne de l'éducation nationale : contrat d'engagement d'un an ayant donné lieu à 25 interventions ; civiques et autres réserves : 80 heures par an) ; sapeurs-pompiers volontaires (contrat d'engagement de 5 ans) ; participation bénévole à l'administration ou la direction d'une association et à l'encadrement de bénévoles (200 heures au cours de l'année civile écoulée dont au moins 100 heures dans une même association). L'aide apportée à une personne en situation de handicap ou en perte d'autonomie peut permettre l'acquisition de droits au titre du CEC, selon des modalités à définir par accord collectif de branche.
L'activité de maître d'apprentissage est **déclarée** par l'employeur à l'issue de l'année civile écoulée sur le portail de l'alternance. Le bénévolat associatif exercé en 2020 est déclaré par le bénévole sur lecomptebenevole.associations.gouv.fr avant le 30-6-2021 et attesté par l'association sur lecompteasso.associations.gouv.fr avant le 31-12-2021.
Les droits acquis au titre de l'engagement citoyen sont **plafonnés** à 720 € et sont mobilisés après **utilisation** des autres droits inscrits sur le CPF, sauf pour financer une des actions visées n° 38250, f.

C. Congés de formation

Les salariés peuvent bénéficier d'une autorisation d'absence en vue de réaliser un projet de transition professionnelle ou suivre une action de validation des acquis de l'expérience. **38300**
S'agissant du congé de formation : économique, sociale et syndicale, voir nos 12340 s. ; de cadres et d'animateurs pour la jeunesse, voir nos 12420 s. ; des conseillers prud'hommes, voir n° 14535.
Sur le dispositif **« transitions collectives »**, voir n° 2250.

1. PROJET DE TRANSITION PROFESSIONNELLE

Le CPF de transition professionnelle (CPF-TP) permet à tout salarié de mobiliser les droits inscrits sur son CPF (nos 38210 s.) en vue de financer une action de formation certifiante (n° 38030) destinée à lui permettre de changer de métier ou de profession dans le cadre d'un projet de transition professionnelle (PTP). À cet effet, l'intéressé a droit à un congé de transition professionnelle (CTP) dans les conditions exposées ci-après. **38310** C. trav. art. L 6323-17-1 **R-II-16000 s**
En raison de la similarité de certaines dispositions relatives au CTP et de celles régissant l'ancien congé individuel de formation qu'il remplace depuis le 1-1-2019, figurent ci-après les **décisions administratives et jurisprudentielles** rendues en application de l'ancien dispositif qui nous paraissent transposables au nouveau.
Sur le dispositif **« transitions collectives »** durant lequel les salariés éligibles réalisent un PTP, voir n° 2250.

CONDITIONS

38315 **Ancienneté** **Sauf** s'il est travailleur **handicapé** ou s'il a changé d'emploi à la suite d'un **licenciement économique** ou pour **inaptitude** et s'il n'a pas suivi d'action de formation entre son licenciement et son réemploi, tout salarié doit, pour ouvrir droit à un PTP, justifier :

C. trav. art. L 6323-17-2 D 6323-9 R 6323-9-1 R-II-16100 s

1° Soit d'une ancienneté d'au moins 24 mois, consécutifs ou non, en qualité de salarié, dont 12 mois dans l'entreprise, quelle qu'ait été la nature des contrats de travail successifs ;

2° Soit d'une ancienneté d'au moins 24 mois, consécutifs ou non, en qualité de salarié, quelle qu'ait été la nature des contrats successifs, au cours des 5 dernières années dont 4 mois, consécutifs ou non, en CDD au cours des 12 derniers mois.

L'ancienneté est **appréciée** à la date de départ du salarié en formation.

> **Précisions** **a.** N'est pas prise en compte dans le **calcul des 4 mois en CDD** l'ancienneté acquise au titre d'un contrat d'accompagnement dans l'emploi, d'apprentissage, de professionnalisation ou d'un CDD conclu avec un jeune lors de son cursus scolaire ou universitaire ou se poursuivant par un CDI.
> **b.** Pour ouvrir droit au PTP, les salariés **intérimaires** doivent justifier d'une ancienneté, appréciée toutes missions confondues sur une période de référence de 18 mois précédant la demande de congé, de 1 600 heures travaillées dans la branche, dont 600 heures dans l'entreprise de travail temporaire ou le groupe d'entreprises de travail temporaire.
> **c.** Les salariés **intermittents du spectacle** qui relèvent des secteurs d'activité du spectacle vivant ou du spectacle enregistré doivent, pour bénéficier d'un PTP, justifier de 220 jours de travail ou cachets répartis sur les 2 à 5 dernières années et remplir une condition d'ancienneté propre à leur métier (technicien du spectacle enregistré ou vivant, artiste du spectacle).

38320 **Délai de carence** Le salarié ayant mobilisé son CPF-TP ne peut prétendre, dans la même entreprise, au bénéfice d'un nouveau CTP avant un délai, exprimé en mois, égal à 10 fois la durée du PTP précédemment effectué, exprimée en mois. En tout état de cause, ce délai ne peut être **ni inférieur** à 6 mois **ni supérieur** à 6 ans. N'est **pas prise en compte** dans le calcul de ce délai la période d'absence liée au bénéfice du congé pour VAE.

C. trav. art. R 6323-10-3 R 6422-7 R-II-16160 s

EXEMPLE

Le salarié ayant réalisé un **PTP** d'une durée de **6 mois** ne peut pas bénéficier d'un nouveau CTP avant l'expiration d'un **délai** de carence de 60 mois, soit **5 ans.**

Le salarié ayant réalisé un **PTP** d'une durée de **12 mois** ne peut pas bénéficier d'un nouveau CTP avant l'expiration d'un **délai** de carence de 120 mois, soit 10 ans, ramené à **6 ans.**

DEMANDE DE CONGÉ

38325 **Demande du salarié** Le salarié adresse par **écrit** sa demande de CTP à l'employeur **au plus tard** 120 jours avant le début de la formation lorsqu'elle entraîne une interruption continue de travail d'au moins 6 mois ou 60 jours avant le début de la formation si cette interruption est inférieure à 6 mois ou si la formation est réalisée à temps partiel.

C. trav. art. R 6323-10 R 6323-11-1 R-II-16300 s

Cette demande **précise** la date du début de l'action de formation, la désignation et la durée de celle-ci, le nom de l'organisme responsable, l'intitulé et la date de l'examen concerné.

> **Précisions** **a.** Le **salarié en CDD** n'a besoin de demander une autorisation d'absence à son employeur que s'il souhaite suivre l'action de formation pendant l'exécution de son contrat de travail.
> **b.** Le salarié **intérimaire** titulaire d'un contrat de travail conclu avec une entreprise de travail temporaire adresse sa demande de CTP à cette entreprise.

38330 **Réponse de l'employeur** Le CPF-TP étant **de droit,** l'employeur ne peut pas le **refuser,** sauf si le salarié ne respecte pas les conditions de demande (n° 38325) ou d'ancienneté (n° 38315) ou si le délai de carence visé n° 38320 n'a pas expiré.

C. trav. art. R 6323-10 R 6323-10-1 R-II-16340 s

En revanche, l'employeur peut **différer** de 9 mois maximum, après avis du CSE, la date du départ du salarié en congé, lorsqu'il estime que l'absence de l'intéressé pourrait avoir des **conséquences préjudiciables** à la production et à la marche de l'entreprise. Il peut également reporter le congé afin d'éviter que le pourcentage de salariés **simultanément absents** au titre du CTP ne dépasse 2 % de l'effectif total dans un établissement d'au moins 100 salariés ou que le nombre de salariés absents à ce titre soit supérieur à un dans les entreprises de moins de 100 salariés. Ce motif de report n'est toutefois pas opposable au salarié ayant essuyé deux refus successifs de la part de son employeur à des demandes de période de mobilité volontaire visée n°s 12300 s.

En tout état de cause, la **décision** de l'employeur de refuser le congé ou de le différer doit être **motivée.**

> Précisions **a.** Les dispositions ci-dessus ne s'appliquent pas à l'entreprise de **travail temporaire.** Celle-ci peut toutefois différer le bénéfice du CTP demandé par le salarié intérimaire lorsque la demande de congé et le début de l'action de formation interviennent au cours d'une même mission, sauf si le PTP a pour but d'acquérir une qualification dans un secteur d'activité différent ou bien a une durée supérieure à 1200 heures.

b. En cas de **demande tardive** de congé, l'employeur peut refuser (CA Toulouse 15-4-1994 n° 93-2930) ou reporter celui-ci ; il doit alors veiller à répondre dans le délai de 30 jours (CA Aix-en-Provence 9-5-1995 n° 94-15445 : RJS 10/95 n° 1037). L'**absence de réponse** dans ce délai vaut en effet acceptation du congé (Cass. soc. 22-1-1992 n° 88-41.294 : RJS 3/92 n° 327).

c. Une fois le congé accordé, l'employeur ne peut pas **revenir sur sa décision,** peu important les raisons invoquées, et ne saurait donc licencier le salarié refusant un report de son congé (CA Nîmes 20-9-1994 n° 92-1540 : RJS 1/95 n° 48).

Le **départ** d'un salarié en congé **malgré le refus de l'employeur** ne peut pas justifier un licenciement, dès lors que cette absence n'est pas de nature à entraîner des conséquences préjudiciables à l'entreprise (Cass. soc. 7-11-1989 n° 87-41.219 P : RJS 1/90 n° 56).

d. S'agissant de savoir si les absences des titulaires d'un **contrat de professionnalisation** sont prises en compte pour le calcul du contingent d'**absences simultanées,** voir n° 20735.

Ordre de priorité Les demandes de congé ne pouvant pas être toutes satisfaites en même temps par l'employeur sont classées selon un ordre de priorité. Ainsi sont acceptées en tout premier lieu les **demandes** déjà présentées et qui ont été **différées** dans les conditions visées n° 38330. **38335** C. trav. art. R 6323-10-2 **R-II-16440**

Viennent ensuite, dans l'ordre, celles formulées par les salariés :
– dont l'action de formation a dû être **interrompue** pour des motifs légitimes après avis du CSE ;
– ayant un niveau de **qualification** inférieur au niveau 4 du RNCP visé n° 38030 (niveau baccalauréat) ;
– les plus **anciens** dans l'entreprise ;
– n'ayant **jamais bénéficié** d'un CTP.

DEMANDE DE PRISE EN CHARGE

Action de positionnement préalable Avant toute demande de prise en charge, le salarié doit bénéficier d'une action de positionnement **réalisée à titre gratuit** par le prestataire de formation. Elle ne constitue en aucun cas une action de formation au sens visé n° 38010. **38340** C. trav. art. L 6323-17-1 L 6323-17-2 R 6323-12 **R-II-16600 s**

L'objet de ce positionnement est d'**identifier les acquis** professionnels du salarié afin de lui proposer un parcours de formation individualisé et adapté, dans son contenu et sa durée, aux besoins de formation identifiés pour la réalisation du PTP.

À la fin de l'action, ces informations sont rassemblées dans un **document** comprenant également un devis approuvé par le salarié, précisant le coût et le contenu de l'action de formation proposée.

> Précisions Le projet du salarié peut aussi faire l'objet d'un **accompagnement** par l'un des opérateurs délivrant le conseil en évolution professionnelle (n° 38000, b) afin d'informer, d'orienter et d'aider l'intéressé à formaliser son PTP et de lui proposer un plan de financement.

Demande du salarié Après avoir obtenu de l'employeur une autorisation d'absence (n° 38330) et effectué son action de positionnement (n° 38340), le salarié **adresse** sa demande de prise en charge à **association Transitions Pro** (ATpro) compétente pour son lieu de résidence principale ou pour son lieu de travail ou, s'il est **en CDD,** à l'association compétente au cours de l'exécution de son contrat. **38345** C. trav. art. R 6323-11 R 6323-11-1 R 6323-13 **R-II-16660 s**

> Précisions **a.** Le salarié ne peut pas déposer simultanément **plusieurs demandes** de prise en charge d'un PTP.

b. Outre le document mentionné n° 38340, le salarié doit transmettre à l'ATpro avec sa demande de prise en charge les **pièces justificatives** requises, dont la liste est fixée par le ministre chargé de la formation professionnelle (Arrêté MTRD1834788A du 28-12-2018).

c. Les **ATpro** sont des commissions paritaires interprofessionnelles régionales (CPIR) en charge de la gestion du PTP. Elles sont agréées et organisées et fonctionnent selon les **modalités** fixées aux articles L 6323-17-6 et D 6323-19 à D 6323-21-6 du Code du travail.

Examen du dossier L'ATpro procède à l'examen du dossier du salarié en deux temps :
– en contrôlant d'abord le **respect des conditions** de demande du congé (n° 38325) et d'ancienneté du salarié (n° 38315) ainsi que la capacité du prestataire de formation à dispenser une formation de qualité ; **38350** C. trav. art. L 6323-17-2 R 6323-14 **R-II-16720 s**

– en appréciant ensuite la **pertinence du projet** au regard de plusieurs critères cumulatifs (cohérence du PTP, pertinence du parcours de formation et de son financement, perspectives d'emploi notamment dans la région).

38355 C. trav. art. L 6323-17-2 R 6323-14-1 à R 6323-14-4 R-II-16740 s

Acceptation de prise en charge Les demandes de prise en charge sont en principe **satisfaites dans l'ordre** de leur réception. Toutefois, si elles ne peuvent pas être toutes satisfaites simultanément, l'ATpro a la possibilité de déterminer certaines catégories d'actions et de publics prioritaires.

Une fois qu'elle a motivé et notifié au salarié sa décision d'accepter la demande, l'ATpro prend en charge les **frais** pédagogiques et de validation des compétences et des connaissances liés à la réalisation de l'action de formation, les frais annexes (frais de transport, de repas et d'hébergement), la **rémunération** du salarié (nº 38370) ainsi que les cotisations de sécurité sociale, charges légales et conventionnelles assises sur celle-ci.

Pour assurer cette prise en charge, l'ATpro mobilise en priorité les fonds correspondants aux **droits inscrits sur le CPF** du salarié concerné, puis les compléments de financement accordés à l'intéressé au titre de l'abondement complémentaire visé nº 38260.

› **Précisions** **a.** Si le **contrat** de travail du salarié est **rompu postérieurement** à l'acceptation de sa demande de prise en charge, celle-ci peut être maintenue par l'ATpro si la rupture a été décidée par l'employeur ou, en cas de rupture à l'initiative du salarié, si celui-ci peut justifier de la conclusion d'un nouveau contrat de travail dans un délai d'un mois à compter de la date de fin de préavis du contrat précédent et de l'accord donné par le nouvel employeur à sa demande de CTP.
b. Lorsque la demande de prise en charge est présentée par un **salarié en CDD,** l'ATpro peut décider de prendre en charge le PTP même si l'action de formation associée débute après le terme du contrat de travail, à la condition toutefois qu'elle débute au plus tard 6 mois après celui-ci.

38360 C. trav. art. R 6323-15 à R 6323-17 R-II-16780 s

Refus de prise en charge L'ATpro qui rejette tout ou partie d'une demande de prise en charge est tenue de notifier au salarié les **raisons** motivant ce rejet par tout moyen conférant date certaine à la réception de cette notification, et de l'informer, dans sa notification, de la possibilité de déposer un recours gracieux.

Le **recours gracieux** contre la décision doit être adressé à l'ATpro dans un délai de 2 mois à compter de la date d'envoi de la notification du rejet. Il est examiné par une instance paritaire de recours créée au sein de l'association. La décision prise sur le recours est notifiée au salarié dans un délai de 2 mois à compter de la date de dépôt du recours. En cas de confirmation du rejet, elle est motivée.

Le salarié peut solliciter une **médiation** de France compétences. L'ATpro transmet alors à cet organisme le dossier de demande de prise en charge du salarié accompagné de la décision motivée de refus de prise en charge du PTP et, le cas échéant, de la décision prise sur le recours gracieux.

ATTENTION

La décision de refus prononcée par l'ATpro ne devrait pas faire perdre au salarié le **bénéfice de l'autorisation d'absence** accordée par l'employeur (Cass. soc. 19-7-1994 nº 91-42.667 D : RJS 10/94 nº 1163). Le salarié qui part en **formation malgré un refus** de prise en charge doit en assurer lui-même le financement, le cas échéant en mobilisant son CPF dans les conditions de droit commun (nºs 38250 s.) ou son compte épargne-temps.

DURÉE DU CONGÉ

38365 C. trav. art. L 6323-17-3 L 6323-17-4 R-II-16900 s

La durée du PTP **correspond** à la durée de l'action de formation associée. En pratique, elle correspond également à la durée du CTP.

Cette durée ne peut pas être imputée sur la durée du **congé payé annuel.** En tout état de cause, le PTP est assimilé à une **période de travail** pour la détermination des droits du salarié en matière de congé payé annuel et à l'égard des droits qu'il tient de son ancienneté dans l'entreprise.

SITUATION DU SALARIÉ

38370 C. trav. art. L 6323-17-5 R 6323-10-4 D 6323-18-1 à D 6323-18-4 R-II-16970 s

Pendant le congé Lorsque le PTP est réalisé sur le temps de travail, le salarié bénéficie pendant la durée de son congé d'une rémunération versée par l'employeur, sous réserve de son **assiduité** à l'action de formation ou au stage en entreprise nécessaire à l'obtention de la certification visée. Si le salarié cesse de suivre la formation sans motif légitime, il perd le bénéfice de son congé.

La **rémunération** est fonction du salaire moyen de référence (SMR), calculé sur la base des salaires perçus au cours des 12 mois précédant la formation (pour le salarié remplissant la 1e condition d'ancienneté visée n° 38315) ou au cours des 4 derniers mois en CDD (pour le salarié remplissant la 2e condition d'ancienneté visée n° 38315). Lorsque le SMR est inférieur ou égal à 2 fois le Smic, la rémunération est égale à 100 % de ce SMR. Lorsque celui-ci est supérieur à 2 fois le Smic, la rémunération, qui ne peut être inférieure à 2 fois le Smic, est égale à :
– 90 % du SMR lorsque la formation n'excède pas un an ou 1 200 heures en cas de formation discontinue ou à temps partiel ;
– 90 % du SMR la première année (ou pour les premières 1 200 heures en cas de formation discontinue ou à temps partiel) puis 60 % au-delà lorsque la formation dépasse ces durées.

› Précisions **a.** Il appartient à l'employeur de **verser mensuellement la rémunération** et les cotisations sociales légales et conventionnelles puis de se faire rembourser par l'ATpro dans le délai maximum d'un mois à compter de la présentation du bulletin de paie, des attestations d'assiduité et des justificatifs relatifs aux cotisations sociales légales et conventionnelles.
b. Les entreprises de moins de 50 salariés peuvent bénéficier d'un **mécanisme d'avances** de trésorerie, dont le montant total ne peut excéder 90 % du montant total des rémunérations mensuelles et des cotisations sociales légales et conventionnelles y afférentes dues par l'employeur pendant le PTP. La première avance est versée à l'employeur par l'ATpro au plus tard 30 jours après la réception de la facture comprenant le montant total des rémunérations et cotisations. Le solde est versé, après la réception des justificatifs, à la fin du PTP. En cas d'abandon du salarié ou d'absence supérieure à un mois, le paiement est réalisé prorata temporis. Le taux et les conditions de versement des avances sont définis conjointement par l'ATpro et l'employeur et peuvent s'appliquer pour l'ensemble des salariés bénéficiaires d'un PTP dans l'entreprise au cours d'une période définie. À défaut d'accord, les avances mensuelles, d'un montant égal à 90 % du montant total de la rémunération mensuelle et des cotisations légales et conventionnelles dues par l'employeur au titre du PTP, sont versées par l'ATpro au plus tard le 20 de chaque mois, à charge pour l'employeur de lui envoyer les justificatifs requis le 10 du mois suivant (Arrêté MTRD2005214A du 26-2-2020). L'employeur informe l'ATpro de la survenance de tout événement pouvant avoir des conséquences sur le suivi par le salarié de l'action de formation ou le montant de la rémunération et des cotisations sociales légales et conventionnelles et adresse les justificatifs avant le versement de l'avance suivante ou du solde, sous peine de suspension des avances. En cas de trop-perçu, l'employeur rembourse l'ATpro au plus tard 30 jours après la constatation du trop-perçu.
c. Pour prouver le respect de son **obligation d'assiduité**, le salarié remet à son employeur les justificatifs de présence établis par l'organisme de formation à la fin de chaque mois et lors de la reprise du travail.
d. Pendant la durée de son PTP, le **salarié en CDD** exerçant son action de formation après le terme de son contrat a la qualité de stagiaire de la formation professionnelle et bénéficie, comme les autres salariés, de la rémunération ci-dessus qui est versée par l'ATpro. Il a également droit au maintien du régime de protection sociale dont il bénéficiait lorsqu'il était titulaire d'un CDD, en matière de sécurité sociale, d'assurance chômage et de retraite complémentaire. C'est l'ATpro qui verse aux régimes concernés les cotisations sociales afférentes à ces garanties.
e. Lorsque le salarié n'est **pas rémunéré** pendant son congé, les cotisations sociales légales sont prises en charge par l'État (C. trav. art. L 6342-3).

Pendant son congé, le salarié a droit aux mêmes prestations de **sécurité sociale** que s'il continuait à travailler. Il bénéficie de la législation sur les accidents du travail pour ceux survenus au cours de la formation et des dispositions protectrices relatives au harcèlement. **38375**

La période de formation est validée au titre de l'**assurance vieillesse.** S'agissant de la validation de la période de formation non rémunérée ou rémunérée par l'État, voir n° 67570.

› Précisions **a.** Les **prestations en espèces d'assurance maladie** sont calculées sur la base du salaire antérieur au congé. S'il n'est pas rémunéré, le congé est assimilé à une période d'activité professionnelle salariée pour l'ouverture des droits à ces prestations (voir n° 50320, c).
b. Les indemnités journalières d'**accident du travail** sont calculées sur la base du Smic correspondant à la durée légale du travail et les rentes sur la base du salaire minimum visé n° 1135 (CSS art. R 412-5 et R 412-11) ou sur la rémunération réelle si elle est supérieure (Cass. soc. 16-11-1995 n° 93-15.467 P : RJS 1/96 n° 50). Sur les formalités déclaratives, voir n° 38160, b.
c. S'agissant des droits à **retraite complémentaire,** voir n° 68290.

À l'issue du congé À l'issue de son congé, le salarié doit être réintégré dans son **poste** ou, si celui-ci n'est plus disponible, dans un emploi équivalent. Sauf dispositions conventionnelles contraires ou s'il s'y est engagé, l'employeur n'est pas obligé de tenir compte de la **qualification** ou des connaissances acquises par le salarié. **38380** R-II-17400 s

S'il entend ne pas reprendre son travail et **démissionner,** le salarié reste tenu d'effectuer son préavis, sauf dispense par l'employeur (nº 69315).

L'employeur ne peut pas contraindre le salarié à interrompre son stage. Inversement, il n'est pas tenu de réintégrer le salarié avant l'**expiration de son congé.**

› Précisions a. Le salarié n'est pas obligé d'**informer** préalablement son employeur de la date de son retour qui est, en principe, connue au moment du départ (CA Nancy 6-12-1989 nº 89-2343). La **non-reprise du travail** par le salarié à l'issue de son congé peut être constitutive d'une faute grave (Cass. soc. 30-11-1994 nº 93-41.229 D). Le salarié doit remettre à l'employeur une **attestation** d'assiduité (voir nº 38370, c).

b. En cas d'**acceptation de son retour anticipé par l'employeur,** le salarié ne saurait exiger sa réintégration dans son poste ; si l'employeur lui propose, à titre transitoire, un poste de qualification inférieure (son poste étant occupé par un salarié en CDD), le salarié ne peut pas se prévaloir d'une modification unilatérale de son contrat de travail (Cass. soc. 5-6-1986 nº 84-40.320 S).

c. La prise en compte des connaissances acquises par le salarié peut entraîner une **modification du contrat de travail** (rémunération, lieu de travail, etc.). Sur le régime et les conséquences de cette modification, voir nºs 17300 s.

2. VALIDATION DES ACQUIS DE L'EXPÉRIENCE

38450 C. trav. art. L 6422-1 à L 6422-6 R 6422-1 à R 6422-10 **R-II-18000 s**

La validation des acquis de l'expérience (VAE), telle que définie nº 38020, peut être réalisée dans le cadre d'un **congé spécifique ouvert à tout salarié,** quelle que soit son ancienneté. Le salarié effectue une **demande** d'autorisation d'absence à son employeur au plus tard 60 jours avant le début de la VAE par tout moyen conférant date certaine à sa réception. L'employeur doit donner sa **réponse** à l'intéressé dans un délai de 30 jours suivant la réception de la demande de congé, l'absence de réponse dans ce délai valant acceptation. Il peut différer, pour raisons de service, la date de début du congé d'au maximum 6 mois à compter de la date de la demande du salarié.

La **durée** du congé ne peut excéder 24 heures de temps de travail, continues ou discontinues, par session d'évaluation. Elle peut toutefois être augmentée par convention ou accord collectif de travail pour les salariés n'ayant pas atteint le niveau 4 du RNCP visé nº 38030 (niveau baccalauréat) ou dont l'emploi est menacé par les évolutions économiques ou technologiques.

Les heures passées en congé de VAE constituent du **temps de travail effectif** et donnent lieu au maintien de la **rémunération** et de la **protection sociale** du salarié.

En principe, l'employeur doit prendre en charge les **frais** engagés par le salarié pendant son congé pour VAE. Toutefois, il peut refuser cette prise en charge en l'absence de transmission, par le candidat, d'un document attestant de la recevabilité de sa demande de VAE ou lorsque les demandes de prise en charge ne peuvent être toutes simultanément satisfaites.

› Précisions a. Le congé pour VAE se déroule en dehors de la période d'exécution du **contrat de travail à durée déterminée** et débute au plus tard 12 mois après le terme du CDD. Par dérogation, ce congé peut être pris, à la demande du salarié et après accord de l'employeur, en tout ou partie, avant le terme du contrat de travail.

b. Le salarié ayant bénéficié d'une autorisation d'absence pour accomplir des actions de VAE ne peut prétendre, dans la même entreprise, au bénéfice d'une **nouvelle autorisation** dans le même but avant un an, à l'exception des candidats ayant obtenu une ou plusieurs parties de certification pour le passage de l'évaluation complémentaire. Sur la prise en compte de la durée du congé pour VAE dans le calcul du délai de **franchise** applicable au congé de transition professionnelle, voir nº 38320.

c. Les **frais pouvant être pris en charge** par l'employeur dans le cadre d'un congé pour VAE sont les suivants : frais de transport, de repas et d'hébergement ; frais d'examen du dossier de recevabilité ; frais d'accompagnement du candidat ; frais occasionnés par les formations obligatoires ou complémentaires recommandées, le cas échéant, au candidat par le ministère ou l'organisme certificateur au terme de l'analyse de la recevabilité de sa demande ; frais des sessions d'évaluation.

d. Le bénéficiaire du congé présente, à la fin de celui-ci, sur demande de l'employeur, tout **justificatif** attestant de sa participation aux actions de VAE fournie par le ministère ou l'organisme certificateur.

D. Reconversion ou promotion par alternance

38500 **R-II-20000 s**

La reconversion ou promotion par alternance, dite « **Pro-A** », permet à certains salariés d'accéder à une formation qualifiante en alternance soit pour une promotion interne, soit pour une reconversion.

OBJET

La Pro-A doit permettre au salarié éligible (n° 38520) de **changer de métier** ou de profession ou de **bénéficier d'une promotion** sociale ou professionnelle par une action de formation (n° 38010) ou de validation des acquis de l'expérience (n° 38030). **38510** C. trav. art. L 6324-1 à L 6324-3 D 6324-1-1 **R-II-20030 s**

La liste des **certifications professionnelles éligibles** à la Pro-A est définie par un accord de branche étendu, dont l'extension est subordonnée au respect des critères de forte mutation de l'activité et de risque d'obsolescence des compétences. Ce dispositif peut aussi permettre l'acquisition du **socle de connaissance et de compétences.**

BÉNÉFICIAIRES

La Pro-A est ouverte aux salariés en **contrat de travail à durée indéterminée** ou en **contrat unique d'insertion** à durée indéterminée (nos 20790 s.), notamment à ceux dont la qualification est insuffisante au regard de l'évolution des technologies ou de l'organisation du travail, aux **sportifs ou entraîneurs professionnels** en CDD en application de l'article L 222-2-3 du Code du sport et aux salariés placés en position d'activité partielle, dès lors qu'ils n'ont **pas atteint un niveau de qualification** sanctionné par une certification enregistrée au RNCP visé n° 38030 et correspondant au grade de la licence. **38520** C. trav. art. L 6324-1 L 6324-2 D 6324-1-1 **R-II-20050 s**

DÉROULEMENT DE LA FORMATION

La Pro-A associe : **38530** C. trav. art. L 6324-5 D 6324-1 D 6324-2 **R-II-20110 s**

– des **enseignements généraux, professionnels et technologiques** dispensés dans des organismes publics ou privés de formation ou, lorsqu'elle dispose d'un service de formation, par l'entreprise ;

– l'**acquisition d'un savoir-faire** par l'exercice en entreprise d'une ou de plusieurs activités professionnelles en relation avec les qualifications recherchées.

L'action de formation effectuée dans le cadre d'une Pro-A se déroule selon les **mêmes modalités et durée** que celles prévues pour le contrat de professionnalisation (voir n° 20740), à l'exception des actions d'acquisition du socle de connaissance et de compétences et de validation des acquis de l'expérience. L'employeur doit désigner, parmi ses salariés, un **tuteur** dans les conditions applicables à ce contrat (n° 20743).

La formation en Pro-A s'effectue en principe **pendant le travail.** Elle peut également se dérouler en tout ou partie **en dehors du temps de travail** soit à l'initiative du salarié, soit à celle de l'employeur après accord écrit de l'intéressé, selon les mêmes modalités que celles applicables au plan de développement des compétences (voir n° 38150, a). **38540** C. trav. art. L 6324-7

PRISE EN CHARGE FINANCIÈRE

L'action de formation suivie dans le cadre de la Pro-A est financée par l'opérateur de compétences (n° 38940) dont dépend l'employeur sur ses **fonds dédiés à l'alternance.** Fixé soit par accord de branche, soit par accord conclu entre les organisations représentatives d'employeurs et de salariés signataires de l'accord constitutif de l'Opco, le **niveau** de la prise en charge financière, communiqué à France compétences, correspond à un montant forfaitaire couvrant tout ou partie des **frais pédagogiques** ainsi que des frais de **transport** et d'**hébergement** engagés pendant la formation. À défaut d'accord, ce montant est égal à 9,15 € par heure de formation. **38550** C. trav. art. L 6324-5 L 6324-5-1 L 6332-14 D 6332-89 à D 6332-91 **R-II-20270 s**

S'agissant de la prise en charge des **frais de tutorat,** voir n° 20744, a.

> **Précisions** **a.** Les dépenses exposées par les **employeurs de moins de 50 salariés** au-delà du montant forfaitaire peuvent être financées par l'Opco au titre des fonds affectés au **développement des compétences,** selon des modalités précisées par son conseil d'administration.
> **b.** La **rémunération** du salarié versée pendant sa formation, et les **charges sociales** légales et conventionnelles y afférentes, sont en principe prises en charge par l'employeur. Toutefois, l'accord de branche mentionné n° 38510 peut prévoir de faire supporter ces coûts à l'Opco dont dépend l'entreprise, sans que le montant total pris en charge au titre de la rémunération puisse excéder le coût horaire du Smic par heure.

SITUATION DU SALARIÉ

Avant son départ en formation, le salarié doit signer un **avenant à son contrat de travail** précisant la durée et l'objet de la Pro-A et faisant l'objet d'un **dépôt** selon la même procédure que celle applicable au contrat de professionnalisation (n° 20730). **38560** C. trav. art. L 6324-6 L 6324-8 L 6324-10 **R-II-20160 s**

Lorsque l'action de formation s'effectue pendant le temps de travail, elle donne lieu au maintien par l'employeur de la **rémunération** du salarié. Sur la prise en charge de celle-ci, voir n° 38550, b.

En tout état de cause, que la formation se déroule pendant ou hors du temps de travail, l'intéressé bénéficie de la **législation de la sécurité sociale** relative à la protection en matière d'accidents du travail et de maladies professionnelles.

III. PARTICIPATION FINANCIÈRE DES EMPLOYEURS

38800 C. trav. art. L 6131-1, I L 6131-2 R-IV-29000 s

Les employeurs participent au financement de la formation professionnelle et de l'alternance, d'une part, en **finançant directement des actions de formation** de leurs salariés, notamment dans le cadre du plan de développement des compétences (nos 38100 s.) et, d'autre part, en versant :

– une **contribution unique à la formation professionnelle et à l'alternance** (Cufpa), laquelle est constituée, en pratique, de la taxe d'apprentissage (voir Mémento Paie nos 32100 s.) et de la contribution à la formation professionnelle (nos 38850 s.) ;
– une **contribution supplémentaire à l'apprentissage** (voir Mémento Paie nos 32400 s.) ;
– une contribution dédiée au financement du **compte personnel de formation** des titulaires d'un **contrat de travail à durée déterminée** (no 38930).

> **Précisions** **a.** En sus de la CFP d'origine légale, les entreprises peuvent être redevables de **contributions supplémentaires** soit en application d'un **accord** professionnel national conclu entre les organisations représentatives d'employeurs et de salariés, soit sur une base **volontaire.** Ces contributions doivent être versées à l'opérateur de compétences (no 38940) dont elles dépendent (C. trav. art. L 6332-1-2).
> **b.** S'agissant des **autres contributions** dues au titre de la formation par certaines catégories de travailleurs ou d'employeurs, voir no 39000.

A. Contribution à la formation professionnelle

EMPLOYEURS CONCERNÉS

38850 C. trav. art. L 6131-1, II R 6523-2 R-IV-29150 s.

Tous les employeurs établis ou domiciliés en France (métropole et outre-mer) sont **assujettis** à la contribution à la formation professionnelle (CFP), quels que soient l'activité exercée, la forme juridique de l'exploitation et le régime d'imposition (BOI-TPS-FPC-10 no 30).

En sont **exonérés** l'État, les collectivités locales et leurs établissements à caractère administratif, mais pas leurs établissements ou organismes à caractère industriel et commercial (BOI-TPS-FPC-10 no 70).

> **Précisions** Les employeurs de **Guadeloupe, Guyane, Martinique, Mayotte, La Réunion, Saint-Barthélemy et Saint-Martin** employant des salariés à temps partiel, des salariés à domicile ou intermittents (autres que ceux du spectacle) ne sont assujettis à la CFP que s'ils ont versé pendant l'année de référence un montant de salaire au moins égal à 520 fois le Smic hebdomadaire (chiffre réduit au prorata des semaines travaillées en cas de début ou de cessation d'activité en cours d'année).

CALCUL DE LA CONTRIBUTION

38880 C. trav. art. L 6331-1 A L 6331-1 L 6331-3 L 6331-5 R-IV-31900 s. R-IV-33150 s.

Taux Le taux de la CFP, assise sur l'assiette visée no 38920, est fixé à 0,55 % pour les entreprises de **moins de 11 salariés** et à 1 % pour les entreprises d'**au moins 11 salariés.** S'agissant des taux applicables aux entreprises de travail temporaire, voir no 82460.

> **Précisions** Les modalités de **calcul de l'effectif** sont les mêmes que celles applicables en matière de sécurité sociale (voir nos 23630 s.). S'agissant des conséquences d'un **franchissement de seuil,** les règles visées no 23640 sont en principe applicables depuis le 1er janvier 2020. Par dérogation, elles concernent également, pour la CFP, les entreprises ayant atteint ou dépassé, pour la première fois, le seuil de 11 salariés en 2018 et 2019 (Loi 2019-486 du 22-5-2019 art. 11, XIII modifié). En revanche, les entreprises ayant atteint ou franchi, pour la première fois, ce seuil en 2017 sont soumises à l'ancien dispositif de lissage et sont, à ce titre, redevables d'une CFP de 0,90 % pour 2021 (C. trav. art. L 6331-15 et R 6331-12 anciens).

38920 C. trav. art. L 6331-1

Assiette La **base de calcul** de la CFP (comme celle des autres taxes assises sur les salaires) est identique à celle des cotisations de sécurité sociale (voir nos 22320 s.), sous réserve, le cas échéant, des exonérations expressément prévues par les textes pour certaines rémunérations.

La **période de référence** à retenir pour le calcul de la contribution est l'année civile au titre de laquelle celle-ci est due. Ainsi, la CFP afférente à 2021 est calculée sur l'ensemble des rémunérations versées du 1-1-2021 au 31-12-2021. Sur la période à retenir pour le calcul de certains acomptes de la CFP, voir n° 38950. L 6331-3 R-IV-31300 s.

> **Précisions** **a.** Les rémunérations exonérées de **taxe sur les salaires** ne sont pas passibles de la CFP.
> **b.** Les employeurs de moins de 11 salariés ne sont pas assujettis à la CFP sur les salaires versés à leurs **apprentis.**
> **c.** Certaines rémunérations totalement ou partiellement exonérées de cotisations de sécurité sociale sont cependant assujetties à la CFP. Tel est le cas en particulier de celles versées aux salariés détachés en France mais **résidents fiscaux à l'étranger** (CE 15-2-2016 n° 381580 : RJS 5/16 n° 360) et aux **expatriés** (CE 8-4-2013 n° 346808 : RJS 7/13 n° 557). Les rémunérations versées aux **mandataires sociaux** étant assimilées pour l'impôt sur le revenu à des salaires imposables dans la catégorie des traitements et salaires, elles entrent dans l'assiette de la participation des entreprises au financement de la formation professionnelle (CE 27-7-2005 n° 259910 : RJF 11/05 n° 1183).
> **d.** L'assiette de la contribution comprend les **indemnités de congés payés,** y compris lorsque celles-ci sont versées par une caisse de congés payés pour le compte de l'employeur, le montant à prendre en compte étant alors celui qui aurait été versé par l'entreprise si elle n'avait pas été tenue de s'affilier à une telle caisse (Avis CE 30-10-2009 n° 328015 : RJS 2/10 n° 211).
> **e.** Les employeurs doivent indiquer l'assiette de la CFP dans leur dernière **déclaration sociale nominative** déposée au titre de l'année civile (CGI ann. III art. 39).

AFFECTATION DES FONDS

Les sommes collectées par les opérateurs de compétences, selon les modalités exposées n°s 38940 s., sont ensuite reversées à **France compétences** en vue de financer l'alternance, le conseil en évolution professionnelle, le plan de développement des compétences des entreprises de moins de 50 salariés, le compte personnel de formation, y compris lorsqu'il est mobilisé dans le cadre d'un projet de transition professionnelle, et la formation des demandeurs d'emploi. **38925** C. trav. art. L 6331-2 L 6331-4 R-IV-32150 s. R-IV-34700 s.

En pratique, France compétences verse aux **organismes financeurs** (opérateurs de compétences, Caisse des dépôts et consignations, commissions paritaires interprofessionnelles régionales, Pôle emploi, etc.) les fonds nécessaires à la prise en charge des coûts engendrés par les formations des salariés ou des demandeurs d'emploi dans le cadre des différents dispositifs de la formation professionnelle et de l'alternance.

B. Contribution CPF-CDD

Quel que soit l'effectif de l'entreprise, les employeurs ayant occupé des salariés sous contrat à durée déterminée (CDD) au cours d'une année civile sont redevables d'un versement spécifique destiné au **financement du compte personnel de formation** des intéressés. **38930** C. trav. art. L 6331-6 R 6331-72 C. sport art. L 222-4 R-IV-36000 s

Le montant de la contribution CPF-CDD est **égal à 1 %** des rémunérations payées à ces salariés durant l'année considérée. Cette contribution doit être versée selon les modalités exposées n°s 38940 s.

> **Précisions** **a.** Cette contribution est **calculée** sur une base identique à celle visée n° 38920.
> **b.** Ce versement n'est **pas dû** pour les contrats de type particulier (apprentissage, professionnalisation, accompagnement dans l'emploi), les CDD conclus avec des sportifs et entraîneurs professionnels, les CDD conclus avec des jeunes au cours de leur cursus scolaire ou universitaire ou avec des travailleurs saisonniers pour suivre une action du plan de développement des compétences (n° 38120, b), les contrats saisonniers, ni lorsque le CDD a été suivi d'un contrat à durée indéterminée.
> **c.** S'agissant de la sanction applicable en cas de **défaut ou d'insuffisance de versement,** voir n° 38970.

C. Versement des contributions

ORGANISME COLLECTEUR

Les contributions mentionnées n° 38800 sont en principe **recouvrées** par les **Urssaf,** les caisses générales de sécurité sociale (collectivités d'outre-mer) ou les caisses de la Mutualité sociale agricole. Elles sont ensuite reversées à l'établissement public France compétences chargé de répartir et de gérer les fonds de la formation professionnelle (C. trav. art. L 6131-1, III). **38940** R-IV-32000 s. R-IV-34500 s.

Toutefois, par **dérogation,** jusqu'à la date d'entrée en vigueur de l'ordonnance prévue par l'article 41 de la loi 2018-771 du 5-9-2018 ou au plus tard le 1-1-2022, des **opérateurs de compétences** (Opco) assurent le recouvrement de ces contributions (Loi 2018-771 précitée art. 37, III-B modifié par loi 2019-1479 du 28-12-2019 art. 190).

> **Précisions** Les missions, le fonctionnement et les modalités d'agrément des **Opco** sont inscrits aux articles L 6332-1 à L 6332-6 du Code du travail. Outre la mission provisoire de **collecte** des contributions légales, ce sont eux qui perçoivent directement les sommes versées par les entreprises au titre des contributions conventionnelles ou volontaires (n° 38850). Ils sont également chargés de financer avec les fonds qu'ils gèrent les **frais de formation** engagés dans le cadre du plan de développement des compétences des entreprises de moins de 50 salariés (n° 38170), de l'abondement complémentaire du CPF (n° 38260) et de la Pro-A (n° 38550).

DATE ET MODALITÉS

38950 Les **employeurs de moins de 11 salariés** s'acquittent de la CFP et de la contribution CPF-CDD dues au titre de l'année **2020** (calculées sur les rémunérations versées en 2020) avant le 1-3-2021 et de la CFP et de la contribution CPF-CDD dues au titre de l'année **2021** par un acompte de 40 % versé avant le 15-9-2021 (calculé sur la masse salariale de 2020 ou, si besoin, en cas de création d'une entreprise, une projection de la masse salariale de 2021), le solde de ces contributions (calculé sur les rémunérations versées en 2021), modifié le cas échéant, pour tenir compte du montant effectivement dû, devant être versé avant le 1-3-2022.

Les **employeurs d'au moins 11 salariés** s'acquittent :
– du solde de la **CFP** due au titre de l'année **2020** (calculé sur les rémunérations versées en 2020) avant le 1-3-2021, deux acomptes de 60 % et 38 % ayant dû être versés respectivement avant le 1-3-2020 et le 25-11-2020 ;
– de la CFP due au titre de **2021** par deux acomptes, l'un de 60 % (calculé sur la masse salariale de 2020 ou, si besoin, en cas de création d'entreprise, sur une projection de la masse salariale de 2021) versé avant le 1-3-2021 et l'autre de 38 % (calculé sur une projection de la masse salariale de 2021) versé avant le 15-9-2021, le solde, modifié le cas échéant pour tenir compte du montant effectivement dû, devant être payé avant le 1-3-2022 ;
– de la **contribution CPF-CDD** due au titre de 2020 (calculée sur les rémunérations versées en 2020) avant le 1-3-2021 et de celle due au titre de 2021 (calculée sur les rémunérations versées en 2021) avant le 1-3-2022.

38960 Le **tableau** ci-après récapitule les modalités de cette collecte :

	Contributions dues au titre des rémunérations versées en			
	2020		**2021**	
	Employeurs < 11 salariés	Employeurs ≥ 11 salariés	Employeurs < 11 salariés	Employeurs ≥ 11 salariés
	Recouvrement avant le :		Recouvrement avant le :	
CFP	1-3-2021	1er acompte de 60 % : 1-3-2020 2e acompte de 38 % : 25-11-2020 Solde : 1-3-2021	Acompte de 40 % : 15-9-2021 Solde : 1-3-2022	1er acompte de 60 % : 1-3-2021 2e acompte de 38 % : 15-9-2021 Solde : 1-3-2022
Contribution CPF-CDD	1-3-2021	1-3-2021	Acompte de 40 % : 15-9-2021 Solde : 1-3-2022	1-3-2022

CONTRÔLE ET SANCTION

38970 R-IV-32300 s. R-IV-35300 s. À **défaut de versement** auprès des Opco de l'une des contributions, ou en cas de **versement insuffisant,** l'employeur doit effectuer un versement de **régularisation** auprès du service des impôts des entreprises au plus tard le 30 avril de l'année suivant celle du versement des rémunérations, accompagné du bordereau de versement n° 2485-SD. Ce versement de régularisation est égal au montant de la contribution restant dû **majoré** de l'insuffisance constatée. Autrement dit, le paiement devant être effectué auprès du comptable public est égal au double du montant de la contribution restant dû.

Le montant de ce versement supplémentaire est **recouvré** selon les modalités ainsi que sous les sûretés, garanties et sanctions applicables en matière de taxe sur le chiffre d'affaires ; le contrôle et le contentieux de ces contributions sont opérés selon les règles applicables à ces mêmes taxes (Loi 2018-771 du 5-9-2018 art. 37, III-B).

Par ailleurs, les agents de contrôle de l'État (inspecteurs et contrôleurs du travail, inspecteurs de la formation professionnelle, agents de la fonction publique de l'État de catégorie A) exercent un **contrôle administratif et financier** des dépenses de formation exposées par les employeurs en vérifiant que ceux-ci ont bien procédé à un financement direct, notamment dans le cadre du plan de développement des compétences, pour former leurs salariés et ont bien versé leurs contributions à leur organisme collecteur (C. trav. art. L 6361-1 à L 6361-3).

ATTENTION

Lorsque les Urssaf, les CGSS ou les caisses de la MSA seront chargées du recouvrement des contributions mentionnées au n° 38800 (au plus tard **à compter du 1-1-2022**), celui-ci sera effectué selon les règles et sous les garanties et sanctions applicables en matière de cotisations et de contributions de sécurité sociale (C. trav. art. L 6131-1, III).

Régimes particuliers

39000

Le Code du travail prévoit des contributions spécifiques pour **certaines catégories de travailleurs ou d'employeurs** exposées ci-après.

S'agissant du financement de la formation des **particuliers employeurs,** voir n° 33370 (assistants maternels) et n°s 33460 s. (employés de maison).

Employeurs du bâtiment et des travaux publics

Les entreprises du BTP sont redevables d'une **cotisation spécifique,** assise sur la même assiette que celle de la CFP (n° 38920), dont le taux est en principe **fixé par accord** entre les organisations professionnelles d'employeurs et les organisations syndicales de salariés représentatives au niveau national dans ces secteurs. À **défaut d'accord** au 31 décembre de l'année précédant l'exercice, le taux de la cotisation, fixé par la loi, est égal à 0,30 % pour les entreprises relevant du secteur des métiers du bâtiment et à 0,22 % pour celles relevant du secteur des travaux publics. Dans les entreprises d'au moins 11 salariés, cette cotisation est **déductible** de la CFP.

C. trav. art. L 6331-35 à L 6331-47 R 6331-36 à R 6331-46 Décret 2020-198 du 5-3-2020 **R-IV-39000 s**

Employeurs d'intermittents du spectacle

Le Code du travail permet l'adoption, par voie d'accord ou de convention nationale étendue, d'une **contribution unique** spécifique due par les employeurs d'intermittents du spectacle et destinée au financement de la formation professionnelle de ces derniers. Cet accord doit fixer un taux global d'au moins 2 % et respecter la répartition minimale suivante : 0,35 % au titre du CPF, 1,10 % au titre du développement des compétences et 0,10 % au titre de la formation des demandeurs d'emploi. Le **taux** de cette contribution est actuellement fixé par un accord du 25-9-2014 à 2,10 % des rémunérations versées à ces salariés. Elle est calculée sur une **base** identique à celle visée n° 38920 et versée à l'Afdas, Opco des secteurs de la culture, des industries créatives, des médias, de la communication, des télécommunications, du sport, du tourisme, des loisirs et du divertissement.

C. trav. art. L 6331-55 L 6331-56 Accord 25-9-2014 **R-IV-37000 s**

Travailleurs non salariés

Les travailleurs non salariés ont **accès à la formation** professionnelle (C. trav. art. L 6312-2), notamment au moyen du CPF (C. trav. art. L 6323-25 à L 6323-32 et D 6323-22 à D 6323-28), et à la validation des acquis de l'expérience. Ils doivent, à cette fin, participer à son **financement.**

En principe, les **travailleurs indépendants, membres d'une profession libérale ou d'une profession non salariée** versent chaque année aux Urssaf une contribution au moins égale à 0,25 % du montant annuel du plafond de la sécurité sociale en vigueur au 1er janvier, ou à 0,34 % du même montant lorsque l'intéressé bénéficie du concours de son conjoint collaborateur. Par dérogation, pour ceux bénéficiant du régime micro-social la contribution est égale à 0,10 % (secteur du commerce) ou 0,20 % (activité de prestations de services et professions libérales) du montant annuel de leur chiffre d'affaires ; en cas de chiffre d'affaires nul, aucune contribution n'est due par le micro-entrepreneur (ou auto-entrepreneur) qui n'a alors pas accès à la formation professionnelle.

C. trav. art. L 6331-48 à L 6331-52 L 7342-3 R-IV-41050 s.

Les travailleurs indépendants, qui recourent à une plateforme de mise en relation (voir n° 55510), peuvent voir, sous certaines conditions, leur contribution être prise en charge par celle-ci.

Les **travailleurs indépendants et chefs d'entreprise de la pêche maritime et de cultures marines** de moins de 11 salariés, qui ne relèvent pas du régime agricole, doivent verser à l'Urssaf de Poitou-Charentes une contribution annuelle égale à 0,15 % du plafond annuel de la sécurité sociale. Ceux atteignant ou dépassant ce seuil d'effectif sont soumis au même régime que les **chefs d'entreprises agricoles** (voir Mémento agriculture n° 54800).

C. trav. art. L 6331-53 R-IV-42500 s.

39000 (suite)

C. trav. art. L 6331-48 à L 6331-52 R-IV-42700 s.

La participation des **artisans** au financement de leur formation s'élève à 0,29 % du plafond annuel de la sécurité sociale ; elle est versée aux Urssaf puis affectée pour 0,17 % au fonds d'assurance-formation des chefs d'entreprise (Fafcea) et pour 0,12 % à la chambre des métiers et de l'artisanat. Toutefois, pour ceux bénéficiant du régime micro-social, la contribution est égale à 0,30 % du montant annuel de leur chiffre d'affaires ; en cas de chiffre d'affaires nul, aucune contribution n'est due par le micro-entrepreneur (ou auto-entrepreneur), qui alors n'a pas accès à la formation professionnelle.

Les **chefs d'entreprise artisanale** affiliés au régime général de la sécurité sociale, assujettis en tant qu'assimilés salariés à la CFP visée nos 38850 s., ne sont pas redevables de la contribution due par les artisans.

S'agissant de la **taxe** pour frais de **chambre des métiers** et de l'artisanat, voir Mémento fiscal no 45540.

C. trav. art. L 6331-65 à L 6331-68 R-IV-43000 s.

La formation professionnelle des **artistes-auteurs** est financée par 2 contributions versées à l'Urssaf du Limousin : l'une à leur charge d'un taux de 0,35 % assise sur leurs revenus ; l'autre à la charge des diffuseurs et exploitants commerciaux égale à 0,10 % de leur chiffre d'affaires ou des sommes payées aux artistes.

HANDICAP

SOMMAIRE

A. Obligation d'emploi

Préférence accordée à l'emploi direct des personnes handicapées, simplification de la déclaration annuelle, harmonisation du mode de calcul des effectifs entre les différentes législations… Depuis le 1er janvier 2020, les modalités de l'obligation d'emploi des travailleurs handicapés ont été transformées. **40000**

1. CHAMP D'APPLICATION

EMPLOYEURS ASSUJETTIS

40002 C. trav. art. L 5212-1 L 5212-3 **T-I-400 s**

L'obligation d'emploi des travailleurs handicapés, mutilés de guerre et assimilés s'applique à tout employeur occupant au moins **20 salariés,** y compris les établissements publics industriels et commerciaux.

Dans les **entreprises à établissements multiples,** l'obligation d'emploi s'applique au niveau de l'entreprise.

> **Précisions** L'État, ses établissements publics autres qu'industriels et commerciaux, les collectivités territoriales et leurs établissements publics autres qu'industriels et commerciaux ainsi que la fonction publique hospitalière, sont assujettis à l'obligation d'emploi selon des modalités particulières, non étudiées ici (Loi 83-634 du 13-7-1983 art. 33 s.).

40005 C. trav. art. L 5212-1 L 5212-4 D 5212-1 **T-I-500 s** **T-I-850 s**

Condition d'effectif L'assujettissement à l'obligation d'emploi et le franchissement de seuil sont déterminés en fonction de l'effectif calculé selon les modalités fixées à l'article L 130-1 du CSS (nos 23630 s.). Dans les **entreprises de travail temporaire,** les entreprises de **portage salarial** et les **groupements d'employeurs,** l'effectif d'assujettissement ne prend pas en compte les salariés mis à disposition ou portés.

Toute entreprise qui occupe au moins 20 salariés au moment de sa création a **5 ans pour se mettre en conformité** avec l'obligation d'emploi. Par exemple, une entreprise de plus de 20 salariés créée en 2021 doit mettre en œuvre l'obligation d'emploi à compter de l'année 2026 (pour laquelle une déclaration sera souscrite, via la DSN, en 2027). En 2021, 2022, 2023, 2024 et 2025, elle n'est pas assujettie à l'obligation d'emploi mais doit néanmoins s'acquitter d'obligations déclaratives : voir nos 40112 s.

> **Précisions** **a.** Ne constitue pas une entreprise nouvelle au sens de cette disposition l'entreprise issue d'une **fusion** (Note DE 9 du 10-2-1989, réputée abrogée) ou celle créée pour reprendre le fonds de commerce et l'activité d'une autre société (CAA Nantes 5-3-1998 no 96-2323 ; CAA Nantes 30-10-2003 no 00-755).
> **b.** Le délai de mise en conformité ne s'ajoute pas au délai de 3 ans au-delà duquel l'employeur n'ayant fait aucun effort en matière d'emploi des travailleurs handicapés est redevable d'une **surcontribution** (voir no 40090). Ainsi, une entreprise ne peut pas, au terme du délai de mise en conformité, bénéficier d'un délai de 3 ans pour échapper à la surcontribution (Note DGEFP 22 du 5-7-2006 no I-3, réputée abrogée).
> **c.** Sur la possibilité de faire une demande de **rescrit** quant au calcul de l'effectif, voir no 40140.

2. EXÉCUTION DE L'OBLIGATION

40030 C. trav. art. L 5212-2 T-I-1640 s

Dans les entreprises assujetties, les bénéficiaires de l'obligation d'emploi doivent représenter au moins **6 %** de l'effectif total des salariés calculé comme indiqué n° 40005, le nombre de bénéficiaires ainsi déterminé devant être **arrondi** à l'entier inférieur (C. trav. art. D 5212-2). Pour s'acquitter de leur obligation, les employeurs ont le choix entre plusieurs **modalités** (n°s 40035 s.) qu'ils peuvent **combiner entre elles.**

> **Précisions** **a.** Le taux de 6 % est **révisé** tous les 5 ans, en référence à la part des bénéficiaires de l'obligation d'emploi dans la population active et à leur situation au regard du marché du travail, après avis du Conseil national consultatif des personnes handicapées.
> **b.** Les employeurs qui, pendant plus de 3 ans, n'ont consenti aucun effort en faveur de l'emploi des personnes handicapées sont pénalisés, voir n° 40090.
> **c.** La **date limite** d'exécution des obligations est le 31 décembre de chaque année, sauf le versement de la contribution annuelle (n° 40065).
> **d.** Sur la possibilité de faire une demande de **rescrit** quant à la mise en œuvre de l'obligation d'emploi, à ses modalités d'acquittement et à ses bénéficiaires, voir n° 40140.

EMPLOI DIRECT DE BÉNÉFICIAIRES

40035 C. trav. art. L 5212-13 T-I-1150 s

Bénéficient de l'obligation d'emploi :
– les travailleurs reconnus handicapés par la commission des droits et de l'autonomie des personnes handicapées (CDAPH) (n° 40180) ;
– les victimes d'accidents du travail ou de maladies professionnelles ayant entraîné une incapacité permanente au moins égale à 10 % et titulaires d'une rente d'un régime de protection sociale obligatoire ;
– les titulaires d'une pension d'invalidité attribuée au titre d'un régime de protection sociale obligatoire ou des dispositions régissant les agents publics à condition que l'invalidité des intéressés réduise au moins des deux tiers leur capacité de travail ou de gain ;
– les bénéficiaires mentionnés aux articles L 241-2, L 241-3 et L 241-4 du Code des pensions militaires d'invalidité et des victimes de guerre ;
– les titulaires d'une allocation ou rente d'invalidité attribuée dans les conditions définies par la loi 91-1389 du 31-12-1991 relative à la protection sociale des sapeurs-pompiers volontaires ;
– les titulaires de la carte mobilité inclusion portant la mention invalidité définie à l'article L 241-3 du CASF ;
– les titulaires de l'allocation aux adultes handicapés, même si, selon l'administration, leur allocation est suspendue en raison du montant de leurs ressources (Note DGEFP 22 du 5-7-2006 n° I-4, réputée abrogée).

> **Précisions** La décision d'un salarié de **porter à la connaissance de l'employeur ou du médecin du travail** sa qualité de bénéficiaire de l'obligation d'emploi résulte d'une démarche volontaire. Le médecin du travail ne peut donc pas, même sans les nommer, informer l'employeur du nombre de salariés concernés (Rép. Rainaud : Sén 14-4-2011 n° 11415) et un salarié qui n'a pas révélé sa qualité de bénéficiaire de l'obligation d'emploi ne peut pas être sanctionné (Cass. soc. 6-5-2003 n° 01-41.370 F-D : RJS 8-9/03 n° 1083). De même, un salarié ne peut pas être privé des droits reconnus aux travailleurs handicapés licenciés (n° 40225) au motif qu'il n'a pas révélé sa qualité de travailleur handicapé avant la notification de son licenciement (Cass. soc. 7-11-2006 n° 05-41.380 FS-PB : RJS 1/07 n° 119 ; 18-9-2013 n° 12-17.159 F-D).

40040 C. trav. art. L 5212-7 T-I-1940 s

L'employeur peut s'acquitter de son obligation d'emploi en :
– accueillant en **stage** les bénéficiaires de l'obligation (n° 40035), quelle qu'en soit la durée, ainsi que les jeunes de plus de 16 ans bénéficiant de la prestation de compensation du handicap, de l'allocation compensatrice pour tierce personne ou de l'allocation d'éducation de l'enfant handicapé ;
– accueillant les bénéficiaires mentionnés n° 40035 en **période de mise en situation en milieu professionnel** (n° 20840, b) ;
– employant les bénéficiaires mentionnés n° 40035 **mis à disposition par les entreprises de travail temporaire et par les groupements d'employeurs.**

40045 C. trav. art. D 5212-3 T-I-2200 s

L'**effectif** des bénéficiaires de l'obligation d'emploi prend en compte l'ensemble des travailleurs mentionnés n° 40035, **quelles que soient la durée et la nature de leur contrat,** y compris les stagiaires, les personnes en période de mise en situation en milieu professionnel et les personnes mises à disposition par les entreprises de travail temporaire ou les groupements d'employeurs.

Pour les entreprises de travail temporaire, les groupements d'employeurs et les entreprises de portage salarial, les **salariés portés ou mis à disposition** ne sont pas pris en compte dans cet effectif.

Sous ces réserves, l'effectif des bénéficiaires de l'obligation d'emploi est **calculé** selon les modalités fixées à l'article L 130-1 du CSS (n°s 23630 s.).

Le nombre des bénéficiaires de l'obligation d'emploi **âgés d'au moins 50 ans** pris en compte dans le calcul de l'effectif total des bénéficiaires de l'obligation d'emploi est égal au produit du nombre de bénéficiaires de l'obligation d'emploi âgés d'au moins 50 ans par 1,5. Pour l'établissement de ce calcul, sont pris en compte les bénéficiaires qui atteignent l'âge de 50 ans au cours de l'année civile.

Un bénéficiaire de l'obligation d'emploi ne peut pas être pris en compte plusieurs fois dans le calcul au motif qu'il entre dans **plusieurs catégories** de bénéficiaires.

APPLICATION D'UN ACCORD

L'employeur peut également s'acquitter de l'obligation d'emploi en faisant application d'un **accord de branche, de groupe ou d'entreprise agréé** par l'administration prévoyant la mise en œuvre d'un programme pluriannuel en faveur des travailleurs handicapés pour une **durée maximale** de 3 ans, **renouvelable** une fois. L'accord doit permettre la mise en œuvre, à hauteur de la contribution qui aurait dû être versée, d'actions conçues en cohérence avec la situation interne de la branche, du groupe ou de l'entreprise (Circ. DGEFP 16 du 27-5-2009, réputée abrogée). **40055**

C. trav. art. L 5212-8 R 5212-12 s **T-I-2850 s**

> **Précisions** Seules les actions concernant directement les bénéficiaires de l'obligation d'emploi peuvent être prises en charge par cet accord. Ce n'est pas le cas, en revanche, des actions destinées à des salariés reconnus inaptes par le médecin du travail et non bénéficiaires de l'obligation d'emploi (Instr. DGEFP/METH 2021-11 du 7-1-2021, opposable).

La partie la plus diligente doit transmettre l'accord pour **agrément** au ministre chargé de l'emploi (accord de branche), au préfet du département où est situé le siège de l'entreprise (accord d'entreprise) ou au préfet du département où est situé le siège de l'entreprise dominante (accord de groupe), au plus tard le 31 mars de la première année de mise en œuvre du programme, selon les modalités définies par l'arrêté MTRD1929394A du 25 novembre 2019. **40057**

L'agrément est délivré pour la **durée** de validité de l'accord, comptée en années civiles, soit une durée limitée à 3 ans renouvelable une fois. Les accords ne peuvent donc pas être prorogés par tacite reconduction.

L'agrément peut être **renouvelé** une fois pour une durée maximale de 3 ans, selon les mêmes modalités que la demande initiale. Le renouvellement est accordé après présentation, selon les cas, au CSE ou au comité de groupe, ou après examen par la branche, du bilan du programme exécuté et de la demande de renouvellement. Il est apprécié au regard du bilan quantitatif et qualitatif du programme réalisé et du nouveau programme pluriannuel élaboré.

> **Précisions** Les accords agréés et entrés en vigueur **avant le 1er janvier 2020** continuent à produire leurs effets jusqu'à leur terme et peuvent être renouvelés une fois pour une durée maximale de 3 ans, à l'exception des accords d'établissement qui ne peuvent pas être renouvelés (Loi 2018-771 du 5-9-2018 art. 67, IV).

L'accord conclu doit **comporter** un **plan** d'embauche et un plan de maintien dans l'emploi dans l'entreprise assortis d'**objectifs,** au nombre desquels devront notamment figurer, pour chaque année d'exécution du programme, le nombre de bénéficiaires de l'obligation d'emploi rapporté à l'effectif d'assujettissement et le nombre de ces bénéficiaires dont le recrutement est envisagé. Ces documents précisent en outre le **financement** prévisionnel des différentes actions programmées. **40059**

Le montant du financement est au moins égal, par année, au montant de la contribution due au titre de cette même année, à l'exclusion des dépenses déductibles (n° 40080). Si le programme comporte des actions de sensibilisation des salariés de l'entreprise ou des actions de pilotage et de suivi, les sommes consacrées au financement de ces actions ne peuvent pas excéder 25 % du total des sommes consacrées au financement des actions prévues par l'accord. Le montant du financement est révisé chaque année sur la base du montant de la contribution qui aurait dû être versé l'année précédente, à l'exclusion des dépenses déductibles. Les montants de financement annuels prévus au titre du programme qui n'ont pas été dépensés sont reportés sur l'année suivante. Si les dépenses réalisées pour la durée du programme sont inférieures au montant total des contributions, à l'exclusion du montant des dépenses déductibles, l'employeur procède au versement à l'Urssaf des sommes équivalentes aux dépenses prévues par l'accord et non réalisées.

40061 L'employeur dresse un **bilan** annuel de la mise en œuvre de l'accord qu'il présente, selon le cas, au CSE ou au comité de groupe. La mise en œuvre des accords de branche fait également l'objet d'un bilan annuel.

Dans les 2 mois qui suivent le terme de l'accord, l'employeur ou la branche transmet à l'autorité administrative compétente les bilans annuels et le bilan récapitulatif des actions réalisées dans le cadre de l'accord, précisant leur financement, et le solde des dépenses exposées pour la mise en œuvre du programme au regard du montant de la contribution annuelle. L'employeur ou la branche communique également, à la demande de l'autorité administrative compétente, les pièces justificatives nécessaires au contrôle du bilan récapitulatif des actions réalisées.

CONTRIBUTION ANNUELLE

40065 C. trav. art. L 5212-9 à L 5212-11 D 5212-20 à D 5212-25 **T-I-4200 s**

L'employeur peut se libérer de son obligation au titre d'une année en versant, à la date de la déclaration annuelle (nº 40113), une contribution pour chacun des bénéficiaires de l'obligation qu'il aurait dû employer.

Cette contribution annuelle (avant déductions de certaines dépenses) est **égale** au produit :
– du nombre de travailleurs handicapés bénéficiaires de l'obligation d'emploi manquants, résultant de l'écart entre le nombre de bénéficiaires de l'obligation d'emploi devant être employés et le nombre de bénéficiaires de l'obligation d'emploi employés ;
– par les montants suivants, déterminés en fonction de l'effectif d'assujettissement de l'entreprise :
- 400 fois le Smic horaire pour les entreprises de 20 à moins de 250 salariés ;
- 500 fois le Smic horaire pour les entreprises de 250 à moins de 750 salariés ;
- 600 fois le Smic horaire pour les entreprises de 750 salariés et plus.

Le Smic horaire est pris en compte pour sa valeur brute applicable au 31 décembre de l'année au titre de laquelle la contribution est due.

La contribution annuelle ne peut pas excéder la limite de 600 fois le Smic horaire par bénéficiaire non employé.

Certaines **dépenses sont déductibles** de la contribution ainsi calculée, voir nos 40080 s.

Le site agefiph.fr propose un logiciel de **simulation du calcul** de la contribution.

La contribution est **recouvrée et contrôlée** par l'Urssaf dont relève l'employeur, selon les règles et sous les garanties et sanctions applicables au recouvrement des cotisations du régime général de la sécurité sociale.

> Précisions a. Le transfert du recouvrement et du contrôle de la contribution de l'Agefiph aux Urssaf opéré par la loi 2018-771 du 5 septembre 2018 est prévu pour 2021 au titre de la contribution due pour 2020.

b. La réforme de l'obligation d'emploi par la loi 2018-771 du 5 septembre 2018 pouvant mener à d'éventuelles hausses de la contribution, des **mesures transitoires** sont prévues.

De **2021 à 2024,** la hausse de la contribution par rapport à l'année précédente sera réduite de (Décret 2019-523 du 27-5-2019 art. 2, 2º-b) :
– 80 % en 2021 ;
– 75 % en 2022 ;
– 66 % en 2023 ;
– 50 % en 2024.

Si une entreprise comprend un ou plusieurs établissements ayant signé un **accord agréé** (nº 40055) et en vigueur au-delà du 1er janvier 2020, le calcul de la contribution due au titre de l'obligation d'emploi des travailleurs handicapés exclut les effectifs du ou des établissements ayant signé un accord pendant la durée de son application (Décret 2019-523 du 27-5-2019 art. 2, 3º).

40070 C. trav. art. L 5212-9 D 5212-24 **T-I-4450 s**

Emplois exigeant des conditions d'aptitude particulières Le montant de la contribution peut être modulé en fonction de l'effectif de l'entreprise et des emplois exigeant des conditions d'aptitude particulières (Ecap), occupés par des salariés de l'entreprise. Cette modulation peut prendre la forme d'une **déduction** du montant de la contribution annuelle.

La **liste,** limitative (Circ. DGEFP 6 du 22-2-2006 nº 3.1.3, réputée abrogée), des Ecap figure à l'article D 5212-25 du Code du travail.

Au titre des déclarations relatives à l'obligation d'emploi des travailleurs handicapés (OETH) exigibles à compter du 1er janvier 2021, le montant de cette déduction est égal au produit de l'effectif de l'entreprise (calculé selon les modalités de la sécurité sociale, voir nos 23630 s.) occupant un ou plusieurs Ecap par 17 fois le Smic brut.

EXEMPLE

Soit un établissement dont l'effectif d'assujettissement est de 540 salariés et dont 45 emplois relèvent des catégories d'emploi exigeant des conditions d'aptitude particulières (Ecap). Le montant de la déduction au titre de la part des Ecap dans l'effectif de l'établissement est de : 45 × 10,25 (Smic horaire brut en 2021) × 17 = 7 841,25 €.

Dépenses déductibles Les dépenses destinées à favoriser l'accueil ou le maintien des travailleurs handicapés que l'employeur supporte directement peuvent être déduites du montant de la contribution, dans la **limite** de 10 % hors taxe de celle-ci. 40080 C. trav. art. L 5212-11 D 5212-23 T-I-5200 s

Il s'agit des dépenses **relatives** :
– à la réalisation de diagnostics et de travaux afin de rendre les locaux de l'entreprise accessibles aux bénéficiaires de l'obligation d'emploi ;
– au maintien dans l'emploi au sein de l'entreprise et à la reconversion professionnelle de bénéficiaires de l'obligation d'emploi par la mise en œuvre de moyens humains, techniques ou organisationnels compensatoires à la situation de handicap, à l'exclusion des dépenses déjà prises en charge ou faisant l'objet d'aides financières délivrées par d'autres organismes ;
– aux prestations d'accompagnement des bénéficiaires de l'obligation d'emploi, aux actions de sensibilisation et de formation des salariés réalisées par d'autres organismes pour le compte de l'entreprise afin de favoriser la prise de poste et le maintien en emploi des bénéficiaires de l'obligation d'emploi.

Depuis le 1er janvier 2020, les dépenses donnant lieu à une décision de **reconnaissance** de la **lourdeur du handicap** ne sont plus exclues des dépenses déductibles (C. trav. art. D 5212-28 abrogé).

Sont **exclues** les dépenses incombant à l'employeur en application d'une disposition législative ou réglementaire, telles que les dépenses obligatoires de formation professionnelle (Déb. AN 22-12-2004 p. 11334) ou la taxe d'apprentissage (Note DGEFP du 29-3-2010). La déduction de dépenses ne peut pas se cumuler avec une aide accordée par l'Agefiph pour le même objet.

Peuvent également être déduites du montant de la contribution annuelle les dépenses supportées directement par l'entreprise afférentes à des **contrats de fourniture, de sous-traitance ou de prestations de services** qu'elle passe avec : 40082 C. trav. art. L 5212-10-1 D 5212-22 T-I-5550 s
– des **entreprises adaptées** ;
– des établissements ou services d'aide par le travail (**Ésat**) ;
– des **travailleurs indépendants** handicapés reconnus bénéficiaires de l'obligation d'emploi. Sont présumés travailleurs indépendants, pour l'application de cette modalité d'acquittement de l'obligation d'emploi, les personnes mentionnées nº 79730 ;
– des entreprises de **portage salarial** lorsque le salarié porté est reconnu bénéficiaire de l'obligation d'emploi.

La liste des entreprises adaptées peut être obtenue auprès de la direction régionale de l'économie, de l'emploi, du travail et des solidarités (Dreets, Direccte avant le 1-4-2021) (nos 43660 s.), celle des Ésat auprès de la direction départementale de la cohésion sociale et de la protection des populations. En outre, une base de données nationale est accessible sur agefiph.fr.

› Précisions Le montant de la déduction est **calculé** en appliquant un taux de 30 % au prix hors taxe des fournitures, travaux ou prestations figurant au contrat, duquel sont déduits les coûts des matières premières, des produits, des matériaux, de la sous-traitance, des consommations intermédiaires et des frais de vente et de commercialisation.
Lorsqu'il emploie **moins de 50 % du taux obligatoire** de travailleurs handicapés bénéficiaires de l'obligation d'emploi dans ses effectifs, l'employeur peut soustraire du montant de sa contribution cette déduction dans la limite de 50 % du montant de la contribution. Cette limite est portée à 75 % lorsqu'il emploie **au moins 50 % du taux obligatoire.**
En cas de contrats conclus par un **groupement d'achats,** le montant de la déduction est réparti entre les différents employeurs membres du groupement d'achats à due proportion de leurs dépenses respectives.

Jusqu'au **31 décembre 2024** peuvent être déduites de la contribution annuelle de l'entreprise les dépenses exposées par l'employeur assujetti à l'obligation d'emploi des travailleurs handicapés au titre : 40084 Décret 2020-1350 du 5-11-2020 art. 3-3° T-I-5200
– de la participation à des événements promouvant l'**accueil,** l'**embauche** directe et le **maintien dans l'emploi** de travailleurs handicapés dans l'entreprise ;
– du **partenariat,** par voie de convention ou d'adhésion, avec des associations ou des organismes œuvrant pour la formation, l'insertion sociale et professionnelle de personnes handicapées que l'employeur accueille ou embauche, à l'exclusion des participations aux opérations de mécénat ;
– des actions concourant à la **professionnalisation** des dirigeants ou des travailleurs des entreprises adaptées, des travailleurs des établissements ou services d'aide par le travail ou des travailleurs indépendants handicapés, ainsi qu'au **développement des achats** auprès de ces acteurs.

Ces déductions s'ajoutent à celles déjà prévues à l'article D 5212-23 du Code du travail. L'employeur peut déduire ces dépenses du montant de sa contribution annuelle dans la limite de 10 % hors taxe du montant de cette contribution.

40090 C. trav. art. L 5212-10 D 5212-21 T-I-4560 s

Entreprises ne consentant aucun effort Une **surcontribution** s'applique aux entreprises qui, pendant plus de 3 ans :
– n'ont occupé aucun bénéficiaire de l'obligation d'emploi ;
– n'ont passé aucun contrat visé n° 40082 d'un montant supérieur, sur 4 ans, à 600 fois le Smic horaire. Ce montant s'apprécie hors taxe net du coût des matières premières, des produits, des matériaux, de la sous-traitance, des consommations intermédiaires et des frais de vente et de commercialisation ;
– ou n'ont appliqué aucun accord collectif visé n° 40055.

Dans ce cas, le montant à retenir pour calculer la contribution est de 1 500 fois le Smic horaire quel que soit le nombre de salariés de l'entreprise.

> **Précisions** **a.** Par **exemple,** un établissement qui, de 2018 à 2021, n'a jamais mis en œuvre l'une de ces actions voit sa contribution au titre de 2021 calculée sur 1 500 fois le Smic horaire (en ce sens : Circ. DGEFP 41 du 21-10-2009 n° 3.3, réputée abrogée).
> **b.** Le **Smic à appliquer** est celui en vigueur le 31 décembre de l'année d'assujettissement (Note DGEFP du 29-3-2010, réputée abrogée), soit celui en vigueur le 31-12-2021 pour la contribution 2021 réglée en 2022.
> **c.** Pour les établissements **nouvellement assujettis** à l'obligation d'emploi, voir n° 40005, b.

3. CONTRÔLE ET SANCTIONS

DÉCLARATION

40112 C. trav. art. L 5212-1 D 5212-4

Pour les périodes d'emploi courant depuis le 1er janvier 2020, tout employeur, quels que soient ses effectifs, doit déclarer **chaque mois** dans la DSN les informations relatives aux bénéficiaires de l'obligation d'emploi (net-entreprises, fiche n° 2128).

40113 C. trav. art. L 5212-5 D 5212-5 à D 5212-9

Pour ces mêmes périodes, les employeurs assujettis à l'obligation d'emploi doivent aussi renseigner **annuellement** dans la DSN effectuée pour la période d'emploi du mois de février de l'année suivant celle au titre de laquelle la déclaration relative à l'obligation est effectuée leur situation au regard de cette obligation (C. trav. art. D 5212-8, al. 1). Sauf cas de radiation d'entreprise entre le 1er janvier et la date d'exigibilité de la DOETH, la déclaration annuelle ne doit pas être transmise en avance (net-entreprises, fiche n° 2128).

En **2021,** la déclaration annuelle est exceptionnellement **reportée.** Celle-ci doit être effectuée sur la période d'emploi de mai 2021 exigible le 5 ou 15 juin 2021 (net-entreprises, fiche n° 2128).

> **Précisions** **a.** Au plus tard le 31 janvier de l'année suivant celle au titre de laquelle la déclaration relative à l'obligation d'emploi est effectuée, l'Urssaf, les entreprises de travail temporaire, les groupements d'employeurs, les entreprises adaptées, les Ésat et les travailleurs indépendants handicapés doivent transmettre à l'employeur les **informations nécessaires** à l'établissement de la déclaration.
> Deux **modèles d'attestation** à fournir, d'un côté, par les entreprises de travail temporaire et les groupements d'employeurs et, de l'autre, par les entreprises adaptées, les Esat, les travailleurs indépendants et les entreprises de portage salarial ont été respectivement fixés par l'arrêté MTRD2031908A du 19 novembre 2020 et par l'arrêté MTRD1931263A du 19 novembre 2020.
> **b.** Les entreprises radiées avant le 31 décembre de l'année N ne sont pas concernées par la déclaration annuelle l'année N + 1. Les entreprises radiées entre le 1er janvier de l'année N + 1 et la date d'exigibilité de la DOETH effectuent leur déclaration en avance dans la dernière DSN mensuelle avant radiation (net-entreprises, fiche n° 2128).
> **c.** Sur la communication de la déclaration aux représentants du personnel, voir n° 40200.

SANCTIONS

40115 C. trav. art. L 5212-5 T-I-7300 s

À **défaut de toute déclaration,** l'employeur est considéré comme ne satisfaisant pas à l'obligation d'emploi.

L'accès aux **marchés publics** et aux **délégations de service public** est soumis au respect par l'employeur de l'obligation d'emploi (Code de la commande publique art. L 2141-2, al. 1 et R 2143-3, 1° ; Arrêté ECOM1830220A du 22-3-2019 art. 2, IV et 3 ; CGCT art. L 1411-5, I-al. 1).

> **Précisions** À compter du 1er janvier 2021, les litiges relatifs au recouvrement de la contribution annuelle obligatoire versée si l'obligation d'emploi des travailleurs handicapés n'est pas respectée relèvent du contentieux de la sécurité sociale (CSS art. L 142-1). Sur le contentieux de la sécurité sociale, voir n° 24600.

4. RESCRIT « HANDICAP »

40140 L'Urssaf se prononce sur toute demande portant sur l'obligation d'emploi des travailleurs handicapés.

Sur la **procédure** applicable, voir nos 24490 s.

CSS art. L 243-6-3 T-I-8100 s

> **Précisions** Pour le traitement des demandes de rescrit portant sur les **périodes antérieures au 1er janvier 2020**, c'est l'Agefiph qui était compétente (C. trav. art. L 5212-5-1 ancien abrogé à compter du 1-1-2020 par ordonnance 2019-861 du 21-8-2019 art. 1 et 9 et R 5212-2-3 à R 5212-2-5).

B. Conditions d'emploi

40180 La **qualité de travailleur handicapé** est **reconnue par** la CDAPH à toute personne dont les possibilités d'obtenir ou de conserver un emploi sont effectivement réduites suite à l'altération d'une ou de plusieurs fonctions physique, sensorielle, mentale ou psychique. Cette reconnaissance s'accompagne d'une **orientation** vers le marché du travail (milieu ordinaire de travail ou entreprise adaptée), ou vers un établissement ou service d'aide par le travail (Ésat), ou encore vers un centre de préorientation ou de rééducation professionnelle.

C. trav. art. L 5213-1 L 5213-2 R 5213-2 s T-I-1210 s T-I-22300 s

La **demande** de reconnaissance de la qualité de travailleur handicapé doit être déposée auprès de la maison départementale des personnes handicapées.

> **Précisions** **a.** Seul peut être **considéré comme travailleur handicapé** celui qui a été reconnu comme tel par la CDAPH (Cass. soc. 19-6-1991 n° 89-43.206 PF). Néanmoins, nombre de garanties accordées par le Code du travail aux personnes souffrant d'un handicap ne sont pas réservées aux travailleurs handicapés. Tel est le cas, par exemple, de l'obligation d'emploi (n° 40035) ou de l'allongement du préavis de licenciement (n° 40225).
>
> **b.** Les travailleurs handicapés exerçant une **activité indépendante** peuvent prétendre, sous certaines conditions, à une **subvention** d'installation, destinée à contribuer à l'achat et à l'installation de l'équipement nécessaire (C. trav. art. R 5213-52 s.) et à une aide financière lorsque leur productivité est notoirement diminuée du fait de leur handicap (C. trav. art. L 5213-12 et R 5213-44 s.). Ils peuvent également bénéficier de l'appui technique et financier de l'Agefiph (agefiph.fr).
>
> **c.** Les **Ésat,** autrefois appelés centres d'aide par le travail (CAT), accueillent des travailleurs handicapés dont la CDAPH a constaté qu'ils ne pouvaient pas travailler en milieu ordinaire. Ces travailleurs n'ont pas le statut de salarié mais celui d'usager de l'Ésat. Ce statut, régi par le CASF, n'est pas étudié ici.
>
> **d.** Le travailleur handicapé peut bénéficier d'un **dispositif d'emploi accompagné** comportant un accompagnement médico-social et un soutien à l'insertion professionnelle, pour lui permettre d'accéder et de se maintenir dans l'emploi rémunéré sur le marché du travail. Ce dispositif comprend un soutien et un accompagnement du salarié et de l'employeur (C. trav. art. L 5213-2-1 et D 5213-88 à D 5213-93).
>
> **e.** Les sociétés justifiant de la mise en place d'une politique d'accessibilité et d'inclusion des personnes handicapées peuvent se voir attribuer un **label.** Les modalités d'application de cette disposition sont définies par un décret (à paraître) (Loi 2019-486 du 22-5-2019 art. 171 : JO 23).
>
> **f.** Sur l'expérimentation d'un cas de recours à l'**intérim** spécifique aux travailleurs handicapés, voir n° 82060.

1. MILIEU ORDINAIRE DE TRAVAIL

RÔLE DES REPRÉSENTANTS DU PERSONNEL

40200 Le **CSE** est consulté sur les mesures prises en vue de faciliter la mise, la remise ou le maintien au travail des accidentés du travail, des invalides de guerre, des invalides civils, des personnes atteintes de maladies chroniques évolutives et des travailleurs handicapés, notamment sur l'aménagement des postes de travail. Cette règle n'impose pas une consultation sur le cas individuel de chaque travailleur handicapé (Cass. soc. 5-6-2019 n° 18-12.861 FS-PB : RJS 8-9/19 n° 504). La consultation peut être inscrite de plein droit à l'ordre du jour par le président ou le secrétaire.

C. trav. art. L 2312-5 L 2312-8, 5° L 2312-26 L 2315-29 R 2312-8 R 2312-9 D 5212-9 T-I-11100 s

Sauf accord contraire (n° 9290), les informations sur les actions en faveur de l'emploi des travailleurs handicapés et celles sur les mesures prises en vue de faciliter l'emploi des accidentés du travail, des invalides de guerre et assimilés, des invalides civils et des travailleurs handicapés sont mises à la disposition du **CSE** dans la base de données économiques et sociales en vue de la consultation récurrente sur la politique sociale de l'entreprise, voir n° 9290.

La déclaration sociale nominative (DSN) annuelle (n° 40113) doit aussi lui être communiquée, à l'exclusion de la liste des bénéficiaires de l'obligation d'emploi.

En cas de mise à disposition de travailleurs handicapés par une **entreprise adaptée,** voir n° 40255, b.

› Précisions a. La base de données économiques et sociales doit comporter les informations relatives à l'évolution de l'emploi des personnes handicapées et aux mesures prises pour le développer :
– dans les entreprises de **moins de 300 salariés** : actions entreprises ou projetées en matière d'embauche, d'adaptation, de réadaptation ou de formation professionnelle ;
– dans les entreprises d'**au moins 300 salariés** : nombre de travailleurs handicapés au 31 mars de l'année considérée ; nombre de travailleurs handicapés à la suite d'accidents du travail intervenus dans l'entreprise, employés au 31 mars de l'année considérée.
b. Sur les attributions de la **commission formation** du comité, voir n° 9015. Sur les attributions des représentants du personnel en matière de reclassement des **salariés devenus inaptes** à leur emploi, voir n°s 49985 s.
c. S'agissant de la négociation sur l'insertion et le maintien dans l'emploi des travailleurs handicapés, voir n°s 51990 s. et 52003.

RÉFÉRENT « HANDICAP »

40202 C. trav. art. L 5213-6-1

Les **entreprises** employant **au moins 250 salariés,** cet effectif étant calculé selon les modalités prévues à l'article L 130-1 du CSS (n°s 23630 s.), doivent désigner un référent en matière de handicap. Celui-ci est chargé d'orienter, d'informer et d'accompagner les personnes en situation de handicap.

Cet accompagnement concerne notamment les droits et interlocuteurs privilégiés des personnes handicapées. Les référents pourront être désignés au sein du service des ressources humaines des entreprises concernées (exposé des motifs de la loi 2018-771 du 5-9-2018).

AIDES FINANCIÈRES

40205 C. trav. art. L 5213-11, L 6222-38, R 5213-39 s, **T-I-11900 s**, **T-I-24950 s**, **T-I-36390 s**

Aides versées par l'Agefiph L'**Agefiph** propose diverses aides financières aux employeurs et aux personnes handicapées visant à faciliter l'insertion professionnelle et le maintien dans l'emploi de ces personnes. Leurs conditions d'attribution sont indiquées sur agefiph.fr.

L'employeur peut, en outre, solliciter les **aides légales** suivantes :
– **aide à l'apprentissage** : n° 3275 ;
– **aide à l'emploi** : les personnes mentionnées n° 40035 ayant fait l'objet d'une reconnaissance de la lourdeur du handicap (RLH) au regard du poste de travail occupé ouvrent droit à une aide trimestrielle, dont le montant annuel est fixé à 550 Smic horaire pour un poste à temps plein (n° 90060) (Arrêté MTRD1908605A du 9-9-2019 art. 9 et 11 : JO 13). Ce montant est proratisé en fonction du temps de travail du salarié. L'aide est majorée à 1 095 Smic horaire lorsque les charges induites par le handicap sont au moins égales à 50 % du produit du Smic par la durée du travail de l'établissement.

› Précisions a. La **demande** de RLH doit être adressée, au moyen d'un formulaire, à l'Agefiph par l'employeur, qui en informe le salarié. La RLH est **accordée** si le montant des charges induites par le handicap est supérieur ou égal à 20 % du produit du Smic horaire par :
– la durée collective de travail de l'établissement ou, en cas de temps partiel, la durée de travail inscrite au contrat, pour les salariés ;
– la durée légale de travail pour les travailleurs indépendants handicapés.
b. La RLH est **accordée pour** 3 ans (un an en cas de première décision concernant un salarié ayant un taux d'invalidité ou d'incapacité d'au moins 80 %). Si le contrat de travail, ou l'activité professionnelle du travailleur indépendant handicapé, se termine ou est interrompu avant cette échéance, la RLH prend fin à cette même date. Pour les personnes âgées de 50 ans révolus et plus à la date du dépôt de la demande, la RLH est valable jusqu'à la fin de l'activité professionnelle pour laquelle elle a été obtenue, sauf si elles sortent d'entreprises adaptées ou sont des usagers sortant d'Ésat recrutés par une entreprise du milieu ordinaire de travail autre qu'une entreprise adaptée.
Lorsqu'une décision de RLH est en cours et que le bénéficiaire de l'obligation d'emploi change de poste au sein de l'entreprise ou d'activité non salariée, ou lorsque son handicap ou son environnement de travail évolue, l'employeur ou le bénéficiaire non salarié présente une demande de **révision** dans les conditions générales présentées ci-dessus.
La RLH peut être **renouvelée,** à l'expiration de la décision, sur présentation d'une nouvelle demande. Si la nouvelle demande n'inclut pas de demande de révision et que le bénéficiaire est âgé de moins de 50 ans à la date de son dépôt, le renouvellement est demandé via un formulaire simplifié dans un délai de 6 mois maximum à compter de la date de fin de la décision précédente.

40207 Décret 2020-1223 du 6-10-2020

Aide temporaire versée par l'État Les employeurs peuvent bénéficier, pour les **contrats conclus entre** le 1er septembre 2020 et le 28 février 2021, d'une aide, de 4 000 € au maximum pour un même salarié à temps plein, lors de l'embauche de travailleurs handicapés en CDI ou CDD d'au moins 3 mois.

› Précisions **a.** Le comité interministériel du handicap, réuni le 16 novembre 2020, a décidé de prolonger l'octroi de cette aide pour les **contrats conclus jusqu'au** 30 juin 2021 (décret à paraître).

b. Pour bénéficier de cette aide, **l'employeur,** qui peut être une entreprise ou une association :

– doit être **à jour** de ses **obligations déclaratives et de paiement** à l'égard de l'administration fiscale et des organismes de recouvrement des cotisations et des contributions de sécurité sociale ou d'assurance chômage, ou avoir souscrit et respecté un **plan d'apurement** des cotisations et contributions restant dues (sous réserve des modalités particulières adoptées pendant la crise sanitaire) ;

– ne doit pas bénéficier d'une **autre aide** de l'État à l'insertion, à l'accès ou au retour à l'emploi versée au titre du salarié concerné sur la période (aides de l'Agefiph possibles) ;

– ne doit pas avoir procédé, depuis le 1er janvier 2020, à un **licenciement** pour motif **économique** sur le poste concerné par l'aide.

c. Pour ouvrir droit à l'aide, le **salarié** embauché, quel que soit son âge, doit bénéficier d'une **reconnaissance de la qualité** de travailleur handicapé mentionnée à l'article L 5213-2 du Code de travail et sa **rémunération** doit, en outre, être **inférieure ou égale** à 2 Smic horaires. Ces conditions sont appréciées à la date de conclusion du contrat et la perte de ce statut de travailleur handicapé ultérieurement est sans incidence (Q/R min. trav. 20-10-2020). Le travailleur handicapé ne doit pas avoir **appartenu aux effectifs** de l'employeur à compter du 1er septembre 2020 au titre d'un contrat n'ayant pas ouvert droit au bénéfice de l'aide et doit être **maintenu** dans les **effectifs** de l'employeur **pendant au moins** 3 mois à compter du premier jour d'exécution du contrat.

d. L'aide versée à raison de 1 000 € par trimestre pendant un an n'est pas due dans certaines situations (absences du salarié sans maintien de la rémunération, activité partielle...) et fait l'objet d'un contrôle.

e. Pour obtenir cette aide, l'employeur doit adresser sa demande par l'intermédiaire d'un téléservice auprès de l'Agence de services et de paiement (ASP) dans un délai maximal de 6 mois suivant la date de début d'exécution du contrat et attester sur l'honneur remplir les conditions d'éligibilité dans sa demande d'aide. L'aide est ensuite versée sur la base d'une attestation de l'employeur justifiant la présence du travailleur handicapé, transmise avant les 4 mois suivant l'échéance de chaque trimestre d'exécution du contrat. Le versement de l'aide est suspendu lorsque l'employeur ne produit pas dans le délai d'un mois les documents demandés par l'ASP et permettant de contrôler l'exactitude de ses déclarations. L'employeur peut être tenu de rembourser l'aide dans certaines situations (si l'embauche a donné lieu au licenciement d'un autre salarié, par exemple).

STATUT DU SALARIÉ

Sous réserve des précisions suivantes, le salarié handicapé travaillant en milieu ordinaire de travail a les **mêmes droits et obligations que les autres salariés.** **40210** C. trav. art. L 5213-7 **T-I-9600 s**

Son **salaire** ne peut pas être inférieur à celui résultant de l'application des dispositions légales ou conventionnelles et est soumis aux **charges sociales** dans les conditions de droit commun.

› Précisions **a.** Pour embaucher une personne handicapée, l'employeur peut faire appel aux services de **Pôle emploi,** de l'**Agefiph** ou du réseau **Cap emploi** (réseau d'organismes de placement spécialisés). Les adresses des Cap emploi et des antennes régionales de l'Agefiph sont consultables sur agefiph.fr. Les travailleurs handicapés font l'objet d'une surveillance médicale adaptée, voir n° 72420.

Sur le point de savoir si le salarié est tenu de **révéler son handicap** à l'employeur, voir nos 40035 et 33135. Sur la protection contre les **discriminations,** voir n° 32060.

b. Certaines personnes handicapées peuvent être embauchées par **contrat de professionnalisation ou d'insertion,** voir nos 20715 s.

c. L'**apprentissage** est aménagé pour les travailleurs handicapés, voir nos 3180, b (âge maximum d'admission), 3260 (durée) et 3405 (rémunération).

d. Sur la faculté pour l'employeur d'octroyer une contrepartie à un salarié dont le **temps de trajet** entre le domicile et le lieu de travail est majoré du fait de son handicap, voir n° 29620.

e. Pour les droits à **retraite,** voir nos 67525 (départ anticipé et majoration de pension du régime général), 68110 et 68160 (Agirc-Arrco) et 67625, c (âge du taux plein).

Adaptation des locaux ou du poste Le **poste de travail** ainsi que les locaux **sanitaires** et de **restauration** (voir nos 71500 s.) doivent être aménagés pour que le travailleur handicapé puisse y accéder aisément. Les signaux de sécurité doivent être aménagés si le handicap l'exige. **40215** C. trav. art. L 5213-6 R 4225-6 **P-I-6050 s** **N-VII-5220 s** **OA-I-15940** **T-I-24000 s**

Afin de garantir le respect du principe d'égalité de traitement, l'employeur doit, **en fonction des besoins dans une situation concrète,** prendre les mesures appropriées pour permettre aux personnes handicapées définies n° 40035 (à l'exception des personnes mentionnées aux articles L 241-3 et L 241-4 du Code des pensions militaires d'invalidité et des victimes de la guerre) d'accéder à un emploi ou de conserver un emploi correspondant à leur qualification, de l'exercer ou d'y progresser ou pour qu'une formation adaptée à leurs besoins leur soit dispensée.

L'employeur doit également s'assurer que les **logiciels** installés sur le poste de travail des personnes handicapées et nécessaires à leur exercice professionnel sont accessibles et que leur poste de travail est accessible en **télétravail.**

Sur le caractère discriminatoire de ces mesures à l'égard des autres salariés, voir n° 32090.

> **Précisions a.** Au titre des mesures appropriées, les salariés handicapés (à l'exception des personnes mentionnées aux articles L 241-3 et L 241-4 du Code des pensions militaires d'invalidité et des victimes de la guerre) ainsi que leurs proches et les aidants familiaux bénéficient, à leur demande, d'**aménagements d'horaires** individualisés (C. trav. art. L 3121-49).
> **b.** Les personnes mentionnées n° 40035 ont accès à l'ensemble des dispositifs de **formation** prévus n°s 38000 s. dans le respect du principe d'égalité de traitement, en prenant les mesures appropriées (C. trav. art. L 6112-3).
> **c.** Sur la portée des propositions du **médecin du travail,** voir n°s 72440 s.

40220 C. trav. art. L 5213-8 L 5213-5 R 5213-22 s L 5215-1 R 5215-1 **T-I-10350 s** **T-I-25950 s**

Maladie ou accident En principe, le **droit commun** exposé n°s 49700 s. (maladie ou accident non professionnel) et 200 s. (maladie ou accident professionnel) s'applique. Toutefois, les travailleurs handicapés embauchés en vertu des dispositions sur l'obligation d'emploi (n°s 40000 s.) ne peuvent pas, en cas de **rechute** de l'affection invalidante, bénéficier des avantages spéciaux prévus par les dispositions conventionnelles ou statutaires applicables dans l'entreprise ou l'établissement, sauf dans les cas suivants :

– lesdits statuts ou conventions prévoient des dérogations à ce principe ;

– lorsque l'affection du travailleur handicapé est dite consolidée, celui-ci peut, s'il est à nouveau atteint de la maladie qui était à l'origine de son invalidité, bénéficier des avantages spéciaux un an après la date de la consolidation.

Tout établissement employant **plus de 5 000 salariés** doit, sous peine de **sanctions pénales,** assurer, après avis médical, le **réentraînement au travail** et la rééducation professionnelle de ses salariés qui ont dû interrompre leur activité à la suite d'une maladie ou d'un accident. Il en va de même pour tout groupe d'établissements appartenant à une même activité et réunissant plus de 5 000 salariés en cas de gestion commune de ces différents établissements (Cass. soc. 11-2-2004 n° 02-41.076 F-P : RJS 5/04 n° 618).

ATTENTION

Cette obligation de réentraînement, qui concerne uniquement les travailleurs reconnus handicapés (n° 40180) (Cass. soc. 12-1-2011 n° 09-70.634 FS-PB : RJS 3/11 n° 277), s'impose même en cas de déclaration d'inaptitude définitive du salarié à son poste (Cass. soc. 17-2-2010 n° 08-45.476 F-D : RJS 5/10 n° 475) ou à tout autre poste dans l'entreprise (Cass. soc. 14-6-2016 n° 14-23.330 F-D : RJS 11/16 n° 737) et même si le salarié n'a pas repris le travail (Cass. soc. 23-11-2016 n° 14-29.592 FS-PB : RJS 2/17 n° 157).

40225 **T-I-10500 s**

Licenciement Il est interdit de licencier un salarié **en raison de son handicap** (n° 32060), sauf si l'intéressé est déclaré inapte, voir n°s 320 s. (inaptitude d'origine professionnelle) et 49960 s. (inaptitude d'origine non professionnelle). Le licenciement pour une cause **indépendante du handicap** est possible. Pour les bénéficiaires de l'obligation d'emploi (n° 40035), que l'employeur soit ou non assujetti à cette obligation (Cass. soc. 4-6-2009 n° 08-40.666 F-D : RJS 8-9/09 n° 749), la durée du **préavis** de licenciement est doublée, sans pouvoir dépasser 3 mois (C. trav. art. L 5213-9), même si le salarié occupe un emploi exigeant des conditions d'aptitude particulières (n° 40070) (Cass. soc. 28-3-2000 n° 98-40.216 P : RJS 6/00 n° 751) ou s'il n'a pas révélé son handicap avant la notification du licenciement (n° 40035). La qualité de bénéficiaire de l'obligation d'emploi doit toutefois être acquise à la date du licenciement (Cass. soc. 25-1-2006 n° 04-42.124 FS-D : RJS 4/06 n° 501). En cas d'impossibilité d'exécuter le préavis, voir n° 69305.

Sur la prise en compte du handicap dans les critères d'ordre des **licenciements pour motif économique,** voir n° 47930.

> **Précisions a.** Si le salarié atteint d'une **inaptitude d'origine professionnelle** est licencié en raison d'une impossibilité de reclassement, il peut prétendre à l'**indemnité** spéciale de licenciement et à l'indemnité compensatrice visées n° 345. Le montant de cette dernière n'est pas doublé (Cass. soc. 10-3-2009 n° 08-42.249 FS-PB : RJS 5/09 n° 429). Le salarié atteint d'une **inaptitude d'origine non professionnelle** peut prétendre au doublement de la durée du préavis dans la limite de 3 mois, si toutefois le licenciement est jugé abusif en raison d'un manquement de l'employeur à son obligation de reclassement (Cass. soc. 25-1-2012 n° 10-30.637 F-D : RJS 4/12 n° 396), et à l'indemnité spécifique visée n° 350, s'il a été engagé sans être soumis à la

visite médicale préalable à l'embauche alors qu'il est travailleur handicapé (Cass. soc. 10-7-2002 n° 00-41.238 FS-PB : RJS 10/02 n° 1135), sauf si son aptitude a été abondamment et très tôt contrôlée par le médecin du travail qui l'a déclaré apte à son poste peu après l'embauche (Cass. soc. 22-6-2011 n° 09-42.151 FS-D : RJS 10/11 n° 844).
b. Sur les **indemnités** dues en cas de licenciement d'un salarié victime d'un accident du travail ou d'une maladie professionnelle, voir n° 355.
c. Lorsque l'employeur refuse de prendre les **mesures appropriées** pour permettre à un salarié déclaré **physiquement inapte** à son emploi de le conserver, le licenciement qui s'ensuit peut être jugé nul car constitutif d'une **discrimination** à raison d'un handicap (Cass. soc. 3-6-2020 n° 18-21.993 FS-PB, : RJS 7/20 n° 382).

2. ENTREPRISES ADAPTÉES

Les **entreprises adaptées** (EA) permettent à des travailleurs handicapés d'exercer une activité professionnelle dans un environnement adapté à leurs possibilités. 40250 C. trav. art. L 5213-13 L 5213-13-1 L 5213-18 L 5213-19 L 5213-19-1 R 5213-62 R 5213-76 à R 5213-78 D 5213-63 **T-I-13500 s**

Ces entreprises doivent employer entre 55 % et 100 % de travailleurs reconnus handicapés recrutés soit sur proposition de Pôle emploi, soit directement en application de critères déterminés par arrêté (Arrêté MTRD1831040A du 18-2-2019 : JO 26).

Elles doivent conclure avec le préfet de leur région d'implantation un contrat pluriannuel d'objectifs et de moyens valant **agrément.**

› Précisions **a.** Les contrats d'objectifs triennaux conclus avant le 1-1-2019, sous l'empire du régime antérieur à la loi 2018-771 du 5-9-2018, continuent de produire leurs effets jusqu'à leur terme (Loi 2018-771 du 5-9-2018 art. 76, X).
b. L'emploi, sur proposition de Pôle emploi ou en application de critères déterminés par arrêté, de travailleurs reconnus handicapés par la CDAPH (n° 40180) qui se trouvent sans emploi ou qui courent le risque de perdre leur emploi en raison de leur handicap ouvre droit, dans la limite de l'enveloppe financière fixée par le contrat pluriannuel, à une **aide financière** versée mensuellement pour chaque poste de travail occupé au prorata du temps de travail effectif ou assimilé. Les congés maladie rémunérés par l'employeur peuvent, sous certaines conditions, ouvrir droit à une aide minorée.
Les entreprises adaptées peuvent également bénéficier des **aides de droit commun** sans toutefois pouvoir les cumuler avec l'aide financière susvisée.
c. À titre expérimental, du 7-9-2018 au 31-12-2022, des entreprises adaptées volontaires peuvent recourir à un **contrat à durée déterminée « tremplin »** afin de permettre à des personnes handicapées volontaires de bénéficier d'un parcours de remise à l'emploi, de qualification et de construction d'un parcours les amenant à retrouver un emploi dans une entreprise autre qu'une entreprise adaptée (Loi 2018-771 du 5-9-2018 art. 78 ; Décret 2018-990 du 14-11-2018). Les EA candidates doivent respecter un cahier des charges (Arrêté MTRD1937635A du 14-2-2020 : JO 14).
d. Du **1-1-2019 au 31-12-2022,** des entreprises adaptées volontaires ont la possibilité de **créer** des **entreprises de travail temporaire.** Leur mission exclusive est de permettre à des personnes handicapées volontaires de bénéficier d'un parcours de remise à l'emploi par le recours à des missions d'intérim (Loi 2018-771 du 5-9-2018 art. 79 ; Décrets 2019-360 du 24-4-2019 : JO 25 et 2020-1350 du 5-11-2020 : JO 6) et doivent également respecter un cahier des charges (arrêté MTRD2001328A du 14-2-2020 : JO 14).

Mesures Covid-19 40252

Une ordonnance 2020-1639 du 21-12-2020 portant mesures d'urgence en matière d'activité partielle prolonge pour une durée de 6 mois à compter de la fin de l'état d'urgence sanitaire, soit, en l'état des textes, jusqu'au 16 août 2021, la possibilité de renouveler les CDD tremplin des entreprises adaptées pour une durée totale de 36 mois au lieu de 24 mois en principe (voir BS 2/21 n° 159).

STATUT DU SALARIÉ

Droit du travail Le travailleur handicapé salarié d'une entreprise adaptée **bénéficie** des dispositions **du Code du travail** (y compris de celles relatives à l'intéressement, à la participation et à l'épargne salariale). 40255 C. trav. art. L 5213-14 à L 5213-17 D 5213-81 à D 5213-86 **T-I-15300 s**

Son **salaire** est fixé compte tenu de l'emploi qu'il occupe et de sa qualification par référence aux dispositions légales ou conventionnelles applicables dans la branche d'activité. Il ne peut pas être inférieur au Smic.

› Précisions **a.** Les entreprises adaptées peuvent conclure avec leurs travailleurs handicapés bénéficiaires de l'obligation d'emploi un contrat de **travail intermittent,** même sans convention ou accord collectif le prévoyant (C. trav. art. L 3123-37).

b. Le travailleur handicapé employé dans une entreprise adaptée peut, avec son accord et en vue d'une embauche éventuelle, être **mis à la disposition provisoire d'un autre employeur** pour une durée déterminée. Les conditions de la mise à disposition sont fixées par des contrats écrits, dont le contenu est réglementé, que l'entreprise adaptée conclut, d'une part, avec l'employeur utilisateur et, d'autre part, avec le travailleur handicapé. Les contrats ont une durée maximale d'un an, renouvelable une fois, qui peut être exceptionnellement prolongée. Ils donnent lieu à une consultation du CSE de l'entreprise utilisatrice et sont transmis à l'inspecteur du travail. L'entreprise adaptée met en œuvre un appui individualisé pour l'entreprise utilisatrice et des actions d'accompagnement professionnel et de formation pour les travailleurs handicapés. La prestation d'appui individualisée est rémunérée par l'entreprise utilisatrice et est distincte de la mise à disposition.

c. En cas de **démission** pour travailler dans une entreprise ordinaire, le salarié bénéficie, dans le délai d'un an à compter de la rupture de son contrat, d'une priorité d'embauche s'il manifeste le souhait de réintégrer l'entreprise adaptée. Dans ce cas, l'entreprise l'informe de tout emploi disponible compatible avec sa qualification.

40260 T-I-16000 s **Protection sociale** Le régime social du salaire est celui de droit commun.

En cas de rupture de leur contrat de travail, les travailleurs handicapés des entreprises adaptées bénéficient du régime d'**assurance chômage** dans les conditions de droit commun. En cas d'activité partielle, les allocations d'activité partielle sont versées à l'entreprise.

Pour les droits à **retraite,** voir nos 67525 et 68110 (départ anticipé et majoration de pension) et 67625, c (âge du taux plein).

C. Avantages sociaux

40320 B-I-11950 s Outre les allocations et prestations étudiées nos 40325 à 40345, les personnes handicapées et celles en ayant la charge peuvent prétendre à divers **avantages fiscaux** non étudiés ici.

› Précisions **a.** L'emploi d'une **aide à domicile** ouvre droit, sous certaines conditions, à une exonération de cotisations (no 33480) et à un crédit d'impôt sur le revenu (no 33530).

b. Les **proches de la personne handicapée** peuvent, sous certaines conditions, bénéficier :

– d'une affiliation gratuite à l'assurance vieillesse si elles ont la charge d'un enfant ou d'un adulte ayant un taux d'incapacité d'au moins 80 % (CSS art. L 381-1, al. 6-1o , R 381-1 s. et D 381-3 s.) et/ou d'une majoration de leur durée d'assurance vieillesse également prévue pour les aidants familiaux (voir no 67585) et d'un départ à taux plein à l'âge de 65 ans (voir no 67620, b) si elles ont élevé un enfant handicapé ;

– d'un congé de présence parentale (voir no 11970), d'un congé de proche aidant (voir no 11995) ou d'un aménagement d'horaires (voir no 40215, a).

ALLOCATION AUX ADULTES HANDICAPÉS (AAH)

40325 CSS art. L 821-1 L 821-2 L 821-4 R 821-1 R 821-2 D 821-1 T-I-28200 s **Conditions générales d'attribution** Toute personne d'au moins **20 ans résidant** en métropole ou dans les départements et certaines collectivités d'outre-mer peut prétendre à l'AAH si la CDAPH lui reconnaît :

– soit un **taux d'incapacité** permanente d'au moins 80 % ;

– soit un taux d'incapacité compris entre 50 % et moins de 80 % et une restriction substantielle et durable pour l'accès à l'emploi.

L'AAH peut être servie dès **16 ans** si l'enfant cesse de réunir les conditions pour ouvrir droit aux allocations familiales.

La demande doit être adressée à la maison départementale des personnes handicapées.

› Précisions **a.** Est réputée **résider en France** la personne accomplissant un ou plusieurs séjours à l'étranger dont la durée n'excède pas 3 mois au cours de l'année civile. Si le séjour est plus long, l'AAH est versée pour les seuls mois civils complets de présence en France, sauf dérogations admises par l'article R 821-1 du CSS (étudiant, formation professionnelle...) ou par l'administration (Circ. DGAS 411 du 7-9-2005 no I.1).

b. Pour les étrangers, voir no 36060.

40330 CSS art. L 821-1 L 821-3 T-I-29100 s T-I-29900 s **Condition de ressources** L'AAH est réservée aux personnes qui ne peuvent pas prétendre à un **avantage de vieillesse** (à l'exclusion, pour les personnes ayant atteint l'âge de liquidation d'une pension de vieillesse depuis le 1-1-2017, de l'allocation de solidarité aux personnes âgées) **ou d'invalidité** ou à une **rente d'accident du travail** – la prestation complémentaire pour aide constante d'une tierce personne n'étant pas prise en compte –

d'un montant au moins égal. Si l'avantage est inférieur à l'AAH, une allocation différentielle est versée.

Sous cette réserve, l'AAH peut se cumuler avec les **ressources personnelles** de l'intéressé et, s'il y a lieu, de son conjoint, concubin ou partenaire de Pacs dans la limite du plafond indiqué sous indices et taux sur efl.fr. Les rémunérations de l'intéressé tirées d'une activité professionnelle en milieu ordinaire de travail et les indemnités de fonction des élus locaux sont en partie exclues du montant des ressources servant au calcul de l'allocation.

› Précisions **a.** En principe, le droit à l'allocation est apprécié en fonction des **ressources perçues** l'**avant-dernière année,** soit 2019 pour 2021 (CSS art. R 821-4, II-al. 1 et D 821-2). Toutefois, si l'allocataire perçoit des revenus d'activité professionnelle, la condition de ressources est appréciée **tous les 3 mois** en fonction des ressources perçues le trimestre précédent (CSS art. D 821-2, al. 1 et R 821-4-1), l'allocataire étant tenu de fournir une déclaration trimestrielle (CSS art. R 821-4-5, II-al. 1). L'appréciation trimestrielle prend fin si, au 1er janvier, l'allocataire n'a pas exercé d'activité depuis au moins 9 mois consécutifs (CSS art. R 821-4-2, al. 2).
b. Les **revenus pris en compte** sont définis aux articles R 821-4 à R 821-4-4, D 821-6, D 821-9 et D 821-10 du CSS. Si le conjoint ou le concubin du bénéficiaire de l'AAH cesse toute activité professionnelle mais perçoit une pension de retraite ou d'invalidité, une rente d'accident du travail, c'est l'article R 532-5 du CSS qui s'applique et non l'article R 821-4-4 du CSS (Cass. 2e civ. 9-7-2020 no 19-13.992 FP-BI).
c. L'AAH ne peut pas se **cumuler** avec l'**allocation de solidarité spécifique** (C. trav. art. L 5423-7). Les personnes qui avaient, au 31-12-2016, des droits ouverts simultanément pour ces deux prestations continuent toutefois à en bénéficier tant qu'elles en remplissent les conditions, dans la limite de 10 ans.

Montant et paiement L'allocation versée est égale à la différence entre le plafond de ressources et les ressources de l'allocataire divisée par 12 (ou par 3 en cas d'appréciation trimestrielle des ressources), dans la limite du montant de l'**AAH.** 40335

CSS art. L 821-1-2, R 821-5-1 à R 821-7, D 821-2, D 821-4, **T-I-30600 s**

Si son handicap est d'au moins 80 % (no 40325), l'allocataire peut en outre prétendre à une **majoration pour la vie autonome,** s'il perçoit l'AAH à taux plein (ou en complément d'un avantage de vieillesse ou d'invalidité ou d'une rente d'accident du travail), dispose d'un logement indépendant pour lequel il perçoit une aide personnelle au logement et n'a pas de revenu professionnel.

Les allocations sont **versées mensuellement** par la caisse d'allocations familiales. Pour leur **montant,** voir la rubrique indices et taux sur efl.fr.

› Précisions **a.** En cas d'hospitalisation, d'accueil dans une maison spécialisée ou d'incarcération, un **abattement** sur l'AAH peut être opéré dans des conditions fixées par les articles R 821-8 et R 821-9 du CSS.
b. Le cumul de l'AAH avec la rémunération des personnes handicapées travaillant en **Ésat** est plafonné (CSS art. L 821-1, al. 12 et D 821-5).
c. Lorsque l'allocataire atteint l'âge auquel il est réputé **inapte au travail** (no 67625, a), le versement de l'AAH prend fin si le taux d'incapacité est inférieur à 80 % (CSS art. L 821-2, al. 4 ; Cass. 2e civ. 24-1-2019 no 18-10.804 F-PB : RJS 4/19 no 261) ou si l'allocataire peut prétendre à un avantage de vieillesse d'un montant au moins équivalent à l'AAH (no 40330).
d. Les allocations sont exonérées d'**impôt** sur le revenu (CGI art. 81, 2o ; BOI-RSA-CHAMP-20-50-30 no 60, 26-6-2020), de CSG (CSS art. L 136-1-3, 3o) et de CRDS (Circ. DSS 71 du 2-2-1996 no 3.1-a, réputée abrogée). Elles sont incessibles et **insaisissables** sauf pour le paiement des frais d'entretien de la personne handicapée et pour le recouvrement des créances dues au titre de l'entretien d'enfants et des créances alimentaires. L'**action** de l'allocataire en **paiement** des allocations se prescrit par 2 ans (CSS art. L 821-5 et L 821-1-2, al. 7).

PRESTATION DE COMPENSATION DU HANDICAP (PCH)

La prestation de compensation du handicap est ouverte aux personnes de moins de 60 ans ayant une difficulté absolue à la réalisation d'une activité essentielle de la vie quotidienne (se laver, se déplacer…) ou une difficulté grave pour au moins deux activités (de façon définitive ou pour une durée d'au moins un an). 40340

CASF art. L 245-1 s, R 245-1 s, **T-I-34000 s**

Elle compense en tout ou partie les **charges générées par le handicap** (aides humaines ou techniques dont le soutien à la parentalité des personnes handicapées, aménagement du logement, du véhicule ou surcoûts résultant du transport, produits liés au handicap, aides animalières).

La prestation de compensation est accordée, pour une **durée d'attribution unique** et renouvelable. Lorsque le handicap n'est pas susceptible d'évoluer favorablement, un droit à la prestation de compensation du handicap est ouvert **sans limitation de durée** (sous réserve de l'évolution du plan personnalisé de compensation).

Son régime social et fiscal est le même que celui de l'AAH (no 40335, d).

La prestation doit être demandée à la maison départementale des personnes handicapées. Elle est versée par le département, en espèces ou en nature au choix du bénéficiaire.

> **Précisions** Les personnes de **60 ans ou plus** dont le handicap répondait, avant cet âge, aux critères d'attribution de la prestation peuvent également bénéficier de cette prestation (CASF art. L 245-1, II-1°). Il en est de même de celles de 60 ans et plus qui exercent une activité professionnelle au-delà de cet âge et donc le handicap répond aux critères d'attribution de la prestation (CASF art. L 245-1, II-2°).

ALLOCATION D'ÉDUCATION DE L'ENFANT HANDICAPÉ (AEEH)

40345 CSS art. L 541-1 s R 541-1 s **D-V-17000 s**

Peuvent bénéficier de cette allocation, servie par la caisse d'allocations familiales, les personnes ayant un enfant à charge (au sens indiqué n° 57960) dont le taux d'incapacité permanente est :

– égal ou supérieur à 80 % ;

– ou compris entre 50 et 80 %, si cet enfant fréquente un établissement ou service d'enseignement adapté ou à caractère expérimental, ou si son état exige le recours à un dispositif adapté ou d'accompagnement ou à des soins dans le cadre des mesures préconisées par la CDAPH (n° 40180).

La demande doit être adressée à la maison départementale des personnes handicapées. L'allocation est attribuée à compter du premier jour du mois suivant celui du dépôt de la demande (CSS art. R 541-7).

> **Précisions** **a.** Le **montant** de l'allocation est indiqué sous indices et taux sur efl.fr. Peuvent venir s'y ajouter :
> – si l'enfant est atteint d'un handicap dont la nature ou la gravité exige des dépenses particulièrement coûteuses ou nécessite le recours fréquent à l'aide d'une tierce personne, un complément dont le montant varie selon la catégorie dans laquelle l'enfant a été classé ;
> – et/ou la prestation de compensation du handicap (n° 40340) dans les conditions définies par l'article L 245-1 du CASF.
> Une majoration spécifique pour parent isolé d'enfant handicapé peut être accordée aux personnes isolées, bénéficiant du complément ou de la prestation de compensation, assumant seules la charge d'un enfant handicapé dont l'état nécessite le recours à une tierce personne ou les contraint à cesser leur activité professionnelle ou à l'exercer à temps partiel.
> **b.** L'AEEH étant une **prestation familiale** (CSS art. L 511-1), les règles exposées n°s 57900 s. lui sont applicables.
> **c.** L'AEEH est maintenue pendant une certaine durée (décret à paraître) en cas de décès de l'enfant (CSS art. L 552-7).

40350

Mesures Covid-19

Afin de tenir compte des mesures exceptionnelles mises en œuvre dans le cadre de la lutte contre la propagation du Covid-19 et d'assurer la continuité des droits des enfants en situation de handicap sur l'année scolaire, les décisions fixant les **orientations et** les **mesures propres à assurer l'insertion scolaire** et les **prestations associées** (allocation d'éducation de l'enfant handicapé et prestation de compensation du handicap affectée à des charges liées à un besoin d'aides humaines, à des charges spécifiques ou exceptionnelles et à des charges liées à l'attribution et à l'entretien des aides animalières) applicables au titre de l'année scolaire 2019-2020 sont **reconduites** pour l'année scolaire 2020-2021, soit **jusqu'au 31 août 2021 inclus,** en l'**absence de décision de la CDAPH au 31 juillet 2020,** voir BS 7/20 n° 456.

Par ailleurs, pour faire face aux conséquences économiques, financières et sociales de la deuxième vague liée à l'épidémie de Covid-19, les droits à l'AAH, à la PCH et à l'AEEH ont également été prolongés, voir BS 2/21 n°s 89 et 172.

HEURES SUPPLÉMENTAIRES

SOMMAIRE

A. Cadre général d'exécution

CONDITION DE RECOURS

La durée légale de travail ne constituant pas une norme impérative, il est possible de la dépasser en faisant appel à des heures supplémentaires. 40900

Le recours à ces heures doit s'inscrire dans le cadre de la réglementation de la durée du travail, notamment le respect des durées maximales et des repos quotidien et hebdomadaire.

EMPLOYEURS ET SALARIÉS CONCERNÉS

Le régime des heures supplémentaires concerne tous les employeurs et tous les salariés soumis à la réglementation de la durée du travail (nos 29400 s.), sauf les salariés sous convention de forfait en jours (no 30685). 40920 OA-I-17700 s

Il s'applique quel que soit le **mode de rémunération** : salaire au mois, à l'heure, à la tâche ou aux pièces, au pourboire, etc. Relèvent ainsi de ce régime les salariés des hôtels, cafés et restaurants payés en pourcentage sur le service (Cass. soc. 17-12-1996 no 93-42.003 P : RJS 1/97 no 105). Peu importe, pour l'application du régime, que le salarié ait, ou non, la qualité de **cadre**.

> **Précisions** **a.** Les **cadres dirigeants** (sur cette notion voir no 29415), non soumis à la réglementation de la durée du travail, ne le sont donc pas à celle sur les heures supplémentaires.
> **b.** La réglementation des heures supplémentaires s'applique partiellement aux salariés sous convention de **forfait en heures sur l'année** (no 30655). Les **travailleurs à domicile** (no 74140, a), les **employés de maison** (no 33412) et les **assistants maternels** (no 33332) sont régis par des dispositions particulières.
> Sur le recours aux heures supplémentaires pour les **jeunes** de moins de 18 ans, voir no 45495.

INITIATIVE DES HEURES SUPPLÉMENTAIRES

Doivent seules donner lieu à rémunération : 40955 OA-I-18050 s

– les heures supplémentaires accomplies à la **demande** ou pour le compte de l'employeur ou, à tout le moins, avec son **accord implicite** (Cass. soc. 20-3-1980 no 78-40.979 D ; 20-4-1989 no 87-41.835 ; 30-3-1994 no 90-43.246 D ; 2-11-2016 no 15-20.540 F-D : RJS 2/17 no 78) ;

– celles pour lesquelles il est établi que leur réalisation a été rendue nécessaire par les **tâches confiées** au salarié (Cass. soc. 14-11-2018 no 17-16.959 FS-PB et no 17-20.659 FS-PB : RJS 1/19 no 24).

> **Précisions** **a.** Le salarié ayant **accompli régulièrement,** pendant une longue période, des heures supplémentaires a droit à leur paiement dès lors que l'employeur en a eu connaissance et ne s'y est pas opposé (Cass. soc. 19-6-1974 n° 73-40.670). Peu importe que la procédure d'**autorisation préalable** mise en place dans l'entreprise n'ait pas été respectée (Cass. soc. 2-6-2010 n° 08-40.628 FP-PBR : RJS 8-9/10 n° 716).
> **b.** L'employeur, informé des heures supplémentaires effectuées par un salarié via un **logiciel de pointage,** doit être considéré comme ayant donné son accord au moins implicite à leur réalisation. Ces heures, réalisées, en l'occurrence, au-delà du forfait horaire prévu au contrat, doivent être rémunérées (Cass. soc. 8-7-2020 n° 18-23.366 F-D : RJS 10/20 n° 469).
> **c.** Lorsque le salarié établit lui-même des **fiches de temps** à la demande de l'employeur, les juges peuvent en déduire que ce dernier a donné au moins implicitement son accord pour l'exécution des heures supplémentaires et le condamner à les rémunérer (Cass. soc. 19-1-1999 n° 96-45.628 P : RJS 3/99 n° 376 ; 10-5-2000 n° 98-40.736 D : RJS 9-10/00 n° 958).
> **d.** Un courrier de l'employeur **interdisant** à un salarié de faire des heures supplémentaires alors qu'il le sollicite tôt le matin et en fin de journée de manière continue ne peut pas priver le salarié de leur rémunération (CA Versailles 12-2-2003 n° 01-3570).

40960 OA-I-18200 s
Le fait pour l'employeur d'**imposer** des heures supplémentaires en raison des nécessités de l'entreprise, dans la limite du contingent, n'entraîne pas la modification du contrat de travail (Cass. soc. 9-3-1999 n° 96-43.718 P : RJS 4/99 n° 524). En principe, le **refus du salarié,** sans motif légitime, d'accomplir de telles heures pour effectuer un travail urgent constitue donc une cause réelle et sérieuse de licenciement, voire une faute grave (Cass. soc. 26-11-2003 n° 01-43.140 F-D : RJS 2/04 n° 213 ; 8-12-1988 n° 86-44.447 P : RJS 1/89 n° 12).

ATTENTION

Le refus du salarié d'accomplir des heures supplémentaires est fondé lorsque l'employeur ne respecte pas la réglementation, par exemple s'il ne rémunère pas les heures supplémentaires (Cass. soc. 13-12-1995 n° 92-44.770 D : RJS 2/96 n° 126 ; 7-12-1999 n° 97-42.878 P : RJS 2/00 n° 179) ou n'accorde pas la contrepartie obligatoire en repos (Cass. soc. 5-11-2003 n° 01-42.798 F-D : RJS 2/04 n° 213).

RÉDUCTION DU VOLUME DES HEURES SUPPLÉMENTAIRES

40970 OA-I-18450 s
Sauf convention de **forfait** ou garantie contractuelle d'un **nombre déterminé** d'heures supplémentaires, l'employeur peut décider unilatéralement de réduire ou de supprimer les heures supplémentaires effectuées par le salarié sans qu'il en résulte une modification de son contrat de travail (Cass. soc. 10-3-1998 n° 95-44.842 P : RJS 4/98 n° 416 ; 20-10-1998 n° 96-44.547 D : RJS 12/98 n° 1446 ; 2-11-2005 n° 03-47.679 F-D : RJS 1/06 n° 54). Le salarié ne peut donc pas s'opposer à la baisse de rémunération qui en découle. En effet, à défaut d'un tel engagement, il n'existe pas de droit acquis à l'exécution d'heures supplémentaires, seul un abus de l'employeur dans l'exercice de son pouvoir de direction pouvant ouvrir droit à indemnisation (Cass. soc. 10-10-2012 n° 11-10.455 FS-PB : RJS 1/13 n° 38).

ATTENTION

Si le salarié effectue un nombre déterminé d'heures supplémentaires en vertu d'un **usage** ou d'une convention ou d'un **accord collectif,** l'employeur ne peut, selon nous, les réduire ou les supprimer qu'après avoir dénoncé l'usage ou le texte conventionnel selon les procédures requises : voir respectivement n°s 17520 s. et 52080 s.

B. Calcul des heures supplémentaires

DÉFINITION

40990 C. trav. art. L 3121-28 OA-I-18600 s
Constituent des heures supplémentaires toutes les heures de travail effectuées au-delà de la **durée légale** hebdomadaire ou de la durée **considérée comme équivalente** (n° 29660), y compris celles effectuées au-delà des durées maximales du travail (Cass. soc. 19-10-1977 n° 76-40.684 ; 4-10-1979 n° 77-41.427), et à l'exclusion des heures de récupération (n°s 30500 s.) ou de prolongation permanente (n° 29695).

S'agissant des règles de **preuve** de l'existence ou du nombre d'heures de travail en cas de litige, voir n° 29755.

> **Précisions** **a.** Lorsque la **durée collective conventionnelle** du travail est **inférieure à la durée légale,** les heures effectuées au-delà de l'horaire conventionnel mais dans la limite de celle-ci ne sont pas des heures supplémentaires et ne doivent donc pas être majorées, sauf dispositions légales ou conventionnelles contraires (Cass. soc. 15-2-1995 n° 91-43.966 D : RJS 3/95 n° 241 ; 10-2-1998 n° 95-42.334 P ; 13-11-2014 n° 13-10.721 FS-PB : RJS 2/15 n° 103).
> **b.** Sur le décompte des heures supplémentaires en cas de **cumul d'emplois,** voir n° 29555, c. En cas d'application d'un **régime d'équivalences,** voir n° 29680.

DURÉE DU TRAVAIL À PRENDRE EN COMPTE

La durée du travail à prendre en compte s'entend des **heures de travail effectif** au sens indiqué nos 29600 s. et des **temps assimilés** à celui-ci pour le calcul de la durée du travail. 40995 OA-I-18800 s

› Précisions **a.** Les **jours fériés** et les **congés payés** ne peuvent pas être assimilés à du travail effectif. Sauf convention ou usage contraire, ils n'ont pas à être pris en compte pour le calcul des heures supplémentaires (Cass. soc. 1-12-2004 n° 02-21.304 F-PB : RJS 4/05 n° 392 ; 4-4-2012 n° 10-10.701 FS-PB : RJS 6/12 n° 542).
b. Des dispositions particulières s'appliquent aux heures effectuées au titre de la **journée de solidarité** (n° 31275) et aux périodes d'**activité partielle** (n° 1455, a).

CADRE DU DÉCOMPTE

Les heures supplémentaires se décomptent par **semaine.** Une **convention ou un accord collectif** d'entreprise ou d'établissement ou, à défaut, de branche peut fixer une période de 7 jours consécutifs constituant la semaine. **À défaut d'accord,** la semaine débute le lundi à 0 heure et se termine le dimanche à 24 heures. 41000 C. trav. art. L 3121-29 L 3121-31 L 3121-32 L 3121-35 OA-I-19100 s

La **mensualisation** ne permet pas de déroger à ce cadre hebdomadaire. Ainsi, la rémunération mensuelle à verser au salarié en cas d'accomplissement d'heures supplémentaires s'obtient en ajoutant à la rémunération mensualisée sur la base de la durée légale ou de la durée applicable dans l'entreprise, si celle-ci est inférieure, la rémunération des heures supplémentaires effectuées au cours du mois.

Par dérogation, les entreprises dont la **durée collective hebdomadaire excède 35 heures** peuvent mensualiser les heures comprises entre 35 heures et la durée collective : la rémunération mensuelle peut alors être calculée en multipliant la rémunération horaire par les 52/12 de la durée collective hebdomadaire de travail, en tenant compte des majorations dues.

EXEMPLE

Dans une entreprise travaillant 35 heures appliquant la majoration de salaire de 25 %, la rémunération d'un salarié ayant effectué 4 heures supplémentaires par semaine pendant 4 semaines au cours du mois peut être calculée ainsi : 35 × (52/12) × taux horaire + (4 × 4) × 125 % × taux horaire.

Dans une entreprise travaillant 39 heures appliquant la majoration de salaire de 25 %, la rémunération peut être calculée ainsi : 35 × (52/12) × taux horaire + (39 – 35) × (52/12) × 125 % × taux horaire.

Le principe du décompte des heures supplémentaires dans le cadre de la semaine comporte des **dérogations,** notamment en cas de forfait mensuel (nos 30590 s.) ou annuel en heures (nos 30650 s.), d'aménagement de la durée du travail sur plusieurs semaines ou sur l'année (nos 30100 s.), pour les travailleurs à domicile (n° 74140) et les personnels roulants du transport routier (C. transports art. L 1321-2 et D 3312-41). 41005

Sur les reports d'heures d'une semaine à l'autre en cas d'**horaires individualisés,** voir n° 29850.

C. Contingent annuel

Le contingent annuel d'heures supplémentaires constitue le seuil de déclenchement de la **contrepartie obligatoire en repos** (nos 41180 s.). 41030 C. trav. art. L 3121-30, al. 1 D 3121-24 OA-I-19500 s

Il s'applique à tous les salariés, à l'exception de ceux relevant d'une convention de forfait annuel en heures (nos 30650 s.) ou en jours (nos 30680 s.) et des cadres dirigeants (n° 29415).

FIXATION

Le contingent annuel est défini par **convention ou accord collectif** d'entreprise ou d'établissement ou, à défaut, de branche, étendu ou non. 41035 C. trav. art L 3121-33, I, 2° L 3121-39 D 3121-24 OA-I-19560 s

En l'absence d'accord collectif, il est fixé par **décret** à 220 heures.

› Précisions Primauté est donnée à l'accord d'entreprise ou d'établissement qui peut donc fixer un contingent supérieur à celui de l'accord de branche, quelle qu'en soit la date de conclusion (Circ. DGT 20 du 13-11-2008 ; Cass. soc. 1-3-2017 n° 16-10.047 FS-PBRI : RJS 5/17 n° 338).
Le contingent conventionnel peut être supérieur ou inférieur à 220 heures.

DÉCOMPTE

Heures imputables sur le contingent Les heures prises en compte pour le calcul du contingent sont celles accomplies au-delà de la **durée légale du travail** (nos 29520 s.). 41045 C. trav. art. L 3121-30, al. 2 OA-I-19940 s

Seules les heures de **travail effectif,** ou assimilées en vertu de la loi, doivent être prises en compte, ce qui exclut les **périodes non travaillées** : contreparties obligatoires en repos ou repos compensateur de remplacement, jours de RTT, périodes de congés, périodes de maladie même rémunérées, jours fériés chômés (Circ. DRT 7 du 6-12-2000).

41050 **Heures non imputables** Par exception, ne s'imputent pas sur le contingent :
- les heures supplémentaires compensées intégralement par un **repos compensateur de remplacement** (n° 41155) ;
- celles effectuées pour faire face à des **travaux urgents** dont l'exécution immédiate est nécessaire pour organiser des mesures de sauvetage, prévenir des accidents imminents ou réparer des accidents survenus au matériel, aux installations ou aux bâtiments de l'établissement (C. trav. art. L 3121-30, al. 3) ;
- les heures de **dérogation permanente** à la durée légale du travail (n° 29690) ;
- celles effectuées au titre de la **journée de solidarité** (n° 31275).

41055 OA-I-19900 s **Caractère annuel et individuel** Sauf stipulations conventionnelles déterminant une période différente, le contingent s'applique dans le cadre de l'**année civile.** Décompté **individuellement,** il ne peut pas être globalisé au niveau de l'entreprise ou de l'établissement ni être transféré d'un salarié à l'autre (Circ. DRT 4 du 21-4-1994, réputée abrogée).

> **Précisions** Le contingent est acquis dans son intégralité pour les entreprises dont l'**activité** est **saisonnière,** par exemple celles embauchant des salariés pour une durée limitée pendant la période estivale (Rép. Mouly : Sén. 13-7-1987 p. 3580).

HEURES EFFECTUÉES DANS LE CADRE DU CONTINGENT

41060 C. trav. art. L 3121-33, al. 5 L 3121-40 OA-I-20050 s Les heures effectuées dans le cadre du contingent doivent donner lieu à information préalable du **CSE.**

Elles n'ouvrent pas droit à **contrepartie en repos,** sauf convention ou accord collectif le prévoyant : n° 41180.

ATTENTION

À défaut de détermination du contingent par voie conventionnelle, les modalités de son **utilisation** et de son éventuel **dépassement** donnent lieu au moins une fois par an à une **consultation** du CSE. Celle-ci doit porter sur la programmation de l'utilisation des heures supplémentaires au cours de la période de référence couverte par le contingent ; elle doit donc avoir lieu avant le 31 décembre d'une année pour l'année suivante si l'année civile est retenue comme période de référence (Circ. DRT 4 du 21-4-1994, réputée abrogée).

HEURES EFFECTUÉES HORS CONTINGENT

41070 C. trav. art. L 3121-33, al. 6 OA-I-20240 s Les heures supplémentaires hors contingent ouvrent droit à **contrepartie en repos** : n°s 41180 s.

Elles doivent donner lieu à consultation du **CSE.**

Une **convention ou un accord** d'entreprise ou d'établissement ou, à défaut, de branche peut fixer les conditions d'accomplissement de ces heures supplémentaires et les caractéristiques et conditions de prise de la contrepartie obligatoire en repos (n° 41205).

> **Précisions** **a.** L'information communiquée aux représentants du personnel doit indiquer le motif de recours, la période, les services et effectifs concernés et être écrite et individualisée par salarié (Cass. crim. 15-2-2005 n° 04-84.301 F-PF : RJS 5/05 n° 537).
> **b.** Le dispositif des **heures choisies,** qui permettait, à condition qu'un accord collectif le prévoie, de dépasser le contingent par accord individuel entre employeur et salarié, a été **supprimé** par la loi du 20-8-2008. Toutefois, les **conventions ou accords antérieurs** continuent de s'appliquer sans limitation de durée, les heures choisies n'ouvrant pas droit à la contrepartie obligatoire en repos (Loi 2008-789 du 20-8-2008 art. 18-II et IV).

D. Rémunération

MAJORATIONS DE SALAIRE

41105 C. trav. art. L 3121-33, I-1° L 3121-36 OA-I-20900 s Une **convention ou un accord collectif** d'entreprise ou d'établissement ou, à défaut, de branche peut fixer le ou les taux de majoration des heures supplémentaires, qui ne peuvent pas être inférieurs à 10 %.

À défaut d'accord collectif, ces taux sont de :
- **25 %** pour chacune des 8 premières heures (de la 36e à la 43e heure incluse) ;
- **50 %** à partir de la 44e heure.

Les majorations pour heures supplémentaires peuvent être **cumulées** avec les majorations conventionnelles prévues au titre des heures effectuées la **nuit,** le **dimanche** ou les **jours fériés** (Circ. DRT 4 du 21-4-1994, réputée abrogée).

Base de calcul La majoration des heures supplémentaires s'applique au **taux horaire des heures normales** de travail, ce taux ne pouvant **pas être inférieur** au quotient résultant de la division du salaire brut par l'horaire mensuel (Cass. soc. 11-5-2017 n° 16-12.482 FS-PB : RJS 7/17 n° 485). **41110** OA-I-21250 s

Il doit être tenu compte des **primes et indemnités** versées en contrepartie directe ou inhérentes à la nature du travail fourni (jurisprudence constante) et du montant des **avantages en nature** (Cass. soc. 23-3-1989 n° 86-45.353).

ILLUSTRATIONS

L'employeur doit **inclure** dans le salaire horaire servant de base au calcul des majorations pour heures supplémentaires :
– les primes pour travail des dimanches et jours fériés (Cass. soc. 29-10-1973 n° 72-40.199 ; Cass. soc. 22-5-2019 n° 17-22.376F-D : RJS 8-9/19 n° 498), pour travail de nuit (Cass. soc. 22-5-2019 précité), de dépaysement (Cass. soc. 30-3-1994 n° 90-43.161 D) et d'assiduité (Cass. soc. 26-10-1979 n° 78-41.113) ;
– les primes individualisées de vol entrant dans la détermination du salaire mensuel du personnel navigant technique des entreprises de transport aérien (Cass. soc. 28-5-1997 n° 94-42.835 P : RJS 7/97 n° 801) ;
– la prime de bons services liée à la qualité du travail fourni par des conducteurs routiers (Cass. soc. 11-3-1997 n° 93-44.619 D : RJS 4/97 n° 424) ;
– l'indemnité horaire de réduction du temps de travail calculée en fonction du nombre réel d'heures travaillées (Cass. soc. 2-3-1993 n° 89-43.505 D).

Doivent en revanche être **exclues** de la base de calcul des majorations pour heures supplémentaires les primes ne dépendant pas du travail effectivement fourni par le salarié. Ainsi, par exemple :
– une prime d'ancienneté, essentiellement fonction de la durée de présence du salarié dans l'entreprise et ne dépendant pas du travail effectivement fourni (Cass. soc. 29-10-1973 n° 72-40.199 ; 29-5-1986 n° 84-44.709 P) ;
– des primes de panier, de jour ou de nuit correspondant à des remboursements de frais (Cass. soc. 24-2-1982 n° 79-41.671 ; 19-1-1983 n°s 80-40.879 et 80-40.881) ;
– une prime de flexibilité rémunérant de manière forfaitaire une modalité d'exécution du travail et une prime d'astreinte ne correspondant pas à du temps de travail effectif (Cass. soc. 27-1-2016 n° 14-11.069 F-D : RJS 4/16 n° 251).

Les **gratifications annuelles,** 13e mois ou primes de vacances, ne sont incluses que lorsqu'elles constituent la contrepartie directe du travail effectué. Elles le sont, par exemple, si elles ne sont attribuées qu'au titre d'un contrat de travail en cours d'exécution et si le paiement n'est soumis à aucune autre condition (Cass. soc. 25-4-2006 n° 05-42.968 F-D : RJS 7/06 n° 848).

Les primes de **productivité ou de rendement** directement liées au travail d'un salarié ou d'un groupe homogène de production sont prises en compte (Cass. soc. 29-4-1970 n° 69-40.263). Ainsi jugé pour une prime fonction de la production d'un groupe d'ouvriers à laquelle contribue nécessairement le rendement individuel de chacun des salariés du groupe (Cass. soc. 29-10-2007 n° 06-42.426 FS-D : RJS 1/08 n° 35). En revanche, les primes dépendant de la productivité générale de l'entreprise sont exclues (Cass. soc. 29-4-1970 n° 69-40.263 ; 5-3-1981 n° 79-40.282).

Le critère du rattachement direct à l'activité personnelle du salarié doit aussi être appliqué pour décider de l'inclusion, ou non, de primes d'**intéressement au chiffre d'affaires** dans la base de calcul des majorations (Cass. soc. 23-9-2009 n° 08-40.636 FS-PB : RJS 1/10 n° 50).

EXEMPLE **41115**

Dans une entreprise appliquant les majorations légales, un salarié est rémunéré 11 € de l'heure pour un horaire de 35 heures hebdomadaires, dont un dimanche par mois, majoré de 20 %. Il bénéficie d'une prime d'ancienneté de 3 % et d'une prime d'insalubrité forfaitaire de 70 €.

Le **salaire horaire** à prendre en compte est de : [1 668,37 € + 70 € + (7 × 11 × 20 %)] / 151,67 = 1 753,77 / 151,67 = 11,56 €. La prime d'ancienneté est exclue de la base de calcul.

Au cours du mois de juin 2021, le salarié travaille 35 heures la 1e semaine, 39 heures la 2e semaine, 35 heures la 3e semaine et 44 heures la 4e semaine ; 12 heures sont majorées à 25 % (4 heures la 2e semaine, 8 heures la 4e semaine) et 1 heure est majorée à 50 % (la 4e semaine). Les heures supplémentaires de la 5e semaine incomplète sont comptées le mois suivant (n° 41120).

La **majoration** pour heures supplémentaires est de 11,56 × 12 × 125 % + 11,56 × 150 % = 173,40 + 17,34 = 190,74 €.

PAIEMENT DES HEURES SUPPLÉMENTAIRES

41120
OA-I-22100 s

Les heures supplémentaires sont payées selon la même périodicité et aux mêmes dates que le salaire. Elles figurent sur le **bulletin de paie** correspondant à la paie à laquelle elles sont rattachées (nº 70787).

Le décompte des heures supplémentaires dans le cadre de la semaine civile conduit à reporter au mois suivant le paiement de celles effectuées au cours des semaines se situant **à cheval sur deux périodes de paie.**

> **Précisions** **a.** Le versement d'un **salaire supérieur au minimum conventionnel** ne justifie pas en lui-même du paiement des heures supplémentaires. Le juge doit vérifier, au vu du salaire horaire du salarié, si elles ont été rémunérées en totalité (Cass. soc. 20-1-1999 nº 97-40.286 D : RJS 3/99 nº 379).
> **b.** Le versement, même volontaire, de **primes ou d'indemnités exceptionnelles** ne peut pas tenir lieu de règlement des heures supplémentaires. En effet, celles-ci ne donnent pas lieu uniquement au paiement d'un salaire majoré mais doivent s'exécuter dans le cadre d'un contingent annuel et ouvrent droit, le cas échéant, à contrepartie obligatoire en repos (Cass. soc. 27-6-2000 nº 98-41.184 FS-P : RJS 9-10/00 nº 959 ; 14-3-2001 nº 99-40.243 F-D : RJS 5/01 nº 612 ; 21-1-2003 nº 01-40.453 F-D : RJS 4/03 nº 467). Aucune compensation ne peut être effectuée entre les primes ou indemnités ainsi versées et les sommes dues au titre des heures supplémentaires (Cass. soc. 1-12-2005 nº 04-48.388 FS-PB : RJS 2/06 nº 217).
> **c.** Le fait pour le salarié de n'avoir formulé aucune réserve lors de la perception de son salaire ni protesté contre l'horaire de travail ne vaut pas **renonciation** au paiement des heures supplémentaires (Cass. soc. 6-6-1985 nº 82-41.096 ; 9-4-1998 nº 96-43.529 D).
> **d.** Sur les **sanctions** applicables en cas de non-paiement des heures supplémentaires, voir nº 41260.

41125
OA-I-22240 s

La rémunération des heures supplémentaires, majorations comprises, ayant la nature d'un salaire au regard du droit du travail, obéit au même **régime juridique** : règles de saisie et de cession (nºs 70940 s.), de compensation avec les créances de l'employeur (nºs 70955 s.), privilège et superprivilège sur les biens de l'employeur (nºs 70870 s.), assurance des créances des salariés en cas de procédure collective (nºs 70900 s.) et prescription (nº 70815).

Sur le **régime social et fiscal** des heures supplémentaires, voir nºs 41300 s.

Sur l'incidence de l'accomplissement d'heures supplémentaires sur le calcul de la **réduction générale** de cotisations patronales, voir nº 1920.

E. Repos compensateur de remplacement

41150
C. trav. art. L 3121-33, II-2º
L 3121-37, al. 1
OA-I-26040 s

Le remplacement de tout ou partie du **paiement des heures** supplémentaires **et des majorations** s'y rapportant par un repos compensateur équivalent peut être prévu :
– par **convention ou accord collectif** d'entreprise ou d'établissement, ou, à défaut, de branche ;
– dans les entreprises dépourvues de délégué syndical, par **décision de l'employeur,** sous réserve que le CSE ne s'y soit pas opposé.

> **Précisions** La mise en place du repos compensateur de remplacement sur **décision unilatérale de l'employeur** n'est possible qu'à défaut d'accord collectif.
> Faute de procurer un avantage aux salariés, cette décision n'est pas soumise aux règles de dénonciation des engagements unilatéraux. L'assujettissement de l'entreprise à l'obligation de négocier du fait de la **désignation d'un délégué syndical** la rend donc caduque (Cass. soc. 24-6-2014 nº 13-10.301 FS-PB : RJS 10/14 nº 691 ; 29-1-2020 nº 18-16.001 F-D : RJS 4/20 nº 184).

41155
C. trav. art. L 3121-30, al. 3
L 3121-33, III
L 3121-37, al. 2
OA-I-26300 s

Le repos compensateur de remplacement **s'ajoute,** pour les heures supplémentaires y ouvrant droit, à la contrepartie obligatoire en repos.

Les heures supplémentaires compensées intégralement par un repos (attribution d'un repos équivalent à leur paiement et aux majorations afférentes) ne s'imputent pas sur le **contingent annuel** d'heures supplémentaires.

Le salarié doit être **informé** périodiquement de ses droits à repos compensateur dans les conditions prévues nº 41240.

> **Précisions** La convention ou l'accord d'entreprise ou l'employeur, après avis du CSE, peut adapter les **conditions** et les **modalités d'attribution** et de **prise du repos** à l'entreprise. À défaut, le repos compensateur de remplacement est attribué et pris dans les mêmes conditions que la contrepartie obligatoire en repos (Circ. CAB 3 du 3-3-2000, réputée abrogée) : voir nºs 41210 s.

F. Contrepartie obligatoire en repos

1. DROIT À LA CONTREPARTIE

La contrepartie obligatoire en repos est due pour toute heure supplémentaire accomplie **au-delà du contingent annuel** aux salariés concernés par celui-ci (nº 41030). **41180** C. trav. art. L 3121-30, al. 1 OA-I-24000 s

Elle **s'ajoute** à la rémunération des heures au taux majoré (nº 41105) ou au repos compensateur de remplacement (nºs 41150 s.).

› Précisions **a. Ouvrent droit** à la contrepartie obligatoire en repos les heures de travail effectif, ou assimilées en vertu de la loi, et réellement accomplies, ce qui exclut notamment les jours de contrepartie en repos, de repos de remplacement, de réduction du temps de travail, les périodes de congés payés ou autres, les périodes de maladie même rémunérées, les jours fériés chômés et les périodes d'inaction prévues nº 29660, même si elles sont rétribuées en vertu de l'usage ou de l'accord collectif (Circ. DRT 4 du 21-4-1994, réputée abrogée ; Circ. DRT 7 du 6-12-2000).

S'agissant : des heures effectuées au titre de la journée de solidarité, voir nº 31275 ; des heures de délégation des représentants du personnel, voir nº 62610.

b. La convention ou l'accord collectif d'entreprise ou d'établissement ou, à défaut, de branche peut prévoir une contrepartie en repos pour les heures accomplies **dans les limites du contingent** (C. trav. art. L 3121-33, II-1º).

c. Les **contingents conventionnels négociés avant la loi du 17-1-2003** ne s'appliquent, pour le déclenchement de la contrepartie en repos, que dans la limite du contingent réglementaire (Loi 2003-47 du 17-1-2003 art. 2 B). Si le contingent conventionnel est inférieur à 220 heures, la contrepartie se déclenche dès son franchissement. S'il est supérieur, elle se déclenche dès la 221e heure.

2. DURÉE DE LA CONTREPARTIE

Sauf stipulations conventionnelles plus favorables, toute heure supplémentaire accomplie au-delà du contingent annuel ouvre droit à une contrepartie obligatoire en repos fixée à : **41190** C. trav. art. L 3121-33, I-3º L 3121-38 OA-I-24250 s

- **50 %** pour les entreprises de 20 salariés au plus ;
- **100 %** pour celles de plus de 20 salariés.

L'**effectif** est apprécié dans le cadre de l'entreprise (et non de l'établissement) suivant les règles de décompte exposées nºs 23630 s.

3. PRISE DE LA CONTREPARTIE

CONVENTION OU ACCORD COLLECTIF

Un accord collectif d'entreprise ou d'établissement ou, à défaut, de branche peut fixer les caractéristiques et conditions de prise de la contrepartie obligatoire en repos. **41205** C. trav. art. L 3121-33, I-3º OA-I-24600 s

› Précisions Cet accord ne peut pas **déroger** aux dispositions applicables en l'absence de demande de prise de la contrepartie obligatoire en repos par le salarié, celles-ci étant d'ordre public (voir nº 41225).

À notre sens, le texte conventionnel ne peut pas non plus déroger à certaines **dispositions supplétives** fixées par voie réglementaire : assimilation de la contrepartie à du travail effectif et conditions d'indemnisation de la contrepartie (nº 41230), octroi, le cas échéant, d'une indemnité au salarié dont le contrat de travail prend fin (nº 41235).

DÉFAUT D'ACCORD COLLECTIF

Ouverture du droit au repos Le droit à contrepartie obligatoire en repos est réputé ouvert dès que la durée de ce repos atteint **7 heures.** **41210** C. trav. art. L 3121-39 D 3121-18 OA-I-24770 s

Sauf dispositions particulières (voir nº 41155), il convient de **totaliser** les repos acquis au titre de la contrepartie obligatoire en repos et ceux acquis au titre du repos compensateur de remplacement.

Modalités de prise du repos La contrepartie obligatoire en repos peut être prise **par journée entière ou demi-journée,** à la convenance du salarié, dans un **délai** maximum de 2 mois suivant l'ouverture du droit, sous réserve des cas de report définis nº 41220. **41215** C. trav. art. D 3121-18 D 3121-19 OA-I-25000 s

La journée ou demi-journée de prise du repos est déduite du droit à repos à raison du nombre d'heures de travail que le salarié aurait accomplies pendant cette journée ou cette demi-journée.

› Précisions Le **délai** de 2 mois **commence à courir** dès que 7 heures de repos ont été accumulées. Le salarié doit alors prendre une journée ou une ou des demi-journées de repos dans ce délai. Le délai ne recommence à courir qu'à compter de l'acquisition de 7 heures de repos à nouveau. Par **exemple,** dans une entreprise où une demi-journée de travail dure 4 heures, si un salarié a acquis 7 heures et « consomme » une demi-journée, le délai de 2 mois n'est pas applicable aux 3 heures restantes ; il le sera lorsque le salarié aura à nouveau accumulé 7 heures de repos, c'est-à-dire 4 heures de plus (Circ. DRT 7 du 6-12-2000).

41220 C. trav. art. D 3121-18 à D 3121-22

Le salarié adresse sa **demande,** précisant les date et durée du repos, au moins une semaine à l'avance.

L'employeur lui **répond** dans les 7 jours suivant la réception de la demande. En cas de **refus** de la date proposée, il doit, après consultation du CSE, en indiquer les raisons relevant d'impératifs liés au fonctionnement de l'entreprise et proposer au salarié une **autre date,** à l'intérieur du délai de 2 mois.

Lorsque **plusieurs demandes** ne peuvent être simultanément satisfaites, les intéressés sont départagés selon l'ordre de **priorité** suivant : demandes déjà différées, situation de famille, ancienneté dans l'entreprise.

41225 C. trav. art. D 3121-17 OA-I-25100 s

L'**absence de demande** de prise de la contrepartie obligatoire en repos par le salarié ne peut pas entraîner la perte de son droit au repos. Dans ce cas, l'employeur doit lui demander de prendre effectivement ses repos dans un délai maximum d'un an, les heures de repos affectées par le salarié à son compte épargne-temps n'étant cependant pas concernées (Cass. soc. 15-5-2019 n° 17-28.018 FD : RJS 7/19 n° 434). Ces dispositions sont d'ordre public.

41230 C. trav. art. D 3121-19 OA-I-25400 s

Régime du repos La contrepartie obligatoire en repos est assimilée à une **période de travail effectif** pour le calcul des droits du salarié. Elle donne lieu à une indemnisation qui n'entraîne aucune diminution de rémunération par rapport à celle que le salarié aurait perçue s'il avait accompli son travail et qui a le caractère d'un salaire.

› Précisions **a.** L'impossibilité de diminuer la rémunération du fait de la prise du repos aboutit à inclure la durée de ce repos pour le calcul des **majorations pour heures supplémentaires.** En revanche, ce repos n'est pas pris en compte pour vérifier le respect des durées maximales du travail, ni pour le calcul des heures s'imputant sur le contingent annuel, ni pour la détermination des droits à contrepartie obligatoire en repos (Circ. DRT 7 du 6-12-2000).

b. Le **repos compensateur de remplacement** visé nos 41150 s. suit le même régime (Circ. DRT 7 du 6-12-2000).

c. Sur le régime du repos compensateur de remplacement et de la contrepartie obligatoire en repos au regard des **congés payés,** voir nos 13340 et 13640.

d. Sur l'incidence de l'utilisation d'**heures de délégation** par un représentant du personnel pendant la contrepartie en repos, voir n° 62590.

41235 C. trav. art. D 3121-23 OA-I-25520 s

Fin du contrat Le salarié dont le contrat de travail prend fin avant qu'il ait pu bénéficier de la contrepartie obligatoire en repos à laquelle il a droit ou avant qu'il ait acquis des droits suffisants pour pouvoir prendre ce repos reçoit une **indemnité en espèces,** ayant le caractère de salaire, dont le montant correspond à ses droits acquis.

› Précisions **a.** En cas de **décès du salarié,** l'indemnité est versée à ceux de ses ayants droit ayant qualité pour obtenir le paiement des salaires arriérés.
b. L'indemnité est également versée aux **travailleurs temporaires** lorsque la durée ou les conditions d'exécution de la mission ne permettent pas l'acquisition de droits suffisants ou la prise du repos (Accord 27-3-2000 art. 2.2 étendu par arrêté 27-7-2000 : JO 29 p. 13325).

41240 C. trav. art. D 3171-11 D 3171-12 OA-I-24830 s OA-I-25650 s

Information du salarié À défaut de précision conventionnelle contraire, les salariés sont tenus informés du **nombre d'heures** de **repos compensateur** de remplacement et de **contrepartie** obligatoire en repos portées à leur crédit par un document annexé au **bulletin de paie.** Dès que ce nombre atteint 7 heures, le document comporte une mention notifiant l'**ouverture du droit** et l'obligation de le prendre dans un délai de 2 mois après son ouverture.

› Précisions **a.** Lorsque les **salariés** d'un atelier, d'un service ou d'une équipe **ne travaillent pas selon le même horaire collectif** de travail affiché, un document mensuel dont le double est annexé au bulletin de paie est établi pour chaque salarié. Outre les mentions indiquées ci-dessus, ce document précise le cumul des heures supplémentaires accomplies depuis le début de l'année et le nombre d'heures de repos compensateur effectivement pris au cours du mois. Sur les mentions supplémentaires de ce document en cas d'application d'un dispositif de réduction du temps de travail par journées ou demi-journées de repos, voir n° 30145.

b. Le salarié qui, du fait de l'employeur (absence d'information sur ses droits à repos ou information incomplète, contestation par l'employeur des heures supplémentaires effectuées, etc.), n'a pas été en mesure de demander la contrepartie en repos a droit à l'**indemnisation du préjudice** subi. Celle-ci comporte à la fois le **montant** d'une indemnité calculée comme si le salarié avait pris son repos et le montant de l'indemnité de congés payés afférents (Cass. soc. 23-10-2001 n° 99-40.879 FS-PB : RJS 1/02 n° 42 ; 22-2-2006 n° 03-45.385 F-PB : RJS 5/06 n° 651). L'indemnité ainsi allouée a le caractère de dommages-intérêts et est exclue de l'assiette des **cotisations sociales** (Cass. soc. 28-3-2002 n° 00-17.851 F-D : RJS 6/02 n° 717) et du calcul de l'**indemnité compensatrice de congés payés** (n° 13640). Sur la **prescription** applicable, voir n° 70815.

G. Sanctions

Sont sanctionnées par l'**amende** prévue pour les contraventions de 4e classe (n° 67285), prononcée autant de fois qu'il y a de salariés irrégulièrement employés : **41260**

C. trav. art. R 3124-1 R 3124-2 R 3124-6 R 3124-7 **OA-I-26700 s**

– les infractions à la réglementation des heures supplémentaires (contingent, rémunération ou repos compensateur de remplacement, contrepartie obligatoire en repos) ;
– la violation d'une convention ou d'un accord collectif conforme à la réglementation des heures supplémentaires ou l'application d'une convention ou d'un accord contraire à cette réglementation.

Sur les **informations relatives à l'infraction** devant être délivrées à la personne mise en cause par l'inspecteur du travail, voir n° 67210.

› Précisions a. Le non-paiement de tout ou partie des heures supplémentaires peut être constitutif du délit de **dissimulation d'emploi** salarié (n° 79080).
b. Justifie la **prise d'acte par le salarié de la rupture de son contrat** de travail le refus de l'employeur de reconnaître à l'intéressé tout droit aux heures supplémentaires (Cass. soc. 27-11-2014 n° 13-18.716 F-D) ou le non-paiement de ces heures pendant une période prolongée (Cass. soc. 21-5-2002 n° 99-45.890 FS-P : RJS 8-9/02 n° 983), mais pas le défaut de paiement de quelques heures (Cass. soc. 14-5-2014 n° 13-10.913 F-D : RJS 7/14 n° 547). Le non-paiement peut aussi justifier le versement par l'employeur de **dommages-intérêts** distincts des intérêts de droit (Cass. soc. 7-2-2001 n° 98-45.570 F-D : RJS 4/01 n° 457), à condition pour le salarié d'apporter la preuve d'un préjudice (Cass. soc. 29-6-2017 n° 16-11.280 F-D : RJS 11/17 n° 744). Sur la possibilité, pour le salarié, de **refuser d'exécuter de nouvelles heures** supplémentaires, voir n° 40960.

H. Allégements de cotisations

Les heures supplémentaires et certains autres temps de travail supplémentaires ouvrent droit à une **réduction de cotisations salariales** d'assurance vieillesse et, dans certaines entreprises, à une **déduction forfaitaire de cotisations patronales** de sécurité sociale. **41300**

Pour l'incidence des heures supplémentaires sur le calcul de la réduction générale de cotisations patronales, voir n° 1920.

Ces heures et temps sont également **exonérés d'impôt sur le revenu** dans les conditions et limites exposées dans notre Mémento Paie n° 8170.

1. TEMPS CONCERNÉS

HEURES SUPPLÉMENTAIRES ET AUTRES TEMPS SUPPLÉMENTAIRES

La réduction de cotisations salariales et la déduction forfaitaire de cotisations patronales s'appliquent : **41310**

CSS art. L 241-17, I L 241-18, I et II **C-III-15850 s**

– aux heures supplémentaires « **classiques** », définies aux articles L 3121-28 à L 3121-40 du Code du travail ;
– aux heures supplémentaires incluses dans une **convention de forfait hebdomadaire ou mensuel** et à celles effectuées au-delà de ces forfaits ;
– pour les salariés relevant de conventions de forfait **en heures sur l'année,** aux heures effectuées au-delà de 1 607 heures ;
– aux heures supplémentaires effectuées dans le cadre du régime de **variation** de la durée du travail **sur une période supérieure à la semaine** (nos 30100 s.), à l'exception des heures effectuées en deçà de 1 607 heures lorsque la durée annuelle fixée par l'accord est inférieure à ce niveau ;

– aux jours de repos auxquels renonce un salarié relevant d'une convention de **forfait en jours sur l'année** au-delà de 218 jours dans les conditions exposées nº 30695 ;
– aux heures supplémentaires accomplies par les salariés bénéficiant d'un **temps partiel pour raisons personnelles** (nº 77260).

› Précisions Sont **également concernées** les heures supplémentaires accomplies dans le cadre d'un dispositif de modulation (nºs 30270 s.), de travail en cycles (nºs 30330 s.) ou de réduction du temps de travail sous forme de jours de repos (nºs 30350 s.). En cas de modulation, les exonérations portent sur les heures effectuées au-delà de la limite haute hebdomadaire fixée par la convention ou l'accord et, à l'exclusion de ces dernières, sur les heures effectuées au-delà de 1 607 heures (Loi 2008-789 du 20-8-2008 art. 23-IV).
Il en va de même du temps de travail effectif accompli au cours d'une période d'astreinte s'il revêt le caractère d'une heure supplémentaire (Cass. 2e civ. 14-3-2019 nº 17-26.707 F-PB : RJS 5/19 nº 316).

41320 Seuls les heures et temps supplémentaires **réellement effectués** ouvrent droit aux exonérations.

› Précisions **a.** Pendant les périodes de **congés ou d'absence** durant lesquelles le contrat de travail est suspendu, aucune « heure supplémentaire » n'ouvre droit aux exonérations (Circ. DSS 358 du 1-10-2007, réputée abrogée).
Par dérogation, dans les entreprises où l'horaire collectif est supérieur à 35 heures et appliquant la **mensualisation** des heures supplémentaires, l'administration admet à titre de tolérance que la réduction de cotisations salariales et la déduction forfaitaire soient calculées sur la base de la rémunération des « heures supplémentaires structurelles », y compris en cas d'absence du salarié donnant lieu à maintien de salaire – jours fériés chômés, congés payés, congés maladie... (Inst. intermin. 71 du 29-3-2019). La Cour de cassation refuse toutefois de donner une valeur normative à cette tolérance (Cass. 2e civ. QPC 8-2-2018 nº 17-24.264 F-D : RJS 4/18 nº 282 ; Cass. 2e civ. 20-9-2018 nº 17-24.264 F-PB : RJS 12/18 nº 766).
En cas d'**absence** en cours de mois avec **maintien partiel ou sans maintien de la rémunération,** le nombre d'heures supplémentaires ouvrant droit aux exonérations doit être proratisé. En pratique, il peut être déterminé en affectant au nombre d'heures supplémentaires que le salarié aurait effectuées s'il avait été présent le rapport entre la rémunération à la charge de l'employeur soumise à cotisations et la rémunération habituelle (Circ. Acoss 26-1-2011 ; Inst. intermin. 71 du 29-3-2019).
b. La totalité des heures supplémentaires effectuées pendant les autres jours d'une **semaine comportant un jour férié** et dont la rémunération est majorée ouvre droit aux exonérations (Circ. DSS 422 du 27-11-2007, réputée abrogée).
c. La réduction de cotisations salariales ne s'applique pas au **repos compensateur de remplacement.** Dans les situations mixtes où les heures supplémentaires sont partiellement rémunérées « en temps » et « en argent », elle est applicable à la rémunération « en argent » (Inst. intermin. 71 du 29-3-2019). Pour la déduction forfaitaire de cotisations patronales, voir nº 41440, b.
d. Les jours de repos placés sur un **compte épargne-temps** pris ou liquidés sous forme monétaire postérieurement n'ouvrent pas droit aux exonérations (Inst. intermin. 71 du 29-3-2019).
e. Lorsque le salarié au **forfait annuel en jours** ne justifie **pas d'un droit complet à congés payés,** les exonérations s'appliquent aux jours auxquels le salarié renonce au-delà de 218 jours travaillés, majorés du nombre de jours de congés payés auxquels il ne peut pas prétendre. Par exemple, lorsqu'un salarié n'a acquis que 4 semaines de congés payés, seuls les jours travaillés au-delà de 223 jours sur l'année (218 + 5) ouvrent droit à la réduction (Circ. DSS 34 du 5-2-2008, abrogée).

HEURES COMPLÉMENTAIRES

41330 CSS art. L 241-17, I

Les heures complémentaires effectuées par les salariés à **temps partiel** ouvrent droit à la réduction de cotisations salariales mais pas à la déduction forfaitaire de cotisations patronales.
Sont concernées les heures effectuées au-delà de la durée du travail fixée par le contrat de travail dans les limites autorisées par la législation sur le temps partiel (nºs 77220 s.).

ATTENTION
Ne bénéficient pas de la réduction de cotisations salariales (Inst. intermin. 71 du 29-3-2019) :
– les **heures « de complément »** définies nº 77295 ;
– les heures accomplies au-delà de la durée contractuelle dans le cadre d'un **temps partiel modulé** (nº 77250).

CATÉGORIES PARTICULIÈRES DE SALARIÉS

41340 CSS art. L 241-17, I

La **réduction de cotisations salariales** s'applique également :
– aux heures supplémentaires accomplies par des **assistants maternels** au-delà d'une durée hebdomadaire de 45 heures et, pour ceux à temps partiel, aux heures complémentaires accomplies au sens de la convention collective nationale qui leur est applicable ;

– aux heures supplémentaires travaillées à partir de la 41e heure pour un même employeur par les **salariés employés par des particuliers** (aucune exonération n'est prévue, en revanche, au titre des heures complémentaires). Sur l'application de la réduction aux employés de maison multi-employeurs, voir nº 33412.

› Précisions Sont également dans le champ de la réduction de cotisations salariales les heures supplémentaires ou complémentaires de travail effectuées par des salariés dont la durée du travail est régie par d'**autres dispositions** légales (7e partie du Code du travail, Code des transports, CASF, etc.) **que les règles de droit commun** du Code du travail. Sont concernés, par exemple, les **travailleurs à domicile.** Pour ces salariés, la réduction s'applique sur les heures de travail excédant la durée légale ou conventionnelle de travail applicable (Inst. intermin. 71 du 29-3-2019).

2. RÉDUCTION DE COTISATIONS SALARIALES

Les salariés ont droit, au titre des heures supplémentaires et complémentaires ou des jours de travail supplémentaires visées nos 41310 s., à une réduction de cotisations salariales d'assurance vieillesse. 41350

SALARIÉS CONCERNÉS

La réduction de cotisations salariales s'applique à l'ensemble des salariés du **secteur privé** : cadres ou non-cadres, à l'exception toutefois des cadres dirigeants au sens indiqué nº 29415, salariés sous contrat à durée indéterminée ou CDD, sous contrat d'apprentissage ou de professionnalisation, etc. 41360 CSS art. L 241-17, III

Les **dirigeants de société** cumulant un contrat de travail avec leur mandat social peuvent en bénéficier au titre de leur contrat de travail, sauf s'ils exercent en tant que cadre dirigeant.

ASSIETTE

La réduction de cotisations salariales s'applique à la **rémunération des heures ou temps** visés nos 41310 s. et aux **majorations salariales** dans la limite des **taux** prévus par la convention ou l'accord collectif applicable. 41370 CSS art. L 241-17, IV

À défaut de convention ou d'accord, la réduction s'applique à la rémunération majorée dans la limite, s'agissant de la majoration de salaire :

– pour les **heures supplémentaires,** des taux de 25 % pour les 8 premières heures et 50 % pour les suivantes ;

– pour les **heures complémentaires,** des taux de 10 % pour les heures n'excédant pas 1/10e de la durée contractuelle de travail et 25 % pour celles excédant cette limite ou, en cas d'augmentation temporaire de la durée du travail par avenant, du taux de 25 % pour les heures accomplies au-delà.

› Précisions **a.** Pour les **forfaits en heures,** une rémunération horaire doit être définie à partir de la rémunération forfaitaire. Elle correspond au rapport entre la rémunération totaleet le nombre total d'heures effectuées, la majoration salariale étant appliquée aux heures supplémentaires. La rémunération des heures supplémentaires est égale au produit du nombre d'heures supplémentaires prévues dans le forfait par la rémunération horaire majorée (Inst. intermin. 71 du 29-3-2019).

b. Pour les **apprentis,** la réduction s'applique uniquement sur la part de rémunération supérieure à 79 % du Smic, à proportion de la part de la rémunération des heures supplémentaires dans le total de la rémunération (Inst. intermin. 71 du 29-3-2019).

CONDITION D'APPLICATION

La réduction de cotisations salariales n'est pas applicable lorsque les salaires ou éléments de rémunération versés au titre des heures supplémentaires ou complémentaires **se substituent à d'autres éléments de rémunération,** à moins qu'un délai de 12 mois ne se soit écoulé entre le dernier versement de l'élément de rémunération en tout ou partie supprimé et le premier versement des salaires ou éléments de rémunération ouvrant droit à la réduction. 41380 CSS art. L 241-17, V

Le bénéfice de la réduction de cotisations salariales est subordonné au respect des **formalités** prévues nº 41480.

TAUX DE LA RÉDUCTION

Le taux de la réduction de cotisations salariales est égal à la somme des taux de chacune des cotisations de **retraite de base et complémentaire** (mais pas de prévoyance complémentaire : Inst. intermin. 71 du 29-3-2019) effectivement à la charge du salarié, dans la limite de 11,31 %. 41385 CSS art. D 241-21

> **Précisions** Pour les **salariés non cadres** dont la **rémunération ne dépasse pas le plafond de la sécurité sociale,** le taux de réduction est, pour le cas général, égal au taux maximum de 11,31 %, soit 7,3 % d'assurance vieillesse de base et 4,01 % de retraite complémentaire.
> Pour les salariés, cadres ou non, dont la rémunération **dépasse ce plafond,** la réduction est calculée en fonction d'un taux moyen, les taux de cotisations de retraite étant différents pour les parts de la rémunération inférieure et supérieure au plafond. Le **taux moyen** est égal au rapport entre le montant total des cotisations salariales de retraite et la rémunération, sans pouvoir dépasser 11,31 % (Inst. intermin. 71 du 29-3-2019).

CALCUL ET IMPUTATION

41390 CSS art. L 241-17, II

Le **montant** de la réduction de cotisations est égal au produit du taux prévu n° 41385 et des rémunérations des heures ou jours ouvrant droit à réduction. Il est limité aux cotisations d'origine légale et conventionnelle dont le salarié est redevable au titre des heures concernées.

La réduction est **imputée** sur le montant des cotisations salariales d'assurance vieillesse de base dues par le salarié sur l'ensemble de sa rémunération pour les périodes au titre desquelles elle est attribuée et ne peut pas dépasser ce montant.

> **Précisions a.** Dans le cas général, l'imputation de la réduction est limitée au montant des cotisations d'**assurance vieillesse** de base dues au titre de l'ensemble de la rémunération pour le mois considéré. Toutefois, si les heures supplémentaires ou complémentaires sont décomptées sur une période supérieure au mois, le montant de la réduction peut être imputé si nécessaire sur les cotisations dues au titre des périodes d'activités postérieures (Inst. intermin. 71 du 29-3-2019).
> **b.** Aucune imputation n'est à réaliser sur les cotisations dues au titre de la **retraite complémentaire,** qui doivent être payées intégralement dans des conditions normales (Inst. intermin. 71 du 29-3-2019).

RÈGLES DE CUMUL

41400 CSS art. L 241-17, VI et D 241-22

En cas d'application d'une **exonération** totale ou partielle de cotisations salariales de sécurité sociale, de **taux réduits,** d'assiettes ou de **montants forfaitaires** de cotisations, la réduction s'applique dans la limite des cotisations effectivement à la charge du salarié.

3. DÉDUCTION FORFAITAIRE DE COTISATIONS PATRONALES

41420 C-III-16800 s

Les heures supplémentaires et certains autres temps de travail supplémentaires ouvrent droit, dans **certaines entreprises,** à une déduction forfaitaire de cotisations patronales de sécurité sociale visant à compenser partiellement le surcroît de cotisations patronales lié à leur exécution.

Cette déduction s'applique, dans les mêmes conditions, en France métropolitaine, dans les **départements d'outre-mer** et à **Saint-Pierre-et-Miquelon** (Loi 2007-1223 du 21-8-2007 art. 1er XV).

ENTREPRISES ET SALARIÉS CONCERNÉS

41430 CSS art. L 241-18, I et II C-III-16820 s

La déduction forfaitaire de cotisations patronales s'applique dans les entreprises employant **moins de 20 salariés,** l'effectif étant calculé selon les règles exposées nos 23630 s.

Les salariés y ouvrant droit sont les mêmes que ceux ouvrant droit à la **réduction générale de cotisations patronales** (n° 1880), à cette différence près que la déduction forfaitaire s'applique quel que soit le montant de leur rémunération.

> **Précisions a.** À titre dérogatoire, les entreprises qui, en raison d'un **accroissement** de leur effectif, atteignent ou dépassent au titre de 2016, 2017 ou 2018 l'effectif de 20 salariés bénéficient du maintien pendant 3 ans de la déduction (CSS art. L 241-18, V bis, maintenu provisoirement en vigueur pour ces entreprises par la loi 22-5-2019 du 22-5-2019, art. 11-XII). À notre avis, les entreprises ayant atteint ou dépassé 20 salariés en 2019 ont pu bénéficier en 2020 du mécanisme de limitation des effets de seuils issu de la loi Pacte : voir nos 23630 s.
> **b.** La déduction concerne le **conjoint salarié** du chef d'entreprise, même s'il ne cotise pas à Pôle emploi (Circ. DSS 422 du 27-11-2007, réputée abrogée).

CONDITIONS D'APPLICATION

41440 CSS art. L 241-18, IV C-III-16970 s

Le bénéfice de la déduction est subordonné aux conditions suivantes :
– **respect** des dispositions légales et conventionnelles relatives à la **durée du travail,** en particulier les durées maximales journalières et hebdomadaires (Circ. DSS 422 du 27-11-2007 réputée abrogée) ;

– **rémunération** de l'heure supplémentaire au moins égale à celle d'une heure non majorée ;
– **non-substitution** de la rémunération des heures ou des jours de travail supplémentaires **à d'autres éléments de rémunération,** à moins qu'un délai de 12 mois ne se soit écoulé entre le dernier versement de l'élément de rémunération en tout ou partie supprimé et le premier versement des salaires ouvrant droit à déduction.

Le bénéfice de la déduction est subordonné au respect des **formalités** prévues n° 41480 et de la règle communautaire dite « de minimis » exposée n° 41450.

> **Précisions** **a.** En cas de **dépassement des durées maximales** journalière ou hebdomadaire, les heures concernées par le dépassement n'ouvrent pas droit à déduction, sans que soient cependant remises en cause celles calculées sur les heures comprises à l'intérieur des limites légales ou conventionnelles (Circ. DSS 422 du 27-11-2007, réputée abrogée).
b. En cas de recours au **repos compensateur de remplacement,** la déduction forfaitaire est accordée si au moins 100 % de la rémunération due au titre de cette heure est versée au salarié mais non si la rémunération versée correspond uniquement à la majoration de 25 % (ou de 50 %) (Circ. DSS 358 du 1-10-2007, réputée abrogée) ou a fortiori si l'heure supplémentaire et sa majoration sont entièrement compensées par un repos équivalent.

MONTANT DE LA DÉDUCTION

La déduction s'élève à 1,50 € par **heure** supplémentaire et à 7 fois ce montant, soit 10,50 €, pour chaque **jour** de repos auquel renonce un salarié sous convention de forfait en jours au-delà de 218 jours par an. **41450** CSS art. L 241-18 et D 241-24 **C-III-17040 s**

ATTENTION

Pour bénéficier de la déduction, l'employeur doit s'assurer que son montant et celui des autres aides entrant dans le champ de la **règle communautaire dite « de minimis »** n'excèdent pas, sur une période de 3 exercices fiscaux dont celui en cours, un plafond de 200 000 € (100 000 € dans les transports routiers).

IMPUTATION DE LA DÉDUCTION

La déduction forfaitaire est imputée sur l'ensemble des **cotisations et contributions patronales** dues par l'employeur aux Urssaf au titre de l'ensemble de la rémunération du salarié, versée à la date du paiement de la durée de travail supplémentaire. **41460** CSS art. L 241-18, III **C-III-17110 s**

Elle est **plafonnée** à ce montant, le montant des cotisations patronales dues aux Urssaf ne pouvant par conséquent pas être négatif.

> **Précisions** **a. En pratique,** l'ensemble des cotisations sociales patronales est d'abord calculé, dans les conditions habituelles, sur la rémunération totale, incluant la rémunération des heures supplémentaires ou des jours de travail supplémentaires, majorations comprises.
b. En cas de modulation, d'**annualisation** ou de forfaits jours, les heures supplémentaires ou les jours de repos auxquels le salarié a renoncé au-delà de 218 jours ouvrent droit à la déduction au moment de leur paiement, en fin d'année ou en fin de période de modulation ou d'annualisation (Circ. DSS 358 du 1-10-2007, réputée abrogée).

RÈGLES DE CUMUL

La déduction forfaitaire est cumulable avec d'autres **dispositifs d'exonération de cotisations patronales** de sécurité sociale, dans la **limite** du montant de ces cotisations et des contributions patronales recouvrées selon les mêmes règles restant dues par l'employeur au titre de l'ensemble de la rémunération du salarié. **41470** CSS art. L 241-18, IV **C-III-17140 s**

Elle intervient donc après application des autres exonérations (Circ. DSS 358 du 1-10-2007, réputée abrogée) et s'impute sur les cotisations patronales de sécurité sociale et les contributions patronales restant dues suivant les règles exposées n° 41460.

> **Précisions** Sont notamment visées les exonérations suivantes :
– **réduction générale** de cotisations patronales (n°s 1880 s.) ;
– exonération de cotisations en faveur des **jeunes entreprises innovantes** (n°s 2070 s.) ;
– exonération de cotisations pour embauche en zone de **revitalisation rurale** (ZRR) : voir n°s 2015 s. ;
– exonération de cotisations accordée aux entreprises implantées en **zone franche urbaine** (ZFU : voir n°s 1970 s.) ou dans un bassin d'emploi à redynamiser ;
– exonération de cotisations en faveur des entreprises implantées dans les **DOM.**

4. MODALITÉS PRATIQUES

41480 CSS art. L 241-18, IV et D 241-25 C-III-17170 s

L'employeur n'a aucune déclaration préalable à effectuer auprès de l'administration, mais il doit tenir à la disposition des agents de contrôle des Urssaf les **documents relatifs au temps de travail** dont la tenue est imposée par les articles D 3171-1 à D 3171-13 du Code du travail (nos 29740 s.).

La méconnaissance de cette obligation peut entraîner le **retrait** de la déduction forfaitaire de cotisations patronales (Circ. DSS 358 du 1-10-2007, réputée abrogée) et, à notre avis, de la réduction de cotisations salariales.

> **Précisions** Si les **données contenues dans les documents** relatifs au temps de travail ne sont **pas immédiatement accessibles,** l'employeur complète ces informations, au moins une fois par an pour chaque salarié, par un récapitulatif hebdomadaire du nombre d'heures supplémentaires ou complémentaires effectuées, ou du nombre d'heures de travail lorsque le décompte des heures supplémentaires n'est pas établi par semaine, indiquant le mois au cours duquel elles sont rémunérées et distinguant les heures supplémentaires et complémentaires en fonction du taux de majoration qui leur est applicable (lorsque les heures supplémentaires résultent d'une durée collective hebdomadaire de travail supérieure à la durée légale et font l'objet d'une rémunération mensualisée, l'indication de cette durée collective suffit à satisfaire cette obligation pour les heures supplémentaires qui y sont comprises).
> Si ce document doit établir un décompte hebdomadaire, il peut n'être mis à jour que périodiquement, par exemple une fois par mois ou par trimestre (Circ. DSS 422 du 27-11-2007, réputée abrogée).

5. BULLETIN DE PAIE

41500 Le montant de la réduction de **cotisations salariales** est affiché sur une seule ligne, après celles relatives aux cotisations et contributions sociales salariales et patronales (Inst. intermin. 71 du 29-3-2019).

La déduction forfaitaire de **cotisations patronales** n'a pas à figurer obligatoirement sur le bulletin de paie, mais les employeurs peuvent la faire apparaître dans un souci d'information.

> **ATTENTION**
> La **CSG** assise sur les heures supplémentaires et complémentaires exonérées d'impôt sur le revenu (Mémento fiscal no 21732) est intégralement non déductible du revenu imposable dans la mesure où ces heures sont également, en pratique, exonérées de cotisations sociales salariales (Inst. intermin. 71 du 29-3-2019). À notre avis, le montant de la CSG et de la CRDS doit figurer sur une ligne distincte du bulletin de paie.

INSPECTION DU TRAVAIL

SOMMAIRE

A. Organisation

SECTION D'INSPECTION

Toute entreprise relève d'une section d'inspection du travail territorialement définie chargée du contrôle des entreprises comprises dans ce périmètre. **43660** C. trav. art. R 8122-3 à R 8122-11 Décret 2009-1377 du 10-11-2009 **MA-I-50 s MA-II-570 s**

Ces sections, qui constituent l'échelon généraliste de proximité, sont intégrées dans une **unité territoriale** de contrôle (notamment départementale ou infradépartementale), elle-même rattachée à une direction régionale de l'économie, de l'emploi, du travail et des solidarités (Dreets, ou Deets pour l'outre-mer) à compter du 1-4-2021 (**Direccte,** ou Dieccte pour l'outre-mer, avant cette date). Le nombre et la répartition des unités de contrôle d'inspection du travail sont fixés par arrêté (Arrêté MTRT1930569A du 18-10-2019).

Les **adresses** des sections d'inspection et des directions régionales sont disponibles sur www.direccte.gouv.fr.

L'employeur doit **afficher,** dans les locaux normalement accessibles aux travailleurs, l'adresse et le numéro de téléphone de l'inspection du travail dont il relève et le nom de l'inspecteur compétent (C. trav. art. D 4711-1), sous peine de l'amende prévue pour les contraventions de 4e classe : nº 67285 (C. trav. art. R 4741-3).

> **Précisions a.** Dans certaines régions peuvent exister des **unités de contrôle sectorielles ou thématiques.** Par exemple, en Île-de-France existe une unité d'appui et de contrôle « grands chantiers ». Sauf exceptions (Arrêté ETST1415069A du 24-6-2014), il existe dans chaque département une section d'inspection chargée du contrôle des **professions agricoles.**
>
> Dans chaque région existe également une unité régionale d'appui et de contrôle en matière de lutte contre le travail illégal (Uracti) chargée d'appuyer les inspecteurs et contrôleurs du travail dans la lutte contre le travail illégal et le contrôle du respect des dispositions relatives aux salariés détachés temporairement en France par des entreprises étrangères.
>
> **b.** Un **groupe national de veille, d'appui et de contrôle** mène ou appuie des opérations nécessitant notamment une expertise particulière ou une coordination (C. trav. art. R 8121-15).
>
> **c.** Les **Dreets** (Direccte avant le 1-4-2021) sont directement compétentes dans un certain nombre de domaines, en particulier pour homologuer une rupture conventionnelle du contrat de travail (nº 69140), pour valider un accord de rupture conventionnelle collective (nº 69148) et pour homologuer ou valider un plan de sauvegarde de l'emploi (nºs 48230 s.).

AGENTS DE CONTRÔLE

Agents compétents L'inspection du travail est assurée par les agents de contrôle de l'inspection du travail qui ont le grade d'**inspecteur** ou, jusqu'à extinction de ce corps, de **contrôleur** du travail. Ils sont rattachés au ministère chargé du travail. **43665** C. trav. art. L 8112-1 R 8111-1 R 8111-8 à R 8111-12 **MA-I-960 s et 1200 s MA-II-20**

Les inspecteurs du travail peuvent se faire assister dans certaines de leurs missions par les **ingénieurs de prévention** des Dreets (C. trav. art. L 8123-4 et L 8123-5). Par ailleurs, ils coopèrent, pour le contrôle de l'application de la réglementation relative à la médecine du travail, avec les **médecins-inspecteurs du travail,** qui disposent des mêmes pouvoirs que les inspecteurs, sauf constatation des infractions par mises en demeure et procès-verbaux et en matière d'amende administrative (C. trav. art. L 8123-1 à L 8123-3).

Les agents de contrôle compétents pour une entreprise ou un établissement sont ceux relevant de la section d'inspection dans la **circonscription** de laquelle est situé l'entreprise ou l'établissement.

> **Précisions** **a.** L'inspecteur peut contrôler tout **établissement situé dans son ressort,** quelles que soient l'autonomie de celui-ci et sa dépendance vis-à-vis d'un autre établissement situé hors de son ressort (Cass. crim. 17-1-1995 n° 94-80.081 P-F : RJS 4/95 n° 414). Par ailleurs, il peut dresser un procès-verbal au vu des documents détenus au siège d'une entreprise dans son ressort même s'ils concernent un établissement relevant d'une autre circonscription territoriale (Cass. crim. 7-10-1987 n° 86-95.847 P).
> **b.** Par dérogation, dans les **mines et carrières,** les **industries électriques et gazières** et les établissements de la **défense,** les agents de contrôle relèvent des ministères compétents.

43670 **Droits et obligations** Conformément à leur Code de déontologie, les agents de contrôle de l'inspection du travail disposent d'une **garantie d'indépendance** dans l'exercice de leurs missions. À ce titre, ils demeurent libres d'organiser et de conduire les contrôles à leur initiative et d'apprécier les suites à leur donner (n° 43760).

C. trav. art. L 8112-1 L 8113-10 L 8113-11 L 8123-5 R 8124-1 R 8124-2 R 8124-14 à R 8124-24 **MA-I-1550 s**

Il est interdit à ces agents (de même qu'aux ingénieurs de prévention visés n° 43665), sous peine de sanctions pénales, de révéler les **secrets** de fabrication et les procédés d'exploitation dont ils pourraient prendre connaissance dans l'exercice de leurs fonctions. Ils prêtent serment à cet effet. Par ailleurs, ils doivent faire preuve de **discrétion** et, ainsi, ne pas divulguer, à quiconque n'a le droit d'en connaître, les informations dont ils ont connaissance dans l'exercice de leurs fonctions, sous réserve de la possibilité de divulguer des faits illicites ou dangereux conformément à la loi du 9-12-2016 sur les lanceurs d'alerte (n° 56070). Ils ne peuvent pas non plus avoir un intérêt quelconque direct ou indirect dans les entreprises qu'ils contrôlent ou entrant dans leur champ de compétence.

Ils sont également tenus à une obligation de neutralité, d'**impartialité** et de **probité.**

> **Précisions** **a.** Les inspecteurs et contrôleurs peuvent être cités comme **témoins** (Cass. crim. 26-9-1995 n° 94-80.983 P-F : RJS 12/95 n° 1271).
> **b.** L'interdiction de divulguer des renseignements ne joue pas vis-à-vis des autres agents chargés de constater les infractions aux dispositions prohibant le **travail dissimulé.**
> **c.** Sur la question de savoir si les inspecteurs et contrôleurs du travail peuvent ou non révéler l'**origine de leur intervention** dans l'entreprise, voir n° 43740, b.
> **d.** Les **médecins-inspecteurs du travail** sont soumis au **secret** professionnel dans les conditions prévues par le Code de la santé publique.

B. Pouvoir de contrôle

OBJET DU CONTRÔLE

43720 Les agents de contrôle de l'inspection du travail sont chargés de veiller à l'application des **dispositions du Code du travail** et des **lois et règlements non codifiés** relatifs au régime du travail ainsi qu'aux stipulations des conventions et **accords collectifs** de travail étendus ou non, et notamment les dispositions et stipulations assurant le respect des droits et libertés fondamentaux du travailleur et de la personne humaine.

C. trav. art. L 8112-1 L 8112-2 R 8124-3 **MA-I-340 s**

Ils sont également chargés, concurremment avec les officiers et agents de police judiciaire, de **constater les infractions** à ces dispositions et stipulations.

Ils peuvent aussi constater les manquements à des dispositions d'**autres Codes.**

> **Précisions** **a.** Les agents de contrôle **constatent les infractions** ou manquements aux :
> – dispositions relatives à la déclaration d'accident du travail et à la feuille d'accident (CSS art. L 471-1, al. 1), aux règles de prévention édictées par les Carsat et étendues, à l'interdiction de fumer, aux conditions d'entrée et de séjour des étrangers en France ;
> – dispositions du Code de l'éducation relatives aux stages en entreprise ;
> – dispositions du Code pénal interdisant toute discrimination en matière d'embauche, de sanction et de licenciement ou réprimant le harcèlement sexuel ou moral, la traite des êtres humains, le travail forcé, la réduction en servitude et les conditions de travail ou d'hébergement contraires à la dignité humaine ;
> – dispositions du Code de la consommation relatives à la certification et à la conformité de certains produits ;

– règles de domiciliation des personnes immatriculées au registre du commerce et des sociétés édictées par le Code de commerce.
b. Le contrôle de la formation est exercé concurremment avec d'**autres fonctionnaires** spécialement commissionnés à cet effet (n° 38970).
c. L'inspecteur du travail peut faire état d'**infractions de droit commun** (ex. : homicide involontaire) dont les éléments constitutifs lui paraissent réunis et les porter à la connaissance du procureur de la République en application de l'article 40 du CPP (Cass. crim. 9-1-2018 n° 17-80.200 F-PB : RJS 3/18 n° 213).

MOYENS D'ACTION

Visite des locaux Les agents de contrôle ont le droit de visiter tout **local** où sont employés des salariés ou apprentis. Ils peuvent également entrer dans les locaux où les **travailleurs à domicile** effectuent des travaux définis comme dangereux (n° 74150), sous réserve, si ces locaux sont habités, d'avoir reçu l'autorisation d'y pénétrer par la ou les personnes qui l'occupent. Le refus d'autorisation doit être justifié. À défaut, l'agent pourrait verbaliser pour obstacle à contrôle (n° 43770). **43735** C. trav. art. L 8113-1 L 8113-2-1 **MA-II-700 s**

› Précisions a. Les agents peuvent également pénétrer dans tout **local affecté à l'hébergement des travailleurs** sur autorisation des personnes qui l'occupent pour : constater les éventuelles infractions relatives aux conditions d'hébergement contraires à la dignité des personnes, les infractions commises en matière de discrimination et les délits en matière de harcèlement ; vérifier la sécurité et la salubrité des locaux ; contrôler le respect par les donneurs d'ouvrage ou maîtres d'ouvrage de leur obligation de faire cesser, après injonction de l'inspection du travail, un hébergement collectif incompatible avec la dignité humaine.
b. L'inspecteur du travail peut accéder à la **cantine** de l'entreprise pour vérifier la qualité des repas (Rép. Médecin : AN 25-10-1982 p. 4416).
c. Sur la question de savoir si la visite de l'inspecteur du travail peut interrompre la **prescription des poursuites pénales,** voir n° 67215, c.

Les agents de contrôle de l'inspection du travail sont seuls juges de l'**opportunité** et de la **fréquence des visites.** Ils peuvent être amenés à visiter les entreprises à la suite d'un **événement** tel qu'une maladie professionnelle, un accident du travail ou encore en raison d'une réclamation d'un salarié ou d'un représentant du personnel. **43740** C. trav. art. R 8124-25 R 8124-26 **MA-II-750**

Sauf pour les locaux habités (n° 43735, a), les agents sont autorisés à pénétrer librement, **sans avertissement préalable,** à toute heure du **jour** et de la **nuit** en cas de travail de nuit, dans tout établissement assujetti à leur contrôle. Sauf s'ils estiment que cela peut porter préjudice à l'efficacité du contrôle, ils doivent à leur arrivée informer l'employeur de leur présence, ce dernier n'étant pas tenu de les accompagner dans leurs visites (Rép. Tajan : Sén. 5-12-1982 p. 6329). Sur le droit d'accompagner ou de transmettre des observations à l'inspecteur du travail reconnu aux membres du **CSE,** voir n° 9210.

› Précisions a. Si l'**entreprise n'est ouverte que de jour,** mais que l'agent estime qu'une activité illicite ou irrégulière a lieu de nuit, il peut demander l'ouverture des locaux à l'employeur. Celui-ci peut faire l'objet d'un procès-verbal s'il s'y oppose.
b. Si la **visite** fait **suite à la démarche d'un salarié** (ou d'un représentant du personnel), les agents n'ont pas à en donner la source (Circ. min. du 15-2-1989). Sauf abus, le **fait pour un salarié d'informer l'inspecteur** du travail de faits concernant l'entreprise et lui paraissant anormaux ne constitue pas en soi une faute (Cass. soc. 14-3-2000 n° 97-43.268 P : RJS 4/00 n° 388).
c. L'agent doit être muni de sa **carte professionnelle** afin de justifier de sa qualité.

Enquête Lors de la visite des établissements, les agents de contrôle de l'inspection du travail peuvent procéder à des enquêtes. À cette fin, ils peuvent demander à l'employeur comme aux salariés occupés dans l'établissement de **justifier de leur identité** et de leur adresse, les auditionner et **entendre des témoins.** **43745** C. trav. art. L 8113-2 **MA-II-1000 s**

› Précisions a. Les **salariés** auditionnés n'ont pas à être informés sur la portée de leurs déclarations mentionnées dans un procès-verbal (Cass. crim. 12-12-2017 n° 15-82.588 F-D : RJS 2/18 n° 135).
b. L'**employeur s'opposant à l'audition** de témoin commet un délit d'obstacle à contrôle : n° 43770 (Cass. crim. 22-7-1981 n° 81-90.167 P).

Accès aux documents de l'entreprise En plus des documents que l'employeur doit lui transmettre (n° 43950), l'agent de contrôle peut, au cours de ses visites, se faire présenter l'ensemble des **livres, registres** et **documents** (quel qu'en soit le support) rendus obligatoires par le Code du travail ou par une disposition légale relative au régime du travail (voir récapitulatif n° 43945). Il peut également demander la présentation des documents permettant de vérifier le respect de l'application des dispositions relatives aux discriminations (voir n° 32260), à l'égalité professionnelle hommes-femmes, à l'exercice du droit syndical, à la protection contre le harcèlement moral ou sexuel, à la santé et la sécurité au travail. Sur **43750** C. trav. art. L 8113-4 L 8113-5 **MA-II-1100 s**

le droit de communication de l'inspecteur du travail en cas de contrôle du travail illégal, voir nos 79410 s.

En principe, la communication doit être immédiate, sous **peine** d'amende prévue pour les contraventions de 3e classe : n° 67285 (C. trav. art. R 8114-2) ou de délit d'obstacle à contrôle (n° 43770).

ATTENTION

L'employeur doit avoir pris des dispositions pour que les documents demandés puissent être **communiqués en son absence.** Il peut ainsi autoriser un tiers à les remettre à l'inspecteur du travail en cas de réquisition de celui-ci (Rép. Tajan : Sén. 5-12-1982 p. 6329).

43755 C. trav. art. L 8113-3 MA-II-1300 s

Droit de prélèvement Les agents chargés du contrôle peuvent procéder à tous prélèvements portant sur les **matières** mises en œuvre et les **produits** distribués ou utilisés. En vue de constater les infractions, ces prélèvements doivent être faits conformément à la **procédure** instituée par les dispositions réglementaires sur la répression des fraudes.

› Précisions **a.** S'agissant des **substances et préparations dangereuses** pour les travailleurs, l'inspecteur du travail peut demander à l'employeur de faire procéder, par un organisme accrédité (ou, à défaut, par un organisme désigné par arrêté) et à sa charge, à des analyses en vue d'en connaître la composition et les effets sur l'organisme. Il fixe dans sa demande le délai dans lequel les résultats doivent lui être transmis (C. trav. art. R 4722-29 à R 4722-33).
b. Sur la possibilité pour l'inspecteur du travail d'ordonner l'arrêt des travaux en cas de dépassement des valeurs limites d'exposition au **risque chimique,** voir n° 71790.

CONSTATATION DES INFRACTIONS

43760 C. trav. art. L 8112-1 L 8113-7 R 8113-4 R 8113-5 R 8124-27 à R 8124-29 MA-II-1800 s

Modalités et conséquences Les agents de contrôle de l'inspection du travail et les fonctionnaires assimilés (comme les agents de contrôle dans les transports : Cass. crim. 13-12-2016 n° 16-80.219 FS-PB : RJS 2/17 n° 135) constatant une infraction disposent d'un **pouvoir d'appréciation** sur les suites qu'ils entendent lui donner, suivant la gravité et les circonstances dans lesquelles cette constatation intervient (CE 3-10-1997 n° 161520 : RJS 12/97 n° 1418). Ainsi, ils peuvent :
– soit simplement notifier un **avertissement** ou une **observation** à l'employeur ;
– soit lui adresser une **mise en demeure** lui imposant de se mettre en conformité avec la réglementation ou d'exécuter certaines prescriptions dans un délai déterminé, par exemple d'effectuer des vérifications et des analyses ;
– soit directement dresser un **procès-verbal,** sauf si le texte au regard duquel l'infraction est constatée prévoit une mise en demeure préalable (comme c'est le cas en matière d'hygiène et de sécurité). Mais, même dans cette dernière hypothèse, un procès-verbal peut immédiatement être établi si l'intégrité physique des salariés est menacée (voir n° 71770).
Sur l'établissement et la portée d'un procès-verbal, voir n° 67210.
L'administration peut aussi proposer une **transaction pénale** à l'employeur, alternative aux poursuites : voir n° 67220.
Si l'intégrité physique des salariés est menacée, l'agent de contrôle peut, dans certains cas, saisir le **juge des référés** ou décider l'**arrêt des travaux** (voir nos 71780 s.). En cas de risque d'atteinte à la santé ou à la sécurité de jeunes de moins de 18 ans, il peut les **retirer de leur poste** ou proposer au Dreets (Direccte avant le 1-4-2021) de suspendre leur contrat de travail ou leur convention de stage (voir nos 45527 s.).
Les agents veillent à informer les employeurs des suites données à leur contrôle.

› Précisions **a.** Les **lettres d'observations** peuvent être communiquées à toute personne qui en fait la demande sous réserve que les noms des personnes morales ou physiques n'y apparaissent pas (CE 21-10-2016 n° 392711).
b. La **mise en demeure** est **notifiée** par écrit à l'employeur ou à son représentant soit par remise en main propre contre décharge, soit par lettre recommandée avec avis de réception ; le point de départ du délai d'exécution et du délai de recours est, selon le cas, le jour de la remise de la notification ou celui de présentation de la lettre recommandée.
c. S'agissant du délai de **conservation des mises en demeure** et documents de contrôle relatifs à l'hygiène et à la sécurité, voir n° 71550, d.
d. Sur le cumul des poursuites judiciaires avec des sanctions administratives en cas de **travail illégal,** voir nos 79480 s.
e. Lorsqu'ils constatent ou sont informés d'un **accident du travail grave ou mortel** ou de tout incident qui aurait pu avoir des conséquences graves, les agents de contrôle effectuent une enquête et informent leur service qui, à son tour, informe l'autorité centrale.

43765 **Avertissement ou amende administrative** Le Dreets (Direccte avant le 1-4-2021) peut, sur rapport de l'agent de contrôle de l'inspection du travail et sous réserve de l'absence de **poursuites pénales** (n° 43760), soit adresser à l'employeur un avertissement, soit prononcer à son encontre une amende administrative de 4 000 euros maximum par travailleur concerné, et de 8 000 euros maximum en cas de réitération dans le délai de 2 ans, en cas de **manquement** aux dispositions relatives : C. trav. art. L 8115-1 à L 8115-8 R 8115-9 R 8115-10 Inst. DGT 3 du 12-7-2016 Circ. min. justice du 18-7-2016

– aux durées maximales du travail (nos 29530 s.) ;
– aux temps minimaux de repos (nos 29880 s.) ;
– à l'obligation d'établir un décompte de la durée du travail (no 29745) ;
– au Smic (nos 70630 s.) ou au salaire minimum conventionnel (nos 70590 s.) ;
– aux installations sanitaires, à la restauration et à l'hébergement des travailleurs dans les entreprises (nos 71500 s.) et sur les chantiers du bâtiment et du génie civil (no 71620).

Pour déterminer s'il prononce un avertissement ou une amende et, le cas échéant, pour fixer le montant de cette dernière, le Dreets prend en compte les circonstances et la gravité du manquement, le comportement de son auteur, notamment sa bonne foi, ainsi que ses ressources et ses charges.

> Précisions **a.** Le Dreets informe le **procureur de la République** des suites données au rapport de l'agent de contrôle.
b. Avant toute décision, l'**administration informe** par écrit l'**employeur** de la sanction envisagée, compte tenu du manquement retenu et invite l'employeur à présenter ses observations dans le délai d'un mois, ce délai pouvant être prorogé d'un mois à la demande de l'employeur si les circonstances ou la complexité de la situation le justifient. Passé ce délai, le Dreets peut, par décision motivée, prononcer l'amende. Il en informe le CSE si celui-ci existe. L'employeur peut exercer un **recours,** qui n'est pas suspensif, devant le tribunal administratif, tout recours hiérarchique étant exclu.
c. En cas de **nouveau manquement** constaté dans le délai d'un an **suivant la notification d'un avertissement** concernant un précédent manquement de même nature, l'employeur est passible d'une amende dont le plafond est majoré de 50 %.
d. Des **dispositions particulières** sont prévues en cas de non-respect : de certaines obligations liées au détachement de salariés en France par une entreprise non établie sur le territoire national (voir nos 36275 s.) ; de l'arrêt des travaux demandé par l'administration en cas de danger (voir no 71790) ; de demandes de vérifications, de mesures ou d'analyses formulées par l'agent de contrôle (voir no 71550) ; des règles régissant le travail des mineurs (voir nos 45525 s.) ; des dispositions relatives à l'accueil et aux droits des stagiaires (voir no 46020).

OBSTACLE À CONTRÔLE

43770 La personne faisant obstacle à l'accomplissement des devoirs d'un agent de contrôle de l'inspection du travail est passible d'une amende de 37 500 euros et d'un emprisonnement d'un an. C. trav. art. L 8114-1 L 8114-2 **MA-II-1400 s**

Ce délit d'obstacle, qui implique un **comportement volontaire** de la part de son auteur (Cass. crim. 6-5-2008 no 07-80.530 F-PF : RJS 8-9/08 no 923), est constitué non seulement en cas d'entrave à l'exercice des droits visés nos 43735 s., mais aussi lorsque l'employeur fournit des informations volontairement **inexactes ou mensongères** (ex. : Cass. crim. 30-3-1999 no 98-80.598 D : RJS 7/99 no 956 ; 15-3-2016 no 14-87.989 F-PB : RJS 5/16 no 365) ou lorsque, malgré des injonctions réitérées, les documents réclamés par l'inspecteur du travail ne sont pas communiqués (Cass. crim. 8-11-2005 no 05-81.269 F-PF : RJS 4/06 no 483 ; 14-4-2015 no 14-83.267 F-PB : RJS 7/15 no 513). L'employeur ne peut pas s'exonérer de sa responsabilité en invoquant son droit de ne pas s'auto-incriminer (Cass. crim. 25-4-2017 no 16-81.793 F-PB : RJS 7/17 no 515).

ATTENTION
Les dispositions du Code pénal prévoyant et réprimant les actes de **résistance,** les **outrages** et les **violences** contre les officiers de police judiciaire sont également applicables à ceux qui se rendent coupables de faits identiques à l'égard des inspecteurs et des contrôleurs du travail.

C. Autres missions

RÔLE D'INFORMATION, DE CONSEIL ET DE CONCILIATION

43800 **Employeurs et salariés** Les agents de l'inspection du travail sont chargés de conseiller et d'informer les employeurs et les salariés sur le droit applicable, sur sa portée et sur les moyens d'assurer son respect et de répondre aux demandes d'information selon les formes et les moyens les plus adaptés à leur interlocuteur, dans un délai raisonnable, compte tenu de la complexité de la question. Sur la communication des documents administratifs, voir no 43890, c. C. trav. art. R 8124-20 R 8124-21 **MA-I-610 s**

L'inspection du travail a également une mission de conciliation pour :
– **prévenir les conflits individuels** du travail ou contribuer à leur conciliation amiable ;
– prévenir les conflits **collectifs ou concilier** les parties en présence soit directement, soit en provoquant la mise en œuvre de la procédure réglementaire de conciliation ou de celle prévue par la convention collective (voir no 11605).

Elle peut aussi mettre en œuvre le processus d'élaboration ou de révision des **conventions collectives** du travail.

Rien n'interdit à l'inspecteur du travail de répondre à l'employeur ou au salarié qui lui demande un **avis** au sujet d'un différend né à l'occasion du contrat de travail. Il peut notamment remettre à l'avocat de l'une ou l'autre partie son avis écrit sur le bien-fondé d'une demande introduite devant la juridiction prud'homale (Rép. de Cuttoli : Sén. 10-5-1978 p. 751).

43805 **Représentants du personnel** Les agents de contrôle peuvent aussi conseiller les représentants du personnel et faciliter leurs tâches. Par ailleurs, l'inspecteur du travail a des obligations à leur égard :
– lorsqu'il visite un établissement, il doit, dans certains cas, se faire accompagner d'un membre du CSE (nº 9210) s'il existe ;
– dans les entreprises d'au moins 50 salariés, lorsque le chef d'entreprise ou d'établissement ne convoque pas le CSE, l'inspecteur du travail peut être appelé à convoquer et présider lui-même cette instance (nº 9022).

43810
U-II-150 s

Information en droit du travail

Code du travail numérique Le ministère chargé du travail diffuse un « Code du travail numérique » présentant de manière synthétique les règles de droit du travail applicables. L'employeur ou le salarié qui se prévaut des informations obtenues au moyen de ce Code est, en cas de litige, présumé de bonne foi (Ord. 2017-1387 du 22-9-2017 art. 1 : JO 23).
Service d'information des PME Un service public d'information en droit du travail, réservé aux entreprises de moins de 300 salariés, doit, en principe, être mis en place par les Dreets (Direccte avant le 1-4-2021). Les employeurs concernés ont le droit d'obtenir de ce service, dans un délai raisonnable, une information précise sur toute question relative à l'application d'une disposition du droit du travail ou des stipulations des accords et conventions collectives qui leur sont applicables. Ce droit à l'information peut également porter sur les démarches et les procédures légales à suivre face à une situation de fait. Si la demande est suffisamment précise et complète, le document formalisant la prise de position de l'administration peut être produit par l'entreprise en cas de contentieux pour attester de sa bonne foi (C. trav. art. L 5143-1).

POUVOIR DE DÉCISION

43860
MA-I-500 s
Dans certaines circonstances, l'inspecteur du travail dispose d'un pouvoir de décision, sous forme, le cas échéant, d'autorisation (ou de refus d'autorisation). Il intervient soit directement, soit pour trancher entre des intérêts en présence lorsque la confrontation de ceux-ci prend un caractère conflictuel.

43865 **Intervention directe** La **rupture du contrat de travail des représentants du personnel** et des autres salariés protégés à l'initiative de l'employeur exige une autorisation préalable de l'inspecteur du travail (nºs 63300 s.).
L'inspecteur du travail peut également :
– se prononcer, à la demande de l'employeur, sur la conformité du **règlement intérieur** aux lois et règlements (nº 60155) et exiger, à tout moment, le retrait ou la modification des dispositions qui y sont contraires (nº 60140) ;
– autoriser la pratique d'**horaires individualisés** dans les entreprises n'ayant pas de représentants du personnel (nº 29835) ;
– autoriser un dépassement de la **durée maximale du travail** (nºs 29535 s. ; pour les jeunes travailleurs : nº 45495) ;
– autoriser l'**emploi de jeunes** de plus de 14 ans pendant les vacances scolaires (nº 45470) et accorder des dérogations à l'interdiction du **travail de nuit** des jeunes (nº 45500) ;
– accorder des dérogations aux conditions d'ancienneté requises en matière d'**élections** de représentants du personnel (nºs 8762, c et 8767, a) ;
– décider, dans certains cas, l'interruption des travaux en cas de **danger** grave et imminent menaçant les salariés (nº 71790).

43870 **Intervention en cas de désaccord** L'inspecteur du travail intervient et décide en qualité d'arbitre si un désaccord est constaté, en particulier pour :
– l'embauche d'un médecin du travail (nº 72280) ;
– la désignation du conseiller ou de la conseillère du travail (C. trav. art. D 4632-5) ;
– la mise en place d'équipes de suppléance (nº 30430).

Recours L'employeur ou le salarié peut engager un recours administratif contre une décision d'ordre individuel prise par l'inspection du travail qui lui est défavorable : recours **gracieux** devant l'inspecteur du travail, recours **hiérarchique** devant le ministre chargé du travail (ou, le cas échéant, le Dreets), recours **contentieux** devant le tribunal administratif (avec possibilité d'appel devant les cours administratives d'appel et pourvoi devant le Conseil d'État) : voir, par exemple, nos 63490 s. en matière d'autorisation de rupture du contrat de travail des salariés protégés. 43880 U-III-6000 s

Sur l'obligation pour l'administration d'indiquer les **délais** de recours dans ses décisions, voir nº 43890, a.

Garanties des usagers 43890 U-II-200 s

Tous les usagers des services publics disposent de certaines garanties, en particulier prévues par le Code des relations entre le public et l'administration (CRPA).

a. Notification des décisions Sauf disposition prévoyant une décision implicite de rejet ou un accord tacite, toute **décision individuelle** n'est opposable à la personne qui en fait l'objet que si elle lui a été préalablement notifiée (CRPA art. L 221-8) et mentionne les délais et voies de recours (Code de justice administrative art. R 421-5). Le défaut de mention de ce délai rend celui-ci inopposable. Toutefois, sauf circonstances particulières, ce délai ne saurait, sous réserve de l'exercice de recours administratifs pour lesquels les textes prévoient des délais particuliers, excéder un an (CE 13-7-2016 nº 387763 : RJS 11/16 nº 744).

b. Motivation des décisions administratives Sauf exception, les **décisions individuelles défavorables** prises par l'administration du travail doivent être motivées (par exemple, pour un refus d'autorisation de licenciement d'un salarié protégé notifié à l'employeur, voir nº 63375). De même, les organismes de sécurité sociale et d'assurance chômage doivent faire connaître les motifs des décisions individuelles par lesquelles ils refusent un avantage dont l'attribution constitue un droit pour les personnes qui remplissent les conditions légales pour l'obtenir : par exemple, refus d'affiliation à la sécurité sociale, refus, suspension ou suppression de prestations.

En cas de **décision implicite** résultant du silence gardé par l'administration, la personne intéressée peut s'en faire communiquer les motifs à condition de formuler sa demande dans le délai de recours contentieux (2 mois suivant la date à laquelle la décision implicite est acquise). Les motifs de la décision implicite doivent alors lui être communiqués dans le mois suivant la demande. Le délai de recours est alors prorogé et expire à la fin du deuxième mois suivant la communication des motifs (CRPA art. L 232-4 ; Circ. DSS 92-53 du 4-6-1992 réputée abrogée).

Sur la portée du silence gardé par un organisme de sécurité sociale, voir nº 54705.

c. Communication des documents administratifs Les usagers peuvent, sauf exception, obtenir communication des documents administratifs dans les conditions définies par les articles L 311-1 s. du CRPA.

d. Applicabilité et opposabilité des circulaires et autres documents administratifs.

L'applicabilité des circulaires ainsi que des notes et réponses ministérielles comportant une **interprétation du droit** positif ou une description des **procédures administratives** est subordonnée à leur publication selon des modalités différant selon qu'elles émanent de l'État et des administrations centrales, des collectivités territoriales ou d'établissements publics. Cette publication, sauf cas particulier, doit intervenir dans les 4 mois suivant la signature du document (CRPA art. L 312-2 et art. R 312-3-1 s.). Les instructions et circulaires sont réputées abrogées si elles n'ont pas été publiées dans ce délai et selon ces modalités (CRPA art. L 312-2).

Ces règles s'appliquent depuis le 1-1-2019. Les circulaires et instructions signées avant cette date sont réputées abrogées au **1-5-2019** si elles n'ont pas, à cette dernière date, été publiées sur les supports prévus par le CRPA (Décret 2018-1047 du 28-11-2018 art. 7).

S'agissant des circulaires et instructions émanant des administrations centrales sont en pratique applicables les circulaires mises en ligne sur www.legifrance.gouv.fr

Toute personne peut, par ailleurs, se **prévaloir** (CRPA art. L 312-3) :

– des documents administratifs précités émanant des administrations centrales et déconcentrées de l'État (notamment des Dreets ou Direccte avant le 1-4-2021) et publiés sur les sites internet fixés à l'article D 312-11 du CRPA (notamment les sites : www.solidarités-santé.gouv.fr et www.travail-emploi.gouv.fr pour ce qui concerne le domaine social) ;

– de l'interprétation d'une règle, même erronée, opérée par ces documents pour son application à une situation qui n'affecte pas des tiers, tant que cette interprétation n'a pas été modifiée.

S'agissant plus particulièrement de l'opposabilité des circulaires et instructions émanant des administrations centrales, celle-ci supposant leur applicabilité, la mise en ligne sur le site www.legifrance.gouv.fr nous paraît également un préalable nécessaire. Les circulaires antérieures au 1-1-2019 doivent, à notre sens, figurer sur ce site pour demeurer applicables et être reprises sur l'un des sites énumérés par l'article D 312-11 du CRPA pour être opposables.

Certaines solutions jurisprudentielles retenues avant le 1-1-2019 à propos des circulaires ministérielles relatives aux cotisations sociales nous semblent transposables dans le cadre juridique actuel. Ainsi, une circulaire n'est pas opposable lorsque la situation du redevable ne relève pas de ses prévisions (Cass. 2e civ. 18-6-2015 nos 14-18.586 F-D et 14-18.592 F-D : RJS 10/15 nº 668).

Par ailleurs, la portée conférée à la mise en ligne d'une circulaire ne peut s'étendre, en cas de **mise en ligne partielle,** qu'à ses dispositions effectivement consultables sur le site. L'annexe d'une circulaire est donc inopposable aux administrés si elle n'est pas reproduite dans la version mise en ligne de ce texte (CE 24-10-2011 nº 345514 : RJS 1/12 nº 92).
S'agissant des solutions spécifiques aux circulaires relatives aux **contributions sociales,** voir nº 24480.
e. Retrait ou abrogation d'une décision Sous certaines conditions, l'administration peut, de sa propre initiative ou sur demande, retirer ou abroger une décision créatrice de droits lorsqu'elle est **illégale** (CRPA art. L 242-1 s.)
f. Droit à l'erreur Une personne ayant méconnu pour la première fois une règle applicable à sa situation ou ayant commis une erreur matérielle lors du renseignement de sa situation ne peut pas faire l'objet, sauf fraude ou mauvaise foi, d'une sanction administrative ou pécuniaire ou, s'agissant de prestations, être privé de tout ou partie de celle-ci, si elle a régularisé sa situation de sa propre initiative ou sur demande de l'administration dans le délai qui lui a été indiqué (CRPA art. L 123-1 et L 123-2). En principe, ce droit, très général, s'applique également aux déclarations à destination des organismes de sécurité sociale, mais, étant supplétif, il ne devrait pas, selon nous, s'appliquer en cas d'erreurs déclaratives régularisables selon les dispositions visées nº 24025.
g. Droit au contrôle Sous réserve des obligations résultant d'une convention internationale et sans préjudice des obligations lui incombant, toute personne peut demander à faire l'objet d'un contrôle prévu par la réglementation. Sous réserve des droits des tiers, elle peut se prévaloir des **conclusions expresses** de ce contrôle auprès de l'administration dont elles émanent, tant que la situation n'a pas changé (CRPA art. L 124-1 et L 124-2).

D. Communication de documents à l'inspection du travail

43940 MA-II-4000 s Dans l'exercice de ses missions, l'agent de contrôle de l'inspection du travail a accès à de nombreux documents de l'entreprise. Dans certains cas, l'employeur doit simplement **tenir** ces documents **à disposition** et les lui remettre s'il en fait la demande. D'autres documents doivent en revanche lui être **communiqués,** habituellement par lettre recommandée. Les tableaux ci-après récapitulent les principaux documents concernés (nºs 43945 s.).
S'agissant des documents que l'employeur doit obligatoirement **afficher** dans l'entreprise, voir nº 90080.

43945

Documents à tenir à la disposition de l'inspection du travail

Objet	Nature du document	Paragraphe du mémento
Accidents du travail	Registre des accidents bénins	nº 730
CSE	Registre regroupant les demandes du CSE à l'employeur et les réponses de ce dernier	nº 9170
	Accord préélectoral modifiant le nombre et la composition des collèges électoraux	nº 8740, a
Durée du travail	Documents permettant de comptabiliser le temps de travail	nºs 29740 s. (cas général) ; nº 29640 (astreintes) ; nº 30685, c (salariés au forfait jours)
	Registre de la composition des équipes	nº 30410 (travail par relais ou roulement) ; nº 30415 (travail posté)
	Registre des repos hebdomadaires lorsque le repos n'est pas donné collectivement	nº 31030
	Avis du CSE pour la mise en place d'horaires à temps partiel dans l'entreprise	nº 77125, a
	Contrat relatif à l'engagement de caution souscrit pour garantir les droits des salariés accumulés sur un compte épargne-temps	nº 30815

43945 (suite)

Documents à tenir à la disposition de l'inspection du travail		
Objet	**Nature du document**	**Paragraphe du mémento**
Embauche	Accusé de réception ou autre preuve de la déclaration préalable à l'embauche	n° 33227
Jeunes	Copie des conventions de stage (C. trav. art. R 8113-3-1)	
Lutte contre le travail illégal et contrôle de l'emploi	Justification de l'inscription au registre du commerce et des sociétés	n° 79410
	Registre unique du personnel	n° 33235
	Liste des chantiers et autres lieux de travail temporaire à tenir au siège de l'établissement (C. trav. art. R 8113-1)	
Mise à disposition de personnel	Liste des membres d'un groupement d'employeurs	n° 33040
Négociation collective	Conventions et accords collectifs de travail	n° 52300
Salaire	Double des bulletins de paie	n° 70805
Santé et sécurité au travail	Document d'évaluation des risques	n° 71270
	Liste des postes dangereux pour les titulaires d'un CDD ou les intérimaires	n° 20060, a
	Rapport et programme annuels de prévention	n° 9292
	Attestations, consignes, résultats et rapports relatifs aux vérifications et contrôles et aux observations et mises en demeure notifiées par l'inspection du travail	n° 71550, d
	Résultats de mesurage du bruit	n° 71480, b
	Plan de prévention en cas d'intervention d'une entreprise extérieure	n° 71610
	PV des réunions du CISSCT sur certains chantiers du BTP ou de génie civil	n° 71630
	Plan général de coordination et plan particulier de sécurité sur les chantiers du bâtiment ou du génie civil (C. trav. art. R 4532-50 et R 4532-73)	
	Règlement du CISSCT dans le bâtiment et le génie civil et PV de la séance au cours de laquelle il a été adopté (C. trav. art. R 4532-92)	
	Liste des représentants des entreprises extérieures à la commission santé, sécurité et conditions de travail élargie	n° 71615
	Rapport sur le fonctionnement du service social au travail (C. trav. art. D 4632-1 et D 4632-2)	
Travail à domicile et télétravail	Bulletin ou carnet des travaux à domicile et registre de comptabilité relatif au travail à domicile	n° 74130
	Déclaration de début et de fin de travail à domicile	n° 74130

43950

Documents ou informations à transmettre à l'inspection du travail

Objet	Nature du document	Paragraphe du mémento
Embauche	Déclaration préalable en cas de : première embauche ; nouvelle embauche dans un établissement ayant cessé d'employer du personnel pendant 6 mois au moins ; changement de locaux, d'activités ou d'exploitant (C. trav. art. L 1221-17 et R 1221-32 s.)[2]	
Accident du travail	Déclaration par l'entreprise utilisatrice d'accident du travail d'un travailleur temporaire	n° 82615
	Déclaration d'accident du travail d'un travailleur étranger détaché en France	n° 36210
CSE	Calendrier des réunions sur la santé, la sécurité et les conditions de travail	n° 9022
	Ordre du jour des réunions	n° 9026
	Bilan social	n° 9310
	Procès-verbal de carence établi à l'issue du second tour des élections	n° 8790
Durée du travail	Astreintes mises en place unilatéralement par l'employeur	n° 29640
	Dérogations à la durée légale	n° 29690
	Horaire en cas d'activité partielle	n° 1425
	Dérogation au repos quotidien en cas de travaux urgents	n° 29890
	Récupération des heures perdues	n° 30515
	Suspension du repos hebdomadaire	n° 31005
	Jour de repos collectif autre que le dimanche	n° 31030
	Mise en place du travail à temps partiel à l'initiative de l'employeur ou des salariés dans les entreprises dépourvues de représentants du personnel	nos 77110 s.
Jeunes	Déclaration en cas d'affectation de jeunes en formation à des travaux interdits mais susceptibles de dérogation	n° 45525, b
Lutte contre le travail illégal et contrôle de l'emploi	Déclaration lorsque l'établissement change d'exploitant [1](C. trav. art. L 1221-17 et R 1221-32)	
	Déclaration d'ouverture de chantier ou autre lieu de travail occupant 10 personnes au moins pendant plus d'une semaine [1](C. trav. art. R 8113-1)	
	Avis du CSE sur la mise en place d'un support de substitution au registre du personnel	n° 33240
Mise à disposition de personnel	Information de la constitution d'un groupement d'employeurs	n° 33040
Négociation collective	Accord ou plan d'action en matière d'égalité professionnelle	n° 51993, a
	Accord ou plan d'action en faveur de la prévention de certains facteurs de risque	n° 71337

43950 (suite)

Documents ou informations à transmettre à l'inspection du travail		
Objet	**Nature du document**	**Paragraphe du mémento**
Règlement intérieur	Texte du règlement intérieur	n°s 60040 s.
Santé et sécurité au travail	Consignes incendie	n° 71555, b
	Procédés de travail susceptibles de provoquer des maladies professionnelles	n° 71200, c
	Déclaration en cas de première utilisation d'agents biologiques pathogènes (C. trav. art. R 4427-1)	
	Déclaration préalable pour certains chantiers du bâtiment ou du génie civil	n° 71620
	Avis du CSE sur le rapport de santé et de sécurité et le programme de prévention	n° 9292
Travailleurs étrangers	Déclaration des entreprises étrangères en cas de détachement temporaire de personnel en France	n°s 36230 s.
	Déclaration d'hébergement collectif	n° 35725
Travail à domicile et télétravail	Déclaration de travaux dangereux	n° 74150

1. Cette déclaration peut également (ou doit) être effectuée auprès d'un centre de formalités des entreprises, voir n° 90110.
2. Déclaration pouvant ou devant être effectuée auprès d'un centre de formalités des entreprises (n° 90110).

INVALIDITÉ

SOMMAIRE

A. Droit à pension

44500 L'assurance invalidité du régime général de sécurité sociale a pour objet de procurer un **minimum de ressources** à l'assuré qui subit une **réduction durable** de sa **capacité de travail** d'origine non professionnelle (sur les réductions de capacité d'origine professionnelle, qui font l'objet d'une indemnisation spécifique, voir nos 1120 s.). L'invalide perçoit une pension dont le montant est susceptible d'être révisé ou supprimé en fonction de l'évolution de son état de santé.

ATTENTION

L'invalidité, au sens de la sécurité sociale, ne doit **pas être confondue** avec l'incapacité temporaire de travail pour raison de santé ou avec l'inaptitude physique du salarié (voir nos 200 s. en cas d'accident du travail ou de maladie professionnelle ; nos 49700 s. en cas de maladie d'origine non professionnelle), ni avec la qualité de personne handicapée (voir nos 40000 s.).

1. CONDITIONS D'ATTRIBUTION

ÉTAT D'INVALIDITÉ

44550 CSS art. L 341-1 L 341-3 R 341-2 D-III-1020 s

L'état d'invalidité est **constaté** lorsqu'il réduit au moins des deux tiers la **capacité de travail ou de gain** de l'assuré. Une pension lui est donc attribuée si son état ne lui permet plus de se procurer un salaire supérieur à une fraction de la rémunération soumise à cotisations et contributions sociales qu'il percevait dans la profession qu'il exerçait avant la date de l'interruption de travail suivie d'invalidité ou la date de la constatation médicale de l'invalidité.

L'état d'invalidité est **apprécié** globalement en tenant compte de la capacité de travail restante, de l'état général, de l'âge, des facultés physiques et mentales de l'assuré ainsi que de ses aptitudes et de sa formation professionnelle à l'une des **dates suivantes** :

– après consolidation de la blessure en cas d'accident autre qu'un accident du travail (sur la notion de consolidation, voir no 1060) ;

– à l'expiration de la période pendant laquelle l'assuré a bénéficié des prestations en espèces de l'assurance maladie ;

– après stabilisation de son état intervenue avant l'expiration du délai permettant de bénéficier des prestations en espèces de l'assurance maladie ;

– au moment de la constatation médicale de l'invalidité. Il s'agit alors de la date de la première constatation médicale, qu'elle soit faite par le médecin traitant ou à l'occasion d'un quelconque examen médical à l'initiative de la caisse d'assurance maladie.

› Précisions a. Quand l'invalidité résulte d'une **affection préexistante** à l'immatriculation, les conditions de prise en charge sont réunies lorsque l'état d'invalidité s'est **déclaré** (Cass. soc. 19-11-1986 no 84-16.046 P) ou **aggravé** (Cass. soc. 4-3-1999 no 97-12.986 D : RJS 4/99 no 584) au cours de l'activité professionnelle de l'assuré, même si cette dernière n'en est pas la cause (Cass. soc. 17-5-1982 no 81-11.467 P).

b. L'assuré n'a pas droit à la pension si son état résulte de sa **faute intentionnelle** (CSS art. L 375-1). Sur cette notion, voir no 1350.

AFFILIATION PRÉALABLE

44560 CSS art. L 341-2 R 313-5 D-III-580 s

Pour invoquer le bénéfice de l'assurance invalidité, l'assuré doit être affilié **depuis 12 mois** au 1er jour du mois au cours duquel est survenue l'interruption de travail suivie d'invalidité ou la constatation médicale de l'état d'invalidité.

> **Précisions** **a.** Si l'assuré a été en **arrêt de travail** et n'a pas repris d'activité, son droit à pension d'invalidité s'apprécie au premier jour du mois de l'arrêt de travail, et non à la date à laquelle il sollicite la pension (Cass. 2e civ. 4-4-2013 n° 12-15.122 F-PB : RJS 6/13 n° 484). En revanche, à **défaut de continuité** entre l'arrêt de travail et l'état d'invalidité, le droit est examiné au moment de la demande : tel est le cas, par exemple, de l'assuré qui a bénéficié d'allocations chômage entre le moment où il cesse de percevoir les indemnités journalières de maladie et la date à laquelle il sollicite la pension (Cass. soc. 17-12-1986 n° 84-17.411 P).
> **b.** Une **coordination** est prévue entre les régimes de salariés (régime général, régimes spéciaux, régime des salariés agricoles) et de non-salariés (non-salariés agricoles et non agricoles, avocats et ministres des cultes) dans les conditions fixées par les articles R 172-16 à R 172-21-3 du CSS. Les personnes ayant exercé successivement ou alternativement des activités relevant de tels régimes peuvent **totaliser** les périodes qu'ils y ont accomplies.
> **c.** Tant qu'elles continuent de remplir les conditions légales de résidence et de séjour visées n° 50120, les personnes cessant de remplir les conditions pour relever du régime général ou d'un autre régime bénéficient du **maintien de leur droit** aux prestations d'invalidité pendant 12 mois (CSS art. L 161-8 et R 161-3). Elles peuvent ensuite adhérer à l'**assurance volontaire** invalidité-vieillesse.

DURÉE D'ACTIVITÉ

44565 CSS art. L 341-2 R 313-5 D-III-730 s

L'assuré doit justifier soit avoir **cotisé** sur un salaire au moins égal à 2 030 fois la valeur du Smic horaire au 1er janvier précédant la période de référence, au cours des 12 mois civils précédant l'interruption de travail, soit avoir **effectué** au moins 600 heures de travail salarié ou assimilé au cours des 12 mois civils ou des 365 jours précédant l'interruption de travail ou la constatation de l'état d'invalidité.

Ces conditions s'**apprécient** à la date à laquelle est survenue l'interruption de travail suivie d'invalidité ou la constatation de l'état d'invalidité (Cass. 2e civ. 9-3-2017 n° 16-10.111 F-D : RJS 5/17 n° 375).

En dehors des **périodes assimilées** (n° 50320), il doit s'agir de temps de travail effectif.

2. FORMALITÉS

DEMANDE DE PENSION

44580 CSS art. R 341-8 D-III-1700 s

La pension d'invalidité est **attribuée** soit à l'initiative de la caisse primaire d'assurance maladie lorsqu'elle dispose des éléments nécessaires, soit à la demande de l'assuré. Ce dernier ne peut pas y renoncer pour bénéficier d'une autre allocation, même plus avantageuse (Cass. soc. 5-4-2001 n° 99-19.291 FS-D : RJS 7/01 n° 922).

La **caisse** est tenue de faire connaître à l'assuré, par lettre recommandée, la date à partir de laquelle il ne peut plus prétendre aux prestations de l'assurance maladie, en raison de la stabilisation de son état, ainsi que sa décision de procéder à la liquidation d'une pension d'invalidité, si elle estime que cet état réduit sa capacité de gain au moins des deux tiers.

En l'**absence d'initiative** de la caisse, l'**assuré** lui adresse une demande, dans le délai de 12 mois qui suit soit la date de la consolidation de la blessure, soit la date de la constatation médicale de l'invalidité, soit la date de la stabilisation de l'état de l'assuré telle qu'elle résulte de la notification qui lui en est faite par la caisse, soit la date de l'expiration de la période légale d'attribution des prestations en espèces de l'assurance maladie ou la date à laquelle la caisse a cessé de les accorder.

> **Précisions** **a.** Ce **délai**, fixé à peine de forclusion et de déchéance, ne peut être ni interrompu ni suspendu, sauf force majeure (jurisprudence constante).
> **b.** La demande doit être **adressée** à la caisse, de préférence par lettre recommandée accompagnée d'un formulaire disponible auprès de cet organisme ou sur www.ameli.fr.
> **c.** En cas de **rejet** de la demande de pension ou de **suppression** d'une pension antérieurement accordée, une nouvelle demande peut être formée dans les 12 mois suivant la date de la décision définitive de rejet ou de suppression.

DÉCISION DE LA CAISSE

44600 CSS art. L 341-4 R 341-9 D-III-2050 s

La caisse statue sur le droit à pension, **après avis du contrôle médical,** qui s'impose à elle ; s'il est négatif, la demande de pension est nécessairement rejetée (Cass. 2e civ. 7-5-2015 n° 14-14.231 F-PB : RJS 7/15 n° 521).

Les assurés sont **classés** dans l'une des **3 catégories** déterminant le montant de la pension :
– invalides capables d'exercer une activité rémunérée (1e catégorie) ;
– invalides absolument incapables d'exercer une activité professionnelle quelconque (2e catégorie) ;
– invalides qui, étant absolument incapables d'exercer une profession quelconque, sont en outre dans l'obligation d'avoir recours à l'assistance d'une tierce personne pour effectuer les actes ordinaires de la vie (3e catégorie).

› Précisions a. Le classement dans la **3e catégorie** n'est admis que si l'invalide se trouve dans l'impossibilité d'accomplir la plupart des actes essentiels de la vie courante et pas seulement un acte isolé (Cass. 2e civ 13-3-2014 n° 13-14.420 F-D).
b. L'invalide qui, s'étant **adapté à son handicap** (cécité, en l'espèce), jouit d'une autonomie devenue totale ne peut plus être classé en 3e catégorie (Cass. soc. 9-11-1988 n° 86-15.769 P : RJS 1/89 n° 88).
c. En cas de contestation, l'assuré dispose d'un **recours** au titre du contentieux de la sécurité sociale (voir n° 15440).

B. Montant de la pension

La pension est **calculée** à partir d'un salaire annuel moyen de base en fonction d'un taux tenant compte du classement de l'invalide. Elle peut être **complétée,** sous certaines conditions, par une allocation supplémentaire (n° 85060) ou par les prestations résultant d'un régime de prévoyance complémentaire souscrit par l'employeur (n° 59190). 44660

TAUX DE LA PENSION

Le taux est fixé à 30 % pour les invalides de la **1e catégorie** et à 50 % pour ceux de la **2e catégorie.** 44665 CSS art. L 341-5 L 341-6 R 341-4 à R 341-6 D-III-3200 s
Pour ceux de la **3e catégorie,** la pension est égale à celle des invalides de 2e catégorie majorée de 40 %, sans que cette majoration pour aide d'une tierce personne puisse être inférieure au minimum visé n° 67680. En cas d'**hospitalisation,** la majoration est versée jusqu'au dernier jour du mois civil suivant celui au cours duquel l'assuré a été hospitalisé. Au-delà, son service est suspendu.
Le montant de la pension, compris entre un minimum et un maximum, est **révisé** chaque année dans les conditions visées n° 67650.

› Précisions a. Le **montant minimal** annuel de la pension s'entend avant prélèvement éventuel de la CSG et de la CRDS (Circ. Cnamts n° 4 du 24-4-2001) et ne peut pas être inférieur à 3 527,63 € depuis le 1-1-2021. La majoration de pension des invalides de la 3e catégorie n'est pas prise en compte dans l'évaluation de leurs ressources et s'ajoute en tout état de cause.
b. Le **montant maximal** de la pension est déterminé en fonction du plafond de calcul des cotisations de sécurité sociale (n° 90020) : respectivement 30 % et 50 % de ce plafond pour les invalides de 1e et de 2e catégorie. Pour les invalides de 3e catégorie, la majoration s'ajoute à ce dernier montant maximal.

SALAIRE MOYEN DE BASE

La pension d'invalidité est liquidée sur la base du salaire annuel moyen des **10 années civiles** d'assurance dont la prise en considération est la plus avantageuse pour l'assuré et précédant l'interruption de travail suivie d'invalidité ou la constatation médicale de l'invalidité (n° 44550). 44670 CSS art. R 341-4 R 341-11 D-III-2900 s
Seules les **années entières** sont retenues, à l'exclusion de l'année d'interruption du travail (Cass. 2e civ. 19-9-2013 n° 12-13.043 F-PB : RJS 12/13 n° 849). L'année de reprise du travail à **temps partiel thérapeutique** précédant le versement de la pension d'invalidité n'est pas considérée comme telle (Cass. 2e civ. 30-3-2017 n° 16-13.122 F-D : RJS 6/17 n° 439).
Les salaires des années civiles retenues sont **revalorisés** chaque année au 1er avril dans les conditions visées n° 67650.

› Précisions a. Pour le **calcul** du salaire annuel moyen, les salaires pris en compte sont ceux ayant donné lieu au versement de la cotisation maladie, maternité, invalidité et décès, dans la limite du plafond de sécurité sociale. Certaines périodes sont **assimilées** à des périodes de cotisations : voir n° 67570.
b. À **défaut de pouvoir justifier** de 10 années civiles d'assurance, on retient toutes les années d'assurance depuis l'immatriculation, y compris celles non intégralement travaillées (Cass. soc. 27-1-1988 n° 85-18.553 P). Selon l'administration cependant, dans ce cas, pour la première année d'assurance, seuls doivent être retenus les trimestres civils de travail effectif à compter de la date d'immatriculation (Lettre 31-10-1989).
c. Lorsque l'assuré a relevé de **plusieurs régimes,** ces derniers doivent, le cas échéant, se coordonner pour le calcul de la pension (CSS art. L 172-3 et R 172-16 s.).

C. Service de la pension

PAIEMENT DE LA PENSION

44675 La pension est servie **mensuellement,** à terme échu, par la caisse primaire d'assurance maladie, les assurés en instance de liquidation pouvant demander des **acomptes.**

CSS art. L 341-7 R 341-13 R 355-2 R 355-3 D-III-4200 s

› Précisions Les arrérages sont payés entre le 5e et le 8e jour du mois suivant celui au titre duquel ils sont dus (Arrêté du 14-3-1986 art. 1 : JO 16). Leurs **modalités** de versement, leur paiement en cas de **décès** et le remboursement des **trop-perçus** sont communs aux pensions d'invalidité et de vieillesse (voir n° 67715). La **prescription** est de 5 ans pour les actions en paiement des arrérages non perçus (C. civ. art. 2224). Les caisses précomptent la **CSG** et la **CRDS** lors de chaque paiement, sauf exonération (nos 25265 s.). S'agissant de la **contribution additionnelle de solidarité pour l'autonomie,** voir n° 68380.

MODIFICATION DE L'ÉTAT D'INVALIDITÉ

44680 La pension d'invalidité est toujours concédée à **titre temporaire.** Elle peut être révisée, supprimée ou suspendue. La décision de la caisse primaire peut être contestée devant le tribunal judiciaire (voir nos 15400 s.).

CSS art. L 341-9 L 341-11 L 341-13 L 341-14 R 341-3 R 341-16 D-III-3400 s

La pension est **révisée** (diminuée ou augmentée) lorsque l'évolution de l'état du bénéficiaire justifie une modification de son classement (voir par exemple n° 44600, b).

Elle est **suspendue** lorsque la capacité de gain de l'assuré devient supérieure à 50 %.

› Précisions **a.** Un **contrôle** des droits du titulaire est effectué chaque année ou trimestriellement s'il exerce une activité salariée (CSS art. R 341-14).

b. À défaut de nouvelle affection, la pension est révisée sans modification de la **base de calcul** : ainsi la pension d'un assuré qui, après avoir été classé en 1re catégorie, a continué à travailler avant son passage en 2e catégorie est recalculée sans tenir compte des salaires perçus dans l'intervalle (Cass. 2e civ. 12-6-2007 n° 06-15.572 FS-PB : RJS 8-9/07 n° 993).

c. La caisse primaire peut à tout moment provoquer une **expertise médicale** sur la capacité de gain de l'invalide (CSS art. R 341-16). Elle peut **reporter l'effet** de sa décision de suspension à une date ultérieure (CSS art. R 341-3).

d. Une **fraction** de la pension d'invalidité peut être maintenue à l'intéressé, quel que soit son salaire ou gain, lorsqu'il fait l'objet d'un traitement, suit des cours ou effectue un stage en vue de son reclassement ou de sa rééducation professionnelle. Cette fraction peut être versée par les caisses pendant et après le traitement, les cours ou le stage, dans la limite de 3 ans. Son montant peut atteindre 50 % (CSS art. R 341-18 et R 341-19).

44685 La pension d'invalidité peut être rétablie en cas de **rechute.** S'il s'agit d'une **affection nouvelle,** indépendante de la maladie invalidante, qui réduit des deux tiers sa capacité de gain, l'assuré obtient une seconde pension se substituant à la première si elle est d'un montant plus élevé, peu important que la nouvelle affection n'entraîne pas à elle seule cette réduction des deux tiers, la caisse devant **totaliser** les réductions issues des affections successives (Cass. soc. 13-7-2000 n° 99-11.536 FS-PB : RJS 9-10/00 n° 998). Il en est de même lorsque l'assuré, dont la pension est suspendue en raison du recouvrement de sa capacité de gain (voir n° 44680) pendant une durée minimale de 3 ans, présente pour la **même affection** une invalidité qui réduit à nouveau au moins des deux tiers sa capacité de gain.

CSS art. R 341-21 Arrêté AFSS1713649A du 4-5-2017 D-III-3600 s

REPRISE D'UNE ACTIVITÉ

44690 En cas de reprise du travail, la pension est suspendue en tout ou partie lorsque, pendant 2 trimestres consécutifs, le **montant cumulé** de la pension et des salaires ou gains de l'assuré excède le salaire trimestriel moyen de la dernière année civile précédant l'arrêt de travail suivi d'invalidité.

CSS art. L 341-12 R 341-17 D-III-3700 s

› Précisions **a.** La reprise du travail s'entend de toute activité ayant procuré à l'intéressé un salaire ou un gain. Ce n'est pas le cas s'il est indemnisé par l'**assurance chômage** (Cass. 2e civ. 21-1-2016 n° 14-25.566 FS-PB : RJS 4/16 n° 298) ou perçoit de son ancien employeur un arriéré d'indemnités de **congés payés** (Cass. 2e civ. 14-2-2007 n° 06-10.292 FS-D : RJS 6/07 n° 774).

b. Le **salaire** pris en compte est celui effectivement perçu, augmenté des avantages donnant lieu à cotisations, et est revalorisé comme indiqué sous n° 67650. En cas d'**activité non salariée,** est retenu soit le revenu professionnel entrant dans l'assiette des cotisations d'assurance maladie, soit, pour les bénéficiaires du régime micro-social, le revenu résultant de l'application au chiffre d'affaires ou aux recettes des taux d'abattement définis par le CGI (Mémento fiscal nos 11200 s. et 13525 s.). Ces revenus sont pris en compte à hauteur de 125 % de leur montant.

c. Si l'assuré était en **apprentissage** lors de la survenance du risque, ses ressources sont comparées à la rémunération habituelle d'un ouvrier du même âge et de la même région appartenant à la catégorie professionnelle à laquelle il aurait normalement accédé à sa sortie d'apprentissage.

REMPLACEMENT PAR UNE PENSION DE VIEILLESSE

Sauf cas visés n° 44710, la pension d'invalidité prend fin à l'**âge légal d'ouverture** du droit à une pension de retraite. À compter du premier jour du mois suivant celui au cours duquel l'intéressé atteint cet âge, la pension d'invalidité est remplacée par une pension de vieillesse servie au titre de l'inaptitude au travail et dont le montant annuel ne peut pas être inférieur à 3 527,63 € depuis le 1er janvier 2021. **44705** CSS art. L 341-14-1 L 341-15 R 341-22 **D-III-5100 s**

> Précisions a. Les titulaires d'une pension d'invalidité **liquidée avant le 31 mai 1983** peuvent prétendre, lorsqu'ils atteignent l'âge légal de la retraite, à une pension de vieillesse au moins égale à la pension d'invalidité dont ils bénéficiaient.

b. La pension d'invalidité n'est plus servie en cas de liquidation d'une **retraite progressive ou anticipée** (pour carrière longue, handicap, ou incapacité permanente) ou d'une **préretraite amiante.** Les avantages accessoires tels que la majoration pour tierce personne (Lettre Cnavts du 23-2-1984) ou l'allocation supplémentaire d'invalidité (n° 85060) sont en revanche maintenus.

Si, à l'âge légal de départ à la retraite, l'assuré exerce une **activité professionnelle,** ce qui suppose un travail effectif (Cass. 2e civ. 28-5-2015 n° 14-14.960 F-PB : RJS 8-9/15 n° 592), ou est en situation de **chômage indemnisé,** la pension de vieillesse allouée au titre de l'inaptitude au travail n'est concédée que si l'assuré en fait expressément la demande. **44710** CSS art. L 341-16 L 341-17 D 341-1 **D-III-5350 s**

> Précisions a. L'assuré qui travaille et qui, à l'âge légal d'ouverture du droit à pension de retraite, **ne la demande pas** continue de bénéficier de sa pension d'invalidité jusqu'à ce qu'il demande la liquidation de sa pension de retraite et au plus tard jusqu'à l'âge auquel est accordée une retraite à taux plein, quelle que soit la durée de cotisations (n° 67615). Ses droits à l'assurance vieillesse sont alors liquidés dans les conditions de droit commun. Toutefois, la pension de vieillesse alors servie ne peut pas être inférieure à celle dont il aurait bénéficié dans les conditions visées n° 44705.

b. L'assuré en situation de **chômage indemnisé** peut bénéficier de sa pension d'invalidité pendant un **délai supplémentaire** de 6 mois lui permettant de poursuivre sa recherche d'emploi. À l'issue de ce délai, la pension d'invalidité est remplacée par la pension de vieillesse allouée en cas d'inaptitude au travail si l'assuré n'a pas repris d'activité professionnelle. Dans le cas contraire, les règles exposées sous a. s'appliquent.

CONJOINT SURVIVANT

Le conjoint survivant du titulaire d'une pension de vieillesse ou d'invalidité, lui-même atteint d'une invalidité de nature à lui ouvrir droit à pension, a droit à une **pension de veuf** ou de **veuve,** égale à 54 % de la pension principale dont bénéficiait ou aurait bénéficié le défunt, sauf si le juge pénal a prononcé, à titre de peine complémentaire, la perte de ce droit en cas de **condamnation** pour violence conjugale (meurtre, tortures et actes de barbarie, violences, viol et autres agressions sexuelles). Elle ne se **cumule pas** avec une pension de réversion : seule celle dont le montant est le plus élevé est servie. Elle est **remplacée** par une pension de vieillesse de veuf ou de veuve d'un montant égal à l'âge de 55 ans. **44715** CSS art. L 342-1 s R 342-1 s D 342-1 s **D-III-5450 s**

D. Régime juridique

CESSIBILITÉ ET SAISISSABILITÉ

Les pensions d'invalidité sont cessibles et saisissables dans les mêmes **conditions et limites** que les salaires (voir nos 70940 s.). Toutefois, elles le sont dans la limite de 90 % au profit des établissements hospitaliers et des caisses d'assurance maladie pour le paiement des frais d'hospitalisation, sans que l'invalide puisse recevoir moins du quart du montant minimal des pensions visé n° 44665, a. **44765** CSS art. L 355-2 **D-III-4240**

CUMUL AVEC D'AUTRES AVANTAGES

Une pension d'invalidité peut, dans certaines **conditions** et **limites** fixées par le CSS, être cumulée avec une rente d'accident du travail, une pension d'invalidité attribuée au titre du régime militaire, du régime agricole ou d'un régime spécial ou des allocations de chômage (voir n° 6870). **44770** CSS art. L 371-4 L 371-7 R 172-4 D 172-9 **D-III-4400 s**

E. Protection sociale

44820 Le titulaire d'une pension d'invalidité, de vieillesse substituée (nº 44705) ou de veuf ou veuve invalide (nº 44715) a droit à la prise en charge de ses **frais de santé** dans les conditions visées nºs 50120 s. L'invalide bénéficie en outre d'une exonération du **ticket modérateur** et, s'il est chargé de famille, des **prestations familiales.**

CSS art. L 160-14, 13º R 160-10 R 341-20 D-III-4800 s

L'assuré qui **reprend le travail après la suppression** de la pension d'invalidité est considéré comme ayant rempli, pendant l'année qui précède la date de cette suppression, les conditions d'ouverture du droit aux prestations des assurances maladie, maternité, invalidité et décès.

Sur le droit du titulaire d'une pension d'invalidité au **capital décès,** voir nº 6040.

JEUNES

SOMMAIRE

A. Jeunes titulaires d'un contrat de travail

Les jeunes liés à l'entreprise par un contrat de travail relèvent du droit commun du travail et de la protection sociale. Ils sont donc soumis aux mêmes dispositions que les autres salariés de l'entreprise, sous réserve de règles spécifiques tenant compte de leur âge, exposées ci-après. 45400

Les jeunes peuvent aussi être titulaires d'un contrat d'apprentissage ou d'un autre contrat d'insertion et sont alors soumis à la réglementation propre à ces contrats : voir nos 3100 s. (apprentissage) et nos 20715 s. (contrats d'insertion).

> **Précisions** **a.** Les jeunes titulaires d'un contrat de travail entrent dans l'**effectif de l'entreprise** selon les règles de droit commun, excepté pour les apprentis (no 3460, b) et les titulaires de certains contrats d'insertion (nos 20715 s.). Sur leur prise en compte pour l'application des dispositions du CSS, voir nos 23630 s.
> **b.** Sur le droit aux **allocations de chômage** d'un jeune travailleur démissionnant pour suivre ses ascendants, voir no 6540.

1. ADMISSION AU TRAVAIL ET EMBAUCHE

ÂGE D'ADMISSION AU TRAVAIL

Les jeunes ne peuvent pas travailler avant **16 ans,** sous peine de l'amende prévue pour les contraventions de la 5e classe (pour le montant, voir no 67285). Toutefois, même avant cet âge : 45465

C. trav. art. L 4153-1 s R 4743-5 R 4743-6 L 7124-1 s L 7124-22 s R 7123-1 R 7124-1 s **N-II-1300 s** **T-VIII-3450 s** **T-VIII-8900 s** **T-XI-2610 s**

– les jeunes peuvent entrer en **apprentissage** (no 3180) ;
– ils peuvent aussi être employés, sous certaines conditions, pendant les **vacances scolaires** (no 45470) et dans les entreprises de **spectacles** et de **mannequins.**

Enfin, des mesures d'adaptation sont prévues pour les **exploitations agricoles** (voir Mémento agriculture no 59800).

> **Précisions** **a.** Les élèves de l'enseignement général peuvent suivre des **visites d'information** ou des **séquences d'observation** en entreprise, ceux de l'enseignement alterné ou professionnel peuvent effectuer des **stages** d'initiation, d'application ou de formation en entreprise : une convention doit alors être conclue entre l'établissement d'enseignement et l'entreprise d'accueil. Mais dans aucune de ces situations, le jeune n'a le statut de salarié de l'entreprise d'accueil.
> **b.** Les établissements où ne sont employés que les **membres de la famille** sous l'autorité du père, de la mère ou du tuteur ne sont pas soumis à la réglementation relative à l'âge d'admission au travail pour les travaux occasionnels ou de courte durée ne présentant pas de risques pour leur santé ou leur sécurité. La liste de ces travaux doit être déterminée par un décret à paraître (C. trav. art. L 4153-5).

45470 C. trav. art. L 4153-3 D 4153-1 à D 4153-7 N-II-1550 s **Travaux pendant les vacances scolaires** Les adolescents de **plus de 14 ans et de moins de 16 ans** peuvent effectuer des travaux légers pendant leurs vacances scolaires dans les limites et selon les formalités suivantes :

– l'emploi n'est possible que pendant la période des **vacances scolaires** comportant au moins 14 jours ouvrables ou non et sous réserve que les intéressés bénéficient d'un **repos** effectif et continu d'une durée au moins égale à la moitié de la durée totale de la période de vacances ;

– les règles applicables aux jeunes travailleurs visées nos 45495 s. (**durée du travail,** repos hebdomadaire, **rémunération**…) doivent être respectées ;

– le mineur ne peut être affecté qu'à des **travaux légers** adaptés à son âge qui ne sont pas susceptibles de porter préjudice à sa sécurité, à sa santé ou à son développement (voir également nos 45525 s. les interdictions et limites prévues en matière d'hygiène et de sécurité pour les jeunes travailleurs de moins de 18 ans qui s'appliquent aussi aux travaux réalisés pendant les vacances scolaires) ;

– l'employeur doit obtenir l'**autorisation** de l'**inspecteur du travail.**

ATTENTION

La **demande** d'autorisation doit être adressée à l'inspecteur du travail 15 jours au moins avant la date prévue pour l'embauche. Elle doit indiquer : les nom, prénoms, âge et domicile de l'adolescent ; l'accord écrit et signé de son représentant légal ; la durée du contrat ; la nature, les conditions et l'horaire du travail envisagés ; la rémunération.

L'**autorisation** est réputée accordée 8 jours francs à compter de l'envoi de la demande, le cachet de la poste faisant foi. L'éventuel refus doit être notifié par écrit à l'employeur dans ce même délai. L'autorisation sous conditions est possible. Elle peut être retirée à tout moment en cas de non-respect de ces conditions ou de la réglementation.

EMBAUCHE

45485 N-II-12500 s N-III-650 s Sauf cas visé no 45470, aucune formalité d'embauche spécifique ne s'ajoute à celles du droit commun. Toutefois, le mineur non émancipé ne peut contracter en tant que salarié que s'il y a été autorisé par son **représentant légal** et s'il a atteint 16 ans. Cette autorisation peut être tacite et résulter notamment du fait que le contrat s'exécute au vu et au su du père, de la mère ou du tuteur. Ces derniers ne peuvent pas, de leur côté, engager les services du mineur sans son accord.

L'embauche de jeunes est favorisée par des exonérations de charges ou des **aides** financières dont la plupart ne leur sont pas spécifiques (voir rubriques Aides à l'emploi, nos 1700 s., et Contrats d'insertion, nos 20715 s.). Quelques aides sont toutefois exclusivement ciblées sur ces derniers : voir no 2400 pour l'aide temporaire à l'embauche des jeunes et no 3275 pour l'aide financière versée au titre des apprentis.

> Précisions **a.** Avant l'embauche, les jeunes de moins de 18 ans bénéficient d'une **visite d'information et de prévention,** voir no 72420.

b. Une autorisation expresse du représentant légal est exigée pour les **apprentis** (no 3230) et les adolescents de **moins de 16 ans** (no 45470).

c. Pour les **travaux interdits** aux jeunes de moins de 18 ans, voir nos 45525 s.

2. CONDITIONS DE TRAVAIL

DURÉE DU TRAVAIL

45495 C. trav. art. L 3161-1 s L 3164-1 L 6222-24 s R 3162-1 D 4153-3 OA-I-53050 s R-I-6000 s La durée du travail effectif des jeunes salariés, apprentis ou stagiaires de moins de 18 ans ne peut être supérieure, temps de formation compris, ni à 35 heures **par semaine** ni à 8 heures **par jour** (35 heures par semaine et 7 heures par jour pour les jeunes de moins de 16 ans travaillant pendant les vacances scolaires).

Des **dérogations** peuvent, à titre exceptionnel, être accordées, dans la limite de 5 heures par semaine, par l'inspecteur du travail après avis conforme du médecin du travail de l'établissement, le défaut de réponse de l'inspecteur du travail dans les 30 jours du dépôt de la demande valant acceptation (Décret 2014-1290 du 23-10-2014).

Par ailleurs, lorsque l'organisation collective du travail le justifie, il peut être dérogé sans autorisation préalable à la durée de travail susvisée dans la limite de 5 heures par semaine et de 2 heures par jour pour les activités réalisées sur les chantiers de bâtiment, de travaux publics ou d'espaces paysagers (création, aménagement et entretien). Des **compensations** doivent alors être accordées aux jeunes concernés : périodes de repos au moins équivalentes au nombre d'heures accomplies au-delà de la durée quotidienne de 8 heures et octroi d'un repos compensateur équivalant aux heures supplémentaires éventuelles, ainsi qu'à leurs majorations.

Dans tous les cas, la durée du travail (temps de formation compris) ne peut pas être supérieure à la durée quotidienne ou hebdomadaire normale de travail des adultes employés dans l'établissement.

Aucune période de travail effectif ininterrompue ne peut excéder une durée maximale de 4 h 30. Une **pause** d'au moins 30 minutes consécutives doit être accordée lorsque le temps de travail quotidien est supérieur à 4 h 30.

Le **repos quotidien** est d'au moins 12 heures consécutives (14 heures consécutives si le jeune a moins de 16 ans). En cas de travail de nuit, voir n° 45500. S'agissant du repos **hebdomadaire,** voir n° 45505.

› Précisions **a.** Dans les secteurs où s'applique un **horaire d'équivalence,** la durée maximale de 35 heures est respectée si les jeunes travailleurs et apprentis effectuent le temps de présence équivalant à 35 heures. Ainsi, dans une entreprise où la durée de présence équivalant à 35 heures est de 39 heures, un jeune peut effectuer un temps de présence maximum de 39 heures par semaine.
En revanche, l'horaire d'équivalence ne s'applique pas aux apprentis ou travailleurs de 16 ans et moins, ni aux stagiaires et adolescents effectuant des travaux pendant les vacances scolaires (Circ. DRT 15 du 22-8-2002, réputée abrogée).
b. En cas d'application d'un accord de **modulation,** voir n° 30280, b.
c. Toute **infraction** à la durée maximale de travail effectif ininterrompu, au temps de pause ou au repos quotidien est punie de l'**amende** prévue pour les contraventions de 5e classe (C. trav. art. R 3165-2 et R 3165-7). Toute autre infraction aux règles exposées ci-dessus est passible de l'amende prévue pour les contraventions de 4e classe (C. trav. art. R 3165-1, R 6227-1 et R 6227-2). Pour le montant des amendes, voir n° 67285.

TRAVAIL DE NUIT

45500
C. trav. art.
L 3161-1
L 3163-1 s
L 6222-26
R 3163-1 s
R 6222-24
R 7124-30-1
OA-I-53300 s
R-I-6300 s

Est **interdit** tout travail entre 22 heures et 6 heures (pour les jeunes de plus de 16 ans et de moins de 18 ans) ou entre 20 heures et 6 heures (pour ceux de moins de 16 ans), qu'ils soient salariés, apprentis ou stagiaires. Par dérogation :

a. Les entreprises peuvent demander à l'**inspecteur du travail** une dérogation d'au plus un an, renouvelable, leur permettant de faire travailler la nuit les jeunes de moins de 18 ans **dans les secteurs d'activité suivants** : hôtellerie et restauration (de 22 heures à 23 h 30) ; spectacles (jusqu'à minuit) ; courses hippiques, pour l'ensemble des activités liées à la monte et à la mène en course (jusqu'à minuit, dans la limite de 2 fois par semaine et 30 nuits par an) ; établissements de boulangerie ou pâtisserie où toutes les phases de la fabrication ne sont pas assurées entre 6 heures et 22 heures (dérogation pouvant être accordée au plus tôt pour 4 heures du matin). Seuls les établissements du spectacle peuvent obtenir une dérogation pour les jeunes de moins de 16 ans. Dans tous les cas, aucune dérogation ne peut être accordée entre minuit et 4 heures, sauf cas d'extrême urgence (voir ci-dessous), et un repos quotidien doit être assuré (voir n° 45495). Faute de réponse dans le délai de 30 jours suivant le dépôt de la demande, celle-ci est réputée acceptée (Décret 2014-1290 du 23-10-2014). Pour les apprentis, le travail de nuit doit être effectué sous la responsabilité du maître d'apprentissage.

b. En **cas d'extrême urgence,** si des travailleurs adultes ne sont pas disponibles, les jeunes de 16 à 18 ans peuvent être employés pour des travaux passagers destinés à prévenir des accidents imminents ou à réparer les conséquences des accidents survenus. Une période équivalente de repos compensateur doit leur être accordée dans un délai de 3 semaines.

› Précisions **a.** Toute **infraction** à la réglementation sur le travail de nuit en cas d'extrême urgence est passible de l'**amende** prévue pour les contraventions de 4e classe (C. trav. art. R 3124-16). Toute infraction aux autres dispositions susvisées est passible de l'amende prévue pour les contraventions de 5e classe (C. trav. art. R 3124-15 et R 6227-3). Pour le montant des amendes, voir n° 67285.
b. En cas de conclusion d'un contrat d'apprentissage entre un apprenti et une entreprise de **travail temporaire** (n° 3190), c'est le maître d'apprentissage de l'entreprise utilisatrice qui est chargé de mettre en œuvre la dérogation à l'interdiction du travail de nuit des apprentis de moins de 18 ans (C. trav. art. R 6226-6).

REPOS HEBDOMADAIRE

45505 C. trav. art. L 3161-1 L 3164-2 R 3135-5 OA-I-53420 s

Sous peine des sanctions prévues n° 31050, les jeunes salariés, apprentis ou stagiaires de moins de 18 ans ont droit à **2 jours de repos consécutifs** par semaine. Toutefois :

– une convention ou un accord d'entreprise ou d'établissement ou, à défaut, une convention ou un accord collectif étendu peut définir des modalités différentes pour les jeunes libérés de l'obligation scolaire sous réserve qu'ils bénéficient d'un repos minimum de 36 heures consécutives et pour les jeunes artistes du spectacle de moins de 16 ans sous certaines conditions particulières ;

– le repos hebdomadaire peut être suspendu ou différé dans les cas visés n° 31005.

› Précisions Sauf dérogation (n°s 30875 s.), une interdiction de **travail le dimanche** s'applique pour les jeunes de moins de 18 ans, sous peine des sanctions prévues n°s 31040 s. Toutefois, cette interdiction n'est pas applicable aux apprentis de moins de 18 ans employés dans les secteurs suivants : hôtellerie ; restauration ; traiteurs et organisateurs de réception ; cafés, tabacs et débits de boissons ; boulangerie ; pâtisserie ; boucherie ; charcuterie ; fromagerie-crèmerie ; poissonnerie ; magasins de vente de fleurs naturelles, jardineries et graineteries ; établissements des autres secteurs assurant à titre principal la fabrication de produits alimentaires destinés à la consommation immédiate ou dont l'activité exclusive est la vente de denrées alimentaires au détail (C. trav. art. L 3164-5 et R 3164-1).

JOURS FÉRIÉS

45510 C. trav. art. L 3161-1 L 3164-6 s R 3164-2 R 3165-4 R 3165-6 OA-I-53550 s

Le travail des jeunes salariés, apprentis ou stagiaires de moins de 18 ans est **interdit** les jours fériés sous peine de sanctions pénales. Toutefois :

– dans les **établissements industriels fonctionnant en continu,** les jeunes travailleurs peuvent être employés tous les jours de la semaine, sous réserve de bénéficier du repos hebdomadaire ;

– dans les **secteurs d'activité** énumérés n° 45505 et dans le secteur du spectacle, une convention ou un **accord collectif** étendu ou une convention ou un accord d'entreprise ou d'établissement peut définir les conditions dans lesquelles il peut être dérogé à l'interdiction, sous réserve que les jeunes travailleurs concernés par ces dérogations bénéficient du repos hebdomadaire.

Pour la **journée de solidarité,** voir n° 31265, a.

CONGÉS

45515 C. trav. art. L 3141-8 L 3164-9 PA-I-8800 s PA-II-25380 s

Congés annuels ou exceptionnels Quelle que soit leur ancienneté dans l'entreprise, les jeunes salariés, y compris les apprentis, de moins de 21 ans au 30 avril de l'année précédente ont droit, s'ils le demandent, à un **congé annuel** d'une durée de 30 jours ouvrables. Ce congé n'est toutefois indemnisé que partiellement, car les intéressés ne peuvent exiger aucune indemnité de congés payés pour les journées de vacances dont ils réclament le bénéfice en plus de celles qu'ils ont acquises en raison du travail accompli pendant la période de référence. Selon l'administration, ce congé de 30 jours ne peut pas être pris en continu en vertu des principes exposés n° 13435.

Les salariés, y compris les apprentis, de moins de 21 ans au 30 avril de l'année précédente ayant des enfants à charge bénéficient de 2 jours de **congé supplémentaires par enfant à charge** vivant au foyer, âgé de moins de 15 ans au 30 avril de l'année en cours ou en situation de handicap, quel que soit son âge. Ce congé est réduit à un jour si le congé légal n'excède pas 6 jours.

› Précisions Tout salarié ou apprenti âgé de 16 à 25 ans bénéficie, dans le but exclusif de participer à la **journée défense et citoyenneté** (ex-journée d'appel de préparation à la défense), d'une autorisation d'absence exceptionnelle d'un jour. Cette absence n'entraîne pas de réduction de rémunération et est assimilée à une période de travail effectif pour la détermination du congé annuel (C. trav. art. L 3142-97).

45516 Loi 2015-990 du 6-8-2015 art. 296 PA-II-23600 s.

Congé de préparation aux examens Les **salariés poursuivant des études** et inscrits dans un établissement préparant à l'obtention d'un diplôme d'enseignement supérieur ont droit à un congé supplémentaire non rémunéré dans le mois précédant leur examen pour préparer celui-ci. Ce congé, d'une durée de 5 jours ouvrables par tranche de 60 jours ouvrables travaillés, s'ajoute au congé payé annuel et, s'il y a lieu, au congé des travailleurs de moins de 21 ans visé n° 45515.

S'agissant du congé accordé aux apprentis pour passer leurs épreuves, voir n° 3365, a.

SANTÉ ET SÉCURITÉ AU TRAVAIL

Travaux interdits et réglementés Les jeunes travailleurs font l'objet d'une surveillance médicale particulière (n° 72420). 45525

C. trav. art. L 4153-8 L 4153-9 L 4753-2 R 4153-39 s R 4743-3 R 4743-4 **P-I-20820**

Il est interdit d'employer un travailleur de moins de 18 ans à certaines catégories de travaux l'exposant à des risques pour sa santé, sa sécurité, sa moralité ou excédant ses forces. La **liste des travaux interdits** est fixée par les articles D 4153-15 et suivants du Code du travail.

> **Précisions** **a.** Il est **notamment interdit, sans possibilité de dérogation,** d'affecter des jeunes à des travaux les exposant à des actes ou représentations à caractère pornographique ou violent, des travaux de démolition et de tranchées comportant des risques d'effondrement et d'ensevelissement, des travaux au contact d'animaux féroces ou venimeux ou des travaux d'abattage, d'euthanasie et d'équarrissage des animaux.
b. Sont **notamment interdits** mais **susceptibles de dérogation** les travaux exposant à des agents chimiques dangereux ou impliquant des opérations dans un milieu confiné, l'utilisation d'équipements de travail ou de machines dangereuses. Peuvent être affectés à ces travaux les jeunes d'au moins 15 ans (Inst. 273 du 7-9-2016) et titulaires d'un **diplôme** ou d'un **titre professionnel** correspondant à l'activité concernée, si leur **aptitude médicale** à ces travaux a été constatée. Pour les **jeunes en formation** (apprentissage, contrat de professionnalisation...), la dérogation doit faire l'objet d'une simple déclaration à l'inspection du travail, renouvelable tous les 3 ans, sous réserve de satisfaire aux conditions fixées par l'article R 4153-40 du Code du travail.
c. L'employeur ne respectant pas ces règles s'expose à l'**amende** prévue pour les contraventions de 5e classe (n° 67285) ou, le cas échéant, à une amende administrative (n° 43765) de 2 000 € par travailleur concerné.

Retrait d'affectation S'il constate qu'un travailleur de moins de 18 ans est affecté à l'un des **travaux interdits** sans possibilité de dérogation, l'agent de l'inspection du travail doit le retirer immédiatement de son poste. Il peut aussi ordonner son retrait lorsque le jeune est affecté à des travaux interdits mais susceptibles de dérogation, s'il constate que l'intéressé est placé dans une situation l'exposant à un **danger grave et imminent** pour sa vie ou sa santé. 45527

C. trav. art. L 4733-1 à L 4733-6 L 4733-12 L 4743-3 L 4753-1 R 4733-1 à R 4733-10 **P-II-5700**

Ces décisions de retrait peuvent être contestées devant le **juge administratif** statuant en référé. Elles ne peuvent entraîner aucun **préjudice pécuniaire** à l'encontre du jeune ni la suspension ou la rupture du contrat de travail ou de la convention de stage.

L'employeur ou le chef d'établissement ayant pris toutes les mesures nécessaires pour faire cesser la situation de danger grave et imminent en informe l'agent de contrôle par tout moyen donnant date certaine à la réception de cette information qui, après vérification, **autorise la reprise** des travaux réglementés concernés.

Le fait de ne pas se conformer aux mesures prises par l'inspection du travail est puni d'un an d'emprisonnement et d'une **amende** de 3 750 €, ou, le cas échéant, sanctionné par une amende administrative (n° 43765) d'un montant maximal de 10 000 € par jeune concerné.

> **Précisions** **a.** Les décisions de retrait, écrites et d'application immédiate, sont **remises en main propre contre décharge** à l'employeur ou au chef d'établissement (ou à leur représentant ; dans ce cas, copie en est adressée à l'employeur ou au chef d'établissement) si ce dernier est présent. À défaut, elles leur sont adressées d'urgence par tous moyens appropriés et confirmées au plus tard dans le délai d'un jour franc par tout moyen donnant date certaine à la réception.
b. La **vérification, par l'agent de contrôle,** du caractère approprié des mesures prises par l'employeur est effectuée dans l'urgence et au plus tard dans un délai de 2 jours ouvrés à compter de la date de remise ou de réception des informations transmises par l'employeur. La décision d'autorisation ou de refus est **notifiée** dans les formes et délais visés au a.

Suspension et rupture du contrat En tout état de cause, l'agent de contrôle de l'inspection du travail peut proposer au Dreets (Direccte avant le 1-4-2021) de **suspendre** le contrat de travail ou la convention de stage d'un travailleur de moins de 18 ans s'il constate un **risque sérieux d'atteinte** à sa santé, sa sécurité ou à son intégrité physique ou morale, après avoir procédé, lorsque les circonstances le permettent, à une enquête contradictoire. 45528

C. trav. art. L 4733-7 à L 4733-12 R 4733-11 à R 4733-14 **P-II-5700**

L'agent de contrôle en informe sans délai l'employeur. La suspension s'accompagne du maintien par l'employeur de la rémunération ou de la gratification due au jeune et ne peut pas entraîner la rupture du contrat de travail ou de la convention.

Dans les 15 jours suivants, le Dreets se prononce, au vu du rapport établi par l'agent de contrôle, sur la reprise de l'exécution du contrat ou de la convention. En cas de refus, le contrat ou la convention est **rompu** à la date de notification du refus aux parties et l'employeur doit verser au jeune les sommes dont il aurait été redevable si le contrat ou la convention s'était poursuivi jusqu'à son terme (au terme de la formation professionnelle en cas de CDI). La décision de refus peut s'accompagner de l'**interdiction** faite à l'employeur **de recruter** ou d'accueillir de nouveaux jeunes âgés de moins de 18 ans, travailleurs ou stagiaires, pour une durée déterminée. L'employeur peut demander au Dreets la levée de cette interdiction en joignant à sa demande toutes justifications de nature à établir qu'il a pris les mesures nécessaires pour supprimer tout risque d'atteinte à la santé ou à l'intégrité physique ou morale des jeunes travailleurs. Le silence gardé par le Dreets dans un délai de 2 mois vaut rejet de cette demande.

45530 P-I-20820 **Cas particuliers** L'emploi des jeunes travailleurs de moins de 18 ans révolus dans les chantiers souterrains des **mines et carrières** est strictement réglementé (C. minier art. 211-1 s.). Sauf agrément accordé à cet effet, les mineurs (autres que certains membres de la famille du débitant) ne peuvent pas être employés ou affectés en stage au service du bar dans un **débit de boissons** à consommer sur place (C. trav. art. L 4153-6 et R 4743-7 ; CSP art. L 3336-4). Ils peuvent, en revanche, y occuper d'autres postes.

Enfin, sont interdits la **mendicité** des enfants (C. trav. art. L 4153-7 et L 4741-8) et l'emploi de jeunes de moins de 16 ans dans les **spectacles dangereux** pour la vie, la santé ou la moralité (C. trav. art. L 7124-16).

3. RÉMUNÉRATION ET PROTECTION SOCIALE

SALAIRE MINIMUM

45550 C. trav. art. D 3231-3 D 4153-3 O-II-3200 s O-II-4100 O-III-850 s T-VIII-3670 s T-VIII-9410 s Les salariés âgés de moins de 18 ans sont rémunérés au minimum sur la base du **Smic** (n° 90010) minoré de 20 % avant 17 ans et de 10 % entre 17 et 18 ans. L'abattement est supprimé pour les jeunes ayant 6 mois de pratique professionnelle dans la branche d'activité.

> Précisions a. L'employeur qui embauche un jeune de moins de 18 ans peut donc appliquer l'abattement au maximum pendant les **6 mois suivant l'embauche.** Au-delà, en effet, le salarié doit bénéficier du Smic au taux plein (Rép. Liot : Sén. 4-5-1972 n° 11084).

L'**apprentissage** ne vaut pas, selon l'administration, pratique professionnelle au regard de cette règle. En cas d'embauche d'un ancien apprenti, la durée de 6 mois ne commence donc à courir qu'à l'expiration du contrat d'apprentissage (Rép. Liot : Sén. 4-5-1972 n° 11084).

b. Si la convention ou l'accord collectif applicable à l'établissement prévoit un système d'abattement sur les salaires **minimaux conventionnels,** il convient de s'assurer que le jeune travailleur perçoit au moins le minimum défini ci-dessus.

Pour déterminer le salaire minimum du jeune travailleur nourri par l'employeur, la **nourriture** doit être évaluée, comme indiqué n° 70650, sans application de l'abattement d'âge (Rép. Montagne : AN 25-10-1961 n° 11778).

c. Les tribunaux ne s'étant, à notre connaissance, jamais prononcés sur la question de savoir si le **mineur non émancipé** peut percevoir directement son salaire sans autorisation de son représentant légal, il est recommandé aux employeurs de demander au représentant légal une autorisation écrite de le faire.

d. Des **règles particulières** s'appliquent pour les contrats d'apprentissage (n° 3395), pour certains contrats de formation alternée ou d'insertion (nos 20715 s.) et pour l'emploi d'enfants à une activité sportive (C. sport art. L 222-5 et L 222-6) ou dans les spectacles ou comme mannequins (C. trav. art. L 7124-9 s., L 7124-25, L 7124-26 et R 7124-31 s.).

PROTECTION SOCIALE

45590 B-I-8020 s C-II-1670 **Sécurité sociale** L'emploi de jeunes dans les conditions caractéristiques du salariat (voir nos 4260 s.) donne lieu au versement des **cotisations** de sécurité sociale, de la CSG et de la CRDS dans les conditions de droit commun.

> Précisions a. Ce principe d'assujettissement revêt une **portée** absolue et s'applique quels que soient l'âge de l'intéressé, la validité de son contrat ou l'appellation donnée à celui-ci. Seules sont prises en compte les conditions réelles d'exécution du travail.

Sont ainsi **assujettis** à la sécurité sociale, **notamment** : les étudiants qui, durant la période des vacances scolaires, occupent un emploi temporaire en remplacement du personnel en congé annuel (Rép. Bouquet : AN 20-5-1991 n° 35212) ; les jeunes de plus de 14 ans employés à des travaux légers pendant les vacances scolaires (Cass. soc. 7-5-1991 n° 89-10.128 P : RJS 6/91 n° 744) ; les jeunes en stages dits « probatoires » qui constituent en fait une véritable période d'essai.

b. Sauf montant plus élevé fixé par convention collective, l'**assiette minimum** des cotisations de sécurité sociale est égale au Smic diminué, le cas échéant, des abattements visés n° 45550.

c. L'emploi de jeunes de moins de 18 ans ouvre droit aux **exonérations et allégements de cotisations** dans les mêmes conditions que les adultes.

Retraite complémentaire et assurance chômage Au regard de la **retraite complémentaire,** les cotisations sont dues et des droits sont constitués dans les conditions de droit commun pour tout titulaire d'un contrat de travail, quel que soit son âge. 45595 J-II-2390 s QA-II-3480 s

Les cotisations **chômage** sont dues au titre des activités effectuées contre rémunération pendant leurs vacances par des lycéens ou étudiants, ces activités constituant des contrats de travail même si elles sont souvent qualifiées de stages (Directive Unédic 30 du 29-6-1993).

B. Jeunes en stage en entreprise

Les entreprises peuvent recevoir des jeunes pour effectuer des périodes de formation en milieu professionnel ou des stages dans le cadre de leurs études. 46020 T-XI-1 s

Ces jeunes ne sont pas liés à l'entreprise par un contrat de travail et n'ont donc pas la **qualité de salarié** dès lors que le cadre légal, fixé par les articles L 124-1 et suivants du Code de l'éducation, est respecté.

Le **contrôle** de la réglementation des stages est assuré par l'inspecteur du travail. En cas de **manquement** aux dispositions relatives au nombre de stagiaires accueillis simultanément (nº 46040), à la désignation du tuteur (nº 46045) et à la durée du travail (nº 46046), l'entreprise est passible d'une amende administrative d'au plus 2 000 € par stagiaire concerné (4 000 € en cas de réitération dans un délai d'un an) (C. trav. art. L 8112-2, 7º ; C. éduc. art. L 124-17).

Le stage peut être **requalifié** en contrat de travail s'il s'agit en fait d'une relation salariale déguisée, avec, à la clé, l'application des sanctions pour dissimulation d'emploi salarié : voir nº 79070, e.

› Précisions **a.** Les stages accomplis dans le cadre de la **formation professionnelle** sont régis par des dispositions spécifiques : voir nºs 38000 s.

b. Est spécifiquement visé ici le cas des stages en entreprise. Mais la possibilité d'accueillir des jeunes en stage dans le cadre de leur cursus scolaire ou universitaire est aussi ouverte aux **associations** et administrations publiques (Circ. Acoss 42 du 2-7-2015).

c. Lorsque le **conseil de prud'hommes** est saisi d'une demande de requalification en contrat de travail d'une convention de stage, l'affaire est directement portée devant le bureau de jugement, qui statue au fond dans un délai d'un mois suivant sa saisine (C. trav. art. L 1454-5).

1. DÉFINITION DU STAGE

Les stages s'entendent de périodes temporaires de mise en situation en milieu professionnel au cours desquelles l'étudiant acquiert des compétences professionnelles et met en œuvre les acquis de sa formation en vue d'obtenir un diplôme ou une certification et de favoriser son insertion professionnelle. Le stagiaire se voit confier une ou des missions conformes au projet pédagogique défini par son établissement d'enseignement et approuvées par l'entreprise d'accueil. 46030 C. éduc. art. L 124-1 L 124-7 L 124-14 D 124-1 D 124-4 T-XI-55 s

Il est interdit de conclure un stage pour exécuter une **tâche** régulière correspondant à un poste de travail permanent, pour faire face à un accroissement temporaire de l'activité, pour occuper un emploi saisonnier ou pour remplacer un salarié en cas d'absence ou de suspension de son contrat de travail.

Les stages font l'objet d'une **convention** signée par l'entreprise d'accueil, le stagiaire, son tuteur dans l'entreprise, l'établissement d'enseignement et l'enseignant référent. Celle-ci doit contenir un ensemble de mentions définies par décret.

› Précisions **a.** Une personne ne peut pas se voir **refuser** un stage pour un des **motifs discriminatoires** visés nº 32060.

b. Le stage fait l'objet d'une **restitution** de la part de l'étudiant donnant lieu à évaluation par l'établissement d'enseignement.

c. Toute personne ou tout organisme publiant, pour son compte ou celui d'autrui, des **offres de stages** sur internet doit les distinguer des offres d'emploi qu'il propose et en assurer le référencement spécifique dans ses outils de recherche (Loi 2014-788 du 10-7-2014 art. 1-IV).

d. En cas d'affectation à un poste de travail présentant des risques particuliers pour sa santé ou sa sécurité, le stagiaire bénéficie, en application de l'article L 4154-2 du Code du travail, d'une formation renforcée à la sécurité, d'un accueil et d'une formation adaptés dans l'entreprise d'accueil dans les mêmes conditions que les salariés temporaires ou sous CDD : voir nº 20060. En tout état de cause, il est interdit de confier au stagiaire des **tâches dangereuses** pour sa santé ou sa sécurité (voir nºs 45525 s.).

2. CONDITIONS D'ACCUEIL DU STAGIAIRE

NOMBRE DE STAGIAIRES

46040 C. éduc. art. L 124-8 L 124-8-1 L 124-10 L 124-11 R 124-10 à R 124-12-1 **T-XI-500 s**

L'**accueil successif** de stagiaires, au titre de conventions de stage différentes, pour effectuer des stages dans un même poste n'est possible qu'à l'expiration d'un délai de carence égal au tiers de la durée du stage précédent, sauf si ce stage précédent a été interrompu avant son terme par le stagiaire. Le nombre de stagiaires pouvant être **simultanément** accueillis pendant une même semaine civile par l'entreprise est limité à 15 % de l'effectif dans les entreprises d'au moins 20 salariés et à 3 stagiaires dans les autres.

› Précisions **a.** Pour **déterminer l'effectif** à prendre en compte, l'entreprise doit calculer le nombre de personnes physiques qu'elle employait au dernier jour du mois civil précédant le 1er jour du stage ainsi que la moyenne sur les 12 mois précédents, et retenir le résultat le plus élevé. Toutes les personnes physiques employées dans l'entreprise d'accueil sont à retenir dans l'effectif, qu'elles soient rémunérées par celle-ci ou par une autre entreprise et quelles que soient leur quotité de travail ou leur durée de présence dans l'entreprise (Rép. Bonhomme : Sén. 5-1-2018 n° 338). Dans le cas d'une société ayant plusieurs **établissements** non dotés de la personnalité morale, le plafond des stagiaires autorisé s'apprécie tous établissements confondus (Rép. Rabault : AN 9-1-2018 n° 3043).

L'entreprise d'accueil peut demander au Dreets (Direccte avant le 1-4-2021) compétent, via la procédure de **rescrit,** de se prononcer sur l'effectif à prendre en compte pour le calcul du plafond de stagiaires autorisés, sauf si l'inspection du travail a engagé un **contrôle** sur ce point. La **demande** doit être adressée par tout moyen conférant date certaine à sa réception et préciser le nom ou la raison sociale de l'entreprise, son adresse ainsi que les catégories de personnes qu'elle envisage de prendre en compte pour le calcul du plafond. En cas de demande incomplète, l'entreprise est invitée à fournir les éléments complémentaires nécessaires.

La **réponse** du Dreets doit intervenir dans un **délai** de 3 mois à compter de la réception de la demande ou des éléments complémentaires demandés. Elle ne **s'applique** qu'à l'entreprise demanderesse et est **opposable** pour l'avenir à l'administration, sauf si la situation de fait exposée ou la loi est modifiée, l'administration pouvant aussi notifier à l'entreprise une modification de son appréciation.

b. Pour les périodes de **formation en milieu professionnel,** l'autorité académique peut, sous certaines conditions, fixer par arrêté un **nombre** de stagiaires **supérieur** à celui visé ci-dessus.

c. Les informations sur le nombre et les conditions d'accueil des stagiaires doivent figurer dans la **base de données économiques et sociales** (n° 9290).

d. Sur l'inscription des stagiaires au **registre unique du personnel,** voir n° 33235.

e. N'étant pas salariés, les stagiaires sont exclus de l'**effectif** de l'entreprise. Voir n° 46090, c s'agissant plus précisément de leur prise en compte dans l'effectif pour l'application des dispositions du CSS.

DURÉE ET ENCADREMENT DU STAGE

46045 C. éduc. art. L 124-2 L 124-3 L 124-5 L 124-9 L 124-10 L 124-18 R 124-13 D 124-2 D 124-3 D 124-6 **T-XI-450 s**

La durée du ou des stages effectués par un même stagiaire dans une même entreprise est plafonnée à **6 mois** par année d'enseignement.

Pendant le stage, l'étudiant est encadré à la fois par un **enseignant référent** appartenant à son établissement d'enseignement, et par un **tuteur** désigné par l'entreprise d'accueil, qui peut prendre au maximum 3 stagiaires simultanément.

› Précisions **a.** La **durée du stage** s'apprécie en tenant compte de la présence effective du stagiaire dans l'entreprise d'accueil, ainsi que des congés et autorisations d'absence auxquels il a droit. Pour l'appréciation de cette durée, chaque période d'au moins 7 heures de présence effective, consécutives ou non, équivaut à un jour de stage et chaque période d'au moins 22 jours de présence effective, consécutifs ou non, équivaut à un mois de stage.

b. Le **volume pédagogique** de formation, d'une durée minimale de 200 heures par année d'enseignement, ainsi que les modalités d'encadrement du stage par l'établissement d'origine et l'entreprise d'accueil sont fixés dans la convention de stage.

STATUT DU STAGIAIRE

46046 C. éduc. art. L 124-12 à L 124-14 L 124-16 C. trav. art. L 2312-78 **T-XI-850 s**

En matière de **durée du travail,** le stagiaire obéit aux règles applicables aux salariés de l'entreprise d'accueil pour les durées maximales quotidienne et hebdomadaire de présence, la présence de nuit, le repos quotidien et hebdomadaire, et les jours fériés. À cet effet, l'entreprise est tenue d'établir, selon tous moyens, un décompte des durées de présence du stagiaire. Sur la durée du travail effectif des stagiaires de moins de 18 ans, voir n° 45495.

Le stagiaire :
– a accès à la **cantine** ou aux titres-restaurant dans les mêmes conditions que les salariés de l'entreprise d'accueil. Sur le régime social des titres-restaurant attribués aux stagiaires et de l'avantage constitué par leur accès à la cantine, voir nº 46070, e ;
– a droit à la prise en charge des frais de **transport** du domicile au lieu de travail mentionnée nº 70525 ;
– bénéficie des **activités sociales et culturelles du CSE** de l'entreprise d'accueil dans les mêmes conditions que ses propres salariés.

Sur la gratification du stagiaire, voir nºs 46050 s. Sur sa protection sociale, voir nº 46090.

› Précisions a. En cas de grossesse, de paternité ou d'adoption, le stagiaire bénéficie de **congés et d'autorisations d'absence** d'une durée équivalente à celles prévues pour les salariés.
b. Pour les stages de plus de 2 mois et dans la limite de la durée maximale indiquée nº 46045, la convention de stage doit prévoir la possibilité de **congés** et d'autorisations d'absence au cours du stage.
c. Le stagiaire bénéficie des protections et droits mentionnés aux articles L 1121-1 (respect de la **vie personnelle** : voir nºs 17025 s.), L 1152-1 et L 1153-1 (protection contre le **harcèlement** moral et sexuel : voir nºs 17070 s.) du Code du travail dans les mêmes conditions qu'un salarié.

FIN DU STAGE

46047 C. éduc. art. L 124-15 D 124-9 T-XI-2200 s

Le stage prend normalement fin au **terme** fixé par la convention de stage. Le stagiaire peut toutefois **l'interrompre** pour un motif lié à la maladie, à un accident, à une maternité, une paternité ou à une adoption ou, en accord avec l'établissement, en cas de non-respect des stipulations pédagogiques de la convention. La rupture peut aussi intervenir à l'initiative de l'entreprise d'accueil. Dans ces différents cas, l'établissement d'enseignement valide le stage même s'il n'a pas atteint la durée prévue ou propose au stagiaire une modalité alternative de validation de sa formation. Au terme du stage, l'entreprise doit remettre au stagiaire une **attestation de stage** mentionnant la durée effective totale du stage et, le cas échéant, le montant total de la gratification versée. En cas d'accord des parties à la convention, un **report** du terme du stage est possible.

En cas d'**embauche** du stagiaire par l'entreprise d'accueil, la durée du stage peut être déduite de la période d'essai dans les conditions indiquées nº 16720, a et, pour ceux de plus de 2 mois, elle doit compter pour l'ouverture et le calcul des droits liés à l'ancienneté (C. trav. art. L 1221-24).

3. GRATIFICATION

CONDITIONS ET MONTANT

46050 C. éduc. art. L 124-6 D 124-8 T-XI-1500 s

Une gratification est versée mensuellement à tout stagiaire effectuant dans la même entreprise d'accueil un stage de **plus de 2 mois** consécutifs (ou de plus de 2 mois consécutifs ou non au cours d'une même année scolaire ou universitaire). Cette condition de durée minimale s'apprécie de la même manière que la durée maximale du stage : nº 46045.

Le montant de la gratification est fixé, à défaut de convention de branche ou d'accord professionnel étendu prévoyant un montant supérieur, à 15 % du plafond horaire de la sécurité sociale.

La gratification est calculée sur les heures réellement effectuées par le stagiaire

› Précisions a. La gratification n'a pas le caractère d'un **salaire** au sens de l'article L 3221-3 du Code du travail (nº 32185).
b. Lorsque la durée initiale d'un stage est inférieure à la durée ouvrant droit à gratification, il convient de faire un **rattrapage des gratifications** que le stagiaire aurait dû percevoir dès le 1er mois de stage dès lors que cette durée est dépassée par l'effet d'une prolongation (Circ. Acoss 91 du 29-12-2008).
c. La gratification est due pour chaque heure de présence du stagiaire dans l'entreprise d'accueil, **à compter du premier jour** du premier mois de stage. Son montant minimal forfaitaire n'est pas fonction du nombre de **jours ouvrés** dans le mois. Sur l'incidence d'une **interruption** temporaire du stage, voir nº 46070, c.
d. Les **remboursements de frais** engagés par le stagiaire pour effectuer le stage et les avantages accordés, le cas échéant, pour la **restauration, l'hébergement et le transport** ne viennent pas en déduction de la gratification, mais s'y ajoutent.
e. Par exception, la durée minimale du stage ouvrant droit à gratification est portée à 3 mois, consécutifs ou non, pour les stages s'inscrivant dans le cadre des formations du second cycle secondaire en **milieu agricole** et rural (C. rur. art. D 813-55-1).
f. Sur la prise en compte des gratifications versées aux stagiaires dans le calcul du **crédit d'impôt recherche,** voir Mémento fiscal nº 10481 ; sur la **taxe d'apprentissage,** voir Mémento fiscal nº 73665.

RÉGIME SOCIAL ET FISCAL

46060 CSS art. L 136-1-1, III L 242-1 T-XI-1700 s

Les gratifications versées aux stagiaires sont exonérées de cotisations de sécurité sociale dans la limite d'un certain montant appelé **franchise de cotisations.**

Elles sont assorties d'une exonération d'**impôt sur le revenu** : voir Mémento Paie nos 89500 s.

› Précisions Le stagiaire n'étant pas salarié, la **réduction générale** des cotisations patronales de sécurité sociale et le **taux réduit** de cotisations d'allocations familiales ne s'appliquent pas (Circ. DSS du 14-6-2007 réputée abrogée ; Circ. Acoss 42 du 2-7-2015). Il en va de même selon nous du taux réduit de la cotisation maladie.

46065 **Champ d'application de la franchise** Les gratifications en espèces ou en nature versées aux stagiaires sont exonérées de cotisations salariales et patronales de **sécurité sociale,** de CSG et de CRDS dans la limite d'un montant, appelé franchise de cotisations. Cette franchise s'applique aussi aux **contributions** solidarité-autonomie, Fnal et au versement mobilités (Circ. DSS du 14-6-2007, réputée abrogée).

La **contribution au dialogue social** n'est pas due même si la gratification excède le seuil de la franchise (Circ. Acoss 42 du 2-7-2015). Pour les cotisations d'assurance **chômage** et de **retraite complémentaire,** voir no 46090.

Les **stages concernés** par la franchise sont ceux effectués par les élèves des établissements d'enseignement technique, secondaire ou spécialisé, les étudiants, toute autre personne effectuant un stage d'initiation, de formation ou de complément de formation professionnelle ne faisant pas l'objet d'un contrat de travail et n'entrant pas dans le cadre de la formation professionnelle continue.

› Précisions **a.** La franchise de cotisations s'applique à toute gratification, y compris celles versées à titre facultatif pour des **stages de moins de 2 mois** (Circ. Acoss 42 du 2-7-2015 ; Doc. Urssaf « Le stagiaire en milieu professionnel » du 24-7-2019).
b. En l'absence de **convention de stage,** la franchise n'est pas applicable et les cotisations sont dues sur le montant de la gratification versée. En cas de preuve d'un **lien de subordination,** l'Urssaf peut appliquer l'assiette minimale de calcul des cotisations exposée nos 23340 s. (Circ. Acoss 91 du 29-12-2008).
c. Sont **exclus** de la franchise : les bénéficiaires de la formation à la recherche et par la recherche mentionnés aux articles L 412-1 et L 412-2 du Code de la recherche ; les stagiaires des associations à caractère pédagogique (junior entreprise) relevant de l'arrêté du 20 juin 1988 (Circ. Acoss 42 du 2-7-2015).

46070 CSS art. D 242-2-1 T-XI-1800 s

Application de la franchise La franchise est **égale** pour chaque mois de stage au produit de 15 % du plafond horaire de la sécurité sociale et du nombre d'heures de stage effectuées au cours du mois. Ce montant tient compte de la gratification, des avantages en nature et en espèces et du temps de présence mensuel prévu au cours du stage.

La franchise est déterminée selon le **temps de présence** mensuel du stagiaire en fonction du nombre d'heures qu'il a **réellement** effectuées chaque mois. L'administration admet que l'on se réfère dans la convention et pour le calcul de la franchise à une **moyenne** d'heures mensuelle en cas de lissage du versement de la gratification sur la durée du stage (Circ. Acoss 42 du 2-7-2015). Dans ce cas, l'entreprise ne peut pas alterner un montant de franchise déterminé pour un mois en lissant et le mois suivant par rapport aux heures réelles (Circ. Acoss 91 du 29-12-2008).

› Précisions **a.** Si un stage, initialement conclu pour moins de 2 mois et sans gratification, est ensuite **prolongé au-delà de 2 mois,** le rappel de gratification qui devra être versé en une seule fois sera rapporté aux périodes de stage auxquelles il correspond pour déterminer le montant de la franchise (Circ. Acoss 91 du 29-12-2008).
b. La convention de stage peut mentionner une **durée de présence supérieure à la durée légale** si la durée du travail conventionnelle applicable dans l'entreprise y est supérieure. Dans ce cas, la franchise de cotisations pourra être supérieure à celle correspondant à la durée légale (Circ. Acoss 91 du 29-12-2008).
c. Toute **interruption temporaire** du stage donne lieu à un réajustement du montant de la gratification et de la franchise sur la base d'un nombre d'heures effectuées. En cas d'**interruption définitive,** il doit être effectué une régularisation globale selon le nombre d'heures effectuées (Circ. Acoss 2015-42 du 2-7-2015). La franchise s'applique à la gratification versée au titre des jours de **congés** et d'**autorisations d'absence** pour grossesse, paternité ou adoption, et de ceux prévus par la convention de stage (Circ. Acoss 42 du 2-7-2015).
d. Si le stage **s'étend sur 2 années civiles,** par exemple du 1er novembre au 28 février de l'année suivante, on tient compte, à partir du 1er janvier, du nouveau plafond horaire de la sécurité sociale (Circ. DSS du 14-6-2007 réputée abrogée ; Circ. Acoss 42 du 2-7-2015). De même, selon nous, en cas de renouvellement du stage selon des modalités différentes (changement d'horaire, par exemple), on tient compte de ces nouveaux éléments pour apprécier le montant de l'exonération.
e. Les **avantages en nature,** évalués comme pour les salariés, s'ajoutent à la gratification en

espèces pour l'appréciation de la franchise, étant précisé qu'il n'est pas tenu compte des avantages en nature exonérés pour les salariés. Ainsi, la prise de repas à la **cantine** est exonérée si la participation du stagiaire est au moins égale à 50 % du forfait (voir n° 22495). De même, la participation patronale aux **titres-restaurant** est exclue de l'assiette des cotisations dans les conditions visées n°s 22630 s. Pour les **stagiaires non gratifiés** bénéficiant d'un accès à la cantine ou de l'attribution de titres-restaurant sans participation personnelle, la valeur de ces avantages ne dépassant pas le montant de la franchise de cotisations, il est admis qu'aucune cotisation ni contribution sociale n'est due (Circ. Acoss 2015-42 du 2-7-2015 ; Doc. Urssaf du 16-6-2020 : www.urssaf.fr). Si l'entreprise verse au stagiaire une **gratification facultative** inférieure au montant de la franchise, les avantages en nature (autres que la cantine) normalement assujettis peuvent être exonérés au titre de la franchise dans la limite du différentiel entre le montant de la gratification et le seuil de la franchise (Doc. Urssaf du 8-9-2015).

Les remboursements de **frais professionnels** sont exclus de l'assiette des cotisations comme pour les salariés. La participation de l'entreprise au titre de transport du stagiaire s'inscrit dans ce cadre (Circ. Acoss 42 du 2-7-2015).

f. Le **dépassement de la franchise** s'apprécie sur la durée du stage et non mois par mois, le stagiaire pouvant se trouver au-dessus du seuil un mois et en dessous le mois suivant (Circ. Acoss 42 du 2-7-2015). Si la gratification dépasse la franchise, seul l'excédent est assujetti aux cotisations.

4. PROTECTION SOCIALE

Les stagiaires bénéficient des dispositions du CSS relatives aux **accidents du travail** et maladies professionnelles (AT/MP) pour les accidents ou maladies professionnels subis pendant leur stage, à l'exception des dispositions prévoyant le versement d'une indemnité en capital en cas d'incapacité permanente inférieure à 10 % (n° 1120). Sous réserve de remplir la condition de résidence, ils bénéficient aussi de la prise en charge de leurs frais de santé, en cas de **maladie ou de maternité,** en vertu de la protection universelle maladie (voir n° 50120). 46090

CSS art. L 412-8 L 351-17 D 351-16 à D 351-20 **T-XI-1000 s D-IV-400 s J-II-2380 s QA-II-3490 s**

Le stage n'ouvre aucun droit aux prestations de sécurité sociale pour les **autres risques** (invalidité, vieillesse, décès), mais le stagiaire peut demander à verser des cotisations en vue de valider 2 trimestres d'assurance retraite. Par exception, en cas de versement d'une gratification supérieure à la franchise de cotisations, les droits sont ouverts dans les conditions de droit commun avec pour assiette la différence entre la gratification versée et la franchise.

Quel que soit le montant de la gratification versée, aucune cotisation n'est due et aucun droit n'est constitué au titre du stage en matière d'assurance **chômage** et de **retraite complémentaire,** ces régimes s'appliquant aux seuls titulaires d'un contrat de travail (Circ. Acoss 2015-42 du 2-7-2015 ; Circ. Arrco 96-15 du 14-2-1996).

› Précisions **a.** Si l'entreprise ne verse aucune gratification au stagiaire ou lui verse une gratification n'excédant pas la franchise de cotisations, les obligations en matière d'AT (affiliation, déclaration et paiement de la cotisation) incombent à l'établissement d'enseignement. Mais c'est à l'entreprise d'accueil qu'il incombe de **déclarer à la caisse** les accidents survenus par le fait ou à l'occasion du stage, avec copie à l'établissement d'enseignement (CSS art. R 412-4 ; Doc. Urssaf du 1-1-2019 : www.urssaf.fr).

b. En cas d'**action en responsabilité** fondée sur la **faute inexcusable** de l'employeur dirigée, à la suite d'un accident ou d'une maladie survenu par le fait ou à l'occasion d'un stage, contre l'établissement d'enseignement, celui-ci est tenu d'appeler en la cause l'entreprise d'accueil pour qu'il soit statué dans la même instance sur la demande du stagiaire et sur la garantie des conséquences financières d'une reconnaissance éventuelle de la faute inexcusable (CSS art. L 452-4).

Les stagiaires bénéficient de la **présomption de faute inexcusable** de l'employeur en cas d'AT/MP dans les mêmes conditions que les salariés sous CDD lorsque, affectés à des postes de travail présentant des risques particuliers pour leur santé ou leur sécurité, ils n'auraient pas bénéficié de la formation à la sécurité renforcée : voir n° 20060, b.

c. S'agissant de l'exclusion des stagiaires de l'**effectif** en matière de sécurité sociale pour la détermination de la **tarification** du risque AT/MP, voir n° 23635, a. Sur la prise en compte des stagiaires dans l'effectif pour les **autres dispositions** du CSS, voir n°s 23630 s.

C. Contrats spéciaux

46100 À côté des contrats de travail et de stage, il existe des contrats spécifiques relevant du **service civique.** Celui-ci est exclusif de tout lien de subordination et ne relève pas du Code du travail. Il peut revêtir plusieurs formes, qui ne sont pas toutes réservées aux jeunes mais s'adressent au premier chef à ceux-ci.

Au service civique de droit commun s'ajoutent des formules à caractère international : le volontariat international en entreprise (VIE) et le volontariat de solidarité internationale.

1. VOLONTARIAT INTERNATIONAL EN ENTREPRISE (VIE)

OBJET

46110 Le VIE s'adresse à toute entreprise française, quelle que soit sa taille, disposant d'une structure locale d'accueil à l'étranger et souhaitant confier à un jeune âgé de plus de 18 et de moins de 28 ans une mission professionnelle à l'étranger.

CSN art. L 122-1 L 122-3 L 122-7 N-I-10400 s

Il est géré par un organisme dénommé Business France auprès duquel les entreprises doivent se faire **agréer** pour recourir au VIE. La demande s'effectue sur le site internet e-vie.businessfrance.fr.

L'entreprise agréée peut accueillir simultanément autant de volontaires qu'elle le souhaite. Elle doit saisir une **demande d'affectation** sur le site internet précité pour chaque volontaire. Dès l'acceptation de son dossier d'affectation, elle signe une **convention** avec Business France.

> Précisions a. La **structure d'accueil locale** peut être une filiale, un bureau de représentation, un site industriel, un agent commercial ou un distributeur ou toute autre entité liée par un accord de partenariat. Les entreprises, particulièrement les PME, qui n'ont pas encore d'implantation fixe à l'étranger peuvent faire appel à d'autres structures validées par Business France (portage au sein de bureaux Business France ou agréés par cet organisme, filiales de grands groupes, réseau des chambres de commerce, etc.).

b. Le VIE doit être accompli auprès d'établissements et de représentations à l'**étranger** d'entreprises françaises ou d'entreprises liées à ces dernières par un accord de partenariat ou auprès de collectivités territoriales ou d'organismes étrangers engagés dans une coopération avec la France ou une collectivité territoriale française. Le volontaire doit passer au minimum 183 jours par an à l'étranger pendant la durée de son engagement. Aucune affectation ne peut avoir lieu en métropole ou dans les départements, régions ou collectivités françaises d'**outre-mer** ni en Nouvelle-Calédonie. Si le VIE se déroule en principe dans un seul pays, il est aussi possible aux entreprises de recruter des volontaires régionaux, dont la mission recouvre **plusieurs pays** d'une même zone géographique.

c. Les entreprises n'ayant pas de candidat peuvent s'adresser à Business France, qui dispose d'un fichier de **candidats** et offre un service de présélection.

d. Commerciales ou techniques, les **missions** sont décidées par l'entreprise : études de marchés, prospection, renforcement d'équipes locales, accompagnement d'un contrat, d'un chantier, participation à la création d'une structure locale, animation d'un réseau de distribution.

DURÉE DE LA MISSION ET STATUT DU VOLONTAIRE

46130 La **durée** de la mission est comprise entre 6 et 24 mois. Sur demande écrite de l'entreprise à Business France au moins 1 mois avant la fin de la mission, celle-ci peut être **renouvelée** une fois (sans que la durée totale de la mission puisse dépasser 24 mois) dans le pays d'affectation initiale ou un autre, mais toujours pour la même entreprise.

CSN art. L 122-3 L 122-8 L 122-12 L 122-13

La mission prend fin à l'arrivée du **terme** du contrat (ou de sa prolongation). Il y est mis fin de manière anticipée sur décision de Business France (en cas de force majeure, d'inexécution par l'entreprise de ses engagements ou de faute grave du volontaire, de demande conjointe de l'entreprise et du volontaire ou du seul volontaire pour lui permettre d'occuper une activité professionnelle, ou dans l'intérêt du service ou de l'activité agréée, ou en cas d'incapacité du volontaire à exercer son activité à l'expiration de ses droits à congé de maladie, de maternité ou d'adoption).

Le volontaire n'est pas un salarié de l'entreprise, qui n'a ni à le comptabiliser dans ses **effectifs** ni à le **rémunérer.** Elle se contente de piloter son activité opérationnelle. Placé sous statut de droit public, le volontaire dépend de Business France pour sa gestion administrative et juridique : versement de l'**indemnité** forfaitaire mensuelle, **protection sociale,** etc. Les litiges relèvent donc de la compétence des juridictions administratives (Cass. soc. 26-10-2016 nº 15-16.280 FS-PB : RJS 1/17 nº 66).

> Précisions a. L'indemnité forfaitaire mensuelle échappe aux **cotisations** sociales, à la CSG et à la CRDS. Elle n'est pas **imposable** en France, mais elle est soumise à l'impôt par la législation fiscale de certains pays (se renseigner auprès de Business France).

b. Le volontaire a droit à des **congés** annuels et pour événements familiaux et au chômage des **jours fériés** dans les conditions fixées par le décret 2000-1161 du 30-11-2000 et le statut des VIE.

c. Le volontaire a droit à la prise en charge par l'entreprise du billet aller (départ en mission) et retour (fin de mission), de ses frais de transport de bagages et, le cas échéant, des frais de visa et de l'impôt dû localement à raison de son indemnité forfaitaire mensuelle ou de l'occupation de son logement.

d. Il bénéficie d'une **protection sociale** par l'effet d'un contrat de groupe souscrit par Business France, comprenant une couverture maladie, maternité, invalidité, AT/MP, rapatriement sanitaire. Sur la situation du volontaire au regard de la **retraite complémentaire,** voir nº 46160, a.

DÉROULEMENT ET FINANCEMENT DE LA MISSION

La structure locale d'accueil mentionnée nº 46110 assure l'encadrement du volontaire au plan matériel et professionnel. La **tutelle professionnelle** de l'intéressé doit être assurée par un cadre résidant sur place. En aucun cas, le volontaire ne peut effectuer sa mission depuis son domicile. 46140

Business France **facture** mensuellement à l'entreprise le coût de la mission : indemnité forfaitaire mensuelle, frais de gestion et de protection sociale du volontaire.

Les entreprises recourant au VIE peuvent obtenir des **aides financières** : les dépenses liées au recours au VIE sont éligibles au prêt croissance international proposé par Bpifrance ; le recours au VIE ouvre droit à des subventions régionales couvrant tout ou partie des dépenses de VIE. Enfin, le budget d'une mission VIE peut être couvert par l'assurance prospection de Bpifrance.

Les volontaires en VIE sont pris en compte pour déterminer si l'entreprise est redevable de la contribution supplémentaire à l'apprentissage (Mémento Paie nºs 32400 s.).

› Précisions **a.** À **défaut de représentant de l'entreprise dans le pays,** Business France peut proposer un encadrement par un conseiller du commerce extérieur de la France, un responsable de la structure d'accueil sélectionnée ou par le directeur pays Business France.

b. Les PME peuvent obtenir l'affectation, dans un même pays, de volontaires à **temps** et à **coûts partagés** entre plusieurs entreprises. La responsabilité à l'égard de Business France est assumée par un chef de file (organisme fédérateur tel qu'une chambre de commerce et d'industrie, une organisation professionnelle, une agence régionale de développement ou l'une des entreprises...).

2. VOLONTARIAT DE SOLIDARITÉ INTERNATIONALE

Le volontariat de solidarité internationale est une forme de service civique effectué à l'étranger par une personne majeure auprès d'une **association** agréée par le ministre des affaires étrangères en vue de l'accomplissement d'une mission d'intérêt général dans les domaines de la coopération au développement et de l'action humanitaire. 46150 Loi 2005-159 du 23-2-2005 CSN art. L 120-1 **N-I-10000 s**

Exclusif de l'exercice de toute activité professionnelle, le **contrat** écrit passé à cet effet entre l'association et le volontaire, pour une **durée** maximale de 2 ans, ne relève pas du Code du travail. Il peut y être mis fin de façon anticipée moyennant un préavis d'au moins un mois. La durée cumulée des missions accomplies par un volontaire, de façon continue ou non, pour une ou plusieurs associations, ne peut pas excéder 6 ans.

L'association verse au volontaire une **indemnité,** qui n'a pas le caractère d'un salaire et n'est soumise, en France, ni à l'impôt sur le revenu ni aux cotisations et contributions sociales. Elle lui offre une **protection sociale** (risques maladie, maternité, invalidité, décès, vieillesse, AT/MP) lui garantissant des droits d'un niveau identique à celui du régime général de la sécurité sociale, ainsi qu'une assurance responsabilité civile et une assurance rapatriement sanitaire.

› Précisions **a.** Si le volontaire est un salarié de droit privé, l'engagement pour une ou plusieurs missions d'une durée minimum d'un an est un motif légitime de démission. Dans ce cas, si l'intéressé réunit les autres conditions pour bénéficier d'une indemnisation du **chômage** (nºs 6500 s.), ses droits seront ouverts à son retour ou en cas d'interruption de la mission (nº 6540).

b. Sur le **congé** de solidarité internationale que peut prendre un salarié, voir nº 12505.

3. SERVICE CIVIQUE

Le service civique permet à une personne volontaire d'effectuer une **mission d'intérêt général** auprès d'une personne morale agréée de droit public ou privé sans but lucratif (associations, notamment). 46160 CSN art. L 120-1 s R 121-17 R 121-47-2 **N-I-8800 s** **C-III-36200 s** **B-I-2700** **D-IV-400**

Il peut prendre deux formes selon l'**âge** du volontaire : l'engagement de service civique, qui est ouvert aux personnes âgées de 16 à 25 ans (30 ans pour les personnes handicapées) et est conclu pour une durée continue de 6 à 12 mois, ou le volontariat associatif, qui est ouvert aux personnes de plus de 25 ans et est conclu pour une durée de 6 à 24 mois avec une association de droit français ou une fondation reconnue d'utilité publique.

À cet effet, un **contrat** de service civique, exclusif de tout lien de subordination et ne relevant pas du Code du travail, est conclu entre les parties. Il ne peut pas être souscrit pour des missions exercées par un salarié de la personne morale dont le contrat de travail a été rompu depuis moins d'un an.

L'Agence du service civique adresse par voie postale au volontaire effectuant un engagement de service civique ou un service volontaire européen en France une **carte du volontaire** lui permettant de justifier de son statut auprès des tiers, pendant toute la durée de sa mission, afin que lui soient appliqués les conditions contractuelles et les avantages financiers dont bénéficient les étudiants des établissements d'enseignement supérieur. Pour être valable, cette carte doit comporter certaines mentions obligatoires précisées par décret. En cas de rupture de l'engagement, elle devra être remise par le volontaire à l'organisme auprès duquel il effectue sa mission, qui en assurera la destruction.

Le volontaire perçoit une **indemnité** mensuelle exonérée d'impôt sur le revenu et peut dans certains cas bénéficier de titres-restaurant. Il a aussi droit à un **congé** annuel, à raison de 2 jours ouvrés par mois de service effectif, dès lors qu'il a exercé la mission définie au contrat au minimum durant 10 jours ouvrés.

S'agissant de sa **protection sociale,** le volontaire est couvert par les assurances maladie, maternité, invalidité, vieillesse et décès du régime général de la sécurité sociale (n° 4360) et contre le risque AT/MP (CSS art. L 412-8, 13°). Les cotisations de sécurité sociale, la CSG et la CRDS sont dues sur cette indemnité aux taux de droit commun. La cotisation AT est due au taux net moyen national (Arrêté du 25-2-2014), soit 2,24 % en 2021. Aucune autre cotisation sociale n'est due.

> Précisions **a.** Les **droits à retraite** des assurés en service civique sont calculés selon les règles de droit commun (nos 67545 s.). Ils sont validés au moyen des données transmises par l'agence de service et de paiement (ASP), même si des régularisations sont toujours possibles sur présentation de certains justificatifs. Les trimestres de service civique sont pris en compte pour la détermination de la durée d'assurance requise pour bénéficier d'une pension à taux plein, de la durée d'assurance au régime général et du salaire annuel moyen. En revanche, ils ne sont pas pris en compte pour le calcul d'une surcote ou le minimum contributif (Circ. Cnav 2017-30 du 21-8-2017).
Les volontaires du service civique ne sont pas affiliés à l'**Agirc-Arrco** (CSN art. L 120-28). Il en est de même des titulaires d'un contrat de volontariat international en entreprise et des détenus exécutant un travail pénal (Circ. Agirc-Arrco 1 du 9-1-2019).
b. Le salarié qui rompt son contrat de travail pour souscrire un contrat de service civique n'est pas privé de ses droits à l'assurance **chômage** à l'issue de ce service (n° 6540). S'il percevait les allocations d'assurance chômage, ce versement est suspendu pendant le service (n° 6800).
c. Le service civique peut être pris en compte au titre de la **validation des acquis** de l'expérience (n° 38020).

46165 C. trav. art. L 5131-3 s R 5131-4 s **Q-II-52000 s**

Aides à l'insertion des jeunes

Les jeunes de 16 à 25 ans sans emploi peuvent bénéficier d'un accompagnement par une mission locale pour l'insertion des jeunes via le parcours contractualisé d'accompagnement vers l'emploi et l'autonomie **(PACEA)** ou la **garantie jeune.** Dans le premier cas, ils peuvent, en plus du parcours d'accompagnement, percevoir une allocation mensuelle, modulable en fonction de leur situation et ne pouvant pas excéder le montant du RSA (voir notre rubrique chiffres et taux sur www.efl.fr). Dans le second cas, et à condition de disposer de ressources inférieures au montant du RSA, ils peuvent bénéficier d'un accompagnement plus intensif, assorti d'une allocation d'un montant équivalant au RSA, cumulable avec d'autres ressources d'activité tant qu'elles ne dépassent pas 300 € nets mensuels. Au-delà, l'allocation est dégressive et s'annule lorsque le montant total de leurs ressources atteint 80 % du montant mensuel brut du Smic.

JOURNALISTES

SOMMAIRE

A. Définition

COLLABORATION POUR UNE ENTREPRISE DE PRESSE

46200 C. trav. art. L 7111-3 T-IV-50 s

Est journaliste professionnel toute personne :

– dont l'**activité principale,** régulière et rétribuée, est le journalisme qui se caractérise par une collaboration intellectuelle ayant pour objet l'information des lecteurs, la détention d'une carte de presse n'étant pas déterminante (Cass. soc. 1-4-1992 nº 88-42.951 P : RJS 6/92 nº 809) ;

– qui exerce cette profession dans une ou plusieurs **entreprises de presse, publications** quotidiennes et périodiques ou **agences de presse** ;

– et en tire le **principal de ses ressources,** peu important leur modicité (Cass. soc. 7-2-1990 nº 86-45.551 P : RJS 3/90 nº 271).

› Précisions **a.** L'activité de journaliste est **incompatible** avec celle de conseiller en relations publiques et d'attaché de presse (Arrêté du 23-10-1964 art. 3).

b. Le Conseil d'État, qui statue sur les litiges relatifs à la délivrance de la carte de presse, admet que la reconnaissance de la qualité de journaliste professionnel ne soit pas nécessairement subordonnée à l'exercice de cette activité dans une entreprise de presse dès lors que l'intéressé exerce son activité pour une publication paraissant suivant une périodicité définie et contenant des articles d'information et d'opinion (CE 22-6-2001 nº 219930 : RJS 10/01 nº 1228). La Cour de cassation l'admet également mais exige en outre, en ce cas, pour la reconnaissance du statut de journaliste professionnel, que cette publication dispose d'une **indépendance éditoriale** (Cass. soc. 25-9-2013 nº 12-17.516 FS-PBR : RJS 12/13 nº 859 ; 1-12-2016 nº 15-19.177 FS-PB : RJS 2/17 nº 158).

c. Le journaliste exerçant sa profession dans une entreprise de communication au public par **voie électronique** (télévision, radio, Internet) a la qualité de journaliste professionnel au même titre que ses confrères de la presse écrite (C. trav. art. L 7111-5), même si l'entreprise n'assure pas directement la diffusion des œuvres qu'elle produit (CE 5-4-2002 nº 219829 : RJS 7/02 nº 909).

46205 C. trav. art. L 7111-3 T-IV-750 s F-V-21000 s

Correspondants de presse Le correspondant de presse, qu'il travaille sur le territoire français ou à l'étranger, est un journaliste professionnel s'il remplit les conditions fixées nº 46200 et perçoit des **rémunérations fixes** (Cass. soc. 30-5-2018 nº 16-26.415 FS-PB : RJS 8-9/18 nº 569). S'il est payé à la pige, il n'est pas journaliste professionnel et ne relève pas à ce titre du régime général de sécurité sociale en tant que salarié (Cass. soc. 14-11-1991 nº 89-15.267 PF : RJS 12/91 nº 1378 ; 5-3-1992 nº 90-10.676 P : RJS 4/92 nº 539).

De même, s'il ne remplit pas ces conditions, le correspondant local de la **presse régionale ou départementale,** au sens défini par la loi 87-39 du 27 janvier 1987, ne bénéficie pas du statut de journaliste professionnel (Cass. soc. 20-12-2006 nº 06-40.662 FS-PBRI : RJS 3/07 nº 397). Il est affilié au régime général en tant que travailleur indépendant suivant des modalités spécifiques (Loi 87-39 du 27-1-1987 art. 10).

46210 C. trav. art. L 7111-4 T-IV-950 s

Professions assimilées Les **collaborateurs directs de la rédaction** sont assimilés aux journalistes professionnels. Sont expressément visés : les reporters-dessinateurs ou photographes, les rédacteurs-réviseurs ou traducteurs, les sténographes-rédacteurs à l'exclusion des agents de publicité et de tous ceux qui n'apportent, à un titre quelconque, qu'une collaboration occasionnelle. Cette liste n'est pas exhaustive. La qualité de journaliste a ainsi été reconnue à un **maquettiste** et à un **infographiste** exerçant leurs fonctions en tant que collaborateurs directs de la publication les employant (Cass. soc. 9-2-1989 n° 85-45.119 P : RJS 3/89 n° 286 ; 25-1-2017 n° 15-23.169 FS-PB : RJS 4/17 n° 302).

B. Statut professionnel

46250 C. trav. art. L 7111-1 s T-IV-1500 s

Les journalistes professionnels et assimilés bénéficient d'un statut partiellement dérogatoire au droit commun, prévu par les articles L 7111-1 à L 7114-1 du Code du travail. Est nulle toute convention contraire aux dispositions des articles L 7111-1 à L 7113-1 du Code du travail. S'y ajoute la convention collective nationale (CCN) des journalistes du 1er novembre 1976, étendue (Arrêté ASET8803104A du 2-2-1988 : JO 13) et complétée par des accords propres aux différentes formes de presse : presse périodique régionale, départementale, etc.

Les particularités du statut des journalistes professionnels **pigistes** sont exposées nos 46500 s.

› Précisions a. La **CCN** est **obligatoire** pour toutes les entreprises occupant des journalistes professionnels. Son texte est **consultable** sur notre Navis conventions collectives et sur le site www.legifrance.gouv.fr. Elle peut aussi être commandée à la Documentation française sur Internet (https://www.vie-publique.fr/publications).
b. Le statut légal des journalistes professionnels et assimilés comprend des dispositions relatives à leur **représentation** au comité social et économique, non détaillées ici (C. trav. art. L 7111-7 s.).
c. Les entreprises ou sociétés éditrices de presse ou de communication audiovisuelle doivent disposer d'une **charte déontologique** (Loi du 29-7-1881 sur la liberté de la presse, art. 2 bis) dont un exemplaire doit être remis au journaliste professionnel lors de son embauche ou dans un délai de 3 mois suivant l'adoption de cette charte par l'entreprise (C. trav. art. L 7111-5-2).

1. CONTRAT DE TRAVAIL

46260 C. trav. art. L 7112-1 et L 7111-5-1 CCN 1-11-1976 art. 7 et art. 20 T-IV-1550 s T-IV-2920 s

Toute convention par laquelle une entreprise de presse (ou une agence de presse : Cass. soc. 13-4-2016 n° 11-28.713 FS-PB : RJS 6/16 n° 461) s'assure, moyennant rémunération, le concours d'un journaliste professionnel est présumée être un contrat de travail. Cette **présomption** subsiste quels que soient le mode et le montant de la rémunération ainsi que la qualification donnée à la convention par les parties. L'employeur peut la renverser s'il établit que l'intéressé exerce son activité en toute indépendance et en toute liberté (Cass. soc. 8-4-1992 n° 89-42.171 P : RJS 6/92 n° 810 ; 1-2-1995 n° 91-42.789 P : RJS 3/95 n° 315).

› Précisions a. Les dispositions générales exposées nos 16530 et 17410 s. relatives à l'**information du salarié** sur son contrat de travail et sur la modification de celui-ci sont applicables aux journalistes. En outre, la convention collective prévoit que :
– chaque journaliste doit recevoir, au moment de son engagement, une lettre stipulant en particulier l'emploi, la qualification professionnelle, la convention collective applicable, le barème de référence, la date de prise de fonction, le montant du salaire et le lieu d'exécution du travail ;
– les conditions de mutation doivent faire l'objet d'un accord précis dans la lettre d'engagement. Il en va de même des conditions d'envoi à l'étranger au moment de l'engagement ou de la mutation ;
– en cas de modification du contrat de travail, il doit être procédé à un échange de lettres.
b. Les **collaborations extérieures** des journalistes professionnels employés régulièrement à temps plein ou à temps partiel doivent au préalable être **déclarées** par écrit à chaque employeur et faire l'objet d'une **autorisation** écrite de sa part. L'autorisation n'est pas nécessaire si la collaboration est fortuite et ne porte **aucun préjudice** à l'employeur. En cas de litige porté devant les tribunaux, l'appréciation du caractère fortuit et de l'existence d'un préjudice relève de l'appréciation souveraine des juges du fond (Cass. soc. 10-7-2013 n° 11-22.200 FS-D : RJS 10/13 n° 713). L'autorisation est considérée comme acquise faute de réponse dans un délai variant de 10 jours à un mois selon les publications. Si l'employeur estime qu'une ou plusieurs collaborations extérieures est ou sont de nature à lui porter un préjudice professionnel ou moral, il peut refuser de donner son accord en motivant sa décision. La **non-déclaration** ou toute **fausse déclaration** de la part du journaliste constitue une faute grave justifiant une demande de réunion de la commission arbitrale visée n° 46370.

2. CARTE PROFESSIONNELLE

46280 C. trav. art. L 7111-6 L 7114-1

Les journalistes professionnels disposent d'une carte d'identité professionnelle. Délivrée sur demande en ligne par une **commission paritaire** sur le site www.ccijp.net, elle est valable un an et renouvelable.

› Précisions **a.** La décision de la commission paritaire peut être soumise à une **commission supérieure,** saisie dans le délai d'un mois à compter de sa notification. R 7111-1 s R 7111-29 s **T-IV-6700 s**
b. Toute fausse déclaration du requérant ou usage **frauduleux** de la carte d'identité professionnelle est passible d'un emprisonnement de 2 ans au plus et d'une amende de 3 750 €.

3. CONDITIONS DE TRAVAIL

DURÉE DU TRAVAIL ET REPOS HEBDOMADAIRE

Les dispositions du Code du travail relatives à la durée du travail et au repos hebdomadaire s'appliquent aux journalistes professionnels. La convention collective prévoit, en outre, que : **46300** C. trav. art. L 7111-1 CCN 1-11-1976 art. 29, 30 et 34 **T-IV-4080 s**

– le **repos hebdomadaire** est de 2 jours, en principe consécutifs. Dans le cas particulier où le journaliste ne peut pas bénéficier du deuxième jour hebdomadaire, un repos compensateur doit lui être assuré dans un délai ne pouvant excéder 60 jours (porté à 90 jours pendant la période du 1er mai au 31 octobre). Si par exception, ce repos compensateur ne peut pas être satisfait dans ce délai, il donne droit à une rémunération compensatrice ;
– le travail des **jours fériés** donne lieu à récupération (sous réserve de la journée de solidarité) ;
– les **dérogations** exceptionnelles à la **durée maximale** du travail rendues nécessaires par l'exercice de la profession et les exigences de l'actualité ouvrent droit à récupération (Cass. soc. 20-9-2006 n° 04-47.343 F-PB : RJS 11/06 n° 1231) ;
– le **travail de nuit** ouvre droit à une rémunération supplémentaire et, pour la presse hebdomadaire ou périodique et pour les stations de radio, à une compensation en temps ou en salaire.

CONGÉS

Les journalistes professionnels bénéficient des dispositions du Code du travail relatives aux congés. La convention collective reconnaît un congé d'un mois de date à date plus une semaine supplémentaire aux journalistes présents durant la totalité de la période de référence et accorde 2,5 jours ouvrables de congés par mois de travail effectif aux autres. **46310** C. trav. art. L 7111-1 CCN 1-11-1976 art. 31 s et 35 **T-IV-3050 s**

› Précisions **a.** La convention collective prévoit que les journalistes **employés à titre occasionnel** peuvent prétendre à une indemnité de congés payés, calculée sur la base de 1/10e de la rémunération perçue au cours de la période de référence légale, versée en juin.
b. Les dispositions du Code du travail relatives aux congés pour **raisons familiales** (nos 11935 s.) s'appliquent aux journalistes professionnels et assimilés. Toutefois, pour les absences suivantes, la convention collective est plus favorable que la loi :
– mariage de l'intéressé : 6 jours ouvrables,
– mariage d'un enfant ou d'un ascendant : 2 jours,
– maladie d'un enfant de 12 ans ou moins : 1 ou 2 jours ouvrables (dans la limite de 6 par année civile, portée à 8 à partir de 2 enfants), sur présentation d'un certificat médical attestant la nécessité de la présence du parent,
– décès du conjoint, du père, de la mère, d'un des grands-parents et beaux-parents : 4 jours,
– décès d'un petit-enfant : 2 jours,
– décès d'un beau-frère ou d'une belle-sœur : 1 jour,
– déménagement : 2 jours.

4. RÉMUNÉRATION

MONTANT ET FIXATION

Le salaire du journaliste professionnel doit être supérieur ou égal au **minimum conventionnel** ou au Smic si celui-ci est supérieur. **46330** C. trav. art. L 7113-1 à L 7113-3 CCN 1-11-1976 **T-IV-2350 s**

Tout travail **commandé ou accepté** par l'éditeur d'un titre de presse même **non publié** est payé. Et tout travail **non prévu** au contrat de travail liant le journaliste professionnel et l'entreprise de journal et périodique entraîne une rémunération spéciale.

› Précisions **a.** En raison de la disparité des catégories d'entreprises de presse, le salaire **minimum conventionnel** est fixé pour chaque forme de presse (quotidiens, périodiques, audiovisuel...).
b. La convention collective prévoit, en outre, pour tous les journalistes professionnels :
– une **prime d'ancienneté** à partir de 5 ans d'ancienneté dans la profession et une autre à partir de 5 ans d'ancienneté dans l'entreprise (art. 23) ;
– un **treizième mois** (art. 25) ;
– le maintien du salaire en cas de **maladie** ou d'accident du travail, à partir de 6 mois de présence dans l'entreprise (art. 36) ;
– le maintien intégral du salaire pendant le congé de **maternité** (sans condition d'ancienneté, sous déduction des prestations en espèces versées par la sécurité sociale et, le cas échéant, tout autre régime collectif auquel l'entreprise cotise : art. 42).

EXPLOITATION ET CESSION DE L'ŒUVRE

46335 C. trav. art. L 7111-5-1 CPI art. L 132-35 à L 132-45 R 132-18 à R 132-27 T-IV-2950 s

La **collaboration** entre une entreprise de presse et un journaliste professionnel **porte sur** l'ensemble de supports du **titre de presse,** sauf stipulation contraire du contrat de travail ou de toute autre convention de collaboration ponctuelle.

Un accord d'entreprise ou, à défaut, un autre accord collectif fixe pour l'**exploitation de l'œuvre** du journaliste dans le cadre de ce titre de presse :

– la **période** durant laquelle celle-ci a pour seule contrepartie le salaire ;

– au-delà de cette période, la **rémunération complémentaire** sous forme de droits d'auteur ou de salaire à laquelle elle donne droit.

Un accord d'entreprise peut, en outre, prévoir la diffusion de l'œuvre par d'**autres titres** appartenant à une famille cohérente de presse moyennant une rémunération complémentaire sous forme de salaire ou de droits d'auteur.

La **cession** de l'œuvre en vue de son exploitation hors du titre de presse initial ou d'une famille cohérente de presse est soumise à l'accord du journaliste et rémunérée sous forme de droits d'auteur.

› Précisions a. Les entreprises de **moins de 11 salariés** peuvent conclure des accords collectifs relatifs à l'exploitation des œuvres des journalistes selon des modalités dérogatoires au Code du travail (CPI art. L 132-42-1 et L 132-44, al. 3).

b. Des règles spécifiques s'appliquent, d'une part, aux auteurs d'**images fixes** (photographies ou dessins) et, d'autre part, **à défaut d'accord** collectif applicable (CPI art. D 132-28 et D 132-29 ; Arrêté MCCE1710392A du 9-5-2017 modifié).

5. RUPTURE DU CONTRAT DE TRAVAIL

a. Préavis

DURÉE ET DISPENSE

46340 C. trav. art. L 7112-5, 3° CCN 1-11-1976 art. 46 T-IV-5700 s

La durée du préavis est :

– en cas de **licenciement,** d'un mois si le contrat a duré moins de 2 ans et de 2 mois dans le cas contraire ;

– en cas de départ ou mise à la **retraite,** 3 mois ;

– en cas de **démission,** d'un mois quelles que soient l'ancienneté ou les clauses du contrat de travail (Cass. soc. 10-12-1987 nº 85-41.917 D ; CA Paris 2-2-1988 nº 87-34442).

En cas de démission motivée par un **changement notable** dans le caractère ou l'orientation du **journal** (nº 46360), le journaliste professionnel est dispensé de préavis mais ne peut pas réclamer une **indemnité** compensatrice à ce titre (Cass. soc. 17-4-1996 nº 93-42.409 P : RJS 7/96 nº 856).

ATTENTION

Le journaliste professionnel partant volontairement à la retraite devrait à notre sens pouvoir **limiter son préavis** à la durée prévue à l'article L 7112-2 du Code du travail (un mois pour une ancienneté inférieure ou égale à 3 ans et 2 mois pour une ancienneté supérieure).

HEURES DE RECHERCHE D'EMPLOI

46345 CCN 1-11-1976 art. 46

La convention collective permet, pendant son préavis, au journaliste professionnel de **s'absenter** 50 heures par mois, à raison de 2 heures par jour ouvrable, pour rechercher un emploi. Ces absences ne donnent pas lieu à réduction de salaire. Les heures de recherche d'emploi peuvent, en accord avec l'employeur, être bloquées en tout ou partie avant l'expiration du préavis. Le journaliste ne peut plus prétendre à ces avantages dès qu'il a trouvé un autre emploi. Les **autres conditions** d'exécution du préavis sont celles de droit commun.

b. Indemnisation

LICENCIEMENT ET DÉMISSION

46355 C. trav. art. L 7112-3 T-IV-4850 s

Les journalistes professionnels – y compris ceux travaillant en **agence de presse** : Cass. soc. 30-9-2020 nº 19-12.885 FS-PBRI : RJS 12/20 nº 630 – bénéficient d'une indemnité spécifique en cas de licenciement propre à leur statut. Celle-ci n'est pas due en cas de **rupture conventionnelle homologuée** (Cass. soc. 3-6-2015 nº 13-26.799 FS-PBR : RJS 8-9/15 nº 564). Le calcul du minimum de l'indemnité de rupture conventionnelle est celui prévu pour l'indemnité légale de licenciement de droit commun.

S'agissant du **régime juridique** de l'indemnité, voir nº 49040.

Le journaliste professionnel a droit à l'indemnité statutaire de licenciement si sa **démission** est motivée par : la **cession** du journal ou du périodique, sa **cessation** pour quelque cause que ce soit ou le **changement notable** dans son caractère ou son orientation de nature à porter atteinte à l'honneur du journaliste, à sa réputation ou, d'une manière générale, à ses intérêts moraux. Ces dispositions s'appliquent aux journalistes des entreprises de communication audiovisuelle (CA Versailles 20-10-2006 n° 05/3457 : RJS 4/07 n° 544). **46360** C. trav. art. L 7112-5 **T-IV-5050 s**

Aucun **délai** n'est imposé au journaliste pour les invoquer (Cass. soc. 10-3-1998 n° 95-43.795 P : RJS 4/98 n° 542 ; 16-2-2012 n° 10-18.525 F-D : RJS 5/12 n° 512).

ILLUSTRATIONS

a. Constitue une **cession** celle d'actions de la société possédant le journal ou de celle actionnaire de cette dernière si cette cession entraîne la prise de contrôle de cette société par un nouvel actionnaire ou groupe d'actionnaires (Cass. soc. 10-3-1998 n° 95-43.795 P : RJS 4/98 n° 542). L'article L 7112-5 s'applique même si le cessionnaire exploitait déjà le journal depuis plusieurs années en vertu d'un contrat de licence (Cass. soc. 26-2-2002 n° 00-40.763 FS-P : RJS 5/02 n° 635).

La mise en location-gérance du journal n'est pas une cession au sens de l'article L 7112-5 (Cass. soc. 29-5-1991 n° 87-45.677 P : RJS 7/91 n° 900).

b. Constitue un **changement notable** du caractère et de l'orientation déontologiques du journal le départ simultané de ses directeur général et directeur politique à la suite d'une concentration de tous les pouvoirs entre les mains du propriétaire (CA Paris 19-1-1981 n° 79-26765). Même solution pour le changement d'orientation d'un magazine, à l'origine exclusif de tout caractère scandaleux, vers la publication d'articles privilégiant le sensationnel et portant atteinte à la vie privée (Cass. soc. 17-4-1996 n° 93-42.409 P : RJS 7/96 n° 856).

Le **montant** de l'indemnité de licenciement est au moins égal à un mois de rémunération par année ou fraction d'année de collaboration, sur la base des derniers appointements, dans la limite de 15 mensualités. **46365** C. trav. art. L 7112-3 CCN 1-11-1976 art. 44 **T-IV-4890 s**

› Précisions **a.** Sauf dispositions conventionnelles plus favorables, l'indemnité de licenciement est calculée sur la **base des salaires** retenus pour le calcul de l'indemnité légale de licenciement (n° 48940) (Cass. soc. 24-10-2001 n° 00-40.256 F-D : RJS 1/02 n° 105). Selon la convention collective, elle se calcule sur la base du dernier salaire perçu, que les journalistes travaillent à temps plein ou à temps partiel ou, à défaut de salaire mensuel régulier, sur la base de 1/12e du salaire des 12 derniers mois ou 1/24e du salaire des 24 mois précédant le licenciement, au choix du journaliste. Cette base est majorée de 1/12e pour tenir compte du treizième mois conventionnel. Si l'ancienneté du journaliste dans l'entreprise est inférieure à un an, l'indemnité se calcule sur la moyenne des salaires perçus depuis l'embauche.
b. Le journaliste licencié peut prétendre soit à l'indemnité particulière, calculée en fonction des seules **années d'exercice** de la profession de journaliste, soit, si elle est plus favorable, à l'indemnité de licenciement de droit commun, tenant compte de la totalité de ses années de service dans l'entreprise. Sauf disposition contraire, indemnité particulière et indemnité conventionnelle de licenciement ne se cumulent pas (Cass. soc. 11-12-1991 n° 88-41.171 PF : RJS 2/92 n° 205).

Une **commission arbitrale** est obligatoirement saisie pour déterminer l'indemnité due si la durée des services du journaliste est **supérieure à 15 ans** (Cass. soc. 24-9-2008 n° 07-40.264 F-D). Cette commission peut, en cas de **faute grave** (Cass. soc. 13-4-1999 n° 97-40.090 P : RJS 6/99 n° 877) ou de fautes **répétées,** réduire ou même supprimer l'indemnité (Cass. soc. 29-10-2002 n° 00-13.413 FS-P : RJS 3/03 n° 397), peu important dans ce cas l'ancienneté du salarié (Cass. soc. 12-10-1961 n° 60-10.087 ; CA Aix-en-Provence 12-11-1996 n° 92-10263). **46370** C. trav. art. L 7112-4 D 7112-3

Sa décision est obligatoire et ne peut pas être frappée d'appel. Elle est **notifiée** aux parties par l'un des arbitres ou le président de la commission, par lettre recommandée avec avis de réception, 24 heures après avoir été rendue. Elle produit effet à compter de la saisine de la commission.

› Précisions **a.** Lorsqu'elle doit être saisie, la commission arbitrale est **seule compétente** pour fixer le montant de l'indemnité de licenciement (Cass. soc. 14-2-2018 n° 16-25.649 FS-PB : RJS 4/18 n° 299). Le juge prud'homal n'a compétence que pour les **autres indemnités.** Ainsi, une cour d'appel peut allouer des indemnités de préavis et pour licenciement sans cause réelle et sérieuse à un journaliste même si la commission arbitrale a jugé qu'il a commis une faute grave (Cass. soc. 8-7-1992 n° 89-41.343 PF : RJS 8-9/92 n° 1043 ; 22-5-1995 n° 91-43.448 P : RJS 7/95 n° 837). La décision du juge prud'homal ne s'impose pas à la commission (Cass. soc. 29-10-2002 n° 00-13.413 FS-P : RJS 3/03 n° 397).
Si la commission arbitrale n'a pas à être saisie, c'est le juge prud'homal qui fixe le montant de toutes les indemnités liées à la rupture du contrat de travail, y compris l'indemnité de licenciement.
b. La compétence de la commission arbitrale est exclue lorsque l'employeur ne prend pas **l'initiative de la rupture.** Tel est le cas d'un **départ volontaire** des salariés dans le cadre d'un **plan de sauvegarde de l'emploi,** leur contrat faisant l'objet d'une résiliation amiable (Cass. soc. 9-4-2015 n° 13-23.588 FP-PBR : RJS 6/15 n° 452).

INDEMNITÉ DE DÉPART OU MISE À LA RETRAITE

46375 C. trav. art. L 7111-1 CCN 1-11-1976 art. 51 T-IV-5500 s

Le journaliste perçoit une **indemnité** égale à : un mois de salaire après 2 ans de présence, 2 mois après 5 ans, 3 mois après 10 ans, 4 mois après 20 ans et 5 mois après 30 ans. Cette indemnité ne se **cumule** avec aucune autre indemnité de même nature : seule la plus élevée est due. Elle n'est due en cas de départ volontaire que si l'intéressé a obtenu la liquidation de sa pension de retraite. Le **salaire** à retenir est celui défini par la convention collective (n° 46365 a). L'**ancienneté** est celle acquise dans l'entreprise dans les fonctions de journaliste.

C. Protection sociale

1. SÉCURITÉ SOCIALE

RÉGIME APPLICABLE

46450 CSS art. L 382-14-1 T-IV-7700 s

Les journalistes professionnels et assimilés, au sens indiqué nos 46200 s., détenant ou non la carte d'identité professionnelle, sont assujettis au **régime des salariés** de la sécurité sociale (Cass. soc. 29-10-1975 n° 74-12.929). Leur embauche doit donner lieu à **déclaration préalable** auprès des organismes de protection sociale (voir nos 33220 s.). L'assiette et le taux des cotisations sont déterminés selon des modalités particulières (voir nos 46455 s.). Les **droits d'auteur** qu'ils perçoivent dans certains cas (n° 46335) n'ont pas le caractère de salaire et sont assujettis aux cotisations de sécurité sociale, à l'exception de celles dues au titre des accidents du travail et des maladies professionnelles, selon le régime des artistes-auteurs.

Les **autres** journalistes relèvent, selon les cas, du régime général en tant que salarié (nos 4200 s.) ou comme travailleur indépendant (nos 79700 s.) ou du régime des artistes-auteurs (n° 4355). Pour les correspondants de presse, voir n° 46205.

DÉDUCTION FORFAITAIRE POUR FRAIS PROFESSIONNELS

46455 Arrêté 20-12-2002 art. 9 C-I-28500 s C-I-29250 s

Les journalistes peuvent bénéficier d'une déduction forfaitaire spécifique pour frais professionnels de 30 %, dont le montant est plafonné à 7 600 € par an (nos 22770 s.). L'option, proposée par l'employeur, doit recevoir l'accord des intéressés dans les conditions exposées n° 22780.

> **Précisions** **a.** En cas d'option pour la déduction forfaitaire spécifique, l'employeur doit, conformément à la règle exposée n° 22785, comprendre dans l'assiette des cotisations le montant des indemnités et remboursements de frais versés au journaliste, à l'exception des **remboursements de frais** incombant à l'entreprise (Circ. DSS 7 du 7-1-2003 n° 5-3, réputée abrogée), tels que, par alignement notamment sur la doctrine fiscale :
> – la part patronale des frais de dossier de renouvellement de la carte d'identité professionnelle versés à la commission mentionnée n° 46280 (Cass. 2e civ. 11-9-2008 n° 07-18.792 FS-PB : RJS 11/08 n° 1130) ;
> – les frais de taxi de nuit exposés lorsque l'heure du déplacement ne permet plus l'utilisation des transports en commun (BOI-RSA-CHAMP-20-50-10-30 n° 90) ;
> – les frais de déplacement et de séjour du journaliste envoyé en mission : c'est-à-dire chargé de « couvrir » un événement, quel que soit le lieu où il se déroule (BOI-RSA-CHAMP-20-50-10-30 n° 90).
> Un **cumul partiel** est autorisé, pour certains frais professionnels du journaliste, entre l'exonération de leur indemnisation et la déduction forfaitaire de 30 %, et il est fixé un **plafond global** annuel, par journaliste, des indemnités devant être réintégrées dans l'assiette des cotisations (BOI-RSA-CHAMP-20-50-10-30 n° 80).
> **b.** La déduction forfaitaire ne s'applique pas pour l'assiette des **cotisations** d'assurance chômage (n° 46480), de la CSG et de la CRDS (nos 25110 s.). Pour la retraite complémentaire, voir nos 46470 et 46570.
> **c.** Sur le cumul entre la déduction forfaitaire spécifique pour frais professionnels et la réduction générale de cotisations patronales, voir nos 1939 s.

TAUX DES COTISATIONS

46460 Arrêté 26-3-1987 T-IV-8100 s

Les **cotisations de sécurité sociale** dues au régime général par les agences de presse et les entreprises de la presse quotidienne ou périodique pour l'emploi de journalistes professionnels et assimilés se calculent :
– au taux de **droit commun** pour les cotisations maladie, la cotisation salariale vieillesse déplafonnée (Circ. DSS 622 du 22-12-2004 réputée abrogée), la contribution Fnal (Circ. Acoss 19 du 13-4-2015) et les contributions solidarité autonomie et dialogue social ;
– sur la base de taux réduits, fixés à **80 % des taux** de droit commun du régime général, pour les cotisations suivantes : accidents du travail (Cass. soc. 11-4-2002 n° 00-16.085 F-P : RJS 7/02 n° 911), allocations familiales, vieillesse plafonnée et cotisation patronale vieillesse déplafonnée et versement mobilités (Lettre min. 30-10-2002).

Chaque agence ou entreprise applique ces taux réduits à la rémunération qu'elle verse au journaliste, sans avoir à rechercher s'il est rémunéré par d'autres employeurs. Elle est alors dispensée de régulariser les cotisations plafonnées de sécurité sociale.
On trouvera ci-après un **tableau récapitulatif** des taux des cotisations applicables aux journalistes, tenant compte de ces réductions.

› Précisions **a.** Si les taux réduits visent en droit strict les journalistes travaillant régulièrement et simultanément pour plusieurs employeurs, l'administration en reconnaît, plus largement, le **bénéfice** à tout journaliste titulaire de la carte d'identité professionnelle (Lettre min. 26-3-1987 ; www.urssaf.fr).

b. Les **autres cotisations sociales** (retraite complémentaire, chômage, etc.), la CSG et la CRDS sont dues aux taux de droit commun.

c. Sur le **cumul** des taux réduits avec la réduction générale de cotisations patronales et le calcul de celle-ci, voir n° 1955 a. Pour les salariés à **temps partiel,** l'application des taux réduits exclut celle du mécanisme de réduction du plafond (n°s 77470, e).

Tableau récapitulatif des taux réduits applicables aux agences et entreprises de presse S'y ajoute, le cas échéant, le **versement mobilités** calculé sur la base de 80 % du taux normal. 46465

Risques et charges	Taux					
	a) Dans la limite du plafond			b) Sur la totalité des rémunérations ou gains		
	Employeurs	Salariés	Total	Employeurs	Salariés	Total
	%	%	%	%	%	%
1° Assurance maladie, maternité, invalidité et décès [1] et solidarité autonomie						
– rémunération ouvrant droit au taux réduit (n°s 23525 s.)	-	-	-	7,30	-	7,30
– rémunération n'ouvrant pas droit au taux réduit	-	-	-	13,30	-	13,30
2° Assurance vieillesse	6,84	5,52	12,36	1,52	0,40	1,92
3° Accidents du travail [1 et 2]						
Agence de presse	-	-	-	0,96	-	0,96
Édition, imprimerie	-	-	-	1,52	-	1,52
4° Allocations familiales						
– rémunération ouvrant droit au taux réduit (n°s 23525 s.)	-	-	-	2,76	-	2,76
– rémunération n'ouvrant pas droit au taux réduit	-	-	-	4,20	-	4,20
5° Aide au logement						
Entreprises de moins de 50 salariés	0,10	-	0,10	-	-	-
Entreprises d'au moins 50 salariés	-	-	-	0,50	-	0,50

1. Taux de la cotisation salariale égale à 5,5 % pour les salariés non domiciliés fiscalement en France.
Dans les départements du Haut-Rhin, du Bas-Rhin et de la Moselle :
– les taux des cotisations d'assurance maladie, maternité, invalidité et décès sont les mêmes que dans le cas général, sous réserve d'une cotisation supplémentaire de maladie à la charge exclusive du salarié sur la totalité du salaire. Le taux de cette cotisation est celui indiqué au n° 90030, note 1 ;
– le taux de cotisation d'accidents du travail des entreprises soumises à la tarification collective est fixé, pour 2021, à 2,7 % (soit un taux réduit de 2,16 %) pour l'édition et l'imprimerie et pour les agences de presse et journalistes indépendants.
2. Taux applicables dans les entreprises soumises à la tarification collective (n° 23540) déterminés en fonction de l'activité principale de l'établissement, après application de la réduction visée n° 46460.

2. RETRAITE ET PRÉVOYANCE COMPLÉMENTAIRES

46470 Les journalistes professionnels relèvent, pour la **retraite** complémentaire, du régime Agirc-Arrco dans les conditions de droit commun. L'assiette des cotisations est donc en principe identique à celle des cotisations de sécurité sociale (n° 67970).

CCN 1-11-1976 art. 37 et 39 T-IV-8700 s

S'agissant de la **prévoyance,** l'assurance décès visée n° 59180 doit être souscrite pour les cadres. La convention collective impose aux employeurs de faire bénéficier les journalistes d'une garantie décès et invalidité permanente totale résultant d'un accident du travail ou d'une maladie consécutive à un tel accident. Une assurance complémentaire doit être souscrite pour les missions a priori dangereuses, afin de couvrir les risques décès et invalidité permanente totale ou partielle.

3. CHÔMAGE

46480 Le régime Unédic s'applique aux journalistes professionnels et assimilés, sous réserve notamment des adaptations suivantes : le **salaire de référence** est déterminé à partir des rémunérations perçues au cours de la période de référence visée n°s 6630 s. peu importe qu'elles soient afférentes ou non à celle-ci. Sur le droit aux allocations de chômage dans les cas de démission visés n° 46360, voir n° 6540. Les **cotisations** d'assurance chômage sont assises sur le salaire réel, sans application de la déduction visée n° 46455. Les **allocations** sont calculées sur la même base.

Règlement Unédic annexes I et VII QA-II-31280 QA-II-5390

D. Pigistes

1. STATUT PROFESSIONNEL

46500 S'il exerce la profession de journaliste à titre principal et en tire l'essentiel de ses ressources, le journaliste pigiste bénéficie du statut légal de journaliste professionnel (Cass. 2e civ. 18-1-2005 n° 03-30.355 FS-PB : RJS 4/05 n° 454), de la convention collective nationale du 1er novembre 1976 (Cass. soc. 3-3-2004 n° 02-40.372 F-D : RJS 6/04 n° 770) et de l'accord collectif du 7 novembre 2008 (BOCC 2009-2). Cet accord précise les règles d'application de la convention collective et du Code du travail dans certains domaines (coefficient de référence, prime d'ancienneté, etc.) aux journalistes professionnels rémunérés à la pige. Il a été étendu (Arrêté MTST1026338A du 11-10-2010 : JO 20), à l'exception de son article VIII (calcul des effectifs) et de certaines dispositions de son article VII (élections professionnelles) (Arrêté ETST1123724A du 26-8-2011 : JO 3), jugés illicites (CA Paris 24-3-2011 n° 09-24393 : RJS 6/11 n° 561).

CONTRAT DE TRAVAIL

46510 Le journaliste professionnel rémunéré à la pige bénéficie de la **présomption de contrat de travail** mentionnée n° 46260 (Cass. soc. 17-10-2012 n° 11-14.302 FS-PB : RJS 1/13 n° 79). Son contrat est, sauf recours au CDD dans les conditions de droit commun, un CDI auquel ne s'appliquent pas les dispositions relatives au contrat à **temps partiel** visées n° 77280 (Cass. soc. 18-1-2018 n° 16-21.215 : RJS 3/18 n° 224).

Ainsi, si le journaliste pigiste collabore avec des entreprises de presse de façon régulière, celles-ci sont tenues de le considérer comme leur salarié (Cass. soc. 8-3-1995 n° 94-60.106 D : RJS 4/95 n° 452 ; 9-7-2014 n° 13-13.426 FS-D : RJS 10/14 n° 748) et de lui fournir du travail (Cass. soc. 1-2-2000 n° 98-40.195 PF : RJS 3/00 n° 345), mais pas nécessairement en volume constant (Cass. soc. 29-9-2009 n° 08-43.487 FS-PB : RJS 12/09 n° 985). À défaut, l'entreprise peut être condamnée au paiement d'un rappel de salaire et d'une indemnité pour licenciement sans cause réelle et sérieuse, notamment si le salarié prend acte de la rupture de son contrat de travail (Cass. soc. 31-10-2006 n° 05-41.773 F-D : RJS 1/07 n° 122).

Le pigiste qui travaille en toute **indépendance** ou collabore occasionnellement au journal n'est pas salarié (Cass. soc. 9-2-1989 n° 86-40.996 P : RJS 3/89 n° 287). Il ne peut se prévaloir d'un **contrat de travail apparent** en produisant seulement ses bulletins de paie (Cass. soc. 28-6-2018 n° 16-27.544 FS-PB : RJS 10/18 n° 645). L'entreprise de presse n'est pas tenue de lui procurer du travail (Cass. soc. 1-2-2000 n° 98-40.195 PF : RJS 3/00 n° 345) ni de le compter dans son effectif (Cass. soc. 8-3-1995 n° 94-60.106 D : RJS 4/95 n° 452).

› Précisions a. En cas de rupture du contrat de travail s'analysant en un licenciement, le **salaire de référence** pour déterminer le montant des **indemnités** de préavis et de congés payés et les dommages et intérêts pour défaut de cause réelle et sérieuse est fixé en application des règles relatives au calcul de l'indemnité conventionnelle de licenciement indiquées n° 46365, a (Cass. soc. 21-9-2017 n° 16-16.531 FS-PB et Cass. soc. n° 16-10.346 FS-PB : RJS 12/17 n° 842).

b. Le pigiste est intégré aux **effectifs** de l'entreprise au prorata de son temps de présence s'il a la qualité de salarié (Cass. soc. 12-1-2011 n° 09-65.814 F-D). Il est tenu compte de son temps de présence des 12 derniers mois. Celui-ci peut être déterminé en divisant la somme de l'ensemble des piges versées par l'entreprise au cours des 3 derniers mois par un salaire de référence. L'application de ce salaire de référence peut, s'agissant de la rémunération des heures de délégation, faire l'objet d'un accord entre les parties concernées (Circ. DRT 6 du 27-3-1991). Il est possible de se référer au Smic plutôt qu'à un salaire de référence en cas de grande disparité des rémunérations (Cass. soc. 10-5-2006 n° 05-60.268 FS-PB : RJS 8-9/06 n° 1002).

RÉMUNÉRATION

Le pigiste bénéficie du **Smic** (Cass. soc. 24-1-2007 n° 05-43.960 F-D : RJS 4/07 n° 500). Le **tarif minimum** de la **pige** est fixé pour chaque forme de presse. Pour les pigistes auteurs d'images fixes, voir n° 46335, b. L'accord du 7 novembre 2008 comporte des dispositions relatives à la **prime d'ancienneté** et au **treizième mois** à verser aux pigistes. **46520**

FORMATION

La **formation** du pigiste titulaire de la carte professionnelle est financée par l'employeur. En plus de la participation visée n°s 38800 s., celui-ci doit verser à l'Afdas deux contributions, l'une forfaitaire, l'autre proportionnelle s'il occupe 11 salariés et plus. Elles sont appelées chaque année en même temps que la contribution légale (Avenant 9-3-2016 à l'accord collectif national 29-3-2005, étendu). Ces contributions ne concernent pas les journalistes accomplissant des piges en complément d'un contrat à durée indéterminée à temps complet. **46530**

2. PROTECTION SOCIALE

RÉGIME APPLICABLE

Le journaliste professionnel relève du régime général de **sécurité sociale** des salariés pour les piges qu'il effectue pour les entreprises et agences de presse quelle que soit la nature du lien juridique qui l'unit à celles-ci. **46560** CSS art. L 311-3, 16°

Tout pigiste titulaire de la carte de presse doit être affilié au groupe Audiens (tél : 0 173 173 932 ; site Internet : www.audiens.org), chargé de gérer le régime de prévoyance complémentaire obligatoire **santé, incapacité temporaire, invalidité permanente et décès** (Accord 9-12-1975 étendu) des pigistes. Il relève du régime de retraite complémentaire Agirc-Arrco suivant les règles exposées n°s 67900 s. sous réserve des spécificités exposées n° 46570.

L'assurance **accidents du travail** lui est garantie par l'article L 412-2 du CSS.

Le pigiste peut bénéficier des **prestations en espèces** d'assurance maladie, maternité, invalidité et décès dans les conditions de droit commun (Arrêté SSAS2028033A du 19-10-2020 : JO 30). Sur ces conditions, voir n° 50310.

COTISATIONS

Le journaliste professionnel pigiste bénéficie des **taux réduits** de cotisations de sécurité sociale exposés n° 46455 et de la **déduction forfaitaire** spécifique pour frais professionnels présentée n° 46460. **46570**

Pour les **cotisations plafonnées,** le plafond à retenir est calculé prorata temporis, en fonction du nombre de jours rémunérés au cours de la période de paie, s'il est possible de déterminer le nombre de jours ayant donné lieu au versement. Dans les autres cas, il est fait application d'une valeur mensuelle du plafond entière (Circ. DSS 351 du 19-12-2017 Q 9).

Les cotisations de **retraite complémentaire et de prévoyance** sont assises, pour chaque employeur, sur la totalité des piges qu'il verse, sans limitation de montant (Ani du 17-11-2017 Annexe A art. 4 étendu). La déduction forfaitaire spécifique pour frais professionnels peut ne pas être appliquée, même si elle est déduite de la base des cotisations de sécurité sociale. Le taux des cotisations est fixé, pour **2021,** à : 14,85 % pour la retraite complémentaire (5,94 % salarié et 8,91 % employeur) et 0,95 % pour la prévoyance et la garantie frais de santé (0,21 % salarié et 0,74 % employeur) (Avenant 24-9-2015 à l'accord 9-12-1975, étendu).

Le pigiste **retraité** n'est redevable ni des cotisations prévoyance ni de celles de retraite complémentaire.

LICENCIEMENT

SOMMAIRE

DÉFINITION

Le licenciement est, pour l'employeur, le **mode de rupture de droit commun** du contrat de travail à durée indéterminée (la rupture du CDD est étudiée n°s 20140 s.). Si l'employeur veut rompre le contrat, il doit pouvoir justifier d'un motif légitime et mettre en œuvre la procédure de licenciement. Ces règles sont d'**ordre public** et le salarié ne peut pas y renoncer par avance. **47000** C. trav. art. L 1231-1 L 1231-4 NA-I-1000 s

La **décision de licencier** appartient au seul employeur. Elle ne peut pas être imposée par le juge (Cass. soc. 1-7-2009 nº 07-44.482 FS-PBR : RJS 10/09 nº 762 ; 9-4-2015 nº 13-23.314 F-D : RJS 7/15 nº 471).

› Précisions **a.** L'employeur qui prononce un **licenciement de complaisance** à la demande du salarié ou déguise la rupture en licenciement s'expose, en cas de litige, aux sanctions du licenciement sans cause réelle et sérieuse. Employeur et salarié peuvent convenir de rompre le contrat de travail d'un commun accord (n°s 69100 s.). Mais le licenciement d'un salarié qui a manifesté l'intention de quitter l'entreprise ne constitue ni une rupture amiable, ni une démission (Cass. soc. 6-7-2011 nº 09-43.130 FS-PB : RJS 10/11 nº 741 ; 14-9-2017 nº 16-20.552 FS-PB : RJS 11/17 nº 736), et la volonté de l'intéressé ne suffit pas à légitimer la rupture (Cass. soc. 17-5-2011 nº 09-68.627 FS-D : RJS 8-9/11 nº 673).

b. La rupture, avant son terme, du contrat de travail d'un **fonctionnaire détaché** dans une entreprise privée constitue un licenciement (Cass. soc. 19-6-2007 nº 05-44.814 FS-PB : RJS 10/07 nº 1129), ce qui n'est pas le cas de la rupture à l'expiration normale de la période de détachement (Cass. soc. 13-11-2012 nº 11-22.940 FS-PB : RJS 1/13 nº 76).

SECTION 1 MOTIF DU LICENCIEMENT

47100 NB-I-1 s Le licenciement peut être décidé par l'employeur pour un motif inhérent à la personne du salarié (motif dit personnel) ou pour un motif qui lui est étranger, lié à des considérations d'ordre économique. Lorsque coexistent un motif personnel et un motif économique, le juge doit, en cas de litige, rechercher celui qui a été la **cause première et déterminante du licenciement** (Cass. soc. 24-4-1990 n° 88-43.555 P : RJS 6/90 n° 480 ; 12-11-2015 n° 14-13.966 FS-D) et apprécier le bien-fondé de la rupture au regard de cette seule cause (Cass. soc. 3-4-2002 n° 00-42.583 F-D : RJS 6/02 n° 697).

Si le motif allégué n'est pas le motif réel du licenciement, la rupture est jugée sans cause réelle et sérieuse (Cass. soc. 20-9-2006 n° 04-48.341 F-D : RJS 12/06 n° 1260).

> **Précisions a.** Les **conventions et accords collectifs** peuvent limiter les possibilités de licenciement aux causes et conditions qu'ils déterminent, mais les dispositions conventionnelles qualifiant par avance certains faits de motif de licenciement sont inapplicables (n° 48665).
b. Le caractère réel et sérieux du motif du licenciement, qu'il soit personnel ou économique, **s'apprécie à la date de la rupture** du contrat de travail (Cass. soc. 9-3-1993 n° 91-42.621 D ; 23-1-2002 n° 99-43.530 F-D). Sur cette date, voir n° 47750. Les faits invoqués doivent être établis à cette date. Ne peuvent donc être retenus ni des circonstances qui ont disparu au moment du licenciement ni des faits postérieurs à celui-ci. Ainsi, lorsqu'un salarié revient sur son refus de mutation au cours de l'entretien préalable, l'employeur n'a plus de motif réel et sérieux pour le licencier (Cass. soc. 23-10-1984 n° 82-40.257 P). De même, un licenciement sans cause réelle et sérieuse à la date de la rupture du contrat ne peut pas être justifié par des faits révélés à l'employeur (Cass. soc. 3-12-1992 n° 91-45.667 D ; 12-1-2000 n° 97-44.198 D) ou commis postérieurement (Cass. soc. 7-2-1990 n° 87-40.019 P : RJS 3/90 n° 193).
c. Sur le licenciement prononcé en raison de la **fin d'un chantier** ou d'une opération, ou du refus du salarié de se voir appliquer un **accord de performance collective**, voir respectivement n°s 16370 et 17595.

I. MOTIF PERSONNEL

47120 C. trav. art. L 1232-1 NB-I-200 s NB-I-5000 s Tout licenciement pour motif personnel doit être justifié par une **cause réelle et sérieuse.**
Le licenciement peut être décidé pour un motif disciplinaire, c'est-à-dire en raison d'une faute du salarié, ou en dehors de tout comportement fautif de l'intéressé. Il ne doit pas être discriminatoire (n° 32060).

Les faits reprochés au salarié doivent lui être **personnellement imputables.** L'employeur ne connaissant pas précisément le responsable des faits qu'il invoque ne peut pas licencier tous les salariés qu'il soupçonne (Cass. soc. 13-10-1993 n° 92-40.726 D : RJS 11/93 n° 1097). La **perte de confiance** de l'employeur ne peut en effet jamais constituer en tant que telle une cause de licenciement, même quand elle repose sur des éléments objectifs (jurisprudence constante, notamment : Cass. soc. 16-5-1991 n° 89-42.299 D : RJS 7/91 n° 825).

> **Précisions a.** En principe, un salarié ne peut pas être licencié pour des **faits imputables à d'autres personnes.** Est ainsi injustifié le licenciement d'une salariée dont le mari a fait un scandale dans l'entreprise (Cass. soc. 23-6-2004 n° 01-43.606 F-D : RJS 10/04 n° 1006), à moins que l'incident n'ait eu lieu à son instigation (Cass. soc. 2-3-2017 n° 15-15.769 F-D : RJS 5/17 n° 327), ou encore le licenciement fondé sur les propos contenus dans une lettre rédigée et signée par le conseil du salarié (Cass. soc. 20-10-2015 n° 14-17.624 FS-PB : RJS 1/16 n° 12).
b. Le seul **lien familial ou affectif** unissant le salarié au membre d'une entreprise concurrente (Cass. soc. 10-12-1991 n° 90-44.524 P) ou le seul risque d'un **conflit d'intérêts** (Cass. soc. 21-9-2006 n° 05-41.155 FP-PBRI : RJS 11/06 n° 1148) ne peut pas justifier un licenciement.

A. Faute du salarié

DÉFINITION

47140 NB-I-8700 s L'employeur peut sanctionner par un licenciement un acte du salarié qu'il considère comme fautif. Il doit s'agir d'un **comportement volontaire.** À défaut, l'employeur ne peut pas se placer sur le terrain disciplinaire.

Une faute du salarié ne peut être retenue comme motif de licenciement que si elle a été commise après la conclusion du contrat de travail (Cass. soc. 31-5-2005 n° 03-40.439 F-D : RJS 8-9/05 n° 816) et avant sa rupture (voir n° 47100, b). Il s'agit en général d'un **manquement aux obligations découlant du contrat de travail** (travail consciencieux, respect des directives de l'employeur en matière d'horaire, de discipline, d'hygiène et de sécurité, loyauté et discrétion : n°s 16940 s.). La faute ne doit pas être **prescrite** (n° 56225), ni avoir été déjà **sanctionnée** (n° 56160). L'employeur peut, le cas échéant, être tenu par une clause du **règlement intérieur** (n° 56250) ou par une **disposition conventionnelle** limitant les motifs de licenciement pour faute ou le subordonnant au respect de certaines conditions (voir n° 48795).

Sur la question de savoir si un fait commis par le salarié dans sa **vie personnelle** peut être qualifié de faute, voir n° 47210.

APPRÉCIATION DE LA GRAVITÉ DE LA FAUTE

47150 NB-I-9500 s

Selon sa gravité, la faute commise par le salarié emporte des conséquences plus ou moins importantes. Elle ne justifie pas son licenciement si elle n'est pas **sérieuse. Plusieurs griefs,** chacun insuffisant pour justifier un licenciement, peuvent, conjugués, constituer une cause réelle et sérieuse (Cass. soc. 10-12-1985 n° 83-42.316 P). L'accumulation de griefs ne saurait toutefois pallier leur inconsistance (Cass. soc. 19-3-1987 n° 84-44.605).

Les juges du fond, procédant à l'analyse du comportement fautif du salarié en fonction de sa situation (âge, ancienneté, position hiérarchique, etc.) et du contexte dans lequel la faute a été commise, peuvent retenir des **circonstances atténuantes** ou **aggravantes.** Sur le pouvoir du juge, voir aussi n° 48665.

La gravité de la faute n'est pas liée à l'existence d'un **préjudice** subi par l'employeur (Cass. soc. 9-6-2004 n° 02-43.303 F-D).

ILLUSTRATIONS

Ont été retenus comme **circonstances atténuantes** les difficultés d'ordre personnel que rencontre le salarié (Cass. soc. 29-4-2009 n° 07-42.293 F-D : RJS 7/09 n° 620 ; 26-9-2018 n° 17-17.563 F-D : RJS 12/18 n° 732) ou son état de santé (Cass. soc. 18-3-2015 n° 13-26.697 F-D : RJS 6/15 n° 395), sauf s'il met en danger la sécurité de ses collègues en continuant à travailler alors qu'il n'est pas en état de le faire (Cass. soc. 12-10-2017 n° 16-18.836 F-D : RJS 2/17 n° 790). Les juges considèrent souvent que la faute isolée commise par un salarié ayant une grande ancienneté n'est pas grave (Cass. soc. 3-6-1997 n° 95-41.226 D : RJS 7/97 n° 799 ; 12-12-2018 n° 17-17.680 FS-PB : RJS 2/19 n° 103). En revanche, peuvent être retenus comme **circonstance aggravante** la répétition des mêmes faits fautifs malgré une sanction antérieure (Cass. soc. 6-12-2011 n° 10-16.454 F-D : RJS 2/12 n° 167), les conséquences du comportement du salarié sur la santé physique et mentale de ses collègues (Cass. soc. 8-3-2017 n° 15-24.406 FS-D : RJS 5/17 n° 328), son statut de cadre (Cass. soc. 11-4-2012 n° 11-14.476 FS-PB : RJS 6/12 n° 531) ou sa grande expérience lui donnant une conscience accrue du caractère fautif de son comportement (Cass. soc. 26-6-2012 n° 11-12.884 F-D : RJS 10/12 n° 779).

S'agissant du **contexte** dans lequel la faute a été commise, l'altercation et les injures proférées devant témoins seront plus sévèrement jugées (Cass. soc. 9-7-2014 n° 13-18.717 F-D : RJS 11/14 n° 771 ; 12-6-2019 n° 17-24.589 F-D) que celles qui n'ont pas été publiques (Cass. soc. 20-6-2007 n° 06-40.069 F-D : RJS 10/07 n° 1037). Le salarié aura droit à plus d'indulgence s'il a répondu à une provocation (Cass. soc. 9-7-2015 n° 13-21.528 FS-D : RJS 11/15 n° 703) ou si son comportement répond à une faute de son employeur (Cass. soc. 21-2-2006 n° 03-40.449 F-D : RJS 5/06 n° 542 ; 12-12-2018 n° 17-17.680 FS-PB : RJS 2/19 n° 103).

La modicité d'un vol peut être retenue pour écarter la faute grave (Cass. soc. 29-1-2008 n° 06-43.501 F-D : RJS 4/08 n° 385), sauf si ce vol a été commis au **préjudice** d'un client de l'employeur (Cass. soc. 16-1-2007 n° 04-47.051 F-P : RJS 4/07 n° 418 ; 28-3-2012 n° 11-11.981 F-D : RJS 6/12 n° 530).

47155 C. trav. art. L 1234-5 L 1234-9 NB-I-10800 s

Faute grave La faute grave est celle qui **rend impossible le maintien du salarié** dans l'entreprise (Cass. soc. 27-9-2007 n° 06-43.867 FP-PBR : RJS 12/07 n° 1261). Elle entraîne la **perte du droit aux indemnités** de préavis et de licenciement. Elle peut justifier une mise à pied conservatoire, mais le prononcé d'une telle mesure n'est pas obligatoire (Cass. soc. 24-2-2004 n° 01-47.000 F-D : RJS 5/04 n° 535). La **mise en œuvre de la procédure de licenciement** doit intervenir dans un **délai** restreint après que l'employeur a eu connaissance des faits fautifs (Cass. soc. 24-11-2010 n° 09-40.928 FP-PBR : RJS 2/11 n° 142 ; 28-5-2015 n° 14-12.797), mais le maintien du salarié dans l'entreprise est possible pendant le temps nécessaire pour apprécier le degré de gravité des fautes commises (Cass. soc. 9-11-2004 n° 02-45.628 F-D : RJS 2/05 n° 136).

> Précisions L'employeur ne peut pas se prévaloir d'une faute grave si, par son comportement, il a **incité** le salarié **à la faute** (Cass. soc. 16-5-2013 n° 11-28.325 F-D : RJS 7/13 n° 521), s'il a **toléré** les faits sans y puiser un motif de sanction (Cass. soc. 15-1-2014 n° 12-26.951 F-D : RJS 3/14 n° 205 ; 21-6-2018 n° 16-25.500 F-D : RJS 10/18 n° 598), ou si le salarié, mis en demeure de cesser son comportement, a **obtempéré** (Cass. soc. 29-2-2012 n° 10-23.183 F-D : RJS 5/12 n° 428). La faute grave ne saurait non plus être admise lorsque l'employeur a laissé le salarié exécuter son **préavis** (Cass. soc. 12-7-2005 n° 03-41.536 F-PB : RJS 10/05 n° 963).

En revanche, il importe peu que l'employeur ait versé au salarié des **sommes** auxquelles il n'aurait pu prétendre en raison de cette faute (Cass. soc. 27-9-2007 n° 06-43.867 FP-PBR : RJS 12/07 n° 1261), notamment l'indemnité compensatrice de préavis (Cass. soc. 2-2-2005 n° 02-45.748 F-PBRI : RJS 4/05 n° 359) ou les salaires correspondant à une mise à pied conservatoire (Cass. soc. 16-3-1994 n° 92-43.151 D : RJS 5/94 n° 546 ; 17-1-2001 n° 97-40.288 F-D).

47160 NB-I-13200 s **Faute lourde** La faute lourde est celle commise par un salarié avec l'**intention de nuire** à l'employeur ou à l'entreprise (Cass. soc. 16-5-1990 n° 88-41.565 P : RJS 7/90 n° 562 ; 29-4-2009 n° 07-42.294 F-D : RJS 7/09 n° 619). Elle seule permet le licenciement d'un salarié gréviste (voir nos 11170 s.). Elle est sanctionnée par un licenciement immédiat et entraîne pour le salarié la perte du droit aux **indemnités** de préavis et de licenciement, mais l'indemnité compensatrice de congés payés reste due (n° 13705). En outre, elle permet à l'employeur de réclamer le cas échéant au salarié réparation du préjudice qu'il a subi (n° 16960).

L'intention de nuire à l'employeur ou à l'entreprise doit être clairement établie. Elle ne peut donc pas être déduite de la seule gravité des faits ou du préjudice subi par l'employeur (Cass. soc. 22-10-2015 n° 14-11.291 FP-PB : RJS 1/16 n° 15 ; 8-2-2017 n° 15-21.064 FS-PB : RJS 4/17 n° 261), ni du seul fait que le salarié a été reconnu coupable d'un **délit intentionnel** et notamment du délit de vol par le juge pénal (Cass. soc. 6-7-1999 n° 97-42.815 PB : RJS 10/99 n° 1235 ; 26-10-2004 n° 02-42.843 F-D : RJS 2/05 n° 137).

ILLUSTRATIONS

Ont été considérés comme une faute lourde la participation active d'un cadre au **détournement d'un client** de son employeur au profit d'une société concurrente dans laquelle il avait des intérêts (Cass. soc. 15-12-2011 n° 10-21.926 F-D : RJS 3/12 n° 208), l'utilisation par un cadre dirigeant des **connaissances techniques** acquises par l'entreprise et des **relations commerciales** nouées dans le cadre de ses fonctions pour créer une société concurrente (Cass. soc. 5-6-2001 n° 99-41.483 F-D), le **sabotage** de machines (Cass. soc. 23-9-2009 n° 08-42.913 F-D), les **falsifications** commises par un directeur administratif et financier pour masquer ses malversations financières (Cass. soc. 8-6-2017 n° 15-25.193 F-D : RJS 8-9/17 n° 570), ou encore le fait pour un directeur d'usine de s'attribuer une **prime exorbitante** en connaissance de son caractère irrégulier et de son impact sur l'entreprise (Cass. soc. 2-6-2017 n° 15-28.115 F-D : RJS 8-9/17 n° 570). De même, **agresser** physiquement et de manière préméditée son employeur (Cass. soc. 28-3-2018 n° 16-26.013 FS-PB : RJS 6/18 n° 409) ou le **menacer de mort** en mimant, à son intention, le geste de l'égorgement constitue une faute lourde (Cass. soc. 4-7-2018 n° 15-19.597 F-D). En revanche, le simple fait de **dénigrer** la politique tarifaire de l'employeur devant les **clients** sans que ne soit caractérisée l'intention de nuire n'a pas été jugé comme constitutif d'une faute lourde (Cass. soc. 8-2-2017 n° 15-21.064 FS-PB : RJS 4/17 n° 261).

B. Autres motifs personnels

47190 Certains faits, bien que non fautifs, peuvent constituer une cause réelle et sérieuse de licenciement. Il en est ainsi notamment des perturbations causées au bon fonctionnement de l'entreprise par les absences prolongées ou répétées pour maladie (nos 49915 s.), de l'inaptitude médicale à l'emploi à la suite d'une maladie (nos 50040 s.) ou d'un accident du travail (n° 320), du refus d'une modification du contrat de travail décidée par l'employeur (n° 17485), de l'insuffisance professionnelle, de l'insuffisance de résultats, de la mésentente entre salariés ou de faits relevant de leur vie personnelle.

INSUFFISANCE PROFESSIONNELLE

47195 NB-I-15800 s L'insuffisance professionnelle du salarié n'est jamais **fautive** (Cass. soc. 25-1-2006 n° 04-40.310 F-D : RJS 5/06 n° 545) : tout licenciement disciplinaire sera jugé sans cause réelle et sérieuse (Cass. soc. 11-3-2008 n° 07-40.184 F-D ; 23-9-2015 n° 14-14.789 F-D). L'employeur doit toutefois se placer sur le terrain disciplinaire si la mauvaise qualité de son travail résulte d'une abstention volontaire ou de sa mauvaise volonté délibérée (Cass. soc. 6-1-2011 n° 09-67.334 F-D ; 27-11-2013 n° 12-19.898 F-D : RJS 2/14 n° 108).

Si l'appréciation de l'insuffisance professionnelle d'un salarié relève en principe du seul **pouvoir de direction de l'employeur,** elle ne le dispense pas d'invoquer des faits objectifs, précis et vérifiables.

> Précisions a. L'embauche d'un salarié après une **période d'essai** ne prive pas l'employeur du droit d'invoquer par la suite son insuffisance professionnelle (Cass. soc. 26-10-2011 n° 10-13.963 F-D : RJS 1/12 n° 16), à moins que celle-ci ne repose sur une incapacité connue lors de la confirmation de l'embauche, faite en connaissance de cause (Cass. soc. 18-4-1985 n° 82-43.829 S).

b. L'insuffisance professionnelle n'est **pas établie** par :

– le « manque d'imagination, d'initiative et de dynamisme » du salarié (Cass. soc. 2-6-1988 n° 85-44.486 D) ;

– la mauvaise qualité du travail alors que le salarié ne dispose pas du matériel adapté (Cass. soc. 4-10-1990 n° 88-43.946 D) ou subit une augmentation du volume de son travail (Cass. soc. 16-5-2001 n° 99-41.492 F-D).

c. L'évolution de l'entreprise entraîne fréquemment une modification des emplois. Dans ce cas, l'employeur a une **obligation d'adaptation** des salariés (n° 17005). À défaut de l'avoir respectée, il ne pourrait pas invoquer l'insuffisance professionnelle des intéressés (Cass. soc. 12-3-1992 n° 90-46.029 D). Le licenciement est en revanche justifié lorsque le salarié refuse de se former aux nouvelles méthodes de travail (Cass. soc. 22-10-1991 n° 90-43.412 D), lorsqu'il ne s'adapte pas au poste auquel l'employeur a vainement tenté de le former (Cass. soc. 16-9-2009 n° 08-42.554 F-D ; 23-1-2019 n° 17-21.966 F-D), même s'il compte plus de **20 ans d'ancienneté** dans l'entreprise (Cass. soc. 16-5-2018 n° 16-25.552 F-D : RJS 7/18 n° 480), ou lorsqu'il échoue plusieurs fois aux tests sanctionnant la formation périodique exigée pour l'accomplissement de ses tâches (Cass. soc. 5-6-2019 n° 18-10.050 FS-D : RJS 8-9/19 n° 489).

INSUFFISANCE DE RÉSULTATS

47200 NB-I-18500 s

Pour que les mauvais résultats d'un salarié justifient son licenciement, il faut que celui-ci se soit vu fixer des **objectifs quantifiables** (Cass. soc. 11-3-2008 n° 07-40.162 F-PB : RJS 5/08 n° 526) et que son incapacité à les atteindre résulte soit d'une insuffisance professionnelle, soit de son comportement fautif (Cass. soc. 3-4-2001 n° 98-44.069 FS-PB : RJS 6/01 n° 729 ; 18-5-2005 n° 03-40.579 F-D). Ces objectifs, qui peuvent être fixés de façon contractuelle ou unilatéralement par l'employeur (Cass. soc. 22-5-2001 n° 99-41.838 F-P : RJS 8-9/01 n° 998), doivent être **réalistes** et compatibles avec le marché. Le salarié doit avoir les moyens de les atteindre (Cass. soc. 2-12-2003 n° 01-44.192 F-D : RJS 2/04 n° 184) et en avoir connaissance en début d'exercice (Cass. soc. 2-4-2014 n° 12-29.381 F-D).

> Précisions Pour l'appréciation des résultats du salarié, les juges peuvent tenir compte de certains critères tels que le **délai** accordé pour atteindre ses objectifs (Cass. soc. 14-1-1998 n° 95-43.882 D) ou l'**ampleur du retard** par rapport aux objectifs fixés (Cass. soc. 4-4-2007 n° 06-40.439 F-D). Ils peuvent aussi se référer aux **résultats obtenus par les collègues** (Cass. soc. 31-10-2007 n° 06-44.165 F-D : RJS 1/08 n° 16), les prédécesseurs ou les successeurs de l'intéressé (Cass. soc. 18-7-2001 n° 99-43.339 F-D). Le licenciement est sans cause réelle et sérieuse lorsque l'insuffisance n'est pas imputable au salarié, mais est due au **défaut** de conseil et **d'accompagnement** apportés au salarié (Cass. soc. 16-5-2018 n° 16-25.689 F-D : RJS 7/18 n° 481), à la **situation du marché** (Cass. soc. 30-3-1999 n° 97-41.028 P : RJS 5/99 n° 641) ou à la **politique commerciale de l'employeur** (Cass. soc. 2-10-1991 n° 88-44.005 D) qui décide, par exemple, de ne plus travailler avec certains clients importants (Cass. soc. 9-3-1988 n° 86-42.016 D).

MÉSENTENTE

47205 NB-I-15200 s

La mésentente entre un salarié et tout ou partie du personnel n'est une cause de licenciement que si elle repose sur des **faits objectifs et imputables au salarié concerné** (Cass. soc. 27-11-2001 n° 99-45.163 FS-P : RJS 2/02 n° 153 ; 22-9-2010 n° 09-40.415 F-D : RJS 12/10 n° 914). En présence de versions différentes sur l'origine de la dégradation des relations professionnelles au sein de l'entreprise, le doute doit profiter au salarié (Cass. soc. 9-11-2004 n° 02-42.938 F-D : RJS 1/05 n° 19). Attention, lorsque les faits excèdent la simple mésentente et peuvent être qualifiés de **harcèlement moral,** l'employeur, tenu à une obligation de sécurité, doit intervenir (n°s 17070 s.).

ILLUSTRATIONS

Justifie le licenciement de l'intéressé son **inaptitude à gérer une équipe** tant sur le plan des relations que sur celui de l'organisation se traduisant par des plaintes, des démissions ou des demandes de changement de service des personnes travaillant avec lui, ce qui mettait en péril le bon fonctionnement du service (Cass. soc. 23-9-2003 n° 01-43.595 F-D : RJS 12/03 n° 1374) ou encore le fait d'**instaurer un climat délétère** dans l'entreprise (Cass. soc. 5-3-2014 n° 12-27.091 F-D : RJS 5/14 n° 378 ; 30-1-2019 n° 17-27.549 F-D).

VIE PERSONNELLE DU SALARIÉ

47210 NB-I-20700 s

Un fait relevant de la vie personnelle du salarié ne peut pas, en principe, constituer une faute dans les relations de travail. Le **trouble objectif** causé au bon fonctionnement de l'entreprise par le comportement du salarié peut, en revanche, constituer une cause réelle et sérieuse de licenciement (Cass. soc. 30-11-2005 nº 04-13.877 F-P : RJS 2/06 nº 176), mais ne justifie pas, dans ce cas, un licenciement disciplinaire (Cass. soc. 9-3-2011 nº 09-42.150 FS-PB : RJS 5/11 nº 402).

Par exception, un fait tiré de la vie personnelle du salarié peut justifier un licenciement disciplinaire s'il se **rattache à la vie professionnelle** du salarié (Cass. soc. 6-2-2002 nº 99-45.418 F-D : RJS 4/02 nº 410) ou caractérise un **manquement à une obligation** découlant de son contrat de travail (Cass. soc. 3-5-2011 nº 09-67.464 FS-PB : RJS 7/11 nº 588 ; 10-7-2013 nº 12-16.878 F-D : RJS 10/13 nº 661), telle qu'une obligation de sécurité (Cass. soc. 4-10-2011 nº 10-18.862 FS-PB : RJS 12/11 nº 949 ; 27-3-2012 nº 10-19.915 FS-PB : RJS 6/12 nº 529), de discrétion (Cass. soc. 3-3-2009 nº 07-43.222 F-D) ou de loyauté (nº 49940, a).

ILLUSTRATIONS

L'**infraction au Code de la route** commise par un salarié dans le cadre de sa vie privée n'est pas une faute professionnelle (Cass. soc. 3-5-2011 nº 09-67.464 FS-PB : RJS 7/11 nº 588). Mais l'intéressé peut être licencié pour un motif non disciplinaire s'il est empêché d'exercer la mission pour laquelle il a été engagé du fait de la **suspension** ou du **retrait de** son **permis** de conduire (Cass. soc. 1-4-2009 nº 08-42.071 F-D ; 15-1-2014 nº 12-22.117 F-D) ou de la **saisie de son véhicule** personnel (Cass. soc. 28-11-2018 nº 17-15.379 FS-PB : RJS 2/19 nº 91).

Se rattache à la vie professionnelle du salarié et peut justifier son licenciement disciplinaire le fait de proférer des **injures racistes** et de violer l'**interdiction de fumer** dans l'entreprise après la journée de travail (Cass. soc. 16-10-2013 nº 12-19.670 F-D : RJS 1/14 nº 19), de se montrer violent lors d'un **voyage d'agrément** organisé par l'employeur (Cass. soc. 8-10-2014 nº 13-16.793 FS-PB : RJS 12/14 nº 837), ou de commettre un **vol** dans un hôtel partenaire de l'employeur lors d'une escale (Cass. soc. 8-7-2020 nº 18-18.317 FS-PB : RJS 10/20 nº 450) ou en utilisant le camion de l'entreprise laissé à sa disposition pendant le week-end (Cass. soc. 18-5-2011 nº 10-11.907 F-D : RJS 8-9/11 nº 669).

II. MOTIF ÉCONOMIQUE

47230 C. trav. art. L 1233-2 L 1233-3 NB-I-30000 s

Tout licenciement pour motif économique doit être justifié par une cause réelle et sérieuse. Le motif économique est défini par le Code du travail comme un motif non inhérent à la personne du salarié, résultant d'une suppression ou transformation d'emploi ou d'une modification, refusée par le salarié, d'un élément essentiel du contrat de travail (nº 47260), consécutives notamment à des difficultés économiques, à des mutations technologiques, à la cessation d'activité de l'entreprise ou à une réorganisation de celle-ci nécessaire à la sauvegarde de sa compétitivité (nºs 47240 s.).

> Précisions a. S'ils répondent à ces conditions, les licenciements ne peuvent pas être jugés sans cause réelle et sérieuse au motif que, pour assurer la pérennité de son entreprise, l'employeur aurait pu choisir une solution impliquant moins de licenciements. En effet, le juge n'a pas à contrôler le **choix effectué par l'employeur** entre les différentes solutions possibles pour assurer la sauvegarde de la compétitivité de son entreprise (Cass. ass. plén. 8-12-2000 nº 97-44.219 P : RJS 2/01 nº 180 ; Cass. soc. 8-7-2009 nº 08-40.046 FS-PB : RJS 10/09 nº 776).

b. Les difficultés économiques invoquées ne doivent pas résulter d'une **attitude intentionnelle ou frauduleuse** de l'employeur (Cass. soc. 10-7-2002 nº 00-41.491 FS-D : RJS 11/02 nº 1216 ; 22-6-2011 nº 10-10.780 : RJS 10/11 nº 768). Celui-ci ne doit pas non plus avoir fait preuve de **légèreté** en embauchant un salarié alors qu'il connaissait la mauvaise situation de l'entreprise (Cass. soc. 26-2-1992 nº 90-40.364 D : RJS 4/92 nº 422 ; 26-3-2003 nº 01-42.333 F-D : RJS 6/03 nº 717). Toutefois, le juge n'ayant pas à contrôler les choix de gestion de l'employeur, la **faute** de ce dernier doit être particulièrement caractérisée (Cass. soc. 23-11-2011 nº 10-26.167 F-D : RJS 2/12 nº 123). En effet, toute faute de gestion de sa part ne prive pas forcément un licenciement de cause réelle et sérieuse (Cass. soc. QPC 10-9-2019 nº 19-12.025 FS-PB : RJS 11/19 nº 629).

Ainsi, l'**erreur** éventuellement commise par l'employeur lors d'un recrutement décidé 6 ans plus tôt ne caractérise pas à elle seule la légèreté blâmable (Cass. soc. 22-9-2011 nº 10-16.171 F-D : RJS 11/11 nº 861). Il ne peut pas non plus lui être reproché d'avoir accentué les difficultés de l'entreprise en cédant à bas prix ses plus importantes filiales tout en engageant des dépenses de fonctionnement importantes ou sans justification précise (Cass. soc. 24-5-2018 nº 16-18.307 FS-D : RJS 8-9/18 nº 534) ou d'avoir affecté la capacité de l'entreprise à affronter un marché fortement concurrentiel en mettant à disposition de la holding d'importantes liquidités destinées à rembourser un emprunt de groupe résultant d'une opération de rachat d'entreprise par endettement (LBO) (Cass. soc. 4-11-2020 nº 18-23.029 FS-PBRI : RJS 1/21 nº 17). En revanche, est fautif l'employeur ayant fait remonter des dividendes de ses filiales à la holding dans des **proportions anormales** provoquant leurs difficultés financières ainsi que, par ricochet, l'ouverture d'une procédure de sauvegarde à l'encontre de la holding, une telle décision allant au-delà d'une seule erreur de gestion (Cass. soc. 24-5-2018 nº 17-12.560 FS-PB : RJS 8-9/18 nº 534).

c. La validité du licenciement économique est subordonnée à l'impossibilité de **reclasser** le salarié (nos 47945 s.).

d. Le licenciement d'un salarié refusant de modifier son contrat de travail n'est pas justifié quand le **motif** invoqué n'est **ni personnel ni économique** (au sens indiqué nos 47235 s.), mais réside dans la seule volonté de l'employeur de réorganiser un service de l'entreprise (Cass. soc. 11-7-2018 n° 17-12.747 FP-PB : RJS 10/18 n° 601), de modifier le taux de rémunération variable de certains salariés pour garantir une égalité de rémunération avec d'autres salariés (Cass. soc. 28-5-2019 n° 17-17.929 FS-PB : RJS 8-9/19), ou de répondre favorablement à une demande de l'inspection du travail (Cass. soc. 19-6-2019 n° 18-11.824 F-D : RJS 10/19 n° 567).

MOTIF NON LIÉ À LA PERSONNE DU SALARIÉ

Seul un motif non lié à la personne du salarié peut être de nature économique. Ne sont pas des motifs économiques de licenciement l'**âge** du salarié (Cass. soc. 24-4-1990 n° 88-43.555 P : RJS 6/90 n° 480), son refus d'accepter de nouvelles méthodes de travail (n° 17340), son insuffisance professionnelle (Cass. soc. 19-12-1991 n° 90-40.856 D), même si cette dernière a contribué à la baisse d'activité de la société (Cass. soc. 5-5-1999 n° 98-40.964 D), son **inaptitude** médicale (Cass. soc. 6-4-1994 n° 92-44.986 D ; 14-11-2000 n° 98-45.371 F-P : RJS 1/01 n° 24) ou encore le fait qu'il ne remplisse plus les conditions légales ou réglementaires pour occuper ses fonctions (Cass. soc. 3-2-2004 n° 01-44.448 F-D : RJS 4/04 n° 389 ; 12-6-2007 n° 06-40.236 F-D) ou qu'il ait manifesté sa volonté de quitter l'entreprise (Cass. soc. 17-5-2011 n° 09-68.627 FS-D : RJS 8-9/11 n° 673). **47235** NB-I-30200 s

Sur la nature du licenciement du salarié refusant la modification de son contrat de travail résultant d'un **transfert d'entreprise,** voir n° 74680, c.

CONTEXTE ÉCONOMIQUE

Difficultés économiques La jurisprudence n'exige pas que la situation de l'entreprise soit catastrophique ; il suffit que les difficultés rencontrées soient réelles et sérieuses (Cass. soc. 9-7-1997 n° 95-43.722 P : RJS 8-9/97 n° 960). **47240** C. trav. art. L 1233-3, 1° NB-I-31200 s

Les difficultés économiques pouvant justifier un licenciement économique sont caractérisées soit par l'évolution significative d'au moins un **indicateur économique** tel qu'une baisse des commandes ou du chiffre d'affaires, des pertes d'exploitation ou une dégradation de la trésorerie ou de l'excédent brut d'exploitation, soit par tout autre élément de nature à justifier de ces difficultés. Une baisse significative des commandes ou du chiffre d'affaires est constituée dès lors que la durée de cette baisse est, en comparaison avec la même période de l'année précédente, au moins égale à : un trimestre (entreprise de moins de 11 salariés) ; 2 trimestres consécutifs (entreprise de 11 à moins de 50 salariés) ; 3 trimestres consécutifs (entreprise de 50 à moins de 300 salariés) ou 4 trimestres consécutifs (entreprise d'au moins 300 salariés).

› Précisions **a.** Le **souci de rentabilité** de l'entreprise ne constitue pas en soi un motif économique de licenciement (Cass. soc. 1-2-2011 n° 10-30.045 F-PB ; 5-3-2014 n° 12-25.035 FS-D : RJS 5/14 n° 384). Il en est de même de la seule **perte d'un marché** (Cass. soc. 29-1-2014 n° 12-15.925 F-D : RJS 5/14 n° 445 ; 9-11-2016 n° 15-21.878 F-D), sauf évolution significative d'un indicateur économique visé ci-dessus, et sauf s'il s'agit de l'unique marché de l'entreprise (Cass. soc. 19-7-2000 n° 98-42.506 F-D ; 9-3-2016 n° 15-10.990 F-D).
b. Les difficultés ne doivent pas résulter d'un **manquement de l'employeur** (voir n° 47230, b).

Mutations technologiques L'introduction d'une technologie nouvelle ayant une **incidence sur l'emploi** est une cause économique de licenciement même si la compétitivité de l'entreprise n'est pas menacée (Cass. soc. 9-10-2002 n° 00-44.069 F-D : RJS 12/02 n° 1373 ; 15-3-2012 n° 10-25.996 F-D : RJS 6/12 n° 532). **47245** C. trav. art. L 1233-3, 2° NB-I-33000 s

ILLUSTRATIONS

L'acquisition de **nouvelles machines** permettant l'automatisation des tâches (Cass. soc. 14-5-1998 n° 96-43.797 P) ou la mise en œuvre d'un **nouveau logiciel** informatique entraînant la suppression d'une grande partie des attributions du salarié (Cass. soc. 17-5-2006 n° 04-43.022 F-D : RJS 8-9/06 n° 934) peut justifier un licenciement économique. En revanche, le **changement de logiciel** dans une entreprise déjà habituée à la technologie informatique ne constitue pas une évolution pouvant être qualifiée d'innovation technologique et ne peut donc pas justifier un tel licenciement (Cass. soc. 13-5-2003 n° 00-46.766 F-D : RJS 11/03 n° 1135).

Réorganisation de l'entreprise Lorsqu'elle n'est pas liée à des difficultés économiques ou à des mutations technologiques, une réorganisation peut justifier des licenciements économiques si elle est effectuée pour **sauvegarder la compétitivité** de l'entreprise ou du secteur d'activité du groupe auquel elle appartient (sur le cadre d'appréciation, voir n° 47257), sauf si la menace pesant sur la compétitivité de l'entreprise et rendant nécessaire sa **47250** C. trav. art. L 1233-3, 3° NB-I-33500 s réorganisation a pour origine une **faute de l'employeur** (Cass. soc. 4-11-2020 nº 18-23.029 FS-PBRI : RJS 1/21 nº 17). Sur la distinction entre faute et simple erreur de gestion, voir nº 47230, b.

ILLUSTRATIONS

Constitue un motif économique la réorganisation décidée pour prévenir des **difficultés à venir** liées à des **évolutions technologiques** et leurs conséquences sur l'emploi (Cass. soc. 11-1-2006 nº 04-46.201 FS-PBRI : RJS 3/06 nº 322 ; 27-3-2012 nº 11-14.223 FS-PB : RJS 6/12 nº 533) ou à l'apparition de **nouveaux acteurs sur le marché** menaçant la compétitivité (Cass. soc. 2-2-2011 nº 09-69.520 F-D) mais pas celle visant à réaliser des **profits supplémentaires** (Cass. soc. 29-5-2001 nº 99-41.930 FS-D : RJS 8-9/01 nº 1002 ; 30-11-2011 nº 09-43.183 FS-PB : RJS 2/12 nº 120), à améliorer les marges (Cass. soc. 13-9-2006 nº 05-41.665 F-D : RJS 11/06 nº 1161), à réduire les charges sociales (Cass. soc. 12-11-1997 nº 95-43.605 P ; 28-3-2012 nº 11-10.109 F-D) dès lors que l'entreprise est prospère (Cass. soc. 29-1-2003 nº 00-44.962 F-D : RJS 4/03 nº 428). N'est pas non plus justifiée par un motif économique la décision de transférer la production de France vers l'étranger en raison d'**incitations financières et fiscales** attractives (Cass. soc. 18-9-2007 nº 06-42.401 F-D : RJS 11/07 nº 1170), ni la réorganisation liée aux **prescriptions d'une autorité de tutelle** (Cass. soc. 17-10-2006 nº 04-43.201 F-D : RJS 12/06 nº 1265) à moins qu'elle ne soit une condition à l'obtention de subventions nécessaires à la survie de l'association (Cass. soc. 2-4-2008 nº 07-40.640 F-D : RJS 6/08 nº 651).

47255 C. trav. art. L 1233-3, 4º NB-I-35000 s

Cessation d'activité de l'entreprise Pour constituer une cause économique de licenciement, la cessation d'activité de l'entreprise doit être totale, définitive et ne doit pas résulter d'une faute de l'employeur.

› Précisions **a.** La cessation d'activité ne doit résulter ni de la **légèreté blâmable** de l'employeur (Cass. soc. 10-10-2006 nº 04-43.453 FS-PB : RJS 12/06 nº 1250 ; 1-2-2017 nº 15-23.039 F-D : RJS 4/17 nº 262) qui, par exemple, néglige de faire les travaux nécessaires (Cass. soc. 10-5-2005 nº 03-40.620 F-D : RJS 7/05 nº 720) ou de payer ses loyers (Cass. soc. 2-6-2009 nº 08-41.747 F-D), ni de ses **agissements fautifs** (Cass. soc. 10-7-2002 nº 00-41.491 FS-D : RJS 11/02 nº 1216 ; 2-7-2014 nº 12-24.624 F-D : RJS 11/14 nº 772). De tels agissements peuvent en effet invalider les licenciements prononcés, même en cas de **liquidation judiciaire** de l'entreprise, dès lors qu'un lien de causalité est établi (Cass. soc. 8-7-2020 nº 18-26.140 FS-PB : RJS 10/20 nº 465).

b. La cessation totale de l'activité d'une **entreprise appartenant à un groupe** est une cause autonome de licenciement, sous réserve que ses salariés ne soient pas dans une situation de **coemploi** à l'égard d'une autre société du groupe (Cass. soc. 18-1-2011 nº 09-69.199 FS-PBR : RJS 3/11 nº 207). Sur les critères du coemploi, voir nº 16365.

c. Une **cessation partielle** de l'activité de l'entreprise (Cass. soc. 10-10-2006 nº 04-43.453 FS-PB : RJS 12/06 nº 1250 ; 20-5-2015 nº 14-11.996 F-D) ou la fermeture d'**un seul établissement** (Cass. soc. 14-12-2005 nº 04-40.396 : RJS 2/06 nº 181), même **décidée par un tiers** (Cass. soc. 23-3-2017 nº 15-21.183 FS-PB : RJS 6/17 nº 403 ; 11-4-2018 nº 16-27.891 F-D : RJS 6/18 nº 412) ne justifie un licenciement économique qu'en cas de difficultés économiques, de mutation technologique ou de réorganisation de l'entreprise nécessaire à la sauvegarde de sa compétitivité.

d. La **fermeture temporaire** de l'entreprise pour travaux n'est pas une cause économique de licenciement (Cass. soc. 15-10-2002 nº 01-46.240 FS-PBI : RJS 12/02 nº 1452 ; 22-3-2005 nº 02-46.226 F-D : RJS 6/05 nº 618).

CADRE D'APPRÉCIATION

47257 C. trav. art. L 1233-3 NB-I-36000 s

Si l'entreprise n'appartient pas à un groupe, les difficultés économiques, les mutations technologiques ou la nécessité de sauvegarder sa compétitivité s'apprécient au niveau de cette **entreprise** dans son ensemble, et non dans le cadre d'un secteur d'activité (Cass. soc. 7-10-1998 nº 96-43.107 P : RJS 11/98 nº 1350 ; 26-6-2012 nº 11-13.736 F-PB : RJS 10/12 nº 782) ou d'un établissement (Cass. soc. 26-10-2005 nº 03-41.972 F-D : RJS 2/06 nº 180 ; 26-2-2013 nº 11-22.265 F-D). Cette règle s'applique même si le siège de l'entreprise ou de l'un de ses établissements se situe à l'étranger (QR min. trav. du 23-7-2020 sur la rupture du contrat de travail nº 32).

Si l'entreprise fait partie d'un groupe, ces causes économiques s'apprécient au niveau du secteur d'activité commun à cette entreprise et aux entreprises du **groupe** auquel elle appartient établies en France, sauf fraude.

› Précisions **a.** Le **groupe** est formé par une entreprise dominante et les entreprises qu'elle contrôle au sens défini par les articles L 233-1, L 233-33, I et II, et L 233-16 du Code de commerce. Selon le ministère du travail, il n'intègre pas les **réseaux de franchise** et de **concessions** (QR min. trav. du 23-7-2020 sur la rupture du contrat de travail nº 32).

b. Le **secteur d'activité** permettant d'apprécier la cause économique est caractérisé, notamment, par la nature des produits, biens ou services délivrés, la clientèle ciblée, ainsi que les réseaux et modes de distribution, se rapportant à un même marché. Il appartient à l'**employeur,** en cas de **contentieux,** de communiquer au juge les éléments nécessaires à la délimitation du secteur d'activité (Cass. soc. 4-3-2009 nº 07-42.381 FS-PBR : RJS 5/09 nº 418).

CONSÉQUENCES SUR L'EMPLOI

Le licenciement pour motif économique n'est légitime que si le contexte économique a conduit à une **suppression ou transformation d'emploi ou à une modification** d'un élément essentiel **du contrat de travail** refusée par le salarié. La matérialité de cette suppression, transformation ou modification s'apprécie au niveau de l'entreprise. **47260** C. trav. art. L 1233-3 **NB-I-40000 s**

> Précisions a. Il n'y a pas de suppression d'emploi effective si une **réduction d'horaire** est proposée (Cass. soc. 18-2-2016 n° 14-26.350 F-D : RJS 5/16 n° 331), si le salarié licencié est **remplacé** par un autre recruté peu de temps avant (Cass. soc. 28-5-1997 n° 95-42.404 D ; 14-3-2012 n° 11-10.898 F-D : RJS 5/12 n° 431) ou après la rupture de son contrat (Cass. soc. 8-7-2008 n° 06-45.564 F-D : RJS 10/08 n° 967), ni en cas de recours systématique à des salariés sous **contrat de travail précaire,** affectés à la même activité que celle du salarié licencié (Cass. soc. 12-2-1997 n° 95-41.694 P : RJS 3/97 n° 265 ; 16-10-1997 n° 95-41.318 P : RJS 12/97 n° 1348), ni en cas de **répartition des tâches** du salarié licencié entre 3 autres salariés recrutés juste avant ou après son licenciement (Cass. soc. 18-5-2017 n° 16-10.045 F-D : RJS 8-9/17 n° 574).
b. Le caractère effectif de la suppression d'emploi ne s'oppose pas au **recours, peu après, à des intérimaires** en raison d'une augmentation temporaire et imprévue des commandes (Cass. soc. 28-10-2015 n° 14-12.590 FS-D : RJS 1/16 n° 17), à une **répartition des tâches** du salarié licencié auprès de salariés déjà en poste (Cass. soc. 3-3-2009 n° 07-43.761 F-D ; 12-1-2012 n° 10-21.101 F-D : RJS 3/12 n° 231) ou à leur **reprise** par le directeur général de la société (Cass. soc. 29-1-1992 n° 90-41.087 PF : RJS 3/92 n° 264), par des collaborateurs bénévoles (Cass. soc. 20-1-1998 n° 94-45.094 P : RJS 3/98 n° 288) ou par un prestataire de services (Cass. soc. 26-9-1990 n° 87-40.518 P : RJS 11/90 n° 841).

SECTION 2

PROCÉDURE DE LICENCIEMENT POUR MOTIF PERSONNEL

La procédure de licenciement pour motif personnel s'applique aux employeurs de **droit privé** et à leurs salariés, ainsi qu'au personnel des **personnes publiques** employé dans des conditions de droit privé, sous réserve de dispositions particulières ayant le même objet. **47450** C. trav. art. L 1211-1 L 1231-2 **NB-II-3500 s**

Elle doit, le cas échéant, se **combiner** avec les règles relatives au licenciement des représentants du personnel (n°s 63300 s.) ou prévues par la convention collective (n° 48790 s.).

Elle n'est pas applicable en cas de rupture de la **période d'essai** ou d'un **CDD.**

> Précisions a. Le licenciement **disciplinaire** doit respecter la procédure de droit commun, avec un **délai maximal** à respecter entre l'entretien préalable et la notification de la sanction (n° 47740).
b. Pour les **employés de maison,** voir n° 33435 et les **assistantes maternelles,** voir n° 33355.
S'agissant du licenciement d'un salarié inapte après un **accident du travail,** voir n° 340, en cas de **maladie non professionnelle,** voir n°s 50045 s.

I. ENTRETIEN PRÉALABLE

L'employeur qui envisage de licencier un salarié doit le convoquer, avant toute décision, à un entretien au cours duquel il lui expose les motifs de cette mesure et recueille ses explications. Cet entretien est **obligatoire,** même en période de suspension du contrat de travail, et quels que soient l'effectif de l'entreprise, l'ancienneté du salarié, le motif du licenciement et la gravité de la faute reprochée, le cas échéant, au salarié. **47470** C. trav. art. L 1232-2, al. 1 **NB-II-5000 s**

> Précisions a. Cet entretien est nécessairement **individuel** (n° 47560, b) et préalable à toute décision (Cass. soc. 26-11-1996 n° 95-41.081 D ; 29-10-2003 n° 01-44.354 F-D : RJS 1/04 n° 19). Le **non-respect** de cette formalité constitue une irrégularité de procédure mais n'a pas pour effet de priver la rupture de cause réelle et sérieuse (Cass. soc. 29-10-2003 n° 01-44.354 F-D : RJS 1/04 n° 19 ; 11-9-2012 n° 11-20.371 FS-D : RJS 11/12 n° 869).
b. Si, **avant l'entretien** préalable, l'employeur a manifesté la volonté irrévocable de rompre le contrat de travail d'un salarié, le licenciement de celui-ci est verbal et sans cause réelle et sérieuse (Cass. soc. 12-12-2018 n° 16-27.537 F-D : RJS 3/19 n° 157).
c. Ne peuvent pas **remplacer** l'entretien préalable le prononcé d'une mise à pied conservatoire (Cass. soc. 16-6-1983 n° 81-40.098), la tenue de plusieurs entretiens informels entre l'employeur et le salarié (Cass. soc. 21-5-1992 n° 91-40.989 P : RJS 7/92 n° 855), ou un **entretien téléphonique** (Cass. soc. 14-11-1991 n° 90-44.195 D : RJS 2/92 n° 135). L'entretien peut-il se dérouler en **visioconférence** ? La prudence est de mise, en l'absence de solution de la Cour de cassation, et en l'état de positions divergentes adoptées par les

juges du fond, certains jugeant que les textes ne prévoient aucune dérogation au principe d'une rencontre physique (CA Grenoble 7-1-2020 nº 17/02442 : RJS 7/20 nº 345) d'autres que c'est possible en fonction des circonstances et si le salarié a été mis en mesure de se défendre utilement (CA Versailles 4-6-2020 nº 17/04940 : RJS 11/20 nº 535).

d. L'employeur se prévalant de **faits postérieurs** à un entretien préalable pour licencier un salarié doit procéder à un nouvel entretien (Cass. soc. 30-3-1994 nº 89-43.716 P : RJS 6/94 nº 677 ; 13-2-1997 nº 94-41.783 D).

e. Sur la procédure à respecter en cas de licenciement postérieur à la **rétractation** d'une **rupture conventionnelle,** voir nº 56220, c.

A. Convocation du salarié

FORME DE LA CONVOCATION

47480 C. trav. art. L 1232-2, al. 2 NB-II-8800 s

La convocation est effectuée par **lettre** recommandée ou par lettre remise en main propre contre décharge. Il ne s'agit pas d'une formalité obligatoire, mais ce procédé permet d'éviter toute **contestation** sur la date de présentation et de retrait du courrier. D'autres moyens d'acheminement sont admis comme, par exemple, la convocation signifiée par **huissier** (Cass. soc. 30-3-2011 nº 09-71.412 FS-PB : RJS 6/11 nº 511) ainsi que la convocation par **Chronopost,** qui permet de justifier des dates d'expédition et de réception de la lettre (Cass. soc. 8-2-2011 nº 09-40.027 FS-PB : RJS 4/11 nº 309). En revanche, une convocation orale (Cass. soc. 26-3-1992 nº 91-41.796 D) ou par télécopie (Cass. soc. 13-9-2006 nº 04-45.698 F-P : RJS 11/06 nº 1164) est irrégulière.

› Précisions a. Lorsque la lettre est remise en **main propre,** un double de celle-ci ou le récépissé attestant de sa réception doit être daté et contresigné par le salarié. En l'**absence de récépissé,** la procédure de licenciement est respectée s'il est établi que le salarié a été régulièrement convoqué à l'entretien préalable (Cass. soc. 28-2-2018 nº 16-19.934 F-D : RJS 5/18 nº 310). Sur les moyens de preuve retenus pour la remise de la lettre de licenciement, voir nº 47710, a.

b. Le **refus** du salarié de prendre connaissance de la convocation à l'entretien préalable ne peut pas fonder le licenciement (Cass. soc. 18-2-2004 nº 01-46.124 F-D : RJS 5/04 nº 538). Mais il n'empêche pas l'employeur de poursuivre la procédure (nº 47560).

c. La procédure n'est pas irrégulière si le salarié n'a **pas reçu sa lettre** de convocation en raison de son départ en congé (Cass. soc. 5-3-1987 nº 85-43.126 S), ou de l'absence de signalement d'un changement de domicile (Cass. soc. 26-2-1992 nº 88-44.441 P : RJS 4/92 nº 471). En revanche, la procédure est irrégulière si la convocation est délibérément envoyée à une adresse inexacte (Cass. soc. 16-1-1985 nº 83-44.943 S ; 23-3-2005 nº 02-46.105 F-PB : RJS 6/05 nº 611).

DATE D'ENVOI

47490 NB-II-5800 s

Lorsque le licenciement est envisagé pour un motif personnel **non disciplinaire,** aucun délai n'est imposé pour l'envoi de la convocation.

En cas de motif **disciplinaire,** la convocation doit être envoyée le plus rapidement possible et au plus tard dans les 2 mois à compter du jour de la connaissance des faits par l'employeur (nºs 56225 s.).

CONTENU DE LA CONVOCATION

47500 C. trav. art. R 1232-1 NB-II-6480 s

La convocation doit préciser l'objet, la date, l'heure et le lieu de l'entretien, et rappeler la possibilité pour le salarié de se faire assister.

L'**omission** de l'une de ces mentions, l'heure par exemple (Cass. soc. 25-9-2007 nº 05-45.592 F-D : RJS 12/07 nº 1266), rend la procédure irrégulière, même si cela n'a pas empêché la tenue de l'entretien (Cass. soc. 3-5-1978 nº 77-40.129), ou si l'entretien n'a pas eu lieu du fait du salarié (Cass. soc. 22-7-1986 nº 83-45.749 S).

47510 NB-II-6600 s

Objet de l'entretien La convocation doit préciser expressément qu'une **mesure de licenciement** est envisagée (Cass. soc. 19-3-1998 nº 95-43.618 P : RJS 5/98 nº 581 ; 28-11-2001 nº 99-44.209 F-D : RJS 2/02 nº 156). La mention des **motifs** pour lesquels le licenciement est envisagé n'est pas obligatoire (Cass. soc. 4-11-1992 nº 91-41.189 P : RJS 12/92 nº 1372 ; 6-4-2016 nº 14-23.198 FS-PB : RJS 6/16 nº 437), sauf dispositions conventionnelles en disposant autrement (nº 48795).

› Précisions a. N'est **pas valable** la convocation « aux fins de discussion et de mise au point » (Cass. soc. 4-5-1983 nº 81-40.307), celle visant « une décision à prendre » (CA Paris 17-10-1991 nº 91/32886 : RJS 12/91 nº 1393), ou envisageant l'éventualité d'une sanction dont la nature n'est pas précisée (Cass. soc. 31-10-1989 nº 87-40.309 D : RJS 12/89 nº 921 ; 8-10-1992 nº 91-43.461 D : RJS 11/92 nº 1251).

b. Le licenciement ne doit pas apparaître **comme acquis,** sans quoi la lettre de convocation à l'entretien vaut rupture du contrat de travail et fixe les limites du litige (Cass. soc. 19-3-2014 n° 12-28.206 F-D : RJS 6/14 n° 471).

Date de l'entretien L'entretien préalable ne peut pas avoir lieu **moins de 5 jours ouvrables** après la présentation au salarié de la lettre recommandée de convocation ou sa remise en main propre. Le **non-respect** de ce délai, qui a pour but de laisser au salarié le temps de préparer sa défense et de rechercher une assistance, est une irrégularité de procédure, même si l'intéressé a réussi à se faire assister lors de l'entretien (Cass. soc. 7-10-1998 n° 96-43.276 D : RJS 11/98 n° 1353 ; 6-10-2010 n° 08-45.141 F-D). 47520 C. trav. art. L 1232-2, al. 3 R 1231-1 NB-II-6940 s

La date et l'heure de l'entretien préalable peuvent être fixées **en dehors du temps de travail** et des jours habituellement travaillés. Cela ne constitue pas une irrégularité de procédure, l'intéressé pouvant seulement prétendre au paiement du temps passé à l'entretien et à la réparation du préjudice subi le cas échéant (Cass. soc. 7-4-2004 n° 02-40.359 FS-PBRI : RJS 6/04 n° 670 ; 24-9-2008 n° 07-42.551 F-D).

> Précisions **a.** Le salarié ne saurait **renoncer** au délai de 5 jours visé ci-dessus (Cass. soc. 28-6-2005 n° 02-47.128 FS-PBRI : RJS 10/05 n° 967).
b. Le **point de départ** de ce délai se situe le lendemain du jour de la première présentation de la lettre ou de la remise de la convocation en main propre (Cass. soc. 20-2-2008 n° 06-40.949 FP-PB : RJS 5/08 n° 530 ; 3-6-2015 n° 14-12.245 FS-PB : RJS 8-9/15 n° 574 ; 10-7-2019 n° 18-11.528 F-D : RJS 10/19 n° 566). Il **se décompte** en jours ouvrables, sans tenir compte, par conséquent, du jour consacré au repos hebdomadaire et des jours fériés (Cass. soc. 14-5-1997 n° 95-45.238 P : RJS 10/97 n° 1076 ; 20-12-2006 n° 04-47.853 FS-PBR : RJS 3/07 n° 319 ; 14-12-2011 n° 10-21.242 F-D : RJS 3/12 n° 234). S'il **expire** un samedi, un dimanche ou un jour férié ou chômé, il est prorogé jusqu'au premier jour ouvrable suivant.
c. Si l'entretien est **reporté à la demande du salarié,** l'employeur doit aviser ce dernier, en temps utile et par tout moyen, des nouvelles date et heure de cet entretien (Cass. soc. 29-1-2014 n° 12-19.872 FS-PB : RJS 4/14 n° 308). Dans ce cas, le délai de 5 jours ne recommence pas à courir (Cass. soc. 24-11-2010 n° 09-66.616 FP-PB : RJS 2/11 n° 115). Si le report est à l'**initiative de l'employeur,** en l'absence de solution jurisprudentielle, il est conseillé de respecter ce délai.

Lieu de l'entretien L'entretien préalable doit en principe se tenir au lieu où s'**exécute le travail** ou au **siège social** de l'entreprise et ne peut pas être fixé en un autre lieu sans motif légitime (Cass. soc. 9-5-2000 n° 97-45.294 PB : RJS 6/00 n° 650 ; 20-10-2009 n° 08-42.155 F-D). Ce lieu peut être **modifié** si le salarié en est informé dans un délai raisonnable, par exemple 5 jours avant la date prévue (Cass. soc. 24-1-2007 n° 05-44.098 F-D). 47530 NB-II-7480 s

> Précisions **a.** Le **choix** appartient à l'employeur. Il ne saurait donc lui être reproché d'avoir convoqué le salarié au siège social (Cass. soc. 24-1-1996 n° 92-45.287 D : RJS 3/96 n° 261), à moins qu'il n'en résulte un abus de pouvoir de sa part.
b. A été jugé valable l'entretien fixé dans un café en raison de l'**indisponibilité des locaux** de l'entreprise, cette circonstance n'ayant pas empêché le salarié de s'expliquer sur la rupture envisagée (CA Versailles 17-10-1994 n° 93/6798 : RJS 12/94 n° 1362). Toutefois, l'entretien se déroulant dans un **lieu public** ne doit pas avoir un **caractère vexatoire** : c'est le cas si l'entretien a lieu dans la salle de restaurant où le salarié exerçait habituellement son travail, en présence de plusieurs clients dont il était connu (CA Toulouse 1-10-1999 n° 98/2306 : RJS 1/00 n° 24), ou dans le magasin de vêtements où il travaillait, des clients ayant interrompu l'entretien (CA Poitiers 4-3-2008 n° 06/1087).
c. Si l'entretien se déroule dans un lieu éloigné de son lieu de travail habituel, le salarié a droit au remboursement de ses **frais de déplacement** (Cass. soc. 28-1-2005 n° 02-45.971 F-PB : RJS 4/05 n° 363).
d. Sur la possibilité d'organiser l'entretien en **visioconférence,** voir n° 47470, c.

Assistance du salarié La convocation doit toujours indiquer la faculté pour le salarié de se faire assister par une **personne de son choix** appartenant à l'entreprise, ou, le cas échéant, à l'unité économique et sociale dont relève l'entreprise (Cass. soc. 8-6-2011 n° 10-14.650 FS-PB : RJS 8-9/11 n° 672). 47540 C. trav. art. L 1232-4, al. 3 R 1232-1, al. 3 NB-II-7980 s

En l'absence d'**institutions représentatives** du personnel, doivent aussi être mentionnées :
– la faculté pour le salarié de se faire assister par un conseiller de son choix inscrit sur la liste départementale (Cass. soc. 6-2-2001 n° 98-43.597 FS-PBI : RJS 4/01 n° 423) ;
– l'adresse des services où cette liste est tenue à sa disposition (Cass. soc. 6-12-2005 n° 03-48.384 F-D : RJS 3/06 n° 326).

L'**omission** de ces mentions rend la procédure irrégulière, même si le salarié a réussi à se faire assister (Cass. soc. 24-9-2008 n° 07-40.061 F-D : RJS 12/08 n° 1175 ; 21-1-2009 n° 07-42.985 F-PB : RJS 4/09 n° 329).

> **Précisions a.** Sous peine d'irrégularité de la procédure (Cass. soc. 29-4-2003 n° 01-41.364 F-P : RJS 7/03 n° 860 ; 6-12-2005 n° 03-48.384 F-D : RJS 3/06 n° 326), il faut mentionner à la fois l'**adresse** de la **section** d'inspection du travail compétente et celle de la **mairie** où peut être consultée la liste : mairie du lieu du domicile du salarié, s'il vit dans le département où est situé l'établissement du lieu de travail, mairie de son lieu de travail sinon (Circ. DRT 15 du 4-8-1992, réputée abrogée). Si l'entretien a lieu dans un **département différent** de celui où il travaille, voir n° 47580, a.
b. L'**absence** de représentants du personnel ne doit pas être **appréciée** dans le cadre de l'établissement mais dans celui de l'entreprise (Cass. soc. 26-11-1996 n° 95-42.457 P : RJS 1/96 n° 20), ou de l'unité économique et sociale à laquelle appartient l'employeur (Cass. soc. 21-9-2005 n° 03-44.810 F-PB : RJS 11/05 n° 1082).
c. La présence d'un **délégué syndical** suffit à interdire le recours à un conseiller inscrit sur une liste (Cass. soc. 19-2-2002 n° 00-40.657 FS-P : RJS 5/02 n° 547), mais pas celle d'un **représentant des salariés** en cas de redressement judiciaire (Cass. soc. 27-6-2002 n° 00-41.893 FS-PBR : RJS 10/02 n° 1097 ; 4-2-2003 n° 00-45.820 FS-P : RJS 4/03 n° 431).
d. La lettre de convocation mentionnant la possibilité de se faire assister par un conseiller extérieur, alors que l'entreprise comporte des représentants du personnel, donne au salarié une **option qui n'existe pas** et est susceptible de lui causer un préjudice (Cass. soc. 19-11-2008 n° 07-43.191 F-D : RJS 3/09 n° 237).

B. Participants

PRÉSENCE DU SALARIÉ

47560 NB-II-9900 s Le salarié dont le licenciement est envisagé n'est pas tenu de se rendre à l'entretien préalable. Celui-ci étant prévu dans son seul intérêt, son **absence** ne peut pas lui être reprochée par l'employeur (Cass. soc. 15-5-1991 n° 89-44.670 P : RJS 6/91 n° 740) et ne constitue pas une cause de licenciement (Cass. soc. 28-11-2001 n° 99-46.031 F-D : RJS 2/02 n° 157). S'il ne se présente pas, l'employeur peut **poursuivre la procédure** et lui notifier son licenciement.

> **Précisions a.** L'absence du salarié pour **maladie** ne dispense pas l'employeur de le convoquer à l'entretien préalable (Cass. soc. 25-11-1992 n° 89-42.186 D : RJS 1/93 n° 23). Mais, sauf **intention dolosive** de sa part (Cass. soc. 1-2-2001 n° 98-45.784 F-D : RJS 4/01 n° 425) ou si une clause conventionnelle l'impose (Cass. soc. 6-4-2016 n° 14-28.815 F-D : RJS 6/16 n° 416), il n'est pas obligé de faire droit à la demande de l'intéressé sollicitant une nouvelle convocation (Cass. soc. 7-10-1997 n° 94-44.306 D : RJS 11/97 n° 1223 ; 26-5-2004 n° 02-40.681 F-D : RJS 8-9/04 n° 898).
b. L'entretien est **individuel.** Le salarié ne peut pas être entendu en présence de collègues contre lesquels il est aussi envisagé de prononcer une mesure de licenciement, même si les faits reprochés sont identiques (Cass. soc. 23-4-2003 n° 01-40.817 FS-P : RJS 7/03 n° 861).
c. L'**absence** du salarié à l'entretien ne dispense pas l'employeur de vérifier la réalité des faits reprochés (Cass. soc. 18-12-1984 n° 82-41.053). Elle ne peut pas être interprétée comme une **démission** (Cass. soc. 22-11-1989 n° 85-43.848 D) ou comme un **aveu** du bien-fondé du licenciement (CA Paris 19-9-1991 n° 91/32685).
d. Sur les délais à respecter en cas de notification d'un **licenciement disciplinaire,** voir n° 56265, b.

ASSISTANCE PAR UN SALARIÉ DE L'ENTREPRISE

47570 C. trav. art. L 1232-4, al. 1 NB-II-10700 s Qu'il y ait ou non des représentants du personnel, le salarié peut se faire assister par une **personne de son choix** appartenant au personnel de l'entreprise, représentant du personnel ou non. Ce recours n'est pas une obligation mais une simple **faculté** pour le salarié.

> **Précisions a.** L'employeur n'a pas à **convoquer** la personne choisie par le salarié (Cass. soc. 3-3-1988 n° 85-40.723 D). La **défection** de celle-ci ne peut pas lui être reprochée, sauf intervention dissuasive de sa part (Cass. soc. 5-6-1985 n° 84-43.023 P). Le **refus d'un représentant du personnel** d'assister un salarié ne saurait être assimilé à une absence d'institutions représentatives du personnel permettant au salarié de faire appel au conseiller visé aux nos 47580 s. (CA Dijon 25-11-1993 n° 93/987 : RJS 4/94 n° 388).
b. L'assistant ne doit subir aucune perte de **rémunération** du fait de sa mission (Cass. soc. 12-2-1991 n° 87-45.259 PF : RJS 3/91 n° 323). Il doit être remboursé des **frais de transport** le cas échéant exposés pour se rendre à l'entretien préalable (Cass. soc. 25-10-2000 n° 98-42.260 F-D), peu important à cet égard qu'il soit délégué syndical et qu'il bénéficie à ce titre du remboursement forfaitaire accordé par accord d'entreprise aux organisations syndicales (Cass. soc. 3-3-2004 n° 01-43.579 F-D : RJS 5/04 n° 525). Lorsque le salarié est représentant du personnel, le temps passé à l'assistance ne devrait pas à notre sens être imputé sur son **crédit d'heures.**
c. Sur la possibilité pour l'assistant de **témoigner** en faveur du salarié licencié, voir n° 47640.

CONSEILLER INSCRIT SUR UNE LISTE

Conditions de recours En l'**absence de représentants du personnel** dans l'entreprise (nº 47540, b), le salarié peut demander à être assisté par un membre du personnel ou par un conseiller inscrit sur une liste établie par le préfet dans chaque département, disponible à l'adresse visée au nº 47540, a. Cette **liste** précise notamment le nom, l'adresse, la profession ainsi que l'appartenance syndicale éventuelle des conseillers. Elle ne peut pas comporter de conseillers prud'hommes en activité. **47580** C. trav. art. L 1232-4, al. 2 L 1232-7 R 1232-2 R 1232-3 D 1232-5 **NB-II-11010 s**

C'est au salarié souhaitant se faire assister par un conseiller inscrit sur une liste de le **contacter,** dans les plus brefs délais (Circ. DRT 16 du 5-9-1991, réputée abrogée). Il doit l'**informer** de la date, de l'heure et du lieu de l'entretien, et aviser l'employeur de sa démarche. Lorsque le conseiller est **indisponible,** l'entretien peut être reporté si l'employeur est d'accord (Cass. soc. 24-6-2009 nº 08-41.681 F-D). Dans le cas contraire, le salarié peut solliciter un autre conseiller de la liste.

Sur les **sanctions** du non-respect des dispositions relatives à l'assistance du salarié par un conseiller, voir nº 48750.

› Précisions a. Si l'entretien doit se dérouler dans un **département différent** de celui où le salarié travaille, le conseiller doit être choisi sur la liste établie dans le département du lieu de convocation (Circ. DRT 16 du 5-9-1991, réputée abrogée).
b. Le conseiller **confirme sa venue** au salarié ou lui fait connaître immédiatement et par tous moyens qu'il ne peut pas se rendre à l'entretien. Son **arrivée tardive** ne rend pas la procédure de licenciement irrégulière (Cass. soc. 26-1-2010 nº 08-40.333 F-D : RJS 4/10 nº 323).
c. L'employeur peut **interdire la présence** du conseiller si ce dernier refuse de justifier de sa qualité (Cass. soc. 25-9-2012 nº 11-10.684 FS-PB : RJS 12/12 nº 924), établie par une copie de l'arrêté préfectoral et une attestation individuelle avec photographie (Circ. DRT 16 du 5-9-1991, réputée abrogée).

Mission La mission du conseiller est strictement **limitée** à l'assistance et au conseil du salarié lors de l'entretien préalable (Circ. DRT 16 du 5-9-1991, réputée abrogée). Il est tenu au **secret professionnel** pour toutes les questions relatives aux procédés de fabrication et à une obligation de **discrétion** à l'égard des informations confidentielles et données comme telles par l'employeur, sous peine d'être radié de la liste départementale. **47590** C. trav. art. L 1232-13 L 1238-1 L 2437-1 **NB-II-11480 s**

Quiconque aura porté ou tenté de porter **atteinte à l'exercice régulier des fonctions** de conseiller, notamment en ne respectant pas les règles relatives à son statut (nº 47600), est passible d'une amende de 3 750 € au plus et/ou d'un emprisonnement d'un an au plus.

› Précisions a. Le conseiller n'a pas à **informer l'inspection du travail** des situations non conformes à la réglementation du travail qu'il peut être amené à constater (Circ. DRT 16 du 5-9-1991, réputée abrogée).
b. Sur la **portée du témoignage** ou de l'attestation établie par le conseiller, voir nº 47640.

Statut du conseiller du salarié **47600**

Autorisation d'absence et crédit d'heures

Dans les établissements d'**au moins 11 salariés,** le conseiller du salarié doit disposer du temps nécessaire à l'exercice de sa mission dans la **limite** de 15 heures par mois. S'il est par ailleurs titulaire d'un mandat de représentant du personnel, il **cumule** les autorisations d'absence. C. trav. art. L 1232-8 **PA-II-35000 s**

L'employeur doit être préalablement **informé** des heures d'absence du salarié ; il peut exercer un **contrôle** a posteriori de l'utilisation du crédit d'heures (Circ. DRT 16 du 5-9-1991, réputée abrogée).

En principe, l'autorisation d'absence est limitée au strict **cadre de l'entretien préalable,** c'est-à-dire la durée de l'entretien lui-même et les temps de trajet (Circ. DRT 16 du 5-9-1991, réputée abrogée). Toutefois, un travail préparatoire à l'entretien pouvant s'avérer nécessaire, la durée de la **rencontre préalable** entre le salarié et son conseiller peut s'imputer sur la durée de l'autorisation d'absence si elle intervient immédiatement avant l'entretien (Circ. DRT 15 du 4-8-1992, réputée abrogée).

Maintien de salaire et remboursement de frais

Le conseiller exerce sa mission à titre **gratuit.** Ses absences au travail dues à l'exercice de celle-ci sont **rémunérées** par son employeur, lui-même **remboursé** par l'État, au vu d'une demande contresignée par le conseiller mentionnant l'ensemble de ses absences, et n'entraînent aucune diminution des rémunérations et avantages y afférents. Le conseiller du salarié peut se faire rembourser, sur justificatif, les **frais de déplacement** occasionnés par sa mission. S'il a effectué au moins 4 interventions dans l'année civile, il bénéficie en outre d'une **indemnité forfaitaire** annuelle de 40 €. C. trav. art. L 1232-9, al. 2 L 1232-11 D 1232-4, al. 3 D 1232-7 à D 1232-9 Arrêté MEST9711492A du 13-11-1997

Formation et protection sociale

Le temps de mission est assimilé à du **travail effectif** pour la détermination de la durée des congés payés, du droit aux prestations d'assurances sociales et familiales ainsi qu'au regard de tous les droits que le salarié tient du fait de son ancienneté dans l'entreprise.

C. trav. art. L 1232-9, al. 1 L 1232-12 CSS art. L 412-8, 6° D 412-78 D 412-79

Le conseiller bénéficie de la couverture du risque **accident du travail** pendant l'exercice de sa mission.

Il peut bénéficier, dans le cadre des congés de formation économique, sociale et syndicale, d'une **formation** à l'exercice de sa mission pour les besoins de laquelle l'employeur doit lui accorder une **autorisation d'absence** dans la limite de 2 semaines (12 jours) par période de 3 ans.

C. trav. art. L 1232-14 L 2411-21

Protection en cas de rupture du contrat de travail

L'exercice de la mission de conseiller du salarié ne peut pas être une **cause** de rupture du contrat de travail. Il bénéficie de la même protection que les délégués syndicaux (Cass. soc. 27-1-2010 n° 08-44.376 FS-PB : RJS 4/10 n° 322) pour toute rupture de son contrat de travail (voir n° 63300), dès lors qu'il remplit certaines **conditions** (voir n° 63250).

La protection s'applique pendant la **durée du mandat** de 3 ans et **après la cessation des fonctions,** pendant 12 mois, à condition de les avoir exercées pendant un an au moins. Toute rupture du contrat de travail intervenue en **méconnaissance** de ce statut protecteur est nulle et le salarié peut demander sa réintégration, dans les conditions visées aux n°s 63540 s. De même, il a droit à sa réintégration en cas d'annulation de l'autorisation administrative de son licenciement (Cass. soc. 17-5-2017 n° 16-14.979 FS-PB : RJS 8-9/17 n° 590). S'il ne demande pas sa réintégration ou la demande après expiration de sa protection, il a droit à une indemnité pour violation du statut protecteur, égale aux salaires qu'il aurait dû percevoir jusqu'à la fin de la période de protection en cours à la date de son éviction dans la limite de 30 mois (Cass. soc. 30-6-2016 n° 15-12.982 FS-PB : RJS 10/16 n° 639), ainsi qu'à une indemnité pour licenciement nul (voir n° 48775).

REPRÉSENTATION ET ASSISTANCE DE L'EMPLOYEUR

47610 NB-II-11700 s

C'est en principe l'employeur qui doit être l'**interlocuteur** du salarié lors de l'entretien préalable. Cependant, il peut se faire représenter par un membre du personnel ayant qualité dans l'entreprise pour embaucher ou licencier les salariés. Sur les conditions de la **délégation de pouvoir,** voir n° 47670.

Bien que non prévue par la loi, l'assistance de l'employeur par un salarié de l'entreprise, un cadre par exemple (Cass. soc. 26-2-1992 n° 88-44.441 P : RJS 4/92 n° 471), est permise (Cass. soc. 27-5-1998 n° 96-40.741 P : RJS 7/98 n° 839). Mais elle ne doit pas transformer l'entretien préalable en une **enquête** (Cass. soc. 1-4-1997 n° 95-42.246 P : RJS 5/97 n° 592).

› Précisions **a.** La présence d'un **étranger à la société** lors de l'entretien préalable rend la procédure irrégulière (Cass. soc. 20-6-1990 n° 87-41.118 P : RJS 8-9/90 n° 664 ; 27-1-2009 n° 07-43.547 F-D). Est considéré comme tel un **huissier** (Cass. soc. 30-3-2011 n° 09-71.412 FS-PB : RJS 6/11 n° 511) ou le **fils du dirigeant,** actionnaire et ancien salarié de la société, même s'il est destiné à prendre la succession de son père (Cass. soc. 28-10-2009 n° 08-44.241 FS-PB : RJS 1/10 n° 28).

b. La procédure est irrégulière lorsque l'entretien a lieu en présence d'un **nombre important de personnes** (Cass. soc. 1-4-1997 n° 95-42.246 P : RJS 5/97 n° 592 ; 12-12-2013 n° 12-21.046 F-D : RJS 2/14 n° 110). Tel n'est pas le cas lorsqu'un collègue du salarié intervient une fois pour confirmer les faits reprochés à l'intéressé (Cass. soc. 5-5-2010 n° 09-40.737 FS-PB : RJS 7/10 n° 590).

C. Débats

CONTENU

47630 C. trav. art. L 1232-3 NB-II-13200 s

Lors de l'entretien préalable, l'employeur ou son représentant indique au salarié les **motifs** de la décision envisagée et recueille ses **explications.** Il n'est pas tenu de lui communiquer les **pièces** susceptibles de justifier la sanction (Cass. soc. 18-2-2014 n° 12-17.557 FS-PB : RJS 5/14 n° 387).

Les **propos tenus par le salarié** au cours de l'entretien relèvent de sa liberté d'expression (CA Versailles 18-6-2020 n° 18/03264 : RJS 8-9/20 n° 412) et ne peuvent pas, sauf abus, constituer une cause de licenciement (Cass. soc. 19-6-1991 n° 89-40.843 PF : RJS 8-9/91 n° 959 ; 10-3-1993 n° 90-41.852 D : RJS 5/93 n° 497).

› Précisions **a.** La **durée** de l'entretien est en principe sans incidence sur la régularité de la procédure (Cass. soc. 8-11-1977 n° 75-40.882). Jugé toutefois que le refus de l'employeur de prolonger au-delà de 5 minutes l'entretien préalable avec son salarié vide de son sens la procédure (CA Reims 9-11-1994 n° 93/3299 : RJS 5/95 n° 607).

b. Si l'entretien préalable est conduit en **langue étrangère,** la procédure de licenciement n'est pas irrégulière dès lors que les deux parties pratiquent couramment cette langue (Cass. soc. 6-3-2007 n° 05-41.378 F-D : RJS 5/07 n° 570). À défaut de langue commune, il doit être fait appel à un **interprète** accepté par les deux

parties (Cass. soc. 8-1-1997 nº 95-41.085 P : RJS 2/97 nº 129).
c. La circonstance que le **motif** énoncé dans la lettre de licenciement n'a pas été indiqué au salarié au cours de l'entretien préalable caractérise une irrégularité de forme mais n'empêche pas le juge de décider que ce grief peut fonder le licenciement (Cass. soc. 28-5-1997 nº 94-42.835 P : RJS 7/97 nº 801 ; 16-11-2005 nº 03-46.655 F-D : RJS 3/06 nº 327).
d. Sur la portée de l'**absence du salarié** lors de l'entretien, voir nº 47560.

PREUVE

Les parties en présence sont libres d'accepter de rédiger et de signer un **compte rendu** de l'entretien permettant de constater le déroulement de celui-ci, les faits évoqués et les explications de chacun. Ce compte rendu peut, le cas échéant, être produit devant le juge prud'homal et constituer un élément de preuve s'il est **signé** par les deux parties (Circ. DRT 16 du 5-9-1991, réputée abrogée). Si l'une des parties ne l'a pas signé, les tribunaux refusent de lui reconnaître une force probante (Cass. soc. 1-3-2000 nº 97-45.731 D). **47640** NB-II-13810 s

› Précisions Qu'il soit salarié de l'entreprise ou inscrit sur une liste, l'**attestation** établie par l'assistant du salarié à la suite de l'entretien est un élément de preuve recevable dont le juge doit apprécier la valeur et la portée (Cass. soc. 27-3-2001 nº 98-44.666 FS-PBI : RJS 6/01 nº 732 ; 12-2-2002 nº 99-45.634 F-D : RJS 5/02 nº 549). Il en est de même de l'attestation établie par le salarié ayant représenté l'employeur lors de l'entretien (Cass. soc. 23-10-2013 nº 12-22.342 F-PB : RJS 1/14 nº 21). L'indication de faits matériellement inexacts peut engager la **responsabilité pénale** de son auteur (Cass. crim. 26-3-2002 nº 01-84.215 F-D : RJS 7/02 nº 795).

II. NOTIFICATION DU LICENCIEMENT

Si l'entretien préalable n'a pas permis de conciliation, si le salarié régulièrement convoqué ne s'est pas présenté à cet entretien, ou si l'employeur ne décide pas finalement d'appliquer une sanction moindre, ce dernier est en droit de notifier au salarié son licenciement, sous certaines conditions de forme et de délai. **47660** C. trav. art. L 1232-6 NB-II-15500 s

Il doit ainsi rédiger une lettre de licenciement comportant notamment l'énoncé des motifs. Il peut, s'il le souhaite, utiliser les modèles types fixés par le décret 2017-1820 du 29-12-2017 auquel un arrêté devrait se substituer en application de la loi 2018-217 du 29-3-2018.

Ces formalités doivent être respectées quel que soit le motif du licenciement, y compris en cas de faute grave ou lourde.

AUTEUR

La notification du licenciement incombe en principe à l'**employeur.** En pratique, elle peut aussi être établie par un **représentant** de celui-ci appartenant à l'entreprise, sauf si cela confère au licenciement un caractère vexatoire, par exemple si la lettre est signée pour ordre par une secrétaire hiérarchiquement subordonnée au salarié licencié (Cass. soc. 28-10-2002 nº 00-44.548 F-D : RJS 4/03 nº 434). **47670** NB-II-17200 s

La **délégation de pouvoir** de licencier n'a pas à être nécessairement écrite (Cass. soc. 18-11-2003 nº 01-43.608 FS-PB : RJS 1/04 nº 15 ; 13-6-2018 nº 16-23.701 FS-PB : RJS 8-9/18 nº 533) ou portée à la connaissance des salariés (Cass. soc. 5-5-2011 nº 09-72.924 F-D). Elle peut être **tacite** et découler des fonctions du salarié (Cass. ch. mixte 19-11-2010 nº 10-10.095 PBRI : RJS 1/11 nº 26 ; Cass. soc. 26-1-2011 nº 08-43.475 FS-PB : RJS 4/11 nº 288).

Le licenciement est sans cause réelle et sérieuse s'il est prononcé par une **personne non habilitée** pour le faire (Cass. soc. 4-4-2006 nº 04-47.677 F-PB : RJS 6/06 nº 704 ; 17-3-2015 nº 13-20.452 FS-PB : RJS 6/15 nº 399) ou si la lettre de licenciement est signée par une personne étrangère à l'entreprise (Cass. soc. 26-4-2006 nº 04-42.860 F-D : RJS 7/06 nº 819 ; 7-12-2011 nº 10-30.222 FS-PB : RJS 2/12 nº 124), peu important que cette lettre ait été signée pour ordre pour le compte de l'employeur (Cass. soc. 26-4-2017 nº 15-25.204 FS-PB : RJS 7/17 nº 476).

› Précisions **a.** Est **compétent** pour procéder au licenciement des salariés d'une **filiale** le directeur des affaires sociales engagé par la société mère pour exercer ses fonctions au sein de ses filiales (Cass. soc. 16-5-2007 nº 06-40.307 F-D : RJS 7/07 nº 824), le président de la société mère (Cass. soc. 6-3-2007 nº 05-41.378 F-D : RJS 5/07 nº 570), son directeur des ressources humaines (Cass. soc. 23-9-2009 nº 07-44.200 FS-PBR : RJS 12/09 nº 898 ; 15-12-2011 nº 10-21.926 F-D : RJS 3/12 nº 208), son directeur général (Cass. soc. 13-6-2018 nº 16-23.701 FS-PB : RJS 8-9/18 nº 533) ou le délégué de ce dernier (Cass. soc. 16-1-2013 nº 11-26.398 F-D : RJS 3/13 nº 187), ou son directeur financier titulaire d'une délégation de pouvoir en matière de gestion du personnel (Cass. soc. 30-6-2015 n° 13-28.146 FS-PB : RJS 10/15 n° 625).

b. Peut aussi procéder à des licenciements le **travailleur temporaire** ayant pour mission l'assistance et le conseil du directeur des ressources humaines ainsi que son remplacement éventuel (Cass. soc. 2-3-2011 n° 09-67.237 FP-PB : RJS 5/11 n° 406).

c. En cas de **dépassement de pouvoir du mandataire,** le mandant peut ratifier expressément ou tacitement le licenciement postérieurement (Cass. ch. mixte 19-11-2010 n° 10-30.215 PBRI : RJS 1/11 n° 26 ; Cass. soc. 2-3-2011 n° 10-11.957 F-D : RJS 5/11 n° 382) notamment en soutenant sa validité en justice (Cass. soc. 15-1-2014 n° 12-24.594 F-D : RJS 3/14 n° 237). La lettre signée « **pour ordre** » au nom du directeur des ressources humaines (Cass. soc. 10-11-2009 n° 08-41.076 FS-PB : RJS 1/10 n° 18) et celle signée par un seul des codélégataires du pouvoir de licencier sont valables dès lors que la procédure de licenciement s'est déroulée jusqu'à son terme (Cass. soc. 13-3-2013 n° 11-23.761 FS-D : RJS 5/13 n° 339).

d. Sur la personne compétente pour licencier un **salarié d'un CSE,** voir n° 8994, b.

CONTENU

47680 C. trav. art. L 1235-2 R 1232-13 R 1233-2-2 NB-II-18500 s

Indication des motifs L'employeur est tenu d'énoncer les motifs du licenciement dans la **lettre** le notifiant. À condition de respecter les règles de procédure applicables à chaque cause de licenciement, il peut invoquer plusieurs motifs inhérents à la personne du salarié, dès lors qu'ils procèdent de faits distincts (Cass. soc. 23-9-2003 n° 01-41.478 FP-PBRI : RJS 11/03 n° 1260).

La lettre de licenciement doit énoncer des **motifs précis,** c'est-à-dire matériellement vérifiables (Cass. soc. 14-5-1996 n°s 93-40.279 D et 94-45.499 P : RJS 6/96 n° 664).

Toutefois, les motifs énoncés dans la lettre de rupture peuvent être **précisés par l'employeur** à son initiative dans les 15 jours suivant la notification du licenciement par lettre recommandée avec avis de réception ou remise contre récépissé. Selon l'administration, ce délai court à compter de la réception de la lettre de licenciement par le salarié (QR min. trav. du 15-7-2020 sur la rupture du contrat de travail). De son côté, le salarié peut demander, dans ce même délai et ces mêmes formes, des précisions sur ces motifs. L'employeur dispose alors de 15 jours après la réception de cette demande pour les lui communiquer dans les mêmes formes et délai, s'il le souhaite. En l'absence d'une telle demande du salarié, une insuffisance de motivation ne prive pas le licenciement de cause réelle et sérieuse et ouvre droit à une indemnité ne pouvant pas excéder un mois de salaire. Attention, cette procédure ne permet pas à l'employeur d'ajouter de nouveaux motifs au licenciement (QR min. trav. du 15-7-2020 sur la rupture du contrat de travail).

› Précisions a. L'**exigence** de motivation est **satisfaite** si la lettre mentionne l'insuffisance professionnelle du salarié (Cass. soc. 20-11-1996 n° 93-45.555 P : RJS 1/97 n° 22 ; 23-5-2000 n° 98-42.064 FS-PB : RJS 7-8/00 n° 783), la mauvaise qualité de son travail (Cass. soc. 23-5-2000 n° 98-40.634 FS-PB : RJS 7-8/00 n° 783), un niveau de performance insuffisant (Cass. soc. 3-12-2003 n° 01-45.039 F-D : RJS 2/04 n° 189) ou son manque de résultats (Cass. soc. 13-12-1994 n° 93-43.945 P : RJS 4/95 n° 365 ; 9-2-1999 n° 96-44.125 D : RJS 4/99 n° 490).

b. Ne constitue **pas un motif précis et matériellement vérifiable** l'allégation d'erreurs et négligences dont la nature est indéterminée (Cass. soc. 7-12-1999 n° 98-41.522 D : RJS 1/00 n° 25 ; 5-7-2000 n° 98-42.889 F-D : RJS 9-10/00 n° 929), le manque de motivation du salarié (Cass. soc. 23-5-2000 n° 98-40.635 FS-PB : RJS 7-8/00 n° 783), son inadaptation à l'évolution de l'activité de l'association (Cass. soc. 3-12-2003 n° 01-45.620 F-D : RJS 2/04 n° 189), une incompatibilité d'humeur (Cass. soc. 17-1-2001 n° 98-44.354 F-P : RJS 3/01 n° 297), une mésentente sans autre précision (Cass. soc. 5-2-2002 n° 99-44.383 FS-P : RJS 4/02 n° 409) ou la simple mention d'un retrait d'agrément (Cass. soc. 12-1-2011 n° 09-41.904 FS-PB : RJS 3/11 n° 221). Il en est de même de la seule mention de l'inaptitude du salarié au poste occupé sans indication de la nature médicale ou professionnelle de celle-ci (Cass. soc. 20-2-2002 n° 99-40.527 F-P : RJS 5/02 n° 551). S'agissant de la motivation de la lettre de licenciement d'un salarié pour **inaptitude physique,** voir n°s 340 (accident du travail ou maladie professionnelle) et 50045 (maladie ou accident non professionnel).

c. L'employeur ne peut pas **se contenter de faire référence** aux motifs contenus dans des correspondances antérieures (Cass. soc. 7-10-1997 n° 94-44.306 D : RJS 11/97 n° 1223 ; 1-2-2001 n° 99-40.465 F-D : RJS 4/01 n° 430), dans la lettre de convocation à l'entretien préalable (Cass. ass. plén. 27-11-1998 n° 96-40.199 P : RJS 1/99 n° 23 ; Cass. soc. 9-1-2002 n° 99-46.281 F-D) ou dans un avertissement antérieur (Cass. soc. 17-1-2006 n° 04-40.740 F-PB : RJS 4/06 n° 409).

d. Sur la motivation de la lettre de licenciement faisant suite à une **rétrogradation,** voir n° 56280.

e. Sur la **coexistence** d'un motif personnel et d'un motif économique de licenciement, voir n° 47100.

47700 **Autres mentions** La **date des faits** n'a pas à être précisée (Cass. soc. 7-3-1995 n°s 93-43.415 D et 93-43.596 D : RJS 4/95 n° 366 ; 11-7-2012 n° 10-28.798 F-D : RJS 11/12 n° 871) et, en cas d'erreur matérielle sur celle-ci, le licenciement n'est pas affecté (Cass. soc. 17-9-2014 nº 13-24.874 F-D : RJS 12/14 nº 842). Il est en revanche recommandé de rappeler le déroulement de la **procédure préalable.**

La lettre de licenciement doit nécessairement être **signée,** sous peine d'irrégularité (Cass. soc. 29-6-1999 nº 97-42.208 P : RJS 8-9/99 nº 1039 ; 5-1-2005 nº 02-47.290 F-D : RJS 3/05 nº 260).

Sur les indications relatives au préavis, voir nº 69315, b.

FORME

La lettre de licenciement doit être adressée au salarié en **recommandé** avec avis de réception. Cette formalité n'est pas substantielle et son inobservation ne rend pas le licenciement irrégulier (Cass. soc. 16-12-2009 nº 08-42.922 F-D : RJS 3/10 nº 249). D'autres procédés de notification ont été admis dès lors qu'ils permettent de justifier de la date d'envoi et de réception du courrier par le salarié (voir nº 47480, a pour la lettre de convocation à entretien préalable). Ainsi, la **lettre simple** (Cass. soc. 19-3-1987 nº 83-44.687 S), la lettre **remise en main propre** (Cass. soc. 7-7-2010 nº 08-45.139 F-D) ou la notification par un **huissier** (Cass. soc. 20-2-1986 nº 82-43.825 S) sont valables. À défaut de décharge, il peut être prouvé par un autre moyen, tel qu'un témoignage, que la lettre a été effectivement remise (Cass. soc. 29-9-2014 nº 12-26.932 FS-PB : RJS 12/14 nº 841). **47710** NB-II-15600 s

Mais la lettre recommandée permet de rendre incontestable l'**existence et la date** du licenciement (Cass. soc. 15-12-1999 nº 97-44.431 D : RJS 3/00 nº 264). Elle est parfois nécessaire pour la validité de certains actes tels qu'une transaction (nº 69565).

› Précisions a. Est irrégulière, sans rendre le licenciement sans cause réelle et sérieuse, la **remise** de la lettre de licenciement au salarié **par un tiers** (Cass. soc. 23-10-2013 nº 12-12.700 FS-PB : RJS 1/14 nº 24).

b. Une **erreur** sur le prénom du destinataire l'empêchant de retirer le pli recommandé (Cass. soc. 26-10-2004 nº 02-45.009 F-D : RJS 2/05 nº 139) ou dans le libellé de l'adresse figurant sur le formulaire du recommandé avec avis de réception (Cass. soc. 24-5-2018 nº 17-16.362 F-D : RJS 8-9/18 nº 532), comme l'expédition de la lettre de licenciement à une **adresse sciemment erronée** (Cass. soc. 14-2-2007 nº 04-45.806 FS-D : RJS 5/07 nº 559) rendent en principe le licenciement sans cause réelle et sérieuse. Il en est autrement si le salarié a **changé de domicile** postérieurement à la convocation à l'entretien préalable sans en avertir l'employeur (Cass. soc. 26-6-1986 nº 84-40.085 P).

c. Le **refus** du salarié de prendre connaissance de la lettre notifiant le licenciement ne peut pas fonder celui-ci (Cass. soc. 18-2-2004 nº 01-46.124 F-D : RJS 5/04 nº 538).

d. Est sans cause réelle et sérieuse car **non motivé** le licenciement résultant de l'envoi au salarié du **dernier bulletin de salaire** et de l'**attestation Pôle emploi** (Cass. soc. 30-11-2010 nº 08-45.279 F-D : RJS 3/11 nº 220) ou la remise d'un **certificat de travail** mentionnant une date de fin de travail (Cass. soc. 19-3-2008 nº 06-46.145 F-D : RJS 6/08 nº 652). Il en est de même du **licenciement verbal** (Cass. soc. 23-6-1998 nº 96-41.688 D : RJS 8-9/98 nº 971 ; 20-12-2018 nº 17-26.958 F-D : RJS 3/19 nº 185), auquel est assimilé l'envoi d'une **feuille blanche** par lettre recommandée avec accusé de réception (Cass. soc. 24-1-2007 nº 05-42.135 FS-PB : RJS 4/07 nº 420). En cas de **contestation sur le contenu** du pli recommandé, le salarié doit prouver qu'il ne contenait pas sa lettre de licenciement (Cass. soc. 5-11-2014 nº 13-18.663 FS-D : RJS 1/15 nº 14). Bien qu'irréguliers, ces modes de notification entraînent la **rupture du contrat de travail** et permettent de fixer le point de départ du préavis (Cass. soc. 12-3-1992 nº 90-44.174 D : RJS 4/92 nº 425 ; 9-4-1992 nº 90-42.335 D).

e. En cas de **carence** de l'employeur, la remise de la lettre de licenciement au salarié peut être ordonnée par le juge prud'homal (Cass. soc. 28-11-1989 nº 87-40.857 D : RJS 2/90 nº 106), y compris en référé, sauf si l'existence du licenciement est contestée (Cass. soc. 3-1-1990 nº 88-44.938 D : RJS 2/90 nº 107).

DATE D'ENVOI

Délai minimal La lettre notifiant le licenciement ne peut pas être expédiée moins de 2 jours ouvrables après la date de l'entretien préalable. Ce délai s'**apprécie** par rapport à la date d'expédition de la lettre (Cass. soc. 23-4-1985 nº 83-42.237 S ; 30-11-2010 nº 09-68.174 F-D : RJS 3/11 nº 222). **47730** C. trav. art. L 1232-6, al. 3 NB-II-19900 s

› Précisions a. Le **respect** de ce délai de réflexion est impératif. L'employeur informant le salarié de sa décision définitive de le licencier dès la fin de l'entretien (Cass. soc. 15-11-1990 nº 88-42.261 P : RJS 1/91 nº 18 ; 6-7-1994 nº 91-40.579 D), ou le surlendemain (Cass. soc. 3-5-1990 nº 87-44.409 D : RJS 6/90 nº 483), ne peut pas réparer cette irrégularité par l'envoi d'une lettre de licenciement dans le délai légal.

b. Sur les conséquences d'une **convocation à entretien préalable** faisant apparaître le licenciement comme **déjà acquis,** voir nº 47510, b.

47740 NB-II-20210 s **Délai maximal** La loi n'impose pas à l'employeur un délai maximal entre l'entretien et la notification du licenciement **non disciplinaire.** En revanche, si le motif invoqué est **disciplinaire,** la lettre de notification ne peut être envoyée plus d'un mois après la date de l'entretien (Cass. soc. 7-7-1998 n° 96-40.487 P : RJS 10/98 n° 1218 ; 30-11-2010 n° 09-68.174 F-D : RJS 3/11 n° 222). À défaut, le licenciement est dépourvu de cause réelle et sérieuse (Cass. soc. 1-12-1999 n° 97-44.131 D : RJS 1/00 n° 29 ; 21-3-2000 n° 98-40.345 D : RJS 5/00 n° 515).

> **Précisions** **a.** Sur la portée de dispositions conventionnelles fixant un **délai plus court,** voir n° 48795.
b. Sur le **calcul** du délai d'un mois et les conséquences de certains événements tels que l'absence du salarié ou le report de l'entretien préalable, voir n° 56265, b.
c. Si l'employeur a notifié la lettre de licenciement disciplinaire à l'adresse exacte du domicile du salarié dans le délai légal d'un mois, la **non-distribution par La Poste** de cette lettre ne rend pas la rupture abusive (Cass. soc. 30-11-2017 n° 16-22.569 F-D : RJS 2/18 n° 111).
d. Sur l'incidence d'un **contentieux pénal** engagé pour les mêmes faits que ceux motivant le licenciement, voir n° 56225, b.

PORTÉE DE LA NOTIFICATION

47750 NB-II-20600 s **Rupture du contrat** Un licenciement, **même irrégulier,** entraîne en principe la rupture du contrat de travail, aucun **salaire** ne pouvant être dû pour la période postérieure à sa notification, même en cas de dispositions conventionnelles subordonnant le caractère exécutoire de la rupture à l'avis d'une commission interne (Cass. soc. 31-3-2015 n° 13-27.196 FS-PB : RJS 6/15 n° 402).

La **date** de la rupture se situe au jour où l'employeur envoie la lettre de licenciement (Cass. soc. 28-11-2006 n° 05-42.202 F-PB : RJS 2/07 n° 208 ; 4-3-2015 n° 13-16.148 F-D : RJS 5/15 n° 323), remet, ou tente de remettre celle-ci en main propre au salarié (Cass. soc. 16-12-2009 n° 08-42.922 F-D : RJS 3/10 n° 249). Le licenciement ne peut pas avoir d'**effet rétroactif** (Cass. soc. 6-12-1990 n° 88-44.884 P).

> **Précisions** **a.** Dès l'instant où il est notifié, l'employeur ne peut **revenir** sur un licenciement qu'avec l'accord du salarié (Cass. soc. 12-5-2004 n° 02-41.173 F-D : RJS 7/04 n° 801 ; 4-3-2015 n° 13-16.148 F-D : RJS 5/15 n° 323). La **renonciation** du salarié à se prévaloir de son licenciement doit être claire et non équivoque. L'employeur ne saurait sans son accord **régulariser** un licenciement irrégulier par l'envoi d'une nouvelle notification (Cass. soc. 2-3-2005 n° 02-43.980 F-D : RJS 5/05 n° 512).
b. Sur les **obligations** de l'employeur liées à la rupture du contrat : voir n°s 69450 s.
c. Sur le point de départ du **préavis,** voir n° 69240.

47760 NB-II-21210 s **Limites du litige** Les **motifs** énoncés dans la lettre de licenciement, éventuellement précisés par l'employeur (voir n° 47680), fixent les limites du litige : la **qualification** donnée par l'employeur au licenciement s'impose à lui et il ne peut pas modifier ou compléter les motifs indiqués (Cass. soc. 20-3-1990 n° 89-40.515 PF : RJS 5/90 n° 374). Pour **apprécier** la cause réelle et sérieuse du licenciement, le juge doit examiner tous les motifs énoncés dans la lettre (Cass. soc. 12-1-2005 n° 02-47.323 F-D : RJS 4/05 n° 364 ; 14-1-2014 n° 12-12.744 FS-PB : RJS 4/14 n° 309) et seulement ceux-ci (Cass. soc. 22-1-1998 n° 95-41.496 P : RJS 3/98 n° 291 ; 4-7-2012 n° 11-17.469 F-D : RJS 10/12 n° 783). Cela n'interdit toutefois pas à l'employeur d'invoquer toutes les **circonstances de fait** permettant de les justifier (Cass. soc. 15-10-2013 n° 11-18.977 FS-PB : RJS 12/13 n° 797).

> **Précisions** **a.** En cas de **licenciement disciplinaire,** la cause alléguée doit correspondre à une faute, sous peine de rendre le licenciement sans cause réelle et sérieuse (n° 48665).
b. Sur l'étendue du **contrôle du juge,** voir n°s 48660 s.
c. Si le seul motif énoncé dans la lettre est une **infraction pénale,** la **relaxe** au pénal emporte, quelle qu'en soit la cause, inexactitude de ce motif et, par suite, absence de cause réelle et sérieuse du licenciement (jurisprudence constante, notamment Cass. soc. 6-10-1998 n° 96-42.603 P : RJS 11/98 n° 1354). Si la lettre de licenciement ne mentionne pas les faits sous leur seule qualification pénale (Cass. soc. 9-4-2008 n° 07-40.880 F-D : RJS 7/08 n° 765), ou si elle est intervenue pour un autre motif (Cass. soc. 1-12-2011 n° 09-71.204 F-D ; 28-5-2013 n° 12-12.681 F-D), les juges du fond ne sont pas liés par la décision de relaxe.
d. Sur la possibilité pour l'employeur de se prévaloir de faits dont il a connaissance au cours d'une **procédure pénale,** voir n° 56225, b.

PRINCIPALES NOUVEAUTÉS

21

Accidents du travail et maladies professionnelles

Effet sur le contrat de travail

Comment motiver la rupture en cas d'adhésion du salarié malade au CSP ?

Le contrat de travail d'un salarié suspendu pour maladie professionnelle peut être rompu en cas d'impossibilité de maintenir ce contrat. L'employeur doit alors préciser les motifs pour lesquels il se trouve dans cette impossibilité, y compris lorsque le salarié a adhéré à un contrat de sécurisation professionnelle.

Pour en savoir plus, consultez le § **265**

Le contrat n'est plus suspendu si une visite médicale de reprise a eu lieu

Le licenciement d'un salarié qui a passé une visite médicale de reprise à l'issue d'un arrêt de travail pour maladie non professionnelle ne peut pas être nul au motif de l'absence de visite médicale de reprise à l'issue d'un précédent arrêt de travail pour maladie professionnelle.

Pour en savoir plus, consultez le § **285**

Le licenciement pour inaptitude physique insuffisamment motivé est sans cause réelle et sérieuse

Si la lettre de licenciement pour inaptitude physique vise l'inaptitude du salarié et le refus par celui-ci d'une proposition de poste, le licenciement est dépourvu de cause réelle et sérieuse en l'absence de mention de l'impossibilité de reclassement dans cette lettre.

Pour en savoir plus, consultez le § **340**

Sécurité sociale

L'employeur n'a pas à prouver le bien-fondé de ses réserves

Si l'employeur émet des réserves sur le caractère professionnel de l'accident en les motivant par les circonstances de temps et de lieu de celui-ci ou par l'existence d'une cause totalement étrangère au travail, la caisse est tenue de mener des investigations. Dès lors que les réserves sont motivées, ces investigations sont obligatoires sans que l'employeur ait à prouver leur bien-fondé.

Pour en savoir plus, consultez le § **727**

La mise en place du registre des accidents bénins est facilitée

L'autorisation préalable à la mise en place d'un registre des accidents bénins est remplacée par une déclaration de conformité.

Pour en savoir plus, consultez le § **730**

La prise en charge de la Covid-19 à titre professionnel relève d'une procédure spécifique

La Covid-19 contractée au travail est à déclarer sur www.declare-maladiepro.ameli.fr. Pour les assurés travaillant dans le secteur de la santé, elle peut être prise en charge au titre du tableau 100 si elle a entraîné une affection respiratoire grave. Dans les autres cas, elle peut être prise en charge sur avis d'un comité dédié à cette affection.

Pour en savoir plus, consultez le § **750**

Victimes de pesticides : le fonds d'indemnisation enfin mis en place

Un fonds d'indemnisation des victimes de pesticides est mis en place afin de faciliter l'indemnisation des victimes de maladies professionnelles causées par des pesticides ainsi que des enfants atteints d'une pathologie résultant directement d'une exposition prénatale du fait de l'exposition professionnelle de l'un de leurs parents.

Pour en savoir plus, consultez le § **1390**

Activité partielle

La durée maximum d'autorisation de l'activité partielle est réduite

À compter du 1-3-2021, l'autorisation d'activité partielle peut être accordée pour une durée maximum de 3 mois renouvelable dans la limite de 6 mois, consécutifs ou non, sur une période de référence de 12 mois consécutifs.

Pour en savoir plus, consultez le § **1437**

Le taux de l'indemnité d'activité partielle est revu à la baisse

Le montant horaire de l'indemnité versée au salarié est égal à 60 % de sa rémunération horaire brute limitée à 4,5 fois le Smic horaire à compter du 1-3-2021 (date qui pourrait être reportée).

Pour en savoir plus, consultez le § **1450**

Le régime social de l'indemnité complémentaire est fixé pour 2021

En 2021, l'indemnité complémentaire versée par l'employeur est assujettie aux mêmes prélèvements sociaux que l'indemnité légale dans la limite de 3,15 fois le Smic horaire. Elle est assujettie comme un revenu d'activité lorsque la somme de l'indemnité légale et de l'indemnité complémentaire dépasse ce niveau.

Pour en savoir plus, consultez le § **1460**

L'allocation d'activité partielle fortement revue à la baisse

Le taux horaire de l'allocation versée par l'État à l'employeur est égal à 36 % du salaire horaire de référence limité à 4,5 fois le Smic horaire à compter du 1-3-2021 (date qui pourrait être reportée).

Pour en savoir plus, consultez le § **1465**

L'activité d'activité partielle de longue durée (APLD) est mise en place à titre temporaire

Les entreprises en difficulté peuvent recourir à l'APLD soit par un accord collectif validé par l'administration, soit par un document unilatéral de l'employeur conforme à un accord de branche. Ce dispositif permet aux entreprises qui réduisent leur activité en s'engageant à maintenir l'emploi de bénéficier d'une prise en charge de l'État plus favorable que l'indemnité partielle de droit commun.

Pour en savoir plus, consultez les § **1530 s.**

Aides à l'emploi

Allègements de cotisations patronales

Réduction générale de cotisations patronales : la valeur maximale du coefficient évolue au 1-1-2021

La réduction générale s'impute sur les cotisations dues au titre des accidents du travail et des maladies professionnelles dans la limite de 0,70 (au lieu de 0,69), ce qui a des incidences sur la valeur du coefficient T utilisé pour calculer le montant de la réduction.

Pour en savoir plus, consultez le § **1890**

Calcul de la réduction générale : les sommes affectées à un CET doivent être prises en compte

Les indemnités de mission et les indemnités compensatrices de congés payés affectées sur le compte épargne-temps d'un salarié temporaire doivent entrer dans le calcul de la rémunération prise en compte pour le calcul du coefficient de réduction au moment de leur acquisition.

Pour en savoir plus, consultez le § **1946**

Nouveau maintien de certaines communes dans le classement des ZRR

Les communes sorties du classement au 1-7-2017 continuent de bénéficier de l'exonération ZRR jusqu'au 31-12-2022 (au lieu du 31-12-2020).

Pour en savoir plus, consultez le § **2015**

Aides à l'embauche et au retour à l'emploi

Renforcement de l'aide au conseil RH à destination des TPE-PME

La prestation de conseil RH est désormais centrée sur les entreprises de moins de 250 salariés. Les thèmes d'intervention des prestataires ont été élargis et la procédure de référencement préalable des prestataires par l'administration a été supprimée.

Pour en savoir plus, consultez le § **2160**

Aides financières aux entreprises touchées par la Covid-19 et renforcement des dispositifs de formation

En raison de la crise de la Covid-19, un fonds de solidarité peut soutenir les entreprises en difficulté. Par aileurs, le dispositif AME-entreprise (ex FNE-formation) est temporairement recentré sur les salariés en activité partielle ou en APLD. Enfin, un dispositif de transitions collectives permet aux salariés de se former pendant 24 mois maximum avec maintien de leur contrat de travail et de leur rémunération pour s'orienter vers des métiers porteurs.

Pour en savoir plus, consultez le § **2250**

L'expérimentation des emplois francs est prolongée jusqu'à fin 2021 avec des ajustements

Le dispositif des emplois francs est prolongé d'un an et le montant de l'aide financière est revalorisé en cas d'embauche d'un jeune de moins de 26 ans.

Pour en savoir plus, consultez le § **2380**

Les employeurs peuvent bénéficier d'une aide s'ils embauchent un jeune de moins de 26 ans

Les employeurs peuvent obtenir une aide d'un montant maximal de 4 000 € pour l'embauche d'un jeune de moins de 26 ans en CDI ou en CDD d'au moins 3 mois, rémunéré au plus à hauteur de 2 Smic.

Pour en savoir plus, consultez le § **2400**

Apprentissage

Relance de l'apprentissage : mise en place d'une aide exceptionnelle et temporaire

À l'aide financière habituelle se substitue une aide exceptionnelle, pour l'embauche en contrat d'apprentissage et pour la première année d'exécution du contrat. Son montant varie selon que l'apprenti est majeur ou mineur.

Pour en savoir plus, consultez le § **3277**

Assujettissement à la sécurité sociale

Le régime général de la sécurité sociale comprend une cinquième branche consacrée à l'autonomie

Les personnes couvertes par le régime général de la sécurité sociale au titre de la protection universelle maladie le sont aussi au titre du soutien à l'autonomie.

Pour en savoir plus, consultez le § **4200**

L'existence d'une relation de travail dépend des conditions d'exercice de l'activité professionnelle

L'existence d'une relation de travail salariée ne dépend ni de la volonté exprimée par les parties, ni de la dénomination qu'elles ont donnée à leur convention, mais des conditions de fait dans lesquelles est exercée l'activité professionnelle.

Pour en savoir plus, consultez le § **4270**

Une nouvelle catégorie de personnes relèvera du régime général des salariés en 2022

Relèveront du régime général des salariés, pour les cotisations et contributions dues à compter du 1-1-2022, les particuliers dont les recettes annuelles ne dépassent pas 1 500 €

qui vendent des biens neufs confectionnés ou achetés pour les revendre ou qui fournissent des services rémunérés de manière ponctuelle et qui exercent l'option pour relever du régime général.

Pour en savoir plus, consultez le § **4360**

Chômage

Covid-19 : de nombreux aménagements pour limiter l'impact de la crise sur l'indemnisation des chômeurs

Période d'affiliation, délai de forclusion, démissions légitimes, dégressivité des allocations, durée de versement des allocations : de nombreuses mesures temporaires ont été adoptées afin d'atténuer les effets de la crise sanitaire sur certains aspects de l'indemnisation des demandeurs d'emploi.

Pour en savoir plus, consultez le § **6510**

La réforme de l'assurance chômage partiellement annulée

Le Conseil d'État annule les dispositions du décret 2019-797 du 26 juillet 2019 relatives à la détermination du salaire journalier de référence, dont l'entrée en vigueur était reportée.

Pour en savoir plus, consultez le § **6635**

Comité social et économique et conseil d'entreprise

Mise en place

Le défaut d'organisation d'élections partielles ne cause pas nécessairement un préjudice aux salariés

Si l'absence d'organisation, par l'employeur, des élections destinées à mettre en place les institutions représentatives du personnel cause nécessairement un préjudice aux salariés, ce principe ne s'applique pas à défaut d'organisation d'élections partielles. En effet, lorsque, l'institution représentative du personnel ayant été mise en place, des élections partielles doivent être organisées du fait de la réduction du nombre des membres élus, il appartient au salarié qui se prétend lésé de démontrer l'existence d'un préjudice, les salariés n'étant pas dans cette situation privés d'une possibilité de représentation et de défense de leurs intérêts.

Pour en savoir plus, consultez le § **8685**

Collèges électoraux : la saisine de l'administration est possible même si les mandats sont expirés

La saisine de l'autorité administrative pour qu'elle statue, en l'absence d'accord de l'employeur et des syndicats, sur la répartition du personnel et des sièges entre les collèges électoraux est recevable même si les mandats des élus en cours sont arrivés à échéance.

Pour en savoir plus, consultez le § **8745**

La parité ne s'impose pas pour les candidatures libres présentées au second tour des élections

La Cour de cassation considère que les dispositions légales relatives à la représentation équilibrée femmes-hommes, éclairées par les travaux parlementaires, s'appliquent aux syndicats qui doivent, au premier tour pour lequel ils bénéficient du monopole de présentation des listes de candidats et, par suite, au second tour, constituer des listes qui respectent la représentation équilibrée des femmes et des hommes. Elles ne s'appliquent donc pas aux candidatures libres présentées au second tour des élections professionnelles.

Pour en savoir plus, consultez le § **8771**

Le premier candidat de la liste ne doit pas nécessairement être du sexe majoritaire

La règle d'alternance qui prévoit que les listes comportant plusieurs candidats sont composées alternativement d'un candidat de chaque sexe jusqu'à épuisement des candidats d'un des sexes n'impose pas que le premier candidat de la liste soit du sexe majoritaire, hors le cas où l'application des règles légales conduit à exclure totalement la représentation de l'un ou l'autre sexe.

Pour en savoir plus, consultez le § **8771**

Non-respect de parité : le juge saisi après les élections ne peut annuler ni la liste ni les élections

En cas de non-respect des dispositions relatives à la représentation équilibrée des femmes et des hommes sur les listes de candidats, le juge peut seulement, dès lors qu'il est saisi après les élections, prononcer les sanctions spécifiques prévues par la loi. Il ne peut donc ni annuler la liste irrégulière, ni annuler l'ensemble des élections.

Pour en savoir plus, consultez le § **8772**

L'annulation de l'élection d'un élu du sexe surreprésenté est sans effet sur sa candidature

L'annulation de l'élection d'un élu du sexe surreprésenté pour non-respect des règles de représentation équilibrée femmes-hommes sur la liste de candidats ne lui fait perdre son mandat au CSE qu'à compter du jour où elle est prononcée et est sans incidence sur sa candidature.

Pour en savoir plus, consultez le § **8772**

Les procès-verbaux des élections doivent être rédigés immédiatement après la fin du dépouillement

Le principe selon lequel les procès-verbaux des élections sont rédigés immédiatement après la fin du dépouillement est un principe général du droit électoral. Le non-respect de cette formalité constitue donc une irrégularité justifiant à elle seule l'annulation des élections.

Pour en savoir plus, consultez le § **8795**

La contestation d'une candidature relève toujours du contentieux de la régularité des élections

La contestation d'une candidature, quels qu'en soient les motifs, y compris pour non-respect de la représentation équilibrée femmes-hommes sur les listes de candidats, se rattache à la régularité des opérations électorales et peut donc être introduite jusqu'à l'expiration d'un délai de 15 jours suivant la proclamation des résultats.

Pour en savoir plus, consultez le § **8800**

Composition du CSE

Qui peut présider le CSE par délégation de l'employeur ?

La Cour de cassation a jugé, pour la première fois, que l'employeur peut déléguer un salarié détaché par une autre entreprise pour présider le CSE à sa place, sous des conditions strictes fixées par elle. La cour d'appel de Versailles a pris une décision similaire concernant la présidence de la CSSCT.

Pour en savoir plus, consultez les § **8840 et 9010**

Fonctionnement

Droit d'accès de l'expert-comptable du CSE à l'information : il est important, mais pas sans limites

Années auxquelles l'expert-comptable peut remonter lorsqu'il demande des informations, sociétés du groupe auxquelles il peut étendre ses investigations… La Cour de cassation précise, à nouveau, les contours du droit d'accès à l'information de l'expert-comptable du CSE.

Pour en savoir plus, consultez le § **9058**

Attributions

Quand les informations fournies au CSE sont insuffisantes, dans quel délai le juge doit-il statuer ?

Lorsque le comité, estimant les informations qui lui ont été communiquées insuffisantes, demande au juge des informations supplémentaires, celui-ci peut statuer une fois expiré le délai de consultation imparti au CSE pour se prononcer et en fixer un nouveau, dès lors qu'il a été saisi avant cette expiration.

Pour en savoir plus, consultez le § **9234**

De la prolongation conventionnelle des délais de consultation réglementaires du comité

Pour la Cour de cassation, rien n'empêche l'employeur et le CSE de s'accorder de manière informelle pour prolonger les délais réglementaires de consultation de l'institution.

Pour en savoir plus, consultez le § **9236**

Fixation du nombre et du périmètre des établissements distincts par l'employeur : nouvelles décisions

Qu'est-ce qu'un établissement autonome ? À quelle date le juge doit-il se situer lorsqu'il est saisi d'une contestation de la décision de l'employeur sur le nombre et le périmètre des établissements distincts ? La compétence du juge judiciaire est-elle conforme à la Constitution ? La Cour de cassation poursuit sa construction jurisprudentielle sur la détermination par l'employeur du nombre et du périmètre des établissements distincts en l'absence d'accord collectif ou d'accord avec le CSE.

Pour en savoir plus, consultez le § **9485**

Concierges et employés d'immeubles d'habitation

Une contribution supplémentaire conventionnelle à la charge des employeurs

Les employeurs de moins de 11 salariés sont, depuis la collecte 2020, redevables d'une contribution supplémentaire conventionnelle à la formation professionnelle de 0,15 % de la masse salariale de l'année n – 1.

Pour en savoir plus, consultez le § **10055**

Congés

Le congé de naissance doit être pris au moment de la naissance

Pour les naissances intervenues ou étant supposées intervenir à compter du 1-7-2021, le congé pour naissance d'un enfant doit être pris, au choix du salarié, à compter du jour de la naissance ou du premier jour ouvrable suivant.

Pour en savoir plus, consultez les § **11940**

Un congé de deuil est créé

En cas de décès de son enfant âgé de moins de 25 ans ou d'une personne de moins de 25 ans à sa charge effective et permanente, le salarié a droit à un congé de deuil de 8 jours. Il peut également bénéficier du mécanisme de don de jours de repos.

Pour en savoir plus, consultez les § **11945 et 11965**

Le congé de proche aidant est indemnisé

Depuis le 30-9-2020, le salarié en congé de proche aidant a droit à une allocation journalière de proche aidant (AJPA) versée par la caisse d'allocations familiales et dont les montants sont alignés sur ceux de l'allocation journalière de présence parentale.

Pour en savoir plus, consultez les § **11997**

Congés payés

L'employeur ne peut pas imposer la prise de congés reportés

L'employeur doit appliquer aux congés reportés les règles de fixation de l'ordre des départs en congé annuel et donc respecter les délais de prévenance.

Pour en savoir plus, consultez le § **13420**

Des mesures transitoires en matière de congés payés en raison de la Covid-19

Dans le contexte de l'épidémie de Covid-19, un accord d'entreprise ou de branche peut notamment autoriser l'employeur à imposer aux salariés de prendre des congés payés, et le salarié placé en activité partielle à monétiser des jours de congé.

Pour en savoir plus, consultez le § **13460**

Les jours de modulation sont décomptés des jours de congés

Le dernier jour ouvrable compris dans la période d'absence est décompté des jours de congés pris, même s'il correspond à un jour de modulation.

Pour en savoir plus, consultez le § **13480**

Conseils de prud'hommes

La limite régionale est inopposable au défenseur syndical qui poursuit la procédure d'appel

Le défenseur syndical peut assister ou représenter le justiciable devant une autre cour d'appel que celle de sa région administrative d'inscription dès lors qu'il aura été présent en première instance.

Pour en savoir plus, consultez le § **14750**

Taux de compétence en dernier ressort

Le taux de compétence du conseil de prud'hommes en dernier ressort est porté à 5 000 €.

Pour en savoir plus, consultez le § **14680**

Les critères financiers d'éligibilité à l'aide juridictionnelle sont modifiés

Les ressources conditionnant l'éligibilité à l'aide juridictionnelle sont appréciées à partir du revenu fiscal de référence, de la valeur du patrimoine mobilier ou immobilier et de la composition du foyer fiscal.

Pour en savoir plus, consultez le § **14800**

Contentieux de la sécurité sociale

La Cnitaat connaît des procédures introduites avant le 1-1-2019 jusqu'au 31-12-2022

La compétence de la Cnitaat pour connaître des procédures introduites avant le 1er janvier 2019 est prolongée jusqu'au 31 décembre 2022.

Pour en savoir plus, consultez le § **15400**

Le contenu de la lettre de réclamation adressée à la CRA fixe l'étendue de sa saisine

L'étendue de la saisine de la commission de recours amiable d'un organisme de sécurité sociale se détermine au regard du contenu du la lettre de réclamation et non de celui de la décision ultérieure de cette commission.

Pour en savoir plus, consultez le § **15490**

Le défaut de saisine de la CRA avant celle du tribunal peut être régularisé à certaines conditions

L'irrecevabilité, faute de saisine préalable de la commission de recours amiable, du recours formé directement devant la juridiction de sécurité sociale ne fait pas obstacle à l'exercice, après la saisine de la commission de recours amiable de l'organisme, d'un nouveau recours contentieux, sous réserve qu'il soit exercé avant l'expiration du délai de forclusion.

Pour en savoir plus, consultez le § **15545**

Le délai d'appel court à compter du retrait de la lettre recommandée par son destinataire

Le délai d'appel, à l'égard du destinataire de la lettre de notification d'un jugement, court à compter de la date à laquelle la lettre lui est remise.

Pour en savoir plus, consultez le § **15560**

Confirmation de jurisprudence sur le point de départ de la prescription des cotisations indues

Lorsque l'indu résulte d'une décision administrative ou juridictionnelle, le délai de prescription de l'action en restitution des cotisations en cause ne peut commencer à courir avant la naissance de l'obligation de remboursement découlant de cette décision.

Pour en savoir plus, consultez le § **15650**

Contrat de travail

Définition

Coemploi dans les groupes : une définition désormais plus étroite

La Cour de cassation donne une nouvelle définition de la notion de coemploi dans le cadre d'un groupe, fondée sur l'immixtion permanente de la société mère dans la gestion économique et sociale et la perte totale d'autonomie d'action de l'employeur. Mais elle n'abandonne pas la notion de coemploi au profit de la seule responsabilité extracontractuelle de la société mère.

Pour en savoir plus, consultez le § **16365**

Sans preuve d'un surclassement volontaire du salarié, le juge examine ses fonctions réelles

Si la volonté non équivoque de l'employeur de surclasser un salarié n'est pas établie, le juge apprécie les fonctions réellement exercées par l'intéressé.

Pour en savoir plus, consultez le § **16560**

Période d'essai

Le salarié qui ne signe pas son contrat de travail ne peut pas se voir opposer la période d'essai

Si le salarié a refusé de signer son contrat de travail, la période d'essai prévue par ce dernier ne lui est pas opposable.

Pour en savoir plus, consultez le § **16715**

Un essai contractuel de 9 mois peut être jugé raisonnable

Compte tenu de la nature des fonctions et des responsabilités confiées au salarié, directeur d'agence, la durée de 9 mois de la période d'essai contractuellement prévue a été jugée raisonnable.

Pour en savoir plus, consultez le § **16720**

Droits et obligations des parties

Des adaptations en matière d'entretien professionnel

Jusqu'au 30-6-2021, l'employeur échappe aux sanctions liées au non-respect des délais pour pratiquer les entretiens professionnels s'il justifie que le salarié a bénéficié de tous les entretiens et d'au moins 2 des 3 actions suivantes : formation, certification par la formation ou une VAE, ou progression salariale (individuelle et/ou collective) ou professionnelle (verticale et horizontale). Par ailleurs, les entretiens ayant dû ou devant se tenir entre le 1-1-2020 et le 30-6-2021 peuvent être reportés jusqu'au 30-6-2021.

Pour en savoir plus, consultez le § **17010**

Un licenciement intervenant simultanément à une action en justice n'est pas nécessairement injustifié

La seule concomitance entre le licenciement et l'action en justice du salarié ne fait pas présumer une atteinte à une liberté fondamentale du salarié d'agir en justice et de témoigner.

Pour en savoir plus, consultez le § **17040**

Des raisons objectives de sécurité peuvent permettre à l'employeur de mettre en cause le port d'une barbe par un salarié

Licencier un salarié en raison d'une barbe que l'employeur considère comme un signe religieux ou politique est discriminatoire si cette décision n'est pas justifiée par des raisons objectives de sécurité.

Pour en savoir plus, consultez le § **17050**

En matière de harcèlement, la mauvaise foi peut être invoquée devant le juge

La mauvaise foi du salarié peut être invoquée devant le juge même si elle n'a pas été mentionnée dans la lettre de licenciement.

Pour en savoir plus, consultez le § **17082**

Le salarié ne peut être le seul à apporter la preuve d'un harcèlement

Le juge ne peut pas faire peser la charge de la preuve d'un harcèlement moral sur le seul salarié.

Pour en savoir plus, consultez le § **17085**

Modification du contrat

Quel contrôle du juge en cas de licenciement d'un salarié refusant de se voir appliquer un APC ?

Le licenciement consécutif au refus du salarié de l'application à son contrat de travail des stipulations d'un accord de mobilité interne repose sur un motif économique autonome qui ne dispense pas pour autant les juges d'en apprécier le caractère réel et sérieux. Une solution qui pourrait être transposable aux actuels accords de performance collective (APC). En cas de litige, le juge pourrait ainsi contrôler, d'une part, la conformité de l'APC au regard des dispositions légales le régissant et, d'autre part, sa justification par l'existence des nécessités de fonctionnement de l'entreprise.

Pour en savoir plus, consultez le § **17595**

Contrat de travail à durée déterminée

La requalification du CDD doit être demandée dans les 2 ans du terme si elle vise le motif de recours

L'action en requalification du CDD en CDI obéit à la prescription de 2 ans prévue pour l'action portant sur l'exécution du contrat de travail. Si elle est fondée sur le motif de recours, son point de départ est constitué par le terme du contrat irrégulier, ou du dernier contrat en cas de contrats successifs.

Pour en savoir plus, consultez les § **20320 s.**

Contrats d'insertion

Contrat de professionnalisation : une aide pour les structures d'insertion

Une aide de l'État de 4 000 € est accordée, sous conditions, aux structures d'insertion par l'activité économique pour toute conclusion d'un contrat de professionnalisation avec une personne éligible à un parcours d'insertion.

Pour en savoir plus, consultez le § **20773**

Le CIE concerne désormais les jeunes

Le dispositif de contrat initiative-emploi est désormais réservé essentiellement au recrutement de jeunes de moins de 26 ans (30 ans en cas de handicap).

Pour en savoir plus, consultez le § **20800**

Un nouveau contrat « Seniors »

Les différentes structures d'insertion par l'activité économique peuvent conclure un nouveau contrat appelé contrat à durée indéterminée d'inclusion (CDII) avec des personnes d'au moins 57 ans rencontrant des difficultés sociales et professionnelles particulières.

Pour en savoir plus, consultez le § **20942**

Cotisations de sécurité sociale : régime général

Rémunérations assujetties

Pas de cotisations sur le prêt consenti par l'employeur à ses salariés à titre de secours

Les sommes versées par l'employeur à ses salariés à titre de secours en considération de situations individuelles particulièrement dignes d'intérêt, tels des prêts sans intérêt, sont exclues de l'assiette des cotisations.

Pour en savoir plus, consultez le § **22365**

L'exonération des frais de crèche ne s'apprécie pas globalement mais dans la limite fixée par salarié

L'exonération de cotisations applicable à l'aide de l'employeur aux frais de crèche du personnel s'apprécie dans la limite de 1 830 € par salarié. Une entreprise réservant des places en crèche, mais pas pour des salariés nommément désignés, en contrepartie du versement d'une somme globale ne peut pas en bénéficier.

Pour en savoir plus, consultez le § **22416**

La vente à moitié prix aux salariés des invendus du groupe n'est plus soumise à cotisations

Depuis le 1-1-2021, les réductions tarifaires jusqu'à 50 % du prix de vente public normal TTC, dans la limite du seuil de revente à perte, dont les salariés bénéficient sur les produits invendus de l'entreprise ou du groupe sont des avantages exclus de l'assiette de cotisations et contributions sociales.

Pour en savoir plus, consultez le § **22587**

Les avantages pour favoriser le sport en entreprise sont exonérés de cotisations

Les avantages que représentent pour ses salariés la mise à disposition par l'employeur d'équipements sportifs à usage collectif et le financement de prestations sportives à destination de l'ensemble de ses salariés sont exclus de l'assiette des cotisations et contributions sociales.

Pour en savoir plus, consultez le § **22595**

Les frais de déménagement évalués forfaitairement ne sont pas déductibles des cotisations

L'employeur est autorisé à déduire de l'assiette des cotisations sociales les indemnités destinées à compenser les frais de déménagement exposés par le salarié, sous réserve qu'il justifie de la réalité des dépenses engagées par celui-ci. Tel n'est pas le cas lorsque les indemnités sont évaluées forfaitairement.

Pour en savoir plus, consultez le § **22750**

Frais d'entreprise : pas d'immixtion possible de l'Urssaf dans la gestion de l'entreprise

Pour apprécier la nature des frais d'entreprise, l'Urssaf ne peut pas s'immiscer dans la politique commerciale décidée par le dirigeant, même malheureuse avec peu ou pas de retombées économiques, et même si ce dirigeant fait appel à des filiales de son groupe.

Pour en savoir plus, consultez le § **22795**

Les repas de salariés organisés 3 fois par an en dehors de l'entreprise sont des frais d'entreprise

Les dépenses correspondant à des repas organisés par l'entreprise 3 fois par an en dehors du lieu et du temps de travail où seuls sont conviés les salariés et dont la participation n'est pas obligatoire sont des frais d'entreprise, la régularité des repas ne remettant pas en cause leur caractère exceptionnel.

Pour en savoir plus, consultez le § **22797**

Le tiers payant étendu, à terme, à tout le panier 100 % santé

Le tiers payant sera étendu en 2022 à l'ensemble du panier 100 % santé, cette extension conditionnant l'exonération plafonnée de cotisations sociales dont bénéficie la contribution de l'employeur.

Pour en savoir plus, consultez le § **22990**

Calcul des cotisations

La notification du taux de la cotisation AT/MP est dématérialisée

Les entreprises d'au moins 10 salariés doivent ouvrir un compte AT/MP sur net-entreprises et aller y récupérer leur taux de cotisation 2021. Pour les entreprises de moins de 10 salariés, cette obligation entrera en vigueur en 2022.

Pour en savoir plus, consultez le § **23550**

Paiement et déclarations

Un panel d'aides pour apurer la dette de cotisations engendrée par la Covid-19

Certaines entreprises de moins de 250 salariés bénéficient d'une exonération des cotisations patronales dues pour les périodes de confinement ou de restriction d'activité et d'une aide au paiement imputable sur 2020 et 2021. Celles de moins de 250 salariés non concernées par ces dispositifs peuvent solliciter une remise partielle de dettes.

Toutes, quel que soit leur effectif, pourront bénéficier d'un plan d'apurement spécifique pour régler les sommes restant dues.

Pour en savoir plus, consultez le § **23690**

Des modalités légales d'imputation des paiements partiels des cotisations sont instituées

En cas de recouvrement partiel des cotisations et contributions sociales, le paiement est prioritairement imputé sur la créance due au principal, puis le cas échéant sur les majorations de retard et pénalités restant dues et sur les frais de justice.

Pour en savoir plus, consultez le § **23910**

Le salarié ne peut pas obtenir un remboursement de la part de l'Urssaf

Étant tenu de précompter la part salariale et de la verser à l'Urssaf avec la part patronale, l'employeur est, légalement, le seul redevable des cotisations et contributions sociales à l'égard de l'Urssaf et donc le seul à pouvoir en obtenir le remboursement.

Pour en savoir plus, consultez le § **24090**

CSG et CRDS sur les revenus d'activité et de remplacement

Les indemnités d'activité partielle obéissent à un nouveau régime au regard de la CSG et de la CRDS

L'indemnité légale d'activité partielle est assujettie à la CSG due sur les revenus de remplacement, au taux de 6,2 %. L'indemnité complémentaire due par l'employeur en application d'un accord collectif ou d'une décision unilatérale et versée au titre des périodes d'emploi de 2021 suit le même régime. Par dérogation, lorsque la somme de l'indemnité légale et de l'indemnité complémentaire est supérieure à 3,15 fois la valeur horaire du Smic, la part de l'indemnité complémentaire à l'indemnité légale versée au-delà de ce montant est assujettie à la CSG applicable aux revenus d'activité, c'est-à-dire au taux de 9,2 %.

Les personnes titulaires de faibles revenus ne peuvent plus, au titre des indemnités d'activité partielle versées depuis le 1-1-2021, bénéficier ni d'un taux réduit de CSG ni d'une exonération de CSG et de CRDS.

Pour en savoir plus, consultez les § **25025, 25260, b et 25280**

Durée du travail

La Dreets décide du dépassement de la durée maximale hebdomadaire moyenne dans certains secteurs

À défaut d'accord collectif, l'autorité administrative (Dreets à compter du 1-4-2021, Direccte auparavant) peut accorder une autorisation de dépassement de la durée hebdomadaire maximale moyenne de 44 heures sur 12 semaines. Celle-ci est octroyée par le Dreets concernant un secteur d'activité sur le plan local, départemental ou interdépartemental.

Pour en savoir plus, consultez le § **29540**

Le temps de trajet domicile-client avec le véhicule de l'entreprise est un temps de travail effectif

Le trajet entre le domicile du salarié et les locaux du client de son employeur est un temps de travail effectif dès lors que le salarié doit utiliser un véhicule de l'entreprise, contenant parfois des colis appartenant à ce client.

Pour en savoir plus, consultez le § **29622**

CJUE : le droit national peut appliquer les équivalences pour le calcul des durées maximales

Le droit européen ne s'oppose pas à l'application de rapports d'équivalence aux durées maximales fixées par le droit national dès lors que sont respectés les seuils et plafonds européens.

Pour en savoir plus, consultez le § **29685**

Preuve des heures supplémentaires : le salarié doit présenter des éléments suffisamment précis

La Cour de cassation adapte le mécanisme de preuve des heures supplémentaires. Désormais, en cas de litige relatif à l'existence ou au nombre d'heures de travail accomplies, il appartient au salarié de présenter, à l'appui de sa demande, des éléments suffisamment précis quant aux heures non rémunérées qu'il prétend avoir accomplies afin de permettre à l'employeur, qui assure le contrôle des heures de travail effectuées, d'y répondre utilement en produisant ses propres éléments.

Pour en savoir plus, consultez le § **29755**

Le salarié en tenue de travail pendant les pauses n'est pas à la disposition de l'employeur

Un salarié ne se trouve pas à la disposition de son employeur pendant ses temps de pause dès lors qu'il est libre de rester dans le local prévu à cet effet ou d'aller où bon lui semble, et que ne pèse sur lui que l'obligation de présenter un comportement irréprochable et de rester en tenue de travail.

Pour en savoir plus, consultez le § **29875**

Travail de nuit : la mise à disposition de biens et services n'est pas un service d'utilité sociale

L'ouverture de nuit d'un établissement de vente au détail mettant à disposition de sa clientèle des biens et services ne s'analyse pas en un service d'utilité sociale. Le recours au travail de nuit pour ce motif n'est pas justifié et constitue un trouble manifestement illicite.

Pour en savoir plus, consultez le § **30455**

Les règles sur le travail de nuit s'appliquent si l'accord sur le travail en soirée n'est pas conforme

À défaut d'accord collectif conforme aux dispositions relatives au travail en soirée, l'accomplissement d'heures de travail entre 21 heures et minuit est lié au respect des conditions de l'article L 3122-1 du Code du travail relatif au travail de nuit.

Pour en savoir plus, consultez le § **30472**

Les heures effectuées au-delà du forfait prévu au contrat doivent être rémunérées

Une clause contractuelle prévoyant une rémunération forfaitaire ne déroge pas au principe de décompte de travail dans un cadre hebdomadaire en l'absence de convention d'aménagement du temps de travail sur l'année.

Pour en savoir plus, consultez le § **30610**

Égalité professionnelle

Les aides du « Plan de relance » sont subordonnées à de nouvelles obligations en matière sociale

En contrepartie de l'attribution des aides du « Plan de relance », les employeurs de plus de 50 salariés doivent faire publier leurs indicateurs de l'index de l'égalité professionnelle sur le site du ministère du travail et consulter le CSE.

Pour en savoir plus, consultez le § **32200**

Embauche

Mise à disposition de travailleurs : des formalités provisoirement assouplies

Des mesures dérogatoires ont été mises en place dans le cadre de la crise sanitaire liée à la Covid-19. Une même convention de mise à disposition peut ainsi concerner plusieurs salariés. Par ailleurs, l'avenant au contrat de travail n'a pas à fixer à l'avance les horaires du travail au sein de l'entreprise utilisatrice, mais juste un volume horaire hebdomadaire.

Pour en savoir plus, consultez le § **33038**

Épargne salariale

Les accords ou règlements d'épargne salariale doivent être déposés sur la plateforme TéléAccords

Les dispositions réglementaires relatives au dépôt des accords ou règlements d'épargne salariale ont été adaptées et prévoient désormais que ce dépôt s'effectue, comme pour les autres accords, sur la plateforme de téléprocédure du ministère du travail.

Pour en savoir plus, consultez les § **33785, 34155 et 34440**

Renouvellement de l'obligation de négocier un régime de branche d'épargne salariale

Les branches professionnelles ont jusqu'au 31-12-2021 pour ouvrir et conclure une négociation pour la mise en place d'un régime d'intéressement, de participation ou de plan d'épargne salariale.

Pour en savoir plus, consultez le § **33806**

Agrément des accords de branche d'épargne salariale

La loi dite « Asap » a mis en place une nouvelle procédure d'agrément par l'administration des accords de branche d'épargne salariale, dont les modalités doivent être précisées par décret.

Pour en savoir plus, consultez le § **33807**

Modalités d'adhésion des entreprises à un accord de branche agréé

Lorsqu'un accord de branche d'épargne salariale a été agréé, les entreprises de la branche peuvent décider de l'appliquer soit par accord collectif, soit par un document unilatéral si elles emploient moins de 50 salariés et si l'accord de branche le permet. Les sommes versées en application d'un accord de branche agréé bénéficient d'un régime particulier de sécurisation des exonérations sociales et fiscales.

Pour en savoir plus, consultez les § **33808 et 34163**

Les absences pour congé de deuil ou mise en quarantaine sont neutralisées

Pour le calcul de la participation ou de l'intéressement en fonction du temps de présence, les absences pour deuil ou pour mise en quarantaine sont assimilées à du temps de présence.

Pour en savoir plus, consultez les § **33910 et 34245**

Les violences conjugales : un nouveau cas de déblocage anticipé de la participation et du PEE

En cas de violences conjugales attestées, subies de la part de son conjoint ou ancien conjoint, la victime peut demander le déblocage des sommes bloquées, pour la participation et le plan d'épargne d'entreprise.

Pour en savoir plus, consultez les § **33935 et 34480**

Les accords d'intéressement peuvent être conclus pour une durée de 1 à 3 ans

Les accords d'intéressement conclus depuis le 9-12-2020 peuvent porter sur une durée comprise entre un et 3 ans, contre 3 ans auparavant.

Pour en savoir plus, consultez le § **34150**

Les très petites entreprises peuvent mettre en place un intéressement par décision unilatérale

Les entreprises de moins de 11 salariés sans CSE ni délégué syndical peuvent mettre en place un régime d'intéressement par décision unilatérale pour une durée de 1 à 3 ans, sous certaines conditions.

Pour en savoir plus, consultez le § **34152**

Les modalités de contrôle administratif des accords et règlements d'épargne salariale sont réformées

Pour les accords de participation ou d'intéressement et les règlements de plans d'épargne salariale déposés à compter du 1-9-2021, le contrôle administratif est modifié et fait intervenir l'Urssaf à la suite de la Direccte ou de la Dreets.

Pour en savoir plus, consultez les § **34160 s**

Les conditions de dénonciation et de modification d'un accord d'intéressement sont assouplies

En principe, un accord d'intéressement ne peut être dénoncé ou modifié que par tous les signataires d'origine et selon les modalités de sa conclusion. Désormais, si l'un de ces signataires a disparu, la règle est écartée.

Pour en savoir plus, consultez le § **34165**

PEE : pas de forfait social sur les abondements pour achat d'actions de l'entreprise

Les abondements de l'employeur au PEE complétant les versements des bénéficiaires destinés à l'achat d'actions de l'entreprise ou d'une entreprise du groupe bénéficient d'une exonération totale de forfait social en 2021 et 2022.

Pour en savoir plus, consultez le § **34485**

PEE : taux réduit de forfait social sur les versements unilatéraux pour achat d'actions de l'entreprise

Les versements unilatéraux de l'employeur au PEE permettant l'achat par les salariés d'actions de l'entreprise ou d'une entreprise du groupe bénéficient du taux réduit de forfait social de 10 %.

Pour en savoir plus, consultez le § **34485**

Un PEI peut être mis en place par décision unilatérale

Le plan d'épargne interentreprises mis en place entre plusieurs employeurs pris individuellement (par opposition au PEI de branche) peut être mis en place par décision unilatérale de l'employeur.

Pour en savoir plus, consultez le § **34525**

Perco : le déblocage anticipé pour l'achat de la résidence secondaire est limité dans le temps

Le déblocage anticipé du Perco pour l'achat ou la remise en état de la résidence principale doit intervenir dans les 6 mois à compter du fait générateur.

Pour en savoir plus, consultez le § **34575**

Les entreprises de taille intermédiaire bénéficient d'une exonération de contribution sur les AGA

L'exonération de contribution patronale sur les attributions gratuites d'actions (AGA) qui bénéficiait jusqu'à présent aux PME remplissant certaines conditions est étendue aux entreprises de taille intermédiaire (ETI). Sont concernées les entreprises n'ayant jamais versé de dividendes depuis leur création.

Pour en savoir plus, consultez le § **34750**

Étrangers

Les travailleurs britanniques devront être en possession d'un titre de séjour à compter du 1-10-2021

Les Britanniques séjournant ou travaillant en France avant le 1-1-2021 devront solliciter un titre de séjour portant la mention « accord de retrait » avant le 1-7-2021 ; ceux souhaitant s'installer sur le territoire national à compter du 1-1-2021 devront obtenir un titre de séjour comme tout ressortissant d'un État tiers. En tout état de cause, les citoyens britanniques devront être en possession d'un titre de séjour dès le 1-10-2021.

Pour en savoir plus, consultez le § **35560**

L'étendue de la législation sociale applicable au salarié étranger varie selon la durée du détachement

Pendant les 12 (ou 18 sur demande) premiers mois du détachement du salarié en France, l'employeur étranger doit le faire bénéficier du seul « noyau dur » de la législation sociale française puis, ensuite, lui appliquer la quasi-totalité des dispositions du Code du travail.

Pour en savoir plus, consultez les § **36190 s.**

Défaut de déclaration : pas d'amende pour l'employeur étranger si le donneur d'ordre est fautif

L'employeur étranger détachant ses salariés en France, tenu de ne répondre des conditions de ce détachement que dans les limites de l'opération déclarée aux autorités françaises, ne saurait être regardé comme ayant méconnu son obligation déclarative dès lors que l'affectation irrégulière de deux de ses salariés sur un autre chantier avait été décidée par le donneur d'ordre français à son insu.

Pour en savoir plus, consultez le § **36230**

Faut-il déclarer le travailleur indépendant étranger détaché en France ?

La déclaration de détachement s'impose même si le travailleur détaché est indépendant dans son pays d'origine, dès lors qu'il est bien sous la subordination du prestataire de services en France.

Pour en savoir plus, consultez le § **36230**

Quelle est l'étendue de l'obligation de vigilance du donneur d'ordre ?

L'obligation de vigilance mise à la charge du donneur d'ordre n'excède pas la vérification, avant le début du détachement, de ce que le prestataire étranger s'est formellement acquitté de la communication à l'administration de la déclaration de détachement des salariés et de la désignation de son représentant en France et ne s'étend pas à la vérification détaillée du contenu des documents fournis par le prestataire de services.

Pour en savoir plus, consultez le § **36240**

La violation de l'obligation de vigilance ne peut entraîner le prononcé que d'une seule amende

Le manquement à l'obligation de vigilance, dont la matérialité est constituée au début de l'opération de détachement, ne peut entraîner le prononcé que d'une seule amende, quel que soit le nombre de documents non communiqués, multipliée par le nombre de salariés concernés, appliquée même en cas de régularisation en cours de détachement.

Pour en savoir plus, consultez le § **36280**

Formation professionnelle

Le reliquat des droits à DIF doit être inscrit sur le CPF avant le 30-6-2021

Les heures de formation acquises au 31-12-2018 au titre du compte personnel de formation (CPF) et de l'ancien droit individuel à la formation (DIF), qui ont été converties en somme d'argent à raison de 15 € par heure, doivent être inscrites sur le portail du CPF avant le 30-6-2021, sous peine d'être perdues.

Pour en savoir plus, consultez le § **38215**

Congé de transition professionnelle : comment le salaire est remboursé aux petites entreprises

À défaut d'accord entre l'association Transitions Pro et l'employeur de moins de 50 salariés, les avances auxquelles celui-ci a droit au titre de la rémunération d'un salarié en congé de transition professionnelle lui sont versées le 20 de chaque mois.

Pour en savoir plus, consultez le § **38370**

Les modalités de versement des contributions à la formation et à l'apprentissage sont fixées pour 2021

Les contributions à la formation professionnelle et à l'alternance dues au titre de l'année 2021 doivent être acquittées, pour la majorité, sous la forme d'acomptes versés en 2021, le solde devant être réglé en 2022.

Pour en savoir plus, consultez le § **38950 s.**

Handicap

Le calcul de la modulation de la contribution en cas de recours à des Ecap est rénové

Au titre des déclarations relatives à l'obligation d'emploi des travailleurs handicapés exigibles à compter du 1-1-2021, le montant de la déduction applicable en cas de recours à des travailleurs handicapés sur des emplois exigeant des conditions d'aptitude particulières est calculé selon de nouvelles modalités.

Pour en savoir plus, consultez le § **40070**

De nouvelles dépenses sont temporairement déductibles du montant de la contribution annuelle

Jusqu'au 31-12-2024, de nouvelles dépenses peuvent être déduites de la contribution annuelle due par l'employeur assujetti à l'obligation d'emploi des travailleurs handicapés.

Pour en savoir plus, consultez le § **40084**

Déclaration annuelle d'emploi des travailleurs handicapés : le dépôt est reporté

En 2021, la déclaration annuelle est exceptionnellement reportée. Celle-ci doit être effectuée sur la période d'emploi de mai 2021 (au lieu de février). Deux nouvelles attestations à fournir par les entreprises adaptées, les Esat, les travailleurs indépendants et les entreprises de portage salarial ainsi que par les entreprises de travail temporaire et les groupements d'employeurs sont également mises en œuvre au 1-1-2021.

Pour en savoir plus, consultez le § **40113**

Les litiges liées au recouvrement de la contribution OETH relèvent du contentieux de la sécurité sociale

À compter du 1-1-2021, les litiges relatifs au recouvrement de la contribution annuelle obligatoire versée si l'obligation d'emploi des travailleurs handicapés n'est pas respectée relèvent du contentieux de la sécurité sociale.

Pour en savoir plus, consultez le § **40115**

Une aide temporaire à l'embauche de travailleurs handicapés

Les employeurs peuvent bénéficier pour les contrats conclus entre le 1-9-2020 et le 28-2-2021 (date limite qui devrait être portée à juin 2021) d'une aide de 4 000 € au maximum pour un même salarié à temps plein lors de l'embauche de travailleurs handicapés en CDI ou CDD d'au moins 3 mois.

Pour en savoir plus, consultez le § **40207**

PCH : le soutien à la parentalité des parents handicapés est pris en compte

La prestation de compensation du handicap pourra permettre de prendre en charge le soutien à la parentalité des personnes handicapées par l'octroi d'aides humaines.

Pour en savoir plus, consultez le § **40340**

Inspection du travail

Les Direccte remplacées par les Dreets au 1er avril 2021

À partir du 1-4-2021, les missions exercées par les Direccte le seront par les directions régionales de l'économie, de l'emploi, du travail et des solidarités (Dreets), sous l'autorité desquelles seront placés les services d'inspection du travail.

Pour en savoir plus, consultez le § **43660**

Invalidité

Violence conjugale : l'exclusion de la pension de veuf ou de veuve devient une peine complémentaire

La suppression de la pension de veuf ou de veuve pour le conjoint survivant qui a été condamné pour violence conjugale devient une peine complémentaire et n'est plus automatique.

Pour en savoir plus, consultez le § **44715**

Journalistes

Un journaliste d'agence de presse a droit à l'indemnité de licenciement spécifique aux journalistes

La Cour de cassation opère un revirement de jurisprudence sur la question de savoir si les journalistes d'une agence de presse peuvent prétendre au versement de l'indemnité de licenciement prévue à l'article L 7112-3 du Code du travail.

Pour en savoir plus, consultez le § **46355**

Licenciement

Motif du licenciement

Un vol commis par un steward lors d'une escale peut se rattacher à sa vie professionnelle

Le vol commis par un steward lors d'une escale dans un hôtel partenaire commercial de l'employeur justifie son licenciement disciplinaire.

Pour en savoir plus, consultez le § **47210**

Une erreur dans l'appréciation du risque ne caractérise pas à elle seule une faute de gestion

Une simple erreur de gestion de l'employeur ne peut pas lui être reprochée, même si elle affecte la capacité de l'entreprise à affronter un marché fortement concurrentiel.

Pour en savoir plus, consultez le § **47230**

La faute de l'employeur menaçant la compétitivité de l'entreprise peut invalider les licenciements

Une faute de gestion de l'employeur à l'origine de la menace pesant sur la compétitivité de l'entreprise rendant nécessaire sa réorganisation peut priver de cause réelle et sérieuse les licenciements économiques consécutifs à cette réorganisation.

Pour en savoir plus, consultez le § **47250**

Même en cas de liquidation judiciaire, la faute de l'employeur peut invalider les licenciements

Même en cas de liquidation judiciaire de l'entreprise, le salarié licencié pour motif économique peut invoquer la faute de l'employeur à l'origine de la cessation d'activité. Encore faut-il, pour obtenir la remise en cause de son licenciement, qu'il établisse un lien de causalité entre faute et liquidation.

Pour en savoir plus, consultez le § **47255**

La définition du groupe au sens du droit du licenciement économique est précisée par l'administration

Selon le ministère du travail, la définition du groupe au sens du droit du licenciement économique n'intègre pas les réseaux de franchise et de concessions.

Pour en savoir plus, consultez le § **47257**

Procédure de licenciement économique

PSE : les critères d'ordre des licenciements peuvent être pondérés, pas occultés

L'administration ne peut pas homologuer un plan de sauvegarde de l'emploi qui fixe l'ordre des licenciements sans tenir compte de tous les critères légaux.

Pour en savoir plus, consultez le § **47930**

Pas de réparation de la violation de l'ordre des licenciements sans justifier d'un préjudice

L'inobservation par l'employeur des règles relatives à l'ordre des licenciements économiques ouvre au salarié concerné droit à réparation s'il prouve avoir subi un préjudice.

Pour en savoir plus, consultez le § **47935**

Un poste qui se libère avant le licenciement doit être proposé en reclassement

Si l'employeur recrute après avoir procédé à un licenciement économique, il doit prouver, en cas de contentieux, que le poste n'était pas vacant au moment de la rupture. À défaut, il peut être condamné pour manquement à son obligation de reclassement préalable.

Pour en savoir plus, consultez le § **47960**

L'administration compétente en cas de PSE « complexe » est celle du siège de l'entreprise

Le Dreets compétent pour homologuer le document unilatéral de l'employeur ou valider l'accord collectif en cas de PSE concernant plusieurs établissements n'est plus désigné par le ministre de l'emploi.

Pour en savoir plus, consultez le § **48210**

PSE et obligation de sécurité de l'employeur : juge compétent en cas de litige

Le juge administratif est le seul compétent pour apprécier le respect par l'employeur de son obligation de sécurité lors de l'élaboration du PSE. En revanche, le contrôle du respect de cette obligation lors de la mise en œuvre du PSE relève de la compétence du juge judiciaire.

Pour en savoir plus, consultez le § **48250**

Le juge judiciaire ne peut pas suspendre un projet de restructuration avec PSE

Les représentants du personnel ne peuvent pas obtenir du juge judiciaire la suspension de la fermeture d'entités de l'entreprise et de l'application d'un projet de restructuration assorti d'un PSE.

Pour en savoir plus, consultez le § **48250**

Procédure collective : conséquences de l'annulation de l'homologation du PSE

Dans le cadre d'une procédure de redressement ou de liquidation judiciaire, l'annulation d'une décision administrative de validation ou d'homologation du PSE ne prive pas les licenciements de cause réelle et sérieuse.

Pour en savoir plus, consultez le § **48250**

CSP : la motivation de la rupture est impérative

L'adhésion du salarié au contrat de sécurisation professionnelle n'exonère pas l'administrateur judiciaire d'une entreprise en redressement judiciaire de son obligation de l'informer du motif économique de licenciement.

Pour en savoir plus, consultez le § **48405**

Le congé de reclassement peut durer jusqu'à 24 mois

À compter du 1-1-2021, la durée du congé de reclassement peut être portée à 24 mois maximum lorsque le salarié bénéficie d'une action de formation ou de reconversion professionnelle.

Pour en savoir plus, consultez le § **48460**

Contrôle et sanctions

Quel est l'office du juge qui écarte la faute lourde invoquée par l'employeur ?

Les juges du fond estimant que la faute lourde invoquée n'est pas établie doivent rechercher si les faits reprochés au salarié ne sont pas constitutifs d'une faute grave ou d'une simple cause réelle et sérieuse au licenciement.

Pour en savoir plus, consultez le § **48665**

Est nul le licenciement du salarié pour usage de sa liberté d'expression à l'entretien préalable

La liberté d'expression étant une liberté fondamentale, le fait de reprocher au salarié dans la lettre de licenciement d'avoir fait usage de cette liberté lors de l'entretien préalable rend le licenciement nul.

Pour en savoir plus, consultez le § **48765**

Licenciement nul : une demande de réintégration tardive influe sur le montant de l'indemnité

Si le salarié réintégré a droit au versement des salaires perdus entre son licenciement et sa réintégration, le point de départ de cette période se situe à la demande de réintégration s'il a abusivement tardé à présenter celle-ci.

Pour en savoir plus, consultez le § **48772**

Licenciement nul d'un accidenté du travail : comment calculer l'indemnité d'éviction ?

En cas de licenciement nul pour avoir été prononcé lors d'un arrêt de travail dû à un accident du travail, l'indemnité due au salarié se calcule en fonction du salaire qu'aurait perçu celui-ci s'il avait travaillé entre son licenciement et sa réintégration au poste occupé avant cet arrêt.

Pour en savoir plus, consultez le § **48772**

Maladie

Effet sur le contrat de travail

Exercer une activité pendant un arrêt maladie ne justifie pas nécessairement un licenciement

Le paiement d'un complément de salaire à un salarié qui, durant son arrêt maladie, exerce une activité non concurrente ne cause pas à l'employeur un préjudice justifiant le licenciement pour faute grave de l'intéressé du fait d'un manquement à son obligation de loyauté.

Pour en savoir plus, consultez le § **49940**

Reclassement du salarié inapte : la consultation du CSE s'impose même si aucun poste n'est proposé

La consultation des représentants du personnel sur le reclassement d'un salarié déclaré inapte est obligatoire, y compris lorsque aucune proposition de reclassement ne lui est soumise.

Pour en savoir plus, consultez le § **49985**

Reclassement du salarié inapte : le CSE peut être consulté par téléphone

Aucun formalisme n'étant imposé pour recueillir l'avis des représentants du personnel sur le reclassement d'un salarié déclaré inapte, une conférence téléphonique est régulière dès lors que chaque élu a été consulté et a émis un avis.

Pour en savoir plus, consultez le § **49990**

Le respect de l'obligation de reclassement ne se déduit pas du seul refus d'un poste par le salarié

Le refus par le salarié inapte d'un poste proposé par l'employeur dans le cadre de son obligation de reclassement n'implique pas à lui seul le respect de cette obligation.

Pour en savoir plus, consultez le § **50010**

Le salarié inapte a le droit à la reprise du versement de son salaire même en cas de nouvel emploi

Le salarié inapte ni reclassé ni licencié dans le délai d'un mois suivant la visite médicale de reprise a droit au versement de son salaire jusqu'à la date de son licenciement même s'il a retrouvé un nouvel emploi à temps plein entre-temps.

Pour en savoir plus, consultez le § **50025 s.**

Reclassement du salarié inapte : le défaut de consultation du CSE rend le licenciement abusif

Le licenciement pour inaptitude physique d'un salarié victime d'une maladie non professionnelle est sans cause réelle et sérieuse si l'employeur n'a pas consulté préalablement les représentants du personnel dans le cadre de son obligation de reclassement.

Pour en savoir plus, consultez le § **50045**

Arrêt de travail : quid de la part variable dans le maintien de salaire conventionnel ?

Durant le congé de maternité (au même titre que pendant le congé maladie), une salariée doit continuer à percevoir non seulement la partie fixe mais également la partie variable de sa rémunération lorsque la convention collective prévoit un maintien de salaire intégral.

Pour en savoir plus, consultez le § **49795**

Un décret peut fixer des conditions dérogatoires d'octroi des indemnités complémentaires légales maladie

Il peut désormais être dérogé par décret, pour une durée limitée qui ne peut pas excéder un an, aux conditions et modalités d'octroi des indemnités complémentaires légales maladie versées par l'employeur en sus des indemnités journalières de la sécurité sociale, lorsque la protection de la santé le justifie, en cas de risque sanitaire grave et exceptionnel, et notamment d'épidémie.

Pour en savoir plus, consultez le § **49765**

Assurance maladie

Une participation forfaitaire de l'assuré est instaurée pour les passages aux urgences

À partir du 1-9-2021, le ticket modérateur est remplacé par une participation forfaitaire de l'assuré en cas de passage aux urgences d'un établissement de santé non suivie d'une hospitalisation.

Pour en savoir plus, consultez le § **50225**

Calcul des IJ : seuls les salaires versés avant l'arrêt de travail sont pris en compte

Les rappels de salaire intervenus postérieurement à l'arrêt de travail sont exclus du calcul des indemnités journalières même s'ils font suite à l'annulation d'une mise à pied survenue avant.

Pour en savoir plus, consultez le § **50350**

Des IJ sans délai de carence pour le 1er arrêt maladie survenant peu après le décès d'un enfant

Le délai de carence de 3 jours n'est pas applicable au premier arrêt de travail de l'assuré survenant dans les 13 semaines suivant le décès de son enfant, ou d'une personne dont il a la charge, âgé de moins de 25 ans.

Pour en savoir plus, consultez le § **50365**

Arrêts de travail « Covid-19 » : les IJSS ne sont pas comptées dans la durée maximale de versement

Les indemnités journalières versées à titre dérogatoire aux assurés ayant fait l'objet d'une mesure d'isolement, d'éviction ou de maintien à domicile dans le cadre de l'épidémie ne sont pas prises en compte pour la calcul des durées maximales d'indemnisation.

Pour en savoir plus, consultez le § **50370**

Travail pendant un arrêt maladie : les IJ versées depuis la reprise d'activité sont à restituer

En cas d'exercice d'une activité non autorisée, la caisse peut réclamer le remboursement des indemnités journalières depuis la date du manquement constaté sans s'en tenir aux indemnités journalières correspondant aux seuls jours travaillés.

Pour en savoir plus, consultez le § **50405**

Arrêts de travail Covid : des règles dérogatoires d'indemnisation

Les assurés présentant des symptômes de la Covid-19 peuvent obtenir un arrêt de travail en ligne et percevoir à ce titre des indemnités journalières de la sécurité sociale et, s'ils sont salariés, le complément employeur, sans conditions d'ouverture de droits et sans délai de carence.

Pour en savoir plus, consultez le § **50420**

Maternité et paternité

Licenciement lié à la grossesse : la salariée réintégrée a droit à une indemnité forfaitaire

La salariée dont le licenciement est nul pour discrimination liée à sa grossesse a droit au paiement d'une indemnité égale aux salaires qu'elle aurait dû percevoir entre son éviction et sa réintégration dans l'entreprise, sans déduction des revenus de remplacement perçus.

Pour en savoir plus, consultez le § **51320**

Paternité : jusqu'à 28 jours de congés, dont 7 obligatoires pour les salariés

À compter du 1-7-2021, le congé de paternité et d'accueil de l'enfant peut durer jusqu'à 25 jours. Il est associé au congé de naissance de 3 jours pour les salariés et assorti d'une période d'interdiction d'emploi de 4 jours.

Pour en savoir plus, consultez le § **51400**

La protection du père contre le licenciement n'empêche pas de préparer la rupture

Le jeune père est protégé contre le licenciement pendant les semaines qui suivent la naissance de son enfant, mais sa protection n'est pas aussi large que celle dont bénéficie la mère pendant son congé de maternité : elle ne s'étend pas aux mesures préparatoires au licenciement.

Pour en savoir plus, consultez le § **51460**

Négociation collective

Précisions de l'administration sur les modalités du référendum dans les entreprises de 11 à 20 salariés

Dans les entreprises de 11 à 20 salariés, l'employeur peut négocier directement avec les salariés à condition que l'absence d'élu au CSE soit constatée dans un procès-verbal de carence de moins de 4 ans et qu'aucun salarié ou syndicat n'ait demandé l'organisation de nouvelles élections au moins 6 mois après l'établissement du procès-verbal.

Pour en savoir plus, consultez le § **51916**

Précisions de l'administration sur les modalités de dénonciation des accords dans les entreprises d'au moins 50 salariés

Dans les entreprises d'au moins 50 salariés, pour dénoncer valablement un accord, les élus, mandatés ou non, doivent représenter la majorité des suffrages exprimés.

Pour en savoir plus, consultez le § **52115**

L'accord collectif ne peut pas déroger à l'ordre public en vigueur à la date de sa conclusion

L'accord collectif doit respecter les dispositions légales et réglementaires en vigueur à la date de sa conclusion, même si son entrée en vigueur a lieu après son extension.

Pour en savoir plus, consultez le § **51937**

Sanction pour défaut d'accord ou de plan égalité femme homme : quelle publicité ?

Les associations promouvant l'égalité entre les femmes et les hommes ne peuvent pas imposer à l'administration qu'elle leur communique la liste des entreprises sanctionnées pour défaut d'accord ou de plan d'action.

Pour en savoir plus, consultez le § **51993**

Quel contrôle du juge sur le champ d'application d'un accord collectif étendu ?

Dès lors qu'un accord collectif a été étendu, il s'applique à tous les salariés et employeurs compris dans son champ d'application. En cas de contestation, le juge doit seulement vérifier que l'entreprise est comprise dans celui-ci.

Pour en savoir plus, consultez le § **52170**

Clause du contrat retenant l'application volontaire d'une convention collective : quelle portée ?

Lorsque l'application volontaire d'une convention résulte d'une mention du contrat de travail, son application est contractualisée, de sorte que la dénonciation par l'employeur de son engagement est inopposable au salarié.

Pour en savoir plus, consultez le § **52195**

Des précisions sur le point de départ du recours en annulation d'un accord d'entreprise

Pour les accords d'entreprise non soumis à l'obligation de publication sur Légifrance, le délai de recours en annulation ne court, s'agissant des requérants autres que les syndicats représentatifs dans l'entreprise, qu'à compter du moment où ils en ont valablement eu connaissance.

Pour en savoir plus, consultez le § **52310**

Plateformes de mise en relation électronique

Nouvelle rubrique sur le statut des travailleurs des plateformes de mise en relation électronique

Les travailleurs indépendants utilisant une plateforme de mise en relation par voie électronique bénéficient d'un statut particulier prévu par le Code du travail, instaurant une responsabilité sociale de la plateforme à leur égard. Dans le secteur de la mobilité, les chauffeurs VTC et les coursiers bénéficient de mesures de protection supplémentaires. Ce statut fait l'objet d'une nouvelle rubrique.

Pour en savoir plus, consultez le § **55500 s.**

Pouvoir disciplinaire

Contrôle des salariés : 2 arrêts de la Cour de cassation sur le droit à la preuve

Le juge doit apprécier si l'utilisation d'une preuve illicite a porté atteinte au caractère équitable de la procédure dans son ensemble, en mettant en balance le droit au respect de la vie personnelle du salarié et le droit à la preuve de l'employeur. La production d'éléments portant atteinte à la vie personnelle d'un salarié peut être jugée justifiée si elle est indispensable à l'exercice du droit à la preuve et que l'atteinte est strictement proportionnée au but poursuivi.

Pour en savoir plus, consultez le § **56000**

La protection du lanceur d'alerte est suspendue à sa bonne foi

Un salarié ne peut pas être licencié pour avoir dénoncé de bonne foi des faits constitutifs d'un délit ou d'un crime. La Cour de cassation rappelle les critères de la mauvaise foi, laquelle ne peut pas résulter de la seule circonstance que les faits dénoncés ne sont pas établis.

Pour en savoir plus, consultez le § **56155**

Préretraites

Les salariés éligibles à la préretraite amiante ont 2 ans pour agir en réparation du préjudice d'anxiété

Pour la Cour de cassation, l'action par laquelle le salarié demande réparation du préjudice d'anxiété se rattache à l'exécution du contrat de travail et est donc soumise à la prescription de 2 ans.

Pour en savoir plus, consultez le § **57277**

Prestations familiales

Une allocation forfaitaire est versée en cas de décès d'un enfant

Depuis le 1-1-2021, en cas de décès d'un enfant jusqu'à 24 ans inclus, une allocation forfaitaire est attribuée à la personne ou au ménage qui en assurait la charge effective et permanente.

Pour en savoir plus, consultez le § **58220**

Protection sociale complémentaire en entreprise

L'employeur peut résilier sans frais son contrat frais de santé au-delà de la 1e année de souscription

Depuis le 1-12-2020, les entreprises peuvent résilier leurs contrats d'assurance souscrits pour la couverture des frais de santé de leurs salariés à tout moment au-delà de la première année de souscription sans frais ni pénalité.

Pour en savoir plus, consultez le § **59065**

Représentation du personnel

Comment diviser une UES en établissements distincts pour la mise en place du CSE

La suppression des anciennes institutions représentatives du personnel au profit du CSE ne fait pas disparaître une unité économique et sociale préexistante. En revanche, les stipulations conventionnelles divisant l'UES en établissements distincts sont caduques.

Pour en savoir plus, consultez le § **62350**

Le salarié doit prouver qu'il devait prendre ses heures de délégation hors du temps de travail

En cas de litige sur le paiement des heures de délégation en heures supplémentaires, c'est au salarié de justifier que la prise de ces heures les dimanches et jours fériés était justifiée par les nécessités de son mandat.

Pour en savoir plus, consultez le § **62590**

Le délégué syndical dans une entreprise de moins de 50 salariés est protégé 6 mois après la fin de son mandat

Dans les entreprises de moins de 50 salariés, un salarié membre élu du CSE peut être désigné comme délégué syndical. À l'issue du mandat, c'est la protection complémentaire de 6 mois prévue pour les anciens élus qui s'applique et non pas celle prévue pour les anciens délégués syndicaux (12 mois sous réserve d'avoir exercé le mandat pendant au moins un an).

Pour en savoir plus, consultez le § **63240**

Les membres d'une commission disciplinaire paritaire ne sont pas protégés

Les représentants du personnel institués par voie conventionnelle bénéficient du statut protecteur si l'institution a la même nature qu'une représentation prévue par le Code du travail. Tel n'est pas le cas d'une commission disciplinaire paritaire prévue par une convention collective : ses membres peuvent être licenciés sans procédure spéciale d'autorisation.

Pour en savoir plus, consultez le § **63245**

S'il y a un doute sur le mandat extérieur du salarié, c'est à l'employeur de vérifier

Le salarié titulaire d'un mandat extérieur à l'entreprise doit informer l'employeur, au plus tard lors de l'entretien préalable au licenciement, de son statut protecteur. S'il existe un doute sur la durée du mandat (en l'espèce, de conseiller du salarié), l'employeur doit procéder aux vérifications nécessaires afin de déterminer si le salarié est toujours protégé.

Pour en savoir plus, consultez le § **63250**

Lieu de travail : cas du salarié protégé exerçant des fonctions impliquant une certaine mobilité

Le changement de lieu de travail est considéré comme un simple changement des conditions de travail (dont le refus est fautif), et non comme une modification du contrat de travail, lorsque le salarié protégé exerce des fonctions impliquant une certaine mobilité.

Pour en savoir plus, consultez le § **63250**

Quelle protection au terme de la mise à disposition d'un fonctionnaire qui est représentant du personnel ?

La fin de la mise à disposition, à son terme normal, d'un fonctionnaire dans un organisme de droit privé où il exerce un mandat de représentant du personnel est soumise à autorisation administrative seulement si l'employeur s'est opposé au renouvellement de la mission ou si le non-renouvellement est de son fait.

Pour en savoir plus, consultez le § **63300**

Faute du salarié protégé : attention aux investigations portant atteinte à sa vie privée

La preuve des faits reprochés au salarié doit avoir été obtenue par l'employeur par des moyens justifiés et proportionnés par rapport aux faits, sans porter d'atteinte excessive à sa vie privée.

Pour en savoir plus, consultez le § **63390**

Le salarié protégé licencié sans autorisation ne peut pas demander sa réintégration s'il a liquidé sa retraite

Le salarié protégé licencié illégalement ne peut plus demander sa réintégration dans l'entreprise s'il a fait valoir ses droits à la retraite. Il peut seulement prétendre à l'indemnisation prévue en l'absence de réintégration, dont sont déduites ses pensions de retraite et qui prend fin à la date où il atteint l'âge de la mise en retraite d'office, c'est-à-dire 70 ans.

Pour en savoir plus, consultez les § **63510 et 63520**

Responsabilité pénale de l'employeur

Un transfert de la responsabilité pénale de la société absorbée vers la société absorbante est possible

Une société absorbante peut être condamnée pénalement pour des faits commis, avant l'opération de fusion-absorption, par la société absorbée. Ce transfert de responsabilité pénale est admis seulement pour les fusions de sociétés anonymes intervenues depuis le 25-11-2020 et pour certaines peines. Il s'applique sans conditions en cas de fraude.

Pour en savoir plus, consultez le § **67135**

Retraite des salariés

L'activité partielle est prise en compte pour la retraite anticipée longue carrière

Les périodes d'activité partielle comprises entre le 1-3-2020 et le 31-12-2020 sont prises en compte, dans la limite de 4 trimestres, au titre de la durée d'assurance cotisée requise pour bénéficier d'une pension de retraite anticipée pour carrière longue.

Pour en savoir plus, consultez le § **67520**

Comment se prescrit l'action en remboursement des pensions versées indûment à des tiers ?

Selon la Cour de cassation, l'action en remboursement de pensions de retraite versées indûment à des ayants droit ou des tiers est soumise, non à la prescription biennale prévue par le CSS, mais à la prescription de droit commun de 5 ans inscrite dans le Code civil.

Pour en savoir plus, consultez le § **67715**

Une seule institution Agirc-Arrco compétente par entreprise pour celles relevant du VLU

Depuis le 1-1-2021, les entreprises versant en un lieu unique leurs cotisations sociales doivent adhérer à une institution de retraite complémentaire désignée par la commission Agirc-Arrco.

Pour en savoir plus, consultez le § **67940**

Le dispositif d'attribution gratuite de points Agirc-Arrco est étendu aux salariés en APLD

Les salariés en activité partielle de longue durée (APLD) bénéficient, à l'instar de ceux placés en activité partielle de droit commun, de points gratuits de retraite complémentaire Agirc-Arrco pour leurs périodes d'indemnisation dépassant 60 heures par année civile.

Pour en savoir plus, consultez le § **68305**

Rupture du contrat de travail

Modes de rupture

La rupture conventionnelle est nulle lorsque l'employeur fait pression sur le salarié

Le consentement d'un salarié à la rupture conventionnelle est vicié lorsque celle-ci est signée à la suite de 2 avertissements successifs et injustifiés ayant dévalorisé l'intéressé et entraîné une détérioration de son état de santé.

Pour en savoir plus, consultez le § **69110**

La rupture conventionnelle signée dans un contexte de harcèlement moral est nulle

La rupture conventionnelle signée alors que le salarié est dans une situation de violence morale en raison d'un harcèlement et des troubles psychologiques qui en sont découlés est nulle, cette situation caractérisant un vice du consentement. Le salarié doit restituer les sommes perçues en exécution de la convention de rupture, mais cette rupture produit les effets d'un licenciement nul, et le salarié peut obtenir soit sa réintégration dans l'entreprise, soit une indemnité au moins égale à 6 mois de salaire au titre du caractère illicite du licenciement assortie des indemnités de rupture.

Pour en savoir plus, consultez le § **69110**

C'est à l'employeur de prouver qu'il a remis au salarié un exemplaire de la convention de rupture

L'employeur doit impérativement remettre au salarié un exemplaire de la convention de rupture. Cette remise ne se présumant pas, il appartient à l'employeur de le prouver, par tous moyens.

Pour en savoir plus, consultez le § **69127**

L'employeur ne peut pas modifier unilatéralement une rupture conventionnelle

Lorsqu'à la suite du refus d'homologation d'une convention de rupture, une seconde convention est établie sans le consentement du salarié, celle-ci est nulle.

Pour en savoir plus, consultez le § **69140**

Le congé de mobilité peut durer jusqu'à 24 mois

À compter du 1-1-2021, la durée du congé de mobilité peut être portée à 24 mois maximum lorsque le salarié bénéficie d'une action de formation ou de reconversion professionnelle.

Pour en savoir plus, consultez le § **69146**

Préavis

L'absence pour maladie n'est en principe pas prise en compte pour calculer l'ancienneté

Les absences du salarié pour maladie non professionnelle ne sont prises en compte dans le calcul de son ancienneté au regard du préavis et de sa durée que si une stipulation conventionnelle le prévoit expressément.

Pour en savoir plus, consultez le § **69235**

Assiette de calcul de l'indemnité compensatrice de préavis du salarié disposant d'un véhicule de fonction

Si le véhicule de fonction est restitué avant la fin du préavis, l'indemnité compensatrice doit inclure la valeur de l'avantage en nature lié à la mise à disposition du véhicule de fonction.

Pour en savoir plus, consultez le § **69352**

Non-concurrence

Le salarié peut créer une société concurrente de celle de son employeur pendant le préavis

Ne manque pas à son obligation de loyauté le salarié non soumis à une clause de non-concurrence qui constitue pendant son préavis une société concurrente de celle de son employeur si l'exploitation de celle-ci ne débute qu'après la rupture de son contrat de travail.

Pour en savoir plus, consultez le § **69740**

Salaire

Les modalités d'application du forfait mobilités durables ont été précisées

Le forfait mobilités durables qui peut être mis en place dans les entreprises sert à couvrir les frais de transport personnels effectués par les salariés avec des modes alternatifs à la voiture individuelle, y compris les services de mobilités partagées dont la notion a été précisée par décret.

Pour en savoir plus, consultez le § **70530**

Le salaire minimum conventionnel garanti doit être proratisé en cas de forfait jours inférieur à 218

Sauf dispositions contraires dans le contrat de travail, lorsque la convention annuelle de forfait en jours mentionne un nombre de jours travaillés inférieur à 218, le montant du minimum salarial conventionnellement garanti doit, pour chaque coefficient, être calculé en rapportant le montant du minimum conventionnel calculé sur une base de 218 jours au nombre de jours de travail effectif stipulé dans le contrat de travail.

Pour en savoir plus, consultez le § **70595**

Le respect du minimum conventionnel ne s'apprécie sur l'année que si la convention collective le prévoit

La convention collective qui institue un contrôle du respect de la rémunération minimale conventionnelle une fois l'année écoulée, par comparaison entre le minimum conventionnel mensuel et le douzième de la rémunération annuelle à intégrer dans l'assiette de comparaison, fait exception au principe selon lequel les éléments du salaire à versement non mensuel ne doivent être pris en compte dans la comparaison avec le salaire minimum mensuel que pour le mois où ils ont été effectivement versés.

Pour en savoir plus, consultez le § **70595**

Santé et sécurité au travail

Action en reconnaissance du préjudice d'anxiété : des précisions sur le délai de prescription

Le délai de prescription en matière d'action en reconnaissance du préjudice d'anxiété est fixé à 2 ans à compter de la date à laquelle le salarié a eu connaissance du risque de développer une pathologie, celle-ci ne pouvant pas être antérieure à la date à laquelle son exposition à la substance dangereuse a pris fin.

Pour en savoir plus, consultez le § **71250**

Pas de préjudice de principe en cas de violation de l'obligation de sécurité par l'employeur

Même en cas de violation par l'employeur de son obligation de sécurité, un salarié ne peut pas prétendre à des dommages et intérêts sans justifier de son préjudice.

Pour en savoir plus, consultez le § **71250**

Le ministère du travail diffuse de nombreuses recommandations en raison du contexte sanitaire

En raison de l'épidémie de Covid-19, le ministère du travail diffuse de nombreux documents sur son site internet, dont le protocole national sanitaire pour assurer la santé et la sécurité des travailleurs en entreprise, ce protocole ayant été jugé sans portée contraignante.

Pour en savoir plus, consultez le § **71327**

Une indemnité ne peut se substituer à l'obligation de l'employeur d'entretenir la tenue de travail

Un accord collectif ne peut pas autoriser l'employeur à remplacer son obligation d'assurer directement l'entretien des tenues de travail des personnels exposés à des agents biologiques pathogènes par le versement d'une indemnité.

Pour en savoir plus, consultez le § **71590**

Les services de santé au travail participent à la lutte contre la Covid-19

Le rôle de prévention et d'accompagnement des entreprises dévolu aux services de santé au travail est renforcé dans le cadre de la crise sanitaire. Le médecin du travail peut prescrire des arrêts de travail ou pratiquer des tests de dépistage de la Covid-19, et peut reporter certaines visites médicales.

Pour en savoir plus, consultez le § **72405**

La procédure de recours contre l'avis du médecin du travail est précisée par l'administration

Dans un questions-réponses diffusé sur son site internet, le ministère du travail se penche sur les difficultés techniques posées par les contentieux relatifs aux avis, propositions, conclusions ou indications émis par le médecin du travail. Il précise notamment la procédure devant le juge prud'homal, les modalités d'exercice par le médecin inspecteur du travail de la mesure d'instruction confiée, le cas échéant, par le juge, et le rôle du médecin que peut mandater l'employeur.

Pour en savoir plus, consultez le § **72530**

Syndicats dans l'entreprise

Un syndicat, même aidé financièrement par sa confédération, reste indépendant

Ni le fait pour un syndicat de faire l'objet d'une procédure de redressement judiciaire, ni celui de disposer de l'appui financier de la confédération à laquelle il est affilié ne lui font perdre son indépendance financière.

Pour en savoir plus, consultez le § **73135**

Télétravail et travail à domicile

Nouvel ANI sur le télétravail : des clarifications et quelques nouveautés

Un nouvel ANI sur le télétravail a été conclu le 26-11-2020 entre les partenaires sociaux. Ce texte complète certaines règles déjà existantes, redéfinit les conditions d'accès au télétravail et aborde de nouveaux points relatifs notamment la mise en place du télétravail en cas d'épidémie et l'information du salarié en cas de passage au télétravail.

Pour en savoir plus, consultez les § **73900 s.**

Les limites du contrôle de l'activité informatique du salarié s'appliquent aussi en cas de télétravail

La Cnil précise les règles applicables en matière de surveillance des salariés en télétravail et de contrôle de leur activité à distance.

Pour en savoir plus, consultez le § **73940**

Transfert d'entreprise

Le CSE ne peut pas agir en justice à la place du salarié pour contester le transfert de son contrat

Si le CSE peut intervenir aux côtés des salariés à l'occasion d'un litige portant sur l'applicabilité de l'article L 1224-1 du Code du travail, il ne peut pas agir à leur place en vue de contester le transfert des contrats de travail des intéressés.

Pour en savoir plus, consultez le § **74580**

L'absence de reprise de moyens d'exploitation importants n'empêche pas forcément le transfert

L'absence de transfert des éléments corporels, dans les secteurs où ils contribuent de manière importante à l'exercice de l'activité, ne fait pas nécessairement obstacle au transfert d'entreprise si d'autres circonstances permettent de caractériser le maintien de l'identité de l'entité économique.

Pour en savoir plus, consultez le § **74580**

Transfert partiel : la scission du contrat de travail est possible, sous condition

Lorsqu'une partie de l'activité d'une entreprise est cédée à une autre entreprise, le contrat de travail d'un salarié affecté partiellement au secteur d'activité cédé peut être scindé entre le cédant et le cessionnaire, sauf si cette scission est impossible, entraîne une détérioration de ses conditions de travail ou porte atteinte au maintien de ses droits. Selon le juge européen, cette solution trouve également à s'appliquer en cas de reprise de l'activité par plusieurs cessionnaires.

Pour en savoir plus, consultez le § **74670**

Le cessionnaire est en principe seul tenu aux dettes nées après la date du transfert

Les créances nées après le transfert sont, sauf collusion frauduleuse entre les employeurs successifs, à la charge du seul cessionnaire même si elles correspondent pour tout ou partie à un travail accompli chez le cédant.

Pour en savoir plus, consultez le § **74840**

Pas de transfert du mandat de délégué syndical central si les conditions légales ne sont pas réunies

Les mandats en cours de délégué syndical central cessent de plein droit à la date du transfert dès lors que la société reprenant l'activité transférée ne comporte qu'un seul établissement et est dépourvue de délégués syndicaux centraux.

Pour en savoir plus, consultez le § **74945**

Travail à temps partiel

Un contrat de travail d'une durée inférieure à la semaine peut être à temps partiel

La qualification de travail à temps partiel et le formalisme afférent ne sont pas liés à la durée du contrat de travail mais s'apprécient au regard de la durée du travail du salarié concerné.

Pour en savoir plus, consultez le § **77060**

Travail hors de France

En l'absence d'offre de réintégration sérieuse, les salaires et accessoires du dernier emploi sont dus

Le salarié qui ne reçoit pas d'offre de réemploi sérieuse et précise à son retour en France après son licenciement par la filiale doit continuer à percevoir la rémunération (salaires et accessoires) correspondant à son dernier emploi jusqu'à son licenciement par la société mère, dès lors qu'il s'est tenu à sa disposition.

Pour en savoir plus, consultez le § **78455**

Les indemnités de rupture se calculent sur la base du salaire d'expatriation

La Cour de cassation confirme que l'indemnité compensatrice de préavis, les congés payés afférents et l'indemnité de licenciement versés au salarié licencié lors de son retour en France se calculent sur la base du salaire d'expatriation.

Pour en savoir plus, consultez le § **78470**

Travail indépendant : protection sociale

Du nouveau sur les loueurs en meublés de courte durée

Depuis le 1-1-2021, les loueurs de meublés sont affiliés aux régimes de sécurité sociale des travailleurs indépendants non agricoles si les recettes tirées de leur activité dépassent 23 000 € par an, lorsque les locaux sont loués à une clientèle y effectuant un séjour à la journée, à la semaine ou au mois et n'y élisant pas domicile ou lorsque ces personnes remplissent les conditions mentionnées au 2 du IV de l'article 155 du CGI.

En outre, ces loueurs et ceux de biens meubles dont les recettes annuelles tirées de leur activité sont supérieures à 20 % du montant annuel du plafond de la sécurité sociale peuvent opter, lors de leur affiliation, pour le régime général des salariés si leurs recettes annuelles ne dépassent pas le seuil mentionné au premier alinéa du 1 de l'article 102 ter du CGI.

Pour en savoir plus, consultez le § **79925**

La déclaration sociale des indépendants est supprimée au 1-1-2021

Les travailleurs indépendants ne sont plus tenus, depuis le 1-1-2021, de souscrire une déclaration sociale de leurs revenus et doivent désormais déclarer, par voie dématérialisée, les éléments servant au calcul de leurs cotisations de sécurité sociale dans le cadre de leur déclaration fiscale professionnelle.

Pour en savoir plus, consultez le § **80220**

À compter du 1-7-2021, les professionnels libéraux perçoivent des IJ maladie dès les premiers jours d'arrêt de travail

À compter du 1-7-2021, les professionnels libéraux affiliés à la Cnavpl bénéficient, en contrepartie du versement d'une nouvelle cotisation, de prestations maladie en espèces, dans les conditions prévues pour les indépendants, sous réserve d'adaptations fixées par décret.

Pour en savoir plus, consultez le § **81170**

SECTION 3

PROCÉDURES DE LICENCIEMENT POUR MOTIF ÉCONOMIQUE

L'employeur doit respecter les procédures fixées par le **Code du travail,** qui diffèrent selon l'ampleur du licenciement et l'effectif de l'entreprise. Dans tous les cas, il doit chercher à reclasser les salariés avant de les licencier et respecter un ordre des licenciements. Des formalités supplémentaires peuvent être imposées par voie **conventionnelle.** 47900 NB-III-1 s

> **Précisions** Les procédures légales de licenciement économique sont largement inspirées de l'**accord national interprofessionnel** (ANI) du 10-2-1969 sur la sécurité de l'emploi modifié qui s'impose à tous les employeurs et salariés des entreprises autres qu'agricoles visées ci-après.

CHAMP D'APPLICATION

Les procédures de licenciement pour motif économique s'appliquent dans les **entreprises et établissements** privés de toute nature et, sauf dispositions particulières, dans les entreprises publiques et les établissements publics industriels et commerciaux pour toute **rupture de contrat de travail** à durée indéterminée fondée sur un ou plusieurs motifs économiques : licenciements, départs ou mises à la retraite, départs négociés résultant d'un accord de gestion prévisionnelle de l'emploi et des compétences (GPEC) ou d'un plan de sauvegarde de l'emploi (PSE). 47905 C. trav. art. L 1233-1 L 1233-3 NB-III-300 s

Ces procédures ne sont **pas applicables,** en revanche, en cas de rupture conventionnelle individuelle (nos 69100 s.) ou collective (nos 69147 s.), de rupture d'un commun accord dans le cadre d'un congé de mobilité (no 69146), de rupture de la période d'essai ou d'un CDD.

> **Précisions** **a.** Ces procédures s'imposent aux **syndicats** professionnels (CA Versailles 6-1-2010 no 08-3576), mais pas aux **particuliers** occupant des employés de maison (no 33435). S'agissant des concierges employés par un syndicat de **copropriétaires,** voir no 10060. Certaines adaptations sont par ailleurs prévues dans la **marine.**
> **b.** Pour les **salariés protégés,** les procédures de licenciement économique se cumulent avec la procédure spéciale instituée en leur faveur (nos 63415 s.).
> **c.** En cas de **rupture négociée** ou de **démission,** les dispositions relatives à l'entretien préalable et à la notification du licenciement n'ont pas à être respectées (Circ. DE/DRT 26 du 29-12-1992 réputée abrogée).
> **d.** Sur le licenciement pour **fin de chantier,** voir no 16370 ; sur la **réduction** négociée de la **durée du travail,** voir no 17595.

I. RÈGLES COMMUNES

ORDRE DES LICENCIEMENTS

S'il décide de procéder à un licenciement économique (Cass. soc. 3-12-1996 no 94-22.163 P : RJS 1/97 no 23 ; 10-5-1999 no 96-19.828 P : RJS 6/99 no 806), individuel ou collectif, l'employeur doit fixer les **critères** lui permettant d'établir un ordre des salariés à licencier. 47925 C. trav. art. L 1233-5 à L 1233-7 NB-III-3700 s

> **Précisions** L'obligation d'établir un ordre des licenciements **ne s'impose pas** :
> – en cas de fermeture de l'entreprise, même si les notifications des licenciements s'étalent sur plusieurs mois pour les besoins de l'arrêt de l'activité (Cass. soc. 5-2-2014 no 12-29.703 F-D : RJS 4/14 no 310) ;
> – si tous les emplois d'une même catégorie professionnelle au sens visé no 47935, a sont supprimés (Cass. soc. 14-1-2003 no 00-45.700 F-D : RJS 3/03 no 330), par exemple si le salarié concerné est le seul cadre de l'entreprise (Cass. soc. 8-6-1999 no 97-40.739 D : RJS 7/99 no 909) ;
> – lorsque les licenciements concernent les salariés ayant refusé une modification du contrat de travail proposée à tous (Cass. soc. 27-3-2012 no 11-14.223 FS-PB : RJS 6/12 no 533) ;
> – lorsque l'employeur envisage seulement de proposer à des salariés une modification de leur contrat de travail et ne prévoit leur licenciement qu'à raison de leur refus (CE 10-10-2018 no 395280 : RJS 12/18 no 735).
> – lorsque la réduction d'effectif ne doit se réaliser que par départs volontaires (Cass. soc. 12-7-2004 no 02-19.175 F-D : RJS 10/04 no 1014), sauf engagement de l'employeur de se soumettre aux critères d'ordre (Cass. soc. 1-6-2017 no 16-15.456 FS-PB : RJS 8-9/17 no 577).

47930 **Détermination des critères** À défaut de stipulation dans la **convention ou l'accord collectif** en vigueur dans l'entreprise, l'employeur doit fixer les critères lui-même, à l'occasion de chaque licenciement (Cass. soc. 8-4-1992 nº 89-43.288 P), après avoir consulté le comité social et économique (CSE), s'il existe, sous peine de délit d'entrave. Il doit prendre en compte les critères fixés par le **Code du travail** : charges de famille (en particulier celles des parents isolés), ancienneté, situation des salariés présentant des caractéristiques sociales rendant leur réinsertion professionnelle particulièrement difficile (salariés handicapés et âgés notamment) et qualités professionnelles appréciées par catégorie. Cette liste légale, non limitative, peut être complétée par d'autres critères (Cass. soc. 14-1-1997 nº 95-44.366 PF : RJS 2/97 nº 131). L'employeur peut aussi en **privilégier** certains ou les **pondérer** à condition de prendre en considération tous les critères légaux, le respect de cette obligation relevant de l'appréciation souveraine des juges du fond (CE 22-5-2019 nº 413342 et nº 418090 : RJS 7/19 nº 426 ; 27-1-2020 nº 426230 : RJS 4/20 nº 180).

C. trav. art. L 1233-5 L 1233-6 NB-III-4140 s NB-IV-12410

> **Précisions** **a.** Pour apprécier la **compétence professionnelle**, l'employeur doit se fonder sur des éléments objectifs et vérifiables (Cass. soc. 4-4-1995 nº 93-44.611 D ; 21-11-2006 nº 05-40.656 FS-PB : RJS 2/07 nº 205), la seule possession d'un diplôme étant insuffisante (Cass. soc. 20-1-1993 nº 91-42.032 P : RJS 3/93 nº 261). Il peut tenir compte, lorsque l'entreprise est dépourvue de tout système d'évaluation des salariés, du montant des primes d'assiduité, corrigé des variations liées aux motifs légaux d'absence (CE 22-5-2019 nº 413342 : RJS 7/19 nº 426), mais ne peut pas se fonder sur les seules absences injustifiées lorsqu'il existe un processus d'évaluation professionnelle (CE 22-5-2019 nº 418090 : RJS 7/19 nº 426). Il peut aussi tenir compte des sanctions disciplinaires non prescrites si elles ne constituent pas le seul élément d'appréciation (Cass. soc. 19-5-2010 nº 09-40.103 F-D : RJS 7/10 nº 591).
> **b.** Sont **interdits** les critères discriminatoires et ceux établissant une priorité de licenciement à raison des seuls avantages à caractère viager dont bénéficie un salarié. N'est pas considéré comme discriminatoire le critère lié à la possibilité pour les salariés de bénéficier d'une préretraite (Cass. soc. 29-6-2017 nº 15-21.636 F-D : RJS 10/17 nº 669).
> **c.** L'employeur ne peut pas, lors de la **pondération** des critères légaux, affecter l'un d'entre eux de la même valeur pour tous les salariés, cela revenant à ignorer ce critère (Cass. soc. 26-2-2020 nº 17-18.136 FS-PB : RJS 5/20 nº 238).
> **d.** Sur le **contrôle** des critères d'ordre des licenciements par l'administration en cas de grands licenciements, voir nº 48235, c.

47935 **Application** L'ordre des licenciements est fixé au **moment** où ils sont décidés et mis en œuvre (Cass. soc. 7-10-1998 nº 96-40.424 P : RJS 11/98 nº 1356).

C. trav. art. L 1233-5, al. 8 et 9 R 1238-1 D 1233-2 NB-III-5620 s NB-IV-11550 s

Les critères doivent être appliqués à l'ensemble des salariés appartenant à la **catégorie professionnelle** dont relèvent les emplois supprimés (Cass. soc. 8-6-1999 nº 97-40.739 D : RJS 7/99 nº 909 ; 28-9-2010 nº 09-65.118 F-D : RJS 12/10 nº 916), de façon égalitaire et loyale (Cass. soc. 10-11-2016 nº 15-21.961 F-D : RJS 4/17 nº 264), **sans discrimination** (par exemple, la charge d'une famille nombreuse ne peut pas être appréciée différemment selon l'origine des salariés : Cass. soc. 8-4-1992 nº 90-41.276 P : RJS 5/92 nº 605).

Sur le **contrôle administratif** des catégories professionnelles dans le cadre d'un grand licenciement, voir nº 48230 (catégories définies par accord collectif) et nº 48235, c (catégories fixées unilatéralement par l'employeur).

Le **périmètre** d'application des critères d'ordre des licenciements est fixé par accord collectif ou, en l'absence d'accord, unilatéralement par l'employeur : il ne peut pas alors être inférieur à celui de chaque zone d'emplois dans laquelle sont situés un ou plusieurs établissements de l'entreprise concernés par les suppressions d'emplois. Les **zones d'emploi,** consultables sur www.insee.fr ou www.dares.travail-emploi.gouv.fr, sont celles référencées dans l'atlas établi par l'Insee et les services statistiques du ministère chargé de l'emploi dans laquelle sont situés un ou plusieurs établissements concernés par les suppressions d'emploi.

> **Précisions** **a.** La **notion** de **catégorie professionnelle** au sein de laquelle s'applique l'ordre des licenciements ne se réduit pas à un emploi déterminé, mais vise l'ensemble des salariés exerçant dans l'entreprise des fonctions de même nature supposant une formation professionnelle commune (Cass. soc. 13-2-1997 nº 95-16.648 PBR : RJS 3/97 nº 268 ; 28-9-2010 nº 09-65.118 F-D : RJS 12/10 nº 916 ; CE 30-5-2016 nº 387798 : RJS 8-9/16 nº 562). Peuvent être pris en compte les acquis de l'expérience professionnelle qui équivalent à une formation complémentaire excédant l'obligation d'adaptation incombant à l'employeur (CE 30-5-2016 nº 387798 : RJS 8-9/16 nº 562). Cela peut conduire à appliquer les critères à tous les cadres de l'entreprise, quels que soient leurs domaines d'intervention (Cass. soc. 17-10-2007 nº 05-44.572 F-D : RJS 3/06 nº 369 ; 2-4-2008 nº 07-40.571 et nº 07-40.572 F-D : RJS 6/08 nº 654). Ainsi, un salarié dont l'emploi n'est pas supprimé peut être licencié parce qu'il a été désigné en application des critères appréciés par catégorie professionnelle. Inversement, un salarié dont

l'emploi est supprimé peut ne pas être désigné par les critères et être maintenu dans l'entreprise.
b. L'employeur doit tenir compte du personnel de la **société** avec laquelle il est sur le point de **fusionner** pour fixer l'ordre des licenciements, sauf à manquer à son obligation de loyauté (Cass. soc. 8-10-2014 n° 13-14.973 FS : RJS 12/14 n° 843).
c. Une distinction ne peut pas être opérée au sein de chaque catégorie entre salariés à temps plein et à **temps partiel** (Cass. soc. 3-3-1998 n° 95-41.610 PBR : RJS 4/98 n° 548 ; 23-11-2011 n° 10-30.768 F-D : RJS 2/12 n° 125), même si le poste supprimé est à mi-temps (Cass. soc. 7-7-1998 n° 96-45.014 D : RJS 10/98 n° 1196 ; 4-7-2012 n° 11-12.045 FS-PB). Sur le licenciement de salariés en **congé parental d'éducation,** voir n° 12065, b.
d. Le **non-respect des règles** relatives à l'ordre des licenciements est sanctionné par l'amende prévue pour les contraventions de 4e classe (n° 67285). Il ne prive pas le licenciement de cause réelle et sérieuse (Cass. soc. 20-1-1998 n° 96-40.930 PB : RJS 3/98 n° 296 ; 5-12-2006 n° 04-48.800 F-D : RJS 2/07 n° 206), mais si le salarié prouve avoir subi un **préjudice,** le juge peut lui accorder des dommages-intérêts dont il évalue souverainement le montant (Cass. soc. 26-2-2020 n° 17-18.136 FS-PB : RJS 5/20 n° 238). Cette somme n'est pas cumulable avec l'indemnité pour licenciement sans cause réelle et sérieuse (Cass. soc. 27-10-1998 n° 96-42.493 P : RJS 12/98 n° 1462 ; 5-10-1999 n° 98-41.384 P : RJS 11/99 n° 1361). Sur son **régime juridique,** voir n° 48720, b.

Contrôle du salarié Le salarié licencié souhaitant connaître les critères retenus pour fixer l'ordre des licenciements adresse sa **demande** à l'employeur par lettre recommandée avec avis de réception ou remise contre récépissé dans les 10 jours de la date à laquelle il quitte effectivement son emploi. L'employeur y **répond** sous la même forme dans les 10 jours suivant la présentation de la demande. Il précise, outre les critères retenus, les éléments permettant au salarié de vérifier leur application à sa situation (Cass. soc. 26-10-2010 n° 09-42.401 F-D). **47940**

C. trav. art. L 1233-17 L 1233-43 R 1231-1 R 1233-1 **NB-III-6400 s** **NB-IV-11380 s**

Un **défaut de réponse** (Cass. soc. 26-1-1999 n° 97-40.463 PB : RJS 3/99 n° 353 ; 12-12-2001 n° 00-41.057 FD : RJS 2/02 n° 159) ou une réponse **tardive** (Cass. soc. 12-5-1998 n° 95-40.990 D ; 24-6-2003 n° 01-42.932 F-D : RJS 10/03 n° 1143) constituent une irrégularité ouvrant droit pour l'intéressé à des dommages-intérêts calculés en fonction du préjudice subi, cumulables avec l'indemnité pour licenciement sans cause réelle et sérieuse (Cass. soc. 24-9-2008 n° 07-42.200 F-PB : RJS 12/08 n° 1176 ; 13-10-2010 n° 09-42.549 FS-D : RJS 12/10 n° 918).

> **Précisions** **a.** Les **délais** ci-dessus **expirent** le dernier jour à 24 heures. S'ils arrivent à expiration un samedi, un dimanche, un jour férié ou chômé, ils sont prorogés jusqu'au premier jour ouvrable suivant.
> **b.** Le salarié peut adresser sa demande **avant de cesser ses fonctions** si son licenciement lui a déjà été notifié (Cass. soc. 17-11-1982 n° 80-41.173 ; 21-1-1987 n° 84-42.756).
> **c.** Même s'il n'a **pas demandé** l'énonciation des critères, le salarié peut contester l'ordre des licenciements (Cass. soc. 19-11-1997 n° 95-42.016 P : RJS 3/98 n° 296 ; 18-5-2004 n° 02-41.179 F-D : RJS 7/04 n° 803).

OBLIGATION DE RECLASSEMENT

Le licenciement économique d'un salarié ne peut intervenir que si tous les efforts de formation et d'adaptation ont été réalisés et si son reclassement ne peut pas être opéré sur les **emplois disponibles** situés sur le territoire national, dans l'entreprise ou le groupe auquel elle appartient. Ainsi, sauf cessation d'activité d'une entreprise ne faisant pas partie d'un groupe (Cass. soc. 15-12-2010 n° 09-42.795 F-D : RJS 3/11 n° 219), l'employeur doit rechercher à reclasser **individuellement** les salariés, quel que soit leur nombre (Cass. soc. 9-1-2002 n° 00-40.437 F-D : RJS 3/02 n° 277) et même si l'entreprise fait l'objet d'une procédure collective. **47945**

C. trav. art. L 1233-4, al. 1 **NB-III-7200 s**

L'obligation de reclassement n'**incombe** qu'à l'employeur (Cass. soc. 9-2-2000 n° 97-44.023 D : RJS 3/00 n° 261), même s'il fait partie d'un groupe (Cass. soc. 27-5-2009 n° 07-44.022 F-D : RJS 8-9/09 n° 700 ; 13-1-2010 n° 08-15.676 FS-PB : RJS 3/10 n° 247).

L'employeur n'est dispensé de son obligation ni par l'établissement d'un **PSE,** quel qu'en soit le contenu (Cass. soc. 22-2-1995 n° 93-43.404 P : RJS 6/95 n° 633 ; 1-2-2011 n° 09-69.022 F-D : RJS 4/11 n° 306), ni par le **refus** par le salarié d'une **modification** de son **contrat** de travail pour cause économique avant l'engagement de la procédure de licenciement (Cass. soc. 30-9-1997 n° 94-43.898 P : RJS 11/97 n° 1222 ; 25-11-2009 n° 08-42.755 F-PB : RJS 2/10 n° 163).

L'obligation s'impose aussi en cas de **plan de départs volontaires** prévu dans un PSE sans engagement de ne pas licencier si l'objectif de réduction d'effectifs n'est pas atteint au moyen des ruptures amiables (Cass. soc. 23-4-2013 n° 12-15.221 FS-PB : RJS 7/13 n° 523 ; 19-5-2016 nos 15-12.137 FS-PB et 15-11.047 FS-PB : RJS 8-9/16 n° 563).

> **Précisions** **a.** En cas d'**employeurs conjoints** au sens visé n° 16365, l'obligation de reclassement pèse sur l'ensemble des employeurs (Cass. soc. 28-9-2011 n° 10-12.278 F-D : RJS 12/11 n° 929) et, en cas de **redressement ou liquidation judiciaire,** sur le mandataire judiciaire si

l'employeur est dessaisi de son pouvoir de licencier (Cass. soc. 10-5-1999 n° 97-40.060 P : RJS 6/99 n° 802 ; 7-7-2009 n° 07-45.584 F-D : RJS 11/09 n° 844).
b. La **recherche** de reclassement doit être **effective et sérieuse.** Elle doit également être **personnalisée** (Cass. soc. 1-7-2020 n° 18-24.608F-D : RJS 11/20 n° 538). Tel n'est pas le cas, par exemple, lorsque l'employeur se borne à mettre en place une cellule emploi (Cass. soc. 16-12-1998 n° 96-41.989 P : RJS 2/99 n° 178) ou à adresser une lettre circulaire aux autres sociétés du groupe (Cass. soc. 17-10-2001 n° 99-42.464 F-D ; 13-2-2008 n° 06-44.984 F-D : RJS 4/08 n° 391), à moins qu'elle ne comporte le nom des salariés, leur classification et la nature de leur emploi (Cass. soc. 22-10-2014 n° 13-20.403 FS-PB : RJS 1/15 n° 13), ou encore s'il notifie le licenciement sans attendre la réponse des entreprises du groupe qu'il a sollicitées (Cass. soc. 21-3-2001 n° 99-43.108 F-D : RJS 5/01 n° 584).

47950 NB-III-8230 s

Application dans le temps Le reclassement doit être recherché à partir du moment où le **licenciement est envisagé** (Cass. soc. 30-3-1999 n° 97-41.265 PB : RJS 5/99 n° 645 ; 4-12-2007 n° 05-46.073 FS-PB : RJS 2/08 n° 158) et jusqu'à sa **notification** (Cass. soc. 26-5-1999 n° 96-44.387 D : RJS 7/99 n° 904 ; 28-9-2011 n° 10-23.703 F-PB : RJS 12/11 n° 955).

La recherche et la proposition de reclassement au cours de l'exécution du préavis sont tardives (Cass. soc. 27-10-1998 n° 96-45.517 P : RJS 12/98 n° 1458).

› Précisions La notification du licenciement met fin à l'obligation préalable de reclassement, même si un **contrat de sécurisation professionnelle** (CSP) a été proposé au salarié et si le délai de réflexion imparti pour y adhérer n'est pas expiré (Cass. soc. 13-11-2012 n° 11-14.162 FS-D : RJS 1/13 n° 66). En outre, l'adhésion au CSP entraîne nécessairement renonciation du salarié à la proposition de reclassement qui lui a été faite auparavant (Cass. soc. 28-9-2011 n° 10-23.703 F-PB : RJS 12/11 n° 955). Ces solutions, rendues à propos de conventions de reclassement personnalisé, s'appliquent selon nous au CSP.

47955 C. trav. art. L 1233-4, al. 1 et 2 NB-III-8530 s

Cadre du reclassement L'obligation préalable de reclassement ne porte que sur les emplois disponibles situés sur le **territoire national.**

La recherche s'effectue en priorité dans l'**entreprise** (Cass. soc. 16-3-1994 n° 92-44.917 D), y compris dans ses établissements situés dans d'autres régions (Cass. soc. 5-3-1996 n° 92-44.246 PB : RJS 4/96 n° 432) ou au sein de l'**UES** à laquelle elle appartient (Circ. DGEFP/DRT/DSS 1 du 5-5-2002).

S'il n'existe aucune possibilité de reclassement dans l'entreprise et si elle appartient à un **groupe** formé par une entreprise dominante et les entreprises qu'elle contrôle, dans les conditions définies aux articles L 233-1, L 233-3, I et II, et L 233-16 du Code de commerce (voir n° 9800), l'employeur doit étendre sa recherche à toutes les entreprises de ce groupe dont les activités, l'organisation ou le lieu d'exploitation leur permettent d'effectuer la permutation de tout ou partie du personnel, même si ces entreprises n'appartiennent pas au même secteur d'activité (Cass. soc. 13-12-2011 n° 10-21.745 F-D : RJS 2/12 n° 151).

› Précisions a. Sauf fraude, l'**existence d'un groupe** au sein duquel la recherche de reclassement doit s'effectuer s'apprécie au plus tard à la date du licenciement (Cass. soc. 1-6-2010 n° 09-40.421 FS-PB : RJS 8-9/10 n° 652). En cas de contestation sur la **consistance** ou le **périmètre** du groupe de reclassement, le juge forme sa conviction au vu de l'ensemble des éléments fournis par les deux parties (Cass. soc. 16-11-2016 n° 14-30.063 FS-PBRI : RJS 1/17 n° 19 ; 16-11-2016 n° 15-19.927 FS-PBRI : RJS 1/17 n° 20). Le reclassement n'a pas à être recherché au sein d'un réseau de franchises ou de concessions, qui ne correspondent pas à la définition du groupe de reclassement (QR min. trav. du 23-7-2020 sur la rupture du contrat de travail).
b. L'employeur n'est pas tenu de rechercher des **reclassements extérieurs** au groupe (Cass. soc. 29-1-2008 n° 06-44.751 F-D : RJS 4/08 n° 441 ; 15-6-2010 n° 08-70.391 FS-PB : RJS 8-9/10 n° 651) ou à l'entreprise si elle ne fait pas partie d'un groupe (Cass. soc. 15-12-2010 n° 09-42.795 F-D : RJS 3/11 n° 219) ou auprès de sociétés sous-traitantes (Cass. soc. 23-10-2012 n° 11-15.530 FS-P : RJS 1/13 n° 34). Mais il doit **respecter son engagement** de proposer plusieurs **offres valables d'emploi** aux salariés menacés de licenciement économique et ne les licencier qu'en cas de reclassement externe ou d'impossibilité de reclasser (Cass. soc. 30-9-2013 n° 12-13.439 FS-PB : RJS 12/13 n° 796).
c. Si la convention collective impose à l'employeur de saisir une **commission paritaire de l'emploi** et que celle-ci est dotée d'une **véritable mission** en matière de reclassement externe (Cass. soc. 11-7-2016 n° 15-12.752 FS-PBRI : RJS 10/16 n° 626 ; 16-11-2017 n° 16-14.572 FS-PB : RJS 1/18 n° 27), il doit respecter cette obligation (Cass. soc. 28-5-2008 n° 06-46.009 FS-PB : RJS 8-9/08 n° 877 ; 30-9-2013 n° 12-15.940 FS-PB : RJS 12/13 n° 795), sauf si l'accord en cause n'est pas étendu et s'il n'est pas adhérent à un syndicat signataire (Cass. soc. 27-5-2015 n° 13-26.968 FS-PB : RJS 8-9/15 n° 553). L'employeur doit saisir la commission **en temps utile** (Cass. soc. 12-2-2014 n° 12-26.198 FD : RJS 4/14 n° 307), mais n'a pas à lui fournir la liste nominative des salariés dont le licenciement est envisagé (Cass. soc. 17-3-2015 n° 13-24.303 FS-PB : RJS 6/15 n° 398). Il doit **communiquer** au salarié la liste des reclassements établie par la commission (Cass. soc. 10-7-2013 n° 11-23.853 F-D : RJS 11/13 n° 729).

Poste de reclassement La tentative de reclassement doit porter sur tous les postes **salariés** (Cass. soc. 31-3-2009 nº 07-44.480 FS-PB : RJS 6/09 nº 509), **disponibles,** relevant de la même **catégorie** que celui de l'intéressé ou sur des emplois équivalents assortis d'une rémunération équivalente (en prenant en compte la rémunération globale visée nº 32185 : Circ. DRT 3 du 15-3-2001 réputée abrogée). À défaut, le reclassement peut s'effectuer sur des postes de catégorie inférieure avec l'accord exprès du salarié. 47960 C. trav. art. L 1233-4, al. 3 NB-III-10800 s

Le poste doit être compatible avec les **compétences** du salarié. Si l'employeur doit **adapter** celui-ci à ses nouvelles fonctions, cette obligation est limitée aux formations complémentaires, simples et de courte durée, permettant à l'intéressé d'être rapidement opérationnel. Elle n'impose pas la délivrance d'une formation longue ou qualifiante (Cass. soc. 3-4-2001 nº 99-42.188 FS-PB : RJS 6/01 nº 731 ; 2-7-2014 nº 13-13.876 FS-PB : RJS 10/14 nº 672 ; 17-3-2015 nº 13-26.698 FS-D : RJS 6/15 nº 397 ; Circ. DGEFP/DRT/DSS 1 du 5-5-2002).

Les salariés concernés ont **priorité** sur leurs collègues dont le licenciement n'est pas envisagé (Cass. soc. 23-3-2011 nº 10-10.039 F-D : RJS 6/11 nº 509), les anciens salariés licenciés bénéficiant de la priorité de réembauche (CA Lyon 19-12-1997 nº 96-290 : RJS 10/98 nº 1258), les salariés d'autres sociétés du groupe qu'on cherche à reclasser (Cass. soc. 11-12-2001 nº 99-44.291 FS-PR : RJS 2/02 nº 155) et les candidats extérieurs (Cass. soc. 8-7-1998 nº 96-42.736 D : RJS 10/98 nº 1189).

› Précisions **a.** La **disponibilité de l'emploi** s'apprécie à la date du licenciement (Cass. soc. 15-11-2006 nº 05-43.507 F-PB : RJS 1/07 nº 82 ; 9-9-2020 nº 18-24.983 F-D : RJS 11/20 nº 537), mais si l'employeur a connaissance de la disponibilité avant le licenciement et qu'il ne respecte pas son obligation, il engage sa responsabilité (Cass. soc. 4-5-2017 nº 16-14.779 F-D et nº 11-15.485 F-D : RJS 7/17 nº 478).

b. Un emploi à **durée déterminée** peut être proposé (Cass. soc. 29-1-2002 nº 00-41.885 F-D), sauf s'il s'agit de remplacer un salarié en congé (Cass. soc. 1-4-2003 nº 01-42.561 F-D). La **durée du travail** n'est pas nécessairement identique. Un salarié à temps complet peut, s'il l'accepte, être reclassé dans un poste à temps partiel et inversement (Cass. soc.13-5-1992 nº 94-40.734 P : RJS 6/92 nº 725 ; 18-11-1998 nº 96-42.991 PBR : RJS 1/99 nº 74).

c. Même non abusif, le **recours systématique** à du **personnel intérimaire** avant et après le licenciement sur des emplois compatibles avec les qualifications des salariés licenciés caractérise l'existence d'emplois disponibles et le manquement de l'employeur à son obligation de reclassement (Cass. soc. 1-3-2000 nº 98-46.233 P : RJS 4/00 nº 395 ; 5-12-2006 nº 04-48.800 F-D : RJS 2/07 nº 206).

d. L'employeur reste tenu de proposer au salarié les emplois disponibles en rapport avec ses compétences, même impliquant une **modification du contrat antérieurement proposée** pour motif économique et refusée par l'intéressé (Cass. soc. 29-9-2009 nº 08-43.085 F-D : RJS 12/09 nº 911 ; 2-3-2011 nº 09-67.333 F-D : RJS 5/11 nº 405).

e. Le **refus** par le salarié de tous les **postes disponibles de même catégorie** que celui qu'il occupe n'exonère pas l'employeur de l'obligation de rechercher un reclassement dans des postes de catégorie inférieure (Cass. soc. 22-6-2011 nº 09-73.035 F-D : RJS 10/11 nº 765). L'employeur peut devoir proposer au salarié un emploi de catégorie supérieure en l'absence d'autres postes disponibles si l'emploi ne nécessite pas une formation qualifiante faisant défaut à l'intéressé (Cass. soc. 21-6-2000 nº 98-43.742 D : RJS 9-10/00 nº 923 ; 17-5-2006 nº 04-43.022 F-D : RJS 8-9/06 nº 934).

Proposition de poste Les offres de reclassement doivent être **écrites et précises.** L'employeur doit les **adresser** de manière personnalisée ou communiquer la liste des offres disponibles aux salariés, et le cas échéant l'actualisation de celle-ci, par tout moyen permettant de conférer une date certaine. Dans tous les cas, les offres écrites précisent l'intitulé du poste et son descriptif, le nom de l'employeur, la nature du contrat de travail, sa localisation, le niveau de rémunération et la classification. 47965 C. trav. art. L 1233-4, al. 4 et 5 D 1233-2-1 NB-III-13020 s

L'employeur ne peut pas **limiter** ses offres en fonction de la volonté présumée de l'intéressé de les refuser (Cass. soc. 24-6-2008 nº 06-45.870 FS-PB : RJS 10/08 nº 968 ; 25-11-2009 nº 08-42.755 F-PB : RJS 2/10 nº 163) ou de ses réponses à un questionnaire (Cass. soc. 7-11-2007 nº 06-43.108 F-D : RJS 2/08 nº 158 ; 4-3-2009 nº 07-42.381 FS-PB : RJS 5/09 nº 418).

Si le salarié **refuse** le poste proposé, comme il en a le droit, l'employeur ne peut poursuivre la procédure de licenciement qu'après avoir recherché toutes les autres possibilités de reclassement (Cass. soc. 7-2-2006 nº 04-40.627), en tenant compte des exigences formulées par le salarié lors de ce refus (Cass. soc. 13-11-2008 nº 06-46.227 FS-PB : RJS 1/09 nº 25).

Sur les règles applicables lorsque le reclassement emporte **modification du contrat de travail,** voir nºs 17415 s.

› Précisions **a.** En cas de diffusion d'une **liste des offres** de reclassements internes, celle-ci comprend les postes disponibles situés sur le territoire national dans l'entreprise et les autres entreprises du groupe, sans présélection de l'employeur. La liste précise les critères de départage entre salariés en cas de candidatures multiples sur un même poste et le délai dont dispose le salarié pour présenter sa candidature écrite. Ce délai est au moins de 15 jours francs à compter de la publication de la liste, de 4 jours francs dans les entreprises en redressement ou en liquidation judiciaire. L'absence de candidature écrite du salarié à l'issue du délai qui lui est imparti vaut refus des offres. Si le profil du salarié ne correspond pas au poste sur lequel il candidate, l'employeur lui adresse un refus motivé (QR min. trav. du 23-7-2020 sur la rupture du contrat de travail).

b. L'employeur peut proposer un **même poste à plusieurs salariés** ayant les compétences requises (Cass. soc. 19-1-2011 n° 09-42.736 F-D : RJS 4/11 n° 307).

c. Pour faciliter le reclassement du salarié, l'employeur doit prévoir des **mesures d'accompagnement** sur les postes, tel un aménagement d'horaires (Cass. soc. 29-5-2002 n° 00-40.475 F-D : RJS 8-9/02 n° 956).

d. Bien que le plan de reclassement que doit contenir le PSE n'ait plus à comporter la liste des **postes disponibles à l'étranger,** l'employeur peut toujours en proposer au salarié menacé de licenciement si cela lui permet de satisfaire à son obligation de reclassement, par exemple en cas d'entreprise ou de groupe transfrontalier ou de population de salariés mobiles (QR min. trav. du 23-7-2020 sur la rupture du contrat de travail).

e. L'offre de reclassement doit être **ferme,** et ne peut pas porter sur un poste à créer et mal défini (Cass. soc. 23-6-1998 n° 96-42.364 D). Si un entretien avec le futur responsable hiérarchique peut être prévu, le reclassement ne peut pas être conditionné à cet entretien (Cass. soc. 1-7-2020 n° 18-24.608F-D : RJS 11/20 n° 538).

47970 NB-IV-12550 s **Sanction** La méconnaissance par l'employeur de son obligation de reclassement, y compris des stipulations conventionnelles prévoyant un reclassement à l'extérieur de l'entreprise (Cass. soc. 28-5-2008 n° 06-46.009 FS-PB : RJS 8-9/08 n° 877) ou au sein de la branche (Cass. soc. 2-5-2001 n° 98-44.945 FS-P : RJS 7/01 n° 895 ; 8-7-2014 n° 13-14.609 FS-PB : RJS 11/14 n° 773), prive le **licenciement** de cause réelle et sérieuse (jurisprudence constante, notamment Cass. soc. 19-2-1992 n° 90-46.107 PF : RJS 4/92 n° 420 ; 19-11-2008 n° 07-44.416 F-D : RJS 2/09 n° 158).

C'est à l'**employeur** de **justifier** qu'il a recherché toutes les possibilités de reclassement et que cela est impossible (Cass. soc. 17-6-2009 n° 07-44.429 F-D : RJS 10/09 n° 775 ; 5-7-2011 n° 10-14.625 F-D : RJS 10/11 n° 767). Le **juge** apprécie souverainement les éléments de preuve produits (Cass. soc. 12-7-2004 n° 02-40.312 F-D : RJS 10/04 n° 1010) en fonction des moyens de l'entreprise ou du groupe (Cass. soc. 3-3-2009 n° 07-42.436 F-D : RJS 5/09 n° 419 ; 14-6-2017 n° 16-16.001 F-D : RJS 10/17 n° 665).

› Précisions a. Pour **prouver** qu'il a rempli son obligation, l'employeur doit produire les offres écrites et précises faites au salarié (Cass. soc. 20-9-2006 n° 04-45.703 FS-PBRI : RJS 11/06 n° 1163) ou établir, y compris après coup, l'absence, à l'époque du licenciement, de poste disponible correspondant aux compétences des salariés dans l'entreprise (Cass. soc. 12-12-2013 n° 12-22.311 F-D : RJS 3/14 n° 206 ; 2-7-2014 n° 13-13.876 FS-PB et n° 13-12.048 FS-PB : RJS 10/14 n° 672).

b. L'absence de reclassement préalable ne peut pas être **régularisée** par un reclassement externe entrepris et réussi après la notification du licenciement (Cass. soc. 26-5-1999 n° 96-44.387 D : RJS 7/99 n° 904 ; 15-12-2010 n° 09-41.025 F-D : RJS 3/11 n° 218).

II. LICENCIEMENT INDIVIDUEL

48010 Après avoir déterminé le salarié concerné par application de l'**ordre des licenciements** (nos 47925 s.) l'employeur peut le licencier en respectant la procédure exposée ci-après.

ENTRETIEN PRÉALABLE

48015 C. trav. art. L 1233-11 à L 1233-14 NB-III-18400 s Avant toute décision, l'employeur doit **convoquer** le salarié à un entretien préalable.

La convocation s'effectue et l'entretien se déroule selon les mêmes **modalités** que celles prévues en cas de licenciement pour motif personnel (nos 47470 s.).

L'employeur doit, selon le cas, **proposer** au salarié un contrat de sécurisation professionnelle (nos 48390 s.) ou l'informer sur le congé de reclassement (nos 48450 s.).

NOTIFICATION DU LICENCIEMENT

48020 C. trav. art. L 1233-15 NB-III-20000 s **Forme et délai** S'il n'a pas pu le reclasser, l'employeur notifie son licenciement au salarié dans les formes visées n° 47710. La lettre de licenciement doit être **envoyée** 7 jours ouvrables au moins (15 jours ouvrables pour un cadre) à compter de la date pour laquelle l'intéressé a été convoqué à l'entretien préalable. Sur les règles de **computation** du délai, voir n° 47520, b.

Motivation La lettre de licenciement doit comporter l'énoncé des motifs économiques invoqués par l'employeur, ceux-ci devant être **objectifs, précis et matériellement vérifiables** (Cass. soc. 4-5-2011 n° 09-42.148 F-D : RJS 7/11 n° 589). L'énoncé des motifs ne peut pas être remplacé par une **référence** à l'entretien préalable (Cass. soc. 31-5-1995 n° 93-44.884 D), au procès-verbal d'une réunion du personnel (Cass. soc. 3-3-1998 n° 95-42.646 D : RJS 4/98 n° 442), au PSE (Cass. soc. 2-5-2000 n° 98-42.451 D ; 11-10-2005 n° 04-41.956 F-D : RJS 12/05 n° 1191) ou à un plan de restructuration annexé à la lettre de licenciement (Cass. soc. 12-10-2000 n° 98-41.575 F-D). 48025 C. trav. art. L 1233-16, al. 1 NB-III-20200 s

La lettre doit aussi préciser l'**incidence des motifs sur l'emploi** ou le contrat de travail du salarié de façon individualisée.

À défaut, le licenciement est sans cause réelle et sérieuse (jurisprudence constante, notamment : Cass. soc. 30-4-1997 n° 94-42.154 P : RJS 6/97 n° 675 ; 28-1-2015 n° 13-20.861 FS-D : RJS 4/15 n° 246).

L'employeur peut utiliser un **modèle type** de lettre de licenciement fixé par le décret 2017-1820 du 29-12-2017 et **préciser les motifs** invoqués après notification de celle-ci, dans les conditions visées au n° 47680.

ILLUSTRATIONS

N'est pas valable la seule mention de **motifs économiques** sans énoncer leur nature (Cass. soc. 19-12-2007 n° 06-41.817 F-D : RJS 2/08 n° 157 ; 6-4-2011 n° 09-71.508 F-D : RJS 6/11 n° 512), d'une baisse d'activité (Cass. soc. 16-2-2011 n° 09-72.172 FS-PB : RJS 5/11 n° 410) ou du chiffre d'affaires (Cass. soc. 12-12-2000 n° 98-46.022 F-D), ou encore de nécessités organisationnelles (Cass. soc. 16-5-2013 n° 11-28.494 F-PB : RJS 7/13 n° 526), sans autre précision. Il en est de même de la vente du fonds de commerce (Cass. soc. 10-7-2002 n° 00-41.721 F-D : RJS 10/02 n° 1095) et de la fermeture pour travaux de l'entreprise ou de la seule fermeture d'un établissement, qui ne constituent pas une cessation d'activité (n° 47255). En revanche, la seule mention de la cessation d'activité de l'entreprise est suffisante, celle-ci impliquant la suppression de tous les emplois (Cass. soc. 16-3-2004 n° 02-40.633 F-D : RJS 5/04 n° 529 ; 28-2-2006 n° 03-47.888 F-PB : RJS 5/06 n° 650).

N'est pas suffisamment motivée la lettre invoquant la restructuration de l'entreprise sans mentionner ni la **suppression** ni la **transformation de l'emploi,** ni le refus d'une modification de son contrat de travail (Cass. soc. 21-10-1998 n° 96-43.056 P : RJS 12/98 n° 1525). Même solution pour la lettre visant l'obligation de réduire l'effectif afin de maintenir l'activité (Cass. soc. 11-6-2002 n° 00-40.214 FS-PB : RJS 8-9/02 n° 960) ou l'absence de travail à temps complet pour deux personnes (Cass. soc. 24-4-2003 n° 00-44.653 F-D : RJS 7/03 n° 864). En revanche, est valable la lettre énonçant une suppression d'emploi ou un refus de modification du contrat de travail consécutive à des difficultés économiques ou à une réorganisation de l'entreprise (Cass. soc. 18-5-2005 n° 02-42.619 F-D ; 12-5-2010 n° 09-40.157 F-D ; 27-3-2012 n° 11-14.223 FS-PB : RJS 6/12 n° 533).

Dans le cadre d'une **réorganisation,** l'employeur n'a pas à mentionner que celle-ci est nécessaire pour sauvegarder la compétitivité de l'entreprise (n° 47250), le juge le vérifiera en cas de litige (Cass. soc. 23-5-2007 n° 06-40.233 F-D : RJS 8-9/07 n° 931 ; 27-5-2009 n° 08-40.104 F-D : RJS 8-9/09 n° 701). Si l'entreprise appartient à un **groupe,** le niveau auquel se situe la cause économique du licenciement n'a pas non plus à être nécessairement précisé, l'employeur pouvant démontrer devant le juge, dans le périmètre pertinent, la réalité et le sérieux du motif invoqué (Cass. soc. 3-5-2016 n° 15-11.046 F-PB et n° 14-29.698F-D : RJS 7/16 n° 491 ; Cass. soc. 17-5-2017 n° 15-29.441 F-D : RJS 8-9/17 n° 575).

Autres mentions La lettre de licenciement doit mentionner l'existence d'une **priorité de réembauche** et ses conditions de mise en œuvre (n°s 48490 s.). À défaut, le salarié peut prétendre à la réparation de son préjudice et, si cette omission l'a empêché de bénéficier de la priorité, à l'indemnité légale, visée n° 48500, prévue pour violation de celle-ci (Cass. soc. 16-12-1997 n° 96-44.294 P : RJS 1/98 n° 80 ; 28-3-2000 n° 97-43.923 D : RJS 5/00 n° 516). 48030 C. trav. art. L 1233-16, al. 2 NB-III-21000 NB-IV-17100 s

Selon le cas, l'employeur doit y ajouter une proposition de **congé de reclassement** (n°s 48450 s.) ou y mentionner des informations relatives au **contrat de sécurisation professionnelle** si le licenciement est notifié à titre conservatoire (n°s 48390 s.).

› **Précisions** La mention de l'**impossibilité de reclassement** n'est pas nécessaire (Cass. soc. 3-4-2013 n° 12-11.829 : RJS 6/13 n° 437). Si le salarié accepte **un reclassement interne** proposé par la lettre, il n'y a pas licenciement (Cass. soc. 26-6-2013 n° 12-15.387 F-D : RJS 10/13 n° 664).

INFORMATION DE L'ADMINISTRATION

Dans les 8 jours suivant l'envoi de la lettre de licenciement, l'employeur doit en informer l'autorité administrative compétente par un **écrit** comportant les précisions indiquées n° 48130. 48035 C. trav. art. L 1233-19 D 1233-3 NB-III-21600

III. LICENCIEMENT COLLECTIF

48075 La procédure de licenciement collectif diffère selon que les licenciements concernent moins de 10 ou au moins 10 salariés sur une même période de 30 jours et que l'entreprise compte moins de 50 ou au moins 50 salariés. Des adaptations sont prévues en cas de procédure collective.

A. Détermination de la procédure applicable

DATE ET CADRE D'APPRÉCIATION DES EFFECTIFS

48080
NB-III-2600 s
NB-III-3000 s

Les conditions d'effectif (calculé selon les modalités visées n°s 62365 s.) et de nombre de licenciements s'apprécient au **moment** où la procédure de licenciement est engagée (Cass. soc. 12-7-2010 n° 09-14.192 FS-PB et 13-7-2010 n° 09-65.182 F-D : RJS 10/10 n° 738), au **niveau** de l'entreprise ou de l'établissement concerné par les licenciements (Cass. soc. 16-1-2008 n° 06-46.313 FS-PB : RJS 4/08 n° 395), y compris si l'entreprise appartient à un groupe (Cass. soc. 26-2-2003 n° 01-41.030 F-P : RJS 5/03 n° 589) ou à une UES (Cass. soc. 28-1-2009 n° 07-45.481 FS-PB : RJS 4/09 n° 331), sauf décision de licencier prise à ce niveau, ces conditions s'appréciant alors dans le cadre de l'UES (Cass. soc. 16-11-2010 n° 09-69.485 FS-PBR : RJS 2/11 n° 117 ; 9-3-2011 n° 10-11.581 FS-PBRI : RJS 5/11 n° 408).

> **Précisions** **a.** Pour les **entreprises étrangères,** seuls les salariés relevant des établissements établis en France sont à prendre en compte (Cass. soc. 23-9-2008 n° 07-42.862 F-P : RJS 12/08 n° 1181).
> **b.** Pour les entreprises à **établissements distincts,** le cadre d'appréciation à retenir est l'établissement si les licenciements concernent celui-ci et n'excèdent pas le pouvoir du chef d'établissement, l'entreprise s'ils concernent simultanément plusieurs établissements ou des structures différentes de celle-ci (Circ. DGEFP/DRT/DSS 1 du 5-5-2002 ; Cass. soc. 7-5-2003 n° 08-45.113 F-D : RJS 7/03 n° 862).

SALARIÉS À PRENDRE EN COMPTE

48085
NB-III-2300 s.

Pour savoir s'il faut appliquer la procédure de licenciement de moins de 10 ou d'au moins 10 salariés, il faut prendre en compte le **nombre envisagé** de ruptures du contrat de travail pour motif économique et non celui finalement réalisé (Cass. soc. 26-1-1994 n° 92-41.512 P : RJS 3/94 n° 240).

Sont à retenir tous les **modes de rupture,** y compris les départs en préretraite (Cass. soc. 1-2-2011 n° 09-70.121 F-D : RJS 4/11 n° 311) et les ruptures conventionnelles s'inscrivant dans le processus de réduction des effectifs (Cass. soc. 9-3-2011 n° 10-11.581 FS-PBRI : RJS 5/11 n° 408).

En revanche, il n'est pas tenu compte des salariés auxquels a été proposée une **modification du contrat de travail** pour motif économique, tant qu'ils ne l'ont pas expressément refusée.

PÉRIODE DE RÉFÉRENCE

48090
C. trav. art.
L 1233-26
L 1233-27
NB-III-2700 s

Pour déterminer la procédure applicable, il faut apprécier le nombre de ruptures de contrats de travail sur une période de **30 jours.** Chacune court à compter de la date de la 1e réunion du CSE sur un projet de licenciement déterminé ou, en l'absence de CSE ou lorsque la consultation n'est pas obligatoire, du 1er entretien préalable au licenciement de plusieurs salariés pour le même motif économique (Circ. DE/DRT 46 du 1-10-1989).

Afin d'éviter que les employeurs procèdent à des **petits licenciements de manière répétée** pour échapper à la procédure des grands licenciements, plus lourde, lorsqu'une entreprise d'au moins 50 salariés a procédé pendant 3 mois consécutifs à plus de 10 licenciements au total sans atteindre 10 licenciements dans une même période de 30 jours, tout nouveau licenciement économique envisagé au cours des 3 mois suivants est soumis aux dispositions régissant le licenciement d'au moins 10 salariés sur 30 jours. Ces dispositions ne jouent qu'une fois le seuil de 10 salariés franchi. Ne sont pas décomptées les ruptures conventionnelles constituant une modalité de réduction des effectifs pour une cause économique, mais qui, faute d'avoir été homologuées, n'ont pas entraîné la rupture du contrat de travail (Cass. soc. 29-10-2013 n° 12-15.382 FS-PB : RJS 1/14 n° 25).

En outre, l'entreprise d'au moins 50 salariés procédant, au cours d'une **année civile,** à des licenciements économiques de plus de 18 salariés sans avoir été tenue de présenter un PSE doit en établir un pour tout nouveau licenciement économique envisagé au cours des 3 premiers mois de l'année civile suivante.

EXEMPLE

Une entreprise licenciant 9 salariés le 13 mars peut prononcer 9 autres licenciements le 14 avril suivant en ne respectant toujours que la procédure applicable aux licenciements de moins de 10 salariés. En revanche, tout nouveau licenciement pour motif économique, même individuel, prononcé entre le 15 avril et le 12 juin sera soumis à la procédure de licenciement d'au moins 10 salariés sur 30 jours. Ce ne sera pas le cas si l'entreprise attend le 16 juin pour licencier à nouveau 9 personnes, et procède de même le 17 juillet puis le 18 septembre... Cependant, si elle veut effectuer d'autres licenciements de janvier à mars suivant, elle devra présenter un PSE.

B. Licenciement de moins de 10 salariés sur 30 jours

CONSULTATION DU CSE

L'employeur envisageant de licencier moins de 10 salariés dans une même période de 30 jours doit, sous peine de délit d'entrave, réunir et consulter le comité social et économique (CSE) sur ce projet. En l'absence de CSE dans l'entreprise par suite de **carence** constatée, la procédure se limite aux formalités à l'égard des salariés et de l'administration visées n°s 48128 s. À défaut de procès-verbal de carence, voir n° 48140. **48120** C. trav. art. L 1233-8 **NB-III-22000 s**

› Précisions a. Commet le **délit d'entrave** l'employeur qui négocie individuellement avec les salariés concernés (Cass. crim. 11-5-1989 n° 87-81.710 P : RJS 7/89 n° 596) ou arrête définitivement sa décision de licencier avant de saisir le CSE. La seule annonce du projet aux salariés intéressés (Cass. crim. 12-10-1993 n° 92-84.363 D) ou à la presse (Cass. crim. 4-4-1995 n° 93-80.312 PF : RJS 6/95 n° 666) ne transforme pas celui-ci en décision définitive.
b. En cas d'**augmentation du nombre de licenciements** envisagés en cours de procédure, la consultation doit être reprise à ses débuts (Cass. soc. 4-7-2000 n° 98-18.885 FS-PB : RJS 9-10/00 n° 932).

Instance compétente Dans les **entreprises de moins de 50 salariés et d'au moins 11 salariés,** l'employeur réunit et consulte le CSE, qui doit rendre son avis dans le délai maximal d'un mois à compter de la date de la 1e réunion de consultation. En l'absence d'avis dans ce délai, il est réputé avoir été consulté. Le procès-verbal de la réunion est transmis à l'autorité administrative compétente visée n° 48130, a. **48122** C. trav. art. L 1233-8 L 1233-20 **NB-III-22200 s**

Dans les entreprises d'**au moins 50 salariés,** l'employeur réunit et consulte le CSE, après l'avoir consulté en temps utile sur le projet de restructuration et de compression des effectifs (n° 9355). Le CSE doit rendre son avis dans le délai maximal d'un mois à compter de la date de sa 1e réunion au cours de laquelle il est consulté. En l'absence d'avis dans ce délai, il est réputé avoir été consulté. **48124** C. trav. art. L 1233-8 L 1233-9 L 2312-39 **NB-III-22800 s**

Dans les entreprises dotées d'un **CSE central d'entreprise,** l'employeur consulte à la fois le comité central et le ou les comités d'établissements intéressés si le projet de licenciement excède les pouvoirs du ou des chefs d'établissement concernés ou porte sur plusieurs établissements simultanément.

Le CSE a la possibilité de recourir à tout **expert** rémunéré par ses soins pour la préparation de ses travaux : voir n°s 9040 s.

ATTENTION

Les consultations sur les projets de restructuration et de compression des effectifs et de licenciement sont **deux procédures** distinctes qui doivent être respectées l'une et l'autre. Elles peuvent toutefois être **concomitantes,** sous réserve du respect des délais les plus favorables (Cass. soc. 16-4-1996 n° 93-20.228 PB : RJS 5/96 n° 560 ; 17-6-1997 n° 95-18.904 PB : RJS 8-9/97 n° 990). Il n'est donc pas obligatoire de tenir des **réunions séparées** (Cass. soc. 9-2-2000 n° 98-12.143 P : RJS 3/00 n° 269), sauf stipulations conventionnelles contraires ou engagement de l'employeur (CA Paris 7-3-2007 n° 06-17502).

Convocation L'employeur doit adresser aux membres du CSE, avec la convocation à la réunion (n°s 9020 et 9164), tous **renseignements utiles** sur le projet de licenciement collectif, à savoir : raison(s) économique(s), financière(s) ou technique(s) du projet de licenciement ; nombre de salariés, permanents ou non, employés dans l'établissement ; nombre des licenciements envisagés ou plus exactement celui des salariés concernés par la compression des effectifs (Cass. soc. 2-3-1999 n° 97-13.115 PBR : RJS 4/99 n° 495) ; catégories professionnelles concernées et critères proposés pour l'ordre des licenciements ; calendrier prévisionnel des licenciements ; mesures de nature économique envisagées ; conséquences des licenciements projetés en matière de santé, de sécurité ou de conditions de travail. **48126** C. trav. art. L 1233-10 **NB-III-22850 s**

> Précisions a. Si l'entreprise ou le groupe compte au moins 1 000 salariés, l'employeur adresse au CSE un document précisant les conditions de mise en œuvre du **congé de reclassement** et le consulte à ce propos (nº 48455).
b. En cas de **contentieux,** ces informations doivent être transmises au juge (nº 48685).

PROCÉDURE À L'ÉGARD DES SALARIÉS

48128 C. trav. art. L 1233-11 à L 1233-16 NB-III-23600 s

L'employeur doit convoquer chacun des salariés à un **entretien préalable** dans les conditions visées nº 48015.

S'il est dans l'incapacité de les reclasser, il doit ensuite leur **notifier leur licenciement** dans les formes indiquées nº 47710. Sur le contenu de cette lettre, voir nºs 48025 s.

La lettre de licenciement doit être **envoyée** 7 jours ouvrables au moins à compter de la date pour laquelle ils ont été convoqués à l'entretien. Sur les règles de computation du délai, voir nº 47520, b.

INFORMATION DE L'AUTORITÉ ADMINISTRATIVE

48130 C. trav. art. L 1233-19 L1233-20 L 1235-12 R 1238-2 D 1233-3 NB-III-24800 s NB-IV-15650 s

Dans les **8 jours** suivant l'envoi des lettres de licenciement, l'employeur doit en informer le Dreets (Direccte avant le 1-4-2021) par voie dématérialisée, sur le portail https://ruptures-collectives.emploi.gouv.fr (Arrêté MTRD1927861A du 21-10-2019), en précisant : ses nom et adresse ; la nature de l'activité et l'effectif de l'entreprise ou de l'établissement ; les nom, prénoms, nationalité, date de naissance, sexe, adresse, emploi et qualification du ou des salariés licenciés ; la date de la notification des licenciements.

Il doit également lui adresser, selon le cas, le **procès-verbal** de la réunion du CSE.

Le **défaut d'information** de l'administration rend l'employeur passible de l'amende prévue pour les contraventions de 4e classe (nº 67285) et, le cas échéant, ouvre aux salariés le droit à réparation du préjudice subi (nº 48190).

> Précisions a. Le **Dreets compétent** est celui dans le ressort duquel est situé le siège de l'entreprise ou de l'établissement dans lequel l'employeur licencie (CE 8-2-1985 nº 43161).
b. L'information de l'administration permet de veiller au respect du mécanisme de **limitation des petits licenciements répétitifs** : nº 48090 (Circ. 46 du 1-10-1989).

C. Licenciement d'au moins 10 salariés sur 30 jours

48135 NB-III-25300 s

Les employeurs envisageant de licencier au moins 10 salariés sur 30 jours doivent prévoir des mesures pour éviter les licenciements ou favoriser le reclassement des salariés et respecter des règles contraignantes en matière de consultation des représentants du personnel.

Lorsqu'il existe un CSE dans l'entreprise, la procédure de l'**entretien préalable** ne s'applique pas (C. trav. art. L 1233-38), même si l'employeur, après avoir envisagé de licencier au moins 10 salariés et appliqué la procédure correspondante, en licencie moins de 10 (Cass. soc. 26-1-1994 nº 92-41.512 P : RJS 3/94 nº 240).

ABSENCE DE REPRÉSENTANTS DU PERSONNEL

48140 C. trav. art. L 1233-49 L 1233-57 R 1233-9 D 1233-10 NB-III-28730 s NB-III-37020 s NB-IV-13600 s

En l'absence de représentants du personnel dans l'entreprise, les **étapes de la procédure** à respecter sont les suivantes, outre les obligations en matière de reclassement (nºs 47945 s.) :
– détermination des critères d'ordre des licenciements ;
– dans les entreprises d'au moins 50 salariés, élaboration d'un PSE ;
– notification à l'administration, via le portail https://ruptures-collectives.emploi.gouv.fr, du projet de licenciement accompagné du constat de carence (nº 8790), des renseignements visés nº 48126 et, dans les entreprises d'au moins 50 salariés, du PSE ;
– le cas échéant, réponse aux propositions du Dreets (Direccte avant le 1-4-2021) complétant ou modifiant le PSE et affichage de ces propositions et réponses ;
– entretien préalable (nº 48015), avec, dans les entreprises de moins de 50 salariés, proposition d'un CSP (nº 48395) ; le cas échéant, information du salarié sur le congé de reclassement (nºs 48450 s.) ;
– communication aux salariés, par tout moyen sur les lieux de travail, du PSE ;
– dans les entreprises de moins de 50 salariés, notification des licenciements aux salariés après expiration du délai visé nº 48290 ;

– dans celles d'au moins 50 salariés, proposition de CSP et notification des licenciements aux salariés après homologation du document unilatéral de l'employeur ou expiration des 21 jours impartis au Dreets pour se prononcer (n° 48240).

ATTENTION

En l'absence de représentants du personnel et de **procès-verbal de carence,** tout licenciement économique collectif (Cass. soc. 19-5-2016 n° 14-10.251 FS-PB : RJS 8-9/16 n° 558) prononcé sans que les obligations vis-à-vis du CSE soient respectées est irrégulier. Le salarié a droit à une **indemnité** minimale d'un mois de salaire brut, sans avoir à justifier d'un préjudice (Cass. soc. 17-10-2018 n° 17-14.392 FS-PB : RJS 12/18 n° 730), qui se cumule avec les indemnités de licenciement et de préavis (C. trav. art. L 1235-15) et celles pour licenciement sans cause réelle et sérieuse (dans la limite du plafond visé n° 48710) ou nul (nos 48765 s.). Sur le régime juridique des indemnités, voir n° 48720, b.

1. ENTREPRISE D'AU MOINS 50 SALARIÉS

La procédure se caractérise, d'une part, par l'obligation d'établir un **plan de sauvegarde de l'emploi** (PSE) négocié entre les syndicats et l'employeur ou au sein du conseil d'entreprise, ou établi unilatéralement par l'employeur après consultation du CSE, d'autre part, par un **contrôle administratif** sur le PSE et la procédure consultative, le contentieux sur ces deux points relevant du juge administratif. **48145** NB-III-25350 s

a. Accord collectif ou document unilatéral de l'employeur

PSE et procédure doivent faire l'objet d'un accord collectif ou d'un document unilatéral de l'employeur ou d'une combinaison des deux. L'accord collectif doit être validé, le document unilatéral homologué par l'administration. La conclusion d'accords de méthode est possible. **48150**

ACCORD COLLECTIF

Négociation Dans les entreprises d'au moins 50 salariés, un accord collectif peut déterminer le contenu du PSE, ainsi que les modalités de consultation du CSE et de mise en œuvre des licenciements. **48153** C. trav. art. L 1233-24-1 L 1233-34 L 1233-46 NB-III-25500 s

Sa négociation peut être **engagée** (Inst. DGEFP/DGT 13 du 19-7-2013) :
– en amont de la procédure de consultation du CSE, c'est-à-dire avant la 1e réunion (n° 48195) ; le seul fait d'ouvrir la négociation avant cette réunion ne peut pas constituer une entrave au fonctionnement de l'institution ;
– parallèlement à la procédure consultative, l'ouverture de la négociation étant annoncée lors de la 1e réunion ;
– en cours de procédure consultative.

Le CSE peut **mandater un expert-comptable** (le même auquel il sera ou a été fait appel dans le cadre de la consultation : nos 48200 s.) afin qu'il apporte toute analyse utile pour préparer et mener la négociation. Le rapport de l'expert est remis au CSE et aux syndicats.

> **Précisions a.** Les entreprises **sans délégué syndical** et **sans conseil d'entreprise** ne peuvent pas conclure d'accord. Dans les autres, l'employeur n'est pas tenu d'en conclure, ni même d'engager des négociations, mais cette voie présente des avantages pour lui : possibilité de déroger à certaines dispositions légales et contrôle administratif allégé (n° 48230).
> **b.** S'agissant de l'information de l'**administration** sur l'ouverture des négociations, voir n° 48215.

Signature de l'accord L'accord doit être signé par un ou plusieurs **syndicats** représentatifs ayant recueilli au moins 50 % des suffrages exprimés en faveur d'organisations reconnues représentatives au 1er tour des dernières élections des titulaires au CSE, quel que soit le nombre de votants, ou par le **conseil d'entreprise** (n° 9750). Il est **déposé** dans les conditions de droit commun applicables aux accords collectifs (n° 51955). **48154**

> **Précisions a.** Est valide l'accord signé par la **CGC** et la CFTC, si ces deux syndicats ont obtenu plus de la majorité des voix aux dernières élections, peu important que les salariés visés par les suppressions d'emploi ne soient **pas cadres** et ne soient rattachés qu'à un seul établissement (CE 5-5-2017 n° 389620 : RJS 7/17 n° 480).
> **b.** Le salarié n'ayant **plus la qualité** de délégué syndical à la date de conclusion de l'accord, car non désigné à nouveau à la suite des dernières élections, ne peut pas le signer (CE 22-7-2015 nos 385668 et 386496 : RJS 10/15 n° 631).

48156 C. trav. art. L 1233-24-2 L 1233-24-3

Contenu L'accord porte **au minimum** sur le contenu du PSE (n° 48173). Il peut aussi porter sur les **éléments suivants** :
- modalités d'information et de consultation du CSE, en particulier conditions dans lesquelles ces modalités peuvent être aménagées en cas de projet de transfert d'une ou plusieurs entités économiques visé n°s 48206 s. et nécessaire à la sauvegarde d'une partie des emplois ;
- pondération et périmètre d'application des critères d'ordre des licenciements ;
- calendrier des licenciements ;
- nombre de suppressions d'emploi et catégories professionnelles concernées ;
- modalités de mise en œuvre des mesures de formation, d'adaptation et de reclassement visées n°s 47945 s.

L'accord n'a pas à reprendre les stipulations de l'**accord de méthode** visé n° 48160 ayant fixé des modalités particulières d'information et de consultation du CSE (CE 12-6-2019 n° 420084 : RJS 10/19 n° 568).

Les points sur lesquels l'accord ne porte pas doivent être précisés dans le document unilatéral de l'employeur (n° 48165).

ATTENTION

L'accord ne peut **pas déroger** aux points suivants :

a. obligation d'effort de formation, d'adaptation et de reclassement de l'employeur (n°s 47945 s.) ;

b. règles générales d'information et de consultation du CSE (consultation avant le lancement d'une offre publique d'acquisition, informations précises et écrites, réponse motivée de l'employeur à ses observations et suggestions, possibilité de saisir le tribunal judiciaire, accès à l'information utile détenue par les administrations publiques), sauf accord conclu avec le conseil d'entreprise (n° 9750) ;

c. proposition, selon le cas, d'un CSP (n°s 48390 s.) ou d'un congé de reclassement (n°s 48450 s.) ;

d. obligation de communiquer au CSE, avec la convocation à la 1e réunion, tous renseignements utiles sur le projet de licenciement et le PSE (n° 48126) et de mettre à l'étude, dans le délai maximal imparti pour rendre son avis (n° 48195), ses suggestions sur les mesures sociales envisagées et ses propositions alternatives au projet de restructuration, puis de lui donner une réponse motivée ;

e. règles de consultation applicables lors d'un redressement ou d'une liquidation judiciaire (n°s 48320 s.).

ACCORD DE MÉTHODE

48160 C. trav. art. L 1233-21 à L 1233-24 NB-III-30550 s

Un accord dérogatoire, dit « de méthode », sur les **modalités d'information et de consultation** du CSE et, le cas échéant, sur le cadre de recours à une **expertise** peut être conclu au niveau de l'entreprise, du groupe ou de la branche selon les modalités exposées n°s 51870 s.

Il peut être **négocié** lorsque la procédure de licenciement est engagée ou en amont, à titre prévisionnel, et être inclus dans l'accord de GPEC (Inst. DGEFP 12 du 16-5-2006 réputée abrogée).

Il fixe les **conditions** dans lesquelles le CSE est réuni et informé de la situation économique et financière de l'entreprise, peut formuler des **propositions alternatives** au projet économique à l'origine d'une restructuration et obtenir une réponse motivée de l'employeur.

Il ne peut pas déroger aux dispositions visées au n° 48156, b, d et e.

Tout ou partie d'un tel accord peut être **contesté** devant le juge dans les 3 mois de son dépôt auprès de l'administration.

DOCUMENT UNILATÉRAL DE L'EMPLOYEUR

48165 C. trav. art. L 1233-24-4 NB-III-25800 s

À défaut d'accord collectif, l'employeur établit, après la dernière réunion du CSE (n° 48195), un document fixant le contenu du PSE et précisant les éléments énumérés n° 48156. En cas d'accord partiel, ce document doit être établi sur les points non traités. Contrairement à l'accord, il ne peut déroger à aucune disposition légale ou conventionnelle.

> **Précisions** Le document unilatéral ne donne pas lieu à une **nouvelle consultation** du CSE, sauf si les mesures sociales qu'il prévoit diffèrent substantiellement de celles qui lui ont été initialement soumises (TA Paris 23-5-2014 n° 1402928/3-2 : RJS 8-9/14 n° 619 ; TA Montreuil 22-9-2014 n° 14-5860 : RJS 1/15 n° 16).

b. Plan de sauvegarde de l'emploi

48170 C. trav. art. L 1233-61 à L 1233-63 NB-III-25970 s

Dans les entreprises d'au moins 50 salariés, si un projet de réduction d'effectif concerne au moins 10 salariés sur 30 jours, un plan de sauvegarde de l'emploi (PSE) doit être établi, **sous peine de nullité** de la procédure de licenciement (n° 48255).

Le PSE ne dispense pas l'employeur de son obligation préalable de **reclassement** (n°s 47945 s.).

› Précisions a. Les employeurs relevant de l'ANI du 10-2-1969 (n° 47900) peuvent demander la participation des **commissions paritaires de l'emploi** à l'établissement de leur plan (ANI 10-2-1969 art. 5).
b. L'obligation d'établir un PSE n'**incombe** qu'à l'employeur, même s'il appartient à un **groupe** (Cass. soc. 13-1-2010 n° 08-15.776 FS-PB : RJS 3/10 n° 247). Toutefois, la société d'un groupe méconnaissant son **engagement de reclasser les salariés** d'une autre société du groupe engage sa responsabilité extracontractuelle et est tenue solidairement avec leur employeur au paiement des sommes qui leur sont allouées à titre de dommages-intérêts (Cass. soc. 15-2-2012 n° 10-13.897 F-D : RJS 5/12 n° 410). De même, la société mère et la société liée à l'actionnaire unique ayant, par leur faute et légèreté blâmable, concouru à la **déconfiture d'une filiale** et à la disparition de ses emplois peuvent être condamnées in solidum à verser des dommages-intérêts aux salariés licenciés (Cass. soc. 8-7-2014 n° 13-15.573 FS-PB et n° 13-15.845 FS-D : RJS 10/14 n° 676).
c. En cas d'**employeurs conjoints** au sens visé n° 16365, l'obligation d'établir un PSE pèse sur l'ensemble des employeurs (Cass. soc. 22-6-2011 n° 09-69.021F-D : RJS 10/11 n° 742).

CONTENU

48173 NB-III-26400 s

Plan de reclassement Le PSE doit comporter des mesures concrètes et précises (CE ass. 22-7-2015 n° 383481 : RJS 10/15 n° 632) de nature à **éviter les licenciements** ou à en **limiter** le nombre et intégrer un plan de reclassement visant à faciliter le reclassement des salariés, sur le territoire national, dont le licenciement ne pourrait être évité, notamment des salariés âgés ou dont la situation rend la réinsertion difficile.

Doivent ainsi être prévues des mesures de reclassement dans l'entreprise ou le groupe auquel elle appartient, au sens visé n° 47955 (CE ass. 22-7-2015 n° 383481 : RJS 10/15 n° 632), y compris si le projet de réduction des effectifs repose sur le **volontariat,** dès lors qu'il implique la suppression de l'emploi de salariés qui ne veulent ou ne peuvent quitter l'entreprise dans le cadre du plan de départs volontaires (Cass. soc. 25-1-2012 n° 10-23.516 FS-PBRI : RJS 4/12 n° 328).

Le PSE doit notamment préciser le nombre, la nature et la localisation des **postes** de reclassement (CE ass. 22-7-2015 n° 383481 : RJS 10/15 n° 632 ; CE 7-9-2016 n° 394243 : RJS 12/16 n° 772), ainsi que les **catégories professionnelles** concernées par le projet de licenciement pour montrer l'adéquation des emplois proposés (Cass. soc. 13-2-1997 n° 95-16.648 PBR : RJS 3/97 n° 268 ; 11-3-2003 n° 01-45.467 FS-PB : RJS 5/03 n° 590). Ces derniers doivent être de même catégorie que ceux occupés mais des postes de catégorie inférieure peuvent être offerts avec l'accord des intéressés (Circ. DGEFP/DRT/DDS 1 du 5-5-2002).

› Précisions a. Dans les entreprises ou groupes d'au moins 1 000 salariés, le PSE doit fixer les conditions de mise en œuvre du **congé de reclassement** : nos 48450 s. (C. trav. art. R 1233-18).
b. Le PSE doit aussi assurer aux intéressés une **priorité** par rapport à des candidats extérieurs (Cass. soc. 12-7-2010 n° 09-15.182 FS-PB : RJS 10/10 n° 739 ; 28-3-2012 n° 11-30.034 FS-PB : RJS 6/12 n° 535) et fixer, lorsqu'une **période d'adaptation** au nouveau poste est prévue, les conditions dans lesquelles les salariés peuvent, en cas d'échec, bénéficier des autres dispositions du plan (Cass. soc. 23-3-2011 n° 09-71.599 F-D : RJS 6/11 n° 510).
c. Lorsque le PSE prévoit des **reclassements dans d'autres entreprises,** l'employeur doit informer loyalement les salariés des risques présentés par les emplois proposés (ex. risque de suppression des emplois dans un avenir proche : Cass. soc. 6-6-2007 n° 06-41.001 FS-D : RJS 8-9/07 n° 936).
d. Est une mesure de reclassement valable celle consistant à **dispenser les salariés d'activité,** avec maintien du salaire, pendant une période donnée pour leur permettre de rechercher un nouvel emploi, si l'employeur poursuit sa recherche de reclassement (Cass. soc. 14-2-2007 n° 05-45.887 FS-PB : RJS 5/07 n° 578).

Mesures d'accompagnement Pour faciliter les reclassements, l'employeur peut prévoir des **actions de formation,** de validation des acquis de l'expérience ou de reconversion, ainsi que la mise en place de **structures spécifiques** (antenne-emploi, cellule de reclassement, par exemple) destinées à informer et aider les salariés dans leur démarche de recherche d'emploi (Circ. CAB 1 du 29-1-1993 réputée abrogée ; Circ. CDE 20 du 7-6-1994 réputée abrogée). 48176

Peuvent figurer dans le PSE des **aides au départ** volontaire ou anticipé, des mesures de préretraite (nos 57100 s.), des aides à la réalisation de **projets individuels** (création ou reprise d'entreprise notamment), des aides au retour au pays d'origine pour les étrangers (n° 35965), un soutien à la **réactivation du bassin d'emploi** (nos 48480 s.).

Modalités d'application Le PSE peut contenir des **mesures réservées à certains salariés** à une **double condition** (Cass. soc. 10-7-2001 n° 99-40.987 FS-PBRI : RJS 11/01 n° 1279 ; 12-7-2010 n° 09-15.182 FS-PB : RJS 10/10 n° 739) : 48179

– tous les salariés de l'entreprise placés dans une situation identique au regard de l'avantage en cause doivent pouvoir en bénéficier, sauf différence de traitement justifiée par des raisons objectives et pertinentes ;

– les règles en déterminant les conditions d'attribution doivent être préalablement définies et contrôlables.

S'agissant des salariés à **temps partiel,** voir nº 77315, c.

Le principe d'**égalité de traitement** ne s'applique pas entre deux PSE successifs dans la même entreprise et portant sur des licenciements pour motif économique collectifs distincts (Cass. soc. 29-6-2017 nº 15-21.008 FS-PBRI et nº 16-12.007 FS-PBRI : RJS 10/17 nº 672). L'employeur ne peut pas revenir sur ses engagements en invoquant ce principe, seul le salarié pouvant se prévaloir de sa méconnaissance (Cass. soc. 27-1-2015 nº 13-22.509 FS-PB : RJS 4/15 nº 247).

ILLUSTRATIONS

Le PSE **peut prévoir** le versement d'une indemnisation complémentaire aux salariés exécutant tout ou partie du **préavis,** qui est alors la contrepartie d'un travail spécifique lié à la restructuration (Cass. soc. 12-6-2001 nº 99-41.936 FS-P : RJS 8-9/01 nº 1006), ou exclure de l'indemnité additionnelle de licenciement les **préretraités,** la différence de traitement avec les salariés en activité étant justifiée par la plus grande précarité de la situation de ces derniers (Cass. soc. 5-12-2012 nº 10-24.204 FP-PB : RJS 2/13 nº 103), ou encore moins bien indemniser les **salariés proches de la retraite,** assurés de percevoir une allocation chômage jusqu'à la liquidation de celle-ci (Cass. soc. 18-3-2014 nº 12-28.275 F-D : RJS 6/14 nº 473), sous réserve de ne pas préjudicier de manière disproportionnée aux intérêts des groupes d'âge concernés (Cass. soc. 9-12-2015 nº 14-22.766 F-D : RJS 2/16 nº 121).

Est en revanche **interdite,** car discriminatoire, la mesure d'incitation au départ volontaire réservée aux **salariés d'un seul établissement,** alors que tous ceux de l'entreprise sont susceptibles d'être licenciés si l'objectif de réduction d'effectif par ce moyen n'est pas atteint (Cass. soc. 12-7-2010 nº 09-15.182 FS-PB : RJS 10/10 nº 739). De même, le PSE ne peut pas allouer aux salariés ayant **refusé une cessation anticipée d'activité** des avantages moindres qu'à ceux licenciés mais ne remplissant pas les conditions d'âge pour prétendre à la préretraite (Cass. soc. 9-7-2015 nº 14-16.009 FS-PB : RJS 11/15 nº 627).

MISE EN ŒUVRE

48185 L'employeur doit appliquer le PSE après son adoption, c'est-à-dire **à l'issue de la procédure consultative** (Cass. soc. 23-3-1994 nº 92-43.728 D : RJS 5/94 nº 534), aucune rupture de contrat ne pouvant intervenir avant la décision de validation ou d'homologation de l'administration (nº 48255). Toutefois, après avis favorable du CSE, il peut proposer des mesures de reclassement interne avant l'achèvement de la consultation.

C. trav. art. L 1233-45-1, L 1233-63, L 1233-64, D 1233-14-4
NB-III-27850 s
NB-IV-15050 s

Les salariés ont le **droit de refuser** les mesures du plan proposées (Cass. soc. 29-1-2003 nº 00-46.322 FS-PBRI : RJS 4/03 nº 436).

Peuvent **prétendre au bénéfice** des mesures du PSE, s'ils remplissent les conditions qui y sont fixées (Cass. soc. 10-7-2001 nº 99-44.695 FS-D : RJS 10/01 nº 1126 ; 19-4-2005 nº 03-48.407 F-D : RJS 7/05 nº 724), les salariés appartenant aux catégories professionnelles concernées par le projet de licenciement (Cass. soc. 29-5-2002 nº 00-41.862 F-D : RJS 8-9/02 nº 962). Les salariés ayant démissionné en vue d'un reclassement externe proposé dans le cadre du PSE ont droit aux indemnités prévues par celui-ci (Cass. soc. 11-6-2008 nº 07-40.414 F-PB : RJS 8-9/08 nº 881).

> Précisions **a.** Le PSE ne peut pas prévoir le remplacement des mesures qu'il comporte par une indemnisation subordonnée à la conclusion d'une **transaction** (Cass. soc. 20-11-2007 nº 06-41.410 FP-PB : RJS 2/08 nº 163). Sa mise en œuvre ne peut pas non plus être subordonnée à la conclusion d'une transaction (Cass. soc. 5-4-2005 nº 04-44.626 FS-PBRI : RJS 6/05 nº 620 ; 15-10-2013 nº 12-22.911 FS-PB : RJS 2/14 nº 153) sous peine de nullité de celle-ci (Cass. soc. 14-6-2006 nº 04-48.157 F-D : RJS 10/06 nº 1053). L'exécution de la transaction ne prive donc pas le salarié des avantages prévus par le plan (Cass. soc. 12-7-2010 nº 08-40.821 FS-PB : RJS 10/10 nº 736).

b. Les dispositions du PSE peuvent se cumuler avec celles d'un **accord collectif,** à moins qu'elles aient le même objet, auquel cas seules les dispositions les plus favorables s'appliquent (Cass. soc. 23-6-1999 nº 98-40.158 PB : RJS 8-9/99 nº 1045).

c. Si l'employeur **n'applique pas** les **mesures de reclassement** prévues dans le PSE, il viole son obligation de reclassement, et le licenciement est sans cause réelle et sérieuse (Cass. soc. 15-3-2000 nº 98-40.151 D : RJS 6/00 nº 653 ; 14-1-2004 nº 02-46.678 F-P : RJS 3/04 nº 296).

d. En cas de **non-respect** des **autres engagements** pris dans le PSE, le salarié peut prétendre à la réparation de son préjudice souverainement apprécié par les juges (Cass. soc. 23-2-1994 nº 92-42.896 P : RJS 4/94 nº 392 ; 25-11-2003 nº 01-17.501 FS-PBRI : RJS 2/04 nº 196 ; 12-2-2008 nº 06-45.737 F-D : RJS 4/08 nº 400), même si l'employeur a confié l'animation d'une cellule de reclassement à un prestataire extérieur, sauf à ce qu'il démontre que lui a bien respecté ses engagements ou qu'il en a été empêché en raison du comportement des salariés (Cass. soc. 17-5-2017 nº 15-29.441 F-D : RJS 8-9/17 nº 575).

e. Sur le régime juridique des **indemnités** allouées aux salariés, voir nº 48720, b.

SUIVI

Le **PSE doit déterminer** les modalités de suivi des mesures qu'il prévoit, ce qui n'implique pas de fixer les conditions particulières d'information et de consultation des représentants du personnel (CE 7-2-2018 nº 403989 : RJS 4/18 nº 261). 48186 C. trav. art. L 1233-63 NB-III-27850 s

Le suivi de sa mise en œuvre fait l'objet d'une **consultation** régulière et détaillée du CSE dont l'avis est transmis au Dreets (Direccte avant le 1-4-2021) qui y est associé. Les maisons de l'emploi (nº 32990) peuvent participer à la mise en œuvre des mesures relatives au PSE.

À la fin de la mise en œuvre des CSP (nºs 48390 s.) ou des congés de reclassement (nºs 48450 s.) et dans le délai d'un mois, l'employeur doit établir et adresser au Dreets un **bilan** de la mise en œuvre du PSE, dont le contenu est fixé par l'arrêté ETSD1407910A du 3-4-2014.

c. Consultation du CSE

OBJET DE LA CONSULTATION

L'employeur doit consulter le CSE (le cas échéant, le CSE central et/ou les CSE d'établissement : nº 48124) sur : 48190 C. trav. art. L 1233-28 L 1233-30 L 1233-36 L 1235-12 L 1238-2 NB-III-28700 s NB-IV-12700 s

– l'opération projetée et ses modalités d'application, c'est-à-dire sur le **projet de restructuration** et de compression des effectifs (nº 9326) ;

– le projet de **licenciement collectif** : nombre de suppressions d'emploi, catégories professionnelles concernées, critères d'ordre et calendrier prévisionnel des licenciements, mesures sociales d'accompagnement prévues par le PSE et, le cas échéant, conséquences des licenciements projetés en matière de santé, de sécurité ou de conditions de travail. Si un **accord collectif** est conclu sur ces points (nºs 48153 s.), le CSE n'est pas consulté. Un vice affectant cette consultation, si elle a néanmoins été menée, est donc sans effet sur la régularité de la procédure (CE 7-12-2015 nº 383856 : RJS 2/16 nº 119).

Le **défaut de consultation** est passible d'une amende de 3 750 €, prononcée autant de fois qu'il y a de salariés concernés. Ces derniers peuvent prétendre à une indemnité calculée en fonction du préjudice subi, évalué par le juge (Cass. soc. 14-6-2017 nº 16-16.001 F-D : RJS 10/17 nº 665). Cette indemnité est cumulable avec l'indemnité pour licenciement sans cause réelle et sérieuse dans la limite du barème visé nº 48710.

> **Précisions** **a.** Lorsque l'entreprise appartient à un **groupe** et que l'employeur doit justifier son projet au regard de la situation économique du **secteur d'activité** dont elle relève au sein de ce groupe, les informations adressées au CSE doivent porter sur la situation économique de ce seul secteur (CE 22-7-2015 nº 385816 : RJS 10/15 nº 630).
> **b.** Sur la consultation du CSE si l'employeur veut proposer des **reclassements internes** avant la fin de la consultation, voir nº 48185.
> **c.** Sur les obligations consultatives additionnelles de l'employeur en cas de projet de licenciement entraînant la **fermeture d'un établissement** dans une entreprise ou un groupe d'au moins 1 000 salariés, voir nºs 48206 s.
> **d.** Si le **mandat** des représentants du personnel consultés n'a pas été régulièrement **prorogé,** la procédure est viciée (CAA Douai 26-9-2019 nº 19DA01528 : RJS 1/20 nº 18).

RÉUNIONS SUCCESSIVES

Le CSE tient **au moins** 2 réunions, dans les conditions visées nºs 9020 s., séparées d'au moins 15 jours. 48195 C. trav. art. L 1233-30 à L 1233-32 L 1233-36 NB-III-29730 s

Il rend ses 2 **avis** dans un **délai** qui, sauf stipulation conventionnelle différente, ne peut pas excéder, à compter de la date de la 1re réunion au cours de laquelle il est consulté sur l'opération projetée et le projet de licenciement collectif :

– 2 mois si le nombre des licenciements est inférieur à 100 ;

– 3 mois si ce nombre est au moins égal à 100 et inférieur à 250 ;

– 4 mois s'il est au moins égal à 250.

En l'**absence d'avis** dans ces délais, le CSE est réputé avoir été consulté.

L'employeur doit adresser aux représentants du personnel, avec la convocation à la 1re réunion, tous les **renseignements utiles** sur le projet de licenciement collectif et, en particulier, les éléments visés nº 48126 ainsi que le PSE.

En cas de consultation du **CSE central** et d'un ou plusieurs **CSE d'établissement,** ces derniers tiennent leurs réunions après celles du comité central, ce double niveau de consultation n'allongeant pas les délais maximaux ci-dessus.

> **Précisions** **a.** N'entraîne pas l'annulation de la procédure l'**assistance de l'employeur,** lors des réunions, par un collaborateur de plus que le nombre légal (CE 7-12-2015 nº 383856 : RJS 2/16 nº 119) ou la **présence de l'avocat** de l'administrateur judiciaire (CE 21-10-2015 nº 382633 :

RJS 1/16 n° 21), s'il n'est pas établi que ces circonstances ont exercé une influence sur les représentants du personnel consultés. De même, la seule circonstance que le CSE ait rendu ses avis au-delà des délais prévus ne rend pas la procédure de consultation irrégulière (CE 7-12-2015 n° 383856 : RJS 2/16 n° 119 ; 22-5-2019 n° 420780 : RJS 7/19 n° 485).

b. La loi ne fixe pas de **délai minimal** entre la **convocation** et la réunion, mais le CSE doit disposer d'un délai suffisant pour examiner les documents qui lui sont communiqués (n° 9236). L'employeur doit respecter un délai pour communiquer l'**ordre du jour** qui est généralement transmis avec la convocation : voir n° 9026.

RECOURS À UN EXPERT-COMPTABLE

48200 C. trav. art. L 1233-34 à L 1233-36 R 1233-3-1 NB-III-29910 s

Dans les entreprises d'au moins 50 salariés dotées d'un CSE, celui-ci peut, le cas échéant sur proposition des commissions constituées en son sein, décider, lors de sa 1e réunion, de recourir à une expertise pouvant porter sur les **domaines** économique et comptable ainsi que sur la santé, la sécurité ou les effets potentiels du projet sur les conditions de travail.

La mission de l'expert-comptable est encadrée dans des **délais.** Il doit demander à l'employeur toutes les **informations** qu'il juge nécessaires au plus tard dans les 10 jours de sa désignation, l'employeur devant lui répondre dans les 8 jours. Dans les mêmes délais, l'expert-comptable peut demander des informations complémentaires à l'employeur qui doit y répondre.

L'expert-comptable **remet son rapport** au CSE et, le cas échéant, aux organisations syndicales, au plus tard 15 jours avant l'expiration du délai qui lui est imparti pour rendre ses 2 avis, l'absence de remise ne pouvant pas entraîner de report de ce délai.

Toute **contestation** relative à l'expertise doit être adressée à la Dreets (Direccte avant le 1-4-2021), avant transmission de la demande de validation de l'accord fixant le PSE ou d'homologation du document unilatéral de l'employeur. L'administration se prononce dans un délai de 5 jours. Sa décision peut être contestée dans les conditions visées n° 48250.

Sur les modalités et conditions de réalisation de l'expertise, voir nos 9040 s.

> **Précisions** Dans les entreprises à **établissements multiples,** lorsque le projet de licenciement justifie la consultation du CSE central et d'un ou plusieurs CSE d'établissements, la désignation de l'expert est, en principe, effectuée par le comité central. Si le comité central ne le fait pas, un **comité d'établissement** peut désigner un expert-comptable rémunéré par l'employeur (Cass. soc. 25-1-1995 n° 92-13.546 P : RJS 3/95 n° 221 ; Inst. DGEFP/DGT 13 du 19-7-2013), sauf si le comité central a expressément écarté un tel recours (CA Lyon 12-12-1996 n° 98-8168 : RJS 1/97 n° 26). Cette solution, rendue pour le CE, nous paraît transposable au CSE.

SUGGESTIONS ET AVIS

48205 C. trav. art. L 1233-33 NB-III-29840 s

L'employeur met à l'étude les suggestions du CSE relatives aux **mesures sociales** envisagées et ses **propositions alternatives** au projet de restructuration dans le délai imparti au comité pour rendre ses avis (n° 48195). Il y donne une **réponse** motivée, mais pas nécessairement écrite (Cass. soc. 2-3-1999 n° 97-15.625 F-D : RJS 4/99 n° 497). Suggestions et avis doivent figurer dans le **procès-verbal** des réunions. Sur le délai d'établissement et de transmission à l'employeur des procès-verbaux des réunions du CSE lorsqu'il est consulté sur un projet de PSE, voir n° 9035.

d. Fermeture de site et recherche d'un repreneur

INFORMATION SUR LE PROJET DE FERMETURE

48206 C. trav. art. L 1233-57-9 à L 1233-57-13 R 1233-15 R 1233-15-1 NB-III-30680 s

CSE et administration Les entreprises visées n° 48450 envisageant la fermeture d'un établissement qui aurait pour conséquence un projet de licenciement collectif avec PSE doivent rechercher un repreneur.

L'employeur **réunit et informe** le CSE, au plus tard à l'ouverture de la procédure consultative sur le projet de licenciement (n° 48195). Il joint à la convocation tous renseignements utiles sur le projet de fermeture, notamment ses raisons économiques, financières ou techniques, les actions envisagées pour trouver un repreneur, les possibilités pour les salariés de déposer une offre de reprise et les différents modèles de reprise possibles, ainsi que sur le droit du CSE de recourir à un expert.

Il **notifie** sans délai le projet au Dreets (Direccte avant le 1-4-2021) et lui adresse les informations communiquées au comité, le PV de la réunion et tout renseignement concernant la convocation, l'ordre du jour et la tenue de la réunion. Il informe le maire de la commune concernée.

> Précisions Constitue un **établissement** au sens des dispositions ci-dessus une entité économique assujettie à l'obligation de constituer un CSE d'établissement.
Constitue une **fermeture** la cessation complète d'activité, la fusion de plusieurs établissements en dehors de la zone d'emploi où ils étaient implantés ou le transfert d'un établissement en dehors de sa zone d'emploi.

Repreneurs potentiels L'employeur doit aussi : 48207
C. trav. art. L 1233-57-14

a. informer, par tout moyen approprié, les repreneurs potentiels de son intention de céder l'établissement ;
b. réaliser pour eux un **document de présentation** de celui-ci ;
c. donner **accès** aux entreprises candidates à la reprise à **toutes informations nécessaires** (sauf celles dont la communication pourrait porter atteinte aux intérêts de l'entreprise ou mettrait en péril la poursuite de l'ensemble de son activité), les candidats étant tenus à une obligation de confidentialité ;
d. le cas échéant, engager la réalisation du **bilan environnemental** mentionné à l'article L 623-1 du Code de commerce ;
e. examiner les **offres** de reprise qu'il reçoit ;
f. apporter une **réponse motivée** à chacune des offres de reprise reçues, dans les délais impartis au CSE pour rendre ses avis (nº 48195).

OFFRES DE REPRISE

L'employeur doit **informer** le CSE des **offres formalisées** dans les 8 jours de leur réception. Les informations données à ce titre sont réputées confidentielles dans les conditions prévues nº 8940. Le comité peut émettre un **avis** dans le délai visé nº 48195, formuler des **propositions** et participer à la recherche d'un repreneur, auquel cas il a accès, à sa demande, aux informations visées nº 48207, d, e et f. Il peut recourir à l'assistance d'un **expert** de son choix rémunéré par l'entreprise. 48208
C. trav. art. L 1233-57-15 à L 1233-57-17 R 1233-15-1 **NB-III-27780 s**

> Précisions **a.** L'**expert** analyse le processus de recherche d'un repreneur, sa méthodologie et son champ, apprécie les informations mises à la disposition des repreneurs potentiels, étudie les offres de reprise et apporte son concours à la recherche d'un repreneur par le CSE et à l'élaboration de projets de reprise. Il doit remettre son rapport dans le délai imparti au comité pour se prononcer sur le projet de licenciement (nº 48195). Le Dreets (Direccte avant le 1-4-2021) est informé sans délai du recours à l'expert dont le rapport lui est communiqué.
b. Dans les entreprises avec **CSE central,** les comités d'établissement exercent les attributions du CSE dans la limite des pouvoirs confiés aux chefs de ces établissements.
c. Si le PSE comporte, en vue d'éviter la fermeture d'un ou de plusieurs établissements, le **transfert d'une ou de plusieurs entités économiques** nécessaire à la sauvegarde d'une partie des emplois et lorsque ces entreprises souhaitent accepter une offre de reprise, les dispositions de l'article L 1224-1 du Code du travail relatives au **transfert des contrats de travail** (nºs 74550 s.) ne s'appliquent que dans la limite du nombre d'emplois non supprimés à la suite des licenciements, à la date d'effet de ce transfert (C. trav. art. L 1233-61, al. 3).

CLÔTURE DE LA PROCÉDURE

L'employeur **consulte** le CSE sur toute offre de reprise à laquelle il souhaite donner suite, en indiquant les raisons de son acceptation. Le comité émet son **avis** dans le délai visé nº 9236, ou aménagé par l'accord collectif sur le PSE (nº 48156). 48209
C. trav. art. L 1233-57-19 à L 1233-57-21 R 1233-15-2

En l'**absence d'offre** de reprise ou si l'employeur n'a souhaité donner **suite à aucune des offres,** il réunit le CSE et lui présente un rapport, transmis au Dreets (Direccte avant le 1-4-2021), indiquant les actions engagées pour rechercher un repreneur, les offres de reprise reçues et leurs caractéristiques, ainsi que les motifs de son refus de céder l'établissement.

ATTENTION

Le **préfet** du département du siège de l'établissement peut demander le **remboursement des aides** en matière d'installation, de développement économique, de recherche ou d'emploi versées à l'établissement dans les 2 ans précédant la 1e réunion des représentants du personnel. Il notifie sa décision dans le délai d'un mois à compter de la décision de validation ou d'homologation (nºs 48230 s.).

e. Contrôle de l'administration

Le contrôle de la procédure consultative et du PSE incombe au Dreets, qui remplace le Direccte le 1-4-2021 (nº 43660), sous le contrôle du juge administratif (nº 48250). 48210

C. trav. art. L 1233-57-8 R 1233-3-4 R 1233-3-5 NB-III-31880 s

Certains **échanges** entre l'employeur et le Dreets doivent être dématérialisés sur le portail https://ruptures-collectives.emploi.gouv.fr (Arrêté MTRD1927861A du 21-10-2019) :
– information de la Dreets sur l'ouverture des négociations ;
– notification du projet de licenciement ;
– transmission des informations et documents destinés aux représentants du personnel ou, en leur absence, du PSE, des renseignements utiles sur le projet de licenciement et du PV de carence ;
– contestations relatives à l'expertise du CSE sur les domaines économique et comptable et sur les effets potentiels du projet de licenciement sur les conditions de travail ;
– demande de validation de l'accord collectif ou d'homologation du document unilatéral ;
– information de l'employeur, du CSE et des syndicats sur le caractère complet du dossier de demande de validation ou d'homologation ;
– communication du bilan de la mise en œuvre du PSE.

> Précisions Le **Dreets compétent** est celui dont relèvent le ou les établissements concernés par les licenciements. Si le projet porte sur des établissements relevant de Dreets différents, le Dreets compétent est celui dans le ressort duquel se situe le siège de l'entreprise, celui de l'entreprise principale en cas d'UES, celui de l'entreprise dominante en cas d'accord de groupe, ou la succursale dont le nombre d'emplois concernés est le plus élevé en cas d'entreprise internationale dont le siège est situé à l'étranger. Le Dreets informe l'employeur de sa compétence par tout moyen permettant de conférer une date certaine. L'employeur en informe, sans délai et par tout moyen, le CSE ainsi que les organisations syndicales représentatives.

OBLIGATIONS DE L'EMPLOYEUR

48215

C. trav. art. L 1233-24-1 L 1233-46 L 1233-48 L 1233-50 L 1233-51 L 1233-57-1 L 1238-4 R 1238-5 D 1233-4 D 1233-5 NB-III-32150 s NB-IV-15650 s

L'employeur **informe** sans délai, s'il y a lieu, le Dreets (Direccte avant le 1-4-2021) de l'ouverture d'une négociation en vue de la conclusion d'un accord collectif (n° 48153) et au plus tard dans la notification visée ci-après. Au plus tôt le lendemain de la date prévue pour la 1e réunion visée n° 48195 et le plus tôt possible après celle-ci (Inst. DGEFP/DGT 13 du 19-7-2013), il lui notifie le projet de licenciement. Il lui **communique** simultanément les informations adressées au CSE lors de sa convocation aux réunions (n° 48126), ainsi que les procès-verbaux des réunions comportant ses avis, suggestions et propositions.

Enfin, l'employeur transmet au Dreets l'**accord collectif** ou le **document unilatéral** pour validation ou homologation (n°s 48230 s.).

> Précisions **a.** La **notification,** accompagnée de tout renseignement relatif à la convocation, l'ordre du jour et la tenue de la réunion, **précise** : le nom et l'adresse de l'employeur ; la nature de l'activité et l'effectif de l'entreprise ou de l'établissement ; le nombre des licenciements envisagés ; les modifications à apporter aux informations déjà transmises ; la décision du CSE de recourir à un expert (n°s 48200 s.) ; s'il y a signature d'un accord collectif (n° 48153) ou de méthode (n° 48160), une copie de l'accord étant alors jointe à la notification.
b. Le **rapport de l'expert** est transmis au Dreets, ainsi que les modifications du projet de licenciement.
c. Si le projet de licenciement donne lieu à consultation du **CSE central,** le Dreets du siège de l'entreprise en est informé ainsi que, le cas échéant, de la désignation d'un expert (n°s 48200 s.).
d. Le fait de procéder à un **licenciement sans le notifier** au Dreets est puni d'une amende de 3 750 €, prononcée autant de fois qu'il y a de salariés concernés par l'infraction. L'employeur encourt l'amende pour les contraventions de 4e classe (n° 67285) s'il ne **fournit pas les renseignements requis** au Dreets et le salarié peut prétendre, le cas échéant, à la réparation de son préjudice (n° 48190).

POUVOIRS DE L'ADMINISTRATION EN COURS DE PROCÉDURE

48220

C. trav. art. L 1233-57-5 L 1233-57-6 D 1233-12 NB-III-32500 s

Avant la transmission par l'employeur de sa demande de validation ou d'homologation, le **CSE** et, en cas de négociation d'un accord collectif (n° 48153), les syndicats représentatifs de l'entreprise peuvent **demander au Dreets** (Direccte avant le 1-4-2021) **d'enjoindre** à l'employeur de fournir les éléments d'information sur la procédure ou de se conformer à une règle de procédure légale ou conventionnelle.

Le Dreets se prononce dans les 5 jours de la réception de la demande. S'il y fait droit, il adresse une injonction à l'employeur avec copie à l'auteur de la demande, au CSE et, en cas de négociation d'un accord, aux syndicats.

En outre, **à tout moment en cours de procédure,** le Dreets peut faire à l'employeur des **observations** ou des **propositions** sur le déroulement de la procédure ou le PSE. Il en envoie copie au CSE ainsi qu'aux syndicats représentatifs dans l'entreprise en cas de négociation d'un accord collectif, sauf si la négociation de cet accord est engagée par le conseil d'entreprise (n° 9750). L'employeur doit répondre et adresser copie de sa réponse aux représentants du personnel, à peine d'annulation par le juge de la décision d'homologation (CE 7-12-2015 n° 381307 : RJS 2/16 n° 119).

> **Précisions** **a.** La **demande d'injonction** est motivée et précise les éléments demandés et leur pertinence. L'employeur n'a pas à communiquer sa réponse aux représentants du personnel (CE 7-12-2015 n° 383856 : RJS 2/16 n° 119). Insusceptible de recours administratif, la décision du Dreets ne peut faire l'objet d'un recours contentieux qu'en fin de procédure, dans les conditions indiquées n° 48250.
> **b.** La **non-communication** aux représentants du personnel de ses observations par le Dreets ne rend la procédure irrégulière que si elle les a empêchés de se prononcer en toute connaissance de cause (CE 23-3-2016 n° 389158 : RJS 6/16 n° 420).

VALIDATION DE L'ACCORD COLLECTIF

Vérifications faites par l'administration Le Dreets (Direccte avant le 1-4-2021) valide l'accord collectif après s'être assuré que : **48230**

C. trav. art. L 1233-57-2 D 1233-14-1 **NB-III-32810 s**

- l'accord a été conclu aux conditions de **majorité** requises, que les signataires avaient la qualité pour le faire (CE 12-6-2019 n° 420084 : RJS 10/19 n° 568) et que son **contenu** est conforme aux exigences posées n°s 48153 s. ;
- la procédure d'**information-consultation** du CSE est régulière (n°s 48190 s.) ;
- le PSE intègre le **plan de reclassement** visé n° 48173 et les modalités de **suivi** de sa mise en œuvre (n° 48186) (CE 7-12-2015 n° 383856 : RJS 2/16 n° 119) ;
- les **catégories professionnelles** définies par l'accord ne sont pas entachées de nullité, notamment parce que discriminatoires (n° 47935) (CE 7-2-2018 n° 403989 : RJS 4/18 n° 261) ;
- s'il envisage la fermeture d'un établissement, que l'employeur a respecté ses obligations en matière de **recherche d'un repreneur** (n°s 48206 s.).

> **Précisions** **a.** Si l'opération projetée n'entre pas dans le champ d'application des dispositions du Code du travail relatives à l'obligation de **recherche d'un repreneur,** le Dreets n'a pas à vérifier les conditions dans lesquelles l'employeur a volontairement entrepris une telle recherche (CAA Nantes 28-3-2019 n° 19NT00048 : RJS 10/19 n° 569).
> **b.** Lorsque le **dossier** est **complet** (éléments listés à l'article D 1233-14-1 du Code du travail), le Dreets en informe l'employeur, le CSE ainsi que les syndicats représentatifs. Cette information mentionne la date faisant courir le délai d'instruction de la demande (Inst. DGEFP/DGT 13 du 19-7-2013).
> **c.** Sur le contrôle des conséquences du PSE en matière de **santé** et de **sécurité des salariés,** voir n° 48250.

Réponse de l'administration Le Dreets (Direccte avant le 1-4-2021) **notifie** sa décision, **motivée,** dans un **délai de 15 jours** à compter de la réception du **dossier complet,** à l'employeur, au CSE et aux syndicats représentatifs signataires. Le **silence** gardé pendant ce délai vaut validation. L'employeur doit alors transmettre copie de sa demande et de l'accusé de réception aux représentants du personnel et aux syndicats signataires. La décision du Dreets mentionne l'obligation pour l'employeur de transmettre le **bilan d'exécution du PSE** (Inst. DGEFP/DGT 13 du 19-7-2013). **48232**

C. trav. art. L 1233-57-4 D 1233-14-2

L'employeur porte à la **connaissance des salariés,** par affichage sur les lieux de travail ou tout autre moyen permettant de conférer date certaine à cette information, la décision de validation, ou à défaut la copie de la demande avec l'accusé de réception, ainsi que les voies et délais de recours. S'il manque à son obligation, le délai de recours contentieux (n° 48250) ne court pas (CAA Lyon 15-3-2016 n° 15LY04094 : RJS 5/16 n° 334).

HOMOLOGATION DU DOCUMENT UNILATÉRAL DE L'EMPLOYEUR

Vérifications faites par l'administration En l'absence d'accord collectif ou en cas d'accord partiel, le Dreets (Direccte avant le 1-4-2021) homologue le document établi par l'employeur après avoir vérifié : **48235**

C. trav. art. L 1233-57-3 **NB-III-33100 s**

- la **conformité** du document aux **dispositions législatives** et aux **stipulations conventionnelles** relatives aux éléments mentionnés n° 48165 ;
- la régularité de la procédure d'**information-consultation** du CSE (n°s 48190 s.) ;
- que l'employeur a prévu le recours au **CSP** (n°s 48390 s.) ou le **congé de reclassement** (n°s 48450 s.).
- que les **catégories professionnelles** servant de base à l'établissement de l'**ordre des licenciements** répondent à la définition visée n° 47935, a (CE 30-5-2016 n° 387798 : RJS 8-9/16 n° 562) ;
- s'il envisage la fermeture d'un établissement, que l'employeur a respecté ses obligations en matière de recherche d'un **repreneur** (n°s 48206 s.).

Le Dreets examine le **respect par le PSE** des exigences décrites nos 48173 s. en fonction des critères suivants :

– **moyens** de l'entreprise, de l'UES et du groupe, ceux du groupe s'entendant des moyens, notamment financiers, dont disposent l'ensemble des entreprises placées sous le contrôle d'une même entreprise dominante, ainsi que de ceux dont dispose cette entreprise dominante (CE 7-2-2018 n° 397900 : RJS 4/18 n° 260) ;

– mesures d'**accompagnement** prévues au regard de l'importance du projet de licenciement (situation et, en particulier, employabilité des salariés au regard du marché du travail et situation du ou des territoires où les licenciements seront mis en œuvre : Inst. DGEFP/DGT 13 du 19-7-2013) ;

– efforts de **formation et d'adaptation** de l'employeur dans le cadre de son obligation de reclassement (nos 47945 s.) et du plan de développement des compétences (nos 38100 s.).

> **Précisions** **a.** Le Dreets n'a pas à tenir compte de ce que d'autres sociétés du groupe pourraient être regardées comme **coemployeurs** des salariés, mais doit seulement s'assurer que l'entreprise est leur véritable employeur (CE 17-10-2016 n° 386306 : RJS 1/17 n° 21).
b. Le Dreets doit apprécier si les **mesures du PSE** sont précises et concrètes et si, à raison pour chacune de sa contribution aux objectifs de maintien dans l'emploi et de reclassement des salariés, elles sont, **prises dans leur ensemble,** propres à satisfaire à ces objectifs compte tenu des efforts de formation et d'adaptation déjà réalisés par l'employeur et des moyens de l'entreprise, de l'UES et du groupe (CE ass. 22-7-2015 n° 383481 : RJS 10/15 n° 632 ; CE 7-9-2016 n° 394243 : RJS 12/16 n° 772). Il ne peut pas se fonder sur le seul montant de l'enveloppe destiné au reclassement des salariés (CE 17-10-2016 n° 386306 : RJS 1/17 n° 21).
c. Le Dreets doit refuser l'homologation si l'employeur a retenu des **critères d'ordre** tels que l'organisation du travail ou l'ancienneté des salariés ou a défini des **catégories** dans le but de permettre le licenciement de certains salariés pour un motif inhérent à leur personne ou en raison de leur affectation dans un service dont la suppression est recherchée (CE 7-2-2018 n° 407718 : RJS 4/18 n° 261 ; 22-5-2019 n° 407401 : RJS 7/19 n° 426). Sauf cas particulier, il doit aussi refuser l'homologation si un des critères d'ordre est **neutralisé** par l'affectation de la même valeur pour tous les salariés (CE 1-2-2017 n° 387886 : RJS 4/17 n° 264).
d. Le Dreets doit s'assurer que l'employeur a respecté ses obligations conventionnelles de **reclassement externe** uniquement si celles-ci s'imposent au moment de l'élaboration du plan (CE 13-4-2018 n° 404090 : RJS 7/18 n° 482).

48240 C. trav. art. L 1233-57-4 D 1233-14-1 D 1233-14-2

Réponse de l'administration Le Dreets (Direccte avant le 1-4-2021) **notifie** sa décision, **motivée,** dans un **délai** de 21 jours à compter de la réception du dossier complet, à l'employeur et au CSE. Le silence gardé pendant ce délai vaut homologation. L'employeur doit alors transmettre copie de sa demande et de l'accusé de réception au CSE.

La décision d'homologation fait l'objet des mêmes formalités d'**information des salariés** que la décision de validation (n° 48230).

En cas d'**accord collectif partiel** complété par un document unilatéral, et bien que le Dreets ait légalement 21 jours pour homologuer ce dernier, il instruit le dossier dans les 15 jours afin de faire une analyse globale. Une seule décision est prise validant l'accord et homologuant le document (Inst. DGEFP/DGT 13 du 19-7-2013). Toutefois, la décision de validation d'un accord partiel est **divisible** de celle statuant sur l'homologation du document unilatéral fixant les éléments non définis par cet accord (CE 30-5-2016 n° 387798 : RJS 8-9/16 n° 562).

> **Précisions** **a.** Lorsque le **dossier est complet,** le Dreets en informe l'employeur et le CSE. Cette information mentionne la date faisant courir le délai d'instruction de la demande (Inst. DGEFP/DGT 13 du 19-7-2013).
b. La décision du Dreets doit **mentionner certains éléments essentiels,** notamment relatifs à la régularité de la procédure d'information/consultation du CSE, tenant au caractère suffisant des mesures du PSE au regard des moyens de l'entreprise, ainsi que, à ce titre, relatifs à la recherche des postes de reclassement par l'employeur et, le cas échéant, tout élément sur lequel le Dreets aurait été, en raison des circonstances propres à l'espèce, spécifiquement amené à porter une appréciation (CE 1-2-2017 n° 391744 : RJS 4/17 n° 265 ; CE 12-5-2017 n° 391649 : RJS 8-9/17 n° 576). Elle doit faire état de l'obligation pour l'employeur de transmettre le bilan d'exécution du PSE (Inst. DGEFP/DGT 13 du 19-7-2013).
c. **En cas d'homologation** du document unilatéral, le Dreets n'est tenu ni de le **communiquer** au CSE ni de l'annexer à sa décision (TA Paris 23-5-2014 n° 1402928/3-2 : RJS 8-9/14 n° 619 ; TA Montreuil 22-9-2014 n° 14-5860 : RJS 1/15 n° 16), ni de faire figurer dans sa décision le fait qu'il a adressé une injonction à l'employeur et la réponse de ce dernier (CE 22-7-2015 n° 385816 : RJS 10/15 n° 630).

REFUS DE VALIDATION OU D'HOMOLOGATION

48245 En cas de refus de validation ou d'homologation, l'employeur, s'il souhaite reprendre son projet, présente une **nouvelle demande** après y avoir apporté les modifications nécessaires et consulté le CSE sur les éléments introduits dans le nouveau document soumis à l'administration qui auraient dû, s'ils avaient figuré dans le document initial, faire l'objet d'une consultation (CE 12-6-2019 n° 420084 : RJS 10/19 n° 568). C. trav. art. L 1233-57-7 D 1233-14-3 NB-III-33450 s

En cas de **refus de validation** d'un accord collectif, l'employeur ne peut évidemment pas modifier unilatéralement le **texte conventionnel,** mais doit négocier sa modification avec les syndicats.

CONTENTIEUX

Répartition des compétences entre juge administratif et juge judiciaire

48250 C. trav. art. L 1235-7-1 NB-IV-2700 s

Les litiges relatifs aux **décisions de validation ou d'homologation** sont de la compétence du juge administratif, à l'exclusion de tout autre recours administratif ou contentieux. Ne peuvent faire l'objet d'un **litige distinct** de ceux-ci ni l'accord ou le document élaboré par l'employeur, ni le contenu du PSE, ni les décisions prises par l'administration au titre de son pouvoir d'injonction, ni la régularité de la procédure de licenciement collectif. Relève également du juge administratif le contentieux portant sur le respect par l'employeur de son obligation de sécurité lors de l'élaboration du PSE (T. Confl. 8-6-2020 n° C4189 : RJS 8-9/20 n° 415).

Relèvent du juge judiciaire le contentieux : du **motif** économique du licenciement, de l'application des **critères d'ordre** des licenciements et des **mesures individuelles** du PSE, de l'**indemnisation** du salarié licencié en cas d'annulation par le juge administratif de la décision de validation ou d'homologation, des conséquences de la mise en œuvre du PSE sur la **santé** et la sécurité des salariés (Cass. soc. 14-11-2019 n° 18-13.887 FS-PB : RJS 1/20 n° 17 ; T. Confl. 8-6-2020 n° C4189 : RJS 8-9/20 n° 415), ou encore de la fraude aux obligations découlant de l'article L 1224-1 du Code de travail en cas de transfert d'une entité économique autonome prévue par le PSE (Cass. soc. 10-6-2020 n° 18-26.229 FS-PB : RJS 8-9/20 n° 416). Mais le juge judiciaire n'est pas compétent pour connaître d'une demande de représentants du personnels tendant à obtenir la **suspension** sous astreinte de la fermeture d'un établissement et de la mise en œuvre d'un projet de **restructuration** avant la fin de la procédure consultative au motif qu'ils auraient été irrégulièrement consultés (Cass. soc. 30-9-2020 n° 19-13.714 FS-PBRI : RJS 12/20 n° 588) ni pour suspendre en référé un PSE validé par le Dreets (Direccte avant le 1-4-2021) (CA Versailles 12-7-2018 n° 18/04069 : RJS 11/18 n° 602).

› Précisions Si le juge judiciaire demeure compétent pour apprécier le respect par l'employeur de l'**obligation individuelle de reclassement,** cette appréciation ne peut pas méconnaître l'autorité de la chose décidée par le Dreets ayant homologué le document unilatéral de l'employeur par lequel a été fixé le contenu du **plan de reclassement intégré au PSE** (Cass. soc. 21-11-2018 n° 17-16.766 FS-PBRI : RJS 2/19 n° 97). De même, le salarié ne peut pas saisir le juge judiciaire en invoquant une violation des critères d'**ordre des licenciements** alors qu'il conteste en fait la légalité des règles de pondération de ces critères fixées par le PSE, dont le contrôle relève du juge administratif (Cass. soc. 25-3-2020 n° 17-24.491 FS-D : RJS 6/20 n° 287). Relèvent de la compétence du seul juge administratif le contrôle du respect par l'employeur de son obligation de **recherche d'un repreneur** (n°s 48206 s.) (Cass. soc. 16-1-2019 n° 17-20.969 FS-PB : RJS 4/19 n° 215) ou de son **obligation de sécurité** lors de l'élaboration du PSE (T. Confl. 8-6-2020 n° C4189 : RJS 8-9/20 n° 415).

48252 C. trav. art. L 1235-7-1 NB-IV-3320 s

Procédure devant le juge administratif Les recours contre les décisions de validation ou d'homologation (ou de refus) doivent être présentés dans un **délai** de 2 mois : pour l'employeur, à compter de la notification de sa décision par le Dreets ; pour les salariés et les syndicats, à compter de la date à laquelle la décision a été portée à leur connaissance. Si la décision n'a pas été portée à la connaissance des salariés, voir n° 48232.

Ont **qualité pour contester** les décisions du Dreets : le CSE et le CSE central, une union locale de syndicats justifiant d'un intérêt à agir (CE 22-7-2015 n° 383481 : RJS 10/15 n° 632), un syndicat agissant dans son périmètre géographique même si l'accord a été signé par la fédération générale dont il est membre (CAA Douai 26-9-2019 n° 19DA01528 : RJS 1/20 n° 18), ou un salarié justifiant d'un intérêt à agir (CE 22-7-2015 n° 385668 : RJS 10/15 n° 631).

Le **tribunal administratif** a 3 mois pour se prononcer. À défaut de décision dans ce délai ou en cas d'appel, le litige est porté devant la **cour administrative d'appel,** qui a aussi 3 mois pour se prononcer. À défaut de décision dans ce délai ou en cas de pourvoi en cassation, le litige est porté devant le **Conseil d'État,** qui n'est soumis à aucun délai.

› Précisions a. Le **tribunal compétent** est celui dont relève l'établissement de rattachement des salariés concernés par le projet de licenciement s'il est identifié dans l'accord collectif ou le document de l'employeur. En cas de pluralité d'établissements, cette règle s'applique si ceux-ci sont situés dans le ressort du même tribunal. Dans les autres cas, le tribunal compétent est celui dans le ressort duquel est situé le siège de l'entreprise (CE 24-1-2014 nº 374163 : RJS 4/14 nº 312).

b. Les règles du **référé administratif** sont applicables, étant précisé que la décision de validation ou d'homologation permettant la notification de licenciements économiques ne caractérise pas, en elle-même, une situation d'urgence autorisant le juge des référés à en prononcer la suspension (CE 21-2-2014 nº 374409 : RJS 5/14 nº 389).

c. L'appréciation du **caractère suffisant** ou non du PSE relève du pouvoir souverain du juge du fond (CE 22-7-2015 nº 383481 : RJS 10/15 nº 632).

d. Le **point de départ du délai** de 3 mois dans lequel la cour administrative d'appel doit statuer est la date d'enregistrement de la requête au greffe (CE 29-6-2016 nº 389278 : RJS 10/16 nº 628). Par ailleurs, il ne s'agit pas d'un délai franc, de sorte que, par exemple, pour un dossier enregistré le 25 novembre, le délai de 3 mois **expire** le 25 février à minuit.

e. Sauf en cas de redressement ou de liquidation judiciaire de l'entreprise, le juge administratif doit, si parmi les motifs du recours contre la décision du Dreets figure l'absence ou l'insuffisance du PSE, **statuer nécessairement** sur ce motif même si un autre motif peut fonder l'annulation de la décision (CE 15-3-2017 nº 387728 : RJS 5/17 nº 331).

SANCTIONS

48255 Le licenciement intervenu en l'**absence de décision** de validation ou d'homologation ou si une **décision négative** a été rendue est nul. Le salarié a droit à être réintégré dans l'entreprise ou, s'il ne demande pas sa réintégration ou si elle est impossible, notamment du fait de la fermeture de l'établissement ou du site ou de l'absence d'emploi disponible, à une indemnité au moins égale au salaire des 6 derniers mois.

C. trav. art. L 1235-10 L 1235-11 L 1235-16 NB-IV-13500 s NB-IV-14200 s

En cas d'**annulation** par le juge d'une décision de validation ou d'homologation :

a. si l'annulation intervient pour **absence ou insuffisance du PSE,** la procédure de licenciement est nulle, et les conséquences de cette nullité sont identiques à celles visées ci-dessus ;

b. si l'annulation intervient pour un **autre motif** (ex. annulation de la décision administrative validant un accord sur le PSE au motif que cet accord n'est pas majoritaire : Cass. soc. 13-1-2021 nº 19-12.522 FS-PI : RJS 3/21), le salarié peut être réintégré dans l'entreprise avec maintien de ses avantages acquis à condition que l'employeur soit d'accord ; à défaut, il a droit à une indemnité au moins égale aux salaires des 6 derniers mois, s'il avait au moins 2 ans d'ancienneté dans une entreprise d'au moins 11 salariés ou, à défaut, à la réparation de son préjudice, ainsi que, le cas échéant, à l'indemnité de licenciement ;

c. par exception à cette dernière règle, en cas d'annulation pour **insuffisance de motivation,** le Dreets (Direccte avant le 1-4-2021) prend une nouvelle décision suffisamment motivée dans un délai de 15 jours à compter de la notification du jugement à l'administration ; cette décision est portée par l'employeur à la connaissance des salariés licenciés à la suite de la première décision par tout moyen permettant de conférer une date certaine à l'information ; une fois édictée la nouvelle décision, l'annulation pour le seul motif d'insuffisance de motivation de la première décision est sans incidence sur la validité du licenciement et ne donne pas lieu au versement de l'indemnité mentionnée ci-dessus.

Sur les règles applicables aux entreprises en **redressement** ou **liquidation judiciaire,** voir nº 48335, c.

› Précisions **a.** En cas de nullité, le salarié doit restituer à l'employeur les sommes perçues en exécution du PSE (Cass. soc. 19-1-2010 nº 08-43.449 F-D : RJS 4/10 nº 327 ; 28-3-2012 nº 11-30.034 FS-PB : RJS 6/12 nº 535 ; 10-7-2013 nº 12-19.238 F-D : RJS 10/13 nº 665). Le salarié ne peut pas prétendre en outre à des dommages-intérêts au titre d'un **préjudice distinct et spécifique** résultant de la privation des mesures du PSE (Cass. soc. 14-9-2017 nº 16-11.563 FS-PB : RJS 11/17 nº 733).

b. La rupture du contrat de travail consécutive à un **départ volontaire** est nulle lorsqu'elle s'inscrit dans le cadre d'un PSE ou d'un plan de départs volontaires nul (Cass. soc. 15-5-2013 nº 11-26.414 FS-PB : RJS 7/13 nº 527 ; 17-10-2018 nº 17-16.869 FS-PB : RJS 1/19 nº 17).

f. Notification des licenciements

48260 L'employeur adresse une lettre de licenciement aux salariés n'ayant pu être reclassés dans les **formes** visées nº 47710. Elle doit être **motivée** et comporter des **mentions** obligatoires (nºs 48025 s.). Elle doit être adressée **après notification** par le Dreets (Direccte avant le 1-4-2021) de sa décision de validation ou d'homologation ou à l'expiration des délais qui lui sont impartis pour se prononcer.

C. trav. art. L 1233-39 L 1233-42 L 1238-3 NB-III-35050 s

L'employeur ne peut pas procéder, à peine de nullité, à la rupture des contrats de travail avant cette date. La **méconnaissance** de cette règle est également punie d'une amende de 3 750 € prononcée autant de fois qu'il y a de salariés concernés.

› Précisions Il n'y a pas de **délai maximal** à partir de l'adoption définitive du PSE au-delà duquel les licenciements ne peuvent plus être prononcés (Cass. soc. 7-10-1998 n° 96-40.424 P : RJS 11/98 n° 1356).

2. ENTREPRISE DE MOINS DE 50 SALARIÉS

CONSULTATION DU CSE

Sous peine de l'amende visée n° 48190, l'employeur occupant habituellement moins de 50 salariés qui projette de licencier au moins 10 personnes sur 30 jours doit **réunir et consulter** le CSE, après lui avoir adressé les **renseignements** visés n° 48126 ainsi que les **mesures** qu'il envisage de mettre en œuvre pour éviter les licenciements ou en limiter le nombre et pour faciliter le reclassement des salariés licenciés. 48285 C. trav. art. L 1233-28 L 1233-29 L 1233-31 L 1233-32 L 1238-2 NB-III-36300 s

Le CSE tient 2 **réunions** séparées par un **délai** d'au plus 14 jours. Il ne peut pas se faire assister d'un expert-comptable.

Les salariés sont informés de la possibilité d'adhérer à un **CSP** à l'issue de la dernière réunion du CSE (n° 48395).

PROCÉDURE ADMINISTRATIVE ET NOTIFICATION DES LICENCIEMENTS

Les **informations** communiquées au CSE doivent être simultanément adressées au Dreets (Direccte avant le 1-4-2021). Au plus tôt le lendemain de la date prévue pour la 1e réunion, l'employeur doit lui notifier le projet de licenciement dans les conditions visées n° 48215. 48290 C. trav. art. L 1233-39 L 1233-42 L 1233-46 L 1233-48 L 1233-53 L 1233-56 NB-III-36700 s NB-III-36900 s

Dans le **délai** de 21 jours à compter de la notification, le Dreets vérifie que l'employeur a informé, réuni et consulté le CSE et respecté son obligation d'établir et de mettre en œuvre les mesures sociales visées n° 48285. S'il relève une **irrégularité** de procédure, il adresse à l'employeur un avis en en précisant la nature avec copie au CSE. Il peut aussi faire des observations sur les **mesures sociales.** L'employeur doit y répondre, de façon motivée (Circ. DE-DRT du 1-10-1989), et en adresser copie au CSE.

Le **PSE établi volontairement** par l'employeur n'est pas soumis à validation ou homologation du Dreets, de telle sorte que le juge judiciaire, non le juge administratif, est compétent pour connaître des litiges relatifs à ce plan (Cass. soc. 16-1-2019 n° 17-17.475 FS-D : RJS 4/19).

Les **lettres de licenciement,** motivées et comportant des mentions obligatoires (nos 48025 s.), ne peuvent pas être adressées aux salariés avant l'expiration d'un délai de 30 jours à compter de la notification du projet de licenciement au Dreets. Ce délai peut être reporté, le cas échéant, jusqu'à la date d'envoi de la réponse de l'employeur au Dreets.

D. Licenciement en cas de sauvegarde, redressement ou liquidation judiciaire

Les textes applicables aux entreprises en difficulté fixent, aux différentes étapes de la procédure de sauvegarde, de redressement ou de liquidation judiciaire, les conditions dans lesquelles des licenciements pour motif économique peuvent être autorisés. 48310 NB-III-38000 s

Durant ces procédures, l'employeur peut être dessaisi, sur décision du juge, de tout ou partie de ses pouvoirs (notamment celui de licencier) au profit, selon le cas, de l'administrateur ou du liquidateur judiciaire.

PROCÉDURE DE SAUVEGARDE

Cette procédure, ouverte aux entreprises qui ne sont pas en cessation de paiements, vise à faciliter leur réorganisation pour permettre la poursuite de l'activité, le maintien de l'emploi et l'apurement du passif. 48315 C. com. art. L 626-2 L 626-10 C. trav. art. L 1233-58, III R 1233-7 D 1233-14 NB-III-39500 s

Après une **période d'observation,** si la sauvegarde est possible, l'employeur, avec le concours de l'administrateur judiciaire, propose un **plan de sauvegarde** au vu d'un bilan économique, social et, le cas échéant, environnemental. Ce plan expose et justifie le niveau et les perspectives d'emploi ainsi que les conditions sociales envisagées pour la poursuite d'activité.

S'il prévoit des **licenciements économiques,** le plan rappelle les mesures déjà intervenues et définit les actions visant à faciliter le reclassement et l'indemnisation des salariés dont l'emploi est menacé. Les licenciements sont soumis aux **procédures de droit commun,** sous les **réserves suivantes,** en cas de licenciement d'**au moins 10 salariés sur 30 jours** dans les **entreprises d'au moins 50 salariés** :

– la demande de validation de l'accord collectif ou d'homologation du document de l'employeur est adressée au Dreets (Direccte avant le 1-4-2021) au plus tard le lendemain

de la dernière réunion du CSE, sur le portail https://ruptures-collectives.emploi.gouv.fr (Arrêté du 21-10-2019 : JO 25) ; l'employeur ou l'administrateur transmet également au Dreets, sur ce portail, une copie du jugement arrêtant le plan de sauvegarde ;
– le Dreets a 8 jours à compter de la réception de la demande pour notifier sa décision ;
– en cas de refus de validation ou d'homologation, le CSE doit être consulté dans les 3 jours ; le document modifié et son avis, ou un avenant à l'accord, sont transmis au Dreets, qui se prononce dans les 3 jours.

Si l'employeur est en cessation de paiements, la procédure de sauvegarde peut conduire à un redressement ou à une liquidation judiciaire, ou déboucher sur un plan de cession.

REDRESSEMENT JUDICIAIRE

48320 C. com. art. L 631-1 NB-III-39800 s

Ouverte aux **entreprises en cessation de paiements,** la procédure de redressement judiciaire a pour but de permettre la poursuite de l'activité de l'entreprise, le maintien de l'emploi et l'apurement du passif. Elle donne lieu à un plan de redressement arrêté par jugement après une période d'observation.

Le tribunal peut ordonner la cession totale ou partielle de l'entreprise si le débiteur est dans l'impossibilité d'en assurer lui-même le redressement.

48325 C. com. art. L 631-17 R 631-26 NB-III-39850 s

Licenciements pendant la période d'observation Au cours de la période d'observation, l'administrateur désigné par le tribunal dresse le bilan économique et social et établit un projet de plan de redressement. Pendant cette période, seuls peuvent être prononcés les licenciements présentant un **caractère urgent, inévitable et indispensable,** après autorisation du juge-commissaire.

En cas de licenciement d'**au moins 10 salariés sur 30 jours** dans les **entreprises d'au moins 50 salariés,** l'ordre à suivre est le suivant (Inst. DGEFP/DGT 13 du 19-7-2013) :
– le cas échéant, engagement de négociations en vue de la conclusion d'un accord collectif ;
– information-consultation du CSE sur les projets de restructuration et de compression des effectifs et de licenciements ;
– transmission au Dreets (Direccte avant le 1-4-2021) de la demande de validation de l'accord ou d'homologation du document de l'employeur ;
– décision du Dreets ;
– obtention de l'autorisation du juge-commissaire de procéder aux licenciements ;
– notification des licenciements.

> **Précisions** **a.** En cas de licenciements pendant la période d'observation, l'administrateur joint, **à l'appui de sa demande au juge-commissaire,** l'avis du CSE et les justifications de ses diligences en vue de faciliter l'indemnisation et le reclassement des salariés, ainsi que la décision de validation ou d'homologation du Dreets, si elle est requise.
> **b.** Sous peine de rendre le licenciement **sans cause réelle et sérieuse,** l'ordonnance du juge-commissaire doit **indiquer** le nombre de salariés dont le licenciement est autorisé ainsi que les activités et catégories concernées, sans dresser la **liste nominative** des intéressés (Cass. soc. 18-6-1997 n° 96-40.279 P : RJS 8-9/97 n° 964 ; 5-10-2004 n° 02-42.111 F-PB : RJS 12/04 n° 1269 ; 23-3-2016 n° 14-22.950 FS-PBI : RJS 6/16 n° 440). Il appartient ensuite à l'administrateur judiciaire, sous le contrôle du juge prud'homal, de désigner les salariés à licencier (n° 48340).
> **c.** Lorsque l'autorisation a été obtenue par **fraude,** le licenciement est dépourvu de cause réelle et sérieuse (Cass. soc. 27-10-1998 n° 95-42.220 PBR : RJS 1/99 n° 25 ; 17-3-2015 n° 13-26.602 FS-D : RJS 6/15 n° 400).
> **d.** La mention dans l'**ordonnance du juge-commissaire** des **catégories professionnelles** ne leur confère pas une autorité de chose jugée dans le litige d'excès de pouvoir relatif à l'homologation du plan et ne fait pas obstacle à ce que leur légalité soit contestée (CE 22-5-2019 n° 407401 : RJS 7/19 n° 426).

48327 C. com. art. L 631-19 L 631-22 L 642-5 R 631-36 NB-III-40400 s NB-III-40900 s

Licenciements au terme de la période d'observation Si, au terme de la période d'observation, le redressement de l'entreprise semble possible, le tribunal établit un **plan de redressement.** Celui-ci peut prévoir, après consultation du CSE, des licenciements nécessaires à la survie de l'entreprise, qui doivent intervenir dans le **délai** d'un mois après le jugement sur simple notification de l'administrateur, sans préjudice des droits de préavis prévus par la loi, les conventions ou accords collectifs de travail.

En cas de licenciement d'**au moins 10 salariés sur 30 jours** dans les **entreprises d'au moins 50 salariés,** l'ordre à suivre est le suivant (Inst. DGEFP/DGT 13 du 19-7-2013) :
– le cas échéant, engagement de négociations en vue de la conclusion d'un accord collectif ;

– consultation du CSE dans le cadre de la procédure collective (n° 9370) et sur les projets de restructuration et de compression des effectifs et de licenciements ;
– jugement du tribunal de commerce arrêtant le plan ;
– transmission au Dreets (Direccte avant le 1-4-2021) de la demande de validation ou d'homologation ;
– décision du Dreets ;
– notification des licenciements.

La **cession** partielle ou totale de l'entreprise peut être décidée si l'employeur ne peut pas assurer lui-même le redressement. Un **plan de cession** est alors élaboré. S'il prévoit des licenciements économiques, il est arrêté par le tribunal selon les mêmes modalités que le plan de redressement.

> **Précisions** **a.** En cas de licenciements prévus par un plan de redressement, l'administrateur joint au **rapport déposé au greffe ou produit à l'audience** le procès-verbal des délibérations du CSE.
b. Sous peine de rendre le licenciement sans cause réelle et sérieuse, le plan de redressement ou le plan de cession doit **indiquer** le nombre de salariés dont le licenciement est autorisé ainsi que les activités et catégories concernées, sans dresser la **liste nominative** des intéressés (Cass. soc. 11-10-2005 n° 03-43.097 F-D : RJS 12/05 n° 1190 ; 8-11-2006 n° 04-43.449 F-D : RJS 1/07 n° 35).
L'administrateur judiciaire, **sous le contrôle du juge prud'homal,** désigne ensuite les salariés à licencier (n° 48340).
c. Les **catégories** déterminées par le jugement arrêtant le plan de cession s'imposent à l'autorité administrative chargée d'homologuer le document unilatéral de l'employeur et ne peuvent pas être contestées dans le cadre d'une action contre la décision d'homologation (CE 21-10-2015 n° 382633 : RJS 1/16 n° 21).
d. Lorsque le licenciement concerne un **salarié protégé,** le délai d'un mois visé ci-dessus est celui dans lequel l'intention de rompre doit être manifestée.
e. Les licenciements économiques envisagés **plus d'un mois après** le jugement arrêtant le plan sont soumis aux procédures de droit commun (Circ. DE/DRT 61 du 18-12-1989 réputée abrogée).
f. Le **non-respect** des délais de notification des licenciements constitue une simple irrégularité de forme (Cass. soc. 10-7-2002 n° 00-42.340 FS-P : RJS 11/02 n° 1220 ; 21-9-2005 n° 04-40.529 F-PB : RJS 11/05 n° 1096).

Consultation du CSE En cas de **licenciement collectif,** l'employeur ou l'administrateur judiciaire réunit et consulte le CSE avant la saisine du juge-commissaire et dans les **conditions** visées, selon le cas, nos 48120 s., 48190 s. ou 48285, sous peine d'une amende de 3 750 € prononcée autant de fois qu'il y a de salariés concernés. **48330** C. com. art. L 631-19 C. trav. art. L 1233-58 L 1238-5 **NB-III-40500 s** **NB-IV-13020**

Les représentants du personnel doivent au préalable avoir reçu les **documents** visés n° 48126, ainsi qu'un PSE si l'entreprise compte au moins 50 salariés et si le licenciement concerne au moins 10 salariés sur 30 jours (Circ. CAB 1 du 29-1-1993 réputée abrogée).

Une seule **réunion** est obligatoire. En cas de licenciement avec PSE, le CSE peut se faire assister d'un **expert-comptable** (nos 48200 s.). L'**avis** du CSE est rendu au plus tard le jour ouvré avant l'audience du tribunal statuant sur le plan de redressement ou de cession de l'entreprise. L'absence de remise du rapport de l'expert n'a pas pour effet de reporter ce délai.

ATTENTION

L'**avis** donné par les représentants du personnel sur un projet de licenciement économique pendant la période d'observation de la **procédure de sauvegarde** ne peut pas tenir lieu d'avis sur les licenciements prononcés pendant la période d'observation d'une **procédure de redressement judiciaire** (Cass. com. 5-11-2013 n° 12-25.362 FS-PB : RJS 2/14 n° 112).

Contrôle de l'administration Les règles de droit commun s'appliquent, sous les réserves suivantes, en cas de licenciement d'**au moins 10 salariés sur 30 jours** dans les **entreprises d'au moins 50 salariés** : **48335** C. trav. art. L 1233-58 L 1233-60 R 1233-7 D 1233-14 **NB-III-40650 s**

– la demande de validation de l'accord collectif ou d'homologation du document de l'employeur est adressée au Dreets (Direccte avant le 1-4-2021) au plus tard le lendemain de la réunion du CSE ;
– le Dreets, qui doit avoir reçu copie du jugement arrêtant le plan de redressement par voie dématérialisée sur le portail https://ruptures-collectives.emploi.gouv.fr (Arrêté MTRD1927861A du 21-10-2019), a 8 jours à compter de la date de réception de la demande, qui est postérieure au jugement arrêtant le plan de redressement, pour notifier sa décision ;
– le Dreets n'a pas à prendre en compte, pour accorder son homologation, les moyens du groupe ou de l'UES, mais seulement ceux de l'entreprise, l'administrateur, le liquidateur ou l'employeur, selon le cas, restant néanmoins tenu de rechercher les moyens du groupe auquel l'employeur appartient pour l'établissement du PSE ;

– en cas de refus de validation ou d'homologation, le CSE doit être consulté dans les 3 jours ; le document modifié et l'avis des représentants du personnel, ou un avenant à l'accord, sont transmis au Dreets, qui se prononce dans les 3 jours.

> **Précisions** **a.** Si l'entreprise est **dépourvue de CSE** et ne peut fournir **aucun procès-verbal de carence,** le Dreets peut, à titre exceptionnel et au vu des circonstances et des motifs justifiant ce défaut d'établissement, homologuer le document de l'employeur.
> **b.** Les dispositions de l'article L 642-5 du Code de commerce selon lesquelles le **tribunal de commerce** arrête le **plan de cession après information-consultation du CSE** ne peuvent pas être invoquées à l'appui d'un recours contre une décision administrative d'homologation (CE 21-10-2015 nº 382633 : RJS 1/16 nº 21).
> **c.** L'**annulation** d'une décision administrative de **validation** ou d'**homologation du PSE** ne prive pas les licenciements de cause réelle et sérieuse (Cass. soc. 25-3-2020 nº 18-23.692 FS-PB : RJS 6/20 nº 288), mais le juge octroie au salarié une **indemnité** à la charge de l'employeur au moins égale aux salaires des 6 derniers mois. Toutefois, en cas d'annulation d'une décision de validation ou d'homologation en raison d'une insuffisance de motivation, les règles exposées nº 48255, c sont applicables. Sauf disposition expresse contraire, l'indemnité se **cumule** avec l'indemnité de licenciement (Cass. soc. 19-12-2018 nº 17-26.132 FS-PB : RJS 3/19 nº 156).
> **d.** L'**effectif de l'entreprise** et l'obligation pour l'administrateur d'établir un PSE s'apprécient à la date à laquelle est établi le projet de plan de cession (Cass. soc. 19-5-2015 nº 13-26.669 FS-PB : RJS 8-9/15 nº 558).

48340 C. trav. art. L 1233-59 NB-III-40750 s NB-III-41500 s

Prononcé des licenciements Les salariés à licencier en application de l'**ordre des licenciements,** établi dans les conditions de droit commun visées nºs 47925 s. (Circ. DE/DRT 61 du 18-12-1989 réputée abrogée), et n'ayant pu être reclassés doivent être convoqués à un **entretien préalable** (nºs 47470 s.), sauf licenciement d'au moins 10 salariés dans une entreprise dotée de représentants du personnel (nº 48135). Un **CSP** doit leur être proposé lors de cet entretien (nºs 48395).

À l'exception des délais, inapplicables en cas de redressement ou de liquidation judiciaire, la **notification** des licenciements aux salariés est soumise aux règles de forme et de contenu visées nºs 48020 s. (Circ. DE/DRT 61 du 18-12-1989 réputée abrogée). Toutefois, les licenciements prévus par un plan de redressement doivent être prononcés dans le délai d'un mois (nº 48327).

S'agissant de la **motivation,** la lettre de licenciement doit seulement, mais nécessairement (Cass. soc. 12-7-2010 nº 08-40.821 FS-PB : RJS 10/10 nº 736), faire référence à l'ordonnance du juge-commissaire ou au jugement qui arrête le plan de redressement ou de cession autorisant les licenciements, sans quoi le licenciement est sans cause réelle et sérieuse (Cass. ass. plén. 24-1-2003 nº 01-40.194 P : RJS 4/03 nº 435). Est **insuffisamment motivée** la lettre faisant seulement référence à la procédure de redressement judiciaire (Cass. soc. 5-10-1999 nº 96-40.746 P : RJS 11/99 nº 1359) ou renvoyant à un jugement ne prévoyant aucun licenciement (Cass. soc. 29-5-2002 nº 00-41.965 F-D : RJS 8-9/02 nº 958).

> **Précisions** **a.** Si la lettre de licenciement n'a été adressée qu'**après l'obtention de l'autorisation du juge-commissaire,** il importe peu que la procédure ait été engagée avant (Cass. soc. 18-6-1997 nº 96-40.279 P : RJS 8-9/97 nº 964). En revanche, les salariés licenciés **avant** cette autorisation l'ont été de manière prématurée et peuvent prétendre à des dommages et intérêts dont le montant est souverainement évalué par les juges du fond (Cass. soc. 18-6-1997 nº 96-40.273 D : RJS 8-9/97 nº 964).
> **b.** L'**annulation de la procédure** de redressement (Cass. soc. 24-6-2008 nº 07-41.972 FS-PB : RJS 10/08 nº 998 ; 19-11-2008 nº 07-41.416 F-D : RJS 1/09 nº 158) ou de liquidation judiciaire (Cass. soc. 16-12-2008 nº 07-43.285 FS-PB : RJS 1/09 nº 159) rend sans cause réelle et sérieuse les licenciements déjà prononcés, sauf si la cour d'appel ouvre par la même décision une nouvelle procédure collective de même nature.

LIQUIDATION JUDICIAIRE

48345 C. com. art. L 640-1 L 641-4 L 641-10 C. trav. art. L 1233-58 R 1233-7 NB-III-42000 s

Cette procédure met fin à l'activité des entreprises en **cessation de paiements.** Elle est **prononcée** directement (entreprise ayant cessé son activité ou dont le redressement est manifestement impossible) ou pendant la période d'observation.

En application de la décision de liquidation, le liquidateur peut **procéder au licenciement** sans autorisation judiciaire au préalable.

La **procédure** est la même que celle applicable en cas de plan de redressement (nºs 48325 s.) sous les réserves suivantes :

– le Dreets (Direccte avant le 1-4-2021), qui doit avoir reçu copie du jugement de liquidation par voie dématérialisée sur le portail https://ruptures-collectives.emploi.gouv.fr (Arrêté MTRD1927861A du 21-10-2019), a 4 jours pour prendre sa décision de validation ou d'homologa-

tion à compter de la date de réception de la demande, qui est postérieure au jugement de liquidation ;
– l'avis du CSE doit être rendu au plus tard dans les 12 jours suivant la décision du tribunal ou, en cas de poursuite provisoire de l'activité, dans les 12 jours suivant l'échéance de l'autorisation.

> **Précisions** **a.** Pour savoir si une entreprise en liquidation judiciaire **compte au moins 50 salariés** et doit établir un PSE, le liquidateur ne doit pas tenir compte des salariés dont le licenciement, prononcé avant l'ouverture de la procédure de redressement judiciaire, a été déclaré nul par jugement définitif (Cass. soc. 26-11-2013 n° 12-19.247 FS-PB : RJS 2/14 n° 111).
> **b.** La liquidation judiciaire impliquant des licenciements, la **lettre de licenciement** visant le jugement de liquidation est suffisamment motivée et n'a pas à mentionner expressément l'autorisation des licenciements (Cass. soc. 2-3-2004 n° 02-41.932 FS-PBRI : RJS 5/04 n° 530 ; 8-6-2005 n° 04-41.596 F-D : RJS 8-9/05 n° 824).

IV. RETOUR À L'EMPLOI

A. Contrat de sécurisation professionnelle

CHAMP D'APPLICATION ET OBJET

Les **entreprises** de moins de 1 000 salariés, l'effectif étant apprécié à la date d'engagement de la procédure (CE 29-6-2016 n° 389278 : RJS 10/16 n° 628) ou celles en redressement ou liquidation judiciaire, quelle que soit leur taille, doivent proposer à tout salarié dont le licenciement économique est envisagé un contrat de sécurisation professionnelle (CSP), dont l'objet est l'organisation et le déroulement d'un **parcours de retour à l'emploi,** le cas échéant au moyen d'une reconversion ou d'une création ou reprise d'entreprise, organisé par Pôle emploi. **48390** C. trav. art. L 1233-65 à L 1233-70 Convention Unédic 26-1-2015 Circ. Unédic 27-1-2016 NB-III-44100 s

Pour bénéficier du CSP, le **salarié** doit justifier d'un an d'ancienneté dans l'entreprise et répondre aux conditions de résidence, d'âge et d'aptitude physique requises pour bénéficier de l'allocation d'aide au retour à l'emploi (nos 6480 et 6560). Ceux ne justifiant pas d'un an d'ancienneté peuvent adhérer au CSP s'ils remplissent les conditions ci-dessus et la condition d'affiliation à l'assurance chômage visée nos 6500 s.

Les conditions et modalités d'application du CSP sont fixées par le Code du travail et la convention Unédic du 26-1-2015, applicable au plus tard jusqu'au 30-6-2021 (Avenant 4 du 12-6-2019 agréé par Arrêté MTRD1922794A 7-11-2019).

> **Précisions** **a.** Le CSP s'est **substitué** à la convention de reclassement personnalisé (CRP) et au contrat de transition professionnelle (CTP). Toutefois, eu égard à la forte similarité de ces dispositifs, les solutions jurisprudentielles rendues à propos de la CRP et du CTP sont transposables au CSP et donc maintenues dans les développements qui suivent.
> **b.** Les **conditions** à remplir par le salarié s'apprécient au lendemain du dernier jour du délai de réflexion. Le fait de se trouver en arrêt **maladie,** congé de **maternité, incapacité de travail** ou **invalidité** n'empêche pas le salarié d'adhérer au CSP. Sur le cas du salarié en arrêt de travail d'origine professionnelle à la date d'expiration du délai de réflexion, voir n° 265.
> **c.** À titre expérimental, dans certains bassins d'emploi, le CSP peut être ouvert aux demandeurs d'emploi en fin de **CDD de plus de 6 mois** (Conv. Unédic 26-1-2015 art. 3).
> **d.** L'obligation de proposer le CSP ne s'applique pas lorsque l'entreprise prévoit, dans le PSE, de proposer aux salariés le bénéfice du **congé de reclassement** visé nos 48450 s. (CE 29-6-2016 n° 389278 : RJS 10/16 n° 628).

PROPOSITION

Remise de documents L'employeur propose le CSP à chaque salarié dont il envisage le licenciement en lui remettant, contre récépissé, un dossier qu'il s'est procuré sur www.pole-emploi.fr ou auprès de Pôle emploi. La proposition doit être faite : au **moment** de l'entretien préalable ; quand il n'est pas obligatoire, à l'issue de la dernière réunion du CSE ; en cas de PSE, après la notification par l'administration de sa décision de validation ou d'homologation. **48395** NB-III-44900 s NB-IV-16310 s

À **défaut** de proposition de CSP, l'employeur est redevable à Pôle emploi d'une **contribution** égale à 2 mois de salaire brut, charges patronales non incluses. Pôle emploi propose alors le CSP lorsque le salarié s'inscrit sur la liste des demandeurs d'emploi. S'il accepte, la contribution de l'employeur est portée à 3 mois de salaire, charges patronales et salariales incluses.

> Précisions **a.** L'employeur doit mentionner sur le **bulletin d'acceptation** la date de remise de la notice, le délai de réflexion, la date de rupture du contrat en cas d'acceptation et, sur un document annexé, le motif de la rupture (voir nº 48405), ainsi que le droit du salarié à la priorité de réembauche (Cass. soc. 22-9-2015 nº 14-16.218 FS-PB : RJS 12/15 nº 800).
b. Pour les salariées en **congé de maternité,** les documents peuvent être remis au plus tard le lendemain de la fin de la période de protection liée à ce congé (nº 51460).

48400 NB-III-45080 s **Délai de réflexion** Le salarié a **21 jours** pour accepter ou refuser le CSP. L'**absence de réponse** dans ce délai vaut refus.

À condition de respecter le délai d'envoi des lettres de licenciement (nºs 48020, 48128, 48260 et 48290), l'employeur peut notifier au salarié son **licenciement à titre conservatoire** au cours de la période de réflexion. Outre les mentions visées nºs 48025 s., la lettre doit rappeler la date d'expiration du délai de réflexion et préciser qu'elle constituera la notification du licenciement en cas de refus du CSP.

S'agissant des règles applicables à un **salarié protégé,** voir nº 63415, b.

> Précisions Le délai de réflexion commence à **courir à compter** du lendemain du jour de la remise du document d'information du CSP par l'employeur. Pendant ce délai, le salarié peut bénéficier d'un **entretien d'information** réalisé par Pôle emploi et destiné à l'éclairer dans son choix.

ADHÉSION DU SALARIÉ

48405 NB-III-45220 s Le salarié adhère au CSP en remettant à l'employeur, avant l'expiration du délai de réflexion, le **bulletin d'acceptation** et la demande d'allocation de sécurisation professionnelle complétés et signés.

Son **contrat de travail** est alors réputé **rompu** d'un commun accord à l'expiration de ce délai. Le salarié étant toutefois en droit de contester cette rupture par la suite (nºs 48625 s.), l'employeur doit en indiquer le **motif économique,** sous peine d'être sanctionné pour licenciement sans cause réelle et sérieuse, y compris lorsque l'entreprise est en redressement judiciaire (Cass. soc. 27-5-2020 nº 18-20.153 F-PB : RJS 7/20 nº 347). Même solution lorsque le salarié est en arrêt de travail en raison d'un accident du travail ou d'une maladie professionnelle (nº 265), sous peine de nullité de la rupture. Le motif doit être énoncé dans le **document** d'information sur le CSP (nº 48395), la lettre de licenciement à titre conservatoire visée nº 48400 (Cass. soc. 17-3-2015 nº 13-26.941 FS-PB : RJS 6/15 nº 430) ou tout autre document écrit remis ou adressé personnellement au salarié au plus tard lors de son acceptation (Cass. soc. 14-4-2010 nºs 08-45.399 FS-PB et 09-40.987 FS-PB : RJS 6/10 nº 543 ; 30-11-2011 nº 10-21.678 FS-PB : RJS 2/12 nº 180 ; 12-6-2012 nº 10-14.632 FS-PB : RJS 10/12 nº 838).

> Précisions **a.** Sont **assimilables au document** mentionné ci-dessus l'e-mail incluant le compte-rendu de la réunion avec le représentant du personnel sur le licenciement économique envisagé et énonçant les difficultés financières et les postes supprimés, dont celui du salarié (Cass. soc. 13-6-2018 nº 16-17.865 FS-PB : RJS 10/18 nº 604) ainsi que la lettre remise au salarié dans le cadre de l'obligation préalable de reclassement de l'employeur, énonçant le motif de la suppression du poste et en proposant un nouveau (Cass. soc. 16-11-2016 nº 15-12.293 FS-PB : RJS 2/16 nº 106), mais pas celle remise lors de la procédure spécifique de modification du contrat du salarié et précisant le motif économique de celle-ci (Cass. soc. 18-3-2014 nº 13-10.446 F-D : RJS 6/14 nº 511 ; 27-5-2020 nº 18-24.531 F-PB : RJS 7/20 nº 347).
b. L'**inéligibilité** du salarié au CSP révélée après son adhésion ne rend pas, en elle-même, la rupture sans cause réelle et sérieuse (Cass. soc. 8-10-2014 nº 13-13.995 FS-PB : RJS 12/14 nº 884).

48410 L'adhésion du salarié le prive du droit au **préavis** et à l'**indemnité** afférente, qu'elle soit légale, contractuelle ou conventionnelle, les sommes correspondantes, majorées des charges sociales, servant à financer le dispositif. Toutefois, s'il a droit à une indemnité **supérieure à 3 mois** de salaire, la fraction excédentaire doit lui être versée. De même, l'indemnité due au salarié ayant moins d'un an d'ancienneté lui est intégralement versée dès la rupture du contrat.

Les sommes dues par l'employeur sont **exigibles** au plus tard le 25 du 2e mois civil suivant le début de la convention (Décret 2013-639 du 17-7-2013 art. 2, II).

La rupture ouvre droit à l'**indemnité de licenciement** légale ou conventionnelle.

SITUATION DU BÉNÉFICIAIRE

48415 NB-III-45960 s **Pendant le CSP** Pendant le CSP, dont la **durée** ne peut excéder 12 mois, son bénéficiaire a le **statut** de stagiaire de la formation professionnelle. Il perçoit de Pôle emploi une **allocation** de sécurisation professionnelle (ASP) égale à 75 % du salaire journalier de référence (nºs 6630 s.), sans qu'elle puisse être inférieure à l'allocation d'aide au retour à l'emploi à laquelle il aurait pu prétendre. Pour les salariés de moins d'un an d'ancienneté, montant et durée de versement de l'ASP correspondent à ceux de l'allocation d'aide au retour à l'emploi (nos 6620 s.).

L'intéressé cesse de bénéficier du CSP s'il **retrouve une activité** professionnelle de plus de 6 mois, salariée ou non. Celui percevant une rémunération inférieure à celle de son emploi précédent pour un nombre identique d'heures hebdomadaires de travail a droit à une indemnité différentielle de reclassement.

› Précisions **a.** L'ASP est **versée** dès le lendemain de la rupture du contrat de travail sans différé d'indemnisation ni délai d'attente. Elle peut être **révisée** si le bénéficiaire a conservé une activité, puis la perd involontairement pendant la durée du contrat. Elle est cessible et saisissable dans les mêmes conditions et limites que les salaires. Elle est **exonérée** des cotisations et contributions sociales (Circ. Unédic 2016-09 du 27-1-2016). S'agissant de la CSG et de la CRDS, voir n° 25275.
b. L'adhérent bénéficie du maintien de ses **droits aux prestations** d'assurance maladie, maternité, invalidité et décès. Les périodes de versement de l'ASP sont prises en compte pour les droits à la **retraite** de base. Pour les financer, une participation de 3 % sur le salaire journalier de référence est prélevée sur l'allocation, sans que cela ait pour effet de porter son montant en dessous du minimum visé n° 6680. Pour la retraite complémentaire, voir n° 68310.
c. CSP et ASP sont temporairement **suspendus** lorsque leur bénéficiaire perçoit des indemnités journalières d'assurance maladie ou maternité, le complément du libre choix d'activité, la prestation partagée d'éducation de l'enfant, l'allocation journalière de présence parentale ou conclut un contrat de service civique.
d. Le montant mensuel de l'**indemnité différentielle** de reclassement est égal à la différence entre 30 fois le salaire journalier de référence servant au calcul de l'ASP et le salaire brut mensuel de base de l'emploi repris. L'indemnité est versée mensuellement, à terme échu, pour 12 mois maximum et dans la limite de 50 % des droits résiduels à l'ASP. Elle est soumise au même régime social que l'ASP.

Dans les 8 jours suivant l'adhésion, le salarié bénéficie d'un **entretien** organisé par Pôle emploi, en vue d'établir un **plan de sécurisation professionnelle** pouvant comprendre des mesures d'accompagnement, d'évaluation des compétences et des formations. Il a droit, le cas échéant, à l'aide individuelle à la formation (n° 6950). **48420** NB-III-46080 s

Chaque bénéficiaire du CSP fait l'objet d'un **suivi individualisé** par un conseiller spécifique de Pôle emploi ou un opérateur privé désigné par Pôle emploi.

Au cours du CSP, son bénéficiaire peut réaliser des **périodes d'activité** professionnelle en entreprise, sous forme de CDD ou de contrat d'intérim, chacune devant être comprise entre 3 jours et 6 mois. Ces périodes ne modifient pas le terme du contrat, sauf reprise du travail après la fin du 6e mois, auquel cas ce terme peut être reporté à hauteur de la totalité des périodes de travail, dans la limite de 3 mois supplémentaires

› Précisions **a.** Le **plan de sécurisation professionnelle** précise le projet de reclassement, les caractéristiques des emplois recherchés, les engagements de Pôle emploi et du bénéficiaire du CSP, les cas de suspension temporaire et de cessation anticipée du contrat et de l'ASP, les litiges et les voies de recours.
b. Pendant les **périodes d'activité,** le bénéficiaire est salarié de l'entreprise et est rémunéré par elle. Son ASP est suspendue. Il peut bénéficier de l'indemnité différentielle de reclassement dans les conditions indiquées n° 48415.
c. Les bénéficiaires du CSP sont couverts pour les risques **accidents du travail** et de trajet pour les accidents survenus par le fait ou à l'occasion des actions de reclassement.
d. L'intéressé est **exclu** du dispositif lorsqu'il a produit des informations inexactes ou mensongères pour y accéder, refuse une action de reclassement ou de formation, ou à 2 reprises une offre raisonnable d'emploi au sens visé n° 6940.
e. La **durée** du CSP peut être prorogée pour les périodes d'**arrêt maladie** dans la limite de 4 mois supplémentaires et de **congé de maternité** dans la limite de sa durée légale. Il est également prévu qu'un **entretien final** soit réalisé au cours des 2 derniers mois d'accompagnement effectif afin d'établir un bilan du dispositif sous la forme d'un document écrit remis au bénéficiaire.

À l'issue du CSP Le bénéficiaire du CSP **à la recherche d'un emploi** à l'issue du CSP a droit à l'**allocation d'aide au retour à l'emploi** dès son inscription comme demandeur d'emploi, sans différé d'indemnisation ni délai d'attente, mais la durée d'indemnisation est réduite du nombre de jours indemnisés au titre de l'ASP. **48425** NB-III-47420 s

Par ailleurs, un projet personnalisé d'accès à l'emploi (**PPAE**) est élaboré (n° 6930). Si l'intéressé n'a pas achevé la formation prescrite, il la poursuit dans le cadre du PPAE et est indemnisé immédiatement en allocation d'aide au retour à l'emploi-formation (n° 6700).

Le bénéficiaire du CSP **retrouvant,** avant la fin du 10e mois, **un emploi durable** (CDI, CDD ou contrat d'intérim d'au moins 6 mois) peut demander le versement d'une **prime au reclassement** équivalente à 50 % du reliquat de ses droits à l'ASP. Cette prime, versée en 2 fois, lors de la signature du contrat de travail et à l'issue du 3e mois à condition que le bénéficiaire soit toujours en emploi, n'est pas cumulable avec l'indemnité différentielle de reclassement.

B. Congé de reclassement

CHAMP D'APPLICATION ET OBJET

48450 C. trav. art. L 1233-71 L 1233-75 R 1233-23 NB-III-50970 s

Dans les **entreprises** ou établissements d'au moins 1 000 salariés et dans les entreprises ou groupes d'entreprises, au sens retenu pour le comité de groupe (nº 9800) ou le comité d'entreprise européen, employant au moins 1 000 salariés au total, l'employeur propose à chaque **salarié** dont il envisage le licenciement économique un congé de reclassement ayant pour objet de le faire bénéficier d'actions de **formation** et des prestations d'une **cellule d'accompagnement** des démarches de recherche d'emploi. Il en est de même dans les UES dont l'effectif cumulé atteint 1 000 salariés, si une décision de licenciement pour motif économique est prise au niveau de celle-ci (Cass. soc. 26-1-2012 nº 10-23.324 F-D : RJS 4/12 nº 377). L'obligation n'est toutefois pas applicable en cas de redressement ou de liquidation judiciaire : dans ces cas-là, un CSP doit être proposé (nº 48390).

INFORMATION ET PROPOSITION

48455 C. trav. art. R 1233-17 à R 1233-22 NB-III-51170 s

L'employeur informe et consulte le **CSE** sur les conditions de mise en œuvre définies dans le PSE (nº 48173) ou, si le licenciement concerne moins de 10 salariés, dans un document joint à la convocation à la réunion sur le projet de licenciement (nº 48126).

Il informe aussi chaque **salarié concerné** au cours de l'entretien préalable ou, en son absence, à l'issue de la dernière réunion du CSE consacrée au projet de licenciement (nº 48195). La proposition doit être faite dans la lettre de licenciement. L'intéressé a 8 jours à compter de sa notification pour faire connaître son **accord,** l'absence de réponse dans ce délai valant refus. En cas d'acceptation, le congé débute à l'expiration du délai.

MISE EN ŒUVRE

48460 C. trav. art. L 1233-71 L 1233-72-1 R 1233-23 à R 1233-31 R 1233-33 à R 1233-35 NB-III-51440 s

Le congé débute par un **entretien d'évaluation et d'orientation** afin de permettre au salarié de définir un projet professionnel et, si besoin, de déterminer les **actions de formation** nécessaires à son reclassement et mises en œuvre pendant le congé. À l'issue de l'entretien, la cellule d'accompagnement remet à l'employeur et au salarié un document précisant le contenu et la durée de ces actions. En cas d'échec de l'entretien, le salarié peut bénéficier d'un **bilan de compétences.**

Au vu du document, l'employeur fixe la **durée** du congé entre 4 et 12 mois, et jusqu'à 24 mois en cas d'action de formation ou de reconversion professionnelle. Il établit en 2 exemplaires, dont l'un est remis au salarié, un **document écrit** précisant les caractéristiques du congé, les actions mises en œuvre et les droits et obligations du bénéficiaire. Le salarié a 8 jours pour le signer à compter de sa présentation.

Le congé peut aussi comporter des **périodes de travail** effectuées pour le compte de tout employeur, particuliers exceptés, dans le cadre de CDD relevant de la politique de l'emploi (nº 19630), renouvelables une fois, ou de contrats de travail temporaire. Le salarié est alors rémunéré par l'entreprise d'accueil et le congé est suspendu (de même en cas de congé maternité, d'adoption et de paternité : Circ. DGEFP/DRT/DSS 1 du 5-5-2002). Il reprend à l'issue de ces périodes, l'employeur pouvant prévoir un report de son terme initial à due concurrence.

Les actions mises en œuvre sont **financées** par l'employeur. Le salarié **s'engage à les suivre**, ainsi que celles organisées par la cellule d'accompagnement. En cas de **manquement** et sauf motif légitime, l'employeur peut lui notifier la fin de son congé.

› Précisions **a.** La **durée du congé** peut être inférieure à 4 mois avec l'accord exprès du salarié. S'il effectue une action de formation ou de VAE, elle ne peut pas être inférieure à la durée de ces actions.

b. Le **document de l'employeur** précise le terme du congé, les prestations de la cellule d'accompagnement, selon les cas, la nature précise des actions de formation ou de VAE ainsi que le nom des organismes prestataires, l'obligation de répondre aux convocations de la cellule d'accompagnement, la rémunération versée pendant la période du congé excédant la durée du préavis, les engagements du salarié et les conditions de rupture du congé (voir d). Chaque exemplaire du document doit être signé par le salarié et l'employeur avant la réalisation des actions.

Si le salarié ne signe pas dans le délai imparti, l'employeur lui notifie la fin du congé par lettre recommandée avec accusé de réception. Si le préavis est suspendu, la date de présentation de la lettre fixe le terme de la suspension.

c. Les **prestations de la cellule d'accompagnement** sont réalisées par un prestataire choisi par l'employeur ou par des salariés de l'entreprise désignés par lui. Elle doit disposer des moyens nécessaires à l'accomplissement de sa mission. Après accord de l'employeur, un ou plusieurs salariés peuvent lui apporter leur concours.

d. En cas de **méconnaissance de ses engagements** par le salarié, l'employeur doit respecter, sous peine de lui verser un rappel d'allocation et des dommages-intérêts (Cass. soc. 29-3-2017 n° 16-10.251 F-D : RJS 6/17 n° 404), la procédure suivante : il doit lui notifier, par lettre recommandée avec avis de réception ou remise en main propre contre décharge, une mise en demeure de suivre les actions prévues ou de donner suite aux convocations. La lettre doit préciser aussi que, si le salarié ne donne pas suite dans le délai imparti, le congé est rompu. Si le salarié n'obtempère pas, l'employeur doit lui notifier la **fin du congé** dans les mêmes formes. Il est recommandé d'organiser un entretien avant de prendre cette mesure et de motiver la lettre de fin de congé. Sa date de présentation fixe le terme de la suspension du préavis s'il est suspendu.

SITUATION DU BÉNÉFICIAIRE

Le congé de reclassement est pris pendant le **préavis,** que le salarié est dispensé d'exécuter. Il perçoit son salaire habituel. **48465** C. trav. art. L 1233-72 R 1233-32 **NB-III-51700 s**

Si la durée du congé excède celle du préavis, le terme de celui-ci est reporté d'autant. Pendant le report, le salarié bénéficie d'une **rémunération** mensuelle à la charge de l'employeur égale à 65 % de la rémunération brute moyenne sur laquelle ont été assises les contributions au régime d'assurance chômage au titre des 12 derniers mois précédant la notification du licenciement, et au moins égale à 85 % du produit du Smic horaire par le nombre d'heures correspondant à la durée collective de travail fixée dans l'entreprise.

L'**indemnité de licenciement** est versée au terme du congé. La période du congé excédant la période de préavis n'est pas prise en compte pour la détermination de l'ancienneté servant de base à son calcul (Circ. DGEFP/DRT/DSS 1 du 5-5-2002).

› Précisions **a.** L'employeur doit remettre chaque mois au salarié un **bulletin** précisant le montant de la rémunération versée après le préavis et ses modalités de calcul. Elle est soumise au même régime que celui de l'indemnité d'activité partielle, visé au n° 1460. S'agissant de la CSG et de la CRDS, voir n° 25275.

b. Les **congés payés** acquis avant le congé de reclassement peuvent être pris avant celui-ci ou donner lieu au paiement de l'indemnité compensatrice versée au plus tard à la fin de la période de référence ou lors de la résiliation du contrat (Circ. DGEFP/DRT/DSS 1 du 5-5-2002). Sur le point de savoir si le congé de reclassement ouvre droit à congés payés, voir n° 13337, b.

c. La période excédant la durée du préavis est validée au titre de l'assurance **vieillesse** (n° 67570). Les salariés peuvent obtenir des points de retraite Agirc/Arrco moyennant le versement des cotisations calculées comme s'ils avaient continué leur activité dans des conditions normales. La décision doit être prise par accord au sein de l'entreprise et s'impose alors à tous les salariés concernés par un congé de reclassement (ANI du 17-11-2017 art. 81).

d. Sont exclues de l'**assiette de l'indemnité de congé de reclassement** les sommes issues de la monétisation du compte épargne-temps ; en revanche, sont incluses les primes dites de fidélité versées aux salariés en contrepartie de leur engagement à rester au service de l'employeur pendant une durée minimale (Cass. soc. 22-6-2016 n° 14-18.675 FS-PB : RJS 10/16 n° 629).

e. Sur le droit à **participation** des salariés en congé de reclassement, voir n° 33895.

Le salarié **retrouvant un emploi** pendant le congé en informe l'employeur, avant l'embauche, par lettre recommandée avec avis de réception ou remise en main propre contre décharge, précisant la date d'effet de l'embauche. La date de présentation du courrier fixe la fin du congé et, si le préavis est suspendu, le terme de sa suspension. **48470** C. trav. art. R 1233-36 **NB-III-51920**

Sur le droit à l'indemnité de licenciement, voir n° 48465.

C. Revitalisation du bassin d'emploi

Entreprises de 1 000 salariés au moins Les entreprises visées n° 48450 ayant procédé à un **licenciement collectif** et celles ayant recours à la **rupture conventionnelle collective** visée n°s 69147 s. doivent, sauf procédure de redressement ou de liquidation judiciaire, contribuer aux actions de revitalisation du ou des bassins d'emploi affectés. **48480** C. trav. art. L 1233-84 à L 1233-86 L 1233-90-1 D 1233-37 à D 1233-44 **NB-III-61500 s**

Une **convention** conclue entre l'entreprise et l'autorité administrative, dans un délai de 6 mois à compter de la notification du projet de licenciement à cette dernière, définit la nature et les modalités de financement et de mise en œuvre de ces actions. Elle tient compte de celles de même nature éventuellement mises en œuvre par anticipation dans le cadre d'un accord collectif de gestion prévisionnelle des emplois et des compétences (GPEC) ou prévues dans le cadre du plan de sauvegarde de l'emploi établi par l'entreprise ou d'une démarche volontaire de l'entreprise et inscrites dans un document-cadre conclu avec l'État.

Le **montant de la contribution** des entreprises est compris entre 2 et 4 fois le Smic mensuel par salarié dont le contrat est rompu, y compris ceux reclassés en externe ou ayant adhéré à une préretraite. Elle n'est pas due pour les salariés reclassés dans l'entreprise ou le groupe sur le ou les bassins d'emploi concernés (Circ. DGEFP 14 du 12-7-2012 réputée abrogée). L'autorité administrative peut consentir un montant inférieur aux entreprises dans l'incapacité d'assumer la charge financière de cette contribution.

› Précisions **a.** Le préfet dispose d'**un mois** à compter de la décision de validation ou d'homologation du PSE ou de la décision administrative de validation de la rupture conventionnelle collective pour assujettir l'entreprise à l'obligation de revitalisation du bassin d'emploi.
b. Lorsque son siège n'est pas situé dans le ou les bassins d'emploi concernés, l'entreprise doit désigner une **personne chargée de la représenter** devant le ou les préfets.
c. La conclusion d'une convention avec l'autorité administrative n'est pas nécessaire (sauf opposition motivée de celle-ci) si un **accord collectif** de groupe, d'entreprise ou d'établissement prévoit des actions de même nature, assorties d'engagements financiers de l'entreprise au moins égaux au montant de la contribution.
L'entreprise doit préciser son **choix** (convention avec le préfet ou accord collectif) à l'autorité compétente dans le délai d'un mois à compter de la notification de la décision d'assujettissement en lui transmettant, le cas échéant, une copie de l'accord collectif, son récépissé de dépôt et l'ensemble des informations, notamment financières, permettant d'évaluer la portée des engagements y figurant.
À **défaut de convention ou d'accord collectif,** les entreprises doivent verser au Trésor public une contribution égale à 4 fois la valeur du Smic mensuel par emploi supprimé.
d. Lorsque les suppressions d'emploi concernent **au moins 3 départements,** une convention-cadre nationale est conclue entre l'entreprise et le ministre chargé de l'emploi, dans les 6 mois suivant la notification du projet de licenciement à l'administration. Dans les 4 mois suivant sa signature, une ou plusieurs conventions locales sont conclues entre l'entreprise et le préfet. La contribution financière de l'entreprise est calculée en tenant compte de la totalité des emplois supprimés.

48485 C. trav. art. L 1233-87 D 1233-45 à D 1233-48 **NB-III-62800 s**

Entreprises de 50 à 999 salariés Lorsque le licenciement collectif est effectué par une entreprise non visée n° 48450 mais occupant au moins 50 salariés, l'autorité administrative doit faciliter la mise en œuvre des actions de revitalisation du ou des bassins de l'emploi et définir, **en accord avec l'entreprise,** les modalités de sa participation à ces actions.

› Précisions Les **modalités de la participation** de l'entreprise aux actions de revitalisation tiennent notamment compte de sa situation financière et du nombre d'emplois supprimés. Le volume de l'éventuelle contribution de l'entreprise est pris en compte pour l'attribution des aides aux actions de reclassement et de reconversion professionnelle (notamment, conventions d'allocations dégressives).

D. Priorité de réembauche

INFORMATION

48490 C. trav. art. L 1233-45 **NB-III-54500 s**

Quels que soient l'**ampleur du licenciement** ou l'**effectif de l'entreprise,** le salarié licencié pour motif économique bénéficie d'une priorité de réembauche. Il est informé par écrit de son existence et de ses conditions de mise en œuvre (n° 48030).

La **méconnaissance** de l'obligation d'information écrite sur la priorité ouvre droit à des dommages-intérêts si le salarié justifie d'un préjudice qu'il appartient aux juges du fond d'apprécier et d'évaluer (Cass. soc. 30-1-2019 n° 17-27.796 F-D : RJS 4/19 n° 211). En cas d'indemnisation, il n'est pas fait application du montant minimal visé n° 48500 (Cass. soc. 22-9-2015 n° 14-16.218 FS-PB : RJS 12/15 n° 800).

› Précisions La priorité s'applique en cas de **départ volontaire** dans le cadre d'un PSE (Cass. soc. 10-5-1999 n° 96-19.828 P : RJS 6/99 n° 806 ; 13-9-2005 n° 04-40.135 FS-PB : RJS 11/05 n° 1083), d'adhésion à une **préretraite** d'entreprise (Cass. soc. 3-11-2011 n° 09-71.075 FS-D : RJS 1/12 n° 20) ou de licenciement pour refus de **modification** du lieu de travail, l'entreprise étant transférée sur un autre site (CA Chambéry 4-6-1996 n° 94-3310 : RJS 10/96 n° 1070). Les adhérents au **CSP** en bénéficient également (Cass. soc. 30-11-2011 n° 09-43.183 FS-PB et n° 10-21.678 FS-PB : RJS 2/12 n° 180).

DEMANDE DU SALARIÉ

Pour bénéficier de la priorité de réembauche, le salarié doit en faire la demande ou répondre positivement à une sollicitation de son ancien employeur (Cass. soc. 11-4-2012 n° 11-11.037 FS-PB : RJS 6/12 n° 534). **48495** NB-III-55050 s

Sauf stipulation conventionnelle plus favorable (Cass. soc. 12-11-1997 n° 94-42.273 D : RJS 12/97 n° 1411 ; 15-5-2002 n° 00-41.441 F-D : RJS 7/02 n° 867), la demande doit intervenir **dans l'année** suivant la date de la rupture du contrat, c'est-à-dire la fin du préavis exécuté ou non (Cass. soc. 27-11-2001 n° 99-44.240 FS-PB : RJS 2/02 n° 161 ; 28-2-2006 n° 03-47.860 F-D : RJS 6/06 n° 710). En cas de congé de reclassement dont la durée excède la durée normale du préavis, le délai d'un an court à compter du terme du congé (Cass. soc. 11-12-2019 n° 18-18.653 F-PB : RJS 2/20 n° 90 ; Circ. DGEFP/DRT/DSS 1 du 5-5-2002).

Le salarié qui acquiert une **nouvelle qualification** doit en informer son ancien employeur pour bénéficier de la priorité au titre de ses nouvelles compétences.

PROPOSITION D'EMPLOI

L'employeur doit proposer à **tous les salariés** ayant demandé à bénéficier de la priorité (Cass. soc. 25-10-2011 n° 10-24.727 F-D : RJS 1/12 n° 21) **tous les emplois** disponibles dans l'entreprise et compatibles avec leur qualification, même s'il s'agit de postes qu'ils ont auparavant refusés (Cass. soc. 20-1-1998 n° 95-42.177 D : RJS 3/98 n° 346) ou s'ils ont retrouvé un emploi (Cass. soc. 5-3-2002 n° 00-41.429 FS-P : RJS 5/02 n° 605). Il informe le **CSE** des postes disponibles. **48500** C. trav. art. L 1235-13 L 1235-14 NB-III-55500 s NB-IV-16750 s

En cas de **non-respect** de la priorité, le salarié a droit à une indemnité minimale de 1 mois de salaire s'il a au moins 2 ans d'ancienneté et si l'entreprise compte au moins 11 salariés ou, dans le cas contraire, calculée en fonction du préjudice subi dont le juge apprécie souverainement l'existence et l'étendue. En cas de **litige,** l'employeur doit prouver qu'il a satisfait à ses obligations en établissant avoir proposé les postes disponibles ou en justifiant de l'absence de tels postes, par exemple en produisant le registre du personnel (Cass. soc. 23-6-2009 n° 07-44.640 FS-PB : RJS 10/09 n° 820).

Sur le **régime juridique** de l'indemnité, voir n° 48710, d. Sur son **cumul** avec les dommages-intérêts pour licenciement sans cause réelle et sérieuse, voir n° 48720, b.

> **Précisions** **a.** La priorité s'exerce en cas d'embauche, pas sur des postes à pourvoir par **mobilité interne** (Cass. soc. 6-7-1999 n° 97-40.546 PB : RJS 8-9/99 n° 1113 ; 22-9-2009 n° 08-41.679 F-D : RJS 1/10 n° 26) ou dans une autre entreprise du **groupe** (Cass. soc. 30-1-2008 n° 06-43.879 F-D ; 1-6-2016 n° 14-22.265FS-D : RJS 8-9/16 n° 561).
>
> **b.** La priorité n'est pas liée à la création d'un **emploi identique** à celui supprimé (Cass. soc. 3-6-1981 n° 79-41.164). La compatibilité de l'emploi avec la qualification du salarié est souverainement appréciée par les juges du fond en cas de litige (Cass. soc. 27-10-1998 n° 96-45.005 P : RJS 12/98 n° 1584). L'employeur ne peut pas préjuger de l'aptitude physique du salarié à occuper le poste (CA Dijon 2-5-1996 n° 95-1826 : RJS 12/96 n° 1303).
>
> **c.** La priorité doit aussi être respectée si le poste disponible est à pourvoir par **CDD** (Cass. soc. 26-1-1994 n° 92-43.839 P : RJS 3/94 n° 238 ; 8-4-2009 n° 08-40.125 FS-PB : RJS 6/09 n° 513) ou **intérim** (Cass. soc. 3-3-2009 n° 07-42.436 F-D : RJS 5/09 n° 419), sauf CDD conclu pour remplacer des salariés absents, par exemple pour congé annuel (Cass. soc. 17-6-1992 n° 91-45.458 P : RJS 8-9/92 n° 984) ou de maternité (Cass. soc. 26-11-1997 n° 95-44.308 D : RJS 2/98 n° 193).
>
> **d.** À l'**issue du délai d'un an,** l'employeur n'est plus tenu de proposer aux anciens salariés les postes créés (Cass. soc. 25-6-1986 n° 85-41.080 P), sauf s'il savait, avant l'expiration de la priorité, devoir procéder à cette création (Cass. soc. 6-4-1994 n° 92-42.108 D : RJS 5/94 n° 535).
>
> **e.** Sur les obligations du nouvel employeur en cas de **cession de l'entreprise,** voir n° 75025.

Réembauche Lorsque **plusieurs salariés** bénéficient de la priorité, l'employeur n'est pas tenu de choisir dans un ordre précis (Cass. soc. 25-10-2011 n° 10-24.727 F-D : RJS 1/12 n° 21) en tenant compte par exemple de l'ancienneté (CA Aix-en-Provence 31-3-1998 n° 95-13083 : RJS 10/98 n° 1258), mais peut le faire en fonction de l'intérêt de l'entreprise (Cass. soc. 2-12-1998 n° 96-44.416 P : RJS 1/99 n° 88). **48505**

Le salarié réembauché est titulaire d'un **nouveau contrat de travail.** Son **ancienneté** court donc, sauf stipulation conventionnelle ou contractuelle contraire, à compter de sa réembauche (Cass. soc. 2-10-1985 n° 83-42.626 S).

SECTION 4 CONTRÔLE ET SANCTIONS

A. Auteur et objet du recours

48620 NB-IV-300 s NB-IV-1000 s Le **salarié licencié** (le cas échéant ses **héritiers** s'il est décédé : Cass. soc. 5-5-2004 n° 02-40.864 F-D : RJS 7/04 n° 807 ; 26-10-2010 n° 09-41.548 F-D : RJS 1/11 n° 19) peut contester son licenciement.

En cas de **licenciement économique,** les **syndicats représentatifs** peuvent exercer en justice en faveur d'un salarié, sans avoir à justifier d'un mandat, toutes actions qui naissent des dispositions légales, réglementaires ou conventionnelles régissant ce type de licenciement (C. trav. art. L 1235-8).

> **Précisions** **a.** Les **syndicats exerçant un recours en faveur d'un salarié** doivent avertir celui-ci par lettre recommandée avec avis de réception, indiquant la nature et l'objet de l'action envisagée (mais pas la juridiction saisie : CA Versailles 26-6-1996 n° 95-20670 : RJS 12/96 n° 1253) ; la lettre doit préciser que l'action sera conduite par le syndicat qui pourra exercer lui-même les voies de recours contre le jugement, que le salarié pourra, à tout moment, intervenir dans l'instance engagée ou y mettre un terme et qu'il peut s'opposer à l'action envisagée dans un délai de 15 jours à compter de la date de réception. Passé ce délai, l'acceptation tacite de l'intéressé est considérée comme acquise (C. trav. art. L 1235-8 et D 1235-18 à D 1235-20).
> Si le salarié ne s'est pas opposé, le syndicat doit avertir l'employeur, par lettre recommandée avec avis de réception, avant l'action en justice (C. trav. art. D 1235-18).
> **b.** En cas de **licenciement collectif sans PSE,** les **représentants du personnel** et les syndicats professionnels peuvent, de leur côté, contester la régularité de la procédure consultative devant le tribunal judiciaire dans les 12 mois suivant la dernière réunion du CSE (C. trav. art. L 1235-7). Sur les personnes autorisées à contester la procédure de licenciement **avec PSE,** voir n° 48252.

48625 NB-IV-400 s NB-IV-1050 s Le salarié peut **contester,** devant le conseil de prud'hommes, la **régularité** de la procédure suivie et le **motif** de son licenciement, que celui-ci ait été prononcé pour une cause personnelle ou économique, y compris en cas d'adhésion à un contrat de sécurisation professionnelle (CSP) (C. trav. art. L 1233-67 ; Cass. soc. 17-3-2015 n° 13-26.941 FS-PB : RJS 6/15 n° 430). S'agissant toutefois de la contestation d'un licenciement collectif avec **PSE,** voir n° 48250.

En cas de **redressement** ou de **liquidation judiciaire,** le **motif économique** ne peut pas être remis en cause quand l'ordonnance du juge-commissaire autorisant les licenciements est devenue définitive (Cass. soc. 9-7-1996 n° 93-41.877 P : RJS 8-9/96 n° 912 ; 26-6-2001 n° 99-43.078 FS-D : RJS 11/01 n° 1277), sauf si elle a été obtenue par fraude (Cass. soc. 27-10-1998 n° 95-42.220 PBR : RJS 1/99 n° 25 ; 4-7-2018 n° 16-27.922 FS-PB : RJS 10/18 n° 603). Toutefois, même dans ce cas, le salarié licencié peut contester la **validité des mesures individuelles** prises à son égard, comme, par exemple, le respect de l'obligation de reclassement (Cass. soc. 10-5-1999 n° 96-44.647 PB : RJS 6/99 n° 804 ; 8-6-1999 n° 96-44.811 P : RJS 7/99 n° 908) ou de l'ordre des licenciements (Cass. soc. 8-4-1992 n° 89-43.288 P ; 15-5-2002 n° 99-45.990 F-D : RJS 7/02 n° 796) ou encore la régularité de la procédure (Cass. soc. 12-1-1999 n° 96-41.756 P : RJS 2/99 n° 186).

> **Précisions** **a.** Lorsque la rupture du contrat de travail pour motif économique résulte de la conclusion d'un **accord de rupture amiable** conforme aux prévisions d'un accord collectif soumis aux représentants du personnel, la cause de la rupture ne peut pas être contestée, sauf fraude ou vice du consentement (Cass. soc. 8-2-2012 n° 10-27.176 FS-PB : RJS 4/12 n° 316). Il devrait en être de même, à notre sens, en cas de rupture dans le cadre d'un accord de rupture conventionnelle collective (n°s 69147 s.).
> **b.** Les salariés peuvent, dans des cas exceptionnels, obtenir du juge prud'homal la reconnaissance de la qualité de **coemployeur,** et donc de codébiteur des obligations contractuelles, d'une autre société que leur employeur, notamment appartenant au même groupe : voir n° 16365.
> **c.** Les salariés peuvent par ailleurs engager, en principe devant le tribunal judiciaire (Cass. soc. 13-6-2018 n° 16-25.873 FS-PB : RJS 8-9/18 n° 562), une **action en responsabilité civile contre une société tierce** tenue pour responsable des difficultés économiques de leur employeur. Ainsi, par **exemple,** ont pu être condamnés à réparer le préjudice subi par les salariés licenciés : une société liée à un fonds d'investissement, actionnaire unique de la société mère de l'employeur, ayant privé celui-ci de moyens de financement du PSE (Cass. soc. 8-7-2014 n° 13-15.845 FS-D : RJS 10/14 n° 676), un établissement de crédit ayant mis en place un montage financier ruineux pour l'employeur (Cass. com. 2-6-2015 n° 13-24.714 FS-PBRI : RJS 10/15 n° 633), la société mère dont les décisions préjudiciables, prises dans son seul intérêt d'actionnaire, a concouru à la liquidation partielle de la société employeur (Cass. soc. 24-5-2018 n° 16-22.881 FS-PB : RJS 8-9/18 n° 530). En revanche, la responsabilité d'un actionnaire a été écartée dès lors que celui-ci a tenté de redresser sa filiale, dont la situation était compromise depuis longtemps, et que son refus de contribuer au financement du PSE s'expliquait par ses propres difficultés économiques (Cass. soc. 24-5-2018 n° 16-18.621 FS-PB : RJS 8-9/18 n° 530).

DÉLAI

L'action individuelle du salarié en contestation de la rupture de son contrat de travail **se prescrit par** 12 mois, que le licenciement ait un motif personnel (n° 14746) ou économique, y compris, notamment, l'action portant sur l'inobservation des critères d'ordre des licenciements (Cass. soc. 16-12-2020 n° 19-18.322 F-PB : RJS 3/21). Le délai de prescription court **à compter de** la notification du licenciement. Il en est ainsi y compris, en cas de licenciement avec PSE, lorsqu'un recours a par ailleurs été engagé devant le juge administratif contre la décision validant ou homologuant ce plan (Cass. soc. 11-9-2019 n° 18-18.414 FS-PB : RJS 11/19 n° 628 ; 8-7-2020 n° 18-25.352 FS-PB : RJS 10/20 n° 460). En cas d'adhésion à un CSP, ce délai court à compter de celle-ci. **48630** C. trav. art. L 1233-67 L 1235-7 NB-IV-3930 s

ATTENTION

Le Code du travail prévoit qu'en cas d'adhésion à un **CSP** le délai de contestation de 12 mois n'est opposable au salarié que s'il en a été fait mention dans la proposition de CSP. À cet égard, la mention de ce délai dans le document d'information édité par l'Unédic et remis au salarié par l'employeur est suffisante (Cass. soc. 11-12-2019 n° 18-17.707 FS-PB et 18-23.388 FS-D : RJS 2/20 n° 87). Toutefois, selon nous, depuis le 24-9-2017, l'absence de cette mention ne devrait pas avoir d'incidence, le délai de prescription est, depuis, fixé à 12 mois pour toutes les ruptures du contrat.

B. Procédure

CONCILIATION PRUD'HOMALE

Lors de la conciliation prud'homale obligatoire (n° 14753), employeur et salarié peuvent convenir, ou le bureau de conciliation et d'orientation proposer, de mettre fin au litige par **accord** pour éviter de passer devant le juge. Cet accord doit prévoir le versement par l'employeur au salarié d'une **indemnité forfaitaire de conciliation** (s'ajoutant aux indemnités légales, conventionnelles ou contractuelles de rupture) dont le montant, exprimé en mois de salaire, est déterminé en référence au barème ci-après, variant en fonction de l'ancienneté du salarié. **48650** C. trav. art. L 1235-1 D 1235-21 M-I-24340 s

Ancienneté	Indemnité	Ancienneté	Indemnité	Ancienneté	Indemnité
< 1 an	2 mois	**de 12 à < 15 ans**	12 mois	**de 23 à < 26 ans**	18 mois
de 1 à < 8 ans	3 mois + 1 mois/année de 2 à 7 ans	**de 15 à < 19 ans**	14 mois	**de 26 à < 30 ans**	20 mois
de 8 à < 12 ans	10 mois	**de 19 à < 23 ans**	16 mois	**30 ans et plus**	24 mois

> **Précisions** **a.** Le procès-verbal constatant l'accord vaut **renonciation** des parties à toute demande de réparation liée au licenciement.
b. L'**ancienneté** du salarié se calcule dans les conditions visées n° 48715.
c. Sur le **régime social** de l'indemnité, voir n° 22860.

CONTRÔLE DU JUGE PRUD'HOMAL

À défaut d'accord lors de la conciliation, il appartient au juge prud'homal d'apprécier la régularité de la **procédure** suivie et le caractère réel et sérieux des **motifs** énoncés dans la lettre de licenciement, tels que précisés le cas échéant par l'employeur (voir n° 47680). **48660** C. trav. art. L 1235-1 NB-I-24000 s

Le juge **forme sa conviction** au vu des éléments fournis par les parties (nos 48680 s.) et au besoin après toutes mesures d'instruction qu'il estime utiles.

Si un **doute** subsiste, il profite au salarié.

> **Précisions** **a.** Lorsque la question n'est pas soulevée par le salarié, le juge doit **rechercher d'office** si l'exigence de motivation a été respectée en appliquant le principe du contradictoire (Cass. soc. 26-5-1999 n° 97-40.803 PBR : RJS 7/99 n° 906 ; 12-7-2010 n° 08-40.821 FS-PB : RJS 10/10 n° 736).
b. Les juges du fond doivent rechercher, la **véritable cause** du licenciement lorsque le salarié soutient que son contrat a été rompu pour des motifs autres que ceux énoncés dans la lettre de licenciement (Cass. soc. 23-10-1991 n° 88-44.099 PF : RJS 12/91 n° 1303 ; Cass. soc. 10-4-1996 n° 93-41.755 P : RJS 5/96 n° 527). S'agissant de l'incidence de l'**inexactitude du motif allégué**, voir n° 47100.

48665
NB-II-21250

Licenciement pour motif personnel Le juge apprécie les motifs invoqués sans être tenu par la **qualification donnée** par le salarié aux **faits** qui lui sont reprochés (Cass. soc. 13-6-2001 nº 99-42.674 F-P : RJS 8-9/01 nº 997) ni par les stipulations contractuelles (Cass. soc. 4-4-1973 nº 72-40.183 P ; 24-6-2003 nº 01-42.535 F-D : RJS 10/03 nº 1131 ; 12-2-2014 nº 12-11.554 F-PB : RJS 4/14 nº 304) ou conventionnelles (Cass. soc. 28-1-1970 nº 69-40.009 P) qualifiant par avance certains faits de motifs de licenciement ou de faute grave. Il est en revanche lié par les clauses conventionnelles limitant les motifs de licenciement ou prévoyant des garanties de fond (nº 48790 s.).

En cas de licenciement **disciplinaire,** le juge doit vérifier que le motif allégué constitue une faute et, si c'est le cas, que la qualification retenue par l'employeur (cause réelle et sérieuse de licenciement, faute grave ou faute lourde) est justifiée. Le juge doit rechercher si les faits constituent une cause réelle et sérieuse de licenciement lorsqu'il écarte la faute grave invoquée par l'employeur (Cass. soc. 22-2-2005 nº 03-41.474 F-PB : RJS 5/05 nº 497) et s'ils constituent une telle cause ou une faute grave lorsqu'il écarte la faute lourde (Cass. soc. 16-9-2020 nº 18-25.943 F-PB : RJS 11/20 nº 534). Il ne peut pas, en revanche, aggraver la qualification de la faute retenue par l'employeur (Cass. soc. 26-6-2013 nº 11-27.413 FS-PB : RJS 10/13 nº 706), notamment retenir la faute grave ou lourde si l'employeur n'a vu dans les faits qu'une cause réelle et sérieuse de licenciement (Cass. soc. 20-12-2017 nº 16-17.199 FS-PB : RJS 3/18 nº 187). Si les faits invoqués, bien qu'établis, ne sont pas fautifs, le licenciement est sans cause réelle et sérieuse (Cass. soc. 26-10-1999 nº 97-41.679 P : RJS 12/99 nº 1451 ; 23-1-2001 nº 98-44.843 FS-P : RJS 4/01 nº 411).

› Précisions **a.** Lorsque le licenciement est subordonné à l'avis d'un **conseil de discipline,** cet avis ne lie pas le juge (Cass. soc. 23-5-1995 nº 93-46.618 D), non plus que la sanction décidée par un **ordre professionnel** (Cass. soc. 7-11-2006 nº 04-47.683 FS-PB : RJS 1/07 nº 53).

b. Sur l'examen par le juge du **contexte** dans lequel les faits ont été commis, voir nº 47150.

c. Si la faute invoquée est une **infraction pénale,** le juge prud'homal peut être tenu par la décision du juge répressif saisi par ailleurs (nº 47760, c). Toutefois, il n'est pas obligé de surseoir à statuer dans l'attente de la décision de la juridiction répressive (CPP art. 4), mais son jugement peut le cas échéant faire l'objet d'un recours en révision, dans des conditions prévues par les articles 593 et suivants du Code de procédure civile, si la décision ultérieure au pénal le justifie.

d. La **Cour de cassation** limite en principe son contrôle à la motivation des juges du fond s'agissant de l'existence d'une **cause réelle et sérieuse** de licenciement (Cass. soc. 21-1-1987 nº 83-41.682 P). En revanche, elle exerce un contrôle renforcé sur la cause objective du licenciement lorsque celui-ci est fondé sur une **insuffisance de résultats** ou sur des faits tirés de la **vie privée** du salarié. En matière de licenciement pour **faute grave,** elle limite, en principe, son contrôle à l'erreur manifeste de qualification des faits (Cass. soc. 25-9-2013 nº 12-16.168 F-D : RJS 12/13 nº 793 ; 12-3-2014 nº 13-11.696 FS-D : RJS 5/14 nº 381). Toutefois, elle peut censurer les juges du fond qui auraient requalifié une faute grave en faute simple, constitutive d'une cause réelle et sérieuse de licenciement, lorsqu'elle considère qu'un fait est, par nature, incompatible avec le maintien du salarié dans l'entreprise. Tel est le cas, par exemple, en cas de propos racistes (Cass. soc. 5-12-2018 nº 17-14.594 F-D : RJS 2/19 nº 94), d'insultes antisémites (Cass. soc. 2-6-2004 nº 03-45.269 FS-PBRI : RJS 8-9/04 nº 882), de comportement violent (Cass. soc. 24-1-2008 nº 06-42.208 F-D), d'atteinte à la dignité d'un autre salarié (Cass. soc. 19-1-2010 nº 08-42.260 F-D : RJS 3/10 nº 244), de harcèlement sexuel (Cass. soc. 5-3-2002 nº 00-40.717 P : RJS 5/02 nº 528 ; 24-9-2008 nº 06-46.517 FS-PBRI : RJS 12/08 nº 1154 ; 24-10-2012 nº 11-20.085 F-D : RJS 1/13 nº 7), d'atteinte à la pudeur (Cass. soc. 12-3-2002 nº 99-42.646 FS-P : RJS 5/02 nº 544) ou de vol commis au préjudice d'un client de l'employeur (nº 47150).

48670
NB-I-44500 s

Licenciement économique En cas de contestation de la légitimité d'un licenciement économique, le juge vérifie le **motif** économique invoqué et, si le salarié le demande, le respect par l'employeur de son **obligation de reclassement préalable** (Cass. soc. 7-12-2005 nº 04-41.882 FS-P : RJS 2/06 nº 187 ; 12-1-2012 nº 10-21.101 F-D : RJS 3/12 nº 231). Il peut d'office examiner l'**ordre des licenciements** (Cass. soc. 10-5-1999 nº 97-40.901 D : RJS 6/99 nº 805), la demande de dommages-intérêts pour violation de cet ordre étant nécessairement comprise dans la demande d'indemnité pour licenciement sans cause réelle et sérieuse (Cass. soc. 27-10-1998 nº 96-42.493 P : RJS 12/98 nº 1462). Le juge statue selon une **procédure** d'urgence : voir nº 14775.

› Précisions Le juge doit apprécier la cause réelle et sérieuse du licenciement en prenant en compte, le cas échéant, les **stipulations conventionnelles** applicables. Par exemple a été jugé sans cause réelle et sérieuse le licenciement économique prononcé en méconnaissance de stipulations interdisant tout licenciement collectif si l'horaire moyen de travail dépasse 40 heures (Cass. soc. 16-12-1997 nº 94-43.112 P : RJS 2/98 nº 152). Sur la méconnaissance d'une clause prévoyant une procédure de reclassement à l'extérieur de l'entreprise, voir nº 47970.

Pluralité de motifs Pour les licenciements prononcés depuis le 24-9-2017 et fondés sur plusieurs motifs, si l'un des griefs reprochés au salarié porte atteinte à une liberté fondamentale et implique la **nullité du licenciement** (nos 48765 s.), le juge examine l'ensemble des griefs énoncés pour en tenir compte le cas échéant dans l'évaluation de l'indemnisation du salarié. Pour les licenciements prononcés avant cette date, le juge n'a pas à examiner les autres griefs (Cass. soc. 26-9-2007 n° 06-40.039 FS-PB : RJS 12/07 n° 1271 ; 6-12-2011 n° 10-18.440 F-D : RJS 3/12 n° 235). 48675 C. trav. art. L 1235-2-1

En cas de **coexistence d'un motif personnel et d'un motif économique,** voir n° 47100.

PREUVE

Si la charge de la preuve du **caractère réel et sérieux** du licenciement ne pèse pas plus particulièrement sur l'employeur (Cass. soc. 17-3-1993 n° 91-42.882 P : RJS 5/93 n° 499 ; 9-12-1997 n° 95-45.383 P : RJS 1/98 n° 85), il lui incombe, en revanche, d'établir la **faute** grave ou lourde qu'il invoque (Cass. soc. 5-3-1981 n° 78-41.806 P ; 8-1-1998 n° 95-41.462 D). 48680 NB-I-24200 s

Le juge **ne peut pas fonder sa décision** sur des témoignages anonymes (Cass. soc. 4-7-2018 n° 17-18.241 FS-PB : RJS 10/18 n° 600), ni sur des éléments de preuve obtenus de manière frauduleuse ou déloyale. En particulier, en cas de licenciement pour faute, la preuve des manquements du salarié ne doit pas résulter d'un procédé de contrôle illicite (nos 56040 s. et n° 56065).

> **Précisions** Pour sa **défense,** le **salarié** peut invoquer le témoignage du conseiller l'ayant assisté lors de l'entretien préalable (n° 47640), des messages écrits (Cass. soc. 23-5-2007 n° 06-43.209 FS-PBRI : RJS 8-9/07 n° 989) ou vocaux (Cass. soc. 6-2-2013 n° 11-23.738 FP-PB : RJS 4/13 n° 316) reçus sur son téléphone portable, un courrier électronique de l'employeur (Cass. soc. 25-9-2013 n° 11-25.884 F-PB : RJS 12/13 n° 846) ou produire des documents de l'entreprise dont il a pu avoir normalement connaissance à l'occasion de son activité (Cass. soc. 2-12-1998 n° 96-44.258 PB : RJS 1/99 n° 17 ; 30-6-2004 n° 02-41.720 FS-PBRI : RJS 10/04 n° 1009). Au plan pénal, le fait pour le salarié de s'approprier ou de reproduire de tels documents ne constitue pas un vol dès lors qu'ils sont nécessaires pour assurer sa défense (Cass. crim. 11-5-2004 n° 03-85.521 P : RJS 8-9/04 n° 887) dans le procès prud'homal l'opposant à son employeur (Cass. crim. 9-6-2009 n° 08-86.843 F-PF : RJS 1/10 n° 9) ou qu'il entend engager peu après la rupture de son contrat (Cass. crim. 16-6-2011 n° 10-85.079 FS-PBRI : RJS 8-9/11 n° 658).

En cas de **licenciement économique** (sauf individuel : Cass. soc. 10-10-2000 n° 99-40.040 FS-P : RJS 12/00 n° 1274), l'employeur doit **communiquer au juge,** dans les 8 jours suivant sa convocation devant le bureau de conciliation, tous les éléments d'information fournis, selon le cas, aux représentants du personnel ou à l'administration (n° 48126), ainsi que les éléments objectifs sur lesquels il s'est appuyé pour fixer l'ordre des licenciements (Cass. soc. 24-2-1993 n° 91-45.859 P : RJS 4/93 n° 384 ; 16-9-2003 n° 01-40.349 F-D : RJS 11/03 n° 1267). Les procès-verbaux des réunions au cours desquelles les représentants du personnel ont examiné le projet de licenciement peuvent aussi être exigés (Circ. DRT 4 du 22-4-1987). 48685 C. trav. art. L 1235-9 R 1456-1 M-I-30580 s

Dans le même délai, l'employeur **adresse ces éléments au salarié** par LRAR. La convocation destinée à l'employeur rappelle cette obligation.

> **Précisions** **a.** En cas de **non-respect du délai** de 8 jours, l'employeur peut être condamné à indemniser le salarié si celui-ci justifie d'un préjudice (Cass. soc. 26-1-1994 n° 91-43.551 P : RJS 3/94 n° 235 ; 12-7-2004 n° 02-40.312 F-D : RJS 10/04 n° 1010).
> **b.** Ne respecte pas son obligation de communiquer les données objectives, précises et vérifiables relatives à l'**ordre des licenciements** l'employeur se bornant à produire un tableau d'application des critères ne comportant pas le nom des autres salariés appartenant à la même catégorie professionnelle que ceux qui contestaient cette application (Cass. soc. 23-3-2016 n° 14-28.382 FS-D : RJS 6/16 n° 419).

C. Sanctions

L'employeur encourt des sanctions en cas de licenciement sans cause réelle et sérieuse, nul ou prononcé sans respect des procédures légales ou conventionnelles. 48700 NB-IV-20700 s

Le juge accordant une **indemnité** au salarié licencié abusivement ou irrégulièrement doit **justifier son montant** dans le jugement qu'il prononce (C. trav. art. L 1235-1, al. 4).

> **Précisions** Le salarié licencié dans des **conditions vexatoires ou brutales** peut, en outre, prétendre à la **réparation** du préjudice subi, même en cas de licenciement pour cause réelle et sérieuse (Cass. soc. 7-6-2000 n° 98-44.284 FS-D ; 22-6-2016 n° 14-15.171 FS-PB : RJS 10/16 n° 632) ou faute grave (Cass. soc. 19-7-2000 n° 98-44.025 F-P : RJS 11/00 n° 1073 ; 16-12-2020 n° 18-23.966 F-PBI :

RJS 3/21). Cette réparation est cumulable avec l'indemnité pour licenciement sans cause réelle et sérieuse (Cass. soc. 27-11-2001 nº 99-45.163 FS-P : RJS 2/02 nº 153) ou irrégulier (Cass. soc. 18-5-2017 nº 15-27.555 F-D : RJS 8-9/17 nº 569). Le licenciement est survenu dans des circonstances vexatoires ou brutales par **exemple** lorsque le salarié a subi des pressions et essuyé des propos déplacés de la part de l'employeur (Cass. soc. 18-5-2017 nº 15-27.555 F-D : RJS 8-9/17 nº 569) ou lorsque celui-ci a révélé les fautes de l'intéressé à l'ensemble du personnel lors de réunions (Cass. soc. 25-2-2003 nº 00-42.031 FS-PB : RJS 5/03 nº 581), lui a interdit l'accès à l'entreprise durant la procédure de licenciement sans invoquer de faute grave et a forcé les tiroirs de son bureau (Cass. soc. 7-6-2006 nº 04-40.912 F-D) ou a formulé à son encontre des accusations portant atteinte à son honneur (Cass. soc. 6-2-2002 nº 99-45.236 F-D).

1. LICENCIEMENT SANS CAUSE RÉELLE ET SÉRIEUSE

a. Licenciement depuis le 24-9-2017

RÉINTÉGRATION DU SALARIÉ

48705
C. trav. art. L 1235-3
NB-IV-6070 s

Si le licenciement est jugé sans cause réelle et sérieuse, le **juge** peut **proposer** (et non imposer : Cass. soc. 5-1-2000 nº 99-40.295 D ; 13-7-2004 nº 03-43.780 F-P : RJS 10/04 nº 1025) la réintégration du salarié avec maintien des avantages acquis. Employeur et salarié sont libres de la refuser (Cass. soc. 6-7-1988 nº 86-11.816 D).

INDEMNISATION

48710
C. trav. art. L 1235-3
NB-IV-6200 s

Barème S'il ne propose pas la réintégration (Cass. soc. 6-10-1977 nº 76-40.038 P), ou si l'une ou l'autre des parties la refuse, le juge doit, pour les licenciements prononcés depuis le 24-9-2017, accorder au salarié une **indemnité** à la charge de l'employeur dont le montant est compris entre les montants minimaux et maximaux fixés dans le tableau suivant en fonction de l'ancienneté de l'intéressé dans l'entreprise.

Ancienneté du salarié (années complètes)	Indemnité minimale (en mois de salaire brut)	Indemnité maximale (en mois de salaire brut)	Ancienneté du salarié (années complètes)	Indemnité minimale (en mois de salaire brut)	Indemnité maximale (en mois de salaire brut)
0	-	1	**15**	3	13
1	1 [1]	2	**16**	3	13,5
2	3 [1]	3,5	**17**	3	14
3	3 [2]	4	**18**	3	14,5
4	3 [2]	5	**19**	3	15
5	3 [3]	6	**20**	3	15,5
6	3 [3]	7	**21**	3	16
7	3 [4]	8	**22**	3	16,5
8	3 [4]	8	**23**	3	17
9	3 [5]	9	**24**	3	17,5
10	3 [5]	10	**25**	3	18
11	3	10,5	**26**	3	18,5
12	3	11	**27**	3	19
13	3	11,5	**28**	3	19,5
14	3	12	**29 et +**	3	20

1. 0,5 mois de salaire brut si l'entreprise emploie habituellement moins de 11 salariés.
2. 1 mois de salaire brut si l'entreprise emploie habituellement moins de 11 salariés.
3. 1,5 mois de salaire brut si l'entreprise emploie habituellement moins de 11 salariés.
4. 2 mois de salaire brut si l'entreprise emploie habituellement moins de 11 salariés.
5. 2,5 mois de salaire brut si l'entreprise emploie habituellement moins de 11 salariés.

ATTENTION

Saisie pour avis, la **Cour de cassation** a **validé le barème** en le jugeant compatible avec l'article 10 de la **convention 158 de l'OIT** qui exige le versement d'une indemnité adéquate au salarié dont le licenciement est injustifié (Avis Cass. 17-7-2019 n° 19-70.010 : RJS 11/19 n° 563), alors que les conseils de prud'hommes ont adopté des positions divergentes en la matière, y compris après cet avis (notamment : Cons. prud'h. Grenoble 22-7-2019 n° 18/00267 : RJS 10/19 n° 563 ; Cons. prud'h. Le Havre 10-9-2019 n° 18/00413). Cette conformité à la convention 158 de l'OIT a également été reconnue, notamment, par la cour d'appel de Paris (CA Paris 30-10-2019 n° 16/05602 : RJS 1/20 n° 14). Certaines cours d'appel ont admis la possibilité pour le **juge du fond**, en fonction de chaque cas d'espèce, de **s'affranchir du barème** lorsqu'il ne permet pas d'allouer au salarié une réparation en adéquation avec son préjudice (CA Grenoble 2-6-2020 n° 17/04929 : RJS 8-9/20 n° 411), à condition que l'intéressé demande expressément l'examen de sa situation (CA Reims 25-9-2019 n° 19/00003 : RJS 11/19 n° 627).

Appréciation de l'effectif et calcul de l'ancienneté L'effectif de l'entreprise, calculé dans les conditions visées n°s 62365 s., et l'ancienneté du salarié s'apprécient à la **date** d'envoi de la lettre de licenciement (Cass. soc. 26-9-2006 n° 05-43.841 F-PB : RJS 11/06 n° 1166). **48715** NB-IV-5400 s

Sauf application d'une clause de reprise d'ancienneté (Cass. soc. 9-10-2002 n° 00-43.863 F-D : RJS 12/02 n° 1381), l'**ancienneté à prendre en considération** est celle résultant du contrat de travail au cours duquel le licenciement est prononcé, à l'exclusion des contrats antérieurs exécutés dans l'entreprise de façon discontinue (Cass. soc. 5-7-1989 n° 86-42.545 P : RJS 8-9/89 n° 675 ; 27-5-1992 n° 89-40.297 P : RJS 7/92 n° 860). S'y ajoutent les périodes de suspension du contrat de travail (Cass. soc. 17-10-1979 n° 77-41.381 P ; 7-12-2011 n° 10-14.156 FS-PB : RJS 2/12 n° 130) et la durée de l'apprentissage ayant précédé celui-ci (n° 3580). En cas de modification de la situation juridique de l'entreprise, voir n° 74690.

> Précisions Ces **solutions** relatives à l'appréciation de l'effectif de l'entreprise et au calcul de l'ancienneté du salarié, ont été dégagées à propos de licenciements sans cause réelle et sérieuse prononcés avant le 24-9-2017, mais elle sont à notre sens **transposables** aux licenciements prononcés depuis cette date.

Indemnité allouée au salarié Pour déterminer l'indemnité, dans les bornes du barème, le juge doit prendre en compte tous les éléments déterminant le **préjudice** subi par le salarié licencié (Cons. const. 21-3-2018 n° 2018-761 DC : JO 31 ; Cons. prud'h. Le Mans 26-9-2018 n° 17/00538 : RJS 12/18 n° 729 ; CA Reims 25-9-2019 n° 19/00003 : RJS 11/19 n° 627). Il peut aussi tenir compte, le cas échéant, des **indemnités de licenciement** versées à l'occasion de la rupture, à l'exception de l'indemnité légale de licenciement. **48720** C. trav. art. L 1235-3 NB-IV-6350 s

En cas de licenciement économique, l'indemnité est **cumulable,** dans la limite des montants maximaux fixés par ce barème, avec l'indemnité pour non-respect des procédures de consultation des représentants du personnel ou d'information de l'autorité administrative (n° 48190 et n° 48715), de non-respect de la priorité de réembauche (n° 48500), d'absence de représentants du personnel alors que l'entreprise est assujettie à cette obligation et qu'aucun procès-verbal de carence n'a été établi (n° 48140).

> Précisions **a.** L'indemnité est **calculée en fonction** de la rémunération brute du salarié précédant la rupture de son contrat de travail (Cass. soc. 22-6-1993 n° 91-43.560 P : RJS 8-9/93 n° 862 ; 13-7-2004 n° 03-43.780 F-P : RJS 10/04 n° 1025). Pour l'évaluer, il est tenu compte de la rémunération fixe et variable (Cass. soc. 10-4-1991 n° 87-41.433 D), des primes et avantages en nature alloués en sus du salaire de base (Cass. soc. 3-12-1992 n° 91-45.617 D : RJS 1/93 n° 29), des heures supplémentaires (Cass. soc. 21-9-2005 n° 03-43.585 F-D : RJS 12/05 n° 1194), des primes et indemnités liées à l'expatriation (Cass. soc. 14-5-2014 n° 12-27.928 FS-PB : RJS 7/14 n° 562), mais pas des plus-values réalisées par le salarié lors de la levée d'actions (Cass. soc. 30-3-2011 n° 09-42.105 F-PB : RJS 6/11 n° 515). Ces solutions, rendues à propos de licenciements antérieurs au 24-9-2017, gardent, à notre sens, leur intérêt pour les licenciements prononcés depuis cette date.

b. Les dommages-intérêts alloués au salarié en cas de non-respect des règles relatives au licenciement portent **intérêts** au taux légal. Ils sont **saisissables et cessibles** en totalité et sont garantis en totalité par le privilège général institué par l'article 2331, 4° du Code civil (n° 70870).

Sur leur **régime social et fiscal,** voir : n° 22865 (cotisations sociales) ; n°s 25140 s. (CSG et CRDS) ; Mémento fiscal n° 21665 (impôt sur le revenu).

REMBOURSEMENT DES ALLOCATIONS CHÔMAGE

Sauf si le salarié a moins de 2 ans d'ancienneté ou si l'entreprise emploie habituellement moins de 11 salariés, le **juge ordonne à l'employeur** de rembourser aux organismes concernés tout ou partie des allocations de chômage payées au salarié licencié du jour du licenciement au jour du jugement, dans la **limite** de 6 mois d'allocations par salarié. **48725** C. trav. art. L 1235-4 L 1235-5 NB-IV-7100 s

Le remboursement est **ordonné d'office** si ces organismes ne sont pas intervenus à l'instance ou n'ont pas fait connaître le montant des indemnités versées.
L'employeur peut former un **recours** contre l'organisme payeur, pas contre le salarié (Cass. soc. 5-3-1987 n° 83-45.870 P ; 4-4-1995 n° 93-44.657 P : RJS 5/95 n° 503).

> **Précisions** **a.** Sur le remboursement des allocations chômage en **cas** : de nullité du licenciement, voir n° 48772, a ; de violation des dispositions protégeant les salariés victimes d'un accident ou d'une maladie d'origine professionnelle, voir n° 350, d.
> **b.** La **contribution** versée par l'employeur à Pôle emploi pour financer la convention de reclassement personnalisé (CRP) doit être déduite de sa dette vis-à-vis de cet organisme (Cass. soc. 12-6-2012 n° 10-14.632 FS-PB : RJS 8-9/12 n° 838). Cette solution vaut pour le CSP.
> **c.** L'employeur peut **échapper au remboursement** s'il démontre le caractère indu des allocations versées (Cass. soc. 9-3-1994 n° 91-21.926 P : RJS 5/94 n° 537).
> **d.** Lorsque le tribunal **n'a pas ordonné le remboursement,** l'organisme peut déposer une requête en omission de statuer (Cass. soc. 16-2-1987 n° 84-40.131 P ; 7-1-1992 n° 88-41.584 P : RJS 2/92 n° 139) dans l'année du prononcé du jugement s'il est rendu en dernier ressort (Cass. soc. 12-1-1993 n° 88-41.510 PF : RJS 4/93 n° 387) ou de sa notification s'il est susceptible de recours (Cass. soc. 5-3-1997 n° 94-40.848 P : RJS 4/97 n° 396).
> **e.** La **cassation** de la décision condamnant l'employeur pour licenciement sans cause réelle et sérieuse fait tomber celle ordonnant le remboursement d'office (C. trav. art. R 1235-17).
> En revanche, le désistement d'instance consécutif à une **transaction** entre salarié et employeur ne fait obstacle au remboursement que s'il survient avant le jugement (Cass. soc. 14-1-1982 n° 79-42.492 P). S'il intervient en cause d'appel, l'organisme peut se prévaloir du jugement de première instance ordonnant le remboursement (Cass. soc. 7-6-1995 n° 91-43.234 P : RJS 8-9/95 n° 876) ou faire réparer l'omission de statuer (Cass. soc. 7-6-1995 n° 91-43.042 P : RJS 8-9/95 n° 876).
> **f.** Pour les jugements prud'homaux rendus depuis le 1-4-2019, lorsque le juge ordonne le remboursement, **Pôle emploi** peut **mettre l'employeur en demeure** d'effectuer le remboursement. Si cette mise en demeure reste sans effet au terme d'un délai d'un mois suivant sa notification, Pôle emploi peut adresser à l'employeur une **contrainte,** laquelle, à défaut d'opposition motivée du débiteur dans les 15 jours suivants devant le tribunal judiciaire, comporte tous les effets d'un jugement et le bénéfice de l'hypothèque judiciaire. Si l'employeur **fait opposition** et prétend que le remboursement n'est pas dû, le tribunal renvoie l'affaire devant le conseil de prud'hommes aux fins d'une rétractation éventuelle de son jugement sur ce point. Cette rétractation ne peut pas remettre en question la chose jugée entre l'employeur et le salarié licencié ni l'appréciation portée par la juridiction sur le caractère abusif ou nul du licenciement (C. trav. art. R 1235-1 à R 1235-16).

b. Licenciement avant le 24-9-2017

48730 C.trav. art. L 1235-3 L 1235-5 anciens NB-IV-8600 s

Pour les licenciements notifiés avant le 24-9-2017 et jugés sans cause réelle et sérieuse, les **salariés** ayant **au moins 2 ans d'ancienneté** dans une **entreprise de 11 salariés et plus** peuvent être réintégrés dans les conditions visées n° 48705 ; à défaut, ils ont droit à une indemnité au moins égale à leurs 6 derniers mois de salaire. L'employeur doit rembourser les allocations chômage dans les conditions visées n° 48725.

Les **autres salariés** ont droit à une indemnité calculée en fonction du préjudice nécessairement subi du fait de la perte injustifiée de leur emploi (Cass. soc. 13-9-2017 n° 16-13.578 FP-PBRI : RJS 11/17 n° 734) et dont l'étendue est souverainement appréciée par les juges du fond (Cass. soc. 25-9-1991 n° 88-41.251 PF : RJS 11/91 n° 1200 ; 14-5-1998 n° 96-42.104 P : RJS 7/98 n° 842).

> **Précisions** **a.** Pour déterminer le montant de l'indemnité, le juge peut, ou doit si les parties en font la demande, appliquer le **référentiel indicatif** fixé par les articles L 1235-1 et D 1235-21 anciens du Code du travail en fonction notamment de l'ancienneté, de l'âge et de la situation du demandeur par rapport à l'emploi.
> **b.** S'agissant du **calcul de l'effectif** de l'entreprise, de l'**ancienneté** du salarié et de la **rémunération** servant au calcul des 6 derniers mois de salaire, voir n°s 48715 s.
> **c.** Sur le **régime** fiscal et social des indemnités allouées, voir n° 48720, b.

2. LICENCIEMENT IRRÉGULIER

48750 C. trav. art. L 1235-2, al. 5 NB-IV-9500 s

Lorsque le licenciement repose sur une cause réelle et sérieuse mais qu'une irrégularité a été commise au cours de la procédure, le juge accorde au salarié, à la charge de l'employeur, une **indemnité** qui ne peut pas être supérieure à un mois de salaire.
Cette sanction est notamment encourue en **cas** de non-respect des règles relatives à la convocation et au déroulement de l'entretien préalable ou à l'assistance du salarié lors de

cet entretien, dans le cadre d'un licenciement pour motif personnel ou économique, individuel ou de moins de 10 salariés sur 30 jours.

› Précisions a. La sanction pour licenciement irrégulier est encourue par l'employeur, y compris en cas de **faute grave** (Cass. soc. 26-5-1993 n° 89-43.267 D).

b. L'existence d'un **préjudice** et son **évaluation** relèvent du pouvoir souverain des juges du fond (Cass. soc. 30-6-2016 n° 15-16.066 F-D : RJS 10/16 n° 622 ; 13-9-2017 n° 16-13.578 FP-PBRI : RJS 11/17 n° 734), le **montant** de l'indemnité due au salarié étant apprécié dans la limite du maximum légal (Cass. soc. 4-10-1989 n° 86-40.717 D ; 3-10-2000 n° 98-45.086).

c. Sur l'application de cette sanction en cas de non-respect de la **procédure conventionnelle** ou statutaire de consultation préalable au licenciement, voir n° 48790.

d. Sur les sanctions spécifiques applicables en cas de non-respect de formalités propres au **licenciement économique** : voir nos 47900 s.

e. Pour les **licenciements notifiés avant le 24-9-2017,** le juge peut imposer à l'employeur d'accomplir la procédure, et l'indemnité maximale d'un mois de salaire, non cumulable avec l'indemnité pour licenciement sans cause réelle et sérieuse (Cass. soc. 13-7-2004 n° 02-41.430 F-D : RJS 11/04 n° 1136 ; 12-3-2008 n° 06-43.866 FS-PBR : RJS 5/08 n° 557), est réservée aux salariés ayant au moins 2 ans d'ancienneté et travaillant dans une entreprise d'au moins 11 salariés. Les autres salariés n'ont droit à cette indemnité qu'en cas d'inobservation des dispositions sur l'assistance du salarié par un conseiller extérieur lors de l'entretien préalable, les autres irrégularités donnant lieu à la réparation du préjudice subi, qui est cumulable avec l'indemnité pour licenciement sans cause réelle et sérieuse (Cass. soc. 30-5-1990 n° 88-41.329 P : RJS 7/90 n° 566 ; 28-1-1998 n° 95-43.914 P).

3. LICENCIEMENT NUL

CAS DE NULLITÉ

Est nul le licenciement prononcé en violation d'une **liberté fondamentale** ou en méconnaissance des dispositions relatives à : **48765** C. trav. art. L 1235-3-1 NB-IV-18100 s

– la protection des victimes ou témoins de **harcèlement** moral ou sexuel (n° 17082) ;
– la **non-discrimination** (nos 32320 s.) ;
– la protection du salarié à la suite d'une action en justice en matière d'**égalité professionnelle** entre hommes et femmes ou de **discrimination** (n° 32325) ;
– la dénonciation d'un **crime** ou d'un **délit** (n° 56070, c) ;
– la protection des **représentants du personnel** (nos 63540 s.) ;
– la grossesse, la **maternité,** la **paternité,** l'adoption et l'éducation des **enfants** (nos 51315 s.) ;
– la protection dont bénéficient les victimes d'**accidents du travail** et de maladies professionnelles pendant les périodes de suspension de leur contrat de travail (n° 280).

La **loi** prévoit également la nullité des licenciements prononcés en méconnaissance ou en violation des dispositions relatives au **droit de grève** (nos 11170 s.) et aux salariés victimes d'un licenciement économique avec **PSE** dans les cas visés n° 48255.

› Précisions La **violation d'une liberté fondamentale** justifiant la nullité est caractérisée en cas de licenciement prononcé pour faire échec à la réintégration ordonnée par le juge après l'annulation d'un précédent licenciement (Cass. soc. 12-2-2008 n° 07-40.413 F-PB : RJS 4/08 n° 404), pour une action ou un témoignage en justice (n° 17040), pour exercice légitime du droit de retrait (n° 71690) ou usage par le salarié de sa liberté d'expression lors de l'entretien préalable à son licenciement (CA Versailles 18-6-2020 n° 18/03264 : RJS 8-9/20 n° 412).

RÉINTÉGRATION DU SALARIÉ

Droit à réintégration Le salarié a droit à sa réintégration dans son **emploi** ou, à défaut, dans un emploi équivalent (Cass. soc. 30-4-2003 n° 00-44.811 FP-PBRI : RJS 7/03 n° 869), au besoin ordonnée par le juge des référés, sauf si la réintégration est matériellement impossible (voir n° 48775, a). Seul l'**employeur** auteur du licenciement est tenu de cette obligation de réintégration, celle-ci ne s'étendant pas aux autres entreprises du groupe auquel il appartient (Cass. soc. 15-2-2006 n° 04-43.282 FS-PBRI : RJS 4/06 n° 416 ; 9-7-2008 n° 07-41.845 F-PB : RJS 10/08 n° 980). **48770** NB-IV-18500 s

› Précisions a. Selon la Cour de cassation, le salarié réintégré ne peut pas bénéficier de jours de **congés** pour la période d'éviction pendant laquelle il n'a pas travaillé (Cass. soc. 11-5-2017 n° 15-19.731 FS-PB : RJS 7/17 n° 493). Mais le juge européen considère que la période comprise entre le licenciement jugé nul et la réintégration doit être assimilée à du travail effectif et ouvre droit à congés payés (CJUE 25-6-2020 aff. 762/18 et aff. 37/19).

b. Lorsque le **licenciement est validé** par les juges du fond, après que le salarié a obtenu en référé sa réintégration provisoire, l'employeur peut mettre fin à ses fonctions sans nouvelle procédure de licenciement (Cass. soc. 1-4-2008 n° 07-40.114 FS-PB : RJS 6/08 n° 653).

48772 **Indemnisation du salarié** Le salarié réintégré a droit au versement d'une indemnité d'éviction dont la somme correspond à la réparation de la totalité du préjudice subi entre son licenciement, ou sa demande de réintégration s'il a abusivement tardé à présenter celle-ci (Cass. soc. 22-1-2020 nº 17-31.158 FS-PB : RJS 4/20 nº 177 ; 13-1-2021 nº 19-14.050 FS-PBRI : RJS 3/21), et sa réintégration, dans la limite du montant des salaires dont il a été privé (Cass. soc. 25-1-2006 nº 03-47.517 F-P : RJS 4/06 nº 417 ; 16-10-2019 nº 17-31.624 FS-PB : RJS 1/20 nº 15).

Sont en conséquence **déduits de cette somme** les revenus de remplacement (en particulier les allocations chômage) et les rémunérations perçus pendant cette période (Cass. soc. 26-4-2006 nº 04-42.681 F-D : RJS 7/06 nº 828 ; Cass. soc. 14-2-2018 nº 16-22.360 F-D : RJS 5/18 nº 325) si l'employeur le demande au juge (Cass. soc. 16-11-2011 nº 10-14.799 F-D : RJS 2/12 nº 137). Il en est ainsi en cas de licenciement discriminatoire en raison de l'âge (Cass. soc. 15-11-2017 nº 16-14.281 FS-PB : RJS 1/18 nº 20 ; Cass. soc. 22-1-2020 nº 17-31.158 FS-PB : RJS 4/20 nº 177) ou de licenciement abusivement prononcé pendant un arrêt de travail consécutif à un accident du travail ou à une maladie professionnelle (Cass. soc. 16-10-2019 nº 17-31.624 FS-PB : RJS 1/20 nº 15 ; 9-12-2020 nº 19-17.153 F-D : RJS 2/21 nº 79).

En revanche, **aucune déduction** ne peut être opérée en cas de violation d'une liberté fondamentale constitutionnellement garantie (on parle d'indemnisation « forfaitaire »). Tel est le cas pour le licenciement prononcé en raison de l'exercice du droit de grève (Cass. soc. 2-2-2006 nº 03-47.481 FS-PBRI : RJS 4/06 nº 488), de l'action en justice du salarié (Cass. soc. 21-11-2018 nº 17-11.122 FS-PB : RJS 2/19 nº 90), de ses activités syndicales (Cass. soc. 2-6-2010 nº 08-43.277 FP-D : RJS 8-9/10 nº 685 ; 9-7-2014 nº 13-16.434 FS-PB : RJS 11/14 nº 793), ou le licenciement discriminatoire fondé sur l'état de santé (Cass. soc. 11-7-2012 nº 10-15.905 FS-PB : RJS 10/12 nº 785).

> **Précisions** **a.** Pour un salarié dont le licenciement est nul pour avoir été prononcé pendant la suspension de son contrat provoquée par un **accident du travail,** l'**indemnité d'éviction** est calculée en prenant en compte le salaire qu'il aurait perçu s'il avait continué à travailler, pendant la période écoulée entre son licenciement et sa réintégration, au poste qu'il occupait avant la suspension (Cass. soc. 9-12-2020 nº 19-16.448 FS-PB : RJS 2/21 nº 79).
> **b.** Lorsque les **allocations de chômage** doivent être déduites de l'indemnisation, le juge ne peut pas condamner le salarié à rembourser à l'assurance chômage les allocations perçues et l'employeur à verser à l'intéressé la même somme (Cass. soc. 11-3-2009 nº 07-43.335 FS-D : RJS 5/09 nº 423).
> Pôle emploi peut obtenir de l'employeur le remboursement des prestations dans les conditions visées nº 48725 dans les cas de licenciements nuls (C. trav. art. L 1235-4) : touchant des victimes ou des témoins de harcèlement moral ou sexuel (nº 17082), liés à des discriminations, ayant pour cause une action en justice engagée par le salarié ou en sa faveur sur le fondement des dispositions relatives à la non-discrimination et à l'égalité femmes/hommes (nºs 32320 s.). Pôle emploi a également droit au remboursement de ses prestations dans les cas d'annulation d'un licenciement économique avec PSE visés nº 48255, pour les salariés ayant au moins 2 ans d'ancienneté dans une entreprise d'au moins 11 salariés (C. trav. art. L 1235-5).
> **c.** Sur les droits à indemnités des salariées dont le licenciement est nul en raison du non-respect de la protection de la **maternité,** voir nº 51320.
> **d.** Les créances salariales correspondant aux rappels de salaires dus entre le licenciement et la réintégration sont assorties de l'**intérêt** au taux légal à compter du jour où le salarié formalise sa demande de réintégration et en paiement de rappel de salaires, et à compter de chaque échéance devenue exigible (Cass. soc. 9-10-2019 nº 18-14.677 FS-PB : RJS 12/19 nº 688).
> **e.** S'agissant du régime de l'indemnisation au regard des **cotisations sociales,** voir nº 22865.
> **f.** Le salarié réintégré ne peut prétendre ni aux **indemnités de rupture** (Cass. soc. 11-7-2012 nº 10-15.905 FS-PB : RJS 10/12 nº 785) ni à des **dommages et intérêts,** sauf s'il justifie d'un préjudice supplémentaire et distinct (Cass. soc. 3-7-2003 nº 01-44.522 P : RJS 10/03 nº 1141), ni à l'indemnisation du préjudice lié au respect, après la rupture, d'une **clause de non-concurrence** sans contrepartie financière (Cass. soc. 26-3-2013 nº 11-27.964 FS-PB : RJS 6/13 nº 468).

NON-RÉINTÉGRATION

48775 Le salarié ne demandant pas la poursuite de l'exécution de son contrat de travail, ou dont la réintégration est impossible, a droit, quelles que soient son **ancienneté** et la **taille de l'entreprise** (Cass. soc. 30-11-2010 nº 09-66.210 F-PB : RJS 2/11 nº 126 ; 10-7-2013 nº 11-28.386 F-D : RJS 10/13 nº 666), à une **indemnité,** à la charge de l'employeur, qui ne peut pas être inférieure aux salaires des 6 derniers mois, le barème visé nº 48710 n'étant pas applicable. S'agissant de la prise en compte des autres motifs éventuellement énoncés dans la lettre de licenciement pour fixer cette indemnité, voir nº 48675.

C. trav. art. L 1235-2-1, L 1235-3-1, L 1235-11, L 1235-14, NB-IV-19900 s

L'indemnité est allouée au salarié en plus du **paiement du salaire,** lorsqu'il est dû en application des dispositions du Code du travail relatives à la grossesse et la maternité (nº 51320) et du statut protecteur des représentants du personnel (nº 63555), qui aurait été perçu pendant la période couverte par la nullité et, le cas échéant, de l'indemnité de licenciement légale, conventionnelle ou contractuelle.

S'agissant de l'indemnité versée au salarié dont le licenciement économique est nul parce qu'intervenu sans décision de validation ou d'homologation du **PSE** ou en cas d'annulation d'une telle décision, voir nº 48255.

Le salarié **renonçant à sa réintégration** parce que l'employeur s'y oppose a droit, en sus des indemnités ci-dessus, à une indemnité égale à la rémunération qu'il aurait perçue jusqu'à sa renonciation (Cass. soc. 26-9-2007 nº 06-40.039 FS-PB : RJS 12/07 nº 1271).

> Précisions a. La **réintégration** a été jugée **impossible** en cas de fermeture de l'établissement (Cass. soc. 15-6-2005 nº 03-48.094 FS-PBRI : RJS 8-9/05 nº 826), lorsque le salarié, dont le contrat a été rompu par l'employeur, a fait valoir ses droits à la retraite (Cass. soc. 14-11-2018 nº 17-14.932 FS-PB : RJS 1/19 nº 14) ou lorsqu'il est parti à la retraite de sa propre initiative (Cass. soc. 17-10-2018 nº 16-27.597 F-D : RJS 1/19 nº 13). Il en est de même si le salarié s'est rendu coupable de concurrence déloyale (Cass. soc. 25-6-2003 nº 01-43.717 FS-P : RJS 10/03 nº 1146), à moins que les faits reprochés ne soient anciens (Cass. soc. 26-4-2006 nº 04-42.681 F-D : RJS 7/06 nº 828). En revanche **ne caractérisent pas,** par exemple, **une telle impossibilité** le fait que le poste du salarié ne soit plus vacant et que celui-ci ait retrouvé un emploi (Cass. soc. 2-2-2005 nº 02-45.085 F-PB : RJS 4/05 nº 369), la petite taille de l'entreprise ou les rapports conflictuels entre les parties (Cass. soc. 11-7-2012 nº 10-23.831 F-D : RJS 10/12 nº 786 ; 14-2-2018 nº 16-22.360 F-D : RJS 5/18 nº 325) ni l'externalisation du service du salarié (Cass. soc. 14-9-2016 nº 15-15.944 FS-PB : RJS 11/16 nº 700).

b. Sauf si la rupture est précédée d'un préavis (Cass. soc. 30-6-2010 nº 09-41.349 FS-PBR : RJS 10/10 nº 748), l'indemnité compensatrice de **préavis** est due dans tous les cas, même quand le salarié n'aurait pas été en mesure de l'exécuter (Cass. soc. 5-6-2001 nº 99-41.186 FS-PF : RJS 8-9/01 nº 1009 ; 25-5-2011 nº 09-69.641 F-D : RJS 8-9/11 nº 677). Le cas échéant, le salarié a droit, en outre, à une indemnité pour **non-respect de la procédure,** soit distincte, soit comprise dans l'évaluation du préjudice résultant de la nullité (Cass. soc. 23-1-2008 nº 06-42.919 FP-PB : RJS 4/08 nº 405).

c. L'indemnisation en cas de nullité du licenciement consécutive à la nullité du PSE doit être calculée en prenant en compte le salaire des derniers mois exempts des **arrêts de travail pour maladie** (Cass. soc. 26-6-2019 nº 18-17.120 FS-PB : RJS 10/19 nº 564), cette solution pouvant, selon nous, être **étendue** à tous les cas de nullité du licenciement.

4. NON-RESPECT DE STIPULATIONS CONVENTIONNELLES

Pour les licenciements prononcés depuis le 24-9-2017 sans que la procédure conventionnelle ou statutaire de **consultation préalable au licenciement** ait été respectée, mais pour une cause réelle et sérieuse, le juge accorde au salarié, à la charge de l'employeur, une indemnité qui ne peut pas être supérieure à un mois de salaire. Un tel manquement ne prive donc plus le licenciement de cause réelle et sérieuse, contrairement à la solution admise jusque-là par la jurisprudence (Cass. soc. 28-3-2000 nº 97-43.411 PB : RJS 5/00 nº 530 ; 17-12-2014 nº 13-10.444 FS-PB : RJS 3/15 nº 181) et qui devrait perdurer pour les licenciements prononcés avant la date précitée. **48790** C. trav. art. L 1235-2, al. 5 **NB-II-25900 s**

Pour les **autres stipulations conventionnelles** relatives au licenciement, leur violation ouvre droit pour le salarié à la réparation du préjudice subi (Cass. soc. 27-3-1991 nº 89-42.356 D), cumulable avec l'indemnité pour licenciement sans cause réelle et sérieuse (Cass. soc. 1-6-1994 nº 92-42.295 P : RJS 7/94 nº 854 ; 12-1-2000 nº 97-43.806 D), si elles sont considérées comme de simples règles de forme, ou rend le licenciement sans cause réelle et sérieuse si elles sont considérées comme des règles de fond (Cass. soc. 23-3-1999 nº 97-40.412 P : RJS 5/99 nº 657 ; 17-5-2011 nº 09-72.843 FS-PB : RJS 7/11 nº 592), mais pas nul, sauf si le texte conventionnel le prévoit expressément (Cass. soc. 14-10-1997 nº 97-40.033 P : RJS 11/97 nº 1229 ; 25-3-2009 nº 07-44.748 F-PB : RJS 6/09 nº 507).

Sur le **régime juridique** des indemnités, voir nº 48720, b.

S'agissant du licenciement de salariés en arrêt de travail pour **maladie,** en violation d'une clause de **garantie d'emploi,** voir nº 49925.

Sur le **droit au salaire** après la notification d'un licenciement subordonné à l'avis d'une commission interne, voir nº 47750.

48795 ILLUSTRATIONS

Ont été jugés sans cause réelle et sérieuse, car méconnaissant des **garanties de fond,** les licenciements prononcés :
– pour un **motif** autre que ceux prévus par la convention (Cass. soc. 3-2-1993 n° 91-42.409 P ; 25-3-2009 n° 07-44.748 F-PB : RJS 6/09 n° 507) ;
– sans que le salarié ait fait l'objet auparavant de **sanctions moindres,** contrairement aux prescriptions conventionnelles (Cass. soc. 12-3-1991 n° 88-42.461 P : RJS 4/91 n° 446 ; 7-7-1993 n° 89-45.148 PBS : RJS 8-9/93 n° 851 ; 2-12-2020 n° 19-19.352 F-D : RJS 2/21 n° 80) ou en cas d'**annulation** de ces sanctions par le juge (Cass. soc. 30-6-2004 n° 02-41.993 F-P : RJS 10/04 n° 1007) ;
– sans que les **motifs** du licenciement disciplinaire envisagé aient été notifiés au salarié dans la **convocation** à entretien préalable, en méconnaissance des stipulations de la convention collective (Cass. soc. 9-1-2013 n° 11-25.646 FS-PB : RJS 3/13 n° 201) ;
– en violation de l'obligation d'inviter le salarié à prendre connaissance de son **dossier disciplinaire** et à fournir des explications (Cass. soc. 11-3-2009 n° 08-40.453 FS-PB : RJS 5/09 n° 432) ;
– plus de **10 jours francs après l'entretien préalable,** alors que la convention collective prévoit qu'il doit intervenir à l'intérieur de ce délai (Cass. soc. 27-3-2013 n° 11-20.737 FS-PB : RJS 6/13 n° 439) ;
– sans que le salarié ait été **informé** de la faculté de saisir, **après son licenciement,** une **commission paritaire,** alors que le recours était suspensif (Cass. soc. 21-10-2008 n° 07-42.170 FS-PB : RJS 1/09 n° 22) ;
– en méconnaissance de la stipulation conventionnelle exigeant, en cas de faute grave ou lourde, l'**information** préalable des délégués du personnel ou du président de la commission nationale de conciliation (Cass. soc. 21-1-2009 n° 07-41.788 FS-PBR : RJS 4/09 n° 327) ou une **double signature** de la lettre de licenciement (Cass. soc. 5-4-2005 n° 02-47.473 P : RJS 6/05 n° 608).

En revanche a été qualifié de simple **règle de forme** :
– une procédure mise en place pour des **mutations,** peu important qu'un refus de mutation débouche sur un licenciement (Cass. soc. 18-10-2006 n° 05-43.767 FS-PB : RJS 12/06 n° 1259) ;
– le non-respect de l'**entretien préalable** prévu par une convention, ce texte n'instituant pas une protection supérieure à celle prévue par la loi (Cass. soc. 11-7-2016 n° 14-22.651 FS-PB : RJS 10/16 n° 625) ;
– le **défaut de signature du procès-verbal** de réunion de la commission de conciliation de l'entreprise par l'ensemble de ses membres **et de transmission** de celui-ci au salarié à l'issue de la réunion (Cass. soc. 8-7-2020 n° 18-15.603 FS-PB : RJS 10/20 n° 464).

SECTION 5 INDEMNITÉ DE LICENCIEMENT

48900 L'indemnité de licenciement due par l'employeur au salarié licencié résulte soit de la loi, soit des conventions collectives, soit du contrat de travail ou des usages.

Les journalistes (nos 46365 s.), les VRP (nos 61380 s.), les assistants maternels (n° 33355) bénéficient d'une **indemnité spécifique.** S'agissant des employés de maison, voir n° 33435 ; des étrangers en situation irrégulière, voir n° 35975.

A. Indemnité minimale légale

48910 L'indemnité légale de licenciement bénéficie, sous certaines conditions, à **tout salarié** appartenant au secteur privé ou public (exception faite des fonctionnaires), quel que soit l'effectif de l'entreprise. C'est une indemnité minimale, versée à défaut de dispositions plus favorables de la convention collective, d'usages ou du contrat de travail.

C. trav. art. L 1211-1, L 1231-4, L 1234-9, L 1234-14
NB-V-200 s

ATTENTION

Ni l'employeur ni le salarié ne peut **renoncer** par avance au droit de se prévaloir des règles relatives à l'indemnité légale de licenciement.

CONDITIONS D'ATTRIBUTION

48920 Sauf licenciement pour **faute grave ou lourde,** le salarié titulaire d'un **contrat** à durée indéterminée justifiant de 8 mois d'**ancienneté** ininterrompue au service du même employeur a droit à l'indemnité légale de licenciement.

C. trav. art. L 1234-9, al. 1 L 1234-10 à L 1234-12 **NB-V-430 s**

> **Précisions** **a.** Les droits du salarié à l'indemnité de licenciement **s'apprécient** à la date d'envoi de la lettre de rupture (Cass. soc. 11-1-2007 n° 04-45.250 FS-PB : RJS 3/07 n° 330). L'intervention de dispositions légales ou conventionnelles nouvelles au cours du préavis est donc sans incidence sur les droits du salarié à l'indemnité (Cass. soc. 19-1-1994 n° 89-41.245 P : RJS 3/94 n° 250 ; 11-1-2006 n° 03-44.461 FS-PB : RJS 3/06 n° 336).
> La même règle s'applique en cas de faute grave commise antérieurement à la notification du licenciement, mais révélée postérieurement à l'employeur (Cass. soc. 7-3-1990 n° 86-45.685 P : RJS 4/90 n° 292 ; 12-7-2004 n° 03-43.293 F-D). De même, une **faute** commise au cours du préavis justifie l'interruption de celui-ci, mais pas la perte du droit à l'indemnité (Cass. soc. 23-10-1991 n° 88-43.008 P : RJS 12/91 n° 1329 ; 11-9-2019 n° 18-12.606 F-PB : RJS 11/19 n° 626).
> **b.** Les périodes de suspension du contrat de travail ne rompent pas l'**ancienneté** du salarié qui est déterminée selon les mêmes règles que celles retenues pour le **calcul** de la durée de préavis (n° 69235).
> **c.** L'indemnité n'est pas due en **cas** de démission ou de force majeure sauf si cette dernière résulte d'un sinistre (n° 69195). En revanche, la cessation de l'entreprise ne libère pas l'employeur de son obligation de la verser, sauf cas de force majeure. Sur l'indemnité à verser en cas de licenciement pour inaptitude physique après un accident ou une maladie, voir n° 345 (origine professionnelle) et n° 50045 (origine non professionnelle).

CALCUL ET MONTANT

48930 C. trav. art. R 1234-1 et R 1234-2 **NB-V-1840 s**

Taux Quel que soit le motif du licenciement, l'indemnité minimale, calculée par **année de service** dans l'entreprise, ne peut pas être inférieure à 1/4e de mois de salaire par année d'ancienneté, pour les années jusqu'à 10 ans, et 1/3 de mois par année d'ancienneté pour les années au-delà de 10 ans.

48935 C. trav. art. R 1234-1 **NB-V-2830 s**

Notion d'année de service L'indemnité de licenciement se calcule en fonction du nombre d'**années** de service dans l'entreprise et des **mois** de service accomplis au-delà des années pleines. En cas d'année incomplète, l'indemnité est calculée proportionnellement au nombre de mois complets.

Ainsi, l'indemnité de licenciement d'un salarié ayant 13 ans et 5 mois d'ancienneté à la date de rupture de son contrat de travail sera de : $[(1/4 \times 10) + (1/3 \times 3) + (1/3 \times 5/12)] \times$ salaire mensuel.

Les périodes de **suspension du contrat** n'entrent pas en compte pour le calcul de l'indemnité légale (Cass. soc. 5-5-1982 n° 80-40.698 D), sauf si elles sont assimilées à un travail effectif pour le calcul de l'ancienneté (n° 69235, a).

La période de **préavis** doit être prise en compte pour déterminer l'ancienneté à retenir pour le calcul de l'indemnité, y compris en cas de dispense à l'initiative de l'employeur (Cass. soc. 30-3-2005 n° 03-42.667 F-PB : RJS 6/05 n° 606) ou d'inaptitude physique d'origine non professionnelle (n° 50045). En revanche, en cas de dispense de préavis à la demande du salarié acceptée par l'employeur (n° 69330) ou de faute grave commise pendant le préavis (Cass. soc. 11-9-2019 n° 18-12.606 F-PB : RJS 11/19 n° 626), le contrat prend fin immédiatement et il n'y a pas à tenir compte de la période de préavis non effectuée.

Ne doit pas être prise en compte la durée des **congés non pris** correspondant à l'indemnité compensatrice de congés payés (Cass. soc. 19-2-1991 n° 88-42.460 D : RJS 4/91 n° 451).

> **Précisions** **a.** Lorsque plusieurs contrats se sont **succédé sans interruption** avec le même employeur, l'ancienneté acquise au titre des contrats antérieurs doit être prise en compte, sauf si les indemnités de rupture ont été réglées à l'issue de chaque contrat.
> En revanche, lorsque les contrats sont séparés par des **périodes d'interruption**, l'ancienneté à retenir est celle acquise au titre du dernier contrat de travail, sauf disposition conventionnelle ou contractuelle contraire (Cass. soc. 7-1-1988 n° 85-40.519 D).
> **b.** Les **cas particuliers** suivants sont exposés dans d'autres rubriques : contrat à durée indéterminée succédant à un contrat à durée déterminée (n° 20030) ; salarié mis à la disposition d'une filiale étrangère (n° 78470) ; cession de l'entreprise (n° 74690) ; périodes d'apprentissage ayant précédé le contrat de travail (n° 3580) ; exercice d'un mandat social et suspension du contrat de travail (n° 28285, a).

48940 C. trav. art. L 1234-9, al. 2 R 1234-4 **NB-V-2080 s**

Salaire de référence L'assiette de calcul de l'indemnité minimale légale est égale à, selon la formule la plus avantageuse pour le salarié :
– soit 1/12e de la **rémunération brute** des 12 derniers mois précédant l'envoi de la lettre de licenciement. Si l'ancienneté du salarié est inférieure à 12 mois, on prend en compte la moyenne mensuelle de la rémunération de l'ensemble des mois précédant le licenciement ;
– soit 1/3 des 3 derniers mois. Dans ce cas, toute prime ou gratification de caractère annuel ou exceptionnel, versée au salarié pendant cette période, n'est prise en compte que dans la limite d'un montant calculé prorata temporis.

Toutefois, pour le salarié licencié à l'issue d'un **arrêt maladie,** la rémunération à retenir est, selon la formule la plus avantageuse pour l'intéressé, celle des 12 ou des 3 derniers mois précédant l'arrêt de travail (Cass. soc. 23-5-2017 nº 15-22.223 FS-PBRI : RJS 7/17 nº 474). Ainsi, il n'y a pas lieu de reconstituer fictivement le salaire qui aurait été perçu si le salarié n'avait pas été malade. La même solution devrait, selon nous, s'appliquer au salarié en **congé parental d'éducation** à temps plein au moment du licenciement (voir en ce sens : CA Aix-en-Provence 15-2-2014 nº 13-14322 : RJS 8-9/14 nº 618).

> **Précisions** **a.** Est prise en compte la **rémunération effective** versée au salarié ou la rémunération qu'il aurait dû percevoir si l'employeur n'avait pas manqué à ses obligations en la matière (Cass. soc. 22-3-2006 nº 04-43.933 F-P : RJS 6/06 nº 722 ; 22-6-2016 nº 15-10.513 F-D).
Sont **exclues** de ce calcul :
– les sommes présentant le caractère d'un remboursement de frais réellement engagés (Cass. soc. 29-5-1991 nº 87-44.297 D : RJS 7/91 nº 834) ;
– les commissions perçues pendant la période de référence mais relatives à des affaires anciennes (Cass. soc. 13-3-1990 nº 87-41.500 D) ;
– les sommes versées au titre d'un régime légal d'intéressement (Cass. soc. 8-7-1981 nº 79-40.929) ou de participation ;
– l'indemnité compensant la perte des stock-options (Cass. soc. 20-3-2007 nº 04-48.332 F-D : RJS 6/07 nº 732) ;
– l'indemnité versée au salarié au titre du préavis (Cass. soc. 11-3-2009 nº 07-42.209 F-D et 07-42.210 F-D) ;
– les bonus récupérables des preneurs de risques travaillant au sein des établissements de crédit et des entreprises d'investissement (C. mon. fin. art. L 511-84-1).
Doivent en revanche être **inclus** dans l'assiette de l'indemnité :
– la déduction forfaitaire pour frais professionnels dont bénéficie éventuellement le salarié (Cass. soc. 29-5-1991 nº 87-44.297 D : RJS 7/91 nº 834) ;
– un rappel de salaire correspondant à la période de référence (Cass. soc. 30-4-2003 nº 00-44.789 F-D : RJS 7/03 nº 874) ;
– les indemnités de congés payés, qu'elles soient versées par l'employeur ou par une caisse de congés payés (Rép. Richard : AN 17-2-1992 nº 50902) mais pas l'indemnité compensatrice de congés payés non pris (Cass. soc. 14-12-2005 nº 03-45.318 F-D : RJS 4/06 nº 434).
S'agissant des avantages en nature, voir nº 70445, c.
b. Pour les travailleurs rémunérés par des **pourboires** directs, l'indemnité de licenciement doit être calculée sur la base soit du Smic, soit du salaire minimum conventionnel s'il est supérieur (Circ. TE 18-68 du 21-3-1968, réputée abrogée). Si les pourboires sont centralisés par l'employeur, l'indemnité est calculée sur les sommes effectivement perçues (en ce sens : Cass. soc. 21-2-1980 nº 78-41.528 P).

48942 EXEMPLE

Soit un salarié ayant 15 ans et 3 mois d'ancienneté dans l'entreprise (à la fin du préavis), à qui le licenciement est notifié le 1er décembre 2021 et dont le départ de l'entreprise a lieu le 31 janvier 2022 à l'issue de 2 mois de préavis.

Salaire mensuel brut de l'intéressé : 1 600 € jusqu'au 30 septembre ; 1 700 € à compter du 1er octobre.

Prime de vacances : 800 € versés en juin.

Treizième mois versé en décembre : 1 600 €.

Heures supplémentaires effectuées en octobre : 160 €.

1. Salaire de référence : 1/3 du salaire des 3 mois précédant la notification du licenciement (septembre à novembre) ou salaire moyen brut des 12 mois précédant la notification du licenciement s'il est plus avantageux pour le salarié (décembre de l'année N – 1 à novembre). Le salaire moyen brut des 3 mois précédant le licenciement est égal à : [1 600 € + 1 700 € + 1 700 € + (160 € = heures supplémentaires)] × 1/3 = 1 720 €. Le salaire moyen brut des 12 mois précédant le licenciement est égal à : 1/12 × [(1 600 € × 10) + (1 700 € × 2) + (800 € = prime de vacances) + (1 600 € = treizième mois versé en décembre de l'année N – 1) + (160 € = heures supplémentaires)] = 1 830 €.

Le salaire de référence le plus avantageux pour le salarié est par conséquent le salaire moyen des 12 mois précédant la notification du licenciement, soit 1 830 €.

2. Indemnité de licenciement : 1/4 de mois pour les 10 premières années, plus 1/3 de mois pour les années d'ancienneté suivantes, soit : [1 830 € × 1/4 × 10] + [1 830 × 1/3 × 5] + [1 830 × 1/3 × (3/12)] = 7 777,50 €.

48945 C. trav. art. L 3123-5, al. 5 NB-V-2510 s

Activité réduite Pour les salariés occupés à temps complet puis à temps partiel dans la même entreprise, l'indemnité de licenciement (et l'indemnité de départ à la retraite) sont calculées **proportionnellement aux périodes d'emploi** effectuées selon l'une et l'autre de ces modalités. Ce calcul vaut aussi dans le cas des salariés occupés successivement à temps partiel puis à temps plein (Cass. soc. 16-2-1994 nº 90-40.362 F-D : RJS 5/94 nº 626). Il s'applique à l'indemnité légale et à l'indemnité conventionnelle de licenciement (Cass. soc. 10-3-1988 n° 86-41.628 P ; 1-4-2003 n° 00-41.428 FS-D : RJS 6/03 n° 718 ; 17-9-2008 n° 06-45.256 F-D : RJS 12/08 n° 1252).

> Précisions **a.** En cas de **plafonnement conventionnel du montant** de l'indemnité, le plafond n'a pas à être réduit proportionnellement à la durée du travail dès lors que le principe de proportionnalité applicable aux salariés ayant travaillé successivement à temps plein et à temps partiel a été appliqué pour le calcul de l'indemnité elle-même (Cass. soc. 7-12-2011 n° 10-13.891 FS-D : RJS 2/12 n° 142 ; 26-9-2018 n° 17-11.102 FS-PB : RJS 12/18 n° 728), sauf disposition conventionnelle contraire (Cass. soc. 26-9-2018 n° 17-11.102 précité).

b. En cas de mise en **activité partielle** pendant la période de référence, il faut se référer au salaire qu'aurait perçu le salarié s'il avait travaillé à temps plein (Cass. soc. 24-11-1993 n° 89-43.679 ; 9-3-1999 n° 96-44.439 P : RJS 4/99 n° 565).

c. L'indemnité d'un salarié ayant repris le travail dans le cadre d'un **temps partiel thérapeutique** est calculée sur la base des salaires réellement perçus (Cass. soc. 26-1-2011 n° 09-66.453 F-D : RJS 4/11 n° 318). On peut s'interroger sur la pérennité de cette décision, compte tenu de la solution applicable au salarié en arrêt maladie au moment de son licenciement visée n° 48940.

d. Le montant de l'indemnité de licenciement d'un salarié en **congé parental à temps partiel** doit être calculé entièrement sur la base de la rémunération afférente aux périodes de travail à temps plein (CJUE 8-5-2019 aff. 486/18 : RJS 8-9/19 n° 536 ; Cass. soc. 18-3-2020 n° 16-27.825 FP-PB : RJS 6/20 n° 299).

EXEMPLE 48950

Soit un salarié ayant travaillé pendant 6 ans à temps plein et pendant 3 ans à mi-temps. La rémunération mensuelle moyenne des 3 mois précédant le licenciement est égale à 2 500 € (soit un salaire de base de 5 000 € pour les années à temps plein). L'indemnité légale de licenciement sera égale à :
– pour les années à temps plein : 5 000 × 6 × 1/4 = 7 500 € ;
– pour les années à temps partiel : 2 500 × 3 × 1/4 = 1 875 €, soit au total 9 375 €.

B. Indemnité conventionnelle

Les **conventions collectives** accordent souvent une indemnité de licenciement au salarié. 48960 NB-V-4800 s
Pour pouvoir être étendues, les conventions de branche comportent obligatoirement une clause relative aux conditions de la rupture du contrat (C. trav. art. L 2261-22, 7°).

Le droit à une indemnité de licenciement peut aussi résulter d'une clause du **contrat** de travail ou de la référence dans ce contrat de travail à une convention collective ou à un statut qui en prévoit une (Cass. soc. 2-12-2003 n° 01-46.079 FS-P : RJS 2/04 n° 204).

Ces dispositions conventionnelles ou contractuelles ne sont applicables que si elles sont **plus favorables** pour le salarié que l'indemnité minimale légale. Dans ce cas, seule l'indemnité conventionnelle est due, le cumul n'étant pas possible (Cass. soc. 15-10-1997 n° 95-41.168 D). La comparaison entre les dispositions légales et conventionnelles s'effectue selon les règles exposées n° 52205. Sur la portée d'une clause du **règlement intérieur,** voir n° 59880, b.

CONDITIONS D'ATTRIBUTION

Situation du salarié Les conditions sont fixées par la convention ou le contrat et peuvent varier en fonction de la **catégorie professionnelle** des salariés. Le versement de l'indemnité peut être subordonné à certaines conditions (**âge, ancienneté**...). 48970 NB-V-5500 s

> Précisions **a.** Le droit à l'indemnité de licenciement naît à la date d'envoi de la lettre notifiant la rupture, voir n° 48920, a. Ainsi, si la convention prévoit une indemnité majorée pour les travailleurs handicapés, le salarié n'y a pas droit s'il est reconnu handicapé en cours de préavis (Cass. soc. 26-9-2007 n° 06-43.033 FS-PB : RJS 12/07 n° 1283).

b. Lorsqu'une convention collective accorde aux cadres une indemnité de licenciement fixée en fonction de la durée de **présence dans l'entreprise,** l'ancienneté à retenir a pour point de départ l'entrée dans l'entreprise, même si à cette date le salarié n'avait pas la qualité de cadre (Cass. soc. 17-7-1996 n° 93-43.492 P : RJS 8-9/96 n° 921).

Lorsque la convention collective prévoit une indemnité calculée en fonction de l'**ancienneté acquise en qualité de cadre** dans l'entreprise, les périodes durant lesquelles le salarié ne bénéficiait pas de ce statut doivent être exclues (Cass. soc. 21-6-2006 n° 04-44.866 F-D : RJS 11/06 n° 1150) ; mais l'intéressé devrait pouvoir prétendre, en plus, à l'indemnité conventionnelle de licenciement correspondant à la catégorie professionnelle à laquelle il appartenait auparavant. En revanche, si la convention collective prévoit que l'indemnité de licenciement due au salarié ayant exercé la fonction de cadre, d'agent de maîtrise ou assimilé pendant au moins 2 ans est majorée à raison de l'occupation préalable dans l'entreprise d'une fonction d'ouvrier ou d'employé, les deux périodes d'emploi doivent être distinguées (Cass. soc. 16-10-2001 n° 99-43.940 F-P : RJS 12/01 n° 1426) et l'intéressé qui a successivement occupé des postes dans la catégorie ouvriers et agents de maîtrise ne peut pas prétendre cumuler l'indemnité susvisée ainsi majorée avec celle due aux ouvriers pour le temps où il a eu le statut d'ouvrier (Cass. soc. 31-1-1996 n° 91-45.176 P : RJS 3/96 n° 273).

c. L'indemnité conventionnelle peut être plafonnée à partir d'une certaine ancienneté. Sur le point de savoir s'il s'agit dans ce cas d'une **discrimination indirecte** en fonction de l'âge, voir n° 32060, b.

48980 NB-V-5770 s **Motif de la rupture** La convention peut prévoir des indemnités différentes selon le motif du licenciement (Cass. soc. 3-7-2013 n° 12-13.612 FS-PB : RJS 10/13 n° 677). Elle peut aussi ne prévoir le versement de l'indemnité qu'en cas de licenciement pour l'une des **causes** qu'elle définit, le salarié licencié pour une autre cause n'y ayant alors pas droit.

Le salarié a, en tout état de cause, droit à l'indemnité si son licenciement est jugé **sans cause réelle ni sérieuse** (Cass. ass. plén. 30-11-2007 n° 06-45.365 PBRI : RJS 2/08 n° 178 ; Cass. soc. 15-5-2002 n° 00-42.279 F-P : RJS 7/02 n° 812 ; 16-1-2019 n° 17-10.421 FS-D : RJS 4/19 n° 212).

ILLUSTRATIONS

Le salarié ne peut pas prétendre à l'indemnité prévue en cas de licenciement économique s'il est licencié pour insuffisance professionnelle (Cass. soc. 4-6-2009 n° 07-43.198 FS-PB : RJS 8-9/09 n° 711), ou à l'indemnité pour insuffisance professionnelle s'il est licencié pour absence injustifiée (Cass. soc. 25-1-2000 n° 97-45.160 D).

Si le versement d'une indemnité est prévu en cas de licenciement pour quelque cause que ce soit, celle-ci est due même en cas de **faute grave** du salarié (Cass. soc. 4-7-1990 n° 87-40.433 PF : RJS 8-9/90 n° 667 ; 31-5-2017 n° 16-10.354 F-D : RJS 8-9/17 n° 568). À l'inverse, à défaut de volonté contraire expresse des parties, le **licenciement pour faute grave** exclut le versement de l'indemnité (Cass. soc. 31-3-2009 n° 07-44.564 FS-PB : RJS 6/09 n° 530).

CALCUL

48990 NB-V-6420 s Les règles de calcul sont prévues par les conventions collectives ou le contrat de travail. À défaut, celles de l'indemnité légale sont transposables à l'indemnité conventionnelle. En revanche, compte tenu de la règle de non-cumul (n° 48960), une application cumulative des dispositions conventionnelles et légales est impossible (Cass. soc. 8-11-2011 n° 10-12.120 F-D : RJS 1/12 n° 8 ; 31-10-2012 n° 11-21.822 FS-PB : RJS 1/13 n° 27).

Pour calculer le montant de l'indemnité, l'ancienneté du salarié s'apprécie à la date d'expiration de son préavis, même en cas de dispense à l'initiative de l'employeur : voir n° 48935.

› Précisions **a.** L'**ancienneté** est déterminée selon les mêmes règles que celles retenues pour le calcul de la durée du préavis (n° 69235).

b. Si la convention collective énonce que l'indemnité s'établit en considération des **années d'ancienneté** (Cass. soc. 22-2-2006 n° 03-47.649 F-P : RJS 5/06 n° 565) ou de présence (Cass. soc. 28-4-1994 n° 91-44.763 P : RJS 6/94 n° 690), il n'en résulte pas que seules doivent être prises en compte des années entières.

c. En l'absence de précision de la convention collective, la **période de référence** est la période légale, c'est-à-dire les 12 derniers mois précédant le licenciement (Cass. soc. 21-2-2007 n° 04-48.259 F-D). Si la convention prévoit un calcul sur la base des salaires des **12 derniers mois de présence** dans l'entreprise, les mois de préavis que le salarié a été dispensé d'effectuer sont pris en compte (Cass. soc. 5-10-1983 n° 81-40.510 ; 22-6-2011 n° 09-68.762 FS-PB : RJS 10/11 n° 788).

48995 NB-V-7670 s **Seuil ou tranche** Lorsque les dispositions conventionnelles instituent des **seuils** (par exemple 2/5e de mois par année d'ancienneté, 3/5 e à partir de 5 ans d'ancienneté), l'indemnité est due au taux correspondant à l'ancienneté globale du salarié dans l'entreprise (Cass. soc. 5-5-1986 n° 83-42.497 P ; 27-3-2019 n° 17-16.689 FS-D : RJS 6/19 n° 349).

Lorsque ces dispositions instituent des **tranches** (par exemple jusqu'à 5 ans d'ancienneté 3/10e de mois, de 5 à 10 ans 4/10e de mois), l'indemnité est calculée tranche par tranche et progressivement (notamment : Cass. soc. 22-1-2003 n° 01-40.986 F-D : RJS 4/03 n° 452).

EXEMPLE

Lorsque la convention collective prévoit que l'indemnité de licenciement est calculée comme suit :
– à partir de 2 ans et jusqu'à 5 ans d'ancienneté, 2/5e de mois de salaire par année d'ancienneté ;
– après 5 ans d'ancienneté, 3/5e de mois de salaire par année d'ancienneté,
l'indemnité ne peut être calculée sur la base de 3/5e de mois de salaire que pour la période au cours de laquelle l'ancienneté du salarié est supérieure à 5 ans.

49000 NB-V-8010 s **Salaire de référence** Sauf disposition expresse contraire, l'indemnité conventionnelle est calculée à partir de la **rémunération brute** du salarié (Cass. soc. 2-2-1993 n° 89-43.956 D).

Ainsi jugé lorsque la convention collective prévoit que l'indemnité est calculée sur la base du salaire gagné ou du salaire perçu (Cass. soc. 4-11-1988 n° 86-41.406 D ; 20-2-1990 n° 87-40.868 P : RJS 4/90 n° 293).

> Précisions **a.** Le salaire de référence inclut les **indemnités journalières** éventuellement perçues pendant la période de référence (Cass. soc. 26-9-2007 n° 06-44.584 F-P : RJS 12/07 n° 1284). S'agissant des salariés en **arrêt maladie** pendant la période de référence, voir n° 48940.
b. La convention ou le contrat peut prévoir une **assiette** plus large que l'assiette légale y incluant par exemple la participation (Cass. soc. 30-6-1998 n° 96-42.777 D : RJS 10/98 n° 1213), l'intéressement (Cass. soc. 9-11-2011 n° 09-72.514 F-D), l'indemnité compensatrice de congés payés (Cass. soc. 20-12-2006 n° 04-47.847 F-D : RJS 5/07 n° 594) ou de réduction du temps de travail (Cass. soc. 9-1-2008 n° 06-44.407 F-D : RJS 3/08 n° 271). À l'inverse, ils peuvent la limiter. C'est l'indemnité conventionnelle ainsi calculée qui doit être versée au salarié dès lors qu'elle reste supérieure à l'indemnité légale (Cass. soc. 29-1-1997 n° 94-45.309 P : RJS 4/97 n° 408 ; 2-7-2002 n° 00-43.751 F-D : RJS 11/02 n° 1227).
c. Lorsque l'indemnité doit être calculée sur la rémunération d'une période déterminée (le mois précédant le préavis par exemple), les **primes et gratifications** dont la périodicité est supérieure (annuelle notamment) sont comptabilisées prorata temporis et les sommes ne répondant à aucune périodicité sont exclues (Cass. soc. 10-7-2013 n° 12-18.273 FS-PB : RJS 10/13 n° 676).
d. S'agissant des salariés en **activité réduite,** voir n° 48945.

POUVOIRS DU JUGE

Lorsque l'indemnité de licenciement est fixée par le **contrat de travail** à un **montant manifestement excessif,** les juges du fond peuvent estimer qu'elle représente pour partie une pénalité susceptible d'être réduite par application de l'article 1231-5 du Code civil (Cass. soc. 17-3-1998 n° 95-43.411 PBR : RJS 5/98 n° 590 ; 20-12-2006 n° 05-43.409 F-D : RJS 3/07 n° 332). Le juge peut prendre cette décision même d'office. Il ne peut toutefois pas annuler la clause contractuelle, sauf si celle-ci fait échec au droit reconnu à l'employeur de licencier (Cass. soc. 5-3-2014 n° 12-23.106 FS-PB : RJS 5/14 n° 400). **49010** NB-V-8670 s

La réduction étant une simple **faculté** pour les juges, ils n'ont pas à motiver spécialement leur décision (Cass. soc. 27-1-1988 n° 86-16.948 D ; 26-10-2010 n° 09-42.076 F-D).

En revanche, le juge est lié par les dispositions de la **convention collective** et ne peut pas réduire le montant qu'elle fixe (Cass. soc. 22-2-1995 n° 93-44.268 P : RJS 6/95 n° 644 ; 24-2-2004 n° 02-40.553 F-D) ou résultant d'un **engagement unilatéral de l'employeur** (Cass. soc. 26-5-1999 n° 96-43.614 P : RJS 7/99 n° 916).

ILLUSTRATIONS

Est susceptible d'être réduite par le juge l'indemnité de licenciement fixée par :
– une clause du contrat de travail fixant un mode de calcul par référence à une convention collective, non applicable par ailleurs à la relation de travail (Cass. soc. 12-1-2005 n° 02-42.722 F-D : RJS 3/05 n° 271 ; 16-3-2016 n° 14-23.861 FS-PB : RJS 5/16 n° 324) ;
– une clause contractuelle dite « golden parachute » (Cass. soc. 21-9-2005 n° 03-45.827 F-D : RJS 12/05 n° 1203) ;
– une décision du conseil d'administration et approuvée par le salarié (Cass. soc. 18-12-2001 n° 99-46.367 F-D).

En revanche, en cas d'**application volontaire,** prévue contractuellement, d'une convention collective autre que celle applicable de droit, l'indemnité de licenciement prévue par ladite convention a la nature d'une indemnité conventionnelle non susceptible d'être réduite par le juge (Cass. soc. 9-11-2011 n° 09-43.528 FS-PB : RJS 1/12 n° 35).

C. Versement

MODALITÉS DE PAIEMENT

Sauf disposition conventionnelle contraire, l'indemnité légale ou conventionnelle de licenciement est en principe **versée** en même temps que la dernière paie. En cas de dispense de préavis, l'employeur peut payer cette indemnité au moment où l'intéressé quitte effectivement le travail. **49030** NB-V-3380 s

RÉGIME JURIDIQUE

L'indemnité n'a pas le caractère d'un salaire. Elle est donc : **49040** NB-V-3940 s
– **exonérée,** dans les limites visées n° 90050, de cotisations de sécurité sociale (n° 22845) et des prélèvements dont l'assiette est alignée sur celle des cotisations, de CSG et de CRDS

(nos 25140 s.) et d'impôt sur le revenu (Mémento Paie nos 63800 s.). S'agissant du forfait social, voir no 84310 ;
– exclue du champ de la saisie des rémunérations, et **cessible** et **saisissable** en totalité par la voie de la procédure de droit commun de la saisie-attribution (Cass. com. 5-2-1958 ; Rép. Roger-Machart : AN 29-10-1984 no 56857) ;
– soumise à la **prescription** applicable aux actions portant sur la rupture du contrat de travail (voir no 14746) ;
– exclue du bénéfice du superprivilège (nos 70875 s.). Elle constitue une **créance privilégiée** sur les meubles et immeubles (en totalité pour la fraction inférieure à 2 fois le plafond mensuel de la sécurité sociale visé no 90020, pour le quart au-delà) et est couverte par l'assurance des créances de salaires en cas de procédure collective dans les conditions prévues aux nos 70902 s.

CUMUL

49050 NB-V-4300 s L'indemnité légale ou conventionnelle se cumule avec :
– l'indemnité compensatrice de préavis (nos 69335 s.) ;
– l'indemnité pour licenciement irrégulier, sans cause réelle ou sérieuse, ou nul (nos 48700 s. et 48775) ;
– l'indemnité due en cas d'annulation d'un plan de sauvegarde de l'emploi dans le cadre d'une procédure collective (no 48335, c) ;
– l'indemnité compensatrice de congés payés (nos 13700 s.) ;
– l'indemnité allouée par le juge en cas de requalification d'un contrat à durée déterminée en contrat à durée indéterminée (no 20330) ;
– la garantie forfaitaire accordée au travailleur dissimulé (no 79200, b) ;
– l'indemnité due en cas de violation de l'engagement contractuel de garantie d'emploi (Cass. soc. 4-3-2008 no 06-45.221 F-PB : RJS 5/08 no 585).

Le cumul est aussi possible avec les allocations chômage (nos 6480 s.) ainsi qu'avec des avantages de vieillesse (nos 67500 s.).

En revanche, l'indemnité n'est **pas cumulable** avec les indemnités de départ en retraite (no 69065, b), de mise à la retraite (no 69050) et de clientèle attribuée aux VRP (no 61395).

MALADIE

SOMMAIRE

I. EFFET SUR LE CONTRAT DE TRAVAIL

Le salarié victime d'une maladie ou d'un accident est protégé contre les discriminations : il est en effet interdit à l'employeur d'arrêter une décision en prenant en considération son état de santé (n°s 32060 s.). Un arrêt maladie constitue une simple cause de suspension du contrat de travail, mais il ne fait pas nécessairement obstacle à un licenciement pour un motif autre que la maladie. Une place à part doit être réservée au sort du contrat en cas d'inaptitude physique du salarié à reprendre son poste. Des règles particulières s'appliquent lorsque l'accident ou la maladie a une origine professionnelle : voir n°s 200 s. 49700

A. Suspension du contrat de travail

1. CONDITIONS

Le salarié qui se voit prescrire un arrêt de travail par son médecin traitant doit prévenir rapidement l'employeur de son absence, puis justifier de son état en lui faisant parvenir le **certificat médical** initial et ses éventuelles prolongations. Le **délai** pour procéder à ces formalités est souvent fixé par les conventions collectives ou les usages à 48 heures. Si l'absence du salarié est programmée, l'employeur doit être prévenu dès que possible : une information tardive est fautive et peut justifier un licenciement (Cass. soc. 21-11-2012 n° 11-18.686 F-D : RJS 2/13 n° 105). Sur l'obligation de déclaration de l'employeur, voir n° 50330. 49740 N-V-150 s

L'**absence de justification** de la maladie ne constitue en aucun cas la manifestation d'une volonté non équivoque de démissionner (jurisprudence constante, notamment Cass. soc. 29-5-1990 n° 87-41.827 D). Elle peut toutefois justifier un licenciement pour faute, en particulier lorsque l'employeur est laissé dans l'ignorance des raisons de l'absence du salarié malgré des relances (Cass. soc. 9-7-2008 n° 07-41.483 F-D : RJS 10/08 n° 981 ; 26-5-2010 n° 08-41.595 F-D : RJS 8-9/10 n° 659).

› **Précisions** **a.** Les salariés atteints d'une maladie longue et coûteuse bénéficient d'**autorisations d'absence** pour suivre les traitements médicaux nécessités par leur état de santé (C. trav. art. L 1226-5). En dehors de ce cas, le salarié souhaitant suivre un traitement médical ou consulter un médecin durant ses heures de travail doit en principe obtenir l'autorisation préalable de l'employeur. Mais le fait de quitter son poste sans autorisation pour un tel motif ne constitue pas, en soi, une cause de licenciement (Cass. soc. 3-7-2001 n° 99-41.738 FS-PF :

RJS 10/01 n° 1133 ; 2-12-2009 n° 08-40.156 F-D : RJS 2/10 n° 172).

b. En cas de litige, il revient au salarié de **prouver** qu'il a informé en temps utile l'employeur de son arrêt de travail pour maladie (Cass. soc. 31-1-1985 n° 82-42.633 S).

c. Un certificat médical d'arrêt de travail raturé ou falsifié n'est pas valable (Cass. soc. 5-1-1984 n° 81-41.766 ; 12-2-1985 n° 82-42.983 P). Un doute sur la **réalité de la maladie** ne permet pas à l'employeur de prononcer un licenciement, sauf à prouver que le salarié a produit un certificat médical frauduleux ou de complaisance (Cass. soc. 13-7-2004 n° 02-45.438 F-P : RJS 10/04 n° 1027 ; 24-9-2013 n° 12-13.537 F-D : RJS 1/14 n° 11).

2. CONSÉQUENCES

a. Dispense de travail

49750 N-V-2100 s Pendant la suspension de son contrat de travail, le salarié est dispensé d'activité. L'employeur ne doit pas solliciter ni même tolérer le **maintien d'une collaboration** professionnelle (Cass. soc. 15-6-1999 n° 96-44.772 P : RJS 8-9/99 n° 1049 ; 21-11-2012 n° 11-23.009 F-D : RJS 2/13 n° 106). Il peut en revanche exiger du salarié qu'il restitue les éléments matériels ou les informations en sa possession et nécessaires à l'activité de l'entreprise, sous réserve que cela n'implique pas l'accomplissement d'une prestation de travail (Cass. soc. 25-6-2003 n° 01-43.155 F-D : RJS 10/03 n° 1147). Le refus du salarié d'obtempérer ou l'exercice d'une activité pour le compte d'un autre employeur peuvent caractériser un manquement à son obligation de loyauté (n° 49940, a).

Des actions de **formation** ou d'évaluation peuvent être mises en œuvre pendant l'arrêt de travail : voir n° 50335. Sur la possibilité pour le salarié de bénéficier d'une visite médicale de préreprise, pendant la suspension de son contrat, voir n° 72470.

› Précisions **a.** La suspension du contrat de travail pour maladie emporte les conséquences exposées n° 17120. S'agissant, par ailleurs, de son incidence : sur le calcul des **congés payés,** voir n° 13337 ; sur la prise des congés, voir n°s 13515 s. ; sur la période d'**essai**, voir n° 16730 ; sur le calcul de l'**indemnité de licenciement** en cas de rupture à l'issue de l'arrêt, voir n° 48940.

b. Le contrat de travail des salariés mis en **quarantaine** dans le cadre d'une mesure d'état d'urgence sanitaire est suspendu et ne peut pas être rompu, sauf pour les motifs visés n°s 265 s. À l'issue de la période de quarantaine, le salarié bénéficie du droit à réintégration visé n° 300 (C. trav. art. L 1226-9-1).

b. Maintien de salaire

49760 O-II-11200 s Pendant son arrêt de travail, le salarié bénéficie, sous certaines conditions, d'indemnités journalières de la sécurité sociale et d'un complément de salaire lui assurant tout ou partie de sa rémunération antérieure, en vertu du Code du travail, des dispositions plus favorables de la convention collective ou des usages.

› Précisions Le complément de salaire est versé au salarié soit directement par l'employeur, soit par l'organisme de prévoyance ou d'assurance auquel il a adhéré. Le régime conventionnel se substitue entièrement à celui résultant de la loi s'il est, avantage par avantage, globalement plus favorable à l'ensemble des salariés (Cass. soc. 17-1-1996 n° 93-20.066 P : RJS 3/96 n° 290).

MAINTIEN DE SALAIRE LÉGAL

49765 C. trav. art. L 1226-1 L 1226-1-1 D 1226-8 O-II-11550 s **Conditions** Le salarié absent pour maladie ou accident, y compris d'origine professionnelle, bénéficie du maintien légal de salaire s'il remplit les conditions suivantes :

- ancienneté d'un an au premier jour de l'absence ;
- envoi d'un certificat médical d'arrêt de travail à l'employeur dans les 48 heures ;
- prise en charge par la sécurité sociale ;
- soins reçus en France ou dans un autre pays membre de l'UE ou de l'EEE.

› Précisions **a.** Les salariés à domicile, saisonniers ou intermittents et les salariés temporaires ne bénéficient pas du maintien de salaire légal.

b. Sur le maintien de salaire pendant une **cure thermale,** voir n° 49790.

c. Si le **contrat de travail** est **suspendu avant le début de la maladie,** l'employeur n'est pas tenu de verser le complément de salaire tant que dure cette suspension. Ainsi jugé à propos d'un salarié qui, avant de tomber malade, est placé sous contrôle judiciaire (Cass. soc. 31-5-2012 n° 10-16.810 FS-PB : RJS 8-9/12 n° 706) ou participe à une grève (voir n° 49775). En revanche, le salarié qui convient avec l'employeur de sa réintégration à l'issue d'un congé sans solde mais en est empêché par sa maladie a droit au maintien de salaire (Cass. soc. 9-6-1993 n° 89-42.871 PFBS : RJS 7/93 n° 714).

d. Comme pour le maintien de salaire conventionnel (n° 49790), la condition de prise en charge par la sécurité sociale devrait seulement impliquer d'avoir la qualité d'assuré social.

e. Il peut être **dérogé par décret,** pour une durée maximale d'un an, aux conditions d'octroi du complément employeur lorsque la protection de la santé le justifie en cas de **risque sanitaire** grave et exceptionnel tel que prévu n° 50100, a, et notamment d'épidémie. Sur les mesures adoptées dans le cadre de l'épidémie de **Covid-19**, voir n° 50420.

Point de départ Le salarié bénéficie du maintien du salaire dès le premier jour d'absence en cas d'**accident du travail** ou de maladie professionnelle. **49770** C. trav. art. D 1226-3 **O-II-12000 s**

En cas de **maladie ou d'accident non professionnel,** y compris les accidents de trajet, le maintien de salaire débute à compter du huitième jour d'absence. Ce délai de carence est décompté en jours calendaires, en incluant les jours où le salarié n'aurait pas travaillé s'il n'avait pas été malade (Cass. soc. 26-1-2011 n° 08-45.204 FS-PB : RJS 4/11 n° 328).

Durée et montant Le salarié a droit à 90 % de sa rémunération brute pendant 30 jours, puis à 2/3 pendant les 30 jours suivants. Ces durées sont augmentées de 10 jours par période entière de 5 ans d'ancienneté en sus de la durée d'une année exigée au n° 49765, sans que chacune d'elles puisse dépasser 90 jours. **49775** C. trav. art. D 1226-1 D 1226-2 D 1226-4 **O-II-11910 s**

Ainsi, par exemple, le salarié ayant entre 6 et 10 ans d'ancienneté a droit à 40 jours d'indemnisation à 90 %, puis 40 jours à 2/3. Celui qui a entre 11 et 15 ans d'ancienneté a droit à 50 jours d'indemnisation à 90 %, puis 50 jours à 2/3, etc.

Ces durées sont **calculées** en jours calendaires, en tenant compte des jours de repos hebdomadaire (Cass. soc. 1-7-1985 n° 83-41.028 S).

Pour le calcul des indemnités dues au titre d'une période de paie, il est tenu compte des **indemnités déjà perçues** par le salarié durant les **12 mois antérieurs.** Par conséquent, le changement d'année civile n'ouvre pas droit à une nouvelle période d'indemnisation (Cass. soc. 28-4-1994 n° 92-43.394 PFBS : RJS 6/94 n° 656).

S'agissant de l'indemnisation du salarié en cours de préavis, voir n° 69305.

› Précisions **a.** Le salarié en congé maladie au moment du déclenchement d'une **grève** peut prétendre à l'indemnisation pour la totalité de son absence sans qu'il y ait lieu de déduire les heures de grève (Cass. soc. 16-7-1987 n° 85-44.490 D), sauf s'il est établi que l'employeur a été dans l'impossibilité de fournir du travail aux salariés non grévistes. Dans ce cas, en effet, le salarié malade doit être traité comme il l'aurait été s'il avait été valide (Cass. soc. 17-1-1996 n° 91-43.218 D : RJS 3/96 n° 287). À l'inverse, lorsque le salarié a pris part à la grève avant de tomber malade, les heures de grève sont déduites de la période indemnisée (Cass. soc. 17-6-1982 n° 80-40.973 P). S'agissant du salarié malade le jour de la récupération des heures perdues, voir n° 30525, b.

b. En cas d'**activité partielle** pendant la durée de l'absence, l'employeur n'est pas tenu de verser au salarié malade l'indemnisation correspondant à cette période (Cass. soc. 2-7-1987 n° 83-43.626 P), sauf si les salariés valides bénéficient à cette occasion d'un maintien conventionnel de leur rémunération (Cass. soc. 7-4-1994 n° 89-42.872 D : RJS 5/94 n° 542).

Salaire de référence La rémunération à maintenir en application du Code du travail s'entend de la **rémunération brute** que le salarié aurait perçue s'il avait continué à travailler. **49780** C. trav. art. D 1226-1 D 1226-7 **O-II-12430 s**

En cas de **rémunération variable,** le salaire de référence doit être significatif au regard de l'absence indemnisée, ce qui peut conduire à retenir soit celui de la période de paie précédant cette absence, soit un salaire moyen perçu au cours d'une période plus longue, le trimestre, par exemple (Circ. 27-6-1978 réputée abrogée).

La rémunération à maintenir est celle correspondant à l'horaire pratiqué durant l'absence du salarié dans l'établissement ou la partie d'établissement. Doivent être prises en compte les **heures supplémentaires** effectuées durant cette période (Circ. DRT 7 du 6-12-2000), à l'exclusion, toutefois, des heures supplémentaires dues à l'absence pour maladie de l'intéressé.

› Précisions **a.** Une prime de panier compensant le **surcoût du repas** lié à un travail posté, de nuit ou en horaires atypiques et une **indemnité de transport** indemnisant les frais de déplacement du domicile du salarié à son lieu de travail constituent, même si elles sont forfaitaires et versées sans justificatif, un remboursement de frais exclu du calcul du salaire de référence (Cass. soc. 11-1-2017 n° 15-23.341 FP-PBRI : RJS 3/17 n° 201). Rendue au sujet d'un accord professionnel rédigé dans les mêmes termes que l'article D 1226-1 du Code du travail, la solution vaut selon nous pour le maintien légal du salaire.

b. Sur la prise en compte des primes et gratifications dans le maintien de salaire, voir n° 70477.

c. Sur la rémunération à maintenir pour les salariés rémunérés au **pourboire,** en cas d'application d'une assiette forfaitaire de cotisations, voir n° 70450, b.

d. S'agissant du salarié tombant malade au moment de la transformation de son emploi à temps plein en emploi à **temps partiel,** voir n° 77375. Sur l'horaire à prendre en compte en cas d'application d'un **accord de modulation** assorti du lissage de la rémunération, voir n° 30310, a.

MAINTIEN DE SALAIRE CONVENTIONNEL

49790 O-II-14100 s Les conventions collectives peuvent prévoir leurs propres **conditions** d'indemnisation.

Dans le **silence du texte** conventionnel, les conditions légales du maintien de salaire visées nº 49765 n'ont pas vocation à s'appliquer.

Il en va ainsi de la condition de territorialité des soins (Cass. soc. 4-6-1987 nº 84-43.850 P) ou de prise en charge par la sécurité sociale (Cass. soc. 14-10-1998 nº 96-40.682 P : RJS 2/99 nº 204 ; 1-2-2012 nº 10-27.308 FS-PB : RJS 4/12 nº 343). De même, si la convention collective ne prévoit pas de **délai de carence,** le salarié a droit au complément de salaire dès le premier jour (Cass. soc. 12-3-2002 nº 99-43.976 FS-P : RJS 6/02 nº 675 ; 7-7-2016 nº 15-21.004 F-D : RJS 11/16 nº 694 ; Cass. 2e civ. 20-12-2018 nº 17-28.955 F-PB : RJS 3/19 nº 158).

ILLUSTRATIONS

Une convention collective peut déterminer la nature des **absences** ouvrant droit à indemnisation. Si, par exemple, le texte ne vise que l'accident du travail ou la maladie, le maintien de salaire n'est pas dû en cas d'accident de droit commun (Cass. soc. 28-3-1985 nº 84-43.437 P) : dans ce cas, le salarié bénéficie du régime légal.

L'absence pour **cure thermale,** même prescrite par un médecin et acceptée par la sécurité sociale, n'ouvre pas droit au maintien de salaire (Cass. ass. plén. 1-4-1993 nº 89-41.756 P : RJS 5/93 nº 484), sauf si le salarié justifie d'une incapacité de travail (Cass. soc. 29-1-1997 nº 93-42.794 D : RJS 3/97 nº 283 ; 13-4-2005 nº 03-41.502 F-P : RJS 6/05 nº 632) ou si la convention collective prévoit expressément sa prise en charge (Cass. soc. 18-10-2006 nº 05-41.408 F-PB : RJS 1/07 nº 100).

Si une convention collective subordonne le maintien de salaire à une **indemnisation par la sécurité sociale,** seul le salarié qui perçoit les indemnités journalières du régime général y a droit (Cass. soc. 20-10-2015 nº 14-16.503 FS-PB : RJS 1/16 nº 30). En revanche, si le maintien de salaire est subordonné à la **prise en charge par la sécurité sociale,** seule la qualité d'assuré social est requise (Cass. soc. 24-6-2020 nº 18-23.869 F-PB : RJS 8-9/20 nº 418).

Si la convention collective prévoit le maintien de la rémunération pendant une **durée maximale au cours de l'année civile,** le salarié ayant épuisé ses droits au cours d'une année ne peut pas prétendre à une nouvelle indemnisation au titre de la même absence à compter du 1er janvier de l'année suivante (Cass. soc. 13-7-1988 nº 86-40.437 P ; 14-10-2009 nº 07-44.834 FS-PB : RJS 12/09 nº 935).

49795 O-II-15100 s. Sauf disposition conventionnelle contraire, le maintien de salaire est calculé sur la **rémunération** nette (Cass. soc. 11-3-1997 nº 94-40.869 D : RJS 4/97 nº 417 ; 15-5-2012 nº 10-26.864 F-D : RJS 8-9/12 nº 707), sous réserve qu'il n'en résulte pas une indemnisation inférieure à celle prévue par le Code du travail. Il est tenu compte, le cas échéant, de la rémunération variable du salarié (Cass. soc. 19-5-2009 nº 07-45.692 F-PB : RJS 8-9/09 nº 718 ; 5-6-2019 nº 18-12.862 FS-PB : RJS 8-9/19 nº 494 ; 25-11-2020 nº 19-12.665 F-PB : RJS 2/21), notamment celle liée au nombre d'interventions lors d'astreintes (Cass. soc. 11-5-2017 nº 15-23.649 FS-PB : RJS 7/17 nº 483).

Si la convention collective prévoit un calcul sur la base du salaire mensuel précédant l'arrêt de travail, les heures supplémentaires travaillées au cours du mois précédant cet arrêt doivent être retenues (Cass. soc. 17-7-1996 nº 93-42.456 D : RJS 10/96 nº 1049).

Pour le cas où la convention prévoit le maintien de la rémunération brute que le salarié aurait perçue s'il avait continué à travailler, voir nº 49780.

DÉDUCTION DES PRESTATIONS SOCIALES

49805 C. trav. art. D 1226-5 O-II-12900 s O-II-15450 s La garantie prévue par le Code du travail s'entend déduction faite des **indemnités journalières** de la sécurité sociale (nos 50350 s.) et des allocations versées par les régimes complémentaires de **prévoyance,** en ne retenant, dans ce dernier cas, que la part des prestations résultant des cotisations patronales.

Lorsque la convention ou l'accord collectif prévoit, à l'instar du Code du travail, le **maintien de la rémunération** que le salarié aurait perçue s'il avait continué à travailler, il faut en déduire le montant des indemnités ou prestations avant précompte des contributions sociales (CSG, CRDS) et des impositions de toute nature que la loi met à la charge du salarié (Cass. soc. 15-12-2004 nos 02-43.033 FS-PB et 03-13.074 FS-PB : RJS 2/05 nº 154 ; 10-5-2006 nos 04-48.544 FD et 05-40.363 FD : RJS 7/06 nº 840 ; 23-9-2020 19-15.302 F-D : RJS 12/20 nº 590).

› **Précisions** **a.** L'employeur qui calcule les sommes versées au salarié malade sans tenir compte des prestations de la sécurité sociale peut modifier ce **calcul erroné** qui aboutit à procurer au salarié absent une somme supérieure au salaire qu'il aurait perçu s'il avait travaillé (Cass. soc. 22-3-1982 nº 80-40.445).

b. Si le montant des **indemnités** journalières servies par la sécurité sociale (Cass. soc. 19-12-1990 nº 87-43.705 P : RJS 2/91 nº 197) ou par un régime de prévoyance (Cass. soc. 9-10-2001 nº 98-43.949 FS-P : RJS 12/01 nº 1450) est **plus élevé** que celui du salaire à maintenir, le salarié en conserve l'entier bénéfice. En cas de subrogation de l'employeur (n° 49810), celui-ci doit impérativement restituer au salarié la part de ces indemnités excédant la rémunération maintenue (Cass. soc. 7-7-1993 n° 89-44.060 P : RJS 8-9/93 n° 840). Tel est le cas, par exemple, lorsque le salaire de la période de référence excède notablement le salaire de la période de maladie en raison d'une prime, d'un passage d'un temps plein à un temps partiel...

c. Lorsque les indemnités de la sécurité sociale sont **réduites** du fait, notamment, de l'hospitalisation ou d'une sanction par la caisse du non-respect de son règlement intérieur, elles sont réputées servies intégralement pour le calcul de l'indemnité complémentaire (C. trav. art. D 1226-6). Cette règle ne peut pas être étendue à l'application d'une convention collective qui ne la prévoit pas (Cass. soc. 14-10-1981 n° 79-40.563 P).

Les indemnités journalières sont en principe versées directement par la caisse de sécurité sociale au salarié. L'employeur n'a pas à en faire l'**avance** ni à les faire figurer sur le bulletin de paie (Circ. 30-3-1989 réputée abrogée). Il peut toutefois être subrogé dans les droits du salarié, c'est-à-dire lui avancer les indemnités journalières de sécurité sociale et en obtenir remboursement auprès de la caisse. **49810** CSS art. R 323-11 R 433-12 **O-II-13500 s**

La **subrogation** joue de plein droit lorsque le salaire est maintenu en totalité, quelles que soient les clauses du contrat de travail et l'origine de l'arrêt de travail. L'employeur est également subrogé de plein droit lorsque le salaire est maintenu sous déduction des indemnités journalières, comme le prévoient la loi et la plupart des conventions collectives, à condition que le salaire maintenu soit au moins égal au montant des indemnités journalières (voir n° 49805, b). Dans les autres cas, la subrogation suppose l'accord du salarié.

En cas de maintien d'**avantages en nature,** l'employeur et le salarié peuvent, d'un commun accord, demander à la caisse que la partie des indemnités journalières correspondant à la valeur de ces avantages soit versée à l'employeur.

› Précisions a. Lorsque l'employeur qui maintient tout ou partie de la rémunération du salarié absent fait l'avance des indemnités journalières, il a le **choix,** pour le **traitement de la paie,** entre calculer tout de suite les IJSS pour les déduire sur la paie le mois de l'absence ou attendre leur versement par la CPAM et les passer sur la paie à ce moment là. Dans la majorité des cas, il est plus prudent d'attendre le décompte de la CPAM pour déduire le montant exact des IJSS reçues. Ainsi, le mois de l'absence, le salarié perçoit son salaire habituel ; c'est seulement sur la paie suivante que la régularisation a lieu. Lorsqu'il récupère de la sécurité sociale le montant des IJSS lors de la paie suivante ou d'une paie ultérieure, l'employeur doit le déduire du montant du salaire de base pour obtenir la rémunération brute soumise à cotisations et ensuite le réintégrer après calcul des cotisations pour déterminer le net à payer (Circ. 30-3-1989 réputée abrogée). Des **exemples** chiffrés sont donnés dans notre Mémento paie n°s 62420 s.

Le traitement **comptable** de ces opérations est exposé dans notre Mémento comptable n° 16895.

b. En cas de **reprise anticipée du travail** par le salarié, l'employeur subrogé dans ses droits doit en informer la caisse assurant le service de l'indemnité journalière, sous peine de sanctions financières (CSS art. L 323-6-1).

RÉGIME JURIDIQUE

Les indemnités versées pendant la période de maladie en sus des indemnités journalières de la sécurité sociale sont soumises aux **cotisations** de sécurité sociale (n°s 23045 s.), à la CSG et à la CRDS (n° 25125) ainsi qu'à l'**impôt** sur le revenu via le prélèvement à la source (Mémento Paie n° 62220). **49815**

CONTRE-VISITE

Conditions En **contrepartie du maintien de salaire,** le Code du travail et certaines conventions collectives autorisent l'employeur à organiser un contrôle médical des arrêts de travail (« contre-visite »), dès le premier jour d'absence (Cass. soc. 13-6-2012 n° 11-12.152 FS-D : RJS 8-9/12 n° 705). **49825** C. trav. art. L 1226-1 **N-V-2500 s**

Le salarié, qui n'a pas à être informé au préalable d'un tel contrôle (Cass. soc. 4-12-1986 n° 85-43.357 S ; 19-5-1999 n° 98-44.376 D), a l'**obligation de s'y soumettre.** Il doit indiquer à l'employeur les horaires et l'adresse où celui-ci peut avoir lieu, notamment s'il bénéficie d'un arrêt de travail « sorties libres » (Cass. soc. 4-2-2009 n° 07-43.430 F-P : RJS 4/09 n° 348) ou si son lieu de repos est hors de sa résidence habituelle (Cass. soc. 13-5-1992 n° 88-44.963 P : RJS 6/92 n° 728 ; 16-3-2016 n° 14-16.588 F-D : RJS 5/16 n° 337).

En cas de litige, c'est à l'employeur d'établir qu'il n'a pas pu faire procéder à la contre-visite en raison de la carence ou de l'opposition du salarié (Cass. soc. 30-6-1988 n° 86-41.898 P ; 28-1-1998 n° 95-45.371 D). En revanche, dès lors que l'absence du salarié à son domicile au moment de la contre-visite est établie, c'est à l'intéressé de prouver qu'elle était justifiée par un motif légitime (Cass. soc. 7-10-1992 n° 89-40.239 D).

> **Précisions a.** L'employeur est libre de choisir le médecin qu'il diligente pour effectuer le contrôle (Cass. soc. 20-10-2015 nº 13-26.890 F-D : RJS 1/16 nº 11). Si ce dernier ne justifie pas de son titre ou de son mandat lorsqu'il se présente pour la contre-visite, le salarié peut **refuser de le recevoir** (Cass. soc. 11-12-1986 nº 84-41.672 P ; 14-3-1995 nº 91-44.131 D : RJS 4/95 nº 354).
> **b.** Sauf disposition conventionnelle le prévoyant (Cass. soc. 13-5-1992 nº 89-44.443 PF : RJS 6/92 nº 729), le salarié ne peut pas exiger la présence d'un **autre médecin** (Cass. soc. 3-5-1984 nº 82-40.536 ; 22-7-1986 nº 84-41.588 P), ni que le dossier détenu par son médecin traitant soit préalablement consulté (Cass. soc. 2-7-1980 nº 79-40.283).
> **c.** L'**absence du salarié** lors de la contre-visite est légitime s'il suivait sur prescription médicale un traitement de rééducation (Cass. soc. 20-11-1986 nº 84-40.217 P) ou se trouvait en consultation chez un médecin (Cass. soc. 23-4-1997 nº 95-44.604 D : RJS 6/97 nº 695 ; 14-12-2011 nº 10-16.043 F-D : RJS 3/12 nº 248).

49830 CSS art. L 315-1, II N-V-3800 s

Conséquences Si le médecin-contrôleur conclut à l'absence de justification médicale de l'arrêt de travail ou à l'impossibilité de procéder à la contre-visite, il en informe l'employeur et transmet son rapport dans les 48 heures au service du contrôle médical de la caisse d'assurance maladie, en précisant s'il a ou non procédé à l'examen médical de l'assuré. Sur les conséquences de cette transmission, voir nº 50400.

Si le salarié est considéré comme responsable de l'**impossibilité du contrôle,** il perd le bénéfice des indemnités complémentaires de maladie, mais seulement pour la période postérieure à la visite (Cass. soc. 15-10-1987 nº 85-40.555 P ; 9-6-1993 nº 90-42.701 D). Sur la légitimité d'un licenciement pour ce motif, voir nº 49940, c.

Si le médecin-contrôleur estime que l'**arrêt maladie n'est pas ou plus justifié,** le salarié doit reprendre le travail. S'il refuse et décide de s'en tenir aux prescriptions de son médecin traitant, il ne commet pas de faute mais est privé du maintien de salaire à compter de la date de la contre-visite (Cass. soc. 10-10-1995 nº 91-45.242 P : RJS 11/95 nº 1111 ; 28-11-2000 nº 98-41.308 FS-P : RJS 2/01 nº 205). En cas de prolongation de l'arrêt de travail postérieurement au refus, le salarié recouvre ses droits à indemnisation (Cass. soc. 25-2-1998 nº 96-40.397 P : RJS 4/98 nº 465 ; 30-11-2005 nº 03-45.665 F-D : RJS 2/06 nº 208).

> **Précisions** Pour **contester l'avis** du médecin-contrôleur, le salarié ne peut pas invoquer les conclusions contraires du médecin-conseil de la sécurité sociale (Cass. soc. 4-5-1999 nº 96-44.924 P : RJS 6/99 nº 814). Il peut en revanche solliciter un nouvel examen et, éventuellement, une expertise judiciaire (Cass. soc. 17-2-1993 nº 88-44.947 D), au besoin en référé (Rép. Bernard : AN 29-4-1985 nº 60573). Si le médecin-expert désigné par le juge rend un avis contraire à celui du médecin-contrôleur, l'employeur doit verser les indemnités complémentaires de maladie (Cass. soc. 28-2-1996 nº 92-42.021 PF : RJS 4/96 nº 410).

3. REPRISE DU TRAVAIL

49845 N-V-6000 s

À l'issue de l'arrêt de travail et de ses éventuelles prolongations, le salarié doit se mettre à la disposition de l'employeur pour reprendre son poste de travail (Cass. soc. 6-10-1982 nº 80-40.994). Dans certains cas, il doit passer une **visite médicale** dite **de reprise** auprès du médecin du travail, organisée dans les conditions visées nºs 72440 s. Seule la visite de reprise, lorsqu'elle est obligatoire, met fin à la suspension du contrat de travail, même si le salarié a déjà réintégré l'entreprise (jurisprudence constante, notamment Cass. soc. 6-4-1999 nº 96-45.056 PB : RJS 5/99 nº 659).

RÉINTÉGRATION DU SALARIÉ À SON POSTE

49860 N-V-6250 s

Le salarié dont l'arrêt de travail n'a **pas** nécessité **de visite de reprise ou** qui a été **déclaré apte** à reprendre le travail à l'issue de cet examen médical retrouve son précédent emploi. Si celui-ci n'est plus disponible, il est réintégré dans un emploi similaire assorti d'une rémunération équivalente (Cass. soc. 25-2-1997 nº 94-41.351 P : RJS 4/97 nº 398). Pour être similaire, l'emploi proposé ne doit pas entraîner, par rapport au poste antérieur, une modification d'un élément essentiel du contrat tel que la rémunération ou la qualification (Cass. soc. 26-5-2010 nº 08-43.152 F-P : RJS 8-9/10 nº 640 ; 21-1-2015 nº 13-15.873 FS-D : RJS 5/15 nº 327).

Si le salarié a été déclaré **apte avec réserves,** l'employeur doit lui proposer son précédent poste, si nécessaire réaménagé, ou un emploi similaire en tenant compte des préconisations du médecin du travail (Cass. soc. 6-2-2013 nº 11-28.038 FS-PB : RJS 4/13 nº 277). En cas de désaccord avec ces préconisations, voir nºs 72510 s.

Sur l'obligation pour l'employeur de proposer un **entretien** professionnel au salarié de retour au travail à l'issue d'une longue maladie, voir nº 17010.

› Précisions **a.** Le **salarié** commet une faute justifiant son licenciement s'il **refuse** de reprendre son précédent poste (Cass. soc. 6-11-2001 nº 99-40.241 F-D) ou un poste compatible avec les recommandations du médecin du travail (Cass. soc. 26-10-2010 nº 09-42.313 F-D). Dans ce cas, son licenciement ne caractérise pas une **discrimination** fondée sur son état de santé (Cass. soc. 26-4-2017 nº 14-29.089 FS-PB : RJS 7/17 nº 457).
b. L'employeur commet une faute pouvant justifier la prise d'acte de la rupture du contrat à ses torts s'il ne réintègre pas le salarié apte (Cass. soc. 27-2-2013 nº 11-21.358 FS-D : RJS 5/13 nº 356). Il est également fautif s'il réintègre le salarié sans tenir compte des **recommandations ou réserves** formulées par le médecin du travail (Cass. soc. 19-12-2007 nº 06-43.918 F-PB : RJS 3/08 nº 295 ; 15-10-2014 nº 13-16.258 F-D : RJS 1/15 nº 20). Le salarié peut donc refuser de reprendre son travail sur un poste incompatible avec les préconisations de ce médecin (Cass. soc. 23-9-2009 nº 08-42.629 F-PB : RJS 12/09 nº 945).
c. S'agissant de la prise en compte de l'avis du médecin du travail pour la recherche d'un **reclassement** préalable à un **licenciement économique,** voir nº 47960, e.

TEMPS PARTIEL THÉRAPEUTIQUE

Le temps partiel thérapeutique est une modalité d'organisation du travail permettant à un salarié malade en poste ou reprenant son emploi après un arrêt de travail d'exercer de façon temporaire une **activité partielle ou aménagée.** Il est mis en place par le médecin-conseil de la caisse d'assurance maladie, sur prescription du médecin traitant du salarié. S'il fait suite à un arrêt de travail d'au moins 30 jours, l'intéressé doit subir une visite de reprise auprès du médecin du travail (nº 72440), qui met fin à la suspension du contrat de travail (Cass. soc. 12-12-2000 nº 98-46.036 FS-PF : RJS 2/01 nº 191). S'il était absent pour une durée inférieure ou n'était pas en arrêt de travail, la consultation du médecin du travail n'est pas obligatoire, mais l'employeur a tout intérêt à solliciter son avis (nº 72450). **49870** CSS art. L 323-3 R 323-3 **D-I-25220 s** **N-V-8800 s**

Le salarié déclaré apte à un poste en temps partiel thérapeutique doit être réintégré ou maintenu dans son **emploi** antérieur : le refus de l'employeur peut justifier la résiliation du contrat à ses torts (Cass. soc. 13-5-2015 nº 13-28.792 F-D : RJS 7/15 nº 479). Si le précédent emploi du salarié n'existe plus ou n'est plus vacant, ou que l'employeur démontre qu'il ne peut pas être pourvu à temps partiel (Cass. soc. 29-5-2013 nº 12-13.530 F-D : RJS 8-9/13 nº 594), la réintégration peut se faire dans un emploi similaire et le salarié qui exige d'être maintenu sur son poste antérieur non vacant commet une faute justifiant son licenciement (Cass. soc. 21-3-2012 nº 10-16.742 FS-D : RJS 6/12 nº 543). La reprise du travail en temps partiel thérapeutique interrompt, le cas échéant, la période de garantie d'emploi conventionnelle dont bénéficie le salarié (Cass. soc. 17-12-1996 nº 92-44.124 D : RJS 2/97 nº 134). Sur la conclusion d'un CDD pour remplacer le salarié en temps partiel thérapeutique, voir nº 19830, b.

Pendant cette période, le salarié bénéficie d'**indemnités journalières** de maladie (nºs 50350 s.) versées par la caisse d'assurance maladie sans délai de carence pour une durée qui ne peut pas excéder d'un an le délai maximal de 3 ans visé nº 50370. Elles sont versées au salarié même si le temps partiel n'est pas consécutif à un arrêt de travail. S'agissant des victimes d'accident du travail ou de maladie professionnelle, voir nº 1050.

› Précisions **a.** Pour les temps partiels thérapeutiques ayant débuté avant le 23-8-2019, sauf maladie de longue durée, les indemnités sont dues uniquement en cas de reprise du travail après un arrêt complet, pour une durée qui ne peut pas excéder d'un an le délai maximal de 3 ans visé nº 50370 et pour un montant fixé par la caisse.
b. Le salarié est **rémunéré** par l'employeur en fonction de sa quotité de travail. Sauf disposition conventionnelle contraire, il n'a pas droit au maintien de salaire visé nºs 49760 s. pour la partie non travaillée (Cass. soc. 21-3-2007 nº 06-40.891 FS-D : RJS 7/07 nº 845).

4. RUPTURE DU CONTRAT DE TRAVAIL

Hormis la protection accordée aux salariés contre toute discrimination fondée sur leur état de santé ou leur handicap (nº 32060), les salariés en arrêt de travail pour maladie ne bénéficient pas d'une protection légale de leur emploi, comme c'est le cas en matière d'accident du travail ou de maladie professionnelle. Mais la jurisprudence et les conventions collectives limitent les possibilités de rupture du contrat de travail. **49910**

ABSENCES PROLONGÉES OU RÉPÉTÉES

Conditions de rupture L'absence du salarié pour maladie ne peut en aucun cas justifier un licenciement. En revanche, les **perturbations** causées dans le **fonctionnement de l'entreprise** par l'absence prolongée ou les absences répétées du salarié en raison de sa maladie peuvent constituer une cause de licenciement si elles rendent nécessaire le remplacement définitif de l'intéressé au sens indiqué nº 49920 (Cass. soc. 13-3-2001 nº 99-40.110 FS-PBR : **49915** **N-V-9700 s**

RJS 5/01 nº 592 ; 2-3-2005 nº 03-42.800 F-D : RJS 5/05 nº 503). Sur l'incidence d'une période de garantie conventionnelle, voir nº 49925.

La **lettre de licenciement** doit impérativement mentionner, d'une part, la perturbation de l'entreprise (Cass. soc. 19-10-2005 nº 03-46.847 FS-PB : RJS 1/06 nº 36) ou d'un service essentiel à son fonctionnement (Cass. soc. 23-5-2017 nº 14-11.929 F-D : RJS 8-9/17 nº 552), celle de l'établissement n'étant pas suffisante (Cass. soc. 27-1-2016 nº 13-27.979 F-D : RJS 4/16 nº 234), et, d'autre part, la nécessité du remplacement définitif du salarié (Cass. soc. 19-10-2005 nº 03-46.847 FS-PB : RJS 1/06 nº 36 ; 8-4-2009 nº 07-43.909 F-PB : RJS 6/09 nº 517). Sur la possibilité pour l'employeur de préciser le motif de rupture après la notification du licenciement, voir nº 47680.

> **Précisions** **a.** En cas de litige, la **durée ou la fréquence des absences** est appréciée par les juges en fonction des circonstances propres à chaque espèce. En tout état de cause, l'employeur ne doit pas agir avec une hâte excessive (Cass. soc. 30-10-2007 nº 06-42.482 F-D : RJS 2/08 nº 166), en particulier lorsque le retour du salarié est envisageable ou prévu (Cass. soc. 5-1-1999 nº 96-44.606 D : RJS 2/99 nº 191 ; 30-5-2007 nº 06-42.796 F-D : RJS 10/07 nº 1046). A fortiori, est abusif le licenciement à l'issue d'un arrêt de travail, alors que les absences du salarié ont cessé (Cass. soc. 5-1-1999 nº 96-44.356 D : RJS 2/99 nº 166 ; 6-2-2008 nº 07-40.065 F-D : RJS 4/08 nº 409).
> **b.** Pour apprécier la **désorganisation de l'entreprise,** le juge tient notamment compte du nombre et de la durée des absences, de la taille de l'entreprise et de la nature des fonctions exercées par le salarié.
> **c.** Le **licenciement** est **sans cause réelle et sérieuse,** mais pas nul sauf à prouver une discrimination, si le salarié n'est pas remplacé (Cass. soc. 27-1-2016 nº 14-10.084 F-PB : RJS 4/16 nº 235), si la preuve d'une désorganisation de l'entreprise n'est pas rapportée (Cass. soc. 22-9-2016 nº 14-29.974 F-D : RJS 12/16 nº 754) ou si les absences du salarié résultent d'un manquement de l'employeur (Cass. soc. 13-3-2013 nº 11-22.082 FS-PB : RJS 5/13 nº 361 ; 14-6-2016 nº 14-27.994 F-D : RJS 11/16 nº 680). Le licenciement est toutefois **nul** si l'absence du salarié est due au **harcèlement moral** qu'il a subi (Cass. soc. 11-10-2006 nº 04-48.314 F-PBR : RJS 12/06 nº 1272 ; 30-1-2019 nº 17-31.473 F-PB : RJS 4/19 nº 203).

49920 **Remplacement définitif du salarié** Le remplacement du salarié malade suppose l'**embauche** par l'entreprise (et non par une autre société du groupe : Cass. soc. 25-1-2012 nº 10-26.502 FS-PB : RJS 4/12 nº 332) d'un nouveau salarié (Cass. soc. 4-6-1998 nº 96-40.308 PB : RJS 7/98 nº 845), en contrat à durée indéterminée (Cass. soc. 5-6-2001 nº 99-42.574 F-D), selon un horaire équivalent (Cass. soc. 6-2-2008 nº 06-44.389 FS-PB : RJS 4/08 nº 408). Pour être valable, le remplacement définitif doit en outre intervenir soit avant le licenciement, à une **date** proche de celui-ci (Cass. soc. 16-9-2009 nº 08-41.879 F-PB : RJS 11/09 nº 849), soit après, dans un délai raisonnable apprécié par rapport à la date du licenciement et non à celle de la fin du préavis (Cass. soc. 28-10-2009 nº 08-44.241 FS-PB : RJS 1/10 nº 28).

Lorsque le salarié absent a été remplacé par un autre salarié de l'entreprise, son licenciement n'est légitime que si l'employeur a procédé à une nouvelle embauche répondant à ces mêmes conditions pour occuper le poste du remplaçant (Cass. soc. 26-1-2011 nºˢ 09-71.907 F-D et 09-67.073 F-PB : RJS 4/11 nº 316 ; 15-1-2014 nº 12-21.179 FS-PB : RJS 3/14 nº 210).

> **Précisions** **a.** Ne caractérise pas la nécessité d'un remplacement définitif une embauche en **CDD** (Cass. soc. 2-3-2005 nº 03-42.800 F-D : RJS 5/05 nº 503) ou contrat de travail temporaire (Cass. soc. 13-3-1991 nº 87-43.819 P : RJS 5/91 nº 563) ou le recours à une entreprise prestataire de services (Cass. soc. 18-10-2007 nº 06-44.251 FS-PB : RJS 12/07 nº 1272 ; Cass. ass. plén. 22-4-2011 nº 09-43.334 PBRI : RJS 7/11 nº 595).
> **b.** Le **licenciement ultérieur du remplaçant,** même au cours de sa période d'essai (Cass. soc. 15-2-2011 nº 09-42.580 F-D : RJS 5/11 nº 416), ne suffit pas à établir le caractère fictif du remplacement (Cass. soc. 19-3-2008 nº 06-46.501 F-D : RJS 6/08 nº 656).

49925
N-V-11950 s **Garantie d'emploi conventionnelle** Certaines conventions collectives comportent des clauses dites « de garantie d'emploi », qui interdisent à l'employeur de licencier le salarié malade pendant une période donnée même si son absence perturbe l'entreprise. Le licenciement prononcé en **violation** d'une telle garantie est abusif (Cass. soc. 18-11-1997 nº 95-43.395 P : RJS 1/98 nº 23 ; 18-12-2019 nº 18-18.864 FS-PB : RJS 3/20 nº 125).

Toutefois, sauf mention contraire de la convention, la clause de garantie d'emploi ne fait pas obstacle à un **licenciement** pour **inaptitude** physique constatée par le médecin du travail (Cass. soc. 30-5-2007 nº 06-40.670 FS-D : RJS 8-9/07 nº 942), pour motif **économique** (Cass. soc. 10-3-2010 nº 08-70.405 FS-PB : RJS 5/10 nº 430) ou **disciplinaire** (Cass. soc. 14-10-2009 nº 07-44.834 FS-PB : RJS 12/09 nº 935).

La seule **expiration de la période** de garantie d'emploi ne constitue pas une cause réelle et sérieuse de licenciement (Cass. soc. 28-10-1997 nº 95-40.272 PB : RJS 3/98 nº 305 ; 23-1-2013 nº 11-13.904 F-D : RJS 4/13 nº 274). Mais une fois cette période achevée, l'employeur peut licencier le salarié en raison des perturbations causées dans le fonctionnement de l'entreprise par ses absences et de la nécessité de pourvoir à son remplacement définitif (Cass. soc. 17-7-2001 nº 98-42.310 FS-PB : RJS 11/01 nº 1282).

La **rupture** du contrat de travail au terme de la garantie d'emploi s'analyse dans tous les cas en un licenciement, peu important la qualification donnée à la rupture par la convention collective (Cass. soc. 9-10-1996 nº 93-43.587 D : RJS 11/96 nº 1164 ; 4-3-1998 nº 95-41.642 P : RJS 4/98 nº 493). L'employeur doit donc respecter la procédure légale de licenciement et, le cas échéant, les formalités prévues par la convention collective (Cass. soc. 8-3-2006 nº 04-43.668 F-P : RJS 6/06 nº 715).

> **Précisions** **a.** Les clauses de garantie d'emploi du salarié malade ne doivent pas être confondues avec les clauses contractuelles de garantie d'emploi visées nº 16585 ou avec les clauses conventionnelles restreignant les motifs de licenciement, dont la portée est examinée nº 48790. Elles doivent également être **distinguées** des **clauses** conventionnelles relatives à l'indemnisation de la période d'absence pour maladie (Cass. soc. 16-3-1994 nº 88-41.394 P : RJS 5/94 nº 538).
b. Sauf exclusion expresse, la garantie d'emploi s'applique même en cas de **classement en invalidité** 2e catégorie par la sécurité sociale (Cass. soc. 11-12-1991 nº 87-41.983 PF : RJS 2/92 nº 128). Les **absences successives** d'un salarié n'ont pas à être totalisées lorsque la convention collective l'exclut expressément ou ne comporte aucune précision sur cette question (Cass. soc. 7-10-1992 nº 89-40.083 P : RJS 11/92 nº 1235). Sur l'incidence d'une reprise du travail en temps partiel thérapeutique, voir nº 49870.
c. La question de savoir si le licenciement peut valablement être prononcé après l'expiration de la garantie alors que le **salarié** a été définitivement **remplacé avant la fin de cette période** n'est pas tranchée et dépend étroitement de la rédaction de la clause conventionnelle. La Cour de cassation a admis la légitimité du licenciement dans un cas (Cass. soc. 23-10-2001 nº 99-43.379 FS-D : RJS 1/02 nº 26) et l'a rejetée dans un autre (Cass. soc. 23-1-2013 nº 11-28.303 F-D : RJS 4/13 nº 332).

AUTRES CAS DE RUPTURE

La suspension du contrat de travail fait obstacle au **licenciement** du salarié pour un abandon de poste (nº 72445, b) mais pas à la rupture pour une autre **cause indépendante de sa maladie** (Cass. soc. 22-7-1986 nº 83-45.172 S), telle qu'un motif économique ou disciplinaire. Le licenciement peut être notifié au salarié en cours d'arrêt de travail pour une cause antérieure à la suspension du contrat, mais également pour des faits survenus au cours de cette période. Il en va ainsi, en particulier, en cas de manquement du salarié à son obligation de loyauté envers l'entreprise. **49940** N-V-13800 s

Le contrat peut aussi être rompu en cas d'adhésion du salarié à un CSP, de démission, de départ à la retraite. Sur la validité d'une rupture conventionnelle conclue pendant un arrêt de travail pour maladie, voir nº 69110, c.

Sur les modalités d'exécution du préavis lorsque le salarié est en arrêt de travail, voir nº 69305. Sur l'incidence d'une clause conventionnelle de garantie d'emploi, voir nº 49925.

> **Précisions** **a.** L'exercice d'une activité pendant l'arrêt maladie ne constitue pas en lui-même un **manquement à l'obligation de loyauté** (Cass. soc. 4-6-2002 nº 00-40.894 FS-PBR : RJS 8-9/02 nº 963 ; 11-6-2003 nº 02-42.818 F-D : RJS 8-9/03 nº 1002). Pour constituer un tel manquement et justifier le licenciement, cette activité doit avoir causé un préjudice à l'employeur ou à l'entreprise (Cass. soc. 12-10-2011 nº 10-16.649 FS-PB : RJS 12/11 nº 964 ; 21-11-2018 nº 16-28.513 F-D : RJS 3/19 nº 148) qui ne peut pas résulter du seul versement par l'employeur d'un complément de salaire durant l'arrêt maladie (Cass. soc. 26-2-2020 nº 18-10.017 FS-PB : RJS 5/20 nº 232). Le bien-fondé du licenciement a toutefois été admis en cas d'exécution par le salarié pour son propre compte d'une activité concurrente de celle de son employeur (Cass. soc. 21-10-2003 nº 01-43.943 F-P : RJS 12/03 nº 1384) et en cas de démarchage des clients de ce dernier au profit de la société de son conjoint (Cass. soc. 23-11-2010 nº 09-67.249 F-D : RJS 2/11 nº 121).
Ont également été reconnus comme des manquements à l'obligation de loyauté justifiant le licenciement le **refus par le salarié de communiquer** à l'employeur un code d'accès informatique (Cass. soc. 18-3-2003 nº 01-41.343 F-D : RJS 6/03 nº 723) ou de lui restituer les fichiers clients en sa possession (Cass. soc. 6-2-2001 nº 98-46.345 FS-PBI : RJS 4/01 nº 434).
b. S'agissant de l'incidence de la suspension du contrat pour maladie sur le **délai d'engagement des poursuites** disciplinaires, voir nº 56225, b.
c. L'employeur ne peut pas se prévaloir des **manquements** du salarié malade aux règles imposées par la sécurité sociale, notamment l'absence de l'intéressé de son domicile en dehors des **heures de sortie autorisées** : nº 50400 (Cass. soc. 27-6-2000 nº 98-40.952 FS-P : RJS 11/00 nº 1061 ; 12-10-2011 nº 10-16.649 FS-PB : RJS 12/11 nº 964).

B. Inaptitude physique

49960
N-V-30000 s
Qu'elle soit ou non d'origine professionnelle, l'incapacité physique dans laquelle se trouve un salarié d'exécuter tout ou partie de son travail peut être constatée par le **médecin du travail** dans les conditions visées nº 72520.

Sauf dispense expresse du médecin du travail, l'employeur doit chercher à reclasser le salarié. Une procédure particulière doit être respectée lorsque ce dernier a la qualité de salarié protégé (nº 63400).

1. OBLIGATION DE RECLASSEMENT

49970
Lorsque le médecin du travail déclare le salarié inapte à reprendre son poste, l'employeur doit chercher à reclasser l'intéressé dans un autre emploi adapté à ses nouvelles capacités, sauf dispense expresse visée nº 50020. L'employeur doit solliciter, au préalable, l'avis des représentants du personnel (nºs 49985 s.). Si le reclassement est impossible, il doit le notifier par écrit au salarié (nº 50015).

CAS D'APPLICATION

49975
N-V-32500 s
L'obligation pour l'employeur de chercher à reclasser le salarié déclaré inapte à la suite d'une maladie ou d'un accident, d'origine professionnelle ou non, est d'**ordre public.**

La recherche d'un reclassement s'impose à l'employeur même si le **salarié** est en CDD (Cass. soc. 8-6-2005 nº 03-44.913 FS-PB : RJS 8-9/05 nº 830) ou en période d'essai (Cass. soc. 25-2-1997 nº 93-40.185 P : RJS 4/97 nº 371), s'il est classé en invalidité 2e catégorie (Cass. soc. 9-7-2008 nº 07-41.318 FS-PB : RJS 10/08 nº 982) ou si l'inaptitude résulte d'un accident du travail ou d'une maladie professionnelle survenus au service d'un autre employeur (Cass. soc. 29-11-2011 nº 10-30.728 FS-PB : RJS 2/12 nº 134). Le fait que le salarié manifeste l'intention de ne pas reprendre le travail n'exonère pas non plus l'employeur de son obligation (Cass. soc. 4-6-1998 nº 95-41.263 PB : RJS 7/98 nº 849). Le reclassement doit également être recherché si le salarié est compris dans une procédure de licenciement économique (Cass. soc. 7-3-2007 nº 05-43.872 FP-PB : RJS 5/07 nº 586), sauf impossibilité résultant de la cessation d'activité de l'entreprise lorsqu'elle n'appartient pas à un groupe (Cass. soc. 4-10-2017 nº 16-16.441 FS-PB : RJS 12/17 nº 788). S'agissant des salariés en contrat d'apprentissage, voir nºs 3600 s.

La recherche n'est pas enfermée dans le **délai** d'un mois visé nº 50025 (Cass. soc. 21-3-2012 nº 10-12.068 FS-PB : RJS 6/12 nº 525 ; 24-4-2013 nº 12-13.907 F-D : RJS 7/13 nº 529). En conséquence, la reprise du versement des salaires en l'absence de reclassement ou de rupture du contrat ne dispense pas l'employeur de son obligation (Cass. soc. 3-5-2006 nº 04-40.721 FS-PB : RJS 7/06 nº 830 ; 26-1-2011 nº 09-72.012 F-D : RJS 4/11 nº 317).

Sur les conséquences d'un **manquement** à cette obligation, voir nºs 350 s. (inaptitude d'origine professionnelle) ou nºs 50045 s. (inaptitude d'origine non professionnelle).

ATTENTION

L'obligation de reclassement s'impose, que l'inaptitude soit temporaire ou définitive (Cass. soc. 15-10-1997 nº 95-43.207 D), même en cas d'avis d'**inaptitude à tout emploi** dans l'entreprise (Cass. soc. 19-10-2005 nº 02-46.173 FS-P : RJS 1/06 nº 38 ; 9-7-2008 nº 07-41.318 FS-PB : RJS 10/08 nº 982), si le médecin du travail conclut à l'impossibilité de reclasser le salarié (Cass. soc. 10-11-1992 nº 89-40.423 P ; 23-10-2001 nº 99-40.126 FS-D : RJS 1/02 nº 28) ou s'il ne fait aucune proposition de reclassement, sans dispenser expressément l'employeur de son obligation dans les conditions visées nº 50020. L'employeur doit, dans ce cas, solliciter son avis (Cass. soc. 24-11-1993 nº 90-44.601 P : RJS 1/94 nº 23 ; 18-7-2000 nº 97-44.897 FP-PBR : RJS 11/00 nº 1118) et ne peut pas y substituer la consultation d'un autre médecin (Cass. soc. 28-6-2006 nº 04-47.672 F-P : RJS 10/06 nº 1057). Si le médecin du travail, à nouveau sollicité, exclut expressément toute possibilité de reclassement du salarié, l'employeur n'est pas pour autant dispensé de toute recherche (Cass. soc. 3-5-2018 nº 17-10.234 FS-D : RJS 7/18 nº 474). Mais il peut notamment s'appuyer sur cet élément pour justifier d'une impossibilité de reclassement (Cass. soc. 24-6-2015 nºs 13-27.875 F-D et 14-10.163 F-D : RJS 11/15 nº 707 ; 15-12-2015 nº 14-11.858 F-PB : RJS 2/16 nº 103).

CONSULTATION DU CSE

49985
C. trav. art. L 1226-2, al. 3
L 1226-10, al. 2
L 1226-20
N-V-34200 s
L'employeur doit consulter le **comité social et économique** (CSE) sur les possibilités de reclassement du salarié.

Ni l'impossibilité de reclasser le salarié (Cass. soc. 21-2-1990 nº 88-42.125 P : RJS 4/90 nº 284 ; 30-10-1991 nº 87-43.801 P : RJS 12/91 nº 1302 ; 30-9-2020 nº 19-16.488 F-PB : RJS 12/20 nº 577) ni le caractère temporaire de son inaptitude (Cass. soc. 16-6-1988 n° 85-46.452) n'**exonèrent l'employeur** de son obligation.

Le **manquement** de l'employeur à son obligation emporte les conséquences visées n°s 350 s., lorsque l'inaptitude est d'origine professionnelle, et n° 50045, d, lorsqu'elle est d'origine non professionnelle. Il peut en outre justifier sa condamnation pour délit d'entrave (Cass. crim. 26-1-1993 n° 89-85.389 PF : RJS 4/93 n° 413).

ATTENTION

L'employeur est fautif s'il n'a **pas mis en place le CSE** et ne produit aucun procès-verbal de carence (Cass. soc. 7-12-1999 n° 97-43.106 PB : RJS 1/00 n° 35 ; 11-5-2016 n° 14-12.169 FS-PB : RJS 7/16 n° 504) établi à l'issue du second tour de scrutin (Cass. soc. 28-4-2011 n° 09-71.658 F-D : RJS 7/11 n° 600 ; 19-2-2014 n° 12-23.577 F-D : RJS 5/14 n° 396). Sur la possibilité pour un cessionnaire de se prévaloir du procès-verbal de carence établi par le cédant en cas de **transfert d'entreprise,** voir n° 74935, c.

Modalités Pour être valable, la consultation du CSE **doit intervenir** après la constatation régulière de l'inaptitude (Cass. soc. 15-10-2002 n° 99-44.623 FS-PB : RJS 1/03 n° 27 ; 8-4-2009 n° 07-44.307 F-PB : RJS 6/09 n° 524) et avant proposition au salarié d'un poste (Cass. soc. 28-10-2009 n° 08-42.804 F-PB : RJS 1/10 n° 33 ; 25-3-2015 n° 13-28.229 FS-PB : RJS 6/15 n° 404) ou avant l'engagement de la procédure de licenciement (Cass. soc. 3-7-2001 n° 98-43.326 FS-D : RJS 10/01 n° 1134 ; 10-4-2019 n° 18-11.930 F-D : RJS 7/19 n° 411). 49990

L'employeur doit fournir au CSE toutes les **informations** nécessaires sur le reclassement (Cass. soc. 13-7-2004 n° 02-41.046 FS-PB : RJS 11/04 n° 1138 ; 19-3-2008 n° 06-45.133 F-D : RJS 6/08 n° 663) telles que, par exemple, les conclusions du médecin du travail sur l'aptitude du salarié à occuper un emploi dans l'entreprise (Cass. soc. 26-1-2011 n° 09-72.284 F-D : RJS 4/11 n° 321).

L'**avis** du CSE doit guider l'employeur dans sa recherche d'un poste adapté aux capacités du salarié. Néanmoins, le fait qu'il conclue à l'absence de possibilité de reclassement de l'intéressé ne libère pas l'employeur de son obligation de procéder à cette recherche (Cass. soc. 20-7-1994 n° 91-41.420 D ; 6-5-2015 n° 13-25.727 F-D : RJS 7/15 n° 481).

> Précisions **a.** Dans les entreprises à **établissements distincts,** l'employeur doit consulter les représentants de l'établissement où travaille le salarié (Cass. soc. 13-11-2008 n° 07-41.512 FS-PB : RJS 1/09 n° 33).
b. Ni l'avis d'une commission ad hoc instituée par accord d'entreprise (Cass. soc. 17-12-1997 n° 95-44.026 P : RJS 2/98 n° 164) ni celui d'un représentant syndical (Cass. soc. 21-2-1990 n° 88-42.125 P : RJS 4/90 n° 284) ne peuvent suppléer l'avis du CSE.
c. Aucun **formalisme particulier** ne s'impose à l'employeur pour transmettre au CSE les éléments d'information utiles au reclassement (Cass. soc. 22-5-2019 n° 18-13.390 F-D : RJS 8-9/19 n° 477) ou pour consulter ses membres, qui peuvent être convoqués par voie électronique (Cass. soc. 23-5-2017 n° 15-24.713 FS-PB : RJS 8-9/17 n° 555). Ils peuvent être entendus **collectivement** au cours d'une réunion ou individuellement (Cass. soc. 29-4-2003 n° 00-46.477 FS-PB : RJS 7/03 n° 870). Une consultation par téléphone a même été jugée régulière (Cass. soc. 15-12-2015 n° 14-14.688 F-D : RJS 2/16 n° 101 ; 30-9-2020 n° 19-13.122 FS-PB : RJS 12/20 n° 578).
d. Il est admis que l'employeur ayant proposé un reclassement à un salarié sans avoir recueilli l'avis du CSE puisse régulariser la procédure en faisant une **nouvelle offre** de reclassement, après l'avoir consulté et avant la convocation à l'entretien préalable au licenciement (Cass. soc. 16-3-2016 n° 14-13.986 F-D : RJS 5/16 n° 318).

EMPLOI DE RECLASSEMENT

Critères L'employeur doit proposer au salarié un emploi approprié à ses capacités, compte tenu des **conclusions écrites du médecin du travail** et des dernières indications en date qu'il formule sur l'aptitude du salarié à exercer l'une des tâches existantes dans l'entreprise et sur sa capacité à bénéficier d'une formation le préparant à occuper un poste adapté. 49995 C. trav. art. L 1226-2 L 1226-2-1 L 1226-10 L 1226-12 L 1226-20 N-V-35100 s

L'emploi de reclassement est aussi comparable que possible à l'**emploi précédemment occupé,** au besoin par la mise en œuvre de mesures telles que mutation, aménagements, adaptations ou transformations de postes existants ou aménagement du temps de travail. Il ne doit en principe entraîner aucune modification du contrat de travail du salarié reconnu inapte. Toutefois, si le seul poste disponible emporte une telle modification, il doit être proposé à l'intéressé (Cass. soc. 4-12-2001 n° 99-44.677 FS-P : RJS 2/02 n° 167 ; 29-1-2002 n° 99-45.989 F-D).

L'emploi doit être compatible avec la qualification et le niveau de formation du salarié (Cass. soc. 7-7-2004 n° 02-47.686 F-P : RJS 10/04 n° 1030 ; 21-3-2012 n° 10-25.796 F-D : RJS 6/12 n° 540). Si l'employeur, dans le cadre de son devoir d'adaptation, peut mettre en œuvre des actions destinées à faciliter le reclassement du salarié (Cass. soc. 5-10-2016 n° 15-13.594 F-D : RJS 12/16 n° 758), il n'est pas tenu de lui procurer la **formation** initiale qui lui fait défaut (Cass. soc. 7-3-2012 n° 11-11.311 FS-PB : RJS 5/12 n° 439 ; 16-3-2016 n° 13-25.927 F-D : RJS 6/16 n° 404). Le contrat de travail du salarié inapte peut être suspendu pour lui permettre de suivre un stage de reclassement professionnel.

L'obligation de reclassement est réputée satisfaite lorsque le salarié s'est vu proposer un emploi conforme aux critères ci-dessus.

> **Précisions** **a.** En cas d'**avis successifs** du médecin du travail, l'employeur doit se conformer au dernier avis émis, que celui-ci ait été donné à l'issue d'une nouvelle suspension du contrat de travail (Cass. soc. 22-2-2000 n° 97-41.827 P : RJS 4/00 n° 398) ou non (Cass. soc. 5-2-1992 n° 88-42.785 P : RJS 3/92 n° 275).
> **b.** En cas d'**interprétations divergentes** de l'avis du médecin du travail, l'employeur doit solliciter des précisions de ce dernier (Cass. soc. 10-7-2019 n° 18-15.081 F-D : RJS 10/19 n° 555). Il peut aussi lui faire valider au préalable les postes de reclassement qu'il entend proposer au salarié afin d'éviter toute contestation (Cass. soc. 27-3-2019 n° 17-27.986 F-D : RJS 6/19 n° 343).
> En cas de **désaccord** sur l'aptitude du salarié à occuper l'emploi proposé par le médecin du travail, l'avis de ce dernier peut être contesté selon les modalités exposées n° 72530.
> **c.** Seules les recherches de reclassement compatibles avec les critères ci-dessus sont retenues pour apprécier le respect par l'employeur de son obligation (Cass. soc. 28-1-2004 n° 01-46.442 F-P : RJS 4/04 n° 403 ; 20-1-2010 n° 08-44.322 F-D : RJS 4/10 n° 334), ce qu'il lui appartient de prouver (Cass. soc. 23-11-2016 n° 15-18.887 F-D : RJS 2/17 n° 90).
> **d.** Lorsque l'inaptitude d'un **travailleur handicapé** est d'origine professionnelle et qu'une **transformation de son poste** est nécessaire, l'employeur peut bénéficier d'une aide de l'Agefiph (C. trav. art. R 1226-9).

50000 C. trav. art. L 1226-2, al. 1 et 2 L 1226-10, al. 1 et 4 N-V-35850 s

Périmètre de recherche Le reclassement doit être recherché parmi les **emplois disponibles** (Cass. soc. 9-7-2008 n° 07-40.319 F-D : RJS 10/08 n° 986), y compris ceux pourvus par voie de CDD (Cass. soc. 23-9-2009 n° 08-44.060 F-D : RJS 12/09 n° 920 ; 4-9-2019 n° 18-18.169 F-D : RJS 11/19 n° 620), mais l'employeur ne peut pas imposer à un autre salarié une modification de son contrat afin de libérer son poste (Cass. soc. 15-11-2006 n° 05-40.408 FS-PB : RJS 1/07 n° 45 ; 8-2-2017 n° 15-22.992 F-D : RJS 4/17 n° 251). Il n'est pas non plus tenu de créer un nouveau poste pour le salarié inapte (Cass. soc. 21-3-2012 n° 10-30.895 F-D : RJS 6/12 n° 541), ni de lui confier les tâches ponctuelles dévolues aux **stagiaires** (Cass. soc. 11-5-2017 n° 16-12.191 F-PB : RJS 7/17 n° 467).

Lorsque l'entreprise appartient à un **groupe** formé par une entreprise dite dominante et les entreprises qu'elle contrôle, au sens indiqué n° 9800, a, la recherche des possibilités de reclassement doit s'effectuer parmi les entreprises situées en France dont les activités, l'organisation ou le lieu d'exploitation lui permettent d'effectuer la permutation de tout ou partie du personnel (Cass. soc. 16-6-1998 n° 96-41.877 PB : RJS 8-9/98 n° 975 ; 25-3-2009 n° 07-41.708 F-PB : RJS 6/09 n° 523).

> **Précisions** **a.** Manque à son obligation de reclassement l'employeur qui ne propose pas au salarié inapte un poste compatible avec les préconisations du médecin du travail et préfère procéder à un **recrutement extérieur** (Cass. soc. 30-4-2014 n° 13-11.325 F-D : RJS 7/14 n° 556), ou qui lui propose un **reclassement externe** sans avoir recherché un poste adapté au sein de l'entreprise (Cass. soc. 13-5-2015 n° 13-27.774 F-D : RJS 8-9/15 n° 560).
> **b.** En cas de litige sur la consistance ou le périmètre du **groupe de reclassement,** le juge forme sa conviction au vu de l'ensemble des éléments fournis par les deux parties (Cass. soc. 15-3-2017 n° 15-24.392 FS-D : RJS 5/17 n° 321 ; 30-9-2020 n° 19-13.122 FS-PB : RJS 12/20 n° 578).

PROPOSITION DE POSTE

50005 N-V-36500 s

Modalités Même si l'écrit n'est pas obligatoire (Cass. soc. 31-3-2016 n° 14-28.314 FS-PB : RJS 6/16 n° 405 ; 22-9-2016 n° 15-15.966 F-D : RJS 12/16 n° 759), la proposition de reclassement faite au salarié doit être la plus précise possible et mentionner la qualification du poste, la rémunération et les horaires de travail (Cass. soc. 7-3-2012 n° 10-18.118 FS-PB : RJS 5/12 n° 453). L'employeur peut soumettre au salarié ses propositions de reclassement en tenant compte, le cas échéant, des réponses de ce dernier au questionnaire qui lui a été soumis (Cass. soc. 22-3-2018 n° 16-24.482 F-D : RJS 6/18 n° 402) ou de ses précédents refus : par exemple, il n'est pas tenu de lui proposer des postes éloignés de son domicile si l'intéressé a déjà refusé des emplois de reclassement pour ce motif (Cass. soc. 23-11-2016 n°s 15-18.092 et 14-26.398 FS-PBRI : RJS 1/17 n° 10 ; 11-5-2017 n° 15-23.339 F-D : RJS 7/17 n° 468).

50010 **Refus du salarié** Le refus du salarié d'accepter un poste n'implique pas, à lui seul, le respect de son obligation par l'employeur (Cass. soc. 29-11-2006 n° 05-43.470 F-PB : RJS 2/07 n° 265 ; 18-3-2020 n° 18-26.114 F-D : RJS 6/20 n° 280) et ne constitue pas en soi une cause réelle et sérieuse de licenciement (Cass. soc. 26-1-2011 n° 09-43.193 FS-PB : RJS 4/11 n° 286 ; 23-5-2017 n° 16-13.222 F-D : RJS 8-9/17 n° 556). L'employeur doit en tirer les conséquences en lui faisant de nouvelles propositions de reclassement ou, en cas d'impossibilité, en procédant à son **licenciement** (Cass. soc. 18-4-2000 n° 98-40.314 PB : RJS 6/00 n° 659 ; 9-4-2002 n° 99-44.192 FS-PB : RJS 7/02 n° 807) ou à la rupture anticipée du CDD.

Ces principes s'appliquent même dans le cas où le salarié **refuse sans motif légitime** un poste de reclassement approprié à ses capacités et comparable à l'emploi précédemment occupé. Un tel refus est abusif, mais ne peut pas justifier un licenciement pour faute (Cass. soc. 25-5-2011 n° 09-71.543 F-D : RJS 10/11 n° 781) ou la non-reprise du versement du salaire à l'issue du délai d'un mois (Cass. soc. 7-12-1999 n° 97-43.775 PB : RJS 1/00 n° 36).

> **Précisions** **a.** N'est pas **abusif** le **refus** d'un poste de reclassement entraînant une modification du contrat de travail (Cass. soc. 19-3-2008 n° 07-40.327 F-D : RJS 5/08 n° 540 ; 5-6-2019 n° 18-18.096 F-D : RJS 8-9/19 n° 478), vidé de son contenu (Cass. soc. 23-11-2016 n° 15-21.470 F-D : RJS 2/17 n° 91) ou incompatible avec les restrictions d'aptitude physique relevées par le médecin du travail (Cass. soc. 25-5-2011 n° 10-12.200 F-D : RJS 8-9/11 n° 678).
> **b.** Le refus abusif d'un poste de reclassement prive le salarié inapte à la suite d'un accident du travail ou d'une maladie professionnelle des **indemnités** spécifiques de rupture visées n° 345 (Cass. soc. 20-2-2008 n° 06-44.867 FP-PB : RJS 5/08 n° 540). L'intéressé peut prétendre à l'indemnité légale ou conventionnelle de licenciement. Selon nous, il ne devrait pas bénéficier d'une indemnité compensatrice de préavis, voir n° 69305.

IMPOSSIBILITÉ DE RECLASSEMENT

Si l'employeur conclut à l'impossibilité de reclassement soit parce qu'aucun poste conforme n'est disponible, soit parce que le salarié a refusé le ou les postes proposés, il doit faire connaître à ce dernier, par écrit, les **motifs** s'opposant à son reclassement avant d'engager la procédure de rupture du CDI ou du CDD (Cass. soc. 20-3-2013 n° 12-15.633 F-D : RJS 6/13 n° 444). **50015** C. trav. art. L 1226-2-1, al. 1 L 1226-12, al. 1 **N-V-38000 s**

Le **non-respect** de cette formalité ouvre droit, pour le salarié, à des dommages et intérêts en réparation du préjudice subi (Cass. soc. 9-5-1990 n° 86-41.874 P : RJS 6/90 n° 471 ; 28-5-2014 n° 13-11.868 F-D : RJS 8-9/14 n° 623) mais n'affecte pas à lui seul la légitimité de la rupture (Cass. soc. 18-11-2003 n° 01-43.710 FS-P : RJS 2/04 n° 198). Sur le cumul de ces dommages et intérêts avec l'indemnité versée en cas de licenciement abusif d'un salarié victime d'un accident du travail ou d'une maladie professionnelle, voir n° 350, a.

> **Précisions** **a.** Manque à son obligation l'employeur qui ne **justifie** pas avoir procédé à des **démarches** précises en vue du reclassement (Cass. soc. 16-3-2016 n° 14-22.765 F-D : RJS 5/16 n° 319 ; 11-5-2017 n° 16-10.021 F-D : RJS 7/17 n° 469).
> **b.** La brièveté du délai entre l'avis d'inaptitude et l'engagement de la procédure de licenciement peut démontrer l'**absence de tentative sérieuse de reclassement** (Cass. soc. 24-4-2013 n° 12-13.571 F-D : RJS 7/13 n° 528 ; 15-10-2014 n° 13-23.099 F-D : RJS 1/15 n° 23). Tel est le cas si l'employeur conclut à l'impossibilité du reclassement le jour même de l'avis d'inaptitude ou le lendemain (Cass. soc. 26-11-2008 n° 07-44.061 F-PB : RJS 2/09 n° 164 ; 4-11-2015 n° 14-11.879 FS-PB : RJS 1/16 n° 22).

2. DISPENSE EXPRESSE DE RECLASSEMENT

L'employeur est dispensé de l'obligation de rechercher un reclassement si le **médecin du travail** indique expressément dans l'avis d'inaptitude que tout maintien du salarié dans un emploi serait gravement préjudiciable à sa santé ou que l'état de santé de l'intéressé fait obstacle à tout reclassement dans un emploi. Cette dérogation s'applique, que le salarié soit en CDI ou en CDD. **50020** C. trav. art. L 1226-2-1, al. 2 L 1226-12, al. 2 L 1226-20, al. 2 **N-V-39500 s**

L'employeur peut alors engager la procédure de **rupture du contrat** de travail dès la constatation de l'inaptitude. Le salarié peut prétendre aux indemnités visées n°s 345 s. si son inaptitude physique est consécutive à un accident du travail ou à une maladie professionnelle, ou à celles visées n°s 50040 s. si son inaptitude est d'origine non professionnelle.

Si le contrat de travail du salarié n'a pas été rompu au bout d'un mois, l'employeur doit reprendre le versement de son **salaire,** dans les conditions visées n°s 50025 s.

3. REPRISE DU VERSEMENT DU SALAIRE

DÉLAI

Déclaré inapte, le salarié ne peut plus occuper son poste de travail. Dès lors, sauf s'il peut être provisoirement affecté à un autre emploi correspondant à ses capacités (Cass. soc. 16-12-1998 n° 97-43.531 P : RJS 2/99 n° 193), il ne peut prétendre à aucune rémunération (Cass. soc. 12-2-1997 n° 94-40.599 P : RJS 4/97 n° 403 ; 4-6-1998 n° 95-41.832 PB : RJS 7/98 n° 856). **50025** C. trav. art. L 1226-4 L 1226-4-2 L 1226-11 L 1226-20 **N-V-40500 s**

Toutefois, à défaut de reclassement, de licenciement ou de rupture anticipée du CDD à l'issue du délai d'un mois à compter de la date de la visite de reprise, l'employeur doit reprendre le versement du salaire. Cette **obligation** s'impose, quelle que soit l'origine de l'inaptitude, que celle-ci soit temporaire ou définitive (Cass. soc. 22-5-1995 n° 93-44.721 PB : RJS 7/95 n° 771) et même si le salarié est déclaré inapte à tout emploi dans l'entreprise (Cass. soc. 16-2-2005 n° 02-43.792 FS-PBRI : RJS 5/05 n° 504). Le versement du salaire doit être repris même si la procédure de licenciement est en cours à cette date (Cass. soc. 23-3-2011 n° 10-10.896 F-D : RJS 5/11 n° 516), si le salarié a refusé un poste de reclassement (Cass. soc. 18-4-2000 n° 98-40.314 PB : RJS 6/00 n° 659) ou s'il a retrouvé un nouvel emploi à temps plein (Cass. soc. 4-3-2020 n° 18-10.719 FS-PB : RJS 5/20 n° 281). Le salaire est dû jusqu'à la présentation de la lettre de licenciement (Cass. soc. 17-3-2010 n° 07-44.747 FS-D : RJS 6/10 n° 544 ; 12-12-2018 n° 17-20.801 FS-PB : RJS 3/19 n° 150).

> **Précisions** **a.** Le **délai d'un mois court** à compter de la date à laquelle le médecin du travail déclare le salarié inapte : voir n° 72520. Ce délai est **préfix** : il ne peut être ni prorogé ni suspendu même si le médecin du travail précise son avis après avoir constaté l'inaptitude (Cass. soc. 25-3-2009 n° 07-44.748 F-PB : RJS 6/09 n° 507), si le salarié a par la suite bénéficié d'un nouvel arrêt de travail (Cass. soc. 24-6-2009 n° 08-42.618 F-PB : RJS 10/09 n° 785 ; 5-4-2018 n° 17-16.080 F-D : RJS 6/18 n° 403) ou si un recours est formé contre l'avis du médecin du travail (n° 72530).
> L'obligation de reprendre le versement du salaire est toutefois **suspendue** si le salarié est en projet de transition professionnelle (ex-congé individuel de formation) (Cass. soc. 16-3-2011 n° 09-69.945 FS-PB : RJS 5/11 n° 419). Il en est de même lorsque le salarié est en période chômée et non rémunérée dans le cadre d'un temps partiel annualisé (Cass. soc. 12-12-2012 n° 11-23.998 FS-PB : RJS 2/13 n° 112) ou d'un travail intermittent (Cass. soc. 20-12-2017 n° 16-15.581 F-D : RJS 3/18 n° 169).
> **b.** Si l'employeur **manque à son obligation,** le salarié peut saisir le juge pour obtenir le versement de sa rémunération (le cas échéant, en référé : Cass. soc. 22-5-1995 n° 93-44.721 PB : RJS 7/95 n° 771) ou faire constater la rupture du contrat de travail, qui produit les effets d'un licenciement sans cause réelle et sérieuse (Cass. soc. 11-7-2000 n° 98-45.471 FS-P : RJS 11/00 n° 1080 ; 29-9-2004 n° 02-43.746 F-PB : RJS 12/04 n° 1273) et ouvre droit au paiement du salaire jusqu'à la date de la rupture (Cass. soc. 14-12-2011 n° 10-14.251 F-D : RJS 3/12 n° 239) et à l'indemnité compensatrice de préavis (Cass. soc. 24-6-2009 n° 08-42.618 F-PB : RJS 10/09 n° 785).
> Si le licenciement a déjà été prononcé, le salarié peut solliciter, outre le solde de rémunération, la réparation du préjudice résultant de ce manquement ; mais ce dernier ne prive pas dans ce cas le licenciement de cause réelle et sérieuse (Cass. soc. 20-9-2006 n° 05-42.930 FS-PB : RJS 11/06 n° 1172 ; 24-6-2009 n° 07-45.006 F-D : RJS 10/09 n° 786).

SALAIRE VERSÉ

50030 C. trav. art. L 1226-4, L 1226-4-2, L 1226-11, L 1226-20, N-V-41700 s

Le salaire, qui correspond à l'emploi occupé avant la suspension du contrat de travail, est versé tant que le salarié n'est ni reclassé ni licencié. Il doit **comprendre** l'ensemble des éléments de rémunération, y compris la partie variable (Cass. soc. 16-6-1998 n° 96-41.877 PB : RJS 8-9/98 n° 975) et, le cas échéant, les heures supplémentaires (Cass. soc. 4-4-2012 n° 10-10.701 FS-PB : RJS 6/12 n° 542), mais pas les remboursements de frais (Cass. soc. 23-1-2019 n° 17-18.771 F-D : RJS 4/19 n° 204). Le salaire versé ouvre droit à une indemnité de congés payés et, le cas échéant, à une prime de vacances (Cass. soc. 5-12-2018 n° 17-18.170 F-D : RJS 2/19 n° 83).

L'employeur ne peut opérer aucune réduction sur les sommes dues : ne sauraient notamment être déduites les prestations de sécurité sociale et de prévoyance versées à l'intéressé (Cass. soc. 22-10-1996 n° 94-43.691 PB : RJS 12/96 n° 1255 ; 16-2-2005 n° 02-43.792 FS-PBRI : RJS 5/05 n° 504 ; 21-11-2007 n° 06-44.507 F-D : RJS 2/08 n° 168) ou le montant du salaire qu'il a perçu au titre d'un nouvel emploi (Cass. soc. 4-3-2020 n° 18-10.719 FS-PB : RJS 5/20 n° 281). L'employeur ne peut pas s'exonérer de son obligation en versant au salarié une indemnité de congés payés, ni le contraindre à prendre des vacances (Cass. soc. 3-7-2013 n° 11-23.687 FS-PB : RJS 10/13 n° 669 ; 1-3-2017 n° 15-28.563 F-D : RJS 5/17 n° 322).

ATTENTION

L'institution de **prévoyance** peut, sous certaines conditions, réclamer au salarié le remboursement de prestations telles qu'une rente d'invalidité qu'elle a servie au cours de la période de reprise du paiement des salaires (Cass. soc. 30-5-2007 n° 06-12.275 FS-PB : RJS 8-9/07 n° 995).

4. RUPTURE DU CONTRAT DE TRAVAIL

50040 C. trav. art. L 1226-2-1, al. 2

L'employeur ne peut rompre le contrat de travail que s'il justifie soit de son impossibilité de proposer un emploi de reclassement (n° 50015), soit du refus par le salarié de l'emploi proposé dans ces conditions (n° 50010), soit d'une dispense expresse de recherche de reclassement par le médecin du travail (n° 50020).

La rupture du contrat d'un salarié inapte à la suite d'un accident du travail ou d'une maladie professionnelle emporte des conséquences spécifiques, étudiées n°s 340 s.

CONTRAT À DURÉE INDÉTERMINÉE

L'employeur peut prononcer un **licenciement,** en respectant la procédure visée nos 47450 s. La **lettre** de licenciement doit mentionner l'inaptitude physique et l'impossibilité de reclassement (Cass. soc. 31-1-2006 no 05-41.188 F-P : RJS 4/06 no 422 ; 26-9-2012 no 11-14.989 F-D : RJS 12/12 no 925). Si l'employeur est dispensé par le médecin du travail de rechercher un reclassement, la lettre de licenciement doit à notre sens reprendre la formulation de l'avis d'inaptitude. Le contrat est rompu à la **date** de notification de ce licenciement, sans préavis ni indemnité compensatrice de préavis. **50045** C. trav. art. L 1226-2-1, al. 4 L 1226-4 L 1226-4-1 **N-V-43100 s**

Le salarié a droit soit à l'**indemnité** légale de licenciement, calculée compte tenu de son ancienneté incluant la durée du préavis qui aurait été dû si le salarié avait été en mesure de l'exécuter (Cass. soc. 22-11-2017 no 16-13.883 F-D : RJS 2/18 no 97), soit à l'indemnité conventionnelle si elle est plus favorable. L'indemnité est calculée en fonction du salaire de référence visé no 48940. Est discriminatoire et ne doit donc pas être appliquée la clause d'une convention collective excluant les salariés inaptes du bénéfice de l'indemnité qu'elle prévoit (Cass. soc. 8-10-2014 no 13-11.789 FS-PB : RJS 12/14 no 851 ; 9-12-2020 no 19-17.092 FS-PB : RJS 2/21 no 72). Cette somme est prise en charge soit directement par l'employeur, soit au titre des garanties souscrites auprès du fonds de mutualisation géré par l'AGS.

> **Précisions** **a.** L'employeur n'a pas l'**obligation de licencier** le salarié dont le reclassement est impossible : le juge prud'homal, en formation simple ou en référé, ne peut pas l'y contraindre (Cass. soc. 26-5-1993 no 92-40.097 D : RJS 7/93 no 735). La loi ne lui impose pas de délai pour licencier le salarié (Cass. soc. 18-2-2015 no 13-16.035 F-D : RJS 6/15 no 403), mais il doit reprendre le versement du salaire si l'intéressé n'est pas reclassé ni licencié au bout d'un mois (no 50025).
> **b.** Sur la possibilité, pour le salarié inapte, de se prévaloir d'une période de **garantie d'emploi** conventionnelle, voir no 49925.
> **c.** Une fois le licenciement prononcé, le salarié ne peut pas se prévaloir d'un droit à **réintégration** du fait de l'amélioration ultérieure de son état de santé (Cass. soc. 12-5-1993 no 89-40.605 P : RJS 6/93 no 604).
> **d.** Le licenciement est sans cause réelle et sérieuse si l'employeur a manqué à son obligation de reclassement (par exemple, s'il n'a effectué aucune tentative de reclassement : Cass. soc. 26-1-2005 no 04-47.983 FS-PB : RJS 4/05 no 370 ; s'il n'a pas consulté le CSE sur le reclassement : Cass. soc. 30-9-2020 no 19-11.974 FS-PBI : RJS 12/20 no 579) ou si l'inaptitude physique est la conséquence de ses **agissements fautifs** (Cass. soc. 2-3-2011 no 08-44.977 FP-PB : RJS 5/11 no 393 ; 17-10-2012 no 11-18.648 F-D : RJS 1/13 no 22). Il est nul lorsque cette inaptitude trouve sa cause directe et certaine dans des actes de harcèlement moral commis par l'employeur (Cass. soc. 13-2-2013 no 11-26.380 F-D : RJS 4/13 no 273).
> Le salarié peut dans ce cas prétendre aux **réparations** visées nos 48700 s. et à l'indemnité compensatrice de préavis (Cass. soc. 26-11-2002 no 00-41.633 FS-PBRI : RJS 2/03 no 178 ; 7-12-2017 no 16-22.276 F-PB : RJS 2/18 no 98).

CONTRAT À DURÉE DÉTERMINÉE

L'employeur peut rompre le contrat à durée déterminée de manière anticipée pour inaptitude physique. Il n'est pas tenu de recevoir le salarié en entretien préalable (Avis Cass. 21-10-2013 no 15013 P : RJS 1/14 no 31). Le salarié a droit à une **indemnité de rupture** d'un montant au moins égal à l'indemnité légale de licenciement (no 48930), proratisée si la durée d'emploi est inférieure à 8 mois. **50050** C. trav. art. L 1243-1 L 1226-4-3 **N-V-51000 s**

Cette indemnité de rupture s'ajoute, le cas échéant, à l'indemnité de fin de contrat (nos 20170 s.). Elle est versée à l'issue du contrat en même temps que le dernier salaire.

Sur les conséquences de la **rupture abusive** du CDD, notamment en cas de manquement de l'employeur à son obligation de reclassement, voir nos 20245 s.

II. ASSURANCE MALADIE

L'assurance maladie du **régime général** de sécurité sociale, seule étudiée ci-après, a vocation à permettre aux assurés sociaux et à leur famille de faire face à leurs besoins en matière de santé. À ce titre, et sous certaines conditions, elle assure la prise en charge des frais de santé et compense le manque à gagner résultant pour les assurés d'une incapacité physique à exercer leur activité professionnelle par le versement d'indemnités journalières (IJ). **50100** **D-I-1 s.**

› **Précisions** **a.** En cas de **risque sanitaire grave et exceptionnel,** notamment d'épidémie, des règles dérogatoires du droit commun, plus favorables, peuvent être adoptées en urgence par décret, en principe pour un an maximum, en matière de prise en charge des frais de santé (suppression du reste à charge de l'assuré pour certains soins, prise en charge de frais habituellement non remboursables, par exemple) et d'indemnités journalières (octroi d'IJ sans condition, suppression du délai de carence, par exemple). Ces dérogations ne peuvent être prévues que pour les actes et prestations directement en lien avec le risque en cause ou nécessaires à la limitation de la propagation des effets de ce risque et pour les personnes exposées de manière directe ou indirecte à ce risque. Elles peuvent avoir un effet rétroactif, dans la limite d'un mois (CSS art. L 16-10-1).
Exceptionnellement, jusqu'à une date fixée par décret, et au plus tard jusqu'au 31-12-2021, de telles dispositions dérogatoires peuvent être prises dans le cadre de l'épidémie de **Covid-19** (Loi 2020-1576 du 14-12-2020 art. 76, III). Sur ces dispositions, voir n° 50420.
b. Sur l'assurance maladie-maternité des **travailleurs indépendants,** voir n°s 81020 s. ; des **professions agricoles,** voir notre Mémento agriculture.
Sur le droit aux prestations d'assurance maladie des travailleurs **étrangers,** voir n° 36045.

A. Prise en charge des frais de santé

1. BÉNÉFICIAIRES

ASSURÉ

50120 CSS art. L 160-1 L 160-5 **D-I-50 s**

En vertu de la **protection universelle maladie** (Puma), toute personne, y compris étudiante (C. éduc. art. L 832-1), bénéficie, à titre personnel, de la prise en charge de ses frais de santé en cas de maladie ou de maternité lorsqu'elle travaille ou, si elle n'exerce pas d'activité professionnelle, lorsqu'elle réside en France de manière stable et régulière.

› **Précisions** **a.** Sont **considérées comme travailleurs** les personnes exerçant sur le territoire français une activité pour le compte d'un ou plusieurs employeurs, ayant ou non un établissement en France, ou une activité non salariée ou qui exercent une activité professionnelle à l'étranger et sont soumises à la législation française de sécurité sociale en application des règlements européens ou des conventions internationales (CSS art. L 111-2-2).
b. Sont considérées comme **résidant en France de manière stable** les personnes qui ont leur foyer (c'est-à-dire leur résidence habituelle) ou le lieu de leur séjour principal (c'est-à-dire au moins 3 mois à l'ouverture des droits puis au moins 6 mois par an) sur le territoire métropolitain, en Guadeloupe, en Guyane, à la Martinique, à La Réunion, à Saint-Barthélemy ou à Saint-Martin. Cette disposition n'est pas applicable aux ayants droit mineurs dans les cas prévus par les conventions internationales et les règlements européens (CSS art. L 111-2-3 et R 111-2). Par **dérogation,** les expatriés revenant résider en France sans exercer d'activité professionnelle entre le 1-3-2020 et le 1-4-2021 bénéficient de la prise en charge immédiate de leurs frais de santé dès leur arrivée sur le territoire national (Loi 2020-734 du 17-6-2020 art. 13 et loi 2020-1379 du 14-11-2020 art. 15).
c. Les **étrangers** non ressortissants de l'UE, de l'EEE ou de la Suisse doivent justifier de la régularité de leur séjour en France (voir n° 36020, b).
d. La prise en charge des frais de santé est financée notamment par les **cotisations** calculées sur les rémunérations versées aux salariés (n°s 22200 s.). Les personnes ne percevant pas de revenus d'activité ou dont les revenus tirés, au cours d'une année, d'activités professionnelles exercées en France sont inférieurs à 20 % du plafond annuel de la sécurité sociale (8 227 € en 2021) sont redevables d'une cotisation subsidiaire maladie annuelle dont le taux dégressif est égal au maximum à 6,5 % de leurs revenus non professionnels dépassant 50 % de ce plafond (20 568 € en 2021) et dans la limite de 8 fois ce plafond (329 088 € en 2021) (CSS art. L 380-2 et art. D 380-1). Les bénéficiaires d'un revenu de remplacement n'en sont pas redevables.
e. Bénéficient, gratuitement ou moyennant une faible participation financière, d'une **complémentaire santé solidaire** (ex-CMUC) les personnes dont les ressources sont inférieures à certains plafonds variant en fonction de la composition de la famille (CSS art. L 861-1 à L 861-12). Ces plafonds sont donnés sur https://www.efl.fr/chiffres-taux/social/ les personnes dont le droit à la CSS est arrivé à expiration entre le 30-10-2020 et le 16-2-2021 inclus bénéficient d'une prolongation de leur droit de 3 mois à compter de sa date d'échéance (Ord. 2020-1553 du 9-12-2020 art. 4, I).
f. Sous certaines conditions, les **titulaires d'une pension ou rente** de vieillesse (exceptés ceux bénéficiant du remboursement de cotisations visé n° 67720), de réversion ou d'invalidité servie par un régime de base français ou d'une rente ou allocation d'accidents du travail ou de maladies professionnelles ou de l'aide à la vie familiale et sociale des anciens migrants (n° 36060), qui ne travaillent pas et ne résident pas en France, bénéficient de la prise en charge de leurs frais de santé lors de séjours temporaires en France (CSS art. L 160-3).

AYANTS DROIT

Bénéficient de la prise en charge de leurs frais de santé en tant qu'ayants droit d'un assuré social les **enfants mineurs** n'exerçant pas d'activité professionnelle qui sont à sa charge à condition que la filiation, y compris adoptive, soit légalement établie ou que les enfants soient recueillis ou pupilles de la Nation. **50130** CSS art. L 160-2, L 161-15-3 R 161-8 D 160-1 **D-I-800 s**

Toutefois, l'enfant qui **atteint 16 ans** peut demander à bénéficier du remboursement de ses frais de santé à titre personnel.

Le statut d'ayant droit prend **fin** au jour où l'enfant atteint 18 ans.

> **Précisions** Les enfants peuvent être **rattachés** à l'un ou l'autre de leurs parents assurés sociaux. À défaut de demande de rattachement exprimée par les parents, la prise en charge des frais de santé est assurée au titre du parent qui effectue la première demande de remboursement. Lorsque l'un des parents cesse de bénéficier de la prise en charge des frais de santé, celle-ci est assurée au titre du parent continuant à remplir les conditions requises.

2. CONDITIONS DU REMBOURSEMENT

En principe, l'assuré paie directement les soins reçus puis se fait rembourser par sa caisse primaire d'assurance maladie, sur présentation de justificatifs, à hauteur de tarifs dits de responsabilité qui constituent les **limites** maximales de prise en charge. Ces tarifs sont établis, selon le cas, par convention médicale ou par arrêté ministériel. **50210** **D-I-15700 s**

Si, toutefois, il bénéficie du **tiers payant,** l'assuré est dispensé de faire l'avance des frais remboursables, et la caisse paie directement le praticien, l'établissement de soins ou la pharmacie.

Les dépenses de santé ne sont pas remboursées en totalité : une part de celles-ci, appelée **ticket modérateur,** et deux **participations forfaitaires** restent à la charge de l'assuré. Le montant du remboursement est en outre conditionné au respect du parcours de soins coordonnés (nº 50260). Enfin, la prise en charge de certains frais est subordonnée à un accord préalable de la caisse.

> **Précisions** **a.** En principe, le système du **tiers payant** est obligatoire pour les actes pris en charge par l'assurance maternité, ceux en lien avec une interruption volontaire de grossesse et, ceux concernant les patients atteints d'une affection de longue durée, pour les soins en relation avec cette affection (CSS art. L 162-1-21). Il s'applique également pour les examens obligatoires de l'enfant jusqu'à son 18e anniversaire (CSS art. L 162-1-22 ; CSP art. L 2132-2) et aux mineures pour tout acte lié à leur contraception (CSS art. L 162-4-5 et L 162-8-1).
> **b.** Sur l'obligation pour les « **contrats responsables** » de prévoir le tiers payant, voir nº 22990.
> **c.** Des règles de prise en charge dérogatoires au droit commun peuvent être adoptées en cas de **crise sanitaire** grave : voir nº 50100, a.

JUSTIFICATION DES FRAIS

Le remboursement des frais médicaux est subordonné à la production de documents (feuille de maladie ou de soins, ordonnance, sur support papier ou électronique) dont les conditions de transmission sont fixées par les articles R 161-39 à R 161-49 du CSS. Chaque assuré dispose d'une **carte Vitale** qu'il doit présenter au professionnel de santé. **50215** CSS art. L 161-31 L 161-33 **D-I-15750 s**

ENTENTE PRÉALABLE

La prise en charge de certains actes, produits, médicaments ou prestations peut être subordonnée à l'accord préalable du service du **contrôle médical.** Il s'agit principalement des actes prescrits en série lorsque leur nombre dépasse un certain seuil (rééducation, masso-kinésithérapie, orthophonie...), de l'orthodontie, de certaines pathologies inhabituelles, de certains actes de biologie et d'appareillage, et des transports sanitaires prescrits en série ou pour une distance de plus de 150 km. L'assuré doit, avant l'exécution de l'acte, adresser à sa caisse une **demande** à cet effet, sur un imprimé spécial fourni et signé par le praticien réalisant l'acte. Si la demande de prise en charge spécifie l'urgence, le praticien peut dispenser immédiatement les soins (Cass. soc. 18-7-1978 nº 77-13.854 P ; 9-7-1998 nº 96-21.096 D : RJS 8-9/98 nº 1062). **50220** CSS art. L 315-2 R 322-10-4 **D-I-16460 s**

Lorsqu'elle est prévue, la formalité de l'entente préalable est impérative. À défaut de demande ou en cas de demande tardive, l'assuré perd ses droits à remboursement (Cass. 2e civ. 19-6-2008 nº 07-13.987 F-PB : RJS 10/08 nº 1031 ; 18-6-2015 nº 14-20.258 F-PBI : RJS 10/15 nº 670).

> **Précisions** **a.** Le **silence gardé** pendant plus de 15 jours par l'organisme sur la demande de prise en charge vaut acceptation (Circ. Cnamts 17 du 17-1-2002) sauf si la demande, visant des frais non remboursables, est inopérante (Cass. 2e civ. 11-10-2006 nº 05-14.617 F-D : RJS 12/06 nº 1310).
> **b.** L'appréciation de la **notion d'urgence** est du seul ressort du praticien ; elle ne peut ni

faire l'objet d'un contrôle a posteriori (Cass. soc. 26-9-1991 n° 89-15.423 P : RJS 11/91 n° 1241), ni donner lieu à une contestation justifiant la mise en œuvre d'une expertise technique (Cass. soc. 13-3-1985 n° 83-15.229 P). La mention d'une urgence dite « relative » est irrecevable (Cass. soc. 19-12-2002 n° 01-20.510 F-D : RJS 2/03 n° 250).

c. L'accord de la caisse n'est valable que pour le traitement mentionné par l'accord quelle qu'en soit sa durée. En cas de **renouvellement,** une nouvelle demande doit être effectuée (Cass. soc. 16-3-1988 n° 85-15.399 P). L'accord n'a d'effet que si l'acte est dispensé dans les conditions prévues par la demande (Cass. soc. 13-6-1984 n° 83-11.347 P).

d. S'il constate un trop grand nombre de prescriptions ou des **irrégularités de prescription ou de facturation** de la part de praticiens ou de centres de soins, le directeur de la caisse locale d'assurance maladie peut soumettre leurs actes et prestations à l'entente préalable (CSS art. L 162-1-15, L 162-1-17, R 148-1 à R 148-9).

MONTANT DU REMBOURSEMENT

50225 CSS art. L 160-13, I L 160-14 R 160-5 s D-I-17150 s

Ticket modérateur Le ticket modérateur correspond à la partie des dépenses de santé restant à la charge de l'assuré après le remboursement de l'assurance maladie. Son **taux,** qui varie selon la nature des frais exposés (soins, médicaments, appareillage, transport, etc.), est fixé par le conseil de l'Union nationale des caisses d'assurance maladie dans les limites prévues par l'article R 160-5 du CSS. Il est **majoré** si l'assuré consulte un praticien hors parcours de soins coordonnés : voir n° 50260.

Un ticket modérateur **forfaitaire** de 24 € est appliqué pour les actes pratiqués au cours d'une consultation ou d'une hospitalisation de moins de 31 jours dont la tarification excède un certain montant.

Le ticket modérateur est **supprimé** : pour certains assurés (titulaire d'un pension d'invalidité, d'une rente d'accident du travail d'un taux d'au moins 66,66 % par exemple) ; dans les cas prévus par les articles R 160-16 et R 160-17 du CSS (notamment frais relatifs au traitement d'une affection longue et coûteuse, frais liés à une hospitalisation d'au moins 31 jours consécutifs, actes de radiodiagnostic, scanner et IRM, transports d'urgence, interruption volontaire de grossesse, frais de contraception des mineures) et pour les frais engendrés par un acte de terrorisme (CSS art. L 169-2) ; pour les actes de téléconsultation jusqu'au 31-12- 2021 (Loi 2020-1576 du 14-12-2020 art. 61). Il peut aussi l'être pour d'autres actes en cas de crise sanitaire grave (n° 50100, a).

À compter du 1-9-2021, le ticket modérateur est remplacé par une participation forfaitaire de l'assuré (« forfait patient urgences »), dont le montant est fixé par arrêté (à paraître), en cas de **passage aux urgences** d'un établissement de soins non suivi d'une hospitalisation dans l'établissement. Cette participation ne peut pas être supprimée sauf exception, notamment en cas de maternité, hospitalisation d'un nouveau-né dans les 30 jours suivant sa naissance ou de crise sanitaire grave.

S'agissant des **femmes enceintes,** voir n° 51517.

› Précisions a. Le **ticket modérateur forfaitaire** de 24 € s'applique aux actes affectés à la nomenclature générale des actes professionnels d'un coefficient égal ou supérieur à 60 ou d'un tarif égal ou supérieur à 120 €. Ce forfait s'applique également si le cumul de plusieurs actes pratiqués au cours de la même consultation ou hospitalisation atteint ce montant. Si plusieurs actes atteignant ou dépassant ce montant sont pratiqués, la participation forfaitaire est appliquée une seule fois.

b. La caisse notifie sa décision d'**exonération** du ticket modérateur à l'assuré, s'il s'agit d'un refus par tout moyen donnant date certaine à sa réception. Si la demande est faite par l'assuré, la caisse est tenue d'y répondre dans le mois suivant sa date de réception, le défaut de réponse valant rejet.

50230 CSS art. L 160-13, II et III R 160-19 R 160-20 D 160-6 à D 160-13 D-I-17180 s

Participations forfaitaires En plus du ticket modérateur, sont à la charge de l'assuré :
– un **forfait** égal à 1 € pour chaque acte ou consultation pris en charge et réalisé par un médecin (en ville, à l'hôpital ou en centre de santé) et pour tout acte de biologie médicale ;
– une **franchise** égale à 0,50 € pour chaque boîte de médicaments et pour tout acte paramédical (infirmiers, orthophonistes, masseurs-kinésithérapeutes…) et à 2 € pour tout transport sanitaire à l'exception des transports d'urgence ;
– une franchise pour les prestations effectuées par un pharmacien et définies par arrêté (à paraître).

Ces participations sont **limitées** chacune à 50 € par an et par bénéficiaire. Des plafonds journaliers s'appliquent également en cas de transports, actes ou consultations multiples : 4 € pour les actes médicaux et les transports, 2 € pour les actes paramédicaux.

Applicables aux accidentés du travail (CSS art. L 432-1), ces participations ne sont dues ni en cas d'hospitalisation, ni par les mineurs, ni par les bénéficiaires de la complémentaire santé solidaire visée n° 50120, e (CSS art. L 160-15) et les victimes d'un acte de terrorisme pour les frais engendrés pendant une année par cet acte (CSS art. L 169-2, 5° et 6°). S'agissant des **femmes enceintes,** voir n° 51517.

› Précisions a. Les participations forfaitaires sont **déduites** du montant du remboursement. En cas de dispense d'avance des frais, elles sont récupérées par la caisse sur les prestations ultérieures ou directement auprès de l'assuré.
b. L'assuré est informé lorsque le **plafond** annuel est atteint. En cas de première affiliation intervenant en cours d'année civile, le plafond annuel de 50 € est proratisé (Circ. DSS 179 du 5-6-2008).
c. Les participations ne peuvent être **prises en charge** ni par le régime local d'assurance maladie complémentaire d'Alsace-Moselle (CSS art. L 325-1, I), ni par les contrats de prévoyance, sous peine de sanction : voir n° 22992.

EXEMPLE 50232

Un assuré consulte son médecin traitant qui est un médecin généraliste conventionné exerçant en secteur 1. Le tarif de la consultation est de 25 €. Sur ce montant, l'assurance maladie lui rembourse 70 %, soit 17,50 €, moins 1 € au titre de la participation forfaitaire. Le remboursement est donc de 16,50 € et le montant demeurant à la charge de l'assuré est de 8,50 €.

PAIEMENT DES PRESTATIONS

Modalités La **caisse compétente** pour régler les prestations est, en principe, celle à laquelle l'assuré est affilié, c'est-à-dire la caisse primaire dans la circonscription de laquelle est située sa résidence (CSS art. R 312-1). 50235 D-I-17410 s

Sauf application du tiers payant (n° 50210), les prestations sont payées à l'**assuré,** en principe dans le **délai** de 15 jours suivant l'envoi de la feuille de soins (CSS art. R 362-1) ou de 5 jours en cas d'utilisation de la carte Vitale.

L'action de l'assuré pour demander le remboursement des frais médicaux ou le paiement de prestations en espèces de l'assurance maladie se **prescrit** par 2 ans, à compter du premier jour du trimestre suivant celui auquel se rapportent ces prestations (CSS art. L 160-11).

› Précisions a. Pour les patients soignés dans certains établissements de soins spécialisés et les personnes âgées effectuant un séjour d'au moins 6 mois dans un établissement d'hébergement spécialisé, les prestations sont servies par la **caisse** dans la circonscription de laquelle se trouve l'établissement (CSS art. R 321-4 et Arrêté SPSS9500280A du 6-3-1995).
b. En cas de **changement de caisse** de rattachement, les frais de santé (comme les indemnités journalières maladie ou maternité) sont pris en charge par l'organisme d'origine jusqu'à ce que la caisse nouvellement compétente se soit substituée à lui (CSS art. L 160-18, L 161-15-2).
c. La caisse **paie** valablement les prestations au conjoint de l'assuré, à son concubin ou à la personne liée à elle par un Pacs, ou à toute personne justifiant avoir la charge du bénéficiaire des prestations s'il est mineur (CSS art. R 362-1).

Refus de paiement et récupération d'indus En cas d'irrégularité, la caisse peut décider de **ne pas prendre en charge** les frais de santé (CSS art. L 314-1). 50240

Lorsqu'une **prise en charge a été effectuée à tort,** les caisses peuvent en demander le remboursement aux praticiens, notamment en cas d'inobservation des règles de tarification ou de facturation (CSS art. L 133-4). La caisse peut récupérer auprès de l'assuré les prestations qu'elle lui a indûment versées (CSS art. L 133-4-1).

Par ailleurs, tout comportement frauduleux en vue d'obtenir des prestations indues peut donner lieu à une pénalité financière de la part de la caisse et à une **sanction** pénale.

› Précisions a. L'**indu** est **notifié** à l'assuré par lettre recommandée avec accusé de réception (Circ. DSS 73 du 21-2-2007). L'assuré peut demander, dans un délai fixé par décret à paraître, la **correction des informations** le concernant lorsque celles-ci ont une incidence sur le montant de l'indu. Si l'intéressé n'a pas respecté le délai imparti, l'indu pourra être mis en recouvrement dès l'expiration dudit délai, ce qui ne privera pas l'assuré de saisir la commission de recours amiable par la suite (CSS art. L 133-4-1).
La **récupération de l'indu** auprès de l'assuré peut s'effectuer par un ou plusieurs versements étalés sur 12 mois maximum, ou par retenues sur les prestations à venir de l'assurance maladie ou, le cas échéant, sur d'autres prestations (prestations familiales, APL, pensions d'invalidité...), en fonction de la situation du ménage, et sous réserve que l'assuré ne conteste pas le caractère indu de la prestation (CSS art. L 133-4-1, D 133-2-2 et D 133-2-3). L'introduction d'un recours contentieux par l'assuré aux fins d'annulation de l'indu n'empêche pas la caisse de rechercher le règlement de celui-ci pendant l'instruction du recours (Cass. 2e civ. 8-11-2018 n° 17-21.281 FS-D : RJS 1/19 n° 61).

Lorsqu'elle est munie d'un titre exécutoire, la caisse peut utiliser la procédure d'opposition à tiers détenteur (CSS art. L 133-4-9).
b. Lorsque le comportement de l'assuré, de l'employeur, du professionnel de santé ou de toute personne impliquée dans une **fraude** en bande organisée aboutit au versement de prestations indues ou fait obstacle au contrôle ou à la bonne gestion de la caisse, le directeur de cette dernière peut appliquer une **pénalité financière** dont le montant varie, en fonction de la gravité des faits reprochés, entre un plancher et un plafond déterminés (CSS art. L 114-17-1 et R 147-2 s.). Ces limites s'imposent au juge appelé à apprécier l'adéquation de la sanction à l'importance de l'infraction commise (Cass. 2e civ. 15-6-2017 nº 16-19.198 F-PBI : RJS 10/17 nº 703). Un vice de forme dans la procédure de répétition de l'indu n'empêche pas le prononcé de la pénalité (Cass. 2e civ. 11-10-2018 nº 17-22.686 F-PB : RJS 12/18 nº 776).
c. Est puni de 2 ans d'emprisonnement et de 30 000 € d'amende le fait d'obtenir ou de tenter d'obtenir des prestations par **fraude** ou **fausse déclaration** (C. pén. art. 441-6). En cas d'**escroquerie,** ces peines sont portées à 7 ans d'emprisonnement et 750 000 € d'amende (C. pén. art. 313-2).

3. DÉPENSES PRISES EN CHARGE

a. Nature des dépenses

50250 CSS art. L 160-8 D-I-7300 s Les frais engagés par l'assuré, pour lui-même ou pour ses ayants droit, sont pris en charge dès lors qu'ils sont référencés dans une classification des **actes médicaux.** En principe, ne sont pas pris en charge les frais relatifs à des actes de **prévention** (excepté les examens de prévention bucco-dentaire auxquels les jeunes sont soumis en vertu de la loi et les actes s'inscrivant dans le cadre de programme de prévention fixé par arrêté), ni les consultations destinées à établir des **certificats d'aptitude** pour l'exercice d'activités sportives (Cass. soc. 28-4-1986 nº 84-13.297 P ; Rép. Rossi : AN 27-1-1973 p. 215).

L'assurance maladie prend en charge les frais liés à certaines **vaccinations** (liste fixée par arrêté SANS0423104A du 16-9-2004) ou dépistages, et les frais liés à une **contraception** ou une **interruption volontaire de grossesse.**

› Précisions **a.** Tout assuré a droit à un certain nombre d'**informations,** notamment : frais auxquels il peut être exposé, conditions de prise en charge et de dispense d'avance des frais, respect par l'établissement de santé de son obligation d'assurance... (CSP art. L 1111-3 à L 1111-3-6).
b. Chaque assuré peut, s'il le souhaite, disposer d'un **dossier médical partagé** (DMP). Il s'agit d'un dossier numérique visant à favoriser la prévention, la qualité, la continuité et la coordination des soins entre les professionnels de santé. Le DMP peut être ouvert et consulté par l'assuré, sur www.dmp.fr, ou, avec son consentement, par la caisse ou par un professionnel ou un établissement de santé via un logiciel compatible ou un site dédié. Il est destiné à contenir l'historique des soins et traitements des 12 derniers mois et toutes autres informations médicales (pathologies, résultats d'examens...) ou utiles au suivi médical du patient (allergies, personnes à prévenir en cas d'urgence, personnes aidées par le titulaire du dossier, qualité d'aidant de ce dernier...) (CSP art. L 1111-14 à L 1111-22 et R 1111-26 à R 1111-43).

SOINS MÉDICAUX ET PARAMÉDICAUX

50255 D-I-7790 s Donnent droit à remboursement sur la base de **tarifs** fixés par convention ou, à défaut, par arrêté ministériel, et, pour la plupart des soins :
– les visites, consultations et actes pratiqués par des médecins généralistes et spécialistes, des sages-femmes et des chirurgiens-dentistes ;
– les actes pratiqués par les auxiliaires médicaux (masseurs-kinésithérapeutes, infirmiers, pédicures, orthophonistes) s'ils sont prescrits par une ordonnance médicale ;
– les actes de biologie médicale faisant l'objet d'une prescription médicale ;
– les frais de déplacement du praticien et les majorations pour actes pratiqués la nuit, le dimanche ou les jours fériés ;
– les actes de télémédecine.

› Précisions **a.** Des **dépassements de tarifs** peuvent être pratiqués en cas de circonstances exceptionnelles de temps ou de lieu dues à une exigence particulière du malade ou lorsque le médecin est titulaire d'un droit à dépassement. Un dépassement est également autorisé lorsque le praticien est consulté en dehors du parcours de soins coordonnés : voir nº 50260. La prise en charge de certains de ces actes est subordonnée à la procédure d'**entente préalable** : voir nº 50220.
b. Le professionnel de santé doit afficher ses honoraires ainsi que le tarif du remboursement par l'assurance maladie en vigueur, et compléter cet affichage par une phrase expliquant sa situation notamment au regard des dépassements

d'honoraires, sous peine de sanctions. S'il pratique un dépassement, il doit en outre remettre au patient une **information** écrite sur le montant de ses honoraires lorsqu'ils sont supérieurs ou égaux à 70 €. En cas de fourniture d'un appareillage (prothèse par exemple), le patient bénéficie d'une information détaillée sur son prix, le tarif de responsabilité correspondant et, le cas échéant, le montant du dépassement facturé et le montant pris en charge par l'assurance maladie ainsi que son lieu de fabrication et les matériaux utilisés (CSP art. L 1111-3-2 ; Arrêté ECOC1809998A du 30-5-2018).

L'assuré ou l'ayant droit âgé d'au moins 16 ans doit déclarer à sa caisse primaire le nom du **médecin traitant** (généraliste, spécialiste, médecin hospitalier ou médecin salarié d'un centre de santé) qu'il a choisi, en accord avec celui-ci. Ce médecin traitant est chargé d'assurer son suivi médical et de l'orienter si nécessaire vers le professionnel de santé le plus apte à le soigner (**parcours de soins coordonnés**). Le patient n'ayant pas désigné de médecin traitant ou consultant un autre praticien sans prescription de son médecin traitant encourt une sanction sauf pour certains spécialistes (pédiatre, gynécologue, ophtalmologiste, chirurgien-dentiste…) qui peuvent être consultés directement. **50260** CSS art. L 162-5-3 L 162-5-4 D 162-1-6

› Précisions **a.** La **déclaration** du médecin traitant peut s'effectuer directement en ligne par le médecin lors d'une consultation ou par courrier en envoyant à la caisse le formulaire fourni par celle-ci et disponible sur www.ameli.fr. Le changement de médecin traitant s'effectue selon les mêmes modalités.

b. Pour les ayants droit de **moins de 16 ans,** la désignation du médecin traitant est effectuée par l'un au moins des parents ou par le titulaire de l'autorité parentale.

c. Sauf pour les patients de moins de 16 ans, la **sanction** applicable est une majoration de 40 % du ticket modérateur (Décision Uncam du 22-1-2009), ainsi qu'une augmentation possible du prix de la consultation, limitée à 17,5 % du tarif conventionnel (Convention médicale du 25-8-2016 art. 37.1.). La majoration est encourue pour toute visite ou consultation sollicitée par le patient dépourvu de médecin traitant, y compris celles faites auprès de spécialistes pouvant être consultés directement (CE 12-2-2014 n° 354505 : RJS 5/14 n° 432).
Elle n'est **pas applicable** notamment en cas de consultation de génétique, consultation hospitalière en tabacologie, alcoologie ou lutte contre les toxicomanies, pour les examens de prévention obligatoires des enfants de moins de 18 ans, lorsque la visite s'effectue dans le cadre d'un protocole de soins, en cas d'urgence ou d'éloignement géographique, et en cas d'indisponibilité du médecin traitant, consultation du médecin remplaçant ou exerçant dans le même centre ou cabinet.
Le régime d'Alsace-Moselle ne prend pas en charge cette majoration. Sur l'incidence de sa prise en charge par les organismes de prévoyance complémentaire, voir n° 22992.

HOSPITALISATION

Tarification Le malade peut se faire soigner dans l'**établissement** de son choix. **50265** CSS art. L 162-20 à L 162-21-1 **D-I-13330 s**

En cas d'hospitalisation dans un **hôpital public** ou dans un **établissement privé conventionné,** les frais d'hospitalisation et ceux relatifs aux actes et consultations externes sont pris en charge selon la règle du tiers payant. Les assurés n'ont donc à régler que le montant du ticket modérateur et des participations (nos 50225 s.), le forfait journalier (n° 50270) et d'éventuels suppléments (chambre individuelle…).

En revanche, les consultations en secteur privé de l'hôpital public et, dans une clinique privée conventionnée, les examens complémentaires et honoraires médicaux tarifés comme en médecine de ville sont entièrement facturés à l'assuré, à charge pour lui de se faire rembourser par la caisse.

Lorsque l'hospitalisation a lieu dans une clinique privée **non conventionnée,** l'assuré doit payer la totalité des frais et ensuite se faire éventuellement rembourser.

L'admission en établissements de soins privés ou d'unités de soins spécialisées (sanatoriums, préventoriums…) est soumise à l'**entente préalable** de la caisse (n° 50220).

En cas de **séjour à l'étranger,** voir n° 50290.

Forfait journalier Le forfait journalier est une contribution du malade aux frais d'hébergement ou d'entretien entraînés par l'hospitalisation. Sauf cas de dispense, il s'applique quel que soit le taux de prise en charge, pour tout séjour supérieur à 24 heures dans les établissements hospitaliers publics ou privés. **50270** CSS art. L 174-4 L 169-2, 1° **D-I-13880 s**

Son **montant** est fixé à 20 € et 15 € pour l'hospitalisation dans un hôpital psychiatrique (Arrêté SSAS1917447A du 20-6-2019). Il est dû pour chaque journée d'hospitalisation, y compris le jour de sortie (Circ. SANH9302705C du 26-8-1993 : JO 9-5-1995, réputée abrogée).

› Précisions a. Sont **dispensés du paiement** du forfait journalier, notamment, les personnes placées dans des unités de long séjour (Rép. Hage : AN 31-5-1993 p. 1510), les femmes prises en charge au titre du risque maternité (Lettre min. 20-10-1985), les nouveau-nés hospitalisés avant le 30e jour suivant leur naissance et les prématurés hospitalisés dans un service spécialisé agréé (Circ. min. CAB 4 du 7-10-1983, réputée abrogée), les handicapés âgés de moins de 20 ans hébergés dans des établissements d'éducation spéciale ou professionnelle, les victimes d'accidents du travail et de maladies professionnelles, les donneurs d'organes et les personnes blessées lors d'un acte de terrorisme.

b. Le forfait journalier **s'impute** à due concurrence sur le ticket modérateur, lorsque le montant de ce dernier est supérieur ou égal à celui du forfait journalier ; dans le cas contraire, la participation est imputée sur le forfait. Ces règles d'imputation ne sont pas applicables au ticket modérateur forfaitaire de 24 € visé nº 50225 qui s'ajoute au forfait hospitalier.

c. Le forfait journalier peut être pris en charge par le régime local d'assurance maladie d'**Alsace-Moselle.**

FRAIS DE TRANSPORT

50275 CSS art. L 322-5 à L 322-5-4 R 322-10 à R 322-10-8 D-I-11420 s

Les frais de transport des assurés ou de leurs ayants droit se trouvant dans l'obligation de se déplacer pour recevoir des soins ou subir les examens appropriés à leur état de santé peuvent être pris en charge sur production d'une prescription médicale (valable un an) et de justificatifs. Peuvent ainsi être pris en charge les frais de transport (par ambulance, véhicule sanitaire léger, taxi, transport individuel ou en commun) :

– liés à une hospitalisation ;
– liés aux permissions de sortie des patients hospitalisés de moins de 21 ans, à partir du 14e jour d'hospitalisation et dans la limite d'un aller-retour hebdomadaire ;
– pour subir des traitements ou examens liés à une affection de longue durée, lorsque l'état du patient ne lui permet pas de se déplacer par ses propres moyens ;
– par ambulance, justifiés par l'état du malade dans les conditions prévues par l'arrêté SANS0624760A du 23-12-2006 ;
– des enfants et adolescents handicapés se rendant dans des centres spécialisés (CAMSP et CMPP) ;
– en un lieu distant de plus de 150 km ;
– en série lorsque le nombre de transports prescrits est égal ou supérieur à 4 au cours d'une période de 2 mois et que chaque transport est effectué vers un lieu distant de plus de 50 km ;
– pour répondre à la convocation du service médical de la caisse ou à une demande d'expertise ;
– de la personne accompagnant un mineur de moins de 16 ans ou un malade dont l'état nécessite l'assistance d'un tiers.

Dans certains cas, le remboursement est subordonné à **entente préalable** : voir nº 50220.

› Précisions a. La **prescription médicale** doit préciser le mode de transport le plus adapté à l'état du patient et si cet état est incompatible avec un transport partagé, compris comme véhiculant ensemble au moins 2 patients.

b. Dans le respect de la prescription, les frais de transport sont **pris en charge** sur la **base** du trajet le moins onéreux, compte tenu des conditions de transport et du nombre de patients transportés.

c. En dehors des cas ci-dessus, les frais de transports ne sont pas pris en charge. Il en va ainsi, par exemple, du transport effectué en vue d'un examen préparatoire à une intervention chirurgicale (Cass. 2e civ. 29-6-2004 nº 03-30.073 F-D : RJS 2/05 nº 205) ou pour une visite postopératoire (Cass. 2e civ. 15-2-2005 nº 03-30.534 F-D : RJS 5/05 nº 580).

AUTRES FRAIS DE SANTÉ

50280 D-I-10270 s

Sont pris en charge, dans certaines limites et s'ils sont prescrits médicalement et figurent sur une liste établie par arrêté ministériel :

– les **médicaments,** sur la base du prix facturé en pharmacie et après déduction éventuelle du ticket modérateur, un tarif forfaitaire étant appliqué aux spécialités figurant dans un groupe générique (CSS art. L 162-16 s. et R 163-1 s.) ;
– les **soins dentaires.** Certains actes sont pris en charge sous réserve de l'accord préalable de la caisse, notamment les traitements d'orthodontie, qui doivent avoir commencé avant le 16e anniversaire de l'enfant (Cass. soc. 22-3-1990 nº 87-89.299 D ; 23-3-2000 nº 98-18.019 P : RJS 5/00 nº 579), et les **appareils dentaires** qui doivent présenter un caractère fonctionnel ou thérapeutique, ou être nécessaires à l'exercice normal d'une profession (CSS art. L 322-6) ;
– les **appareillages et fournitures** : matériels et traitements de maintien à domicile, appareillages orthopédiques, prothèses, etc., le remboursement étant parfois subordonné à l'accord préalable de la caisse (CSS art. L 165-1 s. et R 165-1 s.) ;

– les articles d'**optique** (CSS art. R 165-1 s.), le remboursement étant plus avantageux pour les enfants de moins de 18 ans mais limité à une paire par an à partir de 6 ans ; les lentilles de contact et verres teintés ne sont pris en charge que pour certaines pathologies (Arrêtés MESH9924033A du 29-12-1999 et MESH0023458A du 10-11-2000) ;
– les frais de fourniture du **lait humain** et des **produits sanguins** (CSS art. L 164-1) ;
– les frais de surveillance médicale et de traitement dans le cadre d'une **cure thermale** (CSS art. R 160-24).

› Précisions Avant l'achat d'un produit ou d'une prestation d'appareillage auditif ou d'optique, l'assuré doit se voir remettre un **devis** comportant au moins un équipement appartenant à l'une des classes à prise en charge renforcée s'il existe et, notamment, le prix de vente ainsi que les modalités de prise en charge par l'assurance maladie et, le cas échéant, les mutuelles (CSS art. L 165-9).

b. Principe de territorialité

La prise en charge des frais de santé est soumise à une condition de territorialité. Elle n'est donc pas assurée si les soins sont dispensés à l'étranger (Cass. 2e civ. 10-4-2008 n° 07-12.982 F-PB : RJS 6/08 n° 721 ; 28-4-2011 n° 10-18.598 FP-B : RJS 8-9/11 n° 726). **50290** CSS art. L 160-7 R 160-1 à R 160-4 Règl. CE 883/2004 D-I-2000 s

Toutefois, en cas de **déplacement** dans un État membre de l'**Union européenne,** de l'Espace économique européen ou en Suisse, les soins inopinés reçus par un assuré du régime français et, sous certaines conditions, les soins hospitaliers programmés sont pris en charge. Avant son départ, l'assuré peut demander la carte européenne d'assurance maladie (formulaire sur www.ameli.fr), qui peut lui éviter de faire l'avance des frais sur place. À défaut, il présente une demande de remboursement à la caisse française, à son retour, par formulaire disponible sur le même site, accompagné de justificatifs.

En dehors de cette zone, l'assuré n'a droit aux prestations de l'assurance maladie que si une convention internationale le prévoit. En l'absence d'une telle convention, les caisses ont seulement la faculté de procéder au remboursement forfaitaire des soins inopinés reçus par l'assuré.

› Précisions **a.** En cas de **changement de résidence ou de situation familiale,** les personnes doivent en informer leur caisse et restituer, le cas échéant, leur carte Vitale, dans un délai d'un mois (CSS art. L 161-15-4 et R 115-7 ; Arrêté SJSS0826534A du 21-11-2008) ; à défaut, elles peuvent encourir, au-delà du remboursement des prestations indûment versées, des pénalités et sanctions pour fausse déclaration ou pour fraude : n° 50240, b (Circ. DSS 245 du 22-7-2008).
b. Dans la **zone UE-EEE-Suisse,** les **soins inopinés** sont remboursés par la caisse d'affiliation dans les conditions prévues par l'État de séjour ou, avec l'accord de l'assuré, dans les conditions prévues par la loi française et dans la limite des dépenses engagées. S'agissant des **soins hospitaliers programmés** (sauf s'ils sont dispensés dans un établissement conventionné) nécessitant une nuit au moins d'hospitalisation ou le recours à des équipements médicaux spécialisés et coûteux figurant sur une liste fixée par arrêté (Arrêté AFSS1412362A du 27-5-2014), une autorisation préalable est nécessaire pour le remboursement, sauf urgence (CJUE 23-9-2020, aff. 777/18 : RJS 12/20 n° 642). Cette autorisation ne peut pas être refusée lorsque la prise en charge des soins envisagés est prévue par la réglementation française, que les soins sont appropriés à l'état de santé du patient et qu'un traitement identique ou aussi efficace ne peut pas être obtenu en France dans les mêmes délais. Le remboursement s'effectue comme pour les soins inopinés. Si le remboursement des frais exposés dans l'État d'accueil est inférieur à celui qui aurait été dû en France, un remboursement complémentaire correspondant à cette différence doit être accordé à l'assuré (CJCE 12-7-2001 aff. 368/98 : RJS 10/01 n° 1234). Les autres soins ne sont pas soumis à autorisation préalable et sont remboursés dans les mêmes conditions que s'ils avaient été reçus en France.
c. S'agissant de la protection sociale des **salariés envoyés en mission à l'étranger,** voir nos 78650 s.

B. Indemnités journalières

Les salariés relevant du régime général contraints d'interrompre leur activité professionnelle en raison d'une incapacité physique peuvent prétendre, s'ils remplissent les conditions requises, au versement d'indemnités journalières compensant partiellement leur perte de salaire. Ils bénéficient dans certains cas d'un complément de salaire versé par l'employeur (nos 49760 s.), qui peut être subrogé dans leurs droits aux indemnités journalières (n° 49810). **50300** CSS art. L 321-1 D-I-19500 s

› Précisions **a.** Des règles d'indemnisation dérogatoires au droit commun peuvent être adoptées en cas de **crise sanitaire** grave : voir n° 50100, a.
b. Le **principe de territorialité** (n° 50290) s'applique aux indemnités journalières maladie (de même qu'aux indemnités journalières maternité). Dès lors, l'assuré séjournant à l'étranger

sans autorisation de la caisse (n° 50400) en perd le bénéfice (Cass. 2e civ. 10-4-2008 n° 07-12.982 F-PB : RJS 6/08 n° 721 ; 4-5-2016 n° 15-18.476 F-D : RJS 7/16 n° 523).

c. Des sanctions sont prévues en cas de **fraude** ou fausse déclaration : voir n° 50240, b et c.

d. L'assuré ne peut prétendre à aucune prestation si sa maladie ou ses blessures résultent d'une **faute** intentionnelle (CSS art. L 375-1).

1. CONDITIONS D'ATTRIBUTION

ACTIVITÉ PROFESSIONNELLE PRÉALABLE

50310 CSS art. L 313-1 R 313-1, 2° R 313-3 **D-I-19620 s**

L'assuré doit justifier, au jour où il interrompt son travail, qu'il remplit les conditions suivantes :

Indemnisation des 6 premiers mois	Perception de rémunérations soumises à cotisations au moins égales à 1 015 fois le Smic horaire(1) dans les 6 mois civils précédents	ou	Au moins 150 heures de travail salarié ou assimilé(2) dans les 3 mois civils ou 90 jours précédents
Indemnisation après 6 mois	– Immatriculation depuis au moins 12 mois – Perception de rémunérations soumises à cotisations au moins égales à 2 030 fois le Smic horaire(3) dans les 12 mois civils précédents	ou	– Immatriculation depuis au moins 12 mois – Au moins 600 heures de travail salarié ou assimilé(2) dans les 12 mois civils ou 365 jours précédents

(1) Valeur au premier jour de la période de référence.
(2) Au sens indiqué n° 50320. Les personnes exerçant des **professions à caractère saisonnier ou discontinu** qui ne remplissent pas les conditions de droit commun doivent, pour avoir droit aux indemnités journalières, justifier avoir cotisé, pendant les 12 mois civils précédents, sur une rémunération au moins égale à 2 030 Smic horaires ou avoir effectué au moins 600 heures de travail salarié ou assimilé (CSS art. R 313-7). Peuvent notamment être rattachés à cette catégorie par la caisse les artistes du spectacle, VRP, concierges, nourrices, travailleurs à domicile et personnes rémunérées en chèque emploi-service universel (Circ. DSS 163 du 16-4-2013 et Circ. DSS 179 du 26-5-2015).
(3) Valeur au 1er janvier précédant immédiatement le début de la période de référence.

› Précisions **a.** Ces conditions s'apprécient à la **date** de la dernière cessation d'activité (Cass. soc. 2-3-2000 n° 98-16.086 P : RJS 4/00 n° 445 ; Cass. 2e civ. 9-3-2017 n° 16-10.111 F-D : RJS 5/17 n° 375).
b. Pour apprécier la condition de rémunération soumise à cotisations, il est tenu compte du **salaire maintenu lors d'un arrêt maladie** pendant la période de référence (Cass. 2e civ. 5-11-2015 n° 14-24.057 F-D : RJS 1/16 n° 65), mais pas de l'indemnité accordée à un salarié licencié en réparation du préjudice subi pour violation de son statut protecteur (Cass. 2e civ. 20-9-2018 n° 17-23.725 F-D : RJS 12/18 n° 777).
c. Les conditions d'ouverture du droit aux prestations en espèces ne sont pas exigées des personnes blessées lors d'un acte de **terrorisme** pour les indemnités rendues nécessaires par cet acte (CSS art. L 169-2, 2°).

50315

EXEMPLE

L'assuré se trouvant en arrêt de travail à compter du 1-7-2021 peut prétendre aux indemnités journalières si, entre le 1-1-2021 et le 30-6-2021, il a perçu une rémunération soumise à cotisations au moins égale à 10 403,75 € [1 015 × 10,25 €) (valeur du Smic au 1-1-2021, premier jour de la période de référence)].

Dans le cas où cet assuré est encore en arrêt maladie après le 1er janvier 2022 (soit 6 mois après le début de l'interruption du travail), les indemnités journalières peuvent continuer à lui être servies, à compter de cette dernière date, s'il était immatriculé depuis au moins 12 mois au 1er juillet 2021 et s'il a perçu une rémunération soumise à cotisations au moins égale à 20 604,50 € [2 030 × 10,15 € (valeur du Smic au 1-1-2020)] pendant la période du 1er juillet 2020 au 30 juin 2021.

50320 CSS art. R 313-8 R 313-9 **D-I-20125 s**

Périodes assimilées au salariat Certaines périodes pendant lesquelles les assurés se trouvent empêchés d'exercer leur activité à la suite de circonstances indépendantes de leur volonté sont assimilées à du salariat pour l'ouverture des droits aux prestations, dans les limites suivantes :

a. Équivaut à 6 fois la valeur du Smic au 1er janvier précédant immédiatement la période de référence ou à 6 heures de travail salarié, chaque journée :

– de **perception des prestations** en espèces au titre de la maladie, de la maternité, de la paternité ou de l'invalidité, à l'exclusion des journées indemnisées dans le cadre du maintien des droits (n° 50325) ;

– de maladie sans indemnisation, pendant la période de carence (nº 50365) s'il y a eu attribution ultérieure d'indemnités journalières, ou en raison de l'épuisement des droits à condition que l'incapacité physique de reprendre le travail soit médicalement reconnue ;
– d'indemnisation au titre d'accidents du travail (indemnités journalières en cas d'incapacité temporaire ou rente pour incapacité d'au moins 66,66 %) ;
– de stage dans un établissement de rééducation effectué par le titulaire d'une rente d'accident du travail (quel que soit le taux d'incapacité) ;
– de détention provisoire.

b. Équivaut à 4 fois la valeur du Smic au 1er janvier précédant immédiatement la période de référence ou à 4 heures de travail salarié chaque journée de perception de l'**allocation journalière de présence parentale.**

c. Équivaut à 8 fois la valeur du Smic au 1er janvier précédant immédiatement la période de référence ou à 8 heures de travail salarié chaque journée de **congé formation,** non rémunérée par l'employeur, dans la limite de 5 jours par semaine.

Sont également assimilées à du travail salarié les périodes non travaillées donnant lieu à **versement d'un salaire** soumis à cotisations de sécurité sociale, c'est-à-dire notamment les périodes de congés payés (Lettre min. 12-3-1957 ; Cass. soc. 2-12-1999 nº 97-22.248 P : RJS 1/00 nº 95), les périodes correspondant à l'indemnité de préavis (Lettre DSS 13-11-1963), et certaines périodes pendant lesquelles les assurés ne peuvent exercer leur activité pour des raisons indépendantes de leur volonté : activité partielle, chômage-intempéries dans certaines limites (Lettre min. 10-6-1987). En ce qui concerne les périodes de grève, voir nº 11150.

Maintien des droits Tant que les conditions de résidence et de séjour visées nº 50120 continuent d'être remplies, le droit aux indemnités journalières est maintenu **pendant 12 mois** à l'assuré cessant de remplir les conditions d'activité requises (nº 50310), à moins que celui-ci justifie, avant l'expiration de ce délai, de nouveau des conditions d'ouverture du droit aux mêmes prestations dans le régime général ou un autre. Pour l'assuré dont le contrat de travail est rompu, la durée de 12 mois est décomptée de la rupture de son contrat (Circ DSS 179 du 26-5-2015). **50325** CSS art. L 161-8 R 161-3 **D-I-20300 s**

Dès lors que les conditions d'ouverture du droit sont remplies avant la perte de la qualité d'assuré social, l'intéressé doit bénéficier, pendant la période de maintien des droits, du volume de droits qu'il avait acquis lorsqu'il avait la qualité d'assuré. Ainsi, notamment, les indemnités journalières peuvent être servies au salarié en congé sans solde ou en congé de solidarité familiale (Circ. Cnamts 58 du 11-4-2001). S'agissant des chômeurs, voir nos 7130 s. Pour le congé parental d'éducation, voir nº 12075.

INTERRUPTION D'ACTIVITÉ

Avis d'arrêt de travail L'assuré doit se trouver dans l'obligation d'interrompre son travail en raison de son incapacité physique médicalement constatée par une prescription d'arrêt de travail **indiquant** notamment la durée probable de l'arrêt et l'endroit où le malade peut être visité. Sauf si le médecin **transmet** l'avis d'arrêt de travail en ligne à l'organisme social, le salarié doit adresser à sa caisse, dans les 48 heures, les 2 premiers volets de l'avis papier délivré par le praticien. En tout état de cause, il doit envoyer à son employeur l'exemplaire qui lui est destiné (voir nº 49740). **50330** CSS art. L 162-4-1 L 321-1 L 321-2 R 321-2 R 323-10 **D-I-20620 s**

Dès réception de l'avis, l'**employeur doit déclarer** l'arrêt de travail via la DSN (nº 24020) de manière à permettre à la caisse de vérifier les droits de l'assuré aux indemnités, de les calculer et de les verser.

En cas de **reprise anticipée** du travail avant l'expiration de l'arrêt maladie, l'assuré doit en avertir la caisse dans les 24 heures et l'employeur doit la déclarer via la DSN.

L'attribution des indemnités est subordonnée à la seule constatation de l'incapacité physique de l'assuré de reprendre une activité salariée quelconque, et non pas seulement de reprendre son ancien emploi (Cass. soc. 31-5-2001 nº 00-12.299 FS-D : RJS 8-9/01 nº 1075 ; Cass. 2e civ. 28-5-2015 nº 14-16.830 F-PB : RJS 11/15 nº 731).

› Précisions a. Le délai d'envoi du certificat à la caisse n'est pas applicable aux personnes blessées lors d'un acte de **terrorisme** (CSS art. L 169-2, 3º).
b. En cas de **prolongation** d'arrêt de travail, l'indemnisation n'est maintenue que si la prolongation est prescrite par le médecin auteur de la prescription initiale ou par le médecin traitant de l'assuré (Cass. 2e civ. 16-6-2016 nº 15-19.443 F-PBI : RJS 10/16 nº 658). Il n'est fait exception à ce principe qu'en cas d'impossibilité justifiée par ce dernier ou de prolongation prescrite par le remplaçant du médecin prescripteur, par un spécialiste consulté à la demande du médecin traitant ou prescrite à l'occasion d'une hospitalisation (CSS art. L 162-4-4 et R 162-1-9-1). La prolongation doit par ailleurs intervenir

avant l'expiration de l'arrêt de travail, sauf à constituer la prescription d'un nouvel arrêt distinct du premier (Cass. 2e civ. 24-1-2019 nº 18-11.098 F-D : RJS 4/19 nº 251).

c. En cas d'**envoi tardif** de l'avis d'arrêt de travail ou de la prolongation, la caisse peut refuser le bénéfice des indemnités journalières afférentes à la période pendant laquelle son contrôle a été rendu impossible (Cass. 2e civ. 11-2-2016 nº 14-27.021 FS-PB : RJS 4/16 nº 297). Elle peut aussi informer l'assuré qu'en cas de nouvel envoi tardif dans les 24 mois suivant la date de prescription de l'arrêt, et sauf hospitalisation ou impossibilité avérée d'envoyer l'avis en temps utile, le montant de ses indemnités journalières versées entre la date de prescription et la date d'envoi sera réduit de 50 % (CSS art. D 323-2). Sous réserve de pouvoir justifier avoir adressé cet avertissement (Cass. 2e civ. 10-10-2019 nº 18-18.879 F-PBI : RJS 12/19 nº 721), la caisse est fondée, en cas de nouvel envoi tardif dans cette période de 2 ans, à appliquer cette réduction, non susceptible de modération par le juge, mais pas à supprimer les indemnités journalières (Cass. 2e civ. 28-11-2019 nº 18-17.946 FS-PBI : RJS 2/20 nº 114) si l'assuré établit avoir envoyé le nouvel arrêt de travail avant la fin de l'interruption de travail (Cass. 2e civ. 23-1-2020 nº 18-25.086 PBI : RJS 4/20 nº 213). Une telle suppression pourrait, le cas échéant, intervenir en cas de nouvel arrêt de travail prescrit plus de 2 ans après l'arrêt ayant donné lieu à avertissement.

d. Lorsqu'un arrêt de travail est prescrit à l'occasion d'une **cure thermale,** l'assuré ne peut en principe prétendre à aucune indemnité journalière, sauf lorsque le total des ressources de la famille ne dépasse pas le plafond prévu par l'article D 323-1 du CSS.

e. L'assuré ayant fait **liquider sa retraite** et en arrêt de travail avant de reprendre une activité salariée n'a pas droit aux indemnités journalières (Cass. 2e civ. 23-1-2020 nº 19-11.362 F-PB : RJS 4/20 nº 211).

50335 CSS art. L 323-3-1 C. trav. art. L 1226-1-1

Activités autorisées L'assuré peut être autorisé par son médecin traitant à exercer une activité **professionnelle ou de loisirs** pendant l'arrêt maladie. Cette autorisation, si elle figure sur l'avis d'arrêt de travail, ne fait pas obstacle au versement des indemnités journalières. S'agissant du temps partiel thérapeutique, voir nº 49870.

Le salarié en arrêt de travail peut, après avis du médecin-conseil et avec l'accord du médecin traitant, bénéficier du dispositif d'« **essai thérapeutique** », pendant 2 semaines renouvelables une fois (Circ. Cnam CIR-18/20 du 18-6-2020), lui permettant de suive des actions de **formation** ou d'évaluation, d'accompagnement, d'information et de conseil auxquelles la caisse est partie prenante, si la durée de ces actions est compatible avec celle de l'arrêt de travail. La caisse informe l'employeur, qui prévient le médecin du travail. Pendant cette période, le salarié conserve le bénéfice des indemnités journalières et son contrat de travail reste suspendu.

> **› Précisions** L'assuré ne perçoit aucune rémunération de l'entreprise dans laquelle il effectue son **essai thérapeutique,** qui peut être celle de son employeur ou une autre entreprise. Il est suivi par un tuteur et bénéficie de la législation sur les accidents du travail et maladies professionnelles. Un bilan est établi à l'issue de l'essai pour déterminer si celui-ci a été concluant, prévoir si besoin de nouveaux aménagements ou un reclassement ou la mobilisation d'un autre dispositif tel qu'un temps partiel thérapeutique (Circ. Cnam CIR-18/20 du 18-6-2020).

50340 CSS art. L 323-6

En dehors des cas visés nº 50335, l'assuré ne doit se livrer à **aucune activité,** rémunérée ou non, pendant son arrêt de travail sous peine d'une suppression ou réduction des indemnités journalières et de sanctions pénales (Cass. crim. 26-7-1988 nº 87-84.744 P). Il risque également la pénalité financière visée nº 50240, b si cette activité est rémunérée (Cass. 2e civ. 17-9-2015 nº 14-20.343 P : RJS 12/15 nº 812).

ILLUSTRATIONS

Est justifiée la **retenue des indemnités journalières** d'un assuré qui, pendant l'arrêt de travail et sans autorisation médicale, effectue des travaux (Cass. soc. 5-11-1986 nº 84-16.204 S ; 11-1-1989 nº 86-13.442 D), participe à un spectacle musical (Cass. 2e civ. 9-4-2009 nº 07-18.294 FS-D) ou à une compétition sportive (Cass. 2e civ. 9-12-2010 nº 09-14.575 FS-PBR et nº 09-16.140 FS-PBR : RJS 2/11 nº 175), continue à exercer son activité de gérant (Cass. soc. 23-3-2000 nº 98-19.042 D : RJS 5/00 nº 581) ou son mandat de représentant du personnel (Cass. 2e civ. 9-12-2010 nº 09-17.449 FS-PBR : RJS 2/11 nº 175).

2. MODALITÉS D'ATTRIBUTION

MONTANT DE L'INDEMNITÉ JOURNALIÈRE

50350 CSS art. L 323-4 R 323-4 à R 323-9 R 324-3 D-I-22750 s

L'indemnité journalière est égale à la moitié du **gain journalier de base,** lui-même égal à 1/91,25e du montant des paies des 3 mois civils antérieurs à l'arrêt de travail pour les salariés mensualisés (à 1/365e du montant du salaire des 12 mois antérieurs en cas de travail saisonnier ou discontinu). Pour ce calcul, est pris en compte le **salaire,** effectivement perçu durant cette période (Cass. 2e civ. 22-1-2009 nº 07-21.504 FS-PB : RJS 4/09 nº 395 ; 8-10-2020 nº 19-21.128 FS-PBI :

RJS 12/20 n° 625), servant de base, lors de chaque paie, au calcul des cotisations d'assurances maladie, maternité, invalidité et décès, dans la limite de 1,8 Smic mensuel en vigueur le dernier jour du mois précédant celui de l'arrêt de travail.

En aucun cas l'indemnité journalière ne peut être **supérieure** au 1/730e d'un plafond égal à 1,8 Smic brut annuel (soit 46 € au 1-1-2021).

> Précisions a. Même si elles sont afférentes aux 3 mois précédant l'**arrêt de travail,** les **sommes versées postérieurement,** telle que des commissions (Cass. 2e civ. 27-11-2014 n° 13-25.313 F-PB : RJS 2/15 n° 142) ou des rappels de salaire (Cass. 2e civ. 21-12-2006 n° 05-15.655 F-D : RJS 3/07 n° 381), y compris faisant suite à l'annulation d'une mise à pied (Cass. 2e civ. 8-10-2020 n° 19-21.128 FS-PBI : RJS 12/20 n° 625), sont exclues du calcul des IJ.

b. En cas de **changement d'emploi** au cours de la période de référence, le salaire journalier de base est déterminé à partir du salaire afférent au dernier emploi occupé. Toutefois, si ce salaire journalier de base est inférieur au montant global des rémunérations perçues, c'est sur ce montant global que doit être calculée l'indemnité journalière.

c. Si, pendant la période de référence précédant l'arrêt de travail, l'assuré continue de recevoir une **allocation de chômage** alors qu'il a repris une activité salariée, il convient de retenir la situation la plus avantageuse : soit celle antérieure à la rupture du contrat de travail ayant entraîné l'indemnisation chômage, soit celle relative à la reprise d'activité salariée (Circ. Cnamts DDRI 47 du 8-3-2002).

d. Il convient de prendre en compte un salaire fictif reconstitué si la **période de référence** est **incomplète** du fait de maladie, accident, maternité, chômage involontaire total ou partiel, fermeture de l'établissement, congé non payé, mais pas en cas d'absences non autorisées, ou encore de mise à pied (Cass. 2e civ. 8-10-2020 n° 19-21.128 FS-PBI : RJS 12/20 n° 625). Si l'assuré tombe malade au cours d'une période de chômage, de fermeture de l'établissement ou d'un congé non payé, le gain journalier de base est celui dont bénéficiait l'assuré avant la date de cessation du travail. S'agissant des salariés en congé de transition professionnelle, voir n° 38375, a ; des grévistes, voir n° 11150.

e. Pour les assurés ayant au moins **3 enfants à charge,** et dont l'arrêt de travail prescrit avant le 1-7-2020 avait atteint au moins 30 jours à cette date, l'indemnité est **majorée** (CSS art. R 323-5 et R 323-6).

f. Pour les **arrêts** de travail prescrits avant le 1-7-2020 et **supérieurs à 3 mois,** la **revalorisation** des indemnités journalières peut intervenir en cas d'augmentation générale des salaires répondant à certains critères (CSS art. R 323-6).

g. Sur la réduction de l'indemnité journalière en cas d'**envoi tardif de l'arrêt de travail,** voir n° 50330, c.

EXEMPLE 50352

Un salarié mensualisé, dont les salaires de février, mars et avril 2021 se sont élevés chacun à 1 800 €, interrompt le travail pour maladie en mai 2021. La base de calcul de ses indemnités journalières est égale à : 3 x 1 800 € = 5 400 €. Le gain journalier de référence est de 5 400 € / 91,25 = 59,18 €. L'indemnité journalière étant égale à la moitié du gain journalier de base, l'intéressé peut donc prétendre à une indemnité journalière de 59,18 € / 2 = 29,59 €.

DURÉE D'ATTRIBUTION

Délai de carence Les indemnités journalières sont dues pour chaque jour, ouvrable ou non, d'interruption de travail, mais seulement à partir du 4e jour de l'incapacité de travail. Ainsi, le salarié en arrêt à compter du 9 mars ne percevra des indemnités journalières qu'à partir du 12 mars. 50365 CSS art. R 323-1 D-I-24760 s

En cas d'**arrêts de travail successifs,** le délai de carence de 3 jours s'applique à chacune des périodes d'incapacité, sauf si la reprise du travail n'a pas dépassé 48 heures (Lettre DGR-Cnamts 2913 du 29-10-1985) ou lorsque l'assuré souffre d'une affection de longue durée (ALD).

> Précisions a. L'administration estime que le délai de carence n'inclut pas la journée au cours de laquelle l'assuré a interrompu son travail lorsque cette **journée a donné lieu au paiement d'un salaire** total ou partiel (Rép. Masson : AN 26-9-1983 p. 4083 n° 34088). Le salarié ayant travaillé le 9 mars jusqu'à midi et dont le médecin constate l'incapacité de continuer le travail à 14 heures ne percevra donc des indemnités journalières qu'à compter du 13.

b. Le délai de carence n'est pas applicable à l'assuré confronté au **décès** de son **enfant** de moins de 25 ans, ou au décès d'une personne de moins de 25 ans dont il a la charge effective et permanente, pour le premier arrêt de travail survenant dans les 13 semaines suivant le décès (CSS art. L 323-1-1). Il n'est pas non plus applicable lorsque l'interruption de travail résulte d'un acte de **terrorisme** (CSS art. L 169-2, 7°).

c. S'agissant des bénéficiaires d'un **temps partiel thérapeutique,** voir n° 49870.

Durée maximale Un assuré ne peut pas percevoir plus de 360 indemnités journalières par **période** de 3 ans, qu'il soit victime d'une ou de plusieurs maladies. 50370

CSS art. L 323-1 R 323-1 Toutefois, l'assuré souffrant d'une **affection de longue durée,** a droit aux IJ pendant une période maximale de 3 ans, calculée de date à date à compter du premier jour d'arrêt de travail, sans limitation de nombre. Sur l'application du délai de carence en cas de rechute au cours de cette période, voir n° 50365. Une nouvelle période de 3 ans recommence à courir si cet assuré reprend son travail pendant au moins un an et de façon continue (Cass. soc. 9-3-1995 n° 93-13.470 P). Les arrêts de travail suite à une maladie non liée à l'ALD ou suite à une maternité sont assimilés à du travail effectif pour apprécier cette période d'un an (Lettre min. 20-4-1959).

Si l'assuré souffre à la fois d'une ALD et d'autres maladies, les IJ versées au titre de l'ALD ne sont pas prises en compte dans le calcul des 360 indemnités versées pour une même période de 3 ans (Cass. 2e civ. 15-3-2012 n° 11-13.453 F-PB : RJS 5/12 n° 504).

> **Précisions** **a.** Le versement des IJ est **interrompu** lorsque l'assuré ne remplit plus les conditions requises (nos 50310 s.) ou reprend le travail. L'assuré peut toutefois conserver le bénéfice d'indemnités journalières dans le cadre d'un travail à **temps partiel thérapeutique** (voir n° 49870).
> **b.** Les IJ versées à titre dérogatoire aux assurés ayant fait l'objet d'une mesure d'isolement, d'éviction ou de maintien à domicile dans le cadre de l'épidémie de **Covid-19** ne sont pas prises en compte pour la calcul des durées maximales d'indemnisation (Décret 2020-73 du 31-1-2020, art. 1 modifié).

PAIEMENT ET RÉGIME JURIDIQUE

50380 D-I-25600 s Les indemnités journalières sont dues pour chaque jour ouvrable ou non (CSS art. L 323-1). Elles sont servies selon les mêmes **modalités** que le remboursement des frais de santé concernant l'organisme compétent, les destinataires, le délai de paiement, la répétition de l'indu et les sanctions financières applicables : voir nos 50235 s.

Elles échappent aux **cotisations** de sécurité sociale (n° 23040), mais sont assujetties à la CSG et à la CRDS (n° 25125).

Elles sont soumises à l'**impôt** sur le revenu, à l'exception de celles allouées à des personnes atteintes d'une ALD (Mémento fiscal n° 21645), et exonérées des taxes et participations assises sur les salaires (Mémento fiscal n° 73465).

CUMUL AVEC D'AUTRES INDEMNITÉS

50385 CSS art. L 323-2 L 371-3 R 323-2 R 323-11 R 332-1 D-I-26010 s Les indemnités journalières de maladie **ne peuvent pas se cumuler** avec : les indemnités journalières versées au titre des accidents du travail, l'allocation chômage, l'allocation de solidarité spécifique ou temporaire d'attente, l'allocation de conversion, l'aide conventionnelle à la réinsertion des travailleurs étrangers, les indemnités de repos de l'assurance maternité.

Le cumul est en revanche **possible** avec :

– la pension de vieillesse lorsque son titulaire poursuit par ailleurs une activité salariée, le nombre d'indemnités journalières ne pouvant pas toutefois dépasser une limite fixée par décret (à paraître) et le cumul n'étant possible qu'à partir de la reprise de l'activité salariée (voir n° 50330, e) ;

– la pension d'invalidité lorsqu'une reprise d'activité a été autorisée ;

– la partie du salaire que l'employeur maintient, le cas échéant, à l'assuré pendant l'arrêt de travail (voir nos 49760 s.).

S'agissant de l'indemnité de congés payés, voir n° 13520. S'agissant des allocations de préretraite, voir n° 57110, a.

3. CONTRÔLE DES ASSURÉS

MODALITÉS

50400 CSS art. L 315-1 L 315-2 L 323-6 R 323-11-1 D-I-27160 s Le service du contrôle médical de la caisse a le droit, à tout moment, de contrôler l'état de santé de l'assuré bénéficiant d'indemnités journalières de maladie pour apprécier le bien-fondé de l'arrêt de travail.

Ce **contrôle administratif** est effectué au domicile de l'assuré ou sur convocation du service du contrôle médical de la caisse. L'assuré est tenu de s'y soumettre. Il ne doit pas s'absenter de son domicile de 9 à 11 heures et de 14 à 16 heures, sauf si le médecin ayant prescrit l'arrêt de travail a autorisé les sorties libres justifiées pour des raisons médicales (Cass. 2e civ. 9-3-2006 n° 04-30.460 FS-P : RJS 7/06 n° 891), s'il subit des soins ou examens médicaux urgents, ou s'il se rend à la convocation du service du contrôle médical. Il ne peut pas non plus quitter la circonscription de la caisse sans autorisation préalable (Cass. 2e civ. 20-9-2012 n° 11-19.181 F-PB : RJS 12/12 n° 986). L'assuré qui rend impossible le contrôle du service médical en y faisant volontairement obstacle commet une faute pouvant donner lieu à sanctions (voir n° 50405).

La caisse peut également exercer ce contrôle après réception du rapport du médecin ayant effectué une **contre-visite** au domicile de l'assuré à la demande de l'employeur (n° 49830). Le service du contrôle médical prend une décision au seul vu de ce rapport lorsque le médecin a conclu à l'absence de justification de l'arrêt de travail. Si le médecin n'a pas pu examiner l'assuré, la caisse prend sa décision après réexamen de la situation.

ILLUSTRATIONS

L'assuré fait volontairement **obstacle au contrôle** s'il débranche l'interphone pour se reposer (Cass. soc. 27-5-1993 n° 91-14.465 P : RJS 7/93 n° 794), ou s'absente pour se rendre chez son kinésithérapeute (Cass. 2e civ. 17-12-2009 n° 08-19.594 F-D : RJS 4/10 n° 379) ou son médecin traitant sans justifier d'une quelconque urgence (Cass. soc. 12-12-1996 n° 95-11.786 D : RJS 1/97 n° 96), ou d'une force majeure (Cass. soc. 26-2-1998 n° 96-16.048 D : RJS 4/98 n° 517), alors que la visite était possible pendant les heures de sortie autorisées (Cass. soc. 22-7-1993 n° 91-14.199 D : RJS 8-9/93 n° 915).

Tel n'est pas le cas, en revanche, si l'agent de contrôle n'a pas pu accéder au domicile du malade parce qu'il n'était pas informé du code d'entrée de l'habitation (Cass. soc. 16-6-1994 n° 92-14.612 P : RJS 7/94 n° 906 ; 23-5-1996 n° 94-13.326 D : RJS 7/96 n° 842).

SANCTIONS

La caisse est fondée à **refuser** le bénéfice des **indemnités** journalières afférentes à la période pendant laquelle son contrôle aura été rendu impossible. Il peut en être ainsi, par exemple, en cas d'envoi tardif de l'arrêt de travail (voir n° 50330, c). **50405**

CSS art. L 323-6 R 323-12

Si la caisse constate que l'**arrêt de travail** n'est **pas ou plus médicalement justifié,** que l'assuré exerce une activité non autorisée par le médecin (nosP 50335 s.) ou qu'il fait volontairement obstacle au contrôle du service médical, elle peut retenir à titre de **pénalité** tout ou partie des indemnités journalières (Cass. soc. 10-2-2000 n° 98-12.770 P : RJS 4/00 n° 449 ; Cass. 2e civ. 23-4-2003 n° 01-20.268 F-D : RJS 7/03 n° 936).

L'employeur est informé de cette décision.

> Précisions **a.** Si un assuré se voit prescrire un **nouvel arrêt de travail** dans les 10 jours suivant la suspension des indemnités journalières, la reprise du versement est subordonnée à un avis favorable du service du contrôle médical dans les 4 jours suivant la réception de l'arrêt de travail (CSS art. L 323-7 et D 323-4).

b. L'assuré dont les indemnités journalières sont suspendues, à la suite d'une **contre-visite,** en raison de l'absence de justification de l'arrêt de travail peut demander un nouvel examen de sa situation auprès du service du contrôle médical dans un délai de 10 jours. La caisse prend sa décision dans les 4 jours suivant la réception de cette demande (CSS art. D 315-4).

c. En cas d'exercice d'une **activité non autorisée,** la caisse est en droit de réclamer la restitution des IJ depuis la date du manquement constaté sans s'en tenir aux IJ correspondant aux seuls jours travaillés (Cass. 2e civ. 28-5-2020 n° 19-12.962 F-PBI : RJS 7/20 n° 371).

d. L'absence de versement d'indemnités qui ne sont pas dues ne constitue pas une sanction à caractère de punition (Cass. 2e civ. 20-6-2019 n° 18-19.006 F-PBI : RJS 10/19 n° 600). Ainsi, en cas de litige relatif à la restitution d'indemnités journalières, le **juge** n'a pas à contrôler l'adéquation du montant des sommes réclamées à la gravité des manquements de l'assuré à ses obligations (Cass. avis 7-2-2018 n° 17-70.038 PB : RJS 4/18 n° 288).

e. L'avis rendu par le service de contrôle médical s'imposant à la caisse, celle-ci ne peut pas voir sa **responsabilité civile** engagée en cas d'erreur commise par ce service (Cass. 2e civ. 7-7-2016 n° 14-13.805 F-PB : RJS 11/16 n° 724 9-7-2020 n° 19-16.391 F-PBI : RJS 10/20 n° 498).

f. L'exercice, sans autorisation médicale, d'une **activité** donnant lieu à rémunération, revenus professionnels ou gains, pendant une période d'arrêt de travail indemnisée est constitutif d'une fraude (CSS art. R 147-11) et donne lieu à la **pénalité** financière visée n° 50240, b.

Mesures Covid-19 **50420**

Frais de santé Jusqu'au 31-3-2021, les **actes** liés à la Covid-19 (tests de dépistage, **vaccination**...) sont pris en charge à 100 % par l'assurance maladie. Les conditions de remboursement d'autres actes (notamment de téléconsultation et de télésoin) sont assouplies pour certains patients.

Indemnisation des arrêts de travail Jusqu'au 31-3-2021, les **IJSS** sont versées aux assurés (salariés, travailleurs indépendants...) en arrêt de travail dérogatoire « Covid » qui sont dans l'impossibilité de travailler, y compris à distance (donc de télétravailler), sans application des conditions normalement requises (n° 50310 s. pour les salariés, n° 81090 pour les indépendants) ni du délai de carence (n° 50365 pour les salariés, n° 81110 pour les indépendants). Il en est de même des **indemnités complémentaires** légales maladie versées en sus des IJSS par l'employeur au salarié (nos 49765 s.) (Décret 2021-13 du 8-1-2021 : FRS 3/21 inf. 3 p. 5).

MATERNITÉ ET PATERNITÉ

SOMMAIRE

A. Contrat de travail

La loi garantit aux salariées enceintes, venant d'accoucher ou allaitant une protection de leur emploi et de leur santé, qui peut être améliorée conventionnellement. Elle accorde également des droits aux pères salariés, à l'occasion de la naissance de leur enfant, et aux parents qui accueillent un enfant adopté au sein de leur foyer. **51200** N-V-57500 s

1. PROTECTION DE LA MATERNITÉ

a. Point de départ

La salariée enceinte n'est pas tenue d'**informer l'employeur** de sa grossesse. Mais pour bénéficier des avantages légaux ou conventionnels attachés à son état, et notamment de la protection contre la rupture de son contrat de travail, elle doit lui remettre contre récépissé ou lui adresser, par lettre recommandée avec avis de réception ou lettre recommandée électronique, un **certificat médical** attestant son état de grossesse et la date présumée de son accouchement. Ce courrier indique, le cas échéant, l'existence et la durée prévisible de son état pathologique nécessitant la suspension de son contrat. **51220** C. trav. art. L 1225-1, al. 2 L 1225-2 R 1225-1 R 1225-3 N-V-57800 s

Ces formalités, réputées accomplies le jour de l'expédition de la lettre ou de la remise contre récépissé, ne sont toutefois pas substantielles : la salariée est protégée dès que l'employeur a connaissance de son état de grossesse (Cass. soc. 9-7-2008 nº 07.41-927 F-PB : RJS 10/08 nº 988 ; 11-12-2013 nº 12-23.687 F-D : RJS 2/14 nº 117). Sur la portée d'une information donnée à l'employeur après la rupture du contrat de travail, voir nº 51295.

> **Précisions** Lors de l'**embauche,** la candidate enceinte ou bénéficiant d'une assistance médicale à la procréation n'est pas tenue de le révéler. Il est interdit à l'employeur de rechercher ou de faire rechercher toutes informations sur ces sujets, ou de se prévaloir d'une interdiction légale d'occuper le poste proposé en raison de son état (CJCE 3-2-2000 aff. 207/98 : RJS 5/00 nº 602).

b. Non-discrimination

Toute mesure fondée sur le bénéfice d'une assistance médicale à la procréation, la grossesse ou la maternité d'une salariée est en principe discriminatoire (voir nº 32060). En cas de litige, l'employeur doit communiquer au juge tous les éléments de nature à justifier sa décision. Si un doute subsiste sur le caractère discriminatoire ou non de la mesure, il profite à la salariée. Sur les **sanctions** de la discrimination, voir nº 32320. **51230** C. trav. art. L 1142-3 L 1225-1, al. 1 L 1225-3 L 1225-3-1 N-V-58100 s

Est victime d'une discrimination la salariée qui, du fait de sa grossesse ou de son congé maternité, n'a pas été **promue** (Cass. soc. 16-12-2008 n° 06-45.262 FS-PBR : RJS 3/09 n° 227) ou a subi un retard dans sa promotion (Cass. soc. 28-10-2008 n° 07-41.856 F-D : RJS 1/09 n° 7). Sont également discriminatoires les **clauses conventionnelles** permettant d'écarter une femme du droit d'être notée et de bénéficier d'un avancement au choix en raison de son absence pour maternité (Cass. soc. 16-7-1998 n° 90-41.231 P : RJS 10/98 n° 1171).

› Précisions **a.** La **mutation** d'une salariée enceinte est possible si elle répond à un motif étranger à l'état de grossesse : réorganisation de l'entreprise par exemple (Cass. soc. 24-1-1996 n° 92-42.682 D). Elle est également possible si l'état de santé de la future mère l'exige : voir n°s 51255 s.
b. Le principe de non-discrimination ne fait pas obstacle à l'application aux femmes de **clauses contractuelles ou conventionnelles spécifiques** ayant pour objet la mise en œuvre des dispositions légales relatives notamment à la protection de la grossesse et de la maternité, à l'interdiction d'emploi pré et postnatal, à l'allaitement et à la dispense de préavis des femmes en état de grossesse apparente. S'agissant des conditions dans lesquelles d'autres **avantages** peuvent être accordés aux **mères de famille,** voir n° 32180, c.

c. Protection de la santé

SUIVI MÉDICAL

51240 C. trav. art. R 4624-19 R 4624-31 N-V-58350 s

Rôle du service de santé Les femmes enceintes (ainsi que celles venant d'accoucher ou allaitant) peuvent bénéficier d'une surveillance médicale adaptée, assurée au sein du service de santé au travail (n° 72420). Le médecin du travail doit par ailleurs intervenir en cas de mutation temporaire de la femme enceinte (n°s 51255 s.) et au moment de la réintégration de la salariée à l'issue du congé de maternité (n° 51440, a).

51245 C. trav. art. L 1225-16 R 4152-2 CSP art. R 2122-1 N-V-58600 s

Autorisations d'absence La salariée enceinte bénéficie d'autorisations d'absence pour se rendre aux 7 **examens médicaux obligatoires** de la période prénatale : le premier doit avoir lieu avant la fin du troisième mois de grossesse, les suivants ont lieu tous les mois à partir du premier jour du quatrième mois et jusqu'à l'accouchement.

Le **conjoint** salarié de la future mère, la personne salariée liée à elle par un Pacs ou vivant maritalement avec elle bénéficie également d'une autorisation d'absence pour se rendre à 3 de ces examens.

Ces absences n'entraînent aucune diminution de la **rémunération.** Elles sont assimilées à une période de travail effectif pour la détermination de la durée des congés payés ainsi que pour les droits légaux ou conventionnels acquis liés à l'ancienneté dans l'entreprise.

› Précisions **a.** La salariée engagée dans un parcours d'**assistance médicale à la procréation** bénéficie d'une autorisation d'absence pour les actes médicaux nécessaires. Son conjoint, son partenaire de Pacs ou la personne vivant maritalement avec elle est autorisé à s'absenter pour se rendre à 3 des actes médicaux nécessaires pour chaque protocole du parcours.
b. Les femmes enceintes doivent pouvoir se reposer en position allongée, dans des conditions appropriées. De nombreuses conventions collectives leur accordent des **aménagements d'horaires** pendant la grossesse, sous forme de réduction de la durée journalière de travail ou de temps de pause pendant la journée.
c. Sur les **examens** médicaux pratiqués après l'**accouchement,** voir n° 51515.

CONDITIONS DE TRAVAIL

51250 C. trav. art. L 1225-29 L 4152-1 D 4152-3 s N-V-58950 s

Interdictions d'emploi Il est interdit d'employer les femmes enceintes, venant d'accoucher ou allaitant :

– à certaines catégories de travaux qui, en raison de leur état, présentent des **risques** pour leur santé ou leur sécurité (exemple : exposition au virus de la rubéole ou au toxoplasme, sauf si elles sont immunisées). Les salariées peuvent dans certains cas faire l'objet d'une mutation temporaire (n°s 51255 s.) ;

– et en tout état de cause, pendant une **période de 8 semaines,** dont au moins 6 semaines après leur accouchement. Cette période est située à l'intérieur du congé de maternité (n° 51370).

51255 C. trav. art. L 1225-7 L 1225-8 N-V-59350 s

Mutation temporaire en raison de l'état de santé Si son état de santé l'exige, une salariée enceinte peut être affectée à un autre emploi, à son **initiative** ou à celle de l'employeur. La mutation est prescrite soit par son médecin traitant, soit par le médecin du travail lorsqu'elle a lieu à l'initiative de l'employeur ou en cas de désaccord. Si elle entraîne un changement d'établissement, l'accord de l'intéressée est nécessaire.

La mutation prend fin dès que l'état de santé de la salariée le permet, et au plus tard au terme de la grossesse. Elle n'entraîne aucune diminution de **rémunération** et, lorsque la salariée reprend son travail à l'issue du congé maternité, elle est réintégrée dans l'emploi occupé avant son changement d'affectation. Si aucun poste n'est disponible dans l'entreprise, l'employeur doit suspendre le contrat de travail de la salariée en maintenant sa rémunération (Cass. soc. 17-12-1997 nº 94-44.833 D : RJS 2/98 nº 176 ; 19-1-1999 nº 96-44.976 P : RJS 3/99 nº 368).

Travail de nuit ou sur un poste à risque La salariée occupant un poste de nuit peut être affectée sur un poste de jour, sur sa demande ou sur prescription du médecin du travail. Si elle occupe un poste l'exposant à certains risques énumérés par l'article R 1225-4 du Code du travail, l'employeur doit lui proposer un **autre emploi compatible** avec son état, compte tenu des conclusions du médecin du travail et de ses indications sur l'aptitude de l'intéressée à exercer l'une des tâches existantes dans l'entreprise. À défaut, il manque à son obligation de sécurité et peut être condamné à réparer le préjudice subi par la salariée (CA Grenoble 12-9-2012 nº 11-04477). 51260

C. trav. art. L 1225-9 à L 1225-15 L 4152-2 **N-V-59800 s**

L'affectation sur un poste de jour ou un autre emploi compatible est aussi possible après l'accouchement, durant une période n'excédant pas un mois après le retour de la salariée de son congé postnatal. Ce changement d'affectation n'entraîne aucune diminution de la **rémunération.**

Si l'employeur ne peut pas proposer un autre emploi à la salariée, il lui fait connaître par écrit, ainsi qu'au médecin du travail, les motifs de cette **impossibilité.** Le contrat de travail est alors suspendu jusqu'au début du congé de maternité, et au maximum pendant le mois suivant la fin du congé postnatal. La salariée bénéficie d'une garantie de rémunération composée d'indemnités journalières de sécurité sociale (nº 51565) et d'un complément à la charge de l'employeur calculé selon les mêmes modalités que celles prévues par l'article L 1226-1 du Code du travail à l'exception des dispositions relatives à l'ancienneté : nºs 49775 s.

2. RUPTURE DU CONTRAT DE TRAVAIL PENDANT LA GROSSESSE

Jusqu'à son départ en congé de maternité, la salariée bénéficie d'une protection dite « relative » contre la rupture de son contrat de travail à l'initiative de l'employeur : cette rupture n'est possible que dans des cas strictement limités, sous peine de sanctions civiles et pénales. 51280

a. Rupture par l'employeur

INTERDICTION DE ROMPRE LE CONTRAT DE TRAVAIL

Employeur informé de la grossesse À partir du moment où il est informé de la grossesse, par la salariée ou par tout autre moyen, l'employeur ne peut rompre le contrat de travail que pour les motifs visés nºs 51300 s. S'il prononce un **licenciement** ou **rompt son contrat à durée déterminée** (CDD) de manière anticipée pour un autre motif, il s'expose aux sanctions visées nºs 51315 s. 51290

C. trav. art. L 1225-1 L 1225-4, al. 1 L 1225-6 **N-V-60900 s**

La grossesse ne fait cependant pas obstacle à l'**échéance** du **CDD** ou à son non-renouvellement, ou à la rupture d'une **période d'essai** (Cass. soc. 8-11-1983 nº 81-41.785 ; 21-12-2006 nº 05-44.806 FP-PBRI : RJS 3/07 nº 325). Mais ceux-ci ne doivent pas être liés à la grossesse de la salariée, sous peine de discrimination.

Sur l'adhésion de la salariée au **CSP,** voir nº 48390, b.

› Précisions a. La protection de la salariée cesse en cas d'**interruption de la grossesse** (Cass. soc. 28-2-1980 nº 79-61.097). La rupture abusive du contrat de travail avant cette interruption est nulle : à défaut de réintégration, la salariée a droit à des dommages et intérêts (Cass. soc. 27-9-1989 nº 86-44.816 D : RJS 10/89 nº 741) compensant les salaires perdus entre la date d'éviction de l'entreprise et le dernier jour de la grossesse (CA Chambéry 17-12-1996 nº 95-26 : RJS 3/97 nº 275 ; CA Versailles 13-11-2007 nº 06-3219).

b. La **preuve** que l'employeur avait **connaissance de la grossesse** au moment de la rupture relève des circonstances de fait. Elle peut être rapportée par des témoignages (Cass. soc. 4-2-1988 nº 86-40.044 D) ou une lettre de la salariée à l'employeur dans laquelle elle évoque sa maternité (Cass. soc. 13-10-2004 nº 02-44.972 F-D). En revanche ne suffisent pas à apporter cette preuve les avis d'arrêt de travail sans rapport avec la maternité adressés à l'employeur (Cass. soc. 21-3-2012 nº 11-10.944 F-D) ou la déclaration de grossesse à la caisse d'assurance maladie (Cass. soc. 12-6-1981 nº 78-41.738).

c. La salariée dont la **période d'essai** est rompue en raison de son état de grossesse peut prétendre à des dommages-intérêts, mais pas au paiement des salaires visés n° 51320 (Cass. soc. 15-1-1997 n° 94-43.755 PB : RJS 2/97 n° 138).

d. La protection contre la rupture du contrat ne s'applique pas lorsque la salariée enceinte, étrangère, ne dispose pas d'un **titre de travail régulier,** l'employeur n'étant pas dans ce cas autorisé à la conserver à son service (Cass. soc. 15-3-2017 n° 15-27.928 FS-PBRI : RJS 5/17 n° 382).

51295 C. trav. art. L 1225-5 L 1225-6 R 1225-2 R 1225-3 N-V-62650 s

Employeur ignorant la grossesse Lorsque l'employeur rompt le contrat de travail d'une salariée sans être informé de sa grossesse, celle-ci peut obtenir l'annulation de la rupture en lui adressant, dans un **délai de 15 jours** à compter de sa notification, un **certificat médical** justifiant qu'elle est enceinte, par lettre recommandée avec demande d'avis de réception ou lettre recommandée électronique. Ces formalités sont réputées accomplies au jour de l'expédition de la lettre, quelle que soit la date de sa réception par l'employeur (Cass. soc. 16-3-1994 n° 90-42.125 D).

L'employeur ainsi informé de la grossesse ne peut pas se contenter de suspendre la rupture du contrat pour lui faire prendre effet à l'issue de la période de protection (Cass. soc. 20-11-2001 n° 99-41.507 FS-P : RJS 2/02 n° 168 ; 7-4-2004 n° 02-40.333 FS-PBRI : RJS 6/04 n° 685). La rupture est en effet **nulle de plein droit,** et la salariée doit être réintégrée dans son emploi sans délai (Cass. soc. 30-9-1992 n° 88-44.629 P : RJS 11/92 n° 1242 ; 14-12-2016 n° 15-21.898 FS-PB : RJS 2/17 n° 94). L'intéressée n'est pas tenue d'accepter une offre de réintégration trop tardive et peut prétendre, dans ce cas, aux indemnités visées n°s 51320 s. (Cass. soc. 6-10-2010 n° 08-43.171 F-D : RJS 12/10 n° 928 ; 15-12-2015 n° 14-10.522 FS-PB : RJS 2/16 n° 104).

Ces dispositions ne s'appliquent pas si la rupture a été prononcée pour faute grave ou impossibilité de maintenir le contrat de travail (voir n°s 51300 s.) et ne font pas obstacle à l'échéance d'un CDD.

› Précisions **a.** L'envoi d'un certificat médical est une condition essentielle pour obtenir l'annulation de la rupture (Cass. soc. 10-5-2012 n° 11-14.338 F-D ; 13-6-2018 n° 17-10.252 F-D : RJS 10/18 n° 588). L'utilisation de la lettre recommandée n'est, en revanche, pas une **formalité** substantielle (Cass. soc. 9-7-2008 n° 07-41.927 F-PB : RJS 10/08 n° 988 ; 11-12-2013 n° 12-23.687 F-D : RJS 2/14 n° 117).

b. Le **délai** de 15 jours pour informer l'employeur court à partir du jour où la notification du licenciement a été effectivement portée à la connaissance de la salariée et non à partir du jour de son envoi (Cass. soc. 16-6-2004 n° 02-42.315 F-P : RJS 10/04 n° 1032 ; 8-6-2011 n° 10-17.022 FS-PB : RJS 8-9/11 n° 680). Il importe peu que la notification de la rupture ait été irrégulière (Cass. soc. 3-10-1980 n° 79-40.225 ; 13-11-1996 n° 93-44.873 P : RJS 12/96 n° 1259) ou que la grossesse n'ait pas encore débuté au jour de l'envoi de la lettre de licenciement (Cass. soc. 2-7-2014 n° 13-12.496 F-D : RJS 10/14 n° 679).

c. L'employeur doit informer la salariée que son licenciement est annulé et lui proposer une réintégration dès qu'il prend connaissance de sa grossesse (Cass. soc. 7-7-1988 n° 86-45.256 P). Est trop tardive l'**offre de réintégration** parvenue à la salariée un mois et demi après la notification à l'employeur de son état (Cass. soc. 9-7-2008 n° 07-41.927 F-PB : RJS 10/08 n° 988 ; 15-12-2015 n° 14-10.522 FS-PB : RJS 2/16 n° 104). La salariée refusant une offre formulée sans délai par l'employeur ne peut pas prétendre aux indemnités visées n° 51320 (Cass. soc. 4-11-1988 n° 86-42.669 P : RJS 1/89 n° 10).

DÉROGATIONS À L'INTERDICTION

51300 C. trav. art. L 1225-4, al. 2 N-V-63200 s

Faute grave L'employeur est en droit de licencier une salariée enceinte ou de rompre son CDD s'il justifie d'une faute grave (n° 47155), non liée à la grossesse. La **procédure** de droit commun doit être appliquée : voir n°s 47450 s. pour le licenciement et n°s 20215 s. pour la rupture du CDD.

La lettre de rupture est suffisamment motivée si elle mentionne les griefs reprochés à la salariée (Cass. soc. 18-4-2008 n° 06-46.119 FS-PB : RJS 7/08 n° 773). En cas de litige, le juge recherche si la faute reprochée est d'une gravité suffisante pour justifier la rupture immédiate du contrat de travail (Cass. soc. 6-10-2010 n° 09-40.823 F-D : RJS 12/10 n° 926) et si elle est dépourvue de tout lien avec la grossesse (Cass. soc. 10-5-2012 n° 10-26.926 F-D : RJS 7/12 n° 624).

ILLUSTRATIONS

L'état de grossesse peut constituer une **circonstance atténuante** dans l'appréciation de la gravité de la faute. La faute grave a toutefois été retenue en cas :

– de comportement violent ou injurieux (Cass. soc. 10-5-2012 n° 10-26.926 F-D : RJS 7/12 n° 624 ; 31-3-2016 n° 15-13.069 F-D : RJS 6/16 n° 408), ou d'accusations contre des cadres de l'entreprise renouvelées malgré de nombreux rappels à l'ordre (Cass. soc. 29-5-1986 n° 84-45.539) ;

– d'absences injustifiées : ne sauraient toutefois suffire à autoriser le licenciement les absences dues aux difficultés de début de grossesse (Cass. soc. 4-6-1987 n° 83-41.896), le retard dans l'envoi du certificat initial d'arrêt de travail (Cass. soc. 12-3-1997 n° 94-42.382 D : RJS 4/97 n° 404) ou le défaut de justification de prolongation de l'arrêt si l'employeur connaît la raison de cette prolongation (Cass. soc. 24-10-1996 n° 93-46.158 D : RJS 12/96 n° 1260) ;

– de fautes professionnelles graves (Cass. soc. 16-10-1980 nº 79-40.527 ; 12-3-1981 nº 79-41.395). Au contraire, de simples négligences pouvant être justifiées par l'état de grossesse ne permettent pas le licenciement (Cass. crim. 9-4-1976 nº 75-92.023) ;
– d'indélicatesse, de malversation (Cass. soc. 13-11-1986 nº 83-44.835 ; Cass. crim. 8-1-1991 nº 90-80.512 D : RJS 3/91 nº 321) ou de constitution de faux documents pour obtenir des prestations indues (Cass. soc. 9-12-1998 nº 96-43.068 D : RJS 4/99 nº 503).

Impossibilité de maintenir le contrat L'employeur peut prononcer un **licenciement** s'il justifie de l'impossibilité de maintenir le contrat, pour un motif étranger à la grossesse ou à l'accouchement. Une telle impossibilité ne peut se justifier que par des circonstances indépendantes du comportement de l'intéressée. L'employeur doit indiquer précisément le motif rendant impossible le maintien du contrat dans la lettre de licenciement, sous peine de nullité (Cass. soc. 21-5-2008 nº 07-41.179 F-PB : RJS 8-9/08 nº 887 ; 24-4-2013 nº 12-13.035 F-D : RJS 7/13 nº 530). Par exemple, le motif économique de licenciement (Cass. soc. 19-11-1997 nº 94-42.540 P : RJS 1/98 nº 24), la fin d'un chantier (Cass. soc. 29-5-2013 nº 12-19.245 F-D : RJS 8-9/13 nº 601) ou l'inaptitude physique avec impossibilité de reclassement (Cass. soc. 3-11-2016 nº 15-15.333 FP-PB : RJS 1/17 nº 12 ; 7-12-2017 nº 16-23.190 F-D : RJS 3/18 nº 172) ne suffisent pas, à eux seuls, à justifier la rupture. Sur la possibilité pour l'employeur de préciser les motifs de la rupture après la notification du licenciement, voir nº 47680.

51305
C. trav. art. L 1225-4, al. 2
N-V-63650 s

› Précisions **a.** Ne caractérisent pas l'impossibilité de maintenir le contrat de travail une **insuffisance professionnelle** (Cass. soc. 27-4-1989 nº 86-45.547 : RJS 6/89 nº 487), l'application d'une **clause conventionnelle** autorisant le licenciement pour absence prolongée nécessitant le remplacement du salarié (Cass. soc. 28-10-1998 nº 96-43.760 P : RJS 12/98 nº 1474), d'une clause contractuelle de résiliation automatique en cas de rupture du contrat de travail du conjoint (Cass. soc. 16-6-2004 nº 02-42.315 F-P : RJS 10/04 nº 1032).
b. La **lettre de licenciement** est suffisamment motivée si elle invoque la suppression d'emploi à la suite d'une réorganisation des services (Cass. soc. 25-6-1975 nº 74-11.723), à la fermeture d'une agence en raison de difficultés économiques (Cass. soc. 24-10-2012 nº 11-21.500 F-D : RJS 1/13 nº 23) ou la cessation d'activité de l'entreprise (Cass. soc. 26-9-2012 nº 11-17.420 F-D : RJS 12/12 nº 937).

Lorsque la salariée est titulaire d'un **CDD,** la possibilité de **rupture anticipée** pour impossibilité de maintenir le contrat est limitée au cas de la force majeure au sens indiqué nº 20220 et, à notre sens, à l'inaptitude physique sans possibilité de reclassement. Le fait que la salariée se trouve, du fait de sa grossesse, dans l'impossibilité d'assumer ses fonctions n'autorise pas une telle rupture (Cass. soc. 2-2-1994 nº 89-42.778 P : RJS 3/94 nº 246).

51310
C. trav. art. L 1225-4, al. 2

SANCTIONS

Toute convention contraire aux règles protectrices de la maternité et toute rupture du contrat de travail prononcée en méconnaissance de ces règles sont **nulles de plein droit** et peuvent justifier l'attribution de dommages et intérêts.

51315
C. trav. art. L 1225-70, R 1227-5, R 1227-6
N-V-61820 s

L'inobservation par l'employeur des dispositions législatives et réglementaires concernant la protection de la maternité est en outre passible de la peine d'**amende** prévue pour les contraventions de la 5e classe (nº 67285), sauf recours à la transaction pénale (nº 67220).

Licenciement La nullité du licenciement prononcé au cours de la période de protection de la grossesse et de la maternité ouvre droit, si la salariée le demande, à **réintégration** dans son emploi ou, à défaut, dans un emploi équivalent (Cass. soc. 30-4-2003 nº 00-44.811 FP-PBRI : RJS 7/03 nº 869 ; 15-10-2003 nº 01-44.503 F-D : RJS 1/04 nº 28). L'intéressée peut alors prétendre au paiement d'une indemnité égale au montant de la rémunération qu'elle aurait dû percevoir entre son licenciement et sa réintégration – ou la date de son refus si elle renonce finalement à la réintégration demandée (Cass. soc. 17-2-2010 nº 08-45.640 FS-PB : RJS 5/10 nº 423) –, sans déduction des revenus de remplacement dont elle a pu bénéficier durant cette période (Cass. soc. 29-1-2020 nº 18-21.862 FS-PB : RJS 4/20 nº 171).

51320
C. trav. art. L 1225-71, L 1235-3-1

Si la salariée **ne demande pas sa réintégration,** l'employeur doit lui verser une **indemnité** égale au salaire qu'elle aurait perçu pendant la période couverte par la nullité, c'est-à-dire la période comprise entre la date d'éviction de l'entreprise et l'expiration de la période de protection de 10 semaines visée nº 51460. La salariée bénéficie en outre de l'indemnité légale ou conventionnelle de licenciement, d'une indemnité de préavis (Cass. soc. 12-3-1991 nº 88-40.806 P : RJS 4/91 nº 444 ; 10-11-1993 nº 89-42.302 P : RJS 12/93 nº 1192) et d'une indemnité au moins égale à 6 mois de salaire réparant intégralement le préjudice subi du fait du caractère illicite du licenciement (Cass. soc. 17-12-2002 nº 00-44.660 FS-P : RJS 3/03 nº 337 ; 15-1-2014 nº 12-24.824 F-D : RJS 3/14 nº 215).

> **Précisions** **a.** La salariée peut également être indemnisée, le cas échéant, de son **préjudice moral** et d'un préjudice financier supplémentaire (CA Nîmes 30-8-2016 nº 14/05898 : RJS 11/16 nº 684).
> **b.** La période couverte par la nullité du licenciement étant assimilée à du **travail effectif**, elle ouvre droit à une indemnité compensatrice de congés payés (Cass. soc. 10-11-1993 nº 89-42.302 P : RJS 12/93 nº 1192 ; voir, dans le même sens, la position de la CJUE : nº 48770).
> **c.** Le juge des référés peut condamner l'employeur au paiement d'une **provision** sur les indemnités dues à la salariée (Cass. soc. 19-11-1997 nº 94-42.540 : RJS 1/98 nº 24).
> **d.** Si au jour où elle demande la **résiliation judiciaire** de son contrat, la salariée n'a pas informé l'employeur de sa grossesse, la rupture produit les effets d'un licenciement sans cause réelle et sérieuse (Cass. soc. 28-11-2018 nº 15-29.330 FP-PB : RJS 2/19 nº 85).
> **e.** S'agissant du **régime social** des indemnités versées à la salariée, voir nº 22865.

51325 C. trav. art. L 1225-71

Rupture du CDD En cas de rupture anticipée d'un CDD, la salariée a droit à une **indemnité** correspondant aux salaires qui auraient été perçus pendant la période couverte par la nullité, dans la limite de l'échéance du contrat (Cass. soc. 10-11-1993 nº 89-45.472 PBS : RJS 12/93 nº 1191). Elle peut également prétendre à l'indemnité de fin de contrat et à l'indemnité compensatrice de congés payés (nº 20247).

b. Démission de la salariée

51335 C. trav. art. L 1225-34 N-V-64150 s

La salariée est en droit de démissionner sans **préavis** et sans devoir d'**indemnité** de rupture, à condition de produire un certificat médical attestant sa grossesse. Cette démission, qui n'ouvre pas droit à indemnité compensatrice de préavis (Cass. soc. 18-6-1997 nº 94-44.466 P : RJS 8-9/97 nº 969), doit résulter d'une volonté claire et non équivoque. À défaut, elle produit les effets d'un licenciement nul (Cass. soc. 26-10-2011 nº 10-14.139 F-D : RJS 1/12 nº 29).

3. CONGÉS

51360 Le contrat de travail peut être suspendu pendant une certaine durée en cas de naissance ou d'adoption d'un enfant. Le bénéficiaire de ce droit à congé peut y renoncer ou l'abréger, sous réserve de l'interdiction d'emploi des salariées enceintes ou venant d'accoucher (nº 51250). S'agissant du congé de deuil pouvant être pris en cas de décès d'un enfant, voir nº 11945 s.

a. Congé de maternité

DURÉE

51370 C. trav. art. L 1225-17 à L 1225-24 R 1225-3 D 1225-4-1 N-V-64600 s

La mère a droit à un congé de maternité qui comprend un congé prénatal (avant la naissance) et un congé postnatal (après la naissance). Sa durée légale, récapitulée dans le tableau ci-après, varie en fonction du nombre d'enfants vivant au foyer et est augmentée en cas de naissances multiples ou de pathologie de la mère liée à la grossesse ou à l'accouchement. La salariée doit **avertir l'employeur** du motif de son absence et de la date de sa reprise du travail, par lettre remise contre récépissé ou transmise par recommandé avec avis de réception ou électronique. Ces formalités sont réputées accomplies le jour de l'expédition de la lettre.

Situation familiale	Nombre de semaines		
	Avant l'accouchement	Après l'accouchement	Total [1]
Naissance unique portant le nombre d'enfants à :			
– 1 ou 2	6	10	16
– 3 ou plus [2]	8 [3]	18 [3]	26
Naissances multiples :			
– jumeaux	12 [4]	22 [4]	34
– triplés ou plus	24	22	46
Pathologie de la mère	+ 2	+ 4	

1. En cas d'**accouchement prématuré**, la durée totale du congé de maternité reste identique. Toutefois, si l'accouchement intervient plus de 6 semaines avant la date prévue et exige l'hospitalisation postnatale de l'enfant, la durée du congé légal est augmentée du nombre de jours courant à partir de l'accouchement jusqu'au début de ce congé. En cas d'**accouchement tardif**, le congé postnatal n'est pas diminué puisqu'il est décompté à partir de la date réelle de l'accouchement.
Sous réserve d'un avis favorable et préalable du professionnel de santé qui suit la grossesse, les salariées peuvent, à leur demande, **reporter après la naissance** de leur enfant une partie du congé prénatal, dans la limite de 3 semaines au maximum. Toutefois, si la salariée se voit prescrire un arrêt de travail pour maladie au cours de la période dont elle a demandé le report, ce dernier est annulé. Dans ce cas, le congé de maternité débute dès le premier jour d'arrêt de travail. La période initialement reportée est réduite d'autant.
2. La salariée ou le ménage assume déjà la charge de 2 enfants au moins ou la salariée a déjà mis au monde au moins 2 enfants nés viables.
3. La mère peut choisir d'**anticiper**, dans la limite de 2 semaines, le point de départ du congé prénatal. Le congé postnatal est alors réduit d'autant.
4. La mère de **jumeaux** peut choisir d'anticiper, dans la limite de 4 semaines, le point de départ du congé prénatal. Le congé postnatal est alors réduit d'autant.

> Précisions **a.** En cas d'**hospitalisation de l'enfant** jusqu'à l'expiration de la sixième semaine suivant l'accouchement, la mère peut reporter à la date de la fin de l'hospitalisation tout ou partie du congé auquel elle peut encore prétendre. En cas de décès de l'enfant, voir n° 51540, a.
b. L'**information de l'employeur** sur les dates de congé n'est pas soumise à une condition de délai. Sur ce point, les dispositions conventionnelles relatives à la maladie ne sont pas applicables au congé de maternité et à ses prolongations dues à un état pathologique lié à la grossesse (Cass. soc. 8-7-1992 n° 88-42.495 P : RJS 10/92 n° 1086).
c. Un **congé pathologique** prescrit à l'issue d'un congé de maternité ne prive pas la salariée du congé de maternité supplémentaire conventionnel (Cass. soc. 27-3-2019 n° 17-23.988 FS-PB : RJS 6/19 n° 344).
d. Les salariées dont la grossesse pathologique est liée à une exposition in utero au **diéthylstilbestrol** bénéficient du congé de maternité dès le premier jour de leur arrêt de travail (Loi 2004-1370 du 20-12-2004, art. 32). Sur leur protection durant ce congé, voir n° 51385 ; sur leur droit aux indemnités journalières de sécurité sociale, voir n° 51560.

Décès de la mère En cas de décès de la mère pendant le congé postnatal, le **père** peut suspendre son contrat de travail pour la durée restant à courir entre la date du décès et la fin de la période d'indemnisation au titre du congé maternité dont aurait bénéficié la mère. Il peut bénéficier d'indemnités journalières de sécurité sociale : voir n° 51555. Ce congé peut être reporté dans les conditions visées n° 51370, a en cas d'hospitalisation de l'enfant. Le cas échéant, si le père ne demande pas à bénéficier de ce droit, le conjoint de la mère, son concubin ou la personne liée à elle par un Pacs peut prétendre au congé s'il est salarié. **51375** C. trav. art. L 1225-28 **N-V-65390 s**
Le bénéficiaire du congé doit avertir son employeur du motif de son absence et de la date à laquelle elle prend fin. Il bénéficie alors de la protection contre le licenciement visée n° 51385. Il peut ensuite prétendre au congé de paternité et d'accueil de l'enfant.

SITUATION PENDANT LE CONGÉ

Le congé de maternité entraîne la suspension du contrat de travail et est assimilé à une période de travail effectif pour les droits liés à l'**ancienneté.** La salariée a droit à des indemnités journalières de sécurité sociale si elle remplit les conditions visées n°s 51525 s. L'employeur n'est pas légalement tenu de la rémunérer pendant son congé, mais la convention collective peut prévoir le maintien de tout ou partie du **salaire** pendant cette période. Dans ce cas, les modalités pratiques de ce maintien sont en principe identiques à celles prévues en cas de maladie (n°s 49790 s.). Sur le maintien des primes et gratifications, voir n°s 70475 s. **51380** C. trav. art. L 1225-24 **N-V-65750 s**

> Précisions **a.** S'agissant de l'**incidence** du congé de maternité sur : le calcul des congés payés, voir n° 13300, c ; la prise des congés, voir n° 13410 ; les droits à participation, voir n° 33910 ; les droits à l'intéressement, voir n° 34245.
b. L'employeur s'expose à des sanctions pénales (n° 51315) et au versement de dommages et intérêts s'il demande à la salariée de **travailler** pendant son congé de maternité (CA Paris 20-10-2009 n° 08-47 ; CA Orléans 21-4-2016 n° 14/03987 : RJS 8-9/16 n° 548) ou d'**écourter** celui-ci (Cass. soc. 7-1-1992 n° 87-44.428 D).

PROTECTION DU CONTRAT DE TRAVAIL

La salariée bénéficie, pendant son congé de maternité ainsi que pendant les congés payés pris immédiatement après celui-ci, d'une protection dite « absolue » contre la rupture de son contrat de travail. Aucun licenciement ni aucune rupture anticipée du CDD, quel qu'en soit le motif, ne peut prendre effet ou être notifié pendant la période de suspension du contrat de travail, sous peine des sanctions civiles et pénales visées n°s 51315 s. Ces dispositions ne font toutefois pas obstacle à l'échéance d'un CDD. Sur la possibilité pour les parties de conclure une **rupture conventionnelle** homologuée, voir n° 69110, c. **51385** C. trav. art. L 1225-4 L 1225-5 **N-V-66250 s**

› Précisions **a.** La dispense de travail rémunérée prévue par la **convention collective** à l'issue du congé de maternité légal ne prolonge pas la période de protection absolue de la salariée (Cass. soc. 14-12-2016 nº 15-21.898 FS-PB : RJS 2/17 nº 94). Seule la majoration conventionnelle de la **durée du congé** produit cet effet (CA Paris 8-6-2004 nº 04-30.269 : RJS 11/04 nº 1137). En revanche, la protection absolue court dès le premier jour d'arrêt de travail de la salariée dont la grossesse pathologique est liée à une exposition in utéro au **diéthylstilbestrol** (Cass. soc. 15-1-2020 nº 18-24.736 F-D : RJS 3/20 nº 127).
b. Est nul le licenciement prononcé peu après un retour de congé de maternité s'il est établi que l'employeur l'a **préparé pendant ce congé.** Tel est le cas lorsqu'un salarié est engagé pendant le congé afin de pourvoir au remplacement définitif de la salariée (Cass. soc. 15-9-2010 nº 08-43.299 FS-PBR : RJS 11/10 nº 841) ou que la salariée est avertie par le DRH pendant son congé qu'elle va faire l'objet d'un **licenciement économique** (Cass. soc. 1-2-2017 nº 15-26.250 F-D : RJS 4/17 nº 253). En revanche, n'est pas nul le licenciement économique prononcé après congé, dans le cadre d'une réorganisation de l'entreprise dont la salariée avait connaissance avant son départ, et motivé par son refus de plusieurs propositions de postes (Cass. soc. 10-2-2016 nº 14-17.576 F-D : RJS 4/16 nº 238) ou dans le cadre d'un PSE à la suite du refus de la salariée d'accepter deux postes de reclassement proposés durant le congé (Cass. soc. 14-9-2016 nº 15-15.943 FS-PB : RJS 11/16 nº 685). En effet, dans ces situations, les tentatives de reclassement de l'employeur ne sont pas considérées comme des mesures préparatoires à la rupture illicites. De même ne prépare pas un licenciement pour **insuffisance professionnelle** la réunion par l'employeur durant le congé maternité d'une salariée d'éléments de preuve de dysfonctionnements au fur et à mesure de leur signalement (Cass. soc. 6-11-2019 nº 18-20.909 F-D : RJS 1/20 nº 9).

b. Congé de paternité et d'accueil de l'enfant

BÉNÉFICIAIRES

51400 C. trav. art. L 1225-35

Le père et, le cas échéant, le conjoint ou concubin de la mère ou la personne liée à elle par un Pacs bénéficient, s'ils sont salariés, d'un congé de paternité et d'accueil de l'enfant, distinct du congé de naissance visé nºs 11935 s. Aucune condition particulière d'**ancienneté** n'est exigée du salarié.

› Précisions Le congé peut être accordé à la fois au père et à la personne vivant en couple avec la mère, quels que soient son sexe et son lien de filiation avec l'enfant. Le Défenseur des droits estime toutefois discriminatoire le fait de réserver l'attribution du second congé de paternité et d'accueil de l'enfant à la femme ou l'homme lié à la mère et d'exclure directement de cet avantage le conjoint ou le concubin du père, ou l'homme lié à lui par un Pacs (Décision du Défenseur des droits 2020-036 du 9-10-2020).

MODALITÉS

51404 C. trav. art. L 1225-35 D 1225-8 D 1225-8-1 N-V-67100 s

Pour les **naissances prévues et intervenues avant le 1-7-2021,** le congé est de 11 jours consécutifs (18 jours en cas de naissances multiples) et doit être pris dans les 4 mois suivant la naissance. Il peut être pris à la suite du congé de naissance ou séparément. L'intéressé doit **avertir** son employeur au moins un mois avant la date à laquelle il entend prendre son congé en précisant la date de son retour.

Pour les naissances **prévues ou intervenues à compter du 1-7-2021,** le congé de paternité est composé d'une première période obligatoire de 4 jours calendaires consécutifs faisant immédiatement suite au congé de naissance, et d'une seconde période de 21 jours calendaires (28 jours en cas de naissances multiples) fractionnable et à prendre selon des modalités et dans un délai déterminés par décret à paraître. Le délai de prévenance de l'employeur par le salarié de la date prévisionnelle de la naissance et de la date de prise du ou des congés de la seconde période est fixé par décret à paraître, et doit être compris entre 15 jours et 2 mois.

Le bénéficiaire de ce congé peut bénéficier d'indemnités journalières de sécurité sociale (voir nºs 51520 s.). L'employeur n'est pas légalement tenu de le rémunérer, mais un maintien de tout ou partie du salaire peut être prévu par convention ou accord collectif.

Le non-respect par l'employeur de ces dispositions l'expose aux sanctions visées nºs 51315 s.

› Précisions **a.** Dès lors que le salarié informe régulièrement l'employeur de la date du congé, ce dernier ne peut ni s'opposer à son départ ni en exiger le **report** (Cass. soc. 31-5-2012 nº 11-10.282 FS-PB : RJS 8-9/12 nº 721).
b. Par dérogation, le **congé** peut être **pris** dans les 4 mois suivant la fin de l'hospitalisation de l'enfant ou du congé visé nº 51375 en cas de décès de la mère. Lorsque l'état de santé de l'enfant nécessite son hospitalisation immédiate après la naissance, le congé est **allongé** pour la durée de cette hospitalisation dans la limite d'une durée maximale de 30 jours consécutifs non fractionnable (Circ. Cnamts

2019-25 du 31-7-2019 nº 3). Ces jours doivent être pris dans les 4 mois suivant la naissance de l'enfant. Pour les naissances prévues ou intervenues à compter du 1-7-2021, c'est la première période du congé de paternité qui est allongée de la durée de l'hospitalisation de l'enfant, dans la limite d'une durée maximale fixée par décret à paraître.

c. S'agissant de la **protection** dont bénéficie le père salarié pendant les 10 semaines suivant la naissance de son enfant, voir nº 51460.

INTERDICTION D'EMPLOI

Pour les **naissances prévues ou intervenues à compter du 1-7-2021,** l'employeur a interdiction d'employer le salarié pendant le congé de naissance et la première période de 4 jours du congé de paternité, peu importe le respect ou non par le salarié du délai de prévenance visé nº 51404. Par exception, celui-ci peut travailler : **51407** C. trav. art. L 1225-35-1

– pendant la prolongation de la période de 4 jours en raison d'une hospitalisation de son enfant ;

– si son congé n'est pas indemnisé par la sécurité sociale dans les conditions visées nº 51525 ou au titre d'autres dispositions législatives ou réglementaires.

Lorsque le salarié est en congés payés ou en congés pour événements familiaux au moment de la naissance de l'enfant, l'interdiction d'emploi débute à l'issue de ces congés.

c. Congé d'adoption

MODALITÉS DE PRISE DU CONGÉ

Le congé d'adoption est ouvert au père et/ou à la mère à qui un service départemental d'aide sociale à l'enfance, un organisme français autorisé pour l'adoption ou l'Agence française de l'adoption confie un enfant en vue de son adoption et à ceux qui adoptent dans la légalité un enfant étranger. Ce congé peut débuter dans la semaine précédant l'arrivée de l'enfant. Si le congé est pris par un seul des deux parents, il est d'une **durée** de : **51410** C. trav. art. L 1225-37 L 1225-40 à L 1225-42 L 1225-45 R 1225-9 R 1225-11 **N-V-68400 s**

– 10 semaines pour les 2 premiers enfants arrivant au foyer, si l'adoption intervient avant le 1-7-2020, 16 semaines pour les adoptions à compter de cette date ;

– 18 semaines en cas d'adoption portant le nombre d'enfants du foyer à 3 ou plus ;

– 22 semaines en cas d'adoptions multiples, quel que soit le nombre d'enfants du foyer.

En cas de **partage** du congé entre les 2 parents, la durée maximale du congé est augmentée :

– pour les enfants adoptés jusqu'au 30-6-2021, de 11 jours (18 jours en cas d'adoptions multiples) avec un miminum de 11 jours consécutifs d'absence par parent,

– pour ceux adoptés à compter du 1-7-2021, de 25 jours (32 jours en cas d'adoptions multiples) avec un miminum de 25 jours consécutifs d'absence par parent.

> Précisions a. Toute stipulation d'une **convention ou** d'un **accord collectif** de travail comportant en faveur des salariées en congé de maternité un avantage lié à la naissance s'applique de plein droit aux salariés en congé d'adoption.

b. Le salarié **avertit l'employeur,** par lettre recommandée avec avis de réception, lettre recommandée électronique ou pli remis contre récépissé, du motif de son absence et de la date de fin de suspension de son contrat de travail.

c. Chacun des parents peut **cumuler** ce congé avec le congé de naissance visé nºˢ 11935 s. Sur le congé supplémentaire dont peuvent bénéficier les parents qui se déplacent hors métropole en vue de l'adoption, voir nº 11985.

SITUATION PENDANT LE CONGÉ

Le congé d'adoption **suspend le contrat** de travail et produit les mêmes effets que le congé de maternité : voir nº 51380. Le salarié peut notamment bénéficier des indemnités journalières de sécurité sociale (nºˢ 51520 s.). **51415** C. trav. art. L 1225-38 L 1225-39 R 1225-10 R 1225-11

Pendant la suspension de son contrat de travail, le salarié bénéficie de la **protection** visée nº 51385. Par ailleurs, sauf dérogations visées nºˢ 51300 s., le licenciement est annulé si, dans le délai de 15 jours suivant sa notification, le salarié adresse à son employeur, par lettre recommandée avec avis de réception, lettre recommandée électronique ou remise contre récépissé, une attestation du président du conseil général ou de l'organisme autorisé pour l'adoption justifiant de l'arrivée de l'enfant à son foyer dans un délai de 15 jours. S'agissant des conséquences de cette annulation, voir nº 51295.

Le non-respect par l'employeur de ces dispositions l'expose aux sanctions visées nºˢ 51315 s.

4. REPRISE DU TRAVAIL

51430 C. trav. art. L 1225-27 N-V-69800 s

À l'issue de son congé de maternité, de paternité ou d'adoption, le salarié doit être réintégré dans son précédent emploi. Il ne doit en aucun cas faire l'objet de mesures discriminatoires.

Le salarié qui reprend son activité à l'issue du congé de maternité ou d'adoption a droit à l'**entretien** visé n° 17010 avec son employeur. Il bénéficie d'une période de protection contre la rupture de son contrat. Cette protection est également accordée au père de famille.

Mais il peut aussi choisir de prendre un congé parental d'éducation ou de ne reprendre le travail qu'à temps partiel (n°s 12040 s.) ou encore de renoncer à son emploi.

a. Réintégration du salarié

POSTE DE RÉINTÉGRATION

51440 C. trav. art. L 1225-25 L 1225-36 L 1225-43 N-V-69900 s

À l'issue du congé de maternité, de paternité et d'accueil de l'enfant ou d'adoption, le salarié retrouve son précédent **emploi** assorti d'une **rémunération** équivalente. Si celui-ci n'existe plus ou n'est plus vacant, il doit être réintégré dans un emploi similaire (Cass. soc. 4-12-1986 n° 83-44.549 P ; 25-5-2011 n° 09-72.556 F-D : RJS 8-9/11 n° 681), c'est-à-dire un emploi n'entraînant pas de modification de son contrat de travail (Cass. soc. 22-5-1997 n° 94-40.297 P : RJS 7/97 n° 809) et correspondant à sa classification (Cass. soc. 1-2-2012 n° 10-20.906 F-D : RJS 4/12 n° 334).

› Précisions a. À l'issue du congé de maternité, la salariée qui reprend son activité bénéficie d'un **examen médical de reprise,** pratiqué par le médecin du travail à la demande de l'employeur dans les conditions indiquées n° 72440. L'absence d'organisation de cet examen médical peut causer un préjudice à la salariée, mais n'a pas pour effet de différer la fin de sa période de protection (Cass. soc. 29-9-2004 n° 02-42.461 FS-PBRI : RJS 12/04 n° 1274 ; 15-12-2015 n° 14-15.283 F-D : RJS 2/16 n° 105).

b. Si le précédent emploi du salarié n'est plus disponible, l'employeur peut lui proposer sa réintégration dans un emploi emportant un **changement de ses conditions de travail**, mais le refus du salarié justifiant d'obligations familiales impérieuses ne constitue pas une faute grave (Cass. soc. 14-12-2005 n° 03-47.721 F-P : RJS 3/06 n° 334).

c. La salariée ne peut pas exiger, après son congé de maternité, le maintien du même nombre d'heures complémentaires lorsqu'elle est à temps partiel (Cass. soc. 4-3-2003 n° 00-46.362 FS-P : RJS 6/03 n° 823) ou la modification de ses **horaires** de travail dès lors que le refus de l'employeur d'accepter cette modification ne porte pas atteinte à son droit à une vie personnelle et familiale (Cass. soc. 12-9-2012 n° 11-21.494 F-D : RJS 12/12 n° 938).

d. Si la **rémunération** d'une salariée est calculée à partir d'objectifs individuels, l'employeur n'est pas obligé, au retour du congé de maternité, de lui verser le montant moyen des commissions qu'elle percevait avant son départ (Cass. soc. 10-12-2008 n° 07-44.113 F-D : RJS 2/09 n° 150). Mais il ne peut pas lui imposer un changement d'affectation ne permettant pas de lui assurer un même niveau de salaire (Cass. soc. 2-4-2014 n° 12-27.849 F-D : RJS 7/14 n° 558).

51445 C. trav. art. L 1225-30 s R 1225-5 s R 1227-6 R 4152-2 R 4743-2 N-V-60480 s

Allaitement Les femmes allaitant doivent pouvoir se reposer en position allongée, dans des conditions appropriées. Pendant une année à compter de la naissance, la salariée qui allaite son enfant dispose à cet effet d'une heure par jour pendant les **heures de travail,** selon une répartition définie par accord entre l'intéressée et l'employeur. L'allaitement peut avoir lieu dans les locaux de travail. Si l'entreprise compte plus de 100 salariées, l'employeur peut être mis en demeure, par un agent de contrôle de l'inspection du travail (Cass. soc. 25-11-2020 n° 19-19.996 FS-PB : RJS 2/21 n° 73), d'installer dans son établissement ou à proximité des **locaux dédiés** à l'allaitement qui doivent respecter certaines conditions mentionnées aux articles R 4152-13 et suivants du Code du travail.

ATTENTION

Le fait de méconnaître les dispositions relatives à l'allaitement ou au local dédié est puni de l'amende prévue pour les contraventions de la 5e classe (n° 67285), prononcée autant de fois qu'il y a de salariés concernés par l'infraction, sauf recours à la transaction pénale (n° 67220).

GARANTIE DE RÉMUNÉRATION

51450 C. trav. art. L 1225-26 L 1225-44 N-V-70700 s

À l'issue du congé de maternité ou d'adoption, la rémunération doit, le cas échéant, être réévaluée compte tenu des **augmentations** de rémunération dont les **salariés de la même catégorie professionnelle** ont bénéficié durant la période de congé des intéressés.

Cette garantie d'évolution de rémunération doit être mise en œuvre à défaut d'accord collectif de branche ou d'entreprise qui, lorsqu'ils ont été conclus à compter du 25-3-2006, doivent prévoir des garanties au moins aussi favorables que celles prévues par la loi. Elle consiste à majorer la rémunération, au sens de l'article L 3221-3 du Code du travail (nº 32195), des augmentations générales ainsi que de la moyenne des augmentations individuelles perçues pendant la durée du congé par les salariés relevant de la même catégorie professionnelle (c'est-à-dire ayant le même coefficient pour le même type d'emploi : Circ. du 19-4-2007) ou, à défaut, de la moyenne des augmentations individuelles dans l'entreprise. Les salariés n'ayant pas eu d'augmentation sont inclus dans le calcul de la moyenne (Circ. du 19-4-2007). En cas de congé parental d'éducation faisant suite au congé de maternité, voir nº 12080, f.

Ce dispositif est d'**ordre public.** Les parties ne peuvent donc pas y déroger, par exemple pour prévoir le versement d'une prime au lieu de l'augmentation (Cass. soc. 14-2-2018 nº 16-25.323 FS-PB : RJS 4/18 nº 245). L'employeur qui n'applique pas le dispositif se rend coupable d'une **discrimination** justifiant la résiliation judiciaire du contrat de travail, celle-ci produisant les effets d'un licenciement nul (CA Versailles 20-6-2019 nº 18/01884 : RJS 10/19 nº 556).

EXEMPLE

Dans une entreprise, les salariés A, B, C, D, E, X et Y appartiennent à une même catégorie professionnelle. X et Y sont en congé de maternité à la date des **augmentations collectives et individuelles.** X bénéficie d'une prime de poste. Pendant le congé, les salariés ont bénéficié :
– d'une augmentation générale de 3 % sur le salaire de base ;
– d'augmentations individuelles : 3 % pour C, 1 % pour D ;
– d'augmentations individuelles de la prime de poste : 1 % pour A, 2 % pour B et 3 % pour C.

À leur retour de congé maternité, les salariées X et Y bénéficient de l'augmentation collective et de la moyenne des augmentations individuelles, soit : 3 + [(3 + 1) / 5] = 3,8 %.

La salariée X bénéficie en outre de l'augmentation de la prime de poste, soit : (1 + 2 + 3) / 3 = 2 %.

b. Rupture du contrat de travail

PROTECTION CONTRE LA RUPTURE

Sauf faute grave ou impossibilité de maintenir le contrat de travail au sens indiqué nºs 51300 s., il est interdit à l'employeur de résilier le contrat de travail d'un salarié pendant les 10 semaines suivant : **51460** C. trav. art. L 1225-4 L 1225-4-1 L 1225-4-2 **N-V-71400 s**
– son retour dans l'entreprise à l'issue d'un congé de maternité ;
– ou, pour le père biologique, la naissance de son enfant.

Sur la possibilité pour les parties de conclure une **rupture conventionnelle** homologuée, voir nº 69110, c.

Le non-respect par l'employeur de ces dispositions l'expose aux sanctions visées nºs 51315 s.

> Précisions a. En cas de **pathologie** de la mère liée à la grossesse, le délai de 10 semaines court dès la fin des 4 semaines au maximum de prolongation du congé de maternité accordées en raison de cette pathologie (nº 51370), même si cette dernière a persisté plus longtemps (CA Paris 6-5-2004 nº 02-37991 : RJS 12/04 nº 1274).
b. Si la salariée prend des **congés payés** immédiatement après son congé de maternité, la période de protection de 10 semaines est suspendue, et son point de départ est reporté à la date de reprise effective du travail (Cass. soc. 30-4-2014 nº 13-12.321 FS-PB : RJS 7/14 nº 557). En revanche, la période de protection n'est pas suspendue en cas d'arrêt de travail pour **maladie** non lié à la grossesse ou à l'accouchement accolé au congé de maternité (Cass. soc. 8-7-2015 nº 14-15.979 FS-PBR : RJS 10/15 nº 637) ou de **dispense d'activité** avec maintien de salaire consécutive au congé de maternité (Cass. soc. 14-9-2016 nº 15-15.943 FS-PB : RJS 11/16 nº 685).
c. La même protection contre la rupture du contrat de travail est accordée au salarié pendant les 13 semaines suivant le **décès** de son **enfant âgé de moins de 25 ans** ou de la personne âgée de moins de 25 ans dont il a la charge effective et permanente.
d. La protection accordée au père après la naissance de son enfant n'empêche pas l'employeur de **préparer la rupture** pendant cette période, par exemple en convoquant le salarié à un entretien préalable (Cass. soc. 30-9-2020 nº 19-12.036 FS-PB : RJS 12/20 nº 580).

RUPTURE DU FAIT DU SALARIÉ

Le salarié peut, sous réserve d'en informer son employeur au moins 15 jours à l'avance par lettre remise contre récépissé ou transmise en recommandé avec demande d'avis de réception, rompre son contrat de travail à l'issue du congé de maternité ou d'adoption ou, le cas échéant, 2 mois après la naissance ou l'arrivée au foyer de l'enfant, sans être tenu de respecter le délai de préavis, ni devoir de ce fait d'indemnités de rupture. S'il ne respecte pas ce délai, l'intéressé perd le droit de ne pas effectuer le préavis (Cass. soc. 9-7-1980 nº 79-40.364). **51465** C. trav. art. L 1225-66 L 1225-67 L 1225-68 R 1225-18 R 1225-19 **N-V-72100 s**

Dans l'année suivant la rupture de son contrat, il peut solliciter, dans les mêmes formes, sa **réembauche.** L'employeur est alors tenu, pendant un an à compter de cette demande, de l'embaucher par **priorité** dans les emplois auxquels sa qualification lui permet de prétendre et de lui accorder, en cas de réemploi, le bénéfice des avantages qu'il avait acquis au moment de son départ. L'employeur adresse ses propositions d'embauche au salarié par lettre recommandée avec demande d'avis de réception. Le refus du salarié est adressé à l'employeur dans la même forme. Le salarié réembauché bénéficie d'un droit à formation professionnelle, notamment en cas de changement de techniques ou méthodes de travail.

B. Assurance maternité

51500 L'assurance maternité du régime général de sécurité sociale :
– prend en charge les frais médicaux et d'hospitalisation entraînés par la grossesse, l'accouchement et ses suites ;
– compense le manque à gagner résultant, pour l'assuré, de ses absences au titre des congés de maternité, d'adoption et de paternité en lui versant des prestations en espèces.
S'agissant du droit aux prestations des travailleurs **non salariés,** voir nos 81020 s. S'agissant du régime applicable aux professions **agricoles,** voir notre Mémento Agriculture.

1. FORMALITÉS

51505 La **grossesse** doit être **déclarée** à la caisse primaire d'assurance maladie ainsi qu'à la caisse d'allocations familiales dans les 14 premières semaines.

CSS art. R 331-4 D 532-1 Arrêté AFSP1614709A du 7-7-2016 **D-II-5700 s**

Cette déclaration est **attestée** par le document médical remis à la femme enceinte à l'issue du premier examen prénatal (no 51245). Les praticiens peuvent faire cette déclaration directement aux organismes concernés au moyen d'une téléprocédure. La déclaration « papier » continue toutefois d'être utilisée si la femme enceinte ou le praticien ne souhaite pas utiliser le service dématérialisé, si le premier examen est effectué dans un hôpital ou un centre de santé, ou à défaut de présentation de la carte Vitale (Circ. Caf 2015-19 du 2-9-2015).

Lors du premier examen, la femme enceinte reçoit aussi un **carnet de santé-maternité** à présenter lors de chaque examen médical, sur lequel le médecin ou la sage-femme consigne ses constatations et indications.

2. PRISE EN CHARGE DES FRAIS DE SANTÉ

CONDITIONS

51510 La salariée enceinte bénéficie de la prise en charge de ses frais de santé par l'assurance maternité dès lors qu'elle remplit les conditions d'**activité** professionnelle ou de **résidence** visées no 50120.

CSS art. L 160-1 L 331-1 CSP art. L 2122-2 **D-II-4200 s**

Peuvent également bénéficier de cette prise en charge ses **ayants droit** au sens visé nos 50130 s., ainsi que les membres de sa famille au sens de l'article L 161-1 du CSS (conjoint, concubin, partenaire de Pacs, enfants mineurs à charge…).

Sur la question de savoir si le droit aux prestations est subordonné à une condition de **territorialité,** voir no 50290.

SOINS PRIS EN CHARGE

51515 Sont pris en charge les **frais** :
– médicaux, pharmaceutiques, d'analyses et d'examens de laboratoires, d'appareils et d'hospitalisation relatifs ou non à la grossesse, à l'accouchement et à ses suites intervenant au cours d'une période qui débute 4 mois avant la date présumée de l'accouchement et se termine 12 jours après l'accouchement ;

CSS art. L 160-9 L 331-1 D 160-3 CSP art. L 2122-1 L 2122-3 L 2132-2 **D-II-4600 s**

– des examens médicaux prénataux (no 51245) et postnataux, obligatoires ;
– des soins spécifiques suivants, quelle que soit la date à laquelle ils sont prescrits : caryotype fœtal et amniocentèse, test de dépistage du VIH, dosage de la glycémie, séances de préparation à l'accouchement, interruption non volontaire de grossesse, interruption volontaire de grossesse pour un motif thérapeutique, séances de rééducation abdominale et périnéo-sphinctérienne (Arrêté SANS0424122A du 23-12-2004) ;
– de transport et d'hébergement des femmes enceintes éloignées géographiquement d'une unité de gynécologie obstétrique, à une date et dans des conditions fixées par décret à paraître ;

– de l'examen médical du père et, le cas échéant, des analyses et examens complémentaires appropriés, lorsque l'examen de la mère ou les antécédents familiaux le justifient ;
– des examens obligatoires de l'enfant réalisés au cours de ses 12 premiers jours.

MODALITÉS

L'assurée bénéficie du **tiers payant** (nº 50210) et ne supporte aucune **participation** aux frais, ni participation forfaitaire, ni ticket modérateur visés nºs 50225 s., ni forfait journalier hospitalier. **51517** CSS art. L 160-9 **D-II-4400 s**

En revanche restent à sa charge, le cas échéant, les **suppléments de dépenses** engagées en cas d'hospitalisation en régime particulier (nº 50265) et les éventuels dépassements de tarifs appliqués par le praticien.

3. INDEMNITÉS JOURNALIÈRES

À certaines conditions, les salariés relevant du régime général bénéficient, pendant un congé de maternité, d'adoption ou de paternité et d'accueil de l'enfant, d'indemnités journalières de repos servies par la sécurité sociale, compensant en partie leur perte de salaire. Sur le droit du salarié à un **complément de salaire** de la part de l'employeur, voir nº 51380. **51520**

CONDITIONS D'ATTRIBUTION

Affiliation et activité professionnelle préalable Le droit aux indemnités journalières de repos pendant le congé est ouvert à l'assuré social (mais pas à ses ayants droit) justifiant d'au moins 10 mois d'**affiliation** à la sécurité sociale et des **conditions d'activité** minimale requises pour l'assurance maladie (voir nºs 50310 s.). **51525** CSS art. L 313-1 R 313-1 R 313-3 **D-II-400 s** **1900 s et 2850**

Ces conditions sont **appréciées** aux dates suivantes :
– pour la **femme enceinte,** la condition d'affiliation s'apprécie à la date présumée de l'accouchement, tandis que les conditions d'activité sont appréciées soit à la date présumée de la conception, soit à la date du début du repos prénatal (ou à la date de l'accouchement survenant avant le début du repos prénatal). Si le droit aux prestations d'une femme enceinte est ouvert au début de sa grossesse, il n'y a pas à le réexaminer au début de son repos prénatal (Circ. DGR 1899/86 du 11-3-1986). Ainsi, les indemnités journalières devront être servies à l'assurée se trouvant en période de maintien de droits à la date de début de la grossesse, même si cette période a expiré à la date du début du repos prénatal (Cass. soc. 11-4-1996 nº 93-17.067 P : RJS 5/96 nº 600) ;
– pour les parents adoptifs, à la date du début du congé d'**adoption.** En cas d'adoption par un couple, si les 2 parents adoptifs (quel que soit leur sexe) ont la qualité d'assuré social et remplissent cette condition, l'un et l'autre peuvent bénéficier des indemnités journalières, successivement ou concomitamment (Circ. Cnamts 119/2002 du 19-8-2002) ;
– en cas de **congé de paternité et d'accueil de l'enfant,** à la date du début de ce congé (nº 51400).

Interruption d'activité L'assuré doit cesser tout **travail salarié** pendant la période d'indemnisation. **51530** CSS art. L 331-3 L 331-7 L 331-8 **D-II-600 s**

La **femme enceinte** doit en outre cesser son activité salariée pendant au moins 8 semaines (nº 51250). Si elle ne respecte pas cette durée minimale d'interruption, elle perd le droit aux indemnités journalières et la caisse d'assurance maladie peut lui réclamer le remboursement de l'intégralité de celles versées depuis le début du congé (Cass. 2ᵉ civ. 17-1-2008 nº 06-14.082 F-D : RJS 4/08 nº 476).

Le bénéficiaire d'un congé de **paternité** et d'accueil de l'enfant doit, pour les naissances prévues ou intervenues à compter du 1-7-2021, cesser toute activité salariée pendant au moins la première période de 4 jours visée nº 51404.

ILLUSTRATIONS

Ne peut pas prétendre aux indemnités journalières l'assurée travaillant à **temps partiel pour 2 employeurs** et qui a poursuivi son activité pendant son congé au service de l'un d'eux (Cass. 2ᵉ civ. 17-1-2007 nº 06-10.372 F-D : RJS 5/07 nº 662) ou l'assurée ayant repris une formation **un jour avant l'expiration** du congé minimum (Cass. 2ᵉ civ. 17-1-2008 nº 06-14.082 F-D : RJS 4/08 nº 476).

En revanche, la femme, médecin, qui cesse son activité salariée peut prétendre aux indemnités journalières de repos même si elle poursuit son **activité libérale** (Cass. ass. plén. 20-3-1992 nº 88-17.028 P : RJS 5/92 nº 675). Il en est de même pour l'assurée cumulant ses fonctions salariées avec un **mandat social** et qui poursuit ce dernier pendant son congé (Cass. soc. 29-1-1998 nº 96-16.824 D : RJS 3/98 nº 370).

MONTANT

51535 CSS art. R 331-5 D-II-3200 s

L'indemnité journalière de repos est égale au **gain journalier de base** du salarié. Déterminé comme en matière d'assurance maladie (n° 50350), d'après la déclaration de l'employeur (n° 50330), ce gain journalier de base s'élève, pour les salariés mensualisés, à 1/91,25e du montant des salaires des 3 mois civils précédant l'arrêt de travail. Pour ce calcul, les salaires sont pris en compte dans la limite du plafond mensuel de la sécurité sociale en vigueur le dernier jour du mois civil précédant l'arrêt de travail (n° 90005) et abattus de 21 % (Arrêté BUDS1304319A du 28-3-2013), taux représentatif de la part salariale des cotisations et contributions d'origine légale ou conventionnelle rendues obligatoires par la loi. Un simulateur est disponible sur ameli.fr.

En tout état de cause, le montant de l'indemnité journalière ne peut pas être **inférieur** à 1/365e du montant minimal annuel de la pension d'invalidité visée n° 44665, soit 9,66 € depuis le 1-1-2021 (Arrêté 22-12-1955 : JO 13-1-1956), ni être **supérieur** à 89,03 € pour les arrêts de travail ayant débuté depuis le 1-2-2020.

L'indemnité n'est ni réduite en cas d'hospitalisation ni majorée suivant le nombre d'enfants à charge.

Les modalités de **récupération** de l'indemnité journalière de repos **par l'employeur** ayant maintenu le salaire pendant le congé de maternité ainsi que les règles de **cumul** sont les mêmes qu'en matière d'assurance maladie (voir respectivement nos 49810 et 50385).

S'agissant du **régime fiscal et social** des indemnités, voir n° 90040. Sur le régime des indemnités complémentaires versées en cas de maintien du salaire, voir n° 49815.

EXEMPLE

Une salariée mensualisée, dont les salaires de février, mars et avril 2021 se sont élevés chacun à 1 800 € brut (montant inférieur au plafond mensuel de la sécurité sociale en 2021), bénéficie d'un congé maternité débutant en mai 2021. La base de calcul de ses indemnités journalières est égale à : (3 × 1 800 €) – 21 % = 4 266 €. L'indemnité journalière à laquelle peut prétendre l'intéressée correspond à : 4 266/91,25 = 46,75 €.

DURÉE D'ATTRIBUTION

51540 CSS art. L 331-3 L 331-7 L 331-8 D-II-700 s

Les indemnités journalières de repos sont versées pendant la durée des **congés légaux** prévue par le Code du travail pour la maternité, l'adoption et la paternité et l'accueil de l'enfant (nos 51360 s.).

> **Précisions** **a.** En cas de **décès de l'enfant** à la naissance ou d'interruption de grossesse alors que la gestation est de 22 semaines d'aménorrhée ou que l'enfant pèse au moins 500 grammes (Circ. DRM 99 du 10-8-2004), les indemnités journalières sont versées à la mère, qui bénéficie de son congé maternité dans sa totalité.
> **b.** Pendant le **congé de paternité et d'accueil de l'enfant,** les indemnités journalières de repos sont versées à l'intéressé à condition qu'il prenne ce congé dans le délai imparti ou justifie se trouver dans un cas de report légalement prévu n° 51550 (Cass. 2e civ. 10-11-2009 n° 08-19.510 FS-PB : RJS 1/10 n° 87).

51545 CSS art. L 331-8, al. 3 L 331-5, al. 3 R 331-6, al. 4 D 331-3, al. 2 D 331-6 D-II-1080 s

Allongement L'indemnité journalière de repos peut être servie à la **femme enceinte** pendant une période supplémentaire n'excédant pas 2 semaines, sur prescription médicale, en cas d'**état pathologique** résultant de la grossesse. Ce repos peut être prescrit à partir de la déclaration de grossesse. Il n'est pas pris en compte pour le calcul du repos prénatal et ne peut pas être reporté sur la période postnatale.

En cas d'**accouchement prématuré,** les indemnités journalières sont servies pendant la durée du congé augmenté dans les conditions visées n° 51370. Cette période supplémentaire doit être prise tout de suite après l'accouchement et ne peut pas faire l'objet d'un report (Circ. DSS 166 du 12-4-2006).

En cas de **congé de paternité supplémentaire** pour hospitalisation de l'enfant (n° 51400, c), le salarié a droit au versement des indemnités journalières selon les modalités de calcul visées n° 51535.

51550 CSS art. L 331-5 D 331-3 D-II-1230 s

Report Lorsque **l'enfant** est resté **hospitalisé** jusqu'à l'expiration de la sixième semaine suivant l'accouchement, l'assurée peut demander le report, à la date de la fin de cette hospitalisation, de tout ou partie de la période d'indemnisation à laquelle elle peut encore prétendre.

Le bénéficiaire du **congé de paternité** et d'accueil de l'enfant peut, dans cette hypothèse ou s'il bénéficie d'indemnités journalières à la suite du décès de la mère, demander le report de son congé et du versement des indemnités journalières à la fin de l'hospitalisation de l'enfant ou à l'issue de la durée d'indemnisation visée n° 51555. Ce congé doit alors être pris dans les 4 mois suivant ces dates.

Transfert des prestations En cas de **décès de la mère** au cours de la période d'indemnisation comprise entre la naissance de l'enfant et la fin du congé maternité, le père bénéficie des indemnités journalières de repos pour le reste de la durée d'indemnisation dont aurait bénéficié la mère, à la seule condition de cesser toute activité salariée pendant cette période (n° 51530). Il n'a pas à justifier de conditions d'affiliation et d'activité minimales. **51555** CSS art. L 331-6 **D-II-2480 s**

Lorsque le père ne demande pas à en bénéficier, ce droit à indemnisation est accordé, le cas échéant, au conjoint de la mère ou à la personne liée à elle par un Pacs ou vivant maritalement avec elle.

Pour être indemnisé, l'intéressé adresse un **formulaire de demande,** accompagné le cas échéant de pièces justificatives, à son organisme de sécurité sociale (CSS art. D 331-5). Le versement des indemnités peut faire l'objet d'un **report** dans les conditions visées n° 51550.

VERSEMENT EN DEHORS DU CONGÉ LÉGAL DE MATERNITÉ

État pathologique En cas de **grossesse pathologique** ou de **suites de couches pathologiques** intervenant en dehors de la période du congé de maternité, l'assurée est prise en charge au titre de l'assurance maladie, à compter de la constatation de l'état maladif, sous réserve de remplir les conditions d'ouverture de droit à ces prestations. Le délai de carence visé n° 50365 s'applique si l'état maladif est constaté avant le repos prénatal, mais pas s'il l'est après le repos postnatal alors que l'intéressée n'a pas repris le travail. **51560** CSS art. R 331-2 R 331-6 **D-II-1050 s**

Par exception, si la situation pathologique est liée à **l'exposition au diéthylstilbestrol** (DES) in utero pendant la période s'étendant de 1948 à 1981, la mère qui remplit les conditions minimales d'ouverture du droit au congé légal de maternité perçoit dès son premier jour d'arrêt de travail une indemnité journalière de repos calculée, liquidée et servie selon les règles prévues pour le congé légal de maternité. Le versement de cette prestation prend fin au plus tard la veille du jour où débute le congé prénatal (Loi 2004-1370 du 20-12-2004 : JO 21 ; Décret 2006-773 du 30-6-2006 : JO 2-7).

Incompatibilité du poste avec l'état de grossesse La salariée enceinte ou ayant accouché dont le contrat de travail est suspendu en raison de conditions de travail incompatibles avec son état (voir n° 51260) bénéficie, en dehors de la période ouvrant droit au congé de maternité (et au maximum dans le mois suivant la fin du congé postnatal), d'une **allocation journalière de maternité spécifique** attribuée et calculée selon les mêmes règles que l'indemnité journalière d'assurance maladie (voir nos 50300 s.). Toutefois, le délai de carence ne s'applique pas à cette allocation. Par ailleurs, si l'interruption du travail dure au-delà de 6 mois, les conditions d'ouverture de droits visées nos 50310 s. n'ont pas à être réexaminées. **51565** CSS art. L 333-1 Circ. Cnamts 2004/14 du 11-3-2004 **D-II-1400 s**

NÉGOCIATION COLLECTIVE

SOMMAIRE

DÉFINITIONS

La négociation collective s'entend de la discussion entre employeurs et représentants des salariés sur les conditions d'**emploi,** de **formation professionnelle** et de **travail** des salariés et de leurs **garanties sociales.** Lorsqu'elle aboutit, les parties concluent une **convention collective,** qui a vocation à traiter de l'ensemble de ces conditions et garanties, ou un **accord collectif,** qui n'en traite qu'une partie. Ces conventions et accords doivent respecter les dispositions d'ordre public des **lois et règlements** en vigueur (voir nº 51937). **51800** C. trav. art. L 2221-1 L 2221-2

ATTENTION

Certains accords soumis à des **règles particulières** dérogeant en tout ou partie au droit commun ne sont pas étudiés ici : notamment, accord préélectoral, accord de participation, d'intéressement ou relatif aux plans d'épargne salariale, accord conclu dans le cadre des licenciements économiques avec plan de sauvegarde de l'emploi (PSE) et accord sur le fonctionnement de la section syndicale ou le conseil d'entreprise.

CADRE DE LA NÉGOCIATION

51810 Les conventions et accords collectifs peuvent être négociés et conclus à différents niveaux : entreprise ou groupe d'entreprises, établissement ou groupe d'établissements, unité économique et sociale (UES), niveaux interentreprises, branche, interbranches, niveaux professionnel ou interprofessionnel.

C. trav. art. L 2232-11 L 2232-16 L 2232-33 **KA-II-200 s KA-II-6850 s**

Les dispositions du Code du travail sur la négociation d'entreprise s'appliquent, sauf disposition contraire, à la **négociation de groupe** et à la négociation **d'établissement.**

> **Précisions** **a.** Les entreprises peuvent se regrouper **au plan local,** départemental ou régional pour signer des accords instituant des commissions paritaires professionnelles ou interprofessionnelles dans le but, notamment, de négocier et de conclure des accords d'intérêt local (C. trav. art. L 2234-1 à L 2234-3).
b. Les règles spécifiques aux conventions de **branche** et aux accords interbranches, professionnels et interprofessionnels sont examinées dans notre Documentation sociale, KA-II-7200 s.

I. NÉGOCIATION D'ENTREPRISE, DE GROUPE OU INTERENTREPRISES

51860 La réglementation des conventions et accords collectifs est applicable aux employeurs de droit privé et à leurs salariés. Ce **champ professionnel** englobe notamment l'industrie, le commerce, l'agriculture, les professions libérales, les syndicats professionnels, les employés de maison, les concierges et les employés d'immeubles d'habitation.

C. trav. art. L 2211-1 L 2233-1 **KA-I-600 s**

> **Précisions** Cette réglementation s'applique aussi aux **établissements publics** à caractère industriel et commercial, aux établissements publics à caractère administratif employant du personnel dans les conditions du droit privé, ainsi qu'aux **entreprises adaptées** ou centres de distribution du travail à domicile.

A. Négociation et conclusion

1. ACCORD D'ENTREPRISE OU D'ÉTABLISSEMENT

a. Entreprises ayant au moins un délégué syndical

PARTENAIRES À LA NÉGOCIATION

51870 Dans les entreprises pourvues d'au moins un délégué syndical (DS), sont seuls habilités à négocier et conclure des conventions ou accords collectifs avec l'**employeur** les **syndicats de salariés représentatifs** au sens indiqué n°s 73130 s. dans le champ d'application de la convention ou de l'accord et représentés par le ou les DS.

C. trav. art. L 2231-1 L 2232-16 **KA-II-600 s**

Sur la compétence du **conseil d'entreprise** en matière de négociation, voir n° 9750.

> **Précisions** **a.** Toute négociation collective est soumise à une exigence générale de **loyauté.** La nullité d'un accord collectif est donc encourue si tous les syndicats représentatifs n'ont pas été convoqués à sa négociation, ou si l'existence de **négociations séparées** est établie, ou encore s'ils n'ont pas été mis à même de discuter les termes du projet soumis à la signature en demandant, le cas échéant, la poursuite des négociations jusqu'à la procédure prévue pour celle-ci (Cass. soc. 12-10-2006 n° 05-15.069 FS-PBRI : RJS 12/06 n° 1298 ; 10-10-2007 n° 06-42.721 F-PB : RJS 12/07 n° 1315 ; 8-3-2017 n° 15-18.080 FS-PB : RJS 5/17 n° 355). L'employeur commet, dans ce cas, un délit d'entrave (Cass. crim. 28-10-2008 n° 07-82.799 F-D : RJS 3/09 n° 264). En revanche, l'organisation d'**échanges bilatéraux** entre employeur et syndicats pendant une suspension de séance n'est pas déloyale si tous les syndicats sont invités à y participer et si un projet d'accord leur est soumis après reprise de la séance (Cass. soc. 8-3-2017 n° 15-18.080 FS-PB : RJS 5/17 n° 355).
b. Si une entreprise engage une négociation dans l'un de ses **établissements,** tous les syndicats représentatifs dans l'établissement (et, le cas échéant, dans l'entreprise) doivent être invités, y compris ceux sans DS dans l'établissement (Cass. soc. 8-7-2009 n° 08-41.507 FS-PB : RJS 10/09 n° 817).
c. Un **syndicat représentatif catégoriel** peut conclure une convention ou un accord collectif pour la catégorie de salariés qu'il représente (C. trav. art. L 2232-13). Il peut aussi, avec des syndicats représentatifs intercatégoriels et sans avoir à établir sa représentativité au sein de toutes les catégories de personnel, négocier et signer un accord d'entreprise intéressant tout le personnel. Son **audience électorale,** qui doit être mesurée dans tous les collèges où ses statuts l'habilitent à présenter des candidats (n° 73185), est alors rapportée à l'ensemble des collèges

électoraux (Cass. soc. 31-5-2011 n° 10-14.391 FS-PB : RJS 8-9/11 n° 716) et ajoutée à celle des autres syndicats signataires pour apprécier le caractère majoritaire de l'accord. Mais il ne peut pas le **signer seul,** quand bien même il atteindrait à lui seul le seuil de majorité requis (Cass. soc. 2-7-2014 n° 13-14.622 FS-PBR : RJS 10/14 n° 716). S'agissant de la signature par un tel syndicat d'un accord majoritaire sur le **PSE,** voir n° 48154, a.

d. Les accords collectifs négociés et conclus, au sein d'une **unité économique et sociale,** par les organisations syndicales représentatives ayant procédé à la désignation d'un délégué syndical à ce niveau, sont soumis au régime des conventions et accords d'entreprise (Circ. DRT 9 du 22-9-2004, fiche 5 n° 1, réputée abrogée mais conservant à notre sens une valeur indicative.) et non au régime des accords de groupe exposé n°s 51928 s.

DÉLÉGATION SYNDICALE

La délégation de chaque syndicat représentatif partie à la négociation comprend son **DS** ou, s'il en a plusieurs, 2 DS, sauf accord entre l'employeur et l'ensemble des syndicats parties à la négociation fixant un nombre supérieur (Cass. soc. 5-1-2011 n° 09-69.732 FS-PB : RJS 3/11 n° 259). Chaque syndicat peut compléter sa délégation par d'**autres salariés** de l'entreprise. Leur nombre est fixé par accord entre l'employeur et l'ensemble des syndicats parties à la négociation ; à défaut, il est au plus égal, par délégation, à celui des DS de la délégation. Toutefois, dans les entreprises n'ayant qu'un seul DS, il peut être porté à 2. **51875** C. trav. art. L 2232-17 **KA-II-1120 s** **KA-II-1850 s**

› Précisions **a.** Les **salariés membres de la délégation** ne bénéficient pas, en cette qualité, de la **protection** spéciale des représentants du personnel (Circ. 25-10-1983, réputée abrogée ; CA Versailles 12-5-2005 n° 04-3930).
Le **DS central** peut être désigné dans la délégation comme DS (Circ. 25-10-1983, réputée abrogée), notamment en l'absence de DS du même syndicat dans l'établissement où se déroule la négociation (n° 51870, b).
b. Sauf accord ou usage plus favorable, les délégations ne peuvent pas comprendre de **personnes extérieures à l'entreprise** (Cass. soc. 19-10-1994 n° 91-20.292 PBBS : RJS 12/94 n° 1413), mais celles-ci peuvent assister la délégation dans la préparation de la négociation (n° 73350, b).
c. Si une entreprise emploie dans ses locaux ou un chantier qu'elle dirige des travailleurs appartenant à des **entreprises extérieures** (salariés détachés ou travailleurs temporaires), les **DS** des syndicats représentatifs dans ces entreprises sont, à leur demande, entendus lors des négociations (C. trav. art. L 2232-19). L'employeur n'a donc pas à prendre l'initiative de les inviter et leur rôle est consultatif.

CRÉDIT D'HEURES

Préparation de la négociation Pour la préparation de la négociation, **chaque section** syndicale dispose au profit de son ou de ses DS et des salariés appelés à négocier d'un crédit annuel de 12 heures dans les entreprises d'au moins 500 salariés et de 18 heures dans celles d'au moins 1 000 salariés. Il s'agit d'une **enveloppe globale** que chaque section répartit librement entre les intéressés, à charge pour eux d'en informer l'employeur (Cass. soc. 2-6-2004 n° 01-44.474 FS-PB : RJS 11/04 n° 1165). **51880** C. trav. art. L 2143-16 **KA-II-2020 s** **L-V-22050 s**

› Précisions Ce crédit d'heures ne peut pas être dépassé, quel que soit le nombre d'accords conclus au cours de la même année (Cass. soc. 2-6-2004 n° 01-44.474 FS-PB : RJS 11/04 n° 1165), mais s'ajoute à celui dont disposent les DS pour l'exercice de leurs missions (n° 73570). Ces heures sont payées comme **temps de travail,** à échéance normale (n° 62600). En cas de **contestation** par l'employeur, les règles exposées n° 62615 s'appliquent.

Temps de négociation Le temps passé à la négociation est **payé** comme temps de travail à échéance normale, même, selon l'administration, si la négociation a lieu en dehors du temps de travail (Circ. DRT 15 du 25-10-1983, réputée abrogée). **51885** C. trav. art. L 2232-18 **KA-II-1950 s**

› Précisions Le temps passé à la négociation est indemnisé comme suit (Circ. DRT 15 du 25-10-1983, réputée abrogée) :
– sont considérées comme **heures supplémentaires** les heures passées à la négociation au-delà de la durée légale ou de la durée équivalente ;
– il ne s'impute pas sur le **crédit d'heures** dont disposent les membres de la délégation (DS et salariés titulaires d'un autre mandat) **pour l'exercice de leur mission.**
Les frais de **déplacement** doivent être pris en charge par l'employeur. En outre, si les conditions de réunion imposent que le temps de trajet soit pris en tout ou partie sur le temps de travail, la durée de l'absence doit être assimilée à du temps passé à la négociation (Circ. DRT 15 du 25-10-1983, réputée abrogée).

DÉROULEMENT DE LA NÉGOCIATION

Un accord dit de méthode conclu entre employeur et syndicats représentatifs dans l'entreprise fixe l'**objet** et la **périodicité** des négociations, leur **calendrier,** les **informations** nécessaires à **51890**

C. trav. art. L 2222-3 L 2222-3-1 L 2222-3-2 L 2232-20 **KA-II-1500 s**

remettre préalablement aux DS, ainsi que les modalités de prise en compte des demandes des syndicats représentatifs relatives aux thèmes de négociation.

Il peut aussi définir la **méthode** permettant à la négociation de s'accomplir dans des conditions de loyauté et de confiance mutuelle entre les parties et préciser :

– la nature des **informations partagées** entre les négociateurs, notamment en s'appuyant sur la BDES (nº 9217) ;

– les principales **étapes du déroulement** des négociations.

Enfin, il peut prévoir des **moyens** supplémentaires ou spécifiques (notamment volume de crédits d'heures, nombre de salariés membres des délégations ou recours à l'expertise).

› Précisions **a.** Sauf clause expresse de l'accord de méthode, la **méconnaissance de ses stipulations** n'entraîne pas la nullité des accords conclus, dès lors qu'est respecté le principe de **loyauté** entre les parties. Mais une partie s'estimant lésée pourrait demander réparation.

b. Un accord de **branche** définissant la méthode applicable au niveau de l'entreprise s'impose à celles n'ayant pas conclu leur propre accord de méthode. Toutefois, dès qu'elles en concluent un, ses stipulations se substituent à celles de l'accord de branche. Sauf si celui-ci prévoit le contraire, la méconnaissance de ses stipulations n'entraîne pas la nullité des accords conclus dans l'entreprise, sous réserve du respect du principe de loyauté entre les parties. Sur les sanctions possibles, voir toutefois a. ci-dessus.

c. Sauf si l'accord le prévoit, l'employeur n'est pas tenu de fournir les informations préalables aux **DS des entreprises extérieures** visés nº 51875, c car ils ne sont pas parties à la négociation (Circ. DRT 15 du 25-10-1983, réputée abrogée).

d. Pour les **négociations obligatoires,** les modalités de la négociation peuvent être prévues dans un accord d'adaptation, voir nº 51995.

CONDITIONS DE VALIDITÉ DES ACCORDS

51900 C. trav. art. L 2232-12 C. civ. art. 1130 s. **KA-II-9750 s** **KA-II-10100 s**

Cas général Une convention ou un accord collectif n'est valable que s'il a été négocié selon les modalités étudiées nºs 51870 s. Il doit aussi être rédigé en français (nº 51934) et **signé** en dehors de tout vice du consentement par un ou plusieurs **syndicats représentatifs** ayant recueilli **plus de** 50 % des suffrages exprimés en faveur de syndicats représentatifs.

La **consultation du CSE** n'est pas nécessaire préalablement à la conclusion d'une convention ou d'un accord collectif (nº 9232).

Sur les conditions de validité d'un accord conclu par le **conseil d'entreprise,** voir nº 9750.

› Précisions **a.** La validité d'un accord collectif ne peut pas être soumise à d'**autres conditions de majorité** que celles, d'ordre public, prévues par la loi, par exemple à l'unanimité des syndicats représentatifs (Cass. soc. 4-2-2014 nº 12-35.333 FS-PB : RJS 4/14 nº 336).

Le **scrutin pris en compte** pour mesurer le seuil de majorité de la signature syndicale est le 1er tour des dernières élections des titulaires au CSE, quel que soit le nombre de votants. Peu importe l'absence de quorum. Tout bulletin recueilli par une liste est un vote exprimé en faveur du syndicat qui l'a présentée, même si le **nom** de certains candidats a été **rayé** (Cass. soc. 6-1-2011 nº 10-17.653 FS-PBRI : RJS 3/11 nº 247).

Même si les syndicats ne le demandent pas, leurs **suffrages** doivent être additionnés (solution retenue à propos de l'ancien droit d'opposition, transposable selon nous à la signature de l'accord : Cass. soc. 13-10-2010 nº 09-13.109 FS-PB : RJS 12/10 nº 946).

Sur la prise en compte des suffrages exprimés en faveur d'un **syndicat catégoriel** lorsqu'il signe un accord intéressant l'ensemble du personnel, voir nº 51870, c.

Sur le calcul des suffrages dans les entreprises à **établissements multiples** en cas de carence totale de résultats dans un établissement ou d'élections échelonnées dans le temps, voir nº 73150. Sur le score d'un syndicat n'ayant **pas** présenté **de candidat** dans chacun des collèges électoraux, voir nº 73140, c.

b. La **signature du DS** engage le syndicat sans qu'il ait à produire une délibération spéciale, un pouvoir ou un mandat (Cass. soc. 19-2-1992 nº 90-10.896 P : RJS 4/92 nº 472).

c. Sur le **contentieux de la validité** des conventions et accords collectifs de travail, voir nº 52310 et 52305 s'agissant des tribunaux compétents.

51905 C. trav. art. L 2232-12 D 2232-2 à R 2232-5 D 2232-6, I D 2232-7 **KA-II-10220 s**

Si la convention ou l'accord collectif a été signé par des syndicats représentatifs qui, **sans dépasser 50 %,** ont recueilli **plus de** 30 % des suffrages exprimés en faveur de syndicats représentatifs dans les conditions visées nº 51900, a, il doit être **approuvé par les salariés** à la majorité des suffrages exprimés. À défaut, il est réputé non écrit.

› Précisions **a.** Le référendum doit être **demandé** par un ou plusieurs **syndicats** signataires ayant recueilli seuls ou ensemble plus de 30 % des suffrages, dans le délai d'**un mois** à compter de la signature de l'accord. La demande, écrite, doit être notifiée à l'employeur et aux autres syndicats représentatifs. Cette **notification** n'est pas une condition de régularité de la demande de référendum mais fait seulement courir les délais visés au b. ci-dessous. Elle peut émaner de l'employeur (Cass. soc. 9-10-2019 nº 19-10.816 FS-PB : RJS 12/19 nº 713).

Au terme de ce délai, si aucun des syndicats signataires n'en a pris l'initiative, l'**employeur** peut lui-même demander le référendum, en l'absence d'**opposition** de l'ensemble de ces syndicats.

b. Si, **8 jours après** la demande de référendum, les signatures d'autres syndicats représentatifs n'ont pas permis d'atteindre plus de 50 % des suffrages susvisés et si les conditions requises sont toujours remplies, l'employeur organise le référendum dans un **délai** de 2 mois. **Au moins 15 jours avant** le référendum, les salariés sont informés de la date et de l'heure de celle-ci, du contenu de l'accord et du texte de la question soumise à leur vote.

c. Le référendum **se déroule** dans le respect des principes généraux du **droit électoral** et selon les modalités prévues par un **protocole** spécifique conclu entre l'employeur et un ou plusieurs syndicats représentatifs ayant recueilli plus de 30 % des suffrages susvisés, qu'ils soient signataires ou non de l'accord minoritaire. Ce protocole doit en effet prévoir les **modalités** d'information des salariés sur le texte de la convention ou de l'accord, le lieu, la date et l'heure du scrutin, les modalités d'organisation et de déroulement du vote, et le texte de la question soumise au vote des salariés.

En cas de **désaccord** sur ces modalités, les syndicats représentatifs dans l'entreprise ou l'établissement peuvent, dans les 8 jours de la notification des modalités établies par l'employeur, saisir le président du tribunal judiciaire qui statue selon la procédure accélérée au fond et en dernier ressort (COJ art. R 211-3-17). À défaut de saisine du tribunal judiciaire dans ce délai, les modalités arrêtées par l'employeur s'appliquent.

Le référendum, dont l'organisation matérielle incombe à l'employeur, **a lieu** pendant le temps de travail, au scrutin secret sous enveloppe ou par voie électronique.

d. La **liste des salariés** à consulter n'a pas à figurer dans le protocole spécifique (CE 1e-6e ch. 7-12-2017 n° 406760) mais doit, selon nous, être portée à la connaissance du personnel **au plus tard** 15 jours avant le référendum, même si l'administration a limité cette solution aux très petites entreprises sans DS et sans élu visées n° 51916, b.

Participent au référendum l'ensemble des salariés de l'établissement couvert par l'accord (et non pas les seuls salariés concernés par l'accord : Cass. soc. 9-10-2019 n° 19-10.816 FS-PB : RJS 12/19 n° 713 ; TI Puteaux ord. réf. 2-6-2017 n° 12-17-000127 : RJS 10/17 n° 692) et électeurs aux élections du CSE (n°s 8760 s.), cette qualité devant être appréciée, selon nous, au jour du référendum.

e. Les **contestations** doivent être portées devant le tribunal judiciaire, qui statue en dernier ressort. En application de l'article R 2314-24 du Code du travail, la requête doit être remise ou adressée dans un délai de :

– 3 jours suivant la diffusion dans l'entreprise de la **liste** des salariés devant être consultés si la contestation porte sur cette liste (et donc, sur l'appartenance des intéressés à l'entreprise et leur qualité d'électeur) ;

– 15 jours suivant le référendum si elle porte sur la **régularité** de celui-ci.

f. Le **résultat** du vote fait l'objet d'un procès-verbal publié dans l'entreprise par tout moyen et annexé à l'accord lors de son **dépôt**.

Accords catégoriels Une convention ou un accord collectif concernant une catégorie du personnel relevant d'un **collège électoral** obéit aux mêmes règles de validité que celles exposées n°s 51900 s. sous ces deux réserves : les **taux** de 30 % et de 50 % sont appréciés et le **référendum** organisé à l'échelle du collège électoral. **51910** C. trav. art. L 2232-13 **KA-II-9750 s** **KA-II-10500 s**

Sur le point de savoir si l'invalidation d'un accord catégoriel peut justifier une **inégalité de traitement,** voir n° 32135, c.

› Précisions **a.** Doivent ainsi être consultés l'ensemble des salariés de l'**établissement** couvert par l'accord qui remplissent les conditions pour être **électeurs** et relèvent du collège électoral concerné par l'accord (en ce sens : Cass. soc. 9-10-2019 n° 19-10.816 FS-PB : RJS 12/19 n° 713).

b. Ces règles s'appliquent à d'autres catégories professionnelles reconnues par le Code du travail et notamment aux conventions ou accords concernant exclusivement les **journalistes** professionnels et assimilés dans les entreprises ayant créé un collège électoral spécifique pour ces salariés (C. trav. art. L 7111-9).

c. Si une convention ou un accord collectif concerne une catégorie du personnel relevant d'un **collège électoral créé par voie conventionnelle,** la condition tenant au score électoral doit s'apprécier à l'échelle de l'ensemble des collèges (Cass. soc. 27-9-2017 n° 15-28.216 FS-PB : RJS 12/17 n° 816), la même solution s'appliquant, selon nous, au référendum visé n° 51905.

b. Entreprises sans délégué syndical

En l'absence de DS (ou de conseil d'entreprise) dans l'entreprise ou l'établissement, l'employeur peut, sous certaines conditions, soit négocier et conclure des accords collectifs d'entreprise ou d'établissement avec les **représentants des salariés** (membres élus, mandatés ou non, ou salariés mandatés), soit proposer directement aux **salariés** un projet d'accord collectif. **51915** C. trav. art. L 2232-21 à L 2232-29-2 **KA-II-2550 s** **KA-II-10910 s**

Des règles communes exposées ci-dessous s'appliquent aux différents types de négociation. Le choix du type de négociation est déterminé par l'**effectif** de l'entreprise, calculé selon les règles exposées n°s 62365 s. (entreprise ordinaire) et n° 82395 (entreprise de travail temporaire).

Sur la **consultation du CSE** avant la conclusion des conventions et accords, voir n° 9232. Sur les modalités de leur **révision** et de leur **dénonciation,** voir respectivement nos 52070 et 52105 s.

Dans les entreprises de moins de 50 salariés, l'employeur peut aussi appliquer un **accord type** proposé, le cas échéant, par la branche : voir n° 52170, c.

> Précisions a. La **négociation se déroule** dans le respect des règles suivantes : indépendance des négociateurs vis-à-vis de l'employeur, élaboration conjointe du projet d'accord par les négociateurs, concertation avec les salariés, faculté de prendre l'attache des syndicats représentatifs de la branche. Les informations à remettre aux élus ou aux salariés mandatés avant la négociation sont déterminées par accord entre ceux-ci et l'employeur.
b. Le **mandatement** des salariés est interdit dans les situations suivantes : mandat donné par un syndicat non représentatif au niveau de la branche ou, à défaut, au niveau national et interprofessionnel, ou donné à un salarié pouvant être assimilé à l'employeur (n° 8761, a) ou apparenté à lui (n° 8765).
c. Le **temps passé aux négociations** n'est pas imputable sur les heures de délégation des élus. Chaque élu appelé à participer à une négociation et chaque salarié mandaté non élu dispose du temps nécessaire dans la limite, sauf circonstances exceptionnelles, de 10 heures par mois. Ces heures sont de plein droit considérées comme temps de travail et payées à l'échéance normale. L'employeur qui entend en contester l'utilisation doit saisir le juge judiciaire.
d. Dans une **UES,** un accord peut être conclu avec le CSE commun mais pas avec le **comité de groupe** (Circ. DRT 9 du 22-9-2004, réputée abrogée).
e. Dans les entreprises à **établissements multiples,** l'accord est négocié et conclu, selon son périmètre d'application, soit avec le CSE central, soit avec le CSE d'établissement (Circ. DRT 9 du 22-9-2004, réputée abrogée). Selon nous, la conclusion d'un accord avec le CSE d'établissement dans un établissement **sans DS** est possible même si des DS sont présents dans d'autres établissements.

ENTREPRISES DE MOINS DE 11 SALARIÉS (OU DE 11 À 20 SANS ÉLU)

51916 Dans les entreprises de moins de 11 salariés, l'employeur peut **proposer** directement **aux salariés** un projet d'accord qui porte sur l'ensemble des **thèmes** ouverts à la négociation d'entreprise (sur ces thèmes, voir n° 51937).

C. trav. art. L 2231-9, L 2232-21, L 2232-22, L 2232-23, R 2232-10 à R 2232-13; COJ art. R 211-3-17; **KA-II-2710 s**; **KA-II-10922 s**

Cette faculté est aussi ouverte dans les entreprises de 11 à 20 salariés sans CSE, lesquelles peuvent négocier et conclure un accord aussi bien selon cette procédure qu'avec, semble-t-il, un **salarié mandaté** dans les conditions visées n° 51917 (en ce sens : CE 1-4-2019 n° 417652 : RJS 7/19 n° 448).

Avant d'organiser le référendum, l'employeur doit laisser s'écouler un **délai minimum de 15 jours** à compter de la communication à chaque salarié des modalités du référendum et du projet d'accord. Ce projet doit ensuite être **approuvé** à la majorité des 2/3 du personnel pour être considéré comme un accord valide ; à défaut, il est réputé non écrit.

> Précisions a. Dans les entreprises de 11 à 20 salariés, l'employeur peut négocier directement avec les salariés à condition que l'absence d'élu au CSE soit constatée dans un **procès-verbal de carence** de moins de 4 ans et qu'aucun salarié ou syndicat n'ait demandé l'organisation de nouvelles élections au moins 6 mois après l'établissement du procès-verbal (QR min. trav. du 15-7-2020 sur la négociation collective, n° 210 : travail-emploi.gouv.fr).
b. Le **délai** de 15 jours doit permettre aux salariés de prendre connaissance du projet d'accord et, s'ils le souhaitent, de se rapprocher des syndicats pour se forger une opinion avant le référendum. Sur l'obligation, pour l'employeur, d'informer le personnel sur les **adresses des syndicats,** voir n° 73130. Ce temps peut aussi être mis à profit par l'**employeur** pour défendre son projet auprès des salariés : organisation de réunions de présentation, réponses aux questions posées par les salariés, etc.
c. Les **modalités** du référendum, définies par l'employeur, doivent porter sur les points suivants : modalités de transmission aux salariés du projet d'accord ; lieu, date et heure du référendum ; organisation et déroulement de celui-ci ; texte de la question relative à l'approbation du projet d'accord.
L'employeur doit communiquer au personnel la **liste des salariés consultés** en même temps que le projet d'accord (QR min. trav. du 15-7-2020 sur la négociation collective, n° 20 : travail-emploi.gouv.fr).
L'**organisation matérielle** du référendum incombe à l'employeur. Il a lieu en son absence, par tout moyen, pendant le temps de travail. Son caractère personnel et secret doit être garanti.
Selon l'administration, les **salariés consultés** sur un projet d'accord d'entreprise sont l'ensemble des salariés couverts par l'accord (QR min. trav. du 15-7-2020 n° 20 : travail-emploi.gouv.fr). Une telle interprétation nous semble toutefois contestable. En effet, les textes visant « le personnel » sans autre précision, l'employeur doit selon nous consulter l'ensemble des salariés inscrits à l'effectif de l'entreprise à la date du référendum, y compris ceux des établissements non couverts par le projet d'accord et/ou ne remplissant pas les conditions pour être électeurs aux élections du CSE.

d. Le **résultat** est porté à la connaissance de l'employeur. Il fait l'objet d'un procès-verbal, annexé à l'accord approuvé lors de son **dépôt,** dont la publicité est assurée dans l'entreprise par tout moyen.

e. Les **contestations** relatives à la liste des salariés devant être consultés et à la régularité du référendum doivent être portées devant le tribunal judiciaire, qui statue en dernier ressort, dans les délais prévus nº 51905, f.

ENTREPRISES DE 11 À MOINS DE 50 SALARIÉS

Dans les entreprises de 11 à moins de 50 salariés, l'accord d'entreprise ou d'établissement peut être négocié et conclu, sans ordre de priorité : **51917**

C. trav. art. L 2231-9 L 2232-23-1 D 2232-2 à R 2232-5 D 2232-8 D 2232-9 COJ art. R 211-3-17 **KA-II-2730 s** **KA-II-11020 s**

– soit par un ou plusieurs **salariés** non élus mais **mandatés** par un ou plusieurs syndicats représentatifs dans la branche dont relève l'entreprise ou, à défaut, au niveau national et interprofessionnel. Dans ce cas, l'accord doit, pour être valide, être approuvé par les salariés à la majorité des suffrages exprimés, dans le respect des principes généraux du droit électoral ; à défaut, il est réputé non écrit ;

– soit par un ou plusieurs **élus titulaires** au CSE, mandatés ou non. Pour que l'accord soit valable, les élus signataires doivent représenter la majorité des suffrages exprimés en faveur des membres du CSE lors des dernières élections professionnelles.

Les **thèmes** de négociation sont l'ensemble de ceux ouverts à la négociation d'entreprise (voir nº 51937).

> Précisions **a.** Une entreprise de **11 à moins de 50 salariés** dotée d'un CSE a deux options : négocier directement avec les élus ou avec des salariés mandatés non élus, sans être tenue d'**avertir les syndicats** de son intention d'engager des négociations pour leur permettre, le cas échéant, de mandater des élus ou des salariés (ils ne pourront alors mandater qu'un seul salarié). Celle de **11 à 20 salariés** sans CSE peut, au choix, soit négocier avec un salarié mandaté, soit proposer au personnel un projet d'accord (voir nº 51916).

b. Les modalités du **référendum** nécessaire pour valider l'accord conclu avec un ou plusieurs salariés mandatés sont établies après avis du ou des salariés mandatés. Le référendum et son résultat ainsi que les contestations pouvant naître à cette occasion obéissent aux règles exposées nº 51918, b.

c. En cas d'accord conclu avec les **élus au CSE,** lorsqu'un **membre suppléant** siège en remplacement d'un titulaire empêché, on retranche de l'assiette de **calcul de la majorité** des suffrages exprimés ceux exprimés en faveur du titulaire remplacé et on ajoute ceux exprimés en faveur de ce suppléant (QR min. trav. du 15-7-2020 sur la négociation collective, nº 24).

Si l'accord est conclu avec des élus titulaires au **CSE central,** il faut tenir compte, pour chacun d'eux, d'un poids égal au rapport suivant : nombre de suffrages exprimés dans l'établissement en sa faveur / nombre total des suffrages exprimés dans chaque établissement en faveur des élus titulaires au CSE central.

d. Sur la **protection** du salarié mandaté, voir nº 63240. Sur le **temps** dont disposent ces salariés ainsi que les élus, voir nº 51915, c.

ENTREPRISES D'AU MOINS 50 SALARIÉS

Négociation avec des élus mandatés par un syndicat Dans les entreprises d'au moins 50 salariés, l'employeur peut négocier et conclure des accords collectifs avec les **membres titulaires** de la délégation du personnel du **CSE,** si ces élus sont expressément mandatés à cet effet par un ou plusieurs syndicats représentatifs dans la branche dont relève l'entreprise ou, à défaut, au niveau national et interprofessionnel. Un même syndicat ne peut mandater qu'un seul salarié. **51918**

C. trav. art. L 2231-9 L 2232-24 L 2232-25-1 D 2232-2 à R 2232-5 D 2232-8 D 2232-9 COJ art. R 211-3-17 **KA-II-2930 s** **KA-II-11070 s**

Les accords conclus peuvent porter sur tous les **thèmes** pouvant être négociés par accord d'entreprise (voir nº 51937).

L'accord doit être **approuvé par les salariés** à la majorité des suffrages exprimés, dans le respect des principes généraux du droit électoral ; à défaut, il est réputé non écrit.

> Précisions **a.** L'employeur **informe** de sa décision d'engager des négociations les **syndicats** représentatifs dans la branche dont il relève, à défaut ceux représentatifs au niveau national et interprofessionnel. Il doit être en mesure d'en justifier.

Il fait aussi connaître son intention de négocier aux **élus** par tout moyen permettant de lui conférer une date certaine. Les élus souhaitant négocier le font savoir dans le délai d'un mois et indiquent, le cas échéant, s'ils sont mandatés par un syndicat représentatif. Ce délai expiré, la négociation s'engage avec les élus ayant indiqué être **mandatés** ou, à défaut, avec des élus **non mandatés** dans les conditions exposées nº 51919.

b. L'employeur doit recueillir l'**avis du ou des élus mandatés** sur les modalités du **référendum** : modalités d'information des salariés sur le texte de l'accord ; lieu, date et heure du scrutin ; organisation et déroulement du vote ; texte de la question soumise au vote des salariés. Puis il organise le **scrutin** dans les 2 mois à partir de la conclusion de l'accord. Au moins **15 jours avant** le référendum, il informe par tout moyen les salariés de ses modalités, du contenu de l'accord et du texte de la question soumise à leur vote.

En cas de **désaccord** sur ces modalités, le président du tribunal judiciaire peut être saisi par toute personne intéressée dans un délai de 8 jours à compter de l'information des salariés. Il statue selon la procédure accélérée au fond et en dernier ressort.

À notre sens, bien qu'aucun texte ne le prévoie expressément, l'employeur doit communiquer au personnel la liste nominative des **salariés consultés** au moins 15 jours avant la date du référendum (voir nº 51905, d) et les salariés à consulter sont l'ensemble des salariés de l'entreprise à la date du référendum, y compris ceux des établissements non couverts par le projet d'accord et/ou non-électeurs aux élections du CSE.

Le référendum, dont l'organisation matérielle incombe à l'employeur, **a lieu** pendant le temps de travail, au scrutin secret sous enveloppe ou par voie électronique.

Le **résultat** du référendum, ainsi que les **contestations** relatives à la liste des salariés à consulter et à la régularité du référendum obéissent aux règles exposées nº 51905, f et g, étant précisé que, dans les entreprises sans DS, le procès-verbal des résultats du vote est aussi adressé au syndicat mandataire.

51919 C. trav. art. L 2232-25 L 2232-25-1 **KA-II-2980 s** **KA-II-11080 s**

Négociation avec des élus non mandatés À l'issue de la procédure visée nº 51918, a, en l'absence d'élu mandaté, les **membres titulaires** de la délégation du personnel au CSE non mandatés peuvent négocier et conclure des accords collectifs.

L'accord **ne peut porter que sur** des mesures dont la mise en œuvre est subordonnée par la loi à un accord collectif, à l'exception des accords de méthode visés nº 48160.

La **validité** de l'accord est subordonnée à sa signature par des élus titulaires représentant la **majorité** des suffrages exprimés en faveur des membres du CSE lors des dernières élections professionnelles. Sur l'appréciation de la condition de majorité requise pour la validité d'un tel accord, voir nº 51917, c.

51920 C. trav. art. L 2231-9 L 2232-26 D 2232-2 à R 2232-5 D 2232-8 D 2232-9 COJ art. R 211-3-17 **KA-II-3025 s** **KA-II-11100 s**

Négociation avec des salariés mandatés non élus Un accord collectif peut être négocié et conclu par un ou plusieurs salariés expressément mandatés par un ou plusieurs **syndicats représentatifs** dans la branche ou, à défaut, au niveau national et interprofessionnel, dans l'entreprise ou établissement :

– si aucun élu, mandaté ou non, n'a manifesté son intention de négocier à l'issue de la procédure visée nº 51918, a ;

– ou si un procès-verbal a établi la carence de représentants élus du personnel.

L'accord **peut porter** sur tous les thèmes pouvant être négociés par accord d'entreprise (voir nº 51937).

Il doit être **approuvé par les salariés** à la majorité des suffrages exprimés, dans le respect des principes généraux du droit électoral. À défaut, il est réputé non écrit.

› Précisions a. Un même syndicat ne peut mandater qu'**un seul salarié.**

b. Les modalités du **référendum** sont établies après avis du ou des salariés mandatés. Le référendum et son résultat, ainsi que les contestations pouvant naître à cette occasion, obéissent aux règles exposées nº 51918, b.

c. Sur la **protection** du salarié mandaté, voir nº 63240. Sur le **temps** dont il dispose, voir nº 51915, c.

2. ACCORD DE GROUPE

51928 C. trav. art. L 2232-30 à L 2232-32 L 2232-34 à L 2232-35 L 2122-4 **KA-II-6000 s** **KA-II-11430 s** **L-V-11800 s**

La convention ou l'accord de groupe est négocié et conclu entre :

– l'**employeur** de l'entreprise dominante ou un ou plusieurs **représentants,** mandatés à cet effet, des employeurs des entreprises concernées par le champ de la convention ou de l'accord ;

– et les **syndicats** représentatifs dans le groupe ou dans l'ensemble des entreprises concernées par le champ de la convention ou de l'accord ; ces syndicats peuvent désigner un ou des **coordonnateurs syndicaux de groupe** choisis parmi les DS du groupe et habilités à négocier et signer la convention ou l'accord. Les syndicats représentatifs dans chaque entreprise ou chaque établissement compris dans le périmètre de l'accord sont **informés** préalablement de l'ouverture d'une négociation dans ce périmètre.

La **validité** d'un tel accord obéit aux conditions exposées nºs 51900 s. Les **taux** de 30 % et de 50 % sont appréciés à l'échelle de l'ensemble des entreprises et ou établissements compris dans le périmètre de l'accord. En cas de référendum, celui-ci est effectué dans le même périmètre.

› Précisions a. La convention ou l'accord de groupe fixe son **champ d'application,** constitué de tout ou partie des entreprises du groupe.

La loi ne définissant pas la notion de groupe, les parties semblent avoir toute liberté à ce sujet. Toutefois, l'administration considère que la mention dans la loi de l'entreprise dominante vaut référence implicite à la définition du groupe tenu de constituer un comité de groupe (n° 9800) (Circ. DRT 9 du 22-9-2004, réputée abrogée).

Un accord collectif, même signé par le directeur des ressources humaines du groupe pour le compte de la société mère, n'est pas un accord de groupe s'il ne fixe pas son champ d'application (Cass. soc. 21-3-2018 n° 16-21.741 FS-PB : RJS 6/18 n° 435).

b. Toutes les **négociations** prévues par le Code du travail au **niveau de l'entreprise** peuvent, en principe, être engagées et conclues au niveau du groupe, ce Code assimilant la négociation de groupe à la négociation d'entreprise (n° 51810). Il en résulte notamment que les accords de groupe peuvent améliorer les lois et règlements en vigueur ou prévoir des dispositions différentes : voir n° 51937. Dans certaines matières relevant prioritairement de l'accord de branche, l'accord de groupe doit prévoir des **garanties** au moins équivalentes pour pouvoir s'appliquer. Pour le reste, il prévaut sur l'accord de branche : voir nos 52235 s.

c. La **représentativité** des syndicats au niveau d'un groupe, appréciée conformément aux règles fixées nos 73135 s., est calculée par addition de l'ensemble des suffrages obtenus lors des dernières élections organisées dans les entreprises ou établissements compris dans le périmètre de l'accord. Toutefois, en cas d'accord de groupe à périmètre inchangé par rapport à celui d'un accord conclu au cours du cycle électoral précédant l'engagement des négociations, elle est appréciée par addition de l'ensemble des suffrages obtenus dans ces entreprises ou établissements soit pour le cycle en cours, lorsque des élections se sont tenues à la même date, soit lors des dernières élections intervenues au cours du cycle précédant le cycle en cours, lorsque les élections se sont tenues à des dates différentes.

d. La **carence** totale de résultats de CSE au 1er tour dans l'une des entreprises du groupe n'empêche pas de recueillir et d'additionner les **suffrages** exprimés dans les autres. Cette règle vaut aussi dans les entreprises à **établissements multiples** en cas de carence totale de résultats de CSE au 1er tour dans l'un des établissements (Circ. DGT 6 du 27-7-2011).

Sur le score d'un syndicat n'ayant pas présenté de candidat dans certains des collèges électoraux d'un établissement ou d'une entreprise, voir n° 73140, c.

e. L'accord de groupe est soumis aux mêmes conditions de **forme,** de **notification** et de **dépôt** que l'accord d'entreprise.

f. Sur l'articulation entre accord de groupe et **accord d'entreprise ou d'établissement,** voir nos 52225 s.

3. ACCORD INTERENTREPRISES

51930 C. trav. art. L 2232-36 à L 2232-38 KA-II-6500 s KA-II-11550 s L-V-11780

Un accord peut être négocié et conclu au niveau de plusieurs entreprises entre les **employeurs** et les **syndicats représentatifs** à l'échelle de l'ensemble de ces entreprises.

Les conditions de **validité** d'un tel accord, dit « interentreprises », sont les mêmes que celles des accords d'entreprise : voir nos 51900 s. Les **taux** de 30 % et de 50 % sont appréciés à l'échelle de l'ensemble des entreprises comprises dans le périmètre de l'accord. En cas de référendum, celui-ci est aussi effectué dans ce périmètre.

> Précisions **a.** Ce niveau de négociation **peut concerner** des donneurs d'ordre et leurs sous-traitants, des entreprises relevant du même bassin d'emploi, etc.

b. La **représentativité** des syndicats dans le périmètre de l'accord est **appréciée** conformément aux règles fixées nos 73135 s., par addition de l'ensemble des suffrages obtenus dans les entreprises ou établissements concernés lors des dernières élections précédant l'ouverture de la première réunion de négociation : voir n° 51928, c et d.

c. En tant qu'accords collectifs, les accords interentreprises peuvent améliorer les **lois et règlements** en vigueur dans les conditions visées n° 51937. Mais il nous semble exclu de déroger par accord interentreprises à la loi dans les domaines pour lesquels elle autorise l'accord d'entreprise à prévoir des stipulations dérogatoires. En effet, la règle assimilant la négociation de groupe à la négociation d'entreprise (n° 51810) n'a pas été étendue à la négociation interentreprises. De même, selon nous, les accords interentreprises ne peuvent ni prévaloir sur l'**accord de branche** dans les matières où la loi a prévu la primauté de l'accord d'entreprise sur l'accord de branche, ni y déroger, y compris en prévoyant des garanties au moins équivalentes. En effet, la répartition des thèmes de négociation prévue par le Code du travail n'envisage que les rapports entre accords d'entreprise, d'établissement ou de groupe et accords de branche (voir nos 52230 s.).

d. Sur l'articulation entre accords interentreprises et **accords d'entreprise ou d'établissement,** voir nos 52225 s.

4. FORME ET CONTENU DES ACCORDS

51934 C. trav. art. L 2231-3 L 2231-4 KA-II-9950 s

La convention ou l'accord collectif est un acte **écrit,** à peine de nullité, et rédigé en **français.** Toute clause en langue étrangère est inopposable au salarié à qui elle ferait grief. En outre, le fait de ne pas mettre à la disposition du salarié une version française du texte est passible de sanctions pénales (Décret 95-240 du 3-3-1995).

a. Clauses obligatoires

51935 Les conventions et accords collectifs doivent prévoir :

C. trav. art. L 2222-1 L 2222-3-3 L 2222-5 L 2222-5-1 L 2222-6 KA-II-12800 s

– leur **champ d'application** territorial et professionnel, défini en termes d'activité économique ; au plan des entreprises et des établissements, une délimitation précise des activités doit être opérée si les parties conviennent de traiter différemment des activités distinctes de l'activité principale (Circ. 25-10-1983, réputée abrogée) ;
– un **préambule** présentant de manière succincte leurs objectifs et leur contenu ;
– les forme et délai de leur **renouvellement** ou **révision** (n° 52050) ;
– les conditions de leur **dénonciation** et notamment la durée du préavis devant la précéder (n° 52080) ;
– les conditions de leur **suivi** et des **clauses de rendez-vous,** permettant aux partenaires sociaux de faire régulièrement le point sur leur mise en œuvre et de prendre la décision de les réviser, le cas échéant.

› Précisions **a.** Les conventions et accords nationaux s'appliquent aux départements et collectivités d'**outre-mer,** sauf stipulations contraires, dans un délai de 6 mois à compter de leur entrée en vigueur.
b. À défaut de clause fixant la **durée** de l'accord, celui-ci est réputé conclu pour 5 ans : voir n° 51960.

b. Respect des normes de niveau supérieur

51937 La convention ou l'accord peut comporter des stipulations plus favorables aux salariés que celles des **lois et règlements** en vigueur, sauf s'il s'agit de dispositions d'**ordre public** absolu (sur la détermination de la règle la plus favorable, voir n° 52205). Il peut aussi prévoir des dispositions différentes de la loi lorsque celle-ci est **supplétive** ou autorise expressément la **dérogation** conventionnelle. Dans les deux cas, il n'y a pas à rechercher si l'accord est plus ou moins favorable aux salariés que la loi, sous réserve de respecter les limites et contreparties qu'elle fixe. La liste des dispositions supplétives ou de celles auxquelles il est possible de déroger par convention et accord est limitative.

C. trav. art. L 2251-1 KA-II-13300 s

Dans les matières relevant prioritairement de l'**accord de branche,** l'accord d'entreprise, d'établissement ou de groupe doit prévoir des garanties au moins équivalentes à celles prévues par l'accord de branche (ou l'accord professionnel ou interprofessionnel) portant sur le même thème. Dans les autres matières, l'accord d'entreprise, d'établissement ou de groupe prévaut : voir n°s 52230 s.

› Précisions **a.** Dans certaines matières (ex : durée du travail, repos, congés), la **structure du Code du travail** est divisée en 3 parties pour chaque thème abordé : les dispositions légales impératives d'ordre public auxquelles il n'est pas possible de déroger, sauf dans un sens plus favorable aux salariés si elles relèvent de l'ordre public social, les dispositions relevant du champ de la négociation collective et les dispositions supplétives s'appliquant à défaut d'accord collectif.
b. La loi **prohibe** expressément certaines clauses « couperet » (n° 69035) ou d'indexation (n° 70610), ainsi que celles réservant le bénéfice d'une mesure en raison du sexe (n° 32180).
Sur le caractère immédiat de la **nullité** des clauses contraires aux règles d'ordre public, voir n° 70610, b.
c. L'**accord** collectif doit respecter les dispositions légales et réglementaires en vigueur à la date de sa conclusion, même si son **entrée en vigueur** a lieu après son **extension** (Cass. soc. 23-9-2020 n° 18-23.474 F-PB : RJS 12/20 n° 599).
d. Sur les **différences de traitement** opérées par voie conventionnelle, voir n°s 32145 s.
S'agissant des salariés dont le contrat a été **rompu avant** la signature d'un accord collectif instaurant des avantages salariaux à titre rétroactif, voir n° 32135.

5. NOTIFICATION, DÉPÔT ET ENTRÉE EN VIGUEUR DES ACCORDS

51955 Une fois signés, les conventions et accords collectifs sont **notifiés** par la partie la plus diligente des signataires à tous les syndicats représentatifs.

Ils doivent ensuite être **déposés** sur la plateforme de téléprocédure TéléAccords, accessible depuis le site www.teleaccords.travail-emploi.gouv.fr, et remis au conseil de prud'hommes du lieu de leur conclusion. Ces démarches incombent au représentant légal du groupe, de l'entreprise ou de l'établissement ou, pour un accord interentreprises, aux représentants légaux de celles-ci.

Sauf clause contraire, ils **s'appliquent** à partir du lendemain de leur dépôt. Sur l'application des accords non déposés, voir toutefois n° 52160.

C. trav. art. L 2231-5 L 2231-6 L 2232-9, II-al. 7 L 2232-35 L 2261-1 D 2231-2, II et III D 2231-4 à D 2231-7 D 2232-1-1 D 2232-1-2 **KA-II-2360 s** **KA-II-14860 s** **KA-II-15500 s**

> Précisions a. La **notification** est le point de départ du délai pour l'**action en nullité** de tout ou partie d'une convention ou d'un accord dont disposent les syndicats représentatifs ayant une section syndicale dans l'entreprise, voir nº 52310. L'absence de notification de l'accord n'a d'effet ni sur sa **validité** ni sur son **applicabilité** aux salariés (Cass. soc. 13-10-2010 nº 09-68.151 FS-PB : RJS 1/11 nº 64).

b. Le dépôt **s'impose** à l'ensemble des accords de groupe, d'entreprise, d'établissement et interentreprises, y compris, selon l'administration, aux accords visés nº 51957, a qui ne sont pas soumis à l'obligation de publicité (www.teleaccords.travail-emploi.gouv.fr). Il concerne aussi les avenants et annexes de ces accords ainsi que les textes qui leur sont assimilés (plans d'action, procès-verbaux de désaccord établis à la suite des négociations obligatoires, déclarations de dénonciation, etc). Le dossier de dépôt est transmis automatiquement à la **Dreets** (Direccte avant le 1-4-2021) compétente qui, après un contrôle de complétude, délivre au déposant un **récépissé** de dépôt.

Le dépôt est **accompagné** des **pièces suivantes** :
– la version intégrale et signée de l'accord ;
– sa version publiable anonymisée (voir nº 51957) au format docx (www.teleaccords.travail-emploi.gouv.fr) ;
– une copie du courrier, du courriel ou du récépissé ou d'un avis de réception daté de notification du texte à l'ensemble des syndicats représentatifs.

Des **informations ou documents supplémentaires** doivent être fournis :
– lorsque l'entreprise a des implantations distinctes : liste de ces établissements et leurs adresses respectives ;
– si les parties décident que certains passages de l'accord ne doivent pas être rendus publics : acte de publication partielle, voir nº 51957 ;
– pour les accords soumis à référendum : procès-verbal du résultat du vote, qui doit aussi être adressé au syndicat ayant mandaté l'élu ou le salarié (C. trav. art. D 2232-2).

Le dépôt de pièces additionnelles peut être requis dans certains cas, comme, par exemple, lorsque l'accord déposé porte sur les **salaires effectifs** : voir nº 51991, b.

c. La partie la plus diligente transmet les conventions ou accords relatifs à la **durée du travail,** au travail à **temps partiel et intermittent,** au **repos** quotidien, aux **jours fériés,** aux **congés** et au **compte épargne-temps,** après suppression des noms et prénoms des négociateurs et des signataires à la **commission paritaire** permanente de négociation et d'interprétation de la branche, qui en accuse réception, à l'adresse indiquée sur le site internet du ministère du travail. Elle informe les autres signataires de cette transmission.

d. Un accord collectif peut prévoir l'octroi d'**avantages salariaux** pour une **période antérieure à son entrée en vigueur**, sans toutefois priver les salariés ayant quitté l'entreprise des droits qu'ils tiennent du principe d'égalité de traitement : voir nº 32135.

6. PUBLICITÉ DES ACCORDS

Sauf cas particuliers, les conventions et accords de groupe, interentreprises, d'entreprise et d'établissement sont rendus publics dans une **version anonyme,** expurgée des noms et prénoms des négociateurs et des signataires, et versés dans une **base de données nationale,** accessible depuis Légifrance. Les parties peuvent cependant décider de **ne pas publier** certains **passages.** Cette décision doit être formalisée par un **acte** motivé et signé, côté salariés, par la majorité (en nombre : www.teleaccords.travail-emploi.gouv) des syndicats signataires et, côté employeurs, par le ou les représentants légaux. **51957**

C. trav. art. L 2231-5-1 R 2231-1-1 **KA-II-15090 s**

En outre, l'employeur peut, par **décision unilatérale,** occulter les éléments portant atteinte aux intérêts stratégiques de l'entreprise.

> Précisions a. Par exception, les **accords de performance collective,** les accords d'**épargne salariale** (intéressement, participation, plans d'épargne d'entreprise, interentreprises, Perco et Pereco), ainsi que les accords déterminant le contenu du **PSE** ne sont pas soumis à l'obligation de publication. Cette obligation s'applique, en revanche, aux accords de **rupture conventionnelle collective** (bien que ceux-ci contiennent des informations économiques et sociales sur l'entreprise) ainsi que, selon nous, aux **Pero** (bien que l'objectif du législateur ait été d'harmoniser les régimes des plans d'épargne retraite).

b. Le Code du travail ne prévoit pas l'adoption de l'acte de publication partielle pour l'accord conclu avec des **représentants du personnel non mandatés** par des syndicats ou ratifié par les 2/3 du personnel sur la base d'une proposition de l'employeur dans les entreprises visées nº 51916. Un tel acte ne semble donc pas envisageable au regard des modalités de signature prévues par les textes.

c. L'acte de publication partielle, la version publiable du texte ainsi que sa version intégrale signée sont joints au **dépôt,** voir nº 51955, b.

7. DURÉE D'APPLICATION DES ACCORDS

51960 C. trav. art. L 2222-4 KA-II-16100 s

La convention ou l'accord peut être conclu pour une durée déterminée ou indéterminée. Celui **conclu depuis le 10-8-2016** l'est, à défaut de stipulation sur le sujet, pour 5 ans. S'il le prévoit, il peut aussi être à durée indéterminée ou déterminée inférieure ou supérieure à 5 ans. Sur la durée de l'accord adaptant les règles de la négociation obligatoire, voir toutefois n° 51995. La convention ou l'accord à durée déterminée arrivant à expiration cesse de produire ses effets.

La convention ou l'accord conclu **jusqu'au 9-8-2016** est à durée indéterminée, sauf clause expresse lui conférant une durée déterminée, de 5 ans au maximum. Sauf stipulation contraire, arrivé à expiration, l'accord à durée déterminée continue à produire ses effets comme s'il était à durée indéterminée, même s'il contient une clause de reconduction tacite (Cass. soc. 10-5-2012 n° 11-17.403 F-D : RJS 7/12 n° 648).

› Précisions **a.** Lorsque la convention ou l'accord est à **durée indéterminée,** il peut être **dénoncé.** Il continue alors, sous certaines conditions, à produire des effets après sa dénonciation (n°s 52080 s.). Son application peut aussi être **mise en cause** par suite d'une restructuration (n°s 74780 s.) ou de la disparition des syndicats signataires (Cass. soc. 16-3-1995 n° 91-40.210 PFR : RJS 4/95 n° 402), y compris si cette disparition fait suite à une fusion avec un autre syndicat non signataire, entraînant la création d'un nouveau syndicat (Cass. soc. 13-10-2016 n° 14-18.905 FS-PB : RJS 11/16 n° 798). En revanche, la perte de la qualité de syndicat représentatif de tous les syndicats signataires d'une convention ou d'un accord n'en entraîne pas la mise en cause (C. trav. art. L 2261-14-1).

b. Un accord collectif ne devient **caduc** que si son exécution est devenue impossible (C. civ. art. 1186 ; Cass. soc. 26-6-2019 n° 17-28.287 FS-PBRI, note explicative : RJS 10/19 n° 584). Tel est le cas de l'accord conclu pour favoriser la **création d'emplois** suivi d'un plan de cession ne prévoyant que des licenciements (Cass. soc. 17-6-2003 n° 01-15.710 FS-PBRI : RJS 8-9/03 n° 1024). En revanche, celui conclu en application d'un **dispositif légal abrogé** et dont l'exécution est devenue seulement plus onéreuse reste applicable, sauf s'il subordonne expressément son application au maintien de la législation en vigueur (Cass. soc. 26-6-2019 précité).

c. Sur le cas de l'accord à **durée déterminée dénoncé** par accord unanime, voir n° 52080, e.

B. Négociations obligatoires

51980 C. trav. art. L 2242-1 à L 2242-21 KA-II-17500 s

La loi impose aux entreprises de négocier périodiquement sur certains **thèmes.** L'employeur doit prendre l'initiative de cette négociation, mais n'a pas obligation de conclure un accord. La négociation obligatoire est soumise à des **règles particulières,** exposées ci-après. Elle est régie pour le surplus par les **règles ordinaires** de négociation des conventions et accords collectifs (n°s 51870 s.).

Sur les **obligations spécifiques** de négocier sur les contreparties au travail dominical dans certaines entreprises, voir n° 30885 ; sur le droit d'expression des salariés, voir n°s 36960 s. ; sur la prévention des effets de l'exposition aux facteurs de risques professionnels, voir n°s 71335 s.

1. ENTREPRISES CONCERNÉES

51985 C. trav. art. L 2242-1 L 2242-2 KA-II-17800 s

L'obligation de négocier concerne les entreprises visées n° 51860 où sont constituées une ou plusieurs **sections syndicales** de syndicats représentatifs et pourvues, en vertu d'une doctrine administrative toujours valable selon nous dans le cadre juridique actuel, de **DS** (Circ. 5-5-1983 et DSS-DGT 92 du 7-3-2011, réputées abrogées).

Sur les entreprises soumises à l'obligation de négocier sur la **gestion des emplois et des parcours professionnels,** voir n° 52004.

› Précisions **a.** Lorsque l'obligation de négocier est annuelle, la **désignation d'un DS** en cours d'année n'entraîne d'obligation pour l'employeur d'ouvrir la négociation que pour l'année civile suivante (Circ. DSS-DGT 92 du 7-3-2011, réputée abrogée). Sur les conditions à remplir par un syndicat représentatif pour désigner un DS, voir n°s 73450 s.

b. S'agissant de l'incidence de négociations engagées au **niveau national** ou **du groupe** sur l'obligation de négocier des entreprises, voir n° 51987.

2. NIVEAU DES NÉGOCIATIONS

Les entreprises peuvent décider de décentraliser l'ensemble de leurs négociations obligatoires au niveau de leurs **établissements.** En effet, l'accord d'établissement a par principe la même portée que l'accord d'entreprise (nº 51810). **51987** C. trav. art. L 2232-33 **KA-II-18000 s**

En principe, les entreprises appartenant à un **groupe** doivent engager leurs propres négociations périodiques obligatoires. Par exception, elles peuvent en être dispensées :
– si ces négociations sont effectivement engagées au niveau du groupe, à condition qu'un accord de méthode visé nº 51890 conclu à ce niveau le prévoie et définisse les thèmes concernés par la dispense ;
– en l'absence d'accord de méthode, lorsqu'un accord portant sur le même thème a été valablement conclu au niveau du groupe.

En revanche, l'existence de négociations sur les classifications et les salaires au **niveau national** ne dispense pas de négocier au niveau de l'entreprise (CA Chambéry 11-7-2017 nº 16/02781 : RJS 1/18 nº 59). De même, aucune disposition légale ne dispense de manière générale les entreprises d'engager elles-mêmes leurs négociations obligatoires lorsque des négociations ont été engagées (ou des accords conclus) au niveau **interentreprises.**

ATTENTION

Pour l'**administration,** lorsqu'un DS a été désigné dans le cadre de l'**UES,** celle-ci doit être traitée comme une entreprise (Circ. DRT 9 du 22-9-2004, réputée abrogée) si bien que la négociation doit, en principe, être engagée au niveau de l'UES mais qu'elle peut aussi l'être au niveau de chaque entreprise si elle est considérée comme un établissement. Pour certains **juges du fond,** l'UES n'a pas qualité pour engager la négociation obligatoire, celle-ci ne pouvant l'être qu'au sein de chaque entreprise de l'UES où sont constituées une ou plusieurs sections syndicales (CA Orléans 13-12-2016 nº 15/00600 : RJS 3/17 nº 214). Pour d'autres, en revanche, la désignation d'un DS au niveau de l'UES oblige l'entreprise constituée par l'UES à engager les négociations obligatoires périodiques (CA Riom 20-11-2012 nº 11/01001). La **Cour de cassation** semble avoir admis implicitement cette dernière solution (Cass. soc. 24-6-2014 nº 13-10.301 FS-PB : RJS 10/14 nº 691).

3. CALENDRIER, PÉRIODICITÉ, THÈMES ET MODALITÉS

a. Règles impératives

OBLIGATION DE NÉGOCIER SUR CERTAINS THÈMES

Il est obligatoire de négocier périodiquement sur les rémunérations, l'égalité professionnelle entre les femmes et les hommes et la qualité de vie au travail, dans les conditions exposées ci-dessous. **51990** C. trav. art. L 2242-1 L 2242-2

En plus de ces négociations, dans certains **groupes et entreprises,** l'employeur doit engager au moins une fois tous les 4 ans une négociation sur la **gestion des emplois et des parcours professionnels** (nº 52004).

Sur les obligations de l'employeur en cas d'**échec des négociations,** voir nº 52025.

Rémunérations Dans les **entreprises** soumises à l'obligation de négocier (nº 51985), il appartient à l'employeur d'engager une négociation sur la rémunération, notamment les salaires effectifs, le temps de travail et le partage de la valeur ajoutée. Il doit respecter la **périodicité** prévue par l'éventuel accord d'adaptation, fixée au maximum à 4 ans (nº 51995), ou, à défaut d'un tel accord ou en cas de non-respect de celui-ci, une périodicité annuelle (nºs 52000 s.). Mais il n'est pas tenu de parvenir à un accord (Cass. 2e civ. 7-11-2019 nº 18-21.499 F-PBI : RJS 1/20 nº 37). **51991** C. trav. art. L 2242-1 L 2242-3 L 2242-6 L 2242-7 D 2242-12 à D 2242-16 **KA-II-18350 s** **KA-II-21500 s**

À défaut de négociation sur les **salaires effectifs,** il est passible d'une **pénalité financière** dont le montant, fixé par le Dreets (Direccte avant le 1-4-2021), est plafonné à :
– 10 % de la réduction générale de cotisations patronales (nºs 1880 s.) au titre des rémunérations versées chaque année où le manquement est constaté, sur une période maximale de 3 ans consécutifs à compter de l'année précédant le contrôle, si aucun manquement n'a été constaté lors d'un précédent contrôle au cours des 6 années civiles précédentes ;
– 100 % de la réduction, sur une période maximale de 3 ans consécutifs comprenant l'année du contrôle, si au moins un manquement a été constaté lors d'un précédent contrôle au cours des 6 années civiles précédentes.

La pénalité n'est pas applicable si la périodicité de la négociation sur les salaires effectifs a été portée par accord à une durée supérieure à un an (nº 51995) mais le redevient au terme de cette durée.

L'**accord** sur les salaires effectifs doit être **déposé** auprès de la Dreets (voir nº 51955).

› Précisions **a.** La **notion de salaires effectifs** s'entend des salaires bruts par catégories, y compris les primes et avantages en nature, lorsqu'ils résultent de l'application d'une convention ou d'un accord. Si la négociation n'a pas à porter sur les décisions individuelles, entre dans son objet la définition de la fraction de la masse salariale affectée à de telles décisions (Circ. 5-5-1983 et 25-10-1983, réputées abrogées).

b. En l'absence d'accord sur les mesures permettant d'atteindre l'**égalité professionnelle** femmes/hommes (nº 51992), la négociation sur les salaires effectifs porte aussi sur la programmation des mesures permettant de supprimer les écarts de rémunération et les différences de déroulement de carrière. Un **procès-verbal d'ouverture de cette négociation** doit alors être établi et consigner les propositions respectives des parties. Il atteste que l'employeur a engagé sérieusement et loyalement la négociation, ce qui implique qu'il ait convoqué les syndicats représentatifs dans l'entreprise et fixé le lieu et le calendrier des réunions ; il doit aussi leur avoir communiqué les informations nécessaires pour leur permettre de négocier en toute connaissance de cause et avoir répondu de manière motivée à leurs propositions. Ce procès-verbal est ensuite annexé à l'**accord sur les salaires effectifs** lors de son **dépôt.**

c. La négociation sur les salaires effectifs doit concerner la situation de l'**ensemble des salariés** (Cass. crim. 28-3-1995 nº 92-80.694 : RJS 10/95 nº 1033).

d. Dans les 4 mois suivant le constat du **manquement,** le Dreets informe l'employeur de son intention de prononcer la **pénalité,** ainsi que du taux maximal encouru pour chaque année où un manquement est constaté, dans la limite des 3 ans susvisée. Il doit aussi l'inviter à présenter ses **observations** dans un délai de 2 mois et à justifier, le cas échéant, des motifs de sa défaillance (ex : survenance de difficultés économiques ou existence d'une restructuration, fusion ou procédure collective en cours). L'employeur peut être entendu à sa demande. À l'expiration de ce délai, le Dreets notifie à l'employeur le montant de la pénalité dans un délai de 2 mois. Ce montant tient compte, notamment, des efforts réalisés par l'employeur pour engager les négociations, de sa bonne foi, de la situation économique et financière de l'entreprise, de la gravité et des circonstances du manquement. L'employeur doit déclarer et verser la pénalité à l'Urssaf à la première date d'échéance des cotisations et contributions sociales dont il est redevable auprès de cet organisme intervenant à l'issue d'un délai de 2 mois suivant la notification.

51992 **Égalité professionnelle et qualité de vie au travail** Dans les **entreprises** soumises à l'obligation de négocier (nº 51985), l'employeur doit engager une négociation sur l'égalité professionnelle entre les femmes et les hommes, notamment sur les mesures visant à supprimer les écarts de rémunération, et la qualité de vie au travail (QVT). Il doit respecter la **périodicité** prévue par l'éventuel accord d'adaptation, fixée au maximum à 4 ans (nº 51995) ou, à défaut d'un tel accord ou en cas de non-respect de celui-ci, une périodicité annuelle (nºs 52000 s.). Mais il n'est pas tenu de parvenir à un accord (nº 51991).

C. trav. art. L 2242-1 L 2242-9 R 2242-2 R 2242-9 à R 2242-11 Inst. DGT 124 du 4-4-2017 **KA-II-18350 s** **N-VII-15300 s**

En l'**absence d'accord** relatif à l'égalité professionnelle entre les femmes et les hommes, l'employeur doit établir un **plan d'action** (voir nº 32210) et prévoir à l'ordre du jour de la négociation sur les salaires effectifs la programmation de mesures visant à supprimer les écarts de rémunération (voir nº 51991, b).

› Précisions **a.** L'accord ou, à défaut, le plan d'action doit fixer les **objectifs** et **actions** visés nº 32200.

b. L'employeur peut demander au Dreets (Direccte avant le 1-4-2021), via la procédure de **rescrit,** de se prononcer sur la validité d'un accord ou d'un plan d'action, sauf si l'entreprise fait l'objet d'un contrôle sur ce point par l'inspection du travail. La **réponse** de l'administration établissant la conformité de l'accord ou du plan l'engage pour une certaine durée, son silence gardé à l'issue d'un délai de 2 mois valant rejet de la demande. La décision qui fait mention des voies et délais de recours est une décision administrative susceptible de **recours** hiérarchique et contentieux.

c. Sur l'interdiction de soumissionner aux **marchés publics** ou de conclure des **contrats de concession** infligée aux entreprises n'ayant pas négocié sur l'égalité professionnelle, voir nº 32310.

d. Un **plan de rattrapage salarial** doit être inscrit à l'ordre du jour de la négociation sur l'égalité professionnelle si la note obtenue à l'**index** de l'égalité n'atteint pas un seuil minimal : voir nº 32200.

e. Sur le recours à un **expert habilité** pour préparer la négociation sur l'égalité professionnelle, voir nº 9040.

51993 Une **pénalité financière** est due par les entreprises d'au moins 50 salariés non couvertes par un accord relatif à l'égalité professionnelle ou, à défaut, par un plan d'action, ainsi que par celles qui n'ont pas publié les indicateurs devant figurer dans l'index de l'égalité ou pas défini de mesures correctives des écarts de salaire (voir nº 32200).

C. trav. art. L 2242-8 R 2242-3 à R 2242-8 Inst. DGT 124 du 4-4-2017

Le Dreets (Direccte avant le 1-4-2021) en fixe le **montant** en tenant compte des efforts réalisés par l'employeur en matière d'égalité professionnelle entre les femmes et les hommes, de sa bonne foi, ainsi que des motifs de sa défaillance. Ce montant est au plus égal à 1 %

des rémunérations versées au cours des périodes au titre desquelles l'entreprise n'est pas couverte.

> Précisions **a.** L'inspecteur ou le contrôleur du travail constatant qu'une entreprise n'est pas couverte ou n'a pas respecté les dispositions relatives à la réduction des écarts de rémunération ci-dessus mentionnées **met en demeure** l'employeur de remédier à cette situation dans un délai au moins égal à **1 mois.** Dans ce délai, l'employeur doit lui **communiquer** soit l'accord ou le plan mis en place ou modifié, soit la preuve de la publication des indicateurs, soit le plan de rattrapage salarial. À défaut, il doit **justifier** des motifs de ses défaillances au regard de ces obligations : franchissement de seuils d'effectifs, difficultés économiques, restructuration, fusion ou procédure collective, etc. Il peut être entendu à sa demande.
b. À l'issue du délai, le Dreets décide s'il y a lieu d'appliquer la **pénalité** et en fixe le **taux.** Cette pénalité est calculée sur la **base** des rémunérations retenues pour l'assiette des cotisations du régime général de la sécurité sociale versées pour chaque mois entier à compter du terme de la mise en demeure mentionnée au a. ci-dessus. Sur l'articulation de cette pénalité avec celle due lorsque la note obtenue à l'index de l'égalité est inférieure à un certain seuil, voir n° 32200.
Le Dreets adresse à l'employeur une **notification** motivée du taux de la pénalité appliqué, dans les 2 mois suivant le délai de rectification. L'employeur communique en retour le montant des rémunérations servant de base à son calcul dans le délai de 2 mois suivant la notification du taux de la pénalité. À défaut, la pénalité est calculée forfaitairement.
Elle s'applique à compter de la décision de notification du taux à l'employeur (Circ. DGT du 28-10-2011), jusqu'à la réception par l'inspection du travail, soit de l'accord ou du plan d'action, soit de la preuve de la publication des indicateurs, soit du plan de rattrapage salarial.
Le Dreets établit un titre de perception et le transmet au trésorier-payeur général, qui en assure le **recouvrement.**
c. Les associations promouvant l'égalité entre les femmes et les hommes ne peuvent pas imposer à l'administration qu'elle leur communique la **liste des entreprises sanctionnées** pour défaut d'accord ou de plan d'action (CE 3-6-2020 n° 421615 : RJS 8-9/20 n° 402).

POUVOIRS DE L'EMPLOYEUR

Tant que la négociation est en cours sur l'une des matières visées nos 51990 s., l'employeur ne peut pas prendre de **décisions unilatérales collectives** dans les **matières** sur lesquelles elle porte, sauf si l'urgence le justifie. En revanche, les mesures **individuelles** sont permises sauf si, étant prises à l'égard d'un nombre important de salariés, elles peuvent être considérées comme une manœuvre destinée à contourner l'interdiction. **51994** C. trav. art. L 2242-4 KA-II-18450 s

ILLUSTRATIONS

La **dénonciation,** pendant une négociation obligatoire, d'un accord collectif portant sur les matières traitées au cours de celle-ci est nulle (Cass. soc. 29-6-1994 n° 91-18.640 PBBS : RJS 8-9/94 n° 1022). L'employeur ne peut pas non plus pratiquer des retenues sur salaires aux salariés ne respectant pas le **nouveau calendrier** établi par **décision unilatérale** alors que des négociations sur le temps de travail sont en cours, une telle décision pouvant l'exposer à devoir restituer ces sommes (Cass. soc. 13-2-2002 n° 99-46.268 F-D). Le juge peut aussi suspendre la décision prise par l'employeur de mettre en œuvre un **nouveau mode de rémunération** ayant pour effet de réduire le taux de commissionnement d'une catégorie du personnel, alors qu'une négociation sur les salaires effectifs est en cours (Cass. soc. 28-11-2000 n° 98-19.594 FS-PB : RJS 2/01 n° 212).

b. Entreprises couvertes par un accord d'adaptation

NÉGOCIATION DE L'ACCORD D'ADAPTATION

À l'**initiative** de l'employeur ou à la demande d'un syndicat représentatif, les partenaires sociaux peuvent négocier sur le calendrier, la périodicité, les thèmes et les modalités de négociation dans le groupe, l'entreprise ou l'établissement. **51995** C. trav. art. L 2242-10 L 2242-11 KA-II-18550 s

Pour être valable, l'accord d'adaptation doit respecter les conditions de droit commun exposées nos 51900 s. et préciser :

- les **thèmes** des négociations et leur **périodicité,** de telle sorte qu'au moins tous les 4 ans soient négociés les thèmes d'ordre public visés nos 51990 s. ;
- le **contenu** de chacun de ces thèmes ;
- le calendrier et les lieux des **réunions** ;
- les **informations** que l'employeur remet aux négociateurs sur les thèmes retenus et la **date** de cette remise ;
- les modalités de **suivi** des engagements souscrits par les parties ;
- sa **durée,** fixée au maximum à 4 ans.

› Précisions a. Les parties doivent veiller à la **rédaction** de l'accord d'adaptation en n'omettant aucune des clauses précitées. À défaut, il existera, selon nous, un risque d'assimilation de l'accord incomplet à une absence d'accord, ce qui contraindra à l'application du **régime supplétif** visé n°s 52000 s.

Il est recommandé d'établir une liste des **thèmes** sur lesquels portera la négociation obligatoire périodique. En dehors des thèmes d'ordre public visés n°s 51990 s., les parties peuvent décider d'en ajouter d'autres. Elles peuvent aussi convenir de ne pas engager de négociations sur l'un des **sous-thèmes** prévus par les dispositions supplétives (QR min. trav. du 15-7-2020 n° 12). Par exemple, une entreprise ayant déjà conclu un accord à durée indéterminée sur le droit à la déconnexion peut avoir intérêt à exclure ce sujet des négociations obligatoires périodiques si elle ne souhaite pas renégocier dans l'immédiat les termes de cet accord.

Concernant le **calendrier,** les parties peuvent, à notre avis, fixer un nombre de réunions précis, assorti de dates précises ou, au contraire, décider de fixer un calendrier plus souple, précisant la période au cours de laquelle les négociations devront être engagées, le nombre de réunions et le délai entre chaque.

Quant au **suivi** de l'accord, il peut selon nous être confié à une commission paritaire de suivi, voire au CSE à l'occasion des informations et/ou consultations présentant un lien avec les thèmes de négociation obligatoire.

L'accord d'adaptation peut stipuler d'**autres clauses** que celles imposées par le Code du travail. Par exemple, il peut déterminer le ou les niveaux d'engagement des négociations (groupe, entreprise ou établissement), la composition des délégations syndicales et les moyens supplémentaires alloués à celles-ci.

b. Il est possible de prévoir que l'**information** soit mise à disposition de la partie salariale dans la BDES (voir n° 9217). Sur les **indicateurs** que l'employeur doit fournir, dans ce cas, aux syndicats en vue de la négociation obligatoire sur l'égalité professionnelle, voir n° 52003, d.

Les **destinataires** des informations sont les DS et les salariés composant chacune des délégations syndicales, y compris celles ne représentant qu'une catégorie de salariés (voir n° 52015, a). En cas d'informations insuffisantes, les syndicats disposent de moyens d'action, voir n° 52015, a.

DÉROULEMENT DE LA NÉGOCIATION OBLIGATOIRE

51998 La négociation s'engage dans les conditions prévues par l'accord d'adaptation. Pour chaque réunion, la **convocation** adressée aux syndicats représentatifs dans le champ de la négociation doit indiquer le lieu, la date et l'heure de celle-ci.

La **négociation** doit être **réelle** et non formelle (n° 52015). Sur l'interdiction faite à l'employeur de prendre des **décisions unilatérales** tant qu'elle est en cours, voir n° 51994. Sur la possibilité d'organiser des **réunions séparées** avec les différents syndicats parties à la négociation, voir n° 51870, a.

Le **temps passé** par les négociateurs salariés à la négociation et à sa préparation est rémunéré dans les conditions prévues pour toutes les négociations d'entreprise (n°s 51880 s.).

c. Défaut ou non-respect de l'accord d'adaptation

PÉRIODICITÉ DES NÉGOCIATIONS

52000
C. trav. art. L 2242-13
KA-II-18750 s

Dans les entreprises soumises à l'obligation de négocier (n° 51985), l'employeur est tenu, à défaut d'accord d'adaptation ou en cas de non-respect de celui-ci, d'engager :

– **chaque année,** une négociation sur la rémunération, le temps de travail et le partage de la valeur ajoutée dans l'entreprise : voir n° 52002 ;

– **chaque année,** une négociation sur l'égalité professionnelle entre les femmes et les hommes et la QVT : voir n° 52003 ;

– **tous les 3 ans,** une négociation sur la gestion des emplois et des parcours professionnels : voir n° 52004.

Le **point de départ du délai** dont dispose l'employeur pour engager la négociation est la date d'achèvement de la dernière négociation (« Les négociations obligatoires dans l'entreprise : thème, périodicité et déroulement » : Site internet travail-emploi.gouv.fr).

EXEMPLE

La négociation annuelle doit commencer au plus tard le 8-4-2021 si la négociation précédente s'est achevée le 8-4-2020.

CARENCE DE L'EMPLOYEUR

52001
C. trav. art. L 2242-13
KA-II-18800 s

En cas de carence de l'employeur depuis plus de 12 mois pour chacune des deux négociations annuelles, ou 36 mois pour la négociation triennale, suivant la précédente négociation, celle-ci doit être engagée si un **syndicat représentatif** le **demande.** L'employeur doit alors, dans les 8 jours, transmettre cette demande aux autres syndicats représentatifs et, dans les 15 jours, **convoquer** les parties à la négociation.

ATTENTION
En cas de carence de l'employeur et à défaut d'accord d'adaptation, le tribunal judiciaire peut le condamner en **référé** à communiquer à tout syndicat représentatif dans l'entreprise la liste des négociations collectives, en cours et à venir, obligatoires ou non, ainsi que tous les documents et informations s'y rapportant, et à convoquer les syndicats à ces négociations (Cass. soc. 13-7-1988 nº 86-16.302 P). En outre, le fait pour l'employeur de ne pas engager la négociation dans le délai légal suivant la demande d'un syndicat caractérise l'élément intentionnel du **délit d'entrave** à l'exercice du droit syndical (Cass. crim. 30-11-1993 nº 93-81.291 D).

OBJET DES NÉGOCIATIONS

Rémunération, temps de travail et partage de la valeur ajoutée La négociation porte sur : 52002 C. trav. art. L 2242-15 L 2242-16 **KA-II-18865 s**
– les **salaires** effectifs (sur cette notion, voir nº 51991, a) ;
– la durée effective et l'organisation du **temps de travail,** notamment la mise en place du travail à temps partiel ; dans ce cadre, la négociation peut aussi porter sur la réduction du temps de travail ;
– l'**épargne salariale,** dans certains cas (nº 33815) ;
– le suivi de la mise en œuvre des mesures visant à supprimer les **écarts** de rémunération et les différences de déroulement de carrière **entre femmes et hommes.**

› Précisions **a.** La négociation donne lieu à une information par l'employeur sur les **mises à disposition** de salariés auprès d'**organisations syndicales** ou d'associations d'employeurs.
b. S'il n'engage pas de négociation sur les salaires effectifs, l'employeur est passible d'une **pénalité** financière : voir nº 51991.
c. Sur les formalités spécifiques liées au **dépôt** des accords sur les salaires effectifs, voir nº 51991, b.

Égalité professionnelle et qualité de vie au travail La négociation porte sur : 52003 C. trav. art. L 2242-17 à L 2242-19 **N-VII-22050 s** **N-VII-12800 s**
– l'**articulation** entre la **vie personnelle** et la vie **professionnelle** pour les salariés ;
– les **objectifs** et les **mesures** permettant d'atteindre l'égalité professionnelle entre les femmes et les hommes, notamment en matière de suppression des écarts de rémunération, d'accès à l'emploi, de formation professionnelle, de déroulement de carrière et de promotion professionnelle, de conditions de travail et d'emploi, en particulier pour les salariés à temps partiel, et de mixité des emplois ; elle porte aussi sur le calcul des cotisations d'assurance vieillesse sur le salaire à temps plein pour les salariés à **temps partiel** ou dont la rémunération ne peut pas être déterminée selon un nombre d'heures travaillées et sur les conditions de prise en charge par l'employeur du supplément de cotisations (nºs 77495 s.) ;
– les mesures permettant de lutter contre toute **discrimination** en matière de recrutement, d'emploi et d'accès à la formation professionnelle, en favorisant notamment les conditions d'accès aux critères exposés nº 17010, b et d ;
– les mesures relatives à l'insertion professionnelle et au maintien dans l'emploi des **travailleurs handicapés,** notamment les conditions d'accès à l'emploi, à la formation et à la promotion professionnelles, les conditions de travail et d'emploi et les actions de sensibilisation de l'ensemble du personnel au handicap ;
– les modalités de définition d'un régime de **prévoyance** et d'un régime de remboursements complémentaires de **frais de santé** et de maternité, dans des conditions au moins aussi favorables que celles liées à la généralisation obligatoire de cette couverture (nºs 59130 s.), à défaut de couverture par un accord de branche ou d'entreprise ;
– l'exercice du **droit d'expression** directe et collective des salariés, notamment au moyen des outils numériques disponibles dans l'entreprise ;
– les modalités du plein exercice par le salarié de son **droit à la déconnexion** et la mise en place par l'entreprise de dispositifs de régulation de l'utilisation des outils numériques, en vue d'assurer le respect des temps de repos et de congé ainsi que de la vie personnelle et familiale ;
– les mesures visant à améliorer la **mobilité** des salariés entre leur lieu de résidence habituelle et leur lieu de travail, notamment en réduisant le coût de la mobilité, en incitant à l'usage des modes de transport vertueux ainsi que par la prise en charge des frais de transports personnels, lorsqu'au moins 50 salariés sont employés sur un même site.
Cette négociation peut aussi porter sur la prévention des effets de l'exposition aux **facteurs de risques professionnels** : voir nºs 71335 s.

› Précisions **a.** La négociation concernant les **travailleurs handicapés** se déroule sur la base d'un **rapport** établi par l'employeur présentant la situation au regard de l'obligation d'emploi de ces travailleurs visée nºs 40000 s.

b. À défaut d'accord sur le droit à la **déconnexion,** l'employeur doit élaborer une **charte,** après avis du CSE, définissant les modalités de ce droit et prévoyant la mise en œuvre, à destination des salariés et du personnel d'encadrement

et de direction, d'actions de formation et de sensibilisation à un usage raisonnable des outils numériques.
c. De même, à défaut d'accord sur les mesures visant à améliorer la **mobilité** domicile-travail des salariés, l'employeur doit élaborer un **plan** de mobilité employeur sur ses différents sites pour améliorer la mobilité de son personnel. Ce plan doit inclure des dispositions pour soutenir les déplacements domicile-travail de son personnel, notamment le cas échéant concernant la prise en charge des frais de transport personnels (C. transports art. L 1214-8-2, II bis)
d. La négociation sur **l'égalité femmes /hommes** s'appuie sur la rubrique « Égalité professionnelle entre les femmes et les hommes au sein de l'entreprise » de la **BDES** (n° 9220). L'employeur doit fournir aux syndicats tous les **indicateurs** figurant dans cette rubrique et, s'ils existent, les indicateurs « maison » permettant de comparer la situation des femmes et des hommes. À défaut, le **juge des référés** est compétent pour ordonner à l'employeur la communication de ces documents (CA Paris 23-5-2019 n° 18/24253 : RJS 10/19 n° 583). Toutefois, à notre sens, en présence d'un accord collectif adaptant l'organisation, l'architecture et le contenu de la BDES, une telle obligation de communication ne devrait concerner que les données et indicateurs listés par cet accord.

52004 C. trav. art L 2242-20 L 2242-21 L 2242-2 Q-II-36700 s

Gestion des emplois et des parcours professionnels et mixité des métiers Dans les **groupes et entreprises** dans lesquels doit être constitué un **comité de groupe** (n° 9800) et occupant au moins **300 salariés,** ainsi que dans les groupes et entreprises de dimension communautaire dans lesquels doit être constitué un **comité d'entreprise européen** et comportant au moins un établissement ou une entreprise d'au moins 150 salariés en France, l'employeur est tenu d'engager une négociation portant sur :
– la mise en place d'un dispositif de gestion prévisionnelle des emplois et des compétences (**GPEC**), et ses mesures d'accompagnement, en particulier en matière de formation, d'abondement du compte personnel de formation, de validation des acquis de l'expérience, de bilan de compétences et d'accompagnement de la mobilité professionnelle et géographique des salariés autres que celles prévues dans le cadre des accords de performance collective (n°s 17550 s.) ;
– le cas échéant, les conditions de la **mobilité** professionnelle ou géographique interne à l'entreprise qui doivent, en cas de conclusion d'un accord de performance collective, faire l'objet d'un chapitre spécifique ;
– les grandes orientations à 3 ans de la **formation professionnelle** dans l'entreprise et les objectifs du plan de développement des compétences ;
– les perspectives de recours aux **différents contrats de travail,** au travail à **temps partiel** et aux **stages,** ainsi que les moyens mis en œuvre pour diminuer le recours aux emplois précaires dans l'entreprise au profit des contrats à durée indéterminée ;
– les modalités d'information des **entreprises sous-traitantes** sur les orientations stratégiques de l'entreprise ayant un effet sur leurs métiers, l'emploi et les compétences ;
– le déroulement de carrière des salariés exerçant des **responsabilités syndicales** et l'exercice de leurs fonctions.

> Précisions **a.** S'agissant de la **formation professionnelle,** la négociation porte en particulier sur les catégories de salariés et d'emplois auxquels le plan de développement des compétences est consacré en priorité, les compétences et qualifications à acquérir pendant la période de validité de l'accord ainsi que les critères et modalités d'abondement par l'employeur du compte personnel de formation.
b. La négociation peut aussi porter, **à titre facultatif,** sur les thèmes suivants : ceux prévus par l'accord de méthode conclu en cas de projet de licenciement économique d'au moins 10 salariés dans une même période de 30 jours (voir n° 48160) ; la qualification des catégories d'emplois menacés par les évolutions économiques ou technologiques ; les modalités d'association des entreprises sous-traitantes au dispositif de GPEC ; les conditions de participation de l'entreprise aux actions de GPEC mises en œuvre à l'échelle des territoires où elle est implantée ; la mise en place de congés de mobilité dans les conditions visées n° 69146 ; la formation et l'insertion durable des jeunes dans l'emploi, l'emploi des salariés âgés et la transmission des savoirs et des compétences, les perspectives de développement de l'alternance, ainsi que les modalités d'accueil des alternants et stagiaires et l'amélioration des conditions de travail des salariés âgés.
c. Les partenaires sociaux ayant négocié un **accord GPEC** doivent réaliser un bilan à l'échéance du dispositif. Le manquement de l'employeur aux engagements souscrits peut justifier l'attribution de dommages-intérêts aux salariés lésés (Cass. soc. 18-6-2014 n° 12-18.589 FS-D : RJS 11/14 n° 800).

DÉROULEMENT DE LA NÉGOCIATION

52015 C. trav. art. L 2242-14 KA-II-19010 s

Lors de la première réunion, dite aussi réunion préparatoire, sont précisés les **informations** que l'employeur remettra aux membres des délégations syndicales, la **date** de cette remise ainsi que le **lieu** et le **calendrier** de la ou des réunions ultérieures. Si l'employeur prend l'initiative d'engager les négociations, il fixe librement la date de la réunion préparatoire. Mais si les négociations sont engagées à la demande d'un syndicat, il doit respecter les délais mentionnés nº 52001. Pour chaque réunion, la **convocation** adressée aux syndicats représentatifs dans le champ de la négociation doit indiquer le lieu, la date et l'heure de celle-ci.

Pour l'administration, la **négociation** doit être **réelle** et non formelle, ce qui implique notamment que l'ordre du jour et les revendications des syndicats doivent être discutés de façon approfondie et que des propositions (et le cas échéant des contrepropositions) doivent être formulées, analysées et discutées (Circ. DRT 15 du 25-10-1983, réputée abrogée).

Sur l'interdiction faite à l'employeur de prendre des **décision unilatérales** tant que la négociation obligatoire est en cours, voir nº 51994. Sur l'organisation de **réunions séparées** avec les différents syndicats parties à la négociation, voir nº 51870, a.

> Précisions **a.** Les **informations** à fournir par l'employeur peuvent être mises à disposition dans la BDES (nº 9217). Elles doivent être communiquées **avant** le début des négociations (Circ. 5-5-1983 et 25-10-1983, réputées abrogées) à **chacune des délégations syndicales** y participant, y compris à celles ne représentant qu'une **catégorie de salariés.** Ces dernières doivent donc, notamment, être destinataires des informations indiquant le montant des salaires réels versés à chacune des catégories de personnel (Rép. Bourg-Broc : AN 21-7-1986 nº 64). Sur les informations que les syndicats peuvent demander en matière d'**égalité professionnelle,** voir toutefois nº 52003, d. Sur l'information relative aux **mises à disposition** de salariés auprès des syndicats, voir nº 52002, a.
Si les informations sont **insuffisantes** pour pouvoir engager la négociation, les syndicats peuvent saisir le juge des référés (CA Paris 23-5-2019 nº 18/24253 : RJS 10/19 nº 583) afin de faire condamner l'employeur à fournir sous astreinte les informations manquantes (en ce sens : CA Paris 9-2-1996 nº 94/25226 : RJS 4/96 nº 427 et, de manière implicite, Cass. soc. 29-6-1994 nº 91-20.086 D).
b. La loi ne fixe pas de **délai** à respecter entre la convocation à la première réunion et sa tenue. Le **calendrier** des réunions ainsi que la **nature des informations** destinées aux délégations syndicales et la date de leur remise sont fixés par accord entre l'employeur et les syndicats parties à la négociation ou, à défaut, par l'employeur seul. La loi ne fixe pas de **durée maximale** pour la négociation ni le **nombre des réunions,** mais il doit y en avoir au moins une en plus de la réunion préparatoire.
c. Le **temps passé** par les négociateurs salariés à la négociation et à sa préparation est rémunéré dans les conditions indiquées pour toutes les négociations d'entreprise (nºs 51880 s.).

4. RÉSULTAT DE LA NÉGOCIATION

La négociation peut aboutir à la conclusion d'un **accord collectif,** de groupe, d'entreprise ou d'établissement dans le respect des règles générales mentionnées nºs 51900 s. (conditions de validité) et nºs 51934 s. (conditions relatives à la forme et au contenu). Un accord conclu sur l'un des thèmes d'ordre public visés nºs 51990 s. peut fixer la **période de sa renégociation** dans la limite de 4 ans. **52025** C. trav. art. L 2242-5 L 2242-12 **KA-II-20500 s**

Si la négociation échoue, il doit être établi un **procès-verbal de désaccord** dans lequel sont consignées, en leur dernier état, les propositions respectives des parties et les mesures que l'employeur entend appliquer unilatéralement. Ce procès-verbal doit être **déposé** à l'initiative de la partie la plus diligente (nº 51955). Sur l'obligation de joindre au dépôt de l'accord d'entreprise sur les **salaires effectifs** le procès-verbal d'ouverture des négociations portant sur les écarts de rémunération entre les femmes et les hommes, voir nº 51991, b.

> Précisions **a.** En cas de **blocage manifeste** de la négociation ou de comportement dilatoire de l'employeur ou des syndicats, l'autre partie peut considérer la négociation comme rompue et élaborer un constat de désaccord (JO déb. AN 12-6-1982 p. 3309).
b. L'employeur peut **prouver** qu'il a engagé des négociations loyales et sérieuses par différents moyens : production du récépissé de dépôt du procès-verbal de désaccord, des convocations aux réunions de négociation, d'un projet soumis à la négociation, de documents transmis aux négociateurs ou de propositions des syndicats faites au cours des négociations (d'après Circ. DSS-DGT 92 du 7-3-2011 : BOSS 4-11).
c. Dans **certaines matières,** l'employeur est tenu de conclure un accord collectif ou, à défaut, d'établir un document unilatéral. Ce dernier peut, selon le cas, prendre la forme d'un plan d'action (tel est le cas, par exemple, en matière d'égalité professionnelle, de prévention des effets de l'exposition à certains risques professionnels ou de mobilité domicile-travail : voir respectivement nºs 51992, 71335 et 52003, c) ou d'une charte (en ce sens, voir nº 52003, b pour le droit à la déconnexion).

5. SANCTIONS

52030 L'employeur qui manque à son obligation de négocier peut être condamné à verser des **dommages-intérêts** aux salariés et aux syndicats.

C. trav. art. L 2243-1, L 2243-2; C. pén. art. 131-41, 132-10, 132-12; KA-II-21250 s

Il est également passible d'une **pénalité** :

– en cas de manquement à son obligation de négocier sur les **salaires effectifs** : voir nº 51991 ;

– en l'absence d'accord sur l'**égalité professionnelle** ou, à défaut, de plan d'action, ainsi qu'en l'absence de publication des indicateurs devant figurer dans l'index de l'égalité ou de définition des mesures correctives des écarts de salaire : voir nº 51993. Sur la faculté pour l'employeur d'utiliser la procédure de rescrit pour éviter cette pénalité, voir nº 51992, b. Sur son articulation avec la pénalité applicable en cas de note insuffisante obtenue à l'index de l'égalité, voir nº 32200. Sur l'interdiction de soumissionner aux **marchés publics** ou de conclure des **contrats de concession** infligée aux entreprises n'ayant pas négocié sur l'égalité professionnelle, voir nº 32310.

Sur les sanctions applicables lorsque l'employeur prend une **décision unilatérale** sur un thème faisant l'objet d'une négociation en cours, voir nº 51994.

Au plan **pénal,** est puni d'un an d'emprisonnement et d'une amende de 3 750 € le fait de se soustraire à l'obligation de convocation des parties à la négociation et à l'obligation périodique de négocier. En cas de récidive, les peines sont doublées. Pour les personnes morales, l'amende est fixée à 18 750 € (première infraction) et 37 500 € (récidive).

› Précisions **a.** L'employeur peut être condamné pour **délit d'entrave** à l'exercice du droit syndical s'il exclut une catégorie de personnel de la négociation (Cass. crim. 28-3-1995 nº 92-80.694 PF : RJS 10/95 nº 1033), s'il conclut, dans une matière relevant de la négociation obligatoire, un accord avec des représentants du personnel autres que les DS (Cass. crim. 18-11-1997 nº 96-80.002 : RJS 1/98 nº 76) ou si, en cas de carence de sa part, il n'engage pas la négociation dans le délai légal suivant la demande d'un syndicat (nº 52001), mais pas s'il fait preuve d'**intransigeance** au cours des réunions de négociation. Ainsi jugé pour un employeur dont la position n'a pas varié au cours de la négociation (Cass. crim. 4-10-1989 nº 88-86.163 P : RJS 12/89 nº 942).
b. Sur l'intervention du **juge des référés** pour déclencher la négociation, voir nº 52001.

C. Révision

ENTREPRISES DOTÉES D'UN DÉLÉGUÉ SYNDICAL

52050 **Conditions** Les conventions et accords collectifs peuvent être modifiés ou complétés par des avenants ou annexes. Ils doivent comporter une **clause de révision** fixant les formes selon lesquelles et le délai au terme duquel ils pourront être renouvelés ou révisés.

C. trav. art. L 2222-2, L 2222-5, L 2232-16, L 2261-7-1; KA-II-22750 s; KA-II-23000 s

Sont habilités à **engager la procédure** de révision d'une convention ou d'un accord d'entreprise ou d'établissement :

1° jusqu'à la fin du **cycle électoral** au cours duquel la convention ou l'accord a été conclu, un ou plusieurs syndicats représentatifs dans le champ d'application du texte et signataires ou adhérents à celui-ci ;

2° à l'**issue** de cette période, un ou plusieurs syndicats représentatifs dans le champ d'application du texte.

L'employeur peut aussi être à l'initiative de cette procédure.

Les **conditions de validité** des avenants sont les mêmes que celles des conventions et accords (nºs 51900 s.).

Sur le point de savoir si l'employeur doit **consulter le CSE,** voir nº 9232.

› Précisions **a.** Le non-respect de la **clause de révision** entraîne la nullité de l'avenant de révision. Ainsi, si elle impose pour la révision un préavis de 3 mois de date à date, l'avenant de révision conclu avant la fin du préavis est nul (Cass. soc. 27-10-2004 nº 03-14.264 FS-PB : RJS 1/05 nº 64).
b. L'employeur doit **convoquer** tous les syndicats représentatifs, même non signataires, à la négociation de l'avenant de révision, sous peine de nullité de celui-ci (Cass. soc. 26-3-2002 nº 00-17.231 FS-PBRI : RJS 6/02 nº 704 ; 17-9-2003 nº 01-10.706 FS-PBRI : RJS 11/03 nº 1297 ; 26-5-2010 nº 09-60.434 F-D) et de délit d'entrave à l'exercice du droit syndical (Cass. crim. 28-10-2008 nº 07-82.799 F-D : RJS 3/09 nº 264).
c. Si le **champ d'application** d'un avenant ou d'une annexe diffère de celui de la convention ou de l'accord qu'il modifie ou complète, il doit être précisé.

d. Les syndicats représentatifs habilités et représentés par leurs DS peuvent, avec l'employeur, réviser un accord collectif sans considération de ses modalités de négociation et de ratification, donc y compris si cet **accord** a été **conclu par un élu, un salarié mandaté ou ratifié par les 2/3 du personnel** dans les conditions exposées nos 51915 s. Sur le cas d'une entreprise n'ayant plus de DS au moment de la révision, voir no 52070.

Portée L'avenant révisant tout ou partie d'une convention ou d'un accord collectif se **substitue de plein droit** aux stipulations du texte qu'il modifie et est **opposable,** sous réserve de son dépôt (no 51955), à l'ensemble des employeurs et des salariés liés par la convention ou l'accord révisé. 52060 C. trav. art. L 2261-8 KA-II-23700 s

› Précisions **a.** Les clauses révisées se substituent à celles de l'ancien accord sans que le salarié puisse se prévaloir d'une **modification de son contrat de travail** (Cass. soc. 16-11-1993 no 90-43.233 P : RJS 1/94 no 3) ou du **maintien de droits acquis** (Cass. soc. 30-3-1994 no 90-42.144 D).

b. L'**avenant, non étendu,** portant révision d'une **convention** collective **de branche** n'est opposable qu'aux employeurs l'ayant signé ou membres d'un groupement l'ayant signé (Cass. soc. 29-5-1996 no 94-41.948 P ; no 94-43.888 PBR : RJS 7/96 no 817 ; 10-6-1998 no 96-43.111 P : RJS 8-9/98 no 1029), les anciennes dispositions demeurant applicables aux autres employeurs.

c. L'**avenant rectificatif** d'une erreur de rédaction d'un accord collectif, signé par l'ensemble des parties à l'accord initial, rétroagit à la date d'entrée en vigueur de ce dernier (Cass. soc. 18-2-1988 no 86-41.980 P). Il en est de même de l'avenant **interprétatif** (Cass. soc. 1-12-1998 no 98-40.104 PB : RJS 2/99 no 244 ; 5-12-2001 no 00-41.167 F-D : RJS 2/02 no 206), c'est-à-dire ne modifiant pas le droit préexistant (Cass. soc. 4-2-2015 no 14-13.646 FS-PB : RJS 4/15 no 270).

ENTREPRISES SANS DÉLÉGUÉ SYNDICAL

Dans les entreprises sans DS (ou conseil d'entreprise), la conclusion d'un avenant de révision obéit aux règles prévues pour l'accord initial : voir no 5916 (entreprises de moins de 11 salariés ou de 11 à 20 salariés sans élu) et nos 51917 s. (entreprises d'au mois 11 salariés). Pour le surplus, elle est régie par les dispositions de droit commun de la révision des accords collectifs : voir nos 52050 s. (clause de révision, champ d'application de l'avenant et effet de celui-ci). 52070 C. trav. art. L 2222-2 L 2222-5 L 2232-21 à L 2232-26 L 2261-8 KA-II-4200 s

Sur le point de savoir si l'employeur doit **consulter le CSE**, voir no 9232.

› Précisions **a.** Dans les entreprises de moins de 11 salariés (ou de 11 à 20 sans élu), l'employeur peut proposer un **projet d'avenant de révision,** même si l'accord initial a été **conclu selon d'autres modalités** (par exemple, avec un DS, un élu ou un salarié mandaté). De même, dans celles d'au moins 11 salariés, en l'absence de disposition légale contraire, les **élus** (mandatés ou non) et les **salariés mandatés** nous semblent habilités à réviser un accord collectif conclu dans des conditions différentes de celles qui ont présidé à sa conclusion. Ils devraient ainsi pouvoir réviser un accord approuvé par les 2/3 du personnel ou conclu par des DS.

b. À notre avis, tout élu ou salarié mandaté semble habilité à **demander la révision** d'un accord antérieur, même s'il n'en est pas **signataire,** le législateur n'ayant pas transposé aux entreprises sans DS la condition posée no 52050 concernant l'engagement de la procédure de révision.

De même, l'**employeur** peut selon nous en prendre l'initiative, aucun texte ne s'y opposant.

D. Dénonciation

1. ENTREPRISES DOTÉES D'UN DÉLÉGUÉ SYNDICAL

PROCÉDURE

Les conventions et accords collectifs à durée indéterminée peuvent être dénoncés par leurs **signataires.** Ils doivent prévoir les conditions de leur dénonciation, notamment la durée du **préavis.** À défaut de clause expresse, celle-ci est de 3 mois. La dénonciation doit être **notifiée** par son auteur aux autres signataires et être **déposée** (no 51955). 52080 C. trav. art. L 2222-6 L 2232-16 L 2261-9 L 2261-10 KA-II-25000 s

Sur le point de savoir si l'employeur doit **consulter le CSE** voir no 9232.

› Précisions **a.** L'employeur et les syndicats signataires peuvent dénoncer un accord collectif sans considération de ses modalités de négociation et de ratification, donc y compris si cet **accord** a été **conclu par un élu, un salarié mandaté ou ratifié par les 2/3 du personnel** dans les conditions exposées nos 51915 s. Sur le cas d'une entreprise n'ayant plus de DS au moment de la dénonciation, voir nos 52105 s.

b. dcOSi l'un des syndicats signataires **perd sa représentativité** dans le champ d'application de la convention ou de l'accord, il n'a plus le pouvoir de le dénoncer. Dans ce cas, un ou plusieurs syndicats représentatifs, même non signataires, peuvent le dénoncer, sous réserve qu'ils aient recueilli la majorité des suffrages exprimés dans les conditions indiquées n°s 51900 s.

c. En principe, la dénonciation touche la **totalité** de la convention ou de l'accord. Sauf clause conventionnelle l'autorisant ou si les parties signataires en conviennent ainsi lors de la dénonciation (Cass. soc. 21-11-1973 n° 72-40.228 ; 15-10-1987 n° 85-14.908 D), une dénonciation **partielle** est irrégulière et donc inopposable aux salariés (Cass. soc. 12-10-2005 n° 04-43.355 FS-PB : RJS 12/05 n° 1234) ou, dans certains cas, nulle (Cass. soc. 16-3-1995 n° 93-13.371 PR : RJS 5/95 n° 540 ; 5-12-2007 n° 06-43.554 F-D).

Sauf clause contraire, la dénonciation n'a pas à être **motivée** (Cass. soc. 20-10-1993 n° 89-18.949 P : RJS 12/93 n° 1217). Toutefois, elle ne doit pas, selon nous, reposer sur un motif illicite, sous peine de nullité : voir en ce sens n° 17520, c la solution retenue en cas de dénonciation d'usages.

d. N'est pas valable la dénonciation d'une convention ou d'un accord d'entreprise **notifiée** par l'employeur à une **section syndicale** (Cass. soc. 24-2-1993 n° 90-44.912 D), au **CSE** (Cass. soc. 16-2-1989 n° 86-41.035 P : RJS 4/89 n° 372) ou aux représentants syndicaux au **CSE central** (Cass. soc. 19-4-1989 n° 87-45.530 P : RJS 6/89 n° 527).

e. La convention ou l'accord à **durée déterminée** ne peut pas être unilatéralement dénoncé pendant sa durée (Cass. soc. 26-5-1983 n° 81-15.262). À notre sens, il peut a contrario être dénoncé par accord unanime de l'ensemble des signataires.

DÉNONCIATION PAR TOUS LES SIGNATAIRES

52085 C. trav. art. L 2261-10 KA-II-26400 s

En cas de dénonciation par tous les signataires, **employeurs ou salariés,** une **nouvelle négociation** doit s'engager dans les 3 mois suivant le début du préavis si une des parties intéressées le demande. Tous les syndicats représentatifs doivent y être conviés (Cass. soc. 9-2-2000 n° 97-22.619 : RJS 3/00 n° 306). Elle peut donner lieu à un **accord de substitution,** y compris avant l'expiration du délai de préavis. Sur les effets d'une dénonciation lorsque l'un des syndicats signataires a perdu sa représentativité, voir n° 52080, b.

52090 C. trav. art. L 2261-10 KA-II-26900 s

Survie provisoire La convention ou l'accord dénoncé reste applicable :
– jusqu'à l'**entrée en vigueur** de la convention ou de l'accord remplaçant le texte dénoncé ;
– à défaut, pendant une **durée** d'un an à compter de l'expiration du délai de préavis, sauf clause prévoyant une durée déterminée supérieure.

Durant le délai de survie, la convention ou l'accord dénoncé s'applique intégralement à tous les **salariés** concernés, y compris ceux embauchés après sa dénonciation (Cass. soc. 15-5-2001 n° 99-41.669 FS-P : RJS 7/01 n° 897). L'avenant au contrat de travail signé pendant ce délai et emportant **renonciation** aux dispositions de l'accord dénoncé est nul (Cass. soc. 26-5-1998 n° 96-41.053 PB : RJS 7/98 n° 886 ; 19-10-1999 n° 97-45.907 P : RJS 11/99 n° 1392).

› Précisions **a.** Les conventions et accords collectifs à durée indéterminée demeurent en vigueur tant qu'ils n'ont pas été **régulièrement dénoncés** ou mis en cause (Cass. soc. 25-4-2001 n° 98-45.195 F-P : RJS 7/01 n° 896 ; 13-11-2001 n° 99-42.709 FS-P : RJS 1/02 n° 60).

b. Le **maintien en vigueur** d'un accord d'entreprise **plus d'un an** après l'expiration du préavis de dénonciation ne peut résulter ni d'une clause de l'accord prévoyant qu'il continue à s'appliquer sans fixation de délai jusqu'à la prise d'effet d'un nouvel accord, ni d'un manquement de l'employeur à une obligation annuelle de négocier (Cass. soc. 12-2-1991 n° 89-45.314 P : RJS 3/91 n° 361), ni de l'absence de négociation d'un accord de substitution (Cass. soc. 23-6-1999 n° 97-43.162 P : RJS 8-9/99 n° 1103 ; 12-10-2005 n° 03-40.294 F-PB : RJS 12/05 n° 1235).

c. L'**accord de substitution** peut **entrer en vigueur** et remplacer l'accord dénoncé avant l'expiration du préavis de dénonciation si les signataires le prévoient expressément (Cass. soc. 6-6-2018 n° 16-22.361 FS-PB : RJS 8-9/18 n° 555).

52095 C. trav. art. L 2261-13 KA-II-28750 s

Garantie de rémunération En l'**absence d'accord de substitution** conclu durant le **délai de survie,** l'accord dénoncé cesse de s'appliquer et les salariés bénéficient d'une garantie de rémunération dont le montant annuel, pour une durée de travail équivalente à celle prévue par leur contrat de travail, ne peut être inférieur à la rémunération versée, en application du texte dénoncé et du contrat de travail, lors des 12 derniers mois.

Elle peut prendre la forme d'une **indemnité différentielle** entre, d'une part, la rémunération qui était due au salarié en vertu de la convention ou de l'accord dénoncé et de son contrat de travail et, d'autre part, celle résultant de la nouvelle convention ou du nouvel accord, s'il existe, et de son contrat de travail.

› Précisions **a.** Le **nouvel accord** visé par le Code du travail pour le calcul de l'indemnité différentielle doit, selon nous, s'entendre de tout accord **conclu après** l'expiration du délai de survie et/ou qui n'a pas pour **objet** de remplacer en tout ou partie l'accord dénoncé. En ce sens, il se distingue de l'accord de substitution qui met fin à l'application de l'accord dénoncé sans application de la garantie de rémunération.

b. La **rémunération s'entend** au sens de l'article L 242-1 du CSS. Par exception, le Code du travail exclut du calcul de la garantie le rabais excédentaire soumis à cotisations lors de la levée d'une option sur actions (Mémento Paie nos 50530 s.).

c. Pour déterminer la rémunération à garantir, il convient, selon nous, de se placer à la **date** à laquelle l'accord dénoncé cesse de produire effet, puis de reconsidérer son montant chaque année à la date anniversaire, à la baisse ou à la hausse.

d. À défaut de précision dans les textes, la garantie de rémunération peut faire l'objet d'un **versement** mensuel ou annuel unique.

e. Il est possible, selon nous, de déduire de la jurisprudence antérieure rendue à propos des avantages individuels acquis que les **salariés embauchés après** la dénonciation sont exclus du bénéfice de la garantie de rémunération liée à l'accord dénoncé (Cass. soc. 15-5-2001 no 99-41.669 FS-P : RJS 7/01 no 897), sauf engagement unilatéral de l'employeur plus favorable (Cass. soc. 24-4-2013 no 12-10.196 FS-PBRI : RJS 7/13 no 540).

DÉNONCIATION PAR UNE PARTIE DES SIGNATAIRES

Si la dénonciation émane d'une partie seulement des signataires (employeurs ou salariés), elle ne fait pas obstacle au maintien en vigueur de l'accord entre les autres signataires. 52100 C. trav. art. L 2261-11 KA-II-30650 s
S'agissant d'un **accord d'entreprise** ou d'établissement dénoncé par une partie seulement des syndicats signataires, il en résulte qu'il continue à s'appliquer à l'ensemble des salariés comme s'il n'avait pas été dénoncé. Voir cependant no 52080, b, pour le cas dans lequel l'un des syndicats signataires a perdu sa représentativité.

2. ENTREPRISES SANS DÉLÉGUÉ SYNDICAL

La dénonciation des accords collectifs dans les entreprises sans DS (ou conseil d'entreprise) ne fait pas l'objet de dispositions spécifiques, en dehors de celles qui concernent les auteurs de la dénonciation et de celles relatives à la forme et au délai de dénonciation dans les TPE (voir no 52110). Elle est en effet régie, pour l'essentiel, par les dispositions de droit commun de la dénonciation des accords collectifs : voir nos 52080 s. 52105 KA-II-4200 s
Sur le point de savoir si l'employeur doit **consulter le CSE,** voir no 9232.

ENTREPRISES DE MOINS DE 11 SALARIÉS (OU DE 11 À 20 SANS ÉLU)

Dans les entreprises de moins de 11 salariés (ou de 11 à 20 sans élu), l'accord peut être dénoncé : 52110 C. trav. art. L 2232-22 à L 2232-23 KA-II-4280 s
– soit à l'initiative de l'**employeur** dans des conditions prévues par l'accord ou, à défaut, dans les conditions de droit commun ;
– soit à l'initiative des **salariés** dans les conditions prévues par l'accord. À défaut de stipulation expresse, il peut l'être dans les conditions de droit commun sous réserve que la dénonciation soit notifiée à l'employeur collectivement et par écrit par au moins 2/3 des salariés et qu'elle ait lieu pendant un délai d'un mois avant chaque date anniversaire de la conclusion de l'accord.
Ces modalités s'appliquent sans considération des **modalités de conclusion** de l'accord dénoncé.

> **Précisions** **a.** Le renvoi du Code du travail aux conditions de **droit commun** de la dénonciation semble à tout le moins viser les dispositions relatives à la procédure de dénonciation (clause de dénonciation, préavis, notification et dépôt), à la dénonciation partielle et aux effets de la dénonciation, exposées nos 52080 s.
> **b.** La dénonciation émanant des **salariés** peut, selon nous, prendre la **forme** d'un courrier adressé à l'employeur auquel est annexée une liste d'émargement des salariés favorables à la dénonciation.

ENTREPRISES D'AU MOINS 11 SALARIÉS

Dans les entreprises de 11 à **moins de 50 salariés,** les accords d'entreprise ou d'établissement peuvent être dénoncés soit par un ou plusieurs salariés non élus expressément mandatés par un ou plusieurs syndicats représentatifs dans la branche ou, à défaut, au niveau national et interprofessionnel, soit par un ou plusieurs élus titulaires, mandatés ou non. Les accords dénoncés peuvent porter sur toutes les **mesures** pouvant être négociées par accord d'entreprise ou d'établissement. 52115 C. trav. art. L 2232-23-1 à L 2232-25 L 2232-26 KA-II-4400 s KA-II-4510 s

Dans les entreprises d'**au moins 50 salariés,** la dénonciation peut émaner :
– des élus titulaires mandatés par un ou plusieurs syndicats représentatifs ;
– en l'absence d'élu(s) titulaires(s) mandaté(s), des élus titulaires non mandatés mais uniquement, à notre sens, si l'accord dont la dénonciation est envisagée porte sur les mesures visées no 51919 ;
– des salariés mandatés mais seulement, à notre sens, en l'absence de représentants élus du personnel, établie par un procès-verbal de carence.

› Précisions a. Ces dispositions semblent autoriser, dans les entreprises sans DS, la dénonciation de **tout type d'accord** par des **élus** (mandatés ou non) ou des **salariés** mandatés **non élus,** y compris si l'accord concerné a été approuvé, par le passé, par les 2/3 du personnel ou conclu par d'autres signataires tels que des DS par exemple. Pour dénoncer valablement un accord, les **élus,** mandatés ou non, doivent représenter la majorité des suffrages exprimés (QR min. trav. du 15-7-2020 n° 31).

b. L'**employeur** peut selon nous dénoncer tout type d'accord conclu au sein de l'entreprise, aucun texte ne s'y opposant.

II. APPLICATION DES ACCORDS DANS L'ENTREPRISE ET LE GROUPE

A. Salariés concernés

52130 De façon générale, lorsque l'employeur est lié par une convention ou un accord collectif, ce texte s'applique à tous ses salariés entrant dans son champ d'application.

C. trav. art. L 2254-1
KA-III-16200 s
KA-III-17300 s

Sur les règles d'articulation entre accords collectifs et loi, contrats de travail, usages et engagements unilatéraux de l'employeur, voir n°s 52200 s.

› Précisions a. Les dispositions conventionnelles s'appliquent aux gérants de succursales **assimilés à des salariés** en vertu de l'article L 7321-1 du Code du travail, tels les gérants de station-service (Cass. soc. 26-2-1992 n° 88-41.533 P : RJS 4/92 n° 536 ; 26-10-2011 n° 10-14.175 FS-PB : RJS 1/12 n° 86) ou de magasins (Cass. soc. 25-3-2009 n° 07-41.242 FS-PB : RJS 6/09 n° 585), à l'exception de celles qui leur sont inapplicables par nature, faute de lien de subordination, comme par exemple celles relatives à la classification et au salaire minimum en découlant (Cass. soc. 15-1-2014 n° 11-11.223 FS-PB : RJS 3/14 n° 280 ; 7-12-2017 n° 16-18.669 FS-PB : RJS 2/18 n° 151).
Des stipulations particulières peuvent **exclure** du champ d'application de l'accord certaines catégories de salariés ou les soumettre à un **régime spécial** (Cass. soc. 24-11-1983 n° 81-40.710 P ; 10-7-1991 n° 88-40.418 P : RJS 8-9/91 n° 986 ; 5-12-2007 n° 06-43.888 F-D : RJS 2/08 n° 190).
Sur l'application du principe de l'égalité de traitement dans ce cas, voir n° 32150. La loi reconnaît la faculté de prévoir des stipulations particulières pour les travailleurs à temps partiel (n°s 77360 s.). S'agissant des VRP, voir n° 60855, c ; des journalistes, n° 46250 ; des salariés détachés en France par une entreprise étrangère, n°s 36190 s. ; des salariés détachés à l'étranger ou expatriés, n° 78425.

b. L'application d'un texte conventionnel de branche ne dépend pas de la nature de l'**activité du salarié** mais de l'activité principale de l'entreprise : voir n° 52180.

c. Le salarié **muté,** hors transfert légal, dans une autre entreprise appliquant une convention ou un accord collectif différent y devient assujetti. Il cesse immédiatement de bénéficier des conventions et accords de l'ancienne entreprise même plus favorables, sauf engagement contraire du nouvel employeur (Cass. soc. 17-2-1982 n° 80-40.115 P).

B. Détermination des accords applicables

52135 Pour déterminer le ou les accords collectifs applicables à l'entreprise, il convient d'effectuer, dans un premier temps, un **état des lieux** des accords conclus au niveau interentreprises, de l'entreprise, de ses établissements ou du groupe auquel elle appartient (n°s 52150 s.) et de rechercher les accords de niveau supérieur (de branche, interbranches, professionnels ou interprofessionnels) qui lui sont potentiellement applicables (n°s 52165 s.).

1. ACCORDS D'ENTREPRISE, D'ÉTABLISSEMENT, DE GROUPE ET INTERENTREPRISES

RÈGLES GÉNÉRALES

52150 L'employeur ayant **signé un accord** collectif est tenu de l'appliquer dans son **champ d'application** : entreprise, établissement ou groupe d'établissements, groupe d'entreprises, interentreprises. Il ne doit rien faire qui soit de nature à en compromettre l'exécution loyale. Chaque **établissement** doit ainsi appliquer les conventions et accords d'établissement conclus en son sein. Quant aux accords conclus au niveau du **groupe,** ils s'appliquent dans

C. trav. art. L 2262-1
L 2262-4
KA-III-350 s
KA-III-17200 s

toutes les entreprises entrant dans leur champ, qui peut englober tout ou partie du groupe (n° 51928, a). Les accords propres aux entreprises du groupe ne s'appliquent qu'à leur personnel, pas à celui des autres entreprises du groupe, même si elles forment ensemble une **UES** (Cass. soc. 2-12-2003 n° 01-47.010 FS-PBI : RJS 2/04 n° 241).

En principe, l'employeur ne peut mettre fin à l'application d'un accord qu'en respectant la procédure de **dénonciation** (nos 52080 s.) ou de **révision** (nos 52050 s.). Sur la possibilité pour un accord d'entreprise, de groupe ou interentreprises d'écarter l'application d'un **accord de niveau inférieur,** voir n° 52225. En cas de conclusion d'un **accord de branche** portant sur le même objet, voir nos 52230 s. Sur la remise en cause d'un accord en cas de **déménagement,** voir n° 52185, ou de **transfert** d'entreprise ou de changement de son **activité,** voir nos 74780 s. Sur le cas où un accord devient **caduc,** voir n° 51960, b.

ACCORDS NON DÉPOSÉS

Un accord non déposé conserve son caractère d'accord collectif et donc sa force obligatoire s'il est effectivement **exécuté,** dès lors que les parties n'ont pas entendu subordonner son entrée en vigueur à son dépôt (Cass. soc. 22-4-1985 n° 84-11.024 ; 18-10-2006 n° 04-40.493 FS-PB : RJS 1/07 n° 125 ; 28-2-2018 n° 15-26.260 FS-D : RJS 5/18 n° 318). L'application de cette jurisprudence aux accords d'entreprise dérogatoires à la loi (n° 51937), qui prévalent en principe sur les accords de branche (voir nos 52230 s.), nous semble toutefois incertaine. 52160 KA-I-3910 s

ATTENTION

Le dépôt étant prescrit dans l'intérêt des **tiers,** un salarié ne peut pas se prévaloir de son absence pour échapper à l'application de l'accord qu'il a signé en tant que représentant d'un syndicat (Cass. soc. 27-6-1957 n° 3779).

2. ACCORDS DE BRANCHE, PROFESSIONNELS ET INTERPROFESSIONNELS

a. Application obligatoire

Les règles exposées ci-après doivent être combinées avec celles relatives à l'articulation entre accords d'entreprise et accords de branche : voir nos 52230 s. En outre, d'autres normes (loi, contrat de travail, usages et engagements unilatéraux) peuvent potentiellement s'appliquer au lieu et place de l'accord collectif : voir nos 52200 s. 52165

Sur le caractère obligatoire des **accords non déposés,** voir n° 52160.

CATÉGORIES D'ACCORDS

Accords de branche non étendus L'employeur compris dans le **champ d'application** professionnel et territorial d'une convention de branche ou d'un accord professionnel ou interprofessionnel non étendu doit l'appliquer (nos 52178 s.) s'il en est signataire, s'il est membre d'un syndicat signataire ou d'un syndicat ayant adhéré à la convention ou à l'accord après sa signature, ou si, après la signature du texte, il a **adhéré** soit à la convention ou à l'accord lui-même dans les conditions exposées n° 52190, soit à l'un des syndicats signataires. 52167 C. trav. art. L 2262-1 à L 2262-3 L 2262-7 KA-III-350 s

› Précisions **a.** L'employeur qui **démissionne** du syndicat ou du groupement signataire reste lié par la convention ou l'accord signé avant. Il informe sans délai les élus (à défaut les salariés) et les délégués syndicaux de sa démission.

En revanche, il n'est pas tenu d'appliquer les textes signés après sa démission par son ancien syndicat et non étendus, sauf s'ils sont adoptés en application d'une convention ou d'un accord signé avant sa démission (Cass. soc. 10-2-1999 n° 96-40.851 PB : RJS 3/99 n° 396).

b. Le **texte des principales conventions** collectives nationales est disponible sur notre Navis social et notre Navis conventions collectives. Il est également possible d'y accéder sur la base de données nationale (https://www.legifrance.gouv.fr/contenu/menu/droit-national-en-vigueur/accords-collectifs) et de le commander à la Documentation française sur Internet (http://ladocumentationfrancaise.fr). La convention collective nationale applicable dans l'entreprise y fait l'objet d'une publicité, voir n° 52280.

Accords de branche étendus L'extension rend obligatoire l'application d'une convention de branche ou d'un accord professionnel ou interprofessionnel à tous les employeurs entrant dans son **champ d'application** professionnel et territorial. 52170 C. trav. art. L 2261-15 à L 2261-28 L 2261-30 L 2261-31 D 2261-4 KA-II-8920 s KA-III-3000 s

› Précisions **a.** Un employeur ne peut pas s'affranchir de l'application d'un accord professionnel ou interprofessionnel étendu dont le champ d'application inclut son entreprise en invoquant devant le **juge judiciaire** l'absence de représentativité des organisations patronales signataires ou le fait qu'il n'a pas adhéré à l'une de ces organisations (Cass. soc. 27-11-2019 nº 17-31.442 FP-PBRI : RJS 2/20 nº 103 ; Cass. 2e civ. 12-3-2020 nº 18-14.382 F-PBI : RJS 5/20 nº 247).

b. L'extension fait l'objet d'un **arrêté** du ministre du travail publié au Journal officiel (JO). Sur la publication du **texte** de la convention ou de l'accord étendu, voir nº 52167, b. L'extension produit ses **effets** le lendemain de la publication de l'arrêté au JO, sauf si l'arrêté ou la convention retient une date ultérieure.

Elle n'a d'effet que **pour l'avenir** : les employeurs concernés par l'extension ne peuvent pas être soumis rétroactivement aux dispositions étendues (Cass. soc. 13-12-1973 nº 71-40.753 P ; 21-5-1981 nº 79-41.324 P). Elle vaut pour la **durée** et aux **conditions** prévues par la convention ou l'accord. Elle cesse donc de produire effet lorsque ce texte n'est plus applicable par suite de dénonciation, de non-renouvellement ou de disparition des organisations signataires.

Les **avenants et annexes** d'une convention ou d'un accord étendu ne deviennent obligatoires pour les employeurs non signataires ou non affiliés aux syndicats signataires que s'ils appartiennent au champ d'application défini par ces textes, qui peut être plus restreint que celui de la convention ou de l'accord initial (Cass. soc. 18-10-2006 nº 05-42.489 F-D : RJS 1/07 nº 88), et à compter de leur extension (notamment Cass. ass. plén. 6-4-1990 nº 89-41.674 P : RJS 6/90 nº 490).

c. Pour pouvoir être étendu, un accord de branche doit, en principe, contenir un certain nombre de **clauses obligatoires.** Pour plus de détails, voir notre Documentation sociale (KA-III-3250 s.). En tout état de cause, un tel accord doit, sauf justifications, prévoir le cas échéant sous forme d'**accord type** indiquant les différents choix laissés à l'employeur, des **stipulations spécifiques** aux **entreprises de moins de 50 salariés** pouvant porter sur l'ensemble des négociations prévues par le Code du travail. L'employeur peut appliquer l'accord type au moyen d'un document unilatéral indiquant les choix retenus, après information par tous moyens du CSE, s'il en existe dans l'entreprise, et des salariés (C. trav. art. L 2232-10-1 et L 2261-23-1).

d. Le ministre du travail peut étendre des **accords de branche incomplets** en subordonnant, sauf dispositions légales contraires, leur entrée en vigueur à l'adoption de stipulations manquantes par accord d'entreprise.

52175 **Accords de branche élargis** L'élargissement rend obligatoire dans une **branche d'activité** ou un **secteur territorial non couvert** par un texte conventionnel l'application d'une convention ou d'un accord déjà étendu dans un autre secteur.

C. trav. art. L 2261-17 L 2261-18 L 2261-29 à L 2261-31 D 2261-4 **KA-III-5900 s**

› Précisions **a.** L'élargissement fait l'objet d'un **arrêté** du ministre du travail publié au Journal officiel (JO). Il produit ses **effets** dans les mêmes conditions que l'extension : voir nº 52170, b.

b. Le ministre du travail peut décider, en cas d'**absence** ou de **carence des syndicats** de salariés ou d'employeurs dans la conclusion d'accords dans une branche ou un secteur territorial déterminé, d'élargir tout ou partie d'un accord de branche déjà étendu à un autre secteur professionnel ou territorial et de le rendre applicable à cette branche ou ce secteur territorial.

c. L'arrêté d'élargissement devient **caduc** lorsque l'arrêté d'extension du texte cesse de produire effet ou en cas d'extension d'une convention ou d'un accord conclu ultérieurement dans le secteur professionnel ou territorial ayant fait l'objet de l'élargissement.

CHAMP D'APPLICATION DES ACCORDS

52178 Une convention ou un accord de branche ou un accord professionnel ou interprofessionnel n'est applicable que dans les entreprises entrant dans son champ d'application professionnel et territorial.

52180 **Champ d'application professionnel** L'entrée dans le champ d'application professionnel d'une convention ou d'un accord de branche, professionnel ou interprofessionnel, est fonction de l'**activité effective** de l'entreprise.

C. trav. art. L 2261-2 **KA-III-9600 s**

Celle-ci est entendue comme l'**activité principale** de l'entreprise, par opposition à l'activité accessoire. En cas de **pluralité d'activités** rendant incertaine l'application de ce critère, les conventions et accords peuvent, par des clauses réciproques et de nature identique, prévoir les conditions dans lesquelles l'entreprise détermine ceux qui lui sont applicables.

Toutefois, si les salariés exercent une activité nettement différenciée dans un **centre d'activité autonome,** la convention ou l'accord afférent à l'activité de ce centre doit s'y appliquer (Cass. soc. 7-4-1967 nº 66-40.294 ; 5-10-1999 nº 97-16.995 PB : RJS 11/99 nº 1390 ; 18-10-2006 nº 05-42.284 F-D : RJS 1/07 nº 83).

Le **changement d'employeur** notamment par fusion, cession, scission et le changement **d'activité** de l'entreprise peuvent mettre en cause l'application des conventions et accords collectifs dans les conditions exposées nos 74780 s.

› Précisions **a.** Le champ d'application professionnel des conventions ou accords collectifs est en général défini par référence soit au **code APE** délivré par l'Insee, soit à l'**objet social** défini dans les statuts de l'entreprise ; ceux-ci n'ont toutefois qu'une valeur indicative et seule l'**activité réelle** de l'entreprise détermine son assujettissement à un texte conventionnel (jurisprudence constante, notamment Cass. soc. 4-12-2001 n° 99-43.676 FS-P : RJS 2/02 n° 204). L'avis de l'inspecteur du travail sur cette question ne lie pas le juge (Cass. soc. 6-11-1980 n° 78-41.091 ; 16-7-1987 n° 84-44.885 P) qui dispose d'une appréciation souveraine en la matière (Cass. soc. 12-3-2003 n° 00-46.070 F-D : RJS 5/03 n° 585 ; 15-3-2017 n° 15-19.958 FS-PB : RJS 5/17 n° 356).

b. Est considérée, en principe, comme **activité principale** :

– pour une entreprise **industrielle,** celle occupant le plus grand nombre de salariés (Cass. soc. 23-4-2003 n° 01-41.196 FS-PB : RJS 7/03 n° 919) ;

– pour une entreprise **commerciale,** celle réalisant le plus important chiffre d'affaires (Cass. soc. 25-2-1998 n° 96-40.206 D ; 4-12-2007 n° 06-42.463 FS-D : RJS 2/08 n° 202).

Pour une entreprise **industrielle et commerciale,** le critère du nombre de salariés peut être retenu lorsque le chiffre d'affaires afférent aux activités industrielles est au moins égal à 25 % du chiffre d'affaires total (Rép. Liot : Sén. 5-5-1971 n° 10230).

Toutefois, d'autres critères peuvent être pris en considération. En dernière analyse, les tribunaux ont seuls qualité pour déterminer si l'activité principale de l'entreprise lui rend applicable la convention dont se prévaut le salarié (Rép. Liot : Sén. 5-5-1971 n° 10230). Cette **preuve** ne peut pas être mise à la charge de ce dernier (Cass. soc. 11-6-1987 n° 84-44.935 P ; 2-7-1987 n° 84-43.210).

Si l'activité accessoire devient l'activité principale, il y a lieu d'appliquer la convention de cette activité sous réserve du maintien provisoire du statut collectif antérieur (n° 74780).

c. Le fait qu'une société exerce deux activités différenciées sur le même site ne suffit pas à caractériser l'existence d'un **centre d'activité autonome** (Cass. soc. 26-1-2000 n° 97-40.550 D : RJS 3/00 n° 304). Pour être autonome, un centre d'activité doit se situer dans un lieu distinct des autres activités de l'entreprise et disposer d'un personnel et de matériel propres (Cass. soc. 11-12-1968 n° 68-40.151 ; 14-10-2009 n° 08-40.576 FS-D ; 11-1-2012 n° 10-10.938 F-D). Le principe d'application de la convention ou de l'accord correspondant à l'activité de chaque centre d'activité autonome vaut quelle que soit l'importance respective de ces centres. Il a ainsi été mis en œuvre dans une entreprise comportant deux établissements distincts exerçant deux activités différentes dont l'un réalisait 85 % du chiffre d'affaires total et l'autre 15 % (Cass. soc. 20-7-1982 n° 80-40.890 P). Il en a été de même dans le cas d'un établissement dont l'exploitation était assurée par une seule personne et revêtait un caractère temporaire (Cass. soc. 5-11-1987 n° 84-45.615 P).

Champ d'application territorial S'agissant des conventions et **accords régionaux, départementaux ou locaux,** lorsque l'entreprise est constituée de plusieurs établissements autonomes, chacun applique ceux dont il dépend en fonction de sa situation géographique (Cass. soc. 20-11-1991 n° 88-43.281 P : RJS 1/92 n° 59 ; 16-4-1996 n° 93-41.049 D : RJS 6/96 n° 691). À défaut d'établissements autonomes, la convention ou l'accord applicable au **siège social** s'applique à l'ensemble des salariés, quel que soit leur lieu de travail (Cass. soc. 13-2-2008 n° 06-44.555 F-D : RJS 5/08 n° 573 ; 9-12-2009 n° 08-41.711 FS-D : RJS 2/10 n° 209). 52185 KA-III-11100 s

Le **déménagement** de l'entreprise entraîne la mise en cause, dans les conditions exposées n°s 74780 s., de l'application des accords dont le champ d'application est régional, départemental ou local si elle sort de ce champ (Cass. soc. 21-5-1997 n° 93-46.617 PBR : RJS 7/97 n° 848 ; 3-3-1998 n° 95-44.357 D : RJS 4/98 n° 496). Les accords d'entreprise, d'établissement et nationaux restent en revanche applicables (Cass. soc. 4-10-1984 n° 82-41.882).

› Précisions **a.** Est un **établissement autonome** celui existant depuis longtemps, inscrit au registre du commerce et des sociétés et doté d'institutions représentatives du personnel propres (Cass. soc. 5-10-2016 n° 15-10.148 F-D : RJS 1/17 n° 46), pas un simple atelier (Cass. soc. 15-3-2006 n° 04-42.831 F-D : RJS 6/06 n° 756).

b. Le **transfert du siège social** d'une entreprise dans un autre département met en cause, pour tous les salariés ne travaillant pas dans un établissement autonome, la convention collective départementale applicable avant le transfert, sans qu'il soit nécessaire de la dénoncer (Cass. soc. 21-5-1997 n° 93-46.617 PBR : RJS 7/97 n° 848 ; 3-3-1998 n° 95-44.357 D : RJS 4/98 n° 496).

c. Sur l'application des accords collectifs dans les départements et collectivités d'**outre-mer,** voir n° 51935, a.

b. Adhésion

L'adhésion consiste pour l'employeur à **contresigner** une convention ou un accord collectif de niveau supérieur à celui de l'entreprise après sa signature sans en discuter les termes. Elle a pour effet de le contraindre à en appliquer les clauses. Toutefois, si un **accord d'entreprise** existe sur le même thème, celui-ci prévaut dans les conditions visées n°s 52230 s. 52190 C. trav. art. L 2261-3 L 2261-6 KA-III-600 s

› Précisions **a.** L'adhésion, qui doit être **notifiée** aux signataires du texte concerné et **déposée,** est soumise aux mêmes règles d'**entrée en vigueur** que les conventions et accords (n° 51955).

b. Lorsque l'entreprise n'entre pas dans le champ d'application territorial ou professionnel d'une convention de branche ou d'un accord professionnel ou interprofessionnel, l'adhésion est subordonnée à l'**agrément** des syndicats de salariés représentatifs dans l'entreprise, après négociation à ce sujet.

c. Application volontaire

52195 KA-III-6500 s La jurisprudence admet qu'un employeur applique des conventions ou accords de branche, professionnels ou interprofessionnels auxquels il n'est pas soumis.

> Précisions **a.** L'assujettissement de l'employeur à une convention collective peut résulter de sa **volonté explicite** d'en faire bénéficier son personnel (référence écrite à la convention, affichage, mention au contrat de travail) ou d'une **volonté implicite,** qui se manifeste, par exemple, par son application constante, constitutive d'un usage, ou par la distribution du texte de la convention à l'embauche sans formuler de réserve et en s'y référant pour déterminer la qualification (Cass. soc. 29-5-1986 n° 83-44.809 P). La mention d'une convention collective sur le **bulletin de paie** vaut engagement unilatéral de l'employeur à l'appliquer au salarié (Cass. soc. 14-11-2013 n° 12-22.734 F-D : RJS 3/14 n° 253), mais il ne s'agit que d'une présomption simple, l'employeur pouvant apporter la preuve contraire, par exemple en établissant l'existence d'une erreur manifeste (Cass. soc. 15-11-2007 n° 06-44.008 FS-PBRI et n° 06-43.383 FS-PB : RJS 1/08 n° 54 ; 2-7-2008 n° 07-41.473 F-D : RJS 10/08 n° 1012 ; 12-7-2018 n° 17-14.699 F-D). Pour les **VRP,** voir n° 60855, c.

b. L'engagement de l'employeur peut se limiter à **certaines clauses** de la convention (Cass. soc. 10-6-2003 n° 01-41.328 FS-PB : RJS 8-9/03 n° 1040 ; 23-2-2005 n° 02-47.557 F-D : RJS 5/05 n° 546 ; 7-4-2009 n° 07-45.525 F-D) ou à certaines **catégories de salariés** (Cass. soc. 5-10-1993 n° 89-43.869 P : RJS 11/93 n° 1122). L'application volontaire d'une stipulation d'une convention est limitée à celles de ses **prévisions transposables** dans l'entreprise (Cass. soc. 16-12-2005 n° 03-40.888 F-PB : RJS 2/06 n° 250) et aux salariés appartenant aux catégories qu'elles visent (Cass. soc. 20-12-2006 n° 05-40.292 FS-PB : RJS 3/07 n° 360).

c. L'application volontaire d'une convention vaut uniquement dans les **relations individuelles de travail,** car dans les relations collectives la seule convention applicable est celle déterminée par l'activité principale de l'entreprise (Cass. soc. 18-7-2000 n° 97-44.897 FP-PBR : RJS 11/00 n° 1118 ; 10-12-2002 n° 00-44.260 FS-PB : RJS 2/03 n° 221 ; 2-7-2008 n° 07-41.473 F-D : RJS 10/08 n° 1012). Si l'employeur est, par ailleurs, **obligatoirement assujetti à une autre convention** collective en raison de la nature de son activité principale, il n'est pas délié de cette dernière, ce qui peut le conduire à appliquer simultanément deux conventions, en retenant pour chaque avantage les dispositions les plus avantageuses pour les salariés (Cass. soc. 18-7-2000 n° 98-42.949 FP-PBR : RJS 11/00 n° 1117 ; 7-5-2002 n° 99-44.161 FS-P : RJS 7/02 n° 860). Sur le principe de faveur, voir n° 52227. Sur les rapports entre accords de branche et accords de champ plus large, voir toutefois n° 52275.

d. L'application volontaire d'une convention n'implique pas l'engagement d'appliquer à l'avenir ses **avenants** ou l'**accord de substitution** (Cass. soc. 21-10-1998 n° 97-44.337 P : RJS 12/98 n° 1517 ; 25-3-2009 n° 07-45.340 F-D), même si la mention de la convention est reproduite sur les bulletins de salaires ultérieurs (Cass. soc. 2-4-2003 n° 00-43.601 FS-PB : RJS 6/03 n° 777 ; 24-5-2006 n° 04-48.509 F-D), sauf si l'employeur a manifesté sa volonté claire et non équivoque de les appliquer (Cass. soc. 10-6-1992 n° 88-41.562 P ; 7-4-2004 n° 02-40.761 FS-P : RJS 6/04 n° 724). Même solution pour les **accords territoriaux** complétant une convention collective nationale appliquée volontairement (Cass. soc. 4-3-2020 n° 18-11.585 FS-PB : RJS 5/20 n° 246).

e. Lorsque l'application volontaire d'une convention résulte d'une mention du **contrat de travail,** son application est contractualisée, dans les conditions et limites exposées aux b, c et d ci-dessus (Cass. soc. 4-3-2020 n° 18-11.584 FS-D et 4-3-2020 n° 18-11.585 FS-PB : RJS 5/20 n° 246). Lorsqu'elle résulte d'un **usage** ou d'un engagement unilatéral de l'employeur, il peut le **dénoncer** dans les conditions exposées nos 17520 s. (Cass. soc. 31-1-1996 n° 93-41.254 D : RJS 3/96 n° 313 ; 11-2-2009 n° 07-17.863 F-D : RJS 4/09 n° 382) ou y mettre fin, sans délai, par la **conclusion d'un accord** d'entreprise ayant le même objet (Cass. soc. 26-9-2012 n° 10-24.529 FS-PB : RJS 12/12 n° 976).

3. CONCOURS DE TEXTES

a. Loi, contrat de travail, usages et engagements unilatéraux

52200 KA-III-17800 s Lorsque les dispositions d'une convention ou d'un **accord collectif** applicable dans l'entreprise entrent en contradiction avec celles d'une **autre norme** (loi, contrat de travail, usage, décision de l'employeur de portée collective…), l'employeur doit être en mesure de déterminer quelle norme appliquer. Pour ce faire, il doit tenir compte des principes qui gouvernent leur articulation.

DISPOSITION LÉGALE

52205 KA-II-13300 s KA-III-18350 s En principe, les rapports entre loi et textes conventionnels sont régis par le **principe de faveur** (voir n° 51937).

Le salarié a droit au cumul des avantages légaux et conventionnels n'ayant **pas le même objet** ou la même cause (Cass. soc. 6-10-2010 n° 09-42.772 FS-D). En revanche, si ces avantages ont le **même objet,** on n'applique que les dispositions les plus favorables (Cass. soc. 30-1-2008 nº 06-41.709 F-D ; 10-1-2018 nº 16-23.124 F-D : RJS 3/18 nº 203), dans leur intégralité, sans possibilité de panachage (Cass soc. 13-7-2017 nº 15-29.124 F-D). S'agissant des congés payés, voir nº 13350, b.

> **Précisions** Selon la doctrine majoritaire, lorsque la Cour de cassation **compare** les textes légal et conventionnel, elle retient, en principe, la disposition la plus favorable globalement, c'est-à-dire pour l'**ensemble des salariés** (Cass. soc. 7-5-2002 nº 00-60.342 FS-PB : RJS 7/02 nº 825 ; 23-5-2013 nº 12-15.571 F-D ; Voir aussi la solution présentée nº 49760).
> Certaines décisions ont toutefois privilégié une **appréciation individuelle.** Ainsi jugé à propos de dispositions du Code local d'Alsace-Moselle et de la convention collective applicable relatives aux absences pour maladie de courte durée (Cass. soc. 19-6-1996 nº 95-40.213 D : RJS 10/96 nº 1111 ; 4-1-2000 nº 97-44.054 PB : RJS 2/00 nº 219) ou à l'organisation par l'employeur d'une contre-visite médicale (Cass. soc. 19-6-2001 nº 98-44.926 FS-PB : RJS 10/01 nº 1223).

CONTRAT DE TRAVAIL

Si elles sont **plus favorables** aux salariés, les clauses des conventions et accords collectifs se substituent, dès leur entrée en vigueur, à celles des contrats de travail en cours. En revanche, une convention ou un accord collectif **défavorable** au salarié ne peut pas modifier le contrat de travail (Cass. soc. 25-2-2003 nº 01-40.588 FS-P : RJS 5/03 nº 567 ; 14-9-2016 nº 15-21.794 FS-PB : RJS 11/16 nº 718). Réciproquement, un **avenant au contrat de travail** ne peut pas écarter un avantage conventionnel plus favorable (Cass. soc. 4-2-2003 nº 01-40.066 F-P : RJS 4/03 nº 497). Le salarié peut agir pour en obtenir le bénéfice même s'il a consenti à la dérogation (Cass. soc. 25-10-1990 nº 87-43.730 D ; 23-4-1997 nº 94-42.629 PB : RJS 6/97 nº 713 ; 28-9-2016 nº 15-17.871 F-D : RJS 1/17 nº 72). **52210** C. trav. art. L 2254-1 KA-III-17300 s KA-III-20080 s

Deux avantages, l'un contractuel, l'autre conventionnel, se **cumulent** s'ils n'ont pas le même objet ou la même cause (Cass. soc. 15-2-2012 nº 10-27.397 F-D : RJS 5/12 nº 483 ; 13-6-2012 nº 10-27.395 FS-PB : RJS 8-9/12 nº 726). Dans le cas contraire, le cumul est exclu et le plus favorable s'applique.

Sur les règles applicables en cas d'**accord de performance collective,** voir nºˢ 17550 s.

La référence dans le contrat de travail aux dispositions d'un accord collectif n'entraîne pas leur **contractualisation** (nº 52280, c).

USAGE ET ENGAGEMENT UNILATÉRAL

Les conventions ou accords de branche se substituent dès leur entrée en vigueur aux **usages** professionnels ou d'entreprise **antérieurs,** même plus favorables aux salariés, ayant le même objet (Cass. soc. 14-11-1984 nº 84-60.276 ; 19-12-1990 nº 87-43.568 P : RJS 2/91 nº 224). Il en va de même d'un accord d'entreprise à l'égard d'un usage d'entreprise (Cass. soc. 25-1-1995 nº 90-45.796 P : RJS 3/95 nº 279 ; 9-7-1996 nº 94-42.773 PF : RJS 8-9/96 nº 954 ; 20-5-2014 nº 12-26.322 FS-PBR : RJS 7/14 nº 581) ou d'un engagement unilatéral de l'employeur (Cass. soc. 5-3-1997 nº 95-42.396 P : RJS 4/97 nº 443 ; 26-1-2005 nº 02-47.507 F-PB : RJS 4/05 nº 419). Cette substitution ne nécessite pas de dénonciation (Cass. soc. 28-1-1998 nº 95-45.220 P ; 8-1-2002 nº 00-12.252 FS-P : RJS 5/02 nº 586 ; 10-3-2010 nº 08-44.950 FS-D). **52215** KA-III-19730 s

L'usage ne peut pas réduire les avantages que les salariés tiennent des **textes conventionnels antérieurs** (Cass. soc. 8-12-1982 nº 80-41.006 ; 6-4-1994 nº 91-45.713 D : RJS 5/94 nº 550). Il en est de même pour l'engagement unilatéral de l'employeur (Cass. soc. 8-11-1989 nº 87-40.371 P ; 26-3-2002 nº 99-14.144 FS-D : RJS 7/02 nº 859). Il peut, en revanche, les améliorer (Cass. soc. 3-2-1993 nº 90-40.927 P : RJS 3/93 nº 337 ; 8-10-1996 nº 93-44.672 P : RJS 11/96 nº 1149 ; 10-4-2013 nº 12-10.193 F-D).

> **Précisions a.** Si l'accord remettant en cause un engagement unilatéral prévoit le maintien des avantages acquis, les salariés **embauchés après** sa conclusion ne peuvent pas s'en prévaloir (Cass. soc. 14-6-2000 nº 98-41.703 PF : RJS 9-10/00 nº 975).
> **b.** Un **usage local** ne peut être remis en cause que par un accord collectif ayant le même objet, conclu dans un champ d'application géographique identique ou plus large (Cass. soc. 8-4-2010 nº 08-43.599 FS-PB : RJS 6/10 nº 536).

b. Accords de groupe, interentreprises, d'entreprise ou d'établissement

CLAUSE DE SUBSTITUTION

En présence de **plusieurs accords** ayant le **même objet,** l'application de l'accord de niveau inférieur est écartée au profit de celle de l'accord de niveau supérieur si ce dernier comporte une clause en ce sens, dite clause de substitution. Ainsi, lorsqu'une clause de l'**accord d'entreprise** le prévoit, ses stipulations se substituent à celles ayant le même objet des **52225** C. trav. art. L 2253-5 à L 2253-7 KA-III-19190 s conventions ou accords conclus antérieurement ou postérieurement dans les établissements compris dans le périmètre de cet accord. De même, une clause d'un accord **de groupe** ou d'un accord **interentreprises** peut prévoir que ses stipulations se substituent à celles ayant le même objet des conventions ou accords conclus antérieurement ou postérieurement dans les entreprises ou établissements compris dans le périmètre de cet accord.

ABSENCE DE CLAUSE DE SUBSTITUTION

52227 KA-III-19190 s KA-III-19370 s Si l'accord de niveau supérieur ne prévoit rien, il convient, selon nous, de respecter le **principe de faveur** en appliquant les règles dégagées par la jurisprudence pour la comparaison des avantages conventionnels en concours.

Selon ces règles, la comparaison s'opère pour l'**ensemble des salariés** et non pas salarié par salarié (Cass. soc. 25-1-1984 nº 81-41.609 P ; 18-1-2000 nº 96-44.578 P : RJS 3/00 nº 307), et en principe, en prenant en considération l'ensemble des clauses ayant le même objet ou la même cause (Cass. soc. 12-2-1969 nº 67-40.433 P).

Sauf clause contraire, les avantages ayant le **même objet** ou la même cause ne se cumulent pas, le plus favorable d'entre eux devant seul être accordé (Cass. ass. plén. 18-3-1988 nº 84-40.083 P ; 24-10-2008 nº 07-42.799 PBRI : RJS 12/08 nº 1200). À l'inverse, si les textes conventionnels n'ont **pas le même objet,** les salariés peuvent prétendre à une application distributive de ces textes (Cass. soc. 24-6-1992 nº 90-42.432 D : RJS 10/92 nº 1135 ; 22-10-1996 nº 93-43.616 P).

› Précisions **a.** La comparaison relève de l'appréciation souveraine des juges du fond qui doivent prendre en compte l'**ensemble des critères** d'attribution d'un avantage (conditions d'ouverture du droit, montant, etc.). Ainsi, lorsqu'un avantage pris dans son ensemble est ouvert à un **plus grand nombre de salariés,** il doit s'appliquer même si l'avantage issu d'un autre accord collectif est plus généreux, mais destiné à des salariés moins nombreux (Cass. soc. 5-4-2018 nº 16-26.740 F-D : RJS 6/18 nº 434).

b. La comparaison peut s'étendre à des ensembles d'avantages interdépendants s'il apparaît que certains avantages constituent une contrepartie réelle et effective d'une renonciation à d'autres. Ainsi jugé à propos d'**accords donnant-donnant** faisant apparaître une interdépendance et une indivisibilité entre les engagements de **maintien de l'emploi** pris par l'employeur et la renonciation des salariés à certains avantages salariaux (Cass. soc. 19-2-1997 nº 94-45.286 PBF : RJS 4/97 nº 444 ; 8-1-2020 nº 18-17.708 F-PB : RJS 3/20).

c. Une fois déterminée la disposition la plus favorable, il convient de l'**appliquer dans son intégralité,** y compris dans celles de ses composantes qui, prises isolément, seraient moins avantageuses (Cass. soc. 8-7-1980 nº 78-41.656 P).

c. Accords d'entreprise et accords de branche

52230 KA-III-18570 s Le Code du travail régit les rapports entre accords de branche (ou accords professionnels, ou couvrant un champ territorial ou professionnel plus large, tels que les accords interbranches ou interprofessionnels) et accords d'entreprise (ou accords d'établissement ou de groupe).

BLOC Nº 1 : THÈMES OÙ L'ACCORD DE BRANCHE PRIME DE FAÇON IMPÉRATIVE

52235 C. trav. art. L 2253-1 KA-III-18650 s Le Code du travail prévoit une liste limitative de 13 thèmes pour lesquels l'accord de branche prime sur les accords d'entreprise conclus antérieurement ou postérieurement :

– les **salaires** minima hiérarchiques (nºs 70590 s.) ;
– les **classifications** ;
– la mutualisation des fonds de financement du **paritarisme** ;
– la mutualisation des fonds de la **formation** professionnelle ;
– les garanties collectives de **protection sociale complémentaire** présentant un haut degré de solidarité définies nº 58970 ;
– certaines mesures relatives à la **durée du travail** : régime d'équivalences (nºs 29660 s.), aménagement du temps de travail sur une période supérieure à 1 an dans la limite de 3 ans (nº 30110), nombre minimal d'heures entraînant la qualification de travailleur de nuit (nº 30452), durée minimale du travail à temps partiel (nº 77175), taux de majoration des heures complémentaires (nº 77230) et augmentation temporaire de la durée du travail à temps partiel (nº 77295) ;
– certaines mesures relatives aux **CDD** et aux **contrats de mission** : durée totale du contrat (nº 19780), nombre maximal de renouvellements (nºs 19790 s. et 82170), délai de carence entre 2 contrats (nºs 19920 et 82530) et définition des cas dans lesquels le délai de carence n'est pas applicable (nº 19925). S'agissant des **mesures Covid**, voir nº 19810 ;
– le recours au travail temporaire au titre des mesures pour l'emploi et la formation professionnelle (nº 19630) ;

– les conditions de recours au **CDI de chantier** (n° 16370) ;
– l'**égalité professionnelle** entre les femmes et les hommes (nos 32180 s.) ;
– les conditions et les durées de renouvellement de la **période d'essai** (n° 16725) ;
– les modalités de **transfert** conventionnel des contrats de travail (lorsque les conditions de l'article L 1224-1 du Code du travail ne sont pas réunies : n° 75030) ;
– dans le cadre du **portage salarial,** la rémunération minimale du salarié porté et le montant de l'indemnité d'apport d'affaires (n° 33060, d).

> **Précisions** **a.** Plusieurs dispositions du Code du travail imposent la conclusion d'un **accord de branche étendu** pour certains thèmes du bloc n° 1 : voir n° 19780 (durée totale du CDD et du contrat de mission), nos 19790 s. et 82170 (nombre maximal de renouvellements pour un CDD et un contrat de mission), n° 19920 (délai de carence entre 2 CDD), n° 82530 (délai de carence entre 2 contrats de mission), n° 16370 (CDI de chantier), n° 16725 (renouvellement de la période d'essai), n° 19630 (recours au travail temporaire au titre des mesures pour l'emploi et la formation), n° 19925 (non-application du délai de carence), n° 33060, d (rémunération minimale du salarié porté et indemnité d'apport d'affaires), nos 29660 s. (régime d'équivalences), n° 30452 (nombre minimal d'heures entraînant la qualification de travailleur de nuit), n° 77175 (durée minimale du travail à temps partiel), n° 77230 (majoration des heures complémentaires) et n° 77295 (augmentation temporaire du travail à temps partiel).
> **b.** D'autres dispositions donnent à la **branche,** sur des thèmes censés relever du bloc n° 3 (n° 52260) car non mentionnés dans les blocs nos 1 et 2, une **priorité** pour conclure des accords. C'est le cas, par exemple, pour la mise en œuvre du congé de proche aidant (n° 11995).

Cas d'application de l'accord d'entreprise Dans les matières du bloc n° 1, un accord d'entreprise peut s'appliquer s'il assure des **garanties au moins équivalentes** à celles prévues par l'accord de branche. Cette équivalence s'apprécie par ensemble de garanties se rapportant à la même matière. **52240** C. trav. art. L 2253-1 **KA-III-18770 s**

En l'**absence d'accord de branche,** il nous semble possible de conclure et d'appliquer un accord d'entreprise dans l'une des matières du bloc n° 1, à l'exception de celles relevant de la compétence exclusive de l'accord de branche étendu (pour les matières concernées : voir n° 52235, a). Dans ces matières, il convient, selon nous, d'appliquer à défaut d'accord de branche les dispositions légales supplétives prévues le cas échéant.

> **Précisions** Selon **l'administration,** il faut entendre par **« matière »** chacun des alinéas des articles L 2253-1 (bloc n° 1) et L 2253-2 (bloc n° 2) du Code du travail pris dans sa globalité, et apprécier le principe d'équivalence par rapport à la collectivité des **salariés** (Bilan de la négociation collective en 2017, p. 202 s. ; Questions-réponses min. trav. du 15-7-2020 n° 5).

BLOC N° 2 : THÈMES QUE L'ACCORD DE BRANCHE PEUT VERROUILLER

L'accord de branche peut interdire aux accords d'entreprise conclus postérieurement de comporter des stipulations différentes au moyen d'une clause de verrouillage mais seulement dans certaines matières limitativement énumérées : **52245** C. trav. art. L 2253-2 **KA-III-18955**
– la prévention des effets de l'exposition aux facteurs de **risques professionnels** visés n° 71332 ;
– l'insertion professionnelle et le maintien dans l'emploi des **travailleurs handicapés** (nos 40000 s.) ;
– l'effectif à partir duquel les **DS** peuvent être désignés (n° 62315), leur nombre (n° 73515) et la valorisation de leur parcours syndical (voir notamment n° 62685) ;
– les **primes pour travaux dangereux** ou insalubres.

Cas d'application de l'accord d'entreprise Dans les matières du bloc n° 2, un accord d'entreprise peut s'appliquer : **52250** C. trav. art. L 2253-2 **KA-III-18960 s**
– s'il est **antérieur** à un accord de branche venant à être conclu sur le même thème ;
– s'il est **postérieur** à un accord de branche portant sur le même thème, dans deux situations :
• l'accord de branche ne comporte pas de clause de verrouillage sur le thème traité par l'accord d'entreprise ;
• l'accord de branche comporte une clause de verrouillage portant sur le thème traité par l'accord d'entreprise, mais ce dernier apporte des garanties au moins équivalentes. Sur la portée du principe d'équivalence, voir n° 52240 ;
– en l'**absence** d'accord de branche portant sur le même thème.

52255 Ord. 2017-1385 du 22-9-2017 art. 16, I à IV KA-III-18970 s

Portée des clauses de verrouillage antérieures au 24-9-2017 Les clauses de verrouillage des **accords de branche** conclus jusqu'au 23-9-2017, ainsi que les clauses des accords de branche conclus avant le 7-5-2004, qui portent sur l'un des 4 thèmes du bloc n° 2 visés n° 52245 continuent de produire effet si un **avenant** a confirmé, avant le 1-1-2019, la portée de ces clauses au regard de l'accord d'entreprise. Les stipulations confirmant ces clauses s'appliquent aux accords étendus, ce qui pour l'administration signifie que la conclusion d'un avenant confirmatif concerne tous les accords de branche, y compris étendus (QR min. trav. du 15-7-2020 n° 6). À défaut d'avenant confirmatif avant cette date, les clauses de verrouillage ont cessé de s'appliquer à cette date et l'accord d'entreprise peut déroger à l'accord de branche.

BLOC N° 3 : THÈMES RELEVANT PRIORITAIREMENT DE L'ACCORD D'ENTREPRISE

52260 C. trav. art. L 2253-3 KA-III-18995 s

Dans les **autres matières** que celles des blocs nos 1 et 2 (nos 52235 et 52245), les clauses des accords d'entreprise, conclus **antérieurement ou postérieurement** à la date d'entrée en vigueur de l'accord de branche, priment sur celles de l'accord de branche ayant le même objet.

En l'**absence** d'accord d'entreprise portant sur le même objet, l'accord de branche s'applique.

ATTENTION

Par **exception,** certaines dispositions du Code du travail donnent à la branche, sur des thèmes censés relever du bloc n° 3 car non mentionnés dans les blocs nos 1 et 2, une compétence exclusive ou prioritaire pour conclure des accords : voir n° 52235, a et b.

CLAUSES SALARIALES

52270 C. trav. art. L 2253-4 KA-III-19040 s

Les clauses salariales des accords d'entreprise ou d'établissement peuvent prévoir des modalités particulières d'application des majorations de salaire décidées par les conventions de branche, sous réserve que :

– l'augmentation de la **masse salariale totale** soit au moins égale à l'augmentation qui résulterait de la stricte application des majorations accordées par la convention de branche ;

– les **salaires minima hiérarchiques** soient respectés.

ATTENTION

Cette disposition n'a pas été modifiée pour tenir compte de l'organisation des thèmes de négociations autour de 3 blocs (nos 52235 s.). La question se pose de savoir si la condition tenant à la masse salariale totale est toujours d'actualité.

d. Rapports entre accords de branche et accords de champ plus large

52275 C. trav. art. L 2252-1 KA-III-18430 s

Un accord de branche ou professionnel peut comporter des dispositions **moins favorables** que celles d'un accord couvrant un champ territorial ou professionnel plus large, sauf si ce dernier l'interdit via une **clause de verrouillage.**

EXEMPLE

Un **accord de branche** conclu au niveau local, régional ou national peut s'appliquer, même s'il est moins favorable qu'un accord national interprofessionnel (**ANI**), si ce dernier ne comporte pas de clause de verrouillage interdisant toute dérogation dans un sens moins favorable.

C. Information des salariés et de leurs représentants

52280 C. trav. art. L 2262-5 L 2262-6 R 2262-1 à R 2262-5 KA-III-14350 s

Les conditions d'information des salariés et des représentants du personnel sur le droit conventionnel applicable dans l'entreprise et l'établissement sont définies par **convention de branche** ou accord professionnel. À défaut, l'employeur lié par une convention ou un accord collectif doit :

– donner au salarié, au moment de l'embauche, une **notice d'information** sur les textes conventionnels applicables ;

– fournir un **exemplaire** des textes aux élus (CSE et, le cas échéant, CSE d'établissement) ainsi qu'aux DS ou aux salariés mandatés ;

– communiquer chaque année aux élus et aux DS la liste des **modifications** apportées à ces textes. À défaut d'élus, cette dernière information est transmise aux salariés ;

– en mettre un exemplaire à la disposition du personnel sur le **lieu de travail,** un avis devant être communiqué aux salariés à ce sujet, et sur l'**intranet** de l'entreprise (la mise à disposition sur l'intranet suffit si tout le personnel y a accès : Circ. DRT 9 du 22-9-2004, réputée abrogée).

L'intitulé de la convention collective de branche applicable doit figurer sur le **bulletin de paie** (n° 70785).

Le **contrat de travail** ou un document informatif annexé à la lettre d'engagement doit indiquer les modalités selon lesquelles le salarié peut prendre connaissance des droits conventionnels qui lui sont directement applicables (ANI du 11-1-2008 étendu par arrêté du 23-7-2008 : JO 25).

> Précisions **a.** La **notice d'information** n'est pas un résumé de la convention, mais peut contenir, outre les références des textes applicables, le lieu de consultation, des explications sur la nature des textes conventionnels, des informations d'ordre général sur le dialogue social dans l'entreprise ou la branche. Elle n'est qu'un rappel, sans effet juridique, des textes conventionnels applicables au salarié et, à ce titre, n'engage pas l'employeur (Circ. DRT 9 du 22-9-2004, réputée abrogée).

b. L'employeur doit communiquer par tout moyen aux salariés un **avis** comportant l'intitulé des textes conventionnels applicables dans l'établissement et précisant les modalités de leur consultation durant leur temps de présence.

Les **modifications** ou compléments à apporter aux informations figurant sur l'avis doivent l'être dans un délai d'un mois au plus tard à compter de leur date d'effet.

Pour les **concierges,** gardiens d'immeubles, **employés de maison** et **travailleurs isolés ou à domicile,** les informations de l'avis doivent être reprises dans un document délivré à chaque salarié par l'employeur.

Ces dispositions sont **sanctionnées** par l'amende prévue pour les contraventions de 4e classe : voir n° 67285 (C. trav. art. R 2263-1 et R 2263-2). En outre, à défaut d'avis, l'employeur ne peut pas invoquer les dispositions de la convention collective à l'encontre du salarié, sauf si celui-ci a été informé de son existence par d'autres moyens (Cass. soc. 31-5-1989 n° 86-42.515 P : RJS 7/89 n° 605 ; dans le même sens, Cass. soc. 23-4-1997 n° 94-42.525 P : RJS 6/97 n° 648).

c. La **référence** dans le **contrat de travail** aux dispositions d'un accord collectif n'implique pas leur contractualisation (Cass. soc. 26-9-2012 n° 11-10.220 F-D : RJS 12/12 n° 963 ; 6-3-2019 n° 18-10.615 F-PB : RJS 5/19 n° 311).

d. Sur les obligations de l'employeur qui **démissionne** d'un syndicat signataire, voir n° 52167, a.

e. Les **syndicats représentatifs** sont informés de la **signature** ou de la **dénonciation** d'une convention ou d'un accord d'entreprise ou d'établissement par le biais de la notification imposée par la loi (voir respectivement n°s 51955 et 52080).

D. Contrôle et contentieux

CONTRÔLE ET SANCTIONS

52300 C. trav. art. L 8112-1 KA-III-22200 s

L'**inspection du travail** est chargée de veiller à l'application des conventions et accords collectifs de travail, étendus ou non.

Leur violation peut exposer l'employeur à des **sanctions pénales,** pouvant donner lieu à transaction dans des conditions exposées n° 67220.

Elle peut aussi justifier la mise en œuvre d'une **clause pénale** qui peut être réduite par le juge si elle est manifestement excessive. A été jugée comme telle la clause d'un accord donnant-donnant prévoyant une indemnisation de chaque salarié du montant total des efforts concédés en cas de non-respect par l'employeur de son engagement (Cass. soc. 8-3-2017 n° 15-26.975 FS-PB : RJS 5/17 n° 357).

> Précisions Des sanctions pénales s'appliquent dans les cas suivants :

a. Paiement de **salaires** inférieurs aux minima prévus par des conventions ou accords collectifs étendus ou violation de dispositions conventionnelles étendues portant sur les accessoires de salaires : amende prévue pour les contraventions de 4e classe (n° 67285), prononcée autant de fois qu'il y a de salariés concernés (C. trav. art. R 2263-3 et R 2263-4) ; sur l'amende administrative pouvant s'y substituer, voir n° 43765.

b. Violation des stipulations d'une convention ou d'un **accord collectif étendu** dérogeant à des dispositions légales en vertu d'une disposition législative expresse dans une matière déterminée : sanctions prévues pour violation des stipulations dérogatoires (C. trav. art. L 2263-1).

c. Violation d'une convention ou d'un accord de branche, d'entreprise ou d'établissement dérogeant à la réglementation des **heures supplémentaires** : voir n° 41260.

d. Défaut d'engagement de la **négociation obligatoire** : voir n° 52030.

e. Entrave à l'exercice du **droit syndical** : voir notamment n° 52030, a les solutions retenues en matière de négociation obligatoire.

f. Infractions relatives à l'**avis** à communiquer par tout moyen aux salariés : voir n° 52280, b.

g. Absence de mise à disposition des salariés d'une **version française** des conventions et accords applicables : voir n° 51934.

CONTENTIEUX

52305
KA-III-24300 s

Tribunaux compétents En matière civile, les litiges portant sur le sens, la portée, la légalité ou l'application des accords collectifs relèvent en principe du **tribunal judiciaire.** Tel est le cas, par exemple, du litige entre employeur et syndicats sur l'interprétation d'un accord collectif (Cass. soc. 21-11-2012 nº 11-15.057 FS-PB : RJS 2/13 nº 151). Par exception, les litiges individuels qui naissent à l'occasion du contrat de travail, même mettant en cause des stipulations conventionnelles, relèvent du **conseil de prud'hommes** (nº 14630). Sur le rôle du **juge des référés** en matière de négociation obligatoire, voir nºs 52001 (carence de l'employeur dans l'initiative de la négociation en l'absence d'accord d'adaptation), 52003, d (non-fourniture par l'employeur de certains indicateurs dans le cadre de la négociation sur l'égalité femmes/hommes) et 52015, a (non-fourniture par l'employeur des informations nécessaires au déroulement de la négociation).

Les **juridictions pénales** sont compétentes lorsqu'un employeur est poursuivi pénalement pour méconnaissance des obligations légales et/ou conventionnelles : voir nº 52300.

52310
C. trav. art. L 2262-13 à L 2262-15
KA-II-16600 s

Validité des accords L'illégalité d'une convention, d'un accord ou de stipulations conventionnelles peut être invoquée pour demander leur annulation (action en nullité) ou à l'occasion d'un litige portant sur leur application (exception d'illégalité). Il appartient à celui qui conteste la légalité du texte conventionnel de démontrer sa non-conformité aux règles légales.

Toute **action en nullité** de tout ou partie d'une convention ou d'un accord collectif doit, à peine d'irrecevabilité, être engagée dans un délai de **2 mois** à compter :
– de la notification de l'accord d'entreprise (nº 51955) pour les **syndicats** (représentatifs : Cons. const. 21-3-2018 nº 2018-761 DC) disposant d'une section syndicale dans l'entreprise ;
– de la publication de l'accord sur Légifrance (nº 51957) dans tous les **autres cas.** Toutefois, en cas de publication partielle de l'accord (voir nº 51957), le délai de recours contre les passages non publiés ne court qu'à compter du moment où les intéressés en ont valablement connaissance (Cons. const. 21-3-2018 nº 2018-761 DC ; QR min. trav. du 15-7-2020 nº 34). Il en va de même pour les accords non soumis à publication visés nº 51957, a (QR min. trav. du 15-7-2020 nº 34).

Le juge doit **statuer** dans un **délai** de 6 mois. S'il annule l'accord collectif, celui-ci est, en principe, **réputé n'avoir jamais existé.** Toutefois, s'il estime que l'effet rétroactif de cette annulation est de nature à emporter des conséquences manifestement excessives, en raison tant des effets que cet acte a produits et des situations qui ont pu se constituer lorsqu'il était en vigueur que de l'intérêt général pouvant s'attacher à un maintien temporaire de ses effets, il peut, sous réserve des actions contentieuses déjà engagées à la date de sa décision sur le même fondement :
– soit décider que l'annulation ne produira ses effets que **pour l'avenir.**
– soit **moduler** dans le temps les effets de sa décision.

› Précisions a. Le délai de 2 mois ne s'applique pas aux **exceptions d'illégalité.** S'agissant de l'action en nullité : de l'**accord de méthode** conclu en cas de licenciement collectif pour motif économique, voir nº 48160 ; de l'**accord collectif** déterminant le contenu du **PSE,** les modalités de consultation du CSE et de mise en œuvre des licenciements, voir nº 48250 ; de l'accord de **rupture conventionnelle collective,** voir nº 69148, f.

b. Si un **syndicat** participe à la négociation d'un accord sans le signer, il est recevable à agir en nullité absolue de cet accord (Cass. soc. 9-7-1996 nº 95-13.010 P : RJS 8-9/96 nº 953). S'il le signe, il peut néanmoins en demander l'annulation sur le fondement de la violation d'une disposition d'ordre public (CA Paris 15-10-1986 nº 10-496). À notre avis, cette jurisprudence est transposable aux accords négociés et conclus par des représentants du personnel selon les règles visées nºs 51915 s.

c. Tout **salarié** qui y a intérêt est recevable à invoquer le caractère illicite d'une clause d'une convention collective qui lui est applicable (Cass. soc. 24-9-2008 nº 07-40.935 FS-PB : RJS 11/08 nº 1107).

d. A été **annulé pour l'avenir** un accord collectif relatif à la mise en place d'une institution représentative du personnel (Cass. soc. 6-6-2018 nº 17-21.068 FS-PBR : RJS 8-9/18 nº 547). De même, la **modulation dans le temps** des effets de la décision d'annulation d'une clause conventionnelle a été admise dans un cas où l'annulation conduisait à la remise en cause des sommes perçues par les salariés depuis une dizaine d'années, supposant un travail considérable pour un résultat incertain en vue d'une reconstitution des droits de chacun, et où le maintien pour le passé n'était pas de nature à priver les salariés de contrepartie (Cass. soc. 13-1-2021 nº 19-13.977 FS-PBI : RJS 3/21).

Interprétation des accords et refus de les appliquer Les **personnes liées par une convention** ou un accord collectif peuvent intenter toute **action individuelle** visant à obtenir l'exécution des engagements contractés et des dommages-intérêts contre les personnes, organisations ou groupements liés par le texte conventionnel et violant à leur égard ces engagements. Tout **salarié** peut agir contre son employeur n'observant pas en ce qui le concerne les clauses du texte conventionnel qui lui est applicable, ou contre le syndicat patronal incitant ses adhérents à ne pas le respecter. L'**employeur** peut poursuivre un concurrent violant une obligation conventionnelle, lui apportant de ce fait une concurrence déloyale, ou un syndicat de salariés incitant le personnel à commettre des actes illicites au regard de la convention. **52315** C. trav. art. L 2262-12 CPC art. 31 **KA-III-22950 s**

> Précisions **a.** Cette action est recevable concernant des **stipulations** d'un accord collectif reprises **dans le cadre d'un PSE** (Cass. soc. 25-6-2002 n° 00-18.907 FS-PBRI : RJS 10/02 n° 1154).
b. Le **juge** n'a pas à rechercher s'il existe une convention collective applicable au contrat de travail qui lui est soumis, mais, si une partie invoque une telle convention, il doit s'en procurer le texte par tous moyens (Cass. soc. 5-10-1993 n° 89-41.644 PBS : RJS 11/93 n° 1124 ; 3-5-2007 n° 05-43.863 FS-PB : RJS 7/07 n° 876 ; 15-6-2018 n° 17-11.093 F-D).

Les **organisations ou groupements** capables d'agir en justice, **dont les membres sont liés par une convention** ou un accord collectif de travail, peuvent : **52320** C. trav. art. L 2132-3 L 2262-9 à L 2262-11 CPC art. 31 **KA-III-23250 s**

– exercer une **action en faveur** de l'un de ces membres, sans avoir à justifier d'un mandat de l'intéressé, pourvu qu'il ait été averti et n'ait pas déclaré s'y opposer. L'intéressé peut toujours intervenir à l'instance engagée par le groupement (action se substituant à une action individuelle) ;
– **intervenir** dans une instance née de la convention ou de l'accord collectif, en raison de l'intérêt collectif que la solution du litige peut présenter pour leurs membres (action jointe à une action individuelle).

Les organisations ou groupements ayant la capacité d'agir en justice, **liés par une convention** ou un accord, peuvent intenter en leur **nom propre** toute action visant à obtenir l'exécution des engagements contractés et, le cas échéant, des dommages-intérêts contre les autres organisations ou groupements, leurs propres membres ou toute personne liée par la convention ou l'accord.

Qu'ils soient ou **non liés** par la convention ou l'accord, les syndicats professionnels peuvent en principe demander, sur le fondement de l'article L 2132-3 du Code du travail, l'exécution des dispositions d'une convention ou d'un accord collectif, même non étendu, et le cas échéant, des dommages-intérêts, le non-respect de ces dispositions conventionnelles causant nécessairement un préjudice à l'intérêt collectif de l'ensemble de la profession (Cass. soc. 19-11-2014 n° 13-23.899 FS-PB : RJS 2/15 n° 129 ; 3-5-2007 n° 05-12.340 FS-PB : RJS 7/07 n° 875 ; 14-3-2018 n° 16-22.409 F-D).

ORGANISMES DE SÉCURITÉ SOCIALE

SOMMAIRE

A. Règles communes

SPÉCIALISATION DES ORGANISMES

La diversité des organismes de sécurité sociale s'explique par leur spécialisation, laquelle est déterminée selon certains **critères** : 54700 A-I-20 s
– critère **socioprofessionnel** : certains organismes sont compétents pour gérer des régimes de prestations définis en fonction des caractéristiques professionnelles des assujettis (salariés, travailleurs indépendants, régimes spéciaux ; ces derniers ne sont pas étudiés). Il existe un régime propre à l'agriculture, doté d'organismes spécifiques ;
– critère **technique** : les organismes sont compétents pour gérer des régimes de prestations définis en fonction de leur objet, propre à une catégorie professionnelle ou commun à plusieurs catégories de statuts sociaux différents (caisse d'allocations familiales, par exemple) ;
– critère **géographique** : les départements d'outre-mer et l'Alsace-Moselle ont une organisation et une législation particulières sur certains points (voir notre Documentation sociale, A-I-1 s., T-VI-30 s. et T-VII-60 s.).

RAPPORTS AVEC LES USAGERS

Décisions des organismes Les décisions **individuelles** prises par les organismes peuvent leur être opposées dans certaines conditions : voir n° 4220 (assujettissement) et n°s 24510 s. (cotisations). Si elles sont défavorables, elles doivent être motivées : voir n° 43890, b. 54705 A-I-14800 s U-II-3600 s

Le **silence** gardé pendant 2 mois par un organisme de sécurité sociale sur une demande vaut acceptation. Toutefois, ce principe peut être écarté par décret dans certaines circonstances. Par ailleurs, un délai différent peut être retenu. Enfin, par dérogation à ce principe, le silence gardé pendant ce délai vaut décision de rejet pour certaines procédures (CRPA art. L 231-1 s., D 231-2 et D 231-3).

› **Précisions** La **liste** indicative des procédures pour lesquelles le silence vaut acceptation est publiée sur le site Internet suivant : https://www.service-public.fr/demarches-silence-vaut-accord. Celle des principaux cas dans lesquels une disposition expresse prévoit un délai différent du délai de 2 mois ou retient que le silence vaut rejet de la demande est donnée dans notre Documentation sociale, sous U-II-20500.

Responsabilité civile des organismes La **faute** commise par un organisme, autre qu'une caisse nationale, à l'égard d'un usager est de nature à entraîner sa responsabilité si elle cause un préjudice à l'intéressé, peu important que cette faute soit ou non grossière et que le préjudice soit ou non anormal (Cass. soc. 12-7-1995 n° 93-12.196 P : RJS 10/95 n° 1046 ; 13-7-2000 n° 99-10.516 FS-D : RJS 12/00 n° 1279). La victime peut demander des dommages-intérêts à l'organisme ou, en cas de refus de celui-ci, au juge. 54710 A-I-21100 s

› **Précisions** **a.** C'est à la victime de **prouver** l'existence du préjudice et son lien de cause à effet avec la faute de l'organisme (Cass. 2e civ. 24-6-2003 n° 02-30.012 F-D : RJS 10/03 n° 1213). Il peut s'agir d'un **préjudice moral,** que l'assuré soit victime de la retenue intempestive d'une rente (Cass. 2e civ. 28-5-2020 n° 19-11.815 F-PBI : RJS 7/20 n° 369) ou d'un appel tardif et erroné de cotisations à l'origine de stress et d'inquiétude (CA Amiens 19-5-2020 n° 19/02391 : RJS 10/20 n° 498).

b. Le manquement à l'**obligation d'information et de conseil** des assurés par les organismes ou des **erreurs** dans l'**attribution ou le montant des prestations** sont les fautes le plus fréquemment sanctionnées. Ainsi, en cas de paiement d'une prestation indue trouvant son origine dans la faute de l'organisme, celui-ci peut être condamné à verser une indemnisation venant compenser tout ou partie de sa créance (Cass. 2e civ. 13-5-2003 n° 01-21.423 F-D : RJS 8-9/03 n° 1058). À noter que l'**obligation générale d'information** des organismes de sécurité sociale leur impose seulement de répondre aux demandes qui leur sont soumises (Cass. 2e civ. 5-11-2015 n° 14-25.053 F-PBI : RJS 4/16 n° 288).

c. Sur la responsabilité civile de la CPAM pour avoir **suspendu** le paiement des **indemnités journalières** à un assuré à la suite d'un avis du service de contrôle médical, voir n° 50405, e.

54725
A-I-25000 s

Autres garanties des usagers Le personnel des organismes est tenu au **secret professionnel** (C. pén. art. 226-13 et 226-14). Les conditions dans lesquelles ces organismes peuvent échanger des renseignements concernant les assurés sont fixées par les articles L 114-11 s. du CSS.

S'agissant des garanties des usagers dans leurs **relations avec l'administration,** voir n° 43890. Sur celles bénéficiant aux cotisants, voir nos 24480 s.

B. Régime général

54730 Le régime général de la sécurité sociale couvre la protection sociale des salariés et assimilés. Il assure également l'essentiel de la protection sociale des travailleurs indépendants non agricoles : voir nos 54900 s.

1. ORGANISMES DE GESTION

54750
CSS art. L 200-1 s R 111-1
A-I-380 s

On trouve, au nombre des organismes de gestion :

– des **caisses nationales** (nos 54755, 54775 et 54780). Ayant le statut d'établissement public national à caractère administratif, elles sont soumises au contrôle des autorités ministérielles compétentes, représentées au conseil d'administration par un commissaire du Gouvernement et disposent de la personnalité juridique et de l'autonomie financière. Elles émettent des avis sur tous les textes (législatifs ou réglementaires) ayant des incidences sur l'équilibre financier de la branche ou entrant dans leur domaine de compétence et peuvent aussi proposer des réformes au Gouvernement ;

– des **organismes de base** et, parfois, des caisses régionales. Soumis au contrôle de l'État assurant la tutelle, ce sont des organismes de droit privé, chargés de la gestion d'un service public.

S'agissant des **Français** exerçant leur activité à l'**étranger** hors UE, EEE et Suisse, voir n° 78900

ASSURANCE MALADIE

54755
CSS art. L 221-1 s
A-I-500 s

Caisse nationale d'assurance maladie La Cnam (site Internet : www.ameli.fr) gère les branches assurances maladie, maternité, invalidité, décès, d'une part, et accidents du travail et maladies professionnelles, d'autre part, et veille à leur équilibre financier.

› Précisions La Cnam est également **chargée,** notamment :

– de définir et de mettre en œuvre les mesures de prévention des accidents du travail et des maladies professionnelles et de concourir à la détermination des recettes nécessaires au maintien de l'équilibre de cette branche ;

– d'organiser et de diriger le contrôle médical ;

– d'exercer une action sanitaire et sociale pour les salariés et de coordonner celle des caisses régionales et des caisses primaires. Sur l'action sanitaire et sociale des travailleurs indépendants, voir n° 54910 ;

– de promouvoir et de coordonner une action de prévention, d'éducation et d'information de nature à améliorer l'état de santé de ses ressortissants (dans le cadre d'un programme national décliné par une convention d'objectif).

54760
CSS art. L 215-1 L 215-3 L 222-1-1 R 215-1 s
A-I-600 s

Caisses d'assurance retraite et de la santé au travail (Carsat) Les Carsat assument, au plan local, des missions qui relèvent de l'assurance maladie et de l'assurance vieillesse.

Par exception, en **Île-de-France,** l'organisme compétent est une caisse régionale d'assurance maladie (la Cramif) pour l'assurance maladie et la Caisse nationale d'assurance vieillesse pour l'assurance vieillesse.

› Précisions Les Carsat sont **notamment chargées** :
– de l'enregistrement et du contrôle des données nécessaires à la détermination des droits à retraite des assurés, de la liquidation et du service des pensions de retraite, de l'information et du conseil des assurés et de leurs employeurs sur la législation de l'assurance vieillesse ;
– du développement et de la coordination de la prévention des accidents du travail et des maladies professionnelles, de l'application des règles de tarification de ces derniers et de la fixation des tarifs ;
– de la mise en œuvre des programmes d'action sanitaire et sociale des salariés définis par la Cnam (n° 54755) et la Cnav (n° 54775). L'action sanitaire et sociale des travailleurs indépendants est gérée par un organisme spécifique : voir n° 54910 ;
– d'assurer un service social à destination des assurés sociaux ;
– de mettre en œuvre les décisions des instances régionales du Conseil de la protection sociale des travailleurs indépendants (CPSTI : voir n° 54910) destinées à venir en aide aux indépendants en vue de leur retraite.
Elles peuvent aussi assurer les tâches d'intérêt commun aux caisses primaires de leur circonscription.

Caisses primaires d'assurance maladie (CPAM) Les CPAM (coordonnées sur www.ameli.fr) **gèrent les risques** : **54765** CSS art. L 211-1 s L 262-1 A-I-750 s
– maladie et maternité pour les assurés salariés et les travailleurs indépendants ;
– invalidité, décès, accidents du travail et maladies professionnelles des salariés et assimilés.
Sur le service des prestations invalidité-décès aux travailleurs indépendants, voir n° 54910.

En principe, la **circonscription** de la caisse primaire est le département, mais certains départements comportent plusieurs caisses.

› Précisions Leurs **attributions** consistent notamment à :
– affilier les assujettis ;
– servir les prestations dues au titre des divers risques. Voir toutefois n° 54905, pour le versement des prestations maladie-maternité des travailleurs indépendants ;
– exercer une action sanitaire et sociale pour les salariés. Sur l'action sanitaire et sociale en faveur des travailleurs indépendants, voir n° 54910, a ;
– exercer le contrôle administratif des malades.

ASSURANCE VIEILLESSE

La gestion de l'assurance vieillesse est assurée par la **Caisse nationale** d'assurance vieillesse (Cnav) (site Internet : www.lassuranceretraite.fr) et au plan local par les Carsat (n° 54760). **54775** CSS art. L 222-1 s A-I-1480 s

PRESTATIONS FAMILIALES

La gestion des prestations familiales des salariés et des travailleurs indépendants non agricoles est assurée par une caisse nationale (Cnaf) et des caisses de base (CAF). **54780** CSS art. L 212-1 s L 223-1 s L 263-1 R 212-1 s. CASF art. L 262-16 A-I-1650 s

› Précisions **a.** La **Cnaf** (site Internet : www.caf.fr) est notamment chargée de veiller à l'équilibre financier, d'assurer le financement des organismes locaux, et de gérer un fonds d'action sanitaire et sociale dans le cadre d'un programme arrêté par le ministre après avis du conseil d'administration de la Cnaf. Par ailleurs, elle assure le financement du congé pour deuil d'un enfant (n° 11945) pour tous les assurés (salariés, et travailleurs indépendants, agricoles ou non). Sur les attributions consultatives de la Cnaf, voir n° 54750.

b. Les **CAF** (coordonnées sur www.caf.fr) ont pour mission :
– le paiement des prestations familiales individuelles liées à la présence d'enfants, du RSA et de la prime d'activité (n°s 2350 s.) ;
– l'attribution de prestations individuelles ou d'aides financières (prêts, subventions) au titre de l'action sociale.
Les circonscriptions des CAF correspondent au département ou à une partie de celui-ci.

2. ORGANISMES DE RECOUVREMENT ET DE COORDINATION

UNIONS DE RECOUVREMENT

Organismes privés assurant la gestion d'un service public (Cons. const. 14-12-1982 n° 82148), les unions de recouvrement des cotisations de sécurité sociale et d'allocations familiales (**Urssaf** : coordonnées sur www.urssaf.fr) sont chargées : **54800** CSS art. L 213-1 s A-I-2100 s
– de l'immatriculation des employeurs (n° 4225) ;
– de recueillir la déclaration préalable à l'embauche (n°s 33220 s.) ;
– du recouvrement des cotisations de sécurité sociale, des contributions d'assurance chômage dues par les salariés ou assimilés relevant du régime général et par leurs employeurs et par les assurés volontaires ainsi que de la contribution annuelle due au titre de l'obligation d'emploi des travailleurs handicapés (n° 40065) ;

– du recouvrement de la CSG et de la CRDS sur les revenus d'activité et de remplacement ;
– du recouvrement des cotisations et contributions sociales des travailleurs indépendants autres que celles dues pour l'assurance vieillesse et invalidité-décès des professions libérales et des avocats ;
– du contrôle du recouvrement des prélèvements visés ci-dessus ;
– de se prononcer sur les demandes présentées par les employeurs et les travailleurs indépendants dans le cadre de la procédure de « rescrit social » (voir nos 24490 s. et no 79990) ;
– du recouvrement, dans certains cas, de la contribution due par les travailleurs indépendants pour leur propre formation (no 39000).
Elles jouent en outre le rôle de centre de formalités des entreprises pour certaines activités : voir no 90110.

› Précisions a. Les Urssaf sont regroupées en 22 Urssaf **régionales.** Au niveau départemental, des conseils assurent notamment le suivi de l'activité en matière de recouvrement, de contrôle et de lutte contre les fraudes et comprennent des instances d'instruction des recours amiables (CSS art. D 213-1 et D 213-7).
b. Les Urssaf disposent de la **personnalité morale** dès leur création et n'ont pas à produire leurs statuts pour agir (Cass. soc. 1-3-2001 no 99-15.026 FS-PBI : RJS 5/01 no 640 ; Cass. 2e civ. 12-11-2020 no 19-21.525 F-PBI : RJS 1/21 no 41).
c. En matière de **recouvrement** des cotisations, la compétence de l'Urssaf devrait s'élargir aux **contributions pour la formation professionnelle** et aux cotisations de **retraite complémentaire** à partir de 2022 (Loi 2019-1446 du 24-12-2019 art. 18 et loi 2019-1479 du 28-12-2019 art. 190).

AGENCE CENTRALE

54805
CSS art. L 225-1 L 225-1-1 L 225-2 **A-I-1930 s**

L'Agence centrale des organismes de sécurité sociale **(Acoss)** (site Internet : www.acoss.fr) est un établissement public à caractère administratif chargé d'assurer notamment la **gestion commune de la trésorerie** des différentes branches du régime général et l'**application homogène des lois** et des règlements relatifs aux cotisations et aux contributions de sécurité sociale. Elle a un rôle d'**arbitrage** dans le cadre de la procédure du rescrit social (no 24500) et à l'égard des entreprises ou des groupes confrontés à des interprétations contradictoires de leurs Urssaf (nos 24510 s.).

3. STATUT DES ADMINISTRATEURS

TEMPS PASSÉ POUR L'EXERCICE DES FONCTIONS

54835
CSS art. L 231-9 L 231-12 **A-I-5680 s**

Est seul étudié ici le statut des administrateurs exerçant une activité professionnelle.
Les employeurs sont tenus de laisser aux **salariés** de leur entreprise membres d'un conseil d'administration d'un organisme de sécurité sociale le **temps nécessaire** pour se rendre et participer aux **séances** plénières de ce conseil ou des commissions qui en dépendent.

› Précisions a. Pour les **administrateurs salariés,** les **absences** justifiées par l'exercice des fonctions n'entraînent aucune diminution de leur rémunération et des avantages y afférents (sur les mentions du bulletin de paie, voir no 70795). Ceux travaillant en service continu ou discontinu posté ont droit à un aménagement d'horaires de façon à leur garantir un temps de repos minimal.
Les employeurs sont en droit de demander à être informés à l'avance des absences des salariés administrateurs, sans pouvoir, pour autant, exercer un contrôle a priori sur l'usage qu'ils entendent en faire. Ils peuvent en revanche leur demander, après coup, l'emploi qu'ils ont fait de ce temps et les sanctionner s'ils établissent qu'il n'a pas été utilisé conformément à son objet (Cass. soc. 13-5-2003 no 01-42.728 FS-PB : RJS 8-9/03 no 1059).
Le **temps passé hors de l'entreprise** pendant les heures de travail par les administrateurs salariés pour l'exercice de leurs fonctions est assimilé à du travail effectif pour la détermination de la durée des congés payés, du droit aux prestations sociales et familiales et pour tous les droits que le salarié tient de son ancienneté dans l'entreprise. Ce principe vaut aussi pour le calcul des droits à repos au titre de la réduction du temps de travail (Cass. soc. 31-1-2006 no 04-43.569 FS-P : RJS 4/06 no 490).
b. Les **organismes de sécurité sociale** ne peuvent pas allouer de **traitement** à leurs administrateurs. Ils leur remboursent toutefois leurs **frais** de déplacement. Ils remboursent, en outre, aux employeurs des administrateurs salariés les **salaires** maintenus pour leur permettre d'exercer leurs fonctions ainsi que les avantages et charges sociales y afférents.
Les administrateurs ayant la qualité de **travailleurs indépendants** peuvent percevoir des indemnités forfaitaires pour perte de gain.

FORMATION

Les employeurs sont tenus d'accorder aux salariés de leur entreprise membres d'un conseil d'administration d'un organisme de sécurité sociale, sur leur demande, des **autorisations d'absence** pour leur permettre d'assister aux sessions de formation organisées pour l'exercice de leurs fonctions. Les organismes de sécurité sociale peuvent assurer le financement de la formation les préparant à l'exercice de leurs fonctions. **54845** CSS art. L 231-10 **A-I-5900 s**

PROTECTION

L'exercice du mandat d'administrateur ne peut pas être une cause de **rupture du contrat de travail** par l'employeur, sous peine de dommages-intérêts au profit du salarié. Les administrateurs salariés bénéficient de la protection spéciale prévue pour les délégués syndicaux (n° 63240), sous réserve d'avoir informé l'employeur de l'existence du mandat : voir n° 63250. **54850** CSS art. L 231-11 **A-I-5950 s**

> Précisions Cette protection **s'applique** au salarié administrateur, à celui ayant cessé son mandat depuis moins de 6 mois et au candidat au mandat d'administrateur pendant 3 mois à compter de la publication des candidatures.
Elle **ne s'applique pas** au salarié élu en qualité de représentant du personnel auprès du conseil d'administration de l'Urssaf (Cass. soc. 1-6-2016 n° 14-26.928 FS-PB : RJS 8-9/16 n° 574).

C. Travailleurs indépendants non agricoles

Le régime général assure la protection sociale des travailleurs indépendants pour les **risques** suivants : assurance maladie-maternité pour tous les travailleurs indépendants et retraite de base sauf pour les professionnels libéraux. **54900** **A-I-3000 s**

Le service des **prestations familiales** est assuré par les CAF (n° 54780), compétentes pour l'ensemble des bénéficiaires.

Sur le **recouvrement des cotisations** et contributions sociales dues à titre personnel par les travailleurs indépendants et le **contrôle** du recouvrement par les Urssaf (ou CGSS), voir n° 54800.

MALADIE-MATERNITÉ

Le service des prestations d'assurance maladie-maternité est assuré, pour tous les travailleurs indépendants, par les CPAM. **54905** CSS art. L 211-1 **A-I-3050**

VIEILLESSE ET INVALIDITÉ

Le **versement des prestations** vieillesse de base et complémentaire est assuré, pour les travailleurs indépendants autres que les professionnels libéraux visés n° 79765 et les avocats, par les Carsat et celui des prestations invalidité-décès est délégué aux CPAM. **54910** CSS art. L 211-1 L 612-1 s L 641-1 L 651-1 R 612-1 s **A-I-3080 s**

Le conseil de la protection sociale des travailleurs indépendants (**CPSTI**) et ses instances régionales ont vocation à gérer de manière pérenne les régimes de **retraite complémentaire** et d'**invalidité-décès** des travailleurs indépendants (hors professionnels libéraux visés n° 79765 et avocats), ces risques n'étant pas intégrés dans le régime général.

> Précisions **a.** Le **rôle** du **CPSTI** est notamment :
– de piloter le régime complémentaire d'assurance vieillesse obligatoire et le régime invalidité-décès des travailleurs indépendants ;
– de veiller à la bonne application aux travailleurs indépendants des règles relatives à leur protection sociale et à la qualité du service rendu par les organismes assurant le recouvrement des cotisations et le service des prestations ;
– de déterminer des orientations générales relatives à l'action sanitaire et sociale déployée spécifiquement en faveur des travailleurs indépendants, la mise en œuvre étant assurée par les instances régionales.
b. Pour les **professionnels libéraux** visés n° 79765, les assurances vieillesse de base et complémentaire et l'assurance invalidité-décès sont gérées par des sections professionnelles fédérées par une caisse nationale, la Cnavpl : voir n° 79985. Les **avocats** relèvent, quant à eux, de la Caisse nationale des barreaux français : voir nos 81850 s.

PLATEFORMES DE MISE EN RELATION ÉLECTRONIQUE : STATUT DES TRAVAILLEURS

SOMMAIRE

A. Travailleurs concernés

Les travailleurs recourant pour l'exercice de leur activité professionnelle aux services d'une ou plusieurs plateformes de mise en relation électronique telles que définies à l'article 242 bis du CGI, qui déterminent les caractéristiques de la prestation de services fournie ou du bien vendu et fixent leurs prix, bénéficient d'un statut particulier prévu par le Code du travail. Ce statut définit la responsabilité sociale de la plateforme à leur égard. Il est complété par des mesures de protection supplémentaires pour les travailleurs relevant du secteur de la mobilité : voir n°s 55530 s. 55500 C. trav. art. L 7341-1 T-X-1 s

ATTENTION

Le travailleur peut toutefois obtenir la **requalification** de la relation en **contrat de travail** s'il prouve que la plateforme dispose d'un pouvoir de direction et de contrôle de l'exécution de la prestation le plaçant dans un état de subordination juridique permanente (ainsi jugé, par exemple, à propos d'un coursier : Cass. soc. 28-11-2018 n° 17-20.079 FP-PBRI : RJS 2/19 n° 72 ; d'un chauffeur de VTC : Cass. soc. 4-3-2020 n° 19-13.316 FP-PBRI : RJS 5/20 n° 223). Sur l'action en reconnaissance d'un contrat de travail, voir n° 16375.

B. Règles générales

RESPONSABILITÉ SOCIALE DE LA PLATEFORME

Dès lors qu'elle détermine les caractéristiques de la prestation de services fournie ou du bien vendu et fixe son prix, la plateforme, quel que soit son secteur d'activité, a une responsabilité sociale à l'égard du travailleur. Les plateformes de la mobilité peuvent en outre se doter d'une charte de responsabilité sociale : voir n° 55530. 55510 C. trav. art. L 7341-2 à L 7342-4 D 7342-1 à D 7342-5 T-X-50 s

Si le chiffre d'affaires réalisé par le travailleur sur la plateforme est au moins égal à 13 % du plafond annuel de la sécurité sociale (Pass), elle doit **prendre en charge,** sur demande du travailleur :

– la cotisation à l'**assurance** privée **accident du travail** ou à l'assurance volontaire prévue par le CSS, dans la limite de la cotisation due au titre de l'assurance volontaire des accidents du travail et des maladies professionnelles (voir n° 5160), calculée sur la base du salaire minimum servant au calcul des rentes accidents du travail (voir n° 1135). En cas d'adhésion à un contrat collectif souscrit par la plateforme comportant des garanties au moins équivalentes à l'assurance volontaire, la cotisation à ce contrat est prise en charge par la plateforme ;

– la **contribution à la formation** professionnelle des travailleurs indépendants, les travailleurs concernés y ayant accès (voir nº 39000) ;
– en cas de **validation des acquis de l'expérience,** les frais d'accompagnement dans la limite de 3 % du Pass et une indemnité dans la limite de 24 fois le taux horaire du Smic ;
– un abondement sur le **compte personnel de formation** du travailleur, selon des modalités fixées par décret (à paraître).

ATTENTION

Lorsque **plusieurs plateformes** sont concernées, chacune d'elles dépassant le seuil de 13 % du Pass doit rembourser les sommes au prorata du chiffre d'affaires réalisé par son intermédiaire, rapporté au chiffre d'affaires total réalisé au cours de l'année civile par l'intermédiaire des différentes plateformes.

DROITS COLLECTIFS DES TRAVAILLEURS

55520 C. trav. art. L 7342-5 L 7342-6 T-X-500 s

Les travailleurs peuvent constituer une **organisation syndicale,** y adhérer et faire valoir par son intermédiaire leurs intérêts collectifs. Dès lors qu'il y a plusieurs adhérents au sein d'une plateforme, le syndicat peut constituer une section syndicale (Circ. intermin. 256 du 8-6-2017).

Les travailleurs peuvent aussi participer à un **mouvement de refus concerté** de fournir leurs services en vue de défendre leurs revendications professionnelles, sans que cela ne puisse constituer un motif de rupture de leurs relations avec les plateformes ou justifier de mesures les pénalisant dans l'exercice de leur activité, sauf abus. Ces mouvements ne sont pas soumis à une procédure déclarative ni réservés à l'initiative des organisations syndicales (Circ. intermin. 256 du 8-6-2017).

C. Dispositions propres aux plateformes de la mobilité

PLATEFORMES CONCERNÉES

55530 C. trav. art. L 7342-8 C. transports art. L 1326-1

Les travailleurs des plateformes de mise en relation électronique exerçant dans le secteur de la mobilité bénéficient de droits supplémentaires. Sont concernés les travailleurs conduisant une voiture de transport avec chauffeur (**chauffeurs VTC**) et ceux exerçant une activité de livraison de marchandises au moyen d'un véhicule à 2 ou 3 roues, motorisé ou non (**coursiers**).

CHARTE DE RESPONSABILITÉ SOCIALE

55540 C. trav. art. L 7342-9 D 7342-7 D 7342-11, I

Contenu La plateforme peut établir une charte déterminant les conditions et modalités d'exercice de sa responsabilité sociale et définissant ses droits et obligations ainsi que ceux des travailleurs. Cette charte précise notamment :
– les **conditions d'exercice de l'activité** professionnelle des travailleurs, en particulier les règles de mise en relation avec les utilisateurs de la plateforme qui garantissent le caractère non exclusif de la relation entre les travailleurs et la plateforme et la liberté de se connecter ou se déconnecter, sans que soient imposées des plages horaires d'activité ;
– les modalités visant à permettre aux travailleurs d'obtenir un **prix** décent pour leur prestation de services ;
– les modalités de **développement des compétences** professionnelles et de sécurisation des parcours professionnels ;
– les mesures visant notamment à améliorer les conditions de travail et à prévenir les **risques professionnels** auxquels les travailleurs peuvent être exposés en raison de leur activité ainsi que les dommages causés à des tiers ;
– les modalités de partage d'informations et de **dialogue** entre la plateforme et les travailleurs sur les conditions d'exercice de leur activité professionnelle ;
– les modalités selon lesquelles les travailleurs sont informés de tout **changement relatif aux conditions d'exercice** de leur activité professionnelle ;
– la qualité de service attendue, les modalités de **contrôle** par la plateforme de l'activité et de sa réalisation et les circonstances qui peuvent conduire à une rupture des relations commerciales entre les parties répondant aux exigences de l'article L 442-1 du Code de commerce ainsi que les garanties dont le travailleur bénéficie dans ce cas ;
– le cas échéant, les garanties de **protection sociale complémentaire** négociées par la plateforme dont les travailleurs peuvent bénéficier.

> **Précisions** La charte est **déposée** auprès de la direction générale du travail sur le site demarches-simplifiees.fr. Un récépissé est délivré à la plateforme. La même procédure s'applique en cas de modification de la charte. Celle-ci peut en outre être homologuée par l'aministration : voir n° 55550.

Homologation Après consultation par tous moyens des travailleurs et communication des résultats de cette consultation, la plateforme peut saisir l'administration d'une **demande** d'homologation de sa charte sur demarches-simplifiees.fr. Un récépissé est délivré à la plateforme. 55550

C. trav. art. L 7342-9 D 7342-8 D 7342-9 D 7342-11, II et III

L'administration **contrôle** le contenu de la charte et sa conformité au cadre visé n° 55510. Elle notifie sa décision à la plateforme dans un délai de 4 mois. À défaut de réponse dans ce délai, la charte est réputée homologuée. La **décision** administrative d'homologation de la charte est portée à la connaissance de chacun des travailleurs avec lesquels elle est liée à la date à laquelle la charte est homologuée, par voie électronique ou par tout autre moyen permettant de conférer date certaine à la réception de cette information. En cas de modification de la charte, une nouvelle homologation doit être demandée et les travailleurs doivent être informés de la décision administrative.

Lorsqu'elle est homologuée, la charte ne caractérise pas l'existence d'un **lien de subordination** juridique entre la plateforme et le travailleur. En effet, un tel lien ne résulte pas de ce critère purement formel (Cons. const. 20-12-2019 n° 2019-794 DC : RJS 3/20 n° 156).

> **Précisions** La demande d'homologation est accompagnée de **justificatifs** permettant d'attester des résultats de la consultation préalable des travailleurs, du nombre de travailleurs consultés et de voix exprimées, et des modalités de déroulement de cette consultation. La plateforme joint les conditions générales d'utilisation et un modèle type de contrat commercial, ainsi que tout document utile pour préciser la nature des engagements figurant dans la charte.

Diffusion de la charte La charte est publiée sur le **site internet** de la plateforme et annexée aux contrats ou aux conditions générales d'utilisation qui la lient aux travailleurs. 55560

C. trav. art. L 7342-9 D 7342-10 R 7342-12

Lorsqu'elle est **homologuée,** la charte doit être portée à la connaissance de chacun des travailleurs par voie électronique ou tout autre moyen permettant de conférer date certaine, avec mention des modalités et du délai de recours (n° 55570), sans quoi ce dernier est inapplicable. La plateforme doit mentionner cette homologation sur son site internet et sur la charte annexée aux contrats ou aux conditions générales d'utilisation qui la lient aux travailleurs de la manière suivante : « En application de l'article L 7342-9 du Code du travail, la présente charte de responsabilité sociale a été homologuée par décision administrative du [date]. ».

Contentieux Les litiges relatifs à la charte, à son homologation ou au refus d'homologation relèvent de la **compétence exclusive** du tribunal judiciaire (TJ) de Paris. Le recours doit être formé, à peine d'irrecevabilité, par la plateforme, avant l'expiration d'un **délai** de 2 mois à compter de la notification de la décision administrative ou, par le travailleur, avant l'expiration d'un délai de 2 mois à compter de la date à laquelle cette décision a été portée à sa connaissance par tout moyen conférant date certaine. Le TJ statue suivant la procédure accélérée au fond dans un délai de 4 mois à compter de la remise de la copie de l'assignation au greffe. À défaut, le litige est porté devant la cour d'appel qui statue en premier et dernier ressort. La procédure est sans représentation obligatoire. 55570

C. trav. art. L 7342-10 COJ art. D 211-7-3 R 7342-13 à R 7342-15

> **Précisions** Lorsque dans un litige relevant de la compétence du **conseil de prud'hommes** (notamment, un litige relatif à requalification de la relation en contrat de travail), est soulevée une difficulté sérieuse relative à l'homologation de la charte dont dépend la solution du litige, le conseil de prud'hommes initialement saisi sursoit à statuer et transmet la question au TJ de Paris, qui statue en appliquant la procédure prévue par les articles R 7342-16 à R 7342-18 du Code du travail.

GARANTIES ACCORDÉES AU TRAVAILLEUR

À compter du 1-3-2021, les plateformes **communiquent** aux travailleurs, lorsqu'elles leur proposent une prestation, la distance couverte par cette prestation et le **prix** minimal garanti dont ils bénéficieront, déduction faite des frais de commission, exprimé en euros, la plateforme devant préciser si ce prix minimal inclut ou non la TVA due, le cas échéant, par le conducteur au titre de sa prestation de transport. Ces informations sont communiquées par tout moyen permettant de conférer date certaine. Lorsque la plateforme n'a pas connaissance de l'adresse de destination de la prestation, elle indique au travailleur qu'elle ne peut pas lui communiquer les informations requises pour cette raison. 55580

C. transports art. L 1326-2 à L 1326-4 D 1326-1 à D 1326-3

55580 (suite) Les travailleurs peuvent **refuser une proposition de prestation** de transport sans faire l'objet d'une quelconque pénalité. La plateforme ne peut notamment pas mettre fin à la relation contractuelle qui l'unit à un travailleur au motif que celui-ci a refusé une ou plusieurs propositions.

Les travailleurs choisissent leurs **plages horaires d'activité** et leurs périodes d'inactivité et peuvent se déconnecter durant leurs plages horaires d'activité. Les plateformes ne peuvent pas mettre fin au contrat lorsqu'un travailleur exerce ce droit. Elles sont en outre tenues à une obligation de **transparence** sur la durée d'activité et le revenu du travailleur et doivent publier sur leur site internet, de manière loyale, claire et transparente, des indicateurs relatifs à la durée d'activité et au revenu d'activité des travailleurs, au cours de l'année civile précédente.

POUVOIR DISCIPLINAIRE

SOMMAIRE

A. Contrôle et surveillance des salariés

Le droit pour l'employeur de surveiller et contrôler ses salariés sur le lieu et pendant le temps de travail est une prérogative découlant directement du contrat de travail et plus spécialement du lien de subordination. Mais celle-ci ne doit pas porter atteinte aux droits et libertés des salariés ni enfreindre l'exigence de loyauté dans les relations contractuelles. Des obligations particulières peuvent en outre s'imposer lors de la mise en place de certains dispositifs de contrôle. 56000

ATTENTION

En principe, l'employeur ne peut, en cas de litige, utiliser les **éléments de preuve** d'une faute du salarié **obtenus au moyen d'un dispositif de contrôle** que si ce dernier respecte les règles de mise en place visées nos 56060 s. et ne porte pas une atteinte excessive à la vie privée de l'intéressé. Une preuve illicite ne devrait toutefois plus être écartée des débats de manière automatique, à condition d'avoir été obtenue de manière loyale. Le juge doit apprécier si l'utilisation d'une preuve illicite a porté atteinte au caractère équitable de la procédure dans son ensemble, en mettant en balance le droit au **respect de la vie personnelle** du salarié et le **droit à la preuve** de l'employeur. La production d'éléments portant atteinte à la vie personnelle d'un salarié peut en effet être jugée justifiée si elle est indispensable à l'exercice du droit à la preuve et que l'atteinte est strictement proportionnée au but poursuivi (ainsi jugé, à propos de captures d'écran d'un compte Facebook privé produites pour établir un manquement du salarié à son obligation de confidentialité : Cass. soc. 30-9-2020 n° 19-12.058 PBRI : RJS 12/20 n° 573 ; à propos de l'utilisation de fichiers de journalisation d'adresses IP non déclarés à la Cnil pour établir une usurpation d'identité : Cass.soc. 25-11-2020 n° 17-19.523 FP-PBRI : RJS 2/21 n° 64).

OBJET DU CONTRÔLE

Accès à l'entreprise et déplacements du salarié À condition de respecter les règles visées nos 56060 s., l'employeur peut mettre en place des **badges électroniques** pour contrôler l'accès à l'entreprise et la durée de travail des salariés. 56020 N-VIII-2900 s N-VIII-11200 s

Le recours à un dispositif de **géolocalisation** d'un salarié itinérant afin de contrôler la durée de travail n'est licite que si ce dernier ne dispose pas d'une liberté d'organiser son travail et si l'employeur n'a pas d'autre moyen d'effectuer ce contrôle (Cass. soc. 3-11-2011 n° 10-18.036 FS-PBRI : RJS 1/12 n° 4 ; 16-12.2020 n° 19-10.007 F-D : RJS 3/21 à propos de la géolocalisation d'un véhicule de fonction ; 19-12-2018 n° 17-14.631 F-D : RJS 3/19 n° 146 à propos de distributeurs de journaux).

› Précisions **a.** Le recours à la géolocalisation n'est pas légitime si l'employeur peut contrôler le **temps de travail** à partir de documents déclaratifs du salarié (CE 15-12-2017 n° 403776 : RJS 3/18 n° 158), comme des fiches de chantier rendant compte de son activité et de l'amplitude horaire travaillée (CA Reims 7-5-2014 n° 13-00776 : RJS 7/14 n° 536) ou en exploitant les renseignements sur son activité laissés par l'intéressé sur le programme informatique auquel il doit se connecter quotidiennement (CA Toulouse 12-10-2012 n° 10-07286 : RJS 4/13 n° 253).

b. Sauf circonstances exceptionnelles qu'il appartient à l'entreprise d'établir, est excessive l'utilisation d'un dispositif de **pointage biométrique** de reconnaissance des empreintes digitales aux fins d'accès aux locaux ou de contrôle des horaires des salariés (Délib. Cnil 2018-009 du 6-9-2018 ; 2019-001 du 10-1-2019) ou d'une **badgeuse photographiant le salarié** à chaque pointage (Communiqué Cnil du 27-8-2020).

c. L'employeur qui ordonne à un salarié, soupçonné de vol, de rester dans un bureau isolé le temps de procéder à une **enquête,** sans que des actes ayant privé l'intéressé de sa liberté d'aller et de venir ne soient établis, ne commet pas le délit de **détention arbitraire** (Cass. crim. 28-2-2018 n° 17-81.929 FS-PB : RJS 4/18 n° 245).

d. Sur le contrôle de la circulation des **représentants du personnel** dans et hors de l'entreprise, voir n° 62635.

56040 N-VIII-4900 s **Utilisation du matériel de l'entreprise** L'employeur peut contrôler l'utilisation par ses salariés des outils mis à leur disposition pour l'exécution de leur travail, dans les mêmes conditions que le salarié travail sur site ou en télétravail, selon les modalités détaillées n° 73940. Une **utilisation à des fins personnelles** est généralement tolérée si elle est raisonnable et ne dégénère pas en abus. Elle peut être encadrée par le règlement intérieur ou, s'agissant du matériel informatique, par la charte informatique de l'entreprise.

56045 N-VIII-5800 s Les **connexions internet** établies par le salarié durant son temps de travail sont présumées avoir un caractère professionnel ; l'employeur peut donc librement les contrôler, hors la présence de l'intéressé (Cass. soc. 9-7-2008 n° 06-45.800 F-P : RJS 11/08 n° 1071 ; 9-2-2010 n° 08-45.253 F-D : RJS 5/10 n° 399).

Il en est de même pour les courriels adressés par le salarié à l'aide de la **messagerie électronique** mise à sa disposition par l'entreprise pour son travail (Cass. soc. 16-5-2013 n° 12-11.866 F-D : RJS 7/13 n° 503), sauf disposition contraire du règlement intérieur (Cass. soc. 26-6-2012 n° 11-15.310 F-PB : RJS 10/12 n° 761) ou sauf si le salarié les a identifiés comme personnels (Cass. soc. 15-12-2010 n° 08-42.486 F-D : RJS 2/11 n° 92 ; 18-10-2011 n° 10-26.782 F-D : RJS 1/12 n° 3). Dans ce dernier cas, l'employeur ne peut pas les consulter hors la présence de l'intéressé, même si l'utilisation non professionnelle de la messagerie a été interdite (Cass. soc. 2-10-2001 n° 99-42.942 FS-PBRI : RJS 12/01 n° 1394), sous peine de commettre le délit de violation du secret des correspondances (C. pén. art. 226-15). Mais, s'il justifie d'un motif légitime, il peut demander au juge la désignation d'un huissier de justice à cette fin. Le procès-verbal établi par ce dernier après ouverture du courriel en présence du salarié peut être retenu comme preuve d'un manquement de l'intéressé à ses obligations contractuelles (Cass. soc. 23-5-2007 n° 05-17.818 FS-PBRI : RJS 8-9/07 n° 909 ; 10-6-2008 n° 06-19.229 FS-PB : RJS 8-9/08 n° 866).

En revanche, les courriels adressés ou reçus par le salarié sur sa **messagerie personnelle,** distincte de la messagerie professionnelle, sont nécessairement à caractère privé et couverts par le secret des correspondances (Cass. soc. 26-1-2016 n° 14-15.360 FS-PB : RJS 4/16 n° 227 ; Cass. crim. 24-3-2020 n° 19-82.069 FS-D : RJS 6/20 n° 275). Il en est de même des conversations tenues par un salarié sur une **messagerie instantanée** personnelle (Cass. soc. 23-10-2019 n° 17-28.448 F-D : RJS 1/20 n° 3). L'employeur ne peut valablement ni les consulter ni s'en prévaloir devant le juge même si cette messagerie personnelle a été installée ou consultée par le salarié sur l'ordinateur mis à sa disposition par l'employeur.

S'agissant des **fichiers informatiques** enregistrés par le salarié sur son ordinateur professionnel, voir n° 56055.

Ces règles sont applicables en cas de télétravail. S'agissant de l'utilisation par le télétravailleur de son matériel personnel, voir n°s 73940, a

> Précisions **a.** L'employeur peut se prévaloir d'un courriel, identifié comme personnel, s'il en a eu **connaissance** par le salarié (Cass. soc. 2-2-2011 n° 09-72.313 F-D : RJS 4/11 n° 289).

Mais, même valablement consultés, les courriels du salarié ne peuvent être invoqués à l'appui d'une sanction disciplinaire que si leur **contenu** est en rapport avec son activité professionnelle et ne revêt pas un caractère privé (Cass. soc. 2-2-2011 n°s 09-72.449 F-D, 09-72.450 F-D et 09-72.313 F-D : RJS 4/11 n° 289).

b. L'utilisation du matériel informatique de l'entreprise à des fins personnelles est en principe abusive lorsqu'elle revêt un caractère systématique ou si le salarié y consacre trop de temps au détriment de son travail. L'**abus,** s'il est établi, peut justifier une sanction pouvant aller jusqu'au licenciement, le cas échéant pour faute grave comme cela a été admis dans des cas de connexions internet à des fins privées, sur un mois durant 41 h (Cass. soc. 18-3-2009 n° 07-44.247 F-D : RJS 6/09 n° 508) à plus de 10 000 reprises (Cass. soc. 26-2-2013 n° 11-27.372 F-D : RJS 5/13 n° 358) ou 800 fois sur des sites à caractère pornographique (Cass. soc. 3-10-2018 n° 17-13.089 F-D : RJS 12/18 n° 733). Jugé, en revanche, que ne constitue pas une faute le fait pour un salarié, connecté à internet en permanence du fait de ses fonctions, de consacrer environ 4 minutes par jour à l'envoi de tweets non professionnels durant ses heures de travail (CA Chambéry 25-2-2016 n° 15/01264 : RJS 5/16 n° 327).

c. La faute du salarié peut également résulter de la **nature des messages** envoyés **ou des sites internet** consultés. Ainsi, constitue une faute le fait pour un salarié d'envoyer par la messagerie électronique professionnelle, dans des conditions permettant d'identifier l'employeur, un courriel contenant des propos antisémites (Cass. soc. 2-6-2004 n° 03-45.269 F-PI : RJS 8-9/04 n° 882), d'installer sur son ordinateur un logiciel permettant le téléchargement illégal d'œuvres musicales à partir de l'adresse IP de l'employeur (CA Versailles 31-3-2011 n° 09-742 : RJS 10/11 n° 744), ou de recevoir, d'envoyer et de conserver sur son ordinateur des documents à caractère pornographique dont certains présentent un caractère délictueux (Cass. soc. 15-12-2010 n° 09-42.691 F-D : RJS 2/11 n° 111). En revanche, la seule conservation par le salarié sur son ordinateur de 3 fichiers de photos pornographiques sans caractère délictueux ne justifie pas un licenciement, sauf preuve d'un usage abusif affectant son travail (Cass. soc. 8-12-2009 n° 08-42.097 F-D : RJS 3/10 n° 236).

d. Si le salarié **conteste être l'auteur des connexions** abusives qui lui sont reprochées, c'est à l'employeur d'apporter la **preuve contraire.** Le juge peut estimer qu'elle n'est pas rapportée ou qu'il existe un doute devant profiter au salarié, lorsque l'ordinateur professionnel utilisé pour les connexions litigieuses est accessible à d'autres salariés et peut être ouvert sans mot de passe ou avec un mot de passe individuel peu fiable (Cass. soc. 3-10-2018 n° 16-23.968 F-D ; CA Aix-en-Provence 8-7-2016 n° 14/11313 et CA Nîmes 26-7-2016 n° 15/04114 : RJS 11/16 n° 671).

e. Si l'employeur est en principe libre d'accéder aux données présentes sur l'équipement professionnel confié au salarié, qui sont présumées avoir un caractère professionnel, ce n'est pas le cas pour les données figurant sur l'**équipement personnel** de ses employés, même utilisé à des fins professionnelles (Communiqué Cnil du 12-11-2020).

La vérification par l'employeur du relevé des **communications téléphoniques** fourni par l'opérateur ne constitue pas un procédé de surveillance illicite même si les salariés n'en ont pas été avertis (Cass. soc. 15-5-2001 n° 99-42.937 FS-PB : RJS 7/01 n° 830). Il en est de même de la vérification des relevés de la durée, du coût et des numéros des appels téléphoniques passés à partir de chaque poste édités au moyen de l'**autocommutateur** téléphonique de l'entreprise (Cass. soc. 29-1-2008 n° 06-45.279 F-D : RJS 5/08 n° 511). En revanche, l'**écoute** d'une communication à l'insu du correspondant constitue un procédé déloyal (Cass. soc. 16-12-2008 n° 07-43.993 F-D : RJS 2/09 n° 133). **56050** N-VIII-7900 s

Sauf identifiés comme personnels, les **SMS** reçus ou envoyés par un salarié au moyen d'un **téléphone portable professionnel** sont présumés à caractère professionnel, de sorte que l'employeur peut les consulter en l'absence de l'intéressé et les produire en justice (Cass. com. 10-2-2015 n° 13-14.779 FS-PB : RJS 5/15 n° 352 ; Avis Cass. 13-11-2014 n° 13-14.779 FS-D). En revanche, l'employeur ne peut pas, sans porter une atteinte disproportionnée et déloyale à la vie privée du salarié, accéder à des informations extraites du compte Facebook de l'intéressé, réservé aux personnes autorisées, obtenues à partir du téléphone portable professionnel d'un autre salarié (Cass. soc. 20-12-2017 n° 16-19.609 F-D : RJS 3/18 n° 157).

ATTENTION

L'**usage abusif** du téléphone de l'entreprise à des fins privées peut justifier un licenciement (Cass. soc. 29-1-2008 n° 06-45.279 FD : RJS 5/08 n° 511), le cas échéant pour faute grave (par exemple pour un salarié ayant quotidiennement appelé la métropole depuis la Martinique durant plusieurs mois : Cass. soc. 18-6-2003 n° 01-43.122 F-D : RJS 8-9/03 n° 979).

Documents et fichiers personnels Les courriers adressés ou reçus par un salarié sur son lieu de travail sont protégés par le secret des **correspondances,** dont la violation est pénalement réprimée (C. pén. art. 226-15), dès lors que leur caractère personnel est spécifié (Cass. mixte 18-5-2007 n° 05-40.803 FS-PBRI : RJS 7/07 n° 810), ce qui n'est pas le cas s'ils portent la seule mention du nom et du prénom de l'intéressé (Cass. soc. 11-7-2012 n° 11-22.972 F-D : RJS 10/12 n° 763). S'agissant des courriels transmis par le salarié, voir n° 56045. **56055** N-VIII-6150 s

Les **documents détenus par le salarié** sur son lieu de travail, sous forme papier (Cass. soc. 18-10-2006 n° 04-47.400 FS-PB : RJS 1/07 n° 7 ; 4-7-2012 n° 11-12.330 F-D : RJS 10/12 n° 759) ou de fichiers informatiques (Cass. soc. 18-10-2006 n° 04-48.025 F-PB : RJS 12/06 n° 1241), y compris ceux stockés sur une clé USB du salarié connectée à son ordinateur de travail (Cass. soc. 12-2-2013 n° 11-28.649 FS-PB : RJS 4/13 n° 252), sont présumés avoir un caractère professionnel et l'employeur peut en prendre connaissance librement. Il en est autrement si le salarié les a identifiés comme personnels. Dans ce cas, sauf risque particulier, l'employeur ne peut y accéder qu'en présence de l'intéressé ou celui-ci dûment appelé (Cass. soc. 17-5-2005 n° 03-40.017 FS-PBRI : RJS 8-9/05 n° 799 ; 17-6-2009 n° 08-40.274 FS-PB : RJS 8-9/09 n° 743). Il peut aussi demander au juge la désignation à cette fin d'un huissier de justice (n° 56045).

Si l'employeur peut toujours consulter librement un fichier informatique (ou un dossier papier) non identifié comme personnel, en revanche, il ne peut pas se prévaloir de son **contenu** dès lors que celui-ci relève de la **vie privée** du salarié (Cass. soc. 5-7-2011 n° 10-17.284F-D : RJS 10/11 n° 745 ; 18-10-2011 n° 10-25.706 F-D : RJS 1/12 n° 3). Voir toutefois n° 56000.

ILLUSTRATIONS

Le fait pour le salarié d'intituler le disque dur de son ordinateur professionnel « D : /données personnelles » ne confère pas un caractère personnel à l'ensemble des données qui y sont contenues (Cass. soc. 4-7-2012 n° 11-12.502 F-D : RJS 10/12 n° 760 ; CEDH 22-2-2018 n° 588/13 : RJS 6/18 n° 457). L'**identification personnelle** d'un fichier informatique ne peut résulter ni du seul fait qu'il émane initialement de la messagerie électronique personnelle du salarié (Cass. soc. 19-6-2013 n° 12-12.138 F-PB : RJS 10/13 n° 650), ni du seul code d'accès à l'ordinateur du salarié ou de l'intitulé d'un répertoire portant le prénom de l'intéressé (Cass. soc. 8-12-2009 n° 08-44.840 F-D : RJS 2/10 n° 144). Ne sont pas non plus identifiés comme personnels les fichiers dénommés « Mes documents » (Cass. soc. 10-5-2012 n° 11-13.884 F-PB : RJS 7/12 n° 611) ou « Essais divers » (Cass. soc. 15-12-2009 n° 07-44.264 FS-PBR : RJS 3/10 n° 233).

56057 N-VIII-17800 s **Objets personnels du salarié** L'employeur peut écouter les enregistrements réalisés par le salarié sur son **dictaphone personnel** seulement en sa présence ou après l'avoir dûment appelé (Cass. soc. 23-5-2012 n° 10-23.521 FS-PB : RJS 8-9/12 n° 673).

Cette condition est aussi exigée, sauf risque ou événement particulier, pour le contrôle de l'armoire ou du **vestiaire** dans lequel le salarié range ses affaires personnelles (n° 59970). En revanche, elle ne s'impose pas pour l'ouverture d'un coffre à usage uniquement professionnel (Cass. soc. 21-10-2008 n° 07-41.513 FS-PB : RJS 12/08 n° 1151).

Quant aux **sacs personnels** du salarié, l'employeur ne peut les ouvrir pour en vérifier le contenu qu'avec son accord et à condition de l'avoir averti de son droit de s'y opposer et d'exiger la présence d'un témoin (Cass. soc. 11-2-2009 n° 07-42.068 FS-PBR : RJS 4/09 n° 313). Le fait pour le salarié d'ouvrir lui-même son sac à la demande de l'employeur ne dispense pas ce dernier de ces obligations (CA Bordeaux 17-9-2014 n° 12-06049 : RJS 12/14 n° 827).

MISE EN PLACE DES MOYENS DE CONTRÔLE

56060 C. trav. art. L 1121-1, L 1222-4, L 2312-38, Loi 78-17 du 6-1-1978, N-VIII-300 s **Procédure** Les moyens de contrôle utilisés par l'employeur ne doivent pas apporter aux droits et libertés des **salariés** des restrictions non proportionnées ni justifiées par la nature de la tâche à accomplir. En outre, les salariés doivent en être **informés.** L'employeur ne peut pas mettre en place un contrôle clandestin et déloyal, au moyen de stratagèmes (Cass. soc. 18-3-2008 n° 06-40.852 FS-PB : RJS 6/08 n° 649 ; 19-11-2014 n° 13-18.749 F-D : RJS 2/15 n° 77).

Le **comité social et économique** (CSE) doit être informé et consulté sur les moyens et les techniques permettant un contrôle de l'activité des salariés, préalablement à la décision de mise en œuvre dans l'entreprise.

Sur les obligations de l'employeur face aux données personnelles des salariés et le droit de ces derniers d'accéder aux informations les concernant ou d'en demander la rectification ou la mise à jour, voir n° 90100.

L'institution de règles à caractère général et permanent, disciplinaires notamment, est soumise à la procédure d'établissement du **règlement intérieur.**

ILLUSTRATIONS

Ont été jugés illicites :

– un dispositif d'enregistrement des données permettant de connaître l'identité du salarié entré dans les locaux de l'entreprise et l'heure précise de cette entrée (Cass. soc. 2-11-2016 n° 15-20.540 F-D : RJS 2/17 n° 78) ;

– un système de **vidéosurveillance** de la clientèle d'un magasin utilisé pour le contrôle des salariés sans information ni consultation préalables du CSE (Cass. soc. 7-6-2006 n° 04-43.866 FS-PB : RJS 11/06 n° 1143), un dispositif de vidéosurveillance installé à l'insu des salariés (Cass. soc. 20-9-2018 n° 16-26.482 FS-D : RJS 12/18 n° 712), même sur le site d'une société cliente (Cass. soc. 10-1-2012 n° 10-23.482 FS-PB : RJS 3/12 n° 212) ;

– un dispositif de **géolocalisation** utilisé à d'autres fins que celles portées à la connaissance des salariés concernés (Cass. soc. 3-11-2011 n° 10-18.036 FS-PBRI : RJS 1/12 n° 4) ;

– un dispositif impliquant une **surveillance permanente** du poste informatique (notamment au moyen de dispositifs vidéo, d'un partage d'écran ou de l'utilisation de keyloggers) est illicite en raison d'une atteinte excessive à la vie privée (Communiqué Cnil du 12-11-2020) ;

– la **filature** par un supérieur hiérarchique (Cass. soc. 26-11-2002 n° 00-42.401 FS-PBRI : RJS 2/03 n° 149) ou par un détective privé (Cass. soc. 23-11-2005 n° 03-41.401 F-P : RJS 2/06 n° 177 ; 26-9-2018 n° 17-16.020 F-D : RJS 12/18 n° 711). Le juge des requêtes ne peut pas se fonder sur le rapport de filature du salarié établi par un détective privé à la demande de l'employeur pour ordonner une mesure d'instruction avant tout procès (Cass. 2e civ. 17-3-2016 n° 15-11.412 F-PB : RJS 7/16 n° 473) ;

– le contrôle des salariés sur leur lieu de travail par une **société extérieure,** à leur insu (Cass. soc. 15-5-2001 n° 99-42.219 FS-PB : RJS 7/01 n° 830 ; 18-10-2017 n° 16-16.462 F-D : RJS 1/18 n° 4) ;

– l'utilisation par l'employeur d'un **outil de traçabilité des opérations bancaires** permettant de restituer l'ensemble des consultations effectuées, aux fins de vérifier si le salarié procède à des

consultations autres que celles des clients de son portefeuille, sans information-consultation préalable du CSE (Cass. soc. 11-12-2019 nº 18-11.792 FS-PB : RJS 2/20 nº 71) ;
– le **contrôle des comptes bancaires personnels** du salarié aux fins de prouver un détournement de fonds pouvant être établi par d'autres moyens, en raison d'une atteinte excessive à la vie privée du salarié (CE 4e-1e ch. 2-3-2020 nº 418640 : RJS 5/20 nº 245).
Ont en revanche été jugés licites :
– le **contrôle de l'activité** d'un salarié par l'employeur, le supérieur hiérarchique ou par un service interne à l'entreprise chargé de cette mission, même en l'absence d'information et de consultation préalable du CSE (Cass. soc. 4-7-2012 nº 11-14.241 F-D : RJS 10/12 nº 764), ou en l'absence d'information préalable du salarié (Cass. soc. 26-4-2006 nº 04-43.582 F-PB : RJS 7/06 nº 800 ; 5-11-2014 nº 13-18.427 FS-PB : RJS 1/15 nº 2) ;
– le contrôle par un **huissier** chargé d'établir un constat sur l'activité du salarié (Cass. soc. 10-10-2007 nº 05-45.898 FS-D : RJS 12/07 nº 1242), à condition qu'il ne recoure pas à un stratagème pour obtenir une preuve (Cass. soc. 18-3-2008 nº 06-40.852 FS-PB : RJS 6/08 nº 649) ;
– un **audit des fonctions** d'un salarié, par un prestataire extérieur, auquel l'intéressé a été associé, même sans information préalable (Cass. soc. 26-1-2016 nº 14-19.002 FS-PB : RJS 4/16 nº 226 ; 28-2-2018 nº 16-19.934 F-D : RJS 5/18 nº 310) ;
– un audit ponctuel mené sans information-consultation du CSE, car visant uniquement à apprécier l'organisation d'un service (Cass. soc. 12-7-2010 nº 09-66.339 FS-PB : RJS 10/10 nº 719) ;
– un procédé de **surveillance des locaux auxquels les salariés n'ont pas accès,** mis en place sans information préalable des salariés (Cass. soc. 31-1-2001 nº 98-44.290 FS-P : RJS 4/01 nº 405 ; 19-1-2010 nº 08-45.092 F-D : RJS 4/10 nº 307), y compris lorsque ce procédé a été mis en place par un client de l'entreprise (Cass. soc. 19-4-2005 nº 02-46.295 F-PB : RJS 6/05 nº 595) ;
– un dispositif de **vidéosurveillance** mis en place à l'insu des salariés en raison de soupçons raisonnables de faits graves de vols parmi les salariés (CEDH 17-10-2019 nº 1874/13 : RJS 3/20 nº 118) ;
– un dispositif de vidéosurveillance, non précédé d'une information-consultation du CSE, uniquement destiné à assurer la sécurité du lieu de travail et non utilisé pour contrôler les salariés dans l'exercice de leurs fonctions (Cass. soc. 18-11-2020 nº 19-15.856 F-D : RJS 2/21 nº 65). Un tel dispositif peut être utilisé pour prouver la tentative de vol même s'il n'a pas été porté à la connaissance du salarié (Cass. soc. 11-12-2019 nº 17-24.179 FS-D : RJS 2/20 nº 71).

Sanctions Sont illicites les procédés mis en œuvre sans respect des obligations visées nº 56060. Les éléments ainsi recueillis ne peuvent pas servir de **preuve** des fautes commises par un salarié, sauf exception en application du droit à la preuve visé nº 56000. **56065** N-VIII-2100 s

L'employeur peut être **pénalement condamné** en cas d'atteinte à la vie privée (C. pén. art. 226-1 et 226-7) ou de violation du secret des correspondances (C. pén. art. 226-15).

Dans le cadre de leur **droit d'alerte,** les délégués du personnel pouvaient agir en justice pour obtenir le **retrait** de tels dispositifs (Cass. soc. 10-12-1997 nº 95-42.661 PBR : RJS 1/98 nº 62). Il devrait en être de même pour le CSE.

ALERTES PROFESSIONNELLES

56070 Loi 2016-1691 du 9-12-2016 art. 6, 8, 9, 12 et 13 Décret 2017-564 du 19-4-2017 C. trav. art. L 1132-3-3 C. pén. art. 122-9 N-VIII-16250 s

L'alerte professionnelle consiste pour un salarié à divulguer, dans l'intérêt général, des faits illicites ou dangereux constatés dans l'entreprise. Un dispositif d'alerte professionnelle permettant de recueillir et traiter ce type de signalement peut être mis en place par l'employeur, à titre obligatoire ou facultatif selon le cas. La loi 2016-1691 du 9-12-2016 fixe le **cadre général** de ces alertes : définition du lanceur d'alerte, procédure de signalement, protection du salarié qui en est l'auteur. Elle oblige en outre les grandes entreprises à adopter, pour lutter contre la corruption, des mesures spécifiques, tels un code de conduite et une procédure de recueil des signalements.

Des **dispositions spécifiques** sont prévues pour le salarié témoignant de faits de harcèlement (nº 17082) ou de discrimination (nº 32060), de faits constitutifs d'un délit ou d'un crime (C. trav. art. L 1132-3-3, al. 1) ou signalant un danger grave et imminent pour sa vie ou sa santé ou une défectuosité des systèmes de protection (nº 71680).

Sur le droit d'alerte du **CSE,** voir nº 9370.

Sur la **jurisprudence** de la Cour de cassation concernant le licenciement du salarié ayant relaté ou témoigné de faits pouvant caractériser des infractions pénales, voir nº 56155.

› Précisions a. Est un lanceur d'alerte au sens de la loi précitée la **personne physique qui révèle ou signale,** de manière **désintéressée et de bonne foi,** un crime ou un délit, une violation grave et manifeste d'un engagement international régulièrement ratifié ou approuvé par la France, d'un acte unilatéral d'une organisation internationale pris sur le fondement d'un tel engagement, de la loi ou du règlement, ou une menace ou un préjudice graves pour l'intérêt général, dont elle a eu personnellement connaissance.
Le signalement doit être **porté par le salarié à la connaissance** du supérieur hiérarchique, direct ou indirect, de l'employeur ou d'un référent

désigné par ce dernier. Si le destinataire de l'alerte n'en a pas vérifié la recevabilité dans un délai raisonnable, le salarié peut l'adresser à l'autorité judiciaire, à l'autorité administrative ou aux ordres professionnels qui doivent y donner suite dans les 3 mois de leur saisine, faute de quoi l'intéressé peut rendre l'alerte publique. En cas de danger grave et imminent ou d'un risque de dommages irréversibles, il peut saisir directement les autorités ou rendre l'alerte publique.

Les procédures mises en œuvre dans l'entreprise pour recueillir les alertes doivent garantir la **stricte confidentialité** de l'identité des auteurs de l'alerte, des personnes visées par celle-ci et des informations recueillies par l'ensemble des destinataires. Sous peine de sanctions pénales, et sauf à l'égard des autorités judiciaires, les éléments permettant d'identifier le salarié lanceur d'alerte ne peuvent être divulgués qu'avec son consentement. De même, les éléments concernant la personne mise en cause ne peuvent l'être qu'une fois établi le caractère fondé de l'alerte. Les **entreprises d'au moins 50 salariés** doivent établir des **procédures internes appropriées** de recueil des alertes émises par les membres de leur personnel ou par des collaborateurs extérieurs et occasionnels. Cette procédure doit faire l'objet d'une diffusion par tout moyen (notamment, affichage, messagerie électronique, site intranet de l'entreprise...) dans des conditions permettant de la rendre accessible à tout le personnel et aux collaborateurs extérieurs ou occasionnels.

Toute personne faisant **obstacle à la transmission d'une d'alerte,** de quelque façon que ce soit, est passible d'un an d'emprisonnement et de 15 000 € d'amende.

b. Les conditions visées n° 56060 s'imposent en principe avant la **mise en place d'un dispositif d'alerte** professionnelle.

Sur la nature juridique du code ou de la charte éthique auxquels un tel dispositif est parfois associé, voir n° 60105.

c. Aucun salarié ne peut **être sanctionné, licencié ou** faire l'objet d'une **mesure discriminatoire,** directe ou indirecte, notamment dans les domaines visés n° 32060, pour avoir signalé une alerte dans le respect des règles ci-dessus. Aucune personne ne peut être écartée d'une procédure de recrutement ou de l'accès à un stage ou à une période de formation professionnelle pour ce même motif.

Les règles de **preuve en cas de litige** sont similaires à celles prévues en matière de discrimination ou d'inégalité de traitement (n° 32270, b).

N'est pas pénalement responsable le lanceur d'alerte ayant porté atteinte à un secret protégé par la loi, dès lors que la divulgation des faits concernés était nécessaire et proportionnée à la sauvegarde des intérêts en cause.

Le **régime protecteur** et l'**irresponsabilité pénale** sont toutefois expressément exclus en cas de divulgation de faits, d'informations ou de documents couverts par le secret des relations entre un avocat et son client, le secret médical et le secret de la défense nationale.

d. Les sociétés et les groupes de sociétés dont la maison mère est en France, d'au moins 500 salariés et dont le chiffre d'affaires est supérieur à 100 millions d'euros doivent adopter un **programme anticorruption** détaillé par la loi, comportant diverses mesures, telles que l'intégration dans leur règlement intérieur d'un code de conduite définissant et illustrant les comportements à proscrire, l'institution d'un régime de sanction disciplinaire en cas de violation de ce code, la mise en place d'un dispositif permettant le recueil des alertes et d'un dispositif de formation du personnel le plus exposé aux risques de corruption ou de trafic d'influence.

B. Sanction disciplinaire

56100 Les dispositions du Code du travail relatives au droit disciplinaire dans l'entreprise, définissant la notion de sanction, les mesures interdites, la procédure à respecter par l'employeur pour garantir au salarié la protection de ses droits fondamentaux, ainsi que les pouvoirs du juge judiciaire s'appliquent à tout salarié, quels que soient l'activité ou la taille de l'entreprise, son ancienneté ou son statut, même s'il est en période d'essai.

DÉFINITION

56120 Constitue une sanction toute mesure **autre que les observations verbales,** prise par l'employeur à la suite d'un **agissement** du salarié considéré par lui comme **fautif,** que cette mesure soit de nature à affecter immédiatement ou non la présence du salarié dans l'entreprise, sa fonction, sa carrière ou sa rémunération.

C. trav. art. L 1331-1
N-VIII-26200 s

Si elle interdit les sanctions pécuniaires ou discriminatoires (n° 56150), la loi ne donne pas de liste de sanctions. La nature et l'échelle de celles-ci doivent être fixées par le règlement intérieur.

ATTENTION

L'employeur qui se place sur le **terrain disciplinaire** est tenu par l'analyse ainsi faite. Il ne saurait prétendre par la suite justifier la mesure prise par des motifs non disciplinaires. Cette règle s'applique aussi en matière de licenciement, voir n° 47760.

Agissement sanctionné Le comportement fautif du salarié doit, en principe, se manifester par un acte positif ou une abstention de nature **volontaire** (Cass. soc. 21-11-2012 nº 11-22.250 F-D : RJS 2/13 nº 100). Ainsi, l'insuffisance professionnelle ne constitue pas un motif de sanction disciplinaire (voir nº 47195). 56125 N-VIII-26250 s

La faute ne peut résulter que d'un fait avéré, **imputable au salarié** (Cass. soc. 21-3-2000 nº 98-40.130P : RJS 5/00 nº 509) et constituant une violation des obligations découlant du contrat ou des relations de travail (Cass. soc. 29-1-2002 nº 99-45.866 F-D). S'agissant d'une faute relevant de la vie personnelle du salarié, voir nº 47210. Sur la faute faisant suite à une violation par l'employeur de ses obligations, voir nº 16940, b.

> **› Précisions** Aucune sanction disciplinaire ne peut être infligée au salarié à titre préventif (Cass. soc. 18-2-2004 nº 02-41.622 F-P : RJS 5/04 nº 537), une faute ne pouvant pas être sanctionnée avant d'avoir été commise.
> Par ailleurs, la jurisprudence interdit de sanctionner plusieurs fois la même faute, voir nº 56160.

Avertissement ou blâme Ne sont pas des sanctions une **réprimande orale,** même accompagnée de mises en garde ou d'injonctions (Circ. DRT 5-83 du 15-3-1983), ni le simple **compte rendu** écrit d'un entretien au cours duquel l'employeur a fait des griefs au salarié sans manifester son intention de le sanctionner (Cass. soc. 12-11-2015 nº 14-17.615 FS-PB : RJS 1/16 nº 28). En revanche est une sanction l'obligation faite au salarié de **s'expliquer par écrit** sur des faits qui lui sont reprochés avec conservation de ces explications dans son dossier (Cass. soc. 30-1-2013 nº 11-23.891 FS-P : RJS 4/13 nº 283 ; 19-5-2015 nº 13-26.916 FS-PB : RJS 8-9/15 nº 568). 56130 N-VIII-27800 s

De même, constituent un avertissement les reproches ou mises en garde adressés au salarié dans une **lettre** (Cass. soc. 13-11-2001 nº 99-42.709 FS-P : RJS 1/02 nº 60 ; 3-2-2017 nº 15-11.433 F-D : RJS 6/17 nº 388) ou un courriel (Cass. soc. 6-3-2007 nº 05-43.698 F-D : RJS 7/07 nº 842 ; 26-5-2010 nº 08-42.893F-D : RJS 10/10 nº 846). Sur la procédure applicable à ce type de sanction, voir nº 56240.

Mesure touchant aux fonctions ou attributions du salarié Le changement d'affectation du salarié en raison d'une faute est une sanction. S'il s'accompagne d'une perte de responsabilité ou d'un changement de classement, il s'agit d'une **rétrogradation.** 56135 N-VIII-30900 s

En revanche, les mesures consistant à **écarter le salarié de certaines de ses fonctions** sans le rétrograder ne sont pas des sanctions si l'employeur a uniquement entendu user de son pouvoir d'organisation et n'a pas reproché une faute au salarié.

Sur les **mutations conservatoires,** voir nº 56220.

ILLUSTRATIONS

Une **rétrogradation** n'est pas une sanction pécuniaire prohibée si la diminution de rémunération qu'elle entraîne résulte de l'affectation du salarié à une fonction ou un poste de moindre qualification (Cass. soc. 7-7-2004 nº 02-44.476 F-PB : RJS 10/04 nº 1038 ; CE 10-7-1987 nº 71338). Cette baisse de salaire ne constitue pas non plus une double sanction, si elle n'est que la conséquence de la rétrogradation du salarié dans un emploi différent (Cass. soc. 17-2-1993 nº 88-45.539 P : RJS 4/93 nº 394).

Le **changement d'affectation** d'un salarié consécutif au retrait de son habilitation à conduire certains véhicules n'est pas une sanction disciplinaire s'il répond à un impératif de sécurité et ne s'accompagne d'aucune réprimande ni d'une modification du contrat de travail de l'intéressé (Cass. ass. plén. 6-1-2012 nº 10-14.688 PBRI : RJS 3/12 nº 245). Il en est de même de la lettre par laquelle l'employeur enjoint au salarié, en raison de son comportement, de cesser tout rapport avec la clientèle et de s'en tenir à l'étude de certains dossiers (Cass. soc. 10-7-1995 nº 94-40.610 D : RJS 10/95 nº 1020).

Si la décision de l'employeur de **retarder un avancement** statutairement prévu à l'ancienneté est une sanction disciplinaire (Cass. soc. 15-4-1992 nº 88-41.555 P : RJS 6/92 nº 736), il en va différemment en cas de promotion fondée sur un critère de choix et donc facultative (Cass. soc. 18-3-1992 nº 88-45.745 PF : RJS 5/92 nº 615 ; 5-5-1999 nº 97-40.374 D : RJS 6/99 nº 788). Mais si ce refus est abusif, il peut donner lieu à une action en responsabilité civile (Cass. soc. 20-3-1990 nº 88-41.769 P : RJS 5/90 nº 377). De même, la décision de l'employeur d'**écarter** un salarié d'un **programme de formation** n'est pas une sanction s'il s'avère que l'intéressé ne remplit pas les conditions requises pour en bénéficier (Cass. soc. 4-7-2018 nº 17-16.629 F-D : RJS 10/18 nº 579). 56140 N-VIII-31800 s

Mise à pied La mise à pied est une **suspension du contrat de travail** imposée par l'employeur. Elle est qualifiée de sanction si elle vise à punir un comportement fautif du salarié (mise à pied disciplinaire). En revanche, elle ne l'est pas si elle vise à écarter le salarié de son poste de travail le temps qu'il soit statué sur son cas (mise à pied conservatoire). 56145 N-VIII-29000 s

› Précisions **a.** Lorsqu'il est tenu d'élaborer un **règlement intérieur,** l'employeur ne peut pas prononcer une mise à pied disciplinaire si elle n'y est pas prévue (n° 56250) ou si ce règlement n'en fixe pas la durée maximale (Cass. soc. 26-10-2010 n° 09-42.740 FS-PBRI : RJS 1/11 n° 39 ; 11-12-2015 n° 14-19.954F-D : RJS 2/16 n° 93). À défaut, la sanction est nulle ; de même, en cas de dépassement de la durée maximale de mise à pied prévue par **convention collective** (Cass. soc. 24-11-2010 n° 09-42.267FP-D : RJS 2/11 n° 170).

Sauf détournement de pouvoir, l'employeur peut fractionner en plusieurs jours l'exécution de la mise à pied disciplinaire à condition de le faire dès le prononcé de cette mesure (Cass. soc. 12-4-2012 n° 11-13.768 F-D : RJS 6/12 n° 551).

b. La **durée** limitée de la suspension du contrat de travail est une des caractéristiques de la mise à pied disciplinaire permettant de la distinguer de la mise à pied conservatoire (Cass. soc. 6-11-2001 n° 99-43.012 F-P : RJS 2/02 n° 176 ; 12-2-2003 n° 00-46.433 F-D : RJS 4/03 n° 456). Est toutefois conservatoire la mise à pied prononcée pour une durée maximale mais dans l'attente d'une décision définitive dans la procédure de licenciement engagée le même jour (Cass. soc. 15-4-2008 n° 06-46.037 F-D : RJS 6/08 n° 670).

En effet, pour avoir un caractère conservatoire, une mise à pied doit en principe être suivie, immédiatement (Cass. soc. 13-2-2008 n° 06-42.969 F-D : RJS 4/08 n° 423 ; 23-5-2012 n° 11-14.500 F-D : RJS 8-9/12 n° 703) ou dans un très bref délai, de l'ouverture d'une procédure de licenciement, sauf si le salarié fait l'objet de poursuites pénales pour les mêmes faits (n° 56225). Ainsi est conservatoire la mise à pied, qualifiée comme telle, prononcée la veille de la convocation à l'entretien préalable (Cass. soc. 20-3-2013 n° 12-15.707 F-D : RJS 5/13 n° 373) mais pas celle prononcée 6 jours avant sans que l'employeur justifie d'aucun motif à ce délai (Cass. soc. 30-10-2013 n° 12-22.962 F-PB : RJS 1/14 n° 35) ou 12 jours avant une nouvelle convocation à entretien préalable annulant la première convocation (Cass. soc. 17-10-2018 n° 16-28.773 FS-D : RJS 1/19 n° 1).

S'agissant de la conséquence de la mise à pied sur la **rémunération,** voir n° 56235.

SANCTIONS INTERDITES

56150 C. trav. art. L 1331-2, L 1334-1 N-VIII-33250 s

Sanctions pécuniaires Par ailleurs, les amendes et autres **sanctions pécuniaires** sont interdites. Toute disposition contraire est réputée non écrite. Il s'agit d'une interdiction générale d'ordre public (Cass. soc. 20-10-2010 n° 09-42.896 F-PB : RJS 1/11 n° 38), dont la méconnaissance est pénalement sanctionnée.

› Précisions **a.** La **retenue sur salaire** proportionnelle aux retards injustifiés du salarié est licite (Cass. soc. 21-3-2012 n° 10-21.097 F-D : RJS 6/12 n° 552). En revanche, est une sanction pécuniaire interdite la réduction de salaire pour exécution défectueuse du travail ou baisse volontaire de la production dont fait l'objet un salarié non rémunéré au rendement (Cass. soc. 12-4-1995 n° 91-40.593 P : RJS 5/95 n° 549). Ainsi jugé, notamment, en cas de retenues sur la rémunération de salariés participant à des mouvements de grève illicites (Cass. soc. 16-3-1994 n° 91-43.349 P : RJS 5/94 n° 548) ou reprenant le travail de façon ralentie à la suite de débrayages répétés (Cass. soc. 17-4-1991 n° 89-43.127 P : RJS 5/91 n° 580). Est également illicite la retenue sur salaire pour compenser un dépassement par le salarié du forfait téléphonique attaché à son téléphone professionnel (Cass. soc. 15-5-2014 n° 12-30.148 F-D : RJS 10/14 n° 683) ou les frais de réparation d'un véhicule de fonction à la suite d'un accident de la route (CA Aix-en-Provence 26-10-2017 n° 15/15918 : RJS 1/18 n° 2).

b. L'attribution d'une **prime** ne saurait être refusée en raison d'une faute (Cass. soc. 22-11-1995 n° 91-43.809 P : RJS 1/96 n° 24 ; 4-6-1998 n° 95-45.167 P : RJS 7/98 n° 859), même si la convention collective le prévoit (Cass. soc. 11-2-2009 n° 07-42.584 FS-PBR : RJS 4/09 n° 344 ; 3-3-2015 n° 13-23.857 FS-D : RJS 5/15 n° 335).

c. Accorder à certains salariés une **augmentation de salaire** en raison de leurs qualités professionnelles ne constitue pas une sanction pécuniaire à l'égard des autres salariés (Cass. crim. 26-4-1988 n° 87-83.867 P ; Cass. soc. 29-5-1990 n° 87-40.512 P : RJS 7/90 n° 575).

En revanche, il y a sanction pécuniaire illicite si certains salariés sont écartés, pour des motifs disciplinaires, du bénéfice d'une augmentation générale (Cass. soc. 19-7-1995 n° 91-45.401 D : RJS 10/95 n° 1021). Il en est de même en cas de suppression pour faute d'un avantage, tel que des billets à tarif réduit (Cass. soc. 7-7-2010 n° 09-41.281 F-D : RJS 10/10 n° 757), un véhicule de société (Cass. soc. 12-12-2000 n° 98-44.760 FS-P : RJS 5/01 n° 682) ou une carte d'essence professionnelle (Cass. soc. 23-6-2010 n° 09-40.825 F-D : RJS 10/10 n° 721).

d. La réclamation au salarié de **sommes indûment perçues** ne constitue ni une sanction pécuniaire (Cass. soc. 8-7-1997 n° 94-44.513 D : RJS 10/97 n° 1094) ni la réitération de la sanction déjà prononcée (Cass. soc. 18-11-1992 n° 90-40.010 P : RJS 1/93 n° 33).

56155 N-VIII-35300 s

Sanctions discriminatoires Aucun salarié ne peut être sanctionné pour un **motif** discriminatoire, voir n°s 32060 s.

Il est aussi interdit de sanctionner un **salarié ayant dénoncé de bonne foi des faits** répréhensibles commis dans l'entreprise. Pour la **jurisprudence,** le licenciement d'un salarié pour avoir relaté ou témoigné de faits dont il a eu connaissance dans l'exercice de ses fonctions, à condition que les faits relatés soient susceptibles de constituer un crime ou un délit

(Cass. soc. 4-11-2020 n° 18-15.669 FS-PB : RJS 1/21 n° 6), porte atteinte à la liberté fondamentale d'expression et en conséquence est nul (Cass. soc. 30-6-2016 n° 15-10.557 FS-PBRI : RJS 10/16 n° 612), de sorte que l'intéressé peut réclamer sa réintégration (Cass. soc. 21-6-2017 n° 15-21.897 F-D : RJS 10/17 n° 649) selon les modalités visées n°s 48770 s. La mauvaise foi du salarié, qui ne peut résulter que de sa connaissance de la fausseté des faits dénoncés, et non de la seule circonstance qu'ils ne sont pas établis (Cass. soc. 8-7-2020 n° 18-13.593 FS-PB : RJS 10/20 n° 455), peut justifier un licenciement pour faute grave (Cass. soc. 6-6-2012 n° 10-28.199 FS-PB : RJS 8-9/12 n° 684).

Sur la **protection accordée par la loi** aux salariés lanceurs d'alerte, voir n° 56070.

NON-CUMUL DES SANCTIONS

Un **même fait** ne saurait justifier successivement deux mesures disciplinaires (jurisprudence constante : notamment Cass. soc. 21-3-1991 n° 89-42.663 P). Ainsi est sans cause réelle et sérieuse le licenciement survenu en l'absence de tout fait nouveau après un avertissement (Cass. soc. 13-7-1989 n° 86-43.281 D ; 13-11-2001 n° 99-42.709 FS-P : RJS 1/02 n° 60). De même, la faute du salarié sanctionnée par une mise à pied disciplinaire ne saurait ensuite justifier une mise à pied conservatoire en attente d'un licenciement (Cass. soc. 18-2-2004 n° 02-41.622F-P : RJS 5/04 n° 537). De plus, l'employeur ne peut pas annuler unilatéralement une sanction déjà notifiée afin d'en prononcer une nouvelle pour les mêmes faits (Cass. soc. 14-11-2013 n° 12-21.495 F-D : RJS 2/14 n° 129). **56160** N-VIII-37300 s

Des **faits distincts** ne peuvent pas non plus faire l'objet de sanctions successives si l'employeur avait connaissance de l'ensemble de ces faits lors du prononcé de la première sanction (Cass. soc. 16-3-2010 n° 08-43.057 FS-PB : RJS 6/10 n° 513 ; 25-9-2013 n° 12-12.976 F-PB : RJS 12/13 n° 816).

> **Précisions** De **nouveaux griefs** autorisent l'employeur à retenir des fautes antérieures, même déjà sanctionnées, pour apprécier la gravité des faits reprochés au salarié (jurisprudence constante, notamment Cass. soc. 30-10-2007 n° 06-44.934 F-D) ; sur la possibilité d'invoquer une faute prescrite, voir n° 56230. Mais aucune sanction antérieure de plus de 3 ans à l'engagement des poursuites disciplinaires (n° 56225) ne peut être invoquée pour justifier ou aggraver une nouvelle sanction (C. trav. art. L 1332-5).

C. Procédure disciplinaire

La loi assure certaines garanties au salarié faisant l'objet d'une sanction, en imposant à l'employeur le respect d'une procédure qui comporte deux phases : un entretien préalable ressemblant à l'entretien préalable au licenciement mais obéissant à des règles distinctes, puis une notification. **56220** N-VIII-39800 s

Au moment d'engager cette procédure, l'employeur peut décider la **mise à pied** conservatoire du salarié en raison de la gravité des faits qui lui sont reprochés (n° 56235). Il peut aussi, comme l'admet la jurisprudence, le **muter** dans un autre poste **à titre conservatoire** notamment dans l'attente d'une décision pénale définitive ou de l'avis du conseil de discipline (Cass. soc. 20-12-2006 n° 04-46.051 FS-PB : RJS 3/07 n° 336).

Les garanties procédurales éventuellement prévues en faveur des salariés par une **convention collective** ne dispensent pas l'employeur de respecter la procédure légale mais se cumulent avec elle (Cass. soc. 20-10-1988 n° 85-44.501 P).

Sauf légèreté blâmable ou intention malveillante, l'employeur ne commet pas de faute du seul fait de l'engagement d'une procédure disciplinaire, finalement non menée à terme (Cass. soc. 25-9-2013 n° 12-11.832 FS-PB : RJS 12/13 n° 818).

> **Précisions a.** Certaines sanctions jugées mineures échappent à la procédure de l'entretien préalable (n° 56240), mais doivent toutefois être notifiées dans les formes prévues.
>
> **b.** La procédure disciplinaire doit être respectée pour toute sanction, notamment en cas de **licenciement** pour faute : à la procédure de licenciement pour motif personnel et, le cas échéant, à celle applicable au licenciement des salariés protégés s'ajoutent alors les règles spécifiques du droit disciplinaire exposées ci-après. La procédure disciplinaire est également applicable en cas de rupture pour faute de la période d'essai (n° 16745), de rupture anticipée d'un **contrat à durée déterminée** pour faute grave (n° 20215) et d'interruption du **préavis** pour faute grave d'un salarié licencié ou démissionnaire (n° 69260). Concernant la rupture du contrat d'un étranger en situation irrégulière, voir n° 35960, a.
>
> **c.** La signature d'une **rupture conventionnelle** après l'engagement d'une procédure de licenciement pour faute n'emporte pas **renonciation de l'employeur** à son pouvoir disciplinaire. Ainsi, si un salarié exerce son droit de rétractation de la rupture conventionnelle, l'employeur peut reprendre et mener à son terme la procédure disciplinaire en respectant le **délai de prescription** des faits fautifs visé n° 56225 (Cass. soc. 3-3-2015 n° 13-15.551 FP-PB : RJS 5/15 n° 337).

DATE DE MISE EN ŒUVRE DE LA PROCÉDURE

56225 C. trav. art. L 1332-4 R 1332-4 N-VIII-41700 s

Prescription des faits fautifs Aucun fait fautif ne peut donner lieu à lui seul à l'engagement de poursuites disciplinaires au-delà d'un délai de 2 mois décompté selon les règles données nº 56265 et courant à compter du jour où l'employeur a eu une connaissance exacte de la réalité, de la nature et de l'ampleur des faits reprochés au salarié (Cass. soc. 17-2-1993 nº 88-45.539 P : RJS 4/93 nº 394 ; pour un salarié protégé : CE 20-4-2005 nº 254909 : RJS 8-9/05 nº 869).

› Précisions a. **L'engagement des poursuites** est en principe constitué :

– soit par la convocation à l'entretien préalable (CE 12-2-1990 nº 88256 : RJS 4/90 nº 325 ; Cass. soc. 5-2-1997 nº 94-44.538 P : RJS 3/97 nº 280), ni la convocation ultérieure à une audience préparatoire à un conseil de discipline statutaire ou conventionnel (Cass. soc. 18-1-2011 nº 09-43.079 FS-PB : RJS 4/11 nº 327), ni une nouvelle convocation à un entretien préalable (Cass. soc. 26-10-2016 nº 14-26.918 F-D : RJS 1/17 nº 3) n'ayant pour effet de suspendre à nouveau le délai de prescription des faits fautifs ;

– soit par le prononcé éventuel d'une mise à pied conservatoire (Cass. soc. 13-1-1993 nº 90-45.046 D : RJS 3/93 nº 277 ; 15-4-1996 nº 93-40.113 D : RJS 7/96 nº 792).

Toutefois, si la sanction est un avertissement ne nécessitant pas un entretien préalable (nº 56240), c'est le jour de présentation de la lettre recommandée (le cas échéant électronique : nº 56260) ou celui de la remise de la lettre simple contre décharge qui est pris en compte pour apprécier si les faits fautifs sont prescrits ou non.

b. À condition d'avoir été engagées avant l'expiration du délai de prescription, des **poursuites pénales,** même ne résultant pas d'une plainte de l'employeur (CE 10-7-2019 nº 408644 : RJS 10/19 nº 582), et non une simple enquête pénale préliminaire (CE 5-12-2011 nº 328380 ; Cass. soc. 13-10-2016 nº 15-14.006 FS-PB : RJS 12/16 nº 745), **interrompent ce délai** jusqu'à la décision définitive de la juridiction répressive si l'employeur est partie à la procédure pénale et, dans le cas contraire, jusqu'au jour où il est informé de l'issue définitive de cette dernière (Cass. soc. 15-6-2010 nº 08-45.243 FS-PB : RJS 10/10 nº 758), la date de l'issue du litige sur les intérêts civils n'ayant pas d'incidence (Cass. soc. 30-1-2008 nº 05-45.612 F-D : RJS 7/08 nº 780). Si les faits le justifient, l'employeur peut prononcer dans cette attente une mise à pied conservatoire : nº 56235 (Cass. soc. 4-12-2012 nº 11-27.508 FS-PB : RJS 2/13 nº 119 ; 6-10-2016 nº 15-15.465 F-D : RJS 12/16 nº 745). Toutefois, il n'a pas à attendre l'issue de la procédure pénale pour notifier le licenciement (Cass. soc. 26-1-2012 nº 11-10.479 F-D : RJS 4/12 nº 324), la présomption d'innocence ne s'opposant ni à une sanction pour des faits commis par le salarié identiques à ceux visés par une procédure pénale ni à un licenciement pour des faits dont l'employeur a eu régulièrement connaissance au cours d'une procédure pénale n'ayant pas donné lieu à poursuites (Cass. soc. 13-12-2017 nº 16-17.193 FS-PB : RJS 2/18 nº 86).

En revanche, le délai de prescription des faits fautifs n'est **ni interrompu ni suspendu** par la signature d'une rupture conventionnelle (Cass. soc. 3-3-2015 nº 13-23.348 FP-PB : RJS 5/15 nº 337), la maladie (Cass. soc. 13-7-1993 nº 91-42.964 PBBS : RJS 10/93 nº 985 ; 25-10-2007 nº 06-42.493F-D : RJS 1/08 nº 27) ou l'accident du travail du salarié (Cass. soc. 19-1-2005 nº 02-40.085 FS-PB : RJS 3/05 nº 301), la suspension de son permis de conduire (Cass. soc. 23-5-2012 nº 11-14.500 F-D : RJS 8-9/12 nº 703) ou la tentative de conciliation engagée par l'employeur (Cass. soc. 8-11-2006 nº 05-42.879 F-D : RJS 1/07 nº 54).

c. Sur l'application de la prescription des faits fautifs, voir : en cas de **harcèlement** moral ou sexuel, nº 17105 ; en cas de refus d'une sanction constituant une **modification du contrat** de travail, nº 56280.

56230 N-VIII-46000 s

Si un fait fautif ne peut plus donner lieu « à lui seul » à une sanction au-delà du délai de 2 mois, l'employeur peut invoquer une faute prescrite lorsqu'un **nouveau fait fautif** est constaté, à condition toutefois que les 2 fautes procèdent d'un comportement identique (Cass. soc. 13-2-2001 nº 98-46.482 F-D : RJS 4/01 nº 444 ; 23-11-2011 nº 10-21.740 F-D : RJS 2/12 nº 147). Par ailleurs, l'employeur peut prendre en compte un fait antérieur à 2 mois, dans la mesure où le comportement du salarié a persisté dans ce délai (CE 10-3-1997 nº 170114 : RJS 5/97 nº 567 ; Cass. soc. 22-9-2011 nº 09-72.876 F-D : RJS 11/11 nº 873).

ILLUSTRATIONS

Il en va ainsi, par exemple, de l'absence injustifiée persistant malgré la mise en demeure de l'employeur (Cass. soc. 13-1-2004 nº 01-46.592 F-PB : RJS 3/04 nº 308), mais pas de l'abandon de poste qui présente un caractère instantané (Cass. soc. 29-1-2003 nº 01-40.036 F-D : RJS 4/03 nº 458).

56235 C. trav. art. L 1332-3 N-VIII-29500 s

Mise à pied conservatoire Si les faits reprochés au salarié paraissent d'une gravité telle qu'ils justifient sa mise à l'écart immédiate de l'entreprise, l'employeur peut prononcer une mise à pied dans l'attente de la sanction à intervenir. Sauf en cas de poursuites pénales (nº 56225, b), cette mesure conservatoire, distincte de la mise à pied disciplinaire (nº 56145), doit être suivie immédiatement de l'ouverture de la procédure disciplinaire (nºs 56220 s.). Elle interrompt la prescription des faits fautifs (n° 56225). Le salarié est alors **dispensé d'exécuter son travail** en attendant qu'il soit statué sur la suite à donner aux faits reprochés. Seul le licenciement fondé sur une faute grave ou lourde dispense l'employeur du paiement du **salaire** afférent à cette période non travaillée (jurisprudence constante : notamment Cass. soc. 17-11-1998 n° 96-44.335 D).

Sur la prise de **congés payés** durant une mise à pied conservatoire, voir n° 13410.

> Précisions **a.** Une mise à pied conservatoire se solde le plus souvent par un licenciement, mais ce n'est pas systématique. L'employeur peut prononcer une sanction moindre telle qu'une mise à pied disciplinaire ; dans ce cas, la durée de la mise à pied conservatoire s'impute sur celle de la mise à pied disciplinaire (Cass. soc. 5-7-2006 n° 03-46.361 FS-PB : RJS 11/06 n° 1180). Il peut aussi prononcer un licenciement non disciplinaire si les motifs finalement retenus ne caractérisent pas une faute (Cass. soc. 3-2-2010 n° 07-44.491 FP-PB : RJS 4/10 n° 320 ; 4-3-2015 n° 13-26.945 F-D : RJS 5/15 n° 320). Il devra alors payer le salaire correspondant à la mise à pied.

b. La période de mise à pied doit être rémunérée dans son intégralité, même en cas de licenciement pour faute grave, si elle a été suspendue par l'employeur et n'était donc pas nécessaire (Cass. soc. 9-7-2014 n° 13-18.177 F-D : RJS 11/14 n° 776).

ENTRETIEN PRÉALABLE

Convocation La loi impose à l'employeur la tenue d'un entretien, sauf si la sanction envisagée est un **avertissement** ou une sanction de même nature n'ayant pas d'incidence, immédiate ou non, sur la présence dans l'entreprise, la fonction, la carrière ou la rémunération du salarié. Selon la jurisprudence, un avertissement peut avoir une incidence sur la présence du salarié dans l'entreprise et doit être précédé d'un entretien préalable, dès lors que le règlement intérieur (ou la convention collective) subordonne le licenciement à l'existence de 2 sanctions antérieures (Cass. soc. 3-5-2011 n° 10-14.104 FS-PB : RJS 7/11 n° 609). Plus généralement, une clause conventionnelle ou du règlement intérieur, plus favorable que la loi, peut imposer à l'employeur de respecter la procédure de l'entretien préalable même si la sanction envisagée est un avertissement. 56240 C. trav. art. L 1332-2 R 1332-1 N-VIII-48800 s

L'employeur doit convoquer le salarié à cet entretien soit par lettre remise en main propre contre récépissé, soit par lettre recommandée (le cas échéant électronique : n° 56260), en lui indiquant l'objet de la convocation, la date, l'heure, le lieu de l'entretien et en lui rappelant qu'il peut se faire **assister** par une personne de son choix appartenant au personnel de l'entreprise. Sauf s'il s'agit d'un licenciement, il n'est pas obligé de préciser la nature exacte de la sanction envisagée (Circ. DRT 5-83 du 15-3-1983). Il n'est pas tenu d'en indiquer les **motifs** (Cass. soc. 17-12-1992 n° 89-44.651 P), sauf disposition conventionnelle contraire (Cass. soc. 9-1-2013 n° 11-25.646 FS-PB : RJS 3/13 n° 201).

> Précisions **a.** Si l'employeur, sans y être tenu, a convoqué à un entretien préalable le salarié auquel il décide de notifier un avertissement, il doit notifier cette sanction dans le mois qui suit l'entretien : n° 56255 (Cass. soc. 16-4-2008 n° 06-41.999 FS-PB : RJS 6/08 n° 672 ; 9-10-2019 n° 18-15.029 F-PB : RJS 12/19 n° 673).

b. La convocation à l'entretien préalable interrompt la **prescription** de 2 mois visée n° 56225, un nouveau délai commençant à courir à compter de la date de cette convocation (Cass. soc. 9-10-2001 n° 99-41.217 FS-P : RJS 12/01 n° 1430 ; 25-10-2007 n° 06-42.493 F-D : RJS 1/08 n° 27). Lorsqu'il est reporté à une date ultérieure pour des motifs d'ordre matériel ou sur demande du salarié, l'entretien doit donc se tenir dans les 2 mois suivant cette date (Cass. soc. 9-12-2003 n° 01-44.501 F-D : RJS 2/04 n° 206).

c. Il n'y a pas de délai minimum entre la date de la convocation et celle de l'entretien. Le salarié doit cependant être averti suffisamment à l'avance afin de préparer son entretien (Cass. soc. 14-12-1995 n° 94-41.785 P : RJS 2/96 n° 103 ; 2-7-2015 n° 14-15.829 F-D : RJS 11/15 n° 711).

d. Le **salarié de l'entreprise assistant** un autre salarié lors de l'entretien préalable à une sanction, qu'il s'agisse d'un licenciement (n° 47570, b) ou d'une sanction moindre, ne doit subir aucune perte de rémunération. Il doit être remboursé des frais de transport exposés à cet effet (Cass. soc. 26-3-2013 n° 11-22.148 FS-D : RJS 6/13 n° 451).

Dans les entreprises sans institution représentative du personnel, la possibilité d'une assistance par un **conseiller extérieur** n'est pas ouverte au salarié faisant l'objet d'une sanction autre qu'un licenciement (Circ. 5-9-1991, réputée abrogée), telle la rupture anticipée du contrat à durée déterminée pour faute grave (Cass. soc. 25-10-2000 n° 98-43.760 F-D : RJS 4/01 n° 417).

Déroulement de l'entretien Au cours de l'entretien, l'employeur indique le motif de la sanction envisagée et recueille les explications du salarié. Sauf abus, les paroles prononcées par le salarié à cette occasion ne peuvent pas fonder un licenciement (Cass. soc. 8-1-1997 n° 94-42.639 P : RJS 5/97 n° 545). 56245 N-VIII-49900 s

Il ne peut pas être reproché au salarié de ne pas s'être présenté à l'entretien, celui-ci étant organisé dans son seul intérêt (Cass. soc. 28-11-2000 n° 98-41.308 FS-P : RJS 2/01 n° 205).

CHOIX DE LA SANCTION

56250 N-VIII-51550 s L'employeur est, en principe, libre de choisir la sanction qui lui paraît adaptée au comportement du salarié. Ainsi, sauf détournement de pouvoir ou discrimination au sens visé nº 32060 (Cass. soc. 6-6-2012 nº 10-28.199FS-PB : RJS 8-9/12 nº 684), il peut, en vertu de son **pouvoir d'individualisation** des mesures disciplinaires, sanctionner différemment des salariés ayant participé à une même faute (jurisprudence constante : notamment Cass. soc. 15-5-1991 nº 89-44.501 P : RJS 3/92 nº 283) ou ne pas sanctionner l'un d'entre eux (Cass. soc. 17-12-1996 nº 95-41.858 P : RJS 1/97 nº 85), y compris, lorsqu'il s'agit d'un salarié protégé, alors qu'il avait obtenu l'autorisation administrative de licencier l'intéressé (Cass. soc. 17-6-2009 nº 08-41.648 FS-D : RJS 8-9/09 nº 713).

Par ailleurs, lorsqu'il est tenu d'élaborer un **règlement intérieur,** l'employeur ne peut pas prononcer d'autres sanctions que celles qui y sont prévues (Cass. soc. 26-10-2010 nº 09-42.740 FS-PBRI : RJS 1/11 nº 39 ; 2-12-2020 nº 19-21.292), à l'exception du licenciement (Cass. soc. 23-3-2017 nº 15-23.090 FS-PB : RJS 6/17 nº 389). Est nul l'avertissement notifié à un salarié à une date où l'employeur n'avait pas établi un tel règlement alors qu'il y était tenu (CA Rennes 7-9-2016 nº 14/04110 : RJS 11/16 nº 669).

En outre, la sanction doit être **proportionnelle** à la faute commise, voir nº 56350.

> **Précisions** **a.** Sauf clause conventionnelle plus favorable, la **hiérarchie des sanctions** prévue par le règlement intérieur ne s'impose pas à l'employeur. Ce dernier n'est pas tenu de prononcer la plus faible des sanctions pour une première infraction (Cass. soc. 14-6-1984 nº 82-40.456 ; 27-3-1985 nº 82-41.942 P). Un fait fautif isolé peut justifier un licenciement sans avoir donné lieu à un avertissement préalable (Cass. soc. 1-7-2008 nº 07-40.053 FP-PB : RJS 10/08 nº 995 ; Cass. soc. 24-1-2018 nº 16-14.386 F-D : RJS 4/18 nº 258), sauf si une clause du règlement intérieur, laquelle s'impose à l'employeur et au juge, prévoit expressément le contraire (Cass. soc. 13-10-1993 nº 92-40.474 P : RJS 11/93 nº 1102 ; 17-12-1997 nº 94-43.237 P : RJS 2/98 nº 173). Cependant, si une clause conventionnelle prévoit que l'**avis** d'une commission de discipline s'impose à l'employeur, ce dernier ne peut pas prononcer une sanction plus grave que celle préconisée par cette commission (Cass. soc. 23-5-2017 nº 16-11.296 F-PB : RJS 8-9/17 nº 542).
> **b.** Lorsqu'une **convention collective** prévoit que, sauf faute grave, un salarié ne peut pas être licencié sans avoir fait l'objet précédemment d'au moins 2 sanctions disciplinaires, l'annulation judiciaire des avertissements adressés au salarié rend son licenciement sans cause réelle ni sérieuse (Cass. soc. 30-6-2004 nº 02-41.993 F-P : RJS 10/04 nº 1007).
> **c.** Le **juge des référés** ne peut pas annuler une sanction illicite (Cass. soc. 7-1-1988 nº 85-42.761 P), mais peut ordonner à l'employeur de l'annuler pour faire cesser un trouble manifestement illicite (Cass. soc. 23-3-2017 nº 15-23.090 FS-PB : RJS 6/17 nº 389).

56255 NB-II-6670 s Si, contrairement à ce qu'il avait initialement prévu, l'employeur envisage finalement l'**éventualité d'un licenciement,** il doit recommencer la procédure, c'est-à-dire convoquer le salarié à un nouvel entretien préalable, dans les conditions visées nºs 47470 s. (Circ. 5-9-1991, réputée abrogée). Dans ce cas, le délai de notification du licenciement visé nºs 47730 s. court à compter du second entretien (Cass. soc. 28-11-2001 nº 99-44.209 F-D : RJS 2/02 nº 156).

En cas de renonciation à licencier un salarié mis à pied à titre conservatoire, voir nº 56235.

NOTIFICATION DE LA SANCTION

56257 N-VIII-52100 s **Auteur** La sanction doit en principe être notifiée par l'**employeur.** Mais elle peut l'être par un salarié titulaire d'une délégation valable du pouvoir de l'employeur.

Cette **délégation** n'a pas à être nécessairement écrite ; elle peut être tacite et découler des fonctions du salarié qui conduit la procédure disciplinaire (Cass. soc. 7-6-2011 nº 10-19.780 F-D : RJS 12/11 nº 927 ; 6-3-2012 nº 10-24.367 F-D : RJS 5/12 nº 408).

Concernant l'auteur de la notification d'un licenciement, voir nº 47670.

56260 C. trav. art. L 1332-2 R 1332-2 N-VIII-52700 s **Forme et contenu** Aucune sanction ne peut être infligée au salarié sans que celui-ci soit informé, dans le même temps et par lettre remise en main propre contre récépissé ou lettre recommandée, des griefs retenus contre lui. Les **motifs** ainsi énoncés fixent les limites du litige, l'employeur ne pouvant plus invoquer un fait distinct pour justifier la sanction prononcée (Cass. soc. 26-1-1989 nº 85-46.031 P : RJS 3/89 nº 224 ; 26-2-1992 nº 89-44.090 P : RJS 4/92 nº 413). Sur la possibilité pour l'employeur de préciser les motifs d'un licenciement après sa notification, voir nº 47680. À défaut de motivation, la sanction est injustifiée, peu important que l'employeur ait, comme il le devait, indiqué au salarié au cours de l'entretien préalable les griefs formulés contre lui (Cass. soc. 23-1-1997 nº 95-40.526 P : RJS 3/97 nº 281).

Sur l'incidence de poursuites pénales concernant des faits que l'employeur entend sanctionner, voir nº 56225, b.

En cas de notification d'une sanction constituant une **modification du contrat** de travail, voir nº 56280.

> Précisions L'envoi d'une **lettre recommandée électronique** (LRE), avec ou sans avis de réception selon le cas, peut être utilisé sous certaines conditions, tant par l'employeur que par le salarié, pour la transmission de courriers. Lorsqu'elle est utilisée par l'employeur, celui-ci doit avoir obtenu l'accord préalable du salarié à la réception de ce type de lettre (C. postes et communications électroniques art. L 100 ; Décret 2018-347 du 9-5-2018).

Délais Si la sanction est un **avertissement** ou une sanction de même nature ne nécessitant pas d'entretien préalable (nº 56240), elle doit être prononcée moins de 2 mois après que l'employeur a eu connaissance des faits fautifs (nº 56225). Dans le cas où l'employeur convoque néanmoins le salarié à un entretien préalable, voir nº 56240. **56265** C. trav. art. L 1332-2 N-VIII-53900 s

S'il s'agit d'une **sanction soumise à entretien préalable,** l'employeur doit attendre au moins 2 jours ouvrables avant de la lui notifier.

La notification ne doit pas être expédiée ou remise plus d'un mois après le jour de l'entretien, sauf si, dans l'intervalle, une procédure conventionnelle a été mise en œuvre (Cass. soc. 23-6-2004 nº 02-41.877 F-PB : RJS 10/04 nº 1039). Dans ce cas, le salarié doit en être informé avant l'expiration du délai d'un mois (Cass. soc. 30-10-1991 nº 88-40.168 PF : RJS 12/91 nº 1316 ; 13-2-2001 nº 98-45.912 FS-P : RJS 4/01 nº 447), la sanction devant en outre être notifiée dans le mois suivant la fin des formalités conventionnelles (Cass. soc. 4-5-1995 nº 93-41.440 D : RJS 6/95 nº 630 ; 10-5-2006 nº 05-43.843F-P : RJS 7/06 nº 837). S'agissant des salariés protégés, voir nº 63390.

> Précisions a. Le délai d'un mois imparti à l'employeur pour notifier la sanction **expire** à minuit le jour du mois suivant qui porte le même quantième que le jour de l'entretien. À défaut de quantième identique, il expire le dernier jour du mois suivant à minuit. Si le dernier jour est un samedi, dimanche ou jour férié ou chômé, il est prorogé jusqu'au premier jour ouvrable suivant (C. trav. art. R 1332-3). Par exemple, pour un entretien fixé le 17 mai 2021, le délai d'un mois pour notifier la sanction expire le 17 juin à minuit. Pour un entretien fixé au vendredi 11 juin 2021, l'échéance (dimanche 11 juillet) est reportée au lundi 12 juillet 2021 à minuit.

b. Le délai d'un mois n'est **ni suspendu ni interrompu** durant la suspension du contrat de travail résultant d'un accident ou d'une maladie, d'origine professionnelle ou non (Cass. soc. 27-2-2013 nº 11-27.130 F-PB : RJS 5/13 nº 364). Il doit être respecté même si le salarié ne s'est pas présenté à l'entretien (Cass. soc. 6-1-1999 nº 96-44.064 D : RJS 2/99 nº 201 ; 14-9-2004 nº 03-43.796 F-P : RJS 11/04 nº 1135), et même si l'employeur a de ce fait décidé, à sa seule initiative, de convoquer l'intéressé à un **nouvel entretien** (Cass. soc. 23-1-2013 nº 11-22.724 F-D : RJS 4/13 nº 285 ; 20-5-2014 nºs 12-28.046 et 12-28.463 FS-D : RJS 8-9/14 nº 628). En revanche, si l'entretien est **reporté** à la **demande du salarié** (Cass. soc. 3-2-2004 nº 01-46.318 F-D : RJS 4/04 nº 395) ou à l'initiative de l'employeur informé par le salarié de son indisponibilité (Cass. soc. 7-6-2006 nº 04-43.819 FS-PB : RJS 8-9/06 nº 945 ; 23-1-2013 nº 11-22.724 F-D : RJS 4/13 nº 285), c'est à compter de la date du nouvel entretien que court le délai.

Il en est de même si, dans le délai d'un mois à compter de l'entretien préalable, l'employeur convoque le salarié à un nouvel entretien du fait de la **révélation de nouveaux faits** fautifs (Cass. soc. 20-10-2009 nº 08-42.499 F-D : RJS 1/10 nº 38 ; 17-10-2018 nº 16-27.808 FS-D : RJS 1/19 nº 1) ; par ailleurs, si après la révélation d'un nouveau comportement fautif, l'employeur abandonne la procédure de licenciement en cours et en engage une autre, la convocation au nouvel entretien n'a pas à intervenir dans un délai spécifique par rapport à la procédure abandonnée (Cass. soc. 12-3-2014 nº 12-28.610 F-D : RJS 5/14 nº 401), mais le licenciement ne peut sanctionner que des faits distincts de ceux initialement envisagés (Cass. soc. 26-10-2017 nº 15-19.105 F-D : RJS 1/18 nº 3).

En cas de nouvel entretien faisant suite au **refus par le salarié d'une sanction** modifiant son contrat, voir nº 56280.

EXÉCUTION DE LA SANCTION

Délai Aucun délai n'est fixé pour la réalisation matérielle d'une sanction une fois celle-ci notifiée au salarié. Toutefois, si son exécution est différée pendant de longs mois sans explication, l'employeur peut être considéré comme y ayant **renoncé** (Cass. soc. 10-7-2002 nº 00-40.917 F-D : RJS 10/02 nº 1121). **56270** N-VIII-55400 s

Sauf fraude, la prise d'effet d'une mise à pied disciplinaire ne peut pas être reportée si au jour prévu pour son exécution le salarié est en arrêt maladie (Cass. soc. 21-10-2003 nº 01-44.169 F-PB : RJS 12/03 nº 1388).

Refus du salarié En principe, le salarié, s'il peut contester la sanction qui lui est infligée (nº 56340), ne peut pas s'opposer à son exécution, sauf si elle constitue une modification de son contrat de travail, voir nº 56280. **56275** N-VIII-56400 s

Le fait pour un salarié de se présenter à son travail alors qu'il est **mis à pied** et de refuser de quitter les lieux est une insubordination pouvant constituer une cause réelle et sérieuse de licenciement (Cass. soc. 4-10-1990 nº 88-44.017 P : RJS 11/90 nº 859), voire une faute grave (Cass. soc. 25-5-1989 nº 85-43.864 P). En revanche, le refus par le salarié de recevoir les lettres lui notifiant des **avertissements** par ailleurs non contestés ne constitue pas une insubordination (Cass. soc. 18-2-2004 nº 01-46.124 F-D : RJS 5/04 nº 538).

56280 N-VIII-56570 s L'employeur ne peut pas imposer à un salarié une **modification du contrat à titre disciplinaire,** telle une rétrogradation (Cass. soc. 17-6-2009 nº 07-44.570 FS-PB : RJS 8-9/09 nº 714). Il doit d'abord lui notifier la proposition d'une telle sanction en l'informant expressément de sa faculté d'accepter ou de refuser cette mesure (Cass. soc. 28-4-2011 nº 09-70.619 FS-PB : RJS 7/11 nº 610 ; 22-6-2011 nº 09-43.321 FS-D : RJS 10/11 nº 794). Cette notification interrompt à nouveau le délai de prescription des faits fautifs (Cass. soc. 15-1-2013 nº 11-28.109 FS-PBR : RJS 3/13 nº 203). En cas de refus du salarié dans les 2 mois qui suivent, l'employeur est en droit de prononcer une autre sanction (Cass. soc. 16-6-1998 nº 95-45.033 PBR : RJS 7/98 nº 858 ; 7-7-2004 nº 02-44.476 F-PB : RJS 10/04 nº 1038), notamment un licenciement (Cass. soc. 19-2-2003 nº 00-46.188 F-D : RJS 5/03 nº 606), y compris pour faute grave si les faits le justifient (Cass. soc. 11-2-2009 nº 06-45.897 : RJS 4/09 nº 343). Si la nouvelle sanction envisagée n'est pas un licenciement, il peut la notifier sans convoquer le salarié à un nouvel entretien préalable (Cass. soc. 25-3-2020 nº 18-11.433 FS-PB, : RJS 6/20 nº 284). S'il envisage un licenciement, il doit convoquer le salarié à un nouvel entretien préalable dans le délai maximal de 2 mois à compter du refus de l'intéressé (Cass. soc. 15-1-2013 nº 11-28.109 FS-PBR : RJS 3/13 nº 203), en indiquant la mesure envisagée. Le délai maximal de notification du licenciement (nº 56265) court alors à compter de ce dernier entretien (Cass. soc. 27-3-2007 nº 05-41.921 FS-PBR : RJS 6/07 nº 735). La lettre de licenciement doit énoncer les motifs de la rupture et ne peut pas se borner à faire référence aux fautes visées par la notification de la sanction initiale (Cass. soc. 1-4-2003 nº 00-41.428 FS-D : RJS 6/03 nº 718).

> **Précisions** **a.** Le défaut d'entretien préalable au licenciement prononcé au lieu et place de la sanction refusée ne rend pas ce licenciement sans cause réelle et sérieuse (Cass. soc. 16-9-2015 nº 14-10.325 FS-PB : RJS 12/15 nº 762).
> **b.** Le salarié auquel l'employeur **a imposé unilatéralement** une sanction modifiant son contrat peut faire constater que cette voie de fait s'analyse en un licenciement ou exiger la poursuite du contrat aux conditions initiales (Cass. soc. 29-5-2013 nº 12-13.437 F-D : RJS 8-9/13 nº 604). La prise d'acte par le salarié de la rupture du contrat, après la prise d'effet d'une rétrogradation unilatéralement imposée, produit les effets d'un licenciement sans cause réelle et sérieuse (Cass. soc. 28-4-2011 nº 09-70.619 FS-PB : RJS 7/11 nº 610 ; 22-6-2011 nº 09-43.321 FS-D : RJS 10/11 nº 794). En revanche, la prise d'acte a été qualifiée de démission dans un cas où le salarié l'avait notifiée à l'employeur avant que la rétrogradation ne soit effectivement mise à exécution (Cass. soc. 23-5-2013 nº 12-15.539 FS-D : RJS 8-9/13 nº 604).

D. Contrôle judiciaire

56340 C. trav. art. L 1333-1 à L 1333-3 N-VIII-57900 s Un salarié peut contester devant le juge prud'homal, dans les délais de prescription visés nº 14746, toute mesure disciplinaire prise à son encontre. Le juge apprécie la régularité de la procédure suivie et si les faits reprochés à l'intéressé sont de nature à justifier la sanction contestée.

Sauf si la sanction est un **licenciement** ou une **rupture du contrat de travail à durée déterminée** pour faute grave (Cass. soc. 12-11-2003 nº 01-42.130 FS-PB : RJS 1/04 nº 36), il peut annuler une sanction irrégulière en la forme, injustifiée ou disproportionnée à la faute commise. Sur les pouvoirs du juge des **référés,** voir nº 56250, c. Le contrôle judiciaire du licenciement est étudié nºs 48660 s., celui de la rupture anticipée du contrat à durée déterminée nºs 20200 s.

RÉALITÉ DES FAUTES

56345 N-VIII-60300 s L'employeur doit fournir au conseil de prud'hommes les éléments retenus pour prendre la sanction. Le juge forme sa conviction au vu de ces éléments et de ceux fournis par le salarié à l'appui de ses allégations : il peut, au besoin, ordonner des mesures d'instruction. Si un **doute** subsiste, il profite au salarié. Le juge n'est pas lié par les dispositions du règlement intérieur (Cass. soc. 2-5-2000 nº 97-44.091 PB : RJS 6/00 nº 669) ni par les dispositions conventionnelles ou contractuelles (nº 48665). Il doit vérifier que les faits ne sont pas prescrits (nº 56225) et rechercher s'ils présentent un caractère fautif (Cass. soc. 25-1-2000 nº 97-44.676 D : RJS 3/00 nº 258).

PROPORTIONNALITÉ DE LA SANCTION

Le juge vérifie que la sanction prononcée à l'encontre du salarié n'est pas trop sévère compte tenu des faits reprochés. En revanche, il ne peut pas annuler une sanction qu'il estime trop clémente. Il ne peut pas non plus modifier la sanction prononcée et en prendre une autre (Cass. soc. 16-7-1987 n° 82-42.249 D ; 29-5-1990 n° 87-43.825 D). **56350** N-VIII-60700 s

ANNULATION DE LA SANCTION

Cas d'application Le juge doit annuler la sanction s'il en constate le caractère **disproportionné** ou **injustifié** (sauf s'il s'agit d'un licenciement, voir n° 56340 ; pour une sanction trop clémente, voir n° 56350). Mais il n'y est pas obligé si la sanction, légitime au fond, a été prise à l'issue d'une procédure irrégulière : le juge peut alors accorder des dommages-intérêts, dont il apprécie souverainement le montant (Cass. soc. 5-11-1987 n° 84-43.121 D). Il doit toutefois annuler la sanction en cas de méconnaissance d'une règle de fond telle que la motivation de la notification de cette mesure (Cass. soc. 25-5-2004 n° 02-41.900 F-P : RJS 8-9/04 n° 912) ou une procédure conventionnelle ou statutaire, comportant des garanties supérieures aux garanties légales (Cass. soc. 7-5-1996 n° 92-40.931 PB : RJS 7/96 n° 793). **56355** N-VIII-61530 s

Sur le pouvoir du **juge des référés,** voir n° 56250, c.

Conséquences L'annulation par le juge d'une sanction disproportionnée fait disparaître celle-ci (sur les conséquences d'une telle disparition, voir n° 56250). Elle laisse, en revanche, subsister la procédure disciplinaire suivie antérieurement. L'employeur peut alors prendre une **nouvelle sanction,** qui doit être notifiée au salarié dans le mois de la notification de la décision d'annulation (Cass. soc. 4-2-1993 n° 88-42.599 PF : RJS 3/93 n° 275). **56360** N-VIII-61640 s

À l'inverse, si la sanction disciplinaire est annulée pour **défaut d'entretien préalable,** le délai de prescription des faits fautifs n'a pas été interrompu (n° 56225). Dès lors que ce délai est écoulé, l'employeur ne peut plus, après le jugement d'annulation, prononcer une nouvelle sanction (Cass. soc. 18-1-1995 n° 90-42.087 PBBS : RJS 3/95 n° 234).

Si la sanction est annulée parce que les faits fautifs n'ont pas été établis, l'employeur ne saurait les invoquer à l'appui d'une nouvelle sanction.

S'il justifie d'un **préjudice,** le salarié peut demander des dommages-intérêts en plus de l'annulation de la mesure disciplinaire (Cass. soc. 6-3-1986 n° 83-41.804 P ; 13-3-2002 n° 00-40.860 F-D).

PRÉRETRAITES

SOMMAIRE

A. Préretraite-licenciement

Le dispositif de préretraite-licenciement a été institué afin de permettre aux entreprises en difficulté envisageant un licenciement pour motif économique de placer en cessation anticipée d'activité des salariés ayant atteint un certain âge et ne pouvant pas être reclassés. Les salariés perçoivent, jusqu'à leur retraite, un **revenu de remplacement** financé conjointement par l'État et l'Unédic. 57100 C. trav. art. R 5123-12 s **Q-II-46000 s**

La préretraite-licenciement ayant été **abrogée au 1-1-2012,** il n'est plus possible d'y avoir recours. Seules les conventions conclues avant cette date continuent à produire leurs effets jusqu'à leur terme. Les allocataires actuels du dispositif bénéficient donc du maintien de leur revenu de remplacement jusqu'à ce qu'ils atteignent l'âge de la retraite : nº 57115 (Loi 2011-1977 du 28-12-2011 art. 152).

ATTENTION

La convention d'allocations spéciales, conclue avec l'État, peut comporter des **engagements** auxquels l'employeur signataire reste tenu, sous peine de sanction financière : clause de protection des salariés âgés, par laquelle l'entreprise s'engage à maintenir dans leur emploi les salariés de plus de 50 ans et à ne pas rompre pour un motif économique le contrat des salariés âgés de plus de 56 ans et, éventuellement, obligation de soumettre ses embauches ultérieures à l'accord préalable de l'administration.

ALLOCATION SPÉCIALE

Montant Le salarié ayant adhéré à une convention de préretraite-licenciement perçoit une allocation mensuelle brute dont le montant est égal à 65 % du salaire journalier de référence (SJR) dans la limite du plafond de la sécurité sociale (nº 90020) auxquels s'ajoutent 50 % de ce salaire pour la part comprise entre une et deux fois ce plafond. 57105 C. trav. art. R 5123-14 à R 5123-16 et R 5123-20 Décret 98-1024 du 12-11-1998 art. 1 et 2 **Q-II-46200 s**

Ce montant **ne peut pas excéder** 85 % du salaire de référence.

Le montant **minimal** journalier de l'allocation ne peut pas être inférieur à 32,31 € depuis le 1-1-2021.

› **Précisions** **a.** Le SJR est fixé d'après les rémunérations sur lesquelles ont été assises les contributions au régime d'assurance chômage au titre des 12 mois civils précédant le dernier jour de travail payé au salarié dans la limite du double du plafond de la sécurité sociale correspondant à la période de référence. Ne sont **pas prises en compte** les périodes au cours desquelles le salarié n'a pas perçu une rémunération normale : périodes de suspension du contrat de travail et périodes d'activité partielle, notamment (Arrêté XMESF0111131A du 29-8-2001 art. 3 : JO 4-9). Le SJR, dès lors que sa détermination remonte au moins à 6 mois, est revalorisé dans les conditions visées nº 67595.

b. La **limite** au-delà de laquelle le taux de 65 % cesse de s'appliquer pour faire place au taux de 50 % est calculée, en pratique, non à partir du plafond journalier de la sécurité sociale déterminé par voie réglementaire, mais du plafond mensuel affecté du rapport 12/365. Par exemple, au 1-1-2021, cette règle aboutit à un salaire plafond journalier de 112,70 € alors que le plafond réglementaire journalier est fixé à 189 €.

Paiement et cumul L'allocation de préretraite est versée mensuellement, après déduction des prélèvements sociaux, par **Pôle emploi** du lieu de l'établissement employeur, qui demeure compétent pour toute la durée de la convention, même en cas de changement de domicile du bénéficiaire. Elle est revalorisée tous les ans par application du coefficient de revalorisation des retraites (nº 67650). 57110 Arrêté MESF0111131A du 29-8-2001 art. 3 à 5 : JO 4-9 **Q-II-46500 s**

› Précisions **a.** L'allocation spéciale n'est pas **cumulable** avec l'allocation d'assurance chômage dont pourrait bénéficier le salarié au titre de la même rupture du contrat de travail.
En revanche, elle peut être cumulée avec une pension d'invalidité antérieure dans la limite visée n° 44690 et avec l'allocation aux adultes handicapés (Cass. soc. 28-1-1999 n° 97-16.791 PB : RJS 3/99 n° 448).
Elle est par ailleurs maintenue en cas de maladie et d'**accident** (sur la protection sociale du préretraité, voir n° 57135). En cas de reprise d'une activité, voir n° 57125.
b. Les **litiges** relatifs aux modalités de paiement par Pôle emploi de l'allocation spéciale, ainsi que ceux relatifs au remboursement de cette allocation, relèvent du juge judiciaire (CE 21-6-2006 n° 259159 : RJS 11/06 n° 1214).
c. Sur les sanctions applicables en cas de **fraude** ou tentative de fraude à l'allocation spéciale, voir n° 2230, c.

57115 **Durée de versement** L'allocation de préretraite est versée :

C. trav. art. R 5123-17 Décret 98-1024 du 12-11-1998 art. 3 et 4 **Q-II-46800 s**

– jusqu'à l'âge légal de la retraite (n° 67510), ou sinon jusqu'à ce que le bénéficiaire ait validé le nombre de trimestres requis ;
– et **au plus tard** jusqu'à l'âge auquel celui-ci a droit à une pension de retraite à taux plein même s'il ne totalise pas le nombre requis de trimestres d'assurance (n° 67615).

Le versement **cesse à compter** du premier jour du mois civil suivant le mois au cours duquel l'intéressé remplit les conditions requises. Il cesse avant cette date si le préretraité liquide un avantage de vieillesse personnel à caractère viager. Sont visées les pensions versées par un régime de base, général ou spécial, ou par un régime complémentaire, à l'exception de la pension de réversion.

› Précisions **a.** Par exception, l'assuré ayant **cotisé auprès de plusieurs régimes de retraite** et totalisant tous les trimestres nécessaires pour liquider une pension, tous régimes confondus, mais n'ayant pas validé le nombre de trimestres requis dans le régime général perçoit une fraction de l'allocation spéciale. Cette fraction est perçue jusqu'à la date à laquelle l'intéressé peut faire liquider au taux plein toutes ses pensions. Cette période n'est cependant pas prise en compte pour l'ouverture du droit à pension.
b. Le versement de l'allocation spéciale n'est **pas interrompu** par le départ du préretraité à l'étranger (Arrêté MESF0111131A du 29-8-2001 art. 6 : JO 4-9).
c. En cas de **reprise d'une activité** professionnelle, voir n° 57125.

57120 **Régime juridique** L'allocation de préretraite-licenciement est soumise à une **cotisation** spéciale d'assurance maladie, maternité, invalidité et décès.

CSS art. L 131-2 C. trav. art. L 5123-4 **Q-II-42800 s**

Elle supporte la CSG et la CRDS (n° 25025), sauf exonération éventuelle (n° 25280) ou domiciliation fiscale du préretraité hors de France (n° 25010). Mais elle est exonérée des taxes et participations assises sur les salaires. S'agissant de la contribution de solidarité pour l'autonomie, voir n° 68380.

Elle est **cessible et saisissable** dans les mêmes conditions et limites que les salaires.

› Précisions **a.** La **cotisation** d'assurance maladie, maternité, invalidité et décès est **précomptée** par Pôle emploi lors du versement de l'allocation. Son **taux** est fixé à : 1,7 % pour les préretraites versées du chef d'une activité du régime général ou du régime des assurances sociales agricoles ; 1 % pour les avantages de préretraite dus en vertu d'une décision unilatérale de l'employeur ; 4,9 % pour les préretraites servies aux personnes fiscalement domiciliées hors de France (CSS art. D 242-12). S'agissant de la cotisation prélevée sur les préretraites servies aux personnes affiliées à la Caisse des français de l'étranger ou au régime de sécurité sociale des expatriés géré par cette caisse, voir n°s 5260 s.
b. Les **prélèvements sociaux** (cotisation maladie, CSG, CRDS) ne doivent pas avoir pour effet de porter le montant journalier de l'allocation en deçà de 1/7e du produit de la valeur horaire du Smic en vigueur à la date du paiement par le nombre d'heures correspondant à la durée légale hebdomadaire du travail. Ils sont en conséquence totalement ou partiellement exclus selon le cas (CSS art. D 242-13, 1° et 3°).
c. Sur le régime de cette allocation au regard de l'**impôt** sur le revenu, voir Mémento fiscal n° 21710.

57125 **Reprise d'une activité** La reprise d'une activité professionnelle, salariée ou non salariée, par le bénéficiaire d'une allocation de préretraite-licenciement **suspend en principe** le versement de cette dernière. Des **exceptions** sont toutefois admises dans certaines situations.

C. trav. art. R 5123-18 R 5123-19 Circ. 75 du 10-12-1985 **Q-II-47050 s**

Le préretraité a, en tout état de cause, l'obligation de **déclarer** toute reprise d'une activité, même bénévole, à la Direccte.

Sur l'application des clauses de non-concurrence, voir n° 69660.

> Précisions Le versement de l'allocation spéciale est compatible avec :
– une **activité salariée réduite,** à condition qu'elle ne soit pas exercée pour le compte de l'ancien employeur, que sa durée soit inférieure à 16 heures par mois et que la rémunération perçue à ce titre ne dépasse pas le salaire de référence (n° 57105, a) ;
– des actions d'**aide au reclassement** de salariés pour le compte de l'ancien employeur, dans des conditions très restrictives, sous réserve que la durée de l'activité, rémunérée ou non, ne dépasse pas 16 heures par mois et que le CSE ait été consulté et n'ait formulé aucune objection ;
– des **tâches d'intérêt général** accomplies pour le compte d'organismes privés à but non lucratif ou de collectivités publiques ayant conclu à cet effet une convention avec l'État, sous déduction des rémunérations éventuellement perçues ;
– une activité exercée à titre **bénévole** dans le cadre d'un mouvement associatif, de mandats syndicaux ou électifs non rémunérés ;
– les **activités littéraires ou artistiques,** sans imputation sur les allocations des droits d'auteur et des revenus de diffusion ou d'exploitation même si la publication ou la diffusion est postérieure au départ en préretraite.
La perception de redevances en raison notamment d'une concession de licence ou de cession de brevet d'invention, de rémunération de mission d'expertise ou de recherche fait également l'objet de mesures spécifiques.

Le préretraité dont l'allocation a été suspendue en raison de la reprise d'une activité professionnelle retrouve tous ses droits à indemnisation lorsqu'il **cesse à nouveau toute activité** sauf s'il a atteint l'âge légal de la retraite et peut justifier à cette date du nombre de trimestres validés ouvrant droit à une retraite à taux plein. Le montant de la préretraite reste calculé, lors de la **reprise du versement**, sur la base du salaire de référence de départ (n° 57105), revalorisé. Les rémunérations perçues à l'occasion de la reprise d'activité ne sont pas prises en compte (Rép. Lauriol : Sén. 13-8-1987). 57130
Un différé d'indemnisation, analogue à celui visé n° 6745, s'applique à compter du lendemain de la fin de l'activité professionnelle reprise.

PROTECTION SOCIALE

Le bénéficiaire d'une allocation de préretraite-licenciement conserve la qualité d'assuré et le bénéfice des prestations de sécurité sociale dans des conditions qui varient en fonction des risques. 57135

CSS art. L 311-5
L 351-3, 2°
R 436-4-1, al. 2
Q-II-47600 s

Les **prestations** familiales lui sont accessibles dans les conditions de droit commun.
S'agissant du **cumul** de l'allocation de préretraite et de certaines prestations ou pensions, voir n° 57110, a.

> Précisions a. Le préretraité conserve la qualité d'assuré et bénéficie des prestations en espèces des **assurances maladie et maternité** du régime général. Sur la prise en charge de ses frais de santé, voir n°s 50120 s.
b. En cas d'**accident du travail** à l'occasion ou par le fait de tâches d'intérêt général, le bénéficiaire de l'allocation spéciale ne peut pas prétendre aux indemnités journalières d'accident du travail.
c. Le préretraité bénéficie d'un maintien provisoire de ses droits à l'assurance **invalidité** du régime général (n° 44560, c) et au capital **décès** (n° 6040, c).
En cas de décès en cours d'indemnisation du bénéficiaire de l'allocation spéciale, son conjoint peut prétendre à une allocation décès servie par Pôle emploi, égale à 120 fois le montant journalier de l'allocation de préretraite, majorée de 45 fois ce montant par enfant à charge au sens visé n° 50130 (Arrêté MESF0111131A du 29-8-2001 : JO 4-9).
d. Les périodes de versement de l'allocation de préretraite sont prises en considération pour la détermination de la durée d'assurance servant au calcul de la **pension de vieillesse** du régime général.
e. Des points gratuits de **retraite complémentaire** sont attribués au bénéficiaire de l'allocation spéciale au titre des périodes d'indemnisation. Cette validation gratuite peut être améliorée dans certains cas, moyennant cotisations : se renseigner auprès des caisses dont dépend l'entreprise (ANI du 17-11-2017 art. 61).

B. Préretraite amiante

ADHÉSION AU DISPOSITIF

Peut bénéficier du dispositif de cessation anticipée d'activité des travailleurs de l'amiante (Caata) le salarié ou ancien salarié âgé d'**au moins 50 ans** et : 57270
– reconnu atteint d'une **maladie professionnelle** provoquée par l'amiante figurant sur une liste fixée par arrêté (Arrêté SANS0520383A du 3-2-2005 modifié : JO 17) ;
– ou ayant **travaillé en contact avec l'amiante** dans certains établissements ou ports dont la liste est fixée par arrêté (Arrêtés MES0022188A du 3-7-2000 modifié : JO 16 et MESS0022234A du

Loi 98-1194 du 23-12-1998 art. 41 modifié
Décret 99-247 du 29-3-1999 modifié
Q-II-43600 s

7-7-2000 modifié : JO 22), lorsqu'il atteint l'âge de 60 ans diminué de 1/3 de la durée travaillée dans ces établissements ou ports. Cette durée tient compte des périodes indemnisées au titre de l'assurance maladie ou des accidents du travail et maladies professionnelles (Cass. 2e civ. 17-3-2011 no 10-17.214 FS-PB : RJS 6/11 no 545) mais pas des périodes de congé parental d'éducation (Cass. 2e civ. 18-9-2014 no 13-20.081 F-D : RJS 12/14 no 885) ;
– et cessant toute **activité professionnelle** salariée ou indépendante (voir, à propos d'un gérant de société, Cass. 2e civ. 11-7-2019 no 18-14.588 F-PBI : RJS 10/19 no 590).

Le salarié adresse sa **demande** accompagnée de justificatifs à la caisse d'assurance retraite et de la santé au travail (Carsat), qui se prononce dans un délai de 2 mois. L'absence de réponse dans ce délai vaut rejet implicite de la demande. Si la demande est acceptée, le salarié doit démissionner. L'employeur doit lui verser une indemnité d'un montant égal à celui de l'indemnité légale ou conventionnelle de départ à la retraite, dont le régime social est étudié no 22900, a.

Sur l'obligation qu'a l'employeur de **déclarer** annuellement les salariés partis en préretraite, voir no 69545.

› Précisions a. Sur les obligations de l'employeur vis-à-vis de ses salariés exposés à l'amiante, voir no 71600.

b. Le salarié ayant exercé, au sein d'un établissement ou un port figurant sur la liste fixée par arrêté, une activité l'ayant mis en **contact avec l'amiante** peut prétendre au bénéfice de la préretraite (Cass. 2e civ. 7-7-2016 no 15-20.627 F-D : RJS 11/16 no 717). Tel est le cas du manutentionnaire travaillant sur un port pour une entreprise sous-traitante (Cass. 2e civ. 23-1-2020 no 19-11.559 F-PBI : RJS 4/20 no 201), mais pas du médecin du travail d'un service médical interentreprises intervenant dans un établissement figurant sur la liste (Cass. 2e civ. 26-11-2015 no 14-27.966 F-D : RJS 2/16 no 144).

c. Le salarié manifeste une volonté claire et non équivoque de **démissionner** lorsqu'il demande sa radiation de l'effectif pour adhérer à la préretraite amiante (Cass. soc. 26-11-2008 no 07-43.650F-PB : RJS 2/09 no 148). Il ne peut contester la validité de cette démission et en obtenir la requalification en prise d'acte de la rupture que si ses griefs sont étrangers aux circonstances dans lesquelles il a été exposé à l'amiante (Cass. soc. 17-11-2010 no 08-45.647 FS-PB : RJS 2/11 no 105).

MONTANT ET VERSEMENT DE L'ALLOCATION

57275 Q-II-44650 s Le préretraité bénéficie d'une allocation versée par la Carsat. Celle-ci, calculée en fonction d'un salaire journalier de référence, est au moins égale à 1 179,27 € par mois depuis le 1-1-2021. L'allocation est revalorisée tous les ans par application du coefficient de revalorisation des retraites (no 67650). S'agissant de son régime fiscal et social, voir no 57120.

La préretraite **cesse** lorsque son bénéficiaire, âgé d'au moins 60 ans, réunit les conditions de durée d'assurance requises pour bénéficier d'une pension de vieillesse à taux plein du régime général, du régime des salariés agricoles ou d'un régime spécial. Cette condition de durée d'assurance est, en tout état de cause, réputée remplie au plus tard à l'âge de 65 ans.

› Précisions a. Le **salaire de référence** servant de base au calcul de l'allocation est fixé comme indiqué no 57105. Pour le calcul de ce salaire, sont retenues les rémunérations présentant un caractère habituel et régulier (Décret 99-247 du 29-3-1999). En conséquence, les indemnités compensatrices de congés payés et de RTT versées à l'occasion du départ du salarié n'entrent pas dans l'assiette de calcul de l'allocation (Cass. 2e civ. 17-12-2015 no 14-28.283 F-PB : RJS 3/16 no 200). En cas d'**activité discontinue,** les périodes retenues sont prises en compte jusqu'à totaliser 365 jours de paie (Cass. 2e civ. 24-1-2019 no 18-10.669 F-PB : RJS 4/19 no 242).

b. L'allocation de préretraite peut notamment être **cumulée** avec une rente d'accident du travail ou de maladie professionnelle jusqu'à l'âge légal de départ à la retraite, avec des revenus occasionnels tirés d'une activité scientifique, littéraire ou artistique (Circ. Cnamts 12 du 5-3-2007 réputée abrogée), mais pas avec une pension de retraite ou des allocations de chômage.

c. Le préretraité bénéficie de la prise en charge de ses frais de santé par le régime dont il relevait avant la cessation d'activité. Il est affilié par le fonds d'indemnisation des victimes de l'amiante (no 1380) à l'assurance volontaire vieillesse (nos 5220 s.) et au régime de retraite complémentaire Agirc-Arrco (Loi 98-1194 du 23-12-1998 art. 41-IV modifié). C'est ce fonds qui verse les cotisations de retraite complémentaire dues au titre de l'allocation de préretraite amiante (Cass. 2e civ. 14-6-2018 no 17-20.474 F-PB : RJS 11/18 no 701). Les entreprises cotisant sur la base d'un taux supérieur à 6,20 % sur tranche 1 peuvent verser des cotisations supplémentaires à l'Agirc-Arrco (ANI du 17-11-2017 art. 83-2).

d. Les victimes de l'amiante atteintes d'une maladie professionnelle peuvent obtenir l'indemnisation de leur **préjudice** auprès du fonds précité.

e. L'action en répétition des allocations indues **se prescrit** par 5 ans (Cass. 2e civ. 16-6-2016 no 15-20.933 F-PB : RJS 10/16 no 649).

PRÉJUDICE D'ANXIÉTÉ

Le salarié ayant travaillé dans un **établissement** mentionné à l'article 41 de la loi 98-1194 du 23 décembre 1998 figurant sur une liste établie par arrêté ministériel (nº 57270) et, pendant la période visée par l'arrêté, ayant occupé un **poste** susceptible d'ouvrir droit à l'allocation de préretraite amiante peut obtenir réparation de son « préjudice d'anxiété », c'est-à-dire de son inquiétude permanente face au **risque de déclaration** à tout moment d'une **maladie liée à l'amiante** (Cass. soc. 3-3-2015 nº 13-20.486 FP-PBR : RJS 5/15 nº 358 ; 8-7-2020 nº 19-12.340 FS-PB : RJS 10/20 nº 491). Il n'a pas à **prouver** son sentiment d'anxiété, le préjudice résultant de la seule exposition au risque (Cass. soc. 2-4-2014 nºs 12-28.616 FS-PB et 12-29.825 FS-PB : RJS 6/14 nº 512), qu'il se soumette ou non à des contrôles et examens médicaux réguliers propres à réactiver cette angoisse (Cass. soc. 4-12-2012 nº 11-26.294 FS-P : RJS 2/13 nº 132 ; 10-2-2016 nº 14-26.909 FS-PB : RJS 4/16 nº 253). 57277

L'indemnisation, garantie par l'AGS (nºs 70900 s.), répare l'ensemble des **troubles psychologiques** de la victime, y compris le préjudice moral (Cass. soc. 21-9-2017 nº 16-15.130 FS-PB : RJS 12/17 nº 819) ou le bouleversement dans ses conditions d'existence (Cass. soc. 25-9-2013 nº 12-20.157 FP-PBR : RJS 12/13 nº 843 ; 3-3-2015 nº 13-21.832 FP-PB : RJS 6/15 nº 432).

S'agissant de l'action en reconnaissance du préjudice d'anxiété d'un **salarié ne bénéficiant pas de la préretraite** amiante, voir nº 71250.

> Précisions **a.** L'action en reconnaissance du préjudice d'anxiété **se prescrit** par 2 ans (Cass. soc. 12-11-2020 nº 19-18.490 FS-PBI : RJS 1/21 nº 36) à compter du jour de la publication du premier arrêté d'inscription de l'établissement employeur sur la liste visée nº 57270 (Cass. soc. 2-7-2014 nº 12-29.788 FS-PB : RJS 10/14 nº 725 ; 11-9-2019 nº 18-50.030 FP-PB : RJS 11/19 nº 648 ; 29-1-2020 nº 18-15.388 FS-PB : RJS 4/20 nº 202). Même si cette action spécifique est prescrite, le salarié éligible à la préretraite amiante ne peut pas agir sur le fondement du droit commun de l'obligation de sécurité de l'employeur pour obtenir la réparation de son préjudice d'anxiété (Cass. soc. 8-7-2020 nº 17-11.468 FS-D : RJS 10/20 nº 492). Sur le délai de **prescription** en cas de dommage corporel, voir nº 14746, a.

b. Le salarié peut être indemnisé même s'il n'a pas adhéré au dispositif ou s'il ne remplit pas les autres **conditions d'ouverture du droit** à la préretraite (Cass. soc. 2-3-2017 nº 15-23.334 F-D : RJS 5/17 nº 364).

c. Le bénéficiaire de la préretraite amiante ne peut pas obtenir de son ancien employeur réparation d'une **perte de revenu** résultant de la mise en œuvre de ce dispositif (Cass. soc. 11-5-2010 nº 09-42.241 FP-PBR : RJS 7/10 nº 605 ; 25-9-2013 nº 11-20.948 FP-PB : RJS 12/13 nº 843).

d. En cas de **transfert d'entreprise** après la naissance du préjudice d'anxiété et hors procédure collective, sauf dérogation expresse prévue par les parties, le salarié est fondé à agir contre le cessionnaire en réparation de son préjudice d'anxiété (Cass. soc. 20-12-2017 nºs 17-12.065 et 16-23.860 FS-D : RJS 3/18 nº 212), y compris si son contrat de travail a été rompu avant le transfert (Cass. soc. 20-12-2017 nº 16-23.867 FS-D : RJS 3/18 nº 212). Le cessionnaire n'est pas fondé à en réclamer le remboursement à l'ancien employeur, quand bien même l'exposition à l'amiante serait majoritairement antérieure au transfert (Cass. soc. 22-11-2017 nºs 16-20.666 et 16-20.873 FS-PB : RJS 3/18 nº 210). En revanche, si le préjudice d'anxiété est né **avant** le transfert dans le cadre d'une procédure collective, la réparation du préjudice incombe au cédant (Cass. soc. 30-11-2017 nº 16-15.653 F-D : RJS 3/18 nº 211).

C. Préretraite d'entreprise

MISE EN PLACE

Des dispositifs dits de « préretraite d'entreprise » ou de « préretraite maison » peuvent être mis en place par voie d'accord collectif ou sur décision unilatérale de l'employeur. Ces préretraites permettent aux salariés, sous certaines **conditions** d'âge et d'ancienneté notamment, de cesser de manière totale ou progressive leur activité professionnelle avant l'âge légal de la retraite, en percevant une **allocation** de remplacement ou de complément, selon le cas. 57285 Q-II-41100 s

Le départ du salarié en préretraite peut se traduire soit par la rupture de son contrat de travail, notamment lorsque le dispositif est prévu dans le cadre d'un plan de sauvegarde de l'emploi, soit par sa suspension. La rupture du contrat de travail au moment de l'adhésion à la préretraite peut ouvrir droit, pour le salarié, à une indemnité de départ dont le régime social est étudié nº 22900. L'employeur doit **déclarer** annuellement les salariés partis en préretraite, voir nº 69545.

Si le contrat de travail est suspendu, le salarié concerné est maintenu dans les effectifs de l'entreprise jusqu'au terme de la préretraite. Sur l'âge auquel il peut être mis à la retraite par l'employeur, voir nº 69035, c.

› Précisions **a.** Si la préretraite est mise en place par accord collectif, celui-ci doit spécifier les **modalités d'application** de la cessation anticipée d'activité. L'accord peut notamment prévoir :
– la période pendant laquelle l'accès à la préretraite est ouvert ;
– les conditions d'adhésion au dispositif et, le cas échéant, le mode de rupture du contrat de travail des salariés concernés ;
– les modalités de calcul et de revalorisation de l'allocation de préretraite ;
– le régime de protection sociale applicable et les modalités de son financement.

b. Sur le **régime social** des **allocations** de préretraite d'entreprise, voir nº 23055. Concernant leur **régime fiscal,** voir Mémento Paie nº 86380.

c. S'agissant de savoir si la rupture du contrat de travail résultant de l'adhésion à une préretraite peut être **discriminatoire,** voir nº 32070.

d. Sur la possibilité d'instituer un dispositif de préretraite par accord portant **rupture conventionnelle collective,** voir nº 69147, b.

FINANCEMENT

57290 CSS art. L 137-10 Q-II-43170 s

Les préretraites d'entreprise ne bénéficient d'aucune aide de l'État et sont entièrement financées par l'entreprise, qui peut soit les gérer elle-même, soit en confier la gestion à un tiers.

Lorsque la préretraite d'entreprise prévoit la **rupture du contrat de travail à l'entrée** dans le dispositif, les avantages versés (sous forme de rente ou de capital) sont soumis à une **contribution spécifique,** à la charge exclusive de l'employeur, s'ajoutant aux autres prélèvements grevant ces avantages.

Ainsi, les avantages versés au titre d'une préretraite ayant pris effet **depuis le 11-10-2007,** quelle que soit leur forme (rente ou capital), sont soumis à une contribution de 50 %. Cette contribution est assise sur tous les avantages dont bénéficie le préretraité, y compris les cotisations salariales que l'employeur prend en charge volontairement (Cass. 2e civ. 10-7-2014 nº 12-28.907 F-D : RJS 11/14 nº 805). Toutefois, les avantages de préretraite versés dans le cadre du congé de fin d'activité dans le secteur des **transports** ne sont pas soumis à cette contribution, ni au forfait social, pour les départs en préretraite effectués jusqu'au 31-12-2017 (Loi 2016-1827 du 23-12-2016 art. 8 : JO 24). De même, les avantages de préretraite attribués, depuis le 1-1-2020, dans le cadre du dispositif conventionnel des **ports** et de la **manutention portuaire**, ne sont pas soumis à la contribution de 50 %. Ils sont en revanche assujettis au forfait social (Loi 2019-1446 du 24-12-2019 art. 17 : JO 27).

Sur la possibilité pour l'employeur de recourir à la procédure de **rescrit social** au titre de la législation relative aux contributions, voir nº 24490.

PRESTATIONS FAMILIALES

SOMMAIRE

A. Règles communes

1. CONDITIONS GÉNÉRALES D'ATTRIBUTION

Les prestations familiales sont ouvertes à toute personne, française ou étrangère, résidant en France, ayant à sa charge un ou plusieurs enfants résidant en **France.** Certaines prestations ne sont dues que si les ressources de la famille ne dépassent pas un certain plafond. **57900** CSS art. L 512-1 **D-V-200 s**

› Précisions a. Les prestations familiales sont attribuées dans des conditions identiques aux **salariés,** aux **travailleurs indépendants** et aux personnes relevant du **régime agricole.**

b. Les personnes liées par un pacte civil de solidarité (Pacs) et les concubins peuvent prétendre aux prestations ouvertes aux **couples** mariés dans les mêmes conditions que ces derniers (Circ. DSS 136 du 13-3-2000).

c. Dans les **départements d'outre-mer,** les conditions d'attribution et le montant des prestations sont fixés par les articles L 755-1 et suivants du CSS.

d. Les litiges entre allocataires et organismes payeurs des prestations familiales relèvent du **contentieux** de la sécurité sociale.

RÉSIDENCE EN FRANCE

Pour pouvoir prétendre aux prestations familiales, le demandeur doit répondre à la condition de résidence visée nº 50120, b. L'enfant doit vivre de façon permanente en France métropolitaine. Cette condition est compatible avec des séjours provisoires à l'étranger de moins de 3 mois au cours de l'année civile ou des séjours plus longs pour des études notamment. **57955** CSS art. R 512-1 **D-V-1600 s**

Lorsqu'ils sont de **nationalité étrangère,** le demandeur et l'enfant doivent en outre présenter chacun un titre de séjour régulier (voir nos 36040 s.).

Sur le droit aux prestations familiales des salariés **détachés** à l'étranger, voir nº 78720 (détachement dans l'UE, l'EEE et la Suisse) et nº 78765 (détachement hors convention internationale). Pour les salariés étrangers détachés en France, voir nº 36205.

› Précisions a. En application des règlements européens de sécurité sociale visés nº 78650, a, les ressortissants de l'UE, de l'EEE ou de la Suisse (et sous certaines conditions les ressortissants de pays tiers) travaillant en France en tant qu'**expatriés** bénéficient en principe des prestations familiales françaises, quel que soit le lieu de résidence de leurs enfants. Toutefois, les allocations spéciales de naissance et les avances sur pension alimentaire étant exclues de la définition européenne des prestations familiales, la prime à la naissance ou à l'adoption et l'allocation de soutien familial ne peuvent leur être versées, en application de la législation française, que pour les membres de leur famille résidant en France. Sur le droit aux prestations familiales des salariés expatriés dans un pays de l'UE, l'EEE ou en Suisse, voir nº 78845.

b. Les ressortissants de l'UE **demandeurs d'emploi,** inactifs et étudiants, ne peuvent bénéficier des prestations familiales que s'ils disposent d'un droit au séjour sur le territoire français (Circ. DSS 146 du 3-6-2009 réputée abrogée).

c. Le requérant de nationalité française qui assume en France la charge effective et permanente d'**enfants étrangers** en exécution d'un jugement a droit aux prestations familiales à compter de cette décision, sans que les enfants aient à justifier de la régularité de leur séjour en France (Cass. 2e civ. 14-9-2006 nº 04-30.837 FS-PB : RJS 11/06 nº 1222).

NOTION D'ENFANT À CHARGE

57960 CSS art. L 512-3 L 513-1 R 512-2 **D-V-400 s**

La personne physique qui entend bénéficier d'une prestation familiale doit justifier de la charge effective et permanente du ou des enfants au titre desquels les prestations sont demandées, ces derniers devant en outre répondre à des conditions d'**âge.** Un enfant ne peut pas être considéré comme étant à charge s'il bénéficie à titre personnel d'une ou de plusieurs prestations familiales, de l'allocation de logement sociale ou de l'aide personnalisée au logement (Cass. 2e civ. 28-5-2014 no 13-17.323 F-PB : RJS 8-9/14 no 654).

> Précisions a. L'**option** entre la qualité d'enfant à charge et celle d'allocataire d'une prestation familiale ou d'une aide au logement résulte du dépôt de la demande d'une prestation à titre personnel (Circ. Cnaf 29 du 25-4-1995).
b. La charge effective et permanente de l'enfant peut être assumée par toute personne, quel que soit son **lien de parenté** avec l'enfant (filiation directe, adoption, enfant confié en vue de son adoption, enfant recueilli, enfant dont les parents se soustraient à leurs obligations ou sont dans l'incapacité de les assumer), peu important l'absence de décision de justice lui transférant l'autorité parentale et mettant à sa charge l'obligation alimentaire incombant en principe aux parents (Cass. soc. 11-7-1991 no 89-12.672 P ; 25-11-1993 no 88-12.631 P : RJS 2/94 no 187 ; 27-1-1994 no 87-15.909 P : RJS 3/94 no 317).
Cette condition peut être remplie même si l'enfant ne réside pas au foyer de la personne concernée (Cass. soc. 31-3-1994 no 91-21.376 P : RJS 7/94 no 911), dès lors qu'elle en assume la **charge financière** (Cass. 2e civ. 16-9-2003 no 02-30.486 FS-P : RJS 12/03 no 1441).
Lorsqu'un mineur est **remis à une personne autre que les titulaires de l'autorité parentale** ou la personne qui en avait la garde, les prestations familiales correspondant à sa part sont versées directement à la personne ou à l'établissement qui accueille le mineur le temps du placement. Toutefois, le juge des enfants peut maintenir le versement des allocations familiales à la famille lorsque celle-ci participe à la prise en charge morale ou matérielle de l'enfant, ou en vue de faciliter le retour de celui-ci dans son foyer (C. justice pénale des mineurs art. L 113-2).
c. Sauf règles particulières à certaines prestations, notamment la Paje (nos 58090 s.), le droit aux prestations familiales est ouvert :
– pour tout enfant **âgé de moins de 16 ans,** jusqu'à la fin de l'obligation scolaire (les adolescents âgés de 14 à 16 ans restent à charge en cas d'exercice d'une activité rémunérée pendant les vacances scolaires, sous réserve que leur rémunération n'excède pas le plafond visé ci-dessous) ;
– à la fin de l'obligation scolaire jusqu'à l'**âge limite** de 20 ans (21 ans pour le complément familial), à la seule condition que l'éventuelle rémunération mensuelle du jeune adulte à charge ne dépasse pas 55 % du Smic horaire × 169.
d. Sur les conséquences du **décès** d'un enfant à charge, voir no 57985.

2. CALCUL ET SERVICE DES PRESTATIONS

BASE MENSUELLE

57980 CSS art. L 551-1 **D-V-4030 s**

Le montant des prestations familiales est déterminé en pourcentage d'une base mensuelle de calcul, **révisée** au 1er avril de chaque année : voir notre rubrique chiffres et taux sur www.efl.fr

PAIEMENT DES PRESTATIONS

57985 CSS art. R 552-2 R 552-3 **D-V-4350 s**

Date des droits Les prestations servies mensuellement sont dues à compter du 1er jour du mois civil suivant celui au cours duquel les conditions d'ouverture du droit sont réunies. Lorsque ces conditions cessent d'être remplies, la nouvelle situation est prise en compte le 1er jour du mois civil en cours. Le **décès** de l'enfant est pris en compte le 1er jour du mois civil suivant. Toutefois, à compter d'une date fixée par décret à paraître et au plus tard à compter du 1-1-2022, certaines prestations sont temporairement maintenues et la situation de famille continue d'être appréciée, pendant cette période, en tenant compte de l'enfant décédé (CSS art. L 552-7).

> Précisions a. Des **règles spécifiques** sont prévues pour la prestation partagée d'éducation de l'enfant (nos 58120, a et 58135), le complément de libre choix du mode de garde (no 33510), l'allocation d'éducation de l'enfant handicapé (no 40345), l'allocation journalière de présence parentale (no 11975) et l'allocation de soutien familial (no 58200).
b. Il appartient au bénéficiaire d'une prestation familiale de faire connaître à l'organisme compétent tout **changement** de nature à modifier son droit à la prestation (notamment modification de la situation de famille, de la résidence ou des ressources), dans les conditions indiquées no 50290, a. Un imprimé de changement de situation est téléchargeable sur www.caf.fr.

Bénéficiaires Les prestations familiales sont, sous réserve des règles particulières à chaque prestation, dues à la personne physique qui assume la charge effective et permanente de l'enfant (n° 57960). Celle-ci a la qualité d'**allocataire.** 57990 CSS art. L 513-1 R 513-1 et R 513-2 D-V-3000 s

Les prestations familiales sont en principe versées à l'attributaire, qui peut être l'allocataire ou son conjoint ou concubin.

› Précisions a. L'**allocataire** est la personne à qui est reconnu le droit aux prestations. Une seule personne peut avoir cette qualité au titre d'un même enfant. Lorsque les deux membres d'un couple assument à leur foyer la charge du ou des enfants, l'allocataire est celui qu'ils désignent d'un commun accord. Si, après un divorce, une **séparation** de droit ou de fait ou une cessation de la vie commune, les deux membres du couple ont la charge de l'enfant, l'allocataire est celui des deux parents au foyer duquel vit ce dernier (Cass. 2e civ. 3-7-2008 n° 07-15.763 F-PB : RJS 10/08 n° 1037).

En cas de **résidence alternée,** le versement s'opère au profit de la personne désignée par les membres du couple ou par décision judiciaire. Le cas échéant, une médiation familiale peut être envisagée. À défaut, le litige sera examiné par la commission de recours amiable (CRA), puis, à l'initiative du requérant, par le tribunal judiciaire (Circ. Cnaf 18 du 28-4-2004). S'agissant des seules allocations familiales, lorsque la garde est effective et équivalente, les parents sont d'abord invités à se mettre d'accord sur le choix d'un allocataire unique ou, à défaut, sur un partage de la charge des enfants pour le calcul des droits aux allocations familiales. Si aucun accord n'est trouvé, la charge des enfants est répartie à parts égales entre les deux parents (CSS art. L 521-2, al. 2 et R 521-2 s.). La majorité de l'enfant ne remet pas en cause ce partage tant que ce dernier ouvre droit aux allocations familiales et que la résidence alternée est mise en œuvre (Cass. 2e civ. 14-1-2010 n° 09-13.061 FS-PB : RJS 3/10 n° 219).

b. Dans certaines **situations particulières** (déchéance totale ou partielle de son autorité parentale, condamnation pénale pour maltraitance, pour abandon moral d'enfants ou ivresse, notamment), les prestations sont attribuées à l'autre conjoint ou concubin (CSS art. R 513-2). Elles peuvent en outre, dans l'intérêt des enfants, et sur décision du juge des enfants, être versées entre les mains d'un délégué aux prestations familiales (CSS art. L 552-6).

Formalités Pour obtenir une prestation familiale, l'allocataire doit en faire la **demande** auprès de l'**organisme compétent** : caisse d'allocations familiales (voir adresses sur www.caf.fr) pour les salariés, employeurs et travailleurs indépendants des professions non agricoles ; caisse de mutualité sociale agricole (www.msa.fr) pour les travailleurs agricoles. 57995 D-V-3550 s

Cette demande doit être effectuée sur un formulaire disponible auprès de la caisse ou sur les sites internet précités auquel doit être joint l'ensemble des **justificatifs** requis pour l'établissement du droit à la prestation concernée.

L'action de l'allocataire pour le paiement des prestations se **prescrit** par 2 ans (CSS art. L 553-1). S'agissant du droit à régularisation en cas d'erreur déclarative, voir n° 43890, f.

Modalités de paiement Sauf règle particulière, le versement des prestations familiales a lieu **mensuellement** et à terme échu (excepté pour l'allocation de rentrée scolaire : n° 58215), en principe sous la **forme** d'un virement bancaire. 58000 CSS art. R 514-1 R 553-1 D-V-4200 s

L'organisme débiteur compétent est en principe celui dont dépend l'allocataire.

RÉGIME DES PRESTATIONS

Les prestations familiales sont exclues des revenus imposables au titre de l'**impôt** sur le revenu (CGI art. 81, 2°). En ce qui concerne la **CSG** et la **CRDS,** voir n° 25290. 58005 CSS art. L 553-4 D-V-5030 s

Elles sont **incessibles et insaisissables** sauf pour le recouvrement de prestations indûment versées à la suite d'une manœuvre frauduleuse ou d'une fausse déclaration de l'allocataire.

› Précisions La **saisie** de certaines prestations est également possible, dans la limite d'un montant mensuel déterminé, pour le paiement des dettes alimentaires, l'exécution de la contribution aux charges du mariage liées à l'entretien des enfants ainsi que pour le paiement de frais relatifs à l'entretien de l'enfant dont les parents ne se sont pas acquittés (ex. : frais de cantine ou d'hospitalisation).

CONTRÔLE ET RÉGULARISATION

Les caisses peuvent, avant l'ouverture des droits et en cours de droits, **contrôler** la situation des allocataires (ressources, situation familiale, etc.) en échangeant avec d'autres administrations, en demandant des justificatifs aux allocataires (contrôle sur pièces) ou en se rendant à leur domicile (contrôle sur place). À l'issue du contrôle, une régularisation peut être opérée : **rappel de prestations** en faveur de l'allocataire n'ayant pas été rempli de tous ses droits ; **suppression ou réduction** de prestations ; **récupération** par la caisse de 58010 CSS art. L 553-1 L 553-2 L 583-3 D-V-3700 s D-V-5310 s

prestations indûment versées. Cette action en récupération de l'indu se prescrit par 2 ans (sauf manœuvre frauduleuse ou fausse déclaration de l'allocataire, auxquels cas la prescription est de 5 ans). L'indu est récupéré selon des modalités similaires à celles exposées n° 50240, a.

> **Précisions** **a.** Le versement des prestations peut être suspendu si l'allocataire **refuse de se soumettre aux contrôles** de la caisse.
> **b.** Le droit aux prestations peut être revu au terme d'une procédure d'évaluation forfaitaire des **éléments du train de vie** en cas de disproportion entre ce dernier et les ressources déclarées par le bénéficiaire (CSS art. L 553-5 et R 553-3 s.).

FRAUDE AUX PRESTATIONS

58020 CSS art. L 114-17 R 114-10 à R 114-16 **D-V-5700 s**

Outre intenter une action en **récupération des prestations indues** (n° 58010), la caisse peut appliquer une **pénalité financière** :
– à l'encontre des allocataires ayant effectué des déclarations inexactes ou incomplètes, n'ayant pas déclaré un changement de la situation ouvrant droit à la prestation, exerçant un travail dissimulé, commettant toute action ou omission visant à faire obstacle ou à se soustraire au contrôle des caisses ;
– à l'encontre de toute personne ayant agi en vue d'obtenir ou de tenter de faire obtenir le versement indu de prestations.

Les manœuvres frauduleuses ou fausses déclarations en vue d'obtenir indûment des prestations sont par ailleurs passibles des **sanctions pénales** visées n° 50240, c.

> **Précisions** Le **montant de la pénalité financière** est fixé proportionnellement à la gravité des faits, en tenant compte notamment de leur caractère intentionnel ou répété, du préjudice subi et des moyens et procédés utilisés, dans la limite de 4 fois le plafond mensuel de la sécurité sociale (n° 90020). En cas de récidive dans les 3 ans, la pénalité est doublée. Lorsque l'intention de frauder est établie, le montant de la pénalité est compris entre un trentième et 8 fois ledit plafond, ou 16 fois en cas de fraude commise en bande organisée.

B. Règles spécifiques

1. PRESTATION D'ACCUEIL DU JEUNE ENFANT (PAJE)

58090 CSS art. L 531-1 **D-V-7200 s**

La Paje comprend les prestations exposées ci-après, ainsi que le complément de libre choix du mode de garde présenté n°s 33510 s.

PRIME À LA NAISSANCE OU À L'ADOPTION

58095 CSS art. L 531-2 L 533-1 R 531-1 R 532-1 D 531-2 **D-V-7300 s**

La prime à la naissance est attribuée sous **condition** de ressources. Elle est **versée** avant le dernier jour du mois civil suivant le 6e mois de la grossesse pour les grossesses ayant débuté à compter du 1-10-2020 et au mois d'avril 2021 pour celles ayant débuté entre le 1-6-2020 et le 30-9-2020. Si l'enfant naît avant le 6e mois de la grossesse ou décède au-delà de la 20e semaine de grossesse, la prime, attribuée à une date fixée par décret (à paraître), est versée avant le dernier jour du mois civil suivant le 6e mois de la grossesse.

La prime à l'adoption est versée au plus tard le 2e mois qui suit l'arrivée au foyer d'un enfant âgé de moins de 20 ans adopté par décision d'une juridiction française ou d'une autorité étrangère compétente, ou confié en vue de son adoption par le service d'aide sociale à l'enfance ou un organisme autorisé pour l'adoption.

> **Précisions** **a.** Le versement de la prime à la naissance est subordonné à la **justification** de la passation du 1er examen prénatal obligatoire de la mère qui donne lieu à l'établissement d'une déclaration de grossesse (voir n° 51505).
> **b.** Pour l'**appréciation des ressources** sont pris en compte les revenus nets catégoriels de l'année civile de référence (avant-dernière année précédant la période pendant laquelle la prime est versée), définis aux articles R 532-2 s. du CSS. Ils ne doivent pas dépasser un **plafond** dont le montant de base dépend du nombre d'enfants à charge (incluant l'enfant à naître). Ce montant est **majoré** lorsque la charge du ou des enfants est assumée soit par un couple dont chaque membre dispose d'un revenu professionnel, soit par une personne seule. Les plafonds en vigueur sont précisés dans la rubrique chiffres et taux sur www.efl.fr.
> Pour l'ouverture du droit à la prime, la **situation de la famille** est appréciée le 1er jour du mois civil suivant le 5e mois de grossesse ou, en cas d'adoption, le 1er jour du mois de l'arrivée de l'enfant au foyer des adoptants.
> **c.** Les **montants** de la prime à la naissance et de la prime à l'adoption sont fixés en pourcentage de la base mensuelle de calcul des prestations familiales : voir les montants en vigueur dans la rubrique chiffres et taux sur www.efl.fr.

ALLOCATION DE BASE

Versée mensuellement selon les modalités visées n° 57985, l'allocation de base est attribuée, sous condition de ressources, jusqu'au 3e anniversaire de l'enfant. 58100

CSS art. L 381-1 L 531-3 L 531-10 L 532-1 R 531-1 D 531-1 D 531-3 D 531-26 **D-V-7750 s**

En cas d'**adoption** ou d'accueil en vue d'une adoption dans les conditions visées n° 58095, l'allocation peut être versée pendant une durée maximale de 36 mois. L'enfant au titre duquel elle est versée peut être âgé de plus de 3 ans, mais a nécessairement moins de 20 ans.

› Précisions **a.** Le **plafond** de ressources et les modalités d'appréciation des revenus du ménage ou de la personne bénéficiant de l'allocation de base sont identiques à ceux prévus pour l'attribution du complément familial pour les enfants nés ou adoptés à compter du 1-4-2018 (n° 58210) et à ceux prévus pour l'attribution de la prime à la naissance ou à l'adoption pour les enfants nés ou adoptés avant cette date (voir n° 58095, b). Les plafonds en vigueur sont indiqués dans la rubrique chiffres et taux sur www.efl.fr.

b. L'allocation de base est **cumulable** avec :
– les autres composantes de la Paje : prime à la naissance ou à l'adoption (n° 58095), prestation partagée d'accueil de l'enfant, complément de libre choix d'activité (nos 58105 s.) et complément de libre choix du mode de garde (nos 33510 s.) ;
– une ou plusieurs autres allocations de base en cas de naissances multiples ou d'adoptions multiples simultanées.

En revanche, l'allocation de base n'est pas cumulable avec le complément familial (n° 58210).

c. Le **montant** de l'allocation de base est fixé en pourcentage de la base mensuelle de calcul des prestations familiales. Il est **modulé** en fonction du niveau de ressources du ménage ou de la personne. Les montants et plafonds en vigueur sont indiqués dans la rubrique chiffres et taux sur www.efl.fr.

d. Les bénéficiaires de l'allocation de base sont affiliés à l'**assurance vieillesse** du régime général dans les conditions, notamment de ressources, prévues par les articles D 381-1 s. du CSS.

e. Jusqu'à une date fixée par le décret à paraître visé n° 57985, et au plus tard jusqu'au 1-1-2022, en cas de **décès de l'enfant,** l'allocation de base continue d'être servie pendant une période de 3 mois, dans la limite des conditions d'âge et de durée de versement visées ci-dessus.

PRESTATION PARTAGÉE D'ÉDUCATION DE L'ENFANT (PREPARE)

La prestation partagée d'éducation de l'enfant (PreParE) est attribuée, sous certaines conditions, à un ou aux deux parents ayant au moins un enfant à charge et cessant ou réduisant son ou leur activité professionnelle pour s'en occuper. Elle est : 58105

CSS art. L 531-4, I **D-V-9750 s**

– à **taux plein** si son bénéficiaire n'exerce plus d'activité professionnelle ou suit une formation professionnelle non rémunérée ;
– à taux **partiel** s'il exerce une activité professionnelle ou poursuit une formation professionnelle rémunérée à temps partiel, au plus égale à 80 % de la durée légale du travail ou de la durée considérée comme équivalente.

Le parent cumule la PreParE avec l'allocation de base de la Paje s'il bénéficie de **ressources** inférieures au plafond visé n° 58095, b.

› Précisions **a.** La quotité de travail à **temps partiel** est appréciée le 1er mois de la période d'ouverture ou de renouvellement du droit (CSS art. R 531-3).

b. Des **modalités particulières** d'appréciation de l'activité à temps partiel sont prévues pour les employés de maison, assistantes maternelles, cadres au forfait jours, vacataires, intérimaires, travailleurs à domicile, journalistes pigistes, personnes accueillant à leur domicile des personnes âgées ou handicapées, VRP, non-salariés (CSS art. D 531-6 s.) et travailleurs indépendants exerçant simultanément une activité salariée (Circ. Cnaf 31 du 17-9-2004).

Conditions L'ouverture du droit à la PreParE est subordonnée à l'exercice d'une **activité professionnelle antérieure** d'au moins 8 trimestres (au sens de l'assurance vieillesse) pendant une période de référence au moins égale aux : 58110

CSS art. L 531-4, III R 531-2 D 531-15

– 2 ans qui précèdent la naissance, l'adoption ou l'accueil du **1er enfant** à charge ;
– 4 ans qui précèdent soit la naissance, l'adoption ou l'accueil du **2e enfant** à charge, soit la demande de PreParE au titre de ce 2e enfant si elle est postérieure ;
– 5 ans qui précèdent soit la naissance, l'adoption ou l'accueil de l'enfant, soit la demande de PreParE si elle est postérieure, lorsqu'est assumée la charge d'**au moins 3 enfants.**

› Précisions Sont **assimilées** à une activité professionnelle les périodes suivantes :
– perception d'indemnités journalières de maladie, de maternité ou d'accident du travail ;
– perception d'indemnités journalières de repos pour adoption, d'allocation de remplacement pour maternité, paternité, accueil de l'enfant ou adoption des travailleurs indépendants et des agricultrices, dans la limite d'un trimestre par enfant.

Lorsque l'allocataire a **au moins 2 enfants** à charge, sont également assimilées les périodes de chômage indemnisé, de formation professionnelle rémunérée et de perception de la PreParE.

58115 CSS art. R 531-4 D 531-4 **Montant** Le taux de la prestation est égal à un pourcentage de la base mensuelle de calcul des prestations familiales : voir les montants en vigueur dans la rubrique chiffres et taux sur www.efl.fr. En cas d'option pour la majoration de la PreParE, voir n° 58135.

La PreParE à **taux partiel** est attribuée au même taux pendant une durée minimale de 6 mois, au cours de laquelle il ne peut y avoir révision de ce taux qu'en cas de cessation de l'activité ou de la formation.

58120 CSS art. L 531-4, IV et V D 531-1 D 531-13 s **Durée de versement** Les durées maximales de versement de la PreParE varient notamment en fonction du **rang de l'enfant** et de la **composition du foyer,** afin d'encourager un partage du congé parental entre les parents.

		Durées de versement de la PreParE		
		Arrivée du 1er enfant	À partir du 2e enfant	Arrivée simultanée de 3 enfants
Naissance	Couple	6 mois chacun dans la limite du 1e anniversaire de l'enfant	24 mois chacun dans la limite du 3e anniversaire de l'enfant [1]	48 mois chacun dans la limite du 6e anniversaire de l'enfant [1]
	Personne seule [2]	Jusqu'au 1e anniversaire de l'enfant	Jusqu'au 3e anniversaire de l'enfant	Jusqu'au 6e anniversaire de l'enfant
Adoption [3]		12 premiers mois de présence au foyer de l'enfant	12 premiers mois de présence au foyer de l'enfant (prolongation possible jusqu'à son 3e anniversaire)	36 premiers mois de présence au foyer des enfants (prolongation possible jusqu'à leur 6e anniversaire) [1]

1. Cette durée comprend les périodes indemnisées par l'assurance maternité au titre d'un congé maternité ou d'adoption.
2. La personne seule conserve ses droits si elle se marie, conclut un Pacs ou débute une vie en concubinage après 6, 24 ou 48 mois de perception de la prestation, selon le rang de l'enfant.
3. En cas d'adoption, la durée de versement de la prestation n'est pas nécessairement partagée entre les membres du couple. Elle peut être versée successivement à l'un ou l'autre, ou aux deux simultanément.

> Précisions **a.** La PreParE est due **à compter** du premier jour du mois civil au cours duquel les conditions d'ouverture du droit sont réunies lorsque le bénéficiaire a un seul enfant à charge (CSS art. R 552-2, II-1°). Dans les autres cas, elle est due à compter du premier jour du mois civil suivant (voir n° 57985).

b. Jusqu'à une date fixée par le décret à paraître visé n° 57985, et au plus tard jusqu'au 1-1-2022, la PreParE continue d'être versée pendant une période de 3 mois en cas de **décès de l'enfant** au titre duquel elle est versée (CSS art. D 531-26), sans que la condition relative à l'activité professionnelle visée n° 58110 soit à réexaminer (CSS art. R 531-2).

c. En cas de **reprise d'une activité** professionnelle du parent bénéficiaire, le revenu professionnel peut être cumulé avec la PreParE à taux plein pendant 2 mois si l'enfant est âgé de 18 à 29 mois inclus (59 mois si triplés ou plus) (CSS art. D 531-16).

d. En cas d'option pour le montant majoré de la PreParE, voir n° 58135.

58125 CSS art. L 531-4 L 532-2 **Cumul de prestations** La PreParE n'est pas cumulable avec le complément familial visé n° 58210 et l'allocation journalière de présence parentale (n° 11975) (Lettre-circ. Cnaf 79 du 28-6-2006). En revanche, elle l'est avec l'AAH (nos 40325 s.) (Circ. Cnaf 22 du 5-12-2006). Sur le cumul avec le complément de libre choix du mode de garde, voir n° 33515.

Est en outre exclu le cumul de la PreParE à taux plein avec les **revenus de remplacement** suivants : indemnisation des congés de paternité et d'accueil de l'enfant, de maternité ou d'adoption ; allocation de remplacement pour maternité des travailleurs indépendants et des agricultrices ; indemnisation des congés de maladie ou d'accident du travail ; indemnités servies aux travailleurs sans emploi (le service de ces indemnités est, à la date d'interruption du versement du complément, poursuivi jusqu'à l'expiration des droits) ; avantage de vieillesse ou d'invalidité.

> Précisions **a.** Les 2 membres d'un couple ne peuvent pas cumuler le bénéfice de **2 PreParE** à taux plein. En revanche, chaque membre du couple qui en remplit les conditions peut percevoir une prestation à taux partiel. Le montant cumulé de ces 2 prestations ne peut pas être supérieur à celui de la prestation à taux plein. En revanche, lorsque le montant cumulé des 2 prestations est inférieur au montant de la prestation à taux plein, c'est ce dernier montant qui est versé.

b. À titre dérogatoire, le bénéficiaire ayant **un seul enfant à charge** peut cumuler, pendant le mois d'ouverture du droit, la PreParE avec l'indemnisation des congés de paternité et d'accueil de l'enfant, de maternité ou d'adoption et celle des congés de maladie ou d'accident du travail mais pas avec celle des congés payés. La PreParE à **taux partiel** est cumulable, en cours de droits, avec les revenus de remplacement visés ci-dessus (à l'exception des avantages de vieillesse ou d'invalidité), perçus au titre de l'activité à temps partiel que le bénéficiaire exerce ou a exercée.

Sur le cumul de la PreParE à **taux plein** avec un revenu d'activité, voir n° 58120, c.

58130 CSS art. L 161-9 L 381-1 D 161-2

Protection sociale des bénéficiaires Les titulaires de la PreparE bénéficient de la prise en charge de leurs frais de santé dans les conditions de droit commun (n° 50120). Ils bénéficient également des prestations en espèces de l'assurance maladie et maternité, et des prestations **d'invalidité** et décès dans les mêmes conditions que les salariés en congé parental d'éducation (n° 12095). Ils sont affiliés à l'assurance **vieillesse** du régime général dans les conditions, notamment de ressources, prévues par les articles D 381-1 s. du CSS.

MONTANT MAJORÉ DE LA PREPARE

58135 CSS art. L 531-4, VI D 531-16-1

Les parents ayant au moins 3 **enfants à charge** peuvent opter pour le versement d'une allocation majorée versée pendant une durée plus courte. L'option est définitive.

Cette prestation est attribuée aux parents qui cessent totalement leur **activité professionnelle** pendant la durée du congé, soit 8 mois au maximum pour chacun des membres du **couple** à compter de la naissance, de l'adoption ou de l'accueil de l'enfant, et dans la limite de son 1er anniversaire. Cette durée est réduite du nombre de mois ayant donné lieu au versement d'indemnités journalières de sécurité sociale au titre de la naissance ou de l'adoption.

La **personne** qui assume **seule** la charge de l'enfant bénéficie du versement de l'allocation majorée jusqu'au 1e anniversaire de l'enfant.

Le droit au montant majoré de la PreParE est ouvert à compter du 1e jour du mois de naissance de l'enfant, de l'adoption ou de l'arrivée au foyer de l'enfant adopté ou confié en vue d'adoption, sous réserve de remplir la condition de durée minimale d'**activité antérieure** visée n° 58110 au cours des 5 ans précédant l'option.

Le montant de la **majoration** est fixé en pourcentage de la base mensuelle de calcul des prestations familiales, voir les montants en vigueur dans la rubrique chiffres et taux sur www.efl.fr.

Cette prestation suit les mêmes règles de **non-cumul** que la PreParE classique (n° 58125), à ceci près qu'elle est cumulable avec les indemnités de maternité, de paternité et d'accueil de l'enfant, d'adoption, de maladie ou d'accident du travail pendant le mois où le versement de ces indemnités prend fin.

Sur le maintien du versement du montant majoré de la PreParE en cas de **décès de l'enfant,** voir n° 58120, b. S'agissant de l'assurance **vieillesse** des bénéficiaires, voir n° 58130.

2. AUTRES ALLOCATIONS

ALLOCATIONS FAMILIALES

58160 CSS art. L 521-1 et L 521-2 **D-V-10000 s**

Conditions d'attribution Peuvent prétendre aux allocations familiales, sous condition de ressources, les personnes assumant la **charge** effective et permanente d'au moins 2 **enfants** résidant en France.

Chaque enfant à charge, à compter du 2e, ouvre droit à une allocation familiale.

Sur les notions d'enfant à charge, de résidence en France et d'âge limite d'octroi des allocations familiales, voir nos 57955 s.

Sur le versement des allocations en cas de **résidence alternée,** voir n° 57990, a.

58170 CSS art. L 521-3 R 521-1 D 521-1 et D 521-2 **D-V-10200 s**

Montant Le montant des allocations familiales est calculé en pourcentage de la base mensuelle de calcul des prestations familiales. Il varie en fonction du **rang** et de l'**âge de l'enfant,** ainsi que des revenus du foyer.

L'allocation de base est majorée pour les enfants de 14 ans et plus. Cette **majoration** n'est pas due pour l'enfant le plus âgé si la famille n'a que 2 enfants à charge.

Sur les **montants** et **plafonds** en vigueur, voir notre rubrique chiffres et taux sur www.efl.fr.

ATTENTION

Une allocation forfaitaire est versée pendant un an aux familles assumant la charge d'au moins **3 enfants,** lorsqu'un ou plusieurs des enfants qui ouvraient droit aux allocations atteint l'âge limite de 20 ans, et à condition que ce ou ces enfants répondent aux règles de droit commun relatives à la notion d'enfant à charge visée n° 57960. Son montant est indiqué dans la rubrique chiffres et taux sur www.efl.fr.

ALLOCATION DE SOUTIEN FAMILIAL

58200 L'allocation de soutien familial est attribuée, **à titre de prestation familiale** non récupérable, au père, à la mère ou à la personne ayant à sa charge :

CSS art. L 523-1 L 523-2 L 581-1 R 523-1 à R 523-8 D 523-1 à D 523-3 Arrêté SSAS1816847A du 25-6-2018 : JO 26-7 **D-V-11500 s**

– tout enfant ayant perdu l'un de ses parents ou les deux, ou tout enfant dont la filiation n'est pas légalement établie à l'égard soit de l'un d'entre eux, soit des deux ;
– tout enfant dont l'un au moins des parents se trouve hors d'état de faire face à ses obligations d'entretien ou au versement d'une pension alimentaire mise à sa charge par décision de justice (notamment s'il est mineur, si ses ressources sont inférieures au RSA, ou si l'ensemble de ses revenus est insaisissable) ;
– tout enfant dont l'un au moins des parents s'acquitte de son obligation d'entretien ou du versement d'une pension alimentaire, pour un montant inférieur à celui de l'allocation de soutien familial : dans ce cas, une allocation de soutien familial différentielle est versée selon des modalités fixées à l'article R 523-3-2 du CSS. L'allocation n'est alors pas recouvrée et demeure acquise au créancier.

Elle est attribuée de plein droit aux personnes isolées percevant le RSA, dont les ressources n'excèdent pas le montant forfaitaire majoré (voir notre rubrique chiffres et taux sur www.efl.fr), qui assument la charge effective et permanente d'un ou de plusieurs enfants.
Cette allocation est par ailleurs ouverte, **à titre d'avance sur pension,** pour tout enfant dont, depuis au moins un mois, le père ou la mère se soustrait (totalement ou partiellement) au versement d'une pension alimentaire mise à sa charge par décision de justice. Les organismes débiteurs sont dans ce cas subrogés dans les droits du créancier auprès du débiteur défaillant.

Le **montant** de l'allocation de soutien familial est égal à un pourcentage de la base mensuelle de calcul des prestations familiales et varie selon que l'enfant a perdu l'un de ses parents ou les deux ; voir les montants en vigueur dans notre rubrique chiffres et taux sur www.efl.fr.

› Précisions a. Lorsqu'un des parents manque à son **obligation d'entretien,** l'organisme débiteur des prestations familiales vérifie qu'il est solvable ou a un domicile connu. Si l'une de ces conditions fait défaut, il est considéré comme hors d'état de faire face à son obligation et le versement de l'allocation à l'autre parent se poursuit tant que dure cette situation. S'il est solvable et a un domicile connu, le versement n'est maintenu au-delà de la 4ᵉ mensualité que si une décision de justice ou une convention judiciaire homologuée a fixé le montant de l'obligation d'entretien en faveur de l'allocataire ou s'il a engagé une procédure civile en fixation de pension alimentaire à l'encontre du parent défaillant.

b. L'allocation **cesse d'être due** à compter du 1ᵉ jour du mois au cours duquel le père ou la mère titulaire du droit se marie, conclut un pacte civil de solidarité ou vit en concubinage. Toutefois, le versement de l'allocation peut dans ce cas être repris à compter du 1ᵉ jour du mois civil suivant celui où le parent justifie vivre seul à nouveau de façon permanente.

COMPLÉMENT FAMILIAL

58210 Le droit au complément familial est ouvert, sous **condition** de ressources, au ménage ou à la personne assumant la charge d'au moins 3 enfants âgés de 3 ans et plus. Ces derniers ouvrent droit au complément familial jusqu'à l'âge de 21 ans (nº 57960, c).

CSS art. L 522-1 L 522-2 R 522-1 à R 522-3 D 522-1 **D-V-10800 s**

Les bénéficiaires du complément familial sont affiliés à l'**assurance vieillesse** du régime général dans les conditions, notamment de ressources, prévues par les articles L 381-1 et D 381-1 s. du CSS.

› Précisions a. Les ressources sont évaluées comme pour la prime à la naissance, voir nº 58095, b. Les **plafonds** en vigueur sont indiqués dans la rubrique chiffres et taux sur www.efl.fr.

b. Le **montant** du complément familial est fixé en pourcentage de la base mensuelle de calcul des prestations familiales ; voir le montant en vigueur dans la rubrique chiffres et taux sur www.efl.fr.

Une **allocation différentielle** est servie aux personnes ou ménages dont les ressources annuelles dépassent les plafonds ci-dessus d'une somme inférieure à 12 fois le montant mensuel du complément familial en vigueur au moment de la demande. Son montant est égal au 12ᵉ de la différence entre le plafond majoré et le montant des ressources.

Un **montant majoré** du complément familial est versé aux personnes ou ménages dont les ressources ne dépassent pas un plafond égal à la moitié du plafond retenu pour avoir droit au montant de base de la prestation.

c. Sur la possibilité de **cumuler** le complément familial avec l'allocation de base de la Paje et la PrePar E, voir respectivement nᵒˢ 58100 et 58125.

ALLOCATION DE RENTRÉE SCOLAIRE

L'allocation de rentrée scolaire est attribuée, sous **condition** de ressources appréciées au 31 juillet précédant la rentrée scolaire (voir plafond dans la rubrique chiffres et taux sur www.efl.fr), pour tout enfant à charge, inscrit dans un établissement ou organisme d'enseignement public ou privé, âgé d'au moins 6 ans avant le 1er février de l'année suivant celle de la rentrée scolaire (pour la rentrée 2021-2022, l'enfant doit être né entre le 16-9-2003 et le 31-12-2015 inclus). **58215**

CSS art. L 543-1 L 543-2 L 552-7 R 543-1 à R 543-9 D 543-1 D 543-2 **D-V-14700 s**

Le **montant** de l'allocation de rentrée scolaire est calculé en pourcentage de la base mensuelle de calcul des prestations familiales (voir le montant en vigueur dans la rubrique chiffres et taux sur www.efl.fr) et majoré pour les enfants atteignant 11 ans ou 15 ans au cours de l'année civile de la rentrée scolaire. Cette allocation fait l'objet d'un **versement** unique, au plus tard le 31 octobre de l'année considérée.

> Précisions a. Une **allocation différentielle** est due lorsque les ressources de la famille sont légèrement supérieures au plafond de ressources. Cette allocation est égale, pour chaque enfant, à la différence entre, d'une part, le plafond de ressources augmenté du montant de l'allocation de rentrée scolaire en vigueur au 1er avril de l'année en cours multiplié par le nombre d'enfants y ouvrant droit au titre de la rentrée scolaire en cours et, d'autre part, le montant des ressources, cette différence étant divisée par le nombre d'enfants à charge ouvrant droit à cette allocation. Elle n'est **pas versée** si le total des montants de l'allocation de rentrée scolaire est inférieur à 15 €.

b. L'allocation de rentrée scolaire reste due pour tout enfant n'ayant pas atteint l'**âge** de 16 ans révolus au 15 septembre de l'année considérée. Au-delà, elle peut continuer à être versée pour chaque enfant, poursuivant des études ou un apprentissage, n'ayant pas atteint l'âge de 18 ans révolus au 15 septembre de l'année considérée, et dont la rémunération n'excède pas celle visée n° 57960, c.

c. Le versement de l'allocation est subordonné à l'inscription des enfants dans un établissement d'enseignement leur permettant de satisfaire à l'**obligation scolaire.** Cette condition n'est pas remplie lorsque les enfants font l'objet d'une déclaration d'instruction au sein de la famille (Cass. 2e civ. 14-12-2004 n° 03-30.301 F-P : RJS 2/05 n° 224).

d. À compter d'une date fixée par un décret à paraître, et au plus tard le 1-1-2022, l'allocation reste due à la famille lorsque la condition d'inscription dans un établissement d'enseignement n'est pas remplie au jour de la rentrée scolaire au titre de laquelle elle est due en raison du **décès de l'enfant.**

ALLOCATION FORFAITAIRE EN CAS DE DÉCÈS D'UN ENFANT

Depuis le 1-1-2021, une allocation forfaitaire est attribuée, pour chaque enfant dont le décès intervient à compter de la 20e semaine de grossesse et jusqu'à l'**âge** de 24 ans inclus, à la personne ou au ménage qui en assumait, au moment du décès, la charge effective et permanente. Le **montant** de l'allocation varie en fonction des **ressources** du bénéficiaire, appréciées à la date du décès (voir les montants dans notre rubrique chiffres et taux sur www.efl.fr). Elle est **versée** dans un délai de 15 jours à compter du recueil par la CAF des informations nécessaires à l'appréciation des conditions d'ouverture du droit à l'allocation et à son calcul. **58220**

CSS art. L 545-1 D 545-1 à D 545-46

> Précisions a. Pour bénéficier de l'allocation, la personne non allocataire de la CAF à la date du décès doit lui adresser un formulaire homologué de **demande** d'allocation. Cette formalité ne s'impose pas à la personne déjà allocataire.

b. L'allocation forfaitaire n'est **pas versée** lorsque les ayants droit de l'enfant décédé perçoivent **déjà** une **prestation** au titre de ce décès : capital décès de l'assurance maladie, prestation versée par le régime d'invalidité, montant octroyé par un régime obligatoire de retraite complémentaire ou un régime spécial de retraite. Avant tout versement de l'allocation forfaitaire, la CAF informe l'intéressé de son droit à l'une des prestations précitées et de la nécessité de choisir entre cette prestation et l'allocation forfaitaire. La décision de bénéficier de l'allocation vaut renonciation au bénéfice de l'autre prestation.

PROTECTION SOCIALE COMPLÉMENTAIRE EN ENTREPRISE

SOMMAIRE

CADRE GÉNÉRAL

La protection sociale complémentaire désigne l'**ensemble des garanties** de prévoyance et de retraite instituées par les entreprises au profit de tout ou partie de leur personnel afin de compléter les prestations de la sécurité sociale et des régimes obligatoires de retraite complémentaire. 58800

> Précisions **a.** La protection sociale complémentaire est soumise à des **règles générales** énoncées dans le CSS (CSS art. L 911-1 à L 914-4), dans le Code du travail pour les régimes mis en place par convention ou accord collectif, dans le Code monétaire et financier pour les plans d'épargne retraite d'entreprise (C. mon. fin. art. L 224-1 à L 224-27) ainsi que, pour la prévoyance, dans la loi 89-1009 du 31-12-1989, dite « loi Évin ». S'y ajoutent des **dispositions spécifiques** à chaque catégorie d'organismes assureurs ou gestionnaires d'actifs, figurant, selon le cas, dans le CSS, le Code des assurances, celui de la mutualité ou dans le Code monétaire et financier.

b. S'agissant de la **retraite supplémentaire,** sont présentés les régimes obligatoires à cotisations définies et ceux à prestations définies ainsi que le plan d'épargne retraite obligatoire (Pero), qui est l'un des deux plans d'épargne retraite d'entreprise créés par l'ordonnance 2019-766 du 24-7-2019. L'autre plan d'entreprise, le plan d'épargne retraite collectif (Pereco), est présenté nos 34600 s.

c. Sont abordées ci-après les **garanties collectives.** Les entreprises peuvent souscrire pour des salariés nommément désignés (souvent cadres supérieurs) des garanties individuelles de prévoyance ou, plus fréquemment, de retraite. Celles-ci ne sont pas examinées ici.

A. Acte juridique fondant les garanties

1. ADOPTION, RÉVISION ET DÉNONCIATION

Les régimes de prévoyance complémentaire et ceux de retraite supplémentaire, Pero compris, sont instaurés par convention ou accord collectif, accord ratifié par les salariés ou décision unilatérale de l'employeur. 58830 CSS art. L 911-1 C. mon. fin. art. L 224-27

> Précisions La mention dans le **contrat de travail** des garanties de protection sociale complémentaire en vigueur dans l'entreprise n'a qu'une valeur informative et ne fait pas de celles-ci un élément de ce contrat (Cass. soc. 10-2-1999 nº 97-13.015 : RJS 3/99 nº 424 ; 4-7-2007 nº 05-45.688 : RJS 10/07 nº 1021). Même solution pour la référence, dans un courrier adressé au salarié, au régime de retraite supplémentaire de l'entreprise (Cass. soc. 6-6-2007 nº 06-40.521 : RJS 11/07 nº 1210).

CONVENTION OU ACCORD COLLECTIF

58835 CSS art. L 911-3 I-II-1850 s I-II-6200 s I-II-10000 s

Les régimes de protection sociale complémentaire peuvent être mis en place par une convention ou un accord collectif **régi par** le droit commun de la négociation collective et conclu au **niveau** interprofessionnel, professionnel, de la branche, du groupe, interentreprises, de l'entreprise ou de l'établissement.

> **Précisions** **a.** Les conventions ou accords de **branche ou professionnels** imposent souvent la mise en place de garanties de prévoyance complémentaire, plus rarement de retraite supplémentaire. Ils peuvent fixer un niveau de financement à consacrer à des garanties choisies par l'entreprise, définir des garanties en lui laissant le choix des moyens ou imposer cotisations et garanties. Sur la **recommandation** d'organismes assureurs, voir nº 58970.
b. Les dispositions de l'accord de branche prévoyant des garanties collectives instaurant un **haut degré de solidarité** (nº 58970) priment sur celles de l'accord d'entreprise, que celui-ci ait été conclu postérieurement ou antérieurement, sauf si celui-ci assure des garanties au moins équivalentes (nºs 52235 s.).
c. Même étendu par arrêté ministériel, l'accord collectif relatif à la prévoyance demeure un acte de droit privé dont la validité ne peut être appréciée que par le **juge judiciaire** (T. confl. 8-6-2020 nº 4182 : RJS 8-9/20 nº 428).
d. Jugé, s'agissant d'un régime de **retraite supplémentaire** créé par accord collectif, que, hormis la rente viagère financée par leurs propres cotisations, des salariés partis en retraite après l'entrée en vigueur d'un **nouvel accord révisant le premier** n'ont aucun droit acquis à bénéficier d'une liquidation de leur retraite selon les modalités du régime initial, dont les prestations, quoique définies, ne sont pas garanties (Cass. soc. 28-5-2002 nº 00-12.918 : RJS 11/02 nº 1295). De même, les salariés mis à la retraite avant la **dénonciation** d'un accord collectif créant un régime de retraite à **prestations définies** ont droit au maintien du niveau de pension atteint au jour de la dénonciation avec les modalités de revalorisation initiales jusqu'à l'accord de substitution, mais ne peuvent pas se prévaloir, après l'entrée en vigueur de cet accord, des modalités de revalorisation initiales, qui constituent un avantage collectif et non pas individuel (Cass. soc. 17-5-2005 nº 02-46.581 : RJS 8-9/05 nº 909).
e. Les modalités de mise en place du **Pero** au niveau **interentreprises** doivent être précisées par décret (C. mon. fin. art. L 224-24).

ACCORD RATIFIÉ PAR LA MAJORITÉ DES SALARIÉS INTÉRESSÉS

58840 CSS art. L 911-5 I-II-1920 s I-II-6400 s I-II-10000 s

Les régimes de protection sociale complémentaire peuvent être institués par ratification d'un projet d'accord proposé par l'employeur à la majorité des intéressés, entendus comme étant les électeurs inscrits (Cass. soc. 15-11-2011 nº 10-20.891 : RJS 2/12 nº 190).

L'accord ratifié a la même **force obligatoire** qu'un accord collectif. Il s'impose à tous les salariés concernés, même ceux ayant voté négativement.

> **Précisions** **a.** Le décret devant préciser les modalités d'application de l'accord ratifié n'étant pas paru, la **doctrine** a pris les positions suivantes :
– pour sa **ratification,** il convient d'appliquer les principes du droit électoral et certaines règles concernant les élections professionnelles dans l'entreprise ;
– l'accord ratifié échappe à l'obligation de **dépôt** et de **publicité** prévue pour les conventions et accords collectifs (nºs 51955 s.) ;
– il peut être **modifié** soit par un accord collectif ayant le même objet, soit par un nouvel accord ratifié cette fois-ci par la majorité des salariés présents dans l'entreprise, des anciens salariés bénéficiaires des prestations (rentes d'invalidité et retraites) et, selon certains auteurs, des bénéficiaires indirects (rentes de conjoint ou d'éducation, pensions de réversion) ;
– pour sa **dénonciation** et sa **mise en cause** en cas de modification de la situation juridique de l'employeur, l'accord ratifié doit être traité comme un accord atypique (nºs 17520 s. et 74795).
b. Les accords ratifiés sont soumis aux dispositions du Code du travail relatives à la **durée** des accords collectifs (nº 51960) et au **contentieux** électoral (nºs 8800 s.).

DÉCISION UNILATÉRALE DE L'EMPLOYEUR

58845 CSS art. L 911-1 I-II-2200 s I-II-6850 s I-II-10050 s

Les garanties de protection sociale complémentaire peuvent être instituées par une décision unilatérale de l'employeur constatée dans un **écrit** remis par celui-ci à chaque intéressé. Cette décision a une **force obligatoire** moindre que l'accord collectif ou ratifié. En effet, le **salarié engagé avant la mise en place,** par décision unilatérale, de garanties de prévoyance ne peut pas être contraint d'y cotiser contre son gré (Loi du 31-12-1989 art. 11). Il peut donc refuser d'adhérer. Cette règle est applicable à la retraite supplémentaire et à la remise en cause du financement patronal intégral d'un régime préexistant (Circ. DSS 344 du 25-9-2013 opposable). De même, les salariés présents dans l'entreprise avant la mise en place d'un Pero par décision unilatérale peuvent se dispenser, à leur initiative, de participer aux versements obligatoires (C. mon. fin. art. L 224-25).

> **Précisions** **a.** Les décisions unilatérales portant sur la protection sociale complémentaire sont **modifiées, dénoncées ou mises en cause** suivant les règles applicables aux engagements unilatéraux de l'employeur (voir nos 17520 s. pour la dénonciation de ces engagements et no 74795 pour leur mise en cause). La jurisprudence semble considérer qu'un **accord collectif** (Cass. soc. 1-10-2003 no 02-30.337) ou un **accord ratifié** (Cass. soc. 23-1-2019 no 17-20.533 FS-D : RJS 4/19 no 255) peuvent **se substituer** à la décision unilatérale même si les conditions d'une telle substitution doivent être définies par décret en Conseil d'État, non encore publié (CSS art. L 911-5, al. 2).
> **b.** Lorsqu'une décision unilatérale instituant un régime de **retraite supplémentaire** à cotisations patronales et à prestations définies mais non garanties a été **régulièrement dénoncée** avant que l'assuré ait fait liquider ses droits à retraite, celui-ci n'a aucun droit acquis à en bénéficier (Cass. soc. 12-4-2005 no 02-47.384), même si, au moment de la dénonciation de l'engagement unilatéral, sa mise à la retraite lui a déjà été notifiée (Cass. soc. 6-6-2007 no 06-40.521 : RJS 11/07 no 1210). En revanche, la **dénonciation irrégulière** de la décision unilatérale instituant le régime est inopposable au salarié qui liquide postérieurement ses droits à retraite, l'employeur étant alors tenu au versement de la pension aux conditions initiales (Cass. soc. 15-6-2017 no 16-13.648 F-D : RJS 10/17 no 709 ; Cass. soc. 14-10-2020 no 19-14.265 F-D : RJS 1/21 no 57).
> **c.** Le refus d'adhésion est notamment ouvert aux salariés d'une **entreprise absorbée** dont les contrats de travail sont repris par la société absorbante. Si, avant la reprise, ces salariés avaient la liberté d'adhérer ou non à une mutuelle de leur choix, le nouvel employeur ne peut pas les obliger à adhérer au contrat d'assurance de groupe mis en place par décision unilatérale (Cass. soc. 4-1-1996 no 92-41.885 : RJS 4/96 no 466 ; Circ. DSS 344 du 25-9-2013 opposable).
> **d.** Sur les conséquences d'un **refus d'adhérer** d'un ou plusieurs salariés sur le régime social des **contributions patronales,** voir no 22960.

2. CONTENU

PARAMÈTRES DU RÉGIME

L'acte juridique fixe les paramètres du régime : caractère obligatoire ou facultatif, bénéficiaires, financement, garanties. **58850** I-II-2300 s

Le caractère **obligatoire ou facultatif** du régime a des conséquences importantes :
– sur les pouvoirs respectifs de l'employeur et du CSE s'agissant de la gestion du régime (no 58875) ;
– sur le régime fiscal des cotisations pour le salarié (Mémento fiscal nos 21910 s.), ainsi que sur le régime social des contributions de l'entreprise (no 22960).

Le régime peut concerner **tous les salariés** de l'entreprise ou **une partie** d'entre eux. Dans ce dernier cas :
– les définitions des **catégories** de salariés bénéficiaires conditionnent le régime social et fiscal appliqué aux cotisations ; ces règles sont exposées nos 22940 s. (régime social des contributions de l'entreprise) et dans notre Mémento fiscal no 8615 et nos 21910 s. ;
– les dispositions relatives à l'**égalité des droits** des salariés sous CDD (no 20010) ou à temps partiel (nos 77360 s.) et à l'égalité de traitement entre hommes et femmes (no 58860) doivent être respectées ; sur la compatibilité des **régimes** de retraite ou de prévoyance **« catégoriels »** avec le principe d'égalité de traitement, voir no 32160 ;
– le régime social de faveur propre aux régimes de retraite supplémentaire à **prestations définies** est conditionné notamment au fait que tous les salariés de l'entreprise soient couverts par un Perco, un Pereco, un Pero ou un régime obligatoire de retraite supplémentaire à cotisations définies (CSS art. L 137-11-2).

Caractéristiques du plan d'épargne retraite obligatoire Le Pero doit **bénéficier à** l'ensemble des salariés ou à une ou plusieurs catégories d'entre eux, constituées à partir des critères objectifs exposés no 22940. Cette exigence conditionne également le bénéfice du régime social de faveur applicable aux versements obligatoires de l'employeur finançant le Pero. Le règlement du plan doit prévoir que l'adhésion des salariés intéressés revêt un **caractère obligatoire.** Toutefois, le salarié qui a liquidé ses droits au Pero à leur échéance normale n'est plus tenu d'y adhérer. **58852** C. mon. fin. art. L 224-24

FINANCEMENT DES GARANTIES

58855 L'acte juridique fixe les **modalités de financement** du régime : par l'employeur, par les salariés ou, solution la plus fréquente, cofinancement par les deux, étant précisé que :
– la **décision unilatérale** de l'employeur ne peut pas imposer une cotisation ou des versements obligatoires aux salariés déjà présents dans l'entreprise (nº 58845) ;
– l'existence, ou non, d'une **participation significative de l'employeur** a des conséquences sur le régime fiscal des cotisations pour les salariés, au moins en matière de retraite supplémentaire (Mémento fiscal nºs 21905, b et 21915, d) ;
– les cotisations finançant la **garantie légale de maintien de salaire** par l'employeur en cas de **maladie** (nºs 49760 s.) sont entièrement à sa charge (Circ. 1-9-1980 réputée abrogée), des cotisations pouvant toutefois, selon la Cour de cassation, être exigées des salariés si des avantages s'ajoutent à ceux que l'employeur est légalement tenu de leur assurer ;
– la **participation** et l'**intéressement** peuvent être versés au **Pero** à condition que celui-ci bénéficie à tous les salariés ou que l'entreprise ait mis en place un Pereco. Le Pero peut également recevoir des jours de congé inscrits au compte épargne-temps ou, en l'absence d'un tel compte et dans la limite de 10 jours par an, des sommes correspondant à des jours de repos non pris (C. mon. fin. art. L 224-25) ;
– dans les régimes de retraite à **prestations définies,** seul l'employeur cotise (nº 59350).
Sur le financement de la couverture collective obligatoire **frais de santé,** voir nº 59130.

› **Précisions** S'agissant de l'affectation de **jours de repos non pris** dans les entreprises sans CET, s'il s'agit de jours de congés payés, seule peut être affectée au Pero la durée du congé au-delà de 24 jours ouvrables. Ces jours de repos ainsi que ceux inscrits dans le CET sont valorisés selon la valeur de l'indemnité de congés payés correspondante (C. mon. fin. art. R 224-8 et D 224-9).

CLAUSES OBLIGATOIRES ET CLAUSES PROHIBÉES

58860 S'il désigne un **organisme assureur,** l'acte juridique doit déterminer les conditions et la
CSS art. périodicité, dans la limite de 5 ans, du réexamen du choix de cet organisme ainsi que des
L 912-2 s intermédiaires. Sur les autres prescriptions légales, voir nº 59280 (maintien de certaines garan-
L 913-1 s ties de prévoyance en cas de changement d'assureur), nº 59340, b et nº 59350, d (réversibilité des retraites).
Sont **prohibées** :
– les clauses prévoyant la perte des droits à retraite en cas d'insolvabilité de l'employeur ou de transfert d'entreprise ;
– les clauses traitant différemment les salariés, ex-salariés ou ayants droit selon qu'ils restent sur le territoire français ou vont résider dans l'UE ou l'EEE : nº 59345, a et b (retraites à cotisations définies) et nº 59350, c et d (retraites à prestations définies) ;
– à peine de nullité, celles ne respectant pas le principe d'interdiction des discriminations fondées sur le sexe, ce qui ne fait pas obstacle aux dispositions relatives à la protection de la maternité.

3. RÔLE DU CSE

58870 Le comité social et économique (CSE) des entreprises de 50 salariés et plus doit être **informé**
C. trav. art. **et consulté** avant la mise en place dans l'entreprise d'un régime de protection sociale
L 2312-12 complémentaire, sa modification ou sa dénonciation, sauf mise en place par accord collectif.
L 2312-14 Le CSE des mêmes entreprises formule toutes **propositions** de nature à améliorer les condi-
R 2312-22 tions dans lesquelles les salariés bénéficient des garanties collectives de protection sociale
I-II-13050 s complémentaire et examine celles qui lui sont soumises par l'employeur.
Il **dispose d'informations** relatives à la protection sociale complémentaire dans le cadre de la base de données économiques et sociales (nºs 9215 s.). Dans les entreprises d'au moins 300 salariés, il est informé par l'employeur de tout retard dans le paiement des cotisations ou primes aux assureurs (nº 9247).

58875 Le CSE des entreprises d'au moins 50 salariés peut revendiquer en tant qu'**activité sociale** (nºs 9400 s.) la gestion d'une garantie de prévoyance mise en place par l'employeur en dehors de toute obligation légale ou conventionnelle (nº 9402). Cette possibilité s'applique ainsi à un régime de prévoyance à adhésion facultative (Cass. soc. 22-6-1993 nº 91-17.686 FS-PB : RJS 7/93 nº 760). Elle est en revanche exclue si le régime a été instauré par accord collectif d'entreprise et présente en conséquence un caractère obligatoire (Cass. soc. 1-10-2003 nº 02-30.337 FS-D). Cette **limite** fait obstacle, en pratique, à la gestion par le CSE d'un régime de protection sociale complémentaire. En effet, les exonérations sociales et fiscales dont bénéficient les contributions finançant les garanties collectives en la matière sont conditionnées au caractère obligatoire du régime (nº 22960).

Les **opérations de retraite** sont exclues du champ de compétence du CSE en matière de gestion, les sommes affectées aux retraites ne pouvant pas financer les activités sociales (C. trav. art. R 2312-49).

4. INFORMATION DES ASSURÉS

CONTRAT D'ASSURANCE GROUPE

Avant l'adhésion ou lors de celle-ci, l'employeur doit remettre aux salariés une **notice d'information,** établie par l'organisme assureur (si c'est une mutuelle, l'employeur doit aussi remettre ses statuts). La notice définit les garanties, leurs modalités d'entrée en vigueur et les formalités à accomplir en cas de réalisation du risque. Les notices des institutions de prévoyance, des sociétés d'assurance et, en caractères très apparents, des mutuelles précisent en outre le contenu des clauses de nullité, de déchéance ou d'exclusion ou de limitation de garantie et les délais de prescription. Enfin, les notices émises par les sociétés d'assurance en matière de retraite supplémentaire reproduisent la clause de transférabilité figurant dans le contrat d'assurance (nº 59345). **58880** Loi 89-1009 du 31-12-1989 art. 12 C. ass. art. L 131-3 L 141-4 L 145-3 CSS art. L 931-3-3 L 932-6 L 932-18 C. mut. art. L 211-7 L 221-6 **I-II-13650 s**

Les organismes assureurs doivent faire figurer dans les **documents communiqués aux assurés** – notice comprise – ou publicitaires relatifs à la garantie frais de santé les conditions de prise en charge, de façon simple et normalisée, chiffrée en euros, des soins les plus courants et de ceux pour lesquels le reste à charge est le plus important.

Si des **modifications** sont apportées aux droits et obligations des adhérents, l'entreprise doit les en informer individuellement et par écrit en leur remettant une notice établie par l'assureur 3 mois au minimum avant leur date d'entrée en vigueur. Cette information doit être fournie dès que possible en cas de variation significative des provisions techniques des engagements de retraite.

> **Précisions** **a.** La **notice** doit être **conforme au contrat** avec l'organisme assureur et à l'**acte fondateur du régime.** À défaut, l'assuré peut se prévaloir des dispositions les plus favorables. La non-remise de la notice engage la **responsabilité** de l'employeur si l'assureur la lui a remise ou celle de l'organisme assureur dans le cas contraire (Cass. 2e civ. 15-5-2008 nº 07-14-354 : RJS 10/08 nº 1038), mais n'autorise pas le salarié à refuser d'adhérer à un régime de prévoyance obligatoire ni à s'en retirer (Cass. soc. 19-10-2005 nº 03-47.219 : RJS 1/06 nº 85). D'une manière générale, employeurs et organismes assureurs ont un **devoir d'information et de conseil** vis-à-vis des assurés, dont la méconnaissance engage leur responsabilité (Cass. soc. 13-5-2009 nº 07-44.311 : RJS 8-9/09 nº 747 ; 20-5-2009 nº 07-42.424 : RJS 8-9/09 nº 747 ; 26-9-2018 nº 16-28.110). L'indemnité due au salarié répare sa **perte de chance** d'obtenir, à titre individuel, une couverture comparable à celle dont il avait cru pouvoir bénéficier et est donc nécessairement moins élevée que la garantie elle-même (Cass. soc. 17-3-2010 nº 08-45.329 : RJS 6/10 nº 560 ; 18-5-2011 nº 09-42.741 : RJS 7/11 nº 641).
>
> Les délais de **prescription** applicables au contrat d'assurance groupe et non mentionnés dans la notice d'information ne sont pas opposables à l'employeur (Cass. 2e civ. 5-3-2020 nº 19-13.329 F-D : RJS 7/20 nº 378).
>
> La **preuve** de la remise de la notice au salarié (des statuts si l'assureur est une mutuelle) et de l'information sur les modifications incombe à l'employeur.
>
> **b.** En cas de modification d'un **régime à adhésion facultative,** les bénéficiaires peuvent **dénoncer leur affiliation.** Celle-ci doit intervenir dans le mois de la remise de la notice si la couverture est assurée par une institution de prévoyance ou une mutuelle.
>
> **c.** En matière de **retraite** supplémentaire, l'organisme assureur doit notifier aux bénéficiaires, avant le 30 septembre de chaque année, les droits acquis au cours de l'année précédente. Il doit adresser au salarié quittant l'entreprise avant d'avoir fait liquider ses droits à retraite dans les 3 mois de la date à laquelle les cotisations ne sont plus versées, une note d'information sur ses droits, mentionnant notamment les modalités et conditions de la future liquidation et, lorsque le contrat ou le règlement du régime le prévoit, les conditions et délais du transfert des droits à un autre régime (CSS art. L 914-2). En outre, dans les régimes à **cotisations définies,** l'organisme assureur doit communiquer chaque année une série d'informations, notamment valeur de rachat, prime, rendement du contrat, estimation du montant de la rente viagère qui serait versée à l'assuré à partir de ses droits personnels et conditions du transfert de son contrat à un autre organisme assureur (CSS art. L 932-23 ; C. ass. art. L 132-22 ; C. mut. art. L 223-21 ; Arrêté 24-8-2011 : JO 2-9-2011).

PLAN D'ÉPARGNE RETRAITE OBLIGATOIRE

58885 C. mon. fin. art. L 224-7 L 224-10

Les titulaires d'un **Pero** doivent recevoir :
– **avant l'ouverture** du plan, une information détaillée sur chaque actif référencé. Un arrêté précise le contenu de cette information (Arrêté NOR ECOT1917532A du 7-8-2019 art. 2) ;
– **annuellement,** une information dont le contenu est précisé à l'article R 224-2 du Code monétaire et financier (valeur des droits en cours de constitution, montant des versements, frais prélevés sur le plan, valeur de transfert du plan, performance annuelle de chaque actif et, le cas échéant, de la gestion pilotée des avoirs, modalités de disponibilité de l'épargne…) ;
– 6 mois avant le commencement de la **cinquième année précédant l'âge de la retraite,** une information concernant la possibilité d'interroger le gestionnaire du plan sur leurs droits, les modalités de restitution de l'épargne et, le cas échéant, la gestion pilotée de leurs avoirs.

58890 I-II-3950 s

Responsabilité de l'employeur

L'employeur tenu d'appliquer un régime de protection sociale complémentaire est responsable de la **bonne exécution de son obligation.** Si les garanties définies par l'acte fondateur ne sont pas servies, il peut être condamné à verser des **dommages et intérêts** au salarié ou à ses ayants droit (Cass. soc. 18-10-2006 n° 05-40.891 : RJS 1/07 n° 9).

La responsabilité de l'employeur a notamment été retenue dans les **cas suivants** : non-adhésion au régime de prévoyance conventionnel obligatoire (Cass. soc. 3-11-2011 n° 10-15.124 : RJS 2/12 n° 191) ; non-souscription auprès d'un organisme assureur d'un contrat mettant en œuvre les garanties prévues par la convention collective de branche (Cass. soc. 19-3-2014 n° 12-24.976 : RJS 6/14 n° 523) ; souscription d'un contrat prévoyant des garanties inférieures (Cass. soc. 17-4-2019 n° 17-27.096 FS-PB : RJS 7/19 n° 466) ou affiliation du salarié à un régime versant des garanties inférieures (Cass. soc. 19-6-1990 n° 87-43.560 : RJS 8-9/90 n° 742) ; non-déclaration d'un salarié à l'organisme assureur (Cass. soc. 26-2-1981 n° 79-41.425) ; retard dans la déclaration d'un sinistre (Cass. soc. 26-1-1994 n° 92-43.573 : RJS 4/94 n° 375) ; défaut de déclaration d'un arrêt maladie dans les formes requises (Cass. soc. 12-1-2010 n° 08-40.635 : RJS 4/10 n° 383) et de réclamation au salarié des documents nécessaires à l'instruction du dossier (Cass. soc. 12-1-2010 n° 08-40.635 : RJS 4/10 n° 383 ; 22-6-2017 n° 16-16.977 F-D : RJS 10/17 n° 712) ; défaillance du courtier (Cass. soc. 3-6-1997 n° 94-43.880) ; en cas de transfert d'entreprise, refus par le nouvel employeur d'appliquer l'engagement pris par l'ancien et non dénoncé (Cass. soc. 4-2-1997 n° 95-41.468 : RJS 3/97 n° 256 ; 19-1-1999 n° 96-44.688 : RJS 3/99 n° 411 ; 21-9-2005 n° 03-43.532 : RJS 12/05 n° 1173).

Le **montant** des dommages-intérêts est fréquemment fixé par référence aux prestations qui auraient dû être perçues en application de l'acte fondateur du régime.

Sur la mise en cause de la responsabilité de l'employeur méconnaissant son **obligation d'information** de l'assuré, voir n° 58880, a.

B. Contrat avec un organisme assureur ou un gestionnaire d'actifs

1. DIFFÉRENTS TYPES D'ORGANISMES

58930 Loi 89-1009 du 31-12-1989 art. 1 C. mon. fin. art. L 224-1

Les garanties de protection sociale complémentaire peuvent être gérées dans le cadre :
– d'un **contrat d'assurance groupe** par une société d'assurance, une institution de prévoyance ou union, une mutuelle ou union ;
– ou, s'agissant du plan d'épargne retraite obligatoire (Pero), d'une **convention de compte-titres** conclue avec un établissement de crédit, une entreprise d'investissement ou un établissement habilité pour les activités de conservation et d'administration d'instruments financiers.

› Précisions a. Les organismes assureurs peuvent conclure entre eux des contrats de **co-assurance** pour leurs opérations de prévoyance. Les salariés sont alors garantis pendant une même durée et par un même contrat collectif par au moins 2 **organismes assureurs,** chacun d'eux proportionnellement à la part qu'il accepte de couvrir. Les organismes coassureurs désignent parmi eux un **apériteur,** interlocuteur unique de l'employeur pour la négociation des conditions du contrat et de son renouvellement. Il peut encaisser les cotisations et verser les prestations. Le contrat prévoit les conditions du respect de la garantie des **droits des salariés** en cas de modification ou cessation de la coassurance

(CSS art. L 932-13-2 et L 932-14-1 ; C. mut. art. L 227-1 s. ; C. ass. art. L 145-2 s. ; Loi 2014-856 du 31-7-2014 art. 51, IV).

b. Seuls peuvent être **gérés en interne** les régimes de retraite supplémentaire institués avant le 1-1-2010.

SOCIÉTÉS D'ASSURANCE

Régies par le **Code des assurances,** les sociétés d'assurance comprennent les sociétés anonymes et les sociétés d'assurance mutuelle. 58940 I-III-300 s I-III-600 s

Les **contrats** souscrits pour la couverture des garanties collectives sont des contrats d'assurance groupe relevant de l'assurance-vie (risque décès, retraite) ou de l'assurance non-vie (incapacité-invalidité, remboursement des frais médicaux). Ils instituent une relation tripartite entre assureur, entreprise signataire et assurés, c'est-à-dire salariés ou ayants droit bénéficiaires. Ils contiennent des conditions générales (notamment modalités d'adhésion, de paiement des primes, de versement des prestations) et des conditions particulières (population assurée, niveau des prestations, primes ou cotisations, date d'effet et durée du contrat…).

INSTITUTIONS DE PRÉVOYANCE

Régies par le **Code de la sécurité sociale,** les institutions de prévoyance sont des personnes morales de droit privé à but non lucratif, administrées paritairement par des membres adhérents (entreprises) et participants (assurés). 58950 CSS art. L 931-1 s L 932-2 s R 932-1-1 I-III-300 s I-III-800 s

L'**adhésion** s'opère par la signature d'un contrat collectif ou d'un bulletin d'adhésion à un règlement. Ces documents fixent les droits et obligations des adhérents et participants. Toute **modification** de ces droits ou obligations doit être constatée par un avenant au contrat ou au bulletin d'adhésion signé des parties.

› Précisions **a.** La **modification** du règlement ou du contrat complémentaire santé collectif visant à le mettre en conformité avec les dispositions réglementaires relatives aux **contrats responsables** (nº 59140) est réputée acceptée à défaut d'opposition du souscripteur dans les 30 jours suivant la notification de cette proposition (CSS art. L 932-3).

b. Dans les **régimes à adhésion facultative,** le bénéficiaire peut **renoncer à son adhésion** par notification réalisée selon l'une des modalités énumérées à l'article L 932-12-1 du CSS pendant 30 jours calendaires révolus à compter du moment où il est informé que l'adhésion a pris effet et être remboursé des sommes versées. (CSS art. L 932-15). Cette possibilité doit être mentionnée dans la notice d'information établie par l'institution (CSS art. R 932-2-2). Elle n'est pas applicable aux opérations d'une durée maximum de 2 mois ou de couverture des risques de dommages corporels liés aux accidents et à la maladie, ou du risque chômage.

MUTUELLES

Régies par le **Code de la mutualité,** les mutuelles sont des groupements à but non lucratif. Elles ont un caractère professionnel ou interprofessionnel ou sont constituées dans le cadre d'une ou plusieurs entreprises. Leur fonctionnement est défini par des statuts, qui fixent les règles de participation des membres, et des règlements, qui déterminent les engagements contractuels relatifs aux prestations et aux cotisations. Sur la remise des statuts à l'adhérent, voir nº 58880. 58960 C. mut. art. L 114-1 L 115-1 L 221-5 I-III-300 s I-III-1300 s

Pour **adhérer** à une mutuelle, l'entreprise signe un bulletin d'adhésion à son règlement ou un contrat collectif. L'employeur est l'adhérent et les salariés membres participants à titre individuel, ce qui leur permet de disposer d'une voix à l'assemblée générale et d'être éligibles au conseil d'administration. Les mentions obligatoires des règlements et contrats collectifs doivent être fixées par décret à paraître. Toute **modification** du contrat – sous réserve de la règle exposée nº 58950, a – est constatée par un avenant signé des parties, et toute modification des garanties définies au bulletin d'adhésion est notifiée au membre participant ou honoraire.

Les mutuelles d'entreprise sont soumises au **contrôle du CSE** dans les conditions exposées nº 9414, sans qu'il puisse s'opposer à leurs décisions.

2. CHOIX DE L'ORGANISME

L'entreprise choisit **librement** son organisme assureur ou, pour les Pero reposant sur une convention de compte-titres, son gestionnaire d'actifs. Sur les incidences du choix d'un contrat d'assurance groupe sur le régime juridique du Pero, voir nº 59335. 58970 CSS art. L 912-1 R 912-1 R 912-2 R 912-3 D 912-1 à D 912-13 I-II-1250 s

Un **accord professionnel ou interprofessionnel** peut toutefois **recommander** un ou plusieurs organismes assureurs pour la gestion des garanties collectives présentant un degré élevé de solidarité qu'il institue. Ces garanties comprennent des **prestations non contributives** (prise en charge totale ou partielle de la cotisation pour certains salariés ou ex-salariés, politique de prévention, prestations d'action sociale).

La recommandation doit être précédée d'une **mise en concurrence** des organismes concernés, dans des conditions de transparence, d'impartialité et d'égalité de traitement entre candidats. L'accord doit comporter, sous peine de nullité (Cass. soc. 9-10-2019 nº 18-13.314 FS-PB : RJS 12/19 nº 723), une clause fixant dans quelles conditions et selon quelle **périodicité**, de 5 ans au maximum, les modalités d'organisation de la recommandation sont réexaminées. Les **organismes** recommandés sont tenus à des **obligations** : accepter les adhésions des entreprises relevant de leur champ d'application, pratiquer un tarif unique et offrir des garanties identiques pour toutes les entreprises et tous les salariés.

De même, l'accord peut décider que certaines garanties de solidarité font l'objet d'un **financement** et d'une **gestion mutualisés** pour les entreprises entrant dans son champ d'application. Il doit alors : préciser les garanties concernées qui comprennent des actions de prévention et des prestations d'action sociale, déterminer les modalités de leur financement (versement forfaitaire par salarié, affectation d'un pourcentage de la prime ou cotisation, combinaison des 2 systèmes), créer un fonds de mutualisation recueillant les ressources et finançant les prestations visées, et fixer les modalités de fonctionnement de ce fonds, notamment les conditions du choix de son gestionnaire par la commission de branche. Sur le point de savoir si un accord d'entreprise ou de groupe peut prévoir de telles garanties en l'absence d'accord de branche sur ce point, voir nº 52240.

› Précisions a. Une **clause de recommandation** adoptée **avant le décret** du 8-1-2015 définissant la procédure de mise en concurrence n'est pas illégale si les partenaires sociaux ont respecté les principes de transparence, d'impartialité et d'égalité de traitement dans des conditions similaires à celles définies ultérieurement par le décret (CE sect. 17-3-2017 nº 396001 : RJS 6/17 nº 441).

Jugé également qu'un accord de branche ayant institué un **système de mutualisation** de certaines garanties n'est pas illégal même s'il est intervenu **avant le** décret 2017-162 du 19-2-2017, qui a permis l'entrée en vigueur des dispositions légales autorisant les partenaires sociaux à prévoir au niveau de la branche un financement et une gestion mutualisés pour certaines garanties de solidarité (Cass. soc. 9-10-2019 nº 18-13.314 FS-PB : RJS 12/19 nº 723).

b. Depuis le 16-6-2013, les conventions ou accords de branche, professionnels ou interprofessionnels, ne peuvent plus instaurer de **clauses « de désignation »**, c'est-à-dire imposant aux entreprises entrant dans leur champ d'application de choisir un organisme assureur déterminé chargé de mutualiser les risques : en effet, le Conseil constitutionnel a déclaré contraire à la Constitution l'article L 912-1 du CSS autorisant ces clauses et contraignant les entreprises à abandonner leur assureur au profit de celui désigné par le texte conventionnel (Cons. const. 13-6-2013 nº 2013-672 DC).

Toutefois, cette déclaration de non-conformité est sans effet sur les textes conventionnels conclus et, le cas échéant, étendus avant sa publication qui produisent leurs effets jusqu'à leur terme. Il en résulte, notamment, que, jusqu'à ce terme, les entreprises ayant adhéré à une institution de prévoyance désignée par eux ne peuvent pas faire usage de leur faculté de résiliation du contrat et que celles n'y ayant pas adhéré restent tenues de le faire (Avis CE 26-9-2013 nº 387895 ; CE 30-12-2013 nº 357115 : RJS 3/14 nº 271 ; Cass. soc. 11-2-2015 nº 14-13.538 : RJS 4/15 nº 289 ; Cass. soc. 1-6-2016 nº 15-12.276 : RJS 8-9/16 nº 599). Par exception, certains arrêtés d'extension de clauses de désignation ont été annulés pour absence de publicité préalable (CE 8-7-2016 nº 357115 : RJS 11/16 nº 727) ou leur application écartée lorsque leur adoption a donné lieu seulement à la publicité prévue par le Code du travail (Cass. soc. 7-3-2017 nº 14-23.193 FS-PBRI et nº 14-27.229 FS-PBRI : RJS 5/17 nº 379).

3. RELATIONS ENTRE ENTREPRISES ET GESTIONNAIRES

a. Informations réciproques

INFORMATION DE L'ENTREPRISE

58980 Règl. UE 2018/2014 du 26-11-2014 C. ass. art. L 112-2 L 521-4 CSS art. L 932-3 et L 932-19 C. mut. art. L 221-4 I-III-2850 s

Les organismes assureurs sont tenus à une **information précontractuelle** à l'égard de l'entreprise en lui remettant le document d'information sur le produit d'assurance établi par son concepteur (risque non-vie) ou le document d'information clé en assurance (risque vie). En outre, les sociétés d'assurance doivent lui remettre une fiche d'information sur le prix et les garanties, ainsi qu'un exemplaire du projet de contrat et de ses pièces annexes ou une notice d'information sur le contrat. Les institutions de prévoyance doivent lui remettre le règlement et la proposition de bulletin d'adhésion ou la proposition de contrat ainsi que leurs annexes. Les mutuelles doivent remettre à l'employeur, avant sa signature, la proposition de bulletin d'adhésion ou de contrat.

L'organisme assureur doit fournir au chef d'entreprise un **rapport annuel sur les comptes** du contrat (Loi 89-1009 du 31-12-1989 art. 15). Ce rapport, qui indique notamment le montant des cotisations, des prestations payées et des provisions techniques, doit être adressé 2 mois au plus après l'approbation des comptes et, au plus tard, le 31 août suivant la clôture de l'exercice (Décret 90-769 du 30-8-1990 art. 3 et 4).

Les **intermédiaires** en assurance sont tenus d'un **devoir de conseil** à l'égard de l'entreprise.

INFORMATION DE L'ASSUREUR

Avant la conclusion du contrat, l'assureur peut adresser un **questionnaire à l'entreprise** pour apprécier les risques à prendre en charge. Celle-ci doit répondre avec exactitude, cette obligation étant prévue par la loi lorsque l'assureur est une société d'assurance ou une institution de prévoyance. L'assureur peut aussi poser des **questions par écrit aux salariés participants.** Il ne peut alors pas se prévaloir du fait qu'une question exprimée en termes généraux a reçu une réponse imprécise. **58990**

C. ass. art. L 112-3 L 113-2 CSS art. L 932-4 L 932-5 L 932-19 L 932-20 C. mut. art. L 221-13 **I-III-3200 s**

Vis-à-vis des institutions de prévoyance, l'entreprise adhérente doit déclarer en cours d'adhésion ou de contrat tout **nouveau salarié** bénéficiaire. Pour les sociétés d'assurance, et sauf en matière d'assurances sur la vie, l'assuré doit déclarer par lettre recommandée, dans les 15 jours, les **circonstances nouvelles** aggravant les risques ou en créant de nouveaux.

Les **sinistres** doivent être déclarés à l'assureur dans les conditions prévues au contrat.

› Précisions a. En cas de **réticence ou de fausse déclaration intentionnelle** de la part d'un assuré, le contrat d'assurance est nul vis-à-vis de ce dernier quand l'objet du risque en est changé ou diminué dans l'opinion de l'assureur, même si ce risque a été sans influence sur le sinistre (C. ass. art. L 113-8 ; CSS art. L 932-7 et L 932-16 ; C. mut. art. L 221-14 et L 223-27). Toutefois, lorsque l'adhésion résulte d'une obligation inscrite dans une convention de branche ou un accord professionnel ou interprofessionnel, cette règle ne s'applique ni aux opérations des institutions de prévoyance ni aux contrats conclus depuis le 1-8-2014 avec les sociétés d'assurance et les mutuelles (C. mut. art. L 221-14 ; C. ass. art. L 145-4). A ainsi été jugé que l'assureur est tenu, malgré la fausse déclaration de l'assuré, de verser les prestations prévues au contrat souscrit par l'employeur en exécution des dispositions de l'ancienne convention collective nationale Agirc relatives à la garantie décès des cadres (Cass. 2e civ. 16-7-2020 nº 18-14.351 F-PBI : RJS 11/20 nº 563). Les cotisations payées demeurent acquises à l'assureur, qui a droit au paiement de toutes les primes échues à titre de dommages et intérêts, cette sanction comportant toutefois des dérogations, notamment en matière de retraite (textes précités).

b. En cas d'**omission ou de déclaration inexacte** de la part de l'assuré dont la **mauvaise foi** n'est **pas établie,** l'assureur peut, selon que l'omission est constatée avant ou après la réalisation du risque, soit majorer la prime ou résilier le contrat, soit réduire l'indemnité (C. ass. art. L 113-9 ; CSS art. L 932-17 ; C. mut. art. L 221-15 et L 223-27). Toutefois, lorsque l'organisme assureur est une institution de prévoyance ou une mutuelle, ces règles ne sont pas applicables aux opérations obligatoires. Cette dernière règle a été étendue aux sociétés d'assurance pour les contrats conclus depuis le 1-8-2014 (C. ass. art. L 145-5).

c. En matière d'**assurance-vie,** la dissimulation de l'âge réel de l'assuré entraîne l'ajustement des primes ou la nullité de l'assurance (C. ass. art. L 132-26 ; CSS art. L 932-23 ; C. mut. art. L 223-25).

b. Contenu du contrat

RISQUES COUVERTS

En matière de risques décès, frais de santé, liés à la maternité, incapacité de travail ou invalidité, l'assureur doit prendre en charge les **suites des états pathologiques survenus avant** la souscription du contrat ou l'adhésion à celui-ci, sous réserve des sanctions prévues en cas de fausse déclaration (nº 58990). Cette obligation s'applique aux opérations à adhésion obligatoire ou facultative. Dans ce dernier cas toutefois, l'assureur peut refuser de prendre en charge les suites d'une maladie contractée avant la souscription du contrat ou l'adhésion, si l'exclusion est clairement mentionnée dans le document contractuel et si l'assureur prouve son antériorité (dans le respect des articles 226-13 et 226-14 du Code pénal sur le secret professionnel). **59010**

Loi 89-1009 du 31-12-1989 art. 2 et 3 **I-III-9150 s** **I-III-9710 s**

Dans les régimes obligatoires, aucune **pathologie ou affection** ouvrant droit aux **prestations en nature** de l'assurance maladie du **régime général** de sécurité sociale ne peut être exclue du champ d'application des stipulations contractuelles relatives au remboursement ou à l'indemnisation des frais occasionnés par une maladie, une maternité ou un accident.

Ces dispositions sont également applicables aux bénéficiaires de la **portabilité obligatoire des chômeurs** visés nos 59230 s.

› Précisions La survenance du **fait générateur** de prestations de prévoyance collective **avant la cessation du contrat de travail** ouvre à l'assuré le droit à ces prestations, indépendamment des circonstances susceptibles de différer ce versement ou d'en modifier les modalités. Ainsi jugé : pour un assuré en arrêt maladie avant la fin de son préavis, mais qui ne commence à percevoir les indemnités journalières de la sécurité sociale qu'après cette date en raison du délai de carence (Cass. 2e civ. 17-4-2008 nº 07-12.088 FS-PB : RJS 8-9/08 nº 935) ; pour un salarié à qui la caisse primaire d'assurance maladie attribue une rente correspondant à un taux d'incapacité non indemnisable par le régime de prévoyance puis, après le licenciement, notifie un niveau d'incapacité suffisant pour donner lieu à indemnisation du régime (Cass. 2e civ. 17-4-2008 nº 07-12.064 FS-PB : RJS 8-9/08 nº 935). Toutefois, le capital décès n'est pas dû après le **départ en retraite** du salarié, même si le décès fait suite à une maladie non professionnelle apparue pendant la relation de travail (Cass. 2e civ. 4-2-2016 nº 14-27.249 FS-PB : RJS 4/16 nº 299).

CLAUSES OBLIGATOIRES OU INTERDITES

59020 Le contrat doit mentionner (pour les sociétés d'assurance et mutuelles, en caractères très apparents) la **durée de l'engagement,** librement déterminée par les parties et, le cas échéant, la possibilité d'une reconduction tacite d'au plus un an. Les contrats à adhésion obligatoire couvrant les risques décès, frais de santé, maternité, incapacité de travail et invalidité doivent prévoir le **délai de préavis** applicable à leur résiliation ou non-renouvellement. Ces contrats doivent aussi prévoir des dispositifs de **maintien de droits** : voir nºs 59230 s.

Loi 89-1009 du 31-12-1989 art. 5
C. ass. art. L 113-15
CSS art. L 932-11
L 932-19
C. mut. art. L 221-9
I-III-4500 s

› Précisions **a.** Sont **nulles** les clauses générales frappant de **déchéance** le participant ou le bénéficiaire en cas de violation des lois ou des règlements, sauf si cette violation constitue un crime ou un délit intentionnel ; de même celles appliquant la déchéance pour un simple retard apporté sans intention frauduleuse à la déclaration de réalisation du risque aux autorités ou à des productions de pièces, l'assureur restant en droit de réclamer une indemnité proportionnelle au dommage que ce retard lui a causé (C. ass. art. L 113-11 ; CSS art. L 932-8 et L 932-19 ; C. mut. art. L 221-16).

b. Pour les **opérations obligatoires** des institutions de prévoyance et des mutuelles, la loi pose expressément le principe de la nullité des discriminations fondées sur le sexe (CSS art. L 932-2 ; C. mut. art. L 110-3).

c. Primes ou cotisations

MONTANT

59040 Le montant des primes ou cotisations est **librement** fixé par les parties. Toutefois, pour les contrats de **santé collectifs facultatifs,** l'assureur ne peut pas augmenter le tarif d'un assuré en se fondant sur l'évolution de son état de santé.

Loi 89-1009 du 31-12-1989 art. 6
C. mut. art. L 1110-2

En outre, pour ces contrats, les **mutuelles** ne peuvent moduler le montant des cotisations qu'en fonction des éléments suivants : revenu, durée d'appartenance à la mutuelle, régime de sécurité sociale d'affiliation, lieu de résidence, nombre d'ayants droit ou âge des membres participants. Elles ne peuvent pas recueillir d'informations médicales auprès des personnes souhaitant bénéficier de la couverture, ni fixer les cotisations en fonction de l'état de santé. Ces règles s'appliquent aussi aux sociétés d'assurance et aux organismes de prévoyance en cas de **coassurance** avec une mutuelle (C. ass. art. L 145-2 ; CSS art. L 932-14-1).

SANCTIONS DU NON-PAIEMENT

59050 Si la prime n'est pas payée dans les 10 jours de son échéance, la garantie peut être **suspendue** 30 jours après mise en demeure de l'employeur informant celui-ci des conséquences du défaut de paiement. L'assureur peut ensuite **résilier** le contrat ou dénoncer l'adhésion 10 jours après l'expiration du délai de 30 jours.

C. ass. art. L 113-3
L 132-20
CSS art. L 932-9
L 932-22, I
L 932-23
C. mut. art. L 221-8
L 223-19
I-III-7000 s

Indépendamment de la suspension de la garantie, l'assureur peut **poursuivre en justice l'exécution** du contrat. Les institutions de prévoyance et les mutuelles peuvent appliquer des **majorations de retard** à la charge exclusive de l'employeur.

Les sociétés d'assurance et les mutuelles, pour l'assurance décès et la retraite, et les institutions de prévoyance, pour certaines opérations de retraite, appliquent une **procédure spécifique** : l'entreprise a 40 jours pour payer la prime à compter de la lettre recommandée de l'assureur l'informant qu'à défaut de paiement le contrat sera résilié ou réduit. À défaut de lettre recommandée, le contrat ne peut être ni résilié ni réduit (Cass. 2e civ. 25-10-2007 nº 06-18.939 : RJS 2/08 nº 221).

Pour les **opérations facultatives** et lorsque les **cotisations ne sont pas précomptées** par l'employeur, si la défaillance est celle d'un **salarié,** celui-ci est exclu de la garantie par l'employeur (C. ass. art. L 141-3 ; CSS art. L 932-22, II ; C. mut. art. L 221-8, II). L'exclusion ne peut intervenir qu'au terme d'un délai de 40 jours de l'envoi par l'employeur d'une lettre recommandée de mise en demeure envoyée au plus tôt 10 jours après la date d'échéance du paiement.

› Précisions **a.** Lorsque l'adhésion résulte d'une obligation prévue par une convention de **branche** ou un accord **professionnel ou interprofessionnel,** le contrat de prévoyance ne peut être ni suspendu ni résilié (C. ass. art. L 113-3 ; CSS art. L 932-9 ; C. mut. art. L 221-8, III).
b. Dans les **mutuelles,** le membre participant est avisé qu'à l'expiration du délai de 30 jours le défaut de paiement de la cotisation par l'employeur peut entraîner la résiliation, sauf s'il se substitue à l'employeur (C. mut. art. L 221-8, I al. 2).
c. Le défaut de règlement intégral des cotisations antérieures au jugement d'**ouverture d'une procédure collective** ne prive pas les membres participants de tout droit aux garanties collectives, malgré la clause contraire du règlement intérieur de l'organisme assureur (Cass. com. 28-6-2011 n° 09-16.646 FS-PB : RJS 11/11 n° 904).
d. Si l'adhésion n'est pas dénoncée ou le contrat résilié, la **garantie reprend effet** à midi le lendemain du jour où ont été payées toutes les sommes dues : cotisations et, éventuellement, frais de poursuite et de recouvrement.

d. Gestion des avoirs investis dans un Pero

Les avoirs investis dans le Pero font l'objet d'une **gestion pilotée** sauf décision contraire et expresse du titulaire. Cette gestion ne s'applique pas lorsque le Pero repose sur un contrat d'assurance de groupe dont les garanties sont exprimées en unités de rente. Elle consiste en une affectation des versements au Pero selon une allocation de l'épargne permettant de **réduire** progressivement les **risques** financiers pour le titulaire. Les modalités de cette gestion sont précisées à l'article D 224-3 du Code monétaire et financier et par l'arrêté ministériel du 7-8-2019 (Arrêté NOR ECOT1917532A art. 1). Il est proposé au titulaire au moins une allocation d'actifs correspondant à un profil d'investissement différent, notamment une allocation pour l'acquisition de parts de **fonds solidaires.** **59055** C. mon. fin. art. L 224-3 L 224-21 L 224-23

› Précisions **a.** L'article R 224-1 du Code monétaire et financier recense les **titres financiers éligibles** au Pero dans le cas de l'ouverture d'un compte-titres ou de l'adhésion à un contrat d'assurance groupe dont les droits sont exprimés en unités de compte.
b. Si le Pero peut recevoir l'intéressement et la participation et comporter des actifs autres que des FCPE mentionnés à l'article L 214-164 du Code monétaire et financier, le règlement du plan prévoit la mise en place d'un **comité de surveillance** composé de représentants de l'entreprise et, pour moitié au moins, de représentants des titulaires du plan. Il fixe également les modalités de désignation de ces représentants. Le président de ce comité est choisi parmi les représentants des titulaires du plan. Lorsqu'il s'agit d'un Pero **interentreprises,** le comité de surveillance peut être commun à l'ensemble des entreprises adhérentes du plan (C. mon. fin. art. L 224-21). Les règles de fonctionnement du comité de surveillance, que nous ne détaillons pas, sont fixées par l'article L 224-22 du Code monétaire et financier.
c. Lorsque le plan donne lieu à l'adhésion à un **contrat d'assurance de groupe** et lorsque les versements peuvent être affectés à des FCPE mentionnés à l'article L 214-164 du Code monétaire et financier, les titulaires du plan sont représentés au **conseil de surveillance** de ces fonds en lieu et place de l'entreprise d'assurance porteuse des parts.

e. Résiliation du contrat

RÉSILIATION ANNUELLE OU MOTIVÉE

L'employeur (ou l'assuré, selon le cas), aussi bien que l'assureur, peuvent résilier le contrat tous les ans, ce droit devant être rappelé dans le document contractuel ou la notice d'information. Cette **faculté** est **écartée** si l'organisme assureur est une institution de prévoyance et si l'adhésion résulte d'une obligation prévue dans une convention ou un accord de branche ou professionnel ou interprofessionnel. La résiliation s'opère **au moins 2 mois avant** la date d'échéance. Ces règles **ne s'appliquent pas** aux contrats d'assurance portant sur la vie souscrits auprès des sociétés d'assurance et aux opérations dépendant de la durée de la vie humaine avec valeur de rachat des institutions de prévoyance. **59060** C. ass. art. L 113-12 CSS art. L 932-12 L 932-21 L 932-1-6 C. mut. art. L 221-10 I-III-19000 s

› Précisions **a.** Dans le cadre des **opérations à adhésion facultative,** les assurés ont droit au maintien de la garantie pour la couverture des frais de maladie, maternité ou accident (Loi 89-1009 du 31-12-1989 art. 6). L'organisme assureur ne peut donc pas résilier le contrat, sous réserve du paiement des primes et des sanctions pour fausse déclaration. Il en est de même, après l'expiration d'un délai de 2 ans suivant l'adhésion ou la souscription du contrat, pour les risques d'incapacité de travail ou d'invalidité, le risque chômage et, lorsqu'il est accessoire à une autre garantie, pour le risque décès tant que l'âge minimum de la retraite n'est pas atteint (même référence).
b. L'employeur **notifie** sa résiliation ou dénonciation par lettre ou tout autre support durable, par déclaration faite au siège social ou chez le représentant de l'assureur, par acte extrajudiciaire, par le mode de communication à distance admis par le contrat ou le règlement pour sa conclusion ou son adhésion, ou par tout autre moyen prévu par celui-ci. Le destinataire confirme par écrit la réception de la notification (C. ass. art. L 113-14 ; CSS art. L 932-12-2 et L 932-21-3 ; C. mut. art. L 221-10-3).

c. La résiliation du contrat **avant l'échéance** peut intervenir dans les cas suivants :
– non-paiement des primes (n° 59050) ou inexactitude dans la déclaration du risque (n° 58990) ;
– lorsque l'assureur est une société d'assurance, changement de domicile, de situation matrimoniale, de profession, retraite de l'assuré (C. ass. art. L 113-16) ; sous certaines conditions, survenance d'un sinistre (C. ass. art. R 113-10) ;
– pour les institutions de prévoyance, redressement ou liquidation judiciaire de l'adhérent (CSS art. L 932-10 et L 932-19) ; il en est de même pour les mutuelles et les sociétés d'assurance pour les contrats conclus depuis le 1-8-2014 (C. mut. art. L 221-8-1 et C. ass. art. L 145-7 ; Loi 2014-856 du 31-7-2014 art. 51, IV).

RÉSILIATION INFRA-ANNUELLE

59065 Depuis le 1-12-2020, peuvent être résiliés ou dénoncés par l'employeur, sans frais ni pénalité, au-delà de la première année de souscription ou d'adhésion, les contrats ou règlements d'assurance couvrant les **frais de santé** occasionnés par une maladie, une maternité ou un accident et ne comportant aucune **autre garantie,** sauf les garanties décès, incapacité de travail ou invalidité et celles d'assistance, de protection juridique, de responsabilité civile, de nuptialité-natalité ou d'indemnités en cas d'hospitalisation.

C. ass art. L 113-15-2 R. 113-11 s. CSS art. L 932-12-1 L 932-21-2 R 931-1-6-2 R 932-2-1 C. mut. art. L 221-10-2 R. 221-5-1

La résiliation ou la dénonciation **prend effet** un mois après que l'assureur en a reçu notification.

› Précisions a. Si l'employeur a versé un montant de prime ou de contribution supérieur à celui dû au titre de la période effectivement couverte par le contrat résilié, l'assureur doit **rembourser le surplus** dans le délai de 30 jours prorata temporis. À défaut, les sommes dues produisent des intérêts au taux légal.
b. La **faculté** de résiliation est **mentionnée** dans le contrat, le règlement, le bulletin d'adhésion ou la notice d'information et dans les avis d'échéances.
c. Les **formalités** nécessaires à la résiliation ou à la dénonciation du règlement doivent être réalisées par le nouvel assureur choisi par l'entreprise. Ancien et nouvel assureur doivent s'assurer de l'absence d'interruption de la couverture.
d. Les dispositions relatives à la résiliation infra-annuelle **s'appliquent** seulement si les conditions légales de résiliation ou de dénonciation des garanties ne sont pas réunies (dénonciation ou résiliation hors délai ou non fondée sur un motif admis).

f. Contentieux : règles de prescription

59070 Toute action dérivant d'un contrat d'assurance ou des opérations des institutions de prévoyance et des mutuelles est prescrite par **2 ans à compter** de l'événement qui y donne naissance. Toutefois, ce délai ne court :
– en cas de réticence, omission, déclaration fausse ou inexacte sur le risque couru (du fait du membre participant, précise le Code de la mutualité), que du jour où l'assureur en a eu connaissance ;
– en cas de réalisation du risque, que du jour où les intéressés en ont eu connaissance, s'ils prouvent qu'ils l'ont ignoré jusque-là (même référence).

C. ass. art. L 114-1 L 114-2 CSS art. L 932-13 L 932-13-3 C. mut. art. L 221-11 L 221-12

La prescription est **interrompue** par une des causes ordinaires d'interruption et par la désignation d'un expert à la suite de la réalisation d'un risque. L'interruption peut en outre résulter de l'envoi d'une lettre recommandée ou d'un envoi recommandé électronique avec accusé de réception, par l'assureur en ce qui concerne l'action en paiement de la prime ou cotisation, par l'assuré ou l'ayant droit en ce qui concerne le règlement de l'indemnité.
Sur le défaut de mention des délais de prescription dans la **notice d'information,** voir n° 58880, a.

› Précisions a. Quand l'action contre l'assureur a pour cause le **recours d'un tiers,** le délai de prescription ne court que du jour où ce tiers a exercé une action en justice contre le demandeur ou a été indemnisé par ce dernier (C. ass. art. L 114-1 ; CSS art. L 932-13 ; C. mut. art. L 221-11).
b. La prescription est de 5 ans en ce qui concerne l'**incapacité de travail** (CSS art. L 932-13) pour les institutions de prévoyance et, pour les contrats conclus depuis le 1-8-2014, pour les sociétés d'assurance et les mutuelles (C. mut. art. L 221-11 et C. ass. art. L 145-9 ; Loi 2014-856 du 31-7-2014 art. 51, IV).
c. La prescription est portée à 10 ans dans les opérations d'**assurance sur la vie** lorsque le bénéficiaire n'est pas l'assuré et de couverture du risque **accident** lorsque le bénéficiaire est l'ayant droit de l'assuré décédé (C. ass. art. L 114-1 ; CSS art. L 932-13 ; C. mut. art. L 221-11). Toutefois, en cas de **contrat mixte** comportant des garanties assurance-vie et incapacité de travail, la prescription propre à l'incapacité de travail s'applique (Cass. 2e civ. 3-2-2011 n° 10-11.519).
d. L'action en **paiement d'une pension** due au titre d'un régime de retraite supplémentaire se prescrit par 5 ans à compter du jour où l'intéressé a connaissance ou aurait dû avoir connaissance de ce droit (Cass. 2e civ. 7-2-2019 n° 17-28.596 FS-PB : RJS 4/19 n° 256). De même l'action en **remboursement de prestations indûment versées** (en ce sens : Cass. 2e civ. 5-6-2008 n° 07-12.863 : RJS 8-9/08 n° 934).

C. Contenu des garanties

1. PRÉVOYANCE

La notion de « prévoyance » recouvre les **risques** liés au décès, à l'incapacité de travail et à l'invalidité, ainsi que la couverture des frais de santé et de maternité. Les garanties des risques « inaptitude » et chômage, citées dans l'énumération légale des garanties collectives de prévoyance, sont peu pratiquées. Selon leur nature, le **contenu** des garanties est **fixé** par la loi et, le cas échéant, par les conventions ou accords collectifs de branche, professionnels ou interprofessionnels. La loi prévoit également des dispositifs dits de « maintien de droits ». **59100** CSS art. L 911-2 I-I-20 s

59105

Mesures Covid-19

Les salariés placés en **activité partielle** (AP) ou en **activité partielle de longue durée** (APLD) en raison de l'épidémie de Covid-19, ainsi que leurs ayants droit, bénéficient du maintien des garanties collectives de prévoyance mises en place dans leur entreprise pour la période du 13-3-2020 au 30-6-2021 (Loi 2020-734 du 17-6-2020 art. 12, modifié par loi 2020-1379 du 14-11-2020 art. 8 : FRS 22/10 inf. 1 n°s 10 à 11 p. 4).

Les **modalités** de ce dispositif, et notamment le calcul des contributions de prévoyance et des plafonds d'exonération de cotisations de sécurité sociale applicables à ces contributions, ont été précisées par l'administration (Inst. DSS 197 du 16-11-2020 : FRS 22/20 inf. 1. p. 3).

a. Frais de santé

CADRE GÉNÉRAL

La **définition légale des garanties** inclut les « risques portant atteinte à l'intégrité physique de la personne ou liés à la maternité », c'est-à-dire le **remboursement** des frais médicaux, pharmaceutiques et hospitaliers liés à la maladie, aux accidents et à la maternité, plus précisément de tout ou partie de la différence entre les frais engagés et leur remboursement partiel par la sécurité sociale. Les **personnes couvertes** sont, le plus souvent, non seulement le salarié lui-même mais aussi son conjoint, partenaire d'un Pacs ou concubin et ses enfants à charge. **59120** I-I-500 s

› Précisions **a.** Des **garanties annexes** peuvent s'ajouter aux garanties de base : allocation de naissance, indemnité pour cure thermale, frais de vaccination antigrippale, garantie d'assistance et de services dans certaines circonstances, par exemple la garde d'enfant malade, etc.

b. Les remboursements des frais de santé ont un **caractère indemnitaire** et ne peuvent donc pas excéder le montant des frais restant à la charge du bénéficiaire après les remboursements de toute nature auxquels il a droit (Loi 89-1009 du 31-12-1989 art. 9). S'il y a plusieurs assureurs, la charge des prestations se répartit entre eux (Décret 90-769 du 30-8-1990 art. 2).

c. Les **contributions de l'employeur** au régime ne sont exonérées de cotisations sociales que si les remboursements de frais respectent certaines règles : voir n°s 22985 s.

COUVERTURE COLLECTIVE OBLIGATOIRE

L'employeur doit faire bénéficier tous ses **salariés** d'une couverture obligatoire de remboursement des frais de santé et de maternité et en assurer au minimum la moitié du **financement.** Cette obligation ne concerne pas les **ayants droit.** **59130** CSS art. L 911-7 I-II-60 s

Garanties minimales Cette couverture doit **comprendre,** au minimum : **59140** CSS art. D 911-1

– les prises en charges obligatoires du panier de soins des contrats responsables frais de santé (n°s 22990 s.) ;

– le remboursement, suivant un forfait d'un montant minimal variant de 100 à 200 € en fonction du type de correction, des dépenses d'optique médicale à usage individuel ne donnant pas lieu à prise en charge renforcée ;

– la prise en charge à hauteur d'au moins 125 % des tarifs de responsabilité des frais de soins dentaires prothétiques et d'orthopédie dentofaciale ne donnant pas lieu à prise en charge renforcée.

› Précisions **a.** La couverture minimale **n'inclut pas** la participation de l'assuré aux médicaments principalement destinés au traitement des troubles ou affections sans caractère habituel de gravité ou dont le service médical rendu a été classé comme modéré ou faible, aux spécialités et préparations homéopathiques ou aux frais de soins thermaux.

Est **exclu** le remboursement de la majoration du ticket modérateur applicable aux assurés n'ayant pas choisi de médecin traitant ou consultant, sans prescription de ce dernier, un autre médecin, ainsi que du forfait sur les actes ou consultations des médecins et sur les actes biologiques et de la franchise médicale visés n° 50230.

b. En **Alsace-Moselle,** les prestations sont déterminées après déduction de celles garanties par les régimes locaux. Les cotisations patronale et salariale sont réduites dans une proportion représentative du différentiel de prestations correspondant, l'employeur assurant au minimum la moitié du financement de ce différentiel (CSS art. D 911-1-1).

59150 CSS art. L 911-7 D 911-2 à D 911-6

Dispenses d'adhésion Dans **tous les cas,** peuvent être dispensés d'affiliation, **à leur initiative,** l'employeur devant pouvoir produire la **demande de dispense** des intéressés :

– les salariés sous **CDD** ou contrat de **mission,** si la **durée de leur couverture** est inférieure à 3 mois et s'ils justifient bénéficier d'une couverture respectant les caractéristiques des contrats responsables ; cette durée s'apprécie à compter de la date d'effet du contrat de travail et sans prise en compte de l'obligation de portabilité ;

– les salariés employés **avant la mise en place** de la couverture par décision unilatérale de l'employeur, si le financement de la couverture est pour partie salarial ;

– les salariés bénéficiaires de la complémentaire santé solidaire ou couverts par une **assurance individuelle** lors de la mise en place des garanties ou lors de l'embauche si elle est postérieure, ou bénéficiant, pour les mêmes risques, de **prestations servies au titre d'un autre emploi,** au titre d'un des régimes suivants, y compris en tant qu'**ayants droit** : couverture complémentaire santé collective et obligatoire respectant les exigences des contrats responsables, mutuelle des agents de l'État ou des collectivités territoriales, contrat d'assurance groupe Madelin, régime local d'Alsace-Moselle, Camieg.

Si l'**acte instituant le régime le prévoit,** peuvent aussi être dispensés d'affiliation, dans les mêmes conditions : les salariés et apprentis bénéficiaires d'un **CDD** ou d'un contrat de **mission** d'au moins 12 mois, à condition de justifier par écrit d'une couverture individuelle souscrite par ailleurs pour le même type de garanties, ou de moins de 12 mois, même s'ils ne bénéficient pas d'une telle couverture ; les salariés à **temps partiel** et **apprentis** dont l'adhésion au système de garanties les conduirait à s'acquitter d'une cotisation au moins égale à 10 % de leur rémunération brute.

59155 CSS art. L 911-7-1 D 911-7 D 911-8

Versement santé La couverture santé peut être assurée par le versement au salarié, par l'employeur, d'une somme représentative du financement de la couverture minimale visée n°s 59130 s. et de la portabilité en cas de chômage visée n°s 59230 s. :

– **à leur initiative,** s'agissant des salariés ayant demandé à être **dispensés d'affiliation** en raison de la **durée de la couverture** (nº 59150) ;

– à l'initiative des partenaires sociaux ou de l'employeur, pour les salariés **embauchés pour une courte durée** ou pour un **faible volume d'heures** par semaine. Un accord de branche ou, à défaut d'un tel accord ou si celui-ci le prévoit, un accord d'entreprise est nécessaire à la mise en place du versement santé en remplacement de la couverture minimale santé pour ces salariés. Ceux-ci peuvent également bénéficier du versement santé mis en place sur décision unilatérale de l'employeur à condition de ne pas être déjà couverts dans l'entreprise à titre obligatoire et collectif. La durée du contrat ou la durée contractuelle du travail ne doit pas dépasser les seuils fixés par l'accord ou l'employeur, dans la limite de plafonds (durée du contrat de travail ou de mission d'au plus 3 mois et durée contractuelle du travail d'au plus 15 heures par semaine).

Pour bénéficier du versement santé, le salarié doit **justifier** qu'il est **couvert par un contrat** d'assurance maladie complémentaire portant sur la période concernée et respectant les caractéristiques des contrats responsables.

Le **montant** du versement est calculé **mensuellement** sur la base d'un montant de référence multiplié par 105 % (CDI) ou 125 % (CDD). Le **régime social** du versement santé est celui de la contribution patronale au financement des contrats collectifs et obligatoires (n°s 22920 s.).

> Précisions **a.** Le **montant de référence** correspond à la contribution mensuelle de l'employeur au financement de la couverture pour la catégorie à laquelle appartient le salarié et pour la période concernée. Elle tient compte, le cas échéant, de la rémunération du salarié. Le montant de référence retenu doit être **au moins égal** à celui visé ci-après. Lorsque tout ou partie de la contribution est **forfaitaire,** on lui applique le rapport « durée du travail sur le mois telle qu'elle résulte du contrat de travail / durée légale mensualisée du travail », limité à 1. Ce rapport n'est pas applicable à la composante de la contribution proportionnelle à la rémunération. En l'**absence de** contribution repère, le montant de référence pour 2020 est de 16,34 € par mois (5,45 € pour les affiliés au régime local d'Alsace-Moselle). On lui applique le même rapport que celui visé ci-dessus. Ces montants sont revalorisés annuellement.

b. Le versement santé ne peut pas être **cumulé** avec le bénéfice de la complémentaire santé solidarité, de l'aide à l'acquisition d'une complémentaire santé, d'une couverture collective et obligatoire, y compris en tant qu'ayant droit, ou d'une couverture complémentaire donnant lieu à participation financière d'une collectivité publique.

b. Autres garanties de prévoyance

En la matière, la **loi** ne prévoit pas de couverture minimale. Mais l'**ANI** du 17-11-2017, étendu et élargi par arrêté SSAS1821500A du 27-7-2018, impose aux employeurs une cotisation minimale en vue de mettre en place des avantages décès au profit de leurs cadres et assimilés (n° 59180). Par ailleurs, une telle couverture peut être prévue par les **conventions ou accords collectifs** de branche ou professionnels. **59160**

> Précisions Les salariés détachés temporairement au sein de l'**UE ou** de l'**EEE** en application de la réglementation européenne de coordination des systèmes de sécurité sociale doivent pouvoir demeurer soumis au régime de prévoyance de leur entreprise d'origine pour l'invalidité, la retraite ou le décès. Ceux détachés en France à partir d'États de l'UE ou de l'EEE et continuant de cotiser à un régime complémentaire dans leur État d'origine sont exemptés, ainsi que leur employeur, de cotiser au régime de l'entreprise de détachement en France (CSS art. L 914-4).

DÉCÈS

La garantie décès prend généralement la **forme** du paiement d'un capital aux bénéficiaires désignés par le salarié, auquel peut s'ajouter le versement d'une rente de conjoint et/ou d'une rente d'éducation ou d'orphelin au profit des enfants à charge du salarié. **59170** I-I-50 s

La garantie de l'invalidité absolue et définitive **(IAD)** est presque toujours associée à celle du décès. Le salarié victime d'une IAD perçoit un capital égal à celui prévu en cas de décès.

> Précisions **a.** Aux garanties de base peuvent s'ajouter des **garanties annexes** : capital supplémentaire en cas de décès accidentel ; frais d'obsèques ; prédécès du conjoint ; capital pour les enfants à raison du décès, avant un certain âge, du conjoint du salarié précédemment (ou simultanément) décédé ; allocation d'obsèques d'enfant à charge, etc.
b. Sur le **maintien de la garantie** décès aux malades et invalides, voir n°s 59280 s.
c. Pour les opérations d'assurance décès à **adhésion facultative** des sociétés d'assurance et des mutuelles, le consentement écrit de l'assuré est obligatoire (C. ass. art. L 132-2 ; C. mut. art. L 223-4).

Les entreprises doivent verser à un organisme assureur, au profit de leurs **ingénieurs et cadres** et de leurs assimilés cadres, une **cotisation affectée en priorité** à la constitution d'avantages décès complémentaires de ceux de la sécurité sociale. Cette cotisation, à la charge exclusive de l'employeur, doit être au minimum de 1,50 % du salaire limité au plafond de la sécurité sociale (n° 90020). La **garantie** doit être **maintenue** en cas de maladie, même si aucune cotisation n'est versée faute de maintien du salaire. En cas de décès d'un cadre ou assimilé, l'entreprise ayant **méconnu son obligation** doit verser aux ayants droit une indemnité égale à 3 fois le plafond annuel de la sécurité sociale en vigueur lors du décès. Sur le régime social de cette indemnité, voir n° 23050. **59180** ANI 17-11-2017

> Précisions **a.** La garantie décès **s'applique** notamment :
– aux ingénieurs et cadres définis par les arrêtés de mise en ordre des salaires ou par des conventions ou accords conclus sur le plan national ou régional en application des dispositions légales en vigueur en matière de convention collective et qui se sont substitués aux arrêtés de salaires ;
– aux dirigeants sociaux assimilés à des salariés pour l'application de la sécurité sociale (n°s 28430 s.) non visés par les arrêtés de mise en ordre des salaires ;
– aux médecins considérés comme salariés au regard de la sécurité sociale ;
– aux employés, techniciens et agents de maîtrise dont la cote hiérarchique brute, telle qu'elle résulte des arrêtés de mise en ordre des salaires, est égale ou supérieure à 300, ainsi que ceux occupant des positions hiérarchiques équivalentes dans la classification des emplois résultant de conventions ou d'accords conclus sur le plan national ou régional en application des dispositions légales en vigueur en matière de convention collective ;
– aux VRP travaillant pour un seul employeur et disposant de la qualification et des prérogatives des ingénieurs ou cadres. Sont visés les VRP remplissant l'un des critères suivants : avoir une formation équivalente à celle des cadres de l'entreprise ou, à défaut, à celle des cadres de la profession et exercer des fonctions requérant la mise en œuvre des connaissances acquises ; exercer par délégation de l'employeur un commandement sur d'autres représentants ; exercer des fonctions impliquant initiative et responsabilité et pouvoir être considéré comme ayant délégation d'autorité du chef d'entreprise.
b. Jugé que la **contribution** de l'employeur finançant la couverture des **frais de santé** doit être prise en compte pour déterminer si les cotisations à sa charge atteignent ou non 1,5 % du salaire et que son obligation est satisfaite si 0,75 % de ces cotisations sont dédiées au financement d'une garantie décès (CA Paris 6-2-2020 n° 18/20112 : RJS 7/20 n° 379).

INCAPACITÉ DE TRAVAIL

59190 I-I-300 s

La couverture de ce risque comprend l'indemnisation de l'incapacité :
– **temporaire totale,** sous la forme d'une indemnité journalière ou d'un capital pour tenir compte des spécificités de certaines professions ;
– **permanente, totale ou partielle** – correspondant à l'invalidité ouvrant droit à pension de la sécurité sociale (nos 44500 s.) – qui est compensée par une rente, sauf adaptations, ici aussi, à certaines spécificités professionnelles.

› Précisions **a.** La protection sociale complémentaire doit tenir compte de l'obligation légale de **maintien du salaire** en cas de maladie (nos 49760 s.) pour l'indemnisation de l'incapacité temporaire totale.
b. Afin d'éviter que le salarié perçoive davantage en arrêt de travail qu'au travail, les contrats de prévoyance prévoient souvent le **plafonnement** au montant du salaire de l'ensemble des indemnités dues. Une telle clause, lorsqu'elle est reprise dans la notice d'information remise au salarié (no 58880), autorise une institution de prévoyance à se faire rembourser la rente complémentaire d'invalidité versée à un salarié inapte rémunéré par l'employeur dans l'attente de son licenciement ou de son reclassement (Cass. soc. 30-5-2007 no 06-12.275 : RJS 8-9/07 no 995).
c. La couverture peut prévoir une **modulation** du montant de la rente en fonction du classement de l'intéressé dans la 1e ou 2e **catégorie du régime général** de sécurité sociale (Cass. soc. 31-5-2017 no 15-19.053 F-D : RJS 8-9/17 no 632).
d. Les garanties de base peuvent être complétées par des **garanties annexes** : revalorisation périodique de l'indemnité journalière et de la rente ; suspension du paiement des cotisations pendant la période d'incapacité de travail ; allocation journalière en cas d'hospitalisation du salarié, du conjoint ou des enfants à charge ; indemnité pour infirmité résultant d'un accident corporel, etc.
e. Dispositions concernant l'**UE** et l'**EEE** : no 59160.

c. Maintien de droits

PORTABILITÉ OBLIGATOIRE EN CAS DE CHÔMAGE

59230 CSS art. L 911-8 I-II-600 s.

Les salariés garantis collectivement en matière de remboursement de frais de santé et de maternité et contre les risques décès, incapacité de travail et invalidité bénéficient du maintien temporaire de leur couverture en cas de cessation du contrat de travail, non consécutive à une faute lourde, ouvrant droit à prise en charge par le régime d'assurance chômage.

Le dispositif concerne :
– pour la couverture santé-maternité, tous les **employeurs** et, pour la prévoyance, ceux ayant mis en place une telle couverture ;
– tous les **salariés,** sous CDI ou CDD (apprentis compris), qui se sont ouvert des droits à couverture complémentaire chez le dernier employeur, ceux ayant accepté un contrat de sécurisation professionnelle (CSP) compris.

Le maintien des garanties est applicable à compter de la date de cessation du contrat de travail et pendant une **durée** égale à la période d'indemnisation du chômage, dans la limite de la durée du dernier contrat de travail ou, le cas échéant, des derniers contrats de travail consécutifs chez le même employeur. Cette durée est appréciée en mois, arrondie au nombre supérieur, dans la limite de 12 mois.

Le maintien des garanties est **gratuit** pour les ex-salariés, son financement du dispositif doit être mutualisé (coût supporté par l'entreprise et les salariés en activité).

› Précisions **a.** La **notice d'information** visée no 58880 doit mentionner les conditions d'application du maintien des garanties. L'**employeur** doit le signaler dans le certificat de travail et informer l'organisme assureur de la cessation du contrat de travail, sous peine d'engager sa responsabilité (Cass. soc. 20-11-2013 no 12-21.999 : RJS 3/14 no 273 ; CA Bordeaux 22-5-2012 no 11-05856). L'**ancien salarié** doit justifier auprès de son organisme assureur, à l'ouverture et au cours de la période de maintien des garanties, qu'il remplit les conditions requises pour en bénéficier.
b. Les droits garantis ne peuvent pas conduire l'ex-salarié à percevoir des **indemnités d'un montant** supérieur à celui des allocations chômage qu'il aurait reçues au titre de la même période.
c. Le dispositif s'applique aux anciens salariés licenciés d'un employeur placé en **liquidation judiciaire** si le contrat ou l'adhésion liant celui-ci à l'organisme assureur n'est pas résilié (Cass. avis 6-11-2017 nos 17013 à 17017 : RJS 1/18 no 76), même en l'absence de dispositif assurant le financement du maintien des couvertures santé et prévoyance (Cass. 2e civ. 5-11-2020 no 19-17.164 FS-PBI : RJS 1/21 no 59).
d. Sur la possibilité de remplacer la portabilité par un **versement santé,** voir no 59155.

MAINTIEN FACULTATIF DES GARANTIES FRAIS DE SANTÉ AUX EX-SALARIÉS ET AYANTS DROIT

Dans les régimes à **adhésion obligatoire** garantissant le remboursement des frais de maladie, maternité ou accident, le contrat doit prévoir, sans condition de période probatoire ni d'examen ou de questionnaire médicaux, les modalités et les conditions tarifaires des **nouveaux contrats** par lesquels l'assureur maintient cette couverture au profit des personnes suivantes, à leur demande : **59260** Loi 89-1009 du 31-12-1989 art. 4 **I-III-9900 s**

– sans condition de durée, **ex-salariés** bénéficiaires d'une rente d'incapacité ou d'invalidité, d'une retraite ou, s'ils sont privés d'emploi, d'un revenu de remplacement (dans ce dernier cas, le dispositif prend le relais de la portabilité des chômeurs visée n°s 59230) ;

– **personnes garanties du chef de l'assuré décédé,** pendant une durée minimale de 12 mois à compter du décès.

› Précisions a. L'employeur doit **informer l'organisme assureur** du décès de ses salariés. Celui-ci doit adresser une **proposition de maintien de la couverture** à l'assuré (maintien de droits aux ex-salariés) ou à ses ayants droit (décès du salarié) dans les 2 mois de la cessation du contrat de travail, de la fin de la période de portabilité visée nos 59230 ou du décès. Les intéressés doivent **demander** le maintien de la couverture dans les 6 mois suivant l'événement, le nouveau contrat devant prévoir que la garantie prend **effet,** au plus tard, au lendemain de la demande.

b. Le nouveau contrat doit maintenir à l'identique les **garanties** des salariés actifs (Cass. 2e civ. 7-2-2008 n° 06-15.006 : RJS 5/08 n° 601). Les réductions appliquées ultérieurement aux autres assurés ne peuvent pas être imposées aux ex-salariés (CA Lyon 13-1-2009 n° 08-2875).

Les **tarifs** applicables aux intéressés sont plafonnés, à compter de la date d'effet du contrat ou de l'adhésion : la première année, aux tarifs globaux applicables aux salariés actifs ; la deuxième année, à 125 % de ces tarifs et la troisième année à 150 % de ceux-ci (Décret 90-769 du 30-8-1990 modifié).

NON-RENOUVELLEMENT OU RÉSILIATION DU CONTRAT

Prestations acquises ou nées pendant son exécution La résiliation ou le non-renouvellement d'un contrat couvrant les frais de santé, la maternité, le décès, l'incapacité ou l'invalidité est **sans effet sur le versement** des prestations immédiates ou différées, acquises ou nées durant son exécution. L'assureur est tenu de poursuivre leur versement à un **niveau** au moins égal à celui de la dernière prestation due ou payée avant la résiliation ou le non-renouvellement, sans préjudice des **révisions** prévues dans le contrat ou la convention. De telles révisions ne peuvent être prévues à raison de la seule résiliation ou du seul non-renouvellement. **59270** Loi 89-1009 du 31-12-1989 art. 7 **I-III-21050 s**

› Précisions a. En l'état d'un contrat subordonnant le bénéfice d'**indemnités journalières complémentaires** à la double condition que le salarié subisse un arrêt de travail de plus de 3 mois et qu'il continue d'être affilié et de cotiser pendant ce délai, une institution de prévoyance dont le contrat a été résilié ne peut pas être condamnée à verser les indemnités d'un salarié en arrêt de travail depuis moins de 3 mois lors de la résiliation du contrat (Cass. 2e civ. 22-1-2009 n° 07-21.093 : RJS 5/09 n° 470).

b. Lorsqu'une maladie, survenue pendant la période d'exécution d'un contrat couvrant à la fois la maladie et l'invalidité, a pour conséquence, après sa résiliation, un classement en invalidité, la **rente invalidité** est une prestation différée de la garantie indemnités journalières et l'institution de prévoyance doit la servir jusqu'à la liquidation de la pension vieillesse de la sécurité sociale (Cass. 2e civ. 14-1-2010 n° 09-10.237 : RJS 4/10 n° 384). La solution est inverse lorsque le contrat résilié ne garantissait que l'invalidité à l'exclusion du risque maladie ou accident, la rente invalidité devant alors être prise en charge par le nouvel assureur (Cass. 2e civ. 3-3-2011 n° 09-14.989 : RJS 5/11 n° 468).

c. Sur le droit au **maintien individuel des garanties,** voir n° 59300.

Revalorisation des rentes et maintien de la garantie décès L'**acte fondateur du régime** prévoyant la couverture, sous forme de rentes, du décès, de l'incapacité de travail ou de l'invalidité doit organiser, en cas de changement d'assureur, la poursuite de la **revalorisation des rentes** en cours de service. Il doit aussi organiser, lorsque le régime couvre à la fois le décès et l'incapacité et/ou l'invalidité, le **maintien de la garantie décès** au profit des **bénéficiaires de rentes** d'incapacité de travail ou d'invalidité en cas de changement d'assureur. La revalorisation des bases de calcul des prestations décès doit alors être au moins égale à celle que prévoyait le contrat résilié. En cas de **méconnaissance** de ses obligations, la responsabilité de l'employeur peut être engagée dans les conditions indiquées n° 58890. **59280** CSS art. L 912-3 **I-II-8600 s**

Lorsque des assurés sont garantis collectivement, dans le cadre d'un ou de plusieurs contrats ou bulletins d'adhésion à un règlement comportant la couverture des risques décès, incapacité de travail et invalidité, la couverture du risque décès doit inclure une clause de **maintien** **59290** Loi 89-1009 du 31-12-1989 modifiée art. 7-1 I-III-21350 s **de la garantie décès** en cas d'**incapacité de travail ou** d'**invalidité.** La résiliation ou le non-renouvellement du ou des contrats ou bulletins d'adhésion est sans effet sur les prestations à naître au titre du maintien de garantie si le décès survient avant la fin de la période d'incapacité de travail ou d'invalidité.

59300 Loi 89-1009 du 31-12-1989 art. 5 I-III-5450 s **Maintien facultatif des garanties** Dans les régimes de **prévoyance obligatoires,** le contrat doit prévoir les modalités et les conditions tarifaires selon lesquelles, en cas de non-renouvellement ou de résiliation, l'assureur peut maintenir la couverture, sans condition de période probatoire ni d'examen ou de questionnaire médicaux, au profit des salariés en faisant la demande avant la fin du délai de préavis. Cette disposition s'applique également aux bénéficiaires de la portabilité obligatoire des chômeurs visés n°s 59230 s.

2. RETRAITE SUPPLÉMENTAIRE

59330 I-I-1000 s Les dispositifs de retraite supplémentaire mis en place dans le cadre de l'entreprise peuvent prendre la forme d'un plan d'épargne retraite obligatoire (Pero), d'un régime à cotisations définies ou d'un régime à prestations définies.

› Précisions Créé par l'ordonnance 2019-766 du 24-7-2019, adoptée dans le cadre de la réforme de l'épargne retraite lancée par l'article 71 de la loi 2019-486 du 22-5-2019, le **Pero** est la **seule forme** sous laquelle peut être mis en place, depuis le 1-10-2020, un régime de retraite supplémentaire à cotisations définies. Les **contrats existant** à cette date peuvent toutefois être maintenus et accueillir de nouveaux adhérents (Ord. 2019-766 du 24-7-2019 art. 8, III et 9, II ; Décret 2019-807 du 30-7-2019 art. 9, III). L'ordonnance précitée ne précise pas les modalités de transformation d'un régime existant avant la réforme en Pero. Cette transformation obéit, selon nous, aux règles applicables en cas de modification du régime.

PLAN D'ÉPARGNE RETRAITE OBLIGATOIRE

59332 C. mon. fin. art. L 224-1 L 224-4 Le Pero a pour **objet** l'acquisition et la jouissance de droits viagers personnels ou le versement d'un capital payables à leur titulaire à compter, au plus tôt, de la date de liquidation de sa pension dans un régime obligatoire d'assurance vieillesse ou de l'âge d'ouverture du droit à une pension de retraite. Il **doit prévoir** la possibilité pour le titulaire d'acquérir une **rente viagère,** ainsi qu'une **option de réversion** de cette rente au profit d'un bénéficiaire en cas de décès du titulaire.

Les **droits issus de versements obligatoires** sont, à leur échéance, **délivrés sous forme** de rente viagère. Les autres droits sont délivrés, au **choix** du titulaire, sous forme d'un capital, libéré en une fois ou de manière fractionnée, ou d'une rente viagère. Le règlement du plan doit prévoir les conditions dans lesquelles le titulaire exprime son choix. L'option irrévocable pour la délivrance des droits en rente viagère n'est pas possible dans le cadre du Pero.

Le titulaire du Pero peut demander la liquidation ou le rachat total ou partiel de ces droits **avant leur échéance,** sous la forme d'un versement unique, dans les seuls cas prévus à l'article L 224-4 du Code monétaire et financier.

59335 Le Pero donnant lieu à un **contrat d'assurance groupe** fait l'objet de règles particulières. Signalons les principales :
– il peut prévoir des **garanties complémentaires de prévoyance** dans les conditions prévues aux articles L 142-3 du Code des assurances, L 222-13 du Code de la mutualité et L 943-1 du CSS ;
– ses **tarifs** sont encadrés dans les conditions prévues aux articles L 142-2 et A 142-1 du Code des assurances, L 222-13 et A 222-5 du Code de la mutualité et L 943-1 et A 941-1du CSS.

59337 C. mon. fin. art. L 224-6 L 224-40 Les **droits** individuels en cours de constitution dans un Pero ne sont **transférables** vers un autre plan d'épargne retraite (PER) que lorsque le titulaire n'est plus tenu d'y adhérer, c'est-à-dire, selon nous, lorsqu'il quitte l'entreprise. Le Pero peut en revanche **recevoir** les droits individuels en cours de constitution sur :
– un PER individuel ou un Pereco dans les conditions exposées n° 34640 ;
– un contrat souscrit dans le cadre d'un régime de retraite supplémentaire à cotisations définies lorsque le salarié n'est plus tenu d'y adhérer. Les droits issus de versements volontaires sont assimilés à des versements volontaires du titulaire du Pero. Les droits issus de versements obligatoires du salarié ou de l'employeur sont assimilés à des versements obligatoires au Pero ;
– un dispositif d'épargne retraite individuel (contrat d'assurance groupe Madelin, Perp, Préfon, etc.).

RÉGIME À COTISATIONS DÉFINIES

Dans les régimes à cotisations définies, parfois désignés « **régimes article 83** » par référence à l'article 83 du CGI relatif à la fiscalité des salaires, l'engagement de l'entreprise porte sur le **niveau de financement des garanties.** L'entreprise verse une **cotisation à un organisme habilité.** Sur la répartition de la charge de la cotisation entre l'employeur et le salarié, voir nº 58855. Les versements constituent un capital sur lequel sera ultérieurement prélevée la **prestation,** consistant en une rente viagère. **59340** I-I-1500 s

> **Précisions** L'acte juridique mettant en place le régime doit définir les conditions d'attribution d'une **pension de réversion** au conjoint séparé de corps ou divorcé non remarié, quelle que soit la cause de la séparation ou du divorce. En cas d'attribution d'une pension de réversion au conjoint survivant et au conjoint divorcé, les droits de chacun d'entre eux ne peuvent pas être inférieurs à la part qui lui reviendrait si celle-ci était calculée en fonction de la durée respective de chaque mariage (CSS art. L 912-4). Selon la doctrine, ces prescriptions doivent être interprétées comme imposant de prévoir dans tous les cas une faculté de réversion.

Les contrats relatifs aux régimes à cotisations définies doivent prévoir : **59345** C. ass. art. L 132-23 et D 132-6 à D 132-9 CSS art. L 932-23 C. mut. art. L 223-22 I-III-5550 s

– une **faculté de rachat,** c'est-à-dire de versement anticipé de tout ou partie de l'épargne à la demande de l'assuré, dans les seuls cas visés à l'article L 132-23 pour les sociétés d'assurance et les institutions de prévoyance, et à l'article L 223-22 du Code de la mutualité pour les mutuelles. Le rachat par l'assuré n'est possible qu'avant la liquidation de ses droits à retraite (Cass. 2e civ. 18-4-2019 nº 17-21.189 F-PBI : RJS 7/19 nº 465) ;

– une **clause de transférabilité** des droits acquis vers un autre contrat collectif de retraite, en cas de rupture du contrat de travail. En cas de contrat conclu avec une société d'assurance, le contenu de cette clause, à reproduire dans la notice d'information de l'assuré (nº 58880), ainsi que les modalités du transfert sont précisément définis par le Code des assurances.

> **Précisions** **a.** Les **droits** ouverts par les cotisations sont **définitivement acquis,** en cas notamment de départ ou d'incapacité totale de travail du salarié.
> Il est interdit, à peine de nullité, d'insérer dans l'acte instituant le régime des dispositions entraînant, pour les salariés ou ex-salariés, la perte des droits à retraite (ou à réversion) acquis ou en cours d'acquisition en cas d'**insolvabilité de l'employeur** ou de transfert d'entreprise, d'établissement ou de partie d'établissement par voie de **cession ou de fusion** (CSS art. L 913-2).
> **b.** Même interdiction pour les clauses assurant différemment le maintien des droits à retraite des salariés, ex-salariés et ayants droit selon que ceux-ci restent sur le territoire français ou résident dans un autre État membre de l'**UE** ou partie à l'accord sur l'**EEE** (CSS art. L 913-3). Pour les autres clauses concernant l'UE et l'EEE : voir nº 59160.

RÉGIME À PRESTATIONS DÉFINIES

Dans le cadre de ces régimes, l'employeur **s'engage** sur un **montant de pension** de retraite exprimé généralement en pourcentage du dernier salaire perçu ou de la moyenne des dernières rémunérations perçues. Ces régimes sont soit **« différentiels »** (le niveau de retraite garanti intègre les différentes pensions acquises par ailleurs, le régime supplémentaire versant la différence entre le montant garanti et ces pensions), soit **« additifs »** (le montant garanti est indépendant des pensions reçues par ailleurs). Les deux systèmes sont parfois combinés. Contrairement au Pero et aux régimes collectifs à cotisations définies, ces régimes peuvent être **réservés** à un ou plusieurs salariés, à la discrétion de l'employeur. **59350**

L'ordonnance 2019-697 du 3-7-2019 a **réformé** ces régimes afin notamment de supprimer la condition de présence dans l'entreprise au moment de la liquidation des droits. Les régimes soumis aux règles issues de cette ordonnance sont dits « à droits certains » par opposition aux régimes existants au 5-7-2019 dits « à droits aléatoires ».

Régimes à droits certains Les régimes de retraite à prestations définies **créés depuis le 5-7-2019** ne peuvent plus conditionner les droits à retraite à la présence du bénéficiaire dans l'entreprise au moment de la liquidation de sa pension de retraite. Les droits qui y sont constitués sont payables au bénéficiaire au plus tôt à la date de liquidation de sa pension de retraite au titre d'un régime obligatoire d'assurance vieillesse auquel il a cotisé ou de l'âge d'ouverture du droit à une pension de retraite. **59351** C. ass. art. L 143-0 CSS art. L 932-39-1 C. mut. art. L 222-2-1

En cas de **départ de l'entreprise,** le bénéficiaire conserve ses droits à retraite. Ceux-ci sont revalorisés annuellement comme ceux des bénéficiaires présents dans l'entreprise ou selon le taux de revalorisation des prestations de pension servies.

L'adhésion au régime peut être subordonnée à une **condition** de présence minimale dans l'entreprise et l'acquisition des droits conditionnée à une durée minimale de cotisations, la somme des deux durées étant limitée à 3 ans, les sommes versées par l'employeur et, le cas échéant, par le bénéficiaire leur étant remboursées si ce dernier quitte l'entreprise avant d'avoir acquis des droits. L'acquisition des droits peut aussi être soumise à l'atteinte par le bénéficiaire d'un âge minimal d'au plus 21 ans.

L'organisme assureur est tenu d'**obligations d'information** particulières à l'égard des bénéficiaires présents dans l'entreprise et de ceux l'ayant quittée.

59353 **Régimes à droits aléatoires** **Depuis le 5-7-2019,** il n'est plus possible de mettre en
CSS art. L 137-11 I-I-1020 s
place des régimes à droits aléatoires. Les régimes existants ne peuvent plus, depuis cette date, accueillir de nouveaux adhérents ni générer de nouveaux droits à retraite conditionnels au titre des périodes d'emploi postérieures au 1-1-2020.

› **Précisions** **a.** Échappent à l'impossibilité de constituer de nouveaux droits conditionnels les **régimes fermés** à de nouvelles adhésions **depuis au moins le 20-5-2014.**
b. Il demeure possible de calculer sur le **salaire de fin de carrière** les droits constitués au titre des périodes d'emploi antérieures au 1-1-2020 dans les conditions prévues par le régime.
c. L'employeur est tenu d'**informer les salariés** bénéficiaires et ceux susceptibles de l'être de la fermeture du ou des régimes à droits aléatoires existant dans l'entreprise. Doivent être **considérés comme bénéficiaires** du régime au 5-7-2019 les salariés remplissant à cette date les conditions d'entrée dans le régime. La condition de durée conditionnant l'entrée dans le régime peut toutefois être vérifiée au 31-12-2019 (Inst. intermin. 2020-135 du 27-7-2020 opposable).
d. Sur le **transfert** des droits d'un régime à droits aléatoires vers un régime à droits certains, voir nº 23017.

59355 En principe, dans les régimes à droits aléatoires, les **droits** sont **acquis** aux seuls **salariés terminant leur carrière** dans l'entreprise, sauf exceptions. En contrepartie, l'employeur finance seul le régime. La prestation de retraite consiste en une rente viagère.

› **Précisions** **a.** Dans ces régimes, la **rupture du contrat de travail** avant l'âge de la retraite ne confère à l'ex-salarié aucun droit à bénéficier d'une quote-part de pension, mais l'employeur doit réparer, en cas de licenciement sans cause réelle et sérieuse, le préjudice causé par la perte de la chance de pouvoir bénéficier un jour de l'avantage retraite (Cass. soc. 31-5-2011 nº 09-71.350 : RJS 8-9/11 nº 731).
b. Depuis la clôture des comptes immédiatement postérieure au 1-1-2017, les **droits à retraite** liquidés au titre des régimes de retraite à prestations définies doivent être **sécurisés** à hauteur d'au moins 10 % (ce taux devant être progressivement porté à 50 % à horizon 2030), dans certaines limites. Dans ce cadre, l'entreprise adresse chaque année à son **organisme de recouvrement,** dans les trois mois suivant la clôture de son exercice comptable, un **état** certifié par un commissaire aux comptes faisant apparaître le montant des engagements de retraite et celui des garanties mises en place aux fins de sécurisation, cette obligation étant sanctionnée par la pénalité prévue en cas de non-production de la DSN dans les délais prescrits (nº 24052).
c. Les dispositions applicables aux régimes à cotisations définies en matière de **réversibilité** de la pension (nº 59340) et de **maintien des droits** à retraite (nº 59345, a) le sont aussi aux régimes à prestations définies.
d. Dispositions concernant **l'UE** et **l'EEE,** voir : nº 59345, b.

D. Régime fiscal et social

FISCALITÉ

59370 **Situation de l'entreprise** Les **versements** de l'entreprise ou, le cas échéant, les prestations directement allouées par celle-ci sont des charges salariales déductibles du résultat imposable (Mémento fiscal nºs 8605 et 8395). En ce qui concerne toutefois les cotisations de **retraite supplémentaire,** la déduction est soumise à des conditions (Mémento fiscal nº 8615).
Sur la déductibilité des **provisions** pour charges de retraite, voir Mémento fiscal nº 9895.
Sur le régime de la protection sociale complémentaire au regard de la **taxe sur les conventions d'assurances,** voir Mémento fiscal nºs 76000 s.

59380 **Situation des salariés** Dans les **régimes à adhésion obligatoire,** les **cotisations salariales** de retraite supplémentaire et de prévoyance sont déductibles du salaire imposable, sous certaines conditions et limites (Mémento fiscal nºs 21900 s.). Corrélativement, les prestations sont pour la plupart imposables : voir Mémento fiscal nº 21645 (indemnités journalières complémentaires) et nº 22455 (retraites). Sur le régime des cotisations en cas d'**adhésion facultative,** voir Mémento fiscal nºs 1375 s.

Sous certaines conditions et limites, les **contributions patronales** aux **régimes obligatoires de retraite supplémentaire et de prévoyance** n'ont pas à être ajoutées au revenu imposable, sauf celles finançant le remboursement de frais de maladie, maternité ou accident : Mémento fiscal n°s 21900 s.

Les versements obligatoires de l'employeur aux **PER d'entreprise** n'ont pas à être ajoutés au revenu et les versements du salarié sont déductibles de l'assiette de l'impôt sur le revenu (Mémento fiscal n°s 21930). Le salarié peut renoncer à cette déductibilité pour ses versements volontaires afin de bénéficier d'une fiscalité atténuée à la sortie (Mémento fiscal n° 21930). La fiscalité applicable aux rentes ou capitaux servis par le PER d'entreprise dépend de l'origine des versements les ayant financés (Mémento fiscal n° 22460 a et 22550 e).

RÉGIME SOCIAL

Cotisations Les contributions patronales de prévoyance complémentaire et de retraite supplémentaire ainsi que les versements obligatoires de l'employeur dans un plan d'épargne retraite d'entreprise sont exonérées de **cotisations de sécurité sociale,** sous certaines conditions et limites (n°s 22930 s.), mais supportent, sauf exception, la **CSG et** la **CRDS** (n° 25130). La part des contributions patronales de prévoyance complémentaire (sauf dans les entreprises de moins de 11 salariés) et de retraite supplémentaire qui échappe aux cotisations de sécurité sociale est assujettie au **forfait social** (n° 84315). Les régimes de retraite à **prestations définies** sont toutefois régis, sous certaines conditions, par des règles spécifiques (n°s 23010 s.). **59390**

Prestations Les **allocations complémentaires** aux **indemnités journalières** sont soumises aux cotisations de sécurité sociale pour la part financée par l'employeur (n° 23045). Elles supportent aussi la CSG et la CRDS (n° 25125). Sur les **autres prestations** de prévoyance, voir, pour les cotisations de sécurité sociale, n° 23050 (capital décès ou invalidité) et n° 23060 (prestations familiales complémentaires) ; pour la CSG et la CRDS, voir n° 25260. **59400**

Les pensions de **retraite supplémentaire** supportent la cotisation d'assurance maladie (n°s 68355 s.), la CSG et la CRDS (n°s 25265 s.), celles versées par les régimes à prestations définies supportant en outre une contribution spécifique.

Les prestations servies par un **PER** sont exonérées, pour la part correspondant aux versements volontaires n'ayant pas l'objet de l'option pour une imposition à l'entrée, de CSG et de CRDS sur les revenus d'activité ou de remplacement, de la cotisation d'assurance maladie sur les avantages retraite et de contribution additionnelle (Casa). La part de ces prestations correspondant aux autres versements aux PER est soumise à ces prélèvements (CSS L 136-2-1).

RÈGLEMENT INTÉRIEUR

SOMMAIRE

A. Champ d'application

EMPLOYEURS ASSUJETTIS

Les entreprises de droit **privé** remplissant la condition d'effectif visée nº 59850 doivent établir un règlement intérieur. **59840** C. trav. art. L 1311-1 et L 1311-2, al. 1 **K-II-300 s**

Sont également soumis à cette obligation les établissements publics à caractère industriel et commercial, même si leur personnel est par ailleurs régi par un statut, les établissements d'enseignement privé et les comités sociaux et économiques (CSE) lorsqu'ils emploient eux-mêmes du personnel (Note DRT 16-5-1983 réputée abrogée).

> Précisions **a.** Dans un **groupement d'intérêt économique** (GIE), l'établissement d'un règlement intérieur commun ne s'impose pas dans tous les cas (Note DRT 16-5-1983 réputée abrogée) :
– les dispositions relatives à l'hygiène et à la sécurité restent des dispositions propres à chacune des entreprises où les salariés sont employés. Il ne doit y avoir de dispositions communes que si les salariés passent un certain temps dans les locaux communs ;
– les dispositions relatives à la discipline et à la protection des salariés doivent être prévues au niveau des entreprises utilisatrices, sauf si c'est le GIE qui exerce le pouvoir disciplinaire ;
– la consultation des représentants du personnel se fera, selon le cas, soit dans les entreprises utilisatrices, soit au niveau du GIE.
b. S'agissant de l'incidence du **transfert** des salariés à une société nouvellement créée sur l'application du règlement intérieur, voir nº 60100, c.

SEUIL D'EFFECTIF

L'établissement d'un règlement intérieur est obligatoire dans les entreprises ou établissements employant au moins 50 salariés. Ce seuil est **calculé** selon les règles générales exposées n°s 62365 s. **59850** C. trav. art. L 1311-2 **K-II-600 s**

Il est apprécié au **niveau** de l'entreprise ou de l'établissement : lorsqu'un ou plusieurs établissements l'atteignent, une procédure propre à chacun d'eux doit donc être engagée. Il est toutefois possible d'établir un règlement unique pour l'ensemble des établissements s'ils ne présentent pas de particularités nécessitant des dispositions propres (notamment : CE 5-5-1993 nº 96676 : RJS 7/93 nº 741).

Si plusieurs entreprises constituent, en application d'une convention ou d'une décision de justice, une **unité économique et sociale** atteignant le seuil d'effectif requis, elles doivent établir un règlement intérieur commun (Note DRT 16-5-1983 réputée abrogée).

> Précisions **a.** Le règlement intérieur doit être établi au terme d'un délai de 12 mois à compter de la date à laquelle le seuil de 50 salariés a été atteint pendant 12 mois consécutifs suivant la création de l'entreprise (C. trav. art. R. 1321-5).
b. L'introduction d'un règlement intérieur dans les entreprises ou établissements dont l'**effectif** est **inférieur** au seuil est possible. L'ensemble des dispositions visées n°s 59880 s. doit alors être respecté.
c. Des **dispositions spéciales** peuvent être établies, sous forme d'annexes et selon la même procédure que le règlement intérieur lui-même, pour une catégorie de personnel ou une division de l'entreprise. Toutefois, leur intervention ne se justifie qu'en raison de la spécificité des emplois exercés (ex. : VRP) et de règles générales inappropriées ou insuffisantes.

B. Contenu du règlement

1. DOMAINES EXCLUSIFS

59880 K-II-1400 s La loi délimite strictement le contenu du règlement intérieur en précisant les clauses obligatoires et celles qui sont interdites.

Ainsi, le règlement intérieur énonce exclusivement :
– les règles d'hygiène et de sécurité ;
– les dispositions relatives à la discipline et aux droits de la défense des salariés ;
– les dispositions relatives aux harcèlements moral et sexuel et aux agissements sexistes ;
– sa date d'entrée en vigueur (nº 60060).

Le cas échéant, le principe de neutralité peut aussi être inscrit dans ce règlement.

› Précisions **a.** Sont **exclues** toutes les clauses, même facultatives, ayant pour objet des matières autres que celles visées ci-dessus. L'inspecteur du travail peut exiger leur retrait (nº 60140). Il en est ainsi des clauses relatives au contrat de travail, notamment à la période d'essai, à l'embauche (Circ. DRT 5-83 du 15-3-1983 réputée abrogée), aux congés payés (CE 8-7-1988 nº 71484) ou des clauses fixant une énumération des conventions collectives applicables (CE 23-7-1993 nº 99391 : RJS 10/93 nº 983), informant de l'exonération de la responsabilité de l'employeur en cas de perte, vol... des effets des salariés (CE 26-11-1990 nº 96565 : RJS 2/91 nº 179) ou qualifiant de fautifs des agissements susceptibles d'être perpétrés lors d'une grève (CE 21-10-1994 nº 137639 : RJS 1/95 nº 25).
b. Le seul **retrait d'une clause non conforme** au contenu légal ne fait pas disparaître les engagements antérieurement pris par l'employeur à l'égard des salariés : par exemple, la clause accordant une indemnité de déménagement en cas de mutation (Cass. soc. 22-1-1992 nº 88-42.240 P : RJS 3/92 nº 280) ou fixant le montant de l'indemnité de licenciement (Cass. soc. 23-5-1995 nº 93-46.142 D : RJS 7/95 nº 765 ; 7-7-1998 nº 96-42.521 P : RJS 10/98 nº 1197). Un tel engagement ne peut être rétracté qu'en respectant la procédure de **dénonciation** d'un usage, voir nºs 17520 s. (Cass. soc. 10-1-1995 nº 91-40.573 P : RJS 2/95 nº 130). Il en est de même si le contrat de travail y fait référence (Cass. soc. 10-3-2004 nº 03-40.505 F-PB : RJS 5/04 nº 534).
c. Sur la possibilité pour l'employeur d'interroger l'inspection du travail sur le contenu du règlement intérieur via une procédure de **rescrit,** voir nº 60155.

HYGIÈNE ET SÉCURITÉ

59890 C. trav. art. L 1321-1, 1º et 2º K-II-1550 s **Principes généraux** Le règlement intérieur fixe les **mesures d'application** de la réglementation en matière de santé et de sécurité dans l'entreprise ou l'établissement. Il prévoit en outre les conditions dans lesquelles les salariés participent, à la demande de l'employeur, au rétablissement de conditions de travail protectrices de la sécurité et de la santé des salariés dès lors qu'elles apparaîtraient compromises. Les dispositions prévues doivent avoir pour **objet** la prévention des accidents du travail et des maladies professionnelles sans aboutir à supprimer ou transférer sur les salariés tout ou partie de la responsabilité personnelle de l'employeur (nºs 71250 s.) (Circ. DRT 5-83 du 15-3-1983 réputée abrogée).

› Précisions **a.** L'employeur n'est pas tenu de reproduire les dispositions législatives ou réglementaires relatives à l'hygiène et à la sécurité ni d'en dresser la **liste** exhaustive (CE 4-5-1988 nº 74589).
b. Sur les **restrictions aux libertés** des salariés apportées par le règlement intérieur, voir nºs 59960 s.

59895 **Consignes de sécurité** Le règlement intérieur fixe des instructions que les salariés sont tenus de respecter pour assurer leur sécurité et des **sanctions** disciplinaires applicables à l'égard de ceux qui enfreindraient ces règles, voir nº 71325.

› Précisions **a.** En fonction de la nature des risques existant dans l'entreprise, le règlement intérieur doit comporter des consignes relatives à la circulation, aux transports et à la manutention, à l'utilisation des véhicules, des équipements de travail, des équipements de protection individuelle, et des substances et préparations dangereuses... (**exemples** : obligation de porter des lunettes pour effectuer des travaux de soudure, un casque de protection sur un chantier de bâtiment).
b. La consigne d'**incendie** est un document particulier qui n'a pas à figurer dans un règlement intérieur (CE 3-6-1988 nº 84401).
c. Sur le **droit de retrait** du salarié d'une situation qu'il juge dangereuse, voir nº 71680.

59900 **Santé des salariés** Le règlement intérieur peut comporter des dispositions spécifiques en matière de santé et de médecine du travail. Il peut prévoir, en particulier, l'obligation pour les salariés de se présenter aux **visites médicales** et examens complémentaires prévus par la réglementation (Circ. DRT 5-83 du 15-3-1983 réputée abrogée).

› Précisions a. Le règlement énumérant de façon incomplète les **visites** est néanmoins valable, car cette omission ne prive pas les salariés de la protection réglementaire (CE 3-6-1988 n° 84401).
b. Le règlement ne peut pas imposer aux salariés de signaler à l'employeur ou au médecin du travail les symptômes d'une **maladie professionnelle,** mais peut prévoir l'obligation pour tout salarié d'aviser la hiérarchie de tout **accident du travail** survenu à lui-même ou à un autre salarié (CE 4-5-1988 n° 68032).
c. Sur la possibilité pour l'employeur de limiter la consommation d'**alcool** sur les lieux de travail ou de prévoir le recours à l'éthylotest ou à des tests de dépistage de **stupéfiants,** voir n° 59975. S'agissant de l'**interdiction de fumer,** voir n° 71490.

DISCIPLINE

Notion de discipline Le règlement intérieur fixe les **règles générales** et permanentes relatives à la discipline. Il ne doit pas comporter une série d'interdictions de toute nature, mais seulement des mesures nécessaires pour assurer le fonctionnement de l'entreprise et la coexistence des salariés sur les lieux de travail. Par ailleurs, pour avoir un caractère disciplinaire, ces mesures doivent consister en une obligation, une interdiction (ou une limitation) de faire dont le non-respect expose à des sanctions (Circ. DRT 5-83 du 15-3-1983 réputée abrogée). Les interdictions posées ne sauraient être générales et absolues (voir n°s 59960 s.). 59910 C. trav. art. L 1321-1, 3° K-II-2170 s

ILLUSTRATIONS

Le règlement intérieur peut comporter des clauses relatives aux **obligations** suivantes : prévenir en cas d'absence ou de retard, demander des autorisations d'absence (Circ. DRT 5-83 du 15-3-1983 réputée abrogée), obéir aux ordres hiérarchiques, porter un badge (TA Nantes 24-3-1988 n° 87-282), présenter un laissez-passer pour circuler dans l'entreprise (CE 9-10-1987 n° 72220). Mais, s'il peut prévoir le respect de l'horaire de travail (CE 9-11-1990 n° 96566 : RJS 2/91 n° 175), il ne saurait édicter des dispositions relatives à l'obligation d'accomplir des heures supplémentaires ou de récupération, qui relèvent normalement du contrat de travail ou de la convention collective (CE 9-10-1987 n° 72220) ou prévoir que le temps consacré à la pause, bien que rémunéré comme temps de travail, ne constitue pas un temps de travail effectif, ces dernières dispositions qui donnent une définition de la durée du travail n'ayant pas le caractère de règles relatives à la discipline (CE 11-7-1990 n° 87577).

Le règlement intérieur peut également prévoir les **interdictions** suivantes : emporter ou utiliser, pour son propre compte, du matériel appartenant à l'entreprise sans autorisation ; détruire les affiches ou notes de service régulièrement apposées sur les panneaux appropriés (Circ. DRT 5-83 du 15-3-1983 réputée abrogée) ; communiquer des documents appartenant à l'entreprise ; se déplacer sans avertir ou être remplacé à son poste si celui-ci exige une présence permanente (surveillance de machines, contacts avec la clientèle...) ; commencer son travail après l'heure et le terminer avant l'heure sans accord exprès du responsable hiérarchique (CE 9-11-1990 n° 96566 : RJS 2/91 n° 175).

Nature et échelle des sanctions Le règlement intérieur détermine la nature des différentes sanctions qui peuvent être prononcées et les **classe selon leur importance.** La gamme des sanctions ainsi fixée ne saurait être plus large ou plus sévère pour les salariés que celle prévue par la convention collective (CE 28-1-1991 n° 84586 : RJS 3/91 n° 329). Généralement, l'échelle des sanctions comporte, dans l'ordre croissant (liste non exhaustive) : l'avertissement ou le blâme, la mise à pied, la mutation, la rétrogradation, le licenciement. Le règlement intérieur doit également préciser les conditions d'application de certaines sanctions, notamment la mise à pied, voir n° 56145. 59915 K-II-2260 s

› Précisions a. La sanction disciplinaire est définie légalement : n°s 56120 s. Sur les **sanctions interdites,** voir n°s 56150 s.
b. Les sanctions figurant au règlement intérieur peuvent être prises en raison d'obligations non fixées par celui-ci (Note DRT 16-5-1983 réputée abrogée). Sur la portée d'une clause du règlement intérieur établissant une **corrélation** entre une faute et une sanction déterminée, voir n° 56345.
c. Sur le **choix de la sanction** par l'employeur, voir n° 56250.

DROITS DE LA DÉFENSE

Le règlement intérieur doit rappeler les dispositions relatives aux droits de la défense des salariés. L'employeur doit ainsi y faire figurer la procédure disciplinaire légale (n°s 56220 s.), et celle prévue le cas échéant par la convention collective applicable dans l'entreprise ou l'établissement (Circ. DRT 5-83 du 15-3-1983 réputée abrogée). 59920 C. trav. art. L 1321-2, 1° K-II-2540 s
Sur le non-respect de ces garanties, voir n°s 48790 s.

HARCÈLEMENT ET AGISSEMENTS SEXISTES

59930 C. trav. art. L 1321-2, 2° K-II-2650 s

Le règlement intérieur rappelle les dispositions relatives aux harcèlements moral et sexuel et aux agissements sexistes prévues par le Code du travail. Doivent ainsi être mentionnées les dispositions protégeant contre d'éventuelles sanctions les victimes et témoins de harcèlement (nº 17082) et celles précisant que l'auteur de tels agissements est passible d'une sanction disciplinaire (nº 17105).

2. LIMITES

CONFORMITÉ AUX LOIS, RÈGLEMENTS ET ACCORDS COLLECTIFS

59950 C. trav. art. L 1321-3, 1° K-II-2800 s

Le règlement intérieur ne peut pas contenir de clause contraire aux lois et règlements, que ces textes relèvent du droit du travail ou d'autres **branches du droit** : droit civil, droit pénal, droit commercial… (Circ. DRT 5-83 du 15-3-1983 réputée abrogée).

Il ne peut pas non plus contenir de clause contraire ou moins favorable que les **conventions et accords collectifs** applicables dans l'entreprise (voir, par exemple, nº 59915). L'employeur doit donc écarter la disposition d'une clause du règlement intérieur au profit de celle de la convention collective dès lors que les deux dispositions sont incompatibles (Cass. soc. 7-11-2006 nº 04-41.390 FS-PB : RJS 1/07 nº 51).

Par ailleurs, le règlement intérieur n'a pas à mentionner les **dispositions protectrices** concernant certaines catégories de salariés (par exemple : représentants du personnel). L'absence d'une telle mention ne saurait avoir pour effet de s'opposer aux droits créés par ces règles particulières (notamment : CE 9-11-1990 nº 96566 : RJS 2/91 nº 175).

ILLUSTRATIONS

Sont **illégales** les clauses qui :
– obligent les salariés à présenter leurs réclamations par la voie hiérarchique, en contradiction avec les attributions des représentants du personnel (Circ. DRT 91-17 du 10-9-1991 réputée abrogée) ;
– rendent automatique la rupture du contrat de travail en cas d'absences non justifiées contrairement à l'exigence d'une cause réelle et sérieuse posée par la loi (Cass. soc. 30-11-1977 nº 76-40.519 P) ;
– interdisent, sans réserver les droits légaux des représentants du personnel, de séjourner dans les locaux de travail après la fin du travail et d'y introduire, sauf autorisation préalable, des personnes étrangères à l'entreprise (CE 1-2-1993 nº 98532 : RJS 4/93 nº 392) ;
– instituent de plein droit la responsabilité pécuniaire d'un salarié à l'égard de son employeur alors qu'elle ne peut résulter que de sa faute lourde (Cass. soc. 9-6-1993 nº 89-41.476 PBS : RJS 7/93 nº 719) : voir nº 16575 ;
– prévoient l'ouverture du courrier des salariés, en violation du secret de la correspondance prévu par le Code pénal (Circ. DRT 91-17 du 10-9-1991 réputée abrogée) : voir nº 56055 ;
– exigent une communication préalable à l'employeur des tracts et publications syndicales, ce qui est contraire aux articles L 2142-3 s. du Code du travail (CE 20-1-1982 nº 26152) : voir nºs 73320 s.

RESPECT DES DROITS DES PERSONNES ET DES LIBERTÉS

59960 C. trav. art. L 1321-3, 2° K-II-3000 s

Le règlement intérieur ne peut comporter des dispositions apportant aux droits des personnes et aux libertés individuelles et collectives des restrictions qui ne seraient pas justifiées par la **nature de la tâche** à accomplir ni proportionnées au **but recherché.**

Sont prohibées les dispositions imposant des obligations ou comportant des interdictions de **caractère général,** sans distinction entre les salariés selon la nature des tâches effectuées. Les libertés de conscience et de pensée sont des libertés fondamentales qui ne peuvent faire l'objet d'aucune restriction.

ILLUSTRATIONS

Le règlement intérieur peut imposer le **port d'un vêtement ou d'un badge** pour des raisons de sécurité, par exemple en cas de manipulation de produits dangereux ou de travail dans une centrale nucléaire (Circ. DRT 5-83 du 15-3-1983 réputée abrogée ; CE 29-12-1995 nº 129747 : RJS 3/96 nº 283). Il ne peut, en revanche, être demandé aux salariés de présenter un document officiel (exemple : carte nationale d'identité) (Note DRT du 1-2-1984 réputée abrogée).

De même, le port d'une blouse ne peut être rendu obligatoire que s'il est justifié par la nature de la tâche à accomplir (Cass. soc. 18-2-1998 nº 95-43.491 PB : RJS 4/98 nº 461).

L'interdiction de **sortir sans un bon** indiquant l'heure et le motif de la sortie n'apporte aucune restriction excessive aux droits et libertés, dès lors que les droits des représentants du personnel sont préservés, voir nº 59950 (CE 1-2-1993 nº 98532 : RJS 4/93 nº 392).

Dans un **établissement spécialisé** dans l'accueil des mineurs, l'interdiction faite aux personnels éducatifs de recevoir à leur domicile des jeunes dont ils ont la charge est justifiée par la nature des fonctions exercées (Cass. soc. 13-1-2009 nº 07-43.282 FS-PBR : RJS 3/09 nº 225).

Une **banque** peut exiger de ses agents habilités à passer des ordres de bourse pour les clients qu'ils justifient de leurs opérations de marché, mais pas qu'ils l'informent des comptes bancaires détenus dans d'autres établissements (CE 3-10-1997 n° 144006 : RJS 12/97 n° 1371). Les sociétés de **bourse** doivent prévoir les règles encadrant les opérations de bourse réalisées par les salariés pour leur propre compte (C. mon. fin. art. L 533-10).

Ne peuvent pas figurer dans le règlement intérieur, par exemple, l'obligation pour les salariés de suivre des cours de **gymnastique** (Position de principe DRT n° 90-14 du 11-7-1990), l'interdiction faite au personnel d'**utiliser les parkings publics** voisins de l'établissement (Cass. soc. 1-6-1994 n° 91-40.695 D : RJS 7/94 n° 860) ou l'interdiction faite aux vendeuses d'accepter le passage à leur caisse des clients membres de leur famille (CE 9-12-1994 n° 119233 : RJS 2/95 n° 129).

Convictions Le règlement intérieur ne peut pas contenir l'interdiction générale de **discussions politiques ou religieuses** et de toute conversation étrangère au service entre les salariés (CE 25-1-1989 n° 64296 : RJS 5/89 n° 423). 59965

En revanche, il est possible d'y faire figurer des dispositions inscrivant le **principe de neutralité** et restreignant la manifestation des convictions des salariés si ces restrictions sont justifiées par l'exercice d'autres libertés et droits fondamentaux ou par les nécessités du bon fonctionnement de l'entreprise et si elles sont proportionnées au but recherché (C. trav. art. L 1321-2-1).

› Précisions a. L'employeur peut prévoir dans le règlement, ou dans une note de service (n° 60105), une clause de neutralité interdisant le **port visible** de tout **signe politique, philosophique ou religieux** sur le lieu de travail, dès lors que cette clause générale et indifférenciée n'est appliquée qu'aux salariés se trouvant en contact avec les clients (à propos du voile islamique : Cass. soc. 22-11-2017 n° 13-19.855 FP-PBRI : RJS 1/18 n° 5 ; à propos d'une barbe à connotation religieuse : Cass. soc. 8-7-2020 n° 18-23.743 FP-PBRI : RJS 10/20 n° 452). Une telle clause ne constitue pas une discrimination directe, mais elle peut constituer une discrimination indirecte si l'obligation, en apparence neutre, aboutit en fait à désavantager les personnes adhérant à une religion ou à certaines convictions, à moins d'être objectivement justifiée par un but légitime, tel que la poursuite d'une politique de neutralité dans les relations avec les clients, et que les moyens d'y parvenir soient appropriés et nécessaires (CJUE 14-3-2017 aff. 157/15 : RJS 5/17 n° 384).

b. Dans une **entreprise de tendance,** tel qu'un établissement d'enseignement catholique, le règlement intérieur peut imposer le respect, par l'ensemble du personnel, de la spécificité de l'établissement s'il est précisé que cela ne saurait permettre de porter atteinte à la liberté de conscience des salariés et que les obligations en résultant s'apprécient au regard de la nature des fonctions exercées par chacun (CE 20-7-1990 n° 85429 : RJS 10/90 n° 770 ; 23-7-1993 n° 99391 : RJS 10/93 n° 983).

Fouilles Le règlement intérieur peut comporter une clause relative à la fouille des **salariés** si elle est justifiée par des raisons de sécurité collective (laboratoire où certains métaux ne doivent pas être introduits, sortie de certains produits dangereux, par exemple), en cas de disparition de matériel ou s'il existe des risques particuliers de vol. Le salarié doit alors être averti de son droit de s'opposer à un tel contrôle et d'exiger la présence d'un témoin (notamment : CE 11-7-1990 n° 86022 : RJS 10/90 n° 769). 59970

Sauf risque ou événement particulier, l'employeur ne peut faire contrôler les **vestiaires et armoires** que dans les conditions prévues par le règlement intérieur, lequel doit préciser que ce contrôle doit être effectué en présence de l'intéressé ou après l'avoir prévenu (Cass. soc. 11-12-2001 n° 99-43.030 FS-P : RJS 3/02 n° 256), et mentionner les motifs liés à l'hygiène ou à la sécurité le justifiant (notamment : CE 12-11-1990 n° 94778).

La fouille d'un **véhicule personnel** n'est pas licite si le règlement intérieur prévoit uniquement la fouille des objets dont le personnel est porteur à l'entrée et à la sortie de l'entreprise (CA Versailles 25-2-2003 n° 00-3383).

S'agissant de l'ouverture d'un **coffre** à usage uniquement professionnel, voir n° 56057.

Consommation d'alcool et de drogue Si l'introduction de certaines boissons alcoolisées dans l'entreprise est possible (voir n° 71515), l'employeur peut, pour des raisons de santé ou de sécurité, prévoir dans le règlement intérieur ou par note de service une limitation de leur consommation, voire une interdiction, ces mesures devant être proportionnées au but recherché. 59975 C. trav. art. R 4228-20

Une **interdiction générale** doit être exceptionnelle et ne peut être fondée que sur l'existence d'une situation particulière de danger ou de risque (CE 12-11-2012 n° 349365 : RJS 2/13 n° 118). Est valable la clause « tolérance zéro alcool » d'un règlement intérieur s'il identifie les postes concernés, l'employeur pouvant établir le caractère proportionné de l'interdiction en se fondant sur le document unique d'évaluation des risques (CE 8-7-2019 n° 420434 : RJS 10/19 n° 612).

> **Précisions** **a.** La clause du règlement intérieur prévoyant la soumission à l'**éthylotest** est licite si les modalités de ce contrôle en permettent la contestation et si, en raison de ses fonctions, l'état d'ébriété du salarié est de nature à exposer les personnes ou les biens à un danger (Cass. soc. 22-5-2002 n° 99-45.878 FS-PB : RJS 11/02 n° 1233 ; 24-2-2004 n° 01-47.000 F-D : RJS 5/04 n° 535). Même si cette possibilité n'est pas inscrite dans le règlement intérieur, le contrôle peut s'effectuer hors de l'entreprise pour des raisons techniques (Cass. soc. 31-3-2015 n° 13-25.436 FS-PB : RJS 6/15 n° 384).
> **b.** Les mêmes principes s'appliquent pour la clause autorisant le recours à un **test salivaire** **pour détecter l'usage de produits stupéfiants** (Cons. prud. Grenoble 20-9-2013 n° 13/01736 : RJS 12/13 n° 778). Le règlement peut autoriser l'employeur ou un supérieur hiérarchique à pratiquer un tel test et à sanctionner le salarié en cas de résultat positif dès lors qu'il réserve ce contrôle aux postes pour lesquels l'emprise de drogue constitue un danger pour leur titulaire ou les tiers, qu'il interdit au responsable du test d'en divulguer le résultat et prévoit le droit pour le salarié d'obtenir une contre-expertise médicale à la charge de l'employeur (CE 5-12-2016 n° 394178 : RJS 2/17 n° 80).

NON-DISCRIMINATION

59990 C. trav. art. L 1321-3, 3° **K-II-3100 s**

Le règlement intérieur ne peut pas comporter de dispositions discriminant les salariés dans leur emploi ou leur travail, à capacité professionnelle égale, en raison des **critères** suivants : origine, sexe, mœurs, orientation sexuelle ou identité de genre, âge, situation de famille, grossesse, caractéristiques génétiques, appartenance ou non-appartenance, vraie ou supposée, à une ethnie, une nation ou une race, opinions politiques, activités syndicales ou mutualistes, convictions religieuses, apparence physique, nom de famille, état de santé ou handicap. De telles dispositions sont **nulles** de plein droit (voir n° 32320).

C. Procédure d'établissement

60010 **K-II-4800 s**

Le règlement intérieur est établi par l'**employeur** ; toutefois, préalablement à son entrée en vigueur, il doit être soumis (ainsi que ses annexes s'il en comporte) à certaines **formalités** qui sont également exigées en cas de modification ou de retrait de clauses. Il fait par ailleurs l'objet d'un contrôle administratif.

RÉDACTION EN FRANÇAIS

60020 C. trav. art. L 1321-6 **K-II-5000 s**

Le règlement intérieur est rédigé en français, sous peine de sanctions pénales (n° 60170). Il peut être accompagné de traductions en une ou plusieurs langues étrangères. L'obligation d'emploi du français couvre les notes de service, chartes et codes visés n° 60105 ainsi que tout autre document comportant des obligations pour le salarié ou des dispositions dont la connaissance lui est nécessaire pour l'exécution de son travail : documents relatifs à la formation ou à l'hygiène et la sécurité, logiciels, documentation technique, document fixant les objectifs nécessaires à la détermination de la rémunération variable (n° 70570, b), par exemple.

ATTENTION

Cette obligation ne s'applique ni aux documents reçus de **l'étranger** ou destinés à des étrangers, ni lorsque l'activité de l'entreprise comporte un caractère international impliquant l'utilisation d'une langue étrangère commune (par exemple, le transport aérien), et dès lors que la maîtrise de cette langue est exigée des utilisateurs comme condition d'exercice de leurs fonctions (Cass. soc. 12-6-2012 n° 10-25.822 FS-PB : RJS 8-9/12 n° 757).

CONSULTATION DU CSE

60030 C. trav. art. L 1321-4 **K-II-5120 s**

Un règlement intérieur ne peut être **introduit** dans l'entreprise ou l'établissement qu'après avoir été soumis à l'avis du CSE, sous peine de sanctions pénales (n° 60170).

Cette consultation s'impose également en cas de **modification** ou de retrait de clauses.

En l'**absence de CSE,** l'employeur, restant tenu d'établir un règlement intérieur, ne devrait pas avoir dans ce cas l'obligation de soumettre son projet au personnel ; sur le rôle de l'inspecteur du travail, voir n° 60140 (Circ. DRT 5-83 du 15-3-1983 réputée abrogée).

> **Précisions** **a.** À **défaut de consultation** du CSE, le règlement intérieur et sa révision sont sans effet (Cass. soc. 4-6-1969 n° 68-40.377 P ; 11-2-2015 n° 13-16.457 FS-PB : RJS 4/15 n° 255). L'employeur ne saurait alors reprocher à un salarié un manquement aux obligations édic-

tées par le règlement (Cass. soc. 9-5-2012 nº 11-13.687 FS-PB : RJS 7/12 nº 633).
En cas de mesures urgentes, voir nº 60060.
b. Le règlement intérieur d'une entreprise n'est opposable aux salariés d'un nouvel **établissement absorbé** par celle-ci que si les représentants du personnel de cet établissement ont été consultés sur ce règlement (CE 20-3-2017 nº 391226 : RJS 6/17 nº 450).
c. Si le règlement intérieur est **modifié** sur **injonction de l'inspecteur du travail,** l'employeur n'est pas tenu de soumettre à nouveau à l'avis du CSE le texte modifié (Cass. soc. 26-9-2019 nº 18-11.230 FS-PB : RJS 10/19 nº 610).

COMMUNICATION À L'INSPECTEUR DU TRAVAIL

L'employeur envoie à l'inspecteur du travail, pour contrôle (nº 60140), 2 exemplaires du projet de règlement intérieur, accompagnés du procès-verbal de la réunion au cours de laquelle le CSE a été consulté. Cette communication s'impose au règlement initial mais également en cas de modifications ou de retrait de clauses. **60040** C. trav. art. L 1321-4 R 1321-4 **K-II-5400**

> Précisions a. Dans le cas où un **règlement unique** est établi pour une entreprise comportant plusieurs établissements (nº 59850), seul l'inspecteur du travail dans le ressort duquel se trouve le siège social de l'entreprise est compétent pour exercer le contrôle de ce règlement (notamment : CE 5-5-1993 nº 96676 : RJS 7/93 nº 741 ; Circ. DGT 2009-09 du 17-4-2009 réputée abrogée).
b. Le fait pour l'employeur de **ne pas avoir communiqué** le règlement intérieur à l'inspection du travail ne prive pas le salarié de la possibilité de se prévaloir de ce règlement (Cass. soc. 28-3-2000 nº 97-43.411 PB : RJS 5/00 nº 530). En revanche, l'employeur ne saurait reprocher à un salarié un manquement aux obligations qui y sont édictées (Cass. soc. 9-5-2012 nº 11-13.687 FS-PB : RJS 7/12 nº 633).

DÉPÔT ET PUBLICITÉ

Parallèlement à l'envoi du règlement intérieur à l'inspecteur du travail, l'employeur doit déposer celui-ci au greffe du **conseil de prud'hommes** dans le ressort duquel est situé l'entreprise ou l'établissement. **60050** C. trav. art. L 1321-4 R 1321-1 R 1321-2 **K-II-5600 s**

Par ailleurs, il doit le porter, par tout moyen, à la **connaissance des personnes** ayant accès aux lieux de travail ou aux locaux où se fait l'embauche.

À défaut d'accomplissement de ces formalités, les dispositions du règlement intérieur sont inopposables aux salariés (Cass. soc. 4-11-2015 nº 14-18.573 F-D : RJS 1/16 nº 27).

> Précisions Lorsqu'un règlement intérieur est établi pour l'ensemble des **établissements d'une société,** l'employeur peut le déposer au seul greffe du conseil de prud'hommes dans le ressort duquel il a son siège social (Cass. soc. 26-6-2019 nº 17-31.328 F-D : RJS 10/19 nº 611).

ENTRÉE EN VIGUEUR

Le règlement intérieur fixe la date de son entrée en vigueur, qui est nécessairement postérieure à un **délai minimum** d'un mois à compter de l'accomplissement de la dernière des formalités de dépôt et de publicité. **60060** C. trav. art. L 1321-4 L 1321-5 al. 2 R 1321-3 **K-II-5750**

Le règlement peut s'appliquer dès l'expiration de ce délai, même si l'**inspecteur du travail** n'a pas fait connaître ses observations ; la saisine de ce dernier n'a pas, en effet, un caractère suspensif (Circ. DRT 5-83 du 15-3-1983 réputée abrogée).

ATTENTION

Lorsque **l'urgence** le justifie, les mesures relatives à la santé et à la sécurité peuvent être d'application immédiate. Dans ce cas, ces prescriptions sont immédiatement et simultanément communiquées au secrétaire du CSE, ainsi qu'à l'inspection du travail. Ainsi, l'utilisation de produits toxiques ou de nouveaux matériels présentant des dangers doit être accompagnée de prescriptions dont la mise en œuvre ne doit pas être subordonnée à la consultation préalable du CSE. Il va de soi, néanmoins, que cette instance doit ensuite être consultée le plus rapidement possible (Circ. DRT 5-83 du 15-3-1983 réputée abrogée).

D. Portée

Le règlement intérieur est un « acte juridique de droit privé » (Cass. soc. 16-12-1992 nº 90-14.337 P-F : RJS 2/93 nº 148). Il s'impose, sans que leur **accord** soit requis, à tous les **salariés** de l'établissement, qu'ils aient été embauchés avant ou après son entrée en vigueur (Cass. soc. 24-2-1971 nº 70-40.113 P ; 4-5-1977 nº 76-40.251 P). **60100** **K-II-6200 s.**

> Précisions a. Le fait que le règlement intérieur ait été **signé par un salarié** ne lui confère pas un caractère contractuel (Cass. soc. 2-10-1997 nº 95-43.086 D : RJS 11/97 nº 1236 ; 19-11-1997 nº 95-41.260 P : RJS 1/98 nº 35).
b. Les personnes qui travaillent dans l'entreprise sans être liées par un contrat de travail (salariés des **entreprises extérieures, stagiaires...**) ne relèvent du règlement intérieur que pour les mesures d'hygiène et de sécurité

et les règles générales et permanentes relatives à la discipline. Les dispositions relatives à la nature, à l'échelle des sanctions et à la procédure disciplinaire sont applicables aux seuls salariés de l'entreprise (CE 12-11-1990 n° 95823 : RJS 2/91 n° 174).

c. Le règlement intérieur s'imposant aux salariés avant le **transfert** de plein droit de leurs contrats de travail vers une **société nouvellement créée** n'est pas transféré avec ces contrats : cette société doit élaborer son propre règlement si elle remplit le critère d'effectif (Cass. soc. 17-10-2018 n° 17-16.465 FS-PB : RJS 1/19 n° 70). S'agissant de l'application au personnel d'un **établissement absorbé** du règlement intérieur de l'entreprise absorbante, voir n° 60030, b.

60105 C. trav. art. L 1321-5 K-II-9530 s

Notes, codes éthiques et chartes

Notes de service

Les notes de service ou tout autre document établissant des règles de **caractère général et permanent** dans les matières relevant normalement du règlement intérieur constituent des adjonctions à celui-ci lorsqu'il en existe un dans l'entreprise. Ils sont donc soumis à la procédure d'élaboration définie aux n°s 60010 s. Tel est le cas, par exemple, de la note prévoyant une obligation de neutralité (voir n° 59965), de celle imposant aux caissières d'un magasin le **nettoyage** quotidien d'une partie de l'établissement (Cass. crim. 26-6-1990 n° 88-84.251 P : RJS 8-9/90 n° 673) et de celle prescrivant au personnel d'une centrale nucléaire de porter un **badge** (CE 29-12-1995 n° 129747 : RJS 3/96 n° 283) ou d'une lettre imposant de prévenir l'employeur avec un délai suffisant en cas d'**absence** volontaire sur le poste de travail (CE 27-7-2005 n° 254600 : RJS 11/05 n° 1089).

Sont exclues de la procédure les notes de service de nature **temporaire** ou ne concernant que des **catégories limitées** de personnel, ou considérées comme de simples modalités d'application du règlement intérieur. Il en est ainsi, par exemple, de la note informant les salariés que le standard de l'entreprise ne passerait plus de **communications téléphoniques** personnelles de l'extérieur (CE 12-11-1990 n° 96721 : RJS 2/91 n° 178), ou de celle précisant le costume à porter par le personnel selon les saisons (Cass. soc. 7-10-1992 n° 89-45.283 P : RJS 11/92 n° 1257).

Dans les établissements non tenus d'avoir un règlement intérieur, les notes de service doivent être conformes aux principes visés n°s 59880 s., et donner lieu à consultation des représentants du personnel s'ils existent et à saisine de l'inspecteur du travail.

Codes et chartes

La mise en place d'une **charte éthique** ou d'un code de **bonne conduite** prévoyant des règles générales et permanentes relevant du champ du règlement intérieur doit être considérée comme une adjonction à celui-ci et soumise au régime visé n°s 60010 s. (Circ. DGT 2008-22 du 19-11-2008). Il en est ainsi en particulier de clauses relatives à la discipline (TGI Nanterre 6-10-2004 n° 04-2865 : RJS 12/04 n° 1244 ; 19-10-2007 n° 06-06460 ; CA Versailles 14-11-2007 n° 07-405 : RJS 3/08 n° 246). En revanche, la charte réglementant des questions relatives à la **non-concurrence** constitue pour ces stipulations un avenant au contrat de travail (Cass. soc. 30-11-2011 n° 11-12.905 FS-PB : RJS 2/12 n° 181).

Lorsque les prescriptions d'un code figurent déjà dans le règlement intérieur, leur entrée en vigueur n'est pas assujettie à la procédure d'élaboration de ce règlement. Ainsi jugé à propos d'un code de déontologie prévoyant des obligations d'information ou de **levée du secret bancaire** sur les comptes personnels gérés par les collaborateurs exerçant une fonction sensible (Cass. soc. 28-5-2008 n° 07-15.744 FS-PB : RJS 8-9/08 n° 894).

Sur l'obligation pour les grandes entreprises de se doter d'un **programme anticorruption** comprenant notamment un **code de conduite** intégré au règlement intérieur, voir n° 56070, d.

E. Contrôle et sanctions

RÔLE DE L'INSPECTEUR DU TRAVAIL

60140 C. trav. art. L 1322-1 K-II-7200 s

Contrôle permanent L'inspecteur du travail dispose d'un pouvoir de contrôle permanent du contenu du règlement intérieur lui permettant d'intervenir non seulement au moment de son élaboration ou de sa modification, mais également à tout moment, lors de sa visite de l'entreprise (n°s 43735 s.).

Il peut exiger le **retrait** ou la **modification** des clauses :
– visant des matières non prévues par la loi ;
– ne respectant pas les règles linguistiques ;
– non conformes aux lois, règlements, conventions et accords collectifs ;
– contraires aux droits des personnes et aux libertés ou discriminatoires.

L'inspecteur du travail vérifie également que le règlement intérieur comporte les dispositions obligatoires et peut exiger l'**ajout** des clauses manquantes (Circ. DRT 5-83 du 15-3-1983 réputée abrogée).

> **Précisions** **a.** Lorsqu'il vérifie que le règlement intérieur respecte les dispositions des **conventions et accords collectifs,** l'inspecteur du travail doit tenir compte des stipulations conventionnelles applicables dans l'entreprise à la date à laquelle il prend sa décision (CE 28-1-1991 n° 84586 : RJS 3/91 n° 329).
> **b.** L'inspecteur n'est pas tenu par son **appréciation antérieure** : ainsi, lors du réexamen d'un règlement intérieur modifié, il peut exercer son contrôle sur l'ensemble des dispositions, modifiées ou non (CE 21-10-1994 n° 137639 : RJS 1/95 n° 25).

Décision La décision par laquelle l'inspecteur du travail demande un complément, une modification ou un retrait de clause doit être **motivée et notifiée** à l'employeur ; elle n'est soumise à aucun délai. La décision est communiquée, pour information, aux membres du CSE. **60145** C. trav. art. L 1322-2 **K-II-7510 s**

Sur la consultation du CSE sur le règlement ainsi modifié, voir n° 60030, c.

ATTENTION

L'administration préconise néanmoins que l'inspecteur du travail fasse connaître ses observations éventuelles avant l'expiration du délai d'un mois prévu pour l'entrée en vigueur du règlement intérieur (Circ. DRT 5-83 du 15-3-1983 réputée abrogée). Sur la portée d'une absence de décision dans ce délai, voir n° 60060.

La décision doit être **notifiée** par lettre. Les demandes de modification doivent notamment être justifiées par les références aux textes considérés comme non respectés (Circ. DRT 5-83 du 15-3-1983 réputée abrogée).

Recours Un recours **hiérarchique** auprès de la Dreets (Direccte avant le 1-4-2021) peut être formé à l'encontre de la décision de l'inspecteur du travail soit par l'employeur, soit par les salariés ou leurs représentants. Il doit être présenté dans un délai de 2 mois à compter de la notification de cette décision. **60150** C. trav. art. L 1322-3 R 1322-1 **K-II-7650 s.**

Un recours **contentieux** devant le tribunal administratif peut être formé à l'encontre des décisions administratives dans les 2 mois de leur notification.

> **Précisions** **a.** Le **silence** gardé par l'administration pendant 2 mois vaut décision implicite d'acceptation du recours (CRPA art. L 231-1). La **décision de la Dreets,** motivée (CE 23-7-1993 n° 99391 : RJS 10/93 n° 983), est notifiée à l'employeur et communiquée pour information aux membres du CSE. Elle peut elle-même faire l'objet d'un recours hiérarchique devant le ministre chargé du travail. La Dreets et le ministre statuant sur le recours hiérarchique peuvent contrôler la légalité des clauses du règlement intérieur dont l'inspecteur s'est abstenu d'exiger la modification ou le retrait (CE 23-7-1993 n° 99391 : RJS 10/93 n° 983 ; 18-3-1998 n° 157607 : RJS 6/98 n° 734).
> **b.** Le tribunal administratif **compétent** est celui dans le ressort duquel la décision a été rendue (voir n° 60040). Sa décision peut faire l'objet d'un **recours** devant le Conseil d'État.
> Le juge administratif ne peut être saisi que de conclusions dirigées contre les décisions administratives prises à l'égard du règlement intérieur. Il n'est pas compétent pour se prononcer sur la validité de la nouvelle rédaction du règlement (CE 8-7-1988 n° 71484).

Rescrit L'employeur peut interroger l'inspection du travail sur la **conformité** du contenu du règlement intérieur aux dispositions du Code du travail, cette demande n'étant toutefois pas recevable si l'administration s'est déjà prononcée sur une demande de complément, de modification ou de retrait d'une clause (n° 60145). **60155** C. trav. art. L 1322-1-1 R 1321-6 R 1322-1 **K-II-8100 s.**

L'inspecteur peut conclure à la **conformité** ou à la non-conformité de tout ou partie du règlement intérieur. En cas de non-conformité d'une ou de plusieurs dispositions, l'inspecteur précise si celles-ci doivent être retirées ou modifiées.

La **décision** motivée de l'inspecteur est **notifiée** à l'employeur dans les 2 mois suivant la réception de la demande et **communiquée,** pour information, au CSE. Elle **prend effet** seulement dans le périmètre d'application du règlement intérieur concerné et est **opposable** pour l'avenir à l'administration, sauf si la situation de fait exposée ou si la loi est modifiée ou bien jusqu'à ce que l'inspecteur notifie à l'employeur une modification de son appréciation.

La décision de l'inspecteur du travail peut faire l'objet d'un **recours hiérarchique** devant le Dreets dans les 2 mois suivant sa notification. La décision prise sur ce recours est notifiée à l'employeur et communiquée, pour information, aux membres du CSE.

> **Précisions** **a.** La **demande** indique la ou les dispositions soumises à l'appréciation de l'inspecteur du travail. Elle est accompagnée du règlement intérieur et, le cas échéant, des références des articles de la convention collective nationale ou de l'accord collectif et des dispositions du ou des accords d'entreprise en rapport avec les dispositions faisant l'objet de la demande. Elle est

envoyée par tout moyen conférant date certaine à sa réception.

b. **L'inspecteur du travail compétent** est celui dans le ressort duquel est établi l'entreprise ou l'établissement concerné. Si plusieurs établissements sont concernés, l'inspecteur compétent est celui du siège de l'entreprise.

CONTRÔLE JUDICIAIRE

60160 C. trav. art. L 1322-4 K-II-8280 s

Le conseil de prud'hommes est compétent pour statuer à l'occasion de litiges individuels sur l'**application d'une clause** du règlement, par exemple lorsqu'il se prononce sur la validité d'une sanction disciplinaire prise en son application. Dans ce cas, il peut annuler la mesure prise en écartant l'application de la clause jugée irrégulière, sans annuler cette dernière. Il peut également apprécier la **légalité d'une clause** sur laquelle l'administration ne s'est pas prononcée (Cass. soc. 16-12-1992 nº 90-14.337 PF : RJS 2/93 nº 148).

S'il écarte l'application d'une clause du règlement intérieur jugée contraire à la loi, une copie du jugement est adressée à l'inspecteur du travail ainsi qu'aux membres du CSE.

SANCTIONS

60170 C. trav. art. R 1323-1 K-II-9000 s

Les contraventions aux dispositions concernant le règlement intérieur sont passibles de l'amende prévue pour les contraventions de 4e classe (nº 67285).

Outre l'**absence** d'un règlement intérieur dans un établissement assujetti, cette peine sanctionne notamment les **infractions suivantes** : adoption d'un règlement intérieur sans respecter la procédure d'élaboration ou les formalités de dépôt ou de publicité ; maintien dans le règlement intérieur d'une clause considérée comme illégale par l'inspection du travail ou déclarée non conforme à l'issue d'une procédure de rescrit (si la clause est jugée illicite par le conseil de prud'hommes, voir nº 60160).

Sur les **sanctions** applicables en cas de défaut de consultation du CSE, voir nº 62700.

REPRÉSENTANTS DE COMMERCE

SOMMAIRE

DÉFINITION

En l'absence de définition légale, la jurisprudence définit l'activité de représentant de commerce comme celle consistant à prospecter la clientèle pour le compte d'une ou plusieurs entreprises en vue de prendre les commandes (voir nº 60880). **60800** C. trav. art. L 7311-1 s **TB-I-1 s** **TB-II-10 s** **TB-II-3000 s**

La notion de représentant recouvre ainsi différentes catégories d'intermédiaires entre le vendeur et le client, chacune dotée de caractéristiques propres.

Seul le statut des représentants salariés statutaires, ou **VRP (voyageurs, représentants et placiers),** est développé ici.

› Précisions a. En dehors des VRP, d'autres catégories de représentants de commerce ont la qualité de salariés. Il en est ainsi :
– des **représentants salariés non statutaires** (ou représentants ordinaires). Bien que liés à leur employeur par un contrat de travail, ils ne remplissent pas l'ensemble des conditions d'accès au statut de VRP. Ils ne bénéficient donc ni du statut légal ni de la plupart des textes conventionnels propres aux VRP et relèvent des mêmes dispositions légales et conventionnelles que les autres salariés de l'entreprise, sous réserve de certaines adaptations rendues nécessaires par les conditions particulières de leur activité. À noter toutefois que la plupart des dispositions de l'ANI du 22-6-1970 (nº 60855, b) leur sont applicables. En outre, rien ne s'oppose à ce que leurs employeurs leur reconnaissent contractuellement le bénéfice de tout ou partie du statut de VRP (nº 60900) ;
– des **vendeurs à domicile.** Ils peuvent être salariés (Cass. 2e civ. 12-10-1960 nº 58-51.600 P ; CA Douai 30-11-2007 nº 07-2057) ou travailleurs indépendants (C. com. art. L 135-1 s.). Dans ce dernier cas, ils sont toutefois affiliés au régime général des salariés s'ils ne sont pas immatriculés au registre du commerce et des sociétés (RCS) ou au registre spécial des agents commerciaux (CSS art. L 311-3, 20º).
b. Les représentants de commerce peuvent aussi être des non-salariés. Selon les conditions d'exercice de leur activité, ils relèvent du statut des **agents commerciaux,** régi par les articles L 134-1 à L 134-17 et R 134-1 à R 134-17 du Code de commerce, ou des professions de **courtiers, commissionnaires ou concessionnaires exclusifs,** qui leur confèrent la qualité de commerçants.

A. Statut des VRP

1. CARACTÉRISTIQUES

CARACTÈRE D'ORDRE PUBLIC

Est nulle toute convention dont le but serait d'éluder l'application du statut légal de VRP. Selon la jurisprudence, le représentant qui exerce **en fait** son activité dans les conditions requises (nos 60870 s.) bénéficie du statut légal, quelles que soient la qualification ou les stipulations du contrat (Cass. soc. 13-12-1979 nº 78-12.448 P ; 17-12-1992 nº 90-21.788 D : RJS 2/93 nº 206). **60850** C. trav. art. L 7313-4 **TB-I-1220 s**

> Précisions **a.** La présence dans le contrat de **clauses incompatibles** avec le statut ne s'oppose pas à son application si ces clauses n'ont, en fait, jamais pris effet (Cass. soc. 6-3-1974 n° 72-13.795 P ; 28-10-1998 n° 96-41.824 P ; 26-4-2017 n° 16-11.397 F-D : RJS 7/17 n° 534).
b. Le bénéfice du statut peut être **étendu par voie contractuelle** au représentant ne remplissant pas les conditions requises pour son application de plein droit (n° 60900).

STATUT DE SALARIÉ

60855 C. trav. art. L 7313-1 ANI 3-10-1975 art. 2 ANI 22-6-1970 art.17 **TB-I-1250 s** **TB-I-300 s**

S'il remplit les conditions du statut légal, le VRP est lié à l'entreprise qui l'emploie par un contrat de travail. En sa qualité de salarié, il peut se prévaloir :
– sous réserve de certaines exceptions ou adaptations rendues nécessaires par la nature de son activité, des dispositions du **Code du travail** applicables à l'ensemble des salariés ; seules ces exceptions ou adaptations sont examinées ici ;
– sous certaines conditions, de dispositions conventionnelles spécifiques et, le cas échéant, de la **convention collective** applicable dans l'entreprise qui l'emploie.
Le VRP est aussi un salarié au regard de la **sécurité sociale** (n° 61580).

> Précisions Les **dispositions conventionnelles** susceptibles de s'appliquer au VRP sont les suivantes.
a. ANI du 3-10-1975. Étendues et élargies, les dispositions de cet accord et de la plupart de ses avenants s'appliquent à tous les employeurs, y compris ceux relevant des **professions agricoles.** Toutefois, elles ne s'appliquent pas aux VRP des **agents immobiliers** et **mandataires** en **vente de fonds de commerce**, qui relèvent d'une convention collective propre à ces professions (CE 17-1-1986 n° 55717 et 57404 ; Cass. soc. 30-9-2020 n° 18-18.266 FS-PB : RJS 12/20 n° 631).
L'avenant n° 3 du 12-1-1982 a rendu l'ANI applicable aux VRP de la **vente** et du **service à domicile** sous réserve d'une adaptation du dispositif de ressource minimale (n° 61185, c). Cet avenant n'ayant été ni étendu ni élargi, l'ANI ne s'applique, avec cette adaptation, qu'aux entreprises membres de la Fédération de la vente directe (anciennement Syndicat national de la vente et du service à domicile, qui a adhéré à l'ANI avec effet au 1-4-1982), ainsi qu'à celles membres d'un syndicat patronal adhérant au Medef et ne s'étant pas exclu de l'ANI (la liste de ces syndicats est donnée dans notre Documentation sociale TB-I-40000).
Les **représentants** de commerce **concernés** par l'ANI sont ceux qui remplissent les conditions du statut et rendent effectivement compte de leur activité à leurs employeurs, dans des conditions appréciées d'après les dispositions expresses de leur contrat ou, à défaut, d'après les conditions normales dans la profession et l'entreprise.
b. ANI du 22-6-1970 sur la sécurité de l'emploi. Non étendu, celui-ci ne s'applique que dans les entreprises membres des syndicats patronaux adhérant au Medef, à l'exception de la Fédération nationale de la maroquinerie. Il concerne tous les représentants de commerce salariés, statutaires ou non, sous réserve des articles 9 et 10, applicables aux seuls VRP.
c. Convention collective applicable à l'entreprise. Le VRP qui entre dans le champ de l'ANI du 3-10-1975 ne bénéficie pas, en principe, de la **convention collective de branche** dont relève l'entreprise qui l'emploie (Cass. soc. 21-12-1964 n° 64-40.232 P ; 19-2-1992 n° 88-41.106 P), même si elle est mentionnée sur ses bulletins de paie (Cass. soc. 10-3-2004 n° 02-40.668 FS-PBRI : RJS 5/04 n° 620). Par exception, il peut se prévaloir, le cas échéant, des dispositions conventionnelles qui lui sont expressément applicables (Cass. soc. 19-2-1992 n° 88-41.106 P ; 10-3-2004 précité ; 8-6-2011 n° 09-41.000 FS-PB : RJS 10/11 n° 845). Voir toutefois n° 61440 sur le point de savoir si le VRP peut prétendre à l'indemnité de licenciement ou de mise à la retraite prévue par la convention collective applicable à l'entreprise.
Toutefois, si un **accord d'entreprise,** d'établissement ou de groupe est conclu, ses clauses priment, en principe, sur celles des ANI précités et de la convention de branche dont relève le cas échéant l'employeur du VRP (voir n°s 52230 s.).

2. CONDITIONS D'APPLICATION

CONDITIONS LÉGALES

60870 C. trav. art. L 7311-3 L 7312-1 **TB-I-1880 s**

Seuls peuvent se prévaloir du statut légal de VRP les représentants qui ne font l'objet d'aucune **interdiction d'exercer** et qui remplissent l'ensemble des conditions suivantes : exercer la profession de représentant de commerce à titre exclusif et constant pour un ou plusieurs employeurs ; ne pas réaliser d'opérations commerciales personnelles ; être lié à l'employeur par des engagements portant sur la nature des prestations de service ou produits commercialisés, le champ de prospection et la rémunération.

> Précisions **a.** Les conditions d'application du statut s'appréciant en fait (n° 60850), un **contrat** écrit conforme au statut ne suffit pas, à lui seul, à permettre au représentant de revendiquer la qualité de VRP, encore faut-il qu'il remplisse effectivement ces conditions.
Aucune condition supplémentaire ne peut être requise pour l'accès au statut. Ainsi, par exemple, l'existence d'un **lien de subordination** n'est pas nécessaire (Cass. soc. 13-1-2009 n° 08-40.157 F-PB : RJS 3/09 n° 290). Son bénéfice n'est pas non plus réservé aux VRP

travaillant pour un seul employeur (VRP **exclusifs** ou monocarte), ni à ceux travaillant simultanément pour plusieurs employeurs (VRP **multicartes**).
L'**application contractuelle** du statut est possible au profit des représentants qui ne remplissent pas toutes les conditions (n° 60900).
b. Les dispositions du Code de commerce **interdisant l'accès** aux professions commerciales ou industrielles aux **personnes condamnées à certaines sanctions pénales** (voir Mémento sociétés commerciales n°s 11170 s.) sont applicables aux VRP. L'accès au statut de VRP est donc fermé aux personnes ayant fait l'objet de l'une de ces condamnations, qui doivent alors mettre fin à leur activité de représentation.

Exercice de la représentation La représentation consiste à visiter la **clientèle** pour le compte d'une ou plusieurs entreprises en vue de prendre et de transmettre les **commandes.** Elle suppose donc une action de **prospection** hors des locaux de l'entreprise et auprès d'une clientèle (Cass. soc. 19-2-1959 n° 5763 P ; 2-3-1989 n° 86-43.667 P). **60880** C. trav. art. L 7311-3 **TB-I-2200 s**

› Précisions a. Faute de prospecter une clientèle, ne sont pas VRP les vendeurs dont les **visites** sont **imposées** par l'employeur dans un cadre strict et suivant des fiches préétablies (Cass. soc. 10-6-1965 n° 60-40.727 P).
Les **démarcheurs en assurances** ont la qualité de VRP s'ils satisfont aux conditions du statut (Cass. soc. 23-11-1994 n° 90-41.844 PBBS : RJS 1/95 n° 80 ; 20-11-2001 n° 99-40.765 FS-D). Il en va de même des **négociateurs immobiliers** (Cass. soc. 27-10-1999 n° 97-41.935 D), bien qu'ils ne bénéficient pas de l'ANI du 3-10-1975 (n° 60855, a).
b. La clientèle **appartient** à l'employeur et non au VRP, ce dernier pouvant toutefois la céder à son successeur et obtenir une indemnisation sous certaines conditions (n° 61385, d). Elle peut ne comporter qu'**un seul client** (Cass. soc. 5-5-1977 n° 76-40.640 P).
c. La **prise d'ordres** est une condition d'application du statut de VRP (Cass. soc. 26-2-1986 n° 83-41.590 P ; 18-7-2001 n° 99-43.339 F-D). À défaut, ne sont pas des VRP :
– les **directeurs ou inspecteurs commerciaux** dont l'activité consiste à diriger ou surveiller l'activité des représentants, à les accompagner dans leur travail de prospection (Cass. soc. 21-3-1961 n° 60-40.081 P ; 9-1-1974 n° 72-40.596 P) ou à inspecter les concessionnaires (Cass. soc. 29-10-1962 n° 61-40.594 P) ;
– les **personnes** chargées seulement de **visiter les clients** sans pouvoir conclure de contrat (Cass. soc. 14-6-1962 n° 61-40.060 P ; 18-7-2001 précité ; 1-3-2017 n° 15-14.267 F-D) ou **transmettant** seulement des informations sur les marchés possibles ou les appels d'offres (Cass. soc. 9-12-1970 n° 69-12.915 P ; 15-4-1970 n° 69-11.383 P) ;
– les **démonstrateurs** ou les **visiteurs médicaux** démarchant la clientèle pour lui présenter ou lui vanter les produits sans prendre eux-mêmes de commandes (Cass. soc. 30-1-1959 n° 57-40.128 P ; 8-7-1976 n° 75-40.434 P).

Exercice exclusif et constant Le bénéfice du statut suppose l'exercice de la profession de VRP de façon exclusive et constante. Il n'est cependant pas subordonné à la présence dans le contrat d'une **clause** interdisant l'exercice d'une autre profession. **60885** C. trav. art. L 7311-2 L 7311-3 L 7313-2 **TB-I-3500 s**
Le VRP peut exercer des **activités autres** que la représentation, quelle qu'en soit la nature, à condition d'exercer la représentation de manière effective et habituelle, et de se livrer à ces autres activités pour le compte du ou des employeurs qui l'emploient en tant que VRP.

› Précisions a. La représentation doit rester l'**activité principale** du VRP, les autres activités ne présentant qu'un caractère accessoire par rapport à elle (Cass. soc. 17-10-1979 n° 78-40.040 P ; 9-5-1990 n° 86-45.317 P : RJS 6/90 n° 538 ; 22-1-2003 n° 00-44.926 F-D).
Le représentant peut, à titre d'activité accessoire, occuper simultanément un **mandat social,** tel que celui de PDG de SA ou de gérant de SARL (Rép. Pujol : AN 16-7-1977 n° 36410 ; Rép. Tibéri : AN 1-9-1980 n° 32563).
b. Est exclu du statut le représentant qui se livre simultanément à d'**autres activités** professionnelles, que ce soit **pour son propre compte** (n° 60890) ou pour celui d'une **entreprise autre** que celle qui l'emploie en qualité de représentant : exploitation d'un commerce (Cass. soc. 10-5-1979 n° 77-40.069 P), réalisation d'expertises à titre indépendant (Cass. soc. 6-3-1963 n° 62-40.299), activité de rédacteur dans un journal, même si elle est autorisée par l'entreprise qui l'emploie en tant que représentant et lui permet de développer sa clientèle (Cass. soc. 21-10-1964 n° 63-40.588 P), etc.

Absence d'opérations commerciales personnelles Le bénéfice du statut suppose la non-réalisation, par le représentant, d'opérations commerciales pour son compte personnel. Cette règle précise et recoupe l'obligation d'exercice exclusif et constant examinée n° 60885. Le bénéfice du statut n'est cependant pas subordonné à la présence dans le contrat d'une **clause** interdisant l'accomplissement de telles opérations. **60890** C. trav. art. L 7311-3 L 7313-2 **TB-I-4400 s**

› Précisions a. L'accomplissement par un représentant d'opérations commerciales pour son compte personnel **suffit à l'exclure** du statut, même si son contrat ne contient aucune clause le lui interdisant (Cass. soc. 15-10-1959 n° 6615 P). L'inscription du représentant au **RCS**

ou au registre spécial des agents commerciaux fait présumer qu'il réalise de telles opérations, mais il peut apporter la preuve contraire (Cass. soc. 1-6-1961 nº 59-12.288 P ; 21-2-1978 nº 77-40.030 P ; 5-1-1990 nº 87-10.070 P : RJS 2/90 nº 178).

b. La jurisprudence écarte du statut les **représentants « ducroire »,** c'est-à-dire ceux qui se portent personnellement garants, même seulement pour partie, du paiement des commandes qu'ils transmettent (Cass. soc. 2-5-1967 nº 65-12.519 P ; 25-11-1976 nº 75-40.167 P). Cette solution est privée d'effet pour les VRP relevant de l'ANI du 3-10-1975 (nº 60855, a) puisque l'article 5-3 de cet ANI rend nulle et de nul effet toute clause contractuelle de « ducroire » rendant le représentant pécuniairement responsable du recouvrement des créances de l'entreprise vis-à-vis de ses clients.

c. Les représentants se faisant aider dans leur prospection par des **sous-agents** qu'ils emploient pour leur propre compte et rémunèrent eux-mêmes sont exclus de l'application du statut (Cass. soc. 24-1-1974 nº 72-40.790 P ; 2-12-1981 nº 79-41.103 D), même s'ils ne font que respecter une clause de leur contrat de travail (Cass. soc. 15-2-1967 nº 66-40.096 P). En revanche, ne fait pas obstacle à l'application du statut l'emploi par un représentant d'une **secrétaire** (Cass. soc. 22-10-1969 nº 67-13.428 P) ou la présence dans le contrat d'une **clause l'autorisant** à réaliser des opérations commerciales personnelles et à employer des sous-agents, dès lors qu'il n'a jamais usé de cette faculté (Cass. soc. 12-2-1985 nº 82-12.861 P).

60895 C. trav. art. L 7311-3 TB-I-5000 s **Engagements passés entre l'employeur et le VRP** L'employeur et le VRP doivent être liés par un ensemble d'engagements fixant :

– la nature des **prestations de services ou des marchandises** offertes à la vente ou à l'achat ;

– le **secteur** géographique dans lequel le VRP exerce son activité ou les catégories de clients qu'il est chargé de visiter ;

– le **taux des rémunérations** (fixe ou sur commissions).

› Précisions a. L'attribution d'un **secteur** est nécessaire (Cass. soc. 19-6-1963 nº 61-40.675 P), mais pas suffisante pour l'application du statut. Encore faut-il que ce secteur soit déterminé et fixe (Cass. soc. 12-6-1991 nº 88-41.424 D ; 14-5-2003 nº 01-42.648 F-D : RJS 11/03 nº 1326 ; 3-11-2005 nº 03-46.348 F-D). Mais il n'a pas à être nécessairement exclusif (Cass. soc. 24-1-1979 nº 77-41.373 P). Les déplacements d'un représentant à l'occasion de **foires, expositions et salons** en application d'une clause de son contrat de travail sont compatibles avec le statut (Cass. soc. 26-4-2017 nº 16-11.397 F-D : RJS 7/17 nº 534). Il en va de même d'une clause autorisant l'employeur à **modifier** le secteur dès lors qu'elle n'a jamais été appliquée (Cass. soc. 19-7-1995 nº 92-40.544 D ; 28-10-1998 nº 96-41.824 P ; 26-4-2017 nº 16-11.397 F-D : RJS 7/17 nº 534). Sur la modification du secteur par l'employeur, voir nº 61030.

b. À défaut de **contrat écrit,** les clauses visées ci-dessus sont présumées exister en raison de la présomption légale d'application du statut dans cette situation (nº 60970).

APPLICATION CONTRACTUELLE DU STATUT

60900 TB-I-6700 s L'**absence** d'une seule **des conditions** relatives à l'exercice de l'activité professionnelle suffit à écarter l'application du statut. Mais rien ne s'oppose à ce que la qualité de VRP soit contractuellement reconnue par l'employeur au salarié concerné, avec les **avantages** qui y sont attachés (Cass. soc. 19-3-1969 nº 68-40.105 P ; 25-4-1990 nº 86-43.723 P : RJS 6/90 nº 539 ; 13-6-2012 nº 10-27.689 F-D).

ATTENTION

L'application contractuelle du statut est **limitée** aux dispositions plus favorables que le droit commun (Cass. soc. 17-12-2002 nº 00-44.375 FS-P : RJS 3/03 nº 398). Elle doit être prévue par une **clause expresse du contrat** de travail. La simple mention de la qualité de « représentant » sur le **bulletin de salaire** est insuffisante (Cass. soc. 29-10-1986 nº 83-45.400 P).

B. Contrat de VRP

1. CONCLUSION

FORMALITÉS PRÉALABLES, FORME ET DURÉE

60970 C. trav. art. L 7313-3 TB-I-8000 s Avant l'embauche d'un VRP, les employeurs doivent souscrire la **déclaration** visée nº 33220 et l'adresser à l'Urssaf, y compris pour les VRP multicartes.

Le contrat peut être conclu pour une **durée indéterminée** (sa forme est alors soumise aux règles de droit commun) ou pour une durée **déterminée** (sous réserve du respect de la réglementation propre aux CDD). Pour l'incidence, sur l'application du statut de VRP, d'un **contrat écrit** conforme aux exigences du statut, voir nº 60870, a.

ATTENTION

En l'**absence de contrat écrit,** les personnes exerçant la représentation sont **présumées être** des VRP. Selon la jurisprudence, cette présomption est renversée si l'employeur établit que les conditions légales d'exercice de la profession ne sont pas respectées (Cass. soc. 21-2-1978 nº 77-40.030 P ; 21-7-1981 nº 80-13.944 ; 7-3-2012 nº 09-71.012 F-D).

PÉRIODE D'ESSAI

Les VRP relèvent des règles de **droit commun** exposées nºs 16700 s., sauf sur un point : la **durée** de la période d'essai figurant, le cas échéant, dans le **contrat à durée indéterminée** ne doit pas dépasser 3 mois. Pour le **CDD,** voir nºs 20020 s. **60975** C. trav. art. L 7311-1 L 7313-5 **TB-I-8400 s**

› Précisions a. Il ne peut pas être **dérogé à la durée maximale** de 3 mois, même par accord des parties (Cass. soc. 5-2-1992 nº 89-41.959 D : RJS 3/92 nº 368 ; 17-1-1995 nº 91-43.434 D), sauf en cas d'absence pour maladie, à condition que la prolongation n'excède pas la durée de l'absence (Cass. soc. 23-10-1991 nº 88-43.251 PF : RJS 12/91 nº 1379). Solution transposable selon nous aux autres cas de suspension du contrat de travail.
b. Au cours de la période d'essai, le VRP exclusif peut prétendre à la **ressource minimale forfaitaire** prévue par l'ANI du 3-10-1975 (nº 61185).
c. Sur le droit aux **commissions de retour sur échantillonnages** en cas de rupture du contrat pendant la période d'essai, voir nº 61375, a.

CONTENU

Certaines clauses du contrat sont **obligatoires.** Il en est ainsi des éléments conditionnant l'accès au statut de VRP visés nº 60895 et, s'il s'agit d'un contrat à durée indéterminée, de la durée du préavis (voir nº 61345). Des clauses facultatives peuvent aussi figurer dans le contrat. **60980** **TB-I-8190 s**

› Précisions Les **clauses facultatives** susceptibles d'être introduites dans le contrat sont notamment : période d'essai (nº 60975) ; interdiction, autorisation préalable ou renonciation pour la prise de nouvelles représentations en cours de contrat (nº 61005) ; perception de commissions sur les ordres indirects ou dans le cadre de marchés conclus sur appels d'offres (nº 61130) ; clause de bonne fin (nº 61135) ; clause d'arrêté de comptes périodiques de commissions (nº 61140, d) ; clause d'exclusivité (sur la portée d'une telle clause au regard de la ressource minimale forfaitaire, voir nº 61185) ; clause de non-concurrence (nºs 61460 s.).
Sur la validité de la clause de **« ducroire »,** voir nº 60890, b. Sur la clause autorisant l'employeur à **modifier** unilatéralement le **secteur** du VRP, voir nº 61030.

2. EXÉCUTION DU CONTRAT

PRISE EN COMPTE DANS L'EFFECTIF

Les VRP sont pris en compte dans l'effectif de l'entreprise pour l'application du Code du travail selon les règles de droit commun. L'application de ces règles est source de difficultés en pratique car elles se réfèrent à la durée du travail accomplie par le salarié. Or, en principe, la législation sur la durée du travail ne s'applique pas aux VRP (nº 61010). **61000** **TB-I-9850 s**

› Précisions a. Pour les titulaires de **contrats à durée indéterminée,** il faut distinguer la situation des VRP multicartes de celle des VRP exclusifs.
Les **VRP multicartes** sont pris en compte dans l'effectif de l'entreprise (Cass. soc. 7-10-1998 nº 97-60.429 P : RJS 11/98 nº 1147). Mais, si leur contrat de travail à temps partiel comporte les mentions visées nº 61015 ou, à défaut, si l'employeur rapporte la preuve de la durée exacte du travail convenue, leur prise en compte est seulement partielle et s'effectue selon les modalités exposées nº 62390. Dans le cas contraire, leur prise en compte est intégrale.
Les **VRP exclusifs** sont pris en compte intégralement dans l'effectif de l'entreprise. En effet, selon la jurisprudence, l'employeur ne peut pas contester le droit d'un VRP exclusif à la ressource minimale forfaitaire visée nºs 61185 s. en prouvant qu'il n'est en réalité occupé qu'à temps partiel (nº 61185, b).
b. Les **VRP non permanents,** exclusifs ou multicartes, sont pris en compte dans l'effectif de l'entreprise selon les modalités de droit commun (nº 62385).

OBLIGATION DE LOYAUTÉ

Comme tout salarié, le VRP est soumis, pendant la durée du contrat de travail, à une obligation de loyauté, lui interdisant notamment tout acte de concurrence (nº 16945). **61005** C. trav. art. L 7313-6 **TB-I-9100 s**

En outre, une **clause** du contrat peut lui **interdire** de **représenter des produits** ou des entreprises déterminés. À défaut, le contrat doit, sauf renonciation expresse, contenir la déclaration des entreprises ou produits que le VRP représente déjà et l'engagement de ne pas prendre en cours de contrat de nouvelles représentations sans **autorisation préalable** de l'employeur. L'**absence** de telles **clauses** est toutefois sans incidence sur l'application du statut et ne libère pas le VRP de son obligation de loyauté (Cass. soc. 10-10-1962 nº 61-40.272 P).

DURÉE DU TRAVAIL

61010 TB-I-9780 s TB-I-20750 s

La réglementation de la durée du travail ne s'applique pas au VRP, sauf dans les cas exceptionnels où il serait soumis à un **horaire contrôlable** (Cass. soc. 3-7-2019 nºs 17-22.480 et 17-23.659 F-D : RJS 10/19 nº 606 ; Circ. DRT 94-4 du 21-4-1994 et CAB 2000-03 du 3-3-2000, réputées abrogées). Donc, en principe, il n'a pas droit à la rémunération des **heures supplémentaires,** et l'employeur n'est pas tenu de décompter son temps de travail. Il en va autrement si la convention collective applicable à l'entreprise le prévoit (Cass. soc. 8-6-2011 nº 09-41.000 FS-PB : RJS 10/11 nº 845). Sur l'application au VRP de la **journée de solidarité,** voir nº 31265, a.

ATTENTION

D'après l'administration, le VRP qui n'est soumis à aucun horaire précis n'a pas droit à la rémunération des **jours fériés,** sous réserve de l'appréciation souveraine des tribunaux (Lettre min. 12-2-1981, réputée abrogée ; Rép. Jarosz : AN 5-12-1983 nº 39100). Il convient d'être prudent car la Cour de cassation ne s'est pas encore prononcée sur ce point.

TEMPS PARTIEL

61015 Un VRP n'est considéré comme salarié à temps partiel que si son contrat mentionne sa **durée hebdomadaire ou mensuelle de travail.** À défaut, le contrat de travail est présumé à temps complet, l'employeur pouvant toutefois renverser cette présomption en apportant la double preuve mentionnée nº 77285, c.

Au regard de l'indépendance des VRP dans l'organisation de leur temps de travail, il n'est pas nécessaire d'indiquer dans le contrat la **répartition** de cette durée entre les jours de la semaine ou les semaines du mois, les conditions de la modification éventuelle de cette répartition et les limites dans lesquelles peuvent être effectuées les **heures complémentaires** (Cass. soc. 5-6-2001 nº 98-46.371 FS-P : RJS 8-9/01 nº 1092 ; 18-1-2011 nº 09-41.073 F-D).

ATTENTION

Le travail à temps partiel est incompatible avec l'insertion dans le contrat d'une **clause d'exclusivité** (nº 61185, b).

CONGÉS PAYÉS

61020 C. trav. art. D 7313-1 TB-I-20000 s

La réglementation sur les congés payés s'applique au VRP dans les conditions de droit commun s'agissant de l'**ouverture du droit** et de leur **durée.**

L'**indemnisation** des congés payés peut être effectuée, au choix des parties :

– soit par le versement d'une indemnité de congés payés. L'allocation de cette indemnité n'entraîne pas de réduction du montant des commissions auxquelles le VRP a droit, dans les conditions prévues à son contrat, en raison de son activité antérieure à son départ en congé ;

– soit par une intégration aux commissions.

› Précisions a. Pour le calcul de l'**indemnité de congés payés,** il convient de faire application de la **règle du « dixième »** (Rép. Sempé : Sén. 27-10-1965 nº 5392). Le VRP peut ainsi prétendre à une indemnité égale au dixième de la rémunération totale acquise entre le 1er juin de l'année précédente et le 31 mai de l'année en cours – déduction faite des **frais professionnels** s'ils sont inclus dans les commissions (sur l'évaluation de ces frais, voir nº 61160).

L'indemnité doit être versée sans que puissent être déduites les **commissions** arrivant à échéance au cours de la période de congés et sans compensation possible entre indemnité et commissions dans quelque mesure que ce soit (Rép. Sempé : Sén. 27-10-1965 nº 5392).

b. La **base de calcul** de l'indemnité de congés payés du VRP rémunéré par un salaire fixe et des commissions comprend ces deux éléments (Cass. soc. 25-10-1967 nº 66-40.593 P). Le VRP qui n'a reçu que le salaire fixe pendant ses congés a droit à un complément d'indemnité au titre des commissions (Cass. soc. 18-3-1975 nº 74-40.021 P).

La base de calcul comprend aussi :

– le montant des commissions de retour sur échantillonnages (Cass. soc. 27-3-2019 nº 17-21.014 FS-PB : RJS 6/19 nº 354) ;

– celui des commissions sur ordres indirects (définies nº 61130) perçues au cours de la période de référence, y compris les commissions sur ordres passés à l'entreprise par la clientèle du VRP pendant ses congés s'ils proviennent de son activité antérieure aux congés (Cass. soc. 20-12-2017 nº 16-19.149 F-D : RJS 3/18 nº 198). Solution applicable, que le VRP soit rémunéré exclusivement à la commission ou par un fixe plus des commissions (Cass. soc. 28-10-1963 nº 61-40.573 P).

c. La méthode de l'**intégration** de l'indemnité de congés payés **dans les commissions** ne peut être utilisée que si elle est expressément prévue dans le contrat de travail dans les conditions visées nº 13680 et ne conduit pas, pour le salarié, à un résultat moins favorable que le versement de l'indemnité normale. Pour un VRP payé à la commission, cela implique une majoration du taux desdites commissions (Cass. soc. 30-5-2000 nº 97-45.946 FS-P : RJS 9-10/00 nº 1025 ; 5-12-2012 nºs 11-23.058 et 11-16.367 F-D).

CONGÉS FAMILIAUX ET PERSONNELS

Comme les autres salariés, le VRP a droit à des congés pour événements personnels ou familiaux. Ces congés sont ceux indiqués nº 11935, étant précisé que l'ANI du 3-10-1975 (champ d'application, nº 60855, a et c) prévoit qu'en cas de **mariage d'un enfant** le congé du VRP est porté à 2 jours après un an d'ancienneté. 61025 C. trav. art. L 3142-1 L 3142-2 ANI 3-10-1975 art. 7 TB-I-20700 s

› Précisions a. En application de l'article L 3142-2 du Code du travail (nº 11940), le VRP, quel que soit son mode de **rémunération,** peut prétendre au maintien de celle-ci pour les jours d'absence pris au titre des congés familiaux prévus à cet article. Si les congés familiaux sont pris en application de l'ANI du 3-10-1975, la rémunération du VRP comportant une partie fixe ne doit pas subir de réduction du fait de ces congés.
b. D'**autres congés** pour raisons familiales sont accordés au VRP dans les mêmes conditions qu'aux autres salariés de l'entreprise (nºs 11945 s.).
c. Un congé doit être accordé aux jeunes appelés à la **journée défense et citoyenneté** (nº 45515).

MODIFICATION DU CONTRAT

L'employeur ne peut modifier les **éléments du contrat** de travail du VRP qu'avec l'accord de ce dernier, selon la procédure de droit commun. Les **conditions de travail** peuvent, quant à elles, être modifiées sans l'accord du salarié. 61030 TB-I-10700 s

En cas de modifications du contrat liées à des **circonstances économiques,** le représentant peut bénéficier d'une garantie temporaire de rémunération (voir nº 61210).

ILLUSTRATIONS

Constituent des **éléments du contrat** du VRP ne pouvant être modifiés sans son accord :
– le **secteur** du VRP (Cass. soc. 12-7-1999 nº 97-41.126 D ; 10-5-2005 nº 03-41.616 F-D), qui est une condition d'application de son statut. Est nulle la clause du contrat réservant à l'employeur le droit de modifier unilatéralement le secteur (Cass. soc. 16-10-2002 nº 00-44.307 F-D : RJS 1/03 nº 102 ; 19-5-2004 nº 01-44.964 F-D), même si elle garantit au VRP le maintien pendant quelque temps de ses gains antérieurs (Cass. soc. 23-1-2001 nº 98-46.377 FS-PB : RJS 4/01 nº 540) ;
– le **statut** de VRP. Ainsi, l'employeur ne peut pas unilatéralement y substituer le statut de délégué ou d'attaché commercial (CA Bourges 28-6-1985 nº 85-174 ; CA Paris 17-5-1990 nº 90-30271 : RJS 8-9/90 nº 747) ou de télévendeur sédentaire (Cass. soc. 14-12-2010 nº 09-68.837 F-D).
De même, caractérisent une modification du contrat du VRP :
– la **réduction** très sensible du nombre de **modèles de la collection,** entraînant une baisse des ventes réalisées (Cass. soc. 28-3-1979 nº 78-40.085 P) ;
– le **retrait** de la concession d'une **marque** (Cass. soc. 28-10-1970 nº 69-40.495 P) ;
– le **changement de marque** d'articles vendus jusque-là sous une marque ayant une certaine notoriété, à la suite de la cession de cette dernière à une autre société (Cass. soc. 20-10-1993 nº 92-41.667 D : RJS 12/93 nº 1180) ;
– l'instauration d'un **quota maximum de ventes** non prévu dans le contrat initial, cet événement pouvant influer sur le montant de la rémunération (Cass. soc. 18-7-2000 nº 98-41.222 FS-PF : RJS 11/00 nº 1062).

LITIGE PORTANT SUR L'EXÉCUTION DU CONTRAT

Tous les litiges relatifs à l'application du contrat de VRP sont de la compétence du **conseil de prud'hommes.** Les règles générales de compétence territoriale s'appliquent (voir nº 14660). 61035 C. trav. art. L 7313-18 TB-I-10100 s

C. Rémunération

1. MODE DE RÉMUNÉRATION

Le VRP peut percevoir : un salaire **fixe,** uniquement des **commissions** ou une rémunération combinant un fixe et des commissions. Toutes ces formules sont compatibles avec le statut, celui-ci se contentant d'imposer aux parties au contrat de représentation de déterminer le taux des rémunérations (nº 60895). Le choix du mode de rémunération entraîne des conséquences pratiques. Ainsi, le VRP payé uniquement par un salaire fixe n'a pas droit aux sommes ou indemnités suivantes : indemnité de clientèle (nº 61385, d) ; commissions de retour sur échantillonnages (nº 61375, a) ; indemnités spéciales de rupture (nº 61425, b) ou de mise à la retraite (nº 61435) prévues par l'ANI du 3-10-1975. 61110 TB-I-14300 s

ATTENTION

Le cas du VRP rémunéré par un salaire fixe et des commissions s'y ajoutant doit être distingué de celui du VRP payé à la commission, auquel son employeur verse régulièrement une somme fixe. Dans le premier cas, le salaire fixe est définitivement acquis. Dans le second, au contraire, les versements fixes sont de simples **avances sur les commissions** à venir. Le VRP doit donc rembourser l'excédent perçu s'il quitte l'entreprise (Cass. soc. 12-6-1963 n° 61-40.424 P ; 29-11-1979 n° 78-41.370 P ; 13-1-1988 n° 86-41.756 D), sauf si, en l'absence de toute régularisation en cours d'exécution du contrat, il y a eu dans les faits novation du mode de rémunération, l'avance versée s'étant transformée en salaire fixe (Cass. soc. 15-10-2002 n° 00-42.364 FS-P : RJS 12/02 n° 1449).

2. COMMISSIONS

FORME

61130 TB-I-14600 s Les commissions représentent en général un pourcentage du chiffre d'affaires réalisé par le VRP (n° 61140, a). En principe, elles sont dues sur les **ordres directs,** c'est-à-dire sur les affaires traitées et conclues par le VRP lui-même.

Sous certaines conditions, elles peuvent l'être sur les **ordres indirects,** c'est-à-dire sur les commandes transmises par les clients à l'employeur sans passer par le VRP, ainsi que dans le cas des marchés sur **appel d'offres.**

> Précisions a. Les commissions ne sont dues sur les **ordres indirects** que si le contrat ou les usages le prévoient, ce que le VRP doit prouver (Cass. soc. 8-2-1984 n° 82-40.383 ; 15-11-1988 n° 85-42.543 P : RJS 1/89 n° 112). Si le droit aux commissions sur les ordres indirects est établi, il ne vaut que pour les affaires traitées dans le secteur du VRP (Cass. soc. 30-5-1990 n° 87-40.485 P : RJS 7/90 n° 571).

b. Dans le cadre des **marchés sur appel d'offres,** les commissions ne sont dues que si un accord ou un usage le prévoit, ce qu'il appartient au VRP de prouver. Son rôle dans l'attribution des marchés à l'employeur est sans effet (Cass. ass. plén. 26-2-1988 n° 85-40.034 P ; Cass. soc. 29-1-2002 n° 99-44.323 FS-P : RJS 4/02 n° 501).

ACQUISITION

61135 TB-I-15200 s En principe, le droit à commission est acquis au VRP dès la **passation de la commande,** même si celle-ci n'est pas exécutée ou réglée (Cass. soc. 25-6-1969 n° 68-40.263 P ; 7-4-2004 n° 00-44.379 F-D ; 25-3-2009 n° 07-43.587 F-D : RJS 6/09 n° 587).

Par exception, ce droit peut être subordonné à l'exécution de la commande et à l'encaissement du prix. Cette condition, appelée **clause de bonne fin** ou de paiement, peut résulter du contrat ou d'un usage pratiqué dans l'entreprise (Cass. soc. 12-3-1975 n° 74-40.358 P ; 7-4-2004 n° 00-44.379 F-D ; 25-1-2017 n° 15-23.254 F-D).

> Précisions a. Une clause de bonne fin ne peut pas être **mise en œuvre** en cas de **faute** ou de **défaillance de l'employeur** (Cass. soc. 28-2-1980 n° 78-40.915 P ; 25-3-2009 n° 07-43.587 F-D : RJS 6/09 n° 587 ; 11-5-2017 n° 16-10.914 F-D : RJS 7/17 n° 535) ou de celle de son **fournisseur** (Cass. soc. 19-12-2018 n° 13-26.940 F-D : RJS 3/19 n° 187). Elle ne joue pas non plus si le droit à commission est acquis (Cass. soc. 30-11-2011 n° 09-43.183 FS-PB), en particulier lorsque le client donne son **accord ferme et définitif** pour un contrat (Cass. soc. 11-5-2017 n° 16-10.914 F-D : RJS 7/17 n° 535).

b. En l'**absence de clause de bonne fin,** la commission n'est pas due dans les cas suivants :

– inexécution de la commande due à une **faute du VRP,** telle que : des commandes imprécises ou inexactes sur le prix et le format des articles (Cass. soc. 2-11-1950 n° 637 P) ; l'acceptation de délais de livraison trop courts malgré les instructions réitérées de l'employeur (Cass. soc. 17-3-1960 n° 58-40.502 P) ;

– **force majeure,** circonstance qu'il incombe à l'employeur d'établir (Cass. soc. 4-1-1979 n° 77-40.718 P).

c. Sauf convention ou usage contraire, en cas de **nullité de la clause** contractuelle de bonne fin, le droit à commission est acquis une fois la commande passée et acceptée, que celle-ci soit ou non exécutée (Cass. soc. 25-3-2009 n° 07-43.587 F-D : RJS 3/03 n° 399).

d. L'annulation, par l'employeur, de commandes ne provenant pas de clients douteux ou n'apparaissant pas inacceptables peut constituer un **abus** de sa part, l'obligeant à payer les commissions sur ces dernières, en dépit de la clause subordonnant le paiement des commissions à l'acceptation des commandes par l'entreprise (Cass. soc. 29-10-2002 n° 00-45.966 F-D : RJS 3/03 n° 399).

CALCUL

61140 TB-I-16200 s Les modalités de calcul des commissions sont librement fixées par l'employeur et le VRP. L'accord sur le **taux** de la rémunération est une condition d'application du statut de VRP (n° 60895).

Sauf clause contraire, l'**assiette** des commissions est constituée par le prix facturé, sans qu'il y ait lieu d'en déduire les **taxes,** TVA en particulier (Cass. soc. 20-5-1998 n° 95-41.169 n° 2501 P), ou les éventuels **frais de pose** (Cass. soc. 11-6-1969 nº 68-40.418 P) ou **de vente** (Cass. soc. 20-3-1968 nº 67-40.145 P). Sur l'inclusion des **frais professionnels** ou de l'**indemnité de congés payés** dans le montant des commissions, voir respectivement nº 61160 et nº 61020.

> Précisions a. Généralement exprimé en **pourcentage** du montant des ventes réalisées par le VRP, le taux des commissions peut aussi être exprimé **en euros** par article vendu.
Il peut être **identique** pour toutes les affaires ou **variable** selon les catégories de commandes ou de clients (sur ce dernier point : Cass. soc. 17-10-1979 nº 78-40.160).
Le taux prévu lors de la conclusion du contrat doit s'appliquer aussi aux **produits nouveaux,** non encore en vente à cette date, si le contrat ne prévoit aucune exception à son application ni pour les produits futurs, ni pour telle catégorie de produits (Cass. soc. 28-6-1958 P).
b. Les parties peuvent prévoir de calculer les commissions sur la base du chiffre d'affaires net résultant des commandes passées par l'intermédiaire du salarié, après déduction des **remises consenties au client** (Cass. soc. 5-3-2014 nº 12-25.035 FS-D : RJS 5/14 nº 384).
c. Sur le calcul de la rémunération du **crédit d'heures** d'un VRP payé à la commission, voir nº 62605, c.
d. Le contrat peut prévoir une clause concrétisant l'accord définitif des parties sur le montant des commissions. Une telle clause, dite **clause d'arrêtés de comptes périodiques** de commissions, est licite si elle permet au VRP, dont la rémunération variable nécessite une vérification de sa part, de présenter ses observations. Tel est le cas si elle stipule que le défaut d'observations du VRP dans le mois de la réception des relevés trimestriels de commissions détaillés établis par l'employeur vaut arrêté de compte (Cass. soc. 30-9-2003 nº 01-42.819 FS-P : RJS 12/03 nº 1389).

3. FRAIS PROFESSIONNELS

Le mode de remboursement des frais professionnels exposés par le VRP est librement fixé par les parties. L'indemnisation peut être incluse dans le montant des **commissions** ou être effectuée par des **versements** distincts, calculés forfaitairement ou au réel sur justificatifs. Dans le silence du contrat, la rémunération est présumée ne pas inclure d'indemnisation de frais (Cass. soc. 9-7-2008 nº 06-44.240 FS-P : RJS 10/08 nº 992 ; 12-12-2012 nº 11-25.241 F-D). **61160** TB-I-16700 s

> Précisions a. La **part des commissions correspondant aux frais** professionnels est **fixée** soit par l'accord des parties, soit, en cas de litige, par les tribunaux. Ceux-ci retiennent généralement le taux de 30 %, sauf si le VRP établit que ce taux est exagéré dans son cas (Cass. soc. 19-2-1959 nº 5763 P ; 10-6-1965 nº 58-40.463 P ; CA Aix-en-Provence 27-6-1995 nº 92-1984).
b. Lorsque les frais professionnels sont inclus dans les commissions, il y a lieu de les déduire pour calculer les **indemnités assises sur une base nette de frais** professionnels : indemnités de congés payés (nº 61020), de préavis (nº 61350), de rupture (nºs 61390, d et 61405 s.). Sur l'incidence de l'inclusion des frais professionnels dans les commissions, au regard de la **ressource minimale forfaitaire** due à certains VRP, voir nº 61195.
c. S'agissant de la **déduction forfaitaire** spécifique pour frais professionnels pratiquée pour le calcul des cotisations sociales, voir nºs 22770 s. Sur l'abattement pratiqué pour le calcul de la **CSG** et de la **CRDS**, voir nº 25110.

4. RÉMUNÉRATION MINIMALE

Sauf dans les cas exceptionnels où ils sont assujettis à un horaire contrôlable, les VRP ne bénéficient pas du **Smic** (Cass. soc. 10-11-1993 nº 89-42.513 P : RJS 12/93 nº 1245 ; 22-5-1996 nº 95-40.200 P : RJS 7/96 nº 857 ; 3-7-1996 nº 92-43.159 D : RJS 8-9/96 nº 994). **61180** TB-I-17200 s

Mais ils ne sont pas pour autant dépourvus de toute garantie. En effet, le **contrat de travail** des représentants rémunérés en tout ou partie à la commission peut garantir un minimum définitivement acquis ou à valoir sur les commissions futures (nº 61110).

Par ailleurs, l'ANI du 3-10-1975 garantit, sous certaines conditions, aux VRP exclusifs le versement d'une ressource minimale forfaitaire.

RESSOURCE MINIMALE FORFAITAIRE

Conditions d'octroi Selon l'article 5 de l'ANI du 3-10-1975 (champ d'application : voir nº 60855, a et c), les **VRP exclusifs** bénéficient, sans condition d'ancienneté, et même pendant la période d'essai (Cass. soc. 25-10-1995 nº 93-46.041 D ; 5-5-1999 nº 97-40.443 D : RJS 8-9/99 nº 1165), d'une ressource minimale forfaitaire. Ce texte en exclut les VRP à **temps partiel** dont le contrat contient une clause d'exclusivité, mais cette restriction est privée d'effet par la jurisprudence. **61185** ANI 3-10-1975 art. 5 et 5-1 TB-I-17600 s

› Précisions a. La ressource minimale forfaitaire n'est pas due si le contrat est dépourvu de **clause d'exclusivité** (Cass. soc. 25-3-2010 nº 08-43.156 F-P : RJS 6/10 nº 568), même si le VRP soutient qu'il travaille en fait pour un seul employeur (Cass. soc. 23-9-2003 nº 01-43.636 FS-P : RJS 12/03 nº 1450 ; 19-3-2014 nº 12-28.441 F-D). À l'inverse, si le contrat comporte une telle clause, le fait que l'employeur se réserve la possibilité d'autoriser le VRP à y déroger ne peut pas faire obstacle à la qualification de contrat de VRP exclusif, de telle sorte que le VRP a droit à la ressource minimale forfaitaire (Cass. soc. 9-7-2003 nº 01-43.116 FS-PB). Les juges n'ont donc pas à rechercher les conditions effectives d'exercice de l'activité du VRP pour décider de l'octroi de la ressource minimale forfaitaire (Cass. soc. 21-6-2018 nº 17-16.560 F-D).

b. Un VRP engagé à titre exclusif ne peut pas se voir imposer de travailler à **temps partiel** et a droit à la rémunération minimale forfaitaire (Cass. soc. 11-7-2000 nº 98-40.143 FS-PF : RJS 11/00 nº 1155 ; 11-5-2005 nº 03-40.837 F-PB : RJS 7/05 nº 787). Son employeur n'est pas autorisé à prouver, au vu des conditions effectives de l'activité, que l'intéressé est en réalité employé à temps partiel et n'a donc pas droit à la rémunération minimale (Cass. soc. 6-2-2001 nº 98-46.423 FS-D). Il ne peut pas non plus en diminuer le montant au prétexte d'une activité réduite, une telle mesure constituant une sanction pécuniaire illicite (Cass. soc. 11-6-2003 nº 01-43.586 F-D : RJS 11/03 nº 1327 ; 27-10-2004 nº 02-41.028 F-PB : RJS 1/05 nº 92 ; 13-12-2006 nº 05-40.969 FS-PB : RJS 2/07 nº 291).

c. La ressource minimale s'applique, après un mois d'ancienneté dans l'entreprise (Cass. soc. 11-10-1990 nº 87-41.103 P : RJS 11/90 nº 936 ; 10-11-1993 nº 89-42.513 P : RJS 12/93 nº 1245), aux VRP faisant de la **vente à domicile** suivant des modalités particulières définies par l'article 5-1 de l'ANI du 3-10-1975, issu d'un avenant nº 3 du 12-1-1982 (nº 60855, a).

61190 ANI 3-10-1975 art. 5 **Montant et paiement** Déduction faite des frais professionnels, la ressource minimale forfaitaire est égale, **pour chaque trimestre d'emploi** à temps plein, à 520 fois le taux horaire du Smic en vigueur à la fin du dernier mois échu pris en compte à chaque paiement.

› Précisions a. Le montant de la ressource minimale est réduit à due concurrence en cas de **début ou de fin de contrat, ou de suspension** temporaire **d'activité** du VRP, au cours d'un trimestre.

En dehors de ces situations, toute **retenue** opérée par l'employeur, par exemple pour insuffisance du volume d'activité du VRP, constitue une sanction pécuniaire illicite (voir nº 61185, b).

b. Le complément de salaire versé par l'employeur au titre de la ressource minimale forfaitaire est **à valoir sur les rémunérations** contractuelles **échues au cours des 3 trimestres suivants** et ne peut être déduit qu'à concurrence de la seule partie de ces rémunérations qui excéderait cette ressource minimale (ANI 3-10-1975 art. 5). Toutefois, l'employeur qui n'a pas effectivement versé chaque trimestre au VRP exclusif le montant de la ressource minimale forfaitaire ne peut pas opérer cette déduction (Cass. soc. 30-11-2004 nº 03-44.635 FS-PBRI : RJS 2/05 nº 235 ; 28-2-2006 nº 03-47.880 F-PB : RJS 5/06 nº 650).

61195 ANI 3-10-1975 art. 5 La ressource minimale forfaitaire ayant le caractère de salaire, le VRP peut prétendre, en sus, au **remboursement de** ses **frais professionnels** soit réels, soit calculés forfaitairement par rapport à cette ressource minimale (Cass. ass. plén. 2-5-1997 nº 94-42.521 P : RJS 8-9/97 nº 1040 ; 3-11-2005 nº 03-46.979 F-D).

Par exception, ceux-ci peuvent être **imputés** sur le montant de la ressource minimale forfaitaire, s'il a été contractuellement prévu que le VRP en conserverait la charge moyennant le versement d'une somme forfaitaire fixée à l'avance et à la condition que la rémunération proprement dite du travail reste au moins égale au minimum garanti (Cass. soc. 5-6-2001 nº 98-46.371 FS-P : RJS 8-9/01 nº 1092) et, comme pour les autres salariés, que la somme versée ne soit pas manifestement disproportionnée par rapport aux frais réels (nº 70515).

EXEMPLE

1. Soit un VRP exclusif rémunéré seulement à la commission ayant acquis, au cours du premier trimestre 2021, un droit à commissions de 3 300 €. Ses frais professionnels, remboursés sur justificatifs, sont de 1 100 €. La rémunération minimale pour le trimestre considéré est égale à 10,25 € × 520 = 5 330 €. Le complément à la charge de l'employeur est égal à 5 330 € − 3 300 € = 2 030 €.

2. La ressource minimale étant une rémunération nette de frais professionnels, son montant doit être majoré lorsqu'elle est à comparer avec la rémunération d'un VRP dont les frais professionnels, évalués forfaitairement, sont inclus dans les commissions. En supposant que les frais professionnels du VRP, évalués à 30 % des commissions, ont été inclus dans ces dernières, le complément à verser est déterminé comme suit.

Le minimum à comparer avec les rémunérations du VRP est de : 5 330 € × 100 / 70 = 7 614,29 €.
Le complément à verser au salarié est égal à 7 614,29 € − 3 300 € = 4 314,29 €.

5. INCIDENCE DE CERTAINS ÉVÉNEMENTS

Certains événements ont une incidence sur la rémunération du VRP. Il en est ainsi des congés payés annuels (nº 61020), des congés pour événements familiaux et personnels (nº 61025), de la maladie, la maternité ou l'accident, et de la modification du contrat pour éviter un licenciement économique. 61210 TB-I-19200 s

› Précisions Cette dernière situation recouvre le cas dans lequel des représentants ont accepté une **réduction de secteur,** de **clientèle,** de **rémunération** ou une **mutation** à un autre poste pour éviter de faire l'objet d'un **licenciement économique.** Dans ce cas, l'ANI du 22-6-1970 (champ d'application : voir nº 60855, b et c) leur assure une garantie temporaire de rémunération. Pour plus de détails, on peut se reporter à notre Mémento paie nºs 81260 s.

MALADIE, MATERNITÉ, ACCIDENT

Les VRP relèvent des dispositions du **Code du travail** prévoyant, sous certaines conditions, le maintien de tout ou partie du salaire en cas de maladie ou d'accident : voir nºs 49760 s. 61215 ANI 3-10-1975 art. 8 à 10-1 et 18 TB-I-19250 s

Le maintien de la rémunération dans ces cas est aussi prévu par l'**ANI du 3-10-1975** (champ d'application : nº 60855, a et c), qui s'applique lorsqu'il est plus avantageux que la garantie légale. Sur les modalités de comparaison entre l'indemnisation légale et l'indemnisation conventionnelle, voir nº 49760. L'ANI du 3-10-1975 prévoit en outre, sous certaines conditions, le maintien du salaire en cas de maternité.

Le maintien de salaire prévu par l'ANI du 3-10-1975 est réservé aux VRP ayant au moins 2 ans d'**ancienneté** dans l'entreprise. Celle-ci s'entend du temps écoulé dans la fonction de VRP et comprend les périodes pour lesquelles le contrat a été suspendu.

› Précisions **a.** L'ANI du 3-10-1975 prévoit, en cas d'arrêt de travail pour **maladie ou accident non professionnels** constatés par certificat médical et contre-visite éventuelle, dans le cas où l'arrêt se prolonge au-delà de 30 jours, le versement d'une **indemnité complémentaire** à celle de la sécurité sociale et prenant effet rétroactivement à partir du 11e jour d'absence. Cette indemnité est égale, par jour civil d'absence indemnisable, à une fraction de la **rémunération** moyenne mensuelle des 12 derniers mois d'activité (déduction faite des frais professionnels), dans la limite du plafond de la tranche 2 (T2) visée nº 67975. Cette fraction et la durée maximale pendant laquelle elle doit être versée varient selon le barème suivant, en fonction de l'ancienneté acquise au premier jour d'absence :

– de 2 à 5 ans d'ancienneté : 1/60 pendant 45 jours ;
– de 5 à 10 ans d'ancienneté : 1/60 pendant 45 jours, puis 1/120 pendant 15 jours ;
– de 10 à 15 ans d'ancienneté : 1/60 pendant 60 jours, puis 1/120 pendant 15 jours ;
– de 15 à 20 ans d'ancienneté : 1/60 pendant 75 jours, puis 1/120 pendant 15 jours ;
– de 20 à 30 ans d'ancienneté : 1/60 pendant 90 jours, puis 1/120 pendant 15 jours ;
– plus de 30 ans d'ancienneté : 1/60 pendant 120 jours.

Doivent être **déduites** du montant de l'indemnité :
– les indemnités versées par le ou les régimes complémentaires de prévoyance auxquels adhérerait l'employeur ;
– les sommes éventuellement perçues par le VRP sur des ordres passés depuis le premier jour d'absence indemnisée. Au contraire, les sommes perçues au titre d'ordres passés avant cette absence lui restent acquises.

L'indemnité est **réglée** selon la **périodicité** retenue par les parties pour le règlement de la rémunération convenue.

Pour le calcul des indemnités dues au titre d'une période de paie, il est tenu compte des indemnités déjà perçues par l'intéressé durant les 12 mois précédents, de telle sorte que, si **plusieurs absences** pour maladie ou accident ont été indemnisées **au cours des 12 mois,** la durée totale d'indemnisation ne dépasse pas celle applicable en vertu du barème ci-dessus.

b. En cas de **maladie professionnelle ou d'accident du travail** reconnus par la sécurité sociale, cette indemnité est égale à 1/60 de la rémunération visée au a. ci-dessus à partir du premier jour indemnisé par la sécurité sociale. À compter du 29e jour, son montant est ramené à 1/90. Sous ces réserves, elle obéit aux règles exposées au a. ci-dessus.

c. En cas de **maternité,** l'indemnité est égale pour chaque jour civil à 1/60 de la rémunération visée au a. ci-dessus, comprise dans la tranche 2 (T2) visée nº 67975. En sont déduites les mêmes sommes et indemnités qu'en cas de maladie (voir a. ci-dessus).

d. L'indemnisation ne peut pas permettre au VRP de gagner plus que ce qu'il aurait gagné s'il avait continué à travailler pendant la période de suspension de son contrat. Cette indemnité n'est donc pas due pour la période ou fraction de période de suspension du contrat qui coïncide avec une **période normale d'inactivité** du VRP, appréciée compte tenu de la variabilité des périodes de vente de l'entreprise.

Cette indemnité reste néanmoins due sur la **partie fixe de la rémunération** lorsque celle-ci est habituellement versée par l'entreprise pendant lesdites périodes normales d'inactivité.

6. PAIEMENT ET PROTECTION

61240 C. trav. art. L 7313-7 L 7313-8 TB-I-18500 s

Le paiement du **salaire fixe** s'effectue au moins une fois par mois, conformément au droit commun, celui des **commissions,** au moins tous les 3 mois. Les rémunérations des VRP relèvent des **règles de droit commun** relatives au bulletin de paie, à la garantie des créances de salaire, à la prescription, à la saisie et à la cession des rémunérations. Comme tous les salariés, les VRP bénéficient d'un privilège ordinaire pour leurs rémunérations des 6 derniers mois et, en cas de procédure collective de leur employeur, d'un superprivilège qui, dans leur cas, porte sur les rémunérations de toute nature dues au titre des 90 derniers jours de travail.

› Précisions a. La règle de paiement des **commissions** au moins tous les 3 mois correspond à une périodicité maximale (Cass. soc. 18-12-1967 n° 66-40.663 P), les parties pouvant convenir d'une **périodicité plus courte.**
L'article 5-2 de l'ANI du 3-10-1975 (champ d'application : n° 60855, a et c) prévoit que, si le VRP le demande, l'employeur doit lui verser des **acomptes mensuels** sur commissions, exclusivement fonction des commissions effectivement dues au titre du trimestre en cours.

b. En cas de **cession de l'entreprise** et en présence d'un usage en vertu duquel les commissions ne sont payables qu'après recouvrement des factures, c'est le cessionnaire qui, devenu nouvel employeur au moment du recouvrement des factures, est tenu au paiement des commissions, même si les commandes ont été prises avant la cession (Cass. soc. 24-1-1989 n° 85-43.572 P : RJS 3/89 n° 288).

c. Sur la validité des **clauses de « ducroire »,** voir n° 60890, b.

D. Rupture du contrat

61300 TB-I-23000 s

Les règles applicables à la rupture du contrat de représentation à **durée indéterminée** sont les règles de droit commun, sous réserve de certaines particularités exposées ci-après.

La rupture du **CDD** obéit elle aussi aux règles de droit commun applicables à ce type de contrat (n°s 20140 s.). Sur les sommes dues au titre de cette rupture, voir n° 61450.

1. PRÉAVIS

61340 TB-I-24500 s

Des dispositions spécifiques aux VRP sont prévues en ce qui concerne la durée et l'indemnité compensatrice de préavis. L'exécution du préavis obéit aux règles de droit commun.

Sur le sort du **véhicule de service** pendant le préavis, voir n° 69352.

DURÉE

61345 C. trav. art. L 7313-9 L 7313-10 ANI 3-10-1975 art. 12 TB-I-24550 s

Le contrat à durée indéterminée du VRP doit prévoir un préavis d'au moins un mois durant la première année de présence, 2 mois la deuxième année et 3 mois au-delà.

Sauf cas particuliers, les parties doivent observer ce préavis, quel que soit le **mode de rupture du contrat** (n° 69210). Sur la possibilité de prévoir une **durée plus courte** en cas de **démission,** voir n° 69225.

ATTENTION

Si le VRP exerce son activité **hors de France** et si la résiliation du contrat y entraîne son retour, la durée du préavis doit être augmentée du temps de voyage normal.

INDEMNITÉ COMPENSATRICE DE PRÉAVIS

61350 TB-I-24700 s

Sauf faute grave ou lourde du VRP, l'inobservation du préavis ouvre droit à une indemnité compensatrice dans les cas et aux conditions de droit commun.

La **base de calcul** de l'indemnité compensatrice de préavis comprend :
– le salaire fixe et/ou les commissions ;
– le cas échéant, la valeur des avantages en nature dont le VRP a bénéficié pendant la période de préavis.

En revanche, les **frais professionnels** doivent en être déduits (Cass. soc. 15-11-1979 n° 78-41.203 P). Lorsque les **commissions** incluent des frais professionnels, elles n'entrent en compte qu'après déduction de ces frais, évalués comme indiqué n° 61160 (Cass. soc. 12-3-1975 n° 74-40.358 P).

› Précisions a. Si le VRP perçoit des commissions, l'indemnité compensatrice de préavis est en principe calculée par les juges d'après la **moyenne** des commissions perçues **pendant l'année** ayant précédé le licenciement (Cass. soc. 22-5-1964 n° 63-40.004 P). Par exception, elle est calculée sur les gains réalisés par le VRP pendant les **derniers mois** d'activité normale si l'employeur l'a empêché d'exercer normalement sa profession au cours des derniers mois d'exécution du contrat (Cass. soc. 1-3-1972 n° 71-40.264 P). Sur la base de calcul à retenir en cas de rupture du contrat pour **maladie prolongée** ou **inaptitude,** voir n° 61425, c.

b. L'indemnité compensatrice de préavis n'est pas due au VRP dont la **prospection** est **saisonnière** lorsque le préavis est situé dans sa saison d'inactivité (n° 69340, a).

c. La **violation** de la clause de **non-concurrence en cours de préavis** non exécuté ne prive le VRP de son droit à l'indemnité compensatrice de préavis que pour la période postérieure à la faute (Cass. soc. 1-4-1992 n° 88-43.524 PF : RJS 5/92 n° 690).

d. L'indemnité compensatrice de préavis se **cumule** avec les commissions dues au VRP sur les affaires qu'il a conclues avant son départ (Cass. soc. 30-6-1965 n° 64-40.267 P), avec les commissions de retour sur échantillonnages (Cass. soc. 29-1-1975 n° 74-40.071 P) et avec l'indemnité de clientèle (n° 61395).

2. SOMMES VERSÉES À LA CESSATION DU CONTRAT

À la cessation de son **contrat à durée indéterminée,** le VRP peut prétendre à une indemnité de clientèle sous certaines conditions (voir n°s 61380 s.). S'il ne les remplit pas ou si cela se révèle avantageux pour lui, il peut demander à percevoir les indemnités conventionnelles de rupture visées n°s 61405 s. ou, le cas échéant, l'indemnité légale de licenciement (ou de départ ou de mise à la retraite). Sur les indemnités auxquelles il peut prétendre à la cessation de son **CDD,** voir n° 61450. **61370** TB-I-25200 s

En cas de **rupture conventionnelle** homologuée, une indemnité spécifique doit lui être versée (voir n° 69130).

S'il en remplit les conditions, il a aussi droit à des commissions de retour sur échantillonnages, ainsi qu'aux indemnités compensatrices de congés payés et de préavis (n° 61350). S'y ajoute, le cas échéant, une indemnité de non-concurrence (voir n° 61470).

INDEMNITÉ COMPENSATRICE DE CONGÉS PAYÉS

Le VRP peut prétendre à une indemnité compensatrice de congés payés dans les conditions de **droit commun** lorsque son contrat est rompu avant qu'il n'ait pu bénéficier de la totalité du congé auquel il avait droit. **61372** TB-I-20600

ATTENTION

Bien qu'aucune solution administrative ou jurisprudentielle ne soit venue le confirmer, on peut penser que l'indemnité compensatrice n'est pas due au VRP dont les **indemnités** de congés payés sont comprises dans les **commissions.** Dans ce cas, en effet, le versement d'une telle indemnité ferait double emploi avec les sommes déjà perçues au titre des congés payés lors de chaque versement de commissions.

COMMISSIONS DE RETOUR SUR ÉCHANTILLONNAGES

Quelles que soient la cause et la date de la rupture du contrat de travail, le VRP a droit, à titre de salaire, aux commissions et remises sur les **ordres non encore transmis à la date de son départ,** mais qui sont la suite directe des remises d'échantillons et des prix faits antérieurs à l'expiration du contrat. **61375** C. trav. art. L 7313-11 L 7313-12 TB-I-30200 s

Sauf clause contractuelle plus favorable au VRP, ce droit à commissions est apprécié en fonction de la **durée** normale consacrée par les usages. Dans de nombreuses branches professionnelles, l'usage est de retenir une durée de 3 mois. Une durée plus longue peut toutefois être retenue, sans pouvoir dépasser 3 ans à compter de la date d'expiration du contrat, pour tenir compte des **sujétions** administratives, techniques, commerciales ou financières propres à la clientèle.

> Précisions a. De par leur objet, les commissions de retour sur échantillonnages ne sont pas dues au VRP **payé exclusivement au fixe** (Cass. soc. 3-10-1969 n° 68-40.496 P ; 18-12-1984 n° 82-42.693).

Elles doivent être versées, quelles que soient la **cause** et la **date de la rupture** du contrat, y compris en cas de licenciement pour faute grave ou lourde (Cass. soc. 25-5-1981 n° 79-41.618 P) ou de rupture du contrat pendant la période d'essai. Peu importe que le contrat de travail en dispose autrement (Cass. soc. 10-4-2013 n° 12-11.658 F-D), que le seuil à partir duquel les commissions devaient être versées n'ait pas été atteint en cours de contrat (Cass. soc. 14-3-2000 n° 97-43.210 D) ou qu'après la rupture le VRP continue à prospecter la même clientèle (Cass. soc. 22-5-1995 n° 91-41.982 D : RJS 7/95 n° 838).

Le **non-renouvellement du CDD** à son expiration était expressément cité par l'ancien article L 751-8 du Code du travail comme ouvrant droit aux commissions sur échantillonnages. Bien que l'article L 7313-11 du Code du travail ne prévoie pas expressément cette règle, elle nous semble toujours valable dans la mesure où la recodification a été effectuée à droit constant.

Les commissions de retour sur échantillonnages sont dues lorsque les ordres constituent la **suite**

directe d'une activité antérieure à la cessation du contrat. Elles ne sont donc pas dues lorsque le VRP n'a pris aucun ordre et que son activité s'est bornée à une simple prise de contacts (Cass. soc. 9-10-2001 nº 99-44.353 FS-P : RJS 12/01 nº 1468).
b. La **preuve** du lien entre les commandes et l'activité du VRP est à la charge de ce dernier (Cass. soc. 28-5-1986 nº 84-43.251). Mais, pour permettre au VRP d'établir ce lien, l'**employeur** doit fournir les **justificatifs** des livraisons et commandes effectuées sur le secteur du VRP et produire le chiffre d'affaires en résultant (Cass. soc. 29-10-2002 nº 00-44.319 F-D ; 6-12-2017 nº 16-20.661 F-D).
c. Les commissions de retour sur échantillonnages sont **cumulables** avec l'indemnité compensatrice de préavis (nº 61350, d) et avec l'indemnité de clientèle (nº 61395).
d. Sur le point de savoir si ces commissions entrent dans l'assiette de l'**indemnité de congés payés,** voir nº 61020, b.

INDEMNITÉ DE CLIENTÈLE

61380 La rupture du contrat de travail peut ouvrir droit, pour le VRP payé en tout ou partie à la commission, à une indemnité de clientèle visant à **réparer le préjudice** qu'il subit en perdant pour l'avenir le bénéfice de la clientèle qu'il a créée, apportée ou développée.

C. trav. art. L 7313-13
TB-I-27000 s

61385 **Conditions d'attribution** Le VRP peut prétendre à l'indemnité de clientèle si les conditions suivantes sont remplies :

C. trav. art. L 7313-13 L 7313-14
TB-I-27290 s

– le **contrat à durée indéterminée** est résilié soit par l'**employeur,** soit par suite d'**accident** ou de **maladie** entraînant une incapacité permanente totale de travail ;
– s'il s'agit d'un **CDD,** il est rompu de façon anticipée par l'employeur ou n'est pas renouvelé à l'échéance de son terme ;
– la rupture n'est pas provoquée par une **faute grave** du VRP ;
– celui-ci justifie qu'il a apporté, créé ou développé une **clientèle** dont il est **privé** pour l'avenir du fait de la rupture du contrat.

› Précisions **a.** La rupture du contrat par l'employeur recouvre :
– le licenciement provoqué par l'**inaptitude** du VRP, même si elle ne correspond pas à une incapacité permanente totale (Cass. soc. 8-6-2005 nºs 03-43.398 FS-PB et 03-45.853 FS-D : RJS 8-9/05 nº 926 ; 19-11-2014 nº 13-15.775 FS-PB : RJS 2/15 nº 157) ;
– la **mise à la retraite** (Cass. soc. 21-6-1995 nºs 91-43.639 PB et 92-44.391 D : RJS 8-9/95 nº 968 ; 11-5-2011 nº 09-41.298 FS-PB : RJS 7/11 nº 649) ;
– la **démission requalifiée** par les tribunaux en licenciement sans cause réelle et sérieuse (Cass. soc. 17-5-2000 nº 98-41.488 F-D) ;
– la **prise d'acte** de la rupture du contrat produisant les effets d'un licenciement sans cause réelle et sérieuse (Cass. soc. 31-3-2016 nº 15-10.630 F-D).
Au contraire, ne constitue pas une rupture du contrat par l'employeur et n'ouvre donc pas droit à l'indemnité de clientèle la rupture du contrat pour cas de **force majeure** (Cass. soc. 5-5-1993 nº 90-41.058 D : RJS 6/93 nº 679) ou suite au **décès du VRP** (Cass. soc. 20-1-1960 nº 58-40.767 P). L'indemnité n'est pas non plus due en cas de **rupture d'un commun accord** (Cass. soc. 3-7-1967 nº 66-40.452 P ; 22-1-1981 nº 78-41.839), par exemple en cas de rupture conventionnelle homologuée ou de rupture anticipée du CDD d'un commun accord.
En cas de cessation du contrat par suite d'**accident** ou de **maladie,** l'indemnité est due si l'impossibilité permanente du VRP d'exercer une quelconque activité professionnelle est établie (Cass. soc. 10-3-1977 nº 75-40.591 P), sans qu'il soit exigé qu'il ait été déclaré définitivement inapte à tout emploi par le médecin du travail (Cass. soc. 20-10-1998 nº 96-43.542 P : RJS 12/98 nº 1563).
b. La **faute grave** du VRP est nécessairement privative de l'indemnité de clientèle (Cass. soc. 5-6-1991 nº 88-43.464 PF : RJS 7/91 nº 901). Mais elle ne l'oblige pas à restituer les **avances sur indemnité de clientèle** visées nº 61390, ces sommes étant un élément de salaire qui lui reste acquis, même dans cette situation (Cass. soc. 23-11-1999 nº 97-43.250 P ; 18-11-2003 nº 01-44.202 FS-PB : RJS 2/04 nº 272).
c. L'indemnité de clientèle doit représenter la part personnelle qui revient au VRP dans l'**augmentation du chiffre d'affaires et du nombre de clients** (Cass. soc. 23-4-1986 nº 83-41.905 S ; 28-10-1992 nº 89-44.016 P : RJS 12/92 nº 1425 ; 7-1-1997 nº 93-44.751 D). Cette double augmentation, dont la preuve incombe au VRP (Cass. soc. 1-6-2004 nº 02-41.176 F-D : RJS 8-9/04 nº 880 ; 28-3-2018 nº 16-26.724 F-D), peut résulter de l'apport personnel d'une clientèle qui a suivi le VRP, d'une création de clientèle ou d'un développement de la clientèle préexistante grâce à son activité propre. L'apport de clientèle implique un renouvellement des commandes et la stabilité des relations (Cass. soc. 13-3-1980 nº 78-40.834 P ; 9-10-1985 nº 82-41.965). L'**aide apportée par l'employeur** au développement de la clientèle ne remet pas en cause le droit du VRP à l'indemnité pour la part qui lui revient dans ce développement (Cass. soc. 14-10-1998 nº 96-40.638 D : RJS 11/98 nº 1419).
d. L'attribution de l'indemnité de clientèle suppose un **préjudice** subi par le VRP, résidant dans la perte, pour l'avenir, de la clientèle apportée, créée ou développée par lui. La perception par le VRP, depuis sa mise à la **retraite,** de revenus supérieurs à ceux qu'il aurait pu percevoir en restant en activité n'exclut pas l'existence d'un tel préjudice (Cass. soc.

11-5-2011 n° 09-41.298 FS-PB : RJS 7/11 n° 649). À titre d'exemple, n'a pas droit à l'indemnité, faute de préjudice, le VRP qui :
– continue, pour son propre compte ou pour un autre employeur, à visiter la **même clientèle** pour présenter des articles similaires (Cass. soc. 20-6-1990 n° 87-42.132 D : RJS 8-9/90 n° 748 ; 7-7-2016 n° 15-19.412 F-D), ce que l'employeur doit prouver (Cass. soc. 13-10-1993 n° 89-45.458 P : RJS 11/93 n° 1149 ; 11-2-2004 n° 02-40.601 F-P : RJS 5/04 n° 622) ;
– est rémunéré exclusivement par un **fixe** (Cass. soc. 30-5-1979 n° 78-40.053 P).
Le VRP qui **cède sa clientèle** à son successeur avec l'accord de son employeur ne peut pas réclamer à celui-ci réparation du préjudice résultant de la perte de la clientèle. En effet, la cession suppose la renonciation au bénéfice de l'indemnité de clientèle (Cass. soc. 28-10-1992 n° 89-43.805 P : RJS 12/92 n° 1424 ; 17-12-2002 n° 01-01.188 FS-PB : RJS 2/03 n° 271). Sur l'indemnité due au successeur, voir n° 61390, f.

Montant Le montant de l'indemnité de clientèle ne peut pas être déterminé forfaitairement à l'avance. Il doit être **apprécié et fixé au moment du départ** du VRP (Cass. soc. 17-6-1960 n° 58-40.782 P ; 31-10-2012 n° 11-18.612 F-D), soit à l'amiable entre les parties, soit, à défaut d'accord, par le juge en fonction du préjudice subi (Cass. soc. 4-11-1988 n° 85-46.158 D : RJS 1/89 n° 113 ; 15-7-1998 n° 96-40.866 P : RJS 8-9/98 n° 986 ; 25-4-2007 n° 05-44.338 F-D). **61390** C. trav. art. L 7313-13 L 7313-16 TB-I-29200 s

Ce montant tient compte, le cas échéant, des **rémunérations spéciales** accordées en cours de contrat pour le même objet (dites aussi « avances sur indemnité de clientèle »), ainsi que des **diminutions** constatées dans la clientèle préexistante et imputables au VRP.

> Précisions a. Certaines situations peuvent conduire les juges à anticiper la date d'appréciation de la clientèle et à se référer aux dernières **périodes d'activité normale** du VRP. Il en est ainsi en cas de **comportement** dommageable **de l'employeur** : création d'un réseau de vente concurrençant le VRP (Cass. soc. 22-1-1976 n° 74-40.576 P), réduction unilatérale du secteur du VRP (Cass. soc. 8-7-1985 n° 82-43.342 S ; 18-3-2003 n° 01-42.255 F-P : RJS 6/03 n° 820) ou encore relèvement excessif des tarifs des produits vendus par la société (Cass. soc. 27-11-1975 n° 74-40.635 P). De même, en cas de **suspension du contrat** de travail liée à un accident du travail, les juges peuvent se placer à la date où le VRP a été mis en arrêt de travail (Cass. soc. 19-11-2014 n° 13-15.775 FS-PB : RJS 2/15 n° 157).
b. Certains facteurs peuvent **minorer l'évaluation** de l'indemnité de clientèle s'ils ont une incidence sur les résultats du VRP, ce que l'employeur doit prouver (Cass. soc. 27-3-1991 n° 88-42.088 D). Tel est le cas de la publicité faite par l'employeur (Cass. soc. 8-11-1962 n° 61-40.144 P ; 5-5-1970 n° 69-40.135 P), des réductions qu'il a consenties aux grossistes pour accroître ses ventes (Cass. soc. 5-5-1970 précité) ou de la notoriété de la marque (Cass. soc. 8-3-1967 n° 66-40.066 P).
c. L'interdiction légale de déterminer l'indemnité de clientèle forfaitairement et à l'avance a pour corollaire la nullité de la **clause du contrat** par laquelle le VRP **renonce** à cette indemnité en contrepartie du versement de l'indemnité spéciale de rupture prévue par l'ANI du 3-10-1975 (n° 61420, b).
En revanche, cette interdiction n'empêche pas de fixer, dans une **transaction** conclue au moment de la rupture, une somme forfaitaire globale couvrant, notamment, cette indemnité (Cass. soc. 26-10-1979 n° 77-40.720 P).
d. Les **commissions** entrant dans la base de calcul de l'indemnité s'entendent nettes de frais professionnels (Cass. soc. 24-10-1978 n° 77-41.106 P ; 19-10-1983 n° 81-41.437 P).
Pour les VRP partiellement rémunérés par un **salaire fixe,** ce dernier n'est pas pris en compte pour le calcul de l'indemnité, sauf, par exemple, s'il a été institué pour compenser une réduction du taux des commissions (Cass. soc. 22-11-1984 n° 82-42.634 S) ou s'il a été établi en corrélation avec l'importance de la clientèle (Cass. soc. 19-3-1986 n° 83-41.668 S).
e. Le VRP rempli de ses droits à indemnité de clientèle par le versement d'**avances sur indemnité de clientèle** ne peut pas prétendre au paiement d'un solde d'indemnité (Cass. soc. 25-6-2003 n° 01-46.479 FS-P : RJS 10/03 n° 1146).
f. Lorsque le bénéficiaire de l'indemnité de clientèle a lui-même **racheté sa carte** à son prédécesseur avec l'accord de l'employeur, l'indemnité de clientèle doit aussi prendre en compte la clientèle apportée ou développée par ce prédécesseur, sauf si celui-ci a lui-même perçu à son départ une indemnité de clientèle ou si l'employeur a remboursé au nouveau VRP les sommes versées par lui à son prédécesseur pour racheter la carte (Cass. soc. 10-12-1980 n° 79-40.251 P ; 19-3-1996 n° 93-41.242 D ; 16-6-2004 n° 02-42.674 FS-P : RJS 10/04 n° 1114).

Cumul avec d'autres indemnités L'indemnité de clientèle n'est **pas cumulable** avec : **61395** TB-I-31900 s
– l'indemnité légale de licenciement (Cass. soc. 3-7-1990 n° 87-45.482 D). Le VRP dont l'indemnité de clientèle, calculée après déduction des avances visées n° 61390 (Cass. soc. 26-10-2017 n° 13-24.118 F-D : RJS 1/18 n° 78), est moins élevée que l'indemnité légale de licenciement doit donc recevoir une indemnité égale à cette dernière (Cass. soc. 1-6-2004 n° 02-41.176 F-D : RJS 8-9/04 n° 880 ; 2-7-2014 n° 12-29.902 FS-PB : RJS 11/14 n° 829) ;
– les indemnités de rupture prévues par l'ANI du 3-10-1975 (n° 61405, a) ;
– les indemnités de rupture (licenciement, départ ou mise à la retraite) prévues par la convention collective en vigueur dans l'entreprise, éventuellement applicable au VRP (n° 61440).

Elle est **cumulable,** en revanche, avec :
– l'indemnité de non-concurrence (Cass. soc. 6-6-1990 n° 87-44.104 P : RJS 7/90 n° 638) ;
– l'indemnité compensatrice de préavis (Cass. soc. 9-1-1974 n° 72-40.593 P) ;
– les commissions de retour sur échantillonnages (Cass. soc. 2-6-1976 n° 75-40.089 P) ;
– l'indemnité pour rupture abusive du contrat à durée indéterminée visée nos 48700 s. (C. trav. art. L 7313-15 ; Cass. soc. 7-3-1984 n° 82-40.811) ;
– les dommages-intérêts pour rupture anticipée du CDD visés n° 20245 (C. trav. art. L 7313-15).

› **Précisions a.** Même si, à notre connaissance, la jurisprudence ne s'est pas prononcée sur la question, il est possible, selon nous, de cumuler l'indemnité de clientèle et l'**indemnité de fin de CDD** visée nos 20170 s. car elles n'ont pas le même objet : réparation du préjudice lié à la perte de la clientèle pour la première ; compensation de la précarité de la situation du salarié sous CDD, pour la seconde.
Sur le cumul des **avances sur indemnité de clientèle** et des indemnités de rupture prévues par l'ANI du 3-10-1975, voir n° 61405, a.
b. La part de l'indemnité de clientèle dépassant l'indemnité légale de licenciement est prise en compte pour le calcul du **différé** spécifique de versement des **allocations de chômage** étudié n° 6740 (Circ. Unédic 2019-12 du 11-1-2019).

61400 TB-I-30000 s TB-I-35300 s **Protection et régime social** L'indemnité de clientèle n'est pas une **créance privilégiée** au sens des articles 2331 et 2375 du Code civil (Cass. soc. 19-3-1986 n° 84-16.118 P). Elle n'est pas couverte par le **superprivilège** des salaires (CA Rouen 10-1-1990 n° 89-439).

Elle suit, au regard des **cotisations de sécurité sociale,** le même régime d'exonération plafonnée que les indemnités de licenciement (n° 22845). Pour l'application de ce régime, l'administration retient comme montant légal ou conventionnel de l'indemnité celui de l'indemnité de licenciement à laquelle le VRP aurait pu prétendre (Circ. Acoss 25-1-2001).

Cette règle vaut aussi pour les **contributions** solidarité-autonomie, Fnal et dialogue social, le versement mobilités, les contributions chômage et AGS, les cotisations Agirc-Arrco et les contributions à la formation et à l'alternance (contributions à la formation professionnelle, CPF-CDD, supplémentaire à l'apprentissage et taxe d'apprentissage). Pour la **CSG** et la **CRDS,** voir n° 25150, c.

À défaut d'exemption expresse dans l'article L 137-15 du CSS, qui définit limitativement les cas d'exonération de **forfait social,** l'indemnité de clientèle y est, selon nous, soumise dans les conditions de droit commun, c'est-à-dire que son éventuelle fraction exonérée de cotisations sociales mais soumise à la CSG y est assujettie.

CONSEIL

Le régime social des **avances sur indemnité de clientèle** conduit à déconseiller cette pratique. En effet, ce sont des compléments de rémunération soumis à cotisations lors de leur paiement. Cela implique que, même lorsque ces avances sont imputées sur l'indemnité de clientèle versée au VRP en fin de contrat, l'employeur n'est pas fondé à demander le remboursement des cotisations versées (Cass. 2e civ. 11-7-2005 n° 04-30.243 FS-PB : RJS 10/05 n° 1052).

INDEMNITÉS PRÉVUES PAR L'ANI DU 3-10-1975

61405 TB-I-25300 s L'ANI du 3-10-1975 (champ d'application, n° 60855, a et c) prévoit quatre indemnités : indemnité conventionnelle de rupture ; indemnité spéciale de rupture ; indemnité conventionnelle de départ en retraite ; indemnité spéciale de mise à la retraite.

› **Précisions a.** Elles ne sont **cumulables** :
– ni avec l'indemnité légale de licenciement (ANI du 3-10-1975 art. 13 à 16) ;
– ni avec l'indemnité de clientèle (ANI du 3-10-1975 art. 13 à 16).
En revanche, elles le sont avec les avances sur indemnité de clientèle (Cass. soc. 4-1-1996 n° 92-40.440 P : RJS 2/96 n° 182 ; 25-6-2003 n° 01-43.717 FS-P : RJS 10/03 n° 1146 ; 27-3-2019 n° 17-21.014 FS-PB : RJS 6/19 n° 354 : solution relative aux indemnités conventionnelle et spéciale de rupture, mais applicable, selon nous, à toutes les indemnités de rupture de l'ANI).
b. Le bénéfice des indemnités de rupture prévues par l'ANI du 3-10-1975 n'est pas subordonné à la reconnaissance d'un **droit à l'indemnité de clientèle** (Cass. soc. 15-1-2002 n° 99-45.694 F-D : RJS 5/02 n° 637 ; 13-4-2005 n° 02-42.312 F-D : solution relative à l'indemnité spéciale de rupture, mais transposable, selon nous, aux autres indemnités de rupture prévues par l'ANI).
c. L'**ancienneté** à retenir pour le **calcul des indemnités** est celle acquise dans l'entreprise dans la fonction de VRP, y compris les périodes de suspension du contrat de travail (ANI 3-10-1975 art. 18). Elle s'apprécie à la date d'expiration du préavis (Cass. soc. 15-1-2002 n° 99-45.694 F-D : RJS 5/02 n° 637 : solution relative à l'indemnité conventionnelle de rupture, mais transposable, selon nous, aux autres indemnités de rupture prévues par l'ANI).
En revanche, l'ancienneté **requise pour bénéficier des indemnités** devrait, selon nous, s'apprécier à la date de la notification de la rupture du contrat de travail, par analogie avec la

solution applicable à l'indemnité de licenciement, qui place le curseur au jour du prononcé du licenciement et non à la date à laquelle le préavis prend fin (n° 48920, b). Les périodes de suspension du contrat de travail devraient pouvoir être prises en compte, eu égard à la généralité de l'article 18 de l'ANI du 3-10-1975.

d. Les indemnités conventionnelle et spéciale de rupture suivent, selon nous, le même **régime social** que les indemnités de licenciement. Quant aux indemnités conventionnelle de départ en retraite et spéciale de mise à la retraite, elles devraient, à notre sens, relever du régime social des indemnités de départ ou de mise à la retraite selon le cas.

Indemnité conventionnelle de rupture L'indemnité conventionnelle de rupture est due aux VRP remplissant les **conditions** suivantes : **61410** ANI 3-10-1975 art. 13 **TB-I-25350 s**
- avoir 2 ans d'ancienneté (sur cette notion, voir n° 61405, c) ;
- se trouver dans l'un des cas de cessation du contrat de travail prévus pour l'octroi de l'indemnité de clientèle (n° 61385) ;
- avoir moins de 65 ans et ne pas être éligible à l'indemnité conventionnelle de départ en retraite. Dans le cas contraire, c'est cette dernière qui est due (n° 61430). Sur la date à retenir pour apprécier si le salarié a, ou non, atteint l'âge de 65 ans, voir n° 61420, a ;
- avoir expressément renoncé (voir n° 61420, b) ou ne pas pouvoir prétendre à l'indemnité de clientèle, ces deux indemnités n'étant pas cumulables (n° 61405, a).

L'indemnité conventionnelle de rupture se **calcule** comme suit, en fonction de l'ancienneté (sur cette notion, voir n° 61405, c) et dans la limite d'un **maximum** de 6,5 mois : **61415** ANI 3-10-1975 art. 13 **TB-I-25550 s**
- années comprises entre 0 et 3 ans d'ancienneté : 0,15 mois par année entière ;
- années comprises entre 3 et 10 ans d'ancienneté : 0,20 mois par année entière ;
- années comprises entre 10 et 15 ans d'ancienneté : 0,25 mois par année entière ;
- années au-delà de 15 ans d'ancienneté : 0,30 mois par année entière.

Cette indemnité est calculée sur la **rémunération mensuelle** moyenne des 12 derniers mois, déduction faite des frais professionnels, et sur la seule **partie fixe** de cette rémunération en cas de **cumul** avec l'indemnité spéciale de rupture visée n°s 61420 s.

Sur la rémunération à retenir en cas de rupture consécutive à une **maladie prolongée** ou à l'**inaptitude,** voir n° 61425, c.

Indemnité spéciale de rupture Sauf **opposition** de l'employeur, le VRP peut bénéficier d'une indemnité spéciale de rupture si les **conditions** suivantes sont remplies : **61420** ANI 3-10-1975 art. 14 **TB-I-25700 s**
- il se trouve dans l'un des cas de cessation du contrat de travail prévus pour l'octroi de l'indemnité de clientèle (n° 61385) ;
- il a moins de 65 ans et n'est pas éligible à l'indemnité spéciale de mise à la retraite. Dans le cas contraire, c'est cette dernière qui est due (n° 61435) ;
- il a renoncé dans les 30 jours suivant l'expiration du contrat de travail à l'indemnité de clientèle ou ne peut pas y prétendre, les deux indemnités n'étant pas cumulables (n° 61405, a) ;
- sa rémunération est constituée en tout ou partie par des commissions (voir n° 61425, b).

› Précisions a. Pour apprécier si un VRP a moins de **65 ans,** l'employeur doit se placer à la date de la notification de la mise à la retraite et non à celle de la rupture du contrat de travail (Cass. soc. 9-5-2006 n° 03-47.564 F-P : RJS 7/06 n° 902). Cette solution, qui place le curseur à la date de notification de la rupture et non à celle à laquelle le préavis prend fin, est à notre sens transposable aux autres indemnités de rupture prévues par l'ANI du 3-10-1975.
b. La **renonciation** à l'indemnité de clientèle doit être expresse (Cass. soc. 13-3-1991 n° 88-43.638 D : RJS 5/91 n° 645 ; 17-12-1997 n° 95-42.807 D), mais ne peut pas résulter d'une **clause du contrat de travail** prévoyant en contrepartie le versement de l'indemnité spéciale de rupture (Cass. soc. 3-12-1987 n° 85-40.747 P ; 17-12-1997 précité). Le délai de 30 jours pour renoncer à l'indemnité de clientèle n'est pas applicable au VRP dont le licenciement prononcé pour **faute grave** est requalifié par le juge en licenciement pour **cause réelle et sérieuse** (Cass. soc. 9-12-2020 n° 19-17.395 FS-PB : RJS 2/21 n° 121).
c. L'employeur peut **s'opposer** au versement de l'indemnité spéciale, s'il en informe par écrit le VRP dans les 15 jours de la notification de la rupture ou de la date d'expiration du CDD non renouvelable.

L'indemnité spéciale de rupture est **fixée** comme suit, dans la limite d'un maximum de 10 mois : **61425** ANI 3-10-1975 art. 14 **TB-I-25850 s**
- années comprises entre 0 et 3 ans d'ancienneté : 0,7 mois par année entière ;
- années comprises entre 3 et 6 ans d'ancienneté : 1 mois par année entière ;
- années comprises entre 6 et 9 ans d'ancienneté : 0,7 mois par année entière ;
- années comprises entre 9 et 12 ans d'ancienneté : 0,3 mois par année entière ;
- années comprises entre 12 et 15 ans d'ancienneté : 0,2 mois par année entière ;
- années d'ancienneté au-delà de 15 ans : 0,1 mois par année entière.

La base de calcul de l'indemnité est la **rémunération mensuelle** moyenne des 12 derniers mois, déduction faite des frais professionnels et à l'exclusion de la **partie fixe** de cette rémunération.

> **Précisions** **a.** L'**ancienneté** à retenir pour le calcul de l'indemnité s'apprécie comme exposé n° 61405, c. L'ANI du 3-10-1975 se réfèrant à l'ancienneté par « année entière », l'indemnité spéciale de rupture n'est pas due lorsque le contrat est rompu avant l'expiration de la première année (CA Paris 19-3-1991 n° 90-36387).
b. Le VRP exclusivement payé au **fixe** ne peut pas prétendre à l'indemnité spéciale de rupture, mais seulement à l'indemnité conventionnelle de rupture visée n°s 61410 s. (Cass. soc. 15-10-2002 n° 00-42.364 FS-P : RJS 12/02 n° 1449).
c. La **rémunération de référence** est celle des 12 mois précédant l'arrêt de travail, cette période de référence s'entendant d'une période d'activité professionnelle habituelle. Ainsi jugé pour des VRP licenciés à l'issue d'une **maladie prolongée** (Cass. soc. 1-7-1997 n° 94-40.449 P : RJS 10/97 n° 1175 ; 9-7-2008 n° 06-44.240 FS-P : RJS 10/08 n° 992) ou pour inaptitude constatée par le médecin du travail (Cass. soc. 19-5-1999 n° 98-40.166 D). La solution s'applique aussi aux autres indemnités de rupture (Cass. soc. 10-12-1997 n° 94-45.414 D ; Cass. soc. 9-7-2008 n° 06-44.240 FS-P : RJS 10/08 n° 992).

61430 ANI 3-10-1975 art. 15 TB-I-26050 s

Indemnité conventionnelle de départ en retraite L'indemnité conventionnelle de départ en retraite remplace l'**indemnité conventionnelle de rupture** pour les VRP quittant l'entreprise à **65 ans** au moins (ou 60 ans en cas d'inaptitude reconnue par la sécurité sociale). Sur la date d'appréciation de l'âge du salarié, voir n° 61420, a.

Outre cette **condition** d'âge, le VRP doit :
– se trouver dans l'un des cas de cessation du contrat de travail ouvrant droit à l'indemnité de clientèle (n° 61385) ou avoir décidé de partir en retraite ;
– avoir expressément renoncé (voir n° 61420, b) ou ne pas pouvoir prétendre à l'indemnité de clientèle, ces deux indemnités n'étant pas cumulables (n° 61405, a).

L'indemnité conventionnelle de départ en retraite est **égale à** : 0,2 mois par année entière jusqu'à 5 ans d'ancienneté, 1 mois après 5 ans d'ancienneté, 2 mois après 10 ans d'ancienneté, 2,5 mois après 15 ans d'ancienneté, 3 mois après 20 ans d'ancienneté, 3,5 mois après 25 ans d'ancienneté, 4 mois après 30 ans d'ancienneté. Il n'est pas tenu compte de la présence postérieure au 65e anniversaire.

L'**ancienneté** à retenir pour le calcul de l'indemnité s'apprécie comme indiqué n° 61425, a.

La base de calcul de l'indemnité est la **rémunération mensuelle** moyenne des 12 derniers mois, déduction faite des frais professionnels. Elle est calculée sur la seule **partie fixe** de cette rémunération en cas de **cumul** avec l'indemnité spéciale de mise en retraite visée n° 61435.

Le VRP peut opter pour l'**indemnité légale** de mise à la retraite (n° 69050) ou de départ en retraite (n° 69065) si elle est plus avantageuse pour lui.

> **ATTENTION**
> Un VRP ayant **cédé sa clientèle** à un successeur agréé par l'employeur ne peut pas **cumuler** l'indemnité conventionnelle de départ en retraite avec le produit de la cession (Cass. soc. 12-11-1987 n° 85-40.279 P).

61435 ANI 3-10-1975 art. 16 TB-I-26300 s

Indemnité spéciale de mise en retraite L'indemnité spéciale de mise en retraite **est égale à** la moitié de l'indemnité spéciale de rupture visée n° 61425, elle-même calculée sur les commissions. Un VRP rémunéré exclusivement au **fixe** ne peut donc pas y prétendre.

Elle est due lorsque les **conditions** suivantes sont remplies :
– le VRP se trouve dans l'un des cas de cessation du contrat de travail ouvrant droit à l'indemnité de clientèle (n° 61385) ;
– il est âgé d'au moins 65 ans (60 ans en cas d'inaptitude reconnue par la sécurité sociale). Sur la date d'appréciation de l'âge du salarié, voir n° 61420, a ;
– il a renoncé à l'indemnité de clientèle ou ne peut pas y prétendre, les deux indemnités n'étant pas cumulables (n° 61405, a). ;
– sa rémunération est constituée en tout ou partie par des commissions ;
– l'employeur ne s'est pas opposé à son versement.

Les modalités de **renonciation** à l'indemnité de clientèle et d'**opposition** au versement de l'indemnité spéciale de mise en retraite sont identiques à celles prévues pour l'indemnité spéciale de rupture (voir n° 61420).

INDEMNITÉ PRÉVUE PAR LA CONVENTION APPLICABLE À L'ENTREPRISE

61440 Lorsque l'employeur est assujetti à une convention ou à un accord de branche, ou à une décision unilatérale de sa part (ou de celle d'un groupement d'employeurs), le VRP peut, dans les cas de rupture ouvrant droit à l'indemnité de clientèle (notamment licenciement et mise à la retraite : n° 61385), prétendre, en tout état de cause, à une indemnité égale à celle à laquelle il aurait eu droit si, bénéficiant de cette convention ou de cet accord, il avait, selon son âge, été **licencié** ou **mis à la retraite**, dès lors que ce texte **n'exclut pas** le VRP de son champ d'application (Cass. soc. 13-1-2021 n° 19-12.522 FS-PI : RJS 3/21). Cette indemnité doit être plus favorable que celle à laquelle il peut prétendre en vertu de l'ANI du 3-10-1975 car, dans le cas contraire, c'est cette dernière qui est due. C. trav. art. L 7313-17 ANI 3-10-1975 préambule et art. 19 **TB-I-31800 s**

En application du principe de primauté des accords d'entreprise sur les conventions de branche ou les ANI (nos 52230 s.), l'employeur ayant conclu un **accord d'entreprise** applicable au VRP doit lui verser l'indemnité de rupture égale à celle à laquelle il aurait eu droit si, bénéficiant de cet accord, il avait, selon son âge, été licencié ou mis à la retraite, même si cette indemnité est moins favorable que celle prévue par l'ANI du 3-10-1975 ou la convention de branche dont relève l'entreprise.

Cette indemnité conventionnelle de rupture n'est pas cumulable avec l'**indemnité de clientèle,** seule la plus élevée étant due (Cass. soc. 8-10-1987 n° 85-46.261 D ; 21-9-2005 n° 03-45.980 F-D).

ATTENTION

Les parties signataires de la convention ou de l'accord applicable à l'entreprise peuvent **exclure expressément les VRP** du bénéfice de ses dispositions (Cass. soc. 30-9-1997 n° 94-43.733 P : RJS 11/97 n° 1297 ; 13-7-2005 n° 03-44.975 F-D).

61445 En cas de **départ volontaire à la retraite,** de **démission** (hors cas particulier visé n° 61385, a) ou de rupture résultant d'un commun accord (par exemple, rupture conventionnelle homologuée), le VRP ne peut prétendre ni à l'**indemnité de clientèle,** ni aux **indemnités de rupture** prévues par l'ANI du 3-10-1975. Il convient donc de comparer l'**indemnité légale** à l'indemnité conventionnelle prévues, le cas échéant, pour ces cas de rupture.

Si le VRP remplit les conditions d'attribution des indemnités légale et conventionnelle, seule la plus avantageuse est due (voir n° 52205).

RUPTURE DU CDD

61450 En cas de **rupture anticipée** du CDD **par l'employeur** sans faute grave du VRP, celui-ci peut prétendre : C. trav. art. L 7313-14 L 7313-17 **TB-I-31000 s**

a. à des dommages-intérêts aux conditions de droit commun exposées n° 20245 ;

b. aux commissions de retour sur échantillonnages (n° 61375) ;

c. à l'indemnité de clientèle (nos 61380 s.) ou aux indemnités conventionnelles de rupture (nos 61405 s.).

Si la rupture anticipée est décidée d'un **commun accord,** les sommes prévues aux a et c ci-dessus ne sont pas dues. Mais le droit aux sommes prévues aux b et c ci-dessus est ouvert lorsque le **CDD** n'est **pas renouvelé à son expiration.**

Sur le droit à une indemnité de fin de contrat, voir n° 20170.

3. NON-CONCURRENCE

61460 Une **clause** de non-concurrence, interdisant au VRP d'entrer au service d'un concurrent ou de s'installer à son compte après la cessation du contrat, n'est licite que si les règles de droit commun, exposées nos 69630 s., sont respectées. ANI 3-10-1975 art. 17 **TB-I-32400 s**

Des règles particulières, présentées ci-après, sont en outre prévues par l'article 17 de l'ANI du 3-10-1975 (champ d'application, n° 60855, a et c).

APPLICATION DE LA CLAUSE

61465 L'article 17 de l'ANI du 3-10-1975 limite l'interdiction de concurrence : ANI 3-10-1975 art. 17 **TB-I-32500 s**

– dans le temps : **durée maximale** de 2 ans à compter de la rupture du contrat de travail ;

– aux **secteurs et catégories de clients** que le VRP était chargé de visiter au moment de la notification de la rupture du contrat ou de la date d'expiration du CDD non renouvelable. Mais, en cas de **changement** de secteur ou de clientèle **datant de moins de 6 mois,** l'employeur peut opter pour le secteur précédent, à condition de notifier son choix au VRP par lettre recommandée avec accusé de réception dans les 15 jours suivant la notification de la rupture ou la date d'expiration du CDD non renouvelable.

La clause de non-concurrence **ne s'applique pas** si le VRP est licencié durant les 3 premiers mois d'emploi ou s'il démissionne pendant les 45 premiers jours d'emploi.

> Précisions **a.** On entend par « **notification de la rupture** », selon le cas, la lettre de démission, de licenciement, de constatation de la rupture, de rupture anticipée du CDD ou de non-renouvellement du CDD renouvelable.

b. En cas de rupture du contrat consécutive à un **redressement ou à une liquidation judiciaire**, ou à la **cessation des activités** de l'entreprise, la clause de non-concurrence s'applique, sauf si le VRP demande par lettre recommandée avec accusé de réception qu'elle soit levée et à condition que l'employeur ne lui confirme pas expressément le maintien de la clause, dans les mêmes formes, dans les 15 jours de la demande (ANI du 3-10-1975 art. 17 ; Cass. soc. 25-5-1994 n° 90-45.988 P).

c. Sur le sort d'une **clause excédant le secteur géographique** du VRP, voir n° 69655, b.

INDEMNITÉ COMPENSATRICE DE NON-CONCURRENCE

61470 ANI 3-10-1975 art. 17 TB-I-32900 s

Pendant la période d'interdiction de concurrence, le VRP a droit à une contrepartie pécuniaire mensuelle dont le **montant** est égal à 2/3 ou 1/3 de mois selon que la durée de l'interdiction est supérieure ou au plus égale à un an. Sur son **régime social et fiscal,** voir n° 69665, c.

L'indemnité de non-concurrence est **calculée** sur la base de la rémunération moyenne mensuelle des 12 derniers mois, ou de la période d'emploi si elle est inférieure, après déduction des frais professionnels, sans que cette moyenne puisse être inférieure à 173,33 fois le taux horaire du Smic (voir n° 90010) lorsque le VRP, engagé à titre exclusif et à plein temps, a été licencié au cours de la première année d'activité.

Elle est due quels que soient le **mode de rupture du contrat** et son **motif** (n° 69645), et même si la clause de non-concurrence ne cause aucun **préjudice** au VRP (n° 69665).

Elle est **cumulable** avec l'indemnité de clientèle (n° 61395) et les allocations de chômage (Cass. soc. 27-2-1991 n° 89-40.499 P : RJS 8-9/91 n° 1034).

> Précisions **a.** L'indemnité de non-concurrence a un **caractère forfaitaire** et ne peut pas être diminuée, même par le juge (n° 69665). Est donc privé d'effet l'article 17 de l'ANI du 3-10-1975, qui prévoit la **réduction** de moitié de son montant en cas de **démission.**

b. La rémunération prise en compte est celle des 12 derniers mois normalement travaillés, à l'exclusion de ceux comportant des périodes d'arrêt **maladie** (Cass. soc. 11-5-2005 n° 03-43.181 F-PB : RJS 7/05 n° 788) et de l'indemnité compensatrice de congés payés (Cass. soc. 19-1-2012 n° 10-20.708 F-D).

c. L'indemnité cesse d'être due en cas de **violation** de l'interdiction de concurrence (n° 69690).

d. L'indemnité est due même si la **clause contractuelle** de non-concurrence ne renvoie pas expressément à l'ANI du 3-10-1975 (Cass. soc. 18-3-2016 n° 14-14.265 F-D : RJS 6/16 n° 462).

SANCTIONS DE LA VIOLATION DE LA CLAUSE

61475 ANI 3-10-1975 art. 17 TB-I-33700 s

En cas de violation de l'interdiction de concurrence par le VRP, les sanctions de **droit commun** visées n° 69690 s'appliquent.

> Précisions Pour les VRP relevant de l'ANI du 3-10-1975, le montant des **dommages-intérêts** fixés en application d'une **clause pénale** (n° 69690, a) ne peut pas être supérieur à celui des rémunérations versées par l'employeur pendant les 24 derniers mois ou la durée de l'emploi si celle-ci a été inférieure.

RENONCIATION DE L'EMPLOYEUR À LA CLAUSE

61480 ANI 3-10-1975 art. 17 TB-I-33900 s

L'employeur peut **dispenser** le VRP de l'exécution de la clause de non-concurrence ou en **réduire** la durée en le prévenant, par lettre recommandée avec accusé de réception, dans les 15 jours suivant la notification, par l'une ou l'autre des parties, de la rupture du contrat ou de la date d'expiration du CDD non renouvelable.

> Précisions **a.** Sur le **point de départ** et le calcul du délai de dispense, voir n° 69680.

b. La **dispense antérieure à la lettre de licenciement** est sans effet (Cass. soc. 20-6-1990 n° 87-40.103 P : RJS 8-9/90 n° 749 ; 10-2-1998 n° 94-45.279 P), alors que celle énoncée **dans cette lettre** est valable (Cass. soc. 22-1-2003 n° 01-41.369 F-D : RJS 4/03 n° 543 ; 26-9-2012 n° 11-14.989 F-D : RJS 12/12 n° 925).

c. En l'absence de dispense dans les conditions précitées, l'employeur ne peut pas interrompre unilatéralement, avant le terme prévu, le **versement de l'indemnité** de non-concurrence, même en déliant le VRP de toute obligation en ce domaine (Cass. soc. 25-3-1981 n° 78-41.320 ; 17-12-1987 n° 85-41.264).

E. Protection sociale

SÉCURITÉ SOCIALE

61580 CSS art. L 311-3, 2° TB-I-35000 s

Régime applicable Les VRP relèvent du **régime général** de sécurité sociale du seul fait qu'ils réunissent les conditions prévues par les articles L 7311-1 s. du Code du travail, sans qu'il y ait lieu de rechercher l'existence d'un lien de **subordination juridique** (Cass. soc. 27-2-1992 n° 89-21.375 PF : RJS 4/92 n° 541).

Relèvent aussi du régime général les représentants **non statutaires** placés sous la subordination de l'entreprise. Pour les **autres intermédiaires** de commerce, voir n° 60800.

Cotisations L'**assiette** des cotisations est réduite du montant des frais professionnels réels ou fait l'objet d'une déduction forfaitaire spécifique de 30 % (nos 22770 s.). **61590** TB-I-35300 s

Sur le régime social de l'**indemnité de clientèle** et des avances sur indemnité de clientèle, voir n° 61400. Pour celui de l'indemnité de **non-concurrence** ou des indemnités **de rupture** prévues par l'ANI du 3-10-1975, voir respectivement n° 69665, c et n° 61405, d.

> **Précisions a.** Les cotisations dues pour les VRP **exclusifs** sont calculées et réglées dans les conditions de droit commun (nos 22200 s.). Il en va de même de la **CSG** et la **CRDS** (nos 25100 s.). Le **plafond** de la sécurité sociale retenu pour les commissions est ajusté prorata temporis, en fonction de la périodicité de la paie (C. trav. art. R 242-2, I). Pour les VRP **multicartes,** voir n° 61620.
> **b.** Les VRP ouvrent droit à la **réduction générale de cotisations patronales** calculée selon des modalités particulières tenant compte de leurs conditions d'emploi (voir n° 1932) et, pour les VRP multicartes, des taux réduits de cotisations applicables (voir n° 1955, a). Ils sont en principe exclus des exonérations de cotisations patronales de sécurité sociale applicables dans les **zones de revitalisation rurale** (n° 2025, b).
> **c.** Les employeurs de VRP doivent déclarer et verser via la **DSN** les cotisations de sécurité sociale et les contributions afférentes à ces salariés auprès de l'**Urssaf** du lieu de l'établissement de rattachement du VRP (Dossier Urssaf VRP multicarte du 23-3-2020 ; net-entreprises fiche n° 1970). Cette précision donnée à propos des VRP multicartes vaut aussi, selon nous, pour les VRP monocarte.

Prestations Le droit aux prestations **en nature et en espèces** d'assurance maladie-maternité, invalidité et décès dues aux VRP (monocarte ou multicartes) est examiné en fonction des règles prévues pour les professions à caractère saisonnier ou discontinu par l'article R 313-7 du CSS (n° 50310) (Circ. DSS 163 du 16-4-2013). Sur la prestation partagée d'éducation de l'enfant, voir nos 58105 s. **61595** TB-I-35500 s

Les VRP sont exclus du bénéfice de la **retraite progressive** étudiée nos 67735 s., sauf dans les cas exceptionnels où ils seraient soumis à un horaire de travail contrôlable (Rép. Tranchant : AN 27-2-1989 n° 6284).

CHÔMAGE

L'administration exclut les **VRP multicartes** du bénéfice du régime d'indemnisation de l'**activité partielle** (indemnisation par l'employeur avec prise en charge forfaitaire par l'État, garantie d'une rémunération mensuelle minimale) dès lors qu'ils ne sont pas soumis à la réglementation de la durée du travail (Doc. techn. DGEFP juillet 2015 fiche n° 2.3). Sur les mesures temporaires liées à l'épidémie de Covid-19, voir toutefois n° 1457. **61600** QA-I-1730 TB-I-36200 s

S'agissant du **chômage total,** les VRP peuvent bénéficier des allocations chômage, sous réserve d'adaptations définies par l'annexe I au règlement d'assurance chômage.

> **Précisions a.** Les allocations chômage sont **cumulables** avec l'indemnité de clientèle (n° 61395) et l'indemnité de non-concurrence prévue par l'ANI du 3-10-1975 (n° 61470). Sur l'intégration de l'indemnité de clientèle dans le calcul du **différé de versement des allocations chômage,** voir n° 61395.
> **b.** Le **salaire de référence** servant au **calcul** de la partie proportionnelle **de l'allocation** est déterminé à partir des rémunérations perçues au cours de la période de référence (nos 6630 s.) précédant la fin du contrat de travail (terme du préavis), en cas de préavis effectué, ou précédant le premier jour de préavis, en cas de préavis non effectué, dès lors qu'elles n'ont pas déjà servi pour un précédent calcul. En cas de préavis non effectué, sur demande de l'intéressé, le terme de la période peut être la fin du contrat de travail (terme du préavis). Il s'agit des rémunérations perçues pendant la période de référence, qu'elles soient afférentes ou non à celle-ci. Sont **exclues** les indemnités compensatrices de congés payés, les indemnités de préavis, de non-concurrence, de clientèle et, le cas échéant, les indemnités de licenciement, de départ ou de rupture conventionnelle homologuée et, de manière générale, toutes les sommes qui ne trouvent pas leur contrepartie dans l'exécution normale du contrat de travail (Régl. d'assurance chômage annexé au décret 2019-797 du 26-7-2019 ann. I art. 11 et 12).
> Pour les **VRP multicartes,** voir n° 61620.
> **c.** S'agissant de l'**exercice d'une activité réduite** par un VRP, voir n° 6840.
> **d.** Sur la **déclaration** et le **versement** des contributions, voir n° 61590, c.

RETRAITE COMPLÉMENTAIRE ET PRÉVOYANCE

Les VRP relèvent, pour leur **retraite** complémentaire, du régime de retraite Agirc-Arrco (nos 67900 s.). L'employeur doit **adhérer** à l'institution de retraite complémentaire Malakoff Humanis Agirc-Arrco si la convention collective applicable dans l'entreprise est celle des **61610**

Circ. 2019-18 Agirc-Arrco du 23-12-2019 ANI relatif à la prévoyance des cadres du 17-11-2017 TB-I-36500 s

VRP (IDCC 804) en application des règles de compétence exposées n° 67940. Sur les **cotisations** et contributions Agirc-Arrco, et les **prestations** auxquelles elles ouvrent droit, voir n°s 67960 s.

En matière de **prévoyance,** certains VRP bénéficient d'une garantie décès, gérée par l'INPR et financée par une cotisation de leur employeur (voir n° 59180).

> Précisions **a.** **L'affiliation d'un salarié** au régime de **retraite** Agirc-Arrco s'effectue automatiquement par la transmission mensuelle des données sociales via la DSN (www.malakoffhumanis.com).
b. Les **cotisations** de retraite complémentaire et de prévoyance, que l'employeur doit déclarer via la **DSN,** sont transmises aux institutions compétentes (Dossier Urssaf VRP multicarte du 23-3-2020).

61615 **Portabilité des couvertures de prévoyance et de santé** Les VRP bénéficient, dans les **conditions** exposées n° 59230, du dispositif légal dit « de portabilité » permettant aux salariés dont le contrat est rompu de conserver temporairement la couverture collective santé et/ou prévoyance en vigueur dans l'entreprise quittée.

61620 Arrêté du 16-2-1959 modifié Arrêté SSAS2023621A du 16-12-2020 TB-I-35800 s

VRP multicartes

La protection sociale du VRP multicarte présente certaines spécificités, les règles générales applicables aux autres VRP s'appliquant pour le surplus.

La **part salariale** des cotisations est la même que pour tous les salariés (voir n° 90030).

La **part patronale** s'établit comme suit :

	Salaire dans la limite du plafond de sécurité sociale (n° 90020)	Salaire total
Maladie, maternité, invalidité, décès	–	7 % si salaire ≤ 2,5 Smic 13 % si salaire > 2,5 Smic
Vieillesse	6, 90 %	1,90 %
Allocations familiales	–	3,45 % si salaire ≤ 3,5 Smic 5,25 % si salaire > 3,5 Smic
Accident du travail	–	0,8 %
Solidarité-autonomie	–	0,30 %

À ces prélèvements s'ajoutent les **contributions Fnal** (n°s 84200 s.) et **dialogue social** (n°s 84400 s.).

Les modalités particulières de calcul du **plafond** prévues pour les **salariés à temps partiel** (n°s 77465 s.) ne s'appliquent pas aux VRP multicartes (Acoss 81-3 du 1-10-1981).

Pour la **déclaration d'embauche,** voir n° 60970.

Pour le **calcul des cotisations chômage,** le plafond au-delà duquel les rémunérations sont exclues de l'assiette des contributions (n° 6350) est apprécié employeur par employeur (Règl. d'assurance chômage annexé au décret 2019-797 du 26-7-2019 ann. I art. 49).

Pour l'application de l'exonération de cotisations patronales propre aux **zones de revitalisation rurale** et de la **réduction générale** de cotisations patronales de sécurité sociale, voir n° 61590, b.

REPRÉSENTATION DU PERSONNEL

SOMMAIRE

PRÉSENTATION DES INSTITUTIONS REPRÉSENTATIVES

La loi prévoit deux catégories d'institutions pour assurer, au sein de l'entreprise, la représentation du personnel auprès de l'employeur : **62200** L-I-1 s

– une instance élue, dénommée **comité social et économique** (CSE), qui a remplacé les anciennes instances représentatives élues (comité d'entreprise, délégués du personnel et CHSCT), dont les attributions diffèrent selon l'effectif de l'entreprise. Le CSE peut se voir confier, par accord collectif, des pouvoirs de négociation : il prend alors le nom de **conseil d'entreprise** ;

– les **délégués syndicaux (DS) et représentants de sections syndicales (RSS),** représentants du personnel désignés par leur syndicat au sein des entreprises ou établissements employant au moins 50 salariés afin de représenter ce syndicat auprès de l'employeur et participer à sa mission revendicative. Les DS peuvent en outre négocier les conventions et accords de groupe, d'entreprise et d'établissement (n°s 51870 s.).

Les **règles propres** à chaque institution représentative sont exposées dans la rubrique qui leur est consacrée : comité social et économique (n°s 8500 s.) et syndicats dans l'entreprise (n°s 73000 s.). Sont présentées ci-après les **règles communes** à ces instances.

› Précisions Sur les **instances spécifiques** de représentation du personnel et celles susceptibles d'être mises en place à des niveaux autres que celui de l'entreprise ou de l'établissement, voir :
– comité de groupe : n°s 9800 s. ;
– comités mis en place au niveau européen : voir n° 8500, c ;
– commissions paritaires régionales interprofessionnelles (CPRI) permettant d'assurer une représentation spécifique aux entreprises de moins de 11 salariés : n°s 62403 s.

Par ailleurs, des **représentants des salariés** peuvent être élus ou désignés au sein des organes de direction de leur entreprise (n°s 62420 s.) ou dans le cadre d'une procédure collective touchant leur entreprise (n° 9334).

I. CHAMP D'APPLICATION

A. Champ d'application professionnel et territorial

62260 Les dispositions du Code du travail relatives au **CSE** sont applicables aux employeurs de droit privé ainsi qu'à leurs salariés, aux établissements publics à caractère industriel et commercial et aux établissements publics à caractère administratif employant du personnel dans les conditions du droit privé, sous réserve, le cas échéant, d'adaptations prévues par décret.

C. trav. art. L 2111-1 L 2311-1 **L-I-200 s**

Les dispositions concernant les **syndicats** sont applicables au personnel des employeurs de droit privé et à celui des personnes publiques employé dans les conditions du droit privé, sous réserve des dispositions particulières ayant le même objet résultant du statut qui régit ce personnel.

› Précisions a. Toute personne juridique ayant son **siège à l'étranger** qui emploie des salariés sur le territoire français exerce la responsabilité de l'employeur selon les lois françaises et doit appliquer celles relatives à la représentation des salariés (CE ass. 29-6-1973 n° 77982 ; Cass. soc. 14-2-2001 n° 99-60.355 FS-PBRI : RJS 5/01 n° 617). Les institutions mises en place exercent l'ensemble des attributions définies par la loi française, sauf celles incompatibles avec la présence à l'étranger du siège social (Cass. soc. 3-3-1988 n° 86-60.507 P).
b. Les dispositions du Code du travail sur la représentation du personnel sont applicables aux entreprises d'**armement maritime** avec des adaptations particulières non étudiées ici (C. transports art. L 5543-2 s.).

B. Condition d'effectif

1. MISE EN PLACE ET VARIATION D'EFFECTIF

COMITÉ SOCIAL ET ÉCONOMIQUE

62300 **Mise en place initiale** L'entreprise non pourvue d'un CSE doit organiser des élections professionnelles lorsque son effectif, apprécié comme indiqué nos 62365 s., atteint pendant **12 mois consécutifs** :

C. trav. art. L 2311-2 L 2312-2, al. 2 **L-I-2140 s**

– au moins **11 salariés** : le CSE exerce les attributions « réduites » visées nos 9200 s. ;
– au moins **50 salariés** : le CSE exerce l'ensemble des attributions « étendues » récurrentes et ponctuelles visées nos 9200 s. à l'expiration du délai d'un an à compter de sa mise en place.

› Précisions La loi ne prévoit pas expressément la possibilité d'abaisser par **convention ou accord collectif** les seuils de mise en place du CSE, mais rien ne semble l'interdire. Sur la possibilité de déroger par accord aux règles légales relatives au seuil de 50 salariés pour l'exercice des attributions « étendues », voir n° 9180.
Sur les conditions de décompte de l'effectif en cas de **transfert d'entreprise,** voir n° 74960.

62305 **Passage à un CSE à attributions plus étendues** Lorsque, après la mise en place du CSE, l'effectif de l'entreprise, apprécié comme indiqué nos 62365 s., atteint pendant **12 mois consécutifs** :

C. trav. art. L 2312-2, al. 1 L 2312-34

– au moins **50 salariés** : le CSE exerce l'ensemble des attributions récurrentes d'information et de consultation définies nos 9240 s. à l'expiration d'un délai de 12 mois. Si à l'expiration de ce délai de 12 mois, le mandat du CSE restant à courir est inférieur à un an, ce délai court à compter de son renouvellement.
– au moins **300 salariés** : l'employeur a un an pour se conformer complètement aux obligations d'information et de consultation du CSE qui en découlent (nos 9247 s.).

Ainsi, durant la première année suivant le changement de seuil, l'employeur ne peut pas être sanctionné s'il ne satisfait pas aux obligations légales d'information et de consultation du CSE spécifiques aux entreprises d'au moins 50 ou 300 salariés.

› Précisions Lorsque l'effectif de l'entreprise a atteint 50 salariés pendant 12 mois consécutifs, **2 hypothèses** peuvent se présenter :
– il reste **au moins 2 ans** de mandat à courir (dans le cas général d'un mandat de 4 ans, le CSE a exercé son mandat pendant 2 ans au plus) : le comité exerce immédiatement des attributions étendues ponctuelles, ses attributions étendues récurrentes seront exercées au bout de 12 mois ;
– il reste **moins de 2 ans** de mandat à courir (dans le cas général d'un mandat de 4 ans, le CSE a exercé son mandat plus de 2 ans) : le comité exerce immédiatement des attributions étendues ponctuelles et n'exercera pas d'attributions étendues récurrentes. Le **CSE qui lui succédera** exercera immédiatement des attributions étendues ponctuelles, mais devra attendre 12 mois avant d'exercer des attributions étendues récurrentes.

Renouvellement ou suppression Lorsque l'effectif de **50 salariés,** apprécié comme indiqué nos 62365 s., n'a pas été atteint pendant les 12 mois précédant son renouvellement, le CSE exerce exclusivement les attributions des CSE des entreprises de moins de 50 salariés : voir nos 9420 s. **62310** C. trav. art. L 2312-3 L 2313-10

À l'**expiration du mandat** des membres de la délégation du personnel au CSE, l'instance n'est pas renouvelée si l'effectif de l'entreprise est **resté en dessous** de **11 salariés** pendant au moins 12 mois consécutifs.

Seule la suppression du CSE d'entreprise est expressément visée par la loi, et non celle du CSE d'établissement. Sur la suppression de ce dernier, voir no 9490.

DÉLÉGUÉ SYNDICAL OU REPRÉSENTANT DE SECTION SYNDICALE

Désignation La désignation d'un DS n'est possible que dans les entreprises ou établissements atteignant l'effectif d'au moins **50 salariés** pendant les **12 mois consécutifs** précédant la désignation (Cass. soc. 29-5-2019 no 18-19.890 F-PB : RJS 8-9/19 no 502). Il en va de même pour le RSS (Cass. soc. 8-7-2015 no 14-60.691 FS-PB : RJS 10/15 no 652). **62315** C. trav. art. L 2141-11 L 2143-3 **L-I-2140 s**

Cet effectif se calcule mois par mois (Cass. soc. 17-12-1984 no 84-60.491) selon les modalités prévues nos 62365 s.

Dans les entreprises de moins de 50 salariés, un membre de la délégation du personnel du CSE peut toutefois être désigné comme DS (no 73600) ou comme RSS (no 73380).

Sur les conditions de décompte de l'effectif en cas de **transfert d'entreprise,** voir no 74960.

ATTENTION

Pour déterminer le seuil d'effectif à partir duquel un DS peut être désigné dans un **établissement nouvellement créé,** il faut prendre en compte l'ancienneté acquise dans l'entreprise par les salariés affectés à l'établissement (Cass. soc. 29-3-2005 no 04-60.139 F-P : RJS 7/05 no 758). Du fait de la possibilité de se référer à la période antérieure à la création de l'établissement pour apprécier la condition d'effectif, il n'est pas toujours nécessaire d'attendre 12 mois à compter de l'ouverture de l'établissement pour que les conditions de désignation d'un DS soient réunies.

Ainsi, par **exemple,** un établissement créé en reprenant 50 salariés ayant au moins 1 an d'ancienneté dans l'entreprise a un effectif de 50 salariés.

Suppression du mandat À elle seule, la baisse des effectifs d'une entreprise en dessous de 50 salariés ne met pas fin aux mandats des DS (Cass. soc. 23-6-1998 no 96-42.548 P : RJS 8-9/98 no 1004) et des RSS. La suppression de ces institutions est en effet subordonnée à une **baisse importante et durable des effectifs** en dessous de 50 salariés et à un **accord** entre l'employeur et l'ensemble des syndicats représentatifs ou, à défaut, à une **décision de la Dreets (Direccte avant le 1-4-2021).** **62320** C. trav. art. L 2142-1-2 L 2143-11 R 2143-6 **L-I-2730 s**

Ces principes s'appliquent en cas de baisse d'effectif :

– dans une UES (CE 14-1-1994 no 118106), l'effectif global de cette dernière étant pris en compte ;

– consécutive au transfert d'une partie du personnel à une autre entreprise (Cass. soc. 3-2-1998 no 96-60.207 P : RJS 3/98 no 326).

› Précisions **a.** Même si les conditions de la suppression sont remplies, la Dreets peut **refuser** de l'autoriser en se fondant sur le caractère frauduleux de la baisse d'effectif ou sur des motifs d'intérêt général (CE 24-7-1981 no 17737 ; 20-12-1985 no 54954).

b. Si un CSE d'établissement est supprimé par suite de la **perte de la qualité d'établissement distinct,** les mandats des délégués syndicaux (DS) et des représentants de section syndicale (RSS) de l'établissement prennent automatiquement fin lors des élections organisées à la suite de cette disparition. En effet, d'une part, les DS et RSS sont en principe désignés dans le même cadre que le CSE : voir nos 73395 (RSS) et 73500 s. (DS) et, d'autre part, leur mandat prend fin à chaque élection (nos 73405 et 73585).

2. UNITÉ ÉCONOMIQUE ET SOCIALE

Lorsque **plusieurs entreprises juridiquement distinctes** forment une unité économique et sociale (UES), la condition d'effectif requise pour la mise en place des institutions représentatives du personnel s'apprécie au niveau de cet ensemble. **62330** C. trav. art. L 2313-8 **L-I-4600 s**

Visant à faire échec à la division artificielle des entreprises pour éluder les effets de seuil en matière de représentation du personnel, la notion d'UES n'est prévue par la loi que pour le **CSE** (no 8630), mais la jurisprudence l'a étendue aux **délégués syndicaux** (DS).

DÉFINITION

62340 L-I-4650 s

L'UES se caractérise par :

– une unité économique, résultant de la concentration des pouvoirs de **direction** à l'intérieur du périmètre considéré, ainsi que par la similarité ou la complémentarité des **activités** déployées par ses différentes entités ;

– une unité sociale, caractérisée par la similarité de statut social et des conditions de travail de la **communauté de travailleurs,** dont la preuve est établie par un faisceau d'indices (par exemple, une gestion du personnel commune et l'adhésion à une même mutuelle : Cass. soc. 5-12-2000 nº 99-60.389 F-D : RJS 2/01 nº 213). Cette communauté peut se traduire par une certaine permutabilité des salariés (Cass. soc. 18-7-2000 nº 99-60.353 FS-PB : RJS 11/00 nº 1107).

Ces critères sont **cumulatifs** (Cass. soc. 5-7-1977 nº 77-60.493 ; 5-12-1985 nº 84-60.994 P ; 15-5-1990 nº 89-61.521 P) et sont **identiques, quelle que soit l'institution** représentative à mettre en place (Cass. soc. 24-3-1988 nº 87-60.211 ; 19-9-2007 nº 06-60.199 F-D).

› Précisions **a.** Une UES ne peut être reconnue qu'entre des entités juridiques distinctes prises dans l'ensemble de leurs établissements. Elle ne peut donc pas regrouper une partie seulement des **établissements** d'une ou de plusieurs entreprises (Cass. soc. 13-1-1999 nº 97-60.782 P : RJS 2/99 nº 230).

b. Une UES peut comprendre une société **sans personnel** (Cass. soc. 21-1-1997 nº 95-60.833 P : RJS 3/97 nº 300).

c. Dans un **groupe,** une UES peut être reconnue entre entités juridiquement distinctes, qu'elles soient ou non dotées de la **personnalité morale,** dès lors que les critères ci-dessus sont satisfaits (Cass. soc. 21-11-2018 nº 16-27.690 FS-PBRI : RJS 2/19 nº 110).

Une UES ne peut cependant pas être reconnue à un niveau où existe déjà un comité de groupe (Cass. soc. 20-10-1999 nº 98-60.398 PB : RJS 1/00 nº 68). Si une UES est reconnue entre toutes les sociétés d'un groupe, il doit être constitué un CSE commun à celles-ci et non un comité de groupe (Cass. soc. 22-10-1984 nº 83-63.121). Mais une UES peut être reconnue entre une partie des sociétés appartenant à un groupe, même si celui-ci est doté d'un comité de groupe (Cass. soc. 30-5-2001 nº 00-60.111 F-P : RJS 8-9/01 nº 1032). L'exclusion de la holding du périmètre de l'UES n'empêche pas la reconnaissance de celle-ci (Cass. soc. 15-4-2015 nº 13-24.253 FS-PB : RJS 6/15 nº 419).

RECONNAISSANCE

62350 L-I-6100 s

L'existence d'une UES peut être reconnue par **accord** collectif signé aux conditions de droit commun par les syndicats représentatifs au sein des entités en faisant partie (Cass. soc. 14-11-2013 nº 13-12.712 FS-PBR : RJS 1/14 nº 54 ; 11-7-2016 nº 14-50.036 FS-D : RJS 10/16 nº 634) ou par **décision de justice.** Pour le CSE, voir nº 8630.

Une fois l'UES reconnue, sa pérennité, sa composition et son périmètre doivent être réexaminés lors de chaque échéance électorale (Cass. soc. 31-3-2009 nº 08-60.494 FS-PB : RJS 6/09 nº 559).

La reconnaissance de l'UES implique l'organisation des **élections** appropriées, les **mandats** en cours étant écourtés en conséquence (Cass. soc. 26-5-2004 nº 02-60.935 FS-PBRI : RJS 8-9/04 nº 936). De même, les **syndicats** doivent mettre fin aux mandats des DS, faute de quoi leur caducité est constatée par le juge, et désigner de nouveaux DS dans le cadre de l'UES (Cass. soc. 29-4-2009 nº 07-19.880 FS-PB : RJS 7/09 nº 644). Il en va de même, selon nous, pour les RSS.

› Précisions **a.** À défaut d'accord, c'est le **tribunal judiciaire** qui est compétent pour reconnaître l'existence de l'UES (Cass. soc. 29-10-2003 nº 02-60.820 F-PB : RJS 1/04 nº 70 ; Cass. avis 19-3-2007 nº 0070005 P : RJS 6/07 nº 753). Sa décision est susceptible d'appel (Cass. soc. 12-9-2007 nº 06-60.275 FS-PB : RJS 11/07 nº 1189 ; 31-1-2012 nº 11-20.232 FS-PBRI : RJS 4/12 nº 359). Il est également compétent pour connaître de la modification du périmètre d'une UES (Cass. avis 19-3-2007 nº 0070005 P : RJS 6/07 nº 753), mais pas pour se prononcer sur la division de l'UES en établissements distincts, cette question relevant de la Dreets (Cass. soc. 18-6-2003 nº 02-60.044 F-P : RJS 10/03 nº 1183).

b. La **désignation** non contestée dans les délais requis d'un **DS** au niveau d'une UES n'établit pas l'existence de celle-ci, mais constitue un élément dont le juge doit tenir compte s'il est ultérieurement saisi d'une demande de reconnaissance judiciaire (Cass. soc. 4-3-2009 nº 08-60.497 FS-PB : RJS 5/09 nº 448).

c. La suppression des **anciennes institutions représentatives du personnel** au profit du CSE ne fait pas disparaître une UES préexistante. En revanche, les stipulations conventionnelles divisant l'UES en établissements distincts sont caduques (Cass. soc. 25-3-2020 nº 18-18.401 FS-PB : RJS 6/20 nº 300). S'agissant des modalités de découpage de l'UES en établissements distincts, les règles exposées nºs 9470 s. s'appliquent.

3. CALCUL DE L'EFFECTIF

Pour la mise en œuvre, notamment, des dispositions du Code du travail relatives à la représentation du personnel (CSE, DS ou RSS notamment), les effectifs de l'entreprise sont calculés conformément aux règles exposées ci-après. 62365 C. trav. art. L 1111-2 K-III-2910 s L-I-3900 s

› Précisions Les **litiges** relatifs à l'appréciation de l'effectif lors de la mise en place des institutions représentatives du personnel sont de la compétence du tribunal judiciaire. La charge de la preuve pèse sur l'employeur (Cass. soc. 24-5-2006 nº 04-44.939 F-D : RJS 8-9/06 nº 960 ; 25-9-2019 nº 18-60.206 F-PB : RJS 12/19 nº 707). Sur l'office du juge saisi d'un litige relatif à la détermination de l'effectif, voir nº 8763, c.

SALARIÉS PRIS EN COMPTE

Doivent être inclus dans l'effectif de l'entreprise les salariés liés à elle par un **contrat de travail** (à temps plein ou partiel, intermittent, à durée déterminée ou indéterminée) et les **salariés temporaires.** 62370 C. trav. art. L 1111-2 K-III-2980 s

Toutefois, les salariés titulaires d'un CDD ou d'un contrat de travail temporaire sont exclus du décompte des effectifs lorsqu'ils **remplacent** un salarié absent ou dont le contrat de travail est suspendu, notamment pour congé de maternité ou d'adoption ou congé parental d'éducation.

› Précisions **a.** Les **cadres** sont comptabilisés dans l'effectif, même s'ils détiennent une délégation d'autorité permettant de les assimiler à l'employeur (Cass. soc. 26-9-2002 nº 01-60.670 FS-PB : RJS 12/02 nº 1411).

b. Sont inclus dans l'effectif les salariés en **période d'essai** (Cass. soc. 7-4-1976 nº 75-60.174), ceux en cours de **préavis** (Cass. soc. 13-3-1985 nº 84-60.731), ou dont le **contrat est suspendu** (maladie prolongée, congé parental d'éducation...) (Circ. DRT 13 du 25-10-1983 réputée abrogée) ainsi que les **préretraités** dispensés de toute activité lorsqu'ils perçoivent une garantie de ressources versée par l'entreprise (Cass. soc. 2-12-1992 nº 91-60.275 D : RJS 1/93 nº 58) ou financée par celle-ci (Cass. soc. 26-5-2004 nº 03-60.125 FS-PBRI : RJS 8-9/04 nº 935).

c. Pour les **VRP,** voir nº 61000. Pour les **apprentis,** nº 3460, b. Pour les titulaires d'un **contrat de professionnalisation,** nº 20735, a ; d'un **contrat unique d'insertion,** nº 20835, a. Pour les salariés temporaires à inclure dans l'effectif de l'**entreprise de travail temporaire,** nº 82395. Pour les **salariés travaillant à l'étranger,** nº 78415.

Salariés mis à disposition Les salariés mis à disposition, c'est-à-dire les salariés d'entreprises sous-traitantes ou prestataires travaillant dans une entreprise utilisatrice, sont comptés dans l'effectif de leur **employeur** (Circ. DGT 20 du 13-11-2008). 62375 C. trav. art. L 1111-2 K-III-3880 s

Ils doivent également être pris en compte dans l'effectif de l'**entreprise utilisatrice** s'ils sont présents dans ses locaux et y travaillent depuis au moins un an, peu important qu'ils aient choisi d'être électeurs dans l'entreprise qui les emploie (Cass. soc. 19-1-2011 nº 10-60.296 F-PB : RJS 4/11 nº 337 ; 2-12-2020 nº 19-60.141 F-D : RJS 2/21 nº 93) ou qu'ils soient à temps partiel (Cass. soc. 23-9-2015 nº 14-26.262 F-PB : RJS 12/15 nº 792). Toutefois, l'entreprise utilisatrice n'a pas à les prendre en compte :

– s'ils remplacent un salarié absent ou dont le contrat de travail est suspendu ;

– s'ils ne sont pas à sa disposition exclusive mais se rendent uniquement ponctuellement dans ses locaux (Cass. soc. 14-4-2010 nº 09-60.367 FS-PB : RJS 6/10 nº 526) ;

– ou s'ils effectuent leur tâche dans une entreprise cliente de leur employeur : entreprises de nettoyage, sociétés de services en ingénierie informatique, etc. (Note de service DGEFP du 29-3-2010).

› Précisions Pour l'application des dispositions du Code du travail relatives aux relations collectives, sont comptés dans les effectifs d'un **groupement d'employeurs** les salariés mis à la disposition, en tout ou partie, d'un ou de plusieurs de ses membres. Pour l'application des autres dispositions de ce Code, en revanche, ils ne le sont pas (C. trav. art. L 1253-8-1).

MODALITÉS DE DÉCOMPTE

Contrats à durée indéterminée Les salariés en contrat à durée indéterminée à **temps plein** et les **travailleurs à domicile** sont pris en compte intégralement dans l'effectif de l'entreprise. 62380 C. trav. art. L 1111-2 K-III-3330 s

Salariés non permanents Les salariés en **CDD** ou contrat de **travail intermittent,** les **salariés temporaires,** ainsi que les salariés **mis à disposition** de l'entreprise remplissant les critères exposés nº 62375, sont pris en compte au prorata de leur temps de présence au cours des 12 mois précédents. 62385 C. trav. art. L 1111-2 K-III-3540 s

› Précisions **a.** La prise en compte par l'entreprise utilisatrice des travailleurs temporaires n'est pas subordonnée à la condition que les intéressés soient toujours en **activité à la date du calcul** (Cass. soc. 6-11-1991 n° 90-60.458 PF : RJS 12/91 n° 1334). Ce principe est aussi applicable aux salariés en CDD (Circ. DRT 13 du 25-10-1983 réputée abrogée).
b. Pour les salariés **mis à disposition,** la proratisation ne s'applique qu'à l'effectif de l'entreprise utilisatrice. Dans l'effectif de l'entreprise qui les emploie, ils sont comptés dans les conditions « classiques » (Circ. DGT 20 du 13-11-2008).
c. Pour les **journalistes pigistes,** voir n° 46510, b.
d. Si le calcul de l'effectif aboutit à un nombre décimal, il n'y a pas lieu de **l'arrondir** au nombre entier supérieur (Cass. soc. 17-6-2009 n° 08-60.594 FS-D : RJS 8-9/09 n° 729).

62390 C. trav. art. L 1111-2 K-III-3370 s

Temps partiel Les salariés à temps partiel (au sens indiqué n° 77060) sont **pris en compte en divisant** la somme des horaires inscrits dans leurs contrats de travail par la durée légale ou conventionnelle du travail. En cas de litige, le juge vérifie que les horaires prévus par le contrat correspondent à la durée de travail mensuelle effectivement accomplie (Cass. soc. 25-9-2009 n° 18-60.206 F-PB : RJS 12/19 n° 707).

Cette règle s'applique, quelle que soit la **nature du contrat** de travail (CDI, CDD, intérim, mise à disposition…), y compris en cas de **travail à domicile** (Circ. DRT 13 du 25-10-1983 réputée abrogée). En revanche, les salariés au **forfait jours** sont comptabilisés comme à temps plein même si leur forfait est inférieur au plafond légal ou conventionnel (Circ. DRT 7 du 6-12-2000).

Si le **contrat ne mentionne pas** la durée de travail et sa répartition sur la semaine ou le mois, le salarié ne peut être décompté comme un salarié à temps partiel que si l'employeur démontre que le contrat n'est pas à temps plein (Cass. soc. 17-1-2001 n° 99-60.471 F-D : RJS 4/01 n° 469). Sur la preuve à apporter, voir n° 77285.

EXEMPLE

Dans une entreprise pratiquant la durée légale du travail, 20 CDI à 28 heures par semaine sont pris en compte pour : 20 × 28 / 35 = 16 unités ;

20 CDD de 6 mois à 28 heures par semaine sont pris en compte pour : 20 × 28 / 35 × 6 / 12 = 8 unités.

C. Représentation spécifique aux TPE

CHAMP D'APPLICATION ET COMPOSITION

62403 C. trav. art. L 23-111-1 L 23-112-1 et L 23-114-4 R 23-111-1 L-IV bis-400 s

Une commission paritaire régionale interprofessionnelle (CPRI) assure dans chaque région une représentation territoriale aux **entreprises de moins de 11 salariés** et à leurs salariés.

Elle concerne celles relevant de **branches n'ayant pas mis en place,** par accord de branche, national interprofessionnel ou multiprofessionnel conclu au plus tard le 31 mars de l'année de la mise en place de la CPRI ou de son renouvellement, de commissions paritaires exerçant au moins les mêmes attributions que celles des CPRI et composées d'au moins 5 représentants employeurs et de 5 représentants de syndicats de salariés, issus d'entreprises de moins de 11 salariés.

La CPRI comprend **20 membres** issus de ces dernières entreprises désignés par les syndicats de salariés et par les organisations professionnelles d'employeurs :
– 10 sièges sont attribués aux **syndicats de salariés** à vocation interprofessionnelle, proportionnellement à leur audience dans la région aux élections mesurant la représentativité des syndicats de salariés des très petites entreprises (TPE) ;
– 10 sièges sont attribués aux **organisations professionnelles d'employeurs** à vocation interprofessionnelle, répartis proportionnellement à leur audience auprès des entreprises de la région et appartenant aux branches couvertes par la commission.

› Précisions **a.** Les organisations désignataires doivent pourvoir les **sièges** qui leur sont attribués en respectant la **parité** femmes-hommes. Si les sièges à pourvoir sont en nombre impair, l'écart entre le nombre de femmes et le nombre d'hommes ne doit pas être supérieur à un.
b. Les modalités de fonctionnement de la CPRI sont déterminées dans son **règlement intérieur.**

62406 C. trav. art. L 23-112-2 à L 23-112-6 R 23-112-13 à R 23-112-19 L-IV bis-650 s

Les membres des CPRI sont désignés pour **4 ans.** Leur mandat est **renouvelable.**

Dans le cadre du scrutin destiné à mesurer la représentativité des syndicats de salariés des TPE (n° 73160), les **syndicats de salariés** candidats peuvent indiquer sur leur **propagande électorale** l'identité des salariés qu'ils envisagent de désigner. Ils doivent **notifier** cette identité à leurs employeurs, ainsi que celle des membres des commissions et la région concernée par tout moyen conférant date certaine à cette notification. Cette information est communiquée simultanément à l'inspecteur du travail.

La Dreets (Direccte avant le 1-4-2021) publie la composition de la CPRI (nom, profession et appartenance syndicale éventuelle de ses membres) au recueil des actes administratifs et sur son site internet.

En cas de cessation des fonctions d'un membre d'une CPRI, il peut être procédé, dans les mêmes conditions, à la désignation d'un autre membre. Toutefois, une telle désignation n'est pas possible moins de 6 mois avant la fin du mandat. Les membres ainsi désignés le sont pour la durée du mandat restant à courir.

> Précisions Les **contestations** relatives à la désignation des membres des CPRI relèvent du tribunal judiciaire statuant en dernier ressort, saisi dans les 15 jours suivant la date où la composition de la commission a été rendue publique. Il statue dans les 10 jours de sa saisine, sans frais ni forme de procédure, sur avertissement donné 3 jours à l'avance à toutes les parties intéressées. Sa décision est notifiée aux parties par le greffe dans les 3 jours par lettre recommandée avec avis de réception et peut faire l'objet d'un pourvoi en cassation dans les 10 jours de sa notification.

ATTRIBUTIONS

Les CPRI ont pour compétence : 62409 C. trav. art. L 23-113-1 **L-IV bis-200 s**

– de donner aux salariés et aux employeurs toutes informations ou conseils utiles sur les **dispositions légales ou conventionnelles** qui leur sont applicables ;

– d'apporter des informations, de débattre et de rendre tout avis utile sur les **questions spécifiques aux entreprises de moins de 11 salariés** et à leurs salariés ;

– avec l'accord des parties concernées, de faciliter la **résolution de conflits** individuels ou collectifs n'ayant pas donné lieu à saisine d'une juridiction ;

– de faire des propositions en matière d'**activités sociales et culturelles.**

MOYENS

Les membres des CPRI ont, pour l'exercice de leurs fonctions, **accès aux entreprises** sur autorisation de l'employeur. 62412 C. trav. art. L 23-113-2 L 23-114-1 et L 23-114-3 R 23-113-1 **L-IV bis-900 s**

L'employeur d'un membre de CPRI lui laisse le **temps nécessaire à l'exercice de sa mission,** dans la **limite** de 5 heures par mois, sauf circonstances exceptionnelles. Le salarié informe son employeur de l'utilisation de son crédit d'heures au plus tard 8 jours avant la date prévue pour celle-ci.

Les membres des CPRI peuvent :

– **utiliser leur crédit d'heures cumulativement** au cours d'une année civile, sans qu'un membre puisse disposer, dans le mois, de plus d'1,5 fois le crédit d'heures de délégation dont il bénéficie (soit 7 h 30 au plus) ;

– **répartir entre eux** leur crédit d'heures, sans que cette mutualisation puisse conduire un membre à disposer, dans le mois, de plus d'1,5 fois le crédit d'heures de délégation dont il bénéficie (soit 7 h 30 au plus). Le salarié bénéficiant d'un transfert d'heures de délégation informe son employeur du nombre d'heures dont il dispose à ce titre et de l'identité du « donateur ». Ce dernier informe son propre employeur du nombre d'heures qu'il a transférées et de l'identité du bénéficiaire. Dans les deux cas, l'information est faite par tout moyen lui conférant date certaine.

> Précisions **a.** Le **temps de trajet** pour se rendre aux réunions de la commission n'est pas imputé sur le crédit d'heures. Le **temps passé par le salarié à sa mission,** y compris aux séances de la commission, est de plein droit considéré comme du temps de travail et payé à l'échéance normale. Il est assimilé à un temps de travail effectif pour la détermination des droits que le salarié tient de son contrat de travail, des dispositions légales et des stipulations conventionnelles. Le syndicat ayant désigné un salarié comme membre d'une CPRI rembourse à l'employeur la rémunération maintenue à l'intéressé à partir des crédits reçus du fonds mentionné au b. À défaut, l'employeur peut faire une retenue sur le salaire du salarié. Les conditions de remboursement du maintien de la rémunération à l'employeur ou de retenue sur le salaire du salarié sont définies aux articles R 23-113-2 et R 23-113-3 du Code du travail.

L'**employeur** entendant **contester l'utilisation** des heures de délégation saisit le juge judiciaire.

b. L'indemnisation des représentants salariés et employeurs, ainsi que les frais de fonctionnement de la CPRI, de participation de ses membres aux réunions et de formation, sont pris en charge par le **fonds paritaire de financement** des organisations syndicales et patronales (n° 84400).

STATUT PROTECTEUR

Sont subordonnés à l'**autorisation de l'inspecteur du travail** le licenciement, la rupture anticipée ou le non-renouvellement du CDD du salarié : 62415

– membre d'une CPRI ;

C. trav. art. L 2411-1 L 2411-25 L 2412-1 L 2412-16 L 2421-2 L 2422-1 L 243-11-1 C. pén. art. 131-38 L-VII-3880 s

– établissant que l'employeur a eu connaissance de l'imminence de sa candidature avant d'engager la procédure de rupture du contrat de travail ;
– candidat à un mandat, et ce, pendant 6 mois à compter de la notification à l'employeur de la propagande électorale ;
– ancien membre d'une CPRI, pendant 6 mois à compter de l'expiration du mandat.

› Précisions La rupture du contrat de travail en **violation** du statut protecteur est nulle : le salarié peut demander sa réintégration ou des dommages et intérêts. En outre, la méconnaissance du statut protecteur est punie d'un an de prison et de 3 750 € d'amende au plus si l'infraction est commise par une personne physique, et d'une amende maximale de 18 750 € si elle est commise pour le compte d'une personne morale par l'un de ses organes ou représentants.

D. Représentation des salariés dans les sociétés anonymes

REPRÉSENTATION DE L'ENSEMBLE DES SALARIÉS

62420 Les sociétés anonymes (SA) peuvent prévoir dans leurs statuts la présence, au sein des **conseils d'administration ou de surveillance,** de **membres élus par le personnel** de la société et, le cas échéant, des filiales directes et indirectes dont le siège social est sur le territoire français. Cette représentation est obligatoire dans toute SA (ou société en commandite par actions) qui, pendant 2 exercices consécutifs, emploie elle-même et dans ses filiales au moins 1 000 salariés en France ou au moins 5 000 salariés en France et à l'étranger. Dans ce dernier cas, les représentants sont élus par les salariés ayant au moins 3 mois d'ancienneté ou désignés par les institutions représentatives du personnel. Depuis le 24-5-2019, le **nombre de représentants salariés** est de 2 dans les conseils de plus de 8 membres (contre 12 membres auparavant), et de 1 en dessous de ce seuil. Les nouveaux représentants entrent en fonction au plus tard 6 mois après l'assemblée générale organisée en 2020 portant les modifications statutaires nécessaires à leur élection ou à leur désignation.

C. com. art. L 22-10-6 s L 225-22 s L 225-27 s L 225-79-2 s L 226-5-1 R 225-34-2 s C. trav. art. L 2411-1 L 2411-17 PB-II-10250 s

Le représentant des salariés institué à titre obligatoire ou facultatif doit justifier d'une ancienneté d'au moins 2 ans. Il ne perd pas le bénéfice de son contrat de travail du fait de son élection. Sa rémunération en tant que salarié ne peut pas être réduite du fait de l'exercice de son mandat. Sur les mentions du bulletin de paie, voir n° 70795. L'exercice de cette fonction est incompatible avec un mandat de représentant du personnel.

Le salarié bénéficie de la **protection** contre le licenciement visée n°s 63300 s. pendant son mandat, ainsi que pendant les 6 mois suivant la cessation de ses fonctions de représentation et les 3 mois suivant le dépôt de sa candidature à l'élection. Il dispose pour préparer chaque réunion d'un **crédit d'heures** fixé par le conseil entre 15 heures et 75 heures 50 minutes en fonction de l'importance de la société, de ses effectifs, de son rôle économique et de l'objet de la réunion. Ce crédit d'heures est considéré comme du temps de travail effectif et rémunéré comme tel. Il peut demander une **formation** lui permettant d'acquérir ou de perfectionner des connaissances et techniques nécessaires à l'exercice de son mandat.

› Précisions **a.** Sont **exclues** de l'obligation de mettre en place une représentation les sociétés dont l'activité principale est d'acquérir et de gérer des filiales et des participations si elles n'ont pas l'obligation de mettre en place un CSE, si les organes de gouvernance des filiales comprennent des représentants des salariés et, depuis le 24-5-2019, si ses actions ne sont pas admises aux négociations sur un marché réglementé ou au moins 4/5 de ses actions sont détenues, directement ou indirectement, par une personne physique ou morale agissant seule ou de concert.

b. La durée de la **formation** du représentant, d'au moins 40 heures par an (20 h/an avant le 24-5-2019), est déterminée par le conseil d'administration. Depuis le 24-5-2019, une fraction de cette formation doit être exercée au sein de l'entreprise d'appartenance ou d'une entreprise qui lui est liée. Pour les salariés exerçant leur premier mandat, la formation doit avoir débuté avant la première réunion du conseil d'administration ou de surveillance suivant leur élection ou leur désignation. Son **coût,** frais de déplacement compris, est à la charge de l'employeur.

REPRÉSENTATION DES SALARIÉS ACTIONNAIRES

62425 Dans les sociétés cotées, la nomination d'administrateurs ou de membres du conseil de surveillance représentant les salariés actionnaires est obligatoire lorsque ceux-ci détiennent plus de **3 % du capital** social et qu'aucun salarié n'est élu au conseil d'administration et de surveillance dans les conditions visées n° 62420. Depuis le 24-5-2019, la même obligation s'impose aux sociétés dont les **titres** ne sont **pas admis aux négociations sur un marché**

réglementé, dès lors qu'elles emploient, à la clôture de 2 exercices consécutifs, au moins 1 000 salariés permanents dans la société et ses filiales, directes ou indirectes, dont le siège social est fixé sur le territoire français, ou au moins 5 000 salariés permanents dans la société et ses filiales, directes ou indirectes, dont le siège est situé en France et à l'étranger. Les nouveaux représentants entrent en fonction au plus tard 6 mois après l'assemblée générale organisée en 2020 portant les modifications statutaires nécessaires à leur élection ou à leur désignation. C. com. art. L 22-10-5 L 225-23 L 225-71 L 225-102 L 225-106 C. trav. art. L 3341-2 D 3341-1 s **PB-II-12050**

› Précisions **a.** Les représentants des salariés actionnaires bénéficient du crédit d'heures visé n° 62420 et de la **formation** visée n° 62420, b. Les représentants des porteurs de parts au sein du conseil de surveillance des fonds communs de placement d'entreprise et les administrateurs des Sicav d'actionnariat salarié bénéficient aussi d'un stage de formation économique de 3 jours minimum dispensé par un organisme figurant sur une liste arrêtée par le préfet de région. Ce stage peut être refusé dans les mêmes conditions que le congé de formation économique, sociale et syndicale et est imputé sur la durée de celui-ci (n°s 12345 s.). Le temps consacré à ces formations est pris sur le temps de travail effectif et rémunéré comme tel.

b. Avant chaque **assemblée générale,** le président du conseil d'administration ou le directoire peut, ou doit dans certains cas, organiser une consultation des salariés actionnaires afin de leur permettre de désigner un ou plusieurs **mandataires** pour les représenter à l'assemblée générale. Les mandataires ainsi désignés doivent confirmer par écrit à l'employeur, sous 48 heures, leur intention de participer à l'assemblée en indiquant la durée prévisible de leur absence. L'employeur n'est pas tenu de rémunérer le temps passé hors de l'entreprise pendant les heures de travail ni de prendre en charge les frais de déplacement des intéressés.

c. Le **mandat** du représentant est d'une **durée** identique à celle des autres mandataires sociaux. Mais il prend fin si son contrat de travail est rompu.

II. MANDAT

A. Durée et cumuls

62485 La durée de chaque mandat est étudiée dans la rubrique consacrée aux institutions représentatives du personnel correspondantes : pour le CSE, les membres de la délégation du personnel (n° 8900) et le représentant syndical (n° 8905) ; pour les représentants au comité de groupe (n° 9815) ; pour les syndicats, le DS (n° 73585), le délégué supplémentaire (n° 73605) et le RSS (n° 73405). C. trav. art. L 2143-9 **L-I-10900 s** **L-I-13600** **LA-IV-1530 s**

S'agissant du cumul d'un mandat de DS avec un autre mandat, voir n° 73470 ; pour le RSS, voir n° 73390 ; pour le représentant syndical au CSE, voir n° 8901.

Sur les modalités de **remplacement** d'un membre du CSE en cours de mandat, voir n°s 8905 s. ; pour un représentant syndical, voir n° 73585, b.

› Précisions Lorsque le **cumul** des mandats est possible, celui des **crédits d'heures** l'est également sauf en cas de cumul des fonctions suivantes :

– DS (ou RSS) et membre de la délégation du personnel du CSE dans les entreprises de moins de 50 salariés (n° 73600 et n° 73400) ;

– DS d'établissement et DS central d'une entreprise de moins de 2 000 salariés (n° 73610, b).

B. Crédit d'heures

62565 Sont exposées ci-après les règles applicables aux représentants syndicaux (DS et RSS) et celles communes à ces instances et au CSE. Les règles spécifiques aux membres de la délégation du personnel du CSE (bénéficiaires, durée et utilisation du crédit d'heures) sont exposées n°s 8910 s.

BÉNÉFICIAIRES

62570 L'employeur doit laisser au représentant du personnel titulaire le temps nécessaire à l'exercice de ses fonctions dans la limite d'un nombre d'heures, dit « crédit d'heures ». C. trav. art. L 2142-1-3 L 2143-13 s **L-I-13650 s**

Le crédit d'heures légal est en principe **individuel.** Un usage ou un accord ne peut donc pas en prévoir la **répartition** entre représentants titulaires (Cass. soc. 27-11-1980 n° 79-40.988 ;

20-10-1994 nº 93-41.856 D : RJS 3/95 nº 246) ou entre titulaires et suppléants (Cass. crim. 20-6-1985 nº 84-90.910 ; Cass. soc. 10-12-1996 nº 95-45.453 P : RJS 1/97 nº 52). Mais un **suppléant** remplaçant un titulaire peut utiliser le crédit d'heures de ce dernier.

Par dérogation à ce principe :

– les membres de la délégation du personnel au **CSE** peuvent mutualiser leurs crédits d'heures dans les conditions exposées nº 8920 ;

– les **DS** désignés par un même syndicat peuvent répartir entre eux leurs crédits d'heures. Ils en informent l'employeur (C. trav. art. L 2143-14) chaque mois (Circ. DRT 13 du 25-10-1983 réputée abrogée). Cette faculté ne concerne pas le délégué central d'entreprise (Cass. soc. 3-3-1993 nº 89-43.497 PF : RJS 4/93 nº 420) ;

– les membres des **CPRI** peuvent répartir entre eux leurs crédits d'heures dans les conditions exposées nº 62412.

> Précisions **a.** Les représentants du personnel institués **par convention,** mais ne relevant pas d'une catégorie prévue par la loi, ne bénéficient d'heures de délégation que si la convention le prévoit (Cass. soc. 15-3-2006 nº 04-45.247 F-P : RJS 6/06 nº 746).

b. En cas de **cumul de mandats,** voir nº 62485.

DURÉE

62575 La durée mensuelle du crédit d'heures légal est **variable selon les instances et l'effectif** de l'entreprise ou de l'établissement : voir tableau récapitulatif nº 90070.

C. trav. art. L 2142-1-3 L 2143-13 s **L-I-13200 s**

Il s'agit du nombre d'heures maximal pouvant être utilisé chaque mois par les représentants du personnel pour l'exercice de leur mandat. Cette durée ne peut pas être réduite en cas de périodes partielles d'inactivité telles que les congés payés (Cass. crim. 14-2-1978 nº 76-93.406) ou la fermeture temporaire de l'entreprise (Cass. soc. 12-1-2011 nºs 09-40.066 F-D et 09-40.067 F-D : RJS 4/11 nº 335). Elle est indépendante de la **durée du travail** de l'entreprise (Rép. Calvo : AN 23-12-1996 nº 44548). Elle peut être dépassée en cas d'**accord collectif** ou d'**usage** plus favorable (Cass. soc. 9-12-2014 nº 13-18.005 FP-PB : RJS 2/15 nº 111) ou de **circonstances exceptionnelles** (nº 62580).

Les membres du CSE ou des CPRI peuvent **annualiser** leurs crédits d'heures, sous certaines conditions respectivement exposées nº 8920 et nº 62412.

> Précisions **a.** La **variation d'effectif** doit, à notre sens, être prise en compte dès le mois suivant (en ce sens : Cass. soc. 6-11-1991 nº 88-42.895 : RJS 12/91 nº 1325 ; 7-10-1992 nº 89-40.821 : RJS 11/92 nº 1263).

b. Pour les **salariés à temps partiel,** voir nº 77410 ; pour les **intérimaires,** voir nº 82425.

c. En l'absence de circonstances exceptionnelles, ou de convention ou d'usage plus favorable, le **dépassement du crédit** d'heures justifie une retenue sur salaire (Cass. soc. 12-11-1987 nº 83-42.192 D) et, si les dépassements sont fréquents et répétés, le licenciement du salarié (CE 16-4-1982 nº 19530 ; 17-12-1993 nº 116531 : RJS 3/94 nº 263).

d. Un accord collectif assimilant à du temps de travail effectif des **pauses** accordées au salarié en situation de travail n'augmente pas son crédit d'heures (Cass. soc. 9-12-2014 nº 13-18.005 F-PB : RJS 2/15 nº 111).

62580 **Circonstances exceptionnelles** En cas de circonstances exceptionnelles, les DS et les membres du CSE peuvent dépasser leur crédit d'heures. En revanche, cette possibilité n'est pas prévue pour le RSS.

C. trav. art. L 2143-13 R 2314-1 **L-I-14250 s**

Faute de **définition** légale des circonstances exceptionnelles, la jurisprudence a précisé qu'il s'agit de situations inhabituelles, nécessitant, de la part des représentants, un surcroît de démarches et d'activité débordant le cadre de leurs tâches coutumières, en raison, notamment, de la soudaineté de l'événement ou de l'urgence des mesures à prendre (Cass. crim. 3-6-1986 nº 84-94.424). Sur la question de savoir si l'épidémie de Covid-19 constitue une circonstance exceptionnelle, voir nº 62597.

Sur la **charge de la preuve** de l'existence de circonstances exceptionnelles, voir nº 62600.

ILLUSTRATIONS

Peuvent constituer des circonstances exceptionnelles : un projet de licenciement économique collectif (Cass. soc. 7-12-1977 nº 75-41.031 ; 6-11-1985 nº 82-41.496 S), le suivi d'un plan de sauvegarde de l'emploi (Cass. soc. 27-11-2012 nº 11-21.202 F-D), une menace sur les effectifs (Cass. soc. 26-10-1977 nº 76-40.058 ; 10-12-2003 nº 01-41.658 FS-P : RJS 4/04 nº 429), une possible délocalisation (Cass. soc. 6-3-2002 nº 99-45.134 F-D), un projet important de restructuration de l'entreprise (Cass. soc. 6-7-1994 nº 93-41.705 P : RJS 8-9/94 nº 1003), la reprise par le CSE de la gestion du restaurant d'entreprise (Cass. soc. 17-5-1979 nº 78-40.217) ou une grève de longue durée affectant tous les ateliers de l'entreprise (Cass. soc. 8-7-1998 nº 97-42.743 D : RJS 10/98 nº 1238).

Ne constituent pas, en revanche, des circonstances exceptionnelles : la préparation d'un arbre de Noël (Cass. soc. 22-4-1964 n° 62-40.387), l'accompagnement de salariés retraités lors d'un voyage (Cass. soc. 13-11-1985 n° 82-41.702 S), ou une courte grève n'ayant concerné qu'une petite fraction du personnel (Cass. soc. 19-2-1975 n° 73-40.684 ; 14-11-1984 n° 82-41.403).

UTILISATION

62585 L-I-14950 s

Activités exercées Le crédit d'heures doit être exclusivement utilisé pour l'**exercice des fonctions représentatives** pour lesquelles il est alloué. À défaut, le salarié s'expose à devoir rembourser la rémunération des heures indûment utilisées ainsi que, le cas échéant, à une **sanction** disciplinaire pouvant aller jusqu'au licenciement si le crédit est utilisé à des fins personnelles (CE 22-2-1989 n° 66598 ; 15-5-1996 n° 132350 ; 27-3-2015 n° 371174 : RJS 6/15 n° 425).

S'agissant de la **liste** des principales activités susceptibles ou non d'être imputées sur leur crédit d'heures par les représentants du personnel, voir n° 73575 pour les représentants syndicaux, et n° 8920 pour les membres du CSE.

> **Précisions** **a.** Le temps passé par un représentant du personnel pour **assurer sa propre défense** lors d'une audience judiciaire dans un litige relatif à l'utilisation ou au paiement du crédit d'heures doit être imputé sur ce dernier (Cass. soc. 23-1-1990 n° 86-43.815 P : RJS 2/90 n° 136 ; Cass. ass. plén. 31-10-1996 n° 91-44.770 P : RJS 12/96 n° 1276 ; Cass. soc. 17-5-2006 n° 04-41.600 F-D : RJS 8-9/06 n° 961), mais non celui consacré à soutenir une demande de rappel de salaire le concernant (Cass. soc. 3-2-1998 n° 96-42.062 P : RJS 4/98 n° 489). Sur le temps passé à assurer sa défense auprès de l'inspecteur du travail dans le cadre d'une procédure de licenciement le concernant, voir n° 63365, c.
> **b.** Sur le temps passé à **assister un salarié lors d'un licenciement,** voir n° 47570, b.
> **c.** Sur les **temps de trajet** liés aux fonctions représentatives, voir n° 62640.

62590 C. trav. art. L 2142-1-3, al. 3 ; L 2143-13, al. 7 ; L 2143-15, al. 3 ; R 2142-1 ; R 2143-3-1 ; R 2315-3 ; R 2315-4 ; L-I-15450 s

Moment Les représentants du personnel peuvent utiliser leurs heures de délégation tant durant leurs **heures habituelles de travail** qu'**en dehors** (Cass. soc. 28-2-1989 n° 85-45.488 P : RJS 4/89 n° 341), même en cas d'horaire variable (Cass. soc. 20-1-1993 n° 89-41.560 D : RJS 3/93 n° 288).

Les heures peuvent être **groupées ou fractionnées** en fonction des besoins du mandat (Rép. David : Sén. 13-6-1962 n° 2631 ; Cass. soc. 11-12-2001 n° 99-43.650 FS-D : RJS 2/02 n° 193).

> **Précisions** **a.** Le salarié ne peut être payé pour les heures de délégation prises **en dehors de son temps de travail** habituel que si les nécessités du mandat le justifient (Cass. soc. 30-5-2007 n° 04-45.774 F-D), ce qu'il lui appartient de prouver (Cass. soc. 14-10-2020 n° 18-24.049 F-D : RJS 1/21 n° 21). L'organisation du **travail en 3 × 8** n'établit pas en soi une telle nécessité (Cass. soc. 20-6-2007 n° 06-41.219 F-D).
> **b.** L'employeur ne peut pas unilatéralement réduire les horaires d'un **travailleur de nuit** en lui indiquant que les heures de délégation seront comprises dans la durée normale de travail (Cass. soc. 11-6-2008 n° 07-40.823 F-PB : RJS 8-9/08 n° 912 ; 25-6-2008 n° 06-46.223 F-D : RJS 11/08 n° 1096). S'agissant des **salariés à temps partiel,** voir n° 77410.
> **c.** Sauf accord collectif contraire, le crédit d'heures des élus ou des représentants syndicaux au CSE, des DS, des RSS et du délégué syndical central sous **forfait annuel en jours** est regroupé en demi-journées venant en déduction du nombre annuel de jours travaillés fixé dans la convention, une demi-journée correspondant à 4 heures de mandat. Lorsque le crédit d'heures restant est inférieur à 4 heures, les représentants du personnel disposent d'une demi-journée venant, elle aussi, en déduction du nombre annuel de jours travaillés.

62595 L-I-15900 s

Information de l'employeur Le représentant du personnel peut utiliser ses heures de délégation sans **autorisation** de l'employeur ou de sa hiérarchie (Cass. crim. 22-2-1962 n° 60-92.459 ; 4-2-1986 n° 84-95.402). En revanche, l'employeur peut exiger d'être **informé des absences et déplacements** des représentants du personnel (Cass. crim. 28-3-1979 n° 77-92.961), sans toutefois pouvoir leur imposer unilatéralement un délai de **préavis** (Cass. crim. 27-6-1979 n° 78-91.427), ni apporter d'**entrave** à leurs fonctions.

> **Précisions** De nombreuses entreprises recourent aux **bons de délégation,** que les représentants du personnel remettent à l'employeur ou à la hiérarchie pour les informer de l'utilisation de leur crédit d'heures.
> L'instauration de bons de délégation et d'un **délai de prévenance** avant utilisation du crédit d'heures doit être précédée d'une procédure de concertation (Cass. crim. 12-4-1988 n° 87-84.148).
> La pratique des bons de délégation ne peut ni imposer au représentant du personnel d'indiquer les motifs de son absence (Cass. crim. 28-3-1979 n° 77-92.961 ; 12-4-1988 n° 87-84.148), ni instituer un contrôle a priori du chef d'entreprise ou une autorisation préalable d'absence (Cass. crim. 10-3-1981 n° 80-91.570 ; 25-5-1982 n° 81-93.443).
> Si le refus d'utilisation des bons de délégation peut être sanctionné (Cass. soc. 24-1-1973 n° 72-40.242 ; CE 8-8-2002 n° 109749), il est sans

influence sur la rémunération des heures de délégation (Cass. soc. 19-6-1980 n° 78-41.859 ; 12-7-2006 n° 04-44.532 F-D), y compris en cas de dépassement pour circonstances exceptionnelles (Cass. soc. 10-12-2003 n° 01-41.658 FS-P : RJS 4/04 n° 429).

62597 **Mesures Covid-19**

Selon le ministère du travail, la crise sanitaire peut constituer une **circonstance exceptionnelle** justifiant le dépassement, dans des proportions raisonnables, du crédit d'heures de délégation par les représentants élus ou mandatés. Cette crise ne permet pas à l'employeur d'**annuler les heures** de délégation des représentants. Par ailleurs, les représentants du personnel peuvent **se déplacer sur site,** lorsque l'activité de l'entreprise n'est pas interrompue, dans le respect des gestes barrières et des procédures mises en place dans l'entreprise, s'ils considèrent que les moyens de communication à distance sont inopérants ou insuffisants (QR min. trav. du 27-11-2020 sur le dialogue social : travail-emploi.gouv.fr).

RÉMUNÉRATION

62600 C. trav. art. L 2142-1-3 L 2143-17 L 2315-10 L 2315-13 L-I-16600 s LA-IV-6000 s

Le crédit d'heures est de plein droit considéré comme **temps de travail** et **payé à l'échéance normale,** sans que le représentant du personnel ait à rendre compte de l'emploi de son temps (Cass. crim. 22-11-1988 n° 87-84.669 D : RJS 1/89 n° 35), y compris s'il est utilisé durant une grève (Cass. soc. 13-12-2017 n° 16-19.042 F-D : RJS 2/18 n° 119). Pendant un **arrêt maladie,** son paiement est toutefois subordonné à l'autorisation préalable d'exercer son mandat, donnée au représentant par son médecin traitant (Cass. ch. mixte 21-3-2014 n° 12-20.002 PBRI : RJS 6/14 n° 493).

L'obligation de payer à l'échéance normale s'applique aux heures **légales et conventionnelles** de délégation (Cass. crim. 26-5-1987 n° 85-92.193 ; Cass. soc. 9-5-1989 n° 86-40.375 P : RJS 6/89 n° 509), aux **crédits individuels** et aux fractions de crédits **collectifs** (Circ. DRT 13 du 25-10-1983 réputée abrogée), ainsi qu'aux heures effectuées par un **suppléant** remplaçant un titulaire (Cass. soc. 30-5-1990 n° 86-43.583 P : RJS 7/90 n° 589), mais pas aux heures de dépassement pour **circonstances exceptionnelles.** Avant paiement, le salarié doit donc établir l'existence de ces circonstances et la conformité de l'utilisation de ces heures au regard du mandat (jurisprudence constante, notamment Cass. soc. 10-6-1997 n° 94-42.546 PF : RJS 7/97 n° 821).

En cas de **refus de l'employeur de payer à l'échéance normale,** le représentant du personnel peut obtenir paiement par la voie du référé prud'homal (Cass. soc. 23-6-1988 n° 85-45.086 D ; 10-1-2006 n°s 04-46.838 F-D et 04-46.839 F-D). Ce refus constitue un délit d'entrave (Cass. crim. 14-2-1978 n° 76-93.406), peut ouvrir droit à dommages-intérêts (Cass. soc. 18-6-1997 n° 94-43.415 P : RJS 8-9/97 n° 989) et justifier, le cas échéant, la prise d'acte de la rupture du contrat de travail par le salarié aux torts de l'employeur (Cass. soc. 17-12-2014 n° 13-20.703 F-D : RJS 3/15 n° 178).

Assimilé à du travail effectif, le temps de délégation est pris en compte pour le **calcul de la durée du travail** et l'appréciation des durées maximales de travail (Note DRT 2-6-1997).

S'agissant de la mention des heures de délégation sur le **bulletin de paie,** voir n° 70795.

62605 C. trav. art. L 2142-1-3 L 2143-17 L 2315-10 L 2315-13 L-I-17750 s LA-IV-7000 s

Calcul Le temps de délégation étant **payé comme temps de travail,** le salarié ne doit subir aucune perte de rémunération du fait de l'exercice de sa mission.

› **Précisions** **a.** Le représentant du personnel ne peut pas être privé des **primes** ayant le caractère de complément de salaire en raison de leur fixité, de leur constance et de leur généralité (Cass. crim. 10-6-1997 n° 95-83.892 PF : RJS 10/97 n° 1104), liées au temps de présence effectif (Cass. soc. 28-6-2006 n° 05-41.350 F-D : RJS 10/06 n° 1083) ou compensant des sujétions particulières de son emploi (Cass. soc. 1-4-1992 n° 88-40.108 P : RJS 5/92 n° 628 ; 17-5-2006 n° 04-41.600 F-D : RJS 8-9/06 n° 961 ; 17-1-2013 n° 11-17.745 F-PB : RJS 3/13 n° 214). En revanche, il ne peut pas prétendre aux **remboursements de frais** qu'il n'a pas exposés (jurisprudence constante, voir notamment Cass. soc. 27-11-1980 n° 79-40.826), le caractère forfaitaire de certaines allocations n'excluant pas que celles-ci puissent constituer des remboursements de frais (voir à propos d'indemnités de déplacement : Cass. soc. 1-6-2016 n° 15-15.202 FS-PB : RJS 8-9/16 n° 569 ; 5-7-2017 n° 15-28.703 F-D : RJS 10/17 n° 679 ; 19-9-2018 n°s 16-24.041 FS-PB, 17-11.638 FS-PB et 17-11.514 FS-PB : RJS 12/18 n° 750).

b. L'exercice des fonctions représentatives donne droit aux **titres-restaurant** (Cass. soc. 3-7-1980 n° 79-40.469).

Les **pauses** prises pendant les heures de délégation n'ont pas à être rémunérées sauf si elles le sont quand elles sont prises pendant les heures de travail (en ce sens : Cass. soc. 26-6-2001 n° 98-46.387 FS-P : RJS 11/01 n° 1302). Les pauses non prises ne peuvent pas être déduites de la rémunération (Cass. soc. 28-11-2001 n° 00-45.613 F-D : RJS 3/02 n° 297).

c. La rémunération des heures de délégation des salariés payés à la **commission** doit être calculée d'après le salaire réel (Cass. soc. 29-5-2001 n° 98-45.758 FS-P : RJS 8-9/01 n° 1030).

On retient un montant moyen de commissions (Cass. soc. 27-11-2013 nº 12-23.589 FS-D : RJS 3/14 nº 235). La même règle s'applique lorsque la rémunération est pour partie constituée de commissions (Cass. soc. 23-3-2016 nº 14-26.885 F-D : RJS 6/16 nº 428). S'y ajoute, dans ce cas, la part fixe du salaire calculée au prorata des heures de délégation accomplies (Cass. soc. 21-1-2004 nº 01-43.229 FS-P : RJS 3/04 nº 322).
Sur le cas du salarié rémunéré aux **pourboires,** voir nº 70450, a ; des journalistes **pigistes,** nº 46520.

Les heures de délégation des salariés à temps plein prises **en dehors du temps de travail** en raison des nécessités du mandat (nº 62590, a) sont à rémunérer en **heures supplémentaires** (Cass. soc. 12-2-1991 nº 88-42.353 PF : RJS 3/91 nº 342 ; 21-11-2000 nº 98-40.730 FS-D : RJS 3/01 nº 309) avec droit à la contrepartie en repos (Cass. soc. 13-12-1995 nº 92-44.389 D : RJS 2/96 nº 134). La rémunération peut être remplacée par un repos compensateur si la convention collective le prévoit pour l'ensemble des salariés (Cass. soc. 9-10-2012 nº 11-23.167 FS-PB : RJS 12/12 nº 958) ou laisse au représentant le choix entre rémunération et repos compensateur (Cass. crim. 26-1-2016 nº 13-85.770 F-PB : RJS 4/16 nº 257). **62610** L-I-17890 s LA-IV-7650 s

› Précisions **a.** S'il utilise son crédit d'heures pendant les **congés payés,** le représentant du personnel ne peut pas cumuler indemnité de congés payés et rémunération de ces heures (Cass. soc. 19-10-1994 nº 91-41.097 D : RJS 12/94 nº 1419). En revanche, l'utilisation du crédit d'heures pendant des jours de **repos compensateur** conventionnel ouvre droit à la quote-part de repos correspondant au temps de délégation (Cass. soc. 20-5-1992 nº 89-43.103 PF : RJS 7/92 nº 882). Si le représentant du personnel utilise ses heures de délégation sur le temps de repos dont il bénéficie en **contrepartie d'heures supplémentaires,** il ne peut pas prétendre au paiement de ces heures de délégation, mais seulement à un report de son temps de repos (Cass. soc. 23-5-2017 nº 15-25.250 FP-PBR : RJS 8-9/17 nº 591).
b. La majoration pour **travail de nuit** s'applique aux heures de délégation prises de jour par un représentant du personnel travaillant la nuit (Cass. soc. 14-3-1989 nº 86-41.648 P : RJS 4/89 nº 342). De même, le représentant du personnel travaillant habituellement le week-end **(équipe de suppléance)** et bénéficiant à ce titre de majorations horaires doit bénéficier de ces majorations lorsqu'il effectue des heures de délégation pendant la semaine (Cass. soc. 28-10-2008 nº 07-40.524 F-D : RJS 1/09 nº 49).
c. S'agissant des **salariés à temps partiel,** voir nº 77410. Pour les **intérimaires,** voir nº 82425.

Contestation Le temps de délégation devant être payé à l'échéance normale, l'employeur ne peut contester l'usage qui en a été fait qu'**après avoir payé** (Cass. soc. 9-12-1985 nº 84-44.252 P ; 30-1-2002 nº 00-45.024 F-D ; 19-5-2016 nº 14-26.967 FS-PB : RJS 8-9/16 nº 570). **62615** C. trav. art. L 2142-1-3 L 2143-17 L 2315-10 L 2315-13 L-I-17150 s LA-IV-6420 s
Après paiement, mais **avant d'agir en remboursement** devant le conseil de prud'hommes (Cass. soc. 4-12-1991 nº 88-44.977 PF : RJS 1/92 nº 46), l'employeur doit demander au salarié d'**indiquer l'usage fait des heures** de délégation (Cass. soc. 21-11-1990 nºs 88-40.133 PF et 87-40.699 PF : RJS 1/91 nº 42 ; 15-12-1993 nº 91-44.481 PBBS : RJS 1/94 nº 50). Il peut saisir à cette fin le juge des référés prud'homaux (Cass. soc. 22-4-1992 nº 89-41.253 PF : RJS 6/92 nº 751 ; 8-7-1992 nº 90-43.980 P : RJS 12/92 nº 1395).

› Précisions **a.** Le salarié ne peut pas se borner à affirmer avoir utilisé ses heures de délégation dans le cadre de son mandat (Cass. soc. 16-3-1994 nº 92-42.234 PBS : RJS 5/94 nº 562). Il doit indiquer la nature des activités exercées (Cass. soc. 30-11-2004 nº 03-40.434 FS-PB : RJS 2/05 nº 169), mais n'a pas à apporter la **justification** de cette utilisation (Cass. soc. 25-5-1993 nº 89-45.542 P : RJS 7/93 nº 757). C'est en effet à l'employeur **de prouver** la non-conformité de l'utilisation du temps de délégation à l'objet du mandat (Cass. soc. 10-10-1989 nº 87-42.832 P ; 1-12-1993 nº 89-44.297 D : RJS 1/94 nº 50).
b. Le représentant peut obtenir des dommages-intérêts si l'**employeur conteste à tort** l'utilisation du crédit d'heures (Cass. soc. 21-11-1990 nº 87-40.699 PF : RJS 1/91 nº 42 ; 21-10-1992 nº 89-41.272 D : RJS 12/92 nº 1396).

C. Déplacements

LIBERTÉ DE CIRCULATION

Pour l'exercice de leurs fonctions, les membres du CSE, les DS et les RSS (Circ. DGT 20 du 13-11-2008) peuvent, durant les heures de délégation, se **déplacer hors de l'entreprise.** Ils peuvent aussi, tant durant les heures de délégation qu'en dehors de leurs heures habituelles de travail, **circuler librement dans l'entreprise** et y prendre tous **contacts** nécessaires à l'accomplissement de leur mission, notamment auprès d'un salarié à son poste de travail, sous réserve de ne pas apporter de gêne importante à l'accomplissement du travail des salariés. S'agissant des déplacements pendant la période d'épidémie de Covid-19, voir nº 62597. **62635** C. trav. art. L 2315-14 L 2143-20 L-I-19100 s LA-IV-9600 s

> Précisions **a.** L'employeur peut **exiger des représentants du personnel** qui circulent dans l'entreprise la **justification de leur qualité.** Il lui appartient, après consultation des intéressés, de déterminer les modalités de ce contrôle, qui ne doit pas entraver l'exercice des fonctions (Cass. crim. 10-1-1989 nº 87-80.048 P : RJS 3/89 nº 238).

b. Les employés investis d'un mandat électif ou syndical ne doivent pas faire l'objet de **géolocalisation** lorsqu'ils agissent dans le cadre de leur mandat (Délib. Cnil 165 du 4-6-2015).

c. La procédure d'accès à une **zone confidentielle,** ayant pour seul objet de s'assurer de l'appartenance du salarié à l'établissement et de son statut de représentant du personnel, ne constitue pas une atteinte à la liberté de déplacement (Cass. soc. 9-7-2014 nº 13-16.151 FS-D : RJS 11/14 nº 788).

d. Le représentant du personnel travaillant dans un établissement employant des **travailleurs de nuit,** sans avoir lui-même cette qualité, doit pouvoir accéder aux locaux aussi bien le jour que la nuit (Cass. crim. 12-4-2016 nº 15-80.772 F-D : RJS 6/16 nº 427).

PRISE EN CHARGE DES DÉPLACEMENTS

62640 L-I-19500 s LA-IV-10250 s

Sauf convention ou accord collectif prévoyant des modalités spécifiques de prise en charge (Cass. soc. 11-9-2019 nº 17-14.623 F-D : RJS 11/19 nº 638), les **frais de déplacement** des membres du CSE sont à la charge de l'employeur lorsque la réunion est organisée à son initiative ou à la demande de la majorité des membres du comité (Cass. soc. 28-5-1996 nº 94-18.797 PB : RJS 7/96 nº 803 ; 22-5-2002 nº 99-43.990 FS-PBI : RJS 8-9/02 nº 996 ; 10-10-2002 nº 01-03.336 F-D). Il en va de même des réunions organisées par l'employeur avec le CSE central d'entreprise (Cass. soc. 15-6-1994 nº 92-14.985 PBBS : RJS 7/94 nº 874) et, selon nous, avec les DS.

L'employeur peut définir les modalités de prise en charge de ces frais à condition qu'elles soient compatibles avec l'exercice des mandats, n'imposent aucune sujétion injustifiée et ne laissent subsister aucune dépense à la charge du salarié (CA Versailles 31-5-2005 nº 04-5072 : RJS 12/06 nº 1357).

En revanche, l'employeur n'a pas, sauf stipulation conventionnelle ou usage plus favorable, à prendre en charge les frais de déplacement n'ayant pas été engagés à l'occasion d'une réunion organisée par lui (Cass. soc. 20-10-1988 nº 85-43.763 ; 21-3-2002 nº 00-12.006 F-D ; 17-10-2018 nº 17-13.256 FS-PB : RJS 1/19 nº 30).

Le **temps de trajet** pris **pendant l'horaire normal** de travail en exécution des fonctions représentatives s'impute sur le crédit d'heures, sauf usage ou engagement unilatéral de l'employeur contraire (Cass. soc. 9-12-2014 nº 13-22.212 FP-PB : RJS 2/15 nº 111) et, à notre avis, sauf s'il est pris pour se rendre aux réunions organisées par l'employeur. Encore faut-il, en outre, que ce temps soit effectivement utilisé dans le cadre des fonctions représentatives et ne constitue pas, en réalité, un temps de travail effectif (CA Versailles 19-10-2017 nº 17/01635 : RJS 1/18 nº 39).

Le temps de trajet pris en **dehors de l'horaire normal** de travail doit être rémunéré par l'employeur s'il dépasse en durée le temps normal de déplacement entre le domicile et le lieu de travail (Cass. soc. 30-9-1997 nº 95-40.125 PB : RJS 11/97 nº 1255 ; 10-12-2003 nº 01-41.658 FS-P : RJS 4/04 nº 429 ; 12-6-2013 nº 12-15.064 FP-PB : RJS 8-9/13 nº 615).

ATTENTION

Le refus de prendre en charge les frais de déplacement constitue le **délit d'entrave** dès lors qu'il a pour effet de restreindre la participation des représentants du personnel aux réunions (Cass. crim. 22-11-2005 nº 04-87.451 F-PF : RJS 2/06 nº 224).

D. Déroulement de carrière

SUSPENSION DU CONTRAT

62670 L-I-11400 s LA-IV-1850

La suspension du contrat de travail n'entraînant pas celle du mandat, le représentant du personnel peut exercer normalement ses fonctions pendant cette période. Ainsi jugé en cas d'**activité partielle** (Cass. crim. 25-5-1983 nº 82-91.538 ; CE 13-11-1987 nº 68104 ; Cass. soc. 10-1-1989 nº 86-40.350 D : RJS 2/89 nº 156), de **grève** (Cass. soc. 27-2-1985 nº 82-40.173) ou de **congé individuel de formation** (devenu congé de transition professionnelle) (CA Paris 11-9-2008 nº 08-1618 : RJS 12/08 nº 1260). Sur les effets de la **mise à pied,** voir nº 63395.

> Précisions **a.** La **maladie** ne suspend pas le mandat. Ainsi, ne pas convoquer à une réunion un représentant du personnel suppléant hospitalisé constitue une entrave au fonctionnement régulier de l'instance (Cass. crim. 16-6-1970 nº 69-93.132). Mais l'exercice effectif du mandat peut être incompatible avec la perception des **indemnités journalières** de sécurité sociale, voir nº 50335. Pour le **paiement des heures de délégation,** voir nº 62600.

b. Sur les conditions de **remplacement** des représentants du personnel, voir : nºs 8905 s. (membres élus du CSE), nº 73520 (DS).

ACCIDENTS DU TRAVAIL

L'accident survenu à un représentant du personnel dans ses fonctions, même exercées en dehors de l'horaire de travail, doit être pris en charge au titre des accidents du travail (Cass. soc. 25-5-1981 n° 80-11.523). 62675 L-I-23450 s

› **Précisions** **a.** L'accident survenu à un membre du CSE central regagnant son domicile après avoir pris part, au siège de la société, à une réunion de cette instance est un accident du travail et non de trajet (Cass. soc. 11-10-1990 n° 88-19.392 P : RJS 11/90 n° 927).
b. Chaque DS peut utiliser ses heures de délégation pour participer, au titre de son organisation, à des négociations ou à des concertations hors de l'entreprise (n° 73575, b) en bénéficiant de la couverture accidents du travail et maladies professionnelles dans l'exercice de ces activités (n° 565).

ENTRETIENS DE DÉBUT ET DE FIN DE MANDAT

Au **début de leur mandat,** les représentants du personnel titulaires, les DS et les titulaires d'un mandat syndical bénéficient, à leur demande, d'un entretien individuel avec leur employeur. 62680 C. trav. art. L 2141-5 L-I-20502 s

Cet entretien, qui ne se substitue pas à l'entretien professionnel biennal visé n° 17010, porte sur les **modalités pratiques d'exercice du mandat** au sein de l'entreprise au regard de l'emploi occupé. Le représentant peut se faire accompagner par une personne de son choix appartenant au personnel de l'entreprise.

Au **terme de leur mandat,** les représentants du personnel titulaires ou les titulaires d'un mandat syndical disposant d'heures de délégation sur l'année représentant **au moins 30 % de la durée du travail** fixée dans leur contrat de travail (à défaut, de la durée applicable dans l'établissement) bénéficient d'un entretien avec leur employeur, afin de procéder au **recensement des compétences** acquises au cours du mandat et de préciser les **modalités de valorisation** de l'expérience acquise. Pour les mandats ayant pris effet à compter du 1-1-2020 dans les entreprises dont l'effectif est au moins égal à 2 000 salariés, cet entretien est accordé à tous les représentants du personnel titulaires et aux titulaires d'un mandat syndical, quel que soit le nombre d'heures de délégation dont ils disposent.

› **Précisions** **a.** Les « **titulaires d'un mandat syndical** » visés par la loi sont notamment, selon nous, les représentants syndicaux au CSE, les conseillers prud'hommes, les administrateurs syndicaux de caisses de sécurité sociale et les membres des CPRI.
b. Il ressort du texte de l'article L 2141-5 du Code du travail, corroboré par les débats parlementaires, que l'**entretien de fin de mandat** se confond avec l'entretien professionnel visé n° 17010, ce dernier servant à valoriser les parcours syndicaux au terme du mandat (Rapport Sén. n° 501 relatif à la loi 2015-994 du 17-8-2015).

VALORISATION DES COMPÉTENCES

Les représentants du personnel ou anciens représentants du personnel, élus ou désignés, peuvent, à condition de justifier de l'exercice d'un mandat au cours des 5 ans précédant la session d'examen, obtenir un ou plusieurs certificats de compétences professionnelles (CCP) dans les **domaines suivants** : encadrement et animation d'équipe ; gestion et traitement de l'information ; assistance dans la prise en charge de projet ; mise en œuvre d'un service de médiation sociale ; prospection et négociation commerciales ; suivi de dossier social d'entreprise. Les actions de formation nécessaires à l'obtention de la certification constituent un temps de travail effectif et donnent lieu pendant leur déroulement au maintien de la **rémunération** du salarié par l'entreprise, dans les conditions visées n° 38150. 62685 C. trav. art. L 6112-4 D 6112-2 Arrêtés du 18-6-2018 L-I-20590

Les modalités d'inscription, de passage des examens et les règles relatives aux équivalences, non exposées ici, sont fixées par les arrêtés MTRD1816141A et MTRD1816142A du 18-6-2018.

Sur la possibilité pour l'employeur d'**évaluer les compétences** mises en œuvre par un représentant du personnel dans l'exercice de son mandat, voir n° 73065.

GARANTIE DE NON-DISCRIMINATION SALARIALE

Les représentants du personnel et syndicaux dont le **nombre d'heures de délégation** sur l'année dépasse 30 % de la durée du travail fixée dans leur contrat de travail (à défaut, de la durée applicable dans l'établissement) bénéficient d'une **évolution de rémunération** au moins égale, sur toute la durée de leur mandat, aux **augmentations générales** et à la **moyenne des augmentations individuelles** perçues pendant cette période par les salariés relevant de la même catégorie professionnelle et dont l'ancienneté est comparable ou, à défaut de tels salariés, aux augmentations générales et à la moyenne des augmentations individuelles perçues dans l'entreprise. 62690 C. trav. art. L 2141-5-1 L-I-20514 s

› Précisions a. Ces dispositions s'appliquent en l'**absence d'accord collectif** de branche ou d'entreprise déterminant des garanties d'évolution de la rémunération au moins aussi favorables pour ces salariés.
b. En **présence d'un accord collectif** prévoyant une garantie d'évolution salariale tous les 3 ans, celle-ci commence à s'appliquer à compter du premier mandat acquis par le salarié postérieurement à l'accord et non pour ses mandats antérieurs (Cass. soc. 20-6-2018 n° 17-12.491 F-D : RJS 10/18 n° 613).

III. DÉLIT D'ENTRAVE

INFRACTIONS VISÉES

62700 C. trav. art. L 2146-1 L 2317-1 L 2335-1 L 2346-1 L-I-20900 s LA-V-2910

Est puni d'un emprisonnement d'un an et d'une amende de 3 750 € le fait d'apporter une entrave à l'**exercice du droit syndical.**

Est puni d'un emprisonnement d'un an et d'une amende de 7 500 € le fait :
– d'apporter une entrave soit à la **constitution** d'un CSE, d'un CSE d'établissement ou d'un CSE central, soit à la libre désignation de leurs membres ;
– de ne pas constituer et réunir pour la première fois un **comité de groupe,** ou d'apporter une entrave à la désignation de ses membres ;
– d'apporter une entrave soit à la constitution d'un groupe spécial de négociation, d'un **comité d'entreprise européen,** ou à la mise en œuvre d'une procédure d'information et de consultation, soit à la libre désignation de leurs membres.

L'atteinte au **fonctionnement régulier** des institutions représentatives du personnel visées ci-dessus est punie d'une simple amende de 7 500 €, et pas d'emprisonnement.

L'infraction peut donner lieu à une **action civile** en réparation du préjudice (n°s 67340 s.).

PERSONNE PÉNALEMENT RESPONSABLE

62705 L-I-21600 s

La responsabilité pénale de l'infraction incombe en principe au dirigeant de l'entreprise et/ou à la personne morale employeur (n°s 67000 s.). L'employeur peut s'en exonérer en consentant une **délégation de pouvoir** (n°s 67100 s.), sauf s'il participe personnellement à la réalisation de l'infraction (Cass. crim. 20-5-2003 n° 02-84.307 F-PF : RJS 10/03 n° 1181 ; 15-3-2016 n° 14-85.078 F-D : RJS 6/16 n° 432) ou s'il n'ignore pas le caractère chronique des infractions commises (Cass. crim. 15-4-1982 n° 81-93.041). Malgré la délégation, il engage également sa responsabilité à l'égard du CSE s'agissant des mesures relevant de son pouvoir propre de direction (en ce sens : Cass. crim. 15-5-2007 n° 06-84.318 F-PF : RJS 8-9/07 n° 969), notamment s'il prend une mesure sur laquelle le CSE est obligatoirement consulté sans s'être assuré que cette consultation a eu lieu (en ce sens : Cass. crim. 3-3-1998 n° 96-85.098 PF : RJS 6/98 n° 749).

› Précisions a. La responsabilité de l'employeur n'exonère pas le **délégataire** qui a participé personnellement à la réalisation de l'infraction (Cass. crim. 16-9-2003 n° 02-86.661 FS-PFI : RJS 1/04 n° 72).
b. Les **salariés de l'entreprise,** même non titulaires d'une délégation de pouvoir, peuvent être poursuivis s'ils ont personnellement commis des actes répréhensibles : par exemple un chef d'atelier s'opposant au déplacement d'un DS (Cass. crim. 21-2-1978 n° 77-90.627), le secrétaire d'un CSE engageant une dépense non approuvée par la majorité des membres de celui-ci (en ce sens : Cass. crim. 4-11-1988 n° 87-91.705 P) ou des salariés s'opposant à la réintégration d'un DS irrégulièrement licencié (Cass. crim. 9-12-1986 n° 86-90.552 P).

IV. PROTECTION DES REPRÉSENTANTS DU PERSONNEL

A. Bénéficiaires

63200 L-VII-10 s

Les représentants du personnel ne doivent pas subir dans leur emploi les conséquences des positions qu'ils prennent dans l'exercice de leurs fonctions représentatives. À cet effet, sauf fraude (Cass. soc. 12-7-2017 n° 15-27.286 FS-PB : RJS 10/17 n° 656), ils bénéficient d'une protection dans l'exécution de leur travail et à l'occasion de la rupture de leur contrat de travail. Le non-respect de cette protection expose l'employeur à des sanctions civiles et pénales.

S'agissant de la protection des représentants du personnel contre les discriminations, voir nos 73065 s.

› Précisions **a.** Les **gérants** non salariés de succursales de commerce de **détail alimentaire** candidats ou titulaires d'un mandat représentatif bénéficient de la protection (Cass. soc. 28-9-2011 n° 10-21.294 FS-PB : RJS 12/11 n° 1021 ; Cass. ass. plén. 9-1-2015 n° 13-80.967 PBRI : RJS 3/15 n° 223).

b. S'agissant des **médecins du travail,** voir n° 72290 ; des **représentants** des salariés dans les **organes de direction** de l'entreprise, voir nos 62420 s. ; des représentants des salariés en cas de **procédure de sauvegarde, de redressement ou de liquidation judiciaires,** voir n° 9334.

SALARIÉ DEMANDANT L'ORGANISATION D'ÉLECTIONS

Est protégé le premier salarié qui, mandaté par un syndicat ou agissant de sa propre initiative, demande à l'employeur d'organiser ou d'accepter d'organiser des élections. **63220** C. trav. art. L 2411-6 **L-VII-350 s**

Cette protection bénéficie à un salarié par organisation syndicale ou au salarié non mandaté qui a, le premier, demandé l'organisation de ces élections, mais elle n'est pas accordée aux deux à la fois. Elle concerne également le salarié mandaté par une organisation syndicale pour négocier, sur invitation de l'employeur, le protocole d'accord préélectoral pour les élections au CSE (Circ. min. du 25-10-1983, réputée abrogée).

Le salarié est protégé pour une **durée** de 6 mois à compter de l'envoi de la lettre recommandée par laquelle une organisation syndicale a, la première, demandé ou accepté qu'il soit procédé à ces élections.

› Précisions **a.** Sauf si sa demande est manifestement dépourvue de tout caractère sérieux, le salarié bénéficie de la protection même si l'entreprise n'est pas tenue, en raison de son **effectif,** d'organiser des élections (Cass. soc. 13-10-2010 n° 09-41.916 FS-PB : RJS 12/10 n° 956 ; 3-4-2019 n° 18-10.414 F-D : RJS 6/19 n° 367).

b. Le salarié demandant l'organisation d'élections **de sa propre initiative** est protégé à condition :

– qu'aucun syndicat n'ait formé une demande identique avant lui (Cass. soc. 28-10-1996 n° 94-45.426 PB : RJS 12/96 n° 1285 ; 11-10-2000 n° 98-43.930 F-D : RJS 12/00 n° 1264 ; 3-4-2019 n° 17-24.778 F-D : RJS 6/19 n° 367),

– mais que sa demande d'élections ait été confirmée par un syndicat (Cass. soc. 20-3-2013 n° 11-28.034 F-D : RJS 6/13 n° 470 ; CE 31-3-2014 n° 363967 : RJS 6/14 n° 499) remplissant les conditions pour négocier le protocole préélectoral (Cass. soc. 15-10-2015 n° 14-15.995 F-D : RJS 1/16 n° 43). Sur la protection, en l'absence de confirmation par un syndicat, mais au titre de l'imminence de la candidature du salarié, voir n° 63230, c.

c. Une fois obtenue, la protection est acquise au salarié même si, ensuite, sa candidature aux élections se révèle **frauduleuse** (Cass. soc. 15-2-2006 n° 05-41.166 FS-PB : RJS 5/06 n° 600) ou si sa désignation en qualité de représentant du personnel est **annulée** (Cass. soc. 24-5-2006 n° 04-43.947 FS-P : RJS 8-9/06 n° 969).

CANDIDAT AUX ÉLECTIONS PROFESSIONNELLES

Candidature déclarée Les candidats des premier et second tours des élections aux fonctions de membre titulaire ou suppléant du CSE ou du CSE interentreprises sont protégés pour une **durée** de 6 mois à compter de l'envoi des listes de candidatures à l'employeur. **63225** C. trav. art. L 2411-7, al. 1 L 2411-9, al. 1 L 2411-10-1, al. 1 **L-VII-1800 s**

Cette protection n'est acquise que pour les candidatures postérieures à la signature du protocole préélectoral (jurisprudence constante, notamment Cass. soc. 22-3-1995 n° 93-41.678 D : RJS 5/95 n° 529). S'agissant des candidatures antérieures, voir n° 63230.

Les candidats aux fonctions de représentant de proximité (voir n° 8625) bénéficient également de cette protection.

› Précisions **a.** Le salarié en instance de licenciement n'est protégé que si l'employeur est informé de sa candidature avant de le convoquer à l'**entretien préalable** (Cass. soc. 14-2-2007 n° 05-43.407 F-D : RJS 5/07 n° 630 ; 22-3-2017 n° 15-23.103 F-D : RJS 6/17 n° 417) ou, en cas de licenciement collectif pour motif économique sans entretien préalable, avant l'envoi de la lettre de licenciement (Cass. soc. 6-4-2016 n° 14-12.724 FS-PB : RJS 6/16 n° 438). Si l'information est postérieure, ce qu'il appartient à l'employeur de prouver (Cass. soc. 12-7-2006 n° 04-47.724 F-P : RJS 11/06 n° 1201), l'intéressé n'est pas protégé même s'il est ultérieurement élu (Cass. soc. 28-1-2009 n° 08-41.633 F-PB : RJS 4/09 n° 377).

b. Un salarié protégé pour avoir demandé les élections (n° 63220) ou pour candidature imminente (n° 63230) peut bénéficier d'une nouvelle protection à compter de sa candidature déclarée (Cass. crim. 18-11-1997 n° 96-80.942 PF : RJS 2/98 n° 182 ; CE 28-3-2013 n° 338289 : RJS 6/13 n° 469).

c. Si le candidat est **élu,** sa protection en tant que représentant du personnel se substitue à celle attachée à sa candidature. S'il n'est **pas élu,** il est protégé pendant la durée prévue de 6 mois, y compris en cas de **retrait** de candidature (Cass. soc. 26-9-2012 n° 11-14.339 F-PB : RJS 12/12 n° 968) ou d'**annulation des élections** (Cass. soc. 11-5-1999 n° 97-40.765 P : RJS 6/99 n° 828). En revanche, la protection prend fin au jour de l'**annulation de la candidature** par le juge saisi dans les conditions visées n°s 8800 s. (Cass. soc. 28-11-2000 nº 98-42.019 FS-P : RJS 2/01 nº 214 ; 5-5-2009 nº 07-45.004 F-D : RJS 8-9/09 nº 733).

d. Le salarié qui se porte candidat entre le moment où il a **refusé une sanction disciplinaire** et l'engagement de la procédure de licenciement motivée par ce refus est protégé (Cass. soc. 13-5-2014 nº 13-14.537 FS-PB : RJS 7/14 nº 578).

63230 C. trav. art. L 2314-5 L 2411-7, al. 2 L 2411-9, al. 2 L 2411-10-1, al. 2 L-VII-1050 s

Candidature imminente Est protégé le salarié apportant la **preuve** que l'employeur a eu **connaissance** de sa future candidature aux élections avant de le convoquer à l'entretien préalable au licenciement, ou avant d'envoyer la lettre de rupture lorsque l'entretien ne s'impose pas. Il en est ainsi lorsque la candidature du salarié a été notifiée à l'employeur (Cass. crim. 18-11-1997 nº 96-80.942 PF : RJS 2/98 nº 182) ou que ce dernier a eu connaissance de son **intention** de se porter candidat (Cass. soc. 4-7-1990 nº 87-44.840 P : RJS 10/90 nº 788 ; 25-10-2017 nº 16-13.844 F-D : RJS 1/18 nº 47), même avant la signature du protocole préélectoral (Cass. soc. 30-9-2020 nº 19-12.272 F-D : RJS 12/20 nº 604).

> Précisions **a.** En principe, au **premier tour de scrutin,** seuls les salariés présentés par une organisation syndicale sont protégés. Toutefois, le salarié isolé qui présente une **candidature** pour le second tour avant le déroulement du premier bénéficie de la protection jusqu'au dépôt de sa candidature pour le second tour (Cass. crim. 3-12-1996 nº 94-82.953 PF : RJS 2/97 nº 170 ; Cass. soc. 21-12-2006 nº 04-47.426 FS-PBR : RJS 3/07 nº 357 ; 11-10-2017 nº 16-10.139 FS-PB : RJS 12/17 nº 808 ; CE 28-3-2013 nº 338289 : RJS 6/13 nº 469).

b. Bénéficie de cette protection le salarié dont la candidature déclenche pour l'employeur l'obligation de négocier le protocole préélectoral dans les **entreprises comptant entre 11 et 20 salariés** (voir nº 8700), et le futur candidat aux fonctions de **représentant de proximité** (voir nº 8625).

c. La protection est acquise au salarié même si l'employeur, informé de sa candidature imminente, décide d'en **différer** la tenue (Cass. soc. 8-2-2012 nº 10-23.881 F-D : RJS 4/12 nº 367).

d. Le salarié qui a refusé une **convocation à l'entretien préalable** au licenciement remise en **main propre** la veille de l'annonce de sa candidature imminente par un syndicat ne peut pas se prévaloir de la protection (Cass. soc. 18-5-2011 nº 10-13.574 F-D : RJS 7/11 nº 629).

REPRÉSENTANT ÉLU

63235 C. trav. art. L 2411-1 L 2411-5 L 2411-8 L 2411-10 L-VII-2500 s

Les membres élus, titulaires ou suppléants, du CSE ou du CSE interentreprises sont protégés à compter du jour de la proclamation des résultats de l'élection et pendant la **durée** de leur mandat.

Les représentants de proximité (voir nº 8625) sont également protégés pendant la durée de leur mandat.

Ils restent protégés pendant 6 mois à compter du jour de l'**expiration du mandat** ou de la disparition du comité.

Sur la protection complémentaire de l'ancien élu au CSE désigné comme délégué syndical dans une entreprise de moins de 50 salariés, voir nº 63240.

> Précisions **a.** Bénéficient également de la protection contre le licenciement les membres du **comité d'entreprise européen,** les représentants au comité de la société européenne, de la société coopérative européenne ou de la société issue de la fusion transfrontalière, et les membres du **groupe spécial de négociation** (C. trav. art. L 2411-11 et L 2411-12). La rupture de leur contrat de travail est soumise à la même procédure que celle applicable aux membres du CSE : voir n°s 63300 s. (C. trav. art. L 2421-4). Le non-respect de cette procédure par l'employeur fait l'objet des mêmes sanctions : voir n°s 63540 s. (C. trav. art. L 2422-1, L 2435-1 à L 2435-4). Sur la protection de ces salariés lorsqu'ils sont titulaires d'un contrat précaire, voir nº 63455, a.

b. Même **irrégulièrement élus,** les représentants du personnel sont protégés dès lors que l'employeur a eu connaissance du scrutin et n'en a pas contesté la validité devant le juge (Cass. crim. 9-3-1982 nº 81-92.086 P ; Cass. soc. 12-2-2008 nº 06-44.121 FS-PB : RJS 4/08 nº 450 ; 28-9-2016 nº 15-13.728 F-D : RJS 12/16 nº 791).

c. La **suspension du contrat** de travail pendant le délai de protection ne proroge pas celui-ci, notamment en cas de congé parental d'éducation (Cass. crim. 25-6-1985 nº 84-91.111) ou de maladie (Cass. soc. 18-3-1986 nº 83-45.150 S). S'agissant de la protection des anciens élus en cas de **réintégration** après annulation de la décision autorisant leur licenciement, voir nº 63515.

d. L'**ancien élu** est protégé pendant 6 mois à compter de l'annulation du jugement reconnaissant l'existence d'une UES (Cass. soc. 2-12-2008 nº 07-41.832 FS-PBR : RJS 2/09 nº 192) ou de la perte de la qualité d'établissement distinct (Cass. soc. 27-11-2013 nº 12-26.155 FS-PB : RJS 2/14 nº 143).

e. La **prorogation du mandat** en vertu d'un accord signé et appliqué par l'employeur, même en dehors des formes légales, emporte prolongation de la protection (Cass. soc. 4-2-2014 nº 11-27.134 FS-PB : RJS 4/14 nº 331). Sur la protection en cas de **démission** du salarié de ses mandats, voir nº 63240, c.

REPRÉSENTANT DÉSIGNÉ

Sont protégés, à compter de la **date** de réception par l'employeur de la lettre du **syndicat** lui notifiant leur désignation, les délégués syndicaux, les représentants syndicaux au CSE, les représentants de section syndicale et les salariés mandatés pour négocier un accord collectif dans les entreprises dépourvues de délégué syndical. **63240** C. trav. art. L 2142-1-2 L 2411-1 L 2411-3 à L 2411-5 **L-VII-3650 s**

La protection ne joue que si la désignation du représentant répond aux conditions légales (Cass. soc. 7-2-1979 nº 77-15.652 ; Cass. crim. 28-6-1988 nº 86-92.752) et précède la convocation à l'entretien préalable au licenciement (Cass. soc. 6-12-2011 nº 10-18.071 F-D : RJS 2/12 nº 168). Dans les cas où l'entretien préalable n'est pas obligatoire, la désignation doit être antérieure à la notification de la rupture.

La protection est aussi accordée au salarié prouvant que l'employeur a eu connaissance de l'**imminence de sa désignation** avant de le convoquer à l'entretien préalable au licenciement ou, si la rupture ne nécessite pas d'entretien, avant sa notification.

À l'**expiration du mandat,** le salarié reste protégé :

– pendant 12 mois à compter de la cessation du dernier mandat de délégué syndical ou de représentant de section syndicale, s'il a été exercé pendant un an au moins (Cass. soc. 25-10-2005 nº 02-45.158 FS-PB : RJS 1/06 nº 62 ; 9-7-2014 nº 12-29.438 FS-PB : RJS 11/14 nº 792) ;

– pendant 12 mois pour le salarié mandaté pour négocier un accord collectif ;

– pendant 6 mois pour les anciens représentants syndicaux auprès du CSE, à condition d'avoir exercé leur mandat pendant au moins 2 ans ;

– pendant 6 mois pour l'ancien élu au CSE désigné comme délégué syndical dans une **entreprise de moins de 50 salariés** dans les conditions mentionnées nº 73600 (Cass. soc. 4-11-2020 nº 19-12.279 F-PB : RJS 1/21 nº 25).

› Précisions **a.** La protection pendant la durée du mandat est indépendante de l'**exercice effectif** de celui-ci (Cass. soc. 18-7-2000 nº 98-42.625 FS-P : RJS 11/00 nº 1112 ; 4-3-2009 nº 08-41.408 FS-PB : RJS 5/09 nº 451).

b. En cas d'**annulation judiciaire du mandat,** ce dernier cesse à la date du jugement, sans rétroactivité (Cass. soc. 4-3-2009 nº 08-41.408 FS-PB : RJS 5/09 nº 451 ; 11-10-2017 nº 16-11.048 FS-PB : RJS 12/17 nº 809). L'ancien délégué syndical bénéficie alors de la protection complémentaire de 12 mois s'il a exercé ses fonctions pendant au moins un an (Cass. soc. 3-4-2019 nº 17-28.880 F-D : RJS 6/19 nº 366).

c. Le salarié bénéficie de la protection accordée aux anciens représentants du personnel lorsque le mandat est supprimé à la suite d'une **baisse** durable et importante de l'**effectif** (Cass. soc. 25-1-2006 nº 04-41.240 F-PB : RJS 4/06 nº 471) ou en cas de **démission** des fonctions représentatives (Cass. soc. 14-11-2012 nº 11-60.215 FS-D : RJS 2/13 nº 143). Sur les conditions de validité de la démission, voir nº 73585, d.

d. La protection dont bénéficient les **anciens salariés mandatés** pour conclure un accord court soit à compter de la conclusion de l'accord, soit, lorsque la négociation n'a pas abouti, à compter de la date du procès-verbal de désaccord (C. trav. art. L 2411-4, al. 3).

REPRÉSENTANT CONVENTIONNEL

Les délégués syndicaux, les membres élus du CSE et les représentants de proximité institués par voie conventionnelle sont protégés si la représentation ainsi instaurée est de même nature que la représentation légale (jurisprudence constante, notamment Cass. soc. 1-12-1993 nº 92-40.072 PBS : RJS 1/94 nº 52) et si les personnes désignées ou élues font partie de l'entreprise (Cass. crim. 15-5-1990 nº 87-90.814 P : RJS 8-9/90 nº 691). **63245** C. trav. art. L 2411-2 **L-VII-5100 s**

› Précisions **Sont visés** notamment les représentants institués en dessous des seuils d'assujettissement ou en supplément du nombre légal. La protection s'applique, à notre sens, non seulement aux représentants conventionnels en fonction, mais également aux autres catégories de bénéficiaires (nºˢ 63220 s.). Elle ne s'applique pas aux membres d'un conseil de discipline (Cass. soc. 19-6-1991 nº 90-43.215 PF : RJS 8-9/91 nº 977) ou d'une commission disciplinaire paritaire (Cass. soc. 22-1-2020 nº 18-21.206 FS-PB : RJS 4/20 nº 195).

MANDAT EXTÉRIEUR À L'ENTREPRISE

Les salariés exerçant un mandat extérieur à l'entreprise sont protégés **à condition** d'avoir informé l'employeur – ou, le cas échéant, le liquidateur judiciaire (Cass. soc. 1-6-2017 nº 16-12.221 FS-PB : RJS 8-9/17 nº 595) – de ce mandat ou de son renouvellement au plus tard lors de l'entretien préalable au licenciement (Cons. const. 14-5-2012 nº 2012-242 : RJS 7/12 nº 642 ; Cass. soc. 26-3-2013 nº 11-28.269 FS-PB : RJS 6/13 nº 742) ou avant la notification de la rupture lorsque cette dernière ne nécessite pas d'entretien (Cass. soc. 30-9-2015 nº 14-17.748 FS-PB : RJS 12/15 nº 787). À défaut, le salarié doit **prouver** que l'employeur ou le liquidateur judiciaire avait connaissance de son mandat (Cass. soc. 14-9-2012 nº 11-21.307 FS-PBR : RJS 11/12 nº 883 ; 11-6-2013 nº 12-12.738 FS-PB : RJS 8-9/13 nº 622 ; CE 24-7-2019 nº 411058 : RJS 11/19 nº 642). Il appartient **63250** C. trav. art. L 2411-1 **L-VII-200 s** en revanche à l'employeur de **vérifier** que le **mandat** déclaré par le salarié est toujours **en cours,** s'il existe un doute sur ce point (Cass. soc. 9-9-2020 n° 18-25.337 F-D : RJS 11/20 n° 547).

› Précisions Les mandats extérieurs concernent les **conseillers prud'hommes** (n° 14540), les **défenseurs syndicaux** (n° 14750), les **conseillers du salarié** (nos 47600 s.) et les **administrateurs** d'organismes de sécurité sociale (n° 54850), les membres des **commissions paritaires régionales interprofessionnelles** (voir n° 62415).

B. Exécution du contrat de travail

MODIFICATION DU CONTRAT OU DES CONDITIONS DE TRAVAIL

63270 L-VII-6200 s

Aucune modification de son contrat de travail ni aucun changement de ses conditions de travail, quelle qu'en soit la cause, ne peut être **imposé** à un salarié protégé (jurisprudence constante, notamment Cass. soc. 23-9-1992 n° 90-45.106 PF : RJS 11/92 n° 1274). L'employeur doit d'abord lui proposer la modification, en respectant le cas échéant la procédure prévue en cas de modification du contrat de travail pour motif économique (voir nos 17415 s.).

L'**accord** du salarié à la modification doit être exprès (Cass. soc. 18-12-2012 n° 11-13.813 F-PB : RJS 3/13 n° 225). Il peut entraîner la fin de son mandat et de la protection liée (Cass. soc. 3-11-2016 n° 15-16.026 FS-PB : RJS 1/17 n° 40). L'intéressé ne peut pas exiger un retour aux conditions antérieures, sauf si son consentement a été vicié (Cass. soc. 26-9-2012 n° 10-27.942 F-D : RJS 12/12 n° 969).

Le **refus** du salarié ne peut pas justifier en soi une sanction disciplinaire (Cass. soc. 6-7-2011 n° 10-13.960 F-D). L'employeur doit soit maintenir le salarié dans ses fonctions, soit engager la procédure spéciale de licenciement (Cass. soc. 30-4-1997 n° 95-40.573 P : RJS 6/97 n° 706 ; 21-11-2006 n° 04-47.068 FS-D : RJS 2/07 n° 244) dans les conditions précisées n° 63405.

Sur la **distinction** entre modification du contrat de travail et changement des conditions de travail, voir nos 17335 s.

Sur le refus par le salarié de l'application à son contrat de travail d'un **accord de performance collective,** voir n° 63405, c.

ILLUSTRATIONS

L'employeur ne peut pas imposer à un salarié protégé une **baisse de sa rémunération** résultant d'un nouveau décompte du temps de travail après l'annulation de sa convention de forfait annuel en heures (Cass. soc. 13-9-2017 n° 15-24.397 FP-PB : RJS 11/17 n° 753). S'il lui accorde une promotion assortie d'une **période probatoire,** l'échec de cette dernière ne lui permet pas d'imposer au salarié la réintégration dans ses fonctions antérieures (Cass. soc. 30-9-2010 n° 08-43.862 FP-P : RJS 12/10 n° 957). La **révocation d'un usage** s'impose toutefois au salarié protégé (Cass. soc. 1-6-1994 n° 91-43.935 D : RJS 7/94 n° 879 ; CE 9-3-2005 n° 257768 : RJS 7/05 n° 760). S'agissant du changement d'emploi en cas de **transfert d'entreprise** ou d'établissement, voir nos 74910 s.

La **mutation géographique** du salarié suppose son accord (Cass. soc. 2-5-2001 n° 98-44.624 FS-P : RJS 7/01 n° 889), même lorsqu'elle constitue un simple changement des conditions de travail. C'est le cas si le contrat de travail contient une **clause de mobilité** (Cass. soc. 17-3-1993 n° 90-41.556 P : RJS 4/93 n° 423), si le salarié protégé exerce des **fonctions** impliquant une certaine mobilité (CE 29-6-2020 n° 428694 : RJS 11/20 n° 548) ou si le déplacement du salarié a lieu au sein du même **secteur géographique** (n° 17355) en l'absence de mention contractuelle du lieu de travail (CE 23-12-2014 n° 364616 : RJS 3/15 n° 201).

De même, la mise en **activité partielle** du salarié protégé suppose son accord (Cass. soc. 29-1-1992 n° 88-44.603 P ; 18-12-2012 n° 11-13.813 F-PB : RJS 3/13 n° 225), sauf dans le cadre des mesures temporaires liées à l'épidémie de **Covid-19**, jusqu'à une date fixée par décret, au plus tard le 31-12-2021, à condition que la mise en activité partielle concerne tous les salariés de l'entreprise, de l'établissement, du service ou de l'atelier auquel est affecté ou rattaché l'intéressé (Ord. 2020-346 du 27-3-2020 art. 6 et art. 12 modifiée par Ord. 2020-1639 du 21-12-2020 art. 1).

63272 Le salarié protégé qui se voit **imposer** une modification de son contrat ou de ses conditions de travail peut être réintégré dans son emploi (Cass. soc. 5-3-2008 n° 07-11.123 FS-PB : RJS 5/08 n° 603) et obtenir des dommages et intérêts (Cass. soc. 24-4-2003 nos 01-46.969 F-D et 02-41.308 F-D : RJS 7/03 n° 911). Il peut **prendre acte** de la rupture de son contrat ou obtenir sa **résiliation judiciaire** aux torts de l'employeur si cette modification est d'une gravité telle qu'elle empêche la poursuite du contrat de travail (Cass. soc. 12-11-2015 n° 14-16.369 FS-PB : RJS 1/16 n° 44 ; 3-5-2016 n° 14-24.252 FS-D : RJS 7/16 n° 509). Par ailleurs, l'employeur se rend coupable d'un délit d'entrave, sauf s'il apporte la pleine justification de la mesure (Cass. crim. 22-11-2005 n° 04-87.021 F-PF : RJS 2/06 n° 240 ; 12-12-2006 n° 05-86.601 F-D : RJS 4/07 n° 452).

POUVOIR DISCIPLINAIRE DE L'EMPLOYEUR

Dans l'**exécution de son travail,** le représentant du personnel est soumis au pouvoir disciplinaire de l'employeur dans les conditions de droit commun (Cass. soc. 30-6-1955 n° 3012 ; 21-7-1993 n° 91-40.432 D). 63275 L-VII-8900 s

L'employeur peut prononcer une sanction pouvant aller jusqu'au licenciement à condition de ne pas se rendre coupable de discrimination ou de délit d'entrave. Il peut, dans certains cas, prononcer une mise à pied conservatoire : voir n° 63395.

En cas de faute dans l'**exercice de son mandat,** le salarié protégé ne peut être sanctionné que s'il abuse de ses prérogatives ou manque à ses obligations professionnelles (Cass. soc. 22-11-2017 n° 16-12.109 F-D : RJS 2/18 n° 124 ; Cass. soc. 23-10-2019 n° 17-28.429 F-D : RJS 1/20 n° 33). Sur l'hypothèse du licenciement pour ce motif et pour des faits commis dans le cadre de la **vie privée,** voir n° 63390, c.

› Précisions **a.** Lorsque la sanction envisagée emporte **modification du contrat ou des conditions de travail,** le salarié est en droit de la refuser (n° 63270), l'employeur devant alors renoncer à la sanction ou engager la procédure de licenciement (Cass. soc. 3-3-1999 n° 96-45.306 D : RJS 4/99 n° 550). Si le salarié accepte la sanction, l'employeur l'applique sans avoir à saisir l'inspecteur du travail (Cass. soc. 23-6-1999 n° 97-41.121 P : RJS 8-9/99 n° 1090).

b. L'employeur ne peut pas sanctionner le salarié protégé pour une **pratique tolérée** depuis plusieurs années (Cass. soc. 14-9-2016 n° 15-13.740 F-D : RJS 11/16 n° 709).

c. Si l'**inspecteur du travail** a **refusé** d'autoriser le licenciement disciplinaire d'un salarié protégé, l'employeur peut prononcer une autre sanction pour les mêmes faits (Cass. crim. 4-4-1995 n° 93-80.312 PF : RJS 6/95 n° 666).

d. Sauf abus du salarié, la sanction se rattachant à l'exercice de ses fonctions représentatives est **discriminatoire** (Cass. soc. 11-12-2019 n° 18-16.713 F-D : RJS 2/20 n° 100).

e. Les effets de la **mise à pied disciplinaire** sur le **mandat** sont identiques à ceux d'une mise à pied conservatoire : voir n° 63395.

C. Rupture du contrat de travail

1. PROCÉDURE SPÉCIALE

a. Cas de mise en œuvre

RUPTURES VISÉES

La loi impose une **procédure spéciale,** qui se caractérise par la nécessité d'obtenir une autorisation administrative pour licencier un salarié dès lors qu'il est protégé à la **date** d'envoi par l'employeur de sa convocation à l'entretien préalable au licenciement (Cass. soc. 26-3-2013 n° 11-27.964 FS-PB : RJS 6/13 n° 468 ; CE 23-11-2016 n° 392059 : RJS 2/17 n° 129). 63300 C. trav. art. L 2411-1 L-VII-9800 s

La même procédure s'applique, avec des adaptations, en cas de rupture conventionnelle individuelle (n° 63450) ou collective ou de rupture dans le cadre d'un congé de mobilité (n° 63452) ou de rupture d'un contrat précaire (n°s 63455 s.). S'agissant de la procédure applicable en cas de **transfert** partiel ou total de l'**entreprise,** voir n°s 74910 s.

La jurisprudence rend cette procédure obligatoire dans tous les cas de rupture du contrat de travail à l'initiative de l'employeur (Cass. soc. 12-7-2006 n° 04-48.351 FS-PB : RJS 10/06 n° 1089). Il ne peut donc être mis fin au lien salarial par un autre moyen (Cass. ch. mixte 21-6-1974 n° 71-91.225 ; Cass. soc. 11-12-2001 n° 99-42.586 FS-P : RJS 2/02 n° 198), même à la demande du salarié (Cass. soc. 21-2-1996 n° 92-44.842 P : RJS 4/96 n° 421) ou avec son accord (Cass. soc. 16-3-1999 n° 96-44.551 P : RJS 5/99 n° 700). Les clauses d'une convention collective (Cass. crim. 26-11-1996 n° 94-86.016 PF : RJS 3/97 n° 304), du contrat de travail (Cass. soc. 30-4-1997 n° 95-40.513 D) ou d'une transaction (Cass. soc. 4-12-2013 n° 12-22.089 F-D : RJS 2/14 n° 148) ne peuvent pas faire obstacle à l'application des dispositions d'**ordre public** protégeant les représentants du personnel.

Cette procédure doit être respectée **avant** toute mise en œuvre de la rupture (Cass. soc. 10-5-2006 n° 05-43.110 FS-PB : RJS 7/06 n° 860). Son application ne dispense pas l'employeur d'observer la procédure de rupture de droit commun (Cass. soc. 30-11-1978 n° 77-40.844) et, le cas échéant, la procédure conventionnelle (CE 22-10-2008 n° 307821).

› Précisions **a.** La procédure protectrice **s'applique** :
– pour tout **licenciement,** individuel ou collectif (Cass. soc. 16-5-1974 n° 73-40.108), et quel qu'en soit le motif, y compris en cas de fin de chantier (CE 25-3-1983 n° 36.037 ; Guide DGT 9-2019 fiche 13 b) ou de cessation d'activité de l'entreprise (Cass. crim. 20-10-1987 n° 86-96.074 ; Cass. soc. 10-1-1995 n° 93-42.020 P : RJS 2/95 n° 138 ; CE 28-2-1992 n° 110324) ;

– en cas de rupture du contrat de travail de droit privé du salarié à la suite de son **refus d'accepter le contrat de droit public** proposé par la personne publique reprenant l'activité de son ancien employeur (CE 6-6-2018 nº 391860 : RJS 8-9/18 nº 526) ;

– en cas de licenciement motivé par le **retrait du titre** permettant l'exécution du travail (Cass. soc. 6-6-2000 nº 98-42.867 FS-P : RJS 7-8/00 nº 827 ; Guide DGT 9-2019 fiche 10) : dans l'attente de l'autorisation de licenciement, le salarié doit être maintenu dans l'entreprise et rémunéré (Cass. soc. 2-12-2009 nº 08-42.037 FS-PBR : RJS 2/10 nº 203) ;

– en cas de rupture de la **période d'essai** par l'employeur (Cass. soc. 26-10-2005 nº 03-44.751 FP-PBRI : RJS 1/06 nº 63 ; 22-9-2010 nº 09-40.968 FS-PBR : RJS 12/10 nº 981).

La procédure spéciale **ne s'applique pas** en cas de licenciement d'un représentant du personnel **étranger** dont le titre de travail n'est pas renouvelé (Cass. soc. 5-11-2009 nº 08-40.923 F-D : RJS 1/10 nº 96 ; Guide DGT 9-2019 fiche 4), ni au terme normal de la mission d'un **fonctionnaire,** sauf si l'employeur s'est opposé au renouvellement de son détachement (Cass. soc. 23-9-2009 nº 08-40.406 FP-PB : RJS 12/09 nº 961) ou de sa mise à disposition (Cass. soc. 8-7-2020 nº 18-11.977 FS-PB : RJS 10/20 nº 506).

b. L'employeur ne peut pas **régulariser** a posteriori un licenciement effectué sans demande d'autorisation administrative (Cass. soc. 12-2-1991 nº 88-41.287 D : RJS 3/91 nº 353), ni **rétracter un congédiement** irrégulier sans l'accord du salarié (Cass. soc. 15-4-2015 nº 13-24.182 FS-PBR : RJS 7/15 nº 504) notamment pour recommencer la procédure (Cass. soc. 24-1-1989 nº 86-41.289 D : RJS 3/89 nº 249 ; 18-11-2020 nº 19-10.286 F-PB : RJS 2/21 nº 99 ; CE 20-3-1996 nº 150822 : RJS 5/96 nº 572).

PROTECTION VENANT À EXPIRATION

63305 L-VII-13500 s L'employeur ne peut pas **attendre l'expiration** du délai de protection pour licencier le salarié en raison de faits commis pendant cette période (Cass. soc. 23-11-2004 nº 01-46.234 FS-PB : RJS 2/05 nº 172 ; 18-2-2016 nº 14-17.131 F-D : RJS 4/16 nº 272). Un tel licenciement est nul et produit les conséquences visées nºs 63540 s. (Cass. soc. 8-6-2011 nº 10-14.725 FS-PBRI : RJS 8-9/11 nº 655 ; 9-7-2014 nº 13-16.434 FS-PB : RJS 11/14 nº 793).

Le licenciement du salarié dont la protection a expiré, pour des faits dont l'**inspecteur du travail a déjà été saisi** et pour lesquels il avait **refusé** la rupture, est dépourvu de cause réelle et sérieuse (Cass. soc. 19-12-1990 nº 88-43.526 P : RJS 2/91 nº 216 ; 15-1-2013 nº 11-18.800 F-D : RJS 4/13 nº 300). Il est nul si le refus était motivé par le lien entre le licenciement et le mandat (Cass. soc. 9-7-2014 nº 13-16.434 FS-PB : RJS 11/14 nº 793).

> **Précisions** L'employeur n'est pas tenu de demander une autorisation de l'administration s'il n'a eu une **connaissance exacte** des faits reprochés au salarié qu'après l'expiration de la période de protection (Cass. soc. 9-2-2012 nº 10-19.686 F-D : RJS 5/12 nº 474), notamment si le comportement fautif a **persisté** après cette date (Cass. soc. 24-9-2008 nº 07-42.395 F-D : RJS 12/08 nº 1210 ; 10-10-2012 nº 11-20.550 F-D).

b. Étapes de la procédure

ENTRETIEN PRÉALABLE

63345 C. trav. art. R 2421-3 R 2421-8 L-VII-10750 s L'employeur envisageant de rompre le contrat d'un salarié protégé doit **convoquer** l'intéressé à un entretien préalable afin de lui indiquer le **motif** de la mesure envisagée (CE 19-3-2008 nº 289433 : RJS 7/08 nº 807 ; 11-6-2014 nº 365135 : RJS 11/14 nº 795).

La convocation doit **précéder** la consultation du CSE si son avis est requis (nº 63350) et la saisine de l'inspecteur du travail.

Elle doit respecter les conditions de forme, de délai et de contenu indiquées nºs 47470 s. (CE 20-3-2009 nº 312258 : RJS 7/09 nº 648).

> **Précisions** **a.** En cas de **renouvellement** de la procédure spéciale de licenciement pour les mêmes motifs, un nouvel entretien préalable et une nouvelle consultation du CSE ne sont pas obligatoires si aucun changement de circonstance ne les impose (CE 28-6-2019 nº 423360 : RJS 10/19 nº 581).
>
> **b.** La procédure est **irrégulière** si la convocation à l'entretien ne comporte pas les **mentions requises** (CE 28-9-2005 nº 266023 : RJS 12/05 nº 1230), notamment si elle ne rappelle pas la possibilité de se faire **assister** (CE 16-6-1995 nº 145728 : RJS 8-9/95 nº 914) **sauf** si l'employeur prouve qu'il a **informé** le salarié de ses droits en temps utile (CE 12-6-2019 nº 408970 : RJS 8-9/19 nº 510).

CONSULTATION DU CSE

63350 C. trav. art. L 2421-3, al. 1 à 3 L-VII-11300 s Le contrat des **membres élus du CSE** (titulaires et suppléants), des **représentants syndicaux au CSE** et des **représentants de proximité** ne peut être rompu qu'après avis de cette instance dans les entreprises d'au moins 50 salariés (et dans celles de moins de 50 salariés si des dispositions conventionnelles l'imposent). Jugé que la consultation ne s'impose pas pour les **anciens** détenteurs de ces mandats encore sous protection (CAA Nantes 15-9-2020 nº 18NT03136 : RJS 12/20 nº 605).

En l'absence de CSE, l'inspecteur du travail est saisi directement. Cette consultation n'est pas prévue pour les délégués syndicaux et assimilés et les salariés mandatés pour négocier un accord collectif, sauf s'ils exercent également un mandat pour lequel elle est obligatoire.

L'avis du CSE doit être obtenu avant la saisine de l'inspecteur du travail et la décision de rupture. Le CSE est convoqué dans les conditions de droit commun, aucune disposition légale n'imposant la tenue d'une réunion extraordinaire (Cass. soc. 8-6-1979 n° 77-40.671 P).

L'employeur doit **informer** le CSE des mandats détenus par l'intéressé (CE 3-7-2013 n° 348979) et lui préciser par écrit les motifs de la rupture envisagée (Cass. crim. 3-12-2002 n° 02-81.452 F-D : RJS 8-9/03 n° 1038). Toutefois, l'absence de transmission de ces informations ne rend pas la procédure irrégulière si le CSE les a tout de même eues et a pu émettre son avis en toute connaissance de cause (CE 27-3-2015 n° 371852 : RJS 7/15 n° 501).

L'avis du CSE est réputé acquis même si le salarié obtient un nouveau mandat après la consultation.

› Précisions **a.** Dans les entreprises à **établissements multiples,** c'est le comité de l'établissement auquel appartient le salarié protégé qui doit être saisi (CE 26-2-1996 n° 146005 : RJS 5/96 n° 568). En cas de **fermeture de l'établissement** et de transfert du personnel dans un autre établissement, c'est le comité de ce dernier qui est compétent s'agissant du licenciement d'un salarié protégé refusant sa mutation (CE 24-6-1994 n° 143927 : RJS 8-9/94 n° 1011). Voir n° 74945 en cas de transfert d'entreprise.

b. En cas de **pluralité de mandats** d'un salarié imposant la consultation du CSE, celui-ci ne doit pas être saisi plusieurs fois (CE 1-2-1985 n° 39385).

c. Dès lors que la réunion du comité a lieu **après l'entretien préalable** au licenciement, le fait que ses membres aient été convoqués avant ne rend pas la procédure irrégulière (CE 8-4-2013 n° 348559 : RJS 7/13 n° 551).

d. Sur la nécessité de **renouveler** la consultation si la procédure spéciale est reconduite à l'identique, voir n° 63345, a.

Le CSE délibère selon les règles générales applicables en la matière, après **audition du salarié** concerné, et donne son **avis** à bulletin secret. La loi ne prévoit pas de délai de convocation, mais le salarié doit disposer d'un temps suffisant pour se préparer (CE 2-6-1993 n° 107508 : RJS 8-9/93 n° 892 ; Cass. crim. 5-3-2002 n° 01-81.049 FS-PF : RJS 6/02 n° 695). **63355** C. trav. art. R 2421-9, al. 1

Des **irrégularités** comme un vote à main levée ou un trop bref délai accordé au salarié pour se préparer ne vicient la procédure que si elles ont empêché le comité d'émettre son avis en toute connaissance de cause ou faussé la consultation (CE 4-7-2018 n° 410904 et n° 397059 : RJS 10/18 n° 617).

› Précisions **a.** Si un licenciement concerne **plusieurs salariés** protégés, chacun doit faire l'objet d'un vote distinct du CSE (CE 2-2-1996 n° 121880 : RJS 3/96 n° 300). La méconnaissance de cette règle ne rend pas la procédure irrégulière si le CSE a émis un avis globalement défavorable et que chaque salarié a pu s'exprimer (CE 30-4-1997 n° 155294 : RJS 7/97 n° 837).

b. S'il est membre du CSE, le **salarié** dont le licenciement est envisagé participe au **vote** (Cass. soc. 11-6-1981 n° 79-41.592 ; CA Paris 5-10-1990 n° 90-3388). La participation de l'**employeur** est en principe exclue et constitue, pour la Cour de cassation, une irrégularité substantielle (Cass. soc. 22-11-1988 n° 85-42.007 P : RJS 1/89 n° 60). Le Conseil d'État considère toutefois qu'elle ne vicie pas la procédure si elle n'a pas eu d'effet sur le résultat du scrutin (CE 31-10-1990 n° 82488 : RJS 2/91 n° 218).

c. La procédure est substantiellement viciée si le **salarié** n'a **pas été convoqué** pour être auditionné par le CSE (CE 29-6-1990 n° 87944 : RJS 10/90 n° 793 ; Guide DGT 9-2019 fiche 5). Il en va différemment si le salarié a été régulièrement convoqué mais ne s'est **pas présenté,** sans justifier d'un empêchement (Cass. soc. 23-5-1966 n° 65-40.639).

DEMANDE D'AUTORISATION

Saisine de l'inspecteur du travail La demande d'autorisation est adressée à l'inspecteur du travail soit par lettre recommandée avec accusé de réception en 2 exemplaires, soit par voie électronique (sisve.social-sante.gouv.fr). **63360** C. trav. art. L 2421-1, al. 1 L 2421-3, al. 4 R 2421-1 R 2421-10 R 2421-15 **L-VII-13100 s**

Elle doit énoncer le motif de la rupture (CE 20-3-2009 n° 308346 : RJS 7/09 n° 646 ; 26-9-2018 n° 401509 : RJS 12/18 n° 752) et le ou les mandats détenus par le salarié (CE 20-3-2009 n° 309195 : RJS 7/09 n° 647 ; Cass. soc. 3-2-2016 n° 14-17.886 FS-PB : RJS 4/16 n° 270), y compris les mandats extérieurs dont l'employeur a connaissance à la date de l'entretien préalable (CE 24-7-2019 n° 411058 : RJS 11/19 n° 642). Lorsque l'**avis du CSE** est requis (n° 63350), le procès-verbal de la réunion au cours de laquelle il a été prononcé est joint à la demande, qui doit être présentée dans le **délai** de 15 jours suivant la réunion (sauf mise à pied, voir n° 63395). Ce délai n'est toutefois pas prescrit à peine de nullité (CE 9-7-1997 n° 151844 : RJS 8-9/97 n° 992).

› Précisions **a.** En cas de licenciement pour **motif personnel** (et de rupture conventionnelle individuelle, de mise à la retraite, de rupture de la période d'essai et de rupture anticipée du CDD : voir Guide DGT 9-2019 fiche 1 b), **l'inspecteur du travail compétent** est

celui contrôlant le lieu de travail principal du salarié. En cas de **licenciement économique** (et de rupture conventionnelle collective ainsi que de refus d'un accord de performance collective : voir Guide DGT 9-2019 fiche 1 b et 11 b), il s'agit de celui qui contrôle l'établissement doté d'un CSE d'établissement disposant des attributions prévues dans les entreprises d'au moins 50 salariés, auquel le salarié est rattaché.
b. Lorsque le salarié est **mis à disposition,** la demande doit être effectuée par l'employeur sous l'autorité duquel se trouve l'intéressé (CE 6-11-1995 n° 133558 : RJS 1/96 n° 41).
c. L'employeur ne peut pas fonder sa demande sur un **motif** différent de celui évoqué lors de l'entretien préalable et de la consultation du CSE (CE 28-6-1996 n° 155590 : RJS 8-9/96 n° 946).
d. L'administration doit adresser à l'employeur un **accusé de réception** de la demande dont le contenu est réglementé (CRPA art. L 112-3 et art. R 112-5) y compris lorsque celle-ci est effectuée par voie **électronique** (CRPA art. L 112-11 et art. R 112-11-1).

63365 C. trav. art. R 2421-4, al. 1 R 2421-11, al. 1 R 2421-17, al. 2 R 2421-19 R 2421-22 **L-VII-15150 s**

Enquête contradictoire L'inspecteur du travail procède à une enquête contradictoire au cours de laquelle il doit entendre personnellement et individuellement (CE 28-4-1997 n° 163971 : RJS 7/97 n° 838) l'employeur et le salarié (CE 29-12-1997 n° 160604 : RJS 3/98 n° 329). L'**audition** collective de salariés, même à leur demande, est interdite (CE 8-11-2019 n° 412566 : RJS 1/20 n° 35), de même que le simple entretien téléphonique (CE 21-8-1996 n° 149249 : RJS 11/96 n° 1191).

L'inspecteur du travail **informe** le salarié des faits et motifs ayant fondé la demande de l'employeur, y compris, le cas échéant, de l'identité des personnes qui se sont plaintes de son comportement (CE 20-4-2005 n° 254066 : RJS 8-9/05 n° 869). Il doit lui permettre d'avoir accès à l'ensemble des pièces produites par l'employeur (CE 19-7-2017 n° 389635 : RJS 11/17 n° 754) ou l'informer de leur teneur en cas de risque pour leurs auteurs (CE 24-11-2006 n° 284208 : RJS 2/07 n° 246 ; CE 22-2-2012 n°s 335200 et 346307 : RJS 5/12 n° 476). Il n'est pas tenu de confronter le salarié avec les témoins (CE 20-4-2005 n° 254909 : RJS 8-9/05 n° 869) ou avec son employeur (CE 2-11-1992 n° 117836 : RJS 1/93 n° 56). Il doit informer les parties des éléments déterminants recueillis au cours de l'enquête à l'appui de sa décision (CE 9-7-2007 n° 288295 : RJS 10/07 n° 1084 ; CE 19-7-2017 n° 391402 : RJS 11/17 n° 754).

› Précisions a. Par **dérogation,** en cas de licenciement économique visant au moins 25 salariés protégés, de rupture conventionnelle individuelle ou collective ou de transfert partiel d'entreprise, l'inspecteur du travail recueille les **observations écrites** du salarié. Il l'**auditionne** s'il le juge utile ou si l'intéressé en fait la demande. L'employeur est auditionné dans tous les cas. Le seuil de 25 salariés s'apprécie au regard du nombre de demandes présentées au même inspecteur du travail (Guide DGT 9-2019 fiche 3).
b. Lors de son **audition,** le salarié peut se faire **assister** d'un représentant de son syndicat ou d'un avocat (CAA Nantes 26-3-2015 n° 13NT03326 : RJS 6/15 n° 424). L'employeur peut se faire représenter ou assister, notamment par son avocat (Circ. DGT 07-2012 du 30-7-2012 ; CE 16-2-1996 n° 151401 : RJS 4/96 n° 424).
c. Le **temps** consacré par le salarié à l'audition doit être rémunéré par l'employeur au titre de son crédit d'heures (Cass. soc. 3-7-1990 n° 87-40.838 P : RJS 10/90 n° 789).

63370 C. trav. art. R 2421-7 R 2421-16 **L-VII-15100 s**

Contrôle L'inspecteur du travail contrôle le respect par l'employeur des **procédures** de rupture préalables à sa saisine, légales (CE 19-12-1994 n° 119254 : RJS 2/95 n° 141 ; Cass. soc. 13-7-2004 n° 02-43.538 F-PB : RJS 10/04 n° 1064) ou conventionnelles (Cass. soc. 13-7-2004 n° 01-42.943 FS-PB : RJS 10/04 n° 1068 ; CE 22-7-2015 n° 369223 : RJS 11/15 n° 721), avec lesquelles la procédure spéciale se cumule, et la qualité de l'auteur de la demande d'autorisation (CE 16-12-1988 n° 74120).

Il vérifie également la réalité du **motif de rupture** invoqué par l'employeur (CE 19-10-2012 n° 334588 : RJS 1/13 n° 58), compte tenu des règles applicables au contrat de travail et, le cas échéant, de règles particulières comme celles relatives au licenciement des femmes enceintes (CE 6-12-1996 n° 167847 : RJS 1/97 n° 60) : n°s 51290 s., ou des salariés grévistes (CE 12-7-1995 n° 143077 : RJS 10/95 n° 1030) : n°s 11170 s.

L'inspecteur du travail doit enfin s'assurer de l'absence de tout **lien entre la rupture et le mandat** du salarié (CE 18-11-1996 n° 161910 : RJS 1/97 n° 62).

S'il constate une irrégularité, il doit refuser l'autorisation sollicitée, nonobstant l'intérêt ou la **volonté du salarié** (CE 15-12-1997 n° 170134 : RJS 12/97 n° 1398 ; 2-7-2014 n° 368590 : RJS 11/14 n° 796 ; 13-9-2017 n° 399972 : RJS 11/17 n° 755).

Même si la rupture est justifiée, l'administration peut refuser l'autorisation pour un **motif d'intérêt général,** sauf à porter une atteinte excessive aux intérêts de l'entreprise (CE 21-12-1994 n° 149089 : RJS 2/95 n° 140 ; 11-2-2005 n° 247673 : RJS 5/05 n° 541).

› Précisions a. L'inspecteur du travail exerce son **contrôle** à la **date** à laquelle il se prononce (CE 14-1-1994 n° 119038 : RJS 4/94 n° 436). Si le salarié a acquis un **nouveau mandat** après l'engagement de la procédure de licenciement, l'inspecteur du travail doit en être informé et en tenir compte (CE 27-3-2015 n° 366166 : RJS 7/15 n° 502). S'agissant de la décision administrative si le salarié a **pris acte** de la rupture de son contrat de travail, voir n° 63470, b.

b. Si l'employeur a commis une erreur dans la **motivation** ou le fondement de sa demande, l'inspecteur du travail doit **refuser** l'autorisation de licenciement (CE 20-3-2017 n° 392296 : RJS 5/17 n° 349).

c. Le **motif d'intérêt général** tient notamment au maintien d'une représentation du personnel ou de la paix sociale. Il ne peut pas être retenu en cas de rupture amiable du contrat ni de rupture pendant la période d'essai (Circ. DGT 07-2012 du 30-7-2012).

DÉCISION ADMINISTRATIVE

L'inspecteur du travail statue dans un **délai** de 2 mois à compter de la réception de la demande d'autorisation. 63375

C. trav. art. R 2421-4, al. 3 R 2421-5 R 2421-11, al. 3 R 2421-12 L-VII-16900 s

Sa décision d'autorisation ou de refus doit être motivée. Elle est **notifiée,** par lettre recommandée avec demande d'avis de réception, à l'employeur et au salarié ainsi qu'à l'organisation syndicale concernée si le salarié détient un mandat syndical.

Si l'employeur obtient l'**autorisation** de l'inspecteur du travail, il peut notifier au salarié la rupture de son contrat de travail, sans attendre l'expiration du délai de recours visé n° 63495 ni la fin d'un recours du salarié (Cass. soc. 11-3-1971 n° 70-40.006).

En cas de **refus,** le salarié doit être maintenu (ou réintégré s'il y a eu mise à pied : voir n° 63395) dans son emploi initial avec tous ses avantages antérieurs (Cass. crim. 18-7-1990 n° 88-86.545 D : RJS 11/90 n° 894 ; Cass. soc. 12-5-1998 n° 96-40.378 P : RJS 6/98 n° 758). Le manquement de l'employeur à cette obligation justifie la résiliation du contrat de travail à ses torts (Cass. soc. 11-12-2015 n° 14-18.266 F-D : RJS 2/16 n° 139).

› Précisions **a.** Le **silence** de l'**administration** pendant plus de 2 mois vaut **décision implicite** de rejet de la demande. L'employeur souhaitant exercer un **recours** contentieux contre cette décision (voir n°s 63490 s.) peut en obtenir la motivation dans les conditions indiquées n° 43890, b.

b. Le **licenciement** ne peut être prononcé que pour les faits ayant motivé l'autorisation administrative (Cass. soc. 11-6-2002 n° 00-41.073 : RJS 8-9/02 n° 1001). Il **prend effet** à compter de l'envoi de la lettre de notification de la rupture (CE 7-12-2009 n° 327259 : RJS 2/10 n° 204 ; 19-12-2012 n° 361271 : RJS 3/13 n° 220). La **lettre de licenciement** est suffisamment motivée si elle fait référence soit à l'autorisation administrative, soit au motif de rupture (Cass. soc. 5-4-2005 n° 03-44.994 FS-PB : RJS 6/05 n° 649 ; 5-7-2017 n° 15-21.389 F-D : RJS 10/17 n° 685). L'employeur peut **renoncer** au licenciement : voir notamment n° 56250. Sur la possibilité de conclure une **transaction,** voir n° 63540, b.

2. LICENCIEMENT

FAUTE DU SALARIÉ

L'employeur peut user de son pouvoir disciplinaire à l'égard d'un salarié protégé (voir n° 63275), et prononcer une sanction allant jusqu'au licenciement. Dans ce cas, la procédure spéciale et la procédure disciplinaire (n°s 56220 s.) se cumulent. La **faute grave ou lourde** n'exonère pas l'employeur du respect des dispositions protectrices (notamment : Cass. soc. 21-3-1973 n° 71-40.802), mais lui permet de prononcer la mise à pied immédiate de l'intéressé (voir n° 63395). L'**inspecteur du travail** saisi de la demande d'autorisation de licenciement doit, dans le cadre de son enquête, informer le salarié de tous les éléments fournis par l'employeur : voir n° 63365. Il examine, outre les éléments indiqués n° 63370, si les faits reprochés sont établis (CE 21-12-1994 n° 127898 : RJS 3/95 n° 264) et s'ils sont d'une gravité suffisante pour justifier le licenciement (CE 5-5-1976 n° 98647). 63390

L-VII-19600 s

Le licenciement doit être **notifié** au salarié dans le **délai** d'un mois à compter du jour de la réception de l'autorisation (Cass. soc. 28-10-2003 n° 01-42.404 FS-PB : RJS 1/04 n° 78 ; 16-12-2009 n° 09-40.132 F-D : RJS 3/10 n° 278).

› Précisions **a.** L'employeur doit respecter le **délai** de **prescription** des faits fautifs de 2 mois (n°s 56225 s.). Si la procédure est renouvelée après un recours, ce délai court à compter de la notification de la décision ministérielle (Cass. soc. 29-9-2014 n° 12-28.679 FS-PB : RJS 12/14 n° 877) ou de la réintégration du salarié (CE 28-6-2019 n° 423360 : RJS 10/19 n° 581).

b. Le **délai** d'un mois imparti à l'employeur pour **notifier** la sanction n'est pas suspendu par l'engagement d'une action en contestation de la désignation du salarié comme délégué syndical (Cass. soc. 23-9-2008 n° 07-42.786 FS-PB : RJS 12/08 n° 1212).

c. Un fait commis par le salarié **dans le cadre de son mandat** ne peut pas justifier son licenciement pour faute, sauf s'il traduit un manquement à ses obligations contractuelles (Cass. soc. 4-7-2000 n° 97-44.846 FS-P : RJS 11/00 n° 1109), notamment l'obligation de loyauté ou de sécurité. Un tel manquement est établi pour un salarié protégé s'étant montré violent au cours d'une réunion du comité (CE 27-3-2015 n° 368855 : RJS 6/15 n° 425), ayant utilisé ses heures de délégation à des fins personnelles (n° 62585) ou s'étant rendu coupable de harcèlement à l'encontre de son adjoint délégué syndical (CE 29-6-2016 n° 387412 : RJS 11/16 n° 710). Il en est de même de faits commis **dans le cadre de la vie privée** (CE 5-12-2011 n° 337359 : RJS 2/12 n° 170). Le manquement est établi dans le cas d'un salarié ayant détourné la messagerie professionnelle d'un collègue en dehors du temps et du lieu de travail (CE 10-7-2019 n° 408644 : RJS 10/19 n° 582), mais pas dans celui du chauffeur dont le permis de conduire est suspendu pour une infraction commise en dehors de son temps de travail (CE 15-12-2010 n° 316856 : RJS 2/11 n° 158). À défaut d'un manquement à une obligation professionnelle, la rupture est toutefois possible si les faits causent un **trouble dans l'entreprise** rendant impossible la poursuite du contrat de travail (CE 4-7-2005 n° 272193 : RJS 11/05 n° 1121 ; 29-6-2016 n° 387412 : RJS 11/16 n° 710).

d. Sur la possibilité pour l'employeur de notifier une **sanction de moindre importance** lorsque le licenciement est refusé, voir n° 63275, c.

e. La **preuve** des faits reprochés au salarié doit avoir été obtenue par l'employeur par des moyens justifiés et proportionnés par rapport aux faits, sans porter d'atteinte excessive à sa **vie privée** (CE 2-3-2020 n° 418640 : RJS 5/20 n° 245), conformément aux règles visées n°s 56000 s.

63395 C. trav. art. L 2421-1, al. 2 à 4 L 2421-3, al. 5 et 6 R 2421-6 R 2421-14 L-VII-21100 s

Mise à pied conservatoire En cas de faute grave, l'employeur peut prononcer la mise à pied conservatoire du salarié en attendant la décision définitive de licenciement. Cette mise à pied entraîne la **suspension** du contrat de travail, mais elle ne suspend pas le mandat (Cass. soc. 2-3-2004 n° 02-16.554 FS-PBRI : RJS 5/04 n° 557 ; Cass. crim. 11-9-2007 n° 06-82.410 F-PF : RJS 12/07 n° 1311).

Lorsque la **consultation** du CSE préalablement au licenciement est obligatoire (voir n° 63350), elle doit être effectuée dans un délai de 10 jours à compter de la date de la mise à pied. La demande d'autorisation de licenciement est présentée au plus tard dans les 48 heures suivant cette délibération. En l'absence de consultation obligatoire, la demande est effectuée dans les 8 jours à compter de la date de la mise à pied.

En outre, si l'intéressé est **délégué syndical,** la décision de mise à pied est motivée et **notifiée** à l'inspecteur du travail dans les 48 heures suivant sa prise d'effet. Le défaut de notification entraîne la nullité de la décision de mise à pied, mais est sans incidence sur la légalité de la décision administrative (CE 2-6-1989 n° 68320 : RJS 8-9/89 n° 696 ; 15-11-1996 n° 160601).

Si le licenciement est **autorisé,** l'employeur peut le notifier dans les conditions indiquées n° 63375. En cas de **refus,** la mise à pied conservatoire est annulée et ses effets supprimés. Le salarié est réintégré dans son emploi antérieur (Cass. soc. 18-11-1998 n° 96-43.072 P : RJS 1/99 n° 71) et a droit au paiement des salaires perdus en raison de la mise à pied (Cass. soc. 23-6-1999 n° 97-42.202 PB : RJS 8-9/99 n° 1092).

› Précisions **a.** La mise à pied injustifiée ne constitue pas en soi un **délit d'entrave** (Cass. crim. 8-4-2014 n° 12-85.800 FS-PBI : RJS 6/14 n° 500). Mais l'employeur peut être condamné s'il ne réintègre pas le salarié dont le licenciement a été refusé (Cass. crim. 5-3-1991 n° 90-81.886 D : RJS 5/91 n° 608).

Les **délais de saisine** de l'inspecteur du travail ne sont pas prescrits à peine de nullité (Cass. soc. 23-5-1989 n° 86-45.039 P : RJS 7/89 n° 602 ; CE 28-6-1996 n° 156427 : RJS 8-9/96 n° 947), mais doivent être aussi courts que possible (CE 27-2-2019 n° 413556 : RJS 5/19 n° 307). Un arrêt maladie du salarié ne peut justifier un retard de saisine de l'administration que s'il a rendu l'entretien préalable impossible ou que le report a été demandé par le salarié (CE 29-6-2016 n° 381766 : RJS 11/16 n° 711).

b. En cas de **refus d'autorisation de licenciement,** le salarié doit être réintégré dans son emploi même en cas de recours hiérarchique (Cass. crim. 5-3-1991 n° 90-81.886 D : RJS 5/91 n° 608) ou de refus du reste du personnel (Cass. soc. 24-6-2014 n° 12-24.623 FS-PB : RJS 10/14 n° 708). À défaut, il peut saisir le juge des **référés** pour obtenir sa réintégration (Cass. soc. 12-6-2001 n° 00-40.480 FS-PB : RJS 8-9/01 n° 1039), **prendre acte** de la rupture de son contrat de travail (Cass. soc. 12-4-2012 n° 10-28.697 F-D) ou demander sa **résiliation judiciaire** (Cass. soc. 9-7-2014 n° 13-16.482 FS-D).

Il a droit au paiement des **salaires perdus** même si la mise à pied a été prononcée alors qu'il était **gréviste** (Cass. soc. 18-7-2000 n° 99-41.413 PB : RJS 11/00 n° 1113 ; 17-12-2002 n° 00-40.633 FS-PBRI : RJS 2/03 n° 218).

MALADIE OU ACCIDENT DU SALARIÉ

63400 L-VII-23750 s

Le respect de la procédure spéciale s'impose à l'employeur qui envisage de licencier un salarié protégé en raison de la situation objective de l'entreprise dont le fonctionnement est perturbé par l'**absence prolongée** ou les **absences répétées** pour maladie de l'intéressé (n°s 49915 s.). L'inspecteur du travail vérifie, outre les éléments indiqués n° 63370, la gravité des perturbations invoquées par l'employeur et la nécessité de remplacer définitivement le salarié, une recherche de reclassement n'étant pas exigée (CE 9-3-2016 n° 378129 : RJS 5/16 n° 351).

La procédure spéciale se combine également avec la procédure applicable en cas d'**inaptitude physique** (nos 49960 s.). Outre les éléments indiqués no 63370, l'inspecteur du travail contrôle le respect par l'employeur de l'obligation de **reclassement** du salarié inapte (Cass. soc. 10-11-2009 no 08-42.660 FS-PB : RJS 2/10 no 206 ; CE 18-11-2020 no 427234 : RJS 2/21 no 101), sauf cas d'exonération de cette obligation (no 50020), ainsi que la consultation préalable du CSE sur les propositions de poste (no 49985).

> **Précisions** **a.** L'inspecteur du travail saisi d'une demande d'autorisation de licenciement pour **inaptitude physique** ne recherche pas la **cause de l'inaptitude,** même si le salarié se dit victime d'un harcèlement moral (CE 20-11-2013 no 340591 : RJS 2/14 no 149). L'intéressé peut, dans un tel cas, obtenir une indemnisation devant le juge prud'homal : voir no 63490. L'inspecteur du travail doit toutefois refuser l'autorisation de licenciement si l'employeur, en faisant obstacle à l'exercice du mandat, a contribué à la dégradation de l'état de santé du salarié (Avis CE 21-9-2016 no 396887 : RJS 12/16 no 794).
b. Si l'employeur ou le salarié a exercé un **recours contre l'avis d'inaptitude** (no 72530), l'inspecteur du travail doit rejeter la demande et inviter l'employeur à en présenter une nouvelle lorsque le conseil de prud'hommes aura statué (Guide DGT 9-2019 fiche 9).
c. Si l'employeur a proposé des **postes de reclassement** au salarié protégé avant de recueillir l'avis du CSE, il peut régulariser la procédure en les proposant de nouveau au salarié après la consultation (CE 27-2-2019 no 417249 : RJS 5/19 no 306).
d. Si le salarié protégé **inapte** n'est pas reclassé ou licencié dans le délai d'un mois, l'employeur doit **reprendre le versement de son salaire** dans les conditions visées nos 50025 s. (Cass. soc. 16-11-2005 no 03-47.395 FS-PB : RJS 2/06 no 199), ce délai n'étant pas suspendu par la demande d'autorisation de licenciement (Cass. soc. 18-1-2000 no 97-44.939 P : RJS 3/00 no 272). Si le licenciement est refusé, l'employeur n'est pas libéré de son obligation, même si le salarié refuse de subir un nouvel examen médical auprès du médecin du travail (Cass. soc. 22-6-2011 no 09-72.767 F-D : RJS 10/11 no 777).

REFUS D'UNE MODIFICATION DU CONTRAT OU DES CONDITIONS DE TRAVAIL

L'employeur qui engage la procédure spéciale de licenciement à l'encontre d'un salarié protégé ayant refusé la modification de son contrat ou de ses conditions de travail doit conserver ce dernier dans ses effectifs et maintenir sa rémunération jusqu'à l'obtention de l'autorisation administrative, même s'il n'est pas en mesure de lui proposer un poste (Cass. soc. 15-12-2011 no 10-20.093 F-D : RJS 3/12 no 270 ; 12-1-2016 no 13-26.318 FS-PB : RJS 3/16 no 192 ; 20-5-2020 no 18-23.444 F-D : RJS 7/20 no 360). **63405** L-VII-23000 s

> **Précisions** **a.** En cas de **refus d'une modification du contrat de travail,** l'employeur doit **invoquer comme motif de licenciement** (économique, disciplinaire ou autre motif personnel) le motif à l'origine du projet de modification, dont l'administration apprécie le bien-fondé (Circ. DGT 07-2012 du 30-7-2012). Si le refus du salarié ne constitue pas en soi une faute (voir no 63270), il peut fonder un licenciement disciplinaire si le salarié a refusé de se voir appliquer une sanction, emportant modification de son contrat, qui s'avère justifiée (CE 6-5-1996 no 147250 : RJS 7/96 no 808 ; 3-7-2013 no 348099 : RJS 11/13 no 745).
b. Le **refus d'un simple changement des conditions de travail** décidé par l'employeur dans l'exercice de son pouvoir de direction constitue en principe une faute (CE 10-3-1997 no 170114 : RJS 5/97 no 567) pouvant justifier un licenciement disciplinaire (CE 7-12-2009 no 301563 : RJS 5/10 no 446), mais pas nécessairement une faute grave (Cass. soc. 20-6-2012 no 10-28.516 F-PB : RJS 10/12 no 825). Toutefois, le refus du salarié ne constitue pas une faute d'une gravité suffisante pour justifier la rupture du contrat si la modification **empêche l'exercice normal des fonctions représentatives** (CE 29-12-2000 no 207613 : RJS 3/01 no 316).
c. En cas de refus du salarié protégé de se voir appliquer un **accord de performance collective** (APC), l'employeur peut engager une procédure de licenciement reposant sur un **motif spécifique** qui constitue une cause réelle et sérieuse (voir no 17595). L'inspecteur du travail **contrôle** dans ce cas la validité de l'accord, la régularité de la procédure de proposition d'application de l'accord au salarié ainsi que le respect de la procédure de licenciement légale et, le cas échéant, de la procédure conventionnelle prévue par l'accord APC (Guide DGT 9-2019 fiche 11 b). Sur la détermination de l'inspecteur du travail **compétent** pour ce type de licenciement, voir no 63360, a.

LICENCIEMENT ÉCONOMIQUE

Procédure avant la saisine de l'inspecteur du travail La procédure spéciale de licenciement des représentants du personnel se cumule avec la procédure de licenciement pour motif économique exposée nos 47900 s. **63415** C. trav. art. R 2421-9 L-VII-26700 s

S'il ne parvient pas à **reclasser** le salarié, l'employeur doit le convoquer à un **entretien** préalable, même si le licenciement est collectif et qu'il existe des représentants du personnel dans l'entreprise (Cass. soc. 22-9-2010 no 08-45.227 FS-PBR : RJS 11/10 no 864 ; CE 28-9-2005 no 266023 :

RJS 12/05 n° 1230). Il lui propose, au cours de cet entretien, le bénéfice d'un contrat de sécurisation professionnelle (CSP) ou d'un congé de reclassement dans les conditions indiquées n°s 48390 s. Si le mandat détenu par le salarié l'exige, le CSE doit être consulté sur son licenciement (n°s 63350 s.), le cas échéant pas avant la 2e réunion visée n° 48195.

Sur la rupture du contrat de travail d'un salarié dans le cadre d'un **plan de départs volontaires,** voir n° 63452.

› Précisions a. L'employeur doit rechercher les possibilités de **reclasser** le salarié dans un emploi équivalent (jurisprudence constante, notamment CE 10-6-1998 n° 165463 : RJS 8-9/98 n° 1017), y compris en cas de départs volontaires dans le cadre d'un PSE (Cass. soc. 14-9-2017 n° 16-16.999 FS-D : RJS 11/17 n° 736). La rupture ne peut en effet être envisagée que lorsque toutes les possibilités de reclassement sont épuisées (CE 7-3-1990 n° 93853 : RJS 5/90 n° 396). Celles-ci doivent être recherchées prioritairement dans l'établissement (CE 30-12-1996 n° 172637 : RJS 2/97 n° 177), puis dans l'entreprise (CE 31-7-1992 n° 105670) et enfin, le cas échéant, dans les autres sociétés du groupe situées en France dans les conditions visées sous n° 47955 (Guide DGT 9-2019 fiche 7 b). La **volonté du salarié** peut être prise en compte pour limiter les offres de reclassement seulement si des propositions précises lui ont déjà été faites et qu'il est pleinement informé (CE 13-4-2005 n° 258755 : RJS 8-9/05 n° 868 ; 11-7-2012 n° 334502 : RJS 11/12 n° 886).

En cas de **renouvellement de la procédure,** l'employeur doit effectuer une nouvelle recherche de reclassement en tenant compte des éventuels changements de circonstances, mais n'est pas tenu de soumettre de nouveau au salarié les postes refusés lors de la première procédure (CE 23-3-2016 n° 386108 : RJS 6/16 n° 439).

L'employeur n'est pas obligé de proposer au salarié un emploi lui permettant de poursuivre ses fonctions représentatives (CE 3-7-2013 n° 342291 : RJS 10/13 n° 701).

b. Le délai de réflexion accordé au salarié pour adhérer au **CSP** est prolongé jusqu'au lendemain de la notification de la décision de l'inspecteur du travail (ANI 31-5-2011 art. 5), date à laquelle le contrat est réputé rompu d'un commun accord si l'autorisation est accordée (Cass. soc. 4-12-2012 n° 11-11.299 FS-PB : RJS 2/13 n° 144). L'employeur peut **notifier** à titre conservatoire un licenciement économique pendant ce délai, à condition de préciser qu'il ne vaut licenciement qu'en cas de refus du CSP et sous couvert d'autorisation administrative (Cass. soc. 19-12-2018 n° 17-24.007 F-D : RJS 3/19 n° 170).

c. Sur la protection des **candidats** aux élections professionnelles compris dans un grand licenciement économique, voir n° 63225, a.

63417 C. trav. art. R 2421-2 R 2421-13 L-VII-29550 s

Contrôle de l'inspecteur du travail La **demande d'autorisation** à l'inspecteur du travail doit être accompagnée, lorsque le licenciement concerne au moins 10 salariés dans une période de 30 jours, de la copie du projet transmis au Dreets (Direccte avant le 1-4-2021) (n° 48215). L'inspecteur contrôle, outre le respect de la procédure, la réalité du motif économique de licenciement (CE 18-2-1977 n° 95354) et le respect par l'employeur de son obligation de reclassement légale (CE 16-2-1993 n° 30045) ou conventionnelle (Cass. soc. 3-3-2010 n° 08-42.526 FS-PB : RJS 5/10 n° 449).

› Précisions a. L'**inspecteur du travail** apprécie la réalité du motif dans le cadre de l'**entreprise** (ex. : CE 18-6-1997 n° 160961 : RJS 8-9/97 n° 994) ou, le cas échéant, dans le cadre des **entreprises du groupe** auquel elle appartient relevant du même secteur d'activité et implantées en France dans les conditions indiquées n° 47257 (CE 29-6-2020 n°s 423673 et 417940 : RJS 11/20 n° 550). Il n'a pas à se prononcer sur la validité des **critères d'ordre des licenciements,** mais doit vérifier que leur application n'a pas un rapport avec le mandat (CE 29-12-2000 n°s 206918 et 206919 : RJS 4/01 n° 475). Il doit refuser l'autorisation si les **catégories professionnelles** ont été définies dans le seul but de permettre le licenciement des salariés protégés (CAA Bordeaux 15-5-2018 n° 16BX01417 : RJS 8-9/18 n° 549). En cas de **cessation d'activité de l'entreprise,** il n'a pas à rechercher si celle-ci est due à la faute ou la légèreté blâmable de l'employeur (CE 8-4-2013 n° 348559 : RJS 7/13 n° 551) ou si d'autres sociétés du groupe poursuivent une activité de même nature (CE 22-5-2015 n° 375897 : RJS 10/15 n° 653).

b. Si le **licenciement** est **refusé,** l'employeur est en droit de proposer au salarié dont l'établissement a fermé une dispense d'activité avec maintien de sa rémunération dans l'attente d'une solution (Cass. soc. 7-5-2014 n° 13-14.595 F-D : RJS 7/14 n° 580).

c. Si le licenciement du salarié est inclus dans un projet collectif donnant lieu à un **PSE,** l'inspecteur du travail doit s'assurer que le PSE a bien été **validé ou homologué par le Dreets,** mais il ne doit pas se prononcer sur la validité du PSE ni sur la régularité de la procédure d'information-consultation du CSE. Si la décision du Dreets est **annulée** pour excès de pouvoir, l'autorisation administrative de licenciement du salarié protégé est également nulle, sauf dans le cas visé n° 48255, c (CE 19-7-2017 n° 391849 : RJS 10/17 n° 686).

63420 C. trav. art. L 2411-1 L-VII-31200 s

Sauvegarde, redressement et liquidation judiciaires L'employeur, l'administrateur ou le liquidateur, suivant les cas, est tenu d'observer à la fois la procédure spécifique au licenciement des représentants du personnel et la procédure de licenciement prévue en cas de procédure collective (nos 48310 s.). Il est tenu de rechercher un reclassement préalable au salarié protégé (CE 20-3-2009 no 309195 : RJS 7/09 no 647). La procédure spéciale s'applique également pour les licenciements prononcés **après la phase de liquidation,** même si la fermeture de l'entreprise est apparemment définitive : voir no 63300 (Rép. Alphandéry : AN 30-10-1989 p. 4853).

> **Précisions** **a.** La **consultation du CSE,** lorsqu'elle est requise (no 63350), ne peut avoir lieu avant la réunion du comité relative au projet de licenciement : no 48330 (C. trav. art. R 2421-9).
> **b.** Est valablement motivée la **lettre de licenciement** visant expressément la décision de liquidation judiciaire, même si elle ne mentionne pas l'autorisation administrative de licenciement (Cass. soc. 25-5-2004 no 03-42.063 FS-PB : RJS 8-9/04 no 940).
> **c.** Si le licenciement a été **autorisé** par **ordonnance du juge-commissaire,** l'inspecteur du travail ne contrôle pas la réalité du motif économique (CE 3-7-2013 no 361066 : RJS 11/13 no 749), mais le salarié peut saisir le juge judiciaire, compétent pour apprécier la régularité de l'ordonnance (Cass. soc. 23-3-2016 no 14-22.950 FS-D : RJS 6/16 no 460). Si le licenciement est autorisé par le juge-commissaire pendant la **période d'observation** en cas de redressement judiciaire, l'inspecteur du travail doit être saisi avant l'expiration de cette période (CE 12-6-2019 no 410987 : RJS 10/19 no 580).
> **d.** En cas de **reprise partielle d'activité** par une autre entreprise, des possibilités de reclassement du salarié doivent être recherchées chez le repreneur (CE 30-10-1995 no 134009 : RJS 2/96 no 138 ; 20-3-1996 no 135167 : RJS 5/96 no 573). Sur la procédure applicable en cas de **transfert partiel d'entreprise** ou d'établissement, voir nos 74910 s.

3. AUTRES MODES DE RUPTURE

DÉPART À LA RETRAITE

La procédure spéciale s'applique lorsque l'employeur procède à la **mise à la retraite** du salarié protégé (Cass. soc. 5-3-1996 no 92-42.490 PF : RJS 4/96 no 422 ; 10-12-2003 no 01-43.876 FS-P : RJS 2/04 no 234) ou en cas d'adhésion de l'intéressé à un dispositif de **préretraite** (Cass. soc. 6-7-2011 no 10-15.406 FS-PB : RJS 10/11 no 820 ; 2-6-2017 no 15-25.171 F-D : RJS 8-9/17 no 596). **63440** L-VII-31820 s

En revanche, le **départ volontaire à la retraite** du salarié n'est pas soumis à autorisation administrative (Cass. soc. 11-2-2009 no 07-44.909 : RJS 4/09 no 378). Si toutefois le salarié a été contraint, dans un contexte de harcèlement moral, à solliciter ce départ, celui-ci produit les effets d'un licenciement nul (Cass. soc. 9-12-2014 no 13-16.045 FP-PB : RJS 2/15 no 152).

> **Précisions** La procédure spéciale de licenciement et la **procédure de mise à la retraite** visée nos 69040 s. se cumulent (CE 8-2-1995 no 154364 : RJS 3/95 no 266). L'employeur doit notamment convoquer le salarié à un **entretien** préalable (CE 17-6-2009 no 304027 : RJS 11/09 no 868) en respectant les conditions de forme et de délai visées nos 47480 s. (CAA Douai 24-5-2012 no 11-67 : RJS 11/12 no 887) et recueillir l'**avis du CSE** lorsque le mandat détenu par l'intéressé l'impose (CE 26-10-2011 no 335755 : RJS 1/12 no 58). S'agissant des règles de procédure issues d'un **accord collectif,** l'employeur ne doit appliquer que celles qui sont explicitement applicables à la mise à la retraite (CE 13-2-2019 no 403890 : RJS 4/19 no 232). Sur la détermination de l'inspecteur du travail **compétent,** voir no 63360, a.

RUPTURE CONVENTIONNELLE INDIVIDUELLE

La rupture conventionnelle conclue avec un salarié protégé est soumise aux conditions de droit commun visées nos 69100 s. (cas d'application, négociation de la convention, contenu, indemnité de rupture et délai de rétractation). Mais elle doit être **autorisée** par l'inspecteur du travail (et non simplement homologuée). La convention doit être adressée à ce dernier après l'expiration du délai de rétractation, par lettre recommandée avec avis de réception en 2 exemplaires ou par voie électronique (sisve.social-sante.gouv.fr), accompagnée d'un **formulaire type** spécifique (modèle disponible sur www.service-public.fr). **63450** C. trav. art. L 1237-15 R 2421-18 à R 2421-22 L-VII-32600 s

L'inspecteur du travail compétent (voir no 63360, a) statue dans un **délai** de 2 mois à réception de la demande. La rupture ne peut intervenir que le lendemain du jour où elle est autorisée. Sur les conséquences du silence gardé par l'inspecteur du travail, voir no 63375, a.

> **Précisions** **a.** Bien que le Code du travail ne vise que les **représentants du personnel** titulaires d'un mandat, l'administration considère que la procédure spécifique de rupture conventionnelle s'applique à tout salarié bénéficiant de la protection : nos 63220 s. (Circ. DGT 07-2012 du 30-7-2012). Jugé toutefois que le salarié protégé en tant que candidat aux élections professionnelles, qui n'est pas expressément visé par le Code du travail, n'est pas concerné (CA Paris 22-2-2012 no 10/04217 : RJS 5/12 no 478).
> **b.** Si l'**avis du comité** est requis (voir no 63350), il doit être recueilli avant la signature de la convention et le procès-verbal doit être joint à la demande d'autorisation.
> **c.** L'inspecteur du travail suit la procédure d'enquête contradictoire visée no 63365, a. Il **contrôle** la régularité de la convention, s'assure du libre

consentement des parties et vérifie l'absence de lien entre la rupture et le mandat du salarié. Sa décision peut être **contestée** dans les conditions indiquées nos 63490 s. (Circ. DGT 11 du 22-7-2008). Le juge administratif, et non le juge prud'homal, est compétent pour apprécier la validité de la rupture, même en cas de vice du consentement (Cass. soc. 26-3-2014 no 12-21.136 FP-PBR : RJS 6/14 no 501 ; 20-12-2017 no 16-14.880 FP-PB : RJS 3/18 no 200).

d. L'**annulation d'une autorisation administrative** de rupture conventionnelle annule la rupture elle-même et ouvre droit à la réintégration du salarié protégé (Cass. soc. 15-5-2019 no 17-28.547 F-PB : RJS 7/19 no 443). Si l'employeur y fait obstacle, voir no 63510.

e. La rupture conventionnelle **homologuée** au lieu d'être autorisée, alors que l'employeur savait que le salarié était protégé, produit les effets d'un licenciement **nul** et peut être contestée devant le juge judiciaire en dehors du délai de prescription de 12 mois normalement applicable (CA Nîmes 17-1-2017 no 13/04880 : RJS 4/17 no 276).

RUPTURE AMIABLE DANS UN CADRE COLLECTIF

63452 C. trav. art. L 1237-18-4 L 1237-19-2 **L-VII-33600 s**

La rupture amiable du contrat de travail dans le cadre d'un accord portant **rupture conventionnelle collective** (RCC, voir nos 69147 s.) ou d'un **congé de mobilité** dans le cadre d'un accord de RCC ou de GPEC (voir no 69146) doit faire l'objet d'une demande d'autorisation de l'inspecteur du travail dans les conditions visées no 63360 et ne peut intervenir que le lendemain du jour de l'autorisation. Il en est de même en cas de rupture amiable dans le cadre d'un PSE par **départs volontaires** (Cass. soc. 27-3-2007 no 05-45.310 FS-PB : RJS 6/07 no 760 ; 17-12-2014 no 13-19.623 F-D : RJS 3/15 no 179). Dans tous les cas, l'inspecteur du travail **compétent** (voir no 63360, a) contrôle l'absence de lien de la rupture avec le mandat et le libre consentement des parties.

> Précisions **a.** Si la rupture du contrat intervient dans le cadre d'un **accord de RCC,** l'inspecteur du travail doit vérifier l'existence d'une validation de l'accord par le Dreets (Direccte avant le 1-4-2021) et l'absence d'annulation de cette décision par le juge administratif, ainsi que la bonne application des clauses de l'accord. Il doit s'assurer que la consultation préalable du CSE a été menée pour les mandats l'exigeant (voir no 63350), mais il ne contrôle pas la procédure d'information-consultation du CSE sur l'ensemble du dispositif (Guide DGT 9-2019 fiche 14). Sur les modalités de l'enquête contradictoire de l'inspecteur du travail, voir no 63365, a.

b. Dans le cas d'un **congé de mobilité,** la saisine de l'inspecteur du travail intervient lorsque le salarié adhère au dispositif, avant sa mise en œuvre concrète, même si la rupture du contrat n'intervient qu'à l'issue du congé (Guide DGT 9-2019 fiche 14). Si le congé repose sur un **accord de GPEC,** l'inspecteur du travail contrôle la validité de cet accord et sa bonne application, notamment le montant minimal de la rémunération du congé visé no 69146, b (Guide DGT 9-2019 fiche 14).

c. Dans le cas d'un **plan de départs volontaires,** le PSE ayant été validé ou homologué par le Dreets, l'inspecteur du travail ne vérifie pas son contenu ni la régularité de la procédure de consultation du CSE. Il s'assure que l'employeur a bien convoqué le salarié à un entretien préalable et, le cas échéant, consulté le CSE sur la rupture (voir no 63350). La rupture amiable exclut tout contrôle du motif économique. L'obligation de reclassement ne s'applique que si le PSE prévoit des licenciements à défaut d'un nombre suffisant de volontaires au départ (Guide DGT 9-2019 fiche 14).

TERME D'UN CONTRAT PRÉCAIRE

63455 C. trav. art. L 2412-1 à L 2412-4 L 2412-10 **L-VII-34100 s**

Contrat à durée déterminée Une procédure spéciale doit être observée dans certains cas pour la rupture des contrats à durée déterminée (CDD) des salariés titulaires des mandats, notamment de représentant élu au CSE ou de candidat à ces fonctions, de représentant syndical au CSE, de représentant de proximité, de salarié mandaté pour négocier un accord collectif et de délégué syndical. Les anciens représentants, y compris les délégués syndicaux, bénéficient d'une protection de 6 mois après l'expiration de leur mandat.

Pour les **CDD saisonniers,** les délais de protection sont prolongés d'une durée égale à la période habituelle d'interruption de l'activité du salarié.

> Précisions **a.** Les articles L 2412-1 à L 2412-16 du Code du travail listent les mandats auxquels est attachée une protection en cas de rupture d'un CDD, mais l'administration étend la protection à certains mandats non cités (Guide DGT 9-2019 fiche 13 a).

b. Si le CDD est **requalifié** en CDI, le salarié bénéficie de la même protection que les représentants du personnel titulaires d'un CDI (Cass. soc. 18-12-2013 no 12-27.383 FS-PBR : RJS 3/14 no 199).

63460 C. trav. art. L 2421-7 à L 2421-8-1

La procédure spéciale de rupture (nos 63345 s.) doit être observée en cas :

– de **rupture anticipée** du contrat en raison d'une **faute grave** du salarié ou d'une **inaptitude médicale sans possibilité de reclassement** ;

– de **non-renouvellement** du contrat comportant une clause de renouvellement.

L'autorisation administrative n'est pas requise en cas de rupture du CDD par l'employeur pour **force majeure,** par le **salarié ayant conclu un CDI** ou encore par **accord des parties**

(Guide DGT 9-2019 fiche 13 a). La Cour de cassation a néanmoins retenu le délit d'entrave en cas de rupture négociée d'un CDD sans autorisation (Cass. crim. 14-11-2006 n° 05-87.554 F-PF).

La procédure spéciale s'applique aussi en cas de **non-reconduction** d'un **CDD saisonnier** soumis à une clause de reconduction prévue par le contrat lui-même, l'accord d'entreprise ou de branche. En revanche, **l'arrivée du terme** du CDD saisonnier ne fait pas l'objet d'une autorisation si l'employeur est lié par une clause de reconduction issue du contrat ou d'un accord collectif étendu (ou du droit à reconduction dans certaines branches d'activité visé au n° 19915, b : Guide DGT 9-2019 fiche 13 a).

› Précisions a. L'inspecteur du travail doit être **saisi** et doit **statuer** avant l'échéance du terme du CDD. Celui-ci est prorogé, le cas échéant, dans l'**attente de la décision** administrative. Si l'autorisation n'est pas sollicitée ou est refusée, le contrat devient à durée indéterminée (Cass. soc. 16-10-2001 n° 98-44.269 FS-P : RJS 1/02 n° 57 ; 27-9-2007 n° 06-41.086 FP-PB : RJS 12/07 n° 1312 ; 21-4-2017 n° 15-23.492 F-D : RJS 7/17 n° 504). Le salarié a droit à l'**indemnisation** prévue n° 63555, mais ne peut pas prétendre à l'indemnité de requalification mentionnée n° 20330 (Cass. soc. 5-6-2019 n° 17-24.193 FS-PB : RJS 8-9/19 n° 511). Dans cette situation, le délit d'entrave est constitué (Cass. crim. 6-2-2007 n° 06-82.744 F-D : RJS 5/07 n° 634).

b. L'inspecteur du travail **contrôle** (Guide DGT 9-2019 fiche 13 a) : le respect de la procédure (entretien et consultation du CSE le cas échéant), l'absence de lien avec le mandat et l'existence d'un motif d'intérêt général s'opposant à la rupture. En cas de **rupture anticipée du CDD,** il vérifie en outre le motif de cette décision. En cas de **non-renouvellement ou non-reconduction du CDD,** il doit également s'assurer que la **nature réelle du contrat** n'est pas à durée indéterminée (CE 21-6-1996 n° 153975 : RJS 7/96 n° 811), de sorte que, en présence d'une autorisation administrative devenue définitive, le juge prud'homal ne peut pas statuer sur une demande de **requalification** du contrat en CDI (Cass. soc. 9-5-2018 n° 16-20.423 FS-PB : RJS 7/18 n° 489).

c. L'article L 2421-8 du Code du travail modifié par la loi 2018-217 du 29-3-2018 n'impose pas de saisir l'inspecteur du travail à **l'arrivée du terme** d'un **CDD sans clause de renouvellement.** S'appuyant sur la jurisprudence antérieure à cette loi (Cass. soc. 23-10-2012 n° 11-19.210 FS-PB : RJS 7/18 n° 489), **l'administration** considère que la procédure est requise, quelles que soient la durée du contrat et la possibilité de le proroger, sauf pour les CDD saisonniers ou CDD d'usage. Le contrôle de l'inspecteur du travail porterait dans ce cas sur l'absence de discrimination et la nature réelle du contrat (Guide DGT 9-2019 fiche 13 a).

Contrat de travail temporaire La procédure spéciale de licenciement doit être appliquée par l'entreprise de travail temporaire lorsqu'elle : **63465** C. trav. art. L 2413-1 L 2421-10 **L-VII-35400 s**
- interrompt la mission du salarié ;
- lui notifie sa décision de ne pas renouveler sa mission ;
- décide de ne plus lui confier de mission (Cass. soc. QPC 13-2-2012 n° 11-21.946 FS-PB : RJS 5/12 n° 432), à condition que cette décision lui soit notifiée (Cass. soc. 11-9-2019 n° 18-12.293 FS-PB : RJS 11/19 n° 643).

RUPTURE À L'INITIATIVE DU SALARIÉ

Le salarié protégé reste libre de rompre son contrat de travail. Il peut **démissionner** (Cass. soc. 12-7-2010 n° 09-41.490 FS-D : RJS 10/10 n° 791) ou partir volontairement à la retraite (voir n° 63440). **63470** **L-VII-36000 s**
En cas de **manquements de l'employeur** suffisamment graves pour rendre impossible la poursuite du contrat de travail, le salarié peut demander la **résiliation judiciaire** de son contrat (Cass. soc. 16-3-2005 n° 03-40.251 FS-PBRI : RJS 5/05 n° 534 ; 25-1-2006 n° 03-44.372 F-D : RJS 4/06 n° 473) ou **prendre acte de la rupture** aux torts de celui-ci (Cass. soc. 13-7-2004 n° 02-42.681 FS-PB : RJS 10/04 n° 1063).

› Précisions a. Le **juge judiciaire** saisi d'une demande de **résiliation judiciaire** apprécie les manquements reprochés à l'employeur compte tenu des règles applicables au contrat de travail du salarié protégé et des exigences propres à l'exécution de son mandat (Cass. soc. 27-5-2009 n° 08-42.555 FS-PB : RJS 8-9/09 n° 688). Il ne peut plus **se prononcer** si, depuis la demande de résiliation, le salarié a été licencié après **autorisation administrative** (Cass. soc. 29-9-2010 n° 09-41.127 FS-PB : RJS 12/10 n° 958), y compris lorsque cette autorisation est annulée (Cass. soc. 11-10-2017 n° 16-14.529 FS-PB : RJS 12/17 n° 810), mais il peut lui accorder des dommages et intérêts (Cass. soc. 19-1-2011 n° 09-40.424 F-D : RJS 4/11 n° 347 ; 11-7-2016 n° 14-29.870 FS-D : RJS 10/16 n° 640).

Si les torts de l'employeur sont établis et suffisamment graves, le juge prononce la **rupture** du contrat du travail. Si le salarié était **protégé** au jour de la demande de résiliation judiciaire, celle-ci produit les **effets** d'un licenciement nul (Cass. soc. 26-9-2006 n° 05-41.890 F-D) et ouvre droit à une **indemnité pour violation du statut protecteur** égale aux salaires qu'il aurait dû percevoir jusqu'à la fin de la **période de protection** en cours au jour de la demande de résiliation judiciaire (Cass. soc. 4-3-2009 n° 07-45.344 FS-PB : RJS 5/09 n° 452 ; 7-3-2017 n° 15-24.484 FS-D : RJS 5/17 n° 350), dans la **limite** de 30 mois de salaire (Cass. soc. 25-9-2019 n° 18-15.952 F-D : RJS 1/20 n° 36). Le salarié ne peut pas être **réintégré** dans l'entreprise (Cass. soc. 3-10-2018 n° 16-19.836 F-PB : RJS 12/18 n° 754). Si le salarié n'était **pas protégé** au jour de sa demande, la rupture produit les effets d'un licenciement sans cause réelle et sérieuse (Cass. soc. 26-10-2016 n° 15-15.923 FS-PB : RJS 1/17 n° 41). Si la demande du salarié est rejetée, voir n° 69190.

b. La **prise d'acte de la rupture** rompt immédiatement le contrat de travail (Cass. soc. 25-1-2006 n°s 04-41.204 FS-D et 04-41.205 FS-D : RJS 4/06 n° 472), de sorte que l'inspecteur du travail saisi d'une demande d'autorisation de licenciement doit se déclarer incompétent (CE 17-12-2008 n°s 310889 et 303904 : RJS 3/09 n° 261). L'autorisation de licenciement donnée après une prise d'acte est sans effet (Cass. soc. 12-11-2015 n° 14-16.369 FS-PB : RJS 1/16 n° 44).

Le **juge judiciaire** examine tous les manquements de l'employeur invoqués devant lui par le salarié, même non mentionnés dans la lettre de rupture (Cass. soc. 5-7-2006 n° 04-40.134 FS-PB : RJS 10/06 n° 1091), peu important les motifs retenus par l'inspecteur du travail pour rejeter une demande d'autorisation de licenciement présentée avant la prise d'acte (Cass. soc. 4-7-2012 n° 11-13.346 FS-PB : RJS 10/12 n° 824).

Si les torts de l'employeur sont établis et suffisamment graves, la **rupture** s'analyse en un licenciement nul (Cass. soc. 21-1-2003 n° 00-44.502 FS-PBR : RJS 3/03 n° 367 ; 16-2-2011 n°s 10-15.529 F-D et 09-67.193 F-D : RJS 5/11 n° 435). Le salarié ne peut pas obtenir sa **réintégration** (Cass. soc. 29-5-2013 n° 12-15.974 FS-PB : RJS 8-9/13 n° 623), mais a droit à une **indemnité pour violation du statut protecteur** égale aux salaires qu'il aurait dû percevoir jusqu'à la fin de la période de protection en cours au jour de la prise d'acte, dans la **limite** de 30 mois (Cass. soc. 16-2-2011 n° 09-67.193 F-D : RJS 5/11 n° 435 ; 12-3-2014 n° 12-20.108 FS-PB : RJS 5/14 n° 415). Doit être prise en compte une prime versée après la rupture mais au cours de la période de protection (Cass. soc. 21-9-2017 n° 15-28.932 FS-PB : RJS 1/18 n° 28). Si la demande du salarié est rejetée, elle produit les effets visés n° 69170.

c. Sur la possibilité pour le salarié protégé de demander la résiliation judiciaire de son contrat ou de prendre acte de la rupture de celui-ci en cas de refus par l'employeur de le **réintégrer** à la suite de l'annulation d'une autorisation de rupture du contrat, voir n° 63510.

4. RECOURS

VOIES DE RECOURS

63490 L-VII-38000 s

L'employeur, le salarié, le syndicat que représente le salarié ou celui auquel celui-ci a donné mandat à cet effet peut exercer un **recours gracieux** auprès de l'inspecteur du travail pour obtenir le **retrait** de sa décision, ou demander l'**annulation** de cette décision par un **recours hiérarchique** auprès du ministre chargé du travail ou un **recours contentieux** devant le tribunal administratif. Les trois recours peuvent être exercés successivement ou simultanément : par exemple, le recours hiérarchique n'est pas un préalable obligatoire au recours contentieux. Seule la personne ayant **intérêt à agir** contre une décision qui lui est défavorable peut exercer un recours : l'employeur contre un refus d'autorisation de licenciement (CE 13-5-1992 n° 110184 : RJS 10/92 n° 1128), le salarié contre une autorisation.

Les recours n'ont pas d'**effet suspensif** (Cass. crim. 5-3-1991 n° 90-81.886 D : RJS 5/91 n° 608), de sorte que l'employeur muni d'une autorisation administrative peut rompre le contrat de travail immédiatement : voir n° 63375. Le salarié peut obtenir du **juge des référés** qu'il suspende l'autorisation administrative tant que la rupture ne lui a pas été notifiée, mais pas après (CE 2-7-2003 n° 244435 : RJS 11/03 n° 1289 ; 9-11-2015 n° 388922 : RJS 1/16 n° 45 ; Cons. const. 7-6-2019 n° 2019-787 QPC : RJS 8-9/19 n° 513).

› Précisions Le juge judiciaire ne peut pas se prononcer sur les **questions ayant fait l'objet de la décision administrative,** par exemple sur le caractère réel et sérieux des motifs retenus pour justifier la rupture (Cass. soc. 13-7-2004 n° 02-43.538 F-PB : RJS 10/04 n° 1064 ; 20-6-2012 n° 10-28.516 F-PB : RJS 10/12 n° 825), le lien entre la rupture et le mandat du salarié (Cass. soc. 30-6-2016 n° 15-11.424 FS-PB : RJS 10/16 n° 641), la régularité de la consultation du CSE sur le projet de licenciement économique (Cass. soc. 20-9-2018 n° 17-11.602 FS-PB : RJS 11/18 n° 682), de la procédure de licenciement pour inaptitude (Cass. soc. 4-11-2020 n° 19-18.178 F-D : RJS 1/21 n° 27) ou le respect par l'employeur de son obligation de reclassement (Cass. soc. 10-11-2009 n° 08-42.660 FS-PB : RJS 2/10 n° 206 ; 27-5-2015 n° 13-26.985 FS-PB : RJS 8-9/15 n° 578). Si toutefois il est saisi d'une contestation sérieuse sur un tel point, il doit surseoir à statuer en attendant la décision du juge administratif (Cass. soc. 4-10-2011 n° 10-18.023 FS-PB : RJS 12/11 n° 1000 ; 21-6-2017 n° 15-24.451 F-D : RJS 10/17 n° 687).

Le **juge judiciaire** reste **compétent** pour contrôler la procédure suivie par l'employeur après réception de l'autorisation de licenciement (Cass. soc. 4-7-2012 n° 10-28.799 F-PB : RJS 10/12 n° 826), pour apprécier le degré de **gravité de la faute** reprochée au salarié (Cass. soc. 3-5-2011 n° 09-71.950 FS-PB : RJS 7/11 n° 631) ou l'**origine professionnelle** d'une inaptitude (Cass. soc. 11-9-2019 n° 17-31.321 FS-PB : RJS 11/19 n° 644), ou pour indemniser le salarié du préjudice subi en raison de **manquements de**

l'employeur antérieurs au licenciement et non repris en compte par l'administration. Il peut s'agir d'un **harcèlement moral** (Cass. soc. 15-11-2011 nº 10-18.417 FS-PBR : RJS 2/12 nº 173 ; 27-11-2013 nº 12-20.301 FS-PBR : RJS 2/14 nº 149), d'un manquement de l'employeur à son **obligation de sécurité** (Cass. soc. 29-6-2017 nº 15-15.775 FS-PB : RJS 10/17 nº 688), d'une **discrimination syndicale** (Cass. soc. 29-5-2019 nº 17-23.028 FS-PB : RJS 8-9/19 nº 514 ; 8-2-2012 nº 10-18.957 F-D : RJS 5/12 nº 477) ou d'une faute de gestion à l'origine de la **cessation d'activité** (Cass. soc. 25-11-2020 nº 18-13.771 FS-PBI : RJS 2/21 nº 102).
Le juge judiciaire retrouve toute sa compétence si le salarié protégé a été **licencié sans autorisation** ou malgré un refus d'autorisation (nºs 63540 s.) ou s'il sollicite la nullité du licenciement sur un autre fondement que la violation de son statut protecteur (par exemple, en cas d'inaptitude physique résultant d'un harcèlement moral : Cass. soc. 15-4-2015 nº 13-21.306 FS-PB : RJS 6/15 nº 383).

PROCÉDURES

Le **recours gracieux** n'est pas enfermé dans une condition de délai, mais l'inspecteur du travail ne peut retirer une décision illégale que dans un **délai** de 4 mois à compter de celle-ci (Guide DGT 9-2019 fiche 21). **63495** C. trav. art. R 2421-7 R 2421-16 R 2422-1 CRPA art. L 242-1 et L 411-2 **L-VII-38200 s**

Le **recours hiérarchique ou contentieux** doit être formé dans un délai de 2 mois qui débute le lendemain de la notification de la décision administrative. La recevabilité du recours hiérarchique s'apprécie à la date de réception du pli par le ministre du travail (CE 30-1-2019 nº 410603 : RJS 4/19 nº 233). Ce délai est **interrompu** par l'exercice d'un recours gracieux, hiérarchique ou contentieux et recommence à courir en cas de rejet. S'il expire un samedi, un dimanche ou un jour férié ou chômé, il est prorogé jusqu'au premier jour ouvrable suivant (CE 19-9-2014 nº 362568 : RJS 12/14 nº 875).

L'introduction d'un recours gracieux ou hiérarchique n'est soumise à aucune condition de **forme,** mais il est conseillé de saisir l'administration par lettre recommandée motivée. Le recours contentieux doit être introduit auprès du tribunal administratif dans les conditions et formes de droit commun prévues par les articles R 411-1 s. du Code de justice administrative.

› Précisions a. Si la décision administrative n'est **pas régulièrement notifiée,** le délai de recours de 2 mois n'est pas opposable à son destinataire. Celui-ci ne peut toutefois pas agir au-delà d'un **délai raisonnable** fixé, sauf circonstances particulières, à un an à compter de la date à laquelle il a eu connaissance de la décision (CE 7-2-2018 nº 397247 : RJS 4/18 nº 270).
b. L'inspecteur du travail saisi d'un **recours gracieux** doit mettre à même la personne au profit de laquelle sa décision a créé des droits de présenter ses observations écrites et, si elle le demande, ses observations orales (CRPA art. L 122-1 ; Guide DGT 9-2019 fiche 21). Le **retrait** de sa décision par l'inspecteur du travail produit les mêmes effets qu'une annulation : voir nº 63510, a.
c. Le ministre saisi d'un **recours hiérarchique** en informe l'autre partie, qui doit pouvoir présenter ses observations (CE 3-7-2013 nº 348099 : RJS 11/13 nº 745 ; 19-7-2017 nº 391402 : RJS 11/17 nº 754). Il n'est pas tenu de procéder à une **enquête** contradictoire, sauf si l'inspecteur du travail ne l'a pas fait (CE 1-8-2013 nº 350517 : RJS 11/13 nº 748).
Le ministre contrôle la légalité de l'autorisation ou du refus d'autorisation de rupture en se plaçant à la date où cette décision a été prise (Circ. DGT 07-2012 du 30-7-2012 ; CE 6-7-1990 nº 100489 : RJS 8-9/90 nº 700). Si la décision est illégale, elle est **annulée.** Le ministre se prononce à nouveau sur la demande d'autorisation de rupture compte tenu des circonstances de droit et de fait à la date à laquelle il prend sa propre décision (CE 10-3-1997 nº 164645 : RJS 5/97 nº 571 ; CE 5-9-2008 nº 303992 : RJS 11/08 nº 1101).
Le **silence** gardé par le ministre saisi d'un recours pendant 4 mois équivaut à une **décision implicite** de rejet. La décision ministérielle expresse au-delà de ce délai est néanmoins valable à condition d'intervenir dans les 2 mois suivant la décision implicite de rejet du recours hiérarchique (CE 26-1-2007 nº 284605 : RJS 4/07 nº 454).

ANNULATION D'UN REFUS D'AUTORISATION DE LICENCIEMENT

L'annulation par le juge administratif d'une décision refusant d'autoriser le licenciement d'un représentant du personnel ne permet pas à l'employeur de licencier (Cass. soc. 10-12-1997 nº 94-45.337 P : RJS 1/98 nº 69 ; 20-3-2013 nº 11-23.388 F-D : RJS 6/13 nº 475). Dans ce cas, l'administration est **à nouveau saisie de la demande d'autorisation** de licenciement et doit s'assurer auprès de l'employeur qu'il maintient sa demande d'autorisation de licenciement (Guide DGT 9-2019 fiche 22). **63505** **L-VII-45800 s**

› Précisions a. L'inspecteur du travail (ou, le cas échéant, le ministre du travail) n'est pas tenu de reprendre les éléments de la procédure qui n'ont pas été affectés par des changements dans les circonstances de fait et de droit. Par exemple, si l'annulation a été prononcée au motif que les faits reprochés étaient suffisamment graves pour justifier le licenciement, il doit respecter la chose jugée et accorder l'autorisation (CE 27-7-1990 nº 104429 : RJS 11/90 nº 892) sauf si les circonstances de fait ont évolué et justifient un nouveau refus (CE 21-9-1990 n° 95026 ; 29-10-1997 n° 172137 : RJS 12/97 n° 1399 ; 24-10-2018 n° 402434).

b. L'annulation d'un refus d'autorisation ne **régularise** pas rétroactivement le **licenciement** prononcé sans autorisation (Cass. soc. 8-10-1987 n° 85-46.226 P).

ANNULATION D'UNE AUTORISATION DE LICENCIEMENT

63510 C. trav. art. L 2422-1 L-VII-42300 s

Droit à réintégration Le salarié protégé dispose d'un droit à réintégration si la décision ayant autorisé son licenciement est annulée par le ministre ou par le juge administratif, même si le jugement fait l'objet d'un appel (Cass. soc. 10-3-1998 n° 94-45.573 P : RJS 4/98 n° 494), sauf sursis à exécution. L'application des mesures protectrices s'appréciant au moment du prononcé du licenciement, l'**expiration** ultérieure des **mandats** de l'intéressé ne lui fait pas perdre ce droit (Cass. soc. 2-6-1993 n° 89-45.278 D : RJS 7/93 n° 764). En revanche, la réintégration est impossible si le salarié a déjà fait valoir ses droits à **retraite** au moment où il la demande (Cass. soc. 8-7-2020 n° 17-31.291 FS-PB : RJS 10/20 n° 486).

Le salarié (ou un syndicat mandaté à cet effet par celui-ci : Cass. soc. 22-3-1995 n° 93-42.183 PF : RJS 5/95 n° 531 ; ou son avocat : Cass. soc. 25-10-2017 n° 16-11.092 F-D : RJS 1/18 n° 50) doit **demander** sa réintégration dans un **délai** de 2 mois à compter de la notification de la décision d'annulation (Cass. soc. 5-12-2018 n° 17-26.325 F-D : RJS 2/19 n° 113). Le refus de l'employeur est constitutif du délit d'entrave (Cass. crim. 17-11-1987 n° 86-96.305) et d'un trouble auquel le juge des référés peut mettre fin (Cass. soc. 20-4-2017 n° 15-25.401 F-D : RJS 7/17 n° 505) : le salarié est considéré comme faisant toujours partie du personnel (voir n° 8761, c). Il peut demander la **résiliation judiciaire** de son contrat qui sera prononcée aux torts de l'employeur et produira les effets d'un licenciement nul pour violation du statut protecteur (Cass. soc. 15-5-2019 n° 17-28.547 F-PB : RJS 7/19 n° 443). La solution devrait, selon nous, être la même si le salarié prend acte de la rupture.

› Précisions **a.** Le salarié a également un droit à réintégration en cas de **retrait** de la décision administrative par son auteur (Cass. soc. 30-4-2002 nos 99-44.995 FS-PBR et 01-60.765 FS-PBR : RJS 7/02 n° 848 ; 8-10-2003 n° 01-41.297 F-P : RJS 12/03 n° 1415) et en cas d'annulation de la décision de l'inspecteur s'étant déclaré incompétent (Cass. soc. 10-3-1998 n° 94-45.573 P : RJS 4/98 n° 494 ; 12-10-2005 n° 03-45.533 FS-PB : RJS 1/06 n° 64), peu important que le licenciement ait été notifié par l'employeur à l'issue de la période de protection (Cass. soc. 21-10-2008 n° 07-42.021 FS-PB : RJS 1/09 n° 56).

b. À la différence de la chambre criminelle de la Cour de cassation (Cass. crim. 17-2-2004 n° 03-80.136 F-PF : RJS 5/04 n° 569), la chambre sociale et le Conseil d'État considèrent que le salarié a droit à sa réintégration et à l'indemnisation visée n° 63515 même en cas d'annulation de la seule décision du ministre confirmant l'**autorisation de licenciement** donnée par l'inspecteur du travail, bien que cette dernière décision **subsiste** (CE 5-9-2008 n° 303707 : RJS 11/08 n° 1102 ; Cass. soc. 13-11-2008 n° 07-41.331 FS-PB : RJS 2/09 n° 195 ; 21-9-2011 n° 10-16.309 FS-D : RJS 11/11 n° 889).

c. L'annulation pour **irrégularité de procédure** n'empêche pas la réintégration, une nouvelle procédure devant alors être engagée (Cass. soc. 18-5-1993 n° 91-44.145 D : RJS 7/93 n° 764).

63515 C. trav. art. L 2422-2

Le salarié doit être réintégré dans son **emploi** antérieur et retrouver son ancienneté (Cass. soc. 23-6-1999 n° 98-60.383 P : RJS 8-9/99 n° 1095). Toutefois, si cet emploi n'existe plus ou n'est plus vacant, la réintégration peut avoir lieu dans un emploi équivalent (Cass. soc. 24-1-1990 n° 89-41.003 P : RJS 2/90 n° 138 ; 24-6-1998 n° 95-44.388 P : RJS 8-9/98 n° 1018 ; Cass. crim. 17-12-1996 n° 95-84.938 PF : RJS 4/97 n° 432). S'il n'existe aucun emploi disponible dans l'entreprise ou l'UES à laquelle elle appartient (Cass. soc. 19-11-2008 n° 07-43.215 F-D : RJS 2/09 n° 194), l'employeur peut demander l'autorisation de licencier le salarié pour motif économique si la réintégration entraîne pour l'entreprise des difficultés économiques (CE 3-10-1990 n° 76597 : RJS 12/90 n° 999).

Lorsque le salarié exerçait les fonctions de membre élu du CSE ou de représentant de proximité, il doit également retrouver son **mandat** si l'institution n'a pas été renouvelée. Dans le cas contraire, il bénéficie de la protection accordée aux anciens représentants du personnel pendant 6 mois à compter du jour où l'employeur exécute effectivement son obligation de réintégration (Cass. soc. 17-5-2017 n° 14-29.610 FS-PB : RJS 8-9/17 n° 597). Le délégué syndical n'est pas rétabli automatiquement dans ses fonctions, il doit faire l'objet d'une nouvelle désignation par son organisation syndicale (Cass. soc. 22-1-2002 n° 00-60.356 FS-P : RJS 4/02 n° 458).

› Précisions **a.** La **mise en disponibilité** du salarié pendant la période de protection restant à courir ne constitue pas une réintégration (Cass. soc. 30-6-2004 n° 02-41.686 FS-PBRI : RJS 10/04 n° 1067).

b. Un **emploi équivalent** doit se situer dans le même secteur géographique que l'emploi initial, ou à défaut la zone la plus proche, comporter le même niveau de rémunération, la même qualification et les mêmes perspectives de carrière que l'emploi initial, et permettre l'exercice du mandat représentatif (Cass. soc. 24-6-1998 n° 95-44.388 P : RJS 8-9/98 n° 1018 ; 1-2-2017 n° 15-20.739 F-D : RJS 4/17 n° 277). Le licenciement prononcé en raison du refus du salarié d'être réintégré sur un emploi non équivalent est nul (Cass. soc. 5-12-2018 n° 16-19.912 F-PB : RJS 2/19 n° 112).

c. Selon le Conseil d'État, le **refus** du salarié d'être réintégré dans un **poste équivalent** n'est pas fautif, mais peut justifier un nouveau licenciement motivé par l'impossibilité de poursuivre le contrat de travail (CE 19-10-2012 n° 334588 : RJS 1/13 n° 58). La Cour de cassation considère qu'un tel refus autorise l'employeur à suspendre le versement de la rémunération et à licencier l'intéressé pour abandon de poste (Cass. soc. 19-10-2010 n° 09-42.798 F-D : RJS 1/11 n° 61 ; 17-10-2018 n° 17-17.177 F-D : RJS 1/19 n° 36).

d. Dans les entreprises de moins de 300 salariés, le salarié qui cumulait les fonctions de **délégué syndical** et de **représentant syndical au CSE** retrouve de plein droit, s'il est à nouveau désigné comme délégué syndical, sa fonction de représentant syndical (Circ. min. du 25-10-1983, réputée abrogée). Si le comité a disparu en raison d'une baisse des effectifs de l'entreprise, l'intéressé bénéficie de la protection accordée aux anciens représentants du personnel pendant 6 mois à compter de sa réintégration (Cass. soc. 16-12-2014 n° 13-21.203 FS-PB : RJS 2/15 n° 121).

Indemnisation Dans le **cas** où l'annulation de la décision d'autorisation (ou son retrait : Cass. soc. 30-4-2002 n°s 99-44.995 FS-PBR et 01-60.765 FS-PBR : RJS 7/02 n° 848 ; 11-2-2003 n° 00-44.238 F-D : RJS 4/03 n° 486) est devenue définitive (Cass. soc. 23-11-2004 n° 03-46.627 FS-PB : RJS 2/05 n° 176 ; 3-5-2011 n° 09-71.950 FS-PB : RJS 7/11 n° 631), le salarié a droit au paiement par l'employeur d'une indemnité correspondant à la totalité du **préjudice matériel et moral** (Cass. soc. 12-11-2015 n° 14-10.640 FS-PB : RJS 1/16 n° 46) subi au cours de la période écoulée : 63520 C. trav. art. L 2422-4 **L-VII-44400 s**

– entre son licenciement et sa réintégration effective (Cass. soc. 30-11-2004 n° 01-44.739 FS-PBRI : RJS 2/05 n° 177) dès lors que celle-ci a été demandée dans le délai de 2 mois à compter de la notification de l'annulation ;

– entre le licenciement et l'expiration de ce délai dans le cas contraire.

L'indemnité dans son ensemble constitue un **complément de salaire.** Elle donne lieu au versement des cotisations sociales.

› Précisions **a.** L'action au titre de cette indemnisation se **prescrit** dans le délai visé n° 14746 à compter de la date à laquelle l'annulation ou le retrait de la décision d'autorisation est devenu définitif (Cass. soc. 2-7-2003 n° 01-40.639 F-P : RJS 10/03 n° 1193).

b. La **période d'indemnisation** expire 2 mois après notification du jugement annulant l'autorisation (Cass. soc. 19-10-2005 n° 02-46.173 F-P : RJS 1/06 n° 38 ; 3-5-2016 n° 14-23.776 F-D : RJS 7/16 n° 510), et non de l'arrêt du Conseil d'État rendant le jugement définitif (Cass. soc. 15-12-1993 n° 89-45.530 D : RJS 1/94 n° 54). Si toutefois le salarié atteint l'âge légal de mise à la **retraite** d'office, c'est-à-dire 70 ans, la période d'indemnisation s'interrompt à cette date (Cass. soc. 8-7-2020 n° 17-31.291 FS-PB : RJS 10/20 n° 486).

c. L'indemnité accordée au titre du préjudice subi comprend la rémunération et les différentes primes, indemnités et avantages liés à son emploi que l'intéressé aurait perçus s'il n'avait pas été licencié (Cass. soc. 2-3-2017 n° 15-25.273 F-D : RJS 5/17 n° 351). L'**évaluation du préjudice** matériel est calculée sous **déduction** des sommes perçues par le salarié : indemnités de rupture (Cass. soc. 12-11-2015 n° 14-10.640 FS-PB : RJS 1/16 n° 46 ; 1-2-2017 n° 15-20.739 F-D : RJS 4/17 n° 277), allocations de chômage (Cass. soc. 28-10-2003 n° 01-40.762 FS-PB : RJS 1/04 n° 91 ; 19-10-2005 n° 02-46.173 FS-P : RJS 1/06 n° 38), revenus professionnels (Cass. soc. 2-5-2001 n° 98-46.342 FS-P : RJS 7/01 n° 894 ; 13-11-2008 n° 07-41.331 FS-PB : RJS 2/09 n° 195), pensions de retraite (Cass. soc. 27-3-2012 n° 11-11.221 FS-PB : RJS 6/12 n° 579 ; 8-7-2020 n° 17-31.291 FS-PB : RJS 10/20 n° 486) ou d'invalidité (Cass. soc. 29-9-2014 n° 13-15.733 FS-PB : RJS 12/14 n° 876).

d. Le salarié conserve son indemnité même si, après l'annulation définitive de l'autorisation de licenciement et sa réintégration, l'employeur reprend la procédure de licenciement pour les mêmes faits et sollicite une **nouvelle autorisation** administrative (Cass. soc. 8-7-2020 n° 19-10.534 FS-PB : RJS 10/20 n° 485).

e. Le **salarié qui ne demande pas sa réintégration** ou qui y renonce a droit, en plus de la réparation de son préjudice, aux indemnités dues au salarié selon le droit commun du licenciement (indemnité de rupture, le cas échéant indemnité pour absence de cause réelle et sérieuse...) s'il en remplit les conditions (Cass. soc. 30-4-2002 n° 99-44.995 FS-PBR : RJS 7/02 n° 848 ; 3-5-2016 n° 14-23.776 F-D : RJS 7/16 n° 510 ; Cass. soc. QPC 11-6-2012 n° 12-40.024 FS-PB : RJS 8-9/12 n° 724).

5. SANCTIONS

CAS D'APPLICATION

Tout **congédiement** d'un salarié protégé intervenu **sans autorisation** ou **malgré** un **refus** d'autorisation est nul et de nul effet (Cass. soc. 24-6-1998 n° 95-44.757 P : RJS 8-9/98 n° 1020 ; 30-11-2004 n° 03-40.604 FS-PB : RJS 2/05 n° 180). 63540 C. trav. art. L 1235-3-1 L 2431-1 L 2432-1 L 2433-1 **L-VII-48000 s**

Le salarié peut alors demander devant le juge prud'homal (éventuellement en référé : Cass. soc. 26-6-2001 n° 99-41.019 FS-P : RJS 10/01 n° 1158 ; 23-10-2007 n° 06-44.438 FS-PB : RJS 1/08 n° 51) sa réintégration ou, à défaut, une indemnisation (Cass. soc. 10-12-1997 n° 94-45.532 PB : RJS 1/98 n° 71). Voir n° 63470 en cas de prise d'acte de la rupture ou de résiliation judiciaire.

L'employeur est passible d'une peine d'emprisonnement d'un an et d'une **amende** de 3 750 €.

> **Précisions** **a.** Le licenciement prononcé sans respect de la procédure spéciale étant nul, le salarié a droit aux réparations demandées sans que le juge ait à se prononcer sur l'existence d'une **cause réelle et sérieuse de licenciement** (Cass. soc. 5-7-2011 n° 10-14.626 F-D : RJS 10/11 n° 822).
> **b.** Est atteinte d'une nullité absolue la **transaction** conclue avant la notification du licenciement, lequel ne peut avoir lieu qu'après obtention de l'autorisation administrative (Cass. soc. 16-3-2005 n° 02-45.293 FS-PBRI : RJS 5/05 n° 533). Cette décision peut être interprétée comme n'autorisant la conclusion d'une transaction qu'après un licenciement régulier.

RÉINTÉGRATION

63545 L-VII-48700 s

Modalités Si le salarié souhaite obtenir sa réintégration (dans le cas contraire, voir n° 63555), celle-ci s'impose à l'employeur. Seule une impossibilité absolue permet d'échapper à cette obligation, notamment si l'entreprise a disparu (Cass. soc. 24-6-1998 n° 95-44.757 P : RJS 8-9/98 n° 1020).

La **demande** n'est soumise à aucun délai (Cass. soc. 26-2-1992 n° 89-44.516 P : RJS 4/92 n° 467 ; 11-12-2001 n° 99-42.476 FS-P : RJS 2/02 n° 200). Le salarié ayant initialement demandé son indemnisation peut demander sa réintégration en cours d'instance (Cass. soc. 29-4-2009 n° 08-41.240 F-D : RJS 7/09 n° 650).

L'intéressé doit, en principe, être réintégré dans le **poste** occupé au moment du licenciement (Cass. soc. 29-10-1998 n° 96-42.863 D : RJS 12/98 n° 1514). Mais il peut être réintégré dans un emploi équivalent si ce poste est supprimé (Cass. soc. 11-12-2001 n° 99-42.586 FS-P : RJS 2/02 n° 198). Sur la réintégration du salarié en cas de modification de la situation juridique de l'employeur, voir n° 74920, b.

> **Précisions** **a.** Si l'entreprise a disparu alors qu'elle faisait **partie d'une UES,** l'obligation de réintégration s'impose aux autres entreprises de l'unité (Cass. soc. 16-10-2001 n° 99-44.037 FS-P : RJS 12/01 n° 1446).
> **b.** Durant le temps de l'instance judiciaire en réintégration, le salarié peut s'inscrire comme demandeur d'emploi ou prendre un emploi provisoire (Cass. soc. 16-5-1974 n° 73-40.108). Le licenciement prononcé pour faire obstacle au droit à réintégration est nul (Cass. soc. 17-1-2018 n° 16-17.932 F-D : RJS 3/18 n° 201). De même, si le salarié prend acte de la rupture en raison du **refus** de l'employeur de le réintégrer, il peut prétendre à la rémunération qu'il aurait dû percevoir jusqu'à la date de la rupture ainsi qu'aux indemnités visées n° 63555 (Cass. soc. 25-1-2006 n° 04-40.789 FS-PBR : RJS 4/06 n° 475 ; 18-12-2013 n° 12-23.745 F-D : RJS 3/14 n° 243).
> **c.** Si l'employeur établit l'existence de **difficultés économiques** liées à cette réintégration, il peut demander l'autorisation de licencier pour ce motif (CE 30-10-1995 n° 150243 : RJS 1/96 n° 44).

63550 **Indemnisation** Le salarié dont le contrat est irrégulièrement rompu peut, s'il demande sa réintégration pendant la période de protection (par exemple en saisissant le conseil de prud'hommes : Cass. soc. 16-12-2014 n° 13-15.081 FS-PB : RJS 2/15 n° 117), prétendre à l'indemnisation des **salaires perdus** entre la date de la rupture et celle de sa réintégration (Cass. soc. 10-12-1997 n° 94-45.254 PB : RJS 1/98 n° 71). L'indemnité est due même s'il est réintégré après la fin de la période de protection (Cass. soc. 4-7-1989 n° 87-45.198 P : RJS 8-9/89 n° 697) ou s'il forme sa demande de réintégration après l'expiration de cette période pour des raisons qui ne lui sont pas imputables (Cass. soc. 30-11-1999 n° 97-41.690 P : RJS 1/00 n° 72 ; 11-12-2001 n° 99-42.476 FS-P : RJS 2/02 n° 200). Toutefois, dans cette dernière hypothèse, si le salarié a fait valoir ses droits à la **retraite,** son indemnisation prend fin à la date de son départ en retraite (Cass. soc. 13-2-2019 n° 16-25.764 FS-PB : RJS 4/19 n° 234). De même, le salarié qui tarde abusivement à demander sa réintégration n'a droit qu'à la rémunération qu'il aurait perçue du jour de sa demande à celui de sa réintégration effective (Cass. soc. 7-11-2018 n° 17-14.716 FS-PB : RJS 1/19 n° 38).

> **Précisions** **a.** Cette indemnisation peut se **cumuler** avec les revenus perçus d'un tiers (sommes perçues au titre de l'assurance maladie : Cass. soc. 3-5-2001 n° 99-43.815 F-D : RJS 7/01 n° 892), les salaires (Cass. soc. 10-10-2006 n° 04-47.623 FS-PB : RJS 12/06 n° 1296), mais pas avec les prestations reçues de Pôle emploi, lequel est en droit d'en exiger le remboursement (Cass. soc. 9-3-1989 n° 87-18.177 P : RJS 4/89 n° 360 ; 19-11-2014 n° 13-23.643 FS-PBR : RJS 2/15 n° 122), ni avec les indemnités de rupture (Cass. soc. 28-4-2006 n° 03-45.912 F-D : RJS 7/06 n° 864).
> **b.** Sur le **régime social** de cette indemnité, voir n° 22900, f.

INDEMNISATION À DÉFAUT DE RÉINTÉGRATION

Le salarié qui ne demande pas sa réintégration a droit à une indemnité au titre de la **méconnaissance** par l'employeur du **statut protecteur** qui s'ajoute à l'indemnisation pour nullité du licenciement : voir nº 48775 (Cass. soc. 12-6-2001 nº 99-41.695 FS-PBI : RJS 8-9/01 nº 1053 ; 21-10-2009 nº 08-41.764 F-D : RJS 1/10 nº 58). 63555 L-VII-51300 s

Le **montant** de l'indemnité pour violation du statut protecteur due à un **représentant du personnel élu,** y compris lorsqu'il est titulaire d'un CDD (Cass. soc. 12-6-2013 nº 12-17.273 FS-PB : RJS 8-9/13 nº 625), est égal à la rémunération brute (Cass. soc. 7-6-2005 nº 03-44.969 FS-PB : RJS 8-9/05 nº 870) qui aurait dû être perçue entre la date de la rupture et l'expiration de la période de protection (Cass. soc. 10-7-1990 nº 86-43.699 PF : RJS 10/90 nº 794 ; 10-5-2006 nº 04-40.901 FS-PB : RJS 7/06 nº 865), dans la **limite** de 30 mois de salaires (Cass. soc. 15-4-2015 nºs 13-24.182 FS-PBR et 13-27.211 FS-PBR : RJS 7/15 nº 504 ; 14-10-2015 nº 14-12.193 FS-PB : RJS 1/16 nº 47), peu important qu'il puisse partir en **retraite** avant l'expiration de la période de protection (Cass. soc. 25-9-2019 nº 18-15.952 F-D : RJS 1/20 nº 36). Si toutefois le salarié présente sa **demande après l'expiration de la protection** sans justifier de motifs qui ne lui soient pas imputables, le montant de l'indemnité est fixé par le juge en fonction du préjudice subi (Cass. soc. 11-6-2013 nº 12-12.738 FS-PB : RJS 8-9/13 nº 622).

La même indemnisation est accordée au **représentant de section syndicale** (Cass. soc. 15-5-2019 nº 18-11.036 F-PB : RJS 7/19 nº 444) et devrait selon nous être étendue au **délégué syndical,** ce qui mettrait fin à la jurisprudence limitant jusqu'à présent son indemnisation à 12 mois de salaire (Cass. soc. 6-6-2000 nº 98-40.387 FS-PB : RJS 7-8/00 nº 829 ; 27-10-2004 nº 01-45.902 F-PB : RJS 1/05 nº 58).

L'indemnité pour violation du statut protecteur, qui n'ouvre pas droit à congés payés (Cass. soc. 30-6-2016 nº 15-12.984 F-D : RJS 11/16 nº 712 ; 21-11-2018 nº 17-15.874 F-D : RJS 2/19 nº 114), est soumise au **régime social** visé nº 22900, f.

> Précisions a. Les salariés titulaires d'un **mandat extérieur à l'entreprise** bénéficient d'une indemnité également limitée à 30 mois de salaire (pour un conseiller prud'homme : Cass. soc. 2-5-2001 nº 98-46.319 FS-PBI : RJS 7/01 nº 893 ; 3-2-2016 nº 14-17.000 FS-PB : RJS 4/16 nº 243 ; pour un administrateur de caisse de sécurité sociale : Cass. soc. 22-6-2004 nº 01-41.780 FS-PB : RJS 10/04 nº 1083). S'agissant de l'indemnité due : au conseiller du salarié, voir nº 47600 ; au médecin du travail, voir nº 72290.

b. Peut prétendre aux mêmes indemnités le salarié qui, malgré sa demande, n'est pas réintégré en raison du **refus de l'employeur** (Cass. soc. 30-11-1999 nº 97-41.690 P : RJS 1/00 nº 72).

c. Si le salarié est à la **retraite,** il n'y a pas lieu de déduire de son indemnisation les arrérages de sa pension (Cass. soc. 10-12-2003 nº 01-43.876 FS-P : RJS 2/04 nº 234).

d. La violation du statut protecteur en cas de **cumul des mandats** confère le droit non pas à plusieurs indemnités (Cass. soc. 13-11-2001 nº 99-45.389 : RJS 1/02 nº 55), mais à une seule indemnité correspondant à la période de protection expirant la dernière (Cass. soc. 3-5-2007 nº 05-43.863 FS-PB : RJS 7/07 nº 876). Le candidat aux élections professionnelles qui est **élu après la notification de la rupture** de son contrat de travail sans autorisation administrative a droit à l'indemnisation due au titre du statut protecteur attaché à son mandat (Cass. soc. 30-11-2004 nº 03-40.604 FS-PB : RJS 2/05 nº 180 ; 26-3-2014 nº 13-10.017 F-D : RJS 6/14 nº 503).

e. Le salarié peut prétendre à des réparations complémentaires s'il a subi un **préjudice distinct,** par exemple en cas de rupture vexatoire (Cass. soc. 23-10-2012 nº 11-19.210 FS-PB : RJS 1/13 nº 59). Si le licenciement est nul à plusieurs titres, le salarié ne cumule pas les réparations, mais a droit à l'indemnité la plus élevée : ainsi jugé en cas de licenciement en méconnaissance du statut protecteur et des règles relatives aux accidents du travail (Cass. soc. 30-6-2010 nº 09-40.347 FS-PBR : RJS 10/10 nº 795 ; 25-10-2017 nº 16-16.454 F-D : RJS 1/18 nº 51) ou au PSE (Cass. soc. 15-10-2013 nº 12-21.746 FS-PB : RJS 12/13 nº 836).

RESPONSABILITÉ PÉNALE DE L'EMPLOYEUR

SOMMAIRE

A. Conditions de la responsabilité pénale

La plupart des règles en matière sociale sont édictées sous peine de sanctions pénales, plus ou moins sévères selon qu'il s'agit d'une contravention ou d'un délit (il n'existe pas de crime en droit pénal social). 67000

Le dirigeant d'entreprise, à qui incombe le respect de ces prescriptions, est a priori responsable des infractions commises dans l'entreprise. Cette responsabilité de principe, ainsi que la responsabilité pénale de l'entreprise, personne morale, sont toutefois soumises à des conditions précises.

ÉLÉMENTS CONSTITUTIFS DE L'INFRACTION

Les faits reprochés à un employeur ne peuvent engager sa responsabilité pénale que si les trois éléments constitutifs d'une infraction sont réunis. Ces éléments (**légal, matériel et moral**) peuvent être définis de la façon suivante : 67040

– la responsabilité pénale suppose en premier lieu la violation d'un texte en vigueur, législatif ou réglementaire, définissant les éléments de l'infraction. Sur la possibilité de sanctionner pénalement la violation par l'employeur de dispositions conventionnelles, voir nº 52300 ;

– elle nécessite en outre un comportement matérialisant l'infraction : il peut s'agir d'une action ou d'une omission coupable ;

– il faut enfin que soit constatée l'existence d'une faute pénale dont la nature diffère selon que l'infraction constitue une contravention ou un délit (voir nº 67045).

> **Précisions a.** La **loi pénale** étant d'**interprétation** stricte (C. pén. art. 111-4), le juge répressif ne peut pas procéder par extension ou par analogie (Cass. crim. 31-3-1992 nº 90-83.938 PF : RJS 10/92 nº 1121).
>
> **b.** La loi pénale définissant les incriminations et les peines est non rétroactive si elle est **plus sévère** : une loi créant une incrimination nouvelle, étendant le champ d'application d'une incrimination existante ou élevant le montant de la peine applicable ne peut donc pas s'appliquer aux faits commis avant son entrée en vigueur. À l'inverse, sauf dispositions expresses contraires, une loi nouvelle **plus douce** que la loi ancienne s'applique aux infractions commises avant son entrée en vigueur et n'ayant pas donné lieu à une condamnation passée en force de chose jugée (C. pén. art. 112-1 ; Cass. crim. 7-9-2010 nº 09-86.137 F-D ; 14-3-2006 nº 05-83.436 F-PF : RJS 7/06 nº 852 ; 26-1-2016 nº 13-82.158 F-PB : RJS 4/16 nº 258). C'est le cas d'une loi nouvelle qui abroge une incrimination ou en réduit le champ d'application, ou de celle qui admet un fait justificatif nouveau. Sont également d'application immédiate les **lois interprétatives et déclaratives.** Lorsqu'un même texte contient à la fois des dispositions plus douces et d'autres plus sévères, son application dans le temps est appréciée disposition par disposition si cela est possible. À défaut, le juge fait en principe une appréciation globale du caractère plus sévère ou plus doux du texte.
>
> **c.** La loi pénale française s'applique aux infractions commises sur le **territoire** national (C. pén. art. 113-2, al. 1), quelle que soit la **nationalité** de l'auteur ou de la victime des faits. Le dirigeant de la **filiale** française d'une société de droit italien doit ainsi répondre devant la juridiction pénale française du délit d'entrave au fonctionnement d'une institution représentative

du personnel qu'il préside, peu important qu'il demeure en Italie et soit de nationalité italienne (Cass. crim. 25-4-1989 nº 87-80.721 D et nº 85-94.034 D : RJS 7/89 nº 597).

Une infraction est réputée commise sur le territoire français dès lors que l'un de ses faits constitutifs a eu lieu sur ce territoire (C. pén. art. 113-2, al. 2).

DÉFINITION DE LA FAUTE PÉNALE

67045 C. pén. art. 121-3 P-I-34120 s

En matière de **contravention,** l'accomplissement de l'action ou l'omission coupable suffit, sauf exception, à engager la responsabilité pénale de son auteur.

Sauf dérogation prévue par la loi, l'existence d'un **délit** suppose, en revanche, l'intention de le commettre.

› Précisions a. La **faute intentionnelle,** en principe nécessaire pour caractériser le délit, n'est pas définie par la loi. Elle est généralement déduite du caractère volontaire des actes commis par l'employeur. Ainsi jugé pour le délit d'entrave à l'exercice du droit syndical (Cass. crim. 15-2-1994 nº 92-84.088 PF : RJS 6/94 nº 713), de travail dissimulé (Cass. crim. 25-6-1991 nº 89-83.369 D : RJS 10/91 nº 1122) et celui résultant de l'ouverture d'un chantier non conforme aux prescriptions de l'article R 4533-1 du Code du travail (Cass. crim. 8-8-1994 nº 94-80.080 D : RJS 11/94 nº 1276).

Plus généralement, la Cour de cassation estime que la seule constatation de la violation en connaissance de cause d'une prescription légale ou réglementaire suffit à établir l'intention coupable exigée par le Code pénal (Cass. crim. 12-7-1994 nº 93-85.262 P ; 10-5-2017 nº 16-84.288 F-D : RJS 7/17 nº 509 ; 27-2-2018 nº 17-80.856 F-D : RJS 5/18 nº 356).

b. Par dérogation au caractère intentionnel du délit, lorsque la loi le prévoit, celui-ci peut être constitué en cas de **mise en danger** d'autrui (C. pén. art. 121-3 ; C. pén. art. 223-1). Dans ce cas, le juge doit rechercher si une obligation particulière de prudence ou de sécurité imposée par la loi ou le règlement, immédiatement perceptible et clairement applicable sans faculté d'appréciation personnelle, a été violée, s'il en est résulté une exposition à un risque immédiat de mort ou de blessures graves, et enfin si le manquement relevé ressort d'une violation manifestement délibérée de l'obligation de sécurité (Cass. crim. 13-11-2019 nº 18-82.718 F-PBI : RJS 1/20 nº 25).

c. Le délit peut également être constitué en cas de **faute d'imprudence,** de négligence ou de **manquement à une obligation de prudence ou de sécurité** prévue par la loi ou le règlement s'il est établi que l'auteur des faits qui sont la **cause directe** du dommage n'a pas accompli les diligences normales compte tenu de la nature de ses missions ou de ses fonctions, de ses compétences, ainsi que du pouvoir et des moyens dont il disposait.

Si les faits reprochés ne sont **pas la cause directe** du dommage, la responsabilité pénale de la personne physique ayant créé ou contribué à créer la situation à l'origine du dommage ou n'ayant pas pris les mesures pour l'éviter ne peut être engagée que s'il est établi qu'elle a :
– soit violé de façon manifestement délibérée une obligation particulière de prudence ou de sécurité prévue par la loi ou le règlement ;
– soit commis une faute caractérisée exposant autrui à un risque d'une particulière gravité qu'elle ne pouvait pas ignorer.

L'appréciation plus ou moins rigoureuse de la faute d'imprudence ou de négligence, selon qu'elle est ou non à l'origine directe du dommage, est applicable aux **contraventions de blessures involontaires** prévues par les articles R 622-1 et R 625-2 du Code pénal.

d. La définition des **différentes infractions** à la législation sociale et les sanctions dont elles sont assorties sont précisées dans les rubriques correspondantes (par exemple sous « Représentation du personnel » pour le délit d'entrave aux institutions représentatives du personnel).

CAUSES D'EXONÉRATION DE RESPONSABILITÉ

67050 U-I-1900 s

L'employeur poursuivi pour une infraction à la législation sociale peut être dégagé de sa responsabilité s'il justifie de l'une des causes d'irresponsabilité admises par le Code pénal. La force majeure, l'erreur sur le droit et l'autorisation de la loi sont celles le plus souvent invoquées en droit social.

› Précisions a. Le **consentement de la victime** ne peut pas, en principe, constituer une cause d'exonération de responsabilité (exemple : accord du personnel pour travailler le dimanche en infraction avec le principe légal du repos dominical : nº 31050, c).

b. Sur le sort réservé aux **autres faits justificatifs** susceptibles d'être soulevés par l'employeur en cas de poursuites pour infraction aux règles d'hygiène et de sécurité (faute de la victime d'un accident du travail notamment), voir nº 71850.

67051 C. pén. art. 122-2

Force majeure La force majeure suppose l'existence d'un **événement imprévisible et insurmontable** ayant empêché l'employeur de se conformer à la loi (Cass. crim. 31-10-1963 nº 63-90.704 P). Un incendie ou une inondation totale des locaux de l'entreprise peuvent éventuellement répondre à cette définition, s'ils ne résultent pas d'une faute de l'employeur.

ILLUSTRATIONS

Ne justifie pas de la force majeure le chef d'entreprise invoquant l'**incendie** partiel de son établissement pour échapper à la responsabilité encourue pour non-respect de la procédure de licenciement de salariés protégés dès lors qu'il a pu disposer de nouveaux locaux dans un délai très bref (Cass. crim. 4-10-1977 n° 76-93.433 P). De même, le fait que la majorité du personnel **s'oppose à la réintégration** d'un délégué syndical irrégulièrement licencié ne peut exonérer de sa responsabilité l'employeur qui n'a pas cherché à vaincre cette opposition (Cass. crim. 9-12-1986 n° 86-90.552 P). L'apparition d'un cas de **tuberculose** parmi le personnel peut constituer un cas de force majeure mettant l'employeur dans l'impossibilité de répondre aux questions des représentants du personnel dans le délai légal (Cass. crim. 3-12-2013 n° 12-87.266 FS-D).

Erreur sur le droit N'est pas pénalement responsable la personne qui justifie avoir cru, par une erreur sur le droit qu'elle n'était pas en mesure d'éviter, pouvoir légitimement accomplir l'acte. **67052** C. pén. art. 122-3

ILLUSTRATIONS

L'**erreur sur la portée d'un texte,** qui pouvait être évitée par une consultation auprès de l'inspection du travail (Cass. crim. 5-3-1997 n° 95-83.492 P ; 20-1-2015 n° 14-80.532 F-PBI : RJS 3/15 n° 227) ou de juristes qualifiés (Cass. crim. 19-3-1997 n° 96-80.853 PF), ne présente pas un caractère insurmontable, a fortiori si les textes ne prêtent à aucune équivoque (Cass. crim. 8-8-1994 n° 94-80.080 D : RJS 11/94 n° 1276).

L'**information erronée** communiquée à l'employeur par la fédération professionnelle dont il dépendait ne constitue pas une erreur de droit inévitable (Cass. crim. 19-9-2006 n° 05-86.669 F-D : RJS 12/06 n° 1291 ; 11-3-2014 n° 12-87.178 F-D). Justifie en revanche d'une erreur sur le droit, résultant d'une information erronée fournie par l'administration, l'employeur poursuivi pour avoir toléré une prolongation excessive de la durée de travail de ses salariés, alors qu'il a appliqué les clauses d'un accord professionnel élaboré sous l'égide d'un médiateur désigné par le Gouvernement et faisant référence au Code du travail (Cass. crim. 24-11-1998 n° 97-85.378 D : RJS 2/99 n° 210).

Autorisation de la loi La responsabilité pénale est exclue à l'égard de la personne qui accomplit un **acte prescrit ou autorisé** par une loi ou un texte réglementaire. **67053** C. pén. art. 122-4, al. 1

ILLUSTRATIONS

L'employeur ne saurait être poursuivi pour discrimination à raison d'un **refus d'embauche** fondé sur le sexe dès lors que l'emploi concerné fait partie de ceux dont la loi admet qu'ils soient réservés à l'un ou l'autre sexe (voir n° 32185, a). De même, il ne saurait lui être reproché une **diffamation** non publique pour avoir imputé à un salarié des faits de harcèlement sexuel dans la lettre lui notifiant son licenciement, car il avait l'obligation légale d'énoncer dans celle-ci les motifs de la rupture du contrat de travail (Cass. crim. 12-10-2004 n° 03-86.262 F-PF : RJS 1/05 n° 28).

PLURALITÉ D'INFRACTIONS

Les **mêmes faits** peuvent tomber sous le coup de deux **qualifications** pénales. Si l'action est indivisible, le juge ne retient en principe qu'une seule qualification : celle correspondant à l'infraction la plus sévèrement punie ou celle la mieux adaptée à l'espèce lorsque les deux qualifications sont de même gravité (une seule peine est donc dans ce cas applicable : n° 67270, a). S'il s'agit d'infractions distinctes, commises simultanément et faisant l'objet des mêmes poursuites, le juge retient les deux qualifications et applique, pour le calcul de la peine, les règles prévues en cas de concours d'infractions (voir n° 67270). **67055** U-I-3700 s

ILLUSTRATIONS

Commet deux infractions distinctes (délit d'entrave aux fonctions de représentant du personnel et délit d'atteinte à la liberté syndicale) l'employeur qui, à l'occasion d'une même procédure, licencie un salarié délégué du personnel et délégué syndical en raison de son appartenance syndicale et sans avoir sollicité l'avis préalable de l'inspecteur du travail (Cass. crim. 29-10-1975 n° 73-93.253 P). Deux infractions distinctes peuvent également être retenues en cas d'accident du travail résultant de la violation d'une règle d'hygiène et de sécurité (n° 71900).

B. Détermination de la personne responsable

CHEF D'ENTREPRISE

L'employeur est responsable des infractions à la législation sociale commises dans l'entreprise par lui-même ou par ses salariés. Parfois prévue par le texte d'incrimination, cette responsabilité de principe du chef d'entreprise est admise par une jurisprudence ancienne et **67100** U-I-50 s constante. Elle ne vaut toutefois que pour les infractions matérielles (**contraventions**) et pour les **délits non intentionnels.** Sauf cas particulier, l'employeur ne doit pas répondre des **délits intentionnels** commis par ses salariés et auxquels il n'a pas personnellement participé.

› Précisions a. La responsabilité pénale de l'employeur suppose qu'il ait commis une faute personnelle au sens visé n° 67045. Lorsque l'**infraction** est **matériellement commise par un salarié,** il lui est généralement reproché une négligence fautive dans son devoir de contrôle de l'application constante et effective des prescriptions légales ou réglementaires lui incombant personnellement. Il appartient alors au dirigeant de démontrer qu'il n'a commis aucune faute ou de justifier de l'une des causes d'exonération de responsabilité. Le cas échéant, il peut aussi se dégager de sa responsabilité s'il prouve avoir délégué ses pouvoirs à un préposé (voir nos 67110 s.).
b. Les **infractions intentionnelles** engagent la responsabilité pénale du chef d'entreprise ou du salarié auquel il a délégué ses pouvoirs, à condition qu'ils en soient effectivement l'auteur. Leur responsabilité est en revanche exclue s'il n'ont pas personnellement participé à l'infraction (Cass. crim. 17-7-1987 n° 86-93.691 D). La responsabilité d'un salarié peut être engagée pour les délits du Code pénal dont la définition ne concerne pas le seul chef d'entreprise (par exemple, le délit de harcèlement sexuel ou moral).

67105 U-I-170 s **Qualité de chef d'entreprise** La responsabilité pénale est en principe encourue par la personne qui assume au plus haut niveau la gestion et la direction de l'entreprise. Il s'agit du propriétaire ou du gérant pour une **entreprise individuelle,** du ou des gérants pour une **société** civile, SARL, société en nom collectif ou en commandite (Cass. crim. 29-1-1985 n° 83-92.549), du président-directeur général ou du directeur général et du directeur général délégué pour une **société anonyme** dotée d'un conseil d'administration, du président du directoire dans une société anonyme composée d'un directoire et d'un conseil de surveillance (Cass. crim. 20-2-1990 n° 89-82.131 D ; 21-6-2000 n° 99-86.433 D), du président ou du représentant légal désigné par les statuts dans une **société par actions simplifiée,** ou du président dans le cas d'une **association** (Cass. crim. 5-12-1989 n° 89-82.031 P).

› Précisions a. Dans une **société anonyme,** une délibération du conseil d'administration conférant au directeur général délégué des pouvoirs identiques à ceux du président-directeur général, exercés concurremment aux siens, ne permet pas à ce dernier de s'exonérer de sa responsabilité pénale (Cass. crim. 17-10-2000 n° 00-80.308 F-PF : RJS 6/01 n° 816). Le président du directoire peut être dégagé de la responsabilité pénale si, par suite d'une répartition des tâches au sein du directoire, la charge du respect de la législation sociale a été expressément conférée à un autre membre (Cass. crim. 2-6-1987 n° 85-91.243 D).
b. Quelle que soit la structure juridique de la société, la personne qui, au moment où l'infraction est commise, se comporte en **dirigeant de fait** peut être déclarée pénalement responsable (Cass. crim. 14-6-1994 n° 93-85.188 D : RJS 8-9/94 n° 1029 ; 23-11-2004 n° 04-80.830 F-D : RJS 4/05 n° 459 ; 4-9-2018 n° 17-84.149 F-D : RJS 12/18 n° 798), le cas échéant conjointement avec le dirigeant de droit (Cass. crim. 12-9-2000 n° 99-88.011 PF : RJS 4/01 n° 554).
c. En cas de **redressement judiciaire,** l'administrateur judiciaire investi d'une mission d'administration est tenu au respect des obligations légales et conventionnelles incombant au chef d'entreprise. Les infractions commises au cours de sa mission engagent sa responsabilité pénale. Elles ne peuvent pas être mises à la charge du chef d'entreprise dessaisi (Cass. crim. 3-3-1998 n° 95-85.808 PF : RJS 6/98 n° 744), sauf si ce dernier effectue, sans l'accord de l'administrateur, des actes étrangers aux pouvoirs qui lui sont attribués par la loi (Cass. crim. 12-6-1996 n° 94-85.598 PF : RJS 5/97 n° 551). L'administrateur judiciaire ne peut pas valablement déléguer ses pouvoirs au chef d'entreprise dessaisi (Cass. crim. 30-1-1996 n° 94-83.505 PF : RJS 5/97 n° 557). En revanche, il devrait à notre avis pouvoir consentir une telle délégation à un salarié de l'entreprise.
d. Sur la détermination du chef d'entreprise pénalement responsable en cas de travail en commun de **plusieurs entreprises** sur un même chantier, voir n° 71840.
Sur l'étendue de la responsabilité du chef de l'entreprise utilisatrice à l'égard du **travailleur temporaire,** voir nos 82340 s. Pour un cas de responsabilité conjointe de l'entrepreneur de travail temporaire et du chef de l'entreprise utilisatrice, voir n° 33035, c.

TITULAIRE D'UNE DÉLÉGATION DE POUVOIRS

67110 U-I-600 s Le **chef d'entreprise** peut être **exonéré** de sa responsabilité pénale s'il justifie avoir délégué ses pouvoirs à un salarié compétent. Le délégataire sera alors tenu pénalement responsable des infractions aux dispositions de la législation sociale dont l'application lui incombait en vertu de cette délégation.

Est admise la **subdélégation,** c'est-à-dire la faculté pour le titulaire d'une délégation de transférer à un autre salarié les pouvoirs qui lui ont été délégués (Cass. crim. 14-2-1991 n° 90-80.122 PF : RJS 4/91 n° 479), y compris sans autorisation du chef d'entreprise duquel émane la délégation initiale (Cass. crim. 30-10-1996 n° 94-83.650 PF : RJS 3/97 n° 296).

En revanche, les **codélégations** (cumul de délégations pour un même travail) sont interdites et en principe jugées toutes deux irrégulières (Cass. crim. 6-6-1989 n° 88-82.266 P : RJS 8-9/89 n° 688 ; 12-12-2006 n° 05-87.125 F-D : RJS 4/07 n° 463). Les juges peuvent toutefois estimer valable la délégation consentie au salarié ayant le rang hiérarchique le plus élevé (Cass. crim. 3-4-2002 n° 01-83.160 FS-PF : RJS 7/02 n° 920).

> **Précisions** **a.** Lorsque la délégation remplit les conditions de validité visées n°s 67120 s., une **même infraction** à la législation sociale ne peut pas en principe être retenue à la fois contre le chef d'entreprise et le salarié délégué par lui (Cass. crim. 12-1-1988 n° 85-95.950 P ; 14-11-2006 n° 05-83.367 F-D : RJS 3/07 n° 403). Mais la responsabilité de l'employeur peut être engagée, malgré la délégation, lorsqu'il a personnellement participé à l'infraction (voir n° 62705 pour le délit d'entrave aux institutions représentatives du personnel) ou lorsqu'il a commis une faute distincte de celle du délégataire (voir n° 71880 pour la faute d'imprudence ou de négligence à l'origine d'un accident du travail).
> **b.** Même valablement consentie, une délégation comportant l'exercice du pouvoir disciplinaire est privée d'effet au plan pénal lorsque l'employeur s'est à plusieurs reprises **substitué au délégataire** dans la mise en œuvre de ce pouvoir (Cass. crim. 7-6-2011 n° 10-84.283 F-D : RJS 12/11 n° 1025).

Domaine de la délégation Une délégation de pouvoir peut être consentie par le chef d'entreprise dans tous les cas où la loi n'en dispose pas autrement (Cass. crim. 11-3-1993 n° 91-80.598 PF ; 29-4-1998 n° 97-82.420 D : RJS 4/99 n° 613). **67115** U-I-650 s

La délégation peut concerner la plupart des **obligations** prescrites **en matière sociale** : embauche, durée du travail, médecine du travail, représentation du personnel, sécurité sociale notamment. L'hygiène et la sécurité du travail en constituent le domaine privilégié.

> **Précisions** La délégation n'a d'effet que dans le **domaine** pour lequel elle a été consentie. Ainsi, une délégation concernant la signalisation du chantier n'exonère pas l'employeur de sa responsabilité pénale pour des infractions à la réglementation sur la sécurité des travailleurs (Cass. crim. 8-9-2015 n° 14-83.053 F-D : RJS 12/15 n° 827). De même, l'employeur ne peut pas se prévaloir d'une délégation en matière d'hygiène et de sécurité pour échapper à des poursuites relatives à des infractions en matière de durée du travail et de conditions d'embauche de travailleurs étrangers (Cass. crim. 9-11-1993 n° 92-86.101 D : RJS 3/94 n° 286).

Conditions de validité Le délégataire doit en principe **appartenir à l'entreprise,** l'employeur ne pouvant pas se prévaloir d'une délégation de ses pouvoirs faite à un tiers à l'entreprise, tel qu'un bureau d'études (Cass. crim. 12-12-1989 n° 89-81.074 P : RJS 1/90 n° 36). En théorie, tout salarié, quelle que soit sa position hiérarchique, peut être investi par l'employeur d'une délégation de pouvoirs s'il satisfait aux conditions visées n° 67122. En pratique, les délégations sont le plus souvent confiées au personnel d'encadrement. En cas de **changement dans la direction** de la société, le nouveau dirigeant qui entend invoquer les délégations consenties par son prédécesseur a intérêt à les confirmer par écrit. **67120** U-I-700 s

> **Précisions** **a.** Toutefois, dans le cadre d'un **groupe de sociétés,** le dirigeant d'une société mère peut valablement déléguer les pouvoirs qu'il détient en matière d'hygiène et de sécurité pour l'ensemble des sociétés du groupe à un membre d'une **filiale,** placé sous son autorité hiérarchique (Cass. crim. 26-5-1994 n°s 93-83.180 PF et 93-83.213 P : RJS 11/94 n° 1275 ; 7-2-1995 n° 94-81.832 FD : RJS 6/95 n° 657). Est également valable la délégation de pouvoirs en matière de sécurité, consentie par le représentant légal de chacune des sociétés membres d'une société en participation créée en vue de la construction d'un **chantier** au salarié de l'une de ces sociétés (Cass. crim. 14-12-1999 n° 99-80.104 PF : RJS 3/00 n° 350). Sur la personne morale responsable en cas de délégataire commun à plusieurs entreprises constituées en un **groupement,** voir n° 67135, d.
> **b.** Les juges du fond apprécient souverainement si le **changement de direction** de l'entreprise a ou non modifié la portée de la délégation (Cass. crim. 25-6-1991 n° 90-83.846 D : RJS 10/91 n° 1099). Mais ils ne peuvent pas considérer qu'elle n'est plus valable, au motif qu'elle était uniquement prévue dans le contrat de travail conclu avec l'ancien employeur, sans s'expliquer sur les conditions et les effets de cette délégation (Cass. crim. 14-3-2006 n° 05-85.889 F-PF : RJS 7/06 n° 911). À l'inverse, ils ne peuvent pas conclure à sa validité au seul motif que le contrat de travail du délégataire a été légalement transféré au nouvel employeur dans le cadre d'une **fusion-absorption** (Cass. crim. 20-7-2011 n° 10-87.348 F-D : RJS 11/11 n° 924).
> **c.** Pour l'hypothèse du **redressement judiciaire,** voir n° 67105, c.

Le délégataire doit avoir été **investi** par l'employeur et précisément **informé** par ce dernier de l'objet de la délégation et des obligations qui en résultent. Il doit être pourvu de l'**autorité,** de la **compétence et** des **moyens** nécessaires pour veiller à la stricte et constante application de la réglementation (jurisprudence constante, notamment Cass. crim. 11-3-1993 n° 90-84.931 PF ; 17-2-2015 n° 14-80.422 F-D). Ainsi, il doit notamment disposer des connaissances techniques et **67122** juridiques nécessaires (Cass. crim. 8-2-1983 n° 82-92.644), d'une certaine indépendance (Cass. crim. 29-5-1990 n° 89-84.177 D : RJS 8-9/90 n° 677), d'un pouvoir de décision (Cass. crim. 31-5-1983 n° 82-93.578 D ; 25-5-2004 n° 03-84.734 F-D) et de moyens financiers et disciplinaires suffisants (Cass. crim. 29-10-1985 n° 84-95.559 P ; 8-3-1988 n° 87-83.883 D). Il ne doit pas faire l'objet d'une interdiction de gérer (Cass. crim. 22-8-2018 n° 17-83.966 F-D : RJS 11/18 n° 708). Les mêmes conditions s'appliquent au subdélégataire (voir n° 67110).

ILLUSTRATIONS

N'est pas titulaire d'une délégation de pouvoirs valable le **chef de dépôt**, percevant un salaire modeste, qui passe commande des matériels et travaux d'entretien mais ne règle pas les factures et ne dispose pour l'embauche de ses collègues que d'un mandat de présélection (Cass. crim. 25-1-2000 n° 97-86.355 D : RJS 5/00 n° 542), le **directeur salarié d'un restaurant** ne disposant d'aucune autonomie, qui doit faire valider par sa hiérarchie toutes les décisions concernant le personnel et n'a pas le droit d'engager seul des dépenses supérieures à 100 € (Cass. crim. 3-12-2013 n° 12-87.266 FS-D), ou le **jeune salarié** ayant reçu sa première délégation à 21 ans, moins d'une année après son arrivée dans l'entreprise (Cass. crim. 8-12-2009 n° 09-82.183 FS-PFI : RJS 3/10 n° 302).

67125 U-I-1320 s

Preuve L'employeur se prévalant de l'existence d'une délégation de pouvoirs doit en apporter la preuve, par tout moyen. La délégation doit être **certaine et exempte d'ambiguïté.** Il n'est pas nécessaire qu'elle résulte d'un écrit (Cass. crim. 27-2-1979 n° 78-92.381 P ; 22-10-1991 n° 89-86.770 D), mais celui-ci peut en faciliter la preuve. Encore faut-il que le document ne soit pas rédigé en termes trop généraux (Cass. crim. 2-2-1993 n° 92-80.672 D : RJS 11/93 n° 1108). Une **mission générale** de surveillance et d'organisation des mesures de sécurité des chantiers, précisée dans le contrat d'engagement d'un directeur de travaux, ne peut, à défaut d'instructions plus précises, constituer une délégation valable (Cass. crim. 28-1-1975 n° 74-91.495 P). La **reconnaissance de la délégation** au cours de l'enquête consécutive à un accident du travail n'est pas déterminante si elle émane d'un salarié soumis à un lien de subordination (Cass. crim. 2-2-1993 n° 92-80.672 D : RJS 11/93 n° 1108).

› **Précisions** **a.** Quel que soit l'élément de preuve invoqué par l'employeur, l'**appréciation** de la réalité de la délégation relève du pouvoir souverain des **juges** du fond (jurisprudence constante, notamment Cass. crim. 1-12-1992 n° 89-82.689 PF : RJS 4/93 n° 369).

b. L'existence d'une délégation de pouvoirs est un **moyen de défense** qui peut être examiné pour la première fois en cause d'appel (Cass. crim. 1-12-1992 n° 89-82.689 PF : RJS 4/93 n° 369 ; 5-1-1993 n° 92-81.918 P : RJS 4/93 n° 406).

PERSONNE MORALE

67130 C. pén. art. 121-2 U-I-2200 s

L'**entreprise,** personne morale, peut, sous certaines conditions, engager sa responsabilité pénale en cas d'infractions à la législation sociale, soit à la place de celle de la personne physique auteur de l'infraction, soit conjointement avec celle encourue par cette dernière (n° 67140).

Toutes les **infractions à la législation sociale** peuvent engager la responsabilité pénale des personnes morales, même en l'absence de disposition expresse en ce sens, dès lors que sont réunies les conditions visées n° 67135.

› **Précisions** Toutes les **personnes morales** sont **concernées** : celles de droit privé à but lucratif (sociétés civiles ou commerciales, sociétés unipersonnelles, groupements d'intérêt économique...) ou à but non lucratif (associations, fondations, syndicats professionnels, institutions représentatives du personnel...), mais également celles de droit public, à l'exception de l'État. La responsabilité pénale des collectivités territoriales ou de leurs groupements est toutefois limitée aux infractions commises dans l'exercice d'activités susceptibles de faire l'objet de conventions de délégation de service public. La loi ne prévoyant aucune distinction selon la nationalité, sont également visées les personnes morales étrangères pour les infractions commises sur le territoire français (sur la condition de territorialité des infractions, voir n° 67040, c).

67135 C. pén. art. 121-2, al. 1 U-I-2350 s

Conditions de la responsabilité Les personnes morales sont responsables pénalement (en tant qu'auteurs ou complices) des **infractions commises, pour leur compte, par leurs organes ou représentants.** Une faute de la personne morale, distincte de celle commise par ses organes ou représentants, n'est pas nécessaire (Cass. crim. 26-6-2001 n° 00-83.466 F-PF).

Les **juges** ne peuvent donc pas retenir la responsabilité pénale d'une personne morale sans avoir **recherché et identifié l'organe ou le représentant** de celle-ci ayant commis l'infraction pour son compte (Cass. crim. 11-4-2012 n° 10-86.974 FS-PB : RJS 7/12 n° 668 ; 6-5-2014 n° 13-82.677 FS-PBI : RJS 7/14 n° 606 ; 17-10-2017 n° 16-87.249 F-PB : RJS 12/17 n° 847) et qui était en fonction à l'époque des faits reprochés (Cass. crim. 6-9-2016 n° 14-85.205 F-PB : RJS 2/17 n° 173 ; 11-7-2017 n° 16-83.415 F-D : RJS 10/17 n° 719). Il importe peu que la poursuite visant la personne morale mentionne un autre représentant que celui qui a engagé sa responsabilité pénale, cette mention ne délimitant pas la saisine (Cass. crim. 8-1-2019 n° 17-86.430 F-D : RJS 3/19 n° 191).

› Précisions a. Les **organes de droit et représentants légaux** sont ceux visés n° 67105. Peut également engager la responsabilité pénale de la personne morale l'infraction commise par un **dirigeant de fait** (Cass. crim. 11-7-2017 n° 16-86.092 F-D : RJS 11/17 n° 775), par un salarié titulaire d'une **délégation de pouvoirs** de l'employeur, même de fait (Cass. crim. 1-12-1998 n° 97-80.560 PF : RJS 2/99 n° 216 ; 25-4-2017 n° 15-87.590 F-D : RJS 7/17 n° 511 ; 27-2-2018 n° 17-81.457 F-D : RJS 5/18 n° 337), ou d'une **subdélégation** de pouvoirs (Cass. crim. 26-6-2001 n° 00-83.466 F-PF), par un salarié désigné comme « conducteur de travaux et responsable de la sécurité sur le site » par le plan particulier de sécurité et de protection de la santé (Cass. crim. 11-12-2012 n° 11-87.421 F-PB : RJS 4/13 n° 338). Plus généralement, il devrait à notre sens en être de même pour les infractions commises par certaines personnes expressément **mandatées** pour représenter la personne morale (mandataire du CSE, administrateur provisoire ou judiciaire de la société notamment).

b. La responsabilité de la personne morale n'est pas engagée lorsque son représentant agit **pour son propre compte** et dans son **intérêt personnel,** parfois même au préjudice de la personne morale (Circ. min. justice 9/F1 du 14-5-1993). En revanche est commise pour le compte de la société l'infraction de recours au service d'un sous-traitant clandestin pour éviter à la personne morale le paiement de pénalités de retard sur un chantier (Cass. crim. 7-7-1998 n° 97-81.273 P : RJS 11/98 n° 1389).

c. En cas de **fusion-absorption frauduleuse** ayant pour objectif de faire échapper la société absorbée à une condamnation pénale, la société absorbante peut être condamnée pénalement pour des faits commis par la société absorbée Cass. crim. 4-11-2020 n° 18-86.955 FS-PBI : RJS 2/21 n° XX. Hors cas de fraude, ce transfert de responsabilité pénale s'applique uniquement en cas d'opération de fusion-absorption impliquant une **société anonyme,** intervenue après le 25-11-2020 et concernant une **peine** d'amende ou de confiscation (Cass. crim. 4-11-2020 n° 18-86.955 FS-PBI : RJS 2/21 n° 128). En cas de fusion ne remplissant pas toutes ces conditions, il n'y a pas de transfert de responsabilité pénale (Cass. crim. 20-6-2000 n° 99-86.742 PF : RJS 1/01 n° 145 ; Cass. crim. 25-10-2016 n° 16-80.366 FS-PB : RJS 4/17 n° 310).

d. Lorsque les infractions à l'origine d'un accident du travail ont été commises par le délégataire commun à plusieurs **entreprises constituées en un groupement,** la personne morale responsable n'est pas celle employant le délégataire mais celle employant la victime de l'accident (Cass. crim. 13-10-2009 n° 09-80.857 F-PF : RJS 1/10 n° 105) ou, en cas de recours à du **personnel intérimaire,** celle ayant la qualité d'entreprise utilisatrice du travailleur temporaire victime de l'accident (Cass. crim. 23-11-2010 n° 09-85.115 FS-PB : RJS 2/11 n° 203).

e. Les **règles** spécifiques de **poursuite,** d'**instruction** et de **jugement** des infractions commises par les personnes morales sont fixées par les articles 706-41 et suivants du Code de procédure pénale.

Lorsque des poursuites sont engagées à l'encontre d'une personne morale, les **représentants du personnel** sont avisés de la date et de l'objet de l'audience. La loi prévoit que cet avis est transmis au secrétaire du comité d'entreprise ou, le cas échéant, au secrétaire du comité central d'entreprise et, à défaut, aux délégués du personnel titulaires (C. pén. art. R 131-53). Ce texte n'a pas été aménagé, mais cet avis doit désormais être transmis au CSE ou au CSE central.

En ce qui concerne l'inscription des condamnations sur le casier judiciaire des personnes morales, voir Mémento des sociétés commerciales n°s 4715 s.

Lien avec la responsabilité de la personne physique La responsabilité pénale des personnes morales n'exclut pas celle des personnes physiques **auteurs ou complices** des **mêmes faits,** sous réserve des dispositions de l'article 121-3, al. 4 du Code pénal (Cass. crim. 11-3-2003 n° 02-82.352 FS-PF : RJS 7/03 n° 925 ; 1-3-2016 n° 14-86.601 F-D : RJS 5/16 n° 315). 67140 C. pén. art. 121-2, al. 3 **U-I-2580 s**

À l'inverse, la responsabilité pénale de la personne morale n'est pas conditionnée à celle de la personne physique. Ainsi, les personnes morales sont pénalement responsables de toute **faute non intentionnelle** de leurs organes ou représentants ayant entraîné un dommage constitutif du délit de blessures involontaires, alors même qu'en l'absence de faute délibérée ou caractérisée au sens de l'article 121-3, al. 4 du Code pénal (voir n° 67045, c) la responsabilité pénale des personnes physiques, organes ou représentants de la personne morale, ne pourrait pas être recherchée (Cass. crim. 24-10-2000 n° 00-80.378 F-PF : RJS 3/01 n° 391 ; 2-10-2012 n° 11-85.032 F-PB : RJS 1/13 n° 81 ; 4-9-2018 n° 17-82.633 F-D : RJS 12/18 n° 799).

De même, il importe peu que la personne physique ait été **relaxée** des infractions également reprochées à la personne morale, ce fait ne signifiant pas que ces infractions n'ont pas été commises pour le compte de celle-ci par ses organes ou représentants (Cass. crim. 8-1-2019 n° 17-87.246 FS-D).

Sur la personne passible de poursuites pour **non-dénonciation** de l'auteur de certaines **infractions au Code de la route** avec un véhicule de société, voir n° 67355.

C. Mise en œuvre de la responsabilité

CONSTATATION DES INFRACTIONS

67200 C. trav. art. L 8112-1 MA-I-340 s

Seuls les **agents de contrôle habilités** peuvent constater les infractions à la réglementation sociale. Les **infractions au Code du travail** relèvent du pouvoir général des agents de contrôle de l'inspection du travail, qui exercent cette mission concurremment avec les agents et officiers de police judiciaire (C. trav. art. L 8112-1) et, le cas échéant, avec les autres agents expressément habilités par les textes de ce Code, comme en matière de travail illégal (n° 79400).

> Précisions **a.** S'agissant de la possibilité pour les inspecteurs du travail de faire état des **infractions de droit commun,** voir n° 43720, c.
b. Le contrôle de l'application des dispositions du **Code de la sécurité sociale** par les employeurs relève en principe de la compétence des agents de contrôle agréés des organismes de sécurité sociale et, plus précisément, des agents de contrôle de l'Urssaf pour ce qui concerne les infractions au paiement des cotisations du régime général de sécurité sociale (CSS art. L 243-7). D'autres agents peuvent également être habilités, en vertu de dispositions spécifiques. Les contraventions à l'obligation de déclaration d'accident du travail par les employeurs peuvent ainsi être constatées par les inspecteurs du travail (n° 43720, a).
c. Pour les dispositions sociales résultant d'**autres Codes** ou de textes législatifs ou réglementaires non codifiés, il convient de se référer aux différents textes concernés.

67205 MA-II-500 s

Pouvoirs des agents de contrôle Les agents de contrôle sont habilités à constater les infractions par des procès-verbaux qui sont transmis au parquet (voir n° 67210). Ils disposent des pouvoirs d'investigation accordés par les textes qui leur sont applicables.

> Précisions **a.** Les inspecteurs du travail, principaux agents de contrôle de l'application de la réglementation sociale, sont dotés, en la matière, de **prérogatives générales** : n°s 43735 s. L'**obstacle** au contrôle des inspecteurs du travail est passible des sanctions pénales visées n° 43770.
b. Des **pouvoirs spécifiques** sont prévus pour le contrôle de certaines infractions, notamment en matière de travail illégal : voir n°s 79410 s.

67210 C. trav. art. L 8113-7 MA-II-1800 s

Procès-verbal d'infraction Sauf dans les cas où ils sont tenus à une **mise en demeure préalable** (n° 71770), les agents de contrôle de l'inspection du travail constatant une infraction à la législation sociale peuvent dresser immédiatement procès-verbal.

Ce document, qui n'est soumis à aucune **forme** obligatoire, doit explicitement préciser les circonstances de fait et la législation ou les règlements applicables à l'espèce. Il est **transmis** au procureur de la République, qui décide de la suite à donner (n° 67215).

> Précisions **a.** Avant de transmettre le procès-verbal au procureur de la République, les inspecteurs ou contrôleurs du travail doivent **informer la personne mise en cause** des faits reprochés susceptibles de constituer une infraction pénale et des sanctions encourues.
b. Un exemplaire du procès-verbal doit être **adressé au préfet,** mais le non-respect de cette obligation n'entraîne pas la nullité des poursuites judiciaires (Cass. crim. 3-6-1982 n° 81-94.348 ; 18-7-1990 n° 89-86.088 D : RJS 11/90 n° 911).
c. Les procès-verbaux établis par les agents de l'inspection du travail **font foi jusqu'à preuve du contraire** de ce que leur auteur a vu, entendu et personnellement constaté (CPP art. 429 ; Cass. crim. 19-3-2013 n° 11-86.552 F-PB ; 12-12-2017 n° 15-82.588 F-D : RJS 2/18 n° 135). Cette force probante s'étend aux constatations fondées sur des documents fournis par l'employeur (Cass. crim 30-10-2018 n° 17-87.520 FS-PB : RJS 1/19 n° 46). Elle vaut pour les infractions à la législation sociale, mais pas pour les infractions de droit commun telles que le délit d'outrage (Cass. crim. 6-2-2007 n° 06-83.356 F-PFI : RJS 5/07 n° 647). Les éléments du procès-verbal que l'agent de contrôle n'a pas constatés personnellement, comme les déclarations de salariés, ne valent, devant le juge répressif, qu'à titre de simples renseignements (Cass. crim. 22-1-1991 n° 90-80.034 D : RJS 4/91 n° 500 ; 4-4-1991 n° 90-82.040 D : RJS 6/91 n° 717).
d. En l'**absence de procès-verbal,** les infractions à la législation sociale peuvent, hors les cas où la loi en dispose autrement, être établies par tout mode de preuve (CPP art. 427 ; Cass. crim. 4-10-1973 n° 72-92.793 P) : rapports, témoignages, aveux...
e. Sur la possibilité d'une **transaction pénale** après l'établissement d'un procès-verbal d'infraction, voir n° 67220.

DÉCLENCHEMENT DES POURSUITES

67215 P-I-39450 s

Règles générales Le procureur de la République, saisi d'une plainte ou du procès-verbal établi par l'inspecteur du travail ou tout autre agent de contrôle compétent, décide de l'opportunité des poursuites. L'**action publique** doit être exercée dans le **délai** d'un an s'il s'agit d'une contravention (CPP art. 9) ou de 6 ans s'il s'agit d'un délit (CPP art. 8).

En cas de **classement sans suite** de l'affaire, la victime de l'infraction conserve la possibilité de porter l'action civile devant la juridiction répressive (voir n° 67350).

› Précisions **a.** Les **poursuites** pénales peuvent également être engagées par la **victime** ou les groupements habilités à exercer l'action civile (**constitution de partie civile** devant le juge d'instruction ou **citation directe** devant le tribunal répressif). L'inspecteur du travail n'a pas en revanche qualité pour le faire. Mais il peut être entendu comme témoin : voir n° 43670, a.

b. Pour une **infraction instantanée,** le **délai de prescription** court en principe à compter du jour où elle a été commise (exemple : délit de blessures involontaires commis lors d'un accident du travail). Pour une **infraction continue** (délit d'emploi d'un étranger sans titre de travail par exemple), il court à compter du jour du dernier acte délictuel. Pour une **infraction occulte** ou **dissimulée** (délit d'abus de bien social par exemple), le délai court à compter du jour où elle est apparue ou a pu être constatée dans des conditions permettant la mise en mouvement de l'action publique, sans pouvoir toutefois excéder 12 années révolues à compter du jour où elle a été commise (CPP art. 9-1).

Des **règles spécifiques** peuvent être prévues par les textes. Ainsi, pour les infractions à la législation de **sécurité sociale,** le point de départ du délai de prescription se situe à l'expiration du délai d'un mois qui suit l'avertissement ou la mise en demeure prévus à l'article L 244-2 du CSS : n° 24600 (CSS art. L 244-7).

c. La prescription est **interrompue** par les **procès-verbaux** de constatation des infractions dressés par les inspecteurs du travail ou les autres agents de contrôle compétents (Cass. crim. 26-11-1985 n° 84-93.304 P ; 17-12-1991 n° 90-84.813 P) et par tout acte d'instruction ou de poursuite, tel un soit-transmis du procureur de la République à la Dreets (Direccte avant le 1-4-2021) lui demandant ses observations sur les faits et les textes applicables (Cass. crim. 22-1-2019 n° 18-81.814 F-D : RJS 4/19 n° 272), mais pas par une simple **visite** de l'inspecteur du travail dans l'entreprise en vue de dresser le procès-verbal de constatation des infractions (Cass. crim. 21-5-2019 n° 18-82.574 F-PBI : RJS 8-9/19 n° 545).

d. L'action publique doit être portée devant le tribunal de police pour les **contraventions** et devant le tribunal correctionnel pour les **délits.** La **juridiction compétente** est celle du lieu où l'infraction a été commise ou constatée, ou celle du lieu de la résidence du prévenu. En matière délictuelle est également compétent le tribunal du lieu d'arrestation ou de détention (CPP art. 381, 382, 521 et 522).

e. Outre la prescription peuvent notamment **éteindre l'action** publique la mort du prévenu, l'abrogation de la loi pénale, la chose jugée et l'amnistie (CPP art. 6). Cette dernière efface les condamnations prononcées et entraîne la remise de toutes les peines, sans qu'elles puissent donner lieu à restitution, mais elle ne préjudicie pas aux tiers (C. pén. art. 133-9 et 133-10). La loi 2002-1062 du 6-8-2002 est le dernier texte d'amnistie en date.

Transaction pénale Tant que l'action publique n'a pas été mise en mouvement, le **Dreets** (Direccte avant le 1-4-2021) ou son représentant peut **proposer** à la personne physique ou morale passible de poursuites pénales de conclure une transaction impliquant le paiement d'une **amende** transactionnelle et, éventuellement, des mesures de mise en conformité. Sont **concernés** uniquement les manquements à la réglementation du travail constitutifs d'une contravention ou d'un délit puni d'un emprisonnement inférieur ou égal à un an, commis dans les domaines suivants : contrat de travail, règlement intérieur, application des accords collectifs, durée du travail, repos, congés, salaires et avantages, santé et sécurité au travail, contrat d'apprentissage, professions et activités particulières. **67220** C. trav. art. L 8114-4 à L 8114-8 R 8114-3 à R 8114-6 **MA-II-1800 s**

Sont **exclus** les manquements entrant dans le champ de la procédure d'amende administrative visée n° 43765.

› Précisions **a.** La **proposition de transaction,** déterminée en fonction des circonstances et de la gravité de l'infraction, de la personnalité de son auteur, de ses ressources et de ses charges, doit préciser la nature des faits reprochés et leur qualification juridique, le montant de l'amende transactionnelle, les délais de paiement, le fait que la transaction doit être homologuée et, le cas échéant, la nature et les modalités d'exécution des obligations imposées à l'employeur pour faire cesser l'infraction, éviter son renouvellement ou remettre en conformité les situations de travail. Elle est **adressée** à l'employeur en double exemplaire, par tout moyen permettant de lui conférer une date certaine, dans un **délai** de 4 mois pour les contraventions et d'un an pour les délits, à compter de la date de clôture du procès-verbal de constatation de l'infraction, lequel doit être joint à la proposition. Si celle-ci n'est pas renvoyée, signée, dans le délai d'un mois à compter de sa réception, l'employeur est réputé avoir **refusé** la proposition. Si elle est **acceptée,** le Dreets la transmet au procureur de la République et, en cas d'**homologation** par ce dernier, la notifie à l'auteur de l'infraction et en **informe** le CSE.

b. L'**homologation** interrompt la prescription de l'action publique, qui s'éteint lorsque l'employeur a exécuté l'ensemble des obligations résultant de la transaction dans les délais impartis. En l'absence d'homologation par le procureur de la République, celui-ci conserve l'opportunité des suites à donner à la procédure pénale.

67230 CPP art. 524 s MA-II-1800 s **Ordonnance pénale** Pour toutes les contraventions prévues par le Code du travail, le procureur de la République peut le cas échéant opter pour la **procédure simplifiée** d'ordonnance pénale, à condition que la victime de l'infraction n'ait pas fait citer directement le prévenu avant que l'ordonnance ne soit rendue.

D. Sanctions pénales

67260 C. pén. art. 111-3 132-1 132-20 U-I-2700 s Nul ne peut être puni d'une peine qui n'est pas prévue par la **loi** ou par le **règlement.** Seules les peines attachées à l'infraction par la loi ou le règlement peuvent être prononcées par le juge répressif.

En matière correctionnelle, toute peine doit être **motivée** en tenant compte de la gravité des faits, de la personnalité de leur auteur et de sa situation personnelle (Cass. crim. 1-2-2017 n° 15-85.199 F-PBIR : RJDA 5/17 n° 344), y compris si elle est prononcée à l'encontre d'une personne morale (Cass. crim. 9-1-2018 n° 17-80.200 F-PB ; Cass. crim. 7-1-2020 n° 18-87.027 F-D, Sté Gates : RJS 3/20 n° 137). Le juge qui prononce une amende doit en outre tenir compte des ressources et des charges du prévenu (Cass. crim. 4-6-2019 n° 18-83.789 F-D : RJS 8-9/19 n° 517). Toutefois, si le prévenu ne fournit **pas d'éléments** sur sa personnalité, ses ressources et ses charges, il n'incombe pas au juge de les rechercher (Cass. crim. 21-4-2020 n° 19-84.414 F-D, Sté Monop' : RJS 8-9/20 n° 421).

Indépendamment des sanctions pénales visées ci-après, l'auteur de l'infraction peut engager sa **responsabilité civile** (nos 67340 s.). Le cas échéant, il peut aussi encourir des **sanctions administratives** (amendes administratives visées n° 43765 ou, par exemple, refus des aides publiques à l'emploi ou à la formation professionnelle en cas d'infractions de travail illégal : n° 79480).

PERSONNES PHYSIQUES

67265 U-I-2750 s **Nature des peines** Des peines principales, alternatives et complémentaires peuvent être encourues par l'auteur de l'infraction.

› Précisions **a.** Les **peines principales** en matière **correctionnelle** sont les suivantes : emprisonnement pouvant aller de 2 mois au plus à 10 ans au plus selon l'infraction (C. pén. art. 131-4) ; amende comprise entre un minimum de 3 750 € (CPP art. 381) et un maximum librement déterminé par le texte d'incrimination. Si l'infraction est de nature **contraventionnelle,** seule une peine d'amende peut en principe être prononcée à titre principal. Son montant varie en fonction de la classe de la contravention (C. pén. art. 131-13 : voir n° 67285). Toutefois, pour les contraventions de 5e classe, une peine de **sanction-réparation** peut être prononcée à la place ou en même temps que l'amende (C. pén. art. 131-15-1).
Les peines principales encourues pour les différentes infractions à la législation sociale sont précisées dans les rubriques correspondantes (par exemple sous « Représentation du personnel » pour le délit d'entrave).

b. Contrairement aux peines principales, les **peines alternatives ou de substitution** n'ont pas à être inscrites dans le texte d'incrimination. Elles peuvent toujours être prononcées par le juge en remplacement de l'une des peines principales encourues pour les délits ou en remplacement de la peine d'amende de 5e classe. La liste de ces peines est limitativement fixée par le Code pénal aux articles 131-4-1 et suivants pour les délits et 131-14 pour les contraventions de 5e classe.

c. Les peines principales (ou alternatives) ne peuvent être assorties d'une ou de plusieurs **peines complémentaires** que si le texte réprimant le délit ou la contravention le prévoit expressément. Les peines complémentaires sont mentionnées à l'article 131-10 du Code pénal pour les délits et aux articles 131-16 et 131-17 pour les contraventions.

67267 U-I-3050 s **Paiement de l'amende** Le paiement de l'amende **incombe** en principe à l'auteur de l'infraction.

Commet un **abus de biens sociaux** le chef d'entreprise qui fait payer par son entreprise des contraventions qui lui ont été personnellement infligées pour manquement à des règles de police professionnelle (Cass. crim. 3-2-1992 n° 90-85.431 PF : RJDA 7/92 n° 709).

› Précisions **a.** Par dérogation, si un **salarié** commet des infractions aux règles d'hygiène et de sécurité ayant entraîné un **homicide ou des blessures involontaires,** le juge peut, compte tenu des circonstances de fait et des conditions de travail de l'intéressé, décider que le paiement des amendes prononcées sera mis, en totalité ou en partie, à la charge de l'employeur (C. trav. art. L 4741-2).
b. Sur le paiement de l'amende en cas d'**infractions au Code de la route,** voir n° 67355.

Concours d'infractions Lorsqu'un employeur commet plusieurs infractions, non séparées les unes des autres par une condamnation définitive, les peines sont applicables dans les conditions suivantes : 67270 C. pén. art. 132-2 s **U-I-3700 s**

– pluralité de **délits** faisant l'objet des **mêmes poursuites** : chacune des peines peut être prononcée, mais une seule peine de même nature peut être prononcée, dans la limite du maximum légal le plus élevé ;

– pluralité de **délits** faisant l'objet de **poursuites séparées** : cumul des peines dans la limite du maximum légal le plus élevé ;

– pluralité de **contraventions** : cumul pur et simple des peines d'amende entre elles ou avec celles applicables aux délits commis en concours avec une contravention.

› **Précisions** **a.** En vertu du **principe « ne bis in idem »,** des faits qui procèdent de manière indissociable d'une **action unique** caractérisée par une seule intention coupable ne peuvent donner lieu, contre le même prévenu, à deux déclarations de culpabilité de nature pénale, même concomitantes (Cass. crim. 26-10-2016 n° 15-84.552 FS-PBRI ; 16-1-2018 n° 17-82.220 F-D ; 15-10-2019 n° 17-87.329 FD : RJS 12/19 n° 704).

b. Certains textes du Code du travail prévoient la **multiplication de l'amende** par le nombre de **personnes concernées** par l'infraction (voir, par exemple, n° 31050 pour le repos dominical, n° 30450, b pour le travail de nuit ou n° 70665 pour le Smic). Dans ce cas, une seule amende par type d'infraction peut être prononcée pour chaque salarié, même si l'infraction s'est répétée. En revanche, ces textes prévoient qu'en cas de **récidive** l'amende est appliquée autant de fois qu'il a été relevé de nouvelles infractions.

EXEMPLE

Soit un employeur qui verse à un salarié une rémunération inférieure au Smic pendant 6 mois, consécutifs ou non. Selon les règles de l'article 132-7 du Code pénal, il devrait en principe encourir 6 fois l'amende de 5e classe prévue par l'article R 3233-1 du Code du travail. Mais ce dernier article prévoyant, en première infraction, la multiplication de l'amende par le nombre de salariés concernés, il ne peut lui être appliqué qu'une seule amende.

Récidive L'employeur qui commet une nouvelle infraction, après avoir subi une condamnation définitive pour une première infraction, est en état de récidive. Il encourt dans ce cas des sanctions aggravées. 67275 C. pén. art. 132-10 132-11 **U-I-3860 s**

› **Précisions** **a.** Pour les **délits,** il y a notamment récidive lorsqu'une personne commet, dans le **délai** de 5 ans suivant l'expiration ou la prescription de la peine, le même délit ou un délit qui lui est assimilé au regard des règles de récidive. Lorsqu'elle est établie, les peines maximales d'amende et d'emprisonnement prévues par la loi sont doublées.

b. Parmi les **contraventions,** seules celles de 5e classe peuvent donner lieu à récidive, à condition que le règlement réprimant l'infraction l'ait expressément prévu. Il faut, en outre, que la nouvelle infraction soit identique à celle ayant motivé la première condamnation et qu'elle soit commise dans le **délai** d'un an à compter de l'expiration ou de la prescription de la précédente peine.

Sur le montant de l'amende de 5e classe due en cas de récidive, voir n° 67285, a.

PERSONNES MORALES

Les personnes morales encourent à titre principal une peine d'amende dont le **montant** est fonction de celui applicable aux personnes physiques. 67280 C. pén. art. 131-37 s **U-I-3450 s**

En matière **correctionnelle,** la personne morale encourt systématiquement, à titre principal, une amende (déterminée par le juge comme indiqué n° 67265, a), dont le taux maximum est égal à 5 fois celui prévu à l'encontre des personnes physiques pour la même infraction (Cass. crim. 27-2-2018 n° 17-80.387 F-PB : RJS 5/18 n° 335).

En matière **contraventionnelle,** la personne morale est passible, à titre principal, d'une amende égale à 5 fois le taux de l'amende applicable aux personnes physiques pour la même contravention. Son montant maximum varie en fonction de la classe de la contravention : voir n° 67285, b.

La **récidive** est applicable aux personnes morales dans des conditions similaires à celles prévues pour les personnes physiques (voir n° 67275). Elle entraîne un doublement du taux maximum de l'amende encourue par une personne morale pour le même délit (C. pén. art. 132-14) ou pour la même contravention (C. pén. art. 132-15).

› **Précisions** **a.** En **matière correctionnelle,** une **peine de sanction-réparation** peut être prononcée à la place de l'amende ou en même temps que celle-ci. D'**autres peines** peuvent être prononcées, à condition que le texte d'incrimination le prévoie, notamment : dissolution de la personne morale ; placement sous surveillance judiciaire ; fermeture de l'établissement ; interdiction d'exercer une activité professionnelle ou sociale, de procéder à une offre au public de titres financiers, d'émettre des chèques ou d'utiliser des cartes de paiement, de percevoir toute aide publique ; exclusion des marchés publics ; confiscation de la chose ayant servi ou destinée à commettre l'infraction, ou de celle qui en est le produit ; affichage ou diffusion du jugement.

b. Pour les **contraventions de 5e classe, la peine de sanction-réparation** peut être prononcée à la place ou en même temps que l'amende. Cette dernière peut également être remplacée par l'interdiction d'émettre des chèques ou d'utiliser des cartes de paiement, et/ou la confiscation de la chose ayant servi ou destinée à commettre l'infraction. Le règlement réprimant une contravention peut aussi prévoir l'une des peines complémentaires visées par l'article 131-43 du Code pénal.

TABLEAU DES PEINES CONTRAVENTIONNELLES

67285

Classes	Peines (montant maximum en euros)	
	a. Personnes physiques	b. Personnes morales
1e classe	38	190
2e classe	150	750
3e classe	450	2 250
4e classe	750	3 750
5e classe	1 500[1]	7 500[2]
5e classe (en récidive)	3 000[1]	15 000[2]

1. Peine de sanction-réparation en complément ou substitution de l'amende (voir nº 67265, a) ; peines alternatives à l'amende (voir nº 67265, b).
2. Peine de sanction-réparation en complément ou substitution de l'amende ou peines alternatives à l'amende : voir nº 67280, b.

E. Action civile

CONDITIONS DE RECEVABILITÉ

67340 CPP art. 2 s U-I-4200 s

Conditions générales En principe, seules les personnes physiques et morales ayant personnellement subi un **préjudice directement causé par l'infraction** peuvent exercer l'action civile en réparation de leur dommage.

› Précisions a. Le **délit d'entrave** au fonctionnement régulier du **CSE** peut causer un préjudice à ce dernier mais n'entraîne pas, en revanche, un préjudice direct et personnel pour les délégués syndicaux agissant à titre personnel (Cass. crim. 28-11-1984 nº 83-93.094 P ; 31-10-2017 nº 16-81.312 F-D : RJS 1/18 nº 40), pour les salariés eux-mêmes (Cass. crim. 18-12-1990 nº 89-80.333 D : RJS 2/91 nº 199) ou pour le président du comité, non mandaté par ce dernier (Cass. crim. 26-5-1998 nº 97-80.079 D : RJS 10/98 nº 1242).

Les membres du comité ne peuvent exercer l'action civile, à titre personnel, que si ce délit consiste en une atteinte aux droits et prérogatives attachés à la qualité personnelle de membre de l'instance. Tel n'est pas le cas de l'entrave à la gestion des œuvres sociales, qui ne porte atteinte qu'aux droits et attributions du comité lui-même (Cass. crim. 28-10-1980 nº 80-90.717 P).

Les infractions à la **sécurité du travail** n'engendrent pas de préjudice personnel et direct pour le comité (Cass. crim. 28-5-1991 nº 90-83.957 P : RJS 7/91 nº 852), pas plus que les délits d'homicide et de blessures involontaires subis par des tiers à cet organisme (Cass. crim. 11-10-2005 nº 05-82.414 F-PF : RJS 1/06 nº 56).

Les solutions ci-dessus ont été rendues à propos du comité d'entreprise ou du CHSCT mais sont, selon nous, transposables au CSE.

Sur l'action des **syndicats** professionnels, voir nº 67345.

b. La **victime** d'un **accident du travail ou d'une maladie professionnelle** (ou ses ayants droit en cas de décès) peut se constituer partie civile devant la juridiction répressive, mais uniquement pour faire établir la faute de l'employeur. Elle ne peut pas en principe obtenir réparation de son préjudice devant cette juridiction (Cass. crim.10-3-1993 nº 92-81.893 P : RJS 11/93 nº 1139 ; 13-9-2005 nº 04-85.736 F-PF ; 25-4-2017 nº 15-85.890 F-PB : RJS 7/17 nº 528).

C'est une conséquence du principe de la réparation forfaitaire dont bénéficient les victimes d'accidents du travail ou de maladie professionnelle (nº 1280). Sur la possibilité pour ces personnes d'agir en reconnaissance de la faute inexcusable malgré l'absence de responsabilité pénale de l'employeur, voir nº 1295.

c. En cas d'**abus de biens sociaux** commis par un dirigeant de l'entreprise, les salariés d'une société ne subissent pas un préjudice direct et ne peuvent donc pas se constituer partie civile

(Cass. crim. 7-3-2000 n° 99-81.011 D ; 28-1-2004 n° 03-81.345 F-D : RJS 11/04 n° 1176).

d. Les **organismes de sécurité sociale** peuvent exercer l'action civile devant les juridictions pénales en cas d'infraction aux prescriptions de la législation de sécurité sociale (CSS art. L 244-1). L'Urssaf peut ainsi agir en recouvrement des cotisations et majorations de retard qui lui sont dues à l'occasion des poursuites engagées contre l'employeur pour infraction au paiement des cotisations.

En revanche, en cas d'accident du travail non déclaré par l'employeur ou déclaré hors des délais requis, l'action des caisses en remboursement des prestations servies à la victime (n° 780) ne peut pas être exercée devant la juridiction répressive (Cass. soc. 20-3-1969 n° 68-11.879 ; 4-6-1970 n° 69-12.322 P).

Syndicats professionnels Les syndicats professionnels peuvent exercer tous les droits réservés à la partie civile pour les faits portant un **préjudice direct ou indirect** à l'intérêt collectif de la profession qu'ils représentent. 67345 C. trav. art. L 2132-3 L-V-4150 s

Un syndicat peut exercer l'action civile fondée sur la défense de l'**intérêt collectif de la profession** qu'il représente et à laquelle appartient le personnel d'une entreprise, même s'il n'a pas été reconnu comme représentatif dans cette dernière (Cass. crim. 22-11-1977 n° 76-93.162 P ; 31-1-2012 n° 11-84.113 F-PB).

ILLUSTRATIONS

L'existence d'un préjudice résultant d'une infraction pénale commise par l'employeur et justifiant l'action civile du syndicat a été reconnue dans de nombreuses hypothèses : travail dissimulé (Cass. crim. 6-12-2011 n° 10-86.829 FS-PB : RJS 3/12 n° 263), entrave au fonctionnement du comité d'entreprise (Cass. crim. 25-4-1989 n° 87-91.068 D : RJS 7/89 n° 595) ou à l'exercice régulier des fonctions des délégués du personnel (Cass. crim. 26-5-2009 n° 08-82.979 F-D : RJS 10/09 n° 809), violation de la réglementation relative à la médecine du travail (Cass. crim. 9-5-1978 n° 77-90.851 P), au travail temporaire (Cass. crim. 22-6-1993 n° 92-82.928 D ; 23-3-2016 n° 14-23.276 FP-PB : RJS 6/16 n° 434), au CDD (Cass. crim. 23-3-2016 n° 14-22.250 FP-PB : RJS 6/16 n° 434), au repos hebdomadaire (n° 31040) et aux dispositions relatives à la consultation des représentants du personnel en cas de licenciement collectif pour motif économique (Cass. crim. 3-12-1996 n° 95-84.647 PF : RJS 5/97 n° 563), violation du secret médical à l'occasion du contrôle des arrêts de maladie des salariés (Cass. crim. 27-5-1999 n° 98-82.978 PF : RJS 7/99 n° 938).

Les organisations syndicales représentatives peuvent être autorisées, sous certaines conditions, à exercer en justice, **au lieu et place des salariés,** toutes actions ouvertes à ces derniers pour l'application de certaines réglementations, y compris par conséquent l'action civile ouverte au salarié ayant subi un préjudice personnel et direct du fait d'une infraction. 67347 L-V-5500 s

Des dispositions de cette nature sont **notamment prévues en matière** de harcèlement moral ou sexuel (n° 17085), d'égalité professionnelle et d'égalité de rémunération entre les hommes et les femmes (n° 32270), de licenciement pour motif économique (n° 48620), de contrat à durée déterminée et de travail temporaire (n° 20070), de travail dissimulé (C. trav. art. L 8223-4 et D 8223-4), de marchandage (C. trav. art. L 8233-1 et D 8233-1) et de prêt de main-d'œuvre illicite (C. trav. art. L 8242-1 et R 8242-1), de droits du salarié détaché en France par une entreprise établie à l'étranger (n° 36190, g), d'emploi irrégulier de travailleurs étrangers (C. trav. art. L 8255-1 et D 8255-1) et de groupement d'employeurs (C. trav. art. L 1253-16).

Sur **l'action de groupe** en matière de discrimination, voir n° 32280.

PROCÉDURE

Les personnes ayant subi un préjudice du fait d'une infraction pénale peuvent engager une action civile soit devant la **juridiction** répressive (action civile jointe à l'action publique), soit devant la juridiction de droit commun (action civile séparée de l'action publique). 67350 CPP art. 3 s U-I-4500 s

› Précisions a. La partie qui a exercé son **action devant la juridiction civile** compétente ne peut pas ensuite la porter devant la juridiction répressive (CPP art. 5). En effet, ce choix est en principe irrévocable. Mais cette règle ne vaut que si les deux actions ont la même cause et le même objet, et opposent les mêmes parties (Cass. crim. 22-10-1991 n° 89-86.402 D : RJS 3/92 n° 304 ; Cass. crim. 7-6-2017 n° 16-80.590 F-D : RJS 8-9/17 n° 643).

La juridiction civile, saisie de **faits par ailleurs portés devant la juridiction répressive,** doit surseoir à son jugement dans l'attente de la décision de cette dernière, dès lors que l'action dont elle est saisie a pour seul objet la réparation du dommage causé par l'infraction. Les autres actions, de quelque nature qu'elles soient, n'imposent pas le sursis à statuer, même si la décision à intervenir au pénal est susceptible d'exercer, directement ou indirectement, une influence sur la solution du procès civil (CPP art. 4). La décision de surseoir à statuer relève dans ce dernier cas du pouvoir discrétionnaire des juges du fond (Cass. soc. 17-9-2008 n° 07-43-211 FS-PB : RJS 12/08 n° 1232).

b. L'action civile engagée devant la juridiction répressive est soumise au **délai de prescription** de l'action publique : voir n° 67215. Lorsqu'elle est intentée indépendamment ou après extinction de l'action publique, l'action civile se prescrit selon les règles du Code civil.

67355
U-I-3080 s

Infractions au Code de la route

Lorsqu'un **salarié** commet certaines infractions au Code de la route avec un véhicule de l'entreprise (dépassement de la vitesse maximale autorisée par exemple), la charge du **paiement de l'amende** incombe au dirigeant de cette dernière, en tant que titulaire du certificat d'immatriculation, à moins qu'il n'établisse l'existence d'un vol ou de tout événement de force majeure ou ne fournisse tous éléments permettant de prouver qu'il n'est pas l'auteur véritable de l'infraction (C. route art. L 121-3 et R 121-6) et d'identifier l'auteur de celle-ci (Cass. crim. 17-4-2013 nº 12-87.490 F-PB : RJS 7/13 nº 581). Seul le dirigeant d'une personne morale en place à la date de l'infraction peut être condamné au paiement de l'amende, même s'il n'a plus cette qualité lors des poursuites (Cass. crim. 2-9-2010 nº 10-82.393 F-PB : RJS 1/11 nº 89), et non le salarié titulaire à cette date d'une délégation de pouvoirs (Cass. crim. 13-10-2010 nº 10-81.575 F-PB : RJS 3/11 nº 282). Le paiement de l'amende incombe au dirigeant même s'il s'agit d'un véhicule de **location** (Cass. crim. 15-10-2019 nº 18-86.644 FS-PBI : RJS 1/20 nº 69).

Pour les infractions routières constatées par **radar automatique** dont la liste est fixée à l'article R 130-11 du Code de la route, commises par un salarié avec un véhicule de l'entreprise, le dirigeant est tenu de **communiquer l'identité,** l'adresse et les références du permis de conduire de l'intéressé à l'autorité mentionnée sur l'avis de contravention, à moins qu'il n'établisse l'existence d'un vol, d'une usurpation de plaque d'immatriculation ou de tout autre événement de force majeure. Il doit le faire dans les 45 jours de la réception de cet avis, par lettre recommandée avec demande d'avis de réception ou de façon dématérialisée (sur le site www.antai.gouv.fr), selon des modalités précisées par arrêté (C. route art. L 121-6, A 121-1 à A 121-3).

À défaut, dès lors que l'entreprise est une personne morale (Cass. crim. 21-4-2020 nº 19-86.467 F-PBI : RJS 7/20 nº 397), cette dernière, et/ou son représentant légal, personne physique (Cass. crim. 11-12-2018 nº 18-82.628 FS-PB et nº 18-82.820 FS-PB : RJS 3/19 nº 193), encourent une amende de 4e classe (nº 67285), tandis que le dirigeant reste redevable, dans les conditions précitées, de la charge du paiement de l'amende pour l'infraction routière commise. S'il est l'auteur de l'infraction, le représentant légal doit se désigner comme tel et non pas se contenter de payer l'amende (Cass. crim. 15-1-2019 nº 18-82.380 FS-PB : RJS 3/19 nº 193).

Sur l'**assujettissement à cotisations sociales** de la prise en charge par l'employeur des amendes pour infraction routière commise par les salariés, voir nº 22365.

RETRAITES DES SALARIÉS

SOMMAIRE

SECTION 1

RÉGIME GÉNÉRAL DE LA SÉCURITÉ SOCIALE

Gérée par la Caisse nationale d'assurance vieillesse des travailleurs salariés (Cnavts) avec le concours des caisses d'assurance retraite et de la santé au travail (Carsat), l'assurance vieillesse des **travailleurs salariés** garantit une pension de retraite aux assurés (nos 67510 s.) et, sous certaines conditions, des droits de réversion ou de veuvage aux conjoints des assurés décédés ou disparus (nos 67770 s.). 67500

Ces prestations sont principalement financées par les cotisations d'assurance vieillesse à la charge des employeurs et des salariés (no 90030).

Sont étudiés par ailleurs les allocations de vieillesse non contributives (nos 85000 s.), le régime des non-salariés non agricoles (nos 81250 s.), les personnes non assurées à titre obligatoire auprès du régime général d'assurance vieillesse et choisissant de souscrire une assurance volontaire (nos 5220 s.). S'agissant de l'agriculture, voir notre Mémento pratique agriculture nos 39820 s. (salariés agricoles) et nos 46000 s. (non-salariés agricoles).

› Précisions Les assurés bénéficient d'un **droit à l'information** sur leur retraite, par voie électronique ou, sur option, par courrier (CSS art. L 161-17 et D 161-2-1-2 s.) :

– le relevé de situation individuelle est systématiquement envoyé aux assurés atteignant l'âge de 35, 40, 45 ou de 50 ans ; il est également délivré sur demande du bénéficiaire

auprès de la caisse et est consultable sur le site internet des caisses de retraite ;
– l'estimation indicative globale du montant total de leurs pensions de base et complémentaire est transmise aux assurés atteignant l'âge de 55 ans.

Les **primo-cotisants** reçoivent une information générale sur le système de retraite par répartition l'année suivant la première année au cours de laquelle ils ont validé une durée d'assurance d'au moins 2 trimestres dans un des régimes de retraite légalement obligatoires et les assurés de 45 ans et plus peuvent bénéficier d'un « **entretien information retraite** ». En outre, les **assurés ayant un projet d'expatriation** et leur conjoint peuvent bénéficier à leur demande d'un entretien leur permettant d'être informé sur les conséquences de cette expatriation en matière de retraite (CSS art. D 161-2-1-8-4).

Tous les assurés peuvent également obtenir des informations générales et personnalisées sur www.info-retraite.fr, www.lassuranceretraite.fr ou par téléphone au 3960 (relevé de carrière, simulation du montant de la pension, incidences d'un départ anticipé ou retardé...).

67505 **Réforme des retraites**

Deux projets de lois, organique et ordinaire, portant réforme des retraites, et prévoyant notamment la création d'un **régime universel par points** mis en œuvre de façon progressive le 1er janvier 2022 pour les assurés nés à compter du 1er janvier 2004 et le 1er janvier 2025 pour les assurés nés à compter du 1er janvier 1975, ont été adoptés en 1e lecture par l'Assemblée nationale début mars 2020, en application de l'article 49-3 de la Constitution. Le calendrier des travaux parlementaires ayant été profondément bouleversé en raison de la **crise sanitaire** liée à l'épidémie de Covid-19, la procédure législative a été suspendue pour cette réforme, de sorte que, si celle-ci n'a pas été abandonnée par le Gouvernement, son entrée en vigueur au 1er janvier 2022 apparaît peu probable.

En attendant, les règles exposées ci-après restent applicables, sous réserve de l'adoption d'éventuelles mesures visant à assurer l'équilibre financier de la branche vieillesse.

I. PENSION DE RETRAITE

A. Conditions d'ouverture des droits

ÂGE LÉGAL

67510 Sauf dérogations visées nos 67515 s., l'âge d'ouverture des droits à une pension de retraite est fixé à **62 ans** pour les assurés nés à compter du 1-1-1955. S'agissant de l'âge légal de départ à la retraite des assurés nés avant cette date, voir le tableau récapitulatif no 67635.

CSS art. L 161-17-2 L 351-1 D 161-2-1-9 **J-I-100 s**

› Précisions a. Pour les **titulaires d'une pension d'invalidité,** une pension de vieillesse peut se substituer à celle-ci dès l'âge légal de départ à la retraite dans les conditions visées no 44705. S'agissant des étrangers, voir no 36055.

b. L'assuré peut liquider sa retraite **après cet âge minimum,** notamment s'il n'a pas acquis le nombre de trimestres d'assurance requis pour obtenir une retraite à taux plein (no 67610) ou s'il souhaite bénéficier d'une surcote (no 67665). S'agissant de l'âge auquel l'employeur peut **mettre un salarié à la retraite,** voir nos 69035 s.

c. Outre les assurés visés nos 67515 s., peuvent également liquider leur pension **avant l'âge minimal** de départ à la retraite les titulaires d'un compte professionnel de prévention dans les conditions prévues no 71370.

67515 **Retraite anticipée « longue carrière »** L'assuré ayant commencé à travailler avant 20 ans peut demander la liquidation de sa pension de retraite à taux plein avant l'âge légal de départ s'il justifie d'une **durée d'assurance cotisée** au moins égale à la durée nécessaire pour le taux plein et d'un nombre minimal de trimestres validés en début de carrière. Ainsi, pour les assurés nés entre 1959 et 1966, les conditions sont les suivantes :

CSS art. L 351-1-1 D 351-1-1 D 351-1-3 **J-I-400 s**

Année de naissance	Âge normal de départ	Âge de départ anticipé	Trimestres cotisés	Début d'activité (4 ou 5 trimestres avant la fin de l'année civile des)
1959	62 ans	57 ans et 8 mois	175	16 ans
		60 ans	167	20 ans
1960	62 ans	58 ans	175	16 ans
		60 ans	167	20 ans
1961, 1962, 1963	62 ans	58 ans	176	16 ans
		60 ans	168	20 ans
1964, 1965, 1966	62 ans	58 ans	177	16 ans
		60 ans	169	20 ans

Ne sont **pas pris en compte** au titre de la durée d'assurance cotisée les périodes assimilées (nº 67570), les trimestres rachetés (nº 5250) et les majorations de durée d'assurance (nºs 67575 s.). **67520** CSS art. D 351-1-2

En revanche, sont **réputés cotisés** :

– les périodes de **chômage** indemnisé et d'**activité partielle** comprises entre le 1-3-2020 et le 31-12-2020 (Décret 2020-1491 du 1-12-2020), dans la limite de 4 trimestres ;

– les périodes de **service national,** dans la limite de 4 trimestres ;

– les périodes de perception d'indemnités journalières de **maladie** ou d'**accident du travail,** dans la limite de 4 trimestres ;

– tous les trimestres de perception des indemnités journalières de **maternité** ;

– les périodes de perception d'une pension d'**invalidité,** dans la limite de 2 trimestres ;

– tous les trimestres de majoration attribués au titre du compte professionnel de prévention visé nº 71370.

En tout état de cause, il ne peut être retenu plus de 4 trimestres par année civile.

Retraite anticipée pour « handicap » La personne handicapée atteinte d'une **incapacité** permanente d'**au moins 50 %** peut demander la liquidation de sa pension de retraite avant l'âge légal de départ à la retraite si elle justifie d'un nombre minimal de **trimestres ayant donné lieu à cotisations** (c'est-à-dire hors périodes assimilées et majorations visées nºs 67570 s.) et de trimestres validés (Circ. Cnav 24 du 23-10-2018). Par exemple, pour les assurés nés entre 1958 et 1966, l'âge du départ en retraite varie de la manière suivante : **67525** CSS art. L 351-1-3 D 351-1-5 D 351-1-6 J-I-850 s

Année de naissance	Âge normal de départ	Âge de départ anticipé	Trimestres validés	Trimestres cotisés	Durée d'assurance pour le calcul
de 1958 à 1960	62 ans	55 ans	127	107	167
		56 ans	117	97	
		57 ans	107	87	
		58 ans	97	77	
		59 ans	87	67	
de 1961 à 1963	62 ans	55 ans	128	108	168
		56 ans	118	98	
		57 ans	108	88	
		58 ans	98	78	
		59 ans, 60 ou 61 ans	88	68	
de 1964 à 1966	62 ans	55 ans	129	109	169
		56 ans	119	99	
		57 ans	109	89	
		58 ans	99	79	
		59 ans, 60 ou 61 ans	89	69	

La pension de retraite anticipée est assortie d'une **majoration,** au titre des trimestres ayant donné lieu à cotisations, calculée de la façon suivante :

Pension majorée = pension × [(durée d'assurance cotisée / durée d'assurance validée) / 3]

Pour ce calcul la pension est portée, le cas échéant, avant majoration, au minimum contributif : voir n° 67655. Le nombre obtenu est arrondi au centième le plus proche.

67528 CSS art. L 161-21-1 D 161-2-4-1 à D 161-2-4-3 J-I-850 s

L'assuré ayant un taux d'incapacité d'**au moins 80 %** qui justifie des durées d'assurance requises pour la retraite anticipée pour handicap **sans pouvoir attester,** sur une **fraction de ces périodes,** de la **reconnaissance administrative** de son incapacité, peut obtenir, sur sa demande auprès de la caisse, l'examen de sa situation par une **commission médicale,** celle-ci pouvant valider au plus 30 % de la durée d'assurance ou de périodes reconnues équivalentes (Circ. Cnav 24 du 23-10-2018).

67530 CSS art. L 351-1-4 R 351-24-1 D 351-1-8 à D 351-1-12 J-I-1390 s

Retraite anticipée « incapacité permanente » L'assuré atteint d'une incapacité permanente reconnue au titre d'une **maladie professionnelle** ou d'un **accident du travail** (hors accident de trajet : Inst. DSS 54 du 14-3-2019 opposable ; Circ. Cnav 63 du 13-9-2012) peut liquider, quelle que soit sa durée d'assurance, une pension de retraite à taux plein dès 60 ans dans des conditions qui diffèrent selon son taux d'incapacité :

a. Taux au moins égal à 20 %. L'incapacité reconnue au titre d'une maladie professionnelle ouvre un **droit automatique** à la retraite anticipée. Lorsque l'incapacité résulte d'un accident du travail, le droit n'est ouvert que si le médecin-conseil régional reconnaît que les lésions consécutives à cet accident sont identiques à celles indemnisées au titre d'une maladie professionnelle ; la liste de ces lésions est fixée par arrêté (Arrêté ETSS1107970A du 30-3-2011). Le taux de 20 % peut être atteint par l'addition de plusieurs taux, sous réserve qu'un taux au moins égal à 10 % ait été reconnu au titre d'une même maladie professionnelle ou d'un même accident du travail.

b. Taux compris entre 10 % et 20 %. Pour bénéficier d'une retraite anticipée, l'assuré doit avoir été **exposé, pendant 17 ans** (soit 68 trimestres), à un ou plusieurs **facteurs de risques** professionnels (n°s 71332 s.) et établir que son **incapacité** est directement **liée à l'exposition** à ces facteurs. L'existence de ce lien et la durée d'exposition sont présumés en cas de maladie professionnelle. Ces éléments sont vérifiés par une commission pluridisciplinaire en cas d'accident du travail. Le taux de 10 % doit être atteint au titre d'une même maladie professionnelle ou d'un même accident du travail. Cette **double condition** ainsi que l'avis de la commission ne sont **pas requis** pour l'assuré dont l'incapacité permanente est reconnue au titre d'une maladie professionnelle, consécutive à un des facteurs de risques visés n° 71333, figurant sur une liste fixée par l'arrêté SSAS1732464A du 26-12-2017.

CESSATION D'ACTIVITÉ

67535 CSS art. L 161-22 R 161-18 D 161-2-5 J-III-400 s

Principe Sauf dérogations (n° 67540), l'attribution d'une pension de vieillesse est subordonnée à la rupture de tout lien professionnel avec l'employeur (sur la date de liquidation de la pension, voir n° 67710). Pour **justifier** de sa cessation d'activité, l'assuré doit produire une attestation sur l'honneur mentionnant la date de cessation de toute activité auprès du ou des employeurs dont il relevait au cours des 6 derniers mois.

› Précisions a. La liquidation d'une pension dans un régime de retraite de base légalement obligatoire suppose de mettre un terme à l'**ensemble de ses activités** professionnelles qu'elles soient salariées ou non (Circ. DSS 347 du 29-12-2014, 1.1.4).
b. Les personnes (assurés ou employeurs) qui se seront rendues coupables de **fraudes ou de fausses déclarations** sont passibles des sanctions pénales visées n° 50240, c. S'agissant des sanctions administratives encourues, voir n° 58020.
c. Sur la possibilité pour un retraité de **reprendre une activité professionnelle** après la liquidation de sa ou ses pensions, voir n°s 67745 s.

67540 CSS art. L 161-22 J-III-1200 s

Dérogations Par dérogation à l'obligation de cessation d'activité, l'exercice des activités professionnelles suivantes ne fait pas obstacle au versement de la pension (les conditions requises pour en bénéficier s'appréciant à la **date** d'entrée en jouissance de la pension, son paiement étant suspendu si elles cessent ultérieurement d'être remplies) (Circ. Cnav 22 du 23-8-2018) :

a. Activités artistiques : artistes-auteurs (au sens indiqué au n° 4355), artistes-interprètes rattachés au régime des professions libérales et artistes du spectacle et mannequins visés au n° 4360, à l'exception des artistes-interprètes en CDI.

b. Activités à caractère artistique, littéraire ou scientifique (recherche scientifique, publication de livres, publication d'articles dans la presse ou dans des revues littéraires ou scientifiques, conférences dans le domaine littéraire ou scientifique) exercées accessoirement avant la liquidation de la pension. L'activité est considérée accessoire si le revenu brut qu'elle a procuré à l'assuré ne dépasse pas le tiers du Smic en vigueur au 1er janvier de l'année comprenant la date d'effet de la pension (Circ min. 4-7-1984 réputée abrogée et 512 du 27-10-2004).

c. Participation occasionnelle aux activités juridictionnelles ou assimilées (jurys d'assises, conseils de prud'hommes, missions d'expertises, activités d'arbitrage, etc.).

d. Consultations occasionnelles. L'assuré n'occupant pas plus de 15 heures par semaine en moyenne pendant l'année (Circ. min. 4-7-1984 ; Lettre min. 26-9-1984 réputée abrogée), à condition d'exercer déjà cette activité avant la date d'effet de la pension (Lettres min. 10-9-1984 et 26-9-1984 réputées abrogées).

e. Participation à des jurys de concours publics et aux instances consultatives ou délibératives réunies en vertu d'un texte législatif ou réglementaire : parlementaires, conseillers régionaux, généraux ou municipaux, etc. (Circ. min. 4-7-1984).

f. Participation à la formation pratique d'un apprenti ou d'un salarié en contrat de professionnalisation dans les DOM.

g. Exercice d'un mandat local.

h. Activités bénévoles ou procurant un revenu inférieur au tiers du Smic en vigueur au 1er janvier de l'année de la date d'effet de la pension (Circ. min. 4-7-1984 ; Circ. min. 9-4-1985 réputée abrogée et 512 du 27-10-2004).

i. Garde d'enfants ou aide à la personne (Circ. min. 4-7-1984). Sont exemptés de la règle du non-cumul les nourrices gardiennes d'enfants, les assistantes maternelles et les assurés remplissant les fonctions de tierce personne auprès d'une personne âgée, invalide ou handicapée.

j. Salariés logés par l'employeur (Circ. min. 4-7-1984 et 512 du 27-10-2004 ; Circ. Cnav 104 du 25-9-1984). Sont exemptés de l'obligation de rupture définitive de tout lien avec l'employeur les salariés logés par celui-ci (notamment les concierges et gardiens d'immeubles) si leur rémunération brute mensuelle au cours des 12 mois civils ayant précédé la date d'effet de leur pension n'a pas dépassé en moyenne le montant du Smic mensuel au taux en vigueur à la date d'effet de la pension.

k. Activités professionnelles salariées ou non salariées hors de France si, au moment du dépôt de la demande de pension, les intéressés ne sont pas soumis à la législation française de sécurité sociale (Lettre min. 17-5-1983 réputée abrogée). Tel est le cas, notamment, des salariés expatriés (nos 78810 s.) mais pas des salariés détachés (nos 78680 s.).

l. Transmission d'entreprise : voir no 81320.

m. Hébergement en milieu rural (gîtes ruraux, camping à la ferme, chambres d'hôtes : Rép. Marcellin : AN 24-1-1994).

B. Calcul de la pension

Le montant de la pension annuelle est déterminé par la **formule** : 67545 J-I-1600 s

$$P = D/M \times S \times T$$

Il fait donc intervenir 4 éléments :

– D : durée d'assurance au régime général de la sécurité sociale exprimée en trimestres, avec un maximum égal à M ;

– M : maximum de trimestres pris en compte ;

– S : salaire annuel moyen de base dans la limite du plafond de la sécurité sociale ;

– T : taux de la pension.

Le montant ainsi calculé comporte un minimum et un maximum. Il est revalorisé chaque année. Des avantages complémentaires peuvent s'y ajouter.

Des mesures consistant à faire évoluer certains de ces éléments ont été prises dans le but de préserver l'équilibre financier du régime d'assurance vieillesse : ces évolutions sont présentées dans le tableau figurant no 67635.

1. ÉLÉMENTS DE CALCUL

a. Durée d'assurance au régime général

67555 Exprimée en trimestres, elle est **déterminée** en fonction des périodes de cotisation au titre des assurances sociales, des périodes assimilées et des majorations éventuellement applicables.

J-I-1700 s

PÉRIODES DE COTISATION

67560 Pour les périodes antérieures au **31-12-1971** sont retenus autant de trimestres que le salaire annuel représente de fois le montant trimestriel de l'AVTS au 1er janvier de l'année considérée (jusqu'au 31-12-1962, ce montant est celui des villes de plus de 5 000 habitants).

CSS art. R 351-1 R 351-9

Pour les périodes postérieures au 31-12-1971 sont retenus autant de trimestres que le salaire annuel correspondant aux retenues subies par l'assuré sur sa rémunération représente de fois le montant du Smic au 1er janvier de l'année considérée calculé sur la base de 200 heures jusqu'au 31-12-2012 et de 150 heures depuis le 1-1-2013.

Dans tous les cas, il ne peut être retenu plus de 4 trimestres par année civile.

S'agissant de la validation au titre de l'assurance retraite des périodes d'**activité partielle,** voir nº 1445, f ; d'**apprentissage,** voir nº 3510, a ; de **stage,** voir nº 46090 ; de **service civique,** voir nº 46160, a ; de **congé de transition professionnelle,** voir nº 38375.

› Précisions Les trimestres sont calculés de façon forfaitaire, sans référence à la durée réelle de l'activité, ce qui permet la validation de 4 trimestres même pour des années incomplètes. Lors de la **dernière année d'activité,** en revanche, les cotisations et donc le salaire correspondant sont pris en considération jusqu'au dernier jour du trimestre civil précédant la date d'entrée en jouissance de la pension : en application de cette règle, la caisse ne prend en compte que les trimestres civils effectivement travaillés.

67562 **EXEMPLE**

Taux horaire du Smic au 1-1-2021 : 10,25 €, soit 1 537,50 € pour 150 heures (Circ. Cnav 40 du 22-12-2020) ; les rémunérations ayant supporté les cotisations devront atteindre au moins 6 150 € en 2021 pour permettre la validation de 4 trimestres ; si elles n'étaient que de 6 000 €, seuls 3 trimestres pourraient être retenus.

67565 Sont validées les périodes ayant donné lieu au versement effectif de cotisations d'assurance vieillesse et, à défaut, les périodes ayant au moins donné lieu au **précompte** de ces cotisations. Il appartient alors à l'assuré de prouver ce précompte (Cass. soc. 6-2-1985 nº 82-10.166). En cas de force majeure ou d'impossibilité manifeste, cette preuve peut être apportée à l'aide de présomptions concordantes ou de documents probants, à condition que ceux-ci caractérisent pour chaque période un précompte des cotisations retraite (Cass. 2e civ 12-7-2018 nº 17-17-830 F-PB : RJS 11/18 nº 697).

CSS art. L 351-2 R 351-11

Les périodes n'ayant pas donné lieu à précompte peuvent être retenues s'il est procédé à une **régularisation** des cotisations. Ce versement ne peut toutefois avoir pour effet d'augmenter la durée d'assurance de plus de 4 trimestres.

S'agissant du **rachat** de cotisations pour les années d'études et les années ayant donné lieu à un versement de cotisations insuffisant, voir nº 5250, a.

› Précisions Lorsque la **régularisation** porte sur des cotisations afférentes à une période d'activité antérieure de plus de 3 ans à la date du versement, ces cotisations ne sont pas soumises aux pénalités et majorations de retard mais il leur est fait application des coefficients de majoration applicables à la date de leur versement aux salaires servant de base au calcul des pensions (nº 67595).

L'employeur doit verser les cotisations auprès de la caisse de retraite dans le ressort de laquelle se trouve la résidence de l'assuré. En cas de refus ou de disparition de l'employeur, l'assuré peut demander à les verser lui-même, sous réserve d'apporter la preuve, au moyen de bulletins de paie, de certificats et attestations de travail, de son activité pendant la période considérée. Si les salaires correspondants ne peuvent pas être établis, les cotisations sont calculées sur une assiette forfaitaire (Arrêté MTSS0819279A du 25-8-2008).

Si la régularisation intervient après une première liquidation de la pension, la **révision** des droits prend effet normalement à compter du premier jour du mois suivant celui de la régularisation. Toutefois, lorsque l'assuré est autorisé par le juge, après un recours contentieux, à verser les cotisations, la révision de la pension prend effet à compter de sa demande en justice (Cass. soc. 20-12-2001 nº 00-10.776 : RJS 3/02 nº 339).

PÉRIODES ASSIMILÉES

Sont assimilées à des périodes d'assurance pour l'ouverture des droits et le calcul de la pension les périodes de : 67570 CSS art. L 161-19 L 351-3 R 351-12 J-I-2800 s

– **versement des prestations en espèces** de la sécurité sociale pour maladie, maternité (y compris versées au père veuf), adoption (pour les congés d'adoption postérieurs au 1-1-2014), invalidité et accident du travail (y compris les périodes de rééducation consécutives à un tel accident : n° 1020). Ne peuvent pas être validées les périodes indemnisées uniquement par une assurance privée (Cass. soc. 20-5-1999 n° 97-17.989 : RJS 8-9/99 n° 1143) et les périodes de perception de l'AAH (Cass. soc. 17-1-2002 n° 00-13.303 : RJS 3/02 n° 338) ;

– **chômage involontaire** des personnes justifiant d'une inscription à Pôle emploi (Cass. 2e civ. 16-10-2008 n° 07-16.890 : RJS 12/08 n° 1241). Sont prises en considération les périodes de versement des allocations de chômage, de l'allocation de conversion, des allocations de préretraite-licenciement ou de préretraite progressive et de l'indemnisation du congé de reclassement, du congé de mobilité, de la convention de reclassement personnalisé et du contrat de sécurisation professionnelle et d'exonération des cotisations sociales accordée aux chômeurs créateurs d'entreprise ainsi que les périodes de chômage non indemnisé, sous certaines conditions et limites ;

– **service militaire,** à l'exclusion de celui accompli à l'étranger par un Français disposant d'une double nationalité (Cass. 2e civ. 28-4-2011 n° 10-16.363 : RJS 7/11 n° 640) ; service effectué dans le cadre de la coopération ou de l'aide technique (Rép. Cardot : Sén. 28-6-1967) ou en tant qu'objecteur de conscience (Rép. Baeumler : AN 5-11-1990) ; périodes de guerre et assimilées sous certaines conditions ainsi que leurs conséquences : périodes de détention, de déportation… (Arrêté 9-9-1946 modifié ; CSS art. L 161-21, art. R 351-15 à art. R 351-20, art. D 351-1 et art. D 351-2, art. R 161-16 et art. R 173-19) ;

– **volontariat civil international** d'une durée au moins égale à 6 mois (C. serv. national art. L 122-15 ; CSS art. R 161-17) et volontariat **associatif** (Circ. Cnav 55 du 26-5-2010) ;

– **stage de la formation professionnelle, non rémunérées ou rémunérées par l'État,** postérieures au 31-12-2014, sous certaines conditions ;

– **détention provisoire,** si elle ne s'impute pas sur la durée de la peine ;

– inscriptions postérieures au 31-12-2011 sur la liste des **sportifs amateurs** de haut niveau représentant la France dans les compétitions internationales, sous certaines conditions et limites.

› Précisions a. Les périodes de **service national** sont validées sans condition. Lorsqu'il a été effectué en tant qu'**objecteur de conscience,** il n'y a pas lieu de limiter à 4 trimestres la durée prise en compte (Cass. 2e civ. 20-9-2018 n° 17-21.576 F-PB : RJS 12/18 n° 778). Les périodes d'engagement en temps de **guerre** sont retenues à condition que l'intéressé ait exercé, directement après sa mobilisation, une activité donnant lieu au versement de cotisations au régime général (Cass. 2e civ. 11-10-2006 n° 05-10.862 : RJS 12/06 n° 1311).

b. La validation des **autres périodes** est subordonnée à la reconnaissance de la qualité d'assuré du régime général antérieurement à la période en cause (Lettre Cnavts 7-6-1991). La personne qui exerce une activité non salariée entre la date à laquelle elle a cessé de cotiser au régime général et le début de la période assimilée perd cette qualité (Cass. soc. 6-6-1996 n° 94-12.775 : RJS 8-9/96 n° 981 ; Lettres min. 8-10-1976 et 28-1-1994 réputées abrogées ; Lettre Cnav 342 du 9-7-2015).

MAJORATIONS POUR ENFANT

Bénéficient d'une majoration de leur durée d'assurance de 4 trimestres pour les **enfants nés ou adoptés à compter du 1-1-2010** : 67575 CSS art. L 351-4 R 173-15 à R 173-16 R 351-3 J-I-3510 s

– les femmes assurées sociales au titre de l'incidence sur leur vie professionnelle de la maternité notamment de la grossesse et de l'accouchement (**majoration « maternité »**) ; l'enfant né sans vie ouvre droit à cette majoration (Lettre min. du 28-3-2011 réputée abrogée) ;

– le père ou la mère pour chaque enfant au titre de son éducation pendant les 4 années suivant sa naissance ou son adoption (**majoration « éducation »**) ; pour y avoir droit, chacun des parents doit justifier d'une durée d'assurance minimale de 8 trimestres et avoir résidé avec l'enfant sans avoir été privé de l'autorité parentale ; la condition d'assurance n'est toutefois pas applicable au parent isolé (Circ. Cnav 17 du 14-2-2012 ; Lettre Cnav 60 du 4-9-2012) ;

– le père ou la mère pour chaque enfant adopté durant sa minorité, au titre de l'incidence sur leur vie professionnelle de l'accueil de l'enfant et des démarches préalables à celui-ci (**majoration « adoption »**).

S'agissant des majorations « éducation » et « adoption », les parents désignent d'un **commun accord,** dans le délai de 6 mois à compter du 4e anniversaire de la naissance ou de l'adoption de l'enfant, le bénéficiaire de la majoration ou, le cas échéant, définissent la répartition entre eux de cet avantage. En cas de **désaccord** exprimé dans ce délai, la majoration est attribuée par la caisse compétente à la personne qui établit avoir assumé à titre principal soit l'éducation de l'enfant pendant la période la plus longue, soit l'accueil de l'enfant adopté et les démarches administratives liées à son adoption ; à défaut, elle est partagée par moitié entre les 2 parents. En l'**absence de choix** dans ce délai, les trimestres sont automatiquement accordés à la mère si le couple est de sexe différent, ou partagés par moitié entre les parents de même sexe. Le choix des parents ne peut pas être modifié, sauf si l'un des parents décède avant la majorité de l'enfant ; la majoration est alors attribuée au parent survivant qui a élevé l'enfant.

> **Précisions** **a.** Lorsque l'enfant est **né** ou a été **adopté avant le 1-1-2010,** les majorations sont attribuées à la mère, par défaut, ou au père, à raison d'un trimestre par année, s'il apporte la preuve dans un délai de 4 ans et 6 mois à compter de l'arrivée de l'enfant qu'il l'a élevé seul pendant une ou plusieurs années au cours des 4 années suivant son arrivée au foyer (Loi 2009-1646 du 24-12-2009 art. 65, IX). Ce délai n'est pas opposable aux **pères veufs** ; en cas de décès de la mère avant la majorité de l'enfant, le père qui a effectivement élevé l'enfant pendant tout ou partie des 4 années suivant la naissance ou la date de l'adoption bénéficie de la majoration (Lettre Cnav du 10-2-2014).
b. S'agissant de la majoration attribuée aux personnes élevant un **enfant handicapé,** voir nº 67585.
c. Les personnes ayant bénéficié d'un **congé parental d'éducation** ont droit à une majoration égale à la durée effective du congé, si elle est plus favorable que les majorations pour enfant (Lettre Cnav du 17-2-2011 ; Circ. Cnav 17 du 14-2-2012). La durée du congé est appréciée de date à date, le nombre de trimestres étant arrondi au chiffre immédiatement supérieur (CSS art. R 351-3).
d. Lorsque les parents n'ont **pas exercé leur autorité parentale,** la majoration « éducation » peut être accordée à l'assuré auquel l'enfant a été confié sur décision de justice, au bénéficiaire d'une délégation totale d'autorité parentale ou au tuteur.

MAJORATION POUR ÂGE

67580 CSS art. L 351-6 R 351-7 J-I-3800 s

Les **assurés ayant dépassé l'âge** requis pour bénéficier d'une retraite à **taux plein** (nᵒˢ 67615 s.) et ne justifiant pas du nombre maximal de trimestres d'assurance (M) visé nº 67590, validés dans le régime général (et, le cas échéant, dans un ou plusieurs autres régimes obligatoires pour les périodes postérieures au 31-12-2003) bénéficient d'une majoration de 2,5 % par trimestre postérieur à cet âge, dans la limite de ce maximum. L'attribution de la majoration est indépendante du fait d'avoir exercé ou non une activité professionnelle entre l'âge automatique du taux plein et le point de départ de la pension : elle est uniquement fonction du nombre de trimestres d'ajournement par rapport à cet âge (Circ. Cnav 20 du 13-4-2004).

EXEMPLE

Assuré né en 1955, totalisant 140 trimestres à 67 ans. S'il ajourne la liquidation de sa pension d'un an (4 trimestres), la durée d'assurance sera majorée de 10 % (2,5 % × 4), soit 140 × 10 % = 14. Total : 140 + 14 = 154 trimestres. Si l'assuré ajourne la liquidation de 2 ans après 67 ans (8 trimestres), la durée d'assurance corrigée sera égale à 140 trimestres majorés de 20 %, soit 168 trimestres ; le chiffre limite de 166 trimestres sera retenu dans ce cas (voir tableau nº 67635).

AUTRES MAJORATIONS

67585 CSS art. L 351-4-1 L 351-4-2 L 351-5 L 351-6-1 D 351-1-7 J-I-1554 J-I-3680 s

Les assurés titulaires d'un **compte professionnel de prévention** peuvent bénéficier d'une majoration de leur durée d'assurance dans les conditions prévues nº 71370.

Les **assurés s'occupant d'une personne handicapée** bénéficient, à certaines conditions, d'une majoration de leur durée d'assurance d'un trimestre par période de 30 mois, dans la limite de 8 trimestres.

> **Précisions** Cette dernière majoration s'applique aux assurés qui élèvent un **enfant handicapé** ouvrant droit à l'allocation d'éducation de l'enfant handicapé et à son complément ; elle s'ajoute, le cas échéant, aux majorations pour enfant visées nº 67575 (Circ. Cnav 21 du 17-5-2005 ; Cnav 48 du 29-8-2008).
Les aidants familiaux assumant au foyer familial la prise en charge permanente d'un **adulte handicapé** dont le taux d'incapacité permanente est supérieur ou égal à 80 % bénéficient de cette majoration à condition d'être le conjoint, le concubin, la personne avec laquelle elle a conclu un Pacs, l'ascendant, le descendant ou le collatéral jusqu'au 4ᵉ degré de la personne handicapée ou l'ascendant, le descendant ou le collatéral d'un des membres du couple. Seules les périodes de prise en charge d'un adulte handicapé intervenues à compter du 1-2-2014 ouvrent droit à la majoration (Circ. Cnav 56 du 19-11-2015).

LIMITE

La durée d'assurance prise en compte pour le calcul de la pension est limitée à un **nombre maximal de trimestres** (M). Ce nombre évolue de la même manière que la durée d'assurance (D) requise pour liquider une retraite à taux plein (n° 67610), comme indiqué dans le tableau n° 67635. 67590 CSS art. R 351-6 J-I-3900 s

b. Salaire de base

La pension de retraite est calculée sur la base d'un salaire annuel moyen. Ce dernier correspond à la moyenne des rémunérations annuelles brutes perçues par l'assuré. Seules sont retenues les rémunérations ayant donné lieu au versement de cotisations au régime général et permis la validation d'au moins un trimestre. 67595 CSS art. L 351-11 R 351-29 J-I-4000 s

Ces salaires sont **revalorisés** dans les conditions prévues n° 67650. Ils ne sont pris en compte, le cas échéant tous emplois confondus, que dans la limite du **plafond** annuel de sécurité sociale (n° 90020).

› Précisions **a.** Toutes les **années d'assurance** précédant la date d'effet de la retraite sont retenues, à l'exception :
– de l'année de liquidation de la retraite (n° 67560) ;
– des années comportant seulement des périodes assimilées (n° 67570) ou des périodes validées par présomption (n° 67565) ;
– des années comportant un report de cotisations insuffisant pour permettre la validation d'un trimestre (Circ. Cnav 27 du 24-6-2004) ;
– des années comportant un rachat de cotisations visé n° 5250, a.
b. Les **indemnités journalières** versées au titre des congés de **maternité** débutant à compter du 1-1-2012 (y compris si elles sont versées au père en cas de décès de la mère) sont prises en compte à hauteur de 125 % de leur montant dans le calcul du salaire annuel moyen bien qu'elles ne donnent lieu à aucun versement de cotisations au régime général.

Le salaire annuel moyen est calculé, non sur l'ensemble de la carrière, mais sur les **années les plus avantageuses** pour l'assuré. 67600 CSS art. R 351-29-1

Depuis le 1-1-2008, le nombre d'années à retenir est fixé à 25 (voir tableau n° 67635). Le salaire annuel moyen est calculé en fonction du nombre d'années requis à la date à laquelle l'assuré atteint l'âge d'ouverture des droits à retraite (n° 67510), quelle que soit la date d'effet de sa pension.

› Précisions Pour déterminer le salaire annuel moyen correspondant aux années les plus avantageuses, les années accomplies dans d'**autres régimes** que le régime général ne peuvent être retenues (Cass. soc. 28-4-1994 n° 91-21.567 : RJS 6/94 n° 760 ; Cass. 2e civ. 29-6-2004 n° 02-31.067).

c. Taux

La retraite est calculée sur la base d'un pourcentage du salaire annuel moyen, appelé le taux de la retraite. Le taux plein, égal à 50 %, est accordé aux assurés remplissant certaines conditions. À défaut, la retraite est liquidée à un taux réduit. 67605 CSS art. R 351-27

TAUX PLEIN

Durée d'assurance requise **Depuis 2009,** la durée d'assurance nécessaire à l'obtention du taux plein, qui était auparavant fixée à 160 trimestres, augmente progressivement, comme indiqué dans le tableau n° 67635, pour atteindre 172 trimestres pour les assurés nés à partir de 1973, et dépend exclusivement de l'année de naissance des assurés. 67610 CSS art. L 161-17-3 L 161-19-1 R 161-16-1 R 351-4 R 351-5 J-I-4430 s

› Précisions **a.** Sont pris en compte pour déterminer le taux non seulement les trimestres d'assurance au régime général, mais aussi, le cas échéant, les périodes d'assurance auprès d'**autres régimes** de base obligatoires français ou d'un autre État membre de l'**UE.** Sont aussi comptabilisées les périodes d'assurance exclusive à un régime obligatoire de retraite d'une institution européenne ou d'une organisation internationale à laquelle la France est partie (Circ. DSS 85 du 4-3-2010) et les trimestres de majoration acquis dans le cadre du **compte professionnel de prévention** prévu n° 67585 (CSS art. L 351-6-1, II).
Par ailleurs, il convient de retenir les **périodes reconnues équivalentes** (à ne pas confondre avec les périodes assimilées visées n° 67570) qui comprennent :
– les périodes d'activité professionnelle antérieures au 1-4-1983 qui peuvent ou auraient pu donner lieu à rachat des cotisations d'assurance vieillesse au titre d'un régime de base obligatoire (hormis les années d'études et les années ayant donné lieu à un versement de cotisations insuffisant : voir n° 5250, a) ;
– les périodes d'activité professionnelle agricole non salariée, exercée avant le 1-1-1976 sur une exploitation agricole ou assimilée, entre le 18e

et le 21e anniversaire des intéressés (sauf si elles ont fait l'objet d'un rachat de cotisations : voir Mémento agriculture nos 46575 s.) ;
– les périodes antérieures au 1-4-1983 au cours desquelles les membres de la famille (conjoints, ascendants, descendants, frères, sœurs ou alliés au même degré) du chef d'entreprise, âgés d'au moins 18 ans et ne bénéficiant pas d'un régime obligatoire d'assurance vieillesse, ont participé de façon habituelle à l'exercice d'une activité professionnelle non salariée artisanale, industrielle ou commerciale (à l'exclusion des professions libérales : Lettre Cnavts 14-1-1994).

Ces périodes sont retenues de date à date, le nombre de trimestres correspondant étant arrondi au-dessus.

b. Le **nombre** total de trimestres d'assurance valable **au titre d'une même année** civile est limité à 4, sauf incidence des majorations de durée pour enfant ou congé parental.

67615 CSS art. L 351-8 J-I-4750 s

Dérogations à la durée d'assurance requise Les assurés, **à partir d'un certain âge,** bénéficient du taux plein de 50 % même s'ils ne totalisent pas le nombre nécessaire de trimestres d'assurance. L'âge requis dans ce cas, fixé en fonction de l'année de naissance de l'assuré, est récapitulé dans le tableau suivant :

Année de naissance	Âge de départ	Date de départ (à compter du)
1954	66 ans et 7 mois	1-8-2020
1955 et après	67 ans	1-1-2022

67620 Les assurés mentionnés ci-après bénéficient automatiquement du taux plein **à partir de 65 ans** compte tenu de leur situation particulière :

a. Parents nés entre le 1-7-1951 et le 31-12-1955 ayant eu ou élevé au moins **3 enfants,** interrompu ou réduit leur activité professionnelle pour se consacrer à leur éducation et validé, avant cette interruption ou réduction de leur activité, un nombre minimum de 8 trimestres à raison de l'exercice d'une activité professionnelle, dans un régime de retraite légalement obligatoire (Loi 2010-1330 du 9-11-2010 art. 20, IV ; Décret 2011-620 du 31-5-2011 art. 2 ; Circ. Cnav 64 du 23-12-2014) ;

b. Parents d'un enfant handicapé qui ont soit bénéficié d'au moins un trimestre au titre de la majoration de durée d'assurance pour enfant handicapé, soit établi qu'ils ont été salariés ou aidant familial, pendant une durée d'au moins 30 mois, de leur enfant bénéficiaire de la prestation de compensation du handicap (Loi 2010-1330 du 9-11-2010 art. 20, III ; Décret 2010-1734 du 30-12-2010 art. 7) ;

c. Assurés ayant interrompu pendant 30 mois consécutifs leur activité professionnelle en raison de leur qualité d'**aidant familial** (CSS art. R 351-24-2).

67625 Peuvent prétendre à une retraite à taux plein **dès l'âge d'ouverture des droits à pension** (no 67510), même si elles ne justifient pas de la durée d'assurance requise, les personnes suivantes :

a. Les assurés reconnus **inaptes au travail** qui ne sont plus en mesure de poursuivre l'exercice de leur emploi sans nuire gravement à leur santé et sont atteints d'une incapacité de travail de 50 % médicalement constatée (CSS art. L 351-7 et R 351-21). Sont réputés inaptes, et donc dispensés de la constatation médicale, les personnes reconnues invalides avant l'âge légal de départ à la retraite (Lettre Cnavts 15-4-1986), les titulaires de l'allocation aux adultes handicapés (CSS art. L 821-1) et les titulaires de la carte d'invalidité de plus de 80 % (Lettre Cnav 21-7-1997). Sur les formalités de liquidation et du paiement de la pension pour inaptitude, voir nos 67700, b et 67710, a ;

b. Les **mères de famille ouvrières** ayant effectué des travaux pénibles, sous réserve qu'elles aient élevé au moins 3 enfants à leur charge ou à celle de leur conjoint pendant au moins 9 de leurs 16 premières années, qu'elles justifient d'une durée d'assurance d'au moins 30 ans (majorations pour enfant incluses) dans le régime général ou dans ce dernier et le régime des salariés agricoles, qu'elles aient accompli pendant 5 ans (périodes continues ou non) au cours des 15 dernières années précédant la demande de liquidation de la pension un travail manuel ouvrier de façon effective et permanente (est considéré comme travail manuel ouvrier celui défini comme tel dans la classification des emplois de la convention collective applicable à l'employeur) et qu'elles aient cessé leur activité professionnelle à la date d'entrée en jouissance de la pension (CSS art. R 351-23) ;

c. Les assurés ne remplissant pas les conditions d'un départ anticipé dans le cadre du dispositif visé no 67525 et justifiant d'un taux **d'incapacité permanente** d'au moins 50 % (CSS art. R 351-24-3).

TAUX RÉDUIT

Le taux réduit s'applique aux assurés demandant la liquidation de leur pension **à compter de l'âge légal de départ à la retraite** (n° 67510) sans totaliser la durée d'assurance requise et sans pouvoir bénéficier automatiquement du taux plein (n°s 67610 s.). 67630 J-I-5120 s

Il est calculé en affectant le taux de 50 % d'un coefficient de minoration. Initialement fixé à 2,5 %, ce coefficient est progressivement réduit pour atteindre 1,25 % par trimestre manquant, comme indiqué dans le tableau n° 67635.

Le taux minoré de la pension est fonction :

– soit du nombre de trimestres supplémentaires qui serait nécessaire pour atteindre la durée d'assurance requise ;

– soit du nombre de trimestres correspondant à la durée séparant l'âge auquel la pension prend effet et l'âge à partir duquel le taux plein est automatiquement attribué.

Le calcul le plus avantageux pour l'assuré est retenu. Pour un exemple de calcul d'une pension affectée d'un taux réduit, voir n° 67685.

d. Tableau récapitulatif

Le tableau ci-après retrace l'**évolution** dans le temps des **éléments de calcul** des pensions de vieillesse. Sauf précision contraire, ces éléments s'apprécient à la date à laquelle l'assuré atteint l'âge d'ouverture des droits à retraite, quelle que soit la date d'effet de sa pension. 67635

Année de naissance	Âge d'ouverture des droits à pension (n° 67510)	Durée d'assurance requise pour le taux plein (D) (n° 67610)	Âge du taux plein automatique (n° 67615)	Nombre maximal de trimestres pris en compte (M) (n° 67590)	Salaire annuel moyen (S) (n°s 67595 s.)	Coefficient de minoration (n° 67630)
		Nombre de trimestres		Nombre de trimestres	Nombre d'années	Pourcentage à appliquer au taux
1950	60 ans	162	65 ans	162	25	1,625 %
1951 (1er semestre)	60 ans	163	65 ans	163	25	1,5 %
1951 (2e semestre)	60 ans et 4 mois	163	65 ans et 4 mois	163	25	1,5 %
1952	60 ans et 9 mois	164	65 ans et 9 mois	164	25	1,375 %
1953	61 ans et 2 mois	165	66 ans et 2 mois	165	25	1,25 %
1954	61 ans et 7 mois	165	66 ans et 7 mois	165	25	1,25 %
1955	62 ans	166	67 ans	166	25	1,25 %
1956	62 ans	166	67 ans	166	25	1,25 %
1957	62 ans	166	67 ans	166	25	1,25 %
de 1958 à 1960	62 ans	167	67 ans	167	25	1,25 %
de 1961 à 1963	62 ans	168	67 ans	168	25	1,25 %
de 1964 à 1966	62 ans	169	67 ans	169	25	1,25 %
de 1967 à 1969	62 ans	170	67 ans	170	25	1,25 %
de 1970 à 1972	62 ans	171	67 ans	171	25	1,25 %
1973 et après	62 ans	172	67 ans	172	25	1,25 %

2. MONTANT DE LA PENSION

MONTANT RÉSULTANT DE LA FORMULE DE CALCUL

67645 J-I-5300 s
L'application de la formule de calcul indiquée nº 67545 fait ressortir le montant annuel de la pension de retraite du régime général auquel l'assuré peut prétendre en principe lors de la liquidation.

La pension est entière si l'intéressé totalise le nombre « M » maximum de trimestres d'assurance au régime général et bénéficie du taux plein. Elle n'est que partielle dans le cas contraire, par l'effet du rapport D/M inférieur à 1 et éventuellement du taux, s'il est inférieur à 50 %. En aucun cas, le rapport D/M ne peut être supérieur à 1.

Pour un **exemple** de calcul, voir nº 67685.

› Précisions **a.** Le cas échéant, la pension du régime général peut être complétée par d'autres pensions acquises au titre des **autres régimes** obligatoires de base (outre les régimes des retraites complémentaires étudiés nºs 67900 s.). Des dispositions spéciales assurent en pareil cas la coordination des divers régimes intéressés notamment lorsque l'assuré a relevé successivement, simultanément ou alternativement du régime général, de l'ancien régime social des indépendants ou du régime des salariés agricoles (CSS art. L 173-1, R 173-1 à R 173-16 et D 173-1 à D 173-21-3 ; Circ. Cnav. 27 du 21-7-2017).

b. S'agissant du **cumul** d'une pension de vieillesse avec des **indemnités journalières** de maladie ou d'accident du travail, voir nº 50385.

REVALORISATION

67650 CSS art. L 161-23-1 L 161-25 J-I-6500 s
Les pensions de vieillesse sont revalorisées **au 1er janvier de chaque année,** par application du coefficient égal à l'évolution de la moyenne annuelle des prix à la consommation hors tabac calculée sur les 12 derniers indices mensuels de ces prix publiés en novembre de l'année précédente par l'Insee. Si ce coefficient est inférieur à un, il est porté à cette valeur.

Le **taux** de la revalorisation des pensions de retraite est fixé à 0,4 % pour **2021** (Circ. Cnav 1 du 11-1-2021). L'historique des coefficients de revalorisation est donné sur https://www.efl.fr/chiffres-taux/social.

LIMITES

67655 CSS art. L 351-10 L 351-10-1 L 173-2 D 173-21-4 D 351-2-1 D 351-2-2 R 351-25 J-I-5350 s
Minimum La pension de vieillesse au **taux plein** est assortie, le cas échéant, d'une majoration permettant de porter cette prestation, lors de sa liquidation, à un montant minimal tenant compte de la durée d'assurance (périodes cotisées et assimilées) accomplie par l'assuré dans le régime général, le cas échéant rapportée à la durée d'assurance accomplie tant dans le régime général que dans un ou plusieurs autres régimes obligatoires. Ce minimum, dit « contributif », est fixé à 7 746,02 € par an (soit 645,50 € par mois) depuis le 1-1-2021 (Circ. Cnav 1 du 11-1-2021).

› Précisions **a.** Le minimum est **majoré** au titre des périodes cotisées, de façon à atteindre 8 464,28 € par an, soit 705,35 € par mois (Circ. Cnav 1 du 11-1-2021), lorsque le total des périodes cotisées est au moins égal au nombre maximum de trimestres M retenu pour le calcul de la pension (nº 67590).

Cette majoration est réservée aux assurés ayant une durée cotisée au moins égale à 120 trimestres. Pour apprécier ce plancher, le nombre de trimestres retenus au titre de chaque année civile ne peut être supérieur à 4.

b. Le minimum contributif n'est dû que si l'assuré a fait valoir les droits aux pensions personnelles de retraite auxquels il peut prétendre au titre des régimes légaux ou rendus légalement obligatoires, de base et complémentaires, français et étrangers, ainsi que des régimes des organisations internationales. S'il ne remplit pas les conditions d'attribution d'une des pensions lors de sa demande, il en apporte la **preuve** par tous moyens ; la majoration est alors calculée sans tenir compte de ces pensions jusqu'au dernier jour du mois civil précédant celui au cours duquel il remplit ces conditions. Par ailleurs, le minimum contributif n'est versé à l'assuré que si le montant mensuel total de ses pensions personnelles de retraite n'excède pas un **plafond de ressources** fixé à 1 203,35 € par mois (Circ. Cnav 40 du 22-12-2020).

c. Au montant ainsi déterminé, entier ou majoré, s'ajoutent le cas échéant les majorations visées nºs 67665 s.

d. Les montants du minimum contributif et du minimum majoré sont **revalorisés** aux mêmes dates et dans les mêmes conditions que les pensions de vieillesse (voir nº 67650).

67660 J-I-5600 s
Maximum La pension de retraite ne peut pas dépasser **50 %** (taux plein des retraites) **du plafond de sécurité sociale** (nº 90020). Ainsi, les pensions versées en 2021 ne peuvent être supérieures à : 3 428 € × 50 % = 1 714 € par mois (Circ. Cnav 4 du 25-1-2021).

Le maximum s'apprécie compte tenu des revalorisations (nº 67650), mais sans prendre en considération les majorations éventuelles (nºs 67665 s.). Il n'a pas à être réduit lorsque la pension a été attribuée à un taux réduit.

ATTENTION

En réalité, la retraite sans majorations éventuelles atteint rarement 50 % du plafond. Même lorsque le salaire de chacune des meilleures années a atteint le plafond, la retraite ne dépasse pas, en général, 45 % du plafond en vigueur lors de sa liquidation. Cette situation résulte du fait que les salaires pris en compte sont déjà limités au plafond des années correspondantes et que les coefficients de majoration de ces salaires sont, le plus souvent, inférieurs à la progression du plafond.

MAJORATIONS

Surcote La durée d'assurance ayant donné lieu à cotisations à la charge de l'assuré accomplie après l'âge minimum de départ à la retraite et au-delà de la durée d'assurance requise pour le taux plein (nº 67610) donne lieu à une majoration de la pension, égale à 1,25 % pour chaque **trimestre accompli depuis le 1-1-2009.** **67665** CSS art. L 351-1-2 D 351-1-4 D 351-2-1 J-I-5750 s

Par **exemple** pour un assuré né en mars 1954 liquidant sa retraite au 1-7-2021 et dont le montant annuel brut théorique de la pension est égal à 11 000 € :
– surcote du 1-7-2016 au 30-6-2021 : 11 000 × (20 × 0,0125) = 2 750 € ;
– montant total de la pension annuelle : 11 000 + 2 750 = 13 750 €.

> Précisions a. Certaines **majorations de durée d'assurance** ne sont pas retenues pour apprécier la durée d'assurance requise pour le taux plein au-delà de laquelle le droit à surcote est ouvert (Circ. Cnav 4 du 1-2-2018, point 2.2.2). Par ailleurs, la liquidation d'une pension de retraite à **taux plein au titre de l'âge** (nºs 67615 s.) n'ouvre pas droit à la surcote (Cass. 2e civ. 10-9-2009 nº 08-18.473).
b. Seuls les trimestres civils entiers suivant celui au cours duquel est survenu l'anniversaire sont majorés. Il est tenu compte de 4 trimestres par an au maximum (Circ. Cnav 4 du 1-2-2018).
c. La surcote est **intégrée à la pension** principale : les majorations de pension (nºs 67670 s.) et la pension de réversion (nºs 67775 s.) sont donc calculées sur la base du montant de la pension majoré par la surcote (Circ. Cnav 4 du 1-2-2018). Pour le minimum contributif en revanche, le montant de la surcote est calculé avant application du minimum puis ajouté à ce montant.
d. Pour les **trimestres accomplis entre le 1-1-2004 et le 31-12-2008,** le taux de la majoration est de :
– 0,75 % du 1er au 4e trimestre supplémentaire effectué ;
– 1 % au-delà du 4e trimestre ;
– 1,25 % pour chaque trimestre accompli après l'âge auquel le taux plein est automatiquement appliqué, quel que soit son rang.

Bonification pour enfants La pension est majorée de 10 % dans le cas où l'assuré a eu **3 enfants** au moins. Ouvrent également droit à cette majoration les enfants ayant été, pendant au moins 9 ans avant leur 16e anniversaire, élevés par le titulaire de la pension et à sa charge ou à celle de son conjoint. **67670** CSS art. L 351-12 R 351-30

> Précisions a. Il ne s'agit pas de 2 cas de majoration autonomes : pour savoir si un assuré a droit à cette bonification, il convient de prendre en compte aussi bien ses propres enfants que ceux qu'il a **élevés** dans les conditions précitées (Cass. soc. 20-12-2000 nº 98-22.154 : RJS 3/01 nº 352).
S'agissant de ses propres enfants, aucune condition tenant à leur charge n'est exigée ; ils sont donc tous comptabilisés, y compris ceux **décédés à la naissance** (Cass. soc. 9-12-1985 nº 83-13.614 ; Lettre min. du 28-3-2011).
b. La majoration est due à la **date** d'entrée en jouissance de la pension si, à cette date, les conditions d'attribution sont remplies. Dans le cas contraire, elle est due à compter du premier jour du mois suivant la date à laquelle ces conditions sont remplies.

Majoration pour conjoint à charge La majoration pour conjoint à charge n'est plus attribuée depuis le 1-1-2011 (CSS art. L 351-13, al. 3). **67675**

Elle est toutefois maintenue pour les pensionnés qui en bénéficiaient au 31-12-2010, tant qu'ils en remplissent les conditions d'attribution, c'est-à-dire pour les assurés dont le conjoint :
– est âgé d'au moins 65 ans, ou 60 ans en cas d'inaptitude au travail (nº 67625, a) ;
– ne bénéficie pas d'une pension, allocation ou rente acquise au titre de l'assurance vieillesse ou de l'assurance invalidité en vertu d'un droit propre ou du chef d'un précédent conjoint ;
– ne dispose pas de ressources personnelles qui excéderaient, si elles étaient augmentées du montant intégral de la majoration, le chiffre limite de ressources fixé pour l'attribution de l'Aspa (nº 85010).

Son **montant,** qui n'a pas été modifié depuis le 1-7-1976, s'élève à 609,80 € par an (Circ. Cnav. 1 du 11-1-2021).

Majoration pour tierce personne Les titulaires d'une pension de vieillesse attribuée pour **inaptitude au travail** (ou d'une pension de vieillesse substituée à une pension d'invalidité : nº 44705) ont droit à une majoration de leur pension lorsqu'ils sont dans l'obligation d'avoir recours à l'**aide constante** d'une tierce personne pour accomplir les actes **67680** CSS art. L 355-1 R 355-1 ordinaires de la vie. Cette condition d'invalidité doit être remplie avant l'âge d'attribution automatique du taux plein de la pension (voir nº 67615), mais la demande de majoration est acceptée même si elle est formulée après.

La majoration, accordée intégralement quelle que soit la durée d'assurance, est égale à 40 % de la pension principale, mais elle ne peut être inférieure à un minimum, auquel sont applicables les coefficients de revalorisation des pensions (nº 67650) ; ce minimum est de 13 503,49 € par an (1 125,29 € par mois) depuis le 1-4-2020 (Circ. Cnav. 20 du 3-4-2020).

› Précisions **a.** La **demande** de majoration doit être accompagnée d'un certificat médical.
b. La majoration est due à la **date d'entrée en jouissance** de la pension si, à cette date, les conditions d'attribution sont remplies. Dans le cas contraire, elle est due à compter du premier jour du mois suivant la date de réception de la demande de majoration, si ces conditions sont remplies.
c. En cas d'**hospitalisation** (sauf quand elle a lieu à domicile), la majoration est suspendue à partir du premier jour du deuxième mois civil suivant celui de l'entrée à l'hôpital.

EXEMPLE DE CALCUL

67685 Liquidation au 1-7-2021 de la pension de vieillesse d'un **assuré né en janvier 1959,** et donc âgé de 62 ans, réunissant 156 trimestres d'assurance valables, dont 148 au régime général. L'intéressé a 3 enfants.

Les éléments de calcul sont les suivants (référence au tableau nº 67635) :
D (durée d'assurance au régime général) : 148 trimestres ;
M (maximum de trimestres pris en compte) : 167 trimestres ;
S (salaire de base) : on suppose qu'au cours des 25 meilleures années la rémunération de l'assuré a atteint le plafond de sécurité sociale. Total des rémunérations revalorisées et plafonnées de cette période : 550 000 € par hypothèse.
Salaire annuel moyen : 550 000/25 = 22 000 €.

a. Détermination du taux (T)
Coefficient de minoration : 1,25 % (voir nº 67630).
1er mode de calcul : trimestres manquants : 167 – 156 = 11 :
– abattement sur le taux : 11 × 1,25 % = 13,75 % ;
– taux applicable : 50 % – 50 × 13,75/100 = 43,125 %.
2e mode de calcul : il manque à l'assuré 5 ans, soit 20 trimestres pour arriver à 67 ans :
– abattement sur le taux : 20 × 1,25 % = 25 % ;
– taux applicable : 50 % – 50 × 25/100 = 37,50 %.
Le premier mode de calcul sera donc appliqué parce que plus favorable.

b. Application de la formule (nº 67545)
P = 148/167 × 22 000 € × 43,125 % = 8 408,08 €, montant supérieur au minimum et inférieur au maximum (nos 67655 s.).
Bonification pour enfants (nº 67670) : 8 408,08 € × 10 % = 840,80 €.
Pension totale : 8 408,08 € + 840,80 € = 9 248,88 € par an, soit 770,74 € par mois.

C. Liquidation et paiement de la pension

67695 La liquidation de la retraite est subordonnée à une demande de l'assuré. Celle-ci conditionne la date d'effet de la pension et donc son paiement.

› Précisions **a.** Les héritiers d'un **assuré décédé** ne peuvent réclamer un droit à pension dont l'intéressé ne s'était pas prévalu de son vivant (Cass. soc. 18-7-1996 nº 94-16.131 : RJS 10/96 nº 1099).
b. Sur le **régime social** des pensions, voir nos 68350 s. Sur leur **régime fiscal,** voir notre Mémento fiscal nos 22340 s.

LIQUIDATION

67700 **Demande** L'assuré peut effectuer **en ligne** toutes les démarches nécessaires à la liquidation de sa pension, ce service étant accessible depuis son espace personnel sur www.lassuranceretraite.fr. Il peut également en faire la demande sur un **imprimé spécial** obtenu auprès de la caisse compétente, de la mairie ou sur www.lassuranceretraite.fr.

CSS art. L 173-1-2, R 173-4-1, R 173-4-4, R 173-4-5, R 351-22, R 351-34, J-I-6850 s

Il doit, après l'avoir rempli et, en particulier, avoir indiqué la date désirée d'entrée en jouissance de la pension, adresser cet imprimé à la Carsat du lieu de sa résidence (ou de son dernier lieu de travail en cas de résidence à l'étranger) ou, dans la région Île-de-France, à la Caisse nationale d'assurance vieillesse (voir adresses sur www.lassuranceretraite.fr). La caisse lui donne récépissé de sa demande.

En cas d'**affiliation successive, alternative ou simultanée** au régime général, à des **régimes** de salariés et d'exploitants agricoles et à l'ancien régime social des indépendants, la demande de liquidation est adressée au moyen d'un formulaire de « demande unique de retraite personnelle » (disponible notamment sur www.lassuranceretraite.fr ; www.msa.fr ; www.rsi.fr) auprès du régime compétent qui lui est désigné, en principe, le dernier auquel il a été affilié (Circ. Cnav. 27 du 21-7-2017).

› Précisions a. Pour ne pas retarder le paiement de la pension, l'assuré a intérêt à déposer sa demande à l'avance. Pour les demandes complètes de liquidation de pension déposées au moins 4 mois civils avant la **date** d'entrée en jouissance (n° 67710), le versement de la pension est garanti le mois suivant cette date (Décret 2015-1015 du 19-8-2015 : JO 20). S'agissant de la retraite complémentaire, voir n° 68170. En cas de démarche en ligne, la demande doit être réalisée, au plus tôt, 6 mois avant la date de départ choisie.
Préalablement à sa demande, l'assuré peut réclamer son relevé de compte à sa caisse s'il ne l'a pas déjà reçu (voir n° 67545), pour s'assurer qu'il est le reflet exact de son activité professionnelle. En cas de besoin, il en demande la rectification, en produisant les pièces justificatives (bulletin de paie ou attestation de l'employeur certifiée conforme aux livres de paie).
b. En cas de **demande pour inaptitude au travail,** l'assuré doit joindre, sauf cas de dispense de la constatation médicale (n° 67625, a), un rapport de son médecin traitant, suivant un modèle que lui remet la caisse et une fiche établie par le médecin du travail. La décision est prise après avis du médecin-conseil de la sécurité sociale. Le silence de la caisse pendant plus de 4 mois vaut décision de rejet.
Toute décision de rejet peut être contestée dans le délai de 2 mois devant la commission médicale de recours amiable puis, le cas échéant, devant le tribunal judiciaire du domicile de l'assuré.
Pour les salariés relevant ou ayant relevé de **plusieurs régimes,** il est prévu que la reconnaissance de l'inaptitude au travail par l'un d'eux produit également tous ses effets à l'égard des autres. Cette coordination est limitée aux régimes suivants : régime général et régime des salariés agricoles ainsi que, pour certains assujettis seulement, le régime des non-salariés agricoles (CSS art. L 161-18, R 173-2 et D 161-2-2).

Caractère définitif La liquidation intervenue est en principe définitive dès lors qu'elle a fait l'objet d'une décision de la caisse dûment **notifiée** à l'assuré et non contestée dans les 2 mois (Cass. 2e civ. 3-11-2016 n° 14-26.188 FS-PBI : RJS 1/17 n° 61 ; Cass. 2e civ. 25-1-2018 n° 16-27.854 F-PB : RJS 4/18 n° 289). Les bases de calcul de la pension ne peuvent pas être modifiées après expiration du **délai de recours contentieux** (Cass. soc. 31-10-2000 n° 99-11.258 : RJS 2/01 n° 244 ; Cass. 2e civ. 8-11-2006 n° 05-13.764 : RJS 1/07 n° 109). Pendant ce délai, en revanche, l'assuré peut demander l'annulation de sa pension (Cass. 2e civ. 11-10-2018 n° 17-20.932 F-PB : RJS 12/18 n° 779) ou y renoncer afin de parfaire ses droits (Cass. 2e civ. 18-11-2003 n° 02-30.287 : RJS 1/04 n° 110). **67705** CSS art. R 351-10 **J-I-7650 s**

La pension de retraite liquidée n'est pas susceptible d'être révisée pour tenir compte des **versements afférents à une période postérieure** telles que les cotisations attachées à une indemnité de non-concurrence versées après la liquidation (Cass. 2e civ. 10-10-2019 n° 18-20.849 F-PBI : RJS 12/19 n° 722).

Date d'entrée en jouissance C'est normalement la date **demandée** par l'assuré. Elle doit nécessairement coïncider avec le premier jour d'un mois et ne peut être antérieure ni au dépôt de la demande quelle que soit la cause du retard apporté à celui-ci (Cass. soc. 13-6-1996 n° 94-12.599 : RJS 8-9/96 n° 982 ; Cass. 2e civ. 21-6-2006 n° 04-30.806 : RJS 10/06 n° 1117), ni à la date à laquelle l'assuré atteint l'âge d'ouverture des droits à pension (n° 67510). **67710** CSS art. R 351-37 **J-I-7150 s**

Elle peut être fixée au jour du dépôt de la demande lorsqu'il s'agit du premier jour d'un mois et au jour de son anniversaire lorsque, né le premier jour d'un mois, il a déposé sa demande, au plus tard, le jour même où il atteint l'âge à partir duquel il a droit à une pension (Lettre Cnav du 18-3-1997). Si le requérant n'a pas indiqué de date, la pension prend effet le premier jour du mois suivant la réception de la demande par la caisse.

Sauf exception, le service des pensions est assuré à compter du premier jour du mois suivant celui au cours duquel l'assuré a rompu tout lien professionnel avec l'employeur (n° 67535 ; Circ. Cnav. 22 du 23-8-2018, 1.1).

› Précisions a. L'entrée en jouissance des pensions allouées pour **inaptitude au travail** (n° 67700, b) ne peut pas être fixée à une date antérieure au 1er jour du mois suivant la reconnaissance de l'inaptitude.
b. S'agissant de la possibilité, pour l'assuré qui continue son activité professionnelle à temps partiel, d'obtenir une **retraite progressive,** voir nos 67735 s.
c. La date d'entrée en jouissance de la pension peut être fixée au **jour de réception** de la demande faite par lettre si c'est le **premier jour d'un mois civil** dès lors qu'il y a eu une **régularisation** ultérieure par l'envoi de l'imprimé réglementaire (Cass. 2e civ. 30-3-2017 n° 16-13.308 F-PB : RJS 6/17 n° 440).

MODALITÉS DE PAIEMENT

67715 Les pensions sont payées mensuellement et à **terme** échu. Le paiement a lieu le 8e jour calendaire du mois suivant ou le premier jour ouvré qui suit le 8e jour (Arrêté 11-8-1986 : JO 21). Il est effectué par virement bancaire.

CSS art. L 355-3 R 355-2 D 254-6 J-I-8000 s J-I-8600 s

En cas de **décès** du prestataire, les arrérages sont versés aux ayants droit jusqu'à la fin du mois d'arrérages en cours lors du décès sur présentation du bulletin de décès et des pièces établissant leur qualité.

› Précisions a. La caisse qui **verse indûment** des prestations de vieillesse ou d'invalidité ne peut en demander le remboursement que dans les 2 ans suivant leur paiement, ou dans les 5 ans en cas de fraude ou fausse déclaration de l'assuré. Lorsque le versement indu résulte d'une erreur de la caisse et que le bénéficiaire est de bonne foi, aucun remboursement ne peut être réclamé si ses ressources sont inférieures au plafond d'attribution de l'AVTS. La prescription de 2 ans ne peut jouer qu'à l'égard des titulaires de l'avantage vieillesse ou invalidité (Cass. soc. 27-2-1985 no 83-12.136 ; 11-3-1999 no 97-20.498 : RJS 5/99 no 740). L'action en remboursement de pensions versées indûment à des ayants droit ou des tiers est soumise à la prescription de 5 ans (Cass. 2e civ. 26-11-2020 no 19-19.520 F-PBI : RJS 2/21 no 115).

L'assuré peut, en cas d'indu, demander la **rectification des informations** le concernant dans les conditions visées no 50240, d.

b. Les pensions de retraite sont **cessibles et saisissables** dans les mêmes conditions que les pensions d'invalidité : voir no 44765.

67720 **Remboursement de cotisations** Les assurés ayant validé une durée d'assurance inférieure ou égale à 8 trimestres auprès d'**un seul régime de base** bénéficient d'un remboursement de cotisations égal au montant des cotisations versées au régime de retraite, auxquelles sont appliqués les coefficients de revalorisation en vigueur à la date du versement, applicables aux salaires et cotisations servant de base au calcul des pensions.

CSS art. L 161-22-2 L 173-1-3 R 161-19-1 D 173-1-1 J-I-8430 s

Pour les **polypensionnés,** lorsque leurs droits à pension dans un régime sont inférieurs à 200 €, il est procédé à la mutualisation de leurs différentes pensions pour permettre le versement d'une seule prestation sous forme de rente par le régime servant la retraite la plus importante.

S'agissant de ses droits aux prestations de l'assurance maladie-maternité, voir no 68385.

D. Cumul retraite et activité

67730 Sauf option pour la retraite progressive, l'assuré doit cesser le travail chez son employeur pour pouvoir liquider sa pension (voir no 67535).

Il est néanmoins autorisé à exercer, après la liquidation de sa retraite, certaines activités à caractère accessoire (voir no 67540) et peut, sous certaines conditions, reprendre une activité professionnelle en cumulant les revenus qu'il en tire avec tout ou partie de sa pension.

Sur le cumul d'un revenu d'activité et d'une retraite complémentaire, voir nos 68125 s.

RETRAITE PROGRESSIVE

67735 **Objet et conditions** Pour ménager une transition entre activité professionnelle et retraite et améliorer ses droits à pension, le salarié peut faire liquider une pension provisoire tout en poursuivant une **activité professionnelle à temps partiel** auprès de son ou de ses employeur(s), ce qui exclut du dispositif les salariés qui exercent cette activité dans le cadre d'une convention de forfait en jours (Cass. 2e civ. 3-11-2016 no 15-26.275 F-D : RJS 1/17 no 62).

CSS art. L 351-15 R 351-39 R 351-40 J-III-6200 s

Cette possibilité est offerte aux salariés ayant atteint l'âge de 60 ans et justifiant d'au moins 150 trimestres d'assurance et de périodes reconnues équivalentes (no 67610), tous régimes confondus.

› Précisions a. L'assuré doit **joindre à sa demande** de retraite progressive le ou les contrat(s) de travail à temps partiel, les bulletins de salaire des 12 mois civils précédant la date de dépôt de la demande, ainsi que, si l'employeur est une personne morale ou un entrepreneur individuel, une attestation de sa part faisant apparaître la durée du travail à temps complet dans l'entreprise.
b. S'agissant des **dirigeants** de sociétés, voir no 28570 ; des **VRP,** voir no 61595.

67740 **Montant et durée de versement** La fraction de pension de vieillesse, qui varie en fonction de l'**importance de l'activité à temps partiel,** est égale à la différence entre 100 % et la quotité de travail à temps partiel par rapport à la durée du travail à temps complet applicable dans l'entreprise, sans que cette quotité ne puisse être inférieure à 40 % et supérieure à 80 % (par exemple, pour une quotité de travail à temps partiel égale à 75 %, le montant de la fraction de pension sera fixé à 25 %). CSS art. L 351-16 R 351-41 à R 351-44 D 351-15 J-III-6700 s

La retraite progressive dure aussi longtemps que l'activité à temps partiel y ouvrant droit est poursuivie.

Elle est **supprimée** si l'assuré perd son emploi ou reprend une activité à temps complet. En cas de cumul de plusieurs activités à temps partiel, la quotité de travail à temps partiel globale est définie comme la somme des quotités de travail à temps partiel par rapport à la durée du travail à temps complet applicable de chacun des emplois (CSS art. R 351-41, I). Il existe des règles spécifiques pour les assistants maternels et salariés des particuliers-employeurs (CSS art. R 351-41, II et III). L'accès à la retraite progressive n'est ouvert qu'une fois. Le salarié à qui elle a été supprimée ne peut pas en demander une seconde fois le bénéfice. Il ne pourra à nouveau percevoir une retraite qu'après avoir sollicité une liquidation totale de ses droits dans les conditions de droit commun.

La **pension complète** accordée à l'assuré lorsqu'il cesse totalement son activité est liquidée compte tenu du montant de la pension entière ayant servi de base au calcul de la retraite progressive, et de la durée d'assurance accomplie depuis son entrée en jouissance, dans les conditions de droit commun.

› Précisions **a.** Pour les salariés qui ont également, au titre d'activités antérieures ou simultanées, des **droits dans d'autres régimes** obligatoires de base (salariés agricoles et non-salariés), la liquidation d'une retraite progressive dans le régime général entraîne automatiquement la liquidation des droits à retraite dans les autres régimes (y compris des non-salariés non agricoles), sur la base de la même fraction de pension que celle du régime général (la retraite complémentaire obligatoire artisanale est quant à elle intégralement servie).

b. En cas de **modification de la durée de travail à temps partiel,** la fraction de pension à laquelle peut prétendre l'assuré est modifiée à l'issue d'une période d'un an à compter de la date d'entrée en jouissance de la pension de vieillesse. Elle est éventuellement modifiée à l'issue de chaque période annuelle en cas de nouvelle modification.

c. Les **cotisations sociales** sont dues sur le salaire de l'activité à temps partiel et la retraite progressive est soumise aux prélèvements applicables aux retraites (nos 68350 s.). Par ailleurs, les assurés doivent être informés qu'ils ont la possibilité de cotiser à temps plein pour leur activité à temps partiel dans les conditions exposées nos 77495 s. (CSS art. L 351-15).

REPRISE D'UNE ACTIVITÉ PROFESSIONNELLE

Cumul emploi-retraite total L'assuré peut cumuler entièrement une pension de retraite et une activité professionnelle dès l'**âge d'ouverture des droits** à pension (no 67510) s'il justifie de la durée d'assurance et de périodes reconnues équivalentes nécessaires pour bénéficier d'une retraite à **taux plein** (no 67610), ou, quelle que soit sa durée d'assurance, à compter de l'âge à partir duquel il peut bénéficier automatiquement du taux plein (nos 67615 s.). Il doit également justifier de la **liquidation de ses pensions** de vieillesse personnelles auprès de la totalité des régimes légaux ou rendus légalement obligatoires, de base et complémentaires, français et étrangers, ainsi que des régimes des organisations internationales dont il a relevé. 67745 CSS art. L 161-22 D 161-2-13 D 161-2-15 à D 161-2-16-1 J-III-3350 s

La reprise d'activité pour le compte du **dernier employeur** est possible dès la date d'effet de la retraite. L'assuré doit alors rompre son contrat de travail et en conclure un nouveau, sauf s'il a déjà repris une activité dans le cadre du cumul plafonné visé no 67750 (Circ. DSS 45 du 10-2-2009 ; Circ. Cnav 41 du 12-12-2017).

› Précisions **a.** Les assurés titulaires d'une retraite liquidée au titre de l'**inaptitude au travail** ou substituée à **pension d'invalidité** peuvent bénéficier du cumul total s'ils en remplissent les conditions (Circ. Cnav 41 du 12-12-2017).

b. La condition de liquidation de l'ensemble des pensions dues par un régime de retraite légalement obligatoire ne s'applique pas à celles dont l'**âge d'ouverture des droits est supérieur à l'âge légal** visé no 67510. Toutefois, lorsque l'assuré remplit les conditions de liquidation desdites pensions, il est tenu de les liquider s'il veut continuer à cumuler emploi et retraites (Circ. DSS 347 du 29-12-2014).

c. Depuis le 1-1-2015, la reprise d'activité dans le cadre du cumul emploi-retraite (total ou plafonné) n'ouvre **droit à aucun avantage de vieillesse,** de droit direct ou dérivé, auprès d'aucun régime légal ou rendu légalement obligatoire d'assurance vieillesse, de base ou complémentaire (CSS art. L 161-22-1 A ; Circ. Cnav 22 du 23-8-2018). Autrement dit, les cotisations sociales versées à l'occasion de la reprise d'une activité ne génèrent pas de nouveaux droits à la retraite.

67750 CSS art. L 161-22 D 161-2-6 à D 161-2-18 D 161-2-22 J-III-2250 s

Cumul emploi-retraite plafonné L'assuré qui ne remplit pas les conditions du cumul emploi-retraite total exposé n° 67745 peut tout de même reprendre une activité salariée si les **revenus** qu'il en tire, ajoutés aux pensions (de base et complémentaires, hors majoration pour tierce personne : n° 67680), ne dépassent pas la moyenne mensuelle des salaires de ses 3 derniers mois d'activité salariée, ou, si ce plafond est plus favorable à l'assuré, 160 % du Smic horaire sur la base de 1 820 heures par année civile (soit 2 487,33 € mensuels au 1-1-2021). Le cas échéant, ces revenus sont revalorisés à la date à laquelle la situation de l'assuré est appréciée, dans les conditions indiquées n° 67650. En cas de dépassement du plafond, le retraité doit en informer la ou les caisses compétentes et le service des pensions est réduit à due concurrence de ce dépassement, pouvant aboutir à une suspension du versement de la pension (Circ. Cnav 41 du 12-12-2017). Selon que l'échéance de la pension est mensuelle ou trimestrielle, la réduction s'applique à compter du mois civil ou du trimestre au cours duquel a eu lieu le dépassement de revenus. Elle cesse à compter du mois civil ou du trimestre au cours duquel les revenus sont à nouveau inférieurs au plafond.

La reprise d'activité, si elle a lieu chez le **dernier employeur,** ne peut intervenir que dans un **délai** minimum de 6 mois après la date d'entrée en jouissance de la pension. À défaut, le paiement des pensions est suspendu.

› Précisions **a.** Le dispositif de cumul plafonné concerne les assurés ayant liquidé leur pension **à compter du 1-1-2004.**

Les personnes ayant demandé leur retraite **avant cette date** sont assujetties aux dispositions en vigueur à la date d'effet de leur pension : pour pouvoir cumuler leur pension et un revenu d'activité, ces assurés doivent avoir cessé leur activité professionnelle (sous réserve des dérogations énumérées n° 67540). Ils peuvent reprendre une activité salariée chez un autre employeur ou une activité non salariée. La reprise d'activité, dans ces conditions, n'est pas soumise à un contrôle des revenus (Circ. min. 512 du 27-10-2004 ; Circ. Cnav 64 du 22-12-2004).

Les assurés ayant liquidé une **retraite anticipée** (n°s 67515 s.) après le 31-12-2004 bénéficient également du dispositif de cumul emploi-retraite plafonné.

b. Dans le mois suivant la date de la reprise d'activité salariée, l'assuré déclare sa situation par écrit à l'organisme qui lui sert sa pension. Les arrérages de pension non dus en application du dispositif de suspension donnent lieu à remboursement. Le dispositif de **contrôle des ressources** des assurés a été précisé par la Cnav (Circ. Cnav 34 du 30-4-2007 ; Circ. Cnav 41 du 12-12-2017, 2.8).

c. En cas de reprise d'activité, les salaires sont soumis aux **cotisations de sécurité sociale** dans les mêmes conditions que pour les autres salariés, bien que les retraites fassent l'objet, de leur côté, d'un précompte au profit de la sécurité sociale (n°s 68355 s.). Pour les autres cotisations sociales, voir n° 68130 (retraite complémentaire). S'agissant de savoir si ces cotisations génèrent des droits à la retraite, voir n° 67745, c.

d. En cas de **liquidation unique de** plusieurs **régimes** dits **alignés,** le régime liquidateur applique ses propres règles (Circ. Cnav 41 du 12-12-2017, 3).

67755 CSS art. L 161-22 R 161-19 D 161-2-19 à D 161-2-21 J-III-3900 s

Cas particulier des médecins et infirmiers Les médecins ou infirmiers en retraite dont la pension a pris effet **à compter du 1-11-2004** peuvent exercer des vacations dans des établissements de santé ou dans des établissements ou services sociaux et médico-sociaux. Si les revenus tirés de cette reprise d'activité dépassent le montant du **plafond** annuel de sécurité sociale (n° 90020), la pension est réduite à due concurrence. En outre, si la reprise d'activité a lieu chez le précédent employeur avant l'expiration d'un **délai** de 6 mois et que la durée totale de cette activité pendant les 6 mois suivant la date d'effet de la pension dépasse 455 heures ou 130 demi-journées, l'assuré doit rembourser les arrérages de pension correspondants (Circ. min. 512 du 27-10-2004 ; Circ. Cnav 64 du 22-12-2004).

II. DROITS DU CONJOINT SURVIVANT

67770 En cas de décès d'un assuré, son conjoint a droit à une pension de réversion s'il répond à des conditions d'âge et de ressources.

Le conjoint survivant qui ne peut pas bénéficier d'une telle pension peut prétendre, dans certains cas, à une allocation de veuvage.

Sur la pension de veuf ou de veuve à laquelle a droit le conjoint survivant d'un titulaire de droits à pension de vieillesse ou d'invalidité, qui est lui-même atteint d'une invalidité permanente, voir n° 44715.

A. Pension de réversion

BÉNÉFICIAIRES

En cas de **décès,** ou de **disparition** depuis plus d'un an d'un assuré, un droit à pension de réversion est ouvert à : 67775

CSS art. L 161-22-3 L 353-1 à L 353-3 R 353-4 J-I-10100 s J-I-10600 s

– son conjoint survivant, même s'il est remarié ;
– son ou ses précédents conjoints divorcés.

› Précisions **a.** Lorsque l'assuré décédé était **remarié,** la pension de réversion à laquelle il ouvre droit est partagée entre son conjoint survivant et le ou les précédents conjoints divorcés au prorata de la durée respective de chaque mariage, déterminée de date à date et arrondie au nombre de mois inférieur. Le partage entre tous les bénéficiaires est opéré lors de la liquidation des droits du premier qui en fait la demande. Le fait que l'un d'eux ne remplisse pas à cette date la condition de ressources (n° 67785) ne permet pas aux autres de se répartir sa fraction de pension (Cass. 2e civ. 7-4-2011 n° 10-17.222 : RJS 6/11 n° 549). En revanche, le décès d'un des bénéficiaires accroît la part des autres.

b. Les personnes ayant vécu en **union libre** ou ayant conclu un **Pacs** avec l'assuré décédé ne peuvent prétendre à une pension de réversion.

c. Le conjoint survivant reconnu coupable d'un crime ou délit appartenant à la catégorie des **atteintes volontaires à la vie,** des **atteintes volontaires ou involontaires à l'intégrité** de la personne ou encore des **agressions sexuelles** envers l'époux assuré encourt la peine complémentaire d'interdiction de percevoir la pension de réversion (C. pénal art. 221-9-2 et 222-48-3 ; CSS art. L 161-22-3).

CONDITIONS D'OBTENTION

Âge L'âge d'ouverture du droit à pension de réversion est fixé à **55 ans.** Par exception, lorsque l'assuré est décédé avant le 1-1-2009 (ou a disparu avant le 1-1-2008), l'âge minimum requis est fixé à 51 ans, quelle que soit la date de dépôt de la demande de pension de réversion (Décret 2008-1509 du 30-12-2008 art. 2, II). 67780

CSS art. L 353-1 D 353-3 J-I-10400 s

Plafond de ressources Le conjoint survivant a droit à une pension de réversion si ses **ressources personnelles** n'excèdent pas le montant annuel du Smic sur la base de 2 080 fois son taux horaire (n° 90010), soit 21 320 € au 1-1-2021. S'il vit en couple, il a droit à une pension si les ressources du ménage ne dépassent pas 1,6 fois le plafond applicable aux personnes seules, soit 34 112 € au 1-1-2021 (Circ. Cnav 40 du 22-12-2020). 67785

CSS art. L 353-1 R 353-1 D 353-1-1 J-I-11100 s

Les ressources à prendre en compte sont celles afférentes aux 3 mois civils précédant la date d'effet de la pension. Lorsqu'elles excèdent le quart du plafond ci-dessus, il leur est substitué celles afférentes aux 12 mois civils précédant cette date, qui sont alors comparées au montant annuel du plafond.

ATTENTION

Toutes les ressources personnelles du conjoint survivant (ou, le cas échéant, celles de son ménage) sont retenues pour l'application du plafond, à l'**exception** des avantages de réversion servis par un régime de retraite complémentaire, des revenus d'activité ou de remplacement de l'assuré décédé et des revenus des biens mobiliers et immobiliers acquis du chef du conjoint décédé ou disparu, ou en raison du décès ou de la disparition.

Sont donc prises en compte les ressources du conjoint survivant (ou de son ménage) issues de ses biens propres, de son travail ou de ses droits propres à retraite (de base et complémentaire) et à réversion (de base). Elles sont évaluées selon les règles retenues pour l'attribution de l'Aspa (n° 85015), dans des conditions précisées par la Cnav (Circ. Cnav 17 du 11-4-2005 modifiée par Circ. Cnav 11 du 9-2-2009, 3.1).

Si le conjoint survivant est âgé de **55 ans ou plus,** ses revenus d'activité font toutefois l'objet d'un **abattement** de 30 %.

MONTANT DE LA PENSION

Calcul La pension de réversion est égale à 54 % de la pension principale ou rente dont bénéficiait ou eût bénéficié l'assuré décédé ou disparu. Elle est **revalorisée** dans les mêmes conditions que la pension de retraite (n° 67650). 67790

CSS art. L 353-1 R 353-1-1 R 353-3 D 353-1 J-I-11750 s

› Précisions **a.** Si l'assuré n'avait **pas fait liquider sa retraite,** le montant de la pension principale servant de base au calcul de la pension de réversion est déterminé en fonction soit des paramètres applicables à la classe d'âge de l'assuré décédé lorsque ceux-ci sont connus à la date d'effet de la pension de réversion, soit des dispositions applicables aux personnes atteignant leur 57e anniversaire au cours de l'année du décès de l'assuré (Circ. Cnav 48 du 3-7-2012). Sur ces paramètres, voir le tableau récapitulatif n° 67635.

La base de calcul ne tient pas compte des majorations afférentes à la pension de retraite (nos 67665 s.). Elle fait également abstraction du minimum, entier ou au prorata, appliqué éventuellement à cette pension (n° 67655).

b. Le conjoint survivant est tenu de faire connaître à la caisse tout changement survenu dans ses ressources. La **révision** de la pension prend effet à compter du premier jour du terme d'arrérages suivant la période de 3 mois au cours de laquelle il a été constaté que les ressources sont devenues inférieures ou supérieures au quart du plafond visé n° 67785. La date de la dernière révision ne peut pas être postérieure :

– à un délai de 3 mois après la date à laquelle le conjoint survivant est entré en jouissance de l'ensemble de ses avantages personnels de retraite de base et complémentaire, sous réserve que la caisse en ait été informée par l'intéressé (Cass. 2e civ. 24-11-2016 n° 15-24.019 : RJS 2/17 n° 148) ;

– à la date à laquelle il atteint l'âge légal de départ à la retraite, lorsqu'il ne peut prétendre à de tels avantages.

67795 CSS art. L 353-1 D 353-1 J-I-11850 s

Limites La pension ne peut pas être inférieure au montant **minimum** de base fixé à 291,03 € par mois depuis le 1-1-2021 (Circ. Cnav 1 du 11-1-2021), lorsqu'elle correspond à une durée d'assurance d'au moins 15 années dans le régime général. Lorsque cette durée est inférieure à 15 années, le montant minimum de base est réduit à autant de soixantièmes que l'assuré justifiait de trimestres d'assurance. Toutefois, la pension de réversion calculée sur la base d'une pension personnelle ayant été servie sous forme de versement forfaitaire unique ne peut pas être portée à ce montant minimum.

Le montant **maximum** de la pension de réversion est fixé à 11 106,72 € par an, soit 925,56 € par mois depuis le 1-1-2021 (Circ. Cnav 4 du 25-1-2021).

Lorsque le montant de la pension de réversion, hors bonification pour enfants mentionnée ci-après, majoré des ressources personnelles du conjoint survivant ou de son ménage excède les **plafonds de ressources** visés n° 67785, la pension est réduite à due concurrence du dépassement.

67800 CSS art. L 353-5 R 353-2 R 353-9 à R 353-11 D 353-2 J-I-12000 s

Majorations pour enfant Les titulaires de la pension de réversion ont droit à la **bonification** pour enfants visée n° 67670.

En outre, la pension de réversion est majorée en cas de **charge d'enfants,** au sens de l'assurance maladie (n° 50130), lorsque son bénéficiaire n'a pas atteint l'âge requis pour bénéficier d'une pension de retraite à taux plein (n° 67615) et n'est pas titulaire d'un avantage personnel de retraite d'un régime de base obligatoire. Cette majoration, fixée, par enfant, à 98,72 € par mois depuis le 1-1-2021 (Circ. Cnav 1 du 11-1-2021), n'est attribuée qu'aux personnes **résidant** en France et ayant à leur charge un ou plusieurs enfants y résidant aussi (Cass. 2e civ. 26-5-2016 n° 14-24.228 : RJS 8-9/16 n° 595) ; elle est réduite dans les mêmes proportions que la pension de réversion en cas de dépassement du plafond de ressources. Une fois acquise avant l'âge précité, la majoration est maintenue, sans limite d'âge, aussi longtemps que les autres conditions restent satisfaites.

EXEMPLE

Conjoint survivant âgé de 56 ans, vivant seul et ayant eu 3 enfants à charge. Il occupe un emploi lui procurant un revenu mensuel de 1 000 € et ses biens propres sont évalués à 400 € mensuels. Les droits à pension de l'assuré décédé sont de 1 350 € mensuels.

Application de la condition de ressources (n° 67785) :
– salaire abattu : 1 000 – 30 % = 700 € ;
– moyenne des ressources personnelles sur 3 mois : (700 + 400) × 3 = 3 300 € ;
– plafond : 21 320/ 4 = 5 330 €.

La moyenne sur 3 mois des ressources du conjoint survivant est inférieure au quart du plafond : il a droit à une pension de réversion.

Montant de la pension de réversion (nos 67790 s.) :
– droit à pension : 1 350 × 54 % = 729 € par mois ;
– total moyen des ressources sur 3 mois : 3 300 + (729 × 3) = 5 487 €.

Le total excède le quart du plafond, la pension est donc réduite à due concurrence :
– dépassement : 5 487 – 5 330 = 157 € ;
– pension de réversion réduite : 729 – (157 / 3) = 676,67 € par mois.

Montant mensuel à servir avec la bonification pour enfants : 676,67 + (676,67 × 10 %) = 744,34 €.

67805 CSS art. L 353-6 R 353-12 à R 353-14 D 353-4 J-I-12200 s

Majoration pour âge Le conjoint survivant ayant atteint l'âge requis pour bénéficier d'une pension de retraite à taux plein (n° 67615) peut bénéficier d'une majoration de sa pension de réversion de 11,1 % si la somme de ses avantages personnels de vieillesse n'excède pas un **plafond** trimestriel fixé à 2 624, 26 € (soit 874,75 € par mois) depuis le 1-1-2021 (Circ. Cnav. 1 du 11-1-2021). À défaut, elle est réduite à due concurrence du dépassement.

En outre, le conjoint survivant ne peut bénéficier de la majoration que s'il justifie de la **liquidation des pensions** de retraite et de réversion auxquelles il peut prétendre auprès des régimes légaux ou rendus légalement obligatoires, de base et complémentaires, français et étrangers, ainsi qu'auprès des organisations internationales. Dans le cas où il ne remplit pas les conditions d'attribution d'une ou plusieurs de ses pensions à la date pour laquelle il demande le bénéfice de la majoration, il en apporte la preuve par tous moyens. La majoration est alors calculée sans tenir compte de ces pensions jusqu'au dernier jour du mois civil précédant celui au cours duquel ces conditions d'attribution sont remplies.

> Précisions a. Les **ressources** à prendre en compte sont celles des 3 mois civils précédant la date d'effet de la majoration. Elles sont appréciées selon les règles applicables à l'Aspa (n° 85015).
b. Lorsqu'un assuré a relevé de **plusieurs régimes** d'assurance vieillesse, le calcul de la majoration que son conjoint survivant peut percevoir de chacun d'eux est effectué par un seul de ces régimes en fonction des informations communiquées par les autres régimes (CSS art. R 173-17-1).

LIQUIDATION ET PAIEMENT

La pension de réversion doit être demandée, au moyen d'un **imprimé réglementaire ou en ligne** (sur le site www.info-retraite.fr), à la caisse ou l'une des caisses ayant liquidé les droits à pension du défunt, ou à celle du lieu de résidence du conjoint survivant si aucun droit n'a été liquidé (ou, en cas de résidence à l'étranger ou de remariage du défunt, à l'organisme ayant reçu ses derniers versements ou ayant liquidé ses droits). La caisse donne récépissé de la demande. Le silence ou l'absence de réponse de la caisse pendant plus de 4 mois vaut décision de rejet. **67810** CSS art. L 353-4 R 353-7 R 354-1 J-I-12300 s

En cas d'acceptation, le paiement de la pension est effectué comme celui des pensions de retraite (n° 67715).

> Précisions a. Le conjoint survivant indique la date à compter de laquelle il désire **entrer en jouissance** de la pension de réversion. Cette date est nécessairement le premier jour d'un mois et ne peut pas être antérieure au dépôt de la demande ni au premier jour du mois suivant lequel il remplit la condition d'âge visée n° 67780. Elle peut également être fixée au jour du dépôt de la demande, lorsque celui-ci intervient le premier jour d'un mois et que l'intéressé remplit, à cette date, la condition d'âge (Lettre Cnav du 5-8-2010). Lorsque la demande est déposée dans le délai d'un an qui suit le décès, la date d'entrée en jouissance peut être fixée rétroactivement au premier jour du mois qui suit le décès. La caisse informe le demandeur de ces règles.
En attendant la liquidation des droits, le bénéficiaire peut obtenir des avances s'il a des difficultés financières.
Sur les règles de **prescription, cessibilité et saisissabilité** des pensions, voir n° 67715. Sur le régime social des pensions, voir n°s 68350 s. S'agissant du régime fiscal, voir notre Mémento fiscal n°s 22340 s.
b. Les pensions de réversion ne sont pas soumises à l'obligation de **cessation d'activité** visée n° 67535 (Circ. min. 512 du 27-10-2004).

B. Allocation de veuvage

CONDITIONS D'ATTRIBUTION

L'assurance veuvage garantit au conjoint survivant un minimum de ressources lorsque celui-ci, d'une part, justifie que l'assuré décédé a été affilié à l'assurance vieillesse pendant au moins 3 mois (consécutifs ou non : Circ. Cnav 2 du 14-1-2014) au cours des 12 mois précédant celui du décès et, d'autre part, remplit les **conditions** suivantes : **67820** CSS art. L 356-1 D 356-1 à D 356-3 J-I-13500 s

- résider en France (sauf pour les conjoints de salariés expatriés relevant de l'assurance vieillesse volontaire) ;
- être âgé de moins de 55 ans ;
- ne pas vivre en concubinage, ni être remarié, ni avoir conclu un pacte civil de solidarité ;
- disposer de ressources personnelles trimestrielles inférieures à un plafond fixé à 3,75 fois le montant mensuel maximum de l'allocation, soit 2 344,875 € depuis le 1-1-2021 (Circ. Cnav 1 du 11-1-2021).

Lorsque ces ressources, ajoutées à l'allocation, excèdent le plafond, l'allocation est réduite à due concurrence.

La **demande** d'allocation doit être déposée dans un **délai** de 2 ans à compter du 1er jour du mois du décès.

MONTANT ET VERSEMENT

L'allocation est versée mensuellement et à terme échu par la caisse régionale d'assurance maladie, pendant une **durée maximale** de 2 ans. Son **montant,** revalorisé chaque année par application du coefficient de revalorisation des pensions (n° 67650), est fixé à 625,30 € mensuels depuis le 1-1-2021 (Circ. Cnav 1 du 11-1-2021). **67825**

CSS art. L 356-2 L 356-3 D 356-5 à D 356-7 J-I-13800 s

› Précisions **a.** L'assurance veuvage n'ouvre pas droit aux prestations en espèces de l'**assurance maladie et maternité.** Les veuves ou veufs bénéficient de la prise en charge de leurs frais de santé s'ils remplissent les conditions visées n° 50120.

b. Les allocations de veuvage échappent à la CSG et à la CRDS. Elles sont **incessibles** et **insaisissables** (Circ. Cnav 35 du 30-5-2001).

c. La rémunération tirée d'une **activité professionnelle** ou d'un stage de formation commencé après l'entrée en jouissance de l'allocation de veuvage peut être cumulée en totalité avec cette allocation pendant 3 mois. Pendant les 9 mois suivants, seuls 50 % de cette rémunération entrent dans les ressources prises en compte pour le calcul de l'allocation (Circ. Cnav 71 du 16-11-1999). Sur le cumul de cette allocation avec l'exonération de début d'activité, voir n° 1790.

SECTION 2 RETRAITE COMPLÉMENTAIRE

67900 J-II-100 s

Le régime de retraite complémentaire Agirc-Arrco complète **à titre obligatoire** les prestations d'assurance vieillesse du régime général pour tous les salariés relevant de ce régime, sauf exceptions. Sur les régimes de retraite supplémentaire et plans d'épargne retraite obligatoires, s'ajoutant aux régimes de base et complémentaire, voir n°s 58800 s.

› Précisions **a.** Le régime Agirc-Arrco est de **nature** purement **conventionnelle** : il est institué et régi par un accord national interprofessionnel faisant l'objet d'un arrêté interministériel d'extension et d'élargissement le rendant obligatoire dans le champ de l'assurance vieillesse du régime général de sécurité sociale (ANI 17-11-2017, étendu et élargi par arrêté du 24-4-2018). Cet accord est soumis aux articles L 911-1 et suivants du CSS (n°s 58830 s.).

Le régime Agirc-Arrco est intégré au champ d'application des **règlements communautaires** de coordination des régimes de sécurité sociale dont il applique les règles (n° 78650, a).

b. Il est **administré** par des institutions de retraite complémentaire qui perçoivent les cotisations des entreprises adhérentes, gèrent les droits des salariés et versent les prestations. Ces institutions sont regroupées au sein de la fédération Agirc-Arrco, qui assure la mise en œuvre de l'accord interprofessionnel, la compensation financière entre institutions et le contrôle de celles-ci. Gérées paritairement par des représentants des employeurs et des salariés, les institutions et fédérations sont des organismes de droit privé à but non lucratif investis d'une **mission** d'intérêt général, ce qui les fait échapper au droit interne et communautaire de la concurrence (en ce sens : Cass. soc. 10-3-1994 n° 91-11.516 : RJS 6/94 n° 780).

c. Si des mesures prévues par le régime Agirc-Arrco doivent faire l'objet d'un **accord au sein d'une entreprise,** celui-ci peut résulter d'un accord collectif ou d'un projet émanant de l'employeur et ayant fait l'objet d'une ratification à la majorité des intéressés. Ces accords ont un caractère obligatoire pour toutes les personnes visées (ANI 17-11-2017 art. 33).

I. CHAMP D'APPLICATION

CHAMP D'APPLICATION TERRITORIAL

67905 ANI 17-11-2017 art. 8 et 9 J-II-1000 s

Le régime Agirc-Arrco s'applique **de plein droit** en métropole, en Guadeloupe, Guyane, Martinique et à la Réunion, à Saint-Martin et Saint-Barthélémy et, selon des **conditions particulières,** à Saint-Pierre-et-Miquelon, en Nouvelle-Calédonie et à Monaco.

› Précisions **a.** Dans les autres territoires situés **outre-mer,** l'application de ce régime est possible mais pas obligatoire.

b. Sont **exclus du régime** Agirc-Arrco les salariés **détachés** qui travaillent en France tant qu'ils bénéficient de la dispense d'assujettissement au régime français de sécurité sociale en application du Règlement CEE 883/2004 (n° 78650, a) ou d'une convention internationale de sécurité sociale. Il a été précisé dans le cadre des anciens régimes de retraite complémentaire Agirc et Arrco que les salariés détachés non visés par ce règlement ou une convention internationale relevaient de ces régimes même s'ils bénéficiaient d'une dispense d'affiliation à l'assurance vieillesse du régime général (Circ. Agirc-Arrco 6 du 9-2-2009). Cette indication nous semble valable dans le cadre du régime Agirc-Arrco.

c. S'agissant des salariés travaillant à l'**étranger,** voir n° 78710 (détachés) et n°s 78870 s. (expatriés).

CHAMP D'APPLICATION PROFESSIONNEL

67910 Le champ d'application du régime Agirc-Arrco comprend l'ensemble des activités dont les salariés sont assujettis à titre obligatoire à l'assurance vieillesse du **régime général** de la sécurité sociale.

Il **comprend également** :
– les branches d'activité et entreprises soumises à un régime spécial de sécurité sociale, pour leur personnel non titulaire ne relevant ni de ce régime spécial ni de l'Ircantec ;
– les personnels des études de notaires et offices notariaux ne relevant pas de la CRPCEN ;
Il **ne concerne pas** les personnels bénéficiaires d'un régime de retraite complémentaire institué par voie législative ou réglementaire (Ircantec, CRPNPAC).

CSS art. L 921-1 ANI 17-11-2017 art. 6 Arrêtés 26-12-1973 et 25-6-1973 modifiés Arrêté 24-4-2018 **J-II-1150 s**

BÉNÉFICIAIRES

Le régime Agirc-Arrco concerne le personnel exerçant une activité salariée au regard de la législation de sécurité sociale. Il s'agit donc des titulaires d'un contrat de travail (y compris à temps partiel ou à durée déterminée) et des personnes qui, bien que non titulaires d'un tel contrat, ont la qualité de **salarié au sens** de la législation de la **sécurité sociale,** par exemple certains dirigeants de sociétés (n° 28605). **67915**

CSS art. L 921-1 ANI 17-11-2017 art. 1 et 5 **J-II-2050 s**

› Précisions a. L'affiliation à l'Agirc-Arrco n'est soumise à aucune condition d'**âge** ou de **nationalité** (Circ. Agirc-Arrco 1 du 9-1-2019).
b. Parmi les **catégories professionnelles** visées à l'article L 311-3 du CSS, ne relèvent pas de l'Agirc-Arrco : les mandataires d'assurance (CSS art. L 311-3, 4° : voir n° 4345), les arbitres et juges (voir n° 4445, d), les avocats salariés (n° 81860), les gens de mer, les loueurs de meublés ou de biens meubles et les particuliers prestataires de conseil et formation pour un autre particulier (définition précise de ces différentes catégories : n° 4360 ; Circ. Agirc-Arrco 1 du 9-1-2019).
c. Pour les **fonctionnaires** détachés ou mis à disposition d'un organisme de droit privé, voir n° 23685 ; les salariés sous contrat de **travail temporaire,** voir n° 82625 ; les **stagiaires,** voir n° 46090 ; les **travailleurs à domicile,** voir n° 74260 ; les titulaires d'un contrat d'**appui au projet d'entreprise,** voir n° 1835, b ; les volontaires du **service civique** et les titulaires d'un contrat de volontariat international, voir n° 46160, a ; les personnes percevant des **avantages d'une entreprise tierce,** voir n°s 22445 s.

II. ADHÉSION, AFFILIATION, RADIATION

ADHÉSION DE L'ENTREPRISE

Les entreprises relevant du régime Agirc-Arrco sont tenues d'adhérer à une **institution** de retraite complémentaire membre de la fédération Agirc-Arrco. Les **entreprises nouvelles** doivent procéder à cette adhésion lors de l'embauche de leur premier salarié. **67940**

ANI 17-11-2017 art. 17 s Annexe B **J-II-2500 s**

› Précisions a. Si le code identifiant de la convention collective applicable dans l'entreprise figure au répertoire professionnel de l'Agirc-Arrco, celle-ci relève du **domaine professionnel** et doit adhérer à l'institution désignée par ce répertoire. Dans le cas contraire, l'entreprise relève du **domaine interprofessionnel** et doit adhérer à l'institution désignée par le répertoire géographique, en fonction du département (ou de l'arrondissement pour Paris) où se situe son siège social (Circ. Agirc-Arrco 18 du 23-12-2019). Les répertoires géographiques et professionnel peuvent être consultés sur le site : http://www.agirc-arrco.fr.
Une **entreprise nouvelle** ayant des **liens avec une entreprise préexistante** peut adhérer à la même institution que celle-ci, sous certaines conditions, et sous réserve des compétences territoriales mentionnées au c.
Les **établissements nouveaux** doivent adhérer à la même institution Agirc-Arrco que l'entreprise, sous réserve des compétences territoriales. Toutefois, si l'activité principale de l'établissement relève d'une convention collective prévue au répertoire professionnel, l'entreprise peut adhérer, pour l'établissement, à l'institution désignée.
Par dérogation à ces règles, les entreprises appliquant soit à titre obligatoire soit sur option le dispositif de **versement en un lieu unique** des cotisations de sécurité sociale (n° 23880) sont tenues d'adhérer à l'institution de retraite complémentaire désignée par la commission paritaire de l'Agirc-Arrco (Circ. Agirc-Arrco 12 du 9-12-2020).
b. Les **intermittents du spectacle** relèvent de l'institution Alliance professionnelle Agirc-Arrco (Circ. Agirc-Arrco 19 du 9-12-2020). Pour les **expatriés,** voir n° 78870.
c. Les entreprises situées dans certaines **collectivités d'outre-mer** (Martinique, Guyane etc.) doivent adhérer à des institutions désignées par un répertoire spécifique. Ces compétences territoriales ne s'appliquent pas aux assistants maternels du particulier employeur.
d. Les **changements d'institutions** Agirc-Arrco sont réglementés et réservés à certains cas de modification de la situation juridique de l'entreprise (fusion, prise de participation financière, mise en location-gérance), de constitution d'une unité économique et sociale ou de changement d'activité. Les entreprises adhérant à des institutions différentes sont, pour certaines de ces opérations, tenues de regrouper leurs adhésions auprès de l'une de ces institutions. Pour d'autres opérations, le regroupement est possible mais pas obligatoire.

e. En cas de modification de la situation juridique de l'entreprise, il est parfois possible, voire obligatoire, de modifier les **conditions d'adhésion** au régime Agirc-Arrco (notamment le taux de cotisation) afin d'aligner les règles applicables à l'ensemble des salariés concernés.

AFFILIATION ET RADIATION DES BÉNÉFICIAIRES

67945 Les **formalités** d'affiliation et de radiation sont accomplies par l'employeur dans les conditions prévues par les institutions. À **défaut d'affiliation** au régime de retraite complémentaire ou en cas de déclaration de salaires minorés, le salarié peut prétendre à l'indemnisation du préjudice résultant de la perte ou de la minoration de sa retraite actuelle ou future (Cass. soc. 30-1-1974 nº 73-40.365 ; 7-6-2007 nº 05-45.211 : RJS 12/07 nº 1322).

La **demande du salarié** en dommages-intérêts relève de la responsabilité contractuelle (Cass. soc. 10-4-2002 nº 00-40.619 ; 26-4-2006 nº 03-47.525 : RJS 7/06 nº 894 ; 8-12-2010 nº 09-67.449) de sorte qu'elle semble soumise à la **prescription** de 2 ans prévue par l'article L 1471-1 du Code du travail (nº 14746).

› Précisions **a.** Le **délai de prescription** de l'action du salarié fondée sur l'obligation pour l'employeur de l'affilier à un régime de retraite complémentaire et de régler les cotisations qui en découle ne **court** qu'**à compter** de la liquidation par le salarié de ses droits à retraite (Cass. soc. 11-7-2018 nºs 17-12.605 FP-PB et 16-20.029 FP-PB : RJS 10/18 nº 641), sans que s'applique le délai butoir d'extinction de 20 ans prévu à l'article 2232 du Code civil (Cass. soc. 3-4-2019 nº 17-15.568 FP-PB : RJS 6/19 nº 386).
b. Les fonctions exercées par le salarié dans l'entreprise, ou sa propre négligence à faire valoir ses droits, peuvent toutefois atténuer ou supprimer la **responsabilité de l'employeur** (Cass. soc. 26-10-1977 nº 76-40.761 ; 23-11-2010 nº 09-42.496 : RJS 3/11 nº 271). Ce dernier peut en outre exercer un recours contre son expert-comptable s'il l'a chargé d'établir ses déclarations sociales et d'en assurer la conformité avec la législation en vigueur (CA Paris 4-12-1989 nº 88-15485 : RJS 3/90 nº 262).
c. Si le salarié a connaissance de la défaillance de l'employeur avant la liquidation de sa retraite, il peut, s'il le préfère, demander au juge d'enjoindre à l'employeur de **régulariser sa situation** auprès de l'institution de retraite. Toutefois, si le droit au paiement des salaires est prescrit, l'action du salarié en paiement par l'employeur des cotisations de retraite assises sur ces salaires l'est également (Cass. soc. 16-6-2010 nº 08-45.589 ; 22-10-2014 nº 13-16.936 : RJS 1/15 nº 70).

III. COTISATIONS

67960 J-II-4000 s
Le régime Agirc-Arrco est financé par des **cotisations de base** sur lesquelles sont calculés les droits des salariés et par des **contributions d'équilibre,** général et technique.

Sur le **régime social** de ces cotisations et contributions, voir nº 22925 (assujettissement aux cotisations de sécurité sociale), nº 84315 (au forfait social) et nº 67970 (aux cotisations Agirc-Arrco). Sur leur mention sur le **bulletin de paie,** voir nº 70790.

RÉMUNÉRATIONS ASSUJETTIES

67970 ANI 17-11-2017 art. 30 et 31 J-II-4250 s
Les cotisations Agirc-Arrco sont en principe calculées sur les éléments de rémunération entrant dans l'**assiette** des cotisations de **sécurité sociale** définie à l'article L 242-1 du CSS sous réserve des tempéraments suivants :

– les **contributions patronales de retraite** versées aux institutions Agirc-Arrco sont entièrement exclues de l'assiette des cotisations à ces régimes, même pour la part pouvant entrer dans l'assiette des cotisations de sécurité sociale (nº 22925). En revanche, les contributions patronales de retraite supplémentaire ou de prévoyance complémentaire soumises à cotisations de sécurité sociale (nºs 22930 s.) sont assujetties aux cotisations Agirc-Arrco ;

– les cotisations de retraite complémentaire sont calculées sur la rémunération réelle, même lorsque les **cotisations de sécurité sociale** sont assises sur une **base forfaitaire,** pour les catégories suivantes uniquement : artistes du spectacle et mannequins travaillant pour des employeurs occasionnels ; personnels des centres de vacances ou de loisirs ; formateurs occasionnels ; personnels exerçant une activité dans le cadre d'une personne morale à objet sportif, d'une association de jeunesse ou d'éducation populaire ; vendeurs par réunions à domicile à temps choisi ; vendeurs-colporteurs et porteurs de presse ;

– dans certaines situations, les cotisations Agirc-Arrco sont calculées sur un **salaire fictif** indépendant du montant servant à calculer les cotisations de sécurité sociale. Tel est le cas pour les expatriés (nº 78875) et pour certaines situations d'inactivité totale ou partielle : congé de reclassement (nº 48465, c), chômage (nº 68310), temps partiel avec cotisations sur temps plein (nº 77505), préretraite (nº 68295), congés familiaux (nº 12075), créateur d'entreprise (nº 1760, a), réduction de la rémunération ou du temps de travail (nºs 68300 s.).

> Précisions **a.** Pour les salariés ouvrant droit à une **déduction** forfaitaire spécifique pour **frais professionnels,** l'assiette des cotisations Agirc-Arrco suit les règles de calcul des cotisations de sécurité sociale, y compris le plafonnement du montant de la déduction et, en cas d'option pour son application, l'inclusion des indemnités pour frais professionnels dans l'assiette des cotisations, sauf dérogations : voir n°s 22770 s. Pour les **journalistes** : voir n° 46470 et n° 46570.

b. Pour les redevances de **location-gérance,** voir n°s 79940 s. En cas de **maladie,** maternité ou invalidité, voir n° 68285, d'**activité partielle,** voir n° 68305. Pour les **apprentis,** voir n°s 3430 s. Pour les **retraités** reprenant une activité salariée, voir n° 68130. Pour les sommes ou **avantages alloués par une entreprise tierce,** voir n°s 22445 s.

TRANCHES DES RÉMUNÉRATIONS ASSUJETTIES

67975 ANI 17-11-2017 art. 32 J-II-4500 s

Les cotisations sont prélevées sur 2 tranches de rémunération :
– la **tranche 1** ou T1 comprenant les éléments de rémunération ne dépassant pas le plafond annuel de la sécurité sociale (Pass), soit 41 136 € en 2021 ;
– la **tranche 2** ou T2, correspondant à la part de la rémunération comprise entre 1 et 8 fois ce plafond, soit entre 41 136 et 329 088 € en 2021.

Les tranches à retenir sont déterminées dans les mêmes conditions que le plafond applicable pour le calcul des cotisations de sécurité sociale : voir n°s 23355 s.

> Précisions **a.** Les limites des tranches sont proratisées pour les salariés à **temps partiel** (n° 77475), sauf option pour le calcul des cotisations sur un salaire temps plein (n° 77505). De même, pour les salariés à **employeurs multiples,** les limites des tranches sont proratisées selon le prorata « rémunérations » (n° 23390). Pour les salariés à temps partiel à employeurs multiples, l'employeur peut pratiquer le prorata « temps partiel », ou le prorata rémunérations (Circ. Agirc-Arrco 1 du 9-1-2019).

b. Pendant la période de **préavis,** le salarié continue d'être affilié et de cotiser au régime Agirc-Arrco. En cas d'inexécution, les indemnités compensatrices de préavis donnent lieu au versement des cotisations dans les mêmes conditions que les salaires proprement dits. Si elles sont versées globalement, elles n'en sont pas moins considérées comme servies aux échéances normales de paie pour la perception des cotisations (en ce sens : Circ. Arrco 29 du 21-7-1988 ; Délib. Agirc D 3).

c. Le plafond de la tranche 2 des **sportifs professionnels** est fixé à 6 Pass pour 2021 et 2022, 7 Pass pour 2023 et 2024 et 8 Pass à compter de 2025 (Circ. Agirc-Arrco 20 du 22-12-2020). Sur les règles applicables aux **pigistes,** voir n° 46570.

d. Les entreprises ou les secteurs professionnels appliquant, au 31-12-2018, des **assiettes ou** des **taux** de cotisation **supérieurs** à ceux définis ci-dessus et n° 67980, en application d'une obligation (adhésion, accord collectif...) née antérieurement au 2-1-1993 continuent à les appliquer. Ces conditions dérogatoires d'adhésion font l'objet d'une **conversion** pour tenir compte des règles de droit commun (Circ. Agirc-Arrco 1 du 9-1-2019). Ils peuvent néanmoins revenir aux assiettes et taux de droit commun, en optant pour l'une des solutions techniques définies par l'ANI du 17-11-2017.

e. Les règles de **rattachement** des sommes versées au salarié à une **période d'emploi** pour la détermination des taux et plafonds qui leur sont applicables sont précisées par les circulaires Agirc-Arrco 9 du 27-10-2017 et 1 du 10-1-2020. Ces circulaires reprennent les règles applicables aux cotisations de sécurité sociale (n°s 23590 s.) sauf pour les sommes versées au titre ou à l'occasion d'une rupture du contrat de travail intervenue avant le 1-1-2018.

f. En cas de **fusion,** d'**absorption** ou de **cession d'entreprises** donnant lieu à la création d'un seul établissement, les taux et assiettes de cotisations doivent être unifiés dans les conditions prévues par l'ANI du 17-11-2017. Cette unification est également possible dans d'autres situations, telles que la reconnaissance d'une unité économique et sociale.

COTISATION DE BASE

67980 ANI 17-11-2017 art. 34 à 36 J-II-4800 s

Les **taux** de la cotisation de base applicables aux tranches 1 (T1) et 2 (T2) sont indiqués dans le tableau ci-dessous. Sur l'application de taux plus élevés, voir n° 67975, d.

	Cotisation de base (1)	
	T1	T2
Part patronale	4,72	12,95
Part salariale	3,15	8,64
Total	7,87	21,59

(1) Un pourcentage d'appel, fixé à 127 %, est appliqué aux taux de la cotisation de base, sans que les sommes correspondantes entraînent l'inscription de points aux comptes des adhérents. Il est pris en compte dans les chiffres du tableau.

CONTRIBUTIONS D'ÉQUILIBRE

67985 ANI 17-11-2017 art. 37 J-II-5000 s

Les entreprises et salariés sont redevables d'une contribution d'équilibre générale et d'une contribution d'équilibre technique, **non génératrices de points,** destinées au financement des opérations du régime, dont les taux sont indiqués ci-après. La contribution d'équilibre technique n'est **due que** pour les assurés dont la rémunération excède le plafond de la sécurité sociale.

	Contribution d'équilibre général (CEG)		Contribution d'équilibre technique (CET)	
	T1 (1)	T2 (1)	T1	T2
Part patronale	1,29	1,62	0,21	0,21
Part salariale	0,86	1,08	0,14	0,14
Total	2,15	2,70	0,35	0,35

(1) En Nouvelle-Calédonie, jusqu'au 31-12-2023, la CEG s'élève à 1,88 % sur la T1 et 1,16 % sur la T2 (Circ. Agirc-Arrco 1 du 9-1-2019).

RÉPARTITION DES COTISATIONS

67990 ANI 17-11-2017 art. 38 et 39 J-II-5300 s

Les cotisations sont prises en charge par l'**employeur** à hauteur de 60 % et par le **salarié** à hauteur de 40 %.

Les employeurs peuvent appliquer une répartition plus favorable pour les salariés. Sur le régime social applicable à la fraction de la cotisation salariale prise en charge par l'employeur, voir nº 22925,b et nº 67970.

› Précisions Ces dispositions **ne s'imposent pas** :
– aux entreprises visées par une convention ou un accord collectif de branche antérieur au 25-4-1996 prévoyant une répartition différente ;
– à celles qui conservent la répartition qu'elles appliquaient au 31-12-1998 ;
– à celles issues de la transformation de plusieurs entreprises appliquant une répartition différente, qui peuvent, en accord avec leur personnel, conserver la répartition qui était appliquée dans l'entreprise, partie à l'opération, dont l'effectif de cotisants est le plus important.

Les entreprises concernées peuvent conserver leurs conditions particulières d'adhésion en leur appliquant une **conversion** pour tenir compte des règles ci-dessus (Circ. Agirc-Arrco 1 du 9-1-2019).

EXONÉRATIONS

67995 Les cotisations de retraite complémentaire Agirc-Arrco sont exclues du champ de l'exonération de début d'activité de **création ou de reprise d'entreprise.** Les bénéficiaires de l'aide à la création ou la reprise d'entreprise peuvent toutefois demander le calcul de leurs cotisations Agirc-Arrco selon des **modalités particulières** (nº 1760, a).

Les cotisations Agirc-Arrco **entrent,** en revanche, dans le champ de la réduction générale de cotisations patronales (nºs 1880 s.), de l'exonération au titre des aides à domicile (nº 33480) et de celle spécifique aux établissements situés dans les départements d'outre-mer (dispositif « Lodeom »). Les **modalités d'application** de ces exonérations aux cotisations Agirc-Arrco sont précisées par la circulaire Agirc-Arrco 19 du 23-12-2019 et l'instruction interministérielle 141 du 19-12-2019 (opposable).

PAIEMENT DES COTISATIONS

68000 ANI 17-11-2017 art. 44 et 45 J-II-7800 s

Périodicité et modalités L'employeur est responsable, sauf exception, du versement des cotisations salariales et patronales. Ce versement est **mensuel pour** les entreprises de plus de 9 salariés. Les autres entreprises sont tenues, sauf option contraire, à un versement trimestriel.

Les cotisations donnent lieu à une **régularisation** progressive comme les cotisations de sécurité sociale : voir nº 23420 (Circ. Agirc-Arrco 1 du 9-1-2019).

Le **CSE** des entreprises d'au moins 300 salariés doit être informé des retards de paiement : voir nº 9247.

› Précisions a. Les cotisations calculées chaque mois civil sont **exigibles** dès le premier jour du mois civil suivant, celles calculées chaque trimestre civil dès le premier jour du trimestre civil suivant. Le **versement** doit être effectif au plus tard le 25 du mois ou le jour ouvré qui suit (Circ. Agirc-Arrco 1 du 9-1-2019).
b. Pour payer ses cotisations, l'employeur doit **déclarer** la masse salariale et le montant des cotisations via la DSN (nºs 24005 s.). En

l'absence de déclaration, les cotisations sont estimées sur la base de la dernière assiette déclarée ayant fait l'objet d'un calcul de cotisations. L'assiette des cotisations est régularisée après production de la déclaration.
Des dispositifs de **guichet unique** allègent les obligations de certaines catégories d'employeurs : voir nos 24030 s.
Un service facultatif de paiement en ligne des cotisations de retraite et prévoyance complémentaires, **Cotizen,** a par ailleurs été mis en place (www.cotizen.fr).
c. Les entreprises n'employant que du personnel saisonnier, des apprentis ou des enseignants contractuels de l'enseignement agricole privé, n'ayant **aucun salarié permanent** et dont le montant annuel de cotisations n'excède pas 1 500 € peuvent être autorisées à verser leurs cotisations annuellement.
d. Les entreprises doivent **payer** leurs cotisations Agirc-Arrco soit **par entreprise** soit par établissement. Des dispositions spécifiques sont prévues pour les entreprises et établissements concernés par les compétences territoriales ou professionnelles des institutions Agirc-Arrco (Circ. Agirc-Arrco 6 du 4-3-2019). Sur les entreprises versant en un lieu unique leurs cotisations de sécurité sociale, voir n° 67940.
e. Sur les conséquences de l'octroi d'un **délai de paiement,** à une entreprise en difficulté, par un organisme de recouvrement des cotisations de sécurité sociale, voir n° 23960.
f. À compter du 1-1-2022, le **recouvrement** et le contrôle des cotisations Agirc-Arrco seront **transférés** des institutions de retraite complémentaire aux Urssaf. Cette date pourra être avancée ou reportée dans la limite de 2 ans (Loi 2019-1446 du 24-12-2019, art. 18, I-6° et 7°).

Contrôle et sanctions Les Urssaf peuvent, dans le cadre de leurs **contrôles,** vérifier l'assiette, le taux et le calcul des cotisations de retraite complémentaire obligatoire pour le compte des institutions gestionnaires de ces régimes. Le résultat de ces vérifications est transmis aux institutions aux fins de recouvrement (CSS art. L 243-7). La procédure applicable est désormais unique, quelles que soient les cotisations concernées, voir n° 24263. 68005 ANI 17-11-2017 art. 45 J-II-8500 s
Le paiement tardif des cotisations est passible de **majorations de retard.** Les institutions peuvent accorder des **remises** totales ou partielles de ces majorations.

> **Précisions a.** Le **taux** des majorations est égal à 0,60 % par mois ou fraction de mois de retard à compter de la date d'exigibilité, pour les cotisations versées tardivement au cours de l'année 2021. Les majorations sont au moins égales en 2021 à 90 € pour une périodicité trimestrielle, et 30 € pour une périodicité mensuelle (Circ. Agirc-Arrco 16 du 16-12-2020). Mais si ce minimum est supérieur aux cotisations dues, les majorations sont calculées suivant les dispositions de droit commun, sans pouvoir être inférieures au montant des cotisations dues.
> **b.** Sur le **transfert** du contrôle des cotisations Agirc-Arrco **aux Urssaf,** voir n° 68000, f.

Contentieux L'**action de l'institution** de retraite en **paiement des cotisations** est soumise à la prescription de 5 ans prévue par les articles 2224 du Code civil et L 110-4 du Code de commerce. À notre sens, l'**action de l'employeur** en paiement par le salarié de la **part salariale** des cotisations se prescrit quant à elle par 3 ans en application de l'article L 3245-1 du Code du travail (n° 70815). 68010 J-II-9100 s
Sur la prescription de l'**action du salarié** fondée sur l'obligation de l'employeur d'affilier son personnel à un régime de retraite complémentaire et de régler les cotisations en découlant, voir n° 67945.

Procédures collectives En cas de procédure de conciliation, de sauvegarde, de redressement ou de liquidation judiciaire, les principes exposés n° 24067 et n° 24655 sont applicables aux cotisations de retraite complémentaire. 68015 CSS art. L 922-7 J-II-8870

IV. PRESTATIONS

En contrepartie des cotisations acquittées, le régime Agirc-Arrco verse des pensions de **retraite** à ses anciens participants (nos 68105 s.) et des pensions de **réversion** aux conjoints survivants (nos 68210 s.) et aux orphelins de père et de mère (nos 68240 s.). 68100 J-II-10500 s.
Chaque institution de retraite dispose d'un **fonds social.** Alimenté par un prélèvement sur les cotisations, il permet d'attribuer des aides financières exceptionnelles au profit des salariés en activité, en invalidité, au chômage ou à la retraite, de leurs ayants droit ou de leurs conjoints survivants.

A. Pension de retraite

1. ÂGE DE LA RETRAITE

68105 ANI 17-11-2017 art. 84 J-II-11760 s.

Le participant au régime Agirc-Arrco peut bénéficier de sa pension sans abattement dès lors qu'il a atteint l'**âge** visé à l'article L 351-8, 1° du CSS (voir n° 67615).

Pour la **retraite progressive,** voir n°s 67735 s. et n° 68140.

ANTICIPATION SANS ABATTEMENT

68110 ANI 17-11-2017 art. 84

La **liquidation** d'une pension d'assurance vieillesse de base **à taux plein** permet de liquider les allocations Agirc-Arrco sans abattement avant l'âge visé n° 68105. Cette possibilité vise les assurés faisant liquider leur pension d'assurance vieillesse à taux plein en application des règles exposées nos 67610 à 67625 et ceux bénéficiant d'un départ anticipé dans le cadre des dispositifs longue carrière (n° 67515), handicapés (nos 67525 et 67625, c) et incapacité permanente (n° 67530).

Voir cependant n° 68160 sur l'application d'un **coefficient temporaire de solidarité** pendant les premières années de retraite.

ANTICIPATION AVEC ABATTEMENT

68115 ANI 17-11-2017 art. 84 s J-II-11850 s.

La liquidation des allocations de retraite complémentaire peut être demandée au plus tôt **10 ans avant** l'âge visé n° 68105. Les points de retraite inscrits au compte de l'intéressé sont alors affectés d'un coefficient d'anticipation définitif qui varie comme suit en fonction de l'âge à la date d'effet de la retraite.

Par **dérogation,** les mineurs de fond et les personnes dites à « carrière courte » peuvent, sous certaines conditions, bénéficier d'une absence de coefficient d'anticipation ou d'un coefficient plus favorable. S'agissant du cas où l'assuré bénéficie d'une retraite progressive, voir n° 68140.

Âge visé n° 68105	Coefficient d'anticipation	Âge visé n° 68105	Coefficient d'anticipation
moins 10 ans	0,43	moins 5 ans	0,78
moins 9 ans 3 trimestres	0,4475	moins 4 ans 3 trimestres	0,7925
moins 9 ans 2 trimestres	0,465	moins 4 ans 2 trimestres	0,805
moins 9 ans 1 trimestre	0,4825	moins 4 ans 1 trimestre	0,8175
moins 9 ans	0,5	moins 4 ans	0,83
moins 8 ans 3 trimestres	0,5175	moins 3 ans 3 trimestres	0,8425
moins 8 ans 2 trimestres	0,535	moins 3 ans 2 trimestres	0,855
moins 8 ans 1 trimestre	0,5525	moins 3 ans 1 trimestre	0,8675
moins 8 ans	0,57	moins 3 ans	0,88
moins 7 ans 3 trimestres	0,5875	moins 2 ans 3 trimestres	0,89
moins 7 ans 2 trimestres	0,605	moins 2 ans 2 trimestres	0,9
moins 7 ans 1 trimestre	0,6225	moins 2 ans 1 trimestre	0,91
moins 7 ans	0,64	moins 2 ans	0,92
moins 6 ans 3 trimestres	0,6575	moins 1 an 3 trimestres	0,93
moins 6 ans 2 trimestres	0,675	moins 1 an 2 trimestres	0,94
moins 6 ans 1 trimestre	0,6925	moins 1 an 1 trimestre	0,95
moins 6 ans	0,71	moins 1 an	0,96
moins 5 ans 3 trimestres	0,7275	moins 3 trimestres	0,97
moins 5 ans 2 trimestres	0,745	moins 2 trimestres	0,98
moins 5 ans 1 trimestre	0,7625	moins 1 trimestre	0,99

2. CESSATION D'ACTIVITÉ

Sauf retraite progressive (nº 68140), la liquidation de la retraite complémentaire Agirc-Arrco est subordonnée à la **cessation des activités salariées et non salariées,** comme dans les régimes de base (nº 67535). L'intéressé doit s'engager à **avertir** son institution de retraite complémentaire de toute reprise d'activité salariée ou non salariée. **68125** ANI 17-11-2017 art. 86

Cependant, la poursuite d'**activités autorisées** dans le cadre du régime de base, visées nº 67540, ne fait pas échec à la liquidation de la pension de retraite complémentaire.

REPRISE D'ACTIVITÉ SALARIÉE APRÈS LIQUIDATION

Si le participant remplit les conditions indiquées nº 67745, il peut cumuler **sans limitation** de montant ses revenus salariés et sa retraite complémentaire Agirc-Arrco. **68130** ANI 17-11-2017 art. 89 à 91

S'il ne remplit pas ces conditions, le service de l'allocation Agirc-Arrco est maintenu si la somme des revenus issus de la reprise d'activité salariée et des pensions et allocations de retraite perçues demeure inférieure à l'une des 3 **limites** suivantes (la solution la plus favorable s'applique) :

– 160 % du Smic sur une base de 1 820 heures ;
– dernier salaire normal d'activité revalorisé en fonction du salaire moyen des cotisants du régime Agirc-Arrco ;
– salaire moyen revalorisé des 10 dernières années d'activité.

L'activité s'entend de celle qui a donné lieu à cotisations (Circ. Agirc-Arrco 2 du 20-1-2020, fiche 3, II-2). Si la dernière activité est atypique (préretraite progressive, temps partiel…), le salaire servant de référence est celui correspondant à une activité à temps plein. En cas de dépassement, la retraite complémentaire est suspendue.

Les **cotisations patronales et salariales** dues sur les rémunérations ne sont pas génératrices de points pour l'intéressé, que les allocations soient ou non suspendues, sauf exceptions (Circ. Agirc-Arrco 2 du 20-1-2020, fiche 3, II-2).

RETRAITE PROGRESSIVE

Le salarié exerçant une activité à temps partiel dans le cadre du dispositif de retraite progressive du régime de base (nºs 67735 s.) reçoit une partie de son **allocation** de retraite complémentaire calculée par application du même **taux** que celui retenu par ce régime (nº 67740). Cette allocation est affectée d'un **coefficient d'anticipation** spécifique temporaire si la durée d'assurance du salarié est inférieure à celle permettant un taux plein dans le régime de base. **68140** ANI 17-11-2017 art. 88

Une **liquidation complémentaire** intervient lors de la cessation totale d'activité. Elle tient compte des points de retraite acquis avant la retraite progressive (sans application du coefficient d'anticipation spécifique), et de ceux acquis pendant celle-ci avec les cotisations versées sur le salaire de l'activité à temps partiel, le total étant affecté, le cas échéant, du coefficient d'anticipation visé nºs 68115 s.

Le salaire de l'activité à temps partiel est soumis aux **cotisations** salariales et patronales de retraite complémentaire dans les conditions de droit commun.

> **Précisions a.** Le salarié en retraite progressive peut opter pour un calcul des cotisations sur le salaire à temps plein (Circ.Agirc-Arrco 2 du 20-1-2020, fiche 3, II-2).
> **b.** La fraction de **pension** de retraite complémentaire est soumise aux **cotisations** visées nºs 68350 s.

3. MONTANT DE LA RETRAITE

NOMBRE DE POINTS ACQUIS

Chaque participant dispose d'un **compte de points de retraite** complémentaire : **68150** ANI 17-11-2017 art. 28, 50 s **J-II-10200 s.**

– certains sont inscrits au titre d'une période d'activité dans une entreprise en contrepartie du versement des cotisations. Le nombre de points à inscrire correspond au montant des cotisations divisé par la **valeur d'achat du point** de l'année considérée, cette valeur étant revalorisée chaque année. Elle est fixée à 17,3982 € en 2020 (ANI 10-5-2019 art. 2 ; Circ. 14 du 16-10-2019) ;
– d'autres sont attribués sans contrepartie de cotisations au titre de certaines périodes particulières.

Le compte comprend l'ensemble des points acquis par le participant tout au long de sa carrière dans une ou plusieurs entreprises relevant du régime, y compris pour les périodes antérieures au 1-1-2019.

> Précisions a. Dans le cadre du **régime unifié Agirc-Arrco** mis en place depuis le **1-1-2019,** tous les points Agirc et Arrco inscrits aux comptes des participants au 31-12-2018 ont été, à effet du 1-1-2019, convertis en points de retraite du nouveau régime (ANI 17-11-2017 art. 52).

Si les participants bénéficiaient, avant le 1-1-2019, d'une pension au titre des régimes Agirc et/ou Arrco, le nombre de points du nouveau régime correspondant à cette pension a été obtenu en divisant son montant par la valeur de service du point du régime. Les fractions de pension correspondant à une majoration pour enfant, déterminées par un montant en euros, n'ont pas donné lieu à conversion en points de retraite du régime complémentaire, leur service étant maintenu dans les mêmes conditions.

Lorsque les points n'ont pas encore été liquidés à effet du 1-1-2019 :

– les points Arrco ont été convertis à raison d'un point du nouveau régime pour un point Arrco ;

– les points Agirc ont été convertis en points du nouveau régime en leur appliquant le quotient entre la valeur de service de l'Agirc au 31-12-2018 et la valeur de service de l'Arrco à cette même date, soit 0,347791548 (0,4378/1,2588). Ce nombre est arrondi à 2 décimales (Circ. Agirc-Arrco 2 du 20-1-2020).

b. Donnent lieu à l'**attribution gratuite de points** de retraite :

– les périodes de maladie, maternité ou accident supérieures à 2 mois (voir n° 68285) et certaines périodes de préretraite (n° 68295) ;

– certaines périodes d'activité partielle ou de chômage total (n°s 68305 s.), de détention provisoire ou de rappel sous les drapeaux (Circ. Agirc-Arrco 2 du 20-1-2020, fiche 2, II) ;

– les emplois exercés dans des entreprises qui n'étaient pas, à l'époque, encore assujetties aux régimes Agirc et Arrco.

c. Sauf exception, si les **cotisations** n'ont **pas été versées** à l'Agirc-l'Arrco par la faute de l'entreprise, le participant peut bénéficier néanmoins des points correspondants en justifiant que le précompte de la cotisation salariale a bien été effectué et que la période en cause a été validée par la sécurité sociale (Circ. Agirc-Arrco 2 du 20-1-2020, fiche 2, I-1).

d. Les participants ayant procédé auprès du régime général au rachat de périodes d'**études supérieures** ou au titre d'**années incomplètes** peuvent acquérir des points au titre du régime Agirc-Arrco. Le nombre de points rachetés ne peut pas excéder 140 points par an, dans la limite de 3 ans (ANI du 17-11-2017 art. 46 s. ; Circ. Agirc-Arrco 2 du 20-1-2020, fiche 2, III).

e. Sur la validation, moyennant cotisations, de périodes de privation d'emploi des anciens **dirigeants sociaux,** voir n° 28605.

CALCUL DU MONTANT DE L'ALLOCATION

68155 ANI 17-11-2017 art. 92 J-II-12500 s.

L'allocation est calculée en multipliant le **nombre de points** inscrits au compte du participant, à la date de la liquidation de ses droits, par la **valeur de service du point** de retraite du régime. Ce montant peut donner lieu à majoration pour enfant ou pour ancienneté (n°s 68160 s.).

L'allocation est **revalorisée** chaque 1er novembre en fonction de l'évolution de la valeur de service du point. Au 1-11-2020, cette valeur est fixée à 1,2714 € (ANI 10-5-2019 art. 1 ; Circ. Agirc-Arrco 22 du 31-12-2020).

COEFFICIENTS TEMPORAIRES

68160 ANI 17-11-2017 art. 98 à 100 J-II-13100 s.

Les **participants nés à partir du 1-1-1957** se voient appliquer sur le montant de leur allocation de retraite complémentaire un **coefficient de solidarité** annuel de 0,90 pendant une durée de 3 ans, dans la limite de 67 ans. Ce coefficient n'est **pas appliqué** à ceux qui liquident leur pension de retraite complémentaire 4 trimestres calendaires au-delà de la date à laquelle ils ont rempli les conditions d'obtention du taux plein dans un régime de base. Il ne s'applique pas non plus ou est atténué pour les participants disposant de revenus modestes ou dans une situation particulière.

Les participants nés à partir du 1-1-1957 liquidant leur pension de retraite complémentaire au moins 8 trimestres calendaires au-delà de la date à laquelle ils ont rempli les conditions d'obtention du taux plein dans un régime de base se voient appliquer, pendant une année suivant la date de la liquidation de leur retraite complémentaire, un **coefficient majorant** sur le montant de celle-ci dans les conditions suivantes : coefficient de 1,1 pour un participant ayant décalé la liquidation de ses droits d'au moins 8 trimestres calendaires, 1,2 pour 12 trimestres, et 1,3 pour 16 trimestres (ANI 17-11-2017 art. 99).

> Précisions a. Le **coefficient de solidarité** annuel est fixé à **0,95** pendant 3 ans pour les participants ayant liquidé leur retraite de base au taux plein et assujettis à la **CSG à taux réduit** sur leur pension de retraite complémentaire (voir n° 25270).

Il **ne s'applique pas** aux participants :

– ayant liquidé leur retraite de base au taux plein et **exonérés de CSG** sur leur pension de retraite complémentaire dans les conditions exposées n° 25270 ;

– ayant liquidé leur retraite de base au taux plein avant l'âge légal d'ouverture des droits à la retraite de base dans le cadre du dispositif réservé aux **personnes handicapées** (n° 67525) et de la **préretraite amiante** (n° 57270) ;

– ayant liquidé leur retraite au taux plein dans le régime de base dès l'âge légal de la retraite,

visés à l'article L 351-8, 1° ter à 5° du CSS (sont visés certains salariés **inaptes,** assurés handicapés et anciens déportés notamment) ;
– bénéficiant du taux plein dès 65 ans dans le régime de base compte tenu de leur **situation familiale,** visés n° 67620 ;
– bénéficiant d'une **pension d'invalidité** de 2e ou 3e catégories ou ayant bénéficié de **l'allocation adulte handicapé** (ANI 10-5-2019 art. 7.2) ;
– ayant bénéficié, à la veille de leur retraite à taux plein, de l'**allocation spécifique de solidarité** ou s'étant vus reconnaître une **incapacité permanente partielle** de 20 % ou plus à la suite d'un accident du travail ou de trajet ou d'une maladie professionnelle (ANI 10-5-2019 art. 7.2) ;
Le coefficient de solidarité ne s'applique pas non plus aux **participants, nés à compter du 1-11-1957,** qui remplissaient les conditions pour bénéficier d'une retraite de base à taux plein avant le 1-1-2019, mais liquident leur pension depuis cette date.
b. Pour les participants en **retraite progressive,** les conditions d'application des coefficients sont appréciées à la date de la liquidation définitive de la retraite de base.

MAJORATIONS POUR ENFANTS

Le régime Agirc-Arrco accorde les majorations suivantes (non cumulables entre elles) : 68165 ANI 17-11-2017 art. 93 à 96 J-II-12640 s.
– majoration de 5 % par enfant à charge à la date d'effet de la retraite, versée aussi longtemps que l'**enfant** reste **à charge** ;
– ou majoration pour au moins 3 **enfants nés ou élevés** à la date d'effet de la retraite. Son montant est calculé comme suit :

	Points obtenus avant 1999	Points obtenus entre 1999 et 2011	Points obtenus à partir de 2012	
Majoration Arrco	Si une majoration pour enfant né ou élevé est prévue par un règlement d'un ancien régime Arrco : 10 % pour 3 enfants, 15 % pour 4, 20 % pour 5, 25 % pour 6 et 30 % pour 7. Si les droits n'ont pas été inscrits dans les comptes des participants avant la liquidation de la pension : 5 %.	5 %	**Majoration Arrco, Agirc et Agirc-Arrco**	10 %
Majoration Agirc	8 % pour 3 enfants, 12 % pour 4, 16 % pour 5, 20 % pour 6 et 24 % pour 7 et plus		**Majoration Arrco, Agirc et Agirc-Arrco**	10 %

› Précisions **a.** Par **enfant,** il convient d'entendre l'enfant dont l'allocataire est le parent au sens de l'article 310-1 du Code civil ou le tuteur ou qu'il a élevé pendant 9 ans avant l'âge de 16 ans. Est considéré comme à charge : l'enfant de moins de 18 ans ; l'enfant invalide quel que soit son âge si l'état d'invalidité a été constaté avant 21 ans ; l'enfant de moins de 25 ans s'il est étudiant, apprenti ou demandeur d'emploi non indemnisé. La notion d'invalidité est précisée par la circulaire Agirc-Arrco 2 du 20-1-2020 (fiche 4, II-1).
b. Pour les participants nés à partir du 2-8-1951, la majoration pour enfants nés ou élevés est soumise à un plafond fixé à 2 071,58 € au 1-1-2019 et revalorisé en fonction de l'évolution de la valeur du point Agirc-Arrco (soit en principe une revalorisation à 2 092,29 € au 1-11-2019 et une absence de revalorisation au 1-11-2020). Le montant du plafond applicable est celui en vigueur à la date d'effet de la retraite (Circ. Agirc-Arrco 2 du 20-2-2020, fiche 4, II-2).
c. Les majorations pour enfants à charge et pour enfants nés ou élevés ne se **cumulent** pas, seule la plus élevée est accordée. Le participant cessant de bénéficier de la majoration pour enfant à charge bénéficie, s'il remplit les conditions, de celle pour enfants nés ou élevés.

4. LIQUIDATION ET PAIEMENT

DEMANDE

Les droits sont liquidés sur demande du participant, **adressée** à la dernière institution Arrco ou Agirc d'affiliation ou au Cicas du lieu de résidence (adresse disponible sur le site de ces régimes : www.agirc-arrco.fr). Si la dernière période de la carrière a été inférieure à 3 ans, 68170

ANI 17-11-2017 art. 101 s Annexe B art. 6 J-II-14900 s. la liquidation incombe à l'institution compétente pour la plus longue durée ayant donné lieu à inscription de droits.

Les demandes de retraite Agirc-Arrco peuvent être initiées sur le site www.agirc-arrco.fr.

ATTENTION

Compte tenu de la durée des opérations de liquidation, il est conseillé de déposer sa demande de retraite au moins **4 mois avant** la date prévue pour le départ à la retraite. Une fois déposée, la demande de retraite a un **caractère définitif** et irrévocable.

Les **employeurs** sont tenus de délivrer toutes pièces et tous documents justificatifs permettant aux intéressés de faire valoir leurs droits.

DATE D'EFFET DE L'ALLOCATION

68175 ANI 17-11-2017 art. 103 J-II-15000 s. L'allocation de retraite prend effet au premier jour du mois civil qui suit celui au cours duquel la **demande** de liquidation a été déposée, dès lors que les conditions d'ouverture des droits sont réunies.

› Précisions **a.** Si la demande est déposée dans les 3 mois suivant la notification de la pension vieillesse du **régime de base,** la date d'effet de l'allocation est celle retenue pour cette pension.
b. Si la demande est déposée au plus tard le dernier jour du trimestre civil suivant celui au cours duquel l'intéressé : a atteint l'**âge** visé nº 68105 ; a **cessé son activité** professionnelle ; ou a **cessé d'être indemnisé** au titre d'une situation de chômage ou d'incapacité de travail, la date d'effet de l'allocation est fixée au premier jour du mois civil suivant cet âge ou la cessation d'activité ou d'indemnisation (Circ. Agirc-Arrco 2 du 20-2-2020, fiche 5).

PAIEMENT

68180 ANI 17-11-2017 art. 106 et 107 J-II-15200 s. Les pensions sont **versées** mensuellement à terme à échoir, c'est-à-dire d'avance.

À chaque paiement, l'institution **précompte,** s'il y a lieu, la cotisation de sécurité sociale sur les retraites (nos 68355 s.), la contribution additionnelle de solidarité (nº 68380), la CSG et la CRDS (nos 25265 s.) et, pour certains non-résidents, la retenue à la source fiscale (Mémento fiscal nos 4595 s.).

› Précisions **a.** Dans certains pays, les allocations sont versées chaque **trimestre,** sauf option contraire du participant.
Les droits à retraite d'un montant inférieur ou égal à 100 points font l'objet d'un versement unique sous forme de **capital** correspondant à la valeur viagère des allocations, sauf exceptions (Circ. Agirc-Arrco 2 du 20-1-2020, fiche 5, III-2). Le versement d'un capital unique supprime tous droits à réversion.
Si le montant des droits est supérieur à 100 points mais inférieur à 200 points, l'allocation est versée **annuellement.**
b. Les allocations correspondant au mois au cours duquel le **décès du retraité** intervient sont versées intégralement, sans prorata.

CESSIBILITÉ, SAISISSABILITÉ ET PRESCRIPTION

68185 CSS art. L 922-7 Les pensions de retraite Agirc-Arrco sont **cessibles et saisissables** dans les mêmes conditions que les pensions d'invalidité, voir nº 44765.

La prescription applicable aux **demandes de remboursement** d'allocations de retraite complémentaire indûment versées est de 5 ans (C. civ. art. 2224 ; Circ. Agirc-Arrco 2 du 20-2-2020, fiche 5, VII).

B. Droits de réversion

68200 J-II-13500 s. Au décès d'un participant au régime Agirc-Arrco, le **conjoint survivant,** même divorcé, peut bénéficier d'allocations de réversion, cumulables, le cas échéant, avec un avantage personnel acquis dans ce régime. Les **orphelins de leurs 2 parents** ont également des droits de réversion.

Il n'existe ni conditions de **ressources** ni limitation de ces avantages de réversion en cas de cumul avec d'autres avantages vieillesse.

1. CONJOINT SURVIVANT

CONJOINT INVALIDE OU AYANT 2 ENFANTS À CHARGE

68210 S'il est invalide ou s'il a, au moment du décès, au moins 2 enfants à charge (au sens indiqué nº 68165, a), le conjoint survivant non remarié d'un participant décédé depuis le 1-1-2019 a droit à une **allocation** de réversion calculée sur la base de 60 % des droits du participant décédé sans tenir compte des coefficients éventuellement appliqués (et sous réserve des droits de l'ex-conjoint divorcé non remarié : voir nº 68230). ANI 17-11-2017 art. 110 et 111 J-II-13770 s.

En cas de **remariage** après l'attribution d'une allocation de réversion, le service de celle-ci est définitivement supprimé à partir du premier jour du mois ou du trimestre suivant, selon la périodicité du versement.

Lorsque l'allocation de réversion a été attribuée pour enfants à charge, elle est maintenue lorsque les enfants **cessent d'être à charge.** En revanche lorsqu'elle a été attribuée en raison de l'état d'invalidité du conjoint survivant, si l'état **d'invalidité cesse,** elle est interrompue jusqu'à ce que ce conjoint atteigne l'âge de la réversion (nºs 68215 s.).

> **Précisions** **a.** Le **nombre de points** attribué au conjoint survivant ne peut pas dépasser celui inscrit au compte du retraité décédé après application d'un éventuel abattement.
> Les **majorations pour enfants** nés ou élevés applicables aux droits du participant décédé (nº 68160) sont réversibles au taux de 100 %.
> **b.** Si le participant est décédé **avant le 1-1-2019,** les règles applicables aux droits de réversion des conjoints survivants sont celles prévues par les accords Agirc et Arrco alors en vigueur.
> **c.** Dans tous les cas, aucun droit n'est ouvert si le participant décédé avait perçu un **capital** retraite, voir nº 68180, a.

AUTRE CONJOINT SURVIVANT

En dehors des situations visées nº 68210, le veuf ou la veuve non remarié d'un participant décédé depuis le 1-1-2019 bénéficie, à partir de 55 ans, d'une allocation de réversion calculée sur la base de 60 % des droits de son conjoint, sans tenir compte des coefficients éventuellement appliqués (sous réserve des droits de l'ex-conjoint divorcé non remarié : voir nº 68230). **68215** ANI 17-11-2017 art. 109 J-II-13750 s.

En cas de **remariage** après l'attribution d'une allocation, le service de celle-ci est supprimé définitivement à partir du premier jour du mois ou du trimestre suivant, selon la périodicité du versement.

> **Précisions** **a.** Le **nombre de points** attribués au conjoint survivant ne peut pas dépasser celui inscrit au compte du participant décédé après application d'un éventuel abattement.
> Les **majorations pour enfants** nés ou élevés applicables aux droits du participant décédé (nº 68160) sont réversibles au taux de 100 %.
> **b.** Si le participant est décédé **avant le 1-1-2019,** les règles applicables aux droits de réversion des conjoints survivants sont celles prévues par les accords Agirc et Arrco alors en vigueur.
> **c.** Dans tous les cas, aucun droit n'est ouvert si le participant décédé avait perçu un **capital** retraite, voir nº 68180, a.

EX-CONJOINT DIVORCÉ

Un droit à pension de réversion est reconnu à l'**ex-conjoint** divorcé et non remarié, quelle que soit la date du divorce, s'il remplit les conditions posées au conjoint non divorcé (nº 68215). **68230** ANI 17-11-2017 art. 112 et 113 J-II-14000 s.

Cette pension est calculée sur la même base que la pension des veuves ou des veufs, mais est affectée du rapport entre la durée du mariage dissous par le divorce et la durée d'assurance au régime vieillesse de base du participant décédé, dans la limite de 167 trimestres pour les allocations de réversion prenant effet depuis le 1-1-2020, sans que ce rapport puisse excéder 1.

Si le participant décédé laisse un **conjoint survivant,** chaque conjoint ou ex-conjoint divorcé non remarié a droit à une allocation de réversion réduite par application du rapport entre la durée de son mariage et la durée globale des mariages de celui-ci avec les ayants droit concernés, à la date du décès du participant.

Par exception, les droits de l'ex-conjoint divorcé ne viennent pas en déduction de ceux du conjoint survivant marié avant le 13-1-1998 à un participant divorcé avant le 1-7-1980.

La **suppression d'une allocation** de réversion est sans effet sur le montant des autres.

> **Précisions** **a.** D'autres dispositions, non détaillées ici, s'appliquent en cas de **pluralité d'ex-conjoints** divorcés.
> **b.** En cas de **décès** d'un participant **avant le 1-1-2019,** les règles applicables aux droits de réversion des conjoints survivants sont celles prévues par les accords Agirc et Arrco alors en vigueur.
> **c.** Dans tous les cas, aucun droit n'est ouvert si le participant décédé avait perçu un **capital** retraite, voir nº 68180, a.

2. ORPHELIN DE PÈRE ET DE MÈRE

68240 ANI 17-11-2017 art. 114 et 115 J-II-14250 s.

Si leur père ou leur mère a été salarié(e), les orphelins de leurs 2 parents ont droit à une allocation de réversion s'ils sont : **âgés** de moins de 21 ans à la date du décès du dernier parent ; âgés de moins de 25 ans et à la charge du dernier parent au moment de son décès ; reconnus **invalides** avant 21 ans (quel que soit leur âge au moment du décès du dernier parent).

Chaque parent salarié donne droit à une **allocation** de réversion, égale, pour chaque orphelin, à 50 % de ses droits sans prise en compte des abattements dont ces droits ont pu être affectés. Cette allocation est supprimée si l'orphelin, non invalide, atteint 21 ou 25 ans ; si l'enfant invalide reçoit une pension ou une rente d'invalidité, ou si son état d'invalidité cesse ; en cas de décès ou d'adoption plénière de l'enfant.

Aucun droit à réversion n'est ouvert **si** le participant décédé avait perçu un capital retraite : voir nº 68180, a.

Les **majorations pour enfants** nés ou élevés applicables aux droits du participant décédé (nº 68160) sont réversibles au taux de 100 %.

3. LIQUIDATION ET PAIEMENT

68255 ANI 17-11-2017 art. 116 J-II-14900 s.

Si les droits de réversion sont issus d'un **allocataire,** la ou les allocations prennent effet au premier jour du mois ou du trimestre civil suivant le décès selon la périodicité de versement des allocations de droits directs. Si les droits sont issus d'un participant **non allocataire,** la ou les allocations prennent effet au premier jour du mois civil suivant le décès à condition que la **demande** de liquidation intervienne au plus tard dans les 12 mois qui suivent.

> **Précisions** **a.** Les pensions de réversion sont **cessibles et saisissables** dans les mêmes conditions que les pensions d'invalidité du régime général de sécurité sociale, voir nº 44765 (CSS art. L 922-7).
> **b.** S'agissant de la prescription de l'**action** des institutions de retraite complémentaire pour le **remboursement** des pensions payées à tort, voir nº 68185.
> **c.** La pension de réversion peut être demandée via le **service en ligne** Demander ma réversion accessible depuis le site www.info-retraite.fr ou par courrier auprès de l'Agirc-Arrco.

V. CONTENTIEUX

68270 Les litiges entre le salarié et l'employeur sont soumis aux **juridictions compétentes** en matière de contrat de travail (nºs 14400 s.). Relèvent en revanche de la compétence des tribunaux civils de droit commun les litiges entre le conjoint survivant d'un salarié décédé et l'employeur ; les litiges entre l'employeur et les institutions de retraite, par exemple relatifs au paiement des cotisations de retraite complémentaire (Cass. 2e civ. 12-3-2020 nº 19-13.804 F-PBI : RJS 5/20 nº 263) – par exception, si c'est l'institution qui est demanderesse, elle peut assigner l'employeur devant le tribunal de commerce s'il a la qualité de commerçant – ; les litiges entre le salarié et les institutions de retraite.

VI. SITUATIONS PARTICULIÈRES

68280 Les règles de proratisation des tranches de rémunération permettant de déterminer l'assiette des cotisations (nºs 67975 s.) sont alignées sur celle du plafond de sécurité sociale en cas d'**absences non rémunérées** (voir nºs 23370 s.), d'**embauche** et de **départ** de l'entreprise (voir nº 23380) (Circ. Agirc-Arrco 1 du 9-1-2019).

De même, pour déterminer les taux et plafonds applicables aux sommes versées après la **rupture du contrat,** et aux **rappels de salaire,** on appliquera les règles prévues pour les cotisations de sécurité sociale : voir respectivement nºs 23615 et 23605.

68285 ANI 17-11-2017 art. 57 et 58

Maladie, maternité, invalidité À défaut de disposition spécifique dans l'accord national interprofessionnel du 17-11-2017, les **cotisations** Agirc-Arrco au titre des périodes d'arrêt de travail pour incapacité ne sont appelées que sur les **allocations complémentaires** aux indemnités journalières, comme les cotisations de sécurité sociale (nºs 23045 s.).

Les arrêts de travail de **plus de 60 jours** consécutifs, donnant lieu à la suspension ou à la rupture du contrat de travail, ouvrent droit à l'**attribution gratuite de points** dans le régime Agirc-Arrco, à partir du premier jour d'interruption. Sont concernés : les participants percevant les indemnités journalières de maladie, maternité, accident du travail, maladie professionnelle ainsi que ceux bénéficiant d'une pension d'invalidité, ou d'une rente d'accident du travail ou de maladie professionnelle, correspondant à un taux d'incapacité des 2/3 au moins.

› Précisions **a.** Les **points gratuits** sont **calculés** en fonction des points acquis durant l'année civile précédant celle de l'arrêt de travail. Ils ne sont attribués que dans la mesure où, ajoutés, le cas échéant, aux points cotisés ou inscrits à un autre titre, ils ne dépassent pas les droits de cet exercice de référence.

b. L'attribution de droits au bénéficiaire d'une pension d'invalidité ou d'une rente d'accident du travail ou maladie professionnelle **cesse** si le participant ne perçoit plus sa pension ; si son degré d'incapacité devient inférieur à 50 % ; ou à la date d'effet de la liquidation de sa pension de retraite complémentaire Agirc-Arrco et, au plus tard, à l'âge visé n° 68105.

Formation professionnelle En l'absence de disposition sur ce sujet dans l'ANI du 17-11-2017, les rémunérations maintenues lors de formations suivies dans le cadre du **plan** **68290** J-II-6040
de développement des compétences de l'entreprise donnent lieu au versement de cotisations et à l'acquisition de droits à retraite complémentaire équivalant à ceux que le salarié aurait obtenus s'il avait travaillé normalement.

Lorsqu'un salarié suit une formation dans le cadre du **compte personnel de formation,** s'il perçoit une **rémunération,** celle-ci entre selon nous dans l'assiette des cotisations et le stagiaire acquiert des droits en conséquence. Il en est de même s'il mobilise son compte pour une action de **transition professionnelle** et perçoit à ce titre une rémunération versée par l'employeur.

Pour les anciens titulaires de **CDD,** voir n° 38370, d.

Préretraite **a. Préretraite totale.** En cas de mise en œuvre d'un accord collectif de préretraite au profit des salariés d'au moins 55 ans, l'entreprise peut décider, dans les conditions indiquées n° 67900, c, de verser des cotisations au régime Agirc-Arrco comme si les préretraités avaient poursuivi leur activité dans des conditions normales. **68295** ANI 17-11-2017 art. 72 s J-II-6300 s

b. Préretraite partielle. Dans les entreprises où des dispositions sont adoptées pour dispenser d'une partie de leur activité les salariés d'au moins 55 ans, sans rupture du contrat de travail, il peut être décidé, dans les conditions indiquées n° 67900, c, de verser pour tous les intéressés les cotisations sur la base du salaire reconstitué de l'activité à temps plein.

c. Préretraites particulières. Des règles spécifiques s'appliquent aux dispositifs suivants : préretraite **FNE** (voir n° 57135, e) ; **Casa** (ANI du 17-11-2017 art. 80) ; cessation anticipée d'activité des travailleurs de l'**amiante** (Caata : n°s 57270 s.).

Réduction du temps de travail ou du salaire **a.** Les salariés qui, en raison des difficultés économiques de leur entreprise, acceptent de réduire temporairement leur temps de travail et/ou leur rémunération peuvent obtenir, moyennant le versement des cotisations correspondantes, des points Agirc-Arrco déterminés sur la base de leur salaire antérieur. **68300** ANI 17-11-2017 art. 73 J-II-6270 s

b. Pour les salariés passant à **temps partiel** avec maintien de la cotisation vieillesse de sécurité sociale sur le salaire à plein temps, voir n° 77505.

Activité partielle Pour les périodes d'activité partielle de droit commun dépassant 60 h par an, les points attribués en contrepartie des cotisations assises sur la rémunération sont complétés par des **points** attribués **gratuitement.** Cette règle s'applique également aux périodes d'activité partielle de longue durée (Délib. Agirc-Arrco 3 du 15-2-2020). **68305** ANI 17-11-2017 art. 67

Chômage Les allocations suivantes donnent lieu à l'**attribution de points** de retraite complémentaire : **68310** ANI 17-11-2017 art. 59 s

– allocations d'aide au retour à l'emploi et de sécurisation professionnelle. Les avantages ne sont attribués que sous réserve du financement par l'assurance chômage, les droits excédentaires étant pris en charge par le régime Agirc-Arrco ;

– allocations de solidarité spécifique et de préretraite progressive. L'attribution de points est subordonnée au financement de l'État. S'agissant des titulaires d'allocations de préretraite progressive, un accord d'entreprise peut prévoir le versement de cotisations permettant d'obtenir des points supplémentaires ;

– allocations de congé de conversion. Le paiement des cotisations est assuré par l'employeur, l'État lui en remboursant tout ou partie.

Le cas des frontaliers, des chômeurs dont l'indemnisation s'effectue indépendamment de tout salaire journalier de référence et de ceux qui interrompent un stage de formation pour des raisons de santé est également pris en compte.

Pour les **créateurs et repreneurs d'entreprise,** voir nº 1760, a ; pour les dirigeants de sociétés au chômage indemnisés par la **GSC,** voir nº 28605.

SECTION 3 PROTECTION SOCIALE DES RETRAITÉS

68350 Les retraités bénéficient de **prestations** de sécurité sociale (nº 68385).

Ils sont assujettis à une **cotisation spéciale d'assurance maladie** (nºs 68355 s.), à la contribution additionnelle de **solidarité** pour l'autonomie (Casa) (nº 68380) et à la **CSG** et à la **CRDS** (nºs 25265 s.). S'y ajoute, le cas échéant, une contribution spéciale pour les bénéficiaires de prestations servies par un régime de **retraite à prestations définies** : voir nº 23015.

Pour la **retraite progressive,** voir nº 68140.

COTISATION D'ASSURANCE MALADIE

68355 CSS art. L 131-2 J-IV-1 s

Avantages assujettis La cotisation d'assurance maladie est due sur tous les avantages **complémentaires ou supplémentaires** de retraite **financés** en tout ou partie par une contribution de l'employeur, quels que soient :

– les modalités de versement : allocation périodique ou sous forme de capital ;

– le débiteur : caisse de retraite complémentaire, compagnie d'assurance, ancien employeur... ;

– la nationalité du bénéficiaire.

Les pensions servies par le régime général de la **sécurité sociale** ne sont pas assujetties à la cotisation maladie, sauf pour certains non-résidents (nº 68370).

› **Précisions** **a.** La cotisation est due sur l'ensemble des avantages de retraite servis directement par l'**ancien employeur** : pensions, avantages en nature, prise en charge de cotisations de prévoyance, etc. L'administration admet d'exclure du champ de la cotisation les avantages en nature ne s'accompagnant d'aucun versement en espèces (Inst. Acoss 18-7-1980).

b. La cotisation est applicable **uniquement aux avantages de retraite.** Elle ne s'applique ni aux avantages (de base ou complémentaires) de maladie, d'accident du travail ou d'invalidité, ni aux allocations d'orphelin.

68360 CSS art. L 131-2 D 242-9 D 242-10 J-IV-3000 s

Exonérations Sont exonérés de la cotisation les avantages versés aux personnes :

– dont les **revenus** de l'avant-dernière année, définis à l'article 1417, IV du CGI, sont **inférieurs** aux plafonds mentionnés nº 25270, et domiciliées en France métropolitaine, en Guadeloupe, Guyane ou Martinique, à La Réunion, Saint-Barthélemy et Saint-Martin ;

– percevant l'Aspa (nº 85005) ou l'une des **allocations non contributives** mentionnées à l'article 2 de l'ordonnance 2004-605 du 24-6-2004 (nº 85065), quel que soit le lieu où elles résident.

Certaines **prestations** servies par un plan d'épargne retraite sont également **exonérées** de cette cotisation, voir nº 59400.

68365 CSS art. L 131-2 D 242-8 J-IV-5000 s T-VI-210

Assiette et taux La cotisation est **assise** sur le montant total des avantages de retraite assujettis, déduction faite des bonifications ou majorations pour enfants autres que les annuités supplémentaires. L'assiette comprend également les droits résultant de rachats de cotisations ou de validations gratuites.

Le **taux** de la cotisation est fixé à 1 % (sauf pour les redevables ayant leur domicile à l'étranger : voir nº 68370).

> Précisions Une cotisation supplémentaire d'assurance maladie est précomptée en **Alsace-Moselle** sur les avantages de retraite des bénéficiaires du régime local d'assurance maladie d'Alsace-Moselle. Prélevée au profit de ce régime, elle s'ajoute à la cotisation d'assurance maladie appliquée sur l'ensemble du territoire national. Son taux est de 1,5 % (CSS art. L 242-13 et D 242-21).

Domicile à l'étranger Sont **redevables** de la cotisation d'assurance maladie : **68370**

CSS art. L 161-25-3, L 131-9, D 242-8, **J-IV-1000 s**, **TC-I-34800**

– les pensionnés relevant à titre obligatoire d'un régime français d'assurance maladie, mais échappant à la CSG sur leurs pensions par l'effet des règles de territorialité de cette contribution (nos 25010 s.) ;
– sous réserve des engagements internationaux souscrits par la France, les personnes de nationalité étrangère titulaires d'une carte de séjour « retraité » qui ont droit aux prestations de l'assurance maladie française lors de leurs séjours temporaires en France.

La cotisation maladie est due aux **taux** de 3,2 % sur les retraites de base du régime général et de 4,2 % sur les pensions de retraite complémentaire ou supplémentaire.

Ces dispositions s'appliquent sous réserve de l'exonération afférente à la perception d'allocations non contributives (no 68360).

Versement La cotisation est précomptée par le débiteur de l'avantage de retraite lors de chaque versement. **68375**

CSS art. L 131-1, R 243-28, R 243-35, **J-IV-6500 s**

> Précisions Les **employeurs** versant à d'anciens salariés ne bénéficiant pas des exonérations visées au no 68360 des avantages soumis à la cotisation doivent opérer lors de chaque versement une retenue dont le produit doit être reversé à l'Urssaf dans les mêmes délais et sous les mêmes sanctions que s'il s'agissait de cotisations sur salaires. Ils doivent déclarer l'assiette et le montant de cette cotisation via la DSN (nos 24005 s.). Ils doivent également faire parvenir à chaque bénéficiaire, au moins une fois par an, un bulletin de pension indiquant, pour la période considérée, l'assiette et le montant de la cotisation et celui de la pension nette versée.

CONTRIBUTION ADDITIONNELLE DE SOLIDARITÉ

Une contribution additionnelle de solidarité pour l'autonomie (Casa) est due au **taux** de 0,3 % sur les avantages de retraite et d'invalidité ainsi que sur les allocations de préretraite non soumises à la contribution de solidarité pour l'autonomie (CSA) sur les revenus du patrimoine (pour les revenus concernés, voir Mémento fiscal nos 34430 s.). **Précomptée par** l'organisme qui sert l'avantage ou l'allocation concerné, elle est recouvrée et contrôlée selon les mêmes règles, garanties et sanctions que la CSG assise sur cet avantage ou allocation. **68380**

CSS art. L 137-41, **J-V-1 s**

> Précisions La Casa **vise** les retraités à la charge d'un régime obligatoire français d'assurance maladie fiscalement domiciliés en France métropolitaine, dans les départements d'outre-mer, sauf Mayotte, et dans les collectivités d'outre-mer de Saint-Martin et Saint-Barthélemy (Circ. Cnav 31 du 2-5-2013).

N'y sont **pas soumises** les pensions perçues par les personnes dont les revenus de l'année N – 2 ou N – 3, définis à l'article 1417, IV du CGI, sont inférieurs aux plafonds mentionnés no 25270 ; certaines prestations versées par un plan d'épargne retraite (no 59400) ; certaines pensions militaires ; certaines pensions temporaires d'orphelins ; les personnes titulaires de l'allocation de solidarité aux personnes âgées (Aspa), du minimum vieillesse ou de l'allocation supplémentaire d'invalidité.

PRESTATIONS DE SÉCURITÉ SOCIALE

Tout **pensionné** du régime général de sécurité sociale a droit et ouvre droit à la prise en charge des frais de santé en matière de maladie-maternité, dans les conditions visées nos 50120 s. **68385**

Il n'ouvre pas droit au capital décès, sauf s'il remplissait à la date du décès les conditions visées no 6040.

RUPTURE DU CONTRAT DE TRAVAIL

SOMMAIRE

A. Modes de rupture

Une fois la période d'essai achevée, les parties peuvent rompre **unilatéralement** le contrat de travail à durée indéterminée. L'**employeur** peut prononcer un licenciement (n°s 47000 s.) ou une mise à la retraite. Le **salarié** peut démissionner, partir à la retraite ou, en cas de **manquement** de l'employeur à ses obligations, prendre acte de la rupture de son contrat, en demander la résiliation judiciaire, ou se prévaloir d'une rupture de fait (Cass. soc. 12-3-2014 nº 13-11.405 F-D : RJS 5/14 nº 377). Le contrat peut aussi faire l'objet d'une **rupture conventionnelle** individuelle ou collective ou être rompu par la **force majeure.** 69000 NA-I-300 s

› Précisions a. En cas de litige portant sur l'**existence** même **de la rupture** du contrat de travail, les juges du fond (mais pas le juge des référés : Cass. soc. 11-5-2005 nº 03-45.228 F-PB : RJS 2/08 nº 150) doivent constater cette rupture, puis décider à qui elle est imputable et en tirer les conséquences juridiques (Cass. soc. 8-2-2005 nº 03-40.385 F-PB : RJS 4/05 nº 353 ; 30-5-2007 nº 06-40.659 F-D : RJS 8-9/07 nº 984). Sur la possibilité pour le juge d'enjoindre à l'employeur de rompre le contrat de travail, voir nº 47000.
b. Sur la validité des **clauses du contrat** de travail permettant sa rupture, voir nº 16590.
c. Sur le délai de **prescription** des actions relatives à la rupture du contrat de travail, voir nº 14746.

1. DÉMISSION

La démission est l'acte par lequel le salarié fait connaître à l'employeur sa décision de résilier son contrat de travail. Elle peut être **notifiée** à tout moment (voir, par exemple, en cas d'arrêt de travail pour **maladie,** nº 17120, c) et doit répondre à certaines conditions de fond et de forme. Des dispositions spécifiques sont prévues en cas de démission pendant la **grossesse** (voir nº 51335) et à l'issue d'un **congé de maternité** ou d'adoption (voir nº 51465). 69005 C. trav. art. L 1231-1 NA-I-2600 s

CONDITIONS

Consentement libre La démission doit être librement consentie, c'est-à-dire que le salarié doit avoir la capacité de démissionner et que son consentement ne doit pas avoir été vicié. À défaut, la démission est nulle et la rupture du contrat s'analyse en un licenciement abusif (Cass. soc. 10-11-1998 nº 96-44.299 D). 69010 NA-I-4400 s

Il appartient au salarié d'apporter la **preuve** que son consentement a été vicié (Cass. soc. 22-6-1988 nº 85-42.200 D).

ILLUSTRATIONS

La démission n'est pas librement consentie lorsqu'elle est donnée dans un **état psychologique anormal** (Cass. soc. 1-2-2000 nº 98-40.244 D), sous le coup de la colère ou de l'émotion (Cass. soc. 7-4-1999 nº 97-40.689 D) ou lorsque le salarié n'a pas les **capacités intellectuelles ou linguistiques** pour mesurer la portée de son acte (Cass. soc. 1-10-2003 nº 01-44.736 F-D). Sont également illégitimes les démissions données sous la **contrainte** ou la pression de l'employeur, notamment en cas de menace d'une plainte pénale ou d'un licenciement (Cass. soc. 25-6-2003 nº 01-43.760 F-D), lorsque le salarié s'est trouvé dans une situation d'infériorité ou d'intimidation (démission rédigée sous la dictée de l'employeur, dans l'entreprise, en présence de collaborateurs : Cass. soc. 30-9-2003 nº 01-44.949 F-D). Il en va toutefois différemment lorsque le salarié menacé a pris l'initiative de la rupture en toute connaissance de cause pour éviter une situation plus désavantageuse (Cass. soc. 25-5-2011 nº 09-68.224 F-D : RJS 8-9/11 nº 664).

69015 NA-I-2800 s **Volonté claire et non équivoque** La démission doit résulter d'une volonté claire et non équivoque de rompre le contrat, et ne peut pas **se présumer.** Aucune **clause conventionnelle ou contractuelle** ne peut donc prévoir que tel ou tel comportement du salarié constitue une démission : absence irrégulière (Cass. soc. 29-10-1991 nº 88-45.606 D) ; refus d'un nouveau poste (Cass. soc. 17-11-1998 nº 96-45.452 D) ; retour tardif de congés payés (Cass. soc. 27-4-1989 nº 86-42.663 P : RJS 6/89 nº 482).

La démission est nécessairement **équivoque** lorsque le salarié énonce, dans la lettre de rupture, les faits qu'il reproche à l'employeur (Cass. soc. 15-3-2006 nº 03-45.031 F-PB : RJS 6/06 nº 727 ; 9-5-2007 nº 05-45.613 FS-D : RJS 7/07 nº 843). Même notifiée sans réserve, elle peut être jugée équivoque si le salarié la remet en cause dans un délai raisonnable (Cass. soc. 5-12-2007 nº 06-43.871 F-D : RJS 2/08 nº 148 ; 29-9-2009 nº 08-40.363 FS-D : RJS 12/09 nº 902) et prouve qu'un différend antérieur ou contemporain à la rupture l'opposait à l'employeur (Cass. soc. 19-12-2007 nº 06-42.550 FS-PB : RJS 3/08 nº 257 ; 23-1-2019 nº 17-26.794 F-D : RJS 4/19 nº 206).

La démission équivoque est **requalifiée** par le juge en prise d'acte de la rupture (notamment : Cass. soc. 9-5-2007 nº 05-40.518 FS-PBRI : RJS 7/07 nº 823 ; 20-11-2019 nº 18-25.155 F-D : RJS 2/20 nº 82) et obéit au régime procédural visé nº 69158 (Cass. soc. 18-9-2019 nº 18-15.765 FS-PB : RJS 12/19 nº 685). Elle produit les effets visés nºs 69165 s.

ILLUSTRATIONS

N'a **pas** été considéré comme **démissionnaire** le salarié qui :
– demande (Cass. soc. 13-11-2008 nº 07-42.497 F-D : RJS 1/09 nº 20) ou signe (Cass. soc. 9-7-2002 nº 00-44.417 F-D) des documents relatifs à la rupture du contrat ;
– s'absente même longuement (Cass. soc. 24-1-1996 nº 92-43.868 P : RJS 3/96 nº 255), ne reprend pas le travail après des congés (Cass. soc. 30-6-1988 nº 87-40.769 D) ou une maladie (Cass. soc. 25-10-1989 nº 87-42.668 P : RJS 12/89 nº 914) ;
– quitte brutalement l'entreprise, à la suite de reproches de son employeur, et envoie un arrêt de travail pour maladie (Cass. soc. 3-3-1994 nº 90-41.220 D ; 16-5-2001 nº 99-41.543 F-D) ;
– recherche un emploi en attendant son licenciement (Cass. soc. 13-4-2005 nº 03-42.467 FS-PB : RJS 6/05 nº 607).

En revanche, manifeste une **volonté claire et non équivoque** de démissionner le salarié qui conclut un contrat de travail avec un nouvel employeur (Cass. soc. 29-1-2014 nº 12-25.414 F-D) ou qui indique à des tiers avoir mis fin à la relation de travail pour convenances personnelles et cesse de se rendre à son travail (Cass. soc. 20-10-2016 nº 15-17.390 F-D : RJS 1/17 nº 14).

Des faits de **harcèlement** 6 mois avant la rupture auxquels l'employeur a mis rapidement fin ne rendent pas la démission équivoque (Cass. soc. 19-11-2014 nº 13-17.729 FS-PB : RJS 2/15 nº 83). Il en est de même d'un défaut de paiement des heures de travail relevé par le salarié un mois après sa démission (Cass. soc. 20-10-2015 nº 13-26.890 F-D : RJS 1/16 nº 11).

FORME

69020 NA-I-5100 s Sauf disposition conventionnelle contraire, la démission n'est soumise à aucune règle de forme. Si un **écrit** n'est pas nécessaire (Cass. soc. 25-10-1994 nº 91-44.310 D), il est toutefois recommandé à titre de preuve.

La démission n'a pas à être **motivée** (Cass. soc. 22-6-1994 nº 90-42.143 PF-BS : RJS 8-9/94 nº 968).

> Précisions **a.** Le non-respect par le salarié des formalités prévues par une **convention collective** en cas de démission est sans effet sur la validité de celle-ci (Cass. soc. 28-9-2004 nº 02-43.299 F-D : RJS 12/04 nº 1253).
b. La lettre de démission peut être **remise** à l'employeur ou au supérieur hiérarchique, que ce dernier ait ou non reçu délégation du chef d'entreprise (Cass. soc. 15-3-2006 nº 03-43.102 F-P : RJS 6/06 nº 700).

EFFETS

Rupture du contrat de travail La démission entraîne la rupture **automatique et définitive** du contrat de travail. Elle marque le point de départ du **préavis** et n'a pas à être acceptée par l'employeur (Cass. soc. 27-11-1968 nº 67-40.312 ; 6-11-1997 nº 95-44.339 D). Tout licenciement postérieur est sans effet (Cass. soc. 9-5-2007 nº 05-42.983 FS-D : RJS 7/07 nº 822). 69025 C. trav. art. L 1237-2 NA-I-5900 s

La démission peut ouvrir droit à des dommages et intérêts au profit de l'employeur si elle est **abusive,** ce que ce dernier doit prouver (Cass. soc. 29-1-2002 nº 98-44.430 F-D : RJS 4/02 nº 404). Tel est le cas lorsque le salarié a agi dans l'intention de lui nuire (Cass. soc. 21-6-1959 nº 58-40.173). Sur le droit au chômage, voir nºs 6530 s.

Rétractation Le salarié ne peut pas, en principe, revenir sur sa démission, sauf si l'employeur ne l'a pas encore reçue (CA Paris 29-9-1987 nº 87-32407). Dès lors que sa volonté de démissionner est clairement établie, la **rétractation** du salarié est sans effet sur la rupture du contrat, même si elle a lieu dans un bref délai (Cass. soc. 13-7-1988 nº 85-45.798 D). Elle peut toutefois être un élément, parmi d'autres, pour caractériser une volonté équivoque du salarié de rompre le contrat (Cass. soc. 17-7-1996 nº 93-42.122 D : RJS 10/96 nº 1023) : voir nº 69015. 69030 NA-I-6400 s

La rétractation ne produit d'effet que si l'employeur l'accepte, fût-ce **tacitement,** par la poursuite des relations contractuelles au-delà du préavis (Cass. soc. 28-3-2006 nº 04-42.228 F-D : RJS 6/06 nº 701). Une telle poursuite n'entraîne pas la conclusion d'un nouveau contrat de travail (CA Dijon 25-1-2000 nº 99-32). La convocation d'un salarié démissionnaire à un entretien en vue d'une rupture conventionnelle ne vaut pas rétractation (Cass. soc. 16-9-2015 nº 14-10.291 FS-PB : RJS 12/15 nº 756). Sur la portée d'une rupture conventionnelle conclue après une démission, voir nº 69100, c.

2. DÉPART OU MISE À LA RETRAITE

MISE À LA RETRAITE

La loi autorise l'employeur à mettre à la retraite les salariés âgés d'au moins **70 ans.** Pour les salariés de moins de 70 ans ayant atteint l'**âge** requis pour bénéficier automatiquement d'une pension de retraite à **taux plein** (nº 67615), l'employeur peut seulement proposer la mise à la retraite selon une procédure particulière. En deçà de cet âge, la mise à la retraite est interdite. 69035 C. trav. art. L 1237-4 NA-I-15000 s

Toute disposition conventionnelle ou contractuelle prévoyant la **rupture de plein droit** du contrat de travail d'un salarié en raison de son âge ou du fait qu'il serait en droit de bénéficier d'une pension de vieillesse (clause « couperet ») est nulle. Seul le salarié peut se prévaloir de cette nullité (Cass. ass. plén. 6-11-1998 nº 97-41.931 P : RJS 12/98 nº 1475).

› Précisions a. Les dispositions du Code du travail relatives à la mise à la retraite ne sont pas **applicables** aux entreprises publiques ayant un statut réglementaire (Cass. soc. 23-1-2007 nº 05-41.608 F-PB : RJS 4/07 nº 496 ; 16-2-2011 nº 09-72.061 FS-PBR : RJS 5/11 nº 474). S'agissant des conséquences du non-respect de dispositions statutaires, voir nº 69055. S'agissant de la mise à la retraite d'un salarié protégé, voir nº 63440 ; d'un salarié victime d'un accident du travail dont le contrat de travail est suspendu, voir nº 270.
b. Lorsque le salarié a **déjà atteint** au moment de son embauche l'âge permettant à l'employeur de le **mettre à la retraite sans son accord** (soit 70 ans), son contrat ne peut pas être rompu par une mise à la retraite (Cass. soc. 17-4-2019 nº 17-29.017 FS-PB : RJS 7/19 nº 419).
c. Par **dérogation,** les salariés en **préretraite** peuvent être mis à la retraite à partir de 60 ans : préretraite amiante ou tout autre avantage de préretraite défini avant le 22-8-2003 et ayant pris effet avant le 1-1-2010 (C. trav. art. L 1237-5). Dans ce cas, les règles visées nº 69040 ne s'appliquent pas (Cass. soc. 31-3-2015 nº 13-18.667 FS-PB : RJS 6/15 nº 405).
d. Sur la possibilité de mettre à la retraite un salarié lié par une **clause de garantie d'emploi** jusqu'à une date postérieure à celle à laquelle il peut bénéficier d'une retraite à taux plein, voir nº 16585, b.

Procédure L'employeur souhaitant mettre à la retraite un salarié âgé de **moins de 70 ans** doit l'**interroger** par écrit, dans un délai de 3 mois avant son anniversaire, sur son intention de quitter volontairement l'entreprise. Si le salarié donne son **accord,** il peut être mis à la retraite. 69040 C. trav. art. L 1237-5 D 1237-2-1 NA-I-17800 s

En cas de **refus** signifié par le salarié dans un délai d'un mois, ou à défaut pour l'employeur d'avoir respecté les formalités requises, ce dernier ne peut pas mettre l'intéressé à la retraite pendant l'année qui suit sa date anniversaire.

Il pourra **réitérer sa demande** dans les mêmes conditions l'année suivante et cela, le cas échéant, chaque année jusqu'aux 69 ans inclus du salarié.

ATTENTION

C'est à la **date** d'expiration du contrat qu'il convient d'apprécier si les conditions requises pour la mise à la retraite sont réunies (Cass. soc. 31-1-1996 n° 91-44.143 PB : RJS 3/96 n° 271). Mais ce sont les règles en vigueur à la date de notification de la rupture qui fixent ces conditions (Cass. soc. 14-5-2008 n° 06-43.564 FS-PB : RJS 7/08 n° 774).

69045
C. trav. art. L 1237-6
NA-I-19200 s

Le salarié âgé **d'au moins 70 ans** ou ayant **donné son accord** peut être mis à la retraite, sans obligation pour l'employeur de le convoquer à un **entretien préalable,** sauf dispositions conventionnelles le prévoyant. Pour des raisons de preuve, il est recommandé de **notifier** la décision de mise à la retraite par un **écrit,** qui n'a pas à être motivé (Cass. soc. 12-1-1993 n° 89-43.647 P : RJS 2/93 n° 129 ; 10-3-1999 n° 97-40.059 D : RJS 4/99 n° 505).

La mise à la retraite ne peut pas être **rétractée,** sauf accord du salarié (Cass. soc. 28-2-2006 n° 04-40.303 FS-PB : RJS 5/06 n° 559).

L'employeur est tenu d'observer un **préavis** égal, sauf disposition plus favorable, au préavis dû en cas de licenciement. En l'absence de disposition conventionnelle spécifique à la mise à la retraite, le salarié bénéficie du préavis conventionnel de licenciement (Cass. soc. 15-5-2007 n° 05-45.234 FS-PBR : RJS 7/07 n° 834).

L'employeur est par ailleurs soumis, sous conditions, à une **obligation déclarative** : voir n° 69545.

> Précisions **a.** **L'inobservation d'un délai conventionnel** de préavis a pour conséquence de reporter dans le temps la mise à la retraite pour que ce délai soit respecté, mais ne transforme pas celle-ci en un licenciement abusif (Cass. soc. 18-7-2000 n° 97-44.215 FS-P : RJS 11/00 n° 1095).
b. Sauf détournement de procédure, l'employeur peut **renoncer** à la procédure de licenciement engagée pour mettre à la retraite un salarié qui en remplit les conditions (Cass. soc. 16-1-2008 n° 06-44.583 FS-PB : RJS 4/08 n° 393).
c. L'employeur qui notifie de manière **précipitée** la mise à la retraite du salarié dans le seul but d'**échapper à une réforme** en cours d'adoption commet un manquement à son obligation d'exécuter loyalement le contrat de travail et encourt les sanctions visées n° 69055 (Cass. soc. 15-1-2013 n° 11-15.646 FS-PB : RJS 3/13 n° 202 ; 25-9-2013 n° 12-20.686 F-D : RJS 12/13 n° 811).

69050
C. trav. art. L 1237-7
CSS art. L 137-12
NA-I-20400 s

Indemnités de rupture Le salarié mis à la retraite a droit à l'indemnité minimum **légale** de licenciement (nos 48930 s.) ou à une indemnité **conventionnelle** ou contractuelle de départ à la retraite si celle-ci est plus favorable. Il peut prétendre à l'indemnité conventionnelle de licenciement uniquement si le texte lui en étend expressément le bénéfice (pour un plan de sauvegarde de l'emploi : Cass. soc. 18-3-2008 n° 07-40.269 FS-PBR : RJS 5/08 n° 532).

Une **contribution** à la charge de l'employeur est prélevée sur les indemnités allouées en cas de mise à la retraite, au taux de 50 %.

> Précisions **a.** Le montant de l'indemnité est déterminé par les **dispositions** légales ou conventionnelles **en vigueur** au jour de la rupture du contrat de travail résultant de la mise à la retraite (Cass. soc. 30-9-2009 n° 08-40.353 FS-PB : RJS 12/09 n° 923 ; 14-2-2018 n° 16-16.617 FS-PB : RJS 4/18 n° 256).
b. Sur le **régime** social et fiscal des indemnités, voir n° 90040. Sur le droit à l'**indemnité de non-concurrence,** voir n° 69660. Sur la possibilité pour l'employeur de recourir à la procédure de **rescrit social,** voir nos 24490 s.
c. Pour les salariés occupés à temps complet et à **temps partiel** dans l'entreprise, voir n° 48945.

69055
C. trav. art. L 1237-8
NA-I-21000 s

Sanctions Lorsque les conditions de mise à la retraite ne sont pas remplies, la rupture du contrat de travail s'analyse en un **licenciement abusif** (Cass. soc. 28-2-2006 n° 04-40.303 FS-PB : RJS 5/06 n° 559 ; 19-12-2007 n° 06-43.574 F-D : RJS 3/08 n° 272), voire **nul** si le salarié invoque une discrimination en raison de son âge (Cass. soc. 21-12-2006 n° 05-12.816 FP-PBRI : RJS 3/07 n° 326 ; 15-1-2013 n° 11-15.646 FS-PB : RJS 3/13 n° 202).

> Précisions **a.** Doit également être requalifiée en rupture abusive la mise à la retraite prévue par un **statut spécial** et prononcée en violation de celui-ci (mineurs : Cass. soc. 20-5-2014 n° 12-21.021 FS-PB : RJS 8-9/14 n° 657).
b. Lorsque la mise à la retraite est requalifiée en licenciement, le salarié ne peut pas **cumuler** les avantages liés au départ en retraite et ceux dus au titre du licenciement (Cass. soc. 22-6-2011 n° 09-70.999 F-D : RJS 10/11 n° 783).
c. Sur le droit à **réintégration** du salarié lorsque sa mise à la retraite à été jugée nulle, voir n° 48775, a.

DÉPART VOLONTAIRE À LA RETRAITE

69060
C. trav. art. L 1237-10
NA-I-22000 s

Conditions Tout salarié peut quitter l'entreprise pour bénéficier d'une pension de retraite en respectant un **préavis** égal à celui prévu en cas de licenciement. Ce départ doit résulter d'une **volonté claire et non équivoque** du salarié. S'il remet en cause ce départ en raison de manquements de l'employeur, il peut en obtenir du juge la requalification en prise d'acte de la rupture (Cass. soc. 15-5-2013 n° 11-26.784 FP-PB : RJS 7/13 n° 531 ; 20-10-2015 n° 14-17.473 FS-PB : RJS 1/16 n° 24), produisant les effets visés nos 69165 s. La rupture est effective à la date de notification de cette décision à l'employeur (Cass. soc. 20-6-2012 n° 11-17.567 F-D : RJS 10/12 n° 789).

› Précisions a. Produit les effets d'un licenciement nul le départ à la retraite du salarié en application d'une **clause couperet** (Cass. soc. 17-4-2019 n° 18-10.476 F-D : RJS 7/19 n° 418).
b. Quand le salarié a notifié clairement à l'employeur son intention de partir à la retraite au terme d'un **préavis** dont il a fixé le terme, ce préavis n'est pas reporté en cas de suspension de son exécution pour **accident du travail** (Cass. soc. 25-5-2016 n° 15-10.637 FS-PB : RJS 8-9/16 n° 556).

Indemnités de rupture Le salarié a droit, sauf disposition conventionnelle plus favorable, à une indemnité de départ en retraite à **condition** d'avoir effectivement demandé la liquidation de sa pension de vieillesse (Cass. soc. 23-9-2009 n° 08-41.397 FS-PB : RJS 12/09 n° 922). L'indemnité est due même si l'intéressé n'a pas respecté son préavis (Cass. soc. 13-2-1996 n° 92-40.704 P : RJS 4/96 n° 397). **69065** C. trav. art. L 1237-9 D 1237-1 D 1237-2 **NA-I-22560 s**

Le **montant** de cette indemnité est fixé en fonction de l'ancienneté dans l'entreprise ou l'établissement : un demi-mois de salaire après 10 ans d'ancienneté ; un mois après 15 ans ; un mois et demi après 20 ans ; deux mois après 30 ans. Sur le salaire à prendre en considération, voir n° 48940.

› Précisions a. L'indemnité **minimum** légale n'est allouée au salarié que s'il compte au moins 10 ans d'ancienneté dans l'entreprise (Cass. soc. 4-2-2003 n° 01-40.907 FS-D). Elle est due dès lors que l'intéressé fait valoir son droit à la retraite, peu important qu'il ne bénéficie pas d'une pension à taux plein. Ainsi, un salarié relevant d'un régime de sécurité sociale ouvrant droit à la pension avant l'**âge** d'ouverture du droit à une retraite du régime général aura droit à l'indemnité. En revanche, il ne pourra pas prétendre à l'indemnité conventionnelle dont le bénéfice est expressément réservé aux salariés ayant atteint cet âge (Cass. soc. 4-7-2007 n° 06-40.114 FS-PB : RJS 10/07 n° 1054).
b. Le départ volontaire à la retraite n'ouvre pas droit à l'indemnité de licenciement, y compris lorsque ce départ a lieu dans le cadre d'un **plan de sauvegarde de l'emploi** (Cass. soc. 25-6-2002 n° 00-18.907 FS-PBRI : RJS 10/02 n° 1154 ; 9-7-2003 n° 01-43.298 F-D : RJS 10/03 n° 1161).
c. Pour les salariés occupés à temps complet et à **temps partiel** dans l'entreprise, voir n° 48945.
d. Sur le **régime** social et fiscal des indemnités, voir n° 90040.

3. RUPTURE CONVENTIONNELLE HOMOLOGUÉE

CAS D'APPLICATION

L'employeur et le salarié peuvent décider en commun de la rupture du contrat de travail à durée indéterminée en signant une convention soumise à une homologation administrative (ou à une autorisation s'agissant des salariés protégés : n° 63450). Cette procédure est le **seul mode de rupture amiable individuelle** du contrat de travail, sauf dispositions légales contraires (Cass. soc. 15-10-2014 n° 11-22.251 FS-PBR : RJS 12/14 n° 854), telles que celles prévues en cas de rupture anticipée d'un CDD (n° 20210) ou d'un contrat d'apprentissage (n° 3595). Par ailleurs, si la **rupture amiable collective** est possible dans le cadre d'un accord portant ruptures conventionnelles collectives ou congé de mobilité (nos 69146 s.), d'un plan de sauvegarde de l'emploi (PSE) ou d'un accord de gestion prévisionnelle de l'emploi et des compétences (n° 69105), la loi exclut tout recours à la rupture conventionnelle individuelle dans le cadre de ces dispositifs. **69100** C. trav. art. L 1237-11 L 1237-16 **NA-I-27000 s**

› Précisions a. Toute rupture amiable conclue en dehors du cadre de la rupture conventionnelle s'analyse en un **licenciement sans cause réelle et sérieuse** (Cass. soc. 15-10-2014 n° 11-22.251 FS-PBR : RJS 12/14 n° 854 ; 5-7-2017 n° 16-10.841 FS-PB : RJS 10/17 n° 714).
b. Sur la prise en compte des ruptures conventionnelles pour **déterminer si un plan de sauvegarde de l'emploi doit être établi** dans l'entreprise, voir n° 48085.
c. La signature d'une rupture conventionnelle après que l'une ou l'autre des parties a exercé son droit de résiliation unilatérale du contrat vaut **renonciation commune** à cette résiliation (Cass. soc. 3-3-2015 n° 13-20.549 FS-PBR : RJS 5/15 n° 329).
d. La rupture conventionnelle n'est pas applicable à la convention tripartite conclue, dans le cadre d'une **mobilité** intra ou intergroupe, entre un salarié et **deux employeurs successifs** ayant pour objet d'organiser la poursuite du contrat de travail (Cass. soc. 8-6-2016 n° 15-17.555 FP-PBRI : RJS 8-9/16 n° 555).

69105
NA-I-23700 s

Départ négocié dans le cadre d'un accord GPEC ou d'un PSE

La rupture négociée d'un contrat à durée indéterminée, sur le fondement de l'article 1193 du Code civil, est possible dans le cadre d'un accord GPEC (nº 52004) ou d'un PSE prévoyant un plan de départs volontaires (Cass. soc. 17-12-2014 nº 13-19.623 F-D : RJS 3/15 nº 179). Dans ce dernier cas, la rupture peut être conclue, même s'il existe un différend entre les parties (Cass. soc. 11-2-2009 nº 08-40.095 FS-PB : RJS 4/09 nº 322) et l'intéressé bénéficie de la priorité de réembauche (Cass. soc. 13-9-2005 nº 04-40.135 FS-PB : RJS 11/05 nº 1083).
Pour que le départ négocié soit valable, les parties doivent être pleinement **informées de leurs droits,** ceux du salarié devant être préservés (Cass. soc. 21-1-2003 nº 00-43.568 FS-P : RJS 4/03 nº 425). Le **consentement** doit être exempt de tout vice (Cass. soc. 14-6-2006 nº 04-45.775 FS-P : RJS 8-9/06 nº 1004). Un **écrit** est donc recommandé afin de préciser les conditions du départ généralement assorti d'une **indemnisation** spécifique. S'agissant de l'**assujettissement** des indemnités aux cotisations sociales, voir nº 22880, le régime des indemnités de départ volontaire étant transposable, selon nous, aux indemnités de départ négocié. Sur l'assujettissement à la CSG et à la CRDS, voir nº 25150.

VALIDITÉ

69110
NA-I-27200 s

La rupture conventionnelle doit garantir la liberté de **consentement** des parties. Elle est nulle et emporte les conséquences exposées nº 69145 en cas de **fraude** ou de **vice** du consentement (Cass. soc. 23-1-2019 nº 17-21.550 FS-PB : RJS 4/19 nº 208), mais aussi lorsque le non-respect d'une formalité requise est de nature à compromettre l'intégrité du consentement du salarié. Elle ne peut pas être **imposée** par l'une ou l'autre des parties, mais l'existence d'un différend entre l'employeur et le salarié n'affecte pas, par elle-même, la validité de la convention de rupture (Cass. soc. 23-5-2013 nº 12-13.865 FS-PBR : RJS 7/13 nº 534 ; 19-11-2014 nº 13-21.979 F-D : RJS 2/15 nº 94).

Des **difficultés économiques** n'excluent pas d'avoir recours à la rupture conventionnelle, sauf si l'employeur entend ainsi détourner la procédure de licenciement économique (Inst. DGT 2010-02 du 23-3-2010 ; CA Lyon 4-12-2012 nº 12-01592), cette circonstance pouvant justifier un refus d'homologation (Cons. prud'h. Toulouse 22-1-2010 nº 10-4 : RJS 5/10 nº 426). Le consentement du salarié peut toutefois être vicié si l'employeur lui a dissimulé, au moment de la rupture, que son poste allait être supprimé pour un motif économique, le privant ainsi des **mesures du PSE** (Cass. soc. 6-1-2021 nº 19-18.549 FD : RJS 3/21).

La rupture peut également être conclue pendant une période de **suspension du contrat** de travail. Toutefois, en cas de litige, les juges peuvent tenir compte du contexte de la rupture pour considérer que le consentement du salarié n'a pas été donné librement (par exemple, pour une rupture signée pendant un arrêt maladie, CA Amiens 11-1-2012 nº 11-00555 : RJS 4/12 nº 337).

> Précisions **a.** Les parties doivent être **mentalement aptes** à signer une rupture conventionnelle. Tel n'est pas le cas s'il résulte de certificats médicaux que les facultés mentales du salarié étaient altérées lors de la signature de la convention (Cass. soc. 16-5-2018 nº 16-25.852 F-D : RJS 7/18 nº 476) ou si le salarié était dans une situation de fragilité extrême et qu'il avait du mal à maîtriser ses émotions (CA Agen 6-11-2012 nº 12-488).
b. La rupture conventionnelle est viciée si elle est conclue avec un salarié victime de **harcèlement** moral (Cass. soc. 28-1-2016 nº 14-10.308 F-D : RJS 4/16 nº 244 ; 29-1-2020 nº 18-24.296 F-D : RJS 4/20 nº 169) ou de **menaces et pressions** (Cass. soc. 23-5-2013 nº 12-13.865 FS-PBR : RJS 7/13 nº 534 ; 8-7-2020 nº 19-15.441 F-D : RJS 10/20 nº 459). Tel est le cas, par exemple, si l'employeur a engagé une procédure de licenciement, puis infligé une sanction disciplinaire injustifiée au salarié avant de le convoquer à un court entretien préalable à la rupture conventionnelle (Cass. soc. 12-2-2014 nº 12-29.208 F-D : RJS 5/14 nº 399), ou si le salarié n'a pas eu d'autre alternative que de signer la rupture conventionnelle ou d'être licencié (Cass. soc. 16-9-2015 nº 14-13.830 FS-PB : RJS 12/15 nº 771).
c. La rupture conventionnelle peut être conclue avec :
– la victime d'un **accident du travail** pendant la période de suspension de son contrat (Cass. soc. 30-9-2014 nº 13-16.297 FS-PBR : RJS 12/14 nº 855) ou postérieurement, alors qu'elle a été déclarée inapte à son poste (Cass. soc. 9-5-2019 nº 17-28.767 FS-PB : RJS 7/19 nº 417) ou apte avec réserves à la reprise du travail (Cass. soc. 28-5-2014 nº 12-28.082 FS-PB : RJS 8-9/14 nº 627) ;
– une salariée en **congé de maternité** et pendant la période de protection suivant la fin de son congé (Cass. soc. 25-3-2015 nº 14-10.149 FS-PB : RJS 6/15 nº 407) ;
– un salarié en **congé parental d'éducation** (CA Nîmes 12-6-2012 nº 11-00120 : RJS 11/12 nº 875) ou en **congé sabbatique ou sans solde** (Circ. DGT 2009-4 du 17-3-2009, réputée abrogée).

PROCÉDURE

Entretien préalable La convention de rupture est librement négociée au cours d'un ou plusieurs entretiens préalables, pendant lesquels le salarié peut se faire **assister** selon les modalités indiquées n°s 47570 s. L'assistance de l'employeur est également possible quand le salarié se fait lui-même assister. Dans ce cas, l'employeur doit en informer le salarié. Mais ni le manquement de l'employeur à son obligation d'informer le salarié de la possibilité de se faire assister (Cass. soc. 29-1-2014 n° 12-27.594 FS-PB : RJS 4/14 n° 316), ni le fait que l'employeur ait été le seul à être assisté ne justifient l'annulation de la rupture conventionnelle, sauf si le salarié prouve avoir subi, du fait de ce déséquilibre, des pressions ou des contraintes l'incitant à signer (Cass. soc. 5-6-2019 n° 18-10.901 FS-PB : RJS 8-9/19 n° 482). **69120** C. trav. art. L 1237-12 **NA-I-28800 s**

La convention peut être **signée** dès la fin d'un entretien unique, aucun délai de réflexion n'étant imposé par la loi (Cass. soc. 3-7-2013 n° 12-19.268 FS-PBR : RJS 10/13 n° 674). En l'**absence d'entretien,** ce qu'il appartient au salarié de prouver, la rupture conventionnelle est nulle (Cass. soc. 1-12-2016 n° 15-21.609 FS-PBRI : RJS 2/17 n° 98).

> Précisions **a.** L'employeur n'est pas tenu de convoquer le salarié par écrit aux **entretiens** préalables (CA Lyon 23-9-2011 n° 10-09122 : RJS 1/12 n° 4), lesquels peuvent avoir lieu dans un **endroit extérieur** à l'entreprise (par exemple, dans un bar : CA Bourges 9-11-2012 n° 11-01636).

b. L'**assistant du salarié** peut être son supérieur hiérarchique, actionnaire de l'entreprise (Cass. soc. 29-1-2014 n° 12-27.594 FS-PB : RJS 4/14 n° 316), mais pas un avocat (Circ. DGT 2008-11 du 22-7-2008). À noter que le **délai de convocation** à l'entretien doit être suffisant pour permettre au salarié de contacter un conseiller (Cons. prud'h. Bobigny 6-4-2010 n° 08-4910 : RJS 8-9/10 n° 669).

c. Dans les entreprises de moins de 50 salariés, l'**assistant de l'employeur** peut être un autre employeur de la même branche ou un membre de son organisation syndicale patronale.

d. La rupture conventionnelle peut être conclue après un **entretien préalable à une sanction,** dès lors que les parties en conviennent et négocient la rupture conventionnelle au cours de cet entretien (implicitement : Cass. soc. 19-11-2014 n° 13-21.979 F-D : RJS 2/15 n° 94).

Conclusion de la convention La convention de rupture définit les conditions de cessation du contrat, et notamment : **69125** C. trav. art. L 1237-13, al. 1 et 2 L 1237-14, al. 1 **NA-I-29450 s**

– le montant de l'**indemnité** de rupture (voir n° 69130) ;

– la **date** de la rupture du contrat, qui ne peut pas intervenir avant le lendemain du jour de l'homologation. Aucun **préavis** n'est prévu, mais les parties peuvent fixer une date de rupture convenant à chacune.

Les parties doivent remplir un **formulaire** type valant convention (disponible sur www.travail-emploi.gouv.fr) ou le saisir directement en ligne sur le portail www.telerc.travail.gouv.fr. Elles peuvent, le cas échéant, compléter ce document par une convention annexe.

> Précisions **a.** Une **erreur sur la date** de la rupture ne justifie pas en elle-même l'annulation de la convention, à charge pour le juge de la rectifier (Cass. soc. 8-7-2015 n° 14-10.139 FS-PB : RJS 10/15 n° 639). En revanche, dès lors qu'elle est postérieure à la date de l'homologation, la date de fin de contrat s'impose au juge qui ne peut pas la rectifier (Cass. soc. 18-2-2015 n° 13-23.880 F-D : RJS 5/15 n° 331).

b. Sauf accord des parties, le **contrat de travail continue à s'exécuter** normalement jusqu'à la date fixée pour sa rupture. Sur la possibilité pour le salarié de **prendre acte de la rupture** du contrat, voir n° 69135, c.

c. La convention de rupture doit, sous peine de nullité, mentionner la **date à laquelle elle a été signée,** celle-ci marquant le point de départ du délai de rétractation (Cass. soc. 27-3-2019 n° 17-23.586 FS-D : RJS 6/19 n° 347).

d. Si le contrat de travail prévoit une **clause de non-concurrence,** celle-ci doit s'appliquer après la rupture. La convention de rupture peut prévoir la renonciation par l'employeur à l'application de la clause qui doit être expresse. Sur l'effet d'une formulation générale dans la convention de rupture au regard de la clause, voir n° 69675, b. S'agissant de la date à laquelle l'employeur peut renoncer à l'application de la clause, voir n° 69680.

e. Sur le droit aux allocations d'assurance **chômage** des salariés ayant négocié une rupture conventionnelle homologuée, voir n° 6530.

Sur l'**obligation déclarative** à laquelle est tenu l'employeur lorsque la rupture est négociée avec un salarié âgé d'au moins 55 ans, voir n° 69545.

Sur les conséquences d'une rupture conventionnelle au regard du délai de **prescription des faits fautifs,** voir n° 56225, b.

Remise d'un exemplaire au salarié L'employeur doit remettre au salarié un exemplaire **signé des deux parties** de la convention de rupture. À défaut, celle-ci est nulle (Cass. soc. 6-2-2013 n° 11-27.000 FS-PBR : RJS 4/13 n° 280 ; 3-7-2019 n° 17-14.232 FS-PB : RJS 10/19 n° 561). La remise de cet exemplaire ne se présumant pas (Cass. soc. 3-7-2019 n° 18-14.414 FS-PB : RJS 10/19 n° 561), l'employeur doit en apporter la **preuve** en cas de litige (Cass. soc. 23-9-2020 **69127** **NA-I-30200 s**

nº 18-25.770 FS-PB : RJS 11/20 nº 529). Il est conseillé de faire signer au salarié une décharge ou un récépissé attestant qu'un exemplaire de la convention lui a été remis.

69130 C. trav. art. L 1237-13, al. 1 NA-I-29600 s

Indemnité de rupture Le montant de l'indemnité spécifique de rupture, fixé par la convention, **ne peut pas être inférieur** à celui de l'indemnité légale de licenciement ou, dans les entreprises relevant de branches d'activité représentées par le Medef, la CGPME ou l'UPA, à celui de l'indemnité conventionnelle de licenciement s'il est supérieur (Avenant nº 4 à l'ANI du 11-1-2008 étendu par arrêté du 26-11-2009).

Les parties ne peuvent pas **renoncer** au versement de l'indemnité (CA Angers 5-1-2010 nº 09-1048 : RJS 2/11 nº 132).

S'agissant du **régime** au regard des cotisations de sécurité sociale de l'indemnité de rupture : voir nº 22885. Sur l'assujettissement à la CSG-CRDS, voir nº 25150.

> **Précisions** **a.** L'indemnité spécifique de rupture est calculée par référence au montant de l'indemnité de licenciement. L'**ancienneté** s'apprécie à la date envisagée de la rupture compte tenu des années incomplètes (Cons. prud'h. Bobigny 6-4-2010 nº 08-4910 : RJS 8-9/10 nº 669). Selon l'administration, le salarié qui ne remplit pas la condition d'ancienneté pour bénéficier de l'indemnité peut prétendre à une indemnité calculée au prorata du nombre de mois de présence (Circ. DGT 2009-4 du 17-3-2009, réputée abrogée).
> **b.** En principe, l'administration ne doit pas homologuer une convention prévoyant le versement d'une **indemnité inférieure** à celle de l'indemnité de licenciement (CA Toulouse 29-6-2012 nº 10-06156). Toutefois, le fait de prévoir une indemnité d'un montant inférieur à celui réellement dû n'entraîne pas, en lui-même, la nullité de la convention (Cass. soc. 8-7-2015 nº 14-10.139 FS-PB : RJS 10/15 nº 639 ; 4-11-2015 nº 13-27.873 F-D). Dans ce cas, le salarié peut demander au juge un **complément** d'indemnité (Cass. soc. 10-12-2014 nº 13-22.134 FS-PB : RJS 2/15 nº 95). L'**action en paiement** de l'indemnité doit être introduite dans les 12 mois suivant l'homologation de la convention (Cass. soc. 20-11-2019 nº 18-10.499 FS-D : RJS 2/20 nº 85).
> **c.** Le **retard de versement** de l'indemnité ne remet pas non plus en cause la validité de la rupture conventionnelle (CA Reims 16-5-2012 nº 11-00624 : RJS 10/12 nº 791).
> **d.** N'ont droit qu'à l'indemnité légale de licenciement les salariés de l'**audiovisuel** (Cass. soc. 27-6-2018 nº 17-15.948 F-D : RJS 10/18 nº 592) et de l'**édition** (CA Nancy 30-8-2017 nº 16-02668 : RJS 11/17 nº 731). Il en est de même de ceux travaillant pour des **professions libérales,** des **particuliers** employeurs, dans l'**agriculture** et le secteur **sanitaire et social** (Inst. DGT 2009-25 du 8-12-2009, réputée abrogée et Courrier min. du travail du 28-7-2010), ou de ceux pour lesquels les modalités de calcul de l'indemnité de licenciement sont fixées par un texte réglementaire spécifique (par exemple, dans les offices publics de l'habitat, Cass. soc. 30-9-2020 nº 19-15.675 FS-PB : RJS 12/20 nº 629). Sur l'indemnité due aux **journalistes,** voir nº 46355.

69135 C. trav. art. L 1237-13, al. 3 R 1231-1 NA-I-30300 s

Rétractation À compter de la date de signature de la convention de rupture, les parties peuvent se rétracter dans un **délai de 15 jours calendaires,** par lettre attestant de sa date de réception par l'autre partie (CA Bourges 16-9-2011 nº 10-01735), la fin du délai s'appréciant à la date d'envoi de la lettre, peu important sa date de réception (Cass. soc. 14-2-2018 nº 17-10.035 FS-PB : RJS 4/18 nº 254 ; 19-6-2019 nº 18-22.897 F-D : RJS 8-9/19 nº 483). Lorsque ce délai **expire un samedi, un dimanche ou un jour férié ou chômé,** il est prorogé jusqu'au premier jour ouvrable suivant.

L'**erreur de calcul** du délai de rétractation dans la convention de rupture ne justifie pas son annulation, si elle n'a pas eu pour effet de vicier le consentement du salarié et si ce dernier a bien eu la possibilité de se rétracter (Cass. soc. 29-1-2014 nº 12-24.539 FS-PB : RJS 4/14 nº 316 ; 19-10-2017 nº 15-27.708 F-D : RJS 1/18 nº 18).

La rétractation n'a pas à être **motivée.**

> **Précisions** **a.** La rétractation **adressée à l'administration** et non à l'autre partie est sans effet et n'empêche pas l'homologation de la convention (Cass. soc. 6-10-2015 nº 14-17.539 FS-PBR : RJS 12/15 nº 772).
> **b.** Il y a rétractation **implicite** lorsqu'au cours du délai, le salarié prend acte de la rupture du contrat (CA Dijon 5-5-2011 nº 10-160) ou lorsque l'employeur convoque le salarié à un entretien préalable à un licenciement (CA Bourges 16-9-2011 nº 10-01697 : RJS 1/12 nº 33).
> **c.** Passé le délai de rétractation, le salarié ne peut prendre acte de la rupture du contrat que pour des **manquements** de l'employeur survenus, ou dont il a eu connaissance, au cours de la période allant de la fin du délai à la date de la rupture du contrat prévue par la convention (Cass. soc. 6-10-2015 nº 14-17.539 FS-PBR : RJS 12/15 nº 772).

69140 **Homologation** À compter du lendemain de la fin du délai de rétractation, la partie la plus diligente adresse à la Dreets (Direccte avant le 1-4-2021) le formulaire visé nº 69125 qui vaut demande d'homologation, accompagné le cas échéant de la convention annexe.

La demande d'homologation peut être effectuée en ligne sur le portail www.telerc.travail.gouv.fr.

C. trav. art. L 1237-14 R 1237-3 NA-I-30750 s

À compter de sa date de réception, l'administration dispose de **15 jours ouvrables** pour en contrôler la régularité et s'assurer du libre consentement des signataires (Circ. DGT 2008-11 du 22-7-2008). L'homologation est **implicite** si aucune décision expresse de rejet n'est parvenue aux parties dans les 15 jours suivant la réception de la demande (Cass. soc. 16-12-2015 n° 13-27.212 FS-PB : RJS 3/16 n° 170).

› Précisions a. Attention, en cas de demande d'homologation **avant la fin du délai** de rétractation, la convention ne peut pas être homologuée (Cass. soc. 14-1-2016 n° 14-26.220 FS-PB : RJS 3/16 n° 171). Si tel est le cas, la rupture s'analyse en un licenciement abusif (Cass. soc. 6-12-2017 n° 16-16.851 F-D : RJS 3/18 n° 180).

b. La Dreets adresse à chaque partie un **accusé de réception de la demande** d'homologation spécifiant sa date d'arrivée et la date à laquelle le délai d'instruction expire. Tout refus d'homologation doit être motivé (Circ. DGT 2008-11 du 22-7-2008). Le juge judiciaire n'est pas compétent pour prononcer l'homologation en cas de refus de l'administration (Cass. soc. 14-1-2016 n° 14-26.220 FS-PB : RJS 3/16 n° 171).

c. À défaut d'homologation, le contrat de travail se poursuit (CA Dijon 20-9-2012 n° 11-00988). S'il a cessé à l'initiative de l'employeur, notamment par remise au salarié de l'attestation Pôle emploi et d'un solde de tout compte, la rupture s'analyse en un licenciement sans cause réelle et sérieuse (Cass. soc. 6-7-2016 n° 14-20.323 FS-D : RJS 10/16 n° 619). Si les parties décident de signer une **nouvelle convention,** elles doivent reprendre l'ensemble de la procédure et prévoir un nouveau délai de rétractation (Cass. soc. 13-6-2018 n° 16-24.830 F-PB : RJS 8-9/18 n° 527). L'employeur ne peut pas rectifier unilatéralement la convention pour en demander à nouveau l'homologation (Cass. soc. 24-6-2020 n° 18-17.262 F-D : RJS 10/20 n° 458).

d. La Dreets peut revenir sur une **décision initiale de refus** fondée sur un défaut ou une insuffisance d'informations et valablement homologuer la convention (Cass. soc. 12-5-2017 n° 14-24.220 FS-PB : RJS 7/17 n° 472).

CONTESTATION

69145 C. trav. art. L 1237-14, al. 4 NA-I-32500 s

Le contentieux sur la rupture conventionnelle relève de la **compétence** du conseil de prud'hommes. Le **recours** doit être introduit dans les 12 mois de l'homologation ou du refus d'homologation de la convention, y compris lorsqu'il porte sur l'exécution de la convention (par exemple, sur le remboursement des cotisations afférentes à l'indemnité de rupture : CA Nîmes 8-9-2020 n° 18/00297 : RJS 11/20 n° 530). La **prescription** est écartée en cas de fraude si celle-ci a eu pour finalité de permettre l'accomplissement de cette prescription ; le point de départ du délai est reporté au jour où celui qui invoque la fraude en a eu connaissance (Cass. soc. 22-6-2016 n° 15-16.994 FS-PB : RJS 10/16 n° 620).

Les parties ne **peuvent pas renoncer** dans la convention à leur droit de contester la rupture du contrat de travail, une telle clause étant réputée non écrite (Cass. soc. 26-6-2013 n° 12-15.208 FS-PBR : RJS 10/13 n° 674).

Compte tenu des garanties qui entourent la procédure, seuls le non-respect d'une formalité substantielle, la fraude ou le vice du consentement (violence, dol, erreur) peuvent entraîner l'annulation d'une convention de rupture. Dans ce cas, la rupture du contrat produit les effets d'un **licenciement sans cause réelle et sérieuse.** Elle produit toutefois les effets d'un licenciement **nul** si le salarié est victime de harcèlement moral (Cass. soc. 29-1-2020 n° 18-24.296 F-D : RJS 4/20 n° 175).

› Précisions a. L'annulation de la convention impose au salarié de restituer les sommes perçues en exécution de la convention (Cass. soc. 30-5-2018 n° 16-15.273 FS-PB : RJS 8-9/18 n° 528). Ce dernier a toutefois droit à l'indemnité compensatrice de préavis, y compris s'il est entré au service d'un autre employeur avant l'homologation, et aux indemnités énumérées n°s 48700 s. (CA Lyon 23-9-2011 n° 10-09122 : RJS 1/12 n° 32), sauf celle prévue pour licenciement irrégulier (Cass. soc. 9-7-2014 n° 13-18.696 FS-PB : RJS 10/14 n° 677).

b. Une **transaction** (n°s 69560 s.) est possible mais celle-ci ne peut intervenir que postérieurement à l'homologation de la rupture et ne peut avoir pour objet que de régler un différend relatif, non pas à la rupture du contrat, mais à son exécution (par exemple, paiement d'une prime ou d'heures supplémentaires), sur des éléments non compris dans la convention de rupture (Cass. soc. 26-3-2014 n° 12-21.136 FS-PBR : RJS 6/14 n° 501 ; 25-3-2015 n° 13-23.368 FS-PB : RJS 6/15 n° 408).

c. Sur la compétence du juge judiciaire pour **homologuer** une convention, voir n° 69140, b.

d. Sur le rôle du juge en cas d'indemnité de rupture insuffisante, voir n° 69130, b.

4. RUPTURE D'UN COMMUN ACCORD DANS LE CADRE D'UN ACCORD COLLECTIF

CONGÉ DE MOBILITÉ

69146
C. trav. art. L 1237-17 à L 1237-18-5 D 1237-4 D 1237-5 **NA-I-33730 s**

Toutes les entreprises ayant conclu soit un **accord collectif sur la gestion des emplois et des compétences** (GPEC) soit un accord de rupture conventionnelle collective dans les conditions visées n°s 69147 s. peuvent prévoir un congé de mobilité.

Ce congé, qui a pour objet de favoriser le retour à un emploi stable par des mesures d'accompagnement, des actions de formation et des périodes de travail en CDI ou en CDD, obéit aux règles fixées par l'accord collectif. L'acceptation par le salarié de la proposition de congé emporte rupture du contrat de travail d'un commun accord des parties à l'issue du congé.

> Précisions **a.** L'**accord collectif** détermine la durée du congé, les conditions et modalités d'adhésion des salariés, l'organisation des périodes de travail et de formation, le niveau de rémunération des salariés pendant le congé, les conditions d'information des représentants du personnel et les **indemnités de rupture** versées aux salariés qui sont au moins égales à l'indemnité légale de licenciement. Sur le régime social de l'indemnité, voir n° 22887. Sur l'assujettissement à la CSG-CRDS, voir n° 25145.

b. Le salarié bénéficie, pendant la période de congé, d'une **rémunération** au moins égale à l'allocation de conversion, soit un montant au moins égal à 65 % de la rémunération brute moyenne des 12 derniers mois précédant la date du début du congé, sans pouvoir être inférieur à 85 % du Smic. Cette rémunération est soumise, dans la limite des 12 premiers mois du congé pouvant être portés à 24 mois en cas de formation ou de reconversion professionnelle, au même régime juridique que celui de l'indemnité d'activité partielle (n° 1460). S'agissant de la CSG et de la CRDS, voir n° 25275.

c. L'autorisation préalable de l'inspecteur du travail est requise pour la rupture du contrat de travail des **salariés protégés** (voir n° 63452) et des médecins du travail (voir n° 72290, b).

d. **Tous les 6 mois** à compter du dépôt de l'accord, l'employeur transmet à la **Dreets** (Direccte avant le 1-4-2021) du siège social de l'entreprise un formulaire précisant le nombre de ruptures de contrat intervenues à la suite du congé, les mesures de reclassement mises en place et la situation des salariés au regard de l'emploi à l'issue du congé (voir n° 69148, b pour les modalités d'envoi).

RUPTURE CONVENTIONNELLE COLLECTIVE

69147
C. trav. art. L 1237-19 L 1237-19-1 L 1237-19-7 D 1237-12 **NA-I-34050 s**

Un accord collectif conclu selon les règles visées n°s 51900 s. et validé par la Dreets (Direccte avant le 1-4-2021) peut déterminer le contenu d'une rupture conventionnelle collective (RCC) excluant tout licenciement pour atteindre les objectifs qui lui sont assignés en termes de suppression d'emplois. La Dreets est informée sans délai par l'employeur de l'ouverture d'une négociation (voir n° 69148, b pour les modalités d'information). L'accord détermine :

– les modalités et conditions d'information du **comité social et économique** (CSE) ;
– le **nombre maximal de départs** envisagés, de suppressions d'emplois associées et la durée pendant laquelle les ruptures de contrat peuvent être engagées ;
– les conditions que doit remplir le salarié pour en bénéficier ;
– les modalités de **présentation et d'examen des candidatures** au départ des salariés, incluant les conditions de transmission de l'accord écrit du salarié au dispositif ;
– les modalités de conclusion d'une convention individuelle de rupture et d'exercice du droit de rétractation des parties ;
– les modalités de calcul des **indemnités de rupture** garanties au salarié qui ne peuvent pas être inférieures à l'indemnité légale de licenciement ;
– les **critères de départage** entre les potentiels candidats au départ ;
– des mesures visant à faciliter l'accompagnement et le **reclassement externe** des salariés sur des emplois équivalents : congé de mobilité visé n° 69146, actions de formation, de validation des acquis de l'expérience ou de reconversion ou actions de soutien à la création d'activités nouvelles ou à la reprise d'activités existantes par les salariés. Sur le régime social des indemnités éventuellement versées, voir n° 22887 ;
– les modalités de **suivi de la mise en œuvre** effective de l'accord.

L'accord prévoit également une clause précisant la durée pendant laquelle l'employeur s'engage à ne pas procéder à des licenciements économiques (QR min. trav. du 7-3-2019).

> Précisions **a.** L'accord portant rupture conventionnelle collective doit être dissocié du **PSE.** Pour autant, il peut être conclu dans un contexte de **difficultés économiques** (CAA Versailles 14-3-2019 n° 18VE04158 : RJS 5/19 n° 287), sauf si la fermeture du site est certaine (QR min. trav. du

7-3-2019). S'agissant des plans de départs volontaires mis en œuvre dans le cadre d'un PSE, voir nº 69105.

b. Les critères d'éligibilité au départ et de départage ne doivent pas être **discriminatoires.** La Dreets ne devrait pas valider d'accords s'apparentant à de la **préretraite** (Rapp. Ord. 2017-1387).

c. La **mise en œuvre de l'accord et son suivi** font l'objet d'une consultation régulière et détaillée du **CSE,** dont l'avis est transmis à la Dreets. Cette dernière est associée au suivi de ces mesures et reçoit un **bilan,** établi par l'employeur, de la mise en œuvre de l'accord, au plus tard un mois après la fin de la mise en œuvre des mesures prévues pour faciliter le reclassement interne (voir nº 69148, b pour les modalités d'envoi du bilan).

d. En cas de **suppression d'emploi de grande ampleur** affectant l'équilibre du **bassin d'emploi,** les entreprises d'au moins 1 000 salariés notamment sont tenues à une obligation de revitalisation dudit bassin selon des modalités fixées par les articles L 1237-19-9 à L 1237-19-14 du Code du travail et identiques à celles prévues en matière de licenciement économique (nº 48480).

Validation par l'administration L'accord est **transmis** à la Dreets (Direccte avant le 1-4-2021) qui s'assure qu'il est **conforme** à la loi, qu'il prévoit bien toutes les mesures imposées, que les mesures de reclassement sont précises et concrètes et, le cas échéant, que la procédure d'information du CSE a été régulière. La Dreets ne contrôle pas les modalités de mise en œuvre de la rupture conventionnelle collective fixées par l'accord, mais s'assure que celui-ci contient toutes les clauses obligatoires. Elle peut valider l'accord en l'absence de consultation du CSE sur le projet de réorganisation de l'entreprise (en ce sens CAA Versailles 14-3-2019 nº 18VE04158 : RJS 5/19 nº 287). **69148**

C. trav. art. L 1237-19-3 à L 1237-19-6 L 1237-19-8 R 1237-6 D 1237-7 à D 1237-11 **NA-I-34180 s**

L'administration **notifie** sa décision motivée à l'employeur, au CSE s'il existe, et aux signataires de l'accord, dans les 15 jours calendaires suivant la réception d'un dossier complet comprenant l'accord, les informations permettant de vérifier la régularité des conditions dans lesquelles il a été conclu et la mise en œuvre effective de l'information du CSE.

L'**absence de réponse** dans le délai requis vaut décision implicite de validation. Dans ce cas, l'employeur transmet une copie de sa demande de validation, accompagnée de l'accusé de réception de la Dreets, au CSE s'il existe et aux signataires de l'accord.

› Précisions **a.** L'autorité administrative **compétente** est l'**unité territoriale de la Dreets** dont relève l'établissement concerné. Si le projet d'accord porte sur des établissements relevant de **Dreets différentes,** la Dreets compétente est celle visée nº 48210.

b. Les **échanges** d'information **entre l'administration et l'employeur** sont effectués par tout moyen permettant de leur conférer une date certaine ; ceux entre l'**entreprise et la Dreets,** par voie dématérialisée sur le système d'information Rupco à l'adresse suivante : https://ruptures-collectives.emploi.gouv.fr (Arrêté MTRD1927861A du 21-10-2019).

c. En cas d'**absence de CSE** par suite d'une carence dûment constatée, l'employeur joint à la demande de validation le procès-verbal constatant cette carence.

d. En cas de **refus de validation,** un nouvel accord tenant compte de la décision de l'administration peut être négocié. Le **CSE** est informé de la reprise des négociations. Ce nouvel accord est transmis à la Dreets pour validation.

e. La décision de validation ou, à défaut, la copie de la demande et l'accusé de réception en cas de validation implicite, ainsi que les voies et délais de recours sont **portés à la connaissance des salariés** par voie d'**affichage** sur leurs lieux de travail ou par tout autre moyen permettant de conférer date certaine à cette information.

f. L'accord collectif, son contenu et la régularité de la procédure précédant la décision de l'administration ne peuvent pas faire l'objet d'un **litige distinct** de celui relatif à la décision de validation de l'accord par l'administration. Les **recours** contre la décision de l'administration sont **formés, instruits et jugés** dans les conditions définies à l'article L 1235-7-1 du Code du travail relatif au contentieux des licenciements économiques collectifs : voir nº 48252.

Rupture du contrat de travail L'**acceptation par l'employeur** de la candidature du salarié au départ volontaire emporte rupture du contrat de travail d'un **commun accord.** Celle-ci ouvre droit pour le salarié aux indemnités de rupture prévues par l'accord et aux allocations d'**assurance chômage,** sous réserve de remplir toutes les conditions pour en bénéficier. Sur le **régime social** de l'indemnité, voir nº 22887. Sur l'assujettissement à la **CSG-CRDS,** voir nº 25145. **69149**

C. trav. art. L 1237-19-2 L 1237-19-8 **NA-I-34280 s**

Toute **contestation** portant sur la rupture doit être formée devant le **conseil de prud'hommes** avant l'expiration d'un délai de 12 mois qui débute à la date de la rupture effective du contrat de travail.

› Précisions **a.** La **convention individuelle de rupture** à signer entre l'employeur et le salarié permet de préciser avec exactitude la date de la rupture du contrat de travail, point de départ du délai de prescription.

b. L'autorisation préalable de l'inspecteur du travail est requise pour la rupture du contrat de travail des **salariés protégés** (voir nº 63452) et des médecins du travail (voir nº 72290, b).

5. PRISE D'ACTE DE LA RUPTURE

MODALITÉS

69150 NA-I-8000 s Le salarié qui reproche à l'employeur des manquements à ses obligations peut prendre acte de la rupture de son contrat. Si la prise d'acte n'est soumise à aucun **formalisme** particulier (Cass. soc. 4-4-2007 n° 05-42.847 F-D : RJS 6/07 n° 710) et n'a pas à être précédée d'une **mise en demeure** de l'employeur (Cass. soc. Avis 3-4-2019 n° 19-70.001 PBRI : RJS 6/19 n° 346), elle doit toutefois être adressée directement à ce dernier (Cass. soc. 16-5-2012 n° 10-15.238 FS-PBR : RJS 7/12 n° 621 ; 14-9-2016 n° 15-18.189 F-D : RJS 11/16 n° 686). Est aussi valable la prise d'acte adressée par le salarié au **groupe auquel appartient l'employeur** à qui elle a été transmise et qui en a eu ainsi connaissance (Cass. soc. 6-12-2017 n° 16-22.019 FS-D : RJS 2/18 n° 104).

› Précisions **a.** Seul le salarié ou son conseil, y compris sur le fondement d'un **mandat** apparent (Cass. soc. 22-11-2017 n° 16-12.524 FS-PB : RJS 3/18 n° 178), peut prendre acte de la rupture du contrat. En conséquence, en cas de prise d'acte par l'**employeur,** la rupture s'analyse systématiquement en un licenciement abusif (Cass. soc. 25-6-2003 n° 01-41.150 FP-PBRI : RJS 8-9/03 n° 994 ; 26-10-2010 n° 09-41.548 F-D : RJS 1/11 n° 19).
b. Le fait pour le salarié de considérer son contrat comme rompu dans une **télécopie** adressée à l'employeur vaut prise d'acte (Cass. soc. 30-5-2013 n° 12-17.413 F-D : RJS 8-9/13 n° 590), mais pas la **saisine du conseil de prud'hommes** par le salarié (Cass. soc. 16-3-2016 n° 15-12.493 F-D : RJS 5/16 n° 314).
c. Le salarié qui a engagé une action en justice contre l'employeur tendant à l'**exécution** d'une obligation née du contrat peut prendre acte de la rupture dudit contrat en raison des faits dont il a saisi le juge ou pour d'autres faits (Cass. soc. 21-12-2006 n° 04-43.886 FP-PBRI : RJS 3/07 n° 315).
d. Sur la possibilité de prendre acte de la rupture après : un **transfert d'entreprise** pour des faits reprochés à l'ancien employeur, voir n° 74840, c ; la signature d'une **rupture conventionnelle,** voir n° 69135, c ; une demande de **résiliation judiciaire** du contrat, voir n° 69185, a.

CESSATION DU CONTRAT

69155 NA-I-8750 s La prise d'acte de la rupture entraîne la cessation **immédiate** du contrat de travail (Cass. soc. 20-1-2010 n° 08-43.471 FS-PB : RJS 4/10 n° 318), de sorte que le salarié n'est pas tenu d'exécuter un **préavis** (Cass. soc. 28-9-2011 n° 09-67.510 FS-PB : RJS 12/11 n° 948).
Toute réaction ou tout **comportement ultérieur** de l'une ou l'autre des parties est sans incidence sur la qualification de la rupture (Cass. soc. 19-1-2005 n° 02-41.113 FS-PBRI : RJS 3/05 n° 254 ; 9-12-2009 n° 07-45.521 FS-PBR : RJS 2/10 n° 148). Une fois notifiée à l'employeur, la prise d'acte ne peut donc pas en principe être **rétractée** (Cass. soc. 14-10-2009 n° 08-42.878 FS-PBR : RJS 12/09 n° 904 ; 23-6-2015 n° 14-13.714 F-D : RJS 10/15 n° 624), sauf accord des parties (CA Douai 29-1-2010 n° 09-1290).

› Précisions **a.** Ne vaut pas **renonciation** à la prise d'acte la démission postérieure (Cass. soc. 28-5-2013 n° 11-28.504 F-D : RJS 8-9/13 n° 588) ou l'acceptation postérieure par le salarié d'un contrat de sécurisation professionnelle (Cass. soc. 30-6-2010 n° 09-41.456 FS-PB : RJS 10/10 n° 730).
b. L'employeur remet au salarié son **certificat de travail** et son **attestation Pôle emploi** (Cass. soc. 4-6-2008 n° 06-45.757 FS-PB : RJS 8-9/08 n° 875) sur laquelle figure le **motif de rupture** (voir n° 69500, b). S'agissant du droit aux **allocations de chômage,** voir n° 6530. Sur la date à laquelle l'employeur peut renoncer à l'application d'une **clause de non-concurrence,** voir n° 69680, c.
c. Sur le droit à une **prime versée postérieurement** à la date à laquelle le salarié a pris acte de la rupture, voir n° 70480, e.

SAISINE DU JUGE

69158 C. trav. art. L 1451-1 NA-I-8550 s Le salarié qui prend acte de la rupture doit saisir le juge prud'homal pour qu'il statue, dans le **délai d'un mois,** sur les effets de cette rupture. L'affaire est **directement portée** devant le bureau de jugement. Le point de départ de la **prescription** de l'action en justice (n° 14746) se situe à la date de la prise d'acte et non à la date des manquements de l'employeur (Cass. soc. 27-11-2019 n° 17-31.258 FP-D : RJS 2/20 n° 83).
Sur l'incidence d'une **procédure en cours** portant sur l'exécution du contrat de travail, voir n° 69150, c.
Sur le **recours** ouvert contre le jugement statuant sur la prise d'acte, voir n° 14685.

APPRÉCIATION DES GRIEFS

69160 NA-I-9500 s Les juges du fond doivent examiner l'ensemble des **manquements** de l'employeur invoqués par le salarié (Cass. soc. 7-12-2017 n° 16-20.470 F-D : RJS 2/18 n° 105), sans se limiter aux seuls griefs mentionnés dans la lettre de rupture (Cass. soc. 29-6-2005 n° 03-42.804 FS-PBRI : RJS 10/05 n° 959 ; 9-4-2008 n° 07-40.668 F-D : RJS 6/08 n° 645).

La rupture n'est justifiée qu'en cas de manquements **suffisamment graves** pour empêcher la poursuite du contrat, ce qu'il appartient au juge du fond d'apprécier souverainement. Tel n'est pas le cas, en principe, d'un manquement non imputable à l'employeur (Cass. soc. 14-11-2018 nº 17-11.448 FS-D : RJS 1/19 nº 12) ou de manquements **anciens** de plusieurs mois (Cass. soc. 26-3-2014 nº 12-23.634 FP-PB : RJS 6/14 nº 470). Jugé toutefois que, malgré leur ancienneté, des faits de harcèlement à l'encontre d'un salarié, en arrêt de travail depuis 18 mois au moment de la prise d'acte, empêchaient la poursuite de la relation de travail (Cass. soc. 11-12-2015 nº 14-15.670 F-D : RJS 2/16 nº 107). Il peut en être de même de manquements anciens ayant **persisté dans le temps** et conduit le salarié à l'épuisement (Cass. soc. 15-1-2020 nº 18-23.417 F-D : RJS 3/20 nº 130).

Peut justifier la prise d'acte de la rupture le manquement de l'employeur commis **hors temps et lieu de travail,** s'il est en lien avec l'activité professionnelle (Cass. soc. 23-1-2013 nº 11-20.356 FS-PB : RJS 4/13 nº 267). En revanche, le salarié ne peut pas invoquer un **fait qu'il ignorait au moment de la rupture** (Cass. soc. 9-10-2013 nº 11-24.457 FS-PB : RJS 12/13 nº 791).

Le salarié doit rapporter la **preuve** des manquements de l'employeur qu'il invoque (Cass. soc. 17-12-2003 nº 01-45.286 F-D : RJS 3/04 nº 293). Le fait qu'il ait exécuté ou proposé d'exécuter son **préavis,** alors qu'il n'y est pas tenu (voir nº 69155), est sans incidence sur l'appréciation de la gravité de ces manquements (Cass. soc. 2-6-2010 nº 09-40.215 FS-PBR : RJS 8-9/10 nº 650 ; 9-7-2014 nº 13-15.832 F-D). Le **doute** sur la réalité des faits allégués profite à l'employeur (Cass. soc. 19-12-2007 nº 06-44.754 F-P : RJS 3/08 nº 259).

ILLUSTRATIONS

Ont été jugés **suffisamment graves** pour justifier la prise d'acte les manquements suivants : inégalité de traitement à laquelle l'employeur n'a pas mis fin (Cass. soc. 15-5-2014 nº 12-29.746 F-D : RJS 7/14 nº 547), atteinte à l'intégrité physique ou morale du salarié (nº 17055), manquement à l'obligation de sécurité (nº 71250, d), défaut de fixation des objectifs dont dépend la rémunération variable du salarié (nº 70570), non-paiement des heures de délégation (nº 62600), non-respect du salaire minimum conventionnel (nº 70595) ou du repos hebdomadaire (nº 31045, b).

En revanche, n'ont **pas** été jugés **suffisamment graves** les manquements suivants : fait de discrimination syndicale ancien et isolé (Cass. soc. 15-4-2015 nº 13-24.333 FS-D : RJS 6/15 nº 393), défaut de réponse de l'employeur, dans les délais prévus, à la candidature d'un salarié à un départ volontaire (Cass. soc. 30-3-2010 nº 08-44.236 FS-PB : RJS 6/10 nº 491), défaut de paiement de quelques heures supplémentaires et d'une demi-journée de réduction de temps de travail (Cass. soc. 14-5-2014 nº 13-10.913 F-D : RJS 7/14 nº 547), retard de paiement de 2 mensualités de salaire (Cass. soc. 29-1-2020 nº 17-13.961 F-D : RJS 4/20 nº 174), retrait de 2 avantages liés à l'ancienneté (Cass. soc. 9-11-2017 nº 16-18.408 F-D : RJS 1/18 nº 16), absence de visite médicale de reprise liée à une erreur du service des ressources humaines désorganisé à la suite d'une démission (Cass. soc. 8-3-2017 nº 15-27.378 F-D : RJS 5/17 nº 315).

En cas de **modification du contrat** de travail imposée au salarié, voir nº 17495 ; de **harcèlement,** voir nº 17100 et de non-respect de son **suivi médical,** voir nº 72550.

EFFETS

Rupture aux torts de l'employeur Lorsque la prise d'acte est justifiée, elle produit les effets d'un **licenciement** sans cause réelle et sérieuse (Cass. soc. 19-1-2005 nº 03-45.018 FS-PBRI : RJS 3/05 nº 254 ; 30-3-2010 nº 08-44.236 FS-PB : RJS 6/10 nº 491), ou nul en cas de harcèlement (nº 17100) ou si les faits invoqués sont discriminatoires (CA Versailles 10-1-2012 nº 10-04996 : RJS 3/12 nº 210) ou si le salarié est protégé (voir nº 63470, b pour les représentants du personnel ; nº 280, a, pour les salariés victimes d'un accident du travail). **69165** C. trav. art. L 1235-3-2 **NA-I-10350 s**

› Précisions a. La prise d'acte produisant les effets d'un licenciement **sans cause réelle et sérieuse** ouvre droit à l'indemnité prévue par le barème obligatoire visé nº 48710, mais pas à celle due pour non-respect de la procédure de licenciement (Cass. soc. 4-4-2007 nº 05-42.847 F-D : RJS 6/07 nº 710 ; 19-10-2016 nº 14-25.067 F-PB : RJS 1/17 nº 15). Le salarié a également droit à l'indemnité de licenciement (Cass. soc. 28-9-2011 nº 09-67.510 FS-PB : RJS 12/11 nº 948) et à l'indemnité compensatrice de **préavis** et de **congés payés** y afférents, même si, pensant devoir exécuter un préavis, il en a été dispensé à sa demande (Cass. soc. 20-1-2010 nº 08-43.471 FS-PB : RJS 4/10 nº 318), ou si, en arrêt de travail pour maladie au moment de la prise d'acte, il aurait été dans l'incapacité physique de l'exécuter (Cass. soc. 20-1-2010 nº 08-43.476 FS-PB : RJS 4/10 nº 318 ; 11-12-2015 nº 14-15.670 F-D : RJS 2/16 nº 107) ou encore s'il a été engagé par un autre employeur quelques jours après sa prise d'acte (Cass. soc. 14-9-2016 nº 14-16.663 F-D : RJS 11/16 nº 687). Le salarié peut aussi prétendre, le cas échéant, à des dommages et intérêts en raison des **circonstances brusques et vexatoires** de la rupture (Cass. soc. 16-3-2010 nº 08-44.094 FS-PB : RJS 6/10 nº 545). Enfin, la clause de **dédit-formation** éventuellement prévue dans son contrat ne peut pas s'appliquer (Cass. soc. 11-1-2012 nº 10-15.481 F-PB : RJS 3/12 nº 224).

b. En cas de prise d'acte produisant les effets d'un **licenciement nul,** le salarié a droit à l'indemnité visée nº 48775. À l'instar du salarié protégé (nº 63470, b), il ne devrait pas pouvoir être **reintégré** dans l'entreprise.

c. Les indemnités dues au salarié se calculent en fonction de son **ancienneté** à la date de notification de la rupture (Cass. soc. 28-9-2011 nº 09-67.510 FS-PB : RJS 12/11 nº 948), même s'il a continué à travailler après cette date (Cass. soc. 26-10-2011 nº 10-11.297 F-D : RJS 1/12 nº 15).

69170 NA-I-10480 s **Rupture aux torts du salarié** Lorsque les manquements reprochés à l'employeur ne sont pas établis ou ne sont pas suffisamment graves pour empêcher la poursuite du contrat de travail, la prise d'acte produit les effets d'une **démission** (Cass. soc. 25-6-2003 nº 01-42.335 FS-PBRI : RJS 8-9/03 nº 994). Dans ce cas, le salarié ne peut prétendre à aucune indemnité de rupture. Il peut même être condamné à verser à l'employeur une indemnité pour non-respect du **préavis** (Cass. soc. 4-2-2009 nº 07-44.142 F-D : RJS 4/09 nº 325 ; 15-4-2015 nº 13-25.815 F-D : RJS 7/15 nº 477), sauf s'il n'a pas pu l'exécuter, après s'y être pourtant engagé, en raison de sa maladie (Cass. soc. 15-1-2014 nº 11-21.907 FS-PB : RJS 3/14 nº 203) ou si, après avoir proposé de l'effectuer, l'employeur l'en a dispensé (Cass. soc. 19-5-2015 nº 13-25.615 FS-D : RJS 8-9/15 nº 574).

6. RÉSILIATION JUDICIAIRE

MODALITÉS

69180 NA-I-11500 s Le salarié peut demander au conseil de prud'hommes (mais pas en référé : Cass. soc. 27-2-2013 nº 11-21.358 FS-D : RJS 5/13 nº 356) la résiliation judiciaire de son contrat de travail s'il estime que l'employeur manque à ses obligations.

› Précisions **a.** Sauf si la loi en dispose autrement, notamment pour le contrat d'apprentissage conclu avant le 1-1-2019 (voir nº 3605), seul le salarié peut demander la résiliation judiciaire du contrat. Toute demande de l'**employeur** est donc irrecevable (Cass. soc. 5-7-2005 nº 03-45.058 F-P : RJS 10/05 nº 971 ; 17-3-2010 nº 08-44.887 F-D : RJS 6/10 nº 507), même par voie reconventionnelle (Cass. soc. 29-6-2005 nº 03-41.966 FS-PB : RJS 10/05 nº 961). Sur l'action en résiliation judiciaire d'un salarié en **CDD,** voir nº 20200, a.

b. L'action en résiliation judiciaire **postérieure à un licenciement** est sans objet, mais le juge doit prendre en compte les griefs du salarié pour apprécier le bien-fondé du licenciement (Cass. soc. 20-12-2006 nº 05-42.539 FS-PBRI : RJS 3/07 nº 327 ; 31-1-2018 nº 16-19.902 F-D : RJS 4/18 nº 252).

SITUATION DU SALARIÉ DANS L'ATTENTE DU JUGEMENT

69185 L'action en résiliation judiciaire du contrat, qui ne constitue pas une prise d'acte de la rupture (Cass. soc. 7-2-2012 nº 09-73.062 FP-D : RJS 4/12 nº 335), implique la **poursuite** des **relations contractuelles** dans l'attente de la décision du juge du fond.

Si le salarié est **licencié avant cette décision,** les juges doivent, en premier lieu, rechercher si la demande de résiliation était justifiée, peu important que l'employeur ait engagé la procédure de licenciement avant l'introduction de cette demande (Cass. soc. 10-5-2012 nº 10-21.690 FS-D : RJS 7/12 nº 726) ou que le salarié ait adhéré à un dispositif de départs volontaires dans le cadre d'un plan de sauvegarde de l'emploi (Cass. soc. 14-9-2017 nº 16-20.552 FS-PB : RJS 11/17 nº 736) ou à un contrat de sécurisation professionnelle (Cass. soc. 12-6-2012 nº 11-19.641 FS-PB : RJS 8-9/12 nº 698). C'est seulement dans le cas où la demande de résiliation n'est pas justifiée que les juges se prononcent sur le licenciement notifié par l'employeur (Cass. soc. 16-2-2005 nº 02-46.649 FS-PB : RJS 5/05 nº 509 ; 7-2-2007 nº 06-40.250 FS-PB : RJS 4/07 nº 427).

› Précisions **a.** Le salarié peut prendre **acte de la rupture** de son contrat, en cours d'instance, pour les mêmes faits ou d'autres faits : le juge doit alors examiner l'ensemble de ses griefs (Cass. soc. 31-10-2006 nº 04-46.280 FS-PBRI : RJS 1/07 nº 46).

b. Si, au moment où le juge statue, le salarié a été **mis à la retraite,** il peut obtenir réparation si les griefs sont établis (Cass. soc. 12-4-2005 nº 02-45.923 F-PB ; 21-2-2007 nº 05-43.438 F-D : RJS 5/07 nº 590).

c. Si, au moment où le juge statue, le salarié a **démissionné,** l'action devient sans objet, mais le salarié peut obtenir réparation si les griefs sont établis ; si le salarié demande la requalification de sa démission en prise d'acte de la rupture, le juge doit tenir compte des manquements de l'employeur invoqués à l'appui de la demande de résiliation et de la prise d'acte (Cass. soc. 30-4-2014 nº 13-10.772 FS-PB : RJS 7/14 nº 561).

d. Si, au moment où le juge statue, le contrat a pris fin par une **rupture conventionnelle,** la demande de résiliation devient sans objet (Cass. soc. 10-4-2013 nº 11-15.651 FS-PB : RJS 6/13 nº 445).

e. Sur le sort de la demande de résiliation judiciaire antérieure à l'autorisation de transfert d'un **salarié protégé,** voir nº 75030, d.

CONSÉQUENCES

Si les manquements de l'employeur invoqués par le salarié sont **suffisamment graves** pour empêcher la poursuite du contrat de travail (Cass. soc. 26-3-2014 n° 12-35.040 FP-PB : RJS 6/14 n° 470), le juge prononce la rupture de celui-ci, au jour de la décision, sauf si le contrat a déjà été rompu et que le salarié n'est plus au service de son employeur (Cass. soc. 21-9-2016 n° 14-30.056 FS-PB : RJS 12/16 n° 761 ; 4-2-2019 n° 18-10.541 F-D : RJS 11/19 n° 634). Cette rupture produit les **effets** d'un **licenciement** sans cause réelle et sérieuse (Cass. soc. 20-1-1998 n° 95-43.350 PF : RJS 3/98 n° 286) ou nul (voir n° 63470, a, pour les représentants du personnel ; n° 17100, pour les salariés victimes de harcèlement ; n° 51450, en cas de discrimination). 69190 C. trav. art. L 1235-3-2 NA-I-12900 s

Si les manquements de l'employeur ne sont pas établis ou insuffisamment graves, le juge **déboute le salarié** de sa demande (Cass. soc. 4-9-2019 n° 18-19.739 F-D : RJS 11/19 n° 625). En conséquence, la relation contractuelle se poursuit (Cass. soc. 26-9-2007 n° 06-42.551 FS-PB : RJS 12/07 n° 1281 ; 7-7-2010 n° 09-42.636 F-PB : RJS 10/10 n° 749), l'employeur ne pouvant pas tirer prétexte de l'action en justice introduite par le salarié pour le licencier, sous peine de nullité (n° 17040).

› Précisions **a.** Les **manquements** de l'employeur sont souverainement appréciés par les juges du fond (Cass. soc. 15-3-2005 n° 03-41.555 F-PB : RJS 6/05 n° 625 ; 8-4-2010 n° 09-41.134 FS-PB : RJS 6/10 n° 535). Ces derniers peuvent tenir compte de toutes les **circonstances** intervenues jusqu'au **jour** du **jugement** : ils peuvent décider que la demande n'est pas justifiée si, à cette date, les faits incriminés sont **anciens** (Cass. soc. 9-12-2015 n° 14-25.148 F-D : RJS 2/16 n° 108 ; 21-4-2017 n° 15-28.340 F-D : RJS 7/17 n° 470), **ont cessé** (Cass. soc. 1-7-2009 n° 07-44.198 FS-D : RJS 10/09 n° 789 ; 21-6-2017 n° 15-24.272 F-D : RJS 10/17 n° 662) ou ont été **régularisés** (Cass. soc. 29-1-2014 n° 12-24.951 FS-PB : RJS 4/14 n° 314 ; 28-11-2018 n° 17-22.724 F-D : RJS 2/19 n° 87). Jugé en revanche que, en cas de manquement de l'employeur à son **obligation de sécurité** ayant entraîné la dégradation de l'état de santé du salarié, le juge doit prononcer la résiliation (Cass. soc. 16-11-2016 n° 15-21.226 F-D : RJS 2/17 n° 97 ; 8-6-2017 n° 16-10.458 F-D : RJS 8-9/17 n° 563). Il en est de même en cas de non-respect des obligations liées à la **grossesse** (Cass. soc. 23-5-2017 n° 16-15.968 F-D : RJS 8-9/17 n° 564), de non-fourniture de travail (Cass. soc. 4-12-2019 n° 18-15.947 F-D : RJS 2/20 n° 84) ou lorsque l'employeur s'est volontairement abstenu d'assurer un suivi de la charge de travail d'un salarié soumis à une durée du travail déraisonnable (Cass. soc. 10-10-2018 n° 17-10.248 FS-PB : RJS 12/18 n° 739). Sur la demande de résiliation judiciaire en raison d'une atteinte à la **dignité du salarié,** voir n° 17055.

b. En cas de confirmation en appel d'un jugement ayant prononcé la résiliation, la **date de la rupture du contrat** reste celle du jugement (Cass. soc. 2-10-2014 n° 12-29.995 F-D), sauf si l'exécution du contrat s'est poursuivie au-delà du jugement (Cass. soc. 3-2-2016 n° 14-17.000 FS-PB : RJS 4/16 n° 243). De même si, **au jour du jugement,** le salarié s'était engagé au service d'un autre employeur, la rupture doit être fixée à la date de cet engagement (Cass. soc. 21-9-2016 n° 14-30.056 FS-PB : RJS 12/16 n° 761) ; s'il a été licencié ou a pris acte de la rupture du contrat (voir n° 69185), à la date du licenciement (Cass. soc. 15-5-2007 n° 04-43.663 FS-PBR : RJS 7/07 n° 836) ou de la prise d'acte (Cass. soc. 9-5-2007 n° 05-45.218 F-D). Sur les effets de la résiliation judiciaire du contrat d'une salariée n'ayant pas informé son employeur de sa **grossesse** au moment de son action en justice, voir n° 51320, d.

c. Lorsqu'elle produit les **effets d'un licenciement sans cause réelle et sérieuse,** la résiliation judiciaire ouvre droit pour le salarié aux **indemnités** prévues par le barème obligatoire visé n°s 48710 s., mais pas à l'indemnité pour non-respect de la procédure de licenciement (Cass. soc. 20-10-2010 n° 08-70.433 F-PB : RJS 1/11 n° 35 ; 15-11-2017 n° 16-19.364 F-D). Le salarié a droit à l'indemnité de licenciement, le cas échéant, à l'indemnité conventionnelle pour motif personnel (Cass. soc. 26-10-2016 n° 15-15.923 FS-PB : RJS 1/17 n° 41) et à l'indemnité compensatrice de préavis (Cass. soc. 28-4-2011 n° 09-40.708 FS-PB : RJS 7/11 n° 611). Lorsque la résiliation produit les **effets d'un licenciement nul,** le salarié a droit à l'indemnité visée n° 48775. À l'instar du salarié protégé (n° 63470, a), sa **réintégration** dans l'entreprise ne devrait pas pouvoir être possible.

d. Sur la date à laquelle l'employeur peut renoncer à l'application d'une **clause de non-concurrence,** voir n° 69680, c.

7. FORCE MAJEURE

Selon la jurisprudence, la force majeure ou le **fait du prince** (Cass. soc. 23-5-2017 n° 15-27.175 F-D : RJS 8-9/17 n° 565), permettant à l'employeur de s'exonérer des obligations nées de la rupture du contrat de travail, s'entend de la survenance d'un **événement extérieur, imprévisible** lors de la conclusion du contrat et **irrésistible** dans son exécution (Cass. soc. 16-5-2012 n° 10-17.726 FS-PBR : RJS 7/12 n° 627). Tel est le cas notamment en cas d'incendie ou de cyclone ayant totalement détruit l'entreprise (Cass. soc. 30-4-1997 n° 94-42.194 D : RJS 8-9/97 n° 970 ; Cass. crim. 4-1-1984 n° 83-90.022). Cette définition a été reprise par l'article 1218 du **Code civil,** selon lequel il y a force majeure en matière contractuelle lorsqu'un événement échappant 69195 C. trav. art. L 1234-12 L 1234-13 NA-I-34500 s au contrôle du débiteur, qui ne pouvait pas être raisonnablement prévu lors de la conclusion du contrat et dont les effets ne peuvent être évités par des mesures appropriées, empêche l'exécution de son obligation par le débiteur.

La force majeure rompt immédiatement le contrat de travail. L'employeur n'est donc pas tenu de mettre en œuvre la procédure de licenciement, il lui suffit de constater la rupture. Hormis l'indemnité compensatrice de **congés payés,** aucune indemnité de rupture n'est due. Toutefois, le salarié dont le contrat de travail est rompu en raison d'un **sinistre** a droit aux indemnités compensatrices de préavis et de licenciement.

› Précisions a. En cas de **destruction totale ou partielle** des locaux consécutive à un sinistre, la force majeure ne sera pas reconnue si la reprise de l'exploitation est possible, fût-ce après une longue interruption (Cass. soc. 7-12-2005 n° 04-42.907 F-D : RJS 2/06 n° 201) ou fût-elle plus onéreuse (Cass. soc. 30-6-1988 n° 85-43.791 D).

b. La force majeure **peut être retenue** en cas de décès du salarié (CA Metz 15-9-1999 n° 97-3557) ou de **fait du prince** (embargo interdisant toute activité à l'étranger : CA Paris 22-9-1993 n° 93-30659).

c. La force majeure **ne peut pas être invoquée** dans les situations suivantes : cessation d'entreprise, redressement judiciaire, difficultés économiques, suspension ou retrait du permis de conduire, décès de l'employeur et arrestation, détention ou maladie du salarié ou du chef d'entreprise.

d. S'agissant de la rupture pour force majeure d'un **CDD,** voir n° 20220.

B. Préavis

1. DÉFINITION ET CAS D'APPLICATION

69210 C. trav. art. L 1231-4 L 1234-1 L 1234-7 **NA-II-50 s**

Le préavis est la période pendant laquelle le contrat de travail continue de produire ses effets bien que l'une des parties ait notifié à l'autre sa décision de le rompre. Les parties ne peuvent pas y **renoncer** par avance. Il doit être observé en cas de rupture du contrat à durée indéterminée, quel qu'en soit l'auteur. La rupture du contrat à durée déterminée obéit à des règles particulières, voir n°s 20140 s.

Des **dérogations** sont toutefois prévues par la loi :
– en cas de licenciement pour faute grave (n° 47155) ou lourde (n° 47160), de force majeure (n° 69195) ou d'inaptitude physique d'origine professionnelle (n° 340) ou non professionnelle (n° 50045) ;
– en cas d'adhésion du salarié à un contrat de sécurisation professionnelle (n° 48410) ;
– au profit des femmes enceintes (n° 51335) et des salariés souhaitant élever leur enfant à l'issue d'un congé de maternité ou d'adoption (n° 51465), ou rompant leur contrat à l'issue d'un congé pour création d'entreprise (n° 12195, c).

› Précisions a. Le préavis doit être respecté même en **cas** de cessation de l'entreprise. Il s'applique quel que soit l'horaire de travail du salarié (Cass. soc. 15-3-1983 n° 80-41.980) ou le caractère saisonnier de l'activité (Cass. soc. 29-3-1957 n° 4066), et même s'il s'agit d'un travail à la tâche (Cass. soc. 24-4-1985 n° 84-44.061). Il s'impose aux parties au contrat de travail sans mise en demeure préalable (Cass. soc. 24-5-2005 n° 03-43.037 F-P : RJS 8-9/05 n° 835).

b. Sur le sort du préavis en cas de rupture conventionnelle, voir n° 69125 ; de prise d'acte de la rupture, voir n° 69155. Sur le délai de prévenance à observer en cas de rupture de la période d'essai, voir n° 16750.

2. DURÉE DU PRÉAVIS

TYPE DE RUPTURE

69220 **NA-II-2500 s**

La durée du préavis diffère selon qu'il est consécutif à une démission ou à un licenciement.
S'agissant de la **modification** de la durée du préavis contractuel, voir n° 17380.
Sur le préavis en cas de : mise à la **retraite,** voir n° 69045 ; départ à la retraite, voir n° 69060.

69225 C. trav. art. L 1237-1 **NA-II-2650 s**

Démission La **loi** ne fixe la durée du préavis en cas de démission que pour **certaines catégories** de salariés : assistants maternels (n° 33355), journalistes professionnels (n° 46340) et VRP (n° 61345).

Pour les **autres,** l'existence et la durée du préavis résultent de la **convention collective.** Les conventions collectives nationales, régionales ou locales étendues comportent nécessairement une clause sur ce sujet.

Les **usages** pratiqués dans la localité et établis pour les fonctions réellement exercées par le salarié à la date de sa démission ne s'appliquent qu'en l'absence de disposition conventionnelle (Cass. soc. 10-2-1998 n° 95-41.630 D : RJS 3/98 n° 309).

> Précisions a. L'existence et la durée du préavis ne peuvent pas résulter du seul **contrat de travail** (Cass. soc. 3-2-1998 n° 94-44.503 P : RJS 3/98 n° 309 ; 24-1-2007 n° 05-42.183 FS-PB : RJS 4/07 n° 503). En l'absence de dispositions conventionnelles, le juge ne peut pas imposer au salarié un délai de préavis contractuel sans rechercher des usages en la matière (Cass. soc. 25-11-2009 n° 08-41.219 FS-PB : RJS 2/10 n° 180).
b. Dans la mesure où le contrat de travail peut comporter des dispositions plus favorables que la convention collective (n° 52210), rien n'interdit d'y prévoir un **délai inférieur** au délai conventionnel (Cass. soc. 19-6-1996 n° 93-44.728 D : RJS 8-9/96 n° 920). En revanche, le délai prévu ne peut pas être **plus long** que celui fixé en cas de démission par la loi, la convention collective ou les usages (Cass. soc. 13-5-1992 n° 89-40.648 PF : RJS 6/92 n° 731).
c. Le salarié ne peut pas imposer à l'employeur un préavis plus long que le préavis conventionnel (Cass. soc. 1-7-2008 n° 07-40.109 FP-PB : RJS 10/08 n° 989).

Licenciement En cas de licenciement pour un motif autre qu'une faute grave ou lourde, le salarié a droit à un préavis dont la durée varie en fonction de l'**ancienneté** : **69230** C. trav. art. L 1234-1 L 1234-2 **NA-II-4000 s**
– ancienneté inférieure à 6 mois : durée fixée comme pour la démission, voir n° 69225 ;
– ancienneté comprise entre 6 mois et moins de 2 ans : un mois ;
– ancienneté d'au moins 2 ans : 2 mois.

Ces durées minimales ne sont applicables qu'à défaut de loi, de convention ou accord collectif, d'usage ou de contrat de travail prévoyant un préavis plus long ou une condition d'ancienneté de services **plus favorable** pour le salarié (notamment : Cass. soc. 3-2-1993 n° 90-40.927 P : RJS 3/93 n° 337). En revanche, toute clause d'un contrat de travail prévoyant une durée inférieure à la durée légale ou une condition d'ancienneté **supérieure à celle visée ci-dessus** est nulle de plein droit.

La loi prévoit un préavis **plus long** au bénéfice des travailleurs handicapés (n° 40225) et des VRP (n° 61345). S'agissant des assistants maternels, voir n° 33355.

Condition d'ancienneté Le critère retenu pour la détermination de la durée minimale légale du préavis de licenciement est l'ancienneté de **services continus** chez un même employeur, sauf stipulations conventionnelles plus favorables pour le salarié (Cass. soc. 3-3-1998 n° 95-43.501 P : RJS 4/98 n° 536 ; 14-2-2007 n° 05-43.407 F-D : RJS 5/07 n° 630). **69235** C. trav. art. L 1234-1 L 1234-8 **NA-II-6000 s**

L'ancienneté **s'apprécie à la date** du prononcé du licenciement (notamment : Cass. soc. 15-3-2006 n° 04-40.019 D : RJS 5/06 n° 562).

Certaines absences doivent être prises en compte pour le calcul de l'ancienneté.

> Précisions a. Les **périodes d'absence** prises en compte dans le calcul de l'ancienneté sont les suivantes :
– absence à la suite d'un accident du travail ou d'une maladie professionnelle (n° 255) ;
– congé de maternité ou d'adoption (n° 51380) ;
– congés payés annuels (Cass. soc. 16-2-1987 n° 84-41.785 S) ;
– congé de transition professionnelle (n° 38365), congés de formation économique, sociale et syndicale (n° 12360), des cadres et animateurs pour la jeunesse (n° 12420), des administrateurs de mutuelle (n° 12515) ;
– congés de présence parentale (n° 11970) et parental d'éducation (n° 12085) pour partie ;
– congé de solidarité internationale (n° 12505), de solidarité familiale (n° 11990) et de proche aidant (n° 11995) ;
– absence des candidats et titulaires d'un mandat parlementaire (n° 12485), des élus locaux (n° 12490), des représentants d'une association familiale (n° 12515), d'une association ou d'une mutuelle (n° 12500), des sapeurs-pompiers volontaires (n° 12515) ;
– service dans la réserve opérationnelle, la réserve civile de la police nationale, la réserve de sécurité civile ou la réserve sanitaire (n° 12515) ;
– participation aux séances d'un Conseil de l'Ordre (n° 12515).

Ne doivent pas être prises en compte les périodes d'absence pour maladie (Cass. soc. 10-2-1999 n° 95-43.561 PB : RJS 3/99 n° 390 ; 16-9-2009 n° 08-41.999 F-D : RJS 11/09 n° 852), sauf stipulations conventionnelles contraires (Cass. soc. 30-9-2020 n° 18-18.265 FS-PB : RJS 12/20 inf. 583).
b. La **continuité de services** est retenue si le salarié est lié à son employeur par un CDI, contrairement aux apparences créées par la conclusion de plusieurs CDD successifs (Cass. soc. 13-3-1990 n° 87-43.336 D), s'il a travaillé de manière ininterrompue pour plusieurs sociétés dirigées par le même employeur (Cass. soc. 26-5-2004 n° 01-44.814 F-D : RJS 8-9/04 n° 910) ou s'il a bénéficié d'un droit à réintégration avec maintien des avantages acquis au titre d'un contrat précédent. Elle est en revanche exclue si les contrats précédents avec le même employeur se sont succédé sans continuité (Cass. soc. 27-10-1993 n° 90-41.281 D : RJS 12/93 n° 1193).

S'agissant de la prise en compte :
– des périodes d'**apprentissage** avec le même employeur, voir n° 3580 ;
– des périodes durant lesquelles le salarié a été occupé comme **travailleur temporaire** dans l'entreprise qui l'a engagé ensuite, voir n° 82520 ;
– des périodes accomplies chez le précédent employeur en cas de **transfert d'entreprise,** voir n° 74690.

LIMITES DU PRÉAVIS

69240 C. trav. art. L 1234-3 NA-II-8400 s

Point de départ Sauf stipulation conventionnelle plus favorable, le point de départ du préavis est la **date** à laquelle l'une des parties notifie à l'autre sa décision de considérer le contrat de travail comme rompu (notamment : Cass. soc. 25-5-1989 n° 85-43.858 D). En cas de **licenciement,** c'est la date de présentation de la lettre recommandée le notifiant (Cass. soc. 7-11-2006 n° 05-42.323 FS-PB : RJS 2/07 n° 217). Si cette lettre est remise en main propre contre décharge, la date à retenir est, à notre sens, celle de la remise.

S'agissant des conséquences de l'intervention de **dispositions** légales ou conventionnelles **nouvelles** au cours du préavis sur le droit à l'indemnité de licenciement, voir n° 48920, a.

ATTENTION

Sauf stipulation conventionnelle contraire, le point de départ du préavis n'est **pas reporté** si le salarié est en arrêt de travail pour maladie lors de la notification de sa démission (Cass. soc. 7-11-1974 n° 1284) ou de son licenciement (Cass. soc. 6-2-1967 n° 66-40.188) ou s'il effectue un stage (Cass. soc. 14-6-1984 n° 82-40.456).

Il est en revanche **reporté** si le salarié, au moment de la rupture, est en congés payés (n° 13525), ou en congé pour création d'entreprise (n° 12190).

69245 **Réduction** La durée du préavis ne peut pas être **réduite** par l'employeur sans l'accord exprès du salarié, sauf faute de ce dernier (n° 69260). La renonciation par le salarié à une partie de son préavis doit être expresse et ne se déduit pas d'une absence de protestation (notamment : Cass. soc. 23-10-2002 n° 00-45.451 F-D : RJS 1/03 n° 31). Lorsque c'est le salarié qui demande à être dispensé de préavis, voir n° 69330.

69250 NA-II-16300 s

Fin du préavis La période de préavis est un **délai préfix** qui ne peut pas en principe être **interrompu** ou **suspendu** (Cass. soc. 16-6-2004 n° 02-40.620 F-D : RJS 10/04 n° 1034), sauf en cas de prise de congés payés (n° 13525) ou d'arrêt de travail consécutif à un accident du travail (Cass. soc. 18-7-1996 n° 93-43.581 P-B : RJS 10/96 n° 1040). Voir toutefois, en cas d'accident du travail pendant le préavis de **départ à la retraite,** n° 69060.

Sauf stipulation conventionnelle contraire, ni la maladie (Cass. soc. 6-11-1975 n° 74-40.520 ; 28-6-1989 n° 86-42.931 P : RJS 8-9/89 n° 677), ni la grève (n° 11140), ni les intempéries suspendant l'activité de l'entreprise (Cass. soc. 12-6-1986 n° 84-40.545 P) ne reportent la date de cessation du contrat.

Si le préavis expire un samedi, un dimanche ou un jour férié ou chômé, il est prorogé jusqu'au premier jour ouvrable suivant (C. trav. art. R 1231-1).

Les parties peuvent convenir d'une **prolongation** du préavis pour une brève durée. Il appartient à l'employeur d'établir un tel accord. À défaut, la poursuite de la relation de travail au terme du premier contrat de travail entraîne la conclusion d'un nouveau contrat (Cass. soc. 15-5-2012 n° 10-26.811 F-D : RJS 8-9/12 n° 700).

3. EXÉCUTION DU PRÉAVIS

MAINTIEN DU CONTRAT DE TRAVAIL

69255 NA-II-10700 s

Durant la période de préavis, les relations de travail sont maintenues et chaque partie doit continuer à exécuter les **obligations** découlant du contrat de travail. Le salarié reste inclus dans l'**effectif** (n° 62370, b), **électeur** (n° 8761, c) et **éligible** (n° 8766, a).

Sauf accord de l'employeur (n° 69330), le fait d'avoir trouvé un **nouvel emploi** n'exonère pas l'intéressé de l'obligation d'exécuter son préavis (notamment : Cass. soc. 3-12-1987 n° 85-43.882 D). Toutefois, de nombreuses conventions collectives prévoient des dispositions plus favorables au salarié licencié qui doit se libérer pour s'engager chez un nouvel employeur. C'est le cas de l'ANI du 10-2-1969 modifié sur la sécurité de l'emploi concernant les salariés licenciés pour motif économique n'adhérant pas à un dispositif de reclassement.

69260 **Refus d'exécuter le préavis** Le refus **du salarié** d'exécuter normalement son travail constitue une **faute grave** justifiant la rupture immédiate et sans indemnité du préavis (Cass. soc. 21-11-1984 n° 82-42.037). À l'inverse, lorsque la non-exécution ou l'interruption du préavis est due au **comportement fautif de l'employeur,** le salarié doit recevoir le montant des salaires qu'il aurait perçus si le préavis avait été effectué (Cass. soc. 4-11-1993 n° 92-41.752 D : RJS 12/93 n° 1238 ; 28-9-2005 n° 04-42.230 F-D : RJS 12/05 n° 1200).

Les **conditions d'exécution** du préavis n'ont toutefois aucune incidence sur le caractère légitime ou abusif de la rupture déjà prononcée (Cass. soc. 5-1-1983 n° 80-41.170).

> Précisions **a.** La **faute grave** ou lourde commise par le salarié **pendant l'exécution du préavis** est sans incidence sur le droit de l'intéressé à l'indemnité de licenciement (n° 48920, a). L'employeur n'a pas à mettre en œuvre une **procédure** de licenciement (Cass. soc. 22-1-1991 n° 86-40.617 P : RJS 3/91 n° 327 ; 15-1-2002 n° 98-45.655 F-D : RJS 3/02 n° 282), mais peut appliquer la procédure disciplinaire : n°s 56220 s. (Cass. soc. 4-7-2007 n° 05-45.221 F-D : RJS 10/07 n° 1057). Il est alors en principe libéré de ses obligations pour le préavis à venir, le préavis déjà effectué restant dû (Cass. soc. 1-4-1992 n° 88-43.524 P-F : RJS 5/92 n° 690 ; 12-12-2001 n° 99-45.290 F-D : RJS 2/02 n° 169). Mais si la sanction que constitue l'interruption du préavis est annulée, pour non-respect de la procédure disciplinaire notamment, le salarié a droit au solde de l'indemnité compensatrice (Cass. soc. 19-3-2014 n° 12-24.149 F-D : RJS 6/14 n° 476).

b. Si l'**employeur met fin au préavis** pour un motif autre qu'une faute grave, il doit au salarié le solde de l'indemnité compensatrice, mais ne peut pas être condamné pour licenciement abusif si celui-ci était à l'origine justifié (Cass. soc. 29-4-1976 n° 75-40.321).

Modification du contrat L'employeur, qui doit fournir du travail au salarié, est en droit de lui imposer au cours de l'exécution du préavis un **changement de ses conditions de travail** dans le cadre de son pouvoir de direction, mais ne peut en principe pas lui imposer une modification de son contrat de travail (voir n° 17335). 69265 NA-II-11280 s

> Précisions L'employeur ne peut pas donner au salarié un **emploi** inférieur à celui qu'il occupait réellement ou lui imposer des tâches n'entrant pas dans ses attributions (Cass. soc. 23-6-1988 n° 85-45.207 D ; 5-6-1991 n° 87-41.447 D). Toutefois, si la poursuite de la tâche habituelle pendant le préavis est impossible, l'employeur peut demander au salarié d'effectuer d'autres travaux si ce changement d'affectation ne s'accompagne pas d'une modification de salaire, de classification ou de qualification (Cass. soc. 1-12-1982 n° 80-41.361).

Sur les conditions d'exécution du préavis lorsque le contrat de travail est rompu en raison du **refus par le salarié d'une modification** de son contrat de travail ou d'un changement de ses conditions de travail, voir respectivement n° 17490 et n° 17340, c.

Rémunération L'employeur doit maintenir le **montant** et le **mode** de rémunération du salarié, ainsi que les avantages en nature dont il bénéficiait avant la rupture du contrat. Le cas échéant, le salarié restitue le logement et la voiture de fonction fournis par l'employeur au terme de l'exécution du préavis. 69270 NA-II-11500 s

> Précisions **a.** Toute disposition ou clause conventionnelle excluant du bénéfice d'une **prime** les salariés en cours de préavis est illicite (Cass. soc. 5-7-1995 n° 93-46.720 P : RJS 8-9/95 n° 885 ; 7-6-2000 n° 97-43.953 F-D : RJS 7-8/00 n° 797). Si une **augmentation** de salaire uniforme est accordée à l'ensemble du personnel, l'intéressé doit en bénéficier (Cass. soc. 12-3-1987 n° 84-41.477 S). De même, la clause du contrat de travail prévoyant, sans réserve, une augmentation de salaire à une date déterminée s'applique au salarié en préavis à cette date (Cass. soc. 6-2-1992 n° 89-43.655 D : RJS 4/92 n° 440).

b. L'employeur peut demander à être indemnisé si le salarié reste dans le **logement** après l'expiration du préavis (Cass. soc. 9-4-1987 n° 84-42.620 P ; 20-3-1997 n° 95-17.470 P : RJS 6/97 n° 650) ou conserve le véhicule mis à sa disposition.

c. Le salarié continue de bénéficier des titres-restaurant (voir en ce sens n° 69285, a).

Horaires de travail En principe, le préavis doit être effectué selon l'horaire normal appliqué dans l'entreprise, sous réserve des heures d'absence autorisée pour recherche d'emploi éventuellement accordées (voir n°s 69280 s.). 69275

Il en résulte que la **réduction** de la **durée collective du travail** pendant cette période justifie une réduction de la rémunération (Cass. soc. 17-4-1980 n° 79-40.040), sauf si l'horaire de travail devient inférieur à la durée légale (voir n° 69345, a).

HEURES POUR RECHERCHE D'EMPLOI

Souvent, les **conventions collectives** ou, le cas échéant, le contrat de travail accordent au salarié la possibilité de s'absenter au cours du préavis pour rechercher un emploi. À défaut, il convient de se référer à l'**usage** en vigueur dans la profession. Il n'est pas possible d'invoquer l'existence d'un usage local dans d'autres professions (Cass. soc. 26-2-1981 n° 79-40.784). 69280 NA-II-13000 s

Si des heures pour recherche d'emploi sont prévues, l'employeur doit les accorder au salarié, sauf à démontrer qu'elles lui sont inutiles (Cass. soc. 7-2-1957 n° 4065 ; 9-4-1987 n° 84-44.888 S).

ATTENTION

Le fait que le salarié se soit vu proposer un **poste dans une autre société du groupe** (Cass. soc. 11-6-1986 n° 82-42.613 S) ou qu'il soit **démissionnaire pour création d'entreprise** (Cass. soc. 9-4-1987 n° 84-44.888 S) ne suffit pas à exonérer l'employeur de son obligation d'accorder les heures pour recherche d'emploi.

69285 NA-II-13520 s **Modalités d'utilisation** L'utilisation des heures peut être aménagée par convention ou accord collectif. Ainsi, les heures d'absence sont en principe **rémunérées** ; certaines conventions limitent toutefois les cas d'indemnisation : minimum d'ancienneté requis, restriction aux cas de licenciement… Elles ne sont cependant pas considérées comme du **travail effectif** et n'entrent pas dans le décompte de la durée du travail pour le calcul des heures supplémentaires ou l'appréciation des durées maximales de travail (Note DRT 2-6-1997, réputée abrogée).

L'**absence** prévue est fréquemment de deux heures **par jour,** en cas de démission comme en cas de licenciement.

Lorsque la convention collective prévoit simplement un **contingent mensuel,** le salarié peut prétendre à ce nombre d'heures pendant la durée du préavis contractuel effectivement accompli, même si celle-ci est plus longue que la durée du préavis conventionnel (Cass. soc. 8-1-1969 n° 68-40.246).

Un **groupement** des heures en fin de préavis peut être prévu (possibilité envisagée en cas de licenciement économique par l'ANI du 10-2-1969 modifié sur la sécurité de l'emploi). À défaut d'accord, les heures sont fixées alternativement, un jour au gré de l'employeur, un jour au gré du salarié.

› Précisions **a.** Lorsque la convention collective accorde au salarié le maintien de sa rémunération pendant les heures de recherche d'emploi, celui-ci a droit aux **titres-restaurant** car ils constituent un avantage en nature entrant dans sa rémunération (Cass. soc. 18-12-2013 n° 12-22.752 F-D : RJS 3/14 n° 217).

b. Sauf stipulations conventionnelles contraires, le salarié n'ayant pas usé de la faculté de s'absenter ne peut pas demander une **indemnité compensatrice** (Cass. soc. 5-11-1992 n° 89-45.552 D) sauf si l'impossibilité d'utiliser ces heures est le fait de l'employeur (Cass. soc. 7-5-1986 n° 85-41.659 P).

Le salarié **dispensé** d'exécuter une **partie** du préavis ne peut pas prétendre à une indemnité compensatrice pour la fraction des heures de liberté non utilisées de ce fait (Cass. soc. 7-6-1974 n° 73-40.225).

c. Le refus par l'employeur d'une demande de **groupement** des heures peut être jugé abusif si cette demande est justifiée, par exemple par la convocation à un concours administratif (Cass. soc. 14-5-1985 n° 83-42.926). Si les heures ont été groupées en fin de préavis, l'employeur ne peut pas mettre fin prématurément à celui-ci au motif que le salarié a retrouvé un emploi (Cass. soc. 21-1-2003 n° 01-40.529 F-P : RJS 4/03 n° 446).

IMPOSSIBILITÉ D'EXÉCUTION

69305 Dans certains cas, l'exécution du préavis est impossible parce que le salarié est dans l'incapacité d'exécuter son travail. Ainsi, lorsque le salarié est en arrêt de travail pour **maladie ou accident** non professionnel, il ne peut pas prétendre à une **indemnité compensatrice** de préavis (Cass. soc. 6-5-2009 n° 08-40.997 F-D), sauf stipulation conventionnelle (Cass. soc. 11-5-2005 n° 03-41.927 F-P : RJS 8-9/05 n° 856) ou contractuelle plus favorable. Si le salarié se rétablit avant la fin du préavis, il en avertit l'employeur pour reprendre son travail. L'employeur qui ne lui procure pas de travail lui permettant d'achever son préavis doit alors lui verser une indemnité compensatrice partielle (Cass. soc.12-11-1997 n° 94-42.347 P : RJS 1/98 n° 22).

Par ailleurs, jugé qu'aucune indemnité compensatrice n'est due au salarié dont l'exécution du préavis est impossible en raison de la **suspension de son permis de conduire** (Cass. soc. 28-2-2018 n° 17-11-334 FS-D : RJS 5/18 n° 319) ou du retrait de son **autorisation** préfectorale **d'accès** à la zone sécurisée d'un aéroport, lorsque ces éléments sont nécessaires à l'exercice des fonctions (Cass. soc. 28-11-2018 n° 17-13-199 FP-PB : RJS 2/19 n° 92).

4. DISPENSE DE PRÉAVIS

DISPENSE PAR L'EMPLOYEUR

69315 NA-II-14650 s **Conditions** L'employeur peut libérer le salarié de l'obligation d'exécuter son préavis. Il n'a pour cela nul besoin de lui demander son **accord** (Cass. soc. 13-7-2004 n° 02-14.140 FS-PB : RJS 11/04 n° 1204), sauf stipulation conventionnelle contraire. Il ne commet pas de faute ou d'abus de droit en lui notifiant cette dispense (Cass. soc. 25-10-1990 n° 88-42.563 P ; 23-11-2010 n° 09-67.347 F-D : RJS 2/11 n° 130). Mais celle-ci doit résulter d'une **volonté non équivoque** de sa part (notamment : Cass. soc. 22-5-1991 n° 88-42.568 D).

› Précisions **a.** Le salarié ne peut pas **refuser** la dispense. Si toutefois elle est de nature à lui nuire en faisant naître des soupçons à son égard (Cass. soc. 14-6-1967 n° 66-40.563 ; 6-4-1967 n° 66-40.214) ou si elle s'accompagne d'un comportement désobligeant ou vexatoire de l'employeur, le salarié peut obtenir des dommages et intérêts (Cass. soc. 27-2-1996 n° 92-42.460 D).
Le salarié ne perçoit pas d'**indemnité** supplémentaire s'il reste en fonction sans l'accord de l'employeur (Cass. soc. 2-2-1983 n° 80-41.176).

b. Ne suffisent pas à **prouver** la dispense :
– l'absence de mise en demeure (Cass. soc. 14-10-1987 n° 85-45.310 D) ou de précision dans la lettre de licenciement sur l'exécution du préavis (Cass. soc. 17-1-1979 n° 77-41.140) ;
– la signature par l'employeur, à titre de décharge, de la lettre de démission se référant à un accord verbal (Cass. soc. 27-5-1992 n° 89-40.264 PF : RJS 7/92 n° 849).
Sur la portée de la mention « Libre de tout engagement » sur le certificat de travail, voir n° 69465.

Maintien du contrat de travail Le contrat de travail est maintenu pendant la durée du préavis, la dispense par l'employeur n'ayant pas pour effet d'avancer la date à laquelle il prend fin. Le salarié n'est toutefois plus tenu par certaines **obligations** afférentes à son contrat de travail : il peut s'engager dans une autre entreprise (Cass. soc. 21-1-1987 n° 84-40.673 S ; 1-10-1996 n° 93-44.978 D), à condition de respecter la clause de non-concurrence qui le lie éventuellement (voir n° 69660). Il peut également s'inscrire comme demandeur d'emploi (Cass. soc. 2-7-1984 n° 82-40.273 D). **69320** C. trav. art. L 1234-4 **NA-II-15600 s**

› Précisions En pratique, le principe du maintien du contrat de travail a notamment des conséquences en matière de :
– calcul et date de versement des **indemnités de rupture** : indemnité compensatrice de préavis (n°s 69335 s.) et de congés payés (n° 13705), indemnité de licenciement (n°s 48935 et 49030 s.) ;
– date de remise du **certificat de travail** (n° 69475) ;
– paiement des **primes** et **gratifications** (n° 69325) ;
– calcul des **cotisations** de sécurité sociale (n° 23420, b) ;
– point de départ de la **priorité de réembauche** après licenciement économique (n° 48495) ;
– ouverture du droit aux **congés payés** (n° 13705, b).

Rémunération La dispense d'exécution du préavis ne peut entraîner aucune diminution des salaires et avantages que le salarié aurait reçus s'il avait travaillé. L'**indemnité compensatrice** (n°s 69335 s.) lui est définitivement acquise. **69325** C. trav. art. L 1234-5, al. 2 **NA-II-15230 s**

ATTENTION

Le salarié conserve l'indemnité compensatrice même s'il a commis une **faute,** grave ou lourde (Cass. soc. 22-5-2002 n° 00-40.446 FS-P : RJS 8-9/02 n° 968), avant ou après la notification de la rupture (Cass. soc. 31-1-2006 n° 04-43.141 F-D : RJS 4/06 n° 430). De même, l'indemnité reste acquise si le salarié **décède** (Cass. soc. 26-11-2002 n° 00-41.764 FS-D : RJS 2/03 n° 181) ou tombe **malade** (Cass. soc. 15-12-1993 n° 90-43.514 P : RJS 1/94 n° 27) au cours du préavis dont il a été dispensé.

DISPENSE À LA DEMANDE DU SALARIÉ

Le salarié peut **demander** à ne pas accomplir son préavis (notamment s'il a trouvé un nouvel emploi). Si l'employeur **accepte,** le contrat de travail est rompu dès qu'il donne son accord. Dans ce cas, le salarié ne peut pas prétendre à une indemnité compensatrice (Cass. soc. 3-3-1993 n° 90-41.633 D : RJS 4/93 n° 388 ; 6-10-2010 n° 09-65.297 F-D : RJS 12/10 n° 922). **69330** **NA-II-16800 s**

Si l'employeur **refuse,** comme il en a le droit sauf stipulation conventionnelle contraire (voir n° 69255), le salarié est tenu d'accomplir le préavis. À défaut, il peut être condamné à verser une indemnité compensatrice à l'employeur (Cass. soc. 18-6-2008 n° 07-42.161 FS-PB : RJS 8-9/08 n° 889) même si ce dernier n'a subi aucun préjudice (Cass. soc. 24-5-2005 n° 03-43.037 F-P : RJS 8-9/05 n° 835 ; 23-5-2013 n° 12-13.891 F-D : RJS 8-9/13 n° 603 à propos d'une indemnité conventionnelle). En cas d'abus ou d'intention de nuire, il peut en outre être condamné à verser à l'employeur une indemnité pour brusque rupture (Cass. soc. 21-3-1979 n° 77-41.547 ; 16-11-2004 n° 02-46.135 F-D : RJS 2/05 n° 149).

› Précisions **a.** Le salarié ne saurait valablement **renoncer** au droit au paiement d'une indemnité compensatrice de préavis avant la notification de son licenciement (Cass. soc. 18-5-1999 n° 97-40.686 D : RJS 10/99 n° 1251).
b. L'employeur qui **refuse** de dispenser un salarié démissionnaire d'exécuter son préavis ne peut ensuite revenir sur cette décision et **interrompre** le préavis sans payer à l'intéressé une indemnité compensatrice (Cass. soc. 20-6-1990 n° 87-41.136 P : RJS 8-9/90 n° 669). À l'inverse, lorsque le salarié a proposé d'écourter son préavis, il ne peut plus **rétracter** son offre une fois celle-ci acceptée par l'employeur (Cass. soc. 22-5-1991 n° 88-40.505 D : RJS 8-9/91 n° 961).
c. La dispense sur demande du salarié n'a aucune incidence sur la **qualification de la rupture,** qui demeure imputable à l'employeur lorsque l'intéressé a été licencié (Cass. soc. 12-12-1984 n° 82-41.954 S). S'agissant du point de départ du versement des allocations de **chômage,** voir n°s 6730 s.

5. INDEMNITÉ COMPENSATRICE

69335 C. trav. art. L 1234-5 NA-II-17800 s

L'inexécution du préavis à la suite d'une dispense par l'employeur (nº 69315) ou d'un comportement fautif de sa part ouvre droit au salarié, sauf faute grave ou lourde (nºs 47155 s.), à une indemnité compensatrice ne se confondant ni avec l'indemnité de licenciement ni avec d'éventuels dommages et intérêts.

› **Précisions** **a.** Le salarié **licencié à tort pour faute grave** a droit à une indemnité compensatrice de préavis (Cass. soc. 29-1-2003 nº 01-40.036 F-D : RJS 4/03 nº 458), même s'il est tombé malade à la suite de la rupture du contrat (Cass. soc. 4-2-1993 nº 87-43.297 D : RJS 3/93 nº 268 ; 20-12-2006 nº 04-48.235 F-D : RJS 3/07 nº 329), s'il a été victime d'un accident du travail (Cass. soc. 22-10-1996 nº 94-42.971 P) ou si, incarcéré pendant cette période, il n'a pas pu exécuter le préavis (Cass. soc. 4-2-1993 nº 90-40.836 D : RJS 3/93 nº 268 ; 8-2-2000 nº 97-45.553 D : RJS 3/00 nº 273).

En cas de **prise d'acte** de la rupture du contrat de travail, le salarié a droit à une indemnité compensatrice de préavis si elle produit les **effets** d'un licenciement sans cause réelle et sérieuse (voir nº 69165, a), mais peut en devoir une à l'employeur si elle produit les effets d'une démission (voir nº 69170).

b. L'indemnité compensatrice **se cumule,** le cas échéant, avec les indemnités journalières de maladie perçues par le salarié. Ainsi, ces dernières ne peuvent pas être déduites d'une indemnité compensatrice due en cas de licenciement nul (Cass. soc. 10-5-2006 nº 04-40.901 FS-PB : RJS 7/06 nº 865), ou sans cause réelle et sérieuse du fait d'un manquement de l'employeur à son obligation de reclassement du salarié inapte (Cass. soc. 9-7-2008 nº 06-44.240 FS-P : RJS 10/08 nº 992) ou lorsque l'employeur a dispensé le salarié de l'exécution du préavis (Cass. soc. 31-10-2012 nº 11-12.810 FS-PB : RJS 1/13 nº 26).

S'agissant du cumul de l'indemnité compensatrice avec l'indemnité due en cas de nullité du licenciement, voir nº 48775 ; avec celle due en cas de travail dissimulé, voir nº 79200, b.

MONTANT

69340 NA-II-18200 s

Caractère forfaitaire L'indemnité compensatrice a un caractère forfaitaire ; elle est proportionnelle à la durée du préavis non exécuté. Son montant correspond aux salaires et avantages qu'aurait perçus le salarié s'il avait travaillé pendant cette période (Cass. soc. 17-12-1987 nº 85-42.089 P).

Indépendante du **préjudice** réellement subi, elle ne fait pas obstacle à l'attribution d'une indemnité distincte réparant celui-ci (Cass. soc. 23-10-1991 nº 88-41.278 D).

En cas de litige, elle ne peut être accordée ou refusée par le juge qu'en totalité.

› **Précisions** **a.** Si le préavis a lieu à un moment où le salarié, dont l'**activité** est **saisonnière,** n'aurait de toute façon pas travaillé, aucune indemnité n'est due (Cass. soc. 8-10-1987 nº 84-42.890 D). S'agissant d'un salarié licencié au cours d'un **congé parental** d'éducation, voir nº 12065, b ; d'un congé **sabbatique,** voir nº 12275, b. Pour d'autres cas où l'exécution du préavis est impossible, voir nº 69305.

b. L'indemnité ne peut pas être **réduite** au motif d'un partage de responsabilité entre le salarié et l'employeur (Cass. soc. 4-6-1975 nº 74-40.570) ou pour des raisons d'équité (Cass. soc. 2-4-1984 nº 82-40.348), pour tenir compte du préjudice causé à l'employeur (Cass. soc. 11-12-1984 nº 82-41.158) ou du fait que l'intéressé a trouvé un autre emploi (Cass. soc. 10-10-1990 nº 88-43.556 P : RJS 11/90 nº 855).

c. À la différence de l'indemnité de licenciement, une indemnité de préavis d'un montant important ne saurait être considérée comme une **pénalité** susceptible d'être réduite (Cass. soc. 17-10-1984 nº 82-41.729).

69345 C. trav. art. L 1234-6 NA-II-18900 s

Assiette L'indemnité doit être calculée sur la **base** du salaire tel qu'il résulte des derniers bulletins de paie (Cass. soc. 4-11-1954 nº 2831), en fonction de l'horaire contractuel du salarié (Cass. soc. 16-2-1999 nº 96-45.594 P : RJS 4/99 nº 477). Tous les éléments de rémunération **fixes** et **variables** ayant le caractère de salaire doivent être retenus (Cass. soc. 29-1-2003 nº 00-44.882 FS-P : RJS 4/03 nº 455 pour l'indemnité due par l'employeur ; Cass. soc. 29-3-1995 nº 91-44.584 D : RJS 5/95 nº 506, pour celle due par le salarié).
L'indemnité est calculée en principe par référence à la **moyenne annuelle des salaires** (Cass. soc. 7-2-1990 nº 86-43.413 P : RJS 3/90 nº 194 ; 28-3-2001 nº 99-41.545 F-D : RJS 6/01 nº 738) en y ajoutant, le cas échéant, la régularisation de commissions effectuée en fin d'année dont le salarié aurait bénéficié s'il avait exécuté son préavis (Cass. soc. 2-3-2011 nº 09-67.025 F-D : RJS 5/11 nº 454). Si une augmentation générale est décidée en cours de préavis, alors que le salarié a déjà reçu l'intégralité de l'indemnité compensatrice, il a droit à un rappel de salaire (Cass. soc. 5-5-1988 nº 85-45.224 D).

L'indemnité est calculée sur la base des **salaires et avantages bruts** auxquels aurait pu prétendre le salarié (Cass. soc. 21-2-1990 nº 85-43.285 P : RJS 4/90 nº 290 ; 24-1-1996 nº 92-44.430 D : RJS 3/96 nº 272), et non en fonction de la rémunération effectivement perçue du fait des manquements de l'employeur à ses obligations (Cass. soc. 22-3-2006 nº 04-43.933 F-P : RJS 6/06 nº 722).

En cas d'inexécution totale ou partielle du préavis résultant soit de la **fermeture** temporaire ou définitive de l'établissement, soit de la **réduction de l'horaire** de travail habituellement pratiqué dans l'établissement en deçà de la durée légale de travail, le salaire à prendre en considération est celui correspondant à l'horaire pratiqué par le salarié avant la période d'inactivité.

ILLUSTRATIONS

Pour calculer l'indemnité, il faut prendre en compte notamment les **primes** et éléments suivants :
– primes de rendement ou de productivité (Cass. soc. 7-5-1986 n° 83-42.943 S) ;
– primes d'objectif (Cass. soc. 17-5-2017 n° 15-20.094 FS-PB : RJS 8-9/17 n° 572) ;
– primes d'intéressement (Cass. soc. 2-7-2003 n° 01-43.113 F-D : RJS 10/03 n° 1113) ;
– primes d'assiduité (Cass. soc. 27-6-2001 n° 98-45.711 F-D : RJS 10/01 n° 1136) ;
– salaire correspondant aux heures supplémentaires si elles constituent un élément stable et constant de la rémunération sur lequel le salarié était en droit de compter (Cass. soc. 20-4-2005 n° 04-45.683 FS-PBRI : RJS 7/05 n° 747 ; 31-5-2017 n° 15-25.538 F-D : RJS 8-9/17 n° 560) ;
– indemnité compensatrice des jours de RTT auxquels le salarié aurait pu prétendre s'il avait travaillé durant le préavis (Cass. soc. 8-4-2009 n° 07-44.068 FS-PB : RJS 6/09 n° 527 ; 17-4-2013 n° 11-29.010 F-D : RJS 7/13 n° 535) ;
– avances reçues au titre d'heures non encore travaillées dans le cadre de l'annualisation du temps de travail (Cass. soc. 20-9-2005 n° 03-45.291 F-D : RJS 12/05 n° 1202) ;
– avantage en nature lié à la mise à disposition d'un véhicule de fonction (voir n° 69352).

S'agissant du droit du salarié au paiement d'une prime annuelle en cas de licenciement abusif pour faute grave, voir n° 70480, d.

Seuls sont **exclus du calcul** de l'indemnité compensatrice les remboursements de frais non exposés par le salarié en raison de l'inexécution du préavis (Cass. soc. 18-10-1990 n° 88-44.279 D ; 22-10-1997 n° 94-45.186 P : RJS 12/97 n° 1368). Toute clause contraire est illicite (Cass. soc. 6-12-1990 n° 88-44.578 D). **69350** NA-II-20400 s

En cas d'utilisation d'un véhicule par le salarié **69352**

L'indemnité versée au salarié au titre de l'utilisation de son **véhicule personnel** pour les besoins de sa fonction a le caractère d'un remboursement de **frais** exclu de l'assiette de calcul de l'indemnité compensatrice de préavis (Cass. soc. 22-10-1997 n° 94-45.186 P : RJS 12/97 n° 1368).
Signalons que la police d'**assurance** souscrite par l'employeur et couvrant les risques professionnels et privés du véhicule personnel du salarié ne peut pas être résiliée avant la fin du préavis (Cass. soc. 8-12-1993 n° 90-21.496 D : RJS 2/94 n° 146).
Pendant la durée du préavis dont il est dispensé d'exécution, le salarié ne peut pas être tenu de restituer le **véhicule de fonction** qui lui a été confié pour un usage à la fois professionnel et privé (Cass. soc. 10-12-1996 n° 95-40.527 D : RJS 1/97 n° 31 ; 8-3-2000 n° 99-43.091 P : RJS 4/00 n° 402), même en application d'un engagement pris dans le contrat de travail (Cass. soc. 11-7-2012 n° 11-15.649 FS-PB : RJS 10/12 n° 793). Si le véhicule de fonction est restitué avant la fin du préavis, l'indemnité compensatrice doit inclure la valeur de l'**avantage en nature** lié à la mise à disposition du véhicule de fonction (Cass. soc. 16-12-2020 n° 19-12.760 F-D : RJS 3/21).

PAIEMENT

La loi est muette sur les modalités de paiement de l'indemnité compensatrice de préavis. **69355** NA-II-21000 s

L'**indemnité due au salarié** peut être versée en plusieurs fois selon la périodicité des salaires qu'elle remplace, ou en une seule fois au moment de la cessation effective du travail et en même temps que la dernière paie.

> Précisions **a.** La **preuve** du paiement doit être rapportée par le débiteur (Cass. soc. 17-4-1986 n° 83-46.168 S).
b. Bien qu'elles soient d'un montant identique, les indemnités compensatrices de préavis dues respectivement par l'employeur et par le salarié sont de natures différentes et obéissent à des **régimes juridiques** distincts.
L'indemnité **versée par l'employeur** a le même caractère que le salaire et bénéficie des mêmes règles protectrices. Sur la **prescription** de l'action en paiement de cette indemnité, voir n° 70815. Sur son **régime** fiscal et social, voir n° 90050.
L'**indemnité due à l'employeur** par le salarié n'a aucun caractère salarial, et n'ouvre pas de droit à indemnité compensatrice de congés payés au profit de l'employeur (Cass. soc. 22-11-2017 n° 16-12.524 FS-PB : RJS 3/18 n° 178).

C. Formalités

69450 Lors de la rupture du contrat de travail, employeur et salarié doivent procéder à la **liquidation** de leurs droits et obligations réciproques. L'employeur doit respecter certaines formalités administratives (mention sur le registre du personnel : n° 33235, déclaration de départ des seniors le cas échéant : n° 69545) et délivrer au salarié un certificat de travail, une attestation Pôle emploi lui permettant de faire valoir ses droits au chômage et un reçu pour solde de tout compte détaillant les sommes versées lors de la rupture.

> **Précisions** **a.** Les parties peuvent convenir de l'application de certaines obligations après la rupture du contrat de travail : par exemple, une **clause de confidentialité** destinée à protéger le savoir-faire de l'entreprise peut imposer au salarié de ne pas divulguer des informations obtenues lors de l'exécution du contrat. Elle ne donne pas lieu à contrepartie financière (Cass. soc. 15-10-2014 n° 13-11-524 FS-PB : RJS 12/14 n° 825 ; 3-5-2018 n° 16-25.067 FS-PB : RJS 7/18 n° 463). En cas de non-respect, le salarié peut être condamné à verser des dommages-intérêts à son ancien employeur (Cass. soc. 19-3-2008 n° 06-45.322 F-D : RJS 6/08 n° 631).
> **b.** Sur la **portabilité** des garanties complémentaires santé et prévoyance, voir n°s 59230 s.

1. CERTIFICAT DE TRAVAIL

69455
C. trav. art. L 1234-19
NA-III-200 s

Quels que soient la nature, la durée, la forme du contrat de travail et le motif de la rupture, l'employeur doit délivrer au salarié un certificat de travail à l'expiration de son contrat. **Aucune forme** n'est exigée mais il est recommandé d'établir le certificat de travail sur papier à en-tête de l'entreprise.

CONTENU

69460
C. trav. art. D 1234-6
NA-III-630 s

Mentions obligatoires Le certificat de travail doit **indiquer** : la date d'entrée du salarié dans l'entreprise et celle de sa sortie, ainsi que la nature de l'emploi ou des emplois successivement occupés et les périodes pendant lesquelles ces emplois ont été tenus. À notre sens, il doit mentionner également les nom et prénoms du salarié, le nom, l'adresse et la raison sociale de l'employeur, le lieu et la date de délivrance. Sur la mention de la **portabilité** des garanties complémentaires santé et prévoyance, voir n° 59230, a.

> **Précisions** **a.** La **date d'entrée** est celle à laquelle le salarié a effectivement pris ses fonctions, y compris la période d'essai ou d'apprentissage, quelles que soient les modifications juridiques successives ayant pu intervenir dans la situation de l'entreprise.
> **b.** La **date de sortie** est celle à laquelle le contrat de travail prend fin, c'est-à-dire à l'issue du préavis même non effectué. Sur la question de savoir si le juge peut modifier la date de fin de contrat fixée dans une convention de rupture, voir n° 69125, a.
> **c.** Le certificat de travail doit mentionner la qualification exacte des **fonctions réellement remplies** par le salarié (Cass. soc. 2-6-2004 n° 02-41.024 F-D) et des **emplois successivement occupés** au service du même employeur. Toutefois, les nouvelles fonctions proposées à un salarié ne doivent pas être mentionnées si celui-ci ne les a pas acceptées et que ce refus a entraîné son licenciement (Cass. soc. 4-11-2003 n° 01-43.683 F-D : RJS 1/04 n° 34). En cas de **CDD** requalifiés en contrat à durée indéterminée, l'ensemble des postes occupés doit figurer sur le certificat de travail (Rép. Brantus : Sén. 26-1-1989 n° 2582).

69465
NA-III-1300 s

Mentions interdites ou facultatives L'employeur ne peut pas indiquer sur le certificat de travail que le salarié est tenu à une obligation de **non-concurrence,** sans l'accord de l'intéressé (Cass. soc. 4-3-1992 n° 88-41.014 P : RJS 4/92 n° 442). La formule **« libre de tout engagement »** peut être inscrite sur le certificat de travail mais est dépourvue de portée pratique : elle ne saurait constituer la preuve d'une dispense de préavis (Cass. soc. 10-11-1993 n° 90-40.008 D : RJS 12/93 n° 1199), d'une renonciation à l'application d'une clause de non-concurrence (Cass. soc. 25-10-1995 n° 93-45.442 D : RJS 1/96 n° 22) ou d'une clause de dédit-formation (Cass. soc. 4-7-2001 n° 99-43.520 F-D : RJS 10/01 n° 1137).

Le certificat ne doit comporter aucune mention **discriminatoire** ou susceptible de porter préjudice au salarié (Cass. crim. 14-10-1986 n° 85-96.369 P).

DÉLIVRANCE

69475
NA-III-2400 s

Le certificat de travail (comme l'attestation Pôle emploi, le reçu pour solde de tout compte et le dernier bulletin de paie) doit être remis à l'expiration du contrat de travail, c'est-à-dire à l'issue du préavis effectué ou non. L'employeur n'a pas l'obligation de le faire parvenir au salarié, sauf s'il y est condamné par le conseil de prud'hommes (nº 69480). Il doit seulement l'**établir** et le **tenir à la disposition** de l'intéressé, celui-ci devant venir le chercher (Cass. soc. 1-7-2015 nº 13-26.850 F-D : RJS 11/15 nº 709).

SANCTIONS

L'employeur qui ne délivre pas au salarié son certificat de travail est passible de l'**amende** prévue pour les contraventions de la 4e classe (nº 67285). **69480** C. trav. art. R 1238-3 NA-III-3200 s

Par ailleurs, en cas de non-remise du certificat, d'omission de mention ou de mention inexacte, le salarié peut intenter **devant le conseil de prud'hommes** une action en délivrance du certificat, au besoin sous astreinte, y compris devant le bureau de conciliation (nº 14762). Sur le délai de **prescription** de cette action, voir nº 14746.

En cas de **remise tardive** du certificat, le salarié peut prétendre à des dommages-intérêts s'il prouve le préjudice qui en est résulté (Cass. soc. 11-1-2006 nº 03-46.055 FS-PB : RJS 3/06 nº 340), dont l'appréciation relève des juges du fond (Cass. soc. 13-4-2016 nº 14-28.293 FS-PBR : RJS 6/16 nº 413 ; 14-9-2016 nº 15-21.794 FS-PB : RJS 11/16 nº 718). Sur la **garantie** de ces sommes par l'AGS, voir nº 70904.

L'employeur **condamné à remettre** le certificat de travail au salarié est tenu de le lui faire parvenir. Il ne peut pas se contenter de le tenir à sa disposition (Cass. soc. 12-11-2002 nº 01-40.047 F-D : RJS 2/03 nº 186) et doit pouvoir prouver qu'il a exécuté son obligation (Cass. soc. 14-12-2005 nº 04-40.561 F-PB : RJS 3/06 nº 342).

2. ATTESTATION PÔLE EMPLOI

Quelles que soient la nature, la durée, la forme du contrat de travail et les modalités de sa rupture, y compris en cas de démission (Cass. soc. 15-3-2017 nº 15-21.232 FS-PB : RJS 5/17 nº 325), l'employeur doit délivrer au salarié, à la fin du contrat, une attestation papier rematérialisée lui permettant d'exercer ses droits à l'assurance chômage, obtenue de Pôle emploi à la suite, sauf exceptions, du signalement de la rupture **via la DSN** (nos 24005 s.). Elle contient notamment les informations suivantes : durée d'emploi, statut dans l'entreprise, éléments relatifs aux derniers salaires (nos 6630 s.), motif exact de la rupture du contrat. Si celui-ci est rompu du fait de la **prise d'acte** de la rupture par le salarié en raison du comportement fautif de l'employeur, l'attestation doit le préciser (Cass. soc. 27-9-2006 nº 05-40.414 FS-PB : RJS 12/06 nº 1275). **69500** C. trav. art. R 1234-9 NA-III-5000 s

DÉLIVRANCE

L'attestation d'assurance chômage est **mise à la disposition** du salarié dans les conditions visées nº 69475 (pour les entreprises de travail temporaire, voir nº 82515, b). L'employeur n'est pas tenu de fournir des **copies** de l'attestation (Note Unédic du 11-8-1989). Le salarié doit **conserver** celle-ci pendant la durée du délai de forclusion (nº 6520) s'il ne fait pas valoir immédiatement ses droits au chômage (Circ. Unédic 04 du 19-1-1990). **69505** NA-III-5300 s

SANCTIONS

La méconnaissance des dispositions visées nos 69500 s. est punie de l'**amende** prévue pour les contraventions de la 5e classe (nº 67285). **69510** C. trav. art. R 1238-7 NA-III-5900 s

Par ailleurs, le salarié peut prétendre à des **dommages-intérêts** s'il a subi un préjudice du fait de la **non-remise** ou de la **remise tardive** de l'attestation, son existence et son évaluation relevant de l'appréciation des juges du fond (Cass. soc. 14-9-2016 nº 15-21.794 FS-PB : RJS 11/16 nº 718), ou si l'attestation comporte des **indications erronées,** telles une erreur sur la date d'entrée du salarié dans l'entreprise (Cass. soc. 30-9-2014 nº 13-13.390 F-D : RJS 12/14 nº 858), une présentation inexacte (Cass. soc. 27-9-2006 nº 05-40.414 FS-PB : RJS 12/06 nº 1275), équivoque ou tendancieuse du motif de la rupture (Cass. soc. 19-4-2000 nº 98-41.205 D : RJS 6/00 nº 667 ; 14-11-2001 nº 99-41.457 F-D).

Le salarié peut demander au conseil de prud'hommes de rechercher son **véritable salaire** s'il conteste le montant de la rémunération indiqué sur l'attestation (Cass. soc. 22-2-2000 nº 98-16.492 PB : RJS 4/00 nº 405).

Sur la **garantie** de ces sommes par l'AGS, voir nº 70904.

3. REÇU POUR SOLDE DE TOUT COMPTE

ÉTABLISSEMENT

69530 C. trav. art. L 1234-20, al 1er D 1234-7 NA-III-7000 s

Le solde de tout compte, établi par l'employeur en **double exemplaire** (mention en est faite sur le reçu) et dont le salarié lui donne reçu, fait l'**inventaire** des sommes versées à l'intéressé lors de la rupture du contrat de travail. L'un des exemplaires est remis au salarié selon les modalités visées n° 69475. Ce document est **obligatoire** (Circ. DGT 5 du 17-3-2009).

> Précisions a. L'employeur ne peut pas **conditionner le versement** des sommes mentionnées sur le reçu à la **signature** du document par le salarié. Sur la portée de la signature de l'intéressé, voir n° 69540.

b. Le reçu pour solde de tout compte non signé par le salarié ne fait pas **preuve du paiement** des sommes qui y sont mentionnées (Cass. soc. 27-3-2019 n° 18-12.792 F-D : RJS 6/19 n° 348).

DÉNONCIATION

69540 C. trav. art. L 1234-20, al 2 D 1234-8 NA-III-8100 s

Le reçu pour solde de tout compte peut être dénoncé par le salarié dans les 6 mois suivant sa signature, délai au-delà duquel il devient **libératoire** pour l'employeur pour les sommes qui y sont mentionnées. La dénonciation doit être faite par **lettre recommandée,** sans avoir à être motivée (Cass. soc. QPC 18-9-2013 n° 13-40.042 FS-PB : RJS 12/13 n° 814).

> Précisions a. Il n'est pas nécessaire que le reçu pour solde de tout compte **mentionne le délai** de dénonciation (Cass. soc. 4-11-2015 n° 14-10.657 FS-PB : RJS 1/16 n° 26).

b. Le reçu ne peut avoir d'**effet libératoire** que pour les sommes qui y sont mentionnées, peu importe qu'il soit rédigé en termes généraux (Cass. soc. 18-12-2013 n° 12-24.985 FS-PB : RJS 3/14 n° 221). Ainsi, le document qui fait état d'une **somme globale** et renvoie pour le détail des sommes versées au bulletin de paie annexé n'a pas d'effet libératoire (Cass. soc. 14-2-2018 n° 16-16.617 FS-PB : RJS 4/18 n° 256 ; 28-6-2018 n° 16-25.823 F-D : RJS 10/18 n° 595). De même, la mention d'une somme globale versée au titre des salaires dus n'empêche pas le salarié de réclamer des sommes au titre d'heures supplémentaires (Cass. soc. 11-12-2014 n° 13-17.277 F-D : RJS 2/15 n° 96) et la mention des « **accessoires** » du salaire dans le document est trop générale pour englober un bonus dû au salarié (CA Paris 19-5-2011 n° 09-10460).

c. Le reçu doit comporter la **date** de sa signature, qui doit être certaine, pour faire courir le délai de dénonciation. Toutefois, la mention manuscrite de la date par le salarié n'est pas nécessaire (Cass. soc. 20-2-2019 n° 17-27.600 FS-PB : RJS 5/19 n° 288).

d. Si la **convocation devant le bureau de conciliation du conseil de prud'hommes** produit les effets d'une dénonciation du reçu pour solde de tout compte, c'est à la condition que l'employeur l'ait reçue avant l'expiration du délai de dénonciation de 6 mois (Cass. soc. 7-3-2018 n° 16-13.194 FS-PB : RJS 5/18 n° 322).

4. DÉCLARATION DE DÉPART DES SENIORS

69545 C. trav. art. L 1221-18 NA-III-21000 s

L'employeur est tenu d'adresser à l'Urssaf dont il relève, au plus tard le 31 janvier de chaque année, une déclaration indiquant le nombre de salariés partis en **préretraite** ou placés en cessation anticipée d'activité au cours de l'année civile précédente, leur âge et le montant de l'avantage qui leur est alloué. Cette déclaration indique également le nombre de **mises à la retraite d'office** et le nombre de salariés âgés de 55 ans et plus **licenciés** ou ayant bénéficié d'une **rupture conventionnelle homologuée** au cours de l'année civile précédant la déclaration.

> Précisions a. La déclaration **s'impose uniquement** aux employeurs dont **au moins un salarié** ou assimilé s'est trouvé dans une des situations visées ci-dessus au cours de l'année civile précédente.

b. La déclaration de départ des seniors est intégrée dans la **DSN** (CSS art. R 133-14, IV-3°).

c. Le défaut de production de la déclaration, dans les délais prescrits, entraîne une **pénalité,** recouvrée par l'Urssaf dont relève l'employeur, dont le montant est égal à 600 fois le taux horaire du Smic (n° 90010).

D. Transaction

69560 C. civ. art. 2044 à 2052 NA-III-11100 s

La transaction peut être utilisée pour régler des conflits relatifs à la rupture (bien-fondé, nature de la rupture ou conséquences pécuniaires de celle-ci), sous réserve d'avoir été valablement conclue.

> Précisions a. La **proposition** dans des termes modérés par un salarié d'une **négociation** financière de son éventuel licenciement n'est pas fautive (Cass. soc. 19-6-2008 n° 07-40.939 F-P : RJS 11/08 n° 1085).

b. Sur la question de savoir si des **pourparlers** transactionnels peuvent constituer une **reconnaissance de dette** interrompant le délai de prescription du paiement du salaire, voir n° 70815, d.
c. Sur l'**homologation** d'une transaction par le bureau de conciliation du conseil de prud'hommes, voir n° 14740, a.

Transaction conclue en cours d'exécution du contrat 69562

La transaction peut également être conclue en cours d'exécution du contrat de travail. Les **conditions de validité** ainsi que les règles relatives à la **portée** présentées ci-après s'appliquent à ce type de transaction, sous réserve des précisions suivantes.
La renonciation du salarié à ses droits nés ou à naître et à toute instance relative à l'exécution du contrat de travail ne rend pas irrecevable une demande portant sur des **faits** survenus pendant la période d'exécution du contrat de travail **postérieure à la transaction** et dont le **fondement** est **né postérieurement** à la transaction (Cass. soc. 16-10-2019 n° 18-18.287 FS-PB : RJS 1/20 n° 13). Cependant, la transaction ayant pour objet spécifique la renonciation du salarié à toute réclamation portant sur le paiement d'une prime l'empêche d'en réclamer le paiement pour la période postérieure à la transaction (Cass. soc. 23-9-2020 n° 18-19.684 FS-D : RJS 11/20 n° 531).

CONDITIONS DE VALIDITÉ

Date de conclusion La transaction ayant pour objet de clore un litige relatif à la rupture d'un contrat de travail n'est valable que si elle est conclue **postérieurement** à la rupture définitive de ce contrat. Elle ne peut pas avoir pour effet de rompre le contrat et d'en régler les conséquences (Cass. soc. 9-5-2001 n° 98-42.615 FS-D : RJS 8-9/01 n° 996 ; 5-12-2012 n° 11-15.471 FP-PB : RJS 2/13 n° 116). 69565 NA-III-12200 s

En cas de **licenciement,** la transaction doit être conclue après que le salarié a eu connaissance effective des motifs de la rupture, c'est-à-dire après réception de la lettre de notification envoyée en recommandé avec accusé de réception (Cass. soc. 14-6-2006 n° 04-43.123 FS-PB : RJS 8-9/06 n° 943 ; 10-10-2018 n° 17-10.066 FS-PB : RJS 12/18 n° 725).

En cas de **démission,** celle-ci n'étant soumise à aucun formalisme, la transaction est valable si elle est bien postérieure à sa notification (Cass. soc. 1-12-2004 n° 02-46.341 F-PB : RJS 2/05 n° 151) et si la volonté du salarié de démissionner est claire et non équivoque (Cass. soc. 15-3-2006 n° 03-45.875 F-P : RJS 5/06 n° 648).

> Précisions a. Une transaction peut être conclue après réception de la lettre de licenciement même si l'**effet de la rupture** du contrat est différé par la signature d'un contrat de sécurisation professionnelle (Cass. soc. 31-5-2011 n° 10-14.313 FS-PB : RJS 8-9/11 n° 685).
b. Les **juges du fond** apprécient souverainement la date de signature d'une transaction (Cass. soc. 12-5-2017 n° 16-13.195 FS-D : RJS 7/17 n° 473). En cas de **doute** sur la réalité de cette date, ils doivent rechercher la date précise de sa conclusion et, à défaut, en déduire qu'elle n'a pas été signée postérieurement au licenciement (Cass. soc. 1-7-2009 n° 08-43.179 FS-PB : RJS 10/09 n° 795).
c. Sur la validité d'une transaction conclue avec un **représentant du personnel** licencié, voir n° 63540, b ; après une **rupture conventionnelle homologuée,** voir n° 69145, b.

Concessions réciproques Pour qu'il y ait transaction, il faut un **désaccord préalable** entre les parties, sur l'existence ou l'étendue de leurs droits, et des concessions réciproques et réelles. 69570 C. civ. art. 2044 NA-III-12800 s

> Précisions a. Pour apprécier si des concessions réciproques ont été faites, le juge peut **restituer aux faits** invoqués par l'employeur leur exacte **qualification** mais **ne saurait trancher le litige** que la transaction avait pour objet de clore (Cass. soc. 15-11-2007 n°s 06-42.305 FS-D, 06-41.224 FS-D et 06-42.991 FS-D : RJS 2/08 n° 179 ; 18-9-2019 n° 18-19.693 F-D : RJS 12/19 n° 687 ; 6-1-2021 n° 18-26.109 F-D : RJS 3/21), ni se prononcer sur la **réalité et le sérieux du ou des motifs** de la rupture (Cass. soc. 14-6-2000 n° 97-45.065 P : RJS 9-10/00 n° 946 ; 29-11-2006 n° 05-43.414 F-D : RJS 2/07 n° 218).
b. Le juge doit vérifier que la **lettre de licenciement est motivée** conformément aux exigences légales (Cass. soc. 23-1-2001 n° 98-41.992 FS-PB : RJS 4/01 n° 440 ; 7-2-2007 n° 05-41.623 F-D : RJS 4/07 n° 429 ; 13-7-2010 n° 09-40.984 FS-PB : RJS 10/10 n° 752). À défaut, le licenciement étant automatiquement sans cause réelle et sérieuse (voir n° 47680), la transaction ne prévoyant pas de dommages-intérêts à ce titre est nulle (Cass. soc. 26-4-2007 n° 06-40.718 F-P : RJS 7/07 n° 839).
c. N'est **pas une concession** le versement par l'employeur d'une **indemnité forfaitaire transactionnelle** présentant un caractère **dérisoire** (Cass. soc. 28-11-2000 n° 98-43.635 FS-P : RJS 2/01 n° 197), ou d'**indemnités de rupture** au salarié licencié pour faute grave alors que les faits invoqués ne peuvent pas être qualifiés comme tels, notamment lorsque l'employeur laisse le salarié exécuter son préavis (Cass. soc. 27-2-1997 n° 94-41.463 D : RJS 4/97 n° 411) ou lui reproche une incompétence professionnelle (Cass. soc. 27-3-1996 n° 92-40.448 P : RJS 5/96 n° 541 ; 6-4-1999 n° 96-43.467 PB : RJS 5/99 n° 662).

d. Une transaction peut valablement restreindre, pour une durée déterminée, la **liberté d'expression** des parties afin d'assurer la protection de leurs droits, notamment leur réputation, dès lors que cette **restriction** est justifiée et proportionnée (Cass. soc. 14-1-2014 n° 12-27.284 FS-PB : RJS 3/14 n° 222).

69575 C. civ. art. 1130 NA-III-13900 s

Consentement Le consentement des parties ne doit pas être affecté par un **vice** (erreur, dol ou violence). Il convient d'éclairer le salarié sur la portée de son engagement et de lui laisser le temps de la réflexion.

La mention manuscrite « **sous réserve de mes droits** » apposée par le salarié en bas d'une transaction lui enlève toute valeur (Cass. soc. 11-2-1997 n° 94-45.431 D : RJS 6/97 n° 690).

FORME

69580 C. civ. art. 2044, al. 2 NA-III-15800 s

La transaction devant être rédigée par **écrit,** il est recommandé de l'établir en 2 exemplaires signés par les parties.

Lorsque la transaction prévoit le versement d'une indemnité comprenant des éléments de rémunération, l'employeur doit délivrer un **bulletin de paie** détaillant les sommes versées (Cass. soc. 16-6-1998 n° 96-41.768 P : RJS 8-9/98 n° 984).

69585 NA-III-15300 s

Sanctions La transaction ne remplissant pas les conditions de validité visées n°s 69565 s. est nulle. Cette **nullité relative,** instituée dans l'intérêt du seul salarié, ne peut pas être invoquée par l'employeur (Cass. soc. 28-5-2002 n° 99-43.852 FP-PBRI : RJS 8-9/02 n° 970 ; 5-6-2008 n° 07-41.710 F-D). L'**action** en nullité de la transaction relève de la compétence prud'homale. Sur le délai de **prescription,** voir n° 14746.

PORTÉE

69590 C. civ. art. 2052 NA-III-16600 s

Entre les parties La transaction **empêche** l'introduction ou la poursuite entre les parties d'une action en justice ayant le même objet. Elle **éteint** définitivement les contestations qui y sont traitées, les autres demandes restant recevables (Cass. soc. 13-5-2003 n° 01-42.826 F-D : RJS 8-9/03 n° 1008 ; 24-4-2013 n° 11-15.204 FS-PB : RJS 7/13 n° 506).

Elle ne peut pas être **unilatéralement** dénoncée mais peut faire l'objet, devant le conseil de prud'hommes, d'une **action en résolution** en cas d'inexécution (Cass. soc. 30-1-1991 n° 87-44.246 D : RJS 4/91 n° 460). Sur le délai de **prescription** applicable, voir n° 14746.

› Précisions **a.** A une **portée générale** la transaction rédigée en termes généraux visant la renonciation du salarié à toutes réclamations, de quelque nature qu'elles soient, relatives tant à l'exécution qu'à la rupture de son contrat de travail, de sorte que le salarié n'est plus recevable à saisir le juge d'une demande en lien avec cette exécution ou cette rupture (Cass. ass. plén. 4-7-1997 n° 93-43.375 P : RJS 10/97 n° 1090 ; 11-1-2017 n° 15-20.040 FS-PB : RJS 3/17 n° 190 ; 30-5-2018 n° 16-25.426 FS-PB : RJS 8-9/18 n° 529 ; 20-2-2019 n° 17-19.676 FS-PB : RJS 5/19 n° 289).

b. La transaction acceptée **sous condition** du versement d'une indemnité dont le règlement n'est jamais intervenu n'est pas **opposable** au salarié (Cass. soc. 11-5-2005 n° 03-40.421 F-D : RJS 7/05 n° 736).

c. L'inexécution d'une **promesse de porte-fort** conclue dans le cadre d'une transaction ne peut être sanctionnée que par des dommages-intérêts (Cass. 1e civ. 7-3-2018 n° 15-21.244 FS-PB : RJS 5/18 n° 323).

d. La requête en **rectification d'erreurs matérielles** d'un arrêt est irrecevable après la conclusion d'une transaction fixant les conditions d'exécution de l'arrêt (Cass. soc. 4-7-2018 n° 16-28.532 FS-D : RJS 10/18 n° 596).

e. Sur le **régime** des sommes versées par l'employeur au salarié au regard : des **cotisations de sécurité sociale,** voir n° 22855 ; de la CSG et de la **CRDS,** voir n° 25150, a ; de l'**impôt sur le revenu,** voir Mémento Paie n° 65620.

69595 C. civ. art. 2051 NA-III-18000 s

À l'égard des tiers La transaction a un **effet relatif** : elle ne lie pas les tiers et ils ne peuvent pas se prévaloir de l'autorité d'une transaction à laquelle ils ne sont pas intervenus. Ils peuvent néanmoins invoquer la **renonciation à un droit** que celle-ci renferme. Sur l'opposabilité aux salariés par le repreneur d'une entreprise des transactions conclues par ceux-ci avec l'ancien employeur, voir n° 74715, c.

› Précisions Les salariés n'ayant pas délivré à leur représentant désigné dans le cadre d'une **procédure collective** un **mandat spécial pour transiger** en leur nom avec le mandataire-liquidateur et l'AGS ne sont pas liés par cette transaction, fût-elle homologuée par le tribunal de commerce (Cass. soc. 31-3-2009 n° 06-46.378 FS-PB : RJS 6/09 n° 532).

E. Non-concurrence

Après la rupture du contrat de travail, le salarié retrouve, en principe, une entière liberté d'exercer toute activité même concurrente de celle de son ex-employeur, sous réserve de ne pas en user de manière **déloyale.** L'exercice de cette liberté est toutefois entravé ou différé si l'intéressé est soumis à une **clause de non-concurrence.** 69620

1. CLAUSE DE NON-CONCURRENCE

Distincte de l'**obligation de loyauté,** à laquelle le salarié se trouve soumis pendant la durée d'exécution du contrat de travail, la clause de non-concurrence n'a vocation à s'appliquer qu'après la rupture du contrat. Elle peut être prévue au moment de la **conclusion** de celui-ci, ou y être insérée par la suite (voir dans ce cas n° 17380), et doit avoir été acceptée de manière claire et non équivoque par le salarié (Cass. soc. 1-4-2020 n° 18-24.472 FS-D : RJS 8-9/20 n° 410). Dans le silence du contrat de travail, l'obligation de non-concurrence peut résulter d'une **convention collective** si celle-ci l'impose et si le salarié a été mis en mesure d'en prendre connaissance lors de son embauche (Cass. soc. 8-1-1997 n° 93-44.009 PF : RJS 2/97 n° 184). En revanche, elle ne saurait naître d'une convention collective qui la prévoit à titre facultatif. 69625 NA-IV-100 s

CONDITIONS DE VALIDITÉ

Une clause de non-concurrence n'est licite que si elle est indispensable à la protection des intérêts légitimes de l'entreprise, limitée dans le temps et dans l'espace, qu'elle tient compte des spécificités de l'emploi du salarié et comporte l'obligation pour l'employeur de lui verser une contrepartie financière, ces conditions étant **cumulatives** (notamment : Cass. soc. 10-7-2002 n° 00-45.135 FP-PBRI ; n° 00-45.387 et n° 99-43.334 FP-PBRI : RJS 10/02 n° 1119 ; 26-1-2005 n° 02-45.193 F-D). 69630 NA-IV-2050 s

La validité de la clause s'apprécie à la **date** de sa conclusion, une convention collective intervenue postérieurement ne pouvant pas couvrir sa nullité (Cass. soc. 28-9-2011 n° 09-68.537 FS-PB : RJS 12/11 n° 970).

La **clause potestative** par laquelle l'employeur se réserve la faculté, après la rupture du contrat de travail, d'imposer au salarié une obligation de non-concurrence est nulle (Cass. soc. 12-2-2002 n° 00-41.765 FS-P : RJS 4/02 n° 431).

> **› Précisions** Ces conditions s'imposent même si, s'agissant d'un salarié actionnaire ou associé de la société qui l'emploie, la clause est prévue dans le **pacte d'actionnaires** et non dans le contrat de travail (Cass. com. 15-3-2011 n° 10-13.824 F-PB : RJS 6/11 n° 520 ; Cass. soc. 23-11-2011 n° 10-21.089 F-D : RJS 2/12 n° 129).

Intérêt de l'entreprise Apportant une restriction à la liberté individuelle du salarié, l'obligation de non-concurrence ne se justifie que si elle est **indispensable** à la protection des intérêts de l'entreprise. 69635

ILLUSTRATIONS

Une clause de non-concurrence peut être opposée à un **serveur** en contact direct avec la clientèle (Cass. soc. 1-3-1995 n° 93-42.754 D : RJS 4/95 n° 377) ou à un **chef d'une agence de voyages** (Cass. soc. 20-6-1995 n° 93-40.287 D : RJS 8-9/95 n° 891).

En revanche n'est pas valable la clause prévue par le contrat de travail d'un **laveur de vitres** (Cass. soc. 14-5-1992 n° 89-45.300 PF : RJS 6/92 n° 735), d'un **télévendeur** (Cass. soc. 11-7-2001 n° 99-42.915 F-D) ou d'un **magasinier** n'ayant pas de contact avec la clientèle (Cass. soc. 19-11-1996 n° 94-19.404 P : RJS 12/96 n° 1266).

Champ d'application de la clause Pour ne pas faire échec au principe de liberté du travail, l'interdiction de concurrence doit être **limitée** dans le **temps** (durée d'application), dans l'**espace** (zone géographique) et quant à la nature des **activités** visées. 69640

La clause de non-concurrence visant un champ d'application géographique étendu n'est pas en soi illicite. Elle ne l'est que si elle empêche l'ancien salarié d'exercer une activité conforme à sa formation, à ses connaissances et à son expérience professionnelle (Cass. soc. 20-1-1999 n° 96-45.669 D ; 15-12-2009 n° 08-44.847 F-D ; 3-7-2019 n° 18-16.134 FS-D : RJS 10/19 n° 562).

ILLUSTRATIONS

Ont été jugées **illicites** les clauses de non-concurrence :
– illimitées dans le temps (Cass. soc. 9-7-1985 n° 83-42.423 S) ;
– d'une durée excessive (5 ans) eu égard au caractère modeste de l'emploi du salarié (Cass. soc. 7-5-1991 n° 87-43.470 D : RJS 7/91 n° 835) ;

– interdisant au salarié technicien dans le secteur de la radiologie toute activité similaire en France métropolitaine pendant 2 ans, l'obligeant ainsi à s'expatrier (Cass. soc. 28-10-1997 n° 94-43.792 PB : RJS 12/97 n° 1369), ou interdisant au salarié, chef de département d'un magasin de sport, d'entrer au service, en France et pendant 1 an, d'une entreprise ayant la même activité (Cass. soc. 18-9-2002 n° 99-46.136 FP-P : RJS 12/02 n° 1352) ;
– interdisant au salarié de retrouver un emploi correspondant à une qualification spécialisée (Cass. soc. 26-5-1976 n° 75-40.472 : commerce des vieux papiers ; Cass. soc. 27-6-1984 n° 81-42.932 B : vente de vins et spiritueux).

Est en revanche **licite** la clause de non-concurrence géographiquement limitée aux territoires sur lesquels le salarié a exercé son activité, même si leur étendue dépend des choix de l'employeur en application d'une clause de mobilité liant le salarié (Cass. soc. 26-9-2018 n° 17-16.020 F-D : RJS 12/18 n° 711).

69645 **Contrepartie financière** La contrepartie financière doit être prévue par le **contrat** de travail. À défaut, celle prévue par la **convention collective** s'applique si le contrat comporte une clause de non-concurrence se référant expressément à cet accord (Cass. soc. 10-3-2004 n° 02-40.108 F-PB : RJS 5/04 n° 621 ; 4-2-2009 n° 07-44.560 F-D ; 21-10-2020 n° 19-18.387 F-D : RJS 12/20 n° 585). Voir toutefois n° 61470, d pour les VRP.

La clause de non-concurrence **ne comportant pas** le versement d'une indemnité (Cass. soc. 29-1-2003 n° 00-44.882 FS-P : RJS 4/03 n° 455) ou fixant une contrepartie dérisoire (Cass. soc. 15-11-2006 n° 04-46.721 FS-PB : RJS 1/07 n° 50) est illicite et donc inapplicable, le juge ne pouvant donc pas en fixer le **montant** dans ce cas (Cass. soc. 16-5-2012 n° 11-10.760 F-PB : RJS 8-9/12 n° 701). L'indemnité ayant un caractère forfaitaire, le juge ne peut pas non plus en diminuer le montant s'il l'estime excessif (Cass. soc. 19-7-1988 n° 85-43.719 P ; 7-3-1990 n° 86-43.243 D).

La clause doit prévoir le versement de la contrepartie financière pour tous les **cas de rupture** du contrat de travail dans lesquels s'applique l'obligation de non-concurrence (voir n° 69660), les conditions d'ouverture de celle-ci ne pouvant pas être dissociées de celles de son indemnisation (Cass. soc. 27-2-2007 n° 05-44.984 FP : RJS 5/07 n° 595). Si elle n'est prévue que pour un cas de rupture, la contrepartie est due dans les autres cas d'application de la clause (Cass. soc. 18-1-2018 15-24.002 FS-PB : RJS 3/18 n° 182). De même, la clause de non-concurrence applicable en cas de licenciement ne peut pas exclure le versement de l'indemnité en cas de faute grave ou lourde (Cass. soc. 28-6-2006 n° 05-40.990 F-PB : RJS 11/06 n° 1144 ; 4-6-2008 n° 04-40.609 FS-PB : RJS 8-9/08 n° 892).

La disposition **minorant le montant** de la contrepartie selon le mode de rupture ou son motif est quant à elle réputée non écrite, qu'elle soit d'origine contractuelle (Cass. soc. 8-4-2010 n° 08-43.056 FS-PB : RJS 6/10 n° 512 ; 9-4-2015 n° 13-25.847 FS-PB : RJS 6/15 n° 409) ou conventionnelle (Cass. soc. 14-4-2016 n° 14-29.679 F-PB : RJS 6/16 n° 414 ; 18-1-2018 n° 15-24.002 FS-PB : RJS 3/18 n° 182). Le salarié a droit dans ce cas à l'indemnité la plus élevée.

La clause ne peut pas non plus prévoir que le montant de l'indemnité dépend uniquement de la **durée d'exécution du contrat** de travail (Cass. soc. 7-3-2007 n° 05-45.511 FP-PBR : RJS 5/07 n° 596).

› Précisions **a.** **Avant 2002,** la jurisprudence ne faisait pas de la contrepartie financière une condition de validité de la clause de non-concurrence. Même conclue avant cette date, la clause est nulle si elle ne prévoit pas une telle contrepartie (Cass. soc. 25-2-2004 n° 02-41.306 F-D : RJS 5/04 n° 532 ; 17-12-2004 n° 03-40.008 FS-PBRI : RJS 3/05 n° 272). Un **avenant au contrat** prévoyant le versement d'une indemnité doit donc être signé pour rendre effective la clause, cette modification devant être soumise à l'accord exprès du salarié (Rép. Le Nay : AN 16-3-2004 p. 2016).
b. Pour apprécier le **caractère dérisoire** ou non de l'indemnité seul est pris en compte le montant qu'il est prévu de payer après la rupture (Cass. soc. 22-6-2011 n° 09-71.567 FS-PB : RJS 10/11 n° 791).

69650 Les **modalités de calcul, la périodicité et la durée de versement** de l'indemnité de non-concurrence sont fixées par le contrat de travail ou, lorsque le contrat s'y réfère expressément, par la convention collective (Cass. soc. 10-3-2004 n° 02-40.108 F-PB ; 1-2-2011 n° 09-40.542 F-D). L'indemnité est généralement proportionnelle au salaire de l'intéressé et à la durée de l'interdiction de concurrence. Elle doit être calculée en tenant compte du salaire brut (Cass. soc. 13-1-1998 n° 95-41.467 P : RJS 2/98 n° 171 ; 24-9-2008 n° 07-41.616 F-D). Les éléments de rémunération retenus pour l'assiette de calcul de l'indemnité sont fixés par la clause (notamment : Cass. soc. 30-3-2011 n° 09-41.583 FS-PB : RJS 6/11 n° 521 ; 8-4-2015 n° 13-22.513 F-D). Certains contrats ou conventions prévoient des modalités de revalorisation de l'indemnité.

L'indemnité est **versée** au salarié au **moment** de la mise en œuvre de la clause (voir n° 69660). La clause de non-concurrence prévoyant le versement de l'indemnité pendant l'exécution du contrat est nulle et l'employeur ne peut pas en obtenir la restitution (Cass. soc. 17-11-2010 n° 09-42.389 FS-PB : RJS 2/11 n° 135 ; 15-1-2014 n° 12-19.472 FS-PB : RJS 3/14 n° 223).

Sanctions Est en principe nulle la clause de non-concurrence ne remplissant pas les conditions visées n°s 69630 s. 69655

Cette **nullité** ne peut toutefois être invoquée que par le salarié (Cass. soc. 25-1-2006 n° 04-43.646 F-P : RJS 4/06 n° 437 ; 6-7-2016 n° 14-20.323 FS-D : RJS 10/16 n° 619). Celui-ci peut l'invoquer y compris si, DRH, il a participé à la rédaction de la clause litigieuse (Cass. soc. 6-7-2016 n° 15-10.987 F-D : RJS 11/16 n° 689). En cas d'absence de contrepartie financière, la clause peut être déclarée inopposable au salarié par le juge des référés dans l'attente de son annulation par les juges du fond (Cass. soc. 25-5-2005 n° 04-45.794 FS-PBRI : RJS 8-9/05 n° 841).

L'annulation de la clause ouvre droit, pour le salarié, à la réparation du préjudice subi apprécié et évalué souverainement par les juges du fond (Cass. soc. 25-5-2016 n° 14-20.578 F-PB : RJS 8-9/16 n° 557).

> Précisions **a.** Le juge ne peut pas réduire le **champ d'application** de la clause contractuelle excédant les limites conventionnelles si le salarié **invoque seulement sa nullité** (Cass. soc. 12-10-2011 n° 09-43.155 FS-PB : RJS 12/11 n° 1023). En outre ne peut **pas** être **annulée** la clause contractuelle prévoyant une contrepartie financière inférieure aux prévisions de la convention collective dès lors que le **caractère dérisoire** de cette indemnité n'est **pas invoqué** (Cass. soc. 28-1-2016 n° 14-18.836 F-D : RJS 4/16 n° 245).

b. Même si elle est trop étendue dans le temps et/ou dans l'espace, une clause de non-concurrence ne sera **pas annulée** si le salarié a commis un **acte de concurrence caractérisé,** tel que, par exemple, entrer au service d'un concurrent installé dans la même ville que son ancien employeur, très peu de temps après la fin de son contrat de travail (Cass. soc. 3-6-1997 n° 94-44.106 D : RJS 7/97 n° 814).

c. La nullité de la clause ne fait pas obstacle à l'engagement d'une **action en concurrence déloyale** (n° 69745) contre le salarié par l'ancien employeur (Cass. soc. 28-1-2005 n° 02-47.527 F-PB : RJS 4/05 n° 382 ; 3-11-2010 n° 09-42.572 FS-D : RJS 1/11 n° 36).

d. Le salarié **perdant son nouvel emploi** à la suite de l'exécution exigée par son ancien employeur d'une clause de non-concurrence nulle peut prétendre à des dommages-intérêts (Cass. soc. 3-11-2010 n° 09-42.572 FS-D : RJS 1/11 n° 36).

e. N'apporte pas la **preuve de l'existence d'un préjudice** né de la nullité de sa clause de non-concurrence le salarié qui, 2 jours après la rupture de son contrat de travail, a débuté une activité concurrente de celle de son ancien employeur, interdite par la clause annulée (Cass. soc. 25-5-2016 n° 14-20.578 F-PB : RJS 8-9/16 n° 557).

MISE EN ŒUVRE DE LA CLAUSE

Cas d'application L'application de la clause de non-concurrence peut être limitée par le contrat de travail à certains cas de rupture (par exemple, la démission : Cass. soc. 1-4-1992 n° 88-41.466 D ; 6-1-2010 n° 08-41.357 F-D ; le licenciement pour faute grave, et a fortiori pour faute lourde : CA Versailles 17-6-2008 n° 07-130). 69660 NA-IV-6000 s

En revanche, la clause formulée en **termes généraux,** sans faire de distinction entre les causes pouvant amener le salarié à cesser ses fonctions, doit s'appliquer dans **tous les cas** où il a été mis fin à l'exécution du contrat (voir toutefois en cas de **décès** du salarié n° 69665, a).

Elle trouve son **point de départ** à la date de fin du préavis si celui-ci est exécuté. Elle s'applique dès le départ du salarié de l'entreprise en cas de dispense de préavis (Cass. soc. 22-6-2011 n° 09-68.762 FS-PB : RJS 10/11 n° 788 ; 21-1-2015 n° 13-24.471 FS-PB : RJS 4/15 n° 253).

> Précisions **a.** Dès lors qu'ils ne sont pas écartés par la clause de non-concurrence, les modes de rupture suivants donnent lieu à l'application de la clause et au versement de la contrepartie financière : survenance du **terme d'un CDD** (Cass. soc. 14-11-1979 n° 78-40.985), départ en **retraite** (Cass. soc. 24-9-2008 n° 07-40.098 F-PB : RJS 12/08 n° 1191 ; 21-6-2017 n° 16-15.271 F-D : RJS 10/17 n° 664) ou en préretraite (Cass. soc. 19-10-2005 n° 03-46.592 F-P : RJS 1/06 n° 44), **démission, licenciement** pour motif personnel ou économique (Cass. soc. 25-6-1981 n° 79-41.963) ou sans cause réelle et sérieuse (Cass. soc. 22-10-1997 n° 94-45.186 P : RJS 12/97 n° 1368), rupture pendant la **période d'essai** (Cass. soc. 25-2-1997 n° 93-40.185 P : RJS 4/97 n° 371), rupture conventionnelle (Cass. soc. 18-1-2018 n° 15-24.002 PS-PB : RJS 3/18 n° 182).

b. Ne libèrent pas le salarié de son obligation de non-concurrence la seule fermeture d'une agence n'impliquant pas l'abandon par la société de sa clientèle dans la région (Cass. soc. 13-11-1990 n° 87-44.889 D), la **cessation d'activité** de l'entreprise suite à une liquidation judiciaire (Cass. soc. 9-7-2008 n° 07-41.970 F-D : RJS 10/08 n° 994 ; 21-1-2015 n° 13-26.374 FS-PB : RJS 4/15 n° 252) ou la cessation volontaire d'activité (Cass. soc. 5-4-2005 n° 02-45.540 FS-PB : RJS 6/05 n° 631). En cas de modification de la situation juridique de l'employeur, voir n° 74690, e.

c. Lorsque les parties conviennent que l'**interdiction de concurrence est renouvelable,** le renouvellement doit être exprès (Cass. soc. 7-3-2018 n° 16-23.705 FS-PB : RJS 5/18 n° 324).

d. En cas de **mutation entre 2 entreprises non concurrentes du même groupe,** la clause de non-concurrence conclue avec la première ne s'applique pas pendant que le salarié exerce son activité au sein de la seconde entreprise. Elle reprend ses effets normaux à compter de la rupture du contrat conclu avec la seconde, sans que sa durée soit prorogée (Cass. soc. 12-9-2018 n° 17-10.853 FS-PB : RJS 11/18 n° 666).

e. Sur la mention de la clause de non-concurrence dans le **certificat de travail,** voir n° 69465.

69665 NA-IV-7150 s **Versement de l'indemnité compensatrice** Élément indispensable à la validité de la clause, l'indemnité compensatrice doit être versée dans tous les cas d'application de cette clause. Sur son montant, voir n° 69645.

Le salarié en bénéficie au **moment** de la rupture de son contrat de travail (et non en cours d'exécution : n° 69650) sans avoir à justifier de l'existence d'un préjudice (Cass. soc. 27-3-2008 n° 07-40.195 FS-D : RJS 7/08 n° 778). L'indemnité est généralement versée selon une périodicité mensuelle, mais le contrat de travail ou la convention collective peut prévoir un règlement sous **forme** de capital (Cass. soc. 16-12-2015 n° 14-21.890 F-D : RJS 3/16 n° 172).

En cas de **dispense de préavis,** la date d'exigibilité de l'indemnité à compter de laquelle doit être déterminée la **période de référence pour son calcul** est celle du départ effectif du salarié de l'entreprise (Cass. soc. 22-6-2011 n° 09-68.762 FS-PB : RJS 10/11 n° 788 ; 21-1-2015 n° 13-24.471 FS-PB : RJS 4/15 n° 253).

En cas de **manquement** à l'obligation de verser l'indemnité, le salarié est libéré de l'interdiction de concurrence (Cass. soc. 3-10-1991 n° 89-43.375 P : RJS 11/91 n° 1206 ; 12-3-1997 n° 94-43.326 D) et l'employeur ne peut pas exiger la cessation de l'activité concurrente (Cass. soc. 16-6-2004 n° 02-43.187 F-D). Toutefois, le salarié ne peut pas se prévaloir d'un tel manquement s'il s'est engagé dès la rupture de son contrat ou très peu de temps après avec une société concurrente (Cass. soc. 20-11-2013 n° 12-20.074 FS-PB : RJS 2/14 n° 125).

› Précisions **a.** Sauf en cas de **décès** du salarié (Cass. soc. 29-10-2008 n° 07-43.093 FS-PB : RJS 1/09 n° 38), l'obligation de paiement ne saurait être affectée par les **circonstances de la rupture** et la possibilité ou non pour le salarié de reprendre une activité concurrentielle (Cass. soc. 30-4-2003 n° 01-41.874 F-D : RJS 7/03 n° 899) ou par le fait qu'il ait retrouvé un emploi (Cass. soc. 10-3-2004 n° 01-47.350 F-D : RJS 5/04 n° 533).

b. En cas de **non-paiement** par l'employeur de la contrepartie financière, le salarié ne peut prétendre à son paiement que pour la période pendant laquelle il a respecté l'interdiction de concurrence ; mais il peut obtenir réparation du préjudice résultant du non-respect par l'employeur de ses obligations (Cass. soc. 25-2-2003 n° 00-46.263 FS-PBRI : RJS 5/03 n° 605).

c. L'indemnité de non-concurrence a la **nature** d'un salaire (Cass. soc. 26-9-2002 n° 00-40.461 FS-PB : RJS 12/02 n° 1388), ouvre droit à congés payés (Cass. soc. 28-11-2001 n° 99-46.032 F-D : RJS 2/02 n° 175 ; 23-6-2010 n° 08-70.233 F-PB : RJS 10/10 n° 754) et est soumise à cotisations (Cass. soc. 8-6-1999 n° 96-45.616 D ; 6-7-2000 n° 98-15.307 FS-D : RJS 9-10/00 n° 993 ; 20-9-2018 n° 17-23.096 F-D : RJS 12/18 n° 765). Sur l'application de la réduction générale de cotisations patronales, voir n° 1910, d. L'indemnité est également soumise à la CSG et à la CRDS (voir n° 25145, c), aux participations assises sur les salaires ainsi qu'à l'impôt sur le revenu (voir Mémento Paie n° 66960).

d. Le **jugement** ordonnant le paiement de l'indemnité est de droit **exécutoire** à titre provisoire (Cass. soc. 22-9-2011 n° 09-72.876 F-D : RJS 11/11 n° 873). Sur la **prescription,** voir n° 70815.

RENONCIATION

69670 NA-IV-9500 s **Conditions** L'employeur ne peut **renoncer unilatéralement** à la clause de non-concurrence que si cette faculté est prévue par le contrat de travail ou, à défaut, par la convention collective à laquelle ce dernier se réfère (Cass. soc. 22-2-2006 n° 04-45.406 F-D : RJS 7/06 n° 835 ; 28-3-2007 n° 06-40.293 F-D : RJS 6/07 n° 734). Sinon, l'**accord du salarié** est nécessaire (Cass. soc. 17-2-1993 n° 89-43.658 P : RJS 4/93 n° 391 ; 28-11-2001 n° 99-46.032 F-D : RJS 2/02 n° 175).

Cette renonciation libère l'employeur de l'obligation de verser au salarié l'indemnité compensatrice prévue par la clause. En contrepartie, le salarié peut s'engager auprès d'une entreprise concurrente, à condition de respecter les règles visées n°s 69740 s.

69675 **Forme** L'employeur doit respecter strictement les modalités de renonciation fixées par le contrat de travail ou la convention collective (en ce sens : Cass. soc. 21-10-2020 n° 19-18.399 F-D : RJS 1/21 n° 14). En tout état de cause, la renonciation doit être explicite et non équivoque (Cass. soc. 30-5-1990 n° 87-40.485 P : RJS 7/90 n° 571) et **notifiée** individuellement au salarié (Cass. soc. 21-10-2009 n° 08-40.828 FS-PB : RJS 1/10 n° 37).

L'employeur **ne respectant pas** les formalités de renonciation à la clause n'est pas délié de ses obligations et doit verser l'indemnité compensatrice (Cass. soc. 13-10-1988 n° 85-43.261 P).

> **Précisions** **a.** La renonciation dans la **lettre de licenciement** est valable, dès lors que le contrat de travail n'impose pas à l'employeur d'y renoncer par une lettre distincte (Cass. soc. 7-3-2012 n° 10-17.712 F-D : RJS 5/12 n° 448 ; 24-4-2013 n° 11-26.007 FS-PB : RJS 7/13 n° 537). Mais si le licenciement est jugé nul, la lettre de licenciement est dépourvue d'effets et l'employeur peut être condamné à verser l'indemnité compensatrice au salarié (Cass. soc. 3-2-2010 n° 08-45.105 FS-D : RJS 4/10 n° 338).
> **b.** La renonciation ne saurait être déduite de la seule **mention** dans le plan de sauvegarde de l'emploi de l'intention de l'employeur de libérer systématiquement les salariés licenciés de leur obligation (Cass. soc. 23-9-2008, n°s 07-41.649 F-D et 07-41.650 F-D : RJS 12/08 n° 1190), ni de la formule générale d'un accord de rupture conventionnelle selon laquelle le salarié a été rempli de tous ses droits (Cass. soc. 6-2-2019 n° 17-27.188 F-D : RJS 4/19 n° 209), ni de la mention « Libre de tout engagement » portée sur le certificat de travail (Cass. soc. 25-10-1995 n° 93-45.442 D : RJS 1/96 n° 22) ou dans la transaction (Cass. soc. 30-1-1996 n° 92-42.457 D : RJS 3/96 n° 278). S'agissant de la portée d'une transaction rédigée en termes généraux, voir n° 69590, a.

Délai L'employeur doit respecter le délai **fixé par le contrat de travail ou la convention collective** qui peut prévoir que la renonciation doit intervenir au plus tard au moment de la rupture du contrat ou dans un certain délai courant à compter de celle-ci. La date de la rupture du contrat correspond à : la date d'envoi ou de la remise en main propre de la lettre de démission (Cass. soc. 15-3-2006 n° 03-43.102 F-P : RJS 6/06 n° 700), de licenciement (Cass. soc. 19-7-2000 n° 98-42.290 F-D : RJS 11/00 n° 1086), ou de rupture de la période d'essai (Cass. soc. 14-10-2009 n° 08-44.052 FP-PB : RJS 12/09 n° 929) ; la date de rupture fixée dans la convention de rupture conventionnelle (Cass. soc. 29-1-2014 n° 12-22.116 FS-PB : RJS 4/14 n° 318) ; la date du jugement prononçant la résiliation judiciaire du contrat (Cass. soc. 6-5-2009 n° 07-44.692 F-PB : RJS 7/09 n° 629) ou la date à laquelle l'employeur a connaissance de la rupture en cas de prise d'acte (Cass. soc. 13-6-2007 n° 04-42.740 FS-PBR : RJS 8-9/07 n° 950). **69680**

Dans le **silence du contrat** de travail ou de la convention collective, la renonciation doit intervenir au moment de la rupture du contrat (Cass. soc. 13-7-2010 n° 09-41.626 FS-PBR : RJS 10/10 n° 755).

La renonciation doit intervenir au plus tard à la date du départ effectif du salarié de l'entreprise en cas de **dispense de préavis,** peu important les dispositions contractuelles ou conventionnelles contraires (Cass. soc. 13-3-2013 n° 11-21.150 FS-PB : RJS 5/13 n° 371 ; 21-1-2015 n° 13-24.471 FS-PB : RJS 4/15 n° 253), ou en cas d'adhésion du salarié à un contrat de sécurisation professionnelle (Cass. soc. 2-3-2017 n° 15-15.405 FD : RJS 5/17 n° 326). En revanche, l'employeur qui **n'a pas dispensé le salarié** d'exécuter son préavis peut renoncer à la clause au cours de celui-ci, même si l'intéressé cesse de venir travailler (Cass. soc. 21-3-2018 n° 16-21.021 FS-PB : RJS 6/18 n° 407), dès lors que le contrat ou la convention collective n'impose pas une renonciation dès la rupture.

L'employeur qui renonce à la clause **hors délai** reste tenu au paiement de l'indemnité de non-concurrence (Cass. soc. 3-5-1989 n° 86-41.452 P : RJS 7/89 n° 580 ; 19-7-2000 n° 98-42.290 F-D : RJS 11/00 n° 1086), du moins pour la période pendant laquelle le salarié a respecté la clause (Cass. soc. 13-9-2005 n° 02-46.795 FS-PB : RJS 12/05 n° 1205).

> **Précisions** **a.** Lorsque la renonciation doit intervenir dans un certain délai suivant la notification de la rupture, ce **délai s'impute** de date à date sans qu'il y ait lieu d'en déduire les samedis, dimanches et jours fériés (Cass. soc. 30-3-2011 n° 09-41.583 FS-PB : RJS 6/11 n° 521). Même si le contrat de travail ou la convention collective autorise la renonciation dans un certain délai après la fin du préavis, il est conseillé de lever la clause avant ce terme, la jurisprudence interdisant depuis 2010 de laisser le salarié dans l'incertitude quant à l'étendue de sa liberté de travailler lorsqu'il quitte l'entreprise (notamment Cass. soc. 13-7-2010 n° 09-41.626 FS-PBR : RJS 10/10 n° 755).
> **b.** Le **respect du délai** s'apprécie à la **date** de notification de la lettre de renonciation même si l'intéressé ne l'a pas reçue (Cass. soc. 10-7-2013 n° 12-14.080 FS-PB : RJS 10/13 n° 678).
> **c.** Sauf stipulation contraire, l'employeur ne peut pas renoncer unilatéralement à la clause **pendant l'exécution du contrat** (Cass. soc. 11-3-2015 n° 13-22.257 FS-PB : RJS 5/15 n° 332). En tout état de cause est nulle la clause autorisant l'employeur à notifier la renonciation à tout moment, avant ou pendant la période d'interdiction de concurrence qu'elle prévoit (Cass. soc. 2-12-2015 n° 14-19.029 FS-PB : RJS 2/16 n° 109).

VIOLATION DE LA CLAUSE

Agissements concurrentiels L'ancien salarié viole son obligation de non-concurrence s'il exerce une activité sans respecter les **limites fixées par la clause.** Postuler à un emploi similaire ne caractérise pas la violation de la clause (Cass. soc. 12-5-2004 n° 02-40.490 F-P : RJS 7/04 n° 813). Celle-ci suppose, postérieurement à la rupture du contrat (Cass. soc. 22-9-1993 n° 92-40.416 D), l'accomplissement d'actes de concurrence, c'est-à-dire la **69685** NA-IV-11200 s sollicitation de clientèle sans nécessairement réaliser une vente ou fournir un service (Cass. soc. 26-5-1993 n° 91-45.266 D). La preuve de tels actes est à la charge de l'employeur (Cass. soc. 13-5-2003 n° 01-41.646 FS-D : RJS 8-9/03 n° 1009), une clause contractuelle contraire étant inopérante (Cass. soc. 25-3-2009 n° 07-41.894 F-PB : RJS 6/09 n° 533).

69690 **Sanctions** Le **salarié** qui viole même temporairement l'obligation contractuelle de non-concurrence perd le droit à l'**indemnité compensatrice** (Cass. soc. 31-3-1993 n° 88-43.820 P : RJS 5/93 n° 512). Il doit rembourser les sommes versées à ce titre (Cass. soc. 9-4-2008 n° 06-46.523 F-D : RJS 6/08 n° 668), sauf celles correspondant au temps où il a respecté la clause (Cass. soc. 27-3-1996 n° 92-41.992 P : RJS 5/96 n° 543 ; 18-2-2003 n° 01-40.194 F-D : RJS 5/03 n° 605).

Le salarié peut par ailleurs être condamné à **réparer le préjudice** subi par son ancien employeur et se voir interdire par le juge, éventuellement sous astreinte, et même en référé (Cass. soc. 15-2-1995 n° 93-42.793 D : RJS 4/95 n° 379 ; 10-12-1996 n° 94-43.015 PF : RJS 1/97 n° 36), de poursuivre son activité, sauf si la clause n'était plus applicable au moment où l'employeur l'a sommé de cesser ses activités (CA Rouen 23-11-1999 n° 99-1317 : RJS 3/00 n° 275). En revanche, le juge des référés ne peut pas ordonner la résiliation judiciaire du contrat de travail conclu avec le nouvel employeur (Cass. soc. 13-5-2003 n° 01-17.452 FS-PB : RJS 7/03 n° 878).

› Précisions a. L'employeur peut se garantir contre le non-respect de la clause de non-concurrence au moyen d'une **clause pénale** l'assurant d'une indemnisation forfaitaire sans qu'il ait à justifier d'un préjudice (Cass. soc. 21-3-1978 n° 76-41.060 P). En vertu de l'article 1231-5 du Code civil, le juge peut alors en moduler le montant s'il l'estime manifestement excessif ou dérisoire.

b. Le **licenciement** motivé par la dissimulation de l'obligation de non-concurrence souscrite auprès du précédent employeur ne libère pas le **nouvel employeur** de son obligation de verser l'indemnité compensatrice de la clause de non-concurrence prévue par le contrat qui le lie à l'intéressé (Cass. soc. 16-9-2009 n° 07-45.364 F-D : RJS 12/09 n° 986).

69695 La **responsabilité du nouvel employeur** est automatiquement engagée s'il embauche un salarié qu'il sait lié par une clause de non-concurrence (Cass. com. 19-10-1999 n° 97-15.795 D : RJS 1/00 n° 39 ; 15-11-1994 n° 92-21.597 D : RJS 3/95 n° 230), même si la similitude de clientèle (Cass. com. 22-2-2000 n° 97-18.728 D : RJS 11/00 n° 1085) ou un détournement effectif de la clientèle (Cass. com. 21-3-1995 n° 93-13.455 D : RJS 8-9/95 n° 894) ne sont pas établis. Il peut donc être condamné à verser des dommages-intérêts à l'ancien employeur. Il appartient à ce dernier d'apporter la preuve que l'embauche a été faite en connaissance de cause (Cass. com. 18-12-2001 n° 00-10.978 FS-P : RJS 4/02 n° 432).

2. ABSENCE DE CLAUSE DE NON-CONCURRENCE

PRINCIPE DE LIBERTÉ

69740 NA-IV-16000 s Le principe de liberté du travail et de libre établissement permet au salarié qui n'est pas lié par une clause de non-concurrence d'**occuper un emploi** dans une entreprise concurrente ou de **créer** lui-même une telle entreprise après l'expiration de son contrat de travail. Par exemple, un salarié ne manque pas à son obligation de loyauté en créant, pendant le préavis, une société concurrente dès lors que son exploitation débute après la rupture du contrat (Cass. soc. 23-9-2020 n° 19-15.313 FS-PB : RJS 11/20 n° 525). L'**employeur** ne peut pas s'y opposer sous peine, éventuellement, d'engager sa **responsabilité** (CA Paris 20-5-1994 : RJS 10/94 n° 1117). Mais l'ancien salarié doit exercer son activité dans des **conditions loyales,** c'est-à-dire ne pas se rendre coupable d'agissements entraînant la désorganisation de l'entreprise de l'ancien employeur, un trouble commercial ou la confusion dans l'esprit de la clientèle. De tels agissements sont fautifs même en l'absence de fraude ou de manœuvres dolosives (Cass. soc. 30-4-1987 n° 86-42.266 ; Cass. com. 6-11-1990 n° 88-15.117 P : RJS 1/91 n° 21).

ACTION EN CONCURRENCE DÉLOYALE

69745 NA-IV-17000 s L'**ancien employeur** peut exercer, sur le fondement des articles 1240 et 1241 du Code civil, une action en concurrence déloyale à l'encontre de son ancien salarié ou à l'encontre du nouvel employeur lorsque l'intéressé a été réembauché. Cette action doit être portée devant le tribunal judiciaire, ou devant le tribunal de commerce si l'ancien employeur et l'ancien salarié ont la qualité de commerçant.

Elle relève du conseil de prud'hommes si les actes de concurrence ont été commis avant l'expiration du contrat de travail.

Les **juges du fond** ont toute **liberté** pour apprécier le montant des dommages et intérêts destinés à réparer le préjudice subi par l'ancien employeur.

RESPONSABILITÉ DU NOUVEL EMPLOYEUR

La responsabilité du nouvel employeur peut être engagée dans le cadre d'une action en concurrence déloyale. **69750** C. trav. art. L 1237-3 **NA-IV-17500 s**

Par ailleurs, lorsqu'un salarié ayant rompu abusivement un contrat de travail s'engage au service d'un nouvel employeur, celui-ci est solidairement responsable du dommage causé à l'employeur précédent dans trois cas :
- il est démontré qu'il est intervenu dans le **débauchage** ;
- il a embauché un travailleur qu'il **savait** déjà **lié** par un contrat de travail ;
- il a **continué à occuper** un travailleur après avoir appris que ce travailleur était encore lié à un autre employeur par un contrat de travail.

> Précisions a. Dans ce dernier cas, la responsabilité du nouvel employeur disparaît si, au moment où il a été averti, le **contrat de travail** abusivement rompu par le salarié était **venu à expiration,** soit, s'il s'agit de CDD, par l'arrivée du terme, soit, s'il s'agit de CDI, par l'expiration du préavis ou si un délai de 15 jours s'était écoulé depuis la rupture dudit contrat.
b. Le nouvel employeur ne peut être condamné pour **débauchage fautif** qu'en cas de véritable désorganisation de la société de l'ancien employeur (Cass. com. 20-9-2011 n° 10-19.443 F-PB : RJS 1/12 n° 37).

SALAIRE

SOMMAIRE

A. Éléments du salaire

En **contrepartie de son travail,** le salarié perçoit une rémunération désignée sous des appellations différentes selon les professions : salaire, appointements, traitement, etc. et prenant des formes diverses : salaire au temps, au rendement (aux pièces, à la tâche, etc.), salaire fixé en fonction du chiffre d'affaires, etc. 70400

Au salaire de base viennent s'ajouter, le cas échéant, des **compléments ou accessoires.**

SALAIRE DE BASE

Le salaire de base est la rémunération que l'employeur doit verser au salarié en contrepartie du travail fourni. Elle est fixée d'avance au moins dans sa nature et dans son mode de calcul. Elle peut comporter une partie fixe et une partie variable (n° 70570, b). Sur la validité d'une promesse de contrat de travail lorsque des pourparlers sur la rémunération sont en cours, voir n° 33160, b. 70440

Le salaire proprement dit est normalement constitué par une somme d'**argent** mais son paiement en tout ou partie sous forme d'avantages **en nature** est possible, voir n° 70445.

Il s'entend normalement du **salaire brut,** sauf disposition expresse contraire (Cass. soc. 7-1-1988 n° 85-43.901).

AVANTAGES EN NATURE

Les avantages en nature sont des prestations – biens ou services : nourriture, logement et avantages annexes (eau, chauffage, électricité, etc.), habillement, voiture, etc. – fournies gratuitement par l'employeur ou moyennant une participation du salarié inférieure à leur valeur réelle. 70445 0-I-3500 s

L'avantage en nature peut être prévu par la **convention** ou l'accord collectif de travail applicable, le **contrat de travail** ou résulter d'un **usage.** Il constitue alors un élément de salaire venant s'ajouter à la rémunération en espèces.

Le salaire peut être constitué **intégralement** par des avantages en nature, à condition que leur valeur soit au moins égale au Smic (Cass. soc. 27-3-1990 n° 87-43.813 D ; 19-5-1993 n° 91-45.157 D : RJS 7/93 n° 744) ou au salaire minimum conventionnel (Cass. soc. 17-3-1993 n° 89-40.317 D : RJS 6/93 n° 675).

› **Précisions** **a.** L'**employeur** ne peut pas **substituer unilatéralement** des avantages en nature au salaire contractuellement prévu en espèces (Cass. soc. 25-10-1990 n° 87-40.852 P : RJS 12/90 n° 971).

b. Il appartient aux conventions collectives ou au contrat de travail de déterminer pour quelle valeur les avantages en nature remis au salarié doivent être pris en compte dans le montant de sa rémunération. Dans certains cas, des textes particuliers déterminent les modalités d'**évaluation** des avantages en nature : salariés rémunérés sur la base du Smic habituellement nourris et logés par l'employeur (n° 70650), calcul de l'indemnité de congés payés (n° 13635), calcul des cotisations sociales (nos 22480 s.) et impôt sur le revenu (Mémento Paie nos 40140 s.).

c. La valeur des avantages en nature est **prise en compte pour le calcul** de l'indemnité compensatrice de préavis (n° 69345), de l'indemnité de licenciement, pour le calcul du Smic (n° 70650) et du minimum conventionnel (n° 70595, d).

d. Les salariés dont la rémunération est exclusivement composée d'avantages en nature ne supportent pas de **cotisations salariales,** seules les cotisations patronales sont dues, voir n° 22480, b.

POURBOIRES

70450 Dans certaines professions où le **salarié** est **en contact avec la clientèle** (hôtellerie, restauration, spectacle, casinos, salons de coiffure), le pourboire peut soit constituer la seule rémunération du travailleur, soit venir s'ajouter à un salaire fixe sauf si un salaire minimum a été garanti par l'employeur.

C. trav. art. L 3244-1 L 3244-2 R 3244-1 R 3244-2 R 3246-3 **0-I-11800 s**

Le salarié rémunéré par un **salaire forfaitaire** fixe doit percevoir, en sus de celui-ci, sa part de pourcentage sur le service (Cass. soc. 28-6-1978 nº 77-40.374 P). Si un salaire minimum lui a été garanti, en revanche, l'employeur n'est tenu de verser que la différence entre ce minimum et les pourboires revenant au salarié si ceux-ci sont inférieurs.

L'inobservation de ces dispositions est passible de l'amende prévue pour les contraventions de la 3e classe (voir montant nº 67285).

› Précisions **a.** L'**employeur qui centralise les pourboires** remis par le client doit justifier de leur encaissement et de leur reversement intégral à l'ensemble du personnel en contact avec la clientèle, quelle que soit la catégorie du personnel à qui ces sommes ont été remises (Cass. soc. 18-7-2001 nº 99-41.214 FS-P : RJS 11/01 nº 1287). L'inobservation de ces dispositions, auxquelles il ne peut être dérogé ni par contrat de travail ni par accord d'entreprise (Cass. soc. 9-3-1994 nº 91-17.543 P : RJS 4/94 nº 409), est passible de l'amende prévue pour les contraventions de la 3e classe (montant nº 67285).

L'employeur ne peut pas se **réserver** une partie des pourboires en invoquant un accord intervenu dans l'entreprise l'y autorisant (Cass. soc. 19-6-1990 nº 87-41.769 P : RJS 7/90 nº 576) ni **prélever** sur la masse des pourboires les sommes nécessaires au paiement des heures de délégation des **représentants du personnel** (Cass. crim. 26-7-1989 nº 88-86.040 PF : RJS 10/89 nº 767 ; Cass. soc. 8-11-1994 nº 93-42.501 D : RJS 12/94 nº 1372) ou au maintien du salaire pendant la **maladie** (Cass. soc. 31-5-1989 nº 86-45.448 P : RJS 7/89 nº 583 ; Cass. crim. 26-7-1989 nº 88-86.040 PF : RJS 10/89 nº 767). En revanche, il peut déduire de la masse des pourboires le montant de la **TVA** qu'il a payée sur cette masse (Cass. soc. 6-5-1998 nº 96-40.077 P : RJS 6/98 nº 737).

Le caractère mensuel du paiement du salaire implique que l'employeur procède **chaque mois** à la répartition de l'intégralité des pourboires sans pouvoir opérer de compensation d'un mois sur l'autre (Cass. soc. 17-1-1962 nº 57-40.366).

b. Si les pourboires sont **remis par le client au salarié**, soit directement, soit par l'intermédiaire d'un préposé du personnel chargé de centraliser et de répartir les sommes perçues, sans que l'employeur ait connaissance des sommes attribuées à chacun, les cotisations sociales sont calculées sur une assiette forfaitaire (nº 22430 et, pour les salariés des hôtels, cafés et restaurants, nº 22435). C'est cette dernière qui figure en salaire brut sur le **bulletin de paie** (Circ. DRT 189 du 30-3-1989 nº 2.6., réputée abrogée). Un **modèle** de bulletin illustrant cette situation est donné dans le Mémento Paie nº 95260.

L'assiette forfaitaire sert également de base de calcul à l'indemnité de congés payés (nº 13635), à l'indemnité de licenciement (nº 48940, b) et au salaire dû, le cas échéant, pendant la maladie (Circ. du 27-6-1978 nº 37, réputée abrogée).

Il appartient au salarié qui estime ne pas avoir été rempli de ses droits, notamment en matière de Smic (nº 70647), d'en apporter la preuve.

GRATIFICATIONS

70455 Mois double, treizième mois, prime de vacances, de fin d'année ou de bilan ne sont que quelques-unes des multiples formes que peuvent revêtir les gratifications. Pour fixer leur régime, la jurisprudence a été amenée à en distinguer deux sortes : les gratifications bénévoles et les gratifications obligatoires.

0-I-4600 s

Les gratifications sont dites **bénévoles** si l'employeur peut décider en toute liberté de l'opportunité de leur versement ainsi que de leur montant (en respectant toutefois l'égalité entre salariés : nºs 32100 s.). Elles constituent une libéralité.

D'autres gratifications présentent, en revanche, un caractère **obligatoire** pour l'employeur dans les conditions indiquées nº 70470. Tel est le cas de celles résultant d'un usage dans l'entreprise et de celles prévues par convention ou accord collectif, contrat individuel de travail ou engagement unilatéral de l'employeur. À la différence de celles établies par l'usage (nº 70460), le caractère obligatoire de celles résultant d'un **engagement unilatéral** n'est pas subordonné aux critères de constance, fixité et généralité (Cass. soc. 5-6-1996 nº 92-43.480 PB : RJS 10/96 nº 1047 ; 28-10-1997 nº 95-41.873 P : RJS 12/97 nº 1373). Elles restent donc dues même si leurs conditions d'attribution ne sont pas définies avec une précision suffisante. C'est alors au juge, en cas de litige, qu'il revient de les déterminer (Cass. soc. 1-7-1997 nº 94-41.856 D : RJS 10/97 nº 1093).

Sur le droit à une prime de vacances pour le salarié inapte dont le salaire est repris faute de reclassement, voir nº 50030.

ATTENTION

Le contrat de travail d'un salarié peut valablement prévoir en plus du fixe un élément de rémunération laissé à la **discrétion de l'employeur** (Cass. soc. 10-10-2012 nº 11-15.296 FS-PB : RJS 12/12 nº 941). Mais ce caractère discrétionnaire ne doit pas conduire l'employeur à traiter différemment des salariés placés dans une situation comparable, voir nº 32120. Sur la possibilité de réserver le bénéfice d'un treizième mois aux seuls cadres, voir nº 32120.

Gratification d'usage Selon la jurisprudence, en dehors de toute disposition contractuelle ou conventionnelle, une gratification devient un élément normal et permanent du salaire et cesse d'être une libéralité dès lors que son usage est **constant, fixe** et **général.** Ces critères sont cumulatifs. 70460 0-I-4950 s

La gratification doit être **constante** dans son **attribution,** c'est-à-dire qu'elle doit être versée un certain nombre de fois pour créer un véritable usage. C'est là une question de fait qui varie par conséquent avec chaque cas d'espèce. 70461

Revêt ce caractère la prime versée d'une manière régulière depuis 5 ans, même si la raison invoquée par l'employeur pour l'attribuer a changé chaque année (Cass. soc. 28-10-1981 nº 80-11.299). Il en va de même d'une prime de vacances ou de fin d'année payée depuis 3 années consécutives (Cass. soc. 3-6-1971 nº 70-40.370 P ; 25-4-1985 nº 83-44.621 S). En revanche, ne présentent pas ce caractère la prime annuelle versée une fois (Cass. soc. 7-12-1989 nº 87-42.701 D) ou 2 fois (Cass. soc. 14-3-1985 nº 83-42.105 S) ou la prime mensuelle versée 3 fois (Cass. soc. 20-10-1994 nº 93-42.800 D : RJS 12/94 nº 1371).

Pour être fixe, la gratification doit **toujours être calculée suivant les mêmes modalités,** mais son montant n'a pas à rester toujours le même. 70462

ILLUSTRATIONS

Ainsi, la jurisprudence reconnaît le caractère de fixité non seulement aux gratifications dont le montant est fixe depuis plusieurs années (Cass. soc. 28-10-1998 nº 96-44.469 D : RJS 12/98 nº 1484) mais aussi à celles dont le montant a évolué chaque année sans jamais diminuer (Cass. soc. 20-6-1984 nº 81-42.917 P ; 12-12-1990 nº 89-41.184 D).

Il n'est pas nécessaire qu'une prime soit calculée suivant des règles arithmétiques précises pour revêtir un caractère de fixité. Il suffit qu'elle suive avec une approximation suffisante l'évolution de **paramètres déterminés,** tels que le salaire.

Présente ainsi le caractère de fixité la prime égale au montant du salaire du mois de décembre (Cass. soc. 17-10-1983 nº 81-41.338), ou calculée en fonction du salaire moyen par catégorie (Cass. soc. 23-3-1988 nº 85-45.096), ou encore en relation avec le salaire minimum (Cass. soc. 27-3-1985 nº 82-42.391 S), ou avec le salaire (Cass. soc. 7-11-1995 nº 92-40.872 D). Il en va de même de la gratification dont le montant, s'il est variable, n'est jamais inférieur à un montant minimal (Cass. soc. 24-2-2009 nº 07-43.308 FS-D : RJS 5/09 nº 433) – celui-ci constituant d'ailleurs un élément de salaire sur lequel les salariés sont en droit de compter (Cass. soc. 23-10-1980 nº 79-40.376 P) – ou à un pourcentage des rémunérations (Cass. soc. 21-5-1970 nº 69-40.274 P), ou encore suit l'évolution des salaires (Cass. soc. 16-3-1989 nº 87-41.105 D).

En revanche, une gratification, même versée régulièrement, ne constitue pas un élément de salaire si son montant, fixé discrétionnairement par l'employeur, varie, à la hausse et à la baisse, d'une année à l'autre ou d'un salarié à l'autre sans que cette variation découle de l'application d'une règle préétablie. Ainsi jugé à propos d'une prime de fin d'année dont l'employeur fixe le montant d'une manière différente chaque année à son seul gré, sans aucune référence à un mode de calcul invariable (Cass. soc. 5-11-1987 nº 85-40.046 P), ou en fonction de facteurs purement subjectifs liés au comportement et au mérite de chacun (Cass. soc. 7-5-1981 nº 79-41.469 ; 5-10-1983 nº 81-42.025).

La gratification doit être attribuée à l'**ensemble du personnel** ou tout au moins à une **catégorie** du personnel bien déterminée (Cass. soc. 27-5-1987 nº 82-42.115 ; 7-6-1995 nº 91-45.257 D). Ne revêt pas le caractère de généralité la prime versée à un seul salarié (Cass. soc. 26-2-1985 nº 82-43.406 S), sauf si celui-ci est l'unique représentant d'une catégorie professionnelle (CA Paris 14-10-1997 nº 96/31475 : RJS 12/97 nº 1463). 70463

Modification ou suppression Le salarié ne peut pas exiger le maintien d'une **prime bénévole.** L'employeur peut, en effet, décider unilatéralement de la supprimer ou d'en modifier le montant et les conditions d'attribution. 70465 0-I-7020 s

Des dommages et intérêts peuvent toutefois être dus au salarié qui aurait été traité de façon **discriminatoire** par rapport aux autres au regard d'une prime, même non obligatoire (Cass. soc. 19-4-1989 nº 85-45.404 D : RJS 5/89 nº 427).

70470
0-I-7100 s
Le versement des **gratifications contractuelles** est obligatoire au même titre que le salaire lui-même. Elles ne peuvent donc être réduites ou supprimées par l'employeur que dans les conditions exposées n° 70575. Toutefois, l'employeur est en droit, lors de leur création, d'en subordonner le versement aux **conditions de son choix,** pourvu qu'elles soient licites.

Sur la suppression ou la réduction d'une gratification en raison de **faits** considérés comme **fautifs,** voir n° 56150, b.

> Précisions a. Ainsi, le versement d'une prime peut être subordonné au caractère bénéficiaire de l'exercice (Cass. soc. 8-12-1988 n° 85-46.125 D). Si, selon l'intention de l'employeur, expressément et clairement indiquée (Cass. soc. 15-2-1984 n° 81-41.925) et connue depuis l'origine par les salariés, une **prime** a un caractère aléatoire **lié à des considérations financières,** il peut décider unilatéralement de ne pas la verser une année où l'entreprise connaît des difficultés financières (Cass. soc. 18-1-1989 n° 86-43.069 D : RJS 2/89 n° 143 ; 18-3-1997 n° 94-45.156 D : RJS 5/97 n° 546). À l'inverse, si une prime a toujours été fonction de l'évolution des prix et des salaires sans référence aux résultats, l'employeur ne peut pas la supprimer en raison du caractère déficitaire de ces derniers (Cass. soc. 10-11-1988 n° 85-46.202 D).

b. Si l'employeur s'est engagé à verser une prime subordonnée à la **réalisation d'objectifs,** les salariés doivent pouvoir vérifier que le calcul de leur rémunération a été effectué conformément aux modalités prévues, faute de quoi cette condition ne leur est pas opposable (Cass. soc. 24-9-2008 n° 07-40.709 FS-D : RJS 12/08 n° 1194).

c. Une **prime de pénibilité** attribuée par la convention collective, sans condition particulière, doit continuer à être versée aux salariés concernés même si le caractère de pénibilité à l'origine de son institution a disparu du fait de la modernisation de l'outillage (Cass. soc. 10-3-1983 n° 80-40.318).

d. Les **dérogations** exceptionnellement apportées par l'employeur **aux conditions** de versement de la gratification n'entraînent pas pour l'avenir la disparition de ces conditions. Ainsi jugé pour un treizième mois versé une année malgré les difficultés de l'entreprise alors que son octroi avait toujours été subordonné aux résultats bénéficiaires de celle-ci (Cass. soc. 16-12-1980 n° 79-40.355).

70475
0-I-7650 s
Suspension du contrat de travail L'attribution de **gratifications bénévoles** aux salariés dont le contrat est suspendu relève du pouvoir discrétionnaire de l'employeur (voir n° 70465).

En revanche, pour apprécier les conséquences de la suspension du contrat de travail sur le paiement et le montant d'une **prime contractuelle,** il convient de s'en remettre aux dispositions ou aux usages qui l'ont instituée.

Sur les effets de la suspension du contrat de travail en cas de **grève,** voir n° 11120.

70476
En cas de suspension du contrat de travail, le droit au paiement d'une gratification est mis en cause si ses conditions d'attribution exigent la présence effective du salarié dans l'entreprise, voire plus largement une présence continue pendant toute la période couverte par son versement.

Le salarié absent le jour du versement d'une prime annuelle ne peut pas la réclamer si la convention collective exige non seulement l'appartenance du salarié au personnel de l'entreprise mais encore sa **présence** dans celle-ci au moment de son versement (Cass. soc. 5-11-1987 n° 85-40.176 P ; 11-10-1994 n° 90-41.818 P : RJS 11/94 n° 1285).

> Précisions Si la convention collective ne fait pas de la durée effective de présence dans l'entreprise une condition d'attribution d'une prime annuelle, cette dernière est due à un salarié absent pour maladie durant toute l'année (Cass. soc. 21-3-2012 n° 10-15.553 FS-PB : RJS 6/12 n° 553). Par ailleurs, l'interdiction des discriminations fondées sur l'état de santé des salariés (n° 32060) empêche d'opposer la condition de présence aux salariés absents pour cause d'accident du travail, même si ce motif d'absence n'est pas au nombre des cas de dispense de présence prévus par la convention collective pour l'attribution d'une prime (Cass. soc. 5-4-2006 n° 03-48.017 FS-P : RJS 6/06 n° 729). En revanche, un bonus de coopération expressément subordonné à la participation active et effective des salariés aux activités de transfert de savoir-faire et de formation des équipes d'une société acquéreur n'est pas dû à une salariée pendant son congé de maternité faute pour elle d'avoir exercé ces fonctions spécifiques dans les conditions particulières prévues par le protocole de fin de conflit ayant institué cet avantage (Cass. soc. 19-9-2018 nos 17-11.618 FS-PB et 17-11.619 FS-D : RJS 11/18 n° 673).

70477
Si la gratification est due, il y a lieu d'appliquer sur le montant de celle-ci, sauf disposition expresse ou usage contraire, un **abattement proportionnel au temps d'absence** chaque fois que celle-ci a pour objet de rémunérer une activité effective ou de récompenser les services rendus (Cass. soc. 25-1-1984 n° 81-42.313 ; 18-12-1984 n° 82-41.559). Il en va de même, a fortiori, lorsque la prime est calculée au prorata des jours de présence effective (Cass. soc. 3-10-1980 n° 79-40.762 P) ou du temps de travail (Cass. soc. 7-1-1988 n° 84-45.194 D).

La réduction d'une prime en raison d'un **congé de maternité** n'est ni illégale ni discriminatoire s'il est d'usage dans l'entreprise de pratiquer un abattement sur son montant à partir d'un certain nombre de jours d'absence (Cass. soc. 11-4-1991 n° 87-41.975 P : RJS 6/91 n° 684).

En revanche, la gratification est due dans son intégralité chaque fois que les règles de calcul de celle-ci tiennent compte non pas du temps de travail mais d'autres critères (Cass. soc. 8-12-1982 n° 80-41.006 ; 30-11-1983 n° 81-41.224 P).

› Précisions Les mêmes règles s'appliquent si la **rémunération** est **maintenue,** en tout ou partie, pendant certaines périodes d'absence (notamment maladie, maternité ou accident). Ainsi, une gratification de treizième mois, instituée pour rémunérer une activité, n'est pas prise en compte, en principe, pour le calcul du salaire maintenu par la convention collective pendant la maladie, sauf clause expresse de celle-ci (Cass. soc. 29-4-1980 n° 78-41.339 P). Une demande en paiement sans réduction d'une prime d'assiduité calculée au prorata des jours de présence effective ne peut pas s'appuyer sur une clause de la convention collective stipulant qu'en cas de maladie le salarié recevra sa rémunération normale d'activité (Cass. soc. 3-10-1980 n° 79-40.762). En revanche, une prime liée à l'organisation du travail qui aurait été perçue par le salarié s'il avait continué à travailler est due au salarié malade lorsque la convention collective prévoit le maintien de la rémunération habituelle (Cass. soc. 29-5-1986 n° 83-43.127 P). Il en va de même d'une prime compensant une servitude permanente de l'emploi (Cass. soc. 7-2-1990 n° 87-41.944 D : RJS 3/90 n° 188).

Dans tous les cas, la condition de présence ou de travail effectif peut être tenue en échec par une **disposition** légale ou conventionnelle ou un usage **assimilant** certaines absences **à une période de travail effectif** pour l'attribution de certains avantages. De telles dispositions, d'interprétation restrictive, ne peuvent pas être étendues à d'autres absences (Cass. soc. 22-7-1986 n° 83-45.528 P ; 5-11-1987 n° 85-40.176 P) ni à d'autres avantages (Cass. soc. 11-4-1991 n° 87-41.975 P : RJS 6/91 n° 684). Une disposition assimilant une période de suspension à une durée de travail effectif pour la détermination des droits liés à l'ancienneté n'empêche pas la réduction d'une prime de fin d'année à proportion de la durée de la suspension (Cass. soc. 12-12-1990 n° 87-43.110 P : RJS 2/91 n° 148 ; 17-10-2007 n° 06-40.311 F-D : RJS 1/08 n° 24). **70478**

Rupture du contrat de travail Pour la jurisprudence le **droit à gratification** peut être subordonné à l'appartenance du salarié à l'entreprise à la date de son échéance mais ce droit, qui est acquis lorsque la période a été intégralement travaillée, ne peut pas l'être à sa présence à une date postérieure à son versement (Cass. soc. 8-7-2020 n° 18-21.945 F-D : RJS 11/20 n° 539). Cela porterait en effet atteinte à la liberté de travail (à propos d'une prime de fin d'année dont le droit était subordonné à la présence du salarié dans l'entreprise au 30 juin de l'année suivante : Cass. soc. 18-4-2000 n° 97-44.235 PB : RJS 5/00 n° 534). Par ailleurs, l'absence ne peut pas entraîner la perte d'un droit ouvert (Cass. soc. 3-4-2007 n° 05-45.110 F-D : RJS 6/07 n° 736). **70480** O-I-8400 s

Le droit au paiement **prorata temporis** d'une prime annuelle versée aux salariés ayant quitté l'entreprise avant la date de son versement ne peut résulter que d'une **convention expresse** ou d'un usage, dont il appartient au salarié d'apporter la preuve (Cass. ass. plén. 5-3-1993 n° 89-43.464 P : RJS 4/93 n° 398 ; Cass. soc. 28-5-2003 n° 01-40.591 FS-P : RJS 10/03 n° 1166).

En revanche, si le contrat de travail fait état d'un salaire annuel fixé à 13 fois le salaire mensuel et non d'une prime de treizième mois venant s'ajouter au salaire de base, le salarié quittant l'entreprise peut prétendre de plein droit prorata temporis à la treizième partie de ce salaire annuel (Cass. soc. 19-3-1985 n° 83-41.820 S ; 19-12-1990 n° 88-41.075 P : RJS 2/91 n° 184).

› Précisions **a.** Le fait qu'une prime annuelle sur le chiffre d'affaires donne lieu à des **avances trimestrielles** régularisées en fin d'année ne modifie pas son caractère annuel, et n'autorise donc pas, sauf disposition ou usage contraire, le salarié quittant l'entreprise au bout de 3 mois à réclamer la prime au titre de ce trimestre (Cass. soc. 7-4-1993 n° 89-42.539 D : RJS 8-9/93 n° 868).

Le fait que des **salariés engagés en cours d'année** aient, à sa date d'échéance, touché une fraction de prime est sans portée sur les droits des salariés ayant quitté l'entreprise en cours d'année (Cass. soc. 29-5-1986 n° 85-41.620 S).

Si une gratification est réservée aux salariés **présents à une date déterminée,** le fait que l'employeur l'ait versée occasionnellement à des salariés ayant quitté l'entreprise avant cette date ne suffit pas à l'en rendre débiteur dans tous les cas (Cass. soc. 28-6-1978 n° 77-40.867 P), sauf si ces versements ont créé un usage (Cass. soc. 30-6-1998 n° 96-42.004 D : RJS 10/98 n° 1220) ou si l'employeur ne peut pas expliquer cette différence de traitement par des raisons objectives exclusives de toute discrimination (Cass. soc. 13-9-2012 n° 11-22.414 F-D : RJS 12/12 n° 923).

b. Une prime de fin d'année dont le paiement est subordonné à un nombre minimum d'heures de travail pendant l'année et à la présence au 31 décembre n'a pas à être versée si ces conditions ne sont pas remplies, même si leur accomplissement a été rendu impossible par la **cessation** en cours d'année de l'**activité de l'employeur** (liquidation des biens en l'espèce : Cass. soc. 24-4-1980 n° 78-41.601 P).

c. La condition de présence dans l'entreprise à une date déterminée ne peut pas être opposée

aux salariés **licenciés sans cause réelle et sérieuse** (Cass. soc. 12-7-2006 nº 04-46.290 F-D : RJS 11/06 nº 1170 ; 26-9-2018 nº 17-19.840 F-D : RJS 12/18 nº 736) ou aux salariés dont le licenciement a été jugé **nul** (Cass. soc. 27-5-2020 nº 18-20.156 F-D : RJS 10/20 nº 466).
La même solution s'applique au salarié **dispensé** d'effectuer son **préavis** si la date de présence requise se situe à l'intérieur du préavis. Sur la licéité d'une disposition excluant les salariés **en cours de préavis** du bénéfice d'une prime, voir nº 69270, a.
En revanche, sauf accord des parties, l'existence d'un **reliquat de congés** n'a pas pour effet de retarder l'expiration du contrat. Il est donc sans incidence sur le droit d'un salarié démissionnaire à bénéficier d'une prime de fin d'année réservée aux salariés présents dans l'entreprise pendant toute l'année civile (Cass. soc. 20-2-1986 nº 83-41.049 P).
d. Une prime de vacances dont le versement est fixé en juillet de chaque année n'a pas à être versée au salarié ayant pris acte de la rupture de son contrat de travail en avril, une telle **prise d'acte** emportant la cessation immédiate de la relation contractuelle (Cass. soc. 21-9-2017 nº 15-28.933 FS-PB : RJS 1/18 nº 28).

PRIMES D'ANCIENNETÉ ET D'ASSIDUITÉ

70485 O-I-9350 s O-I-9700 s

Sauf définition particulière dans les textes conventionnels, l'ancienneté est la durée écoulée depuis la conclusion du contrat de travail en cours sans déduction des périodes de suspension du contrat (voir en ce sens : Cass. soc. 28-6-2018 nº 16-28.511 FS-PB : RJS 11/18 nº 672). L'assiduité, quant à elle, correspond à la présence effective du salarié dans l'entreprise (Cass. soc. 17-3-1982 nº 80-40.167 P).

> Précisions **a.** Si la convention collective prévoit le calcul de la prime d'ancienneté sur le **salaire minimum** de base correspondant à la qualification du salarié, l'employeur n'est pas tenu de la calculer sur la base du **Smic,** même si celui-ci est **supérieur** (Cass. soc. 26-1-1983 nº 80-40.915 ; 12-4-1995 nº 91-42.280 D : RJS 6/95 nº 651).
Si la convention collective prévoit le calcul de la prime d'ancienneté sur les appointements réels, il y a lieu d'inclure dans sa base de calcul les indemnités d'**activité partielle** se substituant aux salaires (Cass. soc. 16-1-1992 nº 88-43.631 P : RJS 4/92 nº 477).
En cas d'**entrée en vigueur d'une nouvelle convention** collective, la prime d'ancienneté prévue par cette convention s'ajoute au salaire contractuel (Cass. soc. 27-1-1999 nº 96-43.342 P : RJS 3/99 nº 364).
En cas d'**adhésion de l'entreprise** à une convention de branche, l'ancienneté à prendre en compte pour le calcul de la prime d'ancienneté prévue par cette convention s'entend de l'ancienneté totale des salariés et non de celle acquise à compter de la date de l'adhésion (Cass. soc. 10-10-2007 nº 06-43.373 F-PB : RJS 12/07 nº 1289).
b. Pour **l'incidence** des primes d'ancienneté et d'assiduité, voir nº 41110 (majorations pour heures supplémentaires), nº 70595, d (salaire minimum conventionnel), nº 70647 (Smic) et nº 70477 (salaire maintenu en cas de maladie).
c. Sur la **preuve du paiement** d'une prime d'ancienneté ou d'assiduité non mentionnée distinctement sur le **bulletin de paie,** voir nº 70800.

REMBOURSEMENTS DE FRAIS PROFESSIONNELS

70515 O-I-16000 s

Les frais qu'un salarié justifie avoir exposés pour les **besoins de son activité** professionnelle et dans l'**intérêt de l'employeur** doivent lui être remboursés sans pouvoir être imputés sur sa rémunération. La **clause** du contrat de travail contraire doit donc être réputée **non écrite** (Cass. soc. 25-3-2010 nº 08-43.156 F-P : RJS 6/10 nº 568 ; 12-12-2012 nº 11-26.585 FS-PB : RJS 2/13 nº 124), le salarié étant fondé dans un tel cas à demander le remboursement de ses frais, peu important l'**absence de réclamation** de sa part pendant plusieurs années, celle-ci n'étant pas de nature à rendre le manquement de l'employeur inexistant (Cass. soc. 27-3-2019 nº 17-31.116 F-D : RJS 6/19 nº 352). Toutefois, il est possible de convenir que le salarié conservera la charge de ces frais moyennant le versement d'une **somme** fixée à l'avance de manière **forfaitaire,** à condition que cette somme ne soit pas manifestement disproportionnée par rapport aux frais réels (Cass. soc. 20-6-2013 nº 11-23.071 FS-PB : RJS 10/13 nº 679 ; 8-7-2020 nº 18-24.546 F-D : RJS 10/20 nº 467) et que la rémunération proprement dite du salarié reste chaque mois au moins égale au Smic (Cass. soc. 25-2-1998 nº 95-44.096 PBR : RJS 4/98 nº 464 ; 10-11-2004 nº 02-41.881 F-PB : RJS 3/05 nº 275), ou, selon nous, s'il est plus favorable, au salaire minimum conventionnel.

Les sommes versées par l'employeur à titre de remboursements de frais exposés par les salariés en raison de leur travail n'ont pas la **nature d'un salaire.** Elles sont exclues du champ des dispositions relatives à la **saisie** et à la cession des rémunérations (nº 70945, a). Leur sort au regard de la saisie-attribution de droit commun n'est pas clairement défini par les textes, mais il est admis qu'elles sont totalement insaisissables. Par ailleurs, l'action en remboursement de frais professionnels n'est pas soumise au délai de **prescription** triennal de l'action en paiement ou en répétition du salaire mais à celle prévue pour les actions portant sur l'exécution du contrat de travail (nº 14746) (à propos d'une prime de transport constitutive d'un remboursement de frais professionnels : Cass. soc. 20-11-2019 nº 18-20.208 FS-PB : RJS 2/20 nº 91).

› Précisions **a.** D'une manière générale, constituent un salaire les indemnités et primes destinées à compenser une servitude de l'emploi ou les désagréments liés aux conditions de travail : prime d'astreinte, prime de dépaysement, prime de détachement à l'étranger, etc. S'agissant de la nature d'indemnités de repas et de transport, voir nº 13650.
L'employeur qui impose le port de **tenues de travail** aux salariés doit assumer la charge de leur entretien, selon des modalités qu'il lui appartient de définir (Cass. soc. 12-12-2012 nº 11-26.585 FS-PB : RJS 2/13 nº 124). Il en va ainsi que le port de la tenue soit imposé pour des raisons d'hygiène et de sécurité ou de simple stratégie commerciale (Cass. soc. 21-5-2008 nº 06-44.044 FS-PB : RJS 8-9/08 nº 896).
b. Si l'inscription à un ordre professionnel est imposée à tous les membres de la profession, quelles que soient ses conditions d'exercice, les **cotisations ordinales** ne sont pas des frais professionnels exposés dans l'intérêt de l'employeur (Cass. soc. 30-5-2018 nº 16-24.734 FS-PB : RJS 8-9/18 nº 536).
c. En l'absence de disposition conventionnelle ou contractuelle relative à la prise en charge des frais professionnels, l'employeur ne peut pas en fixer unilatéralement les conditions **en deçà de leur coût réel** (Cass. soc 23-9-2009 nº 07-44.477 FS-PB : RJS 12/09 nº 934).
d. Si l'employeur verse une indemnité forfaitaire pour frais professionnels, le salarié n'a pas à **justifier** des frais réellement exposés pour y prétendre (Cass. soc. 19-5-1988 nº 87-41.602 P ; 18-1-1989 nº 87-43.526 D : RJS 2/89 nº 144).
En cas de remboursement des **frais réels,** l'employeur peut imposer aux salariés un délai de production des justificatifs plus court que la prescription légale (Cass. soc. 29-9-2009 nº 07-45.722 F-D : RJS 12/09 nº 906).

FRAIS DE TRANSPORT DOMICILE-LIEU DE TRAVAIL

Les frais de transport du domicile au lieu de travail font l'objet : **70520** O-I-18700 s
– d'une prise en charge **obligatoire** par l'employeur des frais d'abonnement aux transports collectifs ou de services publics de location de vélos, nºs 70525 et 70535 ;
– d'une prise en charge **facultative,** dans certaines conditions et limites, de tout ou partie des frais de carburant ou d'alimentation électrique liés à l'utilisation par les salariés de leur véhicule personnel, ou des frais engagés par les salariés se déplaçant à vélo ou à vélo avec assistance électrique, en covoiturage ou à l'aide d'autres services de mobilité partagée, nº 70530.
Le montant des prises en charge doit figurer sur le **bulletin de paie** (C. trav. art. R 3243-1, 8º-b).
La méconnaissance de cette obligation rend l'employeur passible de l'amende prévue pour les contraventions de la 3e classe (montant : nº 67285) (C. trav. art. R 3246-2).

Frais de transports publics L'employeur doit rembourser une **fraction des titres d'abonnement** de transport en commun (ou de services publics de location de vélos) souscrits par les salariés (et les stagiaires dans l'entreprise : nº 46046) pour leurs déplacements domicile-lieu de travail. Cette obligation est indépendante du **versement de transport** visé nºs 84000 s. **70525** C. trav. art. L 3261-1 L 3261-2 R 3261-1 à R 3261-10 **O-I-18800 s**

Cette prise en charge obligatoire échappe aux **cotisations** et contributions sociales (Circ. DGT-DSS 2009-30 du 28-1-2009 nº II, A, réputée abrogée). En cas d'application d'une déduction forfaitaire spécifique pour frais professionnels, voir nº 22795. De même la prise en charge échappe à l'impôt sur le revenu (sauf si le salarié opte pour la déduction des frais réels) et aux taxes et participations assises sur les salaires.
Sur le **cumul** avec celle des frais de transport personnels, voir nº 70530.

› Précisions **a. Sont concernés** tous les employeurs, personnes physiques ou morales, publiques ou privées.
Pour y avoir droit, les **salariés** (et stagiaires) doivent remplir simultanément les **conditions** suivantes :
– utiliser des transports en commun (ou les services publics de location de vélos) pour aller de leur résidence habituelle à leur lieu de travail ;
– acheter des titres d'abonnement pour payer ces transports en commun ou services publics.
Peu importe que les intéressés aient choisi de **vivre loin de leur lieu de travail** (Cass. soc. 12-12-2012 nº 11-25.089 FS-PB : RJS 2/13 nº 123). Toutefois, un salarié résidant en semaine dans la ville où il travaille ne peut pas prétendre à la prise en charge des trajets qu'il effectue les week-ends et lors de ses congés pour rejoindre celle où vit sa famille (Cass. soc. 22-6-2016 nº 15-15.986 FS-PB : RJS 10/16 nº 630).
L'employeur n'est pas tenu de faire bénéficier de cette prise en charge les salariés percevant déjà, pour leurs déplacements domicile-travail, des **indemnités au moins égales** au montant de la prise en charge légale.
b. La prise en charge porte – sauf dispositions conventionnelles plus favorables (Cass. soc. 13-3-2013 nº 11-23.684 FS-PB : RJS 5/13 nº 375) – sur **50 %** du prix des titres d'abonnement (tarif 2e classe pour les transports en commun) souscrits par les bénéficiaires pour leurs déplacements domicile-lieu de travail. Elle est subordonnée à la **remise** ou, à défaut, à la **présentation du ou des titres** (Cass. soc. 10-12-2002 nº 00-46.542 F-D :

RJS 2/03 n° 180). Ces titres doivent permettre d'identifier le titulaire et être conformes aux règles de validité définies par l'établissement public, la régie, l'entreprise de transport ou de location de vélos. Le salarié qui se borne à produire des coupons de transport anonymes ne peut pas prétendre à la prise en charge (Cass. soc. 16-1-1991 n° 87-42.084 D).

Le **remboursement** doit intervenir dans les meilleurs **délais** et, au plus tard, à la fin du mois suivant celui pour lequel ils ont été validés. Les titres annuels font l'objet d'une prise en charge répartie mensuellement pendant la période d'utilisation. Un accord collectif peut prévoir d'autres modalités de prise en charge sans que les délais de remboursement des titres puissent excéder ceux indiqués ci-dessus.

En cas de changement de procédure, l'employeur doit en avertir les bénéficiaires au moins un mois avant la date fixée pour le changement.

c. Si le salarié travaille dans une autre région que celle où il réside, la prise en charge par l'employeur de ses frais de transport est **exonérée de cotisations** sous réserve que l'éloignement du domicile présente un caractère contraint résultant de l'une des circonstances mentionnées n° 22700, a, mais pas s'il relève de convenances personnelles (Circ. DSS 7 du 7-1-2003 n° 3.4.1, réputée abrogée). La Cour de cassation, dans l'arrêt du 12-12-2012 précité, n'était pas saisie de la question du régime social de la prise en charge obligatoire. Cette doctrine administrative reste donc, selon nous, en vigueur, dans l'attente d'autres précisions jurisprudentielles.

d. Les employeurs n'ayant pas rempli leurs obligations au regard de cette prise en charge sont passibles de l'**amende** prévue pour les contraventions de 4e classe (montant : n° 67285) (C. trav. art. R 3261-16).

70530 C. trav. art. L 3261-3 à L 3261-11 R 3261-11 à R 3261-15 CSS art. L 136-1-1, III, 4°, e 0-I-19190 s

Frais de transport personnels L'employeur peut prendre en charge, dans certaines conditions, tout ou partie des **frais de carburant** et des frais exposés pour l'alimentation de véhicules électriques, hybrides rechargeables ou hydrogène engagés, pour leurs déplacements entre leur résidence habituelle et leur lieu de travail, par les salariés :

– dont la résidence habituelle ou le lieu de travail soit est situé dans une commune non desservie par un service public de transport collectif régulier ou un service privé mis en place par l'employeur, soit n'est pas inclus dans le périmètre d'un plan de mobilité obligatoire (n° 52003, c) ;

– ou dont les horaires de travail ne leur permettent pas d'utiliser un mode collectif de transport.

Il peut également prendre en charge, sous la forme d'un « **forfait mobilités durables** », tout ou partie des frais engagés pour ces mêmes trajets par ses salariés :

– lorsque ceux-ci se déplacent avec leur **cycle** ou cycle à pédalage assisté personnel ou, à compter du 1-1-2022, avec leur engin de déplacement personnel motorisé ;

– ou en tant que conducteur ou passager en **covoiturage** ;

– ou en **transports publics de personnes** à l'exception des frais d'abonnement mentionnés n° 70525 ;

– ou à l'aide d'**autres services de mobilité partagée.**

Il y est incité par des **exonérations fiscales et sociales.**

La prise en charge des frais de carburant et d'alimentation de véhicules électriques, hybrides ou hydrogènes n'est pas **cumulable** avec celle exposée n° 70525. En revanche, celle du forfait mobilités durables l'est dans certaines limites.

S'agissant de l'**obligation de négocier** sur les déplacements domicile-lieu de travail, voir n° 52003, c.

› Précisions **a.** Le **montant,** les **modalités** et les **critères d'attribution** de la prise en charge de ces frais sont **déterminés** par accord d'entreprise ou par accord interentreprises, et à défaut par accord de branche. À défaut d'accord, la prise en charge de ces frais est mise en œuvre par décision unilatérale de l'employeur, après consultation du CSE s'il existe.

b. La prise en charge des frais de transport personnels peut prendre la forme d'une solution de paiement spécifique, dématérialisée et prépayée s'inspirant du dispositif des titres-restaurant intitulée « **titre-mobilité** » dont les modalités d'application doivent être définies.

c. L'employeur prenant en charge les frais de carburant ou d'alimentation électrique d'un véhicule est tenu d'en faire bénéficier, selon les mêmes **modalités** et en fonction de la distance domicile-travail, l'**ensemble des salariés** remplissant les conditions précisées ci-dessus.

Sont toutefois **exclus** du bénéfice de l'aide :

– les salariés bénéficiant d'un véhicule mis à disposition permanente par l'employeur avec prise en charge par celui-ci des dépenses de carburant ou d'alimentation électrique du véhicule ;

– ceux logés dans des conditions telles qu'ils ne supportent aucuns frais de transport domicile-travail ;

– ceux dont le transport est assuré gratuitement par l'employeur.

En cas de changement de modalités de remboursement, l'employeur est tenu d'en avertir les bénéficiaires au moins un mois avant la date fixée pour le changement.

De la même manière, en cas de mise en place d'un forfait mobilité durable, l'employeur doit en faire bénéficier l'ensemble des salariés utilisant ces modes de transport.

d. Le forfait mobilités durables prend la forme d'une allocation forfaitaire qui est versée sous

condition de son utilisation effective conformément à son objet. Cette condition est réputée remplie si l'employeur recueille, pour chaque année civile, auprès des salariés bénéficiant de ce forfait, un justificatif de paiement ou une attestation sur l'honneur relatifs à l'utilisation effective d'un ou de plusieurs des modes de transport inclus dans ce forfait.
Les services de mobilités partagées compris dans le forfait mobilités durables s'entendent :
– de la location ou de la mise à disposition de cyclomoteur, motocyclette, vélo électrique ou non, engin de déplacement personnel motorisé ou non (comme par exemple les trottinettes électriques), à condition qu'ils soient équipés d'un moteur ou d'une assistance non thermiques ;
– des services d'autopartage visés à l'article L 1231-14 du Code des transports, c'est-à-dire la mise en commun d'un véhicule ou d'une flotte de véhicules de transport terrestre à moteur au profit d'utilisateurs abonnés ou habilités par l'organisme ou la personne gestionnaire des véhicules, à condition que tous les véhicules mis à disposition soient des véhicules à faible émission.
e. Les sommes versées par l'employeur sont **exonérées** de cotisations sociales (cotisations de sécurité sociale, de chômage, de retraite complémentaire, CSG, CRDS, etc.) et d'impôt sur le revenu dans une limite globale de **500 €** par salarié et par an, dont 200 € au maximum pour les frais de carburant (CGI art. 81, 19° ter, b). Cette exonération n'est pas cumulable avec l'application d'une déduction forfaitaire spécifique pour frais professionnels (Circ. DGT-DSS 01 du 28-1-2009 n° II, B).
Lorsque la prise en charge du forfait mobilités durables est **cumulée** avec la prise en charge prévue n° 70525, l'avantage résultant de ces deux prises en charge ne peut pas dépasser le montant maximum compris entre 500 € par an et le montant de l'avantage résultant de la prise en charge obligatoire par l'employeur du prix des titres d'abonnement de transports collectifs ou de service public de location de vélo (CGI art. 81, 19° ter, b).
f. Plutôt que d'indemniser les salariés utilisant leur propre vélo pour se rendre à leur travail, les employeurs peuvent mettre gratuitement à leur disposition, pour effectuer les trajets du domicile au lieu de travail, une **flotte de vélos** dont ils font l'acquisition à cette fin. Ceux qui sont passibles de l'impôt sur les sociétés y sont incités par le bénéfice d'une réduction d'impôt, voir Mémento Paie n° 92870.

Cas particuliers Le bénéficiaire exerçant son activité sur **plusieurs lieux de travail au sein d'une même entreprise** qui n'assure pas le transport entre ces différents lieux et entre ces lieux et la résidence habituelle de l'intéressé peut prétendre à la prise en charge du ou des titres de transport ou des frais de transport personnels lui permettant d'effectuer l'ensemble des déplacements qui lui sont imposés entre ces différents lieux (C. trav. art. R 3261-10 et R 3261-15). 70535

Pour les salariés à **temps partiel,** voir n° 77377 ; pour les travailleurs **à domicile,** voir n° 74160, a ; pour les **travailleurs temporaires,** voir n° 82290.

B. Fixation du salaire

1. LIBRE FIXATION DU SALAIRE

La règle de libre fixation des salaires comporte certaines **limites** : respect du Smic et des salaires minima conventionnels, dispositions concernant les heures supplémentaires (n° 41105) et interdiction des enchères électroniques inversées, des discriminations et des clauses d'indexation. 70570 O-II-18220 s O-I-14500 s N-VI-4510 s O-II-400 s

Enfin, des dispositions particulières s'appliquent aux salariés à temps partiel (n°s 77365 s.), en CDD (n° 20040) et aux travailleurs temporaires (n° 82270).

› Précisions a. L'habitude prise par l'employeur de majorer régulièrement les salaires peut créer un **usage** l'obligeant pour l'avenir lorsque les **majorations** accordées présentent un caractère de fixité. Tel n'est pas le cas lorsque le taux des majorations a varié chaque année à la seule initiative de l'employeur (Cass. soc. 15-10-1981 n° 79-41.647).
b. Le contrat de travail peut prévoir une rémunération comportant une **part variable** dont le montant est fixé par accord annuel entre les parties. À défaut d'accord, il appartient au juge, en cas de litige, de la déterminer (Cass. soc. 22-2-2000 n° 97-43.465 P : RJS 4/00 n° 411 ; 13-7-2004 n° 02-14.140 FS-PB : RJS 11/04 n° 1204 ; 15-5-2019 n° 17-20.615 F-D : RJS 7/19 n° 405).
Si le contrat de travail prévoit une rémunération variable dépendant d'**objectifs fixés annuellement par l'employeur,** ce dernier ne peut pas invoquer sa propre **carence** pour s'opposer à son paiement (Cass. soc. 10-7-2013 n° 12-17.921 F-D : RJS 10/13 n° 681), sauf si les circonstances ont rendu impossible la fixation des objectifs (Cass. soc. 21-9-2017 n° 16-20.426 FS-PB : RJS 12/17 n° 795). En outre, le défaut de fixation de ces objectifs peut constituer un manquement justifiant la prise d'acte de la rupture du contrat par le salarié (Cass. soc. 29-6-2011 n° 09-65.710 FS-PB : RJS 10/11 n° 799).
Sauf s'ils sont reçus de l'étranger ou destinés à

des étrangers (nº 60020), les documents fixant les objectifs du salarié doivent être rédigés en français. Des objectifs définis dans une langue étrangère lui sont inopposables (Cass. soc. 29-6-2011 nº 09-67.492 FP-PB : RJS 10/11 nº 798) sauf si une **traduction** en français est rapidement diffusée (Cass. soc. 21-9-2017 nº 16-20.426 FS-PB : RJS 12/17 nº 795). Les objectifs d'un **salarié de nationalité étrangère** peuvent toutefois être rédigés dans sa langue (Cass. soc. 24-6-2015 nº 14-13.829 FS-PB : RJS 10/15 nº 642). Sur le droit à la part variable en cas de départ de l'entreprise avant la date prévue pour son versement, voir nº 70480, a.

c. La loi prohibe les **discriminations** directes ou indirectes en matière de rémunération : voir, pour les motifs de discrimination interdits, nºs 32060 s. et, pour les règles de preuve, nº 32275. En outre, il existe un principe général « à travail égal, salaire égal » applicable à tous les salariés : voir nºs 32100 s.

d. Un salarié peut rapporter par tout moyen la **preuve des engagements pris par l'employeur** en matière de rémunération, dès lors que celui-ci a la qualité de commerçant (Cass. soc. 5-3-1992 nº 88-41.471 PF : RJS 4/92 nº 450). L'attestation destinée à un tiers, en l'espèce une banque, indiquant le salaire annuel brut du salarié ne suffit pas à prouver l'engagement de l'employeur envers l'intéressé (Cass. soc. 17-3-1999 nº 97-40.515 P : RJS 5/99 nº 666).

e. Un contrat de travail stipulant un salaire fixé à l'issue d'une procédure d'**enchères électroniques inversées,** consistant à attribuer un poste au salarié proposant la rémunération la plus basse, est nul de plein droit (C. trav. art. L 1221-4).

MODIFICATION DU SALAIRE

70575 L'employeur qui entend modifier ou supprimer un élément du salaire ou ses accessoires doit respecter des règles variant selon que ces éléments trouvent leur source dans le contrat de travail (voir nºs 17410 s.), une convention ou un accord collectif de travail (voir nºs 52050 s.), un usage d'entreprise ou un engagement unilatéral de l'employeur de portée collective (voir nºs 17520 s.).

2. LIMITES À LA LIBERTÉ DE FIXATION DU SALAIRE

MINIMA CONVENTIONNELS

70590 Les salaires font l'objet d'une négociation périodique obligatoire au niveau de l'entreprise ou de l'établissement et de la branche ou de la profession.

O-II-900 s
et 5600 s
KA-II-17800 s
KA-III-3300 s
N-VII-12800 s

Les conventions et accords collectifs de travail peuvent déterminer une classification des emplois et fixer pour chaque emploi ou catégorie d'emplois une rémunération minimale.

> Précisions **a.** Pour pouvoir être étendus, les **conventions de branche** et les **accords professionnels ou interprofessionnels** doivent comporter des clauses concernant les éléments essentiels à la détermination des classifications professionnelles et des niveaux de qualification, le salaire minimum national professionnel des salariés sans qualification et l'ensemble des éléments affectant le calcul du salaire applicable par catégorie professionnelle, ainsi que les procédures et la périodicité prévues pour sa révision, l'égalité professionnelle entre les femmes et les hommes, la suppression des écarts de rémunération et les mesures tendant à remédier aux inégalités constatées, l'égalité de traitement entre salariés et la prévention des discriminations, autrement dit les modalités d'application du principe « à travail égal, salaire égal » (C. trav. art. L 2261-22 II, 3º, 4 º, 9º et 10º et art. R 2261-1).

S'y ajoutent, en tant que de besoin dans la branche considérée, les conditions de rémunération des **salariés à temps partiel** et des **travailleurs à domicile,** ainsi que des salariés **auteurs d'une invention** dévolue à l'employeur en vertu de l'article L 611-7, al. 3 du CPI (C. trav. art. L 2261-22, II, 12º-b, c, f).

b. S'agissant de l'articulation des clauses salariales des **conventions et accords d'entreprise ou d'établissement** avec celles prévues par les conventions collectives de branche ou les accords professionnels ou interprofessionnels, voir nºs 52230 s.

70595 L'employeur ne peut pas payer des salaires inférieurs aux minima conventionnels.

Il peut cependant s'écarter du **mode de fixation** du salaire prévu par la convention collective si le système adopté n'est pas globalement défavorable au salarié (Cass. soc. 12-3-1987 nº 84-41.390 S ; 15-2-1995 nº 91-44.321 D).

En cas de non-paiement du salaire minimum conventionnel, le salarié peut, le cas échéant, prendre acte de la rupture de son contrat de travail aux torts de l'employeur (Cass. soc. 26-10-2011 nº 10-17.396 FS-D : RJS 1/12 nº 14) et réclamer à ce dernier un **rappel de salaire,** assorti d'intérêts au taux légal en application de l'article 1231-6 du Code civil (Cass. soc. 25-11-1998 nº 97-41.773 D : RJS 1/99 nº 43) et, le cas échéant, de dommages et intérêts (nº 70812). Des **sanctions pénales** sont également prévues dans certains cas (nº 52300). Sur la possibilité pour l'administration de recourir à une **amende administrative** en l'absence de poursuites pénales, voir nº 43765.

Sur les règles d'articulation entre accords de branche et **accord d'entreprise** conclus sur le thème du salaire ou de ses accessoires, voir nos 52235 s.

› **Précisions** **a.** Les **augmentations des minima conventionnels** par avenant à la convention collective ou par accord collectif ne s'appliquent pas au salarié dont la rémunération réelle est supérieure à ces minima, sauf stipulations contraires (Cass. soc. 19-1-1983 n° 80-41.153 ; 15-5-2014 n° 12-24.667 F-D : RJS 7/14 n° 564).

b. Le minimum professionnel peut être **inférieur au Smic** si les rémunérations effectives ne le sont pas.

c. Les minima conventionnels sont définis par rapport à une **durée du travail** précise. Lorsque la durée du travail dans l'entreprise y est inférieure, le respect du montant des minima conventionnels doit donc être apprécié au regard de la durée du travail pratiquée dans l'entreprise (Cass. soc. 7-9-2017 n° 15-26.722 FS-PB : RJS 10/17 n° 738 ; 16-10-2019 n° 18-12.331 F-D : RJS 1/20 n° 19). De même, pour les salariés en **forfait jours,** si le minimum conventionnel est fixé sur la base de 218 jours, il doit être proratisé pour ceux travaillant moins que cette durée, sauf disposition contraire dans le contrat de travail (Cass. soc. 30-9-2020 n° 18-25.583 FS-PB : RJS 12/20 n° 589).

d. Les **éléments du salaire devant être pris en compte** pour apprécier si le salarié a perçu une rémunération au moins égale au minimum conventionnel doivent, en principe, être indiqués dans la convention collective. À défaut de précisions suffisamment explicites dans celle-ci, la jurisprudence applique les principes suivants.

Il convient de tenir compte de toutes les sommes dont le versement est directement lié à l'**exécution de la prestation de travail,** sauf disposition conventionnelle ou usage contraire dans l'entreprise (Cass. soc. 4-6-2002 n° 00-41.140 FS-P : RJS 8-9/02 n° 974 ; 21-10-2020 n° 19-14.359 F-D : RJS 2/21 n° 83). La prise en compte ou non des primes pour le calcul du minimum conventionnel dépend donc des conditions de leur attribution et de leur mode de calcul. Ainsi, une prime sur objectifs constitue, pour les mois où elle est versée, un élément de salaire entrant dans le calcul du minimum conventionnel (Cass. soc. 4-6-2002 n° 00-41.140 FS-P : RJS 8-9/02 n° 974 ; 24-10-2018 n° 17-16.192 F-D : RJS 1/19 n° 20), même si son montant varie (Cass. soc. 3-7-2019 n° 17-18.210 FS-PB : RJS 10/19 n° 571). Le fait qu'une prime ait pour objectif le **maintien du pouvoir d'achat** n'exclut pas qu'elle soit versée en contrepartie du travail (Cass. soc. 7-4-2010 n° 07-45.322 FS-PB : RJS 6/10 n° 516).

Lorsque la rémunération d'un salarié comprend un fixe et un **pourcentage sur le chiffre d'affaires** qu'il réalise, il y a lieu de totaliser ces deux éléments (Cass. soc. 15-12-1982 n° 80-41.008).

Il convient de tenir compte également du complément de rémunération issu du maintien des **avantages individuels acquis,** en application d'un accord ayant cessé de produire effet avant le 10-8-2016, sauf exclusion par celui-ci (Cass. soc. 24-4-2013 n° 12-10.196 FS-PBRI : RJS 7/13 n° 540), ainsi que des **avantages indirects ou en nature** ayant un caractère salarial : prise en charge par l'employeur de la part salariale des cotisations sociales (Cass. soc. 14-12-1978 n° 77-40.063) ou fourniture par l'employeur du logement, de l'eau et de l'électricité (Cass. soc. 7-5-1980 n° 78-40.630). En l'absence d'évaluation de ces avantages par l'accord collectif, il y a lieu de s'en remettre à la convention des parties.

Sont en revanche **exclues** les sommes ayant une finalité propre, distincte de la rémunération de la prestation de travail proprement dite, telles que les **primes d'ancienneté ou d'assiduité** liées à la présence ou à l'ancienneté du salarié dans l'entreprise (Cass. soc. 1-6-1983 n° 80-42.378 ; 27-5-1997 n° 95-42.674 PB : RJS 7/97 n° 793 ; 4-2-2015 n° 13-20.879 FS-PB : RJS 4/15 n° 257), les primes compensant des **sujétions** particulières (prime de rythme par exemple : Cass. soc. 27-10-1999 n° 98-44.627 P : RJS 12/99 n° 1534 ou prime rémunérant une pause : Cass. soc. 5-6-2019 n° 18-14.298 F-D : RJS 8-9/19 n° 492), les indemnités de **non-concurrence** (Cass. soc. 14-1-1988 n° 85-42.047 P) et les sommes versées par l'employeur pour l'acquisition par le salarié de **titres-restaurant** (Cass. soc. 3-7-2019 n° 17-18.210 FS-PB : RJS 10/19 n° 571).

e. Il convient d'**apprécier mois par mois** si le salarié a bien perçu une rémunération au moins égale au minimum conventionnel mensuel (Cass. soc. 2-7-2014 n° 12-25.752 FS-D : RJS 11/14 n° 778). Ainsi, en l'absence de dispositions conventionnelles contraires, le 13e mois doit être pris en compte pour le mois de son versement (Cass. soc. 14-11-1991 n° 87-44.094 P : RJS 2/92 n° 151 ; 14-11-2018 n° 17-22.539 FS-PB : RJS 1/19 n° 20). Le salarié n'ayant pas atteint chaque mois le minimum conventionnel a droit à un rappel de salaire même s'il a reçu certains mois une rémunération supérieure (Cass. soc. 7-5-1991 n° 87-43.242 D : RJS 6/91 n° 712 ; 18-3-1992 n° 90-41.133 P : RJS 6/92 n° 737 ; 17-9-2003 n° 01-43.029 FS-PBRI : RJS 12/03 n° 1394).

Le respect du minimum conventionnel peut toutefois **s'apprécier sur l'année** si la convention collective le prévoit (Cass. soc. 20-11-2019 n° 18-11.811 FS-PB : RJS 2/20 n° 92).

Le salaire minimum conventionnel dépend de la **qualification professionnelle** de chaque salarié. **70600**

N-III-20000 s
O-II-5630 s

Il doit être **calculé** sur la base du coefficient hiérarchique correspondant aux fonctions réellement exercées (Cass. soc. 20-11-1985 n° 83-41.570), sauf accord non équivoque de surclassement (Cass. soc. 12-1-2010 n° 08-42.835 F-PB : RJS 3/10 n° 232 ; 7-3-2012 n° 10-16.611 F-PB : RJS 5/12 n° 407).

› Précisions Les accords collectifs instituant une nouvelle grille de qualification garantissent fréquemment le maintien des avantages acquis. Pour la Cour de cassation, une telle clause a pour effet de garantir au salarié dont le **coefficient** a été abaissé le maintien de son salaire antérieur aussi longtemps qu'il excède celui correspondant à sa nouvelle classification. Elle ne lui permet pas, en revanche, d'exiger le maintien du coefficient obtenu dans l'ancienne classification lorsque ce coefficient correspond, dans la nouvelle classification, à un emploi supérieur au sien (Cass. soc. 16-2-1979 nº 77-40.357 ; 24-2-1983 nº 80-41.884). Toutefois, lorsqu'un salarié s'est vu attribuer un coefficient supérieur au maximum de son emploi en raison de ses capacités et de son ancienneté, ce **surclassement** constitue un avantage qui doit lui être conservé lors de l'attribution d'un nouveau coefficient consécutif à l'entrée en vigueur d'une nouvelle convention collective (Cass. soc. 23-6-1977 nº 76-40.699). Sur la prise en compte des avantages individuels acquis en application d'accords ayant cessé de produire effet avant le 10-8-2016, dans le salaire à comparer au minimum conventionnel, voir nº 70595, d.

RECOMMANDATIONS PATRONALES

70605 O-II-1600 s

Une recommandation patronale est une **décision unilatérale** d'un groupement ou d'un syndicat d'employeurs qui s'impose à tous ses adhérents (Cass. soc. 29-6-1999 nº 98-44.348 PBR : RJS 8-9/99 nº 1063 ; 2-7-2002 nº 99-40.934 FS-D).

Les recommandations s'imposent également aux entreprises qui ont coutume de les appliquer régulièrement si ce comportement a donné naissance à un **usage** obligatoire (Cass. soc. 31-5-1978 nº 77-40.113).

› Précisions **a.** Ainsi, les propositions de relèvement des salaires faites par les organisations patronales à l'occasion de négociations salariales ont force obligatoire pour les entreprises adhérentes, malgré l'**échec des négociations,** lorsque les organisations patronales maintiennent ces propositions et invitent leurs adhérents à les appliquer (Cass. soc. 4-3-1981 nº 79-40.163 ; 29-6-1999 nº 97-45.877 D : RJS 8-9/99 nº 1063). En effet, les organisations patronales régulièrement habilitées à conclure des accords de salaires avec les syndicats reçoivent de ce fait pouvoir, en cas d'échec des négociations, de fixer par décision unilatérale s'imposant aux entreprises adhérentes les barèmes de salaires correspondant aux propositions faites aux syndicats (Cass. soc. 31-3-1981 nº 79-41.106).

b. Les organisations patronales peuvent néanmoins formuler des recommandations de salaires d'**application facultative** pour les entreprises adhérentes, ce caractère facultatif devant être exprès (Cass. soc. 21-3-1984 nº 82-40.570 ; 28-4-1988 nº 85-44.378 P).

CLAUSES D'INDEXATION

70610 C. mon. fin. art. L 112-2 C. trav. art. L 3231-3 O-II-17200 s

Sont interdites et nulles, dans les conventions collectives, accords d'entreprise et contrats individuels, les clauses prévoyant une indexation des salaires sur le **Smic,** le **niveau général des prix,** le niveau général des **salaires,** ou le prix de **biens, produits ou services** sans rapport avec l'activité de l'entreprise.

Il est possible en revanche, d'une part, d'indexer les salaires sur les prix des biens produits ou fabriqués par l'entreprise, d'autre part, de **réviser** les salaires **en fonction des variations du coût de la vie** dès lors que cette révision n'est pas automatique et intervient a posteriori une fois l'indice connu (Cass. soc. 30-4-1985 nº 84-40.450).

› Précisions **a.** L'**interdiction** d'indexation s'applique même en l'absence de toute clause contractuelle ou conventionnelle et s'étend notamment aux usages (Cass. soc. 22-7-1986 nº 83-43.512 S).

b. La **nullité d'ordre public** des clauses d'indexation des salaires sur le Smic ou le niveau général des prix permet à l'employeur de cesser d'appliquer un **accord collectif** d'entreprise prévoyant une telle indexation sans être tenu d'en poursuivre l'application pendant un an à compter de sa dénonciation, comme le voudrait l'article L 2261-10 du Code du travail (Cass. soc. 16-5-1984 nº 81-41.579). L'**application,** pendant **plusieurs années,** d'un dispositif de revalorisation des salaires comprenant une clause d'indexation prohibée ne peut pas constituer un **avantage** dont les salariés pourraient se prévaloir pour contraindre l'employeur à en poursuivre l'application (Cass. soc. 27-2-1980 nº 78-41.322 ; 7-12-1983 nº 81-41.362).

La circonstance que l'un des paramètres de la revalorisation des salaires consiste en une indexation prohibée n'entraîne pas la nullité de l'ensemble du dispositif : l'employeur reste tenu de revaloriser les salaires en fonction des autres paramètres (Cass. soc. 16-10-1991 nº 87-43.204 D ; 18-3-1997 nº 93-43.989 P : RJS 10/97 nº 1106).

70615

ILLUSTRATIONS

Tombent sous le coup de **l'interdiction d'indexation** les dispositifs prévoyant :

– une rémunération brute horaire égale au Smic augmenté de 7 % (Cass. soc. 18-3-1992 nº 88-43.434 P : RJS 5/92 nº 618) ;

– une augmentation des salaires chaque fois que l'indice des prix franchit un certain seuil, même si le montant de l'augmentation est stipulé préalablement et si celle-ci entre en application

par fractions dont le montant est également fixé de façon autonome (Cass. soc. 19-1-1983 nº 81-42.313) ;
– un mécanisme d'évolution des rémunérations en lien à la fois avec l'évolution du Smic et la croissance moyenne de l'indice des prix ou en fonction des variations d'un point elles-mêmes en corrélation avec cet indice (Cass. soc. 5-10-2017 nº 15-20-390 FS-PB : RJS 12/17 nº 794) ;
– ou une indexation automatique du salaire sur le taux de l'inflation (Cass. soc. 13-12-2006 nº 05-44.073 FS-P : RJS 3/07 nº 316).

Est **valable,** en revanche, l'indexation du salaire d'un comptable dans une société coopérative d'HLM sur la valeur du point fixée pour les employés du bâtiment, indice en rapport avec l'activité de constructeur de la société (Cass. soc. 12-2-1969 nº 67-40.433). De même, le choix comme indice du salaire minimum d'une catégorie professionnelle en relation avec l'activité du salarié est licite (Cass. soc. 5-11-1984 nº 82-10.511 S). L'indexation sur le taux de change de la monnaie du pays où le contrat de travail est exécuté, en relation directe avec l'objet de ce contrat, est admise (Cass. 1e civ. 11-10-1989 nº 87-16.341 ; Cass. soc. 25-10-1990 nº 87-40.852 P : RJS 12/90 nº 971).

3. SMIC

Le Smic est un salaire horaire minimum revalorisé comme suit : **70630** C. trav. art. L 3231-1 à L 3231-11 R 3231-2 et R 3231-4 **O-II-2300 s**
– chaque hausse d'**au moins 2 % de l'indice des prix** est automatiquement suivie d'un relèvement du Smic dans les mêmes proportions, par arrêté ;
– chaque année, le Smic doit être révisé **par décret,** avec effet au **1er janvier** en fonction de l'évolution de l'économie et de la conjoncture ;
– enfin, le Gouvernement peut décider, par décret, de porter **en cours d'année** le Smic **à un niveau supérieur** à celui qui résulterait de la seule évolution des prix.

Les derniers **montants** du Smic sont donnés nº 90010.

BÉNÉFICIAIRES

Le Smic s'applique à l'ensemble des **professions et activités** sur tout le **territoire** métropolitain, à Saint-Pierre-et-Miquelon et dans les départements d'outre-mer. Il concerne tout **salarié** âgé de 18 ans révolus. **70635** C. trav. art. L 3231-1 D 3231-5 **O-II-2900 s**

Il s'applique quel que soit le **mode de rémunération** pratiqué et notamment en cas de salaire aux pièces ou à la tâche (Cass. soc. 25-9-1990 nº 87-40.493 P : RJS 11/90 nº 862 ; 25-5-2005 nº 03-44.301 FS-PB : RJS 8-9/05 nº 844) ou aux commissions (Cass. soc. 11-2-1998 nº 95-44.118 D).

› Précisions a. Sauf s'il est VRP, la circonstance que le salarié ne soit **pas soumis à un horaire de travail** déterminé ne l'exclut pas du bénéfice du Smic : ainsi jugé, par exemple, pour des vendeurs à domicile (Cass. soc. 31-1-2006 nº 04-41.724 F-D : RJS 4/06 nº 442), des distributeurs de prospectus (Cass. soc. 31-1-2006 nº 04-41.217 F-D : RJS 4/06 nº 442) ou des journalistes pigistes (Cass. soc. 10-5-2006 nº 05-60.268 FS-PB : RJS 8-9/06 nº 1002).

b. Le Smic bénéficie :
– avec certains **abattements,** aux apprentis (nos 3390 s.), aux jeunes travailleurs (nº 45550) et aux titulaires de contrats de professionnalisation (nº 20745) ;
– sous certaines adaptations, aux travailleurs du secteur agricole, au personnel dont la rémunération est, de manière habituelle, constituée pour partie par la **fourniture de la nourriture et du logement** (nos 70650 et 70660).

c. Un **salaire minimum spécifique** est prévu pour les travailleurs à domicile (nº 74170) et les assistants maternels (nº 33330).

Voir nos 61180 s. pour les VRP, nº 10045 pour les concierges et employés d'immeubles d'habitation, nº 33405 pour les employés de maison, nos 36190 s. pour les salariés temporairement détachés en France par des entreprises n'y ayant pas d'établissement.

COMPARAISON AVEC LES SALAIRES RÉELS

La comparaison doit être effectuée dans le cadre de chaque période de paie, c'est-à-dire chaque mois pour les salariés payés au mois (Cass. soc. 29-1-2002 nº 99-44.842 FS-P : RJS 4/02 nº 437 ; Rép. Jacquat : AN 28-9-1987). Le salaire à prendre en considération, pour déterminer si le Smic est atteint, comprend les **avantages en nature** et les **majorations diverses** ayant le caractère de fait d'un complément de salaire, à l'exclusion des sommes versées à titre de remboursement de frais, des majorations pour heures supplémentaires prévues par la loi et de la prime de transport visée nº 70530. **70640** C. trav. art. D 3231-6 **O-II-3450 s**

Sont également exclues les sommes attribuées au titre des régimes légaux d'intéressement et de participation.

› Précisions a. L'exclusion des remboursements de **frais professionnels** concerne les allocations forfaitaires et les remboursements de frais réels et ne joue que si les bénéficiaires ont effectivement supporté les dépenses correspondantes.

b. Pour les salariés bénéficiant d'une **déduction forfaitaire spécifique pour frais professionnels,**

la rémunération à comparer avec le Smic s'entend de la rémunération avant application de la déduction.

c. La fraction de l'**indemnité de panier,** considérée par la convention collective comme un complément de salaire soumis aux cotisations de sécurité sociale, doit être prise en compte pour apprécier si le salarié perçoit une rémunération égale au Smic (Cass. crim. 7-11-1989 nº 88-82.133 P : RJS 12/89 nº 928).

70645 S'agissant des éléments de rémunération non expressément exclus du calcul du Smic, il convient de déterminer leur objet et de rechercher si, par leur nature, leur généralité, leur constance, leur fixité et leur mode de paiement, ils présentent de fait le caractère d'un **élément du salaire** devant entrer dans la base de calcul du Smic (Cass. soc. 29-4-1975 nº 74-40.344 ; Cass. crim. 12-2-1985 nº 84-92.043).

Sont exclues les **gratifications** à caractère **bénévole,** versées en dehors de toute obligation contractuelle, ou **aléatoire,** ainsi que celles qui, n'étant pas la **contrepartie** du travail fourni, ne rémunèrent pas un travail effectif.

> Précisions Les primes et gratifications contractuelles versées à échéance plus espacée que les salaires (**prime de vacances, 13e mois...**) ne sont prises en compte pour le calcul du Smic que pour les mois de leur versement, sans compensation possible d'un mois sur l'autre (Cass. soc. 17-3-1988 nº 85-41.930 P ; 2-3-1994 nº 89-45.881 PBS : RJS 4/94 nº 412) et pour autant que ce versement intervienne selon la périodicité prévue par la convention ou l'accord les ayant instituées ou résultant de l'usage dans l'entreprise (Cass. soc. 3-3-1988 nº 86-40.001 P). Ainsi, ne respecte pas ses obligations au regard du Smic l'employeur qui verse à certains de ses salariés une rémunération mensuelle dont le montant n'atteint le Smic que parce qu'il y intègre des **acomptes mensuels** sur la prime de 13e mois prévue par l'accord collectif de travail et devant normalement être payée **annuellement** (Cass. crim. 27-1-1987 nº 84-95.098 P ; 29-11-1988 nº 86-92.449 : RJS 1/89 nº 21).

70647 ILLUSTRATIONS

Si l'attribution de la **prime de rendement** ou de bonus n'est ni aléatoire ni imprévisible et ne dépend que de la production des salariés selon un barème résultant d'un accord collectif, il s'agit d'un complément de salaire devant être pris en compte (Cass. soc. 4-1-1958 ; 4-2-2015 nº 13-18.523 FS-PB : RJS 4/15 nº 257). Même solution pour les « **guelte**s » versées aux vendeurs sur le pourcentage de leurs ventes (Cass. soc. 30-3-1994 nº 92-40.531 D : RJS 5/94 nº 553).

Une **prime de polyvalence** compensant la formation du salarié à plusieurs postes de travail est versée en contrepartie du travail et doit, à ce titre, être prise en compte (Cass. soc. 29-3-1995 nº 93-41.906 D : RJS 5/95 nº 514).

Les **primes d'ancienneté** et **d'assiduité,** qui ont pour objet de récompenser la stabilité des salariés dans l'entreprise et ne sont pas la contrepartie d'un travail fourni, n'ont pas à être prises en compte (Cass. soc. 1-6-1983 nº 81-40.010 ; 12-11-1992 nº 89-45.090 D : RJS 12/92 nº 1385 ; 19-6-1996 nº 93-45.941 D : RJS 10/96 nº 1048 ; Cass. crim. 3-1-1986 nº 84-95.123 ; 27-1-1987 nº 84-95.098), sauf si elles sont versées de façon uniforme et systématique à tous les salariés au lieu d'être fixées en fonction de la situation individuelle de chacun d'eux (Cass. soc. 17-3-1988 nº 86-14.039 P).

La somme versée au salarié par le nouvel employeur pour qu'il conserve le montant de prime d'ancienneté atteint avant le transfert d'entreprise est exclue du salaire à comparer au Smic (Cass. soc. 30-9-2014 nº 13-13.315 F-D : RJS 1/15 nº 29).

Les **majorations pour travail de nuit, du dimanche ou des jours fériés** n'ont pas à être prises en compte (Cass. soc. 17-3-1988 nº 84-14.494 P ; 29-3-1995 nº 93-41.906 P : RJS 5/95 nº 514), non plus qu'une **prime de rythme** liée au caractère contraignant du rythme de travail imposé (Cass. soc. 29-3-1995 nº 93-41.906 D : RJS 5/95 nº 514).

Le temps de **pause** n'a pas à être pris en compte, sauf si le salarié reste à la disposition de son employeur sans recouvrer la liberté de vaquer à des occupations personnelles (Cass. soc. 13-3-2001 nº 98-46.465 FS-PB : RJS 5/01 nº 608). Ainsi, des primes de pause qui ne sont pas la contrepartie du travail sont exclues du salaire à comparer au Smic (Cass. crim. 15-2-2011 nº 10-87.019 FS-PBI : RJS 4/11 nº 329 ; Cass. soc. 21-3-2012 nº 10-27.425 FS-PBR et nº 10-21.737 FS-PBR : RJS 6/12 nº 555).

Les **pourboires** sont pris en compte dans le calcul du Smic (Cass. soc. 10-6-1960 nº 2746). S'ils sont perçus directement par le salarié, c'est à lui de prouver que leur montant est inférieur au Smic (Cass. soc. 29-11-1962 nº 61-40.668 ; 2-4-1987 nº 84-44.802 S).

Les primes liées à des **conditions particulières de travail** (primes de danger, de froid, de travaux pénibles ou dangereux, de situation géographique des ouvriers occupés sur certains chantiers) doivent être exclues (Circ. DRT 3 du 29-7-1981 réputée abrogée).

Les primes ou majorations liées à la **production globale de l'entreprise,** à sa productivité ou à sa prospérité et dont le montant peut dépendre, en plus de l'action des travailleurs, de facteurs sur lesquels ceux-ci n'ont pas d'influence directe sont à exclure (Circ. DRT 3 du 29-7-1981 précitée). Ainsi jugé à propos d'une prime dite « de résultat », fondée sur les résultats financiers de l'entreprise (Cass. crim. 5-11-1996 nº 95-82.994 PF : RJS 2/97 nº 145 ; Cass. soc. 2-4-2003 nº 00-46.319 F-D : RJS 6/03 nº 742).

Avantages en nature Les avantages en nature doivent être pris en compte. Pour les salariés dont la rémunération est, de **manière habituelle,** constituée, pour partie, par la fourniture de la nourriture et du logement, le salaire minimum en espèces est déterminé en déduisant du Smic le montant de l'avantage en nature évalué comme suit : 70650 C. trav. art. D 3231-6 D 3231-8 à D 3231-15 O-II-3830 s

– les avantages **autres que la nourriture et le logement** sont évalués d'après leur valeur réelle, au prix de revient pour l'employeur ;

– la **nourriture** et le **logement** sont pris en compte pour la valeur fixée par la convention ou l'accord collectif. À défaut, ils sont évalués comme suit.

> **Précisions** **a.** **Nourriture** : 2 fois le minimum garanti (2 repas) ou une fois ce minimum (1 repas). Voir le taux du minimum garanti n° 90010. En cas de paiement au mois, l'évaluation est calculée sur la base de 26 jours ouvrables pour 1 jour de repos hebdomadaire (Circ. TR 15-5-1951 réputée abrogée) ou 22 jours ouvrables pour 2 jours de repos hebdomadaire.
Pour le personnel des **établissements** ou organismes dans lesquels des **denrées** alimentaires ou des boissons sont **consommées sur place** et pour le **personnel de cuisine** des autres établissements qui, en raison des conditions particulières de leur travail ou des usages, sont **nourris gratuitement** par l'employeur ou reçoivent une indemnité compensatrice, la nourriture, calculée comme indiqué ci-dessus, n'entre en compte que pour la moitié de sa valeur. Les salariés des hôtels, cafés, restaurants relèvent de règles spécifiques (n° 70660) tout comme les salariés agricoles.
b. **Logement** : 0,60 € par mois (0,02 € par jour). Ce montant ne s'applique que si le logement est un accessoire du contrat de travail (Cass. soc. 21-4-1982 n° 79-41.955).
c. Le **contrat de travail** ne peut pas prévoir d'évaluations supérieures à celles fixées par les textes, mais il peut prévoir des évaluations inférieures, voire nulles.
d. Ces évaluations sont facultatives pour les salariés dont la **rémunération** est **supérieure au Smic** (Cass. soc. 24-4-1985 n° 84-40.017 S).

Horaire de travail Le Smic constitue un salaire minimum horaire. L'horaire de travail à prendre en considération est l'horaire effectif. 70655 C. trav. art. D 3231-6 O-II-3600 s

Pour les **salariés mensualisés,** il est calculé comme indiqué n° 70757.

> **Précisions** **a.** Pour les salariés **payés à la tâche,** en l'absence de fixation par le contrat de travail du temps relatif à chaque tâche, le Smic se calcule en multiples du nombre d'heures de travail réellement fournies (Cass. soc. 25-9-1990 n° 87-40.493 P : RJS 11/90 n° 862) et non du nombre d'heures nécessaires à un ouvrier de capacité moyenne (Cass. soc. 16-12-1981 n° 79-40.206).
b. Par dérogation à la référence à l'horaire effectif, le Smic se calcule, en cas d'application d'un dispositif d'aménagement du temps de travail assorti d'un **lissage de la rémunération,** sur la base de l'horaire moyen utilisé pour calculer la rémunération lissée (CE 6-10-1999 n° 187244 : RJS 12/99 n° 1487).

Personnel des hôtels, cafés, restaurants Dans les professions relevant de la convention collective des hôtels, cafés, restaurants, chaque heure de présence doit être rémunérée au moins au **taux horaire minimal** prévu par la convention (ou, s'il est plus favorable au salarié, au Smic). 70660 O-II-4850 s

Aucune retenue ne peut être opérée sur le Smic au titre de l'**avantage nourriture,** la convention collective interdisant cette pratique (Avenant 1 du 13-7-2004 art. 17). Pour les **autres avantages** en nature, le droit commun s'applique (voir n° 70650).

Pour le **calcul des cotisations de sécurité sociale,** l'avantage en nature **nourriture** doit être évalué comme indiqué n° 22505. Si la retenue pour l'avantage en nature opérée sur le salaire est inférieure à cette évaluation, la différence doit être réintégrée dans l'assiette des cotisations.

Pour les salariés auxquels l'employeur ne fournit pas la nourriture, l'indemnité compensatrice de repas doit être comprise dans l'assiette des cotisations pour le montant effectivement versé au salarié à ce titre (Cass. 2e civ. 5-7-2005 n° 04-30.108 F-D : RJS 10/05 n° 1050). Si ce montant est inférieur au forfait avantage en nature, la différence n'a pas à être réintégrée dans l'assiette des cotisations (Cass. soc. 7-12-1988 n° 85-10.915 P).

SANCTIONS

Le non-respect du Smic est puni de l'**amende** prévue pour les contraventions de 5e classe pour chaque salarié rémunéré dans des conditions illégales. En cas de récidive dans le délai d'un an, l'employeur est passible des peines prévues pour les contraventions de 5e classe en récidive (pour le montant de ces peines, voir n° 67285). En cas de pluralité de contraventions entraînant des peines de récidive, l'amende est appliquée autant de fois qu'il a été relevé de nouvelles contraventions. 70665 C. trav. art. R 3233-1 O-II-2580 s

> **Précisions** **a.** Les infractions au Smic doivent être appréciées à chaque paie. La **régularisation** ne fait pas disparaître l'infraction (Cass. crim. 6-10-1977 n° 76-93.434).
b. L'employeur peut être condamné civilement à verser au salarié un **rappel de salaire** calculé de façon à porter la rémunération au niveau du Smic ainsi qu'à des dommages-intérêts en cas de préjudice dont le juge apprécie souverainement l'existence et le montant.
c. Sur la possibilité pour l'administration de recourir à une **amende administrative** en l'absence de poursuites pénales, voir n° 43765.

C. Paiement du salaire

DROIT AU PAIEMENT

70720 L'employeur ne peut pas se libérer de son obligation contractuelle en matière de salaire par l'octroi d'avantages non contractuels (Cass. soc. 25-10-1990 nº 87-40.852 P : RJS 12/90 nº 971).

Le salaire étant la **contrepartie du travail,** si ce travail n'a pas été effectué, l'employeur n'est pas tenu de le verser, sauf si une disposition légale, conventionnelle ou contractuelle lui en fait obligation (Cass. soc. 28-11-2018 nº 17-15.379 FP-PB : RJS 2/19 nº 91).

› Précisions a. Le fait d'être **payé au mois** n'empêche pas une **réduction** du salaire pour les absences non rémunérées (nº 70725). Ce principe connaît toutefois d'importantes exceptions. C'est ainsi que, notamment en cas de **maladie ou d'accident,** les employeurs doivent maintenir dans la plupart des cas tout ou partie du salaire pendant une certaine période, voir nºs 49760 s.

De même, aucune retenue sur salaire ne peut être effectuée si l'**inexécution** du travail est **imputable à l'employeur** et non au salarié resté à sa disposition (Cass. soc. 28-6-1989 nº 86-41.974 D : RJS 8-9/89 nº 673 ; 17-10-2000 nº 98-42.062 FS-PB : RJS 12/00 nº 1269). C'est à l'employeur de **prouver** qu'il a fourni du travail au salarié mais que celui-ci ne l'a pas exécuté ou ne s'est pas tenu à sa disposition (Cass. soc. 23-10-2013 nº 12-14.237 FS-PB : RJS 1/14 nº 40 ; 13-2-2019 nº 17-21.176 F-D : RJS 4/19 nº 219).

b. Le salaire n'est pas dû si l'exécution du travail est impossible en raison de la **perte du véhicule personnel** requis par le contrat de travail (Cass. soc. 28-11-2018 nº 17-15-379 FP-PB : RJS 2/19 nº 91).

c. Les conséquences de certaines situations sont exposées ailleurs : modification de la situation juridique de l'employeur (nºs 74840 s.), exécution défectueuse du travail (nº 56150), nullité du contrat de travail (nº 16520), grève (nºs 11110 s.), lock-out (nº 11525).

d. Dans les hôtels, cafés, restaurants, brasseries, entreprises de spectacles, cercles et casinos ainsi que dans les entreprises de transport, l'employeur ne peut pas imposer aux salariés des **versements d'argent** ni opérer des **retenues** d'argent sous la dénomination de frais ou toute autre dénomination pour quelque objet que ce soit, à l'occasion de l'embauche ou de la rupture du contrat ou à l'occasion de l'exercice normal du travail (C. trav. art. L 3251-4 et R 3255-1) : sont interdites, par exemple, les « **primes de casse** » dans les cafés, restaurants. L'inobservation de ces dispositions est passible de l'amende prévue pour les contraventions de la 4e classe (montant : nº 67285) (C. trav. art. R 3255-1).

70725 O-II-10800 s **Salaire des mois incomplets** Pour les salariés payés au mois, la **retenue pour heure d'absence** doit, en principe, être égale au rapport du salaire mensuel sur le nombre d'heures de travail dans l'entreprise pendant le mois considéré (Cass. soc. 11-2-1982 nº 80-40.359), cela même si la convention collective dispose que les nécessités inhérentes à la profession ne permettent pas de déterminer la répartition des heures de travail (Cass. soc. 19-5-1998 nº 97-41.900 PF : RJS 7/98 nº 861).

Par exemple, si un salarié gagne 1 600 € par mois et est absent un jour et demi, soit 10,5 heures au cours d'un mois où l'horaire effectif s'est élevé à 154 heures (7 heures par jour × 22 jours), la retenue à effectuer sera de : (1 600 € × 10,5) / 154 = 109,09 €.

Ce mode de calcul, qui garantit une stricte proportionnalité entre l'absence et la retenue effectuée, doit être appliqué, à l'exclusion de tout autre, aux retenues pour heures de **grève** (Cass. soc. 4-2-1988 nº 85-45.300 D ; 27-6-1989 nº 88-42.591 P : RJS 8-9/89 nº 714 ; 29-11-1989 nº 89-41.291 D). Mais il est conseillé de l'utiliser également pour le calcul des autres retenues.

Pour les **salariés entrés ou sortis en cours de mois,** le salaire est déterminé en retenant un taux horaire, calculé en fonction du salaire mensuel et du nombre d'heures réellement effectuées dans l'entreprise au cours du mois considéré, et en multipliant ce taux par le nombre d'heures réellement accomplies par le salarié (Cass. soc. 14-5-1987 nº 84-43.854 P ; 24-6-1992 nº 89-41.387 P : RJS 10/92 nº 1107 ; 20-1-1999 nº 96-45.042 D : RJS 3/99 nº 369).

Sur le point de savoir si, en cas de **maladie,** les jours normalement non travaillés compris dans le délai de carence donnent lieu à retenue, voir nº 49770.

70730 O-III-17200 s **Rémunérations indûment versées** En application des articles 1302 et 1302-1 du Code civil, l'employeur peut réclamer le remboursement des sommes indûment versées, même si elles l'ont été en toute connaissance de cause (Cass. soc. 17-5-2011 nº 10-12.852 FS-PB : RJS 8-9/11 nº 714 ; 14-3-2018 nº 16-13.916 F-D : RJS 5/18 nº 329). Il n'a pas à prouver qu'il les a versées par erreur (Cass. ass. plén. 2-4-1993 nº 89-15.490 P : RJS 5/93 nº 545 ; Cass. soc. 14-10-1993 nº 89-21.886 P : RJS 11/93 nº 1136) ou qu'il n'a pas commis de faute (Cass. soc. 30-9-2010 nº 09-40.114 FP-PB : RJS 12/10 nº 917). Les bénéficiaires ne peuvent pas s'y opposer, sauf à caractériser l'intention libérale de l'employeur (Cass. soc. 14-3-2018 nº 16-13.916 F-D : RJS 5/18 nº 329).

L'action en répétition du salaire se **prescrit** dans le délai visé nº 70815.

Le versement par l'employeur de sommes indues, même répété pendant plusieurs années, ne créant aucun droit acquis au profit des salariés, ceux-ci ne peuvent pas en exiger le **maintien pour l'avenir** (Cass. soc. 6-1-1982 nº 79-41.574 et nº 80-40.013). Ainsi jugé à propos d'une prime calculée pendant plusieurs années sur une base plus large que celle conventionnellement stipulée (Cass. soc. 10-5-1979 nº 78-40.296 P), ou de la mauvaise interprétation d'une note de service, qui avait conduit à verser pendant 13 ans une prime d'incommodité d'horaire pour les périodes de maladie et de congé (Cass. soc. 29-10-1980 nº 79-40.840). L'employeur est en droit de supprimer avec effet immédiat des rémunérations indues, même payées depuis longtemps (plus de 2 ans : Cass. soc. 19-11-1987 nº 85-44.274 D).

Débiteur en cas de sous-traitance Lorsqu'un chef d'entreprise passe un contrat pour l'exécution d'un travail ou la fourniture de services avec un entrepreneur recrutant lui-même la main-d'œuvre et non propriétaire d'un fonds de commerce ou d'un fonds artisanal, le **chef d'entreprise** est, en cas de **défaillance de l'entrepreneur, substitué** à celui-ci pour le paiement des salaires et des congés payés ainsi que pour les obligations résultant de la législation sur les assurances sociales, sur les accidents du travail et maladies professionnelles et sur les prestations familiales si les travaux sont exécutés ou les services fournis dans son établissement ou dans les dépendances de celui-ci. Si les travaux sont exécutés dans des établissements autres que ceux du chef d'entreprise ou par des salariés travaillant à domicile, le chef d'entreprise est substitué au sous-traitant pour le paiement des salaires et congés payés ainsi que pour le versement de la cotisation d'allocations familiales et des cotisations patronales et salariales d'assurances sociales. **70735** C. trav. art. L 8232-2 **NC-I-4250 s**

Le chef d'entreprise, informé par écrit par un agent de contrôle compétent en matière de travail illégal du **non-paiement partiel ou total du salaire minimum** légal ou conventionnel dû au salarié d'un cocontractant, d'un sous-traitant direct ou indirect ou d'un cocontractant d'un sous-traitant, doit aussitôt lui enjoindre de faire cesser cette situation. Le sous-traitant ou le cocontractant a 7 jours pour lui indiquer par écrit les mesures prises. Le chef d'entreprise transmet aussitôt à l'agent de contrôle la réponse écrite du sous-traitant ou cocontractant ou l'informe, dès l'expiration du délai, de l'absence de réponse. **70738** C. trav. art. L 3245-2 L 8281-1 L 1262-4-3 R 3245-1 R 3245-2 R 1263-15 à R 1263-19 **NC-I-4200 s**

Si le chef d'entreprise ne respecte pas ces **obligations d'injonction et d'information,** il est **tenu solidairement** avec l'employeur du salarié au paiement des rémunérations et des cotisations sociales y afférentes. De même, faute de régularisation de la situation par un employeur de **salariés détachés en France,** le chef d'entreprise ne dénonçant pas le contrat de prestation de services est tenu solidairement avec celui-ci au paiement des rémunérations dues à chaque salarié détaché et, le cas échéant, des cotisations sociales afférentes.

› Précisions a. Les injonctions et informations doivent être effectuées par tout moyen permettant de leur conférer une date certaine.

b. Une autre procédure d'injonction et d'information est prévue, sous peine d'amende (nº 33035, d) en cas de non-respect de certaines règles, dont celle du salaire minimum. Cette sanction peut s'ajouter, le cas échéant, à l'obligation de paiement solidaire.

PAIE ET GESTION INFORMATISÉES DU PERSONNEL

Lorsque la paie est gérée par informatique, le traitement doit, à l'instar de tout traitement de gestion du personnel, être conforme à la réglementation protégeant les données personnelles de salariés, voir nº 90100. **70740**

MODES DE PAIEMENT

Le salaire peut être payé en **espèces,** par **chèque** barré ou par **virement** à un compte bancaire ou postal. Au-delà d'un **montant net** de 1 500 €, le paiement par chèque barré ou par virement est obligatoire. **70745** C. trav. art. L 3241-1 C. mon. fin. art. L 112-6 L112-7 L 112-10 Décret 85-1073 du 7-10-1985 **O-III-1600 s**

Les **acomptes** sont versés en espèces au salarié qui en fait la demande, sous réserve que le montant total du salaire n'excède pas 1 500 €.

Le non-respect des dispositions relatives aux modes de paiement est passible d'une **sanction pénale** (nº 70810) et d'une **amende** d'un montant au plus égal à 5 % des sommes indûment payées en numéraire. Sur la responsabilité pénale des personnes morales, voir nºs 67130 s.

› Précisions a. Lorsque le montant du salaire est fixé en **devises étrangères,** la conversion de la monnaie de compte en monnaie de paiement se fait, en l'absence de disposition contractuelle contraire, au cours du change officiel au jour du paiement (Cass. soc. 3-4-1990 nº 87-40.003 P : RJS 6/90 nº 492), sauf si le retard apporté à celui-ci est imputable à l'une des parties (Cass. soc. 3-10-1991 nº 87-43.037 D : RJS 11/91 nº 1212). Ces principes valent pour toute dette, quelle qu'en soit la nature : salaire, indemnité de congés payés, de préavis, de licenciement, dommages-intérêts pour rupture abusive du contrat de travail (Cass. soc. 16-7-1987 n° 84-43.388 P ; 22-6-1993 n° 90-42.142 D : RJS 10/93 n° 987).

b. Des **modalités de paiement** simplifiées sont prévues dans certains cas, voir nos 33505 s. (particuliers employeurs) et nos 24030 s. (autres employeurs).

PÉRIODICITÉ DU PAIEMENT

70750 **Principes** Le salaire doit être payé :

C. trav. art. L 3242-1 L 3242-3 O-III-2700 s

– au moins une fois par mois, pour les bénéficiaires de la **mensualisation.** Un acompte correspondant, pour une quinzaine, à la moitié de la rémunération doit cependant être versé sur demande du salarié ;

– au moins 2 fois par mois, à 16 jours au plus d'intervalle, pour ceux qui ne bénéficient pas de la mensualisation ;

– au moins tous les 3 mois pour les commissions dues aux VRP (n° 61240).

Ces dispositions sont d'ordre public. Toute **clause contractuelle** permettant le **paiement différé** d'une partie du salaire est nulle.

> Précisions a. Tout **retard** dans le paiement des salaires, même s'il porte sur une seule paie et provient de circonstances exceptionnelles, est passible des sanctions prévues nos 70810 s.

Est illicite la décision de l'employeur de reporter au mois suivant le paiement d'éléments de rémunération exigibles à la date de paiement du salaire, tels que des primes de nuit ou d'astreinte, primes de dimanche ou de jours fériés ou la rémunération des heures supplémentaires (Cass. soc. 19-10-2016 n° 15-18.162 F-D : RJS 1/17 n° 24).

b. Le **juge** ne peut pas, sur le fondement de l'article 1343-5 du Code civil, octroyer à l'employeur des **délais** de paiement des salaires, mais il peut le faire pour les créances indemnitaires, telles que l'indemnité de licenciement (Cass. soc. 18-11-1992 n° 91-40.596 P : RJS 1/93 n° 39).

c. Par dérogation au paiement mensuel du salaire correspondant au travail effectivement accompli au cours du mois considéré, le **lissage du salaire** est autorisé en cas d'application d'un dispositif d'aménagement du temps de travail sur plusieurs semaines ou sur l'année (nos 30100 s. et, en cas de temps partiel, nos 77250 s.) ou de réduction de la durée du travail sous forme de jours de repos.

d. Pour tout **travail aux pièces** dont l'exécution dure plus d'une quinzaine, les dates de paiement peuvent être fixées d'un commun accord. Toutefois, le salarié reçoit des **acomptes** chaque quinzaine et est intégralement **payé dans la quinzaine** qui suit la livraison de l'ouvrage (C. trav. art. L 3242-4).

70755 **Mensualisation** Par « mensualisation », on entend une seule paie par mois (n° 70750) et un salaire mensuel forfaitaire.

C. trav. art. L 3242-1 O-III-3400 s

La mensualisation **s'applique** à tous les employeurs de droit privé (C. trav. art. L 3211-1) et à toutes les catégories de salariés à l'**exception** des travailleurs à domicile, temporaires, saisonniers ou intermittents.

> Précisions a. Sauf si leur emploi est saisonnier ou intermittent, les salariés à **temps partiel** entrent dans le champ d'application de la mensualisation (Cass. soc. 14-11-1991 n° 87-45.135 P : RJS 1/92 n° 36).

b. N'ont pas la qualité de travailleurs intermittents les **enquêteurs** travaillant pour un institut de sondage selon un contrat à durée indéterminée dès lors que, bien que **payés à la tâche,** ils sont liés à l'employeur par un lien de subordination permanent et un travail régulier (Cass. soc. 12-3-1987 n° 84-43.600 S). Il en va de même des **emplois dans l'enseignement** interrompus seulement par les vacances scolaires (Cass. soc. 10-6-1992 n° 88-44.433 P : RJS 8-9/92 n° 965 ; 25-10-1995 n° 91-45.016 D : RJS 12/95 n° 1229).

c. S'agissant des salariés temporairement **détachés en France** par des entreprises n'y ayant pas d'établissement, voir n° 36190, e.

70757 La rémunération mensuelle est indépendante, pour un **horaire de travail** effectif déterminé, du nombre de jours travaillés dans le mois, le paiement mensuel ayant pour objet de neutraliser les conséquences de la répartition inégale des jours entre les 12 mois de l'année.

Pour les salariés travaillant **35 heures** par semaine, la rémunération mensuelle forfaitaire est établie sur la base de 35 × 52 / 12 = 151,666 heures, arrondie à 151 heures et 67 centièmes. Pour une durée du travail inférieure à la durée légale, voir n° 70760.

S'agissant des **heures supplémentaires,** voir n° 41000.

Les **heures non travaillées** peuvent donner lieu à réduction de salaires calculée comme indiqué n° 70725, sauf dans les cas où le maintien du salaire est expressément prévu par des dispositions légales ou conventionnelles.

La mensualisation n'exclut pas le calcul du **salaire aux pièces, à la prime ou au rendement.**

Le **tableau** ci-après indique, pour le personnel mensualisé dont la durée hebdomadaire de travail est inférieure à la durée légale, les **équivalences** entre durée hebdomadaire et durée mensuelle : 70760
– la **première colonne** indique le nombre d'heures effectuées **par semaine** ;
– la **seconde colonne** indique l'**équivalence mensuelle** du nombre de la première colonne.
Il est également possible de ne retenir que deux chiffres après la virgule (ex. 151,67 au lieu de 151,666 ou 108,33 au lieu de 108,333), mais le résultat obtenu est un peu moins précis.

Par exemple, pour 32 heures par semaine : 32 × 52 / 12 = 138,666 heures par mois, arrondies à 138,67 heures.

Le **salaire mensualisé** s'obtient en multipliant l'horaire mensuel ainsi obtenu par le salaire horaire. Pour un salarié travaillant 32 heures par semaine selon un salaire horaire de 12 €, le salaire mensualisé s'obtiendra comme suit : 138,666 × 12 = 1 663,99 €.

Durée hebdomadaire de travail	Équivalence mensuelle
35	151,666
34	147,333
33	143
32	138,666
31	134,333
30	130
29	125,666
28	121,333
27	117
26	112,666
25	108,333
24	104
23	99,666
22	95,333
21	91
20	86,666
19,50	84,5
19	82,333
18	78
17,50	75,833
17	73,666
16	69,333

DATE ET LIEU DE PAIEMENT

Sauf paiement par virement, le salaire est versé un jour ouvrable. La paie s'effectue sur les **lieux de travail** (Cass. soc. 11-4-1991 n° 89-43.337 P : RJS 7/91 n° 844 ; 5-12-1995 n° 92-44.739 D : RJS 1/96 n° 26) et pendant les **heures de travail.** 70765 C. trav. art. R 3241-1 O-III-2400 s et 4800 s

L'employeur doit respecter les règles fixant la périodicité de la paie (nos 70750 s.), ce qui implique, pour les salariés mensualisés, que l'intervalle entre deux paies ne soit pas supérieur à un mois. Pour les salariés payés aux pièces, voir n° 70750, d.

Hormis celles concernant la périodicité du paiement, ces règles ont une portée limitée compte tenu de la généralisation du paiement du salaire par virement (n° 70745).

QUALITÉ DE CRÉANCIER

Le salaire doit être payé au **travailleur** lui-même ou à la **personne dûment mandatée** par lui à cet effet. Une simple autorisation donnée sur papier libre suffit si elle est datée et signée. 70770 O-III-700 s

Lorsque l'employeur a remis le salaire à un tiers non muni d'une telle autorisation, fût-ce le **conjoint** du travailleur, ce dernier est fondé à réclamer un nouveau paiement.

Dans le cas particulier du **mineur** non émancipé, voir n° 45550, c.

BULLETIN DE PAIE

70775 Au moment de chaque versement de la rémunération, l'employeur délivre aux salariés un bulletin de paie.

C. trav. art. L 3243-1 L 3243-2 O-III-5500 s

Bénéficient de cette remise toutes les personnes **salariées** ou travaillant à quelque titre ou en quelque lieu que ce soit, pour **un ou plusieurs employeurs,** quels que soient le montant et la nature de leur rémunération, la forme ou la validité de leur contrat et le mode de paiement.

Plusieurs dispositifs permettent aux employeurs d'accomplir selon des **procédures simplifiées** les formalités liées à l'embauche et à l'emploi de salariés, y compris la remise du bulletin de paie : voir n°s 24030 s.

› Précisions a. Sauf dispositions conventionnelles imposant une forme particulière pour la remise du bulletin de paie, l'employeur peut en principe librement décider soit de le **remettre en main propre** au salarié, soit de le lui faire parvenir par la **voie postale** ou par tout **autre moyen.** Toutefois, la pratique suivie dans l'entreprise crée un usage qu'il appartient à l'employeur de dénoncer préalablement selon la procédure exposée n°s 17520 s. s'il entend la modifier (Cass. soc. 7-6-1995 n° 91-44.919 P : RJS 8-9/95 n° 901). Par ailleurs, l'employeur condamné par décision de justice à délivrer des bulletins de paie doit les faire parvenir au salarié par tout moyen (Cass. soc. 19-5-1998 n° 97-41.814 PB : RJS 6/98 n° 865).

Sur la remise du bulletin de paie par voie électronique, voir n° 70780.

b. L'**action** du salarié en **délivrance ou rectification** de bulletins de paie se **prescrit,** en principe, par 2 ans (C. trav. art. L 1471-1) sauf, selon nous, si la demande est présentée à l'occasion d'une demande de rappel de salaire où le délai devrait être celui indiqué n° 70815.

c. Sur les **formalités** pouvant accompagner la remise du bulletin de paie, voir n° 70800.

d. L'employeur peut remettre au salarié **un seul bulletin** de paie rectificatif pour l'ensemble de la période en litige (Cass. soc. 4-3-2020 n° 18-11.790 F-D : RJS 6/20 n° 290). Sur la remise d'un seul bulletin de paie pour certains **CDD** s'étendant sur 2 mois civils, voir n° 20040.

70780 **Forme** Sur support **papier,** le bulletin de paie se présente généralement sous forme de fiche imprimée ou manuscrite. Il doit être établi avec un procédé d'écriture indélébile.

C. trav. art. L 3243-2 D 3243-7 à D 3243-9 O-III-5740 s

Sauf opposition du salarié, l'employeur peut lui délivrer le bulletin de paie sous forme **électronique,** dans des conditions de nature à garantir l'intégrité des données et leur confidentialité. Il doit arrêter les conditions dans lesquelles est garantie leur disponibilité pendant 50 ans ou jusqu'à ce que le salarié ait atteint l'âge de 75 ans.

Les bulletins de paie doivent être établis en **euros.**

› Précisions a. L'employeur décidant de procéder à la remise du bulletin de paie sous **forme électronique** doit **informer** le salarié par tout moyen conférant date certaine, un mois avant la première émission du bulletin de paie sous cette forme ou au moment de l'embauche, de son droit de s'y opposer.

Le salarié peut faire part de son **opposition** à tout moment, avant ou après la première émission d'un bulletin de paie électronique, par tout moyen lui conférant une date certaine. Sa demande doit prendre effet au plus tard 3 mois suivant la notification.

b. L'employeur ou le prestataire agissant pour son compte doit garantir au salarié l'accès à tous ses bulletins de paie électroniques par le biais du service en ligne associé au **compte personnel d'activité.**

c. Les utilisateurs doivent pouvoir **récupérer** à tout moment l'intégralité de leurs bulletins électroniques, sans manipulation complexe ou répétitive, et dans un format électronique structuré et couramment utilisé. En cas de fermeture du service de mise à disposition du bulletin de paie (cessation d'activité du prestataire ou de l'employeur assurant ce service), ils en sont informés au moins 3 mois avant afin de pouvoir procéder à cette récupération.

d. Les employeurs peuvent utiliser un service de **coffre-fort numérique** répondant aux conditions posées par les articles L 103, R 55-1 à 55-6 et D 537 à D 541 du Code des postes et des communications électroniques.

70785 **Contenu** Doivent figurer obligatoirement sur le bulletin un certain nombre de **mentions générales** : le nom et l'adresse de l'**employeur** et la désignation de l'**établissement** dont dépend le salarié ; le numéro de la nomenclature d'activité (**code APE**) caractérisant l'activité de l'établissement d'emploi ainsi que, pour les employeurs concernés, leur numéro d'inscription au répertoire national des entreprises et des établissements (**Répertoire Sirene**) ; s'il y a lieu, l'intitulé de la **convention collective de branche** applicable au salarié, ou, à défaut, la référence au Code du travail pour les dispositions relatives à la durée des **congés payés** du salarié et à la durée des délais de **préavis** en cas de cessation du contrat de travail ; le nom, l'emploi et la position du **salarié** (niveau, coefficient hiérarchique, notamment) dans la classification conventionnelle, ces deux dernières mentions étant simultanément requises (Cass. crim. 23-11-1993 n° 93-80.845 PF : RJS 3/94 n° 255), sauf si, à défaut de classification conventionnelle des

C. trav. art. R 3243-1 et R 3243-5 O-III-6250 s

emplois, la position du salarié ne peut pas être indiquée (Circ. DRT 189 du 30-3-1989 réputée abrogée) ; la mention de la rubrique dédiée au bulletin de paie sur le portail www.service-public.fr et en caractères apparents, une mention incitant le salarié à **conserver** le bulletin sans limitation de durée.

› Précisions Il est recommandé de porter une attention particulière aux mentions inscrites sur le bulletin de paie. La Cour de cassation a en effet tendance à considérer qu'elles valent reconnaissance par l'employeur des droits qu'elles indiquent au profit des salariés, ou tout au moins, font présumer cette reconnaissance. Ainsi jugé à propos notamment de la mention de la convention collective applicable (voir n° 52195, a).

Le bulletin comporte le montant de la **rémunération brute** du salarié, la **période** et le **nombre d'heures de travail** auxquels se rapporte le salaire en distinguant, s'il y a lieu, les heures payées au taux normal et celles qui comportent une **majoration** pour heures supplémentaires ou pour toute autre cause en mentionnant le ou les taux appliqués aux heures correspondantes. Pour les salariés dont la rémunération est déterminée sur la base d'un **forfait** hebdomadaire ou mensuel en heures, d'un forfait annuel en heures ou en jours, il faut indiquer la nature et le volume du forfait. Si, par exception, la base de calcul du salaire n'est pas la durée du travail, la nature de cette base doit être précisée. **70787**

Doivent également être mentionnés la nature et le montant des **accessoires de salaire** soumis à cotisations, notamment la fraction des contributions patronales aux régimes de retraite supplémentaire et de prévoyance complémentaire soumise aux cotisations de sécurité sociale (voir n°s 22930 s.) et le montant du **complément** différentiel destiné à maintenir tout ou partie de la rémunération à la suite de la **réduction du temps de travail.** Les avantages alloués par le CSE doivent également figurer s'ils sont soumis à cotisations (voir n°s 22410 s.), cette mention et les cotisations en cause pouvant apparaître sur le bulletin de paie correspondant non pas à la date d'attribution de l'avantage, mais à la date de versement des cotisations (Circ. DRT 18 du 13-12-1988 réputée abrogée).

Des précisions ont été apportées sur les avantages tirés des **options de souscription ou d'achat d'actions** attribuées avant le 28-9-2012 (n° 34695, b) et les **pourboires** non centralisés par l'employeur (n° 70450, b).

› Précisions Sur la mention des **heures de grève** ou **de représentation** des salariés, voir n° 70795.
Sur les mentions à porter en cas d'application d'un dispositif d'**aménagement du temps de travail** sur plusieurs semaines ou sur l'année, voir n°s 30100 s.
Sur la mention de l'accomplissement de la **journée de solidarité,** voir n° 31270.

Le bulletin de paie comporte obligatoirement : **70790** C. trav. art. R 3243-1 à R 3243-2 Arrêté du 25-2-2016 **O-III-7450 s**
– le montant et l'assiette des **cotisations et contributions** d'origine légale et conventionnelle à la charge de l'employeur et du salarié, et pour les seules cotisations et contributions salariales, leur taux ;
– le montant des **exonérations** et exemptions de cotisations et contributions sociales appliquées à la rémunération brute du salarié ;
– et le montant **total versé** par l'employeur.

Ces informations sont **libellées** et **ordonnées** ainsi que, pour les éléments à la charge de l'employeur, regroupées conformément à un **modèle** défini par l'arrêté du 25-2-2016.

› Précisions **a.** Les lignes correspondant à des cotisations finançant la protection sociale du salarié doivent être présentées **par risque** couvert : santé, accidents du travail et maladies professionnelles, retraite, famille et chômage. Une ligne est en outre prévue pour les cotisations statutaires ou prévues par la convention collective. Doit y figurer la contribution versée aux **caisses de congés payés** (Question-réponse DSS diffusé par Rapport 20-2-2017).

La **CSG** et la **CRDS** sont agrégées et présentées en deux lignes, l'une pour la part non imposable, l'autre pour la part imposable.

S'agissant du précompte de la CSG et de la CRDS sur les contributions patronales de retraite et de prévoyance, voir n° 25130, c, et sur la participation et l'abondement de l'entreprise au plan d'épargne d'entreprise, voir n° 25120, a.

b. Une rubrique intitulée « **Autres contributions dues par l'employeur** » agrège des taxes et contributions dues uniquement par l'employeur, notamment le versement mobilités, les contributions Fnal, solidarité autonomie et dialogue social, le forfait social et la taxe d'apprentissage (Arrêté du 25-2-2016). Le bulletin ne comporte que le montant total de ces contributions. Outre les contributions précitées, peuvent y être regroupées les contributions à la formation et à l'alternance (contributions à la formation professionnelle, CPF-CDD, supplémentaire à l'apprentissage), la participation à l'effort de construction et, le cas échéant, la taxe sur les salaires (Question-réponse DSS diffusé par Rapport 20-2-2017).

c. Le bulletin de paie doit comporter une case intitulée « dont évolution de la rémunération liée à la **suppression des cotisations chômage**

et maladie », sous la mention du net payé. Le montant à y inscrire est égal à la différence entre, d'une part, la somme des montants des exonérations de cotisations salariales en vigueur depuis le 1-1-2018 et, d'autre part, le montant égal à l'application d'un taux de 1,7 % à l'assiette de la CSG.

d. Les **exonérations** de cotisations et contributions devant figurer dans le bulletin sont la réduction générale de cotisations, les taux réduits de cotisation d'allocations familiales et maladie, et certaines exonérations liées à des territoires (zones de revitalisation rurale, zones franches urbaines, bassins d'emplois à redynamiser, zones de restructuration de la défense, organismes d'intérêt général implantés en zones de revitalisation rurale, exonérations applicables dans les DOM) (Arrêté du 25-2-2016).

e. Le **total versé par l'employeur** correspond à la somme de la rémunération brute et des cotisations et contributions à la charge de l'employeur, déduction faite des exonérations et exemptions des mêmes cotisations et contributions.

f. Les **régularisations** de cotisations et contributions sociales suivent les mêmes règles de présentation.

70792 C. trav. art. R 3243-1 O-III-7740 s

Doivent également figurer sur le bulletin de paie :

a. La nature et le montant des **versements** et retenues autres que les cotisations effectués sur la période, notamment au titre de la prise en charge des frais de transport public ou de frais de transports personnels (sur ces frais : n°s 70520 s.). Selon l'administration, la mention des remboursements de **frais professionnels** peut être limitée à ceux effectués lors de la paie, à l'exclusion de ceux opérés au fur et à mesure que les salariés présentent les justificatifs de leurs dépenses et figurant sur d'autres documents (Circ. DRT 18 du 13-12-1988 réputée abrogée). Cette précision antérieure au décret du 25-2-2016 nous semble toujours valable. Les **retenues** pouvant figurer sur le bulletin sont, par exemple, les retenues pour absences non rémunérées et la déduction des indemnités journalières en cas de maintien du salaire par l'employeur (voir n° 49810). Sur les déductions pour heures de grève, voir n° 70795 ;

b. Le montant de la **somme effectivement reçue** par le salarié, c'est-à-dire la rémunération nette à payer, et la date de paiement de ladite somme ;

c. L'assiette, le taux et le montant du **prélèvement à la source** fiscal ainsi que la somme qui aurait été versée au salarié en l'absence de ce prélèvement ;

d. Les dates de congé et le montant de l'indemnité correspondante lorsqu'une période de **congé annuel** est comprise dans la période de paie considérée : n° 13685.

> Précisions Un **document annexe** au bulletin de paie sert de support à l'**information** que doit recevoir le salarié sur certains droits : droits à repos liés aux heures supplémentaires (n° 41240) ; participation et intéressement (n°s 33950 et 34265) ; indemnités d'activité partielle (n° 1453).
Sauf dispositions conventionnelles contraires, un document annexe doit également être remis aux salariés non soumis à un même horaire collectif (n° 41240, a) ou travaillant selon un régime d'aménagement du temps de travail avec répartition des horaires sur une période supérieure à la semaine (n°s 30100 s.).

70795 C. trav. art. R 3243-4 O-III-5980 s

Mentions prohibées Sont prohibées les mentions relatives à l'activité de **représentation des salariés** ou à l'exercice du **droit de grève.**

> Précisions a. L'**interdiction** de mentionner l'**activité de représentation concerne** les représentants du personnel, les conseillers prud'homaux et les représentants des salariés aux conseils d'administration ou de surveillance des sociétés anonymes et aux conseils d'administration des organismes de sécurité sociale (Circ. DRT 189 du 30-3-1989 réputée abrogée).
Les heures consacrées à ces activités sont à comptabiliser sur le bulletin de paie avec les heures travaillées si elles sont **prises sur l'horaire normal** de travail, ou dans la rubrique des heures supplémentaires, sans autre précision, si elles sont prises **en dehors** de cet horaire en raison des nécessités du mandat, et doivent en conséquence être rémunérées comme heures supplémentaires, voir n° 62610 (Cass. soc. 3-2-1993 n° 90-45.619 D : RJS 6/93 n° 613 ; 21-11-2000 n° 98-40.730 FS-D : RJS 3/01 n° 309 ; 18-2-2004 n° 01-46.565 F-PB : RJS 4/04 n° 412).
La nature et le montant de la rémunération de l'activité de représentation doivent figurer sur une **fiche annexe** au bulletin de paie ayant le même régime juridique que celui-ci.
Toutefois, le recours à la fiche annexe n'est pas nécessaire si les mentions du bulletin de paie apparaissent sous la forme d'une **codification chiffrée** et si une fiche expliquant cette codification a été remise au salarié. En l'absence de codification, la fiche annexe doit porter pour les heures prises sur l'horaire normal de travail la mention « maintien du salaire » et pour celles prises en dehors le montant de leur rémunération. Dans les entreprises où l'activité des représentants du personnel ne fait l'objet d'aucun contrôle, la fiche annexe pourra comporter les mentions « crédit d'heures légal » ou « crédit d'heures conventionnel » (Circ. DRT 18 du 13-12-1988 réputée abrogée). La fiche annexe n'a pas à être signée par le salarié (Circ. DRT 189 du 30-3-1989 réputée abrogée).
Lorsque le représentant du personnel n'utilise pas de crédit d'heures, il n'y a pas de fiche annexe à prévoir (Circ. DRT 189 du 30-3-1989 précitée).

b. Il convient d'indiquer sur le bulletin de paie le montant des **retenues** pour **heures de grève** en utilisant une expression neutre telle que « absence non rémunérée » (Circ. DRT 17 du 24-8-1988 réputée abrogée).

Effets La délivrance d'un bulletin de paie ou la communication d'une attestation Pôle emploi **ne suffisent pas à prouver** que le salaire dû a été payé (Cass. soc. 11-1-2006 n° 04-41.231 FS-PB : RJS 3/06 n° 346 ; 21-9-2016 n° 15-12.107 F-D : RJS 12/16 n° 776). C'est à l'**employeur** d'apporter cette preuve, notamment par la production de pièces comptables (Cass. soc. 2-2-1999 n° 96-44.798 P : RJS 3/99 n° 370 ; 2-3-2017 n° 15-22.759 F-D : RJS 5/17 n° 369 ; 6-11-2019 n° 18-17.928 F-D : RJS 1/20 n° 21). Au-delà de 1 500 €, il doit apporter cette **preuve par écrit** (ou commencement d'écrit). **70800** C. trav. art. L 3243-2 et L 3243-3 C. civ. art. 1353 et 1359 Décret 80-533 du 15-7-1980 **O-III-12400 s**

L'**acceptation sans protestation ni réserve** du bulletin de paie ne vaut pas renonciation du salarié au droit de formuler une réclamation ou une demande en rappel de salaires. Elle ne constitue pas non plus une **présomption de paiement** du salaire (Cass. soc. 2-2-1999 n° 96-44.798 P : RJS 3/99 n° 370 ; 11-1-2006 n° 04-41.231 FS-PB : RJS 3/06 n° 346).

En cas de **paiement en espèces** il est recommandé d'exiger la signature d'un reçu. C'est alors au salarié qui conteste avoir reçu ces espèces d'en apporter la preuve (Cass. soc. 26-11-1987 n° 85-42.967 D).

Lors du paiement, il ne peut être exigé aucune formalité de **signature ou d'émargement** autre que celle établissant que la somme reçue correspond bien au montant net figurant sur le bulletin.

› Précisions **a.** L'**absence de mention d'une somme** sur le bulletin de paie n'empêche pas l'employeur de prouver son paiement (Cass. soc. 27-11-1986 n° 83-44.997 S ; 19-3-1987 n° 85-43.308 S). En effet, il ne peut être déduit de la seule inobservation des règles légales ou conventionnelles relatives à la rédaction des bulletins de paie que le salarié n'a pas été rempli de ses droits. Ainsi jugé notamment en cas de versement d'un salaire forfaitaire comprenant à la fois le salaire de base et une prime (Cass. soc. 10-7-1980 n° 78-41.759 ; 3-3-1993 n° 89-41.801 D). Toutefois, dans ce cas, la preuve du paiement de la prime ne peut pas résulter du seul fait que le salaire effectif est très supérieur au salaire conventionnel (Cass. soc. 17-3-1999 n° 97-40.021 D : RJS 5/99 n° 664) ou correspond au salaire minimum conventionnel augmenté de la prime (Cass. soc. 5-1-1994 n° 90-43.757 D : RJS 2/94 n° 153).

b. Pour la **rémunération du temps de douche** dans les établissements réglementairement tenus de mettre des douches à la disposition de leur personnel, voir n° 71500, c.

c. S'agissant de la portée de l'indication sur le bulletin de paie d'une **convention collective** ou d'un reliquat de **congés payés,** voir n°s 52195, a et 13705, a.

d. La **date d'ancienneté** figurant sur le bulletin de paie du salarié vaut présomption de reprise d'ancienneté sauf à l'employeur à rapporter la preuve contraire (Cass. soc. 12-9-2018 n° 17-11.177 F-D : RJS 11/18 n° 660).

Conservation et communication Les employeurs doivent conserver un double des bulletins de paie. En cas de contrôle dans l'entreprise, les inspecteurs du travail peuvent en exiger la communication immédiate. Il en va de même des agents de l'Urssaf ou de l'administration fiscale. **70805** C. trav. art. L 3243-4 L 8113-6 D 8113-2 CSS art. L 243-12 **O-III-10900 s**

› Précisions **a.** Les articles L 3243-4 du Code du travail et L 243-12 du Code de la sécurité sociale prescrivent de conserver les doubles des bulletins de paie ainsi que les bulletins remis sous forme électronique pendant 5 ans. En pratique, les doubles des bulletins de paie doivent être conservés plus longtemps. En effet, d'une part, ils doivent être conservés pendant 6 ans en application de la législation fiscale (Mémento Paie n° 14400) et pour les besoins du contrôle des cotisations et contributions (voir n° 24240, a). D'autre part, ils doivent être conservés pendant au moins 10 ans en application de l'article L 123-22 du Code de commerce prescrivant de conserver pendant au moins 10 ans les documents relatifs au personnel dans le cas où ils présentent le caractère de documents comptables. Enfin, les caisses de retraite complémentaire imposent généralement aux employeurs de délivrer à leurs salariés ou anciens salariés les certificats ou attestations leur permettant de déterminer et de justifier leurs droits à la retraite.

b. Les entreprises peuvent déroger à la conservation des doubles des bulletins de paie sur support papier en recourant à d'autres moyens, notamment **informatiques.** Des garanties de contrôle équivalentes doivent être maintenues. Le support utilisé doit permettre d'obtenir, sans difficulté d'utilisation et de compréhension et sans risque d'altération, toutes les mentions obligatoires. Il doit être présenté dans les mêmes conditions et conservé pendant le même délai que les doubles des bulletins de paie.

c. Les doubles de bulletins de paie doivent être conservés **dans l'entreprise** elle-même (en aucun cas chez un sous-traitant extérieur). Dans celles comportant plusieurs établissements, ils doivent être conservés dans chaque établissement distinct comportant un représentant de l'employeur ayant le pouvoir de recruter du personnel (Circ. DRT 9 du 2-11-1998 réputée abrogée).

d. L'employeur qui **communique à des syndicats** des bulletins de paie sans l'accord des salariés et sans masquer les informations personnelles porte une atteinte injustifiée à leur vie privée (Cass. soc. 7-11-2018 n° 17-16.799 F-D : RJS 1/19 n° 5).

SANCTIONS

70810 C. trav. art. R 3246-1 et R 3246-2 O-III-11300 s

Sanctions pénales Les manquements aux règles relatives aux modes de paiement (n° 70745), à la périodicité du paiement (n°s 70750 s.) et au bulletin de paie (n°s 70775 s.) sont passibles de l'amende prévue pour les contraventions de 3e classe (voir montant n° 67285).

La violation de textes législatifs ou réglementaires ou de conventions collectives étendues portant sur les accessoires de salaires est aussi sanctionnée (n° 52300).

L'employeur qui se soustrait à ses obligations en matière de bulletin de paie se rend coupable du délit de **dissimulation d'emploi salarié,** voir n°s 79070 s.

70812 **Sanctions civiles** L'employeur qui méconnaît ses obligations en matière de salaire peut être condamné à verser des réparations civiles au salarié : **intérêts moratoires** et, en cas de préjudice distinct de celui résultant du retard dans le versement du salaire et de mauvaise foi de l'employeur, **dommages et intérêts,** conformément à l'article 1231-6 du Code civil (Cass. soc. 14-9-2016 n° 14-26.101 F-PB : RJS 11/16 n° 698 ; 25-3-2020 n° 18-11.433 FS-PB : RJS 6/20 n° 378 ; 30-9-2020 n° 19-13.766 F-D).

La **prise d'acte** de la **rupture** de son contrat de travail par le salarié en raison du non-paiement ou du paiement tardif du salaire peut conduire le juge à retenir que l'intéressé a été licencié sans cause réelle et sérieuse (Cass. soc. 9-4-2008 n° 07-40.668 F-D : RJS 6/08 n° 645 ; 30-6-2010 n° 09-41.456 FS-PB : RJS 10/10 n° 730). Pour le non-respect du salaire minimum conventionnel, voir n° 70595.

> Précisions a. L'employeur manquant à ses obligations relatives à la **présentation du bulletin de paie** peut être condamné à verser des dommages-intérêts au salarié si ce dernier prouve qu'il a de ce fait subi un préjudice. Ainsi en est-il s'il n'a pas pu bénéficier d'exonérations de cotisations liées à la réalisation d'heures supplémentaires, car celles-ci n'apparaissaient pas distinctement sur ses bulletins (Cass. soc. 3-10-2018 n° 16-24.705 F-D : RJS 12/18 n° 738).
b. Sur le **droit aux allocations de chômage** au profit du salarié **démissionnaire** en raison du non-paiement des salaires, voir n° 6540. Sur la garantie par l'AGS des dommages-intérêts pour non-remise du **bulletin de paie,** voir n° 70904.

PRESCRIPTION

70815 C. trav. art. L 3245-1 M-I-20540 s

L'**action en paiement** ou en **répétition du salaire** se prescrit par 3 ans à compter du jour où celui qui l'exerce a connu ou aurait dû connaître les faits lui permettant de l'exercer. Cette prescription est libératoire et concerne tous les salariés.

Sur le point de départ de la prescription de l'**indemnité de congés payés,** voir n° 13675, b.

> Précisions a. Le délai de prescription court en principe à compter de la **date d'exigibilité** de la créance salariale, c'est-à-dire de la date habituelle de paiement des salaires pour les **salariés payés au mois.** L'intégralité du salaire afférent au mois considéré est alors concernée (Cass. soc. 14-11-2013 n° 12-17.409 FS-PB : RJS 1/14 n° 44). Le point de départ du délai peut cependant être reporté si le salarié n'est pas en mesure de connaître ses droits à cette date (Cass. soc. 25-9-2013 n° 11-27.693 FS-PB : RJS 12/13 n° 820).
b. La **notion d'action en paiement** des salaires s'entend de toute action concernant les sommes liées à l'exécution d'un travail salarié (Cass. soc. 13-1-2004 n° 01-47.128 F-PBRI : RJS 3/04 n° 311 ; 23-6-2004 n° 02-41.877 F-PB : RJS 10/04 n° 1039 ; 12-7-2006 n° 04-48.687 F-PB : RJS 10/06 n° 1068).
c. La prescription se **compte** par jours et non par heures (C. civ. art. 2228). Elle est **acquise** lorsque le dernier jour du terme est accompli (C. civ. art. 2229).
d. La prescription **ne court pas ou est suspendue** contre celui qui est dans l'impossibilité d'agir par suite d'un empêchement résultant de la loi, de la convention ou de la force majeure. Elle est aussi suspendue lorsque le juge fait droit à une demande de mesure d'instruction présentée avant tout procès ou encore à compter du jour où, après la survenance d'un litige, les parties conviennent de recourir à la médiation ou à la conciliation ou, à défaut d'accord écrit, à compter du jour de la première réunion de médiation ou de conciliation (C. civ. art. 2234, 2238 et 2239).
e. La prescription **peut être interrompue** par une reconnaissance de dette, une citation en justice par huissier. L'interruption a pour **effet** d'annuler le délai déjà écoulé et de faire courir un nouveau délai (C. civ. art. 2234, 2240 et 2241 ; C. trav. art. R 1452-1). Des pourparlers transactionnels ne constituent pas une reconnaissance de dette interruptive du délai de prescription (Cass. soc. 15-4-2015 n° 13-27.445 F-D : RJS 7/15 n° 487).
L'interruption de la prescription ne s'étend pas d'une action à une autre (Cass. soc. 25-2-1988 n° 87-42.020 D ; 15-4-1992 n° 88-45.457 P : RJS 6/92 n° 741), sauf si les deux actions, au cours d'une même instance, concernent l'**exécution du même contrat de travail** (Cass. soc. 8-4-2010 n° 08-42.307 FS-PB : RJS 6/10 n° 520 ; 26-3-2014 n° 12-10.202 FP-PB : RJS 7/14 n° 565). La prescription n'est pas interrompue lorsque la demande en paiement de salaire a été rejetée par une

ordonnance de référé (Cass. soc. 27-5-1992 n° 89-40.581 P : RJS 12/92 n° 1388). Sauf dispositions particulières, la signature d'un **accord d'entreprise** ne constitue pas pour l'employeur la reconnaissance des droits individuels allégués par le salarié pour la période antérieure à cette signature, susceptible d'interrompre la prescription des salaires (Cass. soc. 16-6-2011 n° 10-14.727 F-D : RJS 10/11 n° 802 ; 7-3-2012 n° 10-18.118 FS-PB : RJS 5/12 n° 453).

D. Protection du salaire

1. PROTECTION CONTRE LES CRÉANCIERS DE L'EMPLOYEUR

PRIVILÈGE GÉNÉRAL

Un privilège général sur les biens meubles et, à défaut, sur les immeubles de l'employeur bénéficie à **tous les salariés** dans les conditions prévues par le Code civil. Peu importent la nature du travail effectué, le mode et le montant de la rémunération. **70870** C. trav. art. L 3253-1 **O-IV-10100 s**

› Précisions a. Le privilège sur les meubles vient au **4e rang**, après les frais de justice, les frais funéraires et les frais de dernière maladie (C. civ. art. 2331). Il est primé par le privilège du Trésor en cas de recouvrement d'impôts arriérés (C. civ. art. 2327, al. 1 ; CGI art. 1920 s.) et par les privilèges spéciaux (bailleur, vendeur de meubles, créancier nanti...). Il vient en concurrence avec le privilège de l'Urssaf (CSS art. L 243-4, al. 1).
Le privilège sur les immeubles vient au **2e rang** après les frais de justice (C. civ. art. 2375).
b. Les **créances garanties** sont les **rémunérations** des salariés et apprentis pour les 6 derniers mois et des gens de service pour l'année échue et l'année en cours, ainsi que les **indemnités suivantes** (C. civ. art. 2331, 4° et 2375, 2°) :
– indemnité de congés payés ;
– indemnité compensatrice de préavis ;
– indemnité de licenciement dans une certaine limite (n° 49040) ;
– dommages et intérêts pour inobservation de la procédure de licenciement ou pour licenciement sans cause réelle et sérieuse ;
– indemnité de rupture versée aux salariés victimes d'un accident du travail ou d'une maladie professionnelle ;
– indemnité de fin de CDD et dommages et intérêts alloués en cas de rupture anticipée ;
– indemnité de fin de mission versée aux travailleurs temporaires.

SUPERPRIVILÈGE

Le superprivilège, qui prime tous les autres, garantit aux travailleurs, pendant une **période réduite** et selon une procédure simplifiée, le paiement, dans une certaine limite, des salaires leur restant dus en cas d'ouverture d'une **procédure collective** (sauvegarde, redressement ou liquidation judiciaire). **70875** C. trav. art. L 3253-2 à L 3253-4 **O-V-7350 s**

› Précisions a. Les **rémunérations garanties** par le superprivilège sont, dans les limites définies n° 70880, les rémunérations dues :
– aux **salariés** pour les 60 derniers jours de travail. Cette garantie leur est acquise même si leur contrat de travail a pris fin plus de 6 mois avant le jugement déclaratif (Cass. soc. 15-3-1983 n° 82-11.348) ;
– aux **VRP** pour les 90 derniers jours de travail (n° 61240) ;
– aux **marins de commerce** pour les 90 derniers jours de travail ou pour la période de paiement si celle-ci est d'une durée plus longue (C. transp. art. L 5544-60).
b. Sont aussi garantis les **accessoires** de ces rémunérations et notamment : l'indemnité compensatrice et l'indemnité spéciale de licenciement en cas d'**inaptitude médicale** d'origine professionnelle (nos 345 s.), l'indemnité compensatrice de **préavis,** l'indemnité de **fin de mission** versée aux salariés temporaires, l'indemnité de **fin de CDD** et l'indemnité de **congés payés.**

Étendue du superprivilège Les rémunérations garanties par le superprivilège doivent être payées, nonobstant l'existence de toute autre créance privilégiée, jusqu'à concurrence d'un **plafond mensuel** égal au double du plafond mensuel des cotisations de sécurité sociale (n° 90020). **70880** C. trav. art. L 3253-2, al. 2 L 3253-4 D 3253-1 **O-V-7900 s**

Pour les **indemnités de congés payés,** le superprivilège joue jusqu'à concurrence d'un plafond, distinct de celui applicable aux autres sommes, identique à celui établi pour une période de 30 jours de rémunération.

Les **acomptes déjà perçus** viennent en diminution de ces plafonds (Cass. soc. 29-4-1975 n° 73-13.712 P).

Règles de paiement Les créances superprivilégiées, nonobstant toute autre créance, doivent être payées sur ordonnance du juge-commissaire, **dans les 10 jours** du prononcé du jugement d'ouverture de la procédure collective si le débiteur ou l'administrateur dispose des fonds nécessaires. **70885**

C. com. art. L 625-8 L 631-18 L 641-14 0-V-8150 s

Toutefois, avant tout établissement du montant de ces créances, le débiteur ou l'administrateur doit, avec l'autorisation du juge-commissaire et dans la mesure des fonds disponibles, verser immédiatement aux salariés, **à titre provisionnel,** une somme égale à **un mois de salaire** impayé, sur la base du dernier bulletin de salaire, et sans pouvoir dépasser le plafond visé n° 70880.

› Précisions **À défaut de disponibilités,** les sommes dues doivent être acquittées sur les premières rentrées de fonds ou par les organismes gestionnaires au titre de l'assurance des créances des salariés : voir n° 70920.

2. ASSURANCE DES CRÉANCES DES SALARIÉS

CHAMP D'APPLICATION

70900 C. trav. art. L 3253-6 à L 3253-18 0-V-10000 s

Tout employeur de **droit privé,** à l'exclusion des syndicats de copropriétaires, doit assurer ses salariés, y compris ceux détachés à l'étranger ou expatriés au sens du régime d'assurance chômage, pour garantir le paiement de leurs créances en cas de **procédure collective.** Cette obligation se traduit par le paiement d'une **cotisation patronale,** dite « cotisation AGS » (montant n° 90030), ayant la même assiette et recouvrée dans les mêmes conditions que les cotisations d'assurance chômage (n°s 6350 s.).

Ce régime d'assurance est géré par l'**AGS** (Association pour la gestion du régime d'assurance des créances des salariés) via ses centres de gestion et d'étude (**CGEA**), sauf pour le recouvrement des cotisations.

› Précisions **a.** L'AGS couvre aussi les salariés travaillant en France pour un **employeur établi** dans un autre État membre de l'**UE** et mis en liquidation judiciaire dans cet État (Cass. soc. 2-7-2002 n° 99-46.140 FS-PBR : RJS 10/02 n° 1128 ; 3-6-2003 n° 01-41.697 FP-PB : RJS 8-9/03 n° 1020 ; 26-4-2006 n° 03-47.334 F-PB : RJS 7/06 n° 843). Cette solution a été étendue à d'autres cas d'insolvabilité de l'employeur et aux salariés des employeurs établis dans les États de l'**EEE** avec des modalités spécifiques de garantie (C. trav. art. L 3253-18-1 à L 3253-18-9).

b. La garantie AGS peut aussi être invoquée par un **salarié domicilié en France** et **travaillant** dans un pays de l'**UE** pour le compte d'une entreprise française si elle est plus favorable que la garantie offerte par le régime compétent en application des textes européens (Cass. soc. 4-12-2012 n° 11-22.166 FS-PB : RJS 2/13 n° 127).

c. La garantie joue enfin à l'égard des créances des salariés exerçant habituellement leur travail en France, dans le cas d'une procédure collective d'apurement du passif ouverte dans un **pays extérieur à l'UE** ayant fait l'objet d'une décision d'**exequatur** en France (Cass. soc. 3-6-2003 n° 00-45.948 FP-PB : RJS 8-9/03 n° 1020).

d. En revanche, la garantie de l'AGS ne joue pas en cas de **dissolution anticipée** d'une société pour justes motifs et si celle-ci est toujours **in bonis** (Cass. soc. 16-5-2018 n° 16-25.898 F-PB : RJS 8-9/18 n° 538).

SOMMES GARANTIES

70902 C. trav. art. L 3253-8 à L 3253-13 0-V-13000 s

L'assurance couvre, dans la **limite** indiquée n° 70914 et dans les conditions exposées ci-dessous :

– les sommes dues en **exécution** du contrat de travail ;

– les créances résultant de la **rupture** de ce contrat.

Les sommes versées aux salariés au titre de la garantie sont **nettes** des cotisations et contributions sociales salariales d'origines légale et conventionnelle et du prélèvement à la source de l'impôt sur le revenu, l'AGS versant directement aux organismes concernés le montant du précompte.

ATTENTION

Pour être couvertes, les créances salariales doivent avoir été portées sur le **relevé des créances** visé n° 70915 ou avoir été établies par décision du **juge prud'homal.**

70904 C. trav. art. L 3253-8 0-V-13050 s

Sommes dues en exécution du contrat de travail L'assurance couvre les sommes dues aux salariés en exécution du contrat de travail à la **date du jugement d'ouverture** de la procédure de redressement ou de liquidation judiciaire. Il en va ainsi, notamment, de l'indemnité de **congés payés** ou de l'indemnité compensatrice de congés payés pour la période antérieure à l'ouverture de la procédure collective (Cass. soc. 21-11-1989 n° 88-41.012 D : RJS 1/90 n° 25 ; 3-10-1990 n° 87-44.455 D), de la rémunération des **heures supplémentaires** effectuées avant le jugement d'ouverture (Cass. soc. 5-12-2006 n° 04-48.501 F-D : RJS 2/07 n° 226) ou encore des sommes dues en vertu de la **convention** ou de l'**accord collectif** de travail (Cass. soc. 5-4-1995 n° 93-45.577 D : RJS 6/95 n° 652 ; 8-7-1997 n° 94-42.555 PBF : RJS 11/97 n° 1242).

ILLUSTRATIONS

Sont également couverts les **dommages-intérêts** dus en raison de l'**inexécution** par l'employeur d'une **obligation résultant du contrat de travail** :
– défaut d'information sur les droits à repos compensateur (Cass. soc. 16-3-1999 n° 96-45.812 P : RJS 5/99 n° 670) ;
– préjudice lié à la rétention indue d'indemnités journalières (21-2-2007 n° 05-40.364 F-D : RJS 5/07 n° 604) ;
– manquement à l'obligation de sécurité (25-9-2013 n° 12-20.912 FP-PBRI : RJS 12/13 n° 843) ;
– retard dans le paiement des indemnités de rupture (Cass. soc. 10-7-2001 n° 99-43.912 FS-P : RJS 11/01 n° 1292) ;
– paiement tardif des salaires (Cass. soc. 20-6-2007 n° 05-43.453 F-D : RJS 11/07 n° 1182) ;
– non-remise du bulletin de paie, du certificat de travail ou de l'attestation Pôle emploi (Cass. soc. 4-12-2002 n° 00-44.303 F-P : RJS 2/03 n° 199 ; 20-6-2007 n° 05-43.453 F-D : RJS 11/07 n° 1182) ;
– prêt de main-d'œuvre illicite (Cass. soc. 9-11-2004 n° 02-45.048 F-PB : RJS 1/05 n° 44).

De même, l'obligation pour l'employeur de régler les cotisations sociales obligatoires résultant de l'exécution du contrat de travail, l'AGS doit garantir les sommes dues avant le jugement d'ouverture de la procédure au titre de la **régularisation des cotisations sociales** afférentes à la rémunération du salarié (Cass. soc. 24-10-2006 n° 04-46.622 FS-PB : RJS 1/07 n° 61).

70906 C. trav. art. L 3253-8, 1° et 2° L 3253-9 **O-V-13500 s**

Créances liées à la rupture du contrat de travail Sont garanties les créances dues au titre de **toute rupture** du contrat de travail et non du seul licenciement.

L'AGS couvre les **dommages-intérêts** pour licenciement sans cause réelle et sérieuse prononcé avant le jugement d'ouverture de la procédure (Cass. soc. 8-6-1999 n° 97-40.659 P : RJS 7/99 n° 922), pour rupture abusive de la période d'essai (Cass. soc. 24-10-2000 n° 98-41.225 FS-D : RJS 1/01 n° 41) ou encore au titre de la rupture anticipée d'un CDD, y compris la part allouée au titre du préjudice moral (Cass. soc. 12-3-2002 n° 99-44.222 FS-PB : RJS 6/02 n° 659).

Sont aussi garanties les créances résultant de la rupture des contrats de travail, dès lors qu'elle est à l'initiative de l'administrateur judiciaire ou du mandataire liquidateur et non du salarié (Cass. soc. 20-12-2017 n° 16-19.517 FP-PB : RJS 3/18 n° 189), intervenant :
– pendant la **période d'observation** ;
– dans le **mois suivant le jugement** arrêtant le plan de sauvegarde, de redressement ou de cession ;
– en cas de **liquidation judiciaire,** dans les 15 jours (ou 21 jours lorsqu'un plan de sauvegarde de l'emploi est élaboré) suivant le jugement de liquidation et, le cas échéant, pendant le maintien provisoire de l'activité autorisé par ce jugement et dans les 15 jours (ou 21 jours lorsqu'un plan de sauvegarde de l'emploi est élaboré) suivant la fin de ce maintien d'activité.

› Précisions **a.** Pour les salariés bénéficiaires d'une **protection particulière contre le licenciement,** l'AGS couvre les créances résultant d'un tel licenciement dès lors que l'administrateur, l'employeur ou le liquidateur, selon le cas, a manifesté, au cours des périodes ci-dessus, son intention de rompre le contrat de travail, même si la rupture n'intervient qu'après (Cass. soc. 4-7-2006 n° 04-45.930 F-D : RJS 10/06 n° 1069 ; 13-12-2017 n° 16-21.773 FS-PB : RJS 2/18 n° 115).
Ainsi, en cas de nullité du licenciement d'une salariée enceinte, l'AGS doit garantir les **salaires** qui auraient été dus pendant la **période couverte par la nullité** (Cass. soc. 18-11-2020 n° 19-11.686 F-PB : RJS 2/21 n° 88).
b. L'indemnité forfaitaire due à la rupture de la relation de travail en cas de **travail dissimulé** (n° 79200) entre dans le champ de la garantie en cas de rupture antérieure au jugement d'ouverture de la procédure collective (Cass. soc. 21-9-2005 n° 03-45.088 F-D : RJS 12/05 n° 1212) ou intervenant dans les délais ci-dessus (Cass. soc. 12-2-2003 n° 01-40.722 F-D : RJS 4/03 n° 465).
c. L'indemnité de **non-concurrence** constitue une créance résultant de la rupture des contrats de travail, et son paiement doit être garanti par l'AGS même si toutes les échéances ne sont pas encore exigibles (Cass. soc. 20-6-2006 n° 04-48.493 FS-PB : RJS 10/06 n° 1070).
d. L'intervention d'un **jugement modifiant** le **plan de redressement** de l'entreprise rouvre le délai d'un mois de garantie de l'AGS résultant de la rupture du contrat de travail (Cass. soc. 17-10-1990 n° 88-42.713 D : RJS 12/90 n° 974 ; 3-4-1991 n° 90-41.566 P : RJS 5/91 n° 583).
L'**annulation en appel** du jugement ouvrant une procédure de redressement judiciaire à l'égard de l'employeur produit en principe un **effet rétroactif.** Elle s'étend donc aux décisions du juge-commissaire prises dans le cadre de la procédure annulée, notamment à l'autorisation de licencier donnée pendant la période d'observation. L'AGS doit donc garantir les créances indemnitaires des salariés dont le licenciement est ainsi dépourvu de cause réelle et sérieuse (Cass. soc. 24-6-2008 n° 07-41.972 FS-PB : RJS 10/08 n° 998).
e. Une créance, non garantie par l'AGS car antérieure à l'ouverture d'une procédure de sauvegarde de l'employeur toujours en cours, peut ensuite être prise en charge par l'assurance si la procédure de **sauvegarde** est **convertie** en redressement ou liquidation judiciaire (Cass. soc. 21-1-2014 n° 12-18.421 FS-PB : RJS 4/14 n° 323 ; 22-9-2015 n° 14-17.837 FS-PB : RJS 12/15 n° 784).

70907 C. trav. art. L 3253-8, 3° et 4° L 3253-13 O-V-13850 s

En cas de **licenciement économique,** l'assurance ne couvre pas les indemnités de rupture prévues par un accord d'entreprise, d'établissement ou de groupe ou par un accord collectif validé ou une décision unilatérale de l'employeur homologuée (nos 48150 s.) lorsque l'accord a été conclu et déposé ou la décision notifiée **moins de 18 mois** avant le jugement d'ouverture de la procédure ou après son ouverture.

Sont en revanche garanties :

– les créances résultant de la rupture du contrat de travail des salariés auxquels a été proposé un **contrat de sécurisation professionnelle,** y compris les contributions dues par l'employeur dans le cadre de ce contrat et les salaires dus pendant le délai de réponse du salarié, sous réserve que l'administrateur, l'employeur ou le liquidateur, selon le cas, ait proposé ce contrat aux intéressés au cours de l'une des périodes indiquées no 70906 ;

– les **mesures d'accompagnement** résultant d'un plan de sauvegarde de l'emploi déterminé par un accord collectif majoritaire ou par un document élaboré par l'employeur dès lors qu'il a été validé ou homologué, dans les conditions prévues nos 48230 s., avant ou après l'ouverture de la procédure de redressement ou de liquidation judiciaire.

70908 C. trav. art. L 3253-10 L 3253-12 O-V-19850 s

Participation et intéressement Sont aussi couvertes les sommes dues au titre de l'intéressement et de la participation des salariés aux résultats de l'entreprise lorsqu'elles revêtent la forme d'un **droit de créance** sur l'entreprise. Ces sommes sont garanties dans **3 cas** :

– lorsqu'elles sont exigibles à la date du jugement d'ouverture de la procédure ;

– si un plan organisant la sauvegarde ou le redressement judiciaire de l'entreprise intervient à l'issue de la procédure, lorsqu'elles deviennent exigibles, du fait de la rupture du contrat de travail, dans les délais prévus no 70906 ;

– lorsque intervient un jugement de liquidation judiciaire ou un jugement arrêtant le plan de cession totale de l'entreprise.

70910 C. trav. art. L 3253-11 D 3253-3 O-V-20100 s

Autres sommes Sont aussi couverts par l'AGS :

– les **arrérages de préretraite** dus à un salarié ou à un ancien salarié institués par un accord professionnel ou interprofessionnel, une convention collective ou un accord d'entreprise conclu au moins 6 mois avant le jugement d'ouverture de la procédure de sauvegarde ou de redressement judiciaire. Ces créances sont garanties dans les mêmes cas que les sommes visées no 70908 ;

– les sommes dues aux **étrangers** employés irrégulièrement (no 70906, b) ;

– les droits acquis dans le cadre du **compte épargne-temps** (no 30815).

› Précisions Les **arrérages de préretraite** résultant d'un **accord** entre les **représentants du personnel** élus et l'employeur (Cass. soc. 10-4-1991 no 88-45.688 P : RJS 5/91 no 584) ou d'un **engagement unilatéral** de ce dernier (Cass. soc. 2-11-1993 no 90-42.661 D : RJS 12/93 no 1203) ne sont pas garantis.

SOMMES EXCLUES

70912 Ne sont pas couverts par l'AGS :

– les sommes dues par l'employeur au titre d'un **prêt** que lui a consenti le salarié (Cass. soc. 30-11-1999 no 97-41.643 D : RJS 1/00 no 45) ;

– les **dommages-intérêts** alloués pour inexécution d'une **promesse de contrat de travail** (Cass. soc. 19-1-1999 no 96-45.176 D : RJS 4/99 no 515) ;

– certaines sommes liées à des **demandes en justice** : résistance abusive (Cass. soc. 26-1-2000 no 98-44.177 P : RJS 3/00 no 313) ; article 700 du CPC (Cass. soc. 2-3-1999 no 97-40.044 PBR : RJS 4/99 no 515 ; 28-9-2011 no 10-12.278 F-D : RJS 12/11 no 929) ; astreinte prononcée par le juge (Cass. soc. 7-11-1990 no 88-44.098 PF : RJS 12/90 no 976) ; frais d'huissier (Cass. soc. 12-1-1999 no 96-42.585 P : RJS 2/99 no 207).

LIMITES DE LA GARANTIE

70914 C. trav. art. L 3253-17 D 3253-2 D 3253-5 O-V-20850 s

Le **montant maximal** de la garantie, toutes créances du salarié confondues, est fixé comme suit :

Date de conclusion du contrat de travail	Montant maximal de la garantie
Au moins 2 ans avant la date du jugement d'ouverture de la procédure collective	6 fois le plafond mensuel retenu pour le calcul des cotisations d'assurance chômage (82 272 € en 2021)
Moins de 2 ans et 6 mois au moins avant la date ci-dessus	5 fois le plafond mensuel susvisé (68 560 € en 2021)
Moins de 6 mois avant la date ci-dessus	4 fois le plafond mensuel susvisé (54 848 € en 2021)

Par exception, en cas de **liquidation judiciaire,** le montant maximal de la garantie est égal à 3 fois le plafond mensuel de sécurité sociale (10 284 € en 2021) pour un mois et demi de salaire et à 2 fois ce plafond (6 856 € en 2021) pour un mois de salaire.

> **Précisions a.** Le montant maximal de la garantie s'**apprécie à la date** à laquelle est due la créance du salarié et, au plus tard, à la date du jugement arrêtant le plan ou prononçant la liquidation judiciaire. Il **inclut** les cotisations et contributions sociales salariales d'origines légale et conventionnelle et le prélèvement à la source de l'impôt sur le revenu.
> **b.** Lorsque la créance d'un salarié, diminuée des **paiements partiels** déjà effectués par des tiers pour le compte de l'employeur, reste **supérieure au maximum** garanti, c'est le maximum qui doit être réglé par le CGEA. Celui-ci ne peut **pas imputer** ces paiements partiels sur la somme dont il est redevable (Cass. soc. 22-10-1981 nº 80-13.001).

VÉRIFICATION DES CRÉANCES

Le mandataire judiciaire (représentant des créanciers) établit un **relevé des créances salariales,** contrôlé par le représentant des salariés, visé par le juge-commissaire, déposé au greffe du tribunal et remis au CGEA compétent. Cette procédure a lieu dans les **délais** fixés par les articles L 3253-19 du Code du travail, L 625-1 et R 625-1 à R 625-7 du Code de commerce. **70915** C. trav. art. L 3253-19 C. com. art. L 625-1 L 631-18 L 641-14 R 625-1 à R 625-7 R 631-32 R 641-33 **O-V-3200 s**

Un **avis** indiquant que l'ensemble des relevés des créances est déposé au greffe du tribunal de commerce doit être publié dans un support habilité à recevoir les **annonces légales** du département du siège de la personne morale ou de l'adresse de l'entreprise et, le cas échéant, dans le département de chacun de ses établissements secondaires, au plus tard 3 mois après l'expiration de la dernière période de garantie visée nºs 70902 s.

Le mandataire judiciaire informe par tout moyen chaque salarié de la nature et du montant des **créances admises ou rejetées,** lui indique la date du dépôt au greffe du relevé des créances et lui rappelle le délai de forclusion (nº 70925).

> **Précisions** Pour accomplir sa mission, le **représentant des salariés** doit recevoir communication de tous documents et informations utiles de la part du débiteur. Il appose sa signature sur les relevés en formulant au besoin des réserves ou observations. En l'absence de signature, le juge-commissaire entend le représentant des salariés.

Mesures Covid-19 **70917**

Pour les procédures en cours au 27-11-2020 et jusqu'au 31-12-2021 inclus, afin d'accélérer la prise en charge par l'AGS, les relevés des créances salariales doivent être transmis à celle-ci dès lors qu'ils sont établis, sous la seule signature du mandataire judiciaire (Ord. 2020-1443 du 25-11-2020, art. 2) : voir FRS 23/20 inf. 6 p. 9.

RÈGLEMENT DES CRÉANCES

Faute de pouvoir être payées sur les **fonds disponibles** de l'entreprise avant l'expiration des délais d'établissement des relevés de créance, les sommes couvertes par l'assurance sont **avancées** par le CGEA compétent sur présentation desdits relevés. **70920** C. trav. art. L 3253-15 L 3253-16 L 3253-20 L 3253-21 C. com. art. L 622-19 **O-V-21550 s**

> **Précisions a.** Dans le cas d'une **procédure de sauvegarde,** le mandataire judiciaire doit justifier de l'insuffisance caractérisée des fonds disponibles. En cas de contestation du CGEA, l'avance des fonds est soumise à l'autorisation du juge-commissaire.
> **b.** Le CGEA doit **verser** ces sommes au représentant des créanciers dans un **délai** de 5 ou 8 jours, selon la nature des créances, suivant la réception des relevés de créance. Le représentant des créanciers **reverse immédiatement** les sommes aux salariés intéressés. Par exception, l'avance des contributions de l'employeur au financement du **contrat de sécurisation professionnelle** est versée directement à Pôle emploi.
> Le CGEA doit avancer les sommes comprises dans les relevés, même en cas de **contestation par un tiers,** et celles correspondant à des créances établies par **décision de justice** exécutoire même si les délais de garantie sont expirés. Les décisions de justice sont de plein droit opposables à l'AGS.
> **c.** Les sommes avancées par le CGEA sont **déclarées** à l'administration fiscale et aux organismes concernés par le mandataire de justice. Pour ces sommes, les CGEA sont subrogés dans les droits des salariés.

CONTESTATIONS

Le **salarié** dont la créance est omise en tout ou partie sur le relevé des créances peut saisir le **conseil de prud'hommes** dans les 2 mois à compter de la publication de l'avis mentionné nº 70915 et demander à être **assisté** ou **représenté** par le représentant des salariés devant cette même juridiction. Le litige est porté directement devant le bureau de jugement. **70925**

C. com. art. L 622-26 L 625-1, al. 2 L 625-3 à L 625-6 L 631-18 L 641-14 R 624-8 R 625-3 R 625-6 R 625-7 **O-V-4600 s**

› Précisions **a.** Le **délai de forclusion** ne court pas lorsque le mandataire judiciaire (représentant des créanciers) n'a **pas informé** le salarié sur ce délai et sur son point de départ comme prévu nº 70915 (Cass. soc. 25-6-2002 nº 00-44.704 FS-PBRI : RJS 10/02 nº 1127) ou lorsque le relevé des créances n'a **pas été établi dans les délais légaux** (Cass. soc. 26-2-2003 nº 00-46.174 F-P : RJS 5/03 nº 612).

Le salarié dont la **créance** a été **omise** peut être relevé de la forclusion par le conseil de prud'hommes dans les 6 mois à compter de la publication du jugement d'ouverture (Cass. soc. 24-1-2018 nº 16-16.503 FS-PB et nº 16-16.504 FS-D : RJS 4/18 nº 263). Il en résulte que la saisine du conseil de prud'hommes par le salarié qui conteste la décision du mandataire judiciaire emporte nécessairement **demande de relevé de forclusion** lorsqu'il introduit la procédure après l'expiration du délai de 2 mois (Cass. soc. 26-3-2003 nº 01-41.747 F-P : RJS 6/03 nº 744).

b. Les **instances** déjà **en cours** devant le conseil de prud'hommes à la date du jugement d'ouverture du redressement judiciaire sont poursuivies devant cette même juridiction.

c. Lorsque le **CGEA refuse** pour quelque cause que ce soit de régler une créance figurant sur un relevé des créances résultant d'un contrat de travail, il le notifie au représentant des créanciers qui en informe immédiatement le représentant des salariés et le salarié concerné. Ce dernier, et lui seul, peut saisir le conseil de prud'hommes ; cette action n'est soumise à aucune forclusion (Cass. soc. 1-2-2001 nº 97-45.009 P : RJS 4/01 nº 452).

d. Les **tiers**, comme le dirigeant social justifiant d'un intérêt propre (Cass. soc. 17-5-2017 nº 14-28.820 FS-PB : RJS 8-9/17 nº 582), peuvent former contre les relevés des créances des salariés une **réclamation** sous forme de déclaration au greffe ou une **tierce opposition.** Le **délai** pour former une réclamation est d'un mois à compter de la publication au Bulletin officiel des annonces civiles et commerciales (Bodacc) d'une insertion indiquant que l'état des créances (c'est-à-dire les listes des créances et des relevés des créances résultant du contrat de travail) est constitué et déposé au greffe.

3. PROTECTION CONTRE LES CRÉANCIERS DU SALARIÉ

SAISIE ET CESSION

70940 C. trav. art. L 3252-1 **O-IV-6100 s**

Du fait de son caractère alimentaire, le salaire est **protégé** contre les saisies que les créanciers du salarié peuvent pratiquer entre les mains de l'employeur ou les cessions que le salarié a pu consentir à ses créanciers.

› Précisions Ce régime protecteur s'applique aux **sommes** dues à titre de rémunération à **toute personne** salariée ou travaillant, à quelque titre ou en quelque lieu que ce soit, pour un ou plusieurs employeurs, quels que soient le montant et la nature de sa rémunération, la forme et la nature de son contrat.

Peu importe que le contrat de travail soit rompu au moment de la saisie : le régime protecteur s'applique aux rémunérations dues par l'employeur à son **ancien salarié** (Cass. ass. plén. 9-7-2004 nº 02-21.040 P : RJS 11/04 nº 1149).

70945 C. trav. art. L 3252-2 à L 3252-5 R 3252-2 R 3252-3 R 3252-5 R 3252-40 **O-IV-6400 s** **O-IV-6950 s**

Quotité saisissable ou cessible La fraction saisissable ou cessible de la rémunération s'obtient en appliquant à celle-ci le **barème** donné nº 70947.

En l'absence de précision fournie par les textes sur les modalités pratiques de **calcul,** l'administration préconise d'appliquer les tranches annuelles du barème à la rémunération cumulée des 12 derniers mois et de diviser le résultat obtenu par le nombre de paies de la période, soit 12 pour les salariés payés mensuellement (Circ. 23-12-1992, réputée abrogée). Il est aussi possible de calculer la quotité saisissable à partir du salaire net du mois au cours duquel la saisie est opérée (CA Besançon 8-2-1984 nº 81).

Par exception, les **pensions alimentaires** peuvent être prélevées sur l'intégralité de la rémunération (sur sa fraction insaisissable puis, si nécessaire, sur sa fraction saisissable).

En toute hypothèse, la saisie ou la cession ne peut avoir pour effet de réduire la somme laissée à la disposition du salarié à un niveau inférieur au montant forfaitaire du **RSA** pour une personne seule (montant indiqué dans notre rubrique chiffres et taux sur www.efl.fr).

› Précisions **a.** Dans tous les cas, la **rémunération** à considérer comprend le salaire et ses accessoires, ainsi que les avantages en nature. Elle s'entend après déduction des cotisations sociales obligatoires, de la CSG, de la CRDS et du prélèvement à la source de l'impôt sur le revenu. Elle comprend, selon l'administration, les pourboires centralisés par l'employeur, les indemnités de congés payés, les indemnités compensatrices de préavis, les allocations de chômage-intempéries dans le bâtiment (Circ. 23-12-1992, précitée). En sont, en revanche, exclues les indemnités et allocations pour charges de famille, les sommes allouées à titre de remboursements de frais professionnels et les indemnités insaisissables. Pour les autres sommes (indemnités de licenciement, intéressement, etc.), se reporter à l'étude consacrée à chacune d'elles.

b. Pour les salariés à **employeurs multiples,** la fraction saisissable est calculée à partir de l'ensemble des rémunérations perçues par le salarié. Les retenues sont opérées par les différents employeurs selon les modalités fixées par décret.
c. Les seuils du barème sont affectés d'une majoration (voir montant nº 70947) pour chaque **personne à charge,** c'est-à-dire : conjoint, pacsé ou concubin du salarié, dont les ressources personnelles sont inférieures au montant forfaitaire du RSA pour une personne seule ; enfant ouvrant droit aux prestations familiales et se trouvant à la charge effective et permanente du salarié ou pour le compte duquel il verse une pension alimentaire ; ascendant dont les ressources personnelles sont inférieures au montant forfaitaire du RSA pour une personne seule et qui habite avec le salarié ou à qui ce dernier verse une pension alimentaire.

Barème 2021 des saisies et cessions de rémunérations Les seuils du barème ci-dessous, qui s'applique aux rémunérations versées depuis le 1-1-2021, sont augmentés de 1 490 € par **personne à charge** du débiteur, sur justificatif présenté par l'intéressé. **70947**
La saisie ne peut en aucun cas ramener la part de la rémunération laissée au salarié à un montant inférieur au montant forfaitaire du RSA pour une personne seule (montant indiqué dans notre rubrique chiffres et taux sur www.efl.fr).

Tranche de rémunération annuelle	Fraction saisissable ou cessible
– inférieure ou égale à 3 870 €	1/20
– supérieure à 3 870 € et inférieure ou égale à 7 550 €	1/10
– supérieure à 7 550 € et inférieure ou égale à 11 250 €	1/5
– supérieure à 11 250 € et inférieure ou égale à 14 930 €	1/4
– supérieure à 14 930 € et inférieure ou égale à 18 610 €	1/3
– supérieure à 18 610 € et inférieure ou égale à 22 360 €	2/3
– supérieure à 22 360 €	totalité

Procédure L'**acte de saisie,** établi par le greffier du tribunal judiciaire, est **notifié à l'employeur** par lettre recommandée avec demande d'avis de réception. La notification est régulièrement faite à l'adresse préalablement indiquée par le ou les créanciers. En cas de retour au greffe de l'avis de réception non signé, la date de notification à l'égard du destinataire est celle de la présentation. **70950** C. trav. art. L 3252-6 L 3252-9 L 3252-10 R 3252-6 R 3252-23 à R 3252-28 R 3252-37 à R 3252-39 R 3252-45 à R 3252-48 **O-IV-7600 s**

› Précisions a. Dans les 15 jours de la notification, l'**employeur** doit faire connaître au greffe du tribunal la nature du contrat de travail le liant au salarié (CDI ou CDD), sous peine d'une amende civile d'au plus 10 000 € et de dommages-intérêts. Il doit, dans les 8 jours, informer ce greffe de tout événement qui suspend la saisie ou y met fin et, notamment, de la rupture du contrat de travail.
b. L'employeur doit **verser tous les mois** les sommes retenues sur le salaire au greffe du tribunal. À défaut, il est déclaré personnellement débiteur par une ordonnance du juge, qui lui est notifiée.
c. En cas de **concours de procédures,** l'employeur doit régler par ordre de **priorité** la créance alimentaire pour laquelle une demande en paiement direct lui a été notifiée, la créance du Trésor public ayant fait l'objet d'une saisie administrative à tiers détenteur (Mémento paie nºs 15470 s.), puis les créances faisant l'objet d'une saisie de droit commun. L'employeur informe le comptable public de la saisie en cours.
d. La **cession** de salaire est notifiée à l'employeur, à la demande du cessionnaire, par le greffe du tribunal dans le délai d'un an, à peine de péremption. L'employeur verse directement au cessionnaire les sommes retenues sur salaire. Toutefois, en cas de **survenance d'une saisie** et sur avis du greffe, l'employeur suspend les versements au cessionnaire pour les effectuer à l'ordre du régisseur auprès du tribunal.

COMPENSATION

La loi limite les possibilités pour l'employeur, créancier du salarié, d'effectuer des **retenues** sur la rémunération de celui-ci. Lorsqu'elle est autorisée, la compensation est possible si les **dettes réciproques** sont fongibles (susceptibles de se remplacer), certaines (non contestées), liquides (déterminées dans leur montant) et exigibles (dont le terme est échu). Elle s'opère, à due concurrence, sous réserve d'être invoquée, à la date où ses conditions sont réunies. **70955** C. civ. art. 1347 à 1348-2 **O-IV-1000 s**

Créances de l'employeur liées à des fournitures Aucune compensation ne peut s'opérer au profit de l'employeur entre le montant des rémunérations qu'il doit au salarié et les sommes qui lui seraient dues pour **fournitures diverses,** quelle qu'en soit la nature, à l'**exception** toutefois, dans la limite de la fraction saisissable (nº 70945), des outils et **70960** C. trav. art. L 3251-1 L 3251-2 **O-IV-2450 s**

instruments nécessaires au travail, des matières ou matériaux dont le salarié a la charge et l'usage, et des sommes avancées pour l'acquisition de ces mêmes objets.

ATTENTION

Si la créance invoquée par l'employeur consiste en des **dommages-intérêts** qui lui seraient dus par le salarié en raison d'un préjudice qu'il a causé dans l'exécution de son contrat de travail, la compensation n'est possible que si les conditions de mise en jeu de la responsabilité civile du salarié envers l'employeur sont remplies, ce qui suppose l'existence d'une **faute lourde.** À défaut, une retenue opérée sur le salaire en compensation du coût de renouvellement d'un **badge détérioré** ne peut pas être validée (Cass. soc. 20-4-2005 nº 03-40.069 FS-PBRI : RJS 6/05 nº 636).

70965 ILLUSTRATIONS

Ne constitue pas une fourniture diverse le **titre-restaurant** : l'employeur peut donc prélever la part incombant au salarié sur son salaire sans se voir opposer l'interdiction de compensation (Cass. soc. 1-3-2017 nº 15-18.333 F-PB : RJS 5/17 nº 334). En revanche est interdite la compensation entre des **fournitures à prix réduit** et les sommes dues pour **heures supplémentaires** (Cass. soc. 17-9-2015 nº 14-10.578 F-D : RJS 12/15 nº 782).

La retenue sur salaire pour le remboursement des **contraventions** afférentes à un véhicule professionnel mis au service du salarié est illégale, même si le contrat de travail la prévoit (Cass. soc. 11-1-2006 nº 03-43.587 F-P : RJS 3/06 nº 347), le salarié ne pouvant pas renoncer par avance aux dispositions d'ordre public limitant les cas de compensation entre le salaire et les sommes dues à l'employeur (Cass. soc. 8-7-2015 nº 13-25.681 FS-PB : RJS 10/15 nº 680).

70970 C. trav. art. L 3251-3 O-IV-1960 s

Avances en espèces L'employeur qui fait une avance en espèces au salarié ne peut se rembourser qu'au moyen de **retenues successives** ne dépassant pas le dixième du montant des salaires exigibles.

La retenue opérée dans ce cas ne se confond pas avec la **partie saisissable** ou **cessible** du salaire. Elle reste donc possible même si le salaire a été saisi ou cédé dans les proportions légales.

> Précisions a. La règle du dixième vaut pour la récupération d'un trop-perçu constaté lors de la régularisation du **lissage des salaires,** celui-ci étant assimilable à une avance en espèces (Cass. soc. 3-11-2011 nº 10-16.660 FS-PB : RJS 1/12 nº 41).
b. Les avances en espèces doivent être distinguées des **acomptes** qui correspondent à un travail déjà effectué et peuvent être compensés en totalité avec les salaires dus.

70975 **Autres créances de l'employeur** La compensation pour autres créances est possible, mais dans la **limite** de la portion saisissable du salaire définie nº 70945.

ILLUSTRATIONS

Peuvent, par exemple, être compensées dans ces conditions avec le salaire : les **rémunérations indûment versées** (nº 70730), dont celles payées au titre du maintien de salaire pendant la prise de repos compensateurs de remplacement non ouverts (Cass. soc. 5-4-2018 nº 16-26.712 F-D : RJS 6/18 nº 417), les **cotisations salariales** payées par l'employeur à l'occasion d'un redressement Urssaf (Cass. soc. 25-2-1997 nº 94-44.788 P : RJS 4/97 nº 462), les sommes dues à l'employeur en application d'une clause de **dédit-formation** (Cass. soc. 21-3-2000 nº 99-40.003 P : RJS 6/00 nº 676), les sommes versées par l'employeur en exécution d'une **caution** donnée au salarié (Cass. soc. 6-3-1980 nº 78-41.082) ou d'une **ordonnance infirmée** (Cass. soc. 19-10-2017 nº 16-11.617 F-PB : RJS 1/18 nº 31), et les sommes dues par un salarié ayant commis au préjudice de son employeur un **délit** pour lequel il a été **sanctionné pénalement** (Cass. soc. 6-3-1980 nº 78-40.491).

SANTÉ ET SÉCURITÉ AU TRAVAIL

SOMMAIRE

A. Prévention des risques professionnels

Les règles relatives à la santé et à la sécurité au travail sont nombreuses et complexes. Pour limiter les risques d'accidents du travail et de maladies professionnelles, une **politique de prévention** doit être menée dans chaque entreprise, adaptée à ses spécificités. 71200 A-I-1180 s

Sont essentiellement exposées ci-après les règles du Code du travail.

L'employeur peut obtenir des **consignes, affiches et dossiers** concernant les prescriptions de sécurité auprès de l'Institut national de recherche et de sécurité (**INRS** : 65, boulevard Richard-Lenoir 75011 Paris ; tél. : 01 40 44 30 00 ; www.inrs.fr).

L'employeur peut également être tenu d'appliquer des règles édictées par les caisses d'assurance retraite et de la santé au travail (**Carsat**).

S'agissant du rôle du **CSE** en matière de santé et sécurité, voir n°s 9420 s. (entreprise de moins de 50 salariés) et n°s 9202 (entreprise d'au moins 50 salariés).

Sur la **commission santé et sécurité,** voir n° 9010.

Sur les mesures susceptibles de figurer dans le **règlement intérieur,** voir n°s 59890 s.

Sur les règles particulières liées à l'épidémie de **Covid-19**, voir n° 71327.

› Précisions **a.** L'employeur doit observer les **règles de prévention** fixées par la Carsat (n° 54760) à son endroit (qu'il peut contester auprès du Dreets ; du Direccte avant le 1-4-2021) ou pour tous les employeurs exerçant une même activité ou utilisant un même matériel dans la circonscription de la caisse (CSS art. L 422-4 et R 422-5). La **Cnam** (n° 54755) peut étendre, par arrêté, à l'ensemble du territoire, des mesures édictées par une Carsat (CSS art. L 422-1). Toute infraction à ces mesures peut être punie de l'**amende** prévue pour les contraventions de 5e classe (n° 67285), appliquée autant de fois qu'il y a de salariés concernés (CSS art. R 471-1).

b. La Carsat peut également : accorder des **avances** ou des **subventions** aux entreprises de moins de 200 salariés participant à des programmes de prévention (CSS art. L 422-5 ; Arrêté ETSS1031394A du 9-12-2010) ; accorder des **ristournes** sur cotisations en cas de politique de prévention efficace (n° 23555) ; faire procéder à des **enquêtes.** En cas d'obstacle à la mission des agents de contrôle, l'employeur encourt une **pénalité** d'un montant maximal de 7 500 € par salarié, dans la limite de 750 000 €, ce plafond étant doublé en cas de nouveau manquement dans les 5 ans (CSS art. L 422-3, L 243-11 et L 243-12-1).

c. L'employeur doit, sous peine de l'**amende** prévue pour les contraventions de la 3e classe (nº 67285), **déclarer** par lettre recommandée à la CPAM (en double exemplaire) et à l'inspection du travail les **procédés de travail** susceptibles de provoquer des maladies professionnelles (CSS art. L 461-4, R 461-4 et R 471-5).

d. Les entreprises du **BTP** doivent verser des **cotisations** à l'organisme professionnel de prévention du bâtiment et des travaux publics (**OPPBTP**). Pour 2021, le taux de cette cotisation est fixé à 0,11 % du montant des salaires versés par l'employeur, y compris le montant des indemnités de congés payés pour lesquelles une cotisation est perçue par les caisses de congés payés instituées dans la branche. Pour le calcul de la contribution due au titre des **travailleurs temporaires** auxquels font appel ces entreprises, le salaire de référence horaire est fixé à 13,15 €, ce montant comprenant l'indemnité compensatrice de congés payés (Arrêté MTRT2034706A du 10-12-2020 : JO 20).

e. Un **Ani du 9-12-2020** réaffirme le caractère prioritaire de la prévention et prévoit un certain nombre de mesures visant à renforcer celle-ci ; leur application est subordonnée à leur transposition législative ou règlementaire.

1. CHAMP D'APPLICATION

71220 Tous les employeurs de **droit privé** sont tenus de respecter les règles de santé et de sécurité prescrites par le Code du travail. Celles-ci bénéficient à l'**ensemble des salariés,** quelle que soit la nature de leur contrat de travail, ainsi qu'aux intérimaires et aux stagiaires.

C. trav. art. L 4111-1 à L 4111-5 **P-I-200 s** **P-I-620 s**

Les règles peuvent être aménagées pour les salariés en **CDD** (nº 20060) ou en **intérim** (nº 82350), les **jeunes travailleurs** (nºs 45525 s.) ou les **femmes** (nº 71565), en particulier les femmes **enceintes** (nºs 51250 s.).

› Précisions a. Sont également soumis aux règles prévues par le Code du travail, sous réserve d'adaptations éventuelles prévues par décret : les **établissements publics** administratifs employant du personnel dans les conditions du droit privé et les établissements publics à caractère industriel et commercial ; les établissements publics de **santé, sociaux et médico-sociaux** (C. trav. art. L 4111-1).

b. Les **ateliers** des établissements publics ou privés dispensant un **enseignement** technique ou professionnel et ceux des établissements et **services sociaux et médico-sociaux** sont soumis à certaines dispositions, tant pour les élèves que pour le personnel, dans des conditions fixées par décret (C. trav. art. L 4111-3).

c. Des dispositions particulières sont prévues pour le secteur de l'**agriculture** (voir Mémento agriculture nºs 60700 s.), pour les entreprises d'armement **maritime** (C. transports art. L 5545-1 à L 5545-14) et pour les **mines** et **carrières** et leurs dépendances (C. minier art. L 180-1).

d. Pour les **seniors,** l'Ani du 13-10-2005 (étendu par arrêté SOCT0611524A du 12-7-2006) préconise la recherche de compatibilité entre le poste de travail et les capacités des salariés (par exemple, adaptations de poste et des horaires de travail décidés avec les représentants du personnel et le médecin du travail).

2. PRINCIPES GÉNÉRAUX DE PRÉVENTION

a. Obligations de l'employeur

71250 L'employeur est également tenu vis-à-vis des salariés d'une **obligation de sécurité** et de protection de la santé (Cass. 2e civ. 8-10-2020 nº 18-25.021 FS-PBI : RJS 12/20 nº 624), dont il doit assurer l'effectivité (jurisprudence constante, notamment Cass. soc. 28-2-2006 nº 05-41.555 FS-PBRI : RJS 5/06 nº 555 ; 20-3-2013 nº 12-14.468 F-D : RJS 6/13 nº 454). Pour cela, il doit **prendre toutes les mesures** visant à assurer la sécurité et protéger la santé physique et mentale des travailleurs : actions de prévention des risques professionnels, du harcèlement moral et sexuel, des agissements sexistes, actions d'information et de formation (nºs 71280 s.), mise en place d'une organisation et de moyens appropriés, respect de la réglementation en la matière et adaptation des mesures de prévention pour tenir compte du changement des circonstances et tendre à l'amélioration des situations existantes.

C. trav. art. L 4121-1 L 4121-2 **P-I-1100 s**

En cas de risque avéré ou d'accident, l'employeur engage sa **responsabilité,** sauf s'il démontre avoir pris les mesures générales de prévention nécessaires et suffisantes pour l'éviter, ce qu'il appartient aux juges du fond d'apprécier souverainement (Cass. soc. 25-11-2015 nº 14-24.444 FP-PBRI : RJS 2/16 nº 123). Il en est ainsi même en cas de harcèlement moral (nº 17080).

Le manquement à l'obligation de sécurité peut également caractériser une **faute inexcusable** de l'employeur en cas d'accident du travail ou de maladie professionnelle : voir nºs 1295 s.

› Précisions a. Un manquement de l'employeur à son obligation de sécurité a par exemple été retenu, outre en cas d'**accident du travail** ou de **maladie professionnelle,** en cas de : **violence** physique ou morale entre collègues (nº 17055, a), non-respect de l'**interdiction**

de fumer (n° 71490, e), climat d'**insécurité** avéré (Cass. soc. 6-10-2010 n° 08-45.609 F-D : RJS 1/11 n° 47), notamment à l'étranger (n° 78240).

b. Tout salarié exposé à l'**amiante** (et non susceptible de bénéficier de la préretraite amiante : voir n° 57277) ou à toute **substance nocive ou toxique** (Cass. soc. 11-9-2019 n° 17-24.879 FP-PB : RJS 11/19 n° 635), y compris à l'occasion de sa mise à disposition auprès d'une autre société (Cass. soc. 30-9-2020 n° 19-10.352 FS-PB : RJS 12/20 n° 596), peut agir contre son employeur sur le fondement des règles régissant l'obligation de sécurité afin d'obtenir réparation de son **préjudice d'anxiété** face au risque de développer une pathologie grave, à condition d'apporter la preuve de ce préjudice (Cass. ass. plén. 5-4-2019 n° 18-17.442 FS-PBRI : RJS 6/19 n° 360 ; Cass. soc. 11-9-2019 n°s 17-18.311 et 17-26.879 FP-PB : RJS 11/19 n° 636). L'action en réparation se **prescrit** par 2 ans à compter de la date à laquelle le salarié a eu connaissance du risque de développer une pathologie qui ne peut pas être antérieure à la date à laquelle son exposition à la substance dangereuse a pris fin (Cass. soc. 8-7-2020 n° 18-26.585 FS-PB : RJS 10/20 n° 472).

c. Une **réorganisation,** susceptible de compromettre la santé et la sécurité des salariés, peut être suspendue par le juge judiciaire, sauf si l'employeur justifie qu'il a adopté des mesures de prévention (Cass. soc. 5-3-2008 n° 06-45.888 FS-PBR : RJS 5/08 n° 509 ; 22-10-2015 n° 14-20.173 FP-PB : RJS 1/16 n° 33). S'agissant toutefois d'une restructuration dans le cadre d'un PSE : voir 48250.

d. Un manquement de l'employeur peut ouvrir droit pour le salarié à des **dommages-intérêts** (Cass. soc. 17-2-2010 n° 08-44.298 F-D : RJS 5/10 n° 435) s'il justifie d'un préjudice (Cass. soc. 9-12-2020 n° 19-13.470 FS- PB : RJS 2/21 n° 92), justifier une demande de **résiliation judiciaire** du contrat de travail (n° 69190, a) ou la **prise d'acte** de sa rupture par le salarié (Cass. soc. 3-2-2010 n°s 08-44.019 FP-PBR et 08-40.144 FP-PBR : RJS 4/10 n° 348), sauf si l'employeur apporte la preuve contraire et démontre qu'il avait pris les mesures nécessaires (Cass. soc. 23-1-2019 n° 17-18.771 F-D : RJS 4/19 n° 2014).

e. Sur le **refus du salarié de travailler** en cas de non-respect des règles de sécurité, voir n° 16940, b.

NOMINATION D'UN RESPONSABLE PRÉVENTION

Après avis du CSE, l'employeur doit désigner ou recruter un ou plusieurs **salariés compétents** en matière de santé et de sécurité (communément appelés responsables prévention ou préventeurs) pour l'assister dans ses missions de prévention ou, en l'absence de telles compétences, faire appel à des **intervenants extérieurs.** Sauf délégation de pouvoirs, leur désignation n'exonère pas l'employeur de sa **responsabilité** (Circ. DGT 13 du 9-11-2012, réputée abrogée). **71260** C. trav. art. L 4644-1 R 4644-1 à D 4644-11 **P-I-2360 s**

› Précisions **a.** Le Code du travail prévoit toujours que les **salariés désignés** peuvent bénéficier de la même formation que celle qui était prévue pour les membres du CHSCT (C. trav. art. L 4644-1, al. 2). Bien que ce texte n'a pas été mis à jour, les intéressés devraient, à notre sens, pouvoir bénéficier de la formation visée n° 8937 pour les membres du CSE. Ils doivent disposer du temps et des moyens nécessaires à leurs missions et ne peuvent pas subir de discriminations en raison de celles-ci.

b. Les **intervenants extérieurs** en prévention des risques professionnels sont ceux du service de santé au travail interentreprises auquel l'employeur adhère ou ceux enregistrés auprès de l'administration (liste diffusée sur le site internet de chaque Dreets ; Direccte avant le 1-4-2021). Il peut aussi faire appel aux services de prévention des caisses de sécurité sociale, à l'organisme professionnel de prévention du bâtiment et des travaux publics (OPPBTP) ou à l'Agence nationale pour l'amélioration des conditions de travail (Anact). Ces intervenants ont accès à tous les documents non nominatifs obligatoires en matière de santé et de sécurité sous réserve de respecter leur confidentialité. Ils ne peuvent réaliser des actes relevant de la compétence du médecin du travail.

ÉVALUATION DES RISQUES

L'employeur doit évaluer les risques dans **chaque unité de travail,** en tenant compte de l'impact différencié de l'exposition à ceux-ci en fonction du sexe. Les résultats de l'évaluation doivent être répertoriés dans un **document unique** d'évaluation des risques (DUER), papier ou numérique, **mis à jour** au moins une fois par an et lors de toute décision d'aménagement important modifiant les conditions de santé, de sécurité ou de travail, ou quand est recueillie une information supplémentaire : nouvelles connaissances scientifiques et techniques, survenance d'un accident du travail, nouvelles règles de sécurité. **71270** C. trav. art. L 4121-3 R 4121-1 à R 4121-4 R 4741-1 **P-I-2110 s**

En **annexe** sont consignées les données collectives utiles à l'évaluation des expositions individuelles aux risques professionnels, de nature à faciliter la déclaration au titre du compte professionnel de prévention (n°s 71340 s.) et la proportion de salariés exposés à ces risques au-delà des seuils réglementaires.

Le document doit être **tenu à la disposition** des travailleurs, des membres du CSE, du médecin du travail et des professionnels de santé visés n° 72300, des agents de l'inspection du travail, des inspecteurs de la radioprotection en cas de risque lié aux rayonnements ionisants, des agents des services de prévention des organismes de sécurité sociale et de l'OPPBTP. Un avis indiquant les **modalités d'accès** des travailleurs au document doit être **affiché** dans l'entreprise, le cas échéant, au même endroit que le règlement intérieur.

Le document est utilisé pour l'élaboration du **rapport écrit** et du **programme de prévention** des risques devant être présentés au CSE (nº 9290, d).

› Précisions **a.** Une **unité de travail** peut correspondre à un seul poste, à plusieurs types de postes ou à des situations de travail présentant les mêmes caractéristiques. Elle ne se limite pas forcément à une activité fixe et peut couvrir des lieux différents (Circ. DRT 6 du 18-4-2002).

b. S'il a été jugé que l'**association des représentants du personnel** au processus de mise en œuvre de la démarche de prévention n'impose pas que le CSE intervienne dans l'évaluation des risques qui incombe à l'employeur ni dans l'élaboration et la mise à jour du DUER (TJ Le Havre 7-5-2020 nº 20/00143 : RJS 7/20 nº 355), d'autres juridictions se sont, en revanche, prononcées en faveur de la consultation du CSE au préalable (CA Versailles 24-4-2020 nº 20/01993 : RJS 7/20 nº 351).

c. En cas d'**absence** d'établissement conforme du DUER ou de **mise à jour,** l'employeur est passible de l'**amende** prévue pour les contraventions de 5e classe (nº 67285) et peut être condamné à verser des **dommages-intérêts** aux salariés (Cass. soc. 8-7-2014 nº 13-15.470 FS-PB : RJS 10/14 nº 703), si ceux-ci démontrent avoir subi un préjudice (Cass. soc. 25-9-2019 nº 17-22.224 F-D : RJS 12/19 nº 702).

d. La non-mise à disposition du DUER à l'égard des représentants du personnel constitue un **délit d'entrave** (nos 62700 s.) et, à l'égard des agents de contrôle de l'inspection du travail, une infraction punie par l'**amende** prévue pour les contraventions de 3e classe (nº 67285) en raison de son **droit à communication** des documents obligatoires (nº 43740), ou un **délit d'obstacle** à leur mission si ce défaut est volontaire (nº 43770).

e. Des **brochures** d'aide à l'évaluation des risques sont éditées par l'INRS et peuvent être consultées sur son site internet (nº 71200).

FORMATION DES TRAVAILLEURS

71280 C. trav. art. L 4141-2 à L 4143-1 R 4141-1 à R 4143-2 **P-I-3300 s**

L'employeur doit organiser une formation à la sécurité **au bénéfice** des travailleurs nouvellement embauchés, changeant de poste de travail ou de technique, temporaires (sauf s'ils sont qualifiés et affectés à l'exécution de travaux urgents nécessités par des mesures de sécurité : nº 82350, b) et, sur demande du médecin du travail, de ceux qui reprennent leur activité après un arrêt de travail d'au moins 21 jours.

La formation doit être **dispensée** chaque fois que nécessaire, mais aussi en cas de changement de poste ou de technique ou encore d'exposition à des risques nouveaux. Elle doit être **renouvelée** périodiquement dans des conditions fixées par convention ou accord collectif.

Des **actions particulières** de formation doivent être organisées en cas de modification des conditions habituelles de circulation ou d'exploitation, de création, de modification d'un poste de travail ou de technique, et après un accident du travail grave ou répétitif.

› Précisions Lorsque la **modification d'un poste de travail** pour des raisons de sécurité entraîne une diminution de la productivité, une période d'adaptation d'au moins 2 semaines est nécessaire, durant laquelle tout mode de **rémunération** au rendement est interdit. La rémunération est dans ce cas établie sur la moyenne des 2 semaines précédant la modification.

71290 C. trav. art. L 4141-2, al. 6 L 4141-3 L 4143-1 R 4141-1 R 4141-2 R 4141-3 R 4141-5, al. 1 R 4141-6 R 4141-8 R 4141-11 à R 4141-20 R 4143-1 **P-I-3810 s**

Contenu La formation, visant à instruire les travailleurs des **précautions à prendre,** doit être pratique, appropriée aux risques existant dans l'entreprise et tenir compte de leur formation, qualification, expérience et de leur langue. Son **étendue** dépend de la taille de l'entreprise, de la nature de son activité, des risques constatés et des emplois occupés.

Les **programmes** de formation sont élaborés par l'employeur en concertation avec le médecin du travail et font l'objet d'une consultation du CSE qui participe à leur préparation.

› Précisions **a.** Les travailleurs doivent recevoir les enseignements et instructions concernant : la **circulation** dans l'entreprise (véhicules et engins, accès aux lieux de travail, évacuation en cas de sinistre...) ; l'**exécution** de leur travail (comportements et gestes à adopter, fonctionnement des dispositifs de protection et de secours, modes opératoires s'ils ont une incidence sur la sécurité...) ; la **conduite** à tenir en cas d'**accident** ou d'**intoxication** sur le lieu de travail, formation qui doit avoir lieu dans le mois suivant l'affectation à l'emploi.

b. Les **salariés mis à la disposition** d'une autre entreprise doivent au préalable bénéficier d'une formation à la sécurité dispensée par leur employeur et appropriée à la nature des travaux à accomplir au sein de l'entreprise utilisatrice (Cass. crim. 16-9-1997 nº 96-82.618 PF : RJS 1/98 nº 47). Les **travailleurs temporaires** ou en **CDD** occupant des postes dangereux doivent bénéficier d'une formation renforcée (nº 20060). Il en est de même pour les **stagiaires** (nº 46030, d).

Contrôle Le **CSE** veille à la mise en œuvre effective de la formation. Il est en outre consulté sur les actions de prévention et de formation envisagées par l'employeur, lors de la consultation annuelle sur la politique sociale, les conditions de travail et l'emploi (n° 9290). **71310**

C. trav. art. L 4143-1 R 4143-2 **P-I-3440 s**

Dans les **entreprises de plus de 300 salariés,** doivent être remis au CSE un rapport détaillé ainsi qu'un programme des actions proposées pour l'année à venir au bénéfice des nouveaux embauchés, des travailleurs changeant de poste ou de technique et des salariés temporaires.

Organisation Les actions de formation doivent se dérouler pendant l'**horaire** normal et sur les **lieux** de travail ou, à défaut, dans des conditions équivalentes. Le temps qui y est consacré est considéré comme temps de travail. **71315**

C. trav. art. L 4141-4 R 4141-5

Le **financement** de ces actions est à la charge de l'employeur.

INFORMATION DES TRAVAILLEURS

L'employeur doit informer, lors de l'embauche et chaque fois que nécessaire, les travailleurs des **risques** pour leur santé et leur sécurité et des **mesures** prises pour y remédier, ainsi que, le cas échéant, sur les risques pour la santé publique ou l'environnement des produits ou procédés de fabrication utilisés dans l'entreprise. Déterminée en concertation avec le médecin du travail, l'information porte sur : **71320**

C. trav. art. L 4141-1 L 4141-3 R 4141-2 R 4141-3-1 R 4141-5 R 4141-6 **P-I-4120 s**

– les modalités **d'accès** au **document unique** d'évaluation des risques (n° 71270) et les mesures de prévention de ces risques ;
– le **rôle** du **service de santé au travail** et des **représentants du personnel** en matière de prévention des risques professionnels ;
– les dispositions du **règlement intérieur** relatives à la santé et à la sécurité et aux conditions dans lesquelles les salariés peuvent être appelés à participer au rétablissement des conditions de travail protectrices de la santé et de la sécurité (n°s 59890 s.) ;
– les consignes de **sécurité incendie** et instructions mentionnées n° 71555, c, ainsi que l'identité des personnes chargées d'organiser les secours en cas d'incendie.

L'**étendue** de l'information dépend de la taille de l'entreprise, de la nature de son activité, des risques constatés et des emplois occupés.

L'information se déroule pendant l'**horaire** de travail et le temps consacré est considéré comme temps de travail.

Sur l'obligation d'affichage des coordonnées des **services d'urgence,** voir n° 71540.

b. Devoir de vigilance des salariés

Les salariés doivent **respecter les instructions** données par l'employeur en matière de santé et de sécurité. Chacun doit, conformément à celles-ci, et dans les conditions prévues par le règlement intérieur (n° 59890), **prendre soin,** en fonction de sa formation et selon ses possibilités, de sa sécurité et de sa santé ainsi que de celles des autres personnes concernées par ses actes ou ses omissions au travail. **71325**

C. trav. art. L 4122-1 **P-I-4410 s**

Cette obligation n'affecte pas le principe de la **responsabilité** de l'employeur, notamment pénale ; il demeure seul responsable des infractions aux règles de sécurité (n°s 71830 s.).

> **Précisions** **a.** Le fait pour un salarié d'avoir **concouru à un dommage** en acceptant un risque qu'il avait dénoncé dans le même temps est sans incidence sur la responsabilité de l'employeur (Cass. soc. 10-2-2016 n° 14-24.350 FS-PB : RJS 4/16 n° 254).
b. Le salarié ne respectant pas les consignes de sécurité est passible de **sanctions disciplinaires.** La méconnaissance de son obligation de vigilance peut ainsi justifier un licenciement pour **faute grave** (Cass. soc. 28-2-2002 n° 00-41.220 FS-PBRI : RJS 5/02 n° 582 ; 23-6-2010 n° 09-41.607 F-PB : RJS 10/10 n° 776 ; 7-10-2015 n° 14-12.403 F-D : RJS 12/15 n° 790). De même commet une faute le manager qui n'intervient pas alors que l'intégrité physique et psychique d'un de ses collaborateurs est menacée (Cass. soc. 23-10-2019 n° 18-14.260 F-D : RJS 1/20 n° 23). Lorsque sa faute est à l'origine d'un accident du travail, le salarié peut en outre engager sa **responsabilité pénale** (n° 71880). Lorsqu'il en est lui-même victime, le salarié peut, selon la gravité de sa faute, perdre tout ou partie des prestations **accidents du travail** (n° 965).

Mesures Covid-19 **71327**

Conformément aux principes généraux de prévention visés n°s 71250 s., l'employeur doit procéder, en lien avec le service de santé au travail et en associant les représentants du personnel, à l'évaluation des risques liés à la Covid-19 dans l'entreprise afin de définir et mettre en œuvre les **mesures de prévention nécessaires,** sous peine de voir son activité suspendue par le juge (notamment, CA Versailles 24-4-2020 n° 20/01993 : RJS 7/20 n° 351 ; TJ Le Havre 7-5-2020

nº 20/00143 : RJS 7/20 nº 355). Ces mesures doivent donner lieu à consultation préalable des représentants du personnel si elles entraînent un aménagement important modifiant les conditions de santé ou de sécurité ou les conditions de travail (nºs 9315 s.). Elles doivent faire l'objet d'une note de service, valant adjonction au règlement intérieur pour les entreprises qui en sont dotées (voir nº 60105).
Afin d'aider et accompagner les entreprises dans cette démarche, le **ministère du travail** a diffusé sur son site internet (travail-emploi.gouv.fr) des guides métiers élaborés en partenariat avec les fédérations professionnelles et les partenaires sociaux, des guides et conseils de bonnes pratiques à destination des employeurs, des salariés et de toute personne intervenant dans l'entreprise, des « Questions-réponses » et un « Protocole national pour assurer la santé et la sécurité des salariés en entreprise ».
Notamment, ce **protocole sanitaire,** document de référence actualisé en fonction de l'évolution de l'épidémie, demande de privilégier le **télétravail** quand c'est possible (en veillant au maintien des liens au sein du collectif de travail et à la prévention des risques liés à l'isolement). À défaut, il invite les employeurs à fixer la jauge (nombre de travailleurs qu'un lieu de travail peut accueillir simultanément) et le taux d'occupation des locaux, à lisser les horaires de départ et d'arrivée des salariés afin de **limiter l'affluence** aux heures de pointe, d'adapter les plans de circulation dans l'entreprise, de mettre en place des procédures particulières de nettoyage / désinfection régulières des locaux et des objets utilisés par les salariés. Il rappelle la nécessité d'observer les règles d'hygiène élémentaires (aération des locaux...), de respecter les **gestes barrière** (distanciation physique, lavage fréquent des mains...), de fournir des masques et du gel hydroalcoolique. Le protocole leur demande également de recourir à l'audio ou aux visioconférences pour les réunions, de désigner un **référent** Covid-19 (ce peut être le dirigeant lui-même dans les petites entreprises) chargé de s'assurer de la mise en œuvre des mesures de prévention définies et de l'information des salariés, d'assurer une attention particulière à certains salariés (détachés, saisonniers, intérimaires, sous CDD ou susceptibles de développer une forme grave de Covid-19) et fixe des consignes de prise en charge des **personnes symptomatiques**.
Le protocole sanitaire n'a **pas de caractère contraignant** pour les employeurs ; il constitue un ensemble de recommandations pour les aider à respecter leur obligation de sécurité pendant l'épidémie (CE 19-10-2020 nº 444809 : RJS 12/20 nº 598), dont la méconnaissance engage leur responsabilité.

3. PRÉVENTION DE L'EXPOSITION À CERTAINS FACTEURS DE RISQUES PROFESSIONNELS

71330 P-I-2500 s Des mesures sont prévues en faveur des salariés exposés à des facteurs de risques liés à des **contraintes physiques marquées,** à un **environnement physique agressif** ou à **certains rythmes de travail.** L'employeur est tenu dans certains cas de négocier un accord collectif ou d'établir un plan de prévention de ces risques.

RISQUES VISÉS

71332 C. trav. art. L 4161-1 Les facteurs de risques visés par le Code du travail sont les activités exercées en milieu hyperbare, les températures extrêmes, le bruit, le travail de nuit au sens visé nºs 30450 s., le travail en équipes successives alternantes et le travail répétitif caractérisé par la réalisation de travaux impliquant l'exécution de mouvements répétés, sollicitant tout ou partie du membre supérieur, à une fréquence élevée et sous cadence contrainte. Les salariés exposés à ces facteurs peuvent, sous conditions, bénéficier du **compte professionnel de prévention** (voir nºs 71340 s.).

71333 C. trav. art. L 4161-1 Sont également visés les manutentions manuelles de charges, les postures pénibles définies comme positions forcées des articulations, les vibrations mécaniques et les agents chimiques dangereux, y compris les poussières et les fumées. Les salariés exposés à ces facteurs peuvent, le cas échéant, bénéficier d'une **retraite anticipée pour incapacité permanente** (voir nº 67530).

ACCORD OU PLAN D'ACTION EN FAVEUR DE LA PRÉVENTION

71335 C. trav. art. L 4162-1 à L 4162-3 D 4162-1 à R 4162-4 P-I-2550 s Les entreprises d'au moins 50 salariés ou appartenant à un groupe, au sens du comité de groupe (nº 9800), d'au moins 50 salariés doivent être couvertes en matière de prévention des risques visés sous nºs 71332 s. par un **accord** d'entreprise ou de groupe ou, à défaut, par un **plan d'action,** établi au niveau de l'entreprise ou du groupe après avis du CSE :
– soit lorsqu'elles emploient **au moins 25 % de salariés déclarés** au titre du compte professionnel de prévention (nºs 71340 s.) ;
– soit lorsque leur **sinistralité** au titre des accidents du travail et des maladies professionnelles est supérieure à 0,25 (rapport, pour les 3 dernières années connues, entre le nombre

d'accidents du travail et de maladies professionnelles imputés à l'employeur, à l'exclusion des accidents de trajet, et l'effectif de l'entreprise).

L'accord ou le plan d'action, d'une **durée** maximale de 3 ans, doit traiter d'un certain nombre de **thèmes** obligatoires et être déposé auprès de l'administration.

Les entreprises d'au moins 50 et de moins de 300 salariés (ou appartenant à un groupe répondant aux mêmes conditions d'effectif) couvertes par un **accord de branche étendu** ne sont pas soumises à ces obligations.

› Précisions **a.** La **négociation** se déroule dans les conditions de droit commun (nos 51860 s.) et peut être intégrée à la négociation sur l'égalité professionnelle entre les femmes et les hommes et la qualité de vie au travail (no 52003). Le défaut d'accord doit être attesté par un procès-verbal de **désaccord** (C. trav. art. L 4162-2).
b. La **proportion** de salariés exposés est, dans les groupes et UES, appréciée entreprise par entreprise (Circ. DGT 8 du 28-10-2011, réputée abrogée).
c. Chaque **thème** retenu est assorti d'**objectifs chiffrés** dont la réalisation est mesurée au moyen d'indicateurs devant être communiqués, au moins annuellement, au CSE (C. trav. art. D 4162-2, al. 2).
d. La **Carsat** informe, le cas échéant, l'**employeur** de son obligation de négocier un accord collectif ou, à défaut, d'établir un plan d'action, et informe le **Dreets** (le Direccte avant le 1-4-2021) lorsqu'une entreprise, qui y est tenue, n'est pas couverte par un accord ou un plan d'action répondant aux exigences du Code du travail (C. trav. art. R 4162-4, I et R 4162-5, II).
e. L'accord d'entreprise ou de groupe ou, le cas échéant, le procès-verbal de désaccord et le plan d'action sont **déposés** auprès du Dreets (du Direccte avant le 1-4-2021) qui en informe la Carsat (C. trav. art. R 4162-4, II).

Les entreprises non couvertes par un accord ou un plan d'action alors qu'elles y sont tenues sont redevables d'une **pénalité** financière dont le montant est modulé par l'autorité administrative. **71337** C. trav. art. L 4162-4 R 4162-5 à R 4162-8 **P-I-2700 s**

Ainsi, lorsque l'**inspection du travail** constate, ou est informée par la Carsat, qu'une entreprise n'est pas couverte, elle met en demeure par LRAR l'employeur de remédier à cette situation dans les 6 mois. Dans ce délai, l'**employeur** doit lui communiquer, sous la même forme, l'accord, le plan d'action, ou les modifications apportées à ces documents. **À défaut,** il doit justifier des motifs de cette défaillance et des efforts accomplis en matière de prévention. Il peut être entendu à sa demande.

À l'issue du délai de 6 mois, le **Dreets** (le Direccte avant le 1-4-2021) décide s'il y a lieu d'appliquer la pénalité et en fixe le **taux** au regard notamment de la situation de l'entreprise, en fonction des efforts constatés en matière de prévention des effets de l'exposition aux facteurs de risques professionnels. Il adresse à l'employeur, par tout moyen conférant date certaine, une notification motivée de ce taux, dans le mois suivant la date d'expiration de la mise en demeure. Une copie est adressée à l'Urssaf dont dépend l'employeur.

› Précisions La pénalité est **due** pour chaque mois entier au cours duquel l'entreprise n'est pas couverte, à compter du terme de la mise en demeure et jusqu'à la réception par l'inspection du travail de l'accord ou du plan d'action. Son **montant** maximal est égal à 1 % des rémunérations, au sens des textes définissant l'assiette des cotisations de sécurité sociale (nos 22320 s.), versées aux salariés concernés au cours des périodes au titre desquelles l'entreprise n'est pas couverte. Elle est **déclarée et versée** par l'employeur auprès de son Urssaf à la date d'échéance des cotisations et contributions sociales.

COMPTE PROFESSIONNEL DE PRÉVENTION

Tout salarié exposé aux facteurs de risques visés no 71332, **au-delà des seuils réglementaires** fixés par l'article D 4163-2 du Code du travail, bénéficie jusqu'à sa retraite d'un compte professionnel de prévention (C2P). Il est **alimenté** en points au vu de la déclaration de l'employeur (no 71350) et géré par la Cnam au niveau national et les Carsat au niveau local, les caisses de la MSA pour les salariés agricoles. **71340** C. trav. art. L 4163-4 R 4163-1 D 4163-2 **P-I-2870 s**

Les salariés et les employeurs peuvent s'**informer** sur le C2P sur www.compteprofessionnelprevention.fr ou en appelant le 3682.

› Précisions **a.** Sont **concernés** par le C2P les salariés de droit privé et le personnel des personnes publiques employé dans des conditions de droit privé, à l'**exclusion** de ceux affiliés à un régime spécial de retraite comportant un dispositif de compensation des effets de l'exposition à certains risques professionnels (C. trav. art. L 4163-4 ; liste fixée par décret 2014-1617 du 24-12-2014), des salariés détachés en France et ceux du particulier employeur (Inst. DGT-DSS 178 du 20-6-2016).
b. Le C2P est **financé** par la branche accidents du travail/maladies professionnelles de la sécurité sociale (C. trav. art. L 4163-21, D 4163-47 et D 4163-48).

71350 **Évaluation et déclaration des risques** L'employeur doit déclarer **chaque année,** au titre du C2P, tout salarié exposé aux facteurs de risques visés nº 71332 au-delà des seuils réglementaires, titulaire d'un contrat de travail d'une durée supérieure ou égale à un mois, après avoir procédé à l'évaluation de cette exposition. Cette évaluation est effectuée après prise en compte des mesures de protection collective et individuelle mises en œuvre dans l'entreprise, au regard des conditions habituelles de travail. Celles-ci sont appréciées sur l'année, à partir des informations consignées en annexe du document unique (nº 71270).

C. trav. art. L 4163-1 à L 4163-3 D 4163-3 à R 4163-8 R 4741-1-1 **P-I-2750 s**

La déclaration s'effectue via la déclaration sociale nominative (**DSN**), au 5 ou 15 janvier (nºs 24005 s.) de l'année suivant l'exposition concernée pour les contrats en cours à la fin de l'année civile (5 ou 15 janvier 2022 pour l'exposition en 2021). Elle s'effectue au 5 ou 15 du mois suivant la fin du contrat si celui-ci s'achève en cours d'année. L'employeur peut **rectifier** sa déclaration.

Le fait pour l'employeur de déclarer l'exposition d'un salarié ne saurait constituer une présomption de manquement à son obligation en matière de santé et de sécurité au travail.

› Précisions a. Pour l'évaluation, l'employeur peut se reporter à l'**accord collectif de branche étendu** déterminant l'exposition des salariés en se référant aux postes, métiers et situations de travail ou, à défaut d'accord, au **référentiel de branche homologué** par arrêté ministériel.

b. Si un salarié est affecté à **plusieurs postes,** c'est l'ensemble des expositions qui doit être pris en compte pour déterminer l'exposition moyenne annuelle. Pour les salariés **présents moins d'un an,** l'employeur évalue l'exposition au regard des conditions habituelles de travail appréciées en moyenne sur l'année. Pour un salarié bénéficiant de **plusieurs contrats sur l'année,** les facteurs d'exposition sont déclarés contrat par contrat (Inst. DGT-DSS 178 du 20-6-2016).

c. Pour les **travailleurs temporaires,** les informations nécessaires à la déclaration par l'entreprise de travail temporaire sont transmises par l'entreprise utilisatrice lors de la conclusion du contrat de mise à disposition qui doit indiquer, au titre des caractéristiques du poste à pourvoir, les facteurs de risques professionnels auxquels le salarié va être exposé.

d. Les informations contenues dans la déclaration sont **confidentielles** et ne peuvent pas être communiquées à un autre employeur auprès duquel le travailleur sollicite un emploi.

e. Si la **rectification** est en faveur du salarié, elle peut être faite dans les 3 ans de la déclaration (par exemple, jusqu'au 5 ou 15 janvier 2022 pour l'exposition 2018), sinon, elle peut être faite jusqu'au 5 ou 15 avril (selon la date de transmission de la DSN applicable) de l'année suivant l'exposition.

f. Pour les **salariés détachés en France,** exclus du champ d'application du C2P (nº 71340, a), l'employeur doit non pas effectuer de déclaration, mais établir une fiche individuelle d'exposition aux risques, leur en remettre une copie chaque année ou au terme du contrat, et la conserver pendant 5 ans. Le fait de ne pas remplir ou actualiser cette fiche est puni de l'**amende** prévue pour les contraventions de 5e classe (nº 67285), appliquée autant de fois qu'il y a de salariés concernés.

71360 **Alimentation du compte** Chaque **trimestre d'exposition** à un facteur de risque donne lieu à l'inscription d'un point sur le compte, 2 points en cas de polyexposition, dans la **limite** de 100 pour toute la carrière du salarié. Les points sont **doublés** pour les salariés nés avant le 1er juillet 1956.

C. trav. art. L 4163-5 à L 4163-6 L 4163-14 à L 4163-20 R 4163-9 R 4163-10 R 4163-33 à R 4163-45 D 4163-31 D 4163-32 D 4163-46 **P-I-3000 s** **P-I-3160 s**

La Cnam **enregistre** les points selon les déclarations effectuées par l'employeur et la Carsat **informe** annuellement le salarié, au plus tard le 30 juin, des points acquis au titre de l'année écoulée dans un **relevé** précisant chaque contrat de travail ayant donné lieu à déclaration, les facteurs d'exposition et les modalités de contestation.

Pendant les 3 années civiles suivant la fin de l'année au titre de laquelle des points ont été ou auraient dû être inscrits au C2P, les organismes gestionnaires peuvent **contrôler** ou faire contrôler l'effectivité et l'ampleur de l'exposition aux risques et l'exhaustivité des données déclarées par l'employeur.

› Précisions a. En cas d'**erreur,** les organismes gestionnaires peuvent notifier à l'employeur et au salarié les modifications à apporter. L'employeur s'expose en outre à une **pénalité** prononcée par la Carsat, dans les conditions exposées nº 24052.

b. Les caisses ne peuvent pas **engager un contrôle** pour une période ayant fait ou faisant l'objet d'une réclamation du salarié et ayant donné lieu à une décision de leur directeur.

c. En cas de **désaccord avec son employeur** sur l'effectivité ou l'ampleur de son exposition aux risques, le salarié peut saisir la Carsat d'une réclamation après avoir porté sa contestation devant l'employeur sans obtenir gain de cause. Il peut être **assisté** ou **représenté** par une personne de son choix appartenant au personnel de l'entreprise. Son action, qui ne peut intervenir qu'au cours des 2 années civiles suivant la fin de l'année au titre de laquelle des points ont été ou auraient dû être portés au compte, peut aboutir à la **régularisation** du nombre de points. Il ne peut pas effectuer une **réclamation** sur une période contrôlée par les caisses.

d. Les **décisions des caisses** peuvent être contestées suivant les règles du contentieux de la sécurité sociale (nos 15460 s.). Toutefois, la **réclamation** du salarié est soumise à des délais spécifiques et n'a pas à être précédée d'une saisine de la commission de recours amiable. Les différends portant sur la **déclaration de l'employeur** (no 71350) ne peuvent pas faire l'objet d'un litige distinct.

Utilisation du compte Les **points cumulés** sur le C2P peuvent être utilisés par le salarié à tout moment pour : 71370

C. trav. art. L 4163-7 à L 4163-13 R 4163-11 à R 4163-23 R 4163-30 D 4163-25 à D 4163-29 CSS art. L 351-6-1 D 161-2-1-10 **P-I-2945 s**

– alimenter son **compte personnel de formation** (CPF : nos 38200 s.) en vue de financer une action lui permettant une reconversion sur un emploi non exposé ou moins exposé aux facteurs de risques professionnels. La demande de formation doit être validée par l'opérateur du conseil en évolution professionnelle ;
– financer un complément de rémunération en cas de passage à **temps partiel,** le temps travaillé ne pouvant être inférieur à 20 % ni supérieur à 80 % de la durée du travail applicable dans l'établissement ;
– majorer sa durée d'**assurance vieillesse** (dans la limite de 8 trimestres) afin de liquider une pension de retraite 2 ans au maximum avant l'âge légal ou de prétendre à la retraite anticipée « longue carrière » (Circ. Cnav 10 du 5-2-2016, réputée abrogée).

Un point ouvre droit à 375 € de prise en charge des frais d'une action de formation, 10 points permettent de financer un mi-temps pendant 3 mois ou ouvrent droit à un trimestre d'assurance vieillesse.

Le salarié peut effectuer sa **demande** d'utilisation de ses points auprès de la caisse en utilisant un formulaire disponible sur www.compteprofessionnelprevention.fr ou directement sur son espace personnel accessible sur ce site.

› Précisions **a.** Les **20 premiers points** inscrits sur le compte sont réservés au financement d'une **formation.** Pour les salariés nés entre le 1-1-1960 et le 31-12-1962, seuls les 10 premiers points sont réservés à cette utilisation. Pour ceux nés avant le 1-1-1960, aucun point n'est réservé.

b. Pour passer à **temps partiel,** le salarié doit faire sa demande auprès de son employeur dans les conditions visées nos 77130 s. Le nombre de jours pris en charge, arrondi au jour entier le plus proche, est calculé selon la formule suivante : (nombre de points utilisés / 10) × (45 / coefficient de réduction de la durée de travail = 0,5 pour un passage à mi-temps). L'employeur transmet à la caisse au moins un mois avant le passage à temps partiel une copie de l'avenant au contrat de travail, une copie des 3 derniers bulletins de paie du salarié concerné et un relevé d'identité bancaire. Le remboursement est effectué chaque mois (Arrêté AFSS1531440A du 30-12-2015).

4. AMÉNAGEMENT ET AMBIANCE DES LIEUX DE TRAVAIL

CONFORT DES LOCAUX

Les locaux de travail doivent être tenus dans un état constant de **propreté,** présenter les conditions d'hygiène et de salubrité nécessaires à la santé des travailleurs et être exempts de tout encombrement. 71430

P-I-5820 s

Des **normes particulières** régissent notamment l'éclairage, l'aération, la ventilation, l'ambiance thermique, les ascenseurs et l'atténuation du bruit. Les installations prévues à cet effet doivent être maintenues en bon état de fonctionnement et régulièrement contrôlées.

Aération et assainissement Dans les **locaux fermés** où les travailleurs sont présents, l'air doit être renouvelé pour préserver la pureté de l'atmosphère et éviter les élévations excessives de température, les odeurs et les condensations. 71440

C. trav. art. R 4222-1 à R 4222-26 R 4722-1 R 4722-2 **P-I-6270 s**

Des **valeurs** minimales de renouvellement d'air et des valeurs maximales d'exposition aux poussières sont fixées.

Dans les locaux à **pollution spécifique** (liée à des substances dangereuses ou gênantes), le système d'aération doit être adapté à la nature et à la quantité des polluants. Dans les **autres locaux** (bureaux, salles de réunion…), l'aération doit avoir lieu par ventilation mécanique ou ventilation naturelle permanente. Pour les **emplacements fumeurs,** voir no 71490.

L'employeur doit organiser un **contrôle** périodique de l'aération et de l'assainissement (Arrêté ASET8703700A du 8-10-1987). D'autres contrôles peuvent être prescrits par l'inspection du travail (Arrêtés ASET8703700A du 9-10-1987 et TEFT9301302A du 24-12-1993). L'employeur doit justifier qu'il a saisi l'organisme de contrôle dans le délai imparti et transmettre à l'inspection du travail les résultats dès leur réception. Les **résultats** des contrôles doivent être consignés.

71450 C. trav. art. R 4223-1 à R 4223-12 R 4722-3 R 4722-4 P-I-6740 s

Éclairage Les locaux de travail doivent autant que possible disposer d'une **lumière naturelle** suffisante. L'éclairage de ces locaux et de leurs dépendances, des espaces extérieurs où sont effectués des travaux permanents et des zones et voies habituelles de circulation doit être conçu de manière à éviter la fatigue visuelle et les affections qui en résultent. Sont prévues des **valeurs minimales** d'éclairement suivant la nature des locaux. Le niveau d'éclairement doit en outre être adapté à la nature et à la précision des travaux à exécuter.

Les règles d'**entretien** périodique du matériel d'éclairage sont fixées par l'employeur et consignées dans un document communiqué au CSE.

Des **relevés** photométriques peuvent être prescrits par l'inspection du travail. L'employeur doit justifier qu'il a saisi l'organisme de contrôle dans le délai imparti et transmettre à l'inspection les résultats dès leur réception.

71460 C. trav. art. R 4223-13 à R 4223-15 P-I-7140 s

Ambiance thermique Les **locaux de travail** fermés sont chauffés pendant la saison froide de façon à maintenir une température convenable et sans qu'il en résulte d'émanation nocive. Les **locaux annexes** (sanitaires, de restauration ou de repos...) doivent être maintenus à une température conforme à leur destination.

L'employeur prend, après avis du médecin du travail et du CSE, toutes dispositions nécessaires pour assurer la protection des travailleurs contre le **froid**.

En période de vigilance rouge de **canicule,** l'employeur doit, en application de son obligation de sécurité, adopter les mesures propres à protéger ses salariés contres les fortes chaleurs.

> Précisions En cas de canicule, l'empoyeur doit procéder à une **réévaluation quotidienne** des risques encourus par les salariés en fonction de la température et de son évolution en cours de journée, de la nature des travaux effectués (notamment dans des ambiances thermiques présentant déjà des températures élevées) ou comportant une charge physique, de l'âge et de l'état de santé des travailleurs. En fonction de cette réévaluation, l'**aménagement** de la charge de travail, des horaires et plus généralement de l'organisation du travail doivent être ajustés pour garantir la santé et la sécurité des travailleurs pendant toute la durée de la période de vigilance rouge, et la liste des salariés bénéficiant du télétravail doit être réexaminée, en prêtant une attention particulière aux femmes enceintes, aux personnes souffrant de pathologies chroniques ou en situation de handicap (Inst. intermin. 2020/82 du 29-5-2020).

POSTES INFORMATIQUES

71470 C. trav. art. R 4542-1 à R 4542-19 P-I-15380 s

Les postes informatiques doivent être aménagés de façon à limiter le stress, la fatigue visuelle, les troubles musculo-squelettiques (TMS) ou les rayonnements émis par les écrans.

Des règles d'**ergonomie** et d'**organisation** du travail s'appliquent à tous les postes où un écran est utilisé de façon habituelle, à l'exception notamment des postes de conduite de véhicules, des systèmes informatiques à bord d'un moyen de transport, des systèmes informatiques destinés à être utilisés en priorité par le public, des systèmes portables ne faisant pas l'objet d'une utilisation continue, des machines à calculer ou des caisses enregistreuses.

> Précisions **a.** Des normes existent pour la conception des **locaux affectés au travail sur écran** (ventilation, chauffage, éclairage, insonorisation) et l'aménagement des postes (taille, choix et réglage du mobilier et du matériel informatique, implantation de l'écran...).

b. Le travail sur écran doit être périodiquement interrompu par des **pauses,** assimilées à un temps de travail effectif et rémunérées comme tel (CA Paris 4-2-1998 : RJS 8-9/98 n° 992) ou par des **changements d'activité.**

c. Les travailleurs doivent bénéficier d'une **formation** et d'une **information** sur l'utilisation de l'écran et l'équipement dans lequel il est intégré, lors de la première affectation à un tel travail et chaque fois que l'organisation du poste est substantiellement modifiée.

d. Les travailleurs sur écran doivent faire l'objet d'un **examen** préalable des yeux et de la vue par le médecin du travail, renouvelé périodiquement et chaque fois qu'ils se plaignent de troubles de la vue pouvant être dus au travail sur écran. Si un **dispositif de correction,** autre qu'un dispositif normal (lunettes, lentilles...), est nécessaire, il doit être pris en charge par l'employeur.

POSTES EN EXTÉRIEUR

71475 C. trav. art. R 4223-15 R 4534-142-1

L'employeur prend, après avis du médecin du travail et du CSE, toutes dispositions nécessairespour assurer la protection des travailleurs contre les **intempéries.**

Dans le secteur du **BTP** en particulier, les travailleurs doivent disposer soit d'un **local** permettant leur accueil dans des conditions de nature à préserver leur santé et leur sécurité en cas de survenance de conditions climatiques susceptibles d'y porter atteinte, soit d'**aménagements** de chantiers les garantissant dans des conditions équivalentes.

En période de vigilance rouge **canicule,** si l'évaluation visée nº 71460 fait apparaître que les mesures prises sont insuffisantes, notamment pour les travaux accomplis à une température très élevée et comportant une charge physique importante (ex. travaux d'isolation en toiture ou de couverture, manutention répétée de charges lourdes), l'employeur doit décider de l'**arrêt des travaux** (Inst. intermin. 2020/82 du 29-5-2020).

PROTECTION CONTRE LE BRUIT

Si des travailleurs sont exposés ou susceptibles d'être exposés au bruit, l'employeur doit évaluer, voire mesurer, le **niveau sonore** lors de l'évaluation des risques visée nº 71270. En cas de **risques avérés,** l'employeur prend, après consultation du CSE, les mesures visant à les supprimer ou les réduire : moyens de protection appropriés, modification des procédés de travail, de l'agencement des lieux et des équipements de travail, etc. **71480** C. trav. art. L 4431-1 R 4431-1 à R 4437-4 R 4722-16 R 4722-17 **P-I-14330 s**

En outre, lorsque le niveau d'**exposition quotidienne** dépasse 80 dB (A) ou lorsque le niveau de **pression acoustique de crête** dépasse 135 dB (C), des protecteurs auditifs individuels doivent être mis à la disposition des travailleurs, ceux-ci devant recevoir une information et une formation sur les risques encourus.

Si les valeurs ci-dessus sont supérieures à 85 dB (A) ou 137 dB (C), l'employeur doit veiller à l'utilisation effective de ces protecteurs, établir un **programme** de mesures techniques ou d'organisation du travail spécifique et mettre en place une **signalisation** appropriée. Les travailleurs font l'objet d'une **surveillance médicale renforcée** (nº 72430).

Les **valeurs limites,** au-delà desquelles les travailleurs ne peuvent, en principe, être exposés, sont fixées à 87 dB (A) ou 140 dB (C).

Sur la **prévention** des effets de l'exposition au bruit, voir aussi nº 71332.

› Précisions **a.** Si les circonstances le justifient, l'inspecteur du travail peut autoriser la prise en compte d'un niveau d'**exposition hebdomadaire,** sous réserve que ce dernier ne dépasse pas 87 dB (A). Il peut accorder des **dérogations** dans des cas exceptionnels où l'utilisation des protecteurs individuels entraînerait un risque plus grand que leur non-utilisation. Son silence pendant 2 mois vaut rejet de la demande.

b. L'**évaluation** ou le **mesurage** du bruit est effectué par l'employeur lui-même s'il dispose des moyens ou compétences nécessaires, ou, à défaut, par un organisme agréé. L'intervention d'un tel organisme s'impose après une mise en demeure de l'inspection du travail. Ils doivent être **renouvelés** à chaque modification des installations ou modes de travail susceptible d'entraîner une élévation du niveau sonore. Le mesurage est renouvelé au moins tous les 5 ans. Les modalités de celui-ci sont précisées par l'arrêté SOCT0611646A du 19-7-2006.

Les **résultats** de l'évaluation et du mesurage doivent être conservés dans l'entreprise pendant 10 ans. Ceux du mesurage sont communiqués au médecin du travail et tenus à la disposition du CSE, de l'inspection du travail, des agents des services de prévention des organismes de sécurité sociale et des organismes professionnels d'hygiène, de sécurité et des conditions de travail pour les entreprises qui en relèvent.

PROTECTION CONTRE LE TABAC ET LE VAPOTAGE

Il est **interdit de fumer** dans tous les lieux de travail fermés et couverts affectés à un usage collectif (salle d'accueil ou de réunion, réfectoire…) et dans les bureaux individuels (Circ. min. trav. du 24-11-2006, réputée abrogée). Il est également interdit de **vapoter** dans les seuls locaux de travail collectifs, mais pas dans ceux accueillant du public (café, restaurant, hôtel…), sauf impératif de sécurité. **71490** CSP art. L 3512-8 L 3513-6 L 3515-1 R 3512-2 à R 3512-9 R 3513-2 à R 3513-4 R 3515-2 R 3515-3 R 3515-7 R 3515-8 **P-I-8500 s**

L'employeur a la possibilité, et non l'obligation, de mettre des **emplacements** à la disposition des fumeurs, après consultation, à renouveler tous les 2 ans, du médecin du travail et des représentants du personnel. Les fumoirs doivent être clos et répondre à des **normes techniques** strictes fixées par l'article R 3512-4 du Code de la santé publique.

Une **signalisation apparente** doit rappeler l'interdiction de fumer et de vapoter, et un avertissement sanitaire doit être apposé à l'entrée des espaces fumeurs (modèle fixé par arrêté ETSP1030748A du 1-12-2010).

L'employeur enfreignant les dispositions sur l'**interdiction de fumer** ou favorisant sciemment sa violation est passible de l'**amende** prévue pour les contraventions de 4e classe (nº 67285). Le salarié et toute autre personne dans l'entreprise ne respectant pas cette interdiction encourt l'amende prévue pour celles de 3e classe (nº 67285). Pour le salarié, ce manquement peut, en outre, donner lieu à une **sanction disciplinaire** pouvant aller jusqu'à son licenciement pour faute grave si la sécurité est compromise (Cass. soc. 1-7-2008 nº 06-46.421 FP-PBRI : RJS 10/08 nº 1003 ; 15-1-2014 nº 12-20.321 F-D).

Le fait de ne pas respecter l'**interdiction de vapotage** est puni de l'**amende** prévue pour les contraventions de 2e classe (no 67285) et l'employeur qui ne met pas en place la **signalisation** encourt l'amende prévue pour celles de 3e classe (no 67285).

> **Précisions** **a.** Il est permis de fumer dans les **lieux non fermés et non couverts** (cour, parvis...) (Circ. min. trav. du 24-11-2006, réputée abrogée).
> **b.** Si l'interdiction de fumer n'est pas obligatoirement mentionnée dans le **règlement intérieur,** elle peut néanmoins y figurer (CE 18-3-1998 no 162055 : RJS 6/98 no 733).
> **c.** Aucune prestation de services ne peut être délivrée dans les **fumoirs.** Avant toute tâche d'entretien ou de maintenance, un renouvellement d'air d'au moins une heure doit avoir lieu. Les **mineurs** n'y ont pas accès.
> **d.** Le **contrôle** du respect de la réglementation est assuré notamment par les agents et officiers de police judiciaire ainsi que par les inspecteurs du travail.
> **e.** L'employeur étant soumis à une **obligation de sécurité,** la prise d'acte de la rupture par le salarié de son contrat de travail en raison de son exposition au tabagisme a été jugée fondée (Cass. soc. 29-6-2005 no 03-44.412 FS-PBRI : RJS 10/05 no 945), alors même que sa santé n'était pas compromise (Cass. soc. 6-10-2010 no 09-65.103 FS-PB : RJS 12/10 no 940).

INSTALLATIONS SANITAIRES

71500 C. trav. art. R 4228-1 à R 4228-18 P-I-7480 s

L'employeur doit mettre à la disposition des travailleurs et maintenir dans un état constant de propreté certaines installations, séparées pour les femmes et les hommes : **vestiaires** collectifs équipés d'armoires individuelles, sauf pour les travailleurs non tenus de porter des vêtements spécifiques ou un équipement de protection (un meuble de rangement sécurisé installé près de leur poste de travail étant alors suffisant) ; **lavabos** (au minimum un pour 10 personnes) ; **cabinets d'aisances** (au minimum un cabinet et un urinoir pour 20 hommes et 2 cabinets pour 20 femmes) ; **douches** dans les établissements occupant des travailleurs à des travaux insalubres et salissants dont la liste est fixée par un arrêté du 23-7-1947.

Si, pour des raisons liées à la disposition des locaux, l'employeur ne peut pas respecter ces dispositions, il peut solliciter une **dérogation** auprès de l'inspection du travail, qui se prononce après avis du médecin du travail et du CSE.

> **Précisions** **a.** Les travailleurs **handicapés** doivent pouvoir accéder aisément à ces installations (C. trav. art. R 4225-6 et R 4225-7). Si des travaux d'adaptation sont nécessaires, une aide à leur financement peut être sollicitée auprès de l'Agefiph (Circ. DRT 7 du 14-4-1995).
> **b.** Si **vestiaires et lavabos** sont séparés, la communication entre ces locaux doit pouvoir se faire sans avoir à traverser les lieux de travail et de stockage ou à passer par l'extérieur. Les **cabinets d'aisances** ne doivent pas directement communiquer avec les locaux de travail ou ceux où le personnel séjourne.
> **c.** Le **temps passé à la douche** (1/4 d'heure au minimum et 1 heure au maximum, déshabillage et habillage compris : arrêté du 23-7-1947) est rémunéré normalement sans être décompté dans la durée du travail effectif (C. trav. art. R 3121-1). L'employeur doit payer le temps de douche, peu importe que celle-ci ait été ou non prise (Cass. soc. 11-2-2004 no 01-46.405 FS-P : RJS 5/04 no 544). Cette rémunération doit apparaître distinctement sur le **bulletin de paie.** À défaut, elle est présumée n'avoir pas été versée et l'employeur doit prouver qu'il a effectué ce paiement (Cass. soc. 19-11-1996 no 94-44.243 D : RJS 1/97 no 45). Elle se **cumule,** le cas échéant, avec la contrepartie financière au temps nécessaire pour revêtir la tenue de travail obligatoire visée no 29615 (Cass. soc. 12-12-2012 no 11-22.884 F-PB : RJS 2/13 no 129).

RESTAURATION DU PERSONNEL

71510 C. trav. art. R 4228-19 R 4228-22 à R 4228-24 P-I-9780 s

Local ou coin-repas En principe, depuis le **1-1-2020,** dans les **établissements d'au moins 50 salariés,** l'employeur doit, après avis du CSE, mettre à la disposition de son personnel un local de restauration aménagé et équipé, l'effectif salarié et le franchissement du seuil de 50 salariés étant déterminés selon les modalités visées no 23640.

Toutefois, des **mesures transitoires** sont prévues pour les employeurs soumis aux dispositions en vigueur avant cette date imposant la mise en place d'un tel local si au moins 25 salariés souhaitent y prendre habituellement leur repas : ils doivent, **jusqu'au 31-12-2024,** maintenir le local existant ou le mettre en place si au moins 25 salariés le demandent ; si l'effectif de l'entreprise ou de l'établissement est d'au moins 50 salariés au 1-1-2025, le dispositif de lissage de l'effet de seuil visée no 23640 n'est pas applicable (Décret 2019-1586 du 31-12-2019 art. 4, IV).

Lorsque l'**effectif** requis pour la mise en place d'un local de restauration n'est **pas atteint,** l'employeur doit mettre à la disposition de ses salariés un emplacement permettant de se restaurer dans de bonnes conditions de santé et de sécurité.

> **Précisions** **a.** Par dérogation, l'emplacement peut être aménagé dans les **locaux affectés au travail,** dès lors que l'activité de ces locaux ne comporte pas l'emploi ou le stockage de substances ou de mélanges dangereux. Un tel emplacement ne peut être aménagé qu'après

déclaration adressée à l'inspection du travail et au médecin du travail par tout moyen conférant date certaine et comportant certaines mentions, notamment le nombre de travailleurs concernés, le secteur d'activité, les caractéristiques des locaux de travail et du coin repas (Arrêté ETST1713683A du 4-5-2017).

b. Sur l'**accessibilité** des locaux de restauration aux travailleurs **handicapés,** voir n° 71500, a.

Boissons De l'**eau** potable et fraîche doit être mise à la disposition des travailleurs. Une **boisson non alcoolisée** doit leur être distribuée gratuitement lorsqu'ils sont soumis à des conditions de travail les amenant à se désaltérer fréquemment. La liste des postes concernés est établie par l'employeur après avis du médecin du travail et du CSE. **71515**

C. trav. art. R 3231-16 R 4225-2 à R 4225-4 R 4228-20 R 4228-21 **P-I-10650 s**

Le vin, la bière, le cidre et le poiré sont autorisés sur le lieu de travail sauf disposition contraire du **règlement intérieur** (n° 59975). Mais l'employeur ne doit pas laisser entrer ou séjourner dans l'entreprise des personnes en **état d'ivresse.** Sur la possibilité de recourir à un **éthylotest,** voir n° 59975.

Les conventions ou accords collectifs de travail ou les contrats de travail ne peuvent prévoir l'attribution de boissons alcoolisées au titre d'**avantages en nature,** sauf s'il s'agit de boissons servies à l'occasion de repas constituant un tel avantage.

LOCAL DE REPOS

À **défaut** de local de repos, si la nature des activités l'exige et après avis du CSE, l'employeur peut prévoir l'utilisation du lieu ou du **local de restauration** à cette fin, en dehors des heures de repas. Sur l'**exigence** d'une salle de repos dans les établissements de 1000 salariés et plus, voir n° 72250. **71520**

C. trav. art. R 4228-25 **P-I-10930 s**

HÉBERGEMENT DES TRAVAILLEURS

En cas d'hébergement du personnel, des **locaux spécifiques,** répondant à des normes de volume (15 m³ par personne au minimum), de surface (6 m² par personne au minimum et 6 personnes par pièce), d'aération, de température (18 °C au minimum) et d'équipements, doivent être aménagés. **71525**

C. trav. art. R 4228-26 à R 4228-37 **P-I-11050 s**

Il est **interdit** d'héberger les travailleurs dans les locaux affectés à un usage industriel ou commercial.

5. MESURES DE SÉCURITÉ

PREMIERS SECOURS

Il doit être prévu sur les lieux de travail un **matériel** de premiers secours, adapté à la nature des risques, facilement accessible et faisant l'objet d'une **signalisation** particulière. L'avis du médecin du travail est requis sur le choix de ce matériel. **71540**

C. trav. art. R 4224-14 à R 4224-16 R 4224-23 D 4711-1 Arrêté du 12-1-1984 art. 5 **P-I-6150 s**

Les coordonnées des **services d'urgence** (pompiers, Samu) doivent être affichées dans les locaux accessibles aux travailleurs.

› Précisions **a.** Dans chaque atelier et sur chaque chantier occupant 20 personnes au moins pendant plus de 15 jours, où sont effectués des travaux dangereux, un travailleur doit avoir reçu la **formation** nécessaire pour donner les premiers secours en cas d'urgence.

b. En l'**absence d'infirmiers** ou lorsque leur nombre ne permet pas d'assurer une présence permanente, l'employeur prend, après avis du médecin du travail, les mesures nécessaires pour assurer les premiers secours aux accidentés et aux malades. Ces mesures sont consignées dans un document tenu à la disposition de l'inspection du travail.

SÉCURITÉ DES LIEUX DE TRAVAIL

Les lieux et locaux de travail doivent être **aménagés** de façon à garantir la sécurité des salariés. Lorsqu'il n'est pas possible de les éviter, compte tenu de la nature du travail, les **zones de danger,** notamment celles comportant des risques de chute de personnes ou d'objets, doivent être **signalées** et **matérialisées** par des dispositifs destinés à éviter que les travailleurs non autorisés n'y pénètrent. Toutes dispositions doivent être prises pour assurer la protection de ceux autorisés à y accéder. **71545**

C. trav. art. L 4221-1 R 4224-1 à R 4224-13 R 4224-17 à R 4224-22 R 4224-24 R 4225-1 Circ. DRT 7 du 14-4-1995 **P-I-5960 s**

De nombreuses prescriptions, concernant notamment les portes et portails, la circulation des piétons et véhicules et l'évacuation des postes en cas de danger, sont à respecter.

Les installations et dispositifs techniques et de sécurité des lieux de travail doivent être **entretenus** et **vérifiés** périodiquement. Toute défectuosité pouvant affecter la sécurité des travailleurs doit être éliminée le plus rapidement possible.

ÉQUIPEMENTS DE TRAVAIL ET DE PROTECTION

71550 C. trav. art. L 4321-1 à L 4321-5 R 4321-1 à R 4324-53 **P-I-12950 s**

L'employeur doit fournir aux salariés les équipements de travail (machines, appareils, outils…) adaptés et les moyens de protection appropriés aux risques encourus, **certifiés conformes** aux normes européennes. Ces équipements doivent être installés, utilisés, réglés et maintenus de façon à préserver la sécurité des travailleurs. Une **documentation** sur la réglementation qui leur est applicable et les **consignes d'utilisation** doivent être tenues à la disposition du CSE.

Les équipements de protection individuelle et les **vêtements de travail** doivent être fournis **gratuitement** aux salariés. L'employeur fixe les conditions de leur mise à disposition et de leur utilisation après consultation du CSE, ainsi que leurs conditions d'entretien (Cass. soc. 12-12-2012 n° 11-26.585 FS-PB : RJS 2/13 n° 124). Les salariés concernés doivent en être informés.

Tout **mode d'emploi** doit être rédigé en français (Circ. Premier ministre du 19-3-1996 : JO 20) : voir n° 60020.

> **Précisions** **a.** L'**acheteur** ou le **locataire** d'un matériel **livré** dans des conditions contraires aux dispositions légales et réglementaires peut, dans le délai d'un an à compter de la livraison, demander la résolution de la vente ou du bail et prétendre à des dommages-intérêts (C. trav. art. L 4311-5). Sur la portée du **certificat de conformité** délivré par le vendeur sur la responsabilité pénale de l'employeur, voir n° 71850.
b. L'**inspecteur du travail** peut demander à l'employeur de faire vérifier par des organismes accrédités la **conformité** des équipements de travail (C. trav. art. L 4722-1, L 4722-2, R 4722-5 à R 4722-8), cette demande pouvant être **contestée** devant le Dreets (le Direccte avant le 1-4-2021) (C. trav. art. L 4723-1 et R 4723-1). L'employeur doit justifier qu'il a saisi l'organisme de contrôle dans le délai imparti et transmettre les résultats à l'inspecteur dès leur réception. S'il ne satisfait pas à cette demande, il encourt une **amende administrative** (n° 43765) de 10 000 € (C. trav. art. L 4752-2).
c. Des **vérifications** générales et périodiques sont par ailleurs exigées pour certains équipements de travail (Arrêtés TEFT9300286A du 5-3-1993, TEFT9300378A du 19-3-1993 et SOCT0410464A du 1-3-2004).
d. Les **mises en demeure** notifiées par l'inspection du travail, les **attestations, consignes, résultats** et **rapports** relatifs aux vérifications et contrôles doivent en principe être **conservés** pendant 5 ans (C. trav. art. L 4711-1, L 4711-2, D 4711-2 et D 4711-3). Ils peuvent être réunis par l'employeur dans un **registre unique** pour faciliter la conservation des informations (C. trav. art. L 4711-5). Ces documents sont **communiqués** au CSE, au médecin du travail, et, le cas échéant, aux représentants de l'OPPBTP (C. trav. art. L 4711-4). Dans les établissements de moins de 50 salariés, les membres du CSE sont informés de la réception par l'employeur des documents de vérification et de contrôle et peuvent en demander communication (C. trav. art. R 2312-1). Le **médecin du travail** doit avoir accès à ces documents (C. trav. art. R 4624-5). Les agents de l'**inspection du travail** et du **service de prévention** des organismes de sécurité sociale peuvent se les faire présenter au cours de leurs visites (C. trav. art. L 4711-3).
Les **sanctions** applicables en cas de non-respect de ces obligations sont les **amendes** prévues pour les contraventions de 4e classe : voir n° 67285 (C. trav. art. R 4741-3).

RISQUE INCENDIE

71555 C. trav. art. R 4227-1 à R 4227-57 **P-I-16580 s**

Excepté dans les immeubles de grande hauteur soumis à des dispositions spécifiques, et sauf dispense temporaire ou permanente obtenue du Dreets (Direccte avant le 1-4-2021), l'employeur doit prendre des mesures pour la **prévention** des incendies, l'**organisation des secours** et la **formation** des travailleurs au risque incendie. Il doit ainsi observer des **normes précises** concernant l'aménagement des issues et dégagements (portes, couloirs, circulations, escaliers, rampes) et leur **signalisation,** les installations de chauffage, les locaux et emplacements où sont entreposées ou manipulées des substances ou préparations inflammables.

> **Précisions** **a.** Doivent être mis en place des **extincteurs** en nombre suffisant (au moins un par étage), appropriés au risque et maintenus en bon état de fonctionnement et, si nécessaire, des **robinets** d'incendie, des **colonnes** sèches et humides, des dispositifs de **détection** automatique et un stock de **sable** ou de terre meuble (C. trav. art. R 4227-29, R 4227-30 et R 4227-32).
b. Les établissements occupant habituellement plus de 50 personnes ou contenant certaines matières inflammables doivent disposer d'un **système d'alarme sonore** (C. trav. art. R 4227-34) complété par des systèmes adaptés aux travailleurs handicapés (C. trav. art. R 4225-8). Une **consigne** « incendie » doit être **affichée** de manière apparente dans chaque local de travail. Elle désigne les personnes chargées du matériel de secours, de diriger l'évacuation des travailleurs et, le cas échéant, du public, et d'aviser les sapeurs-pompiers. Elle mentionne l'adresse et le numéro de téléphone du service des pompiers et prévoit des **essais** et **exercices** périodiques de lutte contre l'incendie. Elle doit être **communiquée** à l'inspection du travail. Dans les établissements non soumis à l'obligation d'établir une consigne, des **instructions pour l'évacuation rapide** des personnes doivent être données (C. trav. art. R 4227-37 à R 4227-40).

c. Sauf exceptions, les bâtiments dont le permis de construire est déposé ou dont les travaux ont débuté après le 9-5-2012 doivent comporter des **espaces d'attente** sécurisés et signalisés permettant l'évacuation en deux temps des **handicapés** en cas d'incendie (C. trav. art. R 4216-2-1 à R 4216-2-3).

RISQUE ÉLECTRIQUE

L'employeur doit prévenir les risques dus aux **courants** électriques. En cas d'**accidents** électriques, doivent être respectées les **consignes de premiers soins** récapitulées dans une affiche apposée dans l'établissement. **71560** C. trav. art. R 4226-1 à R 4226-21 Décret 78-72 du 20-1-1978 Arrêté INDG9100989A du 14-2-1992 **P-I-7300** **P-I-17200**

> Précisions **a.** Les installations électriques doivent être **vérifiées** dans les conditions fixées par l'arrêté ETST1135026A du 26-12-2011.
b. L'employeur doit s'assurer que les **circuits** et **installations de sécurité** des immeubles par nature ou par destination (à l'exclusion des chantiers du BTP), où sont employés leurs salariés, sont établis, alimentés, exploités et maintenus en état de fonctionnement dans les conditions fixées par l'arrêté SOCT0310288A du 26-2-2003 et, s'agissant de l'**éclairage de sécurité,** par l'arrêté ETST1135008A du 14-12-2011.

MANUTENTION DE CHARGES

La manutention manuelle de charges comportant pour le travailleur des risques, notamment dorso-lombaires, doit être évitée. Si elle ne peut l'être, en raison de la configuration des lieux par exemple, l'employeur doit évaluer les risques, prendre les mesures d'organisation nécessaires et mettre à la disposition des travailleurs des **moyens pour limiter l'effort physique** (aides mécaniques ou, à défaut, accessoires de préhension). **71565** C. trav. art. L 4541-1 R 4541-1 à R 4541-10 **P-I-20000 s**

À défaut d'aides mécaniques, un salarié ne peut porter de façon habituelle des **charges supérieures** à 55 kg que s'il est reconnu apte par le médecin du travail. Le poids ne peut pas, en tout état de cause, dépasser 105 kg. Les **femmes** ne doivent pas porter des charges supérieures à 25 kg ou transporter des charges à l'aide d'une brouette supérieures à 40 kg, brouette comprise.

Les travailleurs concernés doivent recevoir une **formation** et une **information** appropriées.

Sur la **prévention** des effets de la manutention de charges, voir aussi nº 71333.

RISQUES PSYCHOSOCIAUX

Un accord national interprofessionnel (ANI) du 2-7-2008, étendu (Arrêté MTST0909479A du 23-4-2009), indique les moyens d'identifier un état de **stress** (absentéisme, conflits, accidents du travail fréquents, augmentation des visites au service médical…) et prévoit l'obligation pour l'employeur de prendre des mesures de protection. **71570** **N-IV-28040 s**

Un autre ANI du 26-3-2010, également étendu (Arrêté MTST1019978A du 23-7-2010), contient des recommandations en vue d'éviter le **harcèlement** et les **violences au travail.**

Sur la **prévention** des risques psychosociaux, voir nº 17080.

RISQUES SPÉCIFIQUES

Sont exposées ci-après les principales dispositions du Code du travail destinées à éviter ou limiter les risques spécifiques à certaines **entreprises** ou **activités** ou les risques auxquels toute entreprise peut être exposée à un **moment** ou dans un **cas particulier.** **71580**

Sur la **surveillance médicale** des travailleurs affectés à des postes présentant des risques particuliers, voir nº 72430.

Explosion Pour éviter les risques d'explosion, l'employeur doit procéder à une **évaluation spécifique,** combinée, le cas échéant, avec l'évaluation des autres risques visée nº 71270, prendre des mesures propres à empêcher la formation d'**atmosphères explosives** et, si la nature de l'activité ne le permet pas, à empêcher leur inflammation et atténuer les effets nuisibles d'une explosion. Il doit prévoir des mesures de prévention appropriées en cas de **risque identifié** : organisation du milieu de travail, formation des travailleurs, mise à disposition de vêtements de travail adaptés… Il doit également tenir et mettre à jour un **document spécifique** de prévention, intégré au DUER visé nº 71270. **71585** C. trav. art. R 4227-42 à R 4227-54 **P-I-20900**

Risque chimique L'**emballage** et l'**étiquetage** des substances ou mélanges chimiques dangereux (liste fixée par arrêté MTRT2024926A du 26-10-2020) sont réglementés, ainsi que les précautions à prendre lors de leur **utilisation.** Une étiquette doit être apposée sur tout récipient, sac ou enveloppe en contenant, indiquant leur nom, leur origine et le danger que présente leur emploi. **71587** C. trav. art. L 4412-1 R 4411-73 R 4412-1 à R 4412-93 R 4412-149 à R 4412-160 R 4624-4-1 **P-I-17630 s**

L'employeur doit recevoir du fabricant ou importateur de substances ou mélanges dangereux une **fiche de données de sécurité,** qu'il doit transmettre au médecin du travail. Il doit observer les règles générales de prévention des risques chimiques et les règles particulières aux agents **cancérogènes, mutagènes ou toxiques pour la reproduction** : notamment évaluation des risques, limitation de l'utilisation des substances et mélanges chimiques dangereux et du nombre de travailleurs exposés, substitution, si possible, par un autre produit moins dangereux, mesures préventives appropriées et information et formation des travailleurs.

› Précisions **a.** Les **résultats** de l'évaluation des risques chimiques sont **communiqués,** sous une forme appropriée, au CSE et, en son absence, à tout travailleur intervenant dans l'entreprise ainsi qu'au médecin du travail (C. trav. art. R 4412-9).
b. Sur la rédaction du **mode d'emploi,** voir 71550.
c. Sur les pouvoirs de l'**inspection du travail** en cas de dépassement des valeurs limites d'exposition ou de mesures de prévention insuffisantes ou inexistantes, voir n° 71790.
d. Sur la **prévention** des effets de l'exposition au risque chimique, voir aussi n° 71333.

71590 C. trav. art. L 4421-1 R 4421-1 à R 4427-5 P-I-20900

Risque biologique Des règles particulières de même nature que celles applicables aux agents cancérogènes (n° 71587) sont prescrites en cas d'exposition des travailleurs aux **agents biologiques pathogènes,** dont la liste est fixée par l'arrêté TEFT9400844A du 18-7-1994 modifié.

Des **vaccinations** sont obligatoires pour certains travailleurs (par exemple dans les établissements de soins et les laboratoires : CSP art. L 3111-4 et R 3112-2).

› Précisions **a.** Sauf contre-indication médicale, le **refus** d'un salarié d'une telle vaccination peut justifier son **licenciement** (Cass. soc. 11-7-2012 n° 10-27.888 FS-PB : RJS 10/12 n° 807).
b. L'employeur doit fournir sur le lieu de travail des **instructions** écrites et, le cas échéant, des **affiches** portant notamment sur la procédure à suivre en cas d'accident ou d'incident grave mettant en cause un agent biologique pathogène (C. trav. art. R 4425-1).
c. Sur l'interdiction d'exposer les **femmes enceintes** à certains virus, voir n° 51250.
d. Un accord collectif ne peut pas autoriser l'employeur à remplacer son obligation d'assurer directement l'entretien des **tenues de travail** des personnels exposés à des agents biologiques pathogènes par le versement d'une indemnité (Cass. soc. 23-9-2020 n° 18-23.474 F-PB : RJS 12/20 n° 599).

71595 C. trav. art. L 4451-1 à L 4451-4 R 4451-1 à R 4452-31 P-I-20900

Exposition aux rayonnements La protection des travailleurs contre les dangers des rayonnements **ionisants** ou **optiques artificiels** fait l'objet de dispositions spéciales prévoyant notamment des **limites d'exposition** et un renforcement des obligations de l'employeur en matière de prévention du risque.

Certaines **zones** dites surveillées ou contrôlées, suivant l'exposition susceptible d'y être constatée, doivent faire l'objet d'une **signalisation** et d'un **affichage.**

Sur la protection des **salariés précaires,** voir n° 20160, a (CDD) et n° 82350, d (travail temporaire).

› Précisions Les employeurs de salariés exposés à des rayonnements ionisants sont tenus d'observer des règles de **surveillance dosimétrique** fixées par arrêté MTRT1901273A du 26-6-2019.

71600 C. trav. art. L 4412-2 R 4412-94 à R 4412-148 P-I-20400 s

Exposition à l'amiante L'employeur doit évaluer les risques d'exposition à l'amiante, mesurer le **niveau d'empoussièrement** et retranscrire les résultats dans le DUER visé n° 71270. Il doit s'assurer du respect de la **valeur limite** de 10 fibres d'amiante par litre d'air inhalé pour une moyenne de 8 heures de travail. Il doit informer et former les travailleurs exposés et établir, pour chacun d'eux, une **fiche d'exposition** indiquant la nature du travail, les résultats des contrôles de l'exposition au poste de travail, les procédés de travail et moyens de protection collective ou individuelle utilisés.

› Précisions **a.** Sous peine d'une **amende administrative** (n° 43765) de 9 000 € (C. trav. art. L 4754-1), le donneur d'ordre, le maître d'ouvrage, le propriétaire d'immeubles ou de certains matériels doivent **faire rechercher** la présence d'amiante avant toute opération comportant des risques d'exposition. Un document mentionnant, le cas échéant, la présence, la nature et la localisation de matériaux ou de produits contenant de l'amiante doit être remis aux entreprises candidates. Les conditions d'application ou d'exemption de cette obligation sont déterminées par arrêtés, différents selon le domaine d'activité (C. trav. art. L 4412-2 ; Arrêté MTRT1904438A du 19-6-2019 pour les navires, bateaux, engins flottants et autres constructions flottantes ; Arrêté MTRT1913853A du 16-7-2019 pour les immeubles bâtis ; Arrêté MTRT1921900A du 13-11-2019 pour les matériels roulants ferroviaires).
b. Sur le droit à une **préretraite,** voir n°s 57270 s.
c. Sur l'**indemnisation** des victimes de l'amiante, voir n° 1380 et n° 71250, b.

Vibrations mécaniques L'employeur doit faire évaluer les risques par des personnes compétentes, prendre, en cas de risques, des mesures visant à les réduire, fournir aux travailleurs concernés une information et une formation particulières et respecter des **valeurs limites** d'exposition. 71605 C. trav. art. L 4441-1 R 4441-1 à R 4447-1 P-I-20900

Sur la **prévention** des effets de l'exposition aux vibrations mécaniques, voir aussi n° 71333.

6. RISQUES LIÉS À LA PRÉSENCE DE PLUSIEURS ENTREPRISES

INTERVENTION D'UNE ENTREPRISE EXTÉRIEURE

Lorsque des **travaux** ou **prestations de services** doivent être exécutés par les travailleurs d'une ou plusieurs entreprises extérieures dans une entreprise dite utilisatrice, ou dans ses dépendances ou chantiers, les employeurs des différentes entreprises concernées doivent, avant l'exécution des travaux, procéder à une **inspection commune** des lieux de travail et à une **évaluation des risques** et compléter en conséquence le **document unique** visé n° 71270, sous peine de sanction pénale pour l'entreprise utilisatrice (Cass. crim. 25-10-2011 n° 10-82.133 F-D : RJS 5/12 n° 464). Ils doivent **informer** les travailleurs des entreprises extérieures des risques encourus et des mesures de prévention prises, et organiser leur **suivi médical.** 71610 C. trav. art. L 4121-5 L 4511-1 R 4511-1 à R 4514-10 P-I-22000 s

Le rôle des **CSE** des entreprises utilisatrice et extérieures est élargi.

L'entreprise utilisatrice assure la **coordination générale** des mesures de prévention décidées par elle-même et par les entreprises extérieures. Elle organise des inspections et réunions périodiques. Chaque entreprise est **responsable** de la protection de ses salariés.

Si des risques sont identifiés au cours de l'inspection préalable ou si l'opération comporte certains travaux dangereux (liste fixée par arrêté TEFT9300378A du 19-3-1993) ou un certain volume d'heures de travail prévisibles (au moins 400 heures sur 12 mois au plus), un **plan de prévention** établi en commun doit définir les mesures à prendre par chaque entreprise. Ce plan doit être tenu à la disposition des CSE et des médecins du travail de chaque entreprise concernée ainsi que de l'inspection du travail, des agents de prévention des organismes de sécurité sociale et, le cas échéant, de l'OPPBTP.

> **Précisions** **a.** Dans l'entreprise utilisatrice doivent être **affichés** les noms et lieux de travail des **membres des CSE** des entreprises utilisatrice et extérieures, le nom du médecin du travail de l'entreprise utilisatrice et le lieu où est située l'infirmerie de celle-ci (C. trav. art. R 4514-5).
> **b.** Cette réglementation, **adaptée** pour les opérations de chargement et de déchargement de marchandises (C. trav. art R 4515-1 à R 4515-11) et pour les établissements à haut risque industriel (n° 71615), n'est **pas applicable** aux chantiers visés n° 71620 et aux chantiers clos et indépendants. Toutefois, si ces chantiers sont obligés d'établir un plan général de coordination, l'entreprise utilisatrice reçoit copie de ce plan et participe, sur sa demande, aux travaux du collège interentreprises s'il existe (C. trav. art. R 4511-3).

INTERVENTION DANS UN ÉTABLISSEMENT À HAUT RISQUE INDUSTRIEL

Pour les interventions à risque dans un établissement comprenant au moins une installation **nucléaire** de base au sens de l'article L 593-1 du Code de l'environnement, une installation « **Seveso seuil haut** » figurant sur la liste prévue à l'article L 515-36 du même Code, ou une installation de **stockage souterrain** de produits dangereux visée aux articles L 211-2, L 211-3, aux titres II à VII et au chapitre II du titre VIII du livre II du Code minier, les employeurs de l'entreprise utilisatrice et de l'entreprise extérieure définissent **conjointement** les mesures de prévention visées nos 71250 et 71270. 71615 C. trav. art. L 4521-1 à L 4526-1 R 4523-1 à R 4524-10 P-I-27000 s

Une **formation** pratique et appropriée doit être délivrée aux travailleurs.

Lorsque la réunion du CSE a pour objet de contribuer à la définition des **règles communes de sécurité** et à l'observation des mesures de prévention, il s'appuie sur les travaux de la **commission santé, sécurité et conditions de travail** (n° 9010), élargie à une représentation des employeurs extérieurs et de leurs travailleurs, dans des conditions déterminées par accord collectif ou à défaut par le Code du travail.

> **Précisions** **a.** Toutefois, cette représentation n'est **pas applicable** aux établissements comprenant une installation nucléaire de base au sein desquels l'association des entreprises extérieures à la prévention des risques était déjà assurée avant le 14-6-2006 et qui répondent aux exigences fixées par l'article R 4523-17 du Code du travail.
> **b.** Les noms des représentants des entreprises extérieures participant à la commission élargie sont communiqués à l'**inspecteur du travail,** à sa demande.

CHANTIERS DE BÂTIMENT OU DE GÉNIE CIVIL

71620 C. trav. art. L 4531-1 à L 4535-1 L 4744-2 R 4532-1 à R 4535-13 **P-I-25000 s**

En raison des risques particuliers liés au nombre des intervenants et à l'interférence de leurs activités, les maîtres d'ouvrage, maîtres d'œuvre et entreprises intervenantes sont tenus à la plupart des **principes généraux de prévention** prévus par le Code du travail.

En cas de travaux dont la **durée** doit excéder 30 jours ouvrés et pour lesquels l'**effectif** prévisible doit dépasser 20 travailleurs à un moment quelconque ou dont le **volume** prévu doit être supérieur à 500 hommes-jours, le maître d'ouvrage doit adresser à l'inspection du travail (sous peine d'une **amende** de 4 500 €), à l'OPPBTP et à la Carsat du lieu de l'opération une **déclaration préalable** dont le modèle est fixé par l'arrêté TEFT9500298A du 7-3-1995 et en afficher le texte sur le chantier.

Sur les pouvoirs de l'**inspection du travail** en cas de risque sérieux constaté sur les chantiers, voir nos 71780 s.

› Précisions Les **prescriptions particulières** de protection et de salubrité applicables avant et pendant l'exécution des travaux sur les chantiers du BTP et dans tous les établissements effectuant, même occasionnellement, des opérations entrant dans le cadre général des travaux de bâtiment (y compris les opérations d'entretien et de nettoyage) sont fixées par les articles R 4533-1 à R 4534-156 du Code du travail. Ces prescriptions, qui doivent être affichées sur les lieux de travail, concernent notamment le **type de travaux réalisés** (démolition, terrassement, travaux souterrains...), les **conditions de leur réalisation** (travaux au voisinage de lignes ou installations électriques...) et les **matériels utilisés** (échafaudage, passerelles, appareils de levage...).

71630 C. trav. art. L 4532-2 à L 4532-7 L 4744-4 R 4532-11 à R 4532-37 R 4532-77 à R 4532-94 R 4741-4 R 4741-5

Sur les chantiers où interviennent plusieurs travailleurs indépendants ou plusieurs entreprises (y compris sous-traitantes), le maître d'ouvrage, sous peine d'une **amende** de 10 000 €, doit désigner un **coordonnateur de sécurité,** placé sous sa responsabilité, devant disposer de compétences et d'une formation spécifiques, et dont la mission fait l'objet d'un contrat.

Par ailleurs, toujours à l'initiative du maître d'ouvrage et au plus tard 21 jours avant le début des travaux, un collège interentreprises de sécurité, de santé et des conditions de travail (**CISSCT**) doit être constitué dès lors que le chantier dépasse un **volume** de 10 000 hommes-jours et que le **nombre d'entreprises** (y compris les sous-traitantes et les travailleurs indépendants) est supérieur à 10 pour les opérations de bâtiment et à 5 pour les opérations de génie civil.

Sa **composition,** qui doit être affichée sur le chantier, est la suivante : coordonnateur de sécurité (par ailleurs président du comité), maîtres d'œuvre, employeurs des entreprises intervenantes ou leurs représentants habilités et, avec voix consultative, un salarié de chacune de ces entreprises employé sur le chantier (les opinions qu'ils expriment ne peuvent pas motiver une sanction ou un licenciement).

Peuvent assister aux **réunions,** à titre consultatif, l'inspecteur du travail, les médecins du travail et les représentants de la Carsat et de l'OPPBTP. Les **procès-verbaux** des réunions du CISSCT sont consignés sur un registre tenu notamment à la disposition de l'inspection du travail.

Le maître d'ouvrage ne constituant pas le CISSCT et l'entrepreneur ou le sous-traitant faisant entrave à son fonctionnement encourent la peine d'**amende** prévue pour les contraventions de 5e classe (no 67285).

B. Procédures d'urgence

DANGER GRAVE ET IMMINENT POUR LES TRAVAILLEURS

71670 En cas de **menace** susceptible de provoquer une atteinte sérieuse à l'**intégrité physique** d'un travailleur dans un proche délai (à ne pas confondre avec le risque habituel que certains postes comportent), des mesures peuvent ou doivent être prises, par les travailleurs confrontés à ce danger, par le CSE ou par l'employeur.

Sur les pouvoirs de l'inspection du travail et du Dreets (du Direccte avant le 1-4-2021) en cas de situation dangereuse résultant d'une **infraction,** voir nos 71760 s.

71680 C. trav. art. L 4131-1 L 4131-3 à L 4132-1 **P-II-200 s**

Droit d'alerte et de retrait des salariés Le travailleur doit **signaler** immédiatement à l'employeur toute situation de travail dont il a un motif raisonnable de penser qu'elle présente un danger grave et imminent pour sa vie ou sa santé ainsi que toute défectuosité qu'il constate dans les systèmes de protection. Il est en **droit de se retirer** d'une telle situation de travail (mais pas d'arrêter les machines : JO déb. AN 23-9-1982) sans avoir à demander l'accord de l'employeur. Mais il doit le faire sans créer pour autrui un nouveau risque grave et imminent. Il s'agit d'un droit individuel pouvant être exercé seul ou en groupe.

> **Précisions** **a.** Le droit de retrait est **facultatif.** Ne pas en faire usage ne peut pas constituer une faute (Cass. soc. 9-12-2003 n° 02-47.579 F-D : RJS 2/04 n° 216) ni être reproché à la victime d'un accident du travail (Circ. DRT 15 du 25-3-1993, réputée abrogée).
> **b.** La **cause du danger** n'est pas nécessairement extérieure au travailleur (machine, processus de fabrication, ambiance de travail...). Elle peut résulter de son **état de santé** (Cass. soc. 20-3-1996 n° 93-40.111 P : RJS 5/96 n° 554), par exemple s'il lui est demandé d'exécuter un travail dans des conditions contraires aux réserves émises par le médecin du travail sur son aptitude à un emploi (Cass. soc. 10-5-2001 n° 00-43.437 F-D : RJS 7/01 n° 872).
> **c.** Le travailleur n'a pas à prouver la **réalité du danger.** Il suffit qu'il ait un motif raisonnable de penser que celui-ci existe. En cas de **litige,** les juges du fond apprécient souverainement si l'intéressé justifiait ou non d'un tel motif (Cass. soc. 20-1-1993 n° 91-42.028 P : RJS 3/93 n° 285 ; 9-5-2012 n° 10-27.115 FS-D : RJS 7/12 n° 652). Ils ne peuvent pas se fonder sur leur propre appréciation du danger (Cass. soc. 9-5-2000 n° 97-44.234 P : RJS 6/00 n° 683).
> **d.** Aucune **formalité** n'est exigée pour l'exercice du droit d'alerte et de retrait, et le règlement intérieur ne peut pas les subordonner à une procédure écrite (CE 11-5-1990 n° 90213 : RJS 7/90 n° 574 ; Cass. soc. 28-5-2008 n° 07-15.744 FS-PB : RJS 8-9/08 n° 894). Si une telle procédure est prévue, elle ne peut être que facultative (CE 11-7-1990 n° 85416 : RJS 10/90 n° 767).
> **e.** S'il existe des **représentants du personnel,** l'exercice du droit d'alerte ne peut pas être subordonné à leur saisine afin qu'ils déclenchent la procédure visée n° 71700 (Cass. soc. 10-5-2001 n° 00-43.437 F-D : RJS 7/01 n° 872). Mais, en cas de contentieux, l'exercice de cette procédure peut constituer pour les juges un **indice sur la légitimité** des salariés à exercer leur droit de retrait (Cass. soc. 10-10-2018 n° 17-19.541 FS-D : RJS 12/18 n° 745).

Une **protection** est assurée au travailleur ayant exercé son droit de retrait : l'employeur ne peut pas lui demander de reprendre son activité tant que le danger grave et imminent persiste. Aucune **sanction** ni retenue de salaire ne peut être prise à son encontre. L'intégralité du **salaire** lui est donc due, quelle que soit la durée du retrait, si les conditions d'exercice du droit sont réunies (Cass. crim. 25-11-2008 n° 07-87.650 F-PF : RJS 2/09 n° 180). **71690** C. trav. art. L 4131-1, al. 3 L 4131-3 **P-II-1050 s**

Le **licenciement** pour un motif lié à l'exercice légitime du droit de retrait est nul (Cass. soc. 28-1-2009 n° 07-44.556 FS-PB : RJS 4/09 n° 361 ; 25-11-2015 n° 14-21.272 FS-PB : RJS 2/16 n° 126). À l'inverse, si les conditions n'en sont pas remplies, l'exercice de ce droit peut justifier un licenciement pour **faute grave** (Cass. soc. 21-1-2009 n° 07-41.935 F-D : RJS 4/09 n° 361).

> **Précisions** **a.** Le salarié victime d'un **accident du travail** ou d'une **maladie professionnelle,** alors que lui-même ou un représentant du personnel avait signalé le risque qui s'est matérialisé, n'a pas à prouver la faute inexcusable de l'employeur ; elle est établie d'office : voir n°s 1290 s. (C. trav. art. L 4131-4).
> **b.** Le conseil de prud'hommes saisi en **référé** par les salariés ayant subi une retenue sur salaire peut leur allouer une **provision** sur salaire, en relevant que les représentants du personnel avaient engagé la procédure visée n° 71700 et qu'un recours de l'employeur sur la validité de celle-ci n'avait toujours pas abouti (Cass. soc. 31-3-2016 n° 14-25.237 FS-PB : RJS 6/16 n° 425).

Pouvoirs du CSE Lorsqu'un membre du CSE constate, par lui-même ou par l'intermédiaire d'un travailleur ayant exercé son droit de retrait (n° 71680), l'existence d'une cause de **danger grave et imminent,** il en avise immédiatement l'employeur et consigne cet avis sur un registre spécial. **71700** C. trav. art. L 4131-2 L 4132-2 à L 4132-4 D 4132-1 D 4132-2 **P-II-2600 s**

L'employeur est tenu de procéder sur-le-champ à une **enquête** avec le représentant du personnel l'ayant avisé du danger et de prendre les dispositions nécessaires pour y remédier. Il ne peut pas lui refuser le droit de se rendre sur les lieux et doit lui en donner les moyens (par exemple en lui remboursant ses frais de déplacement : Cass. soc. 10-10-1989 n° 86-44.112 P : RJS 11/89 n° 850).

> **Précisions** **a.** L'avis porté sur le **registre spécial** doit être daté et signé et indiquer le ou les postes de travail concernés, la nature du danger et sa cause, ainsi que le nom du ou des travailleurs exposés. Ce registre, réservé aux membres du CSE, est tenu à leur disposition, sous la responsabilité de l'employeur. Il est établi un registre par comité distinct dans l'entreprise (Circ. DRT 15 du 25-3-1993, réputée abrogée).
> **b.** En cas de **divergence** sur la réalité du danger ou la façon de le faire cesser, l'employeur doit provoquer une **réunion** extraordinaire du CSE (ne remplaçant pas les réunions obligatoires), au plus tard dans les 24 heures, et **informer** immédiatement l'inspection du travail et la Carsat, qui peuvent assister à cette réunion. À **défaut d'accord** entre l'employeur et la majorité des membres du comité sur les mesures à prendre et leurs conditions d'exécution, l'inspecteur du travail, immédiatement saisi par l'employeur, peut mettre en œuvre la procédure de mise en demeure (n° 71800) ou saisir le juge des référés (n° 71780).
> **c.** Sur le droit de recourir à un **expert** en cas de risque grave, voir n° 9040.

71710 **Obligations de l'employeur** En présence d'un danger grave et imminent, l'employeur doit prendre les **mesures** et donner les **instructions** nécessaires pour permettre aux travailleurs d'arrêter leur activité et de se mettre en sécurité en quittant immédiatement le lieu de travail.

C. trav. art. L 4132-5 P-II-2000 s

Il peut **faire appel** à certains d'entre eux pour rétablir des conditions de travail protectrices de la santé et de la sécurité des travailleurs, dans les conditions fixées par le **règlement intérieur** (nos 59890 s.).

DANGER POUR LA SANTÉ PUBLIQUE OU L'ENVIRONNEMENT

71720 Le **travailleur** estimant que les produits ou procédés de fabrication utilisés par son employeur font peser un risque grave sur la santé publique ou l'environnement doit l'**alerter immédiatement,** par écrit, sur un **registre spécial** daté et signé, dont les pages sont numérotées.

C. trav. art. L 4133-1 à L 4133-4 D 4133-1 à D 4133-3 P-II-2400 s

Le membre du **CSE** qui constate un tel risque, notamment par l'intermédiaire d'un travailleur, doit lui aussi en alerter immédiatement l'employeur dans les mêmes conditions et examiner avec lui la situation. L'employeur doit y donner suite dans le délai d'un mois.

> **Précisions** **a.** Le registre est **tenu à la disposition** des membres du CSE sous la responsabilité de l'employeur.
> **b.** En cas de **divergence** sur le bien-fondé de l'alerte ou en l'absence de suite donnée par l'employeur, le travailleur ou le représentant du personnel peut saisir le préfet.
> **c.** L'employeur doit **informer** le CSE des alertes, de leurs suites ainsi que des saisines éventuelles du préfet en cas de divergence.
> **d.** Le travailleur qui alerte de bonne foi l'employeur bénéficie du statut de **lanceur d'alerte** (n° 56070, c).

C. Infractions

I. CONSTATATION DES INFRACTIONS

INTERVENTION DE L'INSPECTION DU TRAVAIL

71760 Les **infractions** aux règles relatives à la santé et à la sécurité au travail sont constatées par l'inspection du travail dans le cadre de sa mission générale de contrôle (nos 43720 s.). Les mesures diffèrent selon la nature de l'infraction et la gravité du danger encouru. Les membres du **CSE** doivent être **informés** par l'employeur de la présence d'un agent dans l'entreprise et peuvent à cette occasion lui formuler des **observations.**

C. trav. art. L 2312-10 P-I-29470 s

71770 **Procès-verbal ou mise en demeure** L'inspecteur du travail constatant une infraction peut dresser **immédiatement** un procès-verbal faisant foi jusqu'à preuve du contraire. Il doit fournir des informations au contrevenant avant la transmission de celui-ci (n° 67210). Sur son **pouvoir d'appréciation,** voir n° 43760.

C. trav. art. L 4721-4 à L 4721-7 R 4721-4 R 4721-5 P-I-2951 0 s

Dans certaines situations listées par l'article R 4721-5 du Code du travail, il doit **préalablement** notifier à l'employeur une mise en demeure de se conformer à la réglementation, sauf cas de danger grave ou imminent pour l'intégrité physique des travailleurs, auquel cas il peut dresser immédiatement un procès-verbal précisant explicitement les circonstances de fait et la réglementation applicable en l'espèce.

> **Précisions** La **mise en demeure** doit être datée et signée, mentionner les infractions constatées et fixer un **délai** à l'expiration duquel celles-ci devront avoir disparu. Ce délai, qui doit tenir compte des circonstances, ne peut pas être inférieur à 4 jours et est généralement fixé à 8 jours pour les infractions en matière de santé et sécurité au travail. S'il n'est pas respecté, les **sanctions pénales** visées n° 71860 sont encourues.

71780 **Saisine du juge des référés** En cas de **risque sérieux** d'atteinte à l'intégrité physique d'un travailleur, résultant d'une infraction aux règles de santé et de sécurité, l'inspecteur du travail peut saisir le juge judiciaire statuant en référé pour voir ordonner toutes mesures telles que la mise hors service, l'immobilisation, la saisie des matériels, machines, dispositifs, produits ou autres ou la **fermeture temporaire** d'un atelier ou chantier. Sa décision peut être assortie d'une **astreinte** liquidée au profit du Trésor public.

C. trav. art. L 4732-1 L 4732-2 P-I-40500 s

> **Précisions** Dans les opérations du **bâtiment et de génie civil,** ces mesures peuvent consister en la mise en œuvre d'une **coordination** en matière de santé et de sécurité sur le chantier ou la détermination de **délais** de préparation et d'exécution des travaux compatibles avec la prévention des risques professionnels.

Arrêts temporaires de travaux ou d'activité L'inspecteur du travail peut prendre toutes mesures utiles et notamment décider l'arrêt temporaire de la partie des travaux ou de l'activité en cause lorsqu'il constate qu'un travailleur n'a pas exercé son droit de retrait (nos 71680 s.), alors qu'il existe un **danger grave ou imminent** résultant : **71790** C. trav. art. L 4721-8 L 4731-1 à L 4731-6 L 4741-3-1 L 4752-1 R 4721-6 à R 4721-10 R 4731-1 à R 4731-12 **P-II-4500 s**

– d'un défaut de protection contre les **chutes de hauteur** ;
– de l'absence de dispositifs contre les risques d'**ensevelissement** ;
– de l'absence de protection contre les risques liés aux travaux de retrait ou d'encapsulage d'**amiante** et de matériaux, d'équipements et de matériels en contenant ;
– de l'**utilisation d'équipements** de travail dépourvus de **protecteurs,** de dispositifs de protection ou de composants de sécurité appropriés ou sur lesquels ces éléments sont inopérants ;
– d'un risque en cas de travaux ou d'activité dans l'environnement des **lignes électriques** aériennes ou souterraines ;
– d'un risque de **contact électrique direct** avec des pièces nues sous tension, en dehors des opérations sur les installations électriques ou dans leur voisinage.

Il peut également prescrire l'arrêt temporaire de l'activité en cas de dépassement des **valeurs limites d'exposition** à une **substance chimique** cancérigène, mutagène ou toxique pour la reproduction ou en cas de **mesures de prévention** inexistantes ou insuffisantes contre ces substances, après avoir mis l'employeur en demeure de remédier à la situation.

S'il entend **contester** la réalité du danger ou la façon de le faire cesser, notamment par l'arrêt des travaux, l'employeur peut saisir le juge administratif en référé.

Le non-respect des mesures prescrites par l'inspecteur est passible d'une **amende** de 3 750 € et d'un emprisonnement d'un an ou d'une **amende administrative** (no 43765) de 10 000 € par travailleur concerné.

› Précisions **a.** En cas d'**arrêt temporaire des travaux,** la décision de l'inspecteur du travail, dont l'employeur est informé par écrit, est d'application immédiate. Dès que les mesures ont été prises pour faire cesser le danger, l'employeur l'en avise par tout moyen donnant date certaine à la réception de cette information. Après vérification, devant intervenir dans les 2 jours ouvrés, l'inspecteur du travail autorise ou refuse la reprise des travaux (C. trav. art. R 4731-1 et R 4731-5, al. 4 et 5).

b. En cas d'arrêt temporaire d'activité (**substance chimique dangereuse**), la décision de l'inspecteur doit être motivée. Celui-ci ne peut autoriser la reprise du travail qu'après avoir été informé, par tout moyen donnant date certaine à la réception de cette information, des mesures de protection adoptées par l'employeur et vérifié leur caractère approprié dans les 8 jours (C. trav. art. R 4731-10 à R 4731-12).

c. Sur les dispositifs de retrait d'urgence des **jeunes travailleurs** affectés à des travaux dangereux, voir no 45527.

RÔLE DU DREETS

Le Dreets (le Direccte avant le 1-4-2021), sur **rapport de l'inspecteur du travail** constatant une situation dangereuse résultant d'un non-respect des principes généraux de prévention (no 71250) ou des règles générales de santé et de sécurité (nos 71430 s.), peut **mettre en demeure** l'employeur de prendre toutes mesures utiles pour y remédier et lui fixer un **délai d'exécution** tenant compte des difficultés de réalisation. Si, à l'expiration de celui-ci, la situation dangereuse n'a pas cessé, l'inspecteur du travail peut dresser un **procès-verbal.** **71800** C. trav. art. L 4721-1 à L 4721-3 L 4741-3 R 4721-1 à R 4721-3 **P-I-29700 s**

Le fait pour l'employeur de ne pas se conformer aux mesures édictées par le Dreets est puni d'une **amende** de 3 750 €.

› Précisions La mise en demeure est notifiée par écrit, datée et signée. Pour les infractions aux règles de santé et de sécurité, le délai d'exécution ne peut pas être inférieur à 4 jours ouvrables.

RÉCLAMATION DE L'EMPLOYEUR

Avant l'expiration du délai de mise en conformité et au plus tard dans les 15 jours de la mise en demeure, l'employeur peut effectuer un **recours** devant le Dreets (Direccte avant le 1-4-2021) si celle-ci émane de l'inspection du travail (no 71770), devant le ministre chargé du travail si elle émane du Dreets (no 71800). Ce recours s'effectue par LRAR et a un caractère **suspensif.** **71810** C. trav. art. L 4723-1 R 4723-1 à R 4723-6 **P-I-29900 s**

› Précisions **a.** Une **télécopie** parvenue avant l'expiration du délai requis rend recevable la réclamation parvenue en bonne et due forme postérieurement (CE 6-5-1996 no 143207 : RJS 7/96 no 825).

b. Le Dreets (le Direccte avant le 1-4-2021) doit se **prononcer** sur le recours dans les 21 jours de la date de présentation de la LRAR. Le délai peut être prolongé de 21 jours, l'employeur devant alors en être avisé par le même moyen. À défaut de réponse dans ce délai, la réclamation est considérée comme acceptée. Tout refus doit être motivé.

c. Le **silence** gardé par le **ministre** pendant plus de 2 mois vaut décision d'acceptation du recours contre la décision du Dreets.

d. La réclamation est un préalable obligatoire à tout **recours contentieux** (CE 13-11-2002 n° 232265 : RJS 2/03 n° 205).

2. RESPONSABILITÉ PÉNALE

INFRACTIONS AU CODE DU TRAVAIL

71830 C. trav. art. L 4741-1 P-I-33600 s

Conditions de la responsabilité Les infractions aux règles de santé et de sécurité engagent en principe la responsabilité du **dirigeant** ou du titulaire d'une **délégation de pouvoir** en la matière. Elles peuvent aussi engager la responsabilité de l'**entreprise, personne morale,** concurremment ou à la place de celle du dirigeant ou de son délégataire (nos 67100 s.).

Un **salarié** non titulaire d'une délégation de pouvoir ne peut pas être poursuivi pour ces infractions même lorsqu'il en est l'auteur matériel, mais peut l'être le cas échéant sur le fondement des **infractions pénales de droit commun** (n° 71880).

Pour être reconnue, l'infraction doit réunir tous les **éléments constitutifs** traditionnellement requis (voir nos 67000 s.), sauf si l'employeur justifie d'une **cause valable** d'exonération de responsabilité.

71840 P-I-36300 s

En cas de **travail en commun,** chaque employeur est responsable des infractions aux règles de sécurité commises par ses propres salariés ou dont ces derniers sont victimes, sauf si une autre entreprise a été **contractuellement désignée** comme responsable de la sécurité (Cass. crim. 13-3-1990 n° 89-81.798 D : RJS 5/90 n° 382 ; 31-1-2006 n° 05-81.858 F-D) ou si l'exécution des travaux a été placée sous une **direction unique** autre que celle de l'employeur concerné (Cass. crim. 17-11-1987 n° 86-92.514 P).

> **Précisions** **a.** La responsabilité de chaque employeur peut toutefois être engagée, même dans ces hypothèses, pour ses **fautes personnelles** ayant concouru à la réalisation d'une infraction d'**homicide** ou de **blessures involontaires** (Cass. crim. 13-6-1991 n° 90-81.544 D : RJS 8-9/91 n° 971).
b. L'employeur qui met ses salariés à la **disposition d'une autre entreprise** reste tenu de veiller personnellement à leur sécurité (Cass. crim. 16-9-1997 n° 96-82.618 PF : RJS 1/98 n° 47).

71850 P-I-35000 s

Pour tenter de s'**exonérer de leur responsabilité,** l'employeur ou son délégataire invoquent parfois des circonstances atténuantes, rarement admises par les juges. Ainsi, la **faute de la victime** d'un accident du travail n'est exonératoire que si elle a été la cause exclusive de cet accident (jurisprudence constante, notamment Cass. crim. 15-3-1983 n° 81-93.018 D ; 30-10-1989 n° 87-81.378 D : RJS 1/90 n° 35 ; 7-5-2019 n° 18-80.418 FS-PBI : RJS 7/19 n° 437).

ILLUSTRATIONS

N'ont pas été retenues comme exonérant l'employeur de sa responsabilité : l'**absence de mise en demeure** de l'inspection du travail (Cass. crim. 5-2-1985 n° 84-91.143 ; 20-10-1987 n° 86-90.616) ou de **remarque des représentants du personnel** (Cass. crim. 24-11-1992 n° 92-80.571) ; les **difficultés d'exécution** du travail (Cass. crim. 27-11-1990 n° 89-84.709 PF : RJS 2/91 n° 195) ; l'**absence de l'employeur** sur les lieux de l'infraction en raison de son état de santé (Cass. crim. 8-12-1987 n° 87-83.595) ; la délivrance, par le vendeur, du **certificat de conformité** du matériel, ce document ne dispensant pas l'employeur de s'assurer que le matériel est conforme à la réglementation (Cass. crim. 6-6-1990 n° 89-86.002 P : RJS 8-9/90 n° 683 ; 17-9-1996 n° 95-85.757 D : RJS 2/97 n° 156).

71860 C. trav. art. L 4741-1 L 4741-4 L 4741-5 P-I-40540 s

Sanctions Chaque infraction aux règles de santé et de sécurité du Code du travail est passible d'une **amende** de 10 000 €, appliquée autant de fois qu'il y a de salariés concernés, c'est-à-dire exposés au risque et pas seulement victimes (Cass. crim. 21-10-1975 n° 75-90.427 ; 9-4-2019 n° 17-86.267 FS-PBI : RJS 6/19 n° 361), et indépendamment du nombre d'infractions relevé dans le procès-verbal de l'inspecteur du travail (Cass. crim. 6-3-2018 n° 17-81.105 F-D : RJS 5/18 n° 333). Cette amende peut être assortie de l'**affichage** du jugement aux portes de l'entreprise et de sa **publication** dans des journaux.

> **Précisions** **a.** Pour certaines infractions, le jugement fixe en outre le **délai d'exécution** des travaux de sécurité et de salubrité nécessaires (10 mois au maximum) (C. trav. art. L 4741-4).
b. La **récidive** est punie d'une amende de 30 000 € et d'un emprisonnement d'un an (C. trav. art. L 4741-1, al. 8).
c. Pour certaines infractions, une **amende administrative** peut être prononcée : voir n° 43765.
d. Sur l'**action civile** des représentants du personnel en raison de ces infractions, voir n° 67340, a.
e. Sur les **mesures préventives** pouvant être prises par l'inspection du travail ou le Dreets (le Direccte avant le 1-4-2021) lorsque ces infractions entraînent un risque sérieux d'accident du travail, voir nos 71780 s.

En cas d'**accident du travail** survenu dans une entreprise où ont été relevés des **manquements graves ou répétés** aux règles de santé et de sécurité, lorsque la responsabilité de la personne physique (employeur ou délégataire) n'a pas été retenue, l'entreprise **personne morale** peut être condamnée à présenter dans le délai fixé par le juge un **plan d'amélioration** de la sécurité accompagné de l'avis motivé du CSE. **71870** C. trav. art. L 4741-11 à L 4741-14 P-I-37600 s

› **Précisions** **a.** Le juge adopte le plan présenté après avis du Dreets (du Direccte avant le 1-4-2021). À **défaut de plan** présenté par l'entreprise, le juge peut en arrêter un (C. trav. art. L 4741-11, al. 3).

b. L'employeur qui, dans le **délai** prévu, n'a pas présenté de plan ou n'a pas pris les mesures nécessaires à la réalisation du plan arrêté par le juge est passible d'une **amende** de 18 000 € et de peines complémentaires (affichage du jugement, publication dans des journaux) (C. trav. art. L 4741-11, al. 6).

c. Le **contrôle** de l'exécution du plan est exercé par l'inspecteur du travail. Celui-ci peut saisir le juge des référés, qui peut ordonner la fermeture totale ou partielle de l'entreprise pendant le temps nécessaire à l'exécution du plan (C. trav. art. L 4741-11, al. 5).

d. En cas de **récidive,** la **fermeture** (totale ou partielle, définitive ou temporaire) de l'entreprise peut être ordonnée. Celle-ci ne peut entraîner ni rupture, ni suspension des contrats de travail, ni aucun préjudice pécuniaire à l'encontre des salariés concernés. Toutefois, la fermeture totale et définitive entraînant le **licenciement** des salariés donne lieu aux indemnités de préavis (nos 69335 s.) et de licenciement (nos 48900 s.), ainsi qu'aux dommages et intérêts prévus en cas de licenciement irrégulier et sans cause réelle et sérieuse (nos 48700 s.) (C. trav. art. L 4741-12, al. 2 et L 4741-13).

INFRACTIONS PRÉVUES PAR LE CODE PÉNAL

L'**employeur** ou son **délégataire** encourt les sanctions prévues par le Code pénal en cas d'accident du travail (infractions d'**homicide** ou de **blessures involontaires**) ou de risque d'accident (délit de **mise en danger d'autrui** : voir n° 67045, b). **71880** C. pénal art. 221-6 221-7 222-19 222-20 222-21 223-1 223-2 R 622-1 s. P-I-34100 s P-I-40800 s.

Une faute d'imprudence ou de négligence (n° 67045, c) peut engager la responsabilité pénale de l'employeur, y compris en situation de crise justifiant l'**état d'urgence sanitaire** compte tenu, le cas échéant, de la nature de ses missions ou de ses fonctions, de ses compétences ainsi que du pouvoir et des moyens dont il disposait (CSP art. L 3136-2). Elle peut également engager la responsabilité pénale de toute **autre personne physique,** salarié non délégataire ou sous-traitant, par exemple.

La responsabilité pénale de l'entreprise, **personne morale,** peut aussi être recherchée pour toutes les infractions visées ci-dessus, dans les conditions visées nos 67130 s. L'entreprise encourt pour ces infractions les sanctions indiquées n° 67280.

Sur les **actions civiles** faisant suite à un accident du travail, voir n° 67340, a et b.

CUMUL D'INFRACTIONS

Lorsque des infractions aux règles de santé et de sécurité sont à l'origine d'un accident du travail, la responsabilité pénale de l'employeur ou de son délégataire peut être fondée à la fois sur le **Code du travail** (nos 71830 s.) et sur le **Code pénal** (n° 71880). **71900** C. pénal art. 132-3 P-I-41300 s

Dans ce cas, le cumul des **peines** de même nature prévues par ces deux Codes est possible mais ne peut pas dépasser le **maximum légal** de la peine encourue la plus élevée (Cass. crim. 13-9-2005 n° 04-85.736 F-PF : RJS 12/05 n° 1222 ; 30-10-2012 n° 11-88.675 F-D).

D. Médecine du travail

Obligatoire dans toutes les entreprises de droit privé et les établissements publics visés n° 71220, la surveillance médicale des salariés est confiée à des services dits « de santé au travail » (SST), dont les missions sont assurées par un médecin du travail ou une équipe pluridisciplinaire. **72200** C. trav. art. L 4621-1 L 4622-1 P-IV-350 s

› **Précisions** **a.** Des **règles spécifiques** sont prévues pour les travailleurs temporaires (n° 82345).

Des adaptations existent également pour les secteurs d'activité suivants : agriculture (voir Mémento agriculture nos 60920 s.), entreprises foraines (C. trav. art. R 4622-18), entreprises et établissements relevant des mines (C. minier art. L 180-1), établissements relevant de la fonction publique hospitalière et syndicats interhospitaliers (C. trav. art. D 4626-1 à R 4626-35).

b. Les établissements relevant des industries du cuir, de la céramique et de la transformation des métaux, occupant habituellement au moins 500 salariés, doivent mettre en place des **services sociaux,** appelés à collaborer avec les services de santé au travail, et qui sont assurés par des conseillers ou conseillères du travail diplômés (C. trav. art. L 4631-1, L 4631-2 et D 4631-1 à D 4632-11 ; Décrets 13-8-1943).

c. **L'accord national interprofessionnel** sur la santé au travail du 9-12-2020 prévoit notamment de rebaptiser les services de santé interentreprises en « services de prévention et de santé au travail interentreprises » (SPSTI) et de réviser leurs règles de gouvernance, et de permettre une collaboration entre médecine du travail et médecine de ville. L'application de ces dispositions est subordonnée à leur transposition législative ou réglementaire.

1. SERVICES DE SANTÉ AU TRAVAIL

a. Organisation

FORME DU SERVICE

72220 C. trav. art. L 4622-5 D 4622-1 à D 4622-5 D 4622-9 D 4622-12 D 4622-14 D 4622-16 **P-IV-1000 s**

L'employeur doit organiser un **service de santé interentreprises** ou y adhérer. Toutefois, si au moins 500 salariés bénéficient d'un suivi médical, l'employeur peut mettre en place un **service autonome** (de groupe, d'entreprise, interétablissements, d'établissement ou commun aux entreprises constituant une UES). Son choix est préalablement soumis au comité social et économique (CSE) d'entreprise ou central. En cas d'opposition du CSE, l'employeur doit demander l'autorisation de mettre en place le service choisi à la Dreets (Direccte avant le 1-4-2021). Cette autorisation est réputée acquise à défaut de réponse dans le délai d'un mois à compter de la réception de la demande.

› Précisions **a.** Lorsque **moins de 500 salariés** bénéficient d'un suivi médical, celui-ci peut être assuré par un service d'entreprise en cas d'appartenance à un groupe ou d'interventions régulières en tant qu'entreprise extérieure auprès d'une autre entreprise, après conclusion d'une convention et accord du CSE.
b. Un service interentreprises peut également être créé entre des **établissements travaillant sur un même site** et appartenant à des entreprises différentes lorsque l'effectif atteint au moins 500 salariés. La mise en place du service est subordonnée à la conclusion d'un accord de coopération pour la mise en œuvre des mesures de sécurité, à la consultation des CSE intéressés et à l'autorisation de la Dreets.
c. Pour les **salariés éloignés** exécutant habituellement leur travail hors du département où se trouve l'établissement qui les emploie, l'employeur peut, après consultation du CSE, adhérer à un ou plusieurs services de santé interentreprises situés dans le département où ils travaillent. Les médecins de ces services dits « de proximité » coopèrent avec le médecin du travail chargé du suivi du personnel de l'établissement (C. trav. art. D 4625-23 à D 4625-34).
d. Les **coordonnées du service de santé compétent** doivent être affichées dans les locaux normalement accessibles aux salariés (C. trav. art. D 4711-1) sous peine de l'amende prévue pour les contraventions de 4e classe : n° 67285 (C. trav. art. R 4741-3).

FORMALITÉS ET GESTION

72230 C. trav. art. L 4622-6 D 4622-6 à D 4622-8 D 4622-10 D 4622-11 D 4622-13 D 4622-48 à R 4622-52 **P-IV-4000 s**

Service autonome Tout service de santé doit faire l'objet d'un **agrément** préalable (à renouveler tous les 5 ans) de la Dreets (Direccte avant le 1-4-2021), après avis du médecin inspecteur régional du travail. L'employeur prend en charge les **dépenses** afférentes à ce service : organisation, fonctionnement, rémunération du médecin du travail, notamment.

Le service est **administré** par l'employeur sous la surveillance, selon le cas, du CSE (service d'entreprise), du comité d'établissement (service d'établissement), du CSE central et des comités d'établissement (service interétablissements). Le service commun aux entreprises constituant une UES est placé sous la surveillance du CSE commun sauf dans le cas où il est administré paritairement en vertu de l'accord l'instituant. Dans le cas d'un service de groupe, les règles de surveillance sont fixées par accord de groupe.

Les **organes de surveillance** sont saisis, pour avis, des questions relatives à l'organisation et au fonctionnement du service de santé au travail. Ils sont informés des observations et mises en demeure relatives aux services de santé notifiées par l'inspection du travail ou l'inspection médicale du travail. Ils présentent leurs observations sur le rapport annuel visé n° 72340 et sur les rapports d'activité du ou des médecins du travail (n° 72350).

› Précisions **a.** Les demandes d'**agrément** et de renouvellement doivent être accompagnées d'un dossier dont la composition est fixée par l'arrêté ETST1222292A du 2-5-2012. Le silence gardé pendant plus de 4 mois sur une demande vaut décision d'agrément. Il en est de même en cas de silence du ministre saisi d'un recours hiérarchique à la suite d'une décision de rejet. L'agrément peut être refusé ou retiré en cas d'infraction aux dispositions sur les SST.
b. L'agrément fixe l'**effectif maximal de travailleurs** suivis par un médecin du travail.
c. La Dreets peut autoriser le rattachement au SST qu'elle agrée d'un **établissement** ou d'une entreprise situé dans le ressort d'une **autre région** sous réserve de l'accord de la Dreets géographiquement compétente.
d. Des **modalités particulières de gestion** du service peuvent être convenues par accord de groupe, d'entreprise ou, à défaut, par accord entre l'employeur et le CSE compétent.

Service interentreprises Le service de santé interentreprises est un organisme à but non lucratif agréé (n° 72230) organisé en **secteurs** géographiques, professionnels ou interprofessionnels comprenant chacun au moins un centre médical fixe. Il peut comprendre un service social. Les **dépenses** afférentes au service sont réparties proportionnellement au nombre de salariés équivalent temps plein occupés dans chaque entreprise adhérente, avec possibilité d'appliquer un coefficient à ce calcul correspondant au nombre de salariés nécessitant une surveillance médicale renforcée (Cass. soc. 19-9-2018 n° 17-16.219 FS-PBRI : RJS 12/18 n° 744). **72240** C. trav. art. L 4622-6 à L 4622-16 D 4622-15 R 4622-17 D 4622-19 à D 4622-27 D 4622-31 à D 4622-43 **P-IV-1850 s**

Le service est **administré** paritairement par un conseil composé de représentants des employeurs ainsi que de représentants des salariés des entreprises adhérentes désignés par les organisations syndicales représentatives. Son organisation et sa gestion sont placées sous la **surveillance** d'un CSE interentreprises constitué par les CSE intéressés ou d'une commission de contrôle composée pour un tiers de représentants des employeurs et pour deux tiers de représentants des salariés.

Un service interentreprises ne peut pas refuser l'**adhésion** d'une entreprise relevant de sa compétence, sauf avis contraire de la Dreets (Direccte avant le 1-4-2021). L'employeur doit consulter le CSE préalablement au choix du service interentreprises ou à la cessation d'adhésion. En cas d'opposition de cette instance, les règles exposées n° 72220 sont applicables.

› Précisions **a.** L'agrément fixe l'**effectif** maximal de travailleurs suivis par l'équipe pluridisciplinaire de santé et le nombre de médecins du travail affectés à un secteur.
b. Les **statuts** et le **règlement intérieur** du service sont communiqués à l'entreprise lors de la demande d'adhésion avec notamment la grille des cotisations.
c. L'**employeur** adresse au service de santé un **document** précisant le nombre et la catégorie des salariés à surveiller et les risques professionnels auxquels ils sont exposés. Ce document, établi après avis du médecin du travail et du CSE, est mis à jour annuellement et tenu à la disposition de la Dreets.
d. Le **CSE interentreprises** (ou la **commission de contrôle**) est notamment consulté sur l'organisation et le fonctionnement du service, sur la suppression ou la création d'emploi de médecin du travail, d'intervenants en prévention des risques ou d'infirmiers. Il est notamment informé des changements d'affectation d'un médecin d'une entreprise ou d'un établissement de plus de 50 salariés. Il se prononce sur le rapport annuel concernant le service (n° 72340) et sur le rapport d'activité de chaque médecin du travail (n° 72350). Sur la portée d'un manquement à cette obligation de **consultation** sur le licenciement d'un membre de l'équipe pluridisciplinaire en santé, voir n° 72300, d.
e. Les membres de la commission de contrôle bénéficient dans les 3 mois suivant leur nomination d'une **formation** à la charge du service de santé. Leur mandat, ainsi que celui des membres du conseil d'administration, est de 4 ans. Ils sont indemnisés par l'employeur de toute éventuelle perte de rémunération résultant de l'exercice de leur mandat.

LOCAUX ET MATÉRIEL

Le service de santé au travail doit disposer de locaux et de matériels, qui varient selon que les visites médicales ont lieu dans l'entreprise ou l'établissement ou dans le centre médical interentreprises, et dont les **caractéristiques** ont été fixées par l'arrêté du 12-1-1984 (JO 21). Dans les établissements d'au moins 200 salariés, le suivi des salariés peut être réalisé dans l'établissement. Une **salle de repos,** contiguë aux locaux médicaux, doit être aménagée dans les établissements de 1 000 salariés et plus. **72250** C. trav. art. R 4624-40 R 4624-41 **P-IV-3600 s**

b. Personnel du service de santé

MÉDECIN DU TRAVAIL

Le médecin du travail, dont le **rôle** est préventif, conseille l'employeur (n°s 72320 s.) et assure la surveillance médicale des salariés (n°s 72400 s.) en toute indépendance, sous le contrôle technique du médecin inspecteur (C. trav. art. R 8123-1). Sur son rôle pendant la période d'épidémie de Covid-19, voir n° 72405. Il assure personnellement ses fonctions, à l'exclusion de toute autre activité dans les établissements dont il a la charge ou dans le service interentreprises. Il peut confier certaines activités aux membres de l'équipe pluridisciplinaire (n° 72300). **72270** C. trav. art. L 4622-4 L 4623-8 R 4623-10 R 4623-11 R 4623-14 **P-IV-5700 s**

Dans les services de santé interentreprises, il se voit attribuer la responsabilité d'une liste d'entreprises et d'établissements indiquant les effectifs de salariés surveillés et les risques professionnels auxquels ils sont exposés. Dans un service autonome employant plusieurs médecins, chacun est affecté à un secteur déterminé, défini par l'employeur et dont l'effectif salarié lui est communiqué.

72280 C. trav. art. R 4623-4 à R 4623-8 R 4623-12 R 4623-13 R 4623-15 P-IV-6350 s

Recrutement Le médecin du travail est lié par un **contrat de travail** écrit passé avec l'employeur ou le président du service médical interentreprises. Sa nomination et son affectation sont subordonnées à l'**accord** soit du CSE dans les services autonomes, soit du conseil d'administration et du CSE interentreprises ou de la commission de contrôle dans les services interentreprises. Cette consultation doit intervenir au plus tard avant la fin de la période d'essai. La même procédure s'applique lorsqu'un **changement de secteur** ou d'affectation est contesté. À défaut d'accord, la nomination ou le changement de secteur ne peut intervenir que sur autorisation de l'inspecteur du travail, après avis du médecin inspecteur du travail.

En cas d'absence, le médecin du travail peut être remplacé par un autre médecin, un interne en médecine du travail ou, si l'absence est inférieure à 3 mois, par un collaborateur médecin. Le recours au travail temporaire est en revanche interdit (C. trav. art. L 1251-10).

› Précisions a. L'**instance de contrôle** doit se prononcer à la majorité de ses membres, présents ou représentés, par un vote à bulletins secrets, chaque membre ne pouvant disposer du pouvoir que d'un seul autre membre. Elle est informée du nombre de **salariés suivis** par le médecin ainsi que, selon le cas, de la liste des **entreprises surveillées** ou du secteur défini par l'entreprise auquel le médecin est affecté.

b. Un document annuel faisant état des **changements de secteur ou d'affectation** est tenu à disposition de la Dreets (Direccte avant le 1-4-2021) ainsi que du médecin inspecteur.

c. Le médecin transmet son **contrat de travail** au conseil départemental de l'ordre (CSP art. L 4113-9).

72290 C. trav. art. L 4623-4 à L 4623-7 R 4623-18 à R 4623-24 P-IV-6800 s

Protection Le **contrat de travail** du médecin ne peut être **rompu** qu'après avis d'une des instances visées n° 72280 (saisie après l'entretien préalable et devant laquelle l'intéressé doit être mis en mesure de présenter ses observations) et après autorisation de l'inspecteur du travail dont dépend le service de santé, donnée après avis du médecin inspecteur du travail.

De même, le **transfert du médecin** compris dans un transfert partiel de service de santé au travail est soumis à autorisation de l'inspecteur du travail, saisi au moins 15 jours avant la date du transfert.

L'inspecteur du travail est saisi par tout moyen conférant date certaine. Il se prononce dans les conditions visées n°s 63360 s. après avoir vérifié, en particulier, que la rupture ou le transfert n'est pas en rapport avec l'exercice par l'intéressé de ses fonctions (CAA Bordeaux 19-10-2006 n°s 05-969 et 06-193 : RJS 1/07 n° 70).

La **rupture** ou le transfert du contrat de travail du médecin **sans autorisation** administrative est nul et ouvre droit à réintégration. À défaut de demande de réintégration, le médecin a droit, en plus des indemnités de rupture, à l'indemnité pour violation du statut protecteur dont bénéficient les représentants du personnel élus visée n° 63555 (Avis Cass. 15-12-2014 n° 15013 : RJS 2/15 n° 106).

› Précisions a. L'autorisation administrative s'impose dans tous les **cas de rupture** du contrat à l'initiative de l'employeur : licenciement, mise à la retraite (Circ. DGT 13 du 9-11-2012), rupture anticipée du CDD ou non-renouvellement du CDD comportant une clause de renouvellement. En cas d'arrivée du terme du CDD, la procédure visée n° 63460 doit être observée.

b. Le contrat de travail du médecin peut être rompu dans le cadre d'une **rupture conventionnelle** dans les conditions visées n° 63450 (Circ. DGT 2009-04 du 17-3-2009), d'une rupture conventionnelle collective ou d'un congé de mobilité (n°s 69146 s.). L'inspecteur du travail donne son autorisation à cette rupture après avis du médecin inspecteur du travail (C. trav. art. L 1237-15, L 1237-19-2 et L 1237-18-4).

c. En cas de **faute grave ou lourde** du médecin, la procédure spéciale doit être respectée (Cass. soc. 6-7-2011 n° 10-13.805 : RJS 10/11 n° 811). L'employeur peut toutefois prononcer une **mise à pied** conservatoire, dans l'attente de la décision définitive de l'inspecteur du travail. Si ce dernier refuse le licenciement, la mise à pied est annulée et ses effets sont supprimés de plein droit.

d. La **décision de l'inspecteur du travail** doit être motivée et adressée, par tout moyen permettant de lui conférer une date certaine, au médecin concerné, à son employeur et à l'une des instances visées n° 72280.

En cas d'annulation, sur recours hiérarchique ou contentieux, d'une décision autorisant le licenciement du médecin, celui-ci bénéficie d'un droit à réintégration dans les conditions visées n°s 63510 s.

ÉQUIPE PLURIDISCIPLINAIRE

72300 En particulier dans les services de santé interentreprises, le médecin du travail anime et coordonne une équipe pluridisciplinaire de santé pouvant comprendre des collaborateurs médecins, des internes en médecine du travail, des intervenants en prévention des risques professionnels et des infirmiers. Cette équipe peut être complétée par des assistants de service de santé et des professionnels recrutés après avis du médecin du travail. Elle exerce ses missions (nos 72320 s.) dans le cadre d'un **protocole** écrit établi par le médecin du travail. C. trav. art. L 4622-8 R 4623-25 à R 4623-40 **P-IV-7550 s**

Lorsqu'elle dépasse certains seuils d'effectif, l'entreprise doit obligatoirement recruter du **personnel infirmier** à temps complet :

– **entreprises et établissements industriels** : 1 pour 200 à 800 salariés, 1 supplémentaire par tranche de 600 salariés ; si l'effectif n'atteint pas 200 salariés, recrutement d'un(e) infirmier(ère) si le médecin du travail et le CE ou le CSE en font la demande. Si l'employeur conteste la demande, la décision est prise par l'inspecteur du travail après avis du médecin inspecteur du travail ;

– **autres entreprises ou établissements** : 1 pour 500 à 1 000 salariés, 1 supplémentaire par tranche de 1 000 salariés ; si l'effectif n'atteint pas 200 salariés, recrutement dans les conditions exposées ci-dessus pour les entreprises et établissements industriels de moins de 200 salariés.

› Précisions **a.** Si l'**infirmier** recruté n'a pas suivi de formation en santé au travail, l'employeur doit l'y inscrire dans un délai d'un an.

b. Le **collaborateur** est un médecin s'engageant à suivre une formation en vue de l'obtention de la qualification en médecine du travail. Il dispose du temps nécessaire pour suivre sa formation, et ne doit subir aucune discrimination en raison de l'exercice de ses missions.

c. L'**interne** en médecine du travail peut être recruté pour remplacer un médecin du travail temporairement absent ou dans l'attente de la prise de fonctions d'un médecin.

d. L'**intervenant en prévention des risques professionnels** assure des missions de diagnostic, de conseil, d'accompagnement et d'appui technique du service interentreprises. Il dispose du temps et des moyens pour exercer sa mission en toute indépendance, et ne doit subir aucune discrimination. Son licenciement est subordonné à la consultation préalable du CSE interentreprises ou de la commission de contrôle (no 72220, d) : le non-respect de cette garantie de fond prive la rupture de cause réelle et sérieuse (Cass. soc. 14-11-2019 no 18-20.307 FS-PB : RJS 1/20 no 24).

c. Missions

ACTIONS SUR LE MILIEU DE TRAVAIL

Pour **éviter toute altération de la santé** des travailleurs, le médecin du travail (en service autonome) ou l'équipe pluridisciplinaire sous la conduite du médecin (en service interentreprises) conduit les actions de santé au travail, conseille les employeurs, les travailleurs et leurs représentants, assure la surveillance de la santé des salariés, participe au suivi et contribue à la traçabilité des expositions professionnelles et à la veille sanitaire. Sur leur rôle pendant la période d'épidémie de Covid-19, voir no 72405. Les membres du service de santé ont libre **accès aux locaux** de travail. Ils mènent leurs actions en coordination avec l'employeur et le CSE. **72320** C. trav. art. L 4622-2 L 4622-4 R 4623-1 R 4624-1 à R 4624-5 **P-IV-8500 s**

› Précisions **a.** Les **conseils** des services de santé portent sur les mesures nécessaires afin d'éviter les risques professionnels, d'améliorer les conditions de travail, de prévenir la consommation d'alcool et de drogue sur le lieu de travail, de prévenir le harcèlement sexuel ou moral, la pénibilité au travail et la désinsertion professionnelle et de contribuer au maintien dans l'emploi des travailleurs.

Par exemple, le médecin du travail conseille l'employeur sur les constructions ou aménagements nouveaux ou les modifications d'équipements. Il l'accompagne en cas de réorganisation importante de l'entreprise. Il est **associé** à l'étude de toute nouvelle technique de production et **informé** notamment de la nature et de la composition des produits utilisés, de leurs modalités d'emploi. Il est **consulté** dans de nombreux domaines particuliers : formation à la sécurité (voir nos 71290 et 20060, a), aménagement d'espaces fumeurs (no 71490) ou mise en place ou modification du travail de nuit (no 30455), notamment.

b. Le médecin du travail doit consacrer le tiers de son temps de travail à ses missions en milieu de travail et à l'animation et la **coordination de l'équipe pluridisciplinaire** en santé (no 72350). Ce temps comporte au moins 150 demi-journées de travail effectif chaque année. Pour un médecin à temps partiel, cette obligation est calculée au prorata de son temps de travail.

c. La **visite des entreprises** et établissements s'effectue soit à l'initiative de l'équipe pluridisciplinaire, soit à la demande de l'employeur ou du CSE. Le service de santé au travail a également accès à tous les documents non nominatifs en matière d'hygiène et de sécurité. Ses membres sont tenus au secret de fabrication (C. trav. art. R 4624-9) ainsi qu'au secret professionnel (C. pén. art. 226-13).

Propositions Lorsqu'il constate l'existence d'un risque pour la santé des travailleurs, le médecin du travail doit proposer à l'employeur, par un écrit motivé et circonstancié, les **mesures de portée générale** visant à la préserver. Si le médecin est saisi d'une question **72330**

C. trav. art. L 4624-3 L 4624-5 L 4624-9 **P-IV-8990 s** **P-IV-18850 s**

relevant de ses missions, il fait également connaître ses préconisations par écrit. Sur les modalités d'exercice d'un recours contre l'avis du médecin du travail, voir nº 72530. Ces propositions et préconisations ainsi que la réponse de l'employeur sont **communiquées** au CSE, à l'inspecteur du travail, au médecin inspecteur du travail ou aux agents des services de prévention des organismes de sécurité sociale et, dans le BTP, à l'OPPBTP.

Le médecin du travail peut également proposer, par écrit et après échange avec le salarié et l'employeur, des **mesures individuelles** d'aménagement, d'adaptation ou de transformation du poste de travail, justifiées par des considérations relatives notamment à l'âge, à la résistance physique ou à l'état de santé physique et mental des travailleurs. Afin d'aider l'employeur à les mettre en œuvre, il peut lui proposer l'appui de l'équipe pluridisciplinaire du service de santé au travail ou celui d'un organisme compétent en la matière.

Sur la portée de ces mesures à l'égard de l'employeur, voir nº 72510.

DOCUMENTS ET RAPPORTS

72340 C. trav. art. D 4622-54 à D 4622-57 **P-IV-3350 s**

Rapport annuel d'activité L'**employeur** ou le président du service de santé interentreprises doit établir un rapport annuel relatif à l'organisation, au fonctionnement et à la gestion financière du service.

Ce rapport est **présenté** à l'instance de surveillance du service de santé, ainsi qu'au conseil d'administration s'agissant d'un service interentreprises, au plus tard le 30 avril de l'année suivant celle pour laquelle il a été établi. Il est transmis à la Dreets (Direccte avant le 1-4-2021), accompagné des observations de l'instance compétente, dans le délai d'un mois.

72350 C. trav. art. L 4624-1 R 4624-8 R 4624-51 à R 4624-54 **P-IV-9440 s**

Rapport d'activité Le **médecin** du travail établit chaque année un rapport d'activité (dont le modèle est fixé par l'arrêté TEFT9004075A du 13-12-1990) comportant des données selon le sexe qu'il **présente** à l'instance de surveillance du service de santé, ainsi qu'au conseil d'administration s'agissant d'un service interentreprises, au plus tard le 30 avril de l'année suivant celle pour laquelle ce document est établi. De même, dans ce délai, le directeur d'un service interentreprises remet à ces organes une synthèse annuelle de l'activité du service.

> **Précisions** **a.** Dans le mois suivant la présentation de ce rapport d'activité ou de la synthèse devant l'organe compétent, l'employeur ou le président du service en **transmet** un exemplaire, accompagné des éventuelles observations de l'organe, à la Dreets (Direccte avant le 1-4-2021) et au médecin inspecteur du travail. Dans les entreprises ou établissements de plus de 300 salariés, le médecin du travail établit un rapport annuel propre à l'entreprise qui est transmis au CSE. Il en est de même dans les autres entreprises ou établissements lorsque le CSE en fait la demande.
> **b.** Le service de santé au travail communique à l'employeur, qui les porte à la connaissance du CSE, les **rapports** et les **résultats des études** du médecin ou de l'équipe pluridisciplinaire portant **sur l'action en milieu de travail.**

72360 C. trav. art. R 4624-46 à R 4624-50 **P-IV-9510 s**

Fiche d'entreprise Pour chaque entreprise ou établissement, le médecin du travail ou, dans les services interentreprises, l'équipe pluridisciplinaire établit et met à jour une fiche d'entreprise, sur laquelle sont notamment consignés les risques professionnels et les effectifs de salariés exposés à ces risques.

> **Précisions** La fiche d'entreprise (dont le **modèle** a été fixé par l'arrêté TEFT8903461A du 29-5-1989) est **transmise** à l'employeur. Elle est présentée au CSE en même temps que le bilan annuel (nº 9292). Elle est tenue à la disposition du Dreets (Direccte avant le 1-4-2021) et du médecin inspecteur du travail et peut être consultée par les agents des services de prévention des Carsat. Pour les entreprises adhérentes à un service de santé au travail interentreprises, la fiche d'entreprise est établie dans l'année qui suit l'adhésion de l'entreprise ou de l'établissement à ce service.

2. SUIVI MÉDICAL DES SALARIÉS

a. Visites et examens médicaux

72400 C. trav. art. L 4624-1 R 4625-1 **P-IV-11800 s**

Tout travailleur bénéficie d'un suivi individuel de son état de santé assuré par le médecin du travail et, sous l'autorité de celui-ci, l'équipe pluridisciplinaire en santé au travail. Les modalités et la périodicité de ce suivi sont identiques, que le salarié soit titulaire d'un contrat à durée indéterminée ou à durée déterminée. Elles prennent en compte les conditions de travail, l'état de santé et l'âge du travailleur, ainsi que les risques auxquels il est exposé.

Depuis le 24-1-2013, les clauses des **accords collectifs** comportant des obligations en matière d'examens médicaux différentes de celles prévues par le Code du travail sont réputées caduques (Loi 2011-867 du 20-7-2011 art. 1).

Mesures Covid-19 72405

Les services de santé au travail participent à la lutte contre la propagation du Covid-19, notamment par la diffusion de messages de **prévention,** l'appui aux entreprises dans la définition et la mise en œuvre des mesures de prévention (nº 71327), l'accompagnement des entreprises contraintes d'accroître ou d'adapter leur activité et la participation aux actions de vaccination. Par ailleurs, jusqu'au 16-4-2021, le médecin du travail est habilité à **prescrire** un arrêt de travail en cas d'infection ou de suspicion d'infection au Covid-19 ou au titre des mesures de prévention de l'épidémie à établir un certificat médical pour les salariés vulnérables en vue de leur placement en activité partielle, ou à pratiquer un test de dépistage au bénéfice des salariés dont il assure le suivi (Ord. 2020-1502 du 2-12-2020 et décret 2021-24 du 13-1-2021) : voir FRS 23/20 inf. 8 p. 11 et FRS 3/21 inf. 4 p. 9.
En matière de suivi médical des salariés, les **actions en milieu de travail** peuvent être réalisées en entreprise, dans le respect des gestes barrière. Les **visites médicales** peuvent être réalisées soit à distance par téléconsultation, soit sur site dans le respect des gestes barrière (QR min. trav. 2-11-2020 diffusé sur travail-emploi.gouv.fr). Toutefois, les visites médicales devant être réalisées jusqu'au 17-4-2021 peuvent être **reportées** dans la limite d'un an, sauf avis contraire du médecin du travail, sans que ce report ne fasse obstacle à l'embauche ou à la reprise du travail (Ord. 2020-1502 du 2-12-2020) : FRS 23/20 inf. 8 p. 11. Les modalités de ce report sont fixées par le Décret 2021-56 du 22-1-2021 : FRS 4/21.

VISITE D'INFORMATION ET DE PRÉVENTION

Tout salarié non affecté sur un poste à risque (nº 72430) bénéficie **à l'embauche** d'une visite d'information et de prévention, réalisée par un membre de l'équipe pluridisciplinaire en santé. La visite est organisée dans les 3 mois suivant la prise effective de poste, sauf cas particulier visé nº 72420. Elle a notamment pour **objet** d'interroger le salarié sur son état de santé, de l'informer sur son suivi médical et d'identifier si sa situation nécessite une orientation vers le médecin du travail. **72410** C. trav. art. L 4624-1 R 4624-10 à R 4624-16 **P-IV-12500 s**

Lors de cette visite, un **dossier médical** en santé au travail est ouvert au bénéfice du salarié. Le professionnel de santé lui délivre une attestation de suivi, également adressée à l'employeur.

La visite d'information et de prévention est **renouvelée périodiquement,** selon une périodicité fixée par le médecin du travail et qui ne peut pas excéder 5 ans.

› Précisions a. Si le travailleur a déjà bénéficié d'une visite d'information et de prévention dans les 5 ans précédant son embauche, il peut être **dispensé de visite** si les conditions suivantes sont réunies : le salarié va occuper un emploi identique présentant des risques équivalents, il n'a fait l'objet d'aucune mesure individuelle d'adaptation, d'aménagement ou de transformation de poste ni d'aucun avis d'inaptitude physique au cours de ces 5 ans, et le professionnel de santé est en possession de la dernière attestation de suivi ou du dernier avis d'aptitude.

b. La déclaration préalable à l'embauche vaut **demande de visite** d'information et de prévention : voir nº 33220. Il est conseillé à l'employeur de s'assurer de la réalisation de cette visite.

c. Si, à l'issue de la visite d'information et de prévention, le salarié est **orienté vers le médecin du travail,** celui-ci peut proposer une adaptation de son poste ou l'affectation à un autre poste.

SUIVI ADAPTÉ À CERTAINS SALARIÉS

Tout travailleur dont l'état de santé, l'âge, les conditions de travail ou les risques professionnels auxquels il est exposé le nécessitent bénéficie d'un suivi médical adapté, selon une **périodicité** fixée par le médecin du travail et qui ne peut pas excéder 3 ans. Sont notamment visés : **72420** C. trav. art. L 4624-1 R 4624-17 à R 4624-21 R 4624-37 **P-IV-13100 s**

– les **travailleurs de nuit,** qui bénéficient de la visite d'information et de prévention préalablement à leur affectation sur le poste et pour lesquels le médecin du travail peut prescrire des examens médicaux spécialisés complémentaires à la charge de l'employeur ;
– les **jeunes de moins de 18 ans,** qui bénéficient de la visite d'information et de prévention préalablement à leur affectation sur le poste ;
– les **travailleurs handicapés** ou déclarant, lors de la visite d'information et de prévention, percevoir une **pension d'invalidité** attribuée par un régime de protection sociale obligatoire : ils sont orientés sans délai vers le médecin du travail qui peut préconiser des adaptations du poste de travail ;

– les **femmes enceintes, ayant accouché ou allaitantes,** qui peuvent à tout moment, si elles le souhaitent, être orientées vers le médecin du travail.

Si le médecin du travail est informé et constate que le salarié est affecté à un poste présentant des risques particuliers pour sa santé ou sa sécurité, ou celles de ses collègues ou de tiers évoluant dans l'environnement immédiat de travail, l'intéressé bénéficie sans délai du suivi médical renforcé visé nº 72430.

ATTENTION

La **dispense de visite d'information et de prévention** visée nº 72410, a peut s'appliquer, sous les mêmes conditions, pour les travailleurs de nuit, les travailleurs handicapés et les personnes titulaires d'une pension d'invalidité ayant subi une telle visite dans les 3 ans précédant leur embauche.

SUIVI MÉDICAL RENFORCÉ

72430 C. trav. art. L 4624-2 L 4624-2-1 R 4624-22 à R 4624-28 R 4153-40 **P-IV-13700 s**

Tout travailleur affecté à un **poste présentant des risques particuliers** pour sa santé, sa sécurité, celles de ses collègues ou de tiers évoluant dans l'environnement immédiat de travail bénéficie d'un suivi individuel renforcé de son état de santé.

Ce suivi comprend un **examen médical d'aptitude** effectué par le médecin du travail préalablement à l'affectation sur le poste, qui remplace la visite d'information et de prévention. Cet examen a notamment pour objet de vérifier que le salarié est médicalement apte au poste auquel il doit être affecté et, à défaut, de proposer des adaptations ou l'affectation à d'autres postes. À l'issue de cet examen, le médecin du travail délivre un avis médical d'aptitude ou, le cas échéant, d'inaptitude physique, qui est versé au dossier médical du salarié.

Le salarié est **revu par le médecin du travail** selon une **périodicité** que ce dernier détermine et qui ne peut pas excéder 4 ans. Une **visite intermédiaire** est effectuée par un membre de l'équipe pluridisciplinaire au plus tard 2 ans après l'examen pratiqué par le médecin du travail.

› Précisions **a.** Les **postes à risque** sont ceux exposant les salariés à des substances ou agents dangereux (amiante, plomb, agents cancérogènes, mutagènes ou toxiques pour la reproduction, agents biologiques susceptibles de provoquer des maladies graves), aux rayonnements ionisants, au risque hyperbare ou au risque de chute en hauteur lors des opérations de montage et de démontage d'échafaudages. Sont également visés les travaux dangereux auxquels sont affectés les moins de 18 ans.

b. L'employeur peut **compléter la liste des postes à risque,** après avis du médecin du travail et du CSE s'il existe. L'inscription d'un poste sur la liste est motivée. La liste est mise à jour tous les ans. Elle est transmise au service de santé au travail et tenue au service de la Direccte et des services de prévention des organismes de sécurité sociale.

c. Si le travailleur a déjà bénéficié d'un examen médical d'aptitude dans les 2 ans précédant son embauche, il peut être **dispensé de visite** si les conditions suivantes sont réunies : le salarié va occuper un emploi identique présentant des risques équivalents, il n'a fait l'objet d'aucune mesure individuelle d'adaptation, d'aménagement ou de transformation de poste ni d'aucun avis d'inaptitude physique au cours de ces 2 ans, et le médecin du travail est en possession du dernier avis d'aptitude.

d. Les salariés ayant été au cours de leur carrière en suivi médical renforcé bénéficient, dans des conditions fixées par décret (à paraître), d'une **visite médicale de fin de carrière** avant leur départ en retraite afin d'établir une traçabilité des expositions à un ou plusieurs facteurs de risques professionnels visés nº 71333 et de mettre en place, le cas échéant, une surveillance médicale postprofessionnelle.

VISITE MÉDICALE DE REPRISE

72440 C. trav. art. R 4624-31 R 4624-32 R 4624-33 **P-IV-14500 s**

Le salarié bénéficie d'un examen médical de reprise pratiqué par le médecin du travail après :
– un congé de maternité ;
– une absence pour cause de maladie professionnelle ;
– une absence d'au moins 30 jours pour cause d'accident du travail ou de maladie ou d'accident non professionnel.

Cet examen a pour **objet** de vérifier si le poste occupé par le salarié est compatible avec son état de santé, le cas échéant, d'examiner les suites données par l'employeur aux propositions émises par le médecin dans le cadre d'une visite de préreprise (nº 72470), de préconiser l'aménagement ou l'adaptation du poste ou, à défaut, d'émettre un avis d'inaptitude physique (nºs 72510 s.).

› Précisions **a.** L'employeur doit informer le médecin du travail de tout **arrêt de travail** d'une **durée inférieure à 30 jours** pour cause d'accident du travail. Ce dernier peut prescrire un examen médical et, avec l'équipe pluridisciplinaire, préconiser des mesures de prévention.

b. Sur les **recours** exercés contre l'avis du médecin du travail, voir nº 72530.

Organisation Dès qu'il a connaissance de la date de fin de l'arrêt de travail, l'employeur saisit le médecin du travail pour qu'il fasse passer la visite de reprise au salarié au plus tard dans les 8 jours calendaires suivant sa réintégration (Cass. soc. 13-4-2016 n° 15-10.400 FS-PB : RJS 6/16 n° 403). Ce **délai** court à compter de la reprise effective du travail par le salarié (Cass. soc. 25-6-2013 n° 11-22.370 FS-D : RJS 10/13 n° 667) ou de la date à laquelle il sollicite l'organisation de cet examen (Cass. soc. 14-9-2016 n° 15-18.189 F-D : RJS 11/16 n° 686). Si l'arrêt maladie est immédiatement suivi d'une période de congés payés, la visite peut avoir lieu au retour effectif du salarié dans l'entreprise (Cass. soc. 13-6-2012 n° 11-12.152 FS-D : RJS 8-9/12 n° 705). Si la visite a eu lieu tardivement pour une raison indépendante de la volonté de l'employeur, celui-ci doit justifier qu'il a pris l'initiative de la faire passer dans le délai légal (Cass. soc. 6-10-2010 n° 09-66.140 F-PB : RJS 12/10 n° 921). **72445** P-IV-15400 s

Le **refus** réitéré **du salarié** de se présenter à la visite peut motiver un licenciement disciplinaire (Cass. soc. 17-10-2000 n° 98-46.334 F-D : RJS 1/01 n° 33), le cas échéant pour faute grave (Cass. soc. 29-11-2006 n° 04-47.302 FS-PB : RJS 2/07 n° 213).

> **Précisions** **a.** Le **salarié** peut solliciter l'**organisation** de la visite de reprise auprès de l'employeur (Cass. soc. 12-11-1997 n° 95-40.632 PBR : RJS 12/97 n° 1359 ; 15-10-2014 n° 13-16.113 F-D : RJS 1/15 n° 19) ou directement auprès du médecin du travail à condition d'en informer l'employeur au préalable (Cass. soc. 26-1-2011 n° 09-68.544 F-PB : RJS 4/11 n° 320 ; 8-2-2017 n° 15-27.492 F-D : RJS 4/17 n° 249). En revanche, une visite organisée à la seule **initiative** du médecin du travail ne constitue pas une visite de reprise : le salarié ne commet pas de faute en refusant de s'y rendre (Cass. soc. 28-4-2011 n° 09-40.487 FS-PB : RJS 7/11 n° 594).
> **b.** L'employeur n'a **pas l'obligation d'organiser la visite** de reprise si le salarié n'a ni repris le travail ni manifesté sa volonté de le reprendre, et ne sollicite pas l'organisation de cette visite (Cass. soc. 25-6-2013 n° 11-22.370 FS-D : RJS 10/13 n° 667 ; 13-5-2015 n° 13-23.606 F-D : RJS 7/15 n° 478). Mais il ne doit pas licencier le salarié pour abandon de poste, le contrat de travail étant suspendu (Cass. soc. 20-3-2013 n° 12-14.779 F-D : RJS 5/13 n° 360 ; 13-2-2019 n° 17-17.492 F-D : RJS 4/19 n° 202).
> L'organisation de la visite reste obligatoire si le salarié informe l'employeur de son classement en **invalidité** 2e catégorie sans manifester la volonté de ne pas reprendre le travail, un tel classement étant sans incidence sur son obligation (Cass. soc. 1-2-2012 n° 10-20.732 F-D : RJS 4/12 n° 314 ; 6-10-2015 n° 13-26.052 FS-PB : RJS 12/15 n° 770).
> **c.** Le salarié qui ne reprend pas le travail à l'issue de l'arrêt maladie a droit au paiement de son **salaire** s'il se tient à la disposition de l'employeur pour passer la visite de reprise et manifeste son intention de réintégrer l'entreprise (Cass. soc. 23-9-2014 n° 12-24.967 F-D : RJS 12/14 n° 849 ; 19-12-2018 n° 17-24.007 F-D : RJS 3/19 n° 170).

AUTRES VISITES ET EXAMENS

Visite ponctuelle Une visite médicale peut être organisée à tout moment à l'**initiative** du médecin du travail, du salarié ou de l'employeur. Le salarié peut notamment solliciter une telle visite lorsqu'il anticipe un risque d'inaptitude physique, afin d'engager une démarche de maintien dans l'emploi et de bénéficier d'un accompagnement. Cette demande ne peut motiver aucune sanction disciplinaire. **72450** C. trav. art. L 4624-1 R 4624-34 P-IV-16950 s

Examen complémentaire Le médecin du travail peut réaliser ou prescrire les examens complémentaires nécessaires : **72460** C. trav. art. R 4624-7 R 4624-35 à R 4624-38 P-IV-17200 s
– à la détermination de la compatibilité entre le poste de travail et l'état de santé du salarié, et notamment au dépistage des affections comportant une contre-indication au poste de travail ;
– au dépistage des maladies à caractère professionnel ou de celles dangereuses pour l'entourage.

> **Précisions** **a.** Ces examens sont, selon le cas, à la **charge** soit de l'employeur, soit du service interentreprises. Ils sont réalisés dans des **conditions** garantissant le respect de leur anonymat. En cas de **désaccord** entre l'employeur et le médecin sur la nature et la fréquence de ces examens, le différend est tranché par le médecin inspecteur du travail.
> **b.** Le médecin du travail peut également, aux frais de l'employeur, effectuer ou faire effectuer des **prélèvements,** analyses ou mesures qu'il estime nécessaires, sauf **recours** de l'employeur auprès de l'inspecteur du travail qui décide après avis du médecin inspecteur.

Visite médicale de préreprise Le **salarié en arrêt de travail depuis plus de 3 mois** peut bénéficier d'un examen médical complémentaire pratiqué par le médecin du travail en vue de préparer son retour à l'emploi. Cette visite, dite « de préreprise », ne dispense pas l'employeur de son obligation d'organiser la visite de reprise à l'issue de l'arrêt de travail (Cass. soc. 12-11-1997 n° 94-43.839 P et n° 94-40.912 PBR : RJS 12/97 n° 1359). **72470** C. trav. art. R 4624-29 R 4624-30 CSS art. L 323-4-1 et D 323-3 P-IV-17500 s

› Précisions La visite de préreprise est **organisée** à la demande du salarié ou à l'initiative du médecin-conseil de la caisse de sécurité sociale ou de son médecin traitant. Si la visite est demandée par le médecin-conseil, le salarié en est informé et peut être assisté par une personne de son choix. À l'issue de cet examen, le médecin du travail peut recommander un aménagement de poste, une formation ou un reclassement. Sauf opposition du salarié, il en informe l'employeur et communique au médecin-conseil de la caisse, dans les 20 jours de sa saisine, les éléments à retenir par ce dernier pour exercer son contrôle ou, le cas échéant, envisager un temps partiel thérapeutique ou une mise en invalidité.

b. Modalités

PASSATION DES EXAMENS

72480 C. trav. art. R 4624-39 P-IV-18000 s

Le temps nécessité par les examens médicaux, y compris les examens complémentaires, est soit pris sur les **heures** de travail des salariés sans qu'aucune retenue de salaire puisse être effectuée, soit **rémunéré** comme temps de travail effectif dans le cas où ces examens ne pourraient pas avoir lieu pendant les heures de travail.

Les examens sont pratiqués dans les locaux visés n° 72250. Le temps et, le cas échéant, les **frais de transport** nécessités par les examens sont pris en charge par l'entreprise.

› Précisions a. Le temps nécessité par les examens médicaux est retenu dans le décompte de la **durée du travail** pour le calcul des heures supplémentaires et l'appréciation des durées maximales de travail (Note DRT 2-6-1997 réputée abrogée). En cas de travail de nuit, l'examen médical ne peut avoir lieu qu'après le respect du repos quotidien visé n° 29885 (Cass. soc. 27-6-2012 n° 10-21.306 FS-PB : RJS 10/12 n° 802).

b. Dans le cas de **salariés à employeurs multiples,** les examens de suivi doivent être effectués sous la responsabilité du principal employeur, l'attestation de suivi (n° 72410) ou la fiche d'aptitude (n° 72510, d) constituant un justificatif auprès des autres employeurs (Rép. Bizet : AN 8-9-1980 n° 33095). Le montant des frais est réparti proportionnellement à la rémunération versée par chacun de ces employeurs (Rép. Valbrun : AN 14-1-1978 p. 152 ; Rép. Brochard : AN 28-1-1978 p. 343).

Sur la visite périodique des **salariés** appartenant à une **entreprise extérieure,** voir n° 71610.

c. Les **VRP** ont la possibilité, avec l'accord de leur employeur, de passer les visites dans le service interentreprises le plus proche de leur domicile (Rép. Bizet : AN 8-9-1980 n° 33095).

d. Sur la question de savoir si le **malaise** survenu chez le médecin du travail pendant la visite médicale peut être qualifié d'**accident du travail,** voir n° 615, b.

DOSSIER MÉDICAL

72490 C. trav. art. L 4624-8 P-IV-9660 s

Un dossier médical en santé au travail retrace dans le respect du secret médical les **informations** relatives à l'état de santé du salarié, aux expositions auxquelles il a été soumis ainsi que les avis et propositions du médecin du travail. Ce dossier ne peut être communiqué qu'au médecin de son choix, à la demande de l'intéressé. Ce dossier peut être communiqué à un autre médecin du travail dans la continuité de la prise en charge, sauf refus du salarié. Ce dernier peut en demander la communication.

c. Avis médical

SALARIÉ EN CAPACITÉ D'OCCUPER SON POSTE

72510 C. trav. art. L 4624-6 R 4624-6 R 4624-55 R 4624-57 P-IV-18600 s

L'**examen médical** donnant lieu à constatation de la compatibilité entre le poste de travail et l'état de santé du salarié peut avoir lieu avant la prise de poste dans le cadre d'un suivi médical renforcé (n° 72430), en cours d'exécution du travail dans le cadre de la surveillance médicale périodique visée n°s 72400 s. (Cass. soc. 8-4-2010 n° 09-40.975 FS-PB : RJS 6/10 n° 503 ; 21-9-2017 n° 16-16.549 FS-PB : RJS 12/17 n° 787) ou après un arrêt de travail (n° 72440).

Le médecin du travail remplit une attestation de suivi ou, pour le bénéficiaire d'un suivi individuel renforcé, un avis d'aptitude permettant au salarié d'être **affecté ou réintégré sur son poste,** si nécessaire après la mise en œuvre de mesures individuelles d'aménagement, d'adaptation ou de transformation de poste, ou d'aménagement du temps de travail. Sur les modalités de réintégration du salarié, voir nos 49860 s.

L'**employeur** est tenu de prendre en considération l'avis du médecin du travail, ainsi que ses indications ou propositions, sous peine de manquement à son obligation de sécurité (Cass. soc. 27-9-2017 n° 15-28.605 F-D : RJS 12/17 n° 797). S'il **refuse** de les appliquer, il doit soit en faire connaître par écrit les motifs au salarié et au médecin du travail, soit exercer le recours visé n° 72530. Il lui appartient de prouver qu'il a respecté ces obligations lorsque le salarié soutient le contraire devant le juge (Cass. soc. 14-10-2009 n° 08-42.878 FS-PBR : RJS 12/09 n° 904).

› Précisions **a.** L'employeur doit à nouveau solliciter l'avis du médecin du travail lorsque le salarié **conteste** la compatibilité de son poste avec les recommandations de ce médecin (Cass. soc. 6-2-2008 nº 06-44.413 FS-PBR : RJS 4/08 nº 440).

b. L'employeur est tenu de prendre en considération les avis du médecin en ce qui concerne l'application de la législation sur l'emploi des travailleurs **handicapés** et, le cas échéant, de faire connaître les motifs qui s'opposent à ce qu'il y soit donné suite. En cas de difficulté ou de désaccord, la décision est prise par l'inspecteur du travail, après avis du médecin inspecteur du travail.

c. L'**avis** médical accompagné, le cas échéant, du document faisant état de proposition de mesures individuelles, dont les modèles sont fixés par l'arrêté MTRT1716161A du 16-10-2017, est **transmis** au salarié et à l'employeur par tout moyen lui conférant une date certaine. L'employeur le conserve pour être en mesure de le présenter à tout moment, sur leur demande, à l'inspecteur du travail et au médecin inspecteur du travail. Une copie est versée au dossier médical en santé au travail du salarié.

AVIS D'INAPTITUDE MÉDICALE

Le médecin du travail peut déclarer le salarié médicalement inapte à son poste après : 72520 C. trav. art. L 4624-4 L 4624-5 R 4624-42 à R 4624-44 P-IV-20500 s

– **au moins un examen médical** (nº 72510) accompagné, le cas échéant, d'examens complémentaires, permettant un échange entre le médecin et le salarié sur les mesures d'aménagement, d'adaptation ou de mutation de poste ou la nécessité de proposer un changement de poste ;

– une étude du poste et des conditions de travail du salarié, avec indication de la date à laquelle la fiche d'entreprise a été actualisée (nº 72360) ;

– un **échange,** par tous moyens, avec l'employeur.

Le médecin du travail peut conclure à l'inaptitude médicale s'il constate qu'aucune mesure d'aménagement, d'adaptation ou de transformation du poste occupé n'est possible, et que l'état de santé du salarié justifie un **changement d'emploi.** L'**avis d'inaptitude** est éclairé par des conclusions écrites, assorties d'indications sur le reclassement du salarié : voir nºs 49970 s. Le médecin du travail peut y indiquer que tout maintien du salarié dans un emploi serait gravement préjudiciable à sa santé ou que son état de santé fait obstacle à tout reclassement dans un emploi : sur les conséquences d'une telle mention, voir nº 50020. Sur la portée de ces préconisations pour l'employeur, voir nº 72510.

› Précisions **a.** La **procédure d'échange** avec l'employeur et le salarié leur permet de faire valoir leurs observations sur les avis et propositions que le médecin du travail entend adresser.

b. S'il estime qu'un **second examen** médical est nécessaire, le médecin reçoit à nouveau le salarié dans un délai maximal de 15 jours après le premier examen. La notification de l'avis d'inaptitude intervient au plus tard à cette date.

c. Avant d'émettre son avis, le médecin du travail peut consulter le médecin inspecteur du travail.

d. Les motifs de l'avis du médecin du travail sont consignés sur l'**avis** d'inaptitude, dont le modèle est fixé par l'arrêté MTRT1716161A du 16-10-2017, **transmis** à l'employeur et au salarié dans les conditions visées nº 72510, d, et dans le dossier médical.

RECOURS

L'employeur ou le salarié peut exercer un recours contre les avis, propositions, conclusions écrites ou indications émis par le médecin du travail et reposant sur des éléments de nature médicale devant le **conseil de prud'hommes** selon la **procédure accélérée** au fond dans un délai de 15 jours à compter de leur notification. L'employeur en informe le médecin du travail qui n'est pas partie au litige. Les modalités de ce recours et ce délai sont mentionnés sur les avis et mesures émis par le médecin du travail. 72530 C. trav. art. L 4624-7 R 4624-45 à R 4624-45-2 P-IV-23000 s

Le conseil de prud'hommes peut confier une **mesure d'instruction** au médecin inspecteur du travail ; ce dernier peut s'adjoindre le concours de tiers. Les honoraires et frais liés à cette mesure d'instruction, fixés à 200 € (Arrêté MTRT1806841A du 27-3-2018), donnent lieu au versement d'une provision consignée à la Caisse des dépôts et consignations. Ces frais sont réglés par la partie perdante, sauf décision contraire motivée du conseil de prud'hommes, qui peut choisir de ne pas en mettre tout ou partie à la charge de ce dernier, dès lors que l'action en justice n'est pas dilatoire ou abusive.

Le conseil de prud'hommes, dont la décision se substitue à l'avis du médecin du travail, statue dans les conditions prévues par l'article R 1455-12 du Code du travail, c'est-à-dire qu'il exerce les pouvoirs dont dispose la juridiction de fond et prend une **ordonnance,** exécutoire à titre provisoire, ayant l'autorité de la chose jugée.

Les éléments médicaux ayant fondé la décision du médecin du travail peuvent être notifiés à un médecin mandaté par l'employeur à cet effet. Le salarié est informé de cette notification.

Ce médecin a accès aux éléments médicaux ayant fondé l'avis initial et peut assister, le cas échéant, à l'examen pratiqué par le médecin inspecteur du travail chargé d'une mesure d'instruction (QR min. trav. du 26-10-2020).

› Précisions **a.** Le recours **ne peut pas porter** sur le déroulé de la procédure suivie par le médecin du travail, sur l'origine professionnelle de l'état de santé du salarié, sur l'impossibilité matérielle de mettre en œuvre les préconisations du médecin ou sur le non-respect de celles-ci par l'employeur : ces litiges relèvent du bureau de jugement du conseil de prud'hommes (QR min. trav. du 26-10-2020).
b. Le juge n'est pas tenu de confier une **mesure d'instruction** au médecin inspecteur du travail (en ce sens, Cass. soc. 3-6-2020 n° 18-21.952 FS-D : RJS 7/20 n° 352). S'il choisit de le faire, il définit sa mission et lui impartit un délai raisonnable pour remettre son rapport. Le médecin inspecteur a accès au dossier médical du salarié et examine ce dernier. Il reçoit les parties ensemble, éventuellement assistées de leurs avocats, pour leur soumettre ses conclusions et recevoir leurs observations avant l'audience du conseil de prud'hommes (QR min. trav. du 26-10-2020).
c. La **contestation d'un avis d'aptitude** n'impliquant pas la suspension du contrat de travail, l'employeur ne peut pas s'opposer à la reprise du travail du salarié (Cass. soc. 14-1-1998 n° 95-42.155 D : RJS 4/98 n° 448 ; 9-4-2008 n° 07-41.141 F-PB : RJS 6/08 n° 661).
d. Le salarié peut contester l'**avis d'inaptitude,** même après la prise d'effet de son licenciement (CE 27-6-2011 n° 334834 : RJS 10/11 n° 775). S'il le fait avant, sa contestation ne suspend pas le délai d'un mois visé n° 50025 à l'issue duquel le versement de la rémunération du salarié doit être repris (Cass. soc. 4-5-1999 n° 98-40.959 P : RJS 6/99 n° 815 ; 28-1-2004 n° 01-46.913 F-P : RJS 4/04 n° 401). Si le recours est formé contre un avis d'aptitude, ce délai court à compter de la date à laquelle l'avis est annulé et le salarié déclaré inapte (Cass. soc. 20-12-2017 n° 15-28.367 FS-PB : RJS 3/18 n° 168).
e. L'employeur peut procéder au licenciement d'un salarié inapte sans attendre l'issue du recours (Cass. soc. 19-2-1992 n° 88-40.670 PF : RJS 4/92 n° 415 ; 8-4-2004 n° 01-45.693 FP-PBRI : RJS 6/04 n° 681).

3. SANCTIONS

72550 C. trav. art. L 4745-1, R 4745-1 à R 4745-6, P-IV-24500 s

Les infractions aux règles relatives à la médecine du travail sont punies de l'**amende** prévue pour les contraventions de 5e classe (n° 67285). En cas de récidive dans le délai de 3 ans, ces peines sont aggravées (amende maximale de 3 750 € et emprisonnement de 4 mois au plus) et le tribunal peut prononcer, à titre de peine complémentaire, l'affichage du jugement aux portes de l'établissement et sa publication dans la presse (le tout aux frais du délinquant).

Le salarié peut en outre obtenir des **dommages et intérêts** s'il établit que le manquement de l'employeur à ses obligations en matière de médecine du travail lui a causé un préjudice (par exemple, pour un défaut d'organisation d'une visite médicale obligatoire, Cass. soc. 27-6-2018 n° 17-15.438 F-D : RJS 10/18 n° 609).

› Précisions **a.** Le manquement de l'employeur à l'obligation de faire passer une visite médicale peut justifier la **prise d'acte de la rupture** du contrat de travail ou sa **résiliation judiciaire** à l'initiative du salarié s'il empêche la poursuite du travail : tel est le cas lorsque l'employeur refuse sans justification d'organiser la visite de reprise après un arrêt de travail (Cass. soc. 23-9-2014 n° 12-24.967 F-D : RJS 12/14 n° 849) mais pas lorsque le défaut d'organisation résulte de sa simple négligence ou d'une erreur ponctuelle du service administratif de l'entreprise (Cass. soc. 26-3- 2014 n° 12-35.040 FP-PB : RJS 6/14 n° 470 ; 18-2-2015 n° 13-21.804 F-D : RJS 5/15 n° 319), ni si le salarié a attendu plusieurs mois avant de s'en prévaloir (Cass. soc. 26-3-2014 n° 12-23.634 FP-PB : RJS 6/14 n° 470).
b. L'employeur peut se retourner contre le **service de santé** si celui-ci **faillit à ses missions** (Cass. 1e civ. 19-12-2013 n° 12-25.056 FS-PBI : RJS 3/14 n° 233). Il peut également saisir la chambre disciplinaire du Conseil de l'Ordre en cas de **manquement déontologique** du médecin (par exemple, pour un certificat médical établissant un lien entre l'état de santé du salarié et ses conditions de travail, sans que le médecin du travail ait personnellement constaté les faits reprochés à l'employeur, CE 6-6-2018 n° 405453 : RJS 8-9/18 n° 534).

SYNDICATS DANS L'ENTREPRISE

SOMMAIRE

A. Liberté syndicale

La liberté syndicale dans l'entreprise s'organise autour de trois principes : 73000 L-V-8000 s
– la liberté d'adhérer ou non à un syndicat ;
– l'obligation pour l'employeur de rester neutre vis-à-vis des divers courants syndicaux présents dans l'entreprise ;
– l'interdiction de prendre des mesures discriminatoires contre un salarié en raison de son appartenance syndicale ou de ses activités syndicales.

LIBERTÉ DE SE SYNDIQUER

Tout salarié peut librement adhérer au syndicat professionnel de son choix et s'en retirer à tout instant. L'adhésion du salarié à un syndicat est considérée comme un acte relevant de sa **vie personnelle.** Sur la portée de cette règle, voir nº 73295, a. 73050 C. trav. art. L 2141-1 L 2141-3 L 2141-6 L 2134-2 L-V-8300 s

L'employeur ne peut pas prendre en considération l'**appartenance syndicale** ou l'exercice d'une **activité** syndicale pour arrêter ses décisions, notamment en ce qui concerne l'embauche ou la carrière d'un salarié (nº 73065), ou prélever les **cotisations syndicales** sur les salaires de son personnel et les payer au lieu et place de celui-ci. Réciproquement, l'utilisation des **marques syndicales** ou des **labels** ne peut avoir pour effet de porter atteinte aux dispositions concernant la liberté syndicale. Tout accord ou toute disposition tendant à obliger l'employeur à n'embaucher ou à ne conserver à son service que les adhérents du syndicat propriétaire de la marque ou du label est nul.

La loi consacre aussi, à travers la possibilité de créer une section syndicale, le droit pour les adhérents appartenant à une même organisation de se **grouper** au sein de l'entreprise en vue d'y mener une action syndicale : voir nºs 73270 s.

> **› Précisions** Action et expression syndicale ne sont pas interdites à un **cadre de haut niveau.** Sauf abus, ce salarié jouit, comme les autres, dans et hors de l'entreprise, de sa liberté d'expression, à laquelle seules des restrictions justifiées par la nature de la tâche à accomplir et proportionnées au but recherché peuvent être apportées (Cass. soc. 3-7-2012 nº 11-10.793 : RJS 10/12 nº 819).

OBLIGATION DE NEUTRALITÉ DE L'EMPLOYEUR

Il est interdit à l'employeur ou à ses représentants d'exercer une **pression** quelconque en faveur ou à l'encontre d'une organisation syndicale sous peine, au plan civil, de nullité de la mesure prise et de dommages-intérêts et, au plan pénal, d'une amende de 3 750 € (en cas de récidive : emprisonnement d'un an et amende de 7 500 €). 73060 C. trav. art. L 2141-7 L 2141-8 L 2146-2 L-V-9100 s
De plus, la méconnaissance de cette interdiction peut, le cas échéant, être constitutive d'une entrave à l'exercice du droit syndical dans l'entreprise. Ainsi, par exemple, lorsque le but

recherché est d'empêcher la constitution d'une section syndicale (Cass. crim. 5-5-1976 nº 75-90.400 ; 25-6-2002 nº 01-85.441). Sur la notion de délit d'entrave, voir nºs 62700 s.

> Précisions Contrevient, par **exemple,** à l'obligation de neutralité le fait d'émettre, dans une note, un jugement favorable à un syndicat et défavorable à un autre (Cass. crim. 8-3-1994 nº 93-81.115 : RJS 7/94 nº 877) ou de charger un cabinet de ressources humaines de la mission de réduire l'influence d'un syndicat, mission se traduisant par des réunions avec l'encadrement de l'entreprise, animées par le prestataire, au cours desquelles les actions du syndicat en cause sont dénigrées (Cass. crim. 2-9-2008 nº 07-81.661 : RJS 12/08 nº 1208).

73062
L-V-9230 s

Neutralité et égalité de traitement des organisations syndicales

L'employeur doit respecter l'égalité de traitement des différentes organisations en présence. Ainsi, une convention ou un accord collectif tendant à améliorer l'exercice du droit syndical dans les entreprises est applicable de plein droit à tous, et en particulier aux syndicats représentatifs, sans qu'il y ait lieu de distinguer entre les adhérents et les non-adhérents à cette convention ou à cet accord collectif. Un employeur ne saurait subventionner un syndicat représentatif et non un autre selon qu'il a signé ou non une convention ou un accord collectif (Cass. soc. 29-5-2001 nº 98-23.078 : RJS 8-9/01 nº 1042) ou refuser à un syndicat la désignation d'un délégué syndical dans des conditions dérogatoires acceptées pour un autre, voir nº 73460, c.

L'égalité de traitement n'exclut pas toute **différence.**

Un accord collectif peut prévoir une différence de traitement entre syndicats représentatifs dès lors qu'il ne les prive pas de l'exercice de leurs droits légaux et que cette différence est justifiée par des raisons objectives matériellement vérifiables liées à l'influence de chaque syndicat en rapport avec l'objet de l'accord. Est valide l'accord autorisant la **désignation de délégués centraux supplémentaires** dont le nombre est fonction du nombre d'établissements dans lesquels les syndicats sont représentatifs (Cass. soc. 29-5-2013 nº 12-26.955 : RJS 8-9/13 nº 621) ou encore l'accord fixant une clé inégalitaire de répartition entre les syndicats d'une subvention patronale tenant compte de leur influence respective dans son champ d'application (Cass. soc. 10-10-2007 nº 05-45.347 : RJS 12/07 nº 1305). Voir également, à propos de l'accès à l'intranet de l'entreprise, nº 73342.

S'agissant des moyens alloués par l'employeur pour les **élections** professionnelles, le principe d'égalité de traitement entre syndicats s'applique dans le **périmètre** des élections, et donc, le cas échéant, au niveau de chaque établissement distinct (Cass. soc. 20-9-2018 nº 17-60.306 F-PB : RJS 11/18 nº 683).

INTERDICTION DES MESURES DISCRIMINATOIRES

73065
C. trav. art. L 2141-5
N-VII-2100 s

Principes L'employeur ne doit pas prendre en considération l'**appartenance à un syndicat ou l'exercice d'une activité syndicale** pour arrêter ses décisions en matière notamment de recrutement, de conduite et de répartition du travail, de formation professionnelle, d'avancement, de rémunération et d'octroi d'avantages sociaux, de mesures de discipline et de rupture du contrat de travail. La discrimination syndicale, directe ou indirecte, est également prohibée par l'article L 1132-1 du Code du travail (voir nº 32060).

Des **mesures spécifiques** peuvent être prévues **en faveur** des salariés syndiqués. Un accord collectif peut sous certaines conditions permettre à l'employeur, dans le cadre d'un dispositif facultatif, d'évaluer sur la base d'un référentiel, les compétences mises en œuvre dans l'exercice d'un mandat et les intégrer dans son évolution de carrière (Cass. soc. 9-10-2019 nº 18-13.529 FS-PBRI : RJS 12/19 nº 708). Mais, sauf application d'un tel accord collectif visant à valoriser ou encore à en assurer la neutralité, l'exercice d'activités syndicales ne peut pas être pris en considération dans l'**évaluation professionnelle** d'un salarié (Cass. soc. 23-3-2011 nº 09-72.733 : RJS 6/11 nº 536 ; 18-12-2013 nº 12-15.149 : RJS 3/14 nº 239), même s'il s'agit d'un constat dépourvu de tout jugement de valeur (Cass. soc. 11-1-2012 nº 10-16.655 : RJS 3/12 nº 266).

L'employeur doit adapter la **charge de travail** des salariés en fonction des seules heures consacrées à leurs obligations contractuelles et faire en sorte que l'exercice de mandats représentatifs n'ait aucune incidence défavorable sur leur **rémunération** (Cass. soc. 6-7-2010 nº 09-41.354 : RJS 10/10 nº 788 ; 18-12-2013 nº 12-20.613 : RJS 3/14 nº 238).

Sur le **contrôle de la discrimination** et l'**action en justice** des salariés, voir nºs 32260 s.

Sur **l'évolution garantie de rémunération** dont bénéficient certains représentants syndicaux et du personnel, voir nº 62690.

> Précisions a. L'existence d'une discrimination syndicale n'implique pas nécessairement une **comparaison** avec la situation d'autres salariés. Par ailleurs, le fait que des représentants syndicaux aient bénéficié de mesures favorables n'est pas de nature à exclure en soi l'existence de discrimination à l'égard d'un autre représentant syndical (Cass. soc. 12-6-2013 n° 12-14.153 : RJS 8-9/13 n° 622).

b. Des **accords d'entreprise** doivent déterminer les mesures à mettre en œuvre pour **concilier la vie personnelle,** la vie professionnelle et les fonctions syndicales et électives, en veillant à favoriser l'égal accès des femmes et des hommes. L'accord prend en compte l'expérience acquise, dans le cadre de l'exercice de mandats, par les représentants du personnel désignés ou élus dans leur évolution professionnelle. Cette dernière fait d'ailleurs partie de la négociation périodique obligatoire sur la gestion des emplois et des parcours professionnels et la mixité des métiers en l'absence d'accord d'adaptation visée n° 52004.

ILLUSTRATIONS 73066

Caractérise la discrimination syndicale le fait pour l'employeur de :
– prendre en compte les absences d'un salarié liées à ses activités syndicales pour arrêter des décisions relatives notamment à la conduite et à la répartition du travail, la formation, l'avancement et la rémunération (Cass. soc. 27-5-2008 n° 07-40.145 : RJS 8-9/08 n° 915 ; 20-2-2013 n° 10-30.028 : RJS 5/13 n° 367) ;
– invoquer le manque de disponibilité du salarié en raison de ses fonctions syndicales pour justifier un retard dans le déroulement de sa carrière (Cass. soc. 26-1-2010 n° 08-44.397) ou stopper la carrière d'un salarié, souvent promu auparavant, à partir du moment où il a été investi de divers mandats syndicaux (Cass. soc. 10-1-2006 n° 04-43.070) ;
– priver le salarié d'entretien d'évaluation sans raison valable (Cass. soc. 24-10-2012 n° 11-13.315 : RJS 1/13 n° 54) ;
– priver un DS qui n'a jamais fait l'objet de reproches de toute augmentation salariale au mérite (Cass. soc. 28-6-1994 n° 91-42.290 : RJS 11/94 n° 1283) ;
– prendre en compte le comportement au travail et le caractère contestataire des salariés syndiqués pour les priver d'une prime exceptionnelle (Cass. soc. 7-11-1990 n° 87-44.292 : RJS 12/90 n° 994) ;
– imposer un stage de formation à un DS, à l'issue d'un arrêt de travail de plus de trois ans, cette mesure n'étant pas exigée d'autres agents placés dans la même situation (Cass. soc. 30-1-2013 n° 11-13.286 : RJS 4/13 n° 301) ;
– ne pas former un salarié en raison de ses absences liées à ses mandats électifs (Cass. soc. 23-3-2016 n° 14-25.574 : RJS 6/16 n° 398) ;
– licencier un salarié, membre du comité de direction, pour avoir tardé à l'informer de sa participation à un syndicat nouvellement créé et avoir affiché un tract évoquant des restructurations de l'entreprise (Cass. soc. 3-7-2012 n° 11-10.793 : RJS 10/12 n° 819).

Ne constituent pas en revanche une discrimination syndicale le refus de l'employeur de nommer un DS à un poste demandant une haute technicité au motif qu'il n'a pas les compétences requises (Cass. crim. 5-7-1988 n° 86-94.334), le déclassement d'un délégué syndical pour motif économique (Cass. crim. 8-11-1988 n° 87-91.364 : RJS 1/89 n° 52) ou l'absence d'évolution de carrière d'un salarié syndiqué alors que celui-ci, informé comme ses collègues des opportunités d'évolution, a manifesté sa volonté de rester dans son emploi (Cass. soc. 6-7-2010 n° 09-41.354 : RJS 10/10 n° 788).

Personnes concernées Peuvent se prévaloir de la protection contre les discriminations les salariés titulaires d'un **mandat syndical** dans l'entreprise (délégué syndical, représentant de section syndicale, etc.), les **élus syndiqués,** ainsi que les **salariés simplement syndiqués,** qu'ils soient adhérents ou non d'une section syndicale, à condition de **prouver** que l'employeur a connaissance de leur engagement syndical (Cass. soc. 1-7-2015 n° 14-11.459 F-D : RJS 11/15 n° 719). 73067

En revanche, la question se pose de savoir si les **représentants élus du personnel non syndiqués** qui n'exercent pas, à proprement parler, d'activités syndicales bénéficient de cette protection. La Cour de cassation semble l'avoir admis, en ayant fait référence, dans deux affaires au moins, à la notion de « discrimination liée aux fonctions ou aux activités de délégué du personnel » (Cass. soc. 26-5-1999 n° 97-40.966 PB : RJS 7/99 n° 935 ; 6-3-2012 n° 10-21.038 F-D : RJS 5/12 n° 472). Il convient toutefois de demeurer prudent sur la portée de ces décisions, dans la mesure où, dans l'un de ces cas, le salarié semblait également appartenir à un syndicat.

Sanctions Toute mesure de discrimination syndicale étant **nulle** (Cass. soc. 4-12-2001 n° 99-43.231 : RJS 2/02 n° 197), le salarié doit être rétabli dans ses conditions de travail antérieures (Cass. soc. 23-6-2004 n° 02-41.011 : RJS 11/04 n° 1163) et percevoir des **dommages et intérêts** réparant le préjudice subi (sur l'étendue de la réparation, voir n° 32320, b). Le juge peut aussi ordonner le **reclassement** du salarié privé d'avancement (Cass. soc. 23-11-2005 n° 03-40.826 : RJS 2/06 n° 236), y compris en cas d'avancement au choix (Cass. soc. 18-3-2009 n° 07-45.201 : RJS 6/09 n° 553). L'employeur est par ailleurs passible de l'**amende** visée au n° 73060. 73070

C. trav. art. L 2141-8
L 2146-2
N-VII-9100 s
N-VII-9600

› Précisions **a.** Lorsque la mesure discriminatoire prend la forme d'un refus d'embauche, d'une sanction ou d'un licenciement, celle-ci est passible des **sanctions pénales** plus élevées prévues au n° 32330. Si la mesure est prise à l'encontre d'un DS en considération de sa fonction, l'employeur peut être poursuivi pour **délit d'entrave** (n° 62700). Sont également applicables les **sanctions civiles** (nullité des clauses contractuelles et conventionnelles et des mesures de rétorsion notamment) visées n°s 32320 s.

b. Le juge judiciaire est compétent pour apprécier l'existence d'une discrimination syndicale dans le **déroulement de carrière** d'un salarié protégé dont le licenciement a été autorisé (Cass. soc. 29-5-2019 n° 17-23.028 FS-PB : RJS 8-9/19 n° 514).

B. Représentativité des syndicats

73130 La représentativité syndicale peut être reconnue à divers niveaux : national ou interprofessionnel, branche, groupe, entreprise, établissement. À ces différents niveaux, les syndicats reconnus représentatifs bénéficient de prérogatives particulières. La représentativité syndicale ne fait pas l'objet de **vérification préalable.** L'employeur ne peut, en particulier, s'en faire juge.

ATTENTION

L'employeur est tenu, chaque année, d'informer par tout moyen le personnel de la disponibilité sur le site du ministère du travail des **adresses des syndicats** de salariés représentatifs dans la branche dont relève l'entreprise (C. trav. art. L 2141-7-1).

1. CRITÈRES DE REPRÉSENTATIVITÉ

LISTE DES CRITÈRES

73135 C. trav. art. L 2121-1 L-V-11200 s

La représentativité des organisations syndicales est déterminée d'après les **critères cumulatifs** suivants :

1° le respect des valeurs républicaines ;

2° l'indépendance ;

3° la transparence financière ;

4° une ancienneté minimale de 2 ans dans le champ professionnel et géographique couvrant le niveau de négociation ;

5° l'audience établie selon les niveaux de négociation, conformément aux règles exposées aux n°s 73140 s. ;

6° l'influence, prioritairement caractérisée par l'activité et l'expérience ;

7° les effectifs d'adhérents et les cotisations.

› Précisions **a.** Le critère de **respect des valeurs républicaines** est présumé satisfait, sauf preuve contraire à la charge de celui qui conteste (Cass. soc. 8-7-2009 n° 08-60.599 : RJS 10/09 n° 810). Méconnaît ces valeurs le syndicat qui prône des discriminations directes ou indirectes en raison de l'origine du salarié (Cass. soc. 12-12-2016 n° 16-25.793 : RJS 2/17 n° 128), mais pas celui qui se réfère, dans ses statuts, à la lutte des classes et à la suppression de l'exploitation capitaliste (Cass. soc. 25-1-2016 n° 14-29.308 : RJS 4/16 n° 266).

b. L'**indépendance** doit être à la fois morale et financière. C'est à celui qui conteste l'indépendance d'un syndicat d'en apporter la **preuve** (Cass. soc. 17-1-1989 n° 88-60.362 ; 9-9-2016 n° 16-20.575 FS-PB : RJS 11/16 n° 707). Un syndicat non indépendant n'est pas représentatif, quelle que soit son audience dans l'entreprise (CA Paris 4-6-2015 n° 13-07945 : RJS 8-9/15 n° 576). Toutefois, l'absence d'indépendance judiciairement établie d'un syndicat lors de l'exercice d'une prérogative syndicale ne le prive pas de la possibilité d'exercer ultérieurement toutes les prérogatives liées à la qualité d'organisation syndicale s'il réunit alors tous les critères permettant d'établir sa représentativité (Cass. soc. 27-9-2017 n° 16-60.238 FS-PB, n° 16-60.264 FS-PB ; 28-9-2017 n° 16-17.173 et 16-60.290 F-D : RJS 12/17 n° 807). Le placement en redressement judiciaire d'un syndicat et l'aide financière de sa confédération n'excluent pas son indépendance financière (Cass. soc. 26-2-2020 n° 19-19.397 F-PB : RJS 5/20 n° 244)

c. Tout syndicat (représentatif ou non) doit, pour exercer des prérogatives dans l'entreprise, satisfaire au critère de **transparence financière** (Cass. soc. 22-2-2017 n° 16-60.123 FS-PB : RJS 5/17 n° 347 ; Cons. const. 30-4-2020 n° 2020-835 QPC : RJS 7/20 n° 358 ; Cass. soc. QPC 24-6-2020 n° 20-10.544 FS-PB : RJS 8-9/20 n° 426). Pour la désignation d'un délégué syndical ou d'un représentant syndical au CSE, le respect de ce critère est apprécié au moment de la désignation (Cass. soc. 8-3-2017 n°s 16-13.033 F-D ; 16-13.034 F-D : RJS 5/17 n° 347). Cette solution paraît transposable à la désignation d'un représentant de section syndicale.

Les documents comptables dont la loi impose l'établissement et la publication aux syndicats ne sont que des éléments de preuve de leur transparence financière. Leur défaut peut être suppléé par d'autres documents (Cass. soc. 29-2-2012 nº 11-13.748 : RJS 5/12 nº 471). Est insuffisante la publication de comptes n'ayant pas été approuvés par l'organe statutaire compétent (Cass. soc. 13-6-2019 nº 18-24.814 F-D : RJS 8-9/19 nº 506) ou celle de documents comptables sur la seule page Facebook publique du syndicat (Cass. soc. 17-10-2018 nº 18-60.030 FS-PB : RJS 1/19 nº 35). La publication, avant la désignation d'un RSS, des comptes des avant-dernier et antépénultième exercices clos a été jugée suffisante, les comptes du dernier exercice clos ayant été publiés peu de temps après cette désignation (Cass. soc. 17-10-2018 nºs 17-19.732 FS-PB : RJS 1/19 nº 35).

d. L'**ancienneté** s'apprécie à compter de la date de **dépôt légal des statuts.** La modification de la composition du bureau ou de la liste des adhérents et le changement radical d'orientation d'un syndicat ne constituent pas des modifications substantielles faisant perdre l'ancienneté antérieure (Cass. soc. 3-3-2010 nº 09-60.283 : RJS 5/10 nº 445). Même solution pour la **modification du champ statutaire** (Cass. soc. 14-11-2012 nº 11-20.391 : RJS 1/13 nº 55) ou le fait pour un syndicat intercatégoriel de **devenir catégoriel** (Cass. soc. 14-3-2018 nº 17-21.434 F-PB : RJS 5/18 nº 343). En revanche la **confusion des statuts** d'une union de syndicats avec ceux de l'un de ses membres emporte dissolution et cessation de l'union. L'ancienneté de l'organisation syndicale issue de ce remaniement doit être appréciée à compter du dépôt de ses statuts (Cass. soc. 26-9-2012 nº 11-20.281 : RJS 12/12 nº 962).

e. L'**influence** s'apprécie au regard de l'ensemble des actions du syndicat, y compris celles menées alors qu'il était affilié à une confédération qu'il a ensuite quittée (Cass. soc. QPC 28-9-2011 nº 10-26.545 : RJS 12/11 nº 994).

f. L'importance des **effectifs** s'apprécie, en principe, par rapport à l'effectif de l'entreprise ou de l'établissement. Toutefois, les juges peuvent tenir compte du taux de syndicalisation dans l'entreprise (Cass. soc. 25-6-1987 nº 86-60.522 ; 12-7-1994 nº 93-60.085 : RJS 8-9/94 nº 1007) ou du grand nombre de syndicats dans l'établissement (Cass. soc. 16-12-1998 nº 96-44.384 : RJS 2/99 nº 229).

La loi ne fixe pas de **taux de cotisation** minimal. Les juges du fond apprécient souverainement si les cotisations perçues sont suffisantes pour assurer les frais de gestion du syndicat. La modicité des cotisations peut n'être pas significative si elle s'explique par le faible montant de ces frais (Cass. soc. 4-2-1976 nº 75-60.157) ou par un bénévolat au sein du syndicat (Cass. soc. 30-4-1987 nº 86-60.354).

CONTESTATION DE LA REPRÉSENTATIVITÉ

La représentativité d'un syndicat ne peut être contestée indépendamment de l'**exercice,** par lui, **d'une prérogative** subordonnée à la qualité de syndicat représentatif (Cass. soc. 20-4-2017 nº 15-22.944 FS-D : RJS 7/17 nº 501 ; Cass. soc. 24-1-2018 nº 16-20.883 FS-D : RJS 4/18 nº 268). Même si elle n'a pas été discutée au **moment** des élections, elle peut l'être ultérieurement, par exemple à l'occasion de la désignation d'un délégué syndical (Cass. soc. 26-6-2013 nº 12-21.766 : RJS 10/13 nº 698). En revanche, un employeur n'ayant pas contesté la désignation d'un DS ne peut pas, ensuite, contester la représentativité du syndicat désignataire à l'occasion de l'exercice par celui-ci d'une prérogative réservée aux syndicats représentatifs (Cass. soc. 12-7-2016 nº 14-25.794 F-D : RJS 10/16 nº 638). Le **juge** peut étendre son **contrôle** aux **critères** de représentativité **non contestés** sous réserve de mettre les parties en mesure de s'expliquer dessus (Cass. soc. 25-10-2017 nº 16-24.188 F-D : RJS 1/18 nº 45). 73136

L'indépendance, le respect des valeurs républicaines et la transparence financière doivent être **satisfaits de manière autonome et permanente.** En revanche, l'influence, les effectifs d'adhérents et les cotisations, l'ancienneté, si elle est au moins égale à 2 ans, et le score électoral, s'il est au moins égal à 10 % des suffrages exprimés, font l'objet, dans un périmètre donné, d'une **appréciation globale** (Cass. soc. 29-2-2012 nº 11-13.748 : RJS 5/12 nº 471) pour toute la durée du **cycle électoral** (Cass. soc. 14-11-2013 nº 12-29.984 : RJS 2/14 nº 147).

2. AUDIENCE

a. Mesure au niveau de l'entreprise

RÈGLES GÉNÉRALES

Dans l'entreprise ou **l'établissement** sont représentatives les organisations syndicales qui satisfont aux critères visés nº 73135 et qui ont recueilli au moins 10 % des suffrages exprimés au premier tour des dernières élections de la délégation du personnel au comité social et économique (CSE, nºs 8500 s.). 73140

C. trav. art. L 2122-1
L-V-11400 s

La loi imposant la prise en compte des résultats quel que soit le nombre de votants, le **premier tour** doit être **dépouillé,** même si le **quorum** n'est pas atteint. Les **suffrages exprimés** s'entendent hors bulletins blancs et nuls (Circ. DGT 20 du 13-11-2008).

› **Précisions** **a.** Le critère d'audience électorale est d'**ordre public absolu.** Ainsi, le score électoral obtenu par un syndicat ne peut pas être arrondi (Cass. soc. 15-10-2015 nº 14-25.375 : RJS 1/16 nº 40). De même, ni un accord collectif ni l'employeur ne peuvent reconnaître la qualité de syndicat représentatif à un syndicat ne satisfaisant pas à ce critère (Cass. soc. 18-5-2011 nº 10-60.406 : RJS 7/11 nº 624). Dans le même sens à propos du périmètre d'appréciation de l'audience, voir nº 73150.

b. Le **score à prendre en compte** est celui obtenu aux élections du CSE même si, en application d'un accord collectif, le périmètre au sein duquel le syndicat désigne un délégué est plus restreint que celui du comité (Cass. soc. 10-11-2010 nº 09-72.856 : RJS 1/11 nº 55 ; 14-12-2010 nº 10-60.221 : RJS 2/11 nº 152).

c. Satisfait au critère d'audience le syndicat qui a obtenu 10 % des voix au premier tour des élections **tous collèges confondus,** même s'il n'a pas présenté de candidat dans chacun des collèges (Cass. soc. 22-9-2010 nº 10-10.678 : RJS 11/10 nº 861).

d. Un syndicat ne peut pas se prévaloir des votes obtenus sous l'étiquette d'une **confédération qu'il a quittée** (Cass. soc. 18-5-2011 nº 10-60.069 : RJS 7/11 nº 625) ou dont il a été exclu après les élections (Cass. soc. 28-11-2012 nº 12-14.528 : RJS 2/13 nº 140).

e. Un syndicat n'ayant **pas participé aux dernières élections** ne peut pas se prévaloir des votes obtenus par un autre syndicat sous le sigle d'une confédération à laquelle il s'est affilié après les élections (Cass. soc. 4-7-2018 nº 17-20.710 FS-PB : RJS 10/18 nº 616).

f. Le **délai** de 15 jours mentionné au nº 8810 n'est pas applicable aux contestations qui ne portent que sur la prétention d'un syndicat à la qualité de syndicat représentatif, sans remise en cause des résultats du scrutin (Cass. soc. 31-1-2012 nº 10-25.429 : RJS 4/12 nº 365).

g. La cassation d'un jugement **annulant les élections** n'entraîne pas l'annulation du nouveau scrutin organisé entre-temps dans l'entreprise et non contesté dans le délai imparti. Le résultat de ce dernier scrutin doit donc être pris en compte pour établir la représentativité syndicale (Cass. soc. 12-4-2016 nº 15-18.652 et nº 15-18.653 : RJS 6/16 nº 435).

h. La **représentativité** des organisations syndicales dans un périmètre donné étant établie pour **toute la durée du cycle électoral,** elle n'a pas à être actualisée à l'occasion d'**élections partielles** (Cass. soc. 13-2-2013 nº 12-18.098 FS-PBRI : RJS 4/13 nº 295 ; Cass. soc. 7-12-2016 nº 15-26.855 FS-D : RJS 2/17 nº 127). Sur les conséquences de ce principe d'intangibilité de la représentativité syndicale pour toute la durée du cycle électoral sur le mandat d'un représentant syndical au CSE en cas d'organisation d'**élections complémentaires** suite à une **fusion-absorption,** voir nº 74935, e. Sur les effets de l'**annulation de l'élection de candidats** sur le calcul de la représentativité, voir nº 8772.

73144 **Décompte des suffrages** Pour apprécier la représentativité syndicale, tout **bulletin recueilli** par une liste est un vote exprimé en faveur du syndicat qui l'a présentée, même si le nom de certains candidats a été **rayé** (Cass. soc. 6-1-2011 nº 10-60.168 : RJS 3/11 nº 247).

Lorsqu'une **liste commune** a été établie par des organisations syndicales, la répartition entre elles des suffrages exprimés se fait sur la base indiquée par elles lors du dépôt de leur liste (sur les destinataires de cette information, voir nº 8770, e). À défaut, elle se fait à parts égales (C. trav. art. L 2122-3). Ces dispositions ne s'appliquent pas lorsque les syndicats appartiennent à une même fédération ou confédération syndicale, ceux-ci ne pouvant désigner ensemble un nombre de DS supérieur au nombre légal (nº 73462) (Cass. soc. 10-5-2012 nº 11-21.356 : RJS 7/12 nº 640).

73146 **Syndicats affiliés à une même confédération ou fédération** Les syndicats affiliés à une même confédération ne peuvent pas présenter, chacun, une liste de candidats dans un **même collège,** mais peuvent le faire dans des **collèges différents.** Dans ce dernier cas, cependant, ils ne peuvent additionner leurs scores électoraux respectifs pour se prévaloir, chacun, d'une représentativité propre (Cass. soc. 22-9-2010 nº 10-60.135 : RJS 11/10 nº 862 ; 28-9-2011 nº 10-25.279 : RJS 12/11 nº 991 ; 26-10-2011 nº 11-10.290 : RJS 1/12 nº 56). C'est la représentativité de la confédération elle-même qui sera établie en additionnant les scores des syndicats qui lui sont affiliés.

En cas de dépôt d'une **liste commune,** une confédération ou fédération ne peut se prévaloir des suffrages exprimés en faveur d'un syndicat affilié que si celui-ci a fait état de son affiliation à cette organisation (C. trav. art. L 2122-3-1) en la mentionnant sur les **bulletins de vote** ou en la portant **à la connaissance** des électeurs (Cass. soc. 12-4-2012 nº 11-22.290 : RJS 6/12 nº 576).

ENTREPRISE À ÉTABLISSEMENTS MULTIPLES

73150 Dans les entreprises à établissements multiples, deux situations doivent être distinguées.

L-V-11700 s

Si l'entreprise a **un seul CSE,** les élections au CSE sont prises en compte pour déterminer les syndicats représentatifs dans l'entreprise et l'ensemble des établissements (Circ. DGT 20 du 13-11-2008).

Si des **CSE d'établissement** sont mis en place, la représentativité d'un syndicat à ce niveau s'apprécie en fonction des seuls résultats recueillis par lui lors des élections qui s'y sont déroulées. Peu importe le résultat obtenu sur l'ensemble des établissements de l'entreprise (Cass. soc. 14-12-2010 nº 10-14.751 : RJS 2/11 nº 153). Peu importe également que le syndicat désigne un délégué dans un périmètre plus restreint que celui du comité, voir 73140, b. Ni un accord collectif ni un engagement unilatéral de l'employeur ne peuvent modifier le périmètre légal d'appréciation de la représentativité syndicale (Cass. soc. 6-1-2011 nº 10-18.205 : RJS 3/11 nº 248).

La représentativité d'un syndicat au niveau de l'entreprise se calcule ensuite par l'addition de l'ensemble des suffrages obtenus par ce syndicat dans l'ensemble des établissements, quel que soit le score obtenu par établissement (Circ. DGT 20 du 13-11-2008).

> Précisions Lorsque les **élections** des CSE d'établissement sont **échelonnées dans le temps,** la mesure de l'audience s'effectue par cycles. Sont comptabilisés les suffrages des dernières élections de chaque établissement. Le point de départ du cycle est celui de l'établissement qui organise les élections en premier. Le point d'arrivée est constitué par la dernière élection d'établissement permettant de connaître l'ensemble des suffrages sur l'ensemble de l'entreprise (Circ. DGT 20 du 13-11-2008).
En cas de **carence totale de résultats** au premier tour des élections des membres du CSE **dans un établissement,** l'audience s'apprécie en additionnant les suffrages exprimés au premier tour des élections dans les autres établissements de l'entreprise ou dans toutes les entreprises du groupe où un résultat a pu être enregistré (Circ. DGT 6 du 27-7-2011 : réputée abrogée).

UNITÉ ÉCONOMIQUE ET SOCIALE

Lorsque des sociétés constituent une **unité économique et sociale** (UES) comprenant plusieurs établissements distincts, la représentativité d'un syndicat au niveau de l'UES se calcule **73155**
en additionnant la totalité des suffrages obtenus dans ces établissements. Il est fait masse, le cas échéant, des résultats obtenus par tous les syndicats affiliés à une même confédération (Cass. soc. 22-9-2010 nº 09-60.435 : RJS 11/10 nº 862 ; 5-4-2011 nº 10-18.523 : RJS 6/11 nº 535).

TRÈS PETITES ENTREPRISES

La représentativité des syndicats auprès des entreprises de moins de 11 salariés est mesurée **73160**
sur la base d'un **scrutin sur sigle** organisé au niveau régional tous les 4 ans selon des modalités non détaillées ici. Les résultats obtenus sont pris en compte pour établir la liste des syndicats représentatifs au niveau des branches (sauf pour celles concernant exclusivement les professions agricoles) et au niveau national et interprofessionnel (nº 73180), et permettent de composer le collège salarié des commissions paritaires régionales interprofessionnelles (CPRI), voir nos 62403 s.

C. trav. art. L 2122-10-1 à L 2122-10-11 R 2122-8 à R 2122-98 **L-V-12200 s**

> Précisions **a.** Le **prochain scrutin** est prévu pour se dérouler du 22 mars 2021 au 4 avril 2021 (Arrêté MTRT2027577A du 22-10-2020 : JO 27).
b. Le scrutin a lieu par voie **électronique** et par **correspondance** (C. trav. art. L 2122-10-7, al. 1).
L'**employeur** n'a pas l'**obligation** de mettre à la disposition des salariés le matériel informatique permettant le vote par voie électronique s'il n'en dispose pas (C. trav. art. L 2122-10-7, al. 1).
Il est tenu, en revanche, de laisser aux salariés le **temps nécessaire** pour voter depuis leur lieu de travail tout en garantissant la confidentialité de leur vote. Lorsque le vote a lieu **pendant les horaires de travail,** ce temps est considéré comme temps de travail et payé à l'échéance normale.
L'employeur doit également permettre aux salariés de l'entreprise désignés dans le cadre de ce scrutin en tant qu'**assesseur, délégué et mandataire** des organisations syndicales candidates de disposer du temps nécessaire pour remplir leurs fonctions. Le temps effectivement passé pour l'exercice de celles-ci, y compris hors de l'entreprise, pendant les horaires de travail est considéré comme temps de travail et payé à l'échéance normale. L'exercice par un salarié de ces fonctions ne peut pas être la cause d'une sanction ou d'une rupture du contrat de travail par l'employeur.
c. À peine d'irrecevabilité, les **contestations** relatives au déroulement des opérations électorales doivent être formées dans les 15 jours à compter de l'affichage des résultats, devant le tribunal judiciaire dans le ressort duquel siège la commission régionale des opérations de vote ayant proclamé les résultats. Celui-ci a un mois pour statuer.

MESURE AU NIVEAU INTERENTREPRISES OU D'UN GROUPE

Sur la question de la représentativité des organisations syndicales dans le périmètre d'un **73170**
accord interentreprises, voir nº 51930 b. Au niveau d'un groupe, voir nº 51928 c.

b. Mesure au niveau de la branche et au niveau national

73180 Dans les **branches professionnelles** et au niveau **national interprofessionnel,** l'audience des syndicats est appréciée tous les 4 ans par consolidation, à ces niveaux, des résultats électoraux obtenus au sein des entreprises et des petites entreprises (nº 73160).

C. trav. art. L 2122-5, L 2122-9, L 2122-11, D 2122-6, D 2122-7, L-V-11920 s, L-V-16200

› Précisions **a.** Un **site internet** dédié à la mesure de l'audience syndicale au niveau des branches et au niveau national et interprofessionnel a été mis en place. Les entreprises peuvent y saisir en ligne leurs procès-verbaux d'élections : www.elections-professionnelles.travail.gouv.fr.

b. Ont été reconnus représentatifs au **niveau national et interprofessionnel** les syndicats CFDT, CGT, CGT-FO, CFE-CGC, CFTC (Arrêté du 22-6-2017). Des arrêtés successifs ont désigné les syndicats représentatifs dans de nombreuses **branches professionnelles.**

c. Les **recours** contre les arrêtés fixant la liste des organisations syndicales reconnues représentatives par branche professionnelle et aux niveaux national et interprofessionnel sont de la compétence de la cour administrative d'appel de Paris en premier et dernier ressort (C. trav. art. R 2122-99 ; C. just. adm. art. R 311-2).

c. Syndicats catégoriels

73185 L'audience des syndicats catégoriels est mesurée dans les seuls collèges dans lesquels leurs statuts leur donnent vocation à présenter des candidats. Ce traitement différencié ne concerne cependant, **dans l'entreprise** comme dans la **branche,** que les organisations **affiliées** à une confédération syndicale catégorielle interprofessionnelle nationale.

C. trav. art. L 2122-2, L 2122-7, L-V-12870 s

Au niveau **national et interprofessionnel,** l'audience est également appréciée en fonction des résultats obtenus dans le cadre de ces collèges.

› Précisions **a.** Parmi les syndicats catégoriels font l'objet de règles spécifiques les syndicats représentant les **journalistes professionnels** (C. trav. art. L 7111-7 ; L 7111-8) et ceux représentant les **pilotes de ligne** (C. transports art. L 6524-3).

b. La représentativité d'un syndicat représentant une certaine catégorie de personnel mais **non affilié** à une confédération syndicale catégorielle interprofessionnelle nationale doit s'apprécier au regard des suffrages recueillis dans l'ensemble des collèges électoraux (Cass. soc. 28-11-2012 nº 11-61.192 : RJS 12/13 nº 832).

c. Un syndicat habilité par ses **statuts** à présenter des candidats dans **tous les collèges** ne peut pas invoquer les dispositions dérogatoires relatives au calcul de l'audience des syndicats catégoriels, même s'il n'a présenté des candidats que dans certains collèges (Cass. soc. 4-7-2012 nº 11-60.239 : RJS 10/12 nº 828 ; 27-3-2013 nº 12-22.733 : RJS 6/13 nº 463 ; 25-1-2016 nº 15-12.997 F-D : RJS 4/16 nº 267). En revanche, la représentativité d'un syndicat qui n'a, conformément à ses statuts, présenté de candidats que dans les 2e et 3e collèges s'apprécie au regard de ces seuls collèges, peu important le contenu « généraliste » des tracts diffusés par lui pendant la campagne électorale (Cass. soc. 8-10-2014 nº 14-11.317 : RJS 1/15 nº 72).

d. La constitution d'un **collège unique** ne prive pas un syndicat catégoriel du droit de présenter des candidats (nº 8770) mais modifie la mesure de son audience. Si l'entreprise est divisée en établissements distincts, la représentativité de ce syndicat **dans l'entreprise tout entière** doit être appréciée sur l'ensemble des suffrages exprimés dans les collèges où il peut présenter des candidats, même s'il n'a pas fait usage de cette faculté dans les établissements comportant un collège unique et n'a présenté de candidats que dans ceux en comportant plusieurs (Cass. soc. 4-7-2012 nº 11-60.239 : RJS 10/12 nº 828).

C. Action syndicale dans l'entreprise

73240 L'exercice du droit syndical dans l'entreprise s'organise autour d'un organe, la section syndicale, et de différents acteurs : représentants de section syndicale, DS, etc.

Sur leur rôle au moment des élections professionnelles, voir nºs 8670 s.

Le DS est l'interlocuteur naturel de l'employeur en matière de négociation collective (nºs 51870 s.).

› Précisions **a.** Sur le **champ d'application professionnel et territorial** des dispositions relatives aux syndicats, voir nº 62260.

b. La personnalité civile leur étant reconnue, les syndicats peuvent **agir en justice** en cas d'atteinte à l'intérêt collectif de la profession qu'ils représentent et, sous certaines conditions, exercer en justice les actions individuelles des salariés : voir nº 67345 s. Ces actions peuvent, le cas échéant, être exercées par le DS (nº 73565), mais non par la section syndicale (nº 73270).

c. Les modalités d'exercice du droit syndical dans les **entreprises de travail temporaire** font l'objet de dispositions légales et conventionnelles particulières (nºs 82420 s.).

d. Sur la représentation spécifique des **salariés des TPE,** voir nºs 62403 s.

Des **conventions ou accords collectifs de travail** peuvent comporter des clauses plus favorables, prévoyant notamment l'institution de DS ou de DS centraux dans des cas non prévus par la loi. S'agissant : des **droits des syndicats non signataires** au bénéfice de ces dispositions, voir n° 73060 ; des limites à la faculté de négocier sur la représentativité syndicale, voir n°s 73140, a et 73150. 73245 C. trav. art. L 2141-10 **L-V-18010 s**

Aucune **limitation** ne peut être apportée aux dispositions relatives à l'exercice du droit syndical par **note de service** ou **décision unilatérale** de l'employeur.

1. SECTION SYNDICALE

a. Rôle et nature juridique

La section syndicale **représente les intérêts matériels et moraux** de ses membres, conformément à l'objet des syndicats, tel que défini par la loi (n° 73565). 73270 C. trav. art. L 2142-1 **L-V-18210 s**

Elle n'est qu'une **émanation du syndicat,** son antenne dans l'entreprise. Elle n'a donc pas la **personnalité juridique,** laquelle n'appartient qu'au syndicat lui-même. Elle ne peut de ce fait, en tant que telle, ni présenter une liste aux élections professionnelles dans l'entreprise (Cass. soc. 30-5-2001 n° 00-60.159), ni agir en justice (Cass. soc. 18-7-1979 n° 79-60.118 ; 13-2-2008 n° 07-60.171) ou être poursuivie par l'employeur. Seuls ses membres peuvent l'être en cas d'actes fautifs (CA Paris 10-5-1993 n° 92-21969 ; Cass. soc. 19-12-1990 n° 89-14.576).

b. Création

OBJET

La création d'une section syndicale constitue la première étape de l'implantation du syndicat dans l'entreprise. C'est elle, en particulier, qui permet ensuite aux syndicats non représentatifs de désigner un **représentant de la section** (n° 73385) et aux syndicats représentatifs de désigner un DS (n° 73460). 73290 **L-V-18500 s**

> Précisions **a.** Sauf stipulation contraire de ses statuts, une **union de syndicats,** dotée de la même capacité civile que les syndicats eux-mêmes, peut exercer les droits conférés à ceux-ci, notamment constituer une section syndicale et désigner un représentant de cette section (Cass. soc. 8-7-2009 n° 09-60.012 : RJS 11/09 n° 866 ; 5-12-2012 n° 12-14.366 : RJS 2/13 n° 139). Même solution pour une confédération (Cass. soc. 13-1-2010 n° 09-60.155 : RJS 3/10 n° 273). Une union ne peut exercer les prérogatives d'un syndicat que si l'adhésion de celui-ci est finalisée dans les formes prévues par les statuts de l'union (Cass. soc. 5-12-2012 n° 12-14.366 : RJS 2/13 n° 139).

b. Pour exercer ces prérogatives, les **groupements de syndicats** peuvent se prévaloir des adhésions des salariés aux syndicats qui leur sont affiliés (Cass. soc. 13-1-2010 n° 09-60.155 : RJS 3/10 n° 273).

SYNDICATS HABILITÉS

À condition d'avoir **plusieurs adhérents** dans l'entreprise ou l'établissement – c'est-à-dire au moins 2 (Cass. soc. 8-7-2009 n° 09-60.011, n° 09-60.031 et n° 09-60.032 ; 14-12-2010 n° 10-60.137 : RJS 2/11 n° 154) –, un syndicat peut y constituer une section syndicale dès lors qu'il : 73295 C. trav. art. L 2142-1 **L-V-18500 s**

– y est représentatif au sens indiqué n° 73135 ;

– ou est affilié à une organisation syndicale représentative au plan national et interprofessionnel au sens indiqué n° 73180 ;

– ou, à défaut, satisfait aux critères de respect des valeurs républicaines et d'indépendance, est légalement constitué depuis au moins 2 ans et a un champ d'application géographique et professionnel couvrant l'entreprise concernée.

Chaque syndicat ne peut constituer qu'**une seule section** dans un même établissement ou une même entreprise.

Le **contentieux** de la création d'une section syndicale relève du tribunal judiciaire statuant en premier ressort à charge d'appel (Cass. soc. 6-5-1985 n° 84-60.623).

> Précisions **a.** Un syndicat **prouve** l'existence d'**adhérents dans l'entreprise** en faisant état de cotisations non symboliques au jour de la désignation du représentant de section, ce jour pouvant **coïncider** avec la création de la section syndicale (TI Roanne 2-1-2009 n° 11-08-000392 : RJS 7/09 n° 641). Lorsque la **section comporte 2 membres,** l'un d'eux peut être le représentant de la section ou le DS (Cass. soc. 26-5-2010 n° 09-60.278 : RJS 8-9/10 n° 687).

L'**adhésion** au syndicat s'apprécie par rapport à ses **statuts** (Cass. soc. 22-11-2017 n° 16-22.184 : RJS 2/18 n° 122).

En cas de litige sur le **nombre de ses adhérents,** il ne peut être exigé du syndicat qu'il en dévoile les noms. L'**adhésion du salarié** à un syndicat relève de sa **vie personnelle** et ne peut pas être divulguée sans son **accord** (Cass. soc. 8-7-2009 n° 09-60.011, n° 09-60.031 et n° 09-60.032 ; 8-7-2009 n° 08-60.599 : RJS 10/09 n° 810). Si l'information se révèle nécessaire, il appartient au juge de se la faire communiquer sans la transmettre à l'employeur (Cass. soc. 14-12-2010 n° 10-60.137 : RJS 2/11 n° 154) ou de recourir à un expert indépendant tenu au secret. Cette dérogation au principe du contradictoire est limitée à ce qui peut permettre d'identifier les salariés (Cass. soc. 14-11-2012 n° 11-20.391 : RJS 1/13 n° 55). Dès lors que le syndicat produit la liste de ses adhérents, l'employeur ne peut pas contester leur appartenance à l'entreprise sans fournir la liste de son personnel (Cass. soc. 20-6-2012 n° 11-60.228 : RJS 10/12 n° 820).

Sur la qualité d'adhérent d'un **salarié temporaire** dans l'entreprise de travail temporaire, voir n° 82420, e.

b. S'agissant du **champ professionnel et géographique** du syndicat, il suffit que ses statuts englobent les salariés de l'entreprise. Le syndicat n'a pas à démontrer la présence d'adhérents répartis dans tous les établissements de celle-ci (ou sites de l'établissement) (Cass. soc. 8-7-2009 n° 09-60.048 : RJS 10/09 n° 815). Sur la portée de la **modification** par un syndicat de son champ statutaire, voir n° 73135, d.

CONDITIONS

73300 L-V-18660 s. La création d'une section syndicale est possible quel que soit l'**effectif de l'entreprise ou l'établissement,** sous réserve de la présence de 2 adhérents (Cass. soc. 24-2-1993 n° 91-60.237 : RJS 4/93 n° 417). Certains moyens d'action sont, en revanche, subordonnés à une condition d'effectif : voir en particulier n° 73345.

Dans les **entreprises à établissements multiples,** la jurisprudence admet la création de sections syndicales dans chaque établissement distinct (sur cette notion, voir n°s 73500 s.).

La création d'une section syndicale est, par ailleurs, la manifestation d'une **volonté des salariés** de se regrouper et d'agir dans un cadre syndical. Ceux-ci n'ont donc pas à demander l'**autorisation de l'employeur,** qui commettrait le délit d'entrave (passible des peines visées au n° 62700) en tentant de s'opposer à l'implantation de la section. Elle n'est assortie d'aucune condition de **forme** (Cass. soc. 2-7-1981 n° 81-60.554). Pour éviter toute contestation ultérieure, les syndicats ont toutefois intérêt à en **informer l'employeur,** par lettre recommandée avec accusé de réception, avec copie à l'**inspection du travail** (Circ. DRT 13 30-11-1984 : réputée abrogée).

c. Moyens

73315 C. trav. art. L 2142-2 L-V-19100 s Pour exercer sa mission, la section syndicale peut, tout d'abord, **collecter les cotisations** syndicales dans l'entreprise. Pour l'administration, la collecte des cotisations pendant le temps et sur les lieux de travail doit faire l'objet d'un accord avec l'employeur, négocié comme il est dit n° 73345, a (Circ. DRT 13 du 30-11-1984 : réputée abrogée).

La section peut ensuite **communiquer avec les salariés** par différents moyens : affichage, diffusion de publications et de tracts, réunions (n°s 73330 s.). Elle doit, lorsque l'effectif de l'entreprise atteint un certain seuil, disposer d'un **local** et peut réunir ses adhérents (n° 73345). Elle bénéficie enfin, dans certains cas, d'un **crédit d'heures** spécial pour la préparation de la négociation des accords collectifs de travail (n° 51880).

› Précisions a. Les adhérents des sections syndicales n'ont pas droit en tant que tels à la **protection spéciale** des représentants du personnel. Comme tout salarié, ils bénéficient d'une protection contre les **discriminations** fondées sur l'appartenance ou l'activité syndicales (n° 73065).

b. L'employeur n'est pas tenu de communiquer aux organisations syndicales les **adresses** postales **des salariés** (Cass. soc. 26-9-1989 n° 86-14.246 : RJS 11/89 n° 857). S'agissant des adresses électroniques, voir n° 73342.

c. Sur le fait de **réserver** l'accès aux moyens de communication aux seuls **syndicats représentatifs,** voir n° 73340 a.

d. Sur la propagande en **période électorale** et le respect par le syndicat des dates de la campagne fixée par un accord préelectoral, voir n° 8781, a.

INFORMATIONS SYNDICALES

73320 C. trav. art. L 2142-5 L-V-19250 s **Contenu** Les publications, tracts et communications destinés à l'affichage (n°s 73330 s.) ou diffusés sur support électronique doivent être de **nature syndicale,** ce qui exclut les **prises de position** purement **politiques** (Cass. soc. 12-2-1975 n° 74-10.090 ; 6-11-1974 n°s 73-13.841 et 73-13.528 ; Cass. crim. 25-11-1980 n° 80-90.554). Leur contenu ne doit pas enfreindre les dispositions prohibant les délits de presse tels qu'**injures et diffamation** publique, **fausses nouvelles et provocation.** Ainsi, une publication syndicale ne peut pas contenir d'attaques personnelles à l'égard d'un directeur (Cass. crim. 23-11-1993 n° 90-86.396 : RJS 2/94 n° 161).

> Précisions a. Une organisation syndicale peut se livrer à une analyse des conséquences des choix politiques sur les intérêts économiques et sociaux de ses membres (Circ. DRT 13 du 30-11-1984 : réputée abrogée). De même, elle peut diffuser des tracts syndicaux reprenant le **programme économique et social d'un parti politique** pour attirer l'attention des salariés sur son incidence sur leurs droits (sécurité sociale, licenciement, etc.) et donnant des consignes de vote pour le second tour des élections présidentielles (TGI Nanterre 3-5-2002 n° 02-01278 : RJS 7/02 n° 843).

b. La **controverse,** voire la polémique, sont permises dès lors qu'elles ne sont pas injurieuses ou diffamatoires (Cass. crim. 23-11-1993 : RJS 2/94 n° 161 ; CA Paris 20-1-1994 : RJS 4/94 n° 433).

c. Si la loi ne soumet pas expressément les organisations syndicales à l'obligation de **discrétion,** un syndicat ne peut pas, pour autant, diffuser des informations confidentielles : voir n° 73344.

Affichage L'affichage des communications syndicales est libre sur les **panneaux** réservés à cet effet et **distincts** de ceux affectés au CSE. Un **exemplaire** de ces communications doit être transmis à l'**employeur** simultanément à l'affichage. **73330** C. trav. art. L 2142-3 **L-V-19800 s**

> Précisions a. Chaque section syndicale doit disposer de panneaux qui lui sont propres. Les modalités de cette mise à disposition (emplacement, dimensions, nombre) sont fixées par **accord** avec l'employeur, négocié comme indiqué n° 73345, a. La loi ne précise pas les conséquences d'une **absence d'accord.** On peut néanmoins estimer que, si cette situation est due à l'obstruction de l'employeur en vue de mettre en échec l'exercice du droit d'affichage, ce comportement pourrait être assimilé à une entrave au droit syndical, passible des peines visées n° 62700.

b. L'employeur qui sanctionne un DS ayant procédé à l'affichage de communications syndicales sans en avoir simultanément transmis les textes à la direction commet le délit d'entrave à l'exercice normal des activités syndicales (Cass. crim. 25-5-1982 n° 81-93.443).

L'employeur qui estime **illicite** le contenu d'une communication affichée par un syndicat doit saisir le juge, au besoin en référé, pour en obtenir le **retrait** (Rép. Girod : Sén. 12-6-1986 p. 803). En la retirant de son propre chef, il commet le délit d'entrave (Cass. crim. 19-2-1979 n° 78-91.400 ; 11-5-2004 n° 03-83.682).

c. Les **formes** de l'affichage sont libres (note, communiqué, tract, article de presse, etc.), la seule contrainte étant que le **sigle** de l'organisation dont il émane y figure. Sur son contenu, voir n° 73320.

Contrairement à la distribution des tracts (n° 73335), il peut avoir lieu à tout **moment.**

Des modalités particulières de transmission des communications syndicales sont prévues pour les **travailleurs temporaires** (n° 82430).

Publications et tracts Les publications et tracts de nature syndicale peuvent être librement diffusés aux salariés de l'entreprise **dans l'enceinte** de celle-ci, mais seulement **aux heures d'entrée et de sortie** du travail. Cette restriction ne concerne pas, en revanche, leur diffusion **hors de l'entreprise** (voie publique, parties communes de l'immeuble où l'entreprise a ses locaux, établissement d'un client par exemple), laquelle n'est régie par aucune disposition spécifique (Cass. soc. 28-2-2007 n° 05-15.228 : RJS 5/07 n° 628 ; 18-1-2011 n° 09-12.240 : RJS 4/11 n° 345). L'expression syndicale dans l'entreprise peut être élargie ou assouplie par **accord** avec l'employeur, par exemple pour permettre la diffusion électronique de publications ou de tracts (n° 73340). **73335** C. trav. art. L 2142-4 **L-V-20100 s**

> Précisions a. Les publications et tracts n'ont pas à être **transmis à l'employeur** (CE 20-1-1982 n° 26152).

b. En dehors du cas particulier de la diffusion électronique des publications et tracts (n° 73340), la loi ne précise pas les **modes de diffusion** utilisables par les syndicats pour porter les documents syndicaux à la connaissance du personnel. Ces points peuvent être précisés par convention ou accord collectif.

Une section syndicale d'entreprise peut utiliser un **répondeur téléphonique** pour diffuser des messages concernant l'action syndicale dans et hors l'entreprise dès lors que l'employeur l'a autorisée à faire usage d'une ligne téléphonique privative directe (Cass. soc. 27-10-1981 n° 80-12.637).

c. Lorsque l'accord ne définit pas le **lieu de diffusion** des tracts dans l'entreprise, la distribution n'est illicite qu'en cas de trouble injustifié à l'exécution normale du travail ou à la marche de l'entreprise. L'employeur ne peut donc pas unilatéralement assigner un endroit où elle doit être effectuée, à l'exclusion de tout autre (Cass. crim. 27-11-1973 n° 73-90.495). Sont illicites la distribution de tracts dans un couloir conduisant aux ateliers (Cass. crim. 21-2-1979 n° 77-92.618) ou leur dépôt devant la porte de chaque bureau (Cass. soc. 27-5-2008 n° 06-46.403 : RJS 8-9/08 n° 914).

d. Les **« heures d'entrée et de sortie du travail »** sont celles auxquelles les salariés regagnent ou quittent leur poste. Sauf accord contraire, les tracts ne peuvent donc pas être distribués au cours des allées et venues du personnel pour raisons professionnelles (Cass. soc. 10-5-1979 n° 78-40.900) ni pendant les **pauses** accordées sur les lieux du travail, même si celles-ci ne sont pas décomptées dans la durée du travail effectif (Cass. crim. 12-2-1979 n° 77-93.799), ni pendant le temps du **repas** pris dans l'enceinte de l'entreprise (Cass. soc. 9-6-1983 n° 82-11.087 ; 20-10-1988 n° 85-46.046). Est, de même, illicite le dépôt de tracts sur les bureaux en dehors des horaires de travail (Cass. soc. 27-5-1997 n° 95-14.850 : RJS 7/97 n° 832). En cas de violation de ces règles, l'employeur peut saisir le juge des **référés** pour faire cesser le trouble manifestement illicite (Cass. soc. 20-09-2018 n° 17-21.099 F-D : RJS 12/18 n° 751).

En cas de **travail par équipes,** la diffusion des tracts peut avoir lieu lors du changement d'équipe (Rép. Montcharmont : AN 16-3-1998 p. 1505). En cas d'**horaires variables,** voir n° 29855.

73340 C. trav. art. L 2142-6 L-V-20500 s

Communication en ligne

Les conditions et les modalités de **diffusion** des informations syndicales au moyen des outils numériques disponibles dans l'entreprise peuvent être définies par un accord d'entreprise.

À défaut d'accord, les organisations syndicales présentes dans l'entreprise et satisfaisant aux critères de respect des valeurs républicaines et d'indépendance, légalement constituées depuis au moins 2 ans, peuvent **mettre à disposition** des publications et tracts sur un site syndical accessible à partir de l'intranet de l'entreprise, lorsqu'il existe.

L'utilisation par les syndicats des outils numériques mis à leur disposition doit :

– être compatible avec les exigences de bon fonctionnement et de sécurité du réseau informatique de l'entreprise ;
– ne pas avoir de conséquences préjudiciables à la bonne marche de l'entreprise ;
– préserver la liberté de choix des salariés d'accepter ou de refuser un message.

› Précisions a. En cas d'accord, celui-ci doit respecter le principe de non-discrimination syndicale : les **syndicats non signataires** d'un accord doivent bénéficier des droits reconnus aux signataires, à condition de respecter les termes de l'accord et, plus particulièrement, les règles d'utilisation des outils mis à disposition des syndicats (Circ. DRT 9 du 22-9-2004 : réputée abrogée ; TGI Nanterre 31-5-2002 n° 02-3795 : RJS 11/03 n° 1284).
De même, l'accord collectif ne peut pas **réserver** aux seuls syndicats représentatifs l'accès aux **moyens de communication** permettant la diffusion d'informations syndicales (par exemple, l'accès au site intranet de l'entreprise). Il doit bénéficier à tous les syndicats ayant créé une section syndicale (Cass. soc. 21-9-2011 n° 10-23.247 : RJS 11/11 n° 885 ; 11-1-2012 n° 11-14.292 : RJS 3/12 n° 274 ; 23-5-2012 n° 11-14.930 : RJS 8-9/12 n° 723 ; CE 1-6-2015 n° 369914 : RJS 10/15 n° 651). Cette solution vaut pour autant que le syndicat respecte les conditions de cet accès. Ainsi, il doit faire état de sa **dénomination statutaire** sur son site intranet et ne peut y faire apparaître, en méconnaissance des accords collectifs applicables, une dénomination de nature à faire naître chez les salariés une croyance erronée sur son champ d'application et sa représentativité (Cass. soc. 23-5-2012 n° 11-14.930 : RJS 8-9/12 n° 723).
b. La faculté de distribuer des publications et tracts syndicaux par voie électronique n'est **pas réservée au délégué syndical** et peut être exercée par tout membre d'un section syndicale (Cass. soc. 13-3-1985 n° 82-43.175 ; Cass. crim. 9-4-2019 n° 18-80.921 F-D : RJS 6/19 n° 364).

73342 Sous réserve de remplir les conditions ci-dessus (n° 73340), les syndicats peuvent accéder à l'**intranet de l'entreprise** sans qu'un accord les y autorise. Si un accord d'entreprise définissant les conditions et les modalités de diffusion des informations syndicales existe, cet accès peut recouvrir l'ensemble des outils numériques disponibles dans l'entreprise.

L'accès aux **messageries** est en revanche subordonné à un accord.

L'accord peut limiter l'usage par les syndicats de la **messagerie** de l'entreprise aux **informations syndicales** se rapportant à celle-ci (Cass. soc. 22-1-2008 n° 06-40.514 : RJS 4/08 n° 446). En cas de **violation** de l'accord encadrant l'accès du syndicat à la messagerie de l'entreprise, ce dernier peut être **sanctionné** (Cass. soc. 12-7-2017 n° 15-27.742 FS-PB : RJS 10/17 n° 683), et l'employeur peut saisir le **juge des référés** pour faire cesser le trouble (Cass. soc. 20-9-2018 n° 17-21.099 F-D : RJS 12/18 n° 751).

ATTENTION

La Cnil recommande d'**informer clairement et préalablement les salariés** de la possible utilisation de la messagerie professionnelle à des fins syndicales afin de leur permettre de manifester leur accord ou leur opposition. L'accord relatif à l'utilisation de la messagerie électronique doit donc préciser, d'après elle, les modalités selon lesquelles les employés peuvent s'opposer à recevoir des messages électroniques d'organisations syndicales. Il serait opportun que chaque courriel indique en objet son caractère syndical et comporte un rappel du droit d'opposition et de ses modalités d'exercice afin que les salariés puissent, à tout moment, manifester leur opposition à la réception de messages syndicaux (Note Cnil du 22-3-2017).

Les **adresses** de messagerie électronique des salariés ne peuvent pas **être utilisées,** dans le cadre de l'accord, par les organisations syndicales pour d'autres raisons que la mise à disposition de publications et tracts de nature syndicale. Des mesures de sécurité doivent être également prises afin d'éviter toute possibilité de **contrôle** de l'**employeur** sur les **listes de diffusion** constituées par les syndicats, celles-ci étant susceptibles de révéler l'opinion favorable d'un salarié à l'égard d'une organisation, voire son appartenance à un syndicat déterminé (Note Cnil du 22-3-2017).

L'employeur n'est pas tenu de fournir aux syndicats un accès à **Internet,** mais un accord peut prévoir cette mise à disposition et en définir les conditions. Une fédération syndicale, une union locale, une section syndicale, un syndicat même non représentatif peuvent créer un **site internet extérieur à l'entreprise.** La liberté d'expression sur un tel site peut être limitée dans la mesure de ce qui est nécessaire pour éviter la divulgation d'informations confidentielles portant atteinte aux droits des tiers. Un employeur peut ainsi s'opposer à ce qu'un syndicat mette en ligne sur son site certaines informations confidentielles d'ordre social et économique concernant l'entreprise (Cass. soc. 5-3-2008 nº 06-18.907 : RJS 5/08 nº 563). **73344**

LOCAL ET MATÉRIEL

Dans les entreprises ou établissements de **moins de 200 salariés,** l'employeur n'est pas tenu de mettre un local à disposition, sauf convention ou accord collectif en ce sens. **73345**

C. trav. art. L 2142-8 L 2142-9 **L-V-21150 s**

Dans les entreprises ou établissements employant **au moins 200 mais moins de 1 000 salariés,** l'employeur est tenu de mettre à la disposition des sections syndicales un local commun à toutes et convenant à l'exercice de la mission de leurs délégués.

Dans les entreprises ou établissements d'**au moins 1 000 salariés,** chaque section syndicale constituée par un syndicat représentatif doit disposer d'un local convenable, aménagé et doté du matériel nécessaire à son fonctionnement. Ceux dont la représentativité n'est pas encore établie bénéficient d'un **local commun** (Circ. DGT 20 du 13-11-2008).

> Précisions a. Les modalités d'**aménagement et d'utilisation** des locaux doivent être fixées par accord. À défaut de DS, cet accord peut être négocié par les représentants de l'organisation syndicale à laquelle la section est rattachée ou par des adhérents de la section (Circ. DRT 13 du 25-10-1983 : réputée abrogée ; Circ. DRT 13 du 30-11-1984 : réputée abrogée). S'agissant du local propre à certaines sections dans les entreprises ou établissements d'au moins 1 000 salariés, l'administration estime que les aménagements et matériels à la charge de l'employeur sont les mêmes que pour le CSE (Circ. DRT 13 du 30-11-1984 : réputée abrogée) : voir nº 8992. Sur la mise à disposition d'un accès Internet, voir nº 73344.

b. Qu'il soit commun ou propre à chacune d'elles, le local des sections syndicales doit être distinct de celui des **autres institutions représentatives du personnel** (Cass. crim. 23-1-1979 nº 78-92.407 ; Déclaration 4-12-1968 : Sén. 5-12-1968 p. 5086). Sauf impossibilité matérielle, il doit être à l'intérieur de l'entreprise. L'employeur peut le déplacer, mais, en cas d'opposition d'un syndicat, il lui faut une autorisation judiciaire préalable (Cass. soc. 13-1-2010 nº 08-19.917 : RJS 3/10 nº 272).

c. Le **contentieux** relatif à l'attribution d'un local syndical relève du tribunal judiciaire (Cass. soc. 16-4-1986 nº 85-60.580).

RÉUNIONS

Les adhérents de chaque section peuvent se réunir une fois par mois. Les sections peuvent inviter des personnalités extérieures à des réunions qu'elles organisent pour les salariés. Ces réunions ont lieu en dehors du **temps de travail** de ceux qui y participent, à l'exception des représentants du personnel qui peuvent se réunir sur leur temps de délégation. En cas d'**horaires variables** : voir nº 29855. **73350**

C. trav. art. L 2142-10 L 2142-11 **L-V-21400 s**

> Précisions a. La **réunion des adhérents de la section,** qui ne doit rassembler que les salariés membres du syndicat à l'exclusion de toute personne étrangère à l'entreprise, peut se tenir une fois par mois suivant des modalités fixées par **accord** avec le chef d'entreprise (conclu comme il est dit au nº 73345, a). Elle peut se tenir dans l'**enceinte de l'entreprise,** dans le local syndical ou dans tout autre local prêté par les utilisateurs habituels, par exemple dans le local du CSE (Cass. crim. 9-11-1971 nº 70-92.884) mais non dans les **locaux de travail.**

b. Les personnalités extérieures peuvent être soit des **personnalités syndicales** (responsables syndicaux ou simples militants), soit des personnalités **non syndicales,** c'est-à-dire toute personne étrangère à l'entreprise faisant autorité dans sa spécialité (Circ. DRT 13 du 30-11-1984 : réputée abrogée).

La tenue de la réunion est subordonnée à l'**accord** de l'employeur si elle a lieu dans un local de l'entreprise autre que le local syndical (Cass. soc. 12-4-2016 nº 15-60.190 : RJS 6/16 nº 436) ou si la personne invitée est une personnalité non syndicale.

2. REPRÉSENTANT DE SECTION SYNDICALE

DÉSIGNATION

Effectif de l'entreprise Le représentant de section syndicale (RSS) ne peut, sauf dispositions conventionnelles plus favorables, être désigné que dans les entreprises ou établissements d'**au moins 50 salariés.** Dans les entreprises de **moindre effectif,** ce rôle peut être dévolu à un membre de la délégation du personnel au CSE (nº 73390). Le **calcul** des effectifs obéit aux règles exposées nºs 62365 s. (salariés à prendre en compte) et nº 62315 (période de calcul). **73380**

C. trav. art. L 2142-1-1 L 2142-1-4 L 2141-10 **L-V-23150 s**

› Précisions Un **accord collectif** dérogeant à la condition d'effectif pour la désignation d'un DS par un syndicat représentatif ne permet pas aux syndicats non représentatifs de désigner un représentant de la section autre qu'un membre de la délégation du personnel au CSE, sauf si l'accord est modifié en ce sens (Cass. soc. 26-5-2010 n° 09-60.243 : RJS 8-9/10 n° 686).

73385 C. trav. art. L 2142-1-1 L-V-23300 s

Syndicats habilités Peut désigner un RSS, sous réserve d'avoir constitué une section syndicale, le syndicat :

– **non représentatif** dans l'**entreprise** ou l'**établissement** concerné, légalement constitué depuis au moins 2 ans (ancienneté appréciée à compter de la date de dépôt légal des statuts), dont le champ professionnel et géographique couvre l'entreprise ou l'établissement et qui satisfait aux critères de respect des valeurs républicaines et d'indépendance (Circ. DGT 20 du 13-11-2008). Ces conditions doivent être réunies à la date de la désignation (Cass. soc. 8-7-2009 n° 09-60.599 : RJS 10/09 n° 810) ;

– ou **affilié** à une organisation syndicale représentative au niveau national et interprofessionnel mais qui, à l'issue des élections professionnelles, n'a pas été reconnu représentatif dans l'entreprise ou l'établissement. Il n'a alors pas à prouver qu'il remplit les critères ci-dessus (Circ. DGT 20 du 13-11-2008).

La désignation peut intervenir **à tout moment** dès lors que le syndicat en remplit les conditions. Elle peut coïncider avec la création de la section syndicale, voir n° 73295.

› Précisions **a.** Un syndicat **représentatif dans l'entreprise** peut désigner un RSS dans un **établissement** de cette entreprise où il n'est **pas représentatif** (Cass. soc. 13-2-2013 n°s 12-19.663 et 12-19.662 : RJS 4/13 n° 299 ; Cass. soc. 14-12-2015 n° 14-26.517 : RJS 2/16 n° 138), quand bien même il disposerait d'un DS central (Cass. soc. 13-2-2013 précité).

b. L'**organe interne** d'une organisation syndicale **habilité** à désigner des DS dans les entreprises l'est aussi pour désigner un RSS (Cass. soc. 18-11-2009 n° 09-65.639 : RJS 2/10 n° 198 ; 20-6-2012 n° 11-18.018 : RJS 10/12 n° 821).

c. Sur le respect du critère de la **transparence financière,** voir n° 73135, c.

73390 C. trav. art. L 2142-1-2 L-V-23420 s

Conditions relatives au salarié Peut être désigné RSS :

– dans les entreprises ou établissements d'**au moins 50 salariés,** tout salarié de l'entreprise ou de l'établissement remplissant les conditions exigées pour être désigné DS, voir n°s 73470 s. (à l'exception de celle tenant au score électoral) ;

– dans les entreprises ou les établissements de **moins de 50 salariés,** un membre de la délégation du personnel au CSE, sauf abaissement conventionnel du seuil d'effectif de 50 salariés (n° 73245).

Les fonctions de RSS sont **cumulables** avec celles de membre de la délégation du personnel au CSE.

Sur la compatibilité du mandat de RSS avec celui de représentant syndical au CSE, voir n° 8850.

› Précisions **a.** Un salarié **mis à disposition** d'une entreprise peut y être désigné RSS (Cass. soc. 29-2-2012 n° 11-10.904 : RJS 5/12 n° 473).

Le RSS peut être désigné parmi les **2 seuls adhérents** de la section syndicale (n° 73295).

En revanche, un salarié pouvant être assimilé au chef d'entreprise ne peut pas être désigné RSS (Cass. soc. 15-10-2015 n° 14-25.680 : RJS 1/16 n° 42). Pour plus de détails, voir au n° 73490 les précisions données à propos du DS, transposables, selon nous, au RSS.

b. Un syndicat ayant **perdu sa représentativité** peut, au lendemain des élections, désigner, par exemple, en qualité de RSS son ancien représentant syndical au CSE (Cass. soc. 4-11-2009 n° 09-60.039 : RJS 1/10 n° 67) ou son ancien délégué syndical (Cass. soc. 20-3-2013 n° 11-26.836 : RJS 6/13 n° 465).

Sur les limites à la **reconduction** d'un ancien RSS dans ses fonctions, voir n° 73405.

c. Sauf accord collectif **plus favorable** dans les **entreprises de moins de 50 salariés,** seul un membre titulaire de la délégation du personnel au CSE disposant d'un crédit d'heures à ce titre peut être désigné comme RSS (Cass. soc. 27-3-2013 n° 12-20.369 : RJS 6/13 n° 464). Cela étant, la solution visée n° 73600, d admettant le remplacement d'un membre de la délégation du personnel au CSE titulaire momentanément absent par un membre de la délégation du personnel suppléant nous paraît transposable à la désignation d'un RSS.

73395 L-V-24000 s

Nombre et cadre de désignation Chaque organisation ne peut désigner qu'**un seul** RSS, quel que soit l'effectif de l'entreprise ou de l'établissement (Circ. DGT 20 du 13-11-2008 ; Cass. soc. 14-12-2010 n° 10-60.263 : RJS 2/11 n° 156). Le cadre de désignation du représentant est le même que pour le DS (Cass. soc. 14-12-2010 n° 10-60.221 : RJS 2/11 n° 152 ; 31-5-2011 n° 10-25.688 : RJS 8-9/11 n° 707). Si l'entreprise comporte **plusieurs établissements distincts** au sens des DS (voir n°s 73500 s.), c'est donc à ce niveau que sont en principe désignés les RSS, étant précisé qu'il n'est pas possible de désigner un **RSS central** (Cass. soc. 29-10-2010 n° 09-60.484 : RJS 1/11 n° 57). Dans le cas contraire, la désignation du RSS se fait au niveau de l'entreprise.

Par analogie avec les DS (n° 73500), la désignation d'un RSS au sein d'une **UES** paraît possible.

Les règles relatives à la **publicité** et au **contentieux** de la désignation du représentant sont celles applicables au DS, voir respectivement n°s 73520 et n° 73530.

› Précisions **a.** Deux **syndicats** utilisant le **même sigle confédéral** ne peuvent chacun désigner un RSS. Seule la désignation notifiée en premier lieu doit, par application de la règle chronologique, être validée (Cass. soc. 17-2-2016 n° 14-23.854 FS-PB : RJS 4/16 n° 268).

b. Sur la faculté pour un syndicat représentatif dans l'entreprise y ayant déjà un délégué syndical central de désigner un RSS dans l'un de ses **établissements où il n'est pas représentatif,** voir n° 73385.

c. Par dérogation à la règle suivant laquelle, dans les entreprises à **établissements distincts,** la désignation du RSS a lieu au niveau de ces établissements, le syndicat peut préférer désigner un représentant pour l'ensemble de l'entreprise (Cass. soc. 20-6-2012 n° 11-60.202 : RJS 10/12 n° 822). C'est d'ailleurs sa seule option quand il n'a qu'un adhérent dans chaque établissement.

ATTRIBUTIONS ET MOYENS

Le RSS **anime la section** syndicale afin qu'aux élections professionnelles suivantes le syndicat l'ayant désigné atteigne un score lui permettant d'être représentatif. Il bénéficie des mêmes **prérogatives** que le DS (n°s 73565 s.), sauf celle de négocier et conclure des accords collectifs. Sur l'accès du RSS à la base de données économiques et sociales, voir n° 9220. **73400** C. trav. art. L 2142-1-3 **L-V-24200 s**

Pour l'exercice de ses fonctions, le RSS dispose, dans les entreprises d'au moins 50 salariés, d'un **crédit d'heures** d'au moins 4 heures par mois pouvant être majoré par convention ou accord collectif. Ces heures sont considérées comme temps de travail et payées à échéance normale. Sur les conséquences pratiques de cette règle, voir n° 73575. Sur le décompte des heures de délégation du RSS au **forfait jours,** voir n° 62590, c.

Dans les entreprises de moins de 50 salariés, le membre de la délégation du personnel au CSE désigné comme RSS ne bénéficie pas de crédit d'heures spécifique, sauf dispositions conventionnelles plus favorables, mais peut utiliser son crédit d'heures de délégué au CSE pour l'exercice de ses fonctions de RSS.

Le représentant dispose également des **moyens** mis à disposition de la **section syndicale** (panneaux d'affichage, local, possibilité de réunion, etc.).

Il bénéficie, enfin, d'une liberté de **déplacement,** y compris hors de l'entreprise, équivalente à celle du DS (n°s 62635 s.) et de la même **protection** (voir n° 63240) (Circ. DGT 20 du 13-11-2008).

DURÉE DU MANDAT

Le mandat du RSS **prend fin** : à l'issue des premières élections professionnelles qui suivent sa désignation ; en cas de réduction importante et durable de l'effectif, dans les conditions exposées n° 62320 ; si le syndicat ou le représentant y met un terme ; en cas de départ du salarié de l'entreprise ou de l'établissement ; en cas de décès. **73405** C. trav. art. L 2142-1-1 **L-V-24500 s**

Les indications relatives à l'effet d'une **modification de la situation juridique de l'employeur** visées n°s 74915, a (protection des représentants) et 74930 s. (sort des mandats), ainsi que celles d'une **suspension du contrat** de travail (n° 62670) valent, à notre sens, également pour le RSS.

Sur l'obligation pour l'employeur de proposer un **entretien professionnel** au salarié reprenant son activité à l'issue d'un mandat syndical, voir n° 17010.

› Précisions À l'issue des élections professionnelles, deux situations peuvent se présenter. Si le syndicat ayant désigné le représentant est **reconnu représentatif,** le mandat du représentant perd son objet. Le syndicat ne peut alors désigner qu'un DS (Circ. DGT 20 du 13-11-2008). Si le syndicat n'est **pas reconnu représentatif,** l'ancien représentant ne peut plus être à nouveau désigné comme tel jusqu'aux six mois précédant la date des élections suivantes, que ce soit au niveau de l'entreprise ou de l'un de ses établissements (Cass. soc. 4-6-2014 n° 13-60.205 : RJS 8-9/14 n° 642). Cette règle est inopposable au syndicat si le périmètre des nouvelles élections est différent de celui retenu lors des élections à l'issue desquelles le représentant de la section a été désigné (Cass. soc. 25-9-2013 n° 12-25.612 : RJS 12/13 n° 834 ; Cass. soc. 9-9-2020 n° 19-13.926 FD : RJS 12/20 n° 603), la réorganisation de l'établissement au sein duquel ont lieu les élections n'emportant pas modification de ce périmètre lorsque le corps électoral est resté le même (Cass. soc. 6-1-2016 n° 15-14.368 : RJS 3/16 n° 189). Rien n'empêche, cependant, le syndicat de désigner immédiatement un autre salarié (Circ. DGT 20 du 13-11-2008).

Cette règle est également inopposable, au syndicat lorsque la nouvelle désignation intervient à la suite des élections professionnelles organisées en exécution d'un jugement ayant procédé à l'**annulation des élections** professionnelles à l'issue desquelles le salarié avait précédemment été désigné en cette qualité (Cass. soc. 4-11-2020 n° 19-13.151 FS-PB : RJS 2/21 n° 98)

Sur le **remplacement** du RSS, voir n° 73585, b.

3. DÉLÉGUÉ SYNDICAL

73430 Les DS représentent leur syndicat auprès de l'employeur. Ils disposent, à ce titre, d'attributions spécifiques, en particulier celle de négocier et conclure des accords, et bénéficient d'une protection spéciale. Sur le point de savoir s'ils sont membres du **conseil d'entreprise,** voir n° 9740.

a. Désignation

73450 L-V-26100 s La désignation d'un DS est subordonnée à plusieurs **conditions** qui doivent être remplies à la **date** de réception par l'employeur de la **notification** de la désignation (Cass. soc. 22-7-1985 n° 85-60.078). Elle doit être **portée à la connaissance** de l'employeur, mais aussi des autres salariés et syndicats et de l'inspecteur du travail (n°s 73520 s.).

Elle a pour effet de soumettre l'entreprise à l'**obligation périodique de négocier** dans l'entreprise (n°s 51980 s.).

EFFECTIF DE L'ENTREPRISE

73455 C. trav. art. L 2143-3 L-V-26150 s Les DS ne peuvent, en principe, être désignés que dans les entreprises ou établissements d'**au moins 50 salariés.**

La désignation de DS communs à plusieurs entreprises ou établissements est cependant possible lorsque celles-ci constituent une **UES** d'au moins 50 salariés (voir n°s 62330 s.).

> Précisions **a.** Le seuil d'effectif peut toujours être **abaissé** ou supprimé par convention ou **accord collectif.** Dans les **entreprises de moins de 50 salariés,** un membre de la délégation du personnel au CSE peut être désigné comme DS (n° 73600).

b. Tant pour l'appréciation du seuil de 50 salariés que pour l'application du barème fixant le nombre des DS (n° 90060), le **calcul de l'effectif** obéit aux règles exposées n°s 62300 s.

Pour les entreprises ayant plusieurs **établissements distincts** (n° 73505), le seuil d'effectif s'apprécie séparément au niveau de chacun d'eux. À l'inverse, lorsque plusieurs entreprises juridiquement distinctes constituent une **UES,** il s'apprécie globalement.

SYNDICATS HABILITÉS

73460 C. trav. art. L 2143-3 L-V-26400 s Seuls les syndicats représentatifs peuvent procéder à la désignation de DS, à condition d'avoir constitué une section syndicale. L'existence de cette section doit être établie au moment de la désignation. Il n'est pas exigé qu'elle soit préalable. Sa création peut être **concomitante** à la désignation du délégué, voir n° 73295.

S'agissant de la désignation comme délégué syndical, en cas de transfert d'entreprise n'emportant pas maintien des mandats, d'un salarié « transféré », voir n° 73497.

> Précisions **a.** Un syndicat ne peut désigner un DS que dans le **champ d'application géographique et professionnel** déterminé par ses statuts, peu important son adhésion à une organisation représentative au plan national et interprofessionnel (Cass. soc. 11-2-2009 n° 08-60.440 : RJS 4/09 n° 374).

b. Sur la date d'appréciation du respect du critère de la **transparence financière,** voir n° 73135, c.

c. Sauf dispositions contraires des statuts, les **unions et fédérations** de syndicats affiliées à une organisation représentative sur le plan national peuvent, au même titre que les syndicats, désigner un DS (Cass. soc. 13-7-1993 n° 92-60.017 : RJS 11/93 n° 1116 ; 4-2-2004 n° 02-60.066 : RJS 5/04 n° 626).

En cas de **désaffiliation** :

– le syndicat perd sa représentativité (n° 73140). La désignation du DS postérieure à cette désaffiliation doit donc être annulée (Cass. soc. 18-5-2011 n° 10-60.069 : RJS 7/11 n° 625) ;

– le mandat du délégué peut être révoqué par l'organisation à laquelle ce syndicat était affilié (Cass. soc. 16-10-2013 n° 12-60.281 : RJS 12/13 n° 835) ;

– la confédération à laquelle il appartenait au moment des élections ou l'une de ses fédérations ou unions peut désigner un DS à la seule condition de justifier de l'existence dans l'entreprise, au jour de cette désignation, d'une section syndicale constituée sous son sigle (Cass. soc. 18-5-2011 n° 10-60.300 : RJS 7/11 n° 625).

d. Les syndicats représentatifs dans l'entreprise peuvent revendiquer un **traitement identique** de la part de l'employeur. L'employeur ne peut pas refuser à un syndicat la désignation d'un DS dans des conditions dérogatoires alors qu'il l'a acceptée pour un autre syndicat (Cass. soc. 5-5-2004 n° 03-60.175 : RJS 7/04 n° 829 ; 19-5-2004 n° 03-60.348 : RJS 7/04 n° 829 ; 19-11-2008 n° 08-60.395 : RJS 2/09 n° 189).

Les syndicats **affiliés** à une même **organisation syndicale représentative au plan national** ne peuvent, sauf disposition conventionnelle contraire, désigner ensemble un nombre de délégués supérieur à celui prévu par la loi pour un seul syndicat (Cass. soc. 10-7-2002 nº 01-60.641 : RJS 11/02 nº 1254 ; 15-6-2011 nº 10-20.761 : RJS 8-9/11 nº 708). Dans le cas de désignations successives, la dernière désignation ouvre un nouveau délai permettant de contester l'ensemble des désignations antérieures (Cass. soc. 22-11-2017 nº 16-25.821 F-D : RJS 2/18 nº 123). Il appartient alors aux syndicats de justifier des dispositions statutaires déterminant le syndicat ayant qualité pour procéder aux désignations des délégués ou à leur remplacement, ou de la décision prise par l'organisation syndicale d'affiliation pour régler le conflit. À défaut, par application de la règle chronologique, seule la première désignation notifiée doit être validée (Cass. soc. 29-10-2010 nº 09-67.969 : RJS 1/11 nº 60). De la même manière, ces syndicats ne peuvent désigner qu'un seul DS central (Cass. soc. 20-10-1988 nº 88-60.014). 73462

L'organe syndical désignataire doit pouvoir justifier d'un **mandat** en ce sens. En l'absence de mandat, ou de sa justification ultérieure, la désignation notifiée par lettre portant l'en-tête de la **section syndicale** et la signature du secrétaire de celle-ci doit être considérée comme émanant d'un organe non habilité à y procéder (Cass. soc. 16-5-1979 nº 79-60.045). En revanche, les fonctions de **secrétaire d'un syndicat** permettent à son titulaire de procéder à la désignation d'un DS sans avoir à justifier d'un mandat à cet effet (Cass. soc. 20-12-1988 nº 88-60.194). Sur la possibilité pour les **unions ou fédérations de syndicats** de procéder à des désignations de DS ou de représentants syndicaux au CSE, voir nº 73290, a. 73465 L-V-30400 s

CONDITIONS À REMPLIR PAR LE SALARIÉ

Pour être valablement désignés, le ou les DS doivent remplir des conditions d'âge, d'ancienneté dans l'entreprise et n'avoir fait l'objet d'aucune interdiction, incapacité ou déchéance de leurs **droits civiques** (nº 8760, a). Ils doivent, par ailleurs, être choisis parmi les candidats aux élections professionnelles ayant réuni un certain nombre de suffrages sur leur nom. 73470 C. trav. art. L 2143-1 L 2143-3 L-V-26600 s

Aucune autre condition comme, par exemple, la maîtrise du français ou l'exercice, par le salarié, d'une activité syndicale antérieure à sa désignation (Cass. soc. 10-5-1984 nº 83-60.934) ne peut être exigée.

Les fonctions de DS sont **cumulables** avec celles de membre de la délégation du personnel au CSE ou de représentant syndical au CSE.

Sur la possibilité de désigner un salarié ayant **représenté un autre syndicat** ou **élu sous une autre étiquette** syndicale, voir nº 73495.

Âge et ancienneté Le salarié doit travailler dans l'entreprise depuis **un an au moins** et être âgé de **18 ans** révolus – sauf dispositions conventionnelles abaissant cet âge (Cass. soc. 18-10-1972 nº 72-60.052) ou cette ancienneté (Cass. soc. 13-3-1974 nº 73-60.169). 73475 L-V-26650 s

> **Précisions** L'**ancienneté** s'apprécie :
– dans le **cadre** de l'entreprise de manière globale, en tenant compte de celle acquise, en cas de mutation du salarié dans un autre établissement ou dans une autre société du groupe (Cass. soc. 7-3-2001 nº 99-60.442 : RJS 7/01 nº 888) ou en cas de transfert d'entreprise par application de l'article L 1224-1 du Code du travail : nº 74965 ;
– en totalisant la **durée** de plusieurs contrats successifs et distincts, même discontinus (jurisprudence constante, notamment Cass. soc. 15-5-1991 nº 90-60.310 PF : RJS 6/91 nº 723). En revanche, le temps passé dans l'entreprise au titre d'une convention de stage ne doit pas être pris en compte (Cass. soc. 26-11-2003 nº 02-60.624 : RJS 2/04 nº 226).
Elle est **réduite** à 4 mois en cas de création d'entreprise ou d'ouverture d'un établissement, ce qui n'autorise pas la désignation de DS dans les entreprises créées depuis moins de 12 mois (Cass. soc. 7-11-1990 nº 89-61.529 : RJS 12/90 nº 996 ; 29-5-1991 nº 90-60.361 : RJS 7/91 nº 858). Pour les travailleurs temporaires : voir nº 82420.

Travail dans l'entreprise Le salarié doit être titulaire d'un **contrat de travail en cours** au moment de la désignation, si bien que la désignation d'une personne ayant démissionné et quitté l'entreprise doit être annulée (Cass. soc. 22-7-1975 nº 75-60.041). La désignation **avant l'engagement de la procédure** de **licenciement** est en revanche valable, sauf fraude qu'il appartient à l'employeur d'établir. 73480 L-V-26720 s

Lorsque la désignation intervient après l'envoi de la lettre de **convocation à l'entretien préalable,** le DS ne peut pas bénéficier de la protection spéciale contre le licenciement, sauf si l'employeur a eu connaissance avant de l'imminence de sa désignation (nº 63240). Sous cette réserve, la procédure de licenciement peut être menée jusqu'à son terme dans les conditions de droit commun (Cass. soc. 19-6-1985 nº 83-45.227 ; 8-7-1998 nº 96-42.099 : RJS 10/98 nº 1247), l'intéressé pouvant toutefois exercer ses fonctions de DS jusqu'à son départ de l'entreprise (Cass. soc. 28-2-1980 nº 79-60.777). La désignation d'un salarié en qualité de DS ou de représentant syndical au CSE **après son licenciement** est possible pendant toute la **période du préavis,** effectué ou non (Cass. soc. 25-4-1974 nº 74-60.005 ; 29-10-2003 nº 02-60.638 : RJS 2/04 nº 221).

› Précisions Est frauduleuse toute **désignation qui a pour objet** de détourner la fonction de DS à des fins particulières, par exemple celle ayant pour seul but de protéger le salarié contre le licenciement (Cass. soc. 17-12-1975 nº 75-60.150 ; 15-3-1984 nº 83-61.158 ; 3-3-2004 nº 02-60.844). Le fait qu'elle intervienne après des **menaces de licenciement** (Cass. soc. 10-6-1982 nº 81-60.952 ; 17-4-1986 nº 85-60.612) ou après l'annonce du non-renouvellement d'un contrat à durée déterminée (Cass. soc. 2-6-1983 nº 82-60.468 ; 29-4-1985 nº 84-60.748) ne suffit cependant pas à prouver ce caractère frauduleux.

73485 La condition de travail dans l'entreprise n'exclut pas les salariés travaillant à des **postes non sédentaires,** hors de ses locaux (Cass. soc. 17-3-1976 nº 75-60.180). Il appartient aux organisations syndicales d'apprécier si un salarié ne travaillant pas en permanence dans l'entreprise sera en mesure d'y remplir sa mission (Cass. soc. 9-1-1985 nº 84-60.550 ; 17-7-1996 nº 95-60.896 : RJS 8-9/96 nº 942 ; 5-3-1997 nº 96-60.041 : RJS 5/97 nº 564). Ainsi est valable la désignation comme DS d'un salarié détaché auprès du CSE (Cass. soc. 9-4-1987 nº 86-60.190), ou bien celle d'un enseignant absent toute l'année scolaire en raison d'un congé-formation (Cass. soc. 5-3-1997 nº 96-60.041 : RJS 5/97 nº 564).

73490 L'**exercice de certaines responsabilités** peut, en revanche, s'avérer incompatible avec l'exercice d'un mandat syndical. Ainsi ne peuvent pas être désignés les salariés qui soit disposent d'une **délégation écrite particulière d'autorité** leur permettant d'être assimilés au chef d'entreprise, soit **représentent** effectivement **l'employeur** devant les institutions représentatives du personnel (Cass. soc. 12-7-2006 nº 05-60.300 : RJS 11/06 nº 1200).

› Précisions **a.** L'existence d'une délégation particulière d'autorité établie par écrit n'est pas exigée lorsque le **salarié représente** l'employeur devant les institutions représentatives du personnel. Ne peut être désigné en qualité de délégué syndical le salarié mandataire de l'employeur qui préside habituellement le CSE (Cass. soc. 27-10-2004 nº 03-60.359 F-PB : RJS 4/05 nº 406) ou le salarié figurant comme représentant de l'employeur sur les procès-verbaux de réunion du comité (Cass. soc. 25-1-2006 nº 05-60.158 FS-P : RJS 4/06 nº 469) ou encore le salarié qui, en sa qualité de directeur d'établissement, préside notamment les réunions des représentants du personnel de cet établissement (Cass. soc. 12-7-2006 nº 05-60.300 FS-PB : RJS 11/06 nº 1200).

b. En dehors de ces hypothèses, il suffit que cette délégation existe. Peu importe qu'elle n'ait pas été **expressément acceptée** (Cass. soc. 4-4-2007 nº 06-60.124 : RJS 6/07 nº 759). Ne peuvent être désignés ni le secrétaire général d'un organisme ayant reçu par écrit une délégation globale de signature du directeur général (Cass. soc. 29-6-2005 nº 04-60.093 : RJS 10/05 nº 1002) ni, en tant que DS central, un directeur de magasin de sport disposant, pour l'établissement qu'il dirige, d'une délégation particulière d'autorité, établie par écrit, permettant de l'assimiler au chef d'entreprise (Cass. soc. 1-2-2006 nº 05-60.163 : RJS 4/06 nº 469). De même encore un salarié qui, en raison d'une délégation particulière d'autorité, est assimilé au chef d'entreprise dans l'une des sociétés constitutives d'une UES ne peut pas exercer de mandat au sein de cette unité (Cass. soc. 16-4-2008 nº 07-60.382 : RJS 6/08 nº 693).

c. En application de l'article 2007 du Code civil, la **démission d'un dirigeant** produit tous ses effets dès que la société en a eu connaissance. La désignation comme DS d'un ancien mandataire, intervenue peu après qu'il a démissionné de ses fonctions, est donc valable (Cass. soc. 1-2-2011 nº 10-20.953 : RJS 4/11 nº 346).

73495 **Score électoral** Pour être désigné DS, le salarié doit avoir été candidat (titulaire ou suppléant) au premier tour des dernières élections au CSE et avoir obtenu, **à titre personnel** et dans son **collège,** au moins 10 % des suffrages, quel que soit le nombre de votants. Pour obtenir ce pourcentage, on rapporte le nombre de voix obtenues par le candidat au nombre de bulletins valables recueillis pour l'ensemble des listes du collège où il s'est présenté (Cass. soc. 29-6-2011 nº 10-19.921 : RJS 10/11 nº 818 ; Circ. DGT 6 du 27-7-2011 réputée abrogée). Peu importe qu'il soit élu ou non.

C. trav. art. L 2143-3, al. 1 et 2
L-V-27900 s

Si **aucun des candidats présentés par le syndicat** ne remplit la condition de score électoral ou s'il ne reste, dans l'entreprise ou l'établissement, **plus aucun candidat** aux élections professionnelles satisfaisant à cette condition, ou si l'**ensemble des élus** d'une entreprise ou d'un établissement qui remplissent les conditions pour être désignés DS y **renoncent** par écrit, le syndicat représentatif peut choisir son DS parmi les autres candidats ou, à défaut, parmi ses adhérents au sein de l'entreprise ou de l'établissement, ou parmi ses anciens élus ayant atteint la limite de durée d'exercice du mandat au CSE visée nº 8900.

› Précisions **a.** Les dispositions sur le score électoral étant d'ordre public : (voir ci-après, b), elles s'appliquent également au **DS suppléant conventionnel** dont le mandat est de même nature que celui du DS (Cass. soc. 25-3-2020 nº 19-11.581 FS-PB : RJS 6/20 nº 303).

b. L'obligation des syndicats représentatifs de choisir le DS en **priorité** parmi les candidats ayant eu au moins 10 % des voix au premier tour est **d'ordre public.** Un accord collectif ou un engagement unilatéral de l'employeur ne peut pas y déroger. Un syndicat, s'il est en droit de contester l'avantage accordé par l'employeur à un autre syndicat en violation de cette règle, ne peut donc pas en revendiquer le bénéfice (Cass. soc. 29-5-2013 nº 12-26.457 : RJS 8-9/13 nº 620).

c. La loi n'exige pas que le scrutin auquel le salarié s'est porté candidat couvre l'**intégralité du périmètre** au sein duquel s'apprécie la représentativité du syndicat ou celui au sein duquel l'intéressé exercera son mandat (Cass. soc. 28-11-2012 nº 12-13.628 : RJS 2/13 nº 141).

d. Un syndicat peut désigner comme DS un salarié s'étant présenté sur la **liste d'un autre syndicat** (Cass. soc. 13-1-2010 nº 09-60.108 : RJS 3/10 nº 275 ; 28-9-2011 nº 10-26.762 : RJS 12/11 nº 997 ; 14-11-2013 nº 12-29.984 : RJS 2/14 nº 147), un salarié ayant **représenté** un autre syndicat ou **élu** sur une liste concurrente et n'ayant pas démissionné de ses mandats électifs (Cass. soc. 17-4-2013 nº 12-22.699 : RJS 7/13 nº 550).

e. Un syndicat reconnu représentatif mais dont **aucun des candidats** n'a atteint le score de 10 % peut valablement **choisir** son DS parmi ceux-ci, sans être tenu de **proposer préalablement** ce mandat à l'ensemble des candidats ayant obtenu au moins 10 %, toutes listes syndicales confondues (Cass. soc. 27-2-2013 nº 12-15.807 et nº 12-17.221 : RJS 5/13 nº 395 ; 8-7-2020 nº 19-14.605 FS-PB : RJS 10/20 nº 482).

f. Un syndicat reconnu représentatif **ne disposant plus de candidat** susceptible de le représenter peut désigner l'un de ses adhérents travaillant dans l'entreprise comme délégué syndical légal (Cass. soc. 27-2-2013 nº 12-18.828 : RJS 5/13 nº 395) ou conventionnel (Cass. soc. 14-12-2011 nº 10-26.081 : RJS 2/12 nº 166). Tel est le cas, par exemple, lorsque, au jour de la désignation, les 3 candidats présents sur les listes du syndicat ont quitté l'entreprise, et que le quatrième, ayant rejoint un autre syndicat, a démissionné de ses fonctions de délégué (Cass. soc. 27-2-2013 nº 12-18-828 précité) ou lorsque les candidats du syndicat ne cotisent plus depuis plus d'un an ou ne figurent plus aux effectifs de l'entreprise (Cass. soc. 26-3-2014 nº 13-20.398 : RJS 6/14 nº 498).

Tel n'est pas le cas d'un syndicat n'ayant **présenté, dans le périmètre de désignation, aucun candidat** susceptible d'être désigné DS, sans faire état d'une situation particulière de nature à justifier cette carence (Cass. soc. 12-4-2012 nº 11-60.218 : RJS 6/12 nº 577 ; 20-3-2013 nº 12-16.568 : RJS 6/13 nº 466 ; Cass. soc. 14-12-2015 nº 14-26.517 : RJS 2/16 nº 138).

g. Un DS, **licencié avant les élections,** et n'ayant pu de ce fait se porter candidat, puis **réintégré** après celles-ci à la suite de l'annulation de la décision administrative, peut à nouveau être désigné DS (Cass. soc. 14-11-2013 nº 13-11.301 : RJS 1/14 nº 58).

En cas de **transfert d'entreprise** n'emportant **pas maintien des mandats,** un syndicat ayant présenté des candidats dans l'entreprise d'accueil peut y désigner en qualité de délégué syndical un salarié transféré n'ayant pas pu se présenter à ces élections (Cass. soc. 19-2-2014 nº 13-14.608 FS-PBR : RJS 5/14 nº 412) ou ayant obtenu plus de 10 % des suffrages exprimés lors des dernières élections professionnelles dans son entreprise d'origine, même s'il dispose dans l'entreprise d'accueil de candidats remplissant la condition de score électoral requise pour être désignés (Cass. soc. 15-4-2015 nº 14-18.653 FS-PB : RJS 7/15 nº 499). La Cour de cassation s'attache ainsi à satisfaire aux exigences de l'article 6 de la directive 2001/23/CE du 12 mars 2001 en s'assurant que les salariés transférés sont convenablement représentés dans l'entreprise d'accueil durant la période nécessaire à la formation d'une représentation « intégrée » des travailleurs dans cette entreprise. **73497**

En revanche, un salarié ayant recueilli au moins 10 % des suffrages exprimés aux élections professionnelles dans un établissement distinct de celui où il a été **muté** ne peut pas être désigné dans ce dernier établissement en qualité de délégué syndical si le syndicat désignataire y dispose de candidats remplissant la condition de score électoral pour être désignés (Cass. soc. 3-11-2016 nº 15-60.203 FS-PB : RJS 1/17 nº 39).

CADRE DE LA DÉSIGNATION

Cadre légal Dans les entreprises d'au moins 50 salariés comportant **un seul établissement,** les délégués syndicaux sont désignés pour l'entreprise toute entière. Dans celles comportant des **établissements distincts** d'au moins 50 salariés, les délégués syndicaux sont désignés par établissement (C. trav. art. R 2143-3), mais chaque syndicat représentatif peut désigner un **délégué central** d'entreprise dans les conditions indiquées nº 73610. **73500** C. trav. art. L 2143-3 s **L-V-29000 s**

La désignation de DS communs à plusieurs entreprises ou établissements est possible lorsque ceux-ci constituent une **UES** (voir nºs 62330 s.).

73502 Dans tous les cas, le périmètre de désignation des délégués syndicaux est en principe le même que celui retenu lors des dernières élections pour la mise en place du **CSE d'entreprise ou d'établissement** (Cass. soc. 18-5-2011 n° 10-60.383 : RJS 7/11 n° 627). Autrement dit : si l'entreprise est dotée d'un CSE d'entreprise, les délégués syndicaux sont désignés pour l'entreprise entière. Si l'entreprise est dotée de CSE d'établissements, les délégués syndicaux sont désignés dans le cadre de chacun des établissements dotés d'un CSE, et un délégué central est désigné pour l'entreprise entière (dans les conditions précisées nos 73610 s.). Les critères d'appréciation du caractère distinct de l'établissement sont donc ceux prévus pour le CSE.

Toutefois, depuis la loi 2014-288 du 5-3-2014, il est possible de déroger à ce principe en désignant le délégué syndical sur un **périmètre plus restreint** : la désignation d'un délégué syndical peut intervenir, même en l'absence d'accord collectif en ce sens, au sein d'un établissement regroupant des salariés placés sous la direction d'un représentant de l'employeur et constituant une communauté de travail ayant des intérêts propres susceptibles de générer des revendications communes et spécifiques (C. trav. art. L 2143-3). Peu importe que le représentant de l'employeur ait, ou non, le pouvoir de se prononcer sur les revendications (Cass. soc. 14-11-2012 n° 11-25.433 FS-D : RJS 1/13 n° 50 ; 27-2-2013 n° 12-14.228 FS-D : RJS 5/13 n° 385) ou qu'il ne soit pas présent en permanence sur place (Cass. soc. 8-7-2015 n° 14-60.737 FS-D : RJS 10/15 n° 649). L'existence d'un établissement distinct permettant la désignation de délégués syndicaux ne peut pas cependant se déduire de la seule présence de membres de la délégation du personnel au CSE dans ce même périmètre, compte tenu de la différence de mission entre ces deux catégories de représentants (Cass. soc. 24-5-2016 n° 15-20.168 F-PB : RJS 8-9/16 n° 573).

Lorsque le **site** sur lequel travaille un salarié a été **rattaché** à l'un des établissements de l'entreprise pour les élections des membres des CSE d'établissement, ce salarié ne peut être désigné comme DS qu'au sein de cet établissement ou sur un périmètre plus restreint, pas dans un autre établissement (Cass. soc. 6-1-2016 n° 15-12.967 FS-D : RJS 3/16 n° 191).

73505 **Cadre conventionnel** La **jurisprudence** a posé les **principes** suivants s'agissant des accords collectifs définissant le périmètre de désignation des délégués syndicaux :

– l'accord lie les syndicats signataires et **s'impose** à tous les salariés et syndicats, **signataires de l'accord ou pas** (Cass. soc. 3-10-2007 n° 06-60.254 F-D : RJS 12/07 n° 1307). Il s'ensuit qu'un syndicat non signataire de l'accord doit désigner ses représentants dans le cadre défini par ce dernier (Cass. soc. 24-11-2004 n° 03-60.112 FS-P : RJS 3/05 n° 291) ;

– les dispositions de la loi 2014-288 du 5-3-2014 sont d'**ordre public,** de sorte qu'un accord antérieur, même non dénoncé, ne peut pas faire obstacle à la désignation d'un délégué syndical au sein d'un établissement regroupant des salariés placés sous la direction d'un représentant de l'employeur et constituant une communauté de travail ayant des intérêts propres susceptibles de générer des revendications communes et spécifiques (Cass. soc. 31-5-2016 n° 15-21.175 (n° 1096) : RJS 8-9/16 n° 573 ; 12-7-2016 n° 15-23.217 F-D) ;

– les accords **conclus avant la loi du 20-8-2008** et prévoyant la désignation de délégués syndicaux dans un périmètre plus restreint que celui retenu pour la mise en place d'un comité continuent de produire effet (Cass. soc. 14-11-2012 n° 11-27.490 FS-PB : RJS 1/13 n° 50) ;

– si un accord prévoit la mise en place d'un CSE d'établissement dans un **établissement de moins 50 salariés** tout en écartant expressément cette possibilité pour la désignation des représentants syndicaux, la désignation des délégués syndicaux ne peut s'effectuer qu'aux conditions prévues par les textes légaux (Cass. soc. 9-4-2014 n° 13-16.774 FS-PB : RJS 6/14 n° 492).

Par ailleurs, dans les **entreprises de moins de 50 salariés,** la fonction de DS peut être exercée par un membre de la délégation du personnel au CSE, mais un accord collectif peut prévoir la désignation de DS distincts.

NOMBRE DE DÉLÉGUÉS

73515 Le nombre de délégués désignés par chaque section syndicale dans chaque entreprise ou établissement est fixé en fonction de l'effectif de l'entreprise ou de l'établissement (voir tableau récapitulatif n° 90060). Il peut être augmenté par **convention ou accord collectif,** mais non par usage ou engagement unilatéral de l'employeur (Cass. soc. 10-7-2002 n° 01-60.641 : RJS 11/02 n° 1254 ; 5-3-2008 n° 07-60.305 : RJS 5/08 n° 565). S'y ajoutent, le cas échéant, le délégué supplémentaire visé n° 73605 et le DS central (n° 73610) mais pas de DS suppléant, sauf accord collectif en ce sens (Cass. soc. 14-1-2004 n° 02-60.316 : RJS 3/04 n° 327).

C. trav. L 2143-12 R 2143-1 à R 2143-3 **L-V-29800 s**

> **Précisions** **a.** Un **second délégué** syndical peut être désigné si le seuil d'**effectif** requis est **atteint** pendant la **période** visée à l'article L 2143-3 du Code du travail (Cass. soc. 12-1-2005 n° 04-60.112 : RJS 6/05 n° 643). Sur les modalités de décompte des effectifs, voir nos 62300 s.

b. Lorsque l'effectif de l'entreprise **tombe en dessous du seuil de 1 000 salariés,** l'employeur est fondé à s'opposer à la désignation par des organisations syndicales d'un second délégué syndical dès lors que, pour respecter le principe d'égalité qui est de valeur constitutionnelle, il a invité préalablement toutes les organisations représentatives concernées à ramener le nombre des mandats à celui prévu par la loi (Cass. soc. 4-3-2009 nº 08-60.411 FS-PB : RJS 5/09 nº 449).

c. L'employeur ayant **accepté** unilatéralement la **désignation d'un second représentant** syndical au CSE ou d'un **DS surnuméraire** peut ultérieurement décider de revenir à l'application des textes légaux à la double condition de ne pas méconnaître le principe d'égalité entre tous les syndicats concernés et de les informer préalablement de sa décision (Cass. soc. 4-3-2009 nº 08-60.436 ; 4-3-2009 nº 08-60.401 : RJS 5/09 nº 449).

d. S'agissant des syndicats affiliés à une **même organisation représentative,** voir nº 73462.

PUBLICITÉ DE LA DÉSIGNATION

Le syndicat porte à la connaissance de l'**employeur** les noms et prénoms du ou des DS désignés et du DS central, par lettre recommandée avec demande d'avis de réception ou par lettre remise contre récépissé avec copie simultanée à l'**inspection du travail.** La désignation **prend effet** à compter de la date de réception par l'employeur de la notification (Cass. soc. 2-5-1973 nº 72-60.132 ; 21-10-1998 nº 97-60.041 : RJS 12/98 nº 1507). La date portée sur l'avis de réception ou sur le récépissé fait foi entre les parties (Cass. soc. 2-5-1973 nº 72-60.132 P). **73520** C. trav. art. L 2143-7 D 2143-4 L-V-30350 s

Le syndicat **affiche** la désignation sur les panneaux réservés aux communications syndicales. L'employeur qui, contestant la désignation, s'oppose à cet affichage commet le délit d'entrave (Cass. crim. 27-2-1990 nº 88-83.594 : RJS 4/90 nº 317).

La même procédure s'applique en cas de **remplacement ou de cessation des fonctions** des DS. Elle vaut également pour la désignation des RSS auxquels les solutions qui suivent paraissent transposables.

> Précisions **a.** La désignation des **représentants syndicaux au CSE** est notifiée à l'employeur et à l'inspection du travail selon la même procédure. Sur l'obligation d'affichage de la liste des membres du CSE, voir nº 8845. L'affichage fait courir à l'égard des salariés et des organisations syndicales le délai de 15 jours dans lequel les contestations relatives à ces désignations doivent, sous peine de forclusion, être portées devant le juge (Cass. soc. 17-12-1984 nº 84-60.501 ; 15-2-2006 nº 05-60.178 : RJS 6/06 nº 749).

b. Le syndicat doit indiquer, sous peine de nullité de la désignation, les **fonctions exactes** du salarié mandaté (DS ou représentant syndical au comité), ainsi que le **cadre** de celles-ci : entreprise ou établissement (Cass. soc. 29-3-2005 nº 04-60.166 : RJS 7/05 nº 759).

Sauf indications contraires contenues dans la lettre de notification, la désignation d'un nouveau DS en **remplacement d'un précédent** est réputée faite dans le même cadre. La mention du remplacement suffit à rendre la seconde désignation précise dès lors que le périmètre de la désignation du premier délégué n'est pas contesté (Cass. soc. 19-11-2008 nº 08-60.392 : RJS 2/09 nº 187 ; 11-2-2009 nº 08-60.490 : RJS 4/09 nº 375). Le périmètre de désignation des DS précédemment reconnu par décision de justice ne peut être remis en cause qu'au vu d'éléments nouveaux (Cass. soc. 21-1-2009 nº 08-60.452 : RJS 4/09 nº 373).

c. Les **modalités** de notification de la désignation à l'employeur ne sont édictées que pour faciliter la preuve qu'il a eu connaissance de cette désignation et non pour sa validité (Cass. soc. 25-9-2001 nº 00-60.255 : RJS 12/01 nº 1445 ; 12-3-1991 nº 89-61.554 : RJS 5/91 nº 604). Le défaut de signature, par son auteur, de la lettre de désignation est, dès lors, sans incidence sur la validité de la désignation (Cass. soc. 5-3-2008 nº 07-60.305 : RJS 5/08 nº 565). Le **défaut d'affichage** de la désignation d'un DS est sans effet pour l'employeur, qui ne peut s'en prévaloir pour demander l'annulation de la désignation (Cass. soc. 20-6-2012 nº 11-60.228 : RJS 10/12 nº 820).

d. L'**annulation des élections** est sans incidence sur la désignation d'un délégué syndical, voir nº 8903, d

Destinataire de la désignation Dans les **sociétés anonymes,** la désignation est valablement notifiée au directeur général, celui-ci ayant la qualité de représentant légal de la société (Cass. soc. 2-12-1998 nº 97-60.369 : RJS 1/99 nº 67). **73525** L-V-30750 s

Dans les entreprises à **établissements distincts,** la désignation d'un DS d'établissement est valablement notifiée au chef d'établissement concerné si la délégation de pouvoirs qu'il détient permet de l'assimiler au chef d'entreprise (Cass. soc. 9-6-1999 nº 98-60.365 : RJS 7/99 nº 941).

Dans une **unité économique et sociale** préalablement reconnue, la désignation d'un DS ou d'un représentant syndical au CSE de cette unité n'est valablement notifiée à une seule personne que si celle-ci représente toutes les sociétés composant l'UES (Cass. soc. 26-11-2003 nº 02-60.388 et 29-10-2003 nº 02-60.014 : RJS 2/04 nº 222). Si la désignation ne concerne que certaines composantes de l'UES, la notification est valablement effectuée auprès des seuls représentants légaux des sociétés concernées ou auprès de la personne habilitée à les représenter. Ainsi, dans une UES divisée en établissements distincts, la désignation d'un DS d'établissement est valablement faite auprès du chef de cet établissement (Cass. soc. 30-5-2001 n° 99-60.535 : RJS 8-9/01 n° 1036).

Le syndicat qui désigne un DS auprès de plusieurs personnes morales constituant, selon lui, une UES doit indiquer, dans la désignation, à peine de nullité de celle-ci, l'existence et la composition de l'UES revendiquée (Cass. soc. 26-4-2000 n° 99-60.030 : RJS 7-8/00 n° 824 ; 6-2-2002 n° 00-60.440 : RJS 4/02 n° 456). La notification à tous les représentants légaux de chacune des sociétés concernées s'impose, même si celles-ci sont dirigées par une même personne (Cass. soc. 16-4-2008 n° 07-60.045 : RJS 7/08 n° 804).

CONTENTIEUX

73530 C. trav. art. L 2143-8 R 2143-5 L-V-31700 s

Le **tribunal judiciaire** connaît des litiges relatifs aux conditions de désignation de DS légaux ou conventionnels. Les demandes peuvent être présentées par l'employeur, par les syndicats et, d'une manière générale, par toute personne intéressée (autres DS, salariés de l'entreprise, même non syndiqués, etc.).

> **Précisions** **a.** Les contestations sont introduites par voie de **requête** devant le tribunal, dans le **délai** visé n° 73535.
> **b.** L'article 762 du Code de procédure civile énumère de façon limitative les **personnes habilitées à assister ou représenter** une partie devant le tribunal. Parmi elles figurent les personnes exclusivement attachés à l'entreprise. Le directeur juridique d'une société appartenant à un groupe, quoique détenant une délégation de pouvoirs du PDG de 3 sociétés du groupe pour représenter celui-ci en justice et une délégation de la gérante de la société contestant la désignation d'un DS, n'est pas habilité à représenter cette dernière devant le tribunal dès lors qu'il n'est pas salarié de celle-ci (Cass. soc. 5-3-2008 n° 06-60.125 : RJS 5/08 n° 566). Le DRH, quant à lui, doit disposer d'une délégation de pouvoirs claire et précise (Cass. soc. 1-2-2017 n° 16-15.899 F-D : RJS 4/17 n° 273).
> L'**UES** étant dépourvue de personnalité juridique, sa requête en annulation de la désignation d'un DS est irrecevable et ne peut être régularisée par les interventions volontaires des sociétés la composant (Cass. soc. 23-6-2010 n° 09-60.363 : RJS 10/10 n° 790).
> **c.** Le **tribunal** territorialement **compétent** est celui du lieu où la désignation est destinée à prendre effet (Cass. soc. 7-10-1998 n° 97-60.303 : RJS 11/98 n° 1382).
> Il l'est pour statuer sur tout litige né à l'occasion de la désignation, y compris pour apprécier la validité de l'accord collectif sur la base duquel il a été procédé aux désignations contestées (Cass. soc. 23-11-2005 n° 05-60.060 : RJS 2/06 n° 237).
> Il statue sans frais dans les 10 jours et, en dernier ressort, sur avertissement donné 3 jours à l'avance à toutes les parties intéressées. Un pourvoi en cassation peut être formé dans les 10 jours. C'est d'ailleurs la seule voie de recours possible (Cass. soc. 11-12-2019 n° 19-60.094 F-PB : RJS 2/20 n° 98).
> **d.** Sur le contentieux de la désignation, par des **syndicats affiliés à une même confédération** syndicale, d'un nombre de DS supérieur à celui prévu par la loi, voir n° 73462.
> **e.** Sur le point de savoir si l'**annulation des élections** des représentants du personnel remet en cause les mandats des DS, voir n° 8903, d.
> **f.** Sur le point de savoir si un employeur n'ayant pas contesté la désignation d'un DS peut ultérieurement contester la **représentativité** du syndicat désignataire, voir n° 73136.

73535 L-V-32050 s

Les contestations doivent, sous peine de forclusion, être introduites dans un **délai** de 15 jours. Ce délai ne souffre ni suspension ni interruption (Cass. soc. 12-12-1990 n° 89-61.103 : RJS 1/91 n° 54). Il concerne toutes les contestations relatives aux conditions de désignation des DS, quel qu'en soit le motif : représentativité du syndicat, cadre géographique de la désignation, appartenance du salarié à l'entreprise, etc. (Cass. soc. 21-7-1986 n° 86-60.027 ; 20-3-1990 n° 89-61.330 : RJS 4/90 n° 321 ; 11-10-1994 n° 93-60.380 : RJS 11/94 n° 1284).

> **Précisions** Le délai de 15 jours court en principe **à compter** de l'accomplissement des formalités de publicité visées n° 73520, soit à compter :
> – de la **notification à l'employeur** (c'est-à-dire la date figurant sur l'accusé de réception ou le récépissé : Cass. soc. 20-12-1988 n° 87-60.282 : RJS 2/89 n° 165) si c'est lui qui la conteste. Le jour de la notification de la désignation ne compte pas. Le délai expirant normalement un samedi, un dimanche ou un jour férié ou chômé est prorogé jusqu'au premier jour ouvrable suivant (Cass. soc. 17-10-1990 n° 89-61.568 ; 29-10-2003 n° 02-60.702 : RJS 2/04 n° 230). Par **exemple**, l'employeur qui signe le 6 juin l'accusé de réception de la lettre de désignation dispose pour la contester d'un délai expirant le 21 juin à minuit, sauf s'il s'agit d'un samedi, d'un dimanche ou d'un jour férié ou chômé. En **pratique** toutefois, la Cour de cassation considère que le délai court à l'égard de l'employeur à compter de la date où il a eu connaissance de la désignation de façon certaine (Cass. soc. 9-7-1996 n° 95-60.777 : RJS 10/96 n° 1060 ; Cass. soc. 17-2-2016 n° 14-60.815 : RJS 5/16 n° 349) ;
> – à l'égard des **organisations syndicales** et des **salariés** de l'entreprise, du jour où le nom du DS a été porté à leur connaissance par affichage

sur les panneaux réservés aux communications syndicales ou par tout autre moyen (4-2-1997 n° 95-60.982 : RJS 4/97 n° 435 ; 18-6-2003 n° 01-60.790 : RJS 11/03 n° 1287).
Toutefois, en cas de désignation d'un **DS central** et d'un **représentant syndical au CSE central,** seul l'affichage de ces désignations au siège de l'entreprise est de nature à faire courir le délai de 15 jours à l'égard des salariés et des organisations syndicales (Cass. soc. 15-2-2006 n° 05-60.178 F-PB : RJS 6/06 n° 749 ; 23-9-2009 n° 08-60.520 FS-PB : RJS 12/09 n° 959).
Sur le décompte du délai en cas de désignation par des **syndicats affiliés à une même confédération** syndicale d'un nombre de DS supérieur à celui prévu par la loi, voir n° 73462.

Passé le délai de 15 jours, la désignation est purgée de tout vice. L'employeur ne peut donc plus invoquer une irrégularité pour priver le DS du bénéfice des dispositions légales le concernant, et notamment de la **protection spéciale** contre le licenciement (CE 13-5-1987 n° 60711 ; Cass. soc. 10-10-1990 n° 88-44.268 : RJS 11/90 n° 881 ; Cass. crim. 22-10-1991 n° 89-84.552 : RJS 2/92 n° 171 ; 19-9-2007 n° 06.41-227 : RJS 11/07 n° 1191). La forclusion n'est toutefois pas opposable à l'employeur s'il invoque un **fait nouveau** (fraude, incapacité) dont il n'a eu connaissance qu'après l'expiration du délai requis. Il doit alors former un recours dans les 15 jours suivant la connaissance de ce fait (Cass. soc. 29-10-1986 n° 86-60.041 ; 10-5-1994 n° 93-60.366 : RJS 6/94 n° 722 ; 27-1-1999 n° 97-60.441 ; 27-2-2013 n° 11-28.084 : RJS 5/13 n° 393). **73540** L-V-32300 s

S'agissant des conséquences de l'absence de contestation de la désignation d'un DS sur la **représentativité** du syndicat, voir n° 73136.

b. Exercice des fonctions

ATTRIBUTIONS

Le rôle du DS est de représenter son syndicat auprès de l'employeur. **73565** C. trav. art. L 2143-3 L-V-33350 s

En pratique, il participe à la **mission revendicative** des syndicats, ce qui pose des problèmes de délimitation avec les attributions des représentants syndicaux au CSE (n°s 8850 s.). C'est le DS, en principe, qui représente son syndicat dans les **négociations collectives** d'entreprise (n°s 51870 s.). Pour lui permettre d'exercer ses attributions, la loi oblige l'employeur à communiquer au DS un certain nombre d'**informations** ou de documents et, dans certains cas, à le **consulter.** Ces obligations, qui touchent à de nombreux domaines, sont signalées dans les développements correspondants.

Sur l'**accès** du DS à la **base de données économiques et sociales,** voir n° 9220.

> **Précisions a.** D'une manière générale, le DS anime la vie syndicale dans l'entreprise. Bien qu'il n'en ait pas l'exclusivité (n° 73340, b), c'est bien souvent lui qui exécute les tâches dévolues à la section syndicale : **affichage** des communications syndicales, **diffusion** des publications et **tracts** de nature syndicale, animation des **réunions syndicales, collecte des cotisations** au profit du syndicat.
> Le DS peut **intervenir** dans tous les **domaines** relevant de l'objet des syndicats professionnels défini par l'article L 2131-1 du Code du travail, comme l'étude et la défense des droits et intérêts matériels et moraux, collectifs et individuels des salariés (pour des exemples, voir n° 73575).
> S'agissant de l'**assistance** de la délégation du personnel au **CSE,** voir n° 9166, b.
> Sur l'assistance des salariés lors de l'**entretien préalable** : au licenciement, voir n° 47570 ; à une sanction disciplinaire, voir n° 56240.
> **b.** Le DS peut **représenter le syndicat en justice,** mais seulement s'il a reçu à cet effet un pouvoir spécial (Cass. soc. 22-3-1979 n° 78-60.706 ; 4-5-1994 n° 92-60.038).

CRÉDIT D'HEURES

La loi accorde à chaque DS, pour l'accomplissement de ses missions, un nombre d'heures récapitulé dans le tableau figurant n° 90070. Ce crédit d'heures peut être dépassé en cas de **circonstances exceptionnelles** (n° 62580) et majoré par convention ou **accord collectif.** **73570** C. trav. art. L 2143-13 L-V-34100 s

Chaque section syndicale dispose, dans certains cas, d'un crédit supplémentaire d'heures pour la **préparation de la négociation collective** d'entreprise (n° 51880).

> **Précisions a.** Les **caractéristiques** du crédit d'heures, ses modalités d'utilisation et de rémunération sont exposées n°s 62565 s.
> **b.** Pour le **DS central,** voir n° 73610 ; pour les membres de la délégation du personnel au CSE désignés comme DS dans les entreprises de **moins de 50 salariés,** voir n° 73600.

Les **activités** pouvant être **rémunérées au titre des heures de délégation** sont celles qui entrent dans les attributions du DS, où qu'elles s'exercent. **73575**

Certaines activités entrant dans ses missions ne s'imputent pas sur le crédit d'heures mais doivent être **rémunérées en sus.** Tel est le cas du temps passé aux **réunions organisées par l'employeur** (C. trav. art. L 2143-18) et à la **négociation collective** d'entreprise.

› Précisions a. Sauf disposition conventionnelle ou usage plus favorable, les **temps de trajet** effectués par les DS dans l'exercice de leurs fonctions représentatives doivent être rémunérés par l'employeur dans les conditions exposées n° 62640.

Doit être rémunéré au titre des heures de délégation le temps passé par le DS :

– aux **réunions organisées par la section syndicale** (n° 73350). S'agissant de l'assistance de la délégation du personnel au **CSE**, voir n° 9166, b ;

– à une **manifestation politique** dans le but de défendre l'emploi dans l'entreprise (Cass. soc. 23-1-1990 n° 86-43.817 : RJS 2/90 n° 136) ou chez un fournisseur de l'entreprise à l'occasion d'une grève de son personnel (Cass. soc. 10-7-1990 n° 86-42.819 : RJS 8-9/90 n° 693) ;

– à des **audiences judiciaires pour assurer sa propre défense** en cas d'action de l'employeur en contestation de l'utilisation du crédit d'heures (Cass. soc. 23-1-1990 n° 86-43.815 (n° 330) P et n° 86-43.817 (n° 332) P : RJS 2/90 n° 136) ou dans le but de s'informer sur un litige mettant en cause d'**autres représentants** du personnel de l'entreprise à l'occasion d'un conflit collectif (Cass. soc. 1-4-1992 n° 88-45.752 : RJS 5/92 n° 636).

N'ont pas à être rémunérés au titre du crédit d'heures :

– les fonctions de **conseiller prud'homal,** cumulées avec celles de DS (Circ. 11-7-1983 : JONC p. 8770 réputée abrogée) ;

– le temps passé par un DS, pour son **information personnelle,** à une **réunion** sans lien direct avec une difficulté particulière de l'entreprise mais concernant, par exemple, le personnel d'une usine extérieure (Cass. soc. 21-1-1987 n° 85-41.127) ;

– le temps passé aux **audiences judiciaires** introduites par le DS lors de la négociation du protocole d'accord préélectoral (Cass. soc. 2-6-1993 n° 90-44.508 : RJS 7/93 n° 761) ou en vue de contester ce protocole (Cass. soc. 10-10-1990 n° 87-40.432).

b. Chaque DS peut également utiliser ses heures de délégation, sauf celles réservées à la négociation d'entreprise, pour participer, au titre de son organisation (C. trav. art. L 2143-16-1) :

– à des **négociations** ou à des concertations à un **autre niveau** que celui de l'entreprise ;

– ou aux **réunions d'instances** organisées dans l'intérêt des salariés de l'entreprise ou de la branche.

Sur la **protection sociale** des délégués dans le cadre de ces activités, voir n° 565.

EXERCICE DU MANDAT

73580 L-VII-3650 s

Les DS bénéficient d'un **statut protecteur,** le pouvoir disciplinaire de l'employeur étant encadré et la rupture du contrat soumise à une procédure spéciale (n° 63240). Il bénéficie aussi des dispositions légales prohibant toute discrimination fondée sur l'appartenance ou l'activité syndicale, voir n° 73065.

L'employeur est coupable du délit d'**entrave** s'il gêne l'exercice des fonctions des DS.

Sur le financement de la **formation** des DS par le CSE, voir n° 9125.

Sur la prise en charge des **accidents** survenus dans l'exercice des fonctions, voir n° 62675.

Sur la liberté de **déplacement** du délégué syndical à l'intérieur et hors de l'entreprise, voir n° 62635.

DURÉE DU MANDAT

73585 C. trav. art. L 2143-11 L-V-34720 s

Le mandat du délégué prend **fin** au plus tard lors du premier tour des élections renouvelant l'institution représentative du personnel ayant permis de reconnaître la représentativité du syndicat désignataire. Il peut également prendre **fin** :

– lorsque le syndicat ou le DS y met un terme ;

– en cas de départ du salarié de l'entreprise (Cass. soc. 30-6-1971 n° 70-60.201) ou, le cas échéant, de l'établissement distinct où il a été désigné ;

– en cas de modification du cadre dans lequel le DS a été désigné (disparition d'une UES, de l'autonomie d'un établissement, de la section syndicale...) ;

– en cas de disparition de l'institution, ou de diminution du nombre des délégués, suite à une réduction de l'effectif (n° 62320) ;

– en cas de décès du délégué.

Sur l'effet d'une modification de la situation juridique de l'employeur, voir nos 74930 s. ; de la suspension du contrat de travail, voir n° 62670.

Sur le point de savoir si l'**annulation des élections** des représentants du personnel remet en cause le mandat des DS, voir n° 8903, d.

Sur l'obligation pour l'employeur de proposer un **entretien professionnel** au DS reprenant son activité à l'issue de son mandat, voir n° 17010.

› Précisions a. Lors du **renouvellement des institutions,** le syndicat désirant reconduire le délégué dans ses fonctions doit procéder à une nouvelle désignation de l'intéressé selon les formes décrites n° 73520, celle-ci pouvant être contestée dans le délai mentionné n° 73535 (Cass. soc. 22-9-2010 n° 09-60.435 : RJS 11/10 n° 862). La seule **poursuite de ses missions**

par un ancien DS ne peut pas être considérée comme une nouvelle désignation, susceptible d'être purgée de tout vice en l'absence de contestation dans les 15 jours (Circ. DGT 6 du 27-7-2011 n° 12 réputée abrogée).

b. Le **remplacement,** qui peut être temporaire en cas d'absence du DS (Cass. soc. 16-5-1990 n° 89-60.690 : RJS 6/90 n° 504), et la cessation de fonctions du DS sont soumis aux mêmes formalités que la désignation : n° 73520. Cette solution paraît transposable au remplacement d'un représentant syndical au CSE ou au CSE central d'entreprise (Cass. soc. 1-2-2017 n° 16-11.737 : RJS 4/17 n° 271).

Le syndicat désignant un représentant syndical au CSE en remplacement d'un autre représentant doit le préciser dans la désignation notifiée à l'employeur (Cass. soc. 14-3-2018 n° 17-16.110 F-D : RJS 5/18 n° 338). Cette solution nous paraît transposable au remplacement d'un DS, d'un RSS ou d'un représentant syndical au CSE central d'entreprise.

c. L'organisation syndicale ayant investi un salarié d'un mandat syndical est libre de **révoquer** ce mandat à tout moment (Cass. soc. 25-10-2005 n° 04-16.089 : RJS 2/06 n° 238). La révocation prend effet à compter de sa notification, même si le salarié concerné n'en est informé qu'après (Cass. soc. 7-11-2007 n° 06-13.702 : RJS 1/08 n° 49). La révocation du mandat de DS ne peut émaner que de l'organisation qui l'a désigné, sauf lorsque, en présence d'un conflit avec un autre syndicat affilié à la même organisation syndicale, cette dernière a, en application de ses statuts, tranché le conflit en attribuant compétence à cet autre syndicat (Cass. soc. 16-12-2009 n° 09-60.118 : RJS 3/10 n° 277) et sauf en cas de désaffiliation du syndicat désignataire de l'organisation à laquelle il appartenait, voir n° 73460, c. La nomination, par un syndicat appartenant à la même confédération, d'un nouveau DS, sans révocation du précédent, par le syndicat l'ayant nommé, est sans effet : le premier nommé est maintenu dans son mandat (Cass. soc. 2-10-2003 n° 02-60.562 : RJS 2/04 n° 229 ; 8-12-2004 n° 03-60.445 : RJS 2/05 n° 171 ; 22-6-2005 n° 04-60.391 : RJS 11/05 n° 1119).

d. Un DS ne peut **démissionner de** son mandat qu'à condition d'en informer le syndicat l'ayant désigné (Cass. soc. 6-4-2016 n° 14-23.198 : RJS 6/16 n° 437). La démission prend effet, à l'égard de l'employeur, à compter de la date à laquelle elle a été portée à sa connaissance (Cass. soc. 9-7-2014 n° 12-29.438 : RJS 11/14 n° 792), mais ce dernier a intérêt à en demander confirmation au syndicat avant de s'en prévaloir (Cass. soc. 6-4-2016 n° 14-23.198 précité).

c. Mandats particuliers

ENTREPRISE DE MOINS DE 50 SALARIÉS

Dans les entreprises de moins de 50 salariés, les syndicats représentatifs (n°s 73135 s.) peuvent désigner comme DS, pour la durée de son mandat, un **membre de la délégation du personnel au CSE.** **73600** C. trav. art. L 2143-6 **L-V-36100 s**

Sauf disposition conventionnelle plus favorable, la désignation n'ouvre pas droit à un **crédit d'heures** supplémentaire : l'intéressé ne dispose donc que du crédit d'heures alloué aux membres de la délégation du personnel au CSE, celui-ci pouvant être utilisé et, le cas échéant, dépassé pour circonstances exceptionnelles, au titre de l'un et l'autre des mandats.

La désignation vaut pour la **durée** du mandat de membre du CSE. Elle prend donc fin automatiquement lors des élections renouvelant cette institution, ce qui implique l'obligation pour le syndicat qui souhaite conserver l'intéressé comme DS de renouveler sa désignation à chaque élection s'il a été réélu.

Les **modalités** et le **contentieux de la désignation** sont les mêmes que pour les autres DS (nos 73520 s.).

› Précisions **a.** Les entreprises possédant **plusieurs établissements** ne sont concernées par ces dispositions que si leur effectif global, tous établissements réunis, est inférieur à 50 salariés (Cass. ass. plén. 14-6-1985 n° 84-60.528 ; Cass. soc. 28-5-1997 n° 96-60.225 : RJS 7/97 n° 833 ; 29-4-2009 n° 08-60.484 : RJS 7/09 n° 643 ; 4-5-2017 n° 16-17.082 F-D : RJS 7/17 n° 502).

b. La **représentativité** des syndicats s'apprécie dans l'entreprise (ou l'établissement concerné si l'entreprise en comporte plusieurs).

c. Les syndicats représentatifs ne peuvent désigner comme DS un membre de la délégation du personnel au CSE dont la candidature a été présentée, au premier tour, par un **autre syndicat,** mais ils peuvent désigner un membre de la délégation du personnel au CSE élu en tant que **candidat libre** (Cass. soc. 6-7-1999 n° 98-60.329 : RJS 8-9/99 n° 1088 ; 14-3-2000 n° 99-60.180 : RJS 5/00 n° 553).

d. Les membres de la délégation du personnel au CSE pouvant être désignés comme DS sont les membres **titulaires,** à l'exclusion des suppléants (Cass. soc. 4-7-1983 n° 83-60.001 ; 30-10-2001 n° 00-60.313 : RJS 1/02 n° 54). Par exception, un membre de la délégation du personnel au CSE suppléant remplaçant un membre **titulaire momentanément absent** peut être désigné comme DS pour la durée de ce remplacement (Cass. soc. 20-6-2012 n° 11-61.176 : RJS 10/12 n° 823).

e. Un syndicat ne peut pas désigner en tant que DS un salarié **non membre de la délégation du personnel au CSE.** Il peut être dérogé à cette règle par convention ou accord collectif, mais pas par usage ou engagement unilatéral de l'employeur (Cass. soc. 20-3-2001 nº 99-60.496 : RJS 6/01 nº 762). La **désignation d'un salarié non membre titulaire de la délégation du personnel au CSE** dans une entreprise de moins de 50 salariés est purgée de tout vice si elle n'a **pas été contestée** dans le délai visé nº 73535.

DÉLÉGUÉ SYNDICAL SUPPLÉMENTAIRE

73605 C. trav. art. L 2143-4 **L-V-36600 s**

Dans les **entreprises d'au moins 500** salariés, tout syndicat représentatif dans l'entreprise peut désigner un DS supplémentaire s'il a obtenu lors des dernières élections du CSE à la fois un ou plusieurs élus dans le collège ouvriers-employés et au moins un élu dans l'un des deux autres collèges. Il peut s'agir de titulaires ou de suppléants (Circ. DRT du 30-11-1984 : réputée abrogée).

Ce délégué supplémentaire est désigné parmi les candidats aux élections professionnelles ayant recueilli au moins 10 % des suffrages exprimés au premier tour des dernières élections du CSE, quel que soit le nombre de votants.

> Précisions **a.** Lorsque des syndicats ont constitué une **liste commune** aux élections, chacun peut désigner un DS supplémentaire s'il remplit à lui seul l'ensemble des conditions nécessaires à cette désignation, sauf en cas d'accord pour la désignation d'un délégué syndical supplémentaire commun (Cass. soc. 22-2-2017 nº 15-28.775 FS-PB : RJS 5/17 nº 348).

Deux syndicats affiliés à la même confédération peuvent, dès lors qu'ils ont présenté des **listes distinctes** dans des **collèges différents,** faire valoir qu'ils remplissent ensemble les conditions pour désigner un DS supplémentaire en raison de la présence d'élus dans au moins 2 collèges (Cass. soc. 29-5-2019 nº 18-60.129 FS-PB : RJS 8-9/19 nº 509).

b. Dans les entreprises à **établissements multiples,** le délégué supplémentaire peut être désigné dans tout établissement distinct (au sens du CSE : voir nºs 73500 s.) comptant au moins 500 salariés. Le cadre de sa désignation est alors dans tous les cas l'établissement tel qu'il est défini pour l'élection au CSE d'établissement (Cass. soc. 30-1-1985 nº 84-60.437 ; 14-1-2009 nº 08-60.449 : RJS 3/09 nº 259), même s'il ne correspond pas au cadre retenu pour la mise en place des DS (Cass. soc. 9-2-1984 nº 83-60.962).

c. Il semble possible de choisir le délégué supplémentaire parmi les adhérents au collège **ouvriers** aussi bien que parmi ceux des collèges agents de maîtrise ou cadres.

d. Le délégué supplémentaire bénéficie du même **statut** (crédit d'heures, protection en particulier) que les autres DS. Son mandat est **remis en cause à chaque élection** (Cass. soc. 18-11-2008 nº 08-60.397 : RJS 2/09 nº 190) et doit être renouvelé dans les formes visées nº 73520 (Circ. DRT 13 du 30-11-1984 : réputée abrogée). Par ailleurs, le mandat prend fin dans les autres hypothèses évoquées nº 73585.

DÉLÉGUÉ SYNDICAL CENTRAL

73610 C. trav. art. L 2143-5 **L-V-37250 s**

Dans les entreprises comportant **au moins 2 établissements d'au moins 50 salariés chacun,** chaque syndicat représentatif dans l'entreprise peut désigner un DS central. Pour ce faire, il doit avoir recueilli au moins 10 % des suffrages exprimés au premier tour des dernières élections des titulaires au CSE, quel que soit le nombre de votants, en additionnant les suffrages de l'ensemble des établissements compris dans ces entreprises.

Le délégué doit être obligatoirement choisi parmi les DS d'établissement si l'effectif de l'entreprise est inférieur à 2 000 salariés. Dans le cas contraire, il peut être choisi en dehors d'eux. Il joue au niveau de l'entreprise le même rôle que les délégués d'établissement.

> Précisions **a.** Pour la **désignation** d'un DS central d'entreprise, la représentativité du syndicat s'apprécie par rapport à l'ensemble du personnel de l'entreprise (Cass. soc. 28-9-2011 nº 10-26.545 : RJS 12/11 nº 994 ; Cass. soc. 14-12-2015 nº 15-10.902). Dans le même sens, pour la désignation au niveau d'une UES, voir nº 73155. La désignation du DS central n'est pas subordonnée à l'obtention, par ce dernier, d'un score électoral (Cass. soc. 16-11-2011 nº 10-28.201 : RJS 2/12 nº 165).

Pour apprécier les conditions d'effectif dans le cadre d'une unité économique et sociale, il convient de considérer celle-ci dans son ensemble (Cass. soc. 2-10-1985 nº 84-60.852).

b. Lorsqu'il n'a pas simultanément la qualité de DS d'établissement, les fonctions de DS central ouvrent droit à un **crédit d'heures** spécifique de 24 heures par mois (C. trav. art. L 2143-15). En revanche, le cumul des fonctions de DS central et d'établissement n'ouvre droit à aucun crédit supplémentaire. Sur le décompte des heures de délégation du DS central au forfait jours, voir nº 62590, c. En toute hypothèse, le DS central bénéficie de la **protection** spéciale des représentants du personnel (nº 63240).

c. Sur la possibilité, pour un syndicat déjà doté d'un délégué syndical central, de désigner un **représentant de section syndicale dans un établissement** de l'entreprise, voir nº 73395.

TÉLÉTRAVAIL ET TRAVAIL À DOMICILE

SOMMAIRE

A. Télétravail

CADRE JURIDIQUE

Le télétravail est une forme d'organisation du travail dans laquelle un travail qui aurait pu être exécuté dans les locaux de l'employeur l'est hors de ces locaux de façon volontaire, en utilisant les technologies de l'information et de la communication. Les modalités d'exercice du travail dans ces conditions par un salarié de l'entreprise, dès l'embauche ou ultérieurement, de façon régulière ou occasionnelle, sont définies par le **Code du travail.** 73900 C. trav. art. L 1222-9, I T-II-11000 s.

Dans les entreprises appartenant à un secteur professionnel représenté par les organisations patronales signataires (Medef, ex-CGPME, devenue CPME et ex-UPA devenue U2P), un **accord national interprofessionnel** (ANI) conclu le 19-7-2005 et étendu par arrêté SOCT0611193A du 30-5-2006 (JO 9-6) modifié par arrêté SOCT0611312A du 15-6-2006 (JO 24) s'applique également en cas de télétravail régulier. Son application peut toutefois être écartée :

– en vertu de la **règle de primauté** fixée par l'article L 2253-3 du Code du travail (n° 52260), dans les établissements couverts par un **accord d'entreprise** ou assimilé (établissement, groupe, interentreprises) s'il comporte des clauses, même moins favorables, ayant le même objet. En revanche, l'existence d'une charte mettant en place le télétravail n'écarte pas l'application de l'ANI ;

– en application de la règle posée à l'article L 2252-1 du même Code : un **accord de branche** ou un accord **professionnel** sur le télétravail peut comporter des clauses moins favorables aux salariés que celles de l'ANI, sauf concernant les points pour lesquels ce dernier l'a expressément interdit, énumérées par son article 12.

Enfin, ce cadre juridique est complété par un ANI conclu le 26-11-2020 qui, n'ayant pas été étendu, s'applique aux entreprises visées n° 52167.

Sur l'application d'un accord collectif ou d'une charte à un **contrat de travail** comprenant des clauses contraires ou incompatibles en matière de télétravail, voir n° 73920, a.

> **Précisions** **a.** Si l'activité effectuée en télétravail relève du **travail à domicile** tel que défini par le Code du travail (n° 74100), l'article L 1222-9, al. 1 du Code du travail prévoit l'application au télétravailleur des **règles protégeant le travail à domicile.**
> **b.** Sont **exclues** de la notion de télétravail les activités traditionnelles pouvant être effectuées à domicile, par exemple des travaux de couture. Il en va de même des tâches qui, par définition, ne peuvent pas se dérouler dans les locaux de l'entreprise (notamment chez un client ou sur un chantier), par exemple pour inspecter, nettoyer, installer, réparer ou utiliser des outils ou machines ou s'occuper de personnes ou d'animaux (QR min. trav. du 13-1-2021).
> **c.** L'ANI du 19-7-2005 (art. 11) précise que les télétravailleurs doivent être identifiés comme tels sur le **registre unique du personnel.**

MISE EN PLACE DU TÉLÉTRAVAIL

Cas général Le télétravail peut être mis en place dans le cadre d'un **accord collectif** ou, à défaut, d'une **charte élaborée par l'employeur** après avis du comité social et économique (CSE), s'il existe. 73920

C. trav. art. L 1222-9, I et II T-II-11380 s.

En l'**absence de charte ou d'accord collectif,** le salarié et l'employeur formalisent par tout moyen leur accord de recourir au télétravail.

L'accord collectif ou la charte doit préciser :

– les conditions de **passage** en télétravail, en particulier en cas d'épisode de pollution ;
– les conditions de **retour** à une exécution du contrat de travail sans télétravail ;
– les modalités **d'acceptation** par le salarié des conditions de mise en œuvre du télétravail ;
– les modalités de contrôle du **temps de travail** ou de régulation de la **charge de travail** ;
– la détermination des **plages horaires** durant lesquelles l'employeur peut habituellement contacter le salarié en télétravail ;
– les modalités d'accès des **travailleurs handicapés** à une organisation en télétravail.

> Précisions a. Pour les salariés dont **le contrat de travail conclu avant le 23-9-2017** contient des stipulations relatives au télétravail, les dispositions de l'accord collectif ou de la charte se substituent, s'il y a lieu, aux **clauses contraires ou incompatibles,** sauf refus du salarié. Dans ce cas, le salarié fait connaître son **refus** à son employeur dans le **délai** d'un mois à compter de la date de communication de l'accord ou de la charte dans l'entreprise (Ord. 2017-1387 du 22-9-2017 art. 40, VII).
b. À notre avis, le **CSE** doit être **informé et consulté** préalablement à la mise en place du télétravail ainsi qu'en cas de modification éventuelle des modalités de télétravail, de telles décisions affectant les conditions d'emploi des salariés (C. trav. art. L 2312-8 et L 2312-26).

73925 C. trav. art. L 1222-11 T-II-11670

Circonstances exceptionnelles En cas de circonstances exceptionnelles, notamment de menace d'**épidémie,** ou en cas de **force majeure,** la mise en œuvre du télétravail peut être considérée comme un **aménagement du poste de travail** rendu nécessaire pour permettre la continuité de l'activité de l'entreprise et garantir la protection des salariés. Ces circonstances exceptionnelles constituent une exception au principe du volontariat pour la mise en œuvre du télétravail (nº 73930).

L'ANI du 26-11-2020 (nº 73900) précise que, dans ce contexte, la décision relève du pouvoir de direction de l'employeur et les modalités de consultation du CSE doivent être adaptées.

> Précisions Les mesures prises à l'occasion de la pandémie de **Covid-19** peuvent à ce titre constituer des éléments de référence. Selon le ministère du travail, le risque épidémique peut justifier le recours au télétravail **sans l'accord** du salarié et sa mise en œuvre dans ce cadre ne nécessite **aucun formalisme** particulier. L'employeur peut donc mettre en place le télétravail sans accord ou charte, et ne consulter le CSE qu'après la mise en œuvre de sa décision à condition de l'en informer sans délai.
Lorsque les activités sont éligibles au télétravail, la mise en place de ce dernier participe, dans un contexte du risque épidémique, des mesures pouvant être prises par l'employeur pour assurer le respect des principes généraux de prévention et satisfaire à son obligation de protéger la **santé** et d'assurer la **sécurité des travailleurs.** À ce titre, l'employeur doit être attentif aux situations de souffrance des salariés et prendre les mesures de préventions adaptées : par exemple, maintien du lien entre les membres de l'équipe via des visioconférences et des échanges téléphoniques (QR min. trav. du 13-1-2021 : www.travail-emploi.gouv.fr).

MISE EN ŒUVRE ET ARRÊT DU TÉLÉTRAVAIL

73930 C. trav. art. L 1222-9, I et III L 1222-10 T-II-11600 s.

Le télétravail revêt un caractère **volontaire** pour le salarié, sauf exception visée nº 73925. Un salarié peut être **embauché** directement en télétravail ou y **passer** en cours de contrat. L'accord collectif ou, à défaut, la charte de l'employeur mettant en place le télétravail doit définir les modalités d'acceptation par le salarié des conditions de mise en œuvre du télétravail et de retour à une exécution du contrat de travail sans télétravail (voir nº 73920). En l'absence d'accord collectif et de charte, ces points sont réglés par l'accord formalisé par tout moyen entre l'employeur et le salarié. Dans tous les cas, le **refus** par le salarié d'un poste de télétravailleur n'est pas un motif de rupture du contrat de travail. L'employeur doit donner **priorité** au salarié en télétravail pour occuper ou **reprendre un poste sans télétravail** correspondant à ses qualifications et compétences professionnelles et porter à sa connaissance la disponibilité de tout poste de cette nature.

Si une **demande de passage au télétravail** émane d'un salarié occupant un poste éligible à ce mode d'organisation dans les conditions prévues par l'accord collectif ou la charte, l'employeur doit **motiver** sa réponse en cas de refus. Il en est de même, en l'absence d'accord collectif ou de charte, lorsque cette demande émane d'un travailleur handicapé ou d'un proche aidant.

> Précisions a. Le salarié n'est tenu ni d'accepter de travailler à son domicile ni d'y installer ses dossiers et ses instruments de travail. Un tel ordre donné à un salarié, après la suppression de son bureau, constitue une **modification** de son contrat qui peut l'autoriser à **prendre**

acte de sa rupture et s'analyser en un licenciement (Cass. soc. 2-10-2001 nº 99-42.727 FS-PBI : RJS 12/01 nº 1399).

b. Dans ce cas de **passage en télétravail,** l'ANI du 19-7-2005 applicable sous conditions (nº 73900) prévoit (art. 2) la conclusion d'un **avenant au contrat de travail.** Une **période d'adaptation** doit alors être aménagée, pendant laquelle chacune des parties peut mettre fin au télétravail, le salarié retrouvant un poste correspondant à sa qualification dans l'entreprise.

c. L'ANI du 26-11-2020 (nº 73900) ne requiert pas la conclusion d'un avenant au contrat de travail en cas de passage en télétravail, mais préconise de manière générale le recours à un **écrit,** quel qu'il soit, afin d'établir la preuve de l'accord entre les parties, qu'il s'agisse d'une embauche ou d'un passage en télétravail. Par ailleurs, tout salarié accédant, d'un commun accord avec l'employeur, au **télétravail régulier** doit être **informé** par **écrit** des conditions de mobilisation et de mise en œuvre de cette forme de travail, en fonction du lieu d'exercice du télétravail : cadre collectif existant (accord, charte), rattachement hiérarchique, modalités d'évaluation de la charge de travail, de compte-rendu et de liaison avec l'entreprise, articulation entre télétravail et présentiel, règles d'utilisation des équipements, prise en charge des frais professionnels, etc. Sur ces derniers points voir également nºˢ 73940 s. (ANI du 26-11-2020, point 2.3.2).

Cet accord prévoit, comme celui de 2005, la possibilité d'aménager une période d'adaptation pendant laquelle chacune des parties peut mettre un terme au télétravail en respectant un **délai de prévenance** préalablement défini, selon le cas, soit par l'accord collectif relatif au télétravail, soit par la charte, soit de gré à gré entre les parties. Le salarié retrouve alors son poste dans les locaux de l'entreprise (ANI du 26-11-2020, point 2.3.4).

d. Lorsque les parties sont convenues d'une exécution de tout ou partie du travail par le salarié à son domicile, l'employeur ne peut pas modifier cette **organisation contractuelle du travail** sans l'accord du salarié (Cass. soc. 13-4-2005 nº 02-47.621 FS-PB : RJS 6/05 nº 600 ; 13-2-2013 nº 11-22.360 F-D : RJS 4/13 nº 263), même en présence d'une **clause de mobilité** (Cass. soc. 31-5-2006 nº 04-43.592 FS-PBRI : RJS 8-9/06 nº 919 ; 12-2-2014 nº 12-23.051 FS-PB : RJS 4/14 nº 298). **Attention**, cette solution s'applique sauf stipulation contraire de l'accord collectif ou de la charte mettant en place le télétravail.

STATUT DU TÉLÉTRAVAILLEUR

Conditions de travail Le télétravailleur a les mêmes **droits** que le salarié travaillant dans les locaux de l'entreprise. 73940 C. trav. art. L 1222-9, III C. trav. art. L 1222-10 T-II-11820 s.

Outre ses obligations de droit commun vis-à-vis de ses salariés, l'employeur est tenu à l'égard du télétravailleur :

– de l'informer des **restrictions à l'usage d'équipements** informatiques ou de services de communication électronique et des sanctions en cas de non-respect ;

– d'organiser chaque année un **entretien** portant notamment sur ses conditions d'activité et sa charge de travail. Sur le contrôle de la durée du travail, voir nº 73920.

S'agissant des modalités de contrôle du temps de travail, voir nº 73920.

› Précisions **a.** S'agissant des **équipements de travail,** la réglementation en matière de **protection des données personnelles** veut que le niveau de sécurité et de confidentialité des données traitées soit le même, quel que soit l'équipement utilisé. L'employeur reste responsable de la sécurité des données personnelles de son entreprise, y compris lorsqu'elles sont stockées sur des terminaux dont il n'a pas la maîtrise, mais dont il a autorisé l'utilisation. Par ailleurs, si l'employeur peut, en principe, accéder aux données présentes sur l'équipement professionnel confié au salarié, présumées avoir un caractère professionnel, ce n'est pas le cas pour celles figurant sur l'équipement personnel du salarié (QR Cnil du 12-11-2020).

b. Aux termes de l'article 9 de l'ANI du 19-7-2005 (voir nº 73900 les conditions d'application de cet accord), le télétravailleur :

– bénéficie des mêmes entretiens professionnels que les autres salariés de l'entreprise. Il est soumis aux mêmes **politiques d'évaluation** ;

– gère l'organisation de son **temps de travail** dans le cadre de la loi, des conventions collectives et règles d'entreprise applicables. La **charge de travail,** les normes de production et les critères de résultats exigés du télétravailleur doivent être équivalents à ceux des salariés en situation comparable travaillant dans les locaux de l'employeur. Des points de repère moyens, identiques à ceux utilisés dans l'entreprise, doivent lui être donnés. La charge de travail et les délais d'exécution, évalués suivant les mêmes méthodes que celles utilisées pour les travaux exécutés dans les locaux de l'entreprise, doivent, en particulier, lui permettre de respecter la législation sur la durée du travail. Sur la preuve des heures accomplies, voir nº 29755.

c. L'employeur doit veiller au strict respect des dispositions légales et conventionnelles relatives à la **santé** et à la **sécurité au travail** (ANI du 19-7-2005 art. 8).

Des mesures doivent, par ailleurs, être prises pour **prévenir l'isolement** du télétravailleur par rapport à sa hiérarchie et aux autres salariés (ANI du 19-7-2005 art. 9).

Sur le cas particulier de la mise en place du télétravail en **période exceptionnelle** ou de crise sanitaire, voir nº 73925.

d. L'employeur est tenu de respecter la **vie privée** du télétravailleur. Si un **moyen de**

surveillance est mis en place, il doit être pertinent et proportionné à l'objectif poursuivi et le télétravailleur doit en être informé. Cette mise en place doit aussi faire l'objet d'une information et d'une consultation du CSE dans les entreprises qui en sont pourvues (ANI du 19-7-2005 art. 6).

Comme tout traitement de données personnelles, un système de contrôle du temps de travail ou d'activités, qu'il s'effectue à distance ou sur site, doit respecter les principes indiqués nº 90100 notamment (QR Cnil du 12-11-2020).

Par ailleurs, si l'employeur peut contrôler l'activité de ses salariés, il ne peut pas les placer sous **surveillance permanente,** sauf dans des cas exceptionnels dûment justifiés au regard de la nature de la tâche. Ne sont pas compatibles avec ces principes (QR Cnil du 12-11-2020 ; QR min. trav. du 13-1-2021) :

– le partage permanent de l'écran et/ou les keyloggers qui permettent d'enregistrer à distance toutes les actions accomplies sur un ordinateur ;

– la surveillance constante au moyen de dispositifs **vidéo** ou **audio** ;

– l'obligation pour le salarié d'effectuer très régulièrement des **actions** pour démontrer sa **présence** comme cliquer toutes les X minutes sur une application ou prendre des photos à intervalle régulier.

73960 T-II-11880 **Prise en charge des frais** Rien n'est prévu dans la loi concernant la prise en charge des coûts découlant directement de l'exercice du télétravail (abonnements, communication, etc.).

Toutefois, l'employeur n'est pas, selon nous, dispensé de toute obligation :

– si le télétravailleur relève du **travail à domicile,** il a droit à la prise en charge de ses frais d'ateliers (nº 74180) ;

– l'obligation de prise en charge des frais professionnels est prévue sans restriction par la **jurisprudence** (nº 70515) et celle-ci, de portée générale, couvre, à notre sens, les télétravailleurs. La Cour de cassation estime également que, si le salarié accède à la demande de l'employeur de travailler à son domicile, celui-ci doit **l'indemniser** de la sujétion constituée par l'utilisation d'une partie de son domicile pour les besoins de son activité professionnelle et prendre en charge les frais engendrés par cette utilisation (Cass. soc. 7-4-2010 nº 08-44.865 FS-PB : RJS 6/10 nº 570) ;

– l'article 7 de l'ANI du 19-7-2005 (voir nº 73900 ses conditions d'application) prévoit, par ailleurs, que l'employeur prend en charge, dans tous les cas, les coûts directement engendrés par le télétravail, en particulier ceux liés aux communications ;

– enfin l'ANI du 26-11-2020 (voir nº 73900 ses conditions d'application) indique que l'entreprise doit prendre en charge les dépenses engagées par le salarié pour les besoins de son activité professionnelle et dans l'intérêt de l'entreprise, après validation de l'employeur.

Sur la possibilité d'exclusion des frais générés par le télétravail de l'assiette des cotisations, voir nº 73990.

73970 T-II-12010 **Titres-restaurant** Si les salariés exerçant leur activité dans les locaux de l'entreprise bénéficient des titres-restaurant, les télétravailleurs doivent aussi en recevoir si leurs conditions de travail sont équivalentes (QR min. trav. du 13-1-2021). Ainsi, si leur **journée** est organisée en **2 vacations** entrecoupées d'une pause réservée à la prise d'un repas, ils doivent recevoir un titre-restaurant (Doc. Urssaf du 8-9-2015).

Toutefois, la Cour de cassation a admis que l'employeur prévoie une **tarification différente** en fonction de l'éloignement du lieu de travail par rapport au domicile des salariés (Cass. soc. 22-1-1992 nº 88-40.938 PF : RJS 3/92 nº 296).

RÉGIME SOCIAL

73980 T-II-12030 s La rémunération du télétravailleur est soumise à cotisations et contributions sociales dans les mêmes conditions que celles des autres salariés de l'entreprise sous réserve des précisions ci-après, ou, le cas échéant, dans les conditions prévues pour les travailleurs à domicile (nºs 74230 s.). Elle est assujettie à l'impôt sur le revenu dans la catégorie des traitements et salaires.

73990 Arrêté du 20-12-2002 art. 6 Arrêté du 25-7-2005 art.3 C-I-27740 s Les **frais** engagés par le salarié en situation de télétravail régie par le contrat de travail ou par convention ou accord collectif sont considérés comme des dépenses inhérentes à l'emploi dont le remboursement peut être exclu de l'assiette des cotisations, à condition, en principe, d'être justifiés par la réalité des dépenses supportées par le salarié.

Sont visés : les frais fixes et variables correspondant à la **mise à disposition d'un local privé** pour un usage professionnel, les frais liés à l'**adaptation d'un local spécifique,** les frais de **matériel informatique,** de **connexion et fournitures** diverses.

D'autres types de frais peuvent être admis, à charge pour l'employeur de démontrer qu'il s'agit de frais professionnels liés au télétravail (Circ. DSS 2003-07 du 7-1-2003 modifiée par circ. DSS 2005-376 4-8-2005 réputées abrogées).

> Précisions **a.** Pour l'**évaluation des dépenses déductibles,** la quote-part des frais fixes et variables réellement supportés au titre du **local privé affecté à l'usage professionnel** est déterminée sur la base du rapport surface du local concerné/superficie totale de l'habitation principale (Circ. DSS 7 du 7-1-2003 réputée abrogée).

b. Les frais d'**adaptation du local** sont déductibles à hauteur des montants facturés (Circ. DSS 7 du 7-1-2003 précitée).

c. Pour l'achat de **mobilier ou de matériel informatique ou périphérique** pour le compte de l'entreprise, mais dont le salarié reste propriétaire, l'administration applique une règle plafonnant l'exclusion de l'assiette des cotisations du remboursement à 50 % de la dépense réelle sur justificatifs. Lorsque l'utilisation de technologies mobiles appartenant au salarié est réputée à **usage exclusivement personnel,** elle considère que l'employeur ne peut pas prétendre à l'exonération de frais professionnels engagés par le salarié utilisant son propre matériel (Circ. DSS 7 du 7-1-2003 précitée).

Les consommables (ramettes, cartouches d'encre) et les frais de connexion au réseau téléphonique sont remboursés sur justificatifs (Circ. DSS 7 du 7-1-2003 précitée).

d. Dans le cas où les frais sont couverts par le versement d'une **allocation forfaitaire globale** par l'employeur, celle-ci est réputée utilisée conformément à son objet et exonérée de cotisations et contributions sociales dans la limite globale de 10 € par mois pour un salarié effectuant une journée de télétravail par semaine, de 20 € par mois pour deux jours de télétravail par semaine, 30 € par mois pour trois jours, etc. (Doc. Urssaf du 18-12-2019).

e. Pour la déductibilité des frais de déplacement entre le domicile et l'entreprise de l'assiette de l'**impôt sur le revenu,** voir Mémento paie n° 86870.

Le télétravailleur bénéficie de la même **protection sociale** que les autres salariés de l'entreprise, ou, le cas échéant, de celle des travailleurs à domicile (n°s 74220 s.). **74000** C. trav. art. L 1222-9, III

Est présumé être un **accident du travail** celui survenu sur le lieu où est exercé le télétravail pendant l'exercice de l'activité professionnelle.

B. Travail à domicile

1. DÉFINITION

Est considéré comme travailleur à domicile celui qui satisfait aux **conditions** suivantes : **74100** C. trav. art. L 7412-1 T-II-300 s

– exécuter, moyennant une rémunération forfaitaire, pour le compte d'un ou plusieurs établissements, un travail qui lui est confié soit directement, soit par un intermédiaire ;

– travailler soit seul, soit avec son conjoint, partenaire de Pacs, concubin ou avec ses enfants à charge au sens indiqué n° 50130 ou avec un auxiliaire.

Selon la jurisprudence, la qualité de travailleur à domicile peut être reconnue tant au travailleur manuel qu'au travailleur intellectuel (en ce sens : Cass. soc. 10-1-1968 n° 66-10.623).

Le statut s'applique dès lors que le travail est accompli dans les conditions définies ci-dessus. La seule volonté des parties ne peut pas y déroger (Cass. soc. 19-7-1988 n° 85-42.847 P).

> Précisions **a.** Il n'y a pas lieu de rechercher :

– s'il existe entre le travailleur à domicile et le donneur d'ouvrage un **lien de subordination juridique** (sous réserve de l'article L 8221-6 du Code du travail, qui institue une présomption d'absence de contrat de travail dans certaines situations : voir n° 79730) ;

– s'il travaille sous la **surveillance** immédiate et habituelle du donneur d'ouvrage ;

– si le **local** et le **matériel** utilisé, quelle qu'en soit l'importance, lui appartiennent ;

– s'il se procure lui-même les **fournitures accessoires** ;

– le **nombre d'heures** effectuées.

b. Conserve la qualité de travailleur à domicile celui qui, en même temps que le travail, **fournit** tout ou partie des **matières premières,** lorsque celles-ci lui sont vendues par un donneur d'ouvrage qui acquiert ensuite l'objet fabriqué ou par un fournisseur indiqué par le donneur d'ouvrage et auquel le travailleur doit s'adresser (C. trav. art. L 7412-2).

c. Le statut de travailleur à domicile est compatible avec un travail pour plusieurs **entreprises concurrentes.** La violation d'une clause de non-concurrence ne prive pas le salarié de sa qualité de travailleur à domicile (Cass. soc. 5-1-1995 n° 91-41.174 PBBS : RJS 2/95 n° 166).

2. RÉGLEMENTATION DU TRAVAIL

Le travailleur à domicile bénéficie des **dispositions législatives et réglementaires** applicables aux salariés, sous réserve des particularités exposées ci-après. **74120**

C. trav. art. L 7411-1 L 7413-2 **T-II-3500 s** **T-II-5900 s**

Il bénéficie aussi de plein droit des **conventions et accords collectifs** de travail en vigueur chez le donneur d'ouvrage, sauf clause expresse contraire dans ces textes.

Le travailleur à domicile peut être lié par un **contrat à durée indéterminée** ou **déterminée.**

› Précisions a. Le travailleur à domicile est électeur et éligible aux élections du **CSE** s'il remplit les conditions requises.
Il est pris en compte dans l'**effectif** de l'entreprise dans les conditions indiquées n° 62380.
b. En cas de litige avec le donneur d'ouvrage, le tribunal compétent est le **conseil de prud'hommes** (n° 14615) du domicile du travailleur (n° 14660). Un syndicat peut agir en substitution d'un de ses membres (C. trav. art. L 7423-2).
c. Sur la question de savoir si l'employeur peut imposer à un salarié occupé dans l'entreprise de travailler désormais à domicile ou inversement et sur l'indemnisation du salarié en cas d'utilisation d'une partie du domicile à des fins professionnelles, voir n° 73930, à et n° 73960.

OBLIGATIONS DU DONNEUR D'OUVRAGE

74130 C. trav. art. L 7413-1 L 7413-3 **T-II-2500 s**

L'application de l'ensemble des dispositions légales concernant le travailleur à domicile incombe au **chef d'établissement,** dit donneur d'ouvrage, même s'il utilise un intermédiaire. Le donneur d'ouvrage doit procéder à la déclaration préalable à l'embauche, porter le travailleur à domicile sur le registre unique du personnel et l'informer sur les conventions et accords collectifs dont il bénéficie (voir n° 52280, b). Il doit communiquer à l'agent de contrôle de l'inspection du travail qui le demande une déclaration dès qu'il commence ou cesse de faire exécuter du travail à domicile. Sur son contenu en cas d'exécution de travaux réglementés, voir n° 74150.

› Précisions Le donneur d'ouvrage doit, en outre, sous peine de **sanctions pénales** (C. trav. art. R 7413-5, R 7421-4 et R 7422-17) :
– **afficher,** dans les locaux d'attente ainsi que dans ceux où s'effectuent la remise au travailleur des matières premières ou objets et la réception du travail après exécution, sauf s'il s'agit du domicile privé du travailleur, les temps d'exécution des travaux à domicile, les prix de façon ou les salaires applicables à ces travaux et les frais d'atelier et frais accessoires (C. trav. art. R 7422-12) ;
– établir un **bulletin ou un carnet** (C. trav. art. L 7421-1) dont les mentions obligatoires lors de la remise des travaux à effectuer, et lors de la livraison du travail achevé, sont réglementées (C. trav. art. R 7421-1 et R 7421-2). Un exemplaire est remis au travailleur et reste sa propriété ; un autre doit être conservé pendant au moins 5 ans par le donneur d'ouvrage et, le cas échéant, par son intermédiaire et présenté par eux à toute demande de l'agent de contrôle de l'inspection du travail (C. trav. art. L 7421-2). Les inscriptions relatives à chaque travail sont portées sous un numéro d'ordre figurant sur tous les exemplaires du bulletin ou du carnet (C. trav. art. R 7421-3) ;
– tenir une **comptabilité distincte des matières premières et fournitures** remises à chaque travailleur à domicile. Les registres de cette comptabilité sont tenus à la disposition de l'inspection du travail. Le Direccte peut demander un contrôle de cette comptabilité (C. trav. art. R 7413-1 et R 7413-2).

DURÉE DU TRAVAIL

74140 C. trav. art. L 7422-9 L 7422-10 **T-II-4600 s**

En vertu du principe exposé n° 74120, la législation relative à la durée du travail et au repos hebdomadaire est applicable au travailleur à domicile sous réserve des précisions ci-dessous. Il est assujetti au travail de la journée de solidarité : voir n° 31265, a.

› Précisions a. Lorsque le travailleur à domicile doit, pour se conformer aux délais fixés par le donneur d'ouvrage, prolonger son **activité au-delà de 8 heures par jour** ouvrable, il bénéficie, sauf dispositions conventionnelles plus favorables, d'une **majoration** du tarif d'exécution de 25 % au minimum pour les 2 premières heures supplémentaires et de 50 % au minimum pour les heures suivantes. Le droit de l'intéressé à ces majorations est apprécié sur la base des temps d'exécution visés n° 74170, b et compte tenu, le cas échéant, des concours auxquels il recourt.
Le **calcul** des heures supplémentaires est effectué dans le cadre de la journée, par dérogation au droit commun. Sur la preuve des heures accomplies voir n° 29755. Sur les peines applicables en cas d'infraction à ces dispositions, voir n° 74190.
Sur l'incidence d'une **réduction du volume de travail** fourni dans les relations entre employeur et travailleur à domicile, voir n°s 74160, b et 74200.
Sur l'application de la **réduction de cotisations salariales** sur les heures supplémentaires, voir n° 41340.
b. Le travailleur à domicile peut travailler à **temps partiel** (Cass. soc. 16-12-2005 n° 03-30.390 F-P : RJS 7/06 n° 903). En l'**absence de contrat écrit** et d'élément permettant de déterminer le nombre d'heures de travail accomplies, ce qui est le cas lorsque l'employeur ne satisfait pas aux obligations concernant le bulletin ou le carnet des travaux exécutés, le travailleur à domicile est présumé travailler à temps plein (Cass. soc. 19-10-2005 n° 03-47.343 F-D : RJS 1/06 n° 92 ; 3-11-2010 n° 09-40.255 FS-PB : RJS 2/11 n° 184).
c. Le travailleur à domicile travaillant un **dimanche** ou **un jour férié** pour respecter les

délais de livraison fixés par son employeur bénéficie des majorations conventionnelles.
Pour la journée du 1er Mai, il peut prétendre à une indemnité égale à 1/6e du salaire hebdomadaire moyen perçu pour la période de paie précédente (Rép. Durafour : AN 28-6-1972 nº 24414).
Sur les peines applicables en cas d'infraction à ces dispositions, voir nº 74190.

d. Les employeurs se libèrent de toute obligation en matière d'indemnisation des **congés payés,** par le paiement effectué en même temps que celui de la rémunération, d'une allocation égale à 10 % du montant brut de chaque paie, déduction faite des frais d'atelier (Arrêté du 13-10-1941 modifié). Le carnet des travaux exécutés à domicile (nº 74130) doit mentionner ce versement.

SANTÉ ET SÉCURITÉ

Le ministre du travail peut, par arrêté, déterminer les catégories de **travaux dangereux** pour la santé et la sécurité des travailleurs qui ne peuvent être effectués par les travailleurs à domicile que sous certaines conditions. 74150 C. trav. art. L 7424-1 à L 7424-3 R 7424-1 et R 7424-2 T-II-5550 s

L'employeur qui fait effectuer à domicile de tels travaux doit mentionner leur nature exacte dans la **déclaration** qu'il adresse à l'inspection du travail (nº 74130). En outre, il est responsable de l'application aux travailleurs à domicile et aux auxiliaires que ceux-ci emploient des mesures de protection individuelle prévues par les décrets édictant des prescriptions particulières à certaines professions, à certains modes de travail ou à certains risques.

Si les conditions dans lesquelles le travailleur à domicile et ses auxiliaires éventuels exécutent les travaux contreviennent aux règles de santé et sécurité au travail, l'agent de contrôle de l'inspection du travail peut mettre l'employeur en demeure de cesser dans les 15 jours de recourir aux services de ce travailleur.

RÉMUNÉRATION

La rémunération minimale du travailleur à domicile est fixée comme indiqué nº 74170. À cette rémunération s'ajoutent les **frais d'atelier** (nº 74180), l'indemnité de **congés payés** (nº 74140, d), et, le cas échéant, les **majorations** pour heures supplémentaires (nº 74140, a), ou travail le dimanche ou les jours fériés (nº 74140, c). 74160 T-II-6500 s

En vertu du principe exposé nº 74120, le travailleur à domicile bénéficie aussi de plein droit des **accessoires de salaire prévus par les conventions** et accords collectifs en vigueur chez le donneur d'ouvrage, sauf clause expresse contraire.

La **mensualisation** (nº 70755) ne s'applique pas au travailleur à domicile.

Sur le bénéfice du maintien de salaire légal en cas de **maladie,** voir nº 49765, a.

Les réclamations relatives au tarif, aux frais d'atelier, aux frais accessoires et aux congés payés se prescrivent par 5 ans à compter du paiement du salaire (C. trav. art. L 7423-1).

> **Précisions** **a.** Le travailleur à domicile peut prétendre à la prise en charge légale des **frais de transport** domicile-travail visée nº 70525. Les textes n'ayant pas précisé à son intention de modalités particulières d'application, cette question doit être réglée par **accord** entre les parties. Il est possible, par exemple, de fixer le montant à verser à 50 % du prix de l'abonnement aux transports en commun divisé par le nombre de jours travaillés que compte la période couverte par cet abonnement et multiplié par le nombre de jours compris dans cette période qui ont comporté des déplacements pour le travailleur à domicile.
> **b.** S'il n'a pas l'obligation, sauf disposition conventionnelle ou contractuelle contraire, de fournir un volume de travail constant au travailleur à domicile, l'employeur ne peut pas pour autant modifier unilatéralement et sans justification la **quantité de travail fourni et la rémunération,** sous peine de dommages-intérêts en réparation du préjudice subi de ce fait (Cass. soc. 10-10-2001 nº 99-45.420 F-P : RJS 12/01 nº 1469), même si le contrat de travail stipule que l'employeur ne peut pas s'engager à fournir un minimum de travail (Cass. soc. 5-4-2006 nº 03-45.888 FS-PB : RJS 6/06 nº 780). Sur l'incidence de la réduction ou de l'interruption de la fourniture de travail : voir nº 74200.
> **c.** Est illicite la clause du contrat de travail faisant dépendre la rémunération du travailleur à domicile du **règlement de la commande** par le client (Cass. soc. 10-5-2007 nº 05-44.313 FS-PBRI : RJS 7/07 nº 897).

Salaire minimum Le tarif minimum des travaux à domicile est le produit du salaire horaire applicable par le temps nécessaire à leur exécution. 74170 C. trav. art. L 7422-1 à L 7422-8 R 7422-1 à R 7422-9 T-II-6600

En l'absence de fixation du salaire horaire et du temps d'exécution des travaux dans les conditions précisées ci-dessous, le travailleur à domicile a droit à une rémunération au moins égale au **Smic** (nº 90010) pour le nombre d'heures de travail qu'il a effectuées (Cass. soc. 10-5-2007 nº 05-44.313 FS-PBRI : RJS 7/07 nº 897).

Les salaires prévus par les **conventions ou accords collectifs** sont applicables aux travailleurs à domicile compris dans leur champ d'application, sauf clause contraire.

› **Précisions** **a.** À défaut de convention ou d'accord collectif étendu ou lorsque les salaires pratiqués en atelier sont sensiblement supérieurs aux taux horaires prévus par la convention ou l'accord, le préfet constate le **salaire habituellement payé dans la région** aux ouvriers de la même profession travaillant en atelier. Le taux horaire du salaire peut être révisé soit d'office, soit sur demande des employeurs ou des travailleurs intéressés, lorsque des variations de salaires se sont produites d'une manière générale dans l'industrie en cause. Le ministre du travail peut aussi fixer les taux horaires de salaires.
En aucun cas, le taux horaire retenu ne peut être inférieur au Smic. Si le salaire fixé par un arrêté est inférieur au montant cumulé du Smic et des indemnités, primes ou majorations susceptibles de s'y ajouter, les tarifs d'exécution doivent être complétés dès la date d'entrée en vigueur du texte modifiant ledit minimum et sans attendre la publication d'un arrêté.
b. Le tableau des **temps nécessaires à l'exécution des travaux** est fixé, dans chaque branche d'activité, par convention ou accord collectif ou, à défaut, par arrêté préfectoral publiés au recueil des actes administratifs du département. Le ministre du travail peut aussi fixer ces temps.
Les **arrêtés** préfectoraux ou ministériels deviennent **caducs** dès qu'une convention collective applicable à l'entreprise est étendue (Circ.TE 39/64 du 31-3-1964, réputée abrogée).

74180 **Frais d'atelier et matières premières** Les frais d'atelier et les frais accessoires s'ajoutent au tarif minimum défini au n° 74170.

C. trav. art. L 7422-5 L 7422-11 L 7422-12 T-II-7350 s

La **valeur des matières premières et des fournitures accessoires** que le travailleur à domicile doit se procurer n'entre pas en compte pour la détermination du tarif. Elle fait l'objet d'un remboursement séparé. Les fournitures accessoires qu'il est tenu de prendre chez l'employeur doivent lui être fournies gratuitement.

› **Précisions** Les frais d'atelier afférents notamment au **loyer,** au **chauffage** et à l'**éclairage** du local de travail, à la force motrice et à l'amortissement normal des moyens de production ainsi que les frais accessoires sont déterminés par convention ou accord collectif ou arrêté préfectoral. À défaut, et en l'absence d'accord des parties, leur fixation revient au juge soit sur la base des frais réellement exposés (Cass. soc. 18-1-1995 n° 91-40.605 PBBS : RJS 3/95 n° 318), soit sur une base forfaitaire (Cass. soc. 17-5-2000 n° 98-41.461 D : RJS 7-8/00 n° 883).
Les frais d'atelier ne sont pas pris en compte pour le calcul de la majoration de salaire due pour **heures supplémentaires,** laquelle est calculée sur la seule base des tarifs d'exécution (voir n° 74140, a).

74190 **Sanctions** Toute contravention aux dispositions légales et réglementaires prévues en matière de fixation de salaire est passible de l'**amende** prévue pour les contraventions de 4e classe (n° 67285), appliquée autant de fois qu'il y a de travailleurs rémunérés dans des conditions illégales.

C. trav. art. R 7422-14 à R 7422-16

RUPTURE DU CONTRAT

74200 En vertu du principe exposé n° 74120, la rupture du contrat du travailleur à domicile est soumise aux règles de droit commun, sous réserve des précisions suivantes.

T-II-4100 s

› **Précisions** **a.** L'employeur qui n'a **plus de travail à fournir** au travailleur à domicile doit le **licencier** et justifier d'un motif légitime (Cass. soc. 21-6-1994 n° 93-40.143 D : RJS 11/94 n° 1316 ; 5-1-1995 n° 91-41.174 PBBS : RJS 2/95 n° 166). Tant qu'il ne l'a pas fait, son obligation de fournir du travail subsiste. Il peut alors être condamné à verser à l'intéressé des dommages-intérêts (n° 74160, b) et même être considéré comme l'ayant licencié (Cass. soc. 28-11-2001 n° 99-45.423 F-D : RJS 2/02 n° 244) sans cause réelle et sérieuse à défaut de lettre de licenciement (Cass. soc. 12-12-2001 n° 99-44.693 F-D : RJS 2/02 n° 244).
b. En cas d'engagement contractuel de l'employeur sur un volume de travail donné (n° 74160, b), la réduction de celui-ci constitue une modification du contrat de travail. Les conséquences du refus par le salarié de cette modification sont indiquées nos 17475 s.
c. En cas d'**inobservation du préavis,** l'**indemnité** compensatrice est calculée sur la moyenne des 6 mois précédant la rupture du contrat de travail (C. trav. art R 7413-4).

3. PROTECTION SOCIALE

SÉCURITÉ SOCIALE

74220 Le travailleur à domicile est **obligatoirement assujetti** au régime général de sécurité sociale. Ce régime lui est applicable sous réserve des particularités exposées nos 74230 s. Par exception, les personnes exerçant à domicile une activité susceptible de relever du régime des **artistes-auteurs** doivent être affiliées aux organismes de ce régime : n° 4355, a.

CSS art. L 311-3, 1° T-II-8550 s

Cotisations L'**assiette** des **cotisations de sécurité sociale** du travailleur à domicile est constituée par la rémunération globale versée par l'employeur, y compris la majoration pour congés payés (n° 74140, d), après déduction des rémunérations qu'il verse lui-même, le cas échéant, à ses propres auxiliaires et des remboursements de frais (ou des majorations ou allocations forfaitaires versées en couverture de ces frais), sous réserve que les sommes ainsi versées aient été utilisées conformément à leur objet. Pour déterminer les frais professionnels et les modalités de leur prise en charge, l'employeur peut se référer aux règles définies pour le télétravail (n° 73990). **74230** CSS art. L 242-1 L 241-9 Arrêté du 29-12-1969

Lorsque les frais d'atelier sont fixés par convention collective ou arrêté préfectoral, les allocations forfaitaires sont déductibles si elles sont utilisées conformément à leur objet et n'excèdent pas les taux fixés par la convention ou l'arrêté préfectoral (Circ. DSS 7 du 7-1-2003 réputée abrogée). Dans les professions visées à l'arrêté du 29-12-1969 (JO 7-1-1970), le travailleur à domicile a droit à une **déduction forfaitaire** pour frais d'atelier (voir n°s 22770 s. pour les conditions d'application).

Les rémunérations des travailleurs à domicile sont assujetties à la CSG et à la CRDS, aux contributions solidarité autonomie, Fnal et dialogue social ainsi que, le cas échéant, au versement de transport.

Les **taux** de cotisation sont les taux de droit commun (n° 90030). Les travailleurs à domicile ouvrent droit aux exonérations de cotisations sociales dans les mêmes conditions que les autres salariés. **74240**

Le système de neutralisation du **plafond** propre aux salariés à temps partiel ne leur est pas applicable (Inst. Acoss du 1-10-1981). Le plafond peut être **corrigé** du rapport entre le nombre de jours de la période de paie et le nombre de jours calendaires (Circ. DSS 351 du 19-12-2017).

> **Précisions a.** L'**organisme de recouvrement compétent** pour recevoir les cotisations est celui dont relève **l'établissement employeur** des travailleurs à domicile (Circ. Acoss 21 du 4-4-1973). C'est l'inscription sur le registre du personnel qui détermine l'établissement de rattachement ou, si l'employeur n'est pas soumis à cette obligation, l'accomplissement de démarches identiques (CSS art. R 130-2).
> **b.** Les cotisations ne sont pas soumises à **régularisation** (CSS art. R 242-2, III).
> **c.** Lorsque le travailleur à domicile emploie des **auxiliaires,** c'est l'employeur du travailleur à domicile et non ce dernier qui doit verser les cotisations patronales dues au titre de ces auxiliaires et qui répond des infractions à la législation de sécurité sociale commises à leur égard. Le travailleur à domicile **déclare** à cet effet dans les 5 premiers jours de chaque trimestre à chacun de ses employeurs les sommes qu'il a versées au cours du trimestre précédent aux auxiliaires qui travaillent avec lui pour leur compte ainsi que leurs noms et numéros d'immatriculation. À défaut de telles déclarations, l'employeur du travailleur à domicile doit alerter l'Urssaf pour dégager sa responsabilité (CSS art. L 241-9, al. 1 et R 242-3, al. 2).

Prestations Les frais de santé sont pris en charge dans les conditions de droit commun (n°s 50120 s.). Les **prestations en espèces** le sont dans les conditions prévues à l'article R 313-7 du CSS pour les professions à caractère saisonnier ou discontinu : voir n° 50310 (Circ. DSS 163 du 16-4-2013, opposable). **74250** CSS art. L 412-2

Le travailleur à domicile a droit aux **prestations familiales** et à la protection contre les **accidents du travail.** Sur la définition de l'accident du travail pour le travailleur à domicile, voir n° 630.

RETRAITE COMPLÉMENTAIRE ET CHÔMAGE

Le travailleur à domicile est obligatoirement affilié à une institution du régime unifié de retraite complémentaire **Agirc-Arrco** (n°s 67900 s.). **74260** J-II-2160 s T-II-9600 s QA-II-31850 s

Il bénéficie de l'**assurance chômage** dans des conditions spécifiques fixées par l'annexe V au règlement Unédic, les **cotisations** étant dues sur une base identique à celle des cotisations de sécurité sociale.

En cas de mise en **activité partielle,** voir n°s 1450 s.

TRANSFERT D'ENTREPRISE

SOMMAIRE

PRÉSENTATION DES OPÉRATIONS DE TRANSFERT

La notion de transfert d'entreprise, ou **« modification de la situation juridique de l'employeur »,** recouvre des situations diverses, les unes expressément visées par la loi, les autres résultant d'une interprétation ou d'une construction jurisprudentielle (voir n° 74600). L'opération peut concerner une entreprise saine ou une entreprise en difficulté faisant l'objet d'une procédure collective. 74500

Afin de limiter les **incidences du changement d'employeur** sur les **relations individuelles et collectives du travail,** les droits français et européen organisent la continuité de la relation contractuelle, le maintien provisoire du statut collectif, le transfert au nouvel employeur des obligations incombant au précédent et le maintien des mandats des représentants du personnel.

> Précisions Le transfert d'entreprise a également des incidences sur les régimes de **protection sociale** et les diverses obligations sociales des employeurs. Il en est ainsi, par exemple, du paiement des cotisations de sécurité sociale (n° 23920) et des obligations vis-à-vis des régimes obligatoires de retraite complémentaire (n° 67940, d et e) ou supplémentaire (n°s 59345 s.).
S'agissant des conséquences du transfert sur les régimes d'**épargne salariale,** voir n° 33800 (participation des salariés), n° 34430, b (plan d'épargne d'entreprise) et n° 34170 (intéressement).

A. Transfert des contrats de travail

En cas de transfert d'entreprise, le droit interne et le droit européen posent le principe du maintien, sous certaines conditions, des contrats de travail en cours. Si ces conditions ne sont pas réunies, le transfert des contrats peut s'opérer en application d'un accord collectif (n° 75030) ou par la volonté des parties (n° 75035). 74550 ND-I-500 s

1. CONDITIONS D'APPLICATION

Selon la jurisprudence, l'application de l'article L 1224-1 du Code du travail, tel qu'interprété au regard du droit européen, exige la réunion de **deux conditions** qui ne sont pas toujours clairement dissociées : 74560 C. trav. art. L 1224-1 Dir. 2001/23 du 12-3-2001 ND-I-650 s

– transfert d'une entité économique autonome ;
– maintien de l'identité de l'entité transférée avec poursuite ou reprise de l'activité de cette entité par le repreneur.

Lorsque ces conditions sont remplies, le transfert s'opère à la **date** à laquelle le nouvel exploitant est mis en mesure d'en assurer la direction (Cass. soc. 19-5-2010 n° 08-45.638 F-D : RJS 7/10 n° 585 ; 30-11-2010 n° 09-41.274 F-D : RJS 2/11 n° 100 ; CJCE 26-5-2005 aff. 478/03 : RJS 12/05 n° 1280).

› Précisions **a.** L'absence de **lien de droit** entre les employeurs successifs ne fait pas obstacle au jeu de l'article L 1224-1 (jurisprudence constante depuis Cass. ass. plén. 16-3-1990 n° 86-40.686 P : RJS 4/90 n° 281).
b. Le **comité social et économique** (CSE), en cas d'atteinte à son fonctionnement ou à ses ressources (Cass. soc. 4-11-2020 n° 19-10.626 F-D : RJS 1/21 n° 22), et les **syndicats,** au nom de l'intérêt collectif de la profession (Cass. soc. 23-9-2009 n° 08-42.109 FS-PB : RJS 12/09 n° 957), peuvent intervenir aux côtés des salariés à l'occasion d'un litige portant sur l'applicabilité de l'article L 1224-1, mais ils ne peuvent pas agir à leur place pour demander la poursuite de leurs contrats de travail (Cass. soc. 12-7-2017 n° 16-10.460 FS-PB : RJS 10/17 n° 682) ou s'opposer à leur transfert (Cass. soc. 11-9-2012 n° 11-22.014 FS-PB : RJS 11/12 n° 882 ; 4-11-2020 n° 19-10.626 F-D : RJS 1/21 n° 22). De même, en l'absence de fraude du salarié, l'**AGS** est irrecevable à demander la reconnaissance d'un transfert de contrat de travail (Cass. soc. 8-12-2016 n° 14-28.401 FS-PB : RJS 2/17 n° 95).
c. Sur le **juge compétent** en cas de litige portant sur l'application de l'article L 1224-1 dans le cadre du transfert d'une entité économique autonome prévue dans un **PSE,** voir n° 48250.

TRANSFERT D'UNE ENTITÉ ÉCONOMIQUE AUTONOME

74565 ND-I-850 s
Le transfert doit porter sur une entité économique autonome définie par la jurisprudence comme un ensemble organisé de personnes et d'éléments corporels ou incorporels permettant l'exercice d'une activité économique qui poursuit un objectif propre (Cass. soc. 7-7-1998 n° 96-21.451 PB : RJS 11/98 n° 1346 ; 27-2-2013 n° 12-12.305 F-D : RJS 5/13 n° 350).

ATTENTION

Ne constitue pas une entité économique autonome un service qui n'est qu'un simple **démembrement des services centraux** d'une entreprise et ne dispose pas au sein de celle-ci d'une autonomie tant dans ses moyens en personnel, en raison de la polyvalence de ses salariés, que dans l'organisation de sa production (Cass. soc. 18-7-2000 n° 98-18.037 FS-PB : RJS 11/00 n° 1063).

74570 ND-I-1000 s
Activité économique L'application de l'article L 1224-1 suppose le transfert d'une activité économique, peu important qu'elle soit exercée dans un but non lucratif (CJCE 14-9-2000 aff. 343/98 : RJS 12/00 n° 1308) ou dans l'intérêt public (CJCE 26-9-2000 aff. 175/99 : RJS 1/01 n° 138). Il peut s'agir d'une activité de production ou de services.
L'activité peut être principale, **secondaire ou accessoire** (Cass. soc. 18-7-2000 n° 98-18.037 FS-PB : RJS 11/00 n° 1063 ; 15-12-2004 n° 03-46.105 F-D : RJS 2/05 n° 124).

› Précisions Le caractère économique de l'activité entraîne certaines **exclusions.** Il en va ainsi des opérations purement patrimoniales telles que la simple vente d'un immeuble d'habitation (Cass. soc. 3-10-1989 n° 87-43.953 P : RJS 11/89 n° 825 ; 23-9-2009 n° 07-40.844 FP-PB : RJS 12/09 n° 900) ou des cessions de titres (n° 74615). Sont également exclues les activités de particulier employeur (Cass. soc. 5-12-1989 n° 86-43.165 P : RJS 2/90 n° 91 ; 26-9-2012 n° 11-11.697 FP-D : RJS 12/12 n° 990) ou de syndicat de copropriété (CA Versailles 7-2-2002 n° 01-1723).

74575 ND-I-900 s
Entité autonome La branche d'activité, le secteur d'activité ou le service transféré doit constituer une **entité distincte et détachable** des autres activités exercées par le cédant, dotée d'une organisation spécifique et poursuivant un objectif propre (Cass. soc. 28-6-2000 n° 98-43.692 F-D : RJS 12/00 n° 1225 ; 29-10-2003 n° 01-43.719 F-D : RJS 1/04 n° 7 ; 2-2-2006 n° 04-41.089 F-D : RJS 4/06 n° 398).
L'entité économique doit jouir d'une **autonomie de gestion** (Cass. soc. 8-7-2009 n° 08-44.396 F-D : RJS 11/09 n° 834) et **budgétaire et comptable** (Cass. soc. 26-2-2003 n° 00-22.026 F-D : RJS 5/03 n° 571). Pour le juge européen, elle doit aussi jouir d'une autonomie **fonctionnelle** suffisante, c'est-à-dire que les responsables du groupe de salariés concerné doivent disposer des pouvoirs suffisants pour organiser leur travail de manière indépendante (CJUE 29-7-2010 aff. 151/09 : RJS 12/10 n° 997 ; 6-3-2014 aff. 458/12 : RJS 7/14 n° 604).

74580 ND-I-1200 s ND-I-1580 s
Ensemble organisé de moyens L'entité économique transférée doit disposer :
– d'un **personnel propre** spécifiquement affecté à l'exercice de l'activité, même si ce n'est que partiellement (n° 74670, d), par exemple d'un personnel doté d'une qualification professionnelle particulière si l'activité le requiert, ou spécialement recruté ;
– de **moyens corporels** (bâtiments, ateliers, terrains, équipements, matériel, stock, outillage, etc.) et/ou **incorporels** (clientèle, marque, droit au bail, etc.).
L'ensemble de ces moyens doit concourir à l'exercice d'une activité poursuivant un **objectif propre,** c'est-à-dire qu'il doit tendre à des résultats spécifiques et à une finalité propre (Cass. soc. 23-1-2002 n° 99-46.245 F-D : RJS 5/02 n° 533 ; 21-5-2014 n° 13-18.539 F-D : RJS 8-9/14 n° 611).

> **Précisions** **a.** Dans les **secteurs** d'activité reposant essentiellement sur la **main-d'œuvre** (ex. : nettoyage, gardiennage ou surveillance), le juge européen considère que la reprise d'une partie conséquente du personnel par le nouvel exploitant peut emporter transfert d'une entité économique autonome, même sans transfert d'actifs (CJCE 10-12-1998 aff. 127/96, 229/96 et 74/97 : RJS 2/99 n° 315 ; 24-1-2002 aff. 51/00 : RJS 4/02 n° 511 ; CJUE 11-7-2018 aff. 60/17 : RJS 12/18 n° 791). Le juge français exige au contraire dans tous les cas une conjonction de moyens en personnel et d'éléments d'actifs (Cass. soc. 20-12-2006 n° 04-19.829 FS-PB : RJS 2/07 n° 196 ; 12-12-2013 n° 12-20.081 F-D : RJS 2/14 n° 101).
> **b.** Dans les secteurs où les **éléments corporels** contribuent de manière importante à l'exercice de l'activité (ex. : restauration collective, transports publics), le juge européen considère que l'absence de transfert de ces éléments ne fait pas nécessairement obstacle à l'application de la directive si d'autres circonstances, comme la reprise de l'essentiel des effectifs et la poursuite ininterrompue de l'activité, permettent de caractériser le maintien de l'identité de l'entité économique concernée (CJUE 27-2-2020 aff. 298/18 : RJS 5/20 n° 271).

MAINTIEN DE L'IDENTITÉ DE L'ENTITÉ TRANSFÉRÉE

L'entité économique doit conserver son identité après le transfert, ce qui résulte notamment de la poursuite ou de la reprise par le repreneur de l'**activité avec les moyens d'exploitation** nécessaires. **74585** ND-I-1950 s

La **seule poursuite** d'une activité identique ne peut pas suffire à caractériser ce transfert (Cass. soc. 26-6-2008 n° 07-41.294 F-D : RJS 10/08 n° 955 ; CJUE 20-1-2011 aff. 463/09 : RJS 5/11 n° 486).

Le transfert des éléments d'exploitation ne suppose pas forcément un **transfert de propriété** des actifs, une simple **mise à disposition** des moyens d'exploitation nécessaires à l'activité étant suffisante (Cass. soc. 3-4-2002 n° 00-40.299 F-P : RJS 6/02 n° 655 ; 24-11-2009 n° 08-44.148 F-PB : RJS 2/10 n° 155 ; CJCE 20-11-2003 aff. 340/01 : RJS 4/04 n° 474).

> **Précisions** **a.** La **condition d'identité** s'apprécie à la **date** du transfert (n° 74560), les modifications ultérieures de fonctionnement étant à cet égard sans incidence (Cass. soc. 10-7-2007 n° 06-40.406 F-D : RJS 10/07 n° 1024).
> **b.** La seule **perte de l'autonomie organisationnelle** (intégration de l'entité dans la structure mise en place par l'entreprise repreneuse) est sans incidence si le lien fonctionnel entre les différents facteurs de production est maintenu et permet au cessionnaire d'utiliser ceux-ci pour poursuivre une activité identique ou analogue (CJCE 12-2-2009 aff. 466/07 : RJS 6/09 n° 593).
> Sont également sans incidence un simple changement dans les **modalités d'exploitation** ou le profil de la **clientèle** (Cass. soc. 12-10-2004 n° 02-44.309 F-D : RJS 12/04 n° 1249 ; 2-11-2005 n° 03-47.215 F-D : RJS 1/06 n° 14), le **regroupement fonctionnel** de l'activité cédée avec une activité identique du cessionnaire (Cass. soc. 13-11-2007 n° 06-41.800 F-D : RJS 1/08 n° 5), un changement de propriétaire des **locaux** (Cass. soc. 20-12-2006 n° 04-42.475 FS-PB : RJS 3/07 n° 312), de la **forme sociale** (Cass. soc. 15-2-2006 n° 04-43.923 FS-PB : RJS 5/06 n° 533) ou de **direction** (Cass. soc. 8-2-2005 n° 01-44.190 F-D : RJS 4/05 n° 346). Sur les conséquences du passage d'un mode de gestion privée à un mode de gestion publique, voir n°s 74640 s.
> **c.** L'identité n'existe plus en cas de **changement d'activité** (Cass. soc. 9-6-1983 n° 81-40.257 P ; 12-7-2010 n° 09-41.403 FS-PB : RJS 10/10 n° 723) ou d'**éclatement de l'activité** entre plusieurs repreneurs (Cass. soc. 23-10-2007 n° 06-45.289 FS-PB : RJS 1/08 n° 7 ; 3-3-2009 n° 07-45.641 F-D : RJS 5/09 n° 413), sauf impossibilité de distinguer les prestations de chacune des sociétés repreneuses (Cass. soc. 14-9-2017 n° 16-14.374 FS-D : RJS 11/17 n° 728). Le juge européen considère pour sa part qu'une activité peut être transférée à plusieurs cessionnaires (CJUE 26-3-2020 aff. 344/18 : RJS 7/20 n° 394). Sur le sort du contrat de travail dans ce cas, voir n° 74670, d.
> **d.** Une **interruption temporaire** d'activité ne fait pas obstacle au jeu de l'article L 1224-1 (Cass. soc. 12-10-1999 n° 97-42.850 PB : RJS 4/00 n° 378 ; 19-1-2011 n° 09-72.317 F-D : RJS 4/11 n° 297 ; CJUE 7-8-2018 aff. 472/16 : RJS 12/18 n° 792).
> **e.** S'agissant du cas où l'état des actifs transférés ne permet plus la poursuite de l'exploitation (**ruine du fonds**), voir n° 74635.

2. SITUATIONS CONCERNÉES

L'article L 1224-1 du Code du travail envisage la poursuite par le nouvel employeur des contrats de travail en cours, notamment en cas de **succession, vente, fusion, transformation du fonds, mise en société.** Cette liste n'étant pas limitative, la jurisprudence a précisé le champ d'application de ce texte et l'a étendu à d'autres opérations. **74600** ND-I-3500 s ND-I-28000 s

SUCCESSION

En cas de décès de l'employeur, les contrats de travail sont transmis à ses héritiers, sauf **renonciation** de ces derniers à la succession. **74605** ND-I-3600 s

L'**arrêt d'activité** de l'entreprise ne dispense pas la succession du paiement des indemnités de rupture.

CESSION DE L'ENTREPRISE

74610 ND-I-3900 s Une **cession totale,** telle la **vente** de l'entreprise, entre dans le champ de l'article L 1224-1 dès lors que l'acheteur poursuit la même activité que le vendeur et que l'entité économique conserve son identité (nº 74585).

Il en va de même de la **cession partielle** d'une entreprise ou d'un établissement lorsque la branche d'activité cédée constitue une entité économique autonome au sens indiqué nºs 74565 s., qui conserve son identité et dont l'activité est poursuivie ou reprise (Cass. soc. 14-12-2005 nº 03-48.404 F-D : RJS 2/06 nº 170).

Pour les opérations de cession portant sur une **marque** ou sur la **clientèle,** voir nº 74630.

ILLUSTRATIONS

Il y a **transfert d'entreprise** au sens de l'article L 1224-1 en cas de :
– cession d'un cabinet dentaire, avec la clientèle qui lui est attachée (Cass. soc. 30-4-2003 nº 01-40.244 F-D : RJS 7/03 nº 851) ;
– cession de tous les dossiers en cours d'un avocat à un autre (Cass. soc. 25-9-2007 nº 06-41.892 F-D : RJS 12/07 nº 1246 ; 12-3-2008 nº 06-46.090 F-D : RJS 5/08 nº 517) ;
– acquisition par une société de l'essentiel des camions d'une société de transport, reprenant la clientèle de celle-ci et poursuivant avec ces nouveaux moyens la même activité, même si la totalité du fonds n'a pas été cédée (Cass. soc. 25-10-2006 nº 04-47.784 F-D : RJS 1/07 nº 14).

En revanche, la vente d'actifs isolés (matériel, locaux, terrains) **n'entre pas dans le champ** de l'article L 1224-1 (Cass. soc. 16-10-1984 nº 82-41.948 P ; 2-5-1989 nº 86-42.562 D : RJS 6/89 nº 474), sauf si elle s'inscrit dans le cadre d'une opération plus large et s'accompagne du transfert effectif de l'activité économique à laquelle étaient affectés les éléments d'actifs cédés (Cass. soc. 14-1-1988 nº 84-43.446 P : RJS 1/89 nº 3).

MODIFICATIONS TOUCHANT AU CAPITAL SOCIAL

74615 ND-I-4150 s Entrent dans le champ de l'article L 1224-1 les opérations de **fusion** (par absorption par une société préexistante ou création d'une société nouvelle), **mises en société** ou **apports en société.**

Il en va de même de la **filialisation** d'une activité avec transfert d'une entité économique au sens indiqué nºs 74565 s. (Cass. soc. 16-11-1993 nº 91-43.314 P : RJS 1/94 nº 4 ; 2-3-1999 nº 97-20.535 D : RJS 4/99 nº 479).

En revanche n'opère aucun transfert d'une entité économique la **prise de contrôle** d'une société par une autre (Cass. soc. 12-2-1985 nº 83-43.850 P) ou la **simple prise de participation** (Cass. soc. 19-12-1990 nº 87-44.669 P : RJS 3/91 nº 310 ; 22-1-2002 nº 00-40.787 FS-P : RJS 4/02 nº 396).

ATTENTION

La **cession de participations** détenues par l'employeur dans d'autres sociétés ne réalise pas le transfert au cessionnaire d'une entité autonome, sauf si cette opération s'accompagne du transfert de moyens d'exploitation matériels et humains relevant d'une branche ou d'un secteur d'activité autonome (Cass. soc. 29-10-2002 nº 00-45.166 FS-PB : RJS 1/03 nº 11).

PRESTATIONS DE SERVICES ET SOUS-TRAITANCE

74620 ND-I-5400 s Le recours à une entreprise extérieure par **« externalisation »** d'une activité, le **changement de prestataire** ou de sous-traitant, ou la **reprise en gestion directe** d'une activité confiée précédemment à un tiers entrent dans le champ de l'article L 1224-1 si ces opérations s'accompagnent du transfert d'une entité économique autonome (nºs 74565 s.).

L'exécution, la reprise ou la perte d'un marché de prestations n'entraîne pas à elle seule un tel transfert (Cass. soc. 6-11-1991 nº 90-21.437 PF : RJS 12/91 nº 1293 ; 15-1-2003 nº 00-46.416 F-D : RJS 4/03 nº 419 ; 13-5-2009 nº 08-40.368 F-D : RJS 7/09 nº 606), mais la poursuite des contrats de travail peut être imposée par la **convention ou l'accord collectif** même si les conditions d'application de l'article L 1224-1 ne sont pas réunies (voir nº 75030).

Sur l'importance respective des **moyens d'exploitation** et en **personnel** dans l'entité économique pouvant faire l'objet d'un transfert, voir nº 74580.

74625 ILLUSTRATIONS

L'**application** de l'article L 1224-1 **a été retenue** dans les cas suivants :
– reprise en gestion directe avec les mêmes moyens d'un **service de restauration** ou d'une cafétéria jusqu'alors gérée par un prestataire extérieur avec des moyens spécifiques en personnel et en matériel dans les locaux d'une maison de retraite au bénéfice de ses pensionnaires (Cass. soc. 11-7-1994 nº 93-41.416 D : RJS 8-9/94 nº 965 ; 28-11-2001 nº 99-45.593 F-D : RJS 4/02 nº 395) ;
– reprise par un nouveau prestataire d'une concession de **service de location de téléviseurs** dans un hôpital dès lors que l'activité, servie par des éléments incorporels tels que la clientèle et

bénéficiant d'un personnel spécialement affecté, était restée la même (Cass. soc. 12-6-2002 n° 00-40.991 F-D : RJS 10/02 n° 1080) ;
– externalisation d'un **service informatique** doté de moyens particuliers en personnel et en matériel, et tendant à des résultats spécifiques (Cass. soc. 23-1-2002 n° 99-46.245 F-D : RJS 5/02 n° 533 ; 8-7-2009 n° 08-44.396 F-D : RJS 11/09 n° 834) ou encore des **services généraux** d'un groupe de sociétés dès lors que, malgré la diversité de leurs missions, ils sont composés d'équipes autonomes, disposent d'une organisation spécifique et poursuivent un objectif propre détachable de l'activité principale des sociétés du groupe (Cass. soc. 26-5-2004 n° 02-17.642 F-D : RJS 8-9/04 n° 888) ;
– sous-traitance par une société de **transport** de ses produits dès lors que cette activité constitue pour elle une entité distincte et détachable de ses autres activités, dotée d'une organisation spécifique et d'un personnel propre spécialement qualifié (Cass. soc. 28-6-2000 n° 98-43.692 F-D : RJS 12/00 n° 1225) ;
– changement de concessionnaire pour l'exploitation de **remontées mécaniques** avec mise à disposition des concessionnaires successifs de l'ensemble des moyens d'exploitation (Cass. soc. 9-11-2005 n° 03-47.188 F-PB : RJS 1/06 n° 13) ;
– reprise par la filiale d'un groupe exploitant de grandes surfaces des **opérations de promotion des ventes** auparavant confiées à un prestataire extérieur, dès lors qu'un personnel qualifié est spécialement affecté à cette activité et que celle-ci se poursuit sous la direction de la filiale avec la plus grande partie du personnel et des moyens identiques (Cass. soc. 24-9-2002 n° 00-44.923 FS-D : RJS 12/02 n° 1356).

L'**application** de l'article L 1224-1 **a été écartée** dans les cas suivants :
– entreprise confiant l'**entretien de ses locaux** à un prestataire extérieur, une telle tâche ne constituant pas à elle seule une entité économique autonome (Cass. soc. 18-12-2000 n° 98-42.885 FS-PB : RJS 2/01 n° 168 ; 22-1-2008 n° 06-44.033 F-D : RJS 3/08 n° 251) ;
– attribution par un hôtel à un prestataire extérieur du marché de nettoyage de ses chambres sans transfert d'éléments d'exploitation corporels ou incorporels significatifs (Cass. soc. 25-4-2007 n° 04-47.710 F-D : RJS 7/07 n° 814) ;
– succession de prestataires pour le nettoyage des locaux d'une clinique en l'absence d'éléments caractérisant le transfert d'une entité économique autonome (Cass. soc. 18-2-2004 n° 01-46.432 F-D : RJS 5/04 n° 507) ou pour l'**entretien des espaces verts** d'une ligne de RER dès lors que le nouveau titulaire du marché l'exploite avec des moyens différents (Cass. soc. 6-11-2002 n° 00-43.487 F-D : RJS 1/03 n° 10) ;
– société chargée, en plus du nettoyage d'un aéroport, d'une **mission d'assistance technique,** que n'assurait pas le précédent prestataire dans le cadre de son marché de nettoyage, et nécessitant l'acquisition d'un matériel spécifique (Cass. soc. 14-6-2005 n° 03-43.677 F-D : RJS 10/05 n° 956) ;
– succession de prestataires sur un marché de **gardiennage** (Cass. soc. 13-12-1995 n° 94-40.816 D : RJS 2/96 n° 99) ou un marché de restauration collective sans reprise des moyens d'exploitation (Cass. soc. 26-1-2005 n° 02-45.626 F-D : RJS 4/05 n° 345) ;
– reprise d'une concession administrative de **lignes d'autobus** sans reprise ni des locaux ni du matériel de l'ancien exploitant (Cass. soc. 8-2-1994 n° 91-43.596 D : RJS 3/94 n° 226) ;
– sociétés d'ambulances se succédant pour le **transport des malades** d'un centre hospitalier sans reprise des moyens d'exploitation (Cass. soc. 25-6-2002 n° 01-41.848 FS-PB : RJS 10/02 n° 1079).

DISTRIBUTION COMMERCIALE

La reprise de la commercialisation des produits d'une **marque** et de la **clientèle** qui y est attachée entraîne, en principe, le transfert d'une entité économique autonome qui poursuit un objectif propre, conserve son identité et dont l'activité est poursuivie ou reprise et, par voie de conséquence, le transfert des contrats de travail au nouveau distributeur (Cass. soc. 13-4-1999 n° 96-44.254 PB : RJS 6/99 n° 794 ; 18-2-2004 n° 00-45.331 F-D : RJS 5/04 n° 590 ; 12-11-2008 n° 07-43.256 F-D : RJS 1/09 n° 13). **74630** ND-I-5700 s

› Précisions a. Il en va ainsi en cas de **changement de concessionnaire** exclusif de la vente d'automobiles d'une marque (Cass. soc. 11-6-2002 n° 01-43.051 FS-PBRI : RJS 8-9/02 n° 947 ; 12-2-2003 n° 00-46.187 F-D : RJS 4/03 n° 418).
b. Si, à l'issue d'un contrat de concession exclusive, la société concédante n'a **pas** désigné **de nouveau concessionnaire,** celle-ci n'est pas tenue de poursuivre les contrats de travail dès lors qu'elle n'a pas repris à son compte l'activité de son ancien concessionnaire. Ce dernier reste donc l'employeur des salariés (Cass. soc. 28-5-2003 n° 02-41.999 FS-P : RJS 8-9/03 n° 984). Il en va de même lorsque la **concession exclusive** n'est pas reprise par un concessionnaire unique, mais est **éclatée** entre plusieurs entreprises de la région (Cass. soc. 28-5-2003 n° 01-41.263 FS-P : RJS 8-9/03 n° 984).
c. Il n'y a pas de transfert d'entreprise lorsque la cession ne porte que sur **une partie de la clientèle** et **certaines références** de la marque, et que la société cédante conserve la gestion de la paie et du service informatique et assure toujours la fabrication des produits et le fonctionnement de l'entité cédée (Cass. soc. 10-6-2015 n° 13-27.144 FS-PB : RJS 10/15 n° 619).

LOCATION-GÉRANCE

74635
ND-I-4600 s

Selon une jurisprudence constante, le transfert légal des contrats de travail s'opère en cas de **mise en location-gérance** d'un fonds de commerce, **changement de locataire-gérant** ainsi qu'en principe à la **fin de la location-gérance,** le fonds faisant alors retour au bailleur.

› Précisions a. Le **retour du fonds au bailleur** suppose que l'exploitation soit susceptible d'être poursuivie. Si le fonds a disparu ou est devenu inexploitable par suite de la mauvaise gestion du locataire, le propriétaire n'est pas tenu de maintenir les contrats de travail (Cass. soc. 24-10-1989 n° 87-41.679 D : RJS 12/89 n° 909 ; 14-3-2012 n° 11-12.883 F-D : RJS 5/12 n° 420).

b. La **mise en liquidation judiciaire** du locataire-gérant n'est pas en soi de nature à entraîner la disparition ou la **ruine du fonds.** Si celui-ci est toujours exploitable, il fait retour au propriétaire dès le jugement de liquidation judiciaire ayant prononcé la résiliation du contrat de location-gérance (Cass. soc. 20-3-2001 n° 99-41.392 FS-P : RJS 6/01 n° 726 ; 18-3-2009 n° 07-43.864 F-D : RJS 6/09 n° 500) et le propriétaire doit alors poursuivre les contrats de travail (par exemple, Cass. soc. 11-5-1999 n° 97-42.026 P : RJS 7/99 n° 901).

TRANSFERT DU SECTEUR PRIVÉ VERS LE PUBLIC

74640
C. trav. art. L 1224-3
ND-I-5900 s

Cas d'application En cas de transfert d'une activité du secteur privé vers le secteur public, la seule circonstance que le **cessionnaire** soit une **personne morale de droit public** liée à son personnel par des rapports de droit public et que l'entité économique transférée revête la nature d'un **service public administratif** ou d'un service public **industriel et commercial** ne peut pas suffire à caractériser une modification dans l'identité de l'entité transférée (Cass. soc. 25-6-2002 n° 01-43.467 FS-PBRI : RJS 10/02 n° 1078 ; 23-10-2007 n° 06-45.289 FS-PB : RJS 1/08 n° 7). L'article L 1224-1 s'applique si les **conditions du transfert** d'une entité économique conservant son identité et dont l'activité est poursuivie ou reprise sont réunies (n°s 74560 s.).

ILLUSTRATIONS

Le **transfert** des contrats de travail a été **admis** dans les cas suivants :
– reprise en régie directe d'une **cantine scolaire** après la dissolution de l'association précédemment gestionnaire (Cass. soc. 3-5-2007 n° 05-45.722 F-D : RJS 7/07 n° 812) ;
– reprise à son compte par une commune des installations portuaires et de la gestion d'un **port de plaisance** concédée auparavant à une société civile immobilière (Cass. soc. 14-1-2003 n° 01-43.676 FS-PBI : RJS 3/03 n° 319) ;
– exploitation d'un **golf** reprise par une commune après résiliation du contrat d'affermage précédemment conclu pour cette activité avec une entreprise privée (Cass. soc. 24-2-2004 n° 01-40.714 F-D : RJS 5/04 n° 506) ;
– transfert de la gestion d'un **site touristique** à un établissement public administratif (Cass. soc. 23-2-2005 n° 03-40.724 F-D : RJS 5/05 n° 479) ;
– poursuite, par une commune, de l'activité de gestion d'une **crèche,** jusqu'alors assurée par une association, avec la plus grande partie du personnel et la même clientèle familiale (Cass. soc. 10-3-2010 n° 08-44.636 F-D : RJS 5/10 n° 402) ;
– reprise par une commune, sur le même lieu, de l'**activité d'accueil et de loisirs** précédemment exercée par une association (Cass. soc. 22-9-2015 n° 13-26.032 FS-PB : RJS 12/15 n° 752) ;
– rachat d'une **clinique** (immeubles, équipements, matériel et plateau technique) par un établissement hospitalier, celui-ci poursuivant l'activité auparavant exercée par la clinique avec les moyens fournis par cette dernière, qui s'ajoutent sans changement aux moyens du centre hospitalier (Cass. soc. 25-6-2002 n° 01-43.467 FS-PBRI : RJS 10/02 n° 1078 ; 20-10-2004 n° 03-44.826 F-D : RJS 1/05 n° 11) ;
– transmission partielle à un établissement hospitalier des autorisations d'exploitation de lits et de places d'une clinique, à la cessation d'activité de celle-ci (Cass. soc. 17-12-2003 n° 02-44.358 FS-PBI : RJS 2/04 n° 175).

74645
C. trav. art. L 1224-3
ND-I-6230 s

Proposition d'un contrat de droit public En cas de reprise de l'entité économique employant des salariés de droit privé par une personne publique dans le cadre d'un **service public administratif,** il appartient à la personne publique de proposer à ces salariés un contrat de droit public, à durée déterminée ou indéterminée selon la nature du contrat dont ils sont titulaires. Ce contrat doit reprendre les **clauses substantielles** de leur contrat, en particulier celles qui concernent la rémunération.

› Précisions a. Le nouvel employeur public doit, **dès la reprise** de l'activité, continuer à **rémunérer** les salariés transférés dans les conditions de leur contrat de droit privé jusqu'à ce qu'ils acceptent le contrat de droit public proposé ou, en cas de refus (n° 74650), jusqu'à la rupture de leur contrat de travail (Cass. soc. 1-6-2010 n° 09-40.679 FS-PB : RJS 8-9/10 n° 643).

b. Le contrat public proposé ne peut pas impliquer une **rémunération** excédant manifestement celle prévue par les règles générales fixées pour les agents non titulaires (CE 25-7-2013 n° 355804 : RJS 11/13 n° 724). Le salarié signant un contrat de droit public conserve l'**ancienneté** acquise avant le transfert (CE 27-6-2012 n° 335481 : RJS 10/12 n° 774). Si un premier

contrat de droit public est annulé par l'administration, la personne publique est tenue d'en proposer un deuxième au salarié (Cass. soc. 1-2-2017 nº 15-18.480 FS-PB : RJS 4/17 nº 254).
c. Les contrats de travail demeurent des contrats de droit privé tant que l'employeur public n'a pas placé les salariés dans un régime de droit public. Le **juge** judiciaire est, par suite, seul **compétent** pour statuer sur les litiges portant sur les conditions d'application de l'article L 1224-3 du Code du travail (T. confl. 9-3-2015 nº 3994 : RJS 5/15 nº 316) et sur ceux nés du refus de l'un ou l'autre des deux employeurs successifs de poursuivre l'exécution du contrat de travail (T. confl. 19-1-2004 nº 3393 : RJS 5/04 nº 506 ; Cass. soc. 12-6-2007 nº 05-44.337 F-PB : RJS 8-9/07 nº 913). Il ne peut toutefois pas se prononcer sur la conformité des offres faites par l'employeur public aux dispositions légales, ni lui enjoindre de faire une offre ou de réintégrer le salarié, et doit donc, en cas de difficulté sérieuse, surseoir à statuer en invitant les parties à saisir le juge administratif (Cass. soc. 1-6-2010 nº 09-40.679 FS-PB : RJS 8-9/10 nº 643 ; 22-9-2015 nº 13-26.032 FS-PB : RJS 12/15 nº 752). De même, le litige relatif à la validité du contrat de droit public accepté par le salarié repris est de la seule compétence du juge administratif (Cass. soc. 24-6-2009 nº 07-45.305 F-D : RJS 10/09 nº 767 ; 18-2-2014 nº 13-10.356 FS-PB : RJS 5/14 nº 375).

Refus du contrat de droit public Si le salarié refuse le contrat proposé, son contrat prend **fin de plein droit.** 74650 C. trav. art. L 1224-3 ND-I-6360 s

La personne publique applique les dispositions relatives aux agents licenciés prévues par le droit du travail et par leur contrat.

Sur l'application de la procédure spéciale de licenciement en cas de refus de la proposition de contrat public par un **salarié protégé,** voir nº 63300, a.

› Précisions **a.** Le refus du salarié du contrat proposé constitue une **cause particulière de rupture,** non soumise au régime du licenciement pour motif économique (Cass. soc. 30-9-2009 nº 08-40.846 FS-PBR : RJS 12/09 nº 899 ; 2-12-2009 nº 07-45.304 FS-PB : RJS 2/10 nº 153). La personne publique doit **notifier la rupture** du contrat du salarié (Cass. soc. 8-12-2016 nº 15-17.176 FS-PB : RJS 2/17 nº 96) et appliquer les dispositions légales et conventionnelles relatives au **préavis** (Cass. soc. 10-1-2017 nº 15-14.775 FS-PB : RJS 3/17 nº 187). En revanche, elle n'a pas à convoquer le salarié à un **entretien préalable** au licenciement pour motif personnel (Cass. soc. 10-1-2017 nº 15-14.775 FS-PB : RJS 3/17 nº 187 ; 1-2-2017 nºs 15-18.480 FS-PB et 15-18.481 FS-D : RJS 4/17 nº 254).
b. Le **juge** judiciaire est seul **compétent** pour statuer sur les litiges nés du refus du salarié de signer un contrat de droit public (T. confl. 29-12-2004 nº 3435).

TRANSFERT DU SECTEUR PUBLIC VERS LE PRIVÉ

L'article L 1224-1 n'est pas applicable aux **agents non titulaires de droit public** (Cass. soc. 16-6-2010 nº 09-66.916 F-D : RJS 10/10 nº 722 ; 19-10-2010 nº 09-66.125 F-D), mais ils bénéficient de dispositions spécifiques. Ainsi, en cas de reprise de l'activité d'une personne publique employant de tels agents par une **personne de droit privé** ou par un organisme public gérant un service public industriel et commercial, cette personne ou cet organisme leur propose un **contrat régi par le Code du travail** reprenant les clauses substantielles du contrat dont ils étaient titulaires, en particulier celles concernant la rémunération. 74655 C. trav. art. L 1224-3-1 ND-I-6660 s

En cas de **refus des agents** d'accepter ce contrat, leur contrat prend fin de plein droit. La personne ou l'organisme reprenant l'activité applique les dispositions de droit public relatives aux agents licenciés.

AUTRES OPÉRATIONS

La Cour de cassation s'est également prononcée sur le sort des contrats de travail dans les situations suivantes : 74660 ND-I-4500 s ND-I-5200 s

– **groupement d'intérêt économique ou groupement européen d'intérêt économique.** Sa **création** n'entraîne pas l'application de l'article L 1224-1 (Cass. soc. 20-11-1991 nº 88-42.112 P : RJS 1/92 nº 7 ; 25-1-1995 nº 94-60.049 D : RJS 3/95 nº 259). En revanche, la **dissolution** d'un tel groupement qui s'accompagne de la cession de ses activités à une société peut donner lieu à son application (Cass. soc. 10-6-1997 nº 95-42.973 D : RJS 11/97 nº 1206 ; 12-11-2008 nº 07-42.981 F-D : RJS 1/09 nº 12) ;

– **bail commercial.** Si la seule conclusion d'un tel bail, la fin de celui-ci ou le **changement de locataire** n'entrent pas dans le champ de l'article L 1224-1, la continuation de la même activité dans les mêmes locaux sans transfert d'autres éléments d'actifs peut suffire à entraîner l'application de cet article : ainsi jugé en cas d'exploitation dans les mêmes lieux d'un salon de coiffure (Cass. soc. 10-7-1995 nº 94-40.930 D : RJS 10/95 nº 1012) ou d'une activité hôtelière (Cass. soc. 27-6-1990 nº 87-40.224 P : RJS 2/91 nº 152).

3. EFFETS SUR LES CONTRATS DE TRAVAIL

SALARIÉS CONCERNÉS

74670 ND-I-7500 s L'article L 1224-1 concerne les salariés titulaires d'un **contrat de travail en cours** d'exécution à la date du transfert, **affectés à l'entité économique transférée.**

Ne fait pas obstacle au transfert du contrat de travail sa seule **suspension** (Cass. soc. 13-11-1980 n° 79-40.783 P ; 12-4-2005 n° 03-41.806 F-D ; 27-5-2009 n° 08-42.555 FS-PB : RJS 8-9/09 n° 688) ou le **détachement** dans une autre entreprise (Cass. soc. 24-6-2009 n° 07-45.703 F-D : RJS 11/09 n° 837 ; 16-9-2015 n° 14-16.158 F-D : RJS 12/15 n° 749).

Le **juge européen** considère pour sa part que le transfert s'opère, en vertu de la directive du 12-3-2001, même si les salariés transférés, affectés en permanence à l'entité cédée, ne lui sont pas liés par un contrat de travail (CJUE 21-10-2010 aff. 242/09 : RJS 1/11 n° 84).

Sur la situation des représentants du personnel et celle des salariés licenciés avant le transfert, voir respectivement n° 74920 et n° 74710.

› Précisions a. Le transfert des contrats de travail au nouvel employeur s'applique à tous les titulaires d'un contrat de travail : CDI ou CDD, contrat de travail à temps partiel, contrat à l'essai, apprenti (n° 3230, b), travailleur à domicile, VRP, etc.
La qualité de **mandataire social** dans la société transférée ne fait pas obstacle au transfert légal du contrat de travail, en cas de cumul de ce mandat avec un contrat de travail (Cass. soc. 13-11-2001 n° 99-43.016 FS-P : RJS 1/02 n° 25).
b. Le **salarié muté** sans fraude de l'établissement cédé à un autre établissement ne bénéficie pas de l'article L 1224-1 (Cass. soc. 18-11-1992 n° 89-44.380 P : RJS 1/93 n° 7). À l'inverse, une société reste l'employeur des salariés travaillant dans l'entité économique transférée dès lors qu'elle les y a mutés dans le seul but de ne pas les conserver à son service (Cass. soc. 29-5-1991 n° 88-41.706 D : RJS 7/91 n° 813).
c. En cas de **transfert partiel d'activité,** le principe du maintien des contrats de travail s'applique aux seuls emplois rattachés à l'activité transférée (Cass. soc. 17-3-1988 n° 85-45.444 P ; 12-11-1997 n° 95-43.605 P).
d. Lorsqu'une partie seulement de l'activité d'une entreprise est cédée à une autre société, le **contrat** de travail du salarié affecté partiellement au secteur d'activité cédé doit être **scindé entre le cédant et le cessionnaire,** au prorata des fonctions exercées par l'intéressé, sauf si cette scission est impossible, entraîne une détérioration de ses conditions de travail ou porte atteinte au maintien de ses droits (Cass. soc. 30-9-2020 n° 18-24.881 FS-PBRI : RJS 12/20 n° 582). Il en va de même, selon le juge européen, lorsque l'entité économique est reprise par **plusieurs cessionnaires** (CJUE 26-3-2020 aff. 344/18 : RJS 7/20 n° 394).

74675 C. com art. L 23-10-1 s L 141-23 s D 23-10-2 s D 141-3 s PB-II-6100 s

Information préalable des salariés de PME en cas de vente d'entreprise

S'il occupe moins de 250 salariés, l'employeur doit informer le personnel en cas de projet de vente de l'entreprise, afin de faciliter une reprise de celle-ci par les salariés. Cette obligation s'impose en **cas** de vente d'un fonds de commerce ou d'une participation représentant plus de 50 % des parts sociales d'une société à responsabilité limitée ou d'actions ou valeurs mobilières donnant accès à la majorité du capital d'une société par actions.

L'exploitant du fonds de commerce ou le chef d'entreprise doit faire savoir aux salariés, selon des modalités prévues par décret, qu'une cession ou une vente est envisagée et qu'ils peuvent présenter une offre de rachat. Il doit le faire dans les **délais** suivants :

– dans les entreprises de moins de 50 salariés, au moins 2 mois avant la date de conclusion de la vente (CE 8-7-2016 n° 386792 : RJS 11/16 n° 674) ; ce délai s'applique également dans les entreprises d'au moins 50 salariés n'ayant pas de représentant du personnel ;
– dans les entreprises de 50 à moins de 250 salariés, au plus tard lorsqu'il consulte les membres du CSE sur le projet.

Les **salariés** intéressés peuvent se faire assister par une personne de leur choix, notamment un représentant de la chambre de commerce et d'industrie régionale, en en informant l'employeur. Ils sont tenus à la même obligation de discrétion que les membres d'un CSE.

Si une action en responsabilité est engagée pour non-respect de l'obligation d'information, la juridiction saisie peut, à la demande du ministère public, prononcer une amende civile dont le montant ne peut pas excéder 2 % du montant de la vente.

CARACTÈRE AUTOMATIQUE DU TRANSFERT

74680 ND-I-8750 s **Transfert de plein droit** Les contrats de travail sont transférés de plein droit, par le seul effet de la loi, au nouvel employeur qui doit en poursuivre l'exécution.

Aucune **formalité** n'est requise, en dehors de l'obligation faite au cédant et au cessionnaire d'informer et de consulter leur **CSE** (voir n° 9320) sur l'opération projetée et, le cas échéant, dans les entreprises de moins de 250 salariés, de celle d'informer le personnel (voir n° 74675).

Le changement d'employeur s'impose aussi bien aux employeurs successifs qu'aux salariés (jurisprudence constante). Il ne peut pas y être dérogé par des **conventions particulières** subordonnant le changement d'employeur à l'accord préalable du salarié (Cass. soc. 20-4-2005 n° 03-42.096 F-D : RJS 7/05 n° 712), excluant la poursuite du contrat de travail avec le cessionnaire (Cass. soc. 21-3-2006 n° 04-42.243 F-D : RJS 6/06 n° 693) ou ne prévoyant la reprise que d'une partie des salariés (Cass. ch. mixte 7-7-2006 n° 04-14.788 PBRI : RJS 10/06 n° 1029).

Les salariés sont donc en droit d'exiger la poursuite de leur contrat de travail par le nouvel employeur (Cass. soc. 12-6-2007 n° 05-44.337 F-PB : RJS 8-9/07 n° 913). Ce dernier peut cependant y mettre fin après le transfert dans les conditions de droit commun (n° 74715).

> Précisions a. Sauf dans les entreprises de moins de 250 salariés (n° 74675), le cédant n'a pas à aviser les **salariés** du transfert (Cass. soc. 16-1-1974 n° 72-40.336 P et n° 72-40.337 P ; 15-12-2010 n° 08-43.082 F-D : RJS 2/11 n° 101 ; 17-12-2013 n° 12-13.503 FS-PB : RJS 3/14 n° 197). La directive européenne prévoit une information préalable des salariés concernés en l'absence de représentants du personnel (Dir. 2001/23 du 12-3-2001 art. 7-6), mais, faute de transposition, elle ne crée pas d'obligation pour les entreprises (Cass. soc. 18-11-2009 n° 08-43.397 FS-PB : RJS 2/10 n° 156).

b. À la différence du droit européen (CJCE 16-12-1992 aff. 132/91 ; 7-3-1993 aff. 171/94 et 172/94 : RJS 5/96 n° 625 ; 12-11-1998 aff. 399/96), le droit français ne reconnaît pas au **salarié** le **droit de s'opposer** à son transfert. Il ne peut pas exiger la poursuite de son contrat de travail avec son employeur initial, ni obliger celui-ci à le licencier (Cass. soc. 19-12-2007 n° 06-18.442 F-D : RJS 3/08 n° 252). En ne se présentant pas à son poste de travail chez le nouvel employeur, le salarié commet une **faute grave** (Cass. soc. 25-10-2000 n° 98-45.422 F-D). Le licenciement par le cédant fait dans certains cas obstacle au transfert (n° 74710).

c. Lorsque l'application de l'article L 1224-1 du Code du travail entraîne une **modification du contrat de travail autre que le changement d'employeur,** le salarié peut s'y opposer. Le nouvel employeur doit alors soit maintenir les conditions antérieures, soit formuler d'autres propositions, ou licencier le salarié, cette rupture reposant alors sur une cause réelle et sérieuse (Cass. soc. 1-6-2016 n° 14-21.143 FS-PB : RJS 8-9/16 n° 553) et constituant un licenciement pour motif économique, la modification du contrat ayant été proposée pour un motif non inhérent à la personne du salarié (Cass. soc. 17-4-2019 n° 17-17.880 FS-PB : RJS 7/19 n° 414). À défaut de licenciement, le salarié dont les conditions antérieures n'ont pas été maintenues peut demander la résiliation judiciaire du contrat qui produit les effets d'un licenciement sans cause réelle et sérieuse (Cass. soc. 30-3-2010 n° 08-44.227 FS-PB : RJS 6/10 n° 489).

d. En cas de cession partielle, l'**employeur initial** peut s'engager à conserver à son service certains salariés ne souhaitant pas passer au service du cessionnaire (Cass. soc. 9-1-1985 n° 82-42.625 S).

e. Sur la procédure particulière applicable aux **salariés protégés** compris dans une opération de transfert partiel, voir n° 74910.

Refus du transfert par le nouvel employeur En cas de refus du nouvel employeur de poursuivre le contrat de travail, le salarié a plusieurs possibilités : 74685 ND-I-14130 s

– il peut lui réclamer le paiement des indemnités pour licenciement sans cause réelle et sérieuse (Cass. soc. 28-1-2003 n° 01-44.667 F-D ; 13-5-2009 n° 08-41.434 F-D : RJS 7/09 n° 611 ; 19-1-2010 n° 08-45.002 F-D : RJS 4/10 n° 314) ainsi que, le cas échéant, la réparation du préjudice spécifique résultant de la privation des **allocations chômage** dont il n'a pas pu bénéficier faute d'avoir été licencié par le cédant (Cass. soc. 29-4-2009 n° 08-40.532 F-D : RJS 7/09 n° 610) ;

– il peut aussi saisir le juge d'une demande en **résiliation de son contrat de travail** aux torts du nouvel employeur afin d'obtenir le paiement des salaires dus jusqu'au jour de la résiliation fixé par le juge ainsi que des indemnités de rupture et des dommages-intérêts (Cass. soc. 2-11-2005 n° 03-47.215 F-D : RJS 1/06 n° 14) ;

– il peut enfin demander au juge des référés d'ordonner sa **réintégration** chez le nouvel employeur (Cass. soc. 12-6-2007 n° 06-41.554 F-D : RJS 8-9/07 n° 914), ainsi que le paiement d'une provision sur salaire (Cass. soc. 5-7-2006 n° 05-44.127 F-D : RJS 10/06 n° 1030) et d'une indemnité réparant le préjudice subi du fait de son **éviction temporaire de l'entreprise** (Cass. soc. 13-5-2008 nos 07-40.276 F-D et 07-40.256 F-D : RJS 7/08 n° 758 ; 31-3-2009 n° 07-45.029 F-D : RJS 6/09 n° 500).

> Précisions a. Le **cédant** qui **continue à utiliser les services** des salariés dont la reprise n'a pas été prévue, sans demander au cessionnaire de les reprendre, ne peut pas obtenir de ce dernier le remboursement des sommes liées à l'exécution ou à la rupture de leurs contrats de travail (Cass. soc. 11-2-2009 n° 07-18.509 FS-PB : RJS 4/09 n° 318).

b. La collusion frauduleuse de deux entreprises pour empêcher le transfert d'un contrat de travail peut justifier la **prise d'acte de la rupture** de son contrat par le salarié, celle-ci étant imputable aux employeurs successifs (Cass. soc. 13-10-2015 n° 14-12.800 F-D : RJS 12/15 n° 750).

c. En cas de **licenciement** par le cédant à l'occasion du transfert, voir n° 74710.

POURSUITE DU CONTRAT AUX CONDITIONS ANTÉRIEURES

74690 ND-I-9900 s Le contrat de travail se poursuit chez le nouvel employeur dans les conditions en vigueur chez le cédant au moment du transfert (Cass. soc. 24-1-1990 n° 86-41.497 P : RJS 2/90 n° 93). Le salarié conserve sa **qualification,** sa **rémunération contractuelle** et l'**ancienneté** acquise au service du précédent employeur : tous les droits qui sont fonction de la présence ou de l'ancienneté dans l'entreprise sont calculés d'après la totalité des services accomplis depuis l'embauche par le premier employeur (Cass. soc. 17-3-1998 n° 95-42.100 P : RJS 5/98 n° 570). Il en va ainsi notamment pour les droits à congés payés, la prime d'ancienneté, la durée du préavis, l'indemnité de licenciement (Cass. soc. 25-11-1982 n° 80-41.406 P) et de départ à la retraite, etc.

La période d'**essai** insérée dans le contrat liant le salarié au repreneur est nulle (Cass. soc. 13-11-2001 n° 99-43.016 FS-P : RJS 1/02 n° 25).

> Précisions **a.** Seul est envisagé ici le transfert au nouvel employeur des éléments prenant leur source dans le contrat de travail à l'exclusion de ceux résultant du statut collectif. Pour ces éléments, voir n°s 74780 s. (conventions et **accords collectifs**) et n° 74795 (**usages,** accords atypiques ou engagements unilatéraux). S'agissant de l'**épargne salariale**, voir n° 74500.
b. Le nouvel employeur n'a pas plus d'obligations que son prédécesseur : il n'est pas tenu de verser aux salariés repris les **primes et gratifications bénévoles** (voir n° 70455) dont l'octroi et le montant dépendaient du bon vouloir de l'employeur précédent (Cass. soc. 7-6-1979 n° 78-40.245 P).
c. Le cessionnaire n'est pas tenu au paiement, à tous ses salariés, d'une prime versée exclusivement aux salariés transférés, si cette **différence de traitement** est justifiée par l'obligation légale de maintenir, au bénéfice de ceux-ci, les droits issus de leurs contrats de travail au jour du transfert (Cass. soc. 28-10-2008 n° 07-42.718 F-D : RJS 1/09 n° 10).
d. Une clause conclue entre le cédant et le salarié, prévoyant une **indemnité contractuelle de licenciement,** doit recevoir application en cas de licenciement du salarié après son transfert (Cass. soc. 5-11-2014 n° 13-19.662 FS-PB : RJS 1/15 n° 6).
e. L'obligation de **non-concurrence** liant le salarié à l'employeur initial est transférée au cessionnaire, qui doit en verser la contrepartie (Cass. soc. 21-10-1998 n° 96-41.696 D). De même, le cessionnaire étant substitué aux droits et obligations du précédent employeur, il peut, en cas de violation de cette obligation par un salarié transféré, agir contre lui en remboursement de l'indemnité compensatrice de non-concurrence (Cass. soc. 16-5-1990 n° 88-44.229 D : RJS 7/90 n° 572 ; 2-3-1999 n° 96-42.444 D).
f. Les **dérogations** accordées par l'administration en matière de **durée du travail** bénéficient au nouvel employeur jusqu'à leur éventuel retrait (Cass. soc. 6-10-2010 n° 08-42.728 FS-PB : RJS 12/10 n° 993).

MODIFICATION DU CONTRAT

74695 ND-I-10950 s Le principe de la poursuite du contrat de travail aux conditions en vigueur chez le précédent employeur ne s'oppose pas à ce que le nouvel employeur apporte des modifications au contrat dans les conditions exposées n°s 17300 s.

La modification proposée ne peut toutefois pas avoir pour but d'éluder les dispositions d'ordre public de l'article L 1224-1, ce qui constituerait un détournement de procédure.

Les modifications apportées par le cessionnaire aux contrats de travail des salariés passés à son service ne peuvent pas en principe constituer un **manquement du cédant** à ses obligations, sauf **collusion frauduleuse** entre les employeurs successifs (Cass. soc. 4-5-2011 n° 10-30.646 F-D : RJS 7/11 n° 579 ; 27-11-2013 n° 12-18.470 F-D : RJS 2/14 n° 109). La fraude est caractérisée lorsque le cédant licencie un salarié à l'occasion du transfert pour que le nouvel employeur l'embauche à l'issue du préavis en supprimant son ancienneté et en diminuant sa rémunération (Cass. soc. 4-5-2011 n° 10-30.646 F-D : RJS 7/11 n° 579).

S'agissant du cas où l'application de l'article L 1224-1 du Code du travail entraîne une **modification du contrat autre que le changement d'employeur,** voir n° 74680, c.

ILLUSTRATIONS

Le **détournement de procédure** a été retenu dans les cas suivants : salarié remplacé dans ses fonctions de directeur le lendemain même du changement d'employeur et s'étant vu proposer dans le même temps un poste de directeur adjoint stagiaire sans aucune indication sur son affectation à l'issue du stage (Cass. soc. 14-1-2004 n° 01-45.126 F-P : RJS 3/04 n° 288) ; reprise du salarié par le nouvel employeur subordonnée à la signature, le jour même du transfert, d'un contrat comportant diverses modifications dont celle de la rémunération (Cass. soc. 9-3-2004 n° 02-42.140 F-D : RJS 6/04 n° 656) ; nouvel employeur proposant le déclassement du salarié avant même la date du transfert, alors qu'il ne peut encore justifier d'aucun motif économique (Cass. soc. 20-10-1999 n° 97-43.008 P : RJS 12/99 n° 1440). De même ne repose pas sur une cause économique le licenciement résultant du refus du salarié d'accepter la modification de son contrat proposée par le cédant dans la perspective du changement d'employeur afin d'aligner son salaire sur ceux en vigueur chez le cessionnaire (Cass. soc. 21-9-2005 n° 03-45.548 F-D : RJS 12/05 n° 1174).

NOVATION DU CONTRAT

La novation du contrat, c'est-à-dire l'accord des deux parties pour conclure un nouveau contrat stipulant des conditions nouvelles, peut être **admise** en l'absence de fraude (Cass. soc. 17-9-2003 n° 01-43.687 FS-PB : RJS 12/03 n° 1368). Dans le cas contraire, l'employeur ne peut pas se prévaloir de l'accord donné par le salarié. **74700**

ATTENTION

La novation devant être **expresse,** elle ne se déduit pas du seul fait que le salarié a travaillé pour le nouvel employeur à des conditions différentes (Cass. soc. 3-5-2007 n° 05-45.407 F-D : RJS 7/07 n° 816) ou qu'il a conclu avec lui un nouveau contrat après avoir été irrégulièrement licencié par le cédant (Cass. soc. 12-3-2008 n° 06-41.470 F-D : RJS 5/08 n° 520).

4. POSSIBILITÉS DE LICENCIEMENT

LICENCIEMENT PAR LE CÉDANT

Le transfert d'une entité économique autonome entraîne de plein droit le maintien avec le nouvel employeur des contrats de travail qui y sont attachés. Sauf exception prévue par la loi (voir n° 48208, c), il prive d'effet les licenciements **pour motif économique** prononcés par le cédant à l'occasion du transfert (jurisprudence constante). Plusieurs **options** sont ouvertes au salarié licencié dans ces conditions et **non repris par le cessionnaire** : **74710** ND-I-12350 s

– il peut demander au nouvel employeur la **poursuite de son contrat de travail** qui est alors censé n'avoir jamais été rompu (Cass. soc. 20-3-2002 n° 00-41.651 FS-PBR : RJS 6/02 n° 656) et, en cas de refus de celui-ci, les indemnités attachées au licenciement sans cause réelle et sérieuse qui en résultent (voir n° 74685). Il peut aussi demander au juge d'ordonner sa **réintégration** chez cet employeur (Cass. soc. 15-2-2006 n° 04-43.923 FS-PB : RJS 5/06 n° 533 ; 13-5-2009 n° 07-44.671 F-D : RJS 7/09 n° 645) ainsi que l'**indemnisation** du préjudice subi du fait de son **éviction temporaire de l'entreprise** (voir n° 74685) ;

– il a également la possibilité de s'adresser à l'auteur du licenciement pour lui demander la **réparation du préjudice** résultant de la rupture (Cass. soc. 20-3-2002 n° 00-41.651 FS-PBR : RJS 6/02 n° 656 ; 28-1-2004 n° 01-47.356 F-PB : RJS 4/04 n° 383 ; 19-5-2010 n° 09-40.405 F-D : RJS 7/10 n° 586). Le cédant peut appeler en garantie le repreneur si celui-ci a refusé de reprendre le salarié aux mêmes conditions, contribuant ainsi au préjudice subi par ce dernier (Cass. soc. 20-3-2002 n° 00-41.651 FS-PBR : RJS 6/02 n° 656 ; 13-11-2007 n° 06-43.775 F-D : RJS 1/08 n° 11).

› Précisions **a.** Le salarié peut diriger son **action indemnitaire** à la fois **contre l'ancien et le nouvel employeur,** afin d'obtenir une condamnation solidaire, laquelle ne sera pas exclusive d'un recours entre eux pour déterminer, dans leurs rapports, la part de chacun (Cass. soc. 13-5-2009 n° 08-41.434 F-D : RJS 7/09 n° 611 ; 19-1-2011 n° 09-72.317 F-D : RJS 4/11 n° 297 ; 28-1-2015 n° 13-16.719 FS-PB : RJS 4/15 n° 236).

b. Le changement d'employeur s'impose au salarié licencié lorsque le **cessionnaire** l'informe, **avant l'expiration du préavis,** de son intention de poursuivre, sans modification, le contrat de travail. Si le salarié refuse, il n'a pas droit aux indemnités de rupture (Cass. soc. 11-3-2003 n° 01-41.842 FS-PBI : RJS 5/03 n° 573 ; 4-5-2011 n° 10-15.393 F-D : RJS 7/11 n° 581).

c. Le licenciement du salarié prononcé par le cédant **avant le transfert** pour un **motif personnel** produit effet, sauf collusion avec le cessionnaire en vue de faire échec à l'article L 1224-1 (par exemple, absences injustifiées : Cass. soc. 18-2-1988 n° 85-42.107 P). Il en va de même d'un licenciement pour **motif économique** intervenant avant le transfert s'il est bien motivé par des raisons économiques.

d. Sur l'incidence d'une **transaction** entre le salarié licencié et le cédant ou le cessionnaire, voir n° 74715, c.

e. Sur le sort des licenciements pour motif économique prononcés dans le cadre : d'une **procédure collective,** voir n° 75025 ; d'un **plan de sauvegarde de l'emploi,** voir n° 48208, c.

LICENCIEMENT PAR LE CESSIONNAIRE

L'application de l'article L 1224-1 n'empêche pas le nouvel employeur de procéder, après le transfert, à des licenciements pour **motif économique** ou pour **motif personnel.** Il s'agira le plus souvent de licenciements liés à la **réorganisation de l'entreprise** (voir n° 47250). Cette réorganisation peut également justifier des modifications des contrats de travail pouvant, le cas échéant, déboucher sur leur rupture (voir n° 74695). Les juges veillent à ce que le recours au licenciement ne constitue pas un **détournement de procédure** destiné à faire échec au transfert des contrats de travail. De tels licenciements seraient sans cause réelle et sérieuse (Cass. soc. 22-9-1993 n° 91-45.103 P : RJS 11/93 n° 1072). **74715** ND-I-12800 s

> Précisions **a.** Le nouvel employeur peut invoquer à l'appui d'un licenciement pour motif personnel des **fautes ou négligences** commises par le salarié alors qu'il était **sous l'autorité de l'ancien employeur** (Cass. soc. 29-5-1990 nº 87-40.151 PF : RJS 7/90 nº 555). Le transfert d'entreprise n'ouvrant pas un nouveau **délai de prescription** (nº 56225), la sanction doit alors intervenir dans les 2 mois de la connaissance des faits par l'ancien employeur ou, si ce dernier n'en a pas eu connaissance, dans les 2 mois de la connaissance des faits par le nouvel employeur (Cass. soc. 6-3-2002 nº 00-41.388 F-D : RJS 5/02 nº 535 ; 4-2-2014 nº 12-27.900 FS-D : RJS 4/14 nº 299).

b. Les **indemnités de licenciement** doivent être calculées en tenant compte de l'ancienneté totale du salarié (nº 74690). De même, le **certificat de travail** doit mentionner sa date d'engagement initial (Cass. soc. 24-11-1993 nº 89-42.648 P : RJS 1/94 nº 30).

c. Si le cessionnaire prononce en méconnaissance de l'article L 1224-1 le licenciement d'un salarié passé à son service, ce dernier peut agir contre lui, même si, licencié par le cédant, il a conclu avec celui-ci une **transaction.** Il ne peut pas, dans ce cas, obtenir deux fois réparation du même préjudice, si bien que les **sommes déjà obtenues** du cédant doivent être déduites de celles mises à la charge du cessionnaire (Cass. soc. 25-9-2013 nº 12-20.256 FS-PB : RJS 1/14 nº 12).

En revanche, en l'absence de fraude de l'une ou l'autre des sociétés, le cessionnaire peut opposer au salarié qu'il a repris puis licencié la renonciation à toute contestation relative à la rupture de son contrat consentie dans la transaction conclue avec le cédant (Cass. soc. 14-5-2008 nº 07-40.946 FS-PB : RJS 7/08 nº 776 ; 25-9-2013 nº 12-17.863 F-D : RJS 1/14 nº 12).

Si l'article L 1224-1 n'est pas applicable, la transaction conclue entre le cessionnaire et le salarié licencié afin d'éviter toute contestation sur l'exécution ou la rupture du contrat de travail n'emporte pas renonciation du salarié au droit de contester la rupture antérieure du contrat le liant au cédant (Cass. soc. 10-6-2015 nº 13-27.144 FS-PB : RJS 10/15 nº 619).

d. Sur la protection du salarié victime d'un **accident du travail chez l'ancien employeur,** voir nº 225, c.

B. Statut collectif

74770 Le transfert d'entreprise a nécessairement des effets sur le sort du statut collectif, qui est composé des avantages consentis aux salariés par conventions et **accords** collectifs proprement dits, accords atypiques, **usages** d'entreprise, **engagements unilatéraux** de l'employeur de portée collective, etc.

Sur la question de savoir si le transfert des contrats de travail emporte transfert du **règlement intérieur** de l'entreprise cédante, voir nº 60100, c. S'agissant de la consultation des représentants du personnel de l'établissement absorbé sur le règlement intérieur de l'entreprise absorbante, voir nº 60030, b.

Concernant l'**effectif** à prendre en compte l'année de transfert des contrats, voir nº 23630, c.

CONVENTIONS ET ACCORDS COLLECTIFS

74780 C. trav. art. L 2261-14 ND-II-3100 s

Survie provisoire de l'accord mis en cause Lorsque l'application d'une convention ou d'un accord est mise en cause dans une entreprise en raison notamment d'une **fusion,** d'une **cession,** d'une **scission** ou d'un **changement d'activité,** ce texte continue de produire effet jusqu'à l'entrée en vigueur de celui qui lui est substitué dans les conditions exposées nº 74785 ou, à défaut, pendant un an à compter de l'expiration du délai de préavis, sauf clause prévoyant une durée supérieure. Passé ce délai, les salariés transférés bénéficient d'une garantie de rémunération (voir nº 52095).

> Précisions **a.** Les dispositions visées ci-dessus s'appliquent en cas de **cession d'une entité économique autonome** (Cass. soc. 24-2-1993 nº 90-40.104 P : RJS 4/93 nº 429 ; 20-1-1998 nº 95-41.942 P : RJS 3/98 nº 338). La liste des cas envisagés par les dispositions légales n'étant pas limitative, celles-ci trouvent à s'appliquer en cas de transfert d'une entité économique autonome s'opérant par la voie de la **sous-traitance** (Cass. soc. 31-1-2001 nº 99-60.378 FS-PB : RJS 4/01 nº 478).

Si l'article L 2261-14 joue chaque fois que l'article L 1224-1 est applicable (nºs 74560 s.), son champ est cependant plus large puisqu'il vise également le **changement d'activité,** même sans changement d'employeur.

b. Le **délai** d'un an de survie provisoire du statut conventionnel en vigueur chez le précédent employeur court à compter de l'expiration du préavis visé nº 52080 et non de la cession (Cass. soc. 22-6-1993 nº 91-41.983 PBS : RJS 8-9/93 nº 902). Il peut être plus long si la convention ou l'accord mis en cause le prévoit.

c. Dès qu'ils sont passés au service du **nouvel employeur,** et tant qu'un nouvel accord n'a pas été signé, les salariés transférés peuvent également se prévaloir des conventions et **accords collectifs applicables chez ce dernier** (Cass. soc. 24-1-1996 nº 93-40.745 D : RJS 3/96 nº 315 ; 16-3-1999 nº 96-45.353 P : RJS 5/99 nº 706 ; 10-2-2010 nº 08-44.454 FS-PBR : RJS 4/10 nº 361). Pendant la période de survie provisoire du

statut conventionnel antérieur où peuvent ainsi coexister deux statuts collectifs, il y a lieu d'appliquer les règles exposées aux nos 52225 s.
d. Il est possible, selon nous, de déduire de la jurisprudence antérieure rendue à propos des avantages individuels acquis que, en l'absence de conclusion d'un nouvel accord, le maintien aux salariés transférés de la rémunération conventionnelle antérieure en application de l'accord mis en cause par l'absorption ne peut pas constituer à lui seul, pour les autres salariés de l'entreprise auxquels cette rémunération n'est pas appliquée, une **pratique discriminatoire** (Cass. soc. 11-1-2005 n° 02-45.608 FS-P : RJS 3/05 n° 299). De la même manière ne méconnaît pas le principe « à travail égal, salaire égal » l'accord d'adaptation qui réserve aux **seuls salariés transférés** la rémunération qu'ils tenaient de leur ancien statut collectif (Cass. soc. 4-12-2007 n° 06-44.041 FS-PB : RJS 2/08 n° 205) ou celui qui leur octroie une **prime** pour **compenser le préjudice** résultant de la perte de congés dont ils bénéficiaient avant le transfert (Cass. soc. 28-10-2008 n° 07-42.718 F-D : RJS 1/09 n° 10).
e. Lorsque la mise en cause concerne un **accord à durée déterminée,** en l'absence de signature d'un nouveau texte, les salariés ont droit à une **garantie de rémunération** dans les conditions exposées n° 52095, si le terme initial de l'accord est postérieur à la date de fin du délai de survie provisoire. Le maintien de la rémunération est alors garanti jusqu'à ce terme initial, mais pas au-delà. Si le terme initial de l'accord est antérieur à la date de fin du délai de survie provisoire, il n'y a pas de maintien de la rémunération conventionnelle. On peut même se demander si l'accord survit au-delà du terme initialement prévu.
f. Le salarié transféré ne peut pas prétendre au **maintien de son statut** de cadre qu'il tenait de la convention collective de son ancienne entreprise à l'issue de la période de survie provisoire (Cass. soc. 20-4-2017 n° 15-28.789 FS-PB : RJS 7/17 n° 507).
g. Sur le point de savoir si le nouvel employeur peut subordonner le bénéfice de son statut collectif à la **renonciation au statut collectif** du cédant, voir n° 74795.

Négociation anticipée d'un nouvel accord Dès lors qu'une fusion, une cession, une scission ou toute autre **modification** juridique qui aurait pour effet la mise en cause d'une convention ou d'un accord est **envisagée,** deux types de conventions ou d'accords peuvent être négociés : 74785 C. trav. art. L 2261-14-2 à L 2261-14-4 ND-II-3550 s
– soit une convention ou un **accord de transition.** Ce texte est conclu entre les employeurs des entreprises concernées et les organisations syndicales représentatives dans la seule entreprise employant les salariés susceptibles d'être transférés, pour une **durée** maximale de 3 ans. Il s'applique à l'exclusion des stipulations ayant le même objet des conventions et accords applicables dans l'établissement ou l'entreprise cessionnaire. À son **expiration,** ces conventions et accords s'appliquent entièrement aux salariés transférés ;
– soit une convention ou un **accord se substituant** aux conventions et accords mis en cause et **révisant** les conventions et accords applicables dans l'établissement ou l'entreprise dans lequel les contrats de travail sont transférés. Peuvent participer à la négociation les employeurs et les organisations syndicales de salariés représentatives dans les entreprises ou établissements concernés. La convention ou l'accord est conclu pour 5 ans, sauf s'il en dispose autrement (n° 51960).

Les accords **entrent en vigueur** à la date de réalisation de l'événement ayant entraîné la mise en cause.

› Précisions **a.** Ces dispositions ne s'appliquent pas en cas de mise en cause de la convention ou de l'accord en raison du **changement d'activité** de l'entreprise.
b. La **validité** de la convention ou de l'accord conclu s'apprécie dans les conditions de droit commun (voir nos 51900 s.). Pour l'**accord de transition,** les **taux d'audience** requis des organisations syndicales signataires sont appréciés dans le périmètre de l'entreprise ou de l'établissement employant les salariés dont les contrats sont transférés. Pour l'**accord de substitution,** ces taux s'apprécient dans chaque entreprise concernée. Le cas échéant, la **consultation** des salariés est effectuée dans ces mêmes périmètres.

Négociation d'un nouvel accord après la mise en cause Une nouvelle négociation doit s'engager dans l'entreprise, à la demande d'une des parties intéressées, **dans les 3 mois suivant** la mise en cause, soit pour l'adaptation aux dispositions conventionnelles nouvellement applicables, soit pour l'élaboration de nouvelles dispositions. 74790 C. trav. art. L 2261-14 ND-II-4150 s

› Précisions **a.** Ces dispositions s'appliquent dans toutes les situations visées n° 74780, y compris en cas de mise en cause d'un accord en raison d'un **changement d'activité** de l'employeur. Selon nous, elles ne devraient pas trouver à s'appliquer lorsque l'un des accords anticipés visés n° 74785 a été conclu.
b. La négociation s'impose, quel que soit le **niveau de l'accord** ou de la convention mis en cause (entreprise, établissement ou branche). En effet, le nouvel employeur et les organisations syndicales ont qualité pour négocier un accord d'entreprise ou d'établissement adaptant le statut collectif résultant d'une convention de branche en vigueur dans l'entreprise cédée à la convention collective de branche applicable chez le cessionnaire (Cass. soc. 9-2-1994 n° 91-16.000 P : RJS 3/94 n° 280).

Elle doit s'engager même si une **convention** ou un accord collectif **existe déjà dans l'entreprise d'accueil**, ce texte ne constituant pas l'accord d'adaptation au sens indiqué ci-dessus (Cass. soc. 19-10-1999 n° 97-45.907 P : RJS 11/99 n° 1392).

c. La convention ou l'accord ainsi conclu pendant la période de survie provisoire du statut conventionnel antérieur (voir n° 74780, b) **met fin** à celui-ci, même si le nouvel accord ne prévoit pas de dispositions plus favorables aux salariés que **l'accord mis en cause** (Cass. soc. 3-3-1998 n° 96-11.115 P : RJS 4/98 n° 498) : en pareil cas, les salariés n'ont aucun droit au maintien de la rémunération conventionnelle antérieure, sauf si le nouvel accord contient une clause de maintien de celle-ci ou si l'employeur s'est engagé en ce sens.

d. Pour l'application de la convention collective chez le nouvel employeur, il convient de prendre en compte l'**ancienneté** acquise depuis la date d'embauche par le précédent employeur (Cass. soc. 10-7-1991 n° 89-44.792 D : RJS 8-9/91 n° 947).

USAGES, ACCORDS ATYPIQUES ET ENGAGEMENTS UNILATÉRAUX

74795 ND-II-5200 s En cas de changement d'employeur en application de l'article L 1224-1, les salariés de l'entité transférée dont le contrat est en cours au moment du transfert, à l'exclusion de ceux embauchés ultérieurement (Cass. soc. 7-12-2005 n° 04-44.594 FS-PBRI : RJS 2/06 n° 172), peuvent se prévaloir chez le nouvel employeur des usages (Cass. soc. 23-9-1992 n° 89-45.656 PF : RJS 11/92 n° 1318 ; 7-5-1996 n° 93-44.289 D : RJS 6/96 n° 740 ; 9-10-2001 n° 99-43.661 FS-PB : RJS 12/01 n° 1447), des accords atypiques (Cass. soc. 16-12-1992 n° 88-43.834 P : RJS 2/93 n° 167 ; 23-2-1994 n° 91-42.947 D : RJS 4/94 n° 443) et des engagements unilatéraux à caractère collectif (Cass. soc. 4-2-1997 n° 95-41.468 P : RJS 3/97 n° 256 ; 12-3-2008 n° 06-45.147 F-PB : RJS 5/08 n° 519 ; 16-9-2015 n° 14-16.158 F-D : RJS 12/15 n° 749) **en vigueur chez l'ancien employeur** au jour du transfert, la différence de traitement qui en résulte par rapport aux autres salariés étant justifiée (Cass. soc. 11-1-2012 n° 10-14.614 FS-PB : RJS 3/12 n° 219).

Ils cessent de s'appliquer soit en cas de **dénonciation** par le nouvel employeur selon la procédure exposée n°s 17520 s. (Cass. soc. 16-12-1992 n° 88-43.834 P : RJS 2/93 n° 167 ; 23-2-1994 n° 91-42.947 D : RJS 4/94 n° 443 ; 21-9-2005 n° 03-43.532 F-PB : RJS 12/05 n° 1173), soit en cas d'entrée en vigueur d'une **convention ou d'un accord collectif** ayant le même objet (voir n° 52215).

ATTENTION

Le nouvel employeur ne peut pas subordonner le bénéfice des accords collectifs, usages ou engagements unilatéraux applicables dans son entreprise à la **renonciation** par les salariés transférés à des **droits** dont ils bénéficiaient chez leur **ancien employeur** (Cass. soc. 13-10-2016 n° 14-25.411 FS-PB : RJS 12/16 n° 777).

C. Répartition des obligations entre les employeurs successifs

PRINCIPE

74840 C. trav. art. L 1224-2 ND-I-15600 s Sauf exceptions (n° 74845), le nouvel employeur est tenu, à l'égard des salariés dont le contrat subsiste, aux obligations qui incombaient à l'ancien employeur à la date de la modification. Le premier employeur **rembourse** les sommes acquittées à sa place par le nouvel employeur, sauf s'il en a été tenu compte dans la convention les liant.

Les **créances nées après le transfert** sont, sauf collusion frauduleuse entre les employeurs successifs (Cass. soc. 27-5-2020 n° 19-12.471 F-PB : RJS 7/20 n° 339), à la charge du seul cessionnaire même si elles correspondent pour tout ou partie à un travail accompli chez le cédant. Le nouvel employeur peut se faire rembourser par ce dernier la fraction des sommes correspondant à la période antérieure au transfert. Ainsi, par exemple, dans le cas d'une **prime de fin d'année** née après le transfert, le nouvel employeur est tenu de payer l'intégralité de la prime, mais il peut demander à son prédécesseur le remboursement de la fraction correspondant au temps pendant lequel le salarié était au service de ce dernier (Cass. soc. 8-11-1988 n° 85-43.067 P : RJS 1/89 n° 4 ; 28-3-1989 n° 86-42.046 P : RJS 5/89 n° 412).

> Précisions a. Sauf dans les cas visés n° 74845, les salaires et autres **créances nés à la date du transfert** mais demeurés impayés sont à la charge du nouvel employeur, qui peut en réclamer à l'ancien employeur le remboursement.

De son côté, le salarié peut agir en paiement de ces créances indifféremment contre les employeurs successifs, ceux-ci étant tenus in solidum (Cass. soc. 6-4-2011 n° 10-16.203 FS-PB : RJS 6/11 n° 528). Il conserve ainsi le droit d'exercer son action en paiement directement contre son ancien employeur (Cass. soc. 3-4-1991 n° 88-41.786 P : RJS 5/91 n° 561 ; 28-1-2004 n° 01-47.356 F-PB : RJS 4/04 n° 383 ; 10-3-2010 n° 08-45.159 F-D : RJS 5/10 n° 403).

b. La jurisprudence a dégagé certains principes permettant de déterminer la **date** à laquelle **naît une dette.** Ainsi, une **prime** de treizième mois ou de fin d'année naît le 31 décembre, sauf dispositions contraires dont il incombe au salarié de rapporter la preuve (Cass. soc. 11-3-1992 nº 88-43.447 PF : RJS 4/92 nº 410 ; 4-5-1993 nº 89-42.745 D) ; une prime payable avec le salaire de septembre naît le 30 septembre (Cass. soc. 18-11-1992 nº 90-44.392 D : RJS 1/93 nº 8) ; une prime due au titre de la période du 1er juin au 31 mai aux salariés présents le 1er mai, mais payable au moment des congés payés, naît le 31 mai (Cass. soc. 12-7-1994 nº 91-43.325 D : RJS 8-9/94 nº 966). Sur la date de naissance de la créance due au titre de la **réparation du préjudice d'anxiété** des travailleurs de l'amiante, voir nº 57277.

Sauf dans les cas visés nº 74845, le nouvel employeur ne peut pas limiter le calcul de l'**indemnité de congés payés** à la période depuis laquelle le salarié a été à son service (Cass. soc. 6-2-1996 nº 92-45.013 D : RJS 3/96 nº 251), mais il est fondé à réclamer à l'employeur précédent la part d'indemnité proportionnelle au temps pendant lequel, au cours de la période de référence, les salariés concernés étaient au service de celui-ci (Cass. soc. 14-5-1987 nº 85-13.287 P).

Les **indemnités liées à la rupture** du contrat naissent à la date de celle-ci et incombent à l'employeur qui l'a prononcée (Cass. soc. 28-1-2015 nº 14-12.603 FS-D : RJS 4/15 nº 237 ; Cass. soc. 29-6-2017 nº 15-21.672 FS-D : RJS 10/17 nº 660). L'**indemnité de requalification** d'un CDD naît pour sa part dès la conclusion du contrat en méconnaissance de la loi et pèse sur l'employeur l'ayant conclu (Cass. soc. 7-7-2010 nº 09-42.729 F-D : RJS 10/10 nº 724). Le nouvel employeur est donc fondé à appeler en garantie le précédent employeur ayant conclu ce contrat (Cass. soc. 7-11-2006 nº 05-41.723 FS-PB : RJS 1/07 nº 17).

Les **compléments d'indemnités journalières** et de **rentes** réparant un **accident du travail** survenu avant la cession sont nés avant cette cession (Cass. soc. 8-7-1982 nº 80-41.088 P).

Sur l'employeur redevable des **commissions** dues à un VRP en cas d'application d'une clause de bonne fin, voir nº 61240, b.

Sur le droit du **salarié inventeur** d'obtenir une rémunération supplémentaire auprès du nouvel employeur, voir nº 16970.

c. Le salarié peut demander au nouvel employeur la **réparation** des conséquences financières de la **prise d'acte de la rupture** de son contrat de travail pour des **manquements imputables au précédent employeur** dès lors que cette prise d'acte s'analyse en un licenciement sans cause réelle et sérieuse (Cass. soc. 20-2-2013 nº 11-28.340 F-D : RJS 5/13 nº 351).

d. Une **astreinte** ne peut être liquidée qu'à l'encontre de la personne condamnée à en supporter la charge. Ainsi, même s'il incombe au cessionnaire de **réintégrer** un salarié dont le licenciement par le cédant a été annulé, le paiement de l'astreinte jusqu'à réintégration effective incombe au cédant si elle a été prononcée à son encontre (Cass. soc. 1-2-2011 nº 09-68.162 F-D : RJS 5/11 nº 396).

EXCEPTIONS

74845 C. trav. art. L 1224-2 **ND-I-17450 s**

Par dérogation au principe visé nº 74840, la règle du transfert au nouvel employeur des obligations qui incombaient à l'ancien à la date de la modification ne s'applique pas en cas de transfert intervenant dans le cadre d'une **procédure collective** ni en cas de **substitution d'employeurs sans** qu'il y ait de **convention** entre ceux-ci. Dans ces deux situations, le nouvel employeur est tenu aux seules dettes nées après le transfert.

› Précisions a. En cas de **procédure collective,** pour les créances antérieures au transfert, il appartient au salarié de s'adresser soit au représentant des créanciers pour les créances antérieures à l'ouverture de la procédure de redressement judiciaire, soit à l'ancien employeur pour les créances postérieures à cette dernière. Dans l'un ou l'autre cas, les salariés seront garantis de tout ou partie de leurs créances par l'assurance des créances des salariés (voir nºs 70900 s.).

Le repreneur peut être tenu d'indemniser le salarié protégé licencié par l'ancien employeur sans autorisation administrative (voir nº 74920, a).

b. L'hypothèse de la substitution d'employeurs sans convention vise notamment le **changement de prestataires** (Cass. soc. 24-9-2002 nº 00-44.923 FS-D : RJS 12/02 nº 1356) ou de **concessionnaires** résultant d'une décision unilatérale du concédant (Cass. soc. 18-11-1992 nº 89-42.281 PF : RJS 1/93 nº 9). Il en va de même en cas de succession sans interruption de **locataires-gérants** lorsque le fonds est transmis directement au nouveau locataire-gérant sans faire retour au bailleur (Cass. soc. 18-6-2002 nº 00-44.134 F-D : RJS 11/02 nº 1205).

c. Le nouvel employeur n'est pas **redevable** de la part de **l'indemnité de congés payés** correspondant aux droits acquis avant le changement d'employeur (Cass. soc. 9-10-2001 nº 99-43.217 F-P : RJS 12/01 nº 1401 ; 18-6-2002 nº 00-44.134 F-D : RJS 11/02 nº 1205). Il n'a pas à réparer le préjudice subi par le salarié au titre de la période antérieure au changement d'employeur en raison du **non-versement des cotisations de retraite** par le précédent employeur (Cass. soc. 2-2-2006 nº 04-40.474 F-PB : RJS 5/06 nº 532). De même, sa faute inexcusable ne peut pas être reconnue si la déclaration des pathologies du salarié préexistait au transfert de son contrat sans convention entre les employeurs successifs (Cass. 2e civ. 17-9-2015 nº 14-24.534 F-PB : RJS 12/15 nº 751).

Pour déterminer à quelle date « naît » une dette de salaire, voir nº 74840, b.

D. Représentation du personnel

74900 En cas de modification de la situation juridique de l'employeur entrant dans les prévisions de l'article L 1224-1 du Code du travail, deux questions principales se posent en ce qui concerne la représentation du personnel : celle du transfert du contrat de travail des salariés protégés (nos 74910 s.) et celle du devenir de leur mandat (nos 74930 s.).

1. TRANSFERT DES CONTRATS DE TRAVAIL

TRANSFERT PARTIEL D'ENTREPRISE OU D'ÉTABLISSEMENT

74910 C. trav. art. L 2421-9 R 2421-17 ND-II-650 s

Autorisation administrative préalable Si un représentant du personnel visé no 74915 est compris dans un transfert partiel d'entreprise ou d'établissement, **par application de l'article L 1224-1** (no 74560), le transfert de l'intéressé est soumis à l'autorisation préalable de l'inspecteur du travail. Celui-ci doit s'assurer que le représentant du personnel travaille dans l'entité transférée (CE 1-8-2013 no 358257 : RJS 11/13 no 750) et qu'il ne fait pas l'objet d'une mesure discriminatoire, c'est-à-dire que le transfert n'a pas été conçu ou mis à profit pour l'exclure de l'entreprise.

Si l'autorisation de transfert est **refusée,** l'employeur doit conserver le salarié à son service et lui proposer un emploi similaire assorti d'une rémunération équivalente dans un autre établissement ou une autre partie de l'entreprise.

La même obligation s'impose à l'employeur en cas d'**annulation** de l'autorisation de transfert (Cass. soc. 12-1-1999 no 97-45.209 P : RJS 2/99 no 237). Le représentant du personnel dont l'autorisation de transfert est annulée doit en outre être réintégré dans son mandat si l'institution est toujours en place. Dans le cas contraire, il bénéficie pendant 6 mois, à compter du jour où il retrouve sa place dans l'entreprise, de la protection exposée no 63235 (Cass. soc. 13-1-2009 no 06-46.364 FS-PBR : RJS 3/09 no 260).

S'agissant du salarié protégé **transféré en vertu d'un accord collectif,** voir no 75030, d.

› Précisions **a.** La procédure d'autorisation préalable s'applique même en cas de **transferts partiels multiples** aboutissant à une cession totale d'entreprise (CA Caen 13-5-1994 no 94-519 : RJS 8-9/94 no 1018), en cas de transfert de la totalité des salariés employés dans une **entité économique ne constituant pas un établissement distinct** pour la mise en place d'un CSE d'établissement (Cass. soc. 15-11-2011 no 10-15.294 FS-PB : RJS 2/12 no 174), y compris lorsque l'entité cédée à une société extérieure était membre d'une UES (Cass. soc. 23-3-2017 no 15-24.005 FS-PB : RJS 6/17 no 425).

b. La **demande d'autorisation,** indiquant l'ensemble des mandats détenus par l'intéressé (CE 22-5-2013 no 340111 : RJS 8-9/13 no 626), est **adressée** à l'inspecteur du travail au moins 15 jours avant la date du transfert par lettre recommandée avec avis de réception (en 2 exemplaires) ou par voie électronique (sisve.social-sante.gouv.fr). Celui-ci peut mener une **enquête** contradictoire selon les modalités visées no 63365, a et doit permettre au salarié, qui peut se faire assister d'un représentant de son syndicat, d'émettre ses **observations** écrites et orales. L'inspecteur du travail doit **tenir compte** de tous les mandats de l'intéressé, y compris, le cas échéant, de celui prenant effet après la demande d'autorisation, s'il est établi que l'employeur en avait connaissance à cette date, par exemple en cas de candidature du salarié (CE 22-5-2013 no 340111 : RJS 8-9/13 no 626). En l'absence de discrimination, il ne peut pas refuser l'autorisation pour des **motifs d'intérêt général** (CE 20-5-1988 no 74863). Le délai de **réponse** de l'inspecteur et la portée de son silence à l'issue de celui-ci sont ceux applicables à la demande d'autorisation de licenciement (voir no 63375).

c. Le transfert, **sans autorisation** administrative, du contrat de travail d'un salarié protégé est **puni** comme son licenciement sans une telle autorisation (voir nos 63540 s.). En outre, ce salarié a droit à l'indemnité pour licenciement sans cause réelle et sérieuse (Cass. soc. 18-6-2014 no 13-10.204 FS-PB : RJS 10/14 no 709) : voir nos 48700 s. Il doit, s'il le demande, être réintégré dans l'entreprise d'origine avec versement des salaires perdus, ces derniers ne pouvant toutefois pas se cumuler avec les salaires perçus chez le repreneur (Cass. soc. 28-5-2003 no 01-40.512 FS-PBR : RJS 8-9/03 no 1037). La demande de réintégration n'est pas soumise au délai visé no 63510 (Cass. soc. 13-12-2017 no 15-25.108 FS-D : RJS 2/18 no 102). **Seul** le salarié investi d'un mandat représentatif **peut se prévaloir** du défaut d'autorisation et de la nullité de son transfert (Cass. soc. 10-5-2001 no 99-41.391 F-P : RJS 8-9/01 no 1037 ; 22-6-2011 no 09-73.032 F-D : RJS 10/11 no 823).

d. Le cédant qui, n'ayant pas obtenu l'autorisation de transfert, **affecte** le salarié protégé au cessionnaire **après la fin de sa période de protection** met fin irrégulièrement au contrat de travail de l'intéressé (Cass. soc. 31-5-2011 no 10-17.460 FS-PB : RJS 8-9/11 no 712).

e. Lorsqu'une autorisation administrative de transfert est délivrée sur le fondement de l'article L 1224-1, le changement d'employeur s'impose au salarié, le **juge judiciaire** ne pouvant pas remettre en cause l'**appréciation de l'administration** sur l'application de ce texte sans violer le principe de séparation des pouvoirs (Cass. soc. 3-3-2010 nº 08-40.895 FS-PBR : RJS 5/10 nº 404 ; 21-6-2017 nº 16-60.266 F-D : RJS 11/17 nº 730).

Les **irrégularités** de la procédure suivie pour le transfert partiel d'entreprise ou d'établissement sont sans incidence sur la légalité de la décision autorisant le transfert des salariés protégés (CE 22-5-2013 nº 340111 : RJS 8-9/13 nº 626).

Bénéficiaires de la protection Bénéficient notamment de la procédure protectrice visée nº 74910 les représentants du personnel suivants : 74915 C. trav. art. L 2142-1-2 L 2414-1 **ND-II-550 s**

- les délégués syndicaux (DS) et anciens DS ;
- représentants et anciens représentants de section syndicale ;
- les membres élus et anciens membres élus du CSE ou candidats à ces fonctions ;
- les représentants syndicaux et anciens représentants syndicaux au CSE ;
- les représentants et anciens représentants de proximité ou candidats à ces fonctions ;
- les membres et anciens membres de la délégation du personnel du CSE interentreprises ou candidats à ces fonctions.

> Précisions **a.** Les **anciens représentants** du personnel bénéficient de la procédure protectrice pendant les 6 mois suivant la fin du mandat (Guide DGT septembre 2019 fiche nº 15).

b. Sont **également protégées** les personnes suivantes :
- défenseurs syndicaux ;
- salariés mandatés pour négocier des accords d'entreprise ou d'établissement, ainsi que les anciens salariés mandatés pendant 6 mois suivant la fin du mandat (sur le point de départ de ce délai lorsque aucun accord n'a été conclu, voir nº 63240, c) ;
- salariés ayant demandé l'organisation des élections professionnelles (Cass. soc. 28-10-2015 nº 14-12.598 FS-PB : RJS 1/16 nº 48) ;
- membres du groupe spécial de négociation et des comités suivants : comité d'entreprise européen, comité de la société européenne ou de la société coopérative européenne, comité de la société issue de la fusion transfrontalière ;
- représentants du personnel d'une entreprise extérieure désignés à la commission santé, sécurité et conditions de travail d'un établissement comprenant au moins une installation classée figurant sur la liste prévue au IV de l'article L 515-36 du Code de l'environnement ou mentionnée à l'article L 211-2 du Code minier ;
- membres d'une commission paritaire d'hygiène, de sécurité et des conditions de travail en **agriculture,** les représentants des salariés dans une chambre d'agriculture et les assesseurs maritimes.

c. Le transfert du contrat de travail d'un **gérant non salarié** d'une succursale de maison d'alimentation de détail titulaire d'un mandat représentatif est subordonné à l'obtention de l'autorisation administrative de transfert (Cass. crim. 11-10-2011 nº 10-86.944 F-PB : RJS 1/12 nº 87).

d. S'agissant de la protection d'un **médecin du travail** compris dans un transfert partiel de service de santé au travail, voir nº 72290.

TRANSFERT TOTAL

Lorsque les représentants du personnel sont compris dans une opération de transfert total de l'entreprise ou de l'établissement, le transfert de leurs contrats de travail au nouvel employeur s'opère de plein droit, par l'effet de l'article L 1224-1, sans **formalité** particulière. 74920 **ND-I-8600 s**

Si le **licenciement** d'un salarié protégé est envisagé, la procédure protectrice spéciale exposée nºs 63300 s. doit être respectée. Pour en bénéficier, le salarié titulaire d'un **mandat extérieur à l'entreprise** doit en avoir informé le nouvel employeur, peu important qu'il en ait avisé l'employeur initial (Cass. soc. 15-4-2015 nº 13-25.283 FS-PBR : RJS 6/15 nº 390).

> Précisions **a.** Lorsque le licenciement d'un salarié protégé compris dans une opération de transfert a fait l'objet d'une **demande d'autorisation** de la part de l'employeur initial **avant le transfert,** le salarié dont le contrat de travail reste en cours dans l'attente de l'obtention de l'autorisation administrative doit être transféré au nouvel employeur. Si l'autorisation est par la suite refusée, cette décision est opposable au nouvel employeur (CE 21-4-1997 nº 158660). Dans le cas où, en méconnaissance de ces dispositions, le nouvel employeur ne reprend pas le salarié, celui-ci peut demander sa **réintégration.**

Lorsque le salarié licencié sans autorisation administrative demande sa réintégration, le nouvel employeur doit l'**indemniser** dans les conditions exposées nº 63550. Toutefois, lorsque la cession intervient dans le cadre d'un redressement judiciaire, l'indemnité due par le repreneur est égale au montant des salaires que l'intéressé aurait perçus entre la date d'effet de la cession (ou de sa demande de réintégration si elle est postérieure) et celle de sa réintégration (Cass. soc. 27-5-2009 nº 08-41.096 FS-PB : RJS 8-9/09 nº 690).

b. Le contrat de travail d'un salarié protégé licencié par le premier employeur **sans autorisation** (Cass. soc. 26-9-1990 nº 87-43.524 D : RJS 11/90 nº 842) ou en vertu d'une **autorisation ultérieurement annulée** ou retirée est transféré au nouvel employeur, qui doit le réintégrer si celui-ci le demande, sous peine, à défaut, de supporter les conséquences de la rupture du contrat de travail (Cass. soc. 10-10-1990 nº 88-41.347 P : RJS 11/90 nº 843 ; 26-2-2003 nº 01-41.482 F-P : RJS 5/03 nº 574). La demande de réintégration présentée au premier employeur dans le délai mentionné n° 63510 (annulation de l'autorisation) ou n° 63545 (refus ou absence d'autorisation) est opposable au cessionnaire (Cass. soc. 10-7-1995 n° 93-46.399 P : RJS 8-9/95 n° 916). Le salarié licencié en vertu d'une autorisation ultérieurement annulée peut demander au repreneur la poursuite du contrat de travail illégalement rompu ou demander à l'auteur du licenciement la réparation de son préjudice (Cass. soc. 17-11-2011 n° 10-10.513 F-D : RJS 2/12 n° 112).

2. SORT DES MANDATS

74930 Le Code du travail fixe les conditions dans lesquelles les mandats des représentants du personnel compris dans une opération de transfert entrant dans le champ d'application de l'article L 1224-1 sont maintenus chez le nouvel employeur (nos 74935 s.). Sur le sort des mandats en cas de **transfert conventionnel** des contrats de travail, voir n° 75030, d.

CAS DE MAINTIEN DES MANDATS

74935 C. trav. art. L 2142-1-2 L 2143-10 L 2314-35 L 2316-12 **ND-II-1500 s**

Transfert portant sur la totalité de l'entreprise En cas de modification de la situation juridique de l'employeur, au sens de l'article L 1224-1, le mandat des DS (et du DS central), représentants de section syndicale (RSS), membres élus du CSE, du CSE central et représentants syndicaux à ces comités subsiste chez le nouvel employeur si l'entité transférée conserve son autonomie.

Dans ce cas, les mandats des DS de l'entreprise transférée se poursuivent dans le même **périmètre** géographique qu'auparavant.

Si l'**entreprise devient un établissement distinct,** le CSE devient un CSE d'établissement et désigne parmi ses membres 2 représentants titulaires et suppléants au CSE central de l'entreprise absorbante. La représentation est assurée dans ces conditions pendant un an au plus et peut entraîner un dépassement du nombre maximal de représentants au CSE central indiqué n° 9530. Le **CSE central** de l'entité absorbée demeure en fonctions comme CSE d'établissement (Cass. crim. 25-2-2003 n° 02-83.040 F-PF : RJS 7/03 n° 901) ou comme CSE central lorsque, à la suite de la fusion-absorption, les établissements de la société absorbée ont continué de fonctionner, les locaux de ces établissements ainsi que leurs activités étant restés les mêmes (Cass. soc. 15-5-2002 n° 00-42.989 F-D : RJS 7/02 n° 833).

S'agissant du salarié protégé **transféré en vertu d'un accord collectif,** voir n° 75030, d.

› Précisions **a.** Le Code du travail subordonne le maintien des différents mandats chez le nouvel employeur à la condition que l'entreprise ayant fait l'objet de la modification conserve son **autonomie juridique.** Interprétant ces dispositions internes à la lumière de la directive européenne, la Cour de cassation considère que le mandat subsiste dès lors que l'entreprise conserve en fait son autonomie, même si elle a perdu son autonomie juridique (Cass. soc. 18-12-2000 n° 99-60.381 FS-P : RJS 3/01 n° 310 ; 3-5-2007 n° 06-40.119 F-D : RJS 7/07 n° 861 ; 21-10-2009 n° 08-41.764 F-D : RJS 1/10 n° 58).

Le juge administratif considère, pour sa part, que lorsque l'entreprise perd son autonomie juridique sans devenir un établissement distinct de celle qui l'a reprise, le mandat des membres élus du CSE prend fin (CE 8-1-1997 n° 154728 : RJS 2/97 n° 171).

b. Le mandat des **représentants élus** se poursuit jusqu'à son terme, sauf à être **réduit ou prorogé** pour tenir compte de la date habituelle des élections dans l'entreprise d'accueil soit par accord entre le nouvel employeur et les organisations syndicales représentatives existant dans le ou les établissements absorbés, conclu dans les conditions de droit commun visées nos 51900 s. (Cass. soc. 17-12-2014 n° 14-14.917 FS-PB : RJS 2/15 n° 110), soit, à défaut, par accord entre l'employeur et les élus intéressés.

Le mandat des **DS et des représentants syndicaux** auprès du CSE subsiste jusqu'aux élections professionnelles suivantes. Les organisations syndicales demeurent libres de remplacer leurs délégués et représentants dans les conditions de droit commun (en ce sens, Cass. soc. 26-6-1996 n° 95-60.940 D : RJS 8-9/96 n° 939).

c. Si l'entreprise cédée conserve son autonomie, le **procès-verbal de carence** rédigé par le cédant après l'organisation de ses élections professionnelles continue de produire ses effets chez le nouvel employeur jusqu'à l'échéance électorale suivante. Le cessionnaire ne peut donc pas se voir reprocher de ne pas avoir consulté les représentants du personnel (Cass. soc. 6-3-2019 n° 17-28.478 F-PB : RJS 5/19 n° 284).

d. Le mandat des **représentants du personnel de la société absorbante** doit, quant à lui, être maintenu jusqu'à son terme (Cass. soc. 14-2-1989 n° 88-60.016 P : RJS 3/89 n° 240 ; 13-10-2010 n° 09-13.109 FS-PB : RJS 12/10 n° 946) : la société absorbante ne peut pas organiser de nouvelles élections avant ce terme (Cass. soc. 14-2-1989 n° 88-60.016 P : RJS 3/89 n° 240).

e. La représentativité des organisations syndicales étant établie pour toute la durée du cycle électoral, en cas de fusion-absorption, le mandat de **représentant syndical au CSE** de l'entreprise absorbante ne prend pas fin lors des **élections complémentaires** organisées pour la représentation des salariés dont le contrat de travail a été transféré (Cass. soc. 13-6-2019 n° 18-14.981 FS-PB : RJS 8-9/19 n° 505).

Transfert portant sur une partie seulement de l'entreprise En cas de transfert partiel d'entreprise, le Code du travail ne prévoit le maintien des mandats que si l'opération de transfert au sens de l'article L 1224-1 porte sur un ou plusieurs **établissements distincts** conservant ce caractère. Les mandats sont alors maintenus dans les conditions de **durée** exposées n° 74935, b. **74940**

C. trav. art. L 2142-1-2 L 2143-10 L 2314-35 L 2316-12

En revanche, le transfert partiel d'activités ne constituant pas un établissement distinct doté d'institutions propres emporte cessation des mandats des représentants du personnel dont le contrat s'est poursuivi avec le nouvel employeur à la date du transfert (Cass. soc. 17-12-2008 n° 07-42.839 F-D).

› Précisions **a.** Si la modification de la situation juridique de l'employeur porte sur un ou plusieurs **établissements distincts** (au sens indiqué n° 9485 pour le CSE et n° 73505 pour les DS et les RSS) qui **conservent ce caractère,** ce qui s'apprécie au jour du transfert (Cass. soc. 3-2-1998 n° 95-41.423 P : RJS 3/98 n° 327), le mandat des membres des CSE d'établissement (membres élus et représentants syndicaux) et des RSS et DS se poursuit.

Les CSE d'établissement sont représentés, pendant un an au plus, au CSE central de l'entreprise d'accueil par leurs représentants au CSE central de l'entreprise dont ils faisaient partie. Cette situation peut entraîner un dépassement provisoire du nombre maximal de représentants au CSE central indiqué n° 9530.

b. Lorsqu'il y a **transformation d'un établissement distinct en une entreprise autonome,** il y a lieu de considérer que les mandats des membres du CSE se poursuivent, bien que cette hypothèse ne soit pas expressément envisagée par la loi (Circ. DRT 12 du 17-3-1993 ann. fiche 8 n° 4, abrogée ; Cass. soc. 30-11-2004 n° 02-13.837 FS-PBRI : RJS 3/05 n° 287). La même solution devrait valoir pour les DS et les RSS.

Le CSE d'établissement se maintient dans la nouvelle entreprise même s'il change de dénomination pour devenir un CSE (Cass. soc. 30-11-2004 n° 02-13.837 FS-PBRI : RJS 3/05 n° 287).

ABSENCE DE MAINTIEN DES MANDATS

Lorsque les conditions légales de maintien des mandats représentatifs ne sont pas réunies, ceux-ci **prennent fin** de plein droit **à la date du transfert** (CE 8-1-1997 n° 154728 : RJS 2/97 n° 171 ; Cass. soc. 18-11-2009 n° 08-42.920 F-D : RJS 2/10 n° 192 ; 25-3-2020 n° 18-11.433 FS-PB : RJS 6/20 n° 284), mais leurs titulaires bénéficient de la **protection** attachée à la qualité d'anciens représentants du personnel dans les conditions indiquées n° 63235 (CSE) et n° 63240 (DS, représentant syndical au CSE et RSS). **74945** ND-II-2250 s

Si le nouvel employeur engage une procédure de **licenciement** pendant la période de protection, le CSE à consulter sur le projet est celui de l'entreprise cessionnaire (CE 8-1-1997 n° 154728 : RJS 2/97 n° 171).

3. AUTRES CONSÉQUENCES

SEUILS D'EFFECTIF

En cas de transfert des contrats en application de l'article L 1224-1, les salariés sont considérés comme figurant à l'effectif du **nouvel employeur** depuis la conclusion du contrat (Cass. soc. 6-6-2000 n° 98-60.529 FS-PB : RJS 11/00 n° 1102 ; 26-10-2011 n° 10-27.098 F-D : RJS 1/12 n° 50). **74960** ND-II-2550 s

Chez le **cédant,** la baisse des effectifs consécutive au transfert d'une partie du personnel est soumise aux règles exposées n° 62310 (CSE) et n° 62320 (DS et RSS).

CONDITIONS D'ÉLECTORAT, D'ÉLIGIBILITÉ ET DE DÉSIGNATION

L'ancienneté acquise au service du précédent employeur par les salariés transférés en application de l'article L 1224-1 doit être prise en compte pour déterminer s'ils remplissent la condition pour se porter candidats aux institutions représentatives (Cass. soc. 20-12-1988 n° 87-60.276 P) ou être désignés en qualité de représentants syndicaux au CSE (Cass. soc. 20-12-1988 n° 87-60.271 P : RJS 2/89 n° 172) ou de DS (Cass. soc. 26-11-1986 n° 85-60.714 S ; 28-11-2001 n° 00-60.320 F-D : RJS 3/02 n° 303) et, a fortiori, être électeurs chez le nouvel employeur. La solution vaut également selon nous pour la désignation comme RSS. **74965** ND-II-2650 s

En cas de transfert des contrats de travail en application d'une convention ou d'un **accord collectif,** voir n° 75030, d.

E. Cas particuliers

CESSION DANS LE CADRE D'UNE PROCÉDURE COLLECTIVE

75020 ND-I-18600 s La cession de l'entreprise, même partielle, arrêtée par le juge, entraîne de plein droit le transfert d'une entité économique autonome conservant son identité et donc la **poursuite des contrats de travail** des salariés de l'entité cédée.

Le principe vaut, qu'il s'agisse de la cession d'une ou de plusieurs activités arrêtée dans le cadre du plan de **sauvegarde de l'entreprise** (C. com. art. L 626-1) ou de la cession totale ou partielle de l'entreprise ordonnée dans le cadre du **redressement judiciaire** (C. com. art. L 631-22) ou de la **liquidation judiciaire** (C. com. art. L 642-1 s.), dès lors que, dans tous les cas, la cession a pour but d'assurer le maintien d'activités susceptibles d'exploitation autonome et de tout ou partie des emplois qui y sont attachés et que, lorsque celle-ci est partielle, elle porte sur un ensemble d'éléments d'exploitation formant une ou plusieurs branches complètes et autonomes d'activité (C. com. art. L 642-1).

Enfin, l'article L 1224-1 du Code du travail a vocation à s'appliquer, même en l'absence de cession totale ou partielle judiciairement autorisée ou ordonnée de l'entreprise en difficulté, en cas de transfert à un nouvel exploitant d'une entité économique autonome conservant son identité et dont l'activité est reprise ou poursuivie (Cass. soc. 1-10-2003 n° 01-43.685 F-D : RJS 12/03 n° 1367 ; 27-1-2010 n° 08-44.903 F-D : RJS 4/10 n° 313).

Sur les modalités de **transfert** au nouvel employeur **des obligations** de l'ancien, voir n° 74845.

75025 Par **exception,** le transfert des contrats de travail ne s'applique pas aux **salariés licenciés** dans les conditions suivantes :

– **Licenciements pendant la période d'observation.** Le transfert légal des contrats de travail au repreneur ne s'applique pas aux salariés licenciés par l'administrateur pendant la période d'observation en vertu d'une autorisation régulièrement donnée par le juge-commissaire en application de l'article L 631-17 du Code de commerce (Cass. soc. 27-10-1999 n° 97-43.194 P : RJS 12/99 n° 1439) : voir n° 48325. Toutefois, ces licenciements peuvent être ultérieurement privés d'effet si le repreneur réembauche les salariés licenciés : dans ce cas, les contrats de travail se poursuivent avec celui-ci par l'effet de l'article L 1224-1 du Code du travail (Cass. soc. 13-1-1999 n° 96-42.536 D : RJS 2/99 n° 161) ;

– **Licenciements prévus par le plan de cession.** Le transfert légal des contrats de travail au cessionnaire ne s'applique pas aux salariés dont le licenciement pour motif économique a été prononcé en application du plan de cession arrêté par le juge (Cass. soc. 26-6-1991 n° 90-46.055 P : RJS 8-9/91 n° 960 ; 14-5-1998 n° 96-41.029 D). Cette jurisprudence rendue pour des salariés licenciés en application d'un plan de redressement judiciaire devrait selon nous s'appliquer à tout licenciement intervenant en application d'un plan de cession, quel que soit le stade de la procédure (sauvegarde, redressement ou liquidation judiciaires) : voir n°s 48325 s. En tout état de cause, les licenciements prononcés en application du plan de cession sont privés d'effet, et l'article L 1224-1 du Code du travail trouve à s'appliquer, si les salariés sont ultérieurement repris par le cessionnaire, même après une période de suspension de l'activité (Cass. soc. 30-6-1992 n° 89-40.132 PF : RJS 8-9/92 n° 964 ; 30-1-2007 n° 05-41.429 F-D : RJS 4/07 n° 414) ;

– **Reprise de l'entreprise par les salariés licenciés.** Les licenciements sont définitifs et l'article L 1224-1 ne s'applique pas en cas de reprise de l'activité d'une entreprise en redressement ou en liquidation judiciaires par une **société créée à cet effet par les salariés** licenciés (Cass. soc. 7-3-1989 n° 86-40.424 P : RJS 4/89 n° 299 ; 12-11-1997 n° 95-42.533 P : RJS 3/98 n° 281) ;

– **Priorité de réembauche.** Le droit des salariés licenciés pour motif économique ayant demandé à bénéficier de la priorité de réembauche (n°s 48490 s.) s'exerce à l'égard du nouvel employeur (Cass. soc. 26-2-1992 n° 88-43.891 PF : RJS 4/92 n° 412 ; 5-2-2002 n° 99-46.345 FS-P : RJS 4/02 n° 397 ; 9-7-2008 n° 06-40.945 FS-PB : RJS 10/08 n° 974). Il importe peu que le salarié ait effectué sa demande auprès de l'ancien employeur (Cass. soc. 20-6-2002 n° 00-42.506 F-D : RJS 10/02 n° 1102 ; 9-7-2008 n° 06-40.945 FS-PB : RJS 10/08 n° 974). En cas de cession partielle, seuls les salariés licenciés qui étaient affectés à l'entité cédée peuvent bénéficier de la priorité de réembauche auprès du cessionnaire (Cass. soc. 5-3-2002 n° 00-41.429 FS-P : RJS 5/02 n° 605).

TRANSFERT EN VERTU D'UN ACCORD COLLECTIF

75030 ND-I-22600 s ND-II-7100 s Afin de garantir aux salariés affectés à l'exécution d'un marché le maintien de leur emploi lorsque ce marché est attribué à une autre entreprise, les partenaires sociaux des principales branches d'activités concernées (restauration de collectivités, entreprises de propreté, entreprises de prévention et de sécurité, activités du déchet, transports routiers de voyageurs, etc.)

ont conclu des accords collectifs visant à imposer au nouveau prestataire, lorsque les conditions de l'article L 1224-1 du Code du travail ne sont pas réunies, la reprise des salariés affectés à ce marché. **75030** (suite)

Ces conventions ou accords déterminent les **conditions** à remplir par les salariés pour être repris par le nouveau titulaire du marché ainsi que les **obligations** respectives de l'ancien titulaire du marché (entreprise sortante) et du nouveau (entreprise entrante). L'accord exprès du salarié doit être recueilli, la seule poursuite de son contrat de travail sous une autre direction étant insuffisante (Cass. soc. 26-6-2013 n° 12-18.201 F-D : RJS 10/13 n° 655 ; 19-5-2016 n° 14-26.588 FS-PB : RJS 8-9/16 n° 550). En revanche, le salarié affecté au marché repris n'a pas à établir qu'il remplit les conditions prévues par les textes conventionnels (Cass. soc. 13-10-2010 n° 09-67.458 FS-PB : RJS 12/10 n° 903).

Le nouveau titulaire du marché n'est lié que par les **clauses du contrat de travail** des salariés repris et non par les **usages** en vigueur chez le précédent employeur (Cass. soc. 17-11-2010 n° 09-67.918 F-D).

> Précisions a. Entreprises exerçant plusieurs activités. Il peut arriver que sur un même chantier ou marché se succèdent des entreprises ne relevant pas de la même convention collective de branche : dans le domaine du nettoyage, une entreprise exerçant **à titre principal** une autre activité telle que, par exemple, la restauration collective ou le traitement des déchets et pratiquant **à titre accessoire** le nettoyage des locaux peut succéder à une entreprise relevant de la convention collective des entreprises de propreté. Dans ce cas, la convention collective applicable au nouveau prestataire étant celle dont relève son activité principale, celui-ci ne peut pas se voir opposer la convention collective nationale des entreprises de propreté (ni, par conséquent, l'accord organisant la reprise des salariés affectés au marché repris dans le cadre de cette convention). Il n'en va autrement que si les salariés exercent une activité nettement différenciée dans un centre autonome d'activité au sens indiqué n° 52180 (Cass. soc. 13-11-1996 n° 94-40.938 D : RJS 3/97 n° 311 ; 29-1-2003 n° 00-45.731 F-D : RJS 4/03 n° 495).

b. Refus du salarié de changer d'employeur. Le salarié est en droit de refuser le transfert de son contrat de travail au nouveau titulaire du marché, un tel refus ne constituant pas en soi une cause de licenciement. En revanche, s'il refuse en outre sa mutation sur un autre chantier, rendue nécessaire par la perte du marché, son licenciement sera justifié (Cass. soc. 9-11-2005 n° 03-45.483 FS-PB : RJS 1/06 n° 16).

c. Refus de l'employeur de reprendre le salarié. Lorsque l'employeur entrant refuse d'appliquer les dispositions conventionnelles lui imposant de reprendre des contrats de travail des salariés de l'entreprise sortante, ces derniers peuvent agir contre lui en réparation de leur **préjudice** né du refus injustifié de poursuivre leurs contrats (Cass. soc. 25-4-2007 n° 05-43.399 F-D : RJS 7/07 n° 817). L'ancien employeur peut quant à lui demander la réparation du préjudice né de son obligation de maintenir le salaire des salariés non transférés (Cass. soc. 12-10-2017 n° 16-10.120 FS-PB : RJS 12/17 n° 789).
En tout état de cause, le nouveau titulaire d'un marché n'est pas tenu de poursuivre le contrat de travail d'un salarié **étranger non muni d'un titre de travail régulier** à la date du changement de prestataire (Cass. soc. 17-4-2019 n° 18-15.321 FS-PB : RJS 7/19 n° 415).

d. Représentants du personnel. Le transfert de ces salariés au nouveau prestataire est soumis à la **procédure d'autorisation** administrative exposée n° 74910 (Cass. soc. 16-3-1999 n° 96-44.570 P : RJS 5/99 n° 699 ; 30-3-1999 n° 97-40.578 D : RJS 5/99 n° 699 ; 20-11-2002 n° 00-44.498 F-P : RJS 2/03 n° 216), même si le contrat de travail de l'intéressé n'est que partiellement transféré (Cass. soc. 28-5-2003 n° 01-40.512 FS-PBR : RJS 8-9/03 n° 1037). La délivrance de cette autorisation ne prive ni le salarié de sa possibilité de refuser le changement d'employeur (Cass. soc. 3-3-2010 n° 08-41.600 FS-PBR : RJS 5/10 n° 404) ni le juge judiciaire du pouvoir de se prononcer sur une demande de résiliation judiciaire de son contrat formée par l'intéressé antérieurement à cette autorisation (Cass. soc. 24-1-2018 n° 16-12.733 FS-D : RJS 4/18 n° 249).
Sauf clause conventionnelle contraire, le transfert conventionnel des contrats de travail n'emporte ni le **maintien des mandats** dont étaient investis certains salariés transférés (Cass. soc. 7-10-1992 n° 91-60.353 D : RJS 11/92 n° 1230 ; 28-11-2007 n° 06-42.379 FS-PB : RJS 2/08 n° 144) ni le maintien de l'ancienneté acquise au service du précédent employeur pour la détermination des droits à se porter candidat aux élections ou à être désigné comme DS (Cass. soc. 16-11-1993 n° 92-60.617 D : RJS 1/94 n° 5 ; 26-1-2000 n° 98-60.483 D : RJS 3/00 n° 254).

e. Répartition des obligations entre les employeurs successifs. Les dispositions exposées n° 74840 relatives au transfert, au nouvel employeur, des obligations pesant sur le précédent employeur ne s'appliquent pas en cas de transfert conventionnel des contrats de travail (Cass. soc. 27-5-2015 n° 14-11.155 FS-PBR : RJS 8-9/15 n° 545). C'est donc la convention collective qui fixe, le cas échéant, les obligations pesant sur le nouvel employeur au regard des dettes éventuelles de l'ancien.

g. Protection des victimes d'accidents du travail. Voir n° 225, c.

APPLICATION VOLONTAIRE

75035
ND-I-24850 s

Lorsque les conditions d'application de l'article L 1224-1 du Code du travail ne sont pas réunies, le transfert des contrats de travail peut s'opérer par la volonté des parties (Cass. soc. 17-3-1993 nº 90-41.996 PF : RJS 4/93 nº 377), ce qui suppose l'**accord exprès du salarié** (voir nº 17360).

Le nouvel employeur n'est lié que par les **clauses du contrat de travail** et non par l'**usage** en vigueur chez le précédent employeur (Cass. soc. 10-10-1990 nº 87-45.655 P : RJS 11/90 nº 844).

De même, le salarié ne peut pas se prévaloir chez le nouvel employeur de la survie provisoire de la convention ou de l'**accord collectif** applicable chez son ancien employeur en application de l'article L 2261-14 du Code du travail.

› Précisions **a.** La **manifestation de la volonté** des parties peut prendre des formes diverses : accord formel entre les employeurs successifs, échanges de correspondance, clause insérée dans l'acte de reprise, engagement du cessionnaire vis-à-vis du salarié, etc.

b. L'**accord exprès du salarié** ne peut pas résulter de la seule poursuite du travail avec le nouvel employeur (nº 17360, b). Son **refus** ne constitue pas en soi une cause de licenciement (Cass. soc. 19-12-2007 nº 06-44.379 F-D : RJS 3/08 nº 255). Toutefois, seul le salarié pouvant invoquer son absence d'accord pour s'opposer au transfert, le cessionnaire qui décide d'appliquer volontairement l'article L 1224-1 ne peut pas ensuite invoquer le défaut d'accord exprès des salariés pour contester sa qualité d'employeur (Cass. soc. 12-12-2001 nº 99-45.921 F-D : RJS 4/02 nº 398 ; 10-4-2008 nº 06-45.836 F-D : RJS 6/08 nº 644).

En demandant sa réintégration au nouvel employeur, un **salarié protégé** dont l'autorisation administrative de licenciement par le cédant a été entre-temps annulée est réputé consentir au transfert de son contrat, qui s'impose dès lors au cessionnaire (Cass. soc. 25-10-2007 nº 06-43.130 F-D : RJS 1/08 nº 10).

c. Sur la protection du salarié victime d'un **accident du travail chez l'ancien employeur,** voir nº 225, c.

TRAVAIL À TEMPS PARTIEL

SOMMAIRE

A. Champ et définition

La réglementation du travail à temps partiel s'applique aux salariés des **employeurs** de droit privé et des établissements publics industriels et commerciaux (n°s 29400 s.). 77060 C. trav. art. L 3123-1 OA-IV-50 s

Est à temps partiel le salarié dont **la durée du travail** est inférieure à celle d'un salarié à temps plein, le temps plein correspondant à la durée légale de travail ou, si elle lui est inférieure, à la durée de travail fixée conventionnellement pour la branche, l'entreprise ou l'établissement.

En cas de décompte de la durée du travail sur l'année (n°s 77250 s.), la durée légale à retenir pour le temps plein est fixée à 1 607 heures, journée de solidarité comprise.

› Précisions a. La qualification de travail à temps partiel et le formalisme afférent s'apprécient au regard de la durée du travail d'un salarié et sont sans lien avec la **durée du contrat** de travail (Cass. soc. 9-12-2020 n°s 19-16.138 FS-PB et 19-20.319 FS-PB : RJS 2/21 n° 91).
b. Les dispositions relatives au temps partiel s'appliquent aux salariés travaillant à temps partiel en **équipe de suppléance** (Cass. soc. 16-5-2007 n° 05-44.299 F-PB : RJS 7/07 n° 855). Sur les incidences de cette solution sur la rémunération, voir n° 30445, b.
c. Les **horaires d'équivalence** prévus dans certaines professions ne s'appliquent pas aux salariés à temps partiel : pour ces derniers, chaque heure de présence est une heure de travail, à rémunérer comme telle (Cass. crim. 11-5-1984 n° 82-92.887 ; Cass. soc. 8-6-1994 n° 90-41.895 P : RJS 8-9/94 n° 992 ; 28-1-2005 n° 03-40.381 F-PB : RJS 4/05 n° 389).
d. Les formes de travail à temps partiel régies par une **réglementation en tout ou partie particulière** sont exposées dans d'autres rubriques : congé parental d'éducation (n°s 12040 s.), congé de solidarité familiale (n° 11990), de proche aidant (n° 11995) ou pour création d'entreprise (n°s 12160 s.), retraite progressive (n°s 67735 s. et n° 68140), activité partielle (n°s 1400 s.), contrat unique d'insertion (n° 20830), utilisation du compte professionnel de prévention (n° 71370) ou du compte épargne-temps (n° 30810).

B. Mise en place et passage à temps partiel

1. INTRODUCTION ET SUIVI DANS L'ENTREPRISE

MISE EN PLACE À LA DEMANDE DES SALARIÉS

Dans les entreprises dépourvues de **représentants du personnel,** le temps partiel peut être mis en œuvre, à la demande des salariés, après information de l'inspection du travail. 77110 C. trav. art. L 3123-26 OA-IV-510

MISE EN PLACE À L'INITIATIVE DE L'EMPLOYEUR

La mise en œuvre du temps partiel à l'initiative de l'employeur s'effectue : 77120
– sur la base d'un **accord collectif** : convention ou accord d'entreprise ou d'établissement ou, à défaut, convention ou accord de branche étendu ;

C. trav. art. L 3123-17 L 3123-26 OA-IV-500 s

– en l'**absence d'accord,** après avis du comité social et économique (CSE) : voir nº 77125 ;
– en l'**absence de représentants du personnel,** après information de l'inspecteur du travail.

> **Précisions a.** Certains **aménagements d'horaires** présupposent l'existence d'un accord collectif, voir : nº 77175 (fixation de la durée minimale de travail) ; nº 77190 (répartition des horaires journaliers) ; nº 77225 (augmentation du plafond légal d'heures complémentaires) ; nºs 77250 s. (aménagement sur une période supérieure à la semaine) ; nº 77295 (instauration d'un complément d'heures) ; nº 77310 (fixation du délai de prévenance des modifications de la répartition du temps de travail).
> **b.** Sur l'obligation de **transmettre** les conventions ou **accords** d'entreprise relatifs au travail à temps partiel à la commission paritaire permanente de négociation et d'interprétation de la branche professionnelle concernée, voir nº 51955, c.

77125 **Rôle des représentants du personnel** Lorsque le temps partiel est mis en œuvre à l'initiative de l'employeur en l'absence d'accord le permettant, le CSE doit être **consulté.** Par ailleurs, chaque année, quel que soit l'effectif de l'entreprise, le chef d'entreprise communique le **bilan du travail à temps partiel** au CSE, s'il existe, et l'informe du nombre de demandes de dérogations individuelles à la durée minimale du travail à temps partiel à la demande des salariés ou en cas de contrat conclu avec un étudiant de moins de 26 ans. Sauf si l'accord collectif visé nº 9250 en dispose autrement, ces éléments d'information et ceux relatifs aux conditions d'application des aménagements de la durée et des horaires de travail lorsque le temps partiel est aménagé sur une période supérieure à la semaine sont mis dans la base de données économiques et sociales en vue de la consultation annuelle du CSE visée nº 9290.

C. trav. art. L 2312-26 L 3123-15 L 3123-16 L 3123-26 D 3123-2 R 3123-1 OA-IV-550 s

S'agissant de l'information spécifique aux **entreprises d'au moins 300 salariés,** voir nº 9247.

> **Précisions a.** La **consultation** lors de la mise en œuvre **porte** sur le principe de la pratique d'horaires de travail à temps partiel. Elle n'a pas à être réitérée lors de chaque embauche d'un salarié à temps partiel ou transformation d'emploi à temps plein en emploi à temps partiel (Rép. Évin : AN 4-5-1981 nº 43669). L'**avis** du CSE est **transmis** à l'inspection du travail sur demande.
> **b.** Le **bilan du travail à temps partiel** est aussi communiqué aux délégués syndicaux (DS). Il porte notamment sur le nombre, le sexe et la qualification des salariés concernés, les horaires de travail à temps partiel pratiqués, ainsi que le nombre d'heures complémentaires effectuées.
> Lors de la réunion où est discuté ce bilan, l'employeur explique les raisons l'ayant amené à refuser à des salariés à temps complet de passer à temps partiel et à des salariés à temps partiel de travailler à temps complet.

2. PASSAGE À TEMPS PARTIEL

PASSAGE À LA DEMANDE DU SALARIÉ

77127 **Priorité sur les emplois disponibles** Les salariés à temps plein souhaitant occuper ou reprendre un emploi à temps partiel dans le même établissement ou la même entreprise ont priorité pour l'attribution d'un emploi ressortissant à leur catégorie professionnelle ou équivalent ou, si une convention ou un accord d'entreprise ou d'établissement ou, à défaut, une convention ou un accord de branche étendu le prévoit, d'un emploi présentant des caractéristiques différentes. L'employeur porte à leur connaissance la **liste** des emplois disponibles correspondants.

C. trav. art. L 3123-3 OA-IV-1700 s

77130 **Temps partiel choisi** Les conditions de mise en place d'horaires à temps partiel à la demande des salariés (temps partiel choisi) peuvent être fixées par la **convention ou l'accord** d'entreprise ou d'établissement ou, à défaut, la convention ou l'accord de branche étendu prévoyant la mise en place du temps partiel à l'initiative de l'employeur. Il s'agit de l'un des thèmes de la négociation annuelle obligatoire à défaut d'accord d'adaptation ou en cas de non-respect de celui-ci (nºs 52000 s.).

C. trav. art. L 3123-17 OA-IV-1350 s

> **Précisions a.** Ce texte doit **prévoir** :
> – les modalités selon lesquelles les salariés à temps complet peuvent occuper un emploi à temps partiel et les salariés à temps partiel occuper un emploi à temps complet dans le même établissement ou, à défaut, dans la même entreprise ;
> – la procédure à suivre par les salariés pour faire leur demande à leur employeur ;
> – le délai laissé à l'employeur pour y apporter une réponse motivée, en particulier en cas de **refus.**
> **b.** L'employeur n'est pas tenu d'accepter les **modalités d'organisation** du travail à temps partiel demandées par le salarié lorsque les dispositions conventionnelles applicables ne le lui imposent pas (Cass. soc. 16-3-2016 nº 14-17.538 FS-PB).

77135 En l'**absence de convention ou d'accord collectif,** la demande du salarié doit préciser la durée de travail souhaitée et la date envisagée pour la mise en œuvre du nouvel horaire. Elle doit être adressée 6 mois au moins avant cette date à l'employeur par lettre recommandée

C. trav. art. L 3123-26 D 3123-3

avec avis de réception. Ce dernier est tenu de répondre au salarié dans les mêmes formes dans les 3 mois de la réception de la demande.

› Précisions **a.** Sur l'utilisation de la lettre recommandée **électronique,** voir n° 56260.

b. L'employeur doit **se prononcer** sur la durée du travail sollicitée par le salarié et ne peut pas lui en imposer une autre (Circ. CAB 3 du 3-3-2000, réputée abrogée).

c. La demande ne peut être **refusée** qu'à condition soit de justifier de l'absence d'emploi disponible dans la catégorie professionnelle du salarié ou d'emploi équivalent, soit de démontrer que le changement d'emploi demandé aurait des conséquences préjudiciables à la bonne marche de l'entreprise.

PASSAGE À LA DEMANDE DE L'EMPLOYEUR

L'employeur peut proposer à ses salariés, ou à certains d'entre eux, de réduire leur activité, mais il ne peut pas les y contraindre. Dans ce cadre, si une convention ou un accord d'entreprise ou d'établissement ou, à défaut, une convention ou un accord de branche étendu le prévoit, l'employeur peut proposer au salarié à temps complet un emploi à temps partiel ne ressortissant pas à sa catégorie professionnelle ou non équivalent. Néanmoins, même **prévue par le contrat de travail,** la transformation d'un horaire de travail à temps complet en horaire de travail à temps partiel constitue une modification de ce contrat nécessitant l'accord du salarié (Cass. soc. 29-6-1999 n° 97-42.248 P : RJS 8-9/99 n° 1025 ; 13-11-2008 n° 07-42.972 F-D). 77140 C. trav. art. L 3123-4 L 3123-18 **OA-IV-900 s**

Le **refus** d'un salarié à temps complet d'être occupé à temps partiel ne constitue ni une faute ni un motif de licenciement. Toutefois, si la réduction du temps de travail est due à une **cause économique** réelle et sérieuse, l'employeur peut licencier le salarié refusant la modification de son contrat (Cass. soc. 30-6-1992 n° 91-41.045 D : RJS 8-9/92 n° 962 ; 2-6-1993 n° 90-45.947 P : RJS 7/93 n° 729). Pour la procédure applicable, voir n°s 17415 s.

Sur le régime des **indemnités** versées aux salariés acceptant de passer à temps partiel dans le cadre de mesures collectives de réduction du temps de travail, voir n°s 22380 s. (cotisations de sécurité sociale) et n° 25135 (CSG et CRDS).

C. Durée et organisation du temps de travail

1. TEMPS PARTIEL HEBDOMADAIRE OU MENSUEL

DURÉE ET RÉPARTITION DU TEMPS DE TRAVAIL

Le **contrat** de travail à temps partiel doit **mentionner** la **durée** hebdomadaire ou mensuelle de travail prévue ainsi que la **répartition** de cette durée entre les jours de la semaine ou les semaines du mois. À défaut de ces mentions, ou de respect de celles-ci, l'employeur est passible des sanctions visées n° 77285. 77170 C. trav. art. L 3123-6 **OA-IV-2535 s**

La durée prévue doit respecter le **minimum** indiqué n° 77175 et être **inférieure au temps plein** (voir n° 77060). Sur la **modification** de la durée ou de sa répartition : voir n°s 77290 s.

› Précisions **a.** L'employeur est tenu de **fournir** au salarié le **volume de travail prévu.** À défaut, le salarié resté à sa disposition a droit à la rémunération correspondante (Cass. soc. 19-9-2013 n° 12-14.872 F-D : RJS 12/13 n° 864 ; 27-11-2014 n° 13-22.121 F-D : RJS 2/15 n° 159).

b. Lorsque le salarié a **plusieurs employeurs,** le temps total ne doit pas dépasser la durée maximale de travail autorisée (n° 29555).

c. En cas de **temps partiel** dans le cadre **mensuel,** il est possible de prévoir une répartition inégale de la durée du travail entre les différentes semaines du mois, y compris une organisation comportant des semaines à temps complet et des semaines non travaillées, à condition que la répartition se répète d'un mois sur l'autre (Circ. DRT 4 du 21-4-1994, réputée abrogée).

d. Dans les **associations ou entreprises d'aide à domicile,** le contrat de travail n'a pas à mentionner la répartition de la durée du travail entre les jours de la semaine ou les semaines du mois. Il doit, en revanche, indiquer la durée hebdomadaire ou, le cas échéant, mensuelle, de travail (Cass. soc. 16-11-1999 n° 98-42.612 P : RJS 1/00 n° 112 ; 16-9-2015 n° 14-10.291 FS-PB : RJS 12/15 n° 756). Doit être mentionnée dans le contrat la durée exacte de travail convenue et non une durée minimale garantie au salarié (Cass. soc. 16-9-2015 précité).

e. Pour les **VRP,** voir n° 61015.

Durée minimale La durée minimale de travail du salarié à temps partiel est fixée : 77175 C. trav. art. L 3123-7 L 3123-19 L 3123-27 **OA-IV-2560 s**

– par **convention ou accord de branche étendu.** Si elle est inférieure à 24 heures par semaine ou, le cas échéant, à l'équivalent mensuel de cette durée, ce texte doit déterminer les garanties quant à la mise en œuvre d'horaires réguliers ou permettant au salarié de cumuler plusieurs activités afin d'atteindre une durée globale d'activité correspondant à un temps plein ou au moins égale à cette durée ; sur la conclusion d'un **accord d'entreprise** sur ce point, voir n°s 52235 s. ;

– **à défaut d'accord,** à 24 heures par semaine ou, le cas échéant, à l'équivalent mensuel de cette durée.

Une durée de travail inférieure à la durée minimale conventionnelle ou, à défaut, légale peut être fixée sur **demande écrite et motivée du salarié** souhaitant soit faire face à des contraintes personnelles, soit cumuler plusieurs activités lui permettant d'atteindre la durée globale précitée.

Pour le salarié de **moins de 26 ans** poursuivant ses **études,** une durée inférieure à la durée minimale conventionnelle ou, à défaut, légale, compatible avec celles-ci, est fixée de droit à sa demande.

Dans tous les cas, lorsqu'une durée inférieure à 24 heures est prévue, une convention ou un accord d'entreprise ou d'établissement ou, à défaut, une convention ou un accord de branche étendu doit déterminer les modalités de **regroupement** des **horaires de travail** des salariés concernés sur des journées ou des demi-journées régulières ou complètes.

Sur l'information des **représentants du personnel** quant au nombre de demandes de dérogations individuelles, voir n° 77125.

> **Précisions a.** La durée minimale de travail n'est applicable ni aux contrats d'une **durée au plus égale à 7 jours,** ni à ceux conclus pour **remplacer un salarié** (qu'il s'agisse d'un CDD ou d'un contrat de travail temporaire), ni en cas de cumul d'un CDI à temps partiel avec un CDD d'insertion afin d'atteindre une durée globale d'activité à temps plein ou au moins égale à 24 heures par semaine, ni aux contrats uniques d'insertion, voir n° 20830. Pour les **associations intermédiaires,** voir n° 33047.
> **b.** Le salarié travaillant moins que la durée minimale et souhaitant occuper **ou reprendre un emploi d'une durée au moins égale** à cette durée minimale bénéficie d'une priorité sur les emplois disponibles (voir n° 77395).

HORAIRES JOURNALIERS

77185 C. trav. art. L 3123-6 **OA-IV-2250 s**

Les salariés à temps partiel ne sont pas soumis à l'horaire collectif de l'entreprise ou de l'établissement.

Ils doivent être **informés** par écrit (remise de plannings, par exemple) de leurs horaires de travail pour chaque journée travaillée. Le **contrat de travail** doit préciser les modalités de cette information. En revanche, il n'a pas à mentionner les horaires de travail (Cass. soc. 18-3-2003 n° 01-41.726 F-D : RJS 6/03 n° 825 ; 14-12-2016 n° 15-16.131 FS-PB : RJS 2/17 n° 117).

Sur le **changement** des horaires, voir n° 77300.

> **Précisions a.** La requalification du contrat à temps partiel en contrat à temps complet est encourue si le salarié démontre qu'il doit travailler selon des **horaires** dont il n'a **pas eu préalablement connaissance,** ce qui lui impose de rester en permanence à la disposition de son employeur (Cass. soc. 18-3-2003 n° 01-41.726 F-D : RJS 6/03 n° 825 ; 8-3-2007 n° 05-41.911 D).
> **b.** Dans les **associations et entreprises d'aide à domicile,** les horaires de travail sont communiqués par écrit chaque mois au salarié. Sauf stipulation contractuelle contraire, ils doivent l'être avant le début de chaque mois ; à défaut, le contrat est présumé à temps complet, l'employeur pouvant renverser cette présomption dans les conditions visées n° 77285, c (Cass. soc. 20-2-2013 n° 11-24.012 FS-PB : RJS 5/13 n° 412).

77190 C. trav. art. L 3123-23 L 3123-30 **OA-IV-2400 s**

Répartition des horaires et régime des coupures La répartition des horaires de travail des salariés à temps partiel dans la journée de travail peut être définie par **convention ou accord** d'entreprise ou d'établissement ou, à défaut, convention ou accord de branche étendu ou agréé. Toutefois, si cette répartition comporte plus d'une interruption d'activité, ou une interruption supérieure à 2 heures, la convention ou l'accord doit, en tenant compte des exigences propres à l'activité exercée :
– définir les amplitudes horaires pendant lesquelles les salariés peuvent exercer leur activité ;
– prévoir des contreparties spécifiques.

À **défaut d'accord,** l'horaire de travail du salarié à temps partiel ne peut pas comporter, au cours d'une **même journée,** plus d'une interruption d'activité ou une interruption supérieure à 2 heures.

> **Précisions a.** La coupure se distingue de la **pause** en ce qu'elle sépare deux séquences autonomes de travail tandis qu'une pause constitue un arrêt momentané au sein d'une même séquence (Circ. DRT 7 du 6-12-2000).
> **b.** Le non-respect des dispositions limitant les coupures ouvre droit à des **dommages-intérêts** (Cass. soc. 12-12-2012 n° 11-23.421 FS-PB : RJS 2/13 n° 179) et est passible de l'**amende** prévue pour les contraventions de 5e classe (n° 67285), appliquée autant de fois qu'il y a de salariés indûment employés (C. trav. art. R 3124-9).
> En revanche, sauf disposition conventionnelle contraire, le dépassement des limites ne peut pas être assimilé à du temps de **travail effectif** (Cass. soc. 12-12-2012 n° 11-23.421 FS-PB : RJS 2/13 n° 179).

HEURES COMPLÉMENTAIRES

Les heures complémentaires sont celles effectuées au-delà de la durée du travail prévue au **contrat.** Celui-ci doit mentionner les **limites** dans lesquelles ces heures peuvent être effectuées, dans le respect des plafonds indiqués n° 77225. **77220** C. trav. art. L 3123-6 L 3123-10 **OA-IV-4000 s**

Le **salarié ne peut ni exiger** d'effectuer les heures complémentaires prévues dans son contrat (Cass. soc. 4-3-2003 n° 00-46.362 FS-P : RJS 6/03 n° 823), **ni refuser** de les exécuter (Cass. soc. 2-5-2000 n° 97-45.650 D). Il doit toutefois être **informé** au moins 3 jours **à l'avance** des heures complémentaires à effectuer. À défaut, son refus ne constitue ni une faute ni un motif de licenciement.

Les heures complémentaires ouvrent droit à une **majoration de salaire** (n° 77230). En cas d'**utilisation régulière,** la durée contractuelle de travail doit être réévaluée (n° 77235).

> Précisions a. Le refus d'effectuer des heures complémentaires **non prévues au contrat** ne constitue ni une faute ni un motif de licenciement.

b. Sauf mise en œuvre d'un complément d'heures dans les conditions visées n° 77295, toutes les heures effectuées au-delà de la durée du travail prévue au contrat en accord avec l'employeur **sont des heures complémentaires,** qu'elles soient imposées par lui ou réalisées sur la base du volontariat (Cass. crim. 2-9-2014 n° 13-83.854 F-D : RJS 11/14 n° 820) ou prévues par avenant au contrat de travail (Cass. soc. 7-12-2010 n° 09-42.315 FS-PB : RJS 3/11 n° 279). En revanche, les heures réalisées sans l'accord de l'employeur et non nécessaires à l'exécution des tâches confiées au salarié ne sont pas dues (Cass. soc. 14-9-2016 n° 14-21.654 F-D : RJS 12/16 n° 778).

c. Sur la sanction du **défaut de mention dans le contrat** des limites de recours aux heures complémentaires, voir n° 77285.

Plafonds Les heures complémentaires sont soumises à une **double limite** à laquelle il ne peut pas être dérogé (Circ. DRT 4 du 21-4-1994, réputée abrogée) : **77225** C. trav. art. L 3123-9 L 3123-20 L 3123-28 **OA-IV-4060 s**

– en l'absence de disposition conventionnelle sur ce point, le nombre d'heures complémentaires effectuées au cours d'une même semaine ou d'un même mois ne peut pas être supérieur à 1/10e de la durée hebdomadaire ou mensuelle de travail prévue au contrat. Une convention ou un accord d'entreprise ou d'établissement ou, à défaut, une convention ou un accord de branche étendu peut porter ce nombre d'heures jusqu'au tiers de cette durée ;

– les heures complémentaires ne peuvent pas avoir pour effet de porter la durée du travail du salarié au niveau de la durée légale ou conventionnelle du travail.

> Précisions a. Le non-respect des limites est **sanctionné** par l'amende prévue pour les contraventions de 5e classe (n° 67285), appliquée autant de fois qu'il y a de salariés indûment employés (C. trav. art. R 3124-8).

b. Le salarié effectuant des heures complémentaires de travail au-delà de la limite légale peut prétendre, en sus du paiement de ces heures, à des **dommages-intérêts** en réparation du préjudice subi du fait de ce dépassement (Cass. soc. 27-2-2001 n° 98-45.610 FS-P : RJS 5/01 n° 687).

c. Si la durée hebdomadaire du travail est portée au niveau de la durée légale ou conventionnelle du travail, il peut obtenir, à compter de cette date (Cass. soc. 17-12-2014 n° 13-20.627 FS-PB : RJS 3/15 n° 225), la **requalification de son contrat à temps partiel** en contrat à temps complet (Cass. soc. 5-4-2006 n° 04-43.180 FS-PB : RJS 6/06 n° 781 ; 24-3-2010 n° 08-42.186 FS-D), y compris si le travail à temps plein a été limité à une période d'un mois (Cass. soc. 12-3-2014 n° 12-15.014 FS-PB : RJS 5/14 n° 447).

Rémunération Chaque heure complémentaire accomplie donne lieu à une **majoration de salaire** égale à : **77230** C. trav. art. L 3123-8 L 3123-21 L 3123-29 **OA-IV-4210 s**

– 10 % pour celles n'excédant pas 1/10e de la durée contractuelle de travail ;

– 25 % pour celles excédant cette limite, une convention ou un accord de branche étendu pouvant prévoir un taux moindre au moins égal à 10 %. Sur la conclusion d'un **accord d'entreprise** sur ce point, voir nos 52235 s.

> Précisions a. Il n'est pas possible de remplacer le paiement des heures complémentaires par l'octroi d'un **repos** (Cass. soc. 17-2-2010 n° 08-42.828 FS-PB : RJS 5/10 n° 478).

b. S'il ne paie pas la majoration prévue pour les heures excédant le 10e de la durée contractuelle de travail, l'employeur est passible de l'**amende** prévue pour les contraventions de 4e classe (n° 67285), appliquée autant de fois qu'il y a de salariés indûment employés (C. trav. art. R 3124-10).

c. Sur les conséquences de la mention sur le **bulletin de paie** d'un nombre d'heures de travail inférieur à celui réellement accompli, voir n° 79080.

d. S'agissant de la **preuve** du nombre d'heures effectuées, les principes énoncés n° 29755 valent également en cas de litige portant sur les heures complémentaires (en ce sens, Cass. soc. 28-2-2001 n° 98-41.432 F-D : RJS 6/01 n° 803 ; 30-9-2003 n° 02-42.730 F-P : RJS 12/03 n° 1452).

e. Les **heures excédant le tiers** de la durée contractuelle de travail sont soumises à la majoration de 25 % (Cass. soc. 2-7-2014 n° 13-15.954 FS-PB : RJS 10/14 n° 750) et sont passibles des sanctions exposées n° 77225.

f. Pour les heures complémentaires accomplies en sus d'un **complément d'heures,** voir n° 77295.

77232 EXEMPLE

Pour un contrat de travail prévoyant une **durée hebdomadaire de travail de 30 heures** avec possibilité d'accomplir 4 heures complémentaires par semaine, les heures complémentaires effectuées sont majorées comme suit, sauf taux différents d'au moins 10 % prévus par convention ou accord de branche étendu :
– les 3 premières heures ouvrent droit à une majoration de 10 % ;
– la 4e heure complémentaire ouvre droit à la majoration légale de 25 %.

77235 C. trav. art. L 3123-13 OA-IV-4310 s

Utilisation régulière En cas d'utilisation régulière d'heures complémentaires, l'employeur doit **modifier le contrat** en ajoutant à l'horaire antérieurement fixé la différence entre cet horaire et l'horaire moyen réellement effectué. Cette modification s'impose si l'horaire moyen réellement effectué par le salarié sur une **période** d'au moins 12 semaines consécutives, ou pendant 12 semaines au cours d'une période de 15 semaines, a dépassé l'horaire prévu au contrat d'au moins 2 heures par semaine (ou l'équivalent mensuel de cette durée, égale à 8 heures selon l'administration : Circ. CAB 3 du 3-3-2000, réputée abrogée). Ce dépassement est calculé en fonction de l'horaire moyen réalisé par le salarié sur toute la période de référence (Cass. soc. 4-11-2015 n° 14-16.338 FS-PBR : RJS 1/16 n° 78).
Elle est subordonnée au respect d'un préavis de 7 jours et au fait que le salarié ne refuse pas la modification.

EXEMPLE

1. Le contrat de travail d'un salarié prévoit un **horaire de 25 heures par semaine** et l'accomplissement éventuel de 2,5 heures complémentaires. Au cours d'une période de 12 semaines consécutives, le salarié a effectué l'horaire suivant : 8 semaines à 27 heures 30 minutes, soit 20 heures complémentaires ; 1 semaine à 25 heures, soit aucune heure complémentaire ; 3 semaines à 27 heures, soit 6 heures complémentaires.
L'horaire moyen réellement effectué s'établit à (27,5 × 8) + (25 × 1) + (27 × 3) = 326/12 = 27 heures 10 minutes. Le contrat de travail doit être modifié pour prévoir un horaire de 27 heures par semaine.
2. Le contrat de travail d'un salarié prévoit un **horaire de 30 heures par semaine** et l'accomplissement éventuel de 3 heures complémentaires. L'horaire effectué par le salarié pendant une période de 15 semaines a été successivement le suivant : 6 semaines à 33 heures, soit 18 heures complémentaires ; 3 semaines à 30 heures ; 6 semaines à 32 heures 30 minutes, soit 15 heures complémentaires.
L'horaire moyen réellement effectué s'établit à (33 × 6) + (30 × 3) + (32,5 × 6) = 483/15 = 32 heures 12 minutes. Le contrat de travail doit être modifié pour prévoir un horaire de 32 heures par semaine.
3. Pour un contrat de travail comportant un **horaire mensuel de 100 heures,** la modification du contrat doit intervenir lorsque l'horaire effectué sur 12 semaines consécutives ou pendant 12 semaines sur une période de 15 semaines dépasse 108 heures par mois (Circ. CAB 3 du 3-3-2000, réputée abrogée).

2. TEMPS PARTIEL SUR UNE PÉRIODE SUPÉRIEURE À LA SEMAINE

77250 Les dispositifs ci-après permettent de décompter la durée de travail des salariés à temps partiel sur une période supérieure à la semaine.

› Précisions Outre ces dispositifs, il convient de signaler l'existence, à titre résiduel :
– du **temps partiel modulé** : il ne peut être utilisé que si un accord étendu ou un accord d'entreprise ou d'établissement conclu avant la publication de la loi 2008-789 du 20-8-2008 le prévoit. Cette loi l'a en effet abrogé tout en maintenant en vigueur les accords déjà conclus ;
– du **temps partiel annualisé** : la loi 2000-37 du 19-1-2000 l'a supprimé tout en laissant subsister les contrats en cours lors de son entrée en vigueur, soit le 1-2-2000.
Compte tenu de l'ancienneté de leur suppression, ces régimes ne sont plus étudiés ici. Pour un exposé, on pourra se reporter à notre Documentation sociale OA-IV-3080 s. et OA-IV-25500 s.

TEMPS PARTIEL AMÉNAGÉ SUR UNE PÉRIODE SUPÉRIEURE À LA SEMAINE

77255 C. trav. art. L 3121-44 L 3121-47 L 3123-13 L 3123-20 L 3123-27 L 3123-28 OA-IV-2860 s

Un **accord** d'entreprise ou d'établissement ou, à défaut, une convention ou un accord de branche peut organiser la répartition de la durée du travail sur une période supérieure à la semaine. Lorsqu'il concerne les salariés à temps partiel, ce dispositif est **régi,** sous réserve des particularités suivantes, par les règles exposées nos 30110 s. ainsi que par celles concernant le travail à temps partiel.
Sa mise en œuvre nécessite l'**accord exprès** du salarié (Cass. soc. 20-2-2008 n° 06-43.349 FS-PB : RJS 5/08 n° 614 ; 28-9-2011 n° 10-19.076 F-D : RJS 12/11 n° 1028).

› Précisions a. La **convention ou l'accord** mettant en place ce dispositif doit indiquer, en plus des mentions énumérées n° 30110, les modalités de communication et de modification de la répartition de la durée et des horaires de travail. À défaut de stipulations dans l'accord, le délai de prévenance à observer est fixé à 7 jours.

b. Le **contrat de travail** doit préciser la qualification du salarié, les éléments de sa rémunération, la durée hebdomadaire ou mensuelle de travail et les limites d'accomplissement des heures complémentaires (Circ. DGT 20 du 13-11-2008) ainsi que, selon nous, les modalités selon lesquelles les horaires de travail pour chaque journée travaillée sont communiqués par écrit au salarié.

c. Les salariés auxquels s'applique le dispositif bénéficient des **mêmes garanties** que les salariés à temps partiel de droit commun, notamment en ce qui concerne le régime des **interruptions d'activité** au cours d'une même journée (n° 77190) (Circ. DGT 20 du 13-11-2008). À défaut de convention ou d'accord de branche étendu la fixant, leur **durée minimale légale de travail** (n° 77175) est fixée à l'équivalent de 24 heures par semaine calculé sur la période conventionnelle de répartition de la durée du travail.

Un lissage de leur **rémunération** est possible (n° 30135). S'agissant de la récupération d'un trop-perçu constaté lors de la régularisation du lissage, voir n° 70970, a.

d. Le **nombre des heures complémentaires** effectuées est constaté en fin de période. Sur cette période, il ne peut pas excéder le dixième de la durée contractuelle de travail ou le tiers si un accord collectif le prévoit (n° 77225). Il ne peut pas non plus porter la durée du travail accomplie au niveau de la durée légale – c'est-à-dire 35 heures en moyenne sur la période conventionnelle supérieure à la semaine ou 1 607 heures si cette période est annuelle – ou de la durée conventionnelle de travail (Circ. DGT 20 du 13-11-2008).

Les heures complémentaires constatées en fin de période donnent lieu aux **majorations** visées n° 77230. Ainsi, par exemple, pour une durée de 360 heures réparties sur 12 semaines avec possibilité d'effectuer 48 heures complémentaires sur la période, les 36 premières heures complémentaires sont majorées de 10 % et les 12 heures suivantes de 25 % (sauf taux différents d'au moins 10 % prévus par convention ou accord de branche étendu).

e. Le mécanisme de **réajustement de la durée de travail** en cas d'utilisation **régulière** des heures complémentaires (n° 77235) s'applique. Dans le cas où la période de calcul de la durée du travail est supérieure à 15 semaines, le nombre moyen d'heures effectuées doit être apprécié sur l'ensemble de la période. L'horaire contractuel doit être modifié si l'horaire moyen réellement accompli par le salarié l'a dépassé de 2 heures au moins par semaine, ou de l'équivalent mensuel de cette durée (Circ. DGT 20 du 13-11-2008).

TEMPS RÉDUIT POUR RAISONS PERSONNELLES

Un salarié peut **demander** à bénéficier d'une réduction de son temps de travail sous forme d'une ou plusieurs périodes d'au moins une semaine, pour des raisons personnelles. Ce dispositif (distinct du temps partiel pour élever un enfant : n°s 12040 s.) ne peut donc être mis en place qu'à l'initiative du salarié. Il peut être organisé sans accord collectif dans le seul **cadre contractuel.** 77260 C. trav. art. L 3123-2 OA-IV-3500 s

L'employeur peut **refuser** pour des raisons objectives liées aux nécessités de fonctionnement de l'entreprise (Circ. CAB 3 du 3-3-2000, réputée abrogée).

En cas d'accord, un **avenant** au contrat de travail doit préciser la ou les périodes non travaillées.

La **durée du travail** des salariés concernés doit être fixée dans la limite de la durée annuelle légale ou conventionnelle applicable dans l'entreprise ou l'établissement.

Pendant les périodes travaillées, le salarié est occupé selon l'**horaire collectif** applicable dans l'entreprise ou l'établissement, ce qui exclut qu'il puisse être occupé à temps partiel.

› Précisions a. L'avenant au contrat de travail peut prévoir un lissage de la **rémunération,** c'est-à-dire une rémunération mensualisée indépendante de l'horaire réellement effectué. S'agissant de la récupération d'un trop-perçu constaté lors de la régularisation de la rémunération lissée, voir n° 70970, a.

b. Les dispositions relatives aux **heures supplémentaires** et à la contrepartie obligatoire en repos s'appliquent aux heures accomplies au cours d'une semaine au-delà de la durée légale ou, le cas échéant, à celles accomplies au-delà des limites fixées par la convention ou l'accord répartissant la durée du travail sur une période supérieure à la semaine.

c. L'employeur ne peut **modifier les dates** fixées pour les périodes non travaillées qu'avec l'accord du salarié, un nouvel avenant devant dans ce cas être conclu (Circ. CAB 3 du 3-3-2000, réputée abrogée).

D. Contrat de travail

ÉTABLISSEMENT DU CONTRAT

77280 C. trav. art. L 3123-6 OA-IV-5000 s

Forme et contenu Le contrat de travail à temps partiel doit être **écrit** et comporter les **mentions obligatoires** suivantes : qualification, éléments de la rémunération, durée du travail et sa répartition entre les jours de la semaine ou les semaines du mois (n°s 77170 s.), conditions de la modification de cette répartition (n°s 77305 s.), modalités de communication des horaires de travail au salarié mais pas les horaires eux-mêmes (nº 77185) et limites d'accomplissement des heures complémentaires (n°s 77220 s.).

Il peut être à **durée** indéterminée ou déterminée. Dans le second cas, il faut en outre respecter les règles propres à ce type de contrats.

Des dispositifs d'allègement des formalités **dispensent** certaines catégories d'employeurs d'établir un contrat écrit : voir n°s 24030 s.

› **Précisions** **a.** Une **information écrite complémentaire** doit être fournie au salarié sur les éléments essentiels du contrat, dans les mêmes conditions que pour les autres salariés (voir nº 16530).

b. Dans un contrat de travail à temps partiel, la **clause d'exclusivité** n'est valable que si elle est indispensable à la protection des intérêts légitimes de l'entreprise, justifiée par la nature de la tâche à accomplir et proportionnée au but recherché (Cass. soc. 25-2-2004 nº 01-43.392 FS-PB : RJS 5/04 nº 624). De même pour la **clause interdisant l'exercice** d'une autre activité professionnelle dans le même secteur d'activité (Cass. soc. 20-10-2011 nº 10-30.258 F-D) ou celle soumettant l'exercice d'une autre activité professionnelle à l'**autorisation préalable** de l'employeur (Cass. soc. 16-9-2009 nº 07-45.346 F-PB : RJS 12/09 nº 987). La nullité n'entraîne pas la requalification en contrat à temps complet, mais l'octroi de dommages-intérêts réparant le préjudice subi par le salarié (Cass. soc. 25-2-2004 nº 01-43.392 FS-PB : RJS 5/04 nº 624).

c. Pour les **VRP,** voir nº 61015, les **pigistes,** voir nº 46510 et les travailleurs **intermittents,** voir nº 30475, g. Pour l'aménagement du **temps partiel sur une période supérieure à la semaine,** voir nº 77255, b. En cas de **temps réduit pour raisons personnelles,** voir nº 77260.

77285 OA-IV-10000 s

Sanctions À **défaut d'écrit ou** de **mention** de la durée du travail de référence, de sa répartition et du volume d'heures complémentaires, l'employeur est passible de l'**amende** prévue pour les contraventions de 5e classe (nº 67285), appliquée autant de fois qu'il y a de salariés indûment employés (C. trav. art. R 3124-5).

En outre, le contrat est **présumé conclu à temps complet** en l'absence d'écrit ou s'il prévoit une durée de travail variable. Il en va de même dans les cas suivants : défaut de mention de la durée hebdomadaire ou, le cas échéant, mensuelle prévue ; défaut de mention de la répartition du travail entre les jours de la semaine ou les semaines du mois (sauf cas où cette mention n'est pas obligatoire) ; non-respect des mentions contractuelles sur la durée et la répartition du temps de travail. Il s'agit toutefois d'une présomption simple que l'employeur peut combattre en apportant la preuve contraire.

Enfin, le **non-respect** des mentions du contrat sur la durée et la répartition du temps de travail peut justifier, dans certains cas, une prise d'acte de la rupture ou la résiliation judiciaire de ce contrat aux torts de l'employeur (Cass. soc. 8-7-2010 nº 09-40.965 F-D ; 25-1-2011 nº 09-71.029 F-D ; 30-3-2011 nº 09-70.853 F-D : RJS 6/11 nº 564).

› **Précisions** **a.** L'exigence légale d'un écrit mentionnant la durée du travail et sa répartition s'applique aussi bien au **contrat** de travail **initial** qu'à ses **avenants** modifiant cette durée et/ou répartition. À défaut, la requalification en contrat à temps plein joue à compter de la première irrégularité (Cass. soc. 23-11-2016 nº 15-18.093 FS-PB : RJS 2/17 nº 116).

b. Le défaut de mention dans le contrat des limites d'accomplissement des **heures complémentaires** ne suffit pas à entraîner sa requalification en contrat à temps complet (Cass. soc. 30-11-2010 nº 09-68.609 FS-PB : RJS 2/11 nº 103).

c. Pour **renverser la présomption** de travail à temps complet, l'employeur doit, d'une part, apporter la preuve de la durée exacte hebdomadaire ou mensuelle convenue et, d'autre part, établir que le salarié peut prévoir son rythme de travail et qu'il n'a pas à se tenir constamment à sa disposition (Cass. soc. 9-4-2008 nº 06-41.596 FS-PB : RJS 6/08 nº 729 ; 11-5-2016 nº 14-17.496 FS-PB : RJS 7/16 nº 500 ; 3-7-2019 nº 17-15.884 FS-PB : RJS 10/19 nº 605). Cette double preuve doit être apportée même si le salarié peut refuser des missions (Cass. soc. 26-1-2011 nº 09-71.349 F-PB : RJS 4/11 nº 379) ou exerce une autre activité professionnelle lui imposant des contraintes horaires (Cass. soc. 9-7-2014 nº 13-16.427 F-D : RJS 10/14 nº 670).

Lorsque la durée du travail du salarié varie d'un mois à l'autre, la preuve de la durée exacte du travail convenue n'est pas rapportée (Cass. soc. 13-1-2009 nº 07-42.459 F-D ; 31-1-2012 nº 10-27.599 F-D ; 21-3-2012 nº 10-21.542 F-D : RJS 6/12 nº 600), cette preuve ne pouvant résulter d'une moyenne calculée a posteriori (Cass. soc. 16-6-2011 nº 09-72.776 F-D : RJS 10/11 nº 846 ; 31-1-2012 nº 10-27.599 F-D).

En revanche, la présomption de travail à temps complet est renversée si l'employeur établit, d'une part, que le salarié a une durée de travail stable et, d'autre part, par exemple, qu'il a des horaires réguliers (Cass. soc. 5-3-2003 nº 01-41.909 ; 5-10-2011 nº 10-20.279 F-D), ou qu'il jouit d'une autonomie totale dans l'organisation de son temps de travail (Cass. soc. 15-10-2008 nº 06-46.382 F-D), ou que son planning de travail est établi en fonction de ses disponibilités (Cass. soc. 9-7-2003 nº 01-42.451 FS-PB : RJS 10/03 nº 1175) ou encore que son planning lui est communiqué suffisamment à l'avance pour qu'il puisse prévoir à quel rythme il doit travailler (Cass. soc. 28-9-2011 nº 09-71.139 F-D ; 20-6-2012 nº 11-18.983 F-D).

d. L'**action en requalification** du contrat de travail à temps partiel en contrat à temps complet est une action en paiement du salaire et **se prescrit** donc par 3 ans (Cass. soc. 19-12-2018 nº 16-20.522 F-D : RJS 3/19 nº 152).

e. La requalification du contrat à temps partiel en **contrat à temps plein** se fait sur la base de la durée légale de travail ou de la durée conventionnelle si elle est inférieure (Cass. soc. 3-6-2015 nº 13-21.671 FS-PB : RJS 8-9/15 nº 604). L'employeur est alors tenu au paiement d'un **rappel de salaire et de congés payés** sur la base d'un temps complet même si le salarié a exercé d'autres activités professionnelles (Cass. soc. 27-6-2012 nº 10-28.048 F-D : RJS 10/12 nº 854 ; 17-10-2012 nº 11-14.795 F-D) et pris un congé sans solde (Cass. soc. 14-9-2016 nº 15-15.944 FS-PB : RJS 11/16 nº 700) ainsi que, le cas échéant, au paiement d'un rappel de **prime de participation** (Cass. soc. 9-5-2019 nº 17-16.910 F-D : RJS 7/19 nº 449).

La **requalification d'un CDD** à temps partiel **en contrat à durée indéterminée** ne s'accompagne de la requalification concomitante en temps plein que si ce contrat est irrégulier au regard tant des règles relatives au CDD que du formalisme relatif au contrat à temps partiel (Cass. soc. 9-10-2013 nº 12-17.882 FS-PBR : RJS 12/13 nº 788 ; 7-9-2017 nº 16-16.643 FS-PB : RJS 11/17 nº 748). Sur la rémunération des périodes intermédiaires en cas de requalification de contrats successifs, voir nº 20335.

MODIFICATION DE LA DURÉE DU TRAVAIL

Dans un contrat de travail à temps partiel, la durée du travail ne peut être modifiée qu'avec l'**accord du salarié** (Cass. soc. 23-11-1999 nº 97-41.315 P : RJS 1/00 nº 126 ; 13-2-2008 nº 06-45.770 F-D : RJS 4/08 nº 491) même si la rémunération est maintenue (Cass. soc. 30-3-2011 nº 09-70.853 F-D : RJS 6/11 nº 564). **77290** OA-IV-5850 s

› Précisions **a.** La modification de la durée du travail ou de sa répartition entre les jours de la semaine ou les semaines du mois doit faire l'objet d'un **avenant** écrit au contrat (Cass. soc. 20-6-2013 nº 10-20.507 FS-PB : RJS 10/13 nº 715 ; 19-9-2013 nº 12-14.872 F-D : RJS 12/13 nº 864) même si elle est temporaire et prévue par une convention collective (Cass. soc. 23-11-2016 nº 15-18.093 FS-PB : RJS 2/17 nº 116). À défaut, l'employeur s'expose aux sanctions visées nº 77285 et reste redevable, en cas de réduction de la durée du travail, de la rémunération correspondant à celle prévue au contrat (voir nº 77170, a).

b. Le licenciement faisant suite au **refus** du salarié de passer à temps complet est dépourvu de cause réelle et sérieuse à défaut d'un motif économique justifiant une telle modification du contrat (Cass. soc. 24-11-1998 nº 96-41.740 P : RJS 1/99 nº 133 ; 23-2-2000 nº 97-44.267 D : RJS 4/00 nº 466). Il en va à notre sens de même pour toute modification de la durée du travail qui ne serait pas justifiée par une cause économique.

c. Sauf avenants conclus dans les conditions visées nº 77295, le salarié soumis à d'incessants changements de sa durée ou de ses jours de travail doit se tenir en permanence à la disposition de son employeur, ce qui justifie la **requalification** de son contrat **en contrat à temps plein** (Cass. soc. 16-5-2007 nº 05-40.483 F-D : RJS 7/07 nº 902 ; 19-5-2010 nº 09-40.056 F-D : RJS 8-9/10 nº 708). S'agissant de modifications incessantes des horaires de travail d'un salarié sans respect du délai de prévenance, voir nº 77310, d.

d. Sur les droits du **salarié souhaitant obtenir un temps complet ou un temps partiel plus long**, voir nº 77395.

e. Pour l'application d'un **accord de performance collective**, voir nºs 17590 s.

Augmentation temporaire de la durée du travail Une convention ou un **accord de branche étendu** peut autoriser la conclusion d'**avenants au contrat** de travail augmentant temporairement la durée de travail. Les heures accomplies dans ce cadre, en sus de la durée initialement prévue, sont dénommées « **compléments d'heures** ». Sauf disposition conventionnelle contraire, ces compléments d'heures sont rémunérés au taux normal. En revanche, les heures complémentaires accomplies au-delà de ces compléments donnent lieu à une majoration de salaire d'au moins 25 %. **77295** C. trav. art. L 3123-22 OA-IV-6130 s

› Précisions **a.** La **convention** ou l'accord étendu **détermine** le nombre maximal d'avenants pouvant être conclus, dans la limite de 8 par an et par salarié, sauf cas de remplacement d'un salarié absent nommément désigné. Ce texte détermine aussi les modalités selon lesquelles les salariés peuvent bénéficier prioritairement des compléments d'heures. Sur la conclusion d'un **accord d'entreprise** sur ce point, voir nºs 52235 s.

En l'**absence de convention** ou d'accord de branche étendu, les compléments d'heures, même prévus par avenant au contrat, sont assimilés à des heures complémentaires, voir nº 77220, b.

b. Constituant une modification du contrat de travail, le complément d'heures requiert l'**accord du salarié** (Déb. Sén. – Rapport 501 déposé en 2013).

L'**avenant au contrat** doit **mentionner** la durée de son application, le nombre d'heures concernées, la nouvelle répartition des heures entre les jours de la semaine ou les semaines du mois (Déb. AN – Rapport 847 déposé en 2013) ainsi que, le cas échéant, les limites dans lesquelles des heures complémentaires peuvent être effectuées au-delà de la nouvelle durée contractuelle de travail (sur ces limites, voir nº 77225).

AUTRES MODIFICATIONS DU CONTRAT

77300 OA-IV-6400 s **Modification de l'horaire quotidien** Lorsque le **contrat de travail précise l'horaire** de travail quotidien sans prévoir la possibilité de le faire varier, le changement d'horaire constitue une modification du contrat nécessitant l'accord du salarié (Cass. soc. 28-6-2005 nº 04-40.752 F-D).

Si, en revanche, le contrat de travail **ne précise pas l'horaire** de travail quotidien, le changement de cet horaire relève, en principe, du pouvoir de direction de l'employeur (Cass. soc. 18-7-2001 nº 99-45.076 FS-P : RJS 11/01 nº 1373). Toutefois, même dans ce cas, le salarié, qu'il soit en contrat à durée déterminée ou indéterminée (Cass. soc. 30-4-2014 nº 13-13.375 F-D : RJS 7/14 nº 598), peut refuser le changement pour l'une des raisons énumérées nº 77305, a (C. trav. art. L 3123-12, al. 2) ou si son horaire quotidien a été fixé d'un commun accord avec l'employeur (Cass. soc. 3-11-2010 nº 09-41.132 FS-D : RJS 1/11 nº 79).

77305 C. trav. art. L 3123-6 L 3123-12 OA-IV-6600 s **Modification de la répartition du temps de travail** Le **contrat de travail** à temps partiel **doit prévoir** les cas dans lesquels une modification de la répartition de la durée du travail entre les jours de la semaine ou les semaines du mois peut intervenir ainsi que la nature de cette modification.

À défaut, la répartition ne peut être modifiée qu'avec l'accord du salarié (Cass. soc. 6-1-2010 nº 08-41.596 F-D).

› Précisions **a.** Lorsque l'employeur effectue sa demande dans l'un des cas et selon les **modalités prévues au contrat,** le salarié peut néanmoins refuser le changement, sans que ce refus constitue une faute ou un motif de licenciement, s'il est incompatible avec des obligations familiales impérieuses (par exemple : nécessité d'assister un parent malade ou dépendant ou, pour une personne seule, assurer la garde de son enfant), le suivi d'un enseignement scolaire ou supérieur, une période d'activité fixée par un autre employeur, ou une activité professionnelle non salariée.

b. Est nulle la **clause contractuelle** accordant un **pouvoir discrétionnaire** à l'employeur, telle que celle prévoyant la faculté de modification en fonction des circonstances (Cass. soc. 7-7-1998 nº 95-43.443 PB : RJS 10/98 nº 1312) ou des nécessités du service (Cass. soc. 6-4-1999 nº 96-45.790 PF : RJS 5/99 nº 762) ou encore celle prévoyant que les heures de début et de fin de travail sont susceptibles de variation (Cass. soc. 7-12-1999 nº 97-42.333 P : RJS 3/00 nº 346).

c. Lorsque l'employeur demande au salarié de changer la répartition de sa durée du travail, alors que le contrat n'a pas prévu les cas et la nature de telles modifications, le **refus du salarié** d'accepter ce changement ne constitue ni une faute ni un motif de licenciement.

d. La modification de la répartition doit être formalisée dans un **avenant écrit** au contrat de travail, voir nº 77290, a. En cas de **modification incessante** des jours de travail, voir nº 77290, c.

77310 C. trav. art. L 3123-11 L 3123-24 L 3123-31 OA-IV-6750 s Toute modification de la répartition de la durée du travail entre les jours de la semaine ou les semaines du mois est notifiée au salarié en respectant un **délai de prévenance.** Ce délai peut être déterminé par **convention ou accord** d'entreprise ou d'établissement ou, à défaut, convention ou accord de branche étendu sans pouvoir être inférieur à 3 jours ouvrés. Par exemple, une modification annoncée un mardi prendra effet au plus tôt le lundi suivant (Circ. CAB 3 du 3-3-2000, réputée abrogée) dans le cas d'une entreprise travaillant du lundi au vendredi.

Si le délai conventionnel est inférieur à 7 jours ouvrés, la convention ou l'accord doit prévoir les contreparties apportées au salarié.

À **défaut d'accord,** toute modification de la répartition doit être notifiée au salarié au moins 7 jours ouvrés à l'avance.

› Précisions **a.** Le respect du délai légal de prévenance ne s'impose que si la **modification** résulte d'une **décision unilatérale** de l'employeur et non pas si elle intervient avec l'**accord exprès du salarié** (Cass. soc. 9-11-2016 nº 15-19.401 FS-PBR : RJS 1/17 nº 28).

b. Dans les **associations et entreprises d'aide à domicile,** le délai peut être inférieur à 3 jours ouvrés pour les cas d'urgence définis par convention ou accord de branche étendu ou d'entreprise ou d'établissement.

c. La **forme de la notification** n'est pas précisée mais il est recommandé de l'adresser par écrit, l'employeur devant rapporter la **preuve** qu'il a respecté le délai de prévenance.

d. L'inobservation par l'employeur du délai de prévenance :
– caractérise un trouble manifestement illicite, la formation de référé de la juridiction prud'homale, saisie d'une demande en ce sens, devant **rétablir** le salarié dans ses **horaires** antérieurs (Cass. soc. 5-10-2011 n° 10-30.599 F-D : RJS 12/11 n° 1027) ;
– constitue un non-respect de ses engagements contractuels, de sorte que la **rupture du contrat** en résultant peut dans certains cas s'analyser en un licenciement abusif (en ce sens : Cass. soc. 16-2-1999 n° 96-45.407 P : RJS 4/99 n° 607 ; 4-4-2006 n° 04-42.672 F-P : RJS 6/06 n° 782) ;
– entraîne la **requalification du contrat** à temps partiel en contrat à temps complet si le salarié ne peut pas prévoir son rythme de travail et doit se tenir à la disposition constante de l'employeur (Cass. soc. 27-3-2019 n° 17-21.543 FS-PB : RJS 6/19 n° 359). Il en va ainsi en cas de changements incessants de ses horaires de travail (Cass. soc. 27-3-2019 n° 16-28.774 FS-PB : RJS 6/19 n° 359) mais pas lorsque la modification est isolée (Cass. soc. 27-3-2019 n° 17-21.543 précité).

RUPTURE DU CONTRAT

Les salariés à temps partiel sous CDI bénéficient de la réglementation du **licenciement** pour motif personnel ou pour motif économique (nos 47000 s.). **77315** OA-IV-7300 s NB-V-2510 s

Sur les règles applicables en cas de rupture du CDD, voir nos 20140 s.

› Précisions a. Voir les indications données par ailleurs en ce qui concerne :
– la convocation à l'**entretien préalable** au licenciement un jour de la semaine où le salarié n'exerce pas d'activité (n° 47520) ;
– l'établissement de l'**ordre** des licenciements pour motif économique (n° 47935, c).

b. S'agissant du calcul de l'**indemnité de licenciement ou de départ à la retraite,** voir n° 48945.

c. Un **plan de sauvegarde de l'emploi** établi à l'occasion d'un licenciement économique ne peut écarter des salariés d'un **avantage de départ** au seul motif qu'ils sont employés à temps partiel, l'avantage étant dû proportionnellement au temps de travail (Cass. soc. 10-11-1992 n° 89-42.884 P : RJS 12/92 n° 1429).

E. Statut du salarié à temps partiel

Le salarié à temps partiel bénéficie des **droits reconnus au salarié à temps complet** par la loi, les conventions et les accords d'entreprise ou d'établissement sous réserve, pour les droits conventionnels, de modalités spécifiques prévues par une convention ou un accord collectif. **77360** C. trav. art. L 3123-5 OA-IV-8300 s

Ce principe s'applique en particulier :
– à la **période d'essai,** qui ne peut pas avoir une durée calendaire supérieure à celle du salarié à temps complet ;
– à l'**ancienneté,** qui se décompte comme si le salarié avait été occupé à temps complet, les périodes non travaillées étant prises en compte en totalité.

ATTENTION

Le Code du travail permet de prévoir des modalités spécifiques d'application des **droits conventionnels** pour le salarié à temps partiel, mais pas de l'exclure purement et simplement (Cass. soc. 15-1-2002 n° 99-42.546 FS-P : RJS 3/02 n° 363 ; 16-1-2008 n° 06-41.471 FS-PB : RJS 4/08 n° 492).

RÉMUNÉRATION

Fixée dans le contrat de travail (voir n° 77280), la rémunération du travailleur à temps partiel est, sauf exceptions, proportionnelle à celle du salarié à temps plein. **77365** OA-IV-8430 s

› Précisions a. Qu'il soit soumis à un horaire fixe ou variable, le salarié à temps partiel peut bénéficier d'un **titre-restaurant** pour les jours où son horaire couvre la période du déjeuner (Cass. soc. 20-2-2013 n° 10-30.028 FS-PB : RJS 5/13 n° 383).

b. Voir par ailleurs en ce qui concerne :
– la rémunération des **heures complémentaires,** n° 77230, et celle des **compléments d'heures,** n° 77295 ;
– les **horaires d'équivalence** prévus dans certaines professions, n° 77060, b ;
– l'obligation de rémunérer le **temps** de travail contractuel, même **non travaillé,** n° 77170, a ;
– le calcul des droits des salariés à temps partiel en matière de **participation financière,** n° 33915 ;
– le bénéfice de la **mensualisation,** n° 70755, a ;
– la rémunération du **congé de transition professionnelle** pris dans le cadre d'un compte personnel de formation en cas de formation à temps plein, n° 38370.

77370 **Règle de proportionnalité** Compte tenu de la durée de son travail et de son ancienneté dans l'entreprise (décomptée comme indiqué n° 77360), la rémunération du salarié à temps partiel est proportionnelle à celle du salarié qui, à qualification égale, occupe **à temps complet** un emploi équivalent dans l'établissement ou l'entreprise. La règle joue dans les deux sens : le salarié à temps partiel ne doit être **ni lésé ni favorisé** par rapport au salarié à temps plein.

C. trav. art. L 3123-5

Toutefois, elle peut être écartée par une stipulation expresse de la convention collective applicable (Cass. soc. 1-6-1999 n° 97-41.430 P : RJS 11/99 n° 1412 ; 2-7-2014 n° 13-14.972 FS-PB : RJS 10/14 n° 707 ; 7-9-2017 n° 16-19.528 FS-PB : RJS 11/17 n° 749). Dans ce cas, le salarié à temps partiel perçoit une rémunération non proratisée.

> **Précisions** **a.** Un salarié ne peut ni être privé d'une **prime** au motif qu'il travaille à temps partiel (Cass. soc. 2-12-1992 n° 91-40.655 P ; 13-4-1999 n° 97-41.171 P : RJS 5/99 n° 764) ni en bénéficier sous condition de réalisation du même **chiffre d'affaires** que celui requis pour les salariés à temps complet (Cass. soc. 4-12-1990 n° 87-42.341 P : RJS 1/91 n° 101).
b. L'usage consistant à **revaloriser le salaire** après 5 ou 10 ans s'applique aux salariés à temps partiel (Cass. soc. 29-1-2002 n° 99-44.376 FS-P : RJS 4/02 n° 504).
c. Une prime de fin d'année assise sur l'horaire de base doit être, pour le salarié à temps partiel, calculée en tenant compte des **heures complémentaires** éventuellement effectuées, sans qu'il y ait lieu de rechercher si, pour les salariés à temps complet, les heures supplémentaires sont ou non comprises dans l'assiette de cette gratification (Cass. soc. 21-5-2002 n° 00-42.286 FS-PB : RJS 8-9/02 n° 1047).
d. Si le **salarié passe à mi-temps au cours d'un mois** donné, la prime ayant pour assiette le salaire de ce mois doit être calculée sur le salaire réellement perçu au cours du mois et non pas sur le salaire à mi-temps applicable à la fin du mois (Cass. soc. 5-6-2001 n° 99-41.066 F-P : RJS 8-9/01 n° 1095).
e. Sur l'application de la règle de proportionnalité à un salarié travaillant à temps partiel en **équipe de suppléance,** voir n° 30445, b.

77375 **Maladie et maternité** Le salarié à temps partiel a, en cas de maladie ou de maternité, les mêmes droits que le salarié à temps plein. En particulier, il bénéficie des dispositions conventionnelles existant, le cas échéant, dans l'entreprise (période de garantie d'emploi ou maintien total ou partiel du salaire, etc.).

OA-IV-9450

ATTENTION

Lorsqu'un salarié à temps plein passe à temps partiel et tombe malade **au moment de la transformation de son emploi,** la rémunération à maintenir est celle qui correspond au nouvel horaire à temps partiel (Cass. soc. 31-1-1996 n° 92-41.620 D : RJS 3/96 n° 287).

77377 **Frais professionnels** La prise en charge des frais de **transport domicile-lieu de travail** prévue par la loi (n°s 70520 s.) s'effectue dans les mêmes conditions que pour les salariés à temps complet lorsque l'horaire de travail est égal ou supérieur à la moitié de la durée légale (ou conventionnelle si elle lui est inférieure) du travail. Dans le cas contraire, la prise en charge se calcule au prorata du nombre d'heures travaillées par rapport à la moitié de la durée du travail à temps complet.

C. trav. art. R 3261-9 R 3261-14 O-I-19420 s

EXEMPLE

Dans une entreprise pratiquant une durée de travail de 35 heures par semaine, la prise en charge par l'employeur est égale à 50 % du prix de l'abonnement à un service de transport collectif pour tous les salariés dont l'horaire hebdomadaire de travail est égal ou supérieur à 17,50 heures. Pour un salarié dont la durée hebdomadaire de travail est de 15 heures, la prise en charge de 50 % est affectée du coefficient 15/17,5. Ainsi, pour un titre d'abonnement de 100 €, le versement de l'entreprise est égal à 50 × 15/17,5, soit 42,86 €.

CONGÉS, REPOS HEBDOMADAIRE ET JOURS FÉRIÉS

77380 Le salarié à temps partiel bénéficie des mêmes **congés payés** que le salarié à temps plein (voir n° 13300, a), ceux-ci étant décomptés comme indiqué nos 13470 s. Sauf dérogations applicables à l'établissement (nos 30875 s.), il bénéficie du repos hebdomadaire le **dimanche,** même s'il ne travaille qu'un seul jour par semaine (Cass. crim. 24-5-1976 n° 75-92.939 ; 26-10-1993 n° 93-80.743 D : RJS 1/94 n° 95). Il a droit aux **jours fériés chômés** dans l'entreprise s'il remplit la condition d'ancienneté prévue n° 31115, sauf dispositions conventionnelles plus favorables.

OA-IV-8980 s

> **Précisions** **a.** En cas de chômage dans l'entreprise d'un **jour férié tombant un jour normalement travaillé** par le salarié, celui-ci a droit à une rémunération calculée à partir de l'horaire qu'il aurait dû normalement accomplir ce jour-là (Cass. soc. 19-3-1987 n° 84-41.658 ; 10-11-1993 n° 89-45.049 P : RJS 12/93 n° 1247). En revanche, aucune indemnité n'est due pour les

jours fériés tombant un jour normalement travaillé dans l'entreprise mais de **repos pour le salarié** (Circ. DRT 4 du 21-4-1994, réputée abrogée).
b. Les dispositions conventionnelles prévoyant l'attribution d'un jour de repos supplémentaire lorsque le **jour férié coïncide avec le jour habituel de repos** du salarié, hors repos dominical, ne s'appliquent pas au salarié à temps partiel lorsque le jour férié tombe non pas un jour de repos hebdomadaire mais un jour où il ne travaille pas **en vertu de la répartition contractuelle de son temps de travail** (Cass. soc. 19-12-2001 n° 99-45.281 F-D : RJS 4/02 n° 506).
c. Si des jours de **récupération** sont accordés **en remplacement des jours fériés,** l'employeur est fondé à les rémunérer sur la base de la durée théorique journalière de travail du salarié à temps partiel (Cass. soc. 5-6-2008 n° 06-41.203 FS-PBR : RJS 8-9/08 n° 943).

PRIORITÉ POUR UNE DURÉE DE TRAVAIL PLUS LONGUE

Le salarié à temps partiel souhaitant occuper ou reprendre un emploi d'une durée au moins égale à la durée minimale de travail ou un emploi à temps plein dans le même établissement ou, à défaut, dans la même entreprise a priorité pour l'attribution d'un **emploi ressortissant à sa catégorie professionnelle** ou équivalent ou, si une convention ou un accord d'entreprise ou d'établissement ou, à défaut, une convention ou un accord de branche étendu le prévoit, d'un emploi présentant des caractéristiques différentes. L'employeur porte à sa connaissance la **liste des emplois disponibles** correspondants. Si une convention ou un accord d'entreprise ou d'établissement ou, à défaut, une convention ou un accord de branche étendu le prévoit, un emploi à temps complet ou d'une durée au moins égale à la durée minimale de travail ne ressortissant pas à sa catégorie professionnelle ou un emploi à temps complet non équivalent peut lui être proposé.

77395 C. trav. art. L 3123-3 L 3123-18 **OA-IV-1700 s**

› Précisions **a.** Sauf stipulations conventionnelles, la **demande** du salarié n'est soumise à aucun **formalisme** (Cass. soc. 2-6-2010 n° 09-41.395 FS-PB : RJS 8-9/10 n° 710).
b. Le salarié à temps partiel peut solliciter l'obtention d'un emploi **à temps plein** ou à **temps partiel plus long** (Cass. soc. 24-9-2008 n° 06-46.292 FS-PBR : RJS 11/08 n° 1133) ou, s'ils sont compatibles, le **cumul de son poste avec un autre** poste à temps partiel (Cass. soc. 26-10-1999 n° 97-41.551 PB : RJS 12/99 n° 1542). La demande du salarié peut porter tant sur les emplois à durée indéterminée que sur ceux **à durée déterminée** (Cass. soc. 24-9-2008 n° 06-46.292 FS-PBR : RJS 11/08 n° 1133).
Pour la priorité d'accès aux **compléments d'heures** prévus par accord étendu, voir n° 77295, a.
c. Si la voie électronique est admise, l'employeur ne peut pas se contenter d'une simple **mise en ligne** de la **liste des emplois** disponibles dans l'entreprise. Il doit procéder à une diffusion spécifique des emplois auxquels les intéressés peuvent prétendre (Cass. soc. 20-4-2005 n° 03-41.802 FS-PBRI : RJS 6/05 n° 690).
d. L'employeur est tenu d'**accepter la demande** du salarié si celui-ci remplit les conditions pour occuper le poste (Cass. soc. 29-3-1995 n° 91-45.378 PF : RJS 6/95 n° 728). En cas de **pluralité de candidatures** pour un même emploi, l'employeur est libre de choisir entre les intéressés s'il justifie son choix par des éléments objectifs (Cass. soc. 7-7-1998 n° 95-43.443 PB : RJS 10/98 n° 1312).
e. En cas de **violation** de la priorité d'accès, le salarié peut prétendre à des dommages et intérêts (CA Douai 16-4-2004 n° 00-79 ; CA Paris 15-1-2009 n° 08-10458).

PRISE EN COMPTE DANS L'EFFECTIF

Pour le calcul des seuils d'effectif en droit du travail, les salariés à temps partiel sont pris en compte au **prorata** de leur durée de travail (voir n° 62390). Cette règle s'applique aussi dans d'autres domaines, notamment pour le versement mobilités (voir n°s 84010 s.), le calcul et le recouvrement des cotisations de sécurité sociale (voir n° 23635). **77405**

REPRÉSENTATION DU PERSONNEL

Les salariés à temps partiel sont **électeurs et éligibles** aux fonctions de représentants du personnel dans les conditions de droit commun (en cas d'emplois simultanés dans plusieurs entreprises, voir n°s 8760, b et 8765, a).

77410 C. trav. art. L 3123-14 **OA-IV-9530 s** **L-I-15700 s** **LA-IV-8450 s**

Le **crédit d'heures** des représentants du personnel travaillant à temps partiel est le même que celui des représentants travaillant à temps plein (Circ. DRT 4 du 21-4-1994, réputée abrogée). Toutefois, le temps de travail mensuel d'un salarié à temps partiel ne peut être réduit de plus d'un tiers par l'utilisation du crédit d'heures auquel il peut prétendre, le solde éventuel du crédit d'heures pouvant être utilisé en dehors des heures de travail de l'intéressé.

› Précisions Les heures de délégation prises en dehors du temps de travail ouvrent droit à la même **rémunération** que celles prises pendant le temps de travail. Il en va de même des heures de réunions organisées par l'employeur hors temps de travail (Cass. soc. 21-9-2011 n° 10-13.681 FS-D : RJS 11/11 n° 882).

F. Protection sociale

77460 Le salarié à temps partiel relève des régimes de sécurité sociale, de retraite complémentaire et d'assurance chômage au même titre que le salarié à temps plein, sous réserve de spécificités exposées ci-après.

› Précisions Sont examinés par ailleurs :
– le calcul des cotisations plafonnées de sécurité sociale en cas de **pluralité d'employeurs** (nos 23390 s.) ;
– la prise en compte du salarié à temps partiel dans les **effectifs** pour l'application de la législation de la sécurité sociale (no 77405) ;
– l'application au salarié à temps partiel de la **réduction générale** de cotisations patronales (nos 1934 s.).

RÉDUCTION DU PLAFOND DE COTISATIONS

77465 CSS art. L 242-8 à L 242-10 R 242-2 OA-IV-15600 s

Les cotisations plafonnées peuvent être calculées, pour les salariés à temps partiel, dans la limite d'un plafond réduit.

La réduction s'effectue à due proportion de la durée du travail, quel que soit leur niveau de rémunération (Circ. DSS 351 du 19-12-2017, opposable).

77470 CSS art. L 242-8 à L 242-10 OA-IV-15760 s

Salariés couverts Les **salariés ouvrant droit à la réduction** sont ceux travaillant à temps partiel (définition : no 77060) et dont le contrat de travail est conforme aux dispositions légales (no 77280).

› Précisions a. La réduction d'assiette n'est pas maintenue lorsque le salarié accomplit un nombre d'heures complémentaires tel que la **durée hebdomadaire effective atteint la durée normale** de travail dans l'établissement.
b. La réduction peut être appliquée même si le salarié à temps partiel est le **seul salarié** de l'entreprise (Lettre Acoss 18-2-1985) ou si **aucun salarié** n'est employé **à temps complet.** Dans ce cas, la durée du travail à prendre en compte est la durée légale (Cass. soc. 14-2-1991 no 88-15.148 D RJS 4/91 no 530 ; 9-2-1995 no 93-10.003 D : RJS 4/95 no 455).
c. L'**absence de contrat** de travail **écrit,** si elle fait présumer une embauche à temps complet (no 77285), ne fait pas obstacle à ce que soit apportée la preuve d'un contrat à temps partiel et, dans ce cas, à l'application de la réduction (Cass. soc. 19-9-1991 no 89-14.573 P : RJS 10/91 no 1158).
d. La réduction est applicable :
– aux salariés à employeur unique et, sauf option pour la règle du prorata (voir no 23390, b), aux **salariés à employeurs multiples** ;
– aux salariés rémunérés par des **commissions** s'ils sont soumis à un horaire contrôlable (Cass. soc. 9-2-1995 no 93-10.003 D : RJS 4/95 no 455) ;
– aux salariés en **retraite progressive.**
e. Sont **exclus** de la réduction : les salariés cotisant en vieillesse sur la base d'un temps plein (voir no 77495, a) ; les travailleurs à domicile (Inst. Acoss 3 du 1-10-1981), le plafond pouvant être corrigé du rapport entre le nombre de jours de la période de paie et le nombre de jours calendaires (Circ. DSS 351 du 19-12-2017, opposable) ; les salariés bénéficiant de taux, d'assiettes ou de montants spécifiques ou forfaitaires de cotisations en application des articles L 242-3 et L 242-4-4 du CSS (Circ. DSS 351 du 19-12-2017, opposable) : voir notamment no 23520 (taux réduits), no 23390 (salariés à employeurs multiples) et no 23680 (cotisations forfaitaires) ; les salariés au forfait jours (Cass. 2e civ. 1-12-2011 no 10-19.710 FS-D : RJS 2/12 no 198 ; Cass. 2e civ. QPC 11-7-2013 no 13-40.025 F-D : RJS 11/13 no 764 ; Cass. 2e civ. 28-5-2015 no 14-15.695 F-D : RJS 8-9/15 no 605) ; les dirigeants de société (no 28515, b) ; les travailleurs temporaires ; les salariés en activité partielle.

77475 CSS art. L 242-8 OA-IV-16570 s OA-IV-17500 s

Cotisations concernées La réduction d'assiette concerne les **cotisations plafonnées de sécurité sociale** : cotisation vieillesse (part salariale et part patronale) et, dans les entreprises de moins de 50 salariés, cotisation de 0,1 % au Fnal.

Elle s'applique aussi pour le calcul des cotisations de **retraite complémentaire** (Circ. Agirc-Arrco 2019-1 du 9-1-2019), des contributions de **chômage** et des cotisations **AGS.**

La réduction d'assiette a une incidence sur l'assiette de la **CSG-CRDS** (voir no 25110, a).

Elle est **cumulable** avec la réduction générale de cotisations patronales visée nos 1880 s.

EXEMPLE

Le plafond des contributions chômage et AGS est calculé comme suit : 4 plafonds de sécurité sociale × durée du travail à temps partiel/durée du travail à temps complet.

77480 **Calcul du plafond réduit** Le plafond réduit s'obtient en multipliant le plafond mensuel de la sécurité sociale par le rapport entre la durée du travail à temps partiel et la durée du travail à temps complet, sans que cette opération puisse augmenter la valeur mensuelle du plafond.

› Précisions **a.** La **durée du travail** à temps partiel à prendre en compte est majorée des heures complémentaires effectuées par le salarié au cours du mois.
La durée du travail à temps complet est celle correspondant à la durée la plus courte des durées suivantes : durée légale, durée fixée conventionnellement pour la branche ou l'entreprise ou durée applicable dans l'établissement.

b. L'abattement d'assiette doit être **pratiqué** à chaque échéance de versement des cotisations. CSS art. L 242-9 R 242-2, I OA-IV-16700 s
c. En cas d'**entrée ou de sortie en cours de mois,** le plafond du mois est calculé à due proportion du nombre de jours de la période pendant laquelle le salarié est employé (Circ. DSS 351 du 19-12-2017, opposable).

EXEMPLE 77482

Soit un salarié dont le contrat prévoit une durée mensuelle de travail de 130 heures par mois. Le plafond réduit de janvier 2021 est calculé comme suit.

1. Si la durée mensuelle de travail applicable dans l'entreprise est de 151,67 heures, le plafond réduit est égal à 3 428 × 130/151,67 = 2 938,22 €.

2. Si la durée mensuelle de travail applicable dans l'entreprise est de 156 heures, le plafond réduit est égal à 3 428 × 130/151,67 = 2 938,22 €.

3. Si le salarié effectue 6 heures complémentaires au cours du mois et si la durée mensuelle de travail applicable dans l'entreprise est de 151,67 heures, le plafond réduit est égal à 3 428 × (130 + 6)/151,67 = 3 073,83 €.

4. Si la durée mensuelle de travail applicable dans l'entreprise est de 147,33 heures, le plafond réduit est égal à 3 428 × 130/147,33 = 3 024,77 €.

5. Si le salarié effectue 6 heures complémentaires au cours du mois et si la durée mensuelle de travail applicable dans l'entreprise est de 147,33 heures, le plafond réduit est égal à 3 428 × (130 + 6)/147,33 = 3 164,38 €.

La réduction de plafond fait l'objet d'une **régularisation progressive,** dans le cadre de l'année civile. 77485 OA-IV-17260 s

ATTENTION

En présence au cours d'un **même exercice** de **périodes de travail à temps partiel** ouvrant droit à réduction de plafond et de périodes de travail **à temps complet,** l'assiette plafonnée de l'exercice est déterminée en totalisant les plafonds applicables au cours de chacune des périodes (Circ. Acoss 16 du 26-1-1987).

COTISATIONS VIEILLESSE SUR LE SALAIRE À TEMPS PLEIN

Les cotisations d'assurance vieillesse du régime général de sécurité sociale peuvent, sur option, être calculées sur le salaire correspondant au temps plein pour les **salariés titulaires** : 77495 CSS art. L 136-1-1, III L 241-3-1 R 241-0-1 à R 241-0-6 OA-IV-18400 s
– soit d'un contrat à temps partiel (définition : nº 77060) ;
– soit d'un contrat de travail donnant lieu au versement d'une rémunération non déterminée en fonction du nombre d'heures de travail effectuées, à condition que cette rémunération soit inférieure à celle correspondant à une activité exercée à temps plein (sur la détermination de cette dernière, voir nº 77500, c).

L'option doit résulter d'un **accord écrit** du salarié et de l'employeur, daté et signé par les deux parties. Si l'option vaut aussi pour la retraite complémentaire, l'accord doit le préciser, voir nº 77505. Si l'employeur prend en charge la part salariale résultant du supplément d'assiette, l'accord doit mentionner la proportion, la durée et les modalités de cette prise en charge. Cette prise en charge n'est pas soumise à **CSG-CRDS,** ni donc à **cotisations** de sécurité sociale, ni, par voie de conséquence, au forfait social.

› Précisions **a.** L'option est incompatible avec l'application d'une **assiette ou de montants forfaitaires** de cotisations.
Elle entraîne la renonciation à l'application du **plafond réduit** visé nºs 77465 s. tant pour le calcul des cotisations plafonnées d'assurance vieillesse que pour celui de la cotisation plafonnée due au Fnal (Circ. Acoss 176 du 14-12-2005).
Elle est, en revanche, cumulable avec la **réduction générale des cotisations patronales** visée nºs 1880 s.
b. En cas de transformation d'un contrat de travail à temps plein en contrat à temps partiel dans le cadre d'une **procédure de licenciement collectif pour motif économique,** l'employeur qui décide de proposer l'option doit la notifier à tous les salariés concernés. L'accord du salarié est réputé acquis en l'absence de refus exprès mentionné dans l'avenant de transformation du contrat.
c. Lorsque l'accord ou l'avenant fixe une date d'**entrée en vigueur** au premier jour d'un mois, l'option s'applique au calcul des cotisations dues au titre des rémunérations versées à compter de cette date si le salarié remplit les conditions requises à cette date. Si la date prévue ne correspond pas au premier jour d'un

mois, l'option s'applique aux cotisations dues au titre des rémunérations versées à compter du premier jour du mois suivant. Lorsque l'accord ou l'avenant ne fixe pas de date, l'option s'applique aux cotisations dues au titre des rémunérations versées à compter du premier jour du mois civil suivant sa date de conclusion ou bien à compter du premier jour du mois suivant la date à laquelle le salarié remplit les conditions requises si cette date est postérieure à la conclusion ou à la notification de l'accord ou de l'avenant.
En cas de transformation d'un contrat de travail à temps complet en contrat de travail à temps partiel, la mise en œuvre de l'option est reculée d'un mois lorsque la rémunération de la période de travail à temps complet est versée après la date d'effet du passage à temps partiel.
d. L'option **prend fin** pour les rémunérations versées à partir du premier jour du mois au cours duquel intervient un des faits suivants : dénonciation de l'accord par l'une des parties, fin du contrat de travail, conditions requises cessant d'être remplies par le salarié. La dénonciation par l'employeur ne peut intervenir avant l'expiration d'un délai d'un an à compter de la date d'effet de l'option (un délai supérieur peut être prévu par les parties, en ce cas il doit figurer dans l'accord ou l'avenant au contrat). Quel qu'en soit l'auteur, la dénonciation interdit la conclusion d'un nouvel accord entre les parties avant l'expiration d'un délai de 5 ans à compter de sa date d'effet.

77500 CSS art. R 241-0-1 R 241-0-2 D 241-1-1 OA-IV-18930 s

Le **salaire correspondant à l'activité à temps plein** s'obtient en appliquant la formule suivante : rémunération mensuelle du salarié × [nombre d'heures correspondant au temps complet/nombre d'heures rémunérées au cours du mois (ou son équivalent pour les salariés non rémunérés sur une base horaire)].

› Précisions **a.** La **rémunération** prise en compte est la rémunération mensuelle brute assujettie à cotisations de sécurité sociale, versée au salarié au cours du mois civil correspondant. Les rappels de salaire doivent être intégrés sans modification du nombre d'heures rémunérées sauf s'ils sont afférents à une période non concernée par le maintien de cotisations (Circ. Acoss 176 du 14-12-2005).
b. La **durée de travail à temps complet** s'entend de la durée légale mensuelle de travail ou, si elle lui est inférieure, la durée mensuelle de travail fixée pour la branche ou l'entreprise ou la durée mensuelle applicable dans l'établissement.
c. Pour les salariés à temps partiel, le **nombre d'heures rémunérées** s'entend du nombre d'heures effectivement rémunérées, c'est-à-dire heures complémentaires comprises (Circ. Acoss 176 du 14-12-2005).
Pour les salariés dont la rémunération n'est pas déterminée selon un nombre d'heures de travail effectuées, le nombre d'heures considéré comme correspondant à la rémunération mensuelle versée, qui permet aussi de déterminer le salaire correspondant à l'activité exercée à temps plein, est fixé par l'article D 241-1-1 du CSS.

77502

EXEMPLE

1. Salarié dont le contrat prévoit une durée de travail de 140 heures rémunérées 2 800 €. Durée mensuelle de travail applicable dans l'entreprise : 151,67 heures. Rémunération à temps plein : 2 800 × 151,67/140 = 3 033,40 €. Supplément d'assiette : 3 033,40 − 2 800 = 233,40 €.
2. Le salarié effectue 3 heures complémentaires et perçoit 2 860 €. Rémunération à temps plein : 2 860 × 151,67/143 = 3 033,40 €. Supplément d'assiette : 3 033,40 − 2 860 = 173,40 €.

77505 ANI du 17-11-2017 étendu et élargi par arrêté SSAS1811630A du 24-4-2018 OA-IV-19700 s

Extension à la retraite complémentaire Lorsqu'elle est exercée, l'option pour le calcul de la cotisation vieillesse sur le salaire à temps plein peut être étendue, par accord entre l'employeur et chaque salarié concerné, aux cotisations de retraite complémentaire Agirc-Arrco.

› Précisions **a.** Si **l'employeur prend en charge la part salariale** des cotisations de retraite complémentaire résultant du supplément d'assiette, cette prise en charge n'est pas considérée comme une rémunération, par analogie avec la retraite de base (Circ. DSS 31 du 30-1-2009, réputée abrogée). Elle est donc exclue de l'assiette de la CSG-CRDS et de celle des cotisations de sécurité sociale. Pour le forfait social, voir nº 84315.
b. Pour les salariés travaillant à temps partiel dans le cadre d'un **congé parental d'éducation,** voir nº 12075, b.

CHÔMAGE

77510 OA-IV-19950 s.

Les salariés à temps partiel bénéficient des allocations de **chômage total** dans les conditions de droit commun, sous réserve de modalités particulières de calcul de l'allocation (voir nº 6680, a). S'agissant du cumul des allocations avec une activité réduite, voir nos 6830 s.
Sur le **plafond** à appliquer pour le calcul des cotisations, voir nº 77475.
Les salariés à temps partiel peuvent bénéficier des indemnités d'**activité partielle,** voir nos 1400 s. Pour la rémunération mensuelle minimale, voir nos 1475 s.

TRAVAIL HORS DE FRANCE

SOMMAIRE

A. Relations de travail

La dimension internationale du contrat de travail conclu avec un salarié envoyé en mission à l'étranger impose des règles ou précautions particulières, à toutes les étapes, depuis le choix du salarié jusqu'aux conséquences de la fin de la mission à l'étranger, en passant par la rédaction du contrat de travail international, la détermination de la loi applicable à ce contrat ou celle du statut du salarié dans le pays d'emploi, notamment. 78240 TC-II-1 s

› Précisions L'employeur qui envoie un salarié en mission dans un **pays exposé à des risques** doit prendre les mesures nécessaires pour **assurer sa sécurité,** y compris en le rapatriant en France s'il n'y a pas d'autre solution. À défaut, il peut engager sa responsabilité contractuelle, même si le risque se réalise à l'occasion d'un acte de la **vie personnelle** de l'intéressé (Cass. soc. 7-12-2011 n° 10-22.875 FS-PBR : RJS 2/12 n° 194).

Sur la faculté, pour l'employeur, de refuser d'affecter un **salarié malade** dans un pays où il risquerait sa santé, voir n° 78300.

Sur l'interdiction de sanctionner, licencier ou discriminer un salarié ayant refusé, en raison de son orientation sexuelle, une mutation à l'étranger dans un **État incriminant l'homosexualité,** voir n° 78285, c.

1. PRÉPARATION DU DÉPART À L'ÉTRANGER

La décision d'un employeur établi en France d'envoyer un salarié en mission à l'étranger a des conséquences tant sur la relation de travail que sur le régime de protection sociale. 78270

Sont examinées ci-après les **obligations ou précautions particulières** à respecter du point de vue de la relation de travail.

CONSEIL

Il est recommandé, avant un déplacement dépassant le cadre des missions de courte durée, de **se renseigner** sur le pays où se rend le travailleur en se connectant au site internet du ministère de l'Europe et des affaires étrangères (www.diplomatie.gouv.fr/fr/services-aux-francais) ou en contactant :
– la Dreets (Direccte avant le 1-4-2021) ;
– le Centre des liaisons européennes et internationales de sécurité sociale (coordonnées disponibles sur www.cleiss.fr).

NATURE DE LA MISSION

En l'absence de textes de droit du travail définissant la situation du salarié envoyé à l'étranger, il existe un certain flou terminologique : « expatriation », « détachement », « mission », « mise à disposition internationale » sont les principaux termes employés. Mais, ce qui importe avant tout, ce sont les conditions de l'envoi du salarié à l'étranger et le régime du contrat de travail. 78275 TC-II-2800 s

› Précisions **a.** L'**expatriation** concerne généralement des salariés envoyés à l'étranger pour une mission de longue durée. Le statut d'expatrié se caractérise par la réduction des liens entre le salarié et l'entreprise située en France : le contrat de travail conclu avec cette entreprise est en principe suspendu, parfois rompu ; dans certains cas, le salarié n'est plus compté dans ses effectifs ; il est payé non plus par celle-ci mais par une entreprise située dans l'État d'accueil, avec laquelle il a conclu un autre contrat de travail.

b. Le **détachement** s'applique généralement à des séjours à l'étranger de plus courte durée, le retour en France étant le plus souvent programmé à l'avance, à une date plus ou moins précise. Le lien de subordination avec l'employeur situé en France reste en général très fort : le contrat de travail est maintenu ; il coexiste éventuellement avec un contrat de travail local.

Relève aussi du détachement la situation dans laquelle l'entreprise située en France décroche un marché à l'étranger et affecte à ce marché, par nature temporaire, un ou plusieurs de ses salariés. Il s'agit alors d'un « détachement temporaire dans le cadre d'une prestation de services », obéissant, si la prestation s'effectue dans un pays de l'UE, aux règles visées n°s 78360 s.

c. Le salarié peut bénéficier d'une simple « **lettre de mission** » s'il est envoyé à l'étranger pour une courte durée, moins de 6 mois généralement. L'objet de cette lettre est de régler les modalités du séjour à l'étranger, tant sur le plan financier, qu'au regard des conditions de travail (fonctions, date de retour...).

d. La **mise à disposition internationale** (par exemple dans le cadre de contrats d'assistance technique) est une opération de prêt de main-d'œuvre entre deux entités juridiquement distinctes s'accompagnant, généralement, de la conclusion d'un nouveau contrat de travail avec l'entreprise étrangère. Le contrat de travail avec l'entreprise située en France est dans ce cas suspendu, voire rompu. Pour être valable, l'opération doit être exercée sans recherche de profit par l'entreprise française. À défaut, elle encourt les sanctions du délit de prêt de main-d'œuvre illicite et/ou de marchandage.

DÉTERMINATION DE L'EMPLOYEUR

78280
TC-II-3280 s

Dans le cadre des différents montages juridiques visés n° 78275, il peut être difficile de savoir qui est l'employeur du salarié. En cas de litige sur ce point, les juges ne s'en tiennent pas aux mentions du contrat de travail et recherchent qui exerce effectivement le **pouvoir de direction** sur le salarié. Ils peuvent éventuellement conclure à une dualité d'employeurs si l'exercice de ce pouvoir est partagé, notamment par des sociétés appartenant à un même groupe.

CHOIX DU SALARIÉ

78285
TC-II-300 s

L'employeur peut recruter en externe ou faire appel à un salarié déjà présent dans l'effectif de l'entreprise.

› Précisions **a.** En cas de **recrutement externe,** il peut être conclu un contrat de travail à durée indéterminée (CDI) ou, si les conditions légales de recours à ces contrats sont remplies, un contrat de travail temporaire, un CDD ou un contrat d'export visé n° 78395, a.

b. S'il est fait appel à un salarié **déjà présent dans l'entreprise,** dont le contrat de travail ne comporte **pas de clause de mobilité,** l'envoi à l'étranger constitue, en principe, une modification du contrat. L'employeur doit alors requérir l'accord préalable de l'intéressé, ou tirer les conséquences de son refus dans les conditions visées n°s 17460 s. (sur la procédure applicable lorsque le détachement à l'étranger repose sur un motif économique, voir n°s 17415 s.).

En revanche, la mutation s'impose au salarié dont le contrat de travail comporte une **clause de mobilité** couvrant l'hypothèse du travail à l'étranger. Tout dépend, en principe, du **libellé** de la clause. Ainsi, une clause prévoyant le déplacement du salarié dans des régions se trouvant hors du département du siège de la société n'autorise pas l'employeur à muter l'intéressé en Algérie sans son accord (Cass. soc. 5-7-1984 n° 81-40.547). En toute hypothèse, la clause de mobilité ne doit pas être **mise en œuvre** de manière abusive ou déloyale (voir n° 17377). Elle doit aussi se combiner, le cas échéant, avec les dispositions plus favorables de la convention collective relatives aux conditions ou à la procédure de mutation, notamment (voir n° 17375).

La **nature de l'emploi** du salarié peut aussi influer sur la qualification ou non de modification du contrat. Ainsi, ne constitue pas une telle modification l'envoi en mission ponctuelle en Allemagne d'un salarié tenu par son contrat d'effectuer des séjours en province et embauché en raison, notamment, de ses connaissances en allemand (Cass. soc. 21-3-2000 n° 97-44.851 PB : RJS 5/00 n° 501). De même, le déplacement à l'étranger s'impose au salarié s'il s'inscrit dans le cadre habituel de son activité de consultant international (Cass. soc. 11-7-2012 n° 10-30.219 FS-PB : RJS 10/12 n° 772).

c. Même s'il est tenu par une clause de mobilité, un **salarié peut refuser,** en raison de son orientation sexuelle, une **mutation** à l'étranger dans un **État incriminant l'homosexualité.** La loi interdit en effet toute sanction, tout licenciement ou toute mesure discriminatoire envers un salarié ayant refusé sa mutation pour un tel motif (C. trav. art. L 1132-3-2).

INFORMATION DU SALARIÉ

Avant le départ du salarié à l'étranger, l'employeur doit l'informer des conditions d'exécution de son **contrat de travail** ainsi que de sa situation au regard de la **protection sociale** (Cass. soc. 25-1-2012 n° 11-11.374 FS-PB : RJS 4/12 n° 393 ; 26-9-2012 n° 11-23.706 F-D : RJS 12/12 n° 989). 78290 TC-II-4500 s

Si la relation de travail est soumise au droit en vigueur dans un État membre de l'UE, le salarié doit être informé des **éléments essentiels du contrat** (voir n° 16530, f) ou de la modification de ces éléments.

ATTENTION

Si le contrat est soumis à la loi française (voir n°s 78335 s.) et si la durée de l'**expatriation** est supérieure à un mois, le document d'embauche remis au salarié doit mentionner cette durée (y compris en prévoyant une durée indéterminée : Cass. soc. 12-9-2018 n° 16-18.411 FS-PB : RJS 11/18 n° 662), la devise servant au paiement de la rémunération et, le cas échéant, les avantages en espèces et en nature liés à l'expatriation, ainsi que les conditions de rapatriement du salarié (C. trav. art. R 1221-34). La modification d'une ou de plusieurs de ces informations doit faire l'objet d'un document remis par l'employeur à l'intéressé au plus tard un mois après la date de la prise d'effet de cette modification (C. trav. art. R 1221-35). D'autres informations peuvent aussi s'imposer en application des **conventions collectives.**

FORMALITÉS PRÉALABLES

L'employeur doit s'assurer que le salarié dispose des **visas, titres de séjour et de travail** requis par la législation du pays d'emploi. Les renseignements relatifs à ces documents peuvent être obtenus sur le site internet du ministère de l'Europe et des affaires étrangères ainsi qu'auprès des ambassades, des consulats ou de la Dreets (Direccte avant le 1-4-2021). 78295 TC-II-6100 s

Conformément au principe de libre circulation des travailleurs posé par le traité sur le fonctionnement de l'UE, à l'intérieur de l'EEE et en Suisse, la détention d'un passeport ou d'une carte d'identité en cours de validité suffit ; aucun visa ni titre de séjour ne peut être exigé d'un salarié ressortissant français ou de l'un des États membres visés n° 35560.

L'employeur doit s'assurer des exigences du pays d'accueil sur le plan sanitaire et faire procéder aux **vaccinations obligatoires** du salarié avant son départ. 78300

Quel que soit le pays dans lequel le salarié est envoyé, l'employeur est en principe tenu de le soumettre à une **visite médicale** préalable afin que le médecin du travail puisse s'assurer de son aptitude à se rendre dans ce pays. Une telle visite médicale est susceptible d'être exigée par un pays de l'UE ou de l'EEE, puisque le droit de l'UE admet que des motifs de santé publique puissent valablement empêcher l'accès à un territoire national (Dir. 2004/38/CE du 29-4-2004).

Un employeur peut, en vertu de son obligation de sécurité, refuser d'affecter un **salarié malade** dans un pays où il risquerait de ne pas pouvoir suivre son traitement médical (Cass. soc. 18-9-2019 n° 18-11.114 FS-D : RJS 12/19 n° 675).

2. LOI APPLICABLE AU CONTRAT DE TRAVAIL

RÈGLEMENT « ROME I »

Le règlement 593/2008/CE du 17-6-2008 sur la loi applicable aux obligations contractuelles, dit « Rome I », s'est substitué à la convention de Rome, dont il reprend les principes essentiels, pour les contrats conclus depuis le 17-12-2009. Il s'applique au Royaume-Uni ainsi que dans tous les **États membres de l'UE, à l'exception** du Danemark, et s'impose aux juges européens même si la loi désignée n'est pas celle d'un État membre. 78335 Règl. CE 593/2008 du 17-6-2008 Décision CE 2009/26 du 22-12-2008 K-III-5000 s

> **Précisions** La **convention de Rome** du 19-6-1980 reste applicable dans les relations entre le Danemark et les autres États membres ainsi que pour la résolution des conflits de lois relatifs à des contrats conclus avant le 17-12-2009, sauf ceux ayant subi, depuis cette date, une modification d'une ampleur telle qu'ils doivent être considérés comme des nouveaux contrats relevant du règlement « Rome I » (CJUE 18-10-2016 aff. 135/15 : RJS 2/17 n° 163).

Libre choix de la loi applicable Le règlement 593/2008/CE pose le principe de la liberté de choix par les parties de la loi applicable. Ce choix doit être exprès ou résulter de façon certaine des dispositions du contrat ou des circonstances de la cause. Il est en général **formalisé** par un écrit, signé par les deux parties, prenant la forme d'une clause ou d'un avenant au contrat de travail. 78340 K-III-5700 s

> **Précisions** Les parties peuvent désigner la loi applicable à la totalité du contrat de travail ou soumettre le contrat à **plusieurs lois** nationales, par exemple la loi allemande pour l'exécution du contrat et la loi française pour sa rupture (Cass. soc. 4-12-2012 n° 11-22.166 FS-PB : RJS 2/13 n° 127). La technique du « dépeçage du contrat » est en principe valable, à condition que la cohérence du contrat soit maintenue et que le choix de ces différentes lois ne conduise pas à l'application de solutions contradictoires. Les parties peuvent convenir, à tout moment, de **modifier** la loi applicable au contrat. La modification doit être explicite ou résulter de façon certaine du contrat ou des circonstances de la cause. Dans le cadre d'un contrat international, la notion de **coemploi** s'apprécie selon la loi choisie par les parties (Cass. soc. 7-11-2018 n° 16-27.692 FS-PB : RJS 2/19 n° 80).
Sur les conséquences du choix de la loi lors de la mise à disposition d'un salarié auprès d'une **filiale étrangère,** voir n°s 78455 s.

78345 K-III-6300 s K-III-7350 s Le choix de la loi applicable au contrat ne peut pas avoir pour effet :
– de priver le salarié de la protection résultant des **dispositions impératives** de la loi visée n° 78350 qui serait applicable à défaut de choix. Cette loi se substitue à la loi choisie ou vient la compléter si elle offre une meilleure protection au salarié ;
– de porter atteinte à l'application des **lois de police** du juge saisi.

Il pourra aussi être donné effet aux lois de police du pays dans lequel les obligations découlant du contrat doivent être ou ont été exécutées, dans la mesure où elles rendent l'exécution du contrat illégale. Les lois de police d'un autre pays ne peuvent pas être appliquées mais le juge saisi peut les prendre en compte en tant qu'éléments de fait si le droit national applicable au contrat le permet (CJUE 18-10-2016 aff. 135/15 : RJS 2/17 n° 163).

> **Précisions a.** Le règlement 593/2008/CE définit les **lois de police** comme des dispositions impératives dont le respect est jugé crucial par un pays pour la sauvegarde de ses intérêts publics, tels que son organisation politique, sociale ou économique, au point d'en exiger l'application à toute situation entrant dans son champ d'application, quelle que soit par ailleurs la loi applicable au contrat. Le juge saisi fait primer les lois de police de sa propre législation sur toute autre loi.
b. Les **dispositions impératives** auxquelles il ne peut pas être dérogé par accord, notion plus large que celle des lois de police, sont en principe définies par chaque législation nationale. Ainsi, en **droit français,** sont considérées comme telles la convention 158 de l'OIT prévoyant notamment que la **période d'essai** doit avoir une durée raisonnable (Cass. soc. 26-3-2013 n° 11-25.580 FS-PB : RJS 6/13 n° 432), le dispositif légal régissant le **licenciement** des salariés non protégés (CA Paris 6-10-1999 n° 97-33381 : RJS 4/00 n° 382) ou des représentants du personnel (Cass. ass. plén. 10-7-1992 n° 88-40.679 P : RJS 10/92 n° 1078) et, en particulier, l'exigence d'un entretien préalable au licenciement (Cass. soc. 12-11-2002 n° 99-45.821 FS-P : RJS 2/03 n° 164 ; 28-10-2015 n° 14-16.269 FS-PB : RJS 2/16 n° 99), les dispositions relatives à la **rupture des CDD** (Cass. soc. 12-3-2008 n° 01-44.654 F-D : RJS 6/08 n° 708), le statut légal des **journalistes** (Cass. soc. 31-1-2007 n° 05-44.203 FS-PB : RJS 5/07 n° 560) et celui des VRP (CA Douai 13-4-2001 n° 94-10114 : RJS 7/01 n° 843). La **définition** même **du contrat** de travail, qui permet au salarié de bénéficier d'un certain nombre de dispositions impératives résultant de la loi et des règlements applicables en France, entre dans les dispositions auxquelles la loi française ne permet pas de déroger (CA Paris 7-1-2004 n° 02-34712 : RJS 4/04 n° 386). En revanche, les règles de procédure prévoyant des **délais de saisine** des juridictions du travail ne sont pas des dispositions impératives (Cass. soc. 12-7-2010 n° 07-44.655 FS-PB : RJS 10/10 n° 728 ; 7-11-2018 n° 16-27.692 FS-PB : RJS 2/19 n° 80).
c. Dès lors qu'il résulte de façon certaine des clauses du contrat de travail et des circonstances de son application que les parties ont tacitement entendu se soumettre à la loi d'un autre État, le salarié ne peut obtenir l'application de la **loi française** sans établir en quoi elle est **plus favorable pour l'issue du litige** (Cass. soc. 19-1-2017 n° 15-20.095 F-D : RJS 4/17 n° 248).

78350 K-III-6700 s **Loi applicable à défaut de choix** Si les parties n'ont pas choisi la loi applicable au contrat, la loi compétente est en principe :
– soit celle du pays dans lequel ou, à défaut, à partir duquel le salarié **accomplit habituellement son travail** en exécution du contrat, un travail temporaire dans un autre pays n'ayant pas pour effet de modifier cette règle ;
– soit, si elle ne peut être déterminée sur cette base, la loi du pays où est situé l'**établissement** ayant embauché le travailleur.

Toutefois, s'il résulte de l'ensemble des circonstances que le contrat de travail présente des **liens plus étroits avec un autre pays,** c'est la loi de cet autre pays qui s'applique. Ce critère permet souvent de rattacher le contrat à la loi du pays d'origine. Il peut être retenu par le juge national, même en présence d'un pays habituel de travail ou d'un lieu d'embauche identifiable (CJUE 12-9-2013 aff. 64/12 : RJS 12/13 n° 867).

› Précisions a. En précisant que la loi applicable est celle du pays dans lequel ou « à partir duquel » le salarié accomplit habituellement son travail, le règlement 593/2008/CE permet de prendre en compte la situation des **travailleurs mobiles** (chauffeurs routiers, par exemple) qui, lorsqu'ils circulent à partir d'une base fixe, doivent être soumis à la loi du pays de cette base, soit pour la totalité de la relation de travail, si les parties n'ont pas choisi de loi, soit pour ses dispositions impératives si elles en ont choisi une (nº 78345). La notion de pays dans lequel le salarié accomplit habituellement son travail vise le pays dans lequel ou à partir duquel il **s'acquitte de l'essentiel de ses obligations** à l'égard de son employeur (CJUE 15-3-2011 aff. 29/10 : RJS 6/11 nº 568). Il a été jugé, par exemple, que pour les salariés du **transport aérien** la loi applicable aux contrats de travail est celle du pays où ils commencent et terminent toutes leurs prestations de travail et où ils assurent les tâches administratives et les jours d'astreinte (Cass. soc. 11-4-2012 nº 11-17.096 FS-PB : RJS 6/12 nº 585). Jugé par ailleurs que si le **lieu de travail** d'un salarié occupé par une société de droit anglais est **contractuellement fixé en France, au domicile** de l'intéressé, les juges du fond ne peuvent dire la loi britannique applicable sans avoir relevé des éléments démontrant que le lieu habituel d'exécution du contrat de travail n'est pas la France (Cass. soc. 19-1-2017 nº 15-22.835 F-D : RJS 4/17 nº 248).

b. La notion d'établissement ayant **embauché le travailleur** vise exclusivement l'établissement qui l'a embauché et non pas celui avec lequel le travailleur est lié par son occupation effective (CJUE 15-12-2011 aff. 384/10 : RJS 4/12 nº 401).

Domaine de la loi applicable **L'existence et la validité du contrat** ou de l'une de ses clauses sont régies par la loi qui serait applicable si le contrat (ou la clause) était valable. **78355**
Par dérogation à cette règle, une partie peut, pour établir qu'elle n'a pas consenti au contrat, se référer à la loi du pays dans lequel elle a sa résidence habituelle s'il résulte des circonstances qu'il ne serait pas raisonnable de déterminer l'effet du comportement de cette partie d'après la loi applicable au contrat.

Règl. CE 593/2008 du 17-6-2008 **K-III-7750 s**

› Précisions Ces dernières dispositions visent la question de l'existence ou non du **consentement,** lorsqu'une partie a gardé le silence lors de la formation du contrat. Leur application pourrait aboutir à délier une partie liée en application de la première règle.

S'agissant des **règles de forme,** un contrat conclu entre des personnes se trouvant dans un **même pays** lors de sa conclusion est valable s'il satisfait aux conditions de forme de la loi régissant le contrat au fond ou de la loi du pays dans lequel il a été conclu. Un contrat conclu entre des personnes se trouvant dans des **pays différents** est valable s'il satisfait aux conditions de forme de la loi régissant le contrat au fond, ou de celle d'un des pays où l'une ou l'autre des parties se trouve ou avait sa résidence habituelle lors de sa conclusion.

DÉTACHEMENT DANS LE CADRE D'UNE PRESTATION DE SERVICES

Pour faciliter l'organisation d'une concurrence loyale et la protection des intérêts des travailleurs détachés, la directive 96/71/CE du 16-12-1996, modifiée par les directives 2014/67/UE du 15-5-2014 et 2018/957/UE du 28-6-2018, fixe les règles de **conflit de lois** applicables lorsque des salariés d'une entreprise établie dans l'UE sont temporairement détachés dans un autre pays de l'UE dans le cadre d'un contrat de prestations de services. **78360**

Dir. du 16-12-1996 modifiée **TC-II-11200 s**

Quelle que soit la loi applicable à la relation de travail, les travailleurs détachés dans le cadre d'une prestation de services bénéficient, pour un **noyau dur** précis de règles de droit du travail, de la **réglementation en vigueur dans le pays d'accueil** (y compris des conventions collectives), si elle est plus favorable que celle du pays d'origine. Sur les dispositions de la loi française en la matière, voir nºs 36160 s.

› Précisions a. Ce principe est applicable aux **règles suivantes de droit du travail** :
– périodes maximales de travail et périodes minimales de repos ;
– durée minimale des congés annuels payés ;
– rémunération, y compris les taux majorés pour les heures supplémentaires ;
– mise à disposition des travailleurs, notamment par des entreprises de travail intérimaire ;
– sécurité, santé et hygiène au travail ;
– mesures protectrices applicables aux conditions de travail et d'emploi des femmes enceintes et de celles venant d'accoucher, des enfants et des jeunes ;
– égalité de traitement entre hommes et femmes et autres dispositions visant la non-discrimination ;
– hébergement des travailleurs éloignés de leur lieu de travail habituel ;
– allocations ou remboursement de dépenses de voyage, de logement et de nourriture exposés par ces travailleurs.

b. Les États membres peuvent imposer l'application aux travailleurs détachés de **dispositions supplémentaires** lorsque celles-ci sont **d'ordre public** dans leur droit interne. Mais la notion d'ordre public doit être entendue strictement et ne peut pas être définie unilatéralement par les États membres. Ainsi jugé que le Luxembourg ne pouvait pas y faire entrer sa réglementation du travail à temps partiel ou à durée déterminée ou encore l'indexation automatique à l'évolution du coût de la vie des rémunérations autres que les salaires minima (CJCE 19-6-2008 aff. 319/06 : RJS 10/08 n° 1052).

c. Les **salariés détachés depuis plus de 12 mois** sur le territoire d'un État membre doivent bénéficier de l'ensemble des règles de droit interne (y compris celles issues des conventions collectives) fixant les conditions de travail et d'emploi, et non plus seulement de celles formant le noyau dur de protection applicable durant la première année. Ne sont toutefois concernées ni les règles relatives aux procédures, formalités et conditions régissant la conclusion et la fin du contrat de travail (y compris les clauses de non-concurrence), ni celles afférentes aux régimes complémentaires de retraite professionnels.

d. Chaque État membre doit publier sur un site national officiel unique les **informations** exactes et à jour sur les conditions de travail et d'emploi, y compris les éléments constitutifs de la rémunération.

En outre, lorsqu'une **entreprise utilisatrice** établie dans un État membre a recours à des salariés détachés mis à disposition par une entreprise de travail temporaire établie dans un autre État membre, elle doit l'informer des conditions de travail et d'emploi qu'elle applique, notamment en matière de rémunération.

78365 Des exceptions à l'application de certaines règles de l'État d'accueil sont prévues, notamment pour les **détachements de courte durée** (Dir. 96/71/CE du 16-12-1996 art. 3).

L'application de la réglementation de l'État d'accueil n'est justifiée que si elle est nécessaire et proportionnée à la protection des salariés détachés. Tel n'est pas le cas lorsque ces derniers bénéficient d'une protection sociale équivalente en vertu de la loi de l'État membre où est établi le prestataire de services. Dans cette situation, seule cette dernière loi s'applique au salarié détaché (CJCE 12-10-2004 aff. 60/03 : RJS 3/05 n° 322).

3. CARACTÉRISTIQUES DU CONTRAT

78390 Le statut du salarié peut sensiblement varier en fonction de l'État d'emploi et de la loi applicable. Seule est examinée ci-après la situation du salarié dont le contrat est **soumis à la loi française.**

NATURE ET FORME DU CONTRAT

78395 TC-II-870 s Lorsque la loi française est applicable, l'employeur doit respecter les règles de forme et de conclusion du contrat de travail qu'elle prévoit ainsi que les règles de forme d'**ordre public** prévues, le cas échéant, par la législation du pays d'exécution du travail.

› Précisions a. Le contrat obéit aux **règles de droit commun** du CDI ou du CDD, selon le cas, à moins qu'un contrat d'export ne soit établi.

Conclu pour une mission effectuée en majeure partie à l'étranger, le **contrat d'export** est à durée indéterminée mais sa rupture à l'issue de la mission n'est pas soumise à la procédure de licenciement pour motif économique. Il est encadré par les accords collectifs de branche ou d'entreprise et assorti de garanties, telles qu'une durée minimale de 6 mois et des contreparties en termes de rémunération, d'indemnités de licenciement, de formation et de reclassement (C. trav. art. L 1223-5 à L 1223-7 et L 1236-7).

b. Parmi les secteurs où les **CDD** dits « d'usage » sont autorisés par la loi (n° 19620) figurent notamment le secteur du BTP (bâtiment et travaux publics) pour les chantiers à l'étranger, ainsi que les activités de coopération, d'assistance technique, d'ingénierie et de recherche à l'étranger.

Les CDD de date à date conclus pour être exécutés à l'étranger ont une durée maximale spécifique : voir n° 19780.

CLAUSES DU CONTRAT

78400 TC-II-4440 s Le contenu du contrat de travail international, qui doit être aussi précis que possible, peut varier sensiblement d'un contrat à l'autre.

Lorsque la **loi française** est applicable, de nombreuses clauses peuvent être prévues, indépendamment de celles traditionnellement inscrites dans les CDI ou de celles rendues obligatoires pour les CDD : protection sociale applicable au salarié, dispositions de la convention collective étendues au salarié durant son séjour à l'étranger, dispositions impératives du droit local à respecter par le salarié (par exemple, interdiction ou restriction du droit de grève), nombre de retours en France aux frais de l'employeur durant la mission, conditions du retour en France, modalités du contrat d'assistance médicale-rapatriement, etc.

STATUT DU SALARIÉ

78405 TC-II-12700 s **Rémunération** La rémunération est **librement fixée** par les parties, **sous réserve** du respect des dispositions de la convention collective, des usages d'entreprise ou engagements unilatéraux de l'employeur.

Elle est souvent supérieure à celle versée en France, en raison de plusieurs paramètres : incitation au départ, éloignement, coût de la vie élevé dans l'État d'accueil, fiscalité locale, différence de protection sociale…

S'agissant de la **participation aux résultats de l'entreprise** des salariés travaillant à l'étranger, voir nº 33895, a.

> **Précisions** **a.** Le **surplus de rémunération** peut prendre la forme d'une augmentation de salaire ou de primes et indemnités diverses liées au coût de la vie, à l'éloignement...
> Le contrat peut aussi prévoir la **prise en charge des frais** suivants : transport et déménagement au début et à la fin de la mission ; visite en France selon une périodicité à définir ; scolarité des enfants ; logement et voiture ; télécommunications vers la France, etc. Ces frais peuvent faire l'objet d'une évaluation globale. Ils n'entrent pas dans le montant de la rémunération brute mensuelle du salarié (Cass. soc. 31-1-2012 nº 10-24.388 FS-PB : RJS 4/12 nº 394).
> Le revenu du salarié peut être exprimé en termes de **revenu net fiscal**, c'est-à-dire une fois les charges sociales et l'impôt sur le revenu déduits.
> Les parties fixent la **devise** dans laquelle le salaire est versé (sa mention dans le contrat ou le document d'embauche peut être obligatoire, voir nº 78290). Elles peuvent aussi définir les conditions de **réajustement du salaire** en fonction de l'évolution du cours de celle-ci.
> Sur l'application du régime d'**assurance des créances des salaires** aux salariés détachés ou expatriés à l'étranger, voir nº 70900.
> **b.** La rémunération n'est pas nécessairement payée dans le pays où le travail est exécuté ou dans le pays dont la loi est applicable au contrat. Le choix du **lieu du paiement** (ou des lieux en cas de paiement fractionné dans plusieurs pays) est déterminé librement par les parties en fonction, notamment, de l'impact que ce choix peut avoir sur la fiscalité ou sur les charges sociales.
> La rémunération peut être à la charge de l'employeur d'origine, de l'employeur situé sur place (éventuellement pour le compte de l'employeur d'origine) ou partiellement des deux.
> Le **débiteur** de la rémunération est un indice pris en compte par le juge en cas de litige relatif à l'identification de l'employeur (nº 78280).

Congés payés Les **modalités de prise** des congés payés sont celles de droit commun. Le fait de travailler à l'étranger peut éventuellement justifier une dérogation au nombre maximum de jours de congés à prendre en une seule fois (voir nº 13435). **78410** TC-II-16200 s

Prise en compte du salarié dans l'effectif La prise en compte ou non des salariés travaillant à l'étranger dans l'effectif de l'entreprise établie en France obéit, en principe, aux **règles générales** de calcul des effectifs visées nºs 62365 s. : lesdits salariés doivent être pris en compte tant que leur contrat de travail n'est pas rompu. Ainsi, doivent être compris dans l'effectif de l'entreprise établie en France : **78415** TC-II-17850 s

– les salariés recrutés en France pour l'exécution d'un travail à l'étranger (Cass. soc. 4-5-1994 nº 91-60.008 PBBS : RJS 6/94 nº 711) ;
– les salariés détachés à l'étranger et demeurant sous la subordination de l'entreprise établie en France, peu important qu'ils soient aussi liés par un contrat de travail local (Cass. soc. 29-1-1992 nº 90-60.526 P : RJS 3/92 nº 320).

Représentation du personnel Pris en compte dans l'**effectif** de l'entreprise établie en France pour la détermination du seuil de mise en place des instances représentatives du personnel, les salariés travaillant à l'étranger sont **électeurs** à ces instances s'ils remplissent les conditions de droit commun prévues à cet effet. Ainsi, des salariés détachés à l'étranger par une banque ayant son siège à Paris et demeurant sous la subordination de celle-ci pendant leur détachement doivent figurer sur les listes électorales de son établissement parisien (Cass. soc. 29-1-1992 nº 90-60.526 P : RJS 3/92 nº 320). **78420** TC-II-18200 s

En revanche, l'éloignement lié au travail à l'étranger, lorsqu'il rend impossible l'exercice d'un mandat dans l'établissement situé en France, fait obstacle à l'**éligibilité** de ces salariés dans cet établissement (voir nº 8766, b) et entraîne la cessation du mandat dont ils étaient, le cas échéant, titulaires dans celui-ci avant leur départ à l'étranger (CA Besançon 28-2-1997 nº 95-97). Sur leur **protection** dans ce cas, voir nº 63235 pour les membres du CSE et nº 63240 pour les représentants désignés (délégué syndical, représentant de section syndicale, représentant syndical au CSE, salarié mandaté).

ATTENTION

Des **dispositions impératives** en matière d'institutions représentatives du personnel peuvent, le cas échéant, être prévues par la législation du pays d'accueil.

Par ailleurs, les salariés ressortissants de l'**EEE,** affectés à l'intérieur de l'EEE, bénéficient des mêmes droits que les travailleurs nationaux en matière de droit syndical et de représentation du personnel (Règl. CE 492/2011 du 5-4-2011 art. 8).

Conventions et accords collectifs applicables Le **principe de territorialité** et la règle selon laquelle, en droit français, la convention collective est applicable à l'établissement qu'elle vise sans être attachée au contrat individuel du travailleur qui y est employé **78425** TC-II-8800 s (voir nos 52178 s.) s'opposent, en principe, à l'application des conventions collectives françaises aux contrats de travail exécutés à l'étranger.

Toutefois, dès lors que les activités salariées à l'étranger ne sont pas exclues du champ d'application de la convention collective dont relève l'entreprise, l'application au **contrat de travail** de la **loi française** entraîne celle de cette convention collective qu'elle rend obligatoire (Cass. soc. 29-9-2010 nº 09-68.851 FS-PB : RJS 12/10 nº 910).

› Précisions La convention collective française peut aussi s'appliquer dans son **intégralité** aux salariés travaillant à l'étranger lorsqu'une extension extraterritoriale y a été aménagée ou prévoir des **dispositions spécifiques** pour ces derniers. Ainsi, la convention collective Syntec qui comporte ce type de dispositions s'applique aux travailleurs des entreprises d'ingénierie et de conseil dont le siège social se situe en France métropolitaine sans qu'il y ait lieu de distinguer selon qu'ils exercent leur activité en France ou à l'étranger (Cass. soc. 28-11-2001 nº 00-11.209 F-D : RJS 2/02 nº 150).

Par ailleurs, certaines des dispositions de la convention collective peuvent être intégrées dans le **contrat de travail** ou l'avenant au contrat conclu à l'occasion du départ du salarié à l'étranger.

Enfin, l'employeur peut consentir à une **application volontaire** d'une convention collective à laquelle il n'est pas soumis au profit du salarié (voir nº 52195).

En tout état de cause, la convention collective française n'est applicable au salarié que si elle respecte les **règles d'ordre public** prévues, le cas échéant, dans le pays où s'exécute le contrat.

4. FIN DE LA MISSION À L'ÉTRANGER

78450 TC-II-21000 s

La fin d'une mission à l'étranger peut avoir **différentes causes** : arrivée du terme prévu, rupture du contrat en cours de mission à l'**initiative** de l'employeur ou du salarié, rupture du contrat à l'issue de la mission par l'employeur d'origine.

Sont examinées ci-après les conséquences de la rupture à l'initiative de l'employeur, en distinguant le cas particulier des salariés détachés par la société mère auprès d'une filiale étrangère (soumis à des dispositions légales) et celui des autres salariés (non réglementé par la loi française).

Sur l'obligation d'insérer une clause de rapatriement dans les **contrats de travail temporaire** devant s'exécuter à l'étranger, voir nº 82140.

SALARIÉ MIS À DISPOSITION D'UNE FILIALE ÉTRANGÈRE

78455 C. trav. art. L 1231-5, al. 1 TC-II-22100 s

Retour du salarié en France Lorsqu'un salarié engagé par une société mère a été mis à la disposition d'une filiale étrangère et qu'un contrat de travail a été conclu avec cette dernière, la société mère doit assurer son rapatriement en cas de **licenciement par la filiale** et lui procurer un nouvel emploi compatible avec l'importance de ses précédentes fonctions au sein de la société mère.

› Précisions a. Ces dispositions s'appliquent même si le salarié n'a pas exercé de **fonctions effectives** au sein de la société mère avant son détachement auprès de la filiale (Cass. soc. 7-12-2011 nº 09-67.367 FS-PB : RJS 2/12 nº 193 ; 9-1-2013 nº 11-20.013 F-D : RJS 3/13 nº 239 ; 23-1-2019 nº 17-17.244 F-D : RJS 4/19 nº 264) et si le contrat conclu avec cette dernière a été soumis au droit étranger (Cass. soc. 30-3-2011 nº 09-70.306 FS-PBR : RJS 6/11 nº 558).

Elles ne sont pas subordonnées au **maintien d'un contrat** de travail entre le salarié et la maison mère ; l'obligation de rapatriement et de réintégration s'impose donc à cette dernière même si le contrat la liant à l'intéressé a été rompu par accord amiable lors de la mise à disposition auprès de la filiale étrangère (Cass. soc. 13-11-2008 nº 07-41.700 FS-PBR : RJS 1/09 nº 68) ou si elle a conclu avec le salarié un CDD de 2 mois à l'échéance duquel il a été engagé par la filiale (Cass. soc. 30-3-2011 nº 09-70.306 FS-PBR : RJS 6/11 nº 558).

Peu importe, en outre, la **cause de la rupture** du contrat liant le salarié à la filiale (Cass. soc. 26-5-2016 nº 15-12.448 F-D : RJS 8-9/16 nº 601) : licenciement pour motif personnel ou économique notamment, mais aussi cession par la filiale de son fonds à une société tierce, cette opération mettant fin ipso facto audit contrat (Cass. soc. 13-11-2008 nº 06-42.583 FS-PBR : RJS 1/09 nº 68).

b. Lorsque l'article L 1231-5 du Code du travail s'applique, la société mère doit assurer le **rapatriement** du salarié et lui procurer un nouvel emploi dès qu'elle a connaissance de la rupture du contrat ; c'est à elle de prendre l'initiative du rapatriement et non au salarié de le demander (Cass. soc. 18-7-2000 nº 97-45.043 FS-D ; 19-10-2017 nº 16-18.854 F-D : RJS 2/18 nº 147). Elle ne peut pas s'exonérer de cette obligation en faisant valoir que le salarié a manifesté une volonté « attachée à d'autres projets » (Cass. soc. 4-6-1987 nº 84-43.431 P) ou qu'il a tardé à demander son rapatriement si elle ne l'a pas mis en demeure à cet égard et ne prouve pas qu'il a refusé des propositions de réintégration (Cass. soc. 16-1-1991 nº 87-42.368 D : RJS 3/91 nº 328).

Elle doit rembourser au salarié les **frais de séjour** supportés entre son licenciement et son

rapatriement si elle a mis du retard à assurer cette obligation sans justifier que ce retard ne lui était pas imputable (Cass. soc. 5-5-1982 n° 80-40.481 P).
L'**offre de réintégration** doit être sérieuse et précise et ne peut pas être mise en œuvre sans l'accord exprès du salarié (Cass. soc. 21-11-2012 n° 10-17.978 FS-PB : RJS 2/13 n° 169). Le salarié qui n'est destinataire d'aucune offre ou refuse une offre non conforme a droit aux **salaires** et **accessoires** de rémunération du dernier emploi jusqu'à la rupture de son contrat de travail par la société mère, dès lors qu'il s'est tenu à sa disposition entre la fin de son expatriation et son licenciement (Cass. soc. 14-10-2020 n° 19-12.275 F-PB : RJS 12/20 n° 635).

c. La rupture du contrat de travail consécutive au **refus** par la société mère **de réintégrer le salarié** licencié par la filiale étrangère s'analyse soit en un licenciement sans cause réelle et sérieuse (Cass. soc. 13-11-2008 n° 07-41.700 FS-PBR : RJS 1/09 n° 68 ; 30-3-2011 n° 09-70.306 FS-PBR : RJS 6/11 n° 558), soit, le cas échéant, en un licenciement nul, notamment en cas de non-réintégration du salarié licencié par la filiale durant la suspension de son contrat pour **accident du travail,** hors faute grave ou impossibilité de maintenir ce contrat pour un motif étranger à l'accident (Cass. soc. 26-5-2016 n° 15-12.448 F-D : RJS 8-9/16 n° 601).

Rupture du contrat en cours de mission Cette rupture peut être à l'**initiative** de l'employeur ou du salarié, ou résulter d'un cas de **force majeure.** 78460 TC-II-23600 s

En cas d'application de la loi française, les règles de droit commun doivent être respectées. Toutefois, même dans cette situation, l'employeur peut, le cas échéant, être tenu de respecter les **règles impératives** prévues en ce domaine par la loi du lieu d'exécution du contrat de travail ou par la loi avec laquelle la situation présente un lien étroit (voir n°s 78345 s.).

› Précisions **a.** Les tribunaux français ont admis comme cas de **force majeure** des événements insurrectionnels dans l'État où la mission est exécutée (CA Paris 20-1-2015 n° 12/09002 : RJS 3/15 n° 177), le refus de délivrance d'un permis de travail dans ce même État (CA Paris 9-3-1989 n° 87-35177), ainsi que tout acte de la puissance publique rendant impossible l'exécution du contrat de travail, par exemple : promulgation d'une loi interdisant aux étrangers d'exercer le type de profession faisant l'objet du détachement (Cass. soc. 22-2-1967 n° 65-40.538 P).
b. En cas de licenciement, les **indemnités de rupture** sont calculées sur la base du salaire d'expatriation, y compris les primes et avantages compris dans ce salaire. Sont en revanche exclues les indemnités compensatrices de frais professionnels (n° 78470, b).

Rupture postérieure au retour en France La société mère doit réintégrer le salarié en cas de licenciement par la filiale étrangère (voir n° 78455). Si elle entend néanmoins le congédier, elle doit respecter les règles légales en matière de licenciement. 78465 C. trav. art. L 1231-5, al. 2 TC-II-25600 s

› Précisions **a.** En cas de **licenciements successifs** par la filiale puis la société mère, la cause réelle et sérieuse du licenciement prononcé par cette dernière doit être examinée séparément (Cass. soc. 30-3-1999 n° 97-40.544 PB : RJS 5/99 n° 754) et reposer sur des faits la concernant (Cass. soc. 18-5-1999 n° 96-45.439 P : RJS 10/99 n° 1311 ; 13-6-2006 n° 04-40.256 F-D : RJS 8-9/06 n° 998). Ainsi, n'a pas de cause réelle et sérieuse le licenciement prononcé en raison de l'abandon de poste du salarié dans la filiale (Cass. soc. 28-10-2015 n° 14-16.269 FS-PB : RJS 2/16 n° 99) ou des difficultés économiques de cette dernière n'affectant pas la société mère dont la progression de l'activité est élevée (Cass. soc. 17-2-1998 n° 95-45.608 D). En revanche, est justifié le licenciement pour faute grave par la société mère pour des faits commis au cours du détachement ayant porté atteinte à sa réputation dans ses rapports avec sa clientèle et son personnel (Cass. soc. 17-11-2010 n° 09-42.695 F-D : RJS 3/11 n° 274).
b. L'**absence de poste disponible** malgré les efforts persistants de l'employeur pour tenter d'assurer la réintégration du salarié (Cass. soc. 11-12-1984 n° 82-42.695) ou le **refus par le salarié** d'un poste de reclassement conforme aux exigences légales (Cass. soc. 7-2-2018 n° 16-18.946 F-D : RJS 4/18 n° 296) peut, le cas échéant, constituer un motif réel et sérieux de licenciement. Toutefois, à défaut de pouvoir procurer au salarié un nouvel emploi correspondant à ses fonctions précédentes, la société mère ne peut envisager un licenciement économique qu'après avoir, au préalable, respecté l'obligation générale de reclassement visée n°s 47945 s. (Cass. soc. 19-12-2000 n° 98-42.919 FS-P : RJS 3/01 n° 371).
c. Sur la poursuite du **paiement des salaires** au salarié ayant refusé une **offre** de réintégration **non conforme,** voir n° 78455, b.

La société mère qui licencie le salarié à son retour en France doit lui verser les **indemnités liées à la rupture** : indemnités légales ou conventionnelles de licenciement et, le cas échéant, indemnités compensatrices de préavis et de congés payés. 78470 C. trav. art. L 1231-5, al. 2 et 3 TC-II-26220 s

Le temps passé par l'intéressé au service de la filiale étrangère est pris en compte pour le calcul du préavis et de l'indemnité de licenciement. La société mère doit donc verser des indemnités de licenciement et de préavis calculées d'après l'**ancienneté** totale acquise au sein du groupe.

> **Précisions** **a.** Le salarié licencié par la filiale puis par la société mère a droit au paiement d'indemnités distinctes au titre de ces deux licenciements successifs. Mais il ne peut pas **cumuler,** pour une même période d'emploi et pour un même travail, des indemnités ayant le même objet (Cass. soc. 20-1-1993 nº 89-43.873 D : RJS 2/93 nº 125).
> S'agissant de l'**indemnité de licenciement,** le salarié reçoit, en pratique, une indemnité globale, soit sous forme d'une somme unique attribuée par la société mère, soit sous forme de deux sommes distinctes, la société mère complétant les indemnités de licenciement versées par la filiale. Mais si la filiale lui a versé des indemnités calculées sur l'ensemble de sa carrière et équivalentes à celles qu'il aurait perçues en France, il ne peut pas obtenir à nouveau des indemnités de rupture auprès de la société mère (Cass. soc. 4-12-1985 nº 83-41.913 P).
> En revanche, les **indemnités de préavis** versées respectivement par la filiale et par la société mère doivent être considérées comme afférentes à des licenciements distincts, n'ayant pas la même cause et s'appliquant à des périodes différentes : la société mère doit donc payer cette indemnité même si la filiale en a déjà versé une, dépassant ses propres obligations (Cass. soc. 15-11-1989 nº 86-43.866 P : RJS 2/90 nº 85 ; dans le même sens : Cass. soc. 20-1-1993 nº 89-43.873 D : RJS 2/93 nº 125).
> La société mère n'est pas tenue au paiement de l'**indemnité compensatrice de congés payés** correspondant à la période d'exécution du contrat au service de la filiale étrangère (Cass. soc. 2-4-1992 nº 88-45.274 P : RJS 6/92 nº 718).
> **b.** Le **salaire de référence** à prendre en compte pour le calcul de l'indemnité légale de licenciement est celui de droit commun (voir nº 48940).
> Les indemnités de rupture doivent être calculées par référence aux salaires perçus par le salarié dans son dernier emploi (Cass. soc. 27-10-2004 nº 02-40.648 FS-PB : RJS 1/05 nº 86 ; 17-5-2017 nº 15-17.750 F-D : RJS 8-9/17 nº 633). Ainsi, l'indemnité compensatrice de préavis, les congés payés afférents et l'indemnité de licenciement versés au salarié licencié lors de son retour en France doivent être calculés d'après le salaire d'expatriation (Cass. soc. 26-11-1996 nº 93-43.644 D ; 14-10-2020 nº 19-12.275 F-PB : RJS 12/20 nº 635), à l'exclusion des remboursements de **frais,** tels que ceux liés à la scolarité de ses enfants durant la période d'expatriation (Cass. soc. 2-7-2014 nº 13-15.884 F-D : RJS 11/14 nº 815) ou au voyage annuel en France de l'intéressé et de sa famille durant ses congés payés (Cass. soc. 31-1-2012 nº 10-24.388 FS-PB : RJS 4/12 nº 394).

AUTRES HYPOTHÈSES

78475 TC-II-21300 s **Retour du salarié en France** Hors le cas prévu en faveur des salariés mis à la disposition d'une filiale étrangère (nº 78455), les conditions du retour dans l'entreprise d'origine ne font l'objet d'aucune disposition légale. Mais les **modalités** de ce retour sont généralement prévues dans la convention collective applicable ou dans le contrat de travail ou l'avenant au contrat conclu à l'occasion du départ à l'étranger.

Les clauses de la convention collective ou du contrat peuvent ainsi aménager les conditions matérielles du **rapatriement** en cas de cessation anticipée de la relation de travail à l'étranger ainsi que les conditions de **réintégration** dans l'entreprise située en France.

Le travailleur **expatrié pour une durée supérieure à un mois** doit être informé par écrit des conditions de son rapatriement (voir nº 78290), même si celles-ci figurent déjà dans la convention collective.

> **Précisions** L'employeur d'origine peut soit prendre l'initiative d'un licenciement, soit **maintenir le contrat de travail.** Dans ce dernier cas, la convention collective ou le contrat de travail peut prévoir la réintégration du salarié dans le même emploi, ou dans un emploi équivalent au précédent, compatible avec ses compétences et éventuellement assorti de conditions de rémunération tenant compte de l'expérience nouvellement acquise.
> Si le contrat de travail **a été rompu** avec l'employeur d'origine au moment de l'expatriation, le droit à réintégration peut prendre la forme d'une promesse de réembauche ou d'une priorité de réembauche.

78480 **Rupture du contrat** **En cours de mission,** le contrat peut être rompu par l'employeur ou le salarié, ou en cas de force majeure (voir nº 78460).

Si le salarié en mission était **lié par deux contrats** de travail, le licenciement par l'employeur de l'État d'accueil n'entraîne pas rupture du contrat de travail d'origine et celui-ci reprend effet dans les conditions prévues, le cas échéant, par la convention collective ou le contrat de travail (nº 78475).

> **Précisions** Par analogie avec les solutions rendues en faveur des salariés mis à la disposition d'une filiale étrangère (voir nº 78465), l'employeur d'origine ne peut licencier le salarié à son retour en France que s'il justifie d'une **cause réelle et sérieuse** distincte de celle ayant motivé le licenciement prononcé par l'employeur du lieu de travail à l'étranger.
> Il doit alors lui verser l'**indemnité** légale ou conventionnelle de licenciement et, le cas échéant, les indemnités compensatrices de préavis et de congés payés. Sur l'**assiette de calcul** de ces indemnités, voir nº 78470, b.

5. COMPÉTENCE JURIDICTIONNELLE

La détermination de la juridiction compétente pour connaître d'un litige relatif à un contrat de travail international est indépendante de la détermination de la loi applicable au contrat de travail. Le juge compétent peut donc être amené à appliquer une loi étrangère. **78510** M-I-17300 s

Les règles permettant de désigner le juge compétent diffèrent selon que le litige est ou non susceptible de ressortir de la juridiction d'un État membre de l'UE ou de l'Association européenne de libre-échange (AELE).

ESPACE JUDICIAIRE EUROPÉEN

Dans les **pays membres de l'UE,** les règles applicables aux conflits de juridictions sont celles issues du règlement UE 1215/2012 du 12-12-2012. **78515** Règl. UE du 12-12-2012 M-I-18200 s

Des règles en partie similaires s'appliquent, en vertu de la convention de Lugano du 30-10-2007, dans les relations entre, d'une part, les États de l'UE et, d'autre part, la Norvège, la Suisse et l'Islande (**pays membres de l'AELE** ayant ratifié ladite convention). Le Liechtenstein (autre pays membre de l'AELE) ne l'a pas encore ratifiée et reste de ce fait soumis, dans sa relation avec les États de l'UE, à la convention de Lugano du 16-9-1988.

› Précisions Les principes posés par les articles 20 à 23 du **règlement UE 1215/2012** sont les suivants.

1° Si l'**employeur est domicilié sur le territoire** d'un État membre, l'**action du salarié** à son encontre peut être portée :

a. Soit devant les juridictions de l'État membre où l'**employeur** a son **domicile,** sachant que ce dernier, s'il n'est pas domicilié dans un État membre mais possède dans un tel État une succursale, une agence ou tout autre établissement, est considéré, pour les contestations relatives à leur exploitation, comme domicilié dans cet État ;

b. Soit devant la juridiction du lieu où, ou à partir duquel, le **salarié** accomplit habituellement son **travail,** soit devant celle du dernier lieu où il a accompli habituellement son travail, étant précisé que, si le salarié exerce son activité dans plus d'un État membre, le lieu où il accomplit habituellement son travail est l'endroit où, ou à partir duquel, il s'acquitte de l'essentiel de ses obligations envers son employeur (Cass. soc. 4-12-2012 n° 11-27.302 FS-PB : RJS 2/13 n° 161), en tenant compte de l'intégralité de la période d'activité (Cass. soc. 19-1-2017 n° 15-13.599 F-D : RJS 3/17 n° 222). Ainsi, en cas de CDD successifs pouvant être regardés comme un ensemble cohérent, la juridiction prud'homale française est compétente si le salarié, ayant travaillé en différents lieux de France et d'un autre État de l'UE, a accompli sur le territoire français pour le compte de l'employeur la majeure partie de son temps de travail, compte tenu de l'intégralité de sa période d'activité (en ce sens : Cass. soc. 28-9-2016 n° 15-17.288 FS-PB : RJS 1/17 n° 53). La juridiction française est aussi compétente, cette fois en tant que juridiction du dernier lieu d'activité, si les parties sont convenues que le salarié, ayant accompli des périodes stables de travail successivement dans un autre État de l'UE et en France, exercerait de façon stable et durable ses activités sur le territoire français (Cass. soc. 19-1-2017 n° 15-13.599 F-D : RJS 3/17 n° 222) ;

c. Soit, lorsque le salarié n'accomplit pas ou n'a pas accompli habituellement son travail dans un même pays, devant la juridiction du lieu où se trouve ou se trouvait l'**établissement** l'ayant embauché.

Ces règles **s'imposent** aux juridictions françaises qui ne peuvent pas, si elles sont saisies par un salarié d'une demande dirigée contre un employeur domicilié dans un autre État membre, se référer aux règles françaises (n° 14660) pour déterminer la juridiction compétente (Cass. soc. 20-9-2006 n° 04-45.717 FS-PB : RJS 12/06 n° 1306 ; 1-4-2008 n° 07-40.706 F-D : RJS 6/08 n° 707).

2° L'**action du salarié** dirigée contre un **employeur non domicilié sur le territoire** d'un État membre peut être portée devant les juridictions d'un État membre selon les règles exposées aux b. et c. ci-dessus (Cass. soc. 5-12-2018 n° 17-19.935 FP-B : RJS 3/19 n° 175).

3° L'**action de l'employeur** ne peut être portée que devant les juridictions de l'État membre sur le territoire duquel le salarié a son domicile.

4° Il ne peut être **dérogé aux dispositions** fixant les conditions de détermination de la juridiction compétente par une **convention** que si elle est postérieure à la naissance du différend ou si elle permet au travailleur de saisir d'autres juridictions que celles indiquées par le règlement UE 1215/2012.

RÈGLES APPLICABLES HORS ESPACE JUDICIAIRE EUROPÉEN

À défaut de convention internationale spécifique, il y a lieu de se référer aux règles du droit international privé et vérifier l'existence ou non, dans le contrat de travail, d'une clause attributive de juridiction ou d'une clause compromissoire. Interdites dans les contrats de droit français, ces clauses sont en effet admises, à certaines conditions, dans les contrats internationaux. **78520** M-I-17330 s

› Précisions **a.** La **clause attributive de juridiction** désignant un tribunal français est valable en France. Mais cela ne préjuge pas de la position d'un juge étranger qui pourrait être éventuellement saisi. Lorsqu'elle désigne un tribunal étranger, sa validité est admise par la Cour de cassation en raison du caractère international du **contrat** (Cass. ch. mixte

28-6-1974 nos 71-40.258 P, 71-40.259 P et 71-40.360 P ; Cass. soc. 30-1-1991 n° 87-42.086 P : RJS 3/91 n° 372), à condition que cette clause soit suffisamment claire et précise (Cass. 1e civ. 18-10-1988 n° 87-40.444 P : RJS 2/89 n° 181) et qu'elle ait été acceptée sans équivoque par le salarié (Cass. soc. 21-1-2004 n° 01-44.215 P : RJS 4/04 n° 441).

Cette clause ne peut pas s'appliquer pour la période durant laquelle le salarié ayant conclu un contrat international fait l'objet d'un **détachement de longue durée en France,** où il réside (Cass. soc. 10-11-2009 n° 09-40.029 FS-D : RJS 1/10 n° 81). En effet, une clause attributive de compétence figurant dans un contrat international ne peut pas faire échec à la compétence du conseil de prud'hommes si le contrat s'exécute en France (Cass. soc. 29-9-2010 n° 09-40.688 FS-PB : RJS 12/10 n° 972). La juridiction prud'homale du ressort où est exécuté le travail est donc, dans ce cas, compétente.

b. Si le contrat de travail international comporte une **clause compromissoire** (prévoyant le règlement de tous litiges par l'arbitrage), celle-ci n'est pas opposable au salarié qui a saisi régulièrement la juridiction française en vertu des règles applicables, peu important la loi régissant le contrat (Cass. soc. 16-2-1999 n° 96-40.643 PBR : RJS 5/99 n° 720 ; 12-3-2008 n° 01-44.654 F-D : RJS 6/08 n° 708).

B. Protection sociale

78650 TC-I-1 s Le salarié envoyé à l'étranger peut être soumis à deux statuts au regard du régime de sécurité sociale applicable, l'un ou l'autre pouvant s'imposer selon la nature de la mission à l'étranger ou sa durée :

– le **détachement** permet de maintenir l'intéressé affilié au régime obligatoire français de sécurité sociale. Selon les cas, le salarié détaché peut être uniquement soumis à la loi française ou, simultanément, à la loi française et à celle du lieu de travail ;

– l'**expatriation** rompt le lien entre le salarié et le régime obligatoire français de sécurité sociale. Le salarié est alors soumis à la législation de l'État sur le territoire duquel il exerce son activité. En cas d'expatriation hors de l'Union européenne (UE), l'Espace économique européen (EEE) ou la Suisse, il peut, le cas échéant, souscrire à l'assurance volontaire française gérée par la Caisse des Français de l'étranger (voir nos 5260 s.).

› Précisions a. La protection sociale des travailleurs se déplaçant au sein de l'UE est régie par le **règlement de coordination** (CE) 883/2004 du 29-4-2004 et son règlement d'application (CE) 987/2009 du 16-9-2009, qui se substituent, respectivement, aux règlements (CEE) 1408/71 du 14-6-1971 et (CEE) 574/72 du 21-3-1972. Ils s'appliquent :

– depuis le 1-5-2010, aux ressortissants et territoires des différents États de l'**UE** (voir liste n° 35560) ainsi qu'aux réfugiés et apatrides résidant sur ces territoires ; pour le **Royaume-Uni,** voir n° 35560, c ;

– depuis le 1-1-2011, date d'entrée en vigueur du règlement (UE) 1231/2010 du 24-11-2010, aux ressortissants des **pays tiers** en situation de résidence légale (cette condition se réduisant à celle de séjour temporaire ou permanent légal : CJUE 24-1-2019 aff. 477/17 : RJS 4/19 n° 270) sur le territoire d'un État membre de l'UE (autre que le Danemark et le Royaume-Uni, non signataires de ce texte), lorsqu'ils se trouvent dans une situation dont tous les éléments ne se cantonnent pas à l'intérieur d'un seul des États concernés ;

– depuis le 1-4-2012, aux ressortissants de la **Suisse** à la suite de l'entrée en vigueur de la décision 1/2012 du 31-3-2012 ;

– depuis le 1-6-2012, aux 3 États membres de l'**AELE** (membres de l'EEE mais non membres de l'UE : Norvège, Islande, Liechtenstein), du fait de l'entrée en vigueur de la décision 76/2011 du 1-7-2011.

b. Sur les **organismes** susceptibles de délivrer des **renseignements** sur le régime de protection sociale applicable dans le pays d'accueil du salarié, voir n° 78270.

1. DÉTACHEMENT

a. Détachement dans l'UE, l'EEE ou en Suisse

CONDITIONS

78680 Règl. CE 883/2004 art. 12 Règl. CE 987/2009 art. 14 TC-I-8000 s **Conditions liées au salarié et à l'employeur** Les dispositions du règlement (CE) 883/2004, autorisant le maintien au régime de sécurité sociale du pays d'origine (régime français en l'occurrence), sont applicables aux salariés employés par une entreprise établie en France et détachés sur le territoire de l'un des pays de l'UE, de l'EEE ou en Suisse, s'ils sont **ressortissants d'un État membre** ou s'ils ont la qualité de **réfugié** ou d'**apatride.** Il en est de même, sous certaines conditions, pour les ressortissants des **États tiers** à l'UE (voir n° 78650, a).

En revanche, n'entrent pas dans le champ du règlement les travailleurs qui sont détachés dans un État membre depuis un État tiers à l'UE (Cass. 2e civ. 7-7-2016 no 15-23.517 F-PB : RJS 11/16 no 736).

L'entreprise qui entend détacher un salarié dans un État de l'UE, de l'EEE ou en Suisse doit exercer habituellement des **activités substantielles** sur le territoire d'origine, autres que des activités de pure administration interne.

› Précisions a. Le **salarié embauché en vue de son détachement** bénéficie des dispositions du règlement européen à condition d'être, juste avant le début de son activité salariée, déjà soumis à la législation de l'État membre dans lequel est établi son employeur. Pour remplir cette condition il suffit qu'il ait à ce moment sa **résidence** dans cet État (CJUE 25-10-2018 aff. 451/17 : RJS 2/19 no 139).

b. Un **lien organique** entre l'employeur et le salarié doit subsister pendant la période de détachement (Décision CACSSS A 2 du 12-6-2009).

c. Le salarié ne doit pas être envoyé en **remplacement d'une autre personne détachée,** peu importe que leurs employeurs respectifs aient leur siège dans le même État membre ou non ou qu'ils entretiennent d'éventuels liens personnels ou organisationnels (CJUE 6-9-2018 aff. 527/16 : RJS 12/18 no 790).

d. La condition d'une **activité substantielle** se vérifie notamment par rapport au lieu du siège de l'entreprise, à l'effectif du personnel administratif travaillant respectivement dans l'État d'origine et dans l'autre État membre, au lieu où les travailleurs détachés ont été recrutés et à celui où sont conclus la plupart des contrats avec les clients, à la loi applicable aux contrats de travail et aux contrats conclus avec les clients, aux chiffres d'affaires réalisés pendant une période suffisamment caractéristique dans chaque État membre ainsi qu'au nombre de contrats exécutés dans l'autre État membre (Décision CACSSS A 2 du 12-6-2009).

Cette condition est applicable aux entreprises de travail temporaire procédant à des détachements à partir du territoire sur lequel elles sont établies (CJCE 17-12-1970 aff. 35/70 ; 10-2-2000 aff. 202/97 : RJS 5/00 no 604).

e. Un **délai** d'au moins 2 mois doit s'écouler **entre deux détachements** d'un même salarié, pour la même entreprise, dans le même État (Décision CACSSS A 2 du 12-6-2009).

Durée de la mission La **durée prévisible** du détachement ne doit pas en principe excéder 24 mois. Le détachement peut toutefois être **prolongé** si le travail se poursuit en raison de circonstances imprévisibles. Le maintien d'affiliation au régime de l'État habituel d'emploi est subordonné à l'accord de l'autorité compétente de l'État membre sur le territoire duquel le salarié est détaché, qui doit être sollicité si possible avant la fin de la période initiale. **78685** Règl. CE 883/2004 art. 12 et 16 **TC-I-8750 s**

› Précisions a. Un détachement pour une **durée exceptionnelle** supérieure à 2 ans et au plus égale à 6 ans (durée maximale fixée par l'administration française) peut être autorisé par un **accord** conclu, dans l'intérêt des salariés concernés, entre les institutions compétentes de l'État d'origine et celles de l'État de détachement. **L'administration** dispose d'un **pouvoir discrétionnaire** pour accepter ou refuser la conclusion de tels accords. Ces derniers sont en pratique assez fréquents lorsque la nature de la mission laisse supposer qu'elle sera de longue durée ou qu'elle sera d'une durée imprévisible (Circ. DSS/Daei 485 du 30-7-1998).

b. Si le salarié **reste en poste au-delà de la durée maximale** de détachement autorisée, il doit être affilié auprès de la sécurité sociale du lieu d'emploi (nos 78810 s.) et ne peut pas être maintenu au régime français de sécurité sociale en application des dispositions de droit interne visées nos 78750 s., celles-ci n'ayant pas vocation à s'appliquer à l'issue d'un détachement régi par les règlements européens (en ce sens : Circ. DSS/Daei 485 du 30-7-1998).

FORMALITÉS

L'entreprise procédant au détachement doit, avant le départ du salarié, effectuer une **déclaration de détachement** sur un formulaire spécial, dont l'un des volets est adressé à la caisse primaire compétente. Il s'agit en principe de la caisse d'affiliation du salarié mais, pour des raisons pratiques, la demande peut être effectuée auprès de la caisse dont relève l'employeur (en ce sens : Circ. Cnamts 15-4-1981, réputée abrogée). **78690** Règl. CE 987/2009 art. 5 et 15 Circ. DSS 501 du 22-10-2004 **TC-I-9700 s**

L'**attestation** (certificat A1, anciennement E101), délivrée par la caisse après instruction, éventuellement en cours de mission (CJCE 30-3-2000 aff. 178/97 : RJS 5/00 no 603), permet au salarié détaché d'être **dispensé d'affiliation** au régime de sécurité sociale de l'État de détachement.

Toutefois, l'institution de sécurité sociale de cet État peut, en application de la procédure administrative de contestation prévue par le règlement européen, **alerter** l'institution de l'État d'origine s'il apparaît que les conditions du détachement ne sont, en fait, pas remplies, afin que cette dernière **réexamine** la situation et, le cas échéant, **retire** le document.

Mais tant qu'elle n'a pas été retirée ou déclarée invalide, cette attestation **s'impose** à l'institution compétente et aux juridictions de l'État membre d'accueil (notamment CJCE 26-1-2006 aff. 2/05 : RJS 5/06 no 654 ; 6-9-2018 aff. 527/15 : RJS 12/18 no 789), même si elles estiment que les conditions du détachement ne sont manifestement pas réunies (en ce sens, CJUE 27-4-2017 aff. 620/15 : RJS 7/17 nº 537 ; Cass. ass. plén. 22-12-2017 nº 13-25.467 PBRI : RJS 3/18 nº 231), y compris si l'entreprise a été condamnée pour travail dissimulé (Cass. 2e civ. 24-1-2019 nº 17-20.191 F-PB : RJS 4/19 nº 269).

> Précisions **a.** À titre exceptionnel, en cas de **retard** dans l'accomplissement des formalités, l'employeur peut demander la **régularisation** de la situation après le départ du salarié à l'étranger. Il doit remplir une demande de maintien d'affiliation au régime français de sécurité sociale (document téléchargeable sur le site www.cleiss.fr), y joindre une justification de son retard et adresser le dossier au Cleiss, qui informera la caisse compétente.

b. Le certificat délivré **au cours** du détachement, voire **après** son expiration, peut avoir un **effet rétroactif,** même si une décision d'affiliation du salarié au régime de l'État de détachement a été prise avant la délivrance de ce document (CJUE 6-9-2018 aff. 527/15 : RJS 12/18 nº 789).

c. Même s'il ne lui appartient pas de vérifier la validité du certificat, le **juge national** peut l'écarter s'il constate, sur la base d'éléments concrets que l'entreprise peut réfuter, que le **document a été obtenu frauduleusement** (CJUE 6-2-2018 aff. 359/16 : RJS 4/18 nº 303), à condition toutefois que la procédure de contestation administrative visée ci-dessus ait été promptement enclenchée, que l'autorité étrangère ait été mise en mesure de réexaminer la situation et se soit abstenue de procéder à ce réexamen et de prendre position dans un délai raisonnable (CJUE 2-4-2020 aff. 370/17 : RJS 7/20 nº 391 ; Cass. crim 18-9-2018 nos 13-88.631 FS-PB, 13-88.632 FS-PB et 15-80.735 FS-PB : RJS 11/18 nº 705).

d. En l'**absence de certificat** résultant d'un refus de délivrance ou d'un retrait par l'institution compétente, seule s'applique la législation de l'État membre où est exercée l'activité salariée (Cass. soc.. 4-11-2020, nº 18-24.451 FS-PBRI : RJS 1/21 nº 60)

e. Le **certificat** n'a de **portée** qu'en matière de sécurité sociale, de sorte que sa possession ne devrait pas empêcher le juge français de sanctionner, sur le fondement du Code du travail, les cas avérés de fraude au détachement (CJUE 14-5-2020 aff. 17/19 : RJS 10/20 nº 519).

COTISATIONS

78695 TC-I-10500 s

Toutes les cotisations prévues par la législation française doivent être versées, calculées sur l'**assiette** et selon les **taux** de droit commun (voir nº 22680 pour les indemnités de grand déplacement versées en cas de déplacements de courte durée à l'étranger, nº 84410, c pour la contribution au dialogue social et nº 78715 pour les cotisations d'assurance chômage).

L'employeur peut bénéficier de la **réduction générale de cotisations** patronales dans les conditions de droit commun (Inst. intermin. DSS 141 du 19-6-2019, opposable).

Concernant la **CSG** et la **CRDS,** l'assujettissement dépend de la résidence fiscale du salarié (voir nº 25010, c et Mémento fiscal nos 495 s.).

D'une manière générale, les frais liés à la mobilité professionnelle (frais de logement, de transport…) sont considérés comme des **frais professionnels.** Les indemnités versées à ce titre sont en conséquence exclues de l'assiette des cotisations si les dépenses sont justifiées (voir nº 22740).

En revanche, les **suppléments de rémunération** liés à l'expatriation ne font pas l'objet d'une exonération particulière, contrairement à ce qui est prévu en matière d'impôt sur le revenu (voir Mémento Paie nº 71620). Ils ne peuvent échapper aux cotisations de sécurité sociale que s'ils ont pour objet de couvrir des dépenses ayant le caractère de frais professionnels.

PRESTATIONS

78705 TC-I-11000 s

Les salariés détachés par un employeur établi en France restent soumis à la **législation française** de sécurité sociale mais selon des **modalités particulières** liées au fait que le salarié n'est pas présent sur le territoire français.

78706 Règl. CE 883/2004 art. 17 à 35 Règl. CE 987/2009 art. 22 à 32 TC-I-11200 s

Maladie Pour bénéficier de la prise en charge de ses **frais de santé,** le salarié détaché doit, lorsqu'il est considéré comme « **résidant** » dans l'État de détachement, s'inscrire auprès de la caisse compétente de cet État qui lui délivre un document lui permettant de faire valoir son droit aux prestations. S'il y est considéré comme « **séjournant** », il n'a pas à procéder à cette inscription et peut en principe se voir délivrer directement les soins par les praticiens, sur simple présentation de sa carte européenne d'assurance maladie obtenue auprès de sa caisse en France. Des formalités particulières peuvent toutefois être exigées par la législation de l'État de séjour.

Les **indemnités journalières de maladie** sont servies par la caisse française compétente. Des accords conclus avec certains États membres peuvent prévoir le versement de ces indemnités par la caisse du lieu de détachement, pour le compte de la caisse française. Que l'organisme payeur soit situé en France ou dans l'État de détachement, le salarié doit adresser sa **demande** à la caisse française et y joindre un certificat médical d'incapacité de travail.

> **Précisions** **a.** Les **soins ambulatoires** sont en principe directement remboursés à l'intéressé par les institutions compétentes de l'État de détachement dans les conditions (nature des soins, taux de prise en charge) prévues par la législation de cet État. Les salariés détachés peuvent s'**adresser directement** à leur caisse française d'affiliation pour la prise en charge des frais médicaux engagés sur le territoire de l'État de détachement. Ils sont dans ce cas **remboursés** sur la base des frais réels, au vu des factures acquittées et dans la limite des tarifs français (Circ. DSS/Daci 443 du 16-9-2003).
> **b.** En cas d'**incapacité de travail,** la caisse française peut demander à l'institution du lieu de séjour ou de résidence de faire procéder à des **contrôles** administratifs ou médicaux. Elle peut également faire examiner la personne assurée par un médecin de son choix.

Accident du travail et maladie professionnelle En cas d'accident du travail, le délai imparti à l'employeur pour le **déclarer** à la caisse française (n° 725) court à compter du jour où il en a été informé par lettre recommandée de la victime ou de son représentant. **78707**

Règl. CE 883/2004 art. 36 à 41 Règl. CE 987/2009 art. 33 à 41 CSS art. L 444-1 R 444-1 à R 444-7 **TC-I-11950 s**

Les **frais de santé** afférents à un accident du travail ou à une maladie professionnelle sont pris en charge par la caisse locale conformément à la législation applicable dans cet État et sont ensuite remboursés à celle-ci par la caisse française compétente. Cette dernière peut contester le caractère professionnel de l'accident ou de la maladie.

Les **indemnités journalières** sont servies dans les mêmes conditions que celles accordées en cas de maladie (n° 78706).

Retraite et prévoyance complémentaires Les salariés détachés hors de France par une entreprise entrant dans le champ d'application du régime **Agirc-Arrco** doivent être obligatoirement affiliés à celui-ci par leur employeur. **78710**

ANI 17-11-2017 art. 10 **TC-I-10640 s**

Sur le droit au maintien du **régime complémentaire** d'invalidité, de retraite ou de décès applicable dans leur entreprise d'origine, voir n° 59160.

Chômage Les employeurs établis en France sont tenus d'assurer tout salarié, y compris les salariés détachés, contre le risque de privation d'emploi. **78715**

C. trav. art. L 5422-13 Conv. Unédic art. 5 **TC-I-10600 s**

Ils ont l'obligation de payer les **cotisations** correspondantes, selon le taux de droit commun. À son retour en France, le salarié détaché peut bénéficier des **prestations** d'assurance chômage dans les conditions de droit commun.

Prestations familiales Les prestations familiales sont versées, dans les conditions de **droit commun,** aux membres de la famille demeurés en France, même si le salarié n'y réside pas. Un **complément** peut, sous certaines conditions, être octroyé par l'institution compétente du lieu de travail. Des règles de **priorité** destinées à éviter les cumuls de prestations indues sont prévues. **78720**

Règl. CE 883/2004 art. 67 à 69 Règl. CE 987/2009 art. 58 à 61 **TC-I-12400 s**

Lorsque la **famille** du salarié l'**accompagne** dans l'État membre de détachement, les prestations familiales sont versées prioritairement : par l'institution compétente de cet État si le conjoint du salarié y exerce une activité professionnelle ; par la caisse française dans le cas contraire.

b. Détachement en application d'une convention bilatérale

De nombreuses conventions bilatérales permettent aux salariés d'entreprises établies en France de bénéficier du statut de travailleur détaché et du **maintien au régime français** de sécurité sociale, sans être tenus de cotiser au régime du pays d'emploi. **78730**

TC-I-13600 s

Ces conventions ne sont en principe **applicables** qu'aux salariés ayant la nationalité d'une des parties signataires ainsi qu'aux apatrides et aux réfugiés.

Le service des différentes **prestations** du régime français peut, le cas échéant, faire l'objet de modalités spécifiques organisées par la convention bilatérale ou par ses textes d'application. En France, les salariés détachés peuvent s'adresser directement à leur caisse française d'affiliation pour la prise en charge des frais médicaux engagés sur le territoire de l'État de détachement, même si la convention leur impose de s'adresser à l'institution de cet État (Circ. DSS/Daci 443 du 16-9-2003).

Sur l'assiette des **cotisations** dues au régime français, voir n° 78695.

La **durée de détachement** autorisée varie en fonction des conventions, celles-ci pouvant prévoir une prolongation faisant suite à la période de détachement initiale. À l'issue de la période de prolongation, le salarié peut éventuellement être maintenu au régime français en application des dispositions du CSS : voir n°s 78750 s. **78735**

TC-I-54000

Durée du détachement [1]	Pays de détachement
6 mois	Cameroun, Guernesey, Saint-Marin
1 an	Andorre, Bénin, Congo, Israël, Jersey, Monaco, Niger
2 ans	Argentine[2], Brésil[2], Chili, Côte d'Ivoire[2], Gabon, Madagascar, Mali[2], Uruguay
3 ans	Algérie[2], Bosnie[2], Canada[2], Cap-Vert[2], Corée du Sud, Macédoine[2], Mauritanie[2], Maroc, Monténégro, Philippines, Québec, Sénégal[2], Serbie, Togo, Tunisie[2], Turquie[2]
5 ans	États-Unis d'Amérique, Inde[2], Japon

1. Selon les conventions, la possibilité de **prolongation** est prévue :
a. Soit dans des limites de temps préfixées : 6 mois (Guernesey) ; 1 an (Andorre, Mali, Monaco) ; 2 ans (Algérie, Argentine, Brésil, Chili) ; 3 ans (Corée du Sud, Maroc, Philippines, Tunisie) ;
b. Soit pour une durée indéterminée ou jusqu'à l'achèvement du travail, à titre de cas d'espèce ou à titre exceptionnel pour des travaux de grande importance (Bénin, Canada, Cap-Vert, Congo, Côte d'Ivoire, Israël, Jersey, Niger, Québec, Saint-Marin, Sénégal, Togo, Turquie).
2. La durée maximale d'affiliation, fixée par la convention, englobe la durée des **congés**.

c. Détachement hors UE, EEE, Suisse ou convention bilatérale

78750 TC-I-14800 s Lorsque **aucune convention internationale** n'est applicable, soit parce que le détachement a lieu dans un pays avec lequel la France n'est pas liée par une telle convention, soit parce que les conditions d'une convention existante ne sont pas remplies (salarié d'une nationalité autre que celle d'un des États signataires, par exemple) ou ne le sont plus (durée maximale dépassée), l'employeur établi en France peut recourir au détachement dans les conditions prévues par le **droit interne**.

Cette possibilité n'est pas ouverte à l'issue d'un détachement en application des règles de l'UE (n° 78685, b).

ATTENTION

Dans le cadre du détachement hors convention, le salarié est simultanément soumis au régime obligatoire français de sécurité sociale, en qualité de salarié détaché, et à celui applicable dans l'État de détachement, en qualité de salarié exerçant un emploi dans cet État. Le coût généré par cette **double affiliation** explique la rareté des détachements opérés dans ce cadre.

CONDITIONS

78755 CSS art. L 761-2 R 761-1 TC-I-14850 s Les travailleurs détachés temporairement à l'étranger par leur employeur pour y exercer une activité salariée rémunérée par cet employeur bénéficient du maintien à la législation française de sécurité sociale à condition que l'employeur s'engage à s'acquitter de l'**intégralité des cotisations** de sécurité sociale dues au régime français (sur l'assiette de ces cotisations, voir n° 78695).

La **durée** du détachement ne doit pas excéder 3 ans, **renouvelable** une fois, soit 6 ans au maximum.

› Précisions **a.** Une **période de carence** est prévue entre deux détachements afin que la période maximale de 6 ans ne puisse pas être contournée : le salarié ayant bénéficié d'un détachement maximal de 6 ans et qui est détaché à nouveau par le même employeur auprès de la même entreprise ne peut être soumis de nouveau à la législation française de sécurité sociale que s'il s'est écoulé au moins 2 ans depuis la fin du précédent détachement. Toutefois, cette période de carence n'est pas applicable si le détachement dure moins de 3 mois ou si le nouveau détachement a lieu dans un autre pays ou dans le même pays pour une entreprise différente.
b. Le salarié détaché qui **continue de travailler** dans l'entreprise d'accueil après l'expiration de la période de 6 ans ou bien ne respecte pas le délai de carence imposé entre deux détachements perd le statut de salarié détaché au profit de celui d'expatrié. Il peut demander son admission au régime d'assurance volontaire (voir n°s 5260 s.).

FORMALITÉS

78760 CSS art. R 761-2 TC-I-15100 s La **demande** de maintien au régime français doit être adressée par l'employeur à la caisse primaire compétente (voir n° 78690), accompagnée de son engagement de s'acquitter de l'intégralité des cotisations dues.

En cas d'**urgence,** l'employeur avise la caisse du détachement, et le maintien du travailleur au régime français est prononcé à titre provisoire, la régularisation devant intervenir dans les 3 mois.

Pour les détachements de **courte durée** (inférieurs ou égaux à 3 mois), l'employeur peut utiliser un formulaire d'avis de mission professionnelle à l'étranger (disponible sur ameli.fr) à transmettre à la caisse dans les 24 heures lors du départ du salarié.

En cas de détachements **fréquents et répétés** de courte durée, certaines caisses acceptent la transmission d'une déclaration trimestrielle préalable, mentionnant la liste des salariés susceptibles d'être détachés au cours de cette période. Il convient de se renseigner auprès de la caisse compétente pour savoir si elle applique cette procédure (Circ. DSS 501 du 22-10-2004).

› Précisions **a.** Si les conditions du détachement sont remplies, la caisse délivre une **attestation** de maintien au régime français de sécurité sociale. L'accord de la caisse ne vaut que pour la **période initiale** de détachement. En cas de **prolongation,** l'employeur doit remplir une demande identique à la demande initiale avant la fin de la période initiale.

b. Lorsqu'un travailleur est appelé à exercer son **activité simultanément dans deux ou plusieurs pays,** au regard du maintien à la législation française de sécurité sociale, cette activité est censée s'exercer dans un seul pays. Il en résulte que, pour l'ensemble de la mission, la durée maximale du maintien au régime français ne peut être que de 6 ans, renouvellement compris (Lettre min. 16-6-1978).

PRESTATIONS

Les **frais de santé** et prestations dispensés à l'étranger sont pris en charge sur la base des dépenses réellement exposées, dans la limite des prestations qui auraient été servies pour des soins ou prestations analogues reçus en France. **78765**

CSS art. L 444-1 L 761-7 R 444-1 à R 444-7 R 761-3 à R 761-6 R 761-16 à R 761-20 **TC-I-15500 s**

En cas d'**accident du travail,** l'employeur doit le déclarer à la caisse dont relève la victime dans le délai visé n° 78707. La caisse peut autoriser l'employeur à faire l'avance de l'indemnité journalière due au salarié, pour une période de 15 jours au plus. Dans ce cas, l'employeur est subrogé de plein droit dans les droits de la victime vis-à-vis de la caisse. Les soins payés directement par la victime de l'accident sont remboursés par la caisse dans la limite du tarif qui aurait été appliqué si l'intéressé avait été soigné en France, sans que le remboursement puisse excéder les dépenses réellement engagées.

Les **autres prestations** sont servies aux travailleurs détachés dans les mêmes conditions que s'ils résidaient en France.

Les **prestations familiales** ne sont servies que pour les seuls enfants résidant en France. En cas de dispersion des enfants, les allocations familiales sont calculées comme si tous les enfants résidaient en France et versées au prorata du nombre d'enfants résidant effectivement sur le territoire national.

Pour la **retraite complémentaire,** les régimes de **prévoyance** de l'entreprise et l'**assurance chômage,** voir n°s 78710 s.

› Précisions **a.** Pour se faire rembourser des soins, le salarié ou les membres de sa famille doivent remplir des **feuilles de soins** spéciales à adresser à leur caisse.
Si le salarié est détaché dans un pays où les soins sont coûteux, une **assurance maladie privée** souscrite par l'employeur peut permettre d'assurer une couverture plus efficace du salarié.
b. En cas d'**accident du travail,** l'employeur peut demander aux autorités consulaires françaises de procéder à une **enquête** sur les circonstances de l'accident.

2. EXPATRIATION

a. Expatriation dans l'UE, l'EEE ou en Suisse

Lorsqu'un employeur établi en France envoie un salarié en mission dans un pays de l'UE, de l'EEE ou en Suisse, dans des conditions ne **relevant pas du détachement,** le salarié est, au sens du droit français de la sécurité sociale, un expatrié. Cela signifie qu'il n'est **plus soumis** au régime obligatoire français de sécurité sociale. **78810**

TC-I-16500 s

Bien que le terme « expatrié » n'apparaisse pas dans ces textes, la situation de l'intéressé relève des règlements européens de coordination en matière de sécurité sociale (voir n° 78650, a).

› Précisions Les indemnités de **congés payés** ou de **repos compensateur** allouées, en exécution du contrat de travail les liant à leur employeur, aux salariés **partant** en expatriation ou en **revenant,** et se trouvant ainsi encore soumis au régime français de sécurité sociale, doivent entrer dans l'assiette des cotisations à ce régime bien que les intéressés n'y soient plus soumis pour les périodes d'emploi à l'étranger (Cass. 2e civ. 25-5-2004 n° 02-31.083 FS-PB : RJS 8-9/04 n° 958).

LÉGISLATION APPLICABLE

78815 Règl. CE 883/2004 art. 11 TC-I-20100 s

Loi du lieu de travail Le salarié envoyé en mission dans un pays de l'UE, de l'EEE ou en Suisse est soumis à la **loi nationale** de sécurité sociale de cet État, en tant que loi du lieu de travail. Aucune autre loi nationale ne peut en principe s'appliquer.

La législation du lieu de travail est d'application générale : le salarié y est rattaché pour l'obtention des **prestations sociales,** et son employeur doit verser les **cotisations** aux organismes de sécurité sociale de l'État membre concerné, conformément à la législation applicable dans cet État.

> **Précisions** **a.** La **résidence du salarié** dans un État autre que celui dans lequel il est envoyé en mission, ou le fait que l'**employeur** ait son **siège social** dans un État autre, n'empêche pas l'application de la loi du lieu de travail (Cass. soc. 19-12-2000 n° 98-42.919 FS-P : RJS 3/01 n° 371). Par exemple, un salarié expatrié en Allemagne par un employeur établi en France, et continuant à résider en France, est intégralement soumis à la législation allemande de sécurité sociale. Il n'est même pas redevable de la CSG ou de la CRDS (voir n°s 25010 s.).
> **b.** L'employeur français ne peut pas se voir imposer des **cotisations supplémentaires** par la législation du lieu de travail du fait que son entreprise est établie sur le territoire d'un autre État membre.
> **c.** L'application à l'expatrié français du régime obligatoire de sécurité sociale d'un État de l'UE, de l'EEE ou de la Suisse fait, en principe, obstacle à son affiliation à l'**assurance volontaire** offerte par la Caisse des Français de l'étranger.

78820 Règl. CE 883/2004 art. 13 Règl. CE 987/2009 art. 14 TC-I-20500 s

Pluriactivité Le salarié expatrié est parfois amené à exercer **simultanément** des activités professionnelles dans au moins deux États membres. Les règles de détermination de la législation applicable sont dans ce cas les suivantes.

S'il s'agit d'**activités salariées,** l'intéressé relève de la législation de l'État membre de résidence dès lors qu'il y exerce une **partie substantielle** de son activité (représentant au moins 25 % de son temps de travail et/ou de sa rémunération). À défaut d'activité substantielle dans cet État, il est soumis à la législation :

– du **siège de l'employeur,** s'il relève soit d'un seul employeur, soit de plusieurs employeurs n'ayant leur siège que dans un seul État membre ;

– de l'**État membre de l'employeur** ayant son siège en dehors de l'État de résidence, s'il a plusieurs employeurs dont l'un a son siège dans l'État de résidence ;

– de l'**État membre de résidence** s'il a plusieurs employeurs dont deux au moins ont leur siège dans différents États membres autres que l'État de résidence.

S'il s'agit d'une **activité salariée** et d'une **activité non salariée,** c'est la loi de l'État dans lequel l'activité salariée est exercée qui s'applique ; si cette activité salariée est accomplie dans deux ou plusieurs États membres, la législation applicable est déterminée comme indiqué ci-dessus.

> **Précisions** **a.** Les **activités marginales** ne sont pas prises en compte pour la détermination de la législation applicable. Selon la Commission européenne, à titre indicatif, peuvent notamment être considérées comme telles les activités représentant moins de 5 % du temps de travail normal du travailleur et/ou moins de 5 % de sa rémunération globale (Guide pratique sur la législation applicable dans l'UE, l'EEE et en Suisse, 2e partie n° 2).
> **b.** Pour **déterminer l'employeur** et donc la loi applicable, il faut rechercher l'entreprise qui exerce l'autorité effective sur le travailleur, qui supporte la charge salariale correspondante et qui dispose du pouvoir effectif de le licencier, et non s'en tenir à l'entreprise avec laquelle le contrat de travail a été conclu et qui est formellement présentée dans ce contrat comme étant l'employeur (CJUE 16-7-2020 aff. 610/18 : RJS 12/20 n° 639).

EGALITÉ DE TRAITEMENT

78825 Règl. CE 883/2004 art. 4 TC-I-16900 s

Le salarié expatrié ainsi que les membres de sa famille l'accompagnant doivent être traités **sans discrimination** par rapport aux ressortissants nationaux en matière de sécurité sociale. L'expatrié bénéficie en conséquence des mêmes droits et est soumis aux mêmes obligations qu'un national. Il est protégé contre les discriminations directement fondées sur la nationalité et contre les discriminations indirectes qui, par l'effet d'un autre critère que la nationalité, reviennent en fait à défavoriser les étrangers.

> **Précisions** **a.** Le fait de subordonner le bénéfice d'une prestation sociale à une **condition de durée de résidence** sur le territoire national est indirectement discriminatoire (CJCE 11-6-1991 aff. 307/89 : RJS 8-9/91 n° 1041).
> **b.** Les salariés expatriés doivent bénéficier, au même titre que les nationaux de l'État de travail, des **conventions bilatérales** de sécurité sociale conclues par l'État de travail avec un État tiers (CJCE 15-1-2002 aff. C-55/00 : RJS 4/02 n° 514 ; Cass. 2e civ. 7-11-2019 n° 18-18.344 FS-PBI : RJS 1/20 n° 53).

PRESTATIONS

Principe d'assimilation Principe de base de la coordination en matière de sécurité sociale, applicable sauf exception à l'ensemble des dispositions des règlements européens, l'assimilation de prestations, revenus, faits ou événements permet la **sauvegarde** des **droits acquis** sur le territoire d'un État membre autre que l'État compétent. 78832 Règl. CE 883/2004 art. 5 TC-I-17200 s

› Précisions L'assimilation impose en principe à l'**État membre compétent,** dont la législation prévoit que le bénéfice de prestations, la détention de revenus ou la survenance de certains événements produisent des effets juridiques, de **tenir compte** des prestations, revenus ou événements semblables acquis ou survenus dans un **autre État membre,** comme s'ils l'avaient été sur son territoire. Mais l'assimilation ne peut en aucun cas rendre un autre État membre compétent ou sa législation applicable (Circ. DSS 461 du 27-12-2010).

Prestations maladie-maternité-paternité En cas de **résidence dans l'État de travail,** l'expatrié bénéficie des prestations en nature et en espèces d'assurance maladie-maternité et des prestations de paternité assimilées dans les conditions prévues par la législation de sécurité sociale du lieu de travail. Les prestations sont délivrées à l'intéressé et aux membres de sa famille par les caisses de ce pays. 78835 Règl. CE 883/2004 art. 17 à 35 Règl. CE 987/2009 art. 22 à 32 TC-I-23670 s

Lorsqu'il maintient ou fixe sa **résidence dans un autre État membre** que l'État d'emploi, l'expatrié reste soumis à la législation de sécurité sociale de l'État d'emploi. Les prestations en espèces lui sont en principe servies par l'institution compétente de ce dernier État. En revanche, la prise en charge des frais de santé est assurée par l'institution compétente de l'État de résidence, pour le compte de celle de l'État d'emploi. Il en est de même pour les membres de sa famille.

› Précisions **a.** L'expatrié qui, **en cours de maladie,** décide de revenir fixer sa **résidence en France** a droit à la prise en charge de ses dépenses de santé par la caisse primaire française selon les dispositions de la législation française. Les prestations sont servies pour le compte de l'institution compétente de l'État d'expatriation. La prise en charge des soins est dans ce cas subordonnée à une autorisation préalable de cette dernière institution.

b. Les membres de la **famille de l'expatrié demeurant en France** ont droit à la prise en charge de leurs frais de santé par les caisses primaires françaises personnellement dès lors qu'ils remplissent les conditions requises ou en qualité d'ayants droit au sens de la loi française (voir n°s 50130 s.).

c. Des règles spécifiques sont prévues par les articles 18 et 28 du règlement (CE) 883/2004 pour l'octroi des prestations en nature d'assurance maladie aux membres de la famille des travailleurs **frontaliers** et aux frontaliers eux-mêmes lorsqu'ils ont la qualité de pensionnés.

Accident du travail et maladie professionnelle Les **frais de santé** sont pris en charge dans les conditions visées n° 78835. 78840 Règl. CE 883/2004 art. 36 à 41 Règl. CE 987/2009 art. 33 à 41 TC-I-25800 s

Les **indemnités journalières** sont en principe versées directement par l'institution compétente de l'État d'emploi, selon les règles de cette législation.

Lorsque l'institution compétente subordonne le droit à ces indemnités à une **durée d'affiliation,** elle doit prendre en compte, pour l'ouverture de ce droit, les périodes accomplies antérieurement en France ou dans d'autres États membres. En revanche, pour le **calcul des prestations,** il n'est tenu compte, le cas échéant, que des revenus perçus sous la législation de l'État compétent.

› Précisions L'institution de l'État d'emploi reste débitrice des prestations lorsque le salarié expatrié **transfère sa résidence** en cours d'indemnisation. Dans le cadre d'un accord avec l'institution du lieu de résidence, elle peut toutefois autoriser le versement de ces prestations, pour son compte et selon sa législation, par cette dernière institution.

Prestations familiales Le salarié expatrié bénéficie en principe des prestations familiales servies conformément à la **législation de l'État d'emploi,** y compris si les membres de sa famille résident en France. 78845 Règl. CE 883/2004 art. 67 à 69 Règl. CE 987/2009 art. 58 à 61 TC-I-26500 s

Pour éviter un cumul injustifié de prestations versées par les institutions de l'État de travail et celles de l'État de résidence, des **règles de priorité** existent : le droit aux prestations familiales en France est suspendu jusqu'à concurrence du montant prévu par la législation de l'État d'expatriation ; si le conjoint exerce une activité professionnelle en France, ce sont les prestations françaises qui sont d'abord versées, les prestations de l'État d'expatriation venant éventuellement compléter celles-ci.

Sur les prestations familiales entrant dans le calcul de l'**allocation différentielle** due, le cas échéant, par la France en application des règles ci-dessus, voir n° 36065.

EXEMPLE

Une famille de deux enfants de 3 et 5 ans dont le père travaille en Belgique et la mère travaille en France recevra les allocations familiales françaises en priorité et, éventuellement, un complément différentiel de la part de la Belgique. Si la famille a un seul enfant de 5 ans, seules des prestations belges seront versées puisque les droits ne sont pas ouverts en France pour un seul enfant (voir n° 58160).

78850 Règl. CE 883/2004 art. 42 et 43 Règl. CE 987/2009 art. 42 TC-I-28100 s

Assurance décès Si, selon la législation compétente, le droit à une allocation de décès est subordonné à une **durée minimale** d'assurance, d'emploi ou de résidence, il doit être tenu compte des **périodes équivalentes** accomplies antérieurement par le salarié expatrié en France ou dans d'autres États membres.

› Précisions **a.** Si le décès de l'expatrié survient **hors de l'État d'emploi,** il est considéré comme étant survenu sur le territoire de ce dernier État pour la détermination du droit aux prestations.
b. Les prestations sont **versées** au bénéficiaire, quel que soit l'État membre dans lequel il réside. La **demande** d'allocation de décès peut être adressée indifféremment à la caisse compétente de l'État d'affiliation de la personne décédée ou de l'État de résidence du bénéficiaire.
c. Des règles de **non-cumul** empêchent le service de prestations identiques par les institutions compétentes de plusieurs États membres.

78855 Règl. CE 883/2004 art. 61 à 65 Règl. CE 987/2009 art. 54 à 57 TC-I-35400 s

Assurance chômage L'employeur a l'**obligation d'assurer** ses salariés expatriés contre le risque de privation d'emploi et de verser les **cotisations** afférentes. Les salariés expatriés dans un pays de l'UE, de l'EEE ou en Suisse doivent obligatoirement et uniquement être affiliés au régime d'assurance chômage du pays d'emploi.

Le salarié expatrié perdant son emploi **en cours de mission** a droit aux prestations de chômage conformément à la législation du pays d'expatriation. Si cette législation subordonne l'**ouverture** de ce droit ou le **calcul des prestations** à des périodes d'assurance ou d'emploi, l'institution compétente doit prendre en compte les **périodes équivalentes** accomplies sous la législation d'un autre État membre (les périodes d'activité non salariée peuvent être écartées dès lors qu'elles n'auraient pas été considérées comme périodes d'assurance si elles avaient été accomplies sous la législation de l'État membre compétent).

Le salarié peut prétendre au maintien des prestations en cas de **déplacement** dans un autre État membre pour y chercher un emploi.

› Précisions **a.** L'**inexécution** par l'employeur de son obligation d'assurer un salarié contre le risque de privation d'emploi, même si l'assurance doit être souscrite auprès d'un organisme étranger, est **fautive** et ouvre droit pour le salarié n'ayant pu prétendre à son retour en France au bénéfice de l'indemnité chômage à réparation de son **préjudice** (Cass. soc. 5-6-2001 n° 98-46.422 FS-PB : RJS 8-9/01 n° 1102).
b. Le salarié expatrié en chômage complet qui, au cours de sa dernière activité, **résidait dans un État membre** autre que l'État d'emploi perçoit les indemnités de chômage de la part de l'institution compétente de son État de résidence s'il se met à la disposition des services de l'emploi de cet État. Il peut, **à titre complémentaire,** se mettre à la disposition des services de l'emploi de l'État où il a exercé sa dernière activité (mesure sans incidence sur l'indemnisation du chômage mais ouvrant droit, le cas échéant, à des aides complémentaires à la recherche d'emploi si la législation du dernier État d'emploi en prévoit).
c. Le salarié expatrié privé d'emploi peut **revenir en France** sans perdre son droit aux indemnités de chômage à la condition :
– qu'il se soit **inscrit** comme demandeur d'emploi dans l'**État d'expatriation** avant son départ et qu'il soit **resté à la disposition** des services de l'emploi de cet État pendant au moins **4 semaines** (sauf autorisation de départ avant l'expiration de ce délai par l'institution compétente) ;
– qu'il se soit **inscrit** comme demandeur d'emploi en **France** dans les 7 jours suivant la date à laquelle il a cessé d'être à la disposition des services de l'emploi du pays qu'il quitte (sauf prolongation exceptionnelle de ce délai par l'institution compétente).
Les **indemnités** de chômage sont **versées** par l'institution compétente de l'État d'expatriation (et non par Pôle emploi) pendant une période de **3 mois,** pouvant être étendue au maximum à 6 mois. L'intéressé ne peut conserver le bénéfice de ces indemnités que s'il retourne sur le territoire de l'État compétent avant l'expiration de ce délai.

78865 Règl. CE 883/2004 art. 50 à 60 Règl. CE 987/2009 art. 43 à 53 TC-I-28650 s

Pensions de retraite Pour la détermination de l'**ouverture** du droit et du **montant** de la pension de retraite, l'institution compétente de chaque État membre doit **totaliser** les périodes d'assurance accomplies dans tous les États membres. Cette totalisation permet d'éviter que le salarié expatrié ne soit victime d'**effets de seuil** l'empêchant d'avoir des droits à pension dans les États membres concernés et ne soit ainsi pénalisé par le fait qu'il a cotisé dans plusieurs États membres.

La totalisation des périodes se double d'un système de **proratisation** visant à éviter que le salarié expatrié ne perçoive des pensions de retraite indues.

› Précisions Pour déterminer le niveau de la pension du salarié ayant accompli une partie de sa carrière professionnelle en tant qu'expatrié, l'institution compétente de chaque État membre auprès duquel l'intéressé a cotisé doit verser la pension la **plus élevée,** calculée selon l'une des deux méthodes suivantes :
– en fonction de sa **seule législation** : le salarié expatrié a droit à la pension correspondant aux périodes qu'il a accomplies dans l'État membre concerné, indépendamment des périodes accomplies dans d'autres États membres, étant entendu que la législation de l'État membre concerné peut appliquer sa propre réglementation anticumul (pension dite « nationale » ou « indépendante ») ;
– **totalisation** de l'ensemble des périodes : l'État membre dans lequel l'intéressé demande la pension calcule celle-ci comme si l'intéressé avait accompli toutes ses périodes d'assurance dans cet État, puis réduit le montant de la pension au prorata des périodes d'assurance effectivement accomplies dans cet État membre (pension dite « communautaire » ou « proratisée »). En cas d'**égalité,** c'est la pension « communautaire » qui est servie.

Retraite complémentaire Le régime obligatoire Agirc-Arrco peut faire l'objet d'une **extension territoriale** pour les salariés travaillant à l'étranger et ne pouvant pas bénéficier du régime du détachement. **78870** ANI 17-11-2017 art. 11 et 12 TC-I-39100 s

L'**affiliation** peut être effectuée par l'entreprise établie en France, avec l'accord individuel du salarié, sur demande adressée à son institution d'adhésion ou à « Humanis International Agirc-Arrco » (www.malakoffhumanis.com) ou par le travailleur lui-même, sur demande adressée à ce dernier organisme (Circ. Agirc-Arrco 2018-09-DC du 19-12-2018). Le salarié s'affiliant lui-même supporte la totalité des cotisations (Circ. Agirc-Arrco 2019-1 du 9-1-2019, III, 3.1.2 et III, 3.1.3).

› Précisions **a.** Dans les deux cas, l'intéressé doit déjà avoir des **droits inscrits** auprès du régime au titre d'une activité antérieure d'une durée d'au moins 6 mois ou doit être **affilié** à la Caisse des Français de l'étranger pour le risque vieillesse au titre de l'emploi visé par l'extension territoriale.
b. Les **modalités pratiques** du maintien de l'affiliation ne sont pas précisées par les textes, qui prévoient seulement que celle-ci prend effet au premier jour de l'année civile au cours de laquelle la demande est présentée (Circ. Agirc-Arrco 1 du 9-1-2019, III.3.1.2 et III.3.1.3).

Les **cotisations** sont calculées : **78875** ANI 17-11-2017 art. 31 et 32
– si l'adhésion est réalisée par l'employeur, sur la base du salaire qui aurait été perçu en France pour des fonctions correspondantes, éventuellement augmenté de tout ou partie des primes et avantages en nature prévus dans le contrat d'expatriation ;
– en cas d'adhésion volontaire du salarié, sur la base du nombre de points annuel dépendant du salaire lié à la fonction du salarié, et tenant compte éventuellement de tout ou partie des primes et avantages en nature.

b. Expatriation hors UE, EEE ou Suisse

Le salarié expatrié doit être affilié au régime de sécurité sociale du **pays d'emploi** lorsque celui-ci est obligatoire. Tel est notamment le cas si l'État d'expatriation a conclu avec la France une convention bilatérale de sécurité sociale. **78895** TC-I-41500 s

L'intéressé bénéficie alors des **prestations** de la législation de l'État d'emploi, dans les conditions, le cas échéant, prévues par la convention bilatérale. Le salarié expatrié n'étant plus soumis au régime français obligatoire de sécurité sociale, l'employeur n'est plus en conséquence tenu de verser les cotisations sociales correspondantes, et le salarié ne peut pas réclamer les prestations sociales françaises.

En cas de **retour en France,** le salarié expatrié a droit aux prestations sociales dont l'octroi dépend uniquement de la résidence sur le territoire français : minima sociaux, prise en charge des frais de santé, par exemple.

› Précisions Sur les **cotisations** dues au régime français de sécurité sociale pour les sommes versées par l'entreprise française, à titre d'indemnités de **congés payés** ou de **repos compensateur,** aux salariés qui partent en expatriation ou qui en reviennent, voir n° 78810.

ASSURANCE CHÔMAGE

Les salariés sont obligatoirement assurés contre le risque de **privation d'emploi** (C. trav. art. L 5422-13 ; Conv. Unédic du 14-4-2017 art. 5 § 2 ; Règl. Unédic ann. IX ; Circ. Unédic 6 du 20-2-2018). **78900** TC-I-41500 s
Leur employeur doit donc continuer à acquitter des cotisations d'assurance chômage (auprès de Pôle emploi services, Service CRSE- TSA 13077 – 92891 Nanterre Cedex 9, tél. : 01-46-52-97-00), même si le salarié est par ailleurs obligatoirement assuré auprès d'un régime d'assurance chômage étranger. Peu importe, en outre, l'existence de deux contrats

de travail : l'un avec la société mère établie en France et l'autre avec la société établie hors de l'EEE (Cass. soc. 1-4-2003 nº 00-44.231 FS-P : RJS 6/03 nº 814).

L'employeur peut bénéficier de la **réduction générale de cotisations** patronales au seul titre des contributions d'assurance chômage (Inst. intermin. DSS 141 du 19-6-2019, opposable).

ASSURANCE VOLONTAIRE

78905 Les salariés ressortissants d'un État de l'UE, de l'EEE ou de la Suisse exerçant leur activité en dehors de cette zone ont la faculté de s'assurer contre les risques maladie-maternité-invalidité et pour le risque accidents du travail-maladies professionnelles auprès de la **Caisse des Français de l'étranger** (www.cfe.fr) : voir nºs 5260 s.

Ils peuvent également adhérer à l'assurance volontaire **vieillesse** du régime général (voir nº 5230, a) et compléter cette dernière adhésion par une affiliation volontaire au régime de retraite complémentaire Agirc-Arrco (voir nº 78870).

TRAVAIL ILLÉGAL

SOMMAIRE

DÉFINITION

Le travail illégal recouvre plusieurs **types d'infractions** : travail dissimulé, marchandage, prêt de main-d'œuvre illicite, emploi d'étranger non autorisé à travailler en France, cumul irrégulier d'emplois et fraude ou fausse déclaration en vue de bénéficier d'un revenu de remplacement (sur les sanctions pénales applicables dans ce dernier cas voir nº 7000). **79000** C. trav. art. L 8211-1 Q-I-3700 s Q-I-17500 s

Ces infractions peuvent être retenues à l'encontre d'entrepreneurs **français** ou, pour certaines d'entre elles, d'entrepreneurs **étrangers** qui détachent en France des travailleurs pour y réaliser des **prestations transnationales de services** (nos 36160 s.).

› Précisions **a.** Peuvent être rapprochées du travail illégal les **atteintes à la dignité des salariés** visées aux articles 225-13 à 225-16 du Code pénal. Ces délits sont caractérisés en cas de travail forcé, de réduction en servitude ou lorsqu'une personne vulnérable ou dépendante fournit des services non ou peu rétribués (Cass. crim. 3-12-2002 nº 02-81.453 F-PF : RJS 3/03 nº 373 ; 15-3-2016 nº 15-80.685 F-D : RJS 6/16 nº 399) ou est soumise à des conditions de travail ou d'hébergement indignes (Cass. crim. 4-3-2003 nº 02-82.194 F-PF : RJS 6/03 nº 702 ; 16-2-2010 nº 09-84.012 F-D ; 28-3-2017 nº 16-80.914 F-D : RJS 6/17 nº 392). Ce délit peut être retenu sans qu'il soit nécessaire d'apporter la preuve de la violation d'une norme d'hygiène et de sécurité imposée par un texte (Cass. crim. 22-6-2016 nº 14-80.041 F-PB : RJS 10/16 nº 633).
b. Sur la possibilité pour les **syndicats d'agir en justice** en lieu et place des salariés victimes d'une infraction relevant du travail illégal, voir nº 67347.

A. Infractions relevant du travail illégal

1. TRAVAIL DISSIMULÉ

a. Situations visées

Sont constitutives de travail dissimulé, interdites par la loi, la dissimulation d'activité et la dissimulation d'emploi salarié, qu'elles soient totales ou partielles. Sont également interdits la **publicité** tendant à favoriser, en connaissance de cause, le travail dissimulé ainsi que le fait d'**avoir recours** sciemment, directement ou par personne interposée, aux services de celui qui exerce un travail dissimulé. **79040** C. trav. art. L 8221-1 L 8221-2 L 8221-7 L 8224-6 R 8221-3 Q-I-4900 s

Échappent toutefois à cette interdiction les **travaux d'urgence** dont l'exécution immédiate est nécessaire pour prévenir des accidents imminents ou organiser des mesures de sauvetage, ainsi que les **activités bénévoles et l'entraide** (Circ. intermin. 9-11-1992 nº 2.2, réputée abrogée).

ATTENTION

La **publicité des offres de services ou de vente** est également encadrée, le caractère mensonger d'une annonce, qui est punissable, constituant un indice de nature à établir l'existence d'autres infractions, telles que le recours au travail dissimulé ou la publicité tendant à le favoriser.

DISSIMULATION D'ACTIVITÉ

79060 C. trav. art. L 8221-3 L 8221-4 Q-I-4950 s

Commet le délit de dissimulation d'activité toute personne physique ou morale qui exerce à **but lucratif** une activité de production, de transformation, de réparation ou de prestation de services, ou accomplit des actes de commerce et qui, se **soustrayant** intentionnellement à ses **obligations** :
– soit n'a pas demandé son immatriculation au répertoire des métiers ou au registre du commerce et des sociétés lorsque celle-ci est obligatoire, ou a poursuivi son activité après refus d'immatriculation ou postérieurement à une radiation ;
– soit n'a pas procédé aux déclarations exigées par les organismes de protection sociale ou par l'administration fiscale. La dissimulation d'activité peut résulter notamment de la déclaration partielle de chiffre d'affaires ou de revenus ou de la continuation d'activité après radiation visée nº 79980, c ;
– soit s'est prévalue des dispositions applicables au détachement de salariés lorsque l'employeur de ces derniers exerce dans l'État sur le territoire duquel il est établi des activités relevant uniquement de la gestion interne ou administrative, ou lorsque son activité est réalisée sur le territoire national de façon habituelle, stable et continue.

Une activité peut entrer dans le champ de l'interdiction, même si elle n'est que **partiellement** dissimulée. Peut donc faire l'objet de poursuites pénales l'exercice d'une **activité totalement différente** de celle inscrite au registre professionnel ou **non déclarée,** parallèlement à l'exercice d'une activité déclarée.

› Précisions **a.** Les activités mentionnées ci-dessus sont, sauf preuve contraire, **présumées exercées à titre lucratif** lorsque : soit elles sont réalisées en recourant à la publicité, soit elles sont fréquentes ou importantes, soit la facturation est absente ou frauduleuse, soit, pour les activités artisanales, le matériel ou l'outillage est de caractère professionnel. Ainsi, le fait d'effectuer fréquemment des travaux de réparation automobile avec un matériel professionnel et moyennant rétribution constitue le délit d'exécution de travail dissimulé en l'absence d'immatriculation (Cass. crim. 8-2-2000 nº 99-82.109 D : RJS 5/00 nº 563).
b. La seule constatation de la **violation en connaissance de cause** d'une prescription légale ou réglementaire implique de la part de son auteur l'intention coupable exigée par l'article 121-3 du Code pénal, et donc l'intention de dissimuler une activité (Cass. crim. 27-2-2018 nº 17-80.856 F-D : RJS 5/18 nº 356).
c. Les **associations** loi 1901, n'ayant pas de but lucratif, peuvent être condamnées pour dissimulation d'activité en cas de détournement de leur objet (Cass. crim. 17-11-2015 nº 14-82.224 F-PB : RJS 2/16 nº 140).
d. Le défaut d'accomplissement par l'employeur de ses obligations déclaratives relatives aux salaires ou aux cotisations sociales s'apprécie à la date à laquelle les déclarations sont ou auraient dû être transmises, peu important toute régularisation ultérieure (Cass. 2e civ. 22-10-2020 nº 19-21.933 F-PBI : RJS 1/21 nº 31).

79065 **ILLUSTRATIONS**

Le **délit** de dissimulation d'activité est **caractérisé** :
– si le gérant d'une société située en France a créé une société en Espagne chargée d'embaucher les salariés, dès lors que cette dernière n'est qu'une entité vide, gérée en fait par la première société, pour bénéficier de conditions fiscales plus avantageuses (Cass. crim. 10-5-2011 nº 10-87.475 F-D) ;
– lorsque, à la suite du **décès** d'une personne immatriculée au répertoire des métiers, ses descendants poursuivent son activité sans s'inscrire eux-mêmes audit répertoire (Cass. crim. 19-2-2002 nº 01-83.037 F-D) ;
– en cas d'omission volontaire d'une demande d'**inscription modificative** à ce répertoire, assimilable à un défaut d'immatriculation (Cass. crim. 23-5-1995 nº 93-85.460 PF : RJS 10/95 nº 1038) ;
– lorsque l'**établissement secondaire** ouvert par le prévenu n'a pas été immatriculé au registre du commerce et des sociétés dans les délais légaux alors qu'il a consisté en un établissement permanent, distinct de l'établissement principal (Cass. crim. 28-3-2017 nº 16-81.944 F-PB : RJS 6/17 nº 421) ;
– en cas d'absence d'immatriculation au registre du commerce et des sociétés français d'une **société étrangère** disposant en France, au domicile de son gérant, d'une **représentation permanente** pour les besoins de son activité commerciale, laquelle vaut ouverture d'un premier établissement sur le territoire national (Cass. crim. 20-6-2017 nº 14-85.879 FS-PB : RJS 10/17 nº 694) ;
– si des cogérants exercent une **activité étrangère à l'objet social** de leur société sans avoir demandé d'immatriculation au registre du commerce et des sociétés pour cette activité et sans avoir procédé aux déclarations obligatoires aux organismes de protection sociale et à l'administration fiscale (Cass. crim. 23-1-2018 nº 16-87.712 F-D : RJS 4/18 nº 274).

DISSIMULATION D'EMPLOI SALARIÉ

79070 C. trav. art. L 8221-5 L 8221-6, II Q-I-5900 s

Constitue le délit de dissimulation d'emploi salarié le fait pour l'employeur de se **soustraire intentionnellement** : à la remise du bulletin de salaire, aux déclarations relatives aux salaires ou aux cotisations auprès des organismes de recouvrement des cotisations sociales ou de l'administration fiscale ou à la déclaration préalable à l'embauche (ou d'effectuer celle-ci tardivement : Cass. crim. 28-1-2014 n° 12-85.251 F-D : RJS 5/14 n° 419). Le délit est également constitué si l'employeur minore intentionnellement ses obligations sur ces déclarations (Cass. crim. 27-3-2018 n° 16-87.585 F-PB : RJS 6/18 n° 436).

Comme pour la dissimulation d'activité (n° 79060, b), la seule constatation de la **violation en connaissance de cause** d'une prescription légale ou réglementaire suffit à caractériser l'intention de dissimuler un emploi (Cass. crim. 27-9-2005 n° 04-85.558 F-D : RJS 1/06 n° 71 ; 17-10-2017 n° 16-81.289 F-D : RJS 12/17 n° 818), sans qu'il soit nécessaire de caractériser un dol spécial (Cass. crim. 7-5-2019 n° 17-86.428 FS-D : RJS 7/19 n° 450). L'employeur, en raison de sa qualité de professionnel et de son expérience, ne peut pas invoquer son **ignorance de la réglementation applicable** pour s'exonérer de la responsabilité pénale encourue (Cass. crim. 26-11-2019 n° 19-80.516 F-D : RJS 2/20 n° 106).

› Précisions **a.** Dès lors qu'un **lien de subordination** caractérisant l'existence d'un contrat de travail est établi, le non-accomplissement volontaire par l'employeur des formalités précitées relève du champ d'application de la dissimulation d'emploi salarié (Cass. crim. 28-2-2017 n° 15-81.469 FS-PB : RJS 5/17 n° 362 ; 20-6-2017 n° 16-83.669 F-D : RJS 8-9/17 n° 606).

b. Si la **présomption de travail indépendant** est renversée en cas de subordination juridique permanente à l'égard d'un donneur d'ordre (voir n° 16375), le délit de travail dissimulé est établi si ce dernier s'est soustrait intentionnellement par ce moyen à l'accomplissement des obligations incombant à tout employeur. Tel est le cas si, sous couvert de mandats entre un employeur et plusieurs de ses anciens salariés ayant pris le **statut d'auto-entrepreneurs,** ces derniers travaillent en réalité dans des conditions les plaçant dans un lien de subordination juridique permanente (Cass. crim. 15-12-2015 n° 14-85.638 F-PB : RJS 3/16 n° 199 ; 24-5-2016 n° 15-83.680 F-D : RJS 8-9/16 n° 586) ou si, sous couvert de sous-traitance, les intéressés, non dotés d'une compétence particulière, sont en réalité sous l'autorité d'une société qui lui fournit matériaux et matériels (Cass. crim. 23-1-2018 n° 16-86.973 F-D : RJS 4/18 n° 275).

c. La dissimulation d'emploi salarié concerne **tout employeur,** quel que soit son secteur d'activité, et même si l'activité n'est pas exercée à titre lucratif. Sont notamment visés les travaux domestiques ayant pour objet l'entretien d'un domicile privé (Cass. crim. 25-5-2004 n° 03-86.282 F-D : RJS 12/04 n° 1309).

d. Le non-respect de l'obligation de procéder à une déclaration préalable à l'embauche caractérise le délit de travail dissimulé, peu importe la production par l'employeur de la **déclaration annuelle d'activité** de ses salariés mentionnant la date exacte de leur embauche (Cass. crim. 28-3-2017 n° 15-86.985 FS-D : RJS 6/17 n° 422).

e. Le délit est caractérisé en cas d'emploi irrégulier **occasionnel** (Cass. crim. 30-5-1995 n° 94-82.372 D : RJS 11/95 n° 1155) ou en cas de **relation salariale déguisée** : faux indépendant (Cass. crim. 14-2-2006 n° 05-82.287 F-PF ; 28-11-2017 n° 15-80.896 F-D : RJS 2/18 n° 132 ; 26-11-2019 n° 19-80.516 F-D : RJS 2/20 n° 106), faux gérant (Cass. crim. 21-9-1999 n° 98-88.103 D), faux stagiaire (Cass. crim. 26-5-2010 n° 09-86.095 F-D : RJS 11/10 n° 873) ou prétendue entraide (Cass. crim. 17-10-2017 n° 16-81.289 F-D : RJS 12/17 n° 818 ; n° 16-85.979 F-D : RJS 1/18 n° 62 ; 10-3-2020 n° 19-82.631 F-D : RJS 5/20 n° 252).

f. Si elle dissimule un **prêt de main-d'œuvre à but lucratif** prohibé, la **mise à disposition de personnel** peut caractériser le délit de travail dissimulé (Cass. crim. 20-6-2017 n° 16-83.785 F-D : RJS 8-9/17 n° 605).

Le délit est aussi constitué en cas de mention volontaire sur le **bulletin de paie** d'un **nombre d'heures de travail inférieur** à celui réellement effectué (Cass. crim. 22-2-2000 n° 99-84.643 D : RJS 5/00 n° 562 ; Cass. soc. 29-10-2003 n° 01-44.940 FS-PB : RJS 1/04 n° 89 ; 9-4-2008 n° 07-41.340 F-D : RJS 7/08 n° 771), sauf si cette mention résulte de l'application d'un accord d'annualisation du temps de travail (Cass. crim. 16-4-2013 n° 12-81.767 FS-PB : RJS 7/13 n° 558). 79080

ILLUSTRATIONS

Le délit en cas de sous-évaluation du bulletin de paie est constitué si les heures non mentionnées correspondent à du **travail effectif** (Cass. crim. 5-6-2012 n° 11-83.319 FS-PB : RJS 10/12 n° 836), ce qui est le cas s'agissant du temps de trajet entre deux clients de l'employeur (Cass. crim. 2-9-2014 n° 13-80.665 F-PBI : RJS 11/14 n° 803). Il est aussi établi si l'employeur paie, sous forme de primes, les **heures supplémentaires** (Cass. soc. 21-5-2014 n° 13-16.231 F-D) ou complémentaires (Cass. soc. 1-3-2011 n° 09-65.590 F-D : RJS 5/11 n° 484), s'il applique à un salarié le système du **forfait jours** sans conclure de convention individuelle, dès lors que l'existence d'heures supplémentaires est avérée (Cass. soc. 28-2-2012 n° 10-27.839 F-D : RJS 5/12 n° 491) ou s'il impose au salarié de travailler au-delà des jours prévus dans la convention de forfait jours, sans mentionner ces jours sur le bulletin de paie (Cass. soc. 1-12-2016 n° 15-15.805 F-D : RJS 3/17 n° 219). Le caractère intentionnel du délit est établi si l'employeur se livre à la sous-évaluation du bulletin de paie pendant plusieurs années (Cass. soc. 20-6-2013 n° 10-20.507 FS-PB : RJS 10/13 n° 715) ou s'il décompte le temps de travail en se fondant sur la quantification préalable des temps de mission prévue par la convention collective tout en sachant que les horaires des salariés étaient supérieurs à ces temps (Cass. soc. 5-6-2019 n° 17-23.228 FS-PB : RJS 8-9/19 n° 515). Il ne l'est pas, en revanche, en cas d'application erronée d'un taux de majoration des heures supplémentaires, dès lors que l'ensemble de celles-ci figure sur les bulletins de salaire (Cass. soc. 1-2-2017 n° 15-23.039 F-D : RJS 4/17 n° 262), et il ne peut pas résulter de la seule application d'une convention de forfait illicite (Cass. soc. 28-2-2018 n° 16-19.054 FS-D : RJS 5/18 n° 356). Le caractère non intentionnel de la dissimulation d'emploi salarié ne peut pas se déduire de l'absence de **contestation** par le salarié du non-paiement des heures supplémentaires accomplies (Cass. soc. 11-5-2017 n° 16-13.675 F-D : RJS 7/17 n° 510).

b. Personnes passibles de poursuites

79100 C. trav. art. L 8221-1 L 8224-5 Circ. intermin. 9-11-1992 et 31-12-2005, réputées abrogées **Q-I-7700 s**

Sont passibles de poursuites :

– la **personne** qui recourt au travail dissimulé. Est visé celui qui exerce une activité professionnelle occulte non salariée ou une responsabilité de dirigeant d'entreprise de droit ou de fait (Cass. crim. 3-6-2008 n° 07-85.871 F-D ; 31-10-2017 n° 16-86.894 F-D) ou, le cas échéant, le titulaire d'une délégation de pouvoir (n°s 67110 s.). La responsabilité pénale de la **personne morale** peut aussi être engagée, voir n°s 67130 s. ;

– son **complice** (Cass. crim. 20-1-2009 n° 08-83.933 F-D : RJS 4/09 n° 390) ;

– son **client ou donneur d'ordre.** Le recours direct ou par un intermédiaire à une personne exerçant un travail dissimulé est interdit et passible des sanctions visées n°s 79500 s., que le donneur d'ouvrage soit un professionnel ou un particulier.

› Précisions **a.** Dans chaque situation, on vérifie si la **relation de fait** entre celui qui exerce l'activité et celui au profit duquel il l'exerce est une relation subordonnée ou un contrat d'entreprise entre un travailleur indépendant et son client, particulier ou professionnel.

b. En cas de **changement de dirigeant** de droit, l'ancien peut être poursuivi pour l'infraction de travail dissimulé relevé tant que les formalités légales de publicité n'ont pas été effectuées (Cass. crim. 9-9-2020 n° 19-81.118 FD : RJS 11/20 n° 569).

c. Le délit est établi dès lors que le **donneur d'ordre** sait ou ne peut pas ignorer qu'il recourt aux services d'une personne exerçant un travail dissimulé soit directement, soit par l'intermédiaire d'un tiers (prête-nom ou sous-traitant clandestin). Jugé qu'en confiant à une entreprise, qui pratiquait des prix très bas, des commandes importantes à exécuter dans de brefs délais, le prévenu avait conscience que celle-ci ne pouvait pas assurer régulièrement sa prestation avec les seuls salariés déclarés (Cass. crim. 11-1-2000 n° 99-80.823 D : RJS 4/00 n° 427). De même, se rend coupable du délit le donneur d'ordre qui ne peut pas ignorer, en sa qualité de professionnel averti, que ses sous-traitants ne peuvent pas faire face aux travaux confiés sans recourir au travail dissimulé (Cass. crim. 4-11-2008 n° 08-81.552 F-D : RJS 2/09 n° 205 ; 23-1-2018 n° 16-86.726 F-D : RJS 4/18 n° 276). Sur les sanctions civiles et pénales applicables en cas de non-vérification de la situation d'un sous-traitant par un donneur d'ordre alors qu'il y est tenu, voir n° 79160.

d. Sur les risques encourus par le **travailleur dissimulé,** voir n° 79440.

c. Obligations des donneurs d'ordre

DEVOIR DE VIGILANCE

79120 C. trav. art. L 8222-1 R 8222-1 CSS art. L 243-15 Circ. intermin. 16-11-2012 **Q-I-12000 s**

Tout donneur d'ordre doit s'assurer, lors de la **conclusion d'un contrat** portant sur une obligation d'un **montant** au moins égal à 5 000 € hors taxe, en vue de l'exécution d'un travail, de la fourniture d'une prestation de services ou de l'accomplissement d'un acte de commerce et, tous les 6 mois jusqu'à la fin de l'exécution de celui-ci, que son cocontractant est en règle au regard du travail dissimulé et est à jour de ses obligations de déclaration et de paiement auprès des organismes de recouvrement. À défaut, il peut être tenu solidairement avec son cocontractant au paiement des sommes visées n° 79160.

› Précisions **a.** Lorsque la prestation est artificiellement découpée en plusieurs contrats inférieurs à 5 000 €, la globalité de la relation commerciale est prise en considération. Il en est de même lorsqu'une prestation identique se déroule à intervalles réguliers sur plusieurs années (Cass. 2e civ. 16-11-2004 n° 02-30.550 FS-PB : RJS 2/05 n° 189 ; 17-1-2008 n° 06-20.594 FS-D : RJS 4/08 n° 465).

b. Le donneur d'ordre peut également être **pénalement condamné** pour recours aux services d'une personne qui exerce un travail dissimulé si les éléments de l'infraction sont réunis (Cass. crim. 1-12-2015 n° 14-85.828 F-PB : RJS 4/16 n° 282 ; 25-4-2017 n° 15-87.590 F-D : RJS 7/17 n° 511).

79130 C. trav. art. D 8222-4 D 8222-5

Justificatifs d'immatriculation Lorsque l'immatriculation du cocontractant au **registre du commerce et des sociétés** ou au **répertoire des métiers** est obligatoire ou lorsqu'il s'agit d'une **profession réglementée,** le donneur d'ordre doit se faire remettre l'un des documents suivants :

– extrait de l'inscription au registre du commerce et des sociétés (K ou K bis) ;

– carte d'identification justifiant de l'inscription au répertoire des métiers ;
– devis, document publicitaire ou correspondance professionnelle, à condition qu'y soient mentionnés le nom ou la dénomination sociale, l'adresse complète et le numéro d'immatriculation au registre du commerce et des sociétés ou au répertoire des métiers ou à une liste ou un tableau d'un ordre professionnel, ou la référence de l'agrément délivré par l'autorité compétente ;
– récépissé du dépôt de déclaration auprès d'un centre de formalités des entreprises pour les personnes en cours d'inscription.

Le donneur d'ordre doit vérifier la **cohérence des informations** dont il dispose au vu des documents remis (Cass. 2e civ. 11-7-2013 n° 12-21.554 F-PB : RJS 11/13 n° 754).

› Précisions **a.** Lorsque le cocontractant est **établi ou domicilié à l'étranger,** les documents à remettre sont précisés par les articles D 8222-7 à D 8222-8 du Code du travail.
b. Lorsque le donneur d'ordre est un **particulier** qui contracte pour son usage personnel, celui de son conjoint, concubin, partenaire lié par un Pacs ou ses ascendants ou descendants, un seul des documents visés ci-dessus suffit (C. trav. art. D 8222-6). Est considéré comme un professionnel le membre d'une profession libérale qui contracte pour un usage professionnel (Cass. soc. 23-1-2003 n° 00-22.164 FS-PB : RJS 4/03 n° 505).
c. Ces **documents,** ainsi que l'attestation de vigilance visée n° 79140 sont les **seuls dont la remise** permet au donneur d'ordre de s'acquitter de son obligation de vérification de la situation du sous-traitant (Cass. 2e civ. 11-2-2016 n° 15-10.168 F-PB : RJS 4/16 n° 283).

Attestation de vigilance Sauf s'il est un particulier, il appartient au sous-traitant de remettre au donneur d'ordre, à la **date** de signature du contrat et tous les 6 mois jusqu'à la fin de son exécution, une attestation de fourniture des déclarations sociales et de paiement des cotisations et contributions sociales émanant de l'**organisme de recouvrement** des cotisations (Urssaf, caisse de la MSA) datant de moins de 6 mois. Cette attestation est **délivrée** au sous-traitant à jour du paiement de ses cotisations, même s'il a souscrit et respecte un **plan d'apurement** des cotisations ou s'il conteste leur montant devant les tribunaux, sauf si la contestation fait suite à une verbalisation pour travail dissimulé. Les **entreprises de travail temporaire** doivent, en plus, justifier de l'obtention de la **garantie financière** mentionnée n° 82100. L'attestation **mentionne** : **79140** CSS art. L 243-15 D 243-15 C. trav. art. D 8222-5 Circ. intermin. 16-11-2012

– dans tous les cas, l'identification de l'entreprise et le fait que l'employeur ou le travailleur indépendant est à jour de ses obligations sociales à la date d'exigibilité de la dernière période traitée (les 6 derniers mois échus) ;
– lorsque le sous-traitant **emploie des salariés,** le nombre de salariés et le total des rémunérations déclarés sur la dernière déclaration sociale nominative (DSN) adressée à l'organisme de recouvrement.

Ces informations doivent permettre au donneur d'ordre d'**apprécier l'adéquation** entre le nombre de salariés déclarés et l'ampleur du travail confié.

› Précisions **a.** L'attestation peut être obtenue par le sous-traitant **en ligne** sur le site Internet de l'organisme de recouvrement ou au guichet de cet organisme, qui la lui remet en **mains propres.** Aucun autre document ne peut être substitué à cette attestation (n° 79130, c).
b. Le donneur d'ordre doit, sous peine de manquer à son obligation de vigilance (CAA Versailles 27-2-2020 n° 18VE01544 : RJS 7/20 n° 365), vérifier l'**exactitude des informations** figurant sur l'attestation soit par voie dématérialisée, soit sur demande auprès de l'organisme. Un code de sécurité mentionné sur l'attestation lui permet de s'assurer de l'authenticité et de la validité du document remis.
c. Est considéré comme ayant manqué à son obligation de vigilance pour la totalité de la période d'exécution du contrat le donneur d'ordre n'effectuant pas l'une des vérifications périodiques qui lui incombe (CAA Versailles 27-2-2020 n° 18VE01544 : RJS 7/20 n° 365).
d. Lorsqu'une entreprise est en **redressement judiciaire,** les cotisations afférentes à la période antérieure à l'ouverture de la procédure collective ne sont plus exigibles. L'organisme de recouvrement doit donc remettre l'attestation à un sous-traitant qui ne serait pas à jour de ces cotisations, à condition toutefois qu'il soit à jour des cotisations dues pendant la période d'observation (Cass. 2e civ. 16-6-2016 n° 15-20.231 F-PB : RJS 10/16 n° 648).
e. L'attestation ne peut pas être délivrée à la personne qui conteste par recours contentieux, sans les acquitter, les cotisations et contributions qui lui sont réclamées à la suite d'un procès-verbal pour travail dissimulé. En revanche, elle doit être délivrée à l'entreprise ayant été **relaxée** pour travail dissimulé tant que la décision, bien que contestée, n'a pas été infirmée ou annulée (Cass. 2e civ. 4-4-2019 n° 18-14.143 F-D : RJS 6/19 n° 370).

DEVOIR D'INJONCTION

79150 C. trav. art. L 8222-5 L 8222-6 R 8222-2 R 8222-3 Q-I-13000 s

Sauf s'il est un particulier, le maître d'ouvrage de **droit privé,** informé par écrit par un agent de contrôle (nº 79400), un syndicat, une association professionnelle ou une institution représentative du personnel, de l'intervention du **cocontractant, d'un sous-traitant ou d'un subdélégataire** ne respectant pas les obligations d'interdiction de travail dissimulé, doit lui enjoindre aussitôt, par lettre recommandée avec avis de réception, de faire cesser sans délai cette situation.

À défaut, il est tenu solidairement au paiement des sommes visées nº 79160.

› Précisions a. Est également tenue à cette obligation d'injonction l'**entreprise utilisatrice** de droit français informée de l'intervention d'une société de **travail temporaire de droit d'un autre État de l'UE** en situation irrégulière (par ex. absence de certificats A1 : Cass. soc. 4-11-2020 nº 18-24.451 FS-PBRI : RJS 1/21 nº 60).

b. Toute **personne morale de droit public** ayant contracté avec une entreprise, informée par écrit par un agent de contrôle (nº 79400), du non-respect par cette dernière de ses obligations d'interdiction de travail dissimulé, doit également lui **enjoindre** aussitôt, par lettre recommandée avec avis de réception, de faire cesser sans délai cette situation. L'entreprise mise en demeure doit mettre fin à la situation délictuelle dans un **délai** de 2 mois et en informe la personne publique. À défaut, le contrat peut être rompu, aux frais et risques de l'entreprise.

La personne publique **informe ensuite l'agent** de contrôle des suites données par l'entreprise à son injonction.

À défaut de respecter ces obligations ou en cas de poursuite du contrat si la situation délictuelle n'a pas cessé dans les 6 mois suivant la mise en demeure, la personne publique est tenue solidairement au paiement des sommes visées nº 79160.

SANCTIONS EN CAS DE MANQUEMENT

79160 C. trav. art. L 8222-2 L 8222-3 Circ. intermin. 16-1-2012 Q-I-11700 s Q-I-13100 s

Solidarité financière Toute personne méconnaissant les obligations de vigilance et d'injonction (nos 79120 s.) et toute personne condamnée pour avoir recouru directement ou par personne interposée aux services de celui qui exerce un travail dissimulé, est tenue solidairement avec celui qui a fait l'objet d'un **procès-verbal** pour travail dissimulé :

– au paiement des impôts, taxes et cotisations obligatoires ainsi que des majorations et pénalités dues par celui-ci au **Trésor** ou aux **organismes de protection sociale** ;

– au paiement des rémunérations, indemnités et charges dues par lui à raison de l'emploi de salariés dissimulés ;

– le cas échéant, au **remboursement** des aides publiques qu'il aurait perçues.

Ces sommes sont déterminées **à due proportion** de la valeur des travaux réalisés, des services fournis, du bien vendu et de la rémunération en vigueur dans la profession.

› Précisions a. En cas de non-respect des obligations de **vigilance ou d'injonction,** la solidarité financière est subordonnée à l'établissement d'un procès-verbal pour travail dissimulé du sous-traitant (Cass. 2e civ. 26-11-2015 nº 14-23.851 FS-PB : RJS 2/16 nº 143), mais pas à sa condamnation pénale (Cass. 2e civ. 4-4-2013 nº 12-15.736 F-D). Elle peut même être engagée en l'absence de toute poursuite judiciaire.

En revanche, en cas de **recours direct ou indirect** aux services de celui qui exerce un travail dissimulé, la solidarité financière ne peut être mise en œuvre qu'après la condamnation pénale définitive du donneur d'ordre par les tribunaux correctionnels (Tass Vienne 11-5-1998).

b. En cas de manquement du donneur d'ordre à l'une des vérifications périodiques qui lui incombe, la solidarité de paiement couvre toute la durée du contrat au cours de laquelle a été constatée l'infraction (CAA Versailles 27-2-2020 nº 18VE01544 : RJS 7/20 nº 365).

79170 CSS art. L 243-7-3 Q-I-16650 s

La solidarité financière peut être retenue entre une personne morale ayant commis l'infraction de travail dissimulé et la **société mère ou la holding** à laquelle elle appartient pour le paiement des contributions et cotisations sociales ainsi que des majorations et pénalités dues. Cette responsabilité n'est pas subordonnée à la connaissance par la société mère ou la holding des faits incriminés et est indépendante de l'existence d'une faute ou de toute condamnation pénale de celle-ci (Circ. Acoss 84 du 3-11-2009 nº 6).

79175 CSS art. L 243-3-2 Q-I-16600 s

Un **dirigeant,** de droit ou de fait, peut être déclaré solidairement responsable du **paiement des cotisations et sanctions pécuniaires** dues par la société ou le groupement qu'il dirige, condamné pour travail dissimulé, en cas de manœuvres frauduleuses ou d'inobservation grave et répétée de ses obligations sociales ayant empêché le recouvrement des sommes.

79180 CSS art. L 133-4-5

Annulation des exonérations de cotisations Lorsqu'un donneur d'ordre ou un maître d'ouvrage a manqué à ses devoirs de **vigilance** ou d'**injonction** (nos 79120 s.) vis-à-vis d'un cocontractant ayant exercé un travail dissimulé, l'organisme de recouvrement procède, selon une procédure définie à l'article R 133-8-1 du CSS, à l'annulation des réductions ou exonérations de cotisations dont le donneur d'ordre a pu bénéficier au titre des rémunérations versées à ses salariés, calculée selon les modalités visées nº 79540, mais **plafonnée** à 15 000 € (75 000 € pour une personne morale).

d. Garanties accordées au travailleur dissimulé

INDEMNITÉ FORFAITAIRE

En cas de **rupture de la relation de travail,** le salarié auquel l'employeur a eu recours en violation de l'interdiction de travail dissimulé a droit à une indemnité égale à 6 mois de salaire, même si la durée de la relation de travail a été moindre (Cass. soc. 14-4-2010 nº 08-43.124 FS-PB : RJS 6/10 nº 540). Non soumise à cotisations sociales (Cass. soc. 20-2-2008 nº 06-44.964 F-P : RJS 5/08 nº 579), cette indemnité est calculée en prenant en compte les heures supplémentaires éventuellement accomplies par le salarié dans les 6 mois précédant la rupture (Cass. soc. 10-6-2003 nº 01-40.779 FS-PB : RJS 8-9/03 nº 1023 ; 18-10-2006 nº 05-40.464 F-D : RJS 3/07 nº 366). **79200** C. trav. art. L 8223-1 Q-I-14100 s

› Précisions a. L'indemnité forfaitaire est due dès lors que la relation de travail a été rompue, peu important que le salarié concerné **continue à travailler** avec d'autres entreprises successives sur le même site dans le cadre d'un nouveau contrat (Cass. soc. 3-7-2019 nº 17-20.115 F-D : RJS 10/19 nº 587). Par ailleurs, elle est due quels que soient la **qualification** ou le **mode** de la rupture (licenciement, démission, rupture amiable, etc. : Cass. soc. 12-10-2004 nº 02-44.666 FS-PB : RJS 12/04 nº 1310 ; rupture anticipée, fin de CDD : Cass. soc. 7-11-2006 nº 05-40.197 FS-PB : RJS 1/07 nº 95) et sans nécessité d'une condamnation pénale préalable de l'employeur (Cass. soc. 15-10-2002 nº 00-45.082 FS-PBRI : RJS 12/02 nº 1424). L'élément intentionnel est toutefois requis (Cass. soc. 15-10-2002 nº 00-45.082 FS-PBRI : RJS 12/02 nº 1424 ; 9-11-2016 nº 15-15.064 FS-PB : RJS 1/17 nº 26).

b. L'indemnité qui a la nature d'une sanction civile se **cumule** avec les indemnités de toute nature auxquelles le salarié a droit en cas de rupture de la relation de travail, y compris l'indemnité de requalification d'un CDD en CDI (Cass. soc. 12-1-2006 nº 03-44.776 F-D : RJS 3/06 nº 369), les indemnités légales ou conventionnelles de licenciement ou de mise à la retraite (Cass. soc. 6-2-2013 nº 11-23.738 FP-PB : RJS 4/13 nº 316 ; 15-5-2013 nº 11-22.396 FS-PB : RJS 7/13 nº 559) et les dommages et intérêts en cas de licenciement abusif ou irrégulier (Cass. soc. 12-1-2006 nº 03-46.800 FP-PBRI ; nº 04-43.105 FP-PBRI : RJS 3/06 nº 369). Sur le cumul de cette indemnité avec celle pour emploi irrégulier d'un étranger, voir nº 35970.

c. L'indemnité n'étant exigible qu'en cas de rupture du contrat de travail (Cass. soc. 2-3-2016 nº 14-15.611 F-D : RJS 5/16 nº 363), elle n'est pas due si celui-ci est **transféré de plein droit** à un autre employeur (Cass. soc. 17-12-2013 nº 12-13.503 FS-PB : RJS 3/14 nº 197). Ce dernier est toutefois redevable de l'indemnité en cas de rupture du contrat postérieurement au transfert, quand bien même le travail dissimulé serait du fait de l'ancien employeur (Cass. soc. 11-5-2016 nº 14-17.496 FS-PB : RJS 7/16 nº 500).

AUTRES GARANTIES

Des **conditions anormales d'emploi** d'un travailleur dissimulé peuvent justifier une condamnation civile de l'employeur (Cass. crim. 6-2-2001 nº 00-81.526 FS-PF : RJS 5/01 nº 678). De même, l'octroi de l'indemnité forfaitaire visée nº 79200 n'exclut pas pour le salarié l'indemnisation du préjudice lié à l'inexécution fautive par l'employeur de ses obligations, notamment en cas de **non-affiliation** aux organismes de sécurité sociale et d'assurance chômage (Cass. soc. 14-4-2010 nº 08-43.124 FS-PB : RJS 6/10 nº 540) ou de **non-versement des cotisations** sociales (Cass. soc. 29-1-2014 nº 12-22.235 F-D : RJS 5/14 nº 421). **79210** Q-I-11440 s Q-I-10900 s

Par ailleurs, le travailleur dissimulé ne peut pas être privé de ses **droits sociaux.** À cet effet, les procès-verbaux de travail dissimulé sont transmis aux organismes du régime général de la sécurité sociale. Le travailleur bénéficie également de la législation sur les accidents du travail et les maladies professionnelles (Cass. crim. 11-2-2003 nº 02-81.729 F-PFI : RJS 5/03 nº 668).

› Précisions a. Lorsque la rémunération du travailleur dissimulé a fait l'objet d'une **évaluation forfaitaire** (voir nº 79550), les conditions d'ouverture de ses droits aux assurances maladie, maternité, décès, invalidité et accidents du travail ou maladie professionnelle sont fixées sur la base du **Smic mensuel** en vigueur au moment du constat du délit de travail dissimulé, calculé sur la base de la durée légale du travail (CSS art. R 313-3-1, R 341-6-1 et R 433-4-1). Pour le calcul de la cotisation vieillesse, le plafond applicable est égal à la moitié du plafond annuel de la sécurité sociale (CSS art. R 242-2-1). Les droits à la retraite du salarié sont calculés sur une assiette égale à 2 fois le Smic mensuel en vigueur au moment du constat du délit et, en cas de redressement au réel, sur la totalité des cotisations versées, même si le redressement n'a pas été payé par l'employeur (CSS art. R 351-11).

b. Sur la possibilité pour les **syndicats d'agir en justice** en lieu et place du travailleur, voir nº 67347.

c. Sur le **droit pour tout salarié** d'avoir accès aux informations relatives à l'accomplissement par l'employeur de la **déclaration préalable à l'embauche,** voir nº 33227.

2. EMPLOI D'ÉTRANGERS NON AUTORISÉS À TRAVAILLER

SITUATIONS VISÉES

79240 C. trav. art. L 8251-1 L 8251-2 **S-I-11000 s**

Nul ne peut directement ou indirectement :

– **embaucher, conserver à son service ou employer** pour quelque durée que ce soit un étranger non muni du titre l'autorisant à exercer une activité salariée en France. Il est également interdit d'engager ou de conserver à son service un étranger dans une catégorie professionnelle, une profession ou une zone géographique autres que celles qui sont mentionnées, le cas échéant, sur son titre de travail ;

– **recourir sciemment** aux services d'un employeur d'un étranger non autorisé à travailler.

Sur les **droits du salarié étranger** irrégulièrement employé, voir n°s 35970 s.

SOLIDARITÉ FINANCIÈRE DU DONNEUR D'ORDRE

79260 C. trav. art. L 8254-1 à L 8254-3 D 8254-1 **S-I-12300 s**

Toute personne doit vérifier (voir nº 79270), lors de la **conclusion d'un contrat** portant sur une obligation d'un **montant** au moins égal à 5 000 € hors taxe en vue de l'exécution d'un travail, de la fourniture d'une prestation de services ou de l'accomplissement d'un acte de commerce, et **tous les 6 mois** jusqu'à la fin de l'exécution de celui-ci, que son cocontractant s'acquitte de ses obligations relatives au titre de travail des étrangers (nº 35690).

À défaut, il est tenu solidairement avec son cocontractant, dans les conditions fixées par les articles D 8254-6 à D 8254-14 du Code du travail, au paiement :

– des **salaires et accessoires** dus au salarié étranger non autorisé à travailler, ainsi que, éventuellement, des frais d'envoi de ces sommes vers le pays dans lequel ce salarié est parti ou a été reconduit ;

– de l'indemnisation visée nº 35975, liée à la rupture de la relation de travail ;

– de la **contribution** spéciale visée nº 79560 et de la contribution forfaitaire visée nº 35765.

Est également tenue solidairement au paiement de ces sommes toute personne **condamnée** pénalement pour avoir **recouru sciemment** aux services de l'employeur d'un étranger sans titre.

› Précisions **a.** Le **particulier** employeur qui conclut pour son usage personnel, celui de son conjoint, concubin, partenaire de Pacs, ses ascendants ou descendants un contrat portant sur une obligation d'un montant au moins égal à 5 000 € hors taxe doit également vérifier la situation de son cocontractant, mais uniquement lors de la **conclusion du contrat.**

b. Le donneur d'ordre, **informé** par écrit par un agent de contrôle (nº 79400), un syndicat, une association professionnelle ou une institution représentative du personnel, que son cocontractant ou un sous-traitant direct ou indirect emploie un étranger sans titre, doit lui **enjoindre aussitôt** de faire cesser sans délai cette situation. L'employeur mis en demeure informe le donneur d'ordre des suites données à cette injonction. Si celle-ci n'est pas suivie d'effet, le contrat entre le donneur d'ordre et le sous-traitant peut être rompu, aux frais et risques de cet employeur.

À défaut de respecter ces règles, le donneur d'ordre et son cocontractant sont tenus solidairement avec le sous-traitant employant le salarié étranger au **paiement des sommes** visées ci-dessus.

c. La responsabilité solidaire du donneur d'ordre peut s'ajouter, le cas échéant, à la solidarité financière prévue en cas de **travail dissimulé** (nº 79160).

79270 C. trav. art. D 8254-2 D 8254-4 D 8254-5

Pour **satisfaire à son obligation de vérification,** le donneur d'ordre doit se faire remettre, par son cocontractant, lors de la conclusion du contrat et, sauf pour les particuliers (nº 79260, a), tous les 6 mois jusqu'à la fin de son exécution, la **liste nominative des salariés étrangers** employés par le cocontractant et soumis à autorisation de travail. Cette liste précise, pour chaque salarié, sa date d'embauche, sa nationalité, ainsi que le type et le numéro d'ordre du titre valant autorisation de travail.

Pour les **entreprises de travail temporaire,** la communication de cette liste nominative est réputée accomplie lorsque les informations relatives au salarié étranger figurent dans le contrat de mise à disposition conclu avec l'utilisateur.

En cas de **détachement** d'un étranger en France, voir nº 36200, c.

3. AUTRES INFRACTIONS DU TRAVAIL ILLÉGAL

MARCHANDAGE ET PRÊT DE MAIN-D'ŒUVRE ILLICITE

79300 Sont interdits le prêt de main-d'œuvre illicite défini n°s 33035 s. et le marchandage défini comme toute opération à but lucratif de fourniture de main-d'œuvre ayant pour effet de causer un préjudice au salarié ou d'éluder l'application de dispositions légales ou conventionnelles.

Le délit de marchandage peut être retenu, même si la fourniture de main-d'œuvre n'est qu'**occasionnelle** ou n'est pas **exclusive** (Cass. soc. 17-9-2008 n° 07-42.292 F-D). C. trav. art. L 8231-1 **NC-I-600 s** **NC-I-1800 s**

Sur les **obligations et la solidarité financière** d'un donneur d'ordre en cas de défaillance du sous-traitant ou de non-respect du salaire minimum, voir nos 70735 s.

CUMUL IRRÉGULIER D'EMPLOIS

Le cumul d'emplois salariés est licite, mais limité. Il est en effet interdit, sauf exceptions, à un **salarié** d'accomplir des travaux rémunérés au-delà de la durée maximale du travail en vigueur dans sa profession. De son côté, l'**employeur** ne peut pas recourir aux services d'un salarié qui ne respecte pas cette interdiction. Dès lors que la législation sur le cumul d'emplois n'est pas respectée, celui-ci est considéré comme du travail illégal, qu'il soit ou non **déclaré** (Rép. Bêche : AN 11-2-1985). **79320** C. trav. art. L 8261-1 L 8261-2 **Q-I-2500 s**

Sur la notion de cumul irrégulier d'emplois et sur l'action dont dispose l'employeur pour faire cesser cette situation, voir n° 29555.

B. Contrôle du travail illégal

1. RECHERCHE DES INFRACTIONS

AGENTS DE CONTRÔLE COMPÉTENTS

Les agents de contrôle compétents pour rechercher les infractions de travail illégal sont les **suivants** : agents de contrôle de l'inspection du travail ; officiers et agents de police judiciaire ; agents des impôts et des douanes ; agents agréés et assermentés des Urssaf, des caisses de mutualité sociale agricole et de Pôle emploi ; administrateurs, officiers et fonctionnaires des affaires maritimes ; fonctionnaires des corps techniques de l'aviation civile et fonctionnaires ou agents de l'État chargés du contrôle des transports terrestres. **79400** C. trav. art. L 8271-1 L 8271-1-2 L 8271-7 L 8271-14 L 8271-17 D 8271-1 **NC-I-2450** **Q-I-3090 s** **Q-I-3820 s** **S-I-11430**

› Précisions a. Les agents de contrôle compétents pour rechercher les infractions de **marchandage et d'emploi d'étrangers non autorisés à travailler** sont les agents de contrôle de l'inspection du travail, les officiers et agents de police judiciaire et les agents des impôts et des douanes.
b. Le contrôle des dispositions sur le **cumul d'emplois** est assuré par les agents de contrôle de l'**inspection du travail,** qui bénéficient non seulement des moyens de contrôle généraux visés nos 43735 s., mais en plus de dispositions spécifiques. Ainsi, leurs pouvoirs sont **étendus** à tous les établissements dont le chef exerce habituellement une profession industrielle, commerciale ou artisanale, même s'il s'agit d'établissements de famille ou n'occupant pas de salariés.
c. Les agents de contrôle compétents pour rechercher les infractions constitutives de travail illégal sont également compétents pour **constater ces infractions** (voir n° 79450).

CONTRÔLE DES DOCUMENTS DE L'ENTREPRISE

Pour la recherche des infractions constitutives de travail illégal, les agents de contrôle compétents peuvent se faire **présenter et obtenir copie immédiate** des documents justifiant du respect par l'employeur de ses obligations déclaratives. Ainsi, en cas de recherche d'une infraction de **travail dissimulé,** les agents peuvent se faire présenter et obtenir copie immédiate, quels que soient leur forme ou leur support, des documents justifiant que l'immatriculation, les déclarations et les formalités visées nos 79060 et 79070 s. ont été effectuées ou justifiant que l'entreprise a vérifié la situation de ses cocontractants (nos 79120 s.), des documents commerciaux et des attestations d'assurances professionnelles détenues par les travailleurs indépendants lorsque ces assurances répondent à une obligation légale (par exemple, garantie décennale dans le bâtiment). **79410** C. trav. art. L 8271-6-2 L 8271-9 L 8271-15 L 8271-16 D 8261-1 D 8261-2 D 8271-1 **NC-I-2460** **Q-I-3097 s** **Q-I-3840 s** **Q-I-8650 s**

Ces agents peuvent également se faire présenter les devis, les bons de commande ou de travaux, les factures et les contrats ou documents commerciaux relatifs aux opérations de **marchandage ou de prêt illicite de main-d'œuvre.**

› Précisions a. Les agents de contrôle de l'inspection du travail bénéficient, dans le cadre de leurs visites et enquêtes, d'un droit de communication étendu aux **données informatisées,** si nécessaires transcrites en documents directement utilisables pour les besoins du contrôle (C. trav. art. L 8113-5-1 et art. R 8113-3-2) et, dans le cadre d'enquêtes, aux **informations détenues par des tiers** sans que s'y oppose le secret professionnel (C. trav. art. L 8113-5-2 et art. R 8113-3-3).
b. Les officiers de police judiciaire, agents des douanes, des services fiscaux, de l'inspection du travail, des Urssaf, des caisses générales de sécurité sociale et des caisses de MSA ont un accès direct aux **données détenues par la**

Direction générale des finances publiques (DGFiP) dans ses bases Ficoba (Fichier national des comptes bancaires et assimilés), Ficovie (Fichier des contrats d'assurance-vie), BNDP (Base nationale des données patrimoniales) et Patrim (traitement automatique pour estimer un bien) (LPF art. L 135 ZC et L 135 ZK).
Les agents de l'inspection du travail, les officiers et agents de police judiciaire ainsi que les agents des douanes et des services fiscaux ont un accès direct au **répertoire national commun de la protection sociale** (RNCPS) (CSS art. L 114-12-1, 6°).

c. Lorsque des **présomptions** tirées notamment des conditions d'organisation du travail des salariés **font craindre** à l'agent de contrôle de l'inspection du travail que la réglementation sur le **cumul d'emplois n'est pas respectée,** ils peuvent demander à l'employeur d'exiger des salariés désignés une **attestation écrite** certifiant qu'ils ne contreviennent pas à ces dispositions. De même, les chefs d'établissement doivent tenir à la disposition de ces agents toutes justifications de leur inscription au registre du commerce ou des métiers. À noter que le contrôle de la durée maximale du travail est **facilité** par l'obligation faite à l'employeur d'indiquer le nombre total d'heures de travail sur les bulletins de paie (n° 70787) et de tenir à la disposition de l'inspection du travail les documents permettant de comptabiliser le temps de travail accompli par chaque salarié (n° 29740).

CONTRÔLE DES PERSONNES

79420 C. trav. art. L 8271-6-1 Q-I-3870 s

Les agents de contrôle compétents sont habilités à :
– obtenir l'identité et l'**adresse** des employeurs, des salariés et de toute personne occupée dans l'entreprise ;
– **auditionner en tout lieu** (y compris à son domicile) et avec son consentement (Cass. 2e civ. 19-9-2019 n° 18-19.929 F-PBI : RJS 12/19 n° 716) tout employeur ou son représentant et toute personne rémunérée, ayant été rémunérée ou présumée l'être ou l'avoir été par un employeur. Ces auditions peuvent faire l'objet d'un procès-verbal signé des intéressés, ce qui démontre leur consentement (CSS art. R 243-59, II, al. 5). Est également possible l'envoi d'un questionnaire au domicile des salariés qui sont libres d'y répondre (Cass. 2e civ. 17-2-2011 n° 10-14.388 FS-PB : RJS 5/11 n° 459).

> **Précisions** **L'audition après la notification de la lettre d'observations** (n° 79550) n'entre pas dans le champ d'application des opérations de recherche et de constat d'infraction. Elle est donc sans portée, même si l'audition n'était pas formellement consentie (Cass. 2e civ. 19-9-2019 n° 18-19.847 F-PBI : RJS 12/19 n° 716).

PROCÉDURE APPLICABLE

79425 Lorsqu'ils opèrent un contrôle relatif à la recherche d'infractions de travail dissimulé, les **agents de l'Urssaf** sont tenus par les règles précitées et non par celles applicables dans le cadre d'un contrôle sur les cotisations (nos 24200 s.).
Si un contrôle sur les cotisations conduit l'agent de l'Urssaf à constater une infraction de travail dissimulé, il reste tenu par la procédure initialement mise en œuvre (Cass. 2e civ. 9-10-2014 n° 10-13.699 FS-PB : RJS 1/15 n° 52).
L'agent de l'Urssaf peut aussi procéder à la recherche d'infractions de travail dissimulé aux seules fins de recouvrement des cotisations afférentes (Cass. 2e civ. 7-7-2016 n° 15-16.110 FS-PB : RJS 11/16 n° 722 ; 9-11-2017 n° 16-23.484 F-PB : RJS1/18 n° 69 ; 7-11-2019 n° 18-21.947 F-PBI : RJS 1/20 n° 40). Dans ce cas, il est tenu par la procédure de contrôle des cotisations à l'exception de quelques spécificités (nos 24200 s.).
Autrement dit, l'Urssaf, dès lors qu'elle engage la procédure de contrôle sur l'une des deux voies qui lui sont ouvertes, doit s'en tenir aux dispositions qui la régissent, sauf à entacher de nullité des opérations de contrôle qui, engagées sur le fondement de l'une des deux procédures, useraient pour partie des règles de l'autre.
Sur la durée des contrôles dans les PME des Hauts-de-France et d'Auvergne-Rhône Alpes, voir n° 24277.

79430 Q-I-9100 s **Pouvoirs de la police judiciaire** Pour rechercher les infractions de travail dissimulé et d'emploi d'étrangers non autorisés à travailler, les **officiers et agents** de police judiciaire peuvent :
– sur simple réquisition du procureur de la République, **entrer dans les lieux** à usage professionnel, sauf s'ils constituent un domicile, pour procéder aux vérifications et contrôles d'identité nécessaires à la constatation de ces infractions (CPP art. 78-2-1) ;
– dans le cadre du **flagrant délit,** procéder à des contrôles d'identité (Cass. crim. 2-5-2007 n° 07-81.517 F-PF : RJS 8-9/07 n° 983) et à des perquisitions et des saisies (Cass. crim. 17-10-1994 n° 94-82.780 P).

Obligations dans le BTP Les entreprises du bâtiment et des travaux publics, y compris les entreprises étrangères qui détachent des salariés en France, doivent délivrer à leurs salariés (sauf architecte, diagnostiqueurs immobiliers, métreurs, coordinateurs en matière de sécurité et de protection de la santé, chauffeurs et livreurs, géomètre-topographe et géomètre-expert) une **carte d'identification professionnelle.** L'employeur ou toute personne dûment habilitée en fait la demande sur **Internet** (www.cartebtp.fr), lors de l'embauche du salarié. Dans l'attente de la carte, l'employeur télécharge une attestation provisoire à remettre au salarié. La durée de validité de la carte est celle du contrat pour les salariés des entreprises établies en France, de 5 ans pour les salariés intérimaires, et celle du détachement pour les travailleurs détachés en France par une entreprise prestataire de service établie à l'étranger. **79435**

C. trav. art. L 8291-1 à L 8291-3 R 8221-1 R 8224-1 R 8291-1 à R 8295-3 C. rur. art. L 718-9 **Q-I-16800 s**

L'employeur qui ne respecte pas l'obligation de déclaration est passible d'une **amende** administrative de 4 000 € maximum par salarié (8 000 € en cas de récidive dans un délai de 2 ans à compter du jour de la notification de la première amende), dans la limite de 500 000 €.

› Précisions **a.** L'employeur peut **demander** à l'inspecteur du travail **si le dispositif** d'identification lui **est applicable.** La demande doit poser une question précise, nouvelle et présenter un caractère sérieux. Elle doit être présentée, par tout moyen conférant date certaine à sa réception, au Dreets (Direccte avant le 1-4-2021) de la région dans laquelle est établie l'entreprise ou situé l'établissement employant les salariés concernés, ou, à défaut d'établissement en France, la région dans laquelle est situé le lieu de la prestation envisagée ou, en cas de pluralité de lieux, de la première des prestations envisagées. Elle doit être accompagnée d'une description détaillée des travaux ou opérations devant être accomplis par le ou les salariés concernés. Si la demande est **incomplète,** le service doit inviter son auteur à fournir les éléments complémentaires nécessaires. La demande n'est toutefois **pas recevable** si l'inspecteur du travail a déjà engagé un contrôle en la matière envers l'employeur demandeur.
Le Dreets doit se prononcer dans un **délai** de 3 mois à compter de la date de réception de la demande de rescrit, ou des éléments complémentaires demandés. Sa décision est **opposable** pour l'avenir à l'ensemble des agents de l'administration du travail (ainsi qu'aux agents des impôts et des douanes) tant que la situation de fait exposée dans la demande ou la législation au regard de laquelle la situation a été appréciée n'ont pas été modifiées, ou jusqu'à ce que l'autorité administrative notifie au demandeur une modification de son appréciation.
b. Pour les **salariés détachés** en France, l'employeur établi à l'étranger doit effectuer sa demande de carte préalablement au détachement sur le site www.cartebtp.fr, cette déclaration devant être accompagnée de la photographie du salarié et, le cas échéant, du numéro de l'autorisation de travail ou de la carte de séjour valant autorisation de travail.
c. Tout entrepreneur du BTP travaillant sur un **chantier** doit, sous peine de l'amende prévue pour les contraventions de la 5e classe (n° 67285), **afficher** le permis de construire, son nom, sa raison ou dénomination sociale ainsi que son adresse.

ÉCHANGE D'INFORMATIONS OU DE DOCUMENTS

Les agents de contrôle compétents **se communiquent réciproquement** tous renseignements et tous documents utiles à l'accomplissement de leur mission de lutte contre le travail illégal. **79440**

C. trav. art. L 8271-2 L 8271-5 L 8271-5-1 L 8271-6 L 8271-6-3 L 8271-19 **Q-I-3960 s**

Les **agents de la concurrence, de la consommation et de la répression des fraudes** sont habilités à transmettre aux agents de contrôle tous renseignements et documents nécessaires à leur mission. Ces derniers peuvent aussi, sur demande écrite et motivée, obtenir des **organismes de protection sociale et des caisses des congés payés** tous renseignements et documents nécessaires à leur mission.

Les **agents habilités chargés de la délivrance des titres de séjour** peuvent avoir accès aux **traitements automatisés** des autorisations de travail. Les agents de contrôle de l'**inspection du travail** et fonctionnaires assimilés, dûment habilités, ont accès aux traitements automatisés des titres de séjour des étrangers.

Tous les agents de contrôle peuvent enfin échanger réciproquement des renseignements et des documents avec leurs homologues étrangers, les agents du centre des liaisons européennes et internationales de sécurité sociale (le Cleiss) et les agents assermentés du Conseil national des activités privées de sécurité.

› Précisions S'il apparaît, au cours d'un contrôle dans l'entreprise, qu'un **salarié a travaillé** sans que les formalités de remise d'un bulletin de paie ou de déclaration préalable à l'embauche aient été accomplies, les agents de contrôle signalent cette information aux organismes de sécurité sociale et à Pôle emploi ou au président du conseil départemental, ces derniers pouvant alors engager les procédures et sanctions adéquates contre le salarié dissimulé s'il a fraudé (CSS art. L 114-15 et CASF art. L 262-43).

2. CONSTATATION DES INFRACTIONS

79450 C. trav. art. L 8271-1 L 8271-1-3 L 8271-6-4 L 8271-8 L 8271-14 L 8271-17 NC-I-2450 Q-I-3820 Q-I-9800 s S-I-11430

Les infractions relevant du travail illégal sont constatées, par les agents compétents (nº 79400), au moyen de procès-verbaux qui font foi jusqu'à preuve du contraire. Ces procès-verbaux sont **transmis** au procureur de la République qui peut alors engager des poursuites (nº 67215) et au préfet pour la mise en œuvre des sanctions administratives visées nºs 79480 s. Sur les **informations** à fournir au contrevenant avant la transmission du procès-verbal, voir nº 67210, a.

Les procès-verbaux sont également **transmis** aux organismes de recouvrement (Urssaf, CGSS, caisses de MSA) afin qu'ils établissent des redressements (voir nºs 79545 s.). En cas d'**emploi irrégulier d'étrangers,** le directeur général de l'Office français de l'immigration et de l'intégration reçoit copie des procès-verbaux afin de permettre la liquidation des contributions visées nº 79560 et nº 35765.

C. Sanctions du travail illégal

1. SANCTIONS ADMINISTRATIVES

REFUS D'ATTRIBUTION D'AIDES PUBLIQUES

79480 C. trav. art. L 8272-1 D 8272-1 à D 8272-6 Q-I-4200 s

En plus des sanctions pénales dont ils sont passibles (Circ. min. justice du 18-7-2016 nº II, B, 2), les employeurs ayant fait l'objet d'un **procès-verbal pour travail illégal** peuvent se voir refuser, pour une **durée maximale** de 5 ans, le bénéfice des aides publiques visées à l'article D 8272-1 du Code du travail (aides aux contrat d'apprentissage, unique d'insertion, de professionnalisation, allocation d'activité partielle, etc.). Ils peuvent également devoir **rembourser** tout ou partie de ces aides versées au cours des 12 mois précédant l'établissement du procès-verbal. Le refus d'accorder l'aide est pris en considérant la **situation économique, sociale et financière** de l'entreprise et eu égard à la gravité des faits constatés, à la nature de l'aide sollicitée et à l'avantage qu'elle procure à l'employeur.

› Précisions Si l'employeur a été verbalisé pour travail illégal dans les 12 mois précédant sa demande, l'autorité compétente **informe l'entreprise** de son intention de lui refuser l'aide demandée en lui précisant qu'elle peut présenter ses observations écrites dans un délai de 15 jours. À l'expiration de ce délai et, au vu des observations éventuelles de l'entreprise, elle **notifie sa décision** à l'employeur.

De même, le préfet peut informer les autorités gestionnaires des aides publiques qu'elles peuvent enjoindre l'entreprise de **rembourser** tout ou partie des aides versées.

AUTRES SANCTIONS

79490 C. trav. art. L 8272-2 à L 8272-4 R 8272-7 à R 8272-11

Le **préfet** de département (le préfet de police à Paris) ayant connaissance d'un procès-verbal relevant une infraction de travail dissimulé, marchandage, prêt de main-d'œuvre illicite ou emploi d'étrangers non autorisés à travailler peut, si la proportion de salariés concernés le justifie, eu égard à la répétition ou à la gravité des faits constatés et en fonction de la situation économique et financière de l'employeur, ordonner par décision motivée :

– la **fermeture temporaire de l'établissement** pour une durée de 3 mois maximum ;

– l'**exclusion des contrats administratifs** mentionnés aux articles L 551-1 et L 551-5 du Code de justice administrative pour une durée de 6 mois maximum.

La fermeture de l'établissement peut également être décidée sur la base d'un rapport administratif établi par un agent de contrôle du travail illégal. Elle n'entraîne ni rupture, ni suspension des **contrats de travail,** ni aucun préjudice pécuniaire à l'encontre des salariés de l'établissement. Elle peut être accompagnée de la **saisie conservatoire** du matériel professionnel.

› Précisions **a.** Préalablement à la mise en œuvre de l'une des ces deux sanctions, le préfet informe l'entreprise de son intention en lui précisant la ou les mesures envisagées et l'invite à présenter ses observations dans un délai de 15 jours. À l'expiration du délai, au vu des éventuelles observations de l'employeur, la décision est notifiée à celui-ci.

b. La décision de **fermeture** d'un établissement est **levée de plein droit** en cas de relaxe ou de non-lieu. De même, lorsque la fermeture a été décidée avant un jugement pénal, sa durée s'impute sur celle de la peine complémentaire prononcée, le cas échéant, par le juge répressif.

La décision d'**exclusion des contrats** administratifs est **levée de plein droit** en cas de classement sans suite de l'affaire, de non-lieu ou de relaxe ou si le juge répressif ne prononce pas la peine complémentaire d'exclusion des marchés publics.

c. Lorsque l'activité de l'entreprise concernée est exercée sur des **chantiers du BTP** ou dans tout lieu autre que son siège ou l'un de ses établissements, la fermeture temporaire prend la forme d'un **arrêt de l'activité** de l'entreprise sur le site dans lequel a été commis l'infraction ou le manquement. Si cette fermeture est devenue sans objet parce que l'activité est déjà achevée ou a été interrompue, le préfet peut prononcer l'arrêt de l'activité de l'entreprise sur un **autre site.** Lorsque le site concerné est un chantier du BTP, la décision d'arrêt temporaire doit être prononcée après **information du maître d'ouvrage,** ou à défaut, du responsable du chantier ou du site concerné par l'arrêt de l'activité. Celui-ci doit prendre les mesures permettant de **prévenir** tout **risque** pour la santé ou la sécurité des travailleurs présents sur le site concerné ainsi que des usagers ou des tiers, qui résulterait de l'arrêt temporaire de l'activité de l'entreprise sanctionnée.

d. Les sanctions administratives, y compris celles visées n° 79480, peuvent se **cumuler** entre elles (Circ. intermin. du 28-11-2012 n° 1.2, réputée abrogée) et avec les sanctions **pénales** (Circ. min. justice du 18-7-2016 n° II, B, 2). De même, le fait de ne pas respecter la sanction administrative est pénalement sanctionnable (voir le tableau n° 79500).

2. SANCTIONS PÉNALES

Le tableau ci-après récapitule les sanctions pénales applicables à chaque infraction constitutive d'un travail illégal, d'autres sanctions ne relevant pas du travail illégal étant applicables en cas d'emploi d'étrangers non autorisés à travailler (nos 35750 s.). **79500** C. trav. art. L 8224-3 à L 8224-5 L 8234-2 L 8234-3 L 8243-2 L 8243-3 L 8256-3 à L 8256-8 **NC-I-2610 s Q-I-3550 s Q-I-10300 s S-I-11550 s S-I-13300 s**

Des **peines complémentaires** sont par ailleurs encourues par les personnes physiques et les personnes morales (notamment, interdiction d'exercer une activité, exclusion des marchés publics, confiscation de biens, affichage ou diffusion de la décision, interdiction des droits civiques). Ces sanctions peuvent se **cumuler** avec les sanctions civiles ou administratives. Le juge pénal est compétent pour statuer sur la demande formée par l'organisme de recouvrement, **partie civile,** en paiement des sommes dues du fait de l'infraction de travail dissimulé (Cass. crim. 29-11-2016 n° 15-85.887 FS-D : RJS 2/17 n° 133).

Sur la **motivation** des peines prononcées, voir n° 67260.

La **responsabilité pénale de la personne morale** peut être engagée (voir nos 67130 s.).

Infractions de travail illégal	Sanctions
Travail dissimulé (1) (C. trav. art. L 8224-1 et L 8224-2)	3 ans de prison et 45 000 € d'amende (2) et (4) (225 000 € pour les personnes morales)
Marchandage et prêt de main-d'œuvre illicite (C. trav. art. L 8234-1 et L 8243-1)	2 ans de prison et 30 000 € d'amende (3) et (4) (150 000 € pour les personnes morales)
Emploi d'un étranger non autorisé à travailler (5) (C. trav. art. L 8256-2)	5 ans de prison et 15 000 € d'amende (4) et (6) (75 000 € pour les personnes morales)
Fraude ou fausse déclaration pour obtenir ou tenter de faire obtenir un titre de travail à un étranger (C. trav. art. L 8256-1)	1 an de prison et 3 000 € d'amende
Engagement ou conservation à son service d'un étranger dans une catégorie professionnelle, une profession ou une zone géographique autres que celles mentionnées, le cas échéant, sur son titre de travail (C. trav. art. R 8256-1)	Amende pour les contraventions de la 5e classe (n° 67285)
Cumul irrégulier d'emplois (C. trav. art. R 8262-1 et R 8262-2)	Amende pour les contraventions de la 5e classe (n° 67285)
Non-respect des décisions administratives de remboursement des aides publiques, de fermeture temporaire de l'établissement ou d'exclusion des contrats administratifs (C. trav. art. L 8272-5)	2 mois de prison et 3 750 € d'amende

(1) L'infraction donne lieu à une seule peine d'amende, quel que soit le nombre de salariés concernés (Cass. crim. 5-12-1989 n° 89-85.913 P : RJS 2/90 n° 124). Par ailleurs, la prescription des poursuites des auteurs de travail dissimulé est de 6 ans révolus (CPP art. 8), le délai commençant à courir le jour où la situation illicite prend fin soit par la poursuite de la relation de travail dans le respect des formalités, soit par la fin de celle-ci (Cass. crim. 17-3-2015 n° 13-87.950 F-D : RJS 7/15 n° 511 ; 13-10-2020 n° 19-87.172 F-D : RJS 12/20 n° 613), et ce délai étant interrompu en cas de réquisitoire du ministère public (Cass. crim. 2-9-2014 n° 13-85.438 F-D).
(2) Lorsque l'infraction est commise à l'égard de plusieurs personnes, d'une personne vulnérable ou dépendante ou d'un mineur soumis à l'obligation scolaire : 5 ans de prison et 75 000 € d'amende.
(3) Lorsque l'infraction est commise à l'égard de plusieurs personnes ou d'une personne vulnérable ou dépendante : 5 ans de prison et 75 000 € d'amende.
(4) Lorsque l'infraction est commise en bande organisée : 10 ans de prison et 100 000 € d'amende.
(5) Aucune sanction pénale n'est applicable à l'**employeur de bonne foi** qui, sur la base d'un titre frauduleux ou présenté frauduleusement par un étranger salarié, a régulièrement déclaré ce dernier, sans avoir eu l'intention de participer à la fraude et sans avoir eu connaissance de celle-ci. Sur la responsabilité civile du salarié vis-à-vis de l'employeur, voir n° 35970, e.
(6) L'amende est appliquée autant de fois qu'il y a d'étrangers concernés.

79510 C. trav. art. L 8224-3 L 8224-5 L 8234-1 L 8243-1 L 8256-3 R 8211-1 à R 8211-8 **Q-I-4710 s**

Lorsqu'une entreprise ou un prestataire de services est définitivement condamné à une amende pour travail dissimulé, marchandage, prêt illicite de main-d'œuvre ou emploi d'étrangers non autorisés à travailler, le juge pénal peut ordonner l'affichage ou la diffusion de cette décision sur le **site internet** du ministère du travail. Cette « **liste noire** » est consultable gratuitement et par tous.

› Précisions a. La peine complémentaire d'**affichage** ou de **diffusion** est **obligatoire** pour les infractions de travail dissimulé commises sur des mineurs, sur plusieurs personnes ou sur des personnes vulnérables ou en état de dépendance, ou commises en bande organisée. L'affichage ou la diffusion est alors opéré pour une durée d'un an au maximum par les services du ministre chargé du travail sur une partie dédiée du site internet de ce ministère. Le juge peut toutefois, par une décision spécialement motivée, décider de ne **pas prononcer** cette peine en considération des circonstances de l'infraction et de la personnalité de son auteur.
b. Les employeurs coupables de travail illégal peuvent également être exclus de la **procédure de passation des marchés publics** (Code de la commande publique art. L 2141-4, 1°) ou des contrats de concession (Code de la commande publique art. L 3123-4, 1°).
Par ailleurs, si un **travailleur dissimulé** est victime d'un **accident du travail,** l'employeur est passible des sanctions visées n° 780. Il doit en outre prendre en charge les frais supportés par la CPAM.

3. SANCTIONS CIVILES

ANNULATION DES EXONÉRATIONS DE COTISATIONS

79540 CSS art. L 133-4-2 L 133-4-5 L 242-1-1 L 244-11 R 133-8 Circ. intermin. 15-5-2009, réputée abrogée **Q-I-11000 s**

Le bénéfice de toute mesure d'exonération ou de réduction des cotisations de **sécurité sociale,** des cotisations dues au titre des régimes de retraite complémentaire légalement obligatoires et des contributions d'assurance chômage, Fnal et solidarité autonomie est supprimé en cas de constat d'une infraction de travail dissimulé, marchandage, prêt de main-d'œuvre illicite ou emploi d'un étranger non autorisé à travailler.

Ainsi, lorsqu'un **procès-verbal** est transmis aux organismes de recouvrement (Urssaf, caisses de MSA), ces derniers procèdent, dans la limite de la **prescription** quinquennale, à l'annulation des exonérations ou réductions accordées.

Sauf lorsque les faits concernent un mineur soumis à l'obligation scolaire ou une personne vulnérable ou dépendante ou lorsque les faits sont commis en bande organisée, l'**annulation** des réductions et exonérations est **partielle** si la dissimulation d'activité ou d'emploi salarié résulte uniquement d'un cas de requalification de la prestation de service à un donneur d'ordre en relation salariée ou représente une proportion limitée de l'activité ou des salariés régulièrement déclarés. Les conditions dans lesquelles la dissimulation peut être considérée comme limitée sont déterminées par décret (à paraître), sans que la proportion de l'activité dissimulée puisse excéder 10 % de l'activité. Le plafond de la dissimulation partielle de salariés s'apprécie au regard de l'activité.

Les **donneurs d'ordre,** s'ils s'exposent aux mêmes sanctions d'annulation lorsque leur cocontractant a eu recours au travail dissimulé (n° 79180), peuvent bénéficier de cette modulation, comme ce dernier. Pour le calcul de la proportion des réductions et exonérations annulées, les rémunérations des salariés du donneur d'ordre sont alors substituées à celles des salariés de la personne contrôlée.

Les rémunérations versées ou dues au salarié, **réintégrées** dans l'assiette des cotisations à la suite du constat d'une de ces infractions, ne peuvent faire l'objet d'aucune mesure de réduction ou d'exonération ni de minoration d'assiette.

ATTENTION

Ces sanctions s'appliquent dès lors que le travail dissimulé est établi, même si l'employeur n'est pas **poursuivi pénalement** (Cass. 2e civ. 10-10-2013 n° 12-26.123 F-PB : RJS 1/14 n° 66). On peut penser que ce principe s'appliquera pour les autres infractions du travail illégal concernées par la sanction.

SANCTIONS EN CAS DE TRAVAIL DISSIMULÉ

79545 CSS art. L 133-1 R 133-1 R 133-1-1

Recouvrement des créances Lorsqu'un procès-verbal de travail dissimulé a été établi et en cas de saisie conservatoire, l'**agent chargé du contrôle** remet à la personne contrôlée un **document signé** comportant l'évaluation de toutes les sommes dues au titre de l'infraction et mentionnant notamment les dispositions relatives aux mesures conservatoires ainsi que les voies et délais de recours. Sur les conséquences d'une **différence de montant** entre ce document et la lettre d'observations, voir n° 79550, b.

Il appartient à l'intéressée de produire des éléments justifiant de l'existence de **garanties** suffisant à couvrir les montants évalués. Si les garanties sont jugées suffisantes, le directeur de l'Urssaf en informe l'intéressée et peut procéder à toutes les formalités utiles à leur constitution. À défaut, il peut être prononcé sur tous les biens du débiteur, notamment, une saisie conservatoire des biens meubles corporels et incorporels.

Cette décision peut être contestée en **urgence devant le juge de l'exécution,** selon les règles prévues par le Code des procédures civiles d'exécution. Le juge statue dans les 15 jours ; ce **recours** n'est pas suspensif. Ces dispositions sont sans préjudice des recours pouvant être exercés contre des mesures conservatoires par les personnes contrôlées.

> Précisions a. Le directeur de l'Urssaf décidant de procéder à des mesures conservatoires doit porter sa décision à la connaissance de la personne contrôlée dans l'acte de saisie conservatoire, dans l'acte de dénonciation de la saisie conservatoire ou dans l'acte de dénonciation de la sûreté provisoire. Cette décision, motivée, précise les voies et délais de recours. Les mesures doivent être prises dans les **3 mois** à compter de cette décision, à peine de **caducité.** L'avertissement ou la mise en demeure doit être adressé à la personne contrôlée dans les 4 mois qui suivent l'exécution des mesures conservatoires, à peine de caducité. Si les mesures sont pratiquées **entre les mains d'un tiers,** l'Urssaf doit lui adresser une copie de cet avertissement ou mise en demeure dans un délai de 8 jours. À défaut, la mesure est caduque.

b. À tout moment de la procédure, la personne contrôlée peut obtenir la **mainlevée** des mesures prises en présentant ou en complétant les garanties précitées au plus tard jusqu'à obtention par l'Urssaf d'un titre exécutoire définitif. La mainlevée peut aussi être ordonnée par le juge si les conditions d'application d'une telle mesure ne sont pas réunies.

79550

CSS art. L 242-1-2, L 243-7-5, L 243-7-7, R 243-59, III; Circ. intermin. 15-5-2009, réputée abrogée; **Q-I-11300 s**

Redressement et recouvrement des cotisations Lorsqu'un constat d'infraction de travail dissimulé a été transmis à l'Urssaf pour qu'il soit procédé à un redressement des cotisations et contributions dues, les agents de contrôle doivent communiquer au représentant légal de la personne morale contrôlée ou au travailleur indépendant une **lettre d'observations** dans les conditions indiquées nos 24325 s., et mentionnant notamment la référence au document constatant le travail dissimulé (no 79545). Sur la portée d'une **audition** intervenue **après** la notification de la **lettre d'observations,** voir no 79420.

Les organismes de recouvrement procèdent ensuite au **redressement,** qui est majoré, et au recouvrement des cotisations dues sur la base des informations contenues dans les procès-verbaux transmis par les agents de contrôle.

Le montant du redressement est **majoré** de 25 %. La majoration est portée à 40 % en cas de travail dissimulé concernant des mineurs, plusieurs personnes, des personnes vulnérables ou commis en bande organisée. Ces majorations sont respectivement ramenées à 15 % et 30 % si, dans le **délai de 30 jours** à compter de la notification de la mise en demeure :

– la personne contrôlée procède au **règlement intégral** des cotisations, pénalités et majorations de retard notifiées ;

– ou si elle présente un **plan d'échelonnement** du paiement au directeur de l'organisme et que ce dernier l'accepte.

Elles sont, en revanche, portées respectivement à 45 % et 60 % en cas de **nouvelle constatation de travail dissimulé** dans les 5 ans à compter de la notification d'une première constatation de travail dissimulé ayant donné lieu à redressement auprès de la même personne morale ou physique.

Pour le **calcul des cotisations** dues au cours du mois civil où a été constaté le délit, les rémunérations sont **évaluées** à 25 % du plafond annuel de la sécurité sociale (12,5 % pour un particulier employeur), sauf preuve contraire rapportée par l'employeur lors des opérations de contrôle (Cass. 2e civ. 9-11-2017 no 16-25.690 F-PB : RJS 1/18 no 64 ; 29-5-2019 nos 18-16.324 F-DP et 17-26.959 F-D : RJS 8-9/19 no 516) concernant la durée effective d'emploi et la rémunération versée (Cass. 2e civ. 19-12-2013 no 12-27.513 F-PB : RJS 3/14 no 257 ; 9-3-2017 no 16-10.117 F-D : RJS 5/17 no 363). Sur l'évaluation applicable pour un travailleur indépendant, voir no 80700.

> Précisions a. Le redressement est valable même en l'absence d'intention frauduleuse de l'employeur (Cass. 2e civ. 9-10-2014 no 13-22.943 F-PB : RJS 1/15 no 53). Il est pris en compte pour l'appréciation des droits aux prestations sociales des salariés dissimulés (no 79210).

b. Le **montant des redressements** indiqué dans la lettre d'observations **peut être différent** du montant évalué le cas échéant dans le document constatant le travail dissimulé (no 79545). S'il est **inférieur,** il doit être procédé sans délai à la mainlevée des éventuelles mesures conservatoires à hauteur de la différence entre ces deux montants. S'il est **supérieur,** l'organisme peut engager des mesures conservatoires complémentaires.

Sur la remise automatique, en cas de **redressement ou liquidation judiciaire,** des pénalités, majorations de retard et frais, voir no 24067.

Sur la possibilité pour le **juge pénal** d'attribuer aux organismes de recouvrement une somme correspondant aux montants dus par l'employeur coupable de travail dissimulé, voir no 79500.

c. Les cotisations liées au travail dissimulé ne peuvent pas être recouvrées si la société a été **relaxée** de ce chef par une décision définitive d'une juridiction de jugement statuant sur le fond de l'action publique (Cass. 2e civ. 31-5-2018 no 17-18.142 F-PB : RJS 8-9/18 no 561). Une contrainte ne peut donc pas être décernée pour le recouvrement de cotisations et contributions afférentes à l'emploi dissimulé de 2 salariés si l'employeur a été relaxé pour l'un d'eux (12-3-2020 no 18-21.648 F-PBI : RJS 5/20 no 253).

d. Sur la possibilité d'invoquer un **accord tacite** de l'Urssaf pour faire échec au redressement consécutif à un constat de travail dissimulé, voir no 24515, b.

e. Sur l'application du **droit à l'erreur** en cas de travail dissimulé, voir no 24050.

CONTRIBUTION EN CAS D'EMPLOI IRRÉGULIER D'UN ÉTRANGER

79560
C. trav. art. L 8253-1 R 8253-1 à R 8253-4
S-I-11800 s

Sans préjudice des poursuites judiciaires pouvant être intentées à son encontre, l'employeur est tenu d'acquitter, pour chaque étranger **non autorisé à travailler,** une **contribution spéciale** égale en principe à **5 000 fois** le taux horaire du minimum garanti (no 90060), à la date de constatation de l'infraction, et à 15 000 fois ce taux en cas de **réitération** dans les 5 ans. La contribution est **réduite** à 2 000 fois le taux horaire si le procès-verbal ne mentionne pas d'autre infraction commise à l'occasion de l'emploi du salarié étranger ou si l'employeur a versé les salaires et indemnités dus à l'intéressé dans le délai visé no 35970, a. Dans ce dernier cas, la contribution est même **abaissée** à 1 000 fois le taux horaire si l'infraction ne vise qu'un seul étranger non autorisé à travailler.

Ces sommes sont recouvrées par l'État pour le compte de l'Office français de l'immigration et de l'intégration (Ofii).

› Précisions a. Au vu des procès-verbaux dont il reçoit copie (no 79450), le **directeur général de l'Ofii** informe par courrier l'employeur que la contribution spéciale est susceptible de lui être appliquée et qu'il peut présenter ses observations dans un délai de 15 jours. À l'expiration de ce délai et au vu des observations éventuelles de l'employeur, le directeur général décide de l'application de la contribution spéciale et de son montant.

b. La contribution spéciale peut se **cumuler** avec la sanction pénale pour l'emploi d'un étranger non autorisé à travailler mentionnée no 79500 tant que le montant global des sanctions ne dépasse pas le montant le plus élevé d'une des sanctions encourues (Cons. const. 30-3-2017 no 2016-621 QPC : RJS 6/17 no 443). Elle peut aussi se cumuler avec la contribution aux frais de réacheminement de l'étranger dans son pays, le montant total de ces deux sanctions ne devant **pas excéder** le montant de la sanction pénale pour l'emploi d'un étranger non autorisé à travailler mentionnée no 79500 (C. étrangers art. L 626-1, al. 2).

TRAVAIL INDÉPENDANT : PROTECTION SOCIALE

SOMMAIRE

I. PERSONNES ASSUJETTIES

Les industriels, commerçants, artisans et les professions libérales bénéficient d'une protection sociale spécifique. Distincte des régimes de salariés et des régimes agricoles, elle offre les mêmes types de garanties. Sur les organismes dont ils relèvent pour leur protection sociale, voir n°s 54900 s. 79700

› Précisions **a.** Les travailleurs indépendants non agricoles ne bénéficient d'aucun régime d'assurance obligatoire couvrant les **accidents du travail et les maladies professionnelles,** mais ils peuvent recourir à l'assurance volontaire de la sécurité sociale (nº 5160) ou à des régimes privés.
Des couvertures facultatives contre le risque **chômage** leur sont aussi proposées (nº 28665) et ils peuvent prétendre sous certaines conditions à une **allocation forfaitaire** en cas de cessation d'activité (nº 81630).
b. Les revenus professionnels indépendants sont soumis à la **CSG** et à la **CRDS** (n°s 25200 s.).
c. Pour les régimes de protection sociale des travailleurs indépendants des **professions agricoles,** voir notre documentation sociale, G-I-4750 s. et G-III-1 s.

79705 F-I-130 s. S'ils ne relèvent pas d'un régime de protection sociale à titre obligatoire, les travailleurs indépendants peuvent dans certains cas adhérer à une **assurance volontaire.**

Cette possibilité existe en matière d'**assurance vieillesse** : voir nº 5240, et pour les **accidents du travail** et les maladies professionnelles : voir nº 5160.

Pour la **maladie-maternité,** elle n'existe que pour les travailleurs indépendants exerçant à l'étranger : voir nº 5260.

A. Professions visées

79720 F-I-3330 s L'activité indépendante n'est pas définie par un texte général. En pratique, elle s'apprécie par opposition à l'activité salariée définie nºs 4260 s.

L'assujettissement ne concerne que les **personnes physiques** : voir nº 79915.

> **Précisions** Depuis le 1-1-2017, le CSS ne donne plus de définition des industriels et commerçants et des artisans. On peut toutefois, selon nous, utilement continuer à se référer aux définitions antérieures. Sont ainsi considérées comme **industriels et commerçants** les personnes soit inscrites au registre du commerce, soit assujetties à la contribution économique territoriale en tant que commerçants, ou dont la dernière activité professionnelle aurait provoqué cette inscription ou cet assujettissement s'il avait été obligatoire à l'époque de l'exercice par les intéressés de cette activité.
> Les **artisans** sont les personnes immatriculées au répertoire des métiers ou susceptibles d'y être assujetties et celles dont la dernière activité professionnelle aurait provoqué cette immatriculation si elle avait été obligatoire à l'époque de l'exercice par les intéressés de cette activité. La liste des activités soumises à l'inscription au répertoire des métiers et relevant donc de l'artisanat figure dans notre Documentation sociale, F-I-27600.

PROFESSIONS LIBÉRALES

79725 CSS art. L 640-1 F-I-3060 s Sont considérées comme **professionnels libéraux** les personnes exerçant l'une des professions suivantes :

– médecin, étudiant en médecine effectuant le remplacement d'un docteur en médecine, chirurgien-dentiste, sage-femme, pharmacien, auxiliaire médical, psychothérapeute, psychologue, ergothérapeute, ostéopathe, chiropracteur, diététicien ;

– notaire, huissier de justice, commissaire-priseur judiciaire ou habilité à diriger les ventes dans les conditions prévues à l'article L 321-4 du Code de commerce, syndic ou administrateur et liquidateur judiciaire, agréé, greffier, expert devant les tribunaux, expert automobile, personne physique mandataire judiciaire agréée à la protection des majeurs, courtier en valeurs, arbitre devant le tribunal de commerce, expert-comptable, agent général d'assurances ;

– architecte, architecte d'intérieur, économiste de la construction, géomètre, ingénieur-conseil, maître d'œuvre ;

– artiste non mentionné à l'article L 382-1 du CSS (nº 4355), guide conférencier ;

– vétérinaire ;

– moniteur de ski, guide de haute montagne et accompagnateur de moyenne montagne.

S'ajoutent à cette liste les avocats, qui constituent un groupe à part car ils ont un régime d'assurance vieillesse spécifique (nºs 81850 s.).

> **Précisions** **a.** Cette **liste restreinte** des professions libérales est issue de la loi 2017-1836 du 30-12-2017 (art. 15). Elle s'applique aux micro-entrepreneurs ayant créé leur activité depuis le 1-1-2018 et aux autres travailleurs indépendants ayant créé la leur depuis le 1-1-2019. Auparavant, outre celles énumérées à l'article L 640-1 du CSS, elle comprenait toutes les personnes, autres que les avocats, qui exerçaient une activité professionnelle indépendante ne relevant pas d'une autre organisation autonome.
> **b.** Parmi les professions libérales ainsi énumérées, certaines sont parfois exercées dans des conditions impliquant un **lien de subordination,** les titulaires relevant alors du régime général des salariés. Les professions médicales et paramédicales, par exemple, peuvent être dans ce cas (voir nºs 4435 s.), de même que certains experts et conseils (voir nº 4430).
> Par ailleurs, la loi prévoit le rattachement de certaines activités au **régime général** des salariés. Sont concernés les artistes-auteurs (nº 4355), les artistes du spectacle et les mannequins (voir nº 4360), ainsi que les avocats salariés (sauf pour l'assurance vieillesse : voir nº 79910).
> **c.** La loi 2012-387 du 22-3-2012 (art. 29) donne une **définition plus générale et plus large** des professions libérales que celle donnée par l'article L 640-1 du CSS qui est susceptible de s'appliquer notamment en matière sociale. Selon ce texte, les professions libérales groupent les personnes exerçant à titre habituel, de manière indépendante et sous leur responsabilité, une activité de nature généralement civile ayant pour

objet d'assurer, dans l'intérêt du client ou du public, des prestations principalement intellectuelles, techniques ou de soins mises en œuvre au moyen de qualifications professionnelles appropriées et dans le respect de principes éthiques ou d'une déontologie professionnelle, sans préjudice des dispositions législatives applicables aux autres formes de travail indépendant. Cette définition paraît compatible avec celle donnée par l'article L 640-1 du CSS.

PRÉSOMPTION DE NON-SALARIAT

Sont présumées travailleurs indépendants les personnes physiques **immatriculées** au registre du commerce ou à celui des agents commerciaux, au répertoire des métiers, ou auprès des Urssaf en tant que travailleurs indépendants ou encore **inscrites** au registre des entreprises de transport routier de personnes qui effectuent du transport scolaire ou à la demande. 79730

CSS art. L 311-11
C. trav. art. L 8221-6
L 8221-6-1
F-I-260 s

Cette présomption peut toutefois être renversée s'il est établi que leur activité les place dans un lien de subordination juridique permanente à l'égard d'un donneur d'ordre (n° 16375). Le travailleur est alors requalifié en salarié et la dissimulation d'emploi salarié peut être caractérisée sous certaines conditions (n° 79070, b).

Pour sécuriser leur situation, ces personnes peuvent **demander à l'Urssaf** de leur indiquer si leur activité relève ou non du régime général des salariés. À défaut de réponse dans les 2 mois ou en cas de réponse négative, elles ne peuvent se voir imposer ultérieurement une affiliation à ce régime que si les conditions d'exercice de leur activité ont été substantiellement modifiées ou si les informations qu'elles ont fournies étaient erronées.

› Précisions **a.** La demande est à établir sur un **formulaire** officiel et à adresser par lettre recommandée avec accusé de réception ou à déposer à l'Urssaf contre récépissé et la réponse, dont la **durée** de validité n'est pas limitée dans le temps, s'impose tant aux caisses primaires du régime des salariés qu'aux organismes de protection sociale des travailleurs indépendants non agricoles (Circ. DSS 37 du 4-7-1994, réputée abrogée). Sur ces derniers organismes, voir n°s 54900 s.
b. Sur la **non-rétroactivité de la requalification** en salarié d'une personne s'étant à tort considérée comme travailleur indépendant, voir n° 4220.
c. Si l'immatriculation ou l'inscription à certains registres de travailleurs non salariés fait présumer la qualité d'indépendant, le **défaut d'immatriculation ou d'inscription** est, à l'inverse, insuffisant pour établir la condition de salarié. En cas de litige, la preuve de l'existence d'un lien de subordination doit être établie (Cass. 2e civ. 12-2-2009 n° 07-21.790 FS-PB : RJS 4/09 n° 404).

B. Critères distinctifs de chaque régime

ASSURANCE MALADIE-MATERNITÉ

Relèvent du régime général d'assurance maladie-maternité des travailleurs indépendants des professions non agricoles les personnes visées n° 4520. 79760

CSS art. L 611-1
L 646-1
F-I-4900 s

Certaines catégories de personnes **déjà bénéficiaires d'un régime légal** de couverture contre le risque maladie sont toutefois **exclues** de ce régime.

› Précisions Sont notamment visés par cette exclusion :
– les personnes exerçant ou ayant exercé à titre exclusif une activité indépendante entraînant leur **affiliation à un régime obligatoire** de sécurité sociale **de salariés** : voir n°s 4340 s. ;
– les **praticiens et auxiliaires médicaux conventionnés,** lesquels bénéficient d'un régime maladie-maternité obligatoire spécifique (pour plus de précisions, voir notre Documentation sociale, F-V-13500 s.). Mais les médecins conventionnés à honoraires libres, ceux du secteur promotionnel et les pédicures-podologues débutant leur activité peuvent opter pour le régime général d'assurance maladie-maternité des travailleurs indépendants non agricoles (CSS art. L 646-2) ;
– les titulaires d'une **rente d'accident du travail** de 66,66 % bénéficiant de la prise en charge de leurs frais de santé par le régime général des salariés : voir n° 1155.

ASSURANCE VIEILLESSE ET INVALIDITÉ-DÉCÈS

Professions libérales Les personnes assujetties aux régimes d'assurance vieillesse et invalidité-décès des professions libérales sont celles qui exercent l'une des professions **énumérées** à l'article L 640-1 du CSS (n° 79725). 79765

Loi du 30-12-2017 art. 15, XVI, 8°
Décret du 13-12-2019 art. 1 et 2
F-I-3060 s

Les travailleurs indépendants des professions libérales ne relevant pas de ce texte et **affiliées avant le 1-1-2019** à la Caisse nationale d'assurance vieillesse des professions libérales (Cnavpl) et à la Caisse interprofessionnelle de prévoyance et d'assurance vieillesse (Cipav) restent affiliés à ces caisses. Toutefois, sous réserve d'être à jour du paiement de leurs cotisations au titre des assurances vieillesse et invalidité des professions libérales et, le cas échéant, des majorations et pénalités afférentes, ils peuvent demander, depuis le 1-1-2019 et jusqu'au 31-12-2023, à l'Urssaf (ou à la CGSS), par tout moyen donnant date certaine à leur demande, à être affiliés aux régimes d'assurance vieillesse et invalidité-décès des autres travailleurs indépendants (n° 79770) et cet organisme leur notifie sa décision, selon la même forme. Cette nouvelle affiliation prend effet le 1er janvier de l'année suivant celle au cours de laquelle ils ont notifié leur décision et le changement d'affiliation est définitif.

Les **avocats** sont affiliés à la Caisse nationale des barreaux français (nos 81850 s.).

› Précisions En cas de **changement de régime d'affiliation**, pour les professionnels libéraux, autres que ceux relevant du régime micro-social :
– lorsqu'ils ont opté pour un **versement mensuel des cotisations** et contributions sociales, l'**échéance provisionnelle** du mois de février suivant la demande d'affiliation est égale aux versements mensuels de janvier et février ;
– les **cotisations** et contributions **précédemment appelées** par la Cnavpl et la Cipav au cours de l'année de la demande d'affiliation ne sont plus dues au titre des périodes d'activité courant à compter du mois de janvier suivant l'année de la demande d'affiliation ;
– après la souscription de la déclaration visée n° 80220 intervenant l'année du changement d'affiliation, la Cnavpl et la Cipav leur adressent la **régularisation des cotisations** dues au titre des assurances vieillesse et invalidité-décès pour l'année précédant le changement d'affiliation, calculée dans les conditions prévues au n° 80290.

79770 **Autres travailleurs indépendants** Les travailleurs indépendants, autres que ceux qui sont affiliés aux régimes d'assurance vieillesse et invalidité-décès des professions libérales (n° 79765) ou des avocats (nos 81850 s.), relèvent :

CSS art. L 631-1, L 635-1; F-I-3330 s

– du régime général d'**assurance vieillesse de base** des travailleurs indépendants : voir n° 4525 ;
– des régimes de **retraite complémentaire** et d'**invalidité-décès** des travailleurs indépendants qui restent en dehors du régime général et sont gérés par le Conseil de la protection sociale des travailleurs indépendants (n° 54910).

› Précisions **a.** Tout travailleur indépendant relevant de l'assurance vieillesse du régime général des travailleurs indépendants, même à titre volontaire ou en vertu du bénéfice d'une pension d'invalidité, est **affilié d'office** au régime de retraite complémentaire.
b. Outre le régime complémentaire obligatoire, plusieurs **systèmes facultatifs** de retraite supplémentaire par capitalisation sont réservés aux **artisans, industriels et commerçants.** Plusieurs formules de retraite supplémentaire facultative régies par la loi Madelin leur sont proposées.
c. Les chauffeurs de **taxi** non salariés ayant adhéré à l'assurance volontaire du régime général de sécurité sociale sont affiliés au régime de retraite complémentaire obligatoire des travailleurs indépendants (CSS art. L 635-4).

COTISATION D'ALLOCATIONS FAMILIALES

79775 Cette cotisation est due selon les modalités prévues nos 80590 s. par les travailleurs indépendants des professions non agricoles. À défaut de précision, ces personnes s'entendent, à notre sens, de celles mentionnées n° 4520.

CSS art. L 241-6, 2°; L 611-1; L 613-1; F-I-5700 s

› Précisions **a.** Le **conjoint** collaborateur mentionné au registre du commerce et des sociétés n'est pas redevable de la cotisation personnelle d'allocations familiales (« Cotisations du conjoint collaborateur » : www.secu-independants.fr). Seul le chef d'entreprise est redevable de cette cotisation.
b. Toute **activité indépendante** non agricole, même **de faible importance,** emporte assujettissement. Il en résulte des obligations déclaratives (n° 80220).
S'agissant des activités **accessoires,** voir la rubrique consacrée aux « pluriactifs » (nos 79870 s.).

C. Situations ou activités particulières

79800 L'assujettissement aux régimes de protection sociale des travailleurs indépendants non agricoles appelle des précisions pour un certain nombre de professions ou activités particulières, envisagées ci-après. Pour une étude plus complète et détaillée de ces professions et activités, voir notre Documentation sociale, F-I-16200 s.

1. COLLABORATEURS LIBÉRAUX

79810 Sont visés les membres des **professions libérales** soumises à statut législatif ou réglementaire ou dont le titre est protégé (officiers publics ou ministériels, commissaires aux comptes et administrateurs et mandataires judiciaires exceptés), qui, dans le cadre d'un contrat spécifique de collaboration libérale, exercent la même profession auprès d'un autre professionnel

F-I-580 s

(personne physique ou morale). Travaillant en toute indépendance, ils sont assujettis au régime général des travailleurs indépendants au titre de la maladie. Ils ont droit à un congé en cas de maternité, paternité ou adoption. En matière de vieillesse, ils sont rattachés à la section dont relève leur activité (Loi 2005-882 du 2-8-2005 art. 18).

2. CONJOINTS

Le conjoint (ou le partenaire lié par un **Pacs** : C. com. art. L 121-8) du chef d'une entreprise **artisanale, commerciale ou libérale** (avocats compris), quelle que soit sa forme, qui y exerce de manière régulière une activité professionnelle, doit opter pour l'un des trois **statuts** suivants : salarié, associé ou conjoint collaborateur. Le chef d'entreprise doit déclarer l'activité professionnelle régulière de son conjoint et le statut qu'il a choisi aux organismes habilités à enregistrer l'immatriculation de l'entreprise (centre de formalités des entreprises ou Urssaf en cas d'option pour le statut salarié). À défaut de déclaration d'activité professionnelle ou du statut choisi, ce statut est réputé être celui de conjoint salarié. **79820** C. com. art. L 121-4 **F-I-6500 s**

Les **concubins** peuvent se constituer des droits en vieillesse en adhérant à l'assurance volontaire visée n° 5240 (Circ. RSI 13 du 23-1-2007 ; « Statut obligatoire du conjoint » : www.secu-independants.fr).

CONJOINT COLLABORATEUR

Est considéré comme conjoint collaborateur le conjoint du chef d'entreprise commerciale, artisanale ou libérale, qui exerce une activité professionnelle régulière dans l'entreprise sans percevoir de rémunération et sans avoir la qualité d'associé (C. com. art. R 121-1). Le conjoint exerçant, par ailleurs, une activité salariée au moins à mi-temps ou une activité indépendante est présumé ne pas exercer une activité régulière dans l'entreprise (C. com. art. R 121-2). Cette présomption peut toutefois être renversée par la preuve contraire (Circ. RSI 13 du 23-1-2007). **79825** **F-I-6800 s**

Les conjoints collaborateurs bénéficient de la prise en charge de leurs frais de santé dans les conditions indiquées n°s 50120 s.

Ils sont affiliés à titre personnel et obligatoire aux régimes d'**assurance vieillesse et invalidité-décès** et, pour le versement des prestations en espèces visées n°s 81070 s., au régime **maladie ou maternité** auxquels est affilié le chef d'entreprise, sauf pour les avantages complémentaires ouverts aux praticiens et auxiliaires médicaux conventionnés (CSS art. L 661-1, al. 2), ce qui leur permet de se constituer des droits propres.

› Précisions **a.** Dans les **sociétés,** le statut de conjoint collaborateur n'est autorisé qu'au conjoint du gérant associé unique ou du gérant associé majoritaire d'une société à responsabilité limitée ou d'une société d'exercice libéral à responsabilité limitée (C. com. art. L 121-4).
b. Un **retraité** peut être conjoint collaborateur (Circ. RSI 13 du 23-1-2007).
c. Les conjoints collaborateurs peuvent s'affilier à l'**assurance volontaire vieillesse** des travailleurs indépendants (n° 5240) s'ils ne peuvent pas prétendre en raison de leur âge aux prestations de vieillesse et n'exercent aucune activité professionnelle susceptible de les assujettir à un régime de sécurité sociale (CSS art. L 742-6, 3°).

Retraite et invalidité-décès des conjoints d'artisans, industriels et commerçants Sous réserve de l'application, le cas échéant, de l'**assiette minimale** visée n° 80490 (Circ. RSI 13 du 23-1-2007), le conjoint collaborateur d'artisan, industriel ou commerçant peut demander que sa cotisation **vieillesse de base** soit calculée : **79830** CSS art. L 662-1, al.1 à 4 et 9 D 633-19-2 D 632-6 **F-I-7900 s**

- sur un revenu forfaitaire égal au tiers du plafond de sécurité sociale, soit 13 712 € pour 2021 ;
- sur 1/3 ou la moitié du revenu d'activité du chef d'entreprise (ou du revenu visé n° 80770 en cas de début d'activité de celui-ci) ;
- ou, avec l'accord du chef d'entreprise, sur une fraction égale à 1/3 ou à la moitié du revenu d'activité de ce dernier (ou du revenu visé n° 80770 en cas de début d'activité), qui sera déduite du revenu professionnel pris en compte pour déterminer l'assiette de sa propre cotisation d'assurance vieillesse.

Il en est de même pour la retraite complémentaire dans les limites prévues n° 80550.

S'agissant de l'**invalidité-décès,** la cotisation du conjoint collaborateur est calculée sur le revenu retenu pour le calcul de sa cotisation d'assurance vieillesse de base. Son montant ne peut pas être inférieur à celui dû au titre d'un revenu égal à l'assiette minimale visée n° 80570. Si la cotisation d'assurance vieillesse de base est calculée sur la base d'un partage des revenus, le revenu sur lequel la cotisation d'assurance invalidité-décès du conjoint collaborateur est calculée est déduit du revenu retenu pour déterminer l'assiette de celle du chef d'entreprise.

S'agissant des conjoints collaborateurs des **micro-entrepreneurs,** voir n° 79840.

› Précisions **a.** Le **choix** du conjoint collaborateur doit être **effectué** par écrit (contresigné par le chef d'entreprise en cas d'option pour le calcul avec partage des revenus) dans le mois suivant le début de son activité.

L'option choisie **s'applique pour** les cotisations dues au titre de l'année civile du début d'activité et les 2 suivantes. Sauf demande contraire effectuée au moins un mois avant la fin de cette période par le conjoint collaborateur ou, en cas d'option pour le calcul des cotisations avec partage du revenu, par le conjoint collaborateur ou le chef d'entreprise, elle est reconduite pour une durée de 3 ans renouvelable dans les mêmes conditions (CSS art. R 662-1).

b. En cas d'option pour le calcul des cotisations sur une fraction du revenu d'activité du chef d'entreprise avec ou sans partage du revenu, les **cotisations provisionnelles** pour les **2 premières années** d'activité et les cotisations établies sur la base d'une **taxation forfaitaire** à défaut de déclaration de revenu sont calculées sur la même base que celle retenue pour le calcul des cotisations dues par le chef d'entreprise, prise à hauteur de la fraction correspondant à l'option choisie. Si **l'un ou l'autre** des conjoints n'a **pas** été **affilié sur l'ensemble de l'année,** il y a lieu de rapporter sur l'année entière le revenu sur lequel les cotisations du chef d'entreprise ont été établies et de le réduire au prorata de la durée d'affiliation du conjoint collaborateur (CSS art. R 662-2).

c. Si aucun autre choix n'est **effectué** dans le délai d'un mois, les cotisations du conjoint collaborateur sont calculées sur la base du revenu forfaitaire le plus faible égal au 1/3 du plafond de la sécurité sociale ou si cette option n'est pas ouverte, sur la base de la fraction de revenu sans partage la plus faible (CSS art. R 662-1).

d. Les cotisations et contributions de sécurité sociale dues par les conjoints collaborateurs sont **recouvrées** selon les mêmes modalités que celles dues personnellement par les travailleurs indépendants (nos 80640 s.). En début d'activité, la « règle des 90 jours » visée nº 80780 s'applique au conjoint.

79835 **Retraite et invalidité-décès des conjoints de professionnels libéraux (hors avocats)** Le conjoint collaborateur du professionnel libéral peut demander que sa cotisation **vieillesse de base** soit calculée :

CSS art. L 662-1, al.1 à 4 et 9 D 642-5-2 D 642-5-8 Décret du 19-4-2007 art.4 F-I-8900 s

– sur une base forfaitaire égale à 50 % du plafond de la sécurité sociale, soit 20 568 € pour 2021 ;
– sur le quart ou la moitié du revenu d'activité du chef d'entreprise (ou du revenu visé nº 80770 en cas de début d'activité de celui-ci) ;
– ou, avec l'accord de celui-ci, sur une fraction égale au quart ou à la moitié du revenu d'activité du professionnel libéral (ou du revenu visé nº 80770 en cas de début d'activité de celui-ci), qui sera déduite du revenu professionnel pris en compte pour déterminer l'assiette de la cotisation du professionnel libéral.

En tout état de cause, la **cotisation** due par le conjoint collaborateur ne peut être inférieure au minimum visé nº 80460. Le conjoint collaborateur reste tenu au paiement de sa cotisation lorsque le professionnel en est lui-même **exonéré** en raison d'une incapacité d'exercice de sa profession pour plus de 6 mois.

S'agissant de la **retraite complémentaire,** la cotisation du conjoint collaborateur est égale au quart ou à la moitié de celle du professionnel libéral. Le choix est effectué par le conjoint collaborateur par écrit au plus tard 60 jours suivant l'envoi de l'avis d'affiliation et avant tout versement de cotisations. À défaut de choix, la cotisation est égale au quart de celle du professionnel libéral. La question se pose toutefois de la combinaison de ces règles relatives aux modalités du choix du conjoint collaborateur ou en cas de défaut de choix de celui-ci avec celles posées par l'article R 662-1 du CSS dans sa rédaction issue du décret 2019-718 du 5-7-2019 (voir nº 79830, a et c), qui ont un caractère plus général.

Les conditions d'affiliation des conjoints collaborateurs aux régimes **invalidité-décès** de chaque section professionnelle sont définies par le décret 2011-699 du 20-6-2011.

S'agissant des conjoints collaborateurs des **micro-entrepreneurs,** voir nº 79840.

› Précisions **a.** Le **choix** du conjoint collaborateur pour l'une de ces options doit être **effectué** selon les modalités définies nº 79830, a. Si **aucun autre choix** n'est **effectué** dans le délai requis, voir nº 79830, c.

b. En cas d'option pour le calcul des cotisations sur une fraction du revenu d'activité du chef d'entreprise avec ou sans partage de revenu, les **cotisations provisionnelles** pour les **2 premières années** d'activité et les cotisations établies sur la base d'une **taxation forfaitaire** à défaut de déclaration de revenu sont calculées selon les modalités prévues nº 79830, b.

c. Les cotisations sont **dues à compter** du premier jour du trimestre civil qui suit le début d'activité jusqu'au dernier jour de celui au cours duquel la radiation intervient (CSS art. D 642-1). Sur les modalités de **recouvrement** des cotisations et contributions de sécurité sociale, voir nº 79830, d.

Retraite et invalidité-décès des conjoints des micro-entrepreneurs Les cotisations des conjoints collaborateurs des indépendants relevant du régime micro-social (nos 80830 s.) sont **calculées,** trimestriellement ou mensuellement en appliquant le taux forfaitaire de cotisations applicable au micro-entrepreneur (no 80840) à une assiette égale à 58 % (pour les artisans, industriels et commerçants) ou 46 % (pour les professionnels libéraux) de l'un des 2 montants suivants, au choix de l'assuré : **79840** CSS art. L 662-1, al. 7 D 613-5 **F-I-9310 s.**

– soit le chiffre d'affaires ou les recettes du chef d'entreprise ;
– soit le rapport entre un revenu forfaitaire égal au tiers du plafond annuel de la sécurité sociale et le taux d'abattement correspondant à l'activité exercée soit, selon le site internet service-public.fr, 71 % pour les activités commerciales, 50 % pour les prestations de services BIC et 34 % pour les prestations de services BNC et les activités libérales.

Le **choix** du conjoint collaborateur pour l'une de ces options doit être **effectué** selon les modalités définies no 79830, a. Si aucun autre choix n'est effectué dans le délai requis, voir no 79830, c.

La **première date d'exigibilité** des cotisations dues par le conjoint collaborateur est celle de l'échéance mensuelle ou trimestrielle qui suit d'au moins 15 jours la date d'affiliation du conjoint collaborateur.

EXEMPLE

Pour une **activité de prestation de services en BIC** et en cas d'option de l'assuré pour l'application du taux forfaitaire de cotisations du micro-entrepreneur à une assiette égale à 58 % du rapport entre le revenu forfaitaire et le taux d'abattement fiscal correspondant à l'activité exercée, l'assiette en 2021 est égale à 58 % × [13 712/50 % (soit 100 % – 50 %)] = 15 905,92 €.

Retraite et invalidité-décès des conjoints d'avocats En matière de **retraite de base,** le conjoint collaborateur est redevable d'une **cotisation** forfaitaire et d'une cotisation proportionnelle. La cotisation forfaitaire est égale, selon l'option exprimée par le conjoint, au quart ou à la moitié de la cotisation forfaitaire de l'avocat lui-même. La cotisation proportionnelle est assise sur le quart ou la moitié du revenu tiré de l'activité de l'avocat à laquelle il a collaboré. Son taux est identique à celui indiqué no 81880. La fraction retenue doit être la même pour les 2 cotisations. **79845** CSS art. L 652-7 L 662-1 al. 6 et 9 D 652-3 D 652-4 R 652-19 **F-V-1650 s**

La cotisation d'assurance **invalidité-décès** du conjoint collaborateur est égale, à son choix, au quart ou à la moitié de la cotisation forfaitaire obligatoire due par l'avocat.

› Précisions a. Le **choix** du conjoint collaborateur pour l'une de ces options doit être **effectué** selon les modalités définies no 79830, a.
Si **aucun autre choix** n'est **effectué** dans le délai requis, voir no 79830, c.
b. Les **cotisations provisionnelles** pour les **2 premières années** d'activité et les cotisations établies sur la base d'une **taxation forfaitaire** à défaut de déclaration de revenu sont calculées selon les modalités prévues no 79830, b.
c. Les cotisations des conjoints collaborateurs sont recouvrées selon les mêmes règles que celles dues par l'avocat (no 81880).

CONJOINT ASSOCIÉ

L'option pour le statut de conjoint associé n'est ouverte que lorsque l'entreprise est constituée, ou l'activité exercée, en **société.** **79850** **F-I-10300 s**

La possibilité d'opter pour le statut de conjoint associé concerne plus particulièrement les SARL (à l'exclusion des EURL). Elle est ouverte au conjoint du chef d'entreprise qui détient une participation dans la société – le chef d'entreprise s'entendant du gérant majoritaire ou membre d'un collège majoritaire (Circ. Organic 124 12-10-1982). Quand il opte pour ce statut, le conjoint est soumis à titre personnel et obligatoire aux régimes des travailleurs indépendants non agricoles, sous réserve de ne pas relever du régime général des salariés (CSS art. L 611-1 et L 661-1, al. 1).

Dans les sociétés en nom collectif, le conjoint détenteur de parts, ayant la qualité juridique de commerçant, est affilié de droit, sans possibilité d'opter pour un autre statut, même s'il ne participe pas effectivement à l'activité ; la solution est la même pour le conjoint associé commandité de société en commandite simple ou par actions (Circ. Organic 124 12-10-1982).

Les cotisations du conjoint associé sont calculées sur la base de son revenu professionnel dans l'entreprise selon les mêmes taux de cotisations et les mêmes modalités de paiement que pour celles du chef d'entreprise (« Conjoint associé : quelles cotisations ? » : www.secu-independants.fr).

Lorsque l'activité est exercée en société, et que le conjoint **participe à l'activité libérale** de son époux (ou épouse) en qualité d'associé, les règles de droit commun des associés (nos 28430 s.) lui sont applicables.

› Précisions Le **revenu professionnel** du conjoint associé comprend sa rémunération en qualité d'associé, son revenu d'activité non salarié dans les entreprises soumises à l'impôt sur les sociétés ou sa part de bénéfices dans les sociétés soumises à l'impôt sur le revenu (Doc. Urssaf du 29-10-2019 : www.urssaf.fr (espace indépendant)).

CONJOINT SALARIÉ

79855 F-I-9600 s Le conjoint participant à l'activité libérale, industrielle, commerciale ou artisanale de son époux (ou épouse) relève du régime général des salariés s'il travaille dans des conditions caractéristiques du salariat : voir nº 4450 (CSS art. L 311-6). Relève aussi de ce régime le conjoint gérant non majoritaire de SARL (nº 28450).

AUTRES SITUATIONS

79860 Le conjoint exerçant une **activité professionnelle distincte** de celle de son époux (ou épouse) relève du régime de protection sociale attaché à son activité ; c'est le cas notamment lorsque les deux époux exercent la même activité libérale dans les mêmes locaux ou exploitent en commun une même entreprise pour laquelle ils sont tous les deux immatriculés au registre du commerce et des sociétés ou au répertoire des métiers. Chaque époux doit alors procéder à une déclaration de ses revenus professionnels séparée selon les modalités visées nº 80220.

Le conjoint n'exerçant **aucune activité professionnelle** bénéficie, à titre personnel, de la prise en charge de ses frais de santé dans les conditions indiquées nº 50120.

Voir par ailleurs : nº 28470, a (conjoint d'associé d'**EURL**) ; nº 4350, b (conjoint d'un gérant de **dépôts de sociétés à succursales** multiples).

3. PLURALITÉ D'ACTIVITÉS (« PLURIACTIFS »)

79870 CSS art. L 171-2-1 D 160-15, al. 3 F-I-11000 s La pluriactivité suppose l'**exercice simultané d'activités distinctes.** Elle se différencie du cas où une activité est exercée à titre de prolongement de l'activité principale.

Le prolongement d'activité s'apprécie de façon restrictive (Rép. Magne : AN 21-3-1964 nº 6865). Il se confond entièrement avec l'activité principale, sans pouvoir en être détaché (Cass. soc. 9-11-1966 nºˢ 64-10.631 et 64-10.625 à propos de la cotisation d'allocations familiales), s'incorporant ainsi à l'activité principale et est soumis au même régime de sécurité sociale.

Les personnes exerçant simultanément plusieurs activités sont **affiliées et cotisent** simultanément aux régimes dont relèvent ces activités. Ainsi, les personnes exerçant concurremment une activité salariée et une activité indépendante non agricole sont assujetties au titre de cette dernière à la cotisation personnelle d'**allocations familiales,** même si l'activité indépendante non agricole est exercée à titre accessoire.

Par **exemple,** sont assujetties, à raison des revenus de l'activité libérale, les personnes qui, outre une activité salariée, font des expertises à titre indépendant ainsi que les médecins hospitaliers ou les médecins du travail ayant comme activité accessoire une clientèle privée.

› Précisions **a.** Lorsque l'**activité principale est salariée,** l'activité accessoire indépendante qui se confond avec elle n'est pas assujettie aux cotisations des régimes des travailleurs indépendants. Ainsi un professeur de faculté n'est pas assujetti à la cotisation d'allocations familiales pour les cours polycopiés, reproductions de son cours oral, qu'il fait publier ; mais il le sera pour les consultations qu'il peut être appelé à donner (Cass. soc. 9-11-1966 nº 64-10.631 précité).

b. À l'inverse, lorsqu'un travailleur indépendant exerce une activité salariée constituant le prolongement de son **activité principale indépendante** et qui, pour cette raison, n'entraîne pas son assujettissement au régime général des salariés, le revenu procuré par cette activité salariée doit être ajouté à celui provenant de l'activité indépendante pour le calcul de la cotisation d'allocations familiales (Guide Acoss 330 p. 22-2).

c. Si un assuré déclare exercer une activité de travailleur indépendant relevant du régime général d'assurance maladie-maternité des travailleurs indépendants des professions non agricoles (nº 4520) ainsi qu'une activité salariée d'une durée de moins de 6 mois et donnant lieu à une quotité de travail inférieure à 100 heures par mois ou, en l'absence de quotité de traval exprimée en heures, à une rémunération ramenée au mois inférieure à 100 fois le Smic horaire, l'organisme chargé de la gestion du régime général devient l'organisme de rattachement pour la **prise en charge des frais de santé** de l'assuré.

CUMUL D'ACTIVITÉS INDÉPENDANTES NON AGRICOLES ET AGRICOLES

79885 Les personnes exerçant simultanément une activité indépendante agricole et une activité indépendante non agricole sont affiliées, cotisent sur l'ensemble de leurs revenus et ouvrent droit à prestations dans le seul régime de sécurité sociale (maladie-maternité, vieillesse) de leur **activité principale.** Cette activité est réputée être la plus ancienne. À partir de la troisième année civile suivant celle au cours de laquelle l'affiliation au régime de l'activité la plus ancienne a eu lieu, les intéressés peuvent demander que l'activité leur ayant **procuré les revenus les plus élevés** sur les 3 dernières années soit considérée comme leur activité principale. Ce droit d'option s'exerce auprès du régime dont ils relèvent par tout moyen permettant de rapporter la preuve de sa date de réception ; l'affiliation au régime de cette nouvelle activité principale prend effet le 1er janvier de la deuxième année civile suivant ces 3 années civiles consécutives. CSS art. L 171-3 D 171-12 D 171-13 G-I-8200 s

Par exception, tous les **exploitants agricoles** sont obligatoirement assujettis à l'assurance accidents du travail agricole, même s'ils sont rattachés au régime non agricole en application du dispositif de caisse unique (C. rur. art. L 752-1).

> **Précisions** **a.** Par exception au principe selon lequel l'activité principale est l'activité la plus ancienne, si l'une des **activités** est permanente et l'autre **saisonnière,** l'activité permanente est réputée être l'activité principale. Si elle est la plus récente, l'affiliation au régime de l'activité permanente prend effet à la date à laquelle la situation de cumul débute.
> **b.** Par **dérogation,** les personnes exerçant une activité indépendante agricole et une activité relevant du régime **micro-social** (nº 80830) sont affiliées et cotisent simultanément aux régimes dont relèvent ces activités.

CUMUL D'ACTIVITÉS INDÉPENDANTES NON AGRICOLES

79890 Les cotisations d'assurance **maladie-maternité** et d'**allocations familiales** des travailleurs indépendants exerçant simultanément plusieurs activités indépendantes non agricoles relevant de régimes d'assurance vieillesse différents (professions libérales et régime général) sont assises, sauf pour ceux qui relèveraient du régime micro-social (nº 80830), sur leurs revenus d'activité (CSS art. L 131-6, D 621-1 et D 621-3). CSS art. L 171-6-1 D 171-12 F-I-12700 s

Au regard de l'**assurance vieillesse,** les intéressés sont affiliés et cotisent au régime dont relève leur activité principale, déterminée comme indiqué nº 79885.

4. PENSIONNÉS ACTIFS

79900 Les bénéficiaires d'un avantage de retraite ou d'une pension d'invalidité au titre d'une activité salariée et qui exercent une activité professionnelle indépendante non agricole – ou inversement – ont droit à la prise en charge de leurs **frais de santé** dans le régime d'affiliation antérieur à la date de début de leur situation de cumul, s'ils continuent à remplir les conditions d'affiliation à ce régime. Toutefois, les intéressés peuvent opter pour l'un des régimes auxquels ils sont nouvellement affiliés, sauf au titre de la perception d'une pension de réversion. Lorsque l'assuré commence à exercer une activité salariée dont la durée ou la quotité de travail prévues par le contrat sont égales ou supérieures aux seuils visés nº 79870, c ou une activité de travailleur indépendant non agricole sans exercer une autre activité, le changement d'organisme est opéré par l'organisme nouvellement compétent pour la prise en charge des frais de santé de l'assuré dans un délai maximum de 2 mois à compter du début de sa nouvelle activité professionnelle et celui-ci est informé de son rattachement par cet organisme dans un délai d'un mois à compter de ce rattachement par tout moyen permettant d'en rapporter la preuve. CSS art. L 160-1 L 160-18 D 160-15 D 160-16 F-I-13600 s

Ces pensionnés actifs sont par ailleurs affiliés et cotisent au régime obligatoire d'**assurance vieillesse** de leur activité professionnelle. Sur les modalités de paiement de leurs cotisations au régime des travailleurs indépendants, hors professionnels libéraux visés nº 79765, voir nos 80640 s.

Au regard de la cotisation personnelle d'**allocations familiales,** les retraités exerçant une activité indépendante non agricole sont assujettis dans les conditions ordinaires à raison de cette activité (voir nº 79775).

ATTENTION

Le pensionné actif est **tenu d'opter** pour le régime auquel il est nouvellement affilié pour le service de prise en charge de ses frais de santé s'il est affilié à au moins un régime à un titre différant de la perception d'une pension de réversion et qu'il relève de son régime antérieur au titre de la perception d'une pension de réversion ou s'il cesse de remplir les conditions d'affiliation à son régime antérieur.

5. PROFESSIONS OU ACTIVITÉS DIVERSES

AVOCATS

79910 F-V-500 s Les avocats peuvent exercer leur profession en qualité de salariés ou de travailleurs indépendants.

Les avocats **salariés** sont couverts par le régime général de sécurité sociale des salariés – sauf pour la retraite, gérée par la Caisse nationale des barreaux français (voir n° 81860).

Les avocats **indépendants** sont ceux qui exercent soit à titre individuel, soit en qualité de collaborateur non salarié d'un avocat ou d'une association ou société d'avocats, ainsi que les avocats associés au sein d'une société civile professionnelle ou au sein d'une société d'exercice libéral et les anciens conseils juridiques non salariés.

Ils relèvent :

– selon le droit commun, de l'assurance maladie-maternité des travailleurs indépendants non agricoles et de la cotisation personnelle d'allocations familiales ;

– et, en matière d'assurance vieillesse et invalidité-décès, de la Caisse nationale des barreaux français (voir n° 81860).

> **Précisions** **a.** Les avocats **gérants non majoritaires** de sociétés d'exercice libéral à responsabilité limitée (Selarl) ou présidents du conseil d'administration, directeurs généraux ou directeurs généraux délégués de sociétés d'exercice libéral à forme anonyme (Selafa) relèvent du régime général des salariés pour l'assurance maladie (C. trav. art. L 311-3, 11° et 12°). Bien que la loi ne le prévoie pas expressément, ces dirigeants sont, en pratique, rattachés à la CNBF comme les avocats salariés.
> Les avocats salariés **anciens conseils juridiques salariés ou mandataires sociaux salariés** qui relevaient avant 1992 de l'assurance vieillesse du régime général et de la retraite complémentaire des salariés sont restés affiliés à ces régimes (Loi 90-1259 du 31-12-1990 art. 38).
> **b.** Les cotisations des régimes des travailleurs indépendants s'appliquent aux **avocats stagiaires** titulaires du Capa (précision en ce sens à propos de la cotisation d'allocations familiales : Rép. Olmeta : AN 10-3-1986 n° 45366).

DIRIGEANTS OU ASSOCIÉS DE SOCIÉTÉS

79915 L'assujettissement aux régimes de protection sociale des travailleurs indépendants ne concerne que les **personnes physiques.** Les sociétés, et toute autre personne morale, n'y sont donc pas soumises. Leurs associés ou dirigeants peuvent en revanche y être assujettis à titre personnel s'ils ont la qualité de travailleur indépendant (voir nos 28430 s.). En outre, les dirigeants relevant du régime des salariés pourront être obligatoirement affiliés aux régimes complémentaires de retraite des professions libérales, en sus des régimes complémentaires de salariés (voir n° 28605, a).

EXPERTS-COMPTABLES

79920 F-I-20500 s Les experts-comptables inscrits au tableau de l'Ordre ont en principe la qualité de **travailleur indépendant.** Ils sont assujettis au régime d'assurance maladie-maternité des travailleurs indépendants non agricoles, à la cotisation personnelle d'allocations familiales et relèvent du régime de retraite des professions libérales (Caisse d'assurance vieillesse des experts-comptables et des commissaires aux comptes : www.cavec.fr).

Toutefois, ceux qui, notamment, exercent leur activité en qualité de salarié d'un expert-comptable ou d'une société d'expertise comptable ou qui exercent des fonctions de dirigeant relevant du régime général des salariés au sein d'une société d'expertise comptable sont assujettis à ce régime. En matière de **retraite complémentaire,** ils doivent cotiser à la Cavec (CSS art. L 642-4) : il y a alors double cotisation (Cavec et régime Agirc-Arrco), mais aussi cumul des droits à retraite complémentaire.

> **Précisions** **a.** La prise en charge par l'employeur des **cotisations à l'ordre** des experts-comptables et à la compagnie des commissaires aux comptes de ses experts salariés échappe aux cotisations en tant qu'indemnité pour frais professionnels (Cass. soc. 8-11-1990 n° 88-11.492 P : RJS 12/90 n° 1020).
> **b.** Les **commissaires aux comptes** exerçant à titre indépendant sont assujettis aux régimes des travailleurs indépendants. Comme les experts-comptables, ils doivent être affiliés à la Cavec.

LOCATION DE MEUBLÉS

79925 Les personnes exerçant une activité de location de locaux d'habitation meublés sont obligatoirement affiliées aux régimes de sécurité sociale des travailleurs indépendants non agricoles dès lors que les recettes tirées de cette activité par l'ensemble des membres du foyer fiscal dépassent 23 000 € par an et qu'une des deux conditions suivantes est remplie : CSS art. L 311-3, 35° L 611-1, 6° **F-I-4900 s** **F-I-24000 s**

– ces locaux sont loués à une clientèle y effectuant un séjour à la journée, à la semaine ou au mois et n'y élisant pas domicile, sauf option contraire de leur part pour une affiliation au régime général des salariés dans les conditions ci-dessous ;

– ces recettes excèdent les revenus du foyer fiscal soumis à l'impôt sur le revenu dans les catégories des traitements et salaires, des bénéfices industriels et commerciaux, autres que ceux tirés de l'activité de location meublée, des bénéfices agricoles, non commerciaux et des revenus des gérants et associés.

Sur le taux forfaitaire de cotisation applicable lorsque les intéressés relèvent du **régime micro-social,** voir n° 80840.

> **Précisions** Le **droit d'option** pour le régime général est ouvert, lors de l'affiliation, aux loueurs de meublés de courte durée dont les recettes annuelles ne dépassent pas, l'année civile précédente, le seuil mentionné au premier alinéa du 1 de l'article 102 ter du CGI relatif au régime fiscal micro-BNC (voir Mémento fiscal n°s 13520 s.).
> Dans ce cas, l'assiette de calcul des cotisations et contributions sociales est constituée des recettes diminuées d'un abattement de 60 % ou de 87 % pour les loueurs de meublés de tourisme.

LOCATION DE BIENS MEUBLES

Les personnes tirant de leur activité de location de biens meubles des recettes annuelles supérieures à 20 % du montant annuel du plafond de la sécurité sociale, soit à 8 227,20 € pour 2021, sont obligatoirement affiliées aux régimes de sécurité sociale des travailleurs indépendants non agricoles, sauf option contraire de leur part pour une affiliation au régime général des salariés dans les conditions indiquées n° 79925. **79930** CSS art. L 611-1, 7°

LOUEURS DE CHAMBRES D'HÔTES

Les loueurs de chambres d'hôtes, définies à l'article L 324-3 du Code du tourisme et non situées sur une exploitation agricole, sont obligatoirement affiliés aux régimes de sécurité sociale des travailleurs indépendants non agricoles, lorsque le revenu imposable de l'activité excède 13 % de la valeur annuelle du plafond de la sécurité sociale en vigueur au 1er janvier de l'année au cours de laquelle le revenu franchit ce seuil. **79935** CSS art. L 611-1, 5° D 611-1 **F-I-4900 s** **F-I-24200 s**

LOCATION-GÉRANCE DE FONDS DE COMMERCE

Lorsqu'un fonds de commerce – ou un fonds artisanal – appartenant à une personne physique est mis en location-gérance, c'est en principe le **gérant** libre et non le bailleur qui est assujetti aux régimes de protection sociale des travailleurs indépendants et qui doit y cotiser. **79940** **F-I-22780 s**

Le **bailleur,** en sa seule qualité de propriétaire du fonds, n'est assujetti à aucun régime de protection sociale obligatoire ; il n'est donc pas redevable de cotisations sur les redevances qu'il perçoit. Il en va ainsi même s'il ne s'est pas fait radier du registre du commerce ou du répertoire des métiers (Rép. Godfrain : AN 8-7-1985 n° 61114). Il peut adhérer à l'assurance vieillesse à titre volontaire (voir n° 5240).

Lorsque les revenus de la location de tout ou partie d'un fonds de commerce, d'un établissement artisanal, commercial ou industriel muni du mobilier ou du matériel nécessaire à son exploitation sont perçus par une personne qui réalise des actes de commerce au titre de l'entreprise louée ou y exerce une activité, ces revenus sont passibles de toutes les cotisations obligatoires, de la CSG et de la CRDS sur les revenus d'activité. **79945** CSS art. L 131-6 L 136-1-1 L 242-1, I **F-I-22900 s**

Selon les fonctions qu'il occupe dans l'entreprise exploitant le fonds, le **loueur** est assujetti, au titre des redevances, au régime général des salariés (s'il est gérant minoritaire ou égalitaire de la SARL locataire, par exemple) ou aux régimes des travailleurs indépendants (s'il est gérant majoritaire de la SARL locataire, par exemple).

> **Précisions** **a.** L'assujettissement des redevances à cotisations ne suppose pas que l'**activité** exercée par le loueur dans le fonds soit **déterminante** pour l'entreprise, ni qu'il prolonge au travers de la location son activité antérieure dans l'entreprise louée (Cass. 2e civ. 4-2-2010 n° 09-13.003 F-PB : RJS 4/10 n° 376).
> L'exercice par le loueur d'un **mandat social** (en l'espèce PDG de la société anonyme locataire) suffit à caractériser l'activité assujettissant les redevances aux cotisations sociales, même si le mandat n'est pas rémunéré (Cass. 2e civ. 2-3-2004 n° 02-19.393 FS-PB : RJS 5/04 n° 598).
> **b.** Que le loueur soit assujetti en tant que salarié ou en tant que travailleur indépendant, la **base de calcul des cotisations** est égale aux revenus professionnels définis n°s 80150 s. Les revenus sont soumis dès le premier euro. La

déduction propre à la CSG et à la CRDS (n° 25110) n'est pas applicable (Circ. Acoss 110 du 13-9-1999 ; 121 du 19-11-1999).
Peu importe que les revenus tirés de la location-gérance soient **perçus de manière indirecte.** Ainsi, le fait que l'entreprise soit louée par une EURL soumise au régime fiscal des sociétés de personnes dont l'associé unique exerce une activité dans l'entreprise louée ne fait pas obstacle à l'assujettissement des loyers qu'il perçoit via l'EURL (Cass. 2e civ. 1-7-2010 n° 09-14.379 FS-PB : RJS 11/10 n° 881).

c. Lorsque le loueur est **assujetti en tant que salarié,** ce sont les cotisations des salariés qui sont exigibles dans les conditions de droit commun du régime des salariés. Les cotisations d'assurance chômage ne sont dues que si le loueur est lié à l'entreprise exploitante par un contrat de travail (Directive Unédic 10 1-3-2000).
La responsabilité de la déclaration et du paiement des cotisations incombe au débiteur des redevances et non au loueur. Les cotisations acquittées à chaque paiement de redevance ont un caractère provisoire, puisque leur montant imposable n'est pas encore connu. Il y a donc lieu à régularisation à la fin de l'année. Si la location-gérance génère un revenu déficitaire, ce déficit n'est pas déductible de l'assiette des cotisations dues au titre d'autres activités salariées (Circ. Acoss 110 du 13-9-1999 ; 121 du 19-11-1999 ; DSS 495 du 23-8-1999, réputée abrogée).
Lorsque le loueur est **assujetti comme travailleur indépendant,** les cotisations sont calculées et recouvrées dans les conditions de droit commun des régimes en cause (Circ. DSS 495 du 23-8-1999, réputée abrogée).

d. Une société ne peut être tenue au paiement des cotisations dues au **régime général des salariés** pour son **gérant minoritaire** que sur la rémunération qu'il a perçue en contrepartie ou à l'occasion de ses fonctions. Ne peuvent pas être assimilées à une telle rémunération les sommes perçues par ce gérant en contrepartie de la location du fonds de commerce consentie à cette société (Cass. 2e civ. 19-12-2019 n° 18-24.702 F-D : RJS 3/20).

PROFESSIONS MÉDICALES ET PARAMÉDICALES

79950 F-I-16250 s Lorsqu'ils exercent **à titre indépendant et individuel,** les médecins, chirurgiens-dentistes, sages-femmes et auxiliaires médicaux (infirmiers, masseurs-kinésithérapeutes, pédicures-podologues, orthophonistes, orthoptistes) relèvent des régimes des professions libérales.
Ils relèvent par contre du régime des salariés lorsqu'ils exercent leur activité dans des conditions impliquant un **lien de subordination** (voir nos 4435 s.).

> Précisions a. L'associé salarié d'une société d'exercice libéral par actions simplifiée exerçant une activité libérale, distincte de son mandat rémunéré, doit être affilié aux régimes des travailleurs indépendants dont relève sa profession et au régime général au titre de son mandat (Cass. 2e civ. 27-11-2014 n° 13-26.022 F-PB : RJS 2/15 n° 151).

b. Dans le cadre des régimes des travailleurs indépendants, les praticiens et auxiliaires médicaux **conventionnés** bénéficient d'un régime spécifique obligatoire comportant des prestations supplémentaires de retraite. Voir aussi : n° 79760 (régime d'assurance maladie-maternité), n° 81200, e (prestations en espèces maternité).

c. Pour **plus de détails** sur les régimes de protection sociale des praticiens et auxiliaires médicaux, voir notre Documentation sociale, F-V-13000 s.

PROPRIÉTÉ INDUSTRIELLE

79955 F-I-23600 s La **concession d'exploitation** d'une invention est considérée comme l'exercice d'une activité indépendante. Ainsi la cotisation personnelle d'allocations familiales est due sur les redevances perçues par les inventeurs ayant concédé à un tiers l'exploitation de leur **brevet** (jurisprudence constante, notamment Cass. soc. 20-10-1994 n° 92-11.098 P : RJS 12/94 n° 1440).
Même solution pour les redevances périodiques touchées par le propriétaire d'une **marque commerciale,** à l'occasion de son exploitation (Cass. soc. 13-2-1992 n° 90-10.044 P : RJS 3/92 n° 358), ou celles perçues par un dessinateur, en application de conventions passées pour l'exploitation de ses **dessins** par une société (Cass. soc. 15-6-1995 n° 92-13.007 D : RJS 10/95 n° 1067).

AUTRES CAS PARTICULIERS

79960 Relèvent, entre autres, des régimes des travailleurs indépendants non agricoles :
– les **copropriétaires indivis de fonds de commerce** (sauf cas de mise en location-gérance du fonds, voir nos 79940 s.) : chacun des copropriétaires resté volontairement dans l'indivision est assujetti, même s'il ne participe pas à l'exploitation (Cass. soc. 8-1-1976 n° 74-12.617) ;
– les **propriétaires de terrains de camping** soumis à la contribution économique territoriale en tant que commerçants (Rép. Allainmat : AN 25-5-1977 n° 36394) ;
– les **collaborateurs occasionnels des services publics,** dans certaines situations : voir n° 4360 ;
– les gérants-mandataires au sens de l'article L 146-1 du Code de commerce.

Les **correspondants locaux de la presse régionale ou départementale** sont soumis à un régime qui dépend du montant de leurs revenus (Loi 87-39 du 27-1-1987 art. 10).

Le **cédant d'une entreprise** commerciale, artisanale, libérale ou de services peut, après la cession, conclure avec le cessionnaire une convention dans laquelle il s'engage, contre rémunération ou à titre bénévole, à réaliser une prestation temporaire de **tutorat,** afin de lui transmettre son expérience professionnelle. Si une rémunération est versée, le tuteur reste affilié aux régimes de sécurité sociale dont il relevait antérieurement à la cession (C. com. art. L 129-1).

D. Affiliation et radiation

La personne débutant une activité professionnelle indépendante non agricole doit se signaler, aux fins d'affiliation, auprès des organismes de sécurité sociale gérant les régimes dont elle relève. Symétriquement, la cessation d'activité ou les modifications mettant fin à l'assujettissement à ces régimes doivent être déclarées aux fins de radiation. En pratique, ces démarches se font par la remise d'un dossier unique au **centre de formalités des entreprises** (CFE) du lieu d'exercice de l'activité (nº 90110). En cas de demande de radiation, il est conseillé d'informer parallèlement les caisses concernées. **79980** F-II-25200 s

Sur la possibilité de confier ces formalités à un tiers, voir nº 80220.

> Précisions **a.** L'**organisation** de la protection sociale des travailleurs indépendants est décrite nos 54900 s. à l'exception de celle de l'assurance vieillesse des professions libérales visées nº 79725, qui obéit à des règles propres précisées nº 79985.

b. L'affiliation ou la radiation prend **effet** :
– le jour du début ou de la fin de l'activité professionnelle pour l'assurance maladie-maternité de tous les travailleurs indépendants et pour l'assurance vieillesse des travailleurs indépendants hors professionnels libéraux visés nº 79725 (CSS art. R 611-3) ;
– le premier jour du trimestre civil suivant le début ou la fin de l'activité professionnelle pour l'assurance vieillesse des professions libérales visées nº 79725 (CSS art. R 643-1).

c. Le cotisant sans activité réelle n'ayant pas procédé aux formalités nécessaires à sa radiation peut être **radié d'office** par son organisme à défaut de chiffre d'affaires ou de déclaration de celui-ci pendant au moins 2 années civiles consécutives. Pour l'entrepreneur individuel, cette radiation d'office emporte celle des autres fichiers, registres et répertoires tenus par les autres administrations, personnes et organismes destinataires des informations relatives à la cessation d'activité (CSS art. L 613-4). Le travailleur indépendant peut toutefois s'y opposer (CSS art. R 611-2). La radiation prend effet au terme de la dernière année pour laquelle le revenu ou le chiffre d'affaires est connu (CSS art. L 613-4). Le fait de continuer son activité après radiation est réputé travail dissimulé : voir nº 79060.

ASSURANCE VIEILLESSE DES PROFESSIONS LIBÉRALES

Les professionnels libéraux visés nº 79725 relèvent des régimes gérés par les sections professionnelles de la Caisse nationale d'assurance vieillesse des professionnels libéraux (Cnavpl) pour leur retraite de base, complémentaire et leur régime invalidité-décès (nos 81750 s.). Les sections professionnelles procèdent aux opérations d'affiliation et de radiation des intéressés. Elles perçoivent les cotisations et versent les prestations sous la supervision de la Cnavpl (liste des sections et adresses sur www.cnavpl.fr). **79985** CSS art. R 643-2 s F-II-25950 s

> Précisions **a.** La personne qui exerce ou a exercé **une seule profession** libérale est affiliée à la section professionnelle correspondante. Celle qui exerce ou a exercé simultanément **plusieurs professions** libérales relevant de sections professionnelles différentes est affiliée à une seule section, déterminée conformément aux dispositions de l'article R 643-3 du CSS.
L'affiliation d'une personne venant à exercer simultanément plusieurs activités mais qui, lors de son affiliation, n'en exerçait qu'une, ne peut être changée tant qu'elle continue à exercer l'activité initiale, sauf si une des **nouvelles professions** exercées l'est en vertu d'une nomination par l'autorité publique ou comporte l'inscription à un ordre professionnel. Dans ce cas, une nouvelle affiliation est déterminée conformément aux dispositions de l'article R 643-3, 1° à 4°, du CSS (CSS art. R 643-5).

b. Les **experts** exerçant une profession relevant d'une section professionnelle sont affiliés à ladite section, même si leur activité se limite à des expertises.

c. Par exception, les **avocats** relèvent d'une organisation séparée : nos 81850 s.

RESCRIT SOCIAL DES INDÉPENDANTS

Les travailleurs indépendants, ou un tiers agissant pour leur compte, peuvent présenter une demande de rescrit à l'Urssaf (ou à la CGSS), dans les conditions de droit commun (nos 24490 s.) concernant : **79990** CSS art. L 243-6-3 L 643-1 A U-II-2450 s

– leurs conditions d'affiliation au régime général pour l'assurance maladie-maternité et, à l'exception des professionnels libéraux visés nº 79725 et des avocats, l'assurance vieillesse de base ;
– l'application à une situation précise de la législation relative aux cotisations et contributions recouvrées par l'Urssaf (voir nº 54800).

Les **professionnels libéraux** visés nº 79725 et les avocats peuvent interroger, dans les mêmes conditions, leurs caisses d'assurance **vieillesse** sur les conditions d'affiliation, selon le cas, à l'assurance vieillesse des professions libérales (ou à l'une de ses sections) ou à la CNBF.

› Précisions Peuvent notamment faire l'objet d'une demande de rescrit, au titre des **exonérations de cotisations** : l'exonération de début d'activité ou de reprise d'entreprise (nºs 1740 s.), l'exonération applicable dans les ZFU (nºs 80430 s.), la dispense de paiement des cotisations de retraite en cas d'incapacité d'exercer une profession libérale (nº 80470).

II. COTISATIONS

80100 F-II-1 s Les travailleurs indépendants sont redevables, au titre de leur activité professionnelle, de cotisations destinées à financer les différents régimes de sécurité sociale dont ils bénéficient.

A. Assiette

CHAMP D'APPLICATION

80130 Le revenu d'activité indépendante sert de base au calcul de l'assiette, pour l'ensemble des travailleurs indépendants, des **cotisations et contributions suivantes** : assurance maladie-maternité, assurance vieillesse de base, allocations familiales et, sous réserve de quelques particularités (nº 25205), CSG et CRDS. Il sert également de base de calcul, pour les travailleurs indépendants hors professionnels libéraux visés nº 79725, à l'assiette de leurs cotisations de retraite complémentaire et d'invalidité-décès et, pour les avocats non salariés, à leurs cotisations de retraite de base et complémentaire (nºs 81870 s.).

› Précisions **Échappent à cette assiette** les micro-entrepreneurs relevant du régime **micro-social** (nº 80830), les travailleurs indépendants en **début d'activité** (nº 80770), les entrepreneurs individuels en responsabilité limitée [**EIRL**] (nº 80180). Voir par ailleurs pour : les **dirigeants de société,** nº 28595 ; le cas où les **2 époux** exercent une activité indépendante, nº 79860 ; les **pluriactifs,** nºs 79870 s.

1. REVENUS ASSUJETTIS

80150 CSS art. L 131-6, I F-II-1000 s Les cotisations visées nº 80130 se calculent sur une **assiette nette** constituée du revenu d'activité indépendante (nº 80160) diminué du montant des cotisations de sécurité sociale calculées suivant les modalités exposées nº 80170. Cette assiette peut éventuellement comprendre des revenus professionnels non salariés **agricoles** : nº 79885. Les revenus **autres** que les revenus d'activité non salariés sont exclus de l'assiette : revenus fonciers et mobiliers, salaires, etc.

› Précisions **a.** Les **pensions de retraite ou d'invalidité** servies par les régimes des travailleurs indépendants n'entrent pas dans l'assiette de leurs cotisations, exception faite des retraites de base dont le bénéficiaire est fiscalement domicilié à l'étranger, assujetties à une cotisation spécifique au taux de 7,1 % précomptée par la caisse vieillesse (CSS art. L 131-9 et D 621-5).

b. Le **sursis de paiement** obtenu lors de la contestation de l'assiette retenue pour le calcul de l'impôt n'a pas d'incidence sur le recouvrement des cotisations de sécurité sociale, qui demeurent exigibles (Cass. soc. 27-2-2003 nº 01-20.666 : RJS 5/03 nº 671).

REVENU D'ACTIVITÉ INDÉPENDANTE

80160 CSS art. L 131-6, II à IV Le revenu d'activité indépendante correspond au revenu professionnel tel que **retenu pour le calcul de l'impôt sur le revenu** après application des retraitements ci-dessous.

Le revenu d'activité indépendante **inclut les sommes déduites du revenu fiscal** suivantes :
– les exonérations fiscales dont le travailleur indépendant a bénéficié (exemple : exonération des plus-values à court terme, exonération en faveur des entreprises nouvelles, jeunes entreprises innovantes, zones franches urbaines, etc.) ;
– les moins-values à long terme prévues à l'article 39 quindecies du CGI ;
– les reports déficitaires ;
– la déduction forfaitaire pour frais professionnels de 10 % ;
– les frais, droits et intérêts d'emprunt versés par le travailleur indépendant pour acquérir ou souscrire les parts ou actions de la société dans laquelle il exerce son activité principale ;

– les cotisations versées à des régimes obligatoires de base ou complémentaire de sécurité sociale ainsi que les primes et cotisations versées aux contrats d'assurance groupe dits « Madelin » et, depuis le 1-10-2019, les versements effectués sur les plans d'épargne retraite individuels et collectifs mentionnés aux articles L 224-13 ou L 224-28 du Code monétaire et financier.

L'assiette **intègre également** les sommes suivantes :

– les redevances de **location-gérance** visées n° 79945 ;

– la **part de dividendes** perçus par le travailleur indépendant exerçant son activité dans une société assujettie à l'impôt sur les sociétés, son conjoint ou son partenaire pacsé ou leurs enfants mineurs, **excédant** 10 % du capital social, des primes d'émission et des sommes versées en compte courant détenus en toute propriété ou en usufruit par ces mêmes personnes. La nature des apports retenus pour la détermination du capital social ainsi que les modalités de prise en compte des sommes versées en compte courant sont définies par l'article R 131-7 du CSS. Le montant des dividendes retenu dans l'assiette sociale s'entend avant l'abattement fiscal de 40 % (Circ. Acoss 2013-19 du 28-3-2013 ; RSI 2014-01 du 14-2-2014).

Sont exclus de l'assiette :

– les **plus-values professionnelles** à long terme prévues à l'article 39 quindecies et 219 quinquies, I-a du CGI ;

– le **coefficient de majoration** applicable au travailleur indépendant non adhérent d'un centre ou d'une association de gestion agréés ou n'ayant pas recours à un expert-comptable autorisé par l'administration fiscale.

DÉDUCTION DES COTISATIONS SOCIALES

Pour obtenir l'assiette nette sur laquelle sont calculées les cotisations visées n° 80130, le montant des cotisations sociales est déduit du revenu d'activité indépendante. Ce montant s'obtient par l'application de la formule suivante : **80170** CSS art. L 131-6, V

$$\frac{(R \times T)}{T + 1}$$

Dans laquelle :

R correspond au revenu d'activité indépendante de l'année donnée ;

T est égal à la somme des taux de cotisations en vigueur l'année au titre de laquelle les cotisations sont dues.

› Précisions **a.** L'Urssaf doit **communiquer** aux travailleurs indépendants le montant des cotisations à déduire en application de ces modalités de calcul. Cette communication s'effectue à l'issue de la déclaration par le travailleur indépendant des différents éléments inclus dans l'assiette des cotisations. Un téléservice doit, en outre, être mis en place pour permettre aux travailleurs indépendants de procéder à tout moment au calcul du montant des cotisations devant être déduites de leur revenu professionnel d'activité.

b. Sur la **déduction fiscale** des cotisations voir Mémento fiscal n°s 8680 s.

Entrepreneur individuel à responsabilité limitée (EIRL) **80180** CSS art. L 131-6 R 131-8 **F-II-3050 s.**

Le régime de l'EIRL permet à l'entrepreneur individuel de séparer son patrimoine personnel et son patrimoine professionnel sans création d'une personne morale.

En cas d'**option pour l'impôt sur les sociétés** (IS), le revenu d'activité indépendante correspond aux rémunérations que se verse l'EIRL. La part versée sous forme de **dividendes** est exclue de ce revenu, sauf pour sa fraction excédant, le cas échéant, le plus élevé des 2 montants suivants : 10 % de la valeur brute des biens du patrimoine affecté, déduction faite des encours des emprunts y afférents, appréciés au dernier jour de l'exercice précédant la distribution ou 10 % du montant du bénéfice net imposable de l'exercice précédant la distribution.

À **défaut d'option** pour l'IS, le revenu d'activité indépendante de l'EIRL est déterminé comme celui des autres entrepreneurs individuels.

Si l'EIRL a, dans l'exercice de son activité professionnelle, par des **manœuvres frauduleuses** ou à la suite de l'**inobservation grave et répétée** des prescriptions de la législation de la sécurité sociale, rendu impossible le recouvrement des cotisations et contributions sociales et des pénalités et majorations afférentes dont il est redevable, ce recouvrement peut être recherché sur la totalité de ses biens et droits si le tribunal compétent a constaté la réalité de ces agissements (CSS art. L 133-4-7).

2. ANNÉE DE RÉFÉRENCE

80200 CSS art. L 131-6-2

Le revenu d'activité servant de base au calcul des **cotisations définitives** est celui de l'année au titre de laquelle ces cotisations sont établies (ex. : les cotisations 2021 sont établies sur le revenu de l'année 2021). Ce revenu n'étant connu que l'année suivante, les travailleurs indépendants – hors ceux relevant du micro-social : nos 80830 s. – sont redevables, en attendant, d'une **cotisation provisionnelle** assise :

– sur le revenu professionnel de l'avant-dernière année, cotisation qui est ultérieurement régularisée (nos 80290 s.) ;

– ou, sur demande, sur le revenu estimé de l'année en cours (no 80310) ;

– en début d'activité, sur une base forfaitaire (no 80770).

3. DÉCLARATION ANNUELLE DE REVENUS

MODALITÉS

80220 CSS art. L 613-2 L 613-5 L 133-11 R 131-1 F-II-3900 s

Le travailleur indépendant doit déclarer les éléments nécessaires au calcul de ses cotisations et contributions sociales dans le cadre de sa déclaration fiscale professionnelle selon les modalités applicables à celle-ci (voir Mémento fiscal nos 3670 s.). S'il ne souscrit pas cette déclaration fiscale dans les conditions prévues (envoi tardif, modification de la déclaration après la clôture de la campagne déclarative ou impossibilité de la souscrire par voie dématérialisée), il doit déclarer ces éléments directement auprès de l'Urssaf.

Les ressortissants du **micro-social** sont assujettis à des obligations déclaratives spécifiques, voir no 80840. Pour les **avocats non salariés,** voir no 81880.

> Précisions a. Le travailleur indépendant doit souscrire sa déclaration fiscale professionnelle ou, à défaut, sa déclaration auprès de l'Urssaf **par voie dématérialisée** sous peine de se voir appliquer les majorations prévues no 24051.

b. Les **praticiens et auxiliaires médicaux** doivent souscrire une déclaration sociale de leurs revenus pour le calcul de leurs cotisations sociales indépendamment de leur déclaration fiscale professionnelle (Loi 2019-1446 du 24-12-2019 art. 19). Cette déclaration doit être effectuée en ligne via le site www.net-entreprises.fr ou depuis le compte personnel ouvert sur le site www.urssaf.fr.

DÉCLARATION TARDIVE

80230 CSS art. R 131-1

Si le travailleur indépendant déclare tardivement ses revenus, les cotisations et contributions sont assorties d'une **pénalité** de 5 % de leur montant, portée à 10 % en cas de déclaration après une taxation forfaitaire sur la base des revenus déclarés au fisc. Cette pénalité peut faire l'objet d'une **remise** dans des conditions identiques à celles prévues pour les cotisations du régime général (nos 24060), ainsi que de **sursis à poursuites.**

DÉFAUT DE DÉCLARATION

80240 CSS art. L 242-12-1 R 131-1 R 131-2

À défaut de déclaration, une procédure de **taxation forfaitaire** est appliquée. Elle diffère selon que l'organisme de recouvrement dispose ou non des revenus déclarés à l'administration fiscale.

Si l'organisme **ne dispose pas des revenus déclarés au fisc,** les cotisations sociales sont calculées provisoirement et à titre forfaitaire, sans tenir compte des exonérations éventuellement applicables au cotisant, sur la **base** la plus élevée parmi :

– la moyenne des 2 derniers revenus déclarés ou, en deuxième année d'activité, le revenu déclaré au titre de la première année. Si l'un de ces revenus n'a pas été déclaré, il est tenu compte pour l'année considérée de la base ayant servi au calcul des cotisations de cette année abstraction faite de l'éventuelle majoration de 25 % visée ci-dessous ;

– 50 % du plafond annuel de la sécurité sociale en vigueur au 1er janvier de l'année au titre de laquelle les cotisations sont dues.

Cette assiette est **majorée** de 25 % dès la première année et pour chaque année consécutive non déclarée. Par dérogation, si elles portent sur la **dernière année** d'activité, les cotisations sont calculées sur le dernier revenu d'activité connu ou, en l'absence de celui-ci, sur l'assiette forfaitaire de début d'activité (no 80770).

Le montant des cotisations ainsi déclaré peut être **révisé** au regard des revenus déclarés à l'administration fiscale ou d'éléments à la disposition de l'organisme laissant penser que les revenus du travailleur indépendant sont supérieurs.

Une fois les **revenus déclarés,** les cotisations et contributions sont **régularisées** sur cette base diminuée, le cas échéant, des exonérations dont le cotisant peut bénéficier.

Si l'organisme **dispose des revenus déclarés au fisc,** les cotisations sont calculées sur cette base mais font l'objet de majorations fixées par arrêté (à paraître) en fonction de la disponibilité des informations relatives aux éléments du revenu du travailleur indépendant. Si le fisc rectifie les revenus retenus, le montant des cotisations calculé sur cette base peut être révisé. Enfin, si l'organisme de recouvrement dispose d'**éléments probants** laissant penser que les revenus du travailleur indépendant sont susceptibles de dépasser la base de calcul retenue, il peut la dépasser dans la limite du montant résultant de la prise en compte de ces éléments.

Attention, à défaut de déclaration des revenus pendant au moins **2 ans consécutifs,** le travailleur indépendant peut être **radié d'office** : voir n° 79980, c.

› Précisions a. Pour les cotisations vieillesse des **professions libérales** et celles recouvrées par la CNBF pour les **avocats,** la base forfaitaire retenue peut être supérieure à celles ci-dessus dans la limite des plafonds applicables pour le calcul de ces cotisations.

b. La **CSG et la CRDS** sont calculées sur la base forfaitaire retenue pour les cotisations, majorée de celles-ci.

c. La taxation forfaitaire appliquée lorsque l'organisme ne dispose pas des revenus déclarés au fisc est **notifiée** à l'intéressé au plus tôt le 30e jour et au plus tard le 180e jour suivant la date limite de souscription de la déclaration des revenus. La notification est accompagnée de l'**échéancier** de paiement en découlant. La première échéance de paiement correspond, en principe, aux échéances normales de paiement du cotisant. Toutefois, le délai entre cette première échéance et la notification ne peut pas être inférieur à 15 jours. Les cotisations et contributions calculées sur cette base sont **recouvrées** dans les mêmes conditions que les cotisations définitives.

B. Calcul

Les cotisations et contributions sociales sont calculées suivant des règles communes s'agissant de leur détermination **à titre provisionnel** sur la base du revenu de l'avant-dernière année ou d'un revenu estimé, puis de leur **régularisation** et ajustement ultérieurs. Les modalités de calcul diffèrent en revanche s'agissant du taux, de l'existence ou non d'une cotisation minimale, du plafonnement de l'assiette de calcul et des éventuelles exonérations applicables. 80270

› Précisions L'exonération de début d'activité de création et de reprise d'entreprise (nos 1740 s.) s'applique toutefois à l'ensemble des cotisations et contributions sociales des travailleurs indépendants. Pour son application dans le cadre du régime du **micro-social,** voir n° 80860.

Mesures Covid-19 80280

Les travailleurs indépendants ne relevant pas du régime micro-social et remplissant certaines conditions peuvent bénéficier d'une **réduction exceptionnelle** de leurs cotisations et contributions de sécurité sociale dues au titre des années 2020 et 2021 dans la limite des montants dus aux Urssaf et aux CGSS. Les intéressés peuvent bénéficier de cette réduction sur leurs cotisations provisionnelles en appliquant un abattement sur leur revenu d'activité estimé selon les modalités exposées n° 80310 (Loi 2020-1576 du 14-12-2020 art. 9, III-al. 1er). En outre, les travailleurs indépendants pour lesquels des cotisations ou contributions sociales sont restées dues au 31 décembre 2020 ont pu bénéficier de **plans d'apurement** sans pénalité ni majoration. Pour l'exposé en détail de ces mesures, voir FRS 24/20 inf. 17 p. 32. Les conditions et modalités d'application de ces aides sont précisées par le décret 2021-75 du 27 janvier 2021 : voir FRS 4/21.

1. COTISATIONS PROVISIONNELLES ET RÉGULARISATION

Sauf s'il exerce l'option visée n° 80310, les cotisations et contributions dues par le travailleur indépendant au titre d'une année N font l'objet de **versements provisionnels,** calculés à partir des revenus de l'année N – 2. Lorsque le revenu d'activité de l'année N – 1 est définitivement connu : 80290

CSS art. L 131-6-2, L 136-3, al. 3, R 131-3-1, R 131-4, R 131-5

– les cotisations versées au titre de cette année N – 1 font l'objet d'une régularisation sur la base de ce revenu ;

– les cotisations provisionnelles, à l'exception de celles dues au titre de la première année d'activité, sont recalculées sur la base de ce revenu.

Ce dispositif **s'applique** à toutes les cotisations et contributions dues par les travailleurs indépendants sauf à certaines cotisations de retraite complémentaire et d'invalidité-décès des professionnels libéraux visés nº 79725.

> Précisions **a.** Le revenu N – 2 ou N – 1 est rapporté à l'année entière, en cas de **période d'affiliation incomplète au cours de l'année** N – 2 ou de l'année N – 1 et réduit au prorata de la durée d'affiliation, en cas de période d'affiliation incomplète au cours de l'année N.

b. Les **cotisations définitivement dues** par le travailleur indépendant au titre de la dernière année civile écoulée (N – 1) sont appelées dès que celui-ci souscrit sa déclaration de revenus au titre de N – 1, au cours de l'année N.

En cas de **trop-versé,** le montant du crédit lui est remboursé sans délai ou imputé sur les versements provisionnels restant à échoir au titre de l'année N. Si le trop-versé est supérieur aux cotisations provisionnelles restant à échoir, le solde, après imputation, le cas échéant, sur les dettes des périodes antérieures en remontant de la plus ancienne à la plus récente, lui est remboursé.

Lorsqu'un **complément de cotisations** résulte de la régularisation, il est recouvré dans les mêmes conditions que les versements provisionnels de l'année N restant à échoir, en autant de versements, d'un montant égal, que de versements provisionnels de l'année en cours restant à échoir.

c. Les **cotisations provisionnelles** dues au titre de l'**année civile en cours** (N) et ajustées sur la base du revenu de la dernière année civile écoulée (N – 1) sont appelées dès que le travailleur indépendant souscrit sa déclaration de revenu au titre de cette dernière année écoulée. L'ajustement prend effet à compter de la prochaine échéance qui suit d'au moins 15 jours la date de cette déclaration.

Lorsque le **montant ajusté** des cotisations provisionnelles est **inférieur au montant** des cotisations provisionnelles **déjà payées** sur les échéances de l'année en cours antérieures à l'ajustement, la différence est remboursée au travailleur indépendant, après imputation, le cas échéant, sur les dettes des périodes antérieures en remontant de la plus ancienne à la plus récente.

Lorsqu'un **complément de cotisations** résulte de l'ajustement, il est recouvré dans les mêmes conditions que les versements provisionnels de l'année en cours restant à échoir, en autant de versements, d'un montant égal, que de versements provisionnels de l'année en cours restant à échoir.

d. Les **cotisations provisionnelles** dues au titre de l'**année civile suivant celle en cours** (N + 1) et calculées sur la base de revenu d'activité de la dernière année civile écoulée (N – 1) sont appelées dès que le travailleur indépendant souscrit la déclaration de revenu d'activité au titre de cette dernière année écoulée. Par dérogation, les cotisations provisionnelles dues au titre des 2 premières années civiles d'activité sont appelées au plus tard à une date précédant d'au moins 15 jours la première échéance mentionnée sur l'échéancier de paiement.

80300 **EXEMPLE**

En pratique, dès que les assurés auront déclaré leur revenu d'activité de 2020, ils recevront un courrier avec un nouvel échéancier pour 2021 qui indiquera :

– le calcul de la régularisation de leurs cotisations dues au titre de 2020 ;

– le recalcul du montant de leurs cotisations provisionnelles de 2021 (initialement calculées sur le revenu de 2019) sur la base de leur revenu définitif de 2020 ;

– le montant provisoire de leurs premières échéances de cotisations provisionnelles de l'année 2022, calculé sur la base du revenu 2020.

80310 **Option pour le revenu estimé de l'année en cours** Par dérogation aux dispositions ci-dessus, le travailleur indépendant peut demander que ses cotisations provisionnelles soient calculées sur la base de son revenu estimé pour l'année en cours. Il doit alors fournir une **estimation** du revenu de l'année en cours à son organisme de recouvrement.

CSS art. L 131-6-2, R 131-5, D 131-3
F-II-16800 s

> Précisions **a.** La modulation **prend effet** à compter de l'échéance qui suit d'au moins 15 jours la date de sa demande. Si le **montant modulé** des cotisations provisionnelles est **inférieur au montant** de celles déjà **versées** sur les échéances de l'année en cours antérieures à la modulation, la différence est remboursée au travailleur indépendant, après imputation, le cas échéant, sur les dettes des périodes antérieures en remontant de la plus ancienne à la plus récente, sans attendre la détermination du revenu réel (Circ. RSI 8 du 31-3-2015). Si au contraire un complément de cotisations est dû après la modulation, il est recouvré dans les mêmes conditions que les versements provisionnels de l'année en cours restant à échoir.

b. Si le **revenu définitif** est **supérieur** de plus d'un tiers au revenu estimé par le cotisant, une majoration de retard est en principe appliquée sur l'insuffisance des acomptes provisionnels, sauf si les éléments en possession du cotisant au moment de sa demande justifiaient son estimation. Voir toutefois les mesures temporaires Covid-19 visées nº 80280.

c. Les cotisations calculées sur la base du revenu estimé doivent, en tout état de cause, être au moins égales aux **cotisations minimales** prévues dans les différents régimes dont relève le travailleur indépendant.

2. RÈGLES SPÉCIFIQUES À CHAQUE COTISATION

Sont présentées ci-dessous les règles de calcul spécifiques à chaque cotisation : taux, réduction dégressive de celui-ci en cas de faibles revenus, assiettes minimale et maximale de calcul et exonérations. Le **barème** des cotisations dues au titre de l'année 2021 est, quant à lui, donné dans un **tableau récapitulatif** au n° 80900. 80340

S'agissant des mesures temporaires Covid-19, voir n° 80280.

> Précisions **a.** La **valeur du plafond** de la sécurité sociale retenue pour le calcul des cotisations est la valeur annuelle de ce plafond, en vigueur au 1er janvier de l'année au titre de laquelle ces cotisations sont dues. En cas de période d'affiliation inférieure à une année, cette valeur est réduite (CSS art. R 613-17).

b. Les travailleurs indépendants exerçant une **activité saisonnière accessoire** dans des conditions définies par décret (à paraître) ainsi que ceux bénéficiant du **revenu de solidarité active** et de la prime d'activité sont **dispensés** du paiement des **cotisations minimales** maladie et maternité, vieillesse, retraite complémentaire et invalidité-décès des travailleurs indépendants hors professionnels libéraux visés n° 79725 ainsi de celles applicables à ces derniers pour le financement de leur assurance vieillesse de base et, le cas échéant, leur régime de retraite complémentaire et d'invalidité-décès. Ils peuvent **demander à acquitter** ces montants minimaux dans les conditions définies à l'article D 613-7 du CSS (CSS art. L 613-11).

c. Sur les exonérations applicables : aux **créateurs ou repreneurs d'entreprise,** voir nos 1740 s. ; aux travailleurs indépendants exerçant dans les **départements d'outre-mer,** voir notre Documentation sociale T-VII-1170 s.

d. Des règles spécifiques s'appliquent aux micro-entrepreneurs soumis au régime **micro-social** (nos 80830 s.) et, s'agissant des assiettes minimales de calcul, aux travailleurs indépendants en **début d'activité** (n° 80770).

a. Maladie-maternité

Les frais de santé maladie-maternité et les prestations en espèces maternité sont financées par **deux cotisations,** proportionnelles à l'assiette définie nos 80150 s., l'une due par les avocats non salariés et les professionnels libéraux visés n° 79725, l'autre par l'ensemble des travailleurs indépendants ne relevant pas de ces deux catégories. Cette dernière finance également le versement d'indemnités journalières maladie, ce qui explique certaines spécificités, notamment un taux plus élevé. 80360 F-II-10600 s.

À compter du 1-7-2021, les professionnels libéraux seront redevables d'une cotisation supplémentaire pour le financement d'indemnités journalières : voir n° 80390.

S'agissant des mesures temporaires Covid-19 voir n° 80280.

PROFESSIONNELS LIBÉRAUX

Cotisation frais de santé Le **taux** de la cotisation maladie des avocats non salariés et des professionnels libéraux visés n° 79725 est fixé à 6,5 %. Il fait l'objet d'une **réduction dégressive,** dans la limite de 5 points, pour ceux dont le revenu d'activité est inférieur à 110 % du plafond annuel de la sécurité sociale (Pass), soit 45 250 € pour 2021. Pour les intéressés, le taux de la cotisation, compris entre 1,5 % et 6,49 %, est déterminé en application de la formule suivante : 80370 CSS art. L 621-2 L 621-3 D 621-3

$$\text{Taux réduit} = \left[\frac{(6,50 - 1,50)}{(1,1 \times \text{Pass})}\right] \times R + 1,50,\ \text{où R est le revenu d'activité.}$$

En cas de durée d'affiliation inférieure à une année, le plafond ci-dessus est réduit au prorata de cette durée.

> Précisions **a.** Cette réduction dégressive est **cumulable** exclusivement avec la modulation du taux de la cotisation d'allocations familiales visée n° 80590 et avec l'exonération de cotisations prévue pour les créateurs ou repreneurs d'entreprise (nos 1740 s.). Voir toutefois les mesures temporaires Covid-19 visées n° 80280.

b. Les assurés placés sous le régime du **micro-social** relèvent de règles différentes : voir nos 80840 s. Pour les **assurés retraités,** voir n° 80150, a.

EXEMPLE 80380

a. Pour un professionnel libéral ayant un revenu d'activité de 10 000 €, le taux de cotisation est égal à : [(6,50 – 1,50) / (1,1 × 41 136)] × 10 000 + 1,50 = 2,60 %. Pour un professionnel libéral ayant un revenu d'activité de 40 000 €, le taux de cotisation est égal à : [(6,50 – 1,50) / (1,1 × 41 136)] × 40 000 + 1,5 = 5,92 %.

b. Un professionnel libéral cesse son activité au 30-6-2021 et a dégagé depuis le 1-1-2021 un revenu de 15 000 €. Le plafond d'éligibilité à la réduction du taux est proratisé et s'élève à : [1,1 × (41 136/2)] = 22 625 €. L'intéressé est éligible à la réduction dégressive de la cotisation maladie. Le taux réduit est égal à : [(6,50 – 1,50) / 22 625] × 15 000 + 1,5 = 4,81 %.

80390 CSS art. L 621, al. 2 **Cotisation indemnités journalières** À compter du 1-7-2021, les professionnels libéraux visés n° 79725 seront redevables d'une cotisation supplémentaire pour le financement de leurs prestations en espèce maladie. Cette cotisation sera calculée sur l'assiette exposée n°s 80150 s. dans la limite d'un plafond. Un décret fixera ce plafond ainsi que le taux et, pour les professionnels libéraux ne relevant pas du régime micro-social, le montant minimal de la cotisation.

ATTENTION

Les **avocats** non salariés ne seront **pas redevables** de cette cotisation.

AUTRES TRAVAILLEURS INDÉPENDANTS

80400 CSS art. L 621-1 L 621-3 D 621-6 Le **taux** de la cotisation maladie des travailleurs indépendants hors avocats et professionnels libéraux visés n° 79725 est fixé à 7,20 %. Il peut être réduit comme indiqué ci-dessous. Par dérogation, il est fixé à 6,5 % pour la part de revenu dépassant 5 Pass. Sur la valeur du plafond à retenir, voir n° 80340, a.

La cotisation, y compris celle des 2 premières années d'activité, ne peut pas être calculée sur une **assiette inférieure à** 40 % du Pass soit, en 2021, 16 454 €.

› Précisions **a.** La cotisation maladie des travailleurs indépendants intègre depuis le 1-1-2018 la **cotisation indemnités journalières.** Toutefois, certains organismes de sécurité sociale maintiennent la distinction entre cette cotisation et celle de base pour certains calculs (notamment, exonération ZFU portant seulement sur la cotisation de base et conjoints collaborateurs redevables seulement de la cotisation d'indemnités journalières). Le taux de la cotisation d'indemnités journalières est de 0,85 % et celui de la cotisation de base, de 6,35 %.

b. Sur la **dispense** de **cotisations minimales** des travailleurs indépendants exerçant une activité saisonnière accessoire, des bénéficiaires du revenu de solidarité active et de la prime d'activité, voir n° 80340, a. S'agissant des micro-entrepreneurs, voir n° 80840.

c. Les **conjoints collaborateurs** sont redevables, au titre du régime d'indemnités journalières maladie, d'une cotisation de 0,85 % calculée sur une assiette égale à 40 % du Pass.

80410 CSS art. D 621-2 **Réductions dégressives** Le taux de la cotisation maladie des travailleurs indépendants, hors avocats et professionnels libéraux visés n° 79725, fait l'objet de **deux dispositifs** de **réduction dégressive** sous condition de revenu. Bénéficient ainsi d'un taux réduit pour leurs cotisations :

– les travailleurs indépendants dont les **revenus** sont **compris entre** 40 % et 110 % du Pass, soit, en 2021, entre 16 454 € et 45 250 €. Le taux réduit est déterminé en appliquant la formule suivante :

$$\text{Taux réduit} = \left[\frac{(7{,}20 - 2{,}20)}{(1{,}1 \times \text{Pass})}\right] \times R + 2{,}20, \text{ où R est le revenu d'activité.}$$

– les travailleurs indépendants dont les revenus sont **inférieurs à** 40 % du Pass, soit 16 454 € en 2021. Le taux réduit est déterminé par application de la formule suivante :

$$\text{Taux réduit} = \left[\frac{(7{,}20 - 2{,}20)}{(1{,}1 \times \text{Pass})}\right] \times R + \left[\frac{(2{,}20 - 0{,}85)}{(0{,}40 \times \text{Pass})} \times R\right] + 0{,}85, \text{ où R est le revenu d'activité.}$$

Ce taux est appliqué à l'assiette minimale indiquée n° 80400.

En cas de durée d'affiliation inférieure à une année, les plafonds ci-dessus sont réduits au prorata de cette durée.

› Précisions **a.** Les taux réduits ci-dessus sont **cumulables** exclusivement avec la réduction du taux de la cotisation d'allocations familiales (n° 80590) et l'exonération de cotisations prévues pour les créateurs ou repreneurs d'entreprise (n°s 1740 s.). Voir toutefois les mesures temporaires Covid-19 visées n° 80280.

b. Les assurés placés sous le régime du **micro-social** relèvent de règles différentes : voir n°s 80830 s. Pour les **assurés retraités,** voir n° 80150, a.

80420

EXEMPLE

a. Pour un artisan ayant un revenu d'activité de 25 000 €, le taux de cotisation est égal à : [(7,20 – 2,20) / (1,1 × 41 136)] × 25 000 + 2,2 = 4,96 %. Pour un commerçant ayant un revenu d'activité de 40 000 €, le taux de cotisation est égal à : [(7,20 – 2,2) / (1,1 × 41 136)] × 40 000 + 2,2 = 6,62 %.

b. Si un commerçant a un revenu d'activité de 15 000 €, la cotisation maladie sera calculée au taux réduit égal à : [(7,20 – 2,20) / (1,1 × 41 136)] × 15 000 + [(2,20 – 0,85) / (0,4 × 41 136) × 15 000] + 0,85 = 3,74 %. Pour un artisan ayant un revenu d'activité de 10 000 €, le taux de la cotisation est égal à : [(7,20 – 2,20) / (1,1 × 41 136)] × 10 000 + [(2,20 – 0,85) / (0,4 × 41 136) × 10 000] + 0,85 = 2,77 %. Ces taux réduits seront appliqués sur l'assiette minimale égale à 40 % du Pass.

Exonération en zone franche urbaine Des **régimes temporaires** d'exonération de la cotisation maladie-maternité de base (nº 80400, a) ont été successivement mis en place à l'intention des industriels, commerçants ou artisans exerçant en zone franche urbaine (**ZFU**). Ils s'adressent aux exploitants qui se sont installés dans l'une des ZFU instituées en 1996 jusqu'au 31-12-2011, ainsi qu'à ceux qui se sont installés dans l'une des ZFU créées par la loi du 1-8-2003 et par la loi du 31-3-2006 jusqu'au 31-12-2014. 80430 Loi 96-987 du 14-11-1996 art. 14 Décret 2004-565 du 19-6-2004 art. 20 à 22 **F-II-7200 s**

Pour en bénéficier, les intéressés doivent avertir leur caisse qu'ils sont établis dans une des ZFU. L'exonération est totale pendant 5 ans puis dégressive sur une période variable selon que le bénéficiaire emploie au moins ou moins de 5 salariés. Elle porte sur l'intégralité de la cotisation maladie-maternité de base, dans la limite d'un **plafond** annuel de revenu fixé à 3 042 fois le Smic horaire en vigueur au 1er janvier, soit 31 180,50 € pour 2021. Cette limite est proratisée en cas d'année incomplète (au début ou à la fin de la période d'exonération).

L'exonération **se substitue** à celle prévue pour les créateurs ou repreneurs d'entreprise (nos 1740 s.), qui reste néanmoins applicable aux cotisations autres que la cotisation d'assurance maladie-maternité.

> **Précisions** **a.** En cas de **transfert** de tout ou partie de l'activité dans une autre ZFU, l'exonération cesse d'être applicable à l'activité ou la partie d'activité transférée.
b. L'exonération est sans incidence sur le droit des intéressés aux **prestations.**
c. Le bénéfice de l'exonération est remis en cause en cas de **travail illégal** : voir nº 79540.

b. Assurance vieillesse de base

Sont présentées ci-dessous les règles de calcul de la cotisation d'assurance vieillesse de base des professionnels libéraux visés nº 79725 et celles des autres travailleurs indépendants. Sur la cotisation d'assurance vieillesse des **avocats non salariés,** voir nº 81870. 80450

S'agissant des mesures temporaires Covid-19, voir nº 80280.

> **Précisions** **a.** Le travailleur indépendant peut verser, outre les cotisations à ses régimes de retraite de base et complémentaire obligatoires, des primes ou cotisations en application d'un **contrat d'assurance** dit « Madelin » souscrit avant le 1-10-2020 ou effectuer des versements sur un **plan d'épargne retraite individuel** depuis le 1-10-2019 en vue de se constituer des avantages de retraite supplémentaires.
b. Des règles de coordination sont prévues pour les **pluriactifs** : voir nos 79870 s.

PROFESSIONNELS LIBÉRAUX

La cotisation est calculée pour partie sur l'assiette définie nos 80150 s. dans la limite du plafond annuel de la sécurité sociale (Pass), et pour partie sur la part de cette assiette dans la limite de 5 fois le plafond précité. Sur la valeur du plafond à retenir, voir nº 80340 a. 80460 CSS art. L 642-1 D 642-3 D 642-4 **F-II-12850 s**

La cotisation annuelle ne peut **pas** être calculée sur une assiette **inférieure à** 11,50 % du Pass. Par dérogation à la règle exposée nº 80340 a, ce minimum n'est pas proratisé en cas d'année incomplète.

Pour les **tranches, taux et montants** applicables en 2021, voir nº 80900.

> **Précisions** **a.** La **cotisation minimale** s'applique aux travailleurs indépendants dont la durée d'affiliation est d'au moins 90 jours au cours de l'année. S'agissant de la dispense de cotisations minimales pour les travailleurs indépendants exerçant une activité saisonnière accessoire ainsi que les bénéficiaires du revenu de solidarité active et de la prime d'activité, voir nº 80340, b.
b. Des règles spécifiques s'appliquent en cas de **début d'activité** (nos 80760 s.) et aux ressortissants du **micro-social** (nos 80830 s.).

80470 CSS art. L 642-3, al 1er F-II-14030 s.

Exonération en cas d'incapacité d'exercice Les professionnels libéraux visés nº 79725, atteints d'une **incapacité d'exercer la profession** pour plus de 6 mois, sont exonérés de cotisations sur demande adressée à leur section sous pli recommandé, appuyée des justifications nécessaires. Cette exonération **ne concerne que** les cotisations de retraite de base, et non celles dues aux régimes de retraite complémentaire ou invalidité-décès (Cass. 2e civ. 7-11-2013 nº 12-13.774 : RJS 2/14 nº 169).

AUTRES TRAVAILLEURS INDÉPENDANTS

80490 CSS art. L 131-6 L 633-1 D 633-2 s. F-II-11480 s

La cotisation est **calculée,** pour partie, sur l'assiette définie nos 80150 s. dans la limite du plafond de la sécurité sociale et, pour partie, sur la totalité de cette assiette. Sur la valeur du plafond à retenir, voir nº 80340, a.

Elle est calculée sur une assiette **au moins égale à** 11,50 % du Pass, ce minimum n'étant pas proratisé en cas d'année incomplète.

Pour les **tranches, taux et montants** applicables en 2021, voir nº 80900.

› Précisions a. La **cotisation minimale** s'applique aux travailleurs indépendants dont la **durée d'affiliation** est d'au moins 90 jours au cours de l'année. Elle s'applique notamment lorsque l'assuré ne dispose d'aucun revenu imposable (Cass. soc. 19-11-1986 nº 84-16.321 ; 16-6-1994 nº 92-11.883 : RJS 7/94 nº 920).
S'agissant de la dispense de cotisations minimales pour les travailleurs indépendants exerçant une activité saisonnière accessoire ainsi que les bénéficiaires du revenu de solidarité active et de la prime d'activité, voir nº 80340, b.

b. Sur la cotisation des aides familiaux, voir nº 80510. Des règles spécifiques s'appliquent en cas de **début d'activité** (nos 80760 s.) et aux ressortissants du **micro-social** (nos 80830 s.).

80510 CSS art. D 632-3 D 633-12 D 635-7 F-I-3980 s.

Aides familiaux

L'aide familial de l'**artisan** cotise aux régimes de retraite de base, de retraite complémentaire et d'invalidité-décès sur la base du tiers du plafond annuel de sécurité sociale ou sur le revenu d'activité du chef d'entreprise s'il est inférieur. En toute hypothèse, sa cotisation doit être au moins égale aux cotisations minimales mentionnées nº 80490 (retraite de base) et nº 80570 (invalidité-décès). La cotisation due au titre de l'aide familial est versée par le chef d'entreprise en sus de sa cotisation personnelle, dans les mêmes conditions et délais que cette dernière.
L'aide familial du **commerçant** peut s'assurer volontairement : voir nº 5240.

c. Retraite complémentaire et invalidité-décès

80540 Sont exposées ci-dessous les règles relatives aux cotisations de retraite complémentaire et d'invalidité-décès des travailleurs indépendants hors avocats et professionnels libéraux visés nº 79725. Pour les **professionnels libéraux** visés nº 79725, voir nos 81750 s. ; pour les **avocats,** voir nos 81850 s.

RETRAITE COMPLÉMENTAIRE OBLIGATOIRE

80550 Décret 2019-386 du 29-4-2019 CSS art. L 635-1 s. D 635-7 F-III-10000 s

Les travailleurs indépendants hors avocats et professionnels libéraux visés nº 79725 sont redevables, pour le financement de leur régime obligatoire de retraite complémentaire, de **cotisations** assises, pour partie, sur l'assiette visée nos 80150 s. dans la limite d'un plafond annuel spécifique à ce régime et, pour partie, au-delà de ce plafond dans la limite de 4 fois le Pass. En cas d'affiliation inférieure à une année, la valeur du plafond spécifique précité est réduite prorata temporis.

Pour les **tranches, taux et montants** applicables en 2021, voir nº 80900.

Sur la cotisation des **aides familiaux,** voir nº 80510.

S'agissant des mesures temporaires Covid-19, voir nº 80280.

› Précisions a. Les **professionnels libéraux relevant,** soit obligatoirement, soit sur option exercée dans les conditions définies par le décret 2019-1358 du 13-12-2019, de ce régime de retraite complémentaire peuvent demander que leurs cotisations à celui-ci soient calculées à un taux :
– nul pour la fraction du revenu inférieure ou égale au Pass, ce qui correspond en pratique à une exonération de cotisation ;
– de 14 % sur la seule part du revenu annuel d'activité indépendante compris entre le Pass et 4 fois ce plafond ;
Pour les professionnels libéraux concernés, voir nº 79765.

b. Les titulaires d'une pension d'**invalidité** en tant que travailleur indépendant sont **exonérés** de cotisations de retraite complémentaire (CSS art. D 635-2).

INVALIDITÉ-DÉCÈS

La **cotisation** invalidité-décès des travailleurs indépendants, hors avocats et professionnels libéraux visés n° 79725, est calculée sur l'assiette définie n°s 80150 s. dans la limite du Pass. 80570 CSS art. L 632-1 s. D 632-1 s. F-II-12300 s

La cotisation annuelle est calculée sur une assiette **au moins égale à** 11,5 % du Pass. En cas d'affiliation inférieure à une année, cette valeur est réduite prorata temporis.

Pour les **taux et montants** applicables en 2021, voir n° 80900.

S'agissant des mesures temporaires Covid-19, voir n° 80280.

> **Précisions a.** S'agissant de la **dispense** de **cotisation minimale** des travailleurs indépendants exerçant une activité saisonnière accessoire ainsi que les bénéficiaires du revenu de solidarité active et de la prime d'activité, voir n° 80340, b.
> **b.** Les ressortissants du **micro-social** bénéficient de règles spécifiques : voir n°s 80830 s. Pour les assurés en **début d'activité,** voir n° 80770. Sur la cotisation des **aides familiaux,** voir n° 80510.

d. Allocations familiales

La cotisation est due sur l'assiette définie n°s 80150 s. Son **taux,** modulé en fonction du montant des revenus, est : 80590 CSS art. L 241-6, 2° L 613-1 D 241-3-1 D 613-1 F-II-1000 s et 14740 s

– nul lorsque le revenu d'activité annuel est inférieur ou égal à 110 % du plafond annuel de la sécurité sociale (Pass), soit 45 250 € en 2021 ;

– égal à 3,10 % si le revenu d'activité annuel est supérieur à 140 % de ce plafond, soit 57 590 € en 2021 ;

– à un taux croissant compris entre 0 % et 3,10 % si le revenu d'activité annuel est compris entre 110 % et 140 % de ce plafond.

Dans ce cas, le taux est déterminé par application de la formule suivante :

$$\text{Taux} = \left[\frac{3{,}10}{(0{,}3 \times \text{Pass})}\right] \times [R - (1{,}1 \times \text{Pass})], \text{ où R est le revenu d'activité.}$$

En cas de période d'affiliation **inférieure à une année,** la valeur du plafond ci-dessus est réduite au prorata de la durée d'affiliation.

Le bénéfice de cette réduction n'est **cumulable** qu'avec l'exonération de cotisations prévue pour les créateurs ou repreneurs d'entreprise (n°s 1740 s.) et les dispositifs de réduction dégressive de la cotisation maladie-maternité (n° 80370 et n° 80410). Voir toutefois les mesures temporaires Covid-19 visées n° 80280.

EXEMPLE 80600

Si un travailleur indépendant exerçant son activité toute l'année 2021 déclare un revenu d'activité de 48 000 €, le taux de sa cotisation d'allocations familiales est égal à : [3,10 / (0,3 × 41 136)] × [48 000 – (1,1 × 41 136)] = 0,69 %.

Si un travailleur indépendant exerçant son activité toute l'année 2021 déclare un revenu d'activité de 54 000 €, le taux de sa cotisation d'allocations familiales est égal à : [3,10 / (0,3 × 41 136)] × [54 000 – (1,1 × 41 136)] = 2,20 %.

Si un travailleur indépendant cesse son activité au 1-4-2021, le plafond à prendre en compte pour déterminer le droit à réduction de sa cotisation d'allocations familiales est égal à 14 398 € (57 590 € × 3/12). Si son activité du 1er trimestre lui a procuré 12 000 € de revenus d'activité, il se trouve dans la tranche de revenus comprise entre 110 % et 140 % du plafond. Le taux de sa cotisation est égal à : [3,10 / (0,3 × 10 284)] × [12 000 – (1,1 × 10 284)] = 0,69 %.

C. Paiement, contrôle et recouvrement

Les règles suivantes **valent pour** toutes les cotisations et contributions sociales dues par les travailleurs indépendants, **sauf pour** les cotisations de retraite de base et complémentaire des avocats et celles de retraite complémentaire et invalidité-décès des **professionnels libéraux** visés n° 79725. Ces dernières sont exigibles annuellement et d'avance dans des **délais** fixés par les statuts de chaque section, qui peuvent prévoir la faculté de payer par semestre, trimestre ou mois. Sur les textes applicables à ces cotisations, voir n° 81760. 80630

S'agissant : du cas particulier du **début d'activité,** voir n°s 80780 s. ; du régime micro-social, voir n°s 80840 s. ; du paiement des cotisations sur les **retraites,** lorsqu'elles sont dues, voir n° 80640, e.

MODALITÉS DE PAIEMENT

80640 CSS art. L 613-2, II et IV R 613-2 R 613-5 R 642-2 D 133-17 D 133-17-1 **F-II-20800 s**

Sauf option pour un paiement trimestriel (nº 80650), le paiement se fait par **versements mensuels.** Le travailleur indépendant reçoit un **échéancier** de paiements mensuels dans le délai de 15 jours suivant la date à laquelle il a souscrit sa déclaration de revenus. Cet échéancier vaut appel des cotisations et contributions au titre :
– de la régularisation des cotisations et contributions provisionnelles dues au titre de la dernière année civile écoulée (N – 1) (nº 80290, b) ;
– de l'ajustement des cotisations et contributions provisionnelles dues au titre de l'année civile en cours (N) (nº 80290, c) ;
– du calcul des cotisations et contributions dues au titre de l'année civile suivant l'année en cours (N + 1) (nº 80290, d) ;
– le cas échéant, de la période d'étalement et du calcul du montant des fractions annuelles en résultant (nº 80790).

Les paiements mensuels sont effectués le **5 ou le 20 de chaque mois,** au choix de l'assuré, qu'il communique à l'Urssaf. À défaut de choix, les cotisations sont exigibles le 5 de chaque mois. La date de prélèvement mensuel peut être **modifiée** une fois par année civile, et la demande prend effet au plus tard le deuxième mois suivant celui de sa réception.

Les **cotisations provisionnelles** sont acquittées de janvier à décembre, en 12 versements mensuels d'un montant égal.

Sur les modalités de paiement du complément de cotisations ou de remboursement du trop-versé résultant de la **régularisation** des cotisations de l'année précédente et de l'**ajustement** des cotisations provisionnelles, voir nº 80290, b et c.

› Précisions **a.** Le travailleur indépendant doit acquitter ses cotisations par **voie dématérialisée** quelle que soit la périodicité du paiement (virement, prélèvement automatique, télépaiement) sous peine des majorations prévues nº 24051.
b. Si un **paiement mensuel** n'est **pas effectué** à sa date d'exigibilité, la somme est recouvrée avec le paiement mensuel suivant. Si 2 paiements consécutifs ne sont pas effectués à leur date d'exigibilité, le recouvrement des sommes restant dues au titre de l'année en cours est poursuivi trimestriellement. Les majorations de retard sont dues à compter du deuxième incident de paiement consécutif au cours de la même année civile.
c. Les travailleurs indépendants peuvent obtenir de l'Urssaf des **délais de paiement** pour les cotisations recouvrées par cet organisme dans les conditions exposées nº 23960.
d. Le **remboursement des cotisations indûment versées** obéit aux règles exposées nº 24090.
e. Les **personnes en activité percevant une retraite** d'artisan ou de commerçant, l'AVTNS ou l'allocation aux mères de famille conjointes de commerçants peuvent demander que leur cotisation d'assurance vieillesse de base soit **précomptée** mensuellement sur leur avantage vieillesse. Sur la situation des **aides familiaux d'artisans,** voir nº 80510.
f. Le **paiement partiel** des cotisations et contributions est **prioritairement imputé** sur la créance due au principal, puis le cas échéant, sur les majorations de retard et pénalités restant dues et les frais de justice. Un décret (à paraître) fixe l'ordre de priorité entre les différentes cotisations et contributions dues par les travailleurs indépendants (CSS art. L 133-4-11).

80650 CSS art. R 613-3 **F-II-22200 s**

Les assurés peuvent opter pour des **versements trimestriels.** L'option doit être **exercée** avant le 1er décembre pour prendre **effet** le 1er janvier de l'année suivante. Le travailleur indépendant peut toutefois demander **en cours d'année** que le versement trimestriel intervienne à la date de la prochaine échéance trimestrielle suivant d'au moins 30 jours sa demande. Dans ce cas, les cotisations provisionnelles restant dues le cas échéant pour l'année en cours sont acquittées en autant d'échéances trimestrielles, d'un montant égal, qu'il reste d'échéances trimestrielles jusqu'à la fin de l'année civile en cours. Les versements, d'un montant égal, sont **exigibles** les 5 février, 5 mai, 5 août et 5 novembre et doivent être acquittées par voie dématérialisée (nº 80640).

Sur les modalités de paiement du complément de cotisations ou de remboursement du trop-versé résultant de la **régularisation** des cotisations de l'année précédente et de l'**ajustement** des cotisations provisionnelles, voir nº 80290, b et c.

En cas de **renonciation** à l'option, les cotisations restant dues sont prélevées en autant de mensualités d'égal montant qu'il reste de mois civils entre la date d'effet de la renonciation et la fin de l'année considérée.

REPORT DE PAIEMENT

80660 CSS art. L 131-6-1-1

Les travailleurs indépendants, hors ceux relevant du régime micro-social, bénéficient d'un report de l'ensemble de leurs cotisations ou contributions, provisionnelles ou définitives, pour toute la période pendant laquelle ils perçoivent les indemnités journalières **maternité**

ou adoption. Les cotisations ou contributions reportées peuvent faire l'objet d'un plan de paiement échelonné d'une durée maximale de 12 mois, pouvant être porté à 24 mois par l'organisme de recouvrement en cas de circonstances exceptionnelles. Ce report ne donne lieu à aucune majoration ni pénalité de retard.

Sur le report de paiement des cotisations dont les **créateurs ou repreneurs d'entreprise** peuvent bénéficier, voir n° 80790.

S'agissant des mesures temporaires Covid-19, voir n° 80280.

SANCTIONS

Le défaut de paiement des cotisations expose le travailleur indépendant à des majorations de retard et pénalités dans les mêmes conditions que dans le régime des salariés. Sur les taux et conditions d'application des majorations, les remises automatique et sur demande, voir n°s 24050 s. Aucune remise ne peut, toutefois, être accordée sur les majorations ou pénalités portant sur des cotisations et contributions sociales dues, à titre personnel, à la suite d'un constat de **travail dissimulé.** **80670** CSS art. R 243-20 **F-II-23200 s**

Les personnes qui se sont soustraites à leurs obligations en matière de cotisations sont passibles de **sanctions pénales** exposées n° 24080.

> Précisions a. Les demandes de **remise des majorations de retard** sont à présenter à l'organisme de recouvrement compétent après versement des cotisations ayant donné lieu à ces majorations.

b. Sur le point de départ des majorations de retard en cas de non-paiement à bonne date de 2 **paiements mensuels** successifs, voir n° 80640, b.

c. S'agissant de l'incidence de l'ouverture d'une **procédure collective,** voir n° 24067.

d. Le fait que la **cotisation définitive** soit **inférieure à la cotisation provisionnelle** n'ouvre pas droit à révision en baisse du montant des majorations dues pour paiement tardif de cette dernière (Cass. soc. 21-7-1994 n° 92-12.551 : RJS 10/94 n° 1201 ; 7-11-1997 n° 95-16.226 : RJS 1/98 n° 109).

e. Sur l'imputation des **paiements partiels** sur les majorations de retard et pénalités, voir n° 80640, f.

Contrats d'assurance de substitution Est **nulle** toute clause ou convention ayant pour objet de garantir un travailleur indépendant contre les risques couverts à titre obligatoire par les régimes d'assurance maladie et d'assurance vieillesse chaque fois que l'assuré n'est pas à jour des cotisations dues à ces régimes au moment de la conclusion ou du renouvellement du contrat. Cette interdiction ne s'applique pas aux contrats d'assurance complémentaire santé. En revanche, les contrats d'**assurance-vie** entrent dans le champ de ces dispositions, mais pas les contrats de capitalisation, puisque ceux-ci ne font intervenir aucun risque (Cass. soc. 3-2-2000 n° 98-10.863 : RJS 3/00 n° 333 ; Circ. Cancava 6 du 2-3-1993). **80680** CSS art. L 615-4 R 615-2 **F-II-24000 s**

ATTENTION

Des **sanctions** pénales sont applicables (amende de 5e classe : montant n° 67285) non seulement au souscripteur, mais aussi aux personnes proposant la souscription de telles clauses ou conventions. Ces dernières sont d'ailleurs solidairement responsables, avec l'assuré, du paiement des cotisations obligatoires dues par celui-ci.

CONTRÔLE

Le contrôle portant sur les cotisations et contributions sociales des travailleurs indépendants, à l'exception de celles de retraite et d'invalidité-décès des professionnels libéraux, est exercé par les Urssaf (ou CGSS dans les départements d'outre-mer). **80700** CSS art. L 243-7 L 243-13 L 641-8 L 642-6 R 243-59-4 R 615-1 **F-II-30100 s**

Il est soumis aux règles suivantes régissant le contrôle des cotisations du régime général des salariés : vérification des déclarations (n° 24240), limitation de la durée du contrôle (n° 24275), procédure de contrôle (n°s 24278 s.) à l'exception de la vérification par échantillonnage et extrapolation (n° 24315), taxation forfaitaire (n° 24420) et majoration du redressement (n° 24430).

Il présente toutefois quelques spécificités :

– du fait des règles spécifiques de décompte du délai de prescription des cotisations (n° 80720), la délimitation de la **période pouvant être contrôlée** est différente de celle du régime général. Ainsi, si le contrôle est réalisé avant le 30-6-2021, il porte sur les exercices 2019, 2018 et 2017 ; s'il est réalisé à compter du 30-6-2021, il porte sur les exercices 2020, 2019 et 2018 (Charte du cotisant contrôlé, éd. 1-2-2020 p. 9) ;

– en cas d'**obstacle à contrôle** portant sur ses cotisations dues à titre personnel, le travailleur indépendant est passible d'une pénalité d'un montant maximal de 7 500 €, doublé en cas de nouveau manquement constaté dans un délai de 5 ans à compter du jour où la pénalité concernant un précédent manquement est devenue définitive (CSS art. L 243-12-1).

Sur la définition de l'obstacle à contrôle et les conditions de prononcé de la pénalité, voir nos 24250 s. ;

– en cas de **travail dissimulé,** pour le calcul des cotisations dues (no 79550), les rémunérations peuvent, sauf preuve contraire, être fixées à hauteur pour chaque exercice contrôlé de 3 fois le Pass en vigueur à la date à laquelle le contrôle a débuté. Le redressement peut aussi être majoré dans les conditions indiquées no 79550.

RECOUVREMENT ET CONTENTIEUX

80720 CSS art. L 133-4-9 L 244-2 s. L 244-11 R 133-9-5 s. **F-II-31200 s**

Les cotisations et contributions sociales des travailleurs indépendants se **prescrivent** par 3 ans à compter du 30 juin de l'année suivant celle au titre de laquelle elles sont dues (5 ans en cas de travail illégal). L'Urssaf peut poursuivre le recouvrement forcé des cotisations entrant dans son champ de compétence dans les conditions exposées nos 24600 s. sous réserve des règles exposées no 80730. Les litiges obéissent aux règles du **contentieux** de la sécurité sociale (nos 15440 s.).

80730 CSS art. R 612-8 R 612-9 R 133-9-12

Les réclamations ou demandes de remise en matière de cotisations ou contributions sociales relèvent en principe des commissions de **recours amiable** des organismes du régime général. Les assurés peuvent toutefois demander qu'elles soient soumises au préalable à une commission de recours amiable propre aux travailleurs indépendants. Les travailleurs indépendants peuvent en outre soumettre leurs réclamations à un médiateur régional.

D. Début et fin d'activité

DÉBUT D'ACTIVITÉ

80760 **F-II-26650 s**

Le début d'activité est soumis à un régime particulier de calcul et de paiement des cotisations. Des **exonérations** de cotisations sont aussi prévues pendant cette période, pour les créateurs ou repreneurs d'entreprise (nos 1740 s.), dans les départements d'outre-mer (voir notre Documentation sociale T-VII-1170 s.) et dans les ZFU (no 80430). Pour les créations d'activité placées sous le régime du **micro-social,** voir no 80860.

› Précisions Ne caractérisent pas un **début d'activité** : la modification des conditions d'exercice de l'activité ; la reprise d'activité intervenue soit au cours de l'année de la cessation d'activité, soit au cours de l'année suivante ; le changement du lieu d'exercice de l'activité concernée (CSS art. R 131-3). Le changement d'activité proprement dit est, en revanche, assimilé à un début d'activité, avec application de la cotisation forfaitaire aux 2 premières années de l'activité nouvelle.

80770 CSS art. L 131-6-2 R 131-2-1 D 131-1

Assiette des cotisations La cotisation des **2 premières années** civiles d'activité est calculée **à titre provisionnel** sur une **base forfaitaire** égale à un pourcentage du plafond annuel de sécurité sociale (Pass) en vigueur au 1er janvier de la première année civile d'activité. Ce pourcentage s'élève à :

– 19 % pour les cotisations d'allocations familiales, cotisations vieillesse du régime de base et du régime complémentaire invalidité-décès des travailleurs indépendants non professionnels libéraux, cotisations vieillesse du régime de base des professions libérales, CSG et CRDS ;

– 40 % pour la cotisation maladie-maternité des travailleurs indépendants, hors professionnels libéraux visés no 79725, par application de l'assiette minimale propre à cette cotisation (no 80400).

Les assurés peuvent, le cas échéant, obtenir de leurs organismes la fixation d'une base forfaitaire provisionnelle inférieure en demandant à cotiser sur la base de leur revenu estimé de l'année en cours (no 80310).

La cotisation forfaitaire est ensuite **régularisée** sur la base du revenu réel, une fois celui-ci connu, et les cotisations provisionnelles sont réajustées (no 80290).

En cas d'**affiliation inférieure à une année,** la base forfaitaire de calcul est proratisée sauf pour la cotisation maladie des travailleurs indépendants non professionnels libéraux visés no 79725 (no 80400).

› Précisions **a.** Ces prélèvements sont dus à compter de la **date** à laquelle a débuté l'activité professionnelle, sauf les cotisations vieillesse des professions libérales qui sont dues à compter du premier jour du trimestre civil suivant le début d'activité (CSS art. D 642-1). Pour les créateurs ou repreneurs d'entreprise, les prélèvements ci-dessus sont dus au terme de la période d'exonération (nos 1740 s.).

b. Pour les cotisations **vieillesse,** la régularisation doit laisser à la charge du cotisant une cotisation au moins égale à la cotisation minimale (nos 80460 et 80490) (Circ. Cancava 14 du 8-9-2000).

Date de paiement des premières cotisations Le nouveau cotisant doit disposer d'au moins **90 jours** pour payer ses premières cotisations et contributions sociales. La première date d'exigibilité sera donc celle de l'échéance mensuelle ou trimestrielle suivant cette période de franchise. Les cotisations dues au titre de l'année de début ou de reprise d'activité sont exigibles et recouvrées : 80780 CSS art. R 613-4 R 613-5 F-II-27050 s

– en cas de **paiement mensuel,** en autant de versements d'égal montant qu'il reste de mois civils compris entre la date d'effet du paiement et le 31 décembre de la première année d'activité ;

– en cas d'option pour le **paiement trimestriel** (n° 80650), par versements d'égal montant, aux échéances restant à intervenir du début ou de la reprise d'activité à la fin de l'année civile.

Le cas échéant, ces cotisations sont réparties sur les versements provisionnels mensuels ou sur les versements trimestriels de la deuxième année civile d'activité.

L'**échéancier** de paiement est transmis au plus tard à une date précédant d'au moins 15 jours la **première échéance** qu'il mentionne, celle-ci ne pouvant intervenir moins de 90 jours avant le début de l'activité.

Report et étalement Le paiement des cotisations dues en début d'activité fait l'objet d'un **régime dérogatoire** en faveur des créateurs et repreneurs d'entreprise ou d'activité indépendante (sur la notion de début d'activité, voir n° 80760). Pour la première année, ceux-ci peuvent obtenir le report et l'étalement de ce paiement dans les conditions suivantes. 80790 CSS art. L 131-6-1 R 131-9 F-II-27250 s

Le travailleur indépendant peut demander à ne payer aucune **cotisation** provisionnelle ou définitive pendant les **12 premiers mois** suivant le début de l'activité non salariée. Les cotisations définitives ainsi reportées sont exigibles à la même date et dans les mêmes conditions que les cotisations définitives suivantes.

Les cotisations définitives dues au titre de cette première année peuvent en outre faire l'objet, à la demande du travailleur indépendant, d'un paiement par fractions annuelles sur une période d'au plus 5 ans courant de la première échéance de régularisation de la cotisation définitive qui fait l'objet de cet étalement. Celui-ci n'emporte aucune majoration de retard.

Le bénéfice du report et de l'étalement ne peut pas être obtenu plus d'**une fois par période** de 5 ans.

› Précisions **a.** Sont **concernées** les **cotisations** suivantes : cotisation maladie-maternité, cotisation d'allocations familiales, cotisations vieillesse des régimes de base, cotisations retraite complémentaire et invalidité-décès des travailleurs indépendants hors avocats et professionnels libéraux visés n° 79725, CSG, CRDS et contribution formation professionnelle (Circ. DSS 224 du 17-5-2004 réputée abrogée).

b. La **demande** doit être formulée par écrit au plus tard : pour le report, dans les 30 jours suivant la date d'affiliation et avant tout versement de cotisations ; pour l'étalement, au plus tard dans la déclaration de revenus souscrite au titre de l'année civile où a débuté le report.

c. Lorsque la cotisation définitive se rapporte à un **exercice supérieur à 12 mois,** le montant reportable est limité au prorata.

d. En cas d'**étalement,** les fractions annuelles sont exigibles à la même date et dans les mêmes conditions que les cotisations et contributions définitives suivantes. L'échéancier de l'étalement et le montant des fractions annuelles sont notifiés au bénéficiaire.

e. En cas de **cessation d'activité** professionnelle – à distinguer de la modification des conditions d'exercice de l'activité –, les cotisations reportées ou étalées doivent être acquittées dans les 60 jours et sont recouvrées dans les conditions de droit commun.

CESSATION D'ACTIVITÉ

En cas de cessation d'activité, le travailleur indépendant doit **souscrire,** dans un **délai** de 90 jours suivant la date d'effet de sa radiation, une déclaration de revenus pour chacune des périodes n'ayant pas encore donné lieu au calcul des cotisations et contributions sociales définitives. 80810 CSS art. R 131-6 F-II-28800 s

Le cas échéant, il doit **acquitter,** dans les 30 jours suivant l'envoi de l'avis d'appel établi sur la base de cette déclaration, les compléments de cotisations dus au titre de la dernière année civile écoulée et de l'année de la radiation, à la suite de la régularisation, déduction faite des versements déjà effectués durant l'année civile en cours.

Si la régularisation des cotisations dues au titre de l'année de la radiation fait apparaître un **trop-versé,** celui-ci est remboursé au cotisant dans le délai de 30 jours visé ci-dessus, après imputation, le cas échéant, du montant du crédit sur les dettes des périodes antérieures en remontant de la plus ancienne à la plus récente.

› Précisions a. Les cotisations vieillesse des professions libérales sont dues jusqu'au dernier jour du trimestre civil au cours duquel intervient la radiation (CSS art. D 642-1).

b. Le **conjoint survivant reprenant l'activité** de l'époux décédé est redevable, au cours du trimestre du décès, de la cotisation que celui-ci aurait acquittée de son vivant et, ensuite, d'une cotisation calculée selon les modalités visées nos 80790 s. (premières années d'activité) et nos 80590 s. (cas général) (CSS art. R 131-10).

c. Pour l'incidence de la cessation d'activité sur le paiement des cotisations ayant fait l'objet d'un **report ou d'un étalement,** voir n° 80790, e. Pour les assurés placés sous le régime du **micro-social,** voir n° 80870.

E. Micro-social

CHAMP D'APPLICATION

80830 CSS art. L 613-7 R 613-7 à R 613-16 F-II-36000 s

Les travailleurs indépendants micro-entrepreneurs (également dénommés auto-entrepreneurs), c'est-à-dire ceux bénéficiant du régime fiscal micro-BIC ou micro-BNC (Mémento fiscal nos 11280 s. et 13590 s.), relèvent d'un dispositif de **versement forfaitaire libératoire** des cotisations et contributions sociales appelé « régime micro-social ». Il s'applique aux micro-entrepreneurs relevant du régime général pour leur assurance vieillesse de base (n° 79770) et aux professionnels libéraux relevant de la caisse interprofessionnelle de prévoyance et d'assurance vieillesse (Cipav).

Le **statut** de micro-entrepreneur est **compatible** avec une activité salariée mais pas avec une autre activité indépendante (Rép. Hunault : AN 13-9-2011 n° 95807).

› Précisions a. Le régime micro-social, initialement optionnel, est désormais **obligatoire.** Par **dérogation,** les micro-entrepreneurs relevant, au 31-12-2015, du régime social de droit commun continuent à en relever sauf demande contraire de leur part (Loi 2015-1702 du 21-12-2015 art. 15, II). En outre, tout micro-entrepreneur peut demander à **cotiser selon les règles de droit commun** en optant pour le paiement des cotisations minimales (n° 80840).

b. Le micro-social n'est pas **cumulable** avec l'exonération de la cotisation maladie en **ZFU** : n° 80430. Il l'est en revanche avec l'exonération de cotisations prévue pour les **créateurs d'entreprise** (n° 80860) et, dans des conditions non détaillées ici, avec les exonérations de cotisations prévues en faveur des travailleurs indépendants exerçant dans les **départements d'outre-mer.**

c. Les micro-entrepreneurs peuvent opter pour un dispositif similaire de versement forfaitaire libératoire de l'**impôt sur le revenu** : voir notre Mémento fiscal nos 85100 s.

MISE EN ŒUVRE

80840 CSS art. L 613-7 R 613-7 à R 613-9 D 613-4

Le micro-social consiste à calculer, selon un **taux forfaitaire global,** les cotisations et contributions sociales suivantes : maladie-maternité, allocations familiales, CSG, CRDS, retraite de base et complémentaire, invalidité-décès. Ce taux s'applique, soit **mensuellement,** soit **trimestriellement,** au **chiffre d'affaires** ou aux **recettes non commerciales** effectivement réalisés le mois ou le trimestre précédent. Pour 2021, il est fixé à :

– 12,8 % pour les travailleurs indépendants dont le commerce principal est la vente de marchandises, objets, denrées et fournitures à emporter ou à consommer sur place, ou la fourniture de logement et à 22 % pour ceux exerçant une autre activité ou soumis au régime micro-BNC ;
– 22 % pour les ressortissants de la Cipav ;
– 6 % pour les loueurs de meublés visés n° 79925.

Ces taux sont majorés en cas d'option pour le versement libératoire de l'impôt sur le revenu : voir Mémento fiscal n° 85200.

Les micro-entrepreneurs peuvent demander que le versement ne soit pas inférieur au montant des **cotisations minimales** dues au titre :
– de la retraite de base ;
– de la maladie, de la retraite complémentaire et de l'invalidité-décès pour les travailleurs indépendants relevant de l'assurance vieillesse des indépendants ;
– de la retraite complémentaire et de l'invalidité-décès pour les professionnels libéraux visés n° 79725 si le régime de retraite complémentaire de la profession libérale concernée en prévoit.

Dans ce cas, ils doivent déclarer leurs revenus et acquitter leurs cotisations dans les **conditions de droit commun** applicables aux travailleurs indépendants, le régime micro-social ne leur étant pas applicable (www.auto-entrepreneur.urssaf.fr).

S'agissant de la contribution au financement de la **formation professionnelle,** voir n° 39000.

> **Précisions** **a.** Le micro-entrepreneur souhaitant payer des **cotisations minimales** doit le demander via son compte en ligne sur le site www.auto-entrepreneur.urssaf.fr au plus tard le 31 décembre de l'année précédant celle où le régime micro-social doit être appliqué ou, en cas de création d'activité, au plus tard le dernier jour du troisième mois suivant celui de cette création. Cette option vaut jusqu'à la fin de l'année civile. Elle est tacitement reconduite chaque année civile, sauf modification demandée par le travailleur indépendant à sa caisse, au plus tard le 31 décembre de l'année précédant celle au titre de laquelle la demande est effectuée.
> **b.** Les micro-entrepreneurs doivent **déclarer** périodiquement à l'Urssaf (CGSS dans les DOM) le montant du chiffre d'affaires ou des recettes réalisés au cours du mois ou du trimestre civil précédent, y compris lorsque celui-ci est nul, le montant des cotisations et contributions sociales correspondantes et, le cas échéant, le montant de l'impôt sur le revenu dû au titre de cette période. En principe, la **périodicité** de déclaration et de paiement des cotisations est mensuelle. Le micro-entrepreneur peut toutefois opter pour une périodicité trimestrielle en le demandant à l'Urssaf (ou au CFE en cas de création d'entreprise) dans le mois suivant la date à compter de laquelle il est soumis au régime micro-fiscal. Cette option vaut pour l'année civile et est tacitement reconduite l'année suivante, sauf modification notifiée par le micro-entrepreneur à l'Urssaf au plus tard le 31 octobre de l'année précédente.
> La déclaration et le paiement s'effectuent au moyen d'un **formulaire** spécifique, transmis à partir du portail www.auto-entrepreneur.urssaf.fr sous peine des majorations prévues n° 24051 (CSS art. L 613-5). Sur la possibilité pour le micro-entrepreneur de confier ces formalités à un tiers, voir n° 80220.
> Le **non-paiement** des cotisations et contributions à bonne date entraîne l'application des majorations de retard, selon les règles du régime général : voir n°s 24050 à 24060. S'y ajoutent une pénalité pour **retard de déclaration** et une taxation forfaitaire.
> **c.** En cas de **travail dissimulé,** il est procédé au recouvrement de la différence entre le montant des cotisations et contributions qui auraient été dues, au titre de la période durant laquelle l'infraction a été constatée, si l'assuré n'avait pas bénéficié du micro-social, et les versements libératoires effectués.

Mesures Covid-19 80845

Les travailleurs indépendants relevant du micro-social remplissant certaines **conditions** peuvent déduire du montant de leurs chiffres d'affaires ou recettes déclarés au titre de leurs échéances mensuelles ou trimestrielles de 2021 les montants correspondants à leurs chiffres d'affaires ou recettes réalisés au titre des périodes d'application de l'exonération de cotisations patronales Covid 2 (loi 2020-1576 du 14-12-2020, art. 9, IV) : voir FRS 24/20 inf 17 n°s 8 à 9.

CRÉATION OU REPRISE D'ENTREPRISE

En cas de création ou de reprise d'activité, la première **déclaration** du chiffre d'affaires ou de recettes et le paiement correspondant portent sur les sommes dues pour la période comprise entre le début ou la reprise d'activité et la fin : 80850 CSS art. L 161-1-1 R 613-12 **F-II-38580** **F-II-37350 s**
- des 3 mois civils consécutifs suivants, en cas de versement mensuel ;
- du trimestre civil suivant, en cas d'option pour le versement trimestriel.

Le micro-social se combine avec le dispositif d'**exonération de cotisations** de début d'activité de création ou de reprise d'entreprise visé n°s 1740 s. selon les modalités suivantes. Le taux du versement forfaitaire libératoire correspond, après arrondi au dixième supérieur, à 50 % des taux de « droit commun » (n° 80840) durant la période d'application de l'exonération. 80860 CSS art. D 131-6-3

Ce dispositif cesse de s'appliquer à la date à laquelle les micro-entrepreneurs cessent de bénéficier des régimes fiscaux micro-BIC ou micro-BNC. Le cas échéant, les cotisations de sécurité sociale calculées en application de ce dispositif et dues au titre de la période courant à compter de cette date font l'objet d'une **régularisation.**

SORTIE DU RÉGIME

Le régime micro-social cesse de s'appliquer à la date à laquelle le travailleur indépendant ne bénéficie plus du régime micro-BIC (Mémento fiscal n° 11255) ou micro-BNC (Mémento fiscal n° 13560). Par dérogation, il cesse de s'appliquer au 31 décembre de l'année au cours de laquelle sont exercées les options en faveur d'un régime réel d'imposition. 80870 CSS art. L 613-7 R 613-11 R 613-14 **F-II-38000 s**

> **Précisions** Le travailleur indépendant **cessant son activité** doit en **informer** le CFE (n° 90110). Dans les **autres cas** de perte du bénéfice du micro-social, le travailleur indépendant **informe** l'Urssaf. À défaut, celle-ci lui **notifie** la **perte du bénéfice du régime** par lettre recommandée avec accusé de réception. Le cotisant dispose d'un mois pour contester cette décision.

F. Barèmes

COTISATIONS SOCIALES 2021 HORS DÉBUT D'ACTIVITÉ

80900

Régimes	Travailleurs indépendants hors professionnels libéraux				Professionnels libéraux (hors avocats pour la retraite et l'invalidité-décès)			
	Assiette (€)	Taux (%)	Cotisations minimales		Assiette (€)	Taux (%)	Cotisations minimales	
			Base de calcul (€)	Montant (€)			Base de calcul (€)	Montant (€)
Maladie-maternité (1)	Assiette égale à 16 454 si revenu inférieur à ce montant	Entre 0,85 et 4,01 (2)	16 454	Variable selon le taux appliqué	Revenu inférieur à 45 250	Compris entre 1,5 et 6,49 (6)	-	-
	Revenu compris entre 16 454 et 45 250	Entre 4,02 et 7,19 (4)						
	Revenu compris entre 45 250 et 205 680	7,20	-	-	Revenu supérieur ou égal à 45 250	6,5	-	-
	Fraction de revenu au-delà de 205 680	6,5	-	-			-	-
Retraite de base	Dans la limite de 41 136	17,75	4 731 (11,50 % du Pass)	840	Dans la limite de 41 136	10,10	4 731 (11,50 % du Pass)	478
	Revenu au-delà de 41 136	0,60			Au-delà de 41 136 et jusqu'à 205 680	1,87		
Retraite complémentaire	Dans la limite de 38 340 (3)	7	-	-	Variable selon les professions			
	Revenu compris entre 38 493 (3) et 164 544	8						
Invalidité-décès	Dans la limite de 41 136	1,30	4 731 (11,50 % du Pass)	62				
Allocations familiales	Revenu inférieur ou égal à 45 250	0	-	-	Revenu inférieur ou égal à 45 250	0	-	-
	Revenu compris entre 45 250 et 57 590	Entre 0,01 et 3,09 (5)	-	-	Revenu compris entre 45 250 et 57 590	Entre 0,01 et 3,09 (5)	-	-
	Revenu au-delà de 57 590	3,10	-	-	Revenu au-delà de 57 590	3,10	-	-

Régimes	Travailleurs indépendants hors professionnels libéraux				Professionnels libéraux (hors avocats pour la retraite et l'invalidité-décès)			
	Assiette (€)	Taux (%)	Cotisations minimales		Assiette (€)	Taux (%)	Cotisations minimales	
			Base de calcul (€)	Montant (€)			Base de calcul (€)	Montant (€)
CSG-CRDS	Revenu d'activité sans déduction des cotisations sociales obligatoires	9,70	-	-	Revenu d'activité sans déduction des cotisations sociales obligatoires	9,70	-	-

(1) Pour les assurés en activité fiscalement domiciliés hors de France, la cotisation est due au taux de 14,50 %.
(2) Le taux applicable est déterminé par application de la formule indiquée n° 80410 (CSS art. D 621-2, I).
(3) Plafond spécifique du régime complémentaire des indépendants. Le montant donné ci-dessus a été calculé par nos soins en application des dispositions de l'article D 635-7 du CSS.
(4) Le taux applicable est déterminé par application de la formule indiquée n° 80410 (CSS art. D 621-2, II).
(5) Le taux applicable est déterminé par application de la formule indiquée n° 80590 (CSS art. D 613-1, I, 2°).
(6) Le taux applicable est déterminé par application de la formule indiquée n° 80370 (CSS art. D 621-3, II), sauf pour les praticiens et auxiliaires médicaux conventionnés pour lesquels il est toujours fixé à 6,5 %.

COTISATIONS SOCIALES FORFAITAIRES 2021 EN DÉBUT D'ACTIVITÉ

80910

	1e année d'activité en 2021			2e année d'activité en 2021		
	Base de calcul (1) (€)	Montant (€)		Base de calcul (1) (€)	Montant (€)	
		Travailleurs indépendants hors professionnels libéraux	Professionnels libéraux (hors avocats)		Travailleurs indépendants hors professionnels libéraux	Professionnels libéraux (hors avocats)
Maladie-maternité	7 816 (19 % du Pass au 1-1-2021) pour les professionnels libéraux/ 16 454 (40 % du Pass au 1-1-2021) pour les autres travailleurs indépendants	661 (2)	184 (3)	7 816 (19 % du Pass au 1-1-2020) pour les professionnels libéraux/ 16 210 (40 % du Pass au 1-1-2020) pour les autres travailleurs indépendants	661 (2)	184 (3)
Retraite de base		1 387	789		1 387	789
Retraite complémentaire	7 816 (19 % du Pass au 1-1-2020)	547	Variable selon les professions	7 816 (19 % du Pass au 1-1-2019)	547	Variable selon les professions
Invalidité-décès		102			102	
Allocations familiales		0	0		0	0
CSG-CRDS		758	758		758	758

(1) Les taux de cotisations appliqués sont les taux de droit commun : voir n° 80900.
(2) Ces montants sont obtenus en appliquant la formule indiquée n° 80410.
(3) Ces montants sont obtenus en appliquant la formule indiquée n° 80370.

III. PRESTATIONS

81000 Les travailleurs indépendants bénéficient de prestations au titre de l'assurance maladie-maternité (nos 81020 s.) et de l'assurance vieillesse (nos 81250 s.), selon des modalités pouvant varier en fonction de leur activité (artisans, industriels, commerçants et professionnels libéraux relevant ou non des professions réglementées). Ils ont droit aux prestations familiales dans les mêmes conditions que les autres allocataires (voir nos 57900 s.).

> **Précisions** **a.** Les travailleurs indépendants ne sont pas couverts à ce jour contre les risques **accidents du travail et maladies professionnelles,** mais un décret pourrait toutefois instaurer des indemnités journalières couvrant ces risques (CSS art. L 622-2).
> **b.** S'ils ne sont pas en principe éligibles à l'**assurance chômage,** ils peuvent toutefois bénéficier, sous certaines conditions, d'une **indemnisation** en cas de cessation d'activité (nº 81630).

A. Assurance maladie-maternité

81020 L'assurance maladie-maternité du régime général prend en charge les frais de santé des travailleurs indépendants et leur verse des prestations en espèces.

> **Précisions** **a.** Les assurés souhaitant des **garanties complémentaires** peuvent souscrire des contrats de prévoyance dont les prestations s'ajoutent à celles du régime obligatoire. Les cotisations correspondantes peuvent être déduites fiscalement : voir Mémento fiscal nos 8680 s.
> **b.** Sur les conditions de versement des prestations, notamment pour la **justification des frais,** voir nº 50215 et pour la **prescription** voir nº 50235. Les prestations servies par le régime d'assurance maladie-maternité des travailleurs indépendants sont **incessibles et insaisissables** (CSS art. L 160-12).

1. PRISE EN CHARGE DES FRAIS DE SANTÉ

81040 CSS art. L 211-1 F-III-400 s

Les travailleurs indépendants bénéficient de la prise en charge de leurs frais de santé en cas de maladie, d'accident ou de maternité dans les conditions de droit commun du régime général.

> **Précisions** **a.** S'agissant des frais pris en charge, voir nos 50250 s. et 51515 ; pour leur fraction restant à la **charge de l'assuré,** voir nº 50225.
> **b.** Sur les **bénéficiaires** de la prise en charge des frais de santé, qui sont les mêmes que dans le régime des salariés, voir nos 50120 s.
> **c.** Aucune **durée minimale d'affiliation** n'est exigée : le droit aux prestations est ouvert à la date d'effet de l'affiliation (CSS art. R 161-8-1).

2. PRESTATIONS EN ESPÈCES

a. Maladie

TRAVAILLEURS INDÉPENDANTS HORS PROFESSIONNELS LIBÉRAUX

81070 CSS art. L 622-1 à L 622-2 D 622-2 D 622-3 F-III-1160 s

Les travailleurs indépendants, hors avocats et professionnels libéraux visés nº 79725, et leurs conjoints collaborateurs bénéficient, en cas d'incapacité physique temporaire de continuer ou reprendre une activité professionnelle pour cause de maladie ou d'accident, d'indemnités journalières calculées, liquidées et servies dans les conditions applicables aux salariés, sous réserve d'adaptation par décret. Ce régime est financé par une cotisation d'indemnités journalières, intégrée à la cotisation maladie des indépendants concernés (nos 80400, a.).
Ils peuvent bénéficier du **travail à temps partiel pour motif thérapeutique** et d'une indemnisation à ce titre : voir nº 81130.

> **Précisions** **a.** Sont **exclus** du bénéfice des prestations les titulaires d'une pension d'invalidité totale ou partielle servie par le régime invalidité-décès des indépendants, les bénéficiaires d'une retraite de base de travailleur indépendant et les assurés percevant des indemnités journalières de maternité et de paternité (nº 81130, d).
> **b.** L'assuré peut, sans perdre le bénéfice de l'indemnité journalière, réaliser sous certaines conditions, avec l'accord de son médecin traitant, des **actions d'accompagnement, d'évaluation, d'information, de conseil et de formation.**

Conditions d'attribution Le droit à l'indemnité est ouvert aux assurés actifs **affiliés** depuis au moins un an au régime général au titre d'une activité indépendante et justifiant du paiement d'un **montant minimal de cotisations** à la date du constat médical d'incapacité de travail. **81090** CSS art. L 622-3 D 622-1 **F-III-1300 s**

Dans les 2 jours suivant la date d'interruption de travail, l'assuré doit adresser un **avis d'arrêt de travail** à l'organisme dont il relève dans les conditions prévues n° 50330. Ce délai n'est toutefois pas applicable si l'arrêt de travail est la suite immédiate d'une hospitalisation (Cass. 2e civ. 2-5-2007 n° 06-14.101 : RJS 7/07 n° 890).

Sur les mesures adoptées dans le cadre de l'épidémie de **Covid-19**, voir n° 50420.

› Précisions a. Pour l'indemnisation de la maladie, la coordination entre régimes est assurée par l'application des dispositions de **maintien de droit** (n° 50325). Les conditions d'ouverture du droit aux indemnités journalières attribuées à un travailleur indépendant bénéficiant du maintien de ses droits pendant un an en application de l'article L 161-8 du CSS sont **appréciées** au jour de la constatation médicale de l'incapacité de travail ; le service des prestations se poursuit pendant toute la durée de l'arrêt de travail, peu important que la période de 12 mois de maintien des droits soit expirée (Cass. 2e civ. 11-9-2008 n° 07-16.031 FS-PB : RJS 12/08 n° 1242).

b. Lorsque l'assuré ne peut pas bénéficier des dispositions relatives au maintien de droit et que le versement des indemnités journalières est subordonné à des conditions d'affiliation, de cotisation ou de durée du travail préalables, les CPAM tiennent compte de **l'ensemble des périodes** d'affiliation, de cotisations versées ou de travail effectuées auprès d'un **autre régime de sécurité sociale.** Il a ainsi été jugé que, lorsque l'assuré est affilié depuis moins d'un an au régime d'assurance maladie-maternité des travailleurs indépendants et relevait précédemment à titre personnel d'un ou de plusieurs régimes, la période d'affiliation au régime antérieur est prise en compte pour l'appréciation de la durée d'affiliation, à condition qu'il n'y ait **pas** eu **d'interruption** entre les 2 affiliations (Cass. 2e civ.14-2-2007 n° 05-15.520 ; 17-9-2015 n° 14-22.931 : RJS 12/15 n° 814.

Modalités d'attribution L'indemnité est attribuée à l'expiration d'un **délai de carence** de 3 jours. Ce délai ne s'applique qu'au **premier des arrêts** de travail dû à un accident et n'ouvrant pas droit à indemnisation par le régime invalidité des indépendants (n° 81070, b). **81110** CSS art. D 622-5 L 323-1 R 323-1 **F-III-2370 s**

Sur les mesures adoptées dans le cadre de l'épidémie de **Covid-19**, voir n° 50420.

S'agissant des victimes d'acte de terrorisme, voir n° 50365, b.

Le **montant** de l'indemnité journalière est égal : **81130** CSS art. D 622-7 à D 622-10 **F-III-2810 s**

– pour les **assurés à titre personnel,** à 1/730 de la moyenne des revenus pris en compte pour le calcul des cotisations d'assurance maladie des 3 années civiles précédant la date de constatation médicale de l'incapacité de travail, ce revenu étant pris en compte dans la limite du Pass ;

– pour les **conjoints collaborateurs,** à 1/730 du montant correspondant à l'assiette minimale de leur cotisation d'indemnités journalières (n° 80400).

En cas de **temps partiel pour motif thérapeutique,** une indemnité journalière est attribuée aux travailleurs indépendants, sous certaines conditions et pendant une durée limitée, si l'activité professionnelle est de nature à favoriser l'amélioration de l'état de santé de l'assuré ou à accompagner sa rééducation ou sa réadaptation professionnelle pour reprendre une activité compatible avec son état de santé. Son montant est égal à **la moitié** de ceux indiqués ci-dessus. L'assuré n'a pas à être préalablement en arrêt de travail indemnisé à temps complet pour pouvoir prétendre au temps partiel thérapeutique (CSS art. L 323-3 sur renvoi de l'art. L 622-1).

› Précisions a. Le **revenu d'activité** pris en compte pour le calcul des indemnités journalières est celui sur la base duquel l'assuré a effectivement payé ses cotisations (CSS art. L 622-3, al. 2).

b. Aucune indemnité journalière n'est versée si le **revenu d'activité** annuel moyen pris en compte pour le calcul des cotisations d'assurance maladie des 3 années civiles précédant la date de la constatation médicale de l'incapacité de travail est **inférieur à** 10 % de la moyenne des Pass de ces 3 années. Des règles spécifiques de détermination du revenu pris en compte sont fixées pour les assurés en début d'activité. Par dérogation, le montant de l'indemnité journalière des bénéficiaires du **revenu de solidarité active** ou de la prime d'activité n'ayant pas choisi de payer des cotisations minimales (n° 80340, b) est calculé sur la base d'un revenu égal à l'assiette minimale de la cotisation maladie-maternité des travailleurs indépendants, hors ceux relevant de l'assurance vieillesse des professions libérales (n° 80400).

c. En cas de **prolongation de l'arrêt de travail** initial pour la même affection ou le même accident, ou en cas de **nouvel arrêt** de travail pour une autre affection ou un autre accident sans reprise du travail depuis le précédent arrêt, l'indemnité journalière est calculée à partir du revenu d'activité annuel moyen des 3 années civiles précédant la date de l'arrêt de travail initial.

d. L'indemnité n'est **pas cumulable** avec les indemnités journalières forfaitaires de maternité et de paternité mentionnées nos 81200. Elle est assujettie à la **CSG** et à la **CRDS** selon les modalités exposées n° 25205, a.

81150 L'assuré **ne peut recevoir** au titre d'une ou de plusieurs maladies, pour une période quelconque de 3 ans, **plus de** 360 indemnités journalières. Des règles particulières sont prévues pour l'indemnisation des assurés atteints d'une **maladie de longue durée.**

CSS art. L 622-1 D 622-10 D 622-11 F-III-2440 s

En cas de **temps partiel pour motif thérapeutique,** l'indemnité journalière peut être servie, au titre d'une ou de plusieurs maladies ou accidents, **dans la limite de** 90 jours, sans pouvoir excéder la durée maximale de 360 indemnités journalières.

PROFESSIONNELS LIBÉRAUX

81170 À compter du 1-7-2021, les professionnels libéraux visés nº 79725 bénéficieront d'**indemnités journalières maladie** dans les conditions prévues pour les autres travailleurs indépendants, sous réserve d'adaptations fixées par décret (à paraître). Ces indemnités seront financées par la cotisation visée nº 80390.

CSS art. L 622-1 F-III-1200 s

› Précisions Des **prestations supplémentaires** pouvant être instituées par décret pour l'ensemble des travailleurs indépendants, les **avocats** pourraient, à terme, se voir aussi octroyer des indemnités journalières maladie.

b. Maternité, paternité ou adoption

ASSURÉS À TITRE PERSONNEL

81200 Les femmes exerçant à titre personnel une activité les faisant relever du régime d'assurance maladie-maternité des travailleurs non salariés non agricoles bénéficient, à l'occasion de leur maternité, sous réserve de cesser leur activité pendant la **durée minimale** indiquée nº 51530 :

CSS art. L 623-1, I D 623-1 à D 623-8 F-III-4000 s

– d'une **allocation forfaitaire de repos maternel,** destinée à compenser partiellement la diminution de leur activité. Cette allocation est égale au plafond mensuel de la sécurité sociale (nº 90020) ;

– d'**indemnités journalières forfaitaires,** qu'elles fassent ou non appel à du personnel salarié pour se faire remplacer dans leurs travaux professionnels ou ménagers. Cette indemnité est également attribuée aux mêmes conditions, à l'occasion de la naissance d'un enfant, au père, au conjoint de la mère, à son partenaire pacsé ou à la personne vivant maritalement avec elle s'ils sont assurés à titre personnel. Le montant de l'indemnité est fixé, par jour calendaire, à 1/730 du Pass (nº 90020). Elle est versée pendant une période qui varie selon qu'il s'agit de la naissance ou de l'adoption d'un enfant. En cas d'adoption, cette durée peut être répartie entre les parents adoptants.

Toutefois, si le **revenu d'activité** annuel moyen pris en compte pour le calcul de la cotisation maladie de base (nºs 80360 s.) due au titre des 3 années civiles d'activité précédant la date prévue du premier versement de ces prestations est **inférieur à** 10 % de la moyenne des Pass de ces 3 années, le montant de l'allocation ou de l'indemnité est égal à 10 % de celui indiqué ci-dessus. Des règles spécifiques de détermination du revenu pris en compte sont fixées pour les assurés en début d'activité (nºs 80760 s.).

En cas d'**adoption,** les assurés à titre personnel bénéficient de la moitié de l'allocation forfaitaire de repos maternel et de l'indemnité journalière forfaitaire pour la période d'interruption d'activité postérieure à l'accueil de l'enfant.

Pour bénéficier des **prestations en espèces,** l'assuré doit **justifier** de 10 mois d'affiliation au titre d'une activité indépendante à la date présumée de l'accouchement ou de l'adoption.

› Précisions **a.** La durée maximale de versement des indemnités journalières est alignée sur celle des salariées, voir nºs 51540 s.

b. Le **revenu d'activité** pris en compte pour le calcul des indemnités journalières est celui sur la base duquel l'assuré a effectivement payé ses cotisations (CSS art. L 622-3, al. 2).

c. Du **1-7-2020** au 30-6-2023, par dérogation à la condition de cessation d'activité, les travailleuses indépendantes pourront percevoir, à titre expérimental et à certaines conditions non exposées ici, des indemnités journalières en cas de **reprise partielle d'activité** pendant leur congé de maternité (Loi 2019-1446 du 24-12-2019 art. 53 : JO 27).

d. La limitation du montant de l'allocation ou de l'indemnité à 10 % du montant de droit commun n'est pas applicable aux **bénéficiaires du RSA ou de la prime d'activité** n'ayant pas choisi de payer des cotisations minimales (nº 80340, b) (CSS art. D 622-9).

e. Les **praticiens ou auxiliaires médicaux conventionnés** et leurs conjoints collaborateurs ont droit à des allocations en espèces de même nature selon des règles particulières (CSS art. L 646-4).

f. Sur le droit aux congés maternité, paternité ou adoption des **collaborateurs libéraux,** voir nº 79810.

g. Les travailleurs indépendants peuvent bénéficier d'un **report de** leurs **cotisations** à l'issue du congé de maternité ou d'adoption, voir nº 80660.

h. Pour le régime des allocations à l'égard de la **CSG** et de la **CRDS,** voir nº 25205.

i. En cas de **décès d'un enfant,** les travailleurs indépendants peuvent bénéficier d'un **congé de**

deuil dans les conditions définies n° 11945 s. S'ils cessent toute activité professionnelle, ils perçoivent des indemnités journalières égales aux indemnités journalières forfaitaires maternité, dans la limite de 15 jours pouvant être fractionnés dans des conditions fixées par le décret 2020-1233 du 8-10-2020. Ils peuvent aussi bénéficier de la suppression du délai de carence pour le premier arrêt de travail proche du décès (n° 50365, b), du maintien de certaines prestations familiales (n° 57985) et du versement d'un capital décès.

CONJOINTS COLLABORATEURS

Les conjointes collaboratrices (n° 79825) bénéficient, à l'occasion de leur **maternité** : **81220** CSS art. L 663-1 D 663-1 à D 663-3 **F-I-7340 s**
– de l'**allocation forfaitaire de repos maternel** visée n° 81200 ;
– pour celles qui font appel à du personnel salarié pour se faire remplacer dans les travaux professionnels ou ménagers qu'elles effectuent habituellement, d'une **indemnité de remplacement** égale au coût réel du remplacement dans la limite d'un plafond journalier égal à 1/28 du Smic mensuel. Cette indemnité est versée dans les mêmes conditions au père conjoint collaborateur ou, le cas échéant, au conjoint collaborateur de la mère autre que le père. Elle est délivrée sur demande de l'assuré(e) à sa caisse après présentation des pièces justificatives. La durée de versement varie selon qu'il s'agit de la naissance ou de l'adoption d'un enfant.

En cas d'**adoption,** les conjoints collaborateurs bénéficient de la moitié de l'allocation forfaitaire de repos maternel et de l'indemnité de remplacement pour la période de remplacement postérieure à l'accueil de l'enfant, la durée d'indemnisation pouvant faire l'objet d'une répartition entre les parents adoptants.

› Précisions a. Concernant les **praticiens ou auxiliaires médicaux conventionnés,** voir n° 81200, e. Sur le droit aux congés maternité, paternité ou adoption des **collaborateurs libéraux,** voir n° 79810.
b. Pour le régime de l'allocation et de l'indemnité à l'égard de la **CSG** et de la **CRDS,** voir n° 25205.

B. Assurance vieillesse

PRÉSENTATION GÉNÉRALE

La pension de retraite de base des travailleurs indépendants, hors avocats et professionnels libéraux visés n° 79725, est calculée, liquidée et servie dans les conditions de droit commun du régime général (n°s 67510 s.), **sous réserve** de dispositions spécifiques et d'adaptations apportées par décret (n°s 81270 s.). Leur retraite complémentaire et leur assurance invalidité-décès relèvent de régimes spécifiques (n°s 81560 s.). Les professionnels libéraux visés n° 79725 relèvent des régimes de base et complémentaire exposés n°s 81430 s. et n°s 81750 s. ; les avocats relèvent des régimes de base et complémentaire gérés par la Caisse nationale des barreaux français (n°s 81850 s.) ; et les non-salariés agricoles, des régimes de base et complémentaire de la mutualité sociale agricole non étudiés ici. **81250** CSS art. L 634-2 **F-III-10700 s.**

Les travailleurs indépendants peuvent en outre souscrire des contrats facultatifs en vue d'obtenir une **couverture supplémentaire.**

› Précisions a. Pour l'application des dispositions de droit commun aux travailleurs indépendants, le salaire annuel de base s'entend du **revenu annuel moyen.**
b. Des règles de coordination sont prévues pour les **pluriactifs** : voir n°s 79870 s.
c. En ce qui concerne la **déductibilité fiscale** des cotisations ou primes, voir Mémento fiscal n°s 8680 s.
d. Sur la faculté donnée à **certains professionnels libéraux** affiliés avant le 1-1-2019 à la Cnavpl et à la Cipav de **demander à être affiliés** aux régimes d'assurance vieillesse et invalidité-décès des travailleurs indépendants de droit commun, voir n° 79765.

1. RETRAITE DE BASE

a. Conditions d'attribution

ÂGE

L'âge minimal requis pour faire liquider la retraite de base est, pour tous les travailleurs indépendants, le même que celui exigé des salariés : voir n° 67510. **81270**

Des dérogations sont toutefois prévues pour les **personnes ayant commencé à travailler jeunes** ou lourdement **handicapées,** dans des conditions analogues à celles applicables aux

CSS art. L 634-2 L 643-3 D 643-8 D 643-12 F-III-10920 s F-III-26700 s

salariés (n° 67515 et n° 67525). Pour l'application de ces dérogations, on prend en compte la durée d'assurance accomplie dans le régime de retraite de base des intéressés et, le cas échéant, dans un ou plusieurs autres régimes obligatoires de base.

ATTENTION

Pour les **professions libérales** visées n° 79725, il n'existe pas de dispositif de **départ anticipé pour incapacité permanente** analogue à celui prévu pour les salariés (n° 67530).

CESSATION D'ACTIVITÉ

81290 Le versement de la retraite est subordonné, en principe, à la cessation de toute activité professionnelle, indépendante et libérale. Il existe toutefois d'importantes **dérogations** exposées ci-dessous.

81310 CSS art. L 634-6 L 643-6 D 634-11-1 à D 634-11-6 D 643-8 D 643-10 à D 643-10-2 F-III-22200 s F-III-30000 s

Cumul emploi-retraite Tout d'abord, les assurés ayant liquidé leurs retraites personnelles auprès de la totalité des régimes légaux ou légalement obligatoires, de base et complémentaires, français et étrangers, ainsi que des régimes des organisations internationales dont ils ont relevé, peuvent **cumuler entièrement** retraite et activité professionnelle indépendante ou libérale à partir de l'âge minimal de liquidation de la retraite de base (n° 81270) s'ils ont le nombre de trimestres requis pour une liquidation à taux plein, ou de l'âge ouvrant droit à une retraite à taux plein quelle que soit la durée d'assurance (n° 81380).
Les assurés ne remplissant pas ces conditions peuvent percevoir leur pension en poursuivant ou reprenant une activité artisanale, industrielle, commerciale ou libérale procurant des **revenus annuels n'excédant pas** :
– pour les **indépendants,** la moitié du Pass (n° 90020), ou le Pass dans les zones de revitalisation rurale et les quartiers prioritaires de la politique de la ville, plafonds et revenus étant proratisés si la durée d'exercice de l'activité est inférieure à un an. En cas de dépassement du montant des revenus autorisé, la pension est réduite à due concurrence du dépassement dans des conditions fixées par l'article D 634-11-5 du CSS ;
– pour les **professionnels libéraux,** le Pass (n° 90020), plafond et revenus étant proratisés en cas d'affiliation inférieure à un an. S'ils sont supérieurs, le professionnel libéral doit **en informer** la section professionnelle compétente, et la pension servie est réduite à due concurrence du dépassement dans des conditions fixées par l'article D 643-10-2 du CSS.
Qu'il remplisse les conditions du cumul entier ou seulement du cumul limité, l'assuré doit **déclarer** la poursuite ou la reprise de son activité à sa section professionnelle ; à défaut, il encourt des pénalités de retard.
Les assurés peuvent **cumuler sans limite** leur retraite de base d'artisan, de commerçant ou de professionnel libéral avec les revenus d'une **activité ne relevant pas de ces régimes.** La reprise de cette activité professionnelle ne peut **pas** générer **de nouveaux droits** à retraite dans ce nouveau régime.

› Précisions a. Les modalités de **preuve de la cessation d'activité** et les **formalités** incombant à l'assuré désirant poursuivre ou reprendre son activité après l'entrée en jouissance de sa pension sont précisées par les articles D 634-11-1 et D 643-10-1 du CSS. Toutefois, le **travailleur indépendant,** hors professionnel libéral visé n° 79725, qui remplit les conditions du cumul emploi-retraite n'a pas à fournir de justificatif de cessation de son activité. Sa demande de retraite est considérée complète sans ce justificatif, et la pension peut donc être liquidée (Circ. RSI 2016-6 du 11-5-2016).
b. Les cotisations versées au titre de l'activité poursuivie ou reprise n'entraînent pas la révision de la **pension liquidée.**
c. Ne sont pas pris en compte pour l'appréciation du **seuil de revenus** du professionnel libéral ceux tirés : de la participation à la permanence des soins (CSP art. L 6314-1) ; des activités artistiques, littéraires ou scientifiques, exercées accessoirement avant la liquidation de la pension de retraite ; de la participation à des activités juridictionnelles ou assimilées, de consultations données occasionnellement, de la participation à des jurys de concours publics ou à des instances consultatives ou délibératives réunies en vertu d'un texte législatif ou réglementaire.
d. Un professionnel libéral ayant liquidé ses droits à retraite au titre de l'**inaptitude** peut reprendre une activité libérale et bénéficier des dispositions relatives au cumul emploi-retraite (Cass. 2e civ. 4-5-2016 n° 15-18.500 : RJS 7/16 n° 525).

81320 CSS art. L 634-6-1 L 161-22, al. 12 (4°) D 634-13-1 F-III-23200 s

Transmission d'entreprise Le travailleur indépendant qui transmet son entreprise entre **l'âge** minimal de liquidation de la retraite (n° 81270) et l'âge ouvrant droit à une retraite à taux plein, quelle que soit la durée d'assurance (n° 81380), peut y poursuivre une activité rémunérée, pour une **durée limitée,** tout en percevant sa pension. La poursuite de l'activité est autorisée pendant 6 mois au plus à compter du premier jour du mois civil suivant la transmission. Au cours de cette période, le service de la pension est suspendu à compter du premier jour du mois civil suivant celui au cours duquel les conditions requises ne sont plus remplies. À son issue, le service de la pension est effectué dans les conditions de droit commun.

› Précisions L'assuré doit **attester la transmission effective de l'entreprise** par tous moyens. Celle-ci ne peut pas être antérieure, notamment, à la vente du fonds, à la mise en location-gérance ou à la cession par le requérant de ses droits ou parts sociales de telle sorte que les droits ou parts conservés soient inférieurs à ceux du repreneur.

Retraite progressive Les assurés peuvent percevoir leur pension en poursuivant une activité indépendante – hors activité libérale visée n° 79725 – à temps partiel dans le cadre de la retraite progressive. Les conditions d'accès au dispositif sont les mêmes que pour les salariés (nos 67735 s.), sous une seule **réserve** : pour apprécier le caractère partiel de l'activité, on se réfère non à la diminution du temps de travail, mais à la **diminution des revenus professionnels.** 81330 CSS art. L 634-3-1 D 634-15 à D 634-18 F-III-24200 s

La fraction de pension de vieillesse servie au titre de la retraite progressive est **égale** à la fraction de réduction des revenus tirés de l'activité indépendante, sachant que ce pourcentage doit être compris entre 20 % et 60 %.

L'assuré bénéficiaire de la retraite progressive dans le régime de base peut aussi demander une retraite progressive dans le régime complémentaire obligatoire, calculée et versée dans les mêmes conditions.

› Précisions **a.** L'assuré qui bénéficie d'une retraite progressive doit faire connaître à la caisse assurant le service de sa fraction de pension la cessation de son activité et l'exercice d'une activité autre que celle qui lui ouvre droit au versement de cette fraction.

b. Le versement de la retraite progressive **prend effet** le 1er janvier qui suit la demande. Pendant la première année et le premier semestre de l'année suivante, le montant servi est fixé, à titre provisionnel, à 50 % des revenus tirés de l'activité indépendante.

Par la suite, le **pourcentage de réduction** des revenus est calculé au 1er juillet de chaque année en fonction du rapport entre les revenus de l'année précédente tels qu'ils sont retenus pour l'assiette de l'impôt sur le revenu et la moyenne des revenus professionnels des 5 années précédant la demande de retraite progressive, actualisés en fonction des coefficients de revalorisation des rentes et pensions servies par le régime général (n° 67650). La caisse procède alors, selon les cas, au remboursement des sommes dues ou au recouvrement des prestations perçues en trop.

Si le revenu professionnel n'est pas réduit d'au moins 20 % par rapport à la moyenne des revenus mentionnée ci-dessus, la pension est supprimée à titre définitif.

c. Sur les règles de liquidation de la pension complète versée à l'assuré lorsque celui-ci cesse totalement son activité, voir n° 67740.

b. Calcul de la pension

TRAVAILLEURS INDÉPENDANTS HORS PROFESSIONNELS LIBÉRAUX

Le calcul des droits afférents aux périodes d'assurance ou assimilées accomplies depuis le 1-1-1973 est aligné sur le régime général (nos 67545 s.), sous réserve de certaines particularités. Il fait intervenir la durée d'assurance exprimée en trimestres, le revenu annuel moyen et le taux de pension. 81360 F-III-11500 s

› Précisions Des règles spécifiques sont prévues pour le calcul des pensions afférentes aux **périodes** d'assurance **antérieures au 1-1-1973** (CSS art. L 634-3) : voir notre Documentation sociale F-III-33000 s.

Durée d'assurance La durée d'assurance est **déterminée** en fonction des périodes de cotisation au régime de retraite de base des travailleurs indépendants auxquelles s'ajoutent des périodes assimilées (définies par l'article D 634-2 du CSS). Cette durée fait l'objet de majorations pour enfant ou pour âge dans des conditions pratiquement identiques à celles du régime général (nos 67575 s.). La durée **maximale** (ou durée de référence) prise en compte est la même que dans le régime général (n° 67590). 81380 F-III-11550 s

Les **périodes de cotisation** sont décomptées comme dans le régime général (nos 67560 s.).

Des possibilités de **rachat** de certaines périodes sont prévues : voir n° 5250.

› Précisions **a.** En cas d'**affiliation successive, alternative ou simultanée à un autre régime** que celui des travailleurs indépendants ou des professionnels libéraux, les majorations sont accordées par priorité par le régime général si l'intéressé y a été affilié, à défaut par le dernier régime d'affiliation ou, en cas d'affiliations simultanées, par celui susceptible d'attribuer la pension la plus élevée (CSS art. R 173-15).

b. Des modalités particulières de calcul de la **majoration pour âge** sont prévues pour les personnes ayant eu une carrière mixte salariée (agricole ou non) et indépendante (CSS art. R 173-4-2).

81390 CSS art. R 634-1 F-III-12000 s

Revenu annuel moyen Comme dans le régime général (nos 67595 s.), le revenu servant à calculer la retraite de base des travailleurs indépendants est le revenu annuel moyen des années dont la prise en compte est la plus avantageuse pour l'assuré. Le nombre des **meilleures années,** initialement de 10, augmente progressivement pour passer à 25 pour les assurés nés après 1952. Cette mesure est toutefois mise en œuvre sur une période transitoire plus longue que dans le régime général.

> **Précisions** **a.** Pour les **assurés nés avant 1953,** le nombre d'années d'assurance exigé selon l'année de naissance est indiqué à l'article R 634-1-1 du CSS.
> **b.** Des modalités particulières de calcul du revenu annuel moyen sont prévues pour les personnes ayant eu une **carrière mixte** salariée (agricole ou non) et indépendante (CSS art. R 173-4-3).
> **c.** On retient un revenu annuel forfaitaire pour les assurés ne comptant que des **périodes assimilées** après 1972 (CSS art. D 634-8).

81400 F-III-12500 s

Taux Le taux de la retraite de base des travailleurs indépendants se calcule comme indiqué nos 67605 s. Le **taux plein,** égal à 50 %, s'applique :
– à partir de l'âge minimal de liquidation de la pension (no 81270), aux assurés justifiant d'une durée minimale de périodes d'assurance ou reconnues équivalentes, tous régimes de base obligatoires confondus, égale à celle requise dans le régime général, en tenant compte, le cas échéant, des périodes antérieures à 1973 ;
– aux assurés ayant atteint un **âge** minimal en fonction, notamment, de leur date de naissance ;
– ou à ceux appartenant à certaines catégories particulières.
Le taux est **réduit** si ces conditions ne sont pas remplies.

81410 F-III-11500 F-III-12700 s

Montant de la retraite Le montant de la pension résulte de la **formule** : nombre de trimestres acquis dans le régime / maximum de trimestres pris en compte × revenu annuel moyen × taux.
Les points suivants sont identiques à ceux prévus dans le régime général : montant minimum de la pension à taux plein (no 67655), montant maximum de la pension (no 67660), mécanismes de décote et de surcote (nos 67630 et 67665), et majorations de pension (nos 67670 s.).

PROFESSIONNELS LIBÉRAUX

81430 CSS art. L 643-1 D 643-1 F-III-27100 s

Calcul par points La pension de retraite de base dépend du nombre de points acquis et de la durée d'assurance (nos 81440 s.).

Le nombre de points est, en premier lieu, fonction des revenus professionnels soumis à **cotisations.**

Des **points gratuits** sont accordés :
– aux personnes reconnues atteintes d'une **incapacité d'exercice de leur profession** de plus de 6 mois : 400 points ;
– au titre du trimestre civil au cours duquel survient l'**accouchement,** aux femmes ayant accouché au cours d'une année civile d'affiliation : 100 points, le nombre total de points acquis au titre d'une année étant plafonné à 550 ;
– aux personnes ayant exercé leur activité libérale en étant atteintes d'une **invalidité** entraînant pour elles l'obligation d'avoir recours à l'assistance d'une tierce personne pour effectuer les actes ordinaires de la vie : 200 points par année civile.

> **Précisions** La **valeur de service du point** est de 0,5731 € au 1-1-2021. Elle est revalorisée dans les mêmes conditions que la retraite de base du régime général (no 67650).

81440 CSS art. L 643-3 L 643-4 D 643-2

Pension sans abattement Pour bénéficier d'une pension sans abattement, l'assuré doit avoir accompli, dans le régime des professionnels libéraux et dans un ou plusieurs autres régimes de retraite de base, ainsi que dans un régime obligatoire de retraite d'une organisation internationale ou européenne à laquelle la France est partie (CSS art. L 161-19-1), la même **durée d'assurance** que celle requise pour avoir droit à une retraite du régime général à taux plein : voir no 67610. Peuvent aussi y prétendre, comme dans le régime général :
– les assurés ayant atteint l'**âge** de 65 ans s'ils sont nés avant le 1-7-1951 (pour ceux nés à partir de cette date, voir no 67615) ;
– les assurés ayant atteint l'âge minimal de liquidation de la retraite de base (no 81270) et relevant de l'une des **catégories** suivantes : personnes reconnues inaptes au travail et grands invalides mentionnés aux articles L 36 et L 37 du Code des pensions militaires d'invalidité et des victimes de la guerre ;
– les assurés lourdement handicapés visés no 81270.
Le montant de la pension sans abattement est égal au **produit** de la valeur de service du point (no 81430) par le nombre de points acquis dans le régime.

La pension est, le cas échéant, portée au montant annuel de l'allocation aux vieux travailleurs salariés (AVTS) pour une personne seule (montant : n° 85035) en ajoutant aux périodes d'assurance les périodes d'exercice de l'activité libérale antérieures à l'obligation de cotiser (CSS art. L 643-1, al. 5 et D 643-9).

› Précisions **a.** Sont **comptées** comme périodes d'assurance dans le régime :
– les périodes ayant donné lieu au versement effectif des cotisations dans les conditions indiquées à l'article D 643-3 du CSS ;
– les périodes ayant donné lieu aux exonérations de cotisations pour incapacité de plus de 6 mois (n° 80470) ;
– les périodes de service national légal, de mobilisation ou de captivité (CSS art. L 161-19) ;
– les périodes ayant donné lieu au versement de cotisations par les personnes dont la pension de retraite de base a pris effet après le 1-1-2011 ayant demandé la prise en compte des périodes d'activité ayant donné lieu, avant le 1-1-2004, à une exonération de cotisation obligatoire de retraite de base au titre des deux premières années d'exercice de la profession libérale ;
– les majorations de durée d'assurance pour enfant ;
– les périodes pendant lesquelles l'assuré a bénéficié de l'allocation forfaitaire « chômage » visée n° 81630.
Des possibilités de **rachat** de certaines périodes sont prévues comme dans le régime général : voir n° 5250.

b. Les professionnels libéraux bénéficient des **majorations** de durée d'assurance pour enfant (maternité, éducation, adoption et enfant handicapé), selon les mêmes règles que dans le régime général, et de la majoration accordée aux aidants familiaux (CSS art. L 643-1-1) ; voir n° 67575 et n° 67585. En cas d'affiliation successive, alternative ou simultanée à un autre régime que celui des professions libérales, voir n° 81380, a.

c. L'**inaptitude au travail** s'apprécie en déterminant si, à la date de la demande ou à une date postérieure, le demandeur, compte tenu de son âge, de son état de santé, de ses capacités physiques et mentales, de ses aptitudes ou de sa formation professionnelle, n'est plus en mesure d'exercer une activité professionnelle (CSS art. L 643-5). Sur le point de savoir si un assuré ayant fait liquider ses droits au titre de l'inaptitude peut cumuler emploi et retraite, voir n° 81310, d.

d. Les assurés lourdement **handicapés** visés n° 81270 peuvent prétendre à une majoration de pension spécifique calculée comme dans le régime général (n° 67525).

Pension minorée (« décote ») Lorsque l'assuré ne remplit pas les conditions d'octroi d'une pension sans abattement, le montant de la pension est affecté d'un coefficient de réduction égal à 1,25 % par trimestre manquant, dans la limite de 20 trimestres. **81450** CSS art. L 643-3 R 643-7

Ce nombre de trimestres s'entend de ceux manquant à l'assuré, au moment où sa retraite prend effet, pour atteindre soit la durée d'assurance nécessaire, soit l'âge requis, quelle que soit la durée d'assurance, pour bénéficier d'une retraite sans abattement. On retient le plus petit de ces deux nombres (arrondis, le cas échéant, au chiffre immédiatement supérieur).

Pension majorée (« surcote ») Une majoration des droits de l'assuré est prévue en cas de liquidation de la pension à un **âge** et avec une **durée d'assurance supérieurs** aux minima requis (indiqués n°s 81270 et 81440). Cette majoration est de 0,75 % par trimestre, soit 3 % par an. **81460** CSS art. R 643-8

Les trimestres ouvrant droit à majoration sont les trimestres accomplis depuis le **1-1-2004** et **cotisés.** Le nombre de trimestres ouvrant droit à surcote est limité à 4 par an.

c. Liquidation et paiement

TRAVAILLEURS INDÉPENDANTS HORS PROFESSIONNELS LIBÉRAUX

L'assuré désirant obtenir la liquidation de sa retraite doit le **demander** sur un imprimé fourni par sa dernière caisse d'affiliation. En cas d'affiliation successive, alternative ou simultanée au régime général, voir n° 67700. **81490** F-III-13200 s

Au même titre que celles des salariés, les retraites des travailleurs indépendants sont **payables** mensuellement, à terme échu (n° 67715).

L'action en paiement des arrérages impayés se **prescrit** par 5 ans, en application de l'article 2224 du Code civil (Cass. soc. 25-2-1993 n° 90-16.965 D : RJS 5/93 n° 553).

Les règles de **cessibilité et saisissabilité** de la pension sont les mêmes que pour la pension d'invalidité du régime général des salariés (n° 44765).

PROFESSIONNELS LIBÉRAUX

La **demande** de liquidation est faite sur un imprimé mis à la disposition de l'assuré par sa section professionnelle. L'entrée en **jouissance** de la pension est fixée au premier jour du trimestre civil suivant la demande. Elle est **versée** tous les trimestres ou aux échéances **81510**

CSS art. L 643-8 R 643-6 R 643-11 F-III-28200 s prévues pour les prestations des régimes complémentaires ou bien, lorsque son montant est inférieur à un seuil fixé par décret, sous forme d'un versement annuel unique.

En cas d'exercice successif de **plusieurs activités libérales,** les droits sont liquidés par la section professionnelle de la dernière affiliation, qui se charge de la reconstitution de carrière.

Les arrérages de la pension se **prescrivent** par 5 ans (C. civ. art. 2224).

d. Droits du conjoint survivant

81530 CSS art. L 634-2 L 643-7 D 634-1 D 634-14 F-III-14400 s F-III-28400 s En cas de décès de l'assuré, retraité ou non, le conjoint survivant peut prétendre à une **pension de réversion.** Celle-ci obéit – sous réserve de quelques particularités – aux mêmes règles que celle des salariés (voir n°s 67775 s.). Les titulaires remplissant certaines conditions peuvent prétendre à une **majoration pour âge,** dans les mêmes conditions que dans le régime général : voir n° 67805.

> **Précisions** **a.** Le versement de cette pension est garanti aux assurés **travailleurs indépendants** 4 mois civils après le dépôt de leur demande complète de liquidation (Décret 2016-1175 du 30-8-2016). L'alignement sur le régime général des salariés comporte des **adaptations** concernant le montant minimum de la pension (CSS art. D 634-14) et le cumul des droits de réversion et de droits propres.
b. Le versement de la pension de réversion des **professionnels libéraux** intervient selon la même périodicité que la pension personnelle (n° 81510).
c. Sur la **constitution de droits propres de retraite** par le conjoint d'un professionnel libéral participant à l'exercice de la profession de celui-ci, voir n° 79835.

2. RETRAITE COMPLÉMENTAIRE

81560 Les développements ci-dessous présentent les prestations de retraite complémentaire et d'invalidité-décès des travailleurs indépendants hors avocats et professionnels libéraux visés n° 79725. Sur les prestations servies par les régimes de retraite complémentaire et d'invalidité-décès des **professionnels libéraux,** voir n° 81750 ; sur celles des régimes couvrant les **avocats,** voir n° 81940.

RETRAITE COMPLÉMENTAIRE OBLIGATOIRE

81570 CSS art. L 635-1 s F-III-15300 s Tout travailleur indépendant relevant de l'assurance vieillesse du régime général, même à titre volontaire ou en vertu du bénéfice d'une pension d'invalidité, est affilié d'office au régime de retraite complémentaire obligatoire. La retraite complémentaire est versée entièrement si le retraité a obtenu sa retraite de base à taux plein, réduite s'il l'a obtenu à taux minoré selon des coefficients d'abattement spécifiques.

Les **prestations** sont exprimées en points, le montant annuel de la pension étant obtenu en multipliant le nombre total de points par la valeur du point.

Les possibilités de **rachat de points** pour trimestres manquants ouvertes dans le régime de base le sont également dans le régime complémentaire obligatoire (n° 5250).

> **Précisions** **a.** Les conditions de **service des prestations** seront définies par le règlement du Conseil de la protection sociale des travailleurs indépendants (CPSTI).
Sur l'existence de **systèmes facultatifs** de retraite supplémentaire, voir n° 79770, b.
b. Sur l'affiliation des chauffeurs de **taxi** au régime de retraite complémentaire obligatoire, voir n° 79770, c.
c. Sur l'organisme compétent pour verser les pensions de retraite complémentaire, voir n° 54910.

ASSURANCE INVALIDITÉ-DÉCÈS

81580 CSS art. L 632-1 s F-III-18500 s Les travailleurs indépendants, hors avocats et professionnels libéraux visés n° 79725, reçoivent une pension d'invalidité en cas d'**invalidité totale ou partielle** médicalement constatée jusqu'à l'âge minimal d'ouverture du droit à la pension de vieillesse allouée en cas d'inaptitude au travail. Par dérogation, l'assuré titulaire d'une pension d'invalidité exerçant une activité professionnelle peut continuer à bénéficier de cette pension au-delà de l'âge légal de départ à la retraite et ce, jusqu'à la date à laquelle il demande à bénéficier de sa pension de retraite et, au plus tard, jusqu'à 67 ans.

Les conditions d'attribution et de révision de la **pension,** ainsi que ses modalités de calcul, de liquidation et de service ont été fixées par un règlement du CPSTI approuvé par arrêté et entré en vigueur le 1-1-2020 (Arrêté SSAS1835474A du 21-12-2018 : JO 29).

> **Précisions a.** Les travailleurs indépendants cessant de remplir les conditions pour relever du régime des indépendants ont droit au **maintien des prestations** d'assurance invalidité-décès dans les mêmes conditions que dans le régime général (CSS art. L 161-8) : voir n° 44560, c.
> **b.** Sur l'organisme compétent pour verser les pensions d'invalidité, voir n° 54910.

C. Allocation forfaitaire « chômage »

Les travailleurs indépendants **involontairement privés d'activité,** limitativement énumérés à l'article L 5424-24 du Code du travail, peuvent percevoir une allocation forfaitaire dénommée « allocation des travailleurs indépendants » (ATI). **81630**

C. trav. art. L 5421-2, 3° L 5424-24 à L 5424-28 R 5424-70 à R 5424-73 D 5424-74 à D 5424-76 CSS art. L 351-3, 2° L 643-3-1 L 653-3-1 Décrets 2019-796 et 2019-797 du 26-7-2019 F-III-8000 s

L'ATI est réservée aux travailleurs, indépendants au titre de leur **dernière activité,** dont l'entreprise a fait l'objet d'une procédure de **redressement** ou de **liquidation judiciaires** et qui remplissent les conditions suivantes :
– justifier d'une **activité non salariée** pendant une période minimale **ininterrompue de 2 ans** au titre d'une seule et même entreprise ;
– être effectivement à la **recherche d'un emploi** au sens visé n° 6600 ;
– justifier, au titre de l'activité non salariée, de **revenus antérieurs d'activité** égaux ou supérieurs à 10 000 € par an, les revenus retenus étant ceux déclarés au titre de l'impôt sur le revenu ;
– justifier de **ressources,** autres que les revenus d'activité, inférieurs au montant forfaitaire mensuel du RSA pour une personne seule (voir notre rubrique chiffres et taux sur www.efl.fr).

La fin d'activité non salariée doit se situer dans un **délai de 12 mois** précédant la veille de l'inscription comme demandeur d'emploi ou, le cas échéant, le premier jour du mois au cours duquel la demande d'allocation a été déposée.

Le **montant** de l'allocation est fixé à 26,30 € par jour.

L'ATI est **versée, sans aucun différé d'indemnisation ou délai d'attente** (Circ. Unédic 2019-13 du 1-11-2019) **pendant** 182 jours calendaires à compter de la date d'inscription sur la liste des demandeurs d'emploi ou, lorsque la personne y est déjà inscrite, de la date du premier jour du mois au cours duquel la demande d'allocation a été déposée.

> **Précisions a.** Les dispositions relatives à la **demande de paiement** de l'allocation chômage (n° 6720) et à l'action en remboursement de l'allocation **indue** (n° 6970) sont applicables à l'ATI.
> **b.** Les **périodes** de perception de l'allocation forfaitaire sont **prises en compte** comme période d'assurance pour la retraite dans les régimes vieillesse de base des indépendants et des professionnels libéraux (CSS art. D 634-2, al. 7 (1°) et D 643-2, 6°).
> **c.** L'ATI est cumulable avec des revenus d'**activité occasionnelle ou réduite** dans des conditions et limites fixées par le règlement d'assurance chômage. Les règles de **coordination** entre l'ARE (n°s 6620 s.) et l'ATI sont également détaillées par ce règlement.

IV. RÉGIMES PARTICULIERS

A. Retraite complémentaire et invalidité-décès des professionnels libéraux

Sont présentés ici les régimes obligatoires de **retraite** complémentaire et de **prévoyance** gérés par les sections professionnelles de la Caisse nationale d'assurance vieillesse des professions libérales (Cnavpl). L'étude de chacun d'entre eux dépassant les limites de cet exposé, nous nous contentons d'indiquer les sections professionnelles concernées, ainsi que les textes applicables, et à exposer quelques règles générales concernant leur fonctionnement et leurs cotisations. **81750**

F-II-14220 s

FONCTIONNEMENT

Institués par décret à la demande du conseil d'administration de la Cnavpl, ces régimes présentent des **structures très différentes.** Il existe toutefois certains **traits communs** : **81760**
– ce sont des régimes obligatoires et mixtes « répartition-capitalisation » ;
– leur gestion est assurée par la section professionnelle correspondante, ou du moins un comité comprenant notamment des administrateurs de la section ;

– les régimes de retraite complémentaire prévoient souvent des dispositions plus restrictives que le régime de retraite de base : en matière d'âge minimal de liquidation de la pension, de cumul emploi-retraite ou de conditions d'accès à la retraite sans abattement notamment.

ÉTABLISSEMENT ET RECOUVREMENT DES COTISATIONS

81790 Les cotisations de retraite complémentaire sont déterminées à partir du **revenu professionnel** perçu ou en fonction du **niveau de prestation** souhaité selon les sections professionnelles, certaines sections combinant les deux critères.

Des **exonérations** sont, le plus souvent, accordées en cas d'incapacité d'exercice supérieure à 6 mois et d'invalidité à 100 % justifiant le recours à l'assistance d'une tierce personne, et des **réductions** sont admises en cas de ressources inférieures à des montants fixés par la Cnavpl.

Sur les règles applicables aux ressortissants du **micro-social,** voir nos 80830 s.

Les modalités de **contrôle** des travailleurs indépendants, de **paiement** et de recouvrement forcé des cotisations (mise en demeure, contrainte, action civile, etc.), les sanctions applicables en cas d'infraction à la législation sociale et les règles de prescription de l'action publique sont celles du régime général (CSS art. R 644-2) : voir nos 24200 s. Voir toutefois no 80720 les règles spécifiques au décompte du délai de **prescription des cotisations** pour les travailleurs indépendants. Sur la nullité frappant les contrats d'assurance vieillesse ou invalidité-décès conclus ou renouvelés par les professionnels libéraux sans être à jour de leurs cotisations, voir no 80680.

81800

Sections professionnelles	Régimes complémentaires obligatoires	
	Vieillesse	Invalidité-décès
1. Agents généraux d'assurances	Décret 67-1169 du 22-12-1967	Décret 2003-1273 du 26-12-2003
2. Architectes, agréés en architecture, ingénieurs, techniciens, géomètres, experts et conseils	Décret 79-262 du 21-3-1979	Décret 79-263 du 21-3-1979
3. Infirmiers, orthophonistes, masseurs-kinésithérapeutes, orthoptistes et pédicures-podologues	Décret 84-143 du 22-2-1984	Décret 68-884 du 10-10-1968
4. Chirurgiens-dentistes et sages-femmes	Décret 50-28 du 6-1-1950	Décret 61-1488 du 28-12-1961 Décret 70-803 du 4-9-1970
5. Experts-comptables	Décret 53-506 du 21-5-1953	Décret 74-526 du 20-5-1974
6. Médecins[1]	Décret 49-579 du 22-4-1949	Décret 55-1390 du 18-10-1955
7. Notaires[2]	Décret 49-578 du 22-4-1949	Décret 2016-1991 du 30-12-2016
8. Officiers ministériels, officiers publics et des compagnies judiciaires	Décret 79-265 du 27-3-1979	Décret 81-755 du 3-8-1981
9. Pharmaciens	Décret 49-580 du 22-4-1949	Décret 60-664 du 4-7-1960
10. Vétérinaires	Décret 50-1318 du 21-10-1950	Décret 65-1139 du 23-12-1965

1. Les praticiens et auxiliaires médicaux conventionnés relèvent, en outre, d'un régime spécial supplémentaire obligatoire (CSS art. L 645-1 s.).
2. Les notaires du ressort des cours d'appel de Colmar et de Metz sont dotés d'un régime supplémentaire obligatoire qui s'ajoute au régime ci-dessus (Décret 51-310 du 3-3-1951).

B. Régime de la CNBF (avocats)

81850 Les **avocats** ne relèvent pas de la Cnavpl, mais de la Caisse nationale des barreaux français (CNBF ; www.cnbf.fr). Le régime géré par cette institution comporte une retraite de base, une retraite complémentaire et une assurance invalidité-décès.

CSS art. L 652-1 s
F-V-500 s

COMPÉTENCE DE LA CNBF

Relèvent **obligatoirement** de la CNBF : 81860 CSS art. L 651-1 **F-V-800 s**
– les **avocats non salariés** (y compris les avocats au Conseil d'État et à la Cour de cassation) pour les retraites de base et complémentaire et l'assurance invalidité-décès ;
– les **avocats salariés** (sauf les anciens conseils juridiques salariés et mandataires sociaux salariés : n° 79910, a), pour les retraites ; pour les autres risques, ils relèvent du régime général des salariés.

› Précisions **a.** Sur l'assujettissement à la CNBF du **conjoint** de l'avocat non salarié participant à l'activité de ce dernier, voir n°s 79820 s.
b. Les **litiges** opposant la CNBF à ses adhérents relèvent de la compétence du tribunal judiciaire de Paris (Cass. soc. 6-2-2003 n° 99-12.655 et n° 00-18.912 : RJS 4/03 n° 538).

ASSURANCE VIEILLESSE DE BASE

Cotisations La cotisation de retraite de base comprend : 81870 CSS art. L 652-6 s R 652-18 s **F-V-3300 s**
– des **droits de plaidoirie** ou des contributions équivalentes ;
– une **cotisation forfaitaire** fixée chaque année par la CNBF et fonction de l'ancienneté de l'avocat depuis sa prestation de serment ;
– et une **cotisation proportionnelle** assise sur le revenu d'activité, dans la limite d'un plafond.

Sont exonérées du quart de la cotisation forfaitaire les femmes ayant accouché durant l'année au titre de laquelle cette cotisation est appelée. La période ouvrant droit à l'exonération est le trimestre civil de l'**accouchement** (CSS art. L 652-8).

Pour les **avocats non salariés,** le **montant** de la cotisation proportionnelle est de 3,10 % du revenu d'activité, tel que défini n°s 80150 s., dans la limite d'un plafond. Les avocats doivent déclarer leurs revenus à la CNBF dans les conditions définies n°s 80220 s. Les assiettes de début d'activité (n° 80770) sont applicables. 81880 CSS art. R 131-1 R 652-24 D 652-1

Les cotisations, forfaitaire et proportionnelle, sont **payables** annuellement, selon la date et les modalités fixées par les statuts, et au plus tard le 31 décembre, sous peine d'une majoration de retard (taux fixé par la CNBF). Sur demande de l'avocat, elles peuvent être payées en 2 fois, les 30 avril et 30 octobre, ou par prélèvements fractionnés sur un échéancier de 2, 7 ou 12 mois.

Des règles particulières sont prévues en cas d'**inscription ou de cessation d'inscription** au tableau ou sur la liste du stage en cours d'année civile, de **maladie** d'une durée supérieure à 6 mois ou d'**insuffisance justifiée des ressources** (CSS art. L 652-7, R 652-19 et R 652-22).

Le **montant** mensuel de la cotisation forfaitaire des **avocats salariés** est de 1/12 de la cotisation forfaitaire annuelle des avocats non salariés. Elle est calculée au prorata en jours calendaires, jour de l'inscription au barreau ou de l'embauche inclus. La cotisation proportionnelle est de 3,10 % du salaire, entendu comme dans le régime général (n°s 22320 s.), dans la limite d'un plafond mensuel régularisé annuellement. Pour les deux cotisations, la part patronale est de 60 %, la part salariale de 40 %. Pour les salariés à temps partiel, la cotisation forfaitaire et le plafond de la cotisation proportionnelle sont réduits au prorata de la durée de travail. S'agissant des **avocats à employeurs multiples,** la part des cotisations incombant à chacun des employeurs est déterminée au prorata des rémunérations qu'ils ont respectivement versées dans la limite du montant de la cotisation forfaitaire et du plafond prévu pour la cotisation proportionnelle. 81890 CSS art. L 652-10 D 652-1 et D 652-2

La part salariale est précomptée par l'employeur lors de chaque paie (par 1/12 pour les cotisations forfaitaires). Dans le cadre de la DSN, les employeurs déclarent les salaires et payent par prélèvement les cotisations sur le site internet net-entreprises dans les mêmes conditions que pour les cotisations du régime général (n° 23920). Si toutefois ils s'opposent à ces prélèvements, ils doivent procéder à un virement bancaire à identifier, selon les indications fournies sur demande par la CNBF (Site internet de la CNBF).

Prestations Le service de la retraite de base de la CNBF est subordonné à la **cessation de l'ensemble des activités** professionnelles de l'avocat. Les avocats peuvent **cumuler** entièrement leur pension avec une activité professionnelle dans les mêmes conditions que les autres professionnels libéraux (n° 81310). 81920 CSS art. L 653-1 s. D 653-1 à D 653-6 **F-V-5200 s**

L'**âge minimal** de liquidation est aligné sur celui applicable dans le régime général : voir n° 67510. Des dérogations existent pour les assurés ayant commencé à travailler jeunes ou lourdement handicapés, dans des conditions analogues à celles applicables dans le régime général (nos 67515 s.). En revanche, il n'existe pas de dispositif de départ anticipé pour incapacité permanente analogue à celui prévu dans le régime général (no 67530).

La **retraite « entière »** est versée aux assurés ayant validé auprès de la CNBF un nombre de trimestres au moins égal à celui requis pour avoir droit à une retraite à taux plein dans le régime général (no 67610). Son montant a été fixé à 17 255 € en 2021. Les assurés n'ayant pas validé suffisamment de trimestres d'assurance à la CNBF pour bénéficier de la retraite entière ont droit à un pourcentage de ce montant, proportionnel au nombre de trimestres validés. Les périodes d'assurance prises en compte sont définies par les articles R 653-4 (non-salariés) et R 653-5 (salariés) du CSS. Les assurés peuvent racheter certaines périodes dans des conditions analogues à celles applicables dans le régime général (no 5250).

Lorsque la durée d'assurance ou l'âge atteints sont insuffisants, le montant calculé selon les règles exposées ci-dessus peut être affecté d'un **abattement,** dans des conditions analogues à celles applicables aux autres professions libérales : voir nos 81450 s. Il peut aussi, lorsque la durée d'assurance tous régimes confondus excède la durée requise pour avoir droit à la retraite du régime général à taux plein, être **majoré** de 0,75 % par trimestre accompli entre le 1-1-2004 et le 30-6-2010, et de 1,25 % par trimestre accompli après (CSS art. R 653-3).

Les ressortissants de la CNBF bénéficient des **majorations de durée d'assurance pour enfant** – maternité, éducation, adoption et enfant handicapé – prévues dans le régime général (no 67575 et no 67585), selon des modalités particulières fixées par les articles R 653-4, 5o et R 653-5, 3o du CSS, et de la majoration accordée aux aidants familiaux (no 67585). Les assurés lourdement **handicapés** peuvent prétendre à une majoration de **pension** spécifique calculée comme dans le régime général (no 67525).

RETRAITE COMPLÉMENTAIRE

81940 CSS art. L 654-1 s **F-V-7000 s**

Tous les avocats bénéficient d'un régime de **retraite complémentaire obligatoire.** Les cotisations, calculées sur 5 tranches de revenu dans la limite d'un plafond, sont versées dans les mêmes conditions que celles du régime de base. Elles sont assises, pour les non-salariés, sur le revenu défini nos 80150 s. et, pour les salariés, sur le salaire brut de l'année, et réparties, comme en retraite de base, à raison de 60 % à la charge de l'employeur et de 40 % à celle de l'avocat. Le droit à retraite est ouvert sous les mêmes conditions d'âge et de cessation d'activité que dans le régime de base. Le montant de la retraite est calculé par points. Au décès de l'assuré, ses ayants droit peuvent prétendre à une pension de réversion ou à une rente d'orphelin, dans les conditions fixées par le règlement de la CNBF.

Il peut être **dérogé** à la condition de **cessation d'activité** aux mêmes conditions que dans le régime de base. Pour les assurés ayant fait liquider à taux plein la totalité de leurs pensions de vieillesse personnelles, la liquidation des droits a un caractère définitif, les cotisations versées postérieurement n'ouvrant aucun droit supplémentaire (Règl. du régime de retraite complémentaire de la CNBF art. 13).

> **Précisions** Les avocats non salariés peuvent cotiser en vue de la constitution d'**avantages retraite supplémentaires** dans le cadre de contrats d'assurance dits « Madelin » conclus avant le 1-10-2020 ou dans le cadre d'un plan d'épargne retraite individuel mis en place depuis le 1-10-2019.

INVALIDITÉ-DÉCÈS

81950 **F-V-10000**

La CNBF gère un régime de prévoyance obligatoire financé par une **cotisation** forfaitaire dont le montant est fixé chaque année par la CNBF et dépend de l'ancienneté d'appartenance au barreau au 1er janvier de l'année (CSS art. L 652-9 ; Statuts CNBF art. 30 et 31). Cette cotisation est complétée par une seconde cotisation, également forfaitaire et versée par le barreau.

Ce régime assure aux avocats non salariés et à leurs conjoints collaborateurs les **prestations** suivantes : en cas d'incapacité d'exercer la profession, une indemnité journalière d'incapacité temporaire, servie à partir du 91e jour et jusqu'au 1 095e jours d'arrêt, au-delà, une pension d'invalidité permanente et, en cas de décès, un capital décès et une allocation d'orphelin aux ayants droit (CSS art. R 653-14 s. ; Statuts CNBF art. 54-1 s.).

TRAVAIL TEMPORAIRE

SOMMAIRE

A. Définition

82000 C. trav. art. L 1251-2 à L 1251-4 L 5321-1 **NC-II-1 s et NC-II-400 s**

La loi ne définit pas « le travail temporaire », mais « l'entrepreneur de travail temporaire ». Il s'agit d'une personne physique ou morale dont l'**activité exclusive** est de mettre à la disposition provisoire d'entreprises utilisatrices des salariés qu'elle recrute et rémunère à cet effet en fonction d'une qualification convenue.

› Précisions **a.** Par dérogation au principe d'exclusivité, les entreprises de travail temporaire (ETT) peuvent fournir des **services de placement** et exercer l'activité d'entreprise de **travail à temps partagé.**
Toute **activité de travail temporaire** s'exerçant **en dehors d'une telle entreprise** est interdite, sous réserve des dispositions relatives au prêt de main-d'œuvre à but non lucratif visées n°s 33035 s. La méconnaissance des dispositions relatives aux conditions d'exercice de l'activité de travail temporaire est **sanctionnée pénalement** (n° 82765). Si le dirigeant d'une ETT assume des responsabilités au sein d'une société juridiquement distincte, l'obligation d'exclusivité est violée si ces entreprises forment un ensemble économique unique (Cass. crim. 12-12-1989 n° 89-80.494 : RJS 2/90 n° 180).
b. La qualité d'ETT est liée à l'accomplissement de **formalités préalables** à l'exercice de cette activité (voir notre Documentation sociale, NC-II-21700 s). L'ETT doit être couverte par une garantie financière (n° 82100).
c. Sur la possibilité, à titre expérimental, pour les **entreprises adaptées** de créer des entreprises de travail temporaire, voir n° 40250, d.
d. Des dispositions spécifiques non traitées ici sont applicables aux **personnes morales de droit public** recourant au travail temporaire (C. trav. art. L 1251-60 à L 1251-63).

B. Conditions de recours

82050 C. trav. art. L 1251-1

Les conditions de recours au travail temporaire sont réglementées par la loi. Il a pour objet la mise à disposition temporaire d'un salarié par une entreprise de travail temporaire au bénéfice d'un client utilisateur pour l'exécution d'une mission.

1. CAS DE RECOURS

PRÉSENTATION DES CAS DE RECOURS

82060 C. trav. art. L 1251-5 à L 1251-7 NC-II-500 s

Le contrat de mission, quel que soit son motif, ne peut avoir ni pour objet ni pour effet de pourvoir durablement un **emploi lié à l'activité normale et permanente** de l'entreprise utilisatrice.

Sous réserve des dispositions liées à l'embauche dans le cadre de la politique de l'emploi ou pour assurer un complément de formation professionnelle, il ne peut être fait appel à un salarié temporaire que pour l'exécution d'une **tâche précise et temporaire** dénommée « mission » et seulement dans les cas suivants : remplacement, accroissement temporaire d'activité, emploi saisonnier ou emploi d'usage. Ces cas de recours limitatifs, communs aux contrats de mission et aux CDD, sont étudiés n°s 19550 s. En cas de **litige** sur le motif de recours, voir n° 82115, b.

À titre expérimental, du 1-1-2019 au 31-12-2021, outre ces cas de recours, la mise à disposition d'un salarié temporaire auprès d'une entreprise utilisatrice pourra intervenir si ce salarié temporaire est un bénéficiaire de l'obligation d'emploi des **travailleurs handicapés** (Loi 2018-771 du 5-9-2018 art. 67, VI).

Sur le contrat de mission conclu avec un **apprenti,** voir n° 3190.

S'agissant des mesures temporaires **Covid-19**, voir n° 19810.

ATTENTION

La méconnaissance des cas de recours au travail temporaire est passible de **sanctions** civiles et pénales (n°s 82720 s.).

82065 C. trav. art. L 1251-6, 1° L 4143-1 NC-II-9020

L'entreprise utilisatrice doit procéder à la consultation préalable du **CSE** dans les cas suivants :

– lorsque le contrat est conclu au titre du remplacement d'un salarié parti avant la suppression définitive de son poste, voir n° 19575 ;

– ou lorsqu'il est conclu au titre d'une commande exceptionnelle à l'exportation, y compris lorsque celle-ci concerne un établissement ayant procédé à un licenciement économique : voir n° 19600, b.

Par ailleurs, le CSE est consulté sur le programme et les modalités pratiques de la formation renforcée et sur les conditions d'accueil des salariés temporaires affectés à des postes présentant des risques particuliers pour leur santé ou leur sécurité, voir n° 20060.

INTERDICTIONS

82070 C. trav. art. L 1251-9 L 1251-10 L 5221-4 NC-II-590 s N-IX-44600 s

Il est interdit, sauf exception, de faire appel à un salarié temporaire au titre d'un accroissement temporaire d'activité pour des postes concernés par un **licenciement économique** récent, voir n°s 19645 s.

En outre, il est interdit de recourir au travail temporaire :

– pour remplacer un **médecin du travail** (n° 72280) ou un salarié **gréviste** (n°s 11195 s.) ;

– pour effectuer certains **travaux** particulièrement **dangereux** (liste : C. trav. art. D 4154-1), sauf dérogation accordée par la Dreets (Direccte avant le 1-4-2021).

Sous réserve des accords internationaux, il est interdit à une ETT de mettre à disposition des **travailleurs étrangers** si la prestation de services s'effectue hors du territoire français.

2. ÉTABLISSEMENT DES CONTRATS

82100 NC-II-1500 s.

Le travail temporaire se caractérise par une **relation triangulaire** donnant lieu à la conclusion de 2 contrats distincts : un contrat de mise à disposition entre l'ETT et l'entreprise utilisatrice ; un contrat de mission, contrat de travail entre l'ETT et le salarié temporaire. Il n'existe pas de contrat entre l'entreprise utilisatrice et le salarié temporaire.

› Précisions Tous les documents concernant l'ETT, notamment le contrat de mise à disposition et le contrat de mission, mentionnent le nom et l'adresse de son garant et la référence à l'article L 1251-49 du Code du travail relatif à la **garantie financière** de l'ETT (C. trav. art. R 1251-15), à peine de sanctions pénales (n° 82765, d). Pour plus de détails sur cette garantie, voir notre Documentation sociale, NC-II-22000 s.

Sur l'incidence de l'obtention de la garantie financière sur la délivrance de l'**attestation de vigilance** relative aux déclarations sociales et au paiement des cotisations, voir n° 79140.

a. Contrat de mise à disposition

EXIGENCE D'UN ÉCRIT

Un contrat de mise à disposition doit être conclu entre l'ETT et l'entreprise utilisatrice **au plus tard** dans les 2 jours ouvrables suivant la mise à disposition du travailleur temporaire. 82110 C. trav. art. L 1251-42 NC-II-1700 s

Sur le point de savoir si ce contrat doit être établi lorsqu'un salarié temporaire **remplace un autre salarié temporaire** dont le contrat est suspendu, voir nº 82240.

CONTENU

Le contrat de mise à disposition établi pour chaque salarié mentionne, outre la clause relative à la garantie financière (nº 82100) : 82115 C. trav. art. L 1251-43 L 1251-44 NC-II-1800 s

– le **motif** de recours. Cette mention est assortie de justifications précises (ex. : en cas de remplacement, le nom et la qualification de la personne remplacée ou à remplacer) ;

– le **terme** de la mission et, le cas échéant, la clause prévoyant la possibilité de le modifier dans les conditions exposées nº 82175 ;

– les **caractéristiques particulières du poste** de travail à pourvoir : poste présentant des risques particuliers pour la santé ou la sécurité des salariés (nº 20060), qualification professionnelle exigée (nº 82140, a), lieu de la mission et horaire ;

– la nature des **équipements** de protection individuelle que le salarié utilise. Il précise, le cas échéant, si ceux-ci sont fournis par l'ETT ;

– le montant de la **rémunération** avec ses différentes composantes, y compris, le cas échéant, les primes et accessoires de salaire que percevrait dans l'entreprise utilisatrice, après période d'essai, un salarié de qualification professionnelle équivalente occupant le même poste de travail (nº 20040).

Toute clause tendant à **interdire l'embauche** par l'entreprise utilisatrice du salarié temporaire à l'issue de sa mission est réputée non écrite.

› Précisions **a.** Pour les **travaux urgents,** il faut indiquer leur nature et la justification de l'urgence (ex. : réparation de la toiture de l'usine) (Circ. DRT 18 du 30-10-1990 réputée abrogée).
b. En cas de **litige sur le motif** du recours énoncé dans le contrat, c'est à l'entreprise utilisatrice de prouver sa réalité et non au salarié temporaire demandant la requalification du contrat de mission (Cass. soc. 28-11-2007 nº 06-44.843 FS-PB : RJS 2/08 nº 235 ; 10-10-2018 nº 16-26.535 F-D).
c. Voir, pour les clauses relatives : au **renouvellement** de la mission, nº 82170 ; à la **responsabilité de l'utilisateur,** nº 82680, c ; aux **équipements collectifs** mis en place chez l'utilisateur, nº 82370.
d. Sur les mentions propres au contrat de mise à disposition d'un **apprenti,** voir nº 3190, a.

b. Contrat de mission

FORME ET CONTENU

Le contrat de mission est établi par **écrit.** Il **comporte** notamment : 82140 C. trav. art. L 1251-16 NC-II-2200 s

– la reproduction des clauses et mentions du **contrat de mise à disposition** (nº 82115) ;

– la **qualification** professionnelle du salarié ;

– les modalités de la **rémunération** due au salarié, y compris celles de l'indemnité de fin de mission (nºs 82500 s.) ;

– la durée de la **période d'essai** éventuellement prévue (nº 82220) ;

– une clause de **rapatriement** du salarié à la charge de l'ETT si la mission s'effectue hors du territoire métropolitain. Cette clause devient caduque si le salarié rompt le contrat ;

– le nom et l'adresse de la caisse de **retraite complémentaire** et de l'organisme de **prévoyance** dont relève l'ETT (nº 82625) ;

– la mention selon laquelle l'**embauche** du salarié par l'entreprise utilisatrice à l'issue de la mission n'est pas interdite.

Sur les conséquences de l'absence d'une des mentions obligatoires, voir nº 82725, a.

› Précisions **a.** La **qualification** du salarié ne peut pas se limiter à la description de l'emploi occupé (ex. : juriste fiscaliste) ; il faut indiquer son classement dans les catégories de cadres, ouvriers ou employés (Cass. soc. 21-3-2007 nº 06-40.370 FS-PB : RJS 6/07 nº 789).
b. Le contrat de mission indique les modalités de paiement de la **rémunération** : date, périodicité, montant des acomptes éventuels (Circ. DRT 14 du 29-8-1992 réputée abrogée). Cette mention s'ajoute à celle de la rémunération de référence communiquée par l'utilisateur qui, en tant que mention obligatoire du contrat de mise à disposition (nº 82115), figure dans le contrat de mission.
c. Le salarié temporaire doit être informé par écrit des **éléments essentiels** applicables à la relation de travail, voir nº 16530.

d. Voir, pour les mentions relatives : à l'aménagement du **terme** de la mission, nº 82175 ; à son **renouvellement,** nº 82170 ; à la **fermeture de l'entreprise** pendant les congés payés, nº 20080, a ; à la délivrance de l'**attestation Pôle emploi** en fin de mission, nº 82515, b.

e. Sur les mentions propres au contrat de mission d'un **apprenti,** voir nº 3190, a.

TRANSMISSION AU SALARIÉ

82145 C. trav. art. L 1251-17

Le contrat de mission est transmis au salarié **au plus tard** dans les 2 jours ouvrables suivant sa mise à disposition.

Le **jour de la mise à disposition** ne devrait pas compter pour l'appréciation de ce délai, comme jugé à propos du jour de l'embauche en CDD (nº 19700).

Sur la **sanction** du retard de transmission du contrat, voir nº 82725, a (sanction civile) et nº 82765 (sanction pénale).

82150 C. trav. art. L 1251-58-1 à L 1251-58-8 NC-II-26200 s

CDI intérimaire

Une ETT peut conclure **par écrit** un CDI avec un travailleur temporaire pour l'exécution de missions successives. Des périodes d'intermission (assimilées à du travail effectif pour la détermination des droits à congés et pour l'ancienneté) peuvent être prévues. Sous réserve de dispositions spécifiques, ce contrat est régi par les dispositions du Code du travail relatives au CDI, notamment en ce qui concerne sa rupture.

Le contrat doit **notamment** définir le **périmètre de mobilité** dans lequel s'effectuent les missions et la description des emplois correspondant aux **qualifications** du salarié. Par dérogation aux dispositions relatives au travail temporaire, la durée totale de la mission ne peut pas excéder 36 mois. Les **missions** sont régies par les dispositions légales relatives au travail temporaire, sous réserve de certaines adaptations. Est toutefois exclue l'application des dispositions relatives à la période d'essai (nº 82220), à l'indemnité compensatrice de congés payés (nº 82510), à la rupture anticipée de la mission à l'initiative de l'ETT ou du travailleur temporaire (nºs 82550 s.), à l'indemnité de fin de mission (nºs 82500 s.) et au délai de carence en cas de succession de contrats (nº 82530). En matière de **rémunération,** le salarié bénéficie d'une **garantie minimale mensuelle** dont le montant, fixé dans le contrat de travail, doit au moins être égal au produit du Smic par le nombre d'heures correspondant à la durée légale hebdomadaire pour le mois considéré, compte tenu des rémunérations des missions versées au cours de cette période.

3. DURÉE ET RENOUVELLEMENT DU CONTRAT DE MISSION

82170 C. trav. art. L 1251-11 à L 1251-13 L 1251-35 L 1251-35-1 N-IX-9500 s N-IX-10500 s

Les règles relatives à la durée de la mission sont communes au travail temporaire et aux **CDD** (nºs 19770 s.).

Le contrat de mission comporte, en principe, un **terme précis,** fixé dès la conclusion du contrat de mise à disposition (nº 82115). Sa durée totale ne peut pas excéder, renouvellements compris, une durée maximale (nº 19780).

Par dérogation, le contrat de mission peut, dans certains cas, ne **pas** comporter **de terme précis.** Il est alors conclu pour une durée minimale et a pour terme la **réalisation de l'objet** pour lequel il a été conclu (nºs 19820 s.).

Les règles de **renouvellement** du contrat de mission sont les mêmes que celles applicables au CDD, voir nº 19790 s. S'agissant des mesures temporaires **Covid-19**, voir nº 19810.

› Précisions **a.** Le contrat de **remplacement** peut prendre effet avant l'absence de la personne à remplacer (nº 19560).

b. Sur l'incidence de la **suspension de la mission** sur l'échéance du terme, voir nº 82240.

c. Sur la durée totale maximale de la mission dans le cadre d'un **CDI intérimaire,** voir nº 82150. Sur la durée du contrat conclu avec un **apprenti,** voir nº 3190.

AMÉNAGEMENT DU TERME

82175 C. trav. art. L 1251-30 L 1251-31 L 1251-43 N-IX-11160 s NC-II-750 s

Deux possibilités d'aménagement du terme sont prévues :

– le terme des contrats conclus pour le **remplacement** d'une personne absente peut être reporté jusqu'au surlendemain du jour où cette personne reprend son travail, voir nº 19770, b ;

– si la mission comporte un **terme précis,** il peut être **avancé ou reporté** à raison de 1 jour pour 5 jours de travail. Pour les missions inférieures à 10 jours de travail, il peut être avancé ou reporté de 2 jours. L'aménagement ne peut avoir pour effet ni de **réduire la durée** de la mission initialement prévue de plus de 10 jours de travail, ni de conduire à un **dépassement de la durée maximale** du contrat prévue nº 19780.

L'éventualité d'un aménagement du terme doit être prévue dans le contrat de mise à disposition ou dans l'avenant de renouvellement.

> Précisions **a.** L'aménagement du terme de la mission ne constitue pas un cas d'absence autorisant le **recours au CDD** (n° 19565, d).
S'il est possible d'aménager le terme d'un contrat ayant fait l'objet d'un **renouvellement,** les possibilités d'aménagement s'appréciant alors sur la durée totale du contrat, renouvellement compris, il n'est pas possible, en revanche, de renouveler un contrat dont le terme a été aménagé (Circ. DRT 18 du 30-10-1990 réputée abrogée).
b. L'ETT n'est pas tenue de faire un **avenant** au contrat de mission en cas d'aménagement du terme. Elle doit simplement mentionner cette éventualité dans le contrat initial (Circ. DRT 18 du 30-10-1990 réputée abrogée).
c. Sur le droit à l'indemnité de fin de mission en cas de **refus par le salarié** de l'aménagement du terme de son contrat, voir n° 82505, a.

C. Exécution du contrat de mission

1. PÉRIODE D'ESSAI

Le contrat de mission peut comporter une période d'essai dont la durée est fixée par convention ou accord professionnel de branche étendu ou par convention ou accord d'entreprise ou d'établissement. À défaut de convention ou d'accord, cette durée **ne peut excéder** : 2 jours si le contrat est conclu pour une durée inférieure ou égale à 1 mois ; 3 jours si le contrat est conclu pour une durée supérieure à 1 mois et inférieure ou égale à 2 mois ; 5 jours si le contrat est conclu pour une durée supérieure à 2 mois. **82220** C. trav. art. L 1251-14 L 1251-15 **NC-II-3600 s**

La **rémunération** correspondant à la période d'essai ne peut pas être différente de celle prévue par le contrat de mission (n° 82270).

> Précisions **a.** La période d'essai des **contrats sans terme précis** se calcule sur la durée minimale fixée au contrat (Circ. DRT 18 du 30-10-1990 réputée abrogée). Les **jours d'essai** sont décomptés en jours calendaires, sauf disposition contractuelle ou conventionnelle contraire (n° 20020, b).
b. Sauf si le contrat le prévoit, il n'y a pas de **préavis** à respecter pour la **rupture** du contrat par l'une ou l'autre partie au cours ou à l'issue de la période d'essai.
c. Sur la possibilité de prévoir une période d'essai dans le contrat de travail temporaire faisant suite à un contrat d'**apprentissage** dans la même entreprise, voir n° 3580.

2. SUSPENSION DU CONTRAT

Le contrat de mission peut être suspendu dans les mêmes conditions que le CDI : voir n° 17120. La suspension du contrat ne fait pas obstacle à son **échéance.** **82240** C. trav. art. L 1251-29 **NC-II-4900 s**

Pendant la suspension, l'entreprise utilisatrice peut **recourir à un autre intérimaire** ou à un salarié en **CDD,** selon les modalités exposées n° 20080, c. L'ETT n'est alors pas tenue de conclure un nouveau contrat de mise à disposition car il ne s'agit pas d'une nouvelle mission (Circ. DRT 18 du 30-10-1990 réputée abrogée).

> Précisions **a.** L'incidence de la suspension du contrat sur sa **durée** fait l'objet de précisions administratives communes au contrat de mission et au CDD, voir n° 20080.
b. Sur le **maintien de salaire** légal en cas de **maladie,** voir n° 49765, a.
c. Sur la suspension du contrat en raison de la **fermeture de l'entreprise utilisatrice** pour congés payés, voir n° 20080, a.

3. STATUT DU SALARIÉ TEMPORAIRE

Lié à l'ETT par un **contrat de travail,** le salarié temporaire a le statut de salarié de cette entreprise. **82260**

> Précisions **a.** L'**entreprise utilisatrice** n'est pas tenue de mentionner les salariés temporaires qu'elle occupe sur sa déclaration sociale nominative, ni de procéder aux **formalités** d'embauche (n°s 33220 s.). En revanche, elle doit les inscrire sur son registre unique du personnel avec une mention particulière (n° 33235, b).
S'agissant de l'**information** des salariés temporaires sur les **postes à pourvoir** en CDI dans l'entreprise utilisatrice, voir n° 20010.
b. Sur le statut du salarié temporaire ayant signé un **CDI avec l'ETT,** voir n° 82150.

a. Rémunération

MINIMUM

82270 C. trav. art. L 1251-18 NC-II-4170 s

La rémunération du salarié temporaire ne peut être inférieure ni au Smic ni à celle prévue par le contrat de mise à disposition, c'est-à-dire à celle que percevrait dans l'entreprise utilisatrice, après période d'essai, un salarié de qualification professionnelle équivalente occupant le même poste de travail.

› Précisions a. Sur la **notion** de rémunération, voir n° 20040, a. Sur la rémunération du salarié temporaire pendant la **période d'essai,** voir n° 82220 ; sur celle du salarié temporaire titulaire d'un **CDI,** voir n° 82150.
b. L'ETT qui méconnaît le principe d'**égalité de rémunération** est passible de sanctions pénales (n° 82765). Au plan civil, l'entreprise utilisatrice ne peut pas être condamnée conjointement et solidairement avec l'ETT au paiement du complément de salaire dû aux intéressés (Cass. soc. 22-5-1991 n° 88-40.497 P : RJS 7/91 n° 905). Mais cette dernière peut se retourner contre l'entreprise utilisatrice si elle a commis une faute (Cass. soc. 4-12-1996 n° 94-18.701 P : RJS 1/97 n° 107 ; 13-1-2009 n° 07-42.108 F-D : RJS 3/09 n° 291). Sur la présentation de réclamations à ce sujet par le CSE de l'entreprise utilisatrice, voir n° 9420.
c. L'ETT doit assurer au salarié temporaire la rémunération correspondant à l'**horaire** garanti dans son contrat, même si l'entreprise utilisatrice l'occupe pendant une durée inférieure (Circ. DRT 14 du 29-8-1992 réputée abrogée). Sur la rémunération mensuelle minimale due en cas d'**activité partielle,** voir n° 1485, b.
d. En cas de **grève** avec occupation des locaux de l'entreprise utilisatrice, l'ETT doit rémunérer les salariés temporaires restés à la disposition de l'entreprise utilisatrice jusqu'à expiration du délai laissé aux grévistes pour quitter ces locaux (Cass. soc. 27-5-1998 n° 96-42.303 P : RJS 7/98 n° 937).

PAIEMENT

82275 C. trav. art. L 3242-1 L 3242-3 NC-II-4460 s

Le paiement de la rémunération incombe à l'ETT. Ne bénéficiant pas de la mensualisation, le salarié temporaire est payé au moins **2 fois par mois,** à 16 jours au plus d'intervalle.

À chaque paie, l'ETT lui remet un **bulletin de paie** conforme au droit commun, sous réserve des précisions suivantes.

› Précisions a. Les ETT doivent apposer sur le bulletin de paie la **mention** « accords nationaux des ETT – personnel intérimaire » (Circ. DRT 17 du 24-8-1988 réputée abrogée). Celles adhérant à Prism'emploi doivent en outre (Accord 26-2-1985) :
– fournir au salarié un guide de lecture du bulletin de paie pour les mentions chiffrées ;
– en cas de missions multiples, distinguer les éléments de rémunération propres à chacune ;
– indiquer le nom et l'adresse du garant, le nom de la caisse de retraite complémentaire, les indemnités compensatrices de repos compensateur de remplacement et/ou de contrepartie obligatoire en repos (n° 41235), l'indemnité de fin de mission et le mode de paiement.
b. À la **demande du salarié** temporaire, les ETT membres de Prism'emploi doivent lui fournir les éléments justifiant le **nombre d'heures** payées et, le cas échéant, une copie de ces documents (Accord 4-4-1990).

AMÉNAGEMENT-RÉDUCTION DU TEMPS DE TRAVAIL

82280 Accord 27-3-2000 NC-II-7340 s NC-II-7550 s NC-II-7850 s

Le dispositif d'aménagement et de réduction du temps de travail de l'entreprise utilisatrice s'applique au salarié temporaire selon les modalités suivantes (Accord 27-3-2000 étendu par arrêté MEST0011029A 27-7-2000 : JO 29-8) :

– l'ETT a le choix entre le paiement des **heures supplémentaires** et des majorations ou la prise de repos, cette dernière étant à privilégier. Ces repos peuvent être affectés au compte épargne-temps ou, à défaut, être indemnisés à la fin de la mission (voir n° 41235, b) ;

– un **compte épargne-temps** peut être mis en place dans l'ETT après consultation des représentants du personnel ou, à défaut, après information individuelle des salariés temporaires concernés. Les droits à congé, utilisables à partir d'un nombre de jours ou d'heures variable selon le type d'utilisation, sont rémunérés sur la base de la dernière mission dans l'entreprise où est ouvert le compte ;

– si la **réduction du temps de travail par jours de repos** est en vigueur chez l'utilisateur, elle s'applique aux intérimaires soumis à son horaire collectif.

JOURS FÉRIÉS ET PONTS

82285 C. trav. art. L 1251-18 NC-II-7130 s et 7240 s

Le salarié temporaire a droit au paiement des jours fériés indépendamment de son ancienneté, si les salariés de l'entreprise utilisatrice en bénéficient.

Il bénéficie, comme les salariés de cette entreprise, du paiement des **ponts** non récupérables ou devant faire l'objet d'une récupération pendant la mission. En revanche, le pont à imputer sur les droits à congés payés ou récupérable en dehors de la période de mise à disposition n'a à être rémunéré que si le salarié temporaire n'a pas été averti et s'est tenu à disposition ce jour-là, ou si son contrat de travail lui garantit un nombre d'heures de travail. Le jour chômé ne peut alors avoir pour effet de diminuer sa rémunération (Circ. DRT 18 du 30-10-1990 réputée abrogée).

> **Précisions** **a.** La **notion** de « jour férié » recouvre les jours fériés légaux et ceux ayant le même caractère au plan coutumier ou local (Accord 4-4-1990 applicable aux entreprises adhérant au Prism'emploi).
> **b.** Sur la **responsabilité** du respect de la réglementation des jours fériés pendant la mission, voir nº 82340. Sur la présentation de réclamations relatives au paiement des jours fériés des salariés temporaires par le **CSE** de l'entreprise utilisatrice, voir nº 9420.

INDEMNITÉS DIVERSES

Les salariés temporaires bénéficient de la prise en charge des frais de **transport** domicile-lieu de travail dans les conditions de droit commun, sous réserve d'adaptations prévues par un accord du 31-10-2009 (étendu par arrêté MTST1021436A du 9-8-2010 : JO 17). Une attestation sur l'honneur adressée à l'ETT suffit pour ouvrir droit à la prise en charge des frais d'abonnement à un service de transport public. **82290** C. trav. art. R 3261-5 NC-II-4330 s

Voir pour : les indemnités de **chômage-intempéries,** nº 82630 ; l'indemnité compensatrice de **congés payés,** nº 82510 ; l'indemnité compensatrice de **repos compensateur,** nº 82515 ; l'indemnité de **fin de mission,** nºs 82500 s.

b. Ancienneté

Pour l'application des dispositions légales se référant à une condition d'ancienneté dans l'**ETT,** l'ancienneté du salarié temporaire s'apprécie en totalisant les périodes pendant lesquelles il a été lié à l'entreprise par un contrat de mission. **82320** C. trav. art. L 1251-55 NC-II-11120 s

> **Précisions** Cette règle fait l'objet de précisions pour la **représentation du personnel** (nº 82420) et la **participation aux résultats** (nº 33900, b).
> Sur la prise en compte de l'ancienneté durant les périodes d'intermission du salarié en **CDI intérimaire,** voir nº 82150.

c. Conditions de travail

Pendant la mission, l'entreprise utilisatrice est responsable des conditions d'exécution du travail déterminées par les dispositions légales et conventionnelles applicables au lieu de travail. Les conditions d'exécution du travail comprennent limitativement : la durée du travail, le travail de nuit, le repos hebdomadaire et les jours fériés ; la santé et la sécurité au travail (nº 82350) ; le travail des femmes, des enfants et des jeunes. **82340** C. trav. art. L 1251-21 NC-II-5300 s

> **Précisions** **a.** Les salariés temporaires ont droit aux congés pour **événements familiaux** (Circ. DRT 14 du 29-8-1992 réputée abrogée).
> **b.** Les modalités du repos compensateur pour **travail de nuit** des salariés temporaires ayant la qualité de travailleurs de nuit au cours d'une mission sont définies par un accord national étendu à l'exception des dispositions permettant de remplacer le repos compensateur par une compensation salariale (Accord du 24-7-2002 étendu par arrêté SOCT0310421A du 26-3-2003 : JO 4-4).
> **c.** Voir, sur les obligations de l'entreprise utilisatrice en matière d'**affichage** de l'horaire collectif de travail, nº 29817 et, sur la rémunération des **jours fériés** et des **ponts,** nº 82285.
> **d.** Sur l'interdiction de toute mesure discriminatoire à l'encontre d'un salarié victime ou témoin de **harcèlement,** voir nº 17082.
> **e.** Sur le rôle du **CSE** de l'entreprise utilisatrice, voir nº 9420.

MÉDECINE DU TRAVAIL

Les obligations relatives à la médecine du travail sont à la charge de l'ETT. Toutefois, si l'activité exercée par le salarié temporaire nécessite un **suivi médical renforcé** (nº 72430), elles sont à la charge de l'entreprise utilisatrice. **82345** C. trav. art. L 1251-22 R 4745-5 NC-II-5500 s

Les **modalités** de la surveillance médicale des salariés temporaires sont définies par les articles R 4625-2 à R 4625-20 du Code du travail. En particulier, il est prévu à certaines conditions des **dispenses** de visite d'information et de prévention ou d'examen médical d'aptitude avant une nouvelle mission.

> **ATTENTION**
> Le **non-respect** des dispositions relatives à la surveillance médicale des salariés temporaires expose l'employeur à l'amende prévue pour les contraventions de 5e classe (nº 67285).

SANTÉ ET SÉCURITÉ AU TRAVAIL

82350 Pendant la mission, l'entreprise utilisatrice est **responsable** de la santé et de la sécurité au travail.

C. trav. art. L 1251-21, 4°, L 1251-23, L 1251-34, L 4141-2, L 4154-4, NC-II-6700 s

Elle fournit les **équipements de protection individuelle,** sauf certains équipements personnalisés pouvant être fournis par l'ETT. Les salariés temporaires n'ont pas à supporter la charge financière de ces équipements.

› **Précisions** **a.** Les **équipements** de protection individuelle sont mentionnés dans le contrat de mise à disposition (n° 82115). L'entreprise utilisatrice doit en préciser la nature et veiller à leur utilisation effective par le salarié (Accord 3-3-2017 étendu par arrêté MTRT1820099A du 17-7-2018 : JO 24). Les équipements lui incombant sont ceux imposés pour le poste de travail par la réglementation ainsi que les vêtements professionnels spécifiques obligatoires qui ne constituent pas un avantage en nature (Accord 12-4-1996 : BOCC 96-21). Sont susceptibles d'être fournis par l'ETT les casques et chaussures de sécurité (Accord 3-3-2017 étendu par arrêté MTRT1820099A du 17-7-2018 : JO 24).

b. L'entreprise utilisatrice doit organiser une **formation** pratique et appropriée à la sécurité au bénéfice des salariés temporaires, sauf s'il est fait appel à des salariés déjà dotés de la qualification requise pour des travaux urgents nécessités par des mesures de sécurité. À ces derniers, elle donne toutes les informations utiles sur les particularités de l'entreprise et de son environnement susceptibles d'avoir une incidence sur leur sécurité.

L'utilisateur doit fournir aux intérimaires une formation renforcée pour certains postes présentant des risques particuliers, voir n° 20060.

L'accès des salariés temporaires à certains **travaux dangereux** est interdit (n° 82070).

c. L'ETT et l'entreprise utilisatrice sont tenues à une obligation de sécurité de résultat s'agissant de la **prévention des risques** professionnels auxquels sont exposés les salariés temporaires, chacune au regard des obligations mises à sa charge (Cass. soc. 30-11-2010 n° 08-70.390 FS-PBR : RJS 2/11 n° 185).

En cas d'**accident du travail** survenu à un salarié temporaire, l'entreprise utilisatrice est pénalement responsable si la cause directe de l'accident réside dans la violation par cette entreprise des règles d'hygiène et de sécurité (Cass. crim. 15-1-1991 n° 89-86.352 : RJS 3/91 n° 404). Voir également n° 67135, d, lorsqu'elle est membre d'un groupement d'entreprises. Sur les règles de responsabilité particulières prévues pour la réparation de ces accidents, voir n° 82620.

La **modification, en cours de mission, des tâches** confiées à l'intérimaire constituant une cause d'accident du travail, l'utilisateur doit en informer l'ETT, ce qui peut entraîner la signature d'un nouveau contrat (Accord 3-3-2017 étendu par arrêté MTRT1820099A du 17-7-2018 : JO 24).

L'intérimaire dispose de **droits de retrait et d'alerte** (Accord 3-3-2017 étendu par arrêté MTRT1820099A du 17-7-2018 : JO 24).

d. Lorsqu'un salarié temporaire est exposé à des **rayonnements ionisants** et qu'au terme de son contrat de mission cette exposition excède la valeur limite annuelle rapportée à la durée du contrat, l'ETT lui propose, sous peine des sanctions indiquées n° 82765, un ou plusieurs contrats répondant aux conditions indiquées n° 82550 et prenant effet dans un délai maximum de 3 jours ouvrables après l'expiration du contrat précédent, pour une durée telle que l'exposition constatée à l'expiration du ou des nouveaux contrats soit au plus égale à la valeur limite annuelle rapportée à la durée totale des contrats.

e. Sur les obligations de l'ETT et de l'entreprise utilisatrice en matière de **prévention des risques professionnels,** voir nos 71330 s. Plus précisément, sur leurs obligations déclaratives, voir n° 71350, c. Sur la possibilité pour le CSE de l'ETT de recourir à l'expertise en cas de risque grave et actuel pesant sur ses intérimaires en cas d'inaction de l'entreprise utilisatrice et de son CSE, voir n° 9040, b.

d. Accès aux installations collectives

82370 Les salariés temporaires ont accès, dans l'**entreprise utilisatrice,** dans les mêmes conditions que les salariés de celle-ci, aux moyens de **transport** collectif et aux installations collectives, notamment de restauration, dont peuvent bénéficier ces salariés. Si des **dépenses supplémentaires** incombent au CSE, celles-ci lui sont remboursées selon des modalités définies au contrat de mise à disposition.

C. trav. art. L 1251-24, NC-II-12000 s

› **Précisions** **a.** Entrent dans la **notion** d'« installations collectives » la restauration, les douches, vestiaires, installations sportives, bibliothèque, crèche, salle de repos, de documentation (Circ. DRT 18 du 30-10-1990 réputée abrogée ; 14 du 29-8-1992 réputée abrogée). Les salariés temporaires bénéficient des tickets de **cantine** dans les mêmes conditions et au même tarif que les salariés de l'entreprise utilisatrice (Circ. DRT 18 du 30-10-1990 précitée ; Cass. soc. 21-11-1990 n° 89-13.056 P : RJS 1/91 n° 47). Ils ne peuvent se voir refuser l'accès au **parking** au seul motif qu'ils sont salariés temporaires (Rép. Loncle : AN 10-10-1983 n° 31379). Sur leur droit aux **titres-restaurant,** voir n° 20040, a.

b. Sur la **sanction** pénale encourue par la personne responsable de la gestion de ces équipements qui empêche le salarié temporaire d'y accéder, voir n° 82760, c.

c. Sur le rôle du CSE de l'entreprise utilisatrice, voir n° 9420.

e. Prise en compte dans les effectifs

DANS L'ENTREPRISE UTILISATRICE

Les salariés temporaires sont pris en compte dans l'effectif de l'entreprise utilisatrice selon la **règle générale** exposée nos 62365 s. S'agissant de l'obligation d'emploi des travailleurs handicapés, voir no 40005. 82390 NC-II-11000

Ils sont exclus de l'effectif de l'entreprise utilisatrice pour le **versement mobilités** puisqu'ils sont pris en compte dans celui de l'ETT (no 82395, b).

DANS L'ETT

Pour calculer les effectifs de l'ETT, il est tenu compte de ses salariés permanents et des salariés temporaires qui lui ont été liés par des contrats de mission pendant une durée totale d'au moins 3 mois au cours de la dernière année civile. 82395 C. trav. art. L 1251-54 NC-II-11020 s

> Précisions a. Pour déterminer le taux de la participation des ETT au développement de la **formation professionnelle continue,** il y a lieu de retenir les salariés temporaires qui, d'une part, ont effectué au moins 3 mois de mission d'intérim au cours de l'année de versement des rémunérations constituant l'assiette de la participation (qui est l'année qui précède celle au cours de laquelle cette participation est acquittée) et, d'autre part, entrent dans le décompte des effectifs d'au moins un des mois de cette même année de versement des rémunérations pour avoir été titulaires d'un contrat de travail le dernier jour de ce mois (CE 28-11-2018 no 420951 RJS 2/19 no 81).

b. Les salariés temporaires sont pris en compte dans l'effectif de l'ETT pour le seuil d'assujettissement au **versement mobilités** (nos 84010 s.) (CGCT art. D 2333-91 et D 2531-9).

c. Pour le **calcul et le recouvrement des cotisations** et contributions de sécurité sociale, voir no 82605.

f. Représentation du personnel

DANS L'ENTREPRISE UTILISATRICE

Les salariés temporaires ne sont pas **électeurs** aux élections des représentants du personnel de l'entreprise utilisatrice (Cass. soc. 28-2-2007 no 06-60.171 FS-PBRI : RJS 5/07 no 636 ; 1-4-2008 no 07-60.287 FS-PB : RJS 6/08 no 694). Ils n'y sont donc pas non plus **éligibles.** 82410 NC-II-8940 s

Les **délégués syndicaux** devant être choisis parmi les candidats aux élections professionnelles (no 73495), les salariés temporaires ne peuvent pas être désignés en cette qualité.

> Précisions a. Sur l'appréciation de l'**ancienneté** en cas d'embauche à l'issue de la mission, voir no 82520, a.

b. Sur la prise en compte de la rémunération des salariés temporaires dans la masse salariale servant de base au **calcul des budgets du CSE** de l'entreprise utilisatrice, voir no 9120.

Les salariés temporaires peuvent faire présenter par le CSE de l'entreprise utilisatrice leurs **réclamations** sur l'application de certaines dispositions légales, voir no 9420. 82415 C. trav. art. L 2312-6 L 2312-26 NC-II-9000 s

L'employeur doit mettre à la disposition du CSE, dans la **base de données économiques et sociales,** des informations sur les contrats de mise à disposition conclus avec les ETT. Il doit en effet les informer périodiquement de l'évolution du travail temporaire dans l'entreprise : voir no 9247.

Dans certains cas, l'employeur doit **consulter** les représentants du personnel avant de recourir au travail temporaire (no 82065). Par ailleurs, ceux-ci disposent d'un **droit d'alerte** en la matière : voir no 9374.

Sur l'action en justice des **syndicats** en faveur des salariés temporaires, voir no 20070.

DANS L'ETT

Élection ou désignation Le salarié temporaire est électeur et éligible au **CSE** et peut être désigné comme **représentant de section syndicale** ou **délégué syndical** (DS) dans les conditions de droit commun sous réserve des précisions suivantes. 82420 C. trav. art. L 2142-1-2 L 2143-2 L 2314-20 L 2314-22 NC-II-9140 s NC-II-10150 s

L'**ancienneté** requise est de 3 mois pour être électeur et de 6 mois pour être éligible et pour être désigné DS et représentant de section syndicale.

Elle s'apprécie en totalisant les périodes pendant lesquelles le salarié a été lié à l'entreprise par des contrats de mission au cours :

- des 12 mois précédant l'élection, pour l'électorat ;
- des 18 mois précédant l'élection, pour l'éligibilité ou la désignation comme DS ;
- des 6 mois précédents, en cas de création d'entreprise ou d'ouverture d'établissement.

Sont électeurs et éligibles les salariés temporaires liés à l'ETT par un **contrat de mission** au moment de la confection des listes. Toutefois, cessent de remplir ces conditions les salariés ayant fait connaître à l'ETT qu'ils ne souhaitent plus bénéficier d'un nouveau contrat de mission et les salariés à qui l'ETT a notifié sa décision de ne plus faire appel à eux pour de nouveaux contrats de mission.

> **Précisions** **a.** Le salarié temporaire **élu représentant du personnel ou régulièrement candidat** à cette fonction remplit par là même les conditions d'ancienneté et de présence pour être désigné DS ou représentant syndical au comité de l'ETT (Cass. soc. 4-2-2004 n°s 02-60.028, 03-60.138 et 02-60.066 FS-PBRI : RJS 5/04 nº 626).
> **b.** Pour l'électorat et l'éligibilité, l'existence d'un **contrat de mission** en cours au moment de la confection des listes est requise (Cass. soc. 4-2-2004 nº 03-60.163 FS-P : RJS 5/04 nº 626).
> **c.** Les conditions d'**ancienneté** pour l'électorat et l'éligibilité sont considérées remplies si le salarié temporaire a travaillé 507 heures ou 1 014 heures au cours des 12 ou 18 mois précédant la date arrêtée pour la confection des listes (Accord du 27-10-1988 étendu par arrêté du 22-2-1989 : JO 5-3). Si un protocole préélectoral peut prévoir des conditions d'ancienneté plus favorables, il ne peut pas en modifier la date d'appréciation (n°s 8760 et 8765) (Cass. soc. 26-9-2012 nº 11-25.420 FS-PB : RJS 12/12 nº 992).
> **d.** Sur la **répartition des sièges** entre personnels permanent et intérimaire, voir nº 8750, e.
> **e.** Pour la désignation comme **représentants de section syndicale** au sein de l'ETT, les intérimaires sont considérés comme **adhérents** s'ils sont liés à celle-ci par des contrats de mission pendant au moins 3 mois au cours de la dernière année civile. Peu importe qu'ils ne soient pas titulaires d'un contrat de mission au moment de la désignation, dès lors qu'ils n'ont pas fait connaître à l'ETT leur intention de ne plus bénéficier d'un nouveau contrat et que celle-ci ne leur a pas notifié sa décision de ne plus faire appel à eux pour de nouveaux contrats (Cass. soc. 11-5-2016 nº 15-17.200 FS-PB : RJS 7/16 nº 506).

82425 C. trav. art. L 2143-19 L 2315-13 NC-II-9500 s NC-II-10200 s

Exercice du mandat Le salarié temporaire exerçant un mandat représentatif bénéficie du **crédit d'heures** de droit commun.

Toute période de travail intervenant au cours d'un mois civil, quelle que soit sa durée, ouvre droit pour le salarié temporaire élu représentant du personnel à l'intégralité du crédit d'heures mensuel (Accord 27-10-1988 étendu par arrêté 22-2-1989 : JO 5-3).

Les heures de délégation utilisées **entre 2 missions,** conformément à des dispositions conventionnelles, par un délégué syndical ou un représentant élu du personnel pour l'exercice de son mandat, sont considérées comme des heures de travail. Elles sont réputées rattachées, en matière de rémunération et de charges sociales, au dernier contrat de mission avec l'ETT au titre de laquelle il a été désigné ou élu.

Le salarié temporaire exerçant un mandat représentatif bénéficie d'une garantie de **non-discrimination** dans les propositions de mission (Accords 27-10-1988 étendu par arrêté du 22-2-1989 : JO 5-3 ; 8-11-1984 étendu par arrêté du 6-8-1985 : JO 15 et modifié par avenant du 14-6-1995 étendu par arrêté du 15-2-1996).

> ATTENTION
> **a.** L'utilisateur qui **refuse la mise à disposition** d'un salarié temporaire en raison d'absences répétées liées à ses **activités syndicales** dans l'ETT encourt des sanctions pénales pour refus d'embauche discriminatoire (Cass. crim. 2-9-2003 nº 02-86.048 FS-PFI : RJS 1/04 nº 132).
> **b.** Une autorisation administrative est nécessaire pour l'**interruption** ou le non-renouvellement **de la mission** du fait de l'employeur, voir nº 63465.

82430 NC-II-10500 s

Moyens d'action des syndicats Les ETT sont soumises au droit commun sous réserve des précisions ci-dessous.

Les **communications syndicales** portées sur le panneau d'affichage sont **remises** aux salariés temporaires en mission ou **adressées** par voie postale, aux frais de l'ETT, au moins une fois par mois (C. trav. art. L 2142-7).

Sur l'**action en justice** des syndicats en faveur des salariés temporaires, voir nº 20070.

> **Précisions** **a.** La mise à disposition des communications syndicales sur des **présentoirs dans les agences** de travail temporaire est insuffisante (TGI Paris 2-4-1990 nº 90-4195 : RJS 11/90 nº 938).
> **b.** La distribution d'une **note d'information** syndicale est prévue (Accord du 8-11-1984 étendu par arrêté du 6-8-1985 : JO 15).

g. Formation professionnelle

ENTREPRISE UTILISATRICE

82450 NC-II-8240 s

L'entreprise utilisatrice n'a pas à intégrer dans la base de ses **contributions au financement de la formation** les sommes versées à l'ETT en paiement du service rendu.

ENTREPRISE DE TRAVAIL TEMPORAIRE

Actions de formation Sans préjudice du principe d'exclusivité (nº 82000), sont **assimilées à des missions** les périodes consacrées par les salariés temporaires : 82455 C. trav. art. L 1251-57 NC-II-8400 s

– à des stages de formation, bilans de compétences ou actions de validation des acquis de l'expérience (VAE). Ces périodes sont accomplies soit à l'initiative de l'employeur dans le cadre du plan de développement des compétences (ex-plan de formation), du contrat d'apprentissage ou du contrat de professionnalisation, soit à celle du salarié dans le cadre du bilan de compétences éligible au compte personnel de formation (CPF) ou du CPF « transition professionnelle » (nºs 38310 s.) ;

– ou à des actions de formation en lien avec leur activité professionnelle, dans les conditions prévues par convention ou accord collectif étendu ou par convention ou accord d'entreprise ou d'établissement.

L'accord national du 26-9-2014 étendu par arrêté ETST1506924A du 11-3-2015 (JO 21) définit les **priorités** pour la formation tout au long de la vie professionnelle dans la branche du travail temporaire. Un accord renforçant les dispositifs de formation a été signé le 29-11-2019. Non encore étendu il ne concerne pour l'instant que les entreprises adhérentes à Prism'emploi.

Contributions financières Les salaires des intérimaires entrent dans la **base** des contributions dues au titre de la formation professionnelle. 82460 C. trav. art. L 6331-1 L 6331-3 L 6331-5 Accord 26-9-2014 R-IV-29000 s R-IV-31900 R-IV-38000 s

Le taux de la **contribution à la formation professionnelle** (CFP) due par les entreprises de travail temporaire est ainsi fixé à 1,3 % ou 0,55 % selon que l'effectif de l'entreprise atteint ou non au moins 11 salariés (sur le calcul des effectifs, voir nº 82395, a). Quel que soit leur effectif, les ETT sont également redevables d'une **contribution due au titre du CPF** des salariés en contrat à durée déterminée (voir nº 38930). Jusqu'à l'entrée en vigueur de l'ordonnance visée sous nº 38940, ces contributions doivent être versées à l'opérateur de compétences dans la branche du travail temporaire (FAF-TT).

À ces contributions légales s'ajoutent :

– une **cotisation conventionnelle supplémentaire** de 0,77 % des rémunérations versées aux intérimaires pour les employeurs adhérents à Prism'emploi ou ayant adhéré volontairement à l'accord de branche du 29-11-2019 ou de 0,25 % de la masse salariale globale pour les autres employeurs ;

– une **obligation d'investissement-formation** de 0,6 % ; cet investissement peut être soit géré directement par l'entreprise, soit versé en tout ou partie au FAF-TT (devenu Akto).

D. Fin du contrat de mission

En principe, la mission prend fin à l'**échéance du terme,** c'est-à-dire à la date prévue au contrat ou lors de la réalisation de l'objet pour lequel il a été conclu. Par exception, le contrat de mission peut être rompu par anticipation (nºs 82550 s.). 82480 NC-II-13300 s

Le terme peut faire l'objet d'un **aménagement,** voir nº 82175.

1. CESSATION À L'ARRIVÉE DU TERME

INDEMNITÉ DE FIN DE MISSION

Lorsque, à l'issue d'une mission, le salarié **ne bénéficie pas immédiatement d'un CDI** avec l'entreprise utilisatrice, il a droit, à titre de complément de salaire, à une indemnité de fin de mission destinée à compenser la précarité de sa situation. 82500 C. trav. art. L 1251-32 NC-II-13450 s

Égale à 10 % du montant de la rémunération totale brute due au salarié, cette indemnité s'ajoute à celle-ci. Elle est **versée** par l'ETT à l'issue de chaque mission effectivement accomplie, en même temps que le dernier salaire dû au titre de cette mission, et figure sur le **bulletin de paie** correspondant.

› **Précisions a.** L'indemnité est due si l'entreprise envoie une promesse d'embauche en CDI au salarié avant le terme de sa mission mais qu'il ne l'accepte que plusieurs jours après cette date (Cass. soc. 5-10-2016 nº 15-28.672 FS-PB : RJS 12/16 nº 753). Elle n'est en revanche pas due si, un **CDI** ayant été conclu immédiatement avec l'entreprise utilisatrice, sa **prise d'effet** intervient dans un délai raisonnable suivant sa signature (Cass. soc. 8-12-2004 nº 01-46.877 FS-PB : RJS 2/05 nº 239). Sur le sort de l'indemnité de fin de mission en cas de **requalification du contrat** et son cumul avec l'indemnité de préavis dans cette situation, voir nº 82720, c.
b. Sur les **éléments de rémunération** pris en compte pour le calcul de l'indemnité, voir nº 20175, a.

En cas de suspension du contrat pour **maladie ou accident** non professionnel, l'indemnité est calculée sur la base de la rémunération effectivement perçue, à l'exclusion des indemnités journalières de sécurité sociale (Circ. DRT 14 du 29-8-1992 réputée abrogée). En cas de suspension du contrat consécutive à un accident du travail ou à une maladie professionnelle, l'indemnité est calculée sur la base de la rémunération déjà perçue et de celle qui aurait été perçue jusqu'au terme du contrat : voir au nº 275 la jurisprudence rendue à propos de l'indemnité de fin de CDD, transposable à l'indemnité de fin de mission (Circ. DRT 14 du 29-8-1992 précitée).

c. Due à titre de complément de salaire, cette indemnité :
– bénéficie des **garanties de paiement** des salaires (nºs 70870 s., 70900 s. et 70940 s.) et de celles propres au travail temporaire (nº 82675) ;
– entre dans l'assiette de calcul de l'**indemnité compensatrice de congés payés** (nº 82510) ;
– n'est pas prise en compte pour comparer la rémunération effective du salarié temporaire à la **rémunération de référence** dans l'entreprise utilisatrice (nº 20040, a) ;
– est assujettie aux **cotisations** de sécurité sociale, à la CSG et à la CRDS.

82505 C. trav. art. L 1251-33

L'indemnité de fin de mission n'est **pas due** dans les cas suivants :
– contrats saisonniers et d'usage, si un accord collectif étendu conclu dans la branche du travail temporaire ou si une convention ou un accord conclu au sein d'entreprises ou d'établissements de cette branche le prévoit ;
– contrat de mission conclu en vue de l'une des actions de formation mentionnées au nº 82455 ;
– rupture anticipée du contrat due à l'initiative du salarié, à sa faute grave ou en cas de force majeure.

› Précisions a. Le **refus de l'aménagement du terme** du contrat par le salarié temporaire doit, si cet aménagement a été prévu dans le contrat, être considéré comme une rupture à son initiative le privant de l'indemnité de fin de mission (Circ. DRT 14 du 29-8-1992 réputée abrogée).
Le refus du **renouvellement du contrat** par le salarié temporaire ne lui fait pas perdre son droit à l'indemnité de fin de mission, sauf présence d'une clause contractuelle de renouvellement automatique. En revanche, la rupture du contrat par le salarié au cours du renouvellement lui fait perdre la totalité de son droit à l'indemnité (Circ. DRT 14 du 29-8-1992 précitée).
b. Sur la notion de **faute grave,** voir nº 47155.
c. La rupture anticipée de la mission du **fait de l'utilisateur** n'exonère pas l'ETT du paiement de l'indemnité (Circ. DRT 18 du 30-10-1990 réputée abrogée).
d. L'indemnité est due au titre des contrats conclus avec les **jeunes pendant leurs vacances** scolaires ou universitaires (Accord 9-6-1998 non étendu).

INDEMNITÉ COMPENSATRICE DE CONGÉS PAYÉS

82510 C. trav. art. L 1251-19 D 3141-8 NC-II-13900 s

Le salarié temporaire a droit à une indemnité compensatrice de congés payés pour **chaque mission** effectuée, quelle que soit sa durée.

Son **montant** est calculé en fonction de la durée de la mission et ne peut pas être inférieur à 10 % de la rémunération totale brute perçue par le salarié durant celle-ci.

L'indemnité est **versée** à la fin de la mission.

› Précisions a. L'**assiette** de l'indemnité compensatrice de congés payés comprend l'indemnité de fin de mission (nºs 82500 s.), mais pas les primes rémunérant à la fois des périodes de travail et de congés (Cass. soc. 1-3-2017 nº 15-16.988 FS-PBRI : RJS 5/17 nº 320 ; 5-4-2018 nº 16-25.428 F-PB : RJS 6/18 nº 401).
b. Pour l'appréciation des droits du salarié, sont **assimilées à un temps de mission** : les périodes de congé légal de maternité et d'adoption ; celles, limitées à une durée ininterrompue d'un an, de suspension du contrat pour cause d'accident du travail ou de maladie professionnelle ; celles pendant lesquelles un salarié est rappelé sous les drapeaux, à condition que leur point de départ se place au cours d'une mission.

AUTRES DROITS

82515 Le salarié temporaire peut prétendre, le cas échéant, à une indemnité compensatrice de **repos compensateur** de remplacement et/ou de contrepartie obligatoire en repos (nº 41235), mais pas à l'indemnité compensatrice de **préavis** (Cass. soc. 8-11-1978 nº 77-40.748).

› Précisions a. Sur le droit à l'indemnité compensatrice de préavis en cas de **requalification** du contrat de mission, voir toutefois nº 82720, c.
b. L'ETT délivre au salarié temporaire un **certificat de travail** et l'**attestation Pôle emploi** qu'elle transmet aussi à cet organisme. Elle peut ne remettre celle-ci que sur demande du salarié si le contrat de travail mentionne le droit de l'intéressé d'obtenir sans délai ce document dès le jour de l'expiration du contrat. Les relevés mensuels de contrats de mission établis par l'ETT tiennent lieu d'attestation s'ils sont conformes au modèle fixé par Pôle emploi (C. trav. art. R 1234-11 et R 1234-12).

POURSUITE DU TRAVAIL DANS L'ENTREPRISE UTILISATRICE

Embauche Lorsque l'entreprise utilisatrice embauche, après une mission, un salarié mis à sa disposition par une ETT, la durée des missions accomplies au sein de cette entreprise au cours des 3 mois précédant le recrutement est prise en compte pour le calcul de l'**ancienneté** du salarié. 82520 C. trav. art. L 1251-38 NC-II-14440 s

S'il exerce les mêmes fonctions (Cass. soc. 10-11-1993 n° 89-45.303 P : RJS 12/93 n° 1248 ; CA Agen 1-9-2020 n° 19/00583 : RJS 11/20 n° 527), cette durée est déduite de la **période d'essai** éventuellement prévue dans le nouveau contrat de travail.

› **Précisions** **a.** Les missions effectuées dans l'entreprise au cours des 3 mois précédant l'embauche sont prises en compte pour apprécier l'ancienneté requise pour être désigné comme **délégué syndical** (Cass. soc. 12-2-1991 n° 90-60.354 P : RJS 3/91 n° 348).
b. Le **contrat de mission** doit indiquer que l'embauche par l'utilisateur en fin de mission n'est pas interdite (n° 82140).
c. Sur le droit à l'**indemnité de fin de mission** en cas d'embauche sous CDI à l'issue de celle-ci, voir n° 82500, a.
d. Sur les droits d'un ancien salarié temporaire victime d'un **accident de travail** dans une entreprise utilisatrice en cas de rechute après son embauche par celle-ci, voir n° 225, a.

Poursuite du travail sans nouveau contrat Lorsque l'entreprise utilisatrice continue de faire travailler un salarié temporaire après la fin de sa mission sans avoir conclu avec lui un contrat de travail ou sans nouveau contrat de mise à disposition, ce salarié est réputé lié à l'utilisateur par un CDI. 82525 C. trav. art. L 1251-39 NC-II-14650 s

L'**ancienneté** du salarié est alors appréciée à compter du premier jour de sa mission au sein de cette entreprise et est déduite de la **période d'essai** éventuellement prévue.

› **Précisions** En cas de poursuite du travail chez l'utilisateur sans conclusion d'un contrat de travail, les obligations sont à la charge de ce dernier ; l'ETT ne peut donc pas être condamnée à verser au salarié temporaire une **indemnité de préavis** (Cass. soc. 12-3-1987 n° 84-44.423).

Succession de contrats précaires À l'expiration d'un contrat de mission, les possibilités de recourir à un nouveau contrat de mission ou à un CDD pour pourvoir le **même poste** sont limitées (n°s 19920 s.). La violation de ces règles est pénalement sanctionnée (n° 82760). 82530 C. trav. art. L 1251-36 à L 1251-37-1 N-IX-33500 s

En revanche, la conclusion de contrats successifs avec le **même salarié** sur des **postes différents** n'est pas limitée, sous réserve de l'interdiction de pourvoir un emploi permanent de l'entreprise utilisatrice (n° 82060).

› **Précisions** En cas de **conclusion d'un CDD,** la durée des missions antérieures est, selon nous, prise en compte pour le calcul de l'**ancienneté** du salarié et pour la détermination de la durée de la **période d'essai** éventuellement prévue dans les conditions exposées n° 82520.

2. RUPTURE ANTICIPÉE

RUPTURE PAR L'ETT

L'ETT qui rompt le contrat de mission du salarié avant le terme prévu au contrat lui propose, sauf faute grave de ce dernier ou force majeure, un **nouveau contrat** de mission prenant effet dans un **délai** maximum de 3 jours ouvrables. Le nouveau contrat ne peut pas comporter de **modifications** d'un élément essentiel en matière de qualification professionnelle, de rémunération, d'horaire de travail et de temps de transport. 82550 C. trav. art. L 1251-26 NC-II-15000 s

À défaut de proposition, ou si le nouveau contrat de mission est d'une **durée inférieure** à celle restant à courir du contrat précédent, l'ETT assure au salarié une rémunération équivalente à celle qu'il aurait perçue jusqu'au terme du contrat, y compris l'indemnité de fin de mission. Lorsque la **durée restant à courir** du contrat de mission rompu est supérieure à 4 semaines, l'employeur peut remplir ses obligations au moyen de 3 contrats successifs au plus.

› **Précisions** **a.** La **rupture du contrat de mise à disposition** n'est pas un cas de force majeure (C. trav. art. L 1251-27) et n'entraîne pas **de plein droit celle du contrat de mission,** de sorte que l'ETT n'a pas à proposer au salarié un nouveau contrat (Cass. soc. 9-7-2003 n° 01-41.326 FS-P : RJS 11/03 n° 1328). Elle peut toutefois avoir à réparer le préjudice subi par le salarié sur le fondement du droit commun des règles de la responsabilité contractuelle.
Le salarié temporaire peut demander à la fois des **dommages-intérêts** pour rupture anticipée de son contrat de mission à l'ETT et la **requalification** de son contrat en CDI auprès de l'entreprise utilisatrice (n° 82720, a).
b. Sur la nécessité d'une **autorisation administrative** pour l'interruption ou le non-renouvellement, du fait de l'employeur, de la mission d'un **salarié protégé,** voir n° 63465.
c. En cas de rupture du **CDI conclu par l'ETT** avec un salarié intérimaire, voir n° 82150.

RUPTURE À L'INITIATIVE DU SALARIÉ

82555 La rupture anticipée du contrat de mission à l'initiative du salarié ouvre droit pour l'ETT à des dommages-intérêts correspondant au préjudice subi, sauf si le salarié justifie de la conclusion d'un CDI (n° 20225).

C. trav. art. L 1251-28
NC-II-15300 s

Sur le droit à l'**indemnité de fin de mission,** voir n° 82505.

E. Protection sociale du salarié temporaire

SÉCURITÉ SOCIALE

82600 **Affiliation** Les salariés temporaires relèvent du **régime général** de la sécurité sociale. Toutefois, si l'ETT a pour objet de mettre des salariés temporaires exclusivement à la disposition d'entreprises utilisatrices entrant dans le champ des **professions agricoles,** ils relèvent du régime des salariés agricoles : Mémento Agriculture n°s 38600 s.

CSS art. L 311-4
C. rur. art. L 722-24
NC-II-16150 s

82605 **Cotisations** Les cotisations sont à la **charge** de l'ETT. Son **effectif** est déterminé comme indiqué n°s 23635 s. pour le calcul et le recouvrement des cotisations et contributions de sécurité sociale, étant précisé qu'il est tenu compte des salariés permanents, des salariés temporaires qui, au cours de la période de référence, ont été liés à l'ETT par des contrats de mission (CSS art. R 130-1, II) et des salariés temporaires en CDI pour l'exécution de missions successives (Décret 2017-858 du 9-5-2017 art. 11).

CSS art. L 242-10
NC-II-16300 s

› **Précisions** **a.** Les ETT bénéficient de la **réduction générale** des cotisations patronales, voir n°s 1880 s. pour le personnel permanent. Pour les salariés temporaires, voir n° 1946.
Elles ne sont redevables du **versement mobilités** que pour ceux de leurs salariés exerçant une activité dans une zone où a été institué un tel versement (Rép. Lapaire : AN 8-4-1991). Sur la prise en compte des salariés temporaires dans l'effectif de l'ETT pour le seuil d'assujettissement à ce prélèvement, voir n° 82395, b.
Les ETT sont soumises à un **taux AGS** spécifique de 0,03 % du salaire brut pour leurs salariés temporaires (Circ. Unédic 6 du 14-1-2016).

82607 Les cotisations sont **calculées** dans les conditions de droit commun, sous certaines réserves.

› **Précisions** **a.** L'ETT est redevable envers l'**Urssaf** des cotisations de sécurité sociale dues pour l'emploi de salariés temporaires même lorsque l'entreprise utilisatrice a pris seule l'initiative de leur verser des sommes passibles de cotisations (Cass. soc. 21-3-1991 n° 88-13.963 D : RJS 5/91 n° 648). Voir, sur la prise en charge par l'**entreprise utilisatrice** : d'une fraction des cotisations d'accident du travail, n° 82610 ; de la totalité des cotisations sociales si l'ETT est défaillante, n° 82675.
b. La **base de calcul** des cotisations inclut l'**indemnité de fin de mission** chaque fois que celle-ci est due, même si elle n'a pas été payée par l'ETT. Le fait, pour l'employeur, d'avoir déjà cotisé sur une rémunération supérieure au Smic ne le rend pas quitte à l'égard de l'Urssaf (Cass. soc. 1-2-1996 n° 94-14.410 P : RJS 5/96 n° 593).
Les circonstances de fait exigées pour l'exonération des **frais professionnels liés à la nourriture** (n°s 22615 s.) s'apprécient compte tenu des conditions d'emploi des salariés temporaires par l'utilisateur (Lettre min. 24-1-1979). Ainsi, pour les allocations forfaitaires de frais de repas, par travail hors des locaux de l'entreprise (n° 22650), il faut entendre travail hors des locaux de l'entreprise utilisatrice (Cass. ass. plén. 25-10-1985 n° 83-11.960).
Les salariés temporaires travaillant sur un lieu de mission unique ne sont pas en déplacement (Cass. 2e civ. 12-10-2017 n° 16-21.469 F-PB : RJS 12/17 n° 827). Sur les petits déplacements, voir n° 22650, d.
Il appartient à l'ETT et non à l'utilisateur d'opter ou non pour la **déduction forfaitaire spécifique pour frais professionnels,** voir n° 82675, b.
c. Le **plafond** à retenir pour les travailleurs temporaires fait l'objet de règles de calcul spécifiques applicables à l'ensemble des salariés non mensualisés, voir n°s 23365 s.
Les salariés temporaires ne bénéficient pas de la réduction du plafond prévue pour les salariés à temps partiel (n° 77470, e).

82610 **Accident du travail et maladie professionnelle** L'**ETT** est soumise à une double tarification : pour ses salariés permanents et pour ses salariés temporaires.

CSS art. L 241-5-1
L 412-3
R 242-6-1
R 242-6-2
NC-II-16800 s

Pour les **entreprises utilisatrices** soumises à la tarification réelle ou mixte, sauf répartition différente fixée par le juge, le tiers du coût des accidents du travail et maladies professionnelles classés en incapacité permanente d'au moins 10 % est imputé au compte de l'établissement dans lequel le salarié temporaire effectue sa mission.
Si l'entreprise utilisatrice fait l'objet d'une **procédure collective,** l'ETT supporte l'intégralité de ce coût.

› Précisions Pour l'application aux ETT des **ristournes** ou des **cotisations supplémentaires,** il est tenu compte des mesures de prévention ou de soins ou des risques exceptionnels qui caractérisent les entreprises utilisatrices. Ces dispositions ne font pas obstacle à une **action en remboursement** de l'ETT contre l'entreprise utilisatrice ou inversement.

Pour la définition de l'accident de travail, sont considérés comme **lieu de travail** tant le ou les lieux où s'effectue la mission que le siège de l'ETT. **82615** CSS art. L 412-4 L 412-5 L 412-6 L 412-7 R 412-1 R 412-2 **NC-II-17430 s**

Le **salarié temporaire** victime de l'accident doit en **informer** ou en faire informer l'utilisateur dans un délai de 24 heures par lettre recommandée si la déclaration n'a pas été faite à celui-ci ou à son préposé sur les lieux de l'accident.

L'**utilisateur** doit **déclarer** l'accident à l'ETT, au service de prévention de la Carsat (nº 54760) et à l'inspecteur du travail dans un délai de 24 heures par lettres recommandées. À défaut, la caisse peut agir contre l'utilisateur en remboursement des dépenses occasionnées par cet accident (nº 780).

› Précisions a. L'utilisateur doit déclarer à l'ETT les **accidents bénins** mais ne doit pas les inscrire sur le registre ouvert à cet effet (Lettre min. 16-7-1986). Sur ce registre, voir : nº 730.
b. L'entreprise utilisatrice, qui n'est pas l'employeur du salarié temporaire victime, ne peut contester ni l'**opposabilité** de la **prise en charge de l'accident** au titre de la législation professionnelle (Cass. 2ᵉ civ. 4-7-2007 nº 06-13.683 FS-PB : RJS 10/07 nº 1144 ; 15-3-2018 nº 16-28.333 FS-PBI : RJS 5/18 nº 315) ni la décision fixant le **taux d'incapacité permanente** du salarié (Cass. 2ᵉ civ. 15-3-2018 nº 16-19.043 FS-PBI : RJS 5/18 nº 315). En revanche, elle peut agir en **responsabilité contractuelle** contre l'ETT (Cass. 2ᵉ civ. 15-3-2018 nº 16-19.043 FS-PBI : RJS 5/18 nº 315) ou contester l'**imputation pour partie du coût** de l'accident du travail prévue nº 82610 (Cass. 2ᵉ civ. 15-3-2018 nº 16-28.333 FS-PBI : RJS 5/18 nº 315 ; 15-3-2018 nº 16-19.043 FS-PBI : RJS 5/18 nº 315).

En raison du caractère discontinu de l'activité des salariés temporaires, l'**indemnité journalière** est calculée sur la base de la rémunération des 12 mois, de date à date, précédant l'arrêt de travail (Cass. soc. 6-12-1973 nº 72-13.182 ; Lettre Cnamts 7-5-1985). **82620** **NC-II-17640 s.**

Pour l'appréciation d'une éventuelle **faute inexcusable ou intentionnelle,** l'utilisateur est regardé comme substitué dans la direction à l'ETT. Toutefois, si la faute inexcusable est retenue, l'ETT en supporte les conséquences, en disposant, le cas échéant, d'une action en remboursement contre l'utilisateur (Cass. 2ᵉ civ. 24-5-2007 nº 05-21.355 FP-PB : RJS 10/07 nº 1141).

› Précisions a. Si le salarié temporaire engage une **action en responsabilité** fondée sur la faute inexcusable de l'employeur sans mettre en cause l'utilisateur, l'ETT est tenue d'appeler celui-ci en la cause pour qu'il soit statué dans la même instance sur la demande du salarié et sur la garantie des conséquences financières de la reconnaissance éventuelle de la faute inexcusable (CSS art. L 241-5-1).
b. La faute inexcusable est **présumée** lorsque l'intérimaire victime de l'accident a été affecté à un poste sans recevoir la **formation renforcée à la sécurité** (nº 20060, b).
c. L'utilisateur ne pouvant pas être regardé comme **tiers responsable** (nºs 1370 s.), la caisse ne peut agir contre lui à ce titre en remboursement des dépenses (Cass. soc. 2-3-1983 nº 81-16.015 ; Cass. 2ᵉ civ. 30-6-2011 nº 10-20.246 F-PB : RJS 11/11 nº 911).

PROTECTION SOCIALE COMPLÉMENTAIRE

Toute ETT doit affilier ses salariés temporaires à une institution de **retraite complémentaire** agréée (Arrêté 15-3-1973 : JO p. 2880) dont le nom et l'adresse doivent figurer dans le contrat de mission (nº 82140). **82625** CSS art. L 921-1 **NC-II-18700 s**

La **prévoyance** des salariés temporaires fait l'objet de 2 accords du 10-7-2009 étendus. Ces salariés bénéficient d'une **complémentaire santé** obligatoire dans les conditions prévues par un accord du 4-6-2015 étendu (Arrêté AFSS1531677A du 17-12-2015 : JO 24) complété par un accord du 14-12-2015 étendu (Arrêté AFSS1712143A du 20-4-2017 : JO 28) et divers avenants.

CHÔMAGE

Le salarié temporaire bénéficie de la protection prévue en cas de chômage **total** ou d'**activité partielle** sous réserve de certaines adaptations. Sur le droit à la **rémunération mensuelle minimale** en cas d'activité partielle, voir nº 1485, b. **82630** **NC-II-18400 s**

› Précisions Le salarié temporaire mis à la disposition d'une entreprise du bâtiment et des travaux publics soumise au **chômage-intempéries** a droit à une indemnité en cas d'arrêt de travail occasionné par les intempéries dès lors que les salariés de l'entreprise utilisatrice, employés sur le même chantier, en bénéficient. Cette indemnité, calculée selon les modalités de droit commun, est versée par l'ETT et n'est soumise à aucune condition d'ancienneté du salarié (C. trav. art. L 1251-20). Elle échappe aux cotisations de sécurité sociale (Circ. Acoss 11-4-1985) et est exclue du calcul de l'indemnité de fin de mission visée nº 82500 (Circ. DRT 14 du 29-8-1992 réputée abrogée).

F. Relations entre l'entreprise utilisatrice et l'ETT

ATTESTATION DE L'URSSAF

82670 C. trav. art. L 1251-51 NC-II-20600 s

L'ETT fournit à l'entreprise utilisatrice, à sa demande, une attestation des organismes de sécurité sociale précisant sa situation au regard du **recouvrement des cotisations** qui leur sont dues.

Dans l'attestation, l'Urssaf doit faire état du **montant et de l'objet des redressements** notifiés à l'ETT, même contestés (Cass. soc. 5-1-1995 nº 92-19.823P : RJS 2/95 nº 167).

Sur la **portée** de l'attestation, voir nº 82675, a.

DÉFAILLANCE DE L'ETT

82675 C. trav. art. L 1251-49 L 1251-52 NC-II-20250 s

En cas de défaillance de l'ETT et d'insuffisance de la caution, l'**entreprise utilisatrice** est **substituée** à l'ETT pour le paiement des sommes restant dues aux salariés et aux organismes de sécurité sociale ou aux institutions sociales dont ils relèvent, pour la durée de la mission accomplie dans l'entreprise. Les **sommes concernées** par la substitution sont : le salaire et ses accessoires, les indemnités compensatrices de congés payés et de fin de mission, les cotisations obligatoires dues à la sécurité sociale et aux institutions sociales (Pôle emploi, caisses de retraite…), la CSG et la CRDS et le remboursement des prestations de maladie ou d'accident du travail dans le cas prévu nº 24070.

› Précisions a. La substitution s'applique malgré toute **convention contraire,** en dépit de l'assurance des créances des salariés (C. trav. art. R 1251-25) et même lorsque l'entreprise utilisatrice s'est acquittée en tout ou partie des sommes dues à l'ETT pour la mise à disposition des salariés (C. trav. art. R 1251-27). Elle est de plein droit, peu important l'origine, la cause ou l'étendue du **défaut de cautionnement** (Cass. soc. 8-3-2001 nº 99-17.306FS-P : RJS 5/01 nº 688).

La délivrance de l'**attestation de l'Urssaf** (nº 82670) ne fait pas obstacle à la substitution (Cass. soc. 7-3-1984 nº 83-10.382 ; 6-3-1985 nº 84-10.351). L'Urssaf engage toutefois sa responsabilité à défaut d'information de l'entreprise utilisatrice sur l'absence de garantie financière souscrite par l'ETT (Cass. soc. 8-3-2001 nº 99-17.306FS-P : RJS 5/01 nº 688). Sur cette garantie, voir nº 82100.

L'**entreprise utilisatrice** qui a payé les sommes restant dues est **subrogée,** à due concurrence, dans les droits des créanciers contre l'ETT (C. trav. art. R 1251-28).

b. L'utilisateur substitué ne peut pas se prévaloir d'une **déduction forfaitaire spécifique pour frais professionnels** sur l'assiette des cotisations si l'ETT n'a pas opté en faveur d'une telle déduction (Cass. soc. 27-1-1988 nº 85-17.083P).

La **fixation forfaitaire de l'assiette** des cotisations pour absence ou insuffisance constatée dans la comptabilité de l'ETT (nº 24420) est opposable à l'utilisateur substitué (Cass. soc. 7-3-1984 nº 82-16.627 ; 13-5-1987 nº 85-13.301). Ce dernier ne peut pas établir le caractère excessif de l'assiette ainsi fixée en se fondant sur les salaires qu'il verse à ses propres salariés (Cass. soc. 27-1-1988 nº 85-17.083).

c. La **demande de paiement** émane d'un créancier : salarié, Urssaf, institution sociale ou, en cas de procédure collective, mandataire judiciaire ou liquidateur. Elle est adressée à l'entreprise utilisatrice par lettre recommandée avec demande d'avis de réception ou lui est remise contre récépissé. Le paiement doit intervenir dans le **délai** de 10 jours suivant réception de la demande (C. trav. art. R 1251-26).

Les **cotisations de sécurité sociale** réclamées à l'utilisateur font l'objet de **majorations** calculées comme indiqué au nº 24050 si elles sont acquittées avec un retard d'un mois ou plus à compter de la notification de la mise en demeure à l'utilisateur (CSS art. R 243-26). Ces majorations peuvent faire l'objet d'une **remise,** voir nº 24060.

RESPONSABILITÉ CIVILE DE L'ETT

82680 C. civ. art. 1231-1 1242, al. 5 NC-II-19800 s

L'utilisateur, victime d'un dommage causé par le salarié temporaire, peut obtenir réparation auprès de l'ETT s'il prouve que ce dommage est lié à une mauvaise exécution par celle-ci du contrat de mise à disposition. L'ETT est alors responsable de ce dommage en tant que commettant du salarié temporaire.

› Précisions a. L'ETT engage sa responsabilité contractuelle si elle ne respecte pas les obligations légales liées au respect du **délai de carence** visé nº 19920 (Cass. soc. 14-2-2018 nº 16-21.940 FS-PB : RJS 4/18 nº 243).

b. L'ETT est tenue à une **obligation de prudence et de vérification** dans le recrutement. Ainsi, elle doit se renseigner sur les antécédents du salarié. Elle est responsable des détournements d'un salarié déjà condamné pour des faits semblables (Cass. 1e civ. 1-3-1983 nº 82-10.609 ; 26-2-1991 nº 88-15.333 : RJS 4/91 nº 530-a) ou de l'accident causé par un chauffeur connu pour sa consommation excessive d'alcool (Cass. soc. 18-3-1986 nº 84-12.552). De même, elle doit vérifier si le salarié mis à disposition possède la qualification exigée par l'utilisateur (Cass. soc. 21-10-1982 nº 81-14.868). Cette obligation est expresse pour les professions médicales ou paramédicales (C. trav. art. L 1251-8) et pour le gardiennage, la surveillance, le transport de fonds et la protection des personnes et des navires (C. sécurité intérieure art. R 611-2).

c. Le contrat de mise à disposition peut comporter une clause stipulant que, pendant la mise à disposition, l'**utilisateur** est le **commettant du salarié temporaire** (Circ. DRT 18 du 30-10-1990 réputée abrogée). Dans ce cas, l'ETT n'est pas responsable du dommage causé par ce salarié (Cass. crim. 10-5-1976 n° 75-92.112 ; 15-1-1985 n° 82-92.628).

d. Des dispositions particulières s'appliquent à la réparation des **accidents du travail,** voir n° 82620.

G. Sanctions

1. SANCTIONS CIVILES

Outre les sanctions exposées ci-dessous, l'article L 1251-47 du Code du travail prévoit une sanction particulière en cas d'exercice par l'ETT de son activité sans avoir accompli les déclarations obligatoires ou sans avoir souscrit la garantie financière visée n° 82100. Ses modalités ne sont pas développées ici. 82700

a. Requalification

AUPRÈS DE L'ENTREPRISE UTILISATRICE

Lorsqu'une entreprise utilisatrice a recours au salarié d'une ETT en méconnaissance des dispositions relatives aux **cas de recours** au travail temporaire et à la **durée des missions** (articles L 1251-5 à L 1251-7, 1251-10, L 1251-11, L 1251-12-1, L 1251-30 et L 1251-35-1 du Code du travail et stipulations des conventions ou des accords de branche conclus en application des articles L 1251-12 et L 1251-35 du même Code, voir n°s 82060 s. et n°s 82170 s.), il peut faire valoir auprès de l'entreprise utilisatrice les droits correspondant à un **CDI** prenant effet au premier jour de sa mission. 82720 C. trav. art. L 1251-40 L 1251-41 D 1251-3 **NC-II-24200 s**

› Précisions a. La demande de requalification du salarié pour inobservation, par l'entreprise utilisatrice, des dispositions ci-dessus ne peut être dirigée que contre celle-ci et non contre l'**ETT** (Cass. soc. 17-6-1998 n° 96-41.165D : RJS 11/98 n° 1422).

Toutefois, cette action n'ayant pas le même objet que celle visée n° 82725, les deux actions peuvent être exercées **concurremment** (Cass. soc. 20-5-2009 n° 07-44.755 FS-PB : RJS 8-9/09 n° 751 ; 13-6-2012 n° 10-26.387 FS-PB : RJS 8-9/12 n° 749).

De même, le jugement définitif de requalification auprès de l'entreprise utilisatrice ne fait pas obstacle à une demande en requalification auprès de l'ETT (Cass. soc. 10-4-2019 n° 18-16.668 F-D : RJS 6/19 n° 341). En outre, l'action en requalification peut s'accompagner d'une demande de **dommages-intérêts** adressée à l'ETT en cas de rupture anticipée par celle-ci du contrat de mission (Cass. soc. 27-6-2007 n° 06-41.345 FS-P : RJS 10/07 n° 1139).

L'action en requalification peut être engagée même après la **fin du contrat** de mission (Cass. soc. 25-3-1997 n° 95-42.788 D : RJS 5/97 n° 628 ; 7-10-1998 n° 97-43.336 P : RJS 11/98 n° 1423). Elle doit l'être au plus tard dans le délai indiqué n° 20325, b, après l'expiration du dernier contrat.

Sur la **procédure** applicable et l'**indemnité** de requalification due au salarié, voir n°s 20325 s.

Sur la possibilité de **conserver l'indemnité** de requalification lorsque le contrat de mission requalifié a été suivi d'un CDI, voir n° 20320, b.

b. En cas de **missions successives,** le non-respect du délai de carence (n°s 19920 s.) ne peut pas fonder l'action en requalification auprès de l'entreprise utilisatrice (Cass. soc. 23-2-2005 n° 02-44.098 FS-PBRI : RJS 5/05 n° 586) mais peut en revanche donner lieu à des sanctions pénales (voir n° 82760) ou à la requalification pour ce motif auprès de l'ETT (n° 82725, a). La requalification prononcée pour un autre motif prend effet au premier jour de la première mission irrégulière (Cass. soc. 21-1-2004 n° 03-42.754 FS-PBRI : RJS 3/04 n° 352) et les contrats successifs ultérieurs relèvent de la même relation de travail à durée indéterminée (Cass. soc. 13-4-2005 n° 03-44.996 FS-PBRI : RJS 6/05 n° 689). Sur la **rémunération des périodes intermissions** lorsque le salarié a dû se tenir à la disposition de l'entreprise utilisatrice, voir n° 20335.

c. L'entreprise utilisatrice peut être condamnée à **rembourser** à Pôle emploi **les indemnités de chômage** versées au salarié temporaire qui a obtenu la requalification de son contrat auprès de cette entreprise et le paiement par celle-ci d'une indemnité pour licenciement sans cause réelle et sérieuse (Cass. soc. 18-10-2007 n° 06-43.771 FS-PB : RJS 12/07 n° 1334).

L'**indemnité de fin de mission** versée au salarié temporaire avant la requalification lui reste acquise (Cass. soc. 13-4-2005 n° 03-41.967 FS-PBIR : RJS 6/05 n° 688). Le salarié peut en outre obtenir une **indemnité de préavis** (Cass. soc. 30-3-2005 n° 02-45.410 FS-PBRI : RJS 6/05 n° 689 ; 15-3-2006 n° 04-48.548 F-PB : RJS 6/06 n° 784). Sur l'employeur redevable de l'indemnité de **requalification** en cas de **transfert d'entreprise,** voir n° 74840, b (transfert légal) et n° 75030, e (transfert conventionnel).

Sur la requalification dans l'entreprise utilisatrice en l'**absence de contrat de mission,** voir n° 82725, a.

S'agissant de l'utilisateur qui continue à **faire travailler l'intérimaire après la fin de sa mission sans contrat** de travail ou sans nouveau contrat de mise à disposition, voir n° 82525.

AUPRÈS DE L'ETT

82725 NC-II-24400 s Selon la **jurisprudence,** le salarié temporaire peut obtenir la requalification de son contrat auprès de l'ETT lorsque celle-ci n'a pas respecté les conditions à défaut desquelles toute opération de prêt de main-d'œuvre est interdite.

L'**indemnité de requalification** n'est alors pas due : voir n° 20330.

› Précisions a. En l'absence de contrat de mission **écrit ou signé,** le salarié temporaire peut demander la requalification de son contrat en CDI auprès de l'ETT (Cass. soc. 7-3-2000 n° 97-41.463 PB : RJS 5/00 n° 598 ; 17-9-2008 n° 07-40.704 F-PB : RJS 12/08 n° 1251) mais pas de l'entreprise utilisatrice (Cass. soc. 18-10-2006 n° 05-40.339 FS-D : RJS 1/07 n° 126). En cas de refus délibéré du salarié de signer son contrat de mauvaise foi ou dans une intention frauduleuse, voir n° 19700, b.

Pour la Cour de cassation, sauf intention frauduleuse du salarié, l'**absence,** dans le contrat de mission, de l'une des **clauses** mentionnées n° 82140 entraîne sa requalification en CDI auprès de l'ETT (Cass. soc. 11-3-2015 n° 12-27.855 F-PB : RJS 5/15 n° 377). Ainsi jugé pour l'absence de mention du terme de la mission (Cass. soc. 19-4-2000 n° 97-45.508 PB : RJS 6/00 n° 754), de la qualification des salariés remplacés (Cass. soc. 19-6-2002 n° 00-41.354 FS-PB : RJS 11/02 n° 1311) et de l'indemnité de fin de mission (Cass. soc. 11-3-2015 n° 12-27.855 FS-PB : RJS 5/15 n° 377).

Entraîne aussi la requalification du contrat en CDI auprès de l'ETT le non-respect du **délai de carence** entre 2 missions successives sur le même poste (Cass. soc. 12-6-2014 n° 13-16.362 FS-PB : RJS 8-9/14 n° 659). En revanche, le défaut de **transmission** du contrat de mission au salarié dans les **délais** ne peut pas, à lui seul, entraîner la requalification en CDI. Il ouvre droit pour le salarié à une **indemnité,** à la charge de l'employeur, qui ne peut pas dépasser un mois de salaire (C. trav. art. L 1251-40).

b. L'**entreprise utilisatrice** et l'ETT peuvent être **condamnées solidairement** lorsque le manquement reproché à cette dernière n'a été rendu possible que par l'**entente illicite** des deux entreprises. C'est le cas lorsque la mention, dans le contrat de mission, du motif de recours au travail temporaire ne correspond pas à la réalité de la mission confiée au salarié (Cass. soc. 11-7-2007 n° 06-41.732 FS-D : RJS 10/07 n° 1140) ou si les 2 entreprises se sont mises d'accord pour contourner l'interdiction de recours au travail temporaire pour pourvoir un emploi permanent (Cass. soc. 24-4-2013 n° 12-11.793 FS-PB : RJS 7/13 n° 571).

c. Sur la requalification auprès de l'ETT en cas de non-respect, par l'entreprise utilisatrice, des dispositions visées n° 82720 et sur la possibilité d'exercer **concurremment** deux actions en requalification, l'une contre l'entreprise utilisatrice et l'autre contre l'ETT, voir n° 82720, a.

b. Nullité du contrat de mise à disposition

82740 NC-II-22760 NC-II-24900 s La nullité du contrat de mise à disposition est encourue dans deux situations :

– cessation de la **garantie financière** requise des ETT (n° 82100). La nullité affecte les contrats conclus postérieurement (Cass. soc. 22-2-2000 n° 96-16.544D : RJS 4/00 n° 469) ;

– **absence d'écrit.** Dans cette situation, le salarié temporaire est considéré comme lié à l'utilisateur par un CDI (Circ. DRT 18 du 30-10-1990 réputée abrogée). L'ETT ne peut pas exiger de l'entreprise utilisatrice le paiement du prix de sa prestation, mais seulement le remboursement des salaires versés au salarié temporaire mis à sa disposition (Cass. soc. 5-2-1992 n° 89-16.274P : RJS 3/92 n° 372 ; 7-11-1995 n° 93-18.620P : RJS 12/95 n° 1303).

2. SANCTIONS PÉNALES

SANCTIONS ENCOURUES PAR L'UTILISATEUR

82760 C. trav. art. L 1255-3 à L 1255-10 NC-II-25500 s NC-II-28200 S'expose à une amende de 3 750 € et, en cas de récidive, à 6 mois de prison et une amende de 7 500 €, l'utilisateur qui :

– conclut un contrat de mise à disposition ayant pour objet ou pour effet de pourvoir durablement un **emploi lié à l'activité normale et permanente** de l'entreprise utilisatrice, en méconnaissance des dispositions visées n° 82060 ;

– a **recours** à un salarié temporaire pour un objet autre que celui prévu ou **en dehors des cas** mentionnés n° 82060 ;

– méconnaît les **interdictions** de recourir au travail temporaire prévues aux articles L 1251-9 et L 1251-10 du Code du travail (n° 82070) ;

– méconnaît les dispositions relatives au **terme du contrat** (n° 82170) ;

– méconnaît les dispositions légales ou conventionnelles relatives à la **durée** de la mission (n° 82170), aux conditions de **renouvellement** du contrat (n° 82170) et à la **succession** de contrats sur un même poste (n° 82530) ;

– a recours au salarié temporaire soit sans avoir conclu avec l'ETT un **contrat écrit de mise à disposition** dans le délai imparti, soit en ayant omis de communiquer, dans le contrat de mise à disposition, l'ensemble des éléments de **rémunération** conformément aux règles exposées n° 82115.

> **Précisions** **a.** Dans tous les cas, la juridiction peut ordonner, à titre de peine complémentaire, l'**affichage du jugement** aux frais de l'utilisateur condamné, dans les lieux et pour la durée qu'elle indique et son **insertion,** intégrale ou par extraits, **dans les journaux** qu'elle désigne. Ces frais ne peuvent pas excéder le montant maximum de l'amende encourue (C. trav. art. L 1255-12).
> **b.** Si le **contrat de mise à disposition** n'est pas conforme aux prescriptions légales, l'utilisateur est pénalement responsable. La responsabilité pénale de l'ETT n'est engagée qu'en cas de participation volontaire à la fraude (Circ. DRT 18 du 30-10-1990 réputée abrogée). L'utilisateur qui a conclu **plusieurs contrats** de mise à disposition **irréguliers** n'est passible que d'une peine (Cass. crim. 25-7-1990 n° 88-84.453 : RJS 11/90 n° 939).
> **c.** Le fait, pour le **responsable de la gestion des installations et moyens de transports collectifs** chez l'utilisateur, d'empêcher un salarié temporaire d'avoir accès, dans les mêmes conditions que les salariés de cette entreprise, à ces équipements collectifs, en méconnaissance des dispositions visées n° 82370, est puni de l'amende prévue pour les contraventions de 5e classe, majorée en cas de récidive (n° 67285) (C. trav. art. R 1255-2).
> **d.** Sur la responsabilité pénale des **personnes morales,** voir nos 67130 s. Sur le délit de **marchandage,** voir n° 79500.

SANCTIONS ENCOURUES PAR L'ETT

82765
C. trav. art.
L 1255-1
L 1255-2
NC-II-25440 s
NC-II-28100

S'expose à une amende de 3 750 € et, en cas de récidive, à 6 mois de prison et à une amende de 7 500 €, l'entrepreneur de travail temporaire qui :
– méconnaît les dispositions relatives aux **conditions d'exercice de l'activité** d'entrepreneur de travail temporaire (n° 82000) ;
– recrute un salarié temporaire selon un **contrat** ne comportant pas certaines **mentions** (reproduction des clauses du contrat de mise à disposition, modalités de rémunération, voir n° 82140) ou comportant ces mentions de manière volontairement inexacte ou sans lui avoir **transmis dans le délai** prescrit un contrat de mission écrit (n° 82145) ;
– méconnaît les dispositions relatives à la **rémunération minimale** (n° 82270) ;
– méconnaît l'obligation de proposer un ou des contrats dans le cadre du dispositif protecteur applicable aux salariés temporaires exposés à des **rayonnements ionisants** (n° 82350, d) ;
– met un salarié temporaire à disposition d'une entreprise utilisatrice sans avoir conclu avec celle-ci un **contrat écrit de mise à disposition** dans le délai prescrit (nos 82110 s.) ;
– exerce son activité sans avoir procédé aux **déclarations** exigées ou sans avoir obtenu la **garantie financière** (n° 82100).

> **Précisions** **a.** La juridiction peut prononcer en outre l'**interdiction d'exercer** l'activité d'entrepreneur de travail temporaire pour une durée de 2 à 10 ans. La méconnaissance de cette interdiction, prononcée dans le cadre des infractions prévues par l'article L 1255-2 du Code du travail, directement ou par personne interposée, est punie d'un emprisonnement de 6 mois et d'une amende de 6 000 € (C. trav. art. L 1255-11).
> **b.** Les peines complémentaires d'**affichage du jugement** et d'**insertion dans les journaux** sont les mêmes que celles frappant l'utilisateur, voir n° 82760, a (C. trav. art. L 1255-12).
> **c.** Le fait de conclure un **contrat de mission** ne comportant pas les **mentions** relatives à la qualification professionnelle du salarié, à la durée de la période d'essai éventuelle et au rapatriement (n° 82140) est puni de l'amende prévue pour les contraventions de la 3e classe (n° 67285) (C. trav. art. R 1255-1). L'ETT est responsable du contenu du contrat de mission et il lui appartient d'exiger de l'utilisateur les précisions nécessaires à la régularité du contrat (Circ. DRT 18 du 30-10-1990 réputée abrogée).
> **d.** Le fait de ne pas faire figurer dans les documents concernant l'ETT les mentions relatives à la **garantie financière** visées n° 82100 est puni de l'amende prévue pour les contraventions de la 2e classe (n° 67285) (C. trav. art. R 1255-6).
> **e.** Sur la responsabilité pénale de l'ETT lorsque le **contrat de mise à disposition** n'est pas conforme aux prescriptions légales, voir n° 82760, b.
> Sur la responsabilité pénale des **personnes morales,** voir nos 67130 s. Sur le délit de **marchandage,** voir n° 79500.

VERSEMENTS ADDITIONNELS AUX COTISATIONS DE SÉCURITÉ SOCIALE

SOMMAIRE

A. Versement mobilités

1. EMPLOYEURS ASSUJETTIS

84000 L'assujettissement au versement destiné au financement des services de mobilité ou versement mobilités dépend de plusieurs éléments : l'activité et la forme de l'entreprise, son effectif et le lieu d'affectation des salariés.

Sur la prise en charge du **coût des trajets domicile-lieu de travail** des salariés, voir nos 70520 s.

ACTIVITÉ ET FORME DE L'ENTREPRISE

84005 CGCT art. L 2333-64, al. 1 L 2531-2, al. 1 D 2333-85 **C-V-3730 s**

Doivent acquitter le versement mobilités les employeurs, personnes physiques ou morales, publiques ou privées, **à l'exception** des fondations ou associations reconnues d'utilité publique à but non lucratif dont l'activité est de caractère social et des associations intermédiaires.

› Précisions Les **conditions** de l'**exonération** des fondations et associations, autres que les associations intermédiaires – reconnaissance d'utilité publique, but non lucratif et activité sociale – sont **cumulatives** (Cass. soc. 5-2-1998 no 96-12.661 D). Le caractère social doit être apprécié au regard de l'activité exercée par la fondation ou l'association dans le ressort de l'autorité organisatrice de transport ayant institué le versement mobilités (Cass. 2e civ. 9-5-2018 no 17-14.705 F-PB : RJS 7/18 no 502).
Cette exonération ne s'étend pas aux **mutuelles** (Cass. soc. 1-7-1999 no 97-15.751 : RJS 10/99 no 1290). Hors **région Île-de-France,** la commune ou l'établissement public ayant institué un versement mobilités établit la **liste** des fondations ou associations exonérées.

EFFECTIF

84010 CGCT art. L 2333-64, al. 1 L 2531-2, al. 1 D 2333-91 D 2531-9 **C-V-4250 s**

Sont assujettis au versement mobilités les employeurs employant **au moins 11 salariés** dans un périmètre où ce versement est institué.

Décompté selon les modalités exposées nos 23635 s., cet effectif détermine si l'entreprise est assujettie au versement pour l'année suivante.

Les effets du franchissement de seuil sont cependant étalés dans le temps : nos 84035 s.

84020 **Salariés à prendre en compte** Pour la détermination des effectifs mensuels de chaque établissement situé dans une zone où est institué le versement mobilités, il est tenu compte des salariés qui y sont affectés, c'est-à-dire ceux inscrits au registre unique du personnel pour l'accomplissement des déclarations sociales obligatoires.

CGCT art. D 2333-87, al. 1 et 2 D 2333-91 D 2531-7, al. 1 et 2 D 2531-9

› Précisions **a.** Pour les salariés d'un **groupement d'employeurs,** il est tenu compte du lieu d'exécution de leur mission ou de leur activité dans chacune des zones où est institué le versement mobilités. Il en est de même pour les **salariés intérimaires,** qui sont pris en compte dans l'effectif de l'entreprise de travail temporaire : voir n° 82395.

b. Il est tenu compte de tous les salariés, quel que soit leur **régime de protection sociale,** occupés au sein d'une même zone (Circ. DSS 38 du 1-2-2010 réputée abrogée), y compris de ceux dont les cotisations sont calculées sur une assiette forfaitaire ou fixées forfaitairement (Circ. Acoss 87 du 6-6-2005).

Les élèves ou étudiants effectuant un **stage obligatoire** dans le cadre de leur scolarité sont exclus de l'effectif quels que soient l'établissement d'enseignement et le montant de leur gratification (Circ. Acoss 87 du 6-6-2005). Pour les **apprentis,** les titulaires d'un contrat de **professionnalisation** ou d'un contrat d'**insertion,** voir n° 23640, a.

c. Peu importe que l'**activité** du salarié soit **occasionnelle,** le versement mobilités est dû sur le montant de ses rémunérations (Cass. 2e civ. 17-1-2008 n° 06-21.491 : RJS 5/08 n° 594).

84025 **Salariés itinérants** Pour les salariés exerçant leur **activité hors d'un établissement de leur employeur,** il est tenu compte du lieu où est exercée cette activité plus de **3 mois** consécutifs dans chacune des zones où est institué le versement mobilités.

CGCT art. D 2333-87, al. 3 et 4 D 2531-7, al. 3 et 4

Cette règle vaut à la fois pour le calcul de l'effectif et pour la détermination de l'assiette du versement transport. Les salariés sont pris en compte à compter du premier jour du 4e mois dans les effectifs de l'établissement situé dans la zone où ils exercent leur activité sous réserve que l'employeur soit assujetti au versement au titre de cette zone. La durée de 3 mois s'apprécie de **date à date.** S'il exerce sur plusieurs zones, le salarié reste rattaché à l'établissement tenant le registre sur lequel il est inscrit. S'il exerce hors de l'établissement de l'employeur et plus de 3 mois consécutifs en dehors de toute zone de versement transport, il n'est plus pris en compte dans l'effectif et sa rémunération n'est plus soumise à la contribution à partir du 1er jour du 4e mois (Doc. Urssaf du 6-3-2020).

EXEMPLE

Un employeur est assujetti au versement mobilités au titre de son établissement situé en zone Île-de-France (taux de Paris). Il n'est pas assujetti sur d'autres zones. Deux salariés sont envoyés en formation à Lille pour une durée de 6 mois. À compter du 1er jour du 4e mois, cet employeur n'est plus redevable de la contribution en Île-de-France sur la rémunération des intéressés.

84027 Par dérogation aux règles de calcul des effectifs, les salariés affectés aux véhicules des entreprises de **transport routier ou aérien** qui exercent leur activité à titre principal en dehors d'une zone où est institué le versement mobilités sont exclus de la détermination des effectifs servant au calcul de ce versement.

Rien n'est expressément prévu par les textes pour les salariés itinérants ne relevant pas du transport routier ou aérien et dont le lieu d'activité principale est difficile à déterminer. Selon nous, ils devraient être pris en compte dans l'établissement auquel ils sont affectés, en application du principe exposé au n° 84020. En ce sens voir ci-après à propos des salariés des entreprises de transport ferroviaire, de commerce de gros ou de dépannage.

› Précisions Selon l'Urssaf, sont visés le personnel navigant des compagnies aériennes, les conducteurs de camion, d'autobus, autocar ou ambulance. L'activité exercée à plus de 50 % hors d'une zone de versement mobilités est considérée exercée principalement en dehors d'une telle zone. En ce cas, ces salariés ne sont pas pris en compte pour le calcul de l'effectif et leur rémunération n'est pas soumise au versement. L'entreprise doit pouvoir justifier du lieu d'activité des intéressés. S'agissant des chauffeurs routiers des entreprises de transport routier, il a été admis que les jours où le chauffeur passe par plusieurs zones ou dans aucune zone sont considérés comme des jours où il exerce son activité principale hors zone de versement. Si ces jours sont majoritaires sur le mois, le salarié n'est pas pris en compte dans l'effectif. S'agissant d'une dérogation, il y a lieu de retenir une application stricte de ces règles. (Doc. Urssaf du 6-3-2020).

Les salariés affectés aux véhicules des entreprises de **transport ferroviaire, de commerce de gros ou de dépannage** ne sont pas visés et restent rattachés à l'établissement qui tient le registre unique du personnel sur lequel ils sont inscrits (Doc. Urssaf du 6-3-2020 précitée).

84030 **Entreprises à établissements multiples** Pour les entreprises à établissements multiples, il convient de distinguer deux situations (Circ. Acoss 87 du 6-6-2005) :

– les entreprises dont **tous les établissements** sont implantés dans une **même zone** de versement sont assujetties au versement mobilités dès lors que leur effectif global est d'au moins 11 (en ce sens : Cass. soc. 11-3-1993 n° 90-20.997) ;

– les entreprises ayant des **établissements** implantés **dans différentes zones** de versement sont assujetties au versement dans les zones où celui-ci a été institué lorsqu'elles y emploient au moins 11 salariés.

Sur le cas des établissements situés dans différentes zones d'**Île-de-France** : voir n° 84065, a.

FRANCHISSEMENT DE SEUIL

Les effets d'un franchissement de seuil sont **neutralisés** en application des dispositions générales étudiées n° 23640. **84035** CGCT art. L 2333-64, al. 5 L 2531-2, al. 2 **C-V-5500 s**

› Précisions L'effectif étant apprécié uniquement dans le cadre du périmètre de transports dont dépend l'établissement en cause, il doit être fait abstraction de l'effectif et de la situation de l'employeur sur le reste du **territoire national.** Pour une **entreprise implantée dans différentes zones** de versement, le franchissement du seuil d'assujettissement s'apprécie zone par zone (Cass. 2e civ. 30-3-2017 n° 15-27.010 F-PB : RJS 6/17 n° 432).

Maintien de l'ancien dispositif d'assujettissement progressif À titre transitoire, le dispositif spécifique d'assujettissement progressif qui avait été prévu en matière de versement de transport continue de s'appliquer aux **entreprises qui en bénéficiaient au 31-12-2019** (Loi 2019-486 du 22-5-2019 art. 11, XII), soit, selon nous, les entreprises ayant au plus tard franchi l'effectif de 11 salariés le 31-12-2018 et assujetties à compter du 1-1-2019. **84037** CGCT art. L 2333-64, al. 5 ancien L 2531-2, al. 2 ancien

Selon ce dispositif, les employeurs ayant, en raison de l'accroissement de leur effectif, atteint ou dépassé 11 salariés sont **dispensés** du versement pendant 3 ans. Le montant de celui-ci est ensuite **réduit** de 75 % la quatrième année, 50 % la cinquième année et 25 % la sixième année.

Pour bénéficier de l'assujettissement progressif, l'entreprise doit avoir **employé au moins** un salarié avant le franchissement du seuil d'assujettissement (Cass. 2e civ. 15-3-2018 n° 17-10.276 F-PB : RJS 5/18 n° 365).

EXEMPLE

Soit une entreprise dont l'effectif a franchi le seuil de 11 salariés en 2018. Le point de départ de l'application de l'assujettissement progressif était le 1-1-2019. L'entreprise est exonérée jusqu'au 31-12-2021. Elle bénéficiera d'une réduction de 75 % du 1-1-2022 au 31-12-2022, d'une réduction de 50 % du 1-1-2023 au 31-12-2023, d'une réduction de 25 % du 1-1-2024 au 31-12-2024 et sera pleinement assujettie à compter du 1-1-2025.

Une entreprise ayant franchi une première fois le seuil d'effectif dans une zone donnée et bénéficié du dispositif d'assujettissement progressif ne peut pas en **bénéficier à nouveau** lors d'un franchissement ultérieur dans la même zone (Cass. 2e civ. 30-11-2017 n° 16-26.464 F-PB : RJS 2/18 n° 143). En revanche, une entreprise dont l'**effectif passe sous le seuil d'assujettissement** puis **l'atteint ou le franchit à nouveau pendant** la période d'assujettissement progressif continue à bénéficier de ce dispositif mais seulement pendant la période restant à courir (Cass. 2e civ. 13-2-2014 n° 12-28.931 : RJS 5/14 n° 431). **84040**

› Précisions Selon l'Urssaf, le dispositif d'assujettissement progressif est maintenu pour les employeurs qui en bénéficiaient au 31-12-2019. En revanche, les employeurs bénéficieront de la mesure de neutralisation du franchissement de seuil visée n° 23640 si, à compter du 1-1-2020, leur effectif, dans une zone de versement, passe sous le seuil de 11 salariés puis le franchit à nouveau (Doc. Urssaf du 6-3-2020).

2. MONTANT

ASSIETTE

Le versement est assis sur les **revenus d'activité** pris en compte pour la détermination de l'assiette des cotisations patronales d'assurance maladie (nos 22320 s.). Seules sont prises en compte les rémunérations des salariés dont le **lieu d'affectation** est situé à l'intérieur de la zone du versement mobilités considérée : voir nos 84020 s. **84060** CGCT art. L 2333-65 L 2531-3 **C-V-6400 s**

› Précisions **a.** Sont prises en compte les rémunérations des salariés dont le **contrat de travail** est temporairement **suspendu** pour congés payés, arrêt de travail pour maladie ou autre (Cass. 2e civ. 20-12-2007 n° 06-21.158 F-PB : RJS 3/08 n° 327). Il en va de même des indemnités de **préavis** versées à des salariés dispensés de l'exécuter (Cass. 2e civ. 17-1-2008 n° 07-11.752 : RJS 5/08 n° 594).

b. Les rémunérations des salariés **non pris en compte** dans le décompte de l'**effectif** (n° 84020, b) sont assujetties dès lors que le lieu de travail est situé dans le ressort du périmètre des transports urbains (Circ. Acoss 87 du 6-6-2005). S'agissant des salariés itinérants, voir toutefois nos 84025 s.

c. L'assiette du versement est déterminée conformément aux dispositions visées nos 22320 s. même si les cotisations de sécurité sociale sont calculées sur une assiette plus restrictive en vertu d'un **statut particulier** (Cass. 2e civ. 9-12-2010 n° 09-71.889 : RJS 6/11 n° 547).

Si l'employeur applique une **déduction forfaitaire spécifique** pour frais professionnels, le versement est calculé sur la rémunération abattue après réintégration des frais professionnels

(Doc. Urssaf du 6-3-2020). De même si les cotisations sont calculées sur une **assiette forfaitaire,** le versement mobilités l'est aussi (Circ. Acoss 87 du 6-6-2005 ; Doc. Urssaft du 6-3-2020). Attention, le versement est parfois intégré dans les **cotisations forfaitaires** acquittées pour certains salariés (vendeurs à domicile, par exemple).

Sur l'assiette du versement mobilités lorsque l'employeur est affilié à une **caisse de congés payés,** voir nº 22375.

d. Par **exception** au principe d'alignement sur la base des cotisations de sécurité sociale, ne sont notamment pas pris en compte dans l'assiette du versement les rémunérations versées aux salariés dont les cotisations sont déclarées et acquittées par l'employeur de façon obligatoire auprès du guichet unique du spectacle occasionnel **(Guso),** l'aide au poste versée aux travailleurs handicapés pour sa fraction prise en charge par l'État, les rémunérations versées aux stagiaires de la formation permanente continue rémunérés ou non par l'État (Doc. Urssaf du 6-3-2020).

e. Certaines **exonérations** de cotisations patronales de sécurité sociale portent parfois également sur le versement mobilités. Il convient de se reporter aux développements consacrés à chacune d'elles pour s'en assurer.

TAUX

84065 CGCT art. L 2531-4 C-V-6740 s

Île-de-France Le taux du versement en Île-de-France est fixé par le Syndicat des transports d'Île-de-France (Île-de-France Mobilités) dans la limite des taux légaux.

Les taux effectivement applicables sont de (Délibérations Stif 2017-002 du 11-1-2017 et 2018-014 du 14-2-2018) :

– 2,95 % en **zone 1 et 2** : Paris et communes du département des Hauts-de-Seine, de Seine-Saint-Denis et du Val-de-Marne ;

– 2,01 % en **zone 3** : communes autres que Paris et celles des départements susvisés, dont la liste est fixée à l'article R 2531-6 du CGCT ;

– 1,6 % en **zone 4** : communes non comprises dans les trois zones précédentes.

› Précisions a. Pour l'**assujettissement** au versement mobilités, la région Île-de-France est considérée comme un ensemble unique, même si différents taux s'y appliquent. L'assujettissement d'une entreprise employant des salariés dans plusieurs zones de cette région dépend donc du total des salariés qu'elle y emploie.

Le **taux applicable** est celui de l'établissement d'affectation des salariés concernés, c'est-à-dire celui sur le registre unique du personnel duquel ils sont inscrits, sous réserve des exceptions prévues nos 84025 s.

Par **exemple,** un employeur ayant en zone 1 un établissement occupant 5 salariés et un autre en zone 3 occupant 6 salariés appliquera le taux de la zone 1 aux salariés rattachés à l'établissement situé dans cette zone et celui de la zone 3 aux autres salariés (Circ. Acoss 87 du 6-6-2005).

b. La **modification du taux** effectivement applicable nécessite une **délibération** d'Île-de-france mobilités. Elle ne peut intervenir que le 1er janvier ou le 1er juillet. Île-de-france mobilités doit transmettre la délibération avant le 1er novembre ou le 1er mai aux Urssaf qui sont tenues de communiquer le nouveau taux aux assujettis au plus tard le 1er décembre ou le 1er juin. À défaut de transmission dans les délais indiqués, l'entrée en vigueur des nouveaux taux est reportée à l'échéance suivante (Circ. DSS 143 du 2-4-2012 opposable).

84070 CGCT art. L 5722-7 C-V-6900 s

Hors Île-de-France Hors Île-de-France, le taux du versement est fixé par l'autorité organisatrice dans la limite des taux légaux fixés par l'article L 2333-67 du CGCT en fonction du nombre d'habitants. Le syndicat mixte mobilités compétent dans une aire urbaine d'au moins 50 000 habitants et dans les communes multipolarisées des grandes aires urbaines peut, par ailleurs, sous certaines conditions, instituer un **versement additionnel** de 0,5 % au plus.

› Précisions a. Les conditions d'**assujettissement,** de **recouvrement** et de **remboursement** du versement additionnel sont identiques à celles du versement de base.

b. Les **changements de taux** peuvent être décidés par l'autorité organisatrice dans les conditions visées sous nº 84065, b.

En revanche, les décisions d'**extension de périmètre** des transports urbains ayant pour objet d'intégrer de nouvelles communes et de les assujettir au versement peuvent intervenir à tout moment de l'année et en dehors des échéances du 1er janvier ou le 1er juillet (Doc. Urssaf du 6-3-2020).

Un **module de recherche** des taux, par code postal ou par code Commune est disponible sur le site www.urssaf.fr

3. PAIEMENT

84090 Le versement mobilités, à la charge des employeurs, est recouvré dans les mêmes conditions que les cotisations de sécurité sociale (nos 23870 s.).

Pour les assujettis relevant du **régime général** de la sécurité sociale, il est normalement acquitté auprès de l'**Urssaf.** CGCT art. L 2333-65 L 2333-69 L 2531-3 L 2531-6 D 2333-92 D 2531-10 **C-V-7700 s**

Pour le versement dû au titre des indemnités versées par les **caisses de congés payés,** voir n° 22375.

Sur la mention du versement mobilités sur le **bulletin de paie,** voir n° 70790, b.

4. REMBOURSEMENT

REMBOURSEMENT DE L'INDU

Les employeurs ayant acquitté à tort le versement mobilités ont droit à la restitution des sommes indûment versées. Cette restitution **incombe à** l'Urssaf et non à l'autorité organisatrice des transports (Cass. 2e civ. 15-6-2017 n° 16-12.551 FS-PBRI : RJS 8-9/17 n° 619 ; 6-7-2017 n° 16-18.896 F-PB : RJS 10/17 n° 701). La demande de remboursement est soumise à la **prescription** triennale exposée n° 24090 (Cass. 2e civ. 6-10-2016 n° 15-24.714 F-PB : RJS 12/16 n° 811). **84110** **C-V-8100 s**

VERSEMENT DÛMENT ACQUITTÉ

Certains employeurs peuvent être remboursés du versement mobilités qu'ils ont dûment acquitté. La **demande** est adressée **trimestriellement** à la personne publique bénéficiaire du versement accompagnée des pièces justificatives utiles. Elle se **prescrit** par 2 ans à compter de la date du paiement. **84115** **C-V-8300 s**

Employeurs logeant ou transportant leurs salariés Les employeurs justifiant avoir assuré le **logement permanent** sur les lieux de travail **ou** assuré intégralement le **transport collectif** (par un mode autre que les transports publics réguliers : CE 20-3-2017 2e et 7e ch. n° 398892 : RJS 6/17 n° 433) de tous leurs salariés ou de certains d'entre eux ont droit au remboursement du versement mobilités. Ce remboursement est opéré **au prorata** des effectifs transportés ou logés par rapport à l'effectif total. **84120** CGCT art. L 2333-70, I, 1° L 2531-6, I, A, 1°

En province seulement, le remboursement est subordonné à la **gratuité** du transport collectif mis en place.

> **› Précisions** **a.** Le transport collectif doit être assuré **intégralement** de la zone du domicile à celle du lieu de travail pour ouvrir droit au remboursement (Rép. Mazeaud : AN 22-4-1972 n° 22995).
> **b.** La personne publique bénéficiaire du versement mobilités ne peut pas fixer une **distance maximale** entre le domicile des salariés et leur **lieu de travail** au-delà de laquelle ces employeurs ne pourraient plus prétendre assurer le **logement** des salariés sur les lieux de travail (CE 8-8-1990 n° 80893).

Villes nouvelles et zones d'activités industrielles et commerciales Les employeurs d'**Île-de-France** bénéficient du remboursement pour les salariés employés à l'intérieur des périmètres d'urbanisation des villes nouvelles. Hors Île-de-France, sont concernés les périmètres d'urbanisation des villes nouvelles et certaines zones d'activité industrielle ou commerciale prévues aux documents d'urbanisation lorsque ces périmètres ou ces zones sont désignés dans la délibération instituant le versement. **84125** CGCT art. L 2333-70, I, 2° L 2531-6, I, A, 2°

> **› Précisions** **a.** En Île-de-France, pour les employeurs occupant des salariés dans les périmètres d'urbanisation des **villes nouvelles,** le remboursement du versement mobilités acquitté pour ces salariés est accordé dans les conditions suivantes :
> – remboursement intégral pendant **5 ans** à compter de leur implantation dans ces zones,
> – puis **diminution progressive** du montant du remboursement à raison de 1/5e chaque année à partir de la sixième année, le versement étant dû dans les conditions de droit commun à partir de la dixième année suivant l'installation.
> En cas d'**abrogation du périmètre d'urbanisation nouvelle,** le remboursement est maintenu aux employeurs concernés pour la période restant à courir.

5. CONTENTIEUX

Les contestations en matière d'**assujettissement,** de **calcul,** de **recouvrement** du versement mobilités ou de **restitution de l'indu** sont portées devant le tribunal judiciaire (T. confl. 1-3-1988 n° 2719 : RJS 7/93 n° 791 ; 9-12-2013 n° 3926 : RJS 3/14 n° 267). **84140** CGCT art. L 2333-69 L 2333-72 L 2531-6 L 2531-8 **C-V-9000 s**

Sont de la compétence des juridictions administratives les contestations relatives à l'**institution** et au **taux** du versement décidés par l'autorité compétente (CE 23-4-1997 n° 153539 :

RJS 6/97 n° 740), ou au **remboursement** du versement dûment acquitté (CE 27-5-1988 n° 80894, 58037 et 80892 ; Cass. soc. 7-3-1996 n° 93-18.721 P : RJS 4/96 n° 452).

La **prescription** applicable est celle prévue pour les cotisations de sécurité sociale (voir n° 24090) sauf pour le remboursement du versement dûment acquitté, voir n° 84115.

B. Fnal

84200 CCH art. L 813-4 Destinée au fonds national d'aide au logement (Fnal), la contribution Fnal est une contribution due par tous les employeurs. Son taux et son assiette varient selon l'activité de l'entreprise et son effectif pour les employeurs affiliés à une caisse de congés payés, voir n° 22375.

CONTRIBUTION FNAL PLAFONNÉE

84205 CCH art. L 813-5, 1° C-V-420 s **Calcul** Les employeurs occupant moins de 50 salariés et, quel que soit leur effectif, les employeurs occupés aux activités agricoles mentionnées à l'article L 722-1, 1° à 4° du Code rural et de la pêche maritime et les coopératives mentionnées à l'article L 521-1 du même Code sont redevables de la contribution Fnal au **taux** de 0,10 % calculée sur la part des revenus d'activité pris en compte pour la détermination de l'assiette des cotisations patronales d'assurance maladie, limitée au **plafond** de la sécurité sociale (n° 90020).

Si les cotisations d'assurance maladie sont calculées sur une assiette forfaitaire, la contribution Fnal est due sur cette assiette (Doc. Urssaf du 29-1-2020).

> **Précisions** **a.** Sur les conséquences du **franchissement** du seuil d'effectif, voir n°s 84220 s.
> **b.** Sur l'application à la contribution Fnal plafonnée du dispositif d'abattement du plafond de la sécurité sociale prévu pour les **salariés à temps partiel,** voir n° 77475.
> **c.** Le taux est réduit pour certains **artistes du spectacle** (Arrêté 24-1-1975 ; Circ. Acoss 19 du 13-4-2015).
> **d.** Sur l'assiette applicable si celle déterminée par un **statut particulier** est plus restrictive que celle des cotisations de sécurité sociale, voir n° 84060, c.

84210 CCH art. L 813-7 L 813-10 C-V-1200 s **Paiement** La contribution Fnal plafonnée est exigible aux mêmes **dates** que les cotisations de sécurité sociale et donne lieu, à défaut de paiement dans les délais impartis, aux majorations de retard prévues pour celles-ci. La liquidation, le paiement, le recouvrement, le contrôle et le **contentieux** sont soumis aux mêmes règles que celles applicables à ces cotisations.

> **Précisions** **a.** Des dispositions spécifiques, non étudiées ici, sont prévues pour le personnel relevant d'un **régime spécial de sécurité sociale** (CCH art. L 813-8).
> **b.** Sur la mention du Fnal sur le **bulletin de paie,** voir n° 70790, b.

CONTRIBUTION FNAL DÉPLAFONNÉE

84215 CCH art. L 813-5, 2° C-V-1600 s À l'exception des employeurs agricoles visés n° 84205, les employeurs d'**au moins 50 salariés** sont assujettis à la contribution Fnal, au taux de 0,50 %, sur la totalité des rémunérations. Les rémunérations concernées et les règles de recouvrement sont les mêmes que pour la contribution plafonnée (n°s 84205 s.).

FRANCHISSEMENT DE SEUIL D'EFFECTIF

84220 Les effets d'un franchissement de seuil, à la hausse comme à la baisse, sont atténués selon les règles générales exposées n° 23640.

Le dispositif de lissage spécifique à la contribution Fnal prévu par l'ancien article L 834-1 du CSS continue toutefois de s'appliquer aux entreprises qui en étaient bénéficiaires au 31-12-2019, selon des modalités exposées ci-après.

84225 CSS art. L 834-1 ancien **Maintien de l'ancien dispositif de lissage** Les employeurs ayant atteint ou dépassé l'effectif de 20 salariés au titre de **2016, 2017 et 2018** continuent d'appliquer pendant 3 ans la contribution Fnal de 0,10 % sur la rémunération versée dans la limite du plafond de sécurité sociale. Par mesure de cohérence avec le relèvement à 50 salariés du seuil d'assujettissement à cette contribution (n° 84215), ce dispositif continue également de s'appliquer aux entreprises comptant **au moins 50 salariés au 31-12-2019** qui en bénéficiaient déjà à cette date (Loi 2019-486 du 22-5-2019 art. 11, XII).

> **Précisions** **a.** Les franchissements de seuil (à la hausse comme à la baisse) **prennent effet** au 1er janvier de l'année suivante (Circ. DSS 99 du 1-1-2015, opposable ; Circ. Acoss 19 du 13-4-2015).
> **b.** Les entreprises bénéficiaires de l'ancien dispositif de lissage ne peuvent pas bénéficier du mécanisme exposé n° 23640, même si 2019 est la dernière année d'application de ce

dispositif d'assujettissement progressif. Néanmoins, à compter du 1-1-2020, en cas de franchissement à la baisse du seuil de 50 salariés, l'employeur est assujetti au Fnal au taux de 0,10 % sur la rémunération versée dans la limite du plafond de sécurité sociale. Dans l'hypothèse d'un nouveau franchissement à la hausse du seuil de 50 salariés, il pourra bénéficier du mécanisme exposé nº 23640 (Doc. Urssaf du 15-12-2020).

EXEMPLE 84227

Soit une entreprise dont l'effectif au 1-1-2020 est d'au moins 50 salariés, en principe soumise au Fnal au taux de 0,50 % en 2019 en raison d'un effectif d'au moins 50 salariés au 1-1-2019, mais qui sous l'effet de l'ancien mécanisme d'assujettissement progressif, bénéficie de ce dispositif (taux à 0,10 %) jusqu'à son terme (du 1-1-2019 au 31-12-2021). Au 1-1-2022, le Fnal au taux de 0,50 % sera dû si l'effectif calculé au moyen des données mensuelles 2021 est d'au moins 50 salariés. Si l'employeur a franchi à la baisse, à compter du 1-1- 2020, le seuil de 50 salariés, il ne sera plus assujetti au taux de 0,50 % mais à celui de 0,10 % sur la rémunération versée dans la limite du plafond de sécurité sociale et pourra par la suite, en cas de nouveau franchissement à la hausse, bénéficier du mécanisme de neutralisation visé nº 23640 (Doc. Urssaf du 15-12-2020).

C. Forfait social

ASSIETTE

Le forfait social est un prélèvement social à la charge de l'employeur assis en principe sur les rémunérations assujetties à la CSG sur revenus d'activité mais exclues de l'assiette des cotisations de sécurité sociale. 84300 CSS art. L 137-15 C-V-12050 s

La **liste** des sommes soumises au forfait social a vocation à évoluer si de nouveaux éléments de rémunération répondent à ce double critère (Circ. DSS 387 du 30-12-2008, réputée abrogée). Le législateur peut également assujettir certaines sommes à cette contribution n'y répondant pas, ou au contraire, les exempter lorsqu'elles y répondent.

Épargne salariale et actionnariat En application du double critère exposé nº 84300, sont en principe soumis au forfait social les sommes versées au titre de la **participation** et de l'**intéressement,** ainsi que les versements de l'employeur aux **plans d'épargne** d'entreprise (PEE), interentreprises (PEI), au plan d'épargne pour la retraite collectif (Perco), à un plan d'épargne retraite d'entreprise collectif (Pereco) ou à un plan d'épargne retraite obligatoire (Pero). Des taux spécifiques sont applicables dans certains cas, voir nº 84325. Une exonération est prévue pour certains abondements au PEE effectués en 2021 et 2022 : voir nº 34485. 84305 C-V-12500 s C-V-13000 s

Pour les entreprises de moins de 50 salariés, non soumises à l'obligation de mettre en place la participation des salariés aux résultats de l'entreprise, voir nº 33985.

Pour les sommes versées au titre de l'intéressement dans les entreprises qui emploient entre 50 et 249 salariés, voir nº 34295.

› Précisions a. Sont concernées les sommes versées dans le cadre de ces dispositifs aussi bien aux salariés qu'aux **dirigeants** et à leurs conjoints visés nº 34130.

b. Les avantages résultant des **stock-options** et des **attributions d'actions gratuites** sont exclus de l'assiette du forfait social, en raison de leur assujettissement à une contribution spécifique (Circ. DSS 387 du 30-12-2008, réputée abrogée). L'exonération de forfait social vaut également pour les petites et moyennes entreprises et les entreprises de taille intermédiaire non assujetties à la contribution spécifique dans les conditions précisées nº 34750.

c. Sur les modalités de **décompte de l'effectif,** voir nºs 23630 s.

Indemnités de rupture L'indemnité versée à l'occasion d'une **rupture conventionnelle homologuée** est soumise au forfait social pour sa part exonérée de cotisations de sécurité sociale. 84310 CSS art. L 137-15, 3º C-V-12150 s

Est en revanche exemptée du forfait social la fraction exonérée de cotisations de sécurité sociale des indemnités versées à l'occasion d'un **licenciement,** d'un **plan de sauvegarde de l'emploi** (licenciement ou départ volontaire), d'une **mise à la retraite** (Circ. DSS 387 du 30-12-2008 réputée abrogée), d'un **congé de mobilité** ou d'une **rupture conventionnelle collective** (Loi 2018-1203 du 22-12-2018 art. 16 : JO 23-12).

84315 C-V-12650 s **Retraite et prévoyance** En application du double critère exposé nº 84300, sont assujetties au forfait social pour leur part exonérée de cotisations de sécurité sociale :

– les **contributions patronales** de **retraite supplémentaire,** à l'exception de celles visées nos 23010 s. (Circ. DSS 387 du 30-12-2008 réputée abrogée) ;

– les contributions patronales de **prévoyance complémentaire** (y compris celles versées au profit des apprentis : Circ. DSS 319 du 18-8-2012 réputée abrogée), à l'**exception** de celles versées par les employeurs de moins de 11 salariés au bénéfice de leurs salariés, anciens salariés et de leurs ayants droit, l'effectif étant décompté selon les modalités exposées nos 23630 s.

La **prise en charge par l'employeur** de la part salariale des cotisations de **retraite complémentaire obligatoire** est soumise au forfait social dès lors qu'elle ne constitue pas un élément de rémunération soumis à cotisations sociales. Il en est ainsi, par exemple, pour les salariés à temps partiel dont les cotisations sont calculées sur la base d'un temps plein (nº 77505) et, pour une durée limitée, en cas de suspension du contrat de travail pour congé familial (nº 12075) (Circ. Acoss 37 du 29-3-2011).

› Précisions S'agissant de l'exonération des cotisations patronales de prévoyance, le dispositif maintenant cette exonération pendant 3 ans pour les employeurs ayant atteint ou franchi pour la première fois le seuil de 11 salariés au titre de **2016, 2017 ou 2018** continue de s'appliquer pour les employeurs qui en bénéficiaient au 31-12-2019 (Loi 2019-486 du 22-5-2019 art. 11-XII). À l'**issue de la période d'application** du dispositif, seules les entreprises dont l'effectif est, à cette date, égal ou supérieur à 11 salariés seront redevables du forfait.

Soit une entreprise ayant franchi le seuil de 11 salariés le 30-12-2018. L'application du dispositif d'exonération pendant 3 ans prendra fin au 31-12-2021. Au 1-1-2022, le forfait social sera dû si l'effectif calculé au moyen des données mensuelles 2021 est d'au moins 11 salariés. Le dispositif de neutralisation visé nº 23640 s'appliquera si l'entreprise ayant franchi à la baisse le seuil de 11 salariés, à compter du 1-1-2020, a cessé d'être assujettie au forfait social et refranchit ultérieurement ce seuil (Doc. Urssaf du 15-12-2020).

84320 C-V-12900 s C-V-13050 s **Autres sommes** Entrent dans l'assiette du forfait social les **jetons de présence** et rémunérations spéciales alloués aux administrateurs et aux membres du conseil de surveillance des sociétés anonymes et des sociétés d'exercice libéral à forme anonyme, qu'il s'agisse de personnes physiques ou morales. Les jetons de présence versés aux **présidents de conseils d'administration,** aux **directeurs généraux** ou directeurs généraux **délégués** ne sont pas soumis au forfait social puisqu'ils sont assujettis aux cotisations de sécurité sociale (Circ. Acoss 12 du 21-1-2010).

Est en revanche exclue la contribution de l'employeur à l'acquisition des **chèques-vacances** par les salariés, prévue à l'article L 411-9 du Code du tourisme.

TAUX

84325 CSS art. L 137-16 C-V-13200 s Le taux du forfait social est en principe de **20 %.** Par **exception,** il peut être réduit à 16 %, à 10 % ou à 8 %.

Depuis le 1-10-2019, le forfait social est dû au taux de **16 %** pour certains versements des entreprises effectués sur un **Pereco** ou un **Pero** : voir nº 34646.

Pour les sommes issues de la **participation** ou de **l'intéressement** ainsi que l'abondement de l'employeur versés sur un **Perco** dont le règlement remplit au 1-10-2019 certaines conditions : voir nº 34590. S'agissant de l'intéressement versé par des entreprises non assujetties à la participation ou les entreprise de 50 à moins de 250 salariés, voir nº 34295.

Le taux de **10 %** s'applique à certains versements de l'entreprise à un PEE : voir nº 34485.

Le forfait social est dû au taux de **8 %** pour :

– les contributions patronales de **prévoyance complémentaire** versées au bénéfice des salariés, anciens salariés et de leurs ayants droit ;

– les sommes affectées à la réserve spéciale de **participation au sein des Scop** selon les modalités fixées à l'article L 3323-3 du Code du travail (voir nº 33940), sauf si le taux de 16 % est applicable (voir ci-dessus).

PAIEMENT

84330 CSS art. L 137-3 L 137-4 C-V-13530 s Les règles de recouvrement, de **contrôle** et de **contentieux** du forfait social sont les mêmes que celles prévues pour les cotisations de sécurité sociale.

Son assiette et son montant doivent figurer sur la DSN (sur les modalités de cette déclaration, voir nº 24005). Pour la mention du forfait social sur le **bulletin de paie,** voir nº 70790, b.

D. Contribution au dialogue social

Le **fonds paritaire** dédié au **financement des organisations syndicales** et des **organisations professionnelles** d'employeurs, au titre de leur participation à des activités concourant au développement du dialogue social, est alimenté par diverses ressources dont, en particulier, une contribution due par les employeurs. **84400** C. trav. art. L 2135-9 L 2135-10 **L-V-2800 s**

CHAMP D'APPLICATION

La contribution est due, quel que soit leur effectif, par tous les employeurs de droit privé et par les employeurs de droit public pour leur personnel embauché dans les conditions de droit privé. Elle est due indépendamment de l'**adhésion de l'employeur à une organisation patronale** et de la **présence syndicale** dans l'entreprise (Circ. Acoss 49 du 20-10-2015). **84405**

Les **particuliers** employeurs et les **associations intermédiaires** y sont assujettis (Circ. Acoss 49 du 20-10-2015).

ASSIETTE ET TAUX

La contribution est assise sur les rémunérations versées aux salariés comprises dans l'assiette des cotisations de sécurité sociale du régime général. Son taux est fixé à 0,016 %. Pour sa mention sur le **bulletin de paie,** voir n° 70790, b. **84410** C. trav D 2135-34

> **Précisions** **a.** En cas d'application d'une **assiette forfaitaire** pour le calcul des cotisations de sécurité sociale, il y a lieu de retenir cette assiette (Circ. Acoss du 20-10-2015).
> **b.** Si le salarié travaille pour **plusieurs employeurs,** chaque employeur est redevable de la contribution sur la rémunération qu'il verse (Circ. Acoss du 20-10-2015).
> **c.** La contribution est due pour les salariés titulaires de **contrats aidés,** les salariés **détachés** temporairement à l'étranger, mais pas pour les salariés **expatriés** (Circ. Acoss du 20-10-2015).
> Elle n'est pas due sur les sommes versées au titre d'un **mandat social.** En cas de cumul d'un mandat social et d'un contrat de travail, la contribution est due uniquement sur la rémunération perçue au titre de ce contrat (Circ. Acoss du 20-10-2015).
> Les **employés au pair** étant des salariés de particuliers employeurs, les avantages en nature qui leur sont versés sont assujettis à la contribution. Sont, en revanche, exclues les sommes versées aux **stagiaires aides familiaux étrangers** et aux accueillants familiaux, ceux-ci n'ayant pas la qualité de salarié (Circ. Acoss du 20-10-2015). S'agissant des **stagiaires en entreprise,** voir n°s 46065 s.
> Enfin la contribution n'est pas due au titre du **travailleur handicapé** employé par un établissement ou service d'aide par le travail (Ésat) (Circ. Acoss du 20-10-2015).

RECOUVREMENT

La contribution est recouvrée et contrôlée par les organismes de recouvrement selon les règles, garanties et sanctions applicables au recouvrement des cotisations du régime général de sécurité sociale. **84415**

VIEILLESSE ALLOCATIONS NON CONTRIBUTIVES

SOMMAIRE

A. Allocation de solidarité aux personnes âgées

L'allocation de solidarité aux personnes âgées (Aspa) comme l'allocation supplémentaire d'invalidité (ASI) visée nº 85060 sont des avantages dits « non contributifs », car attribués sans contrepartie de cotisations. Elles sont versées par le **régime général** de la sécurité sociale, afin de permettre aux personnes âgées disposant de faibles ressources d'atteindre un revenu minimal, communément appelé « **minimum vieillesse** ». 85000 J-I-15140 s

Ces 2 prestations sont servies **depuis 2007,** année à partir de laquelle elles ont remplacé les anciennes allocations composant le minimum vieillesse : voir nº 85065.

BÉNÉFICIAIRES

Pour bénéficier de l'Aspa, le requérant doit, outre une condition de ressources (nº 85010) : 85005 CSS art. L 815-1 R 815-1
– justifier d'une **résidence** stable et régulière (nº 50120, b) sur le territoire métropolitain ou dans une collectivité d'outre-mer ;
– avoir atteint 65 ans ; toutefois cet **âge** est abaissé à l'âge normal de départ à la retraite (nº 67510) pour les assurés inaptes, ceux justifiant d'une incapacité permanente au moins égale à 50 %, les mères de famille ouvrières (nº 67625, a à c), les assurés admis à liquider une pension anticipée pour handicap (nº 67525), ainsi que les anciens prisonniers, déportés ou internés en temps de guerre.

MONTANT ET PLAFOND DE RESSOURCES

Au 1-1-2021, le montant de l'Aspa s'élève à : 10 838,40 € par an pour une personne seule, 16 826,64 € par an pour un couple dont les 2 membres bénéficient de l'allocation. 85010 CSS art. L 815-4 L 815-9 R 815-29 D 815-1 D 815-2

L'allocation est attribuée à **taux plein** si le total des ressources de l'intéressé et du conjoint, du concubin ou du partenaire lié par un Pacs ne dépasse pas :
– le quart du plafond annuel de ressources (2 709,60 € pour une personne seule et 4 206,66 € pour un couple au 1-1-2021) pendant les 3 mois précédant la date d'effet de l'allocation ;
– ou le plafond annuel (10 838,40 € pour une personne seule et 16 826,64 € pour un couple au 1-1-2021) pendant les 12 mois précédant cette date d'effet.

Elle est attribuée à **taux réduit** (allocation différentielle) en cas de dépassement des limites précitées, à proportion du dépassement constaté.

Si le dépassement survient après l'attribution de l'allocation, l'intéressé doit **déclarer les changements** intervenus dans ses ressources (voir nº 85030). L'allocation sera alors réduite ou, le cas échéant, suspendue. À l'inverse, il est tenu compte de la diminution des ressources pour rétablir ou augmenter l'allocation dans la limite du taux plein.

Pour déterminer s'il atteint ou non les **plafonds de ressources,** toutes les ressources de l'allocataire sont en principe retenues, quelle qu'en soit la nature (les avantages d'invalidité et de vieillesse notamment). Dans le cas d'un **ménage,** il est fait masse des ressources du foyer, sans considération du régime matrimonial des intéressés. Les personnes séparées de fait avec résidence distincte ainsi que les personnes séparées de corps sont assimilées à des personnes seules. 85015 CSS art. R 815-22 à R 815-29

› **Précisions** **a.** Sont toutefois **exclus de l'évaluation des ressources** (liste non exhaustive) :
– la valeur des locaux occupés à titre de résidence principale et des bâtiments de l'exploitation agricole ;
– les prestations familiales ;
– les allocations de logement sociales ;
– le traitement de la Légion d'honneur ou de la médaille militaire ;
– la retraite du combattant ;
– l'indemnité de soins aux tuberculeux prévue par le Code des pensions militaires d'invalidité ;
– les prestations complémentaires pour recours à une tierce personne et la majoration pour aide constante d'une tierce personne ;
– les aides en espèces ou en nature, reçues des descendants, non déterminées par une décision judiciaire ;
– les sommes versées à titre de dommages et intérêts (Cass. soc. 18-7-1997 n° 95-20.747 : RJS 10/97 n° 1159) ;
– l'allocation aux adultes handicapés (Circ. Cnav 15 du 1-2-2007), sauf cas particuliers.

b. Les **revenus tirés d'une activité salariée** sont pris en compte mais font l'objet d'un abattement forfaitaire égal à (CSS art. R 815-29 ; Circ. Cnav 34 du 30-12-2019) :
– 0,9 fois la valeur mensuelle du Smic pour une personne seule (soit 1 399,21 € en 2021) ou 1,5 fois ce montant pour un ménage (soit 2 331,88 € en 2021), si les ressources sont examinées sur une période de 3 mois ;
– 3,6 fois la valeur mensuelle du Smic pour une personne seule (soit 5 596,49 € en 2021) ou 6 fois ce montant pour un ménage (soit 9 327,49 € en 2021), si les ressources sont examinées sur une période de 12 mois.
Les salaires sont pris en considération de la même façon que pour le calcul des cotisations. Si le salarié cotise sur une base forfaitaire, c'est donc cette base qui est retenue (CSS art. R 815-24).

c. Les **prestations et les ressources d'origine étrangère,** ou versées par une organisation internationale, sont prises en compte (CSS art. R 816-2).

d. Les **biens immobiliers** autres que ceux mentionnés au a. et les biens **mobiliers** actuels, ou dont l'intéressé a fait donation au cours des 5 ou 10 ans précédant la demande d'allocation, sont censés produire un revenu fictif évalué forfaitairement ou, à défaut, à dire d'expert, par rapport à la valeur vénale du bien appréciée à la date de la demande (CSS art. R 815-25).

LIQUIDATION

85020 CSS art. L 815-15 R 810-1 R 815-5 J-I-15250 s

Demande La demande de liquidation d'une allocation non contributive est déposée auprès de l'**organisme** compétent (n° 85025), sur un **imprimé** conforme à un modèle arrêté par le ministre chargé de la sécurité sociale et disponible auprès dudit organisme et sur www.service-public.fr. Cet imprimé prévoit les pièces justificatives qui doivent être produites à l'appui de la demande. Si elle est faite au titre de l'inaptitude au travail, un **certificat médical** du médecin traitant doit être joint. Le **silence** gardé pendant 4 mois vaut rejet de la demande.

Toute **contestation** relative à l'attribution, au refus d'attribution, à la suspension, à la révision ou à la suppression d'une allocation non contributive relève de la compétence du contentieux de la sécurité sociale (nos 15460 s.).

85025 CSS art. L 815-7 L 815-27 L 816-2 R 815-6 R 815-33

Paiement Les allocations non contributives sont liquidées et servies sur demande expresse de l'intéressé **par** l'organisme débiteur de la pension de vieillesse ou d'invalidité que le bénéficiaire perçoit ou est susceptible de percevoir. Si l'intéressé ne relève d'aucun régime de base obligatoire d'assurance vieillesse, ce rôle est dévolu à la Caisse centrale de la mutualité sociale agricole.

L'**entrée en jouissance** des allocations, sans pouvoir être antérieure au premier jour du mois suivant la réception de la demande, est fixée à la date d'entrée en jouissance de l'avantage de vieillesse ou d'invalidité de l'intéressé, ou au premier jour du mois qui suit son 65e anniversaire s'il jouit déjà d'un avantage de vieillesse.

Les montants de l'Aspa et des plafonds de ressources prévus pour son attribution sont, en principe, revalorisés chaque année, au 1er janvier, par application du coefficient de **revalorisation** des retraites (n° 67650). Toutefois, en 2020, comme en 2019, ils ont fait l'objet d'une revalorisation exceptionnelle (Loi 2017-1836 du 30-12-2017 art. 40 : JO 31 ; CSS art. D 815-1).

Le service des allocations est supprimé pour les personnes qui établissent leur résidence **en dehors du territoire métropolitain** ou des collectivités d'outre-mer (CSS art. L 815-12).

S'agissant du droit des **étrangers résidant en France** de percevoir l'Aspa, voir n° 36060.

Sur le **régime social** des allocations, voir n° 68360 pour les cotisations sociales et n° 25270 pour la CSG et la CRDS.

85030 CSS art. L 815-11 R 815-38 à R 815-45

Contrôle Le montant des ressources doit être déclaré à la **demande de l'organisme** gestionnaire, qui peut faire procéder aux contrôles qu'il estime utiles, notamment auprès des organismes de sécurité sociale et de l'administration fiscale.

L'allocation non contributive peut être **révisée, suspendue ou supprimée** à tout moment lorsqu'il est constaté que l'une des conditions exigées pour son service n'est pas remplie ou lorsqu'un changement est survenu dans les ressources, la situation familiale ou la résidence de l'intéressé sans avoir été signalé à l'organisme gestionnaire. Les arrérages versés sont acquis au bénéficiaire sauf en cas de fraude, d'absence de déclaration du transfert de la résidence hors du territoire métropolitain ou d'absence de déclaration des ressources. Toute demande de remboursement de prestations indûment versées se **prescrit** par 2 ans ; ce délai est porté à 5 ans en cas de **fraude ou fausse déclaration.** Dans ce dernier cas, le bénéficiaire est, par ailleurs, passible des sanctions pénales visées nº 50240, c. L'assuré peut, en cas d'indu, demander la **rectification des informations** le concernant dans les conditions visées nº 50240, a. Lorsque l'**indu** ne peut pas être **récupéré** sur l'Aspa, il peut, avec l'accord du bénéficiaire, être retenu sur d'autres prestations (ex. : APL, prestations familiales...), à moins que l'assuré n'opte pour le remboursement en un ou plusieurs versements dans un certain délai.

S'agissant des sanctions administratives encourues, hors application du droit à l'erreur (nº 43890, f), en cas de **déclaration inexacte ou incomplète** ou d'absence de déclaration d'un **changement de situation,** voir nº 58020.

Récupération sur succession Les sommes servies au titre de l'Aspa sont récupérées, au décès de l'allocataire, sur sa succession. L'action en recouvrement se prescrit par 5 ans à compter de l'enregistrement d'un écrit ou d'une déclaration mentionnant la date et le lieu du décès du défunt ainsi que le nom et l'adresse de l'un au moins des ayants droit. **85035** CSS art. L 815-13 L 815-28 D 815-3 à D 815-7

Le montant dans la **limite** duquel les sommes sont récupérables est égal, au titre des allocations versées pendant la période du 1er avril au 31 mars de l'année suivante :

- pour une **personne seule,** à la différence entre le montant maximal de l'allocation pour une personne seule (nº 85010) et le montant de l'allocation aux vieux travailleurs salariés (AVTS) (3 513,58 € au 1-1-2021), applicables pendant la période, soit 7 324,82 € ;
- lorsque **2 personnes** (conjoints, concubins ou partenaires liés par un Pacs) en bénéficient, à la différence entre le montant de l'allocation (ménage) et 2 fois le montant de l'AVTS, applicables pendant la période, soit 9 799,48 €.

Lorsque l'allocation n'a pas été servie pendant l'année complète, ce montant est diminué au prorata de la durée effective du service de l'allocation.

La récupération n'est opérée que sur la fraction de l'**actif net** successoral excédant 39 000 € (100 000 € jusqu'au 31-12-2026 dans les départements et régions d'outre-mer) ; elle ne peut avoir pour effet d'abaisser l'actif net en dessous de ce seuil.

> Précisions **a.** Lorsque la succession du bénéficiaire comprend, en tout ou en partie, un **capital d'exploitation agricole,** ce dernier ainsi que les bâtiments qui en sont indissociables ne sont pas pris en compte dans l'assiette de recouvrement sur succession.
b. Les **libéralités** consenties par l'allocataire et les primes versées par lui au titre d'un **contrat d'assurance-vie** peuvent être réintégrées à l'actif si elles ont été conclues postérieurement à la demande d'allocation et sont manifestement incompatibles avec les ressources ou biens déclarés pour obtenir l'allocation, et si elles ont eu pour effet de faire obstacle à l'action en recouvrement.
c. Le recouvrement peut être poursuivi contre chacun des héritiers pour sa part, conformément à l'article 1309 du Code civil. Le recouvrement sur la part de succession attribuée au conjoint survivant, au concubin ou au partenaire lié par un Pacs survivant peut être **différé** jusqu'à son décès. Il en est de même pour les héritiers à la charge de l'allocataire remplissant certaines conditions.
d. Le directeur d'un organisme de sécurité sociale peut, si la mise en demeure ou l'avertissement reste sans effet au terme du délai d'un mois à compter de sa notification, délivrer une **contrainte** qui, à défaut d'opposition du débiteur devant la juridiction compétente, comporte tous les effets d'un jugement et confère notamment le bénéfice de l'hypothèque judiciaire (CSS art. L 161-1-5 et R 133-3).

AVANTAGES SOCIAUX ET FISCAUX DES ALLOCATAIRES

Le bénéficiaire d'une allocation non contributive de vieillesse a droit, dès lors qu'il remplit **85040**
les conditions requises :

- à la prise en charge de ses **frais de santé** ;
- aux **prestations familiales** ;
- à l'exonération de certains **impôts et taxes** (impôt sur le revenu, taxe d'habitation, contribution à l'audiovisuel public, etc.) selon les modalités précisées dans notre Mémento fiscal.

B. Allocation supplémentaire d'invalidité

85060 La personne qui, sans remplir la condition d'**âge** requise pour bénéficier de l'Aspa (nos 85000 s.), réside sur le territoire métropolitain ou dans une collectivité d'outre-mer et est **titulaire d'un avantage viager** servi au titre de l'assurance invalidité ou vieillesse d'un régime légal de sécurité sociale peut bénéficier d'une allocation supplémentaire d'invalidité (ASI) si elle est atteinte d'une invalidité générale réduisant au moins des 2/3 sa capacité de travail ou de gain ou si elle a obtenu l'avantage viager en raison d'une invalidité générale au moins égale.

CSS art. L 815-24 à L 815-29 L 821-1-2 R 815-58 à R 815-78 D 815-19 J-I-15200 s

L'ASI est accordée sous **condition de ressources** : le plafond à ne pas dépasser est, à compter du 1-4-2021, fixé mensuellement à 800 € (750 € du 1-4-2020 au 31-3-2021) pour une personne seule et à 1 400 € (1 312,50 € du 1-4-2020 au 1-4-2021) pour un couple (conjoints, concubins, personnes liées par un Pacs). Pour l'appréciation de ce plafond sont prises en compte, dans les conditions visées no 85015, les ressources des 3 mois précédant la date d'effet de l'ASI ou, si le plafond est dépassé, celles des 12 derniers mois.

Le **montant** de la ou des allocations est égal à la différence entre le plafond applicable à la situation du ou des allocataires et le total des ressources de l'intéressé ou du couple. Lorsque les deux membres du couple bénéficient de l'ASI, le montant est servi par moitié à chacun des deux allocataires. Dans le cas contraire, le montant de l'ASI servie ne peut excéder le plafond prévu pour une personne seule auquel est soustrait le montant minimal de la pension d'invalidité. Toutefois, lorsque l'autre membre du couple perçoit l'Aspa, le montant de l'allocation servie est égal à la différence entre la moitié du plafond prévu pour un couple et la moitié des ressources du couple.

L'ASI est cumulable avec la **majoration pour la vie autonome** jusqu'à ce que l'allocataire atteigne l'âge d'ouverture des droits à pension de retraite.

Les modalités de **liquidation** de l'ASI sont semblables à celles prévues pour l'Aspa : voir nos 85020 s. Toutefois, cette allocation n'est pas récupérable sur succession.

Sur les **avantages sociaux et fiscaux** des bénéficiaires de l'ASI, voir no 85040.

85065 **Anciennes allocations non contributives**

Les personnes titulaires d'une des prestations qui, **avant 2007,** composaient le minimum vieillesse (notamment : AVTS, allocation aux mères de famille, secours viager, allocation spéciale et sa majoration, allocation supplémentaire) **continuent à les percevoir** selon les règles applicables avant cette date si elles résident de façon habituelle et régulière sur le territoire national (Ord. 2004-605 du 24-6-2004 art. 2). Les intéressés peuvent toutefois y **renoncer** pour y substituer, selon leur situation, l'Aspa ou l'ASI. Leur choix est alors irrévocable (Décret 2007-56 du 12-1-2007 art. 7 ; Circ. Cnav 15 du 1-2-2007).

Les **modalités de liquidation et de service** des anciennes et des actuelles prestations étant semblables, le régime exposé nos 85020 s. est applicable aux personnes ayant fait le choix de conserver le bénéfice d'une des anciennes prestations. De même, le dispositif de recouvrement sur les successions visé no 85035 s'applique aux héritiers d'un bénéficiaire de l'allocation supplémentaire.

ANNEXES

D'**autres tableaux chiffrés, indices et taux** sont disponibles en ligne gratuitement et mis à jour en temps réel dans la rubrique « chiffres et taux » du site www.efl.fr.

90000

I. Seuils d'effectifs

Seuils d'effectifs

Le tableau ci-après récapitule par rubrique les principaux seuils d'effectifs créateurs d'obligations en droit social. Les paragraphes où sont étudiées ces obligations sont mentionnés dans la colonne intitulée « obligations ».
Le sens des symboles utilisés est le suivant : E : Effectif ; E < n : Effectif inférieur à n ; E ≤ n : Effectif inférieur ou égal à n ; E > n : Effectif supérieur à n ; E ≥ n : Effectif supérieur ou égal à n.
La case E < 11 concerne les entreprises dont l'effectif est compris entre 10 et 11 salariés.
Les règles de calcul de l'effectif sont exposées n°s 62365 s. et 23630 s.

Obligations / Effectifs	E ≤ 9	E > 9	E ≤ 10	E ≥ 10	E > 10	E < 11	E ≥ 11	E ≥ 20	E < 25	E = 25	E > 25	E < 50	E = 50	E > 50	E < 100	E = 100	E > 100	E < 200	E ≥ 200	E > 200	E ≥ 250	E ≥ 300	E > 300	E ≥ 400	E ≥ 500	E > 800	E = 1 000	E > 1 000
Paiement des cotis. à l'Urssaf (n°s 23910 s.) :																												
a. Paiement trimestriel (sur option)	x	x	x	x	x	x																						
b. Paiement mensuel :																												
- le 15	x	x	x	x	x	x	x	x	x	x	x	x																
- le 5 (sauf décalage de la paie)													x	x	x	x	x	x	x	x	x	x	x	x	x	x	x	x
Contribution déplafonnée Fnal (n°s 84215 s.)													x	x	x	x	x	x	x	x	x	x	x	x	x	x	x	x
Versement mobilités (n°s 84010 s.)							x	x	x	x	x	x	x	x	x	x	x	x	x	x	x	x	x	x	x	x	x	x
Contributions-formation (n°s 38800 s.)	x	x	x	x	x	x	x	x	x	x	x	x	x	x	x	x	x	x	x	x	x	x	x	x	x	x	x	x

90000 (suite)

Obligations / Effectifs	E ≤ 9	E > 9	E ≤ 10	E ≥ 10	E > 10	E < 11	E ≥ 11	E ≥ 20	E < 25	E = 25	E > 25	E < 50	E = 50	E > 50	E < 100	E = 100	E > 100	E < 200	E ≥ 200	E > 200	E ≥ 250	E ≥ 300	E > 300	E ≥ 400	E ≥ 500	E ≥ 800	E = 1 000	E > 1 000
Déclaration sociale nominative (date de souscription : n°s 24015 s.) :																												
- le 15	X	X	X	X	X	X	X	X	X	X	X	X																
- le 5 (sauf décalage de la paie)													X	X	X	X	X	X	X	X	X	X	X	X	X	X	X	X
Emploi obligatoire des travailleurs handicapés (n°s 40000 s.)								X	X	X	X	X	X	X	X	X	X	X	X	X	X	X	X	X	X	X	X	X
Représentation du personnel																												
a. Comité social et économique à attributions réduites (n° 62300)							X	X	X	X	X	X																
b. Comité social et économique à attributions étendues (n° 62305)													X	X	X	X	X	X	X	X	X	X	X	X	X	X	X	X
c. Délégués syndicaux (n°s 73450 s.)													X	X	X	X	X	X	X	X	X	X	X	X	X	X	X	X
Délégué supplémentaire (n° 73605)																									X	X	X	X
d Sections syndicales :																												
- local commun																			X	X	X	X	X	X	X	X		
- local particulier (n° 73345)																											X	X
- représentant de section syndicale (n° 73380)													X	X	X	X	X	X	X	X	X	X	X	X	X	X	X	X
e. Commission santé, sécurité et conditions de travail (n° 9010)																						X	X	X	X	X	X	X
f. Commission formation (n° 9015)																						X	X	X	X	X	X	X
g. Commission information et aide au logement (n° 9015)																						X	X	X	X	X	X	X
h. Commission économique (n° 9015)																											X	X
i. Commission égalité professionnelle (n° 9015)																						X	X	X	X	X	X	X

90000 (suite)

Obligations / Effectifs	E ≤ 9	E > 9	E ≤ 10	E ≥ 10	E > 10	E < 11	E ≥ 11	E ≥ 20	E < 25	E = 25	E > 25	E < 50	E = 50	E > 50	E < 100	E = 100	E > 100	E < 200	E ≥ 200	E > 200	E ≥ 250	E ≥ 300	E > 300	E ≥ 400	E ≥ 500	E > 800	E = 1 000	E > 1 000
Négociation obligatoire (salaire, temps de travail, etc.) (n°s 51985 s.) [1]													x	x	x	x	x	x	x	x	x	x	x	x	x	x	x	x
Règlement intérieur (nº 59850)													x	x	x	x	x	x	x	x	x	x	x	x	x	x	x	x
Hygiène et sécurité																												
a. Réfectoire (nº 71510) [2]													x	x	x	x	x	x	x	x	x	x	x	x	x	x	x	x
b. Information du CSE (rapport détaillé et programme de formation à la sécurité) (nº 71310)																							x	x	x	x	x	x
c. Affichage consignes d'incendie (nº 71555)														x	x	x	x	x	x	x	x	x	x	x	x	x	x	x
Instructions sur l'évacuation rapide des personnes (nº 71555)	x	x	x	x	x	x	x	x	x	x	x	x	x															
d. Infirmiers en entreprise (nº 72300) :																												
- Entreprises ou établissements industriels [3]																												
1 infirmier																			x	x	x	x	x	x	x			
2 et +																										x	x	x
- Autres entreprises ou établissements [4]																												
1 infirmier																									x	x	x	
2 et +																												x
Rupture du contrat de travail																												
Plan de sauvegarde de l'emploi : licenciement d'au *moins 10 salariés* sur 30 jours (n°s 48170 s.)													x	x	x	x	x	x	x	x	x	x	x	x	x	x	x	x
Contrat de sécurisation professionnelle (nº 48390)	x	x	x	x	x	x	x	x	x	x	x	x	x	x	x	x	x	x	x	x	x	x	x	x	x	x		
Congé de reclassement (nº 48450)																											x	x
Sanctions légales du licenciement irrégulier ou abusif (n°s 48710 s. et 48750)	x	x	x	x	x	x	x	x	x	x	x	x	x	x	x	x	x	x	x	x	x	x	x	x	x	x	x	x

Obligations / Effectifs	E ≤ 9	E > 9	E ≤ 10	E ≥ 10	E > 10	E < 11	E ≥ 11	E ≥ 20	E ≥ 20	E > 20	E < 25	E = 25	E > 25	E < 50	E = 50	E > 50	E < 100	E = 100	E > 100	E < 200	E ≥ 200	E > 200	E ≥ 250	E ≥ 300	E > 300	E ≥ 400	E ≥ 500	E > 800	E = 1 000	E > 1 000
Droit d'expression des salariés : accord (n°s 36960 s.)															X	X	X	X	X	X	X	X	X	X	X	X	X	X	X	X
Congés (acceptation de la demande) :																														
- pour création d'entreprise (n° 12185)																								X	X	X	X	X	X	X
- sabbatique (n° 12270)																								X	X	X	X	X	X	X
Participation aux résultats (n°s 33730 s.)															X	X	X	X	X	X	X	X	X	X	X	X	X	X	X	X
Bilan social (n° 9310)																								X	X	X	X	X	X	X
Crédit d'heures du conseiller du salarié : octroi (n° 47600) [5]							X	X	X	X	X	X	X	X	X	X	X	X	X	X	X	X	X	X	X	X	X	X	X	X
Revitalisation du bassin d'emploi :																														
- sur intervention du préfet (n°s 48480 s.)															X	X	X	X	X	X	X	X	X	X	X	X	X	X		
- signature d'une convention et sanctions en cas de non-respect (n° 48480)																													X	X

1. Cette obligation ne joue que dans les entreprises où sont constituées une ou plusieurs sections syndicales et pourvues d'un délégué syndical. Le seuil est abaissé à 11 salariés lorsqu'un membre de la délégation du personnel au CSE a été désigné comme délégué syndical (n° 73600). Il peut aussi être abaissé (ou supprimé) si un délégué syndical a été désigné en vertu de dispositions conventionnelles abaissant (ou supprimant) le seuil d'effectif requis pour sa désignation (n° 73455, a).
2. Il s'agit là d'un seuil particulier qui vise le nombre de salariés désirant prendre habituellement leur repas sur les lieux de travail.
3. Établissements industriels : un infirmier supplémentaire par tranche de 600 salariés.
4. Autres entreprises : un infirmier supplémentaire par tranche de 1 000 salariés.
5. Dans les entreprises à établissements distincts, le seuil d'effectif s'apprécie au niveau de chaque établissement.

TAUX HORAIRE DU SMIC ET DU MINIMUM GARANTI

90010 Ces chiffres sont également applicables dans les **départements d'outre-mer** (Guadeloupe, Guyane, Martinique et La Réunion).

Date d'effet	Smic horaire	Minimum garanti
Au 1-1-2021	10,25 €	3,65 €
Au 1-1-2020	10,15 €	3,65 €
Au 1-1-2019	10,03 €	3,62 €
Au 1-1-2018	9,88 €	3,57 €
Au 1-1-2017	9,76 €	3,54 €
Au 1-1-2016	9,67 €	3,52 €

PLAFOND DE LA SÉCURITÉ SOCIALE

90020 Le **plafond annuel** a été successivement fixé à :

- 38 616 € pour 2016
- 39 228 € pour 2017
- 39 732 € pour 2018
- 40 524 € pour 2019
- 41 136 € pour 2020
- 41 136 € pour 2021

Pour **2021,** les **plafonds périodiques** sont les suivants :

Périodicité	Plafond 2021 (en euros)
Trimestre	10 284
Mois	**3 428**
Quinzaine	1 714
Semaine	791
Jour	189
Heure	26

CHARGES SOCIALES ET FISCALES SUR SALAIRES

90030

Dans ce tableau, la lettre **P** désigne le **plafond de sécurité sociale** (n° 90020).
Aux prélèvements mentionnés dans le tableau s'ajoutent, le cas échéant, la **complémentaire santé** (n°s 59120 s.), le **versement mobilités** (n°s 84000 s.), le **forfait social** (pour certaines sommes exclues de l'assiette des cotisations de sécurité sociale : voir n°s 84300 s.) ainsi que la **contribution supplémentaire à l'apprentissage** (Mémento fiscal n°s 74200 s.).

Régimes		Taux global %	Répartition Employeur %	Répartition Salarié %	Assiette
I. Urssaf					
Assurance maladie (maladie, maternité, invalidité, décès) (n° 23520) [1]		7,00 ou 13,00	7,00 ou 13,00		Totalité du salaire
Solidarité autonomie		0,30	0,30		Totalité du salaire
Allocations familiales (n°s 23535 s.)		3,45 ou 5,25	3,45 ou 5,25		Totalité du salaire
Assurance vieillesse		2,30	1,90	0,40	Totalité du salaire
Fnal (au moins 50 salariés) (n°s 84200 s.)		0,50	0,50		Totalité du salaire
Contribution au dialogue social (n°s 84400 s.)		0,016	0,016		Totalité du salaire
Accidents du travail (n°s 23540 s.)		Taux variable selon l'entreprise			
Contribution sociale généralisée (n°s 25000 s.)					Gain total après déduction de 1,75 % pour frais professionnels (n° 25110) [2]
déductible		6,80		6,80	
non déductible		2,40		2,40	
CRDS (n°s 25000 s.)		0,50		0,50	
Assurance vieillesse		15,45	8,55	6,90	Salaire limité à 1 P
Fnal (moins de 50 salariés) (n°s 84200 s.)		0,10	0,10		Salaire limité à 1 P
Chômage (6350 s.) [3]		4,05	4,05		Salaire limité à 4 P
AGS (n°s 70900 s.) [4]		0,15	0,15		Salaire limité à 4 P
II. Retraites complémentaires (n°s 67900 s.)					
Cotisation de base sur T1 [5]		7,87	4,72	3,15	Salaire limité à 1 P
CEG sur T1		2,15	1,29	0,86	Salaire limité à 1 P
Cotisation de base sur T2 [5]		21,59	12,95	8,64	Salaire compris entre 1 et 8 P
CEG sur T2		2,70	1,62	1,08	Salaire limité à 8 P
CET [6]		0,35	0,21	0,14	Salaire dans la limite de 8 P
Cadres	Assurance décès obligatoire (n° 59180)	1,50	1,50		Salaire limité à 1 P
Cadres	Apec	0,06	0,036	0,024	Salaire limité à 4 P

90030 (suite)

Régimes	Taux global %	Répartition		Assiette
		Employeur %	Salarié %	
III. Taxes et participations [7]				
Taxe sur les salaires [8]	4,25	4,25		Totalité du salaire
Construction [9]	0,45	0,45		
Apprentissage [10]	0,68	0,68		
Formation [11] (n°s 38800 s.)				
Au moins 11 salariés	1,00	1,00		
Moins de 11 salariés	0,55	0,55		

1. En Alsace-Moselle, une cotisation salariale maladie est due dont le taux 2021 est fixé à 1,5 %. Pour les non-résidents, une cotisation salariale maladie est due au taux de 5,50 % (CSS art. L 131-9 et D 242-3).
2. L'assiette de la déduction forfaitaire pour frais professionnels est limitée à 4 plafonds annuels de sécurité sociale (n° 25110). Cette déduction ne s'applique qu'à certaines sommes, notamment aux salaires proprement dits (n°s 25110 et 25120 s.).
3. Les intermittents du spectacle relèvent de règles spécifiques.
4. Les intérimaires des entreprises de travail temporaire sont soumis à un taux spécifique (n° 82605, a).
5. Taux tenant compte du pourcentage d'appel de 127 %. Certaines entreprises cotisent à des taux supérieurs ou selon une répartition différente.
6. La CET est due par les salariés dont la rémunération dépasse 1 P.
7. Mémento paie n°s 31260 s.
8. Non exigible dans la mesure où l'employeur est assujetti à la TVA. Le taux est porté à 8,50 % pour la fraction des salaires annuels individuels comprise entre 8 020 € et 16 013 € et il est porté à 13,60 % pour la fraction au-delà de 16 013 €.
9. Au moins 50 salariés.
10. 0,44 % en Alsace-Moselle. Pour les entreprises d'au moins 250 salariés n'employant pas un certain quota de salariés notamment en apprentissage ou sous contrat de professionnalisation, une contribution supplémentaire s'applique (Mémento paie n°s 32400 s.).
11. Contribution spécifique de 1 % sur la rémunération des salariés sous contrat à durée déterminée (n° 38930). Pour les entreprises de travail temporaire, voir n° 82460. Pour le secteur du bâtiment et des travaux publics, voir n° 39000. Pour les intermittents du spectacle, voir n° 39000.

RÉGIMES FISCAL ET SOCIAL DES SALAIRES ET RETRAITES

Les taux des cotisations de sécurité sociale sont, sauf indication contraire, ceux des cotisations dues sur les salaires (voir nº 90000). Les solutions applicables en matière de cotisations de sécurité sociale valent également pour la **CSG** et la **CRDS**, sauf indication expresse contraire. 90040

Par ailleurs, l'assiette des cotisations d'**assurance chômage**, des cotisations Fnal, du versement mobilités, de la contribution solidarité autonomie, des cotisations **Agirc-Arrco**, des contributions à la **formation** professionnelle et à l'alternance (contributions-formation, taxe d'apprentissage, contribution supplémentaire à l'apprentissage), ainsi que de la **participation-construction** est alignée sur celle des cotisations de sécurité sociale.

L'assiette de la **taxe sur les salaires** est alignée sur celle de la CSG applicable aux revenus d'activité (sauf prestations de sécurité sociale versées par subrogation de l'employeur et gains de levée d'option sur actions et d'attribution gratuite d'actions).

	Cotisations de sécurité sociale, CSG et CRDS	Impôt sur le revenu
Salaires proprement dits (heures de récupération, indemnités pour jours chômés, rappels de salaires, indemnités différentielles de maladie, maternité ou accident du travail, indemnité de congés payés, 13e mois)	assujettis	salaire
Heures supplémentaires	assujetties, avec déduction de cotisations patronales dans les entreprises de moins de 20 salariés et réduction de cotisations salariales (nos 41300 s.)	exonérées pour partie (voir Mémento Paie nº 8170)
Pourboires	assujettis (forfait ou réel)	salaire (réel)
Primes liées à la fonction (primes de risque, d'ancienneté, d'assiduité…)	assujetties	salaire
Primes liées au résultat		
Primes de bilan, d'augmentation de capital… [1]	assujetties	salaire
Participation aux résultats	exonérée (assujettie CSG et CRDS)	exonérée (en totalité ou en partie) si bloquée : voir nº 33990
Intéressement	exonérée (assujettie CSG et CRDS)	exonérée si affectée à un plan d'épargne salariale : voir nº 34295
Primes liées à des circonstances familiales (naissance, mariage, décès…) [1]	assujetties	salaire
Avantages en nature	assujettis (pour évaluation, voir nos 22480 s.)	salaire (pour évaluation, voir Mémento paie nos 40140 s.)
Indemnités pour frais professionnels	exonérées, sauf application d'une déduction forfaitaire spécifique [2]	exonérées, sauf application des frais réels
- contribution patronale aux titres-restaurant	exonérée dans certaines limites	exonérée dans certaines limites
- prime légale de transport	exonérée	exonérée
- prise en charge facultative par l'employeur des frais de carburant (ou d'alimentation des véhicules électriques) et forfait mobilités durables	exonérée dans certaines limites	exonérée dans certaines limites
- allocations forfaitaires aux dirigeants	assujetties	salaire

90040 (suite)

	Cotisations de sécurité sociale, CSG et CRDS	Impôt sur le revenu
Chèques-vacances (contribution patronale)	assujettie aux cotisations (sauf dans les entreprises de moins de 50 salariés : nos 13770 s.) et à la CSG-CRDS	exonérée dans la limite d'une fois le Smic mensuel
Indemnités de rupture		
- de préavis, de licenciement, compensatrice de congés payés	voir tableau n° 90050	voir tableau n° 90050
- de départ volontaire	voir nos 22880 s. et 25150	salaires [5]
- de rupture conventionnelle homologuée	voir nos 22885 et 25150	exonérées dans certaines limites [7]
- de rupture conventionnelle collective ou de rupture du contrat à la suite d'un congé de mobilité	voir nos 22887 et 25145	exonérées
- de départ volontaire en retraite ; de départ en préretraite	voir nos 22895 et 25150	salaires [5]
- de mise à la retraite par l'employeur	voir nos 69050, 22895 et 25140 s.	exonérées dans certaines limites [3]
Prestations de sécurité sociale (indemnités journalières)		
- maladie, maternité	exonérées de cotisations sécurité sociale, assujetties CSG et CRDS	salaire
- accident du travail	id.	exonérées pour partie (voir Mémento paie n° 62170)
Prestations familiales		
- légales	exonérées de cotisations sécurité sociale et CSG, assujetties CRDS [6]	exonérées
- versées par l'employeur [1]	assujetties	salaire
Chômage		
- total	[4]	salaire
- partiel (indemnité d'activité partielle et indemnité APLD)	[8]	salaire
Préretraites (préretraites licenciement ou FNE, préretraite amiante, préretraite d'entreprise)	[4]	salaire
Retraites		
- sécurité sociale	[4]	pension
- autres avantages	[4]	pension

1. S'agissant des avantages attribués par le CSE, voir nos 22410 s.
2. Les déductions forfaitaires spécifiques ne s'appliquent ni à la CSG ni à la CRDS, dont la base est diminuée d'une déduction pour frais de 1,75 % applicable à tous les salariés (sauf application d'une base forfaitaire) et chômeurs (n° 25110).
3. Les limites sont les mêmes que pour l'indemnité de licenciement (voir n° 90050), la limite égale à 6 fois le plafond annuel de la sécurité sociale étant réduite à 5 fois ce plafond.
4. Assujetties à CSG et CRDS, sauf exonérations (nos 25260 s.). Pas de cotisation sur salaires, mais une cotisation spéciale maladie et une contribution additionnelle de solidarité pour l'autonomie dans certains cas : voir nos 6680, b (chômage), 57120 (préretraites), 68355 s. (pensions de retraite).
5. Intégralement exonérées si le départ intervient dans le cadre d'un plan de sauvegarde de l'emploi.
6. Par exception, les allocations d'éducation de l'enfant handicapé (n° 40345) sont exonérées de CRDS : n° 25290.
7. Les limites sont les mêmes que pour l'indemnité de licenciement, voir n° 90050.
8. Pour la CSG et CRDS, voir n° 25260, b (indemnité complémentaire) et n° 25275 (indemnité légale). Indemnité légale non soumise aux cotisations sur salaires, mais assujettie à une cotisation spéciale maladie (voir nos 1460). Indemnités complémentaires au-delà de 3,15 Smic assujetties aux cotisations (voir n° 25260, b).

INDEMNITÉS VERSÉES À L'OCCASION DU LICENCIEMENT 90050

	Ind. de licenciement (nos 48900 s.)	**Ind. compensatrice de préavis** (nos 69335 s.)	**Ind. compensatrice de congés payés** (nos 13700 s.)
Ancienneté	Montant		
Moins de 6 mois	Convention collective ou usages	Convention collective ou usages	Calculée comme l'indemnité de congés payés (nos 13705 s.)
Au moins 6 mois et moins de 8 mois	Convention collective ou usages	1 mois [1] de salaire	
Au moins 8 mois et moins de 2 ans	1/4 de mois par année d'ancienneté les 10 premières années et 1/3 de mois pour chaque année suivante au-delà de 10 ans [1] (nos 48930 s.)	1 mois [1] de salaire	
2 ans et plus	1/4 de mois les 10 premières années et 1/3 de mois pour chaque année suivante au-delà de 10 ans [1]	2 mois [1] de salaire	

Régime juridique des indemnités			
Nature juridique	Dommages-intérêts [2]	Salaire	Salaire
Privilège général	Voir no 49040	Oui	Oui
Superprivilège	Non	Oui	Oui
Saisie	Voir no 49040	Limitée (no 70945)	Limitée (no 70945)

Régimes social et fiscal des indemnités de licenciement [3]			
	Cotisations sociales [4 et 5]	Impôt sur le revenu	CSG et CRDS [5 et 6]
Indemnité de licenciement (hors plan de sauvegarde de l'emploi)	Exonération dans la limite de 2 fois le plafond annuel de sécurité sociale, à hauteur du plus élevé des montants suivants : - montant fixé par la convention de branche, l'accord professionnel ou interprofessionnel ou, à défaut, la loi ; - moitié de l'indemnité ; - double de la rémunération de l'année civile précédente	Exonération dans la limite du plus élevé des montants suivants : - montant fixé par la convention de branche, l'accord professionnel ou interprofessionnel ou, à défaut, la loi ; - moitié de l'indemnité ; - double de la rémunération de l'année civile précédente dans la limite de 6 fois le plafond annuel de sécurité sociale	Exonération dans la limite du montant fixé par la convention collective de branche, l'accord professionnel ou interprofessionnel ou, à défaut, par la loi, et, en tout état de cause, dans la limite du montant exonéré de cotisations de sécurité sociale
Indemnité de licenciement dans le cadre d'un plan de sauvegarde de l'emploi	Exonération dans la limite de 2 fois le plafond annuel de sécurité sociale	Exonération totale	

1. Sauf dispositions conventionnelles ou usages plus favorables.
2. Indemnités légales, conventionnelles ou contractuelles.
3. Les indemnités compensatrices de préavis et de congés payés sont assujetties à ces prélèvements fiscaux et sociaux en tant que salaire.
4. Sécurité sociale, contribution solidarité autonomie, dialogue social, Fnal, versement mobilités, cotisations chômage et AGS, cotisations et contributions Agirc-Arrco, participation-construction, contributions à la formation et à l'alternance (contributions à la formation professionnelle, CPF-CDD, supplémentaire à l'apprentissage et taxe d'apprentissage).
5. Les indemnités dont le montant dépasse 10 fois le plafond annuel de la sécurité sociale sont totalement assujetties aux cotisations sociales, à la CSG et à la CRDS.
6. L'assiette de la taxe sur les salaires est alignée sur celle de la CSG.

III. Représentation du personnel

NOMBRE DE REPRÉSENTANTS DU PERSONNEL

90060

Effectif (entreprise ou établissement distinct)	Comité social et économique [1 et 2]	Représentant de la section syndicale [3 et 4]	Délégués syndicaux [5 et 4]	Délégués syndicaux centraux [6 et 4]	Représentant syndical auprès du CSE [7 et 4]
Moins de 11	-	-	-	-	-
11 à 24	1	-[8]	-[8]	-	-
25 à 49	2	-[8]	-[8]	-	-
50 à 74	4	1	1	-	1
75 à 99	5	1	1	-	1
100 à 124	6	1	1	1	1
125 à 149	7	1	1	1	1
150 à 174	8	1	1	1	1
175 à 199	9	1	1	1	1
200 à 249	10	1	1	1	1
250 à 299	11	1	1	1	1
300 à 399	11	1	1	1	1
400 à 499	12	1	1	1	1
500 à 599	13	1	1	1	1
600 à 799	14	1	1	1	1
800 à 899	15	1	1	1	1
900 à 999	16	1	1	1	1
1 000 à 1 249	17	1	2	1	1
1 250 à 1 499	18	1	2	1	1
1500 à 1749	20	1	2	1	1
1 750 à 1 999	21	1	2	1	1
2 000 à 2 249	22	1	3	1	1
2 250 à 2 499	23	1	3	1	1
2 500 à 2 999	24	1	3	1	1
3 000 à 3 499	25	1	3	1	1
3 500 à 3 999	26	1	3	1	1
4 000 à 4 249	26	1	4	1	1
4 250 à 4 749	27	1	4	1	1
4 750 à 4 999	28	1	4	1	1
5 000 à 5 749	29	1	4	1	1
5 750 à 5 999	30	1	4	1	1
6 000 à 6 999	31	1	4	1	1
7 000 à 8 249	32	1	4	1	1
8 250 à 8 999	33	1	4	1	1
9 000 à 9 999	34	1	4	1	1
Au moins 10 000	35	1	5	1	1

1. L'effectif à prendre en compte est, selon le niveau de mise en place de l'institution, soit l'entreprise, soit l'établissement distinct. Il s'apprécie comme indiqué n°s 62300 s.
2. Le nombre indiqué représente le nombre de titulaires. À ce nombre s'ajoute un nombre équivalent de suppléants. Ce nombre peut être modifié par voie conventionnelle (voir n° 8720).
3. Nombre par syndicat.
4. Un délégué supplémentaire peut être accordé à certains syndicats dans les entreprises d'au moins 500 salariés (n° 73605).
5. Uniquement dans les entreprises comportant au moins 2 établissements d'au moins 50 salariés chacun. Si l'effectif de l'entreprise est inférieur à 2 000, le délégué syndical central doit être choisi parmi les délégués syndicaux d'établissement (n° 73610).
6. Désignation subordonnée à certaines conditions et pour une durée limitée dans le temps (n°s 73380 s.).
7. Si l'effectif de l'entreprise est inférieur à 300, cette fonction est remplie par le délégué syndical (n° 8850).
8. Un membre du CSE peut être désigné comme représentant de la section syndicale (n° 73380) ou comme délégué syndical (n° 73600).

CRÉDIT D'HEURES MENSUEL DES REPRÉSENTANTS DU PERSONNEL

90070

Effectif	Comité social et économique		Représentant de la section syndicale [2]	Délégués syndicaux	
	Membres élus [1 et 2]	Représentant syndical auprès du CSE [3 et 4]		d'entreprise [2]	centraux [2]
11 à 24	10	-	-	-	-
25 à 49	10	-	-	-	-
50 à 74	18	-	4	12	-
75 à 99	19	-	4	12	-
100 à 150	21	-	4	12	-
151 à 199	21	-	4	18	-
200 à 299	22	-	4	18	-
300 à 499	22	-	4	18	-
500	24	-	4	24	-
501 à 999	24	20	4	24	-
1 000 à 1 499	24	20	4	24	-
1 500 à 1 999	26	20	4	24	-
2 000 à 3 499	26	20	4	24	24 [5]
3 500 à 3 999	27	20	4	24	24 [5]
4 000 à 4 999	28	20	4	24	24 [5]
5 000 à 6 749	29	20	4	24	24 [5]
6 750 à 7 499	30	20	4	24	24 [5]
7 500 à 7 749	31	20	4	24	24 [5]
7 750 à 9 749	32	20	4	24	24 [5]
Au moins 9 750	34	20	4	24	24 [5]

1. Titulaires uniquement, sauf accord plus favorable ou remplacement assuré par un suppléant (nº 62570). Le nombre d'heures indiqué peut être modifié par voie conventionnelle (voir nº 8720). Ces heures peuvent également être reportées d'un mois sur l'autre ou être mutualisées entre élus (voir nº 8920).
2. Effectif apprécié dans le cadre de l'entreprise ou de l'établissement.
3. Effectif apprécié dans le cadre de l'entreprise. En cas de variation en cours de mandat, nº 62575.
4. Dans les entreprises d'au moins 501 salariés mais dont aucun établissement n'atteint ce seuil, les représentants syndicaux au CSE central bénéficient également d'un crédit de 20 heures par mois (nº 9605).
5. Uniquement pour les délégués centraux n'ayant pas la qualité de délégué syndical d'établissement.

IV. Formalités des entreprises

AFFICHAGES OBLIGATOIRES

90080 Le tableau ci-dessous recense les principaux documents et informations que l'employeur doit afficher dans l'entreprise à l'attention de l'ensemble du personnel.

Il ne mentionne pas les informations réservées à une partie du personnel ni celles portées à la connaissance des salariés par les représentants du personnel et syndicats via les panneaux d'affichage mis à disposition par l'employeur (sur l'obligation de mise à disposition de panneaux d'affichage, voir n°s 8992 et 73330).

Objet	Documents ou informations	Paragraphes du Mémento
Détachement de salariés	- Réglementation applicable aux salariés détachés temporairement par un prestataire de services établi hors de France sur les **chantiers** soumis à l'obligation de mettre en place un CISSCT.	n° 36240, c
	- Décision du **Dreets** suspendant temporairement l'activité du prestataire de services établi hors de France (C. trav. art. R 1263-11-5).	
Durée du travail	- **Horaire collectif** de travail.	n° 29817
	- **Repos quotidien** pour les salariés ne relevant pas de l'horaire collectif.	n° 29885
	- Règlement **d'horaires individualisés.**	n° 29825
	- **Aménagement du temps de travail** : nombre de semaines composant la période de référence et pour chaque semaine incluse dans cette période, l'horaire de travail et la répartition de la durée de travail.	n°s 30115 et 30160
	- **Travail par relais,** roulement ou par équipes successives : à défaut de registre, composition nominative de chaque équipe.	n° 30410
Égalité professionnelle et non-discrimination	- Coordonnées du service d'**accueil téléphonique** pour la prévention et la lutte contre les discriminations.	n° 32265, b
Inspection du travail	- Adresse, nom et numéro de téléphone de l'inspecteur du travail compétent pour l'établissement.	n° 43660
Santé et sécurité	- Consignes et premiers soins pour les victimes en cas d'**accident électrique.**	n° 71560
	- Pour les entreprises de 50 salariés et plus, consignes de sécurité **incendie.**	n° 71555
	- **Interdiction de fumer** et de **vapoter.**	n° 71490
	- Avis sur les modalités d'accès au **document unique** d'évaluation des risques.	n° 71270
	- Risque d'exposition aux **rayonnements ionisants.**	n° 71595
	- Risque d'exposition aux **agents biologiques pathogènes.**	n° 71590
	- En cas de travaux par une **entreprise extérieure,** noms et lieux de travail des membres des CSE des entreprises concernées, nom du médecin du travail de l'entreprise utilisatrice et emplacement de l'infirmerie de l'entreprise utilisatrice.	n° 71610
	- **BTP** : prescriptions particulières de protection et de salubrité fixées aux articles R 4533-1 à R 4534-156 du Code du travail.	n° 71620
	- **BTP** : texte de la déclaration préalable pour certains chantiers.	n° 71620
	- Adresse et numéro de téléphone du **médecin du travail** ou du service de santé au travail compétent pour l'établissement.	n° 72220, d
	- Adresse et numéro de téléphone des **services de secours d'urgence.**	n° 71540

90080 (suite)

Objet	Documents ou informations	Paragraphes du Mémento
Licenciement économique	- En l'absence de représentants du personnel, propositions de l'administration pour compléter ou modifier le PSE et réponse motivée de l'employeur à celles-ci.	nº 48140
	- **Décision du Dreets** de validation de l'accord collectif ou d'homologation du document unilatéral de l'employeur (l'affichage peut être remplacé par tout autre document permettant de conférer date certaine).	nº 48230
Rupture conventionnelle collective	- Décision du **Dreets** de validation de l'accord et voies et délais de recours contre cette décision.	nº 69148, e
Lutte contre le travail illégal	- **Permis de construire,** nom, raison ou dénomination sociale et adresse de l'entreprise.	nº 79435, b
	- Nom et adresse du **donneur d'ordre** (C. trav. art. D 8232-1).	
	- Arrêt de l'activité sur décision préfectorale en cas de travail illégal (C. trav. art. R 8272-9).	
Représentants du personnel	- liste nominative des membres du **CSE,** indication de leur lieu habituel de travail et, le cas échéant, participation à une ou plusieurs commissions (C. trav. art. R 2314-22).	nº 8845
	- BTP : liste des personnes participant au **comité interentreprises** de sécurité, de santé et des conditions de travail (CISSCT).	nº 71630
Travail à domicile	- Modalités d'exécution des **travaux à domicile.**	nº 74130

INFORMATIONS DEVANT ÊTRE PORTÉES À LA CONNAISSANCE DES SALARIÉS

90090 L'employeur est tenu d'une obligation d'information l'obligeant notamment à porter certaines informations à la connaissance de l'ensemble des salariés de l'entreprise.

Le tableau recense ci-dessous les informations faisant l'objet de cette obligation.

Objet	Information	Paragraphes du Mémento
Congés payés	- **Période de prise** des congés payés.	nº 13415
	- **Ordre** des départs en congés.	nº 13425
	- **BTP** : raison sociale et adresse de la caisse des congés payés (C. trav. art D 3141-28).	
Convention et accord collectif du travail	- Avis sur les conventions et accords collectifs applicables dans l'établissement et sur les **modalités d'accès** à l'exemplaire tenu à disposition des salariés sur le lieu de travail.	nº 52280
	- À défaut d'élus, liste des **modifications** apportées aux conventions et accords applicables dans l'entreprise.	nº 52280
	- À défaut d'élus, **départ** de l'employeur d'un **syndicat signataire** d'une convention ou d'un accord collectif.	nº 52167, a
	- Accord de performance collective.	nº 17595
Durée du travail	- Dans les entreprises ne donnant pas le repos hebdomadaire toute la journée du dimanche, jours et heures de **repos collectif.**	nº 31030
	- En cas de **suspension du repos hebdomadaire,** copie de l'information transmise à l'inspecteur du travail.	nº 31005
Égalité professionnelle et non-discrimination	- Texte des articles L 3221-1 à L 3221-7, R 3221-1 et R 3221-2 du Code du travail relatifs à l'égalité de rémunération femmes-hommes.	nº 32205
	- Texte des articles 225-1 à 225-4 du Code pénal relatifs aux discriminations prohibées.	nº 32050
Élections professionnelles	- **Organisation** des élections et date envisagée pour le premier tour.	nº 8690
	- **Listes électorales.**	nº 8763
	- Date, heures et lieux du **scrutin.**	nº 8782
	- Procès-verbal de **carence.**	nº 8790
Épargne salariale	- Existence et contenu de l'accord de **participation**, de l'accord d'**intéressement** et des **plans d'épargne** salariale et retraite.	nºs 33950, 34265, 34490 et 34615
	- Système d'information et de vérification des modalités d'exécution de l'accord d'intéressement.	nº 34265
Harcèlement	- Texte des articles 222-33 et 222-33-2 du Code pénal relatifs aux délits de **harcèlement moral et sexuel,** actions contentieuses civiles et pénales ouvertes en matière de harcèlement sexuel et coordonnées des autorités et services compétents.	nº 17082
Santé et sécurité	- **Agents chimiques** dangereux se trouvant sur le lieu de travail.	nº 71587
	- En l'absence de représentants du personnel, résultats de l'évaluation des **risques chimiques.**	nº 71587
Licenciement économique	- En l'absence de représentants du personnel, **plan de sauvegarde de l'emploi.**	nº 48140

90090
(suite)

Objet	Information	Paragraphes du Mémento
Rupture conventionnelle collective	- Décision du **Dreets** de validation de l'accord et voies et délais de recours contre cette décision.	nº 69148, e
Activité partielle de longue durée (APLD)	- Décision du **Dreets** de validation de l'accord collectif APLD ou d'homologation du document unilatéral de l'employeur et voies et délais de recours contre cette décision.	nº 1565, b
Règlement intérieur	- Texte du **règlement intérieur.**	nº 60050
Représentants du personnel	- Liste nominative des membres du **CSE,** indication de leur lieu habituel de travail et, le cas échéant, participation à une ou plusieurs commissions (C. trav. art. R 2314-22).	nº 8845
Syndicats de branche	- Disponibilité des **adresses** des syndicats de salariés représentatifs dans la branche dont relève l'entreprise sur le site du ministère du travail.	nº 73130
Traitements de données à caractère personnel	- Identité et coordonnées du responsable du traitement, des finalités poursuivies, de la base légale du dispositif, de la durée de conservation des données, du droit d'opposition des salariés pour motif légitime, de leurs droits d'accès et de rectification, de la possibilité d'introduire une réclamation auprès de la Cnil et, éventuellement, identité des destinataires des données et coordonnées du délégué à la protection des données.	nº 90110

TRAITEMENTS DE DONNÉES À CARACTÈRE PERSONNEL

90100
Règlement UE 2016/679 du 27-4-2016
Loi 78-17 du 6-1-1978
Décret 29-5-2019
C. trav. art. L 2312-38
C. pén. art. 226-16 à 226-24
R 625-11 à R 625-13
U-II-7100 s

La réglementation organise la protection des données à caractère personnel lorsqu'elles font l'objet d'un traitement.

Sont exposés ici les aspects de cette réglementation intéressant les employeurs et leurs salariés intégrant les principales incidences du règlement européen 2016/679 du 27 avril 2016 dit « règlement général sur la protection des données » **(RGPD)** et de la loi du 6-1-78 modifiée dite « Informatique et libertés » sur la gestion des données relatives au personnel de l'entreprise.

Définitions On entend par **donnée à caractère personnel** toute information permettant d'**identifier directement** (nom, prénom, par exemple) ou **indirectement** (numéro client, numéro de téléphone, numéro d'immatriculation pour la gestion d'un parking, donnée biométrique, etc.) une personne. Une personne peut ainsi être identifiée à partir d'une seule donnée (ex. : numéro de sécurité sociale) ou à partir du croisement de données (personne vivant à telle adresse, née tel jour, abonnée à tel magazine et militant dans telle association).

Les **adresses IP et Mac** constituent des données personnelles (voir à propos d'une adresse IP : Cass. 1e civ. 3-11-2016 nº 15-22.595 FS-PB : RJS 3/17 nº 241 ; Cass. soc. 25-11-2020 nº 17-19.523 FS-PBRI : RJS 2/21 nº 64).

Un **traitement de données personnelles** est une opération, ou ensemble d'opérations, portant sur des données personnelles, quel que soit le procédé utilisé (collecte, enregistrement, organisation, structuration, conservation, adaptation, modification, extraction, consultation, utilisation, communication par transmission, diffusion ou toute autre forme de mise à disposition, rapprochement, interconnexion, limitation, effacement, destruction).

Le **responsable du traitement** est la personne physique ou morale, l'autorité publique, le service ou un autre organisme qui, seul ou conjointement avec d'autres, détermine les finalités et les moyens du traitement et sur lequel reposent les obligations prévues par le règlement. Il peut s'agir, par exemple, de l'employeur ou du service des ressources humaines.

Traitements concernés La protection concerne les traitements automatisés, en tout ou partie, de données à caractère personnel, ainsi que les traitements non automatisés de données à caractère personnel contenues ou appelées à figurer dans des fichiers, y compris des fichiers papier.

Principes de collecte des données Les **données** à caractère personnel doivent être :
– **traitées** de manière licite, loyale et transparente au regard de la personne concernée ;
– **collectées** pour des finalités déterminées, explicites et légitimes, et ne pas être traitées ultérieurement d'une manière incompatible avec ces finalités ;
– **adéquates, pertinentes et limitées** à ce qui est nécessaire au regard des finalités pour lesquelles elles sont traitées (principe de minimisation des données) ;
– **exactes** et **tenues à jour** ;
– **conservées** sous une forme permettant l'identification des personnes concernées pendant une durée n'excédant pas celle nécessaire au regard des finalités pour lesquelles elles sont traitées ;
– **traitées** de façon à garantir une sécurité appropriée des données à caractère personnel, y compris la protection contre le traitement non autorisé ou illicite et contre la perte, la destruction ou les dégâts d'origine accidentelle (principe d'intégrité et confidentialité des données).

Sont **interdits** les traitements de données révélant la prétendue origine raciale ou l'origine ethnique, les opinions philosophiques, politiques ou religieuses ou les appartenances syndicales d'une personne, les traitements de données génétiques ou biométriques aux fins d'identifier une personne de manière unique ou de données relatives à la santé, à la vie sexuelle ou l'orientation sexuelle des personnes. Le traitement de données relatives aux infractions, condamnations et mesures de sûreté encourues par les personnes ne peut être effectué que sous le contrôle de l'autorité publique.

Par exception sont autorisés les traitements conformes à des règlements types établis par la Cnil mis en œuvre par les employeurs portant sur des **données biométriques** strictement nécessaires au contrôle de l'accès aux lieux de travail ainsi qu'aux appareils et aux applications utilisés dans le cadre des missions confiées aux salariés, stagiaires ou prestataires.

Traitements à risques Sont considérés comme à risques les traitements ayant pour **objet** ou pour **effet** (Règl. UE 2016/679 art. 35 ; Délib. Cnil 2018-326 et 2018-327 du 11-10-2018) :
– l'évaluation d'aspects personnels ou la notation d'une personne ;

– une prise de décision automatisée ;
– la surveillance systématique de personnes : télésurveillance, surveillance des réseaux sociaux des salariés, analyse des pages des réseaux sociaux des candidats à un emploi, outils de gestion du temps de présence (badge par exemple), systèmes de géolocalisation ;
– le traitement de données sensibles (origine raciale ou ethnique ou les opinions philosophiques, politiques ou religieuses, etc.) ;
– le traitement de données concernant des personnes vulnérables (mineurs, par exemple) ;
– le traitement à grande échelle de données personnelles ;
– le croisement d'ensembles de données ;
– des usages innovants ou l'application de nouvelles technologies ;
– l'exclusion du bénéfice d'un droit, d'un service ou contrat.

Si le traitement de données concerné répond à **au moins 2 de ces 9 critères,** une **analyse d'impact** sur la protection des données doit être conduite. La Cnil a mis en place un logiciel facilitant la conduite et la formalisation d'analyses d'impact : https://www.cnil.fr/fr/outil-pia-telechargez-et-installez-le-logiciel-de-la-cnil ou https://bit.ly/2zD7W0O.
Elle a par ailleurs dressé une liste non exhaustive des traitements pour lesquels une analyse d'impact est requise (Délib. Cnil 327 du 11-10-2018 modifiée par Délib. Cnil 11 du 31-1-2019) ainsi qu'une liste de ceux pour lesquels cette analyse n'est pas nécessaire. Figurent notamment parmi ces derniers les traitements mis en œuvre aux seules fins de gestion des **contrôles d'accès physique et des horaires** pour le calcul du **temps de travail,** en dehors de tout dispositif biométrique, à l'exclusion des traitements des données qui révèlent des données sensibles ou à caractère hautement personnel, ainsi que ceux destinés à la gestion des CSE (Délib. Cnil 119 du 12-9-2019).

Fichiers utilisant le numéro de sécurité sociale Le **numéro de sécurité sociale** d'un salarié ne peut pas être utilisé comme numéro de matricule unique pour l'identifier dans tous les fichiers de gestion des ressources humaines de son entreprise. En effet, l'enregistrement de ce numéro n'est autorisé que pour :
– l'établissement des **déclarations,** notamment la DSN, la gestion de la paie et le calcul des cotisations et versements destinés aux organismes de protection sociale, de retraite, de chômage, de prévoyance et aux caisses de congés payés (Décret 2019-341 du 19-4-2019 ; CSS art. R 115-1 et R 115-2). L'inscription du numéro de sécurité sociale sur un bulletin de paie ne se justifie que dans la mesure où il est en relation directe avec ces opérations ;
– la tenue des comptes d'**épargne salariale** : le numéro de sécurité sociale est la référence pour la tenue du livret du salarié, il peut figurer sur les relevés de compte individuels et l'état récapitulatif (C. trav. art. L 3341-7).

Tenue d'un registre des traitements L'obligation de tenir un registre des traitements des données personnelles ne concerne que les entreprises d'au moins **250 salariés** mais la Cnil en préconise la réalisation de manière plus large.

Il s'agit notamment de **répertorier** pour chaque activité recensée : le responsable du traitement, l'objectif poursuivi, les catégories de données utilisées, les destinataires et la durée de conservation des données.

Le registre est placé sous la **responsabilité** du responsable du traitement ou son représentant (ou du sous-traitant ou son représentant). La Cnil en propose un modèle sur son site Internet : www.cnil.fr

Désignation d'un délégué à la protection des données (DPD) La désignation d'un DPD n'est **obligatoire** que pour les entreprises dont l'activité de base amène à réaliser un **suivi régulier et systématique** des personnes à **grande échelle,** ou à traiter à grande échelle des **données dites « sensibles »** mais la Cnil recommande de désigner une personne disposant de relais internes, chargée de s'assurer de la mise en conformité des traitements au règlement européen et à la loi Informatique et libertés.

Le DPD n'est pas un salarié protégé au sens du droit du travail (Rép. Raynal : Sén. 7-2-2019 nº 02896).

Information des salariés Chaque salarié doit être informé de l'identité et des coordonnées du responsable du traitement, des finalités poursuivies, de la base légale du dispositif, des catégories de données traitées et leur durée de conservation, de ses différents droits (opposition, accès, rectification, effacement, limitation, portabilité) et des modalités selon lesquelles il peut les exercer, de la possibilité d'introduire une réclamation auprès de la Cnil et, éventuellement, des destinataires des données et des coordonnées du DPD. L'**entrave** à l'exercice de ces droits est punie de l'amende de 5e classe (montant : nº 67285).

90100 (suite) Ces informations doivent être données :
– dès la collecte des données dans le cas où celles-ci sont **recueillies directement** auprès du salarié (lors de l'embauche, par exemple) ;
– au maximum un mois après cette collecte si les données sont recueillies **de façon indirecte,** auprès d'une autre source.

Elles n'ont pas à être fournies si le salarié dispose déjà de ces informations.

Information du CSE Le CSE doit être informé sur les traitements automatisés de gestion du personnel avant leur introduction dans l'entreprise, puis ultérieurement sur leur modification éventuelle. À défaut l'employeur est passible des peines sanctionnant le délit d'**entrave.** Sur la consultation des représentants du personnel lorsque le traitement concerne le registre unique du personnel, voir nº 33240.

Sous-traitants Les sous-traitants sont soumis à des obligations particulières : protection des données personnelles et de la vie privée dès la conception de leur service ou de leur produit, conseil auprès de leurs clients, tenue d'un registre des activités des traitements effectués pour le compte de chacun de leurs clients. Le contrat de sous-traitance doit prévoir une clause spécifique sur la protection des données personnelles. Des exemples de clauses sont disponibles sur le site internet de la Cnil : www.cnil.fr

Violation des données L'entreprise victime d'une violation de données (des données personnelles ont été, de manière accidentelle ou illicite, détruites, perdues, altérées, divulguées ou il a été constaté un accès non autorisé à des données) doit le signaler à la Cnil dans les **72 heures** si cette violation est susceptible de représenter un risque pour les droits et libertés des personnes concernées. Cette notification s'effectue en ligne sur le site internet de la Cnil.

La ou les personne(s) concernée(s) dont les données ont été potentiellement mises en danger doivent être **averties.**

Contrôle et sanctions Les entreprises n'ont pas à déclarer préalablement les traitements de données personnelles qu'elles mettent en œuvre, mais doivent pouvoir démontrer **à tout moment** la **conformité** de ceux-ci aux dispositions du règlement européen et de la loi Informatique et libertés, sous le contrôle et avec l'accompagnement de la Cnil.

La Cnil peut procéder à des contrôles dans les espaces où sont mis en œuvre ces traitements. Pour l'exercice de leurs missions, ses agents ont **accès,** de 6 heures à 21 heures, aux lieux, locaux, enceintes, installations ou établissements servant à la mise en œuvre d'un traitement, y compris ceux qui ne sont pas affectés à un usage professionnel. Si l'endroit où est mis en œuvre le traitement est partiellement ou entièrement affecté au **domicile privé,** la visite ne peut toutefois se dérouler qu'après **autorisation** du **juge des libertés** et de la détention du tribunal judiciaire dans le ressort duquel sont situés les locaux à visiter.

Les agents de la Cnil peuvent aussi effectuer des contrôles **en ligne**, au besoin en utilisant une identité d'emprunt.

Les visites et vérifications menées par les agents de la Cnil font l'objet d'un **procès-verbal** dressé contradictoirement. L'**entrave** à l'action de la Cnil est passible d'un an d'emprisonnement et de 15 000 € d'amende.

Le **non-respect** des règles relatives aux informations collectées et au droit d'accès est passible de **sanctions pénales** et peut entraîner la condamnation de l'employeur à des **dommages et intérêts** réparant le préjudice éventuellement subi par ses salariés (Cass. soc. 7-6-1995 nº 91-44.919 P).

Les responsables de traitement et les sous-traitants peuvent faire l'objet de **sanctions administratives** en cas de méconnaissance des dispositions du règlement : avertissement, mise en demeure, injonction de mise en conformité ou de cesser le traitement, suspension des flux de données, etc.

Des **amendes** administratives peuvent également être prononcées pouvant s'élever, selon la catégorie de l'infraction, à 10 ou 20 millions d'euros, ou, dans le cas d'une entreprise, de 2 % jusqu'à 4 % du chiffre d'affaires annuel mondial de l'exercice précédent, le montant le plus élevé étant retenu.

Sur la responsabilité pénale des personnes morales, voir nºˢ 67130 s.

CENTRES DE FORMALITÉS DES ENTREPRISES

Les entreprises sont tenues d'effectuer diverses démarches lors de leur **création,** de la **modification** de leur situation ou de la **cessation** de leur activité. **90110**

Loi 94-126 11-2-1994 art. 2
C. com. art. R 123-1 à R 123-30 art. A 123-1 à A 123-11
U-II-11750 s

Afin de faciliter leur tâche, les centres de formalités des entreprises sont chargés de recevoir le **dossier unique** comportant les **déclarations** que les entreprises sont tenues de remettre aux divers organismes ou administrations (service des impôts, registre du commerce, Urssaf…).
Le recours aux CFE est **obligatoire.**
Aucune **rémunération** ne peut être demandée aux déclarants par les organismes qui tiennent les CFE, sauf lorsque le **traitement des déclarations** s'accompagne de prestations complémentaires et facultatives d'**assistance** (aide technique aux futurs créateurs d'entreprise, notamment). La tarification applicable à ces prestations doit être affichée dans les centres (Circ. min. du 30-5-1997).
Les coordonnées des CFE compétents sont disponibles sur le site de l'Insee : www.insee.fr.
La loi 2019-486 du 22-5-2019, dite « loi Pacte », a prévu la création, au plus tard le **1er janvier 2021,** d'un **guichet unique** destiné à se substituer progressivement, d'ici au 1er janvier 2023, aux différents réseaux de CFE. Les modalités de fonctionnement de ce guichet unique doivent être précisées par décret (à paraître).

À quel CFE s'adresser ?

Activité professionnelle	CFE compétent	Services en ligne
Commerçant et société commerciale (SARL, SA, SAS, EURL, SNC, etc.) n'exerçant pas une activité artisanale	Chambre de commerce et d'industrie	www.infogreffe.fr ou www.guichet-entreprises.fr
Personne physique et société s'immatriculant au répertoire des métiers (entreprises artisanales)	Chambre de métiers et de l'artisanat	www.cfe-metiers.com ou www.guichet-entreprises.fr
Société civile ou non commerciale Établissement public industriel et commercial (Épic) Agent commercial GIE ou GEIE Société en participation Association assujettie aux impôts commerciaux Loueur en meublé	Greffe du tribunal de commerce ou du tribunal judiciaire statuant commercialement	www.greffes-formalites.fr ou www.guichet-entreprises.fr
Professionnel libéral exerçant en entreprise individuelle Entreprise employant du personnel mais non immatriculée (administration, collectivité locale, syndicat, comité d'entreprise) Artiste auteur indépendant créateur d'œuvres littéraires et dramatiques, musicales et chorégraphiques, audiovisuelles et cinématographiques, photographiques, graphiques et plastiques Vendeur à domicile, indépendant	Urssaf (ou caisse générale de sécurité sociale dans les DOM)	www.cfe.urssaf.fr ou www.guichet-entreprises.fr
Entreprise ou entrepreneur individuel exerçant à titre principal une activité agricole	Chambre d'agriculture	www.guichet-entreprises.fr
Entreprise ou organisme ne relevant pas d'un autre CFE et n'ayant pas d'obligations autres que statistiques et fiscales	Centre des impôts	www.guichet-entreprises.fr

90110 (suite) Les **commerçants-artisans** et les artisans créant une société commerciale doivent être inscrits simultanément au registre du commerce et des sociétés et au répertoire des métiers. Dans ce cas, seul le CFE de la chambre de métiers et de l'artisanat est compétent pour recevoir leur déclaration.

Les **professionnels libéraux** exerçant en entreprise individuelle doivent s'inscrire auprès du CFE tenu par l'Urssaf. S'ils créent une société commerciale, ils doivent procéder à l'immatriculation de cette société au registre du commerce et des sociétés, par le biais du CFE de la chambre de commerce et d'industrie (CCI).

Les **auto-entrepreneurs** peuvent également déclarer leur activité en ligne via le site internet www.lauto-entrepreneur.fr ou www.guichet-entreprises.fr

En quelles occasions doit-on s'adresser au CFE ? Entrent dans la compétence des centres les déclarations ayant trait aux opérations suivantes :

1. Création d'entreprise ou d'établissement secondaire. Peuvent y être effectuées :
– l'immatriculation (registre du commerce et des sociétés, répertoire des métiers, registre des agents commerciaux, registre des entreprises de la batellerie artisanale) ;
– l'inscription au répertoire national des entreprises et des établissements ;
– les déclarations d'existence au service des impôts ;
– l'affiliation à l'Urssaf ou aux caisses de sécurité sociale et aux caisses de mutualité sociale agricole (à moins que cette formalité ne relève de la déclaration préalable à l'embauche : voir ci-après, n° 5) ;
– la déclaration de l'exercice ou non d'une activité professionnelle régulière du conjoint du chef d'entreprise dans l'entreprise et le statut choisi par ce dernier à ce titre ;
– la déclaration d'existence à l'inspection du travail des établissements industriels et commerciaux et des chantiers temporaires (n° 43945) ;
– les demandes concernant les autorisations que l'entreprise doit obtenir pour l'accès à certaines activités et leur exercice. Ces activités sont listées par un arrêté ECEI1002967A du 1er mars 2010 modifié par un arrêté EFII1113628A du 28 octobre 2011 (JO 6-11).

2. Transfert du siège social hors du ressort géographique de l'un des organismes ou administrations destinataires de la déclaration initiale.

3. Modification de la situation de l'entreprise ou de l'établissement. Il s'agit des changements intéressant la désignation de l'entreprise, sa forme juridique, son capital ou son objet social, l'adresse de sa correspondance ainsi que les conditions d'exercice de son activité ou la personnalité de ses dirigeants ou associés ou encore, dans le cas où le conjoint du chef d'entreprise vient à exercer une fonction dans celle-ci, la nature de cette activité et le statut choisi par celui-ci.

4. Cessation définitive d'activité, décès de l'exploitant, fin de la personne morale, radiation.

5. Les centres de formalités des entreprises sont **incompétents** en ce qui concerne :
– les formalités prévues dans le cadre de la **déclaration préalable à l'embauche** (n° 33220) ;
– les **déclarations fiscales** concernant l'**assiette** ou le **renouvellement** des droits ou taxes ;
– les déclarations relatives aux **modifications de l'effectif des salariés** pour fixer notamment le montant des contributions sociales ;
– les déclarations relatives à des mesures de **publicité** autres que celles figurant aux registres du commerce et des sociétés, et des agents commerciaux ;
– les déclarations concernant une personne morale de droit public (non soumise à immatriculation au registre du commerce et des sociétés).

Formalités Le dossier à remettre comprend les **déclarations,** signées du déclarant ou de son mandataire, accompagnées des pièces justificatives prescrites (original ou copie certifiée conforme par le centre) et du titre de paiement des frais, droits ou redevances prescrits par les textes réglementaires particuliers ainsi que les actes qui doivent être remis aux organismes destinataires.

Le centre est **réputé saisi** lorsque les déclarations sont établies conformément à un **modèle** fixé par arrêté interministériel et comportent des énonciations indispensables à identifier le déclarant et l'entreprise. Les déclarations peuvent être effectuées par **voie électronique** ou **télématique,** voir tableau ci-dessus.

Le centre saisi remet ou transmet, lors du dépôt, un récépissé au déclarant ou à son mandataire. Si le dépôt est effectué par voie postale, le récepissé est envoyé le jour même ou le premier jour ouvrable suivant. Ce récépissé indique, le cas échéant, la transmission à un autre CFE s'il s'estime incompétent, les organismes auxquels les déclarations ont été transmises (le jour même) ou les pièces justificatives manquantes à fournir dans le délai mentionné dans le récépissé. 90110 (suite)

Effet de la saisine d'un CFE La déclaration présentée ou transmise au centre compétent vaut **déclaration auprès de l'organisme destinataire** dès lors qu'elle est régulière et complète. Elle **interrompt les délais** à l'égard de cet organisme, qui reste toutefois seul compétent pour en apprécier la **validité.**

Confidentialité des déclarations Il est interdit aux CFE de communiquer à des **tiers** les renseignements contenus dans les déclarations.

Le support de la déclaration ainsi que les renseignements qu'elle contient et les pièces relatives à celle-ci ne peuvent être conservés par le centre au-delà des délais nécessaires à leur transmission. Toutefois, les renseignements destinés à être portés sur un registre de publicité légale peuvent être conservés par le centre pendant un délai de trois ans.

Table alphabétique

ACC. TRAV.	Accident du travail
AF	Allocations familiales
ALLOC.	Allocation
APLD	Activité partielle de longue durée
ASI	Allocation supplémentaire d'invalidité
ASPA	Allocation de solidarité aux personnes âgées
ASS	Allocation de solidarité spécifique
ASS.	Assurance
BCO	Bureau de conciliation et d'orientation (Prud'hommes)
BDES	Base de données économiques et sociales
BTP	Bâtiment et travaux publics
CAE	Contrat d'accompagnement dans l'emploi
CDD	Contrat de travail à durée déterminée
CDDI	Contrat de travail à durée déterminée d'insertion
CIE	Contrat initiative-emploi
CONTRIB.	Contribution
CONV.	Convention
COTIS.	Cotisation
CP	Congés payés
CPF	Compte personnel de formation
CRDS	Contribution au remboursement de la dette sociale
CSE	Comité social et économique
CSG	Contribution sociale généralisée
CSP	Contrat de sécurisation professionnelle
CSSCT	Commission santé, sécurité et conditions de travail
DS	Délégué syndical
DSN	Déclaration sociale nominative
EEE	Espace économique européen
ETT	Entreprise de travail temporaire
FNE	Fonds national pour l'emploi
IRP	Institution représentative du personnel
LIC	Licenciement
PAP	Parcours d'accompagnement personnalisé
PEE	Plan d'épargne d'entreprise
PEI	Plan d'épargne interentreprises
PERCO	Plan d'épargne pour la retraite collectif
PERECO	Plan d'épargne retraite d'entreprise collectif
PERO	Plan d'épargne retraite d'entreprise obligatoire
PSE	Plan de sauvegarde de l'emploi
RSA	Revenu de solidarité active
RSS	Représentant de section syndicale
RTT	Réduction du temps de travail
SA	Société anonyme
SS	Sécurité sociale
TRAV.	Droit du travail
UE	Union européenne
UES	Unité économique et sociale
VRP	Voyageur représentant placier

A

C

G

H

J

K

L

U

Z

Certifié PEFC
Ce livre est issu de forêts gérées durablement et de source contrôlées
PEFC/18-31-280
www.pefc-france.org

Composition réalisée par NORD COMPO

36893-550 (I) - PrL 39 g - NC (MLN)
Achevé d'imprimer en février 2021
Imprimé en Italie par L.E.G.O. S.p.A, Lavis (TN)
Dépôt légal : mars 2021